SICUT CERVUS AD FONTES
B.A.C.

Biblia Sacra

BIBLIOTECA
DE
AUTORES CRISTIANOS

Declarada de interés nacional

— 14 —

ESTA COLECCIÓN SE PUBLICA BAJO LOS AUSPICIOS Y ALTA DIRECCIÓN DE LA PONTIFICIA UNIVERSIDAD DE SALAMANCA

LA EDITORIAL CATOLICA, S. A. — APARTADO 466

MADRID • MCMLXXXII

BIBLIA SACRA

IUXTA

VULGATAM CLEMENTINAM

NOVA EDITIO

LOGICIS PARTITIONIBUS ALIISQUE SUBSIDIIS ORNATA A

ALBERTO COLUNGA, O.P.

ET

LAURENTIO TURRADO

PROFESSORIBUS SACRAE SCRIPTURAE IN
P. UNIVERSITATE ECCL. SALMANTICENSI

SEXTA EDITIO

BIBLIOTECA DE AUTORES CRISTIANOS

MATRITI • MCMLXXXII

Con censura eclesiástica
Depósito legal: M. 10.822-1982
ISBN: 84-220-0049-0
Impreso en España. Printed in Spain

INDEX GENERALIS

Pag.

ANTIQUUM TESTAMENTUM

PRAEFATIO

Auctores, opus quodlibet conscribentes et in lucem prodituri, libri in fronte, a veritate parum aberrantes, illam sententiam apud Ecclesiastem relatam: «Nihil novum sub sole», praeponere possent. Quae cum ita sint, quid vero propius quam huius novae in fastigio editionis VULGATAE LATINAE *praefata Ecclesiastae verba repetere atque transferre? Quod magis corroboratur si illa verba Clementis VIII in prooemio editionis a. 1592, Typographia Vaticana excussae, perspiciuntur atque perpenduntur: «... cuius exemplaris forma, ne minima quidem particula de textu mutata addita vel ab eo detracta..., inviolabiliter servetur».*

Quod si privatis in re biblica doctis non est facultas ut in textu Sacrae Scripturae, ad usum publicum in Ecclesia recepto, verae mutationes inducantur, ius tamen eis est ut illum variis subsidiis explicent illustrentque et ita facilior, pro omnibus, divini eloquii intelligentia evadat. Quem finem assequi hac nostra VULGATAE LATINAE *editione summa diligentia curavimus, eiusque gratia atque imprimis ut hic catholicae revelationis fons tutius uberiusque in dies ad utilitatem eorum qui ad sacerdotium efformantur, lucidius pateat, adiumenta adhibita benevolo legentium iudicio commendamus.*

Primum tot divisiones atque subdivisiones in textu tantum fecimus quot eius claritas postulare videbatur. Qua etiam ratione initio cuiusque libri totum argumentum, in compendium redactum, enucleavimus.

Deinde concordantias seu locos sic dictos parallelos magna copia collegimus, quibus citationes quoque documentorum Ecclesiae, «cuius est iudicare de vero sensu et interpretatione Scripturarum Sacrarum», non raro addidimus. Si enim non multi sint textus sacri, quorum sensus ab Ecclesia sit definitus, haud tamen pauci sunt qui vel in erroribus damnandis vel in doctrina catholica proponenda Ecclesiae usui fuerunt, omnesque noscunt non parum interesse et exegetae et theologo huiusmodi interpretationes cognoscere. Sola autem documenta a DENZINGER *in «Enchiridion Symbolorum» collecta censuimus proferenda, ea potissimum ratione permoti quod haec collectio, et non alia, prae manibus omnium habetur, et qualis fuerit citatio facillime comprobatur.*

Mox aliis rebus nostra editio ornata atque ditata est. Quatuor chartae geographicae, more appendicis, adduntur; item, venia Typo-

graphiae Vaticanae aequali studio et concessa et adepta, nova «Psalterii» versio, a Pont. Instituto Biblico peracta et Motu proprio «In cotidianis precibus» diei 24 martii 1945 a Pio XII probata, adiuncta est, et potissimum index quoque biblicus de re doctrinali, cuius observationes notarum, quae in textu desiderantur, vices gerunt. In hoc indice elaborando maximae utilitati nobis fuisse hodierna «Lexica biblica», praesertim a Vigouroux et Hagen *exarata, in eorum laudem asserimus.*

Denique textum ipsum Vulgatae Clementinae fideliter nostra editione transcripsimus. In libris vero poeticis eam verborum dispositionem, qua oculis simul et menti genuinus parallelismus manifestus fiat, resilire voluimus, simulque tum in orthographia cum in interpunctione, instar recentiorum editionum quae a catholicis viris sunt typis mandatae, submissa libertate usi sumus.

Faxit Deus ut omnibus fidelibus et, prae ceteris adulescentibus qui in Seminario instituuntur et quibus, annis praeteritis, ex bello acerbissimo, fere impossibile erat Vulgatam latinam consequi, fructus uberrimos nostri labores afferant. Sint ipsis Divinae Litterae «vitae spiritualis fons purus atque perennis et sacri concionandi muneris, quod suscepturi sunt, alimentum ac robur».

Salmanticae, festo Resurrectionis Domini, 21 aprilis 1946.

ECCLESIAE DOCUMENTA

I. *CONCILIUM TRIDENTINUM*

(Sessio 4, 8 aprilis 1546)

1. Decretum de canonicis Scripturis

Sacrosancta oecumenica et generalis Tridentina Synodus, in Spiritu Sancto legitime congregata, praesidentibus in ea eisdem tribus Apostolicae Sedis legatis, hoc sibi perpetuo ante oculos proponens, ut, sublatis erroribus, puritas ipsa Evangelii in Ecclesia conservetur... omnes libros tam Veteris quam Novi Testamenti, cum utriusque unus Deus sit auctor, nec non traditiones ipsas, tum ad fidem, tum ad mores pertinentes, tamquam vel oretenus a Christo, vel a Spiritu Sancto dictatas, et continua successione in Ecclesia catholica conservatas, pari pietatis affectu ac reverentia suscipit ac veneratur.

Sacrorum vero Librorum indicem huic decreto adscribendum censuit, ne cui dubitatio suboriri possit, quinam sint, qui ab ipsa Synodo suscipiuntur. Sunt vero infrascripti: Testamenti Veteris: Quinque Moysi, id est, Genesis, Exodus, Leviticus, Numeri, Deuteronomium, Iosue, Iudicum, Ruth, Quatuor Regum, Duo Paralipomenon Esdrae primus et secundus, qui dicitur Nehemias; Tobias, Iudith, Esther, Iob, Psalterium Davidicum centum quinquaginta Psalmorum, Parabolae, Ecclesiastes, Canticum canticorum, Sapientia, Ecclesiasticus, Isaias, Ieremias cum Baruch, Ezechiel, Daniel; Duodecim Prophetae minores, id est, Osea, Ioel, Amos, Abdias, Ionas, Michaeas, Nahum, Habacuc, Sophonias, Aggaeus, Zacharias, Malachias; Duo Machabaeorum, primus et secundus. Testamenti Novi: Quatuor Evangelia, secundum Matthaeum, Marcum, Lucam et Ioannem; Actus Apostolorum a Luca Evangelista conscripti; Quatuordecim Epistolae Pauli Apostoli: ad Romanos, duae ad Corinthios, ad Galatas, ad Ephesios, ad Philippenses, ad Colossenses, duae ad Thessalonicenses, duae ad Timotheum, ad Titum, ad Philemonem, ad Hebraeos; Petri Apostoli duae; Ioannis Apostoli tres; Iacobi Apostoli una; Iudae Apostoli una; et Apocalypsis Ioannis Apostoli.

Si quis autem libros ipsos integros cum omnibus suis partibus, prout in Ecclesia catholica legi consueverunt, et in Veteri Vulgata latina editione habentur, pro sacris et canonicis non susceperit, et traditiones praedictas sciens et prudens contempserit, anathema sit.

2. Decretum de editione et usu sacrorum librorum

Insuper eadem sacrosancta Synodus, considerans non parum utilitatis accedere posse Ecclesiae Dei, si ex omnibus latinis editionibus, quae circumferuntur sacrorum librorum, quaenam pro authentica habenda sit, innotescat: statuit et declarat, ut haec ipsa vetus et vulgata editio, quae longo tot saeculorum usu in ipsa Ecclesia probata est, in publicis lectionibus, disputationibus, praedicationibus et expositionibus pro authentica habeatur, ut nemo illam reiicere quovis praetextu audeat vel praesumat.

Praeterea ad coercenda petulantia ingenia decernit, ut nemo, suae prudentiae innixus, in rebus fidei et morum ad aedificationem doctrinae christianae pertinentium, Sacram Scripturam ad suos sensus contorquens, contra eum sensum, quem tenuit et tenet sancta mater Ecclesia, cuius est iudicare de vero sensu et interpretatione Scripturarum Sanctarum, aut etiam contra unanimem consensum Patrum, ipsam Scripturam Sacram interpretari audeat, etiamsi huiusmodi interpretationes nullo unquam tempore in lucem edendae forent. Sed et impressoribus modum in hac parte, ut par est, imponere volens... decernit et statuit, ut posthac Sacra Scriptura, potissimum vero haec ipsa vetus et vulgata editio, quam emendatissime imprimatur, nullique liceat imprimere, vel imprimi facere, quosvis libros de rebus sacris sine nomine auctoris, neque illos in futurum vendere, aut etiam apud se retinere, nisi primum examinati probatique fuerint ab Ordinario.

II. *TEXTUS VULGATAE CLEMENTINAE*

Clemens Papa viii ad perpetuam rei memoriam

Cum sacrorum Bibliorum Vulgatae editionis textus summis laboribus ac vigiliis restitutus, et quam accuratissime mendis expurgatus, benedicente Domino, ex nostra typographia Vaticana in lucem prodeat; Nos, ut in posterum idem textus incorruptus, ut decet, conservetur opportune providere volentes, auctoritate Apostolica, tenore praesentium districtius inhibemus, ne intra decem annos, a data praesentium numerandos, tam citra quam ultra montes, alibi quam in nostra Vaticana typographia, a quoquam imprimatur. Elapso autem praefato decennio, eam cautionem adhiberi praecipimus, ut nemo hanc sanctarum Scripturarum editionem typis mandare praesumat, nisi habito prius exemplari in typographia Vaticana excuso; cuius exemplaris forma, ne minima quidem particula de textu mutata, addita, vel ab eo detracta, nisi aliquid occurrat, quod typographicae incuriae manifeste adscribendum sit, inviolabiliter observetur. Si quis vero typographus in quibuscumque regnis, civitatibus, provinciis, et locis, tam nostrae et S. R. E. ditioni in temporalibus subiectis, quam non subiectis, hanc eamdem sacrarum Scripturarum editionem intra decennium praedictum quoquo modo, elapso autem decennio, aliter quam iuxta huiusmodi exemplar, ut praefertur, imprimere, vendere, venales habere, aut alias edere vel evulgare; aut si quis bibliopola a se vel ab aliis quibusvis, post datam praesentium, huius editionis impressos libros, seu imprimendos a praefato restituto et correcto textu in aliquo discrepantes, seu ab alio, quam a typographo Vaticano, intra decennium excusos, pariter vendere, venales proponere, vel evulgare praesumpserit, ultra amissionem omnium librorum, et alias arbitrio nostro infligendas poenas temporales, etiam maioris excommunicationis sententiam eo ipso incurrat, a qua nisi a Romano Pontifice, praeterquam in mortis articulo constitutus, absolvi non possit. Mandamus itaque universis et singulis, Patriarchis, Archiepiscopis, Episcopis, ceterisque Ecclesiarum et locorum etiam regularium Praelatis, ut praesentes litteras in suis quisque Ecclesiis et iurisdictionibus ab omnibus inviolate perpetuo observari curent ac faciant. Contradictores per Censuras ecclesiasticas, aliaque opportuna iuris et facti remedia, appellatione postposita, compescendo, invocato etiam ad hoc, si opus fuerit, auxilio brachii saecularis; non obstantibus constitutionibus, et ordinationibus apostolicis, ac in generalibus, provincialibus, vel synodalibus Conciliis editis generalibus, vel specialibus, ac quarumcumque Ecclesiarum, Ordinum, Congregationum, Collegiorum, atque Universitatum, etiam studiorum generalium iuramento, confirmatione apostolica vel quavis firmitate alia roboratis, statutis, et consuetudinibus, ac privilegiis, indultis, ac litteris apostolicis in contrarium quomodocumque emanatis, et emanandis: quibus omnibus ad hunc effectum latissime derogamus, ac derogatum esse decernimus. Volumus autem, ut praesentium transumptis etiam in ipsis voluminibus impressis eadem, in iudicio et extra, fides ubique adhibeatur, quae ipsis praesentibus adhiberetur, si forent exhibitae, vel ostensae.

Datum Romae, apud Sanctum Petrum, sub Annulo Piscatoris, die IX novembris MDXCII, Pontific. nostri anno I.

M. Vestrius Barbianus

2. Praefatio ad lectorem. *(Ex editione vaticana anni 1592.)*

In multis magnisque beneficiis, quae per sacram Tridentinam Synodum Ecclesiae suae Deus contulit, id in primis numerandum videtur, quod inter tot latinas editiones divinarum Scripturarum, solam Veterem ac Vulgatam, quae longo tot saeculorum usu in Ecclesia probata fuerat, gravissimo Decreto authenticam declaravit. Nam, ut illud omittamus, quod ex recentibus editionibus non paucae ad haereses huius temporis confirmandas licenter detortae videbantur, ipsa certe tanta versionum varietas atque diversitas, magnam in Ecclesia Dei confusionem parere potuisset. Iam enim hac nostra aetate illud fere evenisse constat, quod sanctus Hieronymus tempore suo accidisse testatus est [1], tot scilicet fuisse exemplaria, quot codices; cum unusquisque pro arbitrio suo adderet vel detraheret. Huius autem Veteris ac Vulgatae editionis tanta semper fuit auctoritas, tamque excellens praestantia, ut eam ceteris omnibus latinis editionibus longe anteferendam esse, apud aequos iudices in dubium revocari non posset. Qui namque in ea libri continentur (ut a maioribus nostris quasi per manus traditum nobis est) partim ex sancti Hieronymi translatione, vel emendatione, suscepti sunt; partim retenti ex antiquissima quadam editione latina, quam sanctus Hieronymus Communem et Vulgatam [2], sanctus Augustinus Italam [3], sanctus Gregorius Veterem translationem appellat [4]. Ac de Veteris quidem huius, sive Italae editionis sinceritate atque praestantia, praeclarum sancti Augustini testimonium exstat in secundo libro de *Doctrina christiana* [5], ubi latinis omnibus editionibus, quae tunc plurimae circumferebantur, Italam praeferendam censuit, quod esset, ut ipse loquitur, verborum tenacior cum perspicuitate sententiae. De sancto vero Hieronymo multa exstant veterum Patrum egregia testimonia: eum enim sanctus Augustinus [6] hominem doctissimum, ac trium linguarum peritissimum vocat, atque eius translationem ipsorum quoque Hebraeorum testimonio veracem esse confirmat. Eumdem sanctus Gregorius [7] ita praedicat, ut eius translationem, quam novam appellat, ex hebraeo eloquio cuncta verius trans-

---

1 Praef. in Iosue.
2 S. Hieron., in c.49 Isaiae.
3 S. August., *De doct. christian.* l.2 c.15.
4 S. Gregor., *Epist. Dedicat. ad Leandrum* c.5 in fine.
5 S. August., ubi supra.
6 *De Civitate Dei* l.18 c.43.
7 *Moral.* l.20 c.24.

fudisse dicat; atque idcirco dignissimam esse, cui fides in omnibus habeatur. Sanctus autem Isidorus non uno in loco Hieronymianam versionem ceteris omnibus anteponit [8], eamque ab Ecclesiis christianis communiter recipi ac probari affirmat [9], quod sit in verbis clarior, et veracior in sententiis. Sophronius quoque, vir eruditissimus, sancti Hieronymi translationem non Latinis modo, sed etiam Graecis valde probari animadvertens, tanti eam fecit, ut Psalterium et Prophetas ex Hieronymi versione in graecum eleganti sermone transtulerit. Porro qui secuti sunt, viri doctissimi, Remigius, Beda, Rabanus, Haymo, Anselmus, Petrus Damiani, Richardus, Hugo, Bernardus, Rupertus, Petrus Lombardus, Alexander, Albertus, Thomas, Bonaventura, ceterique omnes, qui his nongentis annis in Ecclesia floruerunt, sancti Hieronymi versione ita sunt usi, ceterae, quae pene innumerabiles erant, quasi lapsae de manibus Theologorum, penitus obsoleverint. Quare non immerito catholica Ecclesia sanctum Hieronymum doctorem maximum, atque ad Scripturas sacras interpretandas divinitus excitatum, ita celebrat, ut iam difficile non sit illorum omnium damnare iudicium, qui vel tam eximii doctoris lucubrationibus non acquiescunt, vel etiam meliora, aut certe paria, praestare se posse confidunt. Ceterum, ne tam fidelis translatio, tamque in omnes partes Ecclesiae utilis, vel iniuria temporum, vel impressorum incuria, vel temere emendantium audacia, ulla ex parte corrumperetur, eadem sacrosancta Synodus Tridentina illud Decreto suo sapienter adiecit, ut haec ipsa Vetus ac Vulgata editio emendatissime, quoad fieri posset, imprimeretur, neque ulli liceret eam sine facultate et approbatione Superiorum excudere. Quo Decreto simul typographorum temeritati ac licentiae modum imposuit, et Pastorum Ecclesiae, in tanto bono quam diligentissime retinendo et conservando, vigilantiam atque industriam excitavit. Et quamvis insignium Academiarum Theologi in editione Vulgata pristino suo nitori restituenda magna cum laude laboraverint; quia tamen in tanta re nulla potest esse nimia diligentia, et codices manuscripti complures et vetustiores summi Pontificis iussu conquisiti, atque in Urbem advecti erant; et demum, quoniam executio generalium conciliorum, et ipsa Scripturarum integritas ac puritas, ad curam Apostolicae Sedis potissimum pertinere cognoscitur: ideo Pius IV, Pontifex Maximus, pro sua in omnes Ecclesiae partes incredibili vigilantia, lectissimis aliquot sanctae Romanae Ecclesiae Cardinalibus, aliisque tum sacrarum litterarum, tum variarum linguarum peritissimis viris, eam provinciam demandavit, ut Vulgatam editionem latinam, adhibitis antiquissimis codicibus manuscriptis, inspectis quoque hebraicis graecisque Bibliorum fontibus, consultis denique veterum Patrum commentariis, accuratissime castigarent. Quod itidem institutum Pius V prosecutus est. Verum Conventum illum, ob varias gravissimasque Sedis Apostolicae occupationes iamdudum intermissum, Sixtus V, divina Providentia ad summum Sacerdotium evocatus, ardentissimo studio revocavit, et opus tandem confectum typis mandari iussit. Quod cum iam esset excusum, et ut in lucem emitteretur idem Pontifex operam daret, animadvertens non pauca in sacra Biblia praeli vitio irrepsisse, quae iterata diligentia indigere viderentur, totum opus sub incudem revocandum censuit atque decrevit. Id vero cum morte praeventus praestare non potuisset, Gregorius XIV, qui post Urbani VII duodecim dierum Pontificatum Sixto successerat, eius animi intentionem executus, perficere aggressus est, amplissimis aliquot Cardinalibus, aliisque doctissimis viris, ad hoc iterum deputatis. Sed eo quoque, et qui illi successit, Innocentio IX, brevissimo tempore de hac luce subtractis, tandem sub initium Pontificatus Clementis VIII, qui nunc Ecclesiae universae gubernacula tenet, opus, in quod Sixtus V intenderat, Deo bene iuvante, perfectum est. Accipe igitur, christiane lector, eodem Clemente summo Pontifice annuente, ex Vaticana typographia, Veterem ac Vulgatam sacrae Scripturae editionem, quanta fieri potuit diligentia castigatam: quam quidem sicut omnibus numeris absolutam, pro humana imbecillitate affirmare difficile est, ita ceteris omnibus, quae ad hanc usque diem prodierunt, emendatiorem purioremque esse, minime dubitandum. Et vero quamvis in hac Bibliorum recognitione, in codicibus manuscriptis, hebraeis graecisque fontibus, et ipsis veterum Patrum commentariis conferendis, non mediocre studium adhibitum fuerit; in hac tamen pervulgata lectione, sicut nonnulla consulto mutata, ita etiam alia, quae mutanda videbantur, consulto immutata relicta sunt, tum quod ita faciendum esse, ad offensionem populorum vitandam, sanctus Hieronymus non semel admonuit [10]; tum quod facile fieri posse credendum est, ut maiores nostri, qui ex Hebraeis et Graecis latina fecerunt, copiam meliorum et emendatiorum librorum habuerint, quam ii, qui post illorum aetatem ad nos pervenerunt; qui fortasse, tam longo tempore identidem describendo, minus puri atque integri evaserunt; tum denique, quia sacrae Congregationi amplissimorum Cardinalium, aliisque eruditissimis viris ad hoc opus a Sede Apostolica delectis, propositum non fuit, novam aliquam editionem cudere, vel antiquum interpretem ulla ex parte corrigere vel emendare; sed ipsam Veterem ac Vulgatam editionem latinam, a mendis veterum librariorum, necnon pravarum emendationum erroribus repurgatam, suae pristinae integritati ac puritati, quoad eius fieri potuit, restituere; eaque restituta, ut quam emendatissime imprimeretur iuxta Concilii oecumenici Decretum, pro viribus operam dare. Porro in hac editione nihil non canonicum, nihil adscititium, nihil extraneum apponere visum est; atque ea causa fuit, cur libri III et IV Esdrae inscripti, quos inter canonicos libros sacra Tridentina Synodus non annumeravit, ipsa etiam Manassae regis Oratio, quae neque hebraice, neque graece quidem exstat, neque in manuscriptis antiquioribus invenitur, neque pars est ullius canonici libri, extra canonicae Scripturae seriem posita sint; et nullae ad marginem concordantiae (quae posthac inibi apponi non prohibentur, nullae notae, nullae variae lectiones, nullae denique praefationes, nulla argumenta ad librorum initia conspiciantur. Sed sicut Apostolica Sedes industriam eorum non damnat, qui concordantias locorum,

8 *Etymol.* l.6 c.5.

9 *Divin. Offic.* l.1 c.12.

10 Epist. ad Suniam et Fretellam; Praef. Evang. ad Damasum.

varias lectiones, praefationes sancti Hieronymi, et alia id genus in aliis editionibus inseruerunt, ita quoque non prohibet, quin alio genere characteris in hac ipsa Vaticana editione eiusmodi adiumenta, pro studiosorum commoditate atque utilitate, in posterum adiiciantur; ita tamen, ut lectiones variae ad marginem ipsius textus minime annotentur.

III. *LEO XIII, BENEDICTUS XV ET PIUS XII DE VULGATA*

LEO XIII:

Itaque ea prima sit cura, ut in sacris Seminariis vel Academiis sic omnino tradantur Divinae Litterae, quemadmodum et ipsius gravitas disciplinae et temporum necessitas admonent. Cuius rei causa, nihil profecto debet esse antiquius magistrorum delectione prudenti: ad hoc enim munus non homines quidem de multis, sed tales assumi oportet, quos magnus amor et diuturna consuetudo Bibliorum, atque opportunus doctrinae ornatus commendabiles faciat, pares officio...

Is porro magister S. Scripturae, retinens instituta maiorum, exemplar in hoc sumet versionem vulgatam; quam Concilium Tridentinum «in publicis lectionibus, disputationibus, praedicationibus et expositionibus pro authentica» habendam decrevit, atque etiam commendat quotidiana Ecclesiae consuetudo. Neque tamen non sua habenda erit ratio reliquarum versionum, quas christiana laudavit usurpavitque antiquitas, maxime codicum primigeniorum. Quamvis enim, ad summam rei quod spectat, ex dictionibus Vulgatae hebraea et graeca bene eluceat sententia, attamen si quid ambigue, si quid minus accurate inibi elatum sit, «inspectio praecedentis linguae», suasore Augustino, proficiet. (Enc. *Providentissimus*, die 18 novembris 1893: Ench. Bibl. n.º 88 et 91.)

BENEDICTUS XV:

Ille in primis ante oculos mentis nostrae obversatur ardentissimus Bibliorum amor, quem omni vitae suae exemplo et verbis Spiritu Dei plenis Hieronymus demonstravit atque in fidelium animis quotidie magis excitare studuit... Cui Bibliorum scientiae cum subtilitate iudicii coniunctae tribuendum est, quod versio Vulgata a Doctore nostro confecta, omnium integrorum iudicum consensu, reliquis longe praestat antiquis versionibus cum accuratius atque elegantius archetypon reddere videatur.

Vulgatam vero ipsam, quam «longo tot saeculorum usu in ipsa Ecclesia probatam» Concilium Tridentinum uti authenticam habendam et in docendo et orando usurpandam esse constituit, praegestimus animo, si quidem benignissimus Deus huius lucis Nobis usuram protulerit, ad codicum fidem, emendatam restitutamque videre: quo ex arduo laboriosoque opere a fel. rec. decessore nostro Pio X sodalibus Benedictinis providenter commisso, minime dubitamus, quin nova ad Scripturarum intelligentiam praesidia accedant. (Enc. *Spiritus Paraclitus*, die 15 septembris 1920: Ench. Bibl. n.º 477-79.)

PIUS XII:

Hodie igitur, postquam huius artis disciplina *[critices textualis]* ad tantam pervenit perfectionem, rei biblicae studiosorum munus est honorificum, etsi non semper facile, omni ope curare, ut quam primum a catholicis opportune apparentur tam sacrorum librorum, quam antiquarum conversionum editiones ad has normas redactae, quae nempe cum summa sacri textus reverentia accuratam coniungant omnium legum criticarum observationem...

Neque arbitretur quisquam hunc primorum textuum usum, ad critices rationem habitum, praescriptis illis quae de Vulgata Latina Concilium Tridentinum sapienter statuit, ullo modo officere. Concilii enim illius Patres, historia teste, non modo primigenios textus non aversabantur, sed diserte etiam Summum Pontificem rogarunt «ut pro ovibus Christi Suae Beatitudini creditis», praeter editionem Vulgatae Latinae, curaret quoque, «ut unum codicem graecum, unum item hebraeum, quoad fieri potest correctum, sua ipsius opera habeat Ecclesia Sancta Dei»; cui quidem voto, si tunc propter temporum difficultates aliaque impedimenta non plene responderi potuit, in praesens, ut fore confidimus, doctorum catholicorum collatis viribus perfectius ampliusque satisfieri potest. Quod autem Vulgatam Tridentina Synodus esse voluit latinam conversionem, «qua omnes pro authentica uterentur», id quidem, ut omnes norunt, latinam solummodo respicit Ecclesiam, eiusdemque publicum Scripturae usum, ac nequaquam, procul dubio, primigeniorum textuum auctoritatem et vim minuit. Neque enim de primigeniis textibus tunc agebatur, sed de latinis, quae illa aetate circumferebantur conversionibus, inter quas idem Concilium illam iure praeferendam edixit, quae «longo tot saeculorum usu in ipsa Ecclesia probata est». Haec igitur praecellens Vulgatae auctoritas seu, ut aiunt, *authentia* non ob criticas praesertim rationes a Concilio statuta est, sed ob illius potius legitimum in Ecclesiis usum, per tot saeculorum decursum habitum; quo quidem usu demonstratur eamdem in rebus fidei ac morum ab omni prorsus esse errore immunem; ita ut, ipsa Ecclesia testante et confirmante, in disputationibus, lectionibus concionibusque tuto ac sine errandi periculo, proferri possit; atque adeo eiusmodi *authentia* non primario nomine *critica*, sed *iuridica* potius vocatur. Quapropter haec Vulgatae in rebus doctrinae auctoritas minime vetat —immo id hodie fere postulat— quominus eadem haec doctrina ex primigeniis etiam textibus comprobetur et confirmetur, atque etiam quominus passim in auxilium iidem textus vocentur, quibus recta Sacrarum Litterarum significatio ubique magis in dies patefiat atque explanetur. (Enc. *Divino afflante Spiritu*, die 30 septembris 1943: Acta Apost. Sedis, 35 [1943] p.309).

IV. *RESPONSA ET DECLARATIONES PONTIFICIAE COMMISSIONIS DE RE BIBLICA*

Circa citationes implicitas in sacra Scriptura contentas [1]. *(13 februarii 1905.)*

Cum ad normam directivam habendam pro studiosis Sacrae Scripturae proposita fuerit Commissioni Pontificiae de Re Biblica sequens quaestio, videlicet:

Utrum ad enodandas difficultates quae occurrunt in nonnullis S. Scripturae textibus, qui facta historica referre videntur, liceat Exegetae catholico asserere agi in his de citatione tacita vel implicita documenti ab auctore non inspirato conscripti, cuius adserta omnia auctor inspiratus minime adprobare aut sua facere intendit, quaeque ideo ab errore immunia haberi non possunt?

Praedicta Commissio respondendum censuit:

Negative, excepto casu in quo, salvis sensu ac iudicio Ecclesiae, solidis argumentis probetur: 1.° Hagiographum alterius dicta vel documenta revera citare; et 2.° eadem nec probare, nec sua facere, ita ut iure censeatur non proprio nomine loqui.

De narrationibus specietenus tantum historicis in S. Scripturae libris, qui pro historicis habentur [2]. *(23 iunii 1905.)*

Proposito sequenti dubio Consilium Pontificium pro studiis de Re Biblica provehendis respondendum censuit prout sequitur:

Dubium: Utrum admitti possit tamquam principium rectae exegeseos sententia quae tenet S. Scripturae libros qui pro historicis habentur, sive totaliter sive ex parte, non historiam proprie dictam et obiective veram quandoque narrare, sed speciem tantum historiae prae se ferre ad aliquid significandum a proprie litterali seu historica verborum significatione alienum?

Resp. Negative, excepto tamen casu, non facile nec temere admittendo, in quo, Ecclesiae sensu non refragante eiusque salvo iudicio, solidis argumentis probetur Hagiographum voluisse non veram et proprie dictam historiam tradere, sed sub specie et forma historiae parabolam, allegoriam, vel sensum aliquem a proprie litterali seu historica verborum significatione remotum proponere.

1 *Acta Sanctae Sedis* 37 (1904-1905) p.666.
2 *Acta Sanctae Sedis* 38 (1905-1906) p.124 s.

De mosaica authentia Pentateuchi [3]. *(27 iunii 1906.)*

Propositis sequentibus dubiis Consilium Pontificium pro studiis de Re Biblica provehendis respondendum censuit prout sequitur:

I. Utrum argumenta a criticis congesta ad impugnandam authentiam mosaicam sacrorum librorum, qui Pentateuchi nomine designantur, tanti sint ponderis, ut posthabitis quampluribus testimoniis utriusque Testamenti collective sumptis, perpetua consensione populi iudaici, Ecclesiae quoque constanti traditione necnon indiciis internis quae ex ipso textu eruuntur, ius tribuant affirmandi hos libros non Moysen habere auctorem, sed ex fontibus maxima ex parte aetate mosaica posterioribus fuisse confectos?

Resp. Negative.

II. Utrum mosaica authentia Pentateuchi talem necessario postulet redactionem totius operis, ut prorsus tenendum sit Moysen omnia et singula manu sua scripsisse vel ammanuensibus dictasse; an etiam eorum hypothesis permitti possit qui existimant eum opus ipsum a se sub divinae inspirationis afflatu conceptum alteri vel pluribus scribendum commisisse, ita tamen ut sensa sua fideliter redderent, nihil contra suam voluntatem scriberent, nihil omitterent; ac tandem opus hac ratione confectum, ab eodem Moyse principe inspiratoque auctore probatum ipsiusmet nomine vulgaretur?

Resp. Negative ad primam partem, affirmative ad secundam.

III. Utrum absque praeiudicio mosaicae authentiae Pentateuchi concedi possit Moysen ad suum conficiendum opus fontes adhibuisse, scripta videlicet documenta vel orales traditiones, ex quibus, secundum peculiarem scopum sibi propositum et sub divinae inspirationis afflatu, nonnulla hauserit eaque ad verbum vel quoad sententiam, contracta vel amplificata ipsi operi inseruerit?

Resp. Affirmative.

IV. Utrum, salva substantialiter mosaica authentia et integritate Pentateuchi, admitti possit tam longo saeculorum decursu nonnullas ei modificationes obvenisse, uti: additamenta post Moysi mortem vel ab auctore inspirato apposita, vel glossas et explicationes textui interiectas; vocabula quaedam et formas e sermone antiquato in sermonem recentiorem translatas; mendosas demum lectiones vitio ammanuensium adscribendas, de quibus fas sit ad normas artis criticae disquirere et iudicare?

Resp. Affirmative, salvo Ecclesiae iudicio.

3 *Acta Sanctae Sedis* 39 (1906) p.377 s.

De auctore et veritate historica quarti Evangelii [4]. *(29 maii 1907.)*

Propositis sequentibus dubiis Commissio Pontificia de Re Biblica sequenti modo respondit:

Dubium I: Utrum ex constanti, universali ac sollemni Ecclesiae traditione iam a saeculo II decurrente, prout maxime eruitur: *a)* ex SS. Patrum, scriptorum ecclesiasticorum, immo etiam haereticorum, testimoniis et allusionibus, quae, cum ab Apostolorum discipulis vel primis successoribus derivasse oportuerit, necessario nexu cum ipsa libri origine cohaerent; *b)* ex recepto semper et ubique nomine auctoris quarti Evangelii in canone et catalogis sacrorum librorum; *c)* ex eorumdem librorum vetustissimis manuscriptis codicibus et in varia idiomata versionibus; *d)* ex publico usu liturgico inde ab Ecclesiae primordiis toto orbe obtinente; praescindendo ab argumento theologico, tam solido argumento historico demonstretur Iohannem Apostolum et non alium quarti Evangelii auctorem esse agnoscendum, ut rationes a criticis in oppositum adductae hanc traditionem nullatenus infirment?

Resp. Affirmative.

Dubium II. Utrum etiam rationes internae quae eruuntur ex textu quarti Evangelii seiunctim considerato, ex scribentis testimonio et Evangelii ipsius cum prima epistula Iohannis Apostoli manifesta cognatione censendae sint confirmare traditionem quae eidem Apostolo quartum Evangelium indubitanter attribuit?— Et utrum difficultates quae ex collatione ipsius Evangelii cum aliis tribus desumuntur, habita prae oculis diversitate temporis, scopi et auditorum pro quibus vel contra quos auctor scripsit, solvi rationabiliter possint, prout SS. Patres et exegetae catholici passim praestiterunt?

Resp. Affirmative ad utramque partem.

Dubium III. Utrum, non obstante praxi quae a primis temporibus in universa Ecclesia constantissime viguit, arguendi ex quarto Evangelio tanquam ex documento proprie historico, considerata nihilominus indole peculiari eiusdem Evangelii et intentione auctoris manifesta illustrandi et vindicandi Christi divinitatem ex ipsis factis et sermonibus Domini, dici possit facta narrata in quarto Evangelio esse totaliter vel ex parte conficta ad hoc ut sint allegoriae vel symbola doctrinalia, sermones vero Domini non proprie et vere esse ipsius Domini sermones, sed compositiones theologicas scriptoris, licet in ore Domini positas?

Resp. Negative.

De libri Isaiae indole et auctore [5]. *(28 iunii 1908.)*

Propositis sequentibus dubiis Commissio Pontificia de Re Biblica sequenti modo respondit:

Dubium I. Utrum doceri possit, vaticinia quae leguntur in libro Isaiae—et passim in Scripturis—, non esse veri nominis vaticinia, sed vel narrationes post eventum confictas, vel, si ante eventum praenuntiatum quidpiam agnosci opus sit, id prophetam non ex supernaturali Dei futurorum praescii revelatione, sed ex his quae iam contigerunt, felici quadam sagacitate et naturali ingenii acumine, coniiciendo praenuntiasse?

Resp. Negative.

Dubium II. Utrum sententia quae tenet, Isaiam ceterosque prophetas vaticinia non edidisse nisi de his quae in continenti vel post non grande temporis spatium eventura erant, conciliari possit cum vaticiniis, imprimis messianicis et eschatologicis, ab eisdem prophetis de longinquo certo editis, necnon cum communi SS. Patrum sententia concorditer adserentium, prophetas ea quoque praedixisse, quae post multa saecula essent implenda?

Resp. Negative.

Dubium III. Utrum admitti possit, prophetas non modo tanquam correctores pravitatis humanae divinique verbi in profectum audientium praecones, verum etiam tamquam praenuntios eventuum futurorum, constanter alloqui debuisse auditores non quidem futuros, sed praesentes et sibi aequales, ita ut ab ipsis plane intellegi potuerint; proindeque secundam partem libri Isaiae (cap. 40-66), in qua vates non Iudaeos Isaiae aequales, at Iudaeos in exsilio babylonico lugentes veluti inter ipsos vivens alloquitur et solatur, non posse ipsum Isaiam iamdiu emortuum auctorem habere, sed oportere eam ignoto cuidam vati inter exsules viventi assignare?

Resp. Negative.

Dubium IV. Utrum, ad impugnandam identitatem auctoris libri Isaiae, argumentum philologicum, ex lingua stiloque desumptum, tale sit censendum, ut virum gravem, criticae artis et hebraicae linguae peritum, cogat in eodem libro pluralitatem auctorum agnoscere?

Resp. Negative.

Dubium V. Utrum solida prostent argumenta, etiam cumulative sumpta, ad evincendum Isaiae librum non ipsi soli Isaiae, sed duobus, immo pluribus auctoribus esse tribuendum?

Resp. Negative.

De charactere historico trium priorum capitum Geneseos [6]. *(30 iunii 1909.)*

I. Utrum varia systemata exegetica, quae ad excludendum sensum litteralem historicum trium priorum capitum libri Geneseos excogitata et scientiae fuco propugnata sunt, solido fundamento fulciantur?

Resp. Negative.

II. Utrum non obstantibus indole et forma historica libri Geneseos, peculiari trium priorum capitum inter se et cum sequentibus capitibus nexu, multiplici testimonio Scripturarum tum Veteris tum Novi Testamenti, unanimi fere sanctorum Patrum sententia ac traditionali sensu, quem, ab israelitico etiam populo transmissum, semper tenuit Ecclesia, doceri possit, praedicta tria capita Geneseos continere non rerum vere gestarum narrationes, quae scilicet obiectivae realitati et historicae veritati respondeant; sed vel fabulosa ex veterum populorum mythologiis et cosmogoniis deprompta et ab auctore sacro, expurgato quovis polytheismi errore, doc-

[4] *Acta Sanctae Sedis* 40 (1907) p.383 s.

[5] *Acta Sanctae Sedis* 41 (1908) p.613 s.

[6] *Acta Apostolicae Sedis* 1 (1909) p.567-569.

trinae monotheisticae accommodata; vel allegorias et symbola, fundamento obiectivae realitatis destituta, sub historiae specie ad religiosas et philosophicas veritates inculcandas proposita; vel tandem legendas ex parte historicas et ex parte ficticias ad animorum instructionem et aedificationem libere compositas?

Resp. Negative ad utramque partem.

III. Utrum speciatim sensus litteralis historicus vocari in dubium possit, ubi agitur de factis in eisdem capitibus enarratis, quae christianae religionis fundamenta attingunt: uti sunt, inter cetera, rerum universarum creatio a Deo facta in initio temporis; peculiaris creatio hominis; formatio primae mulieris ex primo homine; generis humani unitas; originalis protoparentum felicitas in statu iustitiae, integritatis et immortalitatis; praeceptum a Deo homini datum ad eius oboedientiam probandam: divini praecepti, diabolo sub serpentis specie suasore, transgressio; protoparentum deiectio ab illo primaevo innocentiae statu; nec non Reparatoris futuri promissio?

Resp. Negative.

IV. Utrum in interpretandis illis horum capitum locis, quos Patres et Doctores diverso modo intellexerunt, quin certi quidpiam definitique tradiderint, liceat, salvo Ecclesiae iudicio servataque fidei analogia, eam quam quisque prudenter probaverit, sequi tuerique sententiam?

Resp. Affirmative.

V. Utrum omnia et singula, verba videlicet et phrases, quae in praedictis capitibus occurrunt, semper et necessario accipienda sint sensu proprio, ita ut ab eo discedere nunquam liceat, etiam cum locutiones ipsae manifeste appareant improprie seu metaphorice vel anthropomorphice usurpatae, et sensum proprium vel ratio tenere prohibeat vel necessitas cogat dimittere?

Resp. Negative.

VI. Utrum, praesupposito litterali et historico sensu, nonnullorum locorum eorumdem capitum interpretatio allegorica et prophetica, praefulgente sanctorum Patrum et Ecclesiae ipsius exemplo, adhiberi sapienter et utiliter possit?

Resp. Affirmative.

VII. Utrum, cum in conscribendo primo Geneseos capite non fuerit sacri auctoris mens intimam adspectabilium rerum constitutionem ordinemque creationis completum scientifico more docere, sed potius suae genti tradere notitiam popularem, prout communis sermo ferebat per ea tempora, sensibus et captui hominum accommodatam, sit in horum interpretatione adamussim semperque investiganda scientifici sermonis proprietas?

Resp. Negative.

VIII. Utrum in illa sex dierum denominatione atque distinctione, de quibus in Geneseos capite primo, sumi possit vox *yôm* (dies) sive sensu proprio pro die naturali, sive sensu improprio pro quodam temporis spatio, deque huiusmodi quaestione libere inter exegetas disceptare liceat?

Resp. Affirmative.

De auctoribus et de tempore compositionis Psalmorum [7]. *(1 maii 1910.)*

I. Utrum appellationes *Psalmi David, Hymni David, Liber Psalmorum David, Psalterium Davidicum,* in antiquis collectionibus et in Conciliis ipsis usurpatae ad designandum Veteris Testamenti librum 150 Psalmorum, sicut etiam plurium Patrum et Doctorum sententia, qui tenuerunt omnes prorsus Psalterii psalmos uni David esse adscribendos, tantam vim habeant, ut Psalterii totius unicus auctor David haberi debeat?

Resp. Negative.

II. Utrum ex concordantia textus hebraici cum graeco textu alexandrino aliisque vetustis versionibus argui iure possit, titulos psalmorum hebraico textui praefixos antiquiores esse versione sic dicta LXX virorum; ac proinde si non directe ab auctoribus ipsis psalmorum, a vetusta saltem iudaica traditione derivasse?

Resp. Affirmative.

III. Utrum praedicti psalmorum tituli, iudaicae traditionis testes, quando nulla ratio gravis est contra eorum genuinitatem, prudenter possint in dubium revocari?

Resp. Negative.

IV. Utrum, si considerentur Sacrae Scripturae haud infrequentia testimonia circa naturalem Davidis peritiam, Spiritus Sancti charismate illustratam in componendis carminibus religiosis, institutiones ab ipso conditae de cantu psalmorum liturgico, attributiones psalmorum ipsi factae tum in Veteri Testamento, tum in Novo, tum in ipsis inscriptionibus, quae psalmis ab antiquo praefixae sunt; insuper consensus Iudaeorum, Patrum et Doctorum Ecclesiae, prudenter denegari possit, praecipuum Psalterii carminum Davidem esse auctorem, vel contra affirmari pauca dumtaxat eidem regio psalti carmina esse tribuenda?

Resp. Negative ad utramque partem.

V. Utrum in specie denegari possit davidica origo eorum psalmorum qui in Veteri vel Novo Testamento diserte sub Davidis nomine citantur, inter quos prae ceteris recensendi veniunt Ps 2 *Quare fremuerunt gentes:* Ps 15 *Conserva me, Domine;* Ps 17 *Diligam te, Domine, fortitudo mea;* Ps 31 *Beati quorum remissae sunt iniquitates;* Ps 68 *Salvum me fac, Deus;* Ps 109 *Dixit Dominus Domino meo?*

Resp. Negative.

VI. Utrum sententia eorum admitti possit qui tenent inter Psalterii psalmos nonnullos esse sive Davidis sive aliorum auctorum, qui propter rationes liturgicas et musicales, oscitantiam ammanuensium aliasve incompertas causas in plures fuerint divisi vel in unum coniuncti; itemque alios esse psalmos, uti *Miserere mei, Deus,* qui ut melius aptarentur circumstantiis historicis vel sollemnitatibus populi iudaici, leviter fuerint retractati vel modificati, subtractione aut additione unius alteriusve versiculi, salva tamen totius textus sacri inspiratione?

Resp. Affirmative ad utramque partem.

VII. Utrum sententia eorum inter recentiores scriptorum, qui indiciis dumtaxat internis

7 *Acta Apostolicae Sedis* 2 (1910) p.354 s.

innixi vel minus recta sacri textus interpretatione demonstrari conati sunt non paucos esse psalmos post tempora Esdrae et Nehemiae, quinimmo aevo Machabaeorum, compositos, probabiliter sustineri possit?

Resp. Negative.

VIII. Utrum ex multiplici sacrorum librorum Novi Testamenti testimonio et unanimi Patrum consensu, fatentibus etiam iudaicae gentis scriptoribus, plures agnoscendi sint psalmi prophetici et messianici, qui futuri Liberatoris adventum, regnum, sacerdotium, passionem, mortem et resurrectionem vaticinati sunt; ac proinde reiicienda prorsus eorum sententia sit, qui indolem psalmorum propheticam ac messianicam pervertentes, eadem de Christo oracula ad futuram tantum sortem populi electi praenuntiandam coarctant?

Resp. Affirmative ad utramque partem.

De auctore, de tempore compositionis et de historica veritate Evangelii secundum Matthaeum [8]. *(19 iunii 1911.)*

Propositis sequentibus dubiis Pontificia Commissio de Re Biblica ita respondendum decrevit:

I. Utrum, attento universali a primis saeculis constanti Ecclesiae consensu, quem luculenter ostendunt diserta Patrum testimonia, codicum Evangeliorum inscriptiones, sacrorum librorum versiones vel antiquissimae et catalogi a Sanctis Patribus, ab ecclesiasticis scriptoribus, a Summis Pontificibus et Conciliis traditi, ac tandem usus liturgicus Ecclesiae orientalis et occidentalis, affirmari certo possit et debeat Matthaeum, Christi Apostolum, revera Evangelii sub eius nomine vulgati esse auctorem?

Resp. Affirmative.

II. Utrum traditionis suffragio satis fulciri censenda sit sententia quae tenet Matthaeum et ceteros Evangelistas in scribendo praecessisse, et primum Evangelium patrio sermone a Iudaeis palaestinensibus tunc usitato, quibus opus illud erat directum, conscripsisse?

Resp. Affirmative ad utramque partem.

III. Utrum redactio huius originalis textus differri possit ultra tempus eversionis Ierusalem, ita ut vaticinia quae de eadem eversione ibi leguntur, scripta fuerint post eventum; aut, quod allegari solet Irenaei testimonium *(Adv. haer.,* l.3 c.1 n.2), incertae et controversae interpretationis, tanti ponderis sit existimandum, ut cogat reiicere eorum sententiam qui congruentius traditioni censent eamdem redactionem etiam ante Pauli in Urbem adventum fuisse confectam?

Resp. Negative ad utramque partem.

IV. Utrum sustineri vel probabiliter possit illa modernorum quorumdam opinio, iuxta quam Matthaeus non proprie et stricte Evangelium composuisset, quale nobis est traditum, sed tantummodo collectionem aliquam dictorum seu sermonum Christi, quibus tamquam fontibus usus esset alius auctor anonymus, quem Evangelii ipsius redactorem faciunt?

Resp. Negative.

V. Utrum ex eo quod Patres et ecclesiastici scriptores omnes, immo Ecclesia ipsa iam a suis incunabulis unice usi sunt, tamquam canonico, graeco textu Evangelii sub Matthaei nomine cogniti, ne iis quidem exceptis, qui Matthaeum Apostolum patrio scripsisse sermone expresse tradiderunt, certo probari possit ipsum Evangelium graecum identicum esse quoad substantiam cum Evangelio illo, patrio sermone ab eodem Apostolo exarato?

Resp. Affirmative.

VI. Utrum ex eo quod auctor primi Evangelii scopum prosequitur praecipue dogmaticum et apologeticum, demonstrandi nempe Iudaeis Iesum esse Messiam a prophetis praenuntiatum et a Davidica stirpe progenitum, et quod insuper in disponendis factis et dictis quae enarrat et refert, non semper ordinem chronologicum tenet, deduci inde liceat ea non esse ut vera recipienda; aut etiam affirmari possit narrationes gestorum et sermonum Christi, quae in ipso Evangelio leguntur, alterationem quamdam et adaptationem sub influxu prophetiarum Veteris Testamenti et adultioris Ecclesiae status subiisse, ac proinde historicae veritati haud esse conformes?

Resp. Negative ad utramque partem.

VII. Utrum speciatim solido fundamento destitutae censeri iure debeant opiniones eorum, qui in dubium evocant authenticitatem historicam duorum priorum capitum, in quibus genealogia et infantia Christi narrantur, sicut et quarumdam in re dogmatica magni momenti sententiarum, uti sunt illae quae respiciunt primatum Petri (Mt 16,17-19), formam baptizandi cum universali missione praedicandi Apostolis traditam (Mt 28,19-20), professionem fidei Apostolorum in divinitatem Christi (Mt 14,33), et alia huiusmodi, quae apud Matthaeum peculiari modo enuntiata occurrunt?

Resp. Affirmative.

De auctore, de tempore compositionis et de historica veritate Evangeliorum secundum Marcum et secundum Lucam [9]. *(26 iunii 1912.)*

Propositis sequentibus dubiis Pontificia Commissio de Re Biblica ita respondendum decrevit:

I. Utrum luculentum traditionis suffragium inde ab Ecclesiae primordiis mire consentiens ac multiplici argumento firmatum, nimirum disertis Sanctorum Patrum et scriptorum ecclesiasticorum testimoniis, citationibus et allusionibus in eorumdem scriptis occurrentibus, veterum haereticorum usu, versionibus librorum Novi Testamenti, codicibus manuscriptis antiquissimis et pene universis, atque etiam internis rationibus ex ipso sacrorum librorum textu desumptis, certo affirmare cogat Marcum, Petri discipulum et interpretem, Lucam vero medicum, Pauli adiutorem et comitem, revera Evangeliorum quae ipsis respective attribuuntur, esse auctores?

Resp. Affirmative.

II. Utrum rationes, quibus nonnulli critici demonstrare nituntur postremos duodecim ver-

---

8 *Acta Apostolicae Sedis* 3 (1911) p.294-296.

9 *Acta Apostolicae Sedis* 4 (1912) p.463-465.

sus Evangelii Marci (Mc 16,9-20) non esse ab ipso Marco conscriptos, sed ab aliena manu appositos, tales sint, quae ius tribuant affirmandi eos non esse ut inspiratos et canonicos recipiendos; vel saltem demonstrent versuum eorumdem Marcum non esse auctorem?

Resp. Negative ad utramque partem.

III. Utrum pariter dubitare liceat de inspiratione et canonicitate narrationum Lucae de infantia Christi (Lc 1-2) aut de apparitione angeli Iesum confortantis et de sudore sanguineo (Lc 22,43 s.); vel solidis saltem rationibus ostendi possit — quod placuit antiquis haereticis et quibusdam etiam recentioribus criticis arridet — easdem narrationes ad genuinum Lucae Evangelium non pertinere?

Resp. Negative ad utramque partem.

IV. Utrum rarissima illa et prorsus singularia documenta, in quibus Canticum *Magnificat* non Beatae Virgini Mariae, sed Elisabeth tribuitur, ullo modo praevalere possint ac debeant contra testimonium concors omnium fere codicum tum graeci textus originalis tum versionum, necnon contra interpretationem quam plane exigunt non minus contextus quam ipsius Virginis animus et constans Ecclesiae traditio?

Resp. Negative.

V. Utrum, quoad ordinem chronologicum Evangeliorum, ab ea sententia recedere fas sit, quae, antiquissimo aeque ac constanti traditionis testimonio roborata, post Matthaeum, qui omnium primus Evangelium suum patrio sermone conscripsit, Marcum ordine secundum et Lucam tertium scripsisse testatur; aut huic sententiae adversari vicissim censenda sit eorum opinio, quae asserit Evangelium secundum et tertium ante graecam primi Evangelii versionem esse compositum?

Resp. Negative ad utramque partem.

VI. Utrum tempus compositionis Evangeliorum Marci et Lucae usque ad urbem Ierusalem eversam differre liceat; vel, eo quod apud Lucam prophetia Domini circa huius urbis eversionem magis determinata videatur, ipsius saltem Evangelium obsidione iam inchoata fuisse conscriptum, sustineri possit?

Resp. Negative ad utramque partem.

VII. Utrum affirmari debeat Evangelium Lucae praecessisse librum *Actuum Apostolorum* (Act 1,1 s.); et cum hic liber, eodem Luca auctore, ad finem captivitatis romanae Apostoli fuerit absolutus (Act 28,30 s.), eiusdem Evangelium non post hoc tempus fuisse compositum?

Resp. Affirmative.

VIII. Utrum, prae oculis habitis tum traditionis testimoniis, tum argumentis internis, quoad fontes quibus uterque Evangelista in conscribendo Evangelio usus est, in dubium vocari prudenter queat sententia quae tenet Marcum iuxta praedicationem Petri, Lucam autem iuxta praedicationem Pauli scripsisse; simulque asserit iisdem Evangelistis praesto fuisse alios quoque fontes fide dignos sive orales sive etiam iam scriptis consignatos?

Resp. Negative.

IX. Utrum dicta et gesta, quae a Marco iuxta Petri praedicationem accurate et quasi graphice enarrantur; et a Luca, *assecuto omnia a principio diligenter* per testes fide plane dignos, quippe *qui ab initio ipsi viderunt et ministri fuerunt sermonis* (Lc 1,2 s.), sincerissime exponuntur, plenam sibi eam fidem historicam iure vindicent, quam eisdem semper praestitit Ecclesia; an e contrario eadem facta et gesta censenda sint historica veritate, saltem ex parte, destituta, sive quod scriptores non fuerint testes oculares, sive quod apud utrumque Evangelistam defectus ordinis ac discrepantia in successione factorum haud raro deprehendantur, sive quod, cum tardius venerint et scripserint, necessario conceptiones menti Christi et Apostolorum extraneas aut facta plus minusve iam imaginatione populi inquinata referre debuerint, sive demum quod dogmaticis ideis praeconceptis, quisque pro suo scopo, indulserint?

Resp. Affirmative ad primam partem, negative ad alteram.

De quaestione synoptica sive de mutuis relationibus inter tria priora Evangelia [10]. *(26 iunii 1912.)*

Propositis pariter sequentibus dubiis Pontificia Commissio de Re Biblica ita respondendum decrevit:

I. Utrum, servatis quae iuxta praecedenter statuta omnino servanda sunt, praesertim de authenticitate et integritate trium Evangeliorum Matthaei, Marci et Lucae, de identitate substantiali Evangelii graeci Matthaei cum eius originali primitivo, necnon de ordine temporum quo eadem scripta fuerunt, ad explicandum eorum ad invicem similitudines aut dissimilitudines, inter tot varias oppositasque auctorum sententias, liceat exegetis libere disputare et ad hypotheses traditionis sive scriptae sive oralis vel etiam dependentiae unius a praecedenti seu a praecedentibus appellare?

Resp. Affirmative.

II. Utrum ea quae superius statuta sunt, ii servare censeri debeant, qui, nullo fulti traditionis testimonio nec historico argumento, facile amplectuntur hypothesim vulgo *duorum fontium* nuncupatam, quae compositionem Evangelii graeci Matthaei et Evangelii Lucae ex eorum potissimum dependentia ab Evangelio Marci et a collectione sic dicta sermonum Domini contendit explicare; ac proinde eam libere propugnare valeant?

Resp. Negative ad utramque partem.

De auctore, de tempore compositionis et de historica veritate libri Actuum Apostolorum [11]. *(12 iunii 1913.)*

Propositis sequentibus dubiis Pontificia Commissio de Re Biblica ita respondendum decrevit:

I. Utrum perspecta potissimum Ecclesiae universae traditione usque ad primaevos ecclesiasticos scriptores assurgente, attentisque internis rationibus libri Actuum sive in se sive in sua ad tertium Evangelium relatione considerati et praesertim mutua utriusque prologi affini-

10 *Acta Apostolicae Sedis* 4 (1913) p.465.

11 *Acta Apostolicae Sedis* 5 (1913) p.291-292.

tate et connexione (Lc 1,1-4; Act 1,1 s.), uti certum tenendum sit volumen, quod titulo Actus Apostolorum, seu πράξεις Ἀποστόλων, praenotatur, Lucam Evangelistam habere auctorem?

Resp. Affirmative.

II. Utrum criticis rationibus desumptis tum ex lingua et stilo, tum ex enarrandi modo, tum ex unitate scopi et doctrinae, demonstrari possit librum Actuum Apostolorum uni dumtaxat auctori tribui debere; ac proinde eam recentiorum scriptorum sententiam, quae tenet Lucam non esse libri auctorem unicum, sed diversos esse agnoscendos eiusdem libri auctores quovis fundamento esse destitutam?

Resp. Affirmative ad utramque partem.

III. Utrum, in specie, pericopae in Actis conspicuae, in quibus, abrupto usu tertiae personae, inducitur prima pluralis *(Wirstücke)*, unitatem compositionis et authenticitatem infirment; vel potius historice et philologice consideratae eam confirmare dicendae sint?

Resp. Negative ad primam partem, affirmative ad secundam.

IV. Utrum ex eo quod liber ipse, vix mentione facta biennii primae romanae Pauli captivitatis, abrupte clauditur, inferri liceat auctorem volumen alterum deperditum conscripsisse, aut conscribere intendisse, ac proinde tempus compositionis libri Actuum longe possit post eamdem captivitatem differri; vel potius iure et merito retinendum sit Lucam sub finem primae captivitatis romanae Apostoli Pauli librum absolvisse?

Resp. Negative ad primam partem, affirmative ad secundam.

V. Utrum, si simul considerentur tum frequens ac facile commercium quod procul dubio habuit Lucas cum primis et praecipuis ecclesiae palaestinensis fundatoribus nec non cum Paulo gentium Apostolo, cuius et in evangelica praedicatione adiutor et in itineribus comes fuit, tum solita eius industria et diligentia in exquirendis testibus rebusque suis oculis observandis; tum denique plerumque evidens et mirabilis consensus libri Actuum cum ipsis Pauli epistulis et cum sincerioribus historiae monumentis; certo teneri debeat Lucam fontes omni fide dignos prae manibus habuisse eosque accurate, probe et fideliter adhibuisse, adeo ut plenam auctoritatem historicam sibi iure vindicet?

Resp. Affirmative.

VI. Utrum difficultates, quae passim obiici solent tum ex factis supernaturalibus a Luca narratis; tum ex relatione quorumdam sermonum, qui, cum sint compendiose traditi, censentur conficti et circumstantiis adaptati; tum ex nonnullis locis ab historia sive profana sive biblica apparenter saltem dissentientibus; tum demum ex narrationibus quibusdam, quae sive cum ipso Actuum auctore sive cum aliis auctoribus sacris pugnare videntur; tales sint, ut auctoritatem Actuum historicam in dubium revocare vel saltem aliquo modo minuere possint?

Resp. Negative.

De auctore, de integritate et de compositionis tempore epistularum pastoralium Pauli Apostoli [12]. *(12 iunii 1913.)*

Propositis pariter sequentibus dubiis Pontificia Commissio de Re Biblica ita respondendum decrevit:

I. Utrum prae oculis habita Ecclesiae traditione inde a primordiis universaliter firmiterque perseverante, prout multimodis ecclesiastica monumenta vetusta testantur, teneri certo debeat epistulas quae pastorales dicuntur, nempe ad Timotheum utramque et aliam ad Titum, non obstante quorumdam haereticorum ausu, qui eas, utpote suo dogmati contrarias, de numero paulinarum, nulla reddita causa, eraserunt, ab ipso Apostolo Paulo fuisse conscriptas et inter genuinas et canonicas perpetuo recensitas?

Resp. Affirmative.

II. Utrum hypothesis sic dicta fragmentaria a quibusdam recentioribus criticis invecta et varie proposita, qui nulla ceteroquin probabili ratione, immo inter se pugnantes, contendunt epistulas pastorales posteriori tempore ex fragmentis epistularum sive ex epistulis paulinis deperditis ab ignotis auctoribus fuisse contextas et notabiliter auctas, perspicuo et firmissimo traditionis testimonio aliquod vel leve praeiudicium inferre possit?

Resp. Negative.

III. Utrum difficultates quae multifariam obiici solent sive ex stilo et lingua auctoris, sive ex erroribus praesertim gnosticorum, qui uti iam tunc serpentes describuntur, sive ex statu ecclesiasticae hierarchiae, quae iam evoluta supponitur, aliaeque huiuscemodi in contrarium rationes, sententiam, quae genuinitatem epistularum pastoralium ratam certamque habet, quomodolibet infirment?

Resp. Negative.

IV. Utrum, cum non minus ex historicis rationibus quam ex ecclesiastica traditione, SS. Patrum orientalium et occidentalium testimoniis consona, necnon ex indiciis ipsis, quae tum ex abrupta conclusione libri Actuum tum ex paulinis epistulis Romae conscriptis et praesertim ex secunda ad Timotheum facile eruuntur, uti certa haberi debeat sententia de duplici romana captivitate Apostoli Pauli; tuto affirmari possit epistulas pastorales conscriptas esse in illo temporis spatio quod intercedit inter liberationem a prima captivitate et mortem Apostoli?

Resp. Affirmative.

De auctore et de modo compositionis epistulae ad Hebraeos [13]. *(24 iunii 1914.)*

Propositis sequentibus dubiis Pontificia Commissio de Re Biblica ita respondendum decrevit:

I. Utrum dubiis, quae primis saeculis, ob haereticorum imprimis abusum, aliquorum in Occidente animos tenuere circa divinam inspirationem ac paulinam originem epistulae ad Hebraeos, tanta vis tribuenda sit, ut, attenta per-

[12] *Acta Apostolicae Sedis* 5 (1913) p.292-293.
[13] *Acta Apostolicae Sedis* 6 (1914) p.417 s.

petua, unanimi ac constanti orientalium Patrum affirmatione, cui post saeculum IV totius occidentalis Ecclesiae plenus accessit consensus; perpensis quoque Summorum Pontificum sacrorumque Conciliorum, tridentini praesertim, actis, necnon perpetuo Ecclesiae universalis usu, haesitare liceat, eam non solum inter canonicas—quod de fide definitum est—verum etiam inter genuinas Apostoli Pauli epistulas certo recensere?

Resp. Negative.

II. Utrum argumenta, quae desumi solent sive ex insolita nominis Pauli absentia et consueti exordii salutationisque omissione in epistula ad Hebraeos, sive ex eiusdem linguae graecae puritate, dictionis ac stili elegantia et perfectione, sive ex modo quo in ea Vetus Testamentum allegatur et ex eo arguitur, sive ex differentiis quibusdam, quae inter huius ceterarumque Pauli epistularum doctrinam existere praetenduntur, aliquomodo eiusdem paulinam originem infirmare valeant; an potius perfecta doctrinae ac sententiarum consensio, admonitionum et exhortationum similitudo, necnon locutionum ac ipsorum verborum concordia a nonnullis quoque acatholicis celebrata, quae inter eam et reliqua Apostoli gentium scripta observantur, eamdem paulinam originem commonstrent atque confirment?

Resp. Negative ad primam partem, affirmative ad alteram.

III. Utrum Paulus Apostolus ita huius epistulae auctor censendus sit, ut necessario affirmari debeat, ipsum eam totam non solum Spiritu Sancto inspirante concepisse et expressisse, verum etiam ea forma donasse qua prostat?

Resp. Negative, salvo ulteriori Ecclesiae iudicio.

De parousia seu de secundo adventu D. N. Iesu Christi in epistolis S. Pauli Apostoli [14]. *(18 iunii 1915.)*

Propositis sequentibus dubiis Pontificia Commissio de Re Biblica ita respondendum decrevit:

I. Utrum ad solvendas difficultates quae in epistolis sancti Pauli aliorumque Apostolorum occurrunt, ubi de *parousia* ut aiunt, seu de secundo adventu D. N. Iesu Christi, sermo est, exegetae catholico permissum sit adserere, Apostolos, licet sub inspiratione Spiritus Sancti nullum doceant errorem, proprios nihilominus humanos sensus exprimere, quibus error vel deceptio subesse possit?

Resp. Negative.

II. Utrum, prae oculis habitis genuina muneris apostolici notione et indubia sancti Pauli fidelitate erga doctrinam Magistri, dogmate item catholico de inspiratione et inerrantia Sacrarum Scripturarum, quo omne id, quod hagiographus asserit, enuntiat, insinuat, retineri debet assertum enuntiatum, insinuatum a Spiritu Sancto, perpensis quoque textibus epistolarum Apostoli, in se consideratis, modo loquendi ipsius Domini apprime consonis, affirmare oporteat, Apostolum Paulum in scriptis suis nihil omnino dixisse, quod non perfecte concordet cum illa temporis *parousiae* ignorantia, quam ipse Christus hominum esse proclamavit?

Resp. Affirmative.

II. Utrum, attenta locutione graeca «ἡμεῖς οἱ ζῶντες οἱ περιλειπόμενοι», perpensa quoque expositione Patrum, imprimis sancti Ioannis Chrysostomi, tum in patrio idiomate, tum in epistolis paulinis versatissimi, liceat tamquam longius petitam et solido fundamento destitutam reiicere interpretationem in scholis catholicis traditionalem (ab ipsis quoque novatoribus saeculi XVI retentam), quae verba sancti Pauli in I Thess., IV, 15-17, explicat quin ullo modo involvat affirmationem parousiae tam proximae ut Apostolus seipsum suosque lectores adnumeret fidelibus illis, qui superstites futuri sunt obviam Christo?

Resp. Negative.

Declaratio de additione variarum lectionum in editionibus versionis Vulgatae N. et V. T. [15]. *(17 novembris 1921.)*

In Praefatione ad lectorem editionis Clementinae versionis Vulgatae Sacrarum Scripturarum legitur:

«Porro in hac editione nihil non canonicum..., nullae ad marginem concordantiae (quae posthac inibi apponi non prohibentur), nullae notae, nullae variae lectiones, nullae denique praefationes... Sed sicut Apostolica Sedes industriam eorum non damnat, qui concordias locorum, varias lectiones, praefationes S. Hieronymi et alia id genus in aliis editionibus inseruerunt; ita quoque non prohibet, quin alio genere characteris, in hac ipsa Vaticana editione eiusmodi adiumenta pro studiosorum commoditate atque utilitate in posterum adiiciantur; ita tamen, ut lectiones variae ad marginem ipsius textus minime adnotentûr.»

Cum autem sint, qui putent ultimis hisce verbis prohiberi additionem variarum lectionum non solum in margine laterali, verum etiam in inferiore seu ad calcem textus, quaesitum est a Pontificia Commissione Biblica: utrum liceat in editionibus versionis Vulgatae tam Novi quam Veteris Testamenti lectiones varias aliave huiusmodi studiosorum adiumenta ad calcem textus adiicere?

Re examinata, Pontificia Commissio Biblica respondit: Affirmative.

De falsa duorum textuum biblicorum interpretatione [16]. *(1 iulii 1933.)*

Propositis sequentibus dubiis Pontificia Commissio de Re Biblica ita respondendum decrevit:

I. Utrum viro catholico fas sit, maxime data interpretatione authentica Principum Apostolorum (Act., II 24-33; XIII, 35-37), verba Psalmi XV, 10-11: *Non derelinques animam meam in inferno, nec dabis sanctum tuum videre corruptionem. Notas mihi fecisti vias vitae,* sic interpretari quasi auctor sacer non sit locutus de resurrectione Domini Nostri Iesu Christi?

Resp. Negative.

---

14 *Acta Apostolicae Sedis* 7 (1915) p.357 s.

15 *Acta Apostolicae Sedis* 14 (1922) p.27.

16 *Acta Apostolicae Sedis* 25 (1933) p.344.

II. Utrum asserere liceat verba Iesu Christi quae leguntur apud. S. Matthaeum, XVI, 26: *Quid prodest homini, si mundum universum lucretur, animae vero suae detrimentum patiatur? Aut quam dabit homo commutationem pro anima sua?*, et pariter ea quae habentur apud S. Lucam, IX, 25: *Quid enim proficit homo si lucretur universum mundum, se autem ipsum perdat et detrimentum sui faciat?* sensu litterali non respicere aeternam salutem animae, sed solam vitam temporalem hominis, non obstantibus ipsorum verborum tenore eorumque contextu, nec non unanimi interpretatione catholica?

Resp. Negative.

De usu versionum Sacrae Scripturae in ecclesiis [17]. *(30 aprilis 1934.)*

Proposito ab Exmo. Episcopo Buscoducensi, nomine etiam ceterorum Excmorum. Episcoporum provinciae ecclesiasticae neerlandicae, sequenti dubio:

Utrum permitti possit in ecclesiis populo praelegi pericopas liturgicas Epistolarum et Evangeliorum secundum versionem non ex *veteri vulgata latina editione*, sed ex textibus primigeniis sive graecis sive hebraicis?

Pontificia Commissio de Re Biblica ita respondendum decrevit:

Negative; sed versio Sacrae Scripturae christifidelibus publice praelegatur quae sit confecta ex textu ab Ecclesia pro sacra liturgia approbato.

Litterae ad Exmos. PP. DD. Archiepiscopos et Episcopos Italiae [18]. *(20 augusti 1941.)*

Consta alla Pont. Commisione per gli Studi Biblici che, settimane or sono, venne spedito agli Emi. Membri del Sacro Collegio, agli Eccmi. Ordinari d'Italia e ad alcuni Superiori Generali di Ordini Religiosi un opuscolo anonimo intitolato: *Un gravissimo pericolo per la Chiesa e per le anime. Il sistema critico-scientifico nello studio e nell'interpretazione della Sacra Scrittura, le sue deviazioni funeste e le sue aberrazioni*...

L'opuscolo vuole essere una diffesa di una certa esegesi detta di *meditazione; ma* è soprattutto una virulenta accusa dello *studio scientifico delle Sacre Scritture:* esame filologico, storico, archeologico, ecc., della Bibbia altro non sono che razionalismo, naturalismo, modernismo, scetticismo, ateismo, ecc.; a capir bene la Bibbia, bisogna lasciare libero corso allo spirito, quasi che ognuno fosse in personale comunione con la divina Sapienza, e ricevesse dallo Spirito Santo speciali lumi individuali, come pretesero i primitivi protestanti...

L'anonimo benchè affermi pro forma che il senso letterale è la «base dell'interpretazione biblica» (p.6), di fatto preconizza una esegesi assolutamente soggettiva e allegorica, giusta l'ispirazione personale o piuttosto secondo la fantasia più o meno vivace e feconda di ognuno. Ora se è proposizione di fede da tenersi per principio fondamentale, che la Sacra Scrittura contiene, oltre al senso letterale, un senso spirituale o tipico, como ci è insegnato dalla practica di Nostro Signore e degli Apostoli, tuttavia non ogni sentenza o racconto contiene un senso tipico, e fu un eccesso grave della scuola alessandrina di voler trovare dappertutto un senso simbolico, anche a danno del senso letterale e storico. Il senso spirituale o tipico, oltre che fondarsi sopra il senso letterale, deve provarsi sia dall'uso di Nostro Signore, degli Apostoli o degli scrittori ispirati, sia dall'uso tradizionale dei Santi Padri e della Chiesa, specialmente nella sacra liturgia, perchè «lex orandi, lex credendi». Un'applicazione più larga dei testi sacri potrà bensì giustificarsi collo scopo dell'edificazione in omilie ed in opere ascetiche; ma il senso risultante anche dalle accomodazioni più felici, quando non sia comprovato com'è detto sopra, non si può dire veramente e strettamente senso della Bibbia nè che fu da Dio ispirato all'agiografo...

Anche più palpabile è l'errore dell'anonimo circa il senso e l'estensione del decreto Tridentino sull'uso della Volgata latina. Il Concilio Tridentino, contro la confusione cagionata dalle nuove traduzioni in latino e in vernacolo allora propalate, volle sancito l'uso pubblico, nella Chiesa Occidentale, della versione latina comune giustificandolo dall'uso secolare fattone dalla Chiesa stessa, ma non pensò per nulla menomare l'autorità delle versioni antiche adoperate nelle Chiese Orientali, di quella segnatamente dei LXX usata dagli stessi Apostoli, e meno ancora l'autorità dei testi originali, e resistette ad una parte dei Padri, che volevano l'uso esclusivo della Volgata come sola auterovele. Ora l'anonimo sentenzia che in virtù del decreto Tridentino si possiede nella versione latina un testo declarato superiore a tutti gli altri, rimprovera agli esegeti di voler interpretare la Volgata coll'aiuto degli originali e delle altre versioni antiche. Per lui il decreto dà la «certezza del Sacro Testo», così che la Chiesa non ha bisogno di «ancora ricercare l'autentica lettera di Dio» (p.7), e ciò non soltanto *in rebus fidei et morum*, ma in tutti i rispetti (anche letterari, geografici, cronologici, ecc.). La Chiesa con quel decreto ci ha dato «il Testo autentico e ufficiale, dal quale non è lecito discostarsi» (p.6), e fare la critica testuale è un «mutilare la Sacra Scrittura» (p.8)...

Ebbene tale pretesa non è soltando contro il senso comune, il quale non accetterà mai che una versione possa essere superiore al testo originale, ma è anche contro la mente dei Padri del Concilio... Insomma il Concilio Tridentino dichiarò «autentica» la Volgata in senso giuridico, cioè riguardo alla «vis probativa in rebus fidei et morum», ma non escluse affatto possibili divergenze dal testo originale e dalle antiche versioni, come ogni buon libro d'Introduzione Biblica espone chiaramente secondo gli Atti del Concilio medesimo.

Con l'idea, sopra esposta, del valore pressochè unico della Volgata e minimo o quasi nullo dei testi originali e delle altre versioni antiche, non fa meraviglia che l'anonimo neghi la necessità e l'utilità della critica testuale, non ostante che le recenti scoperte di testi preziosissimi abbiano confermato il contrario...

---

17 *Acta Apostolicae Sedis* 26 (1934) p.315.

18 *Acta Apostolicae Sedis* 33 (1941) p.465-472.

DE VERSIONIBUS SACRAE SCRIPTURAE IN LINGUAS VERNACULAS [19]. *(22 augusti 1943.)*

Pontificia Commissio de Re Biblica ad solvendam quaestionem sibi propositam de usu et auctoritate versionum biblicarum in linguas vernaculas, praesertim ex textibus primigeniis, atque ad suum decretum *De usu versionum Sacrae Scripturae in ecclesiis* d. d. 30 aprilis 1934, magis declarandum, sequentes normas referre et commendare opportunum duxit.

Quandoquidem a Leone XIII f. r., Pontifice Maximo, in Litteris Encyclicis *Providentissimus Deus* [20] commendatum fuit, ut ad penitiorem cognitionem et declarationem uberiorem verbi divini adhibeantur primigenii Bibliorum textus; eaque commendatione, sane non in solum commodum exegetarum et theologorum facta, visum est ac videtur propemodum consultum, ut iidem quoque textus in linguas communiter notas seu vernaculas, utique sub vigili competentis auctoritatis ecclesiasticae cura, iuxta probatas scientiae sacrae adaeque profanae leges vertantur;

quoniam porro ex Vulgata editione, quam unam et solam inter latinas versiones tunc temporis circumlatas Synodus oecumenica Tridentina declaravit authenticam [21], desumptae ut plurimum sunt pericopae biblicae in liturgicis Ecclesiae Latinae libris ad sacrosanctum Missae Sacrificium et ad officium divinum publicae legendae;

servatis servandis:

1.° Versiones Sacrae Scripturae in linguas vernaculas sive ex Vulgata sive ex textibus primigeniis factae, dummodo competentis auctoritatis ecclesiasticae licentia editae sint ad normam can. 1931, a fidelibus pro privata ipsorum pietate rite adhiberi et legi possunt; atque etiam, si qua versio, diligenti tum textus tum adnotationum examine a viris biblica et theologica scientia excellentibus peracto, magis fida et apta inventa sit, hanc Episcopi sive singuli sive in conventibus provinciae vel nationis suae congregati, fidelibus suae curae commissis peculiariter, si placuerit, commendare possunt.

2.° Pericoparum biblicarum in linguam vernaculam versio quam forte sacerdotes s. Missam celebrantes, pro consuetudine vel pro opportunitate, post lectum ipsum textum liturgicum, populo praelecturi sint iuxta responsum Commissionis Pontificiae de Re Biblica [22], textui latino, nempe liturgico, conformis sit oportet, integra manente facultate illam ipsam versionem, si expediat, ope textus originalis vel alterius versionis magis perspicuae apte illustrandi.

---

19 *Acta Apostolicae Sedis* 35 (1943) p.270-71.
20 *Acta Leonis XIII* vol.13 p.342; *Ench. Bibl.* n.91.
21 *Conc. Trid.* sess.4 decr. *De editione et usu Ss. Librorum; Ench. Bibl.* n.46.
22 *Acta Apostolicae Sedis* 26 (1934) p.315.

EPISTULA AD EMMUM. CARD. SUHARD, ARCHIEPISCOPUM PARISIENSEM: DE TEMPORE DOCUMENTORUM PENTATEUCHI ET DE GENERE LITTERARIO UNDECIM PRIORUM CAPITUM GENESEOS [23]. *(16 ianuarii 1948.)*

Le Saint-Père a bien voulu confier à l'examen de la Commission Pontifical pour les Etudes Bibliques deux questions, qui ont été récemment soumises à Sa Sainteté au sujet des sources du Pentateuque et de l'historicité des onze premiers chapitres de la Genèse...

La Commission Pontifical Biblique se plaît à rendre hommage au sentiment de filiale confiance qui a inspiré cette démarche et désire y correspondre par un effort sincère de promouvoir les études bibliques en leur assurant, dans les limites de l'enseignement traditionnel de l'Eglise, la plus entière liberté. Cette liberté a été affirmée en termes explicites par l'encyclique du Souverain Pontife glorieusement régnant *Divino afflante Spiritu* en ces termes: «L'exégète catholique, poussé par un amour de sa science actif et courageux, sincèrement dévoué à notre mère la sainte Eglise, ne doit, en aucune façon, se defendre d'aborder, et à plusieurs reprises, les questions difficiles qui n'ont pas encore été résolues jusqu'ici non seulement pour repousser les objections des adversaires, mais encore pour tenter de leur trouver une solide explication, en accord parfait avec la doctrine de l'Eglise, spécialement avec celle de l'inerrance biblique, et capable en même temps de satisfaire pleinement aux conclusions certaines des sciences profanes...» [24]

Qu'on veuille bien comprendre et interpréter, à la lumière de cette recommandation du Souverain Pontife, les trois réponses officielles données jadis par la Commission Biblique à propos des questions susmentionnées, à savoir le 23 juin 1905 sur les récits qui n'auraient d'historique que l'apparence dans les livres historiques de la Sainte Ecriture, le 27 juin 1906 sur l'authenticité mosaïque du Pentateuque, et le 30 juin 1909 sur le caractère historique des trois premiers chapitres de la Genèse, et l'on concédera que ces réponses ne s'opposent nullement à un examen ultérieur vraiment scientifique de ces problèmes d'après les résultats acquis pendant ces quarante dernières années. En conséquence, la Commission Biblique ne croit pas qu'il y a lieu de promulguer, du moins pour le moment, de nouveaux décrets à propos de ces questions.

En ce qui concerne la composition du Pentateuque, dans le décret susmentionné du 27 juin 1906 la Commission Biblique reconnaissait déjà que l'on pouvait affirmer que Moïse, «pour composer son ouvrage, s'est servi de documents écrits ou de traditions orales» et admettre aussi des modifications et additions postérieures a Moïse. Il n'est plus personne aujourd'hui qui mete en doute l'existence de ces sources et n'admette un accroissement progressif des lois mosaïques dû aux conditions sociales et religieuses des temps postérieurs, progression qui se manifeste aussi dans les récits historiques. Cependant, même dans le camp des exégètes noncatholiques, des opinions très divergentes sont professées aujourd'hui touchant la nature et le

---

23 *Acta apostolicae Sedis* 40 (1948) p.45-48.
24 *Acta apostolicae Sedis* 35 (1943) p.319.

nombre de ces documents, leur dénomination et leur date... C'est pourquoi nous invitons les savants catholiques à étudier ces problèmes sans parti-pris, à la lumière d'une saine critique et des résultats des autres sciences intéressées dans ces matières, et une telle étude établira sans doute la grande part et la profonde influence de Moïse comme auteur et comme législateur.

La question des formes littéraires des onze premiers chapitres de la Genèse est bien plus obscure et complexe. Ces formes littéraires ne répondent à aucune de nos catégories classiques et ne peuvent pas être jugées à la lumière des genres littéraires gréco-latins ou modernes. On ne peut donc en nier ni affirmer l'historicité en bloc sans leur appliquer indûment les normes d'un genre littéraire sous lequel ils ne peuvent pas être classés. Si l'on s'accorde à ne pas voir dans ces chapitres de l'histoire au sens classique et moderne, on doit avouer aussi que les données scientifiques actuelles ne permettent pas de donner une solution *positive* à tous les problèmes qu'ils posent... Déclarer à priori que leurs récits ne contiennent pas de l'histoire au sens moderne du mot, laisserait facilement entendre qu'ils n'en contiennent en aucun sens, tandis qu'ils relatent en un langage simple et figuré, adapté aux intelligences d'une humanité moins développée, les vérités fondamentales présupposées à l'économie du salut, en même temps que la description populaire des origenes du genre humain et du peuple élu. En attendant il faut pratiquer la patience qui est prudence et sagesse de la vie...

Instructio ad Excmos. Ordinarios locorum et supremos religionum moderatores: de Scriptura Sacra in clericorum seminariis et religiosorum collegiis recte docenda[25]. *(13 maii 1950.)*

Ut quae Summus Pontifex (in Enc. *Divino afflante Spiritu*) commendata et sancita voluit, summa cura et fidelitate ad effectum perducantur, Pontificia Commissio de Re Biblica opportunum censuit eadem proprio modo applicare ad disciplinas biblicas in clericorum seminariis ac religiosorum collegiis docendas, in quibus tradi nequeunt illa amplitudine qua in Facultatibus theologicis et Institutis peculiaribus proponuntur. In his enim illi formantur magistri quorum erit et futuros sacerdotes scientia sacra instituere et illas ipsas disciplinas profundius investigare, quae formatio propria erit paucorum. In clericorum autem seminariis et religiosorum collegiis ii parantur qui futuri sunt sacerdotes et gregis dominici pastores quorumque erit populum catholicum veritates fidei docere ac divinam revelationem contra incredulorum impetus tueri...

I. *De magistro rei biblicae*

Ad studia biblica in clericorum seminariis et collegiis religiosorum rite instauranda et promovenda potissimum opus est magistris qui ad hanc disciplinam omnibus aliis sanctiorem et sublimiorem rite docendam omni ex parte sint idonei...

Sed cum huius disciplinae ambitus tantus sit, ut paucorum annorum spatio obtineri quidem possit generalis eius conspectus, discendi et docendi ratio, aliquarum gravium quaestionum cognitio, reliqua autem *ulteriori magistri studio et diligentiae relinqui debeant*, insuper assiduo opus est proprio singulorum labore, quo scientia antea comparata augeatur, perficiatur solideturque, quaestiones quae de novo oriantur, scite examinentur et disputentur, variae disciplinae partes quae clericis tradi debent, altius et profundius investigentur. Ad quod assequendum necesse est libros novos de rebus biblicis editos atque commentaria periodica studiose perlegat, bibliothecas consulat, conventibus rei biblicae provehendae institutis intersit, atque etiam, si conditiones permittant, opportuno tempore iter in Terram Sanctam peragat, quo urbes et regiones cum sacra historia connexas propriis oculis conspiciat atque perlustret. Tantus enim scientiae biblicae est ambitus, tot ac tanti fiunt in explanandis libris sacris progressus, tot in auxilium vocandae sunt scientiae (nempe linguarum studium, historia, geographia, archaeologia, aliae), ut magister, nisi cotidie se dederit diligenti studio, mox arduo suo officio evadat impar neque ea praestare possit quae sacerdotes ministerio animarum dediti, immo ipsi quoque fideles iure ab eo expostulant...

II. *De ratione docendi res biblicas*

Iam quod ad ipsam Sacrae Scripturae in clericorum seminariis et religiosorum collegiis docendae rationem attinet, imprimis haec in memoriam videntur redigenda.

1) Magistri biblici munus est in alumnis, simul cum debita sacrorum librorum cognitione, *actuosum ac perennem eorundem amorem*[26] excitare atque fovere... Ad quem finem rite assequendum hodie quoque maxime confert *cotidiana Sacrae Scripturae lectio*, quae olim clericis omnibus, tam sacerdotibus saecularibus quam religiosis, cotidianum erat exercitium non minus sacrum quam cotidiana meditatio, quin immo pia haec lectio ipsa eis erat meditatio. Magister igitur discipulis inculcet, ut hanc cotidianam sacrorum librorum lectionem magni aestiment eamque humili cum fide et religiosa cum pietate peragant... Huiusmodi cotidiana lectione continuata et ordinatim concinneque facta sacerdotii candidati tam ad sacram liturgiam recte intelligendam et digne celebrandam quam ad ipsa studia sacrae theologiae cum fructu agenda egregie parabuntur...

2) In *ipsis scholis* habendis magister Sacrae Scripturae alumnis suis sollicite omnia ea praebere curet, quibus in futuro opere sacerdotali indigebunt tam ad vitam sancte agendam quam ad animas Deo lucrandas.

Quare: *a)* Sacra Scriptura in clericorum seminariis et religiosorum collegiis tradatur adeo scientifice ac solide et complete, ut eam totam et secundum omnes eius partes cognoscant, ut probe sciant quae quaestiones graviores hisce nostris temporibus de singulis libris biblicis agitentur, et quae obiecta et difficultates contra historiam et doctrinam sacram opponi soleant, denique ut in pericopis biblicis populo explicandis validis innitantur scientiae fundamentis; *b)* cum tempus quod docendae Sacrae Scripturae suppetit, plerumque brevius sit quam ut ingens rerum biblicarum materia possit tota tradi, magister prae ceteris graviores quaestiones pruden-

[25] *Acta Apostolicae Sedis* 42 (1950) p.495-505.

[26] Enc. *Divino afflante Spiritu:* AAS 35 (1943) p.321.

ter seligere curet, idque ita, ut non sua quaerat studia suasque animi propensiones, sed diligenter ante oculos habeat, quid utilitas postulet alumnorum qui futuri sunt verbi divini praecones...

In tradenda *introductione generali*, ceteris quidem quaestionibus non plane omissis, maxime in doctrina inspirationis et veritatis Sacrarum Scripturarum et in legibus interpretationis (hermeneutica) immoretur; in *introductione vero speciali* cum in Vetus tum maxime in Novum Testamentum diligenter de sacris libris agat ac dilucide ostendat, quod singulorum sit argumentum, qui finis, a quo auctore sint scripti et quo tempore. Qua in re, vitata omni vana de criticorum opinionibus eruditione quae alumnorum mentes magis perturbet quam excolat, ea potius proponat et nervose demonstret, quibus nostrae aetatis homines spiritalem utilitatem capiant et in quaestionibus et difficultatibus dissolvendis apte iuventur...

In *exegetica* expositione, magister ne unquam obliviscatur *Ecclesiae* a Deo traditam esse Sacram Scripturam non solum custodiendam, sed etiam interpretandam, eamque non aliter esse explicandam nisi eiusdem Ecclesiae nomine et mente, quippe quae sit «columna et firmamentum veritatis» [27]. Quare «sanctum habebit, numquam a communi doctrina ac traditione Ecclesiae vel minimum discedere...» [28]

In seligendis autem partibus quorum accuratiorem explicationem tradat, ne merae eruditionis rationem habeat, sed ea exponat quibus utriusque Testamenti *doctrina* declaretur ac definiatur, ne, ut ait S. Gregorius, corticem rodat, medullam autem non attingat. Quare Veteris Testamenti *praecipue* explanet doctrinam de generis humani primordiis, vaticinia messiana, Psalmos; in Novo autem interpretando totius vitae Christi Domini ordinate tradat conspectum easque saltem Evangeliorum et Epistolarum partes fusius explicet, quae diebus dominicis et festis in ecclesia publice leguntur; praeterea tradat historiam passionis et resurrectionis Domini atque unam ad minimum ex praecipuis epistulis S. Pauli penitus exponat, non amissis ceterarum quoque epistolarum iis locis qui ad doctrinam spectant.

Interpretationis autem munere magister ita fungatur, ut primo loco *sensum litteralem* qui dicitur clare et perspicue exponat, in auxilium adhibito, ubi res ferat, ipso quoque textu primigenio... *Spiritalem* quoque verborum significationem, dummodo eam a Deo intendi secundum sapientissimas normas a Summis Pontificibus identidem statutas rite constet, debito modo explicare curet... *Difficultates et obscuritates* quae interpreti in Sacrae Scripturae libris non raro occurrunt, magister ne attenuet aut dissimulet, sed quaestione aeque et honeste exposita, pro viribus, accitis variarum disciplinarum subsidiis, rem enodare conetur. Ne tamen obliviscatur «Deum sacros quos ipse inspiravit libros, consulto difficultatibus adspexisse, ut et intentius ad eos evolvendos et perscrutandos excitaremur, et salubriter mentis nostrae limites experti, debita animi demissione exerceremur» [29].

---

[27] 1 Tim. 3,15.

[28] Pius X, litt. apost. *Quoniam in re biblica:* Ench. Bibl., n.168.

[29] Enc. *Divino afflante Spiritu:* AAS 35 (1943) p.318.

Instructio ad excmos. locorum Ordinarios de consociationibus biblicis et de conventibus ac coetibus eiusdem generis [30]. *(15 decembris 1955.)*

Sanctissimus Dominus noster Pius Pp. XII fel. reg. in Litteris Encyclicis *Divino afflante Spiritu* d. d. 30 sept. 1943, inter complura alia quae ad studia biblica rite promovenda conferunt, id quoque paterne hortatus est, ut sacri Antistites Scripturae Sacrae venerationem in christifidelibus sibi commissis satius in dies augere et perficere studeant eiusque cognitionem et amorem efficaciter fovere et excitare nitantur. Pias igitur illas consociationes quae ad Sacrorum Librorum exemplaria diffundenda conditae sunt, intente adiuvent..., publicas de rebus biblicis dissertationes seu acroases aut ipsi habeant aut ab aliis apprime peritis sacris oratoribus habendas curent...

Magno cum gaudio haec Pontificia de Re Biblica Commissio... variis e nuntiis et fontibus cognitum habet, quanta cum alacritate Excellentissimi Praesules his Summi Pontificis hortationibus obtemperaverint quantumque fructum fidelis populus in haud paucis regionibus ex hoc Sacrorum Librorum renovato studio perceperit... Attamen, ut hic finis rite obtineatur, omnia magna cum cura et prudentia paranda et dirigenda sunt. Ac primum quidem argumenta in conventibus tractanda apte eligantur oportet, idque maxime ex iis quae ad doctrinam theologicam Sacrorum Librorum profundius cognoscendam et ad cultum et venerationem Sacrarum Litterarum inter christifideles magis magisque fovendam apte valeant, iis tamen non omissis quaestionibus historicis, criticis, litterariis, quae in singulis regionibus maioris momenti sunt aut acrius disputantur. Dein oratores qui in huiusmodi conventibus verba faciunt, rerum de quibus agunt, omni ex parte periti sint oportet, normis a Sancta Sede datis sincere obedientes, in rebus proponendis prudentes et sobrii, conditionis tam scientificae quam spiritualis audientium omnino conscii...

Dolendum tamen est rei nondum in omnibus regionibus normis modo expositis plane satisfieri atque interdum adesse periculum, ne conventus illi a Consociationibus Biblicis vel ab aliis instituti, non omnibus qui intervenerint, satis proficiant, immo quibusdam magis in «destructionem» quam in «aedificationem» cedant...

Hisce rebus omnibus perpensis, haec Pontificia Commissio de Re Biblica, pro munere ipsi commisso, opportunum censuit in memoriam revocare has Consociationes Biblicas omnesque de re biblica coetus atque conventus, sicut etiam libros et articulos in commentariis et in diariis de eadem re biblica edendos, utpote res religiosas et ad religiosam christifidelium institutionem spectantes, Ordinariorum auctoritati et iurisdictioni subesse...

---

[30] *Acta apostolicae Sedis* 48 (1956) p.61-64.

INSTRUCTIO DE HISTORICA EVANGELIORUM VERITATE. *(21 aprilis 1964.)*

Sancta Mater Ecclesia quae est «columna et firmamentum veritatis» semper Sacram Scripturam ad munus supernam impertiendi animis salutem adhibuit eamque a quavis falsa interpretatione defendit. Quia problemata nunquam deerunt, exegeta catholicus in exponendo divino verbo et in solvendis difficultatibus quae ei opponuntur, numquam animo deficiat oportet sed strenue laboret ut genuinum Scripturarum sensum magis adaperiat, non tantum suis fretus viribus, sed praesertim Dei auxilio et Ecclesiae luce firmiter confidens.

Magnopere gaudendum est plures hodie inveniri fideles Ecclesiae filios, rerum biblicarum, prout nostra requirunt tempora, peritos, qui hortamentis Summorum Pontificum obsecundantes, indefesso labore huic gravi arduoque muneri toto animo incumbant. Quorum «strenuorum in vinea Domini operariorum conatus non solummodo aequo iustoque animo, sed summa etiam cum caritate iudicandos esse ceteri omnes Ecclesiae filii meminerint...» [1]

Exegetarum labor hodie eo vel magis requiritur, quod multa scripta vulgantur, quibus veritas factorum et dictorum quae in Evangeliis continentur, in discrimen vocatur. Quare Pontificia Commissio de Re Biblica, pro munere a Summis Pontificibus sibi commisso, opportunum duxit ea quae sequuntur exponere et inculcare.

1. Exegeta catholicus, ductu Ecclesiae, utilitates capiat ex omnibus quae priores interpretes, praesertim Sancti Patres Doctoresque Ecclesiae, ad intellegendum sacrum textum contulerunt eorumque labores ulterius persequatur. Ut Evangeliorum perennem veritatem et auctoritatem in plena luce collocet, accurate normas hermeneuticae rationalis et catholicae servans, nova exegeseos adiumenta sollerter adhibebit, praesertim ea quae historica methodus universim considerata affert. Haec sedulo fontes indagat eorumque naturam et vim definit, subsidia per criticem textus, criticem litterariam, cognitionem linguarum sibi comparat. Observabit interpres monitum Pii XII fel. rec., qui ei iniungit ut «prudenter... perquirat quid dicendi forma seu litterarum genus, ab hagiographo adhibitum, ad veram et genuinam conferat interpretationem; ac sibi persuadeat hanc officii sui partem sine magno catholicae exegeseos detrimento neglegi non posse» [2]; quo monito Pius XII fel. rec. generalem artis hermeneuticae regulam enuntiat, cuius ope tum Veteris tum Novi Testamenti libri explanandi sunt, eo quod in eis exarandis hagiographi modum cogitandi et scribendi apud aequales vigentem adhibuerunt. Denique exegeta omnia media usurpabit quibus altius indolem testimonii Evangeliorum, vitam religiosam primarum ecclesiarum, sensum et vim traditionis apostolicae perspiciat.

Ubi casus fert, interpreti investigare licet, quae sana elementa in «methodo historiae formarum» insint, quibus ad pleniorem Evangeliorum intellegentiam rite uti possit. Circumspecte tamen se gerat, quia saepe huic methodo commixta prostant principia philosophica et theologica haud probanda, quae tum methodum, tum conclusiones in re litteraria non raro depravant. Quidam enim huius methodi fautores praeiudicatis opinionibus rationalismi abducti, supernaturalis ordinis existentiam et Dei personalis in mundo interventum, ope revelationis proprie dictae factum, miraculorum et prophetiarum possibilitatem et existentiam agnoscere renuunt. Alii e falsa notione fidei procedunt ac si ipsa veritatem historicam non curet, immo cum eadem componi non possit. Alii historicam vim et indolem documentorum revelationis quasi a priori negant. Alii denique auctoritatem Apostolorum, quatenus testes Christi sunt, eorumque munus et influxum in primaevam communitatem parvipendentes, creatricem potentiam huius communitatis extollunt. Quae omnia non tantum catholicae doctrinae adversantur, sed etiam fundamento scientifico carent, a rectisque historicae methodi principiis aliena sunt.

2. Interpres, ut de firmitate eorum quae in Evangeliis traduntur recte statuat, sollerter ad tria tempora traditionis attendat quibus doctrina et vita Iesu ad nos pervenerunt.

Christus Dominus Sibi discipulos selectos adiunxit, qui Eum ab initio secuti sunt, Eius opera viderunt verbaque audierunt et hoc modo apti fuerunt qui Eius vitae et doctrinae testes essent. Dominus, cum doctrinam ore exponebat, modos ratiocinandi et exponendi tunc temporis vulgatos sequebatur, ita ad mentem auditorum Se accommodans et efficiens ut ea quae doceret firmiter menti imprimerentur et commode a discipulis memoria tenerentur. Hi miracula aliosque Iesu vitae eventus recte tanquam facta eo fine patrata vel disposita, ut eis homines in Christum crederent et doctrinam salutis fide amplecterentur, intellexerunt.

Apostoli imprimis mortem et resurrectionem Domini annuntiabant, Iesu testimonium reddentes, Eiusque vitam et verba fideliter exponebant, adiunctorum in quibus auditores versabantur, in modo praedicandi rationem habentes. Postquam Iesus a mortuis resurrexit Eiusque divinitas clare perspecta est, tantum affuit ut fides memoriam eorum quae evenerant, deleret, ut eam potius firmaret, quia fides in eis quae Iesus fecerat et docuerat nitebatur. Nec propter cultum quo discipuli exinde Iesum ut Dominum et Filium Dei venerabantur, hic in «mythicam» personam mutatus est Eiusque doctrina deformata. Non est autem cur negetur Apostolos ea quae a Domino reapse dicta et facta sunt, auditoribus ea pleniore intellegentia tradidisse, qua ipsi eventibus gloriosis Christi instructi et lumine Spiritus veritatis edocti fruebantur. Inde est quod sicut Iesus Ipse post resurrectionem «interpretabatur illis» tum Veteris Testamenti tum Sui Ipsius verba ita et illi Eius verba et gesta, prout auditorum necessitates postulabant, interpretati sunt. «Ministerio verbi instantes», variis dicendi modis, cum proprio proposito et auditorum mente congruentibus utentes praedicaverunt; nam «Graecis ac Barbaris, sapientibus et insipientibus» debitores erant. Hi vero loquendi modi quibus praecones Christum annuntiaverunt, distinguendi et perpendendi sunt: catecheses, narrationes, testimonia, hymni, doxologiae, preces aliaeque id genus formae litterariae in Sacra Scriptura et ab hominibus illius aetatis usurpari solitae.

Hanc instructionem primaevam, prius ore, deinde scripto traditam—nam mox evenit ut multi conarentur «ordinare narrationem rerum» quae Dominum Iesum respiciebant—*auctores sacri* methodo, peculiari fini quem quisque sibi

[1] *Divino affl. Spiritu:* EB 564 (AAS 35 [1943] 319).

[2] *Divino affl. Spiritu:* EB 560 (AAS 35 [1943] 316).

proposuit congrua, ad utilitatem ecclesiarum quattuor evangeliis consignaverunt. Quaedam e multis traditis selegentes, quaedam in synthesim redigentes, quaedam ad statum ecclesiarum attendendo explanantes, omni ope annisi sunt ut lectores eorum verborum de quibus eruditi erant, cognoscerent firmitatem. Hagiographi enim ex eis quae acceperunt, ea potissimum selegerunt quae varis conditionibus fidelium et fini a se intento accommodata erant, eademque eo modo narrabant qui eisdem conditionibus eidemque fini congruebat. Cum sensus enuntiationis etiam a consecutione rerum pendeat, Evangelistae tradentes verba vel res gestas Salvatoris, hic in alio, ille in alio contextu, ea ad utilitatem lectorum explicaverunt. Quapropter indaget exegeta quid Evangelista, dictum vel factum hoc modo narrans vel in certo contextu ponens, intenderit...

Exegeta, nisi ad haec omnia quae ad originem et compositionem Evangeliorum spectant attenderit et quaecumque probanda recentes investigationes attulerunt, rite adhibuerit, munus suum perspiciendi quid hagiographi intenderint quidque reapse dixerint, non implebit. Cum ex eis quae novae inquisitiones contulerunt appareat doctrinam et vitam Iesu non simpliciter relatas fuisse, eo solo fine ut memoria tenerentur, sed «praedicatas» fuisse ita ut Ecclesiae fundamentum fidei et morum praeberent, interpres testimonium Evangelistarum indefesse perscrutans, vim theologicam perennem Evangeliorum altius illustrare et quantae sit Ecclesiae interpretatio necessitatis quantique momenti in plena luce collocare valebit.

Multa supersunt eaque gravissima in quibus edisserendis et explanandis exegeta catholicus acumen et ingenium libere exercere potest et debet, ut ad omnium utilitatem, ad maiorem in dies doctrinae sacrae profectum, ad iudicium magisterii Ecclesiae praeparandum et ulterius fulciendum, ad Ecclesiae defensionem et honorem ex suo quisque viritim conferat. At semper animum gerat paratum ad Ecclesiae magisterio obtemperandum, neque obliviscatur Apostolos Spiritu Sancto repletos bonum nuntium praedicasse, Evangelia conscripta esse Spiritu Sancto inspirante, qui eorum auctores ab omni errore praeservabat...

3. Illorum vero quibus *munus docendi in Seminariis vel in id genus Institutis* commissum est, «prima cura sit, ut...: sic omnino tradantur Divinae Litterae, quemadmodum et ipsius gravitas disciplinae et temporum necessitas admonent» [3]. Magistri imprimis theologicam doctrinam exponant... Iidem cum artem criticam, ante omnia litterariam, ut aiunt, exercent, id agant, non ut hanc artem propter seipsam colant, sed ut eius luce sensum a Deo per hagiographum intentum enucleatius perspiciant. Ne igitur sistant media via, suis litterariis inventis unice contenti, sed insuper ostendant quomodo haec reapse conferant ad doctrinam revelatam clarius intellegendam, vel, si res ferat, ad fallacias refellendas...

4. Ii vero *qui populum christianum sacris contionibus erudiunt*, maxima prudentia opus habent... A novitatibus futilibus vel non satis probatis proponendis prorsus abstineant. Opiniones novas, iam solide probatas, si necesse est, caute, ratione habita auditorum, exponant. Cum eventus biblicos narrant, adiuncta ficta veritati haud conformia ne addant.

Quae prudentiae virtus ab his praesertim colenda est, *qui inter Christifideles scripta vulgant*...

Iam pridem haec Pontificia Commissio de Re Biblica opportunum censuit in memoriam revocare etiam libros et articulos in commentariis et diariis de re biblica edendos, utpote res religiosas et ad religiosam christifidelium institutionem spectantes, Ordinariorum auctoritati et iurisdictioni subesse [4]. Rogantur ergo Ordinarii ut huiusmodi scriptis vulgaribus maxima cum diligentia invigilent.

5. *Consociationum biblicarum* qui curam habent, legibus a Pontificia Commissione de Re Biblica statutis inviolate obtemperent... [5]

---

[3] Litt. apost. *Quoniam in re biblica*: EB 162.
[4] *Instructio ad Excmos. locorum Ordinarios*: EB 626 (AAS 48 [1956] 63).
[5] EB 622-633 (AAS 48 [1956] 61-64).

SIGLA BIBLIORUM SACRORUM

GEN.......	Genesis.
EX........	Exodus.
LEV.......	Leviticus.
NUM......	Numeri.
DEUT.....	Deuteronomium.
IOS.......	Iosue.
IUD.......	Iudices.
RUTH.....	Ruth.
1 SAM.....	1 Samuelis seu 1 Regum.
2 SAM.....	2 Samuelis seu 2 Regum.
3 REG....	3 Regum.
4 REG....	4 Regum.
1 PAR.....	1 Paralipomenon.
2 PAR.....	2 Paralipomenon.
ESDR......	1 Esdrae.
NEH......	Nehemias seu 2 Esdrae.
TOB......	Tobias.
IUDITH....	Iudith.
ESTH......	Esther.
IOB.......	Iob.
PS........	Psalmi.
PROV......	Proverbia.
ECCL......	Ecclesiastes.
CANT.....	Canticum Canticorum.
SAP.......	Sapientia.
ECCLI.....	Ecclesiasticus.
IS........	Isaias.
IER.......	Ieremias.
LAM......	Lamentationes.
BAR.......	Baruch.
EZ........	Ezechiel.
DAN......	Daniel.
OS........	Osee.
IOEL......	Ioel.
AM.......	Amos.
ABD......	Abdias.
ION.......	Ionas.

MICH.....	Michaeas.
NAH......	Nahum.
HAB......	Habacuc.
SOPH......	Sophonias.
AGG......	Aggaeus.
ZACH.....	Zacharias.
MAL......	Malachias.
1 MACH...	1 Machabaeorum.
2 MACH...	2 Machabaeorum.
MT.......	Evangelium sec. Matthaeum.
MC.......	Evangelium sec. Marcum.
LC........	Evangelium sec. Lucam.
IO........	Evangelium sec. Ioannem.
ACT......	Actus Apostolorum.
ROM......	Epistola ad Romanos.
1 COR.....	1 Epistola ad Corinthios.
2 COR....	2 Epistola ad Corinthios.
GAL......	Epistola ad Galatas.
EPH	Epistola ad Ephesios.
PHIL......	Epistola ad Philippenses.
COL......	Epistola ad Colossenses.
1 THESS...	1 Epistola ad Thessalonicenses.
2 THESS...	2 Epistola ad Thessalonicenses.
1 TIM....	1 Epistola ad Timotheum.
2 TIM....	2 Epistola ad Timotheum.
TIT.......	Epistola ad Titum.
PHILEM....	Epistola ad Philemonem.
HEBR.....	Epistola ad Hebraeos.
IAC.......	Epistola Iacobi.
1 PETR....	1 Epistola Petri.
2 PETR....	2 Epistola Petri.
1 IO......	1 Epistola Ioannis.
2 IO......	2 Epistola Ioannis.
3 IO......	3 Epistola Ioannis.
IUDAE.....	Epistola Iudae.
APOC.....	Apocalypsis.

ANTIQUUM TESTAMENTUM

minibus suis cuncta animantia, et universa volatilia caeli, et omnes bestias terrae:
Adae vero non inveniebatur adiutor similis eius. 21 Immisit ergo Dominus Deus
soporem in Adam: cumque obdormisset,
tulit unam de costis eius, et replevit carnem pro ea. 22 Et aedificavit Dominus
Deus costam, quam tulerat de Adam, in
mulierem: et adduxit eam ad Adam.
23 Dixitque Adam: Hoc nunc, os ex ossibus meis, et caro de carne mea: haec vocabitur Virago, quoniam de viro sumpta
est.
24 Quamobrem relinquet homo patrem
suum, et matrem, et adhaerebit uxori
suae: et erunt duo in carne una. 25 Erat
autem uterque nudus, Adam scilicet et
uxor eius: et non erubescebant.

Protoparentum lapsus

3 1 Sed et serpens erat callidior cunctis
animantibus terrae quae fecerat Dominus Deus. Qui dixit ad mulierem: Cur
praecepit vobis Deus ut non comederetis
de omni ligno paradisi? 2 Cui respondit
mulier: De fructu lignorum, quae sunt
in paradiso, vescimur: 3 de fructu vero
ligni quod est in medio paradisi, praecepit nobis Deus ne comederemus, et ne
tangeremus illud, ne forte moriamur. 4 Dixit autem serpens ad mulierem. Nequaquam morte moriemini. 5 Scit enim Deus
quod in quocumque die comederitis ex
eo, aperientur oculi vestri et eritis sicut
dii, scientes bonum et malum. 6 Vidit igitur mulier quod bonum esset lignum ad
vescendum, et pulchrum oculis, aspectu-
que delectabile: et tulit de fructu illius,
et comedit deditque viro suo, qui comedit.
7 Et aperti sunt oculi amborum, cumque cognovissent se esse nudos, consue-
runt folia ficus, et fecerunt sibi perizoma-
ta. 8 Et cum audissent vocem Domini Dei
deambulantis in paradiso ad auram post
meridiem, abscondit se Adam et uxor eius
a facie Domini Dei in medio ligni paradisi.
9 Vocavitque Dominus Deus Adam, et
dixit ei: Ubi es? 10 Qui ait. Vocem tuam
audivi in paradiso et timui, eo quod nudus essem, et abscondi me. 11 Cui dixit:
Quis enim indicavit tibi quod nudus esses, nisi quod ex ligno de quo praeceperam tibi ne comederes, comedisti? 12 Dixitque Adam: Mulier, quam dedisti mihi
sociam, dedit mihi de ligno, et comedi.
13 Et dixit Dominus Deus ad mulierem:
Quare hoc fecisti? Quae respondit: Serpens decepit me, et comedi.

Inflictio poenae atque promissio redemptionis

14 Et ait Dominus Deus ad serpentem:
Quia fecisti hoc,
Maledictus es inter omnia animantia, et
bestias terrae:
Super pectus tuum gradieris, et terram
comedes cunctis diebus vitae tuae.
15 Inimicitias ponam inter te et mulierem,
Et semen tuum et semen illius:
Ipsa conteret caput tuum,
Et tu insidiaberis calcaneo eius.
16 Mulieri quoque dixit: Multiplicabo
aerumnas tuas, et conceptus tuos: in dolore paries filios, et sub viri potestate eris,
et ipse dominabitur tui.
17 Adae vero dixit. Quia audisti vocem
uxoris tuae, et comedisti de ligno, ex quo
praeceperam tibi ne comederes, maledicta
terra in opere tuo: in laboribus comedes
ex ea cunctis diebus vitae tuae. 18 Spinas
et tribulos germinabit tibi, et comedes
herbam terrae. 19 In sudore vultus tui
vesceris pane, donec revertaris in terram
de qua sumptus es: quia pulvis es et in
pulverem reverteris.
20 Et vocavit Adam nomen uxoris suae,
Heva: eo quod mater esset cunctorum viventium.
21 Fecit quoque Dominus Deus Adae
et uxori eius tunicas pelliceas, et induit
eos: 22 Et ait: Ecce Adam quasi unus ex
nobis factus est, sciens bonum et malum:
nunc ergo ne forte mittat manum suam,
et sumat etiam de ligno vitae, et comedat, et vivat in aeternum. 23 Et emisit eum
Dominus Deus de paradiso voluptatis, ut
operaretur terram de qua sumptus est.
24 Eiecitque Adam: et collocavit ante paradisum voluptatis cherubim, et flam-
meum gladium, atque versatilem, ad custodiendam viam ligni vitae.

Trid.: D 788. — **18:** Eccli 36,26; 1 Cor 11,9; 1 Tim 2,13. — **21:** Gen 15,12; 1 Sam 26,12. — **22:** Prov 18,22. ‖ Epist. Pel. I: D 228. — **23-24:** Gen 29,14; Iud 9,2; Ps 44,10; Eccli 17,5; Mt 19,5; Mc 10,7; 1 Cor 6,16; 11,8; Eph 5,28,31. ‖ Conc. Const. II: D 224; Epist. Innoc. III: D 408; Conc. Trid.: D 969. — **25:** Gen 3,7.10-11.

3 **1:** Mt 10,16; 2 Cor 11,3; Apoc 12,9; 20,2. **2:** Gen 2,16-17. — **4:** Sap 2,24; Io 8,44; 2 Cor 11,3. — **6:** Eccli 25,33; 42,13; Os 6,7; 1 Tim 2,14. — **7:** Gen 2,25. — **8:** Ps 138,1-12. **12:** Gen 2,18. — **13:** 2 Cor 11,3; 1 Tim 2,14. — **14:** Is 65,25; Mich 7,17. — **15:** Is 7,14; Mich 5,3; Mt 1,23; 13,38; Lc 1,34-35; Io 8,44; Rom 16,20; Gal 4,4; Hebr 2,14; 1 Io 3,8; 5,5; Apoc 20,1-3.9. ‖ Conc. Trid.: D 909, Bulla «Ineffabilis», Pii IX. — **16:** Is 26,17; Io 16,21; 1 Cor 11,3; 14,34; Eph 5,22-24; Col 3,18; 1 Tim 2,11-12. ‖ Conc. Trid.: D 904. — **17:** Gen 5,29; Iob 5,7; Ps 126,2; Eccli 7,16; Is 24,5-6. — **19:** Gen 2,7; Iob 4,19; 34,15; Ps 102,14; 103,29; 145,4; Eccl 3,20; 12,7; Sap 2,3; Eccli 10,9; 1 Mach 2,63; 2 Thess 3,10-12. — **22:** Gen 2,9. — **23:** Gen 4,2; 9,20; Eccli 7,16. — **24:** Ps 17,11; 103,4; Ez 10,1-22; 28,14-16; Hebr 1,7.

Cain et Abel

4 1 Adam vero cognovit uxorem suam
Hevam: quae concepit et peperit
Cain, dicens: Possedi hominem per Deum.
2 Rursumque peperit fratrem eius Abel.
Fuit autem Abel pastor ovium, et Cain
agricola.
3 Factum est autem post multos dies ut
offerret Cain de fructibus terrae munera
Domino. 4 Abel quoque obtulit de primogenitis gregis sui, et de adipibus eorum:
et respexit Dominus ad Abel, et ad munera eius. 5 Ad Cain vero, et ad munera
illius non respexit: iratusque est Cain vehementer, et concidit vultus eius. 6 Dixitque Dominus ad eum: Quare iratus es?
et cur concidit facies tua? 7 Nonne si bene
egeris, recipies: sin autem male, statim in
foribus peccatum aderit? sed sub te erit
appetibus eius, et tu dominaberis illius.
8 Dixitque Cain ad Abel fratrem suum:
Egrediamur foras. Cumque essent in agro,
consurrexit Cain adversus fratrem suum
Abel, et interfecit eum.
9 Et ait Dominus ad Cain: Ubi est Abel
fratrer tuus? Qui respondit: Nescio: Num
custos fratris mei sum ego? 10 Dixitque
ad eum: Qui fecisti? vox sanguinis fratris
tui clamat ad me de terra. 11 Nunc igitur
maledictus eris super terram, quae aperuit os suum, et suscepit sanguinem fratris tui de manu tua. 12 Cum operatus fueris eam, non dabit tibi fructus suos: vagus et profugus eris super terram.
13 Dixitque Cain ad Dominum: Maior
est iniquitas mea, quam ut veniam me-
rear. 14 Ecce eiicis me hodie a facie terrae, et a facie tua abscondar, et ero vagus
et profugus in terra: omnis igitur qui invenerit me, occidet me. 15 Dixitque ei Dominus: Nequaquam ita fiet: sed omnis qui
occiderit Cain, septuplum punietur. Posuitque Dominus Cain signum, ut non
interficeret eum omnis qui invenisset eum.
16 Egressusque Cain a facie Domini, habitavit profugus in terra ad orientalem
plagam Eden.

Progenies Cain

17 Cognovit autem Cain uxorem suam,
quae concepit, et peperit Henoch: et aedificavit civitatem, vocavitque nomen eius
ex nomine filii sui, Henoch.
18 Porro Henoch genuit Irad, et Irad
genuit Maviaël, et Maviaël genuit Mathusaël, et Mathusaël genuit Lamech.
19 Qui accepit duas uxores, nomen uni
Ada, et nomen alteri Sella. 20 Genuitque
Ada Iabel, qui fuit pater habitantium in
tentoriis, atque pastorum. 21 Et nomen
fratris eius Iubal: ipse fuit pater canentium cithara et organo. 22 Sella quoque
genuit Tubalcain, qui fuit malleator et
faber in cuncta opera aeris et ferri. Soror
vero Tubalcain, Noema.
23 Dixitque Lamech uxoribus suis Adae
et Sellae:
Audite vocem meam uxores Lamech,
Auscultate sermonem meum:
Quoniam occidi virum in vulnus meum,
Et adolescentulum in livorem meum.
24 Septuplum ultio dabitur de Cain: De
Lamech vero septuagies septies.

Seth eiusque progenies

25 Cognovit quoque adhuc Adam uxorem suam: et peperit filium, vocavitque
nomen eius Seth, dicens: Posuit mihi Deus
semen aliud pro Abel, quem occidit Cain.
26 Sed et Seth natus est filius, quem vocavit Enos: iste coepit invocare nomen Domini.

Generationes Adam

5 1 Hic est liber generationis Adam. In
die qua creavit Deus hominem, ad
similitudinem Dei fecit illum. 2 Masculum
et feminam creavit eos, et benedixit illis:
et vocavit nomen eorum Adam, in die quo
creati sunt.
3 Vixit autem Adam centum triginta annis: et genuit ad imaginem et similitudinem suam, vocavitque nomen eius Seth.
4 Et facti sunt dies Adam, postquam genuit Seth, octingenti anni: genuitque filios
et filias. 5 Et factum est omne tempus
quod vixit Adam, anni nongenti triginta,
et mortuus est.
6 Vixit quoque Seth centum quinque
annis, et genuit Enos. 7 Vixitque Seth,
postquam genuit Enos, octingentis septem annis, genuitque filios et filias. 8 Et
facti sunt omnes dies Seth nongentorum
duodecim annorum, et mortuus est.
9 Vixit vero Enos nonaginta annis, et
genuit Cainan. 10 Post cuius ortum vixit
octingentis quindecim annis, et genuit
filios et filias. 11 Factique sunt omnes dies
Enos nongenti quinque anni, et mortuus
est.
12 Vixit quoque Cainam septuaginta annis, et genuit Malaleel. 13 Et vixit Cainan,
postquam genuit Malaleel, octingentis,
quadraginta annis, genuitque filios et fi-

4 **1:** Prov 8,22. — **3:** Lev 2,12; Num 18,22. — **4:** Num 18,17; Prov 3,9; Hebr 11,4. — **5:** Prov 21,27. — **7:** Num 32,23; Eccl 8,12-13; Is 3,10-11; Rom 2,6-11; Gal 5,17. — **8:** Sap 10,4; Eccli 8,19; Mt 23,35; 1 Io 3,12-15; Iudae 11. **9:** Ps 9,13; Io 8,44. — **10:** Hebr 12,24; Apoc 6,10. || Enc. Pii XI: D 2,244. — **11:** Num 35,33; Deut 27,24. — **14:** Gen 9,6; 4 Reg 24,20; Iob 15,20-24; Ps 142,7. — **15:** Num 35,19; Ps 78,12; Ez 9,4-6; 18,23. — **24:** Gen 4,15; Mt 18,22; Lc 17,4. — **25-26:** Gen 5,3.6; 12,8; 1 Par 1,1; Zach 13,9; Lc 3,38.

5 **1:** Gen 1,26-27; 9,6; Sap 2,23; Eccli 17,1; 1 Cor 15,49; Eph 4,24. — **4-32:** 1 Par 1,

lias. 14 Et facti sunt omnes dies Cainan
nongenti decem anni, et mortuus est.
15 Vixit autem Malaleel sexaginta quinque annis, et genuit Iared. 16 Et vixit Malaleel, postquam genuit Iared, octingentis triginta annis, et genuit filios et filias.
17 Et facti sunt omnes dies Malaleel octingenti nonaginta quinque anni, et mortuus
est.
18 Vixitque Iared centum sexaginta duobus annis, et genuit Henoch. 19 Et vixit
Iared, postquam genuit Henoch, octingentis annis, et genuit filios et filias. 20 Et
facti sunt omnes dies Iared nongenti sexaginta duo anni, et mortuus est.
21 Porro Henoch vixit sexaginta quinque annis, et genuit Mathusalam. 22 Et
ambulavit Henoch cum Deo: et vixit,
postquam genuit Mathusalam, trecentis
annis, et genuit filios et filias. 23 Et facti
sunt omnes dies Henoch trecenti sexaginta quinque anni. 24 Ambulavitque cum
Deo, et non apparuit: quia tulit eum
Deus.
25 Vixit quoque Mathusala centum octoginta septem annis, et genuit Lamech.
26 Et vixit Mathusala, postquam genuit
Lamech, septingentis octoginta duobus
annis, et genuit filios et filias. 27 Et facti
sunt omnes dies Mathusala nongenti sexaginta novem anni, et mortuus est.
28 Vixit autem Lamech centum octoginta duobus annis, et genuit filium: 29 vocavitque nomen eius Noe, dicens: Iste
consolabitur nos ab operibus et laboribus
manuum nostrarum in terra, cui maledixit
Dominus. 30 Vixitque Lamech, postquam
genuit Noe, quingentis nonaginta quinque annis, et genuit filios et filias. 31 Et
facti sunt omnes dies Lamech septingenti
septuaginta septem anni, et mortuus est.
Noe vero cum quingentorum esset annorum, genuit Sem, Cham et Iapheth.

Deus decernit diluvium

6 1 Cumque coepissent homines multi-
plicari super terram, et filias procreas-
sent, 2 videntes filii Dei filias hominum
quod essent pulchrae, acceperunt sibi uxores ex omnibus, quas elegerant. 3 Dixitque Deus: Non permanebit spiritus meus
in homine in aeternum, quia caro est:
eruntque dies illius centum viginti annorum.
4 Gigantes autem erant super terram in
diebus illis: postquam enim ingressi sunt
filii Dei ad filias hominum, illaeque genuerunt, isti sunt potentes a saeculo viri
famosi.
5 Videns autem Deus quod multa malitia hominum esset in terra, et cuncta cogitatio cordis intenta esset ad malum omni tempore, 6 poenituit eum quod hominem fecisset in terra. Et tactus dolore
cordis intrinsecus, 7 Delebo, inquit, hominem, quem creavi, a facie terrae, ab homine usque ad animantia, a reptili usque
ad volucres caeli: poenitet enim me fecisse eos.

Noe praeparat arcam

8 Noe vero invenit gratiam coram Domino. 9 Hae sunt generationes Noe: Noe
vir iustus atque perfectus fuit in generationibus suis, cum Deo ambulavit. 10 Et
genuit tres filios, Sem, Cham et Iapheth.
11 Corrupta est autem terra coram Deo,
et repleta est iniquitate. 12 Cumque vidisset Deus terram esse corruptam (omnis
quippe caro corruperat viam suam super
terram), 13 dixit ad Noe: Finis universae
carnis venit coram me: repleta est terra
iniquitate a facie eorum, et ego disperdam eos cum terra. 14 Fac tibi arcam de
lignis laevigatis mansiunculas in arca facies, et bitumine linies intrinsecus et extrinsecus. 15 Et sic facies eam: Trecentorum cubitorum erit longitudo arcae, quinquaginta cubitorum latitudo, et triginta
cubitorum altitudo illius. 16 Fenestram in
arca facies, et in cubito consummabis
summitatem eius, ostium autem arcae
pones ex latere deorsum, coenacula, et
tristega facies in ea.
17 Ecce ego adducam aquas diluvii super terram, ut interficiam omnem carnem, in qua spiritus vitae est subter caelum: universa quae in terra sunt, consumentur. 18 Ponamque foedus meum
tecum: et ingredieris arcam tu et filii tui,
uxor tua, et uxores filiorum tuorum tecum. 19 Et ex cunctis animantibus universae carnis bina induces in arcam, ut vivant tecum. Masculini sexus et feminini.
20 De volucribus iuxta genus suum, et de
iumentis in genere suo, et ex omni reptili
terrae secundum genus suum: bina de
omnibus ingredientur tecum, ut possint
vivere. 21 Tolles igitur tecum ex omnibus
escis, quae mandi possunt, et comportabis apud te et erunt tam tibi, quam illis
in cibum.

1-4; Lc 3,36-38. — **22-24:** Eccli 44,16; 49,16; Hebr 11,5; Iudae 14,15.— **29:** Gen 3,17; 4, 11-12.

6 **2:** Deut 7,3-4; Mt 24,38. — **3:** Ps 77,39; Gal 5,16-17; 1 Petr 3,19-20. — **4:** Sap 14,6; Eccli 16,8; Bar 3,26. — **5:** Gen 8,21; Ps 13,2-3; Mt 15,19. — **6:** Num 23,19; 1 Sam 15,11.29.35; Ier 18,10; 26,3.13.19; Ion 3,10. — **8:** Gen 19,19; Ex 33,12-17; Lc 1,30; Act 7,46. — **9** Gen 5,22; 7,1; Eccli 44,17; Ez 14,14; Hebr 11,7; 2 Petr 2,5. — **11-13:** Iob 22,15-17; Ps 52,2-4. — **17:** Gen 7,4.21; 2 Petr 2,5. — **18:** Gen 7.1.13;

22 Fecit igitur Noe omnia quae praeceperat illi Deus.

Noe ingreditur in arcam

7 1 Dixitque Dominus ad eum: Ingredere tu et omnis domus tua in arcam:
te enim vidi iustum coram me in generatione hac. 2 Ex omnibus animantibus
mundis tolle septena et septena, masculum et feminam: de animantibus vero immundis duo et duo, masculum et feminam. 3 Sed et de volatilibus caeli septena
et septena, masculum et feminam: ut salvetur semen super faciem universae terrae.
4 Adhuc enim, et post dies septem ego
pluam super terram quadraginta diebus
et quadraginta noctibus: et delebo omnem substantiam, quam feci, de superficie terrae.
5 Fecit ergo Noe omnia, quae mandaverat ei Dominus. 6 Eratque sencentorum
annorum quando diluvii aquae inundaverunt super terram. 7 Et ingressus est
Noe et filii eius, uxor eius et uxores filiorum eius cum eo in arcam propter aquas
diluvii. 8 De animantibus quoque mundis
et immundis, et de volucribus, et ex omni
quod movetur super terram, 9 duo et duo
ingressa sunt ad Noe in arcam, masculus
et femina, sicut praeceperat Dominus
Noe. 10 Cumque transissent septem dies,
aquae diluvii inundaverunt super terram.
11 Anno sexcentesimo vitae Noe, mense
secundo, septimo decimo die mensis, rupti sunt omnes fontes abyssi magnae, et
cataractae caeli apertae sunt 12 et facta
est pluvia super terram quadraginta diebus et quadraginta noctibus. 13 In articulo
diei illius ingressus est Noe, et Sem, et
Cham, et Iapheth filii eius: uxor illius, et
tres uxores filiorum eius cum eis in arcam; 14 ipsi et omne animal secundum genus suum, universaque iumenta in genere
suo, et omne quod movetur super terram
in genere suo, cunctumque volatile secundum genus suum, universae aves, omnesque volucres 15 ingressae sunt ad Noe in
arcam, bina et bina ex omni carne, in qua
erat spiritus vitae. 16 Et quae ingressa
sunt, masculus et femina ex omni carne
introierunt, sicut praeceperat ei Deus: et
inclusit eum Dominus deforis.

Diluvium

17 Factumque est diluvium quadraginta
diebus super terram: et multiplicatae sunt
aquae, et elevaverunt arcam in sublime a
terra. 18 Vehementer enim inundaverunt:
et omnia repleverunt in superficie terrae:
porro arca ferebatur super aquas. 19 Et
aquae praevaluerunt nimis super terram:
opertique sunt omnes montes excelsi sub
universo caelo. 20 Quindecim cubitis altior fuit aqua super montes, quos operuerat.
21 Consumptaque est omnis caro quae
movebatur super terram, volucrum, animantium, bestiarum, omniumque reptilium, quae reptant super terram universi
homines, 22 et cuncta, in quibus spiraculum vitae est in terra, mortua sunt. 23 Et
delevit omnem substantiam quae erat super terram, ab homine usque ad pecus,
tam reptile quam volucres caeli et deleta
sunt de terra: remansit autem solus Noe,
et qui cum eo erant in arca. 24 Obtinue-
runtque aquae terram centum quinquaginta diebus.

Cessat diluvium

8 1 Recordatus autem Deus Noe, cunctorumque animantium, et omnium
iumentorum, quae erant cum eo in arca,
adduxit spiritum super terram, et imminutae sunt aquae. 2 Et clausi sunt fontes
abyssi, et cataractae caeli: et prohibitae
sunt pluviae de caelo. 3 Reversaeque sunt
aquae de terra euntes et redeuntes: et
coeperunt minui post centum quinquaginta dies. 4 Requievitque arca mense septimo, vigesimo septimo die mensis super
montes Armeniae. 5 At vero aquae ibant
et decrescebant usque ad decimum mensem: decimo enim mense, prima die mensis, apparuerunt cacumina montium.
6 Cumque transissent quadraginta dies,
aperiens Noe fenestram arcae, quam fecerat, dimisit corvum 7 qui egrediebatur,
et non revertebatur, donec siccarentur
aquae super terram. 8 Emisit quoque columbam post eum, ut videret si iam cessassent aquae super faciem terrae. 9 Quae
cum non invenisset ubi requiesceret pes
eius, reversa est ad eum in arcam: aquae
enim erant super universam terram: extenditque manum, et apprehensam intulit
in arcam. 10 Expectatis autem ultra septem diebus aliis, rursum dimisit columbam ex arca. 11 At illa venit ad eum ad
vesperam, portans ramum olivae virentibus foliis in ore suo: intellexit ergo Noe
quod cessassent aquae super terram. 12 Ex-

9,9-11; Sap 14,6; 1 Petr 3,20. — **22:** Hebr 11,7.

7 **1:** Gen 6,9,18, 2 Petr 2,5. — **2:** Gen 8,20; Lev 11,1-47. — **5:** Gen 6,22. — **7:** Sap 10,4; 14,6; Mt 24,37-39; Lc 17,26; Hebr 11,7; 1 Petr 3,20; 2 Petr 2,5. — **8-9:** Gen 6,19. — **11:** Gen 8,2; Is 77,23; Prov 8,27-28; Is 24,18; Ez 26,10; Amos 9,6; Mal 3,10. — **15:** Gen 6,19-20. — **21-23:** Gen 6,13.17; Iob 22.10; Sap 10,4; Eccli 40,10; Mt 24,38; Lc 17,27; 1 Petr 3,20; 2 Petr 2,5.3,6.

8 **1:** Gen 19,29.30,22; Ex 2,24.14,21. — **22:** Gen 7,11. — **4:** 4 Reg 19,37; Is 37,38. — **6:**

pectavitque nihilominus septem alios dies:
et emisit columbam, quae non est reversa
ultra ad eum. 13 Igitur sexcentesimo primo anno, primo mense, prima die mensis, imminutae sunt aquae super terram:
et aperiens Noe tectum arcae, aspexit, viditque quod exsiccata esset superficies
terrae. 14 Mense secundo, septimo et vigesimo die mensis arefacta est terra.

Noe egreditur de arca

15 Locutus est autem Deus ad Noe, dicens: 16 Egredere de arca, tu et uxor tua,
filii tui et uxores filiorum tuorum tecum.
17 Cuncta animantia, quae sunt apud te,
ex omni carne, tam in volatilibus quam
in bestiis et universis reptilibus, quae reptant super terram, educ tecum, et ingredimini super terram: crescite et multiplicamini super eam. 18 Egressus est ergo Noe,
et filii eius: uxor illius, et uxores filiorum
eius cum eo. 19 Sed et omnia animantia,
iumenta, et reptilia quae reptant super
terram, secundum genus suum, egressa
sunt de arca.
20 Aedificavit autem Noe altare Domino: et tollens de cunctis pecoribus et volucribus mundis, obtulit holocausta super
altare. 21 Odoratusque est Dominus odorem suavitatis, et ait: Nequaquam ultra
maledicam terrae propter homines: sensus enim et cogitatio humani cordis in
malum prona sunt ab adolescentia sua:
non igitur ultra percutiam omnem animam viventem sicut feci. 22 Cunctis diebus
terrae, sementis et messis, frigus et aestus,
aestas et hiems, nox et dies non requiescent.

Noe benedictus a Deo

9 1 Benedixitque Deus Noe et filiis eius.
Et dixit ad eos: Crescite, et multiplicamini, et replete terram. 2 Et terror vester ac tremor sit super cuncta animalia
terrae, et super omnes volucres caeli, cum
universis quae moventur super terram:
omnes pisces maris manui vestrae traditi
sunt. 3 Et omne, quod movetur et vivit,
erit vobis in cibum: quasi olera virentia
tradidi vobis omnia. 4 Excepto, quod carnem cum sanguine non comedetis. 5 Sanguinem enim animarum vestrarum requiram de manu cunctarum bestiarum: et
de manu hominis, de manu viri, et fratris eius requiram animam hominis. 6 Quicumque effuderit humanum sanguinem,
fundetur sanguis illius: ad imaginem quippe Dei factus est homo. 7 Vos autem crescite et multiplicamini, et ingredimini super terram, et implete eam.

Dei pactum cum Noe

8 Haec quoque dixit Deus ad Noe, et
ad filios eius cum eo: 9 Ecce ego statuam
pactum meum vobiscum, et cum semine
vestro post vos: 10 et ad omnem animam
viventem, quae est vobiscum, tam in volucribus quam in iumentis et pecudibus
terrae cunctis, quae egressa sunt de arca,
et universis bestiis terrae. 11 Statuam pactum meum vobiscum, et nequaquam ultra
interficietur omnis caro aquis diluvii, neque
erit deinceps diluvium dissipans terram.
12 Dixitque Deus: Hoc signum foederis
quod do inter me et vos, et ad omnem
animam viventem, quae est vobiscum in
generationes sempiternas: 13 Arcum meum
ponam in nubibus, et erit signum foederis
inter me et inter terram. 14 Cumque ob-
duxero nubibus caelum, apparebit arcus
meus in nubibus: 15 et recordabor foederis
mei vobiscum, et cum omni anima vivente
quae carnem vegetat: et non erunt ultra
aquae diluvii ad delendum universam carnem. 16 Eritque arcus in nubibus, et videbo illum, et recordabor foederis sempiterni quod pactum est inter Deum et
omnem animam viventem universae carnis quae est super terram. 17 Dixitque
Deus ad Noe: Hoc erit signum foederis,
quod constitui inter me et omnem carnem
super terram.

Noe, maledicto Chanaan, Sem et Iapheth benedicit

18 Erant ergo filii Noe, qui egressi sunt
de arca, Sem, Cham et Iapheth: porro
Cham ipse est pater Chanaan. 19 Tres isti
filii sunt Noe: et ab his disseminatum est
omne genus hominum super universam
terram.
20 Coepitque Noe vir agricola exercere
terram, et plantavit vineam. 21 Bibensque
vinum inebriatus est, et nudatus in tabernaculo suo. 22 Quod cum vidisset Cham,
pater Chanaan, verenda scilicet patris sui
esse nudata, nuntiavit duobus fratribus
suis foras. 23 At vero Sem et Iapheth pallium imposuerunt humeris suis, et incedentes retrorsum, operuerunt verenda pa-

Gen 6,16. — **16:** Gen 7,13. — **17:** Gen 1,22.28; 9,1.7. — **19:** Gen 7,2. — **21:** Gen 3,17; 6,5.17; 9,11.15; Lev 1,9; Ps 50,7; Is 54,9; Ez 16,19; 20,41; Mt 15,19; Rom 1,21; 2 Cor 2,15; Eph 5,2; Phil 4,18. — **22:** Gen 1,14; Ier 5,24; 33,20.25

9 **1:** Gen 1,22.28; 8,17. — **2:** Ps 8,7-9; Eccli 17,4; Iac 3,7. — **3:** Gen 1,29; Deut 12,15; Col 2,16; 1 Tim 4,3-4. — **4:** Lev 17,10-14; Deut 12,10; 23,1; Sam 14,33; Act 15,20.29. — **5-6:** Gen 1,26-27; 4,10-11; 5,1; Ex 21,12-32; Lev 24,17; Num 35,31-33; Mt 20,52; Iac 3,9; Apoc 13,10. — **7:** Gen 1,28; 8,17. — **9-11:** Gen 6,18; 8,21; Is 54,9-10. — **12-17:** Eccli 43,12-13; 50,8; Ez 1,28; Apoc 4,3; 10,1. — **18:** Gen 5,32; 10,1. — **19:** Gen 10,5.32: 1 Par 1,4. — **21:** Prov 20,1; Hab 2,15; Eph 5,18. — **23:** Ex 20,12.

tris sui: faciesque eorum aversae erant,
et patris virilia non viderunt. 24 Evigilans
autem Noe ex vino, cum didicisset quae
fecerat ei filius suus minor, 25 ait:
Maledictus Chanaan,
Servus servorum erit fratribus suis.
26 Dixitque: Benedictus Dominus Deus
Sem,
Sit Chanaan servus eius.
27 Dilatet Deus Iapheth, et habitet in
tabernaculis Sem,
Sitque Chanaan servus eius.
28 Vixit autem Noe post diluvium trecentis quinquaginta annis. 29 Et impleti
sunt omnes dies eius nongentorum quinquaginta annorum: et mortuus est.

Generationes filiorum Noe

10 1 Hae sunt generationes filiorum
Noe, Sem, Cham et Iapheth: natique sunt eis filii post diluvium.
2 Filii Iapheth: Gomer, et Magog, et
Madai, et Iavan, et Thubal, et Mosoch,
et Thiras. 3 Porro filii Gomer: Ascenez et
Riphath et Thogorma. 4 Filii autem Iavan:
Elisa et Tharsis, Cetthim et Dodanim.
5 Ab his divisae sunt insulae gentium in
regionibus suis, unusquisque secundum
linguam suam et familias suas in nationibus suis.
6 Filii autem Cham: Chus, et Mesraim,
et Phuth, et Chanaan. 7 Filii Chus: Saba,
et Hevila, et Sabatha, et Regma, et Saba-
tacha. Filii Regma: Saba et Dadan. 8 Porro Chus genuit Memrod: ipse coepit esse
potens in terra, 9 et erat robustus venator
coram Domino. Ob hoc exivit proverbium: Quasi Memrod robustus venator
coram Domino. 10 Fuit autem principium
regni eius Babylon, et Arach, et Achad,
et Chalanne, in terra Sennaar. 11 De terra
illa egressus est Assur, et aedificavit Niniven, et plateas civitatis, et Chale. 12 Re-
sen quoque inter Niniven et Chale: haec
est civitas magna. 13 At vero Mesraim genuit Ludim, et Anamim et Laabim, Neph-
thuim, 14 et Phetrusim, et Chasluim: de
quibus egressi sunt Philisthiim et Caphtorim. 15 Chanaan autem genuit Sidonem
primogenitum suum. Hethaeum, 16 et Iebusaeum, et Amorrhaeum, Gergesaeum,
17 Hevaeum, et Aracaeum: Sinaeum, 18 et
Aradium, Samaraeum, et Amathaeum:
et post haec disseminati sunt populi Chananaeorum. 19 Factique sunt termini Chanaan venientibus a Sidone Geraram usque
Gazam, donec ingrediaris Sodomam et
Gomorrham, et Adamam, et Sevoim usque Lesa. 20 Hi sunt filii Cham in cognationibus, et linguis, et generationibus, ter-
risque et gentibus suis.
21 De Sem quoque nati sunt, patre omnium filiorum Heber, fratre Iapheth maiore. 22 Filii Sem: Aelam, et Assur, et Arphaxad, et Lud, et Aram. 23 Filii Aram:
Us, et Hul, et Gether, et Mes. 24 At vero
Arphaxad genuit Sale, de quo ortus est
Heber. 25 Natique sunt Heber filii duo:
nomen uni Phaleg, eo quod in diebus
eius divisa sit terra: et nomen fratris eius
Iectan. 26 Qui Iectan genuit Elmodad, et
Saleph, et Asarmoth, Iare, 27 et Aduram,
et Uzal, et Decla, 28 et Ebal, et Abinael,
Saba, 29 et Ophir, et Hevila, et Iobab:
omnes isti, filii Iectan. 30 Et facta est
habitatio eorum de Messa pergentibus
usque Sephar montem orientalem. 31 Isti
filii Sem secundum cognationes, et linguas, et regiones in gentibus suis.
32 Hae familiae Noe iuxta populos et
nationes suas. Ab his divisae sunt gentes
in terra post diluvium.

Confusio linguarum et dispersio populorum

11 1 Erat autem terra labii unius, et
sermonum eorumdem. 2 Cumque
profiscerentur de oriente, invenerunt campum in terra Sennaar, et habitaverunt in
eo. 3 Dixitque alter ad proximum suum:
Venite, faciamus lateres, et coquamus eos
igni. Habueruntque lateres pro saxis, et
bitumen pro caemento: 4 et dixerunt: Venite, faciamus nobis civitatem et turrim,
cuius culmen pertingat ad caelum et celebremus nomen nostrum antequam divida-
mur in universas terras.
5 Descendit autem Dominus ut videret
civitatem et turrim, quam aedificabant
filii Adam, 6 et dixit: Ecce, unus est populus, et unum labium omnibus: coepe-
runtque hoc facere, nec desistent a cogitationibus suis, donec eas opere com-
pleant. 7 Venite igitur, descendamus, et
confundamus ibi linguam eorum, ut non
audiat unusquisque vocem proximi sui.
8 Atque ita divisit eos Dominus ex illo
loco in universas terras, et cessaverunt
aedificare civitatem. 9 Et idcirco vocatum
est nomen eius Babel, quia ibi confusum
est labium universae terrae: et inde dis-

25: Deut 27,16; Ios 9,23; Iud 1,28; 3 Reg 9,20-21; Prov 30,17; Eccli 3,12-18.

10 **1-29:** 1 Par 1,25. — **2-4:** Is 23,1; Ier 51,27; Ez 27,13; 38,1-6. — **5:** Ps 71,10; Is 11,11; Ier 2,10; 25,22; Soph 2,11. — **10:** Gen 11,2.9; Mich 5,6. — **11:** 4 Reg 19,36; Tob 1,11; Ion 1,2; Mt 12,41. — **15:** Gen 15,17-22. — **22-29:** Gen 11,10-26. — **32:** Gen 9,19.

11 **2:** Gen 10,10; 14,1.9; Is 11,11; Dan. 1,2; Zach 5,11. — **3:** Gen 14,10; Ex 2,3. — **4:** Deut 1,28. — **7:** Gen 18,21; 42,23; Ex 3,8; Deut 28,49; Ps 54,10; Ier 5,15. — **8:** Gen 10,25.32; Deut 32,8. — **9:** Gen 10,10. —

persit eos Dominus super faciem cunctarum regionum.

Generationes Sem

10 Hae sunt generationes Sem: Sem erat
centum annorum quando genuit Arphaxad, biennio post diluvium. 11 Vixitque
Sem, postquam genuit Arphaxad, quingentis annis: et genuit filios et filias. 12 Porro Arphaxad vixit triginta quinque annis,
et genuit Sale. 13 Vixitque Arphaxad, postquam genuit Sale, trecentis tribus annis:
et genuit filios et filias. 14 Sale quoque
vixit triginta annis, et genuit Heber. 15 Vixitque Sale, postquam genuit Heber, quadringentis tribus annis: et genuit filios et
filias. 16 Vixit autem Heber triginta quatuor annis, et genuit Phaleg. 17 Et vixit
Heber postquam genuit Phaleg, quadringentis triginta annis: et genuit filios et filias. 18 Vixit quoque Phaleg triginta annis,
et genuit Reu. 19 Vixitque Phaleg, postquam genuit Reu, ducentis novem annis:
et genuit filios et filias. 20 Vixit autem Reu
triginta duobus annis, et genuit Sarug.
21 Vixit quoque Reu, postquam genuit
Sarug, ducentis septem annis: et genuit
filios et filias. 22 Vixit vero Sarug triginta
annis, et genuit Nachor. 23 Vixitque Sarug,
postquam genuit Nachor, ducentis annis:
et genuit filios et filias. 24 Vixit autem
Nachor viginti novem annis, et genuit
Thare. 25 Vixitque Nachor, postquam genuit Thare, centum decem et novem annis: et genuit filios et filias. 26 Vixitque
Thare septuaginta annis, et genuit Abram,
et Nachor, et Aran.

Generationes Thare

27 Hae sunt autem generationes Thare:
Thare genuit Abram, Nachor et Aran.
Porro Aran genuit Lot. 28 Mortuusque
est Aran ante Thare patrem suum, in
terra nativitatis suae, in Ur Chaldaeorum.
29 Duxerunt autem Abram et Nachor uxores: nomen uxoris Abram, Sarai: et nomen
uxoris Nachor, Melcha filia Aran, patris
Melchae, et patris Ieschae. 30 Erat autem
Sarai sterilis, nec habebat liberos.
31 Tulit itaque Thare Abram filium
suum, et Lot filium Aran, filium filii sui,
et Sarai nurum suam, uxorem Abram
filii sui, et eduxit eos de Ur Chaldaeorum,
ut irent in terram Chanaan: veneruntque
usque Haran, et habitaverunt ibi. 32 Et
facti sunt dies Thare ducentorum quinque
annorum, et mortuus est in Haran.

PARS SECUNDA

HISTORIA ABRAHAE

(12,1-25,15)

Abraham vocatus a Deo venit in Chanaan

12 1 Dixit autem Dominus ad Abram:
Egredere de terra tua, et de cognatione
tione tua, et de domo patris tui, et veni
in terram quam monstrabo tibi. 2 Faciamque te in gentem magnam, et benedicam
tibi, et magnificabo nomen tuum, erisque
benedictus. 3 Benedicam benedicentibus
tibi, et maledicam maledicentibus tibi,
atque IN TE benedicentur universae cognationes terrae.
4 Egressus est itaque Abram sicut praeceperat ei Dominus, et ivit cum eo Lot:
septuaginta quinque annorum erat Abram
cum egrederetur de Haran. 5 Tulitque Sarai uxorem suam, et Lot filium fratris sui,
universamque substantiam quam possederant, et animas quas fecerant in Haran:
et egressi sunt ut irent in terram Chanaan.
Cumque venissent in eam, 6 pertransivit
Abram terram usque ad locum Sichem,
usque ad convallem illustrem: Chananeus
autem tunc erat in terra. 7 Apparuit autem
Dominus Abram, et dixit ei: Semini tuo
dabo terram hanc. Qui aedificavit ibi altare Domino, qui apparuerat ei. 8 Et inde
transgrediens ad montem, qui erat contra
orientem Bethel, tetendit ibi tabernaculum suum, ab occidente habens Bethel, et
ab oriente Hai: aedificavit quoque ibi
altare Domino, et invocavit nomen eius.
9 Perrexitque Abram vadens, et ultra progrediens ad meridiem.

Abraham in Aegypto

10 Facta est autem fames in terra: descenditque Abram in Aegyptum, ut peregrinaretur ibi: praevaluerat enim fames
in terra. 11 Cumque prope esset ut ingrederetur Aegyptum, dixit Sarai uxori suae:

10-26: Gen 10,22-29; 1 Par 1,17-27. — **24:** Ios 24,2. — **28:** Gen 15,7; Neh 9,7. — **29:** Gen 17,15; 20,12; 22,20. — **31:** Gen 12,1.4; 15,7; 27,43; 28,10; 29,4; Ios 24,2-3; Neh 9,7; Iudith 5,7-9; Ez 27,23; Act 7,2-4.

12 **1:** Act 7,3; Hebr 11,8. — **2:** Gen 17,6; 18,18; 24,1.35; Deut 26,5; 3 Reg 3,8; Eccli 44,20; Gal 3,14. — **3:** Gen 18,18; 22,18; Eccli 44,21; Act 3,25; Gal 3,8.16.18. — **4:** Gen 11,31. — **5:** Gen 14,14. — **6:** Gen 13,7; 33,18; 37,12; Deut 11,30; Iud 7,1; Hebr 11,9. — **7:** Gen 13,15; 15,18; 17,8; 26,4; Ex 33,1; Num 32,11; Deut 34,4; Ps 104,9-12. — **8:** Gen 4,26; 21,33; 28,19; 35,6; Ios 7,2; 18,13. — **10:** Gen

Novi quod pulchra sis mulier: 12 et quod cum viderint te Aegyptii, dicturi sunt: Uxor ipsius est: et interficient me, et te reservabunt. 13 Dic ergo, obsecro te, quod soror mea sis: ut bene sit mihi propter te, et vivat anima mea ob gratiam tui. 14 Cum itaque ingressus esset Abram Aegyptum, viderunt Aegyptii mulierem quod esset pulchra nimis. 15 Et nuntiaverunt principes Pharaoni, et laudaverunt eam apud illum: et sublata est mulier in domum Pharaonis. 16 Abram vero bene usi sunt propter illam: fueruntque ei oves et boves et asini, et servi et famulae, et asinae et cameli. 17 Flagellavit autem Dominus Pharaonem plagis maximis, et domum eius, propter Sarai uxorem Abram. 18 Vocavitque Pharao Abram, et dixit ei: Quidnam est hoc quod fecisti mihi? quare non indicasti quod uxor tua esset? 19 Quam ob causam dixisti esse sororem tuam, ut tollerem eam mihi in uxorem? Nunc igitur ecce coniux tua, accipe eam, et vade. 20 Praecepitque Pharao super Abram viris: et deduxerunt eum, et uxorem illius, et omnia quae habebat.

Abraham regreditur in Chanaan, ibique discedit a Lot

13 1 Ascendit ergo Abram de Aegypto, ipse et uxor eius, et omnia quae habebat, et Lot cum eo, ad australem plagam. 2 Erat autem dives valde in possesione auri et argenti. 3 Reversusque est per iter, quo venerat, a meridie in Bethel, usque ad locum ubi prius fixerat tabernaculum inter Bethel et Hai: 4 in loco altaris quod fecerat prius, et invocavit ibi nomen Domini.

5 Sed et Lot qui erat cum Abram, fuerunt greges ovium, et armenta, et tabernacula. 6 Nec poterat eos capere terra, ut habitarent simul: erat quippe substantia eorum multa, et nequibant habitare communiter. 7 Unde et facta est rixa inter pastores gregum Abram et Lot. Eo autem tempore Chananaeus et Pherezaeus habitabant in terra illa. 8 Dixit ergo Abram ad Lot: Ne quaeso sit iurgium inter me et te, et inter pastores meos et pastores tuos: fratres enim sumus. 9 Ecce universa terra coram te est: recede a me, obsecro; si ad sinistram ieris, ego dexteram tenebo: si tu dexteram elegeris, ego ad sinistram pergam. 10 Elevatis itaque Lot oculis, vidit omnem circa regionem Iordanis, quae universa irrigabatur antequam subverteret Dominus Sodomam et Gomorrham, sicut paradisus Domini, et sicut Aegyptus venientibus in Segor. 11 Elegitque sibi Lot regionem circa Iordanem, et recessit ab oriente; divisique sunt alterutrum a fratre suo. 12 Abram habitavit in terra Chanaan: Lot vero moratus est in oppidis, quae erant circa Iordanem, et habitavit in Sodomis. 13 Homines autem Sodomitae pessimi erant, et peccatores coram Domino nimis.

Iteratio promissionis Dei ad Abraham

14 Dixitque Dominus ad Abram, postquam divisus est ab eo Lot: Leva oculos tuos, et vide a loco, in quo nunc es, ad aquilonem et meridiem, ad orientem et occidentem. 15 Omnem terram, quam conspicis, tibi dabo, et semini tuo usque in sempiternum. 16 Faciamque semen tuum sicut pulverem terrae: si quis potest hominum numerare pulverem terrae, semen quoque tuum numerare poterit. 17 Surge, et perambula terram in longitudine et in latitudine sua: quia tibi daturus sum eam. 18 Movens igitur tabernaculum suum Abram, venit, et habitavit iuxta convallem Mambre, quae est in Hebron: aedificavitque ibi altare Domino.

Invasio elamitica

14 1 Factum est autem in illo tempore, ut Amraphel rex Sennaar, et Arioch rex Ponti, et Chodorlahomor rex Elamitarum, et Thadal rex Gentium 2 inirent bellum contra Bara regem Sodomorum, et contra Bersa regem Gomorrhae, et contra Sennaab regem Adamae, et contra Semeber regem Seboim, contraque regem Balae, ipsa est Segor. 3 Omnes hi convenerunt in vallem Silvestrem, quae nunc est mare salis. 4 Duodecim enim annis servierant Chodorlahomor, et tertiodecimo anno recesserunt ab eo. 5 Igitur quartodecimo anno venit Chodorlahomor, et reges qui erant cum eo: percusseruntque Raphaim in Astarothcarnaim, et Zuzim cum eis, et Emim in Save Cariathaim, 6 et Chorraeos in montibus Seir, usque ad Campestria Pharan, quae est in soli-

26,1; 43,1. — **12-13:** Gen 20,11-12; 26,7. — **17:** 1 Par 16,21; Ps 104,14; Hebr 13,4.

13 **1:** Gen 12,9. — **2:** Gen 24,35; Ps 111,1-3; Prov 10,22. — **3:** Gen 12,7-8. — **6:** Gen 36,7. — **7:** Gen 12,6; 26,20; Num 14,25. — **8:** Gen 11,27.31; 20,12; Ps 132,1; Act 7,26. — **9:** Gen 20,15; 34,10. — **10:** Gen 2,8; 14,2.8; 19,17; 22-25.28; Deut 34,3; 3 Reg 7,46. — **13:** Gen 18,20; 19,4-9; Ez 16,49.52; 2 Petr 2,6-8. — **14-15:** Gen 12,7; 15,18; 17,8; 24,7; 26,4; 28,13-14; 35,12; Deut 34,4; 2 Par 20,7; Act 7,5. — **16:** Gen 15,5; 22,17; 28,14; 32,12; Num 23,10.18; Gen 14,13; 35,27.

14 **1:** Gen 10,10.22; 11,2; Is 11,11; Act 2,9. — **2:** Gen 10,19; 19,22-23; Deut 29,23; Os 11,8. — **3:** Num 34,12; Deut 3,17; Ios 3,16; 15,2. — **5:** Gen 15,20; Deut 2,10-11.20; Ios 12,4. — **6:** Gen 21,21; 36,20-22; Num 13,1-

tudine. 7 Reversique sunt, et venerunt ad
fontem Misphat, ipsa est Cades: et percusserunt omnem regionem Amalecita-
rum, et Amorrhaeum, qui habitabat in
Asasonthamar. 8 Et egressi sunt rex Sodomorum, et rex Gomorrhae, rexque Adamae, et rex Seboim, necnon et rex Balae,
quae est Segor: et direxerunt aciem contra eos in valle Silvestri: 9 scilicet adversus
Chodorlahomor regem Elamitarum, et
Thadal regem Gentium, et Amraphel regem Sennaar, et Arioch regem Ponti:
quatuor reges adversus quinque. 10 Vallis
autem Silvestris habebat puteos multos
bituminis. Itaque rex Sodomorum, et Gomorrhae, terga verterunt, cecideruntque
ibi: et qui remanserant, fugerunt ad montem. 11 Tulerunt autem omnem substantiam Sodomorum et Gomorrhae, et universa quae ad cibum pertinent, et abierunt: 12 necnon et Lot et substantiam eius,
filium fratris Abram, qui habitabat in
Sodomis.

Victoria Abrahae

13 Et ecce unus, qui evaserat, nuntiavit
Abram Hebraeo, qui habitabat in convalle
Mambre Amorrhaei, fratris Escol, et fratris Aner: hi enim pepigerant foedus cum
Abram. 14 Quod cum audisset Abram,
captum videlicet Lot fratrem suum, numeravit expeditos vernaculos suos trecentos
decem et octo: et persecutus est usque
Dan. 15 Et divisis sociis, irruit super eos
nocte: percussitque eos, et persecutus est
eos usque Hoba, quae est ad laevam
Damasci. 16 Reduxitque omnem substantiam, et Lot fratrem suum cum substantia illius, mulieres quoque et populum.
17 Egressus est autem rex Sodomorum in
occursum eius postquam reversus est a
caede Chodorlahomor, et regum qui cum
eo erant in valle Save, quae est vallis
regis.

Abraham benedictus a Melchisedech

18 At vero Melchisedech rex Salem,
proferens panem et vinum, erat enim
sacerdos Dei altissimi, 19 benedixit ei, et
ait: Benedictus Abram Deo excelso, qui
creavit caelum et terram: 20 et benedictus
Deus excelsus, quo protegente, hostes in
manibus tuis sunt. Et dedit ei decimas
ex omnibus.

21 Dixit autem rex Sodomorum ad
Abram: Da mihi animas, caetera tolle
tibi. 22 Qui respondit ei: Levo manum
meam ad Dominum Deum excelsum possessorem caeli et terrae, 23 quod a filo
subtegminis usque ad corrigiam caligae,
non accipiam ex omnibus quae tua sunt,
ne dicas: ego ditavi Abram: 24 exceptis
his, quae comederunt iuvenes, et partibus
virorum, qui venerunt mecum, Aner, Escol, et Mambre: isti accipient partes suas.

Nova iteratio promissionis

15 1 His itaque transactis, factus est
sermo Domini ad Abram per visionem dicens: Noli timere, Abram, ego
protector tuus sum, et merces tua magna
nimis. 2 Dixitque Abram: Domine Deus,
quid dabis mihi? ego vadam absque liberis, et filius procuratoris domus meae iste
Damascus Eliezer. 3 Addiditque Abram:
Mihi autem non dedisti semen, et ecce
vernaculus meus, haeres meus erit. 4 Statimque sermo Domini factus est ad eum,
dicens: Non erit hic haeres tuus, sed qui
egredietur de utero tuo, ipsum habebis
haeredem. 5 Eduxitque eum foras, et ait
illi: Suspice caelum, et numera stellas, si
potes. Et dixit ei: Sic erit semen tuum.
6 Credidit Abram Deo, et reputatum est
illi ad iustitiam.

7 Dixitque ad eum: Ego Dominus qui
eduxi te de Ur Chaldaeorum ut darem
tibi terram istam, et possideres eam. 8 At
ille ait: Domine Deus, unde scire possum
quod possessurus sim eam? 9 Et respondens Dominus: Sume, inquit, mihi vaccam triennem, et capram trimam, et arietem annorum trium, turturem quoque et
columbam. 10 Qui tollens universa haec,
divisit ea per medium, et utrasque partes
contra se altrinsecus posuit aves autem
non divisit. 11 Descenderuntque volucres
super cadavera, et abigebat eas Abram.
12 Cumque sol occumberet, sopor irruit
super Abram, et horror magnus et tenebrosus invasit eum. 13 Dictumque est ad
eum: Scito praenoscens quod peregrinum
futurum sit semen tuum in terra non sua,
et subiicient eos servituti, et affligent quadringentis annis. 14 Verumtamen gentem,
cui servituri sunt, ego iudicabo: et post
haec egredientur cum magna substantia.

4; Deut 2,12. — **7:** Gen 16,14; 20,1; Num 13,27; 2 Par 20,2. — **10:** Gen 11,3; 19,17.30. — **12:** Gen 12,5; 13,10-12. — **13:** Gen 13,18; 14,24. — **14:** Gen 13,8; 15,3; 17,23; Deut 34,1; Iud 18,29. — **17:** 2 Sam 18,18. — **18-20:** Gen 28,22; Ps 56,3; 75,3; 109,4; Hebr 5,6.10; 7,1-17. || Conc. Trid.: D 938; Enc. Pii XI: D 2.274. **21:** 2 Cor 12,14. — **22:** Ex 6,8; Num 14,30; Deut 32,40; Dan 12,7; Apoc 10,5-6.

15 **1:** Gen 12,2-3; 26,24; Ps 143,2; Lc 1,13.30. — **4:** Gen 17,16. — **5:** Gen 22,17; 26,4; Ex 32,13; Eccli 44,20; Rom 4,18. — **6:** Ps 105,31; 1 Mach 2,52; Rom 4,3.9.22; Gal 3,6; Iac 2,23. — **7:** Gen 11,31; 12,7; Ps 104,42-44. — **8:** Gen 24,13; Iud 6,17; Lc 1,18. — **10:** Lev 1,17; Ier 34,18-19. — **12:** Gen 2,21; Iob 4,13-14. — **13:** Ex 1,11-12; 3,7; 12,40.41; Iudith 5,9; Act 7,6-7; Gal 3,17. — **14:** Ex 3,21-22;

15 Tu autem ibis ad patres tuos in pace,
sepultus in senectute bona. 16 Generatione autem quarta revertentur huc: necdum
enim completae sunt iniquitates Amorrhaeorum usque ad praesens tempus.
17 Cum ergo occubuisset sol, facta est caligo tenebrosa, et apparuit clibanus fu-
mans, et lampas ignis transiens inter divisiones illas.
18 In illo die pepigit Dominus foedus
cum Abram, dicens: Semini tuo dabo
terram hanc a fluvio Aegypti usque ad
fluvium magnum Euphraten, 19 Cinaeos,
et Cenezaeos, Cedmonaeos, 20 et He-
thaeos, et Pherezaeos, Raphaim quoque,
21 et Amorrhaeos, et Chananeos, et Ger-
gesaeos, et Iebusaeos.

Nascitur Ismael

16 1 Igitur Sarai, uxor Abram, non
genuerat liberos: sed habens ancillam aegyptiam nomine Agar, 2 dixit marito suo: Ecce, conclusit me Dominus ne
parerem, ingredere ad ancillam meam, si
forte saltem ex illa suscipiam filios. Cumque ille acquiesceret deprecanti, 3 tulit
Agar aegyptiam ancillam suam post annos decem quam habitare coeperant in
terra Chanaan: et dedit eam viro suo
uxorem. 4 Qui ingressus est ad eam. At
illa concepisse se videns, despexit dominam suam. 5 Dixitque Sarai ad Abram:
Inique agis contra me: ego dedi ancillam
meam in sinum tuum, quae videns quod
conceperit, despectui me habet: iudicet
Dominus inter me et te. 6 Cui respondens
Abram: Ecce, ait, ancilla tua in manu tua
est, utere ea ut libet. Affligente igitur eam
Sarai, fugam iniit.
7 Cumque invenisset eam angelus Domini iuxta fontem aquae in solitudine, qui
est in via Sur in deserto, 8 dixit ad illam:
Agar ancilla Sarai, unde venis? et quo vadis? Quae respondit: A facie Sarai dominae meae ego fugio. 9 Dixitque ei angelus
Domini: Revertere ad dominam tuam, et
humiliare sub manu illius. 10 Et rursum:
Multiplicans, inquit, multiplicabo semen
tuum, et non numerabitur prae multitudine. 11 Ac deinceps: Ecce, ait, concepisti,
et paries filium vocabisque nomen eius
Ismael, eo quod audierit Dominus afflictionem tuam. 12 Hic erit ferus homo: manus eius contra omnes, et manus omnium
contra eum: et e regione universorum
fratrum suorum figet tabernacula. 13 Vocavit autem nomen Domini qui loquebatur ad eam: Tu Deus qui vidisti me. Dixit enim: Profecto hic vidi posteriora videntis me. 14 Propterea appellavit puteum
illum Puteum viventis et videntis me. Ipse
est inter Cades et Barad.
15 Peperitque Agar Abrae filium: qui
vocavit nomen eius Ismael. 16 Octoginta
et sex annorum erat Abram quando peperit ei Agar Ismaelem.

Promittitur Abrahae multiplicatio seminis

17 1 Postquam vero nonaginta et novem annorum esse coeperat, apparuit ei Dominus, dixitque ad eum: Ego
Deus omnipotens: ambula coram me, et
esto perfectus. 2 Ponamque foedus meum
inter me et te, et multiplicabo te vehementer nimis. 3 Cecidit Abram pronus in faciem. 4 Dixitque ei Deus. Ego sum, et
pactum meum tecum, erisque pater multarum gentium. 5 Nec ultra vocabitur nomen tuum Abram, sed appellaberis Abraham: quia patrem multarum gentium constitui te. 6 Faciamque te crescere vehementissime, et ponam te in gentibus, regesque
ex te egredientur. 7 Et statuam pactum
meum inter me et te, et inter semen tuum
post te in generationibus suis, foedere
sempiterno: ut sim Deus tuus, et seminis
tui post te. 8 Daboque tibi et semini tuo
terram peregrinationis tuae, omnem terram Chanaan in possessionem aeternam,
eroque Deus eorum.

Signum circumcisionis

9 Dixit iterum Deus ad Abraham: Et
tu ergo custodies pactum meum, et semen
tuum post te in generationibus suis. 10 Hoc
est pactum meum quod observabitis inter
me et vos, et semen tuum post te: Circumcidetur ex vobis omne masculinum, 11 et
circumcidetis carnem praeputii vestri, ut
sit in signum foederis inter me et vos.

6,6; 12,36; Ps 104,37. — **15:** Gen 25,8; Eccli 44,14. — **16:** Gen 46,4; Deut 9,3-6; 3 Reg 21,26; Am 2,9. — **17:** Ier 34,18-19. — **18:** Gen 12,7; 13,15; 26,4; Ex 23,31; Num 34,2; Deut 1,7; 34,4; Ios 1,4; 21,41; 2 Sam 8,3; 3 Reg 4,21.24; 2 Par 9,26; Neh 9,8; Ps 104,11; Is 27,12; 1 Mach 3,32. — **19-20:** Gen 10,15-18; 14,5.

16 **1:** Gen 15,2-3; 21,9; Gal 4,24. — **2:** Gen 31,52; 1 Sam 24,13.16; Iudith 7,13. **7:** Gen 20,1; 25,18; Ex 15,22. — **9:** Tit 2,9; 1 Petr 2,18. — **10:** Gen 17,20; 21,13.18; 25,12-18. — **11:** Mt 1,21; Lc 1,13.31. — **12:** Gen 21,20; 25,18. — **13:** Ex 33,20-23; Iud 13,22. — **14:** Gen 14,7; 20,1; 24,62; 25,11; Num 13,27. — **15:** Gen 12,4.

17 **1:** Gen 6,9; 24,40; 28,3; 35,11; 48,3.15; Ex 6,3; Deut 18,13; Iob 1,1; Ps 118,1; Mt 5,48. — **2:** Gen 12,2; 13,16; 22,17. — **4:** Eccli 44,20-23; Rom 4,11-12.16-17. || Epist. Innoc. III: D 410. — **5:** Neh 9,7; Rom 4,17. — **7:** Gen 26,24; 28,13; Gal 3,16-17; Hebr 11,16. — **8:** Gen 12,7; 13,15; 23,4; 35,27; Ex 6,7; Lev 26,12; Deut 14,2; Ps 104,11; Hebr 11,9-16. — **9-11:** Eccli 44,21; Act 7,8. — **12:** Ex 12,44;

12 Infans octo dierum circumcidetur in vobis, omne masculinum in generationibus
vestris: tam vernaculus, quam emptitius
circumcidetur, et quicumque non fuerit de
stirpe vestra: 13 eritque pactum meum in
carne vestra in foedus aeternum. 14 Masculus, cuius praeputii caro circumcisa non
fuerit, delebitur anima illa de populo suo:
quia pactum meum irritum fecit.

Sarae benedictio

15 Dixit quoque Deus ad Abraham:
Sarai uxorem tuam non vocabis Sarai, sed
Saram. 16 Et benedicam ei, et ex illa dabo
tibi filium cui benedicturus sum, eritque
in nationes, et reges populorum orientur
ex eo. 17 Cecidit Abraham in faciem suam,
et risit, dicens in corde suo: Putasne cen-
tenario nascetur filius? et Sara nonagena-
ria pariet? 18 Dixitque ad Deum: Utinam
Ismael vivat coram te. 19 Et ait Deus ad
Abraham: Sara uxor tua pariet tibi filium,
vocabisque nomen eius Isaac, et constituam pactum meum illi in foedus sempiternum, et semini eius post eum. 20 Super
Ismael quoque exaudivi te: ecce, benedicam ei, et augebo, et multiplicabo eum
valde: duodecim duces generabit, et faciam illum in gentem magnam. 21 Pactum
vero meum statuam ad Isaac, quem pariet tibi Sara tempore isto in anno altero.
22 Cumque finitus esset sermo loquentis cum eo, ascendit Deus ab Abraham.

Circumciditur Abraham et omnes masculi domus eius

23 Tulit autem Abraham Ismael filium
suum, et omnes vernaculos domus suae,
universosque quos emerat, cunctos mares
ex omnibus viris domus suae: et circumcidit carnem praeputii eorum statim in
ipsa die, sicut praeceperat ei Deus.
24 Abraham nonaginta et novem erat annorum quando circumcidit carnem praeputii sui. 25 Et Ismael filius tredecim annos impleverat tempore circumcisionis
suae. 26 Eadem die circumcisus est Abraham et Ismael filius eius. 27 Et omnes viri
domus illius, tam vernaculi, quam empti-
tii et alienigenae pariter circumcisi sunt.

Lev 12,3; Lc 1,59; 2,21; Act 7,8; Rom 4,11; Phil 3,5. — **16:** Gen 18,10; 35,11. — **17:** Gen 18,12; 21,6; Lc 1,18; Rom 4,19. — **19:** Gen 18,10; 21,2-3; Gal 4,23.28. — **20:** Gen 16,10; 21,13.18; 25,12-16. — **21:** Gen 21,2; 26,2-5; Rom 9,7. — **22:** Gen 35,13; Iud 13,20.

Perveniunt tres hospites in tabernaculum Abrahae

18 1 Apparuit autem ei Dominus in
convalle Mambre, sedenti in ostio
tabernaculi sui in ipso fervore diei. 2 Cumque elevasset oculos, apparuerunt ei tres
viri stantes prope eum: quos cum vidisset, cucurrit in occursum eorum de ostio
tabernaculi, et adoravit in terram. 3 Et
dixit: Domine, si inveni gratiam in oculis
tuis, ne transeas servum tuum: 4 sed afferam pauxillum aquae, et lavate pedes
vestros, et requiescite sub arbore. 5 Ponamque buccellam panis, et confortate
cor vestrum, postea transibitis: idcirco
enim declinastis ad servum vestrum. Qui
dixerunt: Fac ut locutus es.
6 Festinavit Abraham in tabernaculum
ad Saram, dixitque ei: Accelera, tria sata
similae commisce, et fac subcinericios panes. 7 Ipse vero ad armentum cucurrit, et
tulit inde vitulum tenerrimum et optimum,
deditque puero: qui festinavit et coxit illum. 8 Tulit quoque butyrum et lac, et vitulum quem coxerat, et posuit coram eis:
ipse vero stabat iuxta eos sub arbore.

Nova Sarae benedictio

9 Cumque comedissent, dixerunt ad
eum: Ubi est Sara uxor tua? Ille respondit: Ecce in tabernaculo est. 10 Cui dixit:
Revertens veniam ad te tempore isto, vita
comite, et habebit filium Sara uxor tua.
Quo audito, Sara risit post ostium tabernaculi. 11 Erant autem ambo senes, provectaeque aetatis, et desierant Sarae fieri
muliebria. 12 Quae risit occulte dicens.
Postquam consenui, et dominus meus ve-
tulus est, voluptati operam dabo? 13 Dixit autem Dominus ad Abraham: Quare
risit Sara, dicens: Num vere paritura sum
anus? 14 Numquid Deo quidquam est difficile? iuxta condictum revertar ad te hoc
eodem tempore, vita comite, et habebit
Sara filium. 15 Negavit Sara, dicens: Non
risi, timore perterrita. Dominus autem:
Non est, inquit, ita: sed risisti.

Abraham iterum atque iterum pro Pentapoli deprecatur

16 Cum ergo surrexissent inde viri, direxerunt oculos contra Sodomam: et
Abraham simul gradiebatur, deducens

18 **1:** Gen 13,18; 14,13. — **2-4:** Gen 19,1-2; 24,32; 43,24; Lc 7,44; Io 13,14; 1 Tim 5,10; Hebr 13,2. — **5:** Iud 19,5; Ps 103,15. — **6:** Mt 13,33; Lc 13,21. — **9:** Gen 24,67; Tob 12,19. — **10:** Gen 17,19.21; 21,1-2; 4 Reg 4,16; Rom 9,9. — **11:** Gen 17,17; Rom 4,19; Hebr 11,11-12. — **12:** Gen 17,17; Lc 1,18; 1 Petr 3,6. — **14:** Iob 42,2; Ier 32,17;

eos. 17 Dixitque Dominus: Num celare potero Abraham quae gesturus sum: 18 cum futurus sit in gentem magnam, ac robustissimam, et BENEDICENDAE sint in illo omnes nationes terrae? 19 Scio enim quod praecepturus sit filiis suis, et domui suae post se ut custodiant viam Domini, et faciant iudicium et iustitiam: ut adducat Dominus propter Abraham omnia quae locutus est ad eum. 20 Dixit itaque Dominus: Clamor Sodomorum et Gomorrhae multiplicatus est, et peccatum eorum aggravatum est nimis. 21 Descendam, et videbo utrum clamorem qui venit ad me, opere compleverint: an non est ita, ut sciam. 22 Converteruntque se inde, et abierunt Sodomam: Abraham vero adhuc stabat coram Domino.

23 Et appropinquans ait: Numquid perdes iustum cum impio? 24 Si fuerint quinquaginta iusti in civitate, peribunt simul? et non parces loco illi propter quinquaginta iustos, si fuerint in eo? 25 Absit a te ut rem hanc facias, et occidas iustum cum impio, fiatque iustus sicut impius, non est hoc tuum: qui iudicas omnem terram, nequaquam facies iudicium hoc. 26 Dixitque Dominus ad eum: Si invenero Sodomis quinquaginta iustos in medio civitatis, dimittam omni loco propter eos.

27 Respondensque Abraham, ait: Quia semel coepi, loquar ad Dominum meum, cum sim pulvis et cinis. 28 Quid si minus quinquaginta iustis quinque fuerint? delebis, propter quadraginta quinque, universam urbem? Et ait: Non delebo, si invenero ibi quadraginta quinque. 29 Rursumque locutus est ad eum: Sin autem quadraginta ibi inventi fuerint, quid facies? Ait: Non percutiam propter quadraginta. 30 Ne quaeso, inquit, indigneris, Domine, si loquar: Quid si ibi inventi fuerint triginta? Respondit: Non faciam; si invenero ibi triginta. 31 Quia semel, ait, coepi, loquar ad Dominum meum: Quid si ibi inventi fuerint viginti? Ait: Non interficiam propter viginti. 32 Obsecro, inquit, ne irascaris, Domine, si loquar adhuc semel: Quid si inventi fuerint ibi decem? Et dixit: non delebo propter decem.

33 Abiitque Dominus, postquam cessavit loqui ad Abraham, et ille reversus est in locum suum.

Duo angeli advenientes in domum Lot petuntur a Sodomitis

19 1 Veneruntque duo angeli Sodomam vespere, et sedente Lot in foribus civitatis. Qui cum vidisset eos, surrexit, et ivit obviam eis: adoravitque pronus in terram, 2 et dixit: Obsecro, domini, declinate in domum pueri vestri, et manete ibi: lavate pedes vestros, et mane proficiscemini in viam vestram. Qui dixerunt: Minime, sed in platea manebimus. 3 Compulit illos oppido ut diverterent ad eum: ingressisque domum illius fecit convivium, et coxit azyma, et comederunt.

4 Prius autem quam irent cubitum, viri civitatis vallaverunt domum a puero usque ad senem, omnis populus simul. 5 Vocaveruntque Lot, et dixerunt ei: Ubi sunt viri qui introierunt ad te nocte? educ illos huc, ut cognoscamus eos. 6 Egressus ad eos Lot, post tergum occludens ostium, ait: 7 Nolite, quaeso, fratres mei, nolite malum hoc facere. 8 Habeo duas filias, quae necdum cognoverunt virum: educam eas ad vos, et abutimini eis sicut vobis placuerit, dummodo viris istis nihil mali faciatis, quia ingressi sunt sub umbra culminis mei. 9 At illi dixerunt: Recede illuc. Et rursus: Ingressus es, inquiunt, ut advena; numquid ut iudices? te ergo ipsum magis quam hos affligemus. Vimque faciebant Lot vehementissime: iamque prope erat ut effringerent fores. 10 Et ecce miserunt manum viri, et introduxerunt ad se Lot, clauseruntque ostium: 11 et eos, qui foris erant, percuserunt caecitate a minimo usque ad maximum, ita ut ostium invenire non possent.

12 Dixerunt autem ad Lot: Habes hic quempiam tuorum? generum, aut filios, aut filias, omnes, qui tui sunt, educ de urbe hac: 13 delebimus enim locum istum, eo quod increverit clamor eorum coram Domino, qui misit nos ut perdamus illos. 14 Egressus itaque Lot, locutus est ad generos suos qui accepturi erant filias eius, et dixit: Surgite, egredimini de loco isto: quia delebit Dominus civitatem hanc. Et visus est eis quasi ludens loqui.

Lot liberatur ab exitio Sodomae

15 Cumque esset mane, cogebant eum angeli, dicentes: Surge, tolle uxorem tu-

Zach 8,6; Mt 19,26; Lc 1,37. — **17:** Ps 24,14; Am 3,7; Io 15,15. — **18:** Gen 12,3; 22,18; 26,4; Act 3,25; Gal 3,8. — **19:** Deut 4,9-10; 6,7; 32,46. — **20:** Gen 4,10; 19,13; Is 3,9; Iac 5,4. — **21:** Gen 11,5; Ex 3,8; Ps 17,10. — **22:** Gen 19,1. — **23:** Gen 20,4; Num 16,22; 2 Sam 24,17. — **24:** Ps 105,23; Ier 18,20. — **25:** Deut 32,4; Iob 8,3; 34,10-12; Ps 93,2; Rom 3,5-6. — **26:** Iob 42,8; Is 65,8; Ier 5,1; Ez 22,30. — **27:** Gen 3,19; Iob 30,19; Eccli 10,9. — **30:** Iud 6,39; Lc 18,1.

19 **1:** Gen 18,22. — **2:** Gen 18,2-4; Iud 19,15. — **5:** Gen 13,13; Iud 1922; Is 3,9; Rom 1,24.27; Iudas 7. — **7-8:** Le 18,22; 20,13; Iud 19,23-24. — **9:** Gen 13,2; Ex 2,14; 2 Petr 2,7-8. — **11:** 4 Reg 6,18; Sap 19,6. — **12:** 2 Petr 2,7-9; Apoc 18,4-5. — **13:** Gen 18,20; 1 Par 21,15. — **14:** Num 16,21.26.45; Ier. 51,6 —

am, et duas filias quas habes: ne et tu
pariter pereas in scelere civitatis. 16 Dis-
simulante illo, apprehenderunt manum
eius, et manum uxoris, ac duarum filiarum eius, eo quod parceret Dominus illi.
17 Eduxeruntque eum, et posuerunt extra
civitatem: ibique locuti sunt ad eum, dicentes: Salva animam tuam: noli respicere post tergum, nec stes in omni circa regione: sed in monte salvum te fac, ne et
tu simul pereas. 18 Dixitque Lot ad eos:
Quaeso, Domine mi, 19 quia invenit servus tuus gratiam coram te, et magnificasti misericordiam tuam quam fecisti mecum, ut salvares animam meam, nec possum in monte salvari, ne forte apprehendat me malum, et moriar: 20 est civitas
haec iuxta, ad quam possum fugere, parva, et salvabor in ea: numquid non modica est, et vivet anima mea? 21 Dixitque ad
eum: Ecce etiam in hoc suscepi preces
tuas, ut non subvertam urbem pro qua
locutus es. 22 Festina, et salvare ibi: quia
non potero facere quidquam donec ingrediaris illuc. Idcirco vocatum est nomen
urbis illius Segor. 23 Sol egressus est super
terram, et Lot ingressus est Segor.

24 Igitur Dominus pluit super Sodomam
et Gomorrham sulphur et ignem a Domino de caelo: 25 et subvertit civitates has,
et omnem circa regionem, universos habitatores urbium, et cuncta terrae virentia. 26 Respiciensque uxor eius post se,
versa est in statuam salis.

27 Abraham autem consurgens mane,
ubi steterat prius cum Domino, 28 intuitus
est Sodomam et Gomorrham, et universam terram regionis illius: viditque ascendentem favillam de terra quasi fornacis
fumum. 29 Cum enim subverteret Deus civitates regionis illius, recordatus Abrahae,
liberavit Lot de subversione urbium in
quibus habitaverat.

Origo Moabitarum et Ammonitarum

30 Ascenditque Lot de Segor, et mansit
in monte, duae quoque filiae eius cum eo
(timuerat enim manere in Segor) et mansit in spelunca ipse, et duae filiae eius cum
eo. 31 Dixitque maior ad minorem: Pater
noster senex est, et nullus virorum remansit in terra qui possit ingredi ad nos iuxta
morem universae terrae. 32 Veni, inebrie-
mus eum vino, dormiamusque cum eo, ut
servare possimus ex patre nostro semen.
33 Dederunt itaque patri suo bibere vinum
nocte illa. Et ingressa est maior; dormivitque cum patre; at ille non sensit, nec
quando accubuit filia, nec quando surrexit. 34 Altera quoque die dixit maior ad
minorem: Ecce dormivi heri cum patre
meo, demus ei bibere vinum etiam hac
nocte, et dormies cum eo, ut salvemus semen de patre nostro. 35 Dederunt etiam
et illa nocte patri suo bibere vinum, in-
gressaque minor filia, dormivit cum eo:
et ne tunc quidem sensit quando concubuerit, vel quando illa surrexerit. 36 Conceperunt ergo duae filiae Lot de patre suo.
37 Peperitque maior filium, et vocavit nomen eius Moab: ipse est pater Moabitarum usque praesentem diem. 38 Minor
quoque peperit filium, et vocavit nomen
eius Ammon, id est filius populi mei: ipse
est pater Ammonitarum usque hodie.

Abimelech rex Gerarae tollit Saram in uxorem

20 1 Profectus inde Abraham in terram australem, habitavit inter Cades et Sur: et peregrinatus est in Geraris.
2 Dixitque de Sara uxore sua: Soror mea
est. Misit ergo Abimelech rex Gerarae, et
tulit eam. 3 Venit autem Deus ad Abimelech per somnium nocte, et ait illi: En
morieris propter mulierem quam tulisti:
habet enim virum. 4 Abimelech vero non
tetigerat eam, et ait: Domine, num gentem ignorantem et iustam interficies?
5 Nonne ipse dixit mihi: Soror mea est:
et ipsa ait: Frater meus est? in simplicitate cordis mei, et munditia manuum
mearum feci hoc. 6 Dixitque ad eum
Deus: Et ego scio quod simplici corde feceris: et ideo custodivi te ne peccares in
me, et non dimisi ut tangeres eam. 7 Nunc
ergo redde viro suo uxorem, quia propheta est: et orabit pro te, et vives: si autem
nolueris reddere, scito quod morte morieris tu, et omnia quae tua sunt. 8 Statimque de nocte consurgens Abimelech, vocavit omnes servos suos: et locutus est
universa verba haec in auribus eorum, timueruntque omnes viri valde. 9 Vocavit
autem Abimelech etiam Abraham, et dixit ei: Quid fecisti nobis? quid peccavimus in te, quia induxisti super me et super regnum meum peccatum grande? quae
non debuisti facere, fecisti nobis. 10 Rursumque expostulans, ait: Quid vidisti, ut
hoc faceres? 11 Respondit Abraham: Co-

17: Ps 33,23; Sap 10,6; Mt 24,16-18; Lc 9,62. — **19:** Lc 1,58. — **22:** Gen 14,2; Ex 32,10; Deut 9,14. — **24-25:** Deut 29,23; Ps 10,7; 106,34; Is 13,19; Ier 20,16; 50,40; Ez 16,49; Os 11,8; Am 4,11; Soph 2,9; Lc 17,29; 2 Petr 2,6; Iudae 7. — **26:** Sap 10,7; Lc 17,32. — **27:** Gen 18,22. — **28:** Apoc 18,9. — **32:** Lev 18,7. — **37:** Deut 2,9. — **38:** Deut 2,19.

20 **1:** Gen 16,14; 26,3.6. — **2:** Gen 12,13-20; 26,7-11. — **3:** Iob 33,15.16; Ps 104,14; Mt 1,20; 2,12. — **4:** Gen 18,23. — **6:** Gen 39,9; Ps 50,6. — **7:** 1 Reg 7,5; Iob 42,8; Ps 104,15; Iac 5,16. — **9:** Ex 32,21; Num 16,30-32; Ios 7,24-25. — **11:** Gen 12,12; 26,7; Ps 35,1; Prov

gitavi mecum, dicens: Forsitan non est
timor Dei in loco isto: et interficient me
propter uxorem meam: 12 alias autem et
vere soror mea est, filia patris mei, et non
filia matris meae, et duxi eam in uxorem.
13 Postquam autem eduxit me Deus de
domo patris mei, dixi ad eam: Hanc misericordiam facies mecum: In omni loco,
ad quem ingrediemur, dices quod frater
tuus sim.
14 Tulit igitur Abimelech oves et boves,
et servos et ancillas, et dedit Abraham:
reddiditque illi Saram uxorem suam, 15 et
ait: Terra coram vobis est, ubicumque
tibi placuerit habita. 16 Sarae autem dixit:
Ecce mille argenteos dedi fratri tuo, hoc
erit tibi in velamen oculorum ad omnes
qui tecum sunt, et quocumque perrexeris:
mementoque te deprehensam. 17 Orante
autem Abraham, sanavit Deus Abimelech
et uxorem, ancillasque eius, et pepererunt:
18 concluserat enim Dominus omnem vulvam domus Abimelech propter Saram
uxorem Abrahae.

E Sara nascitur Isaac

21 1 Visitavit autem Dominus Saram,
sicut promiserat: et implevit quae
locutus est. 2 Concepitque et peperit filium in senectute sua, tempore quo praedixerat ei Deus. 3 Vocavitque Abraham nomen filii sui, quem genuit ei Sara, Isaac:
4 et circumcidit eum octavo die, sicut praeceperat ei Deus, 5 cum centum esset annorum: hac quippe aetate patris, natus est
Isaac. 6 Dixitque Sara: Risum fecit mihi
Deus: quicumque audierit, corridebit mihi.
7 Rursumque ait: Quis auditurus crederet Abraham quod Sara lactaret filium,
quem peperit ei iam seni? 8 Crevit igitur
puer, et ablactatus est: fecitque Abraham
grande convivium in die ablactationis eius.

Agar cum filio Ismaeli eiicitur

9 Cumque vidisset Sara filium Agar
Aegyptiae ludentem cum Isaac filio suo,
dixit ad Abraham: 10 Eiice ancillam hanc,
et filium eius: non enim erit haeres filius
ancillae cum filio meo Isaac. 11 Dure accepit hoc Abraham pro filio suo. 12 Cui
dixit Deus: Non tibi videatur asperum
super puero, et super ancilla tua: omnia
quae dixerit tibi Sara, audi vocem eius;
quia in Isaac vocabitur tibi semen. 13 Sed
et filium ancillae faciam in gentem magnam, quia semen tuum est.
14 Surrexit itaque Abraham mane, et
tollens panem et utrem aquae, imposuit
scapulae eius, tradiditque puerum, et dimisit eam. Quae cum abiisset, errabat in
solitudine Bersabee. 15 Cumque consumpta esset aqua in utre, abiecit puerum subter unam arborum, quae ibi erant. 16 Et
abiit, seditque e regione procul quantum
potest arcus iacere, dixit enim: Non videbo morientem puerum: et sedens contra, levavit vocem suam et flevit. 17 Exaudivit autem Deus vocem pueri: vocavitque angelus Dei Agar de caelo, dicens:
Quid agis Agar? noli timere: exaudivit
enim Deus vocem pueri de loco in quo
est. 18 Surge, tolle puerum, et tene manum illius: quia in gentem magnam faciam eum. 19 Aperuitque oculos eius Deus:
quae videns puteum aquae, abiit, et implevit utrem, deditque puero bibere. 20 Et
fuit cum eo: qui crevit, et moratus est in
solitudine, factusque est iuvenis sagittarius. 21 Habitavitque in deserto Pharan, et
accepit illi mater sua uxorem de terra
Aegypti.

Foedus Abrahae cum Abimelech

22 Eodem tempore dixit Abimelech, et
Phicol princeps exercitus eius ad Abraham: Deus tecum est in universis quae
agis. 23 Iura ergo per Deum, ne noceas
mihi, et posteris meis, stirpique meae: sed
iuxta misericordiam, quam feci tibi, facies mihi, et terrae in qua versatus es advena. 24 Dixitque Abraham: Ego iurabo.
25 Et increpavit Abimelech propter puteum aquae quem vi abstulerant servi
eius. 26 Responditque Abimelech: Nescivi
quis fecerit hanc rem: sed et tu non indicasti mihi, et ego non audivi praeter hodie.
27 Tulit itaque Abraham oves et boves, et
dedit Abimelech: percusseruntque ambo
foedus. 28 Et statuit Abraham septem agnas gregis seorsum. 29 Cui dixit Abimelech: Quid sibi volunt septem agnae istae,
quas stare fecisti seorsum? 30 At ille: Septem, inquit, agnas accipies de manu mea:
ut sint mihi in testimonium, quoniam ego
fodi puteum istum. 31 Idcirco vocatus est
locus ille Bersabee: quia ibi uterque iuravit. 32 Et inierunt foedus pro puteo iuramenti.
33 Surrexit autem Abimelech, et Phicol

16,6. — **12:** Gen 11,29. — **13:** Gen 12,1.13. — **14:** Gen 12,16; 21,23. — **15:** Gen 13,9; 34,10. — **16:** Gen 24,65. — **17:** Iob 42,9-10; Iac 5,16. — **18:** Gen 12,17.

21 **1:** Gen 17,19; 18,10.14; 1 Sam 2,21. — **2:** Gen 17,21; Gal 4,22-23; Hebr 11,11. — **3:** Gen 17,19. — **4:** Gen 17,10-12; Act 7,8. — **5:** Gen 17,1.17; Rom 4,19. — **6:** Gen 18,12. — **7:** Is 54,1; Gal 4,27. — **9:** Gal 4,29. — **10:** Iud 11,2; Gal 4,30. — **12:** Rom 9,7-8; Hebr 11,18. — **13:** Gen 16,10; 17,20. — **14:** Gen 21,31. — **18:** Gen 16,10. — **19:** Num 22,31; 4 Reg 6,17.20. — **20:** Gen 16,12. — **22:** Gen 20,2; 26,1.26-28. — **23:** Gen 20,14-15; 1 Sam 24,22. — **25:** Gen 26,15-22. — **27:** Gen 26,31. — **30:** Gen 31,48-52. — **31:** Gen 26,33. — **33:** Gen 4,26; 12,8; Ps 89,2; Is 40,28; Rom 16,26.

princeps exercitus eius, reversique sunt
in terram Palaestinorum. Abraham vero
plantavit nemus in Bersabee, et invocavit ibi nomen Domini Dei aeterni. 34 Et
fuit colonus terrae Palaestinorum diebus
multis.

Deus tentat Abrahae obedientiam

22 1 Quae postquam gesta sunt, tentavit Deus Abraham, et dixit ad
eum: Abraham, Abraham. At ille respondit: Adsum. 2 Ait illi: Tolle filium
tuum unigenitum, quem diligis, Isaac,
et vade in terram visionis: atque ibi
offeres eum in holocaustum super unum
montium quem monstravero tibi.
3 Igitur Abraham de nocte consurgens,
stravit asinum suum, ducens secum duos
iuvenes, et Isaac filium suum: cumque
concidisset ligna in holocaustum, abiit
ad locum quem praeceperat ei Deus. 4 Die
autem tertio, elevatis oculis, vidit locum
procul: 5 dixitque ad pueros suos: Expectate hic cum asino: ego et puer illuc usque
properantes, postquam adoraverimus, re-
vertemur ad vos. 6 Tulit quoque ligna
holocausti, et imposuit super Isaac filium
suum: ipse vero portabat in manibus ignem et gladium. Cumque duo pergerent
simul, 7 dixit Isaac patri suo: Pater mi.
At ille respondit: Quid vis, fili? Ecce,
inquit, ignis et ligna: ubi est victima holocausti? 8 Dixit autem Abraham: Deus
providebit sibi victiman holocausti, fili
mi. Pergebant ergo pariter:
9 et venerunt ad locum quem ostenderat ei Deus, in quo aedificavit altare, et
desuper ligna composuit; cumque alligasset Isaac filium suum, posuit eum in altare
super struem lignorum. 10 Extenditque manum, et arripuit gladium, ut immolaret
filium suum. 11 Et ecce angelus Domini de
caelo clamavit, dicens: Abraham, Abraham. Qui respondit: Adsum. 12 Dixitque
ei: Non extendas manum tuam super
puerum, neque facias illi quidquam: nunc
cognovi quod times Deum, et non pepercisti unigenito filio tuo propter me. 13 Levavit Abraham oculos suos, viditque post
tergum arietem inter vepres haerentem
cornibus, quem assumens obtulit holocaustum pro filio. 14 Appellavitque nomen loci illius, Dominus videt. Unde usque hodie dicitur: In monte Dominus
videbit.

Dei iuramentum ad Abraham

15 Vocabit autem angelus Domini Abraham secundo de caelo, dicens: 16 Per memetipsum iuravi, dicit Dominus: quia
fecisti hanc rem, et non pepercisti filio tuo
unigenito propter me: 17 benedicam tibi,
et multiplicabo semen tuum sicut stellas
caeli, et velut arenam quae est in littore
maris: possidebit semen tuum portas inimicorum suorum, 18 et benedicentur in
semine tuo omnes gentes terrae, quia obe-
disti voci meae.
19 Reversus est Abraham ad pueros
suos, abieruntque Bersabee simul, et habitavit ibi.

Cognatio Abrahae in Aram

20 His ita gestis, nuntiatum est Abrahae
quod Melcha quoque genuisset filios Nachor fratri suo: 21 Hus primogenitum, et
Buz fratrem eius, et Camuel patrem Syrorum, 22 et Cased, et Azau, Pheldas quoque
et Iedlaph, 23 ac Bathuel, de quo nata est
Rebecca: octo istos genuit Melcha, Nachor fratri Abrahae. 24 Concubina vero
illius, nomine Roma, peperit Tabee, et
Gaham, et Thahas, et Maacha.

Moritur Sara, et sepelitur in Hebron

23 1 Vixit autem Sara centum viginti
septem annis. 2 Et mortua est in
civitate Arbee, quae est Hebron, in terra
Chanaan: venitque Abraham ut plangeret
et fleret eam.
3 Cumque surrexisset ab officio funeris,
locutus est ad filios Heth, dicens: 4 Advena sum et peregrinus apud vos: date
mihi ius sepulchri vobiscum, ut sepeliam
mortuum meum. 5 Responderunt filii
Heth, dicentes: 6 Audi nos, domine, princeps Dei es apud nos: in electis sepulchris
nostris sepeli mortuum tuum: nullusque
te prohibere poterit quin in monumento
eius sepelias mortuum tuum. 7 Surrexit
Abraham, et adoravit populum terrae,
filios videlicet Heth: 8 dixitque ad eos:
Si placet animae vestrae ut sepeliam mortuum meum, audite me, et intercedite pro
me apud Ephron filium Seor: 9 ut det
mihi speluncam duplicem, quam habet
in extrema parte agri sui: pecunia digna
tradat eam mihi coram vobis in posses-

22 **1:** Deut 13,3; Iudith 8,19.22; Eccli 44,21; 1 Mach 2,52; 1 Cor 10,13; Hebr 11,17; Iac 1,12-13; 1 Petr 1,6-7. — **2:** 2 Par 3,1. — **6:** Io 19,17. — **8:** Io 1,29.36; 1 Petr 1,19; Apoc 5,12. — **9:** Hebr 11,17; Iac 2,21. — **12:** Gen 26,5; Ier 7,31; Mich 6,7; Rom 8,32. ‖ Epist. Greg. 1: D 248. — **16:** Ps 104,9; Eccli 44,22; 1 Mach 2,52; Lc 1,73; Hebr 6,13-14. — **17:** Gen 13,16; 15,5; 24,60; Ier 33,22; Mt 16,18; Lc 1,74; Hebr 11,12. — **18:** Gen 12,3; 18,18; 26,4-5; Eccli 44,22-25; Act 3,25; Gal 3,8.16. — **19:** Gen 21,31. — **20:** Gen 11,29; 24,15. — **21:** Iob 1,1; 32,2; Ier 25,20.23; Lam 4,21. — **23:** Gen 24,15.

23 **2:** Gen 35,27; Ios 14,15; Iud 1,10. — **4:** Gen 17,8; Ps 104,12; Act 7,5; Hebr 11,9.13. — **6:** Gen 24,35. — **10:** Gen 34,20.24;

sionem sepulchri. 10 Habitabat autem
Ephron in medio filiorum Het. Responditque Ephron ad Abraham, cunctis audientibus qui ingrediebantur portam civitatis illius, dicens: 11 Nequaquam ita
fiat, domine mi, sed tu magis ausculta
quod loquor. Agrum trado tibi, et speluncam quae in eo est, praesentibus filiis
populi mei; speli mortuum tuum. 12 Adoravit Abraham coram populo terrae. 13 Et
locutus est ad Ephron circumstante plebe:
Quaeso, ut audias me: Dabo pecuniam
pro agro: suscipe eam, et sic sepeliam
mortuum meum in eo. 14 Responditque
Ephron: 15 Domine mi, audi me: Terra,
quam postulas, quadringentis siclis argenti valet, istud est pretium inter me
et te: sed quantum est hoc? sepeli mortuum tuum. 16 Quod cum audisset Abraham, appendit pecuniam, quam Ephron
postulaverat, audientibus filiis Heth, quadringentos siclos argenti probatae mone-
tae publicae. 17 Confirmatusque est ager
quondam Ephronis, in quo erat spelunca
duplex, respiciens Mambre, tam ipse,
quam spelunca, et omnes arbores eius
in cunctis terminis eius per circuitum,
18 Abrahae in possessionem, videntibus
filiis Heth, et cunctis qui intrabant portam
civitatis illius.

19 Atque ita sepelivit Abraham Saram
uxorem suam in spelunca agri duplici,
quae respiciebat Mambre. Haec est Hebron in terra Chanaan. 20 Et confirmatus
est ager, et antrum quod erat in eo, Abrahae in possessionem monumenti a filiis
Heth.

Mittitur Eliezer quaerere uxorem Isaac

24 1 Erat autem Abraham senex, die-
rumque multorum: et Dominus in
cunctis benedixerat ei. 2 Dixitque ad servum seniorem domus suae, qui praeerat
omnibus quae habebat: Pone manum
tuam subter femur meum, 3 ut adiurem
te per Dominum Deum caeli et terrae,
ut non accipias uxorem filio meo de
filiabus Chananaeorum, inter quos habito:
4 sed ad terram et cognationem meam
proficiscaris et inde accipias uxorem filio
meo Isaac. 5 Respondit servus: Si noluerit
mulier venire mecum in terram hanc numquid reducere debeo filium tuum ad locum, de quo tu egressus es? 6 Dixitque
Abraham: Cave nequando reducas filium
meum illuc. 7 Dominus Deus caeli, qui
tulit me de domo patris mei, et de terra
nativitatis meae, qui locutus est mihi, et
iuravit mihi, dicens: Semini tuo dabo
terram hanc: ipse mittet angelum suum
coram te, et accipies inde uxorem filio
meo: 8 sin autem mulier noluerit sequi
te, non teneberis iuramento: filium meum
tantum ne reducas illuc. 9 Posuit ergo
servus manum sub femore Abraham domini sui, et iuravit illi super sermone hoc.

10 Tulitque decem camelos de grege domini sui, et abiit, ex omnibus bonis eius
portans secum, profectusque perrexit in
Mesopotamiam ad urbem Nachor.
11 Cumque camelos fecisset accumbere extra oppidum iuxta puteum aquae vespere,
tempore quo solent mulieres egredi ad
hauriendam aquam, dixit: 12 Domine
Deus domini mei Abraham, occurre, obsecro, mihi hodie, et fac misericordiam
cum domino meo Abraham. 13 Ecce ego
sto prope fontem aquae, et filiae habitatorum huius civitatis egredientur ad hauriendam aquam. 14 Igitur puella, cui ego
dixero: Inclina hydriam tuam ut bibam:
et illa responderit: Bibe, quin et camelis
tuis dabo potum: ipsa est quam praeparasti servo tuo Isaac: et per hoc intelligam
quod feceris misericordiam cum domino
meo. 15 Necdum intra se verba compleverat, et ecce Rebecca egrediebatur, filia
Bathuel, filii Melchae uxoris Nachor fratris Abraham, habens hydriam in scapula
sua: 16 puella decora nimis, virgoque pulcherrima, et incognita viro: descenderat
autem ad fontem, et impleverat hydriam,
ac revertebatur. 17 Occurritque ei servus,
et ait: Pauxillum aquae mihi ad bibendum
praebe de hydria tua. 18 Quae respondit:
Bibe, domine mi: celeriterque deposuit
hydriam super ulnam suam, et dedit ei
potum. 19 Cumque ille bibisset, adiecit:
Quin et camelis tuis hauriam aquam, donec cuncti bibant. 20 Effundensque hydriam in canalibus, recurrit ad puteum ut
hauriret aquam: et haustam omnibus camelis dedit. 21 Ipse autem contemplaba-
tur eam tacitus, scire volens utrum prosperum iter suum fecisset Dominus, an non.
22 Postquam autem biberunt cameli, protulit vir inaures aureas, appendentes siclos
duos, et armillas totidem pondo siclorum
decem. 23 Dixitque ad eam: Cuius es filia?
indica mihi: est in domo patris tui locus
ad manendum? 24 Quae respondit: Filia
sum Bathuelis, filii Melchae, quem peperit ipsi Nachor. 25 Et addidit, dicens: Pa-
learum quoque et foeni plurimum est apud

Ruth 4,1-4. — **13:** Gen 14,23. — **16:** Gen 43,21; 1 Par 21,25; Zach 11,12. — **17-20:** Gen 25,9; 49,29-32; 50,13; Ier 32,9-14; Ruth 4,7-11.

24 **2:** Gen 15,2; 47,29. — **3:** Gen 26,34-35; 27,46; 28,1; Ex 34,16; Deut 7,3; 2 Cor 6,14. — **4:** Gen 28,2. — **7:** Gen 12,1.7; 13,15; 15,18; 26,3; Ex 23,20.23; 33,2; Hebr 1,14. — **8:** Ios 2,17-20. — **10:** Gen 11,31; 27,43. **11:** Ex 2,16; 1 Sam 9,11; Io 4,7. — **14:** Gen 15,8. — **15:** Gen 11,29; 22,23. — **17:** Io 4,7. — **22:** Ex 32,2; Is 3,19-23; Ez 16,11-12. — **26:**

nos, et locus spatiosus ad manendum.
26 Inclinavit se homo, et adoravit Dominum, 27 dicens: Benedictus Dominus Deus
domini mei Abraham, qui non abstulit
misericordiam et veritatem suam a domino meo, et recto itinere me perduxit in
domum fratris domini mei.

Eliezer ingreditur domum Laban

28 Cucurrit itaque puella, et nuntiavit in
domum matris suae omnia quae audierat.
29 Habebat autem Rebecca fratrem nomine Laban, qui festinus egressus est ad hominem, ubi erat fons. 30 Cumque vidisset
inaures et armillas in manibus sororis suae,
et audisset cuncta verba referentis: Haec
locutus est mihi homo: venit ad virum qui
stabat iuxta camelos, et prope fontem
aquae: 31 dixitque ad eum: Ingredere, be-
nedicte Domini: cur foris stas? praeparavi domum, et locum camelis. 32 Et introduxit eum in hospitium: ac destravit camelos, deditque paleas et foenum, et
aquam ad lavandos pedes eius, et virorum qui venerant cum eo. 33 Et appositus
est in conspectu eius panis. Qui ait: Non
comedam, donec loquar sermones meos.
Respondit ei: Loquere.
34 At ille: Servus, inquit, Abraham sum:
35 et Dominus benedixit domino meo valde, magnificatusque est: et dedit ei oves
et boves, argentum et aurum, servos et
ancillas, camelos et asinos. 36 Et peperit
Sara uxor domini mei filium domino meo
in senectute sua, deditque illi omnia quae
habuerat. 37 Et adiuravit me dominus
meus, dicens: Non accipies uxorem filio
meo de filiabus Chananaeorum, in quorum terra habito: 38 sed ad domum patris
mei perges, et de cognatione mea accipies
uxorem filio meo: 39 ego vero respondi
domino meo: Quid si noluerit venire mecum mulier? 40 Dominus, ait, in cuius
conspectu ambulo, mittet angelum suum
tecum, et diriget viam tuam: accipiesque
uxorem filio meo de cognatione mea, et
de domo patris mei. 41 Innocens eris a
maledictione mea, cum veneris ad propinquos meos, et non dederint tibi. 42 Veni ergo hodie ad fontem aquae, et dixi:
Domine Deus domini mei Abraham, si
direxisti viam meam, in qua nunc ambulo, 43 ecce sto iuxta fontem aquae, et
virgo, quae egredietur ad hauriendam
aquam, audierit a me: Da mihi pauxillum
aquae ad bibendum ex hydria tua: 44 et
dixerit mihi: Et tu bibe, et camelis tuis
hauriam: ipsa est mulier, quam praeparavit Dominus filio domini mei. 45 Dum-
que haec tacitus mecum volverem, apparuit Rebecca veniens cum hydria, quam
portabat in scapula: descenditque ad fontem, et hausit aquam. Et aio ad eam: Da
mihi paululum bibere. 46 Quae festinans
deposuit hydriam de humero, et dixit
mihi: Et tu bibe, et camelis tuis tribuam
potum. Bibi, et adaquavit camelos. 47 In-
terrogavique eam, et dixi: Cuius es filia?
Quae respondit: Filia Bathuelis sum, filii
Nachor, quem peperit ei Melcha. Suspendi itaque inaures ad ornandam faciem
eius, et armillas posui in manibus eius.
48 Pronusque adoravi Dominum, benedicens Domino Deo domini mei Abraham,
qui perduxit me recto itinere, ut sumerem
filiam fratris domini mei filio eius. 49 Quamobrem si facitis misericordiam et veritatem cum domino meo, indicate mihi:
sin autem aliud placet, et hoc dicite mihi,
ut vadam ad dextram, sive ad sinistram.

Accepta Rebecca regreditur in Chanaan

50 Responderuntque Laban et Bathuel:
A Domino egressus est sermo: non possumus extra placitum eius quidquam aliud
loqui tecum. 51 En Rebecca coram te est,
tolle eam, et proficiscere, et sit uxor filii
domini tui, sicut locutus est Dominus.
52 Quod cum audisset puer Abraham,
procidens adoravit in terram Dominum.
53 Prolatisque vasis argenteis, et aureis, ac
vestibus, dedit ea Rebeccae pro munere:
fratribus quoque eius et matri dona obtulit. 54 Inito convivio, vescentes pariter et
bibentes manserunt ibi. Surgens autem
mane, locutus est puer: Dimitte me, ut
vadam ad dominum meum. 55 Responderuntque fratres eius et mater: Maneat
puella saltem decem dies apud nos, et
postea proficiscetur. 56 Nolite, ait, me retinere, quia Dominus direxit viam meam:
dimittite me ut pergam ad dominum
meum. 57 Et dixerunt: Vocemus puellam,
et quaeramus ipsius voluntatem. 58 Cumque vocata venisset, sciscitati sunt: Vis
ire cum homine isto? Quae ait: Vadam.
59 Dimiserunt ergo eam, et nutricem illius,
servumque Abraham, et comites eius,
60 imprecantes prospera sorori suae, atque dicentes: Soror nostra es, crescas in
mille millia, et possideat semen tuum portas inimicorum suorum. 61 Igitur Rebecca et puellae illius, ascensis camelis, secutae sunt virum: qui festinus revertebatur ad dominum suum:
62 Eo autem tempore deambulabat Isaac
per viam quae ducit ad Puteum, cuius no-

Ex 4,31. — **29:** Gen 25,20; 28,2; 29,5. — **31:** Gen 26,29; Iud 17,2; Ruth 3,10; Ps 113,15. — **32:** Gen 18,4; 43,24; Iud 19,21. — **35:** Gen 12,2; 13,2. — **36:** Gen 21,2; 25,5. — **40:** Gen 17,1. — **50:** Gen 31; 24-29. — **54-56:** Tob 10,8. **59:** Gen 35,8. — **60:** Gen 22,17. — **62:** Gen 16,14; 25,11. — **67:** Gen 23,2.

men est Viventis et videntis: habitabat enim in terra australi: 63 et egressus fuerat ad meditandum in agro, inclinata iam die: cumque elevasset oculos, vidit camelos venientes procul. 64 Rebecca quoque, conspecto Isaac, descendit de camelo, 65 et ait ad puerum: Quis est ille homo qui venit per agrum in occursum nobis? Dixitque ei: Ipse est dominus meus. At illa tollens cito pallium, operuit se. 66 Servus autem cuncta, quae gesserat, narravit Isaac. 67 Qui introduxit eam in tabernaculum Sarae matris suae, et accepit eam uxorem: et in tantum dilexit eam, ut dolorem, qui ex morte matris eius acciderat, temperaret.

Postrema vitae Abrahae

25 1 Abraham vero aliam duxit uxorem nomine Ceturam: 2 quae peperit ei Zamran et Iecsan, et Madam, et Madian, et Iesboc, et Sue. 3 Iecsan quoque genuit Saba et Dadan. Filii Dadan fuerunt Assurim, et Latusim, et Loomin. 4 At vero ex Madian ortus est Epha, et Opher, et Henoch, et Abida, et Eldaa: omnes hi filii Ceturae.

5 Deditque Abraham cuncta quae possederat, Isaac: 6 filiis autem concubinarum largitus est munera, et separavit eos ab Isaac filio suo, dum adhuc ipse viveret, ad plagam orientalem. 7 Fuerunt autem dies vitae Abrahae, centum septuaginta quinque anni. 8 Et deficiens mortuus est in senectute bona, provectaeque aetatis et plenus dierum: congregatusque est ad populum suum. 9 Et sepelierunt eum Isaac et Ismaël filii sui in spelunca duplici, quae sita est in agro Ephron filii Seor Hethaei, e regione Mambre, 10 quem emerat a filiis Heth: ibi sepultus est ipse, et Sara uxor eius. 11 Et post obitum illius benedixit Deus Isaac filio eius, qui habitabat iuxta Puteum nomine Viventis et videntis.

Generationes Ismaelis

12 Hae sunt generationes Ismael filii Abrahae, quem peperit ei Agar Aegyptia, famula Sarae: et 13 haec nomina filiorum eius in vocabulis et generationibus suis. Primogenitus Ismaelis Nabaioth, deinde Cedar, et Adbeel, et Mabsam, 14 Masma quoque, et Duma, et Massa, 15 Hadar, et Thema, et Iethur, et Naphis, et Cedma. 16 Isti sunt filii Ismaelis: et haec nomina per castella et oppida eorum, duodecim principes tribuum suarum.

17 Et facti sunt anni vitae Ismaelis centum triginta septem, deficiensque mortuus est, et appositus ad populum suum. 18 Habitavit autem ab Hevila usque Sur, quae respicit Aegyptum introeuntibus Assyrios; coram cunctis fratribus suis obiit.

PARS TERTIA

Historia Isaac et · filiorum

(25,19-36,4)

Contentio Esau et Iacob iam ab utero matris

19 Hae quoque sunt generationes Isaac filii Abraham: Abraham genuit Isaac: 20 qui cum quadraginta esset annorum, duxit uxorem Rebeccam filiam Bathuelis Syri de Mesopotamia, sororem Laban. 21 Deprecatusque est Isaac Dominum pro uxore sua, eo quod esset sterilis: qui exaudivit eum, et dedit conceptum Rebeccae. 22 Sed collidebantur in utero eius parvuli; quae ait: Si sic mihi futurum erat, quid necesse fuit concipere? Perrexitque ut consuleret Dominum. 23 Qui respondens ait:

Duae gentes sunt in utero tuo.
Et duo populi ex ventre tuo dividentur,
Populusque populum superabit,
Et maior serviet minori.

24 Iam tempus pariendi advenerat, et ecce gemini in utero eius reperti sunt. 25 Qui prior egressus est, rufus erat, et totus in morem pellis hispidus: vocatumque est nomen eius Esau. Protinus alter egrediens, plantam fratris tenebat manu: et idcirco appellavit eum Iacob. 26 Sexagenarius erat Isaac quando nati sunt ei parvuli.

27 Quibus adultis, factus est Esau vir gnarus venandi, et homo agricola: Iacob autem vir simplex habitabat in tabernaculis. 28 Isaac amabat Esau, eo quod de venationibus illius vesceretur: et Rebecca diligebat Iacob. 29 Coxit autem Iacob pulmentum: ad quem cum venisset Esau de agro lassus, 30 ait: Da mihi de coctione hac rufa, quia oppido lassus sum. Quam ob causam vocatum est nomen eius Edom. 31 Cui dixit Iacob: Vende mihi primogenita tua. 32 Ille respondit: En morior, quid mihi proderunt primogenita? 33 Ait Iacob:

25 **1-4:** 1 Par 1, 32-33. — **5:** Gen 21,10; 24,36. — **6:** Gen 21,14; Iud 6,3. — **8-10:** Gen 15,15; 23,16; 35,29; 49,31; 50,13; Iob 5,26; 42,16-17. — **11:** Gen 16,14; 24,62. — **12:** Gen 16,15. — **13-15:** 1 Par 1,29-31; Iob 6,19; Is 21, 11; 60,7; Ier 25,23; 1 Mach 5,25; 9,35. — **16:** Gen 17,20. — **18:** Gen 2,11; 16,7; 20,1; Ex 15, 22; 1 Sam 15,7. — **19:** Mt 1,2. — **20:** Gen 22,23; 24,29.67. — **22:** 1 Sam 9,9. — **23:** Gen 17,16; 24,60; 27,29.40; Abd 18-21; Rom 9,10-12. — **25:** Gen 27,11.16.23.36; Os 12,3. — **26:** Mt 1,2. — **27:** Gen 27,3-5; Hebr 11,9. — **30:** Abd 1. — **33:** Hen 27,36; Hebr 12,16-17.

Iura ergo mihi. Iuravit ei Esau et vendidit
primogenita. 34 Et sic, accepto pane et
lentis edulio, comedit et bibit, et abiit,
parvipendens quod primogenita vendidis-
set.

Commoratio Isaac in Geraris

26 1 Orta autem fame super terram
post eam sterilitatem, quae acciderat in diebus Abraham, abiit Isaac ad
Abimelech regem Palaestinorum in Gerara. 2 Apparuitque ei Dominus, et ait: Ne
descendans in Aegyptum, sed quiesce in
terra quam dixero tibi. 3 Et peregrinare in
ea, eroque tecum, et benedicam tibi: tibi
enim et semini tuo dabo universas regiones has, complens iuramentum quod spopondi Abraham patri tuo. 4 Et multiplicabo semen tuum sicut stellas caeli: daboque posteris tuis universas regiones has
et benedicentur in semine tuo omnes gentes terrae, 5 eo quod obedierit Abraham
voci meae, et custodierit praecepta et
mandata mea, et caeremonias legesque servaverit. 6 Mansit itaque Isaac in Geraris.

Abimelech conqueritur de Rebecca

7 Qui cum interrogaretur a viris loci illius super uxore sua, respondit: Soror
mea est: timuerat enim confiteri quod sibi
esset sociata coniugio, reputans ne forte
interficerent eum propter illius pulchritudinem. 8 Cumque pertransissent dies plurimi, et ibidem moraretur, prospiciens
Abimelech rex Palaestinorum per fenestram, vidit eum iocantem cum Rebecca
uxore sua. 9 Et accersito eo, ait: Perspicuum est quod uxor tua sit: cur mentitus
es eam sororem tuam esse? Respondit:
Timui ne morerer propter eam. 10 Dixitque Abimelech: Quare imposuisti nobis?
potuit coire quispiam de populo cum uxore tua, et induxeras super nos grande peccatum. Praecepitque omni populo, dicens: 11 Qui tetigerit hominis huius uxorem, morte morietur.

Isaac dives efficitur

12 Sevit autem Isaac in terra illa, et invenit in ipso anno centuplum: benedixitque ei Dominus. 13 Et locupletatus est
homo, et ibat proficiens atque succrescens,
donec magnus vehementer effectus est:
14 habuit quoque possessiones ovium et armentorum, et familiae plurimum. Ob hoc
invidentes ei Palaestini, 15 omnes puteos,
quos foderant servi patris illius Abraham,
illo tempore obstruxerunt, implentes humo: 16 in tantum, ut ipse Abimelech diceret ad Isaac: Recede a nobis, quoniam
potentior nobis factus es valde.
17 Et ille discedens, ut veniret ad torrentem Gerarae, habitaretque ibi: 18 rursum fodit alios puteos, quos foderant servi patris sui Abraham, et quos, illo mortuo, olim obstruxerant Philisthiim: appellavitque eos eisdem nominibus quibus
ante pater vocaverat. 19 Foderuntque in
Torrente, et repererunt aquam vivam.
20 Sed et ibi iurgium fuit pastorum Gerarae adversus pastores Isaac, dicentium:
Nostra est aqua, quam ob rem nomen
putei ex eo, quod acciderat, vocavit Calumniam. 21 Foderunt autem et alium:
et pro illo quoque rixati sunt, appellavitque eum Inimicitias. 22 Profectus inde fodit alium puteum, pro quo non conten-
derunt: itaque vocavit nomen eius Latitudo, dicens: Nunc dilatavit nos Dominus, et fecit crescere super terram.

Recedit in Bersabee eique Abimelech foedus sacratur

23 Ascendit autem ex illo loco in Bersabee, 24 ubi apparuit ei Dominus in ipsa
nocte, dicens: Ego sum Deus Abraham
patris tui, noli timere, quia ego tecum
sum: benedicam tibi, et multiplicabo semen tuum propter servum meum Abraham. 25 Itaque aedificavit ibi altare: et invocato nomine Domini, extendit tabernaculum: praecepitque servis suis ut foderent puteum.
26 Ad quem locum cum venissent de
Geraris Abimelech, et Ochozath amicus
illius, et Phicol dux militum, 27 locutus est
eis Isaac: Quid venistis ad me, hominem
quem odistis, et expulistis a vobis? 28 Qui
responderunt: Vidimus tecum esse Dominum, et idcirco nos diximus: Sit iuramentum inter nos, et ineamus foedus, 29 ut
non facias nobis quidquam mali, sicut et
nos nihil tuorum attigimus, nec fecimus
quod te laederet: sed cum pace dimisimus
auctum benedictione Domini. 30 Fecit ergo eis convivium, et post cibum et potum
31 surgentes mane, iuraverunt sibi mutuo:
dimisitque eos Isaac pacifice in locum
suum.
32 Ecce autem venerunt in ipso die servi
Isaac annuntiantes ei de puteo, quem foderant, atque dicentes: Invenimus aquam.
33 Unde appellavit eum Abundantiam: et
nomen urbi impositum est Bersabee, usque in praesentem diem.

26 **1:** Gen 12,10; 20,2; 21,33-34. — **2:** Gen 12,1. — **3:** Gen 12,7; 13,15; 15,18; 20,1; 22,16-18; 28,15; Ps 104,9; Mich 7,20; Hebr 11,9. — **4:** Gen 12,3; 15,5; 18,18; 22,17-18; 28,14; Gal 3,8. — **5:** Gen 22,16.18. — **7:** Gen 12,13; 20,2.13; 24,16. — **8:** Prov 5,18. — **10:** Gen 20,9. — **12:** Gen 24,1; Mt 13,8. — **13:** Prov 10,22. — **14:** Eccl 4,4. — **15:** Gen 21,25.30. — **20:** Gen 21,25. — **24:** Gen 15,1; 17,7; 21,22; 28,13.15; Ex 3,6; Ps 26,1-3; Act 4,32; Rom 8,31. — **25:** Gen 12,7-8; 13,18. — **26-33:** Gen

34 Esau vero quadragenarius duxit uxores, Iudith filiam Beeri Hethaei, et Basemath filiam Elon eiusdem loci: 35 quae
ambae offenderant animum Isaac et Rebeccae.

Iacob rapit benedictionem patris Esau servatam

27 1 Senuit autem Isaac, et caligaverunt oculi eius, et videre non poterat: vocavitque Esau filium suum maiorem, et dixit ei: Fili mi? Cui respondit:
Adsum. 2 Cui pater: Vides, inquit, quod
senuerim, et ignorem diem mortis meae.
3 Sume arma tua, pharetram, et arcum, et
egredere foras: cumque venatu aliquid ap-
prehenderis, 4 fac mihi inde pulmentum
sicut velle me nosti, et affer ut comedam:
et benedicat tibi anima mea antequam
moriar.
5 Quod cum audisset Rebecca, et ille
abiisset in agrum ut iussionem patris impleret, 6 dixit filio suo Iacob: Audivi patrem tuum loquentem cum Esau fratre
tuo, et dicentem ei: 7 Affer mihi de venatione tua, et fac cibos ut comedam, et benedicam tibi coram Domino antequam
moriar. 8 Nunc ergo, fili mi, acquiesce
consiliis meis: 9 et pergens ad gregem,
affer mihi duos haedos optimos, ut faciam ex eis escas patri tuo, quibus libenter vescitur: 10 quas cum intuleris, et comederit, benedicat tibi priusquam moriatur. 11 Cui ille respondit: Nosti quod Esau
frater meus homo pilosus sit, et ego lenis:
12 si attrectaverit me pater meus, et sense-
rit, timeo ne putet me sibi voluisse illudere, et inducam super me maledictionem
pro benedictione. 13 Ad quem mater: In
me sit, ait, ista maledictio, fili mi: tantum
audi vocem meam, et pergens, affer quae
dixi. 14 Abiit, et attulit, deditque matri.
Paravit illa cibos, sicut velle noverat patrem illius. 15 Et vestibus Esau valde bonis,
quas apud se habebat domi, induit eum:
16 pelliculasque haedorum circumdedit
manibus, et colli nuda protexit. 17 Deditque pulmentum, et panes, quos coxerat,
tradidit. 18 Quibus illatis, dixit: Pater mi?
At ille respondit: Audio. Quis es tu, fili
mi? 19 Dixitque Iacob: Ego sum primogenitus tuus Esau: feci sicut praecepisti
mihi: surge, sede, et comede de venatione
mea, ut benedicat mihi anima tua. 20 Rursumque Isaac ad filium suum: Quo modo,
inquit, tam cito invenire potuisti, fili mi?
Qui respondit: Voluntas Dei fuit ut cito
occurreret mihi quod volebam. 21 Dixitque
Isaac: Accede huc, ut tangam te, fili mi,
et probem utrum tu sis filius meus Esau,
an non. 22 Accessit ille ad patrem, et pal-
pato eo, dixit Isaac: Vox quidem, vox Iacob est: sed manus, manus sunt Esau.
23 Et non cognovit eum, quia pilosae manus similitudinem maioris expresserant.
Benedicens ergo illi, 24 ait: Tu es filius
meus Esau? Respondit: Ego sum. 25 At
ille: Affer mihi, inquit, cibos de venatione
tua, fili mi, ut benedicat tibi anima mea.
Quos cum oblatos comedisset, obtulit ei
etiam vinum. Quo hausto, 26 dixit ad eum:
Accede ad me, et da mihi osculum, fili mi.
27 Accessit, et osculatus est eum. Statimque ut sensit vestimentorum illius fragran-
tiam, benedicens illi, ait:

Ecce odor filii mei
Sicut odor agri pleni,
Cui benedixit Dominus.
28 Det tibi Deus de rore caeli
Et de pinguedine terrae
Abundantiam frumenti et vini.
29 Et serviant tibi populi,
Et adorent te tribus:
Esto dominus fratrum tuorum.
Et incurventur ante te filii matris tuae:
Qui maledixerit tibi, sit ille maledictus:
Et qui benedixerit tibi, benedictionibus re-
pleatur.

Esau obtinuit propriam benedictionem

30 Vix Isaac sermonem impleverat: et
egresso Iacob foras, venit Esau, 31 coctos-
que de venatione cibos intulit patri, dicens: Surge, pater mi, et comede de venatione filii tui: ut benedicat mihi anima tua.
32 Dixitque illi Isaac: Quis enim es tu?
Qui respondit: Ego sum filius tuus primogenitus Esau. 33 Expavit Isaac stupore vehementi: et ultra quam credi potest, admirans, ait: Quis igitur ille est qui dudum
captam venationem attulit mihi, et comedi
ex omnibus prius quam tu venires? bene-
dixique ei, et erit benedictus. 34 Auditis
Esau sermonibus patris, irrugiit clamore
magno: et consternatus, ait: Benedic
etiam et mihi, pater mi. 35 Qui ait: Venit
germanus tuus fraudulenter, et accepit benedictionem tuam. 36 At ille subiunxit:
Iuste vocatum est nomen eius Iacob: supplantavit enim me in altera vice: primogenita mea ante tulit, et nunc secundo sur-
ripuit benedictionem meam. Rursumque

21,22-34. — **34:** Gen 28,9; 36,2-3. — **35:** Gen 27,46; 28,8.

27 **1:** Gen 48,10; 1 Sam 3,2. — **3:** Gen 25,27-28. — **4:** Gen 48,9; 49,28; Deut 33,1. — **11:** Gen 25,25. — **12:** Gen 9,25; Deut 27,16.18. — **13:** 1 Sam 15,24. — **23:** Hebr 11,20. **27:** Cant 4,11; Os 14,7. — **28:** Gen 49,25; Deut 1,17; 33,13.28; 2 Sam 1,21; Ioel 2,10; Zach 8,12. — **29:** Gen 9,25; 12,3; 25,23; 49,8; Num 24,9; 2 Sam 8,14. — **33:** Gen 28,3-4; Rom 11,29. — **34:** Hebr 12,17. — **36:** Gen 25,25.

ad patrem: Numquid non reservasti, ait,
et mihi benedictionem? 37 Respondit
Isaac: Dominum tuum illum constitui,
omnes fratres eius servituti illius subiuga-
vi: frumento et vino stabilivi eum, et tibi
post haec, fili mi, ultra quid faciam? 38 Cui
Esau: Num unam, inquit, tantum benedictionem habes, pater? mihi quoque obsecro ut benedicas. Cumque eiulatu magno fleret, 39 motus Isaac, dixit ad eum:
In pinguedine terrae,
Et in rore caeli desuper, 40 erit benedictio
tua.
Vives in gladio, et fratri tuo servies:
Tempusque veniet, cum excutias et solvas
iugum eius de cervicibus tuis.

Grave dissidium fratrum

41 Oderat ergo semper Esau Iacob pro
benedictione qua benedixerat ei pater: dixitque in corde suo: Venient dies luctus
patris mei, et occidam Iacob fratrem
meum. 42 Nuntiata sunt haec Rebeccae:
quae mittens et vocans Iacob filium suum,
dixit ad eum: Ecce Esau frater tuus minatur ut occidat te. 43 Nunc ergo, fili mi,
audi vocem meam, et consurgens fuge ad
Laban fratrem meum in Haran: 44 habi-
tabisque cum eo dies paucos, donec requiescat furor fratris tui, 45 et cesset indignatio eius, obliviscaturque eorum quae
fecisti in eum: postea mittam, et adducam
te inde huc: cur utroque orbabor filio in
uno die?
46 Dixitque Rebecca ad Isaac: Taedet
me vitae meae propter filias Heth: si acceperit Iacob uxorem de stirpe huius terrae, nolo vivere.

28 1 Vocavit itaque Isaac Iacob, et benedixit eum, praecepitque ei dicens: Noli accipere coniugem de genere
Chanaan: 2 sed vade, et proficiscere in
Mesopotamiam Syriae, ad domum Bathuel patris matris tuae, et accipe tibi inde
uxorem de filiabus Laban avunculi tui.
3 Deus autem omnipotens benedicat tibi,
et crescere te faciat, atque multiplicet: ut
sis in turbas populorum. 4 Et det tibi benedictiones Abrahae, et semini tuo post
te: ut possideas terram peregrinationis
tuae, quam pollicitus est avo tuo. 5 Cumque dimisisset eum Isaac, profectus venit
in Mesopotamiam Syriae ad Laban filium
Bathuel Syri, fratrem Rebeccae matris
suae.
6 Videns autem Esau quod benedixisset
pater suus Iacob, et misisset eum in Mesopotamiam Syriae, ut inde uxorem duceret; et quod post benedictionem praecepisset ei, dicens: Non accipies uxorem de
filiabus Chanaan: 7 quodque obediens Iacob parentibus suis isset in Syriam: 8 probans quoque quod non libenter aspiceret
filias Chanaan pater suus: 9 ivit ad Ismaelem, et duxit uxorem absque iis, quas
prius habebat, Maheleth filiam Ismael filii
Abraham, sororem Nabaioth.

Somnium Iacob in Bethel

10 Igitur egressus Iacob de Bersabee,
pergebat Haran. 11 Cumque venisset ad
quemdam locum, et vellet in eo requiescere post solis occubitum, tulit de lapidibus qui iacebant, et supponens capiti suo,
dormivit in eodem loco. 12 Viditque in
somnis scalam stantem super terram, et
cacumen illius tangens caelum: angelos
quoque Dei ascendentes et descendentes
per eam, 13 et Dominum innixum scalae
dicentem sibi: Ego sum Dominus Deus
Abraham patris tui, et Deus Isaac: Terram, in qua dormis, tibi dabo et semini
tuo. 14 Eritque semen tuum quasi pulvis
terrae: dilataberis ad occidentem, et orientem, et septentrionem, et meridiem: et
benedicentur in te et in semine tuo cunctae tribus terrae. 15 Et ero custos tuus
quocumque perrexeris, et reducam te in
terram hanc: nec dimittam nisi comple-
vero universa quae dixi.
16 Cumque evigilasset Iacob de somno,
ait: Vere Dominus est in loco isto, et ego
nesciebam. 17 Pavensque, Quam terribilis
est, inquit, locus iste! non est hic aliud
nisi domus Dei, et porta caeli. 18 Surgens
ergo Iacob mane, tulit lapidem quem sup-
posuerat capiti suo, et erexit in titulum,
fundens oleum desuper. 19 Appellavitque
nomen urbis Bethel, quae prius Luza vocabatur. 20 Vovit etiam votum, dicens: Si
fuerit Deus mecum, et custodierit me in
via, per quam ego ambulo, et dederit mihi panem ad vescendum, et vestimentum
ad induendum, 21 reversusque fuero prospere ad domum patris mei: erit mihi
Dominus in Deum, 22 et lapis iste, quem

33. — **37:** 2 Sam 8,14; Abd 18,20; 1 Mach, 5,3; 2 Mach 10,16-17. — **38:** Hebr 12,17. — **39:** Gen 36,6-7; Hebr 11,20. — **40:** Gen 25,23; 4 Reg 8,20-22; 2 Par 21,8-10. — **41:** Gen 37,4.8; 50,3.4.10; Am 1,11; Abd 10. — **43:** Gen 11,31; 24,10. — **46:** Gen 24,3; 26,34-35; 28,8.

28 **1:** Gen 24,3; 27,46. — **2:** Gen 22,23; 24,29; 25,20. — **3:** Gen 17,1.6. — **4:** Gen 12,2; 17,8; 36,7; 37,1. — **5:** Gen 31,18; Os 12,12. — **8:** Gen 24,3; 26,35. — **9:** Gen 25,13; 26,34; 36,3. — **10:** Gen 21,31; 26,33; Act 7,2. — **12:** Num 12,6; Iob 33,15-16; Io 1,51; Hebr 1,14. — **13:** Gen 13,14-16; 35,1.12; 48,3. **14:** Gen 12,3; 13,16; 26,4; Beut 12,20; 19,8; Is 54,3. — **15:** Gen 26,24; 31,3; 35,6; Num 23,19; Deut 31,6.8; Ios 1,5; 3 Reg 8,57. — **16:** Ex 3,5; Ios 5,15. — **17-19:** Gen 31,13.45; 35,6. 14-15; Lev 8,10-11; Iud 1,23-26; 1 Sam 7,12; 2 Sam 18,18. — **20:** Gen 31,13; 2 Sam 15,8; Prov 30,8; 1 Tim 6,8. — **21:** Deut 26,17. — **22:** Gen 14,20; 35,7.14; Lev 27,30-33.

erexi in titulum, vocabitur Domus Dei:
cunctorumque quae dederis mihi, decimas offeram tibi.

Iacob pervenit in domum Laban

29 1 Profectus ergo Iacob venit in terram orientalem. 2 Et vidit puteum
in agro, tres quoque greges ovium accu-
bantes iuxta eum: nam ex illo adaqua-
bantur pecora, et os eius grandi lapide
claudebatur. 3 Morisque erat ut cunctis
ovibus congregatis devolverent lapidem,
et refectis gregibus rursum super os putei
ponerent. 4 Dixitque ad pastores. Fratres,
unde estis? Qui responderunt: De Haran.
5 Quos interrogans, Numquid, ait, nostis
Laban filium Nachor? Dixerunt: Novimus. 6 Sanusne est? inquit. Valet, inquiunt: et ecce Rachel filia, eius venit cum
grege suo. 7 Dixitque Iacob: Adhuc multum diei superest, nec est tempus ut redu-
cantur ad caulas greges: date ante potum
ovibus, et sic eas ad pastum reducite.
8 Qui responderunt: Non possumus, donec omnia pecora congregentur, et amo-
veamus lapidem de ore putei, ut adaque-
mus greges.
9 Adhuc loquebantur, et ecce Rachel
veniebat cum ovibus patris sui: nam gregem ipsa pascebat. 10 Quam cum vidisset
Iacob, et sciret consobrinam suam, oves-
que Laban avunculi sui: amovit lapidem
quo puteus claudebatur. 11 Et adaquato
grege, osculatus est eam: et elevata voce
flevit, 12 et indicavit ei quod frater esset
patris sui, et filius Rebeccae: at illa festinans nuntiavit patri suo. 13 Qui cum
audisset venisse Iacob filium sororis suae,
cucurrit obviam ei: complexusque eum, et
in oscula ruens, duxit in domum suam.
Auditis autem causis itineris, 14 respondit: Os meum es, et caro mea. Et postquam impleti sunt dies mensis unius,
15 dixit ei: Num quia frater meus es,
gratis servies mihi? dic quid mercedis
accipias.

Duo coniugia Iacob

16 Habebat vero duas filias, nomen
maioris Lia: minor vero appellabatur Rachel. 17 Sed Lia lippis erat oculis: Rachel
decora facie, et venusto aspectu. 18 Quam
diligens Iacob, ait: Serviam tibi pro Rachel filia tua minore, septem annis. 19 Respondit Laban: Melius est ut tibi eam dem
quam alteri viro, mane apud me. 20 Servivit ergo Iacob pro Rachel septem annis:
et videbantur illi pauci dies prae amoris
magnitudine. 21 Dixitque ad Laban: Da
mihi uxorem meam: quia iam tempus
impletum est, ut ingrediar ad illam. 22 Qui
vocatis multis amicorum turbis ad convivium, fecit nuptias. 23 Et vespere Liam
filiam suam introduxit ad eum, 24 dans
ancillam filiae, Zelpham nomine. Ad quam
cum ex more Iacob fuisset ingressus, facto
mane vidit Liam: 25 et dixit ad socerum
suum: Quid est quod facere voluisti? nonne pro Rachel servivi tibi? quare imposuisti mihi? 26 Respondit Laban: Non est
in loco nostro consuetudinis, ut minores
ante tradamus ad nuptias. 27 Imple heb-
domadam dierum huius copulae: et hanc
quoque dabo tibi pro opere quo serviturus es mihi septem annis aliis. 28 Acquievit placito: et hebdomada transacta,
Rachel duxit uxorem: 29 cui pater servam
Balam tradiderat. 30 Tandemque potitus
optatis nuptiis, amorem sequentis priori
praetulit, serviens apud eum septem annis
aliis.

Crescit familia Iacob

31 Videns autem Dominus quod despi-
ceret Liam, aperuit vulvam eius, sorore
sterili permanente. 32 Quae conceptum genuit filium, vocavitque nomen eius Ruben,
dicens: Vidit Dominus humilitatem
meam, nunc amabit me vir meus. 33 Rursumque concepit et peperit filium, et ait:
Quoniam audivit me Dominus haberi contemptui, dedit etiam istum mihi; vocavitque nomen eius Simeon. 34 Concepitque
tertio, et genuit alium filium: dixitque:
Nunc quoque copulabitur mihi maritus
meus: eo quod pepererim ei tres filios:
et idcirco appellavit nomen eius Levi.
35 Quarto concepit, et peperit filium, et
ait: Modo confitebor Domino, et ob hoc
vocavit eum Iudam: cessavitque parere.

30 1 Cernens autem Rachel quod in-
fecunda esset, invidit sorori suae,
et ait marito suo: Da mihi liberos, alioquin moriar. 2 Cui iratus respondit Iacob:
Num pro Deo ego sum, qui privavit te
fructu ventris tui? 3 At illa: Habeo, inquit,
famulam Balam: ingredere ad illam, ut
pariat super genua mea, et habeam ex
illa filios. 4 Deditque illi Balam in coniugium: quae, 5 ingresso ad se viro, concepit, et peperit filium. 6 Dixitque Rachel:
Iudicavit mihi Dominus, et exaudivit vo-

29 **1:** Num 23,7; Iud 6,3. — **4:** Gen 27,43. **6:** Gen 43,7. — **9:** Ex 2,16. — **12:** Gen 13,8; 14,14.16; 24, 28-20. — **14:** Gen 2,23; 37,27; Iud 9,2; 2 Sam 5,1; 19,12-13; 1 Par 11,1. — **18:** Gen 30,26; 31,41; Os 12,12. — **22:** Iud 14,10; Io 2,1-2. — **24:** Gen 30,9-12. — **27:** Iud 14,12. **29:** Gen 30,3-7. — **30:** Gen 31,41. — **31:** Gen 30,22; Deut 21,15. — **32:** Gen 31,42; Ex 3,7; 4,31; Deut 26,7. — **34:** Num 18,2.4. — **35:** Gen 30,9.17.19.21; 49,8; Mt 1,2.

30 **1-3:** Gen 16,2; Ruth 4,16. — **6:** Gen 49,16. — **9:** Gen 29,24.35. — **11:** Gen 49,19. — **13:** Gen 49,20; Prov 31,28; Lc 1,48. —

cem meam, dans mihi filium, et idcirco
appellavit nomen eius Dan. 7 Rursumque
Bala concipiens, peperit alterum, 8 pro
quo ait Rachel: Comparavit me Deus
cum sorore mea, et invalui: vocavitque
eum Nephthali.
9 Sentiens Lia quod parere desiisset,
Zelpham ancillam suam marito tradidit.
10 Qua post conceptum edente filium, 11 dixit: Feliciter, et idcirco vocavit nomen eius
Gad. 12 Peperit quoque Zelpha alterum.
13 Dixitque Lia: Hoc pro beatitudine mea:
Beatam quippe me dicent mulieres: propterea appellavit eum Aser. 14 Egressus
autem Ruben tempore messis triticeae
in agrum, reperit mandragoras: quas matri Liae detulit. Dixitque Rachel: Da
mihi partem de mandragoris filii tui.
15 Illa respondit: Parumne tibi videtur
quod praeripueris maritum mihi, nisi
etiam mandragoras filii mei tuleris? Ait
Rachel: Dormiat tecum hac nocte pro
mandragoris filii tui. 16 Redeuntique ad
vesperam Iacob de agro, egressa est in
occursum eius Lia, et Ad me, inquit, intrabis: quia mercede conduxi te pro mandragoris filii mei. Dormivitque cum ea
nocte illa. 17 Et exaudivit Deus preces
eius, concepitque et peperit filium quintum, 18 et ait: Dedit Deus mercedem mihi, quia dedi ancillam meam viro meo:
appellavitque nomen eius Issachar. 19 Rursum Lia concipiens, peperit sextum filium,
20 et ait: Dotavit me Deus dote bona:
etiam hac vice mecum erit maritus meus,
eo quod genuerim ei sex filios: et idcirco
appellavit nomen eius Zabulon. 21 Post
quem peperit filiam, nomine Dinam.
22 Recordatus quoque Dominus Rachelis, exaudivit eam, et aperuit vulvam eius.
23 Quae concepit, et peperit filium, dicens:
Abstulit Deus opprobrium meum. 24 Et
vocavit nomen eius Ioseph, dicens: Addat
mihi Dominus filium alterum. 25 Nato
autem Ioseph, dixit Iacob socero suo:
Dimitte me ut revertar in patriam, et ad
terram meam. 26 Da mihi uxores, et liberos meos, pro quibus servivi tibi, ut
abeam: tu nosti servitutem qua servivi
tibi.

Multiplicatio gregum Iacob

27 Ait illi Laban: Inveniam gratiam in
conspectu tuo, experimento didici, quia
benedixerit mihi Deus propter te: 28 constitue mercedem tuam quam dem tibi.
29 At ille respondit: Tu nosti quomodo
servierim tibi, et quanta in manibus meis
fuerit possessio tua. 30 Modicum habuisti
antequam venirem ad te, et nunc dives
effectus es: benedixitque tibi Dominus
ad introitum meum. Iustum est igitur ut
aliquando provideam etiam domui meae.
31 Dixitque Laban: Quid tibi dabo? At ille
ait: Nihil volo: sed si feceris quod postulo,
iterum pascam, et custodiam pecora tua.
32 Gyra omnes greges tuos, et separa cunctas oves varias, et sparso vellere; quodcumque furvum, et maculosum, varium-
que fuerit, tam in ovibus quam in capris,
erit merces mea. 33 Respondebitque mihi
cras iustitia mea, quando placiti tempus
advenerit coram te: et omnia quae non
fuerint varia, et maculosa, et furva, tam
in ovibus quam in capris, furti me arguent. 34 Dixitque Laban: Gratum habeo
quod petis. 35 Et separavit in die illa,
capras, et oves, et hircos, et arietes varios,
atque maculosos: cunctum autem gregem
unicolorem, id est albi et nigri velleris,
tradidit in manu filiorum suorum. 36 Et
posuit spatium itineris trium dierum inter
se et generum, qui pascebat reliquos greges eius.
37 Tollens ergo Iacob virgas populeas
virides, et amygdalinas, et ex platanis, ex
parte decorticavit eas: detractisque cor-
ticibus, in his, quae spoliata fuerant, candor apparuit: illa vero quae integra fuerant, viridia permanserunt: atque in hunc
modum color effectus est varius. 38 Posuitque eas in canalibus, ubi effundebatur aqua: ut cum venissent greges ad
bibendum, ante oculos haberent virgas,
et in aspectu earum conciperent. 39 Factumque est ut in ipso calore coitus, oves
intuerentur virgas, et parerent maculosa,
et varia, et diverso colore respersa. 40 Divisitque gregem Iacob, et posuit virgas in
canalibus ante oculos arietum: erant autem alba et nigra quaeque, Laban; caetera vero, Iacob, separatis inter se gregibus. 41 Igitur quando primo tempore
ascendebantur oves, ponebat Iacob virgas
in canalibus aquarum ante oculos arietum
et ovium, ut in earum contemplatione
conciperent: 42 quando vero serotina ad-
missura erat, et conceptus extremus, non
ponebat eas. Factaque sunt ea quae erant
serotina, Laban: et quae primi temporis,
Iacob. 43 Ditatusque est homo ultra modum, et habuit greges multos, ancillas et
servos, camelos et asinos.

14: Cant 7,13. — **21:** Gen 34,1. — **22-23:** 1 Sam 1,6.19; Is 4,1; Lc 1,25. — **24:** Gen 35,17; 49,22-26. — **26:** Gen 29,20-30. — **27:** Gen 39,8. — **28:** 29,15. — **29:** Gen 31,6.38-41. — **30:** 1 Tim 5,8. — **32:** Gen 31,8. — **37:** Gen 31,8-12. — **38:** Ex 2,16. — **43:** Gen 24,35; 26,13-14.

Decernit Iacob regredi in Chanaan

31 1 Postquam autem audivit verba filiorum Laban dicentium: Tulit Iacob omnia quae fuerunt patris nostri, et de illius facultate ditatus, factus est inclytus: 2 animadvertit quoque faciem Laban, quod non esset erga se sicut heri et nudiustertius, 3 maxime dicente sibi Domino: Revertere in terram patrum tuorum, et ad generationem tuam, eroque tecum. 4 Misit, et vocavit Rachel et Liam in agrum, ubi pascebat greges, 5 dixitque eis: Video faciem patris vestri quod non sit erga me sicut heri et nudiustertius: Deus autem patris mei fuit mecum. 6 Et ipsae nostis quod totis viribus meis servierim patri vestro. 7 Sed et pater vester circumvenit me et mutavit mercedem meam decem vicibus: et tamen non dimisit eum Deus ut noceret mihi. 8 Si quando dixit: Variae erunt mercedes tuae: pariebant omnes oves varios foetus: quando vero e contrario ait: Alba quaeque accipies pro mercede: omnes greges alba pepererunt. 9 Tulitque Deus substantiam patris vestri, et dedit mihi. 10 Postquam enim conceptus ovium tempus advenerat, levavi oculos meos, et vidi in somnis ascendentes mares super feminas, varios et maculosos, et diversorum colorum. 11 Dixitque angelus Dei ad me in somnis: Iacob? Et ego respondi: Adsum. 12 Qui ait: Leva oculos tuos, et vide universos masculos ascendentes super feminas, varios, maculosos, atque respersos. Vidi enim omnia quae fecit tibi Laban. 13 Ego sum Deus Bethel, ubi unxisti lapidem, et votum vovisti mihi. Nunc ergo surge, et egredere de terra hac, revertens in terram nativitatis tuae.

14 Responderuntque Rachel et Lia: Numquid habemus residui quidquam in facultatibus et haereditate domus patris nostri? 15 Nonne quasi alienas reputavit nos, et vendidit, comeditque pretium nostrum? 16 Sed Deus tulit opes patris nostri, et eas tradidit nobis, ac filiis nostris: unde omnia quae praecepit tibi Deus, fac. 17 Surrexit itaque Iacob, et impositis liberis ac coniugibus suis super camelos, abiit. 18 Tulitque omnem substantiam suam, et greges, et quidquid in Mesopotamia acquisierat, pergens ad Isaac patrem suum in terram Chanaan.

Persequitur eum Laban

19 Eo tempore ierat Laban ad tondendas oves, et Rachel furata est idola patris sui. 20 Noluitque Iacob confiteri socero suo quod fugeret. 21 Cumque abiisset tam ipse quam omnia quae iuris sui erant, et omne transmisso pergeret contra Montem Galaad, 22 nuntiatum est Laban die tertio quod fugeret Iacob. 23 Qui, assumptis fratribus suis, persecutus est eum diebus septem: et comprehendit eum in monte Galaad. 24 Viditque in somnis dicentem sibi Deum: Cave ne quidquam aspere loquaris contra Iacob.

25 Iamque Iacob extenderat in monte tabernaculum: cumque ille consecutus fuisset eum cum fratribus suis, in eodem monte Galaad fixit tentorium. 26 Et dixit ad Iacob: Quare ita egisti, ut clam me abigeres filias meas quasi captivas gladio? 27 Cur ignorante me fugere voluisti, nec indicare mihi, ut prosequerer te cum gaudio, et canticis, et tympanis, et citharis? 28 Non es passus ut oscularer filios meos et filias: stulte operatus es: et nunc quidem 29 valet manus mea reddere tibi malum: sed Deus patris vestri heri dixit mihi: Cave ne loquaris contra Iacob quidquam durius. 30 Esto, ad tuos ire cupiebas, et desiderio erat tibi domus patris tui: cur furatus es deos meos? 31 Respondit Iacob: Quod inscio te profectus sum, timui ne violenter auferres filias tuas. 32 Quo autem furti me arguis: apud quemcumque inveneris deos tuos, necetur coram fratribus nostris: scrutare, quidquid tuorum apud me inveneris, et aufer: haec dicens, ignorabat quod Rachel furata esset idola.

33 Ingressus itaque Laban tabernaculum Iacob, et Liae, et utriusque famulae, non invenit. Cumque intrasset tentorium Rachelis, 34 illa festinans abscondit idola subter stramenta cameli, et sedit desuper: scrutantique omne tentorium, et nihil invenienti, 35 ait: Ne irascatur dominus meus quod coram te assurgere nequeo: quia iuxta consuetudinem feminarum nunc accidit mihi: sic delusa sollicitudo quaerentis est. 36 Tumensque Iacob, cum iurgio ait: Quam ob culpam meam, et ob quod peccatum meum sic exarsisti post me, 37 et scrutatus es omnem supellectilem meam. Quid invenisti de cuncta substantia domus tuae? pone hic coram fratribus meis, et fratribus tuis, et iudicent

31 **1-2:** Gent 4,5; Ps 48,17. — **3:** Gen 28,15; 32,9. — **5:** Gen 26,4; 28,13. — **7:** Num 14,22; Neh 4,12; Iob 19,3; Ps 104,14; Zach 8,23. — **8:** Gen 30,23. — **9:** Prov 10,22. — **10:** Gen 30,11. — **11:** Gen 16,7-9; 21,17; 48,16. — **13:** Gen 28,17-22; 32,9; 35,7. — **14:** 2 Sam 20,1; 3 Reg 12,16. — **15:** Gen 20,20.27; 30,26. — **18:** Gen 25,20; 28,2.6-7. — **19:** Gen 35,2-4; Ios 24,2; Iud 17,5; 18,24; 1 Sam 15,23; 19,13; Iudith 5,7-8; Zz 21,21; Os 3,4; Zach 10,2. — **21:** Ex 23,31; Ps 71,8; Is 27,12. — **23:** Gen 13,8; 24,53. — **24:** Gen 20,3. — **28:** Ruth 1,9.14; 3 Reg 19,20; Act 20,37. — **29:** Gen 28,13; 48,16; Mich 2,1. — **32:** Gen 44,9. — **35:** Lev

inter me et te. 38 Idcirco viginti annis fui
tecum? oves tuae et caprae steriles non
fuerunt, arietes gregis tui non comedi:
39 nec captum a bestia ostendi tibi, ego
damnum omne reddebam: quidquid furto
peribat, a me exigebas: 40 die noctuque
aestu urebar, et gelu, fugiebatque somnus ab oculis meis. 41 Sicque per viginti
annos in domo tua servivi tibi, quatuordecim pro filiabus, et sex pro gregibus
tuis: immutasti quoque mercedem meam
decem vicibus. 42 Nisi Deus patris mei
Abraham, et timor Isaac affuisset mihi,
forsitan modo nudum me dimisisses: afflictionem meam et laborem manuum
mearum respexit Deus, et arguit te heri.

Pactum inter Laban et Iacob

43 Respondit ei Laban: Filiae meae et
filii, et greges tui, et omnia quae cernis,
mea sunt: quid possum facere filiis et nepotibus meis? 44 Veni ergo, et ineamus foedus: ut sit in testimonium inter me et te.
45 Tulit itaque Iacob lapidem, et erexit illum in titulum: 46 dixitque fratribus suis:
Afferte lapides. Qui congregantes fecerunt
tumulum, comederuntque super eum:
47 quem vocavit Laban Tumulum testis:
et Iacob, Acervum testimonii, uterque
iuxta proprietatem linguae suae. 48 Dixitque Laban: Tumulus iste erit testis inter
me et te hodie, et idcirco appellatum est
nomen eius Galaad, id est, Tumulus testis.
49 Intueatur et iudicet Dominus inter nos
quando recesserimus a nobis, 50 si afflixeris filias meas, et si introduxeris alias uxores super eas: nullus sermonis nostri testis
est absque Deo, qui praesens respicit.
51 Dixitque rursus ad Iacob: En tumulus
hic, et lapis quem erexi inter me et te,
52 testis erit: tumulus, inquam, iste et lapis sint in testimonium, si aut ego trans-
iero illum pergens ad te, aut tu praeter-
ieris, malum mihi cogitans. 53 Deus Abraham, et Deus Nachor iudicet inter nos,
Deus patris eorum. Iuravit ergo Iacob
per timorem patris sui Isaac: 54 immola-
tisque victimis in monte, vocavit fratres
suos ut ederent panem. Qui cum comedissent, manserunt ibi: 55 Laban vero de
nocte consurgens, osculatus est filios, et
filias suas, et benedixit illis: reversusque
est in locum suum.

Iacob timens fratrem Esau curat placare eum

32 1 Iacob quoque abiit itinere quo
coeperat: fueruntque ei obviam angeli Dei. 2 Quos cum vidisset ait: Castra
Dei sunt haec: et appellavit nomen loci
illius Mahanaim, id est, castra.
3 Misit autem et nuntios ante se ad
Esau fratrem suum in terram Seir, in regionem Edom: 4 praecepitque eis, dicens:
Sic loquimini domino meo Esau: Haec dicit frater tuus Iacob: Apud Laban peregrinatus sum, et fui usque in praesentem
diem. 5 Habeo boves, et asinos, et oves,
et servos, et ancillas: mittoque nunc legationem ad dominum meum, ut inveniam
gratiam in conspectu tuo. 6 Reversique
sunt nuntii ad Iacob, dicentes: Venimus
ad Esau fratrem tuum, et ecce properat
tibi in occursum cum quadringentis viris.
7 Timuit Iacob valde: et perterritus divisit
populum qui secum erat, greges quoque
et oves, et boves, et camelos, in duas turmas, 8 dicens: Si venerit Esau ad unam
turmam, et percusserit eam, alia turma,
quae reliqua est, salvabitur. 9 Dixitque
Iacob: Deus patris mei Abraham, et Deus
patris mei Isaac: Domine qui dixisti mihi: Revertere in terram tuam, et in locum
navitatis tuae, et benefaciam tibi: 10 minor sum cunctis miserationibus tuis, et
veritate tua quam explevisti servo tuo. In
baculo meo transivi Iordanem istum: et
nunc cum duabus turmis regredior.
11 Erue me de manu fratris mei Esau, quia
valde eum timeo: ne forte veniens percutiat matrem cum filiis. 12 Tu locutus es
quod benefaceres mihi, et dilateres semen
meum sicut arenam maris, quae prae multitudine numerari non potest.
13 Cumque dormisset ibi nocte illa, separavit de his quae habebat, munera Esau
fratri suo, 14 capras ducentas, hircos viginti, oves ducentas, et arietes viginti,
15 camelos foetas cum pullis suis triginta,
vaccas quadraginta, et tauros viginti, asinas viginti et pullos earum decem. 16 Et
misit per manus servorum suorum singulos seorsum greges, dixitque pueris suis:
Antecedite me, et sit spatium inter gregem et gregem. 17 Et praecepit priori, dicens: Si obvium habueris fratrem meum
Esau, et interrogaverit te: Cuius es? aut,
Quo vadis? aut, Cuius sunt ista quae sequeris? 18 respondebis: Servi tui, Iacob,
munera misit domino meo Esau, ipse quoque post nos venit. 19 Similiter dedit man-

19,32. — **39:** Ex 22,11-12. — **41:** Gen 29,27-30; 30,31-32. — **42:** Gen 28,13. — **44:** Gen 26,28; Ios 24,27; Prov 16,7. — **45:** Gen 28,18.22. — **48:** Ios 22,27; 24,27. — **50:** Iud 11,10; 1 Sam 12,5; Iob 16,19; Ier 42,5. — **53:** Gen 16,8; 2 Sam 24,13.16.

32 **1:** Gen 28,12; 48,16; Ps 33,8 — **2:** Ios 5, 14; 13,26; 21,37; 2 Sam 2,8; 17,24.27; 3 Reg 2,8; Lc 2,13. — **3:** Gen 36,89; Deut 2,5; Ios 24,4. — **5:** Gen 33,8.15. — **6:** Gen 33,1. — **7:** Gen 35,3. — **9:** Gen 28,13; 31,3.13.42.53. — **12:** Gen 28,13-15. — **20-21:** Gen 43,11-14; Prov

data secundo, et tertio, et cunctis qui sequebantur greges, dicens: Iisdem verbis
loquimini ad Esau cum inveneritis eum.
20 Et addetis: Ipse quoque servus tuus Iacob iter nostrum insequitur. Dixit enim:
Placabo illum muneribus quae praecedunt, et postea videbo illum, forsitan propitiabitur mihi. 21 Praecesserunt itaque
munera ante eum, ipse vero mansit nocte
illa in castris.

Pugna Iacob cum angelo

22 Cumque mature surrexisset, tulit duas
uxores suas, et totidem famulas cum undecim filiis et transivit vadum Iacob.
23 Traductisque omnibus quae ad se pertinebant, 24 mansit solus: et ecce vir luc-
tabatur cum eo usque mane. 25 Qui cum
videret quod eum superare non posset,
tetigit nervum femoris eius, et statim
emarcuit. 26 Dixitque ad eum: Dimitte
me, iam enim ascendit aurora. Respondit: Non dimittam te, nisi benedixeris mihi. 27 An ergo: Quod nomen est tibi? Respondit: Iacob. 28 At ille: Nequaquam, inquit, Iacob appellabitur nomen tuum, sed
Israel: quoniam si contra Deum fortis
fuisti, quanto magis contra homines
praevalebis? 29 Interrogavit eum Iacob:
Dic mihi, quo appellaris nomine? Respondit: Cur quaeris nomen meum? Et
benedixit ei in eodem loco. 30 Vocavitque
Iacob nomen loci illius Phanuel, dicens:
Vidi Deum facie ad faciem, et salva facta est anima mea. 31 Ortusque est ei statim sol, postquam transgressus est Phanuel: ipse vero claudicabat pede. 32 Quam
ob causam non comedunt nervum filii Israel, qui emarcuit in femore Iacob, usque
in praesentem diem: eo quod tetigerit nervum femoris eius, et obstupuerit.

Esau occurrit obviam fratri suo

33 1 Elevans autem Iacob oculos suos,
vidit venientem Esau, et cum eo
quadringentos viros: divisitque filios Liae
et Rachel, ambarumque famularum: 2 et
posuit utramque ancillam, et liberos
earum, in principio: Liam vero, et filios
eius, in secundo loco: Rachel autem et
Ioseph novissimos. 3 Et ipse progrediens
adoravit pronus in terram septies, donec
appropinquaret frater eius.
4 Currens itaque Esau obviam fratri
suo, amplexatus est eum: stringensque
collum eius, et osculans flevit. 5 Levatis-
que oculis, vidit mulieres et parvulos
earum, et ait: Quid sibi volunt isti? et si
ad te pertinent? Respondit: Parvuli sunt
quos donavit mihi Deus servo tuo. 6 Et
appropinquantes ancillae et filii earum,
incurvati sunt. 7 Accesit quoque Lia cum
pueris suis: et cum similiter adorassent,
extremi Ioseph et Rachel adoraverunt.
8 Dixitque Esau: Quaenam sunt istae turmae quas obviam habui? Respondit: Ut
invenirem gratiam coram domino meo.
9 At ille ait: Habeo plurima, frater mi,
sint tua tibi. 10 Dixitque Iacob: Noli ita
obsecro: sed si inveni gratiam in oculis
tuis, accipe munusculum de manibus
meis: sic enim vidi faciem tuam, quasi viderim vultum Dei: esto mihi propitius,
11 et suscipe benedictionem quam attuli
tibi, et quam donavit mihi Deus tribuens
omnia. Vix fratre compellente, suscipiens,
12 ait: Gradiamur simul, eroque socius itineris tui. 13 Dixitque Iacob: Nosti, domine mi, quod parvulos habeam teneros, et
oves, et boves foetas mecum: quas si plus
in ambulando fecero laborare, morientur
una die cuncti greges. 14 Praecedat dominus meus ante servum suum: et ego sequar paulatim vestigia eius, sicut videro
parvulos meos posse, donec veniam ad
dominum meum in Seir. 15 Respondit
Esau: Oro te, ut de populo qui mecum
est, saltem socii remaneant viae tuae. Non
est, inquit, necesse: hoc uno tantum indigeo, ut inveniam gratiam in conspectu
tuo, domine mi.
16 Reversus est itaque illo die Esau itinere quo venerat in Seir. 17 Et Iacob venit in Socoth: ubi aedificata domo et fixis
tentoriis appellavit nomen loci illius Socoth, id est, tabernacula. 18 Transivitque
in Salem urbem Sichimorum, quae est in
terra Chanaan, postquam reversus est de
Mesopotamia Syriae: et habitavit iuxta
oppidum. 19 Emitque partem agri in qua
fixerat tabernacula, a filiis Hemor patris
Sichem centum agnis. 20 Et erecto ibi altari, invocavit super illud fortissimum
Deum Israel.

18,16; 21,14. — **22:** Num 21,24; Deut 2,27; 3,16; Ios 12,2; Iud 11,13-22. — **24-26:** Os 12,3-4. — **28:** Gen 35,10; 3 Reg 18,31; 4 Reg 17,34. — **29:** Iud 13,17-18. — **30:** Gen 16,13; Ex 24,11; 33,20; Deut 5,24; Iud 6,22; 8,8.17; 13,22; 3 Reg 12,25; Is 6,5.

33 **1:** Gen 32,6. — **3:** Gen 18,2; 42,6; 43,26; Ruth 2,10. — **4:** Gen 32,28; 45,14-15; Prov 16,7; Lc 15,20. — **5:** Gen 48,9; Ps 126,3; Is 8,18. — **8:** Gen 32,5.14.21. — **11:** Iud 1,15; 1 Sam 25,27; 30,26; 4 Reg 5,15; 2 Cor 9,5. — **14:** Gen 32 3. — **15:** Gen 34 11; 47,25; Ruth 2, 13; 1 Sam 1,18; 20,3. — **17:** Ios 13,27; Iud 8,5; Ps 59,8. — **18:** Gen 37,12; Ios 24,1; Iud 9,1; Io 3,23; Act 7,16. — **19:** Ios 24,34; Io 4,5. — **20:** Gen 12,7-8.

Violatur a Sichem Dina filia Iacob

34 1 Egressa est autem Dina filia Liae
ut videret mulieres regionis illius.
2 Quam cum vidisset Sichem filius Hemor
Hevaei, princeps terrae illius, adamavit
eam: et rapuit, et dormivit cum illa, vi
opprimens virginem. 3 Et conglutinata est
anima eius cum ea, tristemque delinivit
blanditiis. 4 Et pergens ad Hemor patrem
suum: Accipe, inquit, mihi puellam hanc
coniugem. 5 Quod cum audisset Iacob absentibus filiis, et in pastu pecorum occu-
patis, siluit donec redirent.

Sichemitae petunt foedere sociari cum Iacob

6 Egresso autem Hemor patre Sichem
ut loqueretur ad Iacob, 7 ecce filii eius veniebant de agro: auditoque quod acciderat, irati sunt valde, eo quod foedam rem
operatus esset in Israel, et violata filia Iacob, rem illicitam perpetrasset. 8 Locutus
est itaque Hemor ad eos: Sichem filii mei
adhaesit anima filiae vestrae: date eam illi
uxorem: 9 et iungamus vicissim connubia: filias vestras tradite nobis, et filias
nostras accipite. 10 Et habitate nobiscum:
terra in potestate vestra est, exercete, negotiamini, et possidete eam. 11 Sed et Sichem ad patrem et ad fratres eius ait: Inveniam gratiam coram vobis: et quaecumque statueritis, dabo: 12 augete dotem, et
munera postulate, et libenter tribuam
quod petieritis: tantum date mihi puellam hanc uxorem.
13 Responderunt filii Iacob Sichem et
patri eius in dolo, saevientes ob stuprum
sororis: 14 Non possumus facere quod petitis, nec dare sororem nostram homini
incircumciso: quod illicitum et nefarium
est apud nos. 15 Sed in hoc valebimus
foederari, si volueritis esse similes nostri,
et circumcidatur in vobis omne masculini sexus; 16 tunc dabimus et accipiemus
mutuo filias vestras ac nostras: et habitabimus vobiscum, erimusque unus populus: 17 si autem circumcidi nolueritis, to-
llemus filiam nostram, et recedemus.
18 Placuit oblatio eorum Hemor, et Sichem filio eius: 19 nec distulit adolescens
quin statim quod petebatur expleret: amabat enim puellam valde, et ipse erat inclytus in omni domo patris sui. 20 Ingressique
portam urbis, locuti sunt ad populum:
21 Viri isti pacifici sunt, et volunt habitare
nobiscum: negotientur in terra, et exerceant eam, quae spatiosa et lata cultoribus indiget: filias eorum accipiemus uxores, et nostras illis dabimus. 22 Unum est
quo differtur tantum bonum: Si circum-
cidamus masculos nostros, ritum gentis
imitantes. 23 Et substantia eorum, et pecora, et cuncta quae possident, nostra
erunt: tantum in hoc acquiescamus, et
habitantes simul, unum efficiemus populum. 24 Assensique sunt omnes, circum-
cisis cunctis maribus.

Ultio filiorum Iacob

25 Et ecce, die tertio, quando gravis-
simus vulnerum dolor est: arreptis, duo
filii Iacob, Simeon et Levi fratres Dinae,
gladiis, ingressi sunt urbem confidenter,
interfectisque omnibus masculis, 26 Hemor
et Sichem pariter necaverunt, tollentes
Dinam de domo Sichem sororem suam.
27 Quibus egressis, irruerunt super occisos
caeteri filii Iacob: et depopulati sunt urbem in ultionem stupri. 28 Oves eorum, et
armenta, et asinos, cunctaque vastantes
quae in domibus et in agris erant, 29 parvulos quoque eorum et uxores duxerunt
captivas.
30 Quibus patratis audacter, Iacob dixit ad Simeon et Levi: Turbastis me, et
odiosum fecistis me Chananaeis, et Pherezaeis habitatoribus terrae huius, nos
pauci sumus: illi congregati percutient me,
et delebor ego, et domus mea. 31 Responderunt: Numquid ut scorto abuti debuere
sorore nostra?

Ascendit Iacob in Bethel

35 1 Interea locutus est Deus ad Iacob:
surge, et ascende Bethel, et habita
ibi, facque altare Deo qui apparuit tibi
quando fugiebas Esau fratrem tuum. 2 Iacob vero convocata omni domo sua, ait:
Abiicite deos alienos qui in medio vestri
sunt, et mundamini, ac mutate vestimenta vestra. 3 Surgite, et ascendamus
in Bethel, ut faciamus ibi altare Deo:
qui exaudivit me in die tribulationis meae,
et socius fuit itineris mei. 4 Dederunt ergo
ei omnes deos alienos quos habebant, et
inaures quae erant in auribus eorum:
at ille infodit ea subter terebinthum, quae
est post urbem Sichem. 5 Cumque profecti essent, terror Dei invasit omnes per
circuitum civitates, et non sunt ausi persequi recedentes. 6 Venit igitur Iacob Lu-

34 **1:** Gen 30,21. — **3:** 1 Sam 18,1. — **4:** Gen 21,21; Iud 14,2. — **7:** Gen 49,7; Deut 23,17; Iud 20,6. — **10:** Gen 13,9; 20,15. — **11:** Gen 33,15. — **12:** Gen 24,53; Ex 22,16-17; Deut 22,29; 1 Sam 18,25. — **14:** Deut 7,3; Ios 5,9. — **20:** Ruth 4,1. — **21:** Gen 42,34. — **25:** Gen 29,33-34; 30,21; 49,5-7; Iudith 9,2.

35 **1:** Gen 27,43; 28,13-19; 31,13. — **2:** Gen 18,19; 31,19.34; Ex 19,10; Ios 24,23; 1 Sam 7,3. — **3:** Gen 28,20; 31,3; 32,7. — **4:** Gen 24,22; Ios 24,26; Iud 9,6. — **5:** Ex 15,16 23,27; Deut 11,25; Ios 9,2; 2 Par 14,14. — **6:** Gen 28,19. — **7:** Gen 28,13.22; 32,20. — **8:** Gen

zam, quae est in terra Chanaan, cognomento Bethel: ipse et omnis populus cum eo. 7 Aedificavitque ibi altare, et appellavit nomen loci illius, Domus Dei: ibi enim apparuit ei Deus cum fugeret fratrem suum.

8 Eodem tempore mortua est Debora nutrix Rebeccae, et sepulta est ad radices Bethel subter quercum: vocatumque est nomen loci illius, Quercus fletus.

9 Apparuit autem iterum Deus Iacob postquam reversus est de Mesopotamia Syriae, benedixitque ei, 10 dicens: Non vocaberis ultra Iacob, sed Israel erit nomen tuum. Et appellavit eum Israel, 11 dixitque ei: Ego Deus omnipotens, cresce, et multiplicare: gentes et populi nationum ex te erunt, reges de lumbis tuis egredientur. 12 Terramque quam dedi Abraham et Isaac, dabo tibi et semini tuo post te. 13 Et recessit ab eo. 14 Ille vero erexit titulum lapideum in loco quo locutus fuerat ei Deus: libans super eum libamina, et effundens oleum: 15 vocansque nomen loci illius, Bethel.

Iacob descendit in Ephratam et ibi e moriente Rachel nascitur Beniamin

16 Egressus autem inde, venit verno tempore ad terram quae ducit Ephratam: in qua cum parturiret Rachel, 17 ob difficultatem partus periclitari coepit. Dixitque ei obstetrix: Noli timere, quia et hunc habebis filium. 18 Egrediente autem anima prae dolore, et imminente iam morte, vocavit nomen filii sui Benomi, id est filius doloris mei: pater vero appellavit eum Beniamin, id est filius dextrae. 19 Mortua est ergo Rachel, et sepulta est in via quae ducit Ephratam, haec est Bethlehem. 20 Erexitque Iacob titulum super sepulchrum eius: Hic est titulus monumenti Rachel. usque in praesentem diem.

21 Egressus inde, fixit tabernaculum trans Turrem gregis. 22 Cumque habitaret in illa regione, abiit Ruben, et dormivit cum Bala concubina patris sui: quod illum minime latuit. Erant autem filii Iacob duodecim. 23 Filii Liae: primogenitus Ruben, et Simeon, et Levi, et Iudas, et Issachar, et Zabulon. 24 Filii Rachel: Ioseph et Beniamin. 25 Filii Balae ancillae Rachelis: Dan et Nephthali. 26 Filii Zelphae ancillae Liae: Gad et Aser: hi sunt filii Iacob, qui nati sunt ei in Mesopotamia Syriae.

Mors Isaac

27 Venit etiam ad Isaac patrem suum in Mambre, civitatem Arbee, haec est Hebron: in qua peregrinatus est Abraham et Isaac. 28 Et completi sunt dies Isaac centum octoginta annorum. 29 Consumptusque aetate mortuus est: et appositus est populo suo senex et plenus dierum: et sepelierunt eum Esau et Iacob filii sui.

Generationes Esau

36 1 Hae sunt autem generationes Esau, ipse est Edom. 2 Esau accepit uxores de filiabus Chanaan: Ada filiam Elon Hethaei, et Oolibama filiam Anae filiae Sebeon Havali: 3 Basemath quoque filiam Ismael sororem Nabaioth. 4 Peperit autem Ada, Eliphaz: Basemath genuit Rahuel: 5 Oolibama genuit Iehus et Ihelon et Core. Hi filii Esau qui nati sunt ei in terra Chanaan. 6 Tulit autem Esau uxores suas et filios et filias, et omnem animan domus suae, et substantiam, et pecora, et cuncta quae habere poterat in terra Chanaan: et abiit in alteram regionem, recessitque a fratre suo Iacob. 7 Divites enim erant valde, et simul habitare non poterant: nec sustinebat eos terra peregrinationis eorum prae multitudine gregum. 8 Habitavitque Esau in monte Seir, ipse est Edom.

9 Hae autem sunt generationes Esau patris Edom in monte Seir, 10 et haec nomina filiorum eius: Eliphaz filius Ada uxoris Esau: Rahuel quoque filius Basemath uxoris eius. 11 Fueruntque Eliphaz filii: Teman, Omar, Sepho, et Gatham, et Cenez. 12 Erat autem Thamna, concubina Eliphaz filii Esau: quae peperit ei Amalech. Hi sunt filii Ada uxoris Esau. 13 Filii autem Rahuel: Nahath et Zara, Samma et Meza: hi filii Basemath uxoris Esau. 14 Isti quoque erant filii Oolibama filiae Anae filiae Sebeon, uxoris Esau, quos genuit ei, Iehus et Ihelon et Core.

15 Hi duces filiorum Esau: Filii Eliphaz primogeniti Esau: dux Theman, dux Omra, dux Sepho, dux Cenez, 16 dux Core, dux Gatham, dux Amalech. Hi filii Eliphaz in terra Edom, et hi filii Ada. 17 Hi quoque filii Rahuel filii Esau: dux Nahath, dux Zara, dux Samma, dux Meza:

24,59. — **10:** Gen 17,5; 32,28; 3 Reg 18,31. — **11:** Gen 17,1.5.6.16; 26,4; 28,3; 48,4. — **12:** Gen 12,7; 17,8; 28,13. — **14-15:** Gen 28,18-19; 31,45. — **17:** Gen 30,24. — **19:** Gen 48,7; Ruth 1,2; 4,11, 1 Sam 17,12; Ps 131,6; Mich 5,2; Mt 2,6.16-18. — **20:** 1 Sam 10,2. — **21:** Mich 4,8. — **22:** Gen 49,4; Lev 20,11; 2 Sam 16,22; 20,3; 1 Par 5,1; 1 Cor 5,1. — **23-26:** Gen 46,8-27; Ex 1 2-4. — **27:** Gen 13 18; 23,2.19; Ios 14,15; 15,13. — **29:** Gen 15,15; 25,8-9; 49,31.

36 **1:** Gen 25,30; 26,34. — **3:** Gen 28,9. — **4:** 1 Par 1,35. — **7:** Gen 13,6; 17,8; 28,4; 37,1; Hebr 11,9. — **8:** Gen 32,3; Ios 24,4. — **10:** 1 Par 1,35. — **12:** Ex 17,8-16; Num 24,20; 1 Sam 15,2-3. — **15:** Ex 15,15. — **20-28:** 1 Par 1,

hi autem duces Rahuel in terra Edom:
isti filii Basemath uxoris Esau. 18 Hi autem
filii Oolibama uxoris Esau: dux Iehus, dux
Ihelon, dux Core: hi duces Oolibama filiae
Anae uxoris Esau. 19 Isti sunt filii Esau, et
hi duces eorum: ipse est Edom. 20 Isti
sunt filii Seir Horraei, habitatores terrae:
Lotan, et Sobal, et Sebeon, et Ana, 21 et
Dison, et Eser, et Disan: hi duces Horraei,
filii Seir in terra Edom. 22 Facti sunt autem
filii Lotan: Hori et Heman. Erat autem
soror Lotan, Thamna. 23 Et isti filii Sobal:
Alvan et Manahat et Ebal, et Sepho et
Onam. 24 Et hi filii Sebeon: Aia et Ana.
Iste est Ana qui invenit aquas calidas in
solitudine, cum pasceret asinos Sebeon
patris sui: 25 habuitque filium Dison, et
filiam Oolibama. 26 Et isti filii Dison:
Hamdan, et Eseban, et Iethram, et Cha-
ran. 27 Hi quoque filii Eser: Balaan, et
Zavan, et Acan. 28 Habuit autem filios
Disan: Hus et Aram.

29 Hi duces Horraeorum: dux Lotan,
dux Sobal, dux Sebeon, dux Ana, 30 dux
Dison, dux Eser, dux Disan: isti duces
Horraeorum qui imperaverunt in terra
Seir.

31 Reges autem qui regnaverunt in terra
Edom antequam haberent regem filii Israel, fuerunt hi: 32 Bela filius Beor, nomenque urbis eius Denaba. 33 Mortuus
est autem Bela, et regnavit pro eo Iobab
filius Zarae de Bosra. 34 Cumque mortuus
esset Iobab, regnavit pro eo Husam de
terra Themanorum. 35 Hoc quoque mortuo, regnavit pro eo Adad filius Badad,
qui percussit Madian in regione Moab: et
nomen urbis eius Avith. 36 Cumque mortuus esset Adad, regnavit pro eo Semla
de Masreca. 37 Hoc quoque mortuo regnavit pro eo Saul de fluvio Rohoboth.
38 Cumque et hic obiisset, successit in
regnum Balanan filius Achobor. 39 Isto
quoque mortuo regnavit pro eo Adar,
nomenque urbis eius Phau: et appellabatur uxor eius Meetabel, filia Matred filiae
Mezaab.

40 Haec ergo nomina ducum Esau in
cognationibus, et locis, et vocabulis suis:
dux Thamna, dux Alva, dux Ietheth,
41 dux Oolibama, dux Ela, dux Phinon,
42 dux Cenez, dux Theman, dux Mabsar,
43 dux Magdiel, dux Hiram: hi duces
Edom habitantes in terra imperii sui,
ipse est Esau pater Idumaeorum.

38-42. — **20:** Gen 14,6; Deut 2,12.22. — **28:** Iob 1,1. — **30:** Num 20,14; Iud 11,17. — **31-43:** 1 Par 1,43-54. — **31:** 1 Sam 8,5; 10,1. — **41:** Num 33,42.

PARS QUARTA

HISTORIA IOSEPH ET FRATRUM

(37,1-50,25)

Somnia prophetica Ioseph

37 1 Habitavit autem Iacob in terra
Chanaan, in qua pater suus peregrinatus est. 2 Et hae sunt generationes
eius:

Ioseph cum sedecim esset annorum,
pascebat gregem cum fratribus suis adhuc
puer: et erat cum filiis Balae et Zelphae
uxorum patris sui: accusavitque fratres
suos apud patrem crimine pessimo. 3 Israel autem diligebat Ioseph super omnes
filios suos, eo quod in senectute genuisset
eum: fecitque ei tunicam polymitam. 4 Videntes autem fratres eius quod a patre
plus cunctis filiis amaretur, oderant eum,
nec poterant ei quidquam pacifique loqui.

5 Accidit quoque ut visum somnium
referret fratribus suis: quae causa maioris
odii seminarium fuit. 6 Dixitque ad eos:
Audite somnium meum quod vidi: 7 Putabam nos ligare manipulos in agro: et
quasi consurgere manipulum meum, et
stare, vestrosque manipulos circumstantes
adorare manipulum meum. 8 Responderunt fratres eius: Numquid rex noster
eris? aut subiiciemur ditioni tuae? Haec
ergo causa somniorum atque sermonum,
invidiae et odii fomitem ministravit.
9 Aliud quoque vidit somnium, quod narrans fratribus, ait: Vidi per somnium,
quasi solem, et lunam, et stellas undecim
adorare me. 10 Quod cum patri suo, et
fratribus retulisset, increpavit eum pater
suus, et dixit: Quid sibi vult hoc somnium quod vidisti? num ego et mater tua,
et fratres tui adorabimus te super terram?
11 Invidebant ei igitur fratres sui: pater
vero rem tacitus considerabat.

Ob invidiam fratrum venditur Ioseph in Aegyptum

12 Cumque fratres illius in pascendis
gregibus patris morarentur in Sichem,
13 dixit ad eum Israel: Fratres tui pascunt
oves in Sichimis: veni, mittam te ad eos.
Quo respondente, 14 Praesto sum, ait ei:
Vade, et vide si cuncta prospera sint erga
fratres tuos, et pecora: et renuntia mihi
quid agatur. Missus de valle Hebron,
venit in Sichem: 15 invenitque eum vir
errantem in agro, et interrogavit quid

37 **1:** Gen 36,7; Hebr 11,9. — **2:** Gen 35,25-26; 1 Sam 2,22-24. — **3:** Gen 30,23; 44,20; Iud 5,30; 2 Sam 13,18. — **4:** Gen 49,23. **7:** Gen 42,6.9; 43,26; 44,14. — **10:** Gen 35,18. **11:** Lc 2,19.51; Act 7,9. — **12:** Gen 33,18; Ios

quaereret. 16 At ille respondit: Fratres
meos quaero, indica mihi ubi pascant
greges. 17 Dixitque ei vir: Recesserunt de
loco isto: audivi autem eos dicentes:
Eamus in Dothain. Perrexit ergo Ioseph
post fratres suos, et invenit eos in Dothain.
18 Qui cum vidissent eum procul, antequam accederet ad eos, cogitaverunt illum
occidere: 19 et mutuo loquebantur: Ecce
somniator venit: 20 venite, occidamus eum,
et mittamus in cisternam veterem: dice-
musque: Fera pessima devoravit eum: et
tunc apparebit quid illi prosint somnia sua.
21 Audiens autem hoc Ruben, nitebatur
liberare eum de manibus eorum, et dicebat: 22 Non interficiatis animam eius, nec
effundatis sanguinem: sed proiicite eum
in cisternam hanc, quae est in solitudine,
manusque vestras servate innoxias: hoc
autem dicebat, volens eripere eum de
manibus eorum, et reddere patri suo.
23 Confestim igitur ut pervenit ad fratres
suos, nudaverunt eum tunica talari et
polymita: 24 miseruntque eum in cisternam veterem, quae non habebat aquam.
25 Et sedentes ut comederent panem,
viderunt Ismaelitas viatores venire de Galaad, et camelos eorum portantes aromata,
et resinam, et stacten in Aegyptum. 26 Dixit ergo Iudas fratribus suis: Quid nobis
prodest si occiderimus fratrem nostrum,
et celaverimus sanguinem ipsius? 27 Melius est ut venundetur Ismaelitis, et manus
nostrae non polluantur: frater enim et
caro nostra est. Acquieverunt fratres sermonibus illius. 28 Et praetereuntibus Madianitis negotiatoribus, extrahentes eum
de cisterna, vendiderunt eum Ismaelitis,
viginti argenteis, qui duxerunt eum in
Aegyptum. 29 Reversusque Ruben ad cisternam, non invenit puerum: 30 et scissis
vestibus pergens ad fratres suos, ait: Puer
non comparet, et ego quo ibo? 31 Tulerunt
autem tunicam eius, et in sanguine hoedi,
quem occiderant, tinxerunt: 32 mittentes
qui ferrent ad patrem, et dicerent: Hanc
invenimus: vide utrum tunica filii tui sit,
an non. 33 Quam cum agnovisset pater,
ait: Tunica filii mei est, fera pessima comedit eum, bestia devoravit Ioseph.
34 Scissisque vestibus, indutus est cilicio,
lugens filium suum multo tempore. 35 Congregatis autem cunctis liberis eius ut leni-
rent dolorem patris, noluit consolationem
accipere, sed ait: Descendam ad filium
meum lugens in infernum. Et illo perseverante in fletu, 36 Madianitae vendiderunt Ioseph in Aegypto Putiphari eunucho
Pharaonis, magistro militum.

Proles Iudae

38 1 Eodem tempore descendens Iudas
a fratribus suis, divertit ad virum
Odollamitem, nomine Hiram. 2 Viditque
ibi filiam hominis Chananaei, vocabulo
Sue: et accepta uxore, ingressus est ad
eam. 3 Quae concepit, et peperit filium,
et vocavit nomen eius Her. 4 Rursumque
concepto foetu, natum filium vocavit
Onan. 5 Tertium quoque peperit: quem
appellavit Sela; quo nato, parere ultra
cessavit. 6 Dedit autem Iudas uxorem primogenito suo Her, nomine Thamar. 7 Fuit
quoque Her primogenitus Iudae, nequam
in conspectu Domini: et ab eo occissus
est. 8 Dixit ergo Iudas ad Onan filium
suum: Ingredere ad uxorem fratris tui,
et sociare illi, ut suscites semen fratri tuo.
9 Ille sciens non sibi nasci filios, introiens
ad uxorem fratris sui, semen fundebat in
terram, ne liberi fratris nomine nasceren-
tur. 10 Et idcirco percussit eum Dominus,
quod rem detestabilem faceret. 11 Quam
ob rem dixit Iudas Thamar nurui suae:
Esto vidua in domo patris tui, donec
crescat Sela filius meus: timebat enim ne
et ipse moreretur, sicut fratres eius. Quae
abiit, et habitavit in domo patris sui.
12 Evolutis autem multis diebus, mortua
est filia Sue uxor Iudae: qui, post luctum
consolatione suscepta, ascendebat ad ton-
sores ovium suarum, ipse et Hiras opilio
gregis Odollamites, in Thamnas. 13 Nun-
ciatumque est Thamar quod socer illius
ascenderet in Thamnas ad tondendas oves.
14 Quae, depositis viduitatis vestibus, assumpsit theristrum: et mutato habitu, sedit in bivio itineris, quod ducit Thamnam:
eo quod crevisset Sela, et non eum accepisset maritum. 15 Quam cum vidisset Iudas, suspicatus est esse meretricem: operuerat enim vultum suum, ne agnoscere-
tur. 16 Ingrediensque ad eam, ait: Dimitte
me ut coeam tecum: nesciebat enim quod
nurus sua esset. Qua respondente: Quid
dabis mihi ut fruaris concubitu meo?
17 dixit: Mittam tibi hoedum de gregibus.
Rursumque illa dicente: Patiar quod vis,
si dederis mihi arrhabonem, donec mittas quod polliceris. 18 Ait Iudas: Quid
tibi vis pro arrhabone dari? Respondit:

27. — **16:** Cant 1,7. — **17:** 4 Reg 6,13; Iudith 4, 5; 7,3. — **18:** Ps 36,12.32. — **20:** Prov 1,11.16; Sap 2,10. — **21:** Gen 42,22. — **25:** Gen 39,1; 43,11; Iob 6,19; Ier 8,22; 46,11. — **27:** Gen 29, 14; 1 Sam 18,17. — **28:** Gen 25,2; 45,4; Iud 8, 22.24; Ps 104; Sap 10,13; Mt 27,9; Act 7,9. — **30:** Gen 44,13; Num 14,6; 2 Sam 1,11; 3,31; Iob 1,20; Mt 26,65. — **33:** Gen 44,28. — **35:** Gen 42,38; 44,29.31; Iob 10,21-22; 30,23; Ps 6,6; Prov 27,20. — **36:** Gen 39,1; 40,3; 41,10.12.

38 **2-5:** Gen 46,12; Num 26,19-20; 1 Par 2, 3. — **8:** Deut 25,5-10; Ruth 1,12-13; Mt 22,24. — **11:** Lev 22,13; Iud 19,2. — **12:** Gen 24,67; Ios 15,10.57; 2 Sam 13,39. — **14:** Gen 24, 65; Iudith, 10,3; Prov 7,10; Ier 3,2. — **16:** Lev

Annulum tuum, et armillam, et baculum
quem manu tenes. Ad unum igitur coi-
tum mulier concepit, 19 et surgens abiit:
depositoque habitu quem sumpserat, induta est viduitatis vestibus. 20 Misit autem
Iudas hoedum per pastorem suum Odollamitem, ut reciperet pignus quod dederat
mulieri: qui cum non invenisset eam,
21 interrogavit homines loci illius: Ubi
est mulier quae sedebat in bivio? Respondentibus cunctis: Non fuit in loco isto
meretrix. 22 Reversus est ad Iudam, et dixit ei: Non inveni eam: sed et homines
loci illius dixerunt mihi, nunquam sedis-
se ibi scortum. 23 Ait Iudas: Habeat sibi,
certe mendacii arguere nos non potest,
ego misi hoedum quem promiseram: et
tu non invenisti eam.

24 Ecce autem post tres menses nuntiaverunt Iudae, dicentes: Fornicata est Thamar nurus tua, et videtur uterus illius in-
tumescere. Dixitque Iudas: Producite eam
ut comburatur. 25 Quae cum duceretur ad
poenam, misit ad socerum suum, dicens:
De viro, cuius haec sunt, concepi: cognosce cuius sit annulus, et armilla, et baculus. 26 Qui, agnitis muneribus, ait: Iustior
me est: quia non tradidi eam Sela filio
meo. Attamen ultra non cognovit eam.
27 Instante autem partu, apparuerunt gemini in utero: atque in ipsa effusione infantium unus protulit manum, in qua
obstetrix ligavit coccinum, dicens: 28 Iste
egredietur prior. 29 Illo vero retrahente
manum, egressus est alter: dixitque mulier: Quare divisa est propter te maceria?
et ob hanc causam vocavit nomen eius
Phares. 30 Postea egressus est frater eius,
in cuius manu erat coccinum: quem appellavit Zara.

Ioseph in domo Putiphar

39 1 Igitur Ioseph ductus est in Aegyptum, emitque eum Putiphar eu-
nuchus Pharaonis, princeps exercitus, vir
aegyptius, de manu Ismaelitarum, a quibus perductus erat. 2 Fuitque Dominus
cum eo, et erat vir in cunctis prospere
agens: habitavitque in domo domini sui,
3 qui optime noverat Dominum esse cum
eo, et omnia, quae gereret, ab eo dirigi in
manu illius. 4 Invenitque Ioseph gratiam
coram domino suo, et ministrabat ei: a
quo praepositus omnibus gubernabat creditam sibi domum, et universa quae ei

18,15; 20,12; Ez 16,33. — **24:** Lev 21,9; Deut 22,21; Io 8,5. — **26:** 1 Sam 24,18. — **29:** Gen 46, 12; Num 26,20; 1 Par 2,4; Mt 1,3.

39 **1:** Gen 37,25.28.36. — **2:** Gen 21,22; 26, 24.28; 28,15; 1 Sam 16,18; 18,14.28; 2 Par 26,5; Ps 1,3. — **4:** Gen 19,19; 33,10. —

tradita fuerant: 5 benedixitque Dominus
domui Aegyptii propter Ioseph, et multiplicavit tam in aedibus quam in agris
cunctam eius substantiam: 6 nec quidquam aliud noverat, nisi panem quo vescebatur. Erat autem Ioseph pulchra facie,
et decorus aspectu.

7 Post multos itaque dies iniecit domina sua oculos suos in Ioseph, et ait: Dormi mecum. 8 Qui nequaquam acquiescens
operi nefario, dixit ad eam: Ecce dominus meus, omnibus mihi traditis, ignorat
quid habeat in domo sua: 9 nec quidquam
est quod non in mea sit potestate, vel non
tradiderit mihi, praeter te, quae uxor eius
es: quomodo ergo possum hoc malum facere, et peccare in Deum meum? 10 Huiuscemodi verbis per singulos dies, et mulier
molesta erat adolescenti: et ille recusabat
stuprum. 11 Accidit autem quadam die ut
intraret Ioseph domum, et operis quippiam absque arbitris facere: 12 et illa, apprehensa lacinia vestimenti eius, diceret:
Dormi mecum. Qui relicto in manu eius
pallio fugit, et egressus est foras. 13 Cumque vidisset mulier vestem in manibus
suis, et se esse contemptam, 14 vocavit ad
se homines domus suae, et ait ad eos: En
introduxit virum hebraeum, ut illuderet
nobis: ingressus est ad me, ut coiret mecum: cumque ego succlamassem, 15 et
audisset vocem meam, reliquit pallium
quod tenebam, et fugit foras. 16 In argumentum ergo fidei retentum pallium ostendit marito revertenti domum, 17 et ait:
Ingressus est ad me servus hebraeus quem
adduxisti, ut illuderet mihi: 18 cumque
audisset me clamare, reliquit pallium quod
tenebam, et fugit foras. 19 His auditis dominus, et nimium credulus verbis coniugis,
iratus est valde: 20 tradiditque Ioseph in
carcerem, ubi vincti regis custodiebantur,
et erat ibi clausus.

Ioseph in carcere somnia interpretatur

21 Fuit autem Dominus cum Ioseph, et
misertus illius dedit ei gratiam in conspectu principis carceris. 22 Qui tradidit in
manu illius universos vinctos qui in custodia tenebantur: et quidquid fiebat, sub
ipso erat. 23 Nec noverat aliquid, cunctis
ei creditis: Dominus enim erat cum illo,
et omnia opera eius dirigebat.

5: Gen 30,27. — **9:** Gen 20,6; Ex 20,14; Lev 6,2; 2 Sam 12,13; Tob 4,6; Ps 50,6; Prov 6,29; Eccli 23,25-33; Dan 13,22. — **12:** Prov 7,13-18; Eccli 9,3; 21,2. — **20:** Gen 40,3.5.15; Ps 104,18; Sap 10,14. — **21:** Ex 11,3; 12,36; Ps 105,46; Prov 16, 7; Dan 1,9; Act 9,10. — **22:** Gen 40,4.

40 1 His ita gestis, accidit ut peccarent duo eunuchi, pincerna regis
Aegypti, et pistor, domino suo. 2 Iratusque contra eos Pharao (nam alter pincer-
nis praeerat, alter pistoribus), 3 misit eos
in carcerem principis militum, in quo erat
vinctus et Ioseph. 4 At custos carceris tradidit eos Ioseph, qui et ministrabat eis:
aliquantulum temporis fluxerat, et illi in
custodia tenebantur.
5 Videruntque ambo somnium nocte
una, iuxta interpretationem congruam sibi: 6 ad quos cum introisset Ioseph mane,
et vidisset eos tristes, 7 sciscitatus est eos,
dicens: Cur tristior est hodie solito facies
vestra? 8 Qui responderunt: Somnium vidimus, et non est qui interpretetur nobis.
Dixitque ad eos Ioseph: Numquid non
Dei est interpretatio? referte mihi quid
videritis. 9 Narravit prior, praepositus pincernarum, somnium suum: Videbam coram me vitem, 10 in qua erant tres propagines, crescere paulatim in gemmas, et
post flores uvas maturescere: 11 calicem-
que Pharaonis in manu mea: tuli ergo
uvas, et expressi in calicem quem tenebam, et tradidi poculum Pharaoni. 12 Respondit Ioseph: Haec est interpretatio somnii: Tres propagines, tres adhuc dies sunt:
13 post quos recordabitur Pharao ministerii tui, et restituet te in gradum pristinum:
dabisque ei calicem iuxta officium tuum,
sicut ante facere consueveras. 14 Tantum
memento mei, cum bene tibi fuerit, et facias mecum misericordiam: ut suggeras
Pharaoni ut educat me de isto carcere:
15 quia furto sublatus sum de terra Hebraeorum, et hic innocens in lacum missus sum. 16 Videns pistorum magister
quod prudenter somnium dissolvisset, ait:
Et ego vidi somnium: Quod tria canistra
farinae haberem super caput meum: 17 et
in uno canistro quod erat excelsius, portare me omnes cibos qui fiunt arte pisto-
ria, avesque comedere ex eo. 18 Respondit Ioseph: Haec est interpretatio somnii: Tria canistra, tres adhuc dies sunt:
19 post quos auferet Pharao caput tuum,
ac suspendet te in cruce, et lacerabunt volucres carnes tuas. 20 Exinde dies tertius
natalitius Pharaonis erat: qui faciens grande convivium pueris suis, recordatus est
inter epulas magistri pincernarum, et pistorum principis. 21 Restituitque alterum in
locum suum, ut porrigeret ei poculum:
22 alterum suspendit in patibulo, ut coniectoris veritas probaretur. 23 Et tamen succedentibus prosperis, praepositus pincernarum oblitus est interpretis sui.

Interpretatur somnium Pharaonis

41 1 Post duos annos vidit Pharao
somnium. Putabat se stare super
fluvium, 2 de quo ascendebant septem boves, pulchrae et crassae nimis: et pascebantur in locis palustribus. 3 Aliae quoque septem emergebant de flumine, foedae
confectaeque macie: et pascebantur in
ipsa amnis ripa in locis virentibus: 4 de-
voraveruntque eas, quarum mira species
et habitudo corporum erat. Expergefactus
Pharao, 5 rursum dormivit, et vidit alterum somnium: Septem spicae pullulabant
in culmo uno plenae atque formosae:
6 aliae quoque totidem spicae tenues, et
percussae uredine oriebantur, 7 devoran-
tes omnem priorum pulchritudinem. Evigilans Pharao post quietem, 8 et facto
mane, pavore perterritus, misit ad omnes
coniectores Aegypti, cunctosque sapientes et accersitis narravit somnium, nec erat
qui interpretaretur. 9 Tunc demum remi-
niscens pincernarum magister, ait: Confiteor peccatum meum: 10 Iratus rex servis suis, me et magistrum pistorum retrudi
iussit in carcerem principis militum: 11 ubi
una nocte uterque vidimus somnium prae-
sagum futurorum. 12 Erat ibi puer hebraeus, eiusdem ducis militum famulus:
cui narrantes somnia, 13 audivimus quidquid postea rei probavit eventus; ego
enim redditus sum officio meo: et ille
suspensus est in cruce.
14 Protinus ad regis imperium eductum
de carcere Ioseph totonderunt: ac veste
mutata obtulerunt ei. 15 Cui ille ait: Vidi
somnia, nec est qui edisserat: quae audivi te sapientissime coniicere. 16 Respondit Ioseph: Absque me Deus respondebit
prospera Pharaoni. 17 Narravit ergo Pharao quod viderat: Putabam me stare super ripam fluminis, 18 et septem boves de
amne conscendere, pulchras nimis, et obe-
sis carnibus: quae in pastu paludis virecta
carpebant. 19 Et ecce, has sequebantur
aliae septem boves, in tantum deformes
et macilentae, ut nunquam tales in terra
Aegypti viderim: 20 quae, devoratis et
consumptis prioribus, 21 nullum saturita-
tis dedere vestigium: sed simili macie et
squalore torpebant. Evigilans, rursus sopore depressus, 22 vidi somnium. Septem
spicae pullulabant in culmo uno plenae
atque pulcherrimae. 23 Aliae quoqne septem tenues et percussae uredine, oriebantur e stipula: 24 quae priorum puchritudi-
nem devoraverunt. Narravi coniectoribus
somnium, et nemo est qui edisserat.

40 **1:** Neh 1,11. — **3:** Gen 37,36; 39,20. — **7:** Neh 2,2. — **8:** Gen 41,15-16; Dan 2,28.47. — **12:** Gen 41,12.26-27; Dan 2,36. — **14:** Ios 2,12; 2 Sam 20,14-15. — **15:** Gen 37,28; 39,20. — **20:** Mt 14,6; Mc 6,21. — **23:** Iob 9,14; Ps 117.8.

41 **1:** Ex 1,22; 7,15. — **8:** Ex 7,11.22; Dan 2,2-11; 4,3-4. — **10:** Gen 37,36; 39,20; 40,3. — **11:** Gen 40,5. — **13:** Gen 40,12-19. — **14:** Ps 104,20; Sap 10,13; Dan 2,25. — **15:** Dan 5,16. — **16:** Gen 40,8; Dan 2,22.28.30.47. — **17-18:** Ex 7,15. || Epist. Greg. IX: D 442. — **25:**

25 Respondit Ioseph: Somnium regis
unum est: quae facturus est Deus, ostendit Pharaoni. 26 Septem boves pulchrae,
et septem spicae plenae: septem ubertatis
anni sunt: eamdemque vim somnii com-
prehendunt. 27 Septem quoque boves tenues atque macilentae, quae ascenderunt
post eas, et septem spicae tenues, et vento
urente percussae: septem anni venturae
sunt famis. 28 Qui hoc ordine complebuntur: 29 Ecce septem anni venient fertilitatis magnae in universa terra Aegypti:
30 quos sequentur septem anni alii tantae sterilitatis, ut oblivioni tradatur cuncta
retro abundantia: consumptura est enim
fames omnem terram, 31 et ubertatis magnitudinem perditura est inopiae magnitudo. 32 Quod autem vidisti secundo ad
eamdem rem pertinens somnium: firmi-
tatis indicium est, eo quod fiat sermo Dei,
et velocius impleatur. 33 Nunc ergo provideat rex virum sapientem et industrium,
et praeficiat eum terrae Aegypti: 34 qui
constituat praepositos per cunctas regiones: et quintam partem fructuum per
septem annos fertilitatis, 35 qui iam nunc
futuri sunt, congreget in horrea: et omne
frumentum sub Pharaonis potestate con-
datur, serveturque in urbibus. 36 Et prae-
paretur futurae septem annorum fami,
quae oppressura est Aegyptum, et non
consumetur terra inopia.

37 Placuit Pharaoni consilium et cunctis
ministris eius: 38 locutusque est ad eos:
Num invenire poterimus talem virum,
qui spiritu Dei plenus sit? 39 Dixit ergo
ad Ioseph: Quia ostendit tibi Deus omnia quae locutus es, numquid sapientiorem et consimilem tui invenire potero?

Ioseph praeficitur terrae Aegypti

40 Tu eris super domum meam, et ad
tui oris imperium cunctus populus obediet: uno tantum regni solio te praecedam. 41 Dixitque rursus Pharao ad Ioseph: Ecce, constitui te super universam
terram Aegypti. 42 Tulitque anulum de
manu sua, et dedit eum in manu eius:
vestivitque eum stola byssina, et collo
torquem auream circumposuit. 43 Fecitque eum ascendere super currum suum
secundum, clamante praecone, ut omnes
coram eo genu flecterent, et praepositum
esse scirent universae terrae Aegypti. 44 Dixit quoque rex ad Ioseph: Ego sum Pharao: absque tuo imperio non movebit
quisquam manum aut pedem in omni terra Aegypti.

45 Vertitque nomen eius, et vocavit eum,
lingua aegyptiaca, Salvatorem mundi. Deditque illi uxorem Aseneth filiam Putiphare sacerdotis Heliopoleos. Egressus est itaque Ioseph ad terram Aegypti 46 (triginta
autem annorum erat quando stetit in
conspectu regis Pharaonis) et circuivit
omnes regiones Aegypti. 47 Venitque fer-
tilitas septem annorum: et in manipulos
redactae segetes congregatae sunt in horrea Aegypti. 48 Omnis etiam frugum abundantia in singulis urbibus condita est.
49 Tantaque fuit abundantia tritici, ut arenae maris coaequaretur, et copia mensuram excederet.

50 Nati sunt autem Ioseph filii duo antequam veniret fames: quos peperit ei Aseneth filia Putiphare sacerdotis Heliopoleos. 51 Vocavitque nomen primogeniti,
Manasses, dicens: Oblivisci me fecit Deus
omnium laborum meorum, et domus patris mei. 52 Nomen quoque secundi appellavit Ephraim, dicens: Crescere me fecit Deus in terra paupertatis meae.

53 Igitur transactis septem ubertatis annis, qui fuerant in Aegypto: 54 coeperunt
venire septem anni inopiae: quos praedixerat Ioseph: et in universo orbe fames
praevaluit, in cuncta autem terra Aegypti
panis erat. 55 Qua esuriente, clamavit populus ad Pharaonem, alimenta petens.
Quibus ille respondit: Ite ad Ioseph: et
quidquid ipse vobis dixerit, facite. 56 Crescebat autem quotidie fames in omni terra:
aperuitque Ioseph universa horrea, et ven-
debat Aegyptiis: nam et illos oppresserat
fames. 57 Omnesque provinciae veniebant
in Aegyptum, ut emerent escas, et malum
inopiae temperarent.

Filii Iacob coram fratre suo in Aegypto

42 1 Audiens autem Iacob quod alimenta venderentur in Aegypto, dixit filiis suis: Quare negligitis? 2 audivi
quod triticum venundetur in Aegypto:
descendite, et emite nobis necessaria, ut
possimus vivere, et non consumamur inopia. 3 Descendentes igitur fratres Ioseph
decem, ut emerent frumenta in Aegypto,
4 Beniamin domi retento a Iacob, qui dixerat fratribus eius: Ne forte in itinere
quidquam patiatur mali: 5 ingressi sunt
terram Aegypti cum aliis qui pergebant

Dan 2,28.29.45; Apoc 4,1. — **30:** Gen 45,6; 47,13. — **32:** Num 23,19; Is 46,10-11. — **34:** Gen 47,24.26. — **38:** Num 27,18; Dan 4,5.15; 5,11.14. — **40:** Ps 104,21-22; 1 Mach 2,53; Act 7,10. — **41:** Gen 42,6; Sap 10,14. — **42:** Esth 3, 10; 8,2.8.10.15; Dan 5,7.29. — **43:** Gen 42,6; 45,8.26; Esth 6,9. — **44:** Ps 104,21-22. — **46:** Gen 22,17; Iud 7,12; 1 Sam 13,5. — **50:** Gen 46, 20.48.5. — **52:** Gen 49,22; Os 13,15. — **54:** Ps 104,16; Act 7,11. — **56:** Gen 42,6; 47,14.20.24. **57:** Gen 12,10.

42 **1:** Act 7,12. — **2:** Gen 43,8. — **5:** Act 7, 11. — **6:** Gen 37,7-10; 41,41. — **9:** Gen

ad emendum. Erat autem fames in terra
Chanaan.
6 Et Ioseph erat princeps in terra Aegypti, atque ad eius nutum frumenta populis vendebantur. Cumque adorassent
eum fratres sui, 7 et agnovisset eos, quasi
ad alienos durius loquebatur, interrogans
eos: Unde venistis? Qui responderunt: De
terra Chanaan, ut emamus victui necessaria. 8 Et tamen fratres ipse cognoscens,
non est cognitus ab eis. 9 Recordatusque
somniorum, quae aliquando viderat, ait
ad eos: Exploratores estis: ut videatis infirmiora terrae venistis. 10 Qui dixerunt:
Non est ita, domine, sed servi tui venerunt ut emerent cibos. 11 Omnes filii unius
viri sumus: pacifici venimus, nec quidquam famuli tui machinantur mali. 12 Quibus ille respondit: Aliter est: immunita
terrae huius considerare venistis. 13 At illi:
Duodecim, inquiunt, servi tui, fratres sumus, filii viri unius in terra Chanaan: minimus cum patre nostro est, alius non est
super. 14 Hoc est, ait, quod locutus sum:
Exploratores estis. 15 Iam nunc experimentum vestri capiam: per salutem Pharaonis non egrediemini hinc, donec veniat frater vester minimus. 16 Mittite ex
vobis unum, et adducat eum: vos autem
eritis in vinculis, donec probentur quae
dixistis utrum vera an falsa sint: alioquin
per salutem Pharaonis exploratores estis.
17 Tradidit ergo illos custodiae tribus diebus.
18 Die autem tertio eductis de carcere,
ait: Facite quae dixi, et vivetis. Deum
enim timeo. 19 Si pacifici estis, frater vester unus ligetur in carcere: vos autem abite, et ferte frumenta quae emistis, in domos vestras, 20 et fratrem vestrum minimum ad me adducite, ut possim vestros
probare sermones, et non moriamini. Fecerunt ut dixerat, 21 et locuti sunt ad invicem: Merito haec patimur, quia peccavimus in fratrem nostrum, videntes angustiam animae illius, dum deprecaretur
nos, et non audivimus: idcirco venit super nos ista tribulatio. 22 E quibus unus
Ruben, ait: Numquid non dixi vobis:
Nolite peccare in puerum: et non audistis me? en sanguis eius exquiritur.
23 Nesciebant autem quod intelligeret Ioseph: eo quod per interpretem loqueretur
ad eos. 24 Avertitque se parumper, et flevit: et reversus locutus est ad eos.

Redeunt ad patrem relicto Simeone in Aegypto

25 Tollensque Simeon, et ligans illis
praesentibus, iussit ministris ut implerent
eorum saccos tritico, et reponerent pecunias singulorum in sacculis suis, datis supra cibariis in viam: qui fecerunt ita.
26 At illi portantes frumenta in asinis suis,
profecti sunt. 27 Apertoque unus sacco, ut
daret iumento pabulum in diversorio, contemplatus pecuniam in ore sacculi, 28 dixit fratribus suis: Reddita est mihi pecunia, en habetur in sacco. Et obstupefacti,
turbatique, mutuo dixerunt: Quidnam est
hoc quod fecit nobis Deus?
29 Veneruntque ad Iacob patrem suum
in terram Chanaan, et narraverunt ei omnia quae accidissent sibi, dicentes: 30 Locutus est nobis dominus terrae dure, et
putavit nos exploratores esse provinciae.
31 Cui respondimus: Pacifici sumus, nec
ullas molimur insidias. 32 Duodecim fratres uno patre geniti sumus: unus non est
super, minimus cum patre nostro est in
terra Chanaan. 33 Qui ait nobis: Sic probabo quod pacifici sitis: Fratrem vestrum
unum dimittite apud me, et cibaria domibus vestris necessaria sumite, et abite,
34 fratremque vestrum minimum adducite
ad me, ut sciam quod non sitis exploratores: et istum, qui tenetur in vinculis, recipere possitis: ac deinceps quae vultis,
emendi habeatis licentiam. 35 His dictis,
cum frumenta effunderent, singuli reperierunt in ore saccorum ligatas pecunias, ex-
territisque simul omnibus, 36 dixit pater
Iacob: Absque liberis me esse fecistis, Ioseph non est super, Simeon tenetur in vinculis, et Beniamin auferetis: in me haec
omnia mala reciderunt. 37 Cui respondit
Ruben: Duos filios meos interfice, si non
reduxero illum tibi: trade illum in manu
mea, et ego eum tibi restituam. 38 At ille:
Non descendet, inquit, filius meus vobiscum: frater eius mortuus est, et ipse solus remansit: si quid ei adversi acciderit
in terra ad quam pergitis, deducetis canos
meos cum dolore ad inferos.

Una cum Beniamin iterum descendunt in Aegyptum

43 1 Interim fames omnem terram vehementer premebat. 2 Consumptis-
que cibis quos ex Aegypto detulerant, dixit Iacob ad filios suos: Revertimini, et
emite nobis pauxillum escarum. 3 Respondit Iudas: Denuntiavit nobis vir ille sub

37,5-9. — **13**: Gen 37,30. — **15**: 1 Sam 17,55. — **18**: Lev 25,43; Neh 5,15. — **20**: Gen 43,5; 44,23. **21**: Gen 37,23-28; Iob 36,8-9. — **22**: Gen 9,5; 37,22; 3 Reg 2,32; Ps 9,13; Lc 11,50-51. — **24**: Gen 43,30. — **25**: Gen 44,1. — **27**: Gen 43,21.

35: Gen 43,21. — **36**: Gen 43,14. — **37**: Gen 46, 9. — **38**: Gen 37,33-35; 44,28-31.

43 **1**: Gen 45,54-57. — **3**: Gen 42,15.20; 44, 23. — **6**: Gen 42,13. — **8**: Gen 42,2. — **9**:

attestatione iurisiurandi, dicens: Non videbitis faciem meam, nisi fratrem vestrum
minimum adduxeritis vobiscum. 4 Si ergo
vis eum mittere nobiscum, pergemus pariter, et ememus tibi necessaria: 5 sin autem non vis non ibimus: vir enim, ut saepe
diximus, denuntiavit nobis, dicens: Non
videbitis faciem meam absque fratre vestro minimo. 6 Dixit eis Israel: In meam
hoc fecistis miseriam, ut indicaretis ei et
alium habere vos fratrem. 7 At illi responderunt: Interrogavit nos homo per ordinem nostram progeniem: si pater viveret:
si haberemus fratrem: et nos respondimus
ei consequenter iuxta id quod fuerat sciscitatus: numquid scire poteramus quod
dicturus esset: Adducite fratrem vestrum
vobiscum? 8 Iudas quoque dixit patri suo:
Mitte puerum mecum, ut proficiscamur
et possimus vivere: ne moriamur nos et
parvuli nostri. 9 Ego suscipio puerum: de
manu mea require illum: nisi reduxero,
et reddidero eum tibi, ero peccati reus in
te omni tempore. 10 Si non intercessisset
dilatio, iam vice altera venissemus. 11 Igitur Israel pater eorum dixit ad eos: Si sic
necesse est, facite quod vultis: sumite de
optimis terrae fructibus in vasis vestris, et
deferte viro munera, modicum resinae, et
mellis, et storacis, stactes, et terebinthi,
et amygdalarum. 12 Pecuniam quoque duplicem ferte vobiscum: et illam, quam in-
venistis in sacculis, reportate, ne forte errore factum sit: 13 sed et fratrem vestrum
tollite, et ite ad virum. 14 Deus autem meus
omnipotens faciat vobis eum placabilem:
et remittat vobiscum fratrem vestrum
quem tenet, et hunc Beniamin: ego autem quasi orbatus absque liberis ero.

Beniamin coram Ioseph

15 Tulerunt ergo viri munera, et pecuniam duplicem, et Beniamin: descenderuntque in Aegyptum, et steterunt coram
Ioseph. 16 Quos cum ille vidisset et Beniamin simul, praecepit dispensatori domus
suae, dicens: Introduc viros domum, et
occide victimas, et instrue convivium:
quoniam mecum sunt comesturi meridie.
17 Fecit ille quod sibi fuerat imperatum,
et introduxit viros domum. 18 Ibique exterriti, dixerunt mutuo: Propter pecuniam, quam retulimus prius in saccis nostris, introducti sumus: ut devolvat in nos
calumniam, et violenter subiiciat servituti
et nos, et asinos nostros. 19 Quamobrem
in ipsis foribus accedentes ad dispensatorem domus, 20 locuti sunt: Oramus, domine, ut audias nos. Iam ante descendimus
ut emeremus escas: 21 quibus emptis, cum
venissemus ad diversorium, aperuimus
saccos nostros, et invenimus pecuniam in
ore saccorum: quam nunc eodem pondere reportavimus. 22 Sed et aliud attulimus
argentum, ut emamus quae nobis necessaria sunt: non est in nostra conscientia
quis posuerit eam in marsupiis nostris.
23 At ille respondit: Pax vobiscum, nolite
timere: Deus vester, et Deus patris vestri,
dedit vobis thesauros in saccis vestris:
nam pecuniam, quam dedistis mihi, probatam ego habeo. Eduxitque ad eos Simeon. 24 Et introductis domum, attulit
aquam, et laverunt pedes suos, deditque
pabulum asinis eorum. 25 Illi vero parabant munera, donec ingrederetur Ioseph
meridie: audierant enim quod ibi comesturi essent panem.

26 Igitur ingressus est Ioseph domum
suam, obtuleruntque ei munera, tenentes
in manibus suis: et adoraverunt proni in
terram. 27 At ille, clementer resalutatis eis,
interrogavit eos, dicens: Salvusne est pater vester senex, de quo dixeratis mihi?
Adhuc vivit? 28 Qui responderunt: Sospes
est servus tuus pater noster, adhuc vivit.
Et incurvati, adoraverunt eum. 29 Attol-
lens autem Ioseph oculos, vidit Beniamin
fratrem suum uterinum, et ait: Iste est
frater vester parvulus, de quo dixeratis
mihi? Et rursum: Deus, inquit, misereatur
tui, fili mi. 30 Festinavitque, quia commota fuerant viscera eius super fratre suo, et
erumpebant lacrymae: et introiens cubiculum flevit. 31 Rursumque lota facie
egressus, continuit se, et ait: Ponite panes.
32 Quibus appositis, seorsum Ioseph, et
seorsum fratribus, Aegyptiis quoque qui
vescebantur simul, seorsum (illicitum est
enim Aegyptiis comedere cum Hebraeis,
et profanum putant huiuscemodi convivium) 33 sederunt coram eo, primogenitus
iuxta primogenita sua, et minimus iuxta
aetatem suam. Et mirabantur nimis,
34 sumptis partibus quas ab eo acceperant: maiorque pars venit Beniamin, ita
ut quinque partibus excederet. Biberunt-
que et inebriati sunt cum eo.

Dimissis fratribus, Beniamin deprehenditur fur

44 1 Praecepit autem Ioseph dispensatori domus suae, dicens: Imple saccos eorum frumento, quantum possunt

Gen 42,37; 44,32. — 11: Gen 32,20; 37,25; Prov 18, 16. — 12: Gen 42,25.27.35. — 14: Gen 17,1; 42, 36; Neh 1,11. — 16: Gen 24,2; 39,4; 44,1. 4. — 20: Gen 42,3.10. — 21: Gen 42,27.35. — 23: Gen 23,16; 42,25. — 24: Gen 18,4; 24,32. — 26: Gen 17,7.16; 42,6. — 27: Gen 42,11.13. — 29: Gen 35,17-18; 42,13. — 30: Gen 42,24; 3 Reg 3,26. — 31: Gen 45,1. — 32: Gen 46,34; Ex 8,26. — 34: Gen 45,22.

44 1: Gen 42,25; 43,16. — 5: Lev 19,26; 4 Reg 21,6. — 8: Gen 43,21. — 9: Gen

capere: et pone pecuniam singulorum in
summitate sacci. 2 Scyphum autem meum
argenteum, et pretium quod dedit tritici,
pone in ore sacci iunioris. Factumque est
ita.

3 Et orto mane, dimissi sunt cum asinis
suis. 4 Iamque urbem exierant, et processerant paululum: tunc Ioseph accersito
dispensatore domus, Surge, inquit, et persequere viros: et apprehensis dicito: Quare reddidistis malum pro bono? 5 Scyphus,
quem furati estis, ipse est in quo bibit
dominus meus, et in quo augurari solet:
pessimam rem fecistis. 6 Fecit ille ut iusserat. Et apprehensis per ordinem locutus
est. 7 Qui responderunt: Quare sic loquitur dominus noster, ut servi tui tantum
flagitii commiserint? 8 Pecuniam, quam
invenimus in summitate saccorum, reportavimus ad te de terra Chanaan: et quomodo consequens est ut furati simus de
domo domini tui aurum vel argentum?
9 Apud quemcumque fuerit inventum servorum tuorum quod quaeris, moriatur,
et nos erimus servi domini nostri. 10 Qui
dixit eis: Fiat iuxta vestram sententiam:
apud quemcumque fuerit inventus, ipse
sit servus meus, vos autem eritis innoxii.
11 Itaque festinato deponentes in terram
saccos, aperuerunt singuli. 12 Quos scrutatus, incipiens a maiore usque ad minimum, invenit scyphum in sacco Beniamin. 13 At illi, scissis vestibus, oneratisque
rursum asinis, reversi sunt in oppidum.
14 Primusque Iudas cum fratribus ingressus est ad Ioseph (necdum enim de loco
abierat) omnesque ante eum pariter in
terram corruerunt. 15 Quibus ille ait: Cur
sic agere voluistis? an ignoratis quod non
sit similis mei in augurandi scientia? 16 Cui
Iudas: Quid respondebimus, inquit, domino meo? vel quid loquemur, aut iuste poterimus obtendere? Deus invenit iniquitatem servorum tuorum: en omnes servi
sumus domini mei, et nos, et apud quem
inventus est scyphus. 17 Respondit Ioseph:
Absit a me ut sic agam: qui furatus est
scyphum, ipse sit servus meus: vos autem
abite liberi ad patrem vestrum.

18 Accedens autem propius Iudas, confidenter ait: Oro, domine mi, loquatur
servus tuus verbum in auribus tuis, et ne
irascaris famulo tuo: tu es enim post
Pharaonem 19 dominus meus. Interro-
gasti prius servos tuos: Habetis patrem
aut fratrem? 20 et nos respondimus tibi
domino meo: Est nobis pater senex, et
puer parvulus, qui in senectute illius natus est: cuius uterinus frater mortuus est,
et ipsum solum habet mater sua, pater
vero tenere diligit eum. 21 Dixistique servis tuis: Adducite eum ad me, et ponam
oculos meos super illum. 22 Suggessimus
domino meo: Non potest puer relinquere
patrem suum: si enim illum dimiserit,
morietur. 23 Et dixisti servis tuis: Nisi
venerit frater vester minimus vobiscum,
non videbitis amplius faciem meam.
24 Cum ergo ascendissemus ad famulum
tuum patrem nostrum, narravimus ei omnia quae locutus est dominus meus. 25 Et
dixit pater noster: Revertimini, et emite
nobis parum tritici. 26 Cui diximus: Ire
non possumus: si frater noster minimus
descenderit nobiscum, proficiscemur simul: alioquin illo absente, non audemus
videre faciem viri. 27 Ad quae ille respondit: Vos scitis quod duos genuerit
mihi uxor mea. 28 Egressus est unus, et
dixistis: Bestia devoravit eum: et hucusque non comparet. 29 Si tuleritis et istum,
et aliquid ei in via contigerit, deducetis
canos meos cum moerore ad inferos.
30 Igitur si intravero ad servum tuum
patrem nostrum, et puer defuerit (cum
anima illius ex huius anima pendeat),
31 videritque eum non esse nobiscum, morietur, et deducent famuli tui canos eius
cum dolore ad inferos. 32 Ego proprie
servus tuus sim qui in meam hunc recepi
fidem, et spopondi dicens: Nisi reduxero
eum, peccati reus ero in patrem meum
omni tempore. 33 Manebo itaque servus
tuus pro puero in ministerio domini mei,
et puer ascendat cum fratribus suis. 34 Non
enim possum redire ad patrem meum, absente puero: ne calamitatis, quae oppressura est patrem meum, testis assistam.

Ioseph declaratur fratribus suis

45 1 Non se poterat ultra cohibere
Ioseph multis coram astantibus:
unde praecepit ut egrederentur cuncti foras, et nullus interesset alienus agnitioni
mutuae. 2 Elevavitque vocem cum fletu:
quam audierunt Aegyptii, omnisque domus Pharaonis. 3 Et dixit fratribus suis:
Ego sum Ioseph: adhuc pater meus vivit?
Non poterant respondere fratres nimio
terrore perterriti. 4 Ad quos ille clementer: Accedite, inquit, ad me. Et cum accessissent prope: Ego sum, ait, Ioseph,
frater vester, quem vendidistis in Aegyptum. 5 Nolite pavere, neque vobis durum
esse videatur quod vendidistis me in his
regionibus: pro salute enim vestra misit

31,32. — **13:** Gen 37,29.34. — **14:** Gen 37,7-10; 42,6; 43,26.28. — **16:** Gen 37,18; 42,21. — **18:** Gen 18,30.32; 41,40; 43,20. — **19:** Gen 42,13; 43,7. — **20:** Gen 37,3. — **21-23:** Gen 42,15.20; 43,3-5. — **25:** Gen 43,2. — **27:** Gen 46,19. — **28:** Gen 37,20.32.33. — **29:** Gen 37,35; 42,4.36.38. — **32:** Gen 43,9.

45 **1:** Gen 43,30-31. — **3:** Act 7,13. — **4:** Gen 37,28. — **5:** Gen 50,20; Ps 104,16-17.

me Deus ante vos in Aegyptum. 6 Biennium est enim quod coepit fames esse
in terra: et adhuc quinque anni restant,
quibus nec arari poterit, nec meti. 7 Prae-
misitque me Deus ut reservemini super
terram, et escas ad vivendum habere possitis. 8 Non vestro consilio, sed Dei voluntate huc missus sum: qui fecit me
quasi patrem Pharaonis, et dominum universae domus eius, ac principem in omni
terra Aegypti. 9 Festinate, et ascendite
ad patrem meum, et dicetis ei: Haec mandat filius tuus Ioseph: Deus fecit me
dominum universae terrae Aegypti: descende ad me, ne moreris, 10 et habitabis
in terra Gessen: erisque iuxta me tu, et
filii tui, et filii filiorum tuorum, oves tuae,
et armenta tua, et universa quae possides.
11 Ibique te pascam (adhuc enim quinque
anni residui sunt famis) ne et tu pereas,
et domus tua, et omnia quae possides.
12 En oculi vestri, et oculi fratris mei Beniamin, vident quod os meum loquatur
ad vos. 13 Nuntiate patri meo universam
gloriam meam, et cuncta quae vidistis in
Aegypto: festinate, et adducite eum ad
me. 14 Cumque amplexatus recidisset in
collum Beniamin fratris sui, flevit: illo
quoque similiter flente super collum eius.
15 Osculatusque est Ioseph omnes fratres
suos, et ploravit super singulos: post
quae ausi sunt loqui ad eum. 16 Auditum-
que est, et celebri sermone vulgatum in
aula regis: Venerunt fratres Ioseph: et
gavisus est Pharao, atque omnis familia
eius. 17 Dixitque ad Ioseph ut imperaret
fratribus suis, dicens: Onerantes iumenta,
ite in terram Chanaan, 18 et tollite inde
patrem vestrum et cognationem, et venite ad me: et ego dabo vobis omnia bona
Aegypti, ut comedatis medullam terrae.
19 Praecipe etiam ut tollant plaustra de
terra Aegypti, ad subvectionem parvulorum suorum ac coniugum: et dicito: Tollite patrem vestrum, et properate quan-
tocius venientes. 20 Nec dimittatis quidquam de supellectili vestra: quia omnes
opes Aegypti vestrae erunt.

Filii Iacob redeunt ad patrem

21 Feceruntque filii Israel ut eis mandatum fuerat. Quibus dedit Ioseph plaustra, secundum Pharaonis imperium, et
cibaria in itinere. 22 Singulis quoque proferri iussit binas stolas: Beniamin vero
dedit trecentos argenteos cum quinque
stolis optimis: 23 tantumdem pecuniae et
vestium mittens patri suo, addens et asinos decem, qui subveherent ex omnibus
divitiis Aegypti, et totidem asinas, triticum in itinere, panesque portantes. 24 Dimisit ergo fratres suos, et proficiscentibus
ait: Ne irascamini in via. 25 Qui ascendentes ex Aegypto, venerunt in terram
Chanaan ad patrem suum Iacob. 26 Et
nuntiaverunt ei, dicentes: Ioseph filius
tuus vivit: et ipse dominatur in omni terra
Aegypti. Quo audito Iacob, quasi de
gravi somno evigilans, tamen non credebat eis. 27 Illi e contra referebant omnem
ordinem rei. Cumque vidisset plaustra et
universa quae miserat, revixit spiritus eius,
28 et ait: Sufficit mihi si adhuc Ioseph
filius meus vivit: vadam, et videbo illum
antequam moriar.

Adventus Iacob cum filiis in Aegyptum

46 1 Profectus Israel cum omnibus
quae habebat, venit ad Puteum
iuramenti: et mactatis ibi victimis Deo
patris sui Isaac, 2 audivit eum per visionem noctis vocantem se, et dicentem sibi:
Iacob, Iacob. Cui respondit: Ecce adsum.
3 Ait illi Deus: Ego sum fortissimus Deus
patris tui: noli timere, descende in Aegyptum, quia in gentem magnam faciam
te ibi. 4 Ego descendam tecum illuc, et
ego inde adducam te revertentem: Ioseph
quoque ponet manus suas super oculos
tuos.
5 Surrexit autem Iacob a Puteo iuramenti: tuleruntque eum filii cum parvulis
et uxoribus suis in plaustris quae miserat
Pharao ad portandum senem, 6 et omnia
quae possederat in terra Chanaan: venitque in Aegyptum cum omni semine suo,
7 filii eius, et nepotes, filiae, et cuncta
simul progenies. 8 Haec sunt autem nomina filiorum Israel, qui ingressi sunt in
Aegyptum, ipse cum liberis suis. Primogenitus Ruben. 9 Filii Ruben: Henoch et
Phallu et Hesron et Charmi. 10 Filii Simeon: Iamuel et Iamin et Ahod, et Iachin
et Sohar, et Saul filius Chanaanitidis.
11 Filii Levi: Gerson et Caath et Merari.
12 Filii Iuda: Her et Onan et Sela et
Phares et Zara, mortui sunt autem Her
et Onan in terra Chanaan. Natique sunt

6: Gen 41,30; Ex 34,21. — **8:** Gen 41,40-43; Esth 4,14; 16,11. — **10:** Gen 46,34; 47,1.4.6.11. 27; 50,8; Ex 8,22. — **11:** Gen 47,12; 50,21. — **12:** Gen 42,23. — **13:** Act 7,14. — **18:** Gen 47,6; Num 18,12.29. — **19:** Gen 46,5. — **22:** Gen 43, 34; 4 Reg 5,5.22.23. — **27:** Gen 46,5. — **28:** Gen 46,30.

46 **1:** Gen 21,31-32; 26,23-25; 28,10.13; 31, 42. — **2:** Gen 15,1; Iob 33,14-15. — **3:** Gen 12,2; 28,13; 35,11; 47,27; Ex 1,7.12; Deut 26,5. — **4:** Gen 15,16; 28,15, 48,21; 50,24; Ex 3,8. — **5:** Gen 45,19.21.27. — **6:** Deut 26,5; Ios 24,4; Ps 104,23; Is 52,4; Act 7,15. — **8-9:** Ex — 1,1-5; Num 26,5; 1 Par 5,1-3. **8-11:** Ex 14-16.— **10:** Ex 6,15; 1 Par 4,24. — **11:** 1 Par 6, 1.16. — **12:** Gen 38,3-8.29-30; 1 Par 2,3.5; 4,21.

filii Phares: Hesron et Hamul. 13 Filii Issachar: Thola et Phua et Iob et Semron. 14 Filii Zabulon: Sared et Elon et Iahelel. 15 Hi filii Liae quos genuit in Mesopotamia Syriae cum Dina filia sua: omnes animae filiorum eius et filiarum, triginta tres.

16 Filii Gad: Sephion et Haggi et Suni et Esebon et Heri et Arodi et Areli. 17 Filii Aser: Iamne et Iesua et Iessui et Beria: Sara quoque soror eorum. Filii Beria: Heber et Melchiel. 18 Hi filii Zelphae, quam dedit Laban Liae filiae suae: et hos genuit Iacob sedecim animas.

19 Filii Rachel uxoris Iacob: Ioseph et Beniamin. 20 Natique sunt Ioseph filii in terra Aegypti, quos genuit ei Aseneth filia Putiphare sacerdotis Heliopoleos: Manasses et Ephraim. 21 Filii Beniamin: Bela et Bechor et Asbel et Gera et Naaman et Echi et Ros et Mophim et Ophim et Ared. 22 Hi filii Rachel quos genuit Iacob: omnes animae, quatuordecim.

23 Filii Dan: Husim. 24 Filii Nephthali: Iasiel et Guni et Ieser et Sallem. 25 Hi filii Balae, quam dedit Laban Racheli filiae suae: et hos genuit Iacob: omnes animae, septem. 26 Cunctae animae, quae ingressae sunt cum Iacob in Aegyptum, et egressae sunt de femore illius, absque uxoribus filiorum eius, sexaginta sex. 27 Filii autem Ioseph, qui nati sunt ei in terra Aegypti, animae duae. Omnes animae domus Iacob, quae ingressae sunt in Aegyptum, fuere septuaginta.

Ioseph occurrit patri suo

28 Misit autem Iudam ante se ad Ioseph, ut nuntiaret ei, et occurreret in Gessen. 19 Quo cum pervenisset, iuncto Ioseph curru suo, ascendit obviam patri suo ad eumdem locum: vidensque eum, irruit super collum eius, et inter amplexus flevit. 30 Dixitque pater ad Ioseph: Iam laetus moriar, quia vidi faciem tuam, et superstitem te relinquo. 31 At ille locutus est ad fratres suos, et ad omnem domum patris sui. Ascendam, et nuntiabo Pharaoni, dicamque ei: Fratres mei, et domus patris mei, qui erant in terra Chanaan, venerunt ad me: 32 et sunt viri pastores ovium, curamque habent alendorum gregum: pecora sua, et armenta, et omnia quae habere potuerunt, adduxerunt secum. 33 Cumque vocaverit vos, et dixerit: Quod est opus vestrum? 34 Respondebitis: Viri pastores sumus servi tui, ab infantia nostra usque in praesens, et nos et patres nostri. Haec autem dicetis, ut habitare possitis in terra Gessen: quia detestantur Aegyptii omnes pastores ovium.

Iacob cum filiis collocatur in terra Gessen

47 1 Ingressus ergo Ioseph nuntiavit Pharaoni, dicens: Pater meus et fratres, oves eorum et armenta, et cuncta quae possident, venerunt de terra Chanaan: et ecce consistunt in terra Gessen. 2 Extremos quoque fratrum suorum quinque viros constituit coram rege: 3 quos ille interrogavit: Quid habetis operis? Responderunt: Pastores ovium sumus servi tui, et nos et patres nostri. 4 Ad peregrinandum in terra tua venimus: quoniam non est herba gregibus servorum tuorum, ingravescente fame in terra Chanaan: petimusque ut esse nos iubeas servos tuos in terra Gessen. 5 Dixit itaque rex ad Ioseph: Pater tuus et fratres tui venerunt ad te. 6 Terra Aegypti in conspectu tuo est: in optimo loco fac eos habitare, et trade eis terram Gessen. Quod si nosti in eis esse viros industrios, constitue illos magistros pecorum meorum. 7 Post haec introduxit Ioseph patrem suum ad regem, et statuit eum coram eo: qui benedicens illi, 8 et interrogatus ab eo: Quot sunt dies annorum vitae tuae? 9 Respondit: Dies peregrinationis meae centum triginta annorum sunt, parvi et mali, et non pervenerunt usque ad dies patrum meorum quibus peregrinati sunt. 10 Et benedicto rege, egressus est foras. 11 Ioseph vero patri et fratribus suis dedit possessionem in Aegypto in optimo terrae loco, Ramesses, ut praeceperat Pharao. 12 Et alebat eos, omnemque domum patris sui, praebens cibaria singulis.

Ioseph pro frumento bona Aegypti Pharaoni acquirit

13 In toto enim orbe panis deerat, et oppresserat fames terram, maxime Aegypti et Chanaan. 14 E quibus omnem pecuniam congregavit pro venditione frumenti, et intulit eam in aerarium regis.

15 Cumque defecisset emptoribus pretium, venit cuncta Aegyptus ad Ioseph, dicens: Da nobis panes: quare morimur

13: 1 Par 7,1. — **15:** Gen 39,31-35; 30,17-21. — **16:** Num 26,15-18. — **17:** 1 Par 7,30. — **18:** Gen 29,24; 30,10-13. — **19:** Gen 30,23; 35,18. — **20:** Gen 41,45.50-52. — **21:** Num 26,38-40; 1 Par 7,6-12; 8,1. — **23:** Num 26,42; 1 Par 7, 12. — **24:** Num 26,48; 1 Par 7,13. — **25:** Gen 29, 29; 30,4-8. — **27:** Ex 1,5; Deut 10,22; Act 7,14. **28:** Gen 45,10; 47,1. — **29:** Gen 45,14. — **30:** Gen 45,28; Lc 2,29-30. — **31:** Gen 47,1. — **32:** Gen 37,12; 47,3. — **34:** Gen 43,32; Ex 8,26.

47 **1:** Gen 45,10; 46,31. — **2:** Act 7,13. — **3:** Gen 46,32-34. — **4:** Gen 15,13; Deut 26,5. — **6:** Gen 20,15; 45,18. — **9:** Gen 11,32; 25,7; 35,28; Iob 14,1; Ps 38,6-7; 89,10; 118, 19.54; Sap 2,1; Hebr 11,9.13; Iac 4,15. — **11:** Ex 1,11; 12,37. — **12:** Gen 45,11; 50,21. — **14:**

coram te, deficiente pecunia? 16 Quibus
ille respondit: Adducite pecora vestra, et
dabo vobis pro eis cibos, si pretium non
habetis. 17 Quae cum adduxissent, dedit
eis alimenta pro equis, et ovibus, et bobus, et asinis: sustentavitque eos illo anno pro commutatione pecorum.
18 Venerunt quoque anno secundo, et
dixerunt ei: Non celabimus dominum
nostrum quod deficiente pecunia, pecora
simul defecerunt: nec clam te est, quod
absque corporibus et terra nihil habeamus. 19 Cur ergo moriemur te vidente?
et nos et terra nostra tui erimus: eme nos
in servitutem regiam, et praebe semina,
ne pereunte cultore redigatur terra in solitudinem. 20 Emit igitur Ioseph omnem
terram Aegypti, vendentibus singulis possessiones suas prae magnitudine famis.
Subiecitque eam Pharaoni, 21 et cunctos
populos eius a novissimis terminis Aegypti usque ad extremos fines eius, 22 praeter
terram sacerdotum, quae a rege tradita
fuerat eis: quibus et statuta cibaria ex
horreis publicis praebebantur, et idcirco
non sunt compulsi vendere possessiones
suas. 23 Dixit ergo Ioseph ad populos: En
ut cernitis, et vos et terram vestram Pharao possidet: accipite semina, et serite
agros, 24 ut fruges habere possitis. Quintam partem regi dabitis: quatuor reliquas
permitto vobis in sementem, et in cibum
familiis et liberis vestris. 25 Qui responderunt: Salus nostra in manu tua est: respiciat nos tantum dominus noster, et laeti
serviemus regi. 26 Ex eo tempore usque in
praesentem diem, in universa terra Aegypti regibus quinta pars solvitur, et factum
est quasi in legem, absque terra sacerdotali, quae libera ab hac conditione fuit.

Iacob moriturus filios Ioseph adoptat in suos

27 Habitavit ergo Israel in Aegypto, id
est, in terra Gessen, et possedit eam:
auctusque est, et multiplicatus nimis. 28 Et
vixit in ea decem et septem annis: factique
sunt omnes dies vitae illius, centum quadraginta septem annorum. 29 Cumque appropinquare cerneret diem mortis suae,
vocavit filium suum Ioseph, et dixit ad
eum: Si inveni gratiam in conspectu tuo,
pone manum tuam sub femore meo: et
facies mihi misericordiam et veritatem,
ut non sepelias me in Aegypto: 30 sed dormiam cum patribus meis, et auferas me
de terra hac, condasque in sepulchro maiorum meorum. Cui respondit Ioseph: Ego
faciam quod iussisti. 31 Et ille: Iura ergo,
inquit, mihi. Quo iurante, adoravit Israel
Deum, conversus ad lectuli caput.

48 1 His ita transactis nuntiatum est
Ioseph quod aegrotaret pater suus:
qui, assumptis duobus filiis Manasse et
Ephraim, ire perrexit. 2 Dictumque est
seni: Ecce filius tuus Ioseph venit ad te.
Qui confortatus sedit in lectulo. 3 Et ingresso ad se ait: Deus omnipotens apparuit mihi in Luza, quae est in terra Chanaan: Benedixitque mihi. 4 Et ait: Ego te
augebo et multiplicabo, et faciam te in
turbas populorum: daboque tibi terram
hanc, et semini tuo post te in possessionem sempiternam. 5 Duo ergo filii tui, qui
nati sunt tibi in terra Aegypti antequam
huc venirem ad te, mei erunt: Ephraim
et Manasses, sicut Ruben et Simeon repu-
tabuntur mihi. 6 Reliquos autem quos genueris post eos, tui erunt, et nomine fratrum suorum vocabuntur in possessionibus suis. 7 Mihi enim, quando veniebam
de Mesopotamia, mortua est Rachel in
terra Chanaan in ipso itinere, eratque ver-
num tempus: et ingrediebar Ephratam, et
sepelivi eam iuxta viam Ephratae, quae
alio nomine appellatur Bethlehem.
8 Videns autem filios eius dixit ad eum:
Qui sunt isti? 9 Respondit: Filii mei sunt,
quos donavit mihi Deus in hoc loco. Adduc, inquit, eos ad me, ut benedicam illis.
10 Oculi enim Israel caligabant prae nimia
senectute, et clare videre non poterat. Ap-
plicitosque ad se, deosculatus et circum-
plexus eos, 11 dixit ad filium suum: Non
sum fraudatus aspectu tuo: insuper ostendit mihi Deus semen tuum. 12 Cumque
tulisset eos Ioseph de gremio patris, adoravit pronus in terram. 13 Et posuit
Ephraim ad dexteram suam, id est, ad sinistram Israel: Manassen vero in sinistra
sua, ad dexteram scilicet patris, applicuit-
que ambos ad eum. 14 Qui extendens manum dexteram, posuit super caput
Ephraim minoris fratris: sinistram autem
super caput Manasse qui maior natu erat,
commutans manus. 15 Benedixitque Iacob
filiis Ioseph, et ait: Deus, in cuius conspectu ambulaverunt patres mei Abraham, et
Isaac, Deus qui pascit me ab adolescentia mea usque in praesentem diem: 16 angelus, qui eruit me de cunctis malis, benedicat pueris istis: et invocetur super eos
nomen meum, nomina quoque patrum
meorum Abraham, et Isaac, et crescant

Gen 41,56. — **19:** Neh 5,2-3. — **22:** Esdr 7,24. — **24:** Gen 41,34. — **25:** 41,55. — **27:** Gen 45,10; 46,3; Ex 1,7.12. — **29:** Gen 24,2.9.49; 33,15. — **30:** Gen 23,17-19; 25,9; 49,29-32; 50,5.13.24. — **31:** Gen 48,2; Hebr 11,21.

48 **3:** Gen 17,1; 28,13.19; 35,6.9. — **4:** Gen 17,8; 35,11-12. — **5:** Gen 41,50-51; 46,20; Ios 13,7.29; 14,4; 17,17. — **7:** Gen 35,16-19. — **9:** Gen 27,4; 33,5; 49,25-26; Hebr 11,21. — **10:** Gen 27,1.27. — **11:** Gen 45,26. — **15:** Gen 17,1; 24,40; Ps 22,1-2; Hebr 11,21. — **16:** Gen 31,29; 32,1; Num 26,34-37; 2 Sam

in multitudinem super terram. 17 Videns
autem Ioseph quod posuisset pater suus
dexteram manum super caput Ephraim,
graviter accepit: et apprehensam manum
patris levare conatus est de capite
Ephraim, et transferre super caput Manasse. 18 Dixitque ad patrem: Non ita
convenit, pater: quia hic est primogenitus, pone dexteram tuam super caput
eius. 19 Qui renuens, ait: Scio, fili mi,
scio: et iste quidem erit in populos, et
multiplicabitur: sed frater eius minor,
maior erit illo: et semen illius crescet in
gentes. 20 Benedixitque eis in tempore illo,
dicens: In te benedicetur Israel, atque dicetur: Faciat tibi Deus sicut Ephraim, et
sicut Manasse. Constituitque Ephraim ante Manassen. 21 Et ait ad Ioseph filium
suum: En ego morior, et erit Deus vobiscum, reducetque vos ad terram patrum
vestrorum. 22 Do tibi partem unam extra
fratres tuos, quam tuli de manu Amorrhaei in gladio et arcu meo.

Iacob benedicit filios suos

49 1 Vocavit autem Iacob filios suos,
et ait eis: Congregamini, ut annuntiem quae ventura sunt vobis in diebus
novissimis.
2 Congregamini, et audite, filii Iacob,
Audite Israel patrem vestrum:
3 Ruben primogenitus meus,
Tu fortitudo mea, et principium doloris
mei;
Prior in donis, maior in imperio.
4 Effusus es sicut aqua, non crescas: quia
ascendisti cubile patris tui,
Et maculasti stratum eius.
5 Simeon et Levi fratres
Vasa iniquitatis bellantia.
6 In consilium eorum non veniat anima
mea,
Et in coetu illorum non sit gloria mea:
Quia in furore suo occiderunt virum,
Et in voluntate sua suffoderunt murum.
7 Maledictus furor eorum, quia pertinax:
Et indignatio eorum, quia dura:
Dividam eos in Iacob,
Et dispergam eis in Israel.
8 Iuda, te laudabunt fratres tui:
Manus tua in cervicibus inimicorum tuo-
rum,
Adorabunt te filii patris tui.
9 Catulus leonis Iuda:
Ad praedam, fili mi, ascendisti:
Requiescens accubuisti ut leo,
Et quasi leaena, quis suscitabit eum?
10 Non auferetur sceptrum de Iuda,
Et dux de femore eius,
Donec veniat qui mittendus est,
Et ipse erit expectatio gentium.
11 Ligans ad vineam pullum suum,
Et ad vitem, o fili mi, asinam suam:
Lavabit in vino stolam suam
Et in sanguine uvae pallium suum.
12 Pulchriores sunt oculi eius vino,
Et dentes eius lacte candidiores.
13 Zabulon in littore maris habitabit,
Et in statione navium
Pertingens usque ad Sidonem.
14 Issachar asinum fortis
Accubans inter terminos.
15 Vidit requiem quod esset bona
Et terram quod optima:
Et supposuit humerum suum ad portan-
dum,
Factusque est tributis serviens.
16 Dan iudicabit populum suum
Sicut et alia tribus in Israel.
17 Fiat Dan coluber in via,
Cerastes in semita,
Mordens ungulas equi,
Ut cadat ascensor eius retro.
18 Salutare tuum expectabo, Domine.
19 Gad, accinctus praeliabitur ante eum:
Et ipse accingetur retrorsum.
20 Aser, pinguis panis eius,
Et praebebit delicias regibus.
21 Nephthali, cervus emissus,
Et dans eloquia pulchritudinis.
22 Filius accrescens Ioseph, filius accres-
cens et decorus aspectu:
Filiae discurrerunt super murum.
23 Sed exasperaverunt eum et iurgati sunt,
Inviderunttque illi habentes iacula.
24 Sedit in forti arcus eius,
Et dissoluta sunt vincula brachiorum et
manuum illius
Per manus potentis Iacob:
Inde pastor egressus est, lapis Israel.
25 Deus patris tui erit adiutor tuus,
Et omnipotens benedicet tibi
Benedictionibus caeli desuper, benedictio-
nibus abyssi iacentis deorsum,
Benedictionibus uberum et vulvae.

4,9; Ps 33,23; 120,7; Is 63,9; Mt 18,10. — **19:** Num 1,32-35; 2, 19,21; Deut 33,17. — **21:** Gen 46,4; 50,24; Ex 3,16; Num 14,9; Deut 20,1-4; 31,6.8; Ios 1,5; Iud 1,22; 2 Par 13,12; 15,2; 20,17; Ps 45,8. — **22:** Ios 16,1; 24,8.32; Io 4,5.

49 **1-27:** Deut 33,6-25. — **1-2:** Num 24,14; Deut 4,30; 31,29; Is 2,2; Ier 23,20; Dan 2, 28; Os 3,5; Am 3,7. — **3:** Gen 29,32; Deut 21, 17. — **4:** Gen 35,22; Deut 27,20; 33,6; 1 Par 5, 1. — **5-7:** Gen 29,33-34; 34,25; Num 3,5-13; Ios 19,1-9; 21,1-42; 1 Par 4,24-43. — **8:** Gen 27, 29; 29,35; Num 10,14; Iud 1,1-2; 1 Par 5,2; Ps 17,38-41. — **9:** Num 23,24; 24,29; Os 5,14; Apoc 5,5. — **10:** Num 34,17; 1 Par 28,4; Is 11, 1.10; 42,4; 49,6; 55,5; 60,1-5; Ex 21,27; Dan 9, 25; Ag 2,7; Mt 2,6; 21,9; Lc 2,30-32; Io 1, 45. ‖ Conc. Trid.: D 794. — **13:** Deut 1,7; Ios 9,1; 19,10-16; Iud 5,17. — **14:** Iud 5,16. — **15:** Ios 16,10. — **16:** Gen 30,6; Iud 13,2.25. — **17:** Iud 18,27. — **18:** Ps 24,5; 118,166.174; Is 25, 9; Mich 7,7; Lc 2,25.30. ‖ Conc. Trid.: D 794. **19:** 1 Par 5,18-22. — **20:** Ios 19,24-31. — **21:** Iud 4,6-10. — **22:** Ios 17,14-18; 1 Par 5,1. — **23:** Gen 37,24.28; 39,20. — **24:** Ps 79,1; Is 1,24; 28,16; 60,16; Eph 2,20; 1 Petr 2,4. — **25:** Gen

26 Benedictiones patris tui confortatae
sunt benedictionibus patrum eius:
Donec veniret desiderium collium aeternorum:
Fiant in capite Ioseph,
Et in vertice Nazaraei inter fratres suos.
27 Beniamin lupus rapax,
Mane comedet praedam,
Et vespere dividet spolia.
28 Omnes hi in tribubus Israel duodecim: haec locutus est eis pater suus, benedixitque singulis, benedictionibus propriis.

Moritur Iacob et fertur sepeliendus in Hebron

29 Et praecepit eis, dicens: Ego congre-
gor ad populum meum: sepelite me cum
patribus meis in spelunca duplici quae est
in agro Ephron Hethaei; 30 contra Mambre in terra Chanaan, quam emit Abraham cum agro ab Ephron Hethaeo in possessionem sepulchri. 31 Ibi sepelierunt eum
et Saram uxorem eius: ibi sepultus est
Isaac cum Rebecca coniuge sua: ibi et
Lia condita iacet. 32 Finitisque mandatis
quibus filios instruebat, collegit pedes suos
super lectulum, et obiit: appositusque est
ad populum suum.

50 1 Quod cernens Ioseph, ruit super
faciem patris flens et deosculans
eum. 2 Praecepitque servis suis medicis ut
aromatibus condirent patrem. 3 Quibus
iussa explentibus, transierunt quadraginta dies: iste quippe mos erat cadaverum
conditorum: flevitque eum Aegyptus septuaginta diebus. 4 Et expleto planctus tempore, locutus est Ioseph ad familiam Pharaonis: Si inveni gratiam in conspectu
vestro, loquimini in auribus Pharaonis:
5 eo quod pater meus adiuraverit me dicens: En morior, in sepulchro meo quod
fodi mihi in terra Chanaan, sepelies me.
Ascendam igitur, et sepeliam patrem
meum, ac revertar. 6 Dixitque ei Pharao:
Ascende et sepeli patrem tuum sicut adiu-
ratus es. 7 Quo ascendente, ierunt cum eo
omnes senes domus Pharaonis, cunctique
maiores natu terrae Aegypti: 8 domus Ioseph cum fratribus suis, absque parvulis
et gregibus, atque armentis quae dereliquerant in terra Gessen. 9 Habuit quoque
in comitatu currus et equites: et facta est
turba non modica. 10 Veneruntque ad
Aream Atad, quae sita est trans Iordanem: ubi celebrantes exequias planctu
magno atque vehementi impleverunt septem dies. 11 Quod cum vidissent habitatores terrae Chanaan, dixerunt: Planctus
magnus est iste Aegyptiis. Et idcirco vocatum est nomen loci illius, Planctus
Aegypti.
12 Fecerunt ergo filii Iacob sicut praeceperat eis: 13 et portantes eum in terram
Chanaan, sepelierunt eum in spelunca duplici, quam emerat Abraham cum agro
in possessionem sepulchri ab Ephron Hethaeo contra faciem Mambre. 14 Reversusque est Ioseph in Aegyptum cum fratribus suis, et omni comitatu, sepulto
patre.

Fratrum animas quietat Ioseph

15 Quo mortuo, timentes fratres eius, et
mutuo colloquentes: Ne forte memor sit
iniuriae quam passus est, et reddat nobis
omne malum quod fecimus, 16 mandaverunt ei dicentes: Pater tuus praecepit nobis antequam moreretur, 17 ut haec tibi
verbis illius diceremus: Obsecro ut obliviscaris sceleris fratrum tuorum, et peccati atque malitiae quam exercuerunt in
te: nos quoque oramus ut servis Dei patris tui dimittas iniquitatem hanc. Quibus
auditis flevit Ioseph. 18 Veneruntque ad
eum fratres sui: et proni adorantes in terram dixerunt: Servi tui sumus. 19 Quibus
ille respondit: Nolite timere: num Dei
possumus resistere voluntati? 20 Vos co-
gitastis de me malum: sed Deus vertit illud in bonum, ut exaltaret me, sicut in
praesentiarum cernitis, et salvos faceret
multos populos. 21 Nolite timere: ego pascam vos et parvulos vestros, consolatus-
que est eos, et blande ac leniter est locutus. 22 Et habitavit in Aegypto cum omni
domo patris sui: vixitque centum decem
annis. Et vidit Ephraim filios usque ad
tertiam generationem. Filii quoque Machir
filii Manasse nati sunt in genibus Ioseph.
23 Quibus transactis, locutus est fratribus suis: Post mortem meam Deus visitabit vos, et ascendere vos faciet de terra
ista ad terram quam iuravit Abraham,
Isaac et Iacob.
24 Cumque adiurasset eos atque dixisset: Deus visitabit vos, asportate ossa mea
vobiscum de loco isto: 25 mortuus est, expletis centum decem vitae suae annis. Et
conditus aromatibus, repositus est in locu-
lo in Aegypto.

17,1; 38,3.11; 50,17. — **26:** Hab 3,6. — **27:** Iud 20,21.25; Zach 14,1; Ez 22,27. — **28:** Eccli 44, 26. — **29:** Gen 23,9; 25,8.17; 47,30; 50,13. — **30:** Gen 23,16-18. — **31:** Gen 23,19; 25,9; 35,29.

50 **2:** Io 19,39-40. — **3:** Num 20 19; Deut 34,8. — **5:** Gen 47,29-31; 2 Par 16,14; Is 22,16; Mt 27,60. — **8:** Gen 45,10. — **10:** 1 Sam 31,13; Iudith 10,29; Eccli 22,13. — **12-13:** Gen 23,16; 49,29-30; Act 7,16. — **15:** Gen 45, 3.5. — **17:** Gen 49,25. — **18:** Gen 37,7.10. — **19:** Gen 30,2. — **20:** Gen 4,5-7. — **21:** Gen 45, 11; 47,12. — **22:** Num 32,39; 1 Par 7,14-15; Ps 127,6. — **23:** Gen 15,14.18; 26,3; 46,4; 48, 21; Ex 3,16-17; Hebr 11,22. — **24-25:** Ex 13, 20; Ios 24,32; Eccli 49,18.

LIBER EXODUS
HEBRAICE "VELLE SEMOTH"

SUMMARIUM PARS PRIMA: QUAE PRAECESSERUNT EXITUM ISRAEL EX AEGYPTO *(1,1-12,36): Israel oppressio (1). Moysis origo eiusque fuga in Madian (2,1-22). Divina Moysis legatio (2,23-4,31). Moyses et Aaron corum Pharaone (5). Nova Dei ad Moysen locutio (6,1-13). Nonnullae familiae Israel (6,14-30). Denuo adeunt Pharaonem Moyses et Aaron (7,1-13). Novem plagae Aegypti (7,14-10,29). Ultimae plagae praedictio (11). Paschae institutio (12,1-28). Ultima plaga et Israel egressio de Aegypto (12,29-36).*—PARS SECUNDA: HEBRAEORUM EXITUS DE AEGYPTO *(12,37-18,27): Leges de Paschate et primogenitis (12,37-13,16). Hebraeorum iter usque ad mare (13,17-14,4). Transitus maris Rubri (14,5-15,27). Coturnices et manna (16). Aqua e petra et victoria super Amalec (17). Iethro eiusque consilia (18).*—PARS TERTIA: STATIO AD MONTEM SINAI ET INSTITUTIO THEOCRATIAE ISRAELITICAE *(19-40): Praeparatio ad Legis promulgationem (19). Promulgatio Decalogi (20,1-21). Codex foederis (20,22-23,33). Foedus sinaiticum (24,1-8). Moyses in monte cum Deo (24,9-31,18). Vituli praevaricatio eiusque punitio (32). Moyses intercedit pro populo (33-34). Executio tabernaculi (35-39). Erectio tabernaculi eiusque consecratio (40)*

PARS PRIMA

QUAE PRAECESSERUNT EXITUM ISRAEL EX AEGYPTO
(1,1-12,36)

Filii Iacob

1 1 Haec sunt nomina filiorum Israel
qui ingressi sunt in Aegyptum cum
Iacob: singuli cum domibus suis introierunt: 2 Ruben, Simeon, Levi, Iudas, 3 Issachar, Zabulon et Beniamin, 4 Dan et
Nephthali, Gad et Aser. 5 Erant igitur
omnes animae eorum qui egressi sunt de
femore Iacob, septuaginta: Ioseph autem
in Aegypto erat. 6 Quo mortuo, et universis fratribus eius, omnique cognatione illa,
7 filii Israel creverunt, et quasi germinan-
tes multiplicati sunt: ac roborati nimis,
impleverunt terram.

Oppressio Hebraeorum

8 Surrexit interea rex novus super
Aegyptum, qui ignorabat Ioseph. 9 Et
ait ad populum suum: Ecce, populus filiorum Israel multus, et fortior nobis est.
10 Venite, sapienter opprimamus eum, ne
forte multiplicetur: et si ingruerit contra
nos bellum, addatur inimicis nostris, ex-
pugnatisque nobis egrediatur de terra.
11 Praeposuit itaque eis magistros operum,
ut affligerent eos oneribus: aedificaverunt-
que urbes tabernaculorum Pharaoni,
Phithom et Ramesses. 12 Quantoque opprimebant eos, tanto magis multiplica-
bantur, et crescebant: 13 oderantque filios
Israel Aegyptii, et affligebant illudentes
eis: 14 atque ad amaritudinem perduce-
bant vitam eorum operibus duris luti et
lateris, omnique famulatu, quo in terrae
operibus premebantur.
15 Dixit autem Rex Aegypti obstetricibus Hebraeorum: quarum una vocabatur
Sephora, altera Phua, 16 praecipiens eis:
Quando obstetricabitis Hebraeas, et partus tempus advenerit: si masculus fuerit,
interficite eum: si femina, reservate. 17 Timuerunt autem obstetrices Deum, et non
fecerunt iuxta praeceptum regis Aegypti,
sed conservabant mares. 18 Quibus ad se
accersitis, rex ait: Quidnam est hoc quod
facere voluistis, ut pueros servaretis?
19 Quae responderunt: Non sunt Hebraeae
sicut Aegyptiae mulieres: ipsae enim ob-
stetricandi habent scientiam, et priusquam
veniamus ad eas, pariunt. 20 Bene ergo fecit Deus obstetricibus: et crevit populus,
confortatusque est nimis. 21 Et quia timuerunt obstetrices Deum, aedificavit eis domos.
22 Praecepit ergo Pharao omni populo
suo, dicens: Quidquid masculini sexus natum fuerit, in flumen proiicite: quidquid
femininI, reservate.

1 **1-5:** Gen 35,23-26; 46,8-27; Deut 10,22. — **6:** Gen 50,25. — **7:** Gen 46,3; 47,27; Deut 26,5; Ps 104,24; Act 7,17. — **8:** Act 7,18. — **10:** Ex 6,5; Ps 104,25; Act 7,19. — **11:** Gen 15,13; 47,11; Ex 5,4-5; 12,37; Deut 26,6; Ps 80,7. **14:** Ex 2,23; 6,9; Num 20,15; Act 7,19.34. — **17:** Dan 3,16-18; 2 Mach 7,30; Act 5,29. — **20-21:** 1 Sam 2,35; 3 Reg 2,24; 11,38; Eccl 8,12. — **22:** Act 7,19.

Moysis origo

2 1 Egressus est post haec vir de domo Levi: et accepit uxorem stirpis suae. 2 Quae concepit, et peperit filium: et videns eum elegantem, abscondit tribus mensibus. 3 Cumque iam celare non posset, sumpsit fiscellam scirpeam, et linivit eam bitumine ac pice: posuitque intus infantulum, et exposuit eum in carecto ripae fluminis, 4 stante procul sorore eius, et considerante eventum rei.

5 Ecce autem descendebat filia Pharaonis ut lavaretur in flumine: et puellae eius gradiebantur per crepidinem alvei. Quae cum vidisset fiscellam in papyrione, misit unam e famulabus suis: et allatam 6 aperiens, cernensque in ea parvulum vagientem, miserta eius, ait: De infantibus Hebraeorum est hic. 7 Cui soror pueri: Vis, inquit, ut vadam, et vocem tibi mulierem hebraeam, quae nutrire possit infantulum? 8 Respondit: Vade. Perrexit puella et vocavit matrem suam. 9 Ad quam locuta filia Pharaonis: Accipe, ait, puerum istum, et nutri mihi: ego dabo tibi mercedem tuam. Suscepit mulier, et nutrivit puerum: adultumque tradidit filiae Pharaonis. 10 Quem illa adoptavit in locum filii, vocavitque nomen eius Moyses, dicens: Quia de aqua tuli eum.

Virum aegyptium occidit

11 In diebus illis postquam creverat Moyses egressus est ad fratres suos: viditque afflictionem eorum, et virum Aegyptium percutientem quemdam de Hebraeis fratribus suis. 12 Cumque circumspexisset huc atque illuc, et nullum adesse vidisset, percussum Aegyptium abscondit sabulo.

13 Et egressus die altero conspexit duos Hebraeos rixantes dixitque ei qui faciebat iniuriam: Quare percutis proximum tuum? 14 Qui respondit: Quis te constituit principem et iudicem super nos? num occidere me tu vis, sicut heri occidisti Aegyptium? Timuit Moyses, et ait: Quomodo palam factum est verbum istud?

Fuga in terram Madian

15 Audivitque Pharao sermonem hunc, et quaerebat occidere Moysen: qui fugiens de conspectu eius, moratus est in terra Madian, et sedit iuxta puteum. 16 Erant autem sacerdoti Madian septem filiae, quae venerunt ad hauriendam aquam: et impletis canalibus adaquare cupiebant greges patris sui. 17 Supervenere pastores, et eiecerunt eas: surrexitque Moyses, et defensis puellis, adaquavit oves earum. 18 Quae cum revertissent ad Raguel patrem suum, dixit ad eas: Cur velocius venistis solito? 19 Responderunt: Vir Aegyptius liberavit nos de manu pastorum: insuper et hausit aquam nobiscum, potumque dedit ovibus. 20 At ille: Ubi est? inquit. Quare dimisistis hominem? vocate eum ut comedat panem. 21 Iuravit ergo Moyses quod habitaret cum eo. Accepitque Sephoram filiam eius uxorem: 22 quae peperit ei filium, quem vocavit Gersam, dicens: Advena fui in terra aliena. Alterum vero peperit, quem vocavit Eliezer, dicens: Deus enim patris mei adiutor meus eripuit me de manu Pharaonis.

Deus gemitum filiorum Israel audit

23 Post multum vero temporis mortuus est rex Aegypti: et ingemiscentes filii Israel, propter opera vociferati sunt: ascenditque clamor eorum ad Deum ab operibus. 24 Et audivit gemitum eorum, ac recordatus est foederis quod pepigit cum Abraham, Isaac et Iacob. 25 Et respexit Dominus filios Israel et cognovit eos.

Visio Dei in Horeb

3 1 Moyses autem pascebat oves Iethro soceri sui sacerdotis Madian: cumque minasset gregem ad interiora deserti, venit ad montem Dei Horeb. 2 Apparuitque ei Dominus in flamma ignis de medio rubi: et videbat quod rubus arderet, et non combureretur. 3 Dixit ergo Moyses: Vadam, et videbo visionem hanc magnam, quare non comburatur rubus. 4 Cernens autem Dominus quod pergeret ad videndum, vocavit eum de medio rubi, et ait: Moyses, Moyses. Qui respondit: Adsum. 5 At ille: Ne appropies, inquit, huc: solve calceamentum de pedibus tuis: locus enim, in quo stas, terra sancta est. 6 Et ait: Ego sum Deus patris tui, Deus Abraham, Deus Isaac et Deus Iacob. Abscondit Moyses faciem suam: non enim audebat aspicere contra Deum.

7 Cui ait Dominus: Vidi afflictionem populi mei in Aegypto, et clamorem eius

2 **1:** Ex 6,20; Num 26,59. — **2:** Act 7,20; Hebr 11,23. — **3:** Sap 18,5; Is 19,6; Act 7, 21. — **4:** Ex 15,20; Num 26,59. — **10:** Act 7, 21; Hebr 11,24. — **11:** Ex 1,11; Act 7,23-24; Hebr 11,24-26. — **13-15:** Act 7,26-29.35; Hebr 11,27. — **16:** Gen 24,11; 29,2.10; Ex 3,1. — **18:** Ex 3,1; 4,18; 18,1.5; Num 10,29. — **20:** Gen 31,54; 43,25. — **21-22:** Ex 4,25; 18,2-4; 1 Par 23,15. — **23:** Ex 3,9; 7,7; Act 7,23.30; Iac 5,4. — **24:** Gen 15,18; 26,3; 28,13-14; 46,4; Ex 6,5; Deut 26,7; Ps 104,8; Lc 1,72.

3 **1:** Ex 4,27; 18,5; 24,13; Num 10,33; 3 Reg 19,8. — **2-8:** Act 7,30-35. — **2:** Deut 33,16. **5:** Gen 28,17; Ios g,16. — **6:** Gen 28,13; Ex 4,5; 3 Reg 18,36; 19,13; Is 6, 2.5; Mt 22,32; Mc

audivi propter duritiam eorum qui
praesunt operibus: 8 et sciens dolorem
eius, descendi ut liberem eum de manibus Aegyptiorum, et educam de terra illa
in terram bonam, et spatiosam, in terram
quae fluit lacte et melle, ad loca Chananaei et Hethaei, et Amorrhaei, et Pherezaei, et Hevaei, et Iebusaei. 9 Clamor ergo filiorum Israel venit ad me: vidique
afflictionem eorum, qua ab Aegyptiis op-
primuntur. 10 Sed veni, et mittam te ad
Pharaonem, ut educas populum meum,
filios Israel, de Aegypto.

Moysis obiectio et divini nominis revelatio

11 Dixitque Moyses ad Deum: Quis sum
ego ut vadam ad Pharaonem, et educam
filios Israel de Aegypto? 12 Qui dixit ei:
Ego ero tecum: et hoc habebis signum,
quod miserim te: Cum eduxeris populum
meum de Aegypto, immolabis Deo super
montem istum. 13 Ait Moyses ad Deum:
Ecce ego vadam ad filios Israel, et dicam
eis: Deus patrum vestrorum misit me ad
vos. Si dixerint mihi: Quod est nomen
eius? quid dicam eis? 14 Dixit Deus ad
Moysen: EGO SUM QUI SUM. Ait: Sic dices filiis Israel: QUI EST, misit me ad vos.
15 Dixitque iterum Deus ad Moysen:
Haec dices filiis Israel: Dominus Deus
patrum vestrorum, Deus Abraham, Deus
Isaac et Deus Iacob misit me ad vos: hoc
nomen mihi est in aeternum, et hoc memoriale meum in generationem et generationem. 16 Vade, et congrega seniores
Israel, et dices ad eos: Dominus Deus
patrum vestrorum apparuit mihi, Deus
Abraham, Deus Isaac et Deus Iacob,
dicens: Visitans visitavi vos: et vidi omnia quae acciderunt vobis in Aegypto.
17 Et dixi ut educam vos de afflictione
Aegypti in terram Chananaei, et Hethaei,
et Amorrhaei, et Pherezaei, et Hevaei,
et Iebusaei, ad terram fluentem lacte et
melle. 18 Et audient vocem tuam: ingre-
dierisque tu, et seniores Israel ad regem
Aegypti, et dices ad eum: Dominus Deus
Hebraeorum vocavit nos: ibimus viam
trium dierum in solitudinem, ut immo-
lemus Domino Deo nostro. 19 Sed ego
scio quod non dimittet vos rex Aegypti
ut eatis nisi per manum validam. 20 Extendam enim manum meam, et percutiam
Aegyptum in cunctis mirabilibus meis,
quae facturus sum in medio eorum: post
haec dimittet vos, 21 Daboque gratiam
populo huic coram Aegyptiis: et cum
egrediemini, non exibitis vacui: 22 sed
postulavit mulier a vicina sua et ab hos-
pita sua, vasa argentea et aurea, ac vestes:
ponetisque eas super filios et filias vestras, et spoliabitis Aegyptum.

Signa data Moysi

4 1 Respondens Moyses ait: Non credent mihi, neque audient vocem
meam, sed dicent: Non apparuit tibi
Dominus. 2 Dixit ergo ad eum: Quid est
quod tenes in manu tua? Respondit:
Virga. 3 Dixitque Dominus: Proiice eam
in terram. Proiecit, et versa est in colubrum, ita ut fugeret Moyses. 4 Dixitque
Dominus: Extende manum tuam, et apprehende caudam eius. Extendit, et tenuit, versaque est in virgam. 5 Ut credant,
inquit, quod apparuerit tibi Dominus
Deus patrum suorum, Deus Abraham,
Deus Isaac et Deus Iacob.
6 Dixitque Dominus rursum: Mitte manum tuam in sinum tuum. Quam cum
misisset in sinum, protulit leprosam instar
nivis. 7 Retrahe, ait, manum tuam in sinum tuum. Retraxit, et protulit iterum, et
erat similis carni reliquae. 8 Si non crediderint, inquit, tibi, neque audierint sermonem signi prioris, credent verbo signi
sequentis. 9 Quod si nec duobus quidem
his signis crediderint, neque audierint vocem tuam: sume aquam fluminis, et effunde eam super aridam, et quidquid
hauseris de fluvio, vertetur in sanguinem.

Datur Aaron in socium

10 Ait Moyses: Obsecro, Domine, non
sum eloquens ab heri et nudiustertius: et
ex quo locutus es ad servum tuum, impe-
ditioris et tardioris linguae sum. 11 Dixit
Dominus ad eum: Quis fecit os hominis?
aut quis fabricatus est mutum et surdum,
videntem et caecum? nonne ego? 12 Perge
igitur, et ego ero in ore tuo: doceboque
te quid loquaris. 13 At ille: Obsecro, inquit, Domine, mitte quem missurus es.
14 Iratus Dominus in Moysen, ait: Aaron
frater tuus levites, scio quod eloquens
sit: ecce ipse egreditur in occursum tuum,
vidensque te laetabitur corde. 15 Loquere
ad eum, et pone verba mea in ore eius:

12,26; Lc 20,37. — **8:** Gen 15,18-21; 50,24; Ex 6,6; 12,51; 13,5; 33,3; Num 13,28; Deut 1,25; 8,7-10; 26,9.15; Ier 1, 6. — **12:** Ex 4,12.15; 24,5-8; Deut 31,8.23; Ios 1, 5. — **14:** Ex 6,3; Sap 13,1; 2 Cor 1,19; Hebr 13, 8; Apoc 1,4; 4,8. — **15:** Ps 101,13; 134,13; Is 26,8; 42,8; Os 12,5. — **16:** Gen 50,24; Ex 4, 29.31; Lc 1,68. — **18:** Ex 4,31; 5,1-3. — **19:** Ex 5,2; 7,4; 13,3; Deut 6,21; 26,8; Ps 135,12. — **20:** Ex 4,21; 12,31; Deut 6,22; Neh 9,10; Act 7,36. — **21:** Ex 11,2-3; 12,36.

4 **2:** Ex 4,17.20. — **3:** Ex 7,10. — **5:** Ex 3,6. **6:** Num 12,10; 4 Reg 5,27. — **9:** Ex 7,17.19. — **10:** Ex 6,12; Ier 1,6. — **11:** Ps 93,9; Prov 20,12. — **12:** Ex 3,12; Is 50,4; Ier 1,9; Mt 10,19-20; Mc 13,11; Lc 12,11-12; 21,14-15. **14:** Ex 4,27. — **15:** Ex 7,1-2; Num 22,38; 23,

et ego ero in ore tuo, et in ore illius, et
ostendam vobis quid agere debeatis. 16 Ipse loquetur pro te ad populum, et erit os
tuum: tu autem eris ei in his quae ad
Deum pertinent. 17 Virgam quoque hanc
sume in manu tua, in qua facturus es
signa.

18 Abiit Moyses, et reversus est ad Iethro socerum suum, dixitque ei: Vadam
et revertar ad fratres meos in Aegyptum,
ut videam si adhuc vivant. Cui ait Iethro:
Vade in pace.

Novum Dei mandatum in Madian

19 Dixit ergo Dominus ad Moysen in
Madian: Vade, et revertere in Aegyptum,
mortui sunt enim omnes qui quaerebant
animam tuam. 20 Tulit ergo Moyses uxorem suam, et filios suos, et imposuit eos
super asinum: reversusque est in Aegyptum, portans virgam Dei in manu sua.
21 Dixitque ei Dominus revertenti in Aegyptum: Vide ut omnia ostenta quae
posui in manu tua, facias coram Pharaone: ego indurabo cor eius, et non dimittet populum. 22 Dicesque ad eum: Haec
dicit Dominus: Filius meus primogenitus
Israel. 23 Dixi tibi: Dimitte filium meum
ut serviat mihi; et noluisti dimittere eum:
ecce ego interficiam filium tuum primogenitum.

24 Cumque esset in itinere, in diversorio
occurrit ei Dominus, et volebat occidere
eum. 25 Tulit illico Sephora acutissimam
petram, et circumcidit praeputium filii sui,
tetigitque pedes eius, et ait: Sponsus sanguinum tu mihi es. 26 Et dimisit eum postquam dixerat: Sponsus sanguinum ob
circumcisionem.

27 Dixit autem Dominus ad Aaron:
Vade in occursum Moysi in desertum.
Qui perrexit obviam ei in montem Dei,
et osculatus est eum. 28 Narravitque Moyses Aaron omnia verba Domini quibus
miserat eum, et signa quae mandaverat.
29 Veneruntque simul, et congregaverunt
cunctos seniores filiorum Israel. 30 Locutusque est Aaron omnia verba quae dixerat Dominus ad Moysen: et fecit signa
coram populo, 31 et credidit populus. Au-
dieruntque quod visitasset Dominus filios
Israel, et respexisset afflictionem illorum:
et proni adoraverunt.

Moyses et Aaron coram Pharaone

5 1 Post haec ingressi sunt Moyses et
Aaron, et dixerunt Pharaoni: Haec
dicit Dominus Deus Israel: Dimitte populum meum ut sacrificet mihi in deserto.
2 At ille respondit: Quis est Dominus, ut
audiam vocem eius, et dimittam Israel?
Nescio Dominum, et Israel non dimittam.
3 Dixeruntque: Deus Hebraeorum vocavit nos, ut eamus viam trium dierum in
solitudinem, et sacrificemus Domino Deo
nostro: ne forte accidat nobis pestis aut
gladius. 4 Ait ad eos rex Aegypti: Quare
Moyses et Aaron sollicitatis populum ab
operibus suis? ite ad onera vestra.

Pharao graviorem oppressionem in Hebraeos constituit

5 Dixitque Pharao: Multus est populus
terrae: videtis quod turba succreverit:
quanto magis si dederitis eis requiem ab
operibus? 6 Praecepit ergo in die illo
praefectis operum et exactoribus populi,
dicens: 7 Nequaquam ultra dabitis paleas
populo ad conficiendos lateres, sicut prius:
sed ipsi vadant, et colligant stipulas. 8 Et
mensuram laterum, quam prius faciebant,
imponetis super eos, nec minuetis quidquam: vacant enim, et idcirco vociferan-
tur, dicentes: Eamus, et sacrificemus Deo
nostro. 9 Opprimantur operibus, et ex-
pleant ea: ut non acquiescant verbis mendacibus. 10 Igitur egressi praefecti operum
et exactores ad populum dixerunt: Sic
dicit Pharao: Non do vobis paleas: 11 ite,
et colligite sicuti invenire poteritis, nec
minuetur quidquam de opere vestro.
12 Dispersusque est populus per omnem
terram Aegypti ad colligendas paleas.
13 Praefecti quoque operum instabant, dicentes: Complete opus vestrum quotidie,
ut prius facere solebatis quando dabantur
vobis paleae. 14 Flagellatique sunt qui
praeerant operibus filiorum Israel, ab
exactoribus Pharaonis, dicentibus: Quare
non impletis mensuram laterum sicut
prius, nec heri, nec hodie?

15 Veneruntque praepositi filiorum Israel, et vociferati sunt ad Pharaonem dicentes: Cur ita agis contra servos tuos?
16 Paleae non dantur nobis, et lateres
similiter imperantur: en famuli tui flagellis caedimur, et iniuste agitur contra
populum tuum. 17 Qui ait: Vacatis otio,
et idcirco dicitis: Eamus, et sacrificemus

5.12.16; Deut 18,18. — **16:** Ex 4,30; 18,19. — **17:** Ex 4,2; 7,15. — **18:** Ex 3,1. — **19:** Ex 2, 15.23. — **20:** Ex 2,21-22; 17,9; Num 20,8-9. — **21:** Ex 7,13.22; 8,15.32; 9,12.35; 10,1.20; 11, 10; 14,8; Deut 2,30; Ios 11,20; Is 6,10 Rom 9, 18. — **22:** Deut 14,1-2; Eccli 36,14; Ier 31,9; Os 11,1. — **23:** Ex 11,5; 12,29; Sap 18,12. — **24:** Gen 17,14; Num 22,22. — **25:** Ex 2,21; Ios 5,2. — **27:** Ex 3,1; 4,14; 18,5. — **28:** Ex 4, 3-9.15-16. — **31:** Ex 3,16.18; 4,8-9.

5 **1:** Ex 3,18; 7,16; 9,1.13; 10,9. — **2:** Ex 3, 19; Iob 21,15. — **3:** Ex 3,18. — **4:** Ex 1, 11. — **5:** Ex 1,7.9.12. — **6:** Ex 3,7; 5,13-15.19. **21:** Iudith 7,13.

Domino. 18 Ite ergo, et operamini: paleae
non dabuntur vobis, et reddetis consue-
tum numerum laterum.
19 Videbantque se praepositi filiorum
Israel in malo, eo quod diceretur eis:
Non minuetur quidquam de lateribus
per singulos dies. 20 Occurreruntque Moysi et Aaron, qui stabant ex adverso, egredientibus a Pharaone: 21 et dixerunt ad
eos: Videat Dominus et iudicet, quoniam
foetere fecistis odorem nostrum coram
Pharaone et servis eius et praebuistis ei
gladium, ut occideret nos.
22 Reversusque est Moyses ad Dominum, et ait: Domine, cur afflixisti populum istum? quare misisti me? 23 Ex eo
enim quo ingressus sum ad Pharaonem
ut loquerer in nomine tuo, afflixit populum tuum; et non liberasti eos.

Nova Dei apparitio ad Moysen

6 1 Dixitque Dominus ad Moysen:
Nunc videbis quae facturus sim Pharaoni: per manum enim fortem dimittet
eos, et in manu robusta eiiciet illos de
terra sua. 2 Locutusque est Dominus ad
Moysen dicens: Ego Dominus 3 qui apparui Abraham, Isaac et Iacob in Deo
omnipotente, et nomen meum ADONAI
non indicavi eis. 4 Pepigique foedus cum
eis, ut darem eis terram Chanaan, terram
peregrinationis eorum, in qua fuerunt
advenae. 5 Ego audivi gemitum filiorum
Israel, quo Aegyptii oppresserunt eos:
et recordatus sum pacti mei. 6 Ideo dic
filiis Israel: Ego Dominus qui educam
vos de ergastulo Aegyptiorum, et eruam
de servitute: ac redimam in brachio excelso, et iudiciis magnis. 7 Et assumam
vos mihi in populum, et ero vester Deus:
et scietis quod ego sum Dominus Deus
vester qui eduxerim vos de ergastulo
Aegyptiorum: 8 et induxerim in terram,
super quam levavi manum meam ut darem eam Abraham, Isaac et Iacob: daboque illam vobis possidendam, ego Dominus.

Moyses populo visionem refert qui non ei acquievit

9 Narravit ergo Moyses omnia filiis
Israel: qui non acquieverunt ei propter
angustiam spiritus, et opus durissimum.
10 Locutusque est Dominus ad Moysen,
dicens: 11 Ingredere, et loquere ad Pharaonem regem Aegypti, ut dimittat filios
Israel de terra sua. 12 Respondit Moyses
coram Domino: Ecce filii Israel non
audiunt me: et quomodo audiet Pharao,
praesertim cum incircumcisus sim labiis?
13 Locutusque est Dominus ad Moysen
et Aaron, et dedit mandatum ad filios
Israel, et ad Pharaonem regem Aegypti
ut educerent filios Israel de terra Aegypti.

Familiae Ruben, Simeon et Levi, ex qua ultima Moyses et Aaron

14 Isti sunt principes domorum per familias suas. Filii Ruben primogeniti Israelis: Henoch et Phallu, Heron et Charmi: 15 hae cognationes Ruben.
Filii Simeon: Iamuel, et Iamin, et Ahod,
et Iachin, et Soar, et Saul filius Chanani-
tidis: hae progenies Simeon.
16 Et haec nomina filiorum Levi per
cognationes suas: Gerson, et Caath, et
Merari. Anni autem vitae Levi fuerunt
centum triginta septem. 17 Filii Gerson:
Lobni et Semei, per cognationes suas.
18 Filii Caath: Amram, et Isaar, et Hebron, et Oziel; anni quoque vitae Caath,
centum triginta tres. 19 Filii Merari: Moholi et Musi: hae cognationes Levi per
familias suas.
20 Accepit autem Amram uxorem Iochabed patruelem suam: quae peperit ei
Aaron et Moysen. Fueruntque anni vitae
Amram, centum triginta septem. 21 Filii
quoque Isaar: Core, et Nepheg, et Zechri.
22 Filii quoque Oziel: Misael, et Elisaphan,
et Sethri. 23 Accepit autem Aaron uxorem
Elisabeth filiam Aminadab, sororem Na-
hason, quae peperit ei Nadab, et Abiu, et
Eleazar, et Ithamar. 24 Filii quoque Core:
Aser, et Elcana, et Abiasaph: hae sunt
cognationes Coritarum. 25 At vero Eleazar filius Aaron accepit uxorem de filiabus
Phutiel: quae peperit ei Phinees. Hi sunt
principes familiarum Leviticarum per cognationes suas.
26 Iste est Aaron et Moyses, quibus
praecepit Dominus ut educerent filios Israel de terra Aegypti per turmas suas.
27 Hi sunt, qui loquuntur ad Pharaonem
regem Aegypti, ut educant filios Israel de
Aegypto: iste est Moyses et Aaron, 28 in
die qua locutus est Dominus ad Moysen,
in terra Aegypti.

6 **1:** Ex 3,19; 11,1; 12,33.39; 13,3. — **3:** Gen 17,1; Ex 3,14; 15,2. — **4:** Gen 15,18; 17, 4-8; 26,3-5; 28,4. — **6:** Ex 3,17; 7,4; 15,13; Deut 7,8; 26,8; 4 Reg 17,36; 1 Par 17,21; Neh 1,10; Ps 80,11; 135,11-12; Dan 9,15. — **7:** Gen 17,7-8; Ex 29,45-46; Lev 26,12; Deut 4, 20; 7,6; 14,2; 26,18; 29,13; 2 Sam 7,24; Apoc 21,7. — **8:** Gen 15,18; 26,3; 28,13; 35,12; Ex 32, 13; Ez 20,5-6.42; 47,14. — **12:** Ex 4,10; 5,21; 6,30; Act 7,35. — **14:** Gen 46,9; Num 26,5-6; 1 Par 5,3. — **15:** Gen 46,10; Num 26,12-14; 1 Par 4,24. — **16:** Gen 46,11; Num 3,17; 1 Par 6,1.16; 23,6. — **17:** Num 3,18; 1 Par 6,17; 23, 7. — **18:** Num 3,19; 26,57; 1 Par 6,2.18. — **19:** Num 3,20; 1 Par 6,19; 23,21. — **20:** Ex 2,1-2; Num 26,59. — **21:** Num 16,1; 1 Par 6,37-57. **22:** Lev 10,4; Num 3,30. — **23:** Ex 28,1; Lev 10, 1; Num 1,7; 2,3; 3,2; 7,12.17; 10,14; 26,30; Ruth 4,19-20; 1 Par 2,10; 6,3; 24,1; Mt 1,4; Lc 3,32-33. — **24:** 1 Par 6,22-23.37. — **25:** Num

Praeceptum Dei ad Moysen et Aaron

29 Et locutus est Dominus ad Moysen,
dicens: Ego Dominus: loquere ad Pharaonem regem Aegypti, omnia quae ego
loquor tibi. 30 Et ait Moyses coram Domino: En incircumcisus labiis sum, quomodo audiet me Pharao?

7 1 Dixitque Dominus ad Moysen: Ecce constitui te Deum Pharaonis: et
Aaron frater tuus erit propheta tuus.
2 Tu loqueris ei omnia quae mando tibi:
et ille loquetur ad Pharaonem, ut dimittat filios Israel de terra sua. 3 Sed ego indurabo cor eius, et multiplicabo signa et
ostenta mea in terra Aegypti, 4 et non
audiet vos: immittamque manum meam
super Aegyptum, et educam exercitum et
populum meum filios Israel de terra
Aegypti per iudicia maxima. 5 Et scient
Aegyptii quia ego sum Dominus qui ex-
tenderim manum meam super Aegyptum,
et eduxerim filios Israel de medio eorum.
6 Fecit itaque Moyses et Aaron sicut
praeceperat Dominus: ita egerunt. 7 Erat
autem Moyses, octoginta annorum, et
Aaron octoginta trium, quando locuti
sund ad Pharaonem.

Moyses et Aaron coram Pharaone magos devincunt

8 Dixitque Dominus ad Moysen et
Aaron: 9 Cum dixerit vobis Pharao, Ostendite signa: dices ad Aaron: Tolle virgam tuam, et proiice eam coram Pharaone, ac vertetur in colubrum. 10 Ingressi
itaque Moyses et Aaron ad Pharaonem,
fecerunt sicut praeceperat Dominus: tulitque Aaron virgam coram Pharaone et
servis eius, quae versa est in colubrum.
11 Vocavit autem Pharao sapientes et maleficos: et fecerunt etiam ipsi per incantationes aegyptiacas et arcana quaedam similiter. 12 Proieceruntque singuli virgas
suas, quae versae sunt in dracones: sed
devoravit virga Aaron virgas eorum. 13 Induratumque est cor Pharaonis, et non
audivit eos, sicut praeceperat Dominus.

Plaga prima: Aqua in sanguinem versa

14 Dixit autem Dominus ad Moysen:
Ingravatum est cor Pharaonis, non vult
dimittere populum. 15 Vade ad eum mane,
ecce egredietur ad aquas: et stabis in occursum eius super ripam fluminis: et virgam quae conversa-est in draconem, tolles in manu tua. 16 Dicesque ad eum: Dominus Deus Hebraeorum misit me ad te,
dicens: Dimitte populum meum ut sacrificet mihi in deserto: et usque ad praesens audire noluisti. 17 Haec igitur dicit
Dominus: In hoc scies quod sim Dominus: ecce percutiam virga, quae in manu
mea est, aquam fluminis, et vertetur in
sanguinem. 18 Pisces quoque, qui sunt in
fluvio, morientur, et computrescent aquae,
et affligentur Aegyptii bibentes aquam
fluminis.
19 Dixit quoque Dominus ad Moysen:
Dic ad Aaron: Tolle virgam tuam, et extende manum tuam super aquas Aegypti,
et super fluvios eorum, et rivos ac paludes, et omnes lacus aquarum, ut vertantur in sanguinem: et sit cruor in omni terra Aegypti, tam in ligneis vasis quam in
saxeis. 20 Feceruntque Moyses et Aaron
sicut praeceperat Dominus: et elevans virgam percussit aquam fluminis coram Pharaone et servis eius: quae versa est in sanguinem. 21 Et pisces, qui erant in flumine,
mortui sunt: computruitque fluvius, et
non poterant Aegyptii bibere aquam fluminis, et fuit sanguis in tota terra Aegypti.
22 Feceruntque similiter malefici Aegyptiorum incantationibus suis: et induratum
est cor Pharaonis, nec audivit eos, sicut
praeceperat Dominus. 23 Avertitque se, et
ingressus est domum suam, nec apposuit
cor etiam hac vice. 24 Foderunt autem
omnes Aegyptii per circuitum fluminis
aquam ut biberent: non enim poterant
bibere de aqua fluminis.
25 Impletique sunt septem dies, postquam percussit Dominus fluvium.

Plaga secunda: Ranarum multiplicatio

8 1 Dixit quoque Dominus ad Moysen:
Ingredere ad Pharaonem, et dices ad
eum: Haec dicit Dominus: Dimitte populum meum, ut sacrificet mihi: 2 sin autem
nolueris dimittere, ecce ego percutiam
omnes terminos tuos ranis. 3 Et ebulliet
fluvius ranas: quae ascendent, et ingredientur domum tuam, et cubiculum lectuli tui, et super stratum tuum, et in domos
servorum tuorum, et in populum tuum,
et in furnos tuos, et in reliquias ciborum

25,7.11; Ios 24,33; Ps 105,30. — **26:** Ex 6,13; 12,51; Num 33,1. — **30:** Ex 6,12.

7 **1:** Ex 4,15-16. — **2:** Ex 4,15. — **3:** Ex 4,21; 11,9; Ps 77,43-51; 104,2-36; 194,9. — **5:** Ex 7,17; 8,10.22; 9,14.29; 14,4.18. — **7:** Deut 29,5; 31,2; 34,7; Act 7,23.30. — **9:** Ex 4,3. — **11:** Gen 41,8; Ex 7,22; 8,7.18; 9,11; 2 Tim 3, 8. — **13:** Ex 4,21. — **15:** Ex 2,5; 4,2-4.17; 7,10; 8,20; 17,5. — **16:** Ex 3,12.18; 5,1.3; 9,1.13. **17-21:** Ex 4,9; Sap 11,7; Ps 77,44; 104,29; Apoc 16,4-6. — **22:** Ex 7,3-4.11.

8 **1:** Ex 3,12.18. — **2-6:** Ps 77,45; 104,30; 16,13. — **7:** Ex 7,11.22. — **8:** Ex 8,28; 9,28;

tuorum: 4 et ad te, et ad populum tuum,
et ad omnes servos tuos intrabunt ranae.
5 Dixitque Dominus ad Moysen: Dic
ad Aaron: Extende manum tuam super
fluvios ac super rivos et paludes, et educ
ranas super terram Aegypti. 6 Et extendit
Aaron manum super aquas Aegypti, et
ascenderunt ranae, operueruntque terram
Aegypti. 7 Fecerunt autem et malefici per
incantationes suas similiter, eduxeruntque
ranas super terram Aegypti.
8 Vocavit autem Pharao Moysen et
Aaron, et dixit eis: Orate Dominum ut
auferat ranas a me et a populo meo: et
dimittam populum ut sacrificet Domino.
9 Dixitque Moyses ad Pharaonem: Constitue mihi quando deprecer pro te, et pro
servis tuis, et pro populo tuo, ut abigan-
tur ranae a te, et a domo tua, et a servis
tuis, et a populo tuo: et tantum in flumine
remaneant. 10 Qui respondit: Cras. At ille:
Iuxta, inquit, verbum tuum faciam: ut
scias quoniam non est sicut Dominus
Deus noster. 11 Et recedent ranae a te, et
a domo tua, et a servis tuis, et a populo
tuo: et tantum in flumine remanebunt.
12 Egressique sunt Moyses et Aaron a
Pharaone: et clamavit Moyses ad Dominum pro sponsione ranarum quam con-
dixerat Pharaoni. 13 Fecitque Dominus
iuxta verbum Moysi: et mortuae sunt ranae de domibus, et de villis, et de agris.
14 Congregaveruntque eas in inmensos ag-
geres, et computruit terra. 15 Videns autem
Pharao quod data esset requies: ingrava-
vit cor suum, et non audivit eos, sicut
praeceperat Dominus.

Plaga tertia: Sciniphes in tota terra Aegypti

16 Dixitque Dominus ad Moysen: Loquere ad Aaron: Extende virgam tuam,
et percute pulverem terrae: et sint sciniphes in universa terra Aegypti. 17 Feceruntque ita. Et extendit Aaron manum,
virgam tenens: percussitque pulverem terrae, et facti sunt sciniphes in hominibus,
et in iumentis: omnis pulvis terrae versus
est in sciniphes per totam terram Aegypti.
18 Feceruntque similiter malefici incantationibus suis, ut educerent sciniphes, et
non potuerunt: erantque sciniphes tam in
hominibus quam in iumentis. 19 Et dixerunt malefici ad Pharaonem: Digitus Dei
est hic, induratumque est cor Pharaonis,
et non audivit eos sicut praeceperat Dominus.

Plaga quarta: Muscae invadunt Aegyptum

20 Dixit quoque Dominus ad Moysen:
Consurge diluculo, et sta coram Pharaone: egredietur enim ad aquas: et dices ad
eum: Haec dicit Dominus: Dimitte populum meum ut sacrificet mihi. 21 Quod si
non dimiseris eum, ecce ego immittam in
te, et in servos tuos, et in populum tuum,
et in domos tuas, omne genus muscarum:
et implebuntur domus Aegyptiorum muscis diversi generis, et universa terra in qua
fuerint. 22 Faciamque mirabilem in die
illa terram Gessen, in qua populus meus
est, ut non sint ibi muscae: et scias quoniam ego Dominus in medio terrae. 23 Ponamque divisionem inter populum meum
et populum tuum: cras erit signum istud.
24 Fecitque Dominus ita. Et venit musca
gravissima in domos Pharaonis et servorum eius, et in omnem terram Aegypti:
corruptaque est terra ab huiuscemodi
muscis.
25 Vocavitque Pharao Moysen et Aaron,
et ait eis: Ite et sacrificate Deo vestro in
terra hac. 26 Et ait Moyses: Non potest
ita fieri: abominationes enim Aegyptiorum immolabimus Domino Deo nostro:
quod si mactaverimus ea quae colunt
Aegyptii coram eis, lapidibus nos obruent.
27 Viam trium dierum pergemus in solitudinem: et sacrificabimus Domino Deo
nostro, sicut praecepit nobis. 28 Dixitque
Pharao: Ego dimittam vos ut sacrificetis
Domino Deo vestro in deserto: verumtamen longius ne abeatis, rogate pro me.
29 At ait Moyses: Egressus a te, orabo
Dominum: et recedet musca a Pharaone,
et a servis suis, et a populo eius cras: verumtamen noli ultra fallere, ut non dimittas populum sacrificare Domino. 30 Egressusque Moyses a Pharaone, oravit Dominum. 31 Qui fecit iuxta verbum illius: et
abstulit muscas a Pharaone, et a servis
suis, et a populo eius: non superfuit ne
una quidem. 32 Et ingravatum est cor Pharaonis, ita ut nec hac quidem vice dimitteret populum.

Plaga quinta: Pestis animalium

9 1 Dixit autem Dominus ad Moysen:
Ingredere ad Pharaonem, et loquere
ad eum. Haec dicit Dominus Deus Hebraeorum: Dimitte populum meum ut
sacrificet mihi. 2 Quod si adhuc renuis, et
retines eos: 3 ecce manus mea erit super

10,17. — 10: Ex 7,5. — 12: Ex 8,30; 9,33; 10, 18. — 15: Ex 4,21. — 16-17: Ps 104,31. — 18: Sap 17,7; 2 Tim 3,9. — 19: Ex 4,21. — 20: Ex 5, 1; 7,15; 9,13. — 22: Gen 47,1-6; Ex 9,4.7.26; 10,23; 11,6-7; 12,13. — 24: Ps 77,45; 104,31; Sap 16,9. — 26: Gen 43,32; 46,34. — 27: Ex 3, 12.18. — 28: Ex 8,8. — 29: Ex 8,15. — 32: Ex 4,21.

9 3: Ex 3,20; 7,4. — 4: Ex 8,22. — 6: Ps 77, 50. — 7: Ex 4,21. — 10: Deut 28,27.35;

agros tuos: et super equos, et asinos, et
camelos, et boves, et oves, pestis valde
gravis. 4 Et faciet Dominus mirabile inter
possessiones Israel et possessiones Aegyptiorum, ut nihil omnino pereat ex his quae
pertinent ad filios Israel. 5 Constituitque
Dominus tempus, dicens: Cras faciet Dominus verbum istud in terra. 6 Fecit ergo
Dominus verbum hoc altera die: mortuaque sunt omnia animantia Aegyptiorum:
de animalibus vero filiorum Israel nihil
omnino periit.
7 Et misit Pharao ad videndum: nec
erat quidquam mortuum de his quae possidebat Israel. Ingravatumque est cor Pharaonis, et non dimisit populum.

Plaga sexta: Ulcerae in hominibus et iumentis

8 Et dixit Dominus ad Moysen et
Aaron: Tollite plenas manus cineris de
camino, et spargat illum Moyses in caelum coram Pharaone,
9 Sitque pulvis super omnem terram
Aegypti: erunt enim in hominibus et
iumentis ulcera, et vesicae turgentes in
universa terra Aegypti.
10 Tuleruntque cinerem de camino, et
steterunt coram Pharaone, et sparsit illum
Moyses in caelum: factaque sunt ulcera
vesicarum turgentium in hominibus et
iumentis: 11 nec poterant malefici stare
coram Moyse propter ulcera quae in illis
erant, et in omni terra Aegypti. 12 Induravitque Dominus cor Pharaonis, et non
audivit eos, sicut locutus est Dominus ad
Moysen.

Plaga septima: Grando in universa terra Aegypti

13 Dixitque Dominus ad Moysen: Mane consurge, et sta coram Pharaone, et dices ad eum: Haec dicit Dominus Deus
Hebraeorum: Dimitte populum meum ut
sacrificet mihi. 14 Quia in hac vice mittam
omnes plagas meas super cor tuum et
super servos tuos, et super populum tuum:
ut scias quod non sit similis mei in omni
terra. 15 Nunc enim extendens manum
percutiam te, et populum tuum peste, per-
ibisque de terra. 16 Idcirco autem posui
te, ut ostendam in te fortitudinem meam,
et narretur nomen meum in omni terra.
17 Adhuc retines populum meum: et non
vis dimittere eum? 18 En pluam cras hac
ipsa hora grandinem multam nimis, qualis non fuit in Aegypto a die qua fundata
est, usque in praesens tempus. 19 Mitte ergo iam nunc, et congrega iumenta tua, et
omnia quae habes in agro: homines enim,
et iumenta, et universa quae inventa fuerint foris, nec congregata de agris, ceci-
deritque super ea grando morientur. 20 Qui
timuit verbum Domini de servis Pharaonis
fecit confugere servos suos et iumenta in
domos: 21 qui autem neglexit sermonem
Domini, dimisit servos suos et iumenta in
agris.
22 Et dixit Dominus ad Moysen: Extende manum tuam in caelum, ut fiat
grando in universa terra Aegypti super
homines, et super iumenta, et super omnem herbam agri in terra Aegypti. 23 Extenditque Moyses virgam in caelum, et
Dominus dedit tonitrua, et grandinem, ac
discurrentia fulgura super terram: pluit-
que Dominus grandinem super terram
Aegypti. 24 Et grando et ignis mixta pariter ferebantur: tantaeque fuit magnitudinis, quanta ante nunquam apparuit in
universa terra Aegypti ex quo gens illa
condita est. 25 Et percussit grando in omni terra Aegypti cuncta quae fuerunt in
agris, ab homine usque ad iumentum:
cunctamque herbam agri percussit grando, et omne lignum regionis confregit.
26 Tantum in terra Gessen, ubi erant filii
Israel, grando non cecidit.
27 Misitque Pharao, et vocavit Moysen
et Aaron, dicens ad eos: Peccavi etiam
nunc: Dominus iustus: ego et populus
meus, impii. 28 Orate Dominum ut desi-
nant tonitrua Dei, et grando: ut dimittam
vos, et nequaquam hic ultra maneatis.
29 Ait Moyses: Cum egressus fuero de urbe, extendam palmas meas ad Dominum,
et cessabunt tonitrua, et grando non erit,
ut scias quia Domini est terra: 30 novi
autem quod et tu et servi tui necdum timeatis Dominum Deum. 31 Linum ergo
et hordeum laesum est, eo quod hordeum
esset virens, et linum iam folliculos ger-
minaret: 32 triticum autem et far non sunt
laesa, quia serotina erant. 33 Egressusque
Moyses a Pharaone ex urbe, tetendit manus ad Dominum: et cessaverunt tonitrua
et grando, nec ultra stillavit pluvia super
terram. 34 Videns autem Pharao quod cessasset pluvia, et grando, et tonitrua, auxit
peccatum: 35 et ingravatum est cor eius,
et servorum illius, et induratum nimis: nec
dimisit filios Israel, sicut praeceperat Dominus per manum Moysi.

Apoc 16,2. — **11:** 2 Tim 3,9. — **12:** Ex 4,21. — **18:** Ex 7,15; 8,20. — Ex 7,5. — **16:** Ex 10,1-2; 11,9; 14,17; Is 63,12; Rom 9,17. — **18-25:** Ps 77,47; 104,32; Apoc 16,21. — **26:** Ex 8,22. — **27-28:** Ex 8,8. — **29:** Ex 19,5; Ps 23,1; 49,12; 1 Cor 10,26. — **32:** Ex 10,5. — **35:** Ex 4,21.

Plaga octava: Locustae terram Aegypti devastant

10 1 Et dixit Dominus ad Moysen:
Egredere ad Pharaonem: ego enim
induravi cor eius, et servorum illius: ut
faciam signa mea haec in eo, 2 et narres
in auribus filii tui, et nepotum tuorum,
quoties contriverim Aegyptios, et signa
mea fecerim in eis: et sciatis quia ego Dominus.
3 Introierunt ergo Moyses et Aaron ad
Pharaonem, et dixerunt ei: Haec dicit Dominus Deus Hebraeorum: Usquequo non
vis subiici mihi? dimitte populum meum,
ut sacrificet mihi. 4 Sin autem resistis, et
non vis dimittere eum: ecce ego inducam
cras locustam in fines tuos: 5 quae operiat superficiem terrae, ne quidquam eius
appareat, sed comedatur quod residuum
fuerit grandini: corrodet enim omnia ligna quae germinant in agris. 6 Et implebunt domos tuas, et servorum tuorum, et
omnium Aegyptiorum, quantam non viderunt patres tui, et avi, ex quo orti sunt
super terram, usque in praesentem diem.
Avertitque se, et egressus est a Pharaone.
7 Dixerunt autem servi Pharaonis ad
eum: Usquequo patiemur hoc scandalum:
dimitte homines, ut sacrificent Domino
Deo suo; nonne vides quod perierit Aegyptus? 8 Revocaveruntque Moysen et
Aaron ad Pharaonem: qui dixit eis: Ite,
sacrificate Domino Deo vestro: quinam
sunt qui ituri sunt? 9 Ait Moyses: Cum
parvulis nostris, et senioribus pergemus,
cum filiis et filiabus, cum ovibus et armentis: est enim solemnitas Domini Dei nostri. 10 Et respondit Pharao: Sic Dominus
sit vobiscum, quomodo ego dimittam vos,
et parvulos vestros, cui dubium est quod
pessime cogitetis? 11 Non fiet ita, sed ite
tantum viri, et sacrificate Domino: hoc
enim et ipsi petistis. Statimque eiecti sunt
de conspectu Pharaonis.
12 Dixit autem Dominus ad Moysen:
Extende manum tuam super terram Aegypti ad locustam, ut ascendat super eam,
et devoret omnem herbam quae residua
fuerit grandini. 13 Et extendit Moyses virgam super terram Aegypti: et Dominus
induxit ventum urentem tota die illa et
nocte: et mane facto, ventus urens levavit
locustas. 14 Quae ascenderunt super universam terram Aegypti: et sederunt in
cunctis finibus Aegyptiorum innumerabiles, quales ante illud tempus non fuerant,
nec postea futurae sunt. 15 Operueruntque universam superficiem terrae, vastantes omnia. Devorata est igitur herba terrae,
et quidquid pomorum in arboribus fuit,
quae grando dimiserat: nihilque omnino
virens relictum est in lignis et in herbis
terrae, in cuncta Aegypto.
16 Quam ob rem festinus Pharao vocavit Moysen et Aaron, et dixit eis: Peccavi
in Dominum Deum vestrum, et in vos.
17 Sed nunc dimittite peccatum mihi etiam
hac vice, et rogate Dominum Deum vestrum, ut auferat a me mortem istam.
18 Egressusque Moyses de conspectu Pharaonis, oravit Dominum. 19 Qui flare fecit
ventum ab occidente vehementissimum, et
arreptam locustam proiecit in mare Rubrum: non remansit ne una quidem in
cunctis finibus Aegypti. 20 Et induravit
Dominus cor Pharaonis, nec dimisit filios
Israel.

Plaga nona: Tenebrae super terram Aegypti

21 Dixit autem Dominus ad Moysen:
Extende manum tuam in caelum: et sint
tenebrae super terram Aegypti tam den-
sae, ut palpari queant. 22 Extenditque
Moyses manum in caelum: et factae sunt
tenebrae horribiles in universa terra Aegypti tribus diebus. 23 Nemo vidit fratrem suum, nec movit se de loco in quo
erat: ubicumque autem habitabant filii Israel, lux erat.
24 Vocavitque Pharao Moysen et Aaron,
et dixit eis: Ite, sacrificate Domino: oves
tantum vestrae et armenta remaneant,
parvuli vestri eant vobiscum. 25 Ait Moyses: Hostias quoque et holocausta dabis
nobis, quae offeramus Domino Deo nostro. 26 Cuncti greges pergent nobiscum:
non remanebit ex eis ungula: quae necessaria sunt in cultum Domini Dei nostri:
praesertim cum ignoremus quid debeat
immolari, donec ad ipsum locum perveniamus. 27 Induravit autem Dominus cor
Pharaonis, et noluit dimittere eos. 28 Dixitque Pharao ad Moysen: Recede a me,
et cave ne ultra videas faciem meam: quocumque die apparueris mihi, morieris.
29 Respondit Moyses: Ita fiet ut locutus
es, non videbo ultra faciem tuam.

Praedictio ultimae plagae

11 1 Et dixit Dominus ad Moysen:
Adhuc una plaga tangam Pharaonem et Aegyptum, et post haec dimittet
vos, et exire compellet. 2 Dices ergo omni
plebi ut postulet vir ab amico suo, et mulier a vicina sua, vasa argentea et aurea.
3 Dabit autem Dominus gratiam populo

10 1-2: Ex 4,1; 9,16; Deut 6,20-22. — 3: Ex 3,12.18. — 4-15: Ps 77,46; 104,34; Sap 16,9; Ioel 1,4; Apoc 9,3. — 16-17: Ex 8,8. — 20: Ex 4,21. — 21-22: Ps 104,28; Sap 17,2. — 23: Ex 8,22; Sap 18,1. — 24: Ex 10,9-11. — 27: Ex 4,21.

11 1: Ex 4,3; 12,31; 33,39. — 2: 3,22; 12,35. — 3: Ex 3,21; 12,36; Eccli 45,1. —

suo coram Aegyptiis. Fuitque Moyses vir
magnus valde in terra Aegypti coram servis Pharaonis et omni populo.
4 Et ait: Haec dicit Dominus: Media
nocte egrediar in Aegyptum: 5 et morietur omne primogenitum in terra Aegyptiorum, a primogenito Pharaonis, qui sedet in solio eius, usque ad primogenitum
ancillae quae est ad molam et omnia primogenita iumentorum. 6 Eritque clamor
magnus in universa terra Aegypti, qualis
nec ante fuit, nec postea futurus est.
7 Apud omnes autem filios Israel non mu-
tiet canis ab homine usque ad pecus: ut
sciatis quanto miraculo dividat Dominus
Aegyptios et Israel. 8 Descendentque omnes servi tui isti ad me, et adorabunt me,
dicentes: Egredere tu, et omnis populus
qui subiectus est tibi: post haec egrediemur. 9 Et exivit a Pharaone iratus nimis.
Dixit autem Dominus ad Moysen: Non
audiet vos Pharao ut multa signa fiant in
terra Aegypti. 10 Moyses autem et Aaron
fecerunt omnia ostenta quae scripta sunt,
coram Pharaone. Et induravit Dominus
cor Pharaonis, nec dimisit filios Israel de
terra sua.

Primum Pascha

12 1 Dixit quoque Dominus ad Moysen et Aaron in terra Aegypti:
2 Mensis iste, vobis principium mensium:
primus erit in mensibus anni. 3 Loquimini ad universum coetum filiorum Israel,
et dicite eis: Decima die mensis huius tollat unusquisque agnum per familias et domos suas. 4 Sin autem minor est numerus
ut sufficere possit ad vescendum agnum,
assumet vicinum suum qui iunctus est domui suae, iuxta numerum animarum quae
sufficere possunt ad esum agni. 5 Erit autem agnus absque macula, masculus, anniculus: iuxta quem ritum tolletis et hoedum. 6 Et servabitis eum usque ad quartam decimam diem mensis huius: immolabitque eum universa multitudo filiorum
Israel ad vesperam. 7 Et sument de sanguine eius, ac ponent super utrumque
postem, et in superliminaribus domorum,
in quibus comedent illum. 8 Et edent carnes nocte illa assas igni, et azymos panes
cum lactucis agrestibus. 9 Non comedetis
ex eo crudum quid, nec coctum aqua, sed
tantum assum igni: caput cum pedibus
eius et intestinis vorabitis. 10 Nec remanebit quidquam ex eo usque mane; si quid
residuum fuerit, igne comburetis. 11 Sic
autem comedetis illum: Renes vestros ac-
cingetis, et calceamenta habebitis in pedibus, tenentes baculos in manibus, et comedetis festinanter: est enim Phase (id
est transitus) Domini.
12 Et transibo per terram Aegypti nocte
illa, percutiamque omne primogenitum in
terra Aegypti ab homine usque ad pecus:
et in cunctis diis Aegypti faciam iudicia,
ego Dominus. 13 Erit autem sanguis vobis in signum in aedibus in quibus eritis:
et videbo sanguinem, et transibo vos: nec
erit in vobis plaga disperdens quando percussero terram Aegypti.
14 Habebitis autem hunc diem in monimentum: et celebrabitis eam solemnem
Domino in generationibus vestris cultu
sempiterno. 15 Septem diebus azyma comedetis: in die primo non erit fermentum
in domibus vestris: quicumque comederit
fermentatum, peribit anima illa de Israel,
a primo die usque ad diem septimum.
16 Dies prima erit sancta atque solemnis,
et dies septima eadem festivitate venerabilis: nihil operis facietis in eis, exceptis
his, quae ad vescendum pertinent. 17 Et
observabitis azyma: in eadem enim ipsa
die educam exercitum vestrum de terra
Aegypti, et custodietis diem istum in generationes vestras ritu perpetuo. 18 Primo
mense, quartadecima die mensis ad vesperam, comedetis azyma usque ad diem
vigesimam primam eiusdem mensis ad
vesperam. 19 Septem diebus fermentum
non invenietur in domibus vestris: qui
comederit fermentatum, peribit anima eius
de coetu Israel, tam de advenis quam de
indigenis terrae. 20 Omne fermentatum
non comedetis: in cunctis habitaculis vestris edetis azyma.
21 Vocavit autem Moyses omnes seniores filiorum Israel, et dixit ad eos:
Ite tollentes animal per familias vestras,
et immolate Phase. 22 Fasciculumque hys-
sopi tingite in sanguine qui est in limine,
et aspergite ex eo superliminare, et utrumque postem: nullus vestrum egrediatur
ostium domus suae usque mane. 23 Transibit enim Dominus percutiens Aegyptios: cumque viderit sanguinem in superliminari, et in utroque poste, tran-
scendent ostium domus, et non sinet percussorem ingredi domos vestras et laedere. 24 Custodi verbum istud legitimum

4-5: Ex 4,23; 12,12.29-30; Am 4,10. — **7:** Ex 8, 22. — **8:** Ex 22,31-33. — **9:** Ex 7,3. — **10:** Ex 4,21.

12 **2:** Ex 13,4; 23,15; 34,18; Deut 16,1. — **3:** Ex 12,21. — **5:** Lev 22,19-21; Deut 17,1; Mal 1,8.14; Hebr 9,14; 1 Petr 1,19. — **6:** Ex 12,18; Lev 23,5; Num 9,2-3; 28,16; Deut 16,6; Ios 5,10; Esdr 6,19. — **7:** Ex 12,13.22-23. **8-10:** Ex 23,18; 34,25; Num 9,11-12; Deut 16, 3-7; 2 Par 35,13; 1 Cor 5,8. — **11:** Ex 12,12-13.23.27; Lc 12,35. — **12:** Ex 6,2-3; Num 33,4. **13:** Hebr 11,28. — **14:** Ex 12,17.24; 13,9-10; 4 Reg 23,21. — **15:** Ex 13,6-7; 23,15; 34,18; Lev 23,6; Num 9,13; 28,17; Deut 16,3.8; 1 Cor 9,7-8. — **16:** Lev 23,7-8; Num 28,18.25. **17:** Ex 13,3. — **18:** Lev 23,5; 28,16. — **19:** Ex 12,15.48-49. — **21:** Ex 12,3. — **22:** Ex 12,7; Hebr

tibi et filiis tuis usque in aeternum. 25 Cumque introieritis terram, quam Dominus
daturus est vobis ut pollicitus est, observabitis caeremonias istas. 26 Et cum dixerint vobis filii vestri: Quae est ista
religio? 27 Victima transitus Domini est,
quando transivit super domos filiorum
Israel in Aegypto, percutiens Aegyptios,
et domos nostras liberans. Incurvatusque
populus adoravit. 28 Et egressi filii Israel
fecerunt sicut praeceperat Dominus Moysi et Aaron.

Plaga decima: Mors primogenitorum

29 Factum est autem in noctis medio,
percussit Dominus omne primogenitum
in terra Aegypti, a primogenito Pharaonis, qui in solio eius sedebat, usque ad
primogenitum captivae quae erat in carcere, et omne primogenitum iumentorum.
30 Surrexitque Pharao nocte, et omnes
servi eius, cunctaque Aegyptus: et ortus
est clamor magnus in Aegypto: neque
enim erat domus in qua non iaceret
mortuus.

Israel cogitur abire

31 Vocatisque Pharao Moyse et Aaron
nocte, ait: Surgite et egredimini a populo
meo, vos et filii Israel: ite, immolate Domino sicut dicitis. 32 Oves vestras et armenta assumite ut petieratis, et abeuntes
benedicite mihi.
33 Urgebantque Aegyptii populum de
terra exire velociter, dicentes: Omnes moriemur. 34 Tulit igitur populus conspersam
farinam antequam fermentaretur: et ligans
in palliis, posuit super humeros suos.
35 Feceruntque filii Israel sicut praeceperat Moyses: et petierunt ab Aegyptiis vasa
argentea et aurea, vestemque plurimam.
36 Dominus autem dedit gratiam populo
coram Aegyptiis ut commodarent eis, et
spoliaverunt Aegyptios.

PARS SECUNDA

Hebraeorum exitus de Aegypto

(12,37-18,27)

37 Profectique sunt filii Israel de Ramesse in Socoth, sexcenta fere millia
peditum virorum, absque parvulis. 38 Sed
et vulgus promiscuum innumerabile ascendit cum eis, oves et armenta et animantia diversi generis multa nimis. 39 Co-
xeruntque farinam, quam dudum de Aegypto conspersam tulerant: et fecerunt
subcinericios panes azymos: neque enim
poterant fermentari, cogentibus exire Aegyptiis, et nullam facere sinentibus moram: nec pulmenti quidquam occurrerat
praeparare. 40 Habitatio autem filiorum
Israel qua manserunt in Aegypto, fuit
quadringentorum triginta annorum.
41 Quibus expletis, eadem die egressus est
omnis exercitus Domini de terra Aegypti.
42 Nox ista est observabilis Domino, quando eduxit eos de terra Aegypti: hanc observare debent omnes filii Israel in generationibus suis.

De iis quibus licebit comedere Pascha

43 Dixitque Dominus ad Moysen et
Aaron: Haec est religio Phase: Omnis
alienigena non comedet ex eo. 44 Omnis
autem servus emptitius circumcidetur, et
sic comedet. 45 Advena et mercenarius
non edent ex eo. 46 In una domo comedetur, nec efferetis de carnibus eius foras,
nec os illius confringetis. 47 Omnis coetus
filiorum Israel faciet illud. 48 Quod si
quis peregrinorum in vestram voluerit
transire coloniam, et facere Phase Domini, circumcidetur prius omne masculinum
eius, et tunc rite celebrabit: eritque sicut
indigena terrae: si quis autem circumcisus non fuerit, non vescetur ex eo. 49 Eadem lex erit indigenae et colono qui peregrinatur apud vos.
50 Feceruntque omnes filii Israel sicut
praeceperat Dominus Moysi et Aaron.
51 Et eadem die eduxit Dominus filios
Israel de terra Aegypti per turmas suas.

Lex de primogenitis

13 1 Locutusque est Dominus ad Moysen, dicens: 2 Sanctifica mihi omne
primogenitum quod aperit vulvam in filiis
Israel, tam de hominibus quam de iumentis: mea sunt enim omnia.
3 Et ait Moyses ad populum: Mementote diei huius in qua egressi estis de
Aegypto et de domo servitutis, quoniam
in manu forti eduxit vos Dominus de
loco isto: ut non comedatis fermentatum
panem. 4 Hodie egredimini mense nova-

11,28. — **25:** Ex 8,8.17. — **26-27:** Ex 12,11.21; 13,8.14. — **29:** Ex 4,23; 11,4-5; Num 8,17; 33,4; Ps 77,51; 104,36; 134,8; 135,10; Sap 18,11-15. — **30:** Ex 11,6. — **31-32:** Ex 10,9-11.24-26. **33:** Ex 11,1.8; Ps 104,38. — **35-36:** Ex 3,21-22; 11,2-3; Ps 104,37. — **37:** Gen 47,11; Ex 1,11; 38,25; Num 1,46; 2,32; 11,21; 26,51; 33,3.5. — **38:** Lev 24,10; Num 11,4. — **39:** Deut 16,3. — **40:** Gen 15,13; Iudith 5,9; Act 7,6; Gal 3,17. — **42:** Deut 16,1-6. — **44:** Gen 17,12-13. — **45:** Lev 22,10. — **46:** Num 9,12; Io 19,36. — **48:** Num 9,14. — **49:** Ex 12,19; Num 9,14; 15,13-15. — **51:** Act 13,17.

13 **2:** Ex 13,12-15; 22,29-30; 34,19; Lev 27,26; Num 3,13; 8,16-17; 18,15; Deut 15,19; Lc 2,23. — **3:** Ex 12,8.42; 20,2; Deut 16,3. — **4:** Ex 9,31; 12,2; 23,15; 34,18; Deut 16,1.

rum frugum. 5 Cumque introduxerit te
Dominus in terram Chananaei, et Hethaei, et Amorrhaei, et Hevaei, et Iebusaei, quam iuravit patribus tuis ut daret
tibi, terram fluentem lacte et melle, celebrabis hunc morem sacrorum mense isto.
6 Septem diebus vesceris azymis: et in
die septimo erit solemnitas Domini. 7 Azyma comedetis septem diebus: non apparebit apud te aliquid fermentatum, nec in
cunctis finibus tuis. 8 Narrabisque filio
tuo in die illo, dicens: Hoc est quod fecit
mihi Dominus quando egressus sum de
Aegypto. 9 Et erit quasi signum in manu
tua, et quasi monimentum ante oculos
tuos: et ut lex Domini semper sit in ore
tuo, in manu enim forti eduxit te Dominus de Aegypto. 10 Custodies huiuscemodi
cultum statuto tempore a diebus in dies.
11 Cumque introduxerit te Dominus in
terram Chananaei, sicut iuravit tibi et
patribus tuis, et dederit tibi eam: 12 separabis omne quod aperit vulvam Domino, et quod primitivum est in pecoribus
tuis: quidquid habueris masculini sexus,
consecrabis Domino. 13 Primogenitum asini mutabis ove: quod si non redemeris,
interficies. Omne autem primogenitum
hominis de filiis tuis, pretio redimes.
14 Cumque interrogaverit te filius tuus
cras, dicens: Quid est hoc? respondebis
ei: In manu forti eduxit nos Dominus de
terra Aegypti, de domo servitutis. 15 Nam
cum induratus esset Pharao, et nollet nos
dimittere, occidit Dominus omne primogenitum in terra Aegypti, a primogenito
hominis usque ad primogenitum iumentorum: idcirco immolo Domino omne
quod aperit vulvam masculini sexus, et
omnia primogenita filiorum meorum re-
dimo. 16 Erit igitur quasi signum in manu
tua, et quasi appensum quid, ob recordationem, inter oculos tuos: eo quod in
manu forti eduxit nos Dominus de Aegypto.

Iter usque ad mare Rubrum

17 Igitur cum emisisset Pharao populum, non eos duxit Deus per viam terrae
Philisthiim quae vicina est: reputans ne
forte poeniteret eum, si vidisset adversum
se bella consurgere, et reverteretur in
Aegyptum. 18 Sed circumduxit per viam
deserti, quae est iuxta mare Rubrum: et
armati ascenderunt filii Israel de terra
Aegypti.
19 Tulit quoque Moyses ossa Ioseph
secum: eo quod adiurasset filios Israel,
dicens: Visitabit vos Deus, efferte ossa
mea hinc vobiscum.
20 Profectique de Socoth castrametati
sunt in Etham, in extremis finibus solitudinis. 21 Dominus autem praecedebat eos
ad ostendendam viam per diem in columna ignis: ut dux esset itineris utroque
tempore. 22 Numquam defuit columna nubis per diem, nec columna ignis per noctem, coram populo.

14 1 Locutus est autem Dominus ad
Moysen, dicens: 2 Loquere filiis
Israel: Reversi castrametentur e regione
Phihahiroth, quae est inter Magdalum
et mare contra Beelsephon: in conspectu
eius castra ponetis super mare. 3 Dictu-
rusque est Pharao super filiis Israel: Coar-
tati sunt in terra, conclusit eos desertum.
4 Et indurabo cor eius, ac persequetur
vos: et glorificabor in Pharaone, et in
omni exercitu eius; scientque Aegyptii
quia ego sum Dominus. Feceruntque ita.

Transitus maris Rubri

5 Et nuntiatum est regi Aegyptiorum
quod fugisset populus: immutatumque
est cor Pharaonis et servorum eius super
populo, et dixerunt: Quid voluimus facere
ut dimitteremus Israel, ne serviret nobis?
6 Iunxit ergo currum, et omnem populum suum assumpsit secum. 7 Tulitque
sexcentos currus electos, et quidquid in
Aegypto curruum fuit: et duces totius
exercitus. 8 Induravitque Dominus cor
Pharaonis regis Aegypti, et persecutus est
filios Israel: at illi egressi erant in manu
excelsa.
9 Cumque persequerentur Aegyptii vestigia praecedentium, reperierunt eos in
castris super mare: omnis equitatus et
currus Pharaonis, et universus exercitus,
erant in Phihahiroth contra Beelsephon.
10 Cumque appropinquasset Pharao, levantes filii Israel oculos, viderunt Aegyptios post se: et timuerunt valde: clamaveruntque ad Dominum, 11 et dixerunt
ad Moysen: Forsitan non erant sepulchra
in Aegypto, ideo tulisti nos ut moreremur
in solitudine: quid hoc facere voluisti, ut
educeres nos ex Aegypto? 12 Nonne iste
est sermo, quem loquebamur ad te in
Aegypto, dicentes: Recede a nobis, ut
serviamus Aegyptiis? multo enim melius

5: Gen 17,8; Ex 3,8; 6,8; 12,25. — **6-7:** Ex 12, 15-16. — **8:** Ex 12,26. — **9:** Deut 6,8; 11,18; Mt 23,5. — **10:** Ex 12,14.17.24. — **12-14:** Ex 13, 2; Num 3,45-47. — **15:** Ex 12,29. — **16:** Ex 13, 9. — **17:** Ex 14,11-12; Num 14,1-4. — **18:** Ex 14,2; Num 33,3-49. — **19:** Gen 50,24; Ios 24, 32; Eccli 49,18; Hebr 11,22. — **20:** Ex 12,37; Num 33,6.— **21:** Ex 14,19.24; 40,34-36; Num 9, 15-23; 10,34; 14,14; Deut 1,33; Neh 9,19; Ps 67,8; 77,14; 98,7; 104,39; Sap 10,17; Is 4,5; 1 Cor 10,1.

14 **2:** Ex 13,18.20; Num 33,7-8: Ier 44,1. — **4:** Ex 4,21; 7,5; 9, 16; Rom 9,17.22.23. **8:** Ex 4,21; 6,1; Num 33,3; Sap 19,3. — **9:** Ex 14,1; 15,9; Ios 24,6; 1 Mach 4,9. — **10:** Ios 24,7; Neh 9,9. — **11:** Ps 105,7-8. — **12:** Ex

erat servire eis, quam mori in solitudine.
13 Et ait Moyses ad populum: Nolite timere: state, et videte magnalia Domini
quae facturus est hodie: Aegyptios enim,
quos nunc videtis, nequaquam ultra videbitis usque in sempiternum. 14 Dominus
pugnabit pro vobis, et vos tacebitis. 15 Dixitque Dominus ad Moysen: quid clamas
ad me? Loquere filiis Israel ut proficis-
cantur. 16 Tu autem eleva virgam tuam,
et extende manum tuam super mare, et
divide illud: ut gradiantur filii Israel in
medio mari per siccum. 17 Ego autem
indurabo cor Aegyptiorum ut persequan-
tur vos: et glorificabor in Pharaone, et in
omni exercitu eius, et in curribus et in
equitibus illius. 18 Et scient Aegyptii quia
ego sum Dominus cum glorificatus fuero
in Pharaone, et in curribus atque in equitibus eius.

19 Tollensque se angelus Dei, qui praecedebat castra Israel, abiit post eos: et
cum eo pariter columna nubis, priora
dimittens, post tergum 20 stetit, inter castra Aegyptiorum et castra Israel: et erat
nubes tenebrosa, et illuminans noctem,
ita ut ad se invicem toto noctis tempore
accedere non valerent. 21 Cumque extendisset Moyses manum super mare, abstulit illud Dominus flante vento vehementi et urente tota nocte, et vertit in
siccum: divisaque est aqua. 22 Et ingressi
sunt filii Israel per medium sicci maris:
erat enim aqua quasi murus a dextra
eorum et laeva. 23 Persequentesque Aegyptii ingressi sunt post eos, et omnis
equitatus Pharaonis, currus eius et equites per medium maris. 24 Iamque advenerat vigilia matutina, et ecce respiciens
Dominus super castra Aegyptiorum per
columnam ignis et nubis, interfecit exercitum eorum: 25 et subvertit rotas curruum, ferebanturque in profundum. Dixerunt ergo Aegyptii: Fugiamus Israelem:
Dominus enim pugnat pro eis contra nos.

26 Et ait Dominus ad Moysen: Extende manum tuam super mare, ut revertantur aquae ad Aegyptios super currus
et equites eorum. 27 Cumque extendisset
Moyses manum contra mare, reversum
est primo diluculo ad priorem locum:
fugientibusque Aegyptiis occurrerunt
aquae, et involvit eos Dominus in mediis
fluctibus. 28 Reversaeque sunt aquae, et
operuerunt currus et equites cuncti exercitus Pharaonis, qui sequentes ingressi
fuerant mare: nec unus quidem superfuit
ex eis. 29 Filii autem Israel perrexerunt
per medium sicci maris, et aquae eis
erant quasi pro muro a dextris et a sinistris: 30 liberavitque Dominus in die illa
Israel de manu Aegyptiorum. 31 Et viderunt Aegyptios mortuos super littus maris,
et manum magnam quam exercuerat Dominus contra eos: timuitque populus Dominum, et crediderunt Domino, et Moysi
servo eius.

Canticum Moysis

15 1 Tunc cecinit Moyses et filii Israel
carmen hoc Domino, et dixerunt:
Cantemus Domino: gloriose enim magnificatus est,
Equum et ascensorem deiecit in mare.
2 Fortitudo mea, et laus mea, Dominus,
Et factus est mihi in salutem:
Iste Deus meus, et glorificabo eum:
Deus patris mei, et exaltabo eum.
3 Dominus quasi vir pugnator,
Omnipotens nomen eius,
4 Currus Pharaonis et exercitum eius
proiecit in mare:
Electi principes eius submersi sunt in
mari Rubro.
5 Abyssi operuerunt eos,
Descenderunt in profundum quasi lapis.
6 Dextera tua, Domine, magnificata est
in fortitudine:
Dextera tua, Domine, percussit inimicum.
7 Et in multitudine gloriae tuae deposuisti
adversarios tuos:
Misisti iram tuam, quae devoravit eos sicut stipulam.
8 Et in spiritu furoris tui congregatae sunt
aquae:
Stetit unda fluens, congregata sunt abyssi
in medio mari.
9 Dixit inimicus: Persequar et comprehendam,
Dividam spolia, implebitur anima mea:
Evaginabo gladium meum, interficiet eos
manus mea.
10 Flavit spiritus tuus, et operuit eos mare:
Submersi sunt quasi plumbum in aquis
vehementibus.
11 Quis similis tui in fortibus, Domine?
Quis similis tui, magnificus in sanctitate.
Terribilis atque laudabilis, faciens mirabilia?
12 Extendisti manum tuam, et devoravit
eos terra.

5,21; 6,9. — **13:** 2 Par 20,15.17; Is 41,10-14. — **14:** Deut 1,30; 2,22; 20,4; Ios 10,14.42; 23,3; 2 Par 20,29. — **16:** Ex 4,17. — **17:** Ex 14,4. — **18:** Ex 7,4. — **19:** Ex 23,20; 32,34; Num 10,16. **20:** Ios 24,7. — **21-22:** Ex 24,29; 15,8.19; Num 33,8; Ios 2,10; Neh 9,11; Ps 65,6; 73,13; 77,13; 105,9; 113,3; 135,13; Sap 10,18; 19,5-7; Is 63,12; 1 Cor 10,1; Hebr 11,29. — **26-28:** Es 15,1.4.7; Deut 11,4; Ps 77,53; 105,11; 135,15; Sap 10,19; Hab 3,8-13; Hebr 11,29. — **30:** Ps 105,8.10; Sap 10,15. — **31:** Ps 105,12.

15 **1:** Iud 5,1; 2 Sam 22,1; Ps 105,12; Sap 10,20. — **2:** Deut 10,21; Ps 117,14; Is 12,2. — **4-5:** Ex 14,28; Neh 9,11. — **6:** Ps 117,15-16. — **8:** Ex 12,21-22; Ps 77,13. — **9:** Ex 14,8-9. — **10:** Ex 14,28. — **11:** 2 Sam 7,22;

13 Dux fuisti in misericordia tua populo
quem redemisti:
Et portasti eum in fortitudine tua, ad habitaculum sanctum tuum.
14 Ascenderunt populi, et irati sunt:
Dolores obtinuerunt habitatores Philisthiim.
15 Tunc conturbati sunt principes Edom,
Robustos Moab obtinuit tremor:
Obriguerunt omnes habitatores Chanaan.
16 Irruat super eos formido et pavor, in
magnitudine brachii tui:
Fiant immobiles quasi lapis,
Donec pertranseat populus tuus, Domine,
Donec pertranseat populus tuus iste, quem
possedisti.
17 Introduces eos, et plantabis in monte
haereditatis tuae,
Firmissimo habitaculo tuo quod operatus
es, Domine:
Sanctuarium tuum, Domine, quod firmaverunt manus tuae.
18 Dominus regnabit in aeternum et ultra.
19 Ingressus est enim eques Pharao
Cum curribus et equitibus eius in mare:
Et reduxit super eos Dominus
Aquas maris:
Filii autem Israel ambulaverunt per siccum in medio eius.
20 Sumpsit ergo Maria prophetissa, soror Aaron, tympanum in manu sua: egressaeque sunt omnes mulieres post eam cum
tympanis et choris, 21 quibus praecinebat,
dicens:
Cantemus Domino, gloriose enim magnificatus est,
Equum et ascensorem eius deiecit in mare.

Veniunt in Mara, ubi aquae amarae in dulces convertuntur

22 Tulit autem Moyses Israel de mari
Rubro, et egressi sunt in desertum Sur:
ambulaveruntque tribus diebus per solitudinem, et non inveniebant aquam. 23 Et
venerunt in Mara, nec poterant bibere
aquas de Mara, eo quod essent amarae:
unde et congruum loco nomen imposuit,
vocans illum Mara, id est, amaritudinem.
24 Et murmuravit populus contra Moysen, dicens: Quid bibemus? 25 At ille clamavit ad Dominum, qui ostendit ei lignum: quod cum misisset in aquas, in dulcedinem versae sunt: ibi constituit ei praecepta, atque iudicia, et ibi tentavit eum,
26 dicens: Si audieris vocem Domini Dei
tui, et quod rectum est coram eo feceris,
et obedieris mandatis eius, custodierisque
omnia praecepta illius, cunctum languorem, quem posui in Aegypto, non inducam super te: ego enim Dominus sanator
tuus.
27 Venerunt autem in Elim filii Israel,
ubi erant duodecim fontes aquarum, et
septuaginta palmae: et castrametati sunt
iuxta aquas.

Coturnices et manna

16 1 Profectique sunt de Elim, et venit
omnis multitudo filiorum Israel in
desertum Sin, quod est inter Elim et Sinai: quintodecimo die mensis secundi,
postquam egressi sunt de terra Aegypti.
2 Et murmuravit omnis congregatio filiorum Israel contra Moysen et Aaron in solitudine. 3 Dixeruntque filii Israel ad eos:
Utinam mortui essemus per manum Domini in terra Aegypti, quando sedebamus
super ollas carnium, et comedebamus panem in saturitate: cur eduxisti nos in desertum istud, ut occideretis omnem multitudinem fame?
4 Dixit autem Dominus ad Moysen:
Ecce ego pluam vobis panes de caelo:
egrediatur populus, et colligat quae sufficiunt per singulos dies: ut tentem eum
utrum ambulet in lege mea, an non. 5 Die
autem sexto parent quod inferant: et sit
duplum quam colligere solebant per singulos dies.
6 Dixeruntque Moyses et Aaron ad omnes filios Israel: Vespere scietis quod Dominus eduxerit vos de terra Aegypti: 7 et
mane videbitis gloriam Domini: audivit
enim murmur vestrum contra Dominum:
nos vero quid sumus, quia mussitastis contra nos? 8 Et ait Moyses: Dabit vobis Dominus vespere carnes edere, et mane panes in saturitate: eo quod audiret murmurationes vestras quibus murmurati estis contra eum: nos enim quid sumus?
nec contra nos est murmur vestrum, sed
contra Dominum.
9 Dixit quoque Moyses ad Aaron: Dic
universae congregationi filiorum Israel:
Accedite coram Domino: audivit enim
murmur vestrum. 10 Cumque loqueretur
Aaron ad omnem coetum filiorum Israel,
respexerunt ad solitudinem: et ecce gloria
Domini apparuit in nube. 11 Locutus est
autem Dominus ad Moysen, dicens:

Ps 88,7-9; Ier 10,6. — **13:** Ps 76,16-21; 77,52-55. — **14-16:** Gen 36,15-43; Num 22,3; Deut 2,25; Ios 2,9.11.24; 9,24. — **17:** Ps 43,3; 77,54; 79,9-10. — **18:** Ps 10,16; 28,10; 44,7; 145,10. — **19:** Ex 14,23-29. — **29:** Ex 2,4; Num 26,59; Mich 6,4. — **21:** Ex 15,1; 1 Sam 18,7. — **22:** Gen 16,7; 25,18; 1 Sam 15,7. — **23:** Num 33,8. **24:** Ex 16,2; 17,3. — **25:** Deut 8,2.16; 4 Reg 2,21; 4,41; Iudith 5,15; Eccli 38,5. — **26:** Lev 26,3-13; Deut 7,12-15; Ps 102,3.—**27:** Num 33,9.

16 **1:** Num 33,10-11; Sap 11,2. — **2:** Ex 15,24. — **3:** Ex 14,11; Num 11,4-5. — **4:** Neh 9,15; Ps 77,24-25; 104,40; Sap 16,20; Io 6,31-32; 1 Cor. 10,3. — **6:** Ex 16,12-13. — **7:** Ex 14,32; Num 14,10; 16,11.19; 3 Reg 8,10-11. — **8:** Num 14,27; 1 Sam 8,7; Lc 10,16; Rom 13,2. — **9:** Ex 4,14-16. — **10:** Eccli 45,3

12 Audivi murmurationes filiorum Israel,
loquere ad eos: Vespere comedetis carnes,
et mane saturabimini panibus: scietisque
quod ego sum Dominus Deus vester.
13 Factum est ergo vespere, et ascendens
coturnix, cooperuit castra: mane quoque
ros iacuit per circuitum castrorum.
14 Cumque operuisset superficiem terrae,
apparuit in solitudine minutum, et quasi
pilo tusum in similitudinem pruinae super
terram. 15 Quod cum vidissent filii Israel,
dixerunt ad invicem: Manhu? quod significat: Quid est hoc? ignorabant enim quid
esset. Quibus ait Moyses: Iste est panis
quem Dominus dedit vobis ad vescendum. 16 Hic est sermo, quem praecepit
Dominus: Colligat unusquisque ex eo
quantum sufficit ad vescendum: gomor
per singula capita, iuxta numerum animarum vestrarum quae habitant in tabernaculo sic tolletis.
17 Feceruntque ita filii Israel: et collegerunt, alius plus, alius minus. 18 Et mensi sunt ad mensuram gomor: nec qui plus
collegerat, habuit amplius: nec qui minus
paraverat, reperit minus: sed singuli iuxta
id quod edere poterant, congregaverunt.
19 Dixitque Moyses ad eos: Nullus relinquat ex eo in mane. 20 Qui non audierunt eum, sed dimiserunt quidam ex eis
usque mane, et scatere coepit vermibus,
atque computruit: et iratus est contra
eos Moyses. 21 Colligebant autem mane
singuli, quantum sufficere poterat ad vescendum: cumque incaluisset sol, lique-
fiebat.
22 In die autem sexta collegerunt cibos
duplices, id est, duo gomor per singulos
homines: venerunt autem omnes principes multitudinis, et narraverunt Moysi.
23 Qui ait eis: Hoc est quod locutus est
Dominus: Requies sabbati sanctificata est
Domino cras: quodcumque operandum
est, facite: et quae coquenda sunt coquite: quidquid autem reliquum fuerit, re-
ponite usque in mane. 24 Feceruntque ita
ut praeceperat Moyses, et non computruit, neque vermis inventus est in eo.
25 Dixitque Moyses: Comedite illud hodie, quia sabbatum est Domini: non invenietur hodie in agro. 26 Sex diebus colligite: in die autem septimo sabbatum est
Domini, idcirco non invenietur.
27 Venitque septima dies: et egressi de
populo ut colligerent, non invenerunt.
28 Dixit autem Dominus ad Moysen: Usquequo non vultis custodire mandata mea
et legem meam? 29 Videte quod Dominus
dederit vobis sabbatum, et propter hoc
die sexta tribuit vobis cibos duplices: maneat unusquisque apud semetipsum, nullus egrediatur de loco suo die septimo.
30 Et sabbatizavit populus die septimo.
31 Appellavitque domus Israel nomen
eius Man: quod erat quasi semen corian-
dri album, gustusque eius quasi similae
cum melle. 32 Dixit autem Moyses: Iste
est sermo, quem praecepit Dominus: Imple gomor ex eo, et custodiatur in futuras
retro generationes: ut noverint panem,
quo alui vos in solitudine, quando educti
estis de terra Aegypti. 33 Dixitque Moyses ad Aaron: Sume vas unum, et mitte
ibi man, quantum potest capere gomor:
et repone coram Domino ad servandum in generationes vestras: 34 sicut
praecepit Dominus Moysi. Posuitque illud Aaron in tabernaculo reservandum.
35 Filii autem Israel comederunt man
quadraginta annis, donec venirent in
terram habitabilem: hoc cibo aliti sunt,
usquequo tangerent fines terrae Chanaan.
36 Gomor autem decima pars est ephi.

Exit aqua de petra

17 1 Igitur profecta omnis multitudo
filiorum Israel de deserto Sin per
mansiones suas, iuxta sermonem Domini,
castrametati sunt in Raphidim, ubi non
erat aqua ad bibendum populo. 2 Qui iurgatus contra Moysen, ait: Da nobis
aquam, ut bibamus. Quibus respondit
Moyses: Quid iurgamini contra me? cur
tentatis Dominum? 3 Sitivit ergo ibi populus prae aquae penuria, et murmuravit
contra Moysen, dicens: Cur fecisti nos
exire de Aegypto, ut occideres nos, et liberos nostros, ac iumenta siti? 4 Clamavit autem Moyses ad Dominum, dicens:
Quid faciam populo huic? adhuc paululum, et lapidabit me. 5 Et ait Dominus ad
Moysen: Antecede populum, et sume tecum de senioribus Israel: et virgam qua
percussisti fluvium, tolle in manu tua, et
vade. 6 En ego stabo ibi coram te, supra
petram Horeb: percutiesque petram, et
exibit ex ea aqua, ut bibat populus. Fecit
Moyses ita coram senioribus Israel: 7 et

13: Num 11,31; Ps 77,27-28; 104,40. — **14:** Num 11,7.9; Deut 8,3; Neh 9,15; Ps 77,24; Sap 16,20; Io 6,31.49,59. — **15:** Ex 16,31; Deut 8,3; 1 Cor 10,3. — **16:** Ex 16,36. — **18:** 2 Cor 8,15. — **21:** Sap 16,27-28. — **22:** Ex 16,5. — **23:** Gen 2,3; Ex 20,8-11; 31,14-17; 35,2-3; Lev 23,3. — **21:** Ex 16,15; Num 11,7-8. — **33:** Hebr 9,4. — **35:** Num 33,38; Deut 8,2-3; Ios 5,12; Neh 9,21; Iudith 5,15; Io 6,31.49. — **36:** Lev 5,11; 6,20; Ez 45,11.

17 **1:** Ex 16,1; Num 33,12-14. — **2-7:** Num 20,2-13. — **2:** Deut 6,16; Ps 77,18.41; 94,8-9; Mt 4,7; 1 Cor 19,9; Hebr 3,8-9. — **3:** Ex 15,24. — **4:** Num 14,10. — **5:** Ex 7,20. — **6:** Deut 8,15; Neh 9,15; Ps 77,15.20; 104,41; 113,8; Sap 11,4; Is 43,20; 48,21; 1 Cor 10,4. — **7:** Ps 80,8; 94,8-9. — **8:** Gen 30,12; Deut 25,17;

vocavit nomen loci illius, Tentatio, propter iurgium filiorum Israel, et quia tentaverunt Dominum, dicentes: Estne Dominus in nobis, an non?

Victoria de Amalecitis

8 Venit autem Amalec, et pugnabat contra Israel in Raphidim. 9 Dixitque Moyses ad Iosue: Elige viros: et egressus, pugna contra Amalec: cras ego stabo in vertice collis, habens virgam Dei in manu mea. 10 Fecit Iosue ut locutus erat Moyses, et pugnavit contra Amalec: Moyses autem et Aaron et Hur ascenderunt super verticem collis. 11 Cumque levaret Moyses manus vincebat Israel: sin autem paululum remisisset, superabat Amalec. 12 Manus autem Moysi erant graves: sumentes igitur lapidem, posuerunt subter eum, in quo sedit: Aaron autem et Hur sustentabant manus eius ex utraque parte. Et factum est ut manus illius non lassarentur usque ad occasum solis. 13 Fugavitque Iosue Amalec, et populum eius in ore gladii.

14 Dixit autem Dominus ad Moysen: Scribe hoc ob monimentum in libro, et trade auribus Iosue: delebo enim memoriam Amalec sub caelo. 15 Aedificavitque Moyses altare: et vocavit nomen eius, Dominus exaltatio mea, dicens: 16 Quia manus solii Domini, et bellum Domini erit contra Amalec, a generatione in generationem.

Iethro apud Moysen

18 1 Cumque audisset Iethro, sacerdos Madian, cognatus Moysi, omnia quae fecerat Deus Moysi, et Israeli populo suo, et quod eduxisset Dominus Israel de Aegypto, 2 tulit Sephoram uxorem Moysi quam remiserat: 3 et duos filios eius, quorum unus vocabatur Gersam, dicente patre: Advena fui in terra aliena. 4 Alter vero Eliezer: Deus enim, ait, patris mei adiutor meus, et eruit me de gladio Pharaonis.

5 Venit ergo Iethro cognatus Moysi, et filii eius, et uxor eius ad Moysen in desertum, ubi erat castrametatus iuxta montem Dei. 6 Et mandavit Moysi, dicens: Ego Iethro cognatus tuus venio ad te, et uxor tua, et duo filii tui cum ea. 7 Qui egressus in occursum cognati sui, adoravit, et osculatus est eum: salutaveruntque se mutuo verbis pacificis. Cumque intrasset tabernaculum, 8 narravit Moyses cognato suo cuncta quae fecerat Dominus Pharaoni, et Aegyptiis propter Israel: universumque laborem, qui accidisset eis in itinere, et quod liberaverat eos Dominus. 9 Laetatusque est Iethro super omnibus bonis, quae fecerat Dominus Israeli, eo quod eruisset eum de manu Aegyptiorum. 10 Et ait: Benedictus Dominus, qui liberavit vos de manu Aegyptiorum, et de manu Pharaonis, qui eruit populum suum de manu Aegypti. 11 Nunc cognovi, quia magnus Dominus super omnes deos: eo quod superbe egerint contra illos. 12 Obtulit ergo Iethro cognatus Moysi holocausta et hostias Deo: veneruntque Aaron et omnes seniores Israel, ut comederent panem cum eo coram Deo.

Iethro ad Moysen consilium

13 Altera autem die sedit Moyses ut iudicaret populum, qui assistebat Moysi a mane usque ad vesperam. 14 Quod cum vidisset cognatus eius, omnia scilicet quae agebat in populo, ait: Quid est hoc quod facis in plebe? cur solus sedes, et omnis populus praestolatur de mane usque ad vesperam? 15 Cui respondit Moyses: Venit ad me populus quaerens sententiam Dei. 16 Cumque acciderit eis aliqua disceptatio, veniunt ad me ut iudicem inter eos, et ostendam praecepta Dei, et leges eius. 17 At ille: Non bonam, inquit, rem facis. 18 Stulto labore consumeris et tu, et populus iste qui tecum est; ultra vires tuas est negotium, solus illud non poteris sustinere. 19 Sed audi verba mea atque consilia, et erit Deus tecum. Esto tu populo in his quae ad Deum pertinent, ut referas quae dicuntur ad eum: 20 ostendasque populo caeremonias et ritum colendi, viamque per quam ingredi debeant, et opus facere debeant. 21 Provide autem de omni plebe viros potentes, et timentes Deum, in quibus sit veritas, et qui oderint avaritiam, et constitue ex eis tribunos, et centuriones, et quinquagenarios, et decanos, 22 qui iudicent populum omni tempore: quidquid autem maius fuerit, referant ad te, et ipsi minora tantummodo iudicent: leviusque sit tibi, partito in alios onere. 23 Si hoc feceris, implebis imperium Dei, et praecepta eius poteris sustentare: et omnis hic populus revertetur ad loca sua cum pace.

24 Quibus auditis, Moyses fecit omnia quae ille suggesserat. 25 Et electis viris strenuis de cuncto Israel, constituit eos principes populi, tribunos, et centuriones,

1 Sam 15,2; Iudith 4,13; Sap 11,3. — **9:** Ex 4,20; 24,13. — **10:** Ex 24,14. — **14:** Num 20,24; Deut 25,19; 1 Sam 15,3-7; 30,1.17; 2 Sam 8,12.

18 **1:** Ex 2,16; 3,1; 4,18. — **2:** 2,21; 4,26. — **3-4:** Ex 2,22; 4,20; Act 7,29. — **5:** Ex 3,1.12. — **11:** Ex 1,14; 5,7.17; 10,10; 14,8; Neh 9,10; Ps 134,5. — **12:** Deut 12,7; 14,26. — **15:** Lev 24,11-12; Num 15,33-34. — **18:** Num 11,14.17; Deut 1,9.12. — **19:** Ex 14,10; 20,19; Num 27,5. — **21:** Deut 1,15; 16,18. — **22:** Lev 24,11; Num 11,17; 15,13; 27,2-11; 36,1-2; Deut 1,17; 17,8-9. — **25:** Deut 1,15.

et quinquagenarios, et decanos. 26 Qui iudicabant plebem omni tempore: quidquid
autem gravius erat, referebant ad eum,
faciliora tantummodo iudicantes. 27 Dimisitque cognatum suum: qui reversus
abiit in terram suam.

PARS TERTIA

STATIO AD MONTEM SINAI ET INSTITUTIO THEOCRATIAE ISRAELITICAE

(19,1-40,36)

19 1 Mense tertio egressionis Israel
terra Aegypti, in die hac venerunt
in solitudinem Sinai. 2 Nam profecti de
Raphidim, et pervenientes usque in desertum Sinai, castrametati sunt in eodem
loco, ibique Israel fixit tentoria e regione
montis.

Deus propositum foederis nuntiat

3 Moyses autem ascendit ad Deum: vocavitque eum Dominus de monte, et ait:
Haec dices domui Iacob, et annuntiabis
filiis Israel: 4 Vos ipsi vidistis quae fecerim Aegyptiis, quomodo portaverim vos
super alas aquilarum, et assumpserim mihi. 5 Si ergo audieritis vocem meam, et
custodieritis pactum meum, eritis mihi in
peculium de cunctis populis: mea est enim
omnis terra. 6 Et vos eritis mihi in regnum sacerdotale, et gens sancta. Haec sunt
verba quae loqueris ad filios Israel.
7 Venit Moyses: et convocatis maioribus natu populi, exposuit omnes sermones quos mandaverat Dominus. 8 Responditque omnis populus simul: Cuncta quae
locutus est Dominus, faciemus. Cumque
retulisset Moyses verba populi ad Dominum, 9 ait ei Dominus: Iam nunc veniam
ad te in caligine nubis, ut audiat me populus loquentem ad te, et credat tibi in perpetuum. Nuntiavit ergo Moyses verba populi ad Dominum.

Praecepta de populi praeparatione

10 Qui dixit ei: Vade ad populum, et
sanctifica illos hodie, et cras, laventque
vestimenta sua. 11 Et sint parati in diem
tertium: in die enim tertia descendet Dominus coram omni plebe super montem
Sinai. 12 Constituesque terminos populo
per circuitum, et dices ad eos: Cavete ne
ascendatis in montem, nec tangatis fines
illius: omnis qui tetigerit montem, morte
morietur. 13 Manus non tanget eum, sed
lapidibus opprimetur, aut confodietur,
iaculis: sive iumentum fuerit, sive homo,
non vivet: cum coeperit clangere buccina,
tunc ascendant in montem.
14 Descenditque Moyses de monte ad
populum, et sanctificavit eum. Cumque
lavissent vestimenta sua, 15 ait ad eos: Estote parati in diem tertium, et ne appropinquetis uxoribus vestris.

Theophania

16 Iamque advenerat tertius dies, et mane inclaruerat: et ecce coeperunt audiri
tonitrua, ac micare fulgura, et nubes den-
sissima operire montem, clangorque buccinae vehementius perstrepebat: et timuit populus qui erat in castris. 17 Cumque eduxisset eos Moyses in occursum
Dei de loco castrorum, steterunt ad radices montis. 18 Totus autem mons Sinai
fumabat: eo quod descendisset Dominus
super eum in igne, et ascenderet fumus ex
eo quasi de fornace: eratque omnis mons
terribilis. 19 Et sonitus buccinae paulatim
crescebat in maius, et prolixius tendebatur: Moyses loquebatur, et Deus respondebat ei. 20 Descenditque Dominus super
montem Sinai in ipso montis vertice, et
vocavit Moysen in cacumen eius. Quo
cum ascendisset, 21 dixit ad eum: Descende, et contestare populum: ne forte velit
transcendere terminos ad videndum Dominum, et pereat ex eis plurima multitudo. 22 Sacerdotes quoque qui accedunt ad
Dominum, sanctificentur, ne percutiat
eos. 23 Dixitque Moyses Dominum: Non
poterit vulgus ascendere in montem Sinai:
tu enim testificatus es, et iussisti, dicens:
Pone terminos circa montem, et sanctifica illum. 24 Cui ait Dominus: Vade, descende: ascendesque tu, et Aaron tecum:
sacerdotes autem et populus ne transeant
terminos, nec ascendant ad Dominum, ne
forte interficiat illos. 25 Descenditque
Moyses ad populum, et omnia narravit
eis.

Decalogi promulgatio

20 1 Locutusque est Dominus cunctos
sermones hos:
2 Ego sum Dominus Deus tuus, qui eduxi te de terra Aegypti, de domo servitutis.
3 Non habebis deos alienos coram me.

19 **1-2:** Ex 3,1.12; 17,1.8; Num 33,15. — **3:** Act 7,38. — **4:** Deut 29,2; 32.11-12; Is 63,9. — **5:** Ex 9,29; Deut 7,6; 14,2; 26,18; 32, 8-9; Ps 23,7; 134,4; Eccli 17,15. — **6:** Lev 11, 44-45; 19,2; 20,26; Is 62,12; 1 Petr 3,9; Apoc 1, 6. — **8:** Ex 24,3.7; Deut 5,27. — **9:** Ex 20,21; 24,15-16; Deut 4,11-12.36; Ps 96,2; Mt 17,5. — **10:** Lev 11,44-45. — **12:** Ex 34,3; Hebr 12,18- Ex 34,3; Hebr 12,18-20. || Epist. Pii VII: D 1.606. — **15:** 1 Sam 21,4; 1 Cor 7,5. — **16:** Ps 76,18-19; Hebr 12,18-19; Apoc 4,5; 11,19. — **17:** Deut 4,10-11. — **18:** Ex 24,17; Deut 4,11; Ps 67,9; Is 6,4; Hebr 12,26. — **19:** Neh 9,13; Act 7,8, — **22:** Lev 10,3; 2 Sam 6,7-8. — **23-24:** Ex 10,12; Ios 3,4.

20 **2-17:** Ex 34,10-26; Deut 5,6-21. — **2-3:** Lev 26,13; 4 Reg 17,35-36; Ps 80,11;

4 Non facies tibi sculptile, neque omnem
similitudinem quae est in caelo desuper,
et quae in terra deorsum, nec eorum quae
sunt in aquis sub terra. 5 Non adorabis
ea, neque coles: ego sum Dominus Deus
tuus fortis, zelotes, visitans iniquitatem
patrum in filios, in tertiam et quartam generationem eorum qui oderunt me: 6 et
faciens misericordiam in millia his qui diligunt me, et custodiunt praecepta mea.
7 Non assumes nomen Domini Dei tui
in vanum: nec enim habebit insontem Dominus eum qui assumpserit nomen Domini Dei sui frustra.
8 Memento ut diem sabbati sanctifices.
9 Sex diebus operaberis, et facies omnia
opera tua. 10 Septimo autem die sabbatum
Domini Dei tui est: non facies omne opus
in eo, tu, et filius tuus et filia tua, servus
tuus et ancilla tua, iumentum tuum, et
advena qui est intra portas tuas. 11 Sex
enim diebus fecit Dominus caelum et terram, et mare, et omnia quae in eis sunt,
et requievit in die septimo, idcirco benedixit Dominus diei sabbati, et sanctificavit eum.
12 Honora patrem tuum et matrem
tuam, ut sis longaevus super terram,
quam Dominus Deus tuus dabit tibi.
13 Non occides.
14 Non moechaberis.
15 Non furtum facies.
16 Non loqueris contra proximum tuum
falsum testimonium.
17 Non concupisces domum proximi
tui: nec desiderabis uxorem eius, non servum, non ancillam, non bovem, non asinum, nec omnia quae illius sunt.

Timor populi

18 Cunctus autem populus videbat voces et lampades, et sonitum buccinae,
montemque fumantem: et perterriti ac
pavore concussi, steterunt procul, 19 dicentes Moysi: Loquere tu nobis, et audiemus: non loquatur nobis Dominus, ne
forte moriamur. 20 Et ait Moyses ad populum: Nolite timere: ut enim probaret
vos venit Deus, et ut terror illius esset in
vobis, et non peccaretis. 21 Stetitque populus de longe; Moyses autem accessit ad
caliginem in qua erat Deus.

Lex de altari

22 Dixit praeterea Dominus ad Moysen: Haec dices filiis Israel: Vos vidistis
quod de caelo locutus sim vobis. 23 Non
facietis deos argenteos, nec deos aureos
facietis vobis. 24 Altare de terra facietis
mihi, et offeretis super eo holocausta et pacifica vestra, oves vestras et boves in omni
loco in quo memoria fuerit nominis mei:
veniam ad te, et benedicam tibi. 25 Quod
si altare lapideum feceris mihi, non aedificabis illud de sectis lapidibus: si enim
levaveris cultrum super eo, polluetur.
26 Non ascendes per gradus ad altare
meum, ne reveletur turpitudo tua.

De servis

21 1 Haec sunt iudicia quae propones
eis. 2 Si emeris servum hebraeum,
sex annis serviet tibi: in septimo egredietur
liber gratis. 3 Cum quali veste intraverit,
cum tali exeat: si habens uxorem, et
uxor egredietur simul. 4 Sin autem dominus dederit illi uxorem, et pepererit filios
et filias: mulier et liberi eius erunt domini
sui, ipse vero exibit cum vestitu suo.
5 Quod si dixerit servus: Diligo dominum
meum et uxorem ac liberos, non egrediar
liber: 6 offeret eum dominus diis, et applicabitur ad ostium et postes, perforabit-
que aurem eius subula: et erit ei servus
in saeculum.
7 Si quis vendiderit filiam suam in famulam, non egredietur sicut ancillae exire
consueverunt. 8 Si displicuerit oculis domini sui cui tradita fuerat, dimittet eam:
populo autem alieno vendendi non habebit potestatem, si spreverit eam. 9 Sin
autem filio suo desponderit eam, iuxta
morem filiarum faciet illi. 10 Quod si alteram ei acceperit, providebit puellae nuptias, et vestimenta, et pretium pudicitiae
non negabit. 11 Si tria ista non fecerit,
egredietur gratis absque pecunia.

De homicidio

12 Qui percusserit hominem volens occidere, morte moriatur. 13 Qui autem non
est insidiatus, sed Deus illum tradidit in

Ier 35,15; Os 13,4. — 4: Lev 26,1; Deut 4,15; 17,15; Ios 24,14; Ps 96,7. — 5: Ex 23,24; 34,7.14; Num 14,18.33; Deut 4,24; 6,15; Ios 24,19; Ps 108,14; Ier 31,29-30; Nah 1,2. — 7: Lev 19,12; 24,16; Deut 5,11; Mt 5,33-35; Iac 5,12. — 8: Ex 31,13-17; Lev 26,2; Ez 20,12. — 9: Ex 23,12; 34,21; 35,2; Lev 23,3; Lc 13,14. — 10: Ex 16,26; 31,15; Num 15,32-36. — 11: Gen 1,1-31; 2,1-3. — 12-16: Mt 19,18-19; Lc 18,20; Rom 13,9. — 12: Eccli 3,7; Mt 15,4; Mc 7,10; Eph 6,2-3. — 13: Ex 21,12; Mt 5,21. || Enc. Pii XI: D 2.243. — 14: Lev 18,20; 20,10; Deut 22,22; Mt 5,27; Rom 7,7; 1 Cor 6,9. — 15: Lev 19,11; Eph 4,28. — 16: Ex 23,1; Deut 19,16-20; Prov 19,5.9; 21,28; 24,28. — 17: Mt 5,28; Rom 7,7. || Bulla Pii V: D 1.050, 1.075. — 18-19: Deut 5,22-27; 18,16; Hebr 12,18-19. — 20: Deut 4,10. — 21: Deut 4,11; 18,16; Ps 96,2; Hebr 12,18. — 22: Deut 4,36; Neh 9,13. — 23: Ex 32,31. — 24: Ex 27,8; 38,7; Deut 12,5.11; 14,23; 16,6.11; 26,2; Esdr 6,12. — 25: Deut 27,5; Ios 8,31. — 26:

21 2: Lev 25,39-46; Deut 15,12; Ier 34,14. 5: Deut 15,16. — 6: Ex 22,8-9.28; Deut 15,17. — 7: Neh 5,5. — 12: Gen 9,5-6; Ex

manus eius: constituam tibi locum in
quem fugere debeat. 14 Si quis per industriam occiderit proximum suum, et per
insidias: ab altari meo evelles eum, ut
moriatur.
15 Qui percusserit patrem suum aut matrem, morte moriatur.
16 Qui furatus fuerit hominem, et vendiderit eum, convictus noxae, morte moriatur.
17 Qui maledixerit patri suo, vel matri,
morte moriatur.

De rixa

18 Si rixati fuerint viri, et percusserit
alter proximum suum lapide vel pugno,
et ille mortuus non fuerit, sed iacuerit in
lectulo: 19 si surrexerit, et ambulaverit
foris super baculum suum, innocens erit
qui percusserit, ita tamen ut operas eius
et impensas in medicos restituat.
20 Qui percusserit servum suum, vel ancillam virga, et mortui fuerint in manibus
eius, criminis reus erit. 21 Sin autem uno
die vel duobus supervixerit, non subiacebit poenae, quia pecunia illius est.
22 Si rixati fuerint viri, et percusserit
quis mulierem praegnantem, et abortivum
quidem fecerit, sed ipsa vixerit: subiacebit
damno quantum maritus mulieris expetie-
rit, et arbitri iudicaverint.

Lex talionis

23 Sin autem mors eius fuerit subsecuta,
reddet animam pro anima, 24 oculum pro
oculo, dentem pro dente, manum pro
manu, pedem pro pede, 25 adustionem
pro adustione, vulnus pro vulnere, livorem pro livore.
26 Si percusserit quispiam oculum servi
sui aut ancillae, et luscos eos fecerit, dimittet eos liberos pro oculo quem eruit.
27 Dentem quoque si excusserit servo vel
ancillae suae, similiter dimittet eos liberos.

De bove cornupeta

28 Si bos cornu percusserit virum aut
mulierem, et mortui fuerint, lapidibus
obruetur: et non comedentur carnes eius,
dominus quoque bovis innocens erit.
29 Quod si bos cornupeta fuerit ab heri et
nudiustertius, et contestati sunt dominum
eius, nec recluserit eum, occideritque virum aut mulierem: et bos lapidibus obruetur, et dominum eius occident. 30 Quod
si pretium fuerit ei impositum, dabit pro
anima sua quidquid fuerit postulatus.
31 Filium quoque et filiam si cornu percusserit, simili sententiae subiacebit. 32 Si
servum, ancillamque invaserit, triginta siclos argenti domino dabit, bos vero lapidibus opprimetur.
33 Si quis aperuerit cisternam, et fode-
rit, et non operuerit eam, ceciderítque bos
aut asinus in eam, 34 reddet dominus cisternae pretium iumentorum: quod autem
mortuum est, ipsius erit.
35 Si bos alienus bovem alterius vulne-
raverit, et ille mortuus fuerit: vendent
bovem vivum, et divident pretium, cadaver autem mortui inter se dispertient.
36 Sin autem sciebat quod bos cornupeta
esset ab heri et nudiustertius, et non custodivit eum dominus suus: reddet bovem
pro bove, et cadaver integrum accipiet.

De furto

22 1 Si quis furatus fuerit bovem aut
ovem, et occiderit vel vendiderit:
quinque boves pro uno bove restituet, et
quatuor oves pro una ove.
2 Si effringens fur domum sive suffo-
diens fuerit inventus, et accepto vulnere
mortuus fuerit: percussor non erit reus
sanguinis. 3 Quod si orto sole hoc fecerit,
homicidium perpetravit, et ipse morietur.
Si non habuerit quod pro furto reddat,
ipse venundabitur. 4 Si inventum fuerit
apud eum quod furatus est, vivens, sive
bos, sive asinus, sive ovis: duplum restituet.

De damno

5 Si lacserit quispiam agrum vel vineam,
et dimiserit iumentum suum ut depasca-
tur aliena: quidquid optimum habuerit
in agro suo, vel in vinea, pro damni aestimatione restituet. 6 Si egressus ignis invenerit spinas, et comprehenderit acervos
frugum, sive stantes segetes in agris, reddet damnum qui ignem succenderit.
7 Si quis commendaverit amico pecuniam aut vas in custodiam, et ab eo, qui
susceperat, furto ablata fuerint: si invenitur fur, duplum reddet: 8 Si latet fur,
dominus domus applicabitur ad deos, et
iurabit quod non extenderit manum in
rem proximi sui, 9 ad perpetrandam fraudem, tam in bove quam in asino, et ove
ac vestimento, et quidquid damnum inferre potest: ad deos utriusque causa
perveniet, et si illi iudicaverint, duplum
restituet proximo suo. 10 Si quis commendaverit proximo suo asinum, bovem,
ovem, et omne iumentum ad custodiam,
et mortuum fuerit, aut debilitatum, vel
captum ab hostibus, nullusque hoc vide-

20,13; Lev 24,17; Num 35,30-31. — 13: Num 35,11.22-25; Deut 4,41-43; 19,2-5. — 14: 3 Reg 2,28-34; 4 Reg 11,15. — 15: 1 Tim 1,9. — 16: Deut 24,7. — Lev 20,9; Deut 27,16; Prov 20,20; Mt 15,4; Mc 7,10. — 23-25: Lev 24,20; Deut 19,21; Mt 5,38. — 32: Zach 11,12-13; Mt 26,15.

22 1: 2 Sam 12,6. — 3: Ex 21,12. — 8: Ex 21,6; 22,28. — 11: Hebr 6,16. — 12: Gen

rit: 11 iusiurandum erit in medio, quod
non extenderit manum ad rem proximi
sui: suscipietque dominus iuramentum,
et ille reddere non cogetur. 12 Quod si
furto ablatum fuerit, restituet damnum
domino. 13 Si comestum a bestia, deferat
ad eum quod occisum est, et non restituet.
14 Qui a proximo suo quidquam horum
mutuo postulaverit, et debilitatum aut
mortuum fuerit domino non praesente,
reddere compelletur. 15 Quod si impraesentiarum dominus fuerit, non restituet,
maxime si conductum venerat pro mercede operis sui.

De violatione virginis

16 Si seduxerit quis virginem necdum
desponsatam, dormieritque cum ea: do-
tabit eam, et habebit eam uxorem. 17 Si
pater virginis dare noluerit, reddet pecuniam iuxta modum dotis, quam virgines
accipere consueverunt.
18 Maleficos non patieris vivere.
19 Qui coierit cum iumento, morte moriatur.
20 Qui immolat diis, occidetur, praeterquam Domino soli.

De humilium oppressione

21 Advenam non contristabis, neque affliges eum: advenae enim et ipsi fuistis in
terra Aegypti.
22 Viduae et pupillo non nocebitis. 23 Si
laeseritis eos, vociferabuntur ad me, et
ego audiam clamorem eorum: 24 et indignabitur furor meus, percutiamque vos
gladio, et erunt uxores vestrae viduae, et
filii vestri pupilli.
25 Si pecuniam mutuam dederis populo
meo pauperi qui habitat tecum, non ur-
gebis eum quasi exactor, nec usuris opprimes. 26 Si pignus a proximo tuo acceperis vestimentum, ante solis occasum
reddes ei. 27 Ipsum enim est solum, quo
operitur, indumentum carnis eius, nec
habet aliud in quo dormiat: si clamaverit
ad me, exaudiam eum, quia misericors
sum.
28 Diis non detrahes, et principi populi
tui non maledices.

De decimis et primitiis

29 Decimas tuas et primitias tuas non
tardabis reddere: primogenitum filiorum
tuorum dabis mihi. 30 De bobus quoque,
et ovibus similiter facies: septem diebus
sit cum matre sua, die octava reddes illum
mihi.
31 Viri sancti eritis mihi: carnem, quae
a bestiis fuerit praegustata, non comedetis,
sed proiicietis canibus.

De iudiciis

23 1 Non suscipies vocem mendacii:
nec iunges manum tuam ut pro
impio dicas falsum testimonium.
2 Non sequeris turbam ad faciendum
malum: nec in iudicio, plurimorum ac-
quiesces sententiae, ut a vero devies.
3 Pauperis quoque non misereberis in iudicio.
4 Si occurreris bovi inimici tui, aut asino
erranti, reduc ad eum. 5 Si videris asinum
odientis te iacere sub onere, non pertrans-
ibis, sed sublevabis cum eo.
6 Non declinabis in iudicium pauperis.
7 Mendacium fugies. Insontem et iustum
non occides: quia aversor impium. 8 Nec
accipies munera, quae etiam excaecant
prudentes, et subvertunt verba iustorum.
9 Peregrino molestus non eris. Scitis
enim advenarum animas: quia et ipsi
peregrini fuistis in terra Aegypti.

De praeceptis sabbaticis

10 Sex annis seminabis terram tuam, et
congregabis fruges eius. 11 Anno autem
septimo dimittes eam, et requiescere facies,
ut comedant pauperes populi tui: et quidquid reliquum fuerit, edant bestiae agri:
ita facies in vinea et in oliveto tuo.
12 Sex diebus operaberis: septimo die
cessabis, ut requiescat bos et asinus tuus:
et refrigeretur filius ancillae tuae, et advena.
13 Omnia quae dixi vobis, custodite. Et
per nomen externorum deorum non iura-
bitis, neque audietur ex ore vestro.

De solemnitatibus annuis

14 Tribus vicibus per singulos annos
mihi festa celebrabitis. 15 Solemnitatem

31,39. — **16:** Gen 34,12; Deut 22,28-29. — **18:** Lev 19,26.31; 20,6.27; Deut 18,10-11; 1 Sam 28,3.9. — **19:** Lev 18,23; Deut 27,21. — **20:** Lev 19,4; Deut 13,1-15; 17,2-5; 1 Mach 2,23-24. — **21:** Ex 23,9; Lev 19,33-34; Deut 10,18-19; 24,17-18; 29,19; Zach 7,10. — **22:** Deut 24,17; 27,19; Ps 93,6; Is 1,17.23; Zach 7,10; Iac 1,27. — **23:** Iob 34,28; Ps 144,19. — **24:** Ps 108,9. — **25:** Lev 25,35-37; Deut 23,19-20; Neh 5,7; Ez 18,8.17. — **26:** Deut 24,10-31.17; Ez 18,7.16; Am 2,8. — **28:** Ex 21,6; 22,8-9; Act 23,5. — **29:** Ex 13,2.12; 23,19; 34,19; Prov 3,9; Ez 44,30. — **30:** Lev 22,27; Deut 15,19. — **31:** Ex 19,6; Lev 7,24; 11,14-45; 17,15; 22,8.

23 **1:** Ex 20,16; Deut 19-20; Ps 34,11. — **3:** Lev 19,15. — **4-5:** Deut 22,1; Prov 25,21; Mt 5,44. — **6:** Deut 27,19; Is 10,1-2. — **7:** Ex 23,1; Deut 27,24-25; Dan 13,53. — **8:** Deut 16,19; 27,25; Prov 17,23; Eccli 20,31; Is 1,23. — **9:** Gen 46,5-6; Ex 22,21. — **10-11:** Lev 25,3-7. — **12:** Ex 20,8-10. — **14-19:** Ex 34,18-26; Lev 23,4-44; Deut 16,1-17. — **14:** Ex 12,15. — **15:**

azymorum custodies. Septem diebus comedes azyma, sicut praecepi tibi, tempore
mensis novorum, quando egressus es de
Aegypto: non apparebis in conspectu meo
vacuus. 16 Et solemnitatem messis primitivorum operis tui, quaecumque seminaveris in agro: solemnitatem quoque in
exitu anni, quando congregaveris omnes
fruges tuas de agro. 17 Ter in anno apparebit omne masculinum tuum coram
Domino Deo tuo.
18 Non immolabis super fermento sanguinem victimae meae, nec remanebit
adeps solemnitatis meae usque mane.
19 Primitias frugum terrae tuae deferes
in domum Domini Dei tui.
Non coques haedum in lacte matris
suae.

Angelus Domini dux populi

20 Ecce ego mittam angelum meum,
qui praecedat te, et custodiat in via, et
introducat in locum quem paravi. 21 Observa eum, et audi vocem eius, nec con-
temnendum putes: quia non dimittet cum
peccaveris, et est nomen meum in illo.
22 Quod si audieris vocem eius, et feceris
omnia quae loquor, inimicus ero inimicis
tuis, et affligam affligentes te.

Religio Chananaeorum destruenda

23 Praecedetque te angelus meus, et introducet te ad Amorrhaeum, et Hethaeum,
et Pherezaeum, Chananaeumque, et Hevaeum, et Iebusaeum, quos ego conteram.
24 Non adorabis deos eorum, nec coles
eos: non facies opera eorum, sed destrues eos, et confringes statuas eorum.
25 Servietisque Domino Deo vestro, ut
benedicam panibus tuis et aquis, et auferam infirmitatem de medio tui. 26 Non
erit infoecunda, nec sterilis in terra tua:
numerum dierum tuorum implebo.
27 Terrorem meum mittam in praecur-
sum tuum, et occidam omnem populum,
ad quem ingredieris: cunctorumque inimicorum tuorum coram te terga vertam:
28 emittens crabrones prius, qui fugabunt
Hevaeum, et Chananaeum, et Hethaeum,
antequam introeas. 29 Non eiiciam eos a
facie tua anno uno: ne terra in solitudinem redigatur, et crescant contra te bestiae. 30 Paulatim expellam eos de conspectu tuo, donec augearis, et possideas
terram. 31 Ponam autem terminos tuos a
mari Rubro usque ad mare Palaestinorum, et a deserto usque ad fluvium: tradam in manibus vestris habitatores terrae,
et eiiciam eos de conspectu vestro. 32 Non
inibis cum eis foedus, nec cum diis eorum.
33 Non habitent in terra tua, ne forte
peccare te faciant in me, si servieris diis
eorum: quod tibi certe erit in scandalum.

Foedus sinaiticum

24 1 Moysi quoque dixit: Ascende ad
Dominum tu, et Aaron, Nadab et
Abiu, et septuaginta senes ex Irsael, et
adorabitis procul. 2 Solusque Moyses ascendet ad Dominum, et illi non appropinquabunt: nec populus ascendet cum
eo. 3 Venit ergo Moyses et narravit plebi
omnia verba Domini, atque iudicia: responditque omnis populus una voce: Omnia verba Domini, quae locutus est, faciemus.
4 Scripsit autem Moyses universos sermones Domini: et mane consurgens aedificavit altare ad radices montis, et duodecim titulos per duodecim tribus Israel.
5 Misitque iuvenes de filiis Israel, et obtulerunt holocausta, immolaveruntque victimas pacificas Domino, vitulos. 6 Tulit
itaque Moyses dimidiam partem sanguinis, et misit in crateras: partem autem
residuam fudit super altare. 7 Assumensque volumen foederis, legit audiente populo: qui dixerunt: Omnia quae locutus
est Dominus, faciemus, et erimus obedientes. 8 Ille vero sumptum sanguinem
respersit in populum, et ait: Hic est sanguis foederis quod pepigit Dominus vobiscum super cunctis sermonibus his.

Moyses in monte

9 Ascenderuntque Moyses et Aaron,
Nadab et Abiu, et septuaginta de senioribus Israel: 10 et viderunt Deum Israel:
et sub pedibus eius quasi opus lapidis sap-
phirini, et quasi caelum, cum serenum est.
11 Nec super eos qui procul recesserant
de filiis Israel, misit manum suam, videruntque Deum, et comederunt, ac biberunt. 12 Dixit autem Dominus ad Moysen: Ascende ad me in montem, et esto
ibi: daboque tibi tabulas lapideas, et legem, ac mandata quae scripsi: ut doceas
eos. 13 Surrexerunt Moyses et Iosue mi-

Ex 13,3-4; Eccli 35,6. — **18:** 12,8.10; Lev 2,11. **19:** Ex 22,29; 34,26; Num 18,12-13; Deut 14,21; 26,2-10; Neh 10,35. — **20:** Ex 14,19; 32,34; 33,2; Ps 33,8. — **21:** Num 14,35; Ps 77,40.56. **22:** Deut 7,11. — **23:** Ex 33,2; Deut 7,22; Ios 24,11. — **24:** Ex 20,5; 34,13; Lev 18,3; Num 33,52; Deut 7,25; 12,3.30-31. — **25:** Deut 7,13-15; 28,5.8. — **27:** Deut 2,25; 7,23; Ios 2,9.11. — **28:** Deut 7,20; Ios 24,12. — **29:** Deut 7,22. — **31:** Gen 15,18; Num 34,3-12; Deut 11,24; Ios 1,4; 21,42; Iud 11,21. — **32:** Ex 34,12.15; Deut 7,2; Iud 2,2. — **33:** Ex 34,12; Ios 23,13.

24 **1:** Ex 6,23; 28,1; Num 11,16. — **3:** Ex 19,8; Deut 5,27. — **4:** Gen 28,18; 31,45; Ex 34,27; Deut 31,9. — **5:** Ex 3,12. — **6-7:** Hebr 9,18-20. — **10:** Ez 1,26; 10,1. — **11:** Ex 33,20-23. — **12:** Ex 31,18; 32,15-16; Deut 5,22. — **13:** Ex 3,1; 33,11. — **14:** Ex 17,10.12; 31,2. —

nister eius: ascendensque Moyses in montem Dei, 14 senioribus ait: Expectate hic
donec revertamur ad vos. Habetis Aaron
et Hur vobiscum: si quid natum fuerit
quaestionis, referetis ad eos.
15 Cumque ascendisset Moyses, operuit
nubes montem, 16 et habitavit gloria Domini super Sinai, tegens illum nube sex
diebus: septimo autem die vocavit eum
de medio caliginis. 17 Erat autem species
gloriae Domini, quasi ignis ardens super
verticem montis in conspectu filiorum Israel. 18 Ingressusque Moyses medium nebulae, ascendit in montem: et fuit ibi quadraginta diebus, et quadraginta noctibus.

Dona offerenda in sanctuarium

25 1 Locutusque est Dominus ad Moysen, dicens: 2 Loquere filiis Israel,
ut tollant mihi primitias: ab omni homine
qui offeret ultroneus, accipietis eas. 3 Haec
sunt autem quae accipere debetis: Aurum,
et argentum, et aes, 4 hyacinthum et purpuram, coccumque bis tinctum, et byssum, pilos caprarum, 5 et pelles arietum
rubricatas, pellesque ianthinas, et ligna
setim: 6 oleum ad luminaria concinnanda: aromata in unguentum, et thymiama-
ta boni odoris: 7 lapides onychinos, et
gemmas ad ornandum ephod, ac rationale.
8 Facientque mihi sanctuarium, et habitabo in medio eorum: 9 iuxta omnem
similitudinem tabernaculi quod ostendam
tibi, et omnium vasorum in cultum eius:
sicque facietis illud:

Arcae descriptio

10 Arcam de lignis setim compingite,
cuius longitudo habeat duos et semis cubitos: latitudo, cubitum et dimidium: altitudo, cubitum similiter semissem.
11 Et deaurabis eam auro mundissimo
intus et foris: faciesque supra, coronam
auream per circuitum: 12 et quatuor circulos aureos, quos pones per quatuor arcae
angulos: duo circuli sint in latere uno, et
duo in altero. 13 Facies quoque vectes de
lignis setim, et operies eos auro. 14 Indu-
cesque per circulos qui sunt in arcae lateribus, ut portetur in eis: 15 qui semper
erunt in circulis, nec unquam extrahentur
ab eis.
16 Ponesque in arca testificationem
quam dabo tibi.
17 Facies et propitiatorium de auro
mundissimo: duos cubitos et dimidium
tenebit longitudo eius, et cubitum ac semissem latitudo. 18 Duos quoque cherubim aureos, et productiles facies, ex utraque parte oraculi. 19 Cherub unus sit in
latere uno, et alter in altero. 20 Utrumque
latus propitiatorii tegant expandentes alas,
et operientes oraculum, respiciantque se
mutuo versis vultibus in propitiatorium
quo operienda est arca, 21 in qua pones
testimonium quod dabo tibi. 22 Inde praecipiam, et loquar ad te supra propitiatorium, ac de medio duorum cherubim, qui
erunt super arcam testimonii, cuncta quae
mandabo per te filiis Israel.

Mensa panum

23 Facies et mensam de lignis setim, habentem duos cubitos longitudinis, et in
latitudine cubitum, et in altitudine cubitum ac semissem.
24 Et inaurabis eam auro purissimo:
faciesque illi labium aureum per circuitum, 25 et ipsi labio coronam interrasilem
altam quatuor digitis: et super illam, alteram coronam aureolam. 26 Quatuor quoque circulos aureos praeparabis, et pones
eis in quatuor angulis eiusdem mensae per
singulos pedes. 27 Subter coronam erunt
circuli aurei, ut mittantur vectes per eos,
et possit mensa portari. 28 Ipsos quoque
vectes facies de lignis setim, et circumdabis auro ad subvehendam mensam. 29 Parabis et acetabula, ac phialas, thuribula,
et cyathos, in quibus offerenda sunt libamina, ex aureo purissimo.
30 Et pones super mensam panes propositionis in conspectu meo semper.

Candelabrum aureum

31 Facies et candelabrum ductile de auro
mundissimo, hastile eius, et calamos, scyphos, et sphaerulas, ac lilia ex ipso pro-
cedentia. 32 Sex calami egredientur de lateribus, tres ex uno latere, et tres ex altero.
33 Tres scyphi quasi in nucis modum per
calamos singulos, sphaerulaque simul, et
lilium: et tres similiter scyphi instar nucis
in calamo altero, sphaerulaque simul et
lilium. Hoc erit opus sex calamorum, qui
producendi sunt de hastili: 34 in ipso autem candelabro erunt quatuor scyphi in
nucis modum, sphaerulaeque per singulos, et lilia. 35 Sphaerulae sub duobus calamis per tria loca, qui simul sex fiunt procedentes de hastili uno. 36 Et sphaerulae

15: Ex 19,9.16. — **16:** Ex 16,10. — **17:** Ex 19,18; Hebr 12,18. — **18:** Ex 34,28; Deut 9,9.18.25; 10,10; Eccli 45,5.

25 **1-7:** Ex 35,4-9.21-29. — **4:** Ex 26,1.31.36; 28,15. — **5:** Ex 26,14. — **6:** Ex 27,20; 30,7-8.23.34-35. — **8:** Ex 26,1-37; 29,45; 36,8-38. — **10-12:** Ex 17,1-9; Hebr 9,4-5. — **10:** Deut 10,3. — **16:** Ex 40,18; 3 Reg 8,9. — **20:** Ex 26,34; 40,18; 3 Reg 8,7; 1 Par 28,18. — **21:** Ex 25,16. — **22:** Ex 29,42-43; 30,6.36; Lev 16,2; Num 7,89; 17,4; 1 Sam 4,4; 2 Sam 6,2; Ps 79,2. — **23-29:** Ex 37,10-16. — **30:** Lev 24,5-6; Num 4,7. — **31-39:** Ex 17-24. — **37:** Lev 24,2-4; Num 8,2;

igitur et calami ex ipso erunt, universa
ductilia de auro purissimo.
37 Facies et lucernas septem, et pones
eas super candelabrum, ut luceant ex adverso. 38 Emunctoria quoque et ubi quae
emuncta sunt extinguantur, fiant de auro
purissimo. 39 Omne pondus candelabri
cum universis vasis suis habebit talentum
auri purissimi.
40 Inspice, et fac secundum exemplar
quod tibi in monte monstratum est.

Tabernaculi descriptio

26 1 Tabernaculum vero ita facies: Decem cortinas de bysso retorta, et
hyacintho, ac purpura, coccoque bis tincto, variatas opere plumario facies. 2 Longitudo cortinae unius habebit viginti octo
cubitos: latitudo, quatuor cubitorum erit.
Unius mensurae fient universa tentoria.
3 Quinque cortinae sibi iungentur mutuo,
et aliae quinque nexu simili cohaerebunt.
4 Ansulas hyacinthinas in lateribus ac summitatibus facies cortinarum, ut possint invicem copulari. 5 Quinquagenas ansulas
cortina habebit in utraque parte, ita in-
sertas, ut ansa contra ansam veniat, et altera alteri possit aptari. 6 Facies et quinquaginta circulos aureos quibus cortinarum vela iungenda sunt, ut unum tabernaculum fiat.
7 Facies et saga cilicina undecim, ad
operiendum tectum tabernaculi. 8 Longitudo sagi unius habebit triginta cubitos;
et latitudo, quatuor: aequa erit mensura
sagorum omnium. 9 E quibus quinque
iunges seorsum, et sex sibi mutuo copulabis, ita ut sextum sagum in fronte tecti
duplices. 10 Facies et quinquaginta ansas
in ora sagi unius, ut coniungi cum altero
queat: et quinquaginta ansas in ora sagi
alterius, ut cum altero copuletur. 11 Facies et quinquaginta fibulas aeneas quibus
iungantur ansae, ut unum ex omnibus operimentum fiat. 12 Quod autem superfuerit
in sagis quae parantur tecto, id est unum
sagum quod amplius est, ex medietate eius
operies posteriora tabernaculi. 13 Et cubitus ex una parte pendebit, et alter ex altera qui plus est in sagorum longitudine,
utrumque latus tabernaculi protegens.
14 Facies et operimentum aliud tecto
de pellibus arietum rubricatis: et super
hoc rursum aliud operimentum de ianthinis pellibus. 15 Facies et tabulas stantes tabernaculi de lignis setim, 16 quae
singulae denos cubitos in longitudine habeant, et in latitudine singulos ac semissem. 17 In lateribus tabulae, duae incastraturae fient, quibus tabula alteri tabulae connectatur: atque in hunc modum
cunctae tabulae parabuntur. 18 Quarum
viginti erunt in latere meridiano quod
vergit ad austrum. 19 Quibus quadraginta
bases argenteas fundes, ut binae bases
singulis tabulis per duos angulos subiician-
tur. 20 In latere quoque secundo tabernaculi quod vergit ad aquilonem, viginti tabulae erunt, 21 quadraginta habentes bases argenteas, binae bases singulis tabulis
supponentur. 22 Ad occidentalem vero plagam tabernaculi facies sex tabulas, 23 et
rursum alias duas quae in angulis erigan-
tur post tergum tabernaculi. 24 Eruntque
coniunctae a deorsum usque sursum, et
una omnes compago retinebit. Duabus
quoque tabulis quae in angulis ponendae
sunt, similis iunctura servabitur. 25 Et
erunt simul tabulae octo, bases earum argenteae sedecim, duabus basibus per unam
tabulam supputatis.
26 Facies et vectes de lignis setim quinque ad continendas tabulas in uno latere
tabernaculi, 27 et quinque alios in altero,
et eiusdem numeri ad occidentalem plagam: 28 qui mittentur per medias tabulas
a summo usque ad summum. 29 Ipsas
quoque tabulas deaurabis, et fundes in
eis annulos aureos per quos vectes tabulata contineant: quos operies laminis aureis. 30 Et eriges tabernaculum iuxta exemplar quod tibi in monte monstratum est.

Velum separationis inter Sanctissimum et Sanctum

31 Facies et velum de hyacintho, et purpura, coccoque bis tincto, et bysso retorta, opere plumario et pulchra varietate
contextum: 32 quod appendes ante quatuor columnas de lignis setim, quae ipsae
quidem deauratae erunt, et habebunt capita aurea, sed bases argenteas. 33 Insere-
tur autem velum per circulos, intra quod
pones arcam testimonii, quo et sanctuarium, et sanctuarii sanctuaria dividentur.
34 Pones et propitiatorium super arcam
testimonii in Sancto sanctorum: 35 mensamque extra velum: et contra mensam
candelabrum in latere tabernaculi meridiano: mensa enim stabit in parte aquilonis.
36 Facies et tentorium in introitu tabernaculi de hyacintho, et purpura, coccoque bis tincto, et bysso retorta, opere plumarii. 37 Et quinque columnas deaurabis
lignorum setim, ante quas ducetur tentorium: quarum erunt capita aurea, et bases aeneae.

2 Par 13,11. — **40:** Ex 26,30; 27,8; Num 8,4; Act 7,44; Hebr 8,5.

26 **1-37:** Ex 36,8-38. — **29:** Ex 25,27. — **30:** Ex 25,9.40. — **31:** Ex 6,35; Lev 16,2; 2 Par 3,14; Mt 27,51; Hebr 9,3. — **34:** Ex 25,21; 40,18. — **35:** Ex 40,20-22; Hebr 9,2. — **36:** Ex 27,16.

Altare holocaustorum

27 1 Facies et altare de lignis setim, quod habebit quinque cubitos in longitudine, et totidem in latitudine, id est, quadrum, et tres cubitos in altitudine. 2 Cornua autem per quatuor angulos ex ipso erunt: et operies illud aere. 3 Faciesque in usus eius lebetes ad suscipiendos cineres, et forcipes atque fuscinulas, et ignium receptacula; omnia vasa ex aere fabricabis. 4 Craticulamque in modum retis aeneam; per cuius quatuor angulos erunt quatuor annuli aenei. 5 Quos pones subter arulam altaris: eritque craticula usque ad altaris medium. 6 Facies et vectes altaris de lignis setim duos, quos operies laminis aeneis: 7 et induces per circulos, eruntque ex utroque latere altaris ad portandum. 8 Non solidum, sed inane et cavum intrinsecus facies illud, sicut tibi in monte monstratum est.

Atrium

9 Facies et atrium tabernaculi, in cuius australi plaga contra meridiem erunt tentoria de bysso retorta: centum cubitos unum latus tenebit in longitudine. 10 Et columnas viginti cum basibus totidem aeneis, quae capita cum caelaturis suis habebunt argentea. 11 Similiter et in latere aquilonis per longum erunt tentoria centum cubitorum, columnae viginti, et bases aeneae eiusdem numeri, et capita earum cum caelaturis suis argentea. 12 In latitudine vero atrii, quod respicit ad occidentem, erunt tentoria per quinquaginta cubitos, et columnae decem, basesque totidem. 13 In ea quoque atrii latitudine, quae respicit ad orientem, quinquaginta cubiti erunt. 14 In quibus quindecim cubitorum tentoria lateri uno deputabuntur, columnaeque tres et bases totidem: 15 et in latere altero erunt tentoria cubitos obtinentia quindecim, columnae tres, et bases totidem. 16 In introitu vero atrii fiet tentorium cubitorum viginti ex hyacintho et purpura, coccoque bis tincto, et bysso retorta, opere plumarii: columnas habebit quatuor, cum basibus totidem. 17 Omnes columnae atrii per circuitum vestitae erunt argenteis laminis, capitibus argenteis, et basibus aeneis. 18 In longitudine occupabit atrium cubitos centum, in latitudine quinquaginta, altitudo quinque cubitorum erit: fietque de bysso retorta, et habebit bases aeneas.

19 Cuncta vasa tabernaculi in omnes usus et caeremonias, tam paxillos eius quam atrii, ex aere facies.

20 Praecipe filiis Israel ut afferant tibi oleum de arboribus olivarum purissimum, piloque contusum: ut ardeat lucerna semper 21 in tabernaculo testimonii, extra velum quod oppansum est testimonio. Et collocabunt eam Aaron et filii eius, ut usque mane luceat coram Domino. Perpetuus erit cultus per successiones eorum a filiis Israel.

Vestes sacerdotum

28 1 Applica quoque ad te Aaron fratrem tuum cum filiis suis de medio filiorum Israel, ut sacerdotio fungantur mihi: Aaron, Nadab, et Abiu, Eleazar, et Ithamar.

2 Faciesque vestem sanctam Aaron fratri tuo in gloriam et decorem. 3 Et loqueris cunctis sapientibus corde quos replevi spiritu prudentiae, ut faciant vestes Aaron, in quibus sanctificatus ministret mihi. 4 Haec autem erunt vestimenta quae facient: Rationale et superhumerale, tunicam et lineam strictam, cidarim et balteum. Facient vestimenta sancta fratri tuo Aaron et filiis eius, ut sacerdotio fungantur mihi. 5 Accipientque aurum, et hyacinthum, et purpuram, coccumque bis tinctum, et byssum.

Superhumerale seu ephod

6 Facient autem superhumerale de auro et hyacintho et purpura, coccoque bis tincto, et bysso retorta, opere polymito. 7 Duas oras iunctas habebit in utroque latere summitatum, ut in unum redeant. 8 Ipsa quoque textura et cuncta operis varietas erit ex auro et hyacintho, et purpura, coccoque bis tincto, et bysso retorta. 9 Sumesque duos lapides onychinos, et sculpes in eis nomina filiorum Israel: 10 sex nomina in lapide uno, et sex reliqua in altero, iuxta ordinem nativitatis eorum. 11 Opere sculptoris et caelatura gemmarii, sculpes eos nominibus filiorum Israel, inclusos auro atque circumdatos: 12 et pones in utroque latere superhumeralis, memoriale filiis Israel. Portabitque Aaron nomina eorum coram Domino super utrumque humerum, ob recordationem.

13 Facies et uncinos ex auro, 14 et duas catenulas ex auro purissimo sibi invicem cohaerentes, quas inseres uncinis.

27 **1-8:** Ex 38,1-7. — **2:** Ex 30,2; Lev 4,7.30; 3 Reg 1,50; Ps 117,27. — **8:** Ex 20,24; 25,40. — **9-10:** Ex 38,9-20. — **16:** Ex 26,36. — **20:** Lev 24,1-4. — **21:** Ex 26,31; 29,9.28; 30,8; 2 Sam 3,3; 2 Par 13,11.

28 **1:** Ex 6,23; Num 18,7; 1 Par 23,13; Hebr 5,4. — **2:** Ex 29,29; 39,1; Lev 8,7.30; Num 20,26-28; Eccli 45,9-16. — **6-12:**

Rationale cum Urim et Thummim

15 Rationale quoque iudicii facies opere
polymito iuxta texturam superhumeralis,
ex auro, hyacintho, et purpura, coccoque
bis tincto, et bysso retorta. 16 Quadrangulum erit et duplex: mensuram palmi
habebit tam in longitudine quam in latitudine. 17 Ponesque in eo quatuor ordines
lapidum: in primo versu erit lapis sardius, et topazius, et smaragdus: 18 in secundo carbunculus, sapphirus, et iaspis:
19 in tertio ligurius, achates, et amethystus: 20 in quarto chrysolithus, onychinus,
et beryllus. Inclusi auro erunt per ordines
suos. 21 Habebuntque nomina filiorum Israel: duodecim nominibus caelabuntur,
singuli lapides nominibus singulorum per
duodecim tribus.
22 Facies in rationali catenas sibi invicem cohaerentes ex auro purissimo: 23 et
duos annulos aureos, quos pones in utraque rationalis summitate: 24 catenasque
aureas iunges annulis, qui sunt in margi-
nibus eius: 25 et ipsarum catenarum extrema duobus copulabis uncinis in utroque latere superhumeralis quod rationale
respicit. 26 Facies et duos annulos aureos,
quos pones in summitatibus rationalis, in
oris, quae e regione sunt superhumeralis,
et posteriora eius aspiciunt. 27 Nec non et
alios duos annulos aureos, qui ponendi
sunt in utroque latere superhumeralis
deorsum, quod respicit contra faciem
iuncturae inferioris, ut aptari possit cum
superhumerali, 28 et stringatur rationale
annulis suis cum annulis superhumeralis
vitta hyacinthina, ut maneat iunctura fabrefacta, et a se invicem rationale et superhumerale nequeant separari. 29 Portabitque Aaron nomina filiorum Israel in
rationali iudicii super pectus suum, quando ingredietur Sanctuarium, memoriale
coram Domino in aeternum.
30 Pones autem in rationali iudicii Doctrinam et Veritatem, quae erunt in pectore Aaron, quando ingredietur coram Domino: et gestabit iudicium filiorum Israel
in pectore suo, in conspectu Domini semper.

Tunica hyacinthina

31 Facies et tunicam superhumeralis totam hyacinthinam, 32 in cuius medio supra erit capitium, et ora per gyrum eius
textilis, sicut fieri solet in extremis vestium partibus, ne facile rumpatur.
33 Deorsum vero, ad pedes eiusdem tunicae, per circuitum, quasi mala punica facies, ex hyacintho, et purpura, et cocco
bis tincto, mixtis in medio tintinnabulis,
34 ita ut tintinnabulum sit aureum et malum punicum: rursumque tintinnabulum
aliud aureum et malum punicum. 35 Et
vestietur ea Aaron in officio ministerii,
ut audiatur sonitus quando ingreditur et
egreditur sanctuarium in conspectu Domini, et non moriatur.

Tiara

36 Facies et laminam de auro purissimo: in qua sculpes opere caelatoris, Sanctum Domino. 37 Ligabisque eam vitta hyacinthina, et erit super tiaram, 38 imminens
fronti pontificis. Portabitque Aaron iniquitates eorum, quae obtulerunt et sanctificaverunt filii Israel, in cunctis muneribus et donariis suis. Erit autem lamina
semper in fronte eius, ut placatus sit eis
Dominus.
39 Stringesque tunicam bysso, et tiaram
byssinam facies, et balteum opere plumarii.

Tunicae sacerdotum et feminalia

40 Porro filiis Aaron tunicas lineas parabis et balteos ac tiaras in gloriam et decorem: 41 vestiesque his omnibus Aaron
fratrem tuum et filios eius cum eo. Et
cunctorum consecrabis manus, sanctificabisque illos, ut sacerdotio fungantur mihi.
42 Facies et feminalia, ut operiant carnem turpitudinis suae, a renibus usque ad
femora: 43 et utentur eis Aaron et filii
eius quando ingredientur tabernaculum
testimonii, vel quando appropinquant
ad altare ut ministrent in sanctuario, ne
iniquitatis rei moriantur. Legitimum sempiternum erit Aaron, et semini eius post
eum.

De consecratione sacerdotum

29 1 Sed et hoc facies, ut mihi in sacerdotio consecrentur. Tolle vitulum
de armento, et arietes duos immaculatos,
2 panesque azymos, et crustulam absque
fermento, quae conspersa sit oleo, lagana
quoque azyma oleo lita: de simila triticea
cuncta facies. 3 Et posita in canistro offeres: vitulum autem et duos arietes. 4 Et
Aaron ac filios eius applicabis ad ostium
tabernaculi testimonii. Cumque laveris
patrem cum filiis suis aqua, 5 indues
Aaron vestimentis suis, id est, linea et tu-

Ex 39,2-7. — **15-28:** Ex 39,8-19. — **17:** Sap 18,24. **30:** Lev 8,8; Deut 33,8; Eccli 45,12. — **31-42:** Ex 39,20-31. — **35:** Eccli 45,10-11. — **36:** Lev 8,9; Sap 18,24; Eccli 45,14. — **38:** Lev 10,17; Num 18,1. — **40:** Ex 30,41. — **41:** Ex 29,7; 30,30; 40,13; Lev 10,7. — **42:** Lev 6,10; 16,4; Eccli 15,10; Ez 44,18.

29 **1-34:** Lev 8,1-32. — **1:** Lev 9,2. — **2:** Lev 2,4; 6,20-22. — **4:** Ex 46,12. — **5:**

nica, et superhumerali et rationali, quod
constringes balteo. 6 Et pones tiaram in
capite eius, et laminam sanctam super tiaram, 7 et oleum unctionis fundes super
caput eius: atque hoc ritu consecrabitur.
8 Filios quoque illius applicabis, et indues
tunicis lineis, cingesque balteo, 9 Aaron
scilicet et liberos eius, et impones eis mitras: eruntque sacerdotes mihi religione
perpetua.

Postquam initiaveris manus eorum,
10 applicabis et vitulum coram tabernaculo testimonii. Imponentque Aaron et filii
eius manus super caput illius, 11 et macta-
bis eum in conspectu Domini, iuxta ostium tabernaculi testimonii. 12 Sumptum-
que de sanguine vituli, pones super cornua
altaris digito tuo, reliquum autem sanguinem fundes iuxta basim eius. 13 Sumes et
adipem totum qui operit intestina, et reticulum iecoris, ac duos renes, et adipem
qui super eos est, et offeres incensum super altare: 14 carnes vero vituli et corium
et fimum combures foris extra castra, eo
quod pro peccato sit.

15 Unum quoque arietem sumes, super
cuius caput ponent Aaron et filii eius manus. 16 Quem cum mactaveris, tolles de
sanguine eius, et fundes circa altare. 17 Ipsum autem arietem secabis in frusta: lo-
taque intestina eius ac pedes pones super
concissas carnes, et super caput illius.
18 Et offeres totum arietem in incensum
super altare: oblatio est Domino, odor
suavissimus victimae Domini.

19 Tolles quoque arietem alterum, super cuius caput Aaron et filii eius ponent
manus. 20 Quem cum immolaveris, sumes
de sanguine eius, et pones super extremum
auriculae dextrae Aaron et filiorum eius,
et super pollices manus eorum ac pedis
dextri, fundesque sanguinem super altare
per circuitum. 21 Cumque tuleris de sanguine qui est super altare, et de oleo
unctionis, asperges Aaron et vestes eius,
filios et vestimenta eorum. Consecratisque
ipsis et vestibus, 22 tolles adipem de ariete,
et caudam et arvinam, quae operit vitalia, ac reticulum iecoris, et duos renes, atque adipem, qui super eos est, armumque
dextrum, eo quod sit aries consecrationis:
23 tortamque panis unius, crustulam conspersam oleo, laganum de canistro azymorum, quod positum est in conspectu
Domini: 24 ponesque omnia super manus
Aaron et filiorum eius, et sanctificabis eos
elevans coram Domino. 25 Suscipiesque
universa de manibus eorum: et incendes
super altare in holocaustum, odorem suavissimum in conspectu Domini, quia oblatio eius est. 26 Sumes quoque pectusculum de ariete, quo initiatus est Aaron,
sanctificabisque illud elevatum coram Domino, et cedet in partem tuam. 27 Sanctificabisque et pectusculum consecratum, et
armum quem de ariete separasti, 28 quo
initiatus est Aaron et filii eius, cedentque
in partem Aaron et filiorum eius iure perpetuo a filiis Israel: quia primitiva sunt
et initia de victimis eorum pacificis quae
offerunt Domino.

29 Vestem autem sanctam, qua utetur
Aaron, habebunt filii eius post eum, ut
ungantur in ea, et consecrentur manus
eorum. 30 Septem diebus utetur illa qui
pontifex pro eo fuerit constitutus de filiis
eius, et qui ingredietur tabernaculum testimonii ut ministret in sanctuario.

31 Arietem autem consecrationis tolles,
et coques carnes eius in loco sancto: 32 quibus vescetur Aaron et filii eius. Panes quoque, qui sunt in canistro, in vestibulo tabernaculi testimonii comedent, 33 ut sit
placabile sacrificium, et sanctificentur offerentium manus. Alienigena non vescetur ex eis, quia sancti sunt. 34 Quod si remanserit de carnibus consecratis, sive de
panibus usque mane, combures reliquias
igni: non comedentur, quia sanctificata
sunt.

35 Omnia, quae praecepi tibi, facies super Aaron et filiis eius. Septem diebus
consecrabis manus eorum: 36 et vitulum
pro peccato offeres per singulos dies ad
expiandum. Mundabisque altare cum immolaveris expiationis hostiam, et unges
illud in sanctificationem. 37 Septem diebus
expiabis altare, et sanctificabis, et erit
Sanctum sanctorum: omnis, qui tetigerit
illud, sanctificabitur.

De holocausto perpetuo

38 Hoc est quod facies in altari: Agnos
anniculos duos per singulos dies iugiter,
39 unum agnum mane, et alterum vespere, 40 decimam partem similae conspersae
oleo tuso, quod habeat mensuram quartam partem hin, et vinum ad libandum
eiusdem mensurae in agno uno.

41 Alterum vero agnum offeres ad vesperam iuxta ritum matutinae oblationis,
et iuxta ea quae diximus, in odorem sua-

Ex 28,2-4. — **6:** Ex 28,36-37; 29,29; Eccli 45,14. — **7:** Ex 28,41; 29,21; 30,25; Lev 10,7; 21,10; Num 35,25; Ps 132,2; Eccli 45,18. — **8:** Ex 28,4.39. — **9:** Ex 28,41; 29,33; Lev 16,32. — **10-11:** Lev 1,3-5. — **13:** Lev 3,3-4. — **14:** Lev 4,11-12.21; Num 19,3-5; Hebr 13,11 — **15:** Ex 29,1.10.19. — **19:** Ex 29,1.10.15. — **22:** **22:** Lev 3,3-4; 7,37. — **23:** Ex 29,2-3. — **24:** Lev 7,30. — **25:** Lev 6,22-23. — **27-28:** Lev 7,31-34; 16,14-19; Num 18,18; Deut 18,3.— **29:** Ex 29,9; Num 20,26.28.— **32:** Lev 8,31; 24,9; Mt 12,4. — **33:** Lev 22,10. — **36:** Ex 30,26-29; 40,9-10; Lev 8,14. — **37:** Lev 8,33. — **38-42:** Num 28,2-8. — **38-39:** 3 Reg 18,29; 4 Reg 16,15; 1 Par 16,40; 2 Par 2,4; 13,11; 31,3; Esdr 3,3; 9,4-5; Ez 46,13-15; Dan 8,11-13. —

vitatis: 42 sacrificium est Domino, oblatione perpetua in generationes vestras, ad ostium tabernaculi testimonii coram Domino, ubi constituam ut loquar ad te. 43 Ibique praecipiam filiis Israel, et sanctificabitur altare in gloria mea. 44 Sanctificabo et tabernaculum testimonii cum altari, et Aaron cum filiis suis, ut sacerdotio fungantur mihi. 45 Et habitabo in medio filiorum Israel, eroque eis Deus, 46 et scient quia ego Dominus Deus eorum, qui eduxi eos de terra Aegypti, ut manerem inter illos, ego Dominus Deus ipsorum.

De altari thymiamatis

30 1 Facies quoque altare ad adolendum thymiama, de lignis setim, 2 habens cubitum longitudinis, et alterum latitudinis, id est, quadrangulum, et duos cubitos in altitudine. Cornua ex ipso procedent. 3 Vestiesque illud auro purissimo, tam craticulam eius, quam parietes per circuitum, et cornua. Faciesque ei coronam aureolam per gyrum, 4 et duos annulos aureos sub corona per singula latera, ut mittantur in eos vectes, et altare portetur. 5 Ipsos quoque vectes facies de lignis setim, et inaurabis. 6 Ponesque altare contra velum, quod ante arcam pendet testimonii coram propitiatorio quo tegitur testimonium, ubi loquar tibi.

7 Et adolebit incensum super eo Aaron, suave fragrans, mane. Quando componet lucernas, incendet illud: 8 Et quando collocabit eas ad vesperum, uret thymiama sempiternum coram Domino in generationes vestras. 9 Non offeretis super eo thymiama compositionis alterius, nec oblationem, et victimam, nec libabitis libamina. 10 Et deprecabitur Aaron super cornua eius semel per annum, in sanguine quod oblatum est pro peccato, et placabit super eo in generationibus vestris. Sanctum sanctorum erit Domino.

De pretio solvendo pro animae redemptione

11 Locutusque est Dominus ad Moysen, dicens: 12 Quando tuleris summam filiorum Israel iuxta numerum, dabunt singuli pretium pro animabus suis Domino, et non erit plaga in eis, cum fuerint recensiti. 13 Hoc autem dabit omnis qui transit ad nomen, dimidium sicli iuxta mensuram templi. Siclus viginti obolos habet. Media pars sicli offeretur Domino. 14 Qui habetur in numero, a viginti annis et supra, dabit pretium. 15 Dives non addet ad medium sicli, et pauper nihil minuet. 16 Susceptamque pecuniam, quae collata est a filiis Israel, trades in usus tabernaculi testimonii, ut sit monimentum eorum coram Domino, et propitietur animabus eorum.

De labro aeneo

17 Locutusque est Dominus ad Moysen, dicens: 18 Facies et labrum aeneum cum basi sua ad lavandum: ponesque illud inter tabernaculum testimonii et altare. Et missa aqua, 19 lavabunt in ea Aaron et filii eius manus suas ac pedes, 20 quando ingressuri sunt tabernaculum testimonii, et quando accessuri sunt ad altare, ut offerant in eo thymiama Domino, 21 ne forte moriantur; legitimum sempiternum erit ipsi, et semini eius per successiones.

De oleo unctionis et de thymiamate

22 Locutusque est Dominus ad Moysen, 23 dicens: Sume tibi aromata, primae myrrhae et electae quingentos siclos, et cinnamoni medium, id est, ducentos quinquaginta siclos, calami similiter ducentos quinquaginta, 24 casiae autem quingentos siclos in pondere sanctuarii, olei de olivetis mensuram hin: 25 faciesque unctionis oleum sanctum, unguentum compositum opere unguentarii, 26 et unges ex eo tabernaculum testimonii, et arcam testamenti, 27 mensamque cum vasis suis, candelabrum, et utensilia eius, altaria thymiamatis, 28 et holocausti, et universam supellectilem quae ad cultum eorum pertinet. 29 Sanctificabisque omnia, et erunt Sancta sanctorum; qui tetigerit ea, sanctificabitur. 30 Aaron et filios eius unges, sanctificabisque eos, ut sacerdotio fungantur mihi. 31 Filiis quoque Israel dices: Hoc oleum unctionis sanctum erit mihi in generationes vestras. 32 Caro hominis non ungetur ex eo, et iuxta compositionem eius non facietis aliud, quia sanctificatum est, et sanctum erit vobis. 33 Homo quicumque tale composuerit, et dederit ex eo, alieno, exterminabitur de populo suo.

34 Dixitque Dominus ad Moysen: Sume tibi aromata, stacten et onycha, galbanum boni odoris, et thus lucidissimum, aequalis ponderis erunt omnia: 35 faciesque thymiama compositum opere unguentarii,

42: Ex 25,22. — **43:** Ex 40,32. — **45:** Ex 25,8; Lev 26,11-12.

30 **1-5:** Ex 37,25-28. — **1:** Ex 40,5; Lev 4,7. — **2:** Ex 27,2. — **3:** Ex 40,5.24. — **6:** Ex 25,21-22; 26,33; 40,27. — **7:** Ex 27,20-21; 1 Sam 2,28; 1 Par 23,13; Lc 1,9. — **9:** Lev 10,1. — **10:** Lev 16,18; 23,27. — **12:** Num 1,2-5; 26,2; 2 Sam 24,2.15. — **13:** Ex 38,24-26; Lev 5,15; 27,3.25; Num 3,47; 18,16; Ez 45,12; Mt 17,23-24. — **16:** Ex 38,35. — **18:** Ex 38,8; 40,7.28. — **19-20:** Ex 40,29-30; Hebr 10,22. — **25:** Ex 37,29. — **26-28:** Ex 40,9-11; Lev 8,10; Num 7,1. — **29:** Ex 29,37. — **30:** Ex 29,7. — **34-35:** Ex 25,6; 37,29. — **36:** Ex 25,22; 29,42; 30,6.

mixtum diligenter, et purum, et sanctificatione dignissimum. 36 Cumque in te-
nuissimum pulverem universa contuderis,
pones ex eo coram tabernaculo testimonii, in quo loco apparebo tibi. Sanctum
sanctorum erit vobis thymiama. 37 Talem
compositionem non facietis in usus vestros, quia sanctum est Domino. 38 Homo
quicumque fecerit simile, ut odore illius
perfruatur, peribit de populis suis.

Designatio artificum ad opus exequendum

31 1 Locutusque est Dominus ad
Moysen, dicens: 2 Ecce, vocavi ex
nomine Beseleel filium Uri filii Hur de
tribu Iuda, 3 et implevi spiritu Dei, sapientia, et intelligentia et scientia in omni
opere, 4 ad excogitandum quidquid fabre-
fieri potest ex auro, et argento, et aere,
5 marmore, et gemmis, et diversitate lignorum. 6 Dedique ei socium Ooliab filium
Achisamech de tribu Dan. Et in corde
omnis eruditi posui sapientiam: ut faciant
cuncta quae praecepi tibi, 7 tabernaculum
foederis, et arcam testimonii, et propitiatorium, quod super eam est, et cuncta vasa
tabernaculi, 8 mensamque et vasa eius,
candelabrum purissimum cum vasis suis,
et altaria thymiamatis, 9 et holocausti, et
omnia vasa eorum, labrum cum basi sua,
10 vestes sanctas in ministerio Aaron
sacerdoti, et filiis eius, ut fungantur officio suo in sacris: 11 oleum unctionis, et
thymiama aromatum in sanctuario, omnia
quae praecepi tibi, facient.

De lege sabbati

12 Et locutus est Dominus ad Moysen,
dicens: 13 Loquere filiis Israel, et dices ad
eos: Videte ut sabbatum meum custodiatis: quia signum est inter me et vos in generationibus vestris: ut sciatis quia ego
Dominus, qui sanctifico vos.
14 Custodite sabbatum meum, sanctum
est enim vobis: qui polluerit illud, morte
morietur: qui fecerit in eo opus, peribit
anima illius de medio populi sui. 15 Sex
diebus facietis opus: in die septimo sabbatum est, requies sancta Domino; omnis
qui fecerit opus in hac die, morietur.
16 Custodiant filii Israel sabbatum, et celebrent illud in generationibus suis. Pactum est sempiternum 17 inter me et filios
Israel, signumque perpetuum; sex enim
diebus fecit Dominus caelum et terram,
et in septimo ab opere cessavit.
18 Deditque Dominus Moysi, completis
huiuscemodi sermonibus in monte Sinai,
duas tabulas testimonii lapideas, scriptas
digito Dei.

Vitulus aureus adoratur

32 1 Videns autem populus quod moram faceret descendendi de monte
Moyses, congregatus adversus Aaron, dixit: Surge, fac nobis deos, qui nos praecedant: Moysi enim huic viro, qui nos eduxit de terra Aegypti, ignoramus quid acciderit. 2 Dixitque ad eos Aaron: Tollite
inaures aureas de uxorum, filiorumque et
filiarum vestrarum auribus, et afferte ad
me. 3 Fecitque populus quae iusserat, deferens inaures ad Aaron. 4 Quas cum ille
accepisset, formavit opere fusorio, et fecit
ex eis vitulum conflatilem: dixeruntque:
Hi sunt dii tui Israel, qui te eduxerunt de
terra Aegypti. 5 Quod cum vidisset Aaron
aedificavit altare coram eo, et praeconis
voce clamavit dicens: Cras solemnitas
Domini est. 6 Surgentesque mane, obtulerunt holocausta, et hostias pacificas, et
sedit populus manducare, et bibere, et
surrexerunt ludere.

Moyses intercedit pro populo

7 Locutus est autem Dominus ad Moysen, dicens: Vade, descende: peccavit populus tuus, quem eduxisti de terra Aegypti. 8 Recesserunt cito de via, quam ostendisti eis: feceruntque sibi vitulum conflatilem, et adoraverunt, atque immolantes
ei hostias, dixerunt: Isti sunt dii tui Israel,
qui te eduxerunt de terra Aegypti. 9 Rursumque ait Dominus ad Moysen: Cerno
quod populus iste durae cervicis sit: 10 dimitte me, ut irascatur furor meus contra
eos, et deleam eos, faciamque te in gentem magnam. 11 Moyses autem orabat
Dominum Deum suum, dicens: Cur, Domine, irascitur furor tuus contra populum tuum, quem eduxisti de terra Aegypti, in fortitudine magna, et in manu robusta? 12 Ne quaeso dicant Aegyptii: Callide eduxit eos, ut interficeret in montibus, et deleret e terra: quiescat ira tua, et

31 **1-6:** Ex 35,30-35. — **2:** Ex 24,14; 36,1; 1 Par 2,20. — **6-11:** Ex 38,10-19. — **7:** Ex 36,8-38; 37,1-9. — **8:** Ex 37,10-28. — **9:** Ex 38,1-8. — **10:** Ex 39,1-30. — **11:** Ex 30,25.31.34-35; 37,29. — **12-17:** Ex 35,1-3. — **13:** Ex 20,8-11; Lev 19,3.30; Deut 5,12; Ier 17,21; Ez 20,12. — **14:** Num 15,32-36; Ier 17,27. — **15:** Ex 16,23; 20,9-10. — **17:** Gen 2,2; Hebr 4,4.10. **18:** Ex 34,12; 32,15-16; Deut 4,13; 5,22; 9,10-11; 10,4.

32 **1:** Ex 13,21; 24,18; Deut 9,9; Act 7,40. — **4:** Deut 9,16; Neh 9,18; Ps 105,19; Act 7,41. — **6:** 1 Cor 10,7. — **7:** Deut 9,12.16. — **8:** Ex 20,4-5.23; 32,4; 3 Reg 12,28. — **9-10:** Ex 33,3.5; 34,9; Num 14,11-12; Deut 9,13-14; 31,27; Neh 9,16; Ps 105,25; Act 7,51. **11-12:** Num 14,13-19; Deut 9,18.25-29; 32,26-

esto placabilis super nequitia populi tui. 13 Recordare Abraham, Isaac, et Israel servorum tuorum, quibus iurasti per temetipsum, dicens: Multiplicabo semen vestrum sicut stellas caeli: et universam terram hanc, de qua locutus sum, dabo semini vestro, et possidebitis eam semper. 14 Placatusque est Dominus ne faceret malum quod locutus fuerat adversus populum suum.

Moyses in castris

15 Et reversus est Moyses de monte, portans duas tabulas testimonii in manu sua, scriptas ex utraque parte, 16 et factas opere Dei: scriptura quoque Dei erat sculpta in tabulis.

17 Audiens autem Iosue tumultum populi vociferantis, dixit ad Moysen: Ululatus pugnae auditur in castris. 18 Qui respondit: Non est clamor adhortantium ad pugnam, neque vociferatio compellentium ad fugam: sed vocem cantantium ego audio. 19 Cumque appropinquasset ad castra, vidit vitulum, et choros: iratusque valde, proiecit de manu tabulas, et confregit eas ad radicem montis: 20 arripiensque vitulum quem fecerant, combussit, et contrivit usque ad pulverem, quem sparsit in aquam, et dedit ex eo potum filiis Israel.

21 Dixitque ad Aaron: Quid tibi fecit hic populus, ut induceres super eum peccatum maximum? 22 Cui ille respondit: Ne indignetur dominus meus: tu enim nosti populum istum, quod pronus sit ad malum: 23 dixerunt mihi: Fac nobis deos, qui nos praecedant: huic enim Moysi, qui nos eduxit de terra Aegypti, nescimus quid acciderit. 24 Quibus ego dixi: Quis vestrum habet aurum? Tulerunt, et dederunt mihi: et proieci illud in ignem, egressusque est hic vitulus.

Peccati punitio

25 Videns ergo Moyses populum quod esset nudatus (spoliaverat enim eum Aaron propter ignominiam sordis, et inter hostes nudum constituerat), 26 et stans in porta castrorum, ait: Si quis est Domini, iungatur mihi. Congregatique sunt ad eum omnes filii Levi: 27 quibus ait: Haec dicit Dominus Deus Israel: Ponat vir gladium super femur suum: ite, et redite de porta usque ad portam per medium castrorum, et occidat unusquisque fratrem, et amicum, et proximum suum. 28 Feceruntque filii iuxta sermonem Moysi, cecideruntque in die illa quasi viginti tria millia hominum. 29 Et ait Moyses: Consecrastis manus vestras hodie Domino, unusquisque in filio, et in fratre suo, ut detur vobis benedictio.

30 Facto autem altero die, locutus est Moyses ad populum: Peccastis peccatum maximum: ascendam ad Dominum, si quo modo quivero eum deprecari pro scelere vestro. 31 Reversusque ad Dominum, ait: Obsecro, peccavit populus iste peccatum maximum, feceruntque sibi deos aureos: aut dimitte eis hanc noxam, 32 aut si non facis, dele me de libro tuo quem scripsisti. 33 Cui respondit Dominus: Qui peccaverit mihi, delebo eum de libro meo; 34 tu autem vade; et duc populum istum quo locutus sum tibi: angelus meus praecedet te. Ego autem in die ultionis visitabo et hoc peccatum eorum. 35 Percussit ergo Dominus populum pro reatu vituli, quem fecerat Aaron.

Mandatum proficiscendi

33 1 Locutusque est Dominus ad Moysen, dicens: Vade, ascende de loco isto tu, et populus tuus quem eduxisti de terra Aegypti, in terram quam iuravi Abraham, Isaac, et Iacob, dicens: Semini tuo dabo eam: 2 mittam praecursorem tui angelum, ut eiiciam Chananaeum, et Amorrhaeum, et Hethaeum, et Pherezaeum, et Hevaeum, et Iebusaeum, 3 et intres in terram fluentem lacte et melle. Non enim ascendam tecum, quia populus durae cervicis es: ne forte disperdam te in via.

4 Audiensque populus sermonem hunc pessimum, luxit: et nullus ex more indutus est cultu suo. 5 Dixitque Dominus ad Moysen: Loquere filiis Israel: Populus durae cervicis es, semel ascendam in medio tui, et delebo te. Iam nunc depone ornatum tuum, ut sciam quid faciam tibi. 6 Deposuerunt ergo filii Israel ornatum suum a monte Horeb.

Tabernaculum extra castra transfertur

7 Moyses quoque tollens tabernaculum, tetendit extra castra procul, vocavitque nomen eius, tabernaculum foederis. Et omnis populus, qui habebat aliquam quaestionem, egrediebatur ad tabernacu-

27; Ps 105,23. — **13:** Gen 12,7; 13,15; 15,2.18; 22,16-18; 26,4; 28,13-14; 35,11-12; 48,16; Hebr 6,13-14. — **15:** Deut 9,15. — **16:** Ex 31,18. — **17:** Ex 17,9-10; 24,13. — **19:** Deut 9,16-17. — **20:** Deut 9,21. — **22:** Ex 14,11; 15,24; 16,2; 17,2-4. — **23:** Ex 32,1. — **24:** Ex 32,2-4. — **26-29:** Deut 33,8-11. — **30-31:** Ex 20,23; Deut 9,18. — **32:** Ps 68,29; 138,16; Dan 12,1; Phil 4,3; Apoc 3,5. — **33:** Ez 18,4.20. — **34:** Ex 14,19.

33 **1:** Gen 12,7; Ex 32,13. — **2:** Ex 23,23; 32,34; 34,11; Deut 7,22-24; Ios 23,5; 24,11. — **3:** Ex 3,8; 32,9; Deut 9,13. — **7:** Ex

lum foederis, extra castra. 8 Cumque egrederetur Moyses ad tabernaculum, surge-
bat universa plebs, et stabat unusquisque
in ostio papilionis sui, aspiciebantque
tergum Moysi, donec ingrederetur tentorium. 9 Ingresso autem illo tabernaculum
foederis, descendebat columna nubis, et
stabat ad ostium, loquebaturque cum
Moyse, 10 cernentibus universis quod columna nubis staret ad ostium tabernaculi.
Stabantque ipsi, et adorabant per fores
tabernaculorum suorum. 11 Loquebatur
autem Dominus ad Moysen facie ad faciem, sicut solet loqui homo ad amicum
suum. Cumque ille reverteretur in castra,
minister eius Iosue filius Nun, puer, non
recedebat de tabernaculo.

Dominus ipse Hebraeis praecedet

12 Dixit autem Moyses ad Dominum:
Praecipis ut educam populum istum: et
non indicas mihi quem missurus es mecum, praesertim cum dixeris: Novi te ex
nomine, et invenisti gratiam coram me.
13 Si ergo inveni gratiam in conspectu
tuo, ostende mihi faciem tuam, ut sciam
te, et inveniam gratiam ante oculos tuos:
respice populum tuum gentem hanc. 14 Dixitque Dominus: Facies mea praecedet te,
et requiem dabo tibi.
15 Et ait Moyses: Si non tu ipse praecedas, ne educas nos de loco isto. 16 In
quo enim scire poterimus ego et populus
tuus invenisse nos gratiam in conspectu
tuo, nisi ambulaveris nobiscum, ut glori-
ficemur ab omnibus populis qui habitant
super terram? 17 Dixit autem Dominus ad
Moysen: Et verbum istud, quod locutus
es, faciam: invenisti enim gratiam coram
me, et teipsum novi ex nomine.

Moysi revelatur gloria Dei

18 Qui ait: Ostende mihi gloriam tuam.
19 Respondit: Ego ostendam omne bonum
tibi, et vocabo in nomine Domini coram
te: et miserebor cui voluero, et clemens
ero in quem mihi placuerit. 20 Rursumque
ait: Non poteris videre faciem meam:
non enim videbit me homo, et vivet. 21 Et
iterum: Ecce, inquit, est locus apud me,
et stabis supra petram. 22 Cumque transibit gloria mea, ponam te in foramine
petrae, et protegam: 23 tollamque manum
meam, et videbis posteriora mea: faciem
autem meam videre non poteris.

34 1 Ac deinceps: Praecide, ait, tibi
duas tabulas lapideas instar priorum, et scribam super eas verba, quae
habuerunt tabulae quas fregisti. 2 Esto
paratus mane, ut ascendas statim in montem Sinai, stabisque mecum super verticem montis. 3 Nullus ascendat tecum, nec
videatur quispiam per totum montem:
boves quoque et oves non pascantur e
contra. 4 Excidit ergo duas tabulas lapideas, quales antea fuerant: et de nocte
consurgens ascendit in montem Sinai, sicut praeceperat ei Dominus, portans secum tabulas.
5 Cumque descendisset Dominus per
nubem, stetit Moyses cum eo, invocans
nomen Domini. 6 Quo transeunte coram
eo, ait: Dominator Domine Deus, misericors et clemens, patiens et multae miserationis, ac verax, 7 qui custodis misericordiam in millia: qui aufers iniquitatem,
et scelera, atque peccata, nullusque apud
te per se innocens est. Qui reddis iniquitatem patrum filiis, ac nepotibus in tertiam et quartam progeniem. 8 Festinusque
Moyses, curvatus est pronus in terram,
et adorans 9 ait: Si inveni gratiam in conspectu tuo Domine, obsecro ut gradiaris
nobiscum (populus enim durae cervicis
est) et auferas iniquitates nostras atque
peccata, nosque possideas.

Conditiones foederis

10 Respondit Dominus: Ego inibo pactum videntibus cunctis, signa faciam quae
nunquam visa sunt super terram, nec in
ullis gentibus: ut cernat populus iste, in
cuius es medio, opus Domini terribile
quod facturus sum. 11 Observa cuncta
quae hodie mando tibi: ego ipse eiiciam
ante faciem tuam Amorrhaeum, et Chananaeum, et Hethaeum, Pherezaeum quoque, et Hevaeum, et Iebusaeum. 12 Cave
ne unquam cum habitatoribus terrae illius iungas amicitias, quae sint tibi in
ruinam: 13 sed aras eorum destrue, confringe statuas, lucosque succide: 14 noli
adorare deum alienum. Dominus zelotes
nomen eius, Deus est aemulator. 15 Ne
ineas pactum cum hominibus illarum regionum: ne, cum fornicati fuerint cum
diis suis, et adoraverint simulachra eorum,
vocet te quispiam ut comedas de immolatis. 16 Nec uxorem de filiabus eorum
accipies filiis tuis: ne, postquam ipsae

29,42-43. — **9:** Ex 13,21; 25,22. — **11:** Ex 17,9-10; 24,13; 32,17; Num 12,8; Deut 34,10; Eccli 45,6. — **12:** Ex 32,34. — **14:** Ios 1,15. — **16:** Num 14,14. — **17:** Ex 33,12-13. — **19:** Rom 9,15. — **20:** Gen 32,30; Iud 6,22; Io 1,18; 5,37; 6,46; 1 Tim 6,16; 1 Io 4,12.

34 **1:** Ex 32,19; Deut 10,1-4. — **2:** Ex 19,20. — **3:** Ex 19,12-13.21. — **5:** Num 11,25. — **6-7:** Ex 20,5-6; Num 14,13; Deut 5,9-10; Ier 32,18. — **9:** Ex 32,9; 33,15-16. — **10:** Deut 4,32-35; 5,2; 10,21; 29,1; 2 Sam 7,23; Ier 32,40. — **11:** Ex 13,5; 33,2. — **12:** Ex 23,32-33; Deut 7,1-2; Ios 23,12-13. — **13:** Ex 23,24; Deut 7,5; 12,3; Iud 2,2; 4 Reg 18,4; 2 Par 34,3-4. — **14:** Ex 20,3-5. — **15:** Num 25,2; Deut

fuerint fornicatae, fornicari faciant et filios tuos in deos suos.

17 Deos conflatiles non facies tibi.

18 Solemnitatem azymorum custodies. Septem diebus vesceris azymis, sicut praecepi tibi, in tempore mensis novorum: mense enim verni temporis egressus es de Aegypto. 19 Omne quod aperit vulvam generis masculini, meum erit. De cunctis animantibus, tam de bobus, quam de ovibus, meum erit. 20 Primogenitum asini redimes ove: sin autem nec pretium pro eo dederis, occidetur. Primogenitum filiorum tuorum redimes: nec apparebis in conspectu meo vacuus.

21 Sex diebus operaberis, die septimo cessabis arare et metere. 22 Solemnitatem hebdomadarum facies tibi in primitiis frugum messis tuae triticeae, et solemnitatem, quando redeunte anni tempore cuncta conduntur.

23 Tribus temporibus anni apparebit omne masculinum tuum in conspectu omnipotentis Domini Dei Israel. 24 Cum enim tulero gentes a facie tua, et dilatavero terminos tuos, nullus insidiabitur terrae tuae, ascendente te, et apparente in conspectu Domini Dei tui ter in anno. 25 Non immolabis super fermento sanguinem hostiae meae: neque residebit mane de victima solemnitatis Phase.

26 Primitias frugum terrae tuae offeres in domo Domini Dei tui.

Non coques haedum in lacte matris suae.

27 Dixitque Dominus ad Moysen: Scribe tibi verba haec, quibus et tecum et cum Israel pepigi foedus.

28 Fuit ergo ibi cum Domino quadraginta dies et quadraginta noctes: panem non comedit, et aquam non bibit, et scripsit in tabulis verba foederis decem. 29 Cumque descenderet Moyses de monte Sinai, tenebat duas tabulas testimonii, et ignorabat quod cornuta esset facies sua ex consortio sermonis Domini. 30 Videntes autem Aaron et filii Israel cornutam Moysi faciem, timuerunt prope accedere. 31 Vocatique ab eo, reversi sunt tam Aaron, quam principes synagogae. Et postquam locutus est ad eos, 32 venerunt ad eum etiam omnes filii Israel: quibus praecepit cuncta quae audierat a Domino in monte Sinai. 33 Impletisque sermonibus, posuit velamen super faciem suam. 34 Quod ingressus ad Dominum, et loquens cum eo, auferebat donec exiret, et tunc loquebatur ad filios Israel omnia quae sibi fuerant imperata. 35 Qui videbant faciem egredientis Moysi esse cornutam, sed operiebat ille rursus faciem suam, si quando loquebatur ad eos.

Dona populi in tabernaculum

35 1 Igitur congregata omni turba filiorum Israel, dixit ad eos: Haec sunt quae iussit Dominus fieri. 2 Sex diebus facietis opus: septimus dies erit vobis sanctus, sabbatum, et requies Domini: qui fecerit opus in eo, occidetur. 3 Non succendetis ignem in omnibus habitaculis vestris per diem sabbati.

4 Et ait Moyses ad omnem catervam filiorum Israel: Iste est sermo quem praecepit Dominus, dicens: 5 Separate apud vos primitias Domino. Omnis voluntarius et prono animo offerat eas Domino: aurum et argentum, et aes, 6 hyacinthum et purpuram, coccumque bis tinctum, et byssum, pilos caprarum, 7 pellesque arietum rubricatas, et ianthinas, ligna setim, 8 et oleum ad luminaria concinnanda, et ut conficiatur unguentum, et thymiama suavissimum, 9 lapides onychinos, et gemmas ad ornatum superhumeralis et rationalis.

10 Quisquis vestrum sapiens est, veniat, et faciat quod Dominus imperavit: 11 tabernaculum scilicet, et tectum eius, atque operimentum, annulos, et tabulata cum vectibus, paxillos, et bases: 12 arcam et vectes, propitiatorium, et velum, quod ante illud oppanditur: 13 mensam cum vectibus et vasis, et propositionis panibus: 14 candelabrum ad luminaria sustentanda, vasa illius et lucernas, et oleum ad nutrimenta ignium: 15 altare thymiamatis, et vectes, et oleum unctionis et thymiama ex aromatibus: tentorium ad ostium tabernaculi: 16 altare holocausti, et craticulam eius aeneam cum vectibus et vasis suis: labrum et basim eius: 17 cortinas atrii cum columnis et basibus, tentorium in foribus vestibuli, 18 paxillos tabernaculi et atrii cum funiculis suis: 19 vestimenta, quorum usus est in ministerio sanctuarii, vestes Aaron pontificis ac filiorum eius, ut sacerdotio fungantur mihi.

20 Egressaque omnis multitudo filiorum Israel de conspectu Moysi, 21 obtulerunt mente promptissima atque devota primitias Domino, ad faciendum opus tabernaculi testimonii. Quidquid ad cultum et ad

7,2. — **16:** Deut 7,3-4; 3 Reg 11,2. — **17:** Lev 19,4; Deut 27,15. — **18-26:** Ex 23,14-19. — **18:** Ex 12,15; 13,3-4. — **19:** Ex 13,2.12; 22,29. — **20:** Ex 13,13; 18,15; 23,15; Deut 16,16; Eccli 35,6. — **21:** Ex 20,9. — **22:** Ex 23,16; Deut 16,10.13. — **23:** Ex 23,17; Deut 16,16. — **24:** Ex 33,2; Deut 12,20. — **25:** Ex 12,8.10. — **26:** Ex 23,19; Num 18,12-13; Deut 14,21; 26,2-10. — **28:** Ex 24,18; Deut 4,13; 9,9.18; 10,2.4. **29:** 2 Cor 3,7. — **33:** 2 Cor 3,13. — **34:** 2 Cor 3,16.

35 **1-3:** Ex 16,23; 20,9; 31,12-17. — **5-9:** Ex 25,2-7. — **10-19:** Ex 31,6-11. — **10:** Ex 28,3; 36,1-2. — **11:** Ex 26,1-30. — **12:** Ex 25,10-22; 26,31.33. — **13:** Ex 25,23-30. — **14:** Ex 25, 31-39; 27,29. — **15:** Ex 26,36-37; 30,1-10.23-38.

vestes sanctas necessarium erat, 22 viri cum
mulieribus praebuerunt, armillas et inaures, annulos et dextralia: omne vas aureum
in donaria Domini separatum est. 23 Si
quis habebat hyacinthum, et purpuram,
coccumque bis tinctum, byssum et pilos
caprarum, pelles arietum rubricatas, et
ianthinas, 24 argenti, aerisque metalla obtulerunt Domino, lignaque setim in varios
usus. 25 Sed et mulieres doctae, quae ne-
verant, dederunt hyacinthum, purpuram,
et vermiculum, ac byssum, 26 et pilos caprarum, sponte propria cuncta tribuentes.
27 Principes vero obtulerunt lapides onychinos, et gemmas ad superhumerale et
rationale, 28 aromataque et oleum ad luminaria concinnanda, et ad praeparandum unguentum, ac thymiama odoris
suavissimi componendum. 29 Omnes viri
et mulieres mente devota obtulerunt donaria, ut fierent opera, quae iusserat Dominus per manum Moysi. Cuncti filii
Israel voluntaria Domino dedicaverunt.

Praeponuntur artifices

30 Dixitque Moyses ad filios Israel: Ecce, vocavit Dominus ex nomine Beseleel
filium Uri, filii Hur de tribu Iuda. 31 Implevitque eum spiritu Dei, sapientia et
intelligentia, et scientia et omni doctrina,
32 ad excogitandum, et faciendum opus
in auro, et argento, et aere, 33 sculpen-
disque lapidibus, et opere carpentario,
quidquid fabre adinveniri potest, 34 dedit
in corde eius: Ooliab quoque filium Achisamech de tribu Dan: 35 ambos erudivit
sapientia, ut faciant opera abietarii, po-
lymitarii, ac plumarii, de hyacintho ac
purpura, coccoque bis tincto, et bysso,
et texant omnia, ac nova quaeque repe-
riant.

36 1 Fecit ergo Beseleel, et Ooliab, et
omnis vir sapiens, quibus dedit
Dominus sapientiam et intellectum, ut scirent fabre operari quae in usus sanctuarii
necessaria sunt, et quae praecepit Dominus. 2 Cumque vocasset eos Moyses et
omnem eruditum virum, cui dederat Dominus sapientiam, et qui sponte sua obtulerant se ad faciendum opus, 3 tradidit
eis universa donaria filiorum Israel. Qui
cum instarent operi, quotidie mane vota
populus offerebat.
4 Unde artifices venire compulsi, 5 dixerunt Moysi: Plus offert populus quam
necessarium est. 6 Iussit ergo Moyses praeconis voce cantari: Nec vir nec mulier
quidquam offerat ultra in opere sanctuarii. Sicque cessatum est a muneribus offerendis, 7 eo quod oblata sufficerent et
superabundarent.

Executio operum tabernaculi

8 Feceruntque omnes corde sapientes
ad explendum opus tabernaculi, cortinas
decem de bysso retorta, et hyacintho, et
purpura, coccoque bis tincto, opere vario,
et arte polymita: 9 quarum una habebat
in longitudine viginti octo cubitos, et in
latitudine quatuor; una mensura erat omnium cortinarum. 10 Coniunxitque cortinas quinque, alteram alteri, et alias quinque sibi invicem copulavit. 11 Fecit et
ansas hyacinthinas in ora cortinae unius
ex utroque latere, et in ora cortinae alterius similiter, 12 ut contra se invicem venirent ansae, et mutuo iungerentur. 13 Unde et quinquaginta fudit circulos aureos,
qui morderent cortinarum ansas, et fieret
unum tabernaculum.
14 Fecit et saga undecim de pilis caprarum ad operiendum tectum tabernaculi:
15 unum sagum in longitudine habebat
cubitos triginta, et in latitudine cubitos
quatuor: unius mensurae erant omnia
saga: 16 quorum quinque iunxit seorsum,
et sex alia separatim. 17 Fecitque ansas
quinquaginta in ora sagi unius, et quinquaginta in ora sagi alterius, ut sibi invicem iungerentur. 18 Et fibulas aeneas
quinquaginta, quibus necteretur tectum,
ut unum pallium ex omnibus sagis fieret.
19 Fecit et opertorium tabernaculi de pellibus arietum rubricatis: aliudque desuper
velamentum de pellibus ianthinis.
20 Fecit et tabulas tabernaculi de lignis
setim stantes. 21 Decem cubitorum erat
longitudo tabulae unius: et unum ac semis cubitum latitudo retinebat. 22 Binae
incastraturae erant per singulas tabulas,
ut altera alteri iungeretur. Sic fecit in omnibus tabernaculi tabulis. 23 E quibus viginti ad plagam meridianam erant contra
austrum, 24 cum quadraginta basibus argenteis. Duae bases sub una tabula pone-
bantur ex utraque parte angulorum, ubi
incastraturae laterum in angulis termi-
nantur. 25 Ad plagam quoque tabernaculi, quae respicit ad aquilonem, fecit viginti
tabulas, 26 cum quadraginta basibus argenteis, duas bases per singulas tabulas.
27 Contra occidentem vero, id est, ad eam
partem tabernaculi quae mare respicit,
fecit sex tabulas, 28 et duas alias per singulos angulos tabernaculi retro: 29 quae
iunctae erant a deorsum usque sursum,
et in unam compaginem pariter ferebantur. Ita fecit ex utraque parte per angulos:

16: Ex 27,1-8; 30,18-21. — **17:** Ex 27,8-17. — **18** Ex 27,19; 39,40. — **22-28:** Ex 25,3-7. — **30-35:** Ex 31,1-6.

36 **1:** Ex 31,6; 35,10. — **8-19:** 26,1.14. — **20-34:** Ex 26,15-20. — **35-38:** Ex 26, 31-37.

30 ut octo essent simul tabulae, et haberent bases argenteas sedecim, binas scilicet bases sub singulis tabulis. 31 Fecit et
vectes de lignis setim, quinque ad continendas tabulas unius lateris tabernaculi,
32 et quinque alios ad alterius lateris coap-
tandas tabulas: et extra hos, quinque alios
vectes ad occidentalem plagam tabernaculi
contra mare. 33 Fecit quoque vectem
alium, qui per medias tabulas ab angulo
usque ad angulum perveniret. 34 Ipsa autem tabulata deauravit, fusis basibus earum argenteis. Et circulos eorum fecit
aureos, per quos vectes induci possent:
quos et ipsos laminis aureis operuit. 35 Fecit et velum de hyacintho, et purpura,
vermiculo, ac bysso retorta, opere poly-
mitario, varium atque distinctum: 36 et
quatuor columnas de lignis setim, quas
cum capitibus deauravit, fusis basibus
earum argenteis.
37 Fecit et tentorium in introitu tabernaculi ex hyacintho, purpura, vermiculo,
byssoque retorta, opere plumarii: 38 et
columnas quinque cum capitibus suis,
quas operuit auro, basesque earum fudit
aeneas.

Conficitur arca

37 1 Fecit autem Beseleel et arcam de
lignis setim, habentem duos semis
cubitos in longitudine, et cubitum ac semissem in latitudine, altitudo quoque
unius cubiti fuit et dimidii: vestivitque
eam auro purissimo intus ac foris. 2 Et
fecit illi coronam auream per gyrum,
3 conflans quatuor annulos aureos per
quatuor angulos eius: duos annulos in
latere uno, et duos in altero. 4 Vectes
quoque fecit de lignis setim, quos vestivit auro. 5 Et quos misit in annulos, qui
erant in lateribus arcae ad portandum
eam.
6 Fecit et propitiatorium, id est, oraculum, de auro mundissimo, duorum cubitorum et dimidii in longitudine, et cubiti
ac semis in latitudine. 7 Duos etiam cherubim ex auro ductili, quos posuit ex
utraque parte propitiatorii: 8 cherub unum
in summitate unius partis, et cherub
alterum in summitate partis alterius: duos
cherubim in singulis summitatibus propitiatorii, 9 extendentes alas, et tegentes propitiatorium, seque mutuo et illud respicientes.

Mensa panum

10 Fecit et mensam de lignis setim in
longitudine duorum cubitorum, et in latitudine unius cubiti, quae habebat in
altitudine cubitum ac semissem. 11 Cir-
cumdeditque eam auro mundissimo, et
fecit illi labium aureum per gyrum, 12 ipsique labio coronam auream interrasilem
quatuor digitorum, et super eamdem, alteram coronam auream. 13 Fudit et quatuor circulos aureos, quos posuit in quatuor angulis per singulos pedes mensae
14 contra coronam: misitque in eos vectes,
ut possit mensa portari. 15 Ipsos quoque
vectes fecit de lignis setim, et circumdedit
eos auro. 16 Et vasa ad diversos usus
mensae, acetabula, phialas, et cyathos,
et thuribula, ex auro puro, in quibus offerenda sunt libamina.

Candelabrum aureum

17 Fecit et candelabrum ductile de auro
mundissimo. De cuius vecte calami, scyphi, sphaerulaeque, ac lilia procedebant:
18 sex in utroque latere, tres calami ex
parte una, et tres ex altera: 19 tres scyphi
in nucis modum per calamos singulos,
sphaerulaeque simul et lilia: et tres scyphi
instar nucis in calamo altero, sphaerulaeque simul et lilia. Aequum erat opus sex
calamorum, qui procedebant de stipite
candelabri. 20 In ipso autem vecte erant
quatuor scyphi in nucis modum, sphaerulaeque per singulos simul et lilia: 21 et
sphaerulae sub duobus calamis per loca
tria, qui simul sex fiunt calami procedentes de vecte uno. 22 Et sphaerulae igitur,
et calami ex ipso erant, universa ductilia
ex auro purissimo. 23 Fecit et lucernas
septem cum emunctoriis suis, et vasa ubi
ea quae emuncta sunt, extinguantur, de
auro mundissimo. 24 Talentum auri appendebat candelabrum cum omnibus vasis suis.

Altare thymiamatis

25 Fecit et altare thymiamatis de lignis
setim, per quadrum singulos habens cubitos, et in altitudine duos: e cuius angulis procedebant cornua. 26 Vestivitque illud auro purissimo cum craticula ac parietibus et cornibus. 27 Fecitque ei coronam aureolam per gyrum, et duos annulos aureos sub corona per singula latera,
ut mittantur in eos vectes, et possit altare
portari. 28 Ipsos autem vectes fecit de
lignis setim, et operuit laminis aureis.
29 Composuit et oleum ad sanctificationis unguentum, et thymiama de aromatibus mundissimis opere pigmentarii.

Altare holocausti

38 1 Fecit et altare holocausti de lignis
setim, quinque cubitorum per quadrum, et trium in altitudine: 2 cuius cornua de angulis procedebant, operuitque

37 **1-9:** Ex 25,10-20. — **10-16:** Ex 25,23-20. — **17-24:** Ex 25,31-39. — **25-28:** Ex 30,1-5. — **29:** Ex 30,23-25.31-36.

38 **1-7:** Ex 27,1-8. — **1:** 2 Par 1,5. — **7:** Ex 27,8. — **8:** Ex 30,18-21; 1 Sam 2,22. —

illum laminis aeneis. 3 Et in usus eius paravit ex aere vasa diversa, lebetes, forcipes, fuscinulas, uncinos, et ignium
receptacula. 4 Craticulamque eius in modum retis fecit aeneam, et subter eam
in altaris medio arulam, 5 fusis quatuor
annulis per totidem retiaculi summitates,
ad immittendos vectes ad portandum:
6 quos et ipsos fecit de lignis setim, et operuit laminis aeneis: 7 induxitque in circulos, qui in lateribus altaris eminebant.
Ipsum autem altare non erat solidum,
sed cavum ex tabulis, et intus vacuum.

Labrum et atrium

8 Fecit et labrum aeneum cum basi sua
de speculis mulierum, quae excubabant in
ostio tabernaculi.
9 Fecit et atrium, in cuius australi plaga
erant tentoria de bysso retorta, cubitorum
centum, 10 columnae aeneae viginti cum
basibus suis, capita columnarum, et tota
operis caelatura, argentea. 11 Aeque ad
septentrionalem plagam tentoria columnae, basesque et capita columnarum eiusdem mensurae, et operis ac metalli, erant.
12 In ea vero plaga, quae ad occidentem
respicit, fuerunt tentoria cubitorum quinquaginta, columnae decem cum basibus
suis aeneae, et capita columnarum et tota
operis caelatura, argentea. 13 Porro contra orientem quinquaginta cubitorum paravit tentoria: 14 e quibus, quindecim cubitos columnarum trium, cum basibus
suis, unum tenebat latus: 15 et in parte
altera (quia inter utraque introitum tabernaculi fecit) quindecim aeque cubitorum erant tentoria, columnaeque tres,
et bases totidem. 16 Cuncta atrii tentoria
byssus retorta texuerat. 17 Bases columnarum fuere aeneae, capita autem earum
cum cunctis caelaturis suis argentea: sed
et ipsas columnas atrii vestivit argento.
18 Et in introitu eius opere plumario fecit
tentorium ex hyacintho, purpura, vermiculo, ac bysso retorta, quod habebat
viginti cubitos in longitudine, altitudo
vero quinque cubitorum erat iuxta mensuram, quam cuncta atrii tentoria habebant. 19 Columnae autem in ingressu fuere quatuor cum basibus aeneis, capitaque
earum et caelaturae argenteae. 20 Paxillos
quoque tabernaculi et atrii per gyrum fecit aeneos.

De metallo impenso in opere sanctuarii

21 Haec sunt instrumenta tabernaculi
testimonii, quae enumerata sunt iuxta
praeceptum Moysi in caeremoniis Levitarum per manum Ithamar filii Aaron
sacerdotis: 22 quae Beseleel filius Uri filii
Hur de tribu Iuda, Domino per Moysen
iubente, compleverat, 23 iuncto sibi socio
Ooliab filio Achisamech de tribu Dan:
qui et ipse artifex lignorum egregius fuit,
et polymitarius atque plumarius ex hyacintho, purpura, vermiculo et bysso.
24 Omne aurum quod expensum est in
opere sanctuarii, et quod oblatum est in
donariis, viginti novem talentorum fuit,
et septingentorum triginta siclorum ad
mensuram sanctuarii. 25 Oblatum est autem ab his qui transierunt ad numerum
a viginti annis et supra, de sexcentis tribus
millibus, et quingentis quinquaginta, armatorum.
26 Fuerunt praeterea centum talenta argenti e quibus conflatae sunt bases sanctuarii, et introitus, ubi velum pendet.
27 Centum bases factae sunt de talentis
centum, singulis talentis per bases singulas supputatis. 28 De mille autem septingentis, et septuaginta quinque, fecit capita columnarum, quas et ipsas vestivit argento.
29 Aeris quoque oblata sunt talenta septuaginta duo millia, et quadringenti supra
sicli, 30 ex quibus fusae sunt bases in introitu tabernaculi testimonii, et altare
aeneum cum craticula sua, omniaque vasa
quae ad usum eius pertinent, 31 et bases
atrii tam in circuitu quam in ingressu eius,
et paxilli tabernaculi atque atrii per gyrum.

Confectio vestium tum pontificis tum sacerdotum

39 1 De hyacintho vero et purpura,
vermiculo ac bysso, fecit vestes,
quibus indueretur Aaron quando ministrabat in sanctis, sicut praecepit Dominus
Moysi. 2 Fecit igitur superhumerale de
auro, hyacintho, et purpura, coccoque bis
tincto, et bysso retorta, 3 opere polymita-
rio inciditque bracteas aureas, et exte-
nuavit in fila, ut possent torqueri cum
priorum colorum subtegmine, 4 duasque
oras sibi invicem copulatas in utroque latere summitatum, 5 et balteum ex eisdem
coloribus, sicut praeceperat Dominus
Moysi. 6 Paravit et duos lapides, onychinos, astrictos et inclusos auro, et sculptos
arte gemmaria nominibus filiorum Israel:
7 posuitque eos in lateribus superhumeralis in monimentum filiorum Israel, sicut
praeceperat Dominus Moysi.
8 Fecit et rationale opere polymito iuxta

9-20: Ex 27,9-10. — **21:** Ex 6,23; 28,1; Num 4,28.33. — **22-23:** Ex 31,2.6; 53,30.34; 36,1. — **24:** Ex 30,13. — **25:** Num 1,46. — **26:** Ex 26,19. 21.25.32. — **30:** Ex 26,37; 27,2-4. — **31:** Ex 27, 10-12.16-19.

39 **1:** Ex 28,2-4; 31,10; 35,19.23.25. — **2-7:** Ex 28,6-12. — **8-19:** Ex 28,15-28.—

opus superhumeralis, ex auro, hyacintho,
purpura, coccoque bis tincto, et bysso retorta: 9 quadrangulum, duplex, mensurae
palmi. 10 Et posuit in eo gemmarum ordines quatuor. In primo versu erat sardius,
topazius, smaragdus. 11 In secundo, carbunculus, sapphirus, et iaspis. 12 In tertio,
ligurius, achates et amethystus. 13 In quarto, chrysolithus, onychinus, et beryllus,
circumdati et inclusi auro per ordines
suos. 14 Ipsique lapides duodecim, sculp-
ti erant nominibus duodecim tribuum Israel, singuli per nomina singulorum. 15 Fecerunt in rationali et catenulas sibi invicem cohaerentes, de auro purissimo: 16 et
duos uncinos, totidemque annulos aureos.
Porro annulos posuerunt in utroque latere rationalis, 17 e quibus penderent duae
catenae aureae, quas inseruerunt uncinis,
qui in superhumeralis angulis eminebant.
18 Haec et ante et retro ita conveniebant
sibi, ut superhumerale et rationale mutuo
necterentur, 19 stricta ad balteum et annulis fortius copulata, quos iungebat vitta hyacinthina, ne laxa fluerent, et a se
invicem moverentur, sicut praecepit Dominus Moysi.

20 Fecerunt quoque tunicam superhumeralis totam hyacinthinam, 21 et capitium in superiori parte contra medium,
oramque per gyrum capitii textilem:
22 deorsum autem ad pedes mala punica
ex hyacintho, purpura, vermiculo, ac bysso retorta: 23 et tintinnabula de auro purissimo, quae posuerunt inter malogranata, in extrema parte tunicae per gyrum:
24 tintinnabulum autem aureum, et malum punicum, quibus ornatus incedebat
pontifex quando ministerio fungebatur,
sicut praeceperat Dominus Moysi.

25 Fecerunt et tunicas byssinas opere
textilii Aaron et filiis eius: 26 et mitras
cum coronulis suis ex bysso: 27 feminalia
quoque linea, byssina: 28 cingulum vero
de bysso retorta, hyacintho, purpura, ac
vermiculo bis tincto, arte plumaria, sicut
praeceperat Dominus Moysi.

29 Fecerunt et laminam sacrae venerationis de auro purissimo, scripseruntque
in ea opere gemmario, Sanctum Domini:
30 et strinxerunt eam cum mitra vitta hyacinthina, sicut praeceperat Dominus
Moysi.

Opus tabernaculi iam completum a Moyse approbatur

31 Perfectum est igitur omne opus tabernaculi et tecti testimonii: feceruntque
filii Israel cuncta quae praeceperat Dominus Moysi. 32 Et obtulerunt tabernaculum
et tectum et universam supellectilem, annulos, tabulas, vectes, columnas ac bases,
33 opertorium de pellibus arietum rubricatis, et aliud operimentum de ianthinis
pellibus, 34 velum: arcam, vectes, propitiatorium, 35 mensam cum vasis suis et
propositionis panibus: 36 candelabrum, lucernas, et utensilia earum cum oleo: 37 altare aureum, et unguentum, et thymiama
ex aromatibus: 38 et tentorium in introitu
tabernaculi: 39 altare aeneum, retiaculum,
vectes, et vasa eius omnia: labrum cum
basi sua: tentoria atrii, et columnas cum
basibus suis: 40 tentorium in introitu atrii,
funiculosque illius et paxillos. Nihil ex
vasis defuit, quae in ministerium tabernaculi, et in tectum foederis iussa sunt
fieri. 41 Vestes quoque, quibus sacerdotes
utuntur in sanctuario, Aaron scilicet et
filii eius, 42 obtulerunt filii Israel, sicut
praeceperat Dominus. 43 Quae postquam
Moyses cuncta vidit completa, benedixit
eis.

Erectio tabernaculi atque consecratio

40 1 Locutusque est Dominus ad Moysen, dicens: 2 Mense primo, prima
die mensis, eriges tabernaculum testimonii, 3 et pones in eo arcam, dimittesque
ante illam velum: 4 et illata mensa, pones
super eam quae rite praecepta sunt. Candelabrum stabit cum lucernis suis, 5 et altare aureum, in quo adoletur incensum,
coram arca testimonii. Tentorium in introitu tabernaculi pones, 6 et ante illud
altare holocausti: 7 labrum inter altare et
tabernaculum, quod implebis aqua. 8 Cir-
cumdabisque atrium tentoriis, et ingressum eius. 9 Et assumpto unctionis oleo
unges tabernaculum cum vasis suis, ut
sanctificentur: 10 altare holocausti et omnia vasa eius: 11 labrum cum basi sua: omnia unctionis oleo consecrabis, ut sint
Sancta sanctorum. 12 Applicabisque
Aaron et filios eius ad fores tabernaculi
testimonii, et lotos aqua 13 indues sanctis
vestibus, ut ministrent mihi, et unctio
eorum in sacerdotium sempiternum pro-
ficiat. 14 Fecitque Moyses omnia quae
praeceperat Dominus. 15 Igitur mense primo anni secundi, prima die mensis, col-
locatum est tabernaculum. 16 Erexitque
Moyses illud, et posuit tabulas ac bases
et vectes, statuitque columnas, 17 et expandit tectum super tabernaculum, imposito desuper operimento, sicut Dominus imperaverat. 18 Posuit et testimonium
in arca, subditis infra vectibus, et oraculum desuper. 19 Cumque intulisset arcam

20-24: Ex 28,31-35. — **25-30:** Ex 28,36-42. — **43:** Lev 9,22-23; Ios 22,6.

40 **2:** Ex 12,2; 13,4; 26,1.30. — **3-4:** Ex 26,33-36. — **9-11:** Ex 30,26-29. — **12-13:** Ex 28,41; 29,4-9; Lev 8,1-13. — **15:** Ex 40,1;

in tabernaculum, appendit ante eam velum ut expleret Domini iussionem. 20 Posuit et mensam in tabernaculo testimonii
ad plagam septentrionalem extra velum,
21 ordinatis coram propositionis panibus,
sicut praeceperat Dominus Moysi. 22 Posuit et candelabrum in tabernaculo testimonii e regione mensae in parte australi,
23 locatis per ordinem lucernis, iuxta praeceptum Domini. 24 Posuit et altare
aureum sub tecto testimonii contra velum,
25 et adolevit super eo incensum aromatum, sicut iusserat Dominus Moysi. 26 Posuit et tentorium in introitu tabernaculi
testimonii, 27 et altare holocausti in vestibulo testimonii, offerens in eo holocaustum, et sacrificia, ut Dominus imperaverat. 28 Labrum quoque statuit inter tabernaculum testimonii et altare, implens illud
aqua. 29 Laveruntque Moyses et Aaron ac
filii eius manus suas et pedes, 30, cum ingrederentur tectum foederis, et accederent
altare, sicut praeceperat Dominus
Moysi. 31 Erexit et atrium per gyrum tabernaculi et altaris, ducto in introitu eius
tentorio.

Nubes tabernaculum operit

Postquam omnia perfecta sunt, 32 operuit nubes tabernaculum testimonii, et
gloria Domini implevit illud. 33 Nec poterat Moyses ingredi tectum foederis, nube
operiente omnia, et maiestate Domini co-
ruscante, quia cuncta nubes operuerat.
34 Si quando nubes tabernaculum desere-
bat, proficiscebantur filii Israel per turmas suas: 35 si pendebat desuper, manebant in eodem loco. 36 Nubes quippe Domini incubabat per diem tabernaculo, et
ignis in nocte, videntibus cunctis populis
Israel per cunctas mansiones suas.

L I B E R   L E V I T I C U S

H E B R A I C E   " V A I C R A "

SUMMARIUM PARS PRIMA: Leges observandae in cultu divino *(1-10): Ritus diversorum sacrificiorum (1-7). Aaron et filiorum consecratio (8-9). Sanctitas sacerdotii vindicata (10).*—PARS SECUNDA: Leges de munditia et immunditia *(11-16): De animalibus mundis et immundis (11). De puerperae immunditia (12). De leprae immunditia (13-14). De seminifluo (15). Festum expiationis (16).*—PARS TERTIA: Codex sanctitatis *(17-27): Omnis animalis occisio sacra (17). De matrimonii sanctitate (18). Varia Dei praecepta (19). Poenae quibus diversa peccata sunt sancienda (20). De sanctitate sacerdotii (21-22,16). De victimarum qualitatibus (22,17-33). De festorum sanctificatione (23). Leges variae (24). De anno sabbatico et iubilari (25). Benedictiones et maledictiones (26). De votis (27)*

PARS PRIMA

Leges observandae in cultu divino

(1,1-10,20)

Ritus holocausti

1 1 Vocavit autem Moysen, et locutus
est ei Dominus de tabernaculo testimonii, dicens: 2 Loquere filiis Israel, et
dices ad eos: Homo, qui obtulerit ex vobis hostiam Domino de pecoribus, id est,
de bobus et ovibus offerens victimas, 3 si
holocaustum fuerit eius oblatio, ac de armento, masculum immaculatum offeret
ad ostium tabernaculi testimonii, ad placandum sibi Dominum: 4 ponetque manum super caput hostiae, et acceptabilis
erit, atque in expiationem eius proficiens.
5 Immolabitque vitulum coram Domino,
et offerent filii Aaron sacerdotes sanguinem eius, fundentes per altaris circuitum,
quod est ante ostium tabernaculi: 6 de-

Num 7,1. — **18:** Ex 25,16.19. — **19:** Ex 35,12. — **20:** Ex 26,35. — **21:** Ex 25,30; Lev 24,5-9. — **22:** Ex 26,35. — **23:** Ex 25,37. — **24:** Ex 30,6.— **26:** Ex 26,36. — **28:** Ex 30,18. — **29-30:** Ex 30, 19-20. — **31:** Ex 27,9.16. — **32:** Ex 29,43; Lev 16,2; Num 9.15; 3 Reg 8,10-11; 2 Par 5,13-14; 7,2; Ez 43,5. — **34-35:** Num 9,17-23; 10,11-12.34; Ps 77,14; Sap 18,3. — **36:** Ex 13,21; Num 9,16.

1 **1:** Ex 40,34; Num 12,4-5. — **3:** Ex 29,10. — **4:** Ex 29,10.15.19; Lev 3,2.8.13; 4,15.20.26.

tractaque pelle hostiae, artus in frusta
concident. 7 Et subiicient in altari ignem,
strue lignorum ante composita: 8 et membra quae sunt caesa, desuper ordinantes,
caput videlicet, et cuncta quae adhaerent
iecori, 9 intestinis et pedibus lotis aqua:
adolebitque ea sacerdos super altare in
holocaustum et suavem odorem Domino.
10 Quod si de pecoribus oblatio est, de
ovibus sive de capris holocaustum, masculum absque macula offeret: 11 immolabitque ad latus altaris, quod respicit ad
aquilonem, coram Domino: sanguinem
vero illius fundent super altare filii Aaron
per circuitum: 12 dividentque membra, caput, et omnia quae adhaerent iecori: et
ponent super ligna, quibus subiiciendus
est ignis: 13 intestina vero et pedes lavabunt aqua. Et oblata omnia adolebit
sacerdos super altare in holocaustum et
odorem suavissimum Domino.
14 Si autem de avibus, holocausti oblatio fuerit Domino, de turturibus, aut pullis columbae, 15 offeret eam sacerdos ad
altare: et retorto ad collum capite, ac rupto vulneris loco, decurrere faciet sanguinem super crepidinem altaris: 16 vesicu-
lam vero gutturis, et plumas proiiciet prope altare ad orientalem plagam, in loco
in quo cineres effundi solent, 17 confrin-
getque ascellas eius, et non secabit, neque
ferro dividet eam, et adolebit super altare, lignis igne supposito. Holocaustum est
et oblatio suavissimi odoris Domino.

Ritus pro oblationibus

2 1 Anima cum obtulerit oblationem
sacrificii Domino, simila erit eius
oblatio; fundetque super eam oleum, et
ponet thus, 2 ac deferet ad filios Aaron
sacerdotes: quorum unus tollet pugillum
plenum similae et olei, ac totum thus, et
ponet memoriale super altare in odorem
suavissimum Domino. 3 Quod autem reliquum fuerit de sacrificio, erit Aaron et
filiorum eius, Sanctum sanctorum de
oblationibus Domini.
4 Cum autem obtuleris sacrificium coctum in clibano: de simila, panes scilicet
absque fermento, conspersos oleo, et lagana azyma oleo lita. 5 Si oblatio tua fuerit de sartagine, similae conspersae oleo
et absque fermento, 6 divides eam minu-
tatim, et fundes super eam oleum. 7 Sin
autem de craticula fuerit sacrificium,
aeque simila oleo conspergetur: 8 quam
offerens Domino, trades manibus sacerdotis. 9 Qui cum obtulerit eam, tollet memoriale de sacrificio, et adolebit super altare in odorem suavitatis Domino:
10 quidquid autem reliquum est, erit Aaron, et filiorum eius, Sanctum sanctorum
de oblationibus Domini.
11 Omnis oblatio, quae offertur Domino, absque fermento fiet, nec quidquam
fermenti ac mellis adolebitur in sacrificio
Domino. 12 Primitias tantum eorum offeretis ac munera: super altare vero non
imponentur in odorem suavitatis. 13 Quidquid obtuleris sacrificii, sale condies, nec
auferes sal foederis Dei tui de sacrificio
tuo: in omni oblatione tua offeres sal.
14 Si autem obtuleris munus primarum
frugum tuarum Domino de spicis adhuc
virentibus, torrebis igni, et confringes in
morem farris, et sic offeres primitias tuas
Domino, 15 fundens supra oleum, et thus
imponens, quia oblatio Domini est: 16 de
qua adolebit sacerdos in memoriam muneris partem farris fracti, et olei, ac totum thus.

Ritus pro sacrificiis pacificis

3 1 Quod si hostia pacificorum fuerit
eius oblatio, et de bobus voluerit offerre, marem sive feminam, immaculata
offeret coram Domino. 2 Ponetque manum super caput victimae suae, quae immolabitur in introitu tabernaculi testimonii, fundentque filii Aaron sacerdotes sanguinem per altaris circuitum. 3 Et offerent
de hostia pacificorum in oblationem Domino, adipem qui operit vitalia, et quidquid pinguedinis est intrinsecus: 4 duos
renes cum adipe quo teguntur ilia, et reticulum iecoris cum renunculis. 5 Adole-
buntque ea super altare in holocaustum,
lignis igne supposito: in oblationem suavissimi odoris Domino.
6 Si vero de ovibus fuerit eius oblatio
et pacificorum hostia, sive masculum obtulerit, sive feminam, immaculata erunt.
7 Si agnum obtulerit coram Domino, 8 ponet manum suam super caput victimae
suae: quae immolabitur in vestibulo tabernaculi testimonii: fundentque filii Aaron sanguinem eius per circuitum altaris.
9 Et offerent de pacificorum hostia sacrificium Domino: adipem et caudam totam
10 cum renibus, et pinguedinem quae ope-

31.35; 8,14.22; 16,21; 22,21; Num 15,25; 2 Par 29,23-24. — 5: Lev 3,8; 2 Par 35,11. — 9: Ex 29, 18.25.41; Lev 2,9.11.16; 3,5.9.11.14.16; 4,35. — 14: Lev 5,7; 12,8. — 15: Lev 5,8. — 16: Lev 6-10. — 17: Lev 1,9.13.

2 1: Lev 6,14; 9,17; Num 15,4. — 2: Lev 2, 9.16; 5,12; 6,15; 24,7. — 3: Lev 7,9-10; Eccli 7,34; 1 Cor 9,13. — 4: Ex 29,2. — 5: Lev 6, 21; 7,9. — 9: Lev 1,9. — 10: Lev 2,3. — 11: Lev 6,16-17. — 12: Ex 22,29; Num 18,12. — 13: Num 18,19; Ez 43,24; Mc 9,49. — 14: Lev 23, 14; Deut 26,2-3. — 15-16: Lev 2,1-2.

3 1: Lev 7,11-21.29-34; 17,5; 22,21; 23,19; Am 5,22. — 2: Lev 1,4-5; 17,6. — 3: Ex 29, 13.22; Lev 4,8-9. — 5: Lev 6,12. — 9: Ex 29,22; Lev 9,19. — 16: Lev 7,23; 1 Sam 2,15; Ez 44,15.

rit ventrem atque universa vitalia, et
utrumque renunculum cum adipe qui est
iuxta ilia, reticulumque iecoris cum renunculis. 11 Et adolebit ea sacerdos super altare in pabulum ignis et oblationis Domini.
12 Si capra fuerit eius oblatio, et obtulerit eam Domino, 13 ponet manum suam
super caput eius: immolabitque eam in
introitu tabernaculi testimonii. Et fundent
filii Aaron sanguinem eius per altaris circuitum. 14 Tollentque ex ea in pastum ignis dominici, adipem qui operit ventrem,
et qui tegit universa vitalia: 15 duos renunculos cum reticulo, quod est super eos
iuxta ilia, et arvinam iecoris cum renunculis: 16 adolebitque ea super altare sacerdos in alimoniam ignis, et suavissimi odoris. Omnis adeps, Domini erit 17 iure perpetuo in generationibus, et cunctis habitaculis vestris: nec sanguinem nec adipem
omnino comedetis.

Ritus sacrificii pro peccato sacerdotis

4 1 Locutusque est Dominus ad Moysen, dicens: 2 Loquere filiis Israel:
Anima, quae peccaverit per ignorantiam,
et de universis mandatis Domini, quae
praecepit ut non fierent, quippiam fecerit:
3 Si sacerdos, qui unctus est, peccaverit, delinquere faciens populum, offeret
pro peccato suo vitulum immaculatum
Domino: 4 et adducet illum ad ostium tabernaculi testimonii coram Domino, ponetque manum super caput eius, et immolabit eum Domino. 5 Hauriet quoque
de sanguine vituli, inferens illum in tabernaculum testimonii. 6 Cumque intinxerit
digitum in sanguine, asperget eo septies
coram Domino contra velum sanctuarii.
7 Ponetque de eodem sanguine super cornua altaris thymiamatis gratissimi Domino, quod est in tabernaculo testimonii:
omnem autem reliquum sanguinem fundet in basim altaris holocausti in introitu
tabernaculi. 8 Et adipem vituli auferet pro
peccato, tam eum qui vitalia operit quam
omnia quae intrinsecus sunt: 9 duos renunculos et reticulum quod est super eos
iuxta ilia, et adipem iecoris cum renunculis, 10 sicut aufertur de vitulo hostiae pacificorum: et adolebit ea super altare holocausti. 11 Pellem vero et omnes carnes,
cum capite et pedibus et intestinis et fimo,
12 et reliquo corpore, efferet extra castra
in locum mundum, ubi cineres effundi solent: incendetque ea super lignorum
struem, quae in loco effusorum cinerum
cremabuntur.

Pro peccato turbae Israel

13 Quod si omnis turba Israel ignorave-
rit, et per imperitiam fecerit quod contra
mandatum Domini est, 14 et postea intellexerit peccatum suum, offeret pro peccato suo vitulum, adducetque eum ad ostium tabernaculi. 15 Et ponent seniores
populi manus super caput eius coram Domino. Immolatoque vitulo in conspectu
Domini, 16 inferet sacerdos, qui unctus
est, de sanguine eius in tabernaculum
testimonii, 17 tincto digito aspergens septies contra velum. 18 Ponetque de eodem
sanguine in cornibus altaris, quod est
coram Domino in tabernaculo testimonii:
reliquum autem sanguinem fundet iuxta
basim altaris holocaustorum, quod est
in ostio tabernaculi testimonii. 19 Omnemque eius adipem tollet, et adolebit super
altare: 20 sic faciens et de hoc vitulo quo
modo fecit et prius: et rogante pro eis
sacerdote, propitius erit eis Dominus.
21 Ipsum autem vitulum efferet extra castra, atque comburet sicut et priorem vitulum: quia est pro peccato multitudinis.

Pro peccato principis

22 Si peccaverit princeps, et fecerit unum
e pluribus per ignorantiam, quod Domini
lege prohibetur: 23 et postea intellexerit
peccatum suum, offeret hostiam Domino,
hircum de capris immaculatum. 24 Ponetque manum suam super caput eius: cumque immolaverit eum loco ubi solet mac-
tari holocaustum coram Domino, quia
pro peccato est, 25 tinget sacerdos digitum
in sanguine hostiae pro peccato, tangens
cornua altaris holocausti, et reliquum
fundens ad basim eius. 26 Adipem vero
adolebit supra, sicut in victimis pacificorum fieri solet: rogabitque pro eo sacerdos, et pro peccato eius, et dimittetur ei.

Pro peccato alicuius de populo

27 Quod si peccaverit anima per ignorantiam, de populo terrae, ut faciat quidquam de his, quae Domini lege prohibentur, atque delinquat, 28 et cognoverit
peccatum suum, offeret capram immaculatam. 29 Ponetque manum super caput
hostiae quae pro peccato est, et immolabit
eam in loco holocausti. 30 Tolletque sacerdos de sanguine in digito suo: et tangens
cornua altaris holocausti, reliquum fundet
ad basim eius. 31 Omnem autem adipem
auferens, sicut auferri solet de victimis

17: Gen 9,4; Lev 6,18; 7,23-26.36; 17,7.10-14; 23,14; Deut 12,16,23; 15,23; 1 Sam 14,33; Act 15,20.29.

4 2: Lev 4,13.22.27; 5,15.17; Num 15,22-29. 3: Lev 9,2; Hebr 7,27-28. — 4: Lev 1,3-4. 5: Lev 4,16-17; 5,9; 16,14; Num 19,4. — 6: Lev 8,11; 14,7. — 7: Ex 29,12; Lev 5,9; 8,15; 9,9; 16,18. — 8: Lev 3,3. — 9-10: Lev 3,3-5. — 11: Ex 29,14; Lev 8,17; 9,11; Num 19,5. — 12: Ex 29,14; Lev 6,11; 10,4-5; Hebr 13,11. — 13: Lev 5,2-4; Num 15,24-26. — 14: Lev 4,23. — 15: Lev 1,4. — 16-18: Lev 4,5-12. — 20: Num 15, 25.28. — 22: Lev 4,2.13.27. — 23: Lev 4,14. —

pacificorum, adolebit super altare in odorem suavitatis Domino: rogabitque pro
eo, et dimittetur ei.
32 Sin autem de pecoribus abstulerit
victimam pro peccato, ovem scilicet immaculatam; 33 ponet manum super caput
eius, et immolabit eam in loco ubi solent
caedi holocaustorum hostiae. 34 Sumetque
sacerdos de sanguine eius digito suo, et
tangens cornua altaris holocausti, reliquum fundet ad basim eius. 35 Omnem
quoque adipem auferens, sicut auferri solet adeps arietis, qui immolatur pro pacificis: cremabit super altare in incensum
Domini: rogabitque pro eo, et pro peccato eius, et dimittetur ei.

Quaenam peccata hoc sacrificium exigant

5 1 Si peccaverit anima, et audierit vocem iurantis, testisque fuerit quod
aut ipse vidit, aut conscius est: nisi indicaverit, portabit iniquitatem suam. 2 Anima quae tetigerit aliquid immundum, sive
quod occisum a bestia est, aut per se
mortuum, aut quodlibet aliud reptile: et
oblita fuerit immunditiae suae, rea est,
et deliquit: 3 et si tetigerit quidquam de
immunditia hominis iuxta omnem impu-
ritatem, qua pollui solet, oblitaque cognoverit postea, subiacebit delicto.

Ritus sacrificii pro peccato

4 Anima, quae iuraverit, et protulerit
labiis suis, ut vel male quid faceret, vel
bene, et idipsum iuramento et sermone
firmaverit, oblitaque postea intellexerit
delictum suum, 5 agat poenitentiam pro
peccato, 6 et offerat de gregibus agnam
sive capram, orabitque pro ea sacerdos
et pro peccato eius.
7 Sin autem non potuerit offerre pecus,
offerat duos turtures, vel duos pullos
columbarum Domino, unum pro peccato,
et alterum in holocaustum, 8 dabitque eos
sacerdoti: qui primum offerens pro peccato, retorquebit caput eius ad pennulas,
ita ut collo haereat, et non penitus abrum-
patur. 9 Et asperget de sanguine eius parietem altaris, quidquid autem reliquum
fuerit, faciet distillare ad fundamentum
eius, quia pro peccato est. 10 Alterum vero
adolebit in holocaustum, ut fieri solet:
rogabitque pro eo sacerdos et pro peccato
eius, et dimittetur ei.
11 Quod si non quiverit manus eius
duos offerre turtures, aut duos pullos
columbarum, offeret pro peccato suo similae partem ephi decimam, non mittet
in eam oleum, nec thuris aliquid imponet,
quia pro peccato est. 12 Tradetque eam
sacerdoti: qui plenum ex ea pugillum
hauriens, cremabit super altare in monimentum eius qui obtulerit, 13 rogans pro
illo et expians, reliquam vero partem ipse
habebit in munere.

Sacrificium pro delicto ex ignorantia

14 Locutusque est Dominus ad Moysen,
dicens: 15 Anima si praevaricans caeremonias, per errorem, in his quae Domino
sunt sanctificata, peccaverit, offeret pro
delicto suo arietem immaculatum de gregibus, qui emi potest duobus siclis, iuxta
pondus sanctuarii: 16 ipsumque quod intulit damni restituet, et quintam partem
ponet supra, tradens sacerdoti, qui rogabit pro eo offerens arietem, et dimittetur ei.
17 Anima si peccaverit per ignorantiam,
feceritque unum ex his quae Domini lege
prohibentur, et peccati rea intellexerit
iniquitatem suam, 18 offeret arietem immaculatum de gregibus sacerdoti, iuxta
mensuram, aestimationemque peccati: qui
orabit pro eo, quia nesciens fecerit: et
dimittetur ei, 19 quia per errorem deliquit
in Dominum.

Sacrificium pro fraude et iniustitia

6 1 Locutus est Dominus ad Moysen,
dicens: 2 Anima quae peccaverit, et
contempto Domino, negaverit proximo
suo depositum quod fidei eius creditum
fuerat, vel vi aliquid extorserit, aut calumniam fecerit, 3 sive rem perditam invenerit, et inficians insuper peieraverit, et
quodlibet aliud ex pluribus fecerit, in quibus solent peccare homines, 4 convicta delicti, 5 reddet omnia quae per fraudem
voluit obtinere, integra, et quintam insuper partem domino cui damnum intulerat. 6 Pro peccato autem suo offeret arietem immaculatum de grege, et dabit eum
sacerdoti, iuxta aestimationem, mensu-

24: Lev 1,4. — **25:** Lev 4,6-7.17-18.30.34. — **26:** Lev 3,3-5; 4,10.20.31.35; 5,10.16.18; 6,7; 14, 18; 15,15. — **27:** Lev 4,2; Num 15,27. — **28:** Lev 4,14.23. — **29:** Lev 1,4; 4,4.15.24. — **31:** Lev 3,3-5.14. — **32:** Lev 4,28. — **35:** Lev 3,3.9; 4,20.26.31.

5 **2:** Lev 11,24.28.31.39; Num 19,11.13.16. — **4:** Iud 11,30-31; 1 Sam 14,24; 25,22; Eccl 5, 1. — **7:** Lev 1,14; 12,8; Lc 2,24. — **8:** Lev 1, 15.17. — **9:** Lev 4,7.18.30.34. — **10:** Lev 1,14; 4,26.31.35. — **11:** Ex 16,36; Num 5,15. — **12-13:** Lev 2,2-3. — **15:** Ex 30,13; Lev 22,14; Esdr 10, 19. — **16:** Lev 6,5; 22,14; 27,13.15.27.31; Num 5, 7. — **17:** Lev 4,2; Num 15,29. — **18:** Lev 5,15.

6 **2:** Ex 22,7.10; Num 5,6. — **3:** Ex 22,11; 23,4; Lev 19,12; Deut 32,1-3. — **4:** Ex 22, 1-9. — **5:** Lev 5,10; Num 5,7. — **6:** Lev 5,15.

ramque deliciti: 7 qui rogabit pro eo coram Domino, et dimittetur illi pro singulis
qua faciendo peccavit.

Ritus sacrificiorum et oblationum

8 Locutusque est Dominus ad Moysen,
dicens: 9 Praecipe Aaron et filiis eius:
Haec est lex holocausti: Cremabitur in
altari tota nocte usque mane: ignis ex
eodem altari erit. 10 Vestietur tunica sacerdos et feminalibus lineis: tolletque cineres,
quos vorans ignis exussit, et ponens iuxta
altare, 11 spoliabitur prioribus vestimentis,
indutusque aliis, efferet eos extra castra,
et in loco mundissimo usque ad favillam
consumi faciet. 12 Ignis autem in altari
semper ardebit, quem nutriet sacerdos sub-
iiciens ligna mane per singulos dies, et
imposito holocausto, desuper adolebit adipes pacificorum. 13 Ignis est iste perpetuus,
qui nunquam deficiet in altari.
14 Haec est lex sacrificii et libamentorum, quae offerent filii Aaron coram
Domino, et coram altari. 15 Tollet sacerdos pugillum similae, quae conspersa est
oleo, et totum thus, quod super similam
positum est: adolebitque illud in altari in
monimentum odoris suavissimi Domino:
16 reliquam autem partem similae comedet Aaron cum filiis suis, absque fermento:
et comedet in loco sancto atrii tabernaculi.
17 Ideo autem non fermentabitur, quia
pars eius in Domini offertur incensum.
Sanctum sanctorum erit, sicut pro peccato atque delicto. 18 Mares tantum stirpis
Aaron comedent illud. Legitimum ac sempiternum erit in generationibus vestris de
sacrificiis Domini: omnis qui tetigerit illa,
sanctificabitur.
19 Locutusque est Dominus ad Moysen,
dicens: 20 Haec est oblatio Aaron, et filiorum eius, quam offerre debent Domino in
die unctionis suae. Decimam partem ephi
offerent similae in sacrificio sempiterno,
medium eius mane, et medium eius vespere: 21 quae in sartagine oleo conspersa
frigetur. Offeret autem eam calidam in
odorem suavissimum Domino 22 sacerdos,
qui iure patri successerit, et tota cremabitur in altari. 23 Omne enim sacrificium
sacerdotum igne consumetur, nec quisquam comedet ex eo.

Lex hostiae pro peccato

24 Locutus est autem Dominus ad Moysen, dicens: 25 Loquere Aaron et filiis
eius: Ista est lex hostiae pro peccato:
In loco ubi offertur holocaustum, immolabitur coram Domino. Sanctum sanctorum est. 26 Sacerdos, qui offert, comedet
eam in loco sancto, in atrio tabernaculi.
27 Quidquid tetigerit carnes eius, sanctificabitur. Si de sanguine illius vestis fuerit
aspersa, lavabitur in loco sancto. 28 Vas
autem fictile, in quo cocta est, confringetur; quod si vas aeneum fuerit, defricabi-
tur, et lavabitur aqua. 29 Omnis masculus
de genere sacerdotali vescetur de carnibus eius, quia Sanctum sanctorum est.
30 Hostia enim quae caeditur pro peccato,
cuius sanguis infertur in tabernaculum
testimonii ad expiandum in sanctuario,
non comedetur, sed comburetur igni.

Lex hostiae pro delicto

7 1 Haec quoque lex hostiae pro delicto,
Sancta sanctorum est: 2 idcirco ubi
immolabitur holocaustum, mactabitur et
victima pro delicto: sanguis eius per gyrum altaris fundetur. 3 Offerent ex ea
caudam et adipem qui operit vitalia:
4 duos renunculos, et pinguedinem quae
iuxta ilia est, reticulumque iecoris cum
renunculis. 5 Et adolebit ea sacerdos super
altare: incensum est Domini pro delicto.
6 Omnis masculus de sacerdotali genere,
in loco sancto vescetur his carnibus, quia
Sanctum sanctorum est. 7 Sicut pro peccato offertur hostia, ita et pro delicto:
utriusque hostiae lex una erit: ad sacerdotem, qui eam obtulerit, pertinebit.
8 Sacerdos qui offert holocausti victimam,
habebit pellem eius. 9 Et omne sacrificium
similae, quod coquitur in clibano, et quidquid in craticula, vel in sartagine praeparatur, eius erit sacerdotis a quo offertur:
10 sive oleo conspersa, sive arida fuerint,
cunctis filiis Aaron mensura aequa per
singulos dividetur.

Lex hostiae pacificorum

11 Haec est lex hostiae pacificorum quae
offertur Domino. 12 Si pro gratiarum actione oblatio fuerit, offerent panes absque
fermento conspersos oleo, et lagana azy-

18. — **7:** Lev 4,26. — **10:** Ex 28,40-43; Lev 3, 16; 16,4; Ez 44,18. — **11:** Lev 4,12; 16,23; Ez 42,14; 44,19. — **12:** Lev 3,3.9.14. — **15:** Lev 2, 2.9. — **16:** Lev 2,3.10; 6,26; 10,12-13; Ez 44, 29. — **17:** Lev 2,3.11; 6,25.29; 7,1; Num 18, 9. — **18:** Ex 29,37; 30,29; Lev 3,17; 6,27; 7,6; Num 18,10. — **20:** Ex 16,36; 29,1-2; Lev 5, 11. — **21:** Lev 2,5; 7,9. — **22:** Ex 29,25. — **25:** Lev 1,3.5.11; 4,1-35; 7,2. — **26:** Lev 6,16; 10, 17-18; Num 18,9.19; Ez 44,28-29. — **27:** Lev 6,18. — **28:** Lev 11,32-33; 15,12. — **29:** Lev 7, 6; Num 18,10. — **30:** Lev 4,5.7.11-12.18.21; 16,27; Hebr 13,11.

7 **1:** Lev 5,1-19; 6,1-7. — **2:** Lev 6,25. — **3-4:** Ex 29,13.22; Lev 3,4.9-10.14-16; 4,8-9. —**6:** Lev 6,18.29. — **7:** Lev 6,25-26; 14,13. — **8:** Lev 1,6. — **9:** Lev 2,3-10; Num 18,9; Ez 44,29. — **11:** Lev 3,1; 22,21. — **12:** Lev 2,4; 22,29; Num

ma uncta oleo, coctamque similam, et
collyridas olei admistione conspersas:
13 panes quoque fermentatos cum hostia
gratiarum, quae immolatur pro pacificis:
14 ex quibus unus pro primitiis offeretur
Domino, et erit sacerdotis qui fundet
hostiae sanguinem, 15 cuius carnes eadem
comedentur die, nec remanebit ex eis
quidquam usque mane. 16 Si voto, vel
sponte quispiam obtulerit hostiam, eadem
similiter edetur die: sed et si quid in crastinum remanserit, vesci licitum est:
17 quidquid autem tertius invenerit dies,
ignis absumet. 18 Si quis de carnibus victimae pacificorum die tertio comederit,
irrita fiet oblatio, nec proderit offerenti:
quin potius quaecumque anima tali se
edulio contaminaverit, praevaricationis
rea erit. 19 Caro, quae aliquid tetigerit
immundum, non comedetur, sed comburetur igni: qui fuerit mundus, vescetur
ex ea. 20 Anima polluta quae ederit de
carnibus hostiae pacificorum, quae oblata
est Domino, peribit de populis suis. 21 Et
quae tetigerit immunditiam hominis, vel
iumenti, sive omnis rei quae polluere potest, et comederit de huiuscemodi carnibus, interibit de populis suis.

Ab adipe et sanguine abstinendum

22 Locutusque est Dominus ad Moysen,
dicens: 23 Loquere filiis Israel: Adipem
ovis, et bovis, et caprae non comedetis.
24 Adipem cadaveris morticini, et eius
animalis, quod a bestia captum est, habebitis in varios usus. 25 Si quis adipem,
qui offerri debet in incensum Domini,
comederit, peribit de populo suo. 26 Sanguinem quoque omnis animalis non sumetis in cibo, tam de avibus quam de
pecoribus. 27 Omnis anima, quae ederit
sanguinem, peribit de populis suis.

Partes sacerdotum in sacrificiis pacificis

28 Locutusque est Dominus ad Moysen,
dicens: 29 Loquere filiis Israel, dicens:
Qui offert victimam pacificorum Domino,
offerat simul et sacrificium, id est, libamenta eius. 30 Tenebit manibus adipem
hostiae, et pectusculum: cumque ambo
oblata Domino consecraverit, tradet sacerdoti, 31 qui adolebit adipem super altare,
pectusculum autem erit Aaron et filiorum
eius. 32 Armus quoque dexter de pacificorum hostiis cedet in primitias sacerdotis.
33 Qui obtulerit sanguinem et adipem, filiorum Aaron, ipse habebit et armum dextrum in portione sua. 34 Pectusculum enim
elevationis, et armum separationis, tuli a
filiis Israel de hostiis eorum pacificis, et
dedi Aaron sacerdoti, et filiis eius, lege
perpetua, ab omni populo Israel. 35 Haec
est unctio Aaron et filiorum eius in caeremoniis Domini die qua obtulit eos Moyses, ut sacerdotio fungerentur, 36 et quae
praecepit eis dari Dominus a filiis Israel
religione perpetua in generationibus suis.
37 Ista est lex holocausti, et sacrificii
pro peccato atque delicto, et pro conse-
cratione et pacificorum victimis: 38 quam
constituit Dominus Moysi in monte Sinai,
quando mandabit filiis Israel ut offerrent
oblationes suas Domino in deserto Sinai.

Aaronis et filiorum consecratio

8 1 Locutusque est Dominus ad Moysen, dicens: 2 Tolle Aaron cum filiis
suis, vestes eorum, et unctionis oleum,
vitulum pro peccato, duos arietes, canistrum cum azymis, 3 et congregabis omnem
coetum ad ostium tabernaculi.
4 Fecit Moyses ut Dominus imperaverat. Congregataque omni turba ante fores
tabernaculi, 5 ait: Iste est sermo, quem
iussit Dominus fieri.
6 Statimque obtulit Aaron et filios eius.
Cumque lavisset eos, 7 vestivit pontificem
subucula linea, accingens eum balteo, et
induens eum tunica hyacinthina, et desuper humerale imposuit, 8 quod astringens
cingulo aptavit rationali, in quo erat Doctrina et Veritas. 9 Cidari quoque texit
caput: et super eam, contra frontem, posuit laminam auream consecratam in sanctificatione, sicut praeceperat ei Dominus.
10 Tulit et unctionis oleum, quo linivit
tabernaculum cum omni supellectile sua.
11 Cumque sanctificans aspersisset altare
septem vicibus, unxit illud, et omnia vasa
eius, labrumque cum basi sua sanctificavit
oleo. 12 Quod fundens super caput Aaron,
unxit eum, et consecravit: 13 filios quoque
eius oblatos vestivit tunicis lineis, et cinxit
balteis, imposuitque mitras, ut iusserat
Dominus.

Sacrificia consecrationis

14 Obtulit et vitulum pro peccato: cumque super caput eius posuisset Aaron, et
filii eius, manus suas, 15 immolavit eum,

6,15. — 13: Am 4,5. — 14: Ex 29,27-28; Num 18,8.11.19. — 15: Lev 19,6-7; 22,29-30. — 16-17: Lev 19,6-7. — 21: Lev 11,10-28. — 23: Lev 3,17. — 24: Ex 22,31; Lev 17,15; 22,8; Deut 14,21; Ez 4,14; 44,31. — 27: Gen 9,4; Lev 3,17; 17,10-14. — 29: Lev 3,1. — 30: Lev 3,3-4.9.14. 31: Lev 3,5.11.16. — 32: Lev 9,21; Num 6,20. — 34: Ex 29,27-28; Num 18,18-19. — 37: Lev 6,9.14.20-25; 7,1.11.

8 1-32: Ex 29,1-34. — 2: Ex 28,2-4; 30,25. — 6: Ex 40,12-13. — 7-9: Eccli 45,9-14. — 7-8: Ex 28,4,30. — 9: Ex 28,36-37; 39,29-30.— 10: Ex 30,25-29. — 12: Ex 30,30-31; Lev 21,10.12; Ps 13,22; Eccli 45,18. — 14: Lev 1,4. —

hauriens sanguinem, et tincto digito, tetigit cornua altaris per gyrum: quo expiato
et sanctificato, fudit reliquum sanguinem
ad fundamenta eius. 16 Adipem vero qui
erat super vitalia, et reticulum iecoris,
duosque renunculos, cum arvinulis suis,
adolevit super altare: 17 vitulum cum pelle, et carnibus, et fimo, cremans extra
castra, sicut praeceperat Dominus.
18 Obtulit et arietem in holocaustum:
super cuius caput cum imposuissent Aaron
et filii eius manus suas, 19 immolavit eum,
et fudit sanguinem eius per circuitum altaris. 20 Ipsumque arietem in frusta concidens, caput eius, et artus, et adipem adolevit igni, 21 lotis prius intestinis et pedibus; totumque simul arietem incendit super altare, eo quod esset holocaustum
suavissimi odoris Domino, sicut praeceperat ei.
22 Obtulit et arietem secundum, in con-
secratione sacerdotum: posueruntque super caput eius Aaron et filii eius manus
suas: 23 quem cum immolasset Moyses,
sumens de sanguine eius, tetigit extremum
auriculae dextrae Aaron, et pollicem manus eius dextrae, similiter et pedis. 24 Obtulit et filios Aaron: cumque de sanguine
arietis immolati tetigisset extremum auriculae singulorum dextrae, et pollices manus ac pedis dextri, reliquum fudit super
altare per circuitum: 25 adipem vero, et
caudam, omnemque pinguedinem quae
operit intestina, reticulumque iecoris, et
duos renes cum adipibus suis et armo
dextro separavit.

Oblationes

26 Tollens autem de canistro azymorum, quod erat coram Domino, panem
absque fermento, et collyridam conspersam oleo, laganumque, posuit super adipes, et armum dextrum, 27 tradens simul
omnia Aaron et filiis eius. Qui postquam
levaverunt ea coram Domino, 28 rursum
suscepta de manibus eorum, adolevit super altare holocausti, eo quod consecrationis esset oblatio, in odorem suavitatis,
sacrificii Domino. 29 Tulitque pectusculum, elevans illud coram Domino, de
ariete consecrationis in partem suam, sicut
praeceperat ei Dominus.

Aspersio

30 Assumensque unguentum, et sanguinem qui erat in altari, aspersit super
Aaron et vestimenta eius, et super filios
illius ac vestes eorum.

31 Cumque sanctificasset eos in vestitu
suo, praecepit eis, dicens: Coquite carnes
ante fores tabernaculi, et ibi comedite
eas; panes quoque consecrationis edite,
qui positi sunt in canistro, sicut praecepit mihi Dominus, dicens: Aaron et filii
eius comedent eos: 32 quidquid autem reliquum fuerit de carne et panibus, ignis
absumet. 33 De ostio quoque tabernaculi
non exibitis septem diebus, usque ad
diem quo complebitur tempus consecrationis vestrae; septem enim diebus finitur consecratio: 34 sicut et impraesentiarum factum est, ut ritus sacrificii compleretur. 35 Die ac nocte manebitis in tabernaculo observantes custodias Domini,
ne moriamini: sic enim mihi praeceptum
est. 36 Feceruntque Aaron et filii eius cuncta quae locutus est Dominus per manum
Moysi.

Inauguratio ministerii Aaronis

9 1 Facto autem octavo die, vocavit
Moyses Aaron, et filios eius, ac maiores natu Israel, dixitque ad Aaron: 2 Tolle
de armento vitulum pro peccato, et arietem in holocaustum, utrumque immaculatum, et offer illos coram Domino. 3 Et
ad filios Israel loqueris: Tollite hircum
pro peccato, et vitulum, atque agnum, anniculos, et sine macula in holocaustum,
4 bovem et arietem pro pacificis: et immolate eos coram Domino, in sacrificio
singulorum similam conspersam oleo offerentes: hodie enim Dominus apparebit
vobis.
5 Tulerunt ergo cuncta quae iusserat
Moyses ad ostium tabernaculi: ubi cum
omnis multitudo astaret, 6 ait Moyses:
Iste est sermo, quem praecepit Dominus:
facite, et apparebit vobis gloria eius. 7 Et
dixit ad Aaron: Accede ad altare, et immola pro peccato tuo: offer holocaustum,
et deprecare pro te et pro populo: cumque mactaveris hostiam populi, ora pro
eo, sicut praecepit Dominus.

Sacrificium pro peccato sacerdotis

8 Statimque Aaron accedens ad altare,
immolavit vitulum pro peccato suo:
9 cuius sanguinem obtulerunt ei filii sui:
in quo tingens digitum, tetigit cornua altaris, et fudit residuum ad basim eius.
10 Adipemque, et renunculos, ac reticulum iecoris, quae sunt pro peccato, adolevit super altare, sicut praeceperat Dominus Moysi: 11 carnes vero et pellem
eius extra castra combussit igni. 12 Immo-

15: Lev 4,7; Ez 43,20. — 16: Lev 3,3-5; 4,8-10. 17: Lev 4,11-12. — 18-21: Lev 1,10-12. —22: Lev 7,37. — 30: Ex 39,30; Num 3,3. — 31: Ez 29,32; Lev 8,2; 24,9. — 33: Ez 43,25-26.

9 1: Lev 7,33; Ez 43,27. — 2: Ex 29,1; Lev 4, 3; 8,14.18. — 3: Lev 4,23. — 4: Lev 2,4; 9,6.23. — 7: Lev 4,3.20; 6,10-11.15; Hebr 5, 1-3; 7,27; 9,7. — 9: Lev 4,6; 8,15. — 10: Lev 4,8-12; 8,16. — 11: Lev 4,11; 8,17. — 12: Lev 1,

lavit et holocausti victimam: obtuleruntque ei filii sui sanguinem eius, quem fudit
per altaris circuitum. 13 Ipsam etiam hostiam in frusta concisam, cum capite et
membris singulis obtulerunt; quae omnia super altare cremavit igni, 14 lotis
aqua prius intestinis et pedibus.

Sacrificium pro peccato populi

15 Et pro peccato populi offerens, mactavit hircum: expiatoque altari, 16 fecit
holocaustum, 17 addens in sacrificio libamenta, quae pariter offeruntur, et ado-
lens ea super altare, absque caeremoniis
holocausti matutini. 18 Immolavit et bovem atque arietem, hostias pacificas populi: obtuleruntque ei filii sui sanguinem,
quem fudit super altare in circuitum.
19 Adipem autem bovis, et caudam arietis, renunculosque cum adipibus suis, et
reticulum iecoris 20 posuerunt super pectora: cumque cremati essent adipes super
altare, 21 pectora eorum, et armos dextros separavit Aaron, elevans coram Domino, sicut praeceperat Moyses.

Benedictio populi

22 Et extendens manus ad populum, benedixit ei. Sicque completis hostiis pro
peccato, et holocaustis, et pacificis, descendit. 23 Ingressi autem Moyses et Aaron
in tabernaculum testimonii, et deinceps
egressi, benedixerunt populo. Apparuitque gloria Domini omni multitudini: 24 et
ecce egressus ignis a Domino, devoravit
holocaustum, et adipes qui erant super
altare. Quod cum vidissent turbae, laudaverunt Dominum, ruentes in facies suas.

Sanctitatem ministerii sacerdotalis Deus vindicat

10 1 Arreptisque Nadab et Abiu filii
Aaron thuribulis, posuerunt ignem,
et incensum desuper, offerentes coram
Domino ignem alienum: quod eis praeceptum non erat. 2 Egressusque ignis a
Domino, devoravit eos, et mortui sunt
coram Domino. 3 Dixitque Moyses ad
Aaron: Hoc est quod locutus est Dominus: Sanctificabor in iis qui appropinquant mihi, et in conspectu omnis populi glorificabor. Quod audiens tacuit Aaron.
4 Vocatis autem Moyses Misaele et Elisaphan filiis Oziel, patrui Aaron, ait ad eos:
Ite et tollite fratres vestros de conspectu
sanctuarii, et asportate extra castra.
5 Confestimque pergentes, tulerunt eos sicut iacebant, vestitos lineis tunicis, et eiecerunt foras, ut sibi fuerat imperatum.
6 Locutusque est Moyses ad Aaron, et
ad Eleazar, et Ithamar, filios eius: Capita vestra nolite nudare, et vestimenta nolite scindere, ne forte moriamini, et super
omnem coetum oriatur indignatio. Fratres vestri, et omnis domus Israel, plangant incendium quod Dominus suscitavit: 7 vos autem non egrediemini fores tabernaculi, alioquin peribitis: oleum quippe sanctae unctionis est super vos. Qui
fecerunt omnia iuxta praeceptum Moysi.
8 Dixit quoque Dominus ad Aaron:
9 Vinum, et omne quod inebriare potest,
non bibetis tu et filii tui, quando intratis
in tabernaculum testimonii, ne moriamini: quia praeceptum sempiternum est in
generationes vestras. 10 Et ut habeatis
scientiam discernendi inter sanctum et
profanum, inter pollutum et mundum:
11 doceatisque filios Israel omnia legitima
mea quae locutus est Dominus ad eos per
manum Moysi.

Pars victimarum comedenda

12 Locutusque est Moyses ad Aaron,
et ad Eleazar, et Ithamar, filios eius, qui
erant residui: Tollite sacrificium, quod
remansit de oblatione Domini, et comedite illud absque fermento iuxta altare,
quia Sanctum sanctorum est. 13 Comedetis autem in loco sancto: quod datum est
tibi et filiis tuis de oblationibus Domini,
sicut praeceptum est mihi. 14 Pectusculum
quoque quod oblatum est, et armum qui
separatus est, edetis in loco mundissimo
tu et filii tui, et filiae tuae tecum: tibi enim
ac liberis tuis reposita sunt de hostiis sa-
lutaribus filiorum Israel: 15 eo quod armum et pectus, et adipes qui cremantur
in altari, elevaverunt coram Domino, et
pertineant ad te, et ad filios tuos, lege perpetua, sicut praecepit Dominus.
16 Inter haec, hircum, qui oblatus fuerat pro peccato, cum quaereret Moyses,
exustum reperit: iratusque contra Eleazar
et Ithamar filios Aaron, qui remanserant,
ait: 17 Cur non comedistis hostiam pro
peccato in loco sancto, quae Sancta sanctorum est, et data vobis ut portetis ini-

11; 8,19. — **13:** Lev 8,20. — **14:** Lev 8,21. — **15:** Lev 9,3.7; Hebr 2,17; 5,3. — **17:** Ex 29,38-39; Lev 2,1-2; 9,4. — **18-20:** Lev 3,1.5.12.16. **21:** Ex 29,24.26; Lev 7,30-34. — **23:** Ex 29,43; 40,32; Lev 9,4.6. — **24:** 3 Reg 18,38; 3 Par 7,1; 2 Mach 2,10.

10 **1:** Ex 6,23; 28,1; 30,9; Lev 10,1; Num 3,4; 26,61; 1 Par 24,2. — **2:** Lev 9,24; Num 16,35. — **3:** Lev 21,17.21. — **4:** Ex 6,18. 22; Num 3,19.30. — **6:** Lev 13,45; 21,10; Num 1,53; 16,22; 18,5; Ios 7,1; 22,18.20; Ez 24,16-17. — **7:** Lev 8,30; 21,12. — **9:** Ez 44,21. — **10:** 11,47; 20,25; Ez 22,26; 44,23. — **11:** Deut 17,10-12; 24,8; Neh 8,9; Eccli 45,21; Mt 23,2-3; 28,20. — **12:** Lev 6,16-17; Num 18,9-10. **13:** Lev 2,3; 6,16. — **14:** Ex 29,26-27; Lev 7,31.34; Num 18,11. — **15:** Lev 7,31-34. — **16:**

quitatem multitudinis, et rogetis pro ea
in conspectu Domini, 18 praesertim cum
de sanguine illius non sit illatum intra
sancta, et comedere debueritis eam in
Sanctuario, sicut praeceptum est mihi?
19 Respondit Aaron: Oblata est hodie victima pro peccato, et holocaustum coram
Domino: mihi autem accidit quod vides;
quomodo potui comedere eam, aut placere Domino in caeremoniis mente lugubri? 20 Quod cum audisset Moyses, recepit satisfactionem.

PARS SECUNDA

LEGES DE MUNDITIA ET IMMUNDITIA

(11,1-16,34)

Quadrupedia

11 1 Locutusque est Dominus ad Moysen et Aaron dicens: 2 Dicite filiis
Israel: Haec sunt animalia quae comedere debetis de cunctis animantibus terrae:
3 Omne quod habet divisam ungulam, et
ruminat in pecoribus, comedetis. 4 Quidquid autem ruminat quidem, et habet ungulam, sed non dividit eam, sicut camelus et caetera, non comedetis illud, et inter immunda reputabitis. 5 Chocrogryllus
qui ruminat, ungulamque non dividit, immundus est. 6 Lepus quoque: nam et ipse
ruminat, sed ungulam non dividit. 7 Et sus:
qui cum ungulam dividat, non ruminat.
8 Horum carnibus non vescemini, nec cadavera contingetis, quia immunda sunt
vobis.

Pisces

9 Haec sunt quae gignuntur in aquis, et
vesci licitum est. Omne quod habet pinnulas et squamas, tam in mari quam in
fluminibus et stagnis, comedetis. 10 Quidquid autem pinnulas et squamas non habet, eorum quae in aquis moventur et vivunt, abominabile vobis, 11 execrandum-
que erit, carnes eorum non comedetis, et
morticina vitabitis. 12 Cuncta quae non
habent pinnulas et squamas in aquis, polluta erunt.

Aves

13 Haec sunt quae de avibus comedere
non debetis, et vitanda sunt vobis: Aquilam, et gryphem, et haliaeetum, 14 et milvum ac vulturem iuxta genus suum, 15 et
omne corvini generis in similitudinem
suam, 16 struthionem, et noctuam, et larum, et accipitrem iuxta genus suum:
17 bubonem, et mergulum, et ibin, 18 et
cygnum, et onocrotalum, et porphyrio-
nem, 19 herodionem, et charadrion iuxta
genus suum, upupam quoque, et vespertilionem.

Volucres

20 Omne de volucribus quod graditur
super quatuor pedes, abominabile erit vobis. 21 Quidquid autem ambulat quidem
super quatuor pedes, sed habet longiora
retro crura, per quae salit super terram,
22 comedere debetis, ut est bruchus in genere suo, et attacus atque ophiomachus,
ac locusta, singula iuxta genus suum.
23 Quidquid autem ex volucribus quatuor
tantum habet pedes, execrabile erit vobis: 24 et quicumque morticina eorum tetigerit, polluetur, et erit immundus usque
ad vesperum: 25 et si necesse fuerit ut portet quippiam horum mortuum, lavabit
vestimenta sua, et immundus erit usque
ad occasum solis.
26 Omne animal quod habet quidem
ungulam, sed non dividit eam, nec ruminat, immundum erit: et qui tetigerit illud,
contaminabitur. 27 Quod ambulat super
manus ex cunctis animantibus, quae incedunt quadrupedia, immundum erit: qui
tetigerit morticina eorum, polluetur usque ad vesperum. 28 Et qui portaverit
huiuscemodi cadavera, lavabit vestimenta sua, et immundus erit usque ad vesperum: quia omnia haec immunda sunt vobis. 29 Haec quoque inter polluta repu-
tabuntur de his quae moventur in terra,
mustela et mus et crocodilus, singula iuxta genus suum, 30 mygale, et chamaeleon,
et stellio, et lacerta, et talpa.

De contacto immundorum

31 Omnia haec immunda sunt. Qui tetigerit morticina eorum, immundus erit
usque ad vesperum: 32 et super quod ceciderit quidquam de morticinis eorum,
polluetur, tam vas ligneum et vestimentum, quam pelles et cilicia: et in quocumque fit opus, tingentur aqua, et polluta
erunt usque ad vesperum, et sic postea
mundabuntur. 33 Vas autem fictile, in
quod horum quidquam intro ceciderit,
polluetur, et idcirco frangendum est.
34 Omnis cibus, quem comedetis, si fusa
fuerit super eum aqua, immundus erit: et
omne liquens quod bibitur de universo

Lev 9,3.15; 2 Mach 2,11. — **17-18:** Lev 6,26.29-30. — **19:** 9,8.12.

11 **1-47:** Deut 14,3-20. — **2:** Gen 7,2. — **7:** Is 65,4; 66,3.17; 2 Mach 6,18-20; 7,1. — **10:** Lev 7,21. — **24:** Lev 5,2; 11,40; 14,46. — **25:** Lev 13,6.34; 14,8.47; 15,5; 16,26.28; 17,15; Num 19,10; 31,24. — **32:** Lev 15,12. — **33:** Lev

vase, immundum erit. 35 Et quidquid de
morticinis huiuscemodi ceciderit super illud, immundum erit: sive clibani, sive
chytropodes, destruentur, et immundi
erunt. 36 Fontes vero et cisternae, et omnis aquarum congregatio munda erit. Qui
morticinum eorum tetigerit, polluetur.
37 Si ceciderit super sementem, non polluet eam. 38 Si autem quispiam aqua sementem perfuderit, et postea morticinis
tacta fuerit, illico polluetur.

39 Si mortuum fuerit animal, quod licet
vobis comedere, qui cadaver eius tetigerit, immundus erit usque ad vesperum:
40 et qui comederit ex eo quippiam, sive
portaverit, lavabit vestimenta sua, et immundus erit usque ad vesperum. 41 Omne
quod reptat super terram, abominabile
erit, nec assumetur in cibum. 42 Quidquid
super pectus quadrupes graditur, et multos habet pedes, sive per humum trahitur,
non comedetis, quia abominabile est.
43 Nolite contaminare animas vestras, nec
tangatis quidquam eorum, ne immundi
sitis. 44 Ego enim sum Dominus Deus vester: sancti estote, quia ego sanctus sum.
Ne polluatis animas vestras in omni reptili quod movetur super terram. 45 Ego
enim sum Dominus, qui eduxi vos de terra Aegypti, ut essem vobis in Deum.
Sancti eritis, quia ego sanctus sum.

46 Ista est lex animantium ac volucrum,
et omnis animae viventis, quae movetur
in aqua, et reptat in terra, 47 ut differentias noveritis mundi et immundi, et sciatis
quid comedere et quid respuere debeatis.

Puerperae immunditia et mundatio

12 1 Locutusque est Dominus ad
Moysen, dicens: 2 Loquere filiis Israel, et dices ad eos: Mulier, si suscepto
semine pepererit masculum, immunda erit
septem diebus iuxta dies separationis
menstruae. 3 Et die octavo circumcidetur
infantulus: 4 ipsa vero triginta tribus diebus manebit in sanguine purificationis
suae. Omne sanctum non tanget, nec ingredietur in Sanctuarium, donec impleantur dies purificationis suae. 5 Sin autem
feminam pepererit, immunda erit duabus
hebdomadibus iuxta ritum fluxus mens-
trui, et sexaginta sex diebus manebit in
sanguine purificationis suae.

6 Cumque expleti fuerint dies purificationis suae, pro filio, sive pro filia, deferet
agnum anniculum in holocaustum, et pullum columbae sive turturem pro peccato,
ad ostium tabernaculi testimonii, et tradet sacerdoti, 7 qui offeret illa coram Domino, et orabit pro ea, et sic mundabitur
a profluvio sanguinis sui: ista est lex pa-
rientis masculum aut feminam. 8 Quod si
non invenerit manus eius, nec potuerit offerre agnum, sumet duos turtures vel duos
pullos columbarum, unum in holocaustum, et alterum pro peccato; orabitque
pro ea sacerdos, et sic mundabitur.

Lex de lepra: casus primus

13 1 Locutusque est Dominus ad
Moysen, et Aaron, dicens: 2 Ho-
mo, in cuius cute et carne ortus fuerit di-
versus color sive pustula, aut quasi lucens
quippiam, id est, plaga leprae, adducetur
ad Aaron sacerdotem, vel ad unum quemlibet filiorum eius. 3 Qui cum viderit lepram in cute, et pilos in album mutatos
colorem, ipsamque speciem leprae humiliorem cute et carne reliqua: plaga leprae
est, et ad arbitrium eius separabitur.

Casus secundus

4 Sin autem lucens candor fuerit in cute,
nec humilior carne reliqua, et pili coloris
pristini, recludet eum sacerdos septem diebus, 5 et considerabit die septimo: et siquidem lepra ultra non creverit, nec transierit in cute priores terminos, rursum recludet eum septem diebus aliis. 6 Et die
septimo contemplabitur: si obscurior fuerit lepra, et non creverit in cute, mundabit eum, quia scabies est: lavabitque homo vestimenta sua, et mundus erit.
7 Quod si postquam a sacerdote visus est,
et redditus munditiae, iterum lepra creverit: adducetur ad eum, 8 et immunditiae
condemnabitur.

Casus tertius

9 Plaga leprae si fuerit in homine, adducetur ad sacerdotem, 10 et videbit eum.
Cumque color albus in cute fuerit, et ca-
pillorum mutaverit aspectum, ipsa quoque caro viva apparuerit: 11 lepra vetustissima iudicabitur, atque inolita cuti.
Contaminabit itaque eum sacerdos, et non
recludet, quia perspicuae immunditiae est.
12 Sin autem effloruerit discurrens lepra
in cute, et operuerit omnem cutem a capite usque ad pedes, quidquid sub aspectum oculorum cadit, 13 considerabit eum
sacerdos, et teneri lepra mundissima iudi-

6,28; 15,12. — **40:** Lev 17,15; 22,8; Deut 14,21; Ez 4,14; 44,31. — **43:** Lev 20,25. — **44:** Lev 19,2; 20,7-26; 1 Petr 1,16. || Epist. Siricii: D 89. — **45:** Ex 6,7; 12,51. — **47:** Lev 10,10.

12 **2:** Lev 15,19; Lc 2,22. — **3:** Gen 17,12; Lc 1,59; 2,21; Io 7,22-23. — **6:** Lev 5,7; Lc 2,22. — **8:** Lev 1,14; 4,26; 5,11; 12,6; Lc 2,24.

13 **2:** Lev 14,56; Deut 24,8. — **6:** Lev 11,25; 14,8. — **10:** Num 12,10; 4 Reg 5,27.

cabit: eo quod omnis in candorem versa
sit, et idcirco homo mundus erit. 14 Quando vero caro vivens in eo apparuerit,
15 tunc sacerdotis iudicio polluetur, et inter immundos reputabitur; caro enim viva, si lepra aspergitur, immunda est.
16 Quod si rursum versa fuerit in alborem, et totum hominem operuerit, 17 considerabit eum sacerdos, et mundum esse
decernet.

Casus quartus

18 Caro autem et cutis in qua ulcus natum est, et sanatum, 19 et in loco ulceris
cicatrix alba apparuerit, sive subrufa, adducetur homo ad sacerdotem: 20 qui cum
viderit locum leprae humiliorem carne reliqua, et pilos versos in candorem, contaminabit eum: plaga enim leprae orta est
in ulcere. 21 Quod si pilus coloris est pristini, et cicatrix subobscura, et vicina carne non est humilior, recludet eum septem
diebus: 22 et si quidem creverit, adiudicavit eum leprae: 23 sin autem steterit in loco
suo, ulceris est cicatrix, et homo mundus
erit.

Casus quintus

24 Caro autem et cutis, quam ignis exus-
serit, et sanata albam sive rufam habuerit
cicatricem, 25 considerabit eam sacerdos,
et ecce versa est in alborem, et locus eius
reliqua cute est humilior: contaminabit
eum, quia plaga leprae in cicatrice orta
est. 26 Quod si pilorum color non fuerit
immutatus, nec humilior plaga carne reliqua, et ipsa leprae species fuerit subobscura, recludet eum septem diebus, 27 et
die septimo contemplabitur: si creverit in
cute lepra, contaminabit eum. 28 Sin autem in loco suo candor steterit non satis
clarus, plaga combustionis est, et idcirco
mundabitur, quia cicatrix est combustu-
rae.

Casus sextus

29 Vir, sive mulier, in cuius capite vel
barba germinaverit lepra, videbit eos
sacerdos. 30 Et siquidem humilior fuerit
locus carne reliqua, et capillus flavus, so-
litoque subtilior; contaminabit eos, quia
lepra capitis ac barbae est. 31 Sin autem
viderit locum maculae aequalem vicinae
carni, et capillum nigrum: recludet eum
septem diebus, 32 et die septimo intuebitur. Si non creverit macula, et capillis sui
coloris est, et locus plagae carni reliquae
aequalis: 33 radetur homo absque loco
maculae, et includetur septem diebus aliis.
34 Si die septimo visa fuerit stetisse plaga
in loco suo, nec humilior carne reliqua,
mundabit eum, lotisque vestibus suis
mundus erit. 35 Sin autem post emundationem rursus creverit macula in cute,
36 non quaeret amplius utrum capillus in
flavum colorem sit immutatus, quia aperte immundus est. 37 Porro si steterit macula, et capilli nigri fuerint, noverit hominem sanatum esse, et confidenter eum
pronuntiet mundum.

Casus septimus

38 Vir, sive mulier, in cuius cute candor
apparuerit, 39 intuebitur eos sacerdos. Si
deprehenderit subobscurum alborem lucere in cute, sciat non esse lepram, sed
maculam coloris candidi, et hominem
mundum.

Casus octavus

40 Vir, de cuius capite capilli fluunt, cal-
vus et mundus est: 41 et si a fronte ceciderint pili, recalvaster et mundus est. 42 Sin
autem in calvitio sive in recalvatione albus vel rufus color fuerit exortus, 43 et
hoc sacerdos viderit, condemnavit eum
haud dubiae leprae, quae orta est in calvitio. 44 Quicumque ergo maculatus fuerit lepra, et separatus est ad arbitrium
sacerdotis, 45 habebit vestimenta dissuta,
caput nudum, os veste contectum, conta-
minatum ac sordidum se clamabit. 46 Omni tempore quo leprosus est et immundus,
solus habitabit extra castra.

De vestium lepra

47 Vestis lanea sive linea, quae lepram
habuerit, 48 in stamine atque subtegmine,
aut certe pellis, vel quidquid ex pelle confectum est, 49 si alba vel rufa macula fuerit infecta, lepra reputabitur, ostendetur-
que sacerdoti: 50 qui consideratam recludet septem diebus: 51 et die septimo rursus aspiciens, si deprehenderit crevisse,
lepra perseverans est: pollutum iudicabit
vestimentum, et omne in quo fuerit inventa: 52 et idcirco comburetur flammis.
53 Quod si eam viderit non crevisse,
54 praecipiet, et lavabunt id in quo lepra
est, recludetque illud septem diebus aliis.
55 Et cum viderit faciem quidem pristinam non reversam, nec tamen crevisse lepram, immundum iudicabit, et igne comburet, eo quod infusa sit in superficie vestimenti vel per totum, lepra. 56 Sin autem
obscurior fuerit locus leprae, postquam
vestis est lota, abrumpet eum, et a solido

19: Lev 13,24. — 23: Lev 13,28. — 24: Lev 13,19. — 28: Lev 13,23. — 34: Lev 13,6. — 45: Ez 34,17.22; Mich 3,7. — 46: Num 5,2; 12,14-15; 4 Reg 7,3; 15,5; 2 Par 26,21; Lc 17,12. — 51: Lev 14,44.

divídet. 57 Quod si ultra apparuerit in his
locis, quae prius immaculata erant, lepra
volatilis et vaga: debet igne comburi. 58 Si
cessaverit, lavabit aqua ea, quae pura
sunt, secundo, et munda erunt. 59 Ista est
lex leprae vestimenti lanei et linei, stami-
nis, atque subtegminis, omnisque supellectilis pellicae, quomodo mundari debeat, vel contaminari.

Leprosi mundatio

14 1 Locutusque est Dominus ad
Moysen, dicens: 2 Hic est ritus leprosi, quando mundandus est: Adducetur ad sacerdotem: 3 qui egressus de castris, cum invenerit lepram esse mundatam, 4 praecipiet ei, qui purificatur, ut offerat duos passeres vivos pro se, quibus
vesci licitum est, et lignum cedrinum, ver-
miculumque et hyssopum. 5 Et unum ex
passeribus immolari iubebit in vase fictili
super aquas viventes: 6 alium autem vivum cum ligno cedrino, et cocco et hyssopo, tinget in sanguine passeris immolati, 7 quo asperget illum, qui mundandus
est, septies, ut iure purgetur: et dimittet
passerem vivum, ut in agrum avolet.
8 Cumque laverit homo vestimenta sua,
radet omnes pilos corporis, et lavabitur
aqua: purificatusque ingredietur castra,
ita dumtaxat ut maneat extra tabernaculum suum septem diebus, 9 et die septimo
radet capillos capitis, barbamque et su-
percilia, ac totius corporis pilos. Et lotis
rursum vestibus et corpore, 10 die octavo
assumet duos agnos immaculatos, et
ovem anniculam absque macula, et tres
decimas similae in sacrificium, quae conspersa sit oleo, et seorsum olei sextarium.
11 Cumque sacerdos purificans hominem,
statuerit eum, et haec omnia coram Domino in ostio tabernaculi testimonii,
12 tollet agnum et offeret eum pro delicto, oleique sextarium: et oblatis ante
Dominum omnibus, 13 immolabit agnum,
ubi solet immolari hostia pro peccato, et
holocaustum, id est, in loco sancto. Sicut
enim pro peccato, ita et pro delicto ad
sacerdotem pertinet hostia: Sancta sanctorum est. 14 Assumensque sacerdos de
sanguine hostiae, quae immolata est pro
delicto, ponet super extremum auriculae
dextrae eius qui mundatur, et super pollices manus dextrae et pedis: 15 et de
olei sextario mittet in manum suam sinistram, 16 tingetque digitum dextrum in eo,
et asperget coram Domino septies.
17 Quod autem reliquum est olei in laeva
manu, fundet super extremum auriculae
dextrae eius qui mundatur, et super pollices manus ac pedis dextri, et super sanguinem qui effusus est pro delicto, 18 et
super caput eius. 19 Rogabitque pro eo
coram Domino, et faciet sacrificium pro
peccato; tunc immolabit holocaustum,
20 et ponet illud in altari cum libamentis
suis, et homo rite mundabitur.

Si leprosus fuerit pauper

21 Quod si pauper est, et non potest
manus eius invenire quae dicta sunt, pro
delicto, assumet agnum ad oblationem,
ut roget pro eo sacerdos, decimamque
partem similae conspersae oleo in sacrificium, et olei sextarium, 22 duosque turtures sive duos pullos columbae, quorum
unus sit pro peccato, et alter in holocaustum: 23 offeretque ea die octavo purificationis suae sacerdoti, ad ostium tabernaculi testimonii coram Domino. 24 Qui suscipiens agnum pro delicto et sextarium olei,
levabit simul: 25 immolatoque agno, de
sanguine eius ponet super extremum auriculae dextrae illius qui mundatur, et super
pollices manus eius ac pedis dextri: 26 olei
vero partem mittet in manum suam sinistram, 27 in quo tingens digitum dextrae
manus asperget septies coram Domino:
28 tangetque extremum dextrae auriculae
illius qui mundatur, et pollices manus ac
pedis dextri, in loco sanguinis qui effusus
est pro delicto: 29 reliquam autem partem
olei, quae est in sinistra manu, mittet
super caput purificati, ut placet pro eo
Dominum: 30 et turturem sive pullum
columbae offeret, 31 unum pro delicto, et
alterum in holocaustum cum libamentis
suis. 32 Hoc est sacrificium leprosi, qui
habere non potest omnia in emundationem sui.

De lepra aedium

33 Locutusque est Dominus ad Moysen
et Aaron, dicens: 34 Cum ingressi fueritis
terram Chanaan, quam ego dabo vobis
in possessionem, si fuerit plaga leprae in
aedibus, 35 ibit cuius est domus, nuntians
sacerdoti, et dicet: Quasi plaga leprae
videtur mihi esse in domo mea. 36 At ille
praecipiet ut efferant universa de domo,
priusquam ingrediatur eam, et videat
utrum leprosa sit, ne immunda fiant
omnia quae in domo sunt. Intrabitque
postea ut consideret lepram domus: 37 et
cum viderit in parietibus illius quasi val-
liculas pallore sive rubore deformes, et
humiliores superficie reliqua, 38 egredietur

14 2: Mt 8,4; Mc 1,44; Lc 5,14. — 4: Num 19,6. — 7: Lev 4,6; 8,11; Hebr 9,13. — 8: Lev 11,25; Num 8,7; 12,15. — 10: Num 15, 4. — 12: Lev 5,18; 6,6. — 13: Ex 29,11; Lev 1, 5.11; 2,3; 4,4.24; 7,6-7. — 16: Lev 4,6.17. — 20: Num 15,4. — 21: Lev 5,11; 12,8; Lc 2,24. 22: Lev 5,7; 12,8. — 23: Lev 14,10-11. — 24: Lev 14,12. — 25-29: Lev 14,14-18. — 30-31: Lev 14,22; 15,15. — 32: Lev 14,10.21. — 34: Gen 17, 8; Deut 32,49. — 35: Lev 13,2. — 44: Lev 13,

ostium domus, et statim claudet illam
septem diebus. 39 Reversusque die septimo, considerabit eam: si invenerit crevisse lepram, 40 iubebit erui lapides in
quibus lepra est; et proiici eos extra civitatem in locum immundum: 41 domum
autem ipsam radi intrinsecus per circuitum, et spargi pulverem rasurae extra
urbem in locum immundum, 42 lapides-
que alios reponi pro his qui ablati fuerint,
et luto alio liniri domum. 43 Sin autem
postquam eruti sunt lapides, et pulvis
erasus, et alia terra lita, 44 ingressus sacerdos viderit reversam lepram, et parietes
respersos maculis, lepra est perseverans,
et immunda domus: 45 quam statim destruent, et lapides eius ac ligna, atque
universum pulverem proiicient extra oppidum in locum immundum 46 Qui intraverit domum quando clausa est, immundus erit usque ad vesperum: 47 et qui
dormierit in ea, et comederit quippiam,
lavabit vestimenta sua.

Purificatio domus

48 Quod si introiens sacerdos viderit
lepram non crevisse in domo, postquam
denuo lita fuerit, purificabit eam reddita
sanitate: 49 et in purificationem eius sumet
duos passeres, lignumque cedrinum, et
vermiculum atque hyssopum: 50 et immolato uno passere in vase fictili super
aquas vivas, 51 tollet lignum cedrinum, et
hyssopum, et coccum, et passerem vivum,
et tinget omnia in sanguine passeris immolati, atque in aquis viventibus, et asperget domum septies, 52 purificabitque
eam tam in sanguine passeris quam in
aquis viventibus, et in passere vivo, ligno-
que cedrino et hyssopo atque vermiculo.
53 Cumque dimiserit passerem avolare in
agrum libere, orabit pro domo, et iure
mundabitur. 54 Ista est lex omnis leprae
et percussurae, 55 leprae vestium et domorum, 56 cicatricis et erumpentium pa-
pularum, lucentis maculae, et in varias
species, coloribus immutatis, 57 ut possit
sciri quo tempore mundum quid, vel
immundum sit.

De viro qui fluxu seminis patitur

15 1 Locutusque est Dominus ad Moysen et Aaron, dicens: 2 Loquimini
filiis Israel, et dicite eis: Vir, qui patitur
fluxum seminis, immundus erit. 3 Et tunc
iudicabitur huic vitio subiacere, cum per
singula momenta adhaeserit carni eius,
atque concreverit foedus humor. 4 Omne stratum, in quo dormierit, immundum
erit, et ubicumque sederit. 5 Si quis hominum tetigerit lectum eius, lavabit vestimenta sua, et ipse lotus aqua, immundus
erit usque ad vesperum. 6 Si sederit ubi
ille sederat, et ipse lavabit vestimenta sua:
et lotus aqua, immundus erit usque ad
vesperum. 7 Qui tetigerit carnem eius,
lavabit vestimenta sua: et ipse lotus aqua,
immundus erit usque ad vesperum. 8 Si
salivam huiuscemodi homo iecerit super
eum qui mundus est, lavabit vestimenta
sua: et lotus aqua, immundus erit usque
ad vesperum. 9 Sagma, super quo sederit
immundum erit: 10 et quidquid sub eo
fuerit, qui fluxum seminis patitur, pollutum erit usque ad vesperum. Qui portaverit horum aliquid, lavabit vestimenta
sua: et ipse lotus aqua, immundus erit
usque ad vesperum. 11 Omnis, quem tetigerit qui talis est, non lotis ante manibus,
lavabit vestimenta sua, et lotus aqua,
immundus erit usque ad vesperum. 12 Vas
fictile quod tetigerit confringetur: vas
autem ligneum lavabitur aqua.

Purificatio

13 Si sanatus fuerit qui huiuscemodi
sustinet passionem, numerabit septem dies
post emundationem sui, et lotis vestibus
et toto corpore in aquis viventibus, erit
mundus. 14 Die autem octavo sumet duos
turtures, aut duos pullos columbae, et
veniet in conspectum Domini ad ostium
tabernaculi testimonii dabitque eos sacerdoti: 15 qui faciet unum pro peccato et
alterum in holocaustum: rogabitque pro
eo coram Domino, ut emundetur a fluxu
seminis sui.
16 Vir de quo egreditur semen coitus,
lavabit aqua omne corpus suum: et immundus erit usque ad vesperum. 17 Vestem et pellem, quam habuerit, lavabit
aqua, et immunda erit usque ad vesperum.
18 Mulier, cum qua coierit, lavabitur aqua,
et immunda erit usque ad vesperum.

De femina fluxu sanguineo patiente

19 Mulier, quae redeunte mense patitur
fluxum sanguinis, septem diebus separabitur. 20 Omnis qui tetigerit eam, immundus erit usque ad vesperum: 21 et in quo
dormierit vel sederit diebus separationis
suae, polluetur. 22 Qui tetigerit lectum
eius, lavabit vestimenta sua: et ipse lotus
aqua, immundus erit usque ad vesperum.

51. — **46-47:** Lev 11,24-25. — **49:** Lev 14,4-6. 52. — **54:** Lev 13,9-17.29-37. — **55:** Lev 13, 47-59; 14,34-53. — **56:** Lev 13,2-46. — **57:** Lev 10,10-11.

15 **2:** Lev 22,4; Num 5,2; 2 Sam 3,29. — **5:** Lev 11,25. — **12:** Lev 6,28; 11,32-33. **13:** Lev 15,28. — **14-15:** Lev 12,8; 14,30-31. — **16:** Lev 22,4; Deut 23,10. — **18:** 2 Sam 11,4. — **19:** Lev 12,2. — **20-23:** Lev 15,4-10. — **24:** Lev

23 Omne vas, super quo illa sederit, quisquis attigerit, lavabit vestimenta sua: et
ipse lotus aqua, pollutus erit usque ad
vesperum. 24 Si coierit cum ea vir tempore
sanguinis menstrualis, immundus erit septem diebus: et omne stratum, in quo dormierit, polluetur.

25 Mulier, quae patitur multis diebus
fluxum sanguinis non in tempore mens-
truali, vel quae post menstruum sanguinem fluere non cessat, quamdiu subiacet
huic passioni, immunda erit quasi sit in
tempore menstruo. 26 Omne stratum, in
quo dormierit, et vas in quo sederit, pollutum erit. 27 Quicumque tetigerit ea, lavabit vestimenta sua: et ipse lotus aqua,
immundus erit usque ad vesperum. 28 Si
steterit sanguis, et fluere cessaverit, numerabit septem dies purificationis suae: 29 et
die octavo offeret pro se sacerdoti duos
turtures, aut duos pullos columbarum, ad
ostium tabernaculi testimonii: 30 qui unum
faciet pro peccato, et alterum in holocaustum, rogabitque pro ea coram Domino, et
pro fluxu immunditiae eius.

31 Docebitis ergo filios Israel ut caveant immunditiam, et non moriantur
in sordibus suis, cum polluerint tabernaculum meum quod est inter eos.

32 Ista est lex eius, qui patitur fluxum
seminis, et qui polluitur coitu, 33 et quae
menstruis temporibus separatur, vel quae
iugi fluit sanguine, et hominis qui dormierit cum ea.

Ritus pro festo expiationis

16 1 Locutusque est Dominus ad Moysen post mortem duorum filiorum
Aaron, quando offerentes ignem alienum
interfecti sunt: 2 et praecepit ei, dicens:
Loquere ad Aaron fratrem tuum, ne
omni tempore ingrediatur sanctuarium,
quod est intra velum coram propitiatorio
quo tegitur arca, ut non moriatur (quia
in nube apparebo super oraculum), 3 nisi
haec ante fecerit: Vitulum pro peccato
offeret, et arietem in holocaustum. 4 Tunica linea vestietur, feminalibus lineis verenda celabit: accingetur zona linea, cidarim lineam imponet capiti: haec enim
vestimenta sunt sancta: quibus cunctis,
cum lotus fuerit, induetur. 5 Suscipietque
ab universa multitudine filiorum Israel
duos hircos pro peccato, et unum arietem
in holocaustum. 6 Cumque obtulerit vitulum, et oraverit pro se et pro domo sua,
7 duos hircos stare faciet coram Domino
in ostio tabernaculi testimonii: 8 mittensque super utrumque sortem, unam Domino, et alteram capro emissario: 9 cuius
exierit sors Domino, offeret illum pro
peccato: 10 cuius autem in caprum emissarium, statuet eum vivum coram Domino, ut fundat preces super eo, et emittat
eum in solitudinem.

Hostia pro sacerdote

11 His rite celebratis, offeret vitulum,
et rogans pro se, et pro domo sua, immolabit eum: 12 assumptoque thuribulo,
quod de prunis altaris impleverit, et hauriens manu compositum thymiama in
incensum, ultra velum intrabit in sancta:
13 ut, positis super ignem aromatibus,
nebula eorum et vapor operiat oraculum
quod est supra testimonium, et non moriatur. 14 Tollet quoque de sanguine vituli, et asperget digito septies contra propitiatorium ad orientem.

Hostia pro populo

15 Cumque mactaverit hircum pro peccato populi, inferet sanguinem eius intra
velum, sicut praeceptum est de sanguine
vituli, ut aspergat e regione oraculi, 16 et
expiet sanctuarium ab immunditiis filiorum Israel, et a praevaricationibus eorum,
cunctisque peccatis. Iuxta hunc ritum faciet tabernaculo testimonii, quod fixum
est inter eos, in medio sordium habitationis eorum. 17 Nullus hominum sit in tabernaculo, quando pontifex sanctuarium
ingreditur, ut roget pro se, et pro domo
sua, et pro universo coetu Israel, donec
egrediatur. 18 Cum autem exierit ad altare
quod coram Domino est, oret pro se, et
sumptum sanguinem vituli atque hirci
fundat super cornua eius per gyrum: 19 as-
pergensque digito septies, expiet, et sanctificet illud ab immunditiis filiorum Israel.

Hircus emissarius

20 Postquam emundaverit sanctuarium,
et tabernaculum, et altare, tunc offerat
hircum viventem: 21 et posita utraque
manu super caput eius, confiteatur omnes
iniquitates filiorum Israel, et universa delicta, atque peccata eorum: quae impre-
cans capiti eius, emittet illum per hominem paratum, in desertum. 22 Cumque

18,19; 20,18. — **25:** Mt 9,20; Mc 5,25; Lc 8,43. — **28-30:** Lev 15,13-15. — **29-30:** Lev 12,8. **31:** Lev 11,47; Deut 24,8; Ez 44,23.— **32:** Lev 15,2-17. — **33:** Lev 15,19-30.

16 **1:** Lev 10,1-2. — **2:** Ex 25,22; 26,33-34; 30,10; 40,32-33; Hebr 9,7.12.24-25. **3:** Lev 1,10; 4,3; 8,18. — **4:** Ex 28,39-13; 30,19-20; Lev 6,10; 8,6-7; Ez 44,17-18. — **5:** Lev 4,13-14; Num 29,11. — **6:** Lev 9,7; 16,17.24; Heb 7,27. — **8:** Lev 16,20-22. — **13:** Ex 25,21-22; 30,1.7-8. — **14:** Hebr 9,13; 10,4. — **15:** Lev 16,2; Hebr 6,19. — **16:** Ex 29,36; Ez 45,18; Hebr 9,21-22. — **17:** Lc 1,10.21. — **18:** Ex 30,10; Lev 4,7.18. — **20:** Lev 16,16.18; Ez 43,20;

portaverit hircus omnes iniquitates eorum
in terram solitariam, et dimissus fuerit
in deserto, 23 revertetur Aaron in tabernaculum testimonii, et depositis vestibus,
quibus prius indutus erat, cum intraret
sanctuarium, relictisque ibi, 24 lavabit carnem suam in loco sancto, indueturque
vestibus suis. Et postquam egressus obtulerit holocaustum suum, ac plebis, rogabit
tam pro se quam pro populo: 25 et adipem,
qui oblatus est pro peccatis, adolebit super
altare. 26 Ille vero, qui dimiserit caprum
emissarium, lavabit vestimenta sua, et
corpus aqua, et sic ingredietur in castra.
27 Vitulum autem, et hircum, qui pro
peccato fuerant immolati, et quorum sanguis illatus est in sanctuarium, ut expiatio
compleretur, asportabunt foras castra, et
comburent igni tam pelles quam carnes
eorum, ac fimum: 28 et quicumque combusserit ea, lavabit vestimenta sua, et
carnem aqua, et sic ingredietur in castra.

Lex perpetua

29 Eritque vobis hoc legitimum sempiternum: Mense septimo, decima die mensis, affligetis animas vestras, nullumque
opus facietis, sive indigena, sive advena
qui peregrinatur inter vos. 30 In hac die
expiatio erit vestri, atque mundatio ab
omnibus peccatis vestris: coram Domino
mundabimini. 31 Sabbatum enim requietionis est, et affligetis animas vestras religione perpetua.
32 Expiabit autem sacerdos, qui unctus
fuerit, et cuius manus initiatae sunt ut
sacerdotio fungatur pro patre suo: indueturque stola linea et vestibus sanctis, 33 et
expiabit sanctuarium et tabernaculum testimonii atque altare, sacerdotes quoque
et universum populum. 34 Eritque vobis
hoc legitimum sempiternum, ut oretis pro
filiis Israel, et pro cunctis peccatis eorum
semel in anno.
Fecit igitur sicut praeceperat Dominus
Moysi.

PARS TERTIA

CODEX SANCTITATIS

(17,1-27,34)

Quodlibet animal sacro ritu ante sanctuarium offerendum

17 1 Et locutus est Dominus ad Moysen, dicens: 2 Loquere Aaron, et
filiis eius, et cunctis filiis Israel, dicens
ad eos: Iste est sermo quem mandavit
Dominus, dicens.
3 Homo quilibet de domo Israel, si
occiderit bovem aut ovem, sive capram,
in castris vel extra castra, 4 et non obtulerit ad ostium tabernaculi oblationem
Domino, sanguinis reus erit: quasi si
sanguinem fuderit, sic peribit de medio
populi sui. 5 Ideo sacerdoti offerre debent
filii Israel hostias suas, quas occident in
agro, ut sanctificentur Domino ante ostium tabernaculi testimonii, et immolent
eas hostias pacificas Domino. 6 Fundetque sacerdos sanguinem super altare Domini ad ostium tabernaculi testimonii,
et adolebit adipem in odorem suavitatis
Domino: 7 et nequaquam ultra immolabunt hostias suas daemonibus, cum quibus fornicati sunt. Legitimum sempiternum erit illis et posteris eorum.
8 Et ad ipsos dices: Homo de domo Israel, et de advenis qui peregrinantur apud
vos, qui obtulerit holocaustum sive victimam, 9 et ad ostium tabernaculi testimonii non adduxerit eam, ut offeratur
Domino, interibit de populo suo.

Sanguis nullo modo comedendus

10 Homo quilibet de domo Israel et de
advenis qui peregrinantur inter eos, si
comederit sanguinem, obfirmabo faciem
meam contra animam illius, et disperdam
eam de populo suo, 11 quia anima carnis
in sanguine est: et ego dedi illum vobis, ut super altare in eo expietis pro
animabus vestris, et sanguis pro animae
piaculo sit. 12 Idcirco dixi filiis Israel:
Omnis anima ex vobis non comedet sanguinem, nec ex advenis qui peregrinantur
apud vos.
13 Homo quicumque de filiis Israel, et
de advenis qui peregrinantur apud vos,
si venatione atque aucupio ceperit feram,
vel avem, quibus vesci licitum est, fundat
sanguinem eius, et operiat illum terra.
14 Anima enim omnis carnis in sanguine
est: unde dixi filiis Israel: Sanguinem universae carnis non comedetis, quia anima
carnis in sanguine est: et quicumque comederit illum, interibit.
15 Anima, quae comederit morticinum,
vel captum a bestia, tam de indigenis,
quam de advenis, lavabit vestimenta sua,
et semetipsum aqua, et contaminatus erit
usque ad vesperum: et hoc ordine mundus fiet. 16 Quod si non laverit vestimenta
sua et corpus, portabit iniquitatem suam.

35,20. — **23:** Lev 6,11; 16,4. — **24:** Lev 16,3.5; Eccli 45,20. — **25:** Ex 29,13; Lev 4,8-10. — **26:** Lev 16,8-10. — **27:** Lev 4,11-12.21; 6,30; Ez 43,21; Hebr 13,11. — **29:** Lev 23,27-28; Num 30,7. — **30:** Hebr 10,1.3. — **31:** Lev 23,32. — **32:** Ex 29,29-30; Lev 16,4; 21,10. — **33:** Lev 16,16-18. — **34:** Ex 30,10; Hebr 9,7.25.

17 **3:** Deut 12,5-6.21. — **4:** Lev 1,3. — **6:** Lev 3,2.5. — **7:** Ex 34,15; Deut 32,17; 1 Cor 10,20. — **9:** Deut 12,13-14. — **10:** Gen 9,4; Lev 13,17; 7,26-27. — **11:** Deut 12,23; Mt 26,28; Rom 5,9; Hebr 13,12. — **13:** Lev 11,1-47; Deut 12,16.24; 14,3-20; 15,23. — **14:** Gen 9,4; Lev 7,26. — **15:** Lev 11,25; 15,5.

Matrimonii impedimenta

18 1 Locutus est Dominus ad Moysen,
dicens: 2 Loquere filiis Israel, et
dices ad eos: Ego Dominus Deus vester:
3 iuxta consuetudinem terrae Aegypti, in
qua habitastis, non facietis: et iuxta morem regionis Chanaan, ad quam ego in-
troducturus sum vos, non agetis, nec in
legitimis eorum ambulabitis. 4 Facietis iudicia mea, et praecepta mea servabitis,
et ambulabitis in eis. Ego Dominus Deus
vester.
5 Custodite leges meas atque iudicia,
quae faciens homo, vivet in eis. Ego
Dominus.
6 Omnis homo ad proximam sanguinis
sui non accedet, ut revelet turpitudinem
eius. Ego Dominus.
7 Turpitudinem patris tui, turpitudinem
matris tuae non discooperies: mater tua
est: non revelabis turpitudinem eius.
8 Turpitudinem uxoris patris tui non
discooperies: turpitudo enim patris tui est.
9 Turpitudinem sororis tuae ex patre,
sive ex matre, quae domi vel foris genita
est, non revelabis.
10 Turpitudinem filiae filii tui vel neptis
ex filia non revelabis: quia turpitudo tua
est.
11 Turpitudinem filiae uxoris patris tui,
quam peperit patri tuo, et est soror tua,
non revelabis.
12 Turpitudinem sororis patris tui non
discooperies: quia caro est patris tui.
13 Turpitudinem sororis matris tuae non
revelabis, eo quod caro sit matris tuae.
14 Turpitudinem patrui tui non revelabis, nec accedes ad uxorem eius, quae tibi
affinitate coniungitur.
15 Turpitudinem nurus tuae non revelabis, quia uxor filii tui est nec discooperies ignominiam eius.
16 Turpitudinem uxoris fratris tui non
revelabis: quia turpitudo fratris tui est.
17 Turpitudinem uxoris tuae et filiae
eius non revelabis. Filiam filii eius, et
filiam filiae illius non sumes, ut reveles
ignominiam eius: quia caro illius sunt, et
talis coitus incestus est.
18 Sororem uxoris tuae in pellicatum
illius non accipies, nec revelabis turpitudinem eius adhuc illa vivente.

Peccata foeda vetantur

19 Ad mulierem quae patitur menstrua
non accedes, nec revelabis foeditatem eius.
20 Cum uxore proximi tui non coibis,
nec seminis commistione maculaberis.
21 De semine tuo non dabis ut consecretur idolo Moloch, nec pollues nomen Dei
tui. Ego Dominus.
22 Cum masculo non commiscearis coitu femineo, quia abominatio est.
23 Cum omni pecore non coibis, nec
maculaberis cum eo. Mulier non succum-
bet iumento, nec miscebitur ei: quia scelus est.
24 Nec polluamini in omnibus his quibus contaminatae sunt universae gentes,
quas ego eiiciam ante conspectum vestrum, 25 et quibus polluta est terra: cuius
ego scelera visitabo, ut evomat habitatores suos. 26 Custodite legitima mea atque
iudicia, et non faciatis ex omnibus abominationibus istis, tam indigena quam colonus qui peregrinantur apud vos.
27 Omnes enim execrationes istas fecerunt accolae terrae qui fuerunt ante vos,
et polluerunt eam. 28 Cavete ergo ne et
vos similiter evomat, cum paria feceritis,
sicut evomuit gentem, quae fuit ante vos.
29 Omnis anima, quae fecerit de abominationibus his quippiam, peribit de medio populi sui. 30 Custodite mandata mea.
Nolite facere quae fecerunt hi qui fuerunt ante vos, et ne polluamini in eis. Ego
Dominus Deus vester.

Praecepta quae respiciunt Dei cultum

19 1 Locutus est Dominus ad Moysen, dicens: 2 Loquere ad omnem
coetum filiorum Israel, et dices ad eos:
Sancti estote, quia ego sanctus sum,
Dominus Deus vester.
3 Unusquisque patrem suum, et matrem suam timeat. Sabbata mea custodite. Ego Dominus Deus vester.
4 Nolite converti ad idola, nec Deos
conflatiles faciatis vobis. Ego Dominus
Deus vester.
5 Si immolaveritis hostiam pacificorum
Domino, ut sit placabilis, 6 eo die quo
fuerit immolata, comedetis eam, et die
altero: quidquid autem residuum fuerit
in diem tertium, igne comburetis. 7 Si

18 **2:** Ex 6,6-7; Lev 11,44; 19,4.10.25; 34,36; 20,7; Ez 20,5.7.19-20.3; Ex 23,24; Deut 12,30-31; Ez 29,7-8; 23,8. — **4:** Lev 18,26; 19,19.37; 20,8.22; 25,18; Deut 4,1.5-6; 5,1; 6,1.12,1. — **5:** Neh 9,29; Is 48,18-19; Ez 20,11. 13.21; Rom 10,5; Gal 3,12. — **6-23:** Lev 20,11-21. — **8:** Deut 22,30; 27,20; 1 Cor 5,1. — **16:** Mt 14,4; Mc 6,18. — **19:** Lev 15,24; Ez 18,6; 22,10. — **20:** Ex 20,14; Lev 20,10; 2 Sam 12, 9. — **21:** Lev 20,2-5; Deut 18,10; 4 Reg 23,10. **22:** Lev 20,13; Rom 1,27; 1 Cor 6,10; 1 Tim 1,9-10. — **23:** Ex 22,19; Lev 20,15-16. — **24:** Lev 20,23; Deut 18,9-12. — **29:** Lev 18,6-23. — **30:** Lev 20,23; Deut 18,9.

19 **2:** Lev 11,44; Mt 5,48; 1 Petr 1,16. ‖ Epist. Siricii: D 89. — **3:** Ex 20,8.12; Lev 19,30. — **4:** Ex 20,3-5; 34,17; Lev 26,1; Deut 27,15. — **5-6:** Lev 7,15-18. — **7:** Lev 7,

quis post biduum comederit ex ea, profanus erit, et impietatis reus: 8 portabitque iniquitatem suam, quia sanctum Domini polluit, et peribit anima illa de populo suo.

Quae proximum respiciunt

9 Cumque messueris segetes terrae tuae,
non tondebis usque ad solum superficiem
terrae: nec remanentes spicas colliges.
10 Neque in vinea tua racemos et grana
decidentia congregabis, sed pauperibus et
peregrinis carpenda dimittes. Ego Dominus Deus vester.
11 Non facietis furtum. Non mentiemi-
ni, nec decipiet unusquisque proximum
suum. 12 Non periurabis in nomine meo,
nec pollues nomen Dei tui. Ego Dominus.
13 Non facies calumniam proximo tuo
nec vi opprimes eum. Non morabitur
opus mercenarii tui apud te usque mane.
14 Non maledices surdo, nec coram caeco pones offendiculum: sed timebis Dominum Deum tuum, quia ego sum Dominus.
15 Non facies quod iniquum est, nec
iniuste iudicabis. Non consideres personam pauperis, nec honores vultum potentis. Iuste iudica proximo tuo.
16 Non eris criminator, nec susurro in
populo. Non stabis contra sanguinem proximi tui. Ego Dominus. 17 Non oderis fratrem tuum in corde tuo, sed publice argue eum, ne habeas super illo peccatum.
18 Non quaeras ultionem, nec memor eris
iniuriae civium tuorum. Diliges amicum
tuum sicut teipsum. Ego Dominus.

Varia praecepta

19 Leges meas custodite. Iumentum
tuum non facies coire cum alterius generis animantibus. Agrum tuum non seres
diverso semine. Veste, quae ex duobus
texta est, non indueris.
20 Homo, si dormierit cum muliere coitu seminis, quae sit ancilla etiam nubilis,
et tamen pretio non redempta, nec libertate donata: vapulabunt ambo, et non
morientur, quia non fuit libera. 21 Pro delicto autem suo offeret Domino ad ostium
tabernaculi testimonii arietem: 22 orabitque pro eo sacerdos, et pro peccato eius
coram Domino, et repropitiabitur ei, di-
mitteturque peccatum.
23 Quando ingressi fueritis terram, et
plantaveritis in ea ligna pomifera, auferetis praeputia eorum: poma, quae germinant, immunda erunt vobis, nec edetis ex eis. 24 Quarto autem anno omnis
fructus eorum sanctificabitur laudabilis
Domino. 25 Quinto autem anno comedetis fructus, congregantes poma, quae pro-
ferunt. Ego Dominus Deus vester.
26 Non comedetis cum sanguine. Non
augurabimini, nec observabitis somnia.
27 Neque in rotundum attondebitis comam: nec radetis barbam. 28 Et super
mortuo non incidetis carnem vestram, neque figuras aliquas aut stigmata facietis
vobis. Ego Dominus.
29 Ne prostituas filiam tuam, ne contaminetur terra et impleatur piaculo.
30 Sabbata mea custodite, et sanctuarium meum metuite. Ego Dominus.
31 Non declinetis ad magos, nec ab ario-
lis aliquid sciscitemini, ut polluamini per
eos. Ego Dominus Deus vester.
32 Coram cano capite consurge, et honora personam senis: et time Dominum
Deum tuum. Ego sum Dominus.

De advenis diligendis

33 Si habitaverit advena in terra vestra,
et moratus fuerit inter vos, non exprobre-
tis ei: 34 sed sit inter vos quasi indigena:
et diligetis eum quasi vosmetipsos: fuistis
enim et vos advenae in terra Aegypti. Ego
Dominus Deus vester.

De iusta mensura

35 Nolite facere iniquum aliquid in iudicio, in regula, in pondere, in mensura.
36 Statera iusta, et aequa sint pondera,
iustus modius, aequusque sextarius. Ego
Dominus Deus vester, qui eduxi vos de
terra Aegypti.
37 Custodie omnia praecepta mea, et
universa iudicia, et facite ea. Ego Dominus.

De poenis propter delicta in religionem

20 1 Locutusque est Dominus ad
Moysen, dicens: 2 Haec loqueris
filiis Israel: Homo de filiis Israel, et de

18. — **9:** Lev 23,22; Deut 24,19-21. — **11:** Ex 20,15-16; 23,1.7. — **12:** Ex 20,7; Mt 5,33. — **13:** Deut 24,14-15; Tob 4,15; Eccli 10,6. — **14:** Lev 19,32; 25,17. — **15:** Ex 23,2-3; Deut 1,17; 16,19; 27,19; Ps 81,2; Prov 24,23; Eccli 42,1; Iac 2,2.9. — **16:** Ex 23,7. — **17:** Prov 27,5-6; Eccli 19,13; Mt 18,15; Lc 17,3; 1 Io 2,11; 3,14. — **18:** Prov 20,22; Eccli 28,1-2; Mt 5,43; 19,19; 22,39; Mc 12,31; Lc 6,27; Io 13,14; Rom 12,17.19; 13,9; Gal 5,14; Iac 2,8. — **19:** Deut 22,9-11. — **21-22:** Lev 5,15-16; 6,6-7. — **26:** Lev 3,17; 17,10; Deut 18,10. — **28:** Lev 21,1-5; Deut 14,1. — **29:** Deut 23,17. — **30:** Ex 20,8; Lev 19,3; 26,2. — **31:** Ex 22,18; Lev 20,6.27; Deut 18,10; 1 Sam 28,3.7.9; 1 Par 10,13; Is 8,19; Act 16,16. — **32:** Prov 20,29; Eccli 8,7. — **33:** Ex 22,21; 23,9; Ier 22,3. — **34:** Deut 10,19. — **35:** Lev 19,15. — **36:** Deut 25,13.15; Prov 11,1; 20,10; Ez 45,10.

20 **2:** Lev 18,21. — **6:** Lev 19,31. — **7:** Lev 19,2; 1 Petr 1,16. || Epist. Siricii: D 89.

advenis qui habitant in Israel, si quis dederit de semine suo idolo Moloch, morte
moriatur: populus terrae lapidabit eum.
3 Et ego ponam faciem meam contra illum: succidamque eum de medio populi
sui, eo quod dederit de semine suo Moloch, et contaminaverit sanctuarium
meum, ac polluerit nomen sanctum
meum. 4 Quod si negligens populus terrae, et quasi parvipendens imperium
meum, dimiserit hominem qui dedit de
semine suo Moloch, nec voluerit eum occidere: 5 ponam faciem meam super hominem illum, et super cognationem eius,
succidamque et ipsum, et omnes qui consenserunt ei ut fornicarentur cum Moloch, de medio populi sui.
6 Anima, quae declinaverit ad magos et
ariolos, et fornicata fuerit cum eis, ponam
faciem meam contra eam, et interficiam
illam de medio populi sui. 7 Sanctificamini et estote sancti, quia ego sum Dominus Deus vester. 8 Custodite praecepta
mea, et facite ea: Ego Dominus qui sanctifico vos.
9 Qui maledixerit patri suo, aut matri,
morte moriatur: patri, matrique maledixit, sanguis eius sit super eum.

Propter delicta contra morum honestatem

10 Si moechatus quis fuerit cum uxore
alterius, et adulterium perpetraverit cum
coniuge proximi sui, morte moriantur et
moechus et adultera.
11 Qui dormierit cum noverca sua, et
revelaverit ignominiam patris sui, morte
moriantur ambo: sanguis eorum sit super
eos.
12 Si quis dormierit cum nuru sua, uterque moriatur, quia scelus operati sunt:
sanguis eorum sit super eos.
13 Qui dormierit cum masculo coitu femineo, uterque operatus est nefas, morte
moriantur: sit sanguis eorum super eos.
14 Qui supra uxorem filiam, duxerit matrem eius, scelus operatus est: vivus ardebit cum eis, nec permanebit tantum nefas in medio vestri.
15 Qui cum iumento et pecore coierit,
morte moriatur: pecus quoque occidite.
16 Mulier, quae succubuerit cuilibet iumento, simul interficietur cum eo: sanguis eorum sit super eos.
17 Qui acceperit sororem suam filiam
patris sui, vel filiam matris suae, et viderit turpitudinem eius, illaque conspexerit
fratris ignominiam: nefariam rem operati
sunt: occidentur in conspectu populi sui,
eo quod turpitudinem suam mutuo reve-
laverint, et portabunt iniquitatem suam.
18 Qui coierit cum muliere in fluxu
menstruo, et revelaverit turpitudinem
eius, ipsaque aperuerit fontem sanguinis
sui, interficientur ambo de medio populi
sui.
19 Turpitudinem materterae et amitae
tuae non discooperies: qui hoc fecerit,
ignominiam carnis suae nudavit, portabunt ambo iniquitatem suam. 20 Qui coierit cum uxore patrui, vel avunculi sui, et
revelaverit ignominiam cognationis suae,
portabunt ambo peccatum suum: absque
liberis morientur.
21 Qui duxerit uxorem fratris sui, rem
facit illicitam, turpitudinem fratris sui revelavit absque liberis erunt.

De necessitate sanctitatis

22 Custodite leges meas, atque iudicia,
et facite ea: ne et vos evomat terra quam
intraturi estis et habitaturi. 23 Nolite ambulare in legitimis nationum, quas ego ex-
pulsurus sum ante vos. Omnia enim haec
fecerunt, et abominatus sum eas. 24 Vobis
autem loquor. Possidete terram eorum,
quam dabo vobis in haereditatem, terram
fluentem lacte et melle. Ego Dominus
Deus vester, qui separavi vos a caeteris
populis.
25 Separate ergo et vos iumentum mundum ab immundo, et avem mundam ab
immunda: ne polluatis animas vestras in
pecore, et avibus, et cunctis quae moventur in terra, et quae vobis ostendi esse
polluta. 26 Eritis mihi sancti, quia sanctus
sum ego Dominus, et separavi vos a caeteris populis, ut essetis mei.
27 Vir, sive mulier, in quibus pythoni-
cus, vel divinationis fuerit spiritus, morte
moriantur; lapidibus obruent eos: sanguis eorum sit super illos.

De sanctitate sacerdotali

21 1 Dixit quoque Dominus ad Moysen: Loquere ad sacerdotes filios
Aaron, et dices ad eos: Ne contaminetur
sacerdos in mortibus civium suorum, 2 nisi tantum in consanguineis, ac propinquis,
id est, super patre et matre, et filio, et filia,
fratre quoque, 3 et sorore virgine quae

8: Lev 21,9.15.23; 22,32; Ez 37.28. — **9:** Ex 21,17; Prov 20,20; Mt 15,4; Mc 7,10. — **10:** Ex 20,14; Lev 18,20; Deut 22,22; Iob 31,11; Io 8,5. **11:** Lev 18,7-8; Deut 27,20. — **12:** Lev 18,15. **13:** Lev 18,22. — **14:** Lev 18,17; Deut 27,23. — **15:** Ex 22,19; Lev 18,23; Deut 27,21. — **16:** Lev 18,23. — **17:** Lev 18,9; Deut 27,22. — **18:** Lev 15,24; 18,19. — **19:** Lev 18,12-13. — **20:** Lev 18,14. — **21:** Lev 18,16. — **23:** Lev 18,3.24.30. **24:** Ex 3,8.17; 6,8. — **25:** Lev 11,2-47; Deut 14,4,20. — **26:** Ex 19,6; 1 Petr 1,16. — **27:** Ex 22,18; Lev 19,31; Deut 18,11; 1 Sam 28,7.

21 **1:** Ez 41,25. — **5:** Lev 10,27-28; Deut 4,1; Ez 44,20. — **7:** Lev 19,29; 21,13-

non est nupta viro: 4 sed nec in principe
populi sui contaminabitur.
5 Non radent caput, nec barbam, neque in carnibus suis facient incisuras.
6 Sancti erunt Deo suo, et non polluent
nomen eius: incensum enim Domini, et
panes Dei sui offerunt, et ideo sancti
erunt.
7 Scortum et vile prostibulum non ducent uxorem, nec eam quae repudiata est
a marito: quia consecrati sunt Deo suo,
8 et panes propositionis offerunt. Sint ergo sancti, quia et ego sanctus sum, Dominus, qui sanctifico eos. 9 Sacerdotis filia
si deprehensa fuerit in stupro, et violaverit nomen patris sui, flammis exuretur.

De sanctitate summi sacerdotis

10 Pontifex, id est, sacerdos maximus
inter fratres suos, super cuius caput fusum est unctionis oleum, et cuius manus
in sacerdotio consecratae sunt, vestitusque est sanctis vestibus, caput suum non
discooperiet, vestimenta non scindet: 11 et
ad omnem mortuum non ingredietur omnino: super patre quoque suo et matre
non contaminabitur. 12 Nec egredietur de
sanctis, ne polluat sanctuarium Domini,
quia oleum sanctae unctionis Dei sui super eum est. Ego Dominus.
13 Virginem ducet uxorem: 14 viduam
autem et repudiatam, et sordidam atque
meretricem non accipiet, sed puellam de
populo suo: 15 ne commisceat stirpem generis sui vulgo gentis suae: quia ego Dominus, qui sanctifico eum.
16 Locutusque est Dominus ad Moysen,
dicens: 17 Loquere ad Aaron: Homo de
semine tuo per familias qui habuerit maculam, non offeret panes Deo suo, 18 nec
accedet ad ministerium eius: si caecus
fuerit, si claudus, si parvo vel grandi, vel
torto naso, 19 si fracto pede, si manu, 20 si
gibbus, si lippus, si albuginem habens in
oculo, si iugem scabiem, si impetiginem
in corpore, vel herniosus. 21 Omnis qui
habuerit maculam de semine Aaron sacerdotis, non accedet offerre hostias Domino,
nec panes Deo suo: 22 vescetur tamen panibus qui offeruntur in sanctuario, 23 ita
dumtaxat, ut intra velum non ingrediatur, nec accedat ad altare, quia maculam
habet, et contaminare non debet sanctuarium meum. Ego Dominus qui sanctifico
eos. 24 Locutus est ergo Moyses ad Aaron,
et ad filios eius, et ad omnem Israel cuncta quae fuerant sibi imperata.

14; Deut 24,1-4; Ez 44,22. — **8:** Lev 29,7-8. — **10:** Ex 29,7.21.29-30; Lev 8,12.30; 10,6; 16, 32. — **11:** Lev 21,1-2. — **12:** Lev 10,7. — **13-14:** Ez 44,22. — **18:** Lev 22,22. — **20:** Deut 23,1.

De esu sanctificatorum lex a sacerdote servanda

22 1 Locutus quoque est Dominus ad
Moysen, dicens: 2 Loquere ad Aa-
ron et ad filios eius, ut caveant ab his quae
consecrata sunt filiorum Israel, et non
contaminent nomen sanctificatorum mihi,
quae ipsi offerunt. Ego Dominus.
3 Dic ad eos, et ad posteros eorum:
Omnis homo qui accesserit de stirpe vestra ad ea quae consecrata sunt, et quae
obtulerunt filii Israel Domino, in quo est
immunditia, peribit coram Domino. Ego
sum Dominus. 4 Homo de semine Aaron,
qui fuerit leprosus, aut patiens fluxum seminis, non vescetur de his quae sanctificata sunt mihi, donec sanetur. Qui tetigerit immundum super mortuo, et ex quo
egreditur semen quasi coitus, 5 et qui tangit reptile, et quodlibet immundum, cuius
tactus est sordidus, 6 immundus erit usque
ad vesperum, et non vescetur his quae
sanctificata sunt: sed cum laverit carnem
suam aqua, 7 et occubuerit sol, tunc mundatus vescetur de sanctificatis, quia cibus
illius est. 8 Morticinum et captum a bestia
non comedent, nec polluentur in eis. Ego
sum Dominus. 9 Custodiant praecepta
mea, ut non subiaceant peccato, et moriantur in sanctuario, cum polluerint illud.
Ego Dominus qui sanctifico eos.
10 Omnis alienigena non comedet de
sanctificatis, inquilinus sacerdotis et mercenarius non vescentur ex eis. 11 Quem
autem sacerdos emerit, et qui vernaculus
domus eius fuerit, hi comedent ex eis.
12 Si filia sacerdotis cuilibet ex populo
nupta fuerit: de his quae sanctificata sunt,
et de primitiis non vescetur. 13 Sin autem
vidua, vel repudiata, et absque liberis reversa fuerit ad domum patris sui: sicut
puella consueverat, aletur cibis patris sui.
Omnis alienigena comedendi ex eis non
habet potestatem. 14 Qui comederit de
sanctificatis per ignorantiam, addet quintam partem cum eo quod comedit, et dabit sacerdoti in sanctuarium.
15 Nec contaminabunt sanctificata filiorum Israel, quae offerunt Domino: 16 ne
forte sustineant iniquitatem delicti sui,
cum sanctificata comederint. Ego Dominus qui sanctifico eos.

De hostiarum qualitatibus

17 Locutusque est Dominus ad Moysen,
dicens. 18 Loquere ad Aaron et filios eius

22 **4:** Lev 13,7-8.43-44; 14,1-20; 15,2.13.16; Num 19,11. — **5:** Lev 11,24.43. — **6:** Lev 15,5-11; Hebr 10,22. — **7:** Lev 21,22. — **8:** Ex 22,31; Lev 17,15; Deut 14,21; Ez 44,31. — **11:** Num 18,11.13. — **13:** Lev 10,14; Num 18,11.19. **14:** Lev 4,2; 5,16; 27,13.15.19. — **18:** Num

et ad omnes filios Israel, dicesque ad eos:
Homo de domo Israel, et de advenis qui
habitant apud vos, qui obtulerit oblationem suam, vel vota solvens, vel sponte
offerens, quidquid illud obtulerit in holocaustum Domini, 19 ut offeratur per vos,
masculus immaculatus erit ex bobus, et
ovibus, et ex capris: 20 si maculam habuerit, non offeretis, neque erit acceptabile. 21 Homo qui obtulerit victimam
pacificorum Domino, vel vota solvens,
vel sponte offerens, tam de bobus quam
de ovibus, immaculatum offeret ut acceptabile sit: omnis macula non erit in eo.
22 Si caecum fuerit, si fractum, si cicatricem habens, si papulas, aut scabiem, aut
impetiginem: non offeretis ea Domino,
nec adolebitis ex eis super altare Domini.
23 Bovem et ovem, aure et cauda amputatis, voluntarie offerre potes, votum autem ex eis solvi non potest. 24 Omne animal, quod vel contritis, vel tusis, vel sectis
ablatisque testiculis est, non offeretis Domino, et in terra vestra hoc omnino ne
faciatis. 25 De manu alienigenae non offeretis panes Deo vestro, et quidquid
aliud dare voluerit: quia corrupta, et
maculata sunt omnia: non suscipietis ea.
26 Locutusque est Dominus ad Moysen, dicens: 27 Bos, ovis et capra, cum
genita fuerint, septem diebus erunt sub
ubere matris suae: die autem octavo, et
deinceps, offerri poterunt Domino. 28 Sive
illa bos, sive ovis, non immolabuntur una
die cum foetibus suis. 29 Si immolaveritis
hostiam pro gratiarum actione Domino,
ut possit esse placabilis, 30 eodem die
comedetis eam, non remanebit quidquam
in mane alterius diei. Ego Dominus.
31 Custodite mandata mea, et facite ea.
Ego Dominus. 32 Ne polluatis nomen
meum sanctum, ut sanctificer in medio
filiorum Israel. Ego Dominus qui sanctifico vos, 33 et eduxi de terra Aegypti, ut
essem vobis in Deum. Ego Dominus.

De diebus festis: sabbatum

23 1 Locutusque est Dominus ad Moysen, dicens: 2 Loquere filiis Israel,
et dices ad eos: Hae sunt feriae Domini,
quas vocabitis sanctas. 3 Sex diebus facietis opus: dies septimus, quia sabbati
requies est, vocabitur sanctus: omne opus
non facietis in eo: sabbatum Domini est
in cunctis habitationibus vestris.
4 Hae sunt ergo feriae Domini sanctae,
quas celebrare debetis temporibus suis.

Phase

5 Mense primo, quartadecima die mensis ad vesperum, Phase Domini est: 6 et
quintadecima die mensis huius, solemnitas azymorum Domini est. Septem diebus
azyma comedetis. 7 Dies primus erit vobis
celeberrimus, sanctusque: omne opus servile non facietis in eo: 8 sed offeretis
sacrificium in igne Domino septem diebus: dies autem septimus erit celebrior et
sanctior: nullumque servile opus facietis
in eo.
9 Locutusque est Dominus ad Moysen,
dicens: 10 Loquere filiis Israel, et dices ad
eos: Cum ingressi fueritis terram, quam
ego dabo vobis, et messueritis segetem,
feretis manipulos spicarum, primitias messis vestrae, ad sacerdotem: 11 qui elevabit
fasciculum coram Domino, ut acceptabile
sit pro vobis, altero die sabbati, et sancti-
ficabit illum. 12 Atque in eodem die quo
manipulus consecratur, caedetur agnus
immaculatus anniculus in holocaustum
Domini. 13 Et libamenta offerentur cum
eo, duae decimae similae conspersae oleo
in incensum Domini, odoremque suavissimum: liba quoque vini, quarta pars hin.
14 Panem, et polentam, et pultes non comedetis ex segete, usque ad diem qua
offeretis ex ea Deo vestro. Praeceptum
est sempiternum in generationibus, cunctisque habitaculis vestris.

Pentecostes

15 Numerabitis ergo ab altero die sabbati,
in quo obtulistis manipulum primitiarum,
septem hebdomadas plenas, 16 usque ad
alteram diem expletionis hebdomadae septimae, id est, quinquaginta dies: et sic
offeretis sacrificium novum Domino 17 ex
omnibus habitaculis vestris, panes primitiarum duos de duabus decimis similae
fermentatae, quos coquetis in primitias
Domini. 18 Offeretisque cum panibus septem agnos immaculatos anniculos, et vitulum de armento unum, et arietes duos,
et erunt in holocaustum cum libamentis
suis, in odorem suavissimum Domini.
19 Facietis et hircum pro peccato, duosque agnos anniculos hostias pacificorum.
20 Cumque elevaverit eos sacerdos cum

15,14. — **19:** Lev 1,3.10. — **20:** Deut 15,21; 17,1; Eccli 35,14; Mal 1,8.14. — **21:** Lev 3,1; 7,16; Num 15,3.8; Deut 23,21.23. — **22:** Lev 1,9.13; 3,3.5. — **27:** Ex 22,30. — **29:** Lev 7,12. **30:** Lev 7,15. — **32:** Lev 20,8. — **33:** Ex 6,6-7.

23 **2:** Lev 23,4.37; Num 29,39. — **3:** Ex 20,8-11; 23,12; 31,15; 34,21; Deut 5,12-15; Lc 13,14. — **4:** Ex 23,14-19. — **5:** Ex 12,2-14.18; 34,18; Num 9,2-5; 28,16; Deut 16,1-7; Ios 5,10; 4 Reg 23,21; 2 Par 30,2; Esdr 6,19; Ez 45,21. — **6:** Ex 12,15-20; 13,3.6-7; 23,15; 34,18; Num 28,17; Deut 16,8. — **7:** Ex 12,16; Num 28,18.25. — **10:** Ex 23,19; 34,20; Num 15,2; 28,26; Deut 26,1-2. — **12-13:** Lev 2,14-16. — **15-21:** Ex 34,22; Num 28,26-31; Deut 16,9-12. — **19:** Lev 4,23.28; Num 28,29-30. — **20:** Num 18,12; Deut 18,4. — **22:** Lev 19,9-

panibus primitiarum coram Domino, cedent in usum eius. 21 Et vocabitis hunc
diem celeberrimum, atque sanctissimum:
omne opus servile non facietis in eo. Legitimum sempiternum erit in cunctis habitaculis, et generationibus vestris.
22 Postquam autem messueritis segetem terrae vestrae, non secabitis eam
usque ad solum: nec remanentes spicas
colligetis, sed pauperibus et peregrinis
dimittetis eas. Ego sum Dominus Deus
vester.

Dies tubarum

23 Locutusque est Dominus ad Moysen,
dicens: 24 Loquere filiis Israel: Mense septimo, prima die mensis, erit vobis sabbatum, memoriale, clangentibus tubis, et
vocabitur sanctum: 25 omne opus servile
non facietis in eo, et offeretis holocaustum Domino.

Dies expiationis

26 Locutusque est Dominus ad Moysen,
dicens: 27 Decimo die mensis huius septimi, dies expiationum erit celeberrimus,
et vocabitur sanctus: affligetisque animas
vestras in eo, et offeretis holocaustum
Domino. 28 Omne opus servile non facietis in tempore diei huius: quia dies
propitiationis est, ut propitietur vobis Dominus Deus vester. 29 Omnis anima, quae
afflicta non fuerit die hac, peribit de populis suis: 30 et quae operis quippiam
fecerit, delebo eam de populo suo. 31 Nihil
ergo operis facietis in eo: legitimum sempiternum erit vobis in cunctis generationibus, et habitationibus vestris. 32 Sabbatum requietionis est, et affligetis animas
vestras die nono mensis: A vespera usque
ad vesperam celebrabitis sabbata vestra.

Dies tabernaculorum

33 Et locutus est Dominus ad Moysen,
dicens: 34 Loquere filiis Israel: A quintodecimo die mensis huius septimi, erunt
feriae tabernaculorum septem diebus Domino. 35 Dies primus vocabitur celeberrimus atque sanctissimus: omne opus
servile non facietis in eo. 36 Et septem
diebus offeretis holocausta Domino. Dies
quoque octavus erit celeberrimus, atque
sanctissimus, et offeretis holocaustum Domino: est enim coetus atque collectae:
omne opus servile non facietis in eo.
37 Hae sunt feriae Domini, quas vocabitis celeberrimas atque sanctissimas, offeretisque in eis oblationes Domino, holocausta et libamenta iuxta ritum uniuscuiusque diei: 38 exceptis sabbatis Domini, donisque vestris, et quae offeretis
ex voto, vel quae sponte tribuetis Domino.
39 A quintodecimo ergo die mensis septimi, quando congregaveritis omnes fructus terrae vestrae, celebrabitis ferias Domini septem diebus, die primo et die octavo erit sabbatum, id est, requies. 40 Su-
metisque vobis die primo fructus arboris
pulcherrimae, spatulasque palmarum, et
ramos ligni densarum frondium, et salices
de torrente, et laetabimini coram Domino
Deo vestro. 41 Celebrabitisque solemnitatem eius septem diebus per annum: legitimum sempiternum erit in generationibus
vestris. Mense septimo festa celebrabitis,
42 et habitabitis in umbraculis septem diebus: omnis, qui de genere est Israel, manebit in tabernaculis: 43 ut discant posteri
vestri quod in tabernaculis habitare fecerim filios Israel, cum educerem eos de
terra Aegypti. Ego Dominus Deus vester.
44 Locutusque est Moyses super solemnitatibus Domini ad filios Israel.

De candelabro et panibus propositionis

24 1 Et locutus est Dominus ad Moysen, dicens: 2 Praecipe filiis Israel,
ut afferant tibi oleum de olivis purissimum, ac lucidum, ad concinnandas lucernas iugiter, 3 extra velum testimonii in
tabernaculo foederis. Ponetque eas Aaron
a vespere usque ad mane coram Domino,
cultu rituque perpetuo in generationibus
vestris. 4 Super candelabrum mundissi-
mum ponentur semper in conspectu Domini.
5 Accipies quoque similam, et coques
ex ea duodecim panes, qui singuli habebunt duas decimas: 6 quorum senos altrinsecus super mensam purissimam coram Domino statues: 7 et pones super
eos thus lucidissimum, ut sit panis in
monimentum oblationis Domini. 8 Per
singula sabbata mutabuntur coram Domino suscepti a filiis Israel foedere sempiterno: 9 eruntque Aaron et filiorum
eius, ut comedant eos in loco sancto: quia
Sanctum sanctorum est de sacrificiis Domini iure perpetuo.

10; Deut 24,19. — **24:** Lev 25,9; Num 29,1-6. — **27-31:** Lev 16,29-30; Num 29,7-11. — **34-36:** Num 29,12-38; Deut 16,13-15. — **34:** Esdr 3,4; Neh 8,14; Ez 45,25; 2 Mach 1,9.18; Io 7,2. — **36:** Num 29,35; Neh 8,18; 2 Mach 10,6; Io 7,37. — **37:** Lev 23,4-36. — **38:** Lev 23,3; Num 29,39. — **39:** Ex 23,16; Deut 16,13. — **40:** Deut 16,14-15. — **42:** Neh 8,14-18.

24 **2:** Ex 27,20-21. — **4:** Ex 25,31; 31,8; 39,36. — **5:** Ex 25,23-28; 3 Reg 7,48; 2 Par 4,19; Hebr 9,2. — **8:** Num 4,7; 1 Par 9,32; 2 Par 2,4. — **9:** Ex 29,32-33; Lev 6,16; 8,31;

Poena blasphemiae

10 Ecce autem egressus filius mulieris
Israelitidis, quem peperat de viro Aegyptio inter filios Israel, iurgatus est in castris cum viro Israelita. 11 Cumque blas-
phemasset nomen, et maledixisset ei, adductus est ad Moysen. (Vocabatur autem
mater eius Salumith, filia Dabri de tribu
Dan.) 12 Miseruntque eum in carcerem,
donec nossent quid iuberet Dominus.
13 Qui locutus est ad Moysen, 14 dicens:
Educ blasphemum extra castra, et ponant
omnes qui audierunt, manus suas super
caput eius, et lapidet eum populus universus. 15 Et ad filios Israel loqueris:
Homo, qui maledixerit Deo suo, portabit
peccatum suum: 16 et qui blasphemaverit
nomen Domini, morte moriatur: lapidibus
opprimet eum omnis multitudo, sive ille
civis, sive peregrinus fuerit. Qui blasphemaverit nomen Domini, morte moriatur.

Lex talionis

17 Qui percusserit, et occiderit hominem,
morte moriatur. 18 Qui percusserit animal, reddet vicarium, id est, animam pro
anima. 19 Qui irrogaverit maculam cuilibet
civium suorum: sicut fecit, sic fiet ei:
20 fracturam pro fractura, oculum pro
oculo, dentem pro dente restituet; qualem inflixerit maculam, talem sustinere
cogetur. 21 Qui percusserit iumentum, reddet aliud. Qui percusserit hominem, punietur. 22 Aequum iudicium sit inter vos,
sive peregrinus, sive civis peccaverit: quia
ego sum Dominus Deus vester.
23 Locutusque est Moyses ad filios Israel: et eduxerunt eum, qui blasphema-
verat, extra castra, ac lapidibus oppresserunt. Feceruntque filii Israel sicut praeceperat Dominus Moysi.

De anno sabbatico

25 1 Locutusque est Dominus ad Moysen in monte Sinai, dicens: 2 Loquere filiis Israel, et dices ad eos: Quando
ingressi fueritis terram quam ego dabo
vobis, sabbatizes sabbatum Domino. 3 Sex
annis seres agrum tuum, et sex annis
putabis vineam tuam, colligesque fructus
eius: 4 septimo autem anno sabbatum erit
terrae, requietionis Domini: agrum non
seres, et vineam non putabis. 5 Quae sponte gignet humus, non metes: et uvas primitiarum tuarum non colliges quasi vindemiam: annus enim requietionis terrae
est: 6 sed erunt vobis in cibum, tibi et
servo tuo, ancillae et mercenario tuo, et
advenae qui peregrinantur apud te: 7 iumentis tuis et pecoribus, omnia quae nascuntur, praebebunt cibum.

De anno iubilari

8 Numerabis quoque tibi septem hebdomadas annorum, id est, septies septem,
quae simul faciunt annos quadraginta
novem: 9 et clanges buccina mense septimo, decima die mensis, propitiationis
tempore in universa terra vestra. 10 Sanctificabisque annum quinquagesimum, et
vocabis remissionem cunctis habitatoribus terrae tuae: ipse est enim iubilaeus.
Revertetur homo ad possessionem suam,
et unusquisque rediet ad familiam pristinam: 11 quia iubilaeus est et quinquagesimus annus. Non seretis neque metetis
sponte in agro nascentia, et primitias vindemiae non colligetis, 12 ob sanctificationem iubilaei, sed statim oblata comedetis.

De venditionibus relate ad iubilaeum

13 Anno iubilaei redient omnes ad possessiones suas. 14 Quando vendes quippiam civi tuo, vel emes ab eo, ne contristes
fratrem tuum, sed iuxta numerum annorum iubilaei emes ab eo, 15 et iuxta sup-
putationem frugum vendet tibi. 16 Quanto
plures anni remanserint post iubilaeum,
tanto crescet et pretium: et quanto minus
temporis numeraveris, tanto minoris et
emptio constabit: tempus enim frugum
vendet tibi. 17 Nolite affligere contribules
vestros, sed timeat unusquisque Deum
suum, quia ego Dominus Deus vester.
18 Facite praecepta mea, et iudicia custodite, et implete ea: ut habitare possitis
in terra absque ullo pavore, 19 et gignat
vobis humus fructus suos, quibus vescamini usque ad saturitatem, nullius impetum formidantes. 20 Quod si dixeritis:
Quid comedemus anno septimo, si non
severimus, neque collegerimus fruges nostras? 21 Dabo benedictionem meam vobis
anno sexto, et faciet fructus trium annorum: 22 seretisque anno octavo, et comedetis veteres fruges usque ad nonum
annum: donec nova nascantur, edetis
vetera. 23 Terra quoque non vendetur in

21-22; 1 Sam 21,6; Mt 12,4. — **11:** Ex 3,14-15; 18,22.26. — **12:** Ex 18,15-16; Num 15,34; 27,5. **14:** Deut 13,9-10; 17,5.7; Dan 13,34. — **15:** Ex 20,7. — **16:** 3 Reg 21,10.13; Mt 26,65-66; Io 10,33. — **17:** Gen 9,5-6; Ex 21,12; Num 35,31; Deut 19,11-12; 27,24. — **19-20:** Ex 21,24; Deut 19,21; Mt 5,38; 7,2. — **22:** Ex 12,49; Lev 19,34; Num 15,15. — **23:** Lev 24,14; Num 15,36.

25 **3-4:** Ex 23,10-11; Deut 15,1-11. — **4:** 1 Mach 6,49.53. — **9:** Lev 23,24.27. — **10:** Lev 27,24; Num 36,4; Is 61,2; 63,4; Ez 46,17; Lc 4,19. || Bulla Pii XI: D 2.193. — **11-12:** Lev 25,4-7. — **14:** Lev 27,18.23. — **17:** Lev 19,14.32; 25,36.43. — **19:** Lev 26,3-6: Deut 11,13-15; Ez 34,26-28. — **20-22:** Lev 26,10; Deut

perpetuum: quia mea est, et vos advenae
et coloni mei estis: 24 unde cuncta regio
possessionis vestrae sub redemptionis conditione vendetur. 25 Si attenuatus frater
tuus vendiderit possessiunculam suam, et
voluerit propinquus eius, potest redimere
quod ille vendiderat. 26 Sin autem non
habuerit proximum, et ipse pretium ad red-
imendum potuerit invenire: 27 computabuntur fructus ex eo tempore quo vendidit: et quod reliquum est, reddet emptori,
sicque recipiet possessionem suam.
28 Quod si non invenerit manus eius ut
reddat pretium, habebit emptor quod emerat, usque ad annum iubilaeum. In ipso
enim omnis venditio redibit ad dominum
et ad possessorem pristinum.
29 Qui vendiderit domum intra urbis
muros, habebit licentiam redimendi, donec unus impleatur annus. 30 Si non red-
emerit, et anni circulus fuerit evolutus,
emptor possidebit eam, et posteri eius in
perpetuum, et redimi non poterit, etiam
in iubilaeo. 31 Sin autem in villa domus,
quae muros non habet, agrorum iure
vendetur: si ante redempta non fuerit, in
iubilaeo revertetur ad dominum.
32 Aedes Levitarum quae in urbibus
sunt, semper possunt redimi: 33 si red-
emptae non fuerint, in iubilaeo revertentur ad dominos, quia domus urbium
Levitarum pro possessionibus sunt inter
filios Israel. 34 Suburbana autem eorum
non veneant, quia possessio sempiterna est.

Vitetur usura

35 Si atenuatus fuerit frater tuus, et
infirmus manu, et susceperis eum quasi
advenam et peregrinum, et vixerit tecum,
36 ne accipias usuras ab eo, nec amplius
quam dedisti: time Deum tuum, ut vivere
possit frater tuus apud te. 37 Pecuniam
tuam non dabis ei ad usuram, et frugum
superabundantiam non exiges. 38 Ego Dominus Deus vester, qui eduxi vos de terra
Aegypti, ut darem vobis terram Chanaan,
et essem vester Deus.

De servo hebraeo vel advena

39 Si paupertate compulsus vendiderit
se tibi frater tuus, non eum opprimes servitute famulorum, 40 sed quasi mercenarius et colonus erit: usque ad annum
iubilaeum operabitur apud te, 41 et postea
egredietur cum liberis suis, et revertentur
ad cognationem, ad possessionem patrum
suorum. 42 Mei enim servi sunt, et ego
eduxi eos de terra Aegypti: non veneant
conditione servorum: 43 ne affligas eum
per potentiam, sed metuito Deum tuum.
44 Servus et ancilla sint vobis de nationibus
quae in circuitu vestro sunt. 45 Et de advenis qui peregrinantur apud vos, vel qui
ex his nati fuerint in terra vestra, hos
habebitis famulos: 46 et haereditario iure
transmittetis ad posteros, ac possidebitis
in aeternum: fratres autem vestros filios
Israel ne opprimatis per potentiam.
47 Si invaluerit apud vos manus advenae, atque peregrini, et attenuatus frater
tuus vendiderit se ei, aut cuiquam de stirpe eius: 48 post venditionem potest redimi. Qui voluerit ex fratribus suis, redimet eum, 49 et patruus, et patruelis, et
consanguineus, et affinis. Sin autem et
ipse potuerit, redimet se, 50 supputatis
dumtaxat annis a tempore venditionis
suae usque ad annum iubilaeum: et pecunia, qua venditus fuerat, iuxta annorum numerum, et rationem merceranii
supputata. 51 Si plures fuerint anni qui
remanent usque ad iubilaeum, secundum
hos reddet et pretium: 52 si pauci, ponet
rationem cum eo iuxta annorum numerum, et reddet emptori quod reliquum
est annorum, 53 quibus ante servivit mercedibus imputatis: non affliget eum violenter in conspectu tuo. 54 Quod si per
haec redimi non potuerit, anno iubilaeo
egredietur cum liberis suis. 55 Mei enim
sunt servi filii Israel, quos eduxi de terra Aegypti.

Benedictiones fidelibus promissae

26 1 Ego Dominus Deus vester: Non
facietis vobis idolum, et sculptile,
nec titulos erigetis, nec insignem lapidem
ponetis in terra vestra, ut adoretis eum.
Ego enim sum Dominus Deus vester.
2 Custodite sabbata mea, et pavete ad
sanctuarium meum. Ego Dominus.
3 Si in praeceptis meis ambulaveritis,
et mandata mea custodieritis, et feceritis
ea, dabo vobis pluvias temporibus suis,
4 et terra gignet germen suum, et pomis
arbores replebuntur. 5 Apprehendet mes-
sium tritura vindemiam, et vindemia occupabit sementem: et comedetis panem
vestrum in saturitate, et absque pavore
habitabitis in terra vestra. 6 Dabo pacem

28,8; Mt 6,25.31. — **25:** Ruth 2,20; 3,9.12; 4,4.6; Ier 32,7-8. — **27:** Lev 25,50-52. — **28:** Lev 25, 13.41; 27,24. — **32:** Num 35,2-5; Ios 21,2-40. — **34:** Num 53,3; Ios 21,11-42; 1 Par 6,55-81. — **35:** Deut 15,7-8. — **36:** Ex 22,25. — **37:** Deut 23,19-20; Lc 6,35. — **38:** Lev 22,32-33. — **39:** Ex 21,2; Deut 15,12; 3 Reg 9,22. — **41:** Ex 21,3-4. — **43:** Eph 6,9; Col 4,1. — **45:** Is 14,12. — **47:** Lev 25,35.39. — **53:** Lev 25.43. — **54:** Ex 21,2-3; Lev 25,41.

26 **1-45:** Deut 28,1-68. — **1:** Ex 20,4; Lev 19,4; Num 33,52; Deut 5,8; Ps 96,7. — **2:** Ex 20,8; Lev 19,3.30. — **3-12:** Deut 11,13-15; 28,1-14. — **4-5:** Lev 25,18-19; Am 9,13. — **6:** 3

in finibus vestris: dormietis, et non erit
qui exterreat. Auferam malas bestias: et
gladius non transibit terminos vestros.
7 Persequemini inimicos vestros, et corruent coram vobis. 8 Persequentur quinque de vestris centum alienos, et centum
de vobis decem millia: cadent inimici vestri gladio in conspectu vestro. 9 Respiciam vos, et crescere faciam: multiplica-
bimini, et firmabo pactum meum vobiscum. 10 Comedetis vetustissima veterum,
et vetera nobis supervenientibus proiicietis. 11 Ponam tabernaculum meum in medio vestri, et non abiiciet vos anima mea.
12 Ambulabo inter vos, et ero Deus vester, vosque eritis populus meus. 13 Ego
Dominus Deus vester: qui eduxi vos de
terra Aegyptiorum, ne serviretis eis, et
qui confregi catenas cervicum vestrarum,
ut incederetis erecti.

Maledictiones infidelibus

14 Quod si non audieritis me, nec feceritis omnia mandata mea, 15 si spreveri-
tis leges meas, et iudicia mea contempse-
ritis, ut non faciatis ea quae a me constituta sunt, et ad irritum perducatis pactum meum: 16 ego quoque haec faciam
vobis: Visitabo vos velociter in egestate,
et ardore, qui conficiat oculos vestros, et
consumat animas vestras. Frustra seretis
sementem, quae ab hostibus devorabitur.
17 Ponam faciem meam contra vos, et
corruetis coram hostibus vestris, et sub-
iiciemini his qui oderunt vos: fugietis,
nemine persequente.
18 Sin autem nec sic obedieritis mihi,
addam correptiones vestras septuplum
propter peccata vestra, 19 et conteram superbiam duritiae vestrae. Daboque vobis
caelum desuper sicut ferrum, et terram
aeneam. 20 Consumetur incassum labor
vester, non proferet terra germen, nec
arbores poma praebebunt. 21 Si ambulaveritis ex adverso mihi, nec volueritis audire me, addam plagas vestras in septuplum propter peccata vestra: 22 immittamque in vos bestias agri, quae consu-
mant vos, et pecora vestra, et ad paucitatem cuncta redigant, desertaeque fiant
viae vestrae.
23 Quod si nec sic volueritis recipere
disciplinam, sed ambulaveritis ex adverso mihi: 24 ego quoque contra vos adversus incedam, et percutiam vos septies
propter peccata vestra, 25 inducamque super vos gladium ultorem foederis mei.
Cumque confugeritis in urbes, mittam
pestilentiam in medio vestri, et trademini in manibus hostium, 26 postquam con-
fregero baculum panis vestri: ita ut decem mulieres in uno clibano coquant panes, et reddant eos ad pondus: et comedetis, et non saturabimini.

Minatur exilium

27 Sin autem nec per haec audieritis me,
sed ambulaveritis contra me: 28 et ego incedam adversus vos in furore contrario,
et corripiam vos septem plagis propter
peccata vestra: 29 ita ut comedatis carnes
filiorum vestrorum et filiarum vestrarum.
30 Destruam excelsa vestra, et simulacra
confringam. Cadetis inter ruinas idolorum vestrorum, et abominabitur vos anima mea, 31 in tantum ut urbes vestras redigam in solitudinem, et deserta faciam
sanctuaria vestra, nec recipiam ultra odorem suavissimum. 32 Disperdamque terram vestram, et stupebunt super ea inimici vestri, cum habitatores illius fuerint. 33 Vos autem dispergam in gentes, et
evaginabo post vos gladium, eritque terra vestra deserta, et civitates vestrae diru-
tae.
34 Tunc placebunt terrae sabbata sua
cunctis diebus solitudinis suae: quando
fueritis 35 in terra hostili, sabbatizabit, et
requiescet in sabbatis solitudinis suae, eo
quod non requieverit in sabbatis vestris
quando habitabatis in ea. 36 Et qui de
vobis remanserint, dabo pavorem in cordibus eorum in regionibus hostium, terrebit eos sonitus folii volantis, et ita fugient
quasi gladium: cadent, nullo persequente, 37 et corruent singuli super fratres
suos, quasi bella fugientes, nemo vestrum
inimicis audebit resistere. 38 Peribitis inter gentes, et hostilis vos terra consumet.
39 Quod si et de iis aliqui remanserint, tabescent in iniquitatibus suis, in terra inimicorum suorum, et propter peccata patrum suorum et sua affligentur: 40 donec
confiteantur iniquitates suas, et maiorum
suorum, quibus praevaricati sunt in me,
et ambulaverunt ex adverso mihi. 41 Ambulabo igitur et ego contra eos, et inducam illos in terram hostilem, donec erubescat incircumcisa mens eorum: tunc
orabunt pro impietatibus suis.

Reg 4,25. — **8:** Deut 32,30; Ios 23,10. — **9:** 4 Reg 13,23. — **11:** Ez 37,26-28. — **12:** Ex 29,45; Ier 7,23; Ez 11,20; 2 Cor 6,16. — **13:** Lev 25,38. — **14:** Deut 28,15; Lam 2,17; Bar 2,29; Mal 2,2. — **15:** Deut 31,20. — **16:** Deut 28,21-22.33.51. — **17:** Deut 28,25; Prov 28,1. — **18:** Lev 26,21.24.28. — **22:** Deut 32,34; Sap 11,16. — **25:** Num 14,12; Deut 28,21; 32,25. — **26:** Ez 4,16; 5,16; 14,13. — **29:** Deut 28,53; Ez 5,10. — **30:** Ez 6,3-6. — **32:** Deut 28,37; 3 Reg 9,8. — **33:** Deut 4,27; 28,64. — **39:** Deut 28,65. — **40:** Deut 4,30; Num 5,6; 3 Reg 8,33-

Misericordia cum poenitentibus

42 Et recordabor foederis mei, quod pepigi cum Iacob, et Isaac, et Abraham.
Terrae quoque memor ero: 43 quae cum
relicta fuerit ab eis, complacebit sibi in
sabbatis suis, patiens solitudinem propter
illos. Ipsi vero rogabunt pro peccatis suis,
eo quod abiecerint iudicia mea, et leges
meas despexerint. 44 Et tamen etiam cum
essent in terra hostili, non penitus abieci
eos, neque sit despexi ut consumerentur,
et irritum facerent pactum meum cum
eis. Ego enim sum Dominus Deus eorum,
45 et recordabor foederis mei pristini,
quando eduxi eos de terra Aegypti in
conspectu gentium, ut essem Deus eorum.
Ego Dominus.

Haec sunt iudicia atque praecepta et
leges quas dedit Dominus inter se et
filios Israel in monte Sinai per manum
Moysi.

De voto personali

27 1 Locutusque est Dominus ad Moysen, dicens: 2 Loquere filiis Israel,
et dices ad eos: Homo qui votum fecerit,
et spoponderit Deo animam suam, sub
aestimatione dabit pretium. 3 Si fuerit
masculus a vigesimo anno usque ad sexagesimum annum, dabit quinquaginta
siclos argenti ad mensuram sanctuarii:
4 si mulier, triginta. 5 A quinto autem anno usque ad vigesimum, masculus dabit
viginti siclos: femina, decem. 6 Ab uno
mense usque ad annum quintum, pro
masculo dabuntur quinque sicli: pro femina, tres. 7 Sexagenarius et ultra masculus dabit quindecim siclos: femina, decem. 8 Si pauper fuerit, et aestimationem
reddere non valebit, stabit coram sacerdote: et quantum ille aestimaverit, et viderit eum posse reddere, tantum dabit.

Votum de animalibus

9 Animal autem, quod immolari potest Domino, si quis voverit, sanctum
erit, 10 et mutari non poterit, id est, nec
melius malo, nec peius bono: quod si
mutaverit, et ipsum quod mutatum est,
et illud pro quo mutatum est, consecratum erit Domino. 11 Animal immundum,
quod immolari Domino non potest, si
quis voverit, adducetur ante sacerdotem:
12 qui iudicans utrum bonum an malum
sit, statuet pretium. 13 Quod si dare voluerit is qui offert, addet supra aestimationem quintam partem.

Votum de domo vel agro

14 Homo si voverit domum suam, et
sanctificaverit Domino, considerabit eam
sacerdos utrum bona an mala sit, et iuxta
pretium, quod ab eo fuerit constitutum,
venundabitur: 15 sin autem ille qui voverat, voluerit redimere eam, dabit quintam
partem aestimationis supra, et habebit domum.

16 Quod si agrum possessionis suae voverit, et consecraverit Domino: iuxta mensuram sementis aestimabitur pretium: si
triginta modiis hordei seritur terra, quinquaginta siclis venundetur argenti. 17 Si
statim ab anno incipientis iubilaei voverit
agrum, quanto valere potest, tanto aestimabitur. 18 Sin autem post aliquantum
temporis: supputabit sacerdos pecuniam
iuxta annorum, qui reliqui sunt, numerum
usque ad iubilaeum, et detrahetur ex pretio. 19 Quod si voluerit redimere agrum
ille qui voverat, addet quintam partem
aestimatae pecuniae, et possidebit eum.
20 Sin autem noluerit redimere, sed alteri
cuilibet fuerit venundatus, ultra eum qui
voverat, redimere non poterit. 21 Quia
cum iubilaei venerit dies, sanctificatus erit
Domino, et possessio consecrata ad ius
pertinet sacerdotum.

22 Si ager emptus est, et non de possessione maiorum sanctificatus fuerit Domino, 23 supputabit sacerdos iuxta annorum numerum usque ad iubilaeum, pretium: et dabit ille qui voverat eum, Domino. 24 In iubilaeo autem revertetur ad
priorem dominum, qui vendiderat eum,
et habuerat in sorte possessionis suae.
25 Omnis aestimatio siclo sanctuarii pon-
derabitur. Siclus viginti obolos habet.

Votum de primogenitis

26 Primogenita, quae ad Dominum pertinent, nemo sanctificare poterit et vovere: sive bos, sive ovis fuerit, Domini sunt.
27 Quod si immundum est animal, redimet qui obtuli, iuxta aestimationem tuam,
et addet quintam partem pretii: si redimere noluerit, vendetur alteri quantocum-
que a te fuerit aestimatum.

28 Omne quod Domino consecratur, sive homo fuerit, sive animal, sive ager, non
vendetur, nec redimi poterit. Quidquid semel fuerit consecratum, sanctum sanctorum erit Domino. 29 Et omnis consecratio, quae offertur ab homine, non redimetur, sed morte morietur.

36; Neh 9,2. — **42:** Ex 2,24; 6,5; Deut 4,31; 4 Reg 13,23. — **45:** Ex 12,33.51; Lev 25,1.

27 **2:** Num 30,3-16. — **3:** Ex 30,13. — **10:** Lev 27,33. — **13:** Lev 22,14. — **18:** Lev 25,15-16. — **21:** Lev 25,11.28.30-33.41; Num 18,14; Ez 44,29. — **22:** Lev 25,10. — **23:** Lev 27,18. — **24:** Lev 25,10.28. — **25:** Ex 30,13; Num 3,47; Ez 45,12. — **26:** Ex 13,2. — **28:** Num 18,14; Lev 27,21; Ios 6,17. — **29:** Num 21,2-3;

Votum de decimis

30 Omnes decimae terrae, sive de frugibus, sive de pomis arborum, Domini sunt, et illi sanctificantur. 31 Si quis autem voluerit redimere decimas suas, addet quintam partem earum. 32 Omnium decimarum bovis et ovis et caprae, quae sub pastoris virga transeunt quidquid decimum venerit, sanctificabitur Domino. 33 Non eligetur nec bonum nec malum, nec altero commutabitur. si quis mutaverit: et quod mutatum est, et pro quo mutatum est, sanctificabitur Domino, et non redimetur.

34 Haec sunt praecepta, quae mandavit Dominus Moysi ad filios Israel in monte Sinai.

LIBER NUMERI

HEBRAICE "VAIEDABBER"

SUMMARIUM

PARS PRIMA: PRAEPARATIO ANTE DISCESSUM E SINAI *(1,1-10,10): Census populi (1). Ordo castrorum (2). Census Levitarum (3). Levitarum officia (4). Praecepta varia (5-6). Principum populi dona (7). Levitarum consecratio (8). Phase celebratio in Sinai (9,1-14). Signa proficiscendi (9,15-10,10).*—PARS SECUNDA: A MONTE SINAI AD CADES *(10,11-13,34). Ordo profectionis (10,11-36). Populo murmurante contra Moysen, 70 instituuntur iudices (11). Murmur Aaronis et Mariae in Moysen (12). Terrae Chanaan exploratio (13).*—PARS TERTIA: A POPULI DAMNATIONE USQUE AD QUADRAGESIMUM PEREGRINATIONIS ANNUM *(14-21): Murmurante populo, Dominus sententiam in eos pronuntiat (14). Praecepta varia (15). Seditio Core, Dathan et Abiron (16,1-40). Virga Aaronis florente, confirmatur tribui Levi sacerdotium (16,41-17,13). Sacerdotum ac Levitarum munera (18). Aqua elustralis praeparatio et usus (19). Moysis et Aaronis punitio (20). A monte Hor Israel proficiscitur usque ad campestria Moab (21,1-20). Victoria in Amorrhaeos (21,21-35).*—PARS QUARTA: IN CAMPESTRIBUS MOAB *(22-36): Advenit Balaam vocatus a Moabitis (22). Benedicit Israeli (23-24). Praevaricatio in Beelphegor (25). Nova tribuum recensio (26). De iure haereditario (27). De sacrificiis in singulis festis offerendis (28-29). De votis eorumque irritatione (30). Bellum contra Madianitas (31). Regio transiordanica duabus tribubus attributa (32). Stationes Israel in deserto (33). De terrae promissae confinibus eiusque divisione (34). Urbes leviticae atque refugii (35). Filia haeres nubat in propria tribu (36)*

PARS PRIMA

PRAEPARATIO ANTE DISCESSUM E SINAI

(1,1-10,10)

Praeceptum censendi populum

1 1 Locutusque est Dominus ad Moysen in deserto Sinai in tabernaculo foederis, prima die mensis secundi, anno altero egressionis eorum ex Aegypto, dicens: 2 Tollite summam universae congregationis filiorum Israel per cognationes et domos suas, et nomina singulorum, quidquid sexus est masculini 3 a vigesimo anno et supra, omnium virorum fortium ex Israel, et numerabitis eos per turmas suas, tu et Aaron. 4 Eruntque vobiscum principes tribuum ac domorum in cognationibus suis, 5 quorum ista sunt nomina:

De Ruben, Elisur filius Sedeur. 6 De Simeon, Salamiel filius Surisaddai. 7 De Iuda, Nahasson filius Aminadab. 8 De Issachar, Nathanael filius Suar. 9 De Zabulon, Eliab filius Helon. 10 Filiorum autem Ioseph, de Ephraim, Elisama filius

Iud 11,34-39; 1 Sam 15,3.9. — 30: Gen 14,20; 28,22; Num 18,21.24; Deut 14,28; 2 Par 31,5-6.12; Neh 13,12. — 33: Lev 27,10. — 34: Lev 25,1; 26,45.

1 1: Ex 19,1; 25,22; Num 9,1; 10,11. — 2: Ex 30,12; 38,25-26; Num 26,2-51. — 3: Ex 30,14; Num 14,29. — 5-15: Num 10,14-27. — 5-6: Num 7,30.36. — 7: Ex 6,23; Num 7,12. — 8-

Ammiud; de Manasse, Gamaliel filius Phadassur. 11 De Beniamin, Abidan filius
Gedeonis. 12 De Dan, Ahiezer filius Ammisaddai. 13 De Aser, Phegiel filius Ochran. 14 De Gad, Eliasaph filius Duel. 15 De
Nephthali, Ahira filius Enan.
16 Hi nobilissimi principes multitudinis per tribus et cognationes suas, et
capita exercitus Israel: 17 quos tulerunt
Moyses et Aaron cum omni vulgi multitudine: 18 et congregaverunt primo die
mensis secundi, recensentes eos per cognationes, et domos, ac familias, et capita,
et nomina singulorum a vigesimo anno
et supra, 19 sicut praeceperat Dominus
Moysi. Numeratique sunt in deserto
Sinai.

Census singularum tribuum

20 De Ruben primogenito Israelis per
generationes et familias ac domos suas,
et nomina capitum singulorum, omne
quod sexus est masculini a vigesimo anno
et supra, procedentium ad bellum, 21 quadraginta sex millia quingenti.
22 De filiis Simeon per generationes
et familias ac domos cognationum suarum
recensiti sunt per nomina et capita singulorum, omne quod sexus est masculini
a vigesimo anno et supra procedentium
ad bellum, 23 quinquaginta novem millia
trecenti.
24 De filiis Gad per generationes et
familias ac domos cognationum suarum
recensiti sunt per nomina singulorum a
viginti annis et supra, omnes qui ad bella
procederent, 25 quadraginta quinque millia sexcenti quinquaginta.
26 De filiis Iuda per generationes et
familias ac domos cognationum suarum,
per nomina singulorum a vigesimo anno
et supra, omnes qui poterant ad bella
procedere, 27 recensiti sunt septuaginta
quatuor millia sexcenti.
28 De filiis Issachar, per generaciones
et familias ac domos cognationum suarum, per nomina singulorum a vigesimo
anno et supra, omnes qui ad bella procederent, 29 recensiti sunt quinquaginta
quator millia quadringenti.
30 De filiis Zabulon per generationes
et familias ac domos cognationum suarum recensiti sunt per nomina singulorum a vigesimo anno et supra, omnes qui
poterant ad bella procedere, 31 quinquaginta septem millia quadringenti.
32 De filiis Ioseph, filiorum Ephraim
per generationes et familias ac domos
cognationum suarum recensiti sunt per
nomina singulorum a vigesimo anno et
supra, omnes qui poterant ad bella procedere, 33 quadraginta millia quingenti.
34 Porro filiorum Manasse per generationes et familias ac domos cognationum suarum recensiti sunt per nomina
singulorum a viginti annis et supra, omnes
qui poterant ad bella procedere, 35 triginta duo millia ducenti.
36 De filiis Beniamin per generationes
et familias ac domos cognationum suarum
recensiti sunt nominibus singulorum a
vigesimo anno et supra, omnes qui poterant ad bella procedere, 37 triginta quinque
millia quadringenti.
38 De filiis Dan per generationes et
familias ac domos cognationum suarum
recensiti sunt nominibus singulorum a
vigesimo anno et supra, omnes qui poterant ad bella procedere, 39 sexaginta duo
millia septingenti.
40 De filiis Aser per generationes et
familias ac domos cognationum suarum
recensiti sunt per nomina singulorum a
vigesimo anno et supra, omnes qui poterant ad bella procedere, 41 quadraginta
millia et mille quingenti.
42 De filiis Nephthali per generationes
et familias ac domos cognationum suarum recensiti sunt nominibus singulorum
a vigesimo anno et supra, omnes qui poterant ad bella procedere, 43 quinquaginta
tria millia quadringenti.

Summa duodecim tribuum

44 Hi sunt, quos numeraverunt Moyses
et Aaron, et duodecim principes Israel,
singulos per domos cognationum suarum:
45 Fueruntque omnis numerus filiorum
Israel per domos et familias suas a vigesimo anno et supra, qui poterant ad bella
procedere, 46 sexcenta tria millia virorum
quingenti quinquaginta.

Tribus Levi non numeranda

47 Levitae autem in tribu familiarum
suarum non sunt numerati cum eis. 48 Locutusque est Dominus ad Moysen, dicens:
49 Tribum Levi noli numerare, neque pones summam eorum cum filiis Israel:
50 sed constitue eos super tabernaculum
testimonii et cuncta vasa eius, et quidquid ad caeremonias pertinet. Ipsi portabunt tabernaculum et omnia utensilia
eius: et erunt in ministerio, ac per gyrum
tabernaculi metabuntur. 51 Cum proficis-
cendum fuerit, deponent Levitae tabernaculum: cum castrametandum, erigent.

15: Num 7,18.24.42.48.54.60.66.72.78. — **16:** Ex 18,21.25. — **21-25:** Num 26,7.14.18. — **27-31:** Num 26,22.25.27. — **33-37:** Num 26,34.37.41. **39-43:** Num 26,43.47.50. — **44:** Num 26,64. — **46:** Ex 12,37; 38,25; Num 11,21; 26,51. — **47:** Num 2,33; 3,14-39; 26,57-62. — **50:** Num 3,7-8; 4,2-49; 1 Par 6,1-81. — **51:** Num 3,10.38; 10.17.21; 18,7; 1 Sam 6,19; 2 Sam 6,6-7; 1 Par

Quisquis externorum accesserit, occidetur. 52 Metabuntur autem castra filii Israel
unusquisque per turmas et cuneos atque
exercitum suum. 53 Porro Levitae per gyrum tabernaculi figent tentoria, ne fiat
indignatio super multitudinem filiorum
Israel, et excubabunt in custodiis tabernaculi testimonii.
54 Fecerunt ergo filii Israel iuxta omnia
quae praeceperat Dominus Moysi.

Dei positio et tribuum ordo in castris

2 1 Locutusque est Dominus ad Moysen et Aaron, dicens: 2 Singuli per
turmas, signa, atque vexilla, et domos
cognationum suarum, castrametabuntur
filii Israel, per gyrum tabernaculi foederis.
3 Ad orientem Iudas figet tentoria per
turmas exercitus sui: eritque princeps
filiorum eius Nahasson filius Aminadab.
4 Et omnis de stirpe eius summa pugnantium, septuaginta quator millia sexcenti.
5 Iuxta eum castrametati sunt de tribu
Issachar, quorum princeps fuit Nathanael filius Suar. 6 Et omnis numerus pugnatorum eius quinquaginta quatuor millia quadringenti. 7 In tribu Zabulon princeps fuit Eliab filius Helon. 8 Omnis de
stirpe eius exercitus pugnatorum, quinquaginta septem millia quadringenti.
9 Universi qui in castris Iudae enumerati
sunt, fuerunt centum octoginta sex millia quadringenti: et per turmas suas primi
egredientur.
10 In castris filiorum Ruben ad meridianam plagam erit princeps Elisur filius
Sedeur. 11 Et cunctus exercitus pugnatorum eius qui numerati sunt, quadraginta
sex millia quingenti. 12 Iuxta eum castrametati sunt de tribu Simeon: quorum
princeps fuit Salamiel filius Surisaddai.
13 Et cunctus exercitus pugnatorum eius
qui numerati sunt, quinquaginta novem
millia trecenti. 14 In tribu Gad princeps
fuit Eliasaph filius Duel. 15 Et cunctus
exercitus pugnatorum eius, qui numerati
sunt, quadraginta quinque millia sexcenti
quinquaginta. 16 Omnes qui recensiti sunt
in castris Ruben, centum quiquaginta
millia et mille quadringenti quinquaginta per turmas suas: in secundo loco
proficiscentur.
17 Levabitur autem tabernaculum testimonii per officia Levitarum, et turmas
eorum: quomodo erigetur, ita et depo-
netur. Singuli per loca et ordines suos
proficiscentur.
18 Ad occidentalem plagam erunt castra filiorum Ephraim, quorum princeps
fuit Elisama filius Ammiud. 19 Cunctus
exercitus pugnatorum eius, qui numerati
sunt, quadraginta millia quingenti. 20 Et
cum eis tribus filiorum Manasse, quorum
princeps fuit Gamaliel filius Phadassur.
21 Cunctusque exercitus pugnatorum eius,
qui numerati sunt, triginta duo millia
ducenti. 22 In tribu filiorum Beniamin princeps fuit Abidan filius Gedeonis. 23 Et
cunctus exercitus pugnatorum eius, qui
recensiti sunt, triginta quinque millia
quadringenti. 24 Omnes qui numerati sunt
in castris Ephraim, centum octo millia
centum per turmas suas: tertii proficiscentur.
25 Ad aquilonis partem castrametati
sunt filii Dan: quorum princeps fuit Ahiezer filius Ammisaddai. 26 Cunctus exercitus pugnatorum eius, qui numerati
sunt, sexaginta duo millia septingenti.
27 Iuxta eum fixere tentoria de tribu Aser:
quorum princeps fuit Phegiel filius Ochran.
28 Cunctus exercitus pugnatorum eius, qui
numerati sunt, quadraginta millia et mille quingenti. 29 De tribu filiorum Nephthali princeps fuit Ahira filius Enan. 30 Cunctus exercitus pugnatorum eius, quinquaginta tria millia quadringenti. 31 Omnes
qui numerati sunt in castris Dan, fuerunt
centum quinquaginta septem millia sexcenti: et novissimi proficiscentur.
32 Hic numerus filiorum Israel, per domos cognationum suarum et turmas divisi exercitus, sexcenta tria millia quingenti quinquaginta. 33 Levitae autem non
sunt numerati inter filios Israel: sic enim
praeceperat Dominus Moysi. 34 Feceruntque filii Israel iuxta omnia quae mandaverat Dominus. Castrametati sunt per
turmas suas, et profecti per familias ac
domos patrum suorum.

Census Levitarum

3 1 Hae sunt generationes Aaron et
Moysi in die qua locutus est Dominus
ad Moysen in monte Sinai. 2 Et haec
nomina filiorum Aaron: primogenitus eius
Nadab, deinde Abiu, et Eleazar, et Ithamar. 3 Haec nomina filiorum Aaron sacerdotum qui uncti sunt, et quorum repletae
et consecratae manus ut sacerdotio fun-

13,10. — **52:** Num 2,2.34. — **53:** Num 3,7-8,38; 8,19.24-26; 18,3-5; 3,30.47; 1 Par 23,28-32; 2 Par 13,10-11.

2 **2:** Num 1,52-53. — **3:** Ex 6,23; Num 1,7. — **5:** Num 1,8. — **7:** Num 1,9. — **9:** Num 10,14-16. — **10:** Num 1,5. — **12:** Num 1,6. — **14:** Num 1,14; 7,42.47; 10,20. — **16:** Num 10,18-20. — **17:** Num 10,17.21. — **18:** Num 1,10. — **22:** Num 1,11. — **24:** Num 10,22-24. — **25:** Num 1,12. — **27:** Num 1,13. — **29:** Num 1,15. — **31:** Num 10,25-27. — **32-33:** Num 1.46-49.

3 **2:** Ex 6,23. — **3:** Ex 28,41; 29,7; Lev 8,12.30; Iud 17,5; 3 Reg 13,33; Eccli 45,18. — **4:**

gerentur. 4 Mortui sunt enim Nadab et Abiu cum offerrent ignem alienum in conspectu Domini in deserto Sinai, absque liberis: functique sunt sacerdotio Eleazar et Ithamar coram Aaron patre suo.

5 Locutusque est Dominus ad Moysen, dicens: 6 Applica tribum Levi, et fac stare in conspectu Aaron sacerdotis ut ministrent ei, et excubent, 7 et observent quidquid ad cultum pertinet multitudinis coram tabernaculo testimonii, 8 et custodiant vasa tabernaculi, servientes in ministerio eius. 9 Dabisque dono Levitas 10 Aaron et filiis eius, quibus traditi sunt a filiis Israel. Aaron autem et filios eius constitues super cultum sacerdotii. Externus, qui ad ministrandum accesserit, morietur.

11 Locutusque est Dominus ad Moysen, dicens: 12 Ego tuli Levitas a filiis Israel pro omni primogenito, qui aperit vulvam in filiis Israel, eruntque Levitae mei. 13 Meum est enim omne primogenitum: ex quo percussi primogenitos in terra Aegypti: sanctificavi mihi quidquid primum nascitur in Israel ab homine usque ad pecus, mei sunt. Ego Dominus.

14 Locutusque est Dominus ad Moysen in deserto Sinai, dicens: 15 Numera filios Levi per domos patrum suorum et familias, omnem masculum ab uno mense, et supra. 16 Numeravit Moyses, ut praeceperat Dominus, 17 et inventi sunt filii Levi per nomina sua, Gerson et Caath et Merari. 18 Filii Gerson: Lebni et Semei. 19 Filii Caath: Amram et Iesaar, Hebron et Oziel. 20 Filii Merari: Moholi et Musi. 21 De Gerson fuere familiae duae, Lebnitica, et Semeitica: 22 quarum numeratus est populus sexus masculini ab uno mense et supra, septem millia quingenti. 23 Hi post tabernaculum metabuntur ad occidentem, 24 sub principe Eliasaph filio Lael. 25 Et habebunt excubias in tabernaculo foederis, 26 ipsum tabernaculum et operimentum eius, tentorium quod trahitur ante fores tecti foederis, et cortinas atrii: tentorium quoque quod appenditur in introitu atrii tabernaculi, et quidquid ad ritum altaris pertinet, funes tabernaculi et omnia utensilia eius.

27 Cognatio Caath habebit populus Amramitas et Iesaaritas et Hebronitas et Ozielitas. Hae sunt familiae Caathitarum recensitae per nomina sua. 28 Omnes generis masculini ab uno mense et supra, octo millia sexcenti, habebunt excubias sanctuarii, 29 et castrametabuntur ad meridianam plagam. 30 Princepsque eorum erit Elisapham filius Oziel: 31 et custodient arcam, mensamque et candelabrum, altaria et vasa sanctuarii, in quibus ministratur, et velum, cunctamque huiuscemodi supellectilem. 32 Princeps autem principum Levitarum Eleazar filius Aaron sacerdotis, erit super excubitores custodiae sanctuarii.

33 At vero de Merari erunt populi Moholitae et Musitae recensiti per nomina sua: 34 omnes generis masculini ab uno mense et supra, sex millia ducenti. 35 Princeps eorum Suriel filius Abihaiel: in plaga septentrionali castrametabuntur. 36 Erunt sub custodia eorum tabulae tabernaculi et vectes, et columnae ac bases earum, et omnia quae ad cultum huiuscemodi pertinent: 37 columnaeque atrii per circuitum cum basibus suis, et paxilli cum funibus.

38 Castrametabuntur ante tabernaculum foederis, id est, ad orientalem plagam, Moyses et Aaron cum filiis suis, habentes custodiam sanctuarii in medio filiorum Israel. Quisquis alienus accesserit, morietur. 39 Omnes Levitae, quos numeraverunt Moyses et Aaron iuxta praeceptum Domini per familias suas in genere masculino a mense uno et supra, fuerunt viginti duo millia.

Levitae pro primogenitis populi

40 Et ait Dominus ad Moysen: Numera primogenitos sexus masculini de filiis Israel ab uno mense et supra, et habebis summam eorum. 41 Tollesque Levitas mihi pro omni primogenito filiorum Israel: ego sum Dominus: et pecora eorum pro universis primogenitis pecorum filiorum Israel. 42 Recensuit Moyses, sicut praeceperat Dominus, primogenitos filiorum Israel: 43 et fuerunt masculi per nomina sua, a mense uno et supra, viginti duo millia ducenti septuaginta tres.

44 Locutusque est Dominus ad Moysen, dicens: 45 Tolle Levitas pro primogenitis filiorum Israel, et pecora Levitarum pro pecoribus eorum, eruntque Levitae mei. Ego sum Dominus. 46 In pretio autem ducentorum septuaginta trium, qui excedunt numerum Levitarum de primogenitis filiorum Israel, 47 accipies quinque siclos per singula capita ad mensuram sanctuarii. Siclus habet viginti obolos. 48 Dabisque pecuniam Aaron et filiis eius pretium eorum qui supra sunt. 49 Tulit

Lev 10,1-2; Num 26,61; 1 Par 24,2. — **6:** Num 18,2. — **7:** Num 8,24-26; Deut 10,8. — **9:** Num 8,19; 18,6. — **10:** Num 1,51; 18,7. — **12:** Num 3,41; 8,16. — **13:** Ex 13,2.12.15; Num 8,16-17. — **15:** Num 3,39; 26.62. — **17:** Gen 46,11; Ex 6,16-19; Num 26,57-61; 1 Par 6,1.16; 23,6. — **18-20:** Ex 6,17-19; 1 Par 6,3.17-19; 23,7. 12.21. — **23:** Num 1,53. — **25-26:** Ex 26,7.14.36; 27,9.16; 33,18; 36,14; 39,40; Num 4,24-26. — **29:** Num 1,53. — **30:** Ex 6,22; Lev 10,4. — **31:** Ex 25,10.23.31; 26,36; 27,1-3; 30,1. — **35:** Num 1,53. — **36:** Ex 26,15.19.20.32.37. — **37:** Ex 27,10.19. — **38:** Num 1,51.53. — **41:** Num 3,12.45. — **45:** Num 3,41. — **46:** Ex 13,13; Num

igitur Moyses pecuniam eorum, qui fuerant amplius, et quos redemerant a Levitis, 50 pro primogenitis filiorum Israel,
mille trecentorum sexaginta quinque siclorum iuxta pondus sanctuarii, 51 et dedit
eam Aaron et filiis eius iuxta verbum
quod praeceperat sibi Dominus.

Officia singularum familiarum Levi

4 1 Locutusque est Dominus ad Moysen et Aaron, dicens: 2 Tolle summam
filiorum Caath de medio Levitarum per
domos et familias suas, 3 a trigesimo anno
et supra, usque ad quinquagesimum annum, omnium qui ingrediuntur ut stent
et ministrent in tabernaculo foederis. 4 Hic
est cultus filiorum Caath: Tabernaculum
foederis, et Sanctum sanctorum 5 ingredientur Aaron et filii eius, quando movenda sunt castra, et deponent velum
quod pendet ante fores, involventque eo
arcam testimonii, 6 et operient rursum
velamine ianthinarum pellium, extendentque desuper pallium totum hyacinthinum,
et inducent vectes. 7 Mensam quoque propositionis involvent hyacinthino pallio,
et ponent cum ea thuribula et mortariola,
cyathos et crateras ad liba fundenda:
panes semper in ea erunt: 8 extendentque
desuper pallium coccineum, quod rursum
operient velamento ianthinarum pellium,
et inducent vectes. 9 Sument et pallium
hyacinthinum, quo operient candelabrum
cum lucernis et forcipibus suis et emunctoriis et cunctis vasis olei, quae ad concinnandas lucernas necessaria sunt: 10 et
super omnia ponent operimentum ianthinarum pellium, et inducent vectes. 11 Nec
non et altare aureum involvent hyacinthino vestimento, et extendent desuper operimentum ianthinarum pellium, inducent-
que vectes. 12 Omnia vasa, quibus ministratur in sanctuario, involvent hyacinthino pallio, et extendent desuper operimentum ianthinarum pellium, inducent-
que vectes. 13 Sed et altare mundabunt
cinere, et involvent illud purpureo vestimento, 14 ponentque cum eo omnia vasa,
quibus in ministerio eius utuntur, id est,
ignium receptacula, fuscinulas ac tridentes, uncinos et batilla. Cuncta vasa altaris
operient simul velamine ianthinarum pellium, et inducent vectes.
15 Cumque involverint Aaron et filii
eius sanctuarium et omnia vasa eius in
commotione castrorum, tunc intrabunt
filii Caath ut portent involuta: et non
tangent vasa sanctuarii, ne moriantur. Ista
sunt onera filiorum Caath in tabernaculo
foederis: 16 super quos erit Eleazar filius
Aaron sacerdotis, ad cuius curam pertinet oleum ad concinnandas lucernas, et
compositionis incensum, et sacrificium,
quod semper offertur, et oleum unctionis,
et quidquid ad cultum tabernaculi pertinet, omniumque vasorum, quae in sanctuario sunt. 17 Locutusque est Dominus
ad Moysen et Aaron, dicens: 18 Nolite
perdere populum Caath de medio Levitarum: 19 sed hoc facite eis, ut vivant, et
non moriantur, si tetigerint Sancta sanctorum. Aaron et filii eius intrabunt, ipsique disponent opera singulorum, et divident quid portare quis debeat. 20 Alii nulla
curiositate videant quae sunt in sanctuario
priusquam involvantur, alioquin morientur.
21 Locutusque est Dominus ad Moysen,
dicens: 22 Tolle summam etiam filiorum
Gerson per domos ac familias et cognationes suas, 23 a triginta annis et supra,
usque ad annos quinquaginta. Numera
omnes qui ingrediuntur et ministrant in
tabernaculo foederis. 24 Hoc est officium
familiae Gersonitarum, 25 ut portent cortinas tabernaculi et tectum foederis, operimentum aliud, et super omnia velamen
ianthinum tentoriumque quod pendet in
introitu tabernaculi foederis, 26 cortinas
atrii, et velum in introitu quod est ante
tabernaculum. Omnia quae ad altare pertinent, funiculos, et vasa ministerii, 27 iubente Aaron et filiis eius, portabunt filii
Gerson: et scient singuli cui debeant
oneri mancipari. 28 Hic est cultus familiae
Gersonitarum in tabernaculo foederis,
eruntque sub manu Ithamar filii Aaron
sacerdotis.
29 Filios quoque Merari per familias
et domos patrum suorum recensebis, 30 a
triginta annis et supra, usque ad annos
quinquaginta, omnes qui ingrediuntur ad
officium ministerii sui et cultum foederis
testimonii. 31 Haec sunt onera eorum:
Portabunt tabulas tabernaculi et vectes
eius, columnas ac bases earum, 32 columnas quoque atrii per circuitum cum
basibus et paxillis et funibus suis. Omnia
vasa et supellectilem ad numerum accipient, sicque portabunt. 33 Hoc est officium familiae Meraritarum et ministerium in tabernaculo foederis: eruntque
sub manu Ithamar filii Aaron sacerdotis.
34 Recensuerunt igitur Moyses et Aaron
et principes synagogae filios Caath per
cognationes et domos patrum suorum,

3,39.43; 18,15. — **47**: Ex 30,13; Lev 27,6.25; Num 18,16; Ez 45,12. — **50**: Num 3,46-47.

4 **3**: Num 8,24; 1 Par 23,24-27. — **4**: Num 4,19. — **5**: Ex 26,31-32. — **6-9**: Ex 25,14.23. 28.30-39. — **11**: Ex 30,1.3. — **15**: Num 7,9; 10,21; 2 Sam 6,6-7; 1 Par 13,9-10; 15,15. — **16**: Ex 25,6; 27,20; 29,38-41; 30,23-25; 31,11; Lev 24,2. — **19**: Num 4,4. — **20**: Ex 19,21; 1 Sam 6,19. — **22**: Num 3,21-26. — **25**: Ex

35 a triginta annis et supra, usque ad annum quinquagesimum, omnes qui ingrediuntur ad ministerium tabernaculi foederis: 36 et inventi sunt duo millia septingenti quinquaginta. 37 Hic est numerus
populi Caath qui intrant tabernaculum
foederis: hos numeravit Moyses et Aaron
iuxta sermonem Domini per manum
Moysi.
38 Numerati sunt et filii Gerson per
cognationes et domos, patrum suorum,
39 a triginta annis et supra, usque ad
quinquagesimum annum, omnes qui ingrediuntur ut ministrent in tabernaculo
foederis: 40 et inventi sunt duo millia
sexcenti triginta. 41 Hic est populus Gersonitarum quos numeraverunt Moyses et
Aaron iuxta verbum Domini.
42 Numerati sunt et filii Merari per cognationes et domos patrum suorum, 43 a
triginta annis et supra, usque ad annum
quinquagesimum, omnes qui ingrediuntur ad explendos ritus tabernaculi foederis: 44 et inventi sunt tria millia ducenti.
45 Hic est numerus filiorum Merari, quos
recensuerunt Moyses et Aaron iuxta imperium Domini per manum Moysi.
46 Omnes qui recensiti sunt de Levitis,
et quos recenseri fecit ad nomen Moyses
et Aaron, et principes Israel per cognationes et domos patrum suorum, 47 a
triginta annis et supra, usque ad annum
quinquagesimum, ingredientes ad ministerium tabernaculi, et onera portanda,
48 fuerunt simul octo millia quingenti octoginta. 49 Iuxta verbum Domini recensuit eos Moyses, unumquemque iuxta officium et onera sua, sicut praeceperat ei
Dominus.

De munditie castrorum

5 1 Locutusque est Dominus ad Moysen, dicens: 2 Praecipe filiis Israel, ut
eiiciant de castris omnem leprosum, et
qui semine fluit, pollutusque est super
mortuo: 3 tam masculum quam feminam
eiicite de castris, ne contaminent ea cum
habitaverint vobiscum. 4 Feceruntque ita
filii Israel, et eiecerunt eos extra castra,
sicut locutus erat Dominus Moysi.
5 Locutusque est Dominus ad Moysen,
dicens: 6 Loquere ad filios Israel: Vir,
sive mulier, cum fecerint ex omnibus peccatis, quae solent hominibus accidere, et
per negligentiam transgressi fuerint mandatum Domini, atque deliquerint, 7 confitebuntur peccatum suum, et reddent ipsum caput, quintamque partem desuper,
ei in quem peccaverint. 8 Sin autem non
fuerit qui recipiat, dabunt Domino, et
erit sacerdotis, excepto ariete, qui offertur pro expiatione, ut sit placabilis hostia. 9 Omnes quoque primitiae, quas offerunt filii Israel, ad sacerdotem pertinent:
10 et quidquid in sanctuarium offertur a
singulis, et traditur manibus sacerdotis,
ipsius erit.

Ordalia ad iudicandum de adulterio uxoris

11 Locutusque est Dominus ad Moysen,
dicens: 12 Loquere ad filios Israel, et dices ad eos: Vir cuius uxor erraverit,
maritumque contemnens 13 dormierit cum
altero viro, et hoc maritus deprehendere
non quiverit, sed latet adulterium, et
testibus argui non potest, quia non est
inventa in stupro: 14 si spiritus zelotypiae
concitaverit virum contra uxorem suam,
quae vel polluta est, vel falsa suspicione
appetitur: 15 adducet eam ad sacerdotem,
et offeret oblationem pro illa, decimam
partem sati farinae hordeaceae: non fundet super eam oleum, nec imponet thus:
quia sacrificium zelotypiae est, et oblatio
investigans adulterium. 16 Offeret igitur
eam sacerdos, et statuet coram Domino,
17 assumetque aquam sanctam in vase
fictili, et pauxillum terrae de pavimento
tabernaculi mitet in eam. 18 Cumque steterit mulier in conspectu Domini, discooperiet caput eius, et ponet super manus illius sacrificium recordationis, et
oblationem zelotypiae: ipse autem tenebit
aquas amarissimas, in quibus cum execratione maledicta congessit. 19 Adiura-
bitque eam, et dicet: Si non dormivit
vir alienus tecum, et si non polluta es
deserto mariti thoro, non te nocebunt
aquae istae amarissimae, in quas maledicta congessi. 20 Sin autem declinasti a
viro tuo, atque polluta es, et concubuisti
cum altero viro: 21 his maledictionibus
subiacebis: Det te Dominus in maledictionem, exemplumque cunctorum in populo suo: putrescere faciat femur tuum,
et tumens uterus tuus disrumpatur. 22 Ingrediantur aquae maledictae in ventrem
tuum, et utero tumescente putrescat femur. Et respondebit mulier: Amen, amen.
23 Scribetque sacerdos in libello ista maledicta, et delebit ea aquis amarissimis, in
quas maledicta congessit, 24 et dabit ei bibere. Quas cum exhauserit, 25 tollet sacerdos de manu eius sacrificium zelotypiae,
et elevabit illud coram Domino, imponet-

26,1-6; 36,8-19. — **28:** Num 4,33. — **30:** Num 4,3. — **31:** Num 3,36-37. — **32:** Ex 38,21. — **49:** Num 4,1.15.21.24.29.31.

5 **2:** Lev 13,46; 15,2; 21,1; 22,4; Num 9, 10; 12,14; 19,11.13. — **3:** Lev 26,11-12; Num 35,34. — **6:** Lev 6,27. — **9:** Ex 29,28; Lev 7,7-10,14; Num 18,8.19; Deut 18,3-4; Ez 41,29-30. — **10:** Lev 10,12-15. — **13:** Lev 18, 20; Io 8,4. — **15:** Lev 2,1-2.15; 5,11. — **17:** Num 8,7; 10,9.17. — **22:** Ps 108,18. — **25:** Lev

que illud super altare: ita dumtaxat ut prius, 26 pugillum sacrificii tollat de eo, quod offertur, et incendat super altare: et sic potum det mulieri aquas amarissimas. 27 Quas cum biberit, si polluta est, et contempto viro adulterii rea, pertransibunt eam aquae maledictionis, et inflato ventre computrescet femur: eritque mulier in maledictionem, et in exemplum omni populo. 28 Quod si polluta non fuerit, erit innoxia, et faciet liberos.

29 Ista est lex zelotypiae. Si declinaverit mulier a viro suo, et si polluta fuerit, 30 maritusque zelotypiae spiritu concitatus adduxerit eam in conspectu Domini, et fecerit ei sacerdos iuxta omnia quae scripta sunt: 31 maritus absque culpa erit, et illa recipiet iniquitatem suam.

De voto nazaraeatus

6 1 Locutusque est Dominus ad Moysen, dicens: 2 Loquere ad filios Israel, et dices ad eos: Vir, sive mulier, cum fecerint votum ut sanctificentur, et se voluerint Domino consecrare: 3 a vino, et omni quod inebriare potest, abstinebunt. Acetum ex vino, et qualibet alia potione, et quidquid de uva exprimitur, non bibent: uvas recentes siccasque non comedent 4 cunctis diebus quibus ex voto Domino consecrantur: quidquid ex vinea esse potest, ab uva passa usque ad acinum non comedent. 5 Omni tempore separationis suae novacula non transibit per caput eius usque ad complctum diem, quo Domino consecratur. Sanctus erit, crescente caesarie capitis eius. 6 Omni tempore consecrationis suae super mortuum non ingredietur, 7 nec super patris quidem et matris et fratris sororisque funere contaminabitur, quia consecratio Dei sui super caput eius est. 8 Omnibus diebus separationis suae sanctus erit Domino. 9 Sin autem mortuus fuerit subito quispiam coram eo, polluetur caput consecrationis eius: quod radet illico in eadem die purgationis suae, et rursum septima. 10 In octava autem die offeret duos turtures, vel duos pullos columbae sacerdoti in introitu foederis testimonii. 11 Faciet sacerdos unum pro peccato, et alterum in holocaustum, et deprecabitur pro eo, quia peccavit super mortuo: sanctificabitque caput eius in die illo: 12 et consecravit Domino dies separationis illius, offerens agnum anniculum pro peccato: ita tamen ut dies priores irriti fiant, quoniam polluta est sanctificatio eius.

13 Ista est lex consecrationis. Cum dies, quos ex voto decreverat, complebuntur: adducet eum ad ostium tabernaculi foederis, 14 et offeret oblationes eius Domino, agnum anniculum immaculatum in holocaustum, et ovem anniculam immaculatam pro peccato, et arietem immaculatum, hostiam pacificam, 15 canistrum quoque panum azymorum qui conspersi sint oleo, et lagana absque fermento uncta oleo, ac libamina singulorum: 16 quae offeret sacerdos coram Domino, et faciet tam pro peccato, quam in holocaustum. 17 Arietem vero immolabit hostiam pacificam Domino, offerens simul canistrum azymorum, et libamenta quae ex more debentur. 18 Tunc radetur nazaraeus ante ostium tabernaculi foederis caesarie consecrationis suae: tolletque capillos eius, et ponet super ignem, qui est suppositus sacrificio pacificorum. 19 Et armum coctum arietis, tortamque absque fermento unam de canistro, et laganum azymum unum, et tradet in manus nazaraei, postquam rasum fuerit caput eius. 20 Susceptaque rursum ab eo, elevabit in conspectu Domini: et sanctificata sacerdotis erunt, sicut pectusculum, quod separari iussum est, et femur. Post haec, potest bibere nazaraeus vinum.

21 Ista est lex nazaraei, cum voverit oblationem suam Domino tempore consecrationis suae, exceptis his, quae invenerit manus eius: iuxta quod mente devoverat, ita faciet ad perfectionem sanctificationis suae.

Formula sacerdotalis benedictionis super populum

22 Locutusque est Dominus ad Moysen, dicens: 23 Loquere Aaron et filiis eius: Sic benedicetis filiis Israel, et dicetis eis: 24 Benedicat tibi Dominus, et custodiat te. 25 Ostendat Dominus faciem suam tibi, et misereatur tui. 26 Convertat Dominus vultum suum ad te, et det tibi pacem. 27 Invocabuntque nomen meum super filios Israel, et ego benedicam eis.

8,27.29. — **26:** Lev 2,2; 5,12. — **27:** Deut 28, 15.37. — **29-30:** Num 5,19-20. — **31:** Lev 20, 17.19-20.

6 **2:** Lev 27,2. — **3-4:** Iud 13,4.7.14; Act 2, 12; Lc 1,15. — **5:** Iud 13,5; 16,17; 1 Sam 1, 11. — **6:** Lev 21,11; Num 19,11.16. — **7:** Lev 21, 2-3.11. — **10:** Lev 5,7; 14,22; 15,14.29. — **12:** Lev 5,6. — **13:** Act 21,26. — **14:** Lev 3,6; 4,32. **15:** Ex 29,2; Lev 2,4; Num 15,5.7.10. — **18:** Act 18,18; 21,24. — **19:** Ex 29,23-24; 1 Sam 2, 15. — **20:** Ex 29,27-28. — **23:** Lev 9,22; Deut 21,5; 1 Par 23,13; Eccli 36,19. — **24:** Ps 120,3-8; 133,3. — **25:** Ps 4,7; 30,17; 66,2; 79,4.8.20; 118,135. — **26:** Io 14,27; 2 Thess 3,16. — **27:** Deut 28,10; 2 Par 7,14; Dan 9,18-19.

Dona principum populi tabernaculo oblata

7 1 Factum est autem in die qua complevit Moyses tabernaculum, et erexit illud: unxitque et sanctificavit cum
omnibus vasis suis, altare similiter et omnia vasa eius. 2 Obtulerunt principes Israel et capita familiarum, qui erat per singulas tribus, praefectique eorum, qui numerati fuerant, 3 munera coram Domino
sex plaustra tecta cum duodecim bobus.
Unum plaustrum obtulere duo duces, et
unum bovem singuli, obtuleruntque ea in
conspectu tabernaculi. 4 Ait autem Dominus ad Moysen: 5 Suscipe ab eis ut serviant in ministerio tabernaculi, et trades
ea Levitis iuxta ordinem ministerii sui.
6 Itaque cum suscepisset Moyses plaustra
et boves, tradidit eos Levitis. 7 Duo plaustra et quatuor boves dedit filiis Gerson,
iuxta id quod habebant necessarium.
8 Quatuor alia plaustra et octo boves dedit filiis Merari secundum officia et cultum suum, sub manu Ithamar filii Aaron
sacerdotis. 9 Filiis autem Caath non dedit plaustra et boves: quia in sanctuario
serviunt, et onera propriis portant humeris.

Singulorum principum dona in dedicationem altaris

10 Igitur obtulerunt duces in dedicationem altaris, die qua unctum est oblationem suam ante altare. 11 Dixitque Dominus ad Moysen: Singuli duces per singulos dies offerant munera in dedicationem
altaris. 12 Primo die obtulit oblationem
suam Nahasson filius Aminadab de tribu
Iuda: 13 fueruntque in ea acetabulum argenteum pondo centum triginta siclorum,
phiala argentea habens septuaginta siclos,
iuxta pondus sanctuarii, utrumque plenum simila conspersa oleo in sacrificium:
14 mortariolum ex decem siclis aureis plenum incenso: 15 bovem de armento, et
arietem, et agnum anniculum in holocaustum: 16 hircumque pro peccato: 17 et
in sacrificio pacificorum boves duos, arietes quinque, hircos quinque, agnos anniculos quinque. Haec est oblatio Nahasson filii Aminadab.
18 Secundo die obtulit Nathanael filius
Suar, dux de tribu Issachar, 19 acetabulum argenteum appendens centum triginta siclos, phialam argenteam habentem
septuaginta siclos, iuxta pondus sanctuarii, utrumque plenum simila conspersa
oleo in sacrificium: 20 mortariolum aureum habens decem siclos plenum incenso: 21 bovem de armento, et arietem, et
agnum anniculum in holocaustum: 22 hircumque pro peccato: 23 et in sacrificio pacificorum boves duos, arietes quinque,
hircos quinque, agnos anniculos quinque.
Haec fuit oblatio Nathanael filii Suar.
24 Tertio die princeps filiorum Zabulon,
Eliab filius Helon, 25 obtulit acetabulum
argenteum appendens centum triginta siclos, phialam argenteam habentem septuaginta siclos, ad pondus sanctuarii,
utrumque plenum simila conspersa oleo
in sacrificium: 26 mortariolum aureum appendens decem siclos, plenum incenso:
27 bovem de armento, et arietem, et agnum anniculum in holocaustum: 28 hircumque pro peccato: 29 et in sacrificio pacificorum boves duos, arietes quinque,
hircos quinque, agnos anniculos quinque.
Haec est oblatio Eliab filii Helon.
30 Die quarto princeps filiorum Ruben,
Elisur filius Sedeur, 31 obtulit acetabulum
argenteum appendens centum triginta siclos, phialam argenteam habentem septuaginta siclos, ad pondus sanctuarii,
utrumque plenum simila conspersa oleo
in sacrificium: 32 mortariolum aureum appendens decem siclos, plenum incenso:
33 bovem de armento, et arietem, et agnum anniculum in holocaustum: 34 hircumque pro peccato: 35 et in hostias pacificorum boves duos, arietes quinque,
hircos quinque, agnos anniculos quinque.
Haec fuit oblatio Elisur filii Sedeur.
36 Die quinto princeps filiorum Simeon,
Salamiel filius Surisaddai, 37 obtulit acetabulum argenteum appendens centum
triginta siclos, phialam argenteam habentem septuaginta siclos, ad pondus sanctuarii, utrumque plenum simila conspersa
oleo in sacrificium: 38 mortariolum aureum appendens decem siclos, plenum incenso: 39 bovem de armento, et arietem,
et agnum anniculum in holocaustum:
40 hircumque pro peccato: 41 et in hostias
pacificorum, boves duos, arietes quinque,
hircos quinque, agnos anniculos quinque.
Haec fuit oblatio Salamiel filii Surisaddai.
42 Die sexto princeps filiorum Gad,
Eliasaph filius Duel, 43 obtulit acetabulum
argenteum appendens centum triginta siclos, phialam argenteam habentem septuaginta siclos, ad pondus sanctuarii,
utrumque plenum simila conspersa oleo
in sacrificium: 44 mortariolum aureum appendens decem siclos, plenum incenso:
45 bovem de armento, et arietem, et agnum anniculum in holocaustum: 46 hircumque pro peccato: 47 et in hostias paci-

7 **1:** Ex 40,2.9-10.15-17; Lev 8,10-11. — **2:** Num 1,4-16. — **7-8:** Num 4,24-33. — **9:** Num 3,31; 4,4-15. — **10:** Num 7,84.88; Ps 29,1-13. — **12:** Ex 6,23; Num 1,7. — **13:** Ex 30,13; Num 8,8. — **14:** Ex 30,34-35. — **15:** Lev 1,2-3. — **16:** Lev 4,23-24. — **17:** Lev 3,1. — **18:** Num 1,8. — **24:** Num 1,9. — **30:** Num 1,5. — **36:** Num 1,6. — **42:** Num 1,14; 2,14. — **48:** Num

ficorum boves duos, arietes quinque, hircos quinque, agnos anniculos quinque.
Haec fuit oblatio Eliasaph filii Duel.
48 Die septimo princeps filiorum
Ephraim, Elisama filius Ammiud, 49 obtulit acetabulum argenteum appendens
centum triginta siclos, phialam argenteam
habentem septuaginta siclos, ad pondus
sanctuarii, utrumque plenum simila conspersa oleo in sacrificium: 50 mortariolum
aureum appendens decem siclos, plenum
incenso: 51 bovem de armento, et arietem,
et agnum anniculum in holocaustum:
52 hircumque pro peccato: 53 et in hostias
pacificorum, boves duos, arietes quinque,
hircos quinque, agnos anniculos quinque.
Haec fuit oblatio Elisama filii Ammiud.
54 Die octavo, princeps filiorum Manasse, Gamaliel filius Phadassur, 55 obtulit acetabulum argenteum appendens
centum triginta siclos, phialam argenteam habentem septuaginta siclos, ad
pondus sanctuarii, utrumque plenum simila conspersa oleo in sacrificium: 56 mortariolum aureum appendens decem siclos,
plenum incenso: 57 bovem de armento, et
arietem, et agnum anniculum in holocaustum: 58 hircumque pro peccato: 59 et in
hostias pacificorum boves duos, arietes
quinque, hircos quinque, agnos anniculos
quinque. Haec fuit oblatio Gamaliel filii
Phadassur.
60 Die nono princeps filiorum Beniamin,
Abidan filius Gedeonis, 61 obtulit acetabulum argenteum appendens centum triginta siclos, phialam argenteam habentem septuaginta siclos, ad pondus sanctuarii, utrumque plenum simila conspersa
oleo in sacrificium: 62 et mortariolum
aureum appendens decem siclos, plenum
incenso: 63 bovem de armento, et arietem,
et agnum anniculum in holocaustum:
64 hircumque pro peccato: 65 et in hostias
pacificorum boves duos, arietes quinque,
hircos quinque, agnos anniculos quinque.
Haec fuit oblatio Abidan filii Gedeonis.
66 Die decimo princeps filiorum Dan,
Ahiezer filius Ammisaddai, 67 obtulit acetabulum argenteum appendens centum
triginta siclos, phialam argenteam habentem septuaginta siclos, ad pondus
sanctuarii, utrumque plenum simila conspersa oleo in sacrificium: 68 mortariolum
aureum appendens decem siglos, plenum
incenso: 69 bovem de armento, et arietem,
et agnum anniculum in holocaustum:
70 hircumque pro peccato: 71 et in hostias
pacificorum boves duos, arietes quinque,
hircos quinque, agnos anniculos quinque.
Haec fuit oblatio Ahiezer filii Ammisaddai.
72 Die undecimo princeps filiorum Aser,
Phegiel filius Ochran, 73 obtulit acetabulum argenteum appendens centum triginta siclos, phialam argenteam habentem septuaginta siclos, ad pondus sanctuarii, utrumque plenum simila conspersa
oleo in sacrificium: 74 mortariolum aureum appendens decem siclos, plenum
incenso: 75 bovem de armento, et arietem, et agnum anniculum in holocaustum:
76 hircumque pro peccato: 77 et in hostias
pacificorum boves duos, arietes quinque,
hircos quinque, agnos anniculos quinque.
Haec fuit oblatio Phegiel filii Ochran.
78 Die duodecimo princeps filiorum
Nephthali, Ahira filius Enam, 79 obtulit
acetabulum argenteum appendens centum triginta siclos, phialam argenteam
habentem septuaginta siclos, ad pondus
sanctuarii, utrumque plenum simila oleo
conspersa in sacrificium: 80 mortariolum
aureum appendens decem siclos, plenum
incenso: 81 bovem de armento, et arietem,
et agnum anniculum in holocaustum:
82 hircumque pro peccato: 83 et in hostias pacificorum boves duos, arietes quinque, hircos quinque, agnos anniculos quinque. Haec fuit oblatio Ahira filii Enan.

Summa oblationum

84 Haec in dedicatione altaris oblata
sunt a principibus Israel, in die qua
consecratum est: acetabula argentea duodecim: phialae argenteae duodecim: mortariola aurea duodecim: 85 ita ut centum
triginta siclos argenti haberet unum acetabulum, et septuaginta siclos haberet
una phiala: id est, in commune vasorum
omnium ex argento sicli duo millia quadringenti, pondere sanctuarii: 86 mortariola aurea duodecim plena incenso, denos siclos appendentia pondere sanctuarii: id est, simul auri sicli centum viginti:
87 boves de armento in holocaustum duodecim, arietes duodecim, agni anniculi
duodecim, et libamenta eorum: hirci duodecim pro peccato. 88 In hostias pacificorum, boves viginti quatuor, arietes sexaginta, hirci sexaginta, agni anniculi sexaginta. Haec oblata sunt in dedicatione
altaris, quando unctum est.
89 Cumque ingrederetur Moyses tabernaculum foederis, ut consuleret oraculum,
audiebat vocem loquentis ad se de propitiatorio quod erat super arcam testimonii inter duos cherubim, unde et loquebatur ei.

De dispositione candelabri

8 1 Locutusque est Dominus ad Moysen, dicens: 2 Loquere Aaron, et dices ad eum: Cum posueris septem lucer-

1,10. — **54:** Num 1,10. — **60:** Num 1,11. — **66:** Num 1,12. — **72:** Num 1,13. — **78:** Num 1,15.

88: Num 7,10. — **89:** Ex 25,22; 33,9-11; Num 12,8.

nas, candelabrum in australi parte erigatur. Hoc igitur praecipe ut lucernae contra boream e regione respiciant ad mensam panum propositionis, contra eam partem, quam candelabrum respicit, lucere debebunt.
3 Fecitque Aaron, et imposuit lucernas super candelabrum, ut praeceperat Dominus Moysi.
4 Haec autem erat factura candelabri, ex auro ductili, tam medius stipes, quam cuncta quae ex utroque calamorum latere nascebantur: iuxta exemplum quod ostendit Dominus Moysi, ita operatus est candelabrum.

De Levitarum consecratione

5 Et locutus est Dominus ad Moysen, dicens:
6 Tolle Levitas de medio filiorum Israel, et purificabis eos
7 iuxta hunc ritum: Aspergantur aqua lustrationis, et radant omnes pilos carnis suae. Cumque laverint vestimenta sua, et mundati fuerint,
8 tollent bovem de armentis, et libamentum eius similam oleo conspersam: bovem autem alterum de armento tu accipies pro peccato:
9 et applicabis Levitas coram tabernaculo foederis, convocata omni multitudine filiorum Israel.
10 Cumque Levitae fuerint coram Domino, ponent filii Israel manus suas super eos.
11 Et offeret Aaron Levitas, munus in conspectu Domini a filiis Israel, ut serviant in ministerio eius.
12 Levitae quoque ponent manus suas super capita boum, e quibus unum facies pro peccato, et alterum in holocaustum Domini, ut depreceris pro eis.
13 Statuesque Levitas in conspectu Aaron et filiorum eius, et consecrabis oblatos Domino,
14 ac separabis de medio filiorum Israel, ut sint mei.
15 Et postea ingredientur tabernaculum foederis, ut serviant mihi. Sicque purificabis et consecrabis eos in oblationem Domini: quoniam dono donati sunt mihi a filiis Israel.
16 Pro primogenitis quae aperiunt omnem vulvam in Israel, accepi eos.
17 Mea sunt enim omnia primogenita filiorum Israel, tam ex hominibus quam ex iumentis. Ex die quo percussi omne primogenitum in terra Aegypti, sanctificavi eos mihi:
18 et tuli Levitas pro cunctis primogenitis filiorum Israel:
19 tradidique eos dono Aaron et filiis eius de medio populi, ut serviant mihi pro Israel in tabernaculo foederis, et orent pro eis ne sit in populo plaga, si ausi fuerint accedere ad sanctuarium.
20 Feceruntque Moyses et Aaron et omnis multitudo filiorum Israel super Levitis quae praeceprat Dominus Moysi:
21 purificatique sunt et laverunt vestimenta sua. Elevavitque eos Aaron in conspectu Domini, et oravit pro eis,
22 ut purificati ingrederentur ad officia sua in tabernaculum foederis coram Aaron et filiis eius. Sicut praeceperat Dominus Moysi de Levitis, ita factum est.
23 Locutusque est Dominus ad Moysen, dicens:
24 Haec est lex Levitarum: A viginti quinque annis et supra, ingredientur ut ministrent in tabernaculo foederis.
25 Cumque quinquagesimum annum aetatis impleverint, servire cessabunt:
26 eruntque ministri fratrum suorum in tabernaculo foederis, ut custodiant quae sibi fuerint commendata, opera autem ipsa non faciant. Sic dispones Levitis in custodiis suis.

De celebratione Paschatis

9 1 Locutus est Dominus ad Moysen in deserto Sinai anno secundo postquam egressi sunt de terra Aegypti, mense primo dicens:
2 Faciant filii Israel Phase in tempore suo,
3 quartadecima die mensis huius ad vesperam, iuxta omnes caeremonias et iustificationes eius.
4 Praecepitque Moyses filiis Israel ut facerent Phase.
5 Qui fecerunt tempore suo, quartadecima die mensis ad vesperam, in monte Sinai. Iuxta omnia quae mandaverat Dominus Moysi, fecerunt filii Israel.
6 Ecce autem quidam immundi super anima hominis, qui non poterant facere Phase in die illo, accedentes ad Moysen et Aaron,
7 dixerunt eis: Immundi sumus super anima hominis: quare fraudamur ut non valeamus oblationem offerre Domino in tempore suo inter filios Israel?
8 Quibus respondit Moyses: State ut consulam quid praecipiat Dominus de vobis.
9 Locutusque est Dominus ad Moysen, dicens:
10 Loquere filiis Israel: Homo qui fuerit immundus super anima, sive in via procul in gente vestra, faciat Phase Domino
11 in mense secundo, quartadecima die mensis ad vesperam: cum azymis et lactucis agrestibus comedent illud:
12 non relinquent ex eo quippiam usque mane, et os eius non confringent, omnem ritum Phase observabunt.
13 Si quis autem et mundus est, et in itienere non fuit, et tamen non fecit Phase, exterminabitur anima illa de populis suis, quia sacrificium Domino non obtulit tempore suo: pec-

8 **2:** Ex 25,37; 26,35; 40,22. — **4:** Ex 25,31. 40. — **7:** Lev 14,8-9; Num 19,9.17-19. — **8:** Lev 2,1. — **9:** Ex 29,4; 40,12; Lev 8,3. — **12:** Ex 29,10. — **13:** Num 8,11.21. — **14:** Num 3, 45. — **16:** Num 3,12.45. — **17:** Ex 13,2; Num 3,13; Lc 2,23. — **19:** Num 3,9-10; 2 Sam 6,6-7. — **21:** Num 8,7.11-13. — **22:** Num 8,15. — **24:** Num 4,3.23; 1 Par 23,3.24.27; 2 Par 31,17; Esdr 3,8. — **26:** Num 1,53.

9 **1:** Num 1,1. — **3:** Ex 12,3; 12,6; Lev 23,5. — **6:** Num 5,2; 10,11.16. — **7:** Num 9,13. — **11:** 12,8; Deut 16,3; 2 Par 30,2-15. — **12:** Ex 12,10.43.46.49; Io 19,36. — **13:**

catum suum ipse portabit. 14 Peregrinus quoque et advena si fuerint apud vos, facient Phase Domino iuxta caeremonias et iustificationes eius. Praeceptum idem erit apud vos tam advenae quam indigenae.

Columna nubis signum motionis castrorum

15 Igitur die qua erectum est tabernaculum, operuit illud nubes. A vespere autem super tentorium erat quasi species ignis usque mane. 16 Sic fiebat iugiter: per diem operiebat illud nubes, et per noctem quasi species ignis. 17 Cumque ablata fuisset nubes, quae tabernaculum protegebat, tunc proficiscebantur filii Israel: et in loco ubi stetisset nubes, ibi castrametabantur. 18 Ad imperium Domini proficiscebantur, et ad imperium illius figebant tabernaculum. Cunctis diebus quibus stabat nubes super tabernaculum, manebant in eodem loco: 19 et si evenisset ut multo tempore maneret super illud, erant filii Israel in excubiis Domini, et non proficiscebantur 20 quot diebus fuisset nubes super tabernaculum. Ad imperium Domini erigebant tentoria, et ad imperium illius deponebant. 21 Si fuisset nubes a vespere usque mane, et statim diluculo tabernaculum reliquisset, proficiscebantur: et si post diem et noctem recessisset, dissipabant tentoria. 22 Si vero biduo aut uno mense vel longiori tempore fuisset super tabernaculum, manebant filii Israel in eodem loco, et non proficiscebantur: statim autem ut recessisset, movebant castra. 23 Per verbum Domini figebant tentoria, et per verbum illius proficiscebantur: erantque in excubiis Domini iuxta imperium eius per manum Moysi.

De tubarum usu

10 1 Locutusque est Dominus ad Moysen, dicens: 2 Fac tibi duas tubas argenteas ductiles, quibus convocare possis multitudinem quando movenda sunt castra. 3 Cumque increpueris tubis, congregabitur ad te omnis turba ad ostium tabernaculi foederis. 4 Si semel clangeris, venient ad te principes, et capita multitudinis Israel. 5 Si autem prolixior atque concisus clangor increpuerit, movebunt castra primi qui sunt ad orientalem plagam. 6 In secundo autem sonitu et pari ululatu tubae, levabunt tentoria qui habitant ad meridiem; et iuxta hunc modum reliqui facient, ululantibus tubis in profectionem. 7 Quando autem congregandus est populus, simplex tubarum clangor erit, et non concise ululabunt. 8 Filii autem Aaron sacerdotes clangent tubis: eritque hoc legitimum sempiternum in generationibus vestris. 9 Si exieritis ad bellum de terra vestra contra hostes qui dimicant adversum vos, clangetis ululantibus tubis, et erit recordatio vestri coram Domino Deo vestro, ut eruamini de manibus inimicorum vestrorum. 10 Si quando habebitis epulum, et dies festos, et calendas, canetis tubis super holocaustis, et pacificis victimis, ut sint vobis in recordationem Dei vestri. Ego Dominus Deus vester.

PARS SECUNDA

A MONTE SINAI AD CADES

(10,11-13,34)

Ordo motionis castrorum

11 Anno secundo, mense secundo, vigesima die mensis, elevata est nubes de tabernaculo foederis: 12 profectique sunt filii Israel per turmas suas de deserto Sinai, et recubuit nubes in solitudine Pharan.

13 Moveruntque castra primi iuxta imperium Domini in manu Moysi. 14 Filii Iuda per turmas suas: quorum princeps erat Nahasson filius Aminadab. 15 In tribu filiorum Issachar fuit princeps Nathanael filius Suar. 16 In tribu Zabulon erat princeps Eliab filius Helon. 17 Depositumque est tabernaculum, quod portantes egressi sunt filii Gerson et Merari.

18 Profectique sunt et filii Ruben, per turmas et ordinem suum: quorum princeps erat Helisur filius Sedeur. 19 In tribu autem filiorum Simeon, princeps fuit Salamiel filius Surisaddai. 20 Porro in tribu Gad erat princeps Eliasaph filius Duel. 21 Profectique sunt et Caathitae portantes sanctuarium. Tamdiu tabernaculum portabatur, donec venirent ad erectionis locum.

22 Moverunt castra et filii Ephraim per turmas suas, in quorum exercitu princeps erat Elisama filius Ammiud. 23 In tribu

Num 9,7. — **14:** Ex 12,48-49. — **15:** Ex 13,21; 40,15.32.36; Num 7,1. — **17:** Ex 40,34-35; Num 10.11.34; Ps 77,11; Sap 10,17; 18,3. — **18:** 1 Cor 10,1. — **21-22:** Ex 40,34-35.

10 **2:** Ps 80,4; Eccli 50,18. — **3:** Ier 4,5; Ioel 2,15. — **4:** Num 1,4; 7,2. — **5:** Num 2,3-9; 10,13-14. — **6:** Num 2,10-16.18. — **7:** Num 10,3. — **8:** 1 Par 15,24; 2 Par 13,12. — **9:** Num 31,50; 2 Par 13,14. — **10:** Lev 23,24; Num 28,11; 29,1; 1 Par 15,24; 2 Par 5,12-13; 7,6; 29,26-28; Esdr 3,10; Neh 12,34-35; Ps 80,4. — **11:** Num 9,17. — **12:** Gen 21,21; Ex 19,1-2; 40,34; Num 1,1; 9,5; 13,1.4.27; Deut 1,1. — **13:** Num 10,5. — **14-27:** Num 1,5-15. — **14-16:** Num 2,3.5.7. — **17:** Num 1,51; 4,24-33; 7,7-8. — **18-20:** Num 2,10,12.14. — **21:** Num 4,4-15; 7,9. — **22:** Num 2,18. — **23-27:** Num 2,

autem filiorum Manasse princeps fuit
Gamaliel filius Phadassur. 24 Et in tribu
Beniamin erat dux Abidan filius Gedeonis.
25 Novissimi castrorum omnium profecti sunt filii Dan per turmas suas, in
quorum exercitu princeps fuit Ahiezer
filius Ammisaddai. 26 In tribu autem filiorum Aser erat princeps Phegiel filius
Ochran. 27 Et in tribu filiorum Nephthali
princeps fuit Ahira filius Enan. 28 Haec
sunt castra, et profectiones filiorum Israel per turmas suas quando egrediebantur.

Hobab cognatus Moysis rogatur manere

29 Dixitque Moyses Hobab filio Raguel
Madianitae, cognato suo: Proficiscimur ad
locum quem Dominus daturus est nobis:
veni nobiscum, ut benefaciamus tibi: quia
Dominus bona promisit Israeli. 30 Cui ille
respondit: Non vadam tecum, sed revertar in terram meam, in qua natus sum.
31 Et ille: Noli, inquit, nos relinquere: tu
enim nosti in quibus locis per desertum
castra ponere debeamus, et eris ductor
noster. 32 Cumque nobiscum veneris, quidquid optimum fuerit ex opibus, quas nobis traditurus est Dominus, dabimus tibi.
33 Profecti sunt ergo de monte Domini
viam trium dierum, arcaque foederis Domini praecedebat eos, per dies tres providens castrorum locum. 34 Nubes quoque
Domini super eos erat per diem cum incederent. 35 Cumque elevaretur arca, dicebat Moyses:
Surge, Domine, et dissipentur inimici
tui, et fugiant qui oderunt te, a facie tua.
36 Cum autem deponeretur, aiebat:
Revertere, Domine, ad multitudinem
exercitus Israel.

Murmur populi et vulgi promiscui

11 1 Interea ortum est murmur populi, quasi dolentium pro labore,
contra Dominum. Quod cum audisset
Dominus, iratus est. Et accensus in eos
ignis Domini devoravit extremam castrorum partem. 2 Cumque clamasset populus ad Moysen, oravit Moyses ad Dominum, et absorptus est ignis. 3 Vocavitque nomen loci illius, Incensio: eo quod
incensus fuisset contra eos ignis Domini.
4 Vulgus quippe promiscuum, quod ascenderat cum eis, flagravit desiderio, sedens et flens, iunctis sibi pariter filiis
Israel, et ait: Quis dabit nobis ad vescendum carnes? 5 Recordamur piscium
quos comedebamus in Aegypto gratis:
in mentem nobis veniunt cucumeres, et
pepones, porrique, et caepe, et allia.
6 Anima nostra arida est, nihil aliud
respiciunt oculi nostri nisi man.
7 Erat autem man quasi semen corian-
dri, coloris bdellii. 8 Circuibatque populus, et colligens illud, frangebat mola, sive
terebat in mortario, coquens in olla, et
faciens ex eo tortulas saporis quasi panis
oleati. 9 Cumque descenderet nocte super
castra ros, descendebat pariter et man.

Moyses queritur coram Deo

10 Audivit ergo Moyses flentem populum per familias, singulos per ostia tentorii sui. Iratusque est furor Domini valde:
sed et Moysi intoleranda res visa est:
11 et ait ad Dominum: Cur afflixisti servum tuum? quare non invenio gratiam coram te? et cur imposuisti pondus universi populi huius super me? 12 Numquid ego
concepi omnem hanc multitudinem, vel
genui eam, ut dicas mihi: Porta eos in sinu
tuo sicut portare solet nutrix infantulum,
et defer in terram, pro qua iurasti patribus eorum? 13 Unde mihi carnes ut dem
tantae multitudini? flent contra me, dicentes: Da nobis carnes ut comedamus.
14 Non possum solus sustinere omnem
hunc populum, quia gravis est mihi. 15 Sin
aliter tibi videtur, obsecro ut interficias
me, et inveniam gratiam in oculis tuis, ne
afficiar malis.

Datur ei in adiutorium 70 viri

16 Et dixit Dominus ad Moysen: Congrega mihi septuaginta viros de senibus
Israel, quos tu nosti quod senes populi
sint ac magistri: et duces eos ad ostium
tabernaculi foederis, faciesque ibi stare
tecum, 17 ut descendam et loquar tibi: et
auferam de spiritu tuo, tradamque eis,
ut sustentent tecum onus populi, et non
tu solus graveris. 18 Populo quoque dices:
Sanctificamini: cras comedetis carnes. Ego
enim audivi vos dicere: Quis dabit nobis
escas carnium? bene nobis erat in Aegypto. Ut det vobis Dominus carnes, et comedatis: 19 non uno die, nec duobus, vel
quinque aut decem, nec viginti quidem,
20 sed usque ad mensem dierum, donec

20.22.25.27.29. — **29:** Gen 12,7; 32,12; Ex 2,18; 3,8; 6,8; Iud 4,11. — **33:** Ex 3,1.1; Deut 1,33. — **34:** Ex 13,21. — **35:** Ps 67,2.

11 **1:** Lev 10,2; Num 16,35; Deut 9,22; 4 Reg 1,10; Ps 77,19; 105,18; 1 Cor 10,10. — **3:** Deut 9,22. — **4:** Ex 12,38; Num 14,1; Ps 77,18; 105,14; 1 Cor 10,6. — **5:** Ex 16,3; Num 21,5; Act 7,39. — **7:** Ex 16,4.14-15; Ps 77,24; Sap 16,20; Io 6,31. — **8:** Ex 16,16-18.31. — **9:** Ex 16,13-14. — **10:** Num 11,14. — **12:** Gen 50,24; Ex 4,22-23; 6,8; 13,5; Is 40,11. — **14:** Ex 18,18; Deut 1,9.12. — **15:** Ex 32,32. — **16:** Ex 24,1.9; Deut 1,15; 16,18. — **17:** Gen 11,5; 18,21; Ex 18,22; 19,20; Num 11,25; 12,5. — **18:** Ex 19,10; Num 11,5. — **20:** Num

exeat per nares vestras, et vertatur in
nauseam, eo quod repuleritis Dominum,
qui in medio vestri est, et fleveritis coram
eo, dicentes: Quare egressi sumus ex
Aegypto?
21 Et ait Moyses: Sexcenta millia peditum
huius populi sunt: et tu dicis: Dabo eis
esum carnium mense integro? 22 Numquid ovium et boum multitudo caedetur,
ut possit sufficere ad cibum? vel omnes
pisces maris in unum congregabuntur, ut
eos satient? 23 Cui respondit Dominus:
Numquid manus Domini invalida est?
Iam nunc videbis utrum meus sermo opere compleatur.
24 Venit igitur Moyses, et narravit populo verba Domini, congregans septuaginta viros de senibus Israel, quos stare
fecit circa tabernaculum. 25 Descenditque
Dominus per nubem, et locutus est ad
eum, auferens de spiritu qui erat in Moyse, et dans septuaginta viris. Cumque re-
quievisset in eis Spiritus, prophetaverunt,
nec ultra cessaverunt. 26 Remanserat autem in castris duo viri, quorum unus vocabatur Eldad, et alter Medad, super
quos requievit Spiritus. Nam et ipsi descripti fuerant, et non exierant ad tabernaculum. 27 Cumque prophetaret in castris, cucurrit puer, et nuntiavit Moysi, dicens: Eldad et Medad prophetant in castris. 28 Statim Iosue filius Num, minister
Moysi, et electus e pluribus, ait: Domine
mi Moyses, prohibe eos. 29 At ille: Quid,
inquit, aemularis pro me? quis tribuat ut
omnis populus prophetet, et det eis Dominus Spiritum suum? 30 Reversusque est
Moyses, et maiores natu Israel in castra.

Populus secundo coturnicibus depastus

31 Ventus autem egrediens a Domino,
arreptans trans mare coturnices detulit, et
demisit in castra itinere quantum uno die
confici potest, ex omni parte castrorum
per circuitum, volabantque in aere duobus cubitis altitudine super terram. 32 Surgens ergo populus toto die illo, et nocte,
ac die altero, congregavit coturnicum, qui
parum, decem coros: et siccaverunt eas
per gyrum castrorum.
33 Adhuc carnes erant in dentibus
eorum, nec defecerat huiuscemodi cibus:
et ecce furor Domini concitatus in populum, percussit eum plaga magna nimis.
34 Vocatusque est ille locus, Sepulchra
concupiscentiae: ibi enim sepelierunt populum qui desideraverat.
Egressi autem de Sepulchris concupiscentiae, venerunt in Haseroth, et manserunt ibi.

Murmur Mariae et Aaronis

12 1 Locutaque est Maria et Aaron
contra Moysen propter uxorem
eius Aethiopissam, 2 et dixerunt: Num
per solum Moysen locutus est Dominus?
nonne et nobis similiter est locutus? Quod
cum audisset Dominus 3 (erat enim Moyses vir mitissimus super omnes homines
qui morabantur in terra), 4 statim locutus
est ad eum, et ad Aaron et Mariam: Egredimini vos tantum tres ad tabernaculum
foederis. Cumque fuissent egressi, 5 descendit Dominus in columna nubis, et stetit in introitu tabernaculi vocans Aaron
et Mariam. Qui cum issent, 6 dixit ad eos:
Audite sermones meos: Si quis fuerit inter vos propheta Domini, in visione apparebo ei, vel per somnium loquar ad illum. 7 At non talis servus meus Moyses,
qui in omni domo mea fidelissimus est:
8 ore enim ad os loquor ei: et palam, et
non per aenigmata et figuras Dominum
videt. Quare ergo non timuistis detrahere
servo meo Moysi?

Maria percussa lepra

9 Iratusque contra eos, abiit: 10 nubes
quoque recessit quae erat super tabernaculum: et ecce Maria apparuit candens lepra quasi nix. Cumque respexisset eam
Aaron, et vidisset perfusam lepra, 11 ait
ad Moysen: Obsecro, domine mi, ne im-
ponas nobis hoc peccatum quod stulte
commisimus, 12 ne fiat haec quasi mortua, et ut abortivum quod proiicitur de
vulva matris suae: ecce iam medium carnis eius devoratum est a lepra. 13 Clamavitque Moyses ad Dominum, dicens:
Deus, obsecro, sana eam. 14 Cui respondit Dominus: Si pater eius spuisset in faciem illius, nonne debuerat saltem septem diebus rubore suffundi? Separetur
septem diebus extra castra, et postea re-
vocabitur. 15 Exclusa est itaque Maria
extra castra septem diebus: et populus
non est motus de loco illo, donec revo-
cata est Maria.

21,5. — **21:** Ex 12,37; 38,25; Num 1,46. — **22:** Num 11,13; Io 6,7.9 — **23:** Num 23,10; Is 50,2; 59,1. — **24:** Num 11,16. — **25:** Num 11,17; Neh 9,20. — **28:** Ex 24,13; Num 13,17; 26, 65. — **31:** Ex 16,13; Ps 77,26-28; 104,40. — **32:** Ex 16,36. — **33:** Ps 77,30-31. — **34:** Num 13,1; 33,17-18; Deut 9,22; 1 Cor 10,6.

12 **1:** Ex 2,21. — **2:** Ex 4,15; 15,20; Mich 6,4. — **3:** Eccli 45,4. — **5:** Ex 16,10; Num 11,25; 16,19. — **6:** Gen 20,3.6; 31,10-11; 46,2; 3 Reg 3,5; Iob 33,15; Ez 1,1; Dan 8,2; 10,8.16; Mt 1,20; Lc 1,11.22. — **7:** Eccli 45,4; Ps 104,26; Hebr 3,2.5. — **8:** Ex 33,11.20.23; Num 7,89; Deut 14,10; 1 Cor 13,12. — **10:** Lev 13,10; Deut 24,9. — **14:** Lev 13,46; Deut 25,9. || Conc. Trid.: D 904. — **15:** 4 Reg 15,5; 2 Par 26,20-21; Lc 17,12. || Conc. Trid.: D 904.

Terrae promissae exploratio. Exploratorum nomina

13 1 Profectusque est populus de Haseroth, fixis tentoriis in deserto
Pharan. 2 Ibique locutus est Dominus ad
Moysen, dicens: 3 Mitte viros, qui considerent terram Chanaan, quam daturus
sum filiis Israel, singulos de singulis tribubus, ex principibus. 4 Fecit Moyses
quod Dominus imperaverat, de deserto
Pharan mittens principes viros, quorum
ista sunt nomina. 5 De tribu Ruben, Sammua filium Zechur. 6 De tribu Simeon,
Saphat filium Huri. 7 De tribu Iuda, Caleb filium Iephone. 8 De tribu Issachar,
Igal filium Ioseph. 9 De tribu Ephraim,
Osee filium Nun. 10 De tribu Beniamin,
Phalti filium Raphu. 11 De tribu Zabulon,
Geddiel filium Sodi. 12 De tribu Ioseph,
sceptri Manasse, Gaddi filium Susi. 13 De
tribu Dan, Ammiel filium Gemalli. 14 De
tribu Aser, Sthur filium Michael. 15 De tribu Nephthali, Nahabi filium Vapsi. 16 De
tribu Gad, Guel filium Machi. 17 Haec
sunt nomina vorirum, quos misit Moyses ad considerandam terram: vocavitque
Osee filium Nun, Iosue.

De exploratione

18 Misit ergo eos Moyses ad considerandam terram Chanaan, et dixit ad eos:
Ascendite per meridianam plagam. Cumque veneritis ad montes, 19 considerate terram, qualis sit: et populum qui habitator
est eius, utrum fortis sit an infirmus: si
pauci numero an plures: 20 ipsa terra, bona an mala: urbes quales, muratae an
absque muris: 21 humus, pinguis an sterilis, nemorosa an absque arboribus. Confortamini, et afferte nobis de fructibus terrae. Erat autem tempus quando iam prae-
coquae uvae vesci possunt. 22 Cumque ascendissent, exploraverunt terram a deserto Sin, usque Rohob intrantibus Emath.
23 Ascenderuntque ad meridiem, et venerunt in Hebron, ubi erant Achiman et
Sisai et Tholmai filii Enac: nam Hebron
septem annis ante Tanim urbem Aegypti
concita est. 24 Pergentesque usque ad Torrentem botri, absciderunt palmitem cum
uva sua, quem portaverunt in vecte duo
viri. De malis quoque granatis et de ficis
loci illius tulerunt: 25 qui appellatus est
Nehelescol, id est Torrens botri, eo quod
botrum portassent inde filii Israel.

Reversi exploratores populum conturbant

26 Reversique exploratores terrae post
quadraginta dies, omni regione circuita,
27 venerunt ad Moysen et Aaron et ad
omnem coetum filiorum Israel in desertum Pharan, quod est in Cades. Locutique eis et omni multitudini ostenderunt
fructus terrae: 28 et narraverunt, dicentes: Venimus in terram, ad quam misisti
nos, quae revera fluit lacte et melle, ut
ex his fructibus cognosci potest: 29 sed
cultores fortissimos habet, et urbes grandes atque muratas. Stirpem Enac vidimus
ibi. 30 Amalec habitat in meridie, Hethaeus et Iebusaeus et Amorrhaeus in
montanis: Chananaeus vero moratur iuxta
mare et circa fluenta Iordanis.
31 Inter haec Caleb compescens murmur populi, qui oriebatur contra Moysen, ait: Ascendamus, et possideamus terram, quoniam poterimus obtinere eam.
32 Alii vero, qui fuerant cum eo, dicebant: Nequaquam ad hunc populum va-
lemus ascendere, quia fortior nobis est.
33 Detraxeruntque terrae, quam inspexe-
rant, apud filios Israel, dicentes: Terra,
quam lustravimus, devorat habitatores
suos: populus, quem aspeximus, procerae staturae est. 34 Ibi vidimus monstra
quaedam filiorum Enac de genere gigan-
teo: quibus comparati, quasi locustae vi-
debamur.

PARS TERTIA

A POPULI DAMNATIONE USQUE AD QUADRAGESIMUM PEREGRINATIONIS ANNUM

(14,1-21,35)

Murmur populi

14 1 Igitur vociferans omnis turba flevit nocte illa, 2 et murmurati sunt
contra Moysen et Aaron cuncti filii Israel,
dicentes: 3 Utinam mortui essemus in Aegypto: et in hac vasta solitudine utinam
pereamus, et non inducat nos Dominus

13 **1:** Num 4,27; 10,12; 11,34; 33,18. — **3-34:** Deut 1,22-28. — **4:** Num 32,8. — **7:** Num 13,31; 14,6.30; 26,65; 32,12; 34,19; Deut 1,36; Ios 14,6-15; 15,13-18; Iud 1,12-15; 1 Par 4,15. — **9:** Num 13,17. — **17:** Gen 17,5; 32,28; Ex 24,13; Num 11,28; 13,9; 14,6.30.38; Deut 32,44; 1 Par 7,27; Io 1,42. — **18:** Num 13,23.30; 21,1; 32,8; Iud 1,9-10. — **21:** Deut 31,6-7.23; Neh 9,25.35. — **22:** Num 20,1; 33,36; 34,3.8; Ios 15,1; 19,28; Iud 18,28; 2 Sam 10,6,8. — **23:** Num 13,18.31; Deut 2,10; 9,2; Ios 11,21-22; 14,15; 15,14; Iud 1,10; Ps 77,12; Is 19,11.13; 30,4. — **24:** Num 32,9; Deut 1,24-25. — **27:** Num 20,1.16; 32,8; 33,36; Deut 1,19; Ios 14,6-7. — **28:** Ex 3,8.17; Num 13,24. — **29:** Deut 9,1-2. — **30:** Gen 10,15-16; Ex 17,8; Num 14,25.43; 1 Sam 15,2. — **32:** Num 32,9; Ios 14,8. — **33:** Num 14,36; Deut 9,2. — **34:** Num 13,23; Deut 2,10.

14 **1:** Num 11,4. — **2:** Num 14,27.29.30.36; Ps 105,25. — **3:** Ex 16,3. — **4:** Deut 17,

in terram istam, ne cadamus gladio, et
uxores ac liberi nostri ducantur captivi.
Nonne melius est reverti in Aegyptum?
4 Dixeruntque alter ad alterum: Constituamus nobis ducem, et revertamur in
Aegyptum.
5 Quo audito, Moyses et Aaron ceciderunt
runt proni in terram coram omni multitudine filiorum Israel. 6 At vero Iosue
filius Nun, et Caleb filius Iephone, qui
et ipsi lustraverant terram, sciderunt vestimenta sua, 7 et ad omnem multitudinem
filiorum Israel locuti sunt: Terra, quam
circuivimus, valde bona est. 8 Si propitius
fuerit Dominus, inducet nos in eam, et
tradet humum lacte et melle manantem.
9 Nolite rebelles esse contra Dominum:
neque timeatis populum terrae huius, quia
sicut panem ita eos possumus devorare.
Recessit ab eis omne praesidium: Dominus nobiscum est, nolite metuere. 10 Cumque clamaret omnis multitudo, et lapidibus eos vellet opprimere, apparuit gloria
Domini super tectum foederis cunctis filiis
Israel.

Ira Dei eiusque sententia

11 Et dixit Dominus ad Moysen: Usquequo detrahet mihi populus iste?
Quousque non credent mihi, in omnibus
signis quae feci coram eis? 12 Feriam igitur eos pestilentia, atque consumam: te
autem faciam principem super gentem
magnam, et fortiorem quam haec est.
13 Et ait Moyses ad Dominum: Ut audiant
Aegyptii, de quorum medio eduxisti populum istum, 14 et habitatores terrae huius,
qui audierunt quod tu, Domine, in populo
isto sis, et facie videaris ad faciem, et
nubes tua protegat illos, et in columna
nubis praecedas eos per diem, et in columna ignis per noctem: 15 quod occideris tantam multitudinem quasi unum hominem, et dicant: 16 Non poterat introducere populum in terram pro qua iuraverat: idcirco occidit eos in solitudine.
17 Magnificetur ergo fortitudo Domini
sicut iurasti, dicens: 18 Dominus patiens
et multae misericordiae, auferens iniquitatem et scelera, nullumque innoxium
derelinquens, qui visitas peccata patrum
in filios in tertiam et quartam generationem. 19 Dimitte, obsecro, peccatum populi huius secundum magnitudinem misericordiae tuae, sicut propitius fuisti egredientibus de Aegypto usque ad locum
istum. 20 Dixitque Dominus: Dimisi iuxta
verbum tuum. 21 Vivo ego: et implebitur
gloria Domini universa terra. 22 Attamen
omnes homines qui viderunt maiestatem
meam, et signa quae feci in Aegypto et
in solitudine, et tentaverunt me iam per
decem vices, nec obedierunt voci meae,
23 non videbunt terram pro qua iuravi
patribus eorum, nec quisquam ex illis
qui detraxit mihi, intuebitur eam. 24 Servum meum Caleb, qui plenus alio spiritu
secutus est me, inducam in terram hanc,
quam circuivit; et semen eius possidebit
eam. 25 Quoniam Amalecites et Chananaeus habitant in vallibus. Cras movete
castra, et revertimini in solitudinem per
viam maris Rubri.
26 Locutusque est Dominus ad Moysen et Aaron, dicens: 27 Usquequo multitudo haec pessima murmurat contra me?
querelas filiorum Israel audivi. 28 Dic
ergo eis: Vivo ego, ait Dominus: sicut
locuti estis audiente me, sic faciam vobis.
29 In solitudine hac iacebunt cadavera
vestra. Omnes qui numerati estis a viginti
annis et supra, et murmurastis contra me,
30 non intrabitis terram, super quam levavi manum meam ut habitare vos facerem,
praeter Caleb filium Iephone, et Iosue
filium Nun. 31 Parvulos autem vestros, de
quibus dixistis quod praedae hostibus
forent, introducam: ut videant terram,
quae vobis displicuit. 32 Vestra cadavera
iacebunt in solitudine. 33 Filii vestri erunt
vagi in deserto annis quadraginta, et
portabunt fornicationem vestram, donec
consumantur cadavera patrum in deserto,
34 iuxta numerum cuadraginta dierum,
quibus considerastis terram: annus pro
die imputabitur. Et quadraginta annis
recipietis iniquitates vestras, et scietis
ultionem meam: 35 quoniam sicut locutus
sum, ita faciam omni multitudini huic
pessimae, quae consurrexit adversum me:
in solitudine ac deficiet, et morietur.
36 Igitur omnes viri, quos miserat Moyses ad contemplandam terram, et qui
reversi murmurare fecerant contra eum
omnem multitudinem, detrahentes terrae quod esset mala, 37 mortui sunt atque
percussi in conspectu Domini. 38 Iosue

16; Neh 9,17. — **6:** Num 13,7.9; Eccli 40,9; 1 Mach 2,55-56. — **7-8:** Num 13,28; Deut 1, 25. — **9:** Num 13,33; 24,8; Deut 7,18; 9,7.24; 20,3. — **10:** Ex 17,4; Lev 9,23. — **11:** Deut 9,33; Ps 77,22.32; Hebr 3,18. — **12:** Ex 32, 10. — **13-16:** Ex 32,12; Deut 9,26-28; 32,27; Ps 105,23; Ez 20,9.14. — **14:** Ex 13,21; Ios 2,9-10. — **16:** Ex 32,12; Deut 9,28. — **18:** Ex 20,5; 34,6-7; Ps 102,8; 144,8. — **19:** Ex 34,9; Ps 50,3; 77,38. — **20:** Ps 105,23.— **21:** Ps 71,19; Hab 2,14. — **22-23:** Num 32,11; Deut 1,35; Ez 20,15; Hebr 3,17-18. — **24:** Num 13,7; 32,12; Ios 14,8-9. — **25:** Deut 1,40. — **27:** Ex 16,7.12. — **28:** Num 14,2. — **29:** Num 1,3.45; 26,64; Deut 1,35; Ps 105,26; 1 Cor 10,5; Hebr 3,17. — **31:** Num 14,3; Deut 1,39; Ps 105,24. — **33:** Num 32,13; Ps 94, 10. — **34:** Num 13,26; Ps 94,10; Ez 4,6. — **35:** Num 23,19. — **36-37:** Num 13,17.32-33; Iudith 8,24; 1 Cor 10,10; Hebr 3,17; Iudae 5. — **38:** Num 26,65; 1 Mach 2,55-56. —

autem filius Nun, et Caleb filius Iephone, vixerunt ex omnibus qui perrexerant ad considerandam terram.

Populi nova inobedientia

39 Locutusque est Moyses universa verba haec ad omnes filios Israel, et luxit populus nimis. 40 Et ecce mane primo surgentes ascenderunt verticem montis, atque dixerunt: Parati sumus ascendere ad locum, de quo Dominus locutus est: quia peccavimus. 41 Quibus Moyses: Cur, inquit, transgredimini verbum Domini, quod vobis non cedet in prosperum? 42 Nolite ascendere: non enim est Dominus vobiscum: ne corruatis coram inimicis vestris. 43 Amalecites et Chananaeus ante vos sunt, quorum gladio corruetis, eo quod nolueritis acquiescere Domino, nec erit Dominus vobiscum. 44 At illi contenebrati ascenderunt in verticem montis. Arca autem testamenti Domini et Moyses non recesserunt de castris. 45 Descenditque Amalecites et Chananaeus, qui habitabat in monte: et percutiens eos atque concidens, persecutus est eos usque Horma.

Inculcatio quorumdam praeceptorum: Lex de libaminibus

15 1 Locutus est Dominus ad Moysen, dicens: 2 Loquere ad filios Israel, et dices ad eos: Cum ingressi fueritis terram habitationis vestrae, quam ego dabo vobis, 3 et feceritis oblationem Domino in holocaustum, aut victimam, vota solventes, vel sponte offerentes munera, aut in solemnitatibus vestris adolentes odorem suavitatis Domino, de bobus sive de ovibus: 4 offeret quicumque immolaverit victimam, sacrficium similae, decimam partem ephi, conspersae oleo, quod mensuram habebit quartam partem hin: 5 et vinum ad liba fundenda eiusdem mensurae dabit in holocaustum sive in victimam. Per agnos singulos 6 et arietes erit sacrificium similae duarum decimarum conspersa sit oleo tertiae partis hin: 7 et vinum ad libamentum tertiae partis eiusdem mensurae offeret in odorem suavitatis Domino. 8 Quando vero de bobus feceris holocaustum aut hostiam, ut impleas votum vel pacificas victimas, 9 dabis per singulos boves similae tres decimas conspersae oleo, quod habeat medium mensurae hin: 10 et vinum ad liba fundenda eiusdem mensurae in oblationem suavissimi odoris Domino. 11 Sic facies 12 per singulos boves et arietes et agnos et haedos. 13 Tam indigenae quam peregrini 14 eodem ritu offerent sacrificia. 15 Unum praeceptum erit atque iudicium tam vobis quam advenis terrae.

Lex primitiarum

16 Locutus est Dominus ad Moysen, dicens: 17 Loquere filiis Israel, et dices ad eos: 18 Cum veneritis in terram, quam dabo vobis, 19 et comederitis de panibus regionis illius, separabitis primitias Domino 20 de cibis vestris. Sicut de areis primitias separatis, 21 ita et de pulmentis dabitis primitiva Domino.

Lex de transgressionibus propter ignorantiam

22 Quod si per ignoratiam praeteriertis quidquam horum, quae locutus est Dominus ad Moysen, 23 et mandavit per eum ad vos, a die qua coepit iubere et ultra, 24 oblitaque fuerit facere multitudo: offeret vitulum de armento, holocaustum in odorem suavissimum Domino, et sacrificium eius ac liba, ut caeremoniae postulant, hircumque pro peccato: 25 et rogabit sacerdos pro omni multitudine filiorum Israel et dimittetur eis, quoniam non sponte peccaverunt, nihilominus offerentes incensum Domino pro se et pro peccato atque errore suo: 26 et dimittetur universae plebi filiorum Israel, et advenis qui peregrinantur inter eos: quoniam culpa est omnis populi per ignorantiam. 27 Quod si anima una nesciens peccaverit, offeret capram anniculam pro peccato suo: 28 et deprecabitur pro ea sacerdos, quod inscia peccaverit coram Domino: impetrabitque ei veniam, et dimittetur illi. 29 Tam indigenis quam advenis una lex erit omnium, qui peccaverint ignorantes.

30 Anima vero, quae per superbiam aliquid commiserit, sive civis sit ille, sive peregrinus (quoniam adversus Dominum rebellis fuit), peribit de populo suo: 31 verbum enim Domini contempsit, et praeceptum illius fecit irritum: idcirco delebitur, et portabit iniquitatem suam.

Transgressor sabbati

32 Factum est autem, cum essent filii Israel in solitudine, et invenissent hominem colligentem ligna in die sabbati,

40: Num 13,18; Deut 1,41. — **42:** Deut 1, 42. — **43:** Num 14,25. — **44:** Deut 1,43. — **45:** Num 13,30; 21,3; Deut 1,44; Iud 1,17.

15 **2:** Lev 23,10; Num 15,18; Deut 26,1. — **2:** Lev 1,2-3; 22,21-23; Num 28,10.27. **4-12:** Num 28,5.7.12-14. — **15:** Num 15,29. — **19-21:** Ex 23,19; Lev 2,14; 23,10-17; Deut 26,2.10; Neh 10,37; Ez 44,30. — **22-24:** Lev 4,2.13-14.23; Num 15,8-10; 28,15. — **25:** Lev 4,20. — **27:** Lev 4,27-28. — **28:** Lev 4,35. — **29:** Num 15,15. — **30:** Deut 17,12. — **31:** 2 Sam 12,9; Prov 13,13. — **32:** Ex 20,8-10. — **34:** Le

33 obtulerunt eum Moyse et Aaron et
universae multitudini. 34 Qui recluserunt
eum in carcerem, nescientes quid super
eo facere deberent. 35 Dixitque Dominus
ad Moysen: Morte moriatur homo iste,
obruat eum lapidibus omnis turba extra
castra. 36 Cumque eduxissent eum foras,
obruerunt lapidibus, et mortuus est, sicut
praeceperat Dominus.

De fimbriis palliorum

37 Dixit quoque Dominus ad Moysen:
38 Loquere filiis Israel, et dices ad eos
ut faciant sibi fimbrias per angulos pallio-
rum, ponentes in eis vittas hyacinthinas:
39 quas cum viderint, recordentur omnium
mandatorum Domini, nec sequantur cogitationes suas et oculos per res varias
fornicantes, 40 sed magis memores praeceptorum Domini faciant ea, sintque sancti Deo suo. 41 Ego Dominus Deus vester,
qui eduxit vos de terra Aegypti, ut essem
Deus vester.

Rebellio Core, Dathan et Abiron

16 1 Ecce autem Core filius Isaar, filii
Caath, filii Levi, et Dathan atque
Abiron filii Eliab, Hon quoque filius
Pheleth de filiis Ruben, 2 surrexerunt contra Moysen, aliique filiorum Israel ducenti quinquaginta viri proceres synagogae, et qui tempore concilii per nomina
vocabantur. 3 Cumque stetissent adversum
Moysen et Aaron, dixerunt: Sufficiat vobis, quia omnis multitudo sanctorum est,
et in ipsis est Dominus: Cur elevamini super populum Domini?
4 Quod cum audisset Moyses, cecidit
pronus in faciem: 5 locutusque ad Core
et ad omnem multitudinem: Mane, inquit,
notum faciet Dominus qui ad se pertineant, et sanctos applicabit sibi: et quos
elegerit, appropinquabunt ei. 6 Hoc igitur
facite: Tollat unusquisque thuribula sua,
tu Core, et omne concilium tuum: 7 et
hausto cras igne, ponite desuper thymiama coram Domino: et quemcumque elegerit, ipse erit sanctus: multum erigimini
filii Levi. 8 Dixitque rursum ad Core:
Audite filii Levi: 9 Num parum vobis
est quod separavit vos Deus Israel ab
omni populo, et iunxit sibi, ut seviretis
ei in cultu tabernaculi, et staretis coram
frequentia populi, et ministraretis ei?
10 Idcirco ad se fecit accedere te et omnes
fratres tuos filios Levi, ut vobis etiam
sacerdotium vindicetis, 11 et omnis globus
tuus stet contra Dominum? quid est enim
Aaron ut murmuretis contra eum?

Dathan et Abiron nolunt venire ad Moysen

12 Misit ergo Moyses ut vocaret Dathan
et Abiron filios Eliab. Qui responderunt:
Non venimus. 13 Numquid parum est
tibi quod eduxisti nos de terra, quae lacte
et melle manabat, ut occideres in deserto,
nisi et dominatus fueris nostri? 14 Revera
induxisti nos in terram, quae fluit rivis
lactis et mellis, et dedisti nobis possessiones agrorum et vinearum: an et oculos
nostros vis eruere? non venimus. 15 Iratusque Moyses valde, ait ad Dominum:
Ne respicias sacrificia eorum: tu scis
quod ne asellum quidem unquam acceperim ab eis, nec afflixerim quempiam
eorum.

Experimentum per thuribula a Core et Aarone

16 Dixitque ad Core: Tu, et omnis
congregatio tua, state seorsum coram
Domino, et Aaron die crastino separatim. 17 Tollite singuli thuribula vestra,
et ponite super ea incensum, offerentes
Domino ducenta quinquaginta thuribula:
Aaron quoque teneat thuribulum suum.
18 Quod cum fecissent, stantibus Moyse
et Aaron, 19 et coacervassent adversum
eos omnem multitudinem ad ostium tabernaculi, apparuit cunctis gloria Domini.
20 Locutusque Dominus ad Moysen et
Aaron, ait: 21 Separamini de medio congregationis huius, ut eos repente disperdam. 22 Qui ciciderunt proni in faciem,
atque dixerunt: Fortissime Deus spirituum universae carnis, num uno peccante,
contra omnes ira tua desaeviet? 23 Et
ait Dominus ad Moysen: 24 Praecipe universo populo ut separetur a tabernaculi
Core et Dathan et Abiron.

Dathan et Abiron separati in tabernaculis

25 Surrexitque Moyses, et abiit ad Dathan et Abiron: et sequentibus eum senioribus Israel, 26 dixit ad turbam: Recedite a tabernaculis hominum impiorum,
et nolite tangere quae ad eos pertinent,

24,12. — **35:** Ex 31,14-15; 35,2. — **38:** Deut 22,12; Mt 23,5. — **39:** Ps 72,27; 105,39. — **40:** Lev 11,43. — **41:** Lev 22,32-33.

16 **2:** Ex 6,16.18.21; Num 26,9. — **3:** Ps 105,16-18; Eccli 45,22; 1 Cor 10,10; Iudae 11. — **5:** Num 17,5; 1 Sam 2,28; Ps 104,26. — **6:** Lev 10,1. — **9:** Num 3,12; 8,14; Deut 10,8. — **11:** Ex 16,7. — **13:** Ex 2,14; Num 14,8; Act 7,27.35. — **15:** 1 Sam 12,3. — **16:** Ex 16,9; 1 Sam 12,3.7. — **17:** Num 16,6-7. — **19:** Num 14,10. — **21:** Num 16,27.45. — **22:** Gen 18,23-25; Num 27,16; Iob 12,10; Ier 32,27. — **26:** Gen 19,12-14; Is 52,11; 2 Cor 6,17; Apoc

ne involvamini in peccatis eorum. [27] Cumque recessissent a tentoriis eorum per
circuitum, Dathan et Abiron egressi stabant in introitu papilionum suorum
cum uxoribus et liberis, omnique frequentia. [28] Et ait Moyses: In hoc scietis
quod Dominus miserit me ut facerem
universa quae cernitis, et non ex proprio
ea corde protulerim: [29] si consueta hominum morte interierint, et visitaverit eos
plaga, qua et caeteri visitari solent, non
misit me Dominus: [30] sin autem novam
rem fecerit Dominus, ut aperiens terra
os suum deglutiat eos et omnia quae ad
illos pertinent, descenderintque viventes
in infernum, scietis quod blasphemaverint
Dominum.

Rebelles deglutiuntur, terra aperta

[31] Confestim igitur ut cessavit loqui,
dirupta est terra sub pedibus eorum:
[32] et aperiens os suum, devoravit illos
cum tabernaculis suis et universa substantia eorum, [33] descenderuntque vivi in
infernum operti humo, et perierunt de
medio multitudinis. [34] At vero omnis Israel, qui stabat per gyrum, fugit ad clamorem pereuntium, dicens: Ne forte et
nos terra deglutiat.
[35] Sed et ignis egressus a Domino, interfecit ducentos quinquaginta viros, qui
offerebant incensum. [36] Locutusque est
Dominus Moysen, dicens: [37] Praecipe Eleazaro filio Aaron sacerdoti ut tollat thuribula quae iacent in incendio, et ignem
huc illucque dispergat: quoniam sanctificata sunt [38] in mortibus peccatorum:
producatque ea in laminas, et affigat altari, eo quod oblatum sit in eis incensum
Domino, et sanctificata sint, ut cernant
ea pro signo et monimento filii Israel.
[39] Tulit ergo Eleazar sacerdos thuribula
aenea, in quibus obtulerant hi quos incendium devoravit, et produxit ea in
laminas, affigens altari: [40] ut haberent
postea filii Israel, quibus commonerentur,
ne quis accedat alienigena, et qui non
est de semine Aaron ad offerendum incensum Domino, ne patiatur sicut passus
est Core, et omnis congregatio eius, loquente Domino ad Moysen.

Murmur populi eiusque poena

[41] Murmuravit autem omnis multitudo filiorum Israel sequenti die contra
Moysen et Aaron, dicens: Vos interfecistis populum Domini.
[42] Cumque oriretur seditio, et tumultus
incresceret, [43] Moyses et Aaron fugerunt
ad tabernaculum foederis. Quod, postquam ingressi sunt, operuit nubes, et
apparuit gloria Domini. [44] Dixitque Dominus ad Moysen: [45] Recedite de medio
huius multitudinis, etiam nunc delebo
eos. Cumque iacerent in terra, [46] dixit
Moyses ad Aaron: Tolle thuribulum, et
hausto igne de altari, mitte incensum desuper, pergens cito ad populum, ut roges
pro eis: iam enim egressa est ira a Domino, et plaga desaevit. [47] Quod cum fecisset Aaron, et cucurrisset ad mediam multitudinem, quam iam vastabat incendium,
obtulit thymiama: [48] et stans inter mortuos
ac viventes, pro populo deprecatus est,
et plaga cessavit. [49] Fuerunt autem qui
percussi sunt, quatuordecim millia hominum, et septingenti, absque his qui
perierant in seditione Core. [50] Reversusque est Aaron ad Moysen ad ostium tabernaculi foederis postquam quievit interitus.

Virgarum experimento comprobatur Aaronis electio

17 [1] Et locutus est Dominus ad Moysen, dicens: Loquere ad filios Israel, et accipe ab eis virgas singulas per
cognationes suas, a cunctis principibus
tribuum, virgas duodecim, et uniuscuiusque nomen superscribes virgae suae. [3] Nomen autem Aaron erit in tribu Levi, et
una virga cunctas seorsum familias continebit: [4] ponesque eas in tabernaculo
foederis coram testimonio, ubi loquar ad
te. [5] Quem ex his elegero, germinabit virga eius: et cohibebo a me querimonias
filiorum Israel, quibus contra vos mur-
murant. [6] Locutusque est Moyses ad filios
Israel: et dederunt ei omnes principes
virgas per singulas tribus: fueruntque virgae duodecim absque virga Aaron. [7] Quas
cum posuisset Moyses coram Domino in
tabernaculo testimonii: [8] sequenti die regressus invenit germinasse virgam Aaron
in domo Levi: et turgentibus gemmis eruperant flores, qui, foliis dilatatis, in amyg-
dalas deformati sunt. [9] Protulit ergo Moyses omnes virgas de conspectu Domini ad

18,4. — **27:** Ex 33,8. — **31:** Num 26,10; 27,3; Deut 11,6; Ps 105,17-18. — **33:** Iudae 11. — **35:** Lev 10,2; Num 11,1; Ps 105,18. — **37:** Num 3,32; 4,16. — **38:** Num 17,10. — **40:** Num 1,51; 3,10; 2 Par 26,18. — **43:** Ex 40,32; Num 16, 19. — **45:** Num 16,21-22.24. — **46:** Lev 10,6; Num 11,33; Sap 18,20-21. — **48:** Num 25,8; 2 Sam 24,25. — **40:** Num 16,35.

17 **2:** Num 1,4-16; 10,14-28. — **4:** Ex 25, 22. — **5:** Num 16,3.13. — **7:** Ex 38,21; 2 Par 24,6; Act 7,44. — **10:** Num 16,38; Hebr 9,4. — **13:** Num 16,40.

cunctos filios Israel: videruntque, et receperunt singuli virgas suas.
10 Dixitque Dominus ad Moysen: Refer
virgan Aaron in tabernaculum testimonii, ut servetur ibi in signum rebellium
filiorum Israel, et quiescant queralae
eorum a me, ne moriantur. 11 Fecitque
Moyses sicut praeceperat Dominus.
12 Dixerunt autem filii Israel ad Moysen: Ecce consumpti sumus, omnes peri-
vimus. 13 Quicumque accedit ad tabernaculum Domini, moritur. Num usque
ad internecionem cuncti delendi sumus?

Sacerdotum et Levitarum officia

18 1 Dixitque Dominus ad Aaron: Tu,
et filii tui, et domus patris tui
tecum, portabitis iniquitatem sanctuarii:
et tu et filii tui simul sustinebitis peccata
sacerdotii vestri. 2 Sed et fratres tuos de
tribu Levi, et sceptrum patris tui sume
tecum, praestoque sint, et ministrent tibi:
tu autem et filii tui ministrabitis in tabernaculo testimonii. 3 Excubabuntque Levitae ad praecepta tua, et ad cuncta opera
tabernaculi: ita dumtaxat, ut ad vasa
sanctuarii et ad altare non accedant, ne
et illi moriantur, et vos pereatis simul.
4 Sint autem tecum, et excubent in custodiis tabernaculi, et in omnibus caeremoniis eius. Alienigena non miscebitur
vobis. 5 Excubate in custodia sanctuarii,
et in ministerio altaris: ne oriatur indignatio super filios Israel. 6 Ego dedi vobis
fratres vestros Levitas de medio filiorum
Israel, et tradidi donum Domino, ut
serviant in ministeriis tabernaculi eius.
7 Tu autem et filii tui custodite sacerdotium vestrum: et omnia quae ad cultum
altaris pertinent, et intra velum sunt,
per sacerdotes administrabuntur: si quis
externus accesserit, occidetur.

Reditus sacerdotum

8 Locutusque est Dominus ad Aaron:
Ecce dedi tibi custodiam primitiarum
mearum. Omnia quae sanctificantur a
filiis Israel, tradidi tibi et filiis tuis pro
officio sacerdotali legitima sempiterna.
9 Haec ergo accipies de his, quae sanctificantur et oblata sunt Domino. Omnis
oblatio, et sacrificium, et quidquid pro
peccato atque delicto redditur mihi, et
cedit in Sancta sanctorum, tuum erit, et
filiorum tuorum. 10 In sanctuario comedes
illud: mares tantum edent ex eo, quia consecratum est tibi. 11 Primitias autem, quas
voverint et obtulerint filii Israel, tibi dedi,
et filiis tuis, ac filiabus tuis, iure perpetuo: qui mundus est in domo tua, vescetur eis. 12 Omnem medullam olei, et vini,
ac frumenti, quidquid offerunt primitiarum Domino, tibi dedi. 13 Universa frugum initia, quas gignit humus, et Domino
deportantur, cedent in usus tuos: qui
mundus est in domo tua, vescetur eis.
14 Omne quod ex voto reddiderint filii
Israel, tuum erit. 15 Quidquid primum
erumpit e vulva cunctae carnis, quam
offerunt Domino, sive ex hominibus, sive
de pecoribus fuerit, tui iuris erit: ita dumtaxat, ut pro hominis primogenito pretium accipias, et omne animal quod immundum est redimi facias, 16 cuius redemptio erit post unum mensem, siclis
argenti quinque, pondere sanctuarii. Siclus viginti obolos habet. 17 Primogenitum autem bovis, et ovis, et caprae non
facies redimi, quia sanctificata sunt Domino. Sanguinem tantum eorum fundes
super altare, et adipes adolebis in suavissimum odorem Domino. 18 Carnes vero
in usum tuum cedent, sicut pectusculum
consecratum, et armus dexter, tua erunt.
19 Omnes primitias sanctuarii, quas offerunt filii Israel Domino, tibi dedi, et
filiis, ac filiabus tuis, iure perpetuo. Pactum salis est sempiternum coram Domino,
tibi ac filiis tuis.

Decimae assignantur Levitis

20 Dixitque Dominus ad Aaron: In
terra eorum nihil possidebitis, nec habebitis partem inter eos: ego pars et
haereditas tua in medio filiorum Israel.
21 Filiis autem Levi dedi omnes decimas
Israelis in possessionem, pro ministerio,
quo serviunt mihi in tabernaculo foederis: 22 ut non accedant ultra filii Israel
ad tabernaculum, nec committant peccatum mortiferum, 23 solis filiis Levi mihi
in tabernaculo servientibus, et portantibus
peccata populi. Legitimum sempiternum
erit in generationibus vestris. Nihil aliud
possidebunt, 24 decimarum oblatione contenti, quas in usus eorum et necessaria
separavi.
25 Locutusque est Dominus ad Moysen, dicens: 26 Praecipe Levitis, atque
denuntia: Cum acceperitis a filiis Israel
decimas, quas dedi vobis, primitias earum

18 **1:** Ex 28,38; Lev 16,32-33. — **2:** Num 3,6-10. — **3:** Num 3,25.31.36; 4,15; 16,40. — **4:** Num 1,51. — **5:** Num 3,38. — **6:** Num 3,9.12.45; 8,19. — **7:** Num 3,10. — **8:** Ex 29,29; Lev 7,32.35-36; Num 5,9. — **9:** Lev 4,22.27; 6,25-26; 7,7; 14,13. — **10:** Lev 10,12-13. — **11:** Ex 29,27-28; Lev 7,30.34; 10,14. — **12-13:** Ex 23,19; 34,26; Deut 18,4; 26,2.10; Neh 10,35-36. — **15:** Ex 13,2.12-13; 34,20; Lev 27,27. — **16:** Ex 30,13; Num 3,47; Ez 45,12. — **17:** Lev 3,2-3; Deut 15,19. — **18:** Ex 29,26-28; Lev 7,31-34. — **19:** Lev 2,13; 2 Par 13,5. — **20:** Deut 10,9; 12,12; 14,27; 18,1-2; Ios 13,33; 14,3; 18,7; Ez 44,28. — **21:** Lev 27,30.32; Deut 14,22; Neh 10,37; 12,43; Hebr 7,5.8-9. — **23:** Num

offerte Domino, id est, decimam partem
decimae, 27 ut reputetur vobis in oblationem primitivorum, tam de areis quam
de torcularibus: 28 et universis quorum
accipitis primitias, offerte Domino, et
date Aaron sacerdoti. 29 Omnia quae offeretis ex decimis, et in donaria Domini
separabitis, optima et electa erunt. 30 Dicesque ad eos: Si praeclara et meliora
quaeque obtuleritis ex decimis, reputabitur vobis quasi de area, et torculari
dederitis primitias: 31 et comedetis eas
in omnibus locis vestris, tam vos quam
familiae vestrae: quia pretium est pro
ministerio, quo servitis in tabernaculo testimonii. 32 Et non peccabitis super hoc,
egregia vobis et pinguia reservantes, ne
polluatis oblationes filiorum Israel, et
moriamini.

Praeparatio aquae lustralis

19 1 Locutusque est Dominus ad Moysen et Aaron, dicens: 2 Ista est
religio victimae, quam constituit Dominus. Praecipe filiis Israel, ut adducant ad
te vaccam rufam aetatis integrae, in qua
nulla sit macula, nec portaverit iugum:
3 tradetisque eam Eleazaro sacerdoti, qui
eductam extra castra, immolabit in conspectu omnium: 4 et tingens digitum in
sanguine eius, asperget contra fores tabernaculi septem vicibus, 5 comburetque eam
cunctis videntibus, tam pelle et carnibus
eius quam sanguine et fimo flammae traditis. 6 Lignum quoque cedrinum, et hyssopum, coccumque bis tinctum sacerdos
mittet in flammam, quae vaccam vorat.
7 Et tunc demum, lotis vestibus et corpore suo, ingredietur in castra, comma-
culatusque erit usque ad vesperum. 8 Sed
et ille qui combusserit eam, lavabit vestimenta sua et corpus, et immundus erit
usque ad vesperum. 9 Colliget autem vir
mundus cineres vaccae, et effundet eos
extra castra in loco purissimo, ut sint
multitudini filiorum Israel in custodiam,
et in aquam aspersionis: quia pro peccato vacca combusta est. 10 Cumque laverit qui vaccae portaverat cineres vestimenta sua, immundus erit usque ad
vesperum. Habebunt hoc filii Israel, et
advenae qui habitant inter eos, sanctum
iure perpetuo.

Eius usus

11 Qui tetigerit cadaver hominis, et
propter hoc septem diebus fuerit immundus: 12 aspergetur ex hac aqua die tertio
et septimo, et sic mundabitur. Si die tertio
aspersus non fuerit, septimo non poterit
emundari. 13 Omnis qui tetigerit humanae
animae morticinum, et aspersus hac commistione non fuerit, polluet tabernaculum
Domini et peribit ex Israel: quia aqua
expiationis non est aspersus, immundus
erit, et manebit spurcitia eius super
eum.
14 Ista est lex hominis qui moritur in
tabernaculo: Omnes qui ingrediuntur tentorium illius, et universa vasa quae ibi
sunt, polluta erunt septem diebus. 15 Vas,
quod non habuerit operculum, nec liga-
turam desuper, immundum erit. 16 Si quis
in agro tetigerit cadaver occisi hominis,
aut per se mortui, sive os illius, vel sepulchrum, immundus erit septem diebus.
17 Tollentque de cineribus combustionis
atque peccati, et mittent aquas vivas super
eos in vas: 18 in quibus cum homo mundus
tinxerit hyssopum, asperget ex eo omne
tentorium, et cunctam supellectilem, et
homines huiuscemodi contagione pol-
lutos: 19 atque hoc modo mundus lus-
trabit immundum tertio et septimo die:
expiatusque die septimo, lavabit et se
et vestimenta sua, et immundus erit usque
ad vesperum. 20 Si quis hoc ritu non fuerit expiatus, peribit anima illius de medio
ecclesiae: quia sanctuarium Domini polluit, et non est aqua lustrationis aspersus.
21 Erit hoc praeceptum legitimum sempiternum. Ipse quoque qui aspergit aquas,
lavabit vestimenta sua. Omnis qui tetigerit aquas expiationis, immundus erit
usque ad vesperum. 22 Quidquid tetigerit immundus, immundum faciet: et anima, quae horum quippiam tetigerit, immunda erit usque ad vesperum.

Murmur populi

20 1 Veneruntque filii Israel, et omnis multitudo in desertum Sin,
mense primo: et mansit populus in Cades.
Mortuaque est ibi Maria, et sepulta in
eodem loco.
2 Cumque indigeret aqua populus, convenerunt adversum Moysen et Aaron:
3 et versi in seditionem, dixerunt: Utinam
periissemus inter fratres nostros coram
Domino. 4 Cur eduxistis ecclesiam Domini

3,6-8; Deut 10,9; 14,27; 18,1-2. — **26:** Neh 10,
38. — **30:** Num 18,27. — **32:** Lev 22,2.15-16.

19 **2:** Lev 22,20; Deut 21,3; Hebr 9,13. —
3: Lev 4,12; Hebr 13,11. — **4:** Lev 4,6.
17; 16,14.19; Hebr 9,13. — **5:** Ex 29,14; Lev
4,11-12. — **6:** Lev 14,4.6.49.51. — **7:** Lev 11,25;
16,28. — **9:** Lev 4,12; 6,11; Num 19,13.20-21;
31,23. — **11:** Num 5,2; 19,16. — **12:** Num 31,
19. — **13:** Lev 15,31. — **15:** Lev 11,32; Num 31,
20. — **16-17:** Num 19,9.11. — **19:** Num 19,12.
22: Num 19,11; Agg 2,14.

20 **1:** Ex 15,20; Num 12,1; 13,22; 26,59. —
2: Ex 17,1-7; Sap 11,4. — **3:** Num 11,1.
33; 14,37; 16,32-33.35.49. — **4-5:** Ex 17,3. —

in solitudinem, ut et nos et nostra iumenta moriamur? 5 Quare nos fecistis ascendere de Aegypto, et adduxistis in locum istum pessimum, qui seri non potest, qui nec ficum gignit, nec vineas, nec malogranata, insuper et aquam non habet ad bibendum?

6 Ingressusque Moyses et Aaron, dimisa multitudine, tabernaculum foederis, corruerunt proni in terram, clamaveruntque ad Dominum, atque dixerunt: Domine Deus, audi clamorem huius populi, et aperi eis thesaurum tuum fontem aquae vivae, ut satiati, cesset murmuratio eorum. Et apparuit gloria Domini super eos.

Moyses et Aaron educunt aquam de petra et reprobantur

7 Locutusque est Dominus ad Moysen, dicens: 8 Tolle virgam, et congrega populum, tu et Aaron frater tuus, et loquimini ad petram coram eis, et illa dabit aquas. Cumque eduxeris aquam de petra, bibet omnis multitudo et iumenta eius. 9 Tulit igitur Moyses virgam, quae erat in conspectu Domini, sicut praeceperat ei, 10 congregata multitudine ante petram, dixitque eis: Audite, rebelles et increduli: Num de petra hac vobis aquam poterimus eiicere? 11 Cumque elevasset Moyses manum, percutiens virga bis silicem, egressae sunt aquae largissimae, ita ut populus biberet et iumenta.

12 Dixitque Dominus ad Moysen et Aaron: Quia non credidistis mihi, ut sanctificaretis me coram filiis Israel, non introducetis hos populos in terram, quam dabo eis. 13 Haec est aqua contradictionis, ubi iurgati sunt filii Israel contra Dominum, et sanctificatus est in eis.

Moysis legati ad Edom

14 Misit interea nuntios Moyses de Cades ad regem Edom, qui dicerent: Haec mandat frater tuus Israel: Nosti omnem laborem qui apprehendit nos, 15 quomodo descenderint patres nostri in Aegyptum, et habitaverimus ibi multo tempore, afflixerintque nos Aegyptii, et patres nostros: 16 et quomodo clamaverimus ad Dominum, et exaudierit nos, miseritque angelum, qui eduxerit nos de Aegypto. Ecce in urbe Cades, quae est in extremis finibus tuis, positi, 17 obsecramus ut nobis transire liceat per terram tuam. Non ibimus per agros, nec per vineas, non bibemus aquas de puteis tuis, sed gradiemur via publica, nec ad dexteram nec ad sinistram declinantes, donec transeamus terminos tuos. 18 Cui respondit Edom: Non transibis per me, alioquin armatus occurram tibi. 19 Dixeruntque filii Israel: Per tritam gradiemur viam: et si biberimus aquas tuas nos et pecora nostra, dabimus quod iustum est: nulla erit in pretio difficultas, tantum velociter transeamus. 20 At ille respondit: Non transibis. Statimque egressus est obvius, cum infinita multitudine, et manu forti, 21 nec voluit acquiescere deprecanti, ut concederet transitum per fines suos. Quamobrem divertit ab eo Israel.

Mors Aaronis

22 Cumque castra movissent de Cades, venerunt in montem Hor, qui est in finibus terrae Edom: 23 ubi locutus est Dominus ad Moysen: 24 Pergat, inquit, Aaron ad populos suos: non enim intrabit terram, quam dedi filiis Israel, eo quod incredulus fuerit ori meo, ad Aquas contradictionis. 25 Tolle Aaron et filium eius cum eo, et duces eos in montem Hor. 26 Cumque nudaveris patrem veste sua, indues ea Eleazarum filium eius: Aaron colligetur, et morietur ibi. 27 Fecit Moyses ut praeceperat Dominus: et ascenderunt in montem Hor coram omni multitudine. 28 Cumque Aaron spoliasset vestibus suis, induit eis Eleazarum filium eius. 29 Illo mortuo in montis supercilio, descendit cum Eleazaro. 30 Omnis autem multitudo videns occubuisse Aaron, flevit super eo triginta diebus per cunctas familias suas.

Arad anathemati damnatus

21 1 Quod cum audisset Chananaeus rex Arad, qui habitabat ad meridiem, venisse scilicet Israel per exploratorum viam, pugnavit contra illum, et victor existens, duxit ex eo praedam. 2 At Israel voto se Domino obligans, ait: Si tradideris populum istum in manu mea, delebo urbes eius. 3 Exaudivitque Dominus preces Israel, et tradidit Chananaeum, quem ille interfecit subversis urbibus eius: et vocavit nomen loci illius Horma, id est, anathema.

6: Num 14,10. — **8-9:** Ex 17,5-6; Num 17,10. **10:** Ps 77,15-16.20; 105,32-33. — **11:** Deut 8,15; Sap 11,4; 1 Cor 10,4. ‖ Conc. Trid.: D 904. — **12:** Num 27,14; Deut 1,37; 3,26; 4,21; 32,51; Ez 20,41; 36,23; 38,16. ‖ Conc. Trid.: D 904. — **13:** Ex 17,7; Num 27,14; Deut 32,51; 33,8; Ps 80,8; 105,32; Ez 47,19. — **14:** Gen 36,31-39; Deut 2,4.8; 23,7; Iud 11,17; Abd 10,12. — **15:** Gen 46,6 Ex 1,12; 12,40; Deut 26,6; Act 7,15. 19. — **16:** Ex 2,23; 3,7; 14,19; 23,20; 33,2. — **17:** Num 20,19. — **19:** Num 20,17; Deut 2,6.28. — **20:** Iud 11,17; Am 1,11. — **21-22:** Num 21,4; 33, 37; Deut 2,8; Iud 11,18. — **24:** Num 20,12; 27, 13; Deut 32,50. — **26:** Lev 21,10. — **28:** Num 33,38; Deut 32,50. — **29:** Ex 29,29-30. — **30:** Deut 34,8.

21 **1:** Num 13,22-23.30; 33,40. — **2:** Deut 13,16; Ios 6,17; Iud 1,17. — **3:** Num 14, 45; Deut 1,44; Ios 19,4; Iud 1,17. — **4:** Num 20,

Murmur populi qui serpentibus punitur

4 Profecti sunt autem et de monte Hor
per viam quae ducit ad mare Rubrum, ut
circumirent terram Edom. Et taedere coepit populum itineris ac laboris: 5 locutusque contra Deum et Moysen, ait: Cur
eduxisti nos de Aegypto, ut moreremur
in solitudine? Deest panis, non sunt
aquae: anima nostra iam nauseat super
cibo isto levissimo. 6 Quamobrem misit
Dominus in populum ignitos serpentes,
ad quorum plagas et mortes plurimorum,
7 venerunt ad Moysen, atque dixerunt:
Peccavimus, quia locuti sumus contra Dominum et te: ora ut tollat a nobis serpentes. Oravitque Moyses pro populo, 8 et
locutus est Dominus ad eum: Fac serpentem aeneum, et pone eum pro signo: qui
percussus aspexerit eum, vivet. 9 Fecit ergo Moyses serpentem aeneum, et posuit
eum pro signo: quem cum percussi aspi-
cerent, sanabantur.

Iter prosequuntur usque ad Moab

10 Profectique filii Israel castrametati
sunt in Oboth. 11 Unde egressi fixere tentoria in Ieabarim, in solitudine, quae respicit Moab contra orientalem plagam.
12 Et inde moventes, venerunt ad torrentem Zared. 13 Quem relinquentes castrametati sunt contra Arnon, quae est in deserto et prominet in finibus Amorrhaei. Siquidem Arnon terminus est Moab, dividens Moabitas et Amorrhaeos. 14 Unde
dicitur in libro bellorum Domini:
Sicut fecit in mari Rubro,
Sic faciet in torrentibus Arnon.
15 Scopuli torrentium inclinati sunt, ut requiesceret in Ar,
Et recumberent in finibus Moabitarum.
16 Ex eo loco apparuit puteus, super
quo locutus est Dominus ad Moysen:
Congrega populum, et dabo ei aquam.
17 Tunc cecinit Israel carmen istud:
Ascendat puteus. Concinebant:
18 Puteus, quem foderunt principes
Et paraverunt duces multitudinis
In datore legis, et in baculis suis.
De solitudine, Matthana. 19 De Matthana in Nahaliel: de Nahaliel, in Bamoth. 20 De Bamoth, vallis est in regione
Moab, in vertice Phasga, quod respicit
contra desertum.

Sehon devictus

21 Misit autem Israel nuntios ad Sehon
regem Amorrhaeorum, dicens: 22 Obsecro
ut transire mihi liceat per terram tuam:
non declinabimus in agros et vineas, non
bibemus aquas ex puteis, via regia gradiemur, donec transeamus terminos tuos.
23 Qui concedere noluit ut transiret Israel
per fines suos: quin potius exercitu congregato, egressus est obviam in desertum,
et venit in Iasa, pugnavitque contra eum.
24 A quo percussus est in ore gladii, et
possessa est terra eius ab Arnon usque
Ieboc, et filios Ammon: quia forti praesidio tenebantur termini Ammonitarum.
25 Tulit ergo Israel omnes civitates eius,
et habitavit in urbibus Amorrhaei, in Hesebon scilicet, et viculis eius. 26 Urbs Hesebon fuit Sehon regis Amorrhaei, qui
pugnavit contra regem Moab: et tulit omnem terram, quae ditionis illius fuerat usque Arnon. 27 Idcirco dicitur in proverbio:
Venite in Hesebon, aedificetur, et con-
struatur civitas Sehon:
28 Ignis egressus est de Hesebon, flamma
de oppido Sehon,
Et devoravit Ar Moabitarum, et habitatores excelsorum Arnon.
29 Vae tibi Moab, peristi popule Chamos.
Dedit filios eius in fugam, et filias in captivitatem regi Amorrhaeorum Sehon.
30 Iugum ipsorum disperiit ad Hesebon
usque Dibon,
Lassi pervenerunt in Nohe, et usque Medaba.
31 Habitavit itaque Israel in terra Amorrhaei.

Og expugnatus

32 Misitque Moyses qui explorarent
Iazer: cuius ceperunt viculos, et possederunt habitatores. 33 Verteruntque se et
ascenderunt per viam Basan, et ocurrit
eis Og, rex Basan, cum omni populo suo,
pugnaturus in Edrai. 34 Dixitque Dominus ad Moysen: Ne timeas eum, quia in
manu tua tradidi illum, et omnem populum, ac terram eius: faciesque illi sicut
fecisti Sehon, regi Amorrhaeorum habi-
tatori Hesebon. 35 Percusserunt igitur et
hunc cum filiis suis, universumque populum eius usque ad internecionem, et possederunt terram illius.

22; Iud 11,18. — **5:** Ex 16,3; 17,3; Num 11,6; Ps 77,19. — **6:** Deut 8,15; Iudith 8,25; Sap 16, 5; 1 Cor 10,9. — **7:** Ps 77,34. — **9:** Sap 16,6-7. 10; Io 3,14-15. — **10:** Num 33,43-44. — **12:** Deut 2,13. — **13:** Num 22,36; Iud 11,18. — **15:** Num 21,28; Deut 2,9.18.29; Is 15,1. — **20:** Num 23,28. — **21:** Deut 2,26; Iud 11,19. — **23:** Deut 2,32; 29,7; Iud 11,20. — **24:** Deut 2,33; Ios 12,1-2; 24,8; Neh 9,22; Ps 134,10-11; 135, 17-19; Am 2,9. — **25:** Num 32,3; Deut 4,46; Ios 13,10.17; 21,37; Iud 11,26; 1 Par 6,81; Iudith 5,20; Is 15,4; Ier 48,2.45. — **27:** Num 32, 37. — **28:** Ier 48,45-46. — **29:** Iud 11,24; 3 Reg 11,7. — **30:** Num 32,3; Ios 13,9.16-17; 1 Par 19, 7; Is 15,2; Ier 48,18; 1 Mach 9,36. — **32:** Num 32,1; Ios 13,25; 2 Sam 24,5; 1 Par 6,81; Ier 48, 32; 1 Mach 5,8. — **33:** Deut 3,1-3; 29,7. — **34:** Num 21,24; Deut 1,4; 3,1.10; Ios 12,4; 13,12. 31; Ps 134,10-12; 135,17-22.

PARS QUARTA

IN CAMPESTRIBUS MOAB
(22,1-36,13)

Moab vocat Balaam, qui a Deo prohibetur ire

22 1 Profectique castrametati sunt in
campestribus Moab, ubi trans Iordanem Iericho sita est. 2 Videns autem
Balac filius Sephor omnia quae fecerat Israel Amorrhaeo, 3 et quod pertimuissent
eum Moabitae, et impetum eius ferre non
possent, 4 dixit ad maiores natu Madiam:
Ita delebit hic populus omnes, qui in nostris finibus conmorantur, quo modo solet
bos herbas usque ad radices carpere. Ipse
erat eo tempore rex in Moab. 5 Misit ergo nuntios ad Balaam filium Beor ariolum, qui habitabat super flumen terrae
filiorum Ammon, ut vocarent eum, et dicerent: Ecce egressus est populus ex Aegypto, qui operuit superficiem terrae, sedens contra me. 6 Veni igitur, et maledic
populo huic, quia fortior me est: si quo
modo possim percutere et eiicere eum de
terra mea. Novi enim quod benedictus
sit cui benedixeris, et maledictus in quem
maledicta congesseris. 7 Perrexeruntque
seniores Moab, et maiores natu Madiam,
habentes divinationis pretium in manibus.
Cumque venissent ad Balaam, et narras-
sent ei omnia verba Balac: 8 ille respondit: Manete hic nocte, et respondebo
quidquid mihi dixerit Dominus.

Manentibus illis apud Balaam, venit
Deus, et ait ad eum: 9 Quid sibi volunt
homines isti apud te? 10 Respondit: Balac filius Sephor rex Moabitarum misit
ad me, 11 dicens: Ecce populus qui egressus est de Aegypto, operuit superficiem
terrae: veni, et maledic ei, si quo modo
possim pugnans abigere eum. 12 Dixitque
Deus ad Balaam: Noli ire cum eis, neque maledicas populo: quia benedictus
est. 13 Qui mane consurgens dixit ad principes: Ite in terram vestram, quia prohibuit me Dominus venire vobiscum. 14 Reversi principes dixerunt ad Balac: Noluit Balaam venire nobiscum.

Balaam iterum vocatus vadit cum nuntiis

15 Rursum ille multo plures et nobiliores quam ante miserat, misit. 16 Qui cum
venissent ad Balaam, dixerunt: Sic dicit
Balac filius Sephor: Ne cuncteris venire
ad me: 17 paratus sum honorare te, et
quidquid volueris, dabo tibi: veni, et maledic populo isti. 18 Respondit Balaam: Si
dederit mihi Balac plenam domum suam
argenti et auri, non potero immutare verbum Domini Dei mei, ut vel plus, vel minus loquar. 19 Obsecro ut hic maneatis
etiam hac nocte, et scire queam quid mihi
rursum respondeat Dominus. 20 Venit ergo Deus ad Balaam nocte, et ait ei: Si vocare te venerunt homines isti, surge, et
vade cum eis: ita dumtaxat, ut quod tibi
praecepero, facias. 21 Surrexit Balaam mane, et strata asina sua profectus est cum
eis.

Obsistitur ei angelus et asina loquitur

22 Et iratus est Deus. Stetitque angelus
Domini in via contra Balaam, qui insi-
debat asinae, et duos pueros habebat secum. 23 Cernens asina angelum stantem in
via, evaginato gladio, avertit se de itinere, et ibat per agrum. Quam cum verbe-
raret Balaam, et vellet ad semitam reducere, 24 stetit angelus in angustiis duarum
maceriarum, quibus vineae cingebantur.
25 Quem videns asina, iunxit se parieti, et
attrivit sedentis pedem. At ille iterum ver-
berabat eam: 26 et nihilominus angelus
ad locum angustum transiens, ubi nec ad
dexteram, nec ad sinistram poterat devia-
re, obvius stetit. 27 Cumque vidisset asina stantem angelum, concidit sub pedibus
sedentis: qui iratus, vehementius caede-
bat fuste latera eius.

28 Aperuitque Dominus os asinae, et
locuta est: Quid feci tibi? cur percutis
me? ecce iam tertio? 29 Respondit Balaam: Quia commeruisti, et illusisti mihi:
utinam haberem gladium, ut te percute-
rem! 30 Dixit asina: Nonne animal tuum
sum, cui semper sedere consuevisti usque
in praesentem diem? dic quid simile unquam fecerim tibi. At ille ait: Nunquam.
31 Protinus aperuit Dominus oculos Balaam, et vidit angelum stantem in via,
evaginato gladio, adoravitque eum pronus in terram. 32 Cui angelus: Cur, inquit, tertio verberas asinam tuam? Ego
veni ut adversarer tibi, quia perversa est
via tua, mihique contraria: 33 et nisi asina declinasset de via, dans locum resi-
stenti, te occidissem, et illa viveret.

22 **1:** Num 26,3.63; 31,12; 33,48; 35,1; 36,13; Deut 32,49; 34,1.3. — **2:** Iud 11,25. — **3:** Ex 15,15. — **4:** Num 31,8; Ios 13,21. — **5:** Deut 23,4; Ios 24,9; Neh 13,2; Mich 6,5; Iudae 11; Apoc 2,14. — **7:** 1 Sam 9,7-8; Mich 3,11; 2 Petr 2,15. — **11:** Num 22,5-6. — **12:** Num 23,20. — **17:** Num 22,6.11.37; 23,7; 24,11. — **18:** Num 22,38; 23,26; 24,15. — **19:** Num 22,8. — **20:** Num 22,35; 23,12.26; 24,13. — **22:** 1 Par 21,16; 2 Petr 2,15. — **23:** Num 22,31. — **28:** 2 Petr 2,16. — **31:** Gen 21,19; 4 Reg 6,17; Lc 24,16.31. — **32:** Num 22,22. — **35:** Num 22,20. — **36:**

Angelus ad Balaam

34 Dixit Balaam: Peccavi, nesciens quod
tu stares contra me: et nunc si displicet
tibi ut vadam, revertar. 35 Ait angelus:
Vade cum istis, et cave ne aliud quam
praecepero tibi loquaris. Ivit igitur cum
principibus.
36 Quod cum audisset Balac, egressus
est in occursum eius in oppido Moabitarum, quod situm est in extremis finibus
Arnon. 37 Dixitque ad Balaam: Misi nuntios ut vocarent te, cur non statim venisti
ad me? an quia mercedem adventui tuo
reddere nequeo? 38 Cui ille respondit: Ecce adsum: numquid loqui potero aliud,
nisi quod Deus posuerit in ore meo?
39 Perrexerunt ergo simul, et venerunt in
urbem, quae in extremis regni eius finibus
erat. 40 Cumque occidisset Balac boves
et oves, misit ad Balaam, et principes qui
cum eo erant, munera.
41 Mane autem facto, duxit eum ad excelsa Baal, et intuitus est extremam partem populi.

Primo benedicit Balaam populum

23 1 Dixitque Balaam ad Balac: Aedifica mihi hic septem aras, et para
totidem vitulos, eiusdemque numeri arietes. 2 Cumque fecisset iuxta sermonem
Balaam, imposuerunt simul vitulum et
arietem super aram. 3 Dixitque Balaam
ad Balac: Sta paulister iuxta holocaustum
tuum, donec vadam, si forte occurrat
mihi Dominus, et quodcumque imperave-
rit, loquar tibi. 4 Cumque abiisset velociter, occurrit illi Deus. Locutusque ad eum
Balaam: Septem, inquit, aras erexi, et imposui vitulum et arietem desuper. 5 Dominus autem posuit verbum in ore eius,
et ait: Revertere ad Balac, et haec loqueris. 6 Reversus invenit stantem Balac iuxta holocaustum suum, et omnes principes Moabitarum: 7 assumptaque parabola sua, dixit:

De Aram adduxit me Balac
Rex Moabitarum, de montibus orientis:
Veni, inquit, et maledic Iacob
Propera, et detestare Israel.
8 Quomodo maledicam, cui non maledi-
xit Deus?
Qua ratione detester, quem Dominus non
detestatur?
9 De summis silicibus videbo eum
Et de collibus considerabo illum:
Populus solus habitabit,
Et inter gentes non reputabitur.
10 Quis dinumerare possit pulverem Iacob,
Et nosse numerum stirpis Israel?
Moriatur anima mea morte iustorum,
Et fiant novissima mea horum similia.

Secundo Balaam benedicit Israelem

11 Dixitque Balac ad Balaam: Quid est
hoc quod agis? Ut malediceres inimicis
meis vocavi te: et tu e contrario benedicis
eis. 12 Cui ille respondit: Num aliud possum loqui, nisi quod iusserit Dominus?
13 Dixit ergo Balac: Veni mecum in alterum locum unde partem Israel videas, et
totum videre non possis, inde maledici-
to ei.
14 Cumque duxisset eum in locum sublime, super verticem montis Phasga, aedificabit Balaam septem aras, et impositis
supra vitulo atque ariete, 15 dixit ad Balac: Sta hic iuxta holocaustum tuum, donec ego obvius pergam. 16 Cui cum Dominus occurrisset, posuissetque verbum
in ore eius, ait: Revertere ad Balac, et
haec loqueris ei. 17 Reversus invenit eum
stantem iuxta holocaustum suum, et principes Moabitarum cum eo. Ad quem Balac: Quid, inquit, locutus est Dominus?
18 At ille, assumpta parabola sua, ait:

Sta, Balac, et ausculta, audi, fili Sephor:
19 Non est Deus quasi homo, ut mentia-
tur:
Nec ut filius hominis, ut mutetur.
Dixit ergo, et non faciet?
Locutus est, et non implebit?
20 Ad benedicendum adductus sum.
Benedictionem prohibere non valeo.
21 Non est idolum in Iacob,
Nec videtur simulachrum in Israel.
Dominus Deus eius cum eo est,
Et clangor victoriae regis in illo,
22 Deus eduxit illum de Aegypto,
Cuius fortitudo similis est rhinocerotis.
23 Non est augurium in Iacob,
Nec divinatio in Israel.
Temporibus suis dicetur Iacob et Israel
quid operatus sit Deus.
24 Ecce populus ut leaena consurget,
Et quasi leo erigetur:
Non accubabit donec devoret praedam,
Et occisorum sanguinem bibat.

Tertio benedicit Balaam populum

25 Dixitque Balac ad Balaam: Nec maledicas ei, nec benedicas. 26 Et ille ait:
Nonne dixi tibi quod quidquid mihi Deus

Num 21,13.15.28. — **37:** Num 22,17; 24,11. — **38:** Num 22,18. — **41:** Num 21,20.

23 **1-2:** Num 23,14.29-30. — **3-4:** Num 23,15-16. — **5:** Num 22,38; 23,12.16; Deut 18,18; Is 51,16; 59,21; Ier 1,9. — **7:** Num 22,5-6; 23,18; 24,3.15.20-23; Deut 23,4. — **8:** Num 23,20.23. — **9:** Num 24,17; Deut 33,28; Esdr 9,2; Esth 3,8. — **10:** Gen 13,16. — **11:** Num 22,11; 24,10; Deut 23,5; Neh 13,2. — **12:** Num 23,5. — **14:** Num 22,41; 23,1-2. — **15-16:** Num 23,3-5.12. — **19:** 1 Sam 15,29; Mal 3,6; Rom 11,29. — **20:** Num 22,12.20. — **21:** Ex 29,45-46. — **22:** Ex 12,51; Num 24,8. — **24:** Gen 49,9; Num

imperaret, hoc facerem? 27 Et ait Balac
ad eum: Veni, et ducam te ad alium locum: si forte placeat Deo ut inde maledicas eis. 28 Cumque duxisset eum super
verticem montis Phogor, qui respicit solitudinem, 29 dixit ei Balaam: Aedifica
mihi hic septem aras, et para totidem vitulos, eiusdemque numeri arietes. 30 Fecit
Balac ut Balaam dixerat: imposuitque vitulos et arietes per singulas aras.

Quarto benedicit Balaam Israelem

24 1 Cumque vidisset Balaam quod
placeret Domino ut benediceret Israeli, nequaquam abiit ut ante perrexerat,
ut augurium quaereret: sed dirigens contra desertum vultum suum, 2 et elevans
oculos, vidit Israel in tentoriis commo-
rantem per tribus suas: et irruente in se
spiritu Dei, 3 assumpta parabola, ait:
Dixit Balaam filius Beor:
Dixit homo, cuius obturatus est oculus:
4 Dixit auditor sermonum Dei,
Qui visionem Omnipotentis intuitus est,
Qui cadit, et sic aperiuntur oculi eius:
5 Quam pulchra tabernacula tua, Iacob,
Et tentoria tua, Israel!
6 Ut valles nemorosae,
Ut horti iuxta fluvios irrigui,
Ut tabernacula quae fixit Dominus,
Quasi cedri prope aquas.
7 Fluet aqua de situla eius,
Et semen illius erit in aquas multas.
Tolletur propter Agag, rex eius,
Et auferetur regnum illius.
8 Deus eduxit illum de Aegypto,
Cuius fortitudo similis est rhinocerotis.
Devorabunt gentes hostes illius,
Ossaque eorum confringent, et perfora-
bunt sagittis.
9 Accubans dormivit ut leo,
Et quasi leaena, quam suscitare nullus
audebit.
Qui benedixerit tibi, erit et ipse benedic-
tus:
Qui maledixerit, in maledictione reputabi-
tur.

Postrema Balaam benedictio super Israelem

10 Iratusque Balac contra Balaam, com-
plosis manibus ait: Ad maledicendum inimicis meis vocavi te, quibus e contrario
tertio benedixisti: 11 revertere ad locum
tuum. Decreveram quidem magnifice ho-
nonare te, sed Dominus privavit te honore disposito. 12 Respondit Balaam ad Balac: Nonne nuntiis tuis, quos misisti ad
me, dixi: 13 Si dederit mihi Balac plenam
domum suam argenti et auri, non potero
praeterire sermonem Domini Dei mei, ut
vel boni quid vel mali proferam ex corde
meo: sed quidquid Dominus dixerit, hoc
loquar? 14 Verumtamen pergens ad populum meum, dabo consilium, quid populus tuus populo huic faciat extremo tempore. 15 Sumpta igitur parabola, rursum
ait:
Dixit Balaam filius Beor:
Dixit homo, cuius obturatus est oculus:
16 Dixit auditor sermonum Dei,
Qui novit doctrinam Altissimi,
Et visiones Omnipotentis videt,
Qui cadens apertos habet oculos.
17 Videbo eum, sed non modo:
Intuebor illum, sed non prope.
Orietur stella ex Iacob,
Et consurget virga de Israel:
Et percutiet duces Moab,
Vastabitque omnes filios Seth.
18 Et erit Idumaea possessio eius:
Haereditas Seir cedet inimicis suis.
Israel vero fortiter aget.
19 De Iacob erit qui dominetur,
Et perdat reliquias civitatis.
20 Cumque vidisset Amalec, assumens
parabolam, ait:
Principium gentium Amalec,
Cuius extrema perdentur.
21 Vidit quoque Cinaeum: et assumpta
parabola, ait:
Robustum quidem est habitaculum tuum:
Sed si in petra posueris nidum tuum,
22 Et fueris electus de stirpe Cin,
Quamdiu poteris permanere? Assur enim
capiet te.
23 Assumptaque parabola iterum locutus est:
Heu, quis victurus est,
Quando ista faciet Deus?
24 Venient in trieribus de Italia,
Superabunt Assyrios, vastabuntque Hebraeos, et ad extremum etiam ipsi peribunt.
25 Surrexitque Balaam, et reversus est
in locum suum: Balac quoque via, qua
venerat, rediit.

24,9. — **26:** Num 22,18; 23,12. — **27:** Num 23,13. — **28:** Num 21,20; 25,3.5.18; 31,16; Ios 22,17. — **29-30:** Num. 23,1-2.

24 **1:** Num 23,3.15. — **2:** Num 2,2-31; 1 Sam 19,20.23; 2 Par 15,1; 20,14. — **3-4:** Num 24,15-16. — **8:** Num 23,22.24. — **9:** Gen 12,3; 27,29; 49,9; Num 23,24. — **10:** Num 23,11. — **11:** Num 22,17.37. — **13:** Num 22,18. — **14:** Gen 49,1. — **15-16:** Num 24,3-4. — **17:** Num 23,9; 2 Sam 8,2; Ier 48,45; Mt 2,2; Apoc 22,16. **18:** Gen 32,3; 36,8; 2 Sam 8,14; Ps 59,10-11. — **20:** Ex 17,14; 1 Sam 15,3. — **21:** Gen 15,19; 1 Sam 15,6; Ier 49,16; Abd 4. — **24:** Gen 10,25; Ez 27,6; Dan 11.30.

Praevaricatio populi in Beelphegor

25 1 Morabatur autem eo tempore Israel in Settim, et fornicatus est populus cum filiabus Moab, 2 quae vocaverunt eos ad sacrificia sua. At illi comederunt et adoraverunt deos earum. 3 Initia-
tusque est Israel Beelphegor: et iratus Dominus, 4 ait ad Moysen: Tolle cunctos
principes populi, et suspende eos contra
solem in patibulis: ut avertatur furor
meus ab Israel. 5 Dixitque Moyses ad
iudices Israel: Occidat unusquisque proximos suos, qui initiati sunt Beelphegor.
6 Et ecce unus de filiis Israel intravit coram fratribus suis ad scortum Madiani-
tidem, vidente Moyse, et omni turba filiorum Israel, qui flebant ante fores tabernaculi.

Facinus Phinees quo meretur sempiternum sacerdotium

7 Quod cum vidisset Phinees filius Eleazari filii Aaron sacerdotis, surrexit de medio multitudinis, et arrepto pugione, 8 ingressus est post virum Israelitem in lupanar, et perfodit ambos simul, virum scilicet et mulierem in locis genitalibus. Cessavitque plaga a filiis Israel: 9 Et occisi
sunt viginti quatuor millia hominum.
10 Dixitque Dominus ad Moysen:
11 Phinees filius Eleazari filii Aaron sacerdotis avertit iram meam a filiis Israel: quia
zelo meo commotus est contra eos, ut
non ipse delerem filios Israel in zelo meo.
12 Idcirco loquere ad eum: Ecce do ei pacem foederis mei, 13 et erit tam ipsi quam
semini eius pactum sacerdotii sempiternum, quia zelatus est pro Deo suo, et ex-
piavit scelus filiorum Israel. 14 Erat autem
nomen viri Israelitae, qui occisus est cum
Madianitide, Zambri filius Salu, dux de
cognatione et tribu Simeonis. 15 Porro mulier Madianitis, quae pariter interfecta est,
vocabatur Cozbi filia Sur principis nobilissimi Madianitarum.
16 Locutusque est Dominus ad Moysen, dicens: 17 Hostes vos sentiant Madianitae, et percutite eos: 18 qui et ipsi hostiliter egerunt contra vos, et decepere insidiis per idolum Phogor, et Cozbi filiam
ducis Madian sororem suam, quae percussa est in die plagae pro sacrilegio
Phogor.

Nova tribuum recensio

26 1 Postquam noxiorum sanguis effusus est, dixit Dominus ad Moysen et Eleazarum filium Aaron sacerdotem: 2 Numerate omnem summam filiorum Israel a viginti annis et supra, per
domos et cognationes suas, cunctos qui
possunt ad bella procedere. 3 Locuti sunt
itaque Moyses et Eleazar sacerdos, in
campestribus Moab super Iordanem contra Iericho, ad eos qui erant 4 a viginti
annis et supra, sicut Dominus imperaverat, quorum iste est numerus:
5 Ruben primogenitus Israel: huius filius, Henoch, a quo familia Henochita-
rum: et Phallu, a quo familia Phalluita-
rum: 6 et Hesron, a quo familia Hesronitarum: et Charmi, a quo familia Charmi-
tarum. 7 Hae sunt familiae de stirpe Ruben: quarum numerus inventus est quadraginta tria millia, et septingenti triginta. 8 Filius Phallu, Eliab: 9 huius filii, Namuel et Dathan et Abiron: isti sunt Dathan et Abiron principes populi, qui surrexerunt contra Moysen et Aaron in seditione Core, quando adversus Dominum
rebellaverunt: 10 et aperiens terra os suum
devoravit Core, morientibus plurimis,
quando combussit ignis ducentos quinquaginta viros. Et factum est grande miraculum, 11 ut, Core pereunte, filii illius
non perirent.
12 Filii Simeon per cognationes suas:
Namuel, ab hoc familia Namuelitarum:
Iamin, ab hoc familia Iaminitarum: Iachin, ab hoc familia Iachinitarum: 13 Zare, ab hoc familia Zareitarum: Saul, ab
hoc familia Saulitarum. 14 Hae sunt familiae de stirpe Simeon, quarum omnis numerus fuit viginti duo millia ducenti.
15 Filii Gad per cognationes suas: Se-
phon, ab hoc familia Sephonitarum: Aggi,
ab hoc familia Aggitarum: Suni, ab hoc
familia Sunitarum: 16 Ozni, ab hoc familia
Oznitarum: Her, ab hoc familia Heritarum:
17 Arod, ab hoc familia Aroditarum: Ariel
ab hoc familia Arielitarum. 18 Istae sunt
familiae Gad, quarum omnis numerus
fuit quadraginta millia quingenti.
19 Filii Iuda, Her et Onan, qui ambo
mortui sunt in terra Chanaan. 20 Fueruntque filii Iuda per cognationes suas: Sela,
a quo familia Selaitarum: Phares, a quo
familia Pharesitarum: Zare, a quo familia
Zareitarum. 21 Porro filii Phares: Hesron,

25 **1:** Num 31,16; 33,49; Ios 2,1; 3,1; Mich 6,5. — **2:** Ex 34,15-16. — **3:** Ios 2,17; Ps 105,28; Os 9,10. — **4:** Deut 4,3; 21,23. — **5:** Ex 18,21.25; 32,27; Num 11,16. — **7:** Ex 6,25; Ps 105,30; 1 Mach 2,26.54. — **9:** Deut 4,3; 1 Cor 10,8. — **12:** Eccli 45,28-30; 1 Mach 2,54. — **13:** 1 Par 6,4-15; Ps 105,31; 1 Mach 2,26. — **15:** Num 31,8; Ios 13,21. — **17:** Num 31,2-12. — **18:** Num 23,28; 25,1-3.15; 31,16.

26 **1:** Num 25,9. — **2:** Ex 30,12-14; Num 1,2-3. — **3:** Num 22,1; 26,63. — **4:** Num 1,1-3. — **5-6:** Gen 46,8-9; Ex 6,14; 1 Par 5,3. **7:** Num 1,20-21. — **9-10:** Num 16,1-35. — **11:** Ex 6,24; 1 Par 6,22. — **12:** Gen 46,10; Ex 6,15; 1 Par 4,24. — **14:** Num 1,22-23. — **15:** Gen 46,16. — **18:** Num 1,24-25. — **19:** Gen 38,3-10; 46,12; 1 Par 2,3-5. — **21:** Ruth 4,18. — **22:** Num

a quo familia Hesronitarum: et Hamul,
a quo familia Hamulitarum. 22 Istae sunt
familiae Iuda, quarum omnis numerus
fuit septuaginta sex millia quingenti.
23 Filii Issachar per cognationes suas:
Thola, a quo familia Tholaitarum: Phua,
a quo familia Phuaitarum: 24 Iasub, a
quo familia Iasubitarum: Semran, a quo
familia Semranitarum. 25 Hae sunt cognationes Issachar, quarum numerus fuit sexaginta quatuor millia trecenti.
26 Filii Zabulon per cognationes suas:
Sared, a quo familia Sareditarum: Elon,
a quo familia Elonitarum: Ialel, a quo
familia Ialelitarum. 27 Hae sunt cognationes Zabulon, quarum numerus fuit sexaginta millia quingenti.
28 Flii Ioseph per cognationes suas,
Manasse et Ephraim. 29 De Manasse ortus est Machir, a quo familia Machiri-
tarum. Machir genuit Galaad, a quo familia Galaaditarum. 30 Galaad habuit
filios: Iezer, a quo familia Iezeritarum: et
Helec, a quo familia Helecitarum: 31 et
Asriel, a quo familia Asrielitarum: et Sechem, a quo familia Sechemitarum: 32 et
Semida, a quo familia Semidaitarum:
et Hepher, a quo familia Hepheritarum.
33 Fuit autem Hepher pater Salphaad,
qui filios non habebat, sed tantum filias:
quarum ista sunt nomina: Maala, et
Noa, et Hegla, et Melcha, et Thersa.
34 Hae sunt familiae Manasse, et numerus
earum quinquaginta duo millia septingenti. 35 Filii autem Ephraim per cognationes suas, fuerunt hi: Suthala, a quo
familia Suthalaitarum: Becher, a quo familia Becheritarum: Thehen, a quo familia Thehenitarum. 36 Porro filius Suthala
fuit Heran, a quo familia Heranitarum.
37 Hae sunt cognationes filiorum Ephraim;
quarum numerus fuit triginta duo millia
quingenti. 38 Isti sunt filii Ioseph per familias suas.
Filii Beniamin in cognationibus suis:
Bela, a quo familia Belaitarum: Asbel,
a quo familia Asbelitarum: Ahiram, a quo
familia Ahiramitarum: 39 Supham, a quo
familia Suphamitarum: Hupham, a quo
familia Huphamitarum. 40 Filii Bela: Hered, et Noeman. De Hered, familia Here-
ditarum: de Noeman, familia Noemani-
tarum. 41 Hi sunt filii Beniamin per cognationes suas: quorum numerus fuit
quadraginta quinque millia sexcenti.
42 Filii Dan per cognationes suas: Su-
ham, a quo familia Suhamitarum. Hae
sunt cognationes Dan per familias suas.
43 Omnes fuere Suhamitae, quorum numerus erat sexaginta quatuor millia quadringenti.
44 Filii Aser per cognationes suas, Iemna, a quo familia Iemnaitarum: Iessui, a
quo familia Iessuitarum: Brie, a quo familia Brieitarum. 45 Filii Brie: Heber, a
quo familia Heberitarum: et Melchiel,
a quo familia Melchielitarum. 46 Nomen
autem filiae Aser fuit Sara. 47 Hae cognationes filiorum Aser, et numerus eorum
quinquaginta tria millia quadringenti.
48 Filii Nephthali per cognationes suas:
Iesiel, a quo familia Iesielitarum: Guni,
a quo familia Gunitarum: 49 Ieser, a quo
familia Ieseritarum: Sellem, a quo familia Sellemitarum. 50 Hae sunt cognationes filiorum Nephthali per familias suas:
quorum numerus quadraginta quinque
millia quadringenti.
51 Ista est summa filiorum Israel, qui
recensiti sunt, sexcenta millia, et mille
septingenti triginta.
52 Locutusque est Dominus ad Moysen,
dicens: 53 Istis dividetur terra iuxta numerum vocabulorum in possessiones suas.
54 Pluribus maiorem partem dabis, et pau-
cioribus minorem: singulis, sicut nunc
recensiti sunt, tradetur possessio: 55 ita
dumtaxat ut sors terram tribubus dividat
et familiis. 56 Quidquid sorte contigerit,
hoc vel plures accipiant, vel pauciores.

Recensio tribus Levi

57 Hic quoque est numerus filiorum
Levi per familias suas: Gerson, a quo
familia Gersonitarum: Caath, a quo familia Caathitarum: Merari, a quo familia
Meraritarum. 58 Hae sunt familiae Levi:
familia Lobni, familia Hebroni, familia
Moholi, familia Musi, familia Core. At
vero Caath genuit Amram: 59 qui habuit
uxorem Iochabed filiam Levi, quae nata
est ei in Aegypto. Haec genuit Amram
viro suo filios, Aaron, et Moysen, et
Mariam sororem eorum. 60 De Aaron
orti sunt Nadab et Abiu, et Eleazar et Ithamar: 61 quorum Nadab et Abiu mortui
sunt, cum obtulissent ignem alienum coram Domino. 62 Fueruntque omnes qui
numerati sunt, viginti tria millia generis
masculini ab uno mense et supra: quia
non sunt recensiti inter filios Israel, nec
eis cum caeteris data possessio est.
63 Hic est numerus filiorum Israel qui

1,26-27. — **23:** Gen 46,13; 1 Par 7,1. — **25:** Num 1,28-29. — **26:** Gen 46,14. — **27:** Num 1, 30-31. — **28:** Gen 46,20. — **29-37:** 1 Par 7,14-20. **29:** Num 36,1; Ios 17,1-3. — **33:** Num 27,1; 36,11; Ios 17,3. — **34:** Num 1,34-35. — **37:** Num 1,32-33. — **38:** Gen 46,21; 1 Par 7,6; 8,1-2. — **41:** Num 1,36-37. — **42:** Gen 46,23. — **43:** Num 1,38-39. — **44:** Gen 46,17; 1 Par 7,30-31. — **47:** Num 1,40-41. — **48:** Gen 46,24; 1 Par 7, 13. — **50:** Num 1,42-43. — **51:** Num 1,46. — **53:** Ios 11,23; 14,1-2. — **54:** Num 33,54; 34,13; 35,8. — **57:** Gen 46,31; Ex 6,16-21; 1 Par 6,1. 16-30. — **59:** Ex 2,1-2; 6,20. — **60:** Num 3,2; 1 Par 24,1. — **61:** Lev 10,1-2; Num 3,4; 1 Par 24,2. — **62:** Num 1,49; 3,39; 18,20. — **63:** Num

descripti sunt a Moyse et Eleazaro sacerdote, in campestribus Moab supra Iordanem contra Iericho. 64 Inter quos, nullus fuit eorum qui ante numerati sunt a
Moyse et Aaron in deserto Sinai. 65 Praedixerat enim Dominus quod omnes morerentur in solitudine. Nullusque remansit
ex eis, nisi Caleb filius Iephone, et Iosue
filius Nun.

De haereditaria successione filiarum

27 1 Accesserunt autem filiae Salphaad,
filii Hepher, filii Galaad, filii Machir, filii Manasse, qui fuit filius Ioseph:
quarum sunt nomina, Maala, et Noa, et
Hegla, et Melcha, et Thersa. 2 Steteruntque coram Moyse et Eleazaro sacerdote,
et cunctis principibus populi ad ostium
tabernaculi foederis, atque dixerunt: 3 Pater noster mortuus est in deserto, nec fuit
in seditione, quae concitata est contra
Dominum sub Core, sed in peccato suo
mortuus est: hic non habuit mares filios.
Cur tollitur nomen illius de familia sua,
quia non habuit filium? Date nobis possessionem inter cognatos patris nostri.
4 Retulitque Moyses causam earum ad
iudicium Domini. 5 Qui dixit ad eum:
6 Iustam rem postulant filiae Salphaad:
da eis possessionem inter cognatos patris
sui, et ei in haereditatem succedant. 7 Ad
filios autem Israel loqueris haec: 8 Homo
cum mortuus fuerit absque filio, ad filiam
eius transibit haereditas. 9 Si filiam non
habuerit, habebit successores fratres suos.
10 Quod si et fratres non fuerint, dabitis
haereditatem fratribus patris eius. 11 Sin
autem nec patruos habuerit, dabitur haereditas his qui ei proximi sunt. Eritque
hoc filiis Israel sanctum lege perpetua, sicut praecepit Dominus Moysi.

Moysi morituro Iosue datur successor

12 Dixit quoque Dominus ad Moysen:
Ascende in montem istum Abarim, et
contemplare inde terram, quam daturus
sum filiis Israel. 13 Cumque videris eam,
ibis et tu ad populum tuum, sicut ivit
frater tuus Aaron: 14 quia offendistis me
in deserto Sin in contradictione multitudinis, nec sanctificare me voluistis coram
ea super aquas. Hae sunt aquae contradictionis in Cades deserti Sin.
15 Cui respondit Moyses: 16 Provideat
Dominus Deus spirituum omnis carnis
hominem, qui sit super multitudinem
hanc: 17 et possit exire et intrare ante
eos, et educere eos vel introducere: ne
sit populus Domini sicut oves absque
pastore. 18 Dixitque Dominus ad eum:
Tolle Iosue filium Nun, virum in quo est
Spiritus, et pone manum tuam super
eum. 19 Qui stabit coram Eleazaro sacerdote et omni multitudine: 20 et dabis ei
praecepta cunctis videntibus, et partem
gloriae tuae, ut audiat eum omnis synagoga filiorum Israel. 21 Pro hoc, si quid
agendum erit, Eleazar sacerdos consulet
Dominum. Ad verbum eius egredietur
et ingredietur ipse, et omnes filii Israel
cum eo, et caetera multitudo.
22 Fecit Moyses ut praeceperat Dominus. Cumque tulisset Iosue, statuit eum
coram Eleazaro sacerdote et omni frequentia populi. 23 Et impositis capiti eius
manibus, cuncta replicavit quae mandaverat Dominus.

De sacrificiis in singulis festis offerendis

28 1 Dixit quoque Dominus ad Moysen: 2 Praecipe filiis Israel, et dices ad eos: Oblationem meam et panes,
et incensum odoris suavissimi offerte per
tempora sua.
3 Haec sunt sacrificia quae offerre debetis: Agnos anniculos immaculatos duos
quotidie in holocaustum sempiternum:
4 unum offeretis mane, et alterum ad
vesperum: 5 decimam partem ephi similae, quae conspersa sit oleo purissimo,
et habeat quartam partem hin. 6 Holocaustum iuge est quod obtulistis in monte Sinai in odorem suavissimum incensi
Domini. 7 Et libabitis vini quartam partem hin per agnos singulos in sanctuario
Domini. 8 Alterumque agnum similiter
offeretis ad vesperam iuxta omnem ritum
sacrificii matutini, et libamentorum eius,
oblationem suavissimi odoris Domino.
9 Die autem sabbati offeretis duos agnos
anniculos immaculatos, et duas decimas
similae oleo conspersae in sacrificio, et
liba: 10 quae rite funduntur per singula
sabbata in holocaustum sempiternum.
11 In calendis, autem offeretis holocaustum Domino, vitulos de armento
duos, arietem unum, agnos anniculos
septem immaculatos, 12 et tres decimas

26,3. — **64:** Num 1,44; Deut 2,14-15; 1 Cor 10,5. — **65:** Num 13,7.9; 14,22-38.

27 **1:** Num 26,33; 36,11; Ios 17,3-6. — **3:** Num 14,35; 16,1-2; 26,64-65; Ios 17,4. **4:** Ex 18,19. — **6:** Num 36,2.5. — **11:** Ruth 4, 3-6; Ier 32,6-9. — **12:** Num 33,47; Deut 3,27; 32,49; 34,1. — **13:** Num 20,24-28. — **14:** Num 20,12-13.24; Deut 32,51. — **18:** Num 32,28; Deut 3,21; 34,9. — **20:** Deut 3,28; 31,7-8; Ios 1,16-18.

28 **2:** Lev 2,1-2; 21,6. — **3-8:** Ex 29,38-42. **5:** Ex 29,40; Lev 2,1; Num 15,4. — **6:** Ex 29,42. — **9:** Mt 12,5. — **11:** Num 10,10; 1 Sam 20,5.24; 4 Reg 4,23; 1 Par 23,31; 2 Par 2,4;

similae oleo conspersae in sacrificio
per singulos vitulos: et duas decimas similae oleo conspersae per singulos arietes: 13 et decimam decimae similae ex
oleo in sacrificio per agnos singulos. Holocaustum suavissimi odoris atque incensi est Domino. 14 Libamenta autem
vini, quae per singulas fundenda sunt
victimas, ista erunt: Media pars hin per
singulos vitulos, tertia per arietem, quarta per agnum. Hoc erit holocaustum per
omnes menses, qui sibi anno vertente
succedunt. 15 Hircus quoque offeretur Domino pro peccatis in holocaustum sempiternum cum libamentis suis.
16 Mense autem primo, quartadecima
die mensis, Phase Domini erit, 17 et quintadecima die solemnitas: septem diebus
vescentur azymis. 18 Quarum dies prima
venerabilis et sancta erit: omne opus servile non facietis in ea. 19 Offeretisque
incensum holocaustum Domino, vitulos
de armento duos, arietem unum, agnos
anniculos immaculatos septem: 20 et sacrificia singulorum ex simila quae conspersa sit oleo, tres decimas per singulos
vitulos, et duas decimas per arietem, 21 et
decimam decimae per agnos singulos, id
est, per septem agnos. 22 Et hircum pro
peccato unum, ut expietur pro vobis,
23 praeter holocaustum matutinum, quod
semper offeretis. 24 Ita facietis per singulos dies septem dierum in fomitem ignis, et in odorem suavissimum Domino,
qui surget de holocausto, et de libationibus singulorum. 25 Dies quoque septimus
celeberrimus et sanctus erit vobis: omne
opus servile non facietis in eo.
26 Dies etiam primitivorum, quando offeretis novas fruges Domino, expletis hebdomadibus, venerabilis et sancta erit:
omne opus servile non facietis in ea. 27 Offeretisque holocaustum in odorem suavissimum Domino, vitulos de armento
duos, arietem unum, et agnos anniculos
immaculatos septem: 28 atque in sacrificiis eorum, similae oleo conspersae tres
decimas per singulos vitulos, per arietes
duas, 29 per agnos decimam decimae, qui
simul sunt agni septem. Hircum quoque,
30 qui mactatur pro expiatione: praeter
holocaustum sempiternum et liba eius.
31 Immaculata offeretis omnia cum libationibus suis.

Festa mensis septimi

29 1 Mensis etiam septimi prima dies
venerabilis et sancta erit vobis.
Omne opus servile non facietis in ea,
quia dies clangoris est et tubarum. 2 Offeretisque holocaustum in odorem suavissimum Domino, vitulum de armento
unum, arietem unum, et agnos anniculos
immaculatos septem: 3 et in sacrificiis
eorum, similae oleo conspersae tres decimas per singulos vitulos, duas decimas
per arietem, 4 unam decimam per agnum, qui simul sunt agni septem: 5 et
hircum pro peccato, qui offertur in expiationem populi, 6 praeter holocaustum
calendarum cum sacrificiis suis, et holocaustum sempiternum cum libationibus
solitis: eisdem caeremoniis offeretis in
odorem suavissimum incensum Domino.
7 Decima quoque dies mensis huius
septimi erit vobis sancta atque venerabilis, et affligetis animas vestras: omne
opus servile non facietis in ea. 8 Offeretisque holocaustum Domino in odorem
suavissimum, vitulum de armento unum,
arietem unum, agnos anniculos immaculatos septem: 9 et in sacrificiis eorum
similae oleo conspersae tres decimas per
singulos vitulos, duas decimas per arietem, 10 decimam decimae per agnos singulos, qui sunt simul agni septem: 11 et
hircum pro peccato, absque his quae
offerri pro delicto solent in expiationem,
et holocaustum sempiternum, cum sacrificio et libaminibus eorum.
12 Quintadecima vero die mensis septimi, quae vobis sancta erit atque venerabilis, omne opus servile non facietis
in ea, sed celebrabitis solemnitatem Domino septem diebus. 13 Offeretisque holocaustum in odorem suavissimum Domino, vitulos de armento tredecim, arietes
duos, agnos anniculos immaculatos quatuordecim: 14 et in libamentis eorum, similae oleo conspersae tres decimas per
vitulos singulos, qui sunt simul vituli
tredecim, et duas decimas arieti uno, id
est, simul arietibus duobus, 15 et decimam
decimae agnis singulis, qui sunt simul
agni quatuordecim: 16 et hircum pro peccato, absque holocausto sempiterno, et
sacrificio, et libamine eius.
17 In die altero offeretis vitulos de armento duodecim, arietes duos, agnos anniculos immaculatos quatuordecim: 18 sacrificiaque et libamina singulorum, per

8,13; Esdr 3,5; Is 1,13-14; Ez 45,17; 46,6; Os 2,11; Am 8,5; Col 2,16. — **12-14:** Num 15,4-12. **12:** Num 28,20.28. — **15:** Num 15,24; 28,22.29-30; 29,11-16.19.25. — **16:** Ex 12,18; Lev 23,5; Deut 16,1; Ez 45,21. — **18:** Ex 12,16; Lev 23,7. — **19:** Lev 22,20; Num 28,31; 29,8.13; Deut 15,21; 17,1. — **22:** Num 29,15. — **25:** Ex 12,16; 13,6; Lev 23,8. — **26:** Ex 23,16; 34,22; Lev 23,10.15; Deut 16,10. — **27:** Lev 23,18-19. — **31:** Num 28,19.

29 **1:** Lev 23,24; Num 10,1-10. — **6:** Num 28,3-8.11-15. — **7:** Lev 16,29; 23,27-32; Num 30,14; Ps 34,13. — **8:** Num 28,19. — **11:** Lev 16,3.5; Num 28,15. — **12:** Lev 23,34-43;

vitulos, et arietes, et agnos rite celebrabitis: 19 et hircum pro peccato, absque
holocausto sempiterno, sacrificioque et
libamine eius.
20 Die tertio offeretis vitulos undecim,
arietes duos, agnos anniculos immaculatos quatuordecim: 21 sacrificiaque et libamina singulorum, per vitulos, et arietes,
et agnos rite celebrabitis: 22 et hircum pro
peccato, absque holocausto sempiterno,
sacrificioque et libamine eius.
23 Die quarto offeretis vitulos decem,
arietes duos, agnos anniculos immaculatos quatuordecim: 24 sacrificiaque et libamina singulorum per vitulos, et arietes, et agnos rite celebrabitis: 25 et hircum
pro peccato, absque holocausto sempiterno, sacrificioque eius et libamine.
26 Die quinto offeretis vitulos novem,
arietes duos, agnos anniculos immaculatos quatuordecim: 27 sacrificiaque et libamina singulorum, per vitulos, et arietes, et agnos rite celebrabitis: 28 et hircum
pro peccato, absque holocausto sempiterno, sacrificioque eius et libamine.
29 Die sexto offeretis vitulos octo, arietes duos, agnos anniculos immaculatos
quatuordecim: 30 sacrificiaque et libamina singulorum, per vitulos, et arietes, et
agnos rite celebrabitis: 31 et hircum pro
peccato, absque holocausto sempiterno,
sacrificioque eius et libamine.
32 Die septimo offeretis vitulos septem,
et arietes duos, agnos anniculos immaculatos quatuordecim: 33 sacrificiaque et libamina singulorum, per vitulos, et arietes, et agnos rite celebrabitis: 34 et hircum
pro peccato, absque holocausto sempiterno, sacrificioque eius et libamine.
35 Die octavo, qui est celeberrimus, omne opus servile non facietis, 36 offerentes
holocaustum in odorem suavissimum Domino, vitulum unum, arietem unum, agnos anniculos immaculatos septem: 37 sacrificiaque et libamina singulorum, per
vitulos, et arietes, et agnos rite celebrabitis: 38 et hircum pro peccato, absque
holocausto sempiterno, sacrificioque eius
et libamine.
39 Haec offeretis Domino in solemnitatibus vestris: praeter vota et oblationes spontaneas in holocausto, in sacrificio, in libamine, et in hostiis pacificis.

De votis eorumque irritatione

30 1 Narravitque Moyses filiis Israel
omnia quae ei Dominus imperarat:
2 et locutus est ad principes tribuum filiorum Israel: Iste est sermo quem praecepit
Dominus: 3 Si quis virorum votum Domino voverit, aut se constrinxerit iuramento:
non faciet irritum verbum suum, sed omne quod promisit, implebit.
4 Mulier si quippiam voverit, et se
constrinxerit iuramento, quae est in domo
patris sui, et in aetate adhuc puellari:
si cognoverit pater votum quod pollicita
est, et iuramentum quo obligavit animam
suam, et tacuerit, voti rea erit: 5 quidquid
pollicita est, et iuravit, opere complebit.
6 Sin autem statim ut audierit, contradixerit pater: et vota et iuramenta eius
irrita erunt, nec obnoxia tenebitur sponsioni, eo quod contradixerit pater.
7 Si maritum habuerit, et voverit aliquid, et semel de ore eius verbum egrediens animam eius obligaverit iuramento:
8 quo die audierit vir, et non contradixerit, voti rea erit, reddetque quodcumque
promiserat. 9 Sin autem audiens statim
contradixerit, et irritas fecerit pollicitatio-
nes eius, verbaque quibus obstrinxerat
animam suam: propitius erit ei Dominus.
10 Vidua et repudiata quidquid voverint,
reddent.
11 Uxor in domo viri cum se voto constrinxerit et iuramento, 12 si audierit vir,
et tacuerit, nec contradixerit sponsioni,
reddet quodcumque promiserat. 13 Sin
autem extemplo contradixerit, non tenebitur promissionis rea: quia maritus
contradixit, et Dominus ei propitius erit.
14 Si voverit, et iuramento se constrinxerit, ut per ieiunium, vel caeterarum
rerum abstinentiam affligat animam suam,
in arbitrio viri erit ut faciat, sive non
faciat. 15 Quod si audiens vir tacuerit, et
in alteram diem distulerit sententiam,
quidquid voverat atque promiserat, reddet: quia statim ut audivit tacuit. 16 Sin
autem contradixerit postquam rescivit,
portabit ipse iniquitatem eius.
17 Istae sunt leges, quas constituit Dominus Moysi inter virum et uxorem, inter
patrem et filiam, quae in puellari adhuc
aetate est, vel quae manet in parentis
domo.

Bellum contra Madianitas

31 1 Locutusque est Dominus ad Moysen, dicens: 2 Ulciscere prius filios
Israel de Madianitis, et sic colligeris ad
populum tuum. 3 Statimque Moyses: Ar-
mate, inquit, ex vobis viros ad pugnam,
qui possint ultionem Domini expetere de

Esdr 3,4. — **27:** Num 15,11-12; 29,30.37. — **35:** Lev 23,36; Io 7,37. — **39:** Lev 7,11.16; 22 21. 23; 23,2.4; 1 Par 23,31; 2 Par 31,3; Esdr 3,5; Neh 10,33.

30 **2:** Num 1,4.16; 7,2. — **3:** Lev 5,4; 27,2; Deut 23,21; Iob 22,27; Ps 21,26; 49,14; 65,13; 115,14.18; Eccl 5,3-4.

31 **2:** Num 25,17; 27,13. — **5:** Num 32,27. **6:** Num 10,2.9; 25,7. — **7:** Deut 20,13;

Madianitis. 4 Mille viri de singulis tribubus eligantur ex Israel qui mittantur ad bellum.

5 Dederuntque millenos de singulis tribubus, id est, duodecim millia expeditorum ad pugnam: 6 quos misit Moyses cum Phinees filio Eleazari sacerdotis, vasa quoque sancta, et tubas ad clangendum tradidit ei. 7 Cumque pugnassent contra Madianitas atque vicissent, omnes mares occiderunt, 8 et reges eorum, Evi, et Recem, et Sur, et Hur, et Rebe, quinque principes gentis: Balaam quoque filium Beor interfecerunt gladio. 9 Ceperuntque mulieres eorum, et parvulos, omniaque pecora, et cunctam supellectilem: quidquid habere potuerant depopulati sunt: 10 tam urbes quam viculos et castella flamma consumpsit. 11 Et tulerunt praedam, et universa quae ceperant tam ex hominibus quam ex iumentis, 12 et adduxerunt ad Moysen, et Eleazarum sacerdotem, et ad omnem multitudinem filiorum Israel: reliqua autem utensilia portaverunt ad castra in campestribus Moab iuxta Iordanem contra Iericho.

Moysis obiurgatio

13 Egressi sunt autem Moyses et Eleazar sacerdos, et omnes principes synagogae, in occursum eorum extra castra. 14 Iratusque Moyses principibus exercitus, tribunis, et centurionibus qui venerant de bello, 15 ait: Cur feminas reservastis? 16 Nonne istae sunt, quae deceperunt filios Israel ad suggestionem Balaam, et praevaricari vos fecerunt in Domino super peccato Phogor, unde et percussus est populus? 17 Ergo cunctos interficite quidquid est generis masculini, etiam in parvulis: et mulieres, quae noverunt viros in coitu, iugulate: 18 puellas autem et omnes feminas virgines reservate vobis: 19 et manete extra castra septem diebus. Qui occiderit hominem, vel occisum tetigerit, lustrabitur die tertio et septimo. 20 Et de omni praeda, sive vestimentum fuerit, sive vas, et aliquid in utensilia praeparatum, de caprarum pellibus, et pilis, et ligno, expiabitur.

De praedae divisione lex

21 Eleazar quoque sacerdos ad viros exercitus, qui pugnaverant, sic locutus est: Hoc est praeceptum legis, quod mandavit Dominus Moysi: 22 Aurum, et argentum, et aes, et ferrum, et plumbum, et stannum, 23 et omne, quod potest transire per flammas, igne purgabitur: quidquid autem ignem non potest sustinere, aqua expiationis sanctificabitur: 24 et lavabitis vestimenta vestra die septimo, et purificati postea castra intrabitis.

25 Dixit quoque Dominus ad Moysen: 26 Tollite summam eorum quae capta sunt, ab homine usque ad pecus, tu et Eleazar sacerdos et principes vulgi: 27 dividesque ex aequo praedam inter eos qui pugnaverunt egressique sunt ad bellum, et inter omnem reliquam multitudinem. 28 Et separabis partem Domino ab his qui pugnaverunt et fuerunt in bello, unam animam de quingentis, tam ex hominibus quam ex bobus et asinis et ovibus, 29 et dabis eam Eleazaro sacerdoti, quia primitiae Domini sunt. 30 Ex media quoque parte filiorum Israel accipies quinquagesimum caput hominum, et boum, et asinorum, et ovium, cunctorum animantium, et dabis ea Levitis, qui excubant in custodiis tarbernaculi Domini.

Praedae universae partitio

31 Feceruntque Moyses et Eleazar, sicut praeceperat Dominus. 32 Fuit autem praeda, quam exercitus ceperat, ovium sexcenta septuaginta quinque millia, 33 boum septuaginta duo millia, 34 asinorum sexaginta millia et mille: 35 animae hominum sexus feminei, quae non cognoverant viros, triginta duo millia. 36 Dataque est media pars his qui in praelio fuerant, ovium trecenta triginta septem millia quingentae: 37 e quibus in partem Domini supputatae sunt oves sexcentae septuaginta quinque. 38 Et de bobus triginta sex millibus, boves septuaginta et duo: 39 de asinis triginta millibus quingentis, asini sexaginta unus: 40 de animabus hominum sedecim millibus, cesserunt in partem Domini triginta duae animae. 41 Tradiditque Moyses numerum primitiarum Domini Eleazaro sacerdoti, sicut fuerat el imperatum, 42 ex media parte filiorum Israel, quam separaverat his qui in praelio fuerant. 43 De media vero parte, quae contigerat reliquae multitudini, id est, de ovibus trecentis triginta septem millibus quingentis, 44 et de bobus triginta sex millibus, 45 et de asinis triginta millibus quingentis, 46 et de hominibus sedecim millibus, 47 tulit Moyses quinquagesimum caput, et dedit Levitis, qui excubabant in tabernaculo Domini, sicut praeceperat Dominus.

3 Reg 11,15-16. — **8:** Num 25,15; Ios 13,21-22. **11:** Deut 20,14. — **12:** Num 22,1. — **14:** Num 31,48. — **16:** Num 24,14; 25,2.6.9.18; 2 Petr 2, 15; Apoc 2,14. — **17:** Iud 21,11-12. — **18:** Deut 21,10-14. — **19:** Num 5,2; 19,11-12. — **21:** Lev 6,28; 11,33; 15,11. — **23:** Num 8,7; 19,9.17-19. **24:** Lev 11,25. — **28-29:** Num 31,30-41.47. — **30:** Num 1,53; 31,41-47. — **37:** Num 31,28. — **41:** Num 18,8.19; 31,29. — **47:** Num 31,30.

Voluntariae oblationes principum

48 Cumque accessissent principes exercitus ad Moysen, et tribuni, centuriones-
que, dixerunt: 49 Nos servi tui recensui-
mus numerum pugnatorum, quos habuimus sub manu nostra: et ne unus
quidem defuit. 50 Ob hanc causam offerimus in donariis Domini singuli quod in
praeda auri potuimus invenire, perisce-
lides et armillas, annulos et dextralia, ac
muraenulas, ut depreceris pro nobis Dominum. 51 Susceperuntque Moyses et Eleazar sacerdos omne aurum in diversis
speciebus, 52 pondo sedecim millia, septingentos quinquaginta siclos a tribunis
et centurionibus. 53 Unusquisque enim
quod in praeda rapuerat, suum erat. 54 Et
susceptum intulerunt in tabernaculum testimonii, in monimentum filiorum Israel
coram Domino.

Ruben et Gad petunt ut sibi assignetur regio transiordanica

32 1 Filii autem Ruben et Gad habebant pecora multa, et erat illis
in iumentis infinita substantia. Cumque
vidissent Iazer et Galaad aptas animalibus alendis terras, 2 venerunt ad Moysen,
et ad Eleazarum sacerdotem, et principes
multitudinis, atque dixerunt: 3 Ataroth,
et Dibon, et Iazer, et Nemra, Hesebon,
et Eleale, et Saban, et Nebo, et Beon,
4 terra, quam percussit Dominus in conspectu filiorum Israel, regio uberrima est
ad pastum animalium: et nos servi tui
habemus iumenta plurima: 5 precamur-
que si invenimus gratiam coram te, ut
des nobis famulis tuis eam in possessionem, nec facias nos transire Iordanem.
6 Quibus respondit Moyses: Numquid
fratres vestri ibunt ad pugnam, et vos
hic sedebitis? 7 Cur subvertitis mentes
filiorum Israel, ne transire audeant in
locum, quem eis daturus est Dominus?
8 Nonne ita egerunt patres vestri, quando
misi de Cadesbarne ad explorandam terram? 9 Cumque venissent usque ad Vallem botri, lustrata omni regione, subverterunt cor filiorum Israel, ut non intrarent
fines, quos eis Dominus dedit. 10 Qui
iratus iuravit, dicens: 11 Si videbunt homines isti, qui ascenderunt ex Aegypto
a viginti annis et supra, terram, quam
sub iuramento pollicitus sum Abraham,
Isaac, et Iacob: et noluerunt sequi me,
12 praeter Caleb filium Iephone Cene-
zaeum, et Iosue filium Nun: isti impleverunt voluntatem meam. 13 Iratusque Dominus adversum Israel, circumduxit eum
per desertum quadraginta annis, donec
consumeretur universa generatio, quae
fecerat malum in conspectu eius. 14 Et
ecce, inquit, vos surrexistis pro patribus
vestris, incrementa et alumni hominum
peccatorum, ut augeretis furorem Domini
contra Israel. 15 Quod si nolueritis sequi
eum, in solitudine populum derelinquet,
et vos causa eritis necis omnium.
16 At illi prope accedentes, dixerunt:
Caulas ovium fabricabimus, et stabula
iumentorum, parvulis quoque nostris urbes munitas: 17 nos autem ipsi armati et
accincti pergemus ad praelium ante filios
Israel, donec introducamus eos ad loca
sua. Parvuli nostri, et quidquid habere
possumus, erunt in urbibus muratis, propter habitatorum insidias. 18 Non rever-
temur in domos nostras, usque dum possideant filii Israel haereditatem suam:
19 nec quidquam quaeremus trans Iordanem, quia iam habemus nostram possessionem in orientali eius plaga.

Acquiescit Moyses

20 Quibus Moyses ait: Si facitis quod
promittitis, expediti pergite coram Domino ad pugnam: 21 et omnis vir bellator armatus Iordanem transeat, donec subvertat Dominus inimicos suos, 22 et subiicia-
tur ei omnis terra: tunc eritis inculpabiles
apud Dominum et apud Israel, et obti-
nebitis regiones, quas vultis, coram Domino. 23 Sin autem quod dicitis, non feceritis,
nulli dubium est quin peccetis in Deum:
et scitote quoniam peccatum vestrum apprehendet vos. 24 Aedificate ergo urbes
parvulis vestris, et caulas, et stabula ovibus ac iumentis: et quod polliciti estis
implete. 25 Dixeruntque filii Gad et Ruben
ad Moysen: Servi tui sumus, faciemus
quod iubet dominus noster. 26 Parvulos
nostros, et mulieres, et pecora, ac iumenta
relinquemus in urbibus Galaad: 27 nos
autem famuli tui omnes expediti pergemus ad bellum, sicut tu, domine, loqueris.
28 Praecepit ergo Moyses Eleazaro
sacerdoti, et Iosue filio Nun, et principibus familiarum per tribus Israel, et dixit
ad eos: 29 Si transierint filii Gad et filii
Ruben vobiscum Iordanem omnes armati
ad bellum coram Domino, et vobis fuerit

48: Num 31,14. — **53:** Deut 20,14. — **54:** Ex 30,16.

32 **1:** Num 21,32. — **3:** Num 21,30; 32,34-38; Deut 32,49; Ios 13,9.17; Is 15,2; Ier 48,18.22. — **4:** Num 21,24.34. — **8:** Num 13,18.22-34; Deut 1,22-28. — **9:** Num 13,24-25. — **10-14:** Deut 1,34-36. — **11:** Gen 50,23; Num 14,29. — **12:** Num 14,6.24; Deut 1,36; Ios 14,6.8-9; 15,17; Iud 1,13. — **13:** Num 14,33-35; 26,64-65. — **16:** Num 32,24.36. — **17:** Ios 4,12-13. **18:** Ios 22,4. — **19:** Num 32,33; Ios 12,1; 13,8. **20:** Deut 3,18; Ios 1,13-14; 4,12-13. — **22:** Deut 3,12.15-16.18; Ios 1,15; 13,8; 22,4.9. — **24:** Num 32,16.34-38. — **25:** Ios 4,12. — **26:** Ios 1,14. — **27:** Ios 4,12-13. — **28:** Num 27,18; Ios 1,13. —

terra subiecta: date eis Galaad in possessionem. 30 Sin autem noluerint transire armati vobiscum in terram Chanaan, inter
vos habitandi accipiant loca. 31 Responderuntque filii Gad et filii Ruben: Sicut locutus est Dominus servis suis, ita faciemus: 32 ipsi armati pergemus coram Domino in terram Chanaan, et possessionem
iam suscepisse nos confitemur trans Iordanem.

Datur tribubus terra transiordanica

33 Dedit itaque Moyses filiis Gad et Ruben, et dimidiae tribui Manasse filii Ioseph, regnum Sehon regis Amorrhaei, et
regnum Og regis Basan, et terram eorum
cum urbibus suis per circuitum. 34 Igitur
extruxerunt filii Gad, Dibon, et Atatoth,
et Aroer, 35 et Etroth, et Sophan, et Iazer,
et Iegbaa, 36 et Bethnemra, et Betharan,
urbes munitas, et caulas pecoribus suis.
37 Filii vero Ruben aedificaverunt Hesebon, et Eleale, et Cariathaim, 38 et Nabo,
et Baalmeon versis nominibus, Sabama
quoque: imponentes vocabula urbibus,
quas extruxerant.
39 Porro filii Machir, filii Manasse, perrexerunt in Galaad, et vastaverunt eam
interfecto Amorrhaeo habitatore eius.
40 Dedit ergo Moyses terram Galaad Machir filio Manasse, qui habitavit in ea.
41 Iair autem filius Manasse abiit, et occupavit vicos eius, quos appellavit Havoth
Iair, id est, Villas Iair. 42 Nobe quoque
perrexit, et apprehendit Chanath cum viculis suis: vocavitque eam ex nomine suo
Nobe.

Stationes Israelis in deserto

33 1 Hae sunt mansiones filiorum Israel, qui egressi sunt de Aegypto
per turmas suas in manu Moysi et Aaron,
2 quas descripsit Moyses iuxta castrorum
loca, quae Domini iussione mutabant.
3 Profecti igitur de Ramesse mense primo, quintadecima die mensis primi, altera die Phase, filii Israel in manu excelsa,
videntibus cunctis Aegyptiis, 4 et sepelien-
tibus primogenitos, quos percusserat Dominus (nam et in diis eorum exercuerat
ultionem) 5 castrametati sunt in Soccoth.
6 Et de Soccoth venerunt in Etham, quae
est in extremis finibus solitudinis. 7 Inde
egressi venerunt contra Phihahiroth, quae
respicit Beelsephon, et castrametati sunt
ante Magdalum. 8 Profectique de Phihahiroth, transierunt per medium mare in
solitudinem: et ambulantes tribus diebus
per desertum Etham, castrametati sunt in
Mara. 9 Profectique de Mara venerunt in
Elim, ubi erant duodecim fontes aquarum, et palmae septuaginta: ibique castrametati sunt. 10 Sed et inde egressi, fixerunt tentoria super mare Rubrum. Profectique de mari Rubro, 11 castrametati sunt
in deserto Sin. 12 Unde egressi, venerunt
in Daphca. 13 Profectique de Daphca, castrametati sunt in Alus. 14 Egressique de
Alus, in Raphidim fixere tentoria, ubi populo defuit aqua ad bibendum. 15 Profectique de Raphidim, castrametati sunt in
deserto Sinai.
16 Sed et de solitudine Sinai egressi, venerunt ad sepulchra concupiscentiae.
17 Profectique de sepulchris concupiscentiae, castrametati sunt in Haseroth. 18 Et
de Haseroth venerunt in Rethma. 19 Profectique de Rethma, castrametati sunt in
Remmomphares. 20 Unde egressi venerunt
in Lebna. 21 De Lebna castrametati sunt
in Ressa. 22 Egressique de Ressa, venerunt
in Ceelatha. 23 Unde profecti, castrametati sunt in monte Sepher.
24 Egressi de monte Sepher, venerunt in
Arada. 25 Inde proficiscentes, castrametati
sunt in Maceloth.
26 Profectique de Maceloth, venerunt
in Thahath. 27 De Thahath, castrametati
sunt in Thare. 28 Unde egressi, fixere tentoria in Methca. 29 Et de Methca, castrametati sunt in Hesmona. 30 Profectique de
Hesmona, venerunt in Moseroth. 31 Et de
Moseroth, castrametati sunt in Beneiaacan. 32 Profectique de Beneiaacan, venerunt in montem Gadgad. 33 Unde profecti, castrametati sunt in Ietebatha. 34 Et de
Ietebatha venerunt in Hebrona. 35 Egressique de Hebrona, castrametati sunt in
Asiongaber. 36 Inde profecti, venerunt in
desertum Sin, haec est Cades.
37 Egressique de Cades, castrametati
sunt in monte Hor, in extremis finibus terrae Edom. 38 Ascenditque Aaron sacerdos
in montem Hor iubente Domino: et ibi
mortuus est anno quadragesimo egressionis filiorum Israel ex Aegypto, mense
quinto, prima die mensis, 39 cum esset annorum centum viginti trium.
40 Audivitque Chananaeus rex Arad,

29: Deut 3,13; Ios 13,8; 22,4. — **33:** Deut 3, 12-17; 29,8; Ios 12,6; 13,8; 22,4. — **34:** Num 21,30; 32,3; Deut 2,36; Ios 13,25. — **35:** Num 21,32; 32,1; Iud 8,11. — **36:** Num 23,3.16-17; Ios 13,27. — **37:** 21,27-28; Ios 13,19; Is 15,4; 16,9. — **38:** Num 33,47; 1 Par 5,8; Ios 13,19; Is 16,8-9. — **39:** Gen 50,22; 1 Par 7,14-15. — **40:** Deut 3,13.15; Ios 13,31; 17,1. — **41:** Deut 3,14; Ios 13,30; 3 Reg 4,13; 1 Par 2,21-23. — **42:** Iud 8,11; 1 Par 2,23.

33 **2:** Num 9,17-23. — **3:** Ex 12,2.37; 13,4; 14,8. — **4-5:** Ex 12,12.29.37. — **6:** Ex 13, 20. — **7:** Ex 14,2.9. — **8:** Ex 14,22; 15,22-23. **9:** Ex 15,27. — **11:** Ex 16,1. — **14:** Ex 17,1. — **15:** Ex 19,1-2. — **17-18:** Num 11,34; 13,1; Deut 1,1. — **30-32:** Deut 10,6-7. — **35:** Deut 2,8; 3 Reg 9,26. — **36-37:** Num 20,1.22-23. — **38:** Num 20,25-30; Deut 32,50. — **40-45:** Num 21,

qui habitabat ad meridiem, in terram Chanaan venisse filios Israel. 41 Et profecti de
monte Hor, castrametati in Salmona.
42 Unde egressi, venerunt in Phunon.
43 Profectique de Phunon, castrametati
sunt in Oboth. 44 Et de Oboth venerunt
in Iieabarim, quae est in finibus Moabitarum. 45 Profectique de Iieabarim, fixere
tentoria in Dibongad. 46 Unde egressi,
castrametati sunt in Helmondeblathaim.
47 Egressique de Helmondeblathaim, venerunt ad montes Abarim contra Nabo.
48 Profectique de montibus Abarim, transierunt ad campestria Moab, supra Iordanem, contra Iericho. 49 Ibique castrametati sunt de Bethsimoth usque ad Abelsa-
tim in planioribus locis Moabitarum.

De divisione terrae Chanaan

50 Ubi locutus est Dominus ad Moysen:
51 Praecipe filiis Israel, et dic ad eos
Quando transieritis Iordanem, intrantes
terram Chanaan, 52 disperdite cunctos habitatores terrae illius: confringite titulos,
et statuas comminuite, atque omnia excelsa vastate, 53 mundantes terram, et habitantes in ea. Ego enim dedi vobis illam
in possessionem, 54 quam dividetis vobis
sorte. Pluribus dabitis latiorem, et paucis
angustiorem. Singulis ut sors ceciderit,
ita tribuetur haereditas. Per tribus et familias possessio dividetur. 55 Sin autem
nolueritis interficere habitatores terrae:
qui remanserint, erunt vobis quasi clavi
in oculis, et lanceae in lateribus, et adver-
sabuntur vobis in terra habitationis vestrae: 56 et quidquid illis cogitaveram facere, vobis faciam.

Terrae promissae fines

34 1 Locutusque est Dominus ad
Moysen, dicens: 2 Praecipe filiis Israel, et dices ad eos: Cum ingressi fueritis
terram Chanaan, et in possessionem vobis sorte ceciderit, his finibus terminabitur.
3 Pars meridiana incipiet a solitudine
Sin, quae est iuxta Edom: et habebit terminos contra orientem mare salsissimum.
4 Qui circuibunt australem plagam per
ascensum Scorpionis, ita ut transeant in
Senna, et perveniant a meridie usque ad
Cadesbarne, unde egredientur confinia ad
villam nomine Adar, et tendent usque ad
Asemona. 5 Ibitque per gyrum terminus
ab Asemona usque ad torrentem Aegypti, et maris magni littore finietur.
6 Plaga autem occidentalis a mari magno incipiet, et ipso fine claudetur. 7 Porro ad septentrionalem plagam a mari
magno termini incipient, pervenientes usque ad montem altissimum, 8 a quo venient in Emath usque ad terminos Sedada: 9 ibuntque confinia usque ad Zephro-
na, et villam Enan. Hi erunt termini in
parte aquilonis.
10 Inde metabuntur fines contra orientalem plagam de villa Enan usque Sephama, 11 et de Sephama descendent termini
in Rebla contra fontem Daphnim: inde
pervenient contra orientem ad mare Cenereth, 12 et tendent usque ad Iordanem,
et ad ultimum salsissimo claudentur mari.
Hanc habetitis terram per fines suos in
circuitu.

Quibus dividenda est

13 Praecepitque Moyses filiis Israel, dicens: Haec erit terra, quam possidebitis
sorte, et quam iussit Dominus dari novem
tribubus, et dimidiae tribui. 14 Tribus enim
filiorum Ruben per familias suas, et tribus filiorum Gad iuxta cognationum numerum, media quoque tribus Manasse,
15 id est, duae semis tribus, acceperunt
partem suam trans Iordanem contra Iericho ad orientalem plagam.
16 Et ait Dominus ad Moysen: 17 Haec
sunt nomina virorum qui terram vobis divident, Eleazar sacerdos, et Iosue filius
Nun, 18 et singuli principes de tribubus
singulis, 19 quorum ista sunt vocabula:
De tribu Iuda, Caleb filius Iephone. 20 De
tribu Simeon, Samuel filius Ammiud.
21 De tribu Beniamin, Elidad filius Chase-
lon. 22 De tribu filiorum Dan, Bocci filius
Iogli. 23 Filiorum Ioseph de tribu Manasse, Hanniel filius Ephod. 24 De tribu
Ephraim, Camuel filius Sephthan. 25 De
tribu Zabulon, Elisaphan filius Pharnach.
26 De tribu Issachar, dux Phaltiel filius
Ozan. 27 De tribu Aser, Ahiud filius Salomi. 28 De tribu Nephthali, Phedael filius
Ammiud. 29 Hi sunt, quibus praecepit Dominus ut dividerent filiis Israel terram
Chanaan.

Urbes Levitis assignantur

35 1 Haec quoque locutus est Dominus ad Moysen in campestribus
Moab supra Iordanem, contra Iericho:
2 Praecipe filiis Israel ut dent Levitis de
possessionibus suis 3 urbes ad habitan-

1.4.10-11.30. — **46:** Ier 48,22; Ez 6,14. — **47:** Deut 32,49. — **48:** Num 22,1. — **51:** Deut 9,1. **52:** Ex 23,24.31-33; 34,13; Deut 7,5; 12,3; Iud 2,2. — **54:** Num 26,53-55; 35,8. — **55:** Ios 23,13; Iud 2,3.

34 **3:** Ios 15,1-2. — **4:** Ios 15,3. — **5:** Ios 15,4,47; 3 Reg 8,65. — **8:** Num 13,22; Ios 13,5; Iud 3,3; Ez 47,15. — **9:** Ez 47,17. — **11:** Deut 3,17; Ios 11,2; 12,3; 19,35; 4 Reg 23.33; Ier 39,5; Lc 5,1. — **13:** Num 34,2; Ios 14,1-2. **14:** Num 32,33; Ios 14,3. — **17:** Ios 14,1; 19,51; 21,1. — **18:** Num 1,4.16. — **19:** Num 13,7.

35 **1:** Num 22,1. — **2:** Ios 14,3-4; 21,2. — **3:** Lev 25,34. — **6:** Num 35,14; Deut 4,

dum, et suburbana earum per circuitum:
ut ipsi in oppidis maneant, et suburbana
sint pecoribus ac iumentis: 4 quae a muris civitatum forinsecus, per circuitum,
mille passuum spatio tendentur. 5 Contra
orientem duo millia erunt cubiti, et contra
meridiem similiter erunt duo millia: ad
mare quoque, quod respicit ad occidentem, eadem mensura erit, et septentrionalis plaga aequali termino finietur, eruntque
urbes in medio, et foris suburbana.
6 De ipsis autem oppidis, quae Levitis
dabitis, sex erunt in fugitivorum auxilia
separata, ut fugiat ad ea qui fuderit sanguinem: et exceptis his, alia quadraginta
duo oppida, 7 id est, simul quadraginta
octo cum suburbanis suis. 8 Ipsaeque urbes, quae dabuntur de possessionibus filiorum Israel, ab his qui plus habent, plures auferentur: et qui minus, pauciores:
singuli iuxta mensuram haereditatis suae
dabunt oppida Levitis.

De urbibus refugii lex

9 Ait Dominus ad Moysen: 10 Loquere
filiis Israel, et dices ad eos: Quando
transgressi fueritis Iordanem in terram
Chanaan, 11 decernite quae urbes esse debeant in praesidia fugitivorum, qui nolentes sanguinem fuderint: 12 in quibus
cum fuerit profugus, cognatus occisi non
poterit eum occidere, donec stet in conspectu multitudinis, et causa illius iudicetur. 13 De ipsis autem urbibus, quae ad
fugitivorum subsidia separantur, 14 tres
erunt trans Iordanem, et tres in terra
Chanaan, 15 tam filiis Israel quam advenis atque peregrinis, ut confugiat ad eas
qui nolens sanguinem fuderit.
16 Si quis ferro percusserit, et mortuus
fuerit qui percussus est: reus erit homicidii, et ipse morietur. 17 Si lapidem iecerit,
et ictus occubuerit: similiter punietur.
18 Si ligno percussus interierit: percussoris sanguine vindicabitur. 19 Propinquus
occisi, homicidam interficiet, statim ut
apprehenderit eum, interficiet. 20 Si per
odium quis hominem impulerit, vel iecerit quippiam in eum per insidias: 21 aut
cum esset inimicus, manu percusserit, et
ille mortuus fuerit: percussor, homicidii
reus erit: cognatus occisi statim ut invenerit eum, iugulabit.
22 Quod si fortuitu, et absque odio,
23 et inimicitiis quidquam horum fecerit,
24 et hoc audiente populo fuerit comproba-
tum, atque inter percussorem et propinquum sanguinis quaestio ventilata: 25 liberabitur innocens de ultoris manu, et
reducetur per sententiam in urbem, ad
quam confugerat, manebitque ibi, donec
sacerdos magnus, qui oleo sancto unctus
est, moriatur. 26 Si interfector extra fines
urbium, quae exulibus deputatae sunt,
27 fuerit inventus, et percussus ab eo qui
ultor est sanguinis: absque noxa erit qui
eum occiderit. 28 Debuerat enim profugus usque ad mortem pontificis in urbe
residere. Postquam autem ille obierit, homicida revertetur in terram suam. 29 Haec
sempiterna erunt, et legitima in cunctis
habitationibus vestris.

Quomodo contra homicidas procedendum

30 Homicida sub testibus punietur: ad
unius testimonium nullus condemnabitur.
31 Non accipietis pretium ab eo qui reus
est sanguinis, statim et ipse morietur.
32 Exules et profugi ante mortem pontificis nullo modo in urbes suas reverti poterunt: 33 ne polluatis terram habitationis vestrae, quae insontium cruore macu-
latur: nec aliter expiari potest, nisi per
eius sanguinem, qui alterius sanguinem
fuderit. 34 Atque ita emundabitur vestra
possessio me commorante vobiscum. Ego
enim sum Dominus qui habito inter filios
Israel.

Filia haeres nubat in tribu sua

36 1 Accesserunt autem et principes familiarum Galaad filii Machir, filii
Manasse de stirpe filiorum Ioseph: locutique sunt Moysi coram principibus Israel,
atque dixerunt: 2 Tibi domino nostro
praecepit Dominus ut terram sorte divi-
deres filiis Israel, et ut filiabus Salphaad
fratris nostri dares possessionem debitam
patri: 3 quas si alterius tribus homines
uxores acceperint, sequetur possessio sua,
et translata ad aliam tribum, de nostra
haereditate minuetur. 4 Atque ita fiet, ut
cum iubilaeus, id est quinquagesimus annus remissionis advenerit, confundatur
sortium distributio, et aliorum possessio
ad alios transeat.
5 Respondit Moyses filiis Israel, et Domino praecipiente, ait: Recte tribus filiorum Ioseph locuta est. 6 Et haec lex super
filiabus Salphaad a Domino promulgata

41-42; 19,2.9; Ios 20,2.7.8; 21,3.13.21.27.32. 36-37. — **7-8:** Ios 21,3.39. — **10-12:** Deut 19,2-4; Ios 20,2-6. — **11:** Ex 21,13. — **14:** Deut 4,41; Ios 20,7-8. — **16:** Ex 21,12.14; Lev 24,17; Deut 19,11-12. — **19:** Num 35,21.24.27; Deut 19,12; Ios 20,3.5; Prov 23,11. — **20:** Ex 21,14; Deut 19,11. — **22:** Ex 21,13; Deut 19,6; Ios 20,3. — **24:** Num 35,12; Ios 20,6. — **25:** Ex 29,7; Lev 21,10; Ios 20,6. — **30:** Deut 17,6; 19,15; Mt 18, 16; Io 8,17; 2 Cor 13,1; 1 Tim 5,19; Hebr 10, 28. — **33:** Gen 9,6. — **34:** Ex 29,45.

36 **1:** Num 26,29-33; 27,1. — **2:** Num 26, 33.55; 27,1-7; 33,54; Ios 17,3-4. — **4:** Lev 25,10-13. — **5:** Num 27,5-6. — **6:** Num 36,

est: Nubant quibus volunt, tantum ut suae tribus hominibus: 7 ne commisceatur possessio filiorum Israel de tribu in tribum. Omnes enim viri ducent uxores de tribu et cognatione sua: 8 et cunctae feminae de eadem tribu maritos accipient: ut haereditas permaneat in familiis, 9 nec sibi misceantur tribus, sed ita maneant 10 ut a Domino separatae sunt.

Feceruntque filiae Salphaad ut fuerat imperatum: 11 et nupserunt Maala, et Thersa, et Hegla, et Melcha, et Noa, filiis patrui sui 12 de familia Manasse, qui fuit filius Ioseph: et possessio, quae illis fuerat attributa, mansit in tribu et familia patris earum.

13 Haec sunt mandata atque iudicia, quae mandavit Dominus per manum Moysi ad filios Israel, in campestribus Moab supra Iordanem contra Iericho.

LIBER DEUTERONOMII

HEBRAICE "ELLE HADDEBARIM"

SUMMARIUM PRIMUS SERMO MOYSIS *(1,1-4,43): Prooemium primi sermonis (1,1-5). In Horeb (1,6-18). In Cadesbarne (1,19-46). Versus Asiongaber (2,1-8). Per regiones Moab et Ammon (2,9-25). Occupatio terrae Amorrhaeorum (2,26-3,11). Regionis transiordanicae distributio (3,12-20). Negatur Moysi ingressus in Chanaan (3,21-29). Lex in Horeb promulgata fideliter est retinenda (4,1-43).*—SERMO SECUNDUS: LEGIS EXPOSITIO *(4,44-26,19): Prooemium alterius sermonis Moysis (4,44-49). Legis promulgatio (5). Commendatio divinae Legis (6). Gentium idololatria exterminanda (7). Dei beneficia in populum continuo recolenda (8). Populi rebelliones in deserto (9,1-10,11). Exhortatio ad Legis divinae custodiam (10,12-11,32). Unicum Dei sanctuarium (12). Idololatriae punitio (13). De animalibus mundis et immundis (14,1-21). De decimis (14,22-29). De misericordia in pauperes (15). De festorum celebratione (16,1-17). De iustitiae administratione (16,18-17,13). De rege et prophetis (16,14-18,22). De civitatibus refugii (19). De bello (20). Varia Legis praecepta (21-22). De repudio aliisque Legis divinae mandatis (24-25). De primitiis (26).*—TERTIUS SERMO *(27-30): De foederis renovatione in Hebal (27). Sanctiones Legis divinae (28-30).* CONCLUSIO DEUTERONOMII *(31-34): Postrema Moysis monita (31). Moysis canticum (32). Singularum tribuum benedictio (33). Mors Moysis (34)*

SERMO PRIMUS

(1,1-4,43)

Prooemium

1 1 Haec sunt verba quae locutus est Moyses ad omnem Israel trans Iordanem in solitudine campestri, contra mare Rubrum, inter Pharan et Tophel et Laban et Haseroth, ubi auri est plurimum:
2 undecim diebus de Horeb per viam pontis Seir usque ad Cadesbarne. 3 Quadragesimo anno, undecimo mense, prima die mensis, locutus est Moyses ad filios Israel omnia quae praeceperat illi Dominus, ut diceret eis: 4 postquam percussit Sehon regem Amorrhaeorum, qui habitabat in Hesebon: et Og regem Basan, qui mansit in Astaroth, et in Edrai, 5 trans Iordanem in terra Moab. Coepitque Moyses explanare legem et dicere:

Horeb relinquendus

6 Dominus Deus noster locutus est ad nos in Horeb, dicens: Sufficit vobis quod in hoc monte mansistis: 7 revertimini, et venite ad montem Amorrhaeorum, et ad caetera quae ei proxima sunt campestria atque montana et humiliora loca contra meridiem, et iuxta littus maris, terram Chananaeorum, et Libani usque ad flumen magnum Euphratem. 8 En, inquit,

12. — 7: Tob 7,14. — 11: Num 26,53; 27,5; Ios 17,3. — 13: Num 22,1.

1 1: Num 10,2; 11,35; 13,1; 33,17; Deut 3,17; Ios 3,16; 11,2.16; 12,1.3; 1 Sam 25,1. 2: Num 13,27; 32,8; 33,36; 34,4; Deut 2,14; 9,23. — 3: Num 33,38. — 4: Num 21,21-35; Deut 3,10; Ios 12,4; 13,12.31. — 6: Ex 19,1-2; Num 10,11. — 7: Num 13,30. — 8: Gen 12,7; 13,14-15; 15,18; 17,7-8; 26,3-4; 28,13-14; 50,

tradidi vobis: ingredimini et possidete
eam, super qua iuravit Dominus patribus
vestris Abraham, Isaac, et Iacob, ut daret illam eis, et semini eorum post eos.

De iudicum institutione

9 Dixique vobis illo in tempore: 10 Non
possum solus sustinere vos: quia Dominus Deus vester multiplicavit vos, et estis
hodie sicut stellae caeli, plurimi. 11 (Dominus Deus patrum vestrorum addat ad
hunc numerum multa millia, et benedicat
vobis sicut locutus est.) 12 Non valeo solus negotia vestra sustinere, et pondus ac
iurgia. 13 Date ex vobis viros sapientes et
gnaros, et quorum conversatio sit probata in tribubus vestris, ut ponam eos vobis
principes. 14 Tunc respondistis mihi: Bona res est, quam vis facere. 15 Tulique de
tribubus vestris viros sapientes et nobiles,
et constitui eos principes, tribunos, et
centuriones, et quinquagenarios ac decanos, qui docerent vos singula. 16 Praecepique eis, dicens: Audite illos, et quod iustum est iudicate: sive civis sit ille, sive
peregrinus. 17 Nulla erit distantia personarum; ita parvum audietis ut magnum:
nec accipietis cuiusquam personam, quia
Dei iudicium est. Quod si difficile vobis
visum aliquid fuerit, referte ad me, et ego
audiam. 18 Praecepique omnia quae facere deberetis.

Veniunt in Cadesbarne

19 Profecti autem de Horeb, transivimus per eremum terribilem et maximam,
quam vidistis, per viam montis Amorrhaei, sicut praeceperat Dominus Deus
noster nobis. Cumque venissemus in Cadesbarne, 20 dixi vobis: Venistis ad montem Amorrhaei, quem Dominus Deus
noster daturus est nobis. 21 Vide terram,
quam Dominus Deus tuus dat tibi: ascende et posside eam, sicut locutus est
Dominus Deus noster patribus tuis: noli
timere, nec quidquam paveas. 22 Et accessistis ad me omnes, atque dixistis: Mittamus viros qui considerent terram: et re-
nuntient per quod iter debeamus ascendere, et ad quas pergere civitates. 23 Cumque mihi sermo placuisset, misi ex vobis
duodecim viros, singulos de tribubus suis.
24 Qui cum perrexissent, et ascendissent
in montana, venerunt usque ad Vallem
botri: et considerata terra, 25 sumentes de
fructibus eius, ut ostenderent ubertatem,
attulerunt ad nos, atque dixerunt: Bona
est terra, quam Dominus Deus noster
daturus est nobis.

Murmur populi ob exploratorum verba

26 Et noluistis ascendere, sed increduli
ad sermonem Domini Dei nostri, 27 murmurastis in tabernaculis vestris, atque dixistis: Odit nos Dominus, et idcirco eduxit nos de terra Aegypti, ut traderet nos
in manu Amorrhaei, atque deleret. 28 Quo
ascendemus? nuntii terruerunt cor nostrum, dicentes: Maxima multitudo est,
et nobis statura procerior: urbes magnae,
et ad caelum usque munitae, filios Enacim vidimus ibi. 29 Et dixi vobis: Nolite
metuere, nec timeatis eos: 30 Dominus
Deus, qui ductor est vester, pro vobis ipse
pugnabit, sicut fecit in Aegypto cunctis
videntibus. 31 Et in solitudine (ipse vidisti) portavit te Dominus Deus tuus, ut
solet homo gestare parvulum filium suum,
in omni via per quam ambulastis, donec
veniretis ad locum istum. 32 Et nec sic
quidem credidistis Domino Deo vestro,
33 qui praecessit vos in via, et metatus est
locum in quo tentoria figere deberetis,
nocte ostendens vobis iter per ignem, et
die per columnam nubis.

Ira Dei in populum

34 Cumque audisset Dominus vocem
sermonum vestrorum, iratus iuravit, et
ait: 35 Non videbit quispiam de hominibus generationis huius pessimae terram
bonam, quam sub iuramento pollicitus
sum patribus vestris: 36 praeter Caleb filium Iephone: ipse enim videbit eam, et
ipsi dabo terram, quam calcavit, et filiis
eius, quia secutus est Dominum. 37 Nec
miranda indignatio in populum, cum mihi
quoque iratus Dominus propter vos dixerit: Nec tu ingredieris illuc: 38 sed Iosue
filius Nun minister tuus, ipse intrabit pro
te. Hunc exhortare et robora, et ipse sorte
terram dividet Israeli. 39 Parvuli vestri, de
quibus dixistis quod captivi ducerentur,
et filii qui hodie boni ac mali ignorant
distantiam, ipsi ingredientur: et ipsis dabo
terram, et possidebunt eam. 40 Vos autem
revertimini et abite in solitudinem per
viam maris Rubri.

24. — **10:** Gen 15,5; Ex 18,18; Num 14,14; Deut 10,22. — **11:** Gen 12,2; 22,17; 26,24. — **13-15:** Ex 18,21-25. — **16-17:** Ex 18,26; 23,2-3; Lev 19,15; Deut 16,19; 2 Par 19,6-7; Prov 24, 23; Eccli 42,1; Io 7,24; Iac 2,1.9. — **19:** Deut 8, 15; 32,10; Ier 2,6. — **20-21:** Deut 9,23. — **22-28:** Num 13,2-34. — **26:** Deut 9,23. — **27:** Num 14,1-4; Deut 9,28; Ps 105,25. — **28:** Deut 9, 1-2; Ios 14,8. — **33:** Ex 13,21; Num 10,33-34; 14,14. — **34-36:** Num 14,22-23.28-38; Ios 14, 8-12; Ps 94,11. — **37:** Num 20,12; 27,13-14; Deut 4,21; 32,51; 34,4. — **38:** Num 27,18-20; 34,17; Deut 31,3.7.23. — **39-40:** Num 14,3.25.

Nova populi inobedientia

41 Et respondistis mihi: Peccavimus Domino: ascendemus et pugnabimus, sicut
praecepit Dominus Deus noster. Cumque
instructi armis pergeretis in montem, 42 ait
mihi Dominus: Dic ad eos: Nolite ascendere, neque pugnetis, non enim sum vobiscum: ne cadatis coram inimicis vestris.
43 Locutus sum, et non audistis: sed adversantes imperio Domini, et tumentes
superbia, ascendistis in montem. 44 Itaque
egressus Amorrhaeus, qui habitabat in
montibus, et obviam veniens, persecutus
est vos, sicut solent apes persequi: et cecidit de Seir usque Horma. 45 Cumque reversi ploraretis coram Domino, non audivit vos, nec voci vestrae voluit acquiescere. 46 Sedistis ergo in Cadesbarne multo
tempore.

Edom non laedendus

2 1 Profectique inde venimus in solitudinem, quae ducit ad mare Rubrum,
sicut mihi dixerat Dominus: et circuivimus montem Seir longo tempore. 2 Dixitque Dominus ad me: 3 Sufficit vobis circuire montem istum: ite contra aquilonem: 4 et populo praecipe, dicens: Transibitis per terminos fratrum vestrorum
filiorum Esau, qui habitant in Seir, et
timebunt vos. 5 Videte ergo diligenter ne
moveamini contra eos. Neque enim dabo
vobis de terra eorum quantum potest
unius pedis calcare vestigium, quia in possessionem Esau dedi montem Seir. 6 Cibos emetis ab eis pecunia, et comedetis:
aquam emptam haurietis, et bibetis. 7 Dominus Deus tuus benedixit tibi in omni
opere manuum tuarum: novit iter tuum,
quomodo transieris solitudinem hanc
magnam, per quadraginta annos habitans
tecum Dominus Deus tuus, et nihil tibi
defuit. 8 Cumque transissemus fratres nostros filios Esau, qui habitabant in Seir,
per viam campestrem de Elath, et de
Asiongaber, venimus ad iter quod ducit
in desertum Moab.

Item respectu Moab

9 Dixitque Dominus ad me: Non pugnes contra Moabitas, nec ineas adversus
eos praelium: non enim dabo tibi quidquam de terra eorum, quia filiis Loth tradidi Ar in possessionem. 10 Emim primi
fuerunt habitatores eius, populus magnus,
et validus, et tam excelsus ut de Enacim
stirpe, 11 quasi gigantes crederentur, et
essent similes filiorum Enacim. Denique
Moabitae appellant eos Emim. 12 In Seir
autem prius habitaverunt Horrhaei: quibus expulsis atque deletis, habitaverunt
filii Esau, sicut fecit Israel in terra possessionis suae, quam dedit illi Dominus.
13 Surgentes ergo ut transiremus torrentem Zared, venimus ad eum.

14 Tempus autem, quo ambulavimus de
Cadesbarne usque ad transitum torrentis
Zared, triginta et octo annorum fuit: donec consumeretur omnis generatio hominum bellatorum de castris, sicut iuraverat Dominus: 15 cuius manus fuit adversum eos, ut interirent de castrorum medio.

Traditur terra Sehon

16 Postquam autem universi ceciderunt
pugnatores, 17 locutus est Dominus ad
me, dicens: 18 Tu transibis hodie terminos Moab, urbem nomine Ar: 19 et accedens in vicina filiorum Ammon, cave ne
pugnes contra eos, nec movearis ad praelium: non enim dabo tibi de terra filiorum
Ammon, quia filiis Loth dedi eam in possessionem. 20 Terra gigantum reputata est:
et in ipsa olim habitaverunt gigantes,
quos Ammonitae vocant Zomzommim,
21 populus magnus, et multus, et procerae longitudinis, sicut Enacim, quos delevit Dominus a facie eorum: et fecit illos
habitare pro eis, 22 sicut fecerat filiis Esau,
qui habitant in Seir, delens Horrhaeos, et
terram eorum illis tradens, quam possident usque in praesens. 23 Hevaeos quoque, qui habitabant in Haserim usque Ga-
zan, Cappadoces expulerunt: qui egressi
de Cappadocia deleverunt eos, et habitaverunt pro illis.

24 Surgite, et transite torrentem Arnon:
ecce tradidi in manu tua Sehon regem
Hesebon Amorrhaeum, et terram eius incipe possidere, et committe adversus eum
praelium. 25 Hodie incipiam mittere terrorem atque formidinem tuam in populos, qui habitant sub omni caelo: ut audito nomine tuo paveant, et in morem par-
turientium contremiscant, et dolore te-
neantur.

Terrae Sehon occupatio

26 Misi ergo nuntios de solitudine Cademoth ad Sehon regem Hesebon verbis
pacificis, dicens: 27 Transibimus per ter-

31; Deut 2,1. — **41-45:** Num 14,40.42-45. — **46:** Num 20,1.22; Iud 11,16-17.

2 **1:** Num 14,25; 21,4; Deut 1,40. — **4-6:** Gen 36,8.31-43; Num 20,14-21; Ios 24,4. — **7:** Deut 8,2-4. — **8:** Num 21,4.11; 33,35; Iud 11, 18; 3 Reg 9,26; 22,49; 4 Reg 14,22; 2 Par 26, 2. — **9:** Gen 19,36-37; Num 21,15. — **10:** Gen 14,5; Num 13,23; Deut 1,28. — **12:** Gen 14,6; 36,20-30. — **13:** Num 21,12. — **14:** Num 14,29. 33.35; 26,64; Deut 1,34; Ps 105,26; Ez 20,15. **19:** Gen 10,36.38. — **23:** Gen 10,19; Ios 13,3-4; Am 9,7. — **24:** Num 21,13.21-31; Iud 11,19-22.

ram tuam, publica gradiemur via: non
declinabimus neque ad dexteram, neque
ad sinistram. 28 Alimenta pretio vende
nobis, ut vescamur: aquam pecunia tribue, et sic bibemus. Tantum est ut nobis
concedas transitum, 29 sicut fecerunt filii
Esau, qui habitant in Seir, et Moabitae,
qui morantur in Ar: donec veniamus ad
Iordanem, et transeamus ad terram, quam
Dominus Deus noster daturus est nobis.
30 Noluitque Sehon rex Hesebon dare nobis transitum: quia induraverat Dominus
Deus tuus spiritum eius, et obfirmaverat
cor illius, ut traderetur in manus tuas, sicut nunc vides. 31 Dixitque Dominus ad
me: Ecce coepi tibi tradere Sehon, et terram eius, incipe possidere eam. 32 Egressusque est Sehon obviam nobis cum omni populo suo ad praelium in Iasa. 33 Et
tradidit eum Dominus Deus noster nobis:
percussimusque eum cum filiis suis et omni populo suo. 34 Cunctasque urbes in
tempore illo cepimus, interfectis habitatoribus earum, viris ac mulieribus et parvulis: non reliquimus in eis quidquam.
35 Absque iumentis, quae in partem vene-
re praedantium: et spoliis urbium, quas
cepimus 36 ab Aroer, quae est super ripam torrentis Arnon, oppido quod in valle situm est, usque Galaad. Non fuit vi-
cus et civitas, quae nostras effugeret manus: omnes tradidit Dominus Deus noster nobis. 37 Absque terra filiorum Ammon, ad quam non accessimus: et cunctis
quae adiacent torrenti Ieboc, et urbibus
montanis, universisque locis, a quibus
nos prohibuit Dominus Deus noster.

Terrae Basan occupatio

3 1 Itaque conversi ascendimus per iter
Basan: egressusque est Og rex Basan
in occursum nobis cum populo suo ad
bellandum in Edrai. 2 Dixitque Dominus
ad me: Ne timeas eum: quia in manu tua
traditus est cum omni populo ac terra sua:
faciesque ei sicut fecisti Sehon regi Amorrhaeorum, qui habitavit in Hesebon. 3 Tradidit ergo Dominus Deus noster in manibus nostris etiam Og regem Basan, et
universum populum eius: percussimusque
eos usque ad internecionem, 4 vastantes
cunctas civitates illius uno tempore. Non
fuit oppidum, quod nos effugeret: sexaginta urbes, omnem regionem Argob regni
Og in Basan. 5 Cunctae urbes erant munitae muris altissimis, portisque et vectibus, absque oppidis innumeris, quae non
habebant muros. 6 Et delevimus eos, sicut
feceramus Sehon regi Hesebon, disper-
dentes omnem civitatem, virosque ac mulieres et parvulos: 7 iumenta autem et spolia urbium diripuimus.
8 Tulimusque illo in tempore terram de
manu duorum regum Amorrhaeorum, qui
erant trans Iordanem: a torrente Arnon
usque ad montem Hernon, 9 quem Sidonii Sarion vocant, et Amorrhaei Sanir:
10 omnes civitates, quae sitae sunt in planitie, et universam terram Galaad et Basan usque ad Selcha, et Edrai civitates
regni Og in Basan. 11 Solus quippe Og rex
Basan restiterat de stirpe gigantum. Monstratur lectus eius ferreus, qui est in Rabbath filiorum Ammon, novem cubitos habens longitudinis, et quatuor latitudinis
ad mensuram cubiti virilis manus.

Regio transiordanica assignata tribubus Ruben et Gad et Manasse

12 Terramque possedimus tempore illo
ab Aroer, quae est super ripam torrentis
Arnon, usque ad mediam partem montis
Galaad: et civitates illius dedi Ruben et
Gad. 13 Reliquam autem partem Galaad,
et omnem Basan regni Og, tradidi mediae
tribui Manasse, omnem regionem Argob:
cunctaque Basan vocatur Terra gigantum.
14 Iair filius Manasse possedit omnem regionem Argob usque ad terminos Gessuri et Machati. Vocavitque ex nomine suo
Basan, Havoth Iair, id est, Villas Iair, usque in praesentem diem. 15 Machir quoque dedi Galaad. 16 Et tribubus Ruben et
Gad dedi de terra Galaad usque ad torrentem Arnon medium torrentis, et confinium usque ad torrentem Ieboc, qui est
terminus filiorum Ammon: 17 et planitiem solitudinis, atque Iordanem, et terminos Cenereth usque ad mare deserti,
quod est salsissimum, ad radices montis
Phasga contra orientem.
18 Praecepique vobis in tempore illo,
dicens: Dominus Deus vester dat vobis
terram hanc in haereditatem, expediti
praecedite fratres vestros filios Israel omnes viri robusti: 19 absque uxoribus, et
parvulis, atque iumentis. Novi enim quod
plura habeatis pecora, et in urbibus remanere debebunt, quas tradidi vobis, 20 donec requiem tribuat Dominus fratribus

26: Ios 13,18; 21,37; 1 Par 6,79. — **29:** Num 20,18; Deut 2,5.8-9; 23,3-4; Iud 11,17. — **31:** Am 2,9. — **33:** Num 21,23-32; Deut 29,7. — **34:** Deut 3,6; 29,7-8. — **36:** Deut 3,12; 4,48; Ios 12,2; 13,9.16; Iud 11,26; 2 Sam 24,5. — **37:** Gen 32,22; Num 21,24; Ios 12,2.

3 **1:** Num 21,33-35; Deut 1,4; 29,7. — **2-3:** Num 21,34-35. — **4:** 3 Reg 4,13. — **6:** Ps 134,10-12. — **8:** Deut 4,48; Ios 11,3.17; 12,4. **9:** Deut 4,48; 1 Par 5,23; Cant 4,8; Ez 27,5. **10:** Ios 12,5; 13,11; 1 Par 5,11. — **11:** Gen 6,4; 14,5; Ios 13,25; 2 Sam 11,1; 12,26; Ez 25,5. — **12-13:** Num 32,29.32-42; Ios 13,8-13.29-31. — **14:** Num 32,41; Ios 12,5; 13,11.13. — **15:** Num 32,39. — **17:** Num 34,11; Deut 4,49; Ios 12,3. — **18:** Num 32,20-21; Ios 1,14; 4,12. **19:** Num 32,1.4. — **20:** Ios 22,4. — **21:** Num 27,

vestris, sicut vobis tribuit: et possideant ipsi etiam terram, quam daturus est eis trans Iordanem: tunc revertetur unusquisque in possessionem suam, quam dedi vobis.

Negatur Moysi ingressus in terram Chanaan

21 Iosue quoque in tempore illo praecepi, dicens: Oculi tui viderunt quae fecit
Dominus Deus vester duobus his regibus: sic faciet omnibus regnis, ad quae transiturus es.
22 Ne timeas eos: Dominus enim Deus vester pugnabit pro vobis.
23 Precatusque sum Dominum in tempore illo, dicens:
24 Domine Deus, tu coepisti ostendere servo tuo magnitudinem tuam, manumque fortissimam; neque enim est alius Deus vel in caelo, vel in terra, qui possit facere opera tua, et comparari fortitudini tuae.
25 Transibo igitur, et videbo terram hanc optimam trans Iordanem, et montem istum egregium, et Libanum.
26 Iratusque est Dominus mihi propter vos, nec exaudivit me, sed dixit mihi: Sufficit tibi: nequaquam ultra loquaris de hac re ad me.
27 Ascende cacumen Phasgae, et oculos tuos circumfer ad occidentem, et ad aquilonem, austrumque et orientem, et aspice; nec enim transibis Iordanem istum.
28 Praecipe Iosue, et corrobora eum atque conforta: quia ipse praecedet populum istum, et dividet eis terram quam visurus es.
29 Mansimusque in valle contra fanum Phogor.

Lex fideliter retinenda

4 1 Et nunc, Israel, audi praecepta et iudica, quae ego doceo te: ut faciens ea, vivas, et ingrediens possideas terram, quam Dominus Deus patrum vestrorum daturus est vobis.
2 Non addetis ad verbum, quod vobis loquor, nec auferetis ex eo: custodite mandata Domini Dei vestri, quae ego praecipio vobis.
3 Oculi vestri viderunt omnia quae fecit Dominus contra Beelphegor, quomodo contriverit omnes cultores eius de medio vestri.
4 Vos autem qui adhaeretis Domino Deo vestro, vivitis universi usque in praesentem diem.
5 Scitis quod docuerim vos praecepta atque iustitias, sicut mandavit mihi Dominus Deus meus: sic facietis ea in terra, quam possessuri estis:
6 et observabitis et implebitis opere. Haec est enim vestra sapientia, et intellectus coram populis, ut audientes universa praecepta haec, dicant: En populus sapiens et intelligens, gens magna.
7 Nec est alia natio tam grandis, quae habeat deos appropinquantes sibi, sicut Deus noster adest cunctis obsecrationibus nostris.
8 Quae est enim alia gens sic inclyta, ut habeat caeremonias, iustaque iudicia, et universam legem, quam ego proponam hodie ante oculos vestros?

Legis promulgatio in Horeb

9 Custodi igitur temetipsum, et animam tuam sollicite. Ne obliviscaris verborum, quae viderunt oculi tui, et ne excidant de corde tuo cunctis diebus vitae tuae. Docebis ea filios ac nepotes tuos,
10 a die in quo stetisti coram Domino Deo tuo in Horeb, quando Dominus locutus est mihi, dicens: Congrega ad me populum, ut audiant sermones meos, et discant timere me omni tempore quo vivunt in terra, doceantque filios suos.
11 Et accessistis ad radices montis, qui ardebat usque ad caelum: erantque in eo tenebrae, et nubes, et caligo.
12 Locutusque est Dominus ad vos de medio ignis. Vocem verborum eius audistis, et formam penitus non vidistis.
13 Et ostendit vobis pactum suum, quod praecepit ut faceretis, et decem verba, quae scripsit in duabus tabulis lapideis.
14 Mihique mandavit in illo tempore ut docerem vos caeremonias et iudicia, quae facere deberetis in terra, quam possessuri estis.
15 Custodite igitur sollicite animas vestras. Non vidistis aliquam similitudinem in die, qua locutus est vobis Dominus in Horeb de medio ignis:
16 ne forte decepti faciatis vobis sculptam similitudinem, aut imaginem masculi vel feminae,
17 similitudinem omnium iumentorum, quae sunt super terram, vel avium sub caelo volantium,
18 atque reptilium, quae moventur in terra, sive piscium qui sub terra morantur in aquis:
19 ne forte elevatis oculis ad caelum, videas solem et lunam, et omnia astra caeli, et errore deceptus adores ea et colas quae creavit Dominus Deus tuus in ministerium cunctis gentibus, quae sub caelo sunt.
20 Vos autem tulit Dominus, et eduxit de fornace ferrea Aegypti, ut haberet populum haereditarium, sicut est in praesenti die.

18. — **22:** Ex 14,14. — **25:** Ex 3,8; Ios 1,4. — **26:** Num 20,12; Deut 1,37; 4,21. — **27:** Num 27,12-13; Deut 31,2; 34,4. — **28:** Num 27,22-23; Deut 1,38; 31,7. — **29:** Num 23,28; Deut 4,46; 34,6.

4 **2:** Deut 5,32; 12,32. — **3:** Num 25,3-9. — **6:** Ps 110,10; Prov 1,7; 9,10. — **7:** 2 Sam 7,23; Ps 148,14. — **9:** Ex 12,26-27; Deut 6,7; 11,19; 32,46; Ps 77,3-6. — **10:** Ex 19,9.16; Hebr 12,18-19. — **11:** Ex 19,17-18; 20,18.21; Deut 5,22-23. — **12:** Ex 20,18-22; Deut 4,33.36; 5,4.22. — **13:** Ex 24,12; 31,18; 34,28; Deut 9,9.11. — **14:** Ex 21,1-23.33. — **16:** Ex 20,4; Deut 5,8. — **19:** Deut 17,3; Iob 31,26-28. — **20:** Ex 19,5-6; Deut 9,29; 32,9; 3 Reg 8,51; Ier 11,4.

Legis transgressores puniendi

21 Iratusque est Dominus contra me
propter sermones vestros, et iuravit ut
non transirem Iordanem, nec ingrederer
terram optimam, quam daturus est vobis.
22 Ecce morior in hac humo, non transibo
Iordanem: vos transibitis, et possidebitis
terram egregiam. 23 Cave ne quando obliviscaris pacti Domini Dei tui, quod pepigit tecum: et facias tibi sculptam similitudinem eorum, quae fieri Dominus prohibuit: 24 quia Dominus Deus tuus ignis
consumens est, Deus aemulator.
25 Si genueritis filios ac nepotes, et morati fueritis in terra, deceptique feceritis
vobis aliquam similitudinem, patrantes
malum coram Domino Deo vestro, ut
eum ad iracundiam provocetis: 26 testes
invoco hodie caelum et terram, cito pe-
rituros vos esse de terra, quam transito
Iordane possessuri estis: non habitabitis
in ea longo tempore, sed delebit vos Dominus, 27 atque disperget in omnes gentes, et remanebitis pauci in nationibus, ad
quas vos ducturus est Dominus. 28 Ibique
servietis diis, qui hominum manu fabricati sunt, ligno et lapidi qui non vident, nec
audiunt, nec comedunt, nec odorantur.
29 Cumque quaesieris ibi Dominum Deum
tuum, invenies eum: si tamen toto corde
quaesieris, et tota tribulatione animae
tuae. 30 Postquam te invenerint omnia
quae praedicta sunt, novissimo tempore
reverteris ad Dominum Deum tuum, et
audies vocem eius. 31 Quia Deus misericors Dominus Deus tuus est: non dimittet te, nec omnino delebit, neque obliviscetur pacti, in quo iuravit patribus tuis.

Dei benevolentia in populum

32 Interroga de diebus antiquis, qui fuerunt ante te ex die quo creavit Deus hominem super terram, a summo caelo usque ad summum eius, si facta est aliquando huiuscemodi res, aut unquam cognitum est, 33 ut audiret populus vocem Dei
loquentis de medio ignis, sicut tu audisti
et vixisti: 34 si fecit Deus ut ingrederetur,
et tolleret sibi gentem de medio nationum,
per tentationes, signa atque portenta, per
pugnam et robustam manum, extentumque brachium, et horribiles visiones iuxta
omnia quae fecit pro vobis Dominus Deus
vester in Aegypto, videntibus oculis tuis:
35 ut scires quoniam Dominus ipse est
Deus, et non est alius praeter eum. 36 De
caelo te fecit audire vocem suam, ut
doceret te, et in terra ostendit tibi ignem
suum maximum, et audisti verba illius
de medio ignis, 37 quia dilexit patres tuos,
et elegit semen eorum post eos. Eduxitque
te praecedens in virtute sua magna ex
Aegypto, 38 ut deleret nationes maximas
et fortiores te in introitu tuo: et intro-
duceret te, daretque tibi terram earum
in possessionem, sicut cernis in praesenti
die. 39 Scito ergo hodie, et cogitato in
corde tuo quod Dominus ipse sit Deus
in caelo sursum, et in terra deorsum,
et non sit alius. 40 Custodi praecepta eius
atque mandata, quae ego praecipio tibi:
ut bene sit tibi, et filiis tuis post te, et
permaneas multo tempore super terram
quam Dominus Deus tuus daturus est
tibi.

Civitates refugii in Transiordania separantur

41 Tunc separavit Moyses tres civitates trans Iordanem ad orientalem plagam, 42 ut confugiat ad eas qui occiderit
nolens proximum suum, nec sibi fuerit
inimicus ante unum et alterum diem, et
ad harum aliquam urbium possit evadere:
43 Bosor in solitudine, quae sita est in
terra campestri de tribu Ruben: et Ramoth in Galaad, quae est in tribu Gad:
et Golan in Basan, quae est in tribu Manasse.

SERMO SECUNDUS

(4,44-26,19)

Secundi sermonis prooemium

44 Ista est lex, quam proposuit Moyses
coram filiis Israel: 45 et haec testimonia
et caeremoniae atque iudicia, quae locutus est ad filios Israel, quando egressi
sunt de Aegypto, 46 trans Iordanem in
valle contra fanum Phogor in terra Sehon
regis Amorrhaei, qui habitavit in Hesebon, quem percussit Moyses. Filii quoque Israel egressi ex Aegypto 47 possederunt terram eius, et terram Og regis Basan, duorum regum Amorrhaeorum, qui
erant trans Iordanem ad solis ortum:
48 ab Aroer, quae sita est super ripam
torrentis Arnon, usque ad montem Sion,
qui est et Hermon, 49 omnem planitiem

21: Deut 1,37; 3,26. — **22:** Deut 3,27. — **23:** Deut 4,16. — **24:** Deut 9,3; Hebr 12,29. — **27:** Lev 26,33; Deut 28,30.62.64. — **28:** Ps 113,4-6; 134,15-17; Is 44,9. — **29:** Lev 26,40-42; Deut 30,2-3; 2 Par 15,4; Neh 1,9; Is 55,6-7; Ier 29, 13-14. — **31:** Deut 31,6-8. — **33:** Ex 20,19; Deut 4,12.36; 5,24.26. — **34:** Ex 6,6; 7,3; 15,3-10; Deut 7,8.19; 11,2; 26,8; 29,3; 34,12; Ier 32, 21. — **35:** Mc 12,32. — **36:** Ex 19,9.19; Neh 9, 13. — **37:** Ex 13,21. — **38:** Ex 23,27-28; 34,24; Deut 7,1; 11,23. — **39:** Deut 4,35; Ios 2,11; 2 Par 20,6. — **40:** Deut 5,16; 6,2-3; 11,9; 12, 25.28; 22,7. — **41:** Num 35,6-29; Deut 19,2-13. **43:** Ios 20,8; 21,27.36-37; 1 Par 6,71.78.80. — **46:** Num 21,24; Deut 2,33; 3,29. — **47:** Num 21,33.35; Deut 3,3-4. — **48:** Deut 2,36; 3,9. — **49:** Deut 3,17.

trans Iordanem ad orientalem plagam,
usque ad mare solitudinis, et usque ad
radices montis Phasga.

Promulgatio Decalogi

5 1 Vocavitque Moyses omnem Israelem, et dixit ad eum: Audi, Israel,
caeremonias atque iudicia, quae ego loquor in auribus vestris hodie: discite ea,
et opere complete.
2 Dominus Deus noster pepigit nobiscum foedus in Horeb. 3 Non cum patribus nostris iniit pactum, sed nobiscum
qui in praesentiarum sumus, et vivimus.
4 Facie ad faciem locutus est nobis in
monte de medio ignis. 5 Ego sequester
et medius fui inter Dominum et vos in
tempore illo, ut annuntiarem vobis verba
eius. Timuistis enim ignem, et non ascendistis in montem, et ait:
6 Ego Dominus Deus tuus, qui eduxi
te de terra Aegypti, de domo servitutis.
7 Non habebis deos alienos in conspectu meo.
8 Non facies tibi sculptile, nec similitudinem omnium, quae in caelo sunt desuper, et quae in terra deorsum, et quae
versantur in aquis sub terra. 9 Non adorabis ea, et non coles. Ego enim sum
Dominus Deus tuus: Deus aemulator,
reddens iniquitatem patrum super filios
in tertiam et quartam generationem his
qui oderunt me, 10 et faciens misericordiam in multa millia diligentibus me, et
custodientibus praecepta mea.
11 Non usurpabis nomen Domini Dei
tui frustra: quia non erit impunitus qui
super re vana nomen eius assumpserit.
12 Observa diem sabbati, ut sanctifices
eum, sicut praecepit tibi Dominus Deus
tuus. 13 Sex diebus operaberis, et facies
omnia opera tua. 14 Septimus dies sabbati est, id est, requies Domini Dei tui.
Non facies in eo quidquam operis tu,
et filius tuus, et filia, servus et ancilla,
et bos, et asinus, et omne iumentum
tuum, et peregrinus qui est intra portas
tuas: ut requiescat servus tuus, et ancilla tua, sicut et tu. 15 Memento quod et
ipse servieris in Aegypto, et eduxerit te
inde Dominus Deus tuus in manu forti,
et brachio extento. Idcirco praecepit tibi
ut observares diem sabbati.
16 Honora patrem tuum et matrem, sicut praecepit tibi Dominus Deus tuus,
ut longo vivas tempore, et bene sit tibi
in terra, quam Dominus Deus tuus daturus est tibi.
17 Non occides.
18 Neque moechaberis.
19 Furtumque non facies.
20 Nec loqueris contra proximum tuum
falsum testimonium.
21 Non concupisces uxorem proximi tui:
non domum, non agrum, non servum, non
ancillam, non bovem, non asinum, et universa quae illius sunt.
22 Haec verba locutus est Dominus ad
omnem multitudinem vestram in monte
de medio ignis et nubis, et caliginis, voce
magna, nihil addens amplius: et scripsit
ea in duabus tabulis lapideis, quas tradidit mihi.

Populi timor et preces ad Moysen

23 Vos autem postquam audistis vocem
de medio tenebrarum, et montem ardere
vidistis, accessistis ad me omnes principes
tribuum et maiores natu, atque dixistis:
24 Ecce ostendit nobis Dominus Deus noster maiestatem et magnitudinem suam:
vocem eius audivimus de medio ignis,
et probavimus hodie, quod loquente Deo
cum homine, vixerit homo. 25 Cur ergo
moriemur, et devorabit nos ignis hic maximus? Si enim audierimus ultra vocem
Domini Dei nostri, moriemur. 26 Quid
est omnis caro, ut audiat vocem Dei
viventis, qui de medio ignis loquitur sicut
audivimus, et possit vivere? 27 Tu magis
accede: et audi cuncta quae dixerit Dominus Deus noster tibi: loquerisque ad
nos, et nos audientes faciemus ea.

Dei responsum

28 Quod cum audisset Dominus, ait ad
me: Audivi vocem verborum populi huius
quae locuti sunt tibi: bene omnia sunt
locuti. 29 Quis det talem eos habere mentem, ut timeant me, et custodiant universa
mandata mea in omni tempore, ut bene
sit eis et filiis eorum in sempiternum?
30 Vade et dic eis: Revertimini in tentoria
vestra. 31 Tu vero hic sta mecum, et loquar tibi omnia mandata mea, et caeremonias atque iudicia: quae docebis eos,
ut faciant ea in terra, quam dabo illis
in possessionem. 32 Custodite igitur et
facite quae praecepit Dominus Deus vo-

5 **2:** Ex 19,5; Deut 4,23; 29,1. — **4:** Ex 33, 11; Num 14,14; Deut 54,10. — **5:** Ex 19, 16; 20,18.21; 24,2. — **6-21:** Ex 20,2-17. — **6:** Lev 26,1; Ps 80,11. — **7:** Deut 11,16.28; Ps 80, 10. — **8:** Lev 26,1; Deut 27,15; Ps 96,7. — **9:** Ex 34,14. — **10:** Ex 20,6; Deut 7,9; Ier 32,18. **11:** Lev 19,12; Mt 5,33. — **14:** Gen 2,2; Ex 20, 8; 23,12; Hebr 4,4. — **15:** Deut 15,15; 16,12; 24,18.22. — **16:** Eccli 3,9; Mt 15,4; Mc 7,10; Lc 18,20; Eph 6,2. — **17-20:** Mt 5,21.27; Lc 18, 20; Iac 2,11. — **21:** Mt 5,28; Rom 7,7. — **22:** 10-11. — **24:** Deut 4,33. — **25:** Deut 18,16. — **26:** Ios 3,10; Ps 41,3; Mt 16,16. — **27:** Ex 20, 19. — **28:** Deut 18,17. — **31:** Gal 3,19. — **32:** Deut 4,2; 28,14. — **33:** Deut 4,40.

bis: non declinabitis neque ad dexteram,
neque ad sinistram: 33 sed per viam, quam
praecepit Dominus Deus vester, ambulabitis, ut vivatis, et bene sit vobis, et
protelentur dies in terra possessionis vestrae.

Deus timendus imo et diligendus ex toto corde

6 1 Haec sunt praecepta, et caeremoniae, atque iudicia, quae mandavit
Dominus Deus vester ut docerem vos,
et faciatis ea in terra, ad quam transgredimini possidendam: 2 ut timeas Dominum Deum tuum, et custodias omnia
mandata et praecepta eius, quae ego
praecipio tibi, et filiis, ac nepotibus tuis,
cunctis diebus vitae tuae, ut prolongentur dies tui. 3 Audi, Israel, et observa
ut facias quae praecepit tibi Dominus,
et bene sit tibi, et multipliceris amplius,
sicut pollicitus est Dominus Deus patrum
tuorum tibi terram lacte et melle manantem.
4 Audi, Israel, Dominus Deus noster,
Dominus unus est. 5 Diliges Dominum
Deum tuum ex todo corde tuo, et ex
tota anima tua, et ex tota fortitudine
tua. 6 Eruntque verba haec, quae ego
praecipio tibi hodie, in corde tuo: 7 et
narrabis ea filiis tuis, et meditaberis in
eis sedens in domo tua, et ambulans in
itinere, dormiens atque consurgens. 8 Et
ligabis ea quasi signum manu tua, eruntque et movebuntur inter oculos tuos,
9 scribesque ea in limine, et ostiis domus
tuae.

Domini praecepta observanda

10 Cumque introduxerit te Dominus
Deus tuus in terram, pro qua iuravit
patribus tuis Abraham, Isaac, et Iacob:
et dederit tibi civitates magnas et optimas,
quas non aedificasti, 11 domos plenas cunctarum opum, quas non extruxisti, cisternas, quas non fodisti, vineta et oliveta,
quae non plantasti, 12 et comederis, et
saturatus fueris: 13 cave diligenter ne obliviscaris Domini, qui eduxit te de terra
Aegypti, de domo servitutis. Dominum
Deum tuum timebis, et illi soli servies,
ac per nomen illius iurabis. 14 Non ibitis
post deos alienos cunctarum gentium,
quae in circuitu vestro sunt: 15 quoniam
Deus aemulator Dominus Deus tuus in
medio tui: nequando irascatur furor Domini Dei tui contra te, et auferat te de
superficie terrae.
16 Non tentabis Dominum Deum tuum,
sicut tentasti in loco tentationis. 17 Custodi praecepta Domini Dei tui, ac testimonia et caeremonias, quas praecepit tibi:
18 et fac quod placitum est et bonum in
conspectu Domini, ut bene sit tibi: et
ingressus possideas terram optimam, de
qua iuravit Dominus patribus tuis, 19 ut
deleret omnes inimicos tuos coram te,
sicut locutus est.

Filii edocendi

20 Cumque interrogaverit te filius tuus
cras, dicens: Quid sibi volunt testimonia
haec, et caeremoniae, atque iudicia, quae
praecepit Dominus Deus noster nobis?
21 dices ei: Servi eramus Pharaonis in
Aegypto, et eduxit nos Dominus de
Aegypto in manu forti: 22 fecitque signa
atque prodigia magna et pessima in
Aegypto contra Pharaonem, et omnem
domum illius in conspectu nostro, 23 et
eduxit nos inde, ut introductis daret terram, super qua iuravit patribus nostris.
24 Praecepitque nobis Dominus ut faciamus omnia legitima haec, et timeamus
Dominum Deum nostrum, ut bene sit
nobis cunctis diebus vitae nostrae, sicut
est hodie. 25 Eritque nostri misericors,
si custodierimus et fecerimus omnia praecepta eius coram Domino Deo nostro,
sicut mandavit nobis.

Idololatria exterminanda

7 1 Cum introduxerit te Dominus Deus
tuus in terram, quam possessurus
ingredieris, et deleverit gentes multas coram te, Hethaeum, et Gergezaeum, et
Amorrhaeum, Chananaeum, et Pherezaeum, et Hevaeum, et Iebusaeum, septem gentes multo maioris numeri quam
tu es, et robustiores te: 2 tradideritque eas
Dominus Deus tuus tibi, percuties eas
usque ad internecionem. Non inibis cum
eis foedus, nec misereberis earum, 3 neque sociabis cum eis coniugia. Filiam
tuam non dabis filio eius, nec filiam illius accipies filio tuo: 4 quia seducet filium
tuum, ne sequatur me, et ut magis serviat
diis alienis: irasceturque furor Domini

6 **1:** Deut 4,1; 5,31; 12,1. — **2:** Deut 4,40; 5,29; 10,12.20; 13,4; Ps 127,1; Eccl 12,13. **3:** Gen 15,5; 22,17; 26,4; 28,14; Ex 32,13. — **4:** Mc 12,29. — **5:** Deut 10,12; 11,13; Mt 22, 37; Mc 12,30; Lc 10,27. || Bulla Pii V: D 1.076. **6:** Deut 11,18; 32,46. — **7:** Deut 4,9. — **8:** Ex 13,9.16; Deut 11,18; Prov 7,3; Mt 23,5. — **9:** Deut 11,20. — **10-11:** Ios 24, 13. — **13:** Deut 5, 6; 8,11; 10,20; Mt 4,10; Lc 4,8. — **14:** Deut 8, 19; 11,16.28; 13,2-3.7. — **15:** Ex 20,5. — **16:** Ex 24,12; 31,18; Deut 4,11-12; 9,17.2-7; Num 20, 1-13; Mt 4,7; Lc 4,12. — **19:** Ex 23,27-30; 34, 11; Num 33,52-53. — **20:** Ex 12,26; 13,14. — **21:** Ex 20,2; Deut 4,34. — **24:** Deut 4,40; 6,2; 8,1; 10,12-13.

7 **1:** Ex 23,23; 33,2; Deut 4,38; 9,1; 11,23; 31,3. — **2:** Ex 23,32; 34,12; Deut 20,17. —

et delebit te cito. 5 Quin potius haec
facietis eis: Aras eorum subvertite, et
confringite statuas, lucosque succidite,
et sculptilia comburite. 6 Quia populus
sanctus es Domino Deo tuo.

Israel electus ex Dei bonitate

Te elegit Dominus Deus tuus, ut sis
ei populus peculiaris de cunctis populis,
qui sunt super terram. 7 Non quia cunctas gentes numero vincebatis, vobis iunctus est Dominus, et elegit vos, cum omnibus sitis populis pauciores: 8 sed quia
dilexit vos Dominus, et custodivit iuramentum, quod iuravit patribus vestris:
eduxitque vos in manu forti, et redemit
de domo servitutis, de manu Pharaonis
regis Aegypti. 9 Et scies, quia Dominus
Deus tuus, ipse est Deus fortis et fidelis,
custodiens pactum et misericordiam diligentibus se, et his qui custodiunt praecepta eius in mille generationes: 10 et
reddens odientibus se statim, ita ut disperdat eos, et ultra non differat, protinus
eis restituens quod merentur. 11 Custodi
ergo praecepta et caeremonias atque iudicia, quae ego mando tibi hodie ut facias.

Praeceptorum observantia eiusque merces

12 Si postquam audieris haec iudicia,
custodieris ea, et feceris, custodiet et
Dominus Deus tuus pactum tibi, et misericordiam quam iuravit patribus tuis:
13 et diliget te, ac multiplicabit, benedicetque fructui ventris tui, et fructui terrae tuae, frumento tuo, atque vindemiae,
oleo, et armentis, gregibus ovium tuarum super terram, pro qua iuravit patribus tuis ut daret eam tibi. 14 Benedictus
eris inter omnes populos. Non erit apud
te sterilis utriusque sexus, tam in hominibus quam in gregibus tuis. 15 Auferet
Dominus a te omnem languorem: et infirmitates Aegypti pessimas, quas novisti,
non inferet tibi, sed cunctis hostibus tuis.
16 Devorabis omnes populos, quos Dominus Deus tuus daturus est tibi. Non parcet eis oculus tuus, nec servies diis eorum,
ne sint in ruinam tui.

Deus auxilium praestabit contra Chananaeos

17 Si dixeris in corde tuo. Plures sunt
gentes istae quam ego, quo modo potero
delere eas? 18 noli metuere, sed recordare quae fecerit Dominus Deus tuus
Pharaoni, et cunctis Aegyptiis, 19 plagas
maximas, quas viderunt oculi tui, et signa atque portenta, manumque robustam,
et extentum brachium, ut educeret te Dominus Deus tuus: sic faciet cunctis populis, quos metuis. 20 Insuper et crabrones
mittet Dominus Deus tuus in eos, donec
deleat omnes atque disperdat qui te fugerint, et latere potuerint. 21 Non timebis
eos, quia Dominus Deus tuus in medio
tui est, Deus magnus et terribilis: 22 ipse
consumet nationes has in conspectu tuo
paulatim atque per partes. Non poteris
eas delere pariter: ne forte multiplicentur
contra te bestiae terrae. 23 Dabitque eos
Dominus Deus tuus in conspectu tuo:
et interficiet illos, donec penitus deleantur. 24 Tradetque reges eorum in manus
tuas, et disperdes nomina eorum sub caelo: nullus poterit resistere tibi, donec
conteras eos. 25 Sculptilia eorum igne combures: non concupisces argentum et aurum, de quibus facta sunt, neque assumes
ex eis tibi quidquam, ne offendas, propterea quia abominatio est Domini tui.
26 Nec inferes quippiam ex idolo in domum tuam, ne fias anathema, sicut et
illud est. Quasi spurcitiam detestaberis,
et velut inquinamentum ac sordes abominationi habebis, quia anathema est.

Dei beneficia recordanda

8 1 Omne mandatum, quod ego praecipio tibi hodie, cave diligenter ut
facias, ut possitis vivere, et multiplicemini,
ingressique possideatis terram, pro qua
iuravit Dominus patribus vestris. 2 Et recordaberis cuncti itineris, per quod adduxit te Dominus Deus tuus quadraginta annis per desertum, ut affligeret te,
atque tentaret, et nota fierent quae in tuo
animo versabantur, utrum custodires mandata illius, an non. 3 Afflixit te penuria,
et dedit tibi cibum manna, quod ignora-
bas tu et patres tui: ut ostenderet tibi
quod non in solo pane vivat homo, sed
in omni verbo quod egreditur de ore Dei.
4 Vestimentum tuum, quo operiebaris, nequaquam vetustate defecit, et pes tuus
non est subtritus: en quadragesimus annus
est. 5 Ut recogites in corde tuo, quia sicut
erudit filium suum homo, sic Dominus
Deus tuus erudivit te, 6 ut custodias man-

3-4: Ex 34,16; 3 Reg 11,1-2. — **5:** Ex 23,24; 34,13; Deut 12,3; 16,21. — **6:** Ex 19,6; 22,31; Deut 14,2; 26,18; 28,9; Is 62,12. — **8:** Ex 32,13; Deut 10,15; Ps 104,8-11; Lc 1,72-73. — **9-10:** Ex 20,6; Deut 5,9-10. — **11:** Deut 10,13. — **12-16:** Ex 23,22-31; Lev 26,3-13; Deut 28,1-14. — **13:** Deut 30,9. — **15:** Ex 9,14; 15,26; Deut 28,27.60. — **16:** Ex 23,33. — **17-18:** Deut 1,28-29. — **19:** Deut 4,34. — **20:** Ex 23,28-30; 33,2; Ios 24,12. — **21:** Num 11,20; 14,14; Deut 6,15. — **22:** Ex 23,29-30. — **23:** Deut 7,2. — **24:** Deut 11,25; Ios 1,5; 10,8.24.42; 11,12; 12,1; 21,42; 23,9. — **25:** Ex 32,20; Deut 7,5; 12,3; Ios 7,1.1; 2 Mach 12,40. — **26:** Lev 27,28-29; Deut 13,17; Ios 6,17-18; 7,1.11-13.

8 **1:** Deut 4,1; 5,32-33; 6,1.3. — **2:** Deut 1,3; 2,7; 29,5; Am 2,10. — **3:** Ex 16,2-3.12-15.35; Num 11,6-9; Mt 4,4; Lc 4,4. — **4:** Deut

data Domini Dei tui, et ambules in viis
eius, et timeas eum.
7 Dominus enim Deus tuus introducet
te in terram bonam, terram rivorum,
aquarumque et fontium: in cuius campis et montibus erumpunt fluviorum abyssi: 8 terram frumenti, hordei ac vinearum,
in qua ficus, et malogranata, et oliveta
nascuntur: terram olei ac mellis. 9 Ubi
absque ulla penuria comedes panem tuum,
et rerum omnium abundantia perfrueris:
cuius lapides ferrum sunt, et de montibus eius aeris metalla fodiuntur: 10 ut
cum comederis, et satiatus fueris, benedicas Domino Deo tuo pro terra optima
quam dedit tibi.

Nunquam oblivioni tradenda

11 Observa, et cave nequando obliviscaris Domini Dei tui, et negligas mandata
eius atque iudicia et caeremonias, quas
ego praecipio tibi hodie: 12 ne postquam
comederis et satiatus fueris, domos pulchras aedificaveris, et habitaveris in eis,
13 habuerisque armenta boum, et ovium
greges, argenti et auri, cunctarumque
rerum copiam, 14 elevetur cor tuum, et non
reminiscaris Domini Dei tui, qui eduxit
te de terra Aegypti, de domo servitutis:
15 et ductor tuus fuit in solitudine magna
atque terribili, in qua erat serpens flatu
adurens, et scorpio, ac dipsas, et nullae
omnino aquae: qui eduxit rivos de petra
durissima, 16 et cibavit te manna in solitudine, quod nescierunt patres tui. Et postquam afflixit ac probavit, ad extremum
misertus est tui, 17 ne diceres in corde
tuo: Fortitudo mea, et robur manus meae,
haec mihi omnia praestiterunt. 18 Sed recorderis Domini Dei tui, quod ipse vires
tibi praebuerit, ut impleret pactum suum,
super quo iuravit patribus tuis, sicut praesens indicat dies. 19 Sin autem oblitus
Domini Dei tui, secutus fueris deos alienos, coluerisque illos et adoraveris: ecce
nunc praedico tibi quod omnino dispe-
reas. 20 Sicut Gentes, quas delevit Dominus in introitu tuo, ita et vos peribitis,
si inobedientes fueritis voci Domini Dei
vestri.

Pro Hebraeis Deus pugnabit contra Chananaeos

9 1 Audi, Israel: Tu transgredieris hodie Iordanem, ut possideas nationes
maximas et fortiores te, civitates ingentes, et ad caelum usque muratas, 2 populum magnum atque sublimem, filios Enacim, quos ipse vidisti et audisti, quibus
nullus potest ex adverso resistere. 3 Scies
ergo hodie quod Dominus Deus tuus
ipse transibit ante te, ignis devorans atque
consumens, qui conterat eos, et deleat
atque disperdat ante faciem tuam velociter, sicut locutus est tibi. 4 Ne dicas
in corde tuo, cum deleverit eos Dominus
Deus tuus in conspectu tuo: Propter iustitiam meam introduxit me Dominus ut
terram hanc possiderem, cum propter impietates suas istae deletae sint nationes.
5 Neque enim propter iustitias tuas, et
aequitatem cordis tui ingredieris, ut possideas terras earum: sed quia illae egerunt impie, introeunte te deletae sunt:
et ut compleret verbum suum Dominus,
quod sub iuramento pollicitus est patribus tuis, Abraham, Isaac, et Iacob. 6 Scito
ergo quod non propter iustitias tuas Dominus Deus tuus dederit tibi terram hanc
optimam in possessionem, cum durissi-
mae cervicis sis populus.

Recordatio populi rebellionum

7 Memento, et ne obliviscaris, quomodo ad iracundiam provocaveris Dominum
Deum tuum in solitudine. Ex eo die, quo
egressus es ex Aegypto usque ad locum
istum, semper adversum Dominum con-
tendisti. 8 Nam et in Horeb provocasti
eum, et iratus delere te voluit, 9 quando
ascendi in montem, ut acciperem tabulas
lapideas, tabulas pacti quod pepigit vobiscum Dominus: et perseveravi in monte
quadraginta diebus ac noctibus, panem
non comedens, et aquam non bibens.
10 Deditque mihi Dominus duas tabulas
lapideas scriptas digito Dei, et continentes omnia verba quae vobis locutus est
in monte de medio ignis, quando concio
populi congregata est. 11 Cumque transissent quadraginta dies, et totidem noctes,
dedit mihi Dominus duas tabulas lapideas, tabulas foederis, 12 dixitque mihi:
Surge, et descende hinc cito: quia populus tuus, quem eduxisti de Aegypto, deseruerunt velociter viam, quam demonstrasti eis, feceruntque sibi conflatile. 13 Rursumque ait Dominus ad me: Cerno quod
populus iste durae cervicis sit: 14 dimitte
me ut conteram eum, et deleam nomen
eius de sub caelo, et constituam te super
gentem, quae hac maior et fortior sit.

29,5; Neh 9,21. — **7:** Deut 11,10-12. — **12:** Deut 6,11-12. — **14:** Ex 20,2. — **15:** Ex 15,23; 17,2.6; Num 20,2.9-11; 21,6; Deut 1,19; Ps 77,15; Sap 11,4. — **16:** Deut 8,3. — **17:** Deut 9,4; 32,27. — **18:** Deut 4,31; 7,8.12. — **19:** Deut 4,26; 30,18; 3 Reg 9,7.

9 **1:** Deut 1,28; 4,38; 11,31; 12,10; Ios 1,11. **2:** Num 13,23.33-34. — **3:** Ex 23,27-28; Deut 31,3. — **4:** Gen 15,16; Deut 8,17; 18,12. **5:** Gen 50,23. — **6:** Ex 32,9. — **7:** Ex 14,11; 15,24; 16,2; 17,2; Num 11,4; 14,2.11.41; 20,2; 21,5; 25,1-3; Deut 9,24; 31,27. — **8:** Ex 32,4; Ps 105,19. — **9:** Ex 24,12.15.18; 34,28. — **10:** Ex 31,18. — **12-14:** Ex 32,7-10. — **15:** Ex 19,

Moyses pro populo et pro fratre intercessor

15 Cumque de monte ardente descen-
derem, et duas tabulas foederis utraque
tenerem manu, 16 vidissemque vos peccas-
se Domino Deo vestro, et fecisse vobis
vitulum conflatilem, ac deseruisse velociter viam eius, quam vobis ostenderat:
17 proieci tabulas de manibus meis, con-
fregique eas in conspectu vestro. 18 Et
procidi ante Dominum sicut prius, quadraginta diebus et noctibus panem non
comedens, et aquam non bibens, propter
omnia peccata vestra quae gessistis contra Dominum, et eum ad iracundiam
provocastis: 19 timui enim indignationem
et iram illius, qua adversum vos concitatus, delere vos voluit. Et exaudivit me
Dominus etiam hac vice. 20 Adversum
Aaron quoque vehementer iratus, voluit
eum conterere, et pro illo similiter deprecatus sum. 21 Peccatum autem vestrum quod feceratis, id est, vitulum, ar-
ripiens, igne combussi, et in frusta comminuens, omninoque in pulverem redigens, proieci in torrentem, qui de monte
descendit.
22 In incendio quoque, et in tentatione, et in Sepulchris concupiscentiae provocastis Dominum: 23 et quando misit
vos de Cadesbarne, dicens: Ascendite,
et possidete terram, quam dedi vobis,
et contempsistis imperium Domini Dei
vestri, et non credidistis ei, neque vocem
eius audire voluistis: 24 sed semper fuistis
rebelles a die qua nosse vos coepi.
25 Et iacui coram Domino quadraginta diebus ac noctibus, quibus eum sup-
pliciter deprecabar, ne deleret vos ut
fuerat comminatus: 26 et orans dixi: Domine Deus, ne disperdas populum tuum,
et haereditatem tuam, quam redemisti in
magnitudine tua, quos eduxisti de Aegypto in manu forti. 27 Recordare servorum
tuorum Abraham, Isaac, et Iacob: ne
aspicias duritiam populi huius, et impietatem atque peccatum: 28 ne forte dicant
habitatores terrae, de qua eduxisti nos:
Non poterat Dominus introducere eos in
terram, quam pollicitus est eis, et oderat
illos: idcirco eduxit, ut interficeret eos in
solitudine. 29 Qui sunt populus tuus et
haereditas tua, quos eduxisti in fortitudine tua magna, et in brachio tuo extento.

Novae tabulae Decalogi

10 1 In tempore illo dixit Dominus
ad me: Dola tibi duas tabulas lapideas, sicut priores fuerunt, et ascende
ad me in montem: faciesque arcam lig-
neam, 2 et scribam in tabulis verba quae
fuerunt in his quas ante confregisti, ponesque eas in arca. 3 Feci igitur arcam
de lignis setim. Cumque dolassem duas
tabulas lapideas instar priorum, ascendi
in montem, habens eas in manibus.
4 Scripsitque in tabulis, iuxta id quod prius
scripserat, verba decem, quae locutus est
Dominus ad vos in monte de medio ignis,
quando populus congregatus est: et dedit
eas mihi. 5 Reversusque de monte, descendi, et posui tabulas in arcam, quam
feceram, quae hucusque ibi sunt, sicut
mihi praecepit Dominus.
6 Filii autem Israel moverunt castra
ex Beroth filiorum Iacan in Mosera, ubi
Aaron mortuus ac sepultus est, pro quo,
sacerdotio functus est Eleazar filius eius.
7 Inde venerunt in Gadgad: de quo loco
profecti, castrametati sunt in Ietebatha,
in terra aquarum atque torrentium.

Levitarum electio

8 Eo tempore separavit tribum Levi,
ut portaret arcam foederis Domini, et
staret coram eo in ministerio, ac benediceret in nomine illius usque in praesentem
diem. 9 Quam ob rem non habuit Levi
partem, neque possessionem cum fratribus suis: quia ipse Dominus possessio
eius est, sicut promisit ei Dominus Deus
tuus.
10 Ego autem steti in monte, sicut prius,
quadraginta diebus ac noctibus: exaudivitque me Dominus etiam hac vice, et te
perdere noluit. 11 Dixitque mihi: Vade,
et praecede populum, ut ingrediatur, et
possideat terram, quam iuravi patribus
eorum ut traderem eis.

Exhortatio ad Dei amorem et eius legis custodiam

12 Et nunc Israel, quid Dominus Deus
tuus petit a te, nisi ut timeas Dominum
Deum tuum, et ambules in viis eius, et
diligas eum, ac servias Domino Deo tuo
in toto corde tuo, et in tota anima tua:
13 custodiasque mandata Domini, et caere-

18; 32,15; Deut 4,11; 5,23. — **16-17:** Ex 32,10. **18:** Ex 32,11.31; 34,5-9.28. — **19:** Ex 32,10.14; 33,17; Deut 10,10; Hebr 12,21. — **21:** Ex 32, 20. — **22:** Ex 17,7; Num 11,1-3.34. — **23:** Num 13,3.18.27; 14,1-4; Ps 105,24-25. — **26-27:** Ex 32,11-13. — **28:** Num 14,14-16. — **29:** Ex 6,6-7; Deut 4,20.

10 **1:** Ex 25,10; 34,1-2. — **2:** Ex 25,16.21; 32,19. — **3:** Ex 34,4; 37,1.4; Ex 20,1-17; 34,28. — **5:** Ex 34,29; 40,20; 3 Reg 8,9. — **6:** Num 10,28-29; 33,31.28. — **7:** Num 33,32-33. **8:** Num 3,6; 4,1.15; 6,23-27; 8,13-14; 16,9. — **9:** Num 18,20. — **10:** Deut 9,9.18-19.25. — **11:** Ex 32,34; 33,1. — **12:** Deut 6,2.5. — **13:** Deut 7,

monias eius, quas ego hodie praecipio
tibi, ut bene sit tibi? 14 En Domini Dei
tui caelum est, et caelum caeli, terra et
omnia, quae in ea sunt: 15 et tamen patribus tuis conglutinatus est Dominus, et
amavit eos, elegitque semen eorum post
eos, id est vos, de cunctis gentibus, sicut
hodie comprobatur.
16 Circumcidite igitur praeputium cordis vestri, et cervicem vestram ne indu-
retis amplius: 17 quia Dominus Deus vester ipse est Deus deorum, et Dominus
dominantium, Deus magnus et potens,
et terribilis, qui personam non accipit,
nec munera. 18 Facit iudicium pupillo et
viduae, amat peregrinum, et dat ei victum atque vestitum. 19 Et vos ergo amate
peregrinos, quia et ipsi fuistis advenae
in terra Aegypti. 20 Dominum Deum tuum
timebis, et ei soli servies: ipsi adhaerebis,
iurabisque in nomine illius. 21 Ipse est
laus tua, et Deus tuus, qui fecit tibi haec
magnalia et terribilia, quae viderunt oculi
tui. 22 In septuaginta animabus descenderunt patres tui in Aegyptum, et ecce
nunc multiplicavit te Dominus Deus tuus
sicut astra caeli.

11 1 Ama itaque Dominum Deum
tuum, et observa praecepta eius et
caeremonias, iudicia atque mandata omni
tempore. 2 Cognoscite hodie quae ignorant filii vestri, qui non viderunt disciplinam Domini Dei vestri, magnalia eius
et robustam manum, extentumque brachium, 3 signa et opera quae fecit in medio Aegypti Pharaoni regi, et universae
terrae eius, 4 omnique exercitui Aegyptiorum, et equis ac curribus: quomodo operuerint eos aquae maris Rubri, cum vos
persequerentur, et deleverit eos Dominus
usque in praesentem diem: 5 vobisque
quae fecerit in solitudine donec veniretis
ad hunc locum: 6 et Dathan atque Abiron
filiis Eliab, qui fuit filius Ruben: quos
aperto ore suo terra absorbuit, cum domibus et tabernaculis, et universa substantia
eorum, quam habebant in medio Israel.

In terra promissa Deo fideliter serviendum

7 Oculi vestri viderunt omnia opera Domini magna quae fecit, 8 ut custodiatis
universa mandata illius, quae ego hodie
praecipio vobis, et possitis introire, et
possidere terram, ad quam ingredimini,
9 multoque in ea vivatis tempore: quam
sub iuramento pollicitus est Dominus patribus vestris, et semini eorum, lacte et
melle manantem. 10 Terra enim, ad quam
ingredieris possidendam, non est sicut terra
Aegypti, de qua existi, ubi iacto semine
in hortorum morem aquae ducuntur irri-
guae: 11 sed montuosa est et campestris, de
caelo expectans pluvias, 12 quam Dominus
Deus tuus semper invisit, et oculi illius
in ea sunt a principio anni usque ad
finem eius.
13 Si ergo obedieritis mandatis meis,
quae ego hodie praecipio vobis, ut diligatis Dominum Deum vestrum, et serviatis ei in toto corde vestro, et in tota anima
vestra: 14 dabit pluviam terrae vestrae
temporaneam et serotinam, ut colligatis
frumentum, et vinum, et oleum, 15 foe-
numque ex agris ad pascenda iumenta, et
ut ipsi comedatis ac saturemini. 16 Cavete
ne forte decipiatur cor vestrum, et recedatis a Domino, serviatisque diis alienis,
et adoretis eos: 17 iratusque Dominus
claudat caelum, et pluviae non descendant, nec terra det germen suum, perea-
tisque velociter de terra optima, quam
Dominus daturus est vobis.
18 Ponite haec verba mea in cordibus
et in animis vestris, et suspendite ea pro
signo in manibus, et inter oculos vestros
collocate. 19 Docete filios vestros ut illa
meditentur: quando sederis in domo tua,
et ambulaveris in via, et accubueris atque surrexeris. 20 Scribes ea super postes
et ianuas domus tuae: 21 ut multiplicentur
dies tui, et filiorum tuorum in terra, quam
iuravit Dominus patribus tuis, ut daret
eis quamdiu caelum imminet terrae.

Benedictio et maledictio in oculis populi

22 Si enim custodieritis mandata quae
ego praecipio vobis, et feceritis ea, ut
diligatis Dominum Deum vestrum, et ambuletis in omnibus viis eius, adhaerentes
ei, 23 disperdet Dominus omnes gentes
istas ante faciem vestram, et possidebitis
eas, quae maiores et fortiores vobis sunt.
24 Omnis locus, quem calcaverit pes vester,
vester erit. A deserto, et a Libano, a
flumine magno Euphrate usque ad mare
occidentale erunt termini vestri. 25 Nullus
stabit contra vos: terrorem vestrum et

11. — **14:** Neh 9,6; Ps 113,16. — **15:** Deut 4,37; 7,6-8. — **16:** Deut 30,6; Rom 2,29. — **17:** 2 Par 19,7; Iob 34,19; Sap 6,8; Eccli 35,15; Act 10,34; Rom 2,11; Gal 2,6. — **19:** Ex 22,21; 23,9; Lev 19,33-34. — **20:** Deut 6,13; Mt 4,10; Lc 4,8. — **22:** Gen 46,27; Ex 1,5; Act 7,14.

11 **3:** Deut 4,34; 6,22; 7,19; Ps 77,42-51. — **4:** Ex 14,25-28; 15,9-10; Ps 77,53; 105, 11. — **5:** Ps 77,14-20. — **6:** Num 16,1.31-34. — **9:** Ex 3,8; Deut 1,8; 4,40. — **11:** Deut 8,7. — **13:** Deut 6,5; 10,12. — **14:** Lev 26,4; Deut 28,12. — **15:** Ps 103,14. — **16:** Deut 6,14. — **17:** Deut 4,26; 3 Reg 8,35. — **18:** Deut 6,6 — 8. — **20:** Deut 6,9. — **21:** Deut 4,40. — **22:** Deut 6-17; 10,12-13.20. — **23:** Deut 4,38; 7,1; 9,1. — **24:** Ex 23,31; Ios 1,3-4. — **25:** Ex 23,27; Deut 2,

formidinem dabit Dominus Deus vester
super omnem terram quam calcaturi estis,
sicut locutus est vobis.
26 En propono in conspectu vestro hodie benedictionem et maledictionem:
27 benedictionem, si obedieritis mandatis
Domini Dei vestri, quae ego hodie praecipio vobis: 28 maledictionem, si non obedieritis mandatis Domini Dei vestri, sed
recesseritis de via, quam ego nunc os-
tendo vobis, et ambulaveritis post deos
alienos, quos ignoratis. 29 Cum vero introduxerit te Dominus Deus tuus in terram, ad quam pergis habitandam, pones
benedictionem super montem Garizim,
maledictionem super montem Hebal:
30 qui sunt trans Iordanem, post viam
quae vergit ad solis occubitum in terra
Chananaei, qui habitat in campestribus
contra Galgalam, quae est iuxta vallem
tendentem et intrantem procul. 31 Vos
enim transibitis Iordanem, ut possideatis
terram quam Dominus Deus vester daturus est vobis, ut habeatis et possideatis
illam. 32 Videte ergo ut impleatis caeremonias atque iudicia, quae ego hodie ponam
in conspectu vestro.

Unicum sanctuarium in Israel

12 1 Haec sunt praecepta atque iudicia, quae facere debetis in terra,
quam Dominus Deus patrum tuorum
daturus est tibi, ut possideas eam cunctis
diebus, quibus super humum gradieris.
2 Subvertite omnia loca, in quibus coluerunt gentes, quas possessuri estis, deos
suos super montes excelsos, et colles, et
subter omne lignum frondosum. 3 Dissipate aras eorum, et confringite statuas,
lucos igne comburite, et idola comminuite:
disperdite nomina eorum de locis illis.
4 Non facietis ita Domino Deo vestro:
5 sed ad locum, quem elegerit Dominus
Deus vester de cunctis tribubus vestris,
ut ponat nomen suum ibi, et habitet in
eo, venietis: 6 et offeretis in loco illo
holocausta et victimas vestras, decimas
et primitias manuum vestrarum, et vota
atque donaria, primogenita boum et
ovium. 7 Et comeditis ibi in conspectu
Domini Dei vestri: ac laetabimini in cunctis, ad quae miseritis manum vos et domus vestrae, in quibus benedixerit vobis
Dominus Deus vester. 8 Non facietis ibi
quae nos hic facimus hodie, singuli quod
sibi rectum videtur. 9 Neque enim usque
in praesens tempus venistis ad requiem, et
possessionem, quam Dominus Deus vester daturus est vobis. 10 Transibitis Iordanem, et habitabitis in terra, quam Dominus Deus vester daturus est vobis, ut re-
quiescatis a cunctis hostibus per circuitum: et absque ullo timore habitetis 11 in
loco, quem elegerit Dominus Deus vester,
ut sit nomen eius in eo: illuc omnia, quae
praecipio, conferetis, holocausta, et hostias, ac decimas, et primitias manuum vestrarum: et quidquid praecipuum est in
muneribus, quae vovebitis Domino. 12 Ibi
epulabimini coram Domino Deo vestro,
vos et filii ac filiae vestrae, famuli et famulae, atque Levites qui in urbibus vestris commoratur: neque enim habet aliam
partem et possessionem inter vos. 13 Cave
ne offeras holocausta tua in omni loco,
quem videris: 14 sed in eo, quem elegerit
Dominus, in una tribuum tuarum offeres
hostias, et facies quaecumque praecipio
tibi.

Profana animalium occisio licita extra sanctuarium

15 Sin autem comedere volueris, et te
esus carnium delectaverit, occide, comede
iuxta benedictionem Domini Dei tui,
quam dedit tibi in urbibus tuis: sive immundum fuerit, hoc est, maculatum et
debile: sive mundum, hoc est, integrum
et sine macula, quod offeri licet, sicut capream et cervum, comedes. 16 Absque esu
dumtaxat sanguinis, quem super terram
quasi aquam effundes.
17 Non poteris comedere in oppidis tuis
decimam frumenti, et vini, et olei tui, primogenita armentorum et pecorum, et omnia quae voveris, et sponte offerre volueris, et primitias manuum tuarum: 18 sed
coram Domino Deo tuo comedes ea in
loco, quem elegerit Dominus Deus tuus,
tu et filius tuus, et filia tua, et servus et
famula, atque Levites qui manet in urbibus tuis: et laetaberis et reficieris coram
Domino Deo tuo in cunctis ad quae ex-
tenderis manum tuam. 19 Cave ne derelinquas Levitem in omni tempore quo
versaris in terra.
20 Quando dilataverit Dominus Deus
tuus terminos tuos, sicut locutus est tibi,
et volueris vesci carnibus, quas desiderat
anima tua: 21 locus autem, quem elegerit

25; 7,24. — **26:** Deut 30,1.15.19. — **27:** Deut 28,
2-14. — **28:** Deut 15,45. — **29:** Deut 27,12-
13; Ios 8,33-34. — **30:** Ios 4,19; 5,9-10. — **31:**
Deut 9,1; 12,10; Ios 1,11. — **32:** Deut 5,32;
12,32.

12 **1:** Deut 6,1. — **2-3:** Ex 23,24; 34,13; Deut
7,5.25; 16,21-22; 3 Reg 14,23; Ps 77,58;
Ier 3,6; Os 4,13; 2 Mach 12,40. — **5:** Deut 16,
2; 26,2; 3 Reg 8,29; 2 Par 7,12; Ps 77,68; 131,
13-14. — **6:** Deut 14,22-23; 15,19. — **7:** Deut
14,26; 15,20; 16,11.14-15; 26,11; 27,7. — **10:**
Deut 11,31; 25,19; Ios 23,1. — **11:** Deut 12,5-7.
12: Num 18,20-25. — **13:** Lev 17,3-4.8-9. —
14: Deut 12,5. — **15:** Deut 15,21-22. — **16:** Gen
9,4; Lev 2,17; Deut 12,23-24; 15,23. — **18:** Deut
12,7. — **19:** Deut 14,27. — **20:** Gen 28,14; Ex
34,24; Deut 19,8. — **21-24:** Deut 12,15-16. —

Dominus Deus tuus ut sit nomen eius ibi,
si procul fuerit, occides de armentis et
pecoribus, quae habueris, sicut praecepi
tibi, et comedes in oppidis tuis, ut tibi placet. 22 Sicut comeditur caprea et cervus,
ita vesceris eis: et mundus et immundus
in commune vescentur. 23 Hoc solum cave, ne sanguinem comedas; sanguis enim
eorum pro anima est: et idcirco non debes animam comedere cum carnibus:
24 sed super terram fundes quasi aquam,
25 ut bene sit tibi et filiis tuis post te, cum
feceris quod placet in conspectu Domini.
26 Quae autem sanctificaveris, et voveris
Domino, tolles, et venies ad locum, quem
elegerit Dominus: 27 et offeres oblationes
tuas carnem et sanguinem super altare
Domini Dei tui: sanguinem hostiarum fundes in altari: carnibus autem ipse vesceris.
28 Observa et audi omnia quae ego praecipio tibi, ut bene sit tibi et filiis tuis post te
in sempiternum, cum feceris quod bonum
est et placitum in conspectu Domini Dei
tui.

29 Quando disperdiderit Dominus Deus
tuus ante faciem tuam gentes, ad quas ingredieris possidendas, et possederis eas,
atque habitaveris in terra earum: 30 cave
ne imiteris eas, postquam te fuerint introeunte subversae, et requiras caeremonias earum, dicens: Sicut coluerunt gentes
istae deos suos, ita et ego colam. 31 Non
facies similiter Domino Deo tuo. Omnes
enim abominationes, quas aversatur Dominus, fecerunt diis suis, offerentes filios
et filias, et comburentes igni. 32 Quod
praecipio tibi, hoc tantum facito Domino: nec addas quidquam, nec minuas.

Inductio ad idololatriam mortis poena plectenda

13 1 Si surrexerit in medio tui prophetes, aut qui somnium vidisse se dicat, et praedixerit signum atque portentum, 2 et evenerit quod locutus est, et dixerit tibi: Eamus, et sequamur deos alienos quos ignoras, et serviamus eis: 3 non
audies verba prophetae illius aut somnia-
toris: quia tentat vos Dominus Deus vester, ut palam fiat utrum diligatis eum an
non, in toto corde, et in tota anima vestra. 4 Dominum Deum vestrum sequimini,
et ipsum timete, et mandata illius custodite, et audite vocem eius: ipsi servietis,
et ipsi adhaerebitis. 5 Propheta autem ille
aut fictor somniorum interficietur: quia
locutus est ut vos averteret a Domino
Deo vestro, qui eduxit vos de terra Aegypti, et redemit vos de domo servitutis:
ut errare te faceret de via, quam tibi praecepit Dominus Deus tuus: et auferes malum de medio tui.

6 Si tibi voluerit persuadere frater tuus
filius matris tuae, aut filius tuus vel filia,
sive uxor quae est in sinu tuo, aut amicus,
quem diligis ut animam tuam, clam dicens: Eamus, et serviamus diis alienis,
quos ignoras tu, et patres tui, 7 cunctarum in circuitu gentium, quae iuxta vel
procul sunt, ab initio usque ad finem terrae, 8 non acquiescas ei, nec audias, neque parcat ei oculus tuus ut inserearis et
occultes eum, 9 sed statim interficies: sit
primum manus tua super eum, et postea
omnis populus mittat manum. 10 Lapidibus obrutus necabitur: quia voluit te abstrahere a Domino Deo tuo, qui eduxit te
de terra Aegypti, de domo servitutis: 11 ut
omnis Israel audiens timeat, et nequaquam ultra faciat quippiam huius rei simile.

Urbs in idololatriam lapsa anathemate delenda

12 Si audieris in una urbium tuarum,
quas Dominus Deus tuus dabit tibi ad
habitandum, dicentes aliquos: 13 Egressi
sunt filii Belial de medio tui, et averterunt
habitatores urbis suae, atque dixerunt:
Eamus, et serviamus diis alienis quos ignoratis: 14 quaere sollicite et diligenter, rei
veritate perspecta, si inveneris certum esse
quod dicitur, et abominationem hanc opere perpetratam, 15 statim percuties habitatores urbis illius in ore gladii, et delebis
eam ac omnia quae in illa sunt, usque ad
pecora. 16 Quidquid etiam supellectilis
fuerit, congregabis in medio platearum
eius, et cum ipsa civitate succendes, ita
ut universa consumas Domino Deo tuo,
et sit tumulus sempiternus. Non aedificabitur amplius, 17 et non adhaerebit de illo
anathemate quidquam in manu tua: ut
avertatur Dominus ab ira furoris sui, et
misereatur tui, multiplicetque te sicut iuravit patribus tuis, 18 quando audieris vocem Domini Dei tui custodiens omnia
praecepta eius, quae ego praecipio tibi
hodie, ut facias quod placitum est in conspectu Domini Dei tui.

De mundis et immundis animalibus

14 1 Filii estote Domini Dei vestri:
non vos incidetis, nec facietis cal-

25: Deut 4,40. — 27: Lev 1,5.9.13; 17,11. — 29: Deut 19,1; Ios 23,4-5. — 31: Lev 18,3.21. 26.30; Ier 7,31. — 32: Deut 4,2.

13 1: Ier 23,25.32. — 2-3: Deut 8,2; 18,22. 4: Deut 10,12.20. — 610: Deut 6,14; 17,2-7. — 13: Iud 19,22, 1 Sam 2,12; 25,17; 2 Sam 16,7; 20,1; 3 Reg 21,10. — 14: Deut 17, 4; 19,18. — 16: Ios 6,24; 8,28.— 17: Ios 6,18; 7,26. — 18: Deut 12,25.28.

14 1: Lev 19,28. — 2: Deut 7,6; 26,18. — 3: Ez 4,14; Act 10,14. — 4-20: Lev 11,2-

vitium super mortuo. 2 Quoniam populus
sanctus es Domino Deo tuo: et te elegit
ut sis ei in populum peculiarem de cunctis
gentibus, quae sunt super terram.
3 Ne comedatis quae immunda sunt.
4 Hoc est animal quod comedere debetis:
bovem, et ovem, et capram, 5 cervum et
capream, bubalum, tragelaphum, pygar-
gum, orygem, camelopardalum. 6 Omne
animal, quod in duas partes findit ungulam, et ruminat, comedetis. 7 De his autem, quae ruminant, et ungulam non fin-
dunt, comedere non debetis, ut camelum,
leporem, choerogryllum: haec quia ruminant, et non dividunt ungulam, immunda
erunt vobis. 8 Sus quoque quoniam dividit ungulam, et non ruminat, immunda
erit. Carnibus eorum non vescemini, et
cadavera non tangetis.
9 Haec comedetis ex omnibus quae morantur in aquis: Quae habent pinnulas et
squamas, comedite: 10 quae absque pin-
nulis et squamis sunt, ne comedatis, quia
immunda sunt.
11 Omnes aves mundas comedite. 12 Immundas ne comedatis: aquilam scilicet, et
gryphem, et haliaeetum, 13 ixion, et vulturem ac milvum iuxta genus suum: 14 et
omne corvini generis, 15 et struthionem,
ac noctuam, et larum, atque accipitrem
iuxta genus suum: 16 herodium ac cygnum, et ibin, 17 ac mergulum, porphyrio-
nem, et nycticoracem, 18 onocrotalum, et
charadrium, singula in genere suo: upupam quoque et vespertilionem. 19 Et omne
quod reptat et pennulas habet, immundum erit, et non comedetur. 20 Omne quod
mundum est, comedite. 21 Quidquid autem morticinum est, ne vescamini ex eo.
Peregrino, qui intra portas tuas est, da ut
comedat, aut vende ei: quia tu populus
sanctus Domini Dei tui es. Non coques
haedum in lacte matris suae.

De decimis

22 Decimam partem separabis de cunctis fructibus tuis qui nascuntur in terra
per annos singulos, 23 et comedes in conspectu Domini Dei tui in loco quem elegerit, ut in eo nomen illius invocetur, decimam frumenti tui, et vini, et olei, et primogenita de armentis et ovibus tuis: ut
discas timere Dominum Deum tuum omni tempore. 24 Cum autem longior fuerit
via, et locus quem elegerit Dominus Deus
tuus, tibique benedixerit, nec potueris ad
eum haec cuncta portare, 25 vendes omnia, et in pretium rediges, portabisque
manu tua, et proficisceris ad locum quem
elegerit Dominus Deus tuus: 26 et emes
ex eadem pecunia quidquid tibi placuerit,
sive ex armentis, sive ex ovibus, vinum
quoque et siceram, et omne quod desiderat anima tua: et comedes coram Domino Deo tuo, et epulaberis tu et domus
tua: 27 et Levites qui intra portas tuas est,
cave ne derelinquas eum, quia non habet
aliam partem in possessione tua.
28 Anno tertio separabis aliam decimam ex omnibus quae nascuntur tibi eo
tempore: et repones intra ianuas tuas.
29 Venietque Levites qui aliam non habet
partem nec possessionem tecum, et peregrinus ac pupillus et vidua, qui intra portas tuas sunt, et comedent et saturabuntur: ut benedicat tibi Dominus Deus tuus
in cunctis operibus manuum tuarum quae
feceris.

De anno sabbatico

15 1 Septimo anno facies remissionem,
2 quae hoc ordine celebrabitur. Cui
debetur aliquid ab amico vel proximo ac
fratre suo, repetere non poterit, quia annus remissionis est Domini. 3 A peregrino et advena exiges: civem et propinquum
repetendi non habebis potestatem. 4 Et
omnino indigens et mendicus non erit
inter vos: ut benedicat tibi Dominus Deus
tuus in terra, quam traditurus est tibi in
possessionem. 5 Si tamen audieris vocem
Domini Dei tui, et custodieris universa
quae iussit, et quae ego hodie praecipio
tibi, benedicet tibi, ut pollicitus est. 6 Foenerabis gentibus multis, et ipse a nullo accipies mutuum. Dominaberis nationibus
plurimis, et tui nemo dominabitur.

Misericordia in pauperes

7 Si unus de fratribus tuis, qui morantur intra portas civitatis tuae, in terra
quam Dominus Deus tuus daturus est
tibi, ad paupertatem venerit: non obdu-
rabis cor tuum, nec contrahes manum,
8 sed aperies eam pauperi, et dabis mutuum, quo eum indigere perspexeris. 9 Cave ne forte subrepat tibi impia cogitatio
et dicas in corde tuo: Appropinquat septimus annus remissionis: et avertas oculos tuos a paupere fratre tuo, nolens ei
quod postulat mutuum commodare: ne
clamet contra te ad Dominum, et fiat tibi
in peccatum. 10 Sed dabis ei: nec ages
quippiam callide in eius necessitatibus
sublevandis, ut benedicat tibi Dominus

23. — **8:** Lev 11,26. — **21:** Ex 22,31; 23,19; 34,26; Lev 7,24. — **22:** Lev 27,30. — **23-24:** Deut 12,6-7.18.21. — **27:** Deut 12,12.19. — **28:** Deut 26,12-15. — **29:** Deut 15,10; 24,19.

15 **1:** Ex 23,10-11; Lev 25,4; Deut,31,10; Neh 10,31. — **3:** Deut 23,19-20. — **5:** Deut 7 12-15. — **6:** Deut 28 12-13.44; 3 Reg 4,21.24. — **8:** Lev 25,35; Eccli 29,1-2; Mt 5,42; Lc 6,34-35. — **10:** Deut 14,29. — **11:** Deut 15,8;

Deus tuus in omni tempore, et in cunctis
ad quae manum miseris. 11 Non deerunt
pauperes in terra habitationis tuae: idcirco ego praecipio tibi, ut aperias manum
fratri tuo egeno et pauperi, qui tecum
versatur in terra.

De servo hebraeo in anno septimo dimittendo

12 Cum tibi venditus fuerit frater tuus
Hebraeus aut Hebraea, et sex annis servierit tibi, in septimo anno dimittes eum
liberum: 13 et quem libertate donaveris,
nequaquam vacuum abire patieris: 14 sed
dabis viaticum de gregibus, et de area, et
torculari tuo, quibus Dominus Deus tuus
benedixerit tibi. 15 Memento quod et ipse
servieris in terra Aegypti, et liberaverit te
Dominus Deus tuus, et idcirco ego nunc
praecipio tibi. 16 Sin autem dixerit: Nolo
egredi: eo quod diligat te, et domum tuam,
et bene sibi apud te esse sentiat: 17 assumes subulam, et perforabis aurem eius in
ianua domus tuae, et serviet tibi usque in
aeternum. Ancillae quoque similiter facies. 18 Non avertas ab eis oculos tuos,
quando dimiseris eos liberos: quoniam
iuxta mercedem mercenarii per sex annos
servivit tibi: ut benedicat tibi Dominus
Deus tuus in cunctis operibus quae agis.

De animalium primogenitis

19 De primogenitis, quae nascuntur in
armentis, et in ovibus tuis, quidquid est
sexus masculini, sanctificabis Domino
Deo tuo. Non operaberis in primogenito
bovis, et non tondebis primogenita ovium.
20 In conspectu Domini Dei tui comedes
ea per annos singulos in loco quem elegerit Dominus, tu et domus tua. 21 Sin
autem habuerit maculam, vel claudum
fuerit, vel caecum, aut in aliqua parte de-
forme vel debile, non immolabitur Domino Deo tuo: 22 sed intra portas urbis tuae
comedes illud: tam mundus quam immundus similiter vescentur eis quasi caprea, et cervo. 23 Hoc solum observabis,
ut sanguinem eorum non comedas, sed
effundes in terram quasi aquam.

De celebratione Paschatis

16 1 Observa mensem novarum frugum, et verni primum temporis,
ut facias Phase Domino Deo tuo: quoniam in isto mense eduxit te Dominus
Deus tuus de Aegypto nocte. 2 Immola-
bisque Phase Domino Deo tuo de ovibus,
et de bobus, in loco quem elegerit Dominus Deus tuus, ut habitet nomen eius ibi.
3 Non comedes in eo panem fermentatum: septem diebus comedes absque fermento afflictionis panem, quoniam in pavore egressus es de Aegypto: ut memineris diei egressionis tuae de Aegypto, omnibus diebus vitae tuae. 4 Non apparebit
fermentum in omnibus terminis tuis septem diebus, et non remanebit de carnibus
eius, quod immolatum est vespere in die
primo usque mane. 5 Non poteris immolare Phase in qualibet urbium tuarum,
quas Dominus Deus tuus daturus est tibi:
6 sed in loco quem elegerit Dominus Deus
tuus, ut habitet nomen eius ibi: immolabis Phase vespere ad solis occasum, quando egressus es de Aegypto. 7 Et coques,
et comedes in loco quem elegerit Dominus
Deus tuus, maneque consurgens vades in
tabernacula tua. 8 Sex diebus comedes
azyma: et in die septima, quia collecta
est Domini Dei tui, non facies opus.

De Pentecoste

9 Septem hebdomadas numerabis tibi
ab ea die qua falcem in segetem miseris.
10 Et celebrabis diem festum hebdomadarum Domino Deo tuo, oblationem spon-
taneam manus tuae, quam offeres iuxta
benedictionem Domini Dei tui: 11 et epulaberis coram Domino Deo tuo, tu, filius
tuus et filia tua, servus tuus et ancilla tua,
et Levites qui est intra portas tuas, advena ac pupillus et vidua, qui morantur vobiscum: in loco quem elegerit Dominus
Deus tuus, ut habitet nomen eius ibi:
12 et recordaberis quoniam servus fueris
in Aegypto: custodiesque ac facies quae
praecepta sunt.

De solemnitate Tabernaculorum

13 Solemnitatem quoque tabernaculorum celebrabis per septem dies, quando
collegeris de area et torculari fruges tuas:
14 et epulaberis in festivitate tua, tu, filius
tuus et filia, servus tuus et ancilla, Levites quoque et advena, pupillus ac vidua
qui intra portas tuas sunt. 15 Septem diebus Domino Deo tuo festa celebrabis in
loco quem elegerit Dominus: benedicetque tibi Dominus Deus tuus in cunctis
frugibus tuis, et in omni opere manuum
tuarum, erisque in laetitia.

Eccli 29,12; Is 58,7; Mt 26,11; Mc 14,7; Io 12,8. **12:** Ex 21,2; Lev 25,39-41; Ier 34,14. — **13:** Eccli 7,23. — **15:** Deut 5,15. — **16-17:** Ex 21,5-6. — **19:** Ex 13,2.11-16. — **20:** Deut 12,7; 14,23.26. — **21:** Lev 22,20-21; Deut 12,15; Eccli 35,14. — **22-23:** Deut 12,15-16.

16 **1-8:** Ex 12,2-39; 23,15, Lev 23,5-8; Num 28,16-25. — **1:** Ex 13,4; 34,18. — **2:** Deut 12,5. — **3:** Ex 16,6-7. — **4:** Ex 34,25. — **9-12:** Ex 23,16; 34,22; Lev 23,15-21; Num 28,26-31. — **11:** Deut 12,5.7.12.18. — **13-15:** Ex 23,16; Lev 23,34-43; Num 29.12-38. — **15:** Deut 16,11. —

16 Tribus vicibus per annum apparebit
omne masculinum tuum in conspectu Domini Dei tui in loco quem elegerit: in solemnitate azymorum, in solemnitate hebdomadarum et in solemnitate tabernaculorum. Non apparebit ante Dominum vacuus: 17 sed offeret unusquisque secundum quod habuerit iuxta benedictionem
Domini Dei sui, quam dederit ei.

De iudicibus constituendis

18 Iudices et magistros constitues in
omnibus portis tuis, quas Dominus Deus
tuus dederit tibi, per singulas tribus tuas:
ut iudicent populum iusto iudicio, 19 nec
in alteram partem declinent. Non accipies personam, nec munera: quia munera excaecant oculos sapientum, et mutant verba iustorum. 20 Iuste quod iustum
est persequeris: ut vivas et possideas terram, quam Dominus Deus tuus dederit
tibi.

Idololatria morte punienda

21 Non plantabis lucum, et omnem arborem iuxta altare Domini Dei tui. 22 Nec
facies tibi, neque constitues statuam: quae
odit Dominus Deus tuus.

17 1 Non immolabis Domino Deo tuo
ovem, et bovem, in quo est macula, aut quippiam vitii: quia abominatio
est Domino Deo tuo. 2 Cum reperti fuerint apud te intra unam portarum tuarum,
quas Dominus Deus tuus dabit tibi, vir
aut mulier qui faciant malum in conspectu Domini Dei tui, et transgrediantur pactum illius, 3 ut vadant et serviant diis alienis, et adorent eos, solem et lunam, et
omnem militiam caeli, quae non praecepi: 4 et hoc tibi fuerit nuntiatum, audiensque inquisieris diligenter et verum esse
repereris, et abominatio facta est in Israel: 5 educes virum ac mulierem, qui
rem sceleratissimam perpetrarunt, ad portas civitatis tuae, et lapidibus obruentur.
6 In ore duorum aut trium testium peribit qui interficietur. Nemo occidatur, uno
contra se dicente testimonium. 7 Manus
testium prima interficiet eum, et manus
reliqui populi extrema mittetur: ut auferas malum de medio tui.

Difficiles causae ad sacerdotem deferendae

8 Si difficile et ambiguum apud te iudicium esse perspexeris inter sanguinem et
sanguinem, causam et causam, lepram et
lepram: et iudicum intra portas tuas videris verba variari: surge, et ascende ad locum, quem elegerit Dominus Deus tuus.
9 Veniesque ad sacerdotes Levitici generis, et ad iudicem qui fuerit illo tempore:
quaeresque ab eis, qui indicabunt tibi
iudicii veritatem. 10 Et facies quodcumque
dixerint qui praesunt loco quem elegerit
Dominus, et docuerint te 11 iuxta legem
eius, sequerisque sententiam eorum, nec
declinabis ad dexteram neque ad sinistram. 12 Qui autem superbierit, nolens
obedire sacerdotis imperio, qui eo tempore ministrat Domino Deo tuo, et decreto
iudicis, morietur homo ille, et auferes
malum de Israel: 13 cunctusque populus
audiens timebit, ut nullus deinceps intu-
mescat superbia.

De regis electione

14 Cum ingressus fueris terram, quam
Dominus Deus tuus dabit tibi, et possederis eam, habitaverisque in illa, et dixeris: Constituam super me regem, sicut habent omnes per circuitum nationes: 15 eum
constitues, quem Dominus Deus tuus elegerit de numero fratrum tuorum. Non poteris alterius gentis hominem regem facere, qui non sit frater tuus.
16 Cumque fuerit constitutus, non multiplicabit sibi equos, nec reducet populum
in Aegyptum, equitatus numero subleva-
tus, praesertim cum Dominus praeceperit
vobis ut nequaquam amplius per eamdem
viam revertamini. 17 Non habebit uxores
plurimas, quae alliciant animum eius, neque argenti et auri immensa pondera.
18 Postquam autem sederit in solio regni
sui, describet sibi Deuteronomium legis
huius in volumine, accipiens exemplar a
sacerdotibus Leviticae tribus, 19 et habebit secum, legetque illud omnibus diebus
vitae suae, ut discat timere Dominum
Deum suum, et custodire verba et caeremonias eius, quae in lege praecepta sunt.
20 Nec elevetur cor eius in superbiam super fratres suos, neque declinet in partem
dexteram vel sinistram, ut longo tempore regnet ipse, et filii eius, super Israel.

16: Ex 23,14-15.17; 34,23; Deut 31,11; 2 Par 8,13; Eccli 35,6. — **18:** Ex 18,25; Num 11,16; Deut 1,15-16. — **19:** Ex 23,2.6.8; Lev 19,15; Deut 1,17; 24,17; 27,19; Eccli 20,31. — **21:** Ex 34,13; 3 Reg 14,15; 2 Par 33,3. — **22:** Ex 23,24; Lev 26,1; Mich 5,12.

17 **1:** Lev 22,20. — **2-7:** Deut 13,1-15. — **3:** Deut 4,19. — **5:** Lev 24,14.16; Ios 7,25. — **6:** Num 35,30; Deut 19,15; Mt 18,16; Io 8,17; 2 Cor 13,1. — **7:** Deut 13,9. — **8:** Deut 12,5. — **9:** Deut 19,17; 21,5; 2 Par 19,8.10. — **14:** 1 Sam 8,5.19-20. — **15:** 1 Sam 9,15; 10,24; 16,12. — **16:** Deut 28,68; 3 Reg 4,26; 10,26.28; 2 Par 1,16; 9,28; Is 31,1. — **17:** 3 Reg 11,3-4; Neh 13,26. — **18:** Deut 31,9.26; 4 Reg 22,8; 2 Par 34,14. — **19:** Ios 1,8. — **20:** Deut 4,40; 5,32.

De portionibus levitarum et sacerdotum

18 1 Non habebunt sacerdotes et Levitae, et omnes qui de eadem tribu
sunt, partem et haereditatem cum reliquo
Israel, quia sacrificia Domini, et oblationes eius comedent, 2 et nihil aliud accipient de possessione fratrum suorum:
Dominus enim ipse est haereditas eorum,
sicut locutus est illis.
3 Hoc erit iudicium sacerdotum a populo, et ab his qui offerunt victimas: sive
bovem, sive ovem immolaverint, dabunt
sacerdoti armum ac ventriculum: 4 primitias frumenti, vini, et olei, et lanarum partem ex ovium tonsione. 5 Ipsum enim elegit Dominus Deus tuus de cunctis tribubus tuis, ut stet, et ministret nomini Domini ipse, et filii eius in sempiternum. 6 Si
exierit Levites ex una urbium tuarum ex
omni Israel in qua habitat, et voluerit venire, desiderans locum quem elegerit Dominus, 7 ministrabit in nomine Domini
Dei sui, sicut omnes fratres eius Levitae,
qui stabunt eo tempore coram Domino.
8 Partem ciborum eamdem accipiet, quam
et caeteri: excepto eo, quod in urbe sua
ex paterna ei successione debetur.

Pro gentilibus divinis Deus dabit populo prophetas

9 Quando ingressus fueris terram, quam
Dominus Deus tuus dabit tibi, cave ne
imitari velis abominationes illarum gentium. 10 Nec inveniatur in te qui lustret
filium suum, aut filiam, ducens per ignem:
aut qui ariolos sciscitetur, et observet somnia atque auguria, nec sit maleficus, 11 nec
incantator, nec qui pythones consulat,
nec divinos, aut quaerat a mortuis veritatem. 12 Omnia enim haec abominatur
Dominus, et propter istiusmodi scelera
delebit eos in introitu tuo. 13 Perfectus eris,
et absque macula cum Domino Deo tuo.
14 Gentes istae, quarum possidebis terram, augures et divinos audiunt: tu autem a Domino Deo tuo aliter institutus
est.
15 Prophetam de gente tua et de fratribus tuis sicut me, suscitabit tibi Dominus
Deus tuus: ipsum audies, 16 ut petisti a
Domino Deo tuo in Horeb, quando concio congregata est, atque dixisti: Ultra
non audiam vocem Domini Dei mei, et
ignem hunc maximum amplius non videbo, ne moriar. 17 Et ait Dominus mihi:
Bene omnia sunt locuti. 18 Prophetam suscitabo eis de medio fratrum suorum similem tui: et ponam verba mea in ore eius,
loqueturque ad eos, omnia quae praecepero illi. 19 Qui autem verba eius, quae
loquetur in nomine meo, audire noluerit,
ego ultor existam. 20 Propheta autem qui
arrogantia depravatus voluerit loqui in
nomine meo, quae ego non praecepi illi
ut diceret, aut ex nomine alienorum deorum, interficietur. 21 Quod si tacita cogitatione responderis: Quomodo possum
intelligere verbum, quod Dominus non
est locutus? 22 hoc habebis signum: Quod
in nomine Domini propheta ille praedixerit, et non evenerit: hoc Dominus non
est locutus, sed per tumorem animi sui
propheta confinxit: et idcirco non timebis eum.

Civitates refugii designantur

19 1 Cum disperdiderit Dominus
Deus tuus gentes, quarum tibi traditurus est terram, et possederis eam, habitaverisque in urbibus eius et in aedibus:
2 tres civitates separabis tibi in medio terrae, quam Dominus Deus tuus dabit tibi
in possessionem, 3 sternens diligenter
viam: et in tres aequaliter partes totam
terrae tuae provinciam divides: ut habeat
e vicino qui propter homicidium profugus est, quo possit evadere.
4 Haec erit lex homicidae fugientis,
cuius vita servanda est: Qui percusserit
proximum suum nesciens, et qui heri et
nudiustertius nullum contra eum odium
habuisse comprobatur: 5 sed abiisse cum
eo simpliciter in silvam ad ligna caeden-
da, et in succisione lignorum securis fugerit manu, ferrumque lapsum de manu-
brio amicum eius percusserit, et occiderit: hic ad unam supradictarum urbium
confugiet, et vivet: 6 ne forsitan proximus eius, cuius effusus est sanguis, dolore
stimulatus, persequatur, et apprehendat
eum si longior via fuerit, et percutiat animam eius, qui non est reus mortis: quia
nullum contra eum, qui occisus est, odium
prius habuisse monstratur. 7 Idcirco praecipio tibi, ut tres civitates aequalis inter
se spatii dividas. 8 Cum autem dilataverit
Dominus Deus tuus terminos tuos, sicut
iuravit patribus tuis, et dederit tibi cunc-

18 1: Num 18,8-9.20-24; Deut 10,9; Ios 13,14; 1 Cor 9,13. — 3: Lev 7,30-34. — 4: Lev 27,32; Num 18,11-12; 2 Par 31,4-6; Tob 1,6. — 6: Num 35,2-3; Deut 12.5; Iud 17,7. — 9: Lev 18,26-30; Deut 12,29-31. — 10: Ex 22,18; Lev 18,21; 19,26; 20,27; 4 Reg 17,17; 21,6. — 11: Lev 19,31; 1 Sam 28,7. — 12: Deut 9,4. — 15: Io 1,45; 6,14; Act 3,22; 7,37. — 16: Ex 20,19.21; Hebr 12,19. — 18: Ier 1,9; 5,14; Io 1,45. — 19: Ier 11,21-23; 29,29; Act 3,23. — 20: Deut 13,5; Mt 7,15-20. — 22: Deut 13,1-3; Ier 28,9.

19 1: Deut 12,29. — 2: Ex 21,13; Num 35,10-15; Deut 4,41-43; Ios 20,2.8. — 4: Num 35,15; Deut 4,42; Ios 20,3.5. — 6: Num 35,12.19.21.24-25.27. — 8: Gen 15,18-21; 28,14;

tam terram, quam eis pollicitus est 9 (si
tamen custodieris mandata eius, et feceris, quae hodie praecipio tibi, ut diligas
Dominum Deum tuum, et ambules in viis
eius omni tempore), addes tibi tres alias
civitates, et supradictarum trium urbium
numerum duplicabis: 10 ut non effundatur sanguis innoxius in medio terrae, quam
Dominus Deus tuus dabit tibi possidendam, ne sis sanguinis reus. 11 Si quis autem odio habens proximum suum, insidiatus fuerit vitae eius, surgensque percusserit illum, et mortuus fuerit, fugerit-
que ad unam de supradictis urbibus,
12 mittent seniores civitatis illius, et arri-
pient eum de loco effugii, tradentque in
manu proximi, cuius sanguis effusus est,
et morietur. 13 Non misereberis eius, et
auferes innoxium sanguinem de Israel,
ut bene sit tibi.

14 Non assumes, et transferes terminos
proximi tui, quos fixerunt priores in possessione tua, quam Dominus Deus tuus
dabit tibi in terra quam acceperis possidendam.

Testes fideles

15 Non stabit testis unus contra aliquem, quidquid illud peccati, et facino-
ris fuerit: sed in ore duorum aut trium
testium stabit omne verbum. 16 Si steterit testis mendax contra hominem, accu-
sans eum praevaricationis, 17 stabunt ambo, quorum causa est, ante Dominum in
conspectu sacerdotum et iudicum qui fuerint in diebus illis. 18 Cumque diligentissime perscrutantes, invenerint falsum testem dixisse contra fratrem suum mendacium: 19 reddent ei sicut fratri suo facere
cogitavit, et auferes malum de medio tui:
20 ut audientes caeteri timorem habeant,
et nequaquam talia audeant facere. 21 Non
misereberis eius, sed animam pro anima,
oculum pro oculo, dentem pro dente, manum pro manu, pedem pro pede, exiges.

Quomodo procedendum ad bellum

20 1 Si exieris ad bellum contra hostes tuos, et videris equitatus et currus, et maiorem quam tu habeas adversarii exercitus multitudinem, non timebis
eos: quia Dominus Deus tuus tecum est,
qui eduxit te de terra Aegypti. 2 Appropinquante autem iam praelio, stabit sacerdos ante aciem, et sic loquetur ad populum: 3 Audi, Israel, vos hodie contra inimicos vestros pugnam committitis, non
pertimescat cor vestrum, nolite metuere,
nolite cedere, nec formidetis eos: 4 quia
Dominus Deus vester in medio vestri est,
et pro vobis contra adversarios dimicabit,
ut eruat vos de periculo. 5 Duces quoque
per singulas turmas audiente exercitu pro-
clamabunt: Quis est homo qui aedificavit domum novam, et non dedicavit eam?
vadat, et revertatur in domum suam, ne
forte moriatur in bello, et alius dedicet
eam. 6 Quis est homo qui plantavit vineam, et necdum fecit eam esse communem, de qua vesci omnibus liceat? vadat,
et revertatur in domum suam, ne forte
moriatur in bello, et alius homo eius fungatur officio. 7 Quis est homo, qui de-
spondit uxorem, et non accepit eam? vadat, et revertatur in domum suam, ne forte moriatur in bello, et alius homo accipiat eam. 8 His dictis addent reliqua, et
loquentur ad populum: Quis est homo
formidolosus, et corde pavido? vadat, et
revertatur in domum suam, ne pavere faciat corda fratrum suorum, sicut ipse timore perterritus est. 9 Cumque siluerint
duces exercitus, et finem loquendi fecerint, unusquisque suos ad bellandum cuneos praeparabit.

De civitatum expugnatione

10 Si quando accesseris ad expugnan-
dam civitatem, offeres ei primum pacem.
11 Si receperit, et aperuerit tibi portas,
cunctus populus, qui in ea est, salvabitur,
et serviet tibi sub tributo. 12 Sin autem
foedus inire noluerit, et coeperit contra
te bellum, oppugnabis eam. 13 Cumque
tradiderit Dominus Deus tuus illam in
manu tua, percuties omne quod in ea generis masculini est, in ore gladii, 14 absque
mulieribus et infantibus, iumentis et caeteris quae in civitate sunt. Omnem praedam exercitui divides, et comedes de spoliis hostium tuorum, quae Dominus Deus
tuus dederit tibi. 15 Sic facies cunctis civitatibus, quae a te procul valde sunt, et
non sunt de his urbibus, quas in possessionem accepturus es. 16 De his autem civitatibus, quae dabuntur tibi, nullum omnino permittes vivere: 17 sed interficies in
ore gladii, Hethaeum videlicet, et Amorrhaeum, et Chananaeum, Pherezaeum, et
Hevaeum, et Iebusaeum, sicut praecepit
tibi Dominus Deus tuus: 18 ne forte do-

Ex 23,31; 34,24; Deut 12,20. — **9:** Deut 10,2; Ios 20,7. — **11:** Ex 21,12.14; Num 35,20; Deut 27,24. — **12-13:** Num 35,33; Deut 21,9. — **14:** Deut 27,17; Prov 22,28; 23,10; Os 5,10. — **15:** Num 35,30; Deut 17,6; Mt 18,16; Io 8,17; 2 Cor 13,1. — **17:** Deut 17,8-9. — **18-19:** Dan 13,61-62. — **21:** Ex 21,23-24; Lev 24,19-20; Mt 5,38.

20 **2:** Num 10,8-9; 31,6. — **4:** Deut 1,30; 3,32; Ios 23,10. — **5-7:** Deut 28,30; 1 Mach 3,56. — Deut 24,5. — **8:** Iud 7,3. — **10:** Iud 21,13. — **13-14:** Num 31,7.9.11; Ios 22,8. — **16:** Num 33,52; Deut 7,1-2; Ios 10,40; 11,14. — **17:** Deut 7,2. — **18:** Deut 7,4; 12,30-31; 18,9.

ceant vos facere cunctas abominationes,
quas ipsi operati sunt diis suis: et peccetis in Dominum Deum vestrum.
19 Quando obsederis civitatem multo
tempore, et munitionibus circumdederis
ut expugnes eam, non succides arbores,
de quibus vesci potest, nec securibus per
circuitum debes vastare regionem: quoniam lignum est, et non homo, nec potest
bellantium contra te augere numerum.
20 Si qua autem ligna non sunt pomifera,
sed agrestia, et in caeteros apta usus, succide, et instrue machinas, donec capias
civitatem, quae contra te dimicat.

De homicidii expiatione si occisor ignoretur

21 1 Quando inventum fuerit in terra,
quam Dominus Deus tuus daturus
est tibi, hominis cadaver occisi, et ignorabitur caedis reus, 2 egredientur maiores
natu, et iudices tui, et metientur a loco
cadaveris singularum per circuitum spatia civitatum: 3 et quam viciniorem caeteris esse perspexerint, seniores civitatis illius tollent vitulam de armento, quae non
traxit iugum, nec terram scidit vomere,
4 et ducent eam ad vallem asperam atque
saxosam, quae nunquam arata est, nec
sementem recepit: et caedent in ea cervices vitulae: 5 accedentque sacerdotes filii
Levi, quos elegerit Dominus Deus tuus ut
ministrent ei, et benedicant in nomine
eius, et ad verbum eorum omne negotium,
et quidquid mundum, vel immundum est,
iudicetur. 6 Et venient maiores natu civitatis illius ad interfectum, lavabuntque
manus suas super vitulam, quae in valle
percussa est, 7 et dicent: Manus nostrae
non effuderunt sanguinem hunc, nec oculi viderunt. 8 Propitius esto populo tuo
Israel, quem redemisti, Domine, et ne
reputes sanguinem innocentem in medio
populi tui Israel. Et auferetur ab eis rea-
tus sanguinis: 9 tu autem alienus eris ab
innocentis cruore, qui fusus est, cum feceris quod praecepit Dominus.

De mulieribus captivis

10 Si egressus fueris ad pugnam contra
inimicos tuos, et tradiderit eos Dominus
Deus tuus in manu tua, captivosque du-
xeris, 11 et videris in numero captivorum
mulierem pulchram, et adamaveris eam,
volueris que habere uxorem, 12 introduces
eam in domum tuam: quae radet caesa-
riem, et circumcidet ungues, 13 et deponet vestem, in qua capta est: sedensque
in domo tua, flebit patrem et matrem
suam uno mense: et postea intrabis ad
eam, dormiesque cum illa, et erit uxor
tua. 14 Si autem postea non sederit animo
tuo, dimittes eam liberam, nec vendere
poteris pecunia, nec opprimere per potentiam: quia humiliasti eam.

De iure primogeniti servando

15 Si habuerit homo uxores duas, unam
dilectam, et alteram odiosam, genuerint-
que ex eo liberos, et fuerit filius odiosae
primogenitus, 16 volueritque substantiam
inter filios suos dividere: non poterit
filium dilectae facere primogenitum, et
praeferre filio odiosae, 17 sed filium odiosae agnoscet primogenitum, dabitque ei de
his quae habuerit cuncta duplicia: iste est
enim principium liberorum eius, et huic
debentur primogenita.

De filio contumaci

18 Si genuerit homo filium contumacem
et protervum, qui non audiat patris aut
matris imperium, et coercitus obedire contempserit: 19 apprehendent eum, et ducent ad seniores civitatis illius, et ad portam iudicii, 20 dicentque ad eos: Filius
noster iste protervus et contumax est,
monita nostra audire contemnit, comessationibus vacat, et luxuriae atque conviviis: 21 lapidibus eum obruet populus
civitatis: et morietur, ut auferatis malum
de medio vestri, et universus Israel audiens
pertimescat.

Cadavera e patibulo tollenda

22 Quando peccaverit homo quod morte plectendum est, et adiudicatus morti
appensus fuerit in patibulo: 23 non permanebit cadaver eius in ligno, sed in
eadem die sepelietur: quia maledictus a
Deo est qui pendet in ligno: et nequaquam contaminabis terram tuam, quam
Dominus Deus tuus dederit tibi in possessionem.

De amore in proximum

22 1 Non videbis bovem fratris tui,
aut ovem errantem, et praeteribis:
sed reduces fratri tuo, 2 etiamsi non est
propinquus frater tuus, nec nosti eum:
duces in domum tuam, et erunt apud te
quamdiu quaerat ea frater tuus, et reci-

21 3: Num 10,2. — 5: Deut 17,8-9; 19,17. — 15-17: Gen 25,31-33; 29,30-32; 1 Par 5,2. 21: Deut 13,10-11; 17,13; 19,20. — 23: Ios 9,29; 10,26-27; Io 19,31; Gal 3,13.

22 1-4: Ex 23,4-5. — 9: Lev 19,19. — 11: Lev 19,19. — 12: Num 15,38; Mt 23,5. 19: Mt 19,8-9; Mc 10,11; Lc 16,18. — 21: Deut

piat. 3 Similiter facies de asino, et de vestimento, et de omni re fratris tui, quae
perierit: si inveneris eam, ne negligas quasi alienam. 4 Si videris asinum fratris tui
aut bovem cecidisse in via, non despicies,
sed sublevabis cum eo.

De variis observantiis

5 Non induetur mulier veste virili, nec
vir utetur veste feminea: abominabilis
enim apud Deum est qui facit haec.

6 Si ambulans per viam, in arbore vel
in terra nidum avis inveneris, et matrem
pullis vel ovis desuper incubantem: non
tenebis eam cum filiis, 7 sed abire patieris,
captos tenens filios: ut bene sit tibi, et
longo vivas tempore.

8 Cum aedificaveris domum novam, facies murum tecti per circuitum: ne effundatur sanguis in domo tua, et sis reus
labente alio, et in praeceps ruente.

9 Non seres vineam tuam altero semine: ne et sementis quam sevisti, et quae
nascuntur ex vinea, pariter sanctificentur.

10 Non arabis in bove simul et asino.

11 Non indueris vestimento, quod ex
lana linoque contextum est.

12 Funiculos in fimbriis facies per quatuor angulos pallii tui, quo operieris.

De uxore ante matrimonium corrupta

13 Si duxerit vir uxorem, et postea odio
habuerit eam, 14 quaesieritque occasiones
quibus dimittat eam, obiiciens ei nomen
pessimum, et dixerit: Uxorem hanc accepi, et ingressus ad eam non inveni virginem: 15 tollent eam pater et mater eius,
et ferent secum signa virginitatis eius ad
seniores urbis qui in porta sunt: 16 et dicet pater: Filiam meam dedi huic uxorem: quam quia odit, 17 imponit ei nomen
pessimum, ut dicat: Non inveni filiam
tuam virginem: et ecce haec sunt signa
virginitatis filiae meae. Expandent vestimentum coram senioribus civitatis: 18 ap-
prehendentque senes urbis illius virum, et
verberabunt illum, 19 condemnantes insuper centum siclis argenti, quos dabit patri puellae: quoniam diffamavit nomen
pessimum super virginem Israel: habebit-
que eam uxorem, et non poterit dimittere eam omnibus diebus vitae suae. 20 Quod
si verum est quod obiicit, et non est in
puella inventa virginitas: 21 eiicient eam
extra fores domus patris sui, et lapidibus
obruent viri civitatis illius, et morietur:
quoniam fecit nefas in Israel, ut fornica-
retur in domo patris sui: et auferes malum de medio tui.

22 Si dormierit vir cum uxore alterius,
uterque morietur, id est, adulter et adultera, et auferes malum de Israel.

De puella violata

23 Si puellam virginem desponderit vir,
et invenerit eam aliquis in civitate, et concubuerit cum ea, 24 educes utrumque ad
portam civitatis illius, et lapidibus obruentur: puella, quia non clamavit, cum esset
in civitate: vir, quia humiliavit uxorem
proximi sui: et auferes malum de medio
tui. 25 Sin autem in agro reperit vir puellam, quae desponsata est, et apprehendens concubuerit cum ea, ipse morietur
solus: 26 puella nihil patietur, nec est rea
mortis: quoniam sicut latro consurgit
contra fratrem suum, et occidit animam
eius, ita et puella perpessa est. 27 Sola
erat in agro: clamavit, et nullus affuit qui
liberaret eam.

28 Si invenerit vir puellam virginem,
quae non habet sponsum, et apprehendens concubuerit cum illa, et res ad iudicium venerit: 29 dabit qui dormivit cum
ea, patri puellae quinquaginta siclos argenti, et habebit eam uxorem, quia humiliavit illam: non poterit dimittere eam
cunctis diebus vitae suae.

30 Non accipiet homo uxorem patris sui,
nec revelabit operimentum eius.

Quinam extranei admittendi et excludendi in populo

23 1 Non intravit eunuchus, attritis vel
amputatis testiculis et abscisso ve-
retro, ecclesiam Domini.

2 Non ingredietur mamzer, hoc est, de
scorto natus, in ecclesiam Domini, usque
ad decimam generationem.

3 Ammonites et Moabites etiam post
decimam generationem non intrabunt ecclesiam Domini, in aeternum: 4 quia noluerunt vobis occurrere cum pane et aqua
in via quando egressi estis de Aegypto:
et quia conduxerunt contra te Balaam
filium Beor de Mesopotamia Syriae, ut
malediceret tibi: 5 et noluit Dominus Deus
tuus audire Balaam, vertitque maledictionem eius in benedictionem tuam, eo quod
diligeret te. 6 Non facies cum eis pacem,
nec quaeras eis bona cunctis diebus vitae
tuae in sempiternum. 7 Non abominabe-
ris Idumaeum, quia frater tuus est: nec

21,21. — **22:** Ex 24; Lev 20,10; Ez 23,45-47; Io 8,4-5. — **28-29:** Ex 22.16-17. — **30:** Deut 27, 20; 1 Cor 5,1.

23 **1:** Is 56,3-5. — **3:** Neb 13,1-2. — **4:** Num 22,5-6; Deut 2,29; Ios 24,9. — **5:** Num 23,11; 24,19. — **7:** Gen 25,24-26; Ex 22,21;

Aegyptium, quia advena fuisti in terra
eius. 8 Qui nati fuerint ex eis, tertia generatione intrabunt in ecclesiam Domini.

De castrorum puritate

9 Quando egressus fueris adversus hostes tuos in pugnam, custodies te ab omni
re mala. 10 Si fuerit inter vos homo, qui
nocturno pollutus sit somnio, egredietur
extra castra, 11 et non revertetur, priusquam ad vesperam lavetur aqua: et post
solis occasum regredietur in castra.
12 Habebis locum extra castra, ad quem
egrediaris ad requisita naturae, 13 gerens
paxillum in balteo: cumque sederis, fodies per circuitum, et egesta humo operies 14 quo revelatus es (Dominus enim
Deus tuus ambulat in medio castrorum,
ut eruat te, et tradat tibi inimicos tuos)
et sint castra tua sancta, et nihil in eis appareat foeditatis, ne derelinquat te.

Varia

15 Non trades servum domino suo, qui
ad te confugerit. 16 Habitabit tecum in
loco, qui ei placuerit, et in una urbium
tuarum requiescet: ne contristes eum.
17 Non erit meretrix de filiabus Israel,
nec scortator de filiis Israel. 18 Non offeres mercedem prostibuli, nec pretium
canis in domo Domini Dei tui, quidquid
illud est quod voveris: quia abominatio
est utrumque apud Dominum Deum tuum.
19 Non foenerabis fratri tuo ad usuram
pecuniam, nec fruges, nec quamlibet aliam
rem: 20 sed alieno. Fratri autem tuo absque usura, id quo indiget, commodabis:
ut benedicat tibi Dominus Deus tuus in
omni opere tuo in terra, ad quam ingredieris possidendam.
21 Cum votum voveris Domino Deo
tuo, non tardabis reddere: quia requiret
illud Dominus Deus tuus, et si moratus
fueris, reputabitur tibi in peccatum. 22 Si
nolueris polliceri, absque peccato eris.
23 Quod autem semel egressum est de labiis tuis, observabis, et facies sicut promisisti Domino Deo tuo, et propria voluntate et ore tuo locutus es.
24 Ingressus vineam proximi tui, comede uvas quantum tibi placuerit: foras
autem ne efferas tecum.
25 Si intraveris in segetem amici tui,
franges spicas, et manu conteres: falce
autem non metes.

Lex repudii

24 1 Si acceperit homo uxorem, et habuerit eam, et non invenerit gratiam ante oculos eius propter aliquam foeditatem: scribet libellum repudii, et dabit
in manu illius, et dimittet eam de domo
sua. 2 Cumque egressa alterum maritum
duxerit, 3 et ille quoque oderit eam, de-
deritque ei libellum repudii, et dimiserit
de domo sua, vel certe mortuus fuerit:
4 non poterit prior maritus recipere eam
in uxorem: quia polluta est, et abominabilis facta est coram Domino: ne peccare facias terram tuam, quam Dominus
Deus tuus tradiderit tibi possidendam.

Varia

5 Cum acceperit homo nuper uxorem,
non procedet ad bellum, nec ei quippiam
necessitatis iniungetur publicae, sed vacabit absque culpa domi suae, ut uno
anno laetetur cum uxore sua.
6 Non accipies loco pignoris inferiorem, et superiorem molam: quia animam
suam opposuit tibi.
7 Si deprehensus fuerit homo sollici-
tans fratrem suum de filiis Israel, et ven-
dito eo acceperit pretium, interficietur, et
auferes malum de medio tui.
8 Observa diligenter ne incurras plagam leprae, sed facies quaecumque docuerint te sacerdotes Levitici generis, iuxta id quod praecepi eis, et imple sollicite.
9 Mementote quae fecerit Dominus Deus
vester Mariae in via cum egrederemini
de Aegypto.
10 Cum repetes a proximo tuo rem aliquam, quam debet tibi, non ingredieris
domum eius ut pignus auferas: 11 sed
stabis foris, et ille tibi proferet quod
habuerit.
12 Sin autem pauper est, non pernoc-
tabit apud te pignus, 13 sed statim reddes
ei ante solis occasum: ut dormiens in
vestimento suo, benedicat tibi, et habeas
iustitiam coram Domino Deo tuo.
14 Non negabis mercedem indigentis,
et pauperis fratris tui, sive advenae, qui
tecum moratur in terra, et intra portas
tuas est: 15 sed eadem die reddes ei pretium laboris sui ante solis occasum, quia
pauper est, et ex eo sustentat animam
suam: ne clamet contra te ad Dominum,
et reputetur tibi in peccatum.
16 Non occidentur patres pro filiis, nec
filii pro patribus, sed unusquisque pro
peccato suo morietur.

Num 20,14. — **10-11:** Lev 15,16-17. — **17:** Lev 19,29; 3 Reg 14,24; 15,22; 22,47; 4 Reg 23,7. — **18:** Eccli 34,21; Rom 1,27; 1 Cor 6,9; Apoc 22,15. — **19:** Ex 22,25; Lev 25,37; Lc 6,34-35. — **20:** Deut 15,3.10. — **21:** Num 30,3; Eccl 5,3. — **25:** Mt 12,1; Mc 2,23; Lc 6,1.

24 **1:** Is 50,1; Ier 3,8; Mt 5,31; 19,7; Mc 10,4. — **5:** Deut 20,7. — **7:** Ex 21,16. — **8:** Lev 13,1-14.57. — **9:** Num 12,10-15. — **13:** Ex 22,26. — **14:** Lev 25,39-43; Mal 3,5. — **15:** Lev 19,13; Tob 4,15; Eccli 34,25-26; Ier 22,

Misericordia in populum

17 Non pervertes iudicium advenae et pupilli, nec auferes pignoris loco viduae vestimentum.
18 Memento quod servieris in Aegypto, et eruerit te Dominus Deus tuus inde. Idcirco praecipio tibi ut facias hanc rem.
19 Quando messueris segetem in agro tuo, et oblitus manipulum reliqueris, non reverteris, ut tollas illum: sed advenam, et pupillum, et viduam auferre patieris, ut benedicat tibi Dominus Deus tuus in omni opere manuum tuarum.
20 Si fruges collegeris olivarum, quidquid remanserit in arboribus, non reverteris ut colligas: sed relinques advenae, pupillo, ac viduae.
21 Si vindemiaveris vineam tuam, non colliges remanentes racemos, sed cedent in usus advenae, pupilli, ac viduae.
22 Memento quod et tu servieris in Aegypto, et idcirco praecipio tibi ut facias hanc rem.

Flagellatio quadragenarium numerum non excedet

25 1 Si fuerit causa inter aliquos, et interpellaverint iudices: quem iustum esse perspexerint, illi iustitiae palmam dabunt: quem impium, condemnabunt impietatis:
2 Sin autem eum, qui peccavit, dignum viderint plagis: prosternent, et coram se facient verberari. Pro mensura peccati erit et plagarum modus:
3 ita dumtaxat, ut quadragenarium numerum non excedant: ne foede laceratus ante oculos tuos abeat frater tuus.
4 Non ligabis os bovis terentis in area fruges tuas.

Leviratus lex

5 Quando habitaverint fratres simul, et unus ex eis absque liberis mortuus fuerit, uxor defuncti non nubet alteri: sed accipiet eam frater eius, et suscitabit semen fratris sui:
6 et primogenitum ex ea filium nomine illius appellabit, ut non deleatur nomen eius ex Israel.
7 Sin autem noluerit accipere uxorem fratris sui, quae ei lege debetur, perget mulier ad portam civitatis, et interpellabit maiores natu, dicetque: Non vult frater viri mei suscitare nomen fratris sui in Israel: nec me in coniugem sumere.
8 Statimque accersiri eum facient, et interrogabunt. Si responderit: Nolo eam uxorem accipere:
9 accedet mulier ad eum coram senioribus, et tollet calceamentum de pede eius, spuetque in faciem illius, et dicet: Sic fiet homini, qui non aedificat domum fratris sui.
10 Et vocabitur nomen illius in Israel, Domus discalceati.

Poena mulieris impudentis

11 Si habuerint inter se iurgium viri duo, et unus contra alterum rixari coeperit, volensque uxor alterius eruere virum suum de manu fortioris, miseritque manum, et apprehenderit verenda eius:
12 abscides manum illius, nec flecteris super eam ulla misericordia.

De iusto pondere

13 Non habebis in sacculo diversa pondera, maius et minus:
14 nec erit in domo tua modius maior, et minor.
15 Pondus habebis iustum et verum, et modius aequalis et verus erit tibi: ut multo vivas tempore super terram, quam Dominus Deus tuus dederit tibi.
16 Abominatur enim Dominus tuus eum qui facit haec, et aversatur omnem iniustitiam.

Contra Amalec

17 Memento quae fecerit tibi Amalec in via quando egrediebaris ex Aegypto:
18 quomodo occurrerit tibi: et extremos agminis tui, qui lassi residebant, ceciderit, quando tu eras fame et labore confectus, et non timuerit Deum.
19 Cum ergo Dominus Deus tuus dederit tibi requiem, et subiecerit cunctas per circuitum nationes in terra, quam tibi pollicitus est: delebis nomen eius sub caelo. Cave ne obliviscaris.

De primitiis

26 1 Cumque intraveris terram, quam Dominus Deus tuus tibi daturus est possidendam, et obtinueris eam, atque habitaveris in ea:
2 tolles de cunctis frugibus tuis primitias, et pones in cartallo, pergesque ad locum quem Dominus Deus tuus elegerit, ut ibi invocetur nomen eius:
3 accedesque ad sacerdotem, qui fuerit in diebus illis, et dices ad eum: Profiteor hodie coram Domino Deo tuo, quod ingressus sum in terram, pro qua iuravit patribus nostris, ut daret eam

13. — **16:** 4 Reg 14,6; 2 Par 25,4; Ez 18,20. — **17:** Ex 22,21-22; 23,6; Deut 16,19; 27,19; Prov 22,22; Eccli 4,10. — **19-21:** Lev 19,9-10; 23,22; Eccli 33,16.

25 **3:** 2 Cor 11,24. — **4:** 1 Cor 9,9; 1 Tim 5,18. — **5:** Ruth 3,9; Mt 22,24; Mc 12, 19; Lc 20,28. — **6-9:** Ruth 4,1-2.5-10. — **13-15:** Lev 19,35-36; Prov 16,11; Ez 45,10; Mich 6,11. — **17:** Ex 17,8. — **19:** Ex 17,14; 1 Sam 15,2-3.

26 **2:** Ex 23,19; 34,26; Num 15,20; 18,14; Deut 12,5; 16,10. — **3:** Ex 13,5; Deut

nobis. 4 Suscipiensque sacerdos cartallum de manu tua, ponet ante altare Domini Dei tui: 5 et loqueris in conspectu
Domini Dei tui: Syrus persequebatur patrem meum, qui descendit in Aegyptum,
et tibi peregrinatus est in paucissimo
numero: crevitque in gentem magnam
ac robustam et infinitae multitudinis.
6 Afflixeruntque nos Aegyptii, et persecuti sunt, imponentes onera gravissima:
7 et clamavimus ad Dominum Deum patrum nostrorum: qui exaudivit nos, et
respexit humilitatem nostram, et laborem,
atque angustiam: 8 et eduxit nos de
Aegypto in manu forti, et brachio extento, in ingenti pavore, in signis atque portentis: 9 et introduxit ad locum istum, et
tradidit nobis terram lacte et melle manantem. 10 Et idcirco nunc offero primitias frugum terrae, quam Dominus dedit
mihi. Et dimittes eas in cospectu Domini
Dei tui, et adorato Domino Deo tuo. 11 Et
epulaberis in omnibus bonis, quae Dominus Deus tuus dederit tibi, et domui tuae,
tu et Levites, et advena qui tecum est.

De tertii anni decimis

12 Quando compleveris decimam cunctarum frugum tuarum, anno decimarum
tertio, dabis Levitae, et advenae, et pupillo et viduae, ut comedant intra portas
tuas, et saturentur: 13 loquerisque in conspectu Domini Dei tui: Abstuli quod sanctificatum est de domo mea, et dedi illud
Levitae et advenae, et pupillo ac viduae,
sicut iussisti mihi: non praeterivi mandata tua, nec sum oblitus imperii tui.
14 Non comedi ex eis in luctu meo, nec
separavi ea in qualibet immunditia, nec
expendi ex his quidquam in re funebri.
Obedivi voci Domini Dei mei, et feci
omnia sicut praecepisti mihi. 15 Respice
de sanctuario tuo, et de excelso caelorum
habitaculo, et benedic populo tuo Israel,
et terrae, quam dedisti nobis, sicut iurasti patribus nostris, terrae lacte et melle
mananti.

Sermonis conclusio

16 Hodie Dominus Deus tuus praecepit tibi ut facias mandata haec atque iudicia: et custodias et impleas ex toto corde
tuo, et ex tota anima tua. 17 Dominum
elegisti hodie, ut sit tibi Deus, et ambules
in viis eius, et custodias caeremonias illius,
et mandata atque iudicia, et obedias eius
imperio. 18 Et Dominus elegit te hodie
ut sis ei populus peculiaris, sicut locutus
est tibi, et custodias omnia praecepta
illius: 19 et faciat te excelsiorem cunctis
gentibus quas creavit, in laudem, et nomen, et gloriam suam: ut sis populus
sanctus Domini Dei tui, sicut locutus est.

SERMO TERTIUS

(27,1-30,20)

De foederis renovatione in Chanaan

27 1 Praecepit autem Moyses et seniores Israel, populo dicentes: Custodite omne mandatum quod praecipio
vobis hodie.
2 Cumque transieritis Iordanem in terram, quam Dominus Deus tuus dabit
tibi, eriges ingentes lapides, et calce laevigabis eos, 3 ut possis in eis scribere
omnia verba legis huius, Iordane transmisso: ut introeas terram, quam Dominus
Deus tuus dabit tibi, terram lacte et
melle manantem, sicut iuravit patribus
tuis. 4 Quando ergo transieritis Iordanem,
erigite lapides, quos ego hodie praecipio
vobis in monte Hebal, et laevigabis eos
calce: 5 et aedificabis ibi altare Domino
Deo tuo de lapidibus, quos ferrum non
tetigit, 6 et de saxis informibus et impolitis: et offeres super eo holocausta Domino Deo tuo, 7 et immolabis hostias
pacificas, comedesque ibi, et epulaberis
coram Domino Deo tuo. 8 Et scribes super lapides omnia verba legis huius plane
et lucide.
9 Dixeruntque Moyses et sacerdotes Levitici generis ad omnem Israelem: Attende, et audi, Israel: Hodie factus es populus Domini Dei tui: 10 audies vocem eius,
et facies mandata atque iustitias, quas ego
praecipio tibi.

Maledictiones proferendae in Hebal

11 Praecepitque Moyses populo in die
illo, dicens: 12 Hi stabunt ad benedicendum populo super montem Garizim, Iordane transmisso: Simeon, Levi, Iudas, Issachar, Ioseph, et Beniamin. 13 Et e regione isti stabunt ad maledicendum in monte Hebal: Ruben, Gad, et Aser, et Zabulon, Dan, et Nephthali. 14 Et pronuntiabunt Levitae, dicentque ad omnes viros
Israel excelsa voce:

1,8. — **5:** Gen 28,5; 46,5-7.26; Ex 1,7; Act 7,14-15. — **6:** Ex 1,8-22; Num 20,15. — **7:** Ex 2,23-25; 3,9; Num 20,16. — **8:** Ex 12,37.51. — **9:** Ex 3,8. — **11:** Deut 12,7.12. — **12:** Lev 27, 30; Deut 14,28-29. — **15:** Is 63,15; Bar 2,16; Zach 2,13. — **17:** Ex 24,7. — **18:** Ex 19,5; Deut 7,6; 14,2. — **19:** Deut 7,6; 28,1.

27 **3:** Ios 8,32. — **4:** Deut 11,29; Ios 8, 30. — **5:** Ex 20,25; Ios 8,31. — **7:** Deut 12,7. — **9:** Deut 26,17-19. — **12-13:** Deut 11, 29; Ios 8,33-34. — **14:** Dan 9,11.13. — **15:** Ex

15 Maledictus homo qui facit sculptile
et conflatile, abominationem Domini illud
in abscondito: et respondebit omnis populus, et dicet: Amen.
16 Maledictus qui non honorat patrem
suum, et matrem: et dicet omnis populus: Amen.
17 Maledictus qui transfert terminos
proximi sui: et dicet omnis populus:
Amen.
18 Maledictus qui errare facit caecum
in itinere: et dicet omnis populus: Amen.
19 Maledictus qui pervertit iudicium
advenae, pupilli et viduae: et dicet omnis populus: Amen.
20 Maledictus qui dormit cum uxore
patris sui, et revelat operimentum lectuli: et dicet omnis populus: Amen.
21 Maledictus qui dormit cum omni
iumento: et dicet omnis populus: Amen.
22 Maledictus qui dormit cum sorore
sua, filia patris sui, vel matris suae: et
dicet omnis populus: Amen.
23 Maledictus qui dormit cum socru
sua: et dicet omnis populus: Amen.
24 Maledictus qui clam percusserit proximum suum: et dicet omnis populus:
Amen.
25 Maledictus qui accipit munera, ut
percutiat animam sanguinis innocentis: et
dicet omnis populus: Amen.
26 Maledictus qui non permanet in sermonibus legis huius, nec eos opere perficit: et dicet omnis populus: Amen.

Benedictiones quae legem servantibus promittuntur

28 1 Si autem audieris vocem Domini Dei tui, ut facias atque custodias omnia mandata eius, quae ego
praecipio tibi hodie, faciet te Dominus
Deus tuus excelsiorem cunctis gentibus,
quae versantur in terra. 2 Venientque super te universae benedictiones istae, et
apprehendent te: si tamen praecepta eius
audieris.
3 Benedictus tu in civitate, et benedictus in agro.
4 Benedictus fructus ventris tui, et fructus terrae tuae, fructusque iumentorum
tuorum, greges armentorum tuorum, et
caulae ovium tuarum.
5 Benedicta horrea tua, et benedictae
reliquiae tuae.
6 Benedictus eris tu ingrediens et egrediens.
7 Dabit Dominus inimicos tuos, qui
consurgunt adversum te, corruentes in
conspectu tuo: per unam viam venient
contra te, et per septem fugient a facie
tua.
8 Emittet Dominus benedictionem super cellaria tua, et super omnia opera
manuum tuarum: benedicetque tibi in
terra, quam acceperis.
9 Suscitabit te Dominus sibi in populum sanctum, sicut iuravit tibi: si custodieris mandata Domini Dei tui, et ambulaveris in viis eius. 10 Videbuntque omnes
terrarum populi quod nomen Domini invocatum sit super te, et timebunt te.
11 Abundare te faciet Dominus omnibus bonis, fructu uteri tui, et fructu iumentorum tuorum, fructu terrae tuae, quam
iuravit Dominus patribus tuis ut daret
tibi.
12 Aperiet Dominus thesaurum suum
optimum, caelum, ut tribuat pluviam terrae tuae in tempore suo: benedicetque
cunctis operibus manuum tuarum. Et foenerabis gentibus multis, et ipse a nullo
foenus accipies. 13 Constituet te Dominus
in caput, et non in caudam: et eris semper supra, et non subter: si tamen audieris
mandata Domini Dei tui quae ego praecipio tibi hodie, et custodieris et feceris,
14 ac non declinaveris ab eis nec ad dexteram, nec ad sinistram, nec secutus fueris
deos alienos, neque colueris eos.

Mala multa legis transgressoribus minatur Deus

15 Quod si audire nolueris vocem Domini Dei tui, ut custodias, et facias omnia mandata eius et caeremonias, quas
ego praecipio tibi hodie, venient super te
omnes maledictiones istae, et apprehendent te.
16 Meledictus eris in civitate, maledictus in agro.
17 Maledictum horreum tuum, et maledictae reliquiae tuae. 18 Maledictus fructus ventris tui, et fructus terrae tuae, armenta boum tuorum, et greges ovium
tuarum.
19 Maledictus eris ingrediens, et maledictus egrediens.
20 Mittet Dominus super te famem et
esuriem, et increpationem in omnia ope-

20,4.23; 34,17; Lev 19,4; Sap 14,8. — **16:** Ex 29,12; 21,17; Lev 19,3; 20.9; Deut 21,18-21. — **17:** Deut 19,14. — **18:** Lev 19,14. — **19:** Ex 22,21-22; Lev 19,35; Deut 24,17. — **20:** Lev 18,8; 20,11; Deut 22,30. — **21:** Ex 22,19; Lev 18,23; 20,15. — **22:** Lev 18,9; 20,17. — **23:** Lev 18,17; 20,14. — **24:** Ex 20,13; 21,12; Lev 24, 17; Num 35,20-21. — **26:** Gal 3,10.

28 **1-68:** Lev 26,1-45. — **1-14:** Deut 7,12-16. — **1:** Deut 26,19. — **4:** Ex 23,26; Deut 7,13; 30,9. — **6:** Ps 120,8. — **6:** Ex 23, 22.27; Lev 26,7-8. — **9:** Ex 19,5-6; Deut 26, 18. — **10:** Deut 2,25; 11,25. — **12:** Deut 11,14; 15,6; 28,44. — **13:** Deut 28,44. || Epist. Gregorii IX: D 442. — **14:** Is 9,14-15; 19,15. — **15:** Lev 26,14; Lam 2,17; Bar 1,20; Dan 9,11;

ra tua, quae tu facies: donec conterat
te, et perdat velociter, propter adinventiones tuas pessimas in quibus reliquisti
me. 21 Adiungat tibi Dominus pestilentiam, donec consumat te de terra ad
quam ingredieris possidendam.

Fames

22 Percutiat te Dominus egestate, febri et frigore, ardore et aestu, et aere
corrupto ac rubigine, et persequatur donec pereas. 23 Sit caelum, quod supra te
est, aeneum: et terra, quam calcas, ferrea. 24 Det Dominus imbrem terrae tuae
pulverem, et de caelo descendat super te
cinis, donec conteraris.

25 Tradat te Dominus corruentem ante
hostes tuos: per unam viam egrediaris
contra eos, et per septem fugias, et dis-
pergaris per omnia regna terrae, 26 sitque
cadaver tuum in escam cunctis volatilibus caeli, et bestiis terrae, et non sit qui
abigat.

27 Percutiat te Dominus ulcere Aegypti, et partem corporis, per quam stercora
egeruntur, scabie quoque et prurigine:
ita ut curari nequeas. 28 Percutiat te Dominus amentia et caecitate ac furore mentis, 29 et palpes in meridie sicut palpare
solet caecus in tenebris, et non dirigas
vias tuas. Omnique tempore calumniam
sustineas, et opprimaris violentia, nec
habeas qui liberet te. 30 Uxorem accipias,
et alius dormiat cum ea. Domum aedifices, et non habites in ea. Plantes vineam, et non vindemies eam. 31 Bos tuus
immoletur coram te, et non comedas ex
eo. Asinus tuus rapiatur in conspectu tuo,
et non reddatur tibi. Oves tuae dentur
inimicis tuis, et non sit qui te adiuvet.
32 Filii tui et filiae tuae tradantur alteri
populo, videntibus oculis tuis, et deficientibus ad conspectum eorum tota die, et
non sit fortitudo in manu tua.

33 Fructus terrae tuae, et omnes labores tuos, comedat populus quem ignoras:
et sis semper calumniam sustinens, et
oppressus cunctis diebus, 34 et stupens ad
terrorem eorum quae videbunt oculi tui.

35 Percutiat te Dominus ulcere pessimo
in genibus et in suris, sanarique non possis
a planta pedis usque ad verticem tuum.

36 Ducet te Dominus, et regem tuum,
quem constitueris super te, in gentem,
quam ignoras tu et patres tui: et servies
ibi diis alienis, ligno et lapidi. 37 Et eris
perditus in proverbium ac fabulam omnibus populis, ad quos te introduxerit
Dominus.

38 Sementem multam iacies in terram,
et modicum congregabis: quia locustae
devorabunt omnia. 39 Vineam plantabis,
et fodies: et vinum non bibes, nec colliges ex ea quippiam: quoniam vastabitur
vermibus. 40 Olivas habebis in omnibus
terminis tuis, et non ungeris oleo quia de-
fluent, et peribunt.

41 Filios generabis et filias, et non frue-
ris eis: quoniam ducentur in captivitatem.

42 Omnes arbores tuas et fruges terrae
tuae rubigo consumet. 43 Advena, qui tecum versatur in terra, ascendet super te,
eritque sublimior: tu autem descendes,
et eris inferior. 44 Ipse foenerabit tibi, et
tu non foenerabis ei. Ipse erit in caput, et
tu eris in caudam.

45 Et venient super te omnes maledictiones istae, et persequentes apprehendent
te, donec intereas: quia non audisti vocem
Domini Dei tui, nec servasti mandata
eius et caeremonias, quas praecepit tibi.
46 Et erunt in te signa atque prodigia, et
in semine tuo usque in sempiternum:
47 eo quod non servieris Domino Deo tuo
in gaudio, cordisque laetitia, propter rerum omnium abundantiam. 48 Servies inimico tuo, quem immittet tibi Dominus, in
fame, et siti, et nuditate, et omni penuria:
et ponet iugum ferreum super cervicem
tuam, donec te conterat.

Hostium invasio

49 Adducet Dominus super te gentem
de longinquo, et de extremis terrae finibus in similitudinem aquilae volantis cum
impetu, cuius linguam intelligere non possis: 50 gentem procacissimam, quae non
deferat seni, nec misereatur parvuli, 51 et
devoret fructum iumentorum tuorum, ac
fruges terrae tuae: donec intereas, et
non relinquant tibi triticum, vinum, et
oleum, armenta boum, et greges ovium:
donec te disperdat, 52 et conterat in cunctis urbibus tuis, et destruantur muri tui
firmi atque sublimes, in quibus habebas
fiduciam in omni terra tua. Obsideberis
intra portas tuas in omni terra tua, quam
dabit tibi Dominus Deus tuus: 53 et comedes fructum uteri tui, et carnes filiorum tuorum et filiarum tuarum, quas dederit tibi Dominus Deus tuus, in angustia
et vastitate qua opprimet te hostis tuus.
54 Homo delicatus in te, et luxuriosus

Mal 2,2. — **20:** Ios 23,16. — **22-23:** Lev 26,16.19. — **25:** Lev 26,17.37; Deut 32,30; Ier 24,9. — **27:** Ex 9,9-11. — **36:** 4 Reg 17,4.6; 24,12.14; 25,7.11; 2 Par 33,11; 36,6.20. — **37:** 3 Reg 9,7-9; 2 Par 7,20-22. — **38:** Mich 6,15; Agg 1,6. — **39:** Soph 1,13. — **40:** Mich 6,15. — **41:** Lam 1,5. — **44:** Deut 28,12-13; Bar 2,5. || Epist. Gregorii IX: D 442. — **47-48:** Neh 9,35-

valde, invidebit fratri suo, et uxori, quae cubat in sinu suo, 55 ne det eis de carnibus filiorum suorum, quas comedet: eo quod nihil aliud habeat in obsidione et penuria, qua vastaverint te inimici tui intra omnes portas tuas. 56 Tenera mulier et delicata, quae super terram ingredi non valebat, nec pedis vestigium figere, propter mollitiem et teneritudinem nimiam, invidebit viro suo, qui cubat in sinu eius, super filii et filiae carnibus, 57 et illuvie secundarum, quae egrediuntur de medio feminum eius, et super liberis qui eadem hora nati sunt. Comedent enim eos clam propter rerum omnium penuriam in obsidione et vastitate, qua opprimet te inimicus tuus intra portas tuas.

58 Nisi custodieris et feceris omnia verba legis huius, quae scripta sunt in hoc volumine, et timueris nomen eius gloriosum et terribile, hoc est, Dominum Deum tuum: 59 augebit Dominus plagas tuas, et plagas seminis tui, plagas magnas et perseverantes, infirmitates pessimas et perpetuas: 60 et convertet in te omnes afflictiones Aegypti, quas timuisti, et adhaerebunt tibi. 61 Insuper et universos languores, et plagas, quae non sunt scriptae in volumine legis huius, inducet Dominus super te, donec te conterat: 62 et remanebitis pauci numero, qui prius eratis sicut astra caeli prae multitudine, quoniam non audisti vocem Domini Dei tui. 63 Et sicut ante laetatus est Dominus super vos, bene vobis faciens, vosque multiplicans: sic laetabitur disperdens vos atque subvertens, ut auferamini de terra, ad quam ingredieris possidendam.

Dispersio in gentes

64 Disperget te Dominus in omnes populos, a summitate terrae usque ad terminos eius: et servies ibi diis alienis, quos et tu ignoras et patres tui, lignis et lapidibus. 65 In gentibus quoque illis non quiesces, neque erit requies vestigio pedis tui. Dabit enim tibi Dominus ibi cor pavidum, et deficientes oculos, et animam consumptam moerore; 66 et erit vita tua quasi pendens ante te. Timebis nocte et die, et non credes vitae tuae. 67 Mane dices: Quis mihi det vesperum? et vespere: Quis mihi det mane? propter cordis tui formidinem, qua terreberis, et propter ea, quae tuis videbis oculis. 68 Reducet te Dominus classibus in Aegyptum per viam de qua dixit tibi ut eam amplius non videres. Ibi venderis inimicis tuis in servos et ancillas, et non erit qui emat.

29 1 Haec sunt verba foederis quod praecepit Dominus Moysi ut feriret cum filiis Israel in terra Moab: praeter illud foedus, quod cum eis pepigit in Horeb.

Dei beneficiorum recordatio

2 Vocavitque Moyses omnem Israel, et dixit ad eos: Vos vidistis universa, quae fecit Dominus coram vobis in terra Aegypti Pharaoni, et omnibus servis eius, universaeque terrae illius, 3 tentationes magnas, quas viderunt oculi tui, signa illa, portentaque ingentia, 4 et non dedit vobis Dominus cor intelligens, et oculos videntes, et aures quae possunt audire, usque in praesentem diem. 5 Adduxit vos quadraginta annis per desertum: non sunt attrita vestimenta vestra, nec calceamenta pedum vestrorum vetustate consumpta sunt. 6 Panem non comedistis, vinum et siceram non bibistis: ut sciretis quia ego sum Dominus Deus vester. 7 Et vinistis ad hunc locum: egressusque est Sehon rex Hesebon, et Og rex Basan, occurrentes nobis ad pugnam. Et percussimus eos, 8 et tulimus terram eorum, ac tradidimus possidendam Ruben et Gad, et dimidiae tribui Manasse. 9 Custodite ergo verba pacti huius, et implete ea: ut intelligatis universa quae facitis.

Foedus iuramento firmandum

10 Vos statis hodie cuncti coram Domino Deo vestro, principes vestri, et tribus, ac maiores natu, atque doctores, omnis populus Israel, 11 liberi et uxores vestrae, et advena qui tecum moratur in castris, exceptis lignorum caesoribus, et his qui comportant aquas: 12 ut transeas in foedere Domini Dei tui, et in iureiurando quod hodie Dominus Deus tuus percutit tecum: 13 ut suscitet te sibi in populum, et ipse sit Deus tuus sicut locutus est tibi, et sicut iuravit patribus tuis, Abraham, Isaac, et Iacob 14 Nec vobis solis ego hoc foedus ferio, et haec iuramenta confirmo, 15 sed cunctis praesentibus et absentibus.

16 Vos enim nostis quo modo habitaverimus in terra Aegypti, et quo modo transierimus per medium nationum, quas

37. — **49-52:** Ier 5,15-16; Bar 15-16. — **53:** Lev 26,29; 4 Reg 6,26-29; Ier 19,9; Lam 2,20; 4,10; Bar 2,4; Ez 5,10. — **60:** Deut 28,27. — **62:** Deut 1,10; 4,27; 4 Reg 24,4; Neh 7,4; Ier 42, 2. — **63:** Deut 30,9; Prov 1,26. — **64:** Lev 26, 33. — **68:** Deut 17,16; Os 8,13; 9,3.

29 **1:** Deut 1,5; 5,2-3. — **2:** Ex 19,4. — **3:** Deut 4,34. — **4:** Is 6,9-10. — **5:** Deut 1,3; 8,2.4; Neh 9,21; Am 2,10; Act 13,18. — **6:** Deut 8,3. — **7:** Num 21,21-24.33-35; Deut 2, 24.26.32; 3,1. — **8:** Num 32,33; Deut 3,12-13. — **13:** Ex 6,7; Deut 28,9. — **20:** Deut 9,

transeuntes, 17 vidistis abominationes et
sordes, id est, idola eorum, lignum et
lapidem, argentum et aurum, quae colebant.

In praevaricantes minae

18 Ne forte sit inter vos vir aut mulier,
familia aut tribus, cuius cor aversum
est hodie a Domino Deo nostro: ut vadat
et serviat diis illarum gentium: et sit inter
vos radix germinans fel et amaritudinem.
19 Cumque audierit verba iuramenti huius,
benedicat sibi in corde suo, dicens: Pax
erit mihi, et ambulabo in pravitate cordis
mei: et absumat ebria sitientem, 20 et
Dominus non ignoscat ei: sed tunc quam
maxime furor eius fumet, et zelus contra hominem illum, et sedeant super eum
omnia maledicta, quae scripta sunt in
hoc volumine: et deleat Dominus nomen
eius sub caelo, 21 et consumat eum in
perditionem ex omnibus tribubus Israel,
iuxta maledictiones, quae in libro legis
huius ac foederis continentur.

De eorum exsecratione mirabuntur

22 Dicetque sequens generatio, et filii
qui nascentur deinceps, et peregrini, qui
de longe venerint, videntes plagas terrae
illius, et infirmitates, quibus eam afflixerit Dominus, 23 sulphure, et salis ardore
comburens, ita ut ultra non seratur, nec
virens quippiam germinet, in exemplum
subversionis Sodomae et Gomorrhae,
Adamae et Seboin, quas subvertit Dominus in ira et furore suo. 24 Et dicent omnes gentes: Quare sic fecit Dominus terrae huic? quae est haec ira furoris eius
immensa? 25 Et respondebunt: Quia dereliquerunt pactum Domini, quod pepigit cum patribus eorum, quando eduxit
eos de terra Aegypti: 26 et servierunt diis
alienis, et adoraverunt eos, quos nesciebant, et quibus non fuerant attributi: 27 idcirco iratus est furor Domini contra terram istam, ut induceret super eam omnia
maledicta, quae in hoc volumine scripta
sunt: 28 et eiecit eos de terra sua in ira et
in furore, et in indignatione maxima,
proiecitque in terram alienam, sicut hodie
comprobatur.
29 Abscondita, Domino Deo nostro:
quae manifesta sunt, nobis et filiis nostris
usque in sempiternam, ut faciamus universa verba legis huius.

14. — **23:** Gen 14,2; 19,24-25. — **24:** 3 Reg 9,8-9; Ier 22,8-9. — **27:** Lev 26,14-39; Deut 28,15-68; Dan 9,11-14. — **28:** Deut 28,36; 3 Reg 14,15; 2 Par 7,20.

Poenitentiae populi misericordia Dei subsequetur

30 1 Cum ergo venerint super te omnes sermones isti, benedictio sive
maledictio, quam proposui in conspectu
tuo: et ductus poenitudine cordis tui in
universis gentibus, in quas disperserit te
Dominus Deus tuus, 2 et reversus fueris
ad eum, et obedieris eius imperiis, sicut
ego hodie praecipio tibi, cum filiis tuis,
in toto corde tuo, et in tota anima tua:
3 reducet Dominus Deus tuus captivitatem tuam, ac miserebitur tui, et rursum
congregabit te de cunctis populis, in quos
te ante dispersit. 4 Si ad cardines caeli
fueris dissipatus, inde te retrahet Dominus
Deus tuus, 5 et assumet, atque introducet
in terram, quam possederunt patres tui,
et obtinebis eam: et benedicens tibi, maioris numeri te esse faciet quam fuerunt
patres tui. 6 Circumcidet Dominus Deus
tuus cor tuum, et cor seminis tui, ut diligas Dominum Deum tuum in toto corde
tuo, et in tota anima tua, ut possis vivere. 7 Omnes autem maledictiones has
convertet super inimicos tuos, et eos qui
oderunt te et persequuntur. 8 Tu autem
reverteris, et audies vocem Domini Dei
tui, faciesque universa mandata quae ego
praecipio tibi hodie: 9 et abundare te
faciet Dominus Deus tuus in cunctis operibus manuum tuarum, in sobole uteri
tui, et in fructu iumentorum tuorum, in
ubertate terrae tuae, et in rerum omnium
largitate. Revertetur enim Dominus, ut
gaudeat super te in omnibus bonis, sicut
gavisus est in patribus tuis; 10 si tamen
audieris vocem Domini Dei tui, et custodieris praecepta eius et caeremonias, quae
in hac lege conscripta sunt: et revertaris
ad Dominum Deum tuum in toto corde
tuo, et in tota anima tua.

Mors et vita hodie Israeli proponitur

11 Mandatum hoc, quod ego praecipio
tibi hodie, non supra te est, neque procul
positum, 12 nec in caelo situm ut possis
dicere: Quis nostrum valet ad caelum
ascendere, ut deferat illud ad nos, et audiamus atque opere compleamus? 13 Neque
trans mare positum: ut causeris, et dicas:
Quis ex nobis poterit transfretare mare,
et illud ad nos usque deferre: ut possimus
audire et facere quod praeceptum est?
14 Sed iuxta te est sermo valde, in ore tuo,
et in corde tuo, ut facias illum.
15 Considera quod hodie proposuerim
in conspectu tuo, vitam et bonum, et e

30 **1:** Lev 26,40-42; Deut 4,29-31; 11,26-28. — **2-3:** Neh 1,9; Ps 125,1.4; Is 55,7. — **5:** 2 Mach 1,29. — **6:** Deut 6,5. — **9:** Deut 28,11. — **14:** Bar 3,29-32.36-37; Rom 10,6-8. —

contrario mortem et malum: 16 ut diligas
Dominum Deum tuum, et ambules in viis
eius, et custodias mandata illius ac caeremonias atque iudicia: et vivas, atque multiplicet te, benedicatque tibi in terra, ad
quam ingredieris possidendam. 17 Si autem aversum fuerit cor tuum, et audire
nolueris, atque errore deceptus adoraveris deos alienos, et servieris eis: 18 praedico tibi hodie quod pereas, et parvo tempore moreris in terra, ad quam, Iordane
transmisso, ingredieris possidendam.
19 Testes invoco hodie caelum et terram,
quod proposuerim vobis vitam et mortem, benedictionem et maledictionem.
Elige ergo vitam, ut et tu vivas, et semen
tuum: 20 et diligas Dominum Deum tuum,
atque obedias voci eius et illi adhaereas
(ipse est enim vita tua, et longitudo dierum tuorum) ut habites in terra, pro qua
iuravit Dominus patribus tuis, Abraham,
Isaac, et Iacob, ut daret eam illis.

CONCLUSIO DEUTERONOMII

(31,1-34,12)

Ultima Moysis monita

31 1 Abiit itaque Moyses, et locutus
est omnia verba haec ad universum Israel, 2 et dixit ad eos: Centum viginti annorum sum hodie, non possum
ultra egredi, et ingredi, praesertim cum et
Dominus dixerit mihi: Non transibis Iordanem istum. 3 Dominus ergo Deus tuus
transibit ante te: ipse delebit omnes gentes has in conspectu tuo, et possidebis eas:
et Iosue iste transibit ante te, sicut locutus est Dominus. 4 Facietque Dominus eis
sicut fecit Sehon et Og regibus Amorrhaeorum, et terrae eorum, delebitque eos.
5 Cum ergo et hos tradiderit vobis, similiter facietis eis sicut praecepi vobis. 6 Viriliter agite, et confortamini: nolite timere, nec paveatis ad conspectum eorum:
quia Dominus Deus tuus ipse est ductor
tuus, et non dimittet, nec derelinquet te.

Iosue electus dux populi

7 Vocavitque Moyses Iosue, et dixit ei
coram omni Israel: Confortare, et esto
robustus: tu enim introduces populum istum in terram, quam daturum se patribus
eorum iuravit Dominus, et tu eam sorte
divides. 8 Et Dominus qui ductor est vester, ipse erit tecum: non dimittet, nec derelinquet te: noli timere, nec paveas.

Lex quolibet septimo anno populo legenda

9 Scripsit itaque Moyses legem hanc, et
tradidit eam sacerdotibus filiis Levi, qui
portabant arcam foederis Domini, et
cunctis senioribus Israel. 10 Praecepitque
eis, dicens: Post septem annos, anno remissionis, in solemnitate tabernaculorum,
11 convenientibus cunctis ex Israel, ut appareant in conspectu Domini Dei tui in
loco quem elegerit Dominus, leges verba
legis huius coram omni Israel, audientibus eis, 12 et in unum omni populo congregato, tam viris quam mulieribus, parvulis, et advenis, qui sunt intra portas
tuas: ut audientes discant, et timeant Dominum Deum vestrum, et custodiant, im-
pleantque omnes sermones legis huius.
13 Filii quoque eorum qui nunc ignorant,
ut audire possint, et timeant Dominum
Deum suum cunctis diebus quibus versantur in terra, ad quam vos, Iordane transmisso, pergitis obtinendam.

Moyses proxime moriturus

14 Et ait Dominus ad Moysen: Ecce
prope sunt dies mortis tuae: Voca Iosue,
et state in tabernaculo testimonii, ut praecipiam ei. Abierunt ergo Moyses et Iosue,
et steterunt in tabernaculo testimonii:
15 apparuitque Dominus ibi in columna
nubis, quae stetit in introitu tabernaculi.
16 Dixitque Dominus ad Moysen: Ecce
tu dormies cum patribus tuis, et populus
iste consurgens fornicabitur post deos
alienos in terra, ad quam ingreditur ut habitet in ea: ibi derelinquet me, et irritum
faciet foedus, quod pepigi cum eo. 17 Et
irascetur furor meus contra eum in die
illo: et derelinquam eum, et abscondam
faciem meam ab eo, et erit in devorationem: invenient eum omnia mala et afflictiones, ita ut dicat in illo die: Vere quia
non est Deus mecum, invenerunt me haec
mala. 18 Ego autem abscondam, et celabo
faciem meam in die illo propter omnia
mala, quae fecit, quia secutus est deos
alienos.

15: Eccli 15,18. — **18:** Deut 4,26. — **19:** Deut 11,26-28; 28,2.15. — **20:** Deut 1,8; 10,12.20.

31 **2:** Num 20,12; 27,13; Deut 8,27; 34,7. — **3:** Deut 1,38; 3,28; 9,3. — **4:** Num 21,21-35; Deut 2,30-35. — **5:** Deut 7,2. — **6:** Deut 20,3-4. — **7-8:** Ios 1,6-7.9. — **9:** Num 4,15; 7,9; Ios 3,3; 8,33; 1 Par 15,15. — **10:** Lev 23,34; Deut 15,1; 16,13-15. — **11:** Ex 23,14.17; 34,23; Deut 16,16; Ios 8,34-35. — **14:** Num 27,13; Deut 34,5. — **15:** Ex 33,9; Num 12,5. — **16:** Ex 34,15-16; Iud 2,12.17.20. — **17:** Iud

De cantico scribendo

19 Nunc itaque scribite vobis canticum
istud, et docete filios Israel: ut memoriter
teneant, et ore decantent, et sit mihi carmen istud pro testimonio inter filios Israel.
20 Introducam enim eum in terram,
pro qua iuravi patribus eius, lacte et melle
manantem. Cumque comederint, et saturati, crassique fuerint, avertentur ad deos
alienos, et servient eis: detrahentque mihi,
et irritum facient pactum meum.
21 Postquam invenerint eum mala multa et afflictiones, respondebit ei canticum istud pro
testimonio, quod nulla delebit oblivio ex
ore seminis sui. Scio enim cogitationes
eius, quae facturus sit hodie, antequam
introducam eum in terram, quam ei pollicitus sum.
22 Scripsit ergo Moyses canticum, et docuit filios Israel.
23 Praecepitque Dominus Iosue filio
Nun, et ait: Confortare, et esto robustus:
tu enim introduces filios Israel in terram,
quam pollicitus sum, et ego ero tecum.

Legis volumen in arca asservandum

24 Postquam ergo scripsit Moyses verba legis huius in volumine, atque complevit:
25 praecepit Levitis, qui portabant arcam foederis Domini, dicens:
26 Tollite librum istum, et ponite eum in latere arcae
foederis Domini Dei vestri: ut sit ibi contra te in testimonium.
27 Ego enim scio
contentionem tuam, et cervicem tuam durissimam. Adhuc vivente me et ingrediente vobiscum, semper contentiose egistis
contra Dominum: quanto magis cum
mortuus fuero?
28 Congregate ad me omnes maiores natu per tribus vestras, atque
doctores, et loquar audientibus eis sermones istos, et invocabo contra eos caelum
et terram.
29 Novi enim quod post mortem meam inique agetis, et declinabitis
cito de via, quam praecepi vobis: et occurrent vobis mala in extremo tempore,
quando feceritis malum in conspectu Domini, ut irritetis eum per opera manuum
vestrarum.

Moysis canticum

30 Locutus est ergo Moyses, audiente
universo coetu Israel, verba carminis
huius, et ad finem usque complevit.

Introductio

32 1 Audite caeli quae loquor,
Audiat terra verba oris mei.
2 Concrescat ut pluvia doctrina mea,
Fluat ut ros eloquium meum,
Quasi imber super herbam,
Et quasi stillae super gramina.
3 Quia nomen Domini invocabo:
Date magnificentiam Deo nostro.

Bonitas Dei in populum

4 Dei perfecta sunt opera,
Et omnes viae eius iudicia:
Deus fidelis, et absque ulla iniquitate,
Iustus et rectus.
5 Peccaverunt ei, et non filii eius in sordibus:
Generatio prava atque perversa.
6 Haeccine reddis Domino,
Popule stulte et insipiens?
Numquid non ipse est pater tuus,
Qui possedit te, et fecit, et creavit te?
7 Memento dierum antiquorum, cogita generationes singulas:
Interroga patrem tuum,
Et annuntiabit tibi:
Maiores tuos, et dicent tibi.
8 Quando dividebat Altissimus gentes:
Quando separabat filios Adam,
Constituit terminos populorum
Iuxta numerum filiorum Israel.
9 Pars autem Domini, populus eius:
Iacob funiculus haereditatis eius.
10 Invenit eum in terra deserta,
In loco horroris, et vastae solitudinis:
Circumduxit eum, et docuit:
Et custodivit quasi pupillam oculi sui.
11 Sicut aquila provocans ad volandum pullos suos,
Et super eos volitans,
Expandit alas suas, et assumpsit eum,
Atque portavit in humeris suis.
12 Dominus solus dux eius fuit:
Et non erat cum eo Deus alienus,
13 Constituit eum super excelsam terram:
Ut comederet fructus agrorum,
Ut sugeret mel de petra,
Oleumque de saxo durissimo.
14 Butyrum de armento, et lac de ovibus
Cum adipe agnorum,
Et arietum filiorum Basan: et hircos
Cum medulla tritici,
Et sanguinem uvae biberet meracissimum.

6,13. — **19:** Deut 31,21.26; 32,1-43. — **20:** Ex 3,8; Deut 31,16. — **23:** Deut 31,7-8; Ios 5,5-7. — **24-25:** Deut 31,9. — **28:** Deut 32,1-43. — **29:** Iud 2,11.19.

32 **1:** Deut 31,28. — **2:** Is 55,10-11. — **4:** Iob 34,10; Ps 91,16; 144,17; Dan 4,34; Apoc 15,3. || Enc. Pii XI: D 2.206. — **5:** Deut 31,29; Ps 77,8; Is 1,2-4; Mt 17,16; Lc 9,41. — **6:** Ex 4,22; 15,16; Ps 73,2; Is 44,2; 63,16; 64,8; Ier 31,9; Mal 1,6; Io 8,41. || Epist. S. Dionysii: D 50. — **7:** Deut 4,52; Iob 8,8; Ps 43,1; 77,3-4. || Epist. S. Gelasii I: D 161. — **8:** Gen 10,1-32; 12,8; Act 17,26. — **9:** Ex 19,5; Ps 32,12; Ier 10,16. — **10:** Deut 4,36; 8,15; Iudith 5,14; Sap 11,2; Ier 2,6; Os 13,5; Zach 2,8. — **11:** Ex 19,4; Deut 1,31. — **12:** Ps 77,52-53; Is 43,11-12. — **13:** Deut 8,15; Ps 80,17. — **15:**

Populus rebellis

15 Incrassatus est dilectus, et recalcitravit:
Incrassatus, impinguatus, dilatatus,
Dereliquit Deum factorem suum,
Et recessit a Deo salutari suo.
16 Provocaverunt eum in diis alienis,
Et in abominationibus ad iracundiam concitaverunt.
17 Immolaverunt daemoniis et non Deo,
Diis quos ignorabant:
Novi recentesque venerunt,
Quos non coluerunt patres eorum:
18 Deum qui te genuit dereliquisti,
Et oblitus est Domini creatoris tui.

Dominus ira accensus

19 Vidit Dominus, et ad iracundiam concitatus est:
Quia provocaverunt eum filii sui et filiae.
20 Et ait: Abscondam faciem meam ab eis,
Et considerabo novissima eorum:
Generatio enim perversa est,
Et infideles filii.
21 Ipsi me provocaverunt in eo qui non erat Deus,
Et irritaverunt in vanitatibus suis:
Et ego provocabo eos in eo qui non est populus,
Et in gente stulta irritabo illos.
22 Ignis succensus est in furore meo,
Et ardebit usque ad inferni novissima:
Devorabitque terram cum germine suo,
Et montium fundamenta comburet.
23 Congregabo super eos mala,
Et sagittas meas complebo in eis.
24 Consumentur fame,
Et devorabunt eos aves morsu amarissimo:
Dentes bestiarum immittam in eos,
Cum furore trahentium super terram, atque serpentium.
25 Foris vastabit eos gladius,
Et intus pavor,
Iuvenem simul ac virginem,
Lactentem cum homine sene.

Sed ne hostes insolescant Israel vindicabit

26 Dixi: Ubinam sunt?
Cessare faciam ex hominibus memoriam eorum.
27 Sed propter iram inimicorum distuli:
Ne forte superbirent hostes eorum,
Et dicerent: Manus nostra excelsa,
Et non Dominus, fecit haec omnia.
28 Gens absque consilio est,
Et sine prudentia.
29 Utinam saperent, et intelligerent,
Ac novissima providerent.
30 Quomodo persequetur unus mille,
Et duo fugent decem millia?
Nonne ideo, quia Deus suus vendidit eos,
Et Dominus conclusit illos?
31 Non enim est Deus noster ut dii eorum:
Et inimici nostri sunt iudices.
32 De vinea Sodomorum, vinea eorum,
Et de suburbanis Gomorrhae:
Uva eorum, uva fellis,
Et botri amarissimi.
33 Fel draconum vinum eorum,
Et venenum aspidum insanabile.
34 Nonne haec condita sunt apud me,
Et signata in thesauris meis?
35 Mea est ultio, et ego retribuam in tempore,
Ut labatur pes eorum:
Iuxta est dies perditionis,
Et adesse festinant tempora.
36 Iudicabit Dominus populum suum,
Et in servis suis miserebitur:
Videbit quod infirmata sit manus,
Et clausi quoque defecerunt,
Residuique consumpti sunt.

Dii alieni nullum auxilium praestabunt

37 Et dicet: Ubi sunt dii eorum,
In quibus habebant fiduciam?
38 De quorum victimis comedebant adipes,
Et bibebant vinum libaminum:
Surgant, et opitulentur vobis,
Et in necessitate vos protegant.
39 Videte quod ego sim solus,
Et non sit alius Deus praeter me:
Ego occidam, et ego vivere faciam:
Percutiam, et ego sanabo,
Et non est qui de manu mea possit eruere.
40 Levabo ad caelum manum meam,
Et dicam: Vivo ego in aeternum.
41 Si acuero ut fulgur gladium meum,
Et arripuerit iudicium manus mea:
Reddam ultionem hostibus meis,
Et his qui oderunt me retribuam.
42 Inebriabo sagittas meas sanguine,
Et gladius meus devorabit carnes,
De cruore occisorum, de captivitate,
Nudati inimicorum capitis.
43 Laudate gentes populum eius,

Deut 31,16.20. — **16:** Num 25,1-3; Ps 77,58. — **17:** Lev 17,7; Ps 105,37. — **18:** Ier 2,27.32. — **20:** Deut 31,17; 32,5. — **21:** Rom 10,19. — **22:** Ier 15,14; 17,4; Lam 4,11. — **23:** Iob 6,4; Ps 7,13-14; 37,3. — **24:** Lev 26,22; Ier 6,17; Ez 5,17. — **25:** Lev 26,25; Ez 7,15. — **26:** Ps 3,17; Eccli 10,20. — **27:** Ex 32,11-12; Num 14,13-16; Deut 9,26-28. — **29:** Ier 9,12. — **35:** Ps 93,1; Eccli 28,1; Rom 12,19; Hebr 10,30. — **36:** Ps 134,14; 2 Mach 7,6; Hebr 10,30. — **37-38:** Iud 10,14; Ier 2,28. — **39:** Deut 4,35; 1 Sam 2,6; 4 Reg 5,7; Tob 13,2; Iob 10,7; Sap 16,13. **41-42:** Ps 7,13-14; Ier 46,10. — **43:** Ps 57,11;

Quia sanguinem servorum suorum ulciscetur:
Et vindictam retribuet in hostes eorum,
Et propitius erit terrae populi sui.

Expleto cantico, Moyses ascendit in montem Nebo

44 Venit ergo Moyses, et locutus est
omnia verba cantici huius in auribus populi, ipse et Iosue filius Nun. 45 Complevitque omnes sermones istos, loquens ad
universum Israel, 46 et dixit ad eos: Ponite corda vestra in omnia verba, quae ego
testificor vobis hodie: ut mandetis ea filiis
vestris custodire et facere, et implere universa quae scripta sunt legis huius: 47 quia
non incassum praecepta sunt vobis, sed
ut singuli in eis viverent: quae facientes
longo perseveretis tempore in terra, ad
quam, Iordane transmisso, ingredimini
possidendam.
48 Locutusque est Dominus ad Moysen
in eadem die, dicens: 49 Ascende in montem istum Abarim, id est, transitum, in
montem Nebo, qui est in terra Moab contra Iericho: et vide terram Chanaan, quam
ego tradam filiis Israel obtinendam, et
morere in monte. 50 Quem conscendens
iungeris populis tuis, sicut mortuus est
Aaron frater tuus in monte Hor, et appositus populis suis: 51 quia praevaricati
estis contra me in medio filiorum Israel
ad Aquas contradictionis in Cades deserti Sin: et non sanctificastis me inter filios
Israel. 52 E contra videbis terram, et non
ingredieris in eam, quam ego dabo filiis
Israel.

Singularum tribuum benedictio Moysis

33 1 Haec est benedictio, qua benedi-
xit Moyses, homo Dei, filiis Israel
ante mortem suam. 2 Et ait:
Dominus de Sinai venit,
Et de Seir ortus est nobis:
Apparuit de monte Pharan,
Et cum eo sanctorum millia.
In dextera eius ignea lex.
3 Dilexit populos,
Omnes sancti in manu illius sunt:
Et qui appropinquant pedibus eius,
Accipient de doctrina illius.
4 Legem praecepit nobis Moyses,
Haereditatem multitudinis Iacob.
5 Erit apud rectissimum rex,
Congregatis principibus populi cum tribubus Israel.
6 Vivat Ruben, et non moriatur,
Et sit parvus in numero.
7 Haec est Iudae benedictio:
Audi, Domine, vocem Iudae,
Et ad populum suum introduc eum:
Manus eius pugnabunt pro eo,
Et adiutor illius contra adversarios eius erit.
8 Levi quoque ait:
Perfectio tua, et doctrina tua viro sancto tuo
Quem probasti in tentatione,
Et iudicasti ad Aquas contradictionis.
9 Qui dixit patri suo,
Et matri suae: Nescio vos;
Et fratribus suis: Ignoro vos:
Et nescierunt filios suos.
Hi custodierunt eloquium tuum,
Et pactum tuum servaverunt.
10 Iudicia tua, o Iacob,
Et legem tuam, o Israel:
Ponent thymiama in furore tuo,
Et holocaustum super altare tuum.
11 Benedic, Domine, fortitudini eius,
Et opera manuum illius suscipe.
Percute dorsa inimicorum eius:
Et qui oderunt eum, non consurgant.
12 Et Beniamin ait:
Amantissimus Domini habitabit confidenter in eo:
Quasi in thalamo tota die morabitur,
Et inter humeros illius requiescet.
13 Ioseph quoque ait:
De benedictione Domini terra eius,
De pomis caeli, et rore, atque abysso subiacente.
14 De pomis fructum solis ac lunae,
15 De vertice antiquorum montium,
De pomis collium aeternorum:
16 Et de frugibus terrae, et de plenitudine eius.
Benedictio illius qui apparuit in rubo,
Veniat super caput Ioseph,
Et super verticem nazaraei inter fratres suos.
17 Quasi primogeniti tauri pulchritudo eius,
Cornua rhinocerotis cornua illius:
In ipsis ventilabit gentes usque ad terminos terrae.
Hae sunt multitudines Ephraim:
Et haec millia Manasse.
18 Et Zabulon ait:
Laetare Zabulon in exitu tuo,
Et Issachar in tabernaculis tuis.
19 Populos vocabunt ad montem:
Ibi immolabunt victimas iustitiae.

Rom 15,10. — **46:** Deut 4,9; 6,7. — **47:** Lev 18,5. — **49:** Num 27,12; 33,47-48. — **50:** Num 20,24-26.28; 27,13; 33,38. — **51:** Num 20,12; 27,14. — **52:** Deut 3,27; 34,4.

33 **1:** Ios 14,6; Esdr 3,2; Ps 89,1. — **2:** Ex 19,18.20; Iud 5,4-5; Ps 67,8-9; Hab 3,3. — **3:** Sap 3,1. — **4:** Io 1,17; 7,19. — **5:** Ex 19,7-8. — **6:** Gen 49,3-4. — **7:** Gen 49,8-12. — **8-11:** Gen 49, 5-7. — **8:** Ex 17,7; 28,30; Num 20,13. — **9:** Ex 32,26-29. — **10:** Ex 29,38-46; 30,7-8. — **12:** Gen 49,27. — **13-17:** Gen 49,22-26. — **16:** Ex 3,2-4; Act 7,30-35. — **18-19:** Gen

Qui inundationem maris quasi lac sugent,
Et thesauros absconditos arenarum.
20 Et Gad ait:
Benedictus in latitudine Gad:
Quasi leo requievit,
Cepitque brachium et verticem.
21 Et vidit principatum suum,
Quod in parte sua doctor esset repositus:
Qui fuit cum principibus populi,
Et fecit iustitias Domini,
Et iudicium suum cum Israel.
22 Dan quoque ait:
Dan catulus leonis, fluet largiter de Basan.
23 Et Nephthali dixit:
Nephthali abundantia perfruetur,
Et plenus erit benedictionibus Domini:
Mare et meridiem possidebit.
24 Aser quoque ait:
Benedictus in filiis Aser,
Sit placens fratribus suis,
Et tingat in oleo pedem suum.
25 Ferrum et aes calceamentum eius.
Sicut dies iuventutis tuae, ita et senectus tua.
26 Non est Deus alius ut Deus rectissimi:
Ascensor caeli auxiliator tuus.
Magnificentia eius discurrunt nubes,
27 Habitaculum eius sursum,
Et subter brachia sempiterna
Eiiciet a facie tua inimicum,
Dicetque: Conterere.
28 Habitabit Israel confidenter, et solus.
Oculus Iacob in terra frumenti et vini,
Caelique caligabunt rore.
29 Beatus es tu, Israel:
Quis similis tui, popule, qui salvaris in Domino?
Scutum auxilii tui,
Et gladius gloriae tuae:
Negabunt te inimici tui,
Et tu eorum colla calcabis.

49,13-15. — **20-21:** Gen 49,19. — **21:** Num 32, 1.5.16.19.31-32; Ios 1,12-15; 1 Par 5,18-22. — **22:** Gen 49,16-17. — **23:** Gen 49,21; Ios 19,32-39. — **24-25:** Gen 49,20. — **28:** Gen 27,28; Num 23,9. — **29:** Deut 4,7-8; Is 45,17.

Perspecta terra Chanaan, moritur Moyses in Nebo

34 1 Ascendit ergo Moyses de campestribus Moab super montem Nebo,
in verticem Phasga contra Iericho: osten-
ditque ei Dominus omnem terram Galaad
usque Dan, 2 et universum Nephthali, terramque Ephraim et Manasse, et omnem
terram Iuda usque ad mare novissimum,
3 et australem partem, et latitudinem campi Iericho civitatis palmarum usque Segor. 4 Dixitque Dominus ad eum: Haec
est terra, pro qua iuravi Abraham, Isaac,
et Iacob, dicens: Semini tuo dabo eam.
Vidisti eam oculis tuis, et non transibis ad
illam. 5 Mortuusque est ibi Moyses servus
Domini, in terra Moab, iubente Domino:
6 et sepelivit eum in valle terrae Moab
contra Phogor: et non cognovit homo sepulchrum eius usque in praesentem diem.
7 Moyses centum et viginti annorum erat
quando mortuus est: non caligavit oculus eius, nec dentes illius moti sunt.
8 Fleveruntque eum filii Israel in campestribus Moab triginta diebus: et completi
sunt dies planctus lugentium Moysen.
9 Iosue vero filius Nun repletus est Spiritu sapientiae, quia Moyses posuit super
eum manus suas. Et obedierunt ei filii Israel, feceruntque sicut praecepit Dominus
Moysi.
10 Et non surrexit ultra propheta in Israel sicut Moyses, quem nosset Dominus
facie ad faciem, 11 in omnibus signis atque
portentis, quae misit per eum, ut faceret
in terra Aegypti Pharaoni, et omnibus servis eius, universaeque terrae illius, 12 et
cunctam manum robustam, magnaque mirabilia, quae fecit Moyses coram universo Israel.

34 **1:** Num 27,12; Deut 3,27; 2 Mach 2, 4. — **4:** Gen 12,7; 15,18; Deut 1,37; 3, 27; 32,52. — **5:** Deut 32,50. — **6:** Num 23,28. **7:** Deut 31,2. — **8:** Num 20,30. — **9:** Num 27, 18,23; Ios 1,17. — **10:** Ex 33,11; Deut 18,18. — **11:** Deut 4,34.

L I B E R   I O S U E

H E B R A I C E   "I E H O S U A"

SUMMARIUM PARS PRIOR: TERRAE PROMISSAE EXPUGNATIO *(1-12): Dei ad Iosue exhortatio (1). Exploratores Iericho (2). Transitus Iordanis (3-5). Expugnatio Iericho (6). Expugnatio Hai (7-8). In auxilium Gabaon (9-10). Praelium ad aquas Merom (11). Recensio regum devictorum (12).*—PARS POSTERIOR: DISTRIBUTIO TERRAE *(13-22): Terra distribuenda (13-14). Prima terrae distributio (13,15-17,18). Secunda terrae distri-*

butio (18-19). Civitates refugii (20). Civitates Levitarum (21). Tribuum Transiordaniae dimissio (22).—EPILOGUS *(23-24): Exhortatio Iosue ad populum eiusque principes (23). Valedictio Iosue ad populum in Sichem (24)*

PARS PRIOR

TERRAE PROMISSAE EXPUGNATIO
(1,1-12,24)

Domini ad Iosue hortatio

1 1 Et factum est post mortem Moysi
servi Domini, ut loqueretur Dominus
ad Iosue filium Nun, ministrum Moysi, et
diceret ei: 2 Moyses servus meus mortuus
est: surge, et transi Iordanem istum tu
et omnis populus tecum, in terram, quam
ego dabo filiis Israel. 3 Omnem locum,
quem calcaverit vestigium pedis vestri,
vobis tradam, sicut locutus sum Moysi.
4 A deserto et Libano usque ad fluvium
magnum Euphraten, omnis terra Hethaeorum
usque ad mare magnum contra solis
occasum erit terminus vester. 5 Nullus poterit
vobis resistere cunctis diebus vitae
tuae: sicut fui cum Moyse, ita ero tecum:
non dimittam, nec derelinquam te. 6 Confortare,
et esto robustus: tu enim sorte
divides populo huic terram, pro qua iuravi
patribus suis, ut traderem eam illis.
7 Confortare igitur, et esto robustus valde:
ut custodias, et facias omnem legem,
quam praecepit tibi Moyses servus meus:
ne declines ab ea ad dexteram vel ad sinistram,
ut intelligas cuncta quae agis.
8 Non recedat volumen legis huius ab ore
tuo: sed meditaberis in eo diebus ac noctibus,
ut custodias et facias omnia quae
scripta sunt in eo: tunc diriges viam tuam,
et intelliges eam. 9 Ecce praecipio tibi,
confortare, et esto robustus. Noli metuere,
et noli timere: quoniam tecum est Dominus
Deus tuus in omnibus ad quaecumque
perrexeris.

Iosue ad populum

10 Praecepitque Iosue principibus populi,
dicens: Transite per medium castrorum,
et imperate populo, ac dicite: 11 Praeparate
vobis cibaria: quoniam post diem
tertium transibitis Iordanem, et intrabitis
ad possidendam terram, quam Dominus
Deus vester daturus est vobis.
12 Rubenitis quoque et Gaditis et dimidiae
tribui Manasse ait: 13 Mementote
sermonis, quem praecepit vobis Moyses
famulus Domini, dicens: Dominus Deus
vester dedit vobis requiem, et omnem terram.
14 Uxores vestrae, et filii, ac iumenta
manebunt in terra, quam tradidit vobis
Moyses trans Iordanem: vos autem transite
armati ante fratres vestros, omnes
fortes manu, et pugnate pro eis, 15 donec
det Dominus requiem fratribus vestris sicut
et vobis dedit, et possideant ipsi quoque
terram, quam Dominus Deus vester
daturus est eis: et sic revertimini in terram
possessionis vestrae, et habitabitis in
ea, quam vobis dedit Moyses famulus
Domini trans Iordanem contra solis ortum.

Populi responsio

16 Responderuntque ad Iosue, atque dixerunt:
Omnia, quae praecepisti nobis,
faciemus: et quocumque miseris, ibimus.
17 Sicut obedivimus in cunctis Moysi, ita
obediemus et tibi: tantum sit Dominus
Deus tuus tecum, sicut fuit cum Moyse.
18 Qui contradixerit ori tuo, et non obedierit
cunctis sermonibus, quos praeceperis
ei, moriatur. Tu tantum confortare,
et viriliter age.

Mittuntur exploratores in Iericho

2 1 Misit igitur Iosue filius Nun de Settim
duos viros exploratores in abscondito:
et dixit eis: Ite, et considerate
terram, urbemque Iericho. Qui pergentes
ingressi sunt domum mulieris meretricis,
nomine Rahab, et quieverunt apud eam.
2 Nuntiatumque est regi Iericho, et dictum:
Ecce viri ingressi sunt huc per noctem
de filiis Israel, ut explorarent terram.
3 Misitque rex Iericho ad Rahab dicens:
Educ viros, qui venerunt ad te, et ingressi
sunt domum tuam: exploratores quippe
sunt, et omnem terram considerare venerunt.
4 Tollensque mulier viros, abscondit,
et ait: Fateor, venerunt ad me, sed
nesciebam unde essent: 5 cumque porta
clauderetur in tenebris, et illi pariter exierunt,
nescio quo abierunt: persequimini
cito, et comprehendetis eos. 6 Ipsa autem
fecit ascendere viros in solarium domus

1 **1:** Ex 24,13; 33,11; Num 11,28; Deut 1,38. — **2:** Deut 34,5. — **3:** Deut 11,24; Ios 14,9. — **4:** Gen 15,18; Ex 23,31; Num 34,3-12; Deut 11,24. — **5:** Ex 3,12; Deut 7,24; 31,8.23; Ios 1,9.17; 3,7; 6,27; Hebr 13,5. — **6-7:** Deut 3,28; 5,32; 28,14; 31,6-7.23; Ios 1,7.9.18; 11,15; 3 Reg 2,2-3. — **8:** Ps 1,2. — **9:** Deut 31,7-8. — **10:** Deut 16,18. — **11:** Deut 9,1; 11,31; Ios 3,2. — **13:** Num 32,20-32. — **14:** Num 32,26. — **15:** Deut 3,20; Ios 22,4.

2 **1:** Num 22,1; 25,1; 33,49; Deut 34,3; Ios 3,1; 6,1; Mt 1,5; Hebr 11,31; Iac 2,25. — **4:** Ios 6,17. — **7:** Iud 3,28; 7,24. — **9:**

suae, operuitque eos stipula lini, quae ibi
erat. 7 Hi autem, qui missi fuerant, secuti sunt eos per viam, qua ducit ad vadum
Iordanis: illisque egressis statim porta
clausa est.

Raab misericordiam promittunt

8 Necdum obdormierant qui latebant,
et ecce mulier ascendit ad eos, et ait:
9 Novi quod Dominus tradiderit vobis
terram: etenim irruit in nos terror vester,
et elanguerunt omnes habitatores terrae.
10 Audivimus quod siccaverit Dominus
aquas maris Rubri ad vestrum introitum,
quando egressi estis ex Aegypto: et quae
feceritis duobus Amorrhaeorum regibus,
qui erant trans Iordanem: Sehon et Og,
quos interfecistis. 11 Et haec audientes
pertimuimus, et elanguit cor nostrum, nec
remansit in nobis spiritus ad introitum
vestrum: Dominus enim Deus vester ipse
est Deus in caelo sursum et in terra deorsum. 12 Nunc ergo iurate mihi per Dominum, ut quomodo ego misericordiam feci
vobiscum, ita et vos faciatis cum domo
patris mei: detisque mihi verum signum,
13 ut salvetis patrem meum et matrem,
fratres ac sorores meas, et omnia quae
illorum sunt, et eruatis animas nostras a
morte. 14 Qui responderunt ei: Anima
nostra sit pro vobis in mortem, si tamen
non prodideris nos; cumque tradiderit
nobis Dominus terram, faciemus in te misericordiam et veritatem.

15 Demisit ergo eos per funem de fenestra: domus enim eius haerebat muro.
16 Dixitque ad eos: Ad montana conscendite, ne forte occurrant vobis revertentes:
ibique latitate tribus diebus, donec redeant, et sic ibitis per viam vestram. 17 Qui
dixerunt ad eam: Innoxii erimus a iuramento hoc, quo adiurasti nos: 18 si ingredientibus nobis terram, signum fuerit funiculus iste coccineus, et ligaveris eum in
fenestra, per quam demisisti nos: et patrem tuum ac matrem, fratresque et omnem cognationem tuam congregaveris in
domum tuam. 19 Qui ostium domus tuae
egressus fuerit, sanguis ipsius erit in caput eius, et nos erimus alieni. Cunctorum
autem sanguis, qui tecum in domo fuerint, redundabit in caput nostrum, si eos
aliquis tetigerit. 20 Quod si nos prodere
volueris, et sermonem istum proferre in
medium, erimus mundi ab hoc iuramento, quod adiurasti nos. 21 Et illa respondit: Sicut locuti estis, ita fiat: dimittens-
que eos ut pergerent, appendit funiculum
coccineum in fenestra.

Exploratores redeunt ad Iosue

22 Illi vero ambulantes pervenerunt ad
montana, et manserunt ibi tres dies, donec reverterentur qui fuerant persecuti:
quaerentes enim per omnem viam, non
repererunt eos. 23 Quibus urbem ingressis,
reversi sunt, et descenderunt exploratores
de monte: et, transmisso Iordane, venerunt ad Iosue filium Nun, narraveruntque
ei omnia quae acciderant sibi, 24 atque
dixerunt: Tradidit Dominus omnem terram hanc in manus nostras, et timore
prostrati sunt cuncti habitatores eius.

Paratur populus ad transeundum Iordanem

3 1 Igitur Iosue de nocte consurgens
movit castra: egredientesque de Setim, venerunt ad Iordanem ipse et omnes
filii Israel, et morati sunt ibi tres dies.
2 Quibus evolutis transierunt praecones
per castrorum medium, 3 et clamare coeperunt: Quando videritis arcam foederis
Domini Dei vestri, et sacerdotes stirpis
Leviticae portantes eam, vos quoque consurgite, et sequimini praecedentes: 4 sitque inter vos et arcam spatium cubitorum
duum millium: ut procul videre possitis,
et nosse per quam viam ingrediamini:
quia prius non ambulastis per eam: et
cavete ne appropinquetis ad arcam.

5 Dixitque Iosue ad populum: Sanctificamini: cras enim faciet Dominus inter
vos mirabilia. 6 Et ait ad sacerdotes: Tollite arcam foederis, et praecedite populum. Qui iussa complentes, tulerunt, et
ambulaverunt ante eos.

7 Dixitque Dominus ad Iosue: Hodie
incipiam exaltare te coram omni Israel:
ut sciant quod sicut cum Moyse fui, ita
et tecum sim. 8 Tu autem praecipe sacerdotibus, qui portant arcam foederis, et
dic eis: Cum ingressi fueritis partem aquae
Iordanis, state in ea.

9 Dixitque Iosue ad filios Israel: Accedite huc, et audite verbum Domini Dei
vestri. 10 Et rursum: In hoc, inquit, scietis quod Dominus Deus vivens in medio
vestri est, et disperdet in conspectu vestro Chananaeum et Hethaeum, Hevaeum
et Pherezaeum, Gergesaeum quoque et

Ex 15,15-16; 23,27. — **10:** Ex 14,21; Num 21,23-26.33-35; Ios 4,23; Ps 134,11; 135,19-20. — **11:** Deut 4,39. — **12:** Ios 2,18; 6,22-23.25. — **18:** Ios 2,12; 6,23. — **20:** Ios 2,14. — **23:** Ios 2,7. **24:** Ex 23,31; Ios 2,9; 21,42.

3 **1:** Ios 2,1. — **2:** 1,10. — **3:** Num 4,15; Deut 31,9.25; Ios 3,8. — **4:** Ex 19,12. — **5:** Ex 19,10.14-15; Lev 20,7; Num 11,18; Ios 7,13; 1 Sam 16,5. — **6:** Ios 3,3; 6,6. — **7:** Ios 1,5.17; 4,14. — **8:** Ios 3,6.17. — **10:** Ex 33,2;

Iebusaeum, et Amorrhaeum. 11 Ecce, arca
foederis Domini omnis terrae antecedet
vos per Iordanem. 12 Parate duodecim viros de tribubus Israel, singulos per singulas tribus. 13 Et cum posuerint vestigia pedum suorum sacerdotes qui portant arcam Domini Dei universae terrae in aquis
Iordanis, aquae quae inferiores sunt, de-
current atque deficient: quae autem desuper veniunt, in una mole consistent.

Transit populus Iordanem

14 Igitur egressus est populus de tabernaculis suis, ut transiret Iordanem: et
sacerdotes, qui portabant arcam foederis,
pergebant ante eum. 15 Ingressisque eis
Iordanem, et pedibus eorum in parte
aquae tinctis (Iordanis autem ripas alvei
sui tempore messis impleverat) 16 steterunt aquae descendentes in loco uno, et
ad instar montis intumescentes apparebant procul, ab urbe quae vocatur Adom
usque ad locum Sarthan: quae autem
inferiores erant, in mare Solitudinis (quo
nunc vocatur Mortuum) descenderunt,
usquequo omnino deficerent. 17 Populus
autem incedebat contra Iericho: et sacerdotes qui portabant arcam foederis Domini, stabant super siccam humum in
medio Iordanis accincti, omnisque populus per arentem alveum transibat.

Duodecim lapides in monimentum

4 1 Quibus transgressis, dixit Dominus
ad Iosue: 2 Elige duodecim viros singulos per singulas tribus: 3 et praecipe eis
ut tollant de medio Iordanis alveo, ubi
steterunt pedes sacerdotum, duodecim du-
rissimos lapides, quos ponetis in loco castrorum, ubi fixeritis hac nocte tentoria.
4 Vocavitque Iosue duodecim viros, quos
elegerat de filiis Israel, singulos de singulis tribubus, 5 et ait ad eos: Ite ante arcam Domini Dei vestri ad Iordanis medium, et portate inde singuli singulos lapides in humeris vestris, iuxta numerum
filiorum Israel, 6 ut sit signum inter vos:
et quando interrogaverint vos filii vestri
cras, dicentes: Quid sibi volunt isti lapides? 7 respondebitis eis: Defecerunt aquae
Iordanis ante arcam foederis Domini,
cum transiret eum: idcirco positi sunt lapides isti in monimentum filiorum Israel
usque in aeternum.
8 Fecerunt ergo filii Israel sicut praecepit eis Iosue, portantes de medio Iordanis alveo duodecim lapides, ut Dominus ei imperarat, iuxta numerum filiorum Israel, usque ad locum in quo castrametati sunt, ibique posuerunt eos.
9 Alios quoque duodecim lapides posuit Iosue in medio Iordanis alveo, ubi
steterunt sacerdotes, qui portabant arcam foederis: et sunt ibi usque in praesentem diem.

Sacerdotibus consistentibus in Iordane transit populus

10 Sacerdotes autem qui portabant arcam, stabant in Iordanis medio, donec
omnia complerentur, quae Iosue, ut loqueretur ad populum, praeceperat Dominus, et dixerat ei Moyses. Festinavitque
populus, et transiit. 11 Cumque transissent
omnes, transivit et arca Domini, sacerdotesque pergebant ante populum. 12 Filii quoque Ruben, et Gad, et dimidia tribus Manasse, armati praecedebant filios
Israel, sicut eis praeceperat Moyses: 13 et
quadraginta pugnatorum millia per turmas, et cuneos, incedebant per plana atque campestria urbis Iericho.
14 In die illo magnificavit Dominus Iosue coram omni Israel, ut timerent eum,
sicut timuerant Moysen, dum adviveret.
15 Dixitque ad eum: 16 Praecipe sacerdotibus, qui portant arcam foederis, ut ascendant de Iordane. 17 Qui praecepit eis, dicens: Ascendite de Iordane. 18 Cumque
ascendissent portantes arcam foederis Domini, et siccam humum calcare coepissent, reversae sunt aquae in alveum suum,
et fluebant sicut ante consueverant.

Populus castrametatur in Galgalis

19 Populus autem ascendit de Iordane,
decimo die mensis primi, et castrametati
sunt in Galgalis contra orientalem plagam
urbis Iericho. 20 Duodecim quoque lapides, quos de Iordanis alveo sumpserant,
posuit Iosue in Galgalis, 21 et dixit ad
filios Israel: Quando interrogaverint filii
vestri cras patres suos, et dixerint eis:
Quid sibi volunt lapides isti? 22 docebitis
eos, atque dicetis: Per arentem alveum
transivit Israel Iordanem istum, 23 siccan-
te Domino Deo vestro aquas eius in conspectu vestro, donec transiretis: 24 sicut fecerat prius in mari Rubro, quod siccavit
donec transiremus: 25 ut discant omnes
terrarum populi fortissimam Domini manum, ut et vos timeatis Dominum Deum
vestrum omni tempore.

Deut 7,1. — **11:** Act 7,44-45. — **12:** Ios 4,2.4. **13:** Ios 3,15-16. — **15:** 1 Par 12,15; Ier 12,5; 49,19; 50,40. — **16:** Ps 113,3; Eccli 24,36. — **17:** Ios 4.7.22.

4 **2:** Ios 3,12. — **3:** Deut 27,2; Ios 3,13.15. — **6:** Ios 4,21. — **7:** Ios 3,16. — **12:** Num 32, 28; Deut 3,18. — **14:** Ios 3,7. — **16:** Ios 3,6.8. 14.17. — **18:** Ios 3,15. — **19:** Ios 5,9-10; 9,6; 10,6; Iud 2,1; 3,10; 1 Sam 10,8; 11,14; 2 Sam 19,15.40; Mich 6,5. — **20-22:** Ios 4,3.6.9.17. — **24:** Ex 14,21; Ios 2,10. — **25:** Ex 14,31.

5 1 Postquam ergo audierunt omnes reges Amorrhaeorum, qui habitabant
trans Iordanem ad occidentalem plagam,
et cuncti reges Chanaan, qui propinqua
possidebant magni maris loca, quod sic-
casset Dominus fluenta Iordanis coram
filiis Israel donec transirent, dissolutum
est cor eorum, et non remansit in eis spiritus, timentium introitum filiorum Israel.

Circumcisio populi

2 Eo tempore ait Dominus ad Iosue:
Fac tibi cultros lapideos, et circumcide
secundo filios Israel. 3 Fecit quod iusserat Dominus, et circumcidit filios Israel
in colle praeputiorum. 4 Haec autem causa est secundae circumcisionis: Omnis
populus, qui egressus est de Aegypto generis masculini, universi bellatores viri,
mortui sunt in deserto per longissimos
viae circuitus, 5 qui omnes circumcisi
erant. Populus autem qui natus est in deserto, 6 per quadraginta annos itineris
latissimae solitudinis incircumcisus fuit:
donec consumerentur qui non audierant
vocem Domini, et quibus ante iuraverat
ut non ostenderet eis terram lacte et melle
manantem. 7 Horum filii in locum successerunt patrum, et circumcisi sunt a
Iosue: quia sicut nati fuerant, in praeputio
erant, nec eos in via aliquis circumciderat.
8 Postquam autem omnes circumcisi sunt,
manserunt in eodem castrorum loco, donec sanarentur. 9 Dixitque Dominus ad
Iosue: Hodie abstuli opprobrium Aegypti a vobis. Vocatumque est nomen loci
illius Galgala, usque in praesentem diem.

Celebratur Phase et adhibitis novis terrae frugibus defecit manna

10 Manseruntque filii Israel in Galgalis,
et fecerunt Phase, quartadecima die mensis ad vesperum in campestribus Iericho:
11 et comederunt de frugibus terrae die altero, azymos panes, et polentam eiusdem
anni. 12 Defecitque manna postquam comederunt de frugibus terrae, nec usi sunt
ultra cibo illo filii Israel, sed comederunt
de frugibus praesentis anni terrae Chanaan.

Angelus Domini ad Iosue

13 Cum autem esset Iosue in agro urbis
Iericho, levavit oculos, et vidit virum stantem contra se, evaginatum tenentem gladium, perrexitque ad eum, et ait: Noster
es, an adversariorum? 14 Qui respondit:
Nequaquam: sed sum princeps exercitus
Domini, et nunc venio. 15 Cecidit Iosue
pronus in terram. Et adorans ait: Quid
Dominus meus loquitur ad servum suum?
16 Solve, inquit, calceamentum tuum de
pedibus tuis: locus enim in quo stas,
sanctus est. Fecitque Iosue ut sibi fuerat imperatum.

Praeparatio ad Iericho expugnationem

6 1 Iericho autem clausa erat atque
munita, timore filiorum Israel, et
nullus egredi audebat aut ingredi.
2 Dixitque Dominus ad Iosue: Ecce
dedi in manu tua Iericho, et regem eius,
omnesque fortes viros. 3 Circuite urbem
cuncti bellatores semel per diem: sic facietis sex diebus. 4 Septimo autem die
sacerdotes tollant septem buccinas, quarum usus est in iubilaeo, et praecedant
arcam foederis: septiesque circuibitis civitatem, et sacerdotes clangent buccinis.
5 Cumque insonuerit vox tubae longior
atque concisior, et in auribus vestris increpuerit, conclamabit omnis populus vociferatione maxima, et muri funditus corruent civitatis, ingredienturque singuli per
locum contra quem steterint.
6 Vocavit ergo Iosue filius Nun sacerdotes, et dixit ad eos: Tollite arcam foederis: et septem alii sacerdotes tollant
septem iubilaeorum buccinas, et incedant
ante arcam Domini. 7 Ad populum quoque ait: Ite, et circuite civitatem, armati,
praecedentes arcam Domini.

Sex diebus circumeunt civitatem

8 Cumque Iosue verba finisset, et septem sacerdotes septem buccinis clangerent ante arcam foederis Domini, 9 omnisque praecederet armatus exercitus, reliquum vulgus arcam sequebatur, ac buccinis omnia concrepabant. 10 Praeceperat
autem Iosue populo, dicens: Non clamabitis, nec audietur vox vestra, neque ullus sermo ex ore vestro egredietur: donec
veniat dies in quo dicam vobis: Clamate,
et vociferamini. 11 Circuivit ergo arca Domini civitatem semel per diem, et reversa
in castra, mansit ibi.
12 Igitur Iosue de nocte consurgente,
tulerunt sacerdotes arcam Domini, 13 et
septem ex eis septem buccinas, quarum
in iubilaeo usus est: praecedebantque ar-

5 **1:** Ios 2,9.11.24; 3,16. — **2:** Ex 4,25. — **4:** Num 14,29; 26,64-65; Deut 2,16; Ps 105,26; 1 Cor 10,5; Hebr 3,17. — **6:** Num 14,23.33; Deut 1,3; 2,7.14; 8,4; Ps 94,10-11; Hebr 3,11. — **7:** Num 14,31; Deut 1,39. — **9:** Gen 34,14; Ios 4,19. — **10:** Ex 12,6; Lev 23,5; Num 9,3-5. — **12:** Ex 10,35; Iudith 5,15. — **13:** Gen 18,2; 32,24; Ex 23,20.23; Num 22,23.31; Act 1,10. — **16:** Ex 3,5; Act 7,33.

6 **2:** Deut 7,24; Ios 2,9.24; Neh 9,24. — **4:** Lev 23,24; 25,9; Num 10,8-9. — **5:** Num 10,6-7. — **6:** Ios 3,6. — **7:** Ios 4,12-13. — **12:** Ios

cam Domini ambulantes atque clangentes: et armatus populus ibat ante eos, vulgus autem reliquum sequebatur arcam, et buccinis personabat. 14 Circuieruntque civitatem secundo die semel, et reversi sunt in castra. Sic fecerunt sex diebus.

Die septimo expugnatur Iericho et traditur anathemati

15 Die autem septimo, diluculo consurgentes, circuierunt urbem, sicut dispositum erat, septies.

16 Cumque septimo circuitu clangerent buccinis sacerdotes, dixit Iosue ad omnem Israel: Vociferamini: tradidit enim vobis Dominus civitatem: 17 sitque civitas haec anathema: et omnia quae in ea sunt, Domino: sola Rahab meretrix vivat cum universis, qui cum ea in domo sunt: abscondit enim nuntios quos direximus. 18 Vos autem cavete ne de his, quae praecepta sunt, quippiam contingatis, et sitis praevaricationis rei, et omnia castra Israel sub peccato sint atque turbentur. 19 Quidquid autem auri et argenti fuerit, et vasorum aeneorum ac ferri, Domino consecretur, repositum in thesauris eius.

20 Igitur omni populo vociferante, et clangentibus tubis, postquam in aures multitudinis vox sonitusque increpuit, muri illico corruerunt: et ascendit unusquisque per locum, qui contra se erat: ceperuntque civitatem, 21 et interfecerunt omnia quae erant in ea, a viro usque ad mulierem, ab infante usque ad senem. Boves quoque et oves et asinos in ore gladii percusserunt.

Sola domus Rahab servatur

22 Duobus autem viris, qui exploratores missi fuerant, dixit Iosue: Ingredimini domum mulieris meretricis, et producite eam, et omnia quae illius sunt, sicut illi iuramento firmastis. 23 Ingressique iuvenes eduxerunt Rahab, et parentes eius, fratres quoque, et cunctam supellectilem ac cognationem illius, et extra castra Israel manere fecerunt.

24 Urbem autem, et omnia quae erant in ea, succenderunt; absque auro et argento, et vasis aeneis, ac ferro, quae in aerarium Domini consecrarunt. 25 Rahab vero meretricem, et domum patris eius, et omnia quae habebat, fecit Iosue vivere, et habitaverunt in medio Israel usque in praesentem diem: eo quod absconderit nuntios, quos miserat ut explorarent Iericho.

In tempore illo, imprecatus est Iosue, dicens: 26 Maledictus vir coram Domino, qui suscitaverit et aedificaverit civitatem Iericho. In primogenito suo fundamenta illius iaciat, et in novissimo liberorum ponat portas eius.

27 Fuit ergo Dominus cum Iosue, et nomen eius vulgatum est in omni terra.

Ascendunt contra Hai et fugantur

7 1 Filii autem Israel praevaricati sunt mandatum, et usurpaverunt de anathemate. Nam Achan filius Charmi, filii Zabdi, filii Zare de tribu Iuda, tulit aliquid de anathemate: iratusque est Dominus contra filios Israel.

2 Cumque mitteret Iosue de Iericho viros contra Hai, quae est iuxta Bethaven, ad orientalem plagam oppidi Bethel, dixit eis: Ascendite, et explorate terram. Qui praecepta complentes exploraverunt Hai. 3 Et reversi dixerunt ei: Non ascendat omnis populus, sed duo vel tria millia virorum pergant, et deleant civitatem: quare omnis populus frustra vexabitur contra hostes paucissimos? 4 Ascenderunt ergo tria millia pugnatorum. Qui statim terga vertentes, 5 percussi sunt a viris urbis Hai, et corruerunt ex eis triginta sex homines: persecutique sunt eos adversarii de porta usque ad Sabarim, et ceciderunt per prona fugientes: pertimuitque cor populi, et instar aquae liquefactum est.

Iosue luctus

6 Iosue vero scidit vestimenta sua, et pronus cecidit in terram coram arca Domini usque ad vesperam, tam ipse quam omnes senes Israel, miseruntque pulverem super capita sua, 7 et dixit Iosue: Heu Domine Deus, quid voluisti traducere populum istum Iordanem fluvium, ut traderes nos in manus Amorrhaei, et perderes? utinam ut coepimus, mansissemus trans Iordanem. 8 Mi Domine Deus, quid dicam, videns Israelem hostibus suis terga vertentem? 9 Audient Chananaei, et omnes habitatores terrae, et pariter conglobati circumdabunt nos, atque delebunt nomen nostrum de terra: et quid facies magno nomini tuo?

3,6. — **17:** Lev 27,28; Deut 20,17; Ios 2,4; Hebr 11,31. — **18:** Deut 13,17; Ios 7,12.25; 1 Par 2,7. — **19:** Ios 6,24. — **20:** 2 Mach 12, 15; Hebr 11,30. — **21:** Deut 7,2. — **22:** Ios 2,1.14. — **23:** Num 5,3; Deut 23,2-14; Hebr 11,31. — **24:** Ios 6,19; 8,2. — **25:** Deut 20,16-17; Mt 1,5.—**26:** 3 Reg 16,34. — **27:** Ios 1,5; 9,9.

7 **1:** Ios 6,18; 22,20; 1 Par 2,7. — **2:** Ios 18, 12; 1 Sam 13,5; 14,23; Os 4,15; 5,8; 10, 5. — **4-5:** Lev 26,17; Deut 28,25. — **9:** Num

Domini responsio

10 Dixitque Dominus ad Iosue: Surge,
cur iaces pronus in terra? 11 Peccavit Israel, et praevaricatus est pactum meum:
tuleruntque de anathemate, et furati sunt
atque mentiti, et absconderunt inter vasa
sua. 12 Nec poterit Israel stare ante hostes
suos, eosque fugiet: quia pollutus est anathemate. Non ero ultra vobiscum, donec
conteratis eum qui huius sceleris reus est.
13 Surge, sanctifica populum, et dic eis:
Sanctificamini in crastinum: haec enim
dicit Dominus Deus Israel: Anathema in
medio tui est Israel: non poteris stare coram hostibus tuis, donec deleatur ex te
qui hoc contaminatus est scelere. 14 Acce-
detisque mane singuli per tribus vestras:
et quamcumque tribum sors invenerit, accedet per cognationes suas, et cognatio
per domos, domusque per viros. 15 Et quicumque ille in hoc facinore fuerit deprehensus, comburetur igni cum omni substantia sua: quoniam praevaricatus est
pactum Domini, et fecit nefas in Israel.

Achan invenitur reus et morti damnatur

16 Surgens itaque Iosue mane, applicuit
Israel per tribus suas, et inventa est tribus
Iuda. 17 Quae cum iuxta familias suas esset oblata, inventa est familia Zare. Illam
quoque per domos offerens, reperit Zabdi: 18 cuius domum in singulos dividens
viros, invenit Achan filium Charmi, filii
Zabdi, filii Zare de tribu Iuda.
19 Et ait Iosue ad Achan: Fili mi, da
gloriam Domino Deo Israel, et confitere,
atque iudica mihi quid feceris, ne abscondas. 20 Responditque Achan Iosue, et dixit ei: Vere ego peccavi Domino Deo
Israel, et sic feci. 21 Vidi enim inter
spolia pallium coccineum valde bonum,
et ducentos siclos argenti, regulamque auream quinquaginta siclorum: et concupiscens abstuli, et abscondi in terra contra medium tabernaculi mei, argentumque
fossa humo operui. 22 Misit ergo Iosue
ministros: qui currentes ad tabernaculum
illius, repererunt cuncta abscondita in
eodem loco, et argentum simul. 23 Aufe-
rentesque de tentorio tulerunt ea ad Iosue, et ad omnes filios Israel, proieceruntque ante Dominum.
24 Tollens itaque Iosue Achan filium
Zare, argentumque et pallium, et auream
regulam, filios quoque et filias eius, boves
et asinos et oves, ipsumque tabernaculum,
et cunctam supellectilem: (et omnis Israel
cum eo) duxerunt eos ad vallem Achor:
25 ubi dixit Iosue: Quia turbasti nos, ex-
turbet te Dominus in die hac. Lapidavit-
que eum omnis Israel: et cuncta quae illius erant, igne consumpta sunt. 26 Congregaveruntque super eum acervum magnum lapidum, qui permanet usque in
praesentem diem. Et aversus est furor Domini eis. Vocatumque est nomen loci illius, vallis Achor, usque hodie.

Redeunt contra Hai

8 1 Dixit autem Dominus ad Iosue: Ne
timeas, neque formides: tolle tecum
omnem multitudinem pugnatorum, et
consurgens ascende in oppidum Hai. Ecce
tradidi in manu tua regem eius, et populum, urbemque et terram. 2 Faciesque urbi Hai, et regi eius, sicut fecisti Iericho,
et regi illius: praedam vero, et omnia animantia diripietis vobis: pone insidias urbi
post eam.
3 Surrexitque Iosue, et omnis exercitus
bellatorum cum eo, ut ascenderent in Hai:
et electa triginta millia virorum fortium
misit nocte, 4 praecepitque eis, dicens: Ponite insidias post civitatem: nec longius
recedatis: et eritis omnes parati. 5 Ego
autem, et reliqua multitudo, quae mecum
est, accedemus ex adverso contra urbem.
Cumque exierint contra nos, sicut ante
fecimus, fugiemus, et terga vertemus:
6 donec persequentes ab urbe longius pro-
trahantur: putabunt enim nos fugere sicut prius. 7 Nobis ergo fugientibus, et illis
persequentibus, consurgetis de insidiis, et
vastabitis civitatem: tradetque eam Dominus Deus vester in manus vestras.
8 Cumque ceperitis, succendite eam, et sic
omnia facietis, ut iussi.

Insidiae contra Hai

9 Dimisitque eos, et perrexerunt ad locum insidiarum, sederuntque inter Bethel
et Hai, ad occidentalem plagam urbis Hai:
Iosue autem nocte illa in medio mansit
populi, 10 surgensque diluculo recensuit
socios, et ascendit cum senioribus in fronte exercitus, vallatus auxilio pugnatorum.
11 Cumque venissent et ascendissent ex
adverso civitatis, steterunt ad septentrionalem urbis plagam, inter quam et eos
erat vallis media. 12 Quinque autem millia viros elegerat, et posuerat in insidiis

14,16-17. — **11:** Ios 6,17-19. — **12:** Deut 28,25; Ios 9,18; 22.20. — **13:** Lev 20,7; Num 11,18; Ios 3,5; 1 Sam 16,5. — **14:** 1 Sam 10,19. — **15:** 1 Sam 14,38-39. — **16:** 1 Sam 10,20-21; 14, 42. — **17:** Num 26,20. — **19:** Num 5,6-7. — **24:** Ios 7,26; 15,7; Is 65,10; Os 2,15. — **25:** Lev 20,2; 24,14; Deut 13,10.15-17; 17,5; Ios 6,18; 22,20; 1 Par 2,7. — **26:** Deut 13,17; Ios 8,29; 2 Sam 18,17; Is 65,10; Os 2,15.

8 **1:** Ios 1,9; 2,24. — **2:** Deut 20,14; Ios 6, 21.24; 8,28. — **5:** Ios 7,4-5. — **6:** Ios 8,16.

inter Bethel et Hai ex occidentali parte eiusdem civitatis: 13 omnis vero reliquus exercitus ad aquilonem aciem dirigebat, ita ut novissimi illius multitudinis occidentalem plagam urbis attingerent. Abiit ergo Iosue nocte illa, et stetit in vallis medio.

Hai capta et igni tradita

14 Quod cum vidisset rex Hai, festinavit mane, et egressus est cum omni exercitu civitatis, direxitque aciem contra desertum, ignorans quod post tergum laterent insidiae. 15 Iosue vero et omnis Israel cesserunt loco, simulantes metum, et fugientes per solitudinis viam. 16 At illi vociferantes pariter, et se mutuo cohortantes, persecuti sunt eos. Cumque recessissent a civitate, 17 et ne unus quidem in urbe Hai et Bethel remansisset qui non persequeretur Israel (sicut eruperant aperta oppida relinquentes), 18 dixit Dominus ad Iosue: Leva clypeum, qui in manu tua est, contra urbem Hai, quoniam tibi tradem eam. 19 Cumque elevasset clypeum ex adverso civitatis, insidiae, quae latebant, surrexerunt confestim: et pergentes ad civitatem, ceperunt, et succenderunt eam. 20 Viri autem civitatis, qui persequebantur Iosue, respicientes et videntes fumum urbis ad caelum usque conscendere, non potuerunt ultra huc illucque diffugere: praesertim cum hi qui simulaverant fugam, et tendebant ad solitudinem, contra persequentes fortissime restitissent. 21 Vidensque Iosue et omnis Israel quod capta esset civitas, et fumus urbis ascenderet, reversus percussit viros Hai. 22 Siquidem et illi qui ceperant et succenderant civitatem, egressi ex urbe contra suos, medios hostium ferire coeperunt. Cum ergo ex utraque parte adversarii caederentur, ita ut nullus de tanta multitudine salvaretur, 23 regem quoque urbis Hai apprehenderunt viventem, et obtulerunt Iosue.

Habitatores Hai deleti

24 Igitur omnibus interfectis, qui Israelem ad deserta tendentem fuerant persecuti, et in eodem loco gladio corruentibus, reversi filii Israel percusserunt civitatem. 25 Erant autem qui in eodem die conciderant a viro usque ad mulierem, duodecim millia hominum, omnes urbis Hai. 26 Iosue vero non contraxit manum, quam in sublime porrexerat, tenens clypeum donec interficerentur omnes habitatores Hai. 27 Iumenta autem et praedam civitatis diviserunt sibi filii Israel, sicut praeceperat Dominus Iosue. 28 Qui succendit urbem, et fecit eam tumulum sempiternum: 29 regem quoque eius suspendit in patibulo usque ad vesperam et solis occasum. Praecepitque Iosue, et deposuerunt cadaver eius de cruce: proieceruntque in ipso introitu civitatis, congesto super eum magno acervo lapidum, qui permanet usque in praesentem diem.

Renovatio foederis in Hebal

30 Tunc aedificavit Iosue altare Domino Deo Israel in monte Hebal: 31 sicut praeceperat Moyses famulus Domini filiis Israel, et scriptum est in volumine legis Moysi: Altare vero de lapidibus impolitis, quos ferrum non tetigit: et obtulit super eo holocausta Domino, immolavitque pacificas victimas. 32 Et scripsit super lapides Deuteronomium legis Moysi, quod ille digesserat coram filiis Israel. 33 Omnis autem populus, et maiores natu, ducesque ac iudices stabant ex utraque parte arcae, in conspectu sacerdotum qui portabant arcam foederis Domini, ut advena, ita et indigena. Media pars eorum iuxta montem Garizim, et media iuxta montem Hebal, sicut praeceperat Moyses famulus Domini. Et primum quidem benedixit populo Israel. 34 Post haec legit omnia verba benedictionis et maledictionis, et cuncta quae scripta erant in legis volumine. 35 Nihil ex his quae Moyses iusserat, reliquit intactum, sed universa replicavit coram omni multitudine Israel, mulieribus ac parvulis et advenis, qui inter eos morabantur.

Reges terrae promissae foederantur

9 1 Quibus auditis, cuncti reges trans Iordanem, qui versabantur in montanis et campestribus, in maritimis ac littore magni maris, hi quoque qui habitabant iuxta Libanum, Hethaeus et Amorrhaeus, Chananaeus, Pherezaeus, et Hevaeus, et Iebusaeus, 2 congregati sunt pariter, ut pugnarent contra Iosue et Israel uno animo, eademque sententia.

Gabaonitae dolo utuntur et foedus pacis ab Israel obtinent

3 At hi qui habitabant in Gabaon, audientes cuncta quae fecerat Iosue Iericho et Hai: 4 et callide cogitantes, tulerunt

11: Ios 8,5. — **17:** Ios 8,6. — **18:** Ios 8,26. — **22:** Deut 7,2. — **26:** Ex 17,11-13; Ios 8,18. — **27:** Ios 8,2. — **28:** Deut 13,16. — **29:** Deut 21,22-23; Ios 7,26; 10,26-27; Io 19,31. — **31:** Ex 20,5; Deut 17,18; 27,2-8; 28,58.61; 29,20.27; 31,24. — **32:** Deut 27,2-4. — **33:** Num 6,22-27; Deut 11,29; 27,12-13; 31,9; Ios 3,3. — **34:** Deut 28,2-68; 30,19; 31,11; Neh 8,2-3; 13,1. — **35:** Deut 29,11; 31,12.

9 **1:** Ex 3,8.17; Deut 1,7; Ios 3,10; 12,8. — **3:** Ios 6,21.24; 8,26.28; 10,2; 11,19; 2 Sam

sibi cibaria, saccos veteres asinis imponentes, et utres vinarios scissos atque consu-
tos, 5 calceamentaque perantiqua quae ad
indicium vetustatis pittaciis consuta erant,
induti veteribus vestimentis: panes quoque, quos portabant ob viaticum, duri
erant, et in frusta comminuti: 6 perrexeruntque ad Iosue, qui tunc morabatur in
castris Galgalae, et dixerunt ei, atque simul omni Israeli: De terra longinqua venimus, pacem vobiscum facere cupientes.
Responderuntque viri Israel ad eos, atque
dixerunt: 7 Ne forte in terra, quae nobis
sorte debetur, habitetis, et non possimus
foedus inire vobiscum. 8 At illi ad Iosue:
Servi, inquiunt, tui sumus. Quibus Iosue
ait: Quinam estis vos? et unde venistis?
9 Responderunt: De terra longinqua valde venerunt servi tui in nomine Domini
Dei tui. Audivimus enim famam potentiae eius, cuncta quae fecit in Aegypto,
10 et duobus regibus Amorrhaeorum qui
fuerunt trans Iordanem, Sehon regi Hesebon, et Og regi Basan, qui erat in Astaroth: 11 dixeruntque nobis seniores, et
omnes habitatores terrae nostrae: Tollite in manibus cibaria ob longissimam
viam, et occurrite eis, et dicite: Servi vestri sumus, foedus inite nobiscum. 12 En,
panes quando egressi sumus de domibus
nostris, ut veniremus ad vos, calidos
sumpsimus, nunc sicci facti sunt, et vetustate nimia comminuti. 13 Utres vini novos implevimus, nunc rupti sunt et soluti. Vestes et calceamenta quibus indui-
mur, et quae habemus in pedibus, ob longitudinem longioris viae trita sunt, et pene
consumpta. 14 Susceperunt igitur de cibariis eorum, et os Domini non interrogaverunt. 15 Fecitque Iosue cum eis pacem, et inito foedere pollicitus est quod
non occiderentur: principes quoque multitudinis iuraverunt eis.

Veritate comperta subiiciuntur servituti

16 Post dies autem tres initi foederis,
audierunt quod in vicino habitarent, et
inter eos futuri essent. 17 Moveruntque
castra filii Israel, et venerunt in civitates
eorum die tertio, quarum haec vocabula
sunt, Gabaon, et Caphira, et Beroth, et
Cariathiarim. 18 Et non percusserunt eos,
eo quod iurassent eis principes multitudinis in nomine Domini Dei Israel. Murmuravit itaque omne vulgus contra principes. 19 Qui responderunt eis: Iuravimus
illis in nomine Domini Dei Israel, et idcirco non possumus eos contingere.
20 Sed hoc faciemus eis: Reserventur
quidem ut vivant, ne contra nos ira Domini concitetur, si peieraverimus: 21 sed
sic vivant, ut in usus universae multitudinis ligna caedant, aquasque comportent.
Quibus haec loquentibus: 22 vocavit Gabaonitas Iosue, et dixit eis: Cur nos decipere fraude voluistis, ut diceretis: Procul valde habitamus a vobis, cum in medio nostri sitis? 23 Itaque sub maledictione eritis, et non deficiet de stirpe vestra
ligna caedens, aquasque comportans in
domum Dei mei. 24 Qui responderunt:
Nuntiatum est nobis servis tuis, quod
promisisset Dominus Deus tuus Moysi
servo suo ut traderet vobis omnem terram, et disperderet cunctos habitatores
eius. Timuimus igitur valde, et providi-
mus animabus nostris, vestro terrore compulsi, et hoc consilium inivimus. 25 Nunc
autem in manu tua sumus: quod tibi bonum et rectum videtur, fac nobis.
26 Fecit ergo Iosue ut dixerat, et liberavit eos de manu filiorum Israel, ut non
occiderentur. 27 Decrevitque in illo die
eos esse in ministerio cuncti populi, et altaris Domini, caedentes ligna, et aquas
comportantes, usque in praesens tempus
in loco quem Dominus elegisset.

Reges Amorrhaeorum Gabaon oppugnant

10 1 Quae cum audisset Adonisedec
rex Ierusalem, quod scilicet cepisset Iosue Hai, et subvertisset eam (sicut
enim fecerat Iericho et regi eius, sic fecit
Hai, et regi illius) et quod transfugissent
Gabaonitae ad Israel, et essent foederati
eorum, 2 timuit valde. Urbs enim magna
erat Gabaon, et una civitatum regalium,
et maior oppido Hai, omnesque bellatores
eius fortissimi. 3 Misit ergo Adonisedec
rex Ierusalem ad Oham regem Hebron,
et ad Pharam regem Ierimoth, ad Iaphia
quoque regem Lachis, et ad Dabir regem
Eglon, dicens: 4 Ad me ascendite, et ferte
praesidium, ut expugnemus Gabaon, quare transfugerit ad Iosue, et ad filios Israel.
5 Congregati igitur ascenderunt quinque
reges Amorrhaeorum: rex Ierusalem, rex
Hebron, rex Ierimoth, rex Lachis, rex
Eglon, simul cum exercitibus suis, et castrametati sunt circa Gabaon, oppugnantes eam.

21,1-2. — 6: Ios 5,10. — 7: Ex 23,32; Deut 7,2; Iud 2,2. — 9: Deut 20,15; Ios 2,10; 6,27. — 19: Num 21,24-35. — 14: Num 27,21. — 15: Ios 11,19; 2 Sam 21,2. — 17: Ios 18,14-15.25-26; Esdr 2,25; Neh 7,29. — 21: Deut 29,11. — 22: Ios 9,6.9.16. — 24: Ex 15,14-16; Deut 7,1-2; 11,25. — 27: Deut 12,5.

10 1: Ios 6,21.24; 8,22.26-29; 9,15. — 3: Ios 12,10-12; 15,8.13.35.39. — 4: Ios 9,

Iosue, in auxilium a Gabaonitis vocatus, reges amorrhaeos devincit

6 Habitatores autem Gabaon urbis ob-
sessae miserunt ad Iosue, qui tunc morabatur in castris apud Galgalam, et dixerunt ei: Ne retrahas manus tuas ab auxilio servorum tuorum: ascende cito, et libera nos, ferque praesidium: convenerunt
enim adversum nos omnes reges Amorrhaeorum, qui habitant in montanis. 7 Ascenditque Iosue de Galgalis, et omnis
exercitus bellatorum cum eo, viri fortissimi. 8 Dixitque Dominus ad Iosue: Ne
timeas eos: in manus enim tuas tradidi
illos: nullus ex eis tibi resistere poterit.
9 Irruit itaque Iosue super eos repente,
tota nocte ascendens de Galgalis. 10 Et
conturbavit eos Dominus a facie Israel:
contrivitque plaga magna in Gabaon, ac
persecutus est eos per viam ascensus
Bethoron, et percussit usque Azeca et
Maceda. 11 Cumque fugerent filios Israel,
et essent in descensu Bethoron, Dominus
misit super eos lapides magnos de caelo
usque ad Azeca: et mortui sunt multo
plures lapidibus grandinis, quam quos
gladio percusserant filii Israel.
12 Tunc locutus est Iosue Domino, in
die qua tradidit Amorrhaeum in conspectu filiorum Israel, dixitque coram eis:

Sol, contra Gabaon ne movearis,
Et luna contra vallem Aialon.
13 Steteruntque sol et luna,
Donec ulcisceretur se gens de inimicis
suis.

Nonne scriptum est hoc in libro iustorum? Stetit itaque sol in medio caeli,
et non festinavit occumbere spatio unius
diei. 14 Non fuit antea nec postea tan longa dies, obediente Domino voci hominis,
et pugnante pro Israel. 15 Reversusque est
Iosue cum omni Israel in castra Galgalae.

Quinque reges in speluncam Maceda confugiunt et morte mulctatos suspendio afficit

16 Fugerant enim quinque reges et se
absconderant in spelunca urbis Maceda.
17 Nuntiatumque est Iosue quod inventi
essent quinque reges latentes in spelunca
urbis Maceda. 18 Qui praecepit sociis, et
ait: Volvite saxa ingentia ad os speluncae et ponite viros industrios, qui clausos
custodiant: 19 vos autem nolite stare, sed
persequimini hostes, et extremos quosque
fugientium caedite: nec dimittatis eos urbium suarum intrare praesidia, quos tradidit Dominus Deus in manus vestras.
20 Caesis ergo adversariis plaga magna,
et usque ad internecionem pene consumptis, hi qui Israel effugere potuerunt, ingressi sunt civitates munitas. 21 Reversusque est omnis exercitus ad Iosue in Maceda, ubi tunc erant castra, sani et integro numero: nullusque contra filios Israel mutire ausus est.
22 Praecepitque Iosue, dicens: Aperite
os speluncae, et producite ad me quinque
reges, qui in ea latitant. 23 Feceruntque
ministri ut sibi fuerat imperatum: et eduxerunt ad eum quinque reges de spelunca,
regem Ierusalem, regem Hebron, regem
Ierimoth, regem Lachis, regem Eglon.
24 Cumque educti essent ad eum, vocavit
omnes viros Israel, et ait ad principes
exercitus qui secum erant: Ite, et ponite
pedes super colla regum istorum. Qui
cum perrexissent, et subiectorum colla pedibus calcarent, 25 rursum ait ad eos: Nolite timere, nec paveatis, confortamini et
estote robusti: sic enim faciet Dominus
cunctis hostibus vestris, adversum quos
dimicatis. 26 Percussitque Iosue, et interfecit eos, atque suspendit super quinque
stipites: fueruntque suspensi usque ad
vesperum. 27 Cumque occumberet sol,
praecepit sociis ut deponerent eos de patibulis. Qui depositos proiecerunt in speluncam, in qua latuerant, et posuerunt
super os eius saxa ingentia, quae permanent usque in praesens.

Regio meridionalis expugnatur

28 Eodem quoque die Macedam cepit
Iosue, et percussit eam in ore gladii, regemque illius interfecit, et omnes habitatores eius: non dimisit in ea saltem par-
vas reliquias. Fecitque regi Maceda, sicut
fecerat regi Iericho. 29 Transivit autem
cum omni Israel de Maceda in Lebna, et
pugnabat contra eam: 30 quam tradidit
Dominus com rege suo in manus Israel:
percusseruntque urbem in ore gladii, et
omnes habitatores eius: non dimiserunt
in ea ullas reliquias. Feceruntque regi Lebna, sicut fecerant regi Iericho.
31 De Lebna transivit in Lachis cum
omni Israel: et exercitu per gyrum disposito oppugnabat eam: 32 Traditque Dominus Lachis in manus Israel, et cepit
eam die altero, atque percussit in ore gladii, omnemque animam quae fuerant in
ea, sicut fecerat Lebna. 33 Eo tempore ascendit Horam rex Gazer, ut auxiliaretur

15. — **6:** Num 13,30; Ios 5,10; 9,6; 11,3. — **8:** Ios 1,5.9. — **10:** Ios 12,16; 15,35.41; 16,3.5; 18,3-14. — **11:** Iob 38,22-23. — **13:** 2 Sam 1, 18; Eccli 46,5; Is 28,21; Hab 3,11. — **15:** Ios 10,6.43. — **23:** Ios 10,3. — **24:** Deut 33,29; Bar 4,25. — **25:** Deut 31,6-8. — **26-27:** Deut 21,22-23; Ios 8,29. — **28:** Ios 4,21. — **29:** Ios 15,42; 21,12; 4 Reg 8,22. — **31:** Ios 10,3. — **33:** Ios

Lachis: quem percussit Iosue cum omni
populo eius usque ad internecionem.
34 Transivitque de Lachis in Eglon, et
circumdedit, 35 atque expugnavit eam eadem die: percussitque in ore gladii omnes animas quae erant in ea, iuxta omnia
quae fecerat Lachis.
36 Ascendit quoque cum omni Israel de
Eglon in Hebron, et pugnavit contra
eam: 37 cepit eam, et percussit in ore gladii, regem quoque eius, et omnia oppida
regionis illius, universasque animas quae
in ea fuerant commoratae: non reliquit
in ea ullas reliquias: sicut fecerat Eglon,
sic fecit et Hebron, cuncta quae in ea reperit consumens gladio.
38 Inde reversus in Dabir, 39 cepit eam
atque vastavit: regem quoque eius atque
omnia per circuitum oppida percussit in
ore gladii: non dimisit in ea ullas reliquias: sicut fecerat Hebron et Lebna et
regibus earum, sic fecit Dabir et regi illius.
40 Percussit itaque Iosue omnem terram montanam et meridianam atque campestrem, et Asedoth, cum regibus suis:
non dimisit in ea ullas reliquias, sed omne quod spirare poterat interfecit, sicut
praeceperat ei Dominus Deus Israel, 41 a
Cadesbarne usque Gazam. Omnem terram Gosen usque Gabaon, 42 universosque reges, et regiones eorum uno impetu cepit atque vastavit: Dominus enim
Deus Israel pugnavit pro eo. 43 Reversusque est cum omni Israel ad locum castrorum in Galgala.

Iabin convocat reges aquilonis

11 1 Quae cum audisset Iabin rex
Asor, misit ad Iobab regem Madon, et ad regem Semeron, atque ad regem Achsaph: 2 ad reges quoque aquilonis, qui habitabant in montanis et in planitie contra meridiem Ceneroth, in campestribus quoque et in regionibus Dor
iuxta mare: 3 Chananaeum quoque ab
oriente et occidente, et Amorrhaeum atque Hethaeum ac Pherezaeum et Iebusaeum in montanis: Hevaeum quoque qui
habitabat ad radices Hermon in terra
Maspha.
4 Egressique sunt omnes cum turmis
suis, populus multus nimis sicut arena
quae est in littore maris, equi quoque et
currus immensae multitudinis. 5 Conveneruntque omnes reges isti in unum ad
aquas Merom, ut pugnarent contra Israel.

Quibus devictis ad aquas Merom tota regio septentrionalis Israelitis subiicitur

6 Dixitque Dominus ad Iosue: Ne timeas eos: cras enim hac eadem hora ego
tradam omnes istos vulnerandos in conspectu Israel: equos eorum subnervabis, et
currus igne combures. 7 Venitque Iosue,
et omnis exercitus cum eo, adversus illos
ad aquas Merom subito, et irruerunt super eos, 8 tradiditque illos Dominus in
manus Israel. Qui percusserunt eos, et
persecuti sunt usque ad Sidonem magnam, et aquas Maserephoth, campumque
Masphe, qui est ad orientalem illius partem. Ita percussit omnes, ut nullas dimitteret ex eis reliquias: 9 fecitque sicut praeceperat ei Dominus, equos eorum subnervavit, currusque combussit igni.
10 Reversusque statim cepit Asor: et
regem eius percussit gladio. Asor enim
antiquitus inter omnia regna haec principatum tenebat. 11 Percussitque omnes
animas quae ibidem morabantur: non dimisit in ea ullas reliquias, sed usque ad
internecionem universa vastavit, ipsamque
urbem peremit incendio. 12 Et omnes per
circuitum civitates, regesque earum cepit,
percussit atque delevit, sicut praeceperat
ei Moyses famulus Domini. 13 Absque urbibus, quae erant in collibus et in tumulis sitae, caeteras succendit Israel: unam
tantum Asor munitissimam flamma consumpsit. 14 Omnemque praedam istarum
urbium ac iumenta diviserunt sibi filii Israel, cunctis hominibus interfectis. 15 Sicut praeceperat Dominus Moysi servo
suo, ita praecepit Moyses Iosue, et ille
universa complevit: non praeteriit de universis mandatis, nec unum quidem verbum quod iusserat Dominus Moysi.
16 Cepit itaque Iosue omnem terram
montanam, et meridianam, terramque
Gosen, et planitiem, et occidentalem plagam, montemque Israel, et campestria
eius: 17 et partem montis quae ascendit
Seir usque Baalgad, per planitiem Libani
subter montem Hermon: omnes reges
eorum cepit, percussit, et occidit. 18 Multo tempore pugnavit Iosue contra reges
istos. 19 Non fuit civitas quae se traderet
filiis Israel, praeter Hevaeum, qui habitabat in Gabaon: omnes enim bellando
cepit. 20 Domini enim sententia fuerat, ut
indurarentur corda eorum, et pugnarent
contra Israel, et caderent, et non mere-

16,3.10; 21,21. — **34:** Ios 10,3. — **38:** Ios 15,15-17.49; 21,15; Iud 1,11. — **40:** Deut 20,16-17. — **41:** Deut 9,23; Ios 11,16; 15,51. — **43:** Ios 10,6.15.

11 **1:** Ios 19,15.35.36; Iud 4,2. — **2:** Num 34,11; Ios 12,3; 13,27; 17,11; 19,35; Iud 1,27. — **3:** Ios 11,8; 15,63; Iud 3,3. — **8:** Gen 10,19; Ios 13,6; 19,28. — **11:** Ios 10,40. — **12:** Deut 7,1; 20,16-17. — **13:** Deut 13,16; Ios 8,28. — **14-15:** Ex 34,11-12; Deut 7,1-2; Ios 1,7. — **16:** Ios 10,41; 11,21; 12,8; 15,51. — **17:** Ios 12,7-23; 13,5. — **18:** Ios 14,7.10. — **19:** Ios 9,3-15. — **20:** Ex 4,21; Deut 7,2. — **21:** Num

rentur ullam clementiam, ac perirent, sicut praeceperat Dominus Moysi.
21 In illo tempore venit Iosue, et interfecit Enacim de montanis, Hebron, et Dabir, et Anab, et de omni monte Iuda et
Israel, urbesque eorum delevit. 22 Non
reliquit ullum de stirpe Enacim, in terra
filiorum Israel: absque civitatibus Gaza,
et Geth, et Azoto, in quibus solis relicti
sunt.
23 Cepit ergo Iosue omnem terram, sicut locutus est Dominus ad Moysen, et
tradidit eam in possessionem filiis Israel
secundum partes et tribus suas: quievitque terra a praeliis.

Recensio regum devictorum

12 1 Hi sunt reges quos percusserunt
filii Israel, et possederunt terram
eorum trans Iordanem ad solis ortum, a
torrente Arnon usque ad montem Hermon, et omnem orientalem plagam, quae
respicit solitudinem. 2 Schon rex Amorrhaeorum, qui habitavit in Hesebon, dominatus est ab Aroer, quae sita est super
ripam torrentis Arnon, et mediae partis
in valle, dimidiaeque Galaad, usque ad
torrentem Iacob, qui est terminus filiorum Ammon. 3 Et a solitudine usque ad
mare Ceneroth contra orientem, et usque
ad mare deserti, quod est mare salsissimum, ad orientalem plagam per viam
quae ducit Bethsimoth: et ab australi parte, quae subiacet Asedoth, Phasga. 4 Terminus Og regis Basan, de reliquiis Raphaim, qui habitavit in Astaroth, et in
Edrai, et dominatus est in monte Hermon, et in Salecha, atque in universa Basan, usque ad terminos 5 Gessuri, et Machati, et dimidiae partis Galaad: terminos Sehon regis Hesebon. 6 Moyses famulus Domini, et filii Israel percusserunt eos,
tratiditque terram eorum Moyses in possessionem Rubenitis, et Gaditis, et dimidiae tribui Manasse.
7 Hi sunt reges terrae, quos percussit
Iosue et filii Israel trans Iordanem ad occidentalem plagam, a Baalgad in campo
Libani, usque ad montem cuius pars ascendit in Seir: traditque eam Iosue in
possessionem tribubus Israel, singulis partes suas, 8 tam in montanis quam in planis atque campestribus. In Asedoth, et in
solitudine, ac in meridie Hethaeus fuit
et Amorrhaeus, Chananaeus et Pherezaeus, Hevaeus et Iebusaeus. 9 Rex Iericho unus: rex Hai, quae est ex latere Bethel, unus: 10 rex Ierusalem unus, rex Hebron unus, 11 rex Ierimoth unus, rex Lachis unus, 12 rex Eglon unus, rex Gazer
unus, 13 rex Dabir unus, rex Gader unus,
14 rex Herma unus, rex Hered unus, 15 rex
Lebna unus, rex Odullam unus, 16 rex Maceda unus, rex Bethel unus, 17 rex Taphua unus, rex Opher unus, 18 rex Aphec
unus, rex Saron unus, 19 rex Madon unus,
rex Asor unus, 20 rex Semeron unus, rex
Achsaph unus, 21 rex Thenac unus, rex
Mageddo unus, 22 rex Cades unus, rex Ia-
chanan Carmeli unus, 23 rex Cor, et provinciae Dor unus, rex Gentium Galgal
unus, 24 rex Thersa unus: omnes reges
triginta unus.

PARS POSTERIOR

DISTRIBUTIO TERRAE

(13,1-22,34)

Terra distribuenda

13 1 Iosue senex, provectaeque aetatis erat, et dixit Dominus ad eum:
Senuisti, et longaevus es, terraque latissima derelicta est, quae necdum sorte divisa est: 2 omnis videlicet Galilaea, Philisthiim, et universa Gessuri. 3 A fluvio tur-
bido, qui irrigat Aegyptum, usque ad terminos Accaron contra aquilonem: terra
Chanaan, quae in quinque regulos Philisthiim dividitur, Gazaeos, et Azotios,
Ascalonitas, Gethaeos, et Accaronitas.
4 Ad meridiem vero sunt Hevaei, omnis
terra Chanaan, et Maara Sidoniorum, usque Apheca et terminos Amorrhaei, 5 eiusque confinia. Libani quoque regio contra
orientem, a Baalgad sub monte Hermon,
donec ingrediaris Emath. 6 Omnium qui
habitant in monte a Libano usque ad
aquas Maserephoth, universique Sidonii.
Ego sum qui delebo eos a facie filiorum
Israel. Veniat ergo in partem haereditatis
Israel, sicut praecepi tibi.
7 Et nunc divide terram in possessionem novem tribubus, et dimidiae tribui
Manasse, 8 cum qua Ruben et Gad possederunt terram, quam tradidit eis Moyses famulus Domini trans fluentia Iorda-

13,23; Deut 1,28; Ios 15,13-14.49-50. — 22: Ios 13,2-3; 15,45-47. — 23: Num 34,2-12; Ios 14, 1-19. 51.

12 1: Deut 3,8-9. — 2-5: 21,21-35. — 3: Deut 3,16-17; Ios 10,40; 13,20. — 4: Deut 3,8-10; Ios 13,11-12; 15,8. — 6: Num 32, 33; Deut 3,12-13; Ios 13,8. — 8: Ios 9,1.— 9: Ios 6,2; 8,23.29. — 10-11: Ios 10,23. — 12: Ios 10,23.33. — 13: Ios 10,38-39; 15,36.41. — 14: Num 14,45; 21,1; Deut 1,44; Ios 15,30; Iud 1,16-17. — 15: Ios 10,30; 15,35. — 16: Ios 8,17; 10,28; Iud 1,22. — 17: Ios 15,34; 17,7; 3 Reg 4,10. — 18: Ios 15,53; 1 Sam 4,1. — 19-20: Ios 11,1.8.10. — 21: Ios 17,11. — 22: Ios 19,11; 1 Par 6,72. — 23: Ios 11,2.8. — 24: 3 Reg 14,17.

13 1: Ios 23,1. — 2: 1 Sam 27,8. — 3: Iud 3,3. — 4: Deut 2,23; Iud 1,34-36. — 5: Num 34,8; Ios 11,17. — 6: Num 34,2; Ios 11, 8. — 7: Ios 14,1-2; 33,4. — 8: Num 32,33;

nis, ad orientalem plagam. 9 Ab Aroer,
quae sita est in ripa torrentis Arnon, et
in vallis medio, universaque campestria
Medaba, usque Dibon, 10 et cunctas civitates Sehon, regis Amorrhaei, qui regnavit in Hesebon usque ad terminos filiorum
Ammon, 11 et Galaad, ac terminum Gessuri et Machati, et omnem montem Hermon, et universam Basan, usque ad Salecha, 12 omne regnum Og in Basan, qui
regnavit in Astaroth et Edrai, ipse fuit de
reliquiis Raphaim: percussitque eos Moyses, atque delevit. 13 Nolueruntque disperdere filii Israel Gessuri et Machati: et
habitaverunt in medio Israel usque in
praesentem diem. 14 Tribui autem Levi non
dedit possessionem: sed sacrificia et victimae Domini Dei Israel, ipsa est eius haereditas, sicut locutus est illi.

Pars Ruben

15 Dedit ergo Moyses possessionem tribui filiorum Ruben iuxta cognationes suas.
16 Fuitque terminus eorum ab Aroer, quae
sita est in ripa torrentis Arnon, et in valle
eiusdem torrentis media: universam planitiem, quae ducit Medaba, 17 et Hesebon,
cunctosque viculos earum, qui sunt in
campestribus: Dibon quoque et Bamoth-
baal, et oppidum Baalmaon, 18 et Iassa,
et Cedimoth, et Mephaath, 19 et Cariathaim, et Sabama, et Sarathasar in monte
convallis. 20 Bethphogor et Asedoth, Phasga et Bethiesimoth, 21 et omnes urbes campestres, universaque regna Sehon regis
Amorrhaei, qui regnavit in Hesebon,
quem percussit Moyses cum principibus
Madian: Hevaeum, et Recem, et Sur, et
Hur, et Rebe duces Sehon habitatores
terrae. 22 Et Balaam filium Beor ariolum
occiderunt filii Israel gladio cum caeteris
interfectis. 23 Factusque est terminus filiorum Ruben Iordanis fluvius. Haec est
possessio Rubenitarum per cognationes
suas urbium et viculorum.

Pars Gad

24 Deditque Moyses tribui Gad et filiis
eius per cognationes suas possessionem,
cuius haec divisio est. 25 Terminus Iaser,
et omnes civitates Galaad, et dimidiam
partem terrae filiorum Ammon, usque ad
Aroer, quae est contra Rabba, 26 et ab
Hesebon usque Ramoth, Masphe et Be-
tonim: et a Manaim usque ad terminos
Dabir. 27 In valle quoque Betharan, et
Bethnemra, et Socoth, et Saphon reliquam partem regni Sehon regis Hesebon:
huius quoque finis, Iordanis est, usque
ad extremam partem maris Cenereth
trans Iordanem ad orientalem plagam.
28 Haec est possessio filiorum Gad per
familias suas, civitates et villae earum.

Pars Manasse

29 Dedit et dimidiae tribui Manasse,
filiisque eius iuxta cognationes suas possessionem, 30 cuius hoc principium est: a
Manaim universam Basan, et cuncta regna Og regis Basan, omnesque vicos Iair,
qui sunt in Basan, sexaginta oppida: 31 et
dimidiam partem Galaad, et Astaroth, et
Edrai, urbes regni Og in Basan: filiis Machir, filii Manasse, dimidiae parti filiorum Machir iuxta cognationes suas.
32 Hanc possessionem divisit Moyses in
campestribus Moab trans Iordanem contra Iericho ad orientalem plagam. 33 Tribui autem Levi non dedit possessionem:
quoniam Dominus Deus Israel ipse est
possessio eius, ut locutus est illi.

Partitio terrae Chanaan

14 1 Hoc est quod possederunt filii Israel in terra Chanaan, quam dederunt eis Eleazar sacerdos, et Iosue filius
Nun, et principes familiarum per tribus
Israel: 2 sorte omnia dividentes, sicut praeceperat Dominus in manu Moysi, novem
tribubus, et dimidiae tribui. 3 Duabus
enim tribubus, et dimidiae, dederat Moyses trans Iordanem possessionem: absque
Levitis, qui nihil terrae acceperunt inter
fratres suos: 4 sed in eorum successerunt
locum filii Ioseph in duas divisi tribus,
Manasse et Ephraim: nec acceperunt Levitae aliam in terra partem, nisi urbes ad
habitandum, et suburbana earum ad alenda iumenta et pecora sua. 5 Sicut praeceperat Dominus Moysi, ita fecerunt filii
Israel, et diviserunt terram.

Pars Caleb

6 Accesserunt itaque filii Iuda ad Iosue
in Galgala, locutusque est ad eum Caleb
filius Iephone Cenezaeus: Nosti quid locutus sit Dominus ad Moysen hominem
Dei de me et te in Cadesbarne. 7 Quadraginta annorum eram quando misit me

Ios 12,6. — **9-10:** Num 21.24-26.30; Deut 2,36. — **11:** Deut 3,14. — **12:** Deut 1,4. — **14:** Num 18,20-24; Ios 14,3-4. — **15-31:** Deut 3,12-17. — **15-23:** Num 21,23-31; 32,37-38. — **18:** Ios 21,36. — **20:** Ios 12,3. — **21:** Num 21,24; 31,8; Deut 3,10. — **22:** Num 31,8. — **24-28:** Num 32,34-36. — Ios **26:** 21,37. — **29-31:** Num 32,39-42. — **30:** Num 21,35. — **32:** Num 22,1. **33:** Num 18,20; Ios 13,14; 18,7.

14 **1:** 34,17-18; Ios 17,4; 21,1. — **2:** Num 26,55; 33,54; 34,13. — **3:** Ios 13,8.14. 33. — **4:** Gen 48,5; Ios 21,3-40; 1 Par 5,1-2. — **5:** Num 34,13-15; 35,2; Ios 21,2. — **6:** Num 14,24.30; 32,12; Deut 1,36.38. — **7:** Num 13,7.

Moyses famulus Domini de Cadesbarne,
ut considerarem terram, nuntiavique ei
quod mihi verum videbatur. 8 Fratres
autem mei, qui ascenderant mecum, dis-
solverunt cor populi: et nihilominus ego
secutus sum Dominum Deum meum. 9 Iuravitque Moyses in die illo, dicens: Terra
quam calcavit pes tuus, erit possessio tua,
et filiorum tuorum in aeternum: quia secutus es Dominum Deum meum. 10 Concessit ergo Dominus vitam mihi, sicut
pollicitus est usque in praesentem diem.
Quadraginta et quinque anni sunt, ex quo
locutus est Dominus verbum istud ad
Moysen, quando ambulabat Israel per solitudinem: hodie, octoginta quinque annorum sum 11 sic valens, ut eo valebam
tempore quando ad explorandum missus
sum: illius in me temporis fortitudo usque
hodie perseverat, tam ad bellandum quam
ad gradiendum. 12 Da ergo mihi montem
istum, quem pollicitus est Dominus, te
quoque audiente, in quo Enacim sunt, et
urbes magnae atque munitae: si forte sit
Dominus mecum, et potuero delere eos,
sicut promisit mihi.
13 Benedixitque ei Iosue: et tradidit ei
Hebron in possessionem: 14 atque ex eo
fuit Hebron Caleb filio Iephone Cenezaeo
usque in praesentem diem: quia secutus
est Dominum Deum Israel. 15 Nomen
Hebron ante vocabatur Cariath Arbe:
Adam maximus ibi inter Enacim situs est:
et terra cessavit a praeliis.

Pars Iudae

15 1 Igitur sors filiorum Iudae per
cognationes suas ista fuit: A termino Edom, desertum Sin, contra meridiem, et usque ad extremam partem australis plagae. 2 Initium eius a summitate
maris salsissimi, et a lingua eius, quae
respicit meridiem. 3 Egrediturque contra
Ascensum Scorpionis, et pertransit in Sina: ascenditque in Cadesbarne, et pervenit in Esron, ascendens ad Addar, et circuiens Carcaa, 4 atque inde pertransiens
in Asemona, et perveniens ad torrentem
Aegypti: eruntque termini eius mare magnum. Hic erit finis meridianae plagae.
5 Ab oriente vero erit initium, mare salsissimum usque ad extrema Iordanis: et
ea quae respiciunt ad aquilonem, a lingua
maris usque ad eumdem Iordanis fluvium. 6 Ascenditque terminus in Beth Hagla, et transit ab aquilone in Beth Araba:
ascendens ad lapidem Boen filii Ruben:
7 et tendens usque ad terminos Debera
de valle Achor, contra aquilonem respiciens Galgala, quae est ex adverso ascensionis Adommim, ab australi parte torrentis: transitque aquas, quae vocantur
Fons Solis: et erunt exitus eius ad Fontem Rogel. 8 Ascenditque per convallem
filii Ennom ex latere Iebusaei ad meridiem,
haec est Ierusalem: et inde se erigens ad
verticem montis, qui est contra Geennom ad occidentem in summitate vallis
Raphaim contra aquilonem: 9 pertransit-
que a vertice montis usque ad fontem
aquae Nephtoa: et pervenit usque ad
vicos montis Ephron: inclinaturque in
Baala, quae est Cariathiarim, id est, urbs
silvarum. 10 Et circuit de Baala contra
occidentem, usque ad montem Seir: transitque iuxta latus montis Iarim ad aquilonem in Cheslon: et descendit in Bethsames, transitque in Thamna. 11 Et pervenit
contra aquilonem partis Accaron ex latere: inclinaturque Sechrona, et transit
montem Baala: pervenitque in Iebneel,
et magni maris contra occidentem fine
concluditur. 12 Hi sunt termini filiorum
Iuda per circuitum in cognationibus suis.

Pars Caleb

13 Caleb vero filio Iephone dedit partem in medio filiorum Iuda, sicut praeceperat ei Dominus: Cariath Arbe patris
Enac, ipsa est Hebron. 14 Delevitque ex
ea Caleb tres filios Enac, Sesai et Ahiman
et Tholmai de stirpe Enac. 15 Atque inde
conscendens venit ad habitatores Dabir,
quae prius vocabatur Cariath Sepher, id
est, civitas litterarum. 16 Dixitque Caleb:
Qui percusserit Cariath Sepher, et ceperit eam, dabo ei Axam filiam meam uxorem. 17 Cepitque eam Othoniel filius Cenez, frater Caleb iunior: deditque ei Axam
filiam suam uxorem. 18 Quae, cum pergerent simul, suasa est a viro suo ut peteret a patre suo agrum, suspiravitque ut
sedebat in asino. Cui Caleb: Quid habes,
inquit? 19 At illa respondit: Da mihi benedictionem: Terram australem et arentem dedisti mihi, iunge et irriguam. Dedit itaque ei Caleb irriguum superius et
inferius.

Urbes Iudae

20 Haec est possessio tribus filiorum
Iuda per cognationes suas. 21 Erantque
civitates ab extremis partibus filiorum

17.27.31; 14,6-9; 32,8. — **8:** Num 13,31-33; 14,24; 32,12; Eccli 46,9. — **9:** Num 14,21-24; Deut 1,36. — **10:** Num 14,30. — **11:** Eccli 46, 11. — **12:** Num 13,29; Ios 11,21. — **13:** Ios 10,36-37; 15,13-19; 21,11-12; Iud 1,20. — **15:** Gen 23,2; 35,27; Iud 1,10.

15 **1:** Num 34,3. — **2-4:** Num 34,3-5. — **3:** Iud 1,36. — **6:** Ios 18,18-22. — **7:** Ios 4, 19; 7,26; 18,16-18; 2 Sam 17,17; 3 Reg 1,9. — **8:** Ios 18,16.28; Iud 18,10. — **9:** Ios 15,60; 18,15. **10:** Ios 19,43; 21,16; 1 Sam 6,9.12. — **11:** Ios 13,3. — **13-19:** Iud 1,10-15. — **13:** Ios 14,13-15; 15,54. — **14:** Num 13,23; Iud 1,20. — **15:**

Iuda iuxta terminos Edom a meridie:
Cabseel et Eder et Iagur, 22 et Cyna et
Dimona et Adada, 23 et Cades et Asor
et Iethnam, 24 Ziph et Telem et Baloth,
25 Asor nova et Carioth, Hesron, haec
est Asor. 26 Amam, Sama, et Molada,
27 et Asergadda et Hassemon et Bethphe-
let, 28 et Hasersual et Bersabee et Bazio-
thia, 29 et Baala et Iim et Esem, 30 et
Eltholad et Cesil et Harma, 31 et Siceleg
et Medemena et Sensenna, 32 Lebaoth et
Selim et Aen et Remon. Omnes civitates
viginti novem, et villae earum.
33 In campestribus vero: Estaol et Sa-
rea et Asena, 34 et Zanoe et Aengannim
et Taphua et Enaim, 35 et Ierimoth et
Adullam, Socho et Azeca, 36 et Saraim
et Adithaim et Gedera et Gederothaim:
urbes quatuordecim, et villae earum. 37 Sa-
nan et Hadassa et Magnalgad, 38 Delean
et Masepha et Iecthel, 39 Lachis et Bas-
cath et Eglon, 40 Chebbon et Leheman et
Cethlis, 41 et Gideroth et Bethdagon et
Naama et Maceda: civitates sedecim, et
villae earum. 42 Labana et Ether et Asan,
43 Iephtha et Esna et Nesib, 44 et Ceila et
Achzib et Maresa: civitates novem, et villae earum. 45 Accaron cum vicis et villulis suis. 46 Ab Accaron usque ad mare:
omnia quae vergunt ad Azotum et viculos eius. 47 Azotus cum vicis et villulis
suis. Gaza cum vicis et villulis suis, usque
ad torrentem Aegypti, et mare magnum
terminus eius.
48 Et in monte: Samir et Iether et Socoth 49 et Danna et Cariathsenna, haec
est Dabir: 50 Anab et Istemo et Anim,
51 Gosen et Olon et Gilo: civitates undecim et villae earum. 52 Arab et Ruma et
Esaan, 53 et Ianum et Beththaphua et
Apheca, 54 Athmatha, et Cariath Arbe,
haec est Hebron, et Sior: civitates novem,
et villae earum. 55 Maon et Carmel et
Ziph et Iota, 56 Iezrael et Iucadam et Zanoe, 57 Accain, Gabaa et Thamma: civitates decem et villae earum. 58 Halhul, et
Besur, et Gedor, 59 Mareth, et Bethanoth,
et Eltecon: civitates sex et villae earum.
60 Cariathbaal, haec est Cariathiarim urbs
silvarum, et Arebba: civitates duae, et villae earum.
61 In deserto Betharaba, Meddin, et
Sachacha, 62 et Nebsan, et civitas salis,
et Engaddi: civitates sex, et villae earum.
63 Iebusaeum autem habitatorem Ierusalem non potuerunt filii Iuda delere: habitavitque Iebusaeus cum filiis Iuda in
Ierusalem usque in praesentem diem.

Pars filiorum Ioseph

16 1 Cecidit quoque sors filiorum Ioseph ab Iordane contra Iericho et
aquas eius ab oriente: solitudo quae ascendit de Iericho ad montem Bethel: 2 et
egreditur de Bethel Luza: transitque terminum Archi, Ataroth: 3 et descendit ad
occidentem iuxta terminum Iephleti, usque ad terminos Beth-horon inferioris, et
Gazer: finiunturque regiones eius mari
magno: 4 possederuntque filii Ioseph Manasses et Ephraim.

Ephraim

5 Et factus est terminus filiorum
Ephraim per cognationes suas: et possessio eorum contra orientem Ataroth Addar usque Beth-horon superiorem. 6 Egre-
diunturque confinia in mare: Machmethath vero aquilonem respicit, et circuit
terminos contra orientem in Thapathselo:
et pertransit ab oriente Ianoe. 7 Descenditque de Ianoe in Ataroth et Naaratha:
et pervenit in Iericho, egrediturque ad
Iordanem. 8 De Taphua pertransit contra mare in Vallem arundineti, suntque
egressus eius in mare salsissimum. Haec
est possessio tribus filiorum Ephraim per
familias suas. 9 Urbesque separatae sunt
filiis Ephraim in medio possessionis filiorum Manasse, et villae earum.
10 Et non interfecerunt filii Ephraim
Chananaeum, qui habitabat in Gazer:
habitavitque Chananaeus in medio
Ephraim usque in diem hanc tributarius.

Manasse

17 1 Cecidit autem sors tribui Manasse (ipse enim est primogenitus Ioseph): Machir primogenito Manasse patri
Galaad, qui fuit vir pugnator, habuitque
possessionem Galaad et Basan: 2 et reliquis filiorum Manasse iuxta familias suas,
filiis Abiezer, et filiis Helec, et filiis Esriel,
et filiis Sechem, et filiis Hepher, et filiis
Semida. Isti sunt filii Manasse filii Ioseph,
mares, per cognationes suas.

Ios 10,38. — **21:** 2 Sam 23,20; 1 Par 11,22. — **23:** Num 20,16. — **24:** 1 Sam 15,4; 23,14; 26,2. — **26-32:** Ios 19,2-7. — **33:** Ios 19,41; Iud 13,25. — **35:** Ios 10,3; 12,15; 1 Sam 17,1. — **39:** Ios 10,3.21.36; 4 Reg 22,1. — **41-42:** Ios 10, 28-29. — **44:** 1 Sam 23,1-2. — **45-47:** Ios 13, 3. — **48:** Ios 21,14; 3 Reg 4,10. — **51:** Ios 10, 41; 2 Sam 15,12. — **53:** Ios 12,18. — **54:** Ios 14,13-15. — **55:** Ios 21,16; 1 Sam 15,12; 23,24-25. — **56:** 1 Sam 25,43. — **69:** Ios 9,17; 18,14. — **62:** 1 Sam 24,1. — **63:** Iud 1,21; 2 Sam 5,6.

16 **2:** Gen 28,19; Ios 7,2; Iud 1,22-23. — **3:** Ios 10,10.33. — **5:** Ios 15,13. — **6-9:** Ios 17,7-9. — **10:** Ios 17,13; Iud 1,29; 3 Reg 9,16.

17 **1:** Gen 41,50-51; 46,20; 48,18; 50,23; Num 26,29; Deut 3,13.15. — **2:** Num

Filiae Salphaad

3 Salphaad vero filio Hepher filii Galaad filii Machir filii Manasse, non erant
filii, sed solae filiae: quarum ista sunt nomina: Maala et Noa et Hegla et Melcha
et Thersa. 4 Veneruntque in conspectu
Eleazari sacerdotis, et Iosue filii Nun, et
principum, dicentes: Dominus praecepit
per manum Moysi, ut daretur nobis possessio in medio fratrum nostrorum. Deditque eius iuxta imperium Domini possessionem in medio fratrum patris earum.
5 Et ceciderunt funiculi Manasse, decem,
absque terra Galaad et Basan trans Iordanem. 6 Filiae enim Manasse possederunt haereditatem in medio filiorum eius.
Terra autem Galaad cecidit in sortem
filiorum Manasse qui reliqui erant.
7 Fuitque terminus Manasse ab Aser,
Machmethath quae respicit Sichem: et
egreditur ad dexteram iuxta habitatores
fontis Taphuae. 8 Etenim in sorte Manasse ceciderat terra Taphuae, quae est iuxta
terminos Manasse filiorum Ephraim.
9 Descenditque terminus Vallis arundineti
in meridiem torrentis civitatum Ephraim,
quae in medio sunt urbium Manasse: terminus Manasse ab aquilone torrentis, et
exitus eius pergit ad mare: 10 ita ut possessio Ephraim sit ab austro, et ab aquilone Manasse, et utramque claudat mare,
et coniungantur sibi in tribu Aser ab aquilone, et in tribu Issachar ab oriente.
11 Fuitque haereditas Manasse in Issachar
et in Aser, Bethsan et viculi eius, et Ieblaam cum viculis suis, et habitatores Dor
cum oppidis suis, habitatores quoque Endor cum viculis suis: similiterque habitatores Thenac cum viculis suis, et habitatores Mageddo cum viculis suis, et tertia
pars urbis Nopheth.
12 Nec potuerunt filii Manasse has civitates subvertere, sed coepit Chananaeus
habitare in terra sua. 13 Postquam autem
convaluerunt filii Israel, subiecerunt Chananaeos, et fecerunt sibi tributarios, nec
interfecerunt eos.

Queruntur filii Ioseph

14 Locutique sunt filii Ioseph ad Iosue,
et dixerunt: Quare dedisti mihi possessionem sortis et funiculi unius, cum sim tantae multitudinis, et benedixerit mihi Dominus? 15 Ad quos Iosue ait: Si populus
multus es, ascende in silvam, et succide
tibi spatia in terra Pherezaei et Raphaim:
quia angusta est tibi possessio montis
Ephraim. 16 Cui responderunt filii Ioseph:
Non poterimus ad montana conscendere,
cum ferreis curribus utantur Chananaei,
qui habitant in terra campestri, in qua
sitae sunt Bethsan cum viculis suis, et Iezrael mediam possidens vallem. 17 Dixitque
Iosue ad domum Ioseph, Ephraim et Manasse: Populus multus es et magnae fortitudinis, non habebis sortem unam, 18 sed
transibis ad montem, et succides tibi, atque purgabis ad habitandum spatia: et
poteris ultra procedere cum subverteris
Chananaeum, quem dicis ferreos habere
currus, et esse fortissimum.

Describitur reliqua terra dividenda

18 1 Congregatique sunt omnes filii Israel in Silo, ibique fixerunt tabernaculum testimonii, et fuit eis terra
subiecta.
2 Remanserant autem filiorum Israel
septem tribus, quae necdum acceperant
possessiones suas. 3 Ad quos Iosue ait:
Usquequo marcetis ignavia, et non intratis ad possidendam terram, quam Dominus Deus patrum vestrorum dedit vobis?
4 Eligite de singulis tribubus ternos viros,
ut mittam eos, et pergant atque circum-
eant terram, et describant eam iuxta
numerum uniuscuiusque multitudinis: re-
ferantque ad me quod descripserint. 5 Dividite vobis terram in septem partes: Iudas sit in terminis suis ab australi plaga,
et domus Ioseph ab aquilone. 6 Mediam
inter hos terram in septem partes descri-
bite: et huc venietis ad me, ut coram Domino Deo vestro mittam vobis hic sortem: 7 quia non est inter vos pars Levitarum, sed sacerdotium Domini est eorum
haereditas. Gad autem et Ruben, et dimidia tribus Manasse, iam acceperant possessiones suas trans Iordanem ad orientalem plagam: quas dedit eis Moyses famulus Domini.
8 Cumque surrexissent viri, ut pergerent ad describendam terram, praecepit
eis Iosue, dicens: Circuite terram, et de-
scribite eam, ac revertimini ad me: ut hic
coram Domino, in Silo, mittam vobis sortem. 9 Itaque perrexerunt: et lustrantes
eam, in septem partes diviserunt, scribentes in volumine. Reversique sunt ad Iosue
in castra Silo. 10 Qui misit sortes coram
Domino in Silo, divisitque terram filiis Israel in septem partes.

26,29-32. — **3**: Num 26,33; 27,1; 36,11. — **4**: Num 27,6-7; 34,17; 36,2; Ios 14,1. — **5**: Ios 13,30-31. — **7-9**: Ios 16,6-9. — **11**: Ios 11,2; 12,21; Iud 1,27; 1 Sam 28,7; 4 Reg 9,27; 1 Par 7,29. — **12-13**: Iud 1,27-28. — **14**: Gen 48,19; Ios 16,4. — **15**: Gen 13,7. — **16**: Iud 6,33.

18 **1**: Ios 19,51; 22,9; Iud 21,19; 1 Sam 1,3; Ier 7,12; 26,6.9. — **5**: Ios 15,1-17.18. **7**: Ios 13,8.33. — **12**: Ios 7,2. — **13**: Gen 28,19;

Pars Beniamin

11 Et ascendit sors prima filiorum Beniamin per familias suas, ut possiderent
terram inter filios Iuda et filios Ioseph.
12 Fuitque terminus eorum contra aquilonem a Iordane: pergens iuxta latus Iericho septentrionalis plagae, et inde contra
occidentem ad montana conscendens, et
perveniens ad solitudinem Bethaven, 13 atque pertransiens iuxta Luzam ad meridiem, ipsa est Bethel: descenditque in
Ataroth Addar in montem qui est ad meridiem Beth-horon inferioris: 14 et inclina-
tur circuiens contra mare ad meridiem
montis qui respicit Beth-horon contra
Africum: suntque exitus eius in Cariathbaal, quae vocatur et Cariathiarim, urbem filiorum Iuda. Haec est plaga contra
mare, ad occidentem. 15 A meridie autem
ex parte Cariathiarim egreditur terminus
contra mare, et pervenit usque ad fontem
aquarum Nephtoa. 16 Descenditque in
partem montis, qui respicit vallem filiorum Ennom: et est contra septentrionalem plagam in extrema parte vallis Raphaim. Descenditque in Geennom (id est,
vallem Ennom) iuxta latus Iebusaei ad
austrum: et pervenit ad fontem Rogel,
17 transiens ad aquilonem, et egrediens ad
Ensemes, id est fontem solis: 18 et pertransit usque ad tumulos, qui sunt e regione ascensus Adommim: descenditque
ad Abenboen, id est, lapidem Boen filii
Ruben: et pertransit ex latere aquilonis
ad campestria: descenditque in planitiem,
19 et praetergreditur contra aquilonem
Beth Hagla: suntque exitus eius contra
linguam maris salsissimi ab aquilone in
fine Iordanis ad australem plagam: 20 qui
est terminus illius ab oriente. Haec est
possessio filiorum Beniamin per terminos
suos in circuitu, et familias suas.

Urbes Beniamin

21 Fueruntque civitates eius, Iericho
et Beth Hagla et vallis Casis, 22 Beth Araba et Samaraim et Bethel 23 et Avim et
Aphara et Ophera, 24 villa Emona et
Ophni et Gabee: civitates duodecim, et
villae earum. 25 Gabaon et Rama et Beroth, 26 et Mesphe et Caphara, et Amosa
27 et Recem, Iarephel et Tharela, 28 et Sela, Eleph, et Iebus, quae est Ierusalem,
Gabaath et Cariath: civitates quatuordecim, et villae earum. Haec est possessio
filiorum Beniamin iuxta familias suas.

Pars Simeonis

19 1 Et egressa est sors secunda filiorum Simeon per cognationes suas:
fuitque haereditas 2 eorum in medio possessionis filiorum Iuda: Bersabee et Sabee et Molada 3 et Hasersual, Bala et
Asem 4 et Eltholad, Bethul et Harma 5 et
Siceleg et Bethmarchaboth et Hasersusa
6 et Bethlebaoth et Sarohen: civitates tredecim, et villae earum, 7 Ain et Remmon
et Athar et Asan: civitates quatuor, et villae earum: 8 omnes viculi per circuitum
urbium istarum usque ad Baalath Beer
Ramath contra australem plagam. Haec
est haereditas filiorum Simeon iuxta cognationes suas, 9 in possessione et funiculo
filiorum Iuda: quia maior erat: et idcirco
filii Simeon possederunt in medio haereditatis eorum.

Pars Zabulon

10 Ceciditque sors tertia filiorum Zabulon per cognationes suas: factus est terminus possessionis eorum usque Sarid.
11 Ascenditque de mari et Merala, et pervenit in Debbaseth, usque ad torrentem
qui est contra Ieconam. 12 Et revertitur
de Sared contra orientem in fines Cese-
leththabor: et egreditur ad Dabereth, ascenditque contra Iaphie. 13 Et inde pertransit usque ad orientalem plagam Ge-
thepher et Thacasin: et egreditur in Remmon, Amthar et Noa. 14 Et circuit ad
aquilonem Hanathon: suntque egressus
eius vallis Iephthael, 15 et Cateth et Naalol
et Semeron et Ierala et Bethlehem: civitates duodecim, et villae earum. 16 Haec
est haereditas tribus filiorum Zabulon per
cognationes suas, urbes et viculi earum.

Pars Issachar

17 Issachar egressa est sors quarta per
cognationes suas: 18 fuitque eius haereditas Iezrael et Casaloth et Sunem 19 et
Hapharaim et Seon, et Anaharath 20 et
Rabboth et Cesion, Abes, 21 et Rameth,
et Engannim, et Enhadda et Bethpheses.
22 Et pervenit terminus eius usque Thabor et Sehesima et Bethsames: eruntque
exitus eius Iordanis: civitates sedecim,
et villae earum. 23 Haec est possessio filiorum Issachar per cognationes suas, urbes
et viculi earum.

Pars Aser

24 Ceciditque sors quinta tribui filiorum
Aser per cognationes suas: 25 fuitque terminus eorum Halcath et Chali et Beten

Ios 16,2-3.5. — **15-19:** Ios 15,6-9. — **24:** Ios 21,17. — **25:** Ios 9,3.17; 1 Sam 22,6. — **26:** Iud 20,1. — **28:** Ios 15,8.63; Iud 19,12.

19 **2-8:** Ios 15,26-32; 1 Par 4,28-33. — **11:** Ios 12,22; 21,11. — **12:** Ios 21,28. — **13:** 4 Reg 14,25. — **15:** Ios 11,1; 12,20. — **18:** 1 Sam 28,4; 29,1.11. — **21:** Ios 21,29. — **25:** Ios 21,31.

et Axaph 26 et Eimelech et Amaad et Messal: et pervenit usque ad Carmelum maris et Sihor et Labanath. 27 Ac revertitur contra orientem Bethdagon: et pertransit usque Zabulon et vallem Iephthael contra aquilonem in Bethemec et Nehiel. Egrediturque ad laevam Cabul, 28 et Abran et Rohob et Hamon et Cana, usque ad Sidonem magnam. 29 Revertiturque in Horma usque ad civitatem munitissimam Tyrum, et usque Hosa: eruntque exitus eius in mare de funiculo Achziba: 30 et Amma et Aphec et Rohob; civitates viginti duae, et villae earum. 31 Haec est possessio filiorum Aser per cognationes suas, urbesque et viculi earum.

Pars Nephthali

32 Filiorum Nephthali sexta sors cecidit per familias suas: 33 et coepit terminus de Heleph et Elon in Saananim, et Adami, quae est Neceb, et Iebnael usque Lecum: et egressus eorum usque ad Iordanem: 34 revertiturque terminus contra occidentem in Azanotthabor, atque inde egreditur in Hucuca, et pertransit in Zabulon contra meridiem, et in Aser contra occidentem, et in Iuda ad Iordanem contra ortum solis: 35 civitates munitissimae, Assedim, Ser, et Emath, et Reccath et Cenereth, 36 et Edema et Arama, Asor 37 et Cedes et Edrai, Enhasor, 38 et Ieron et Magdalel, Horem et Bethanath et Bethsames: civitates decem et novem, et villae earum. 39 Haec est possessio tribus filiorum Nephthali per cognationes suas, urbes et viculi earum.

Pars Dan

40 Tribui filiorum Dan per familias suas egressa est sors septima: 41 et fuit terminus possessionis eius Sara et Esthaol, et Hirsemes, id est, civitas solis. 42 Selebin et Aialon et Iethela, 43 Elon et Themma et Acron, 44 Elthece, Gebbethon, et Balaath, 45 et Iud et Bane et Barach et Gethremmon: 46 et Meiarcon et Arecon, cum termino qui respicit Ioppen, 47 et ipso fine concluditur. Ascenderuntque filii Dan et pugnaverunt contra Lesem, ceperuntque eam: et percusserunt eam in ore gladii, et possederunt, et habitaverunt in ea, vocantes nomen eius Lesem Dan, ex nomine Dan patris sui. 48 Haec est possessio tribus filiorum Dan, per cognationes suas, urbes et viculi earum.

Pars Iosue

49 Cumque complesset sorte dividere terram singulis per tribus suas, dederunt filii Israel possessionem Iosue filio Nun in medio sui, 50 iuxta praeceptum Domini, urbem quam postulavit, Thammath Saraa in monte Ephraim: et aedificavit civitatem, habitavitque in ea.

51 Hae sunt possessiones, quas sorte diviserunt Eleazar sacerdos, et Iosue filius Nun, et principes familiarum ac tribuum filiorum Israel in Silo, coram Domino ad ostium tabernaculi testimonii, partitique sunt terram.

Civitates refugii

20 1 Et locutus est Dominus ad Iosue, dicens: Loquere filiis Israel, et dic eis: 2 Separate urbes fugitivorum, de quibus locutus sum ad vos per manum Moysi: 3 ut confugiat ad eas quicumque animam percusserit nescius: et possit evadere iram proximi, qui ultor est sanguinis: 4 cum ad unam harum confugerit civitatum, stabit ante portam civitatis, et loquetur senioribus urbis illius ea quae se comprobent innocentem: sicque suscipient eum, et dabunt ei locum ad habitandum. 5 Cumque ultor sanguinis eum fuerit persecutus, non tradent in manus eius: quia ignorans percussit proximum eius, nec ante biduum, triduumve, eius probatur inimicus. 6 Et habitabit in civitate illa, donec stet ante iudicium causam reddens facti sui, et moriatur sacerdos magnus, qui fuerit in illo tempore: tunc revertetur homicida, et ingredietur civitatem et domum suam de qua fugerat.

7 Decreveruntque Cedes in Galilaea montis Nephthali, et Sichem in monte Ephraim, et Cariatharbe, ipsa est Hebron in monte Iuda. 8 Et trans Iordanem contra orientalem plagam Iericho, statuerunt Bosor, quae sita est in campestri solitudine de tribu Ruben, et Ramoth in Galaad de tribu Gad, et Gaulon in Basan de tribu Manasse. 9 Hae civitates constitutae sunt cunctis filiis Israel, et advenis qui habitabant inter eos: ut fugeret ad eas qui animam nescius percussisset, et non moreretur in manu proximi, effusum sanguinem vindicare cupientis, donec staret ante populum expositurus causam suam.

26: Ios 21,30; 3 Reg 18,19-20. — **27:** 3 Reg 9,13. — **28:** Num 13,22; Iud 18,28. — **29:** Iud 1,31; 2 Sam 34,7. — **36:** Ios 11,1. — **37:** Iud 4,6. — **38:** Iud 1,33. — **41:** Ios 15,33. — **42:** Ios 10,22; Iud 1,35. — **44:** Ios 21,23. — **45:** Ios 21,24. — **46:** 2 Par 2,16. — **47:** Iud 18,27-29. —

50: Ios 24,30; Iud 2,9. — **51:** Ios 14,1; 13,1.

20 **2:** Ex 21,13; Num 35,10-14; Deut 4,41-43; 19,2-9. — **4:** Deut 21,19; Ruth 4,1-2. — **6:** Num 35,12.24-25. — **7:** Ios 15,13; 19,37; 21,21.32. — **8:** Deut 4,43; Ios 21,27.36-37. — **9:** Num 35,15.

Urbes Levitarum

21 1 Accesseruntque principes familiarum Levi ad Eleazarum sacerdotem, et Iosue filium Nun, et ad duces
cognationum per singulas tribus filiorum
Israel: 2 locutique sunt ad eos in Silo terrae Chanaan, atque dixerunt: Dominus
praecepit per manum Moysi, ut darentur
nobis urbes ad habitandum, et suburbana earum ad alenda iumenta. 3 Dederuntque filii Israel de possessionibus suis iuxta
imperium Domini, civitates et suburbana
earum. 4 Egressaque est sors in familiam
Caath filiorum Aaron sacerdotis, de tribubus Iuda, et Simeon, et Beniamin, civitates tredecim: 5 et reliquis filiorum
Caath, id est Levitis, qui superfuerant, de
tribubus Ephraim, et Dan, et dimidia tribu Manasse, civitates decem. 6 Porro filii
Gerson egressa est sors, ut acciperent de
tribubus Issachar et Aser et Nephthali
dimidiaque tribu Manasse in Basan, civitates numero tredecim. 7 Et filiis Merari per cognationes suas de tribubus Ruben
et Gad et Zabulon, urbes duodecim. 8 Dederuntque filii Israel Levitis civitates et
suburbana earum, sicut praecepit Dominus per manum Moysi, singulis sorte tribuentes.
9 De tribubus filiorum Iuda et Simeon
dedit Iosue civitates: quarum ista sunt
nomina, 10 filiis Aaron per familias Caath
Levitici generis (prima enim sors illis
egressa est). 11 Cariatharbe patris Enac,
quae vocatur Hebron, in monte Iuda, et
suburbana eius per circuitum. 12 Agros vero et villas eius dederat Caleb filio Iephone ad possidendum. 13 Dedit ergo filiis
Aaron sacerdotis Hebron confugii civitatem, ac suburbana eius: et Lobnam cum
suburbanis suis: 14 et Iether, et Esthemo,
15 et Holon, et Dabir, 16 et Ain, et Ieta,
et Bethsames, cum suburbanis suis: civitates novem de tribubus, ut dictum est,
duabus. 17 De tribu autem filiorum Beniamin, Gabaon, et Gabae, 18 et Anathoth
et Almon, cum suburbanis suis: civitates
quatuor. 19 Omnes simul civitates filiorum
Aaron sacerdotis, tredecim cum suburbanis suis.
20 Reliquis vero per familias filiorum
Caath Levitici generis, haec est data possessio. 21 De tribu Ephraim urbes confugii, Sichem cum suburbanis suis in monte
Ephraim, et Gazer 22 et Cibsaim et Beth-
horon, cum suburbanis suis, civitates quatuor. 23 De tribu quoque Dan, Eltheco et
Gabathon, 24 et Aialon et Gethremmon,
cum suburbanis suis, civitates quatuor.
25 Porro de dimidia tribu Manasse, Thanach et Gethremmon, cum suburbanis
suis, civitates duae. 26 Omnes civitates decem, et suburbana earum, datae sunt filiis
Caath inferioris gradus.
27 Filiis quoque Gerson Levitici generis dedit de dimidia tribu Manasse confugii civitates, Gaulon in Basan, et Bos-
ram, cum suburbanis suis, civitates duas.
28 Porro de tribu Issachar, Cesion, et Dabereth, 29 et Iaramoth, et Engannim, cum
suburbanis suis, civitates quatuor. 30 De
tribu autem Aser, Masal et Abdon, 31 et
Helcath, et Rohob, cum suburbanis suis,
civitates quatuor. 32 De tribu quoque
Nephthali civitates confugii, Cedes in Galilaea, et Hammoth Dor, et Carthan, cum
suburbanis suis, civitates tres. 33 Omnes
urbes familiarum Gerson, tredecim, cum
suburbanis suis.
34 Filiis autem Merari Levitis inferioris
gradus per familias suas data est de tribu
Zabulon, Iecnam et Cartha 35 et Damna
et Naalol, civitates quatuor cum suburbanis suis. 36 De tribu Ruben ultra Iordanem contra Iericho civitates refugii, Bosor in solitudine, Misor et Iaser et Iethson
et Mephaath, civitates quatuor cum suburbanis suis. 37 De tribu Gad civitates confugii, Ramoth in Galaad, et Manaim et
Hesebon et Iazer, civitates quatuor cum
suburbanis suis. 38 Omnes urbes filiorum
Merari per familias et cognationes suas,
duodecim.
39 Itaque civitates universae Levitarum
in medio possessionis filiorum Israel fuerunt quadraginta octo 40 cum suburbanis
suis, singulae per familias distributae.

Completur Dei promissio

41 Deditque Dominus Deus Israeli omnem terram, quam traditurum se patribus eorum iuraverat: et possederunt illam, atque habitaverunt in ea. 42 Dataque
est ab eo pax in omnes per circuitum nationes: nullusque eis hostium resistere
ausus est, sed cuncti in eorum ditionem
redacti sunt. 43 Ne unum quidem verbum,
quod illis praestiturum se esse promiserat, irritum fuit, sed rebus expleta sunt
omnia.

Dimittuntur tribus transiordanicae

22 1 Eodem tempore vocavit Iosue
Rubenitas, et Gaditas, et dimidiam
tribum Manasse, 2 dixitque ad eos: Fecistis omnia quae praecepit vobis Moyses

21 **1:** Ex 6,16-19; Num 3,17-20; Ios 14,1. — **2:** Num 35,2; Ios 14,4-5; 18,1. — **4:** Ios 21,9-19. — **5:** Ios 21,20-22. — **6:** Ios 21,27-33. — **7:** Ios 21,34-38. — **9-19:** 1 Par 6,54-60. — **11-12:** Ios 14,13-15; 15,13. — **18:** Ier 1,1. — **20-26:** 1 Par 6,66-70. — **27-33:** 1 Par 6,71-76. — **34-38:** 1 Par 6,77-81. — **39:** Num 35,7. — **41:** Gen 12,7; 13,15; 15,18; 26,3; 28,4.13. — **42:** Ios 11,23; 23,1. — **43:** Ios 23,14-15.

22 **2:** Num 32,20-22; Deut 3,18-20; Ios 1,16-17. — **4:** Num 32,33; Ios 1,13; 13,

famulus Domini: mihi quoque in omnibus obedistis, 3 nec reliquistis fratres vestros longo tempore, usque in praesentem
diem, custodientes imperium Domini Dei
vestri. 4 Quia igitur dedit Dominus Deus
vester fratribus vestris quietem et pacem,
sicut pollicitus est: revertimini, et ite in
tabernacula vestra, et in terram possessionis, quam tradidit vobis Moyses famulus Domini trans Iordanem: 5 ita dumtaxat, ut custodiatis attente, et opere com-
pleatis mandatum et legem quam praecepit vobis Moyses famulus Domini, ut diligatis Dominum Deum vestrum, et ambuletis in omnibus viis eius, et observetis
mandata illius, adhaereatisque ei, ac serviatis in omni corde, et in omni anima
vestra. 6 Benedixitque eis Iosue, et dimisit eos. Qui reversi sunt in tabernacula
sua.
7 Dimidiae autem tribui Manasse possessionem Moyses dederat in Basan: et
idcirco mediae, quae superfuit, dedit Iosue sortem inter caeteros fratres suos trans
Iordanem ad occidentalem plagam. Cumque dimitteret eos in tabernacula sua, e
benedixisset eis, 8 dixit ad eos: In multa
substantia atque divitiis revertimini ad sedes vestras, cum argento et auro, aere ac
ferro, et veste multiplici: dividite praedam hostium cum fratribus vestris.

Abeuntes erigunt altare magnum iuxta Iordanem

9 Reversique sunt, et abierunt filii Ruben, et filii Gad, et dimidia tribus Manasse, a filiis Israel de Silo, quae sita est
in Chanaan, ut intrarent Galaad terram
possessionis suae, quam obtinuerant iuxta imperium Domini in manu Moysi.
10 Cumque venissent ad tumulos Iordanis in terram Chanaan, aedificaverunt iuxta Iordanem altare infinitae magnitudinis. 11 Quod cum audissent filii Israel, et
ad eos certi nuntii detulissent, aedificasse
filios Ruben, et Gad, et dimidiae tribus
Manasse, altare in terra Chanaan, super
Iordanis tumulos, contra filios Israel:
12 convenerunt omnes in Silo, ut ascenderent et dimicarent contra eos.
13 Et interim miserunt ad illos in terram Galaad Phinees filium Eleazari sacerdotis, 14 et decem principes cum eo, singulos de singulis tribubus. 15 Qui venerunt
ad filios Ruben, et Gad, et dimidiae tribus
Manasse in terram Galaad, dixeruntque
ad eos: 16 Haec mandat omnis populus
Domini: Quae est ista transgressio? Cur
reliquistis Dominum Deum Israel, aedificantes altare sacrilegum, et a cultu illius
recedentes? 17 An parum vobis est quod
peccastis in Beelphegor, et usque in praesentem diem macula huius sceleris in nobis permanet? multique de populo corruerunt. 18 Et vos hodie reliquistis Dominum, et cras in universum Israel ira eius
desaeviet. 19 Quod si putatis immundam
esse terram possessionis vestrae, transite ad terram, in qua tabernaculum Domini est, et habitate inter nos: tantum ut a
Domino, et a nostro consortio non recedatis, aedificato altari praeter altare Domini Dei nostri. 20 Nonne Achan filius
Zare praeteriit mandatum Domini, et super omnem populum Israel ira eius incubuit? Et ille erat unus homo, atque utinam solum periisset in scelere suo.

Reddunt rationem legatis populi

21 Responderuntque filii Ruben et Gad,
et dimidia tribus Manasse, principibus legationis Israel: 22 Fortissimus Deus Dominus, Fortissimus Deus Dominus, ipse
novit, et Israel simul intelliget: si praevaricationis animo hoc altare construximus,
non custodiat nos, sed puniat nos in praesenti: 23 et si ea mente fecimus ut holocausta, et sacrificium, et pacificas victimas
super eo imponeremus, ipse quaerat et
iudicet: 24 et non ea magis cogitatione atque tractatu, ut diceremus: Cras dicent
filii vestri filiis nostris: Quid vobis et Domino Deo Israel? 25 Terminum posuit Dominus inter nos et vos, o filii Ruben, et
filii Gad, Iordanem fluvium: et idcirco partem non habetis in Domino. Et per hanc
occasionem avertent filii vestri filios nostros a timore Domini. Putavimus itaque
melius, 26 et diximus: Extruamus nobis
altare, non in holocausta, neque ad victimas offerendas, 27 sed in testimonium inter nos et vos, et sobolem nostram ves-
tramque progeniem, ut serviamus Domino, et iuris nostri sit offerre, et holocausta, et victimas, et pacificas hostias: et nequaquam dicant cras filii vestri filiis nostris: Non est vobis pars in Domino.
28 Quod si voluerint dicere, respondebunt
eis: Ecce altare Domini, quod fecerunt
patres nostri, non in holocausta, neque in
sacrificium, sed in testimonium nostrum
ac vestrum. 29 Absit a nobis hoc scelus ut
recedamus a Domino, et eius vestigia relinquamus, extructo altari ad holocausta,
et sacrificia, et victimas offerendas, praeter altare Domini Dei nostri, quod extructum est ante tabernaculum eius.
30 Quibus auditis, Phinees sacerdos, et

8. — **5:** Deut 6,5-6.17; 10,12; 11,1.13.22. — **7:** Ios 17,5. — **8:** Num 31,27; 1 Sam 30,24. — **9:** Num 32,1.26.29; Ios 18,1. — **11:** Deut 13, 12-15. — **13:** Ex 6,25; Num 25,7; Iud 20,28; Eccli 45,28. — **16:** Lev 17,8-9; Deut 12,13-14. — **17:** Num 25,3; Deut 4,3. — **18:** Num 16, 22. — **19:** Ios 18,1. — **20:** Ios 7,1.5. — **27:** Deut 12,5-6.17-18; Ios 24,27. — **29:** Deut 12,14. — **34:** Ios 22,27.

principes legationis Israel qui erant cum
eo, placati sunt: et verba filiorum Ruben,
et Gad, et dimidiae tribus Manasse, libentissime susceperunt. 31 Dixitque Phinees
filius Eleazari sacerdos ad eos: Nunc scimus quod nobiscum sit Dominus, quoniam alieni estis a praevaricatione hac,
et liberastis filios Israel de manu Domini.
32 Reversusque est cum principibus a
filiis Ruben et Gad de terra Galaad, finium
Chanaan, ad filios Israel, et retulit eis.
33 Placuitque sermo cunctis audientibus.
Et laudaverunt Deum filii Israel, et nequaquam ultra dixerunt, ut ascenderent
contra eos, atque pugnarent, et delerent
terram possessionis eorum. 34 Vocaveruntque filii Ruben, et filii Gad, altare quod
extruxerant, Testimonium nostrum, quod
Dominus ipse sit Deus.

Sermo exhortatorius Iosue ad principes populi

23 1 Evoluto autem multo tempore,
postquam pacem dederat Dominus
Israeli, subiectis in gyro nationibus universis, et Iosue iam longaevo, et perseni-
lis aetatis: 2 vocavit Iosue omnem Israelem, maioresque natu, et principes ac duces, et magistros, dixitque ad eos: Ego senui, et progressioris aetatis sum: 3 vosque
cernitis omnia, quae fecerit Dominus Deus
vester cunctis per circuitum nationibus,
quomodo pro vobis ipse pugnaverit: 4 et
nunc quia vobis sorte divisit omnem terram, ab orientali parte Iordanis usque ad
mare magnum, multaeque adhuc supersunt nationes: 5 Dominus Deus vester disperdet eas et auferet a facie vestra, et possidebitis terram, sicut vobis pollicitus est.
6 Tantum confortamini, et estote solliciti, ut custodiatis cuncta quae scripta sunt
in volumine legis Moysi: et non declinetis ab eis neque ad dexteram neque ad sinistram: 7 ne postquam intraveritis ad
gentes quae inter vos futurae sunt, iuretis
in nomine deorum earum, et serviatis eis,
et adoretis illos: 8 sed adhaereatis Domino Deo vestro: quod fecisti usque in diem
hanc. 9 Et tunc auferet Dominus Deus in
conspectu vestro gentes magnas et ro-
bustissimas, et nullus vobis resistere poterit. 10 Unus e vobis persequetur hostium
mille viros: quia Dominus Deus vester
pro vobis ipse pugnabit, sicut pollicitus
est. 11 Hoc tantum diligentissime praeca-
vete, ut diligatis Dominum Deum vestrum. 12 Quod si volueritis gentium harum,
quae inter vos habitant, erroribus adhaerere, et cum eis miscere connubia, atque
amicitias copulare: 13 iam nunc scitote
quod Dominus Deus vester non eas deleat ante faciem vestram, sed sint vobis
in foveam ac laqueum, et offendiculum
ex latere vestro, et sudes in oculis vestris,
donec vos auferat atque disperdat de terra hac optima, quam tradidit vobis.
14 En ego hodie ingredior viam universae terrae, et toto animo cognoscetis quod
de omnibus verbis, quae se Dominus
praestiturum vobis esse pollicitus est,
unum non praeterierit incassum. 15 Sicut
ergo implevit opere quod promisit, et
prospera cuncta venerunt: sic adducet
super vos quidquid malorum comminatus est, donec vos auferat atque disperdat de terra hac optima, quam tradidit
vobis, 16 eo quod praeterieritis pactum
Domini Dei vestri, quod pepigit vobiscum, et servieritis diis alienis, et adoraveritis eos: cito atque velociter consurget
in vos furor Domini, et auferemini ab hac
terra optima, quam tradidit vobis.

Iosue sermo ad populum in Sichem

24 1 Congregavitque Iosue omnes tribus Israel in Sichem, et vocavit,
maiores natu, ac principes, et iudices, et
magistros: steteruntque in conspectu Domini: 2 et ad populum sic locutus est:
Haec dicit Dominus Deus Israel: Trans
fluvium habitaverunt patres vestri ab initio, Thare pater Abraham et Nachor: servieruntque diis alienis. 3 Tuli ergo patrem
vestrum Abraham de Mesopotamiae finibus: et adduxi eum in terram Chanaan:
multiplicavitque semen eius, 4 et dedi ei
Isaac: illique rursum dedi Iacob et Esau.
E quibus, Esau dedi montem Seir ad possidendum: Iacob vero et filii eius descenderunt in Aegyptum. 5 Misique Moysen
et Aaron, et percussi Aegyptum multis signis atque portentis. 6 Eduxique vos et patres vestros de Aegypto, et venistis ad
mare: persecutique sunt Aegyptii patres
vestros cum curribus et equitatu, usque
ad mare Rubrum. 7 Clamaverunt autem
ad Dominum filii Israel: qui posuit tenebras inter vos et Aegyptios, et adduxit
super eos mare, et operuit eos. Viderunt
oculi vestri cuncta quae in Aegypto fecerim, et habitastis in solitudine multo tempore: 8 et introduxi vos in terram Amor-

23 1: Ios 11,23; 13,1; 21,42. — 3: Ios 10,
14.42. — 4: Ios 13,2-7; 14,2; Ps 77,54;
Act 13,19. — 6: Ios 1,7. — 7: Ex 23,13.33; Deut
7,2-4. — 8: Ios 22,5. — 9: Ios 1,5; 13,6. — 10:
Ex 14,14; Lev 26,8; Deut 3,22. — 12: Ex 34,16;
Deut 7,3. — 13: Ex 23,33; Num 33,55; Deut 7,
16; Iud 2,3. — 14: 3 Reg 2,2. — 15: Lev 26,
14-39; Deut 28,15-68.

24 2: Gen 11,26-32; 31,19.30; 35,2.4; Iudith 5,7-8. — 3: Gen 12,1-6; Act 7,2-4.
4: Gen 21,2-3; 25,24-26; 36,8; 46,1.6; Act 7,
15. — 5: Ex 3,10; 7,8-12.30. — 6: Ex 12,51;
14,2.9. — 7: Ex 14,10.20.27-28. — 8: Num 21,
21-35. — 9: Num 22,2-5. — 10: Num 23,1-24,
25. — 11: Ios 3,14; 6,1; 11,3. — 12: Ex 23,28;

rhaei, qui habitabat trans Iordanem. Cumque pugnarent contra vos, tradidi eos in
manus vestras, et possedistis terram eorum, atque interfecistis eos. [9] Surrexit autem Balac filius Sephor rex Moab, et pugnavit contra Israelem. Misitque et vocavit Balaam filium Beor, ut malediceret vobis: [10] et ego nolui audire eum, sed e contrario per illum benedixi vobis, et liberavi vos de manu eius. [11] Transistisque Iordanem, et venistis ad Iericho. Pugnaveruntque contra vos viri civitatis eius,
Amorrhaeus, et Pherezaeus, et Chananaeus, et Hethaeus, et Gergezaeus, et
Hevaeus, et Iebusaeus: et tradidi illos in
manus vestras. [12] Misique ante vos crabrones: et eieci eos de locis suis, duos reges Amorrhaeorum, non in gladio nec in
arcu tuo. [13] Dedique vobis terram, in qua
non laborastis, et urbes quas non aedificastis, ut habitaretis in eis: vineas, et
oliveta, quae non plantastis.
[14] Nunc ergo timete Dominum, et servite ei perfecto corde atque verissimo: et
auferte deos quibus servierunt patres vestri in Mesopotamia et in Aegypto, ac servite Domino. [15] Sin autem malum vobis
videtur ut Domino serviatis, optio vobis
datur: eligite hodie quod placet, cui servire potissimum debeatis utrum diis quibus servierant patres vestri in Mesopotamia, an diis Amorrhaeorum, in quorum
terra habitatis: ego autem et domus mea
serviemus Domino.

Populi responsio

[16] Responditque populus, et ait: Absit
a nobis ut relinquamus Dominum, et serviamus diis alienis. [17] Dominus Deus noster ipse eduxit nos, et patres nostros, de
terra Aegypti, de domo servitutis: fecitque videntibus nobis signa ingentia, et
custodivit nos in omni via, per quam ambulavimus, et in cunctis populis, per quos
transivimus. [18] Et eiecit universas gentes,
Amorrhaeum habitatorem terrae, quam
nos intravimus. Serviemus igitur Domino, quia ipsi est Deus noster.
[19] Dixitque Iosue ad populum: Non
poteritis servire Domino: Deus enim sanctus et fortis aemulator est, nec ignoscet
sceleribus vestris atque peccatis. [20] Si dimiseritis Dominum, et servieritis diis alienis, convertet se, et affliget vos, atque subvertet postquam vobis praestiterit bona.
[21] Dixitque populus ad Iosue: Nequaquam
ita ut loqueris, erit, sed Domino serviemus. [22] Et Iosue ad populum: Testes, inquit, vos estis, quia ipsi elegeritis vobis
Dominum ut serviatis ei. Responderuntque: Testes. [23] Nunc ergo, ait, auferte
deos alienos de medio vestri, et inclinate
corda vestra ad Dominum Deum Israel.
[24] Dixitque populus ad Iosue: Domino
Deo nostro serviemus, et obedientes erimus praeceptis eius.

Renovatio foederis

[25] Percussit ergo Iosue in die illo foedus, et proposuit populo praecepta atque
iudicia in Sichem. [26] Scripsit quoque omnia verba haec in volumine legis Domini:
et tulit lapidem pergrandem, posuitque
eum subter quercum, quae erat in sanctuario Domini: [27] et dixit ad omnem populum: En lapis iste erit vobis in testimonium quod audierit omnia verba Domini,
quae locutus est vobis: ne forte postea
negare velitis, et mentiri Domino Deo
vestro. [28] Dimisitque populum, singulos
in possessionem suam.

Mors Iosue

[29] Et post haec mortuus est Iosue filius
Nun servus Domini, centum et decem annorum: [30] sepelieruntque eum in finibus
possessionis suae in Thamnathsare, quae
est sita in monte Ephraim, a septentrionali parte montis Gaas. [31] Servivitque Israel
Domino cunctis diebus Iosue et seniorum,
qui longo vixerunt tempore post Iosue, et
qui noverunt omnia opera Domini quae
fecerat in Israel.

Ossa Ioseph

[32] Ossa quoque Ioseph, quae tulerant
filii Israel de Aegypto, sepelierunt in Sichem, in parte agri quem emerat Iacob a
filiis Hemor patris Sichem, centum novel-
lis ovibus, et fuit in possessionem filiorum
Ioseph.
[33] Eleazar quoque filius Aaron mortuus
est: et sepelierunt eum in Gabaath Phinees filii eius, quae data est ei in monte
Ephraim.

Deut 7,20; Ios 11,20. — **13:** Deut 6,10-11. — **14:** Deut 10,12; Ios 24,2; 1 Sam 7,3; 12,24; Tob 14,10. — **15:** Deut 30,15-18. — **19:** Ex 20,5; 24,14; Lev 19,2. — **20:** Ios 23,15-16. **23:** Iud 10,16. — **26:** Gen 28,18; 35,4; Iud 9,6. **27:** Gen 31,47-52; Deut 31,19.21.26. — **28:** Iud 2,6. — **29-31:** Iud 2,7-9. — **30:** Ios 19,50. — **32:** Gen 33,19; 50,24; Ex 13,19. — **33:** Ios 22,13.

LIBER IUDICUM

HEBRAICE "SOPHETIM"

SUMMARIUM PROOEMIUM: De statu Israel politico et religioso *(1,1-3,6)*: *Iuda (1,1-11). Caleb (1,12-21). Ioseph (1,22-29). Zabulon, etc. (1,30-36). Angelus Domini (2,1-5). Vita religiosa Israel tempore iudicum (2,6-23). Populi Chananaei relicti ad eruditionem Israel (3,1-6).*
PARS UNICA: Historia iudicum *(3,7-16,31)*: *Othoniel (3,7-11). Aod liberator Israel de Moabitis (3,12-31). Debbora et Barac contra Chananaeos (4-5). Oppressio Madianitarum et Gedeonis liberatio (6-8). Abimelech rex in Sichem (9). Iephte liberatio de oppressione Ammonitarum (10-12). Samson contra Philisthaeos (13-16).*
APPENDICES *(17-21)*: *Prima appendix de origine sanctuarii Dan (17-18). Altera appendix de destructione tribus Beniamin (19-21).*

PROOEMIUM

Status politicus et religiosus Israelis post mortem Iosue

(1,1-3,6)

1 1 Post mortem Iosue consuluerunt
filii Israel Dominum, dicentes: Quis
ascendet ante nos contra Chananaeum, et
erit dux belli? 2 Dixitque Dominus: Iudas
ascendet: ecce tradidi terram in manus
eius. 3 Et ait Iudas Simeoni fratri suo:
Ascende mecum in sortem meam, et pugna contra Chananaeum, ut et ego pergam tecum in sortem tuam. Et abiit cum eo Simeon.

Iudas

4 Ascenditque Iudas, et tradidit Dominus Chananaeum ac Pherezaeum in manus eorum: et percusserunt in Bezec decem millia virorum. 5 Inveneruntque Ado-
nibezec in Bezec, et pugnaverunt contra eum, ac percusserunt Chananaeum et Pherezaeum. 6 Fugit autem Adonibezec:
quem persecuti comprehenderunt, caesis summitatibus manuum eius ac pedum.
7 Dixitque Adonibezec: Septuaginta reges
amputatis manuum ac pedum summitatibus colligebant sub mensa mea ciborum reliquias: sicut feci, ita reddidit mihi Deus. Adduxeruntque eum in Ierusalem, et ibi mortuus est.
8 Oppugnantes ergo filii Iuda Ierusa-
lem, ceperunt eam, et percusserunt in ore gladii, tradentes cunctam incendio civitatem. 9 Et postea descendentes pugnave-
runt contra Chananaeum, qui habitabat in montanis, et ad meridiem, et in campestribus. 10 Pergensque Iudas contra Chananaeum, qui habitabat in Hebron (cuius nomen fuit antiquitus Cariath Arbe), percussit Sesai, et Ahiman, et Tholmai: 11 atque inde profectus abiit ad habitatores Dabir, cuius nomen vetus erat Cariath Sepher, id est, civitas litterarum.

Caleb

12 Dixitque Caleb: Qui percusserit Ca-
riath Sepher, et vastaverit eam, dabo ei Axam filiam meam uxorem. 13 Cumque
cepisset eam Othoniel filius Cenez frater Caleb minor, dedit ei Axam filiam suam coniugem. 14 Quam pergentem in itinere
monuit vir suus ut peteret a patre suo agrum. Quae cum suspirasset sedens in asino, dixit ei Caleb: Quid habes? 15 At
illa respondit: Da mihi benedictionem, quia terram arentem dedisti mihi: da et irriguam aquis. Dedit ergo ei Caleb irriguum superius, et irriguum inferius.
16 Filii autem Cinaei cognati Moysi as-
cenderunt de civitate palmarum, cum filiis Iuda in desertum sortis eius, quod est ad meridiem Arad, et habitaverunt cum eo.
17 Abiit autem Iudas cum Simeone fra-
tre suo, et percusserunt simul Chananaeum qui habitabat in Sephaath, et interfecerunt eum. Vocatumque est nomen urbis, Horma, id est, anathema. 18 Cepitque Iudas Gazam cum finibus suis, et Ascalonem, atque Accaron cum terminis suis. 19 Fuitque Dominus cum Iuda, et
montana possedit: nec potuit delere habitatores vallis, quia falcatis curribus abundabant. 20 Dederuntque Caleb Hebron, sicut dixerat Moyses, qui delevit ex ea tres filios Enac. 21 Iebusaeum autem

1 **1:** Num 27,21; Iud 20,18; 1 Sam 22,10; 2 Sam 2,1. — **2:** Gen 49,10. — **8:** Ios 15,63. — **9:** Ios 9,1; 10,40; 11,2.16; 12,8. — **10-15:** Ios 15,13-19. — **10:** Num 13,23; Ios 14,15. — **13:** Num 32,12; Ios 14,6.14; Iud 3,9. — **16:** Ex 3,1; Num 10,29-32; 21,1; Deut 23,3; Iud 3,13; 4,11.17; 2 Par 20,15. — **17:** Num 21,3. — **18:** Ios 11,22; Iud 3,3; 14,19; 16,1. — **19:** Ios 17,16.18; Iud 1,9. — **20:** Num 14,24; Deut 1,36; Ios 14,9.13; 15,14. — **21:** Ios 15,63. — **23:** Gen 28,

habitatorem Ierusalem non deleverunt filii
Beniamin: habitavitque Iebusaeus cum
filiis Beniamin in Ierusalem, usque in
praesentem diem.

Ioseph

22 Domus quoque Ioseph ascendit in
Bethel, fuitque Dominus cum eis. 23 Nam
cum obsiderent urbem, quae prius Luza
vocabatur, 24 viderunt hominem egredientem de civitate, dixeruntque ad eum: Ostende nobis introitum civitatis, et faciemus tecum misericordiam. 25 Qui cum
ostendisset eis, percusserunt urbem in ore
gladii: hominem autem illum, et omnem
cognationem eius, dimiserunt. 26 Qui, dimissus, abiit in terram Hethim, et aedificavit ibi civitatem, vocavitque eam Luzam: quae ita appellatur usque in praesentem diem.
27 Manasses quoque non delevit Bethsan, et Thanac cum viculis suis, et habitatores Dor, et Ieblaam, et Mageddo cum
viculis suis, coepitque Chananaeus habitare cum eis. 28 Postquam autem confortatus est Israel, fecit eos tributarios, et delere noluit. 29 Ephraim etiam non interfecit Chananaeum, qui habitabat in Gazer, sed habitavit cum eo.

Zabulon

30 Zabulon non delevit habitatores Ce-
tron, et Naalol: sed habitavit Chananaeus
in medio eius, factusque est ei tributarius.

Aser et Nephthali

31 Aser quoque non delevit habitatores
Accho, et Sidonis, Ahalab, et Achazib,
et Helba, et Aphec, et Rohob: 32 habitavitque in medio Chananaei habitatoris illius terrae, nec interfecit eum.
33 Nephthali quoque non delevit habitatores Bethsames, et Bethanath: et habitavit inter Chananaeum habitatorem terrae, fueruntque ei Bethsamitae et Betha-
nitae tributarii. 34 Arctavitque Amorrhaeus filios Dan in monte, nec dedit eis
locum ut ad planiora descenderent: 35 habitavitque in monte Hares: quod interpretatur testaceo, in Aialon et Salebim.
Et aggravata est manus domus Ioseph,
factusque est ei tributarius. 36 Fuit autem
terminus Amorrhaei ab ascensu Scorpionis, petra, et superiora loca.

Angelus Domini

2 1 Ascenditque angelus Domini de
Galgalis ad Locum flentium, et ait:
Eduxi vos de Aegypto, et introduxi in
terram, pro qua iuravi patribus vestris:
et pollicitus sum ut non facerem irritum
pactum meum vobiscum in sempiternum:
2 ita dumtaxat ut non feriretis foedus cum
habitatoribus terrae huius, sed aras eorum
subverteretis: et noluistis audire vocem
meam: cur hoc fecistis? 3 Quam ob rem
nolui delere eos a facie vestra: ut habeatis
hostes, et dii eorum sint vobis in ruinam.
4 Cumque loqueretur angelus Domini haec
verba ad omnes filios Israel: elevaverunt
ipsi vocem suam, et fleverunt. 5 Et vocatum est nomen loci illius: Locus flentium,
sive lacrymarum: immolaveruntque ibi
hostias Domino.

Conditio religiosa tempore Iosue et immediate subsequente

6 Dimisit ergo Iosue populum, et abierunt filii Israel unusquisque in possessionem suam, ut obtinerent eam: 7 servieruntque Domino cunctis diebus eius, et
seniorum, qui longo post eum vixerunt
tempore, et noverant omnia opera Domini quae fecerat cum Israel. 8 Mortuus est
autem Iosue filius Nun, famulus Domini,
centum et decem annorum, 9 et sepelierunt eum in finibus possessionis suae in
Thamnasthsare in monte Ephraim, a septentrionali plaga montis Gaas. 10 Omnisque illa generatio congregata est ad patres
suos: et surrexerunt alii, qui non noverant Dominum, et opera quae fecerat cum
Israel.

Praevaricatio Israel

11 Feceruntque filii Israel malum in
conspectu Domini, et servierunt Baalim.
12 Ac dimiserunt Dominum Deum patrum
suorum, qui eduxerat eos de terra Aegypti: et secuti sunt deos alienos, deosque populorum, qui habitant in circuitu eorum,
et adoraverunt eos: et ad iracundiam concitaverunt Dominum, 13 dimittentes eum,
et servientes Baal et Astaroth. 14 Iratusque Dominus contra Israel, tradidit eos
in manus diripientium: qui ceperunt eos,
et vendiderunt hostibus, qui habitabant
per gyrum: nec potuerunt resistere adversariis suis: 15 sed quocumque pergere vo-

19; 35,6; 48,3; Ios 18,13. — **25:** Ios 6,25. — **26:** Ios 1,4. — **27-28:** Ios 17,11-13. — **29:** Ios 16,10; 3 Reg 9,16. — **30:** Ios 19,15. — **31-33:** Ios 19, 24-39. — **34-35:** Ios 19,24.47-48. — **36:** Num 34,4; Ios 15,3.

2 **1-3:** Iud 6,8-10; 10,11-14. — **1:** Gen 17,7; Ex 6,4; Ios 4,19; Iud 2,5. — **2:** Ex 34,13; Deut 7,2.5; 12,2-3. — **3:** Num 33,55; Ios 23,13. **6-9:** Ios 24,28-31. — **9:** Ios 19,50. — **10:** Deut 31, 16-17. — **11:** Iud 3,7; 4,1; 6,1; 10,6; 13,1. — **12:** Deut 6,13-15. — **13:** Ios 3,7; 10,6; 1 Sam 7, 3. — **14:** Iud 3,8; 4,2; 6,1; 10,7; 13,1; 1 Sam 12,9. — **15:** Lev 26,14-15; Deut 28,15-68. — **16:** Iud 3,9.15; 1 Sam 12,11; Neh 9,27; Act 13,20. —

luissent, manus Domini super eos erat,
sicut locutus est, et iuravit eis, et vehementer afflicti sunt.

Iudices salvatores

16 Suscitavitque Dominus iudices, qui
liberarent eos de vastantium manibus: sed
nec eos audire voluerunt, 17 fornicantes
cum diis alienis, et adorantes eos. Cito
deseruerunt viam, per quam ingressi fuerant patres eorum: et audientes mandata
Domini, omnia fecere contraria. 18 Cumque Dominus iudices suscitaret, in diebus
eorum flectebatur misericordia, et audiebat afflictorum gemitus, et liberabat eos
de caede vastantium. 19 Postquam autem
mortuus esset iudex, revertebantur, et
multo faciebant peiora quam fecerant patres eorum, sequentes deos alienos, servientes eis, et adorantes illos. Non dimiserunt adinventiones suas, et viam durissimam, per quam ambulare consueverunt.
20 Iratusque est furor Domini in Israel,
et ait: Quia irritum fecit gens ista pactum
meum, quod pepigeram cum patribus
eorum, et vocem meam audiere contempsit: 21 et ego non delebo gentes, quas dimisit Iosue, et mortuus est: 22 ut in ipsis
experiar Israel, utrum custodiant viam
Domini, et ambulent in ea, sicut custodierunt patres eorum, an non. 23 Dimisit
ergo Dominus omnes nationes has, et cito
subvertere noluit, nec tradidit in manus
Iosue.

Chananaei relicti in eruditionem Israel

3 1 Hae sunt gentes quas Dominus dereliquit, ut erudiret in eis Israelem,
et omnes qui non noverant bella Chananaeorum: 2 ut postea discerent filii eorum
certare cum hostibus, et habere consuetudinem praeliandi: 3 quinque satrapas
Philisthinorum, omnemque Chananaeum,
et Sidonium, atque Hevaeum, qui habitabat in monte Libano, de monte Baal
Hermon usque ad introitum Emath. 4 Dimisitque eos, ut in ipsis experiretur Israelem, utrum audiret mandata Domini
quae praeceperat patribus eorum per manum Moysi, an non.
5 Itaque filii Israel habitaverunt in medio Chananaei, et Hethaei, et Amorrhaei,
et Pherezaei, et Hevaei, et Iebusaei: 6 et
duxerunt uxores filias eorum, ipsique filias
suas filiis eorum tradiderunt, et servierunt
diis eorum.

PARS UNICA

Historia iudicum
(3,7-17,31)

Othoniel

7 Feceruntque malum in conspectu Domini, et obliti sunt Dei sui, servientes Baalim et Astaroth. 8 Iratusque contra Israel Dominus, tradidit eos in manus Chusan Rasathaim, regis Mesopotamiae, servieruntque ei octo annis.
9 Et clamaverunt ad Dominum: qui
suscitavit eis salvatorem, et liberavit eos,
Othoniel videlicet filium Cenez, fratrem
Caleb minorem: 10 fuitque in eo Spiritus
Domini, et iudicavit Israel. Egressusque
est ad pugnam, et tradidit Dominus in
manus eius Chusan Rasathaim regem Syriae, et oppressit eum. 11 Quievitque terra
quadraginta annis, et mortuus est Othoniel filius Cenez.

Aod occidit regem Moab

12 Addiderunt autem filii Israel facere
malum in conspectu Domini: qui confortavit adversum eos Eglon regem Moab:
quia fecerunt malum in conspectu eius.
13 Et copulavit ei filios Ammon, et Amalec: abiitque et percussit Israel, atque possedit urbem palmarum. 14 Servieruntque
filii Israel Eglon regi Moab decem et octo
annis.
15 Et postea clamaverunt ad Dominum:
qui suscitavit eis salvatorem vocabulo
Aod, filium Gera, filii Iemini, qui utraque
manu pro dextera utebatur. Miseruntque
filii Israel per illum munera Eglon regi
Moab. 16 Qui fecit sibi gladium ancipi-
tem, habentem in medio capulum longitudinis palmae manus, et accinctus est eo
subter sagum in dextro femore. 17 Obtulitque munera Eglon regi Moab. Erat autem Eglon crassus nimis. 18 Cumque obtulisset ei munera, prosecutus est socios,
qui cum eo venerant. 19 Et reversus de
Galgalis, ubi erant idola, dixit ad regem:
Verbum secretum habeo ad te, o rex. Et
ille imperavit silentium: egressisque omnibus qui circa eum erant, 20 ingressus est
Aod ad eum: sedebat autem in aestivo
coenaculo solus, dixitque: Verbum Dei
habeo ad te. Qui statim surrexit de throno. 21 Extenditque Aod sinistram manum,
et tulit sicam de dextero femore suo, in-
fixitque eam in ventre eius 22 tam valide,

18: Iud 4,3.15; 6,7; 10,10. — 19: Iud 3,12; 4,1; 6,1; 8,33; Neh 9,28. — 20: Ios 23,13.16.

3 3: Ios 13,2-6. — 5-6: Ex 34,11-16. — 7: Iud 2,13. — 9: Iud 1,13; 3,15;4, 3; 6,7; 10,10; 1 Sam 12,10. — 10: Iud 6,34; 11,29; 13,25; 14,6.19; 15,14. — 11: Iud 3,30; 5,32; 8,28. — 2: 1 Sam 12,9. — 13: Deut 43,3; Iud 1,16; 5,14; 6,33; 2 Par 28,15. — 15: Iud 3,9. — 19: Ios 4,

ut capulus sequeretur ferrum in vulnere,
ac pinguissimo adipe stringeretur. Nec
eduxit gladium, sed ita ut percusserat, reliquit in corpore: statimque per secreta
naturae alvi stercora proruperunt, 23 Aod
autem clausis diligentissime ostiis coenaculi, et obfirmatis sera, 24 per posticum
egressus est. Servique regis ingressi viderunt clausas fores coenaculi, atque dixerunt: Forsitan purgat alvum in aestivo
cubiculo. 25 Expectantesque diu donec eru-
bescerent, et videntes quod nullus aperiret, tulerunt clavem: et aperientes invenerunt dominum suum in terra iacentem
mortuum.

Praelium contra Moabitas

26 Aod autem, dum illi turbarentur, effugit, et pertransiit locum idolorum, unde
reversus fuerat. Venitque in Seirath: 27 et
statim insonuit buccina in monte Ephraim:
descenderuntque cum eo filii Israel, ipso
in fronte gradiente. 28 Qui dixit ad eos:
Sequimini me: tradidit enim Dominus inimicos nostros Moabitas in manus nostras.
Descenderuntque post eum, et occupaverunt vada Iordanis quae transmittunt in
Moab: et non dimiserunt transire quemquam: 29 sed percusserunt Moabitas in
tempore illo, circiter decem millia, omnes
robustos et fortes viros. Nullus eorum
evadere potuit. 30 Humiliatusque est
Moab in die illo sub manu Israel: et quievit terra octoginta annis.

Samgar

31 Post hunc fuit Samgar filius Anath,
qui percussit de Philisthiim sexcentos viros vomere: et ipse quoque defendit Israel.

Debbora et Barac

4 1 Addideruntque filii Israel facere malum in conspectu Domini post mortem Aod, 2 et tradidit illos Dominus in
manus Iabin regis Chanaan, qui regnavit
in Asor: habuitque ducem exercitus sui
nomine Sisaram, ipse autem habitabat in
Haroseth gentium.
3 Clamaveruntque filii Israel ad Dominum: nongentos enim habebat falcatos
currus, et per viginti annos vehementer
oppresserat eos. 4 Erat autem Debbora
prophetis uxor Lapidoth, quae iudicabat
populum in illo tempore. 5 Et sedebat sub
palma, quae nomine illius vocabatur, inter Rama et Bethel in monte Ephraim:
ascendebantque ad eam filii Israel in omne iudicium. 6 Quae misit et vocavit Barac filium Abinoem de Cedes Nephthali:
dixitque ad eum: Praecepit tibi Dominus
Deus Israel, vade, et duc exercitum in
montem Thabor, tollesque tecum decem
millia pugnatorum de filiis Nephthali, et
de filiis Zabulon: 7 ego autem adducam
ad te in loco torrentis Cison, Sisaram
principem exercitus Iabin, et currus eius,
atque omnem multitudinem, et tradam eos
in manu tua. 8 Dixitque ad eam Barac: Si
venis mecum, vadam: si nolueris venire
mecum, non pergam. 9 Quae dixit ad
eum: Ibo quidem tecum, sed in hac vice
victoria non reputabitur tibi, quia in manu
mulieris tradetur Sisara. Surrexit itaque
Debbora, et perrexit cum Barac in Cedes.
10 Qui, accitis Zabulon et Nephthali, ascendit cum decem millibus pugnatorum,
habens Debboram in comitatu suo.
11 Haber autem Cinaeus recesserat
quondam a caeteris Cinaeis fratribus suis
filiis Hobab, cognati Moysi: et tetenderat tabernacula usque ad vallem, quae vocatur Sennim, et erat iuxta Cedes.
12 Nuntiatumque est Sisarae quod ascendisset Barac filius Abinoem, in montem Thabor: 13 et congregavit nongentos
falcatos currus, et omnem exercitum de
Haroseth gentium ad torrentem Cison.
14 Dixitque Debbora ad Barac: Surge,
haec est enim dies, in qua tradidit Dominus Sisaram in manus tuas: en ipse ductor est tuus. Descendit itaque Barac de
monte Thabor, et decem millia pugnatorum cum eo. 15 Perterruitque Dominus Sisaram, et omnes currus eius, universamque multitudinem in ore gladii ad conspectum Barac: in tantum, ut Sisara de
curru desiliens, pedibus fugeret, 16 et Barac persequeretur fugientes currus, et exercitum usque ad Haroseth gentium, et omnis hostium multitudo usque ad internecionem caderet.

Sisara fugitivus occisus a Iahel

17 Sisara autem fugiens pervenit ad tentorium Iahel uxoris Haber Cinaei. Erat
enim pax inter Iabin regem Azor, et domum Haber Cinaei. 18 Egressa igitur Iahel
in occursum Sisarae, dixit ad eum: Intra
ad me, domine mi: intra, ne timeas. Qui
ingressus tabernaculum eius, et opertus
ab ea pallio, 19 dixit ad eam: Da mihi,
obsecro, paululum aquae, quia sitio valde. Quae aperuit utrem lactis, et dedit ei
bibere, et operuit illum. 20 Dixitque Sisara ad eam: Sta ante ostium tabernaculi:

20-21: Iud 3,26. — **26:** Iud 3,19. — **28:** Ios 2,7; Iud 4,7.14; 7,9.15.24; 12,5. — **31:** Iud 5,6.

4 **2:** Ios 11,1.10; 1 Sam 12,9; Ps 82, 10. — **3:** Iud 3,9. — **6:** Ios 19,37; Iud 8,18; Hebr 11, 32. — **7:** Iud 4,13; 5,21; 3 Reg 18,40; Ps 82,10. **10:** Iud 5,18. — **11:** Num 10,29; Iud 1,16. — **15:** Iud 4,23; Ps 82,10. — **19:** Iud 5,25. — **21:** Iud 5,26.

et cum venerit aliquis interrogans te, et
dicens: Numquid hic est aliquis? Respondebis: Nullus est. 21 Tulit itaque Iahel
uxor Haber clavum tabernaculi, assumens
pariter et malleum: et ingressa abscondite et cum silentio, posuit supra tempus
capitis eius clavum, percussumque malleo defixit in cerebrum usque ad terram:
qui soporem morti consocians defecit, et
mortuus est. 22 Et ecce Barac sequens Sisaram veniebat: egressaque Iahel in occursum eius, dixit ei: Veni, et ostendam
tibi virum quem quaeris. Qui cum intrasset ad eam, vidit Sisaram iacentem mortuum, et clavum infixum in tempore eius.
23 Humiliavit ergo Deus in die illo Iabin regem Chanaan coram filiis Israel:
24 qui crescebant quotidie, et forti manu
opprimebant Iabin regem Chanaan, donec
delerent eum.

Carmen triumphale Debborae. Introductio

5 1 Cecineruntque Debbora et Barac filius Abinoem in illo die, dicentes:

2 Qui sponte obtulistis de Israel animas vestras ad periculum,
Benedicite Domino.
3 Audite reges, auribus percipite principes:
Ego sum, ego sum, quae Domino canam,
Psallam Domino Deo Israel.
4 Domine, cum exires de Seir,
Et transires per regiones Edom,
Terra mota est, caelique
Ac nubes distillaverunt aquis.
5 Montes fluxerunt a facie Domini,
Et Sinai a facie Domini Dei Israel.
6 In diebus Samgar filii Anath,
In diebus Iahel quieverunt semitae:
Et qui ingrediebantur per eas,
Ambulaverunt per calles devios.
7 Cessaverunt fortes in Israel, et quieverunt:
Donec surgeret Debbora,
Surgeret mater in Israel.
8 Nova bella elegit Dominus,
Et portas hostium ipse subvertit:
Clypeus et hasta si apparuerint
In quadraginta millibus Israel.

Praeparatio ad praelium

9 Cor meum diligit principes Israel:
Qui propria voluntate obtulistis vos discrimini,
Benedicite Domino.
10 Qui ascenditis super nitentes asinos,
Et sedetis in iudicio,
Et ambulatis in via, loquimini.
11 Ubi collisi sunt currus,
Et hostium suffocatus est exercitus.
Ibi narrentur iustitiae Domini
Et clementia in fortes Israel:
Tunc descendit populus Domini ad portas,
Et obtinuit principatum.
12 Surge, surge Debbora,
Surge, surge, et loquere canticum:
Surge Barac, et apprehende captivos tuos, fili Abinoem.
13 Salvatae sunt reliquiae populi,
Dominus in fortibus dimicavit.
14 Ex Ephraim delevit eos in Amalec,
Et post eum ex Beniamin in populos tuos, o Amalec:
De Machir principes descenderunt,
Et de Zabulon qui exercitum ducerent ad bellandum.
15 Duces Issachar fuere cum Debbora,
Et Barac vestigia sunt secuti,
Qui quasi in praeceps ac barathrum se discrimini dedit:
Diviso contra se Ruben,
Magnanimorum reperta est contentio.
16 Quare habitas inter duos terminos,
Ut audias sibilos gregum?
Diviso contra se Ruben,
Magnanimorum reperta est contentio.
17 Galaad trans Iordanem quiescebat,
Et Dan vacabat navibus:
Aser habitabat in littore maris,
Et in portubus morabatur.
18 Zabulon vero et Nephthali obtulerunt animas suas morti
In regione Merome.

Descriptio pugnae

19 Venerunt reges et pugnaverunt,
Pugnaverunt reges Chanaan
In Thanach iuxta aquas Mageddo,
Et tamen nihil tulere praedantes.
20 De caelo dimicatum est contra eos:
Stellae manentes in ordine et cursu suo,
Adversus Sisaram pugnaverunt.
21 Torrens Cison traxit cadavera eorum,
Torrens Cadumim, torrens Cison:
Conculca anima mea robustos.
22 Ungulae equorum ceciderunt, fugientibus impetu,
Et per praeceps ruentibus fortissimis hostium.
23 Maledicite terrae Meroz, dixit angelus Domini:
Maledicite habitatoribus eius,

5 **1:** Ex 15,1. — **4:** Deut 33,2; 2 Sam 22,8; Ps 17,8; 67,9; 76,19. — **5:** Ex 19,16-18; Deut 4,11; Ps 96,5; Is 64,1.3. — **6:** Iud 3,31; 4,17. — **10:** Iud 10,4; 12,14. — **14:** Num 32, 39-40; Ios 17,1; Iud 12,15. — **15:** Iud 4,14. — **17:** Ios 13.24-28; 19,29.31.46. — **18:** Iud 4,10. — **19:** Ios 17,11; Iud 1,27. — **20:** Ios 10,14.42; Iud 4,15. — **21:** Iud 4,7.13. — **24:** Iud 4,17; Iu-

Quia non venerunt ad auxilium Domini,
In adiutorium fortissimorum eius.

Facinus Iahel

24 Benedicta inter mulieres Iahel uxor Haber Cinaei,
Et benedicatur in tabernaculo suo.
25 Aquam petenti lac dedit,
Et in phiala principum obtulit butyrum.
26 Sinistrum manum misit ad clavum,
Et dexteram ad fabrorum malleos.
Percussitque Sisaram quaerens in capite vulneri locum,
Et tempus valide perforans:
27 Inter pedes eius ruit: defecit, et mortuus est:
Volvebatur ante pedes eius,
Et iacebat exanimis et miserabilis.
28 Per fenestram respiciens, ululabat mater eius:
Et de coenaculo loquebatur:
Cur moratur regredi currus eius?
Quare tardaverunt pedes quadrigarum illius?
29 Una sapientior caeteris uxoribus eius,
Haec socrui verba respondit:
30 Forsitan nunc dividit spolia,
Et pulcherrima feminarum eligitur ei:
Vestes diversorum colorum Sisarae traduntur in praedam,
Et supellex varia ad ornanda colla congeritur.
31 Sic pereant omnes inimici tui, Domine:
Qui autem diligunt te, sicut sol in ortu suo splendet, ita rutilent.
32 Quievitque terra per quadraginta annos.

Oppressio Madian

6 1 Fecerunt autem filii Israel malum
in conspectu Domini: qui tradidit
illos in manu Madian septem annis, 2 et
oppressi sunt valde ab eis. Feceruntque
sibi antra et speluncas in montibus, et
munitissima ad repugnandum loca. 3 Cumque
sevisset Israel, ascendebat Madian et
Amalec, caeterique orientalium nationum:
4 et apud eos figentes tentoria, sicut erant
in herbis cuncta vastabant usque ad introitum
Gazae: nihilque omnino ad vitam
pertinens relinquebant in Israel, non
oves, non boves, non asinos. 5 Ipsi enim
et universi greges eorum veniebant cum
tabernaculis suis, et instar locustarum universa
complebant, innumera multitudo
hominum, et camelorum, quidquid tetigerant
devastantes. 6 Humiliatusque est
Israel valde in conspectu Madian.
7 Et clamavit ad Dominum postulans
auxilium contra Madianitas 8 Qui misit
ad eos virum prophetam, et locutus est:
Haec dicit Dominus Deus Israel: Ego vos
feci conscendere de Aegypto, et eduxi vos
de domo servitutis, 9 et liberavi de manu
Aegyptiorum, et omnium inimicorum, qui
affligebant vos: eiecique eos ad introitum
vestrum, et tradidi vobis terram eorum.
10 Et dixi: Ego Dominus Deus vester, ne
timeatis deos Amorrhaeorum, in quorum
terra habitatis. Et noluistis audire vocem
meam.

Angelus Domini ad Gedeon

11 Venit autem angelus Domini, et sedit
sub quercu, quae erat in Ephra, et pertinebat
ad Ioas patrem familiae Ezri.
Cumque Gedeon filius eius excuteret atque
purgaret frumenta in torculari, ut fugeret
Madian, 12 apparuit ei angelus Domini,
et ait: Dominus tecum, virorum fortissime.
13 Dixitque ei Gedeon: Obsecro,
mi domine, si Dominus nobiscum est, cur
apprehenderunt nos haec omnia? ubi sunt
mirabilia eius, quae narraverunt patres
nostri, atque dixerunt: De Aegypto eduxit
nos Dominus? Nunc autem dereliquit
nos Dominus et tradidit in manu Madian.
14 Respexitque ad eum Dominus, et
ait: Vade in hac fortitudine tua, et liberabis
Israel de manu Madian: scito quod
miserim te. 15 Qui respondens ait: Obsecro,
mi domine, in quo liberabo Israel?
ecce familia mea infima est in Manasse,
et ego minimus in domo patris mei. 16 Dixitque
ei Dominus: Ego ero tecum: et
percuties Madian quasi unum virum. 17 Et
ille: Si inveni, inquit, gratiam coram te,
da mihi signum quod tu sis qui loqueris
ad me. 18 Nec recedas hinc, donec revertar
ad te, portans sacrificium, et offerens
tibi. Qui respondit: Ego praestolabor adventum
tuum. 19 Ingressus est itaque Gedeon,
et coxit haedum, et de farinae modio
azymos panes: carnesque ponens in
canistro, et ius carnium mittens in ollam,
tulit omnia sub quercu, et obtulit ei.
20 Cui dixit angelus Domini: Tolle carnes
et azymos panes, et pone supra petram
illam, et ius desuper funde. Cumque
fecisset ita, 21 extendit angelus Domini
summitatem virgae, quam tenebat in manu,
et tetigit carnes et panes azymos: ascenditque
ignis de petra, et carnes azymosque
panes consumpsit: angelus autem
Domini evanuit ex oculis eius.

dith 13,23; Lc 1,28.42. — **25-26:** Iud 4,19.21. — **31:** Ps 82,10-19. — **32:** Iud 3,11.

6 **1:** Gen 25,2; Num 25,17-18. — **3:** Lev 26, 16; Deut 28,30-33; Iud 3,13; 6,33; 7,12; 8,10. — **7:** Iud 3,9. — **8-10:** Iud 2,1-3; 10,11-14; 1 Sam 10,18. — **11:** Ios 17,2; Iud 6,34; 8,2; Hebr 11,32. — **13:** Ex 13,14; Ps 43,2. — **14:** 1 Sam 12,11. — **16:** Ex 3,12; Ios 1,5. — **19:** Gen 18,6-8. — **20:** Iud 13,19. — **21:** Lev 9,24; 3 Reg

Destruit Gedeon altare Baal

22 Vidensque Gedeon quod esset angelus Domini, ait: Heu mi Domine Deus:
quia vidi angelum Domini facie ad faciem. 23 Dixitque ei Dominus: Pax tecum:
ne timeas, non morieris. 24 Aedificavit ergo ibi Gedeon altare Domino, vocavitque
illud, Domini pax, usque in praesentem
diem.

Cumque adhuc esset in Ephra, quae
est familiae Ezri, 25 nocte illa dixit Dominus ad eum: Tolle taurum patris tui, et alterum taurum annorum septem, destrues-
que aram Baal, quae est patris tui: et nemus, quod circa aram est, succide: 26 et
aedificabis altare Domino Deo tuo in summitate petrae huius, super quam ante sacrificium posuisti: tollesque taurum secundum, et offeres holocaustum super
struem lignorum, quae de nemore suc-
cideris. 27 Assumptis ergo Gedeon decem
viris de servis suis, fecit sicut praeceperat ei Dominus. Timens autem domum
patris sui, et homines illius civitatis, per
diem noluit id facere, sed omnia nocte
complevit. 28 Cumque surrexissent viri oppidi eius mane, viderunt destructam aram
Baal, lucumque succisum, et taurum alterum impositum super altare, quod tunc
aedificatum erat. 29 Dixeruntque ad invicem: Quis hoc fecit? Cumque perquirerent
auctorem facti, dictum est: Gedeon filius
Ioas fecit haec omnia. 30 Et dixerunt ad
Ioas: Produc filium tuum huc, ut moriatur: quia destruxit aram Baal, et succidit
nemus. 31 Quibus ille respondit: Numquid
ultores estis Baal, ut pugnetis pro eo? qui
adversarius est eius, moriatur antequam
lux crastina veniat: si Deus est, vindicet
se de eo, qui suffodit aram eius. 32 Ex illo
die vocatus est Gedeon Ierobaal, eo quod
dixisset Ioas: Ulciscatur se de eo Baal, qui
suffodit aram eius.

Gedeon convocat ad praelium

33 Igitur omnis Madian, et Amalec, et
orientales populi congregati sunt simul:
et transeuntes Iordanem, castrametati
sunt in valle Iezrael. 34 Spiritus autem Domini induit Gedeon, qui clagens buccina
convocavit domum Abiezer, ut sequeretur se. 35 Misitque nuntios in universum
Manassem, qui et ipse secutus est eum:
et alios nuntios in Aser et Zabulon et
Nephthali, qui occurrerunt ei.

36 Dixitque Gedeon ad Deum: Si salvum facis per manum meam Israel, sicut
locutus es, 37 ponam hoc vellus lanae in
area: si ros in solo vellere fuerit, et in omni terra siccitas, sciam quod per manum
meam, sicut locutus es, liberabis Israel.
38 Factumque est ita. Et de nocte consurgens expresso vellere, concham rore implevit. 39 Dixitque rursus ad Deum: Ne
irascatur furor tuus contra me si adhuc
semel tentavero, signum quaerens in vellere. Oro ut solum vellus siccum sit, et
omnis terra rore madens. 40 Fecitque Deus
nocte illa ut postulaverat: et fuit siccitas
in solo vellere, et ros in omni terra.

Praeparatio exercitus ad praelium

7 1 Igitur Ierobaal qui et Gedeon, de
nocte consurgens, et omnis populus
cum eo, venit ad fontem qui vocatur Ha-
rad. Erant autem castra Madian in valle
ad septentrionalem plagam collis excelsi.
2 Dixitque Dominus ad Gedeon: Multus
tecum est populus, nec tradetur Madian
in manus eius: ne glorietur contra me Israel, et dicat: Meis viribus liberatus sum.
3 Loquere ad populum, et cunctis audientibus praedica: Qui formidolosus et timi-
dus est, revertatur. Recesseruntque de
monte Galaad, et reversi sunt de populo
viginti duo millia virorum, et tantum decem millia remanserunt.

4 Dixitque Dominus ad Gedeon: Adhuc
populus multus est, duc eos ad aquas et
ibi probabo illos: et de quo dixero tibi ut
tecum vadat, ipse pergat: quem ire prohi-
buero, revertatur. 5 Cumque descendisset
populus ad aquas, dixit Dominus ad Gedeon: Qui lingua lambuerint aquas, sicut
solent canes lambere, separabis eos seorsum: qui autem curvatis genibus biberint,
in altera parte erunt. 6 Fuit itaque numerus eorum qui manu ad os proiiciente,
lambuerant aquas trecenti viri: omnis autem reliqua multitudo flexo poplite biberat. 7 Et ait Dominus ad Gedeon: In trecentis viris qui lambuerunt aquas, liberabo vos, et tradam in manu tua Madian:
omnis autem reliqua multitudo revertatur
in locum suum. 8 Sumptis itaque pro numero cibariis et tubis, omnem reliquam
multitudinem abire praecepit ad tabernacula sua: et ipse cum trecentis viris se
certamini dedit. Castra autem Madian
erant subter in valle.

Accedit ad castra hostium

9 Eadem nocte dixit Dominus ad eum:
Surge, et descende in castra: quia tradidi
eos in manu tua. 10 Sin autem solus ire

18,38; 2 Par 7,1. — **22:** Gen 32,30; Ex 33,20; Deut 5,24-26; Iud 13,22-23. — **24:** Iud 6,11; 8,27.32. — **25:** Ex 34,13; Deut 16,21. — **32:** Iud 7,1; 1 Sam 12,11. — **33:** Ios 17,16. — **34:** Iud 3,10. — **36-40:** Ex 4,17.

7 **1:** Iud 6,32. — **3:** Deut 20,8; 1 Mach 3,56. **8:** Iud 7,1. — **12:** Iud 6,3.33. — **22:** Ps 82,

formidas, descendat tecum Phara puer
tuus. 11 Et cum audieris quid loquantur,
tunc confortabuntur manus tuae, et secu-
rior ad hostium castra descendes. Descendit ergo ipse et Phara puer eius in partem
castrorum, ubi erant armatorum vigiliae.
12 Madian autem et Amalec, et omnes
orientales populi, fusi iacebant in valle,
ut locustarum multitudo: cameli quoque
innumerabiles erant, sicut arena quae iacet in littore maris. 13 Cumque venisset
Gedeon, narrabat aliquis somnium proximo suo: et in hunc modum referebat quod
viderat: Vidi somnium, et videbatur mihi
quasi subcinericius panis ex hordeo volvi,
et in castra Madian descendere: cumque
pervenisset ad tabernaculum, percussit illud, atque subvertit, et terrae funditus
coaequavit. 14 Respondit is, cui loquebatur: Non est hoc aliud, nisi gladius Gedeonis filii Ioas viri Israelitae: tradidit
enim Dominus in manus eius Madian, et
omnia castra eius.
15 Cumque audisset Gedeon somnium,
et interpretationem eius, adoravit: et reversus est ad castra Israel, et ait: Surgite,
tradidit enim Dominus in manus nostras
castra Madian. 16 Divisitque trecentos viros in tres partes, et dedit tubas in manibus eorum, lagenasque vacuas ac lampades in medio lagenarum. 17 Et dixit ad
eos: Quod me facere videritis, hoc facite:
ingrediar partem castrorum, et quod fecero sectamini. 18 Quando personuerit tuba in manu mea, vos quoque per castrorum circuitum clangite, et conclamate:
Domino et Gedeoni.

Victoria de hostibus

19 Ingressusque est Gedeon, et trecenti
viri qui erant cum eo, in partem castrorum, incipientibus vigiliis noctis mediae,
et custodibus suscitatis, coeperunt buccinis clangere, et complodere inter se lagenas. 20 Cumque per gyrum castrorum in
tribus personarent locis, et hydrias con-
fregissent, tenuerunt sinistris manibus
lampades, et dextris sonantes tubas, clamaveruntque: Gladius Domini et Gedeonis: 21 stantes singuli in loco suo per circuitum castrorum hostilium. Omnia itaque castra turbata sunt, et vociferantes,
ululantesque fugerunt: 22 et nihilominus
insistebant trecenti viri buccinis personan-
tes. Immisitque Dominus gladium omnibus castris, et mutua se caede truncabant,
23 fugientes usque ad Bethsetta, et crepidinem Abelmehula in Tebbath.
Conclamantes autem viri Israel de
Nephthali, et Aser, et omni Manasse, persequebantur Madian. 24 Misitque Gedeon
nuntios in omnem montem Ephraim, dicens: Descendite in occursum Madian, et
occupate aquas usque Bethbera atque Iordanem. Clamavitque omnis Ephraim, et
praeoccupavit aquas atque Iordanem usque Bethbera. 25 Apprehensosque duos
viros Madian, Oreb et Zeb, interfecit Oreb
in petra Oreb, Zeb vero in torculare Zeb.
Et persecuti sunt Madian, capita Oreb et
Zeb portantes ad Gedeon trans fluenta
Iordanis.

Queruntur Ephraimitae

8 1 Dixeruntque ad eum viri Ephraim:
Quid est hoc quod facere voluisti, ut
nos non vocares, cum ad pugnam perge-
res contra Madian? iurgantes fortiter, et
prope vim inferentes. 2 Quibus ille respondit: Quid enim tale facere potui, quale
vos fecistis? nonne melior est racemus
Ephraim, vindemiis Abiezer? 3 In manus
vestras Dominus tradidit principes Madian, Oreb et Zeb: quid tale facere potui,
quale vos fecistis? Quod cum locutus esset, requievit spiritus eorum, quo tume-
bant contra eum.

Viri Soccoth et Phanuel ad Gedeon

4 Cumque venisset Gedeon ad Iordanem, transivit eum cum trecentis viris, qui
secum erant: et prae lassitudine, fugientes
persequi non poterant. 5 Dixitque ad viros Soccoth: Date, obsecro, panes populo, qui mecum est, quia valde defecerunt:
ut possimus persequi Zebee et Salmana
reges Madian. 6 Responderunt principes
Soccoth: Forsitan palmae manuum Zebee
et Salmana in manu tua sunt, et idcirco
postulas ut demus exercitui tuo panes.
7 Quibus ille ait: Cum ergo tradiderit Dominus Zebee et Salmana in manus meas,
conteram carnes vestras cum spinis tribu-
lisque deserti.
8 Et inde conscendens, venit in Phanuel: locutusque est ad viros loci illius similia. Cui et illi responderunt, sicut responderant viri Soccoth. 9 Dixit itaque et
eis: Cum reversus fuero victor in pace,
destruam turrim hanc.

Habitantibus Soccoth et Phanuel castigatis, Zebee et Salmana occiduntur

10 Zebee autem et Salmana requiescebant cum omni exercitu suo. Quindecim
enim millia viri remanserant ex omnibus
turmis orientalium populorum, caesis
centum viginti millibus bellatorum edu-

10; Is 9,4. — 23: 3 Reg 4,12. — 25: Iud 8,3;
Ps 82,12; Is 10,26.

8 1: Iud 12,1. — 2: Iud 6,34. — 3: Iud 7,24-
25. — 5: Gen 33,17. — 8: Gen 32,30-31. —

centium gladium. 11 Ascendensque Gedeon per viam eorum, qui in tabernaculis
morabantur, ad orientalem partem Nobe
et Iegbaa, percussit castra hostium, qui
securi erant, et nihil adversi suspicabantur. 12 Fugeruntque Zebee et Salmana,
quos persequens Gedeon comprehendit,
turbato omni exercitu eorum.

13 Revertensque de bello ante solis ortum, 14 apprehendit puerum de viris Soccoth: interrogavitque eum nomina principum et seniorum Soccoth, et descripsit
septuaginta septem viros. 15 Venitque ad
Soccoth, et dixit eis: En Zebee et Salmana, super quibus exprobrastis mihi, dicentes: Forsitan manus Zebee et Salmana in
manibus tuis sunt, et idcirco postulas ut
demus viris, qui lassi sunt et defecerunt,
panes. 16 Tulit ergo seniores civitatis et
spinas deserti ac tribulos, et contrivit cum
eis atque comminuit viros Soccoth. 17 Turrim quoque Phanuel subvertit, occisis habitatoribus civitatis.

18 Dixitque ad Zebee et Salmana: Quales fuerunt viri, quos occidistis in Thabor?
Qui responderunt: Similes tui, et unus ex
eis quasi filius regis. 19 Quibus ille respondit: Fratres mei fuerunt, filii matris meae.
Vivit Dominus, quia si servassetis eos,
non vos occiderem. 20 Dixitque Iether primogenito suo: Surge, et interfice eos. Qui
non eduxit gladium: timebat enim, quia
adhuc puer erat. 21 Dixeruntque Zebee et
Salmana: Tu surge, et irrue in nos: quia
iuxta aetatem robur est hominis. Surrexit
Gedeon, et interfecit Zebee et Salmana:
et tulit ornamenta ac bullas quibus colla
regalium camelorum decorari solent.

Gedeoni offertur imperium perpetuum in populum

22 Dixeruntque omnes viri Israel ad Gedeon: Dominare nostri tu, et filius tuus,
et filius filii tui: quia liberasti nos de manu
Madian. 23 Quibus ille ait: Non domina-
bor vestri, nec dominabitur in vos filius
meus, sed dominabitur vobis Dominus.
24 Dixitque ad eos: Unam petitionem postulo a vobis: Date mihi inaures ex praeda
vestra. Inaures enim aureas Ismaelitae habere consueverant. 25 Qui responderunt:
Libentissime dabimus. Expandentesque
super terram pallium, proiecerunt in eo
inaures de praeda: 26 et fuit pondus pos-
tulatarum inaurium, mille septingenti auri
sicli, absque ornamentis, et monilibus, et
veste purpurea, quibus reges Madian uti
soliti erant, et praeter torques aureas
camelorum. 27 Fecitque ex eo Gedeon
ephod, et posuit illud in civitate sua
Ephra. Fornicatusque est omnis Israel in
eo, et factum est Gedeoni et omni eius in
ruinam.

28 Humiliatus est autem Madian coram
filiis Israel, nec potuerunt ultra cervices
elevare: sed quievit terra per quadraginta
annos, quibus Gedeon praefuit.

Finis Gedeonis

29 Abiit itaque Ierobaal filius Ioas, et
habitavit in domo sua: 30 habuitque septuaginta filios, qui egressi sunt de femore
eius: eo quod plures haberet uxores.
31 Concubina autem illius, quam habebat
in Sichem, genuit ei filium nomine Abimelech.

32 Mortuusque est Gedeon filius Ioas
in senectute bona, et sepultus est in sepulchro Ioas patris sui in Ephra de familia Ezri. 33 Postquam autem mortuus est
Gedeon, aversi sunt filii Israel, et fornicati sunt cum Baalim. Percusseruntque
cum Baal foedus, ut esset eis in deum:
34 nec recordati sunt Domini Dei sui,
qui eruit eos de manibus inimicorum suorum omnium per circuitum: 35 nec fecerunt misericordiam cum domo Ierobaal
Gedeon, iuxta omnia bona quae fecerat
Israeli.

Abimelech occidit fratres suos

9 1 Abiit autem Abimelech filius Ierobaal in Sichem ad fratres matris suae,
et locutus est ad eos, et ad omnem cognationem domus patris matris suae, dicens: 2 Loquimini ad omnes viros Sichem:
Quid vobis est melius, ut dominentur vestri septuaginta viri omnes filii Ierobaal,
an ut dominetur unus vir? simulque considerate quod os vestrum et caro vestra
sum. 3 Locutique sunt fratres matris eius
de eo ad omnes viros Sichem universos
sermones istos, et inclinaverunt cor eorum
post Abimelech, dicentes: Frater noster
est. 4 Dederuntque illi septuaginta pondo
argenti de fano Baalberit. Qui conduxit
sibi ex eo viros inopes et vagos, secutique
sunt eum. 5 Et venit in domum patris sui
in Ephra, et occidit fratres suos filios Ierobaal septuaginta viros, super lapidem
unum: remansitque Ioatham filius Ierobaal minimus, et absconditus est.

Abimelech declaratur rex in Sichem

6 Congregati sunt autem omnes viri Sichem, et universae familiae urbis Mello:

10: Iud 6,3,33. — **11:** Num 32,35.42. — **18:** Iud 4,6. — **21:** Ps 82,12; Os 10,14. — **27:** Ex 28,6-14; Iud 6,24; 17,5; 18,14.17; Os 3,4. — **28:** Iud 3,11. — **29:** Iud 6,32; 7,1. — **30:** Iud 9,2.5. — **31:** Iud 9,1-2. — **32:** Iud 6,24. — **35:** Iud 9,5.16-18.

9 **1-2:** Iud 8,30-31. — **4:** Iud 8,33; 9,46. — **5:** Iud 6,24. — **6:** Ios 24,26; Iud 9,20.— **7:** Deut

abieruntque et constituerunt regem Abimelech, iuxta quercum quae stabat in Sichem.
7 Quod cum nuntiatum esset Ioatham,
ivit, et stetit in vertice montis Garizim:
elevataque voce, clamavit, et dixit: Audite me viri Sichem, ita audiat vos Deus.
8 Ierunt ligna, ut ungerent super se regem: dixeruntque olivae: Impera nobis.
9 Quae respondit: Numquid possum deserere pinguedinem meam, qua et dii utuntur et homines, et venire ut inter ligna
promovear? 10 Dixeruntque ligna ad arborem ficum: Veni, et super nos regnum
accipe. 11 Quae respondit eis: Numquid
possum deserere dulcedinem meam, fructusque suavissimos, et ire ut inter caetera
ligna promovear? 12 Locutaque sunt ligna
ad vitem: Veni, et impera nobis. 13 Quae
respondit eis: Numquid possum deserere
vinum meum, quod laetificat Deum et homines, et inter ligna caetera promoveri?
14 Dixeruntque omnia ligna ad rhamnum:
Veni, et impera super nos. 15 Quae respondit eis: Si vere me regem vobis con-
stituitis, venite, et sub umbra mea requiescite; si autem non vultis, egrediatur ignis
de rhamno, et devoret cedros Libani.
16 Nunc igitur, si recte et absque peccato
constituistis super vos regem Abimelech,
et bene egistis cum Ierobaal, et cum domo
eius, et reddidistis vicem beneficiis eius,
qui pugnavit pro vobis, 17 et animam suam
dedit periculis, ut erueret vos de manu
Madian, 18 qui nunc surrexistis contra domum patris mei, et interfecistis filios eius
septuaginta viros super unum lapidem, et
constituistis regem Abimelech filium ancillae eius super habitatores Sichem, eo
quod frater vester sit: 19 si ergo recte et
absque vitio egistis cum Ierobaal, et domo eius, hodie laetamini in Abimelech,
et ille laetetur in vobis. 20 Sin autem perverse: egrediatur ignis ex eo, et consumat
habitatores Sichem, et oppidum Mello:
egrediaturque ignis de viris Sichem, et de
oppido Mello, et devoret Abimelech.
21 Quae cum dixisset, fugit, et abiit in Bera: habitavitque ibi ob metum Abimelech
fratris sui.

Dissidia inter Abimelech et Sichemitas

22 Regnavit itaque Abimelech super Israel tribus annis. 23 Misitque Dominus
spiritum pessimum inter Abimelech et habitatores Sichem: qui coeperunt eum detestari, 24 et scelus interfectionis septuaginta filiorum Ierobaal, et effusionem sanguinis eorum conferre in Abimelech fratrem suum, et in caeteros Sichimorum
principes, qui eum adiuverant. 25 Posueruntque insidias adversus eum in summitate montium: et dum illius praestolaban-
tur adventum, exercebant latrocinia, agentes praedas de praetereuntibus: nuntiatumque est Abimelech.
26 Venit autem Gaal filius Obed cum
fratribus suis, et transivit in Sichimam.
Ad cuius adventum erecti habitatores Sichem, 27 egressi sunt in agros, vastantes
vineas: uvasque calcantes: et factis cantantium choris, ingressi sunt fanum dei
sui, et inter epulas et pocula maledicebant
Abimelech, 28 clamante Gaal filio Obed:
Quis est Abimelech, et quae est Sichem,
ut serviamus ei? numquid non est filius
Ierobaal, et constituit principem Zebul
servum suum super viros Emor patris Sichem? Cur ergo serviemus ei? 29 utinam
daret aliquis populum istum sub manu
mea, ut auferrem de medio Abimelech.
Dictumque est Abimelech: Congrega exercitus multitudinem, et veni. 30 Zebul
enim princeps civitatis, auditis sermonibus Gaal filii Obed, iratus est valde, 31 et
misit clam ad Abimelech nuntios, dicens:
Ecce, Gaal filius Obed venit in Sichimam
cum fratribus suis, et oppugnat adversum
te civitatem. 32 Surge itaque nocte cum
populo, qui tecum est, et latita in agro:
33 et primo mane, oriente sole, irrue super civitatem. Illo autem egrediente adversum te cum populo suo, fac ei quod
potueris.

Abimelech obsidet Sichem

34 Surrexit itaque Abimelech cum omni
exercitu suo nocte, et tetendit insidias iuxta Sichimam in quatuor locis. 35 Egressusque est Gaal filius Obed, et stetit in
introitu portae civitatis. Surrexit autem
Abimelech, et omnis exercitus cum eo de
insidiarum loco. 36 Cumque vidisset populum Gaal, dixit ad Zebul: Ecce de montibus multitudo descendit. Cui ille respondit: Umbras montium vides quasi capita hominum, et hoc errore deciperis.
37 Rursumque Gaal ait: Ecce populus de
umbilico terrae descendit, et unus cuneus
venit per viam quae respicit quercum.
38 Cui dixit Zebul: Ubi est nunc os tuum,
quo loquebaris? Quis est Abimelech ut
serviamus ei? Nonne hic populus est,
quem despiciebas? Egredere, et pugna
contra eum. 39 Abiit ergo Gaal, spectante
Sichimorum populo, et pugnavit contra
Abimelech, 40 qui persecutus est eum fugientem, et in urbem compulit: cecideruntque ex parte eius plurimi, usque ad

11,29; 27,12; Ios 8,33. — **8:** Iud 8,22. — **13:** Ps 103,15. — **15:** Iud 9,19-20; 4 Reg 14,9. — **16:** Iud 6,32. — **17:** Iud 7,1-8.21. — **18:** Iud 8,31; 9,5-6. — **27:** Iud 9,4.46. — **28:** Gen 34,2.6. —

portam civitatis: 41 et Abimelech sedit in Ruma: Zebul autem, Gaal, et socios eius expulit de urbe, nec in ea passus est commorari.

42 Sequenti ergo die egressus est populus in campum. Quod cum nuntiatum esset Abimelech, 43 tulit exercitum suum, et divisit in tres turmas, tendens insidias in agris. Vidensque quod egrederetur populus de civitate, surrexit, et irruit in eos 44 cum cuneo suo, oppugnans, et obsidens civitatem: duae autem turmae palantes per campum adversarios persequebantur. 45 Porro Abimelech omni die illo oppugnabat urbem: quam cepit, interfectis habitatoribus eius, ipsaque destructa, ita ut sal in ea dispergeret.

Turris Sichem incendio tradita

46 Quod cum audissent qui habitabant in turre Sichimorum, ingressi sunt fanum dei sui Berith, ubi foedus cum eo pepigerant, et ex eo locus nomen acceperat, qui erat munitus valde. 47 Abimelech quoque audiens viros turris Sichimorum pariter conglobatos, 48 ascendit in montem Selmon cum omni populo suo: et arrepta securi, praecidit arboris ramum, impositumque ferens humero, dixit ad socios: Quod me videtis facere, cito facite. 49 Igitur certatim ramos de arboribus praecidentes, sequebantur ducem. Qui circumdantes praesidium, succenderunt: atque ita factum est ut fumo et igne mille homines necarentur, viri pariter et mulieres, habitatorum turris Sichem.

Finis Abimelech

50 Abimelech autem inde proficiscens venit ad oppidum Thebes, quod circumdans obsidebat exercitu. 51 Erat autem turris excelsa in media civitate, ad quam confugerant simul viri ac mulieres, et omnes principes civitatis, clausa firmissime ianua, et super turris tectum stantes per propugnacula. 52 Accedensque Abimelech iuxta turrim, pugnabat fortiter: et appropinquans ostio, ignem supponere nitebatur: 53 et ecce una mulier fragmen molae desuper iaciens, illisit capiti Abimelech, et confregit cerebrum eius. 54 Qui vocavit cito armigerum suum, et ait ad eum: Evagina gladium tuum, et percute me: ne forte dicatur quod a femina interfectus sim. Qui iussa perficiens, interfecit eum. 55 Illoque mortuo, omnes qui cum eo erant de Israel, reversi sunt in sedes suas: 56 et reddidit Deus malum, quod fecerat Abimelech contra patrem suum, interfectis septuaginta fratribus suis. 57 Sichimitis quoque quod operati erant, retributum est, et venit super eos maledictio Ioatham filii Ierobaal.

Thola et Iair

10 1 Post Abimelech surrexit dux in Israel Thola filius Phua patrui Abimelech, vir de Issachar, qui habitavit in Samir montis Ephraim: 2 et iudicavit Israelem viginti et tribus annis, mortuusque est, ac sepultus in Samir.

3 Huic successit Iair Galaadites, qui iudicavit Israelem per viginti et duos annos, 4 habens triginta filios sedentes super triginta pullos asinarum, et principes triginta civitatum, quae ex nomine eius sunt appellatae Havoth Iair, id est, oppida Iair, usque in praesentem diem, in terra Galaad. 5 Mortuusque est Iair, ac sepultus in loco cui est vocabulum Camon.

Israel praevaricator denuo oppressus

6 Filii autem Israel peccatis veteribus iungentes nova, fecerunt malum in conspectu Domini, et servierunt idolis, Baalim et Astaroth, et diis Syriae ac Sidonis et Moab et filiorum Ammon et Philisthiim: dimiseruntque Dominum, et non coluerunt eum. 7 Contra quos Dominus iratus, tradidit eos in manus Philisthiim et filiorum Ammon. 8 Afflictique sunt, et vehementer oppressi per annos decem et octo, omnes qui habitabant trans Iordanem in terra Amorrhaei, qui est in Galaad: 9 in tantum, ut filii Ammon, Iordane transmisso, vastarent Iudam et Beniamin et Ephraim, afflictusque est Israel nimis.

10 Et clamantes ad Dominum, dixerunt: Peccavimus tibi, quia dereliquimus Dominum Deum nostrum, et servivimus Baalim. 11 Quibus locutus est Dominus: Numquid non Aegyptii et Amorrhaei, filiique Ammon et Philisthiim, 12 Sidonii quoque et Amalec et Chanaan oppresserunt vos, et clamastis ad me, et erui vos de manu eorum? 13 Et tamen reliquistis me, et coluistis deos alienos: idcirco non addam ut ultra vos liberem: 14 ite, et invocate deos quos elegistis: ipsi vos liberent in tempore angustiae. 15 Dixeruntque filii Israel ad Dominum: Peccavimus, redde tu nobis quidquid tibi placet: tantum nunc libera nos. 16 Quae dicentes, omnia de finibus suis alienorum deorum idola proiecerunt, et servierunt Domino Deo: qui doluit super miseriis eorum.

46: Iud 8,33; 9,4. — **48:** Ps 67,15. — **53:** 2 Sam 11,21. — **54:** 1 Sam 31,4; 1 Par 10,4. — **56:** Iud 9,5.24. — **57:** Iud 9,20.

10 **1:** 1 Par 7,1-2. — **4:** Num 32,41; Deut 3,14. — **6-7:** Iud 2,11-14. — **10:** Iud 3,9. — **11-14:** Iud 6,8-10. — **11:** Ex 1,11; 14,30; Num 21,21-32; Iud 3,13.31. — **12:** Iud 3,13; 4,2; 5,14;

17 Itaque filii Ammon conclamantes in
Galaad fixere tentoria: contra quos congregati filii Israel, in Maspha castrametati sunt. 18 Dixeruntque principes Galaad
singuli ad proximos suos: Qui primus ex
nobis contra filios Ammon coeperit dimicare, erit dux populi Galaad.

Iephte dux populi

11 1 Fuit illo tempore Iephte Galaadites vir fortissimus atque pugnator,
filius mulieris meretricis, qui natus est de
Galaad. 2 Habuit autem Galaad uxorem,
de qua suscepit filios: qui postquam creve-
rant, eiecerunt Iephte, dicentes: Haeres
in domo patris nostri esse non poteris,
quia de altera matre natus es. 3 Quos ille
fugiens atque devitans, habitavit in terra
Tob: congregatique sunt ad eum viri inopes, et latrocinantes, et quasi principem
sequebantur.
4 In illis diebus pugnabant filii Ammon
contra Israel. 5 Quibus acriter instantibus
perrexerunt maiores natu de Galaad, ut
tollerent in auxilium sui Iephte de terra
Tob: 6 dixeruntque ad eum: Veni et esto
princeps noster, et pugna contra filios
Ammon. 7 Quibus ille respondit: Nonne
vos estis, qui odistis me, et eiecistis de
domo patris mei, et nunc venistis ad me
necessitate compulsi? 8 Dixeruntque principes Galaad ad Iephte: Ob hanc igitur
causam nunc ad te venimus, ut proficiscaris nobiscum, et pugnes contra filios
Ammon, sisque dux omnium qui habitant in Galaad. 9 Iephte quoque dixit eis:
Si vere venistis ad me, ut pugnem pro
vobis contra filios Ammon, tradideritque
eos Dominus in manus meas, ego ero
vester princeps? 10 Qui responderunt ei:
Dominus, qui haec audit, ipse mediator
ac testis est quod nostra promissa faciemus. 11 Abiit itaque Iephte cum principibus Galaad, fecitque eum omnis populus
principem sui. Locutusque est Iephte omnes sermones suos coram Domino in
Maspha.

Eius legatio ad regem Ammon

12 Et misit nuntios ad regem filiorum
Ammon, qui ex persona sua dicerent:
Quid mihi et tibi est, quia venisti contra
me, ut vastares terram meam? 13 Quibus
ille respondit: Quia tulit Israel terram
meam, quando ascendit de Aegypto, a
finibus Arnon usque Iaboc atque Iordanem: nunc ergo cum pace redde mihi
eam.
14 Per quos rursum mandavit Iephte,
et imperavit eis ut dicerent regi Ammon:
15 Haec dicit Iephte: Non tulit Israel terram Moab, nec terram filiorum Ammon:
16 sed quando de Aegypto conscenderunt,
ambulavit per solitudinem usque ad mare
Rubrum, et venit in Cades. 17 Misitque
nuntios ad regem Edom, dicens: Dimitte
me ut transeam per terram tuam. Qui noluit acquiescere precibus eius. Misit quoque ad regem Moab, qui et ipse transitum
praebere contempsit. Mansit itaque in Cades, 18 et circuivit ex latere terram Edom,
et terram Moab: venitque contra orientalem plagam terrae Moab, et castrametatus est trans Arnon: nec voluit intrare
terminos Moab: Arnon quippe confinium
est terrae Moab. 19 Misit itaque Israel
nuntios ad Sehon regem Amorrhaeorum,
qui habitabat in Hesebon, et dixerunt ei:
Dimitte ut transeam per terram tuam usque ad fluvium. 20 Qui et ipse Israel verba despiciens, non dimisit eum transire
per terminos suos: sed infinita multitudine congregata, egressus est contra eum
in Iasa, et fortiter resistebat. 21 Tradiditque eum Dominus in manus Israel cum
omni exercitu suo, qui percussit eum, et
possedit omnem terram Amorrhaei habitatoris regionis illius, 22 et universos fines eius, de Arnon usque Iaboc, et de solitudine usque ad Iordanem. 23 Dominus
ergo Deus Israel subvertit Amorrhaeum,
pugnante contra illum populo suo Israel,
et tu nunc vis possidere terram eius?
24 Nonne ea quae possidet Chamos deus
tuus, tibi iure debentur? Quae autem Dominus Deus noster victor obtinuit, in nostram cedent possessionem: 25 nisi forte
melior es Balac filio Sephor rege Moab:
aut docere potes, quod iurgatus sit contra
Israel, et pugnaverit contra eum, 26 quando habitavit in Hesebon, et viculis eius,
et in Aroer, et villis illius, vel in cunctis
civitatibus iuxta Iordanem, per trecentos
annos. Quare tanto tempore nihil super
hac repetitione tentastis? 27 Igitur non
ego pecco in te, sed tu contra me male
agis, indicens mihi bella non iusta. Iudicet Dominus arbiter huius diei inter Israel, et inter filios Ammon. 28 Noluitque
acquiescere rex filiorum Ammon verbis
Iephte, quae per nuntios mandaverat.

Votum Iepthe et eius victoria

29 Factus est ergo super Iephte Spiritus
Domini, et circuiens Galaad, et Manasse, Maspha quoque Galaad, et inde trans-

6,3. — **17:** Iud 11,11.29. — **18:** Iud 11,5-11.

11 **1:** Hebr 11,32. — **2:** Gen 21,10. — **3:** 2 Sam 10,6.8; 1 Mach 5,13. — **11:** Iud 10,17-18; 20,1. — 20,1.—**13:** Num 21,13,24-26. — **15:** Deut 2,9.10. —**16:** Num 14,25; Deut 1,40— **17:** Num 20,1.14.19-21; Deut 1,46. — **18:** Num 21,4.11.13; 22,36; Deut 2,1-8. — **19-22:** Num 21,26; Deut 2,26-37. **24:** Num 21,29; 3 Reg 1,7. — **25:** Num 22,2; Ios 24,9; Mich 6,5. — **26:** Num 21,25; Deut 2,36. — **30-31:** Gen 28,

iens ad filios Ammon. 30 votum vovit Domino, dicens: Si tradideris filios Ammon
in manus meas, 31 quicumque primus fuerit egressus de foribus domus meae, mihique occurrerit revertenti cum pace a
filiis Ammon, eum holocaustum offeram
Domino.
32 Transivitque Iephte ad filios Ammon, ut pugnaret contra eos: quos tradidit Dominus in manus eius. 33 Percussitque ab Aroer usque dum venias in Men-
nith, viginti civitates, et usque ad Abel,
quae est vineis consita, plaga magna nimis: humiliatique sunt filii Ammon a
filiis Israel.

Voti adimpletio

34 Revertente autem Iephte in Maspha
domum suam, occurrit ei unigenita filia
sua cum tympanis et choris: non enim
habebat alios liberos. 35 Qua visa, scidit
vestimenta sua, et ait: Heu me, filia mea,
decepisti me, et ipsa decepta es: aperui
enim os meum ad Dominum, et aliud facere non potero. 36 Cui illa respondit: Pater mi, si aperuisti os tuum ad Dominum,
fac mihi quodcumque pollicitus es, concessa tibi ultione atque victoria de hostibus tuis. 37 Dixitque ad patrem: Hoc solum mihi praesta quod deprecor: Dimitte
me ut duobus mensibus circumeam montes, et plangam virginitatem meam cum
sodalibus meis. 38 Cui ille respondit: Vade.
Et dimisit eam duobus mensibus. Cumque
abiisset cum sociis ac sodalibus suis, flebat virginitatem suam in montibus. 39 Ex-
pletisque duobus mensibus, reversa est ad
patrem suum, et fecit ei sicut voverat,
quae ignorabat virum. Exinde mos incre-
bruit in Israel, et consuetudo servata est:
40 ut post anni circulum conveniant in
unum filiae Israel, et plangant filiam
Iephte Galaaditae diebus quatuor.

Seditio Ephraim

12 1 Ecce autem in Ephraim orta est
seditio: nam transeuntes contra
aquilonem, dixerunt ad Iephte: Quare vadens ad pugnam contra filios Ammon, vocare nos noluisti, ut pergeremus tecum?
Igitur incendemus domum tuam. 2 Quibus ille respondit: Disceptatio erat mihi
et populo meo contra filios Ammon vehemens: vocavique vos, ut praeberetis
mihi auxilium, et facere noluistis. 3 Quod
cernens posui animam meam in manibus
meis, transivique ad filios Ammon, et
tradidit eos Dominus in manus meas.
Quid commerui, ut adversum me con-
surgatis in praelium? 4 Vocatis itaque ad
se cunctis viris Galaad, pugnabat contra
Ephraim: percusseruntque viri Galaad
Ephraim, quia dixerat: Fugitivus est Galaad de Ephraim, et habitat in medio
Ephraim et Manasse. 5 Occupaveruntque
Galaaditae vada Iordanis, per quae
Ephraim reversurus erat. Cumque venisset
ad ea de Ephraim numero, fugiens, atque
dixisset: Obsecro ut me transire permit-
tatis: dicebant ei Galaaditae: Numquid
Ephrathaeus es? quo dicente: Non sum:
6 interrogabant eum: Dic ergo Scibboleth, quod interpretatur Spica. Qui respondebat, Scibboleth: eadem littera spicam exprimere non valens. Statimque apprehensum iugulabant in ipso Iordanis
transitu. Et ceciderunt in illo tempore de
Ephraim quadraginta duo millia.

Finis Iephte

7 Iudicavit itaque Iephte Galaadites Israel sex annis: et mortuus est, ac sepultus
in civitate sua Galaad.

Tres iudices minores

8 Post hunc iudicavit Israel Abesan de
Bethlehem: 9 qui habuit triginta filios, et
totidem filias, quas emittens foras, mari-
tis dedit, et eiusdem numeri filiis suis accepit uxores, introducens in domum suam.
Qui septem annis iudicavit Israel: 10 mortuusque est, ac sepultus in Bethlehem.
11 Cui successit Ahialon Zabulonites: et
iudicavit Israel decem annis: 12 mortuusque est, ac sepultus in Zabulon.
13 Post hunc iudicavit Israel Abdon,
filius Illel Pharathonites: 14 qui habuit
quadraginta filios, et triginta ex eis nepotes, ascendentes super septuaginta pullos asinarum, et iudicavit Israel octo annis: 15 mortuusque est, ac sepultus in
Pharathon terrae Ephraim, in monte
Amalec.

Angelus annuntiat ortum Samsonis

13 1 Rursumque filii Israel fecerunt
malum in conspectu Domini: qui
tradidit eos in manus Philisthinorum quadraginta annis.
2 Erat autem quidam vir de Saraa, et
de stirpe Dan, nomine Manue, habens
uxorem sterilem. 3 Cui apparuit angelus
Domini, et dixit ad eam: Sterilis es et

20-22; 1 Sam 1,11. — **33:** Ios 13,25. — **34:**4 Ex 15,20; 1 Sam 18,6. — **35:** Num 30,3; Ps 49,14; Eccli 5,4-5.

12 1: Iud 8,1. — 5: Iud 3,28. — 8: Ios 19, 15. — 13: 2 Sam 23,30; 1 Mach 9,50.

13 1: Iud 2,11; 10,6-7. — 2: Ios 15,33; 19, 41. — 3: Gen 16,11; 1 Sam 1,20; Lc 1,31.

absque liberis: sed concipies et paries
filium: 4 cave ergo ne bibas vinum ac siceram, nec immundum quidquam comedas: 5 quia concipies, et paries filium,
cuius non tanget caput novacula: erit
enim nazaraeus Dei ab infantia sua, et ex
matris utero, et ipse incipiet liberare Israel de manu Philisthinorum. 6 Quae cum
venisset ad maritum suum, dixit ei: Vir
Dei venit ad me, habens vultum an-
gelicum, terribilis nimis. Quem cum inter-
rogassem, quis esset, et unde venisset, et
quo nomine vocaretur, noluit mihi dicere: 7 sed hoc respondit: Ecce concipies
et paries filium: cave ne vinum bibas, nec
siceram, et ne aliquo vescaris immundo:
erit enim puer nazaraeus Dei ab infantia
sua, ex utero matris suae usque ad diem
mortis suae.

8 Oravit itaque Manue Dominum, et
ait: Obsecro, Domine, ut vir Dei, quem
misisti, veniat iterum, et doceat nos quid
debeamus facere de puero, qui nasciturus
est. 9 Exaudivitque Dominus deprecantem Manue, et apparuit rursum angelus
Dei uxori eius sedenti in agro. Manue
autem maritus eius non erat cum ea. Quae
cum vidisset angelum, 10 festinavit, et cucurrit ad virum suum: nuntiavitque dicens: Ecce apparuit mihi vir, quem ante
videram. 11 Qui surrexit, et secutus est
uxorem suam: veniensque ad virum, dixit ei: Tu es qui locutus es mulieri? Et
ille respondit: Ego sum. 12 Cui Manue:
Quando, inquit, sermo tuus fuerit expletus, quid vis ut faciat puer? aut a quo se
observare debebit?

Angeli praeceptum

13 Dixitque angelus Domini ad Manue:
Ab omnibus, quae locutus sum uxori
tuae, abstineat se: 14 et quidquid ex vinea
nascitur, non comedat: vinum et siceram
non bibat, nullo vescatur immundo: et
quod ei praecepi, impleat atque custodiat.
15 Dixitque Manue ad angelum Domini:
Obsecro te ut acquiescas precibus meis,
et faciamus tibi haedum de capris. 16 Cui
respondit angelus: Si me cogis, non comedam panes tuos: si autem vis holocaustum facere, offer illud Domino. Et nesciebat Manue quod angelus Domini esset. 17 Dixitque ad eum: Quod est tibi
nomen, ut, si sermo tuus fuerit expletus,
honoremus te? 18 Cui ille respondit: Cur
quaeris nomen meum, quod est mirabile? 19 Tulit itaque Manue haedum de capris, et libamenta, et posuit super petram,
offerens Domino, qui facit mirabilia: ipse autem et uxor eius intuebantur. 20 Cumque ascenderet flamma altaris in caelum,
angelus Domini pariter in flamma ascendit. Quod cum vidissent Manue et uxor
eius, proni ceciderunt in terram, 21 et ultra eis non apparuit angelus Domini. Statimque intellexit Manue angelum Domini
esse, 22 et dixit ad uxorem suam: Morte
moriemur, quia vidimus Deum. 23 Cui
respondit mulier: Si Dominus nos vellet
occidere, de manibus nostris holocaustum et libamenta non suscepisset, nec ostendisset nobis haec omnia, neque ea quae
sunt ventura dixisset.

24 Peperit itaque filium, et vocavit nomen eius Samson. Crevitque puer, et benedixit ei Dominus. 25 Coepitque Spiritus Domini esse cum eo in castris Dan
inter Saraa et Esthaol.

Samson pergit petere uxorem philisthaeam

14 1 Descendit ergo Samson in Thamnatha, vidensque ibi mulierem de
filiabus Philisthiim, 2 ascendit, et nuntiavit patri suo et matri suae, dicens: Vidi
mulierem in Thamnatha de filiabus Philisthinorum: quam quaeso ut mihi accipiatis uxorem. 3 Cui dixerunt pater et mater sua: Numquid non est mulier in filiabus fratrum tuorum, et in omni populo
meo, quia vis accipere uxorem de Philisthiim, qui incircumcisi sunt? Dixitque
Samson ad patrem suum: Hanc mihi accipe: quia placuit oculis meis. 4 Parentes
autem eius nesciebant quod res a Domino fieret, et quaereret occasionem contra
Philisthiim: eo enim tempore Philisthiim
dominabantur Israeli.

5 Descendit itaque Samson cum patre
suo et matre in Thamnatha. Cumque venissent ad vineas oppidi, apparuit catulus
leonis saevus, et rugiens, et occurrit ei.
6 Irruit autem Spiritus Domini in Samson, et dilaceravit leonem, quasi haedum
in frusta discerpens, nihil omnino habens
in manu: et hoc patri et matri noluit indicare. 7 Descenditque et locutus est mulieri, quae placuerat oculis eius.

8 Et post aliquot dies revertens ut acciperet eam, declinavit ut videret cadaver
leonis, et ecce examen apum in ore leonis
erat ac favus mellis. 9 Quem cum sumpsisset in manibus comedebat in via: veniensque ad patrem suum et matrem, dedit eis partem, qui et ipsi comederunt: nec
tamen eis voluit indicare quod mel de corpore leonis assumpserat.

4: Lev 11,2-47; Num 6,2-4; Lc 1,15. — **5:** Num 6,2-5; Iud 16,17. — **14:** Iud 13,4. — **15:** Iud 6,18-19. — **17:** Iud 13,6. — **18:** Gen 32,29. — **19:** Iud 6,19-21. — **21-22:** Gen 32,30; Ex 33,20; Iud 6,22-23. — **25:** Ios 15,33 Iud 18,11-12.

14 **1:** Gen 38,12-13; Ios 15,10; 19,43; Hebr 11,32. || Const. Innocentii XI: D 1271. **3:** Iud 15,18; 1 Sam 14,6; 17,26.36; 31,4; 2 Sam 1,20. — **4:** Iud 13,1; 15,11. — **15:** Iud 16,5. —

Samsonis nuptiae

10 Descendit itaque pater eius ad mulierem, et fecit filio suo Samson convivium: sic enim iuvenes facere consueverant. 11 Cum ergo cives loci illius vidissent eum, dederunt ei sodales triginta ut
essent cum eo. 12 Quibus locutus est Samson: Proponam vobis problema: quod si
solveritis mihi intra septem dies convivii,
dabo vobis triginta sindones, et totidem
tunicas: 13 sin autem non potueritis solvere, vos dabitis mihi triginta sindones,
et eiusdem numeri tunicas. Qui responderunt ei: Propone problema ut audiamus.
14 Dixitque eis:

De comedente exivit cibus,
Et de forti egressa est dulcedo.

Nec potuerunt per tres dies propositionem solvere. 15 Cumque adesset dies septimus, dixerunt ad uxorem Samson: Blan-
dire viro tuo et suade ei ut indicet tibi
quid significet problema: quod si facere
nolueris, incendemus te, et domum patris tui: an idcirco vocastis nos ad nuptias ut spoliaretis? 16 Quae fundebat apud
Samson lacrymas, et querebatur dicens:
Odisti me, et non diligis: idcirco problema, quod proposuisti filiis populi mei,
non vis mihi exponere. At ille respondit:
Patri meo et matri nolui dicere: et tibi
indicare potero? 17 Septem igitur diebus
convivii flebat ante eum: tandemque die
septimo cum ei esset molesta, exposuit.
Quae statim indicavit civibus suis. 18 Et
illi dixerunt ei die septimo ante solis occubitum:

Quid dulcius melle,
Et quid fortius leone?

Qui ait ad eos:

Si non arassetis in vitula mea,
Non invenissetis propositionem meam.

Bellum aggreditur contra Philisthaeos

19 Irruit itaque in eum Spiritus Domini,
descenditque Ascalonem, et percussit ibi
triginta viros; quorum ablatas vestes dedit iis qui problema solverant. Iratusque
nimis ascendit in domum patris sui:
20 uxor autem eius accepit maritum unum
de amicis eius et pronubis.

15 1 Post aliquantulum autem temporis, cum dies triticeae messis instarent, venit Samson, invisere volens uxorem suam, et attulit ei haedum de capris.
Cumque cubiculum eius solito vellet intrare, prohibuit eum pater illius, dicens:
2 Putavi quod odisses eam, et ideo tradidi
illam amico tuo: sed habet sororem, quae
iunior et pulchrior illa est, sit tibi pro ea
uxor. 3 Cui Samson respondit: Ab hac
die non erit culpa in me contra Philisthaeos: faciam enim vobis mala.

4 Perrexitque et cepit trecentas vulpes,
caudasque earum iunxit ad caudas, et fa-
ces ligavit in medio: 5 quas igne succendens, dimisit, ut huc illucque discurre-
rent. Quae statim perrexerunt in segetes
Philisthinorum. Quibus succensis, et com-
portatae iam fruges, et adhuc stantes in
stipula, concrematae sunt, in tantum, ut
vineas quoque et oliveta flamma consu-
meret. 6 Dixeruntque Philisthiim: Quis fecit hanc rem? Quibus dictum est: Samson
gener Thamnathaei: quia tulit uxorem
eius, et alteri tradidit, haec operatus est.
Ascenderuntque Philisthiim: et combusserunt tam mulierem quam patrem eius.
7 Quibus ait Samson: Licet haec feceritis,
tamen adhuc ex vobis expetam ultionem,
et tunc quiescam. 8 Percussitque eos ingenti plaga, ita ut stupentes suram femori imponerent. Et descendens habitavit in
spelunca petrae Etam.

9 Igitur ascendentes Philisthiim in terram Iuda, castrametati sunt in loco, qui
postea vocatus est Lechi, id est, maxilla,
ubi eorum effusus est exercitus. 10 Dixeruntque ad eos de tribu Iuda: Cur ascendistis adversum nos? Qui responderunt:
Ut ligemus Samson, venimus, et redda-
mus ei quae in nos operatus est.

Samson vinctus Philisthaeos fugat

11 Descenderunt ergo tria millia virorum de Iuda, ad specum silicis Etam, dixeruntque ad Samson: Nescis quod Philisthiim imperent nobis? quare hoc facere voluisti? Quibus ille ait: Sicut fecerunt
mihi, sic feci eis. 12 Ligare, inquiunt, te
venimus, et tradere in manus Philisthinorum. Quibus Samson: Iurate, ait, et spon-
dete mihi quod non occidatis me. 13 Dixerunt: Non te occidemus, sed vinctum
trademus. Ligaveruntque eum duobus novis funibus, et tulerunt eum de petra
Etam.

14 Qui cum venisset ad locum Maxillae,
et Philisthiim vociferantes occurrissent ei,
irruit Spiritus Domini in eum: et sicut
solent ad odorem ignis lina consumi, ita
vincula quibus ligatus erat, dissipata sunt
et soluta. 15 Inventamque maxillam, id
est, mandibulam asini, quae iacebat, ar-

17: Iud 16,16-18. — 19: Iud 1,18. — 20: Iud 15,2.6; Cant 5,1; Io 3,29.

15 2: Iud 14,20; 15,6. — 6: Iud 14,15. — 8: Iud 15,11. — 9: Iud 15,14.17.19. — 11: Iud 13,1; 14,4. — 13: Iud 16,11-12. — 15: Ios

ripiens, interfecit in ea mille viros, 16 et
ait:

In maxilla asini,
In mandibula pulli asinarum
Delevi eos,
Et percussi mille viros.

17 Cumque haec verba canens complesset, proiecit mandibulam de manu, et vocavit nomen loci illius Ramathlechi, quod
interpretatur elevatio maxillae. 18 Sitiens-
que valde, clamavit ad Dominum, et ait:
Tu dedisti in manu servi tui salutem hanc
maximam atque victoriam: en siti morior, incidamque in manus incircumcisorum. 19 Aperuit itaque Dominus molarem dentem in maxilla asini, et egressae
sunt ex eo aquae. Quibus haustis, refo-
cillavit spiritum, et vires recepit. Idcirco
apellatum est nomen loci illius, Fons in-
vocantis de maxilla, usque in praesentem
diem.
20 Iudicavitque Israel in diebus Philisthiim viginti annis.

Samson in Gaza

16 1 Abiit quoque in Gazam, et vidit
ibi mulierem meretricem, ingressusque est ad eam. 2 Quod cum audissent
Philisthiim, et percrebruisset apud eos,
intrasse urbem Samson, circumdederunt
eum, positis in porta civitatis custodibus:
et ibi tota nocte cum silentio praestolan-
tes, ut facto mane exeuntem occiderent.
3 Dormivit autem Samson usque ad medium noctis: et inde consurgens, apprehendit ambas portae fores cum postibus
suis et sera, impositasque humeris suis
portavit ad verticem montis, qui respicit
Hebron.

Pluries decipit Dalilam

4 Post haec amavit mulierem, quae habitabat in valle Sorec, et vocabatur Dalila. 5 Veneruntque ad eam principes Philisthinorum, atque dixerunt: Decipe eum,
et disce ab illo, in quo habeat tantam fortitudinem, et quomodo eum superare valeamus, et vinctum affligere; quod si feceris, dabimus tibi singuli mille et centum
argenteos.
6 Locuta est ergo Dalila ad Samson:
Dic mihi, obsecro, in quo sit tua maxima
fortitudo, et quid sit quo ligatus erumpere nequeas? 7 Cui respondit Samson:
Si septem nerviceis funibus necdum siccis, et adhuc humentibus ligatus fuero,
infirmus ero ut caeteri homines. 8 Attuleruntque ad eam satrapae Philisthinorum
septem funes, ut dixerat: quibus vinxit
eum, 9 latentibus apud se insidiis, et in
cubiculo finem rei expectantibus, clamavitque ad eum: Philisthiim super te Samson. Qui rupit vincula, quomodo si rum-
pat quis filum de stuppae tortum putami-
ne, cum odorem ignis acceperit: et non
est cognitum in quo esset fortitudo eius.
10 Dixitque ad eum Dalila: Ecce illusisti mihi, et falsum locutus es: saltem nunc
indica mihi quo ligari debeas. 11 Cui ille
respondit: Si ligatus fuero novis funibus,
qui nunquam fuerunt in opere, infirmus
ero, et aliorum hominum similis. 12 Quibus rursum Dalila vinxit eum, et clamavit: Philisthiim super te Samson, in cubiculo insidiis praeparatis. Qui ita rupit
vincula quasi fila telarum.
13 Dixitque Dalila rursum ad eum: Usquequo decipis me, et falsum loqueris?
ostende quo vinciri debeas. Cui respondit Samson: Si septem crines capitis mei
cum licio plexueris, et clavum his circum-
ligatum terrae fixeris, infirmus ero.
14 Quod cum fecisset Dalila, dixit ad eum:
Philisthiim super te Samson. Qui consurgens de somno extraxit clavum cum crinibus et licio.

Tandem aperit veritatem

15 Dixitque ad eum Dalila: Quomodo
dicis quod amas me, cum animus tuus
non sit mecum? Per tres vices mentitus
es mihi, et noluisti dicere in quo sit maxima fortitudo tua. 16 Cumque molesta esset ei, et per multos dies iugiter adhaere-
ret, spatium ad quietem non tribuens, defecit anima eius, et ad mortem usque las-
sata est. 17 Tunc aperiens veritatem rei,
dixit ad eam: Ferrum nunquam ascendit
super caput meum, quia nazaraeus, id
est, consecratus Deo sum de utero matris meae: si rasum fuerit caput meum,
recedet a me fortitudo mea, et deficiam,
eroque sicut caeteri homines.
18 Vidensque illa quod confessus ei esset omnem animum suum, misit ad principes Philisthinorum ac mandavit: Ascendite adhuc semel, quia nunc mihi
aperuit cor suum. Qui ascenderunt assumpta pecunia, quam promiserant. 19 At
illa dormire eum fecit super genua sua,
et in sinu suo reclinare caput. Vocavitque
tonsorem, et rasit septem crines eius, et
coepit abigere eum, et a se repellere: statim enim ab eo fortitudo discessit: 20 dixitque: Philisthiim super te Samson. Qui
de somno consurgens, dixit in animo suo:
Egrediar sicut ante feci, et me excutiam,
nesciens quod recessisset ab eo Dominus.
21 Quem cum apprehendissent Philisthiim,

23,10. — **18:** Iud 16,11-12; 14,3. — **20:** Iud 16,31.

16 **1:** Ios 15,47. — **5:** Iud 14,15. || Const. Innocentii XI: D 1271. — **9:** Iud 15,14. **11:** Iud 15,13. — **16:** Iud 14,17. — **17:** Iud 13,

statim eruerunt oculos eius, et duxerunt
Gazam vinctum catenis, et clausum in
carcere molere fecerunt.

Moritur Samson victor Philisthinorum

22 Iamque capilli eius renasci coeperant, 23 et principes Philisthinorum convenerunt in unum ut immolarent hostias
magnificas Dagon deo suo, et epularen-
tur, dicentes: Tradidit Deus noster inimicum nostrum Samson in manus nostras. 24 Quod etiam populus videns, lau-
dabat deum suum, eademque dicebat:
tradidit deus noster adversarium nostrum
in manus nostras, qui delevit terram nostram, et occidit plurimos. 25 Laetantesque
per convivia, sumptis iam epulis, praeceperunt ut vocaretur Samson, et ante eos
luderet. Qui adductus de carcere ludebat
ante eos, feceruntque eum stare inter duas
columnas. 26 Qui dixit puero regenti gressus suos: Dimitte me, ut tangam columnas, quibus omnis imminet domus, et re-
cliner super eas, et paululum requiescam.
27 Domus autem erat plena virorum ac
mulierum, et erant ibi omnes principes
Philisthinorum, ac de tecto et solario circiter tria millia utriusque sexus spectantes ludentem Samson. 28 At ille invocato
Domino ait: Domine Deus, memento
mei, et redde mihi nunc fortitudinem pristinam, Deus meus, ut ulciscar me de hostibus meis, et pro amissione duorum luminum unam ultionem recipiam. 29 Et
apprehendens ambas columnas, quibus innitebatur domus, alteramque earum dextera, et alteram laeva tenens, 30 ait: Moriatur anima mea cum Philisthiim. Con-
cussisque fortiter columnis, cecidit domus
super omnes principes, et caeteram multitudinem, quae ibi erat: multoque plures
interfecit moriens, quam ante vivus occiderat. 31 Descendentes autem fratres eius
et universa cognatio tulerunt corpus eius,
et sepelierunt inter Saraa et Esthaol in
sepulchro patris sui Manue: iudicavitque
Israel viginti annis.

APPENDIX

(17,1-21,24)

Aedicula Michae

17 1 Fuit eo tempore vir quidam de
monte Ephraim momine Michas,
2 qui dixit matri suae: Mille et centum
argenteos, quos separaveras tibi, et super
quibus me audiente iuraveras, ecce ego
habeo, et apud me sunt. Cui illa respondit: Benedictus filius meus Domino. 3 Reddidit ergo eos matri suae, quae dixerat ei:
Consecravi et vovi hoc argentum Domino, ut de manu mea suscipiat filius meus,
et faciat sculptile atque conflatile: et nunc
trado illud tibi. 4 Reddidit igitur eos matri suae: quae tulit ducentos argenteos, et
dedit eos argentario, ut faceret ex eis
sculptile atque conflatile, quod fuit in
domo Michae. 5 Qui aediculam quoque
in ea Deo separavit, et fecit ephod, et theraphim, id est, vestem sacerdotalem, et
idola: implevitque unius filiorum suorum
manum, et factus est ei sacerdos.
6 In diebus illis non erat rex in Israel,
sed unusquisque quod sibi rectum videbatur, hoc faciebat.

Servitium levitae commendatum

7 Fuit quoque alter adolescens de Bethlehem Iuda, ex cognatione eius: eratque
ipse Levites, et habitabat ibi. 8 Egressusque de civitate Bethlehem, peregrinari voluit ubicumque sibi commodum reperis-
set. Cumque venisset in montem Ephraim,
iter faciens, et declinasset parumper in
domum Michae, 9 interrogatus est ab eo
unde venisset. Qui respondit: Levita sum
de Bethlehem Iuda, et vado ut habitem
ubi potuero, et utile mihi esse perspexero.
10 Dixitque Michas: Mane apud me, et
esto mihi parens ac sacerdos: daboque
tibi per annos singulos decem argenteos,
ac vestem duplicem, et quae ad victum
sunt necessaria. 11 Acquievit, et mansit
apud hominem, fuitque illi quasi unus
de filiis. 12 Implevitque Michas manum
eius, et habuit puerum sacerdotem apud
se: 13 Nunc scio, dicens, quod benefaciet
mihi Deus habenti Levitici generis sacerdotem.

Quinque Dan exploratores

18 1 In diebus illis non erat rex in Israel, et tribus Dan quaerebat possessionem sibi, ut habitaret in ea: usque
ad illum enim diem inter caeteras tribus
sortem non acceperat. 2 Miserunt ergo
filii Dan, stirpis et familiae suae quinque
viros fortissimos de Saraa et Esthaol, ut
explorarent terram, et diligenter inspice-
rent: dixeruntque eis: Ite, et considerate
terram. Qui cum pergentes venissent in

5. — **18**: Iud 16,5. — **23**: 1 Sam 5,2-5; 1 Par 10,
10; 1 Mach 10,83; 11,4. — **30**: Iud 14,19; 15,8.
15. ‖ Const. Innocentii XI· D 1271. — **31**: Iud
13,25; 15,20.

17 **3**: Ex 20,4; Lev 19,4. — **5**: Ex 29,24;
Lev 8,27; Iud 8,27; 18,14.17.27. — **6**: Iud
18,1.31; 21,24. — **10**: Iud 18,19. — **12**: Iud 18,
19.30.

18 **1**: Ios 19,40-48; Iud 1,34; 17,6. — **2**: Iud
13,25. — **3-4**: Iud 17,7.10. — **5**: Num 27,
21. — **7**: Ios 19,47. — **12**: Ios 15,60; Iud 13,25.
14: Iud 17,4-5. — **19**: Iud 17,10. — **24**: Gen 31,

montem Ephraim, et intrassent domum
Michae, requieverunt ibi: 3 et agnoscen-
tes vocem illius adolescentis Levitae, uten-
tesque illius diversorio, dixerunt ad eum:
Quis te huc adduxit? quid hic agis? quam
ob causam huc venire voluisti? 4 Qui respondit eis: Haec et haec praestitit mihi
Michas, et me mercede conduxit, ut sim
ei sacerdos. 5 Rogaverunt autem eum ut
consuleret Dominum, ut scire possent an
prospero itinere pergerent, et res haberet
effectum. 6 Qui respondit eis: Ite in pace:
Dominus respicit viam vestram, et iter
quo pergitis.
7 Euntes igitur quinque viri venerunt
Lais: videruntque populum habitantem in
ea absque ullo timore, iuxta consuetudinem Sidoniorum, securum et quietum,
nullo ei penitus resistente, magnarumque
opum, et procul a Sidone atque a cunctis
hominibus separatum.

Viri Dan ascendunt contra Lais

8 Reversique ad fratres suos in Saraa
et Esthaol, et quid egissent sciscitantibus
responderunt: 9 Surgite, ascendamus ad
eos: vidimus enim terram valde opulentam et uberem: nolite negligere, nolite
cessare; eamus, et possideamus eam, nullus erit labor. 10 Intrabimus ad securos, in
regionem latissimam, tradetque nobis Dominus locum, in quo nullius rei est penuria, eorum quae gignuntur in terra.
11 Profecti igitur sunt de cognatione
Dan, id est, de Saraa et Esthaol, sexcenti
viri accincti armis bellicis, 12 ascendentes-
que manserunt in Cariathiarim Iudae: qui
locus ex eo tempore Castrorum Dan nomen accepit, et est post tergum Cariathiarim. 13 Inde transierunt in montem
Ephraim. Cumque venissent ad domum
Michae, 14 dixerunt quinque viri, qui prius
missi fuerant ad considerandam terram
Lais, caeteris fratribus suis: Nostis quod
in domibus istis sit ephod, et theraphim,
et sculptile, atque conflatile: videte quid
vobis placeat.

Arripiunt idolum Michae et levitam

15 Et cum paululum declinassent, ingressi sunt domum adolescentis Levitae,
qui erat in domo Michae: salutaveruntque eum verbis pacificis. 16 Sexcenti autem
viri ita ut erant armati, stabant ante ostium. 17 At illi, qui ingressi fuerant domum iuvenis, sculptile, et ephod, et theraphim, atque conflatile tollere niteban-
tur, et sacerdos stabat ante ostium, sexcentis viris fortissimis haud procul expectantibus. 18 Tulerunt igitur qui intraverant, sculptile, ephod, et idola, atque
conflatile. Quibus dixit sacerdos: Quid facitis?
19 Cui responderunt: Tace et pone digitum super os tuum: venique nobiscum,
ut habeamus te patrem, ac sacerdotem.
Quid tibi melius est, ut sis sacerdos in
domo unius viri, an in una tribu et familia in Israel? 20 Quod cum audisset, acquievit sermonibus eorum, et tulit ephod,
et idola, ac sculptile, et profectus est cum
eis.
21 Qui cum pergerent, et ante se ire
fecissent parvulos ac iumenta, et omne
quod erat pretiosum, 22 et iam a domo
Michae essent procul, viri qui habitabant
in aedibus Michae conclamantes secuti
sunt, 23 et post tergum clamare coeperunt.
Qui cum respexissent, dixerunt ad Mi-
cham: Quid tibi vis? cur clamas? 24 Qui
respondit: Deos meos, quos mihi feci,
tulistis, et sacerdotem, et omnia quae
habeo, et dicitis: Quid tibi est? 25 Dixeruntque ei filii Dan: Cave ne ultra loquaris ad nos, et veniant ad te viri animo
concitati, et ipse cum omni domo tua
pereas. 26 Et sic coepto itinere perrexerunt. Videns autem Michas, quod fortiores se essent, reversus est in domum suam.

Expugnata Lais rursus eam extruunt sub nomine Dan

27 Sexcenti autem viri tulerunt sacerdotem, et quae supra diximus: veneruntque in Lais ad populum quiescentem atque securum, et percusserunt eos in ore
gladii: urbemque incendio tradiderunt,
28 nullo penitus ferente praesidium, eo
quod procul habitarent a Sidone, et cum
nullo hominum haberent quidquam societatis ac negotii. Erat autem civitas sita
in regione Rohob: quam rursum extruentes habitaverunt in ea, 29 vocato nomine
civitatis Dan, iuxta vocabulum patris sui,
quem genuerat Israel, quae prius Lais dicebatur. 30 Posueruntque sibi sculptile, et
Ionathan filium Gersam filii Moysi, ac
filios eius sacerdotes in tribu Dan, usque
ad diem captivitatis suae. 31 Mansitque
apud eos idolum Michae omni tempore,
quo fuit domus Dei in Silo.
In diebus illis non erat rex in Israel.

30: Ex 2,22; 18,3; Iud 13,6; 17,12; 1 Sam 4, 30; Iud 17,5. — **28:** Num 13,22; Ios 19,28. — **29:** Gen 14,14; Iud 20,1; 3 Reg 12,29-30. — 2-3.10-11; Ps 77,60-64. — **31:** Ios 18,1; Iud 17, 6; 1 Sam 1,3.

Levita pergit e Bethlehem cum uxore

19 1 Fuit quidam vir Levites habitans
in latere montis Ephraim, qui accepit uxorem de Bethlehem Iuda: 2 quae
reliquit eum, et reversa est in domum patris sui in Bethlehem, mansitque apud
eum quatuor mensibus. 3 Secutusque est
eam vir suus, volens reconciliari ei, atque
blandiri, et secum reducere, habens in comitatu puerum et duos asinos: quae suscepit eum, et introduxit in domum patris
sui. Quod cum audisset socer eius, eumque vidisset, occurrit ei laetus, 4 et amplexatus est hominem. Mansitque gener
in domo soceri tribus diebus, comedens
cum eo et bibens familiariter.
5 Die autem quarto de nocte consurgens, proficisci voluit: quem tenuit socer,
et ait ad eum: Gusta prius pauxillum panis, et conforta stomachum, et sic proficisceris. 6 Sederuntque simul, ac comederunt et biberunt. Dixitque pater puellae
ad generum suum: Quaeso te ut hodie
hic maneas, pariterque laetemur. 7 At ille
consurgens, coepit velle proficisci. Et nihilominus obnixe eum socer tenuit, et
apud se fecit manere. 8 Mane autem facto, parabat Levites iter. Cui socer rursum: Oro te, inquit, ut paululum cibi capias, et assumptis viribus, donec increscat dies, postea proficiscaris. Comederunt
ergo simul. 9 Surrexitque adolescens, ut
pergeret cum uxore sua et puero. Cui rursum locutus est socer: Considera quod
dies ad occasum declivior sit, et propinquat ad vesperum: mane apud me etiam
hodie, et duc laetum diem, et cras proficisceris ut vadas in domum tuam. 10 Noluit gener acquiescere sermonibus eius:
sed statim perrexit, et venit contra Iebus,
quae altero nomine vocatur Ierusalem,
ducens secum duos asinos onustos, et concubinam.

Hospitatur in Gabaa apud senem

11 Iamque erant iuxta Iebus, et dies mu-
tabatur in noctem: dixitque puer ad dominum suum: Veni, obsecro, declinemus
ad urbem Iebusaeorum, et maneamus in
ea. 12 Cui respondit dominus: Non ingrediar oppidum gentis alienae, quae non est
de filiis Israel, sed transibo usque Gabaa:
13 et cum illuc pervenero, manebimus in
ea, aut certe in urbe Rama. 14 Transierunt
ergo Iebus, et coeptum carpebant iter, oc-
cubuitque eis sol iuxta Gabaa, quae est
in tribu Beniamin: 15 diverteruntque ad
eam, ut manerent ibi.
Quo cum intrassent, sedebant in platea
civitatis, et nullus eos recipere voluit hospitio. 16 Et ecce, apparuit homo senex,
revertens de agro et de opere suo vesperi, qui et ipse de monte erat Ephraim, et
peregrinus habitabat in Gabaa: homines
autem regionis illius erant filii Iemini.
17 Elevatisque oculis, vidit senex sedentem hominem cum sarcinulis suis in platea civitatis: et dixit ad eum: Unde venis?
et quo vadis? 18 Qui respondit ei: Profecti
sumus de Bethlehem Iuda, et pergimus ad
locum nostrum, qui est in latere montis
Ephraim, unde ieramus in Bethlehem: et
nunc vadimus ad domum Dei, nullusque
sub tectum suum nos vult recipere, 19 habentes paleas et foenum in asinorum pabulum, et panem ac vinum in meos et ancillae tuae usus, et pueri, qui mecum est:
nulla re indigemus nisi hospitio. 20 Cui
respondit senex: Pax tecum sit, ego praebebo omnia quae necessaria sunt: tantum, quaeso, ne in platea maneas. 21 In-
troduxitque eum in domum suam, et pabulum asinis praebuit: ac postquam laverunt pedes suos, recepit eos in convivium.

Gabaitarum libido

22 Illis epulantibus, et post laborem itineris, cibo et potu reficientibus corpora,
venerunt viri civitatis illius, filii Belial (id
est, absque iugo), et circumdantes domum
senis, fores pulsare coeperunt, clamantes
ad dominum domus, atque dicentes: Educ
virum, qui ingressus est domum tuam, ut
abutamur eo. 23 Egressusque est ad eos
senex, et ait: Nolite, fratres, nolite facere
malum hoc: quia ingressus est homo hospitium meum, et cessate ab hac stultitia:
24 habeo filiam virginem, et hic homo habet concubinam, educam eas ad vos, ut
humilietis eas, et vestram libidinem com-
pleatis: tantum, obsecro, ne scelus hoc
contra naturam operemini in virum.
25 Nolebant acquiescere sermonibus illius: quod cernens homo, eduxit ad eos
concubinam suam, et eis tradidit illuden-
dam: qua cum tota nocte abusi essent,
dimiserunt eam mane. 26 At mulier, rece-
dentibus tenebris, venit ad ostium domus,
ubi manebat dominus suus, et ibi corruit.
27 Mane facto, surrexit homo, et aperuit
ostium, ut coeptam expleret viam: et ecce
concubina eius iacebat ante ostium spar-
sis in limine manibus. 28 Cui ille, putans
eam quiescere, loquebatur: Surge, et ambulemus. Qua nihil respondente, intelligens quod erat mortua, tulit eam, et imposuit asino, reversusque est in domum
suam.

19 **10:** Ios 15,8.63; Iud 1,21; 1 Par 11,4. — **12:** Ios 18,28. — **13:** Ios 18,25. — **16:** Iud 19,14; 20,4. — **18:** Iud 18,31. — **20:** Gen 19,2. **21:** Gen 18,4; 24,32; 43,24. — **22-25:** Gen 19, 4-9. — **30:** Os 9,9; 10,9.

29 Quam cum esset ingressus, arripuit
gladium, et cadaver uxoris cum ossibus
suis in duodecim partes ac frusta concidens, misit in omnes terminos Israel.
30 Quod cum vidissent singuli, conclama-
bant: Nunquam res talis facta est in Israel ex eo die, quo ascenderunt patres
nostri de Aegypto, usque in praesens tempus: ferte sententiam, et in commune decernite quid facto opus sit.

Levita narrat crimen ducibus populi

20 1 Egressi itaque sunt omnes filii Israel, et pariter congregati, quasi vir
unus, de Dan, usque Bersabee, et terra
Galaad ad Dominum in Maspha. 2 Omnesque anguli populorum, et cunctae tribus Israel in ecclesiam populi Dei convenerunt, quadringenta millia peditum pugnatorum. 3 (Nec latuit filios Beniamin
quod ascendissent filii Israel in Maspha.)
Interrogatusque Levita, maritus mulieris interfectae, quomodo tantum scelus
perpetratum esset, 4 respondit: Veni in
Gabaa Beniamin cum uxore mea, illucque diverti: 5 et ecce homines civitatis illius circumdederunt nocte domum, in qua
manebam, volentes me occidere, et uxorem meam incredibili furore libidinis ve-
xantes, denique mortua est. 6 Quam arreptam, in frusta concidi, misique partes
in omnes terminos possessionis vestrae:
quia nunquam tantum nefas, et tam grande piaculum factum est in Israel. 7 Adestis omnes filii Israel, decernite quid facere debeatis.
8 Stansque omnis populus, quasi unius
hominis sermone respondit: Non recedemus in tabernacula nostra, nec suam quisquam intrabit domum: 9 sed hoc contra
Gabaa in commune faciamus. 10 Decem
viri eligantur e centum ex omnibus tribubus Israel, et centum de mille, et mille de
decem millibus, ut comportent exercitui
cibaria, et possimus pugnare contra Gabaa Beniamin, et reddere ei pro scelere,
quod meretur. 11 Convenitque universus
Israel ad civitatem, quasi homo unus eadem mente, unoque consilio.

Oritur bellum contra Beniamin

12 Et miserunt nuntios ad omnem tribum Beniamin, qui dicerent: Cur tantum
nefas in vobis repertum est? 13 Tradite
homines de Gabaa, qui hoc flagitium perpetrarunt, ut moriantur, et auferatur malum de Israel. Qui noluerunt fratrum suorum filiorum Israel audire mandatum:
14 sed ex cunctis urbibus, quae sortis suae
erant, convenerunt in Gabaa, ut illis ferrent auxilium, et contra universum populum Israel dimicarent. 15 Inventique sunt
viginti quinque millia de Beniamin educentium gladium, praeter habitatores Gabaa, 16 qui septingenti erant viri fortissimi, ita sinistra ut dextra praeliantes: et
sic fundis lapides ad certum iacientes, ut
capillum quoque possent percutere, et nequaquam in alteram partem ictus lapidis
deferretur. 17 Virorum quoque Israel, absque filiis Beniamin, inventa sunt quadringenta millia educentium gladios, et para-
torum ad pugnam.

Tribus Israel consulunt Dominum, sed superantur a Beniamitis

18 Qui surgentes venerunt in domum
Dei, hoc est, in Silo: consulueruntque
Deum, atque dixerunt: Quis erit in exercitu nostro princeps certaminis contra filios Beniamin? Quibus respondit Dominus: Iudas sit dux vester. 19 Statimque
filii Israel surgentes mane, castrametati
sunt iuxta Gabaa: 20 et inde procedentes
ad pugnam contra Beniamin, urbem oppugnare coeperunt. 21 Egressique filii Beniamin de Gabaa, occiderunt de filiis Israel die illo viginti duo millia virorum.
22 Rursum filii Israel et fortitudine et
numero confidentes, in eodem loco, in
quo prius certaverant, aciem direxerunt:
23 ita tamen ut prius ascenderent et flerent
coram Domino usque ad noctem: con-
sulerentque eum, et dicerent: Debeo ultra procedere ad dimicandum contra filios
Beniamin fratres meos, an non? Quibus
ille respondit: Ascendite ad eos, et inite
certamen. 24 Cumque filii Israel altera die
contra filios Beniamin ad praelium processissent, 25 eruperunt filii Beniamin de
portis Gabaa: et occurrentes eis tanta in
illos caede bacchati sunt, ut decem et octo
millia virorum educentium gladium pro-
sternerent.

Iterum Deum consulunt et Beniamin profligatur

26 Quamobrem omnes filii Israel venerunt in domum Dei, et sedentes flebant
coram Domino: ieiunaveruntque die illo
usque ad vesperam, et obtulerunt ei holocausta, atque pacificas victimas, 27 et
super statu suo interrogaverunt. Eo tempore ibi erat arca foederis Dei, 28 et Phinees filius Eleazari filii Aaron praepositus
domus. Consuluerunt igitur Dominum,
atque dixerunt: Exire ultra debemus ad

20 **1:** Iud 11,11; 1 Sam 3,20; 7,5; 10,17; 2 Sam 3,10. — **2:** 2 Sam 14,38. — **4:** Iud 19,15. — **5:** Iud 19,22-27. — **6:** Iud 19,29. — **13:** Deut 13,5; 17,2.7. — **15:** Num 1,37; 26,41. **18:** Iud 1,1-2; 18,31. — **27:** Ios 18,1; 1 Sam 4,3-4. — **28:** Num 25,7; 31,6; Ios 22,15; 24,33.

pugnam contra filios Beniamin fratres
nostros, an quiescere? Quibus ait Dominus:
nus: Ascendite, cras enim tradam eos in
manus vestras.
29 Posueruntque filii Israel insidias per
circuitum urbis Gabaa: 30 et tertia vice,
sicut semel et bis, contra Beniamin exercitum produxerunt. 31 Sed et filii Beniamin audacter eruperunt de civitate, et fugientes adversarios longius persecuti sunt,
ita ut vulnerarent ex eis sicut primo die
et secundo, et caederent per duas semitas
vertentes terga, quarum una ferebatur in
Bethel et altera in Gabaa, atque proster-
nerent triginta circiter viros: 32 putaverunt enim solito eos more cedere. Qui fugam arte simulantes inierunt consilium ut
abstraherent eos de civitate, et quasi fugientes ad supradictas semitas perducerent. 33 Omnes itaque filii Israel surgentes
de sedibus suis, tetenderunt aciem in loco,
qui vocatur Baalthamar. Insidiae quoque,
quae circa urbem erant, paulatim se aperire coeperunt, 34 et ab occidentali urbis
parte procedere. Sed et alia decem millia
virorum de universo Israel, habitatores
urbis ad certamina provocabant. Ingravatumque est bellum contra filios Beniamin: et non intellexerunt quod ex omni
parte illis instaret interitus. 35 Percussitque eos Dominus in conspectu filiorum
Israel, et interfecerunt ex eis in illo die
viginti quinque millia, et centum viros,
omnes bellatores et educentes gladium.
36 Filii autem Beniamin cum se inferiores esse vidissent, coeperunt fugere. Quod
cernentes filii Israel, dederunt eis ad fu-
giendum locum, ut ad praeparatas insidias devenirent, quas iuxta urbem posuerant. 37 Qui cum repente de latibulis surrexissent, et Beniamin terga caedentibus
daret, ingressi sunt civitatem, et percusserunt eam in ore gladii. 38 Signum autem
dederant filii Israel his quos in insidiis
collocaverant, ut postquam urbem cepis-
sent, ignem accenderent: ut ascendente in
altum fumo, captam urbem demonstra-
rent. 39 Quod cum cernerent filii Israel in
ipso certamine positi (putaverunt enim
filii Beniamin eos fugere, et instantius persequebantur, caesis de exercitu eorum
triginta viris) 40 et viderent quasi columnam fumi de civitate conscendere: Beniamin quoque aspiciens retro, cum captam
cerneret civitatem, et flammas in sublime
ferri: 41 qui prius simulaverant fugam,
versa facie fortius resistebant. Quod cum
vidissent filii Beniamin, in fugam versi
sunt, 42 et ad viam deserti ire coeperunt,
illuc quoque eos adversariis persequentibus: sed et hi qui urbem succenderant,
occurrerunt eis. 43 Atque ita factum est,
ut ex utraque parte ab hostibus caederentur, nec erat ulla requies morientium. Ceciderunt, atque prostrati sunt ad orientalem plagam urbis Gabaa. 44 Fuerunt autem qui in eodem loco interfecti sunt, decem et octo millia virorum, omnes robustissimi pugnatores.

Tota tribus Beniamin destructa

45 Quod cum vidissent qui remanserant
de Beniamin, fugerunt in solitudinem: et
pergebant ad petram, cuius vocabulum
est Remmon. In illa quoque fuga palantes, et in diversa tendentes, occiderunt
quinque millia virorum. Et cum ultra tenderent, persecuti sunt eos, et interfecerunt
etiam alia duo millia. 46 Et sic factum est
ut omnes qui ceciderant de Beniamin in
diversis locis, essent viginti quinque millia, pugnatores ad bella promptissimi.
47 Remanserunt itaque de omni numero Beniamin, qui evadere, et fugere in solitudinem potuerunt, sexcenti viri: sederuntque in petra Remmon mensibus quatuor. 48 Regressi autem filii Israel, omnes
reliquias civitatis a viris usque ad iumenta gladio percusserunt, cunctasque urbes
et viculos Beniamin vorax flamma consumpsit.

Dolet Israel de fato Beniamin

21 1 Iuraverunt quoque filii Israel in
Maspha et dixerunt: Nullus nos-
trum dabit filiis Beniamin de filiabus suis
uxorem. 2 Veneruntque omnes ad domum
Dei in Silo, et in conspectu eius sedentes
usque ad vesperam, levaverunt vocem, et
magno ululatu coeperunt flere, dicentes:
3 Quare, Domine Deus Israel, factum est
hoc malum in populo tuo, ut hodie una
tribus auferretur ex nobis? 4 Altera autem die diluculo consurgentes, extruxerunt altare: obtuleruntque ibi holocausta,
et pacificas victimas, et dixerunt: 5 Quis
non ascendit in exercitu Domini de universis tribubus Israel? Grandi enim iuramento se constrinxerant, cum essent in
Maspha, interfici eos qui defuissent.
6 Ductique poenitentia filii Israel super
fratre suo Beniamin, coeperunt dicere:
Ablata est tribus una de Israel, 7 unde
uxores accipient? omnes enim in commune iuravimus, non daturus nos his filias
nostras. 8 Idcirco dixerunt: Quis est de
universis tribubus Israel, qui non ascendit ad Dominum in Maspha? Et ecce inventi sunt habitatores Iabes Galaad in
illo exercitu non fuisse. 9 (Eo quoque tempore cum essent in Silo, nullus ex eis ibi
repertus est.)

29-46: Ios 8,4-24. — **45:** Ios 15,32; Iud 21,13. **46:** Iud 20,35.

21 **1:** Iud 20,1. — **2:** Iud 18,31; 20,18.26. — **5:** Iud 20,8-11. — **8:** 1 Sam 11,1; 31,

Residuis Beniamitarum dantur in uxores filiae Iabes Galaad

10 Miserunt itaque decem millia viros
robustissimos, et praeceperunt eis: Ite, et
percutite habitatores Iabes Galaad in ore
gladii, tam uxores quam parvulos eorum.
11 Et hoc erit quod observare debebitis:
Omne generis masculini, et mulieres, quae
cognoverunt viros, interficite, virgines autem reservate. 12 Inventaeque sunt de Iabes Galaad quadringentae virgines, quae
nescierunt viri thorum, et adduxerunt eas
ad castra in Silo, in terram Chanaan.
13 Miseruntque nuntios ad filios Beniamin, qui erant in petra Remmon, et praeceperunt eis, ut eos susciperent in pace.
14 Veneruntque filii Beniamin in illo tempore, et datae sunt eis uxores de filiabus
Iabes Galaad: alias autem non repererunt, quas simili modo traderent.
15 Universusque Israel valde doluit, et
egit poenitentiam super interfectione
unius tribus ex Israel.

Raptus in Silo

16 Dixeruntque maiores natu: Quid faciemus reliquis, qui non acceperunt uxores? omnes in Beniamin feminae conciderunt, 17 et magna nobis cura, ingentique
studio providendum est, ne una tribus deleatur ex Israel. 18 Filias enim nostras eis
dare non possumus, constricti iuramento
et maledictione, qua diximus: Maledictus
qui dederit de filiabus suis uxorem Beniamin.
19 Ceperuntque consilium, atque dixerunt: Ecce solemnitas Domini est in Silo
anniversaria, quae sita est ad septentrionem urbis Bethel, et ad orientalem plagam viae, quae de Bethel tendit ad Sichimam, et ad meridiem oppidi Lebona.
20 Praeceperuntque filiis Beniamin, atque
dixerunt: Ite, et latitate in vineis. 21 Cumque videritis filias Silo ad ducendos choros ex more procedere, exite repente de
vineis et rapite ex eis singuli uxores singulas, et pergite in terram Beniamin.
22 Cumque venerint patres earum, ac fratres, et adversum vos queri coeperint, atque iurgari, dicemus eis: Miseremini eorum: non enim rapuerunt eas iure bellantium atque victorum, sed rogantibus ut
acciperent, non dedistis, et a vestra parte
peccatum est. 23 Feceruntque filii Beniamin, ut sibi fuerat imperatum: et iuxta
numerum suum, rapuerunt sibi de his
quae ducebant choros, uxores singulas:
abieruntque in possessionem suam aedificantes urbes, et habitantes in eis. 24 Filii
quoque Israel reversi sunt per tribus et
familias in tabernacula sua.

In diebus illis non erat rex in Israel: sed unusquisque quod sibi rectum videbatur, hoc faciebat.

L I B E R   R U T H

SUMMARIUM *Elimelech in Moab (1,1-6). Noemi eius vidua redit in Bethlehem (1,7-22). Ruth in agro Booz (3). Ruth uxor Booz (3-4).*

Elimelech in Moab

1 1 In diebus unius iudicis, quando iudices praeerant, facta est fames in
terra. Abiitque homo de Bethlehem Iuda,
ut peregrinaretur in regione Moabitide
cum uxore sua ac duobus liberis. 2 Ipse
vocabatur Elimelech, et uxor eius Noemi:
et duo filii, alter Mahalon, et alter Chelion, Ephrathaei de Bethlehem Iuda. Ingressique regionem Moabitidem, morabantur ibi. 3 Et mortuus est Elimelech maritus Noemi: remansitque ipsa cum filiis.
4 Qui acceperunt uxores Moabitidas, quarum una vocabatur Orpha, altera vero
Ruth. Manseruntque ibi decem annis, 5 et
ambo mortui sunt, Mahalon videlicet et
Chelion: remansitque mulier orbata duobus liberis ac marito.
6 Et surrexit ut in patriam pergeret cum
utraque nuru sua de regione Moabitide:
audierat enim quod respexisset Dominus
populum suum, et dedisset eis escas.

Noemi verba ad nurus suas

7 Egressa est itaque de loco peregrinationis suae, cum utraque nuru: et iam in
via revertendi posita in terram Iuda, 8 dixit ad eas: Ite in domum matris vestrae,

11-13. — 11: Num 31,17. — 13: Iud 20,47. — 21: Ex 15,20; Iud 11,34; 1 Sam 18,6. — 23: Iud 20,48. — 24: Iud 17,6; 18,1; 19,1.

1 1: Iud 2,16. — 2: Gen 35,19; 1 Sam 17,12. 8: Ruth 1,5; 2,20. — 9: Ruth 3,1. — 15:

faciat vobiscum Dominus misericordiam,
sicut fecistis cum mortuis et mecum. 9 Det
vobis invenire requiem in domibus virorum, quos sortiturae estis. Et osculata est
eas. Quae elevata voce flere coeperunt,
10 et dicere: Tecum pergemus ad populum tuum. 11 Quibus illa respondit: Revertimini, filiae meae, cur venitis mecum?
num ultra habeo filios in utero meo, ut
viros ex me sperare possitis? 12 Revertimini, filiae meae, et abite: iam enim senectute confecta sum, nec apta vinculo
coniugali: etiamsi possem hac nocte concipere, et parere filios, 13 si eos expectare
velitis donec crescant, et annos pubertatis
impleant, ante eritis vetulae quam nuba-
tis. Nolite, quaeso, filiae meae: quia vestra angustia magis me premit, et egressa
est manus Domini contra me. 14 Elevata
igitur voce, rursum flere coeperunt: Orpha
osculata est socrum, ac reversa est: Ruth
adhaesit socrui suae: 15 cui dixit Noemi:
En reversa est cognata tua ad populum
suum, et ad deos suos, vade cum ea.
16 Quae respondit: Ne adverseris mihi ut
relinquam te et abeam: quocumque enim
perrexeris, pergam, et ubi morata fueris,
et ego pariter morabor. Populus tuus populus meus, et Deus tuus Deus meus.
17 Quae te terra morientem susceperit, in
ea moriar: ibique locum accipiam sepulturae. Haec mihi faciat Dominus, et haec
addat, si non sola mors me et te separa-
verit.

Redit in Bethlehem cum Ruth

18 Videns ergo Noemi, quod obstinato
animo Ruth decrevisset secum pergere,
adversari noluit, nec ad suos ultra reditum persuadere: 19 profectaeque sunt simul, et venerunt in Bethlehem. Quibus
urbem ingressis, velox apud cunctos fama
percrebruit: dicebantque mulieres: Haec
est illa Noemi. 20 Quibus ait: Ne vocetis
me Noemi (id est, pulchram), sed vocate
me Mara (id est, amaram), quia amaritudine valde replevit me Omnipotens.
21 Egressa sum plena, et vacuam reduxit
me Dominus. Cur ergo vocatis me Noemi, quam Dominus humiliavit, et afflixit
Omnipotens? 22 Venit ergo Noemi cum
Ruth Moabitide nuru sua, de terra peregrinationis suae: ac reversa est in Bethlehem, quando primum hordea meteban-
tur.

Ruth in agro Booz

2 1 Erat autem viro Elimelech consanguineus, homo potens, et magnarum
opum, nomine Booz.

2 Dixitque Ruth Moabitis ad socrum
suam: Si iubes, vadam in agrum, et colligam spicas quae fugerint manus metentium, ubicumque clementis in me patrisfamilias reperero gratiam. Cui illa respondit: Vade, filia mea. 3 Abiit itaque et col-
ligebat spicas post terga metentium. Accidit autem ut ager ille haberet dominum
nomine Booz, qui erat de cognatione Elimelech. 4 Et ecce, ipse veniebat de Bethlehem, dixitque messoribus: Dominus vobiscum. Qui responderunt ei: Benedicat
tibi Dominus. 5 Dixitque Booz iuveni, qui
messoribus praeerat: Cuius est haec puella? 6 Cui respondit: Haec est Moabitis,
quae venit cum Noemi, de regione Moabitide, 7 et rogavit ut spicas colligeret remanentes, sequens messorum vestigia: et
de mane usque nunc stat in agro, et ne ad
momentum quidem domum reversa est.

8 Et ait Booz ad Ruth: Audi, filia, ne
vadas in alterum agrum ad colligendum,
nec recedas ab hoc loco: sed iungere puellis meis, 9 et ubi messuerint, sequere. Mandavi enim pueris meis, ut nemo molestus
sit tibi: sed etiam si sitieris, vade ad sar-
cinulas, et bibe aquas, de quibus et pueri bibunt. 10 Quae cadens in faciem suam
et adorans super terram, dixit ad eum:
Unde mihi hoc, ut invenirem gratiam ante
oculos tuos, et nosse me dignareris pe-
regrinam mulierem? 11 Cui ille respondit:
Nuntiata sunt mihi omnia, quae feceris
socrui tuae post mortem viri tui: et quod
reliqueris parentes tuos, et terram in qua
nata es, et veneris ad populum, quem antea nesciebas. 12 Reddat tibi Dominus pro
opere tuo, et plenam mercedem recipias
a Domino Deo Israel, ad quem venisti, et
sub cuius confugisti alas. 13 Quae ait: Inveni gratiam apud oculos tuos, domine
mi, qui consolatus es me, et locutus es
ad cor ancillae tuae, quae non sum similis unius puellarum tuarum. 14 Dixitque
ad eam Booz: Quando hora vescendi fuerit, veni huc, et comede panem, et intin-
ge buccellam tuam in aceto. Sedit itaque
ad messorum latus, et congessit polentam sibi, comeditque et saturata est, et
tulit reliquias. 15 Atque inde surrexit, ut
spicas ex more colligeret. Praecepit autem
Booz pueris suis, dicens: Etiamsi vobiscum metere voluerit, ne prohibeatis eam:
16 et de vestris quoque manipulis proiicite de industria, et remanere permittite, ut
absque rubore colligat, et colligentem
nemo corripiat.

17 Collegit ergo in agro usque ad vesperam: et quae collegerat virga caedens
et excutiens, invenit hordei quasi ephi
mensuram, id est, tres modios. 18 Quos

Iud 11,24; 3 Reg 11,7. — 16: Ruth 2,11-12. || Conc. Later. IV: D 431. — 20: Ex 15,23.

2 1: Ruth 3,2.12; 4,21; Mt 1,5. — 2: Deut 24, 10. — 6: Ruth 1,22. — 11: Ruth 1,14-17. —

portans reversa est in civitatem, et ostendit socrui suae: insuper protulit, et dedit
ei de reliquiis cibi sui, quo saturata fuerat. 19 Dixitque ei socrus sua: Ubi hodie
collegisti, et ubi fecisti opus? sit benedictus qui misertus est tui. Indicavitque ei
apud quem fuisset operata: et nomen dixit viri, quod Booz vocaretur. 20 Cui respondit Noemi: Benedictus sit a Domino:
quoniam eamdem gratiam, quam praebuerat vivis, servavit et mortuis. Rursumque ait: Propinquus noster est homo.
21 Et Ruth: Hoc quoque, inquit, praecepit
mihi, ut tamdiu messoribus eius iunge-
rer, donec omnes segetes meterentur.
22 Cui dixit socrus: Melius est, filia mea,
ut cum puellis eius exeas ad metendum,
ne in alieno agro quispiam resistat tibi.
23 Iuncta est itaque puellis Booz: et tamdiu cum eis messuit, donec hordea et triticum in horreis conderentur.

Noemi consilia ad Ruth

3 1 Postquam autem reversa est ad socrum suam, audivit ab ea: Filia mea,
quaeram tibi requiem, et providebo ut
bene sit tibi. 2 Booz iste, cuius puellis in
agro iuncta es, propinquus noster est, et
hac nocte aream hordei ventilat. 3 Lavare igitur, et ungere, et induere cultioribus
vestimentis, et descende in aream: non
te videat homo, donec esum potumque
finierit. 4 Quando autem ierit ad dormiendum, nota locum in quo dormiat: veniesque et discooperies pallium, quo operitur a parte pedum, et proiicies te, et ibi
iacebis: ipse autem dicet quid agere debeas. 5 Quae respondit: Quidquid praeceperis, faciam. 6 Descenditque in aream,
et fecit omnia quae sibi imperaverat socrus.

Verba Booz ad Ruth

7 Cumque comedisset Booz, et bibisset, et factus esset hilarior, issetque ad
dormiendum iuxta acervum manipulo-
rum, venit abscondite, et discooperto pallio, a pedibus eius se proiecit. 8 Et ecce,
nocte iam media expavit homo, et conturbatus est: viditque mulierem iacentem
ad pedes suos, 9 et ait illi: Quae es? Illaque respondit: Ego sum Ruth ancilla tua:
expande pallium tuum super famulam
tuam, quia propinquus es. 10 Et ille: Benedicta, inquit, es a Domino filia, et priorem misericordiam posteriore superasti:
quia non es secuta iuvenes, pauperes sive
divites. 11 Noli ergo metuere, sed quidquid dixeris mihi, faciam tibi. Scit enim
omnis populus, qui habitat intra portas
urbis meae, mulierem te esse virtutis.
12 Nec abnuo me propinquum, sed est
alius me propinquior. 13 Quiesce hac nocte: et facto mane, si te voluerit propin-
quitatis iure retinere, bene res acta est:
sin autem ille noluerit, ego te absque ulla
dubitatione suscipiam, vivit Dominus.
Dormi usque mane.
14 Dormivit itaque ad pedes eius, usque
ad noctis abscessum. Surrexit itaque antequam homines se cognoscerent mutuo,
et dixit Booz: Cave ne quis noverit quod
huc veneris. 15 Et rursum: Expande, inquit, pallium tuum, quo operiris, et tene
utraque manu. Qua extendente, et tenen-
te, mensus est sex modios hordei, et posuit super eam. Quae portans ingressa est
civitatem, 16 et venit ad socrum suam.
Quae dixit ei: Quid egisti, filia? Narravitque ei omnia, quae sibi fecisset homo.
17 Et ait: Ecce sex modios hordei dedit
mihi, et ait: Nolo vacuam te reverti ad
socrum tuam. 18 Dixitque Noemi: Expecta, filia, donec videamus quem res exitum habeat: neque enim cessabit homo,
nisi compleverit quod locutus est.

Booz in consilio seniorum

4 1 Ascendit ergo Booz ad portam, et
sedit ibi. Cumque vidisset propinquum praeterire, de quo prius sermo habitus est, dixit ad eum: Declina paulisper,
et sede hic: vocans eum nomine suo. Qui
divertit, et sedit. 2 Tollens autem Booz decem viros de senioribus civitatis, dixit ad
eos: Sedete hic. 3 Quibus sedentibus, locutus est ad propinquum: Partem agri
fratris nostri Elimelech vendet Noemi,
quae reversa est de regione Moabitide:
4 quod audire te volui, et tibi dicere coram cunctis sedentibus, et maioribus natu
de populo meo. Si vis possidere iure pro-
pinquitatis, eme, et posside: sin autem
displicet tibi, hoc ipsum indica mihi, ut
sciam quid facere debeam: nullus enim
est propinquus, excepto te, qui prior est:
et me, qui secundus sum. At ille respondit: Ego agrum emam. 5 Cui dixit Booz:
Quando emeris agrum de manu mulieris,
Ruth quoque Moabitidem, quae uxor defuncti fuit, debes accipere: ut suscites nomen propinqui tui in haereditate sua.
6 Qui respondit: Cedo iuri propinquita-
tis: neque enim posteritatem familiae
meae delere debeo: tu meo utere privi-
legio, quo me libenter carere profiteor.
7 Hic autem erat mos antiquitus in Israel inter propinquos, ut si quando alter

12: Ruth 11,6. — 14: Ruth 2,18. — 17: Ex 16,36; Ez 45,11. — 20: Ruth 3,9; 4,14.

3 1: Ruth 1,9. — 2: Ruth 2,1.8.20.23; 4,14. 9: Deut 25,5; Ez 16,8. — 10: Ruth 1,8. — 12: Ruth 4,1. — 13: Deut 25,5; Ruth 4,5. — 15: Ruth 2,17.

4 1: Ruth 3,12. — 2: Prov 31,23. — 4: Lev 25, 25. — 5: Deut 25,3-6; Ruth 3,13. — 6-7:

alteri suo iuri cedebat, ut esset firma con-
cessio, solvebat homo calceamentum
suum, et dabat proximo suo: hoc erat
testimonium cessionis in Israel. 8 Dixit
ergo propinquo suo Booz: Tolle calceamentum tuum. Quod statim solvit de
pede suo. 9 At ille maioribus natu, et
universo populo: Testes vos, inquit, estis
hodie, quod possederim omnia quae fuerunt Elimelech, et Chelion, et Mahalon,
tradente Noemi: 10 et Ruth Moabitidem,
uxorem Mahalon, in coniugium sumpse-
rim, ut suscitem nomen defuncti in haereditate sua, ne vocabulum eius de familia sua ac fratribus et populo deleatur.
Vos, inquam, huius rei testes estis. 11 Respondit omnis populus, qui erat in porta,
et maiores natu: Nos testes sumus: faciat Dominus hanc mulierem, quae ingreditur domum tuam, sicut Rachel et
Liam, quae aedificaverunt domum Israel:
ut sit exemplum virtutis in Ephratha, et
habeat celebre nomen in Bethlehem:
12 fiatque domus tua, sicut domus Phares,
quem Thamar peperit Iudae, de semine
quod tibi dederit Dominus ex hac puella.

Ruth uxor Booz

13 Tulit itaque Booz Ruth, et accepit
uxorem: ingressusque est ad eam, et dedit illi Dominus ut conciperet, et pareret
filium. 14 Dixeruntque mulieres ad Noemi: Benedictus Dominus, qui non est
passus ut deficeret successor familiae tuae,
et vocaretur nomen eius in Israel. 15 Et
habeas qui consoletur animam tuam, et
enutriat senectutem: de nuru enim tua
natus est, quae te diligit: et multo tibi
melior est, quam si septem haberes filios.
16 Susceptumque Noemi puerum posuit
in sinu suo, et nutricis ac gerulae fungebatur officio. 17 Vicinae autem mulieris
congratulantes ei, et dicentes: Natus est
filius Noemi: vocaverunt nomen eius
Obed: hic est pater Isai, patris David.
18 Hae sunt generationes Phares: Phares genuit Esron, 19 Esron genuit Aram,
Aram genuit Aminadab, 20 Aminadab genuit Nahasson, Nahasson genuit Salmon,
21 Salmon genuit Booz, Booz genuit Obed,
22 Obed genuit Isai, Isai genuit David.

LIBER PRIMUS SAMUELIS

QUI ET "PRIMUS REGUM" DICITUR

SUMMARIUM PARS PRIMA: POSTREMI IUDICES ISRAEL *(1-7): Elcana cum domo sua in Silo (1,1-19). Puer Samuel (1,20-2,10). Filii Heli (2,11-36). Samuel propheta Domini (3). Bellum contra Philisthaeos (4). Arca Dei inter Philisthaeos (5). Redditur arca Dei Israeli (6). Samuel iudex populi (7).*—PARS SECUNDA: INSTITUTIO REGIAE POTESTATIS *(8-15): Populus postulat regem (8). Origo Saulis (9). Saul unctus, designatus et electus rex Israel (10). In liberatione Iabes Saul demonstratur rex verus (11). Samuel dimittit munus iudicis (12). Incipit Saul bellum contra Philisthaeos (13). Praeclara gesta Ionathae (14). Bellum Saulis contra Amalec (15).*—PARS TERTIA: POSTREMA SAULIS ET INITIA DAVIDIS *(16-31): David unctus in regem (16,1-13). David psaltes apud Saul (16,14-23). David victor de Goliath (17). Ionathae amicitia et Saulis invidia in Davidem (18). Initia persecutionis Saulis contra Davidem (19). Foedus Ionathae cum Davide (20). David profugus in terra Israel (21-26). David profugus apud Philisthaeos (29). David victor de Amalecitis (30). Mors Saulis in praelio (31)*

PARS PRIMA

(1,1-7,17)

IUDICES POSTREMI

De Elcana ad templum Silo quotannis ascendente

1 1 Fuit vir unus de Ramathaimsophim,
de monte Ephraim, et nomen eius
Elcana, filius Ieroham, filii Eliu, filii Thohu, filii Suph, Ephrathaeus: 2 et habuit
duas uxores, nomen uni Anna, et nomen
secundae Phenenna. Fueruntque Phenennae filii: Annae autem non erant liberi.
3 Et ascendebat vir ille de civitate sua
statutis diebus, ut adoraret et sacrificaret
Domino exercituum in Silo. Erant autem
ibi duo filii Heli, Ophni et Phinees, sacerdotes Domini. 4 Venit ergo dies, et immolavit Elcana, deditque Phenennae uxori

Deut 25,7.10. — **9:** Ruth 1,2-5. — **11:** Gen 29, 30-31. 24; 35,16-19. — **12:** Gen 38,29. — **17:** Lc 1,58. **18-22:** 1 Par 2,4-15; Mt 1,3-6; Lc 3,32-33. — **18:** Gen 46,12; 1 Par 4,1. — **20:** Ex 6,23; Num 1,7. — **22:** 1 Sam 16,11-13.

1 **1:** Ruth 1,2; 1 Sam 1,19; 2,11; 17,12; 1 Par 6,34-35. — **3:** Ex 23,14; Deut 12,5-7; 16,

suae, et cunctis filiis eius, et filiabus partes: 5 Annae autem dedit partem unam
tristis, quia Annam diligebat. Dominus
autem concluserat vulvam eius. 6 Affige-
bat quoque eam aemula eius, et vehementer angebat, in tantum, ut exprobraret
quod Dominus conclusisset vulvam eius:
7 sicque faciebat per singulos annos: cum
redeunte tempore ascenderent ad templum Domini: et sic provocabat eam;
porro illa flebat, et non capiebat cibum.
8 Dixit ergo ei Elcana vir suus: Anna, cur
fles? et quare non comedis? et quam ob
rem affligitur cor tuum? numquid non ego
melior tibi sum, quam decem filii?

Annae oratio

9 Surrexit autem Anna postquam comederat et biberat in Silo. Et Heli sacerdote sedente super sellam ante postes
templi Domini, 10 cum esset Anna amaro
animo, oravit ad Dominum, flens largiter,
11 et votum vovit, dicens: Domine exercituum, si respiciens videris afflictionem
famulae tuae, et recordatus mei fueris,
nec oblitus ancillae tuae, dederisque ser-
vae tuae sexum virilem: dabo eum Domino omnibus diebus vitae eius, et novacula non ascendet super caput eius.

Ab Heli corripitur

12 Factum est autem, cum illa multiplicaret preces coram Domino, ut Heli ob-
servaret os eius. 13 Porro Anna loquebatur in corde suo, tantumque labia illius
movebantur, et vox penitus non audiebatur. Aestimavit ergo eam Heli temu-
lentam, 14 dixitque ei: Usquequo ebria
eris? digere paulisper vinum, quo mades.
15 Respondens Anna: Nequaquam, inquit,
domine mi: nam mulier infelix nimis ego
sum, vinumque et omne quod inebriare
potest, non bibi, sed effudi animam meam
in conspectu Domini. 16 Ne reputes ancillam tuam quasi unam de filiabus Belial: quia ex multitudine doloris, et moeroris mei locuta sum usque in praesens.
17 Tunc Heli ait ei: Vade in pace: et Deus
Israel det tibi petitionem tuam, quam rogasti eum. 18 Et illa dixit: Utinam inveniat ancilla tua gratiam in oculis tuis. Et
abiit mulier in viam suam, et comedit, vul-
tusque illius non sunt amplius in diversa
mutati. 19 Et surrexerunt mane, et adoraverunt coram Domino: reversique sunt,
et venerunt in domum suam Ramatha.

Samuelis nativitas

Cognovit autem Elcana Annam uxorem suam: et recordatus est eius Dominus. 20 Et factum est post circulum dierum, concepit Anna, et peperit filium, vocavitque nomen eius Samuel: eo quod a
Domino postulasset eum.
21 Ascendit autem vir eius Elcana, et
omnis domus eius, ut immolaret Domino
hostiam solemnem, et votum suum, 22 et
Anna non ascendit: dixit enim viro suo:
Non vadam, donec ablactetur infans, et
ducam eum, ut appareat ante conspectum Domini, et maneat ibi iugiter. 23 Et
ait ei Elcana vir suus: Fac quod bonum
tibi videtur, et mane donec ablactes eum:
precorque ut impleat Dominus verbum
suum. Mansit ergo mulier, et lactavit
filium suum, donec amoveret eum a lacte.

Samuel adducitur in Silo

24 Et adduxit eum secum, postquam
ablactaverat, in vitulis tribus, et tribus
modiis farinae, et amphora vini, et adduxit eum ad domum Domini in Silo.
Puer autem erat adhuc infantulus: 25 et
immolaverunt vitulum, et obtulerunt puerum Heli. 26 Et ait Anna: Obsecro mi domine, vivit anima tua, domine: ego sum
illa mulier, quae steti coram te hic orans
Dominum. 27 Pro puero isto oravi, et dedit
mihi Dominus petitionem meam, quam
postulavi eum. 28 Idcirco et ego commo-
davi eum Domino cunctis diebus, quibus
fuerit commodatus Domino. Et adoraverunt ibi Dominum.

Canticum Annae

Et oravit Anna, et ait:

2 1 Exultavit cor meum in Domino,
Et exaltatum est cornu meum in Deo
meo:
Dilatatum est os meum super inimicos
meos:
Quia laetata sum in salutari tuo.
2 Non est sanctus, ut est Dominus:
Neque enim est alius extra te,
Et non est fortis sicut Deus noster.
3 Nolite multiplicare loqui sublimia glo-
riantes:
Recedant vetera de ore vestro:
Quia Deus scientiarum, Dominus est,
Et ipsi praeparantur cogitationes.
4 Arcus fortium superatus est,
Et infirmi accincti sunt robore.

16; Ios 18,1; Iud 20,18. — **4:** Deut 12,17-18; 16,11. — **11:** Num 6,5; Iud 13,5; 1 Sam 1,28. — **16:** Iud 19,22; 1 Sam 2,12. — **19:** 1 Sam 1,1. — **24:** Deut 12,5-6.11; Ios 18,1. — **28:** 1 Sam 1,11.

2 **1-10:** Lc 1,46-55. — **1:** Ps 9,16; 19,6; 34,9; 74,11; 88,18.25; 91,11; 111,9; 148,14. — **2:** Ex 15,11; Ps 85,8; 88,7-9. — **3:** Ps 93,4. || Conc. Vatic.: D 1.799. — **4:** Ps 36,15;

5 Repleti prius, pro panibus se locaverunt:
Et famelici saturati sunt,
Donec sterilis peperit plurimos:
Et quae multos habebat filios, infirmata est.
6 Dominus mortificat et vivificat,
Deducit ad inferos et reducit.
7 Dominus pauperem facit et ditat,
Humiliat et sublevat.
8 Suscitat de pulvere egenum,
Et de stercore elevat pauperem:
Ut sedeat cum principibus,
Et solium gloriae teneat.
Domini enim sunt cardines terrae,
Et posuit super eos orbem.
9 Pedes sanctorum suorum servabit,
Et impii in tenebris conticescent:
Quia non in fortitudine sua roborabitur vir.
10 Dominum formidabunt adversarii eius:
Et super ipsos in caelis tonabit:
Dominus iudicabit fines terrae,
Et dabit imperium regi suo,
Et sublimabit cornu Christi sui.

11 Et abiit Elcana Ramatha, in domum
suam: puer autem erat minister in conspectu Domini ante faciem Heli sacerdotis.

Impietas filiorum Heli

12 Porro filii Heli, filii Belial, nescientes
Dominum, 13 neque officium sacerdotum
ad populum: sed quicumque immolasset
victimam, veniebat puer sacerdotis, dum
coquerentur carnes, et habebat fuscinu-
lam tridentem in manu sua, 14 et mittebat
eam in lebetem, vel in caldariam, aut in
ollam, sive in cacabum: et omne quod
levabat fuscinula, tollebat sacerdos sibi:
sic faciebant universo Israeli venientium
in Silo. 15 Etiam antequam adolerent adipem, veniebat puer sacerdotis, et dicebat
immolanti: Da mihi carnem, ut coquam
sacerdoti: non enim accipiam a te carnem
coctam, sed crudam. 16 Dicebatque illi
immolans: Incendatur primum iuxta morem hodie adeps, et tolle tibi quantumcumque desiderat anima tua. Qui respondens aiebat ei: Nequaquam: nunc enim
dabis, alioquin tollam vi. 17 Erat ergo peccatum puerorum grande nimis coram Domino: quia retrahebant homines a sacrificio Domini.

Samuelis parentes benedicti ab Heli

18 Samuel autem ministrabat ante faciem Domini, puer, accinctus ephod lineo. 19 Et tunicam parvam faciebat ei mater sua, quam afferebat statutis diebus, ascendens cum viro suo, ut immolaret hostiam solemnem. 20 Et benedixit Heli El-
canae et uxori eius: dixitque ei: Reddat
tibi Dominus semen de muliere hac, pro
foenore quod commodasti Domino. Et
abierunt in locum suum. 21 Visitavit ergo
Dominus Annam, et concepit, et peperit
tres filios, et duas filias: et magnificatus
est puer Samuel apud Dominum.

Heli filios increpat

22 Heli autem erat senex valde, et audivit omnia quae faciebant filii sui universo Israeli: et quomodo dormiebant cum
mulieribus quae observabant ad ostium
tabernaculi: 23 et dixit eis: Quare facitis
res huiuscemodi, quas ego audio, res pessimas, ab omni populo? 24 Nolite filii mei:
non enim est bona fama, quam ego audio,
ut transgredi faciatis populum Domini.
25 Si peccaverit vir in virum, placari ei
potest Deus: si autem in Dominum peccaverit vir, quis orabit pro eo? Et non
audierunt vocem patris sui: quia voluit
Dominus occidere eos.
26 Puer autem Samuel proficiebat, atque crescebat, et placebat tam Domino
quam hominibus.

Vir Dei Heli reprehendit ac minatur

27 Venit autem vir Dei ad Heli, et ait
ad eum: Haec dicit Dominus: Numquid
non aperte revelatus sum domui patris
tui, cum essent in Aegypto in domo Pharaonis? 28 Et elegi eum ex omnibus tribubus Israel mihi in sacerdotem, ut ascenderet ad altare meum, et adoleret mihi
incensum, et portaret ephod coram me:
et dedi domui patris tui omnia de sacrificiis filiorum Israel. 29 Quare calce abie-
cistis victimam meam, et munera mea
quae praecepi ut offerrentur in templo:
et magis honorasti filios tuos quam me,
ut comederetis primitias omnis sacrificii
Israel populi mei? 30 Propterea ait Dominus Deus Israel: Loquens locutus sum,
ut domus tua, et domus patris tui, ministraret in conspectu meo, usque in sempiternum. Nunc autem dicit Dominus:
Absit hoc a me: sed quicumque glorifica-
verit me, glorificabo eum: qui autem contemnunt me, erunt ignobiles. 31 Ecce dies

45,10; 75,4. — **5:** Ps 112,9. — **6:** Deut 32, 39; Tob 11,17; 13,2; Ps 15,10; 29,4; 48,16; 70,20; Sap 16,13. — **7:** Iob 5,11; Ps 68,33-34; 74,8. — **8:** Ps 112,7-8. — **9:** Ps 90,12; 120,3; Prov 3,26. || Const. Clementis XI: D 1350. — **10:** Ps 17,14; 95,10.13; 97,9. — **11:** 1 Sam 1,19; 3,1. — **12:** 1 Sam 1,16. — **15:** Lev 3,5.16; 7,22. 25.31. — **18:** Ex 28,4; 2 Sam 6,14; 1 Par 15,27. **19:** 1 Sam 1,3. — **20:** 1 Sam 1,28. — **22:** Ex 38, 8. — **25:** Ios 11,20. — **26:** Eccli 46,16; Lc 2, 52. — **28:** Ex 28,1; Lev 2,3.10; 6,16; 7,7-8.34; 10,14-15; Num 5,9-10; 18,1.7-19. — **29:** Deut 12,5-6.11-12. — **30:** Os 4,7; Mal 2,9. — **31:**

veniunt: et praecidam brachium tuum, et
brachium domus patris tui, ut non sit senex in domo tua. 32 Et videbis aemulum
tuum in templo, in universis prosperis Israel: et non erit senex in domo tua omnibus diebus. 33 Verumtamen non auferam penitus virum ex te ab altari meo:
sed ut deficiant oculi tui, et tabescat anima tua: et pars magna domus tuae morietur cum ad virilem aetatem venerit.
34 Hoc autem erit tibi signum, quod venturum est duobus filiis tuis, Ophni et Phinees: In die uno morientur ambo. 35 Et
suscitabo mihi sacerdotem fidelem, qui
iuxta cor meum et animam meam faciet:
et aedificabo ei domum fidelem, et ambulabit coram Christo meo cunctis diebus. 36 Futurum est autem, ut quicumque remanserit in domo tua, veniat ut
oretur pro eo, et offerat nummum argenteum, et tortam panis, dicatque: Dimitte
me obsecro ad unam partem sacerdotalem, ut comedam buccellam panis.

Dominus loquitur ad Samuelem

3 1 Puer autem Samuel ministrabat Domino coram Heli, et sermo Domini
erat pretiosus in diebus illis, non erat visio manifesta. 2 Factum est ergo in die
quadam, Heli iacebat in loco suo, et oculi eius caligaverant, nec poterat videre:
3 lucerna Dei antequam extingueretur, Samuel dormiebat in templo Domini, ubi
erat arca Dei. 4 Et vocavit Dominus Samuelem. Qui respondens, ait: Ecce ego.
5 Et cucurrit ad Heli, et dixit: Ecce ego: vocasti enim me. Qui dixit: Non vocavi: revertere, et dormi. Et abiit, et dormivit.
6 Et adiecit Dominus rursum vocare
Samuelem. Consurgensque Samuel, abiit
ad Heli, et dixit: Ecce ego: quia vocasti
me. Qui respondit: Non vocavi te, fili
mi: revertere et dormi. 7 Porro Samuel
necdum sciebat Dominum, neque revelatus fuerat ei sermo Domini.
8 Et adiecit Dominus, et vocavit adhuc
Samuelem tertio. Qui consurgens abiit ad
Heli, 9 et ait: Ecce ego: quia vocasti me.
Intellexit ergo Heli quia Dominus vocaret puerum, et ait ad Samuelem: Vade, et
dormi: et si deinceps vocaverit te, dices:
Loquere, Domine, quia audit servus tuus.
Abiit ergo Samuel, et dormivit in loco
suo.
10 Et venit Dominus, et stetit: et vocavit, sicut vocaverat secundo, Samuel, Samuel. Et ait Samuel: Loquere, Domine,
quia audit servus tuus. 11 Et dixit Dominus ad Samuelem: Ecce ego facio verbum
in Israel: quod quicumque audierit, tin-
nient ambae aures eius. 12 In die illa suscitabo adversum Heli omnia quae locutus sum super domum eius: incipiam, et
complebo. 13 Praedixi enim ei quod iudicaturus essem domum eius in aeternum,
propter iniquitatem, eo quod noverat indigne agere filios suos, et non corripue-
rit eos. 14 Idcirco iuravi domui Heli quod
non expietur iniquitas domus eius victimis et muneribus usque in aeternum.

Samuel ad Heli

15 Dormivit autem Samuel usque mane,
aperuitque ostia domus Domini. Et Samuel timebat indicare visionem Heli.
16 Vocavit ergo Heli Samuelem, et dixit:
Samuel fili mi? Qui respondens, ait: Praesto sum. 17 Et interrogavit eum: Quis est
sermo, quem locutus est Dominus ad te?
oro te ne celaveris me: haec faciat tibi
Deus, et haec addat, si absconderis a me
sermonem ex omnibus verbis, quae dicta
sunt tibi. 18 Indicavit itaque ei Samuel universos sermones, et non abscondit ab eo.
Et ille respondit: Dominus est: quod bonum est in oculis suis faciat.
19 Crevit autem Samuel, et Dominus
erat cum eo, et non cecidit ex omnibus
verbis eius in terram. 20 Et cognovit universus Israel, a Dan usque Bersabee, quod
fidelis Samuel propheta esset Domini.
21 Et addidit Dominus ut appareret in
Silo, quoniam revelatus fuerat Dominus
Samueli in Silo, iuxta verbum Domini.
Et evenit sermo Samuelis universo Israeli.

Bellum Israel cum Philisthaeis

4 1 Et factum est in diebus illis, convenerunt Philisthiim in pugnam: et
egressus est Israel obviam Philisthiim in
praelium, et castrametatus est iuxta lapidem Adiutorii. Porro Philisthiim venerunt in Aphec, 2 et instruxerunt aciem
contra Israel. Inito autem certamine, terga vertit Israel Philisthaeis: et caesa sunt
in illo certamine passim per agros, quasi quatuor millia virorum.
3 Et reversus est populus ad castra: dixeruntque maiores natu de Israel: Quare
percussit nos Dominus hodie coram Philisthiim? Afferamus ad nos de Silo arcam
foederis Domini, et veniat in medium
nostri, ut salvet nos de manu inimicorum
nostrorum. 4 Misit ergo populus in Silo,
et tulerunt inde arcam foederis Domini
exercituum sedentis super cherubim:

3 Reg 2,27. — 33: 1 Sam 22,20. — 34: 1 Sam 4, 11. — 35: 3 Reg 2,35. — 12-13: 1 Sam 2,27-36. — 19: 1 Sam 9,6. — 20: Iud 20,1. — 21: Ios 18,1.

3 2: 1 Sam 4,15. — 3: Ex 27,20-21; Lev 24, 2-3; 2 Par 13,1. — 11: 4 Reg 21,12. —

4 1: Ios 12,18; 15,53; 1 Sam 5,1; 7,12. — 3: Ios 18,1. — 4: Ex 25,22; Num 7,89. — 9:

erantque duo filii Heli cum arca foederis
Dei, Ophni et Phinees. 5 Cumque venisset arca foederis Domini in castra, vociferatus est omnis Israel clamore grandi, et
personuit terra. 6 Et audierunt Philisthiim vocem clamoris, dixeruntque: Quaenam est haec vox clamoris magni in castris Hebraeorum? Et cognoverunt quod
arca Domini venisset in castra. 7 Timueruntque Philisthiim, dicentes: Venit Deus
in castra. Et ingemuerunt, dicentes: 8 Vae
nobis: non enim fuit tanta exultatio heri
et nudiustertius: vae nobis. Quis nos salvabit de manu Deorum sublimium istorum? hi sunt Dii qui percusserunt Aegyptum omni plaga in deserto. 9 Confortamini, et estote viri, Philisthiim: ne serviatis Hebraeis, sicut et illi servierunt vobis:
confortamini, et bellate. 10 Pugnaverunt
ergo Philisthiim, et caesus est Israel, et
fugit unusquisque in tabernaculum suum:
et facta est plaga magna nimis: et ceciderunt de Israel triginta millia peditum.
11 Et arca Dei capta est: duo quoque filii
Heli mortui sunt, Ophni et Phinees.

Nuntius in Silo de arcae captura

12 Currens autem vir de Beniamin ex
acie, venit in Silo in die illa, scissa veste,
et conspersus pulvere caput. 13 Cumque
ille venisset, Heli sedebat super sellam
contra viam spectans. Erat enim cor eius
pavens pro arca Dei. Vir autem ille postquam ingressus est, nuntiavit urbi: et
ululavit omnis civitas.
14 Et audivit Heli sonitum clamoris, dixitque: Quis est hic sonitus tumultus huius?
At ille festinavit, et venit, et nuntiavit Heli. 15 Heli autem erat nonaginta et octo
annorum, et oculi eius caligaverant, et
videre non poterat. 16 Et dixit ad Heli:
Ego sum qui veni de praelio, et ego qui
de acie fugi hodie. Cui ille ait: Quid actum est, fili mi? 17 Respondens autem
ille, qui nuntiabat: Fugit, inquit, Israel
coram Philisthiim, et ruina magna facta
est in populo: insuper et duo filii tui mortui sunt, Ophni et Phinees: et arca Dei
capta est. 18 Cumque ille nominasset arcam Dei, cecidit de sella retrorsum iuxta
ostium, et fractis cervicibus mortuus est.
Senex enim erat vir et grandaevus: et ipse
iudicavit Israel quadraginta annis.
19 Nurus autem eius, uxor Phinees,
praegnans erat, vicinaque partui: et audito nuntio quod capta esset arca Dei, et
mortuus esset socer suus, et vir suus, incurvavit se et peperit: irruerant enim in
eam dolores subiti. 20 In ipso autem momento mortis eius, dixerunt ei quae stabant circa eam: Ne timeas, quia filium
peperisti. Quae non respondit eis, neque
animadvertit. 21 Et vocabit puerum Ichabod, dicens: Translata est gloria de Israel,
quia capta est arca Dei, et pro socero suo
et pro viro suo; 22 et ait: Translata est
gloria ab Israel, eo quod capta esset arca
Dei.

Arca Dei in terra Philisthiim

5 1 Philisthiim autem tulerunt arcam
Dei, et asportaverunt eam a lapide
Adiutorii in Azotum. 2 Tuleruntque Philisthiim arcam Dei, et intulerunt eam in
templum Dagon, et statuerunt eam iuxta
Dagon. 3 Cumque surrexissent diluculo
Azotii altera die, ecce Dagon iacebat pronus in terra ante arcam Domini: et tulerunt Dagon, et restituerunt eum in locum
suum. 4 Rursumque mane die altera consurgentes, invenerunt Dagon iacentem super faciem suam in terra coram arca Domini: caput autem Dagon, et duae palmae manuum eius abscissae erant super
limen: 5 porro Dagon solus truncus remanserat in loco suo. Propter hanc causam non calcant sacerdotes Dagon, et
omnes qui ingrediuntur templum eius,
super limen Dagon in Azoto, usque in
hodiernum diem.
6 Aggravata est autem manus Domini
super Azotios, et demolitus est eos: et
percussit in secretiori parte natium Azotum, et fines eius. Et ebullierunt villae et
agri in medio regionis illius, et nati sunt
mures et facta est confusio mortis magnae in civitate. 7 Videntes autem viri Azotii huiuscemodi plagam, dixerunt: Non
maneat arca Dei Israel apud nos: quoniam dura est manus eius super nos, et
super Dagon deum nostrum. 8 Et mittentes congregaverunt omnes satrapas Philisthinorum ad se, et dixerunt: Quid faciemus de arca Dei Israel? Responderuntque
Gethaei: Circumducatur arca Dei Israel.
Et circumduxerunt arcam Dei Israel. 9 Illis autem circumducentibus eam, fiebat
manus Domini per singulas civitates interfectionis magnae nimis: et percutiebat
viros uniuscuiusque urbis, a parvo usque
ad maiorem, et computrescebant prominentes extales eorum. Inieruntque Gethaei consilium, et fecerunt sibi sedes pelliceas.
10 Miserunt ergo arcam Dei in Accaron. Cumque venisset arca Dei in Accaron, exclamaverunt Accaronitae, dicentes: Adduxerunt ad nos arcam Dei Israel,

Iud 13,1. — **11:** 1 Sam 2,34; Ps 77,60-61.64. — **13:** 1 Sam 1,9; 4,18. — **20:** Gen 35,17. — **21:** 1 Sam 14,3.

5 **1:** Ios 13,3; 1 Sam 4,1; 6,17. — **2:** Iud 16, 23; 1 Mach 10,83-84; 11,4. — **6:** Deut 28, 27; Ps 77,66. — **8:** Ios 13,3; Iud 3,3; 1 Sam 6, 16. — **10:** 1 Sam 6,17. — **12:** 1 Sam 5,6.

ut interficiat nos et populum nostrum.
11 Miserunt itaque et congregaverunt omnes satrapas Philisthinorum, qui dixerunt: Dimittite arcam Dei Israel, et revertatur in locum suum, et non interficiat nos cum populo nostro. 12 Fiebat enim pavor mortis in singulis urbibus, et gravissima valde manus Dei. Viri quoque, qui mortui non fuerant, percutiebantur in secretiori parte natium: et ascendebat ululatus uniuscuiusque civitatis in caelum.

Philisthaei capiunt consilium de arca

6 1 Fuit ergo arca Domini in regione Philisthinorum septem mensibus. 2 Et vocaverunt Philisthiim sacerdotes et divinos, dicentes: Quid faciemus de arca Domini? indicate nobis quomodo remittamus eam in locum suum. Qui dixerunt: 3 Si remittitis arcam Dei Israel, nolite dimittere eam vacuam, sed quod debetis, reddite ei pro peccato, et tunc curabimini; et scietis quare non recedat manus eius a vobis. 4 Qui dixerunt: Quid est quod pro delicto reddere debeamus ei? Responderuntque illi: 5 Iuxta numerum provinciarum Philisthinorum quinque anos aureos facietis, et quinque mures aureos: quia plaga una fuit omnibus vobis, et satrapis vestris. Facietisque similitudines anorum vestrorum, et similitudines murium, qui demoliti sunt terram: et dabitis Deo Israel gloriam: si forte relevet manum suam a vobis, et a diis vestris, et a terra vestra. 6 Quare aggravatis corda vestra, sicut aggravavit Aegyptus et Pharao cor suum? nonne postquam percussus est, tunc dimisit eos, et abierunt? 7 Nunc ergo arripite et facite plaustrum novum unum, et duas vaccas foetas, quibus non est impositum iugum, iungite in plaustro, et recludite vitulos earum domi. 8 Tolletisque arcam Domini, et ponetis in plaustro, et vasa aurea, quae exsolvistis ei pro delicto, ponetis in capsellam ad latus eius: et dimittite eam ut vadat. 9 Et aspicietis: et si quidem per viam finium suorum ascenderit contra Bethsames, ipse fecit nobis hoc malum grande: sin autem, minime: sciemus quia nequaquam manus eius tetigit nos, sed casu accidit.

Redditur arca Israeli

10 Fecerunt ergo illi hoc modo: et tollentes duas vaccas, quae lactabant vitulos, iunxerunt ad plaustrum, vitulosque earum concluserunt domi. 11 Et posuerunt arcam Dei super plaustrum, et capsellam, quae habebat mures aureos et similitudines anorum. 12 Ibant autem in directum vaccae per viam, quae ducit Bethsames, et itinere uno gradiebantur, pergentes et mugientes: et non declinabant neque ad dextram neque ad sinistram: sed et satrapae Philisthiim sequebantur usque ad terminos Bethsames.

13 Porro Bethsamitae metebant triticum in valle: et elevantes oculos suos, viderunt arcam, et gavisi sunt cum vidissent. 14 Et plaustrum venit in agrum Iosue Bethsamitae, et stetit ibi. Erat autem ibi lapis magnus, et conciderunt ligna plaustri, vaccasque imposuerunt super ea holocaustum Domino. 15 Levitae autem deposuerunt arcam Dei, et capsellam, quae erat iuxta eam, in qua erant vasa aurea, et posuerunt super lapidem grandem. Viri autem Bethsamitae obtulerunt holocausta, et immolaverunt victimas in die illa Domino. 16 Et quinque satrapae Philisthinorum viderunt, et reversi sunt in Accaron in die illa.

17 Hi sunt autem ani aurei, quos reddiderunt Philisthiim pro delicto, Domino: Azotus unum, Gaza unum, Ascalon unum, Geth unum, Accaron unum: 18 et mures aureos secundum numerum urbium Philisthiim, quinque provinciarum, ab urbe murata usque ad villam quae erat absque muro, et usque ad Abelmagnum, super quem posuerunt arcam Domini, quae erat usque in illum diem in agro Iosue Bethsamitis.

Bethsamitae percutiuntur a Deo

19 Percussit autem de viris Bethsamitibus, eo quod vidissent arcam Domini: et percussit de populo septuaginta viros, et quinquaginta millia plebis. Luxitque populus, eo quod Dominus percussisset plebem plaga magna. 20 Et dixerunt viri Bethsamitae: Quis poterit stare in conspectu Domini Dei sancti huius? et ad quem ascendet a nobis? 21 Miseruntque nuntios ad habitatores Cariathiarim, dicentes: Reduxerunt Philisthiim arcam Domini, descendite, et reducite eam ad vos.

7 1 Venerunt ergo viri Cariathiarim, et reduxerunt arcam Domini, et intulerunt eam in domum Abinadab in Gabaa: Eleazarum autem filium eius sanctificaverunt, ut custodiret arcam Domini.

6 2: Gen 41,8; Deut 18,10. — 3: Lev 5,15-16. 5: 1 Sam 5,6-7.9.12. — 6: Ex 7,13; 8,15.32; 9,7.35; 10,1; 12,31; 14,17. — 9: Ios 15,10; 21, 16. — 15: Num 4,15; 1 Par 15,2. — 16: Ios 13, 3; 1 Sam 5,8. — 19: Ex 19,21; Num 4,15.20; 2 Sam 6,7. — 21: Ios 9,17; 1 Par 13,5-6.

7 1: 2 Sam 6,3; 1 Par 13,5-7. — 3: Deut 6, 13; 10,20; 30,2-10; Ios 24,23; Iud 2,11.13;

Samuel propheta et dux populi

2 Et factum est, ex qua die mansit arca
Domini in Cariathiarim, multiplicati sunt
dies (erat quippe iam annus vigesimus) et
requievit omnis domus Israel post Dominum. 3 Ait autem Samuel ad universam
domum Israel, dicens: Si in toto corde
vestro revertimini ad Dominum, auferte
deos alienos de medio vestri, Baalim et
Astaroth: et praeparate corda vestra Domino, et servite ei soli, et eruet vos de
manu Philisthiim. 4 Abstulerunt ergo filii
Israel Baalim et Astaroth, et servierunt
Domino soli. 5 Dixit autem Samuel: Congregate universum Israel in Masphath, ut
orem pro vobis Dominum. 6 Et convenerunt in Masphath: hauseruntque aquam,
et effuderunt in conspectu Domini, et ieiunaverunt in die illa, atque dixerunt ibi:
Peccavimus Domino. Iudicavitque Samuel filios Israel in Masphath.
7 Et audierunt Philisthiim quod congregati essent filii Israel in Masphath, et ascenderunt satrapae Philisthinorum ad Israel. Quod cum audissent filii Israel, timuerunt a facie Philisthinorum. 8 Dixeruntque ad Samuelem: Ne cesses pro nobis clamare ad Dominum Deum nostrum,
ut salvet nos de manu Philisthinorum.
9 Tulit autem Samuel agnum lactentem
unum, et obtulit illum holocaustum integrum Domino: et clamavit Samuel ad
Dominum pro Israel, et exaudivit eum
Dominus.

Philisthaei humiliantur

10 Factum est autem, cum Samuel offerret holocaustum, Philisthiim iniere
praelium contra Israel: intonuit autem
Dominus fragore magno in die illa super
Philisthiim, et exterruit eos, et caesi sunt
a facie Israel. 11 Egressique viri Israel de
Masphath, persecuti sunt Philisthaeos, et
percusserunt eos usque ad locum qui erat
subter Bethchar. 12 Tulit autem Samuel
lapidem unum, et posuit eum inter Masphath et inter Sen: et vocavit nomen loci
illius, Lapis Adiutorii. Dixitque: Hucusque auxiliatus est nobis Dominus.
13 Et humiliati sunt Philisthiim, nec apposuerunt ultra ut venirent in terminos
Israel. Facta est itaque manus Domini
super Philisthaeos, cunctis diebus Samuelis. 14 Et redditae sunt urbes, quas tulerant Philisthiim ab Israel, Israeli, ab Accaron usque Geth, et terminos suos: liberavitque Israel de manu Philisthinorum,
eratque pax inter Israel et Amorrhaeum.
15 Iudicabat quoque Samuel Israelem
cunctis diebus vitae suae: 16 et ibat per
singulos annos circuiens Bethel et Galgala et Masphath, et iudicabat Israelem in
supradictis locis. 17 Revertebaturque in
Ramatha: ibi enim erat domus eius, et
ibi iudicabat Israelem: aedificavit etiam
ibi altare Domino.

PARS SECUNDA

SAMUEL ET INITIA REGIAE POTESTATIS IN PERSONA SAULIS

(8,1-15,35)

Populus regem petit

8 1 Factum est autem cum senuisset
Samuel, posuit filios suos iudices Israel. 2 Fuitque nomen filii eius primogeniti Ioel: et nomen secundi Abia, iudicum
in Bersabee. 3 Et non ambulaverunt filii
illius in viis eius: sed declinaverunt post
avaritiam, acceperuntque munera, et per-
verterunt iudicium.
4 Congregati ergo universi maiores natu Israel, venerunt ad Samuelem in Ramatha. 5 Dixeruntque ei: Ecce tu senuisti,
et filii tui non ambulant in viis tuis: constitue nobis regem, ut iudicet nos, sicut et
universae habent nationes. 6 Displicuit
sermo in oculis Samuelis, eo quod dixissent: Da nobis regem, ut iudicet nos. Et
oravit Samuel ad Dominum. 7 Dixit autem Dominus ad Samuelem: Audi vocem
populi in omnibus quae loquuntur tibi:
non enim te abiecerunt, sed me, ne reg-
nem super eos. 8 Iuxta omnia opera sua,
quae fecerunt a die qua eduxi eos de Aegypto usque ad diem hanc: sicut dereliquerunt me, et servierunt diis alienis, sic
faciunt etiam tibi. 9 Nunc ergo vocem eorum audi: verumtamen contestare eos, et
praedic eis ius regis, qui regnaturus est super eos.

Samuel ius regis edicit

10 Dixit itaque Samuel omnia verba Domini ad populum, qui petierat a se regem.
11 Et ait: Hoc erit ius regis, qui imperatu-
rus est vobis: Filios vestros tollet, et ponet in curribus suis, facietque sibi equites
et praecursores quadrigarum suarum, 12 et
constituet sibi tribunos, et centuriones, et
aratores agrorum suorum, et messores
segetum, et fabros armorum et curruum

Mt 4,10; Lc 4,8. || Conc. Trid.: D 798. — **5:** Ios 18,26; Iud 20,1; 1 Sam 10,17. — **6:** 2 Sam 33,16-17. — **8:** 1 Sam 12,23. — **9:** Ex 29,38; Lev 23,12; Num 6,14; Ps 98,6; Ier 15,1. — **10:** Eccli 46,19-21. — **12:** Gen 28,18; 31,45; 35,14; Ios 4,9; 24,26; 1 Sam 4,1; 5,1. — **13:** Iud 13,1. **15:** Iud 2,16. — **17:** 1 Sam 1,19.

8 **1:** Deut 16,18. — **3:** Ex 18,21; 23,8. — **4:** 1 Sam 7,17. — **5:** Deut 17,14; Os 13,10; Act 13,21. — **7:** 1 Sam 10,19. — **11:** Deut 17,16-20. **14:** 3 Reg 21,7.

suorum. 13 Filias quoque vestras faciet sibi unguentarias, et focarias, et panificas.
14 Agros quoque vestros, et vineas, et oliveta optima tollet, et dabit servis suis.
15 Sed et segetes vestras, et vinearum reditus addecimabit, ut det eunuchis et famulis suis. 16 Servos etiam vestros, et ancillas, et iuvenes optimos, et asinos auferet, et ponet in opere suo. 17 Greges quoque vestros addecimabit, vosque eritis ei
servi. 18 Et clamabitis in die illa a facie
regis vestri, quem elegistis vobis: et non
exaudiet vos Dominus in die illa, quia petitis vobis regem.
19 Noluit autem populus audire vocem
Samuelis, sed dixerunt: Nequaquam: rex
enim erit super nos, 20 et erimus nos quoque sicut omnes gentes: et iudicabit nos
rex noster, et egredietur ante nos, et pugnabit bella nostra pro nobis. 21 Et audivit
Samuel omnia verba populi, et locutus
est ea in auribus Domini. 22 Dixit autem
Dominus ad Samuelem: Audi vocem eorum, et constitue super eos regem. Et ait
Samuel ad viros Israel: Vadat unusquisque in civitatem suam.

Saulis origo

9 1 Et erat vir de Beniamin nomine Cis,
filius Abiel, filii Seror, filii Bechorath,
filii Aphia, filii viri Iemini, fortis robore.
2 Et erat ei filius vocabulo Saul, electus et
bonus: et non erat vir de filiis Israel melior illo: ab humero et sursum eminebat
super omnem populum.
3 Perierant autem asinae Cis patris
Saul: et dixit Cis ad Saul filium suum:
Tolle tecum unum de pueris, et consurgens vade, et quaere asinas. Qui cum
transissent per montem Ephraim, 4 et per
terram Salisa, et non invenissent, transierunt etiam per terram Salim, et non erant:
sed et per terram Iemini, et minime repererunt. 5 Cum autem venissent in terram
Suph, dixit Saul ad puerum qui erat cum
eo: Veni et revertamur, ne forte dimiserit
pater meus asinas, et sollicitus sit pro nobis. 6 Qui ait ei: Ecce vir Dei est in civitate hac, vir nobilis: omne quod loquitur,
sine ambiguitate venit. Nunc ergo eamus
illuc, si forte indicet nobis de via nostra,
propter quam venimus. 7 Dixitque Saul
ad puerum suum: Ecce ibimus: quid fe-
remus ad virum Dei? panis defecit in si-
tarciis nostris: et sportulam non habemus, ut demus homini Dei, nec quidquam
aliud. 8 Rursum puer respondit Sauli, et
ait: Ecce inventa est in manu mea quarta
pars stateris argenti, demus homini Dei,
ut indicet nobis viam nostram. 9 (Olim in
Israel sic loquebatur unusquisque vadens
consulere Deum: Venite, et eamus ad videntem. Qui enim propheta dicitur hodie,
vocabatur olim videns.) 10 Et dixit Saul
ad puerum suum: Optimus sermo tuus.
Veni, eamus. Et ierunt in civitatem, in
qua erat vir Dei. 11 Cumque ascenderent
clivum civitatis, invenerunt puellas egredientes ad hauriendam aquam, et dixerunt eis: Num hic est videns? 12 Quae respondentes, dixerunt illis: Hic est: ecce
ante te, festina nunc: hodie enim venit
in civitatem, quia sacrificium est hodie
populi in excelso. 13 Ingredientes urbem,
statim invenietis eum antequam ascendat
excelsum ad vescendum, neque enim co-
mesurus est populus donec ille veniat:
quia ipse benedicit hostiae, et deinceps
comedunt qui vocati sunt. Nunc ergo
conscendite, quia hodie reperietis eum.

Saul apud Samuelem

14 Et ascenderunt in civitatem. Cumque
illi ambularent in medio urbis, apparuit
Samuel egrediens obviam eis, ut ascenderet in excelsum. 15 Dominus autem reve-
laverat auriculam Samuelis ante unam
diem quam veniret Saul, dicens: 16 Hac
ipsa hora, quae nunc est, cras mittam virum ad te de terra Beniamin, et unges
eum ducem super populum meum Israel:
et salvabit populum meum de manu Philisthinorum: quia respexi populum meum,
venit enim clamor eorum ad me. 17 Cumque aspexisset Samuel Saulem, Dominus
dixit ei: Ecce vir quem dixeram tibi, iste
dominabitur populo meo.
18 Accessit autem Saul ad Samuelem in
medio portae, et ait: Indica, oro, mihi,
ubi est domus videntis. 19 Et respondit
Samuel Sauli dicens: Ego sum videns: ascende ante me in excelsum, ut comedatis
mecum hodie, et dimittam te mane: et
omnia quae sunt in corde tuo indicabo
tibi. 20 Et de asinis, quas nudiustertius
perdidisti, ne sollicitus sis, quia inventae
sunt. Et cuius erunt optima quaeque Israel? nonne tibi et omni domui patris tui?
21 Respondens autem Saul, ait: Numquid
non filius Iemini ego sum de minima tribu Israel, et cognatio mea novissima inter omnes familias de tribu Beniamin?
quare ergo locutus est mihi sermonem
istum?
22 Assumens itaque Samuel Saulem, et
puerum eius, introduxit eos in triclinium,
et dedit eis locum in capite eorum qui fuerant invitati: erant enim quasi triginta vi-

9 1: 1 Sam 10,21; 14,51; 1 Par 8,33; 9,39. — 2: 1 Sam 10,23. — 4: 4 Reg 4,42. — 5: 1 Sam 10,2. — 7: 3 Reg 14,3; 4 Reg 8,8. — 9: 2 Sam 15,27; 4 Reg 17,13; 1 Par 26,28; 29,29. 12: 1 Sam 10,5; 20,29. — 13: 1 Sam 15,1. — 16: 1 Sam 10,1. — 21: 1 Sam 15,17. — 24: Ex 29,22.27; Lev 7,32,33.

ri. 23 Dixitque Samuel coco: Da partem
quam dedi tibi, et praecepi ut reponeres
seorsum apud te. 24 Levavit autem cocus
armum, et posuit ante Saul. Dixitque Samuel: Ecce quod remansit, pone ante te,
et comede: quia de industria servatum
est tibi, quando populum vocavi. Et comedit Saul cum Samuele in die illa. 25 Et
descenderunt de excelso in oppidum, et
locutus est cum Saule in solario: stravitque Saul in solario, et dormivit.

Saul unctus a Samuele

26 Cumque mane surrexissent, et iam
elucesceret, vocavit Samuel Saulem in solario, dicens: Surge, et dimittam te. Et
surrexit Saul: egressique sunt ambo, ipse
videlicet, et Samuel. 27 Cumque descenderent in extrema parte civitatis, Samuel dixit ad Saul: Dic puero ut antecedat nos
et transeat: tu autem subsiste paulisper,
ut indicem tibi verbum Domini.

10 1 Tulit autem Samuel lenticulam
olei, et effudit super caput eius, et
deosculatus est eum, et ait: Ecce, unxit te
Dominus super haereditatem suam in
principem, et liberabis populum suum de
manibus inimicorum eius, qui in circuitu
eius sunt. Et hoc tibi signum, quia unxit
te Deus in principem.

Signa electionis in regem

2 Cum abieris hodie a me, invenies duos
viros iuxta sepulchrum Rachel in finibus
Beniamin, in meridie, dicentque tibi: Inventae sunt asinae, ad quas ieras perqui-
rendas: et intermissis pater tuus asinis,
sollicitus est pro vobis, et dicit: Quid faciam de filio meo? 3 Cumque abieris inde,
et ultra transieris, et veneris ad quercum
Thabor, invenient te ibi tres viri ascendentes ad Deum in Bethel, unus portans
tres haedos, et alius tres tortas panis, et
alius portans lagenam vini. 4 Cumque te
salutaverint, dabunt tibi duos panes, et
accipies de manu eorum. 5 Post haec venies in collem Dei, ubi est statio Philisthinorum: et cum ingressus fueris ibi urbem,
obvium habebis gregem prophetarum de-
scendentium de excelso, et ante eos psalterium et tympanum, et tibiam, et citharam, ipsosque prophetantes. 6 Et insiliet
in te Spiritus Domini, et prophetabis cum
eis, et mutaberis in virum alium. 7 Quando ergo evenerint signa haec omnia tibi,
fac quaecumque invenerit manus tua, quia
Dominus tecum est. 8 Et descendes ante
me in Galgala (ego quippe descendam ad
te), ut offeras oblationem, et immoles victimas pacificas: septem diebus expectabis,
donec veniam ad te, et ostendam tibi quid
facias.

9 Itaque cum avertisset humerum suum
ut abiret a Samuele, immutavit ei Deus
cor aliud, et venerunt omnia signa haec
in die illa. 10 Veneruntque ad praedictum
collem, et ecce cuneus prophetarum obvius ei: et insiluit super eum Spiritus Domini, et prophetavit in medio eorum.
11 Videntes autem omnes qui noverant
eum heri et nudiustertius, quod esset cum
prophetis, et prophetaret, dixerunt ad invicem: Quaenam res accidit filio Cis? num
et Saul inter prophetas? 12 Responditque
alius ad alterum, dicens: Et quis pater eorum? Propterea versum est in proverbium: Num et Saul inter prophetas?
13 Cessavit autem prophetare, et venit ad
excelsum. 14 Dixitque patruus Saul ad
eum, et ad puerum eius: Quo abistis? Qui
responderunt: Quaerere asinas: quas cum
non reperissemus, venimus ad Samuelem.
15 Et dixit ei patruus suus: Indica mihi
quid dixerit tibi Samuel. 16 Et ait Saul ad
patruum suum: Indicavit nobis quia inventae essent asinae. De sermone autem
regni non indicavit ei quem locutus fuerat ei Samuel.

Electio Saulis in Maspha

17 Et convocavit Samuel populum ad
Dominum in Maspha: 18 et ait ad filios
Israel: Haec dicit Dominus Deus Israel:
Ego eduxi Israel de Aegypto, et erui vos
de manu Aegyptiorum, et de manu omnium regum qui affligebant vos. 19 Vos
autem hodie proiecistis Deum vestrum,
qui solus salvavit vos de universis malis
et tribulationibus vestris: et dixistis: Nequaquam: sed regem constitue super nos.
Nunc ergo state coram Domino per tribus vestras, et per familias. 20 Et applicuit Samuel omnes tribus Israel, et cecidit
sors tribus Beniamin. 21 Et applicuit tribum Beniamin et cognationes eius, et cecidit cognatio Metri, et pervenit usque ad
Saul filium Cis. Quaesierunt ergo eum, et
non est inventus. 22 Et consuluerunt post
haec Dominum utrumnam venturus esset
illuc. Responditque Dominus: Ecce absconditus est domi. 23 Cucurrerunt itaque
et tulerunt eum inde: stetitque in medio
populi, et altior fuit universo populo ab
humero et sursum. 24 Et ait Samuel ad
omnem populum: Certe videtis quem elegit Dominus, quoniam non sit similis illi

10 **1:** 1 Sam 9,16; 16,13; 2 Sam 2,4; 3 Reg 1,34-39; 4 Reg 9,1.3.6; Act 13,21. — **2:** Gen 35,19-20; 1 Sam 9,3-5. — **5:** 1 Sam 9,12; 13,3-4. — **6:** 1 Sam 19,23-24. — **8:** 1 Sam 11, 14,15; 13,4.8. — **11:** 1 Sam 19,24. — **14:** 1 Sam 9,4-6; 14,50. — **16:** 1 Sam 9,20. — **17:** 1 Sam 7, 5-6. — **18:** Iud 6,8-9. — **19:** 1 Sam 8,7.19; 12, 12. — **20:** Ios 7,14.16-17. — **23:** 1 Sam 9,2. —

in omni populo. Et clamavit omnis populus, et ait: Vivat Rex. 25 Locutus est
autem Samuel ad populum legem regni,
et scripsit in libro, et reposuit coram Domino: et dimisit Samuel omnem populum, singulos in domum suam.
26 Sed et Saul abiit in domum suam in
Gabaa: et abiit cum eo pars exercitus,
quorum tetigerat Deus corda.
27 Filii vero Belial dixerunt: Num salvare nos poterit iste? Et despexerunt eum,
et non attulerunt ei munera: ille vero dis-
simulabat se audire.

Iabes aggressa ab Ammonitis

11 1 Et factum est quasi post mensem,
ascendit Naas Ammonites, et pugnare coepit adversum Iabes Galaad. Dixeruntque omnes viri Iabes ad Naas: Habeto nos foederatos, et serviemus tibi. 2 Et
respondit ad eos Naas Ammonites: In
hoc feriam vobiscum foedus, ut eruam
omnium vestrum oculos dextros, ponamque vos opprobrium in universo Israel.
3 Et dixerunt ad eum seniores Iabes: Concede nobis septem dies, ut mittamus nuntios ad universos terminos Israel, et si non
fuerit qui defendat nos, egrediemur ad te.
4 Venerunt ergo nuntii in Gabaa Saulis:
et locuti sunt verba haec, audiente populo: et levavit omnis populus vocem suam,
et flevit.

Saul convocat totum Israel

5 Et ecce Saul veniebat, sequens boves
de agro, et ait: Quid habet populus quod
plorat? Et narraverunt ei verba virorum
Iabes. 6 Et insilivit Spiritus Domini in
Saul, cum audisset verba haec, et iratus
est furor eius nimis. 7 Et assumens utrumque bovem, concidit in frusta, misitque
in omnes terminos Israel per manum nuntiorum, dicens: Quicumque non exierit
et secutus fuerit Saul et Samuel, sic fiet
bobus eius. Invasit ergo timor Domini
populum, et egressi sunt quasi vir unus.
8 Et recensuit eos in Bezech: fueruntque
filiorum Israel trecenta millia: virorum
autem Iuda triginta millia. 9 Et dixerunt
nuntiis, qui venerant: Sic dicetis viris, qui
sunt in Iabes Galaad: Cras erit vobis salus cum incaluerit sol. Venerunt ergo nuntii, et annuntiaverunt viris Iabes: qui laetati sunt. 10 Et dixerunt: Mane exibimus
ad vos: et facietis nobis omne quod placuerit vobis.

Saulis victoria de Ammonitis eiusque confirmatio in regno

11 Et factum est, cum dies crastinus
venisset, constituit Saul populum in tres
partes: et ingressus est media castra in
vigilia matutina, et percussit Ammon usque dum incalesceret dies: reliqui autem
dispersi sunt, ita ut non relinquerentur
in eis duo pariter.
12 Et ait populus ad Samuelem: Quis
est iste qui dixit: Saul num regnabit super nos? Date viros, et interficiemus eos.
13 Et ait Saul: Non occidetur quisquam
in die hac, quia hodie fecit Dominus salutem in Israel. 14 Dixit autem Samuel ad
populum: Venite, et eamus in Galgala,
et innovemus ibi regnum. 15 Et perrexit
omnis populus in Galgala, et fecerunt ibi
regem Saul coram Domino in Galgala,
et immolaverunt ibi victimas pacificas coram Domino. Et laetatus est ibi Saul, et
cuncti viri Israel nimis.

Samuel iustificatur coram populo

12 1 Dixit autem Samuel ad universum Israel: Ecce audivi vocem vestram iuxta omnia quae locuti estis ad me,
et constitui super vos regem. 2 Et nunc
rex graditur ante vos: ego autem senui,
et incanui: porro filii mei vobiscum sunt:
itaque conversatus coram vobis ab adolescentia mea usque ad hanc diem, ecce
praesto sum. 3 Loquimini de me coram Domino, et coram Christo eius, utrum bovem cuiusquam tulerim, aut asinum: si
quempiam calumniatus sum, si oppressi
aliquem, si de manu cuiusquam munus
accepi: et contemnam illud hodie, resti-
tuamque vobis. 4 Et dixerunt: Non es calumniatus nos, neque oppressisti, neque
tulisti de manu alicuius quippiam. 5 Dixitque ad eos: Testis est Dominus adversum vos, et testis Christus eius in die
hac, quia non inveneritis in manu mea
quippiam. Et dixerunt: Testis.

Exhortatio ad populum

6 Et ait Samuel ad populum: Dominus, qui fecit Moysen et Aaron, et eduxit patres nostros de terra Aegypti. 7 Nunc
ergo state, ut iudicio contendam adversum vos coram Domino de omnibus misericordiis Domini, quas fecit vobiscum,
et cum patribus vestris: 8 quo modo Iacob ingressus est in Aegyptum, et cla-

25: Deut 17,16,20; 1 Sam 8,11-18. — **26:** 1 Sam 11,4. — **27:** 1 Sam 2,12; 11,12.

11 **1:** Iud 21,8; 1 Sam 12,12; 31,11; 2 Sam 10,2. — **4:** 1 Sam 10,26. — **8:** Iud 1,5. — **12:** 1 Sam 10,27. — **14-15:** 1 Sam 10,8.

12 **1:** 1 Sam 8,7.22; 10,24; 11,14-15. — **2:** 1 Sam 8,1.5. — **3-5:** Eccli 46,22. — **8:** Gen 46,5-7; Ex 2,23; 3,10; 4,14.16; 12,51. —

maverunt patres vestri ad Dominum: et
misit Dominus Moysen et Aaron, et eduxit patres vestros de Aegypto: et collocavit eos in loco hoc. 9 Qui obliti sunt
Domini Dei sui, et tradidit eos in manu
Sisarae magistri militiae Hasor, et in
manu Philisthinorum, et in manu regis
Moab, et pugnaverunt adversum eos.
10 Postea autem clamaverunt ad Dominum, et dixerunt: Peccavimus, quia dereliquimus Dominum, et servivimus Baalim et Astaroth: nunc ergo erue nos de
manu inimicorum nostrorum, et serviemus tibi. 11 Et misit Dominus Ierobaal,
et Badan, et Iephte, et Samuel, et eruit
vos de manu inimicorum vestrorum per
circuitum, et habitastis confidenter. 12 Videntes autem quod Naas rex filiorum
Ammon venisset adversum vos, dixistis
mihi: Nequaquam, sed rex imperabit nobis: cum Dominus Deus vester regnaret
in vobis. 13 Nunc ergo praesto est rex
vester, quem elegistis et petistis: ecce dedit vobis Dominus regem. 14 Si timueritis Dominum, et servieritis ei, et audieritis vocem eius, et non exasperaveritis os
Domini: eritis et vos, et rex qui imperat
vobis, sequentes Dominum Deum vestrum: 15 si autem non audieritis vocem
Domini, sed exasperaveritis sermones eius,
erit manus Domini super vos, et super
patres vestros. 16 Sed et nunc state, et videte rem istam grandem quam facturus
est Dominus in conspectu vestro. 17 Numquid non messis tritici est hodie? invocabo Dominum, et dabit voces et pluvias:
et scietis, et videbitis, quia grande malum feceritis vobis in conspectu Domini,
petentes super vos regem. 18 Et clamavit
Samuel ad Dominum, et dedit Dominus
voces et pluvias in illa die.

Timor populi, quem Samuel solatur

19 Et timuit omnis populus nimis Dominum et Samuelem, et dixit universus
populus ad Samuelem: Ora pro servis
tuis ad Dominum Deum tuum, ut non
moriamur: addimus enim universis peccatis nostris malum, ut peteremus nobis
regem. 20 Dixit autem Samuel ad populum: Nolite timere, vos fecistis universum malum hoc: verumtamen nolite recedere a tergo Domini, sed servite Domino in omni corde vestro. 21 Et nolite declinare post vana, quae non proderunt
vobis, neque eruent vos, quia vana sunt.
22 Et non derelinquet Dominus populum
suum propter nomen suum magnum: quia
iuravit Dominus facere vos sibi populum. 23 Absit autem a me hoc peccatum
in Dominum, ut cessem orare pro vobis,
et docebo vos viam bonam et rectam.
24 Igitur timete Dominum, et servite ei
in veritate, et ex toto corde vestro: vidistis enim magnifica quae in vobis gesserit. 25 Quod si perseveraveritis in malitia:
et vos et rex vester pariter peribitis.

Incipit bellum contra Philisthaeos

13 1 Filius unius anni erat Saul cum
regnare coepisset, duobus autem
annis regnavit super Israel.
2 Et elegit sibi Saul tria millia de Israel:
et erant cum Saul duo millia in Machmas,
et in monte Bethel: mille autem cum Ionatha in Gabaa Beniamin: porro caeterum populum remisit unumquemque in
tabernacula sua. 3 Et percussit Ionathas
stationem Philisthinorum, quae erat in
Gabaa. Quod cum audissent Philisthiim,
Saul cecinit buccina in omni terra, dicens:
Audiant Hebraei. 4 Et universus Israel
audivit huiuscemodi famam: Percussit
Saul stationem Philisthinorum: et erexit
se Israel adversus Philisthiim. Clamavit
ergo populus post Saul in Galgala.
5 Et Philisthiim congregati sunt ad praeliandum contra Israel, triginta millia curruum, et sex millia equitum, et reliquum
vulgus, sicut arena quae est in littore maris plurima. Et ascendentes castrametati
sunt in Machmas ad orientem Bethaven.
6 Quod cum vidissent viri Israel se in
arcto positos (afflictus enim erat populus), absconderunt se in speluncis, et in
abditis, in petris quoque, et in antris, et
in cisternis. 7 Hebraei autem transierunt
Iordanem in terram Gad et Galaad.

Saul offert holocaustum et obiurgatur a Samuele

Cumque adhuc esset Saul in Galgala,
universus populus perterritus est, qui sequebatur eum. 8 Et expectavit septem diebus iuxta placitum Samuelis, et non venit
Samuel in Galgala, dilapsusque est populus ab eo. 9 Ait ergo Saul: Afferte mihi
holocaustum, et pacifica. Et obtulit holocaustum. 10 Cumque complesset offerens
holocaustum, ecce Samuel veniebat: et
egressus est Saul obviam ei ut salutaret
eum. 11 Locutusque est ad eum Samuel:
Quid fecisti? Respondit Saul: Quia vidi

9: Iud 3,12; 4,2; 10,7; 13,1. — **10:** Iud 10,10. 15. — **11:** Iud 6,14.32; 11,1.29; 1 Sam 7,10-13. **12:** 1 Sam 8,1-5.19; 10,19; 11,1. — **13:** 1 Sam 9,16-17; 10,24. — **14:** Lev 26,14-15; Deut 28, 15. — **17:** 1 Sam 8,7. — **22:** Ex 19,6; Deut 7, 6; 14,2. — **23:** 1 Sam 7,8.

13 **1:** 1 Sam 10,23; 14,31; Act 13,21. — **2:** 1 Sam 10,26. — **3:** 1 Sam 10,5. — **5:** 1 Sam 14, 23. — **7:** Ios 13,24-28. — **8:** 1 Sam 10,

quod populus dilaberetur a me, et tu non
veneras iuxta placitos dies, porro Philisthiim congregati fuerant in Machmas,
12 dixi: Nunc descendent Philisthiim ad
me in Galgala, et faciem Domini non pla-
cavi. Necessitate compulsus, obtuli holocaustum. 13 Dixitque Samuel ad Saul:
Stulte egisti, nec custodisti mandata Domini Dei tui, quae praecepit tibi. Quod
si non fecisses, iam nunc praeparasset Dominus regnum tuum super Israel in sempiternum, 14 sed nequaquam regnum tuum
ultra consurget. Quaesivit Dominus sibi
virum iuxta cor suum: et praecepit ei Dominus ut esset dux super populum suum,
eo quod non servaveris quae praecepit
Dominus.

Exercitus Israel ex adverso Philisthinorum

15 Surrexit autem Samuel, et ascendit
de Galgalis in Gabaa Beniamin. Et reliqui populi ascenderunt post Saul obviam
populo, qui expugnabant eos venientes de
Galgala in Gabaa, in colle Beniamin. Et
recensuit Saul populum, qui inventi fuerant cum eo, quasi sexcentos viros. 16 Et
Saul et Ionathas filius eius, populusque
qui inventus fuerat cum eis, erat in Gabaa Beniamin: porro Philisthiim conse-
derant in Machmas.
17 Et egressi sunt ad praedandum de
castris Philisthinorum tres cunei. Unus
cuneus pergebat contra viam Ephra ad
terram Sual: 18 porro alius ingrediebatur
per viam Beth-horon: tertius autem verterat se ad iter termini imminentis valli
Seboim contra desertum. 19 Porro faber
ferrarius non inveniebatur in omni terra Israel. Caverant enim Philisthiim, ne
forte facerent Hebraei gladium aut lanceam. 20 Descendebat ergo omnis Israel
ad Philisthiim, ut exacueret unusquisque
vomerem suum, et ligonem, et securim, et
sarculum. 21 Retusae itaque erant acies vo-
merum, et ligonum, et tridentum, et secu-
rium, usque ad stimulum corrigendum.
22 Cumque venisset dies praelii, non est
inventus ensis et lancea in manu totius
populi, qui erat cum Saule et Ionatha,
excepto Saul et Ionatha filio eius. 23 Egressa est autem statio Philisthiim, ut trans-
cenderet in Machmas.

Ionathas aggreditur Philisthaeos

14 1 Et accidit quadam die ut diceret
Ionathas filius Saul ad adolescentem armigerum suum: Veni, et transeamus ad stationem Philisthinorum, quae est
trans locum illum. Patri autem suo hoc
ipsum non indicavit. 2 Porro Saul morabatur in extrema parte Gabaa sub malo-
granato, quae erat in Magron: et erat populus cum eo quasi sexcentorum virorum.
3 Et Achias filius Achitob fratris Ichabod
filii Phinees, qui ortus fuerat ex Heli
sacerdote Domini in Silo, portabat ephod.
Sed et populus ignorabat quo isset Ionathas. 4 Erant autem inter ascensus, per
quos nitebatur Ionathas transire ad stationem Philisthinorum, eminentes petrae
ex utraque parte, et quasi in modum dentium scopuli hinc et inde praerupti, nomen uni Boses, et nomen alteri Sene:
5 unus scopulus prominens ad aquilonem
ex adverso Machmas, et alter ad meridiem contra Gabaa.
6 Dixit autem Ionathas ad adolescentem armigerum suum: Veni, transeamus
ad stationem incircumcisorum horum, si
forte faciat Dominus pro nobis: quia non
est Domino difficile salvare, vel in multis, vel in paucis. 7 Dixitque ei armiger
suus: Fac omnia quae placent animo tuo:
perge quo cupis, et ero tecum ubicumque
volueris. 8 Et ait Ionathas: Ecce nos trans-
imus ad viros istos. Cumque apparueri-
mus eis, 9 si taliter locuti fuerint ad nos,
manete donec veniamus ad vos: stemus
in loco nostro, nec ascendamus ad eos.
10 Si autem dixerint: Ascendite ad nos:
ascendamus, quia tradidit eos Dominus
in manibus nostris, hoc erit nobis signum.
11 Apparuit igitur uterque stationi Philisthinorum; dixeruntque Philisthiim: En
Hebraei egrediuntur de cavernis, in quibus
absconditi fuerant. 12 Et locuti sunt viri de
statione ad Ionatham, et ad armigerum
eius, dixeruntque: Ascendite ad nos, et
ostendemus vobis rem. Et ait Ionathas ad
armigerum suum: Ascendamus, sequere
me: tradidit enim Dominus eos in manus
Israel. 13 Ascendit autem Ionathas manibus et pedibus reptans, et armiger eius
post eum. Itaque alii cadebant ante Ionatham, alios armiger eius interficiebat
sequens eum. 14 Et facta est plaga prima,
qua percussit Ionathas et armiger eius,
quasi viginti virorum in media parte iuge-
ri, quam par boum in die arare consuevit.
15 Et factum est miraculum in castris, per
agros: sed et omnis populus stationis
eorum, qui ierant ad praedandum, obstupuit, et conturbata est terra: et accidit
quasi miraculum a Deo.
16 Et respexerunt speculatores Saul, qui
erant in Gabaa Beniamin, et ecce multitudo prostrata, et huc illucque diffugiens.
17 Et ait Saul populo, qui erat cum eo:
Requirite, et videte quis abierit ex nobis.

8. — **13-14:** 1 Sam 15,11.28; Act 13,22. — **17:** Ios 18,23; 1 Sam 14,15. — **18:** Ios 10,10; Neh 11,34.

14 **2:** Is 10,28. — **3:** 1 Sam 2,28; 4,21; 21,1; 22,9.11.20. — **6:** Iud 14,3. — **11:** 1 Sam 13,6. — **15:** 1 Sam 13,17. — **18:** Num 27,21;

Cumque requisissent, repertum est non
adesse Ionatham, et armigerum eius. 18 Et
ait Saul ad Achiam: Applica arcam Dei.
(Erat enim ibi arca Dei in die illa cum
filiis Israel.) 19 Cumque loqueretur Saul
ad sacerdotem, tumultus magnus exortus
est in castris Philisthinorum: crescebatque
paulatim, et clarius resonabat. Et ait Saul
ad sacerdotem: Contrahe manum tuam.

Saul persequitur Philisthaeos

20 Conclamavit ergo Saul, et omnis populus, qui erat cum eo, et venerunt usque
ad locum certaminis: et ecce versus fuerat gladius uniuscuiusque ad proximum
suum, et caedes magna nimis. 21 Sed et
Hebraei qui fuerant cum Philisthiim heri
et nudiustertius, ascenderantque cum eis
in castris, reversi sunt ut essent cum Israel, qui erant cum Saul et Ionatha. 22 Omnes quoque Israelitae, qui se abscondе-
rant in monte Ephraim, audientes quod
fugissent Philisthaei, sociaverunt se cum
suis in praelio. Et erant cum Saul, quasi
decem millia virorum.
23 Et salvavit Dominus in die illa Israel:
pugna autem pervenit usque ad Bethaven. 24 Et viri Israel sociati sunt sibi in
die illa: adiuravit autem Saul populum,
dicens: Maledictus vir, qui comederit panem usque ad vesperam, donec ulciscar
de inimicis meis. Et non manducavit universus populus panem: 25 omneque terrae vulgus venit in saltum, in quo erat
mel super faciem agri. 26 Ingressus est itaque populus saltum, et apparuit fluens
mel, nullusque applicuit manum ad os
suum: timebat enim populus iuramentum.

Ionathas inscius transgressor

27 Porro Ionathas non audierat cum
adiuraret pater eius populum: extenditque summitatem virgae, quam habebat
in manu, et intinxit in favum mellis: et
convertit manum suam ad os suum, et illuminati sunt oculi eius. 28 Respondensque unus de populo, ait: Iureiurando
constrinxit pater tuus populum, dicens:
Maledictus vir, qui comederit panem hodie (defecerat autem populus). 29 Dixitque Ionathas: Turbavit pater meus terram: vidistis ipsi quia illuminati sunt oculi mei, eo quod gustaverim paululum de
melle isto: 30 quanto magis si comedisset
populus de praeda inimicorum suorum,
quam reperit? nonne maior plaga facta
fuisset in Philisthiim? 31 Percusserunt ergo
in die illa Philisthaeos a Machmis usque
in Aialon.

Peccat populus comedens cum sanguine

Defatigatus est autem populus nimis:
32 et versus ad praedam tulit oves, et boves, et vitulos, et mactaverunt in terra:
comeditque populus cum sanguine.
33 Nuntiaverunt autem Sauli dicentes quod
populus peccasset Domino, comedens cum
sanguine. Qui ait: Praevaricati estis: volvite ad me iam nunc saxum grande. 34 Et
dixit Saul: Dispergimini in vulgus, et dicite eis ut adducat ad me unusquisque bovem suum et arietem, et occidite super
istud, et vescimini, et non peccabitis Domino comedentes cum sanguine. Adduxit itaque omnis populus unusquisque bovem in manu sua usque ad noctem: et occiderunt ibi. 35 Aedificavit autem Saul altare Domino, tuncque primum coepit
aedificare altare Domino.

Deus interrogatus non respondit

36 Et dixit Saul: Irruamus super Philisthaeos nocte, et vastemus eos usque
dum illucescat mane, nec relinquamus ex
eis virum. Dixitque populus: Omne quod
bonum videtur in oculis tuis, fac. Et ait
sacerdos: Accedamus huc ad Deum. 37 Et
consuluit Saul Dominum: Num persequar Philisthiim? si trades eos in manus
Israel? Et non respondit ei in die illa.
38 Dixitque Saul: Applicate huc universos angulos populi: et scitote, et videte
per quem acciderit peccatum hoc hodie.
39 Vivit Dominus salvator Israel, quia si
per Ionatham filium meum factum est,
absque retractatione morietur. Ad quod
nullus contradixit ei de omni populo.
40 Et ait ad universum Israel: Separamini vos in partem unam, et ego cum Ionatha filio meo ero in parte altera. Responditque populus ad Saul: Quod bonum
videtur in oculis tuis, fac.

Ionathas invenitur reus

41 Et dixit Saul ad Dominum Deum Israel: Domine Deus Israel, da indicium:
quid est quod non responderis servo tuo
hodie? Si in me, aut in Ionatha filio meo,
est iniquitas haec, da ostensionem: aut si
haec iniquitas est in populo tuo, da sanctitatem. Et deprehensus est Ionathas et
Saul, populus autem exivit. 42 Et ait Saul:
Mittite sortem inter me, et inter Ionatham filium meum. Et captus est Ionathas. 43 Dixit autem Saul ad Ionatham:
Indica mihi quid feceris. Et indicavit ei
Ionathas, et ait: Gustans gustavi in sum-

1 Sam 4,3. — **20:** Iud 7,22. — **22:** 1 Sam 13,6. **31:** Ios 10,12; 1 Sam 13,2. — **32:** 1 Sam 15,19. **33:** Lev 3,17. — **37:** 1 Sam 23,2.9. — **38:** Iud 20,2. — **43:** 1 Sam 14,27. — **47:** 1 Sam 11,11; 2 Sam

mitate virgae, quae erat in manu mea,
paulum mellis, et ecce ego morior. 44 Et
ait Saul: Haec faciat mihi Deus, et haec
addat, quia morte morieris Ionatha. 45 Dixitque populus ad Saul: Ergone Ionathas
morietur, qui fecit salutem hanc magnam
in Israel? hoc nefas est: vivit Dominus,
si ceciderit capillus de capite eius in terram, quia cum Deo operatus est hodie.
Liberavit ergo populus Ionatham, ut non
moreretur. 46 Recessitque Saul, nec persecutus est Philisthiim: porro Philisthiim
abierunt in loca sua.

Bella Saulis, eiusque familia

47 Et Saul, confirmato regno super Israel, pugnabat per circuitum adversum
omnes inimicos eius, contra Moab, et
filios Ammon, et Edom, et reges Soba, et
Philisthaeos: et quocumque se verterat,
superabat. 48 Congregatoque exercitu, percussit Amalec, et eruit Israel de manu vas-
tatorum eius.

49 Fuerunt autem filii Saul, Ionathas,
et Iessui, et Melchisua: et nomina duarum filiarum eius, nomen primogenitae
Merob, et nomen minoris Michol. 50 Et
nomen uxoris Saul Achinoam filia Achimaas: et nomen principis militiae eius
Abner, filius Ner, patruelis Saul. 51 Porro Cis fuit pater Saul, et Ner pater Abner,
filius Abiel.

52 Erat autem bellum potens adversum
Philisthaeos omnibus diebus Saul. Nam
quemcumque viderat Saul virum fortem,
et aptum ad praelium, sociabat cum sibi.

Bellum contra Amalec

15 1 Et dixit Samuel ad Saul: Me misit Dominus, ut ungerem te in regem super populum eius Israel: nunc ergo audi vocem Domini: 2 Haec dicit Dominus exercituum: Recensui quaecumque
fecit Amalec Israeli: quomodo restitit ei
in via cum ascenderet de Aegypto. 3 Nunc
ergo vade, et percute Amalec, et demolire universa eius: non parcas ei, et non
concupiscas ex rebus ipsius aliquid, sed
interfice a viro usque ad mulierem, et
parvulum atque lactentem, bovem et
ovem, camelum et asinum.

4 Praecepit itaque Saul populo, et recensuit eos quasi agnos: ducenta millia
peditum, et decem millia virorum Iuda.
5 Cumque venisset Saul usque ad civitatem Amalec, tetendit insidias in torrente.
6 Dixitque Saul Cinaeo: Abite, recedite,
atque descendite ab Amalec: ne forte in-
volvam te cum eo: tu enim fecisti misericordiam cum omnibus filiis Israel, cum
ascenderent de Aegypto. Et recessit Cinaeus de medio Amalec. 7 Percussitque
Saul Amalec ab Hevila, donec venias ad
Sur, quae est e regione Aegypti. 8 Et apprehendit Agag regem Amalec vivum:
omne autem vulgus interfecit in ore gladii. 9 Et pepercit Saul et populus Agag,
et optimis gregibus ovium et armentorum, et vestibus et arietibus, et universis
quae pulchra erant, nec voluerunt disperdere ea: quidquid vero vile fuit et reprobum, hoc demoliti sunt.

Deum poenitet instituisse Saul in regem

10 Factum est autem verbum Domini
ad Samuel, dicens: 11 Poenitet me quod
constituerim Saul regem: quia dereliquit
me et verba mea opere non implevit. Contristatusque est Samuel, et clamavit ad
Dominum tota nocte.

12 Cumque de nocte surrexisset Samuel,
ut iret ad Saul mane, nuntiatum est Samueli, eo quod venisset Saul in Carmelum, et erexisset sibi fornicem triumpha-
lem, et reversus transisset, descendisset-
que in Galgala. Venit ergo Samuel ad
Saul, et Saul offerebat holocaustum Domino de initiis praedarum quae attulerat
ex Amalec. 13 Et cum venisset Samuel ad
Saul, dixit ei Saul: Benedictus tu Domino,
implevi verbum Domini. 14 Dixitque Samuel: Et quae est haec vox gregum, quae
resonat in auribus meis, et armentorum,
quam ego audio? 15 Et ait Saul: De Amalec adduxerunt ea: pepercit enim populus melioribus ovibus et armentis ut im-
molarentur Domino Deo tuo, reliqua vero
occidimus.

16 Ait autem Samuel ad Saul: Sine me,
et indicabo tibi quae locutus sit Dominus
ad me nocte. Dixitque ei: Loquere. 17 Et
ait Samuel: Nonne cum parvulus esses in
oculis tuis, caput in tribubus Israel factus
es? unxitque te Dominus in regem super
Israel, 18 et misit te Dominus in viam, et
ait: Vade, et interfice peccatores Amalec
et pugnabis contra eos usque ad internecionem eorum. 19 Quare ergo non audisti vocem Domini: sed versus ad praedam
es, et fecisti malum in oculis Domini?
20 Et ait Saul ad Samuelem: Immo audivi
vocem Domini, et ambulavi in via per
quam misit me Dominus, et adduxi Agag
regem Amalec, et Amalec interfeci. 21 Tulit autem de praeda populus oves et boves, primitias eorum quae caesa sunt, ut
immolet Domino Deo suo in Galgalis.

8,3; 10,6. — **49:** 1 Sam 18,17.19-20.27; 19,12.17; 25,44; 31,2; 2 Sam 2,8-10; 6,20-23; 1 Par 8,33; 9,39. — **50:** 1 Sam 17,55; 2 Sam 2,8; 3 Reg 2, 32. — **51:** 1 Sam 9,1; 10,14.

15 **1:** 1 Sam 9,16; 10,1. — **2:** Ex 17,8.16; Deut 25,17-19. — **6:** Ex 18,10; Num 10, 29,32; 24,21. — **7:** Gen 2,11; 16,7; 20,1; 25,18; 1 Sam 27,8. — **11:** 1 Sam 15,3.9. — **12:** Ios 15, 55; 1 Sam 25,2. — **17:** 1 Sam 9,21. — **19:** 1 Sam

Saul reprobatus

22 Et ait Samuel: Numquid vult Dominus holocausta et victimas, et non potius ut obediatur voci Domini? Melior
est enim obedientia quam victimae: et
auscultare magis quam offerre adipem
arietum. 23 Quoniam quasi peccatum ario-
landi est, repugnare: et quasi scelus idololatriae, nolle acquiescere. Pro eo ergo
quod abiecisti sermonem Domini, abiecit
te Dominus ne sis rex.
24 Dixitque Saul ad Samuelem: Peccavi, quia praevaricatus sum sermonem Domini, et verba tua, timens populum, et
obediens voci eorum. 25 Sed nunc porta,
quaeso, peccatum meum, et revertere mecum, ut adorem Dominum. 26 Et ait Samuel ad Saul: Non revertar tecum, quia
proiecisti sermonem Domini, et proiecit
te Dominus ne sis rex super Israel. 27 Et
conversus est Samuel ut abiret: ille autem
apprehendit summitatem pallii eius, quae
et scissa est. 28 Et ait ad eum Samuel: Scidit Dominus regnum Israel a te hodie, et
tradidit illud proximo tuo meliori te.
29 Porro triumphator in Israel non parcet, et poenitudine non flectetur: neque
enim homo est ut agat poenitentiam. 30 At
ille ait: Peccavi: sed nunc honora me coram senioribus populi mei, et coram Israel, et revertere mecum, ut adorem Dominum Deum tuum. 31 Reversus ergo Samuel secutus est Saulem: et adoravit Saul
Dominum.

Agag occisus a Samuele

32 Dixitque Samuel: Adducite ad me
Agag regem Amalec. Et oblatus est ei
Agag pinguissimus, et tremens. Et dixit
Agag: Siccine separat amara mors? 33 Et
ait Samuel: Sicut fecit absque liberis mulieres gladius tuus, sic absque liberis erit
inter mulieres mater tua. Et in frusta concidit eum Samuel coram Domino in Galgalis.
34 Abiit autem Samuel in Ramatha:
Saul vero ascendit in domum suam in
Gabaa. 35 Et non vidit Samuel ultra Saul
usque ad diem mortis suae: verumtamen
lugebat Samuel Saulem, quoniam Dominum poenitebat quod constituisset eum
regem super Israel.

PARS TERTIA

POSTREMA SAULIS ET INITIA DAVID

(16,1-31,13)

Samuel missus in Bethlehem

16 1 Dixitque Dominus ad Samuelem:
Usquequo tu luges Saul, cum ego
proiecerim eum ne regnet super Israel?
Imple cornu tuum oleo, et veni, ut mittam te ad Isai Bethlehemitem: providi
enim in filiis eius mihi regem. 2 Et ait Samuel: Quomodo vadam? audiet enim Saul
et interficiet me. Et ait Dominus: Vitulum
de armento tolles in manu tua, et dices:
Ad immolandum Domino veni. 3 Et vocabis Isai ad victimam, et ego ostendam
tibi quid facias, et unges quemcumque
monstravero tibi. 4 Fecit ergo Samuel, sicut locutus est ei Dominus. Venitque in
Bethlehem, et admirati sunt seniores civitatis, occurrentes ei, dixeruntque: Pacificusne est ingressus tuus? 5 Et ait: Pacificus: ad immolandum Domino veni, sanctificamini, et venite mecum ut immolem.
Sanctificavit ergo Isai et filios eius, et vocavit eos ad sacrificium.

David unctus in regem

6 Cumque ingressi essent, vidit Eliab,
et ait: Num coram Domino est Christus
eius? 7 Et dixit Dominus ad Samuelem:
Ne respicias vultum eius, neque altitudinem staturae eius: quoniam abieci eum,
nec iuxta intuitum hominis ego iudico:
homo enim videt ea quae parent, Dominus autem intuetur cor. 8 Et vocavit Isai
Abinadab, et adduxit eum coram Samuele. Qui dixit: Nec hunc elegit Dominus.
9 Adduxit autem Isai Samma, de quo ait:
Etiam hunc non elegit Dominus. 10 Adduxit itaque Isai septem filios suos coram
Samuele: et ait Samuel ad Isai: Non elegit Dominus ex istis. 11 Dixitque Samuel
ad Isai: Numquid iam completi sunt filii?
Qui respondit: Adhuc reliquus est parvulus, et pascit oves. Et ait Samuel ad
Isai: Mitte, et adduc eum: nec enim dis-
cumbemus priusquam huc ille veniat.
12 Misit ergo, et adduxit eum. Erat autem
rufus, et pulcher aspectu, decoraque facie: et ait Dominus: Surge, unge eum,
ipse est enim. 13 Tulit ergo Samuel cornu
olei, et unxit eum in medio fratrum eius:
et directus est Spiritus Domini a die illa
in David, et deinceps: surgensque Samuel
abiit in Ramatha.

14,32. — **22:** Ps 39,7-9; Eccli 4,17; Is 1,11-13. 16,17; Os 6,6; Mt 9,13; 12,7. — **23:** Deut 18, 5; 1 Sam 13,14. — **28:** 1 Sam 28,17-18. — **29:** Num 23,19. — **34:** 1 Sam 1,19; 11,4. — **35:** 1 Sam 16,1; 19,24; 25,1; 28,3.

16 **1:** Ruth 4,17.22; 1 Sam 15,23.26.35. — **2:** 1 Sam 9,12. — **5:** Ex 19,14-15; Num 11,18; Ios 3,5; 7,13. — **6:** 1 Sam 17,13. — **7:** 3 Reg 8,39; Ps 7,10; Ier 11,20. — **9:** 1 Sam 17, 13; 1 Par 2,13; 20,7. — **10:** 1 Par 2,14-16. — **11** 1 Sam 17,14. — **12:** 1 Sam 17,42. — **13:** 2 Sam 2,4; 5,3; 7,8; Ps 77,70; 88,21; Act 7,46;

David psaltes coram Saule

14 Spiritus autem Domini recessit a Saul,
et exagitabat eum spiritus nequam, a Domino. 15 Dixeruntque servi Saul ad eum:
Ecce spiritus Dei malus exagitat te. 16 Iubeat dominus noster, et servi tui, qui coram te sunt, quaerent hominem scientem
psallere cithara, ut quando arripuerit te
spiritus Domini malus, psallat manu sua,
et levius feras. 17 Et ait Saul ad servos
suos: Providete ergo mihi aliquem bene
psallentem, et adducite eum ad me. 18 Et
respondens unus de pueris, ait: Ecce vidi
filium Isai Betlehemitem scientem psallere, et fortissimum robore, et virum bel-
licosum, et prudentem in verbis, et virum
pulchrum: et Dominus est cum eo.
19 Misit ergo Saul nuntios ad Isai, dicens: Mitte ad me David filium tuum, qui
est in pascuis. 20 Tulit itaque Isai asinum
plenum panibus, et lagenam vini, et haedum de capris unum, et misit per manum
David filii sui Sauli. 21 Et venit David ad
Saul, et stetit coram eo: at ille dilexit eum
nimis, et factus est eius armiger. 22 Misitque Saul ad Isai, dicens: Stet David in
conspectu meo: invenit enim gratiam in
oculis meis. 23 Igitur quandocumque spiritus Domini malus arripiebat Saul, David tollebat citharam, et percutiebat manu
sua, et refocillabatur Saul, et levius habebat: recedebat enim ab eo spiritus malus.

Goliath provocat Hebraeos

17 1 Congregantes autem Philisthiim
agmina sua in praelium, convenerunt in Socho Iudae: et castrametati sunt
inter Socho et Azeca in finibus Dommim.
2 Porro Saul et filii Israel congregati venerunt in Vallem terebinthi, et direxerunt
aciem ad pugnandum contra Philisthiim.
3 Et Philisthiim stabant super montem ex
parte hac, et Israel stabat supra montem
ex altera parte: vallisque erat inter eos.
4 Et egressus est vir spurius de castris
Philisthinorum nomine Goliath, de Geth,
altitudinis sex cubitorum et palmi: 5 et
cassis aerea super caput eius, et lorica
squamata induebatur. Porro pondus loricae eius, quinque millia siclorum aeris
erat: 6 et ocreas aereas habebat in cruri-
bus: et clypeus aereus tegebat humeros
eius. 7 Hastile autem hastae eius erat quasi liciatorium texentium: ipsum autem
ferrum hastae eius sexcentos siclos habebat ferri: et armiger eius antecedebat
eum. 8 Stansque clamabat adversum pha-
langas Israel, et dicebat eis: Quare venistis parati ad praelium? Numquid ego
non sum Philisthaeus, et vos servi Saul?
Eligite ex vobis virum, et descendat ad
singulare certamen. 9 Si quiverit pugnare
mecum, et percusserit me, erimus vobis
servi: si autem ego praevaluero, et percussero eum, vos servi eritis, et servietis
nobis. 10 Et aiebat Philisthaeus: Ego ex-
probravi agminibus Israel hodie: Date
mihi virum, et ineat mecum singulare certamen. 11 Audiens autem Saul, et omnes
Israelitae, sermones Philisthaei huiuscemodi, stupebant, et metuebant nimis.

David mittitur in castra

12 David autem erat filius viri Ephrathaei, de quo supra dictum est, de Bethlehem Iuda, cui nomen erat Isai, qui habebat octo filios, et erat vir in diebus Saul
senex, et grandaevus inter viros. 13 Abierunt autem tres filii eius maiores post
Saul in praelium: et nomina trium filiorum eius, qui perrexerunt ad bellum, Eliab
primogenitus, et secundus Abinadab, ter-
tiusque Samma. 14 David autem erat minimus. Tribus ergo maioribus secutis Saulem, 15 abiit David, et reversus est a Saul,
ut pasceret gregem patris sui in Bethlehem.
16 Procedebat vero Philisthaeus mane
et vespere, et stabat quadraginta diebus.
17 Dixit autem Isai ad David filium
suum: Accipe fratribus tuis ephi polen-
tae, et decem panes istos, et curre in castra ad fratres tuos, 18 et decem formellas
casei has deferes ad tribunum: et fratres
tuos visitabis, si recte agant: et cum quibus ordinati sunt, disce. 19 Saul autem, et
illi, et omnes filii Israel, in Valle terebinthi pugnabant adversum Philisthiim.
20 Surrexit itaque David mane, et commendavit gregem custodi: et onustus abiit, sicut praeceperat ei Isai. Et venit ad
locum Magala, et ad exercitum, qui egressus ad pugnam vociferatus erat in certamine. 21 Direxerat enim aciem Israel, sed
et Philisthiim ex adverso fuerant praeparati. 22 Derelinquens ergo David vasa quae
attulerat, sub manu custodis ad sarcinas,
cucurrit ad locum certaminis, et interrogabat si omnia recte agerentur erga fratres suos. 23 Cumque adhuc ille loqueretur eis, apparuit vir ille spurius ascendens,
Goliath nomine Philisthaeus, de Geth, de
castris Philisthinorum: et loquente eo

13,22. — **14:** 1 Sam 18,10.12; 19,9; 28,15-16. — **16:** 1 Sam 18,10; 19,9. — **18:** 1 Sam 17,32-36. **19:** 1 Sam 17,15.34.

17 **1:** Ios 10,10; 15,35; 1 Par 11,13. — **2:** 1 Sam 21,9. — **4:** Ios 11,22; 1 Sam 6, 17; 21,10. — **12:** 1 Sam 16,1.10-11. — **13:** 1 Sam 16,6-9; 1 Par 2,13. — **14:** 1 Sam 16,11. — **15:** 1 Sam 16,10. — **26:** Iud 14,3. — **33:** 1 Sam 16,

haec eadem verba audivit David. 24 Omnes autem Israelitae, cum vidissent virum,
fugerunt a facie eius, timentes eum valde.

Merces oblata victori Goliath

25 Et dixit unus quispiam de Israel:
Num vidistis virum hunc, qui ascendit?
ad exprobrandum enim Israeli ascendit.
Virum ergo, qui percusserit eum, ditabit
rex divitiis magnis, et filiam suam dabit
ei, et domum patris eius faciet absque tributo in Israel. 26 Et ait David ad viros,
qui stabant secum, dicens: Quid dabitur
viro, qui percusserit Philisthaeum hunc,
et tulerit opprobrium de Israel? quis enim
est hic Philisthaeus incircumcisus, qui exprobravit acies Dei viventis? 27 Referebat
autem ei populus eumdem sermonem, dicens: Haec dabuntur viro, qui percusserit eum. 28 Quod cum audisset Eliab frater eius maior, loquente eo cum aliis, iratus est contra David, et ait: Quare venisti,
et quare dereliquisti pauculas oves illas in
deserto? Ego novi superbiam tuam, et nequitiam cordis tui: quia ut videres praelium, descendisti. 29 Et dixit David: Quid
feci? numquid non verbum est? 30 Et declinavit paululum ab eo ad alium: dixitque eumdem sermonem. Et respondit ei
populus verbum sicut prius.

David petit certare cum Goliath

31 Audita sunt autem verba, quae locutus est David, et annuntiata in conspectu
Saul. 32 Ad quem cum fuisset adductus,
locutus est ei: Non concidat cor cuiusquam in eo: ego servus tuus vadam, et
pugnabo adversus Philisthaeum. 33 Et ait
Saul ad David: Non vales resistere Philisthaeo isti nec pugnare adversus eum:
quia puer es, hic autem vir bellator est ab
adolescentia sua. 34 Dixitque David ad
Saul: Pascebat servus tuus patris sui gregem, et veniebat leo, vel ursus, et tollebat
arietem de medio gregis: 35 et persequebar eos, et percutiebam, eruebamque de
ore eorum: et illi consurgebant adversum
me, et apprehendebam mentum eorum,
et suffocabam, interficiebamque eos.
36 Nam et leonem et ursum interfeci ego
servus tuus: erit igitur et Philisthaeus hic
incircumcisus, quasi unus ex eis. Nunc
vadam, et auferam opprobrium populi:
quoniam quis est iste Philisthaeus incircumcisus, qui ausus est maledicere exercitui Dei viventis? 37 Et ait David: Dominus qui eripuit me de manu leonis, et
de manu ursi, ipse me liberabit de manu
Philisthaei huius. Dixit autem Saul ad David: Vade, et Dominus tecum sit.
38 Et induit Saul David vestimentis suis,
et imposuit galeam aeream super caput
eius, et vestivit eum lorica. 39 Accinctus
ergo David gladio eius super vestem suam,
coepit tentare si armatus posset incedere:
non enim habebat consuetudinem. Dixitque David ad Saul: Non possum sic incedere, quia non usum habeo.

David occurrit Goliath eumque devincit

Et deposuit ea, 40 et tulit baculum suum,
quem semper habebat in manibus: et elegit sibi quinque limpidissimos lapides de
torrente, et misit eos in peram pastora-
lem, quam habebat secum, et fundam manu tulit: et processit adversum Philisthaeum.
41 Ibat autem Philisthaeus incedens, et
appropinquans adversum David, et armiger eius ante eum. 42 Cumque inspexisset
Philisthaeus, et vidisset David, despexit
eum. Erat enim adolescens, rufus, et pulcher aspectu. 43 Et dixit Philisthaeus ad
David: Numquid ego canis sum, quod tu
venis ad me cum baculo? Et maledixit
Philisthaeus David in diis suis: 44 dixitque
ad David: Veni ad me, et dabo carnes
tuas volatilibus caeli et bestiis terrae.
45 Dixit autem David ad Philisthaeum:
Tu venis ad me cum gladio, et hasta, et
clypeo: ego autem venio ad te in nomine
Domini exercituum, Dei agminum Israel,
quibus exprobrasti 46 hodie, et dabit te
Dominus in manu mea, et percutiam te,
et auferam caput tuum a te: et dabo cadavera castrorum Philisthiim hodie volatilibus caeli, et bestiis terrae: ut sciat omnis terra quia est Deus in Israel: 47 et noverit universa ecclesia haec, quia non in
gladio, nec in hasta salvat Dominus: ipsius enim est bellum, et tradet vos in manus nostras.
48 Cum ergo surrexisset Philisthaeus, et
veniret, et appropinquaret contra David,
festinavit David, et cucurrit ad pugnam
ex adverso Philisthaei. 49 Et misit manum
suam in peram, tulitque unum lapidem,
et funda iecit, et circumducens percussit
Philisthaeum in fronte: et infixus est lapis
in fronte eius, et cecidit in faciem suam
super terram. 50 Praevaluitque David adversum Philisthaeum in funda et lapide,
percussumque Philisthaeum interfecit.
Cumque gladium non haberet in manu
David, 51 cucurrit, et stetit super Philisthaeum, et tulit gladium eius, et eduxit
eum de vagina sua: et interfecit eum,
praeciditque caput eius.
Videntes autem Philisthiim quod mortuus esset fortissimus eorum, fugerunt.

11,18; 17,14. — 34-36: Eccli 47,3. — 42: 1 Sam 16,12. — 44: Deut 28,26. — 47: 2 Par 20,15. —

52 Et consurgentes viri Israel et Iuda vociferati sunt, et persecuti sunt Philisthaeos
usque dum venirent in vallem, et usque
ad portas Accaron, cecideruntque vulnerati de Philisthiim in via Saraim, et usque
ad Geth, et usque ad Accaron. 53 Et revertentes filii Israel postquam persecuti
fuerant Philisthaeos, invaserunt castra eorum. 54 Assumens autem David caput Philisthaei, attulit illud in Ierusalem: arma
vero eius posuit in tabernaculo suo.

David ignotus Sauli

55 Eo autem tempore, quo viderat Saul
David egredientem contra Philisthaeum,
ait ad Abner principem militiae: De qua
stirpe descendit hic adolescens, Abner?
Dixitque Abner: Vivit anima tua, rex, si
novi. 56 Et ait rex: Interroga tu, cuius
filius sit iste puer. 57 Cumque regressus
esset David, percusso Philisthaeo, tulit
eum Abner, et introduxit coram Saule,
caput Philisthaei habentem in manu. 58 Et
ait ad eum Saul: De qua progenie es, o
adolescens? Dixitque David: Filius servi
tui Isai Bethlehemitae ego sum.

Davidis amicitia cum Ionatha

18 1 Et factum est cum complesset loqui ad Saul: anima Ionathae conglutinata est animae David, et dilexit eum
Ionathas quasi animam suam. 2 Tulitque
eum Saul in die illa, et non concessit ei
ut reverteretur in domum patris sui. 3 Inierunt autem David et Ionathas foedus: diligebat enim eum quasi animam suam.
4 Nam expoliavit se Ionathas tunica, qua
erat indutus, et dedit eam David, et reliqua vestimenta sua, usque ad gladium et
arcum suum, et usque ad balteum. 5 Egrediebatur quoque David ad omnia quaecumque misisset eum Saul, et prudenter
se agebat: posuitque eum Saul super viros
belli, et acceptus erat in oculis universi
populi, maximeque in conspectu famulorum Saul.

Saulis invidia de Davidis laudibus

6 Porro cum reverteretur percusso Philisthaeo David, egressae sunt mulieres de
universis urbibus Israel, cantantes, cho-
rosque ducentes in occursum Saul regis,
in tympanis laetitiae, et in sistris. 7 Et
praecinebant mulieres ludentes, atque dicentes:
Percussit Saul mille,
Et David decem millia.
8 Iratus est autem Saul nimis, et displicuit in oculis eius sermo iste: dixitque:
Dederunt David decem millia, et mihi
mille dederunt: quid ei superest, nisi solum regnum? 9 Non rectis ergo oculis Saul
aspiciebat David a die illa, et deinceps.
10 Post diem autem alteram, invasit spiritus Dei malus Saul, et prophetabat in
medio domus suae: David autem psallebat manu sua, sicut per singulos dies, te-
nebatque Saul lanceam, 11 et misit eam,
putans quod configere posset David cum
pariete, et declinavit David a facie eius
secundo. 12 Et timuit Saul David, eo quod
Dominus esset cum eo, et a se recessisset.
13 Amovit ergo eum Saul a se, et fecit eum
tribunum super mille viros: et egrediebatur, et intrabat in conspectu populi. 14 In
omnibus quoque viis suis David prudenter agebat, et Dominus erat cum eo. 15 Vidit itaque Saul quod prudens esset nimis,
et coepit cavere eum. 16 Omnis autem Israel et Iuda diligebat David: ipse enim
ingrediebatur et egrediebatur ante eos.

David gener regis

17 Dixitque Saul ad David: Ecce filia
mea maior Merob, ipsam dabo tibi uxorem: tantummodo esto vir fortis, et prae-
liare bella Domini. Saul autem reputabat,
dicens: Non sit manus mea in eum, sed
sit super eum manus Philisthinorum.
18 Ait autem David ad Saul: Quis ego
sum, aut quae est vita mea, aut cognatio
patris mei in Israel, ut fiam gener regis?
19 Factum est autem tempus cum deberet
dari Merob filia Saul David, data est Hadrieli Molathitae uxor.
20 Dilexit autem David Michol filia Saul
altera. Et nuntiatum ést Saul, et placuit
ei. 21 Dixitque Saul: Dabo eam illi, ut fiat
ei in scandalum, et sit super eum manus
Philisthinorum. Dixitque Saul ad David:
In duabus rebus gener meus eris hodie.
22 Et mandavit Saul servis suis: Loquimini ad David clam me, dicentes: Ecce places regi, et omnes servi eius diligunt te.
Nunc ergo esto gener regis. 23 Et locuti
sunt servi Saul in auribus David omnia
verba haec. Et ait David: Num parum
videtur vobis, generum esse regis? Ego
autem sum vir pauper et tenuis. 24 Et renuntiaverunt servi Saul dicentes: Huiuscemodi verba locutus est David. 25 Dixit
autem Saul: Sic loquimini ad David: Non
habet rex sponsalia necesse, nisi tantum
centum praeputia Philisthinorum, ut fiat
ultio de inimicis regis. Porro Saul cogita-

50: Eccli 47,4-5; 1 Mach 4,30. — **51:** 1 Sam 11,9. — **52:** Ios 15,11.36. — **54:** 2 Sam 5,6-7. — **58:** 1 Sam 16,21-22.

18 **1:** 1 Sam 19,1; 20,17. — **2:** 1 Sam 16,22; 17,15. — **6:** Ex 15,20-21; Iud 11,34. — **7:** 1 Sam 21,11; 29,5; Eccli 47,7. — **10:** 1 Sam 16,14.16; 19,23-24. — **11:** 1 Sam 17,15; 19,10. **12:** 1 Sam 16,14.18; 28,15. — **17:** 1 Sam 14,19; 17,25. — **19:** Ios 15,26; 19,2; 2 Sam 21,8. — **20:** 1 Sam 14,49. — **22:** 1 Sam 22,14. — **27:** 1 Sam 25,44; 2 Sam 3,14.

bat tradere David in manus Philisthinorum.
26 Cumque renuntiassent servi eius David verba quae dixerat Saul, placuit sermo in oculis David, ut fieret gener regis.
27 Et post paucos dies surgens David, abiit
cum viris qui sub eo erant. Et percussit
ex Philisthiim ducentos viros, et attulit
eorum praeputia et annumeravit ea regi,
ut esset gener eius. Dedit itaque Saul ei
Michol filiam suam uxorem. 28 Et vidit
Saul, et intellexit quod Dominus esset
cum David. Michol autem filia Saul diligebat eum. 29 Et Saul magis coepit timere
David: factusque est Saul inimicus David
cunctis diebus. 30 Et egressi sunt principes
Philisthinorum. A principio autem egressionis eorum, prudentius se gerebat David quam omnes servi Saul, et celebre factum est nomen eius nimis.

David a Ionatha servatus

19 1 Locutus est autem Saul ad Ionatham filium suum, et ad omnes servos suos, ut occiderent David. Porro Ionathas filius Saul diligebat David valde.
2 Et indicavit Ionathas David dicens:
Quaerit Saul pater meus occidere te: quapropter observa te, quaeso, mane, et manebis clam, et absconderis. 3 Ego autem
egrediens stabo iuxta patrem meum, in
agro ubicumque fueris: et ego loquar de
te ad patrem meum: et quodcumque videro, nuntiabo tibi. 4 Locutus est ergo Ionathas de David bona ad Saul patrem suum: dixitque ad eum: Ne pecces rex in
servum tuum David, quia non peccavit
tibi, et opera eius bona sunt tibi valde.
5 Et posuit animam suam in manu tua, et
percussit Philisthaeum, et fecit Dominus
salutem magnam universo Israeli: vidisti,
et laetatus es. Quare ergo peccas in sanguine innoxio, interficiens David, qui est
absque culpa? 6 Quod cum audisset Saul,
placatus voce Ionathae, iuravit: Vivit Dominus, quia non occidetur. 7 Vocavit itaque Ionathas David, et indicavit ei omnia
verba haec: et introduxit Ionathas David
ad Saul, et fuit ante eum, sicut fuerat heri
et nudiustertius.
8 Motum est autem rursum bellum: et
egressus David, pugnavit adversum Philisthiim: percussitque eos plaga magna, et
fugerunt a facie eius. 9 Et factus est spiritus Domini malus in Saul, sedebat autem
in domo sua, et tenebat lanceam: porro
David psallebat manu sua. 10 Nisusque
est Saul configere David lancea in pariete, et declinavit David a facie Saul: lancea
autem casso vulnere perlata est in parietem, et David fugit, et salvatus est nocte
illa.

David ab uxore servatus

11 Misit ergo Saul satellites suos in domum David, ut custodirent eum, et interficeretur mane. Quod cum annuntiasset
David Michol uxor sua, dicens: Nisi salvaveris te nocte hac, cras morieris: 12 deposuit eum per fenestram. Porro ille abiit
et aufugit, atque salvatus est. 13 Tulit autem Michol statuam, et posuit eam super
lectum, et pellem pilosam caprarum posuit ad caput eius, et operuit eam vestimentis. 14 Misit autem Saul apparitores,
qui raperent David: et responsum est
quod aegrotaret. 15 Rursumque misit Saul
nuntios ut viderent David, dicens: Afferte eum ad me in lecto, ut occidatur.
16 Cumque venissent nuntii, inventum est
simulacrum super lectum, et pellis caprarum ad caput eius. 17 Dixitque Saul ad
Michol: Quare sic illusisti mihi, et dimisisti inimicum meum ut fugeret? Et respondit Michol ad Saul: Quia ipse locutus est mihi: Dimitte me, alioquin interficiam te.

David apud Samuelem

18 David autem fugiens, salvatus est, et
venit ad Samuelem in Ramatha, et nuntiavit ei omnia quae fecerat sibi Saul: et abierunt ipse et Samuel, et morati sunt in
Naioth. 19 Nuntiatum est autem Sauli a
dicentibus: Ecce David in Naioth in Ramatha. 20 Misit ergo Saul lictores, ut raperent David: qui cum vidissent cuneum
prophetarum vaticinantium, et Samuelem
stantem super eos, factus est etiam Spiritus Domini in illis, et prophetare coeperunt etiam ipsi. 21 Quod cum nuntiatum
esset Sauli, misit et alios nuntios: prophetaverunt autem et illi. Et rursum misit
Saul tertios nuntios: qui et ipsi prophetaverunt. Et iratus iracundia Saul, 22 abiit
etiam ipse in Ramatha, et venit usque ad
cisternam magnam, quae est in Socho, et
interrogavit; et dixit: In quo loco sunt
Samuel et David? Dictumque est ei: Ecce
in Naioth sunt in Ramatha. 23 Et abiit in
Naioth in Ramatha, et factus est etiam
super eum Spiritus Domini, et ambulabat
ingrediens, et prophetabat usque dum veniret in Naioth in Ramatha. 24 Et expoliavit etiam ipse se vestimentis suis, et
prophetavit cum caeteris coram Samuele,
et cecidit nudus tota die illa et nocte. Unde et exivit proverbium: Num et Saul inter prophetas?

19 **1:** 1 Sam 18,1.3. — **5:** Iud 12,3; 1 Sam 17,49-50; 28,21. — **7:** 1 Sam 16,21; 18,2.13. **9:** 1 Sam 16,14.16; 18,10. — **10:** 1 Sam 18,11; 20,33. — **18:** 1 Sam 1,19; 10,10-12. — **20:** Num 11,25; 24,2; 1 Sam 10,5-6.10. — **23:** 1 Sam 18,10. — **24:** 1 Sam 10,11-12.

Foedus Davidis cum Ionatha renovatur

20 1 Fugit autem David de Naioth,
quae est in Ramatha, veniensque
locutus est coram Ionatha: Quid feci?
quae est iniquitas mea, et quod peccatum
meum in patrem tuum, quia quaerit animam meam? 2 Qui dixit ei: Absit, non
morieris: neque enim faciet pater meus
quidquam grande vel parvum, nisi prius
indicaverit mihi: hunc ergo celavit me pater meus sermonem tantummodo? nequaquam erit istud. 3 Et iuravit rursum Davidi. Et ille ait: Scit profecto pater tuus
quia inveni gratiam in oculis tuis, et dicet: Nesciat hoc Ionathas, ne forte triste-
tur. Quin immo vivit Dominus, et vivit
anima tua, quia uno tantum (ut ita dicam)
gradu, ego morsque dividimur. 4 Et ait
Ionathas ad David: Quodcumque dixerit
mihi anima tua, faciam tibi. 5 Dixit autem David ad Ionathan: Ecce calendae
sunt crastino, et ego ex more sedere soleo
iuxta regem ad vescendum: dimitte ergo
me ut abscondar in agro usque ad vesperam diei tertiae. 6 Si respiciens requisierit
me pater tuus, respondebis ei: Rogavit
me David, ut iret celeriter in Bethlehem
civitatem suam, quia victimae solemnes
ibi sunt universis contribulibus suis. 7 Si
dixerit: Bene: pax erit servo tuo. Si autem fuerit iratus, scito quia completa est
malitia eius. 8 Fac ergo misericordiam in
servum tuum: quia foedus Domini me
famulum tuum tecum inire fecisti; si autem est iniquitas aliqua in me, tu me interfice, et ad patrem tuum ne introducas
me. 9 Et ait Ionathas: Absit hoc a te: neque enim fieri potest, ut si certe cogno-
vero completam esse patris mei malitiam
contra te, non annuntiem tibi. 10 Responditque David ad Ionathan: Quis renun-
tiabit mihi, si quid forte responderit tibi
pater tuus dure de me?

Ionathas Davidi fidelis

11 Et ait Ionathas ad David: Veni, et
egrediamur foras in agrum. Cumque exissent ambo in agrum, 12 ait Ionathas ad
David: Domine Deus Israel, si investiga-
vero sententiam patris mei crastino vel
perendie, et aliquid boni fuerit super David, et non statim misero ad te, et notum
tibi fecero, 13 haec faciat Dominus Ionathae, et haec addat. Si autem perseveraverit patris mei malitia adversum te, revelabo aurem tuam, et dimittam te, ut
vadas in pace, et sit Dominus tecum, sicut fuit cum patre meo. 14 Et si vixero,
facies mihi misericordiam Domini: si vero mortuus fuero, 15 non auferes misericordiam tuam a domo mea usque in sempiternum, quando eradicaverit Dominus
inimicos David, unumquemque de terra:
auferat Ionathan de domo sua, et requirat Dominus de manu inimicorum David.
16 Pepigit ergo Ionathas foedus cum domo David: et requisivit Dominus de manu inimicorum David. 17 Et addidit Ionathas deierare David, eo quod diligeret
illum: sicut enim animam suam, ita diligebat eum. 18 Dixitque ad eum Ionathas:
Cras calendae sunt, et requireris: 19 requiretur enim sessio tua usque perendie.
Descendes ergo festinus, et venies in locum ubi celandus es in die qua operari
licet, et sedebis iuxta lapidem, cui nomen
est Ezel. 20 Et ego tres sagittas mittam
iuxta eum, et iaciam quasi exercens me
ad signum. 21 Mittam quoque et puerum,
dicens ei: Vade, et affer mihi sagittas. 22 Si
dixero puero: Ecce sagittae intra te sunt,
tolle eas: tu veni ad me, quia pax tibi est,
et nihil est mali, vivit Dominus. Si autem
sic locutus fuero puero: Ecce sagittae ultra te sunt: vade in pace, quia dimisit te
Dominus. 23 De verbo autem quod locuti
sumus ego et tu, sit Dominus inter me et
te usque in sempiternum.

David absens a coena regis

24 Absconditus est ergo David in agro,
et venerunt calendae, et sedit rex ad comedendum panem. 25 Cumque sedisset
rex super cathedram suam (secundum
consuetudinem) quae erat iuxta parietem,
surrexit Ionathas, et sedit Abner ex latere
Saul, vacuusque apparuit locus David.
26 Et non est locutus Saul quidquam in
die illa: cogitabat enim quod forte evenisset ei, ut non esset mundus, nec puri-
ficatus. 27 Cumque illuxisset dies secunda
post calendas, rursus apparuit vacuus locus David. Dixitque Saul ad Ionatham filium suum: Cur non venit filius Isai, nec
heri, nec hodie ad vescendum? 28 Responditque Ionathas Sauli: Rogavit me obnixe, ut iret in Bethlehem, 29 et ait: Dimitte
me, quoniam sacrificium solemne est in
civitate, unus de fratribus meis accersivit
me: nunc ergo si inveni gratiam in oculis
tuis, vadam cito, et videbo fratres meos.
Ob hanc causam non venit ad mensam
regis.
30 Iratus autem Saul adversum Ionathan, dixit ei: Fili mulieris virum ultro
rapientis, numquid ignoro quia diligis filium Isai in confusionem tuam, et in confusionem ignominiosae matris tuae?
31 Omnibus enim diebus, quibus filius Isai

20 5: Num 10,10; 28,11; 1 Sam 19,2-3. — 8: 1 Sam 18,3; 23,18. — 15: 2 Sam 9,1. 3.7; 21,7. — 17: 1 Sam 18,1.3. — 26: Lev 11, 24-28; 15,1-4. — 31: 1 Sam 26,16; 2 Sam 12, 5. — 33: 1 Sam 18,11; 19,10.

vixerit super terram, non stabilieris tu,
neque regnum tuum. Itaque iam nunc
mitte, et adduc eum ad me: quia filius
mortis est. 32 Respondens autem Ionathas
Sauli patri suo, ait: Quare morietur? quid
fecit? 33 Et arripuit Saul lanceam ut percuteret eum. Et intellexit Ionathas quod
definitum esset a patre suo, ut interficeret David. 34 Surrexit ergo Ionathas a
mensa in ira furoris, et non comedit in
die calendarum secunda panem. Contristatus est enim super David, eo quod con-
fudisset eum pater suus.
35 Cumque illuxisset mane, venit Ionathas in agrum iuxta placitum David, et
puer parvulus cum eo, 36 et ait ad puerum suum: Vade, et affer mihi sagittas,
quas ego iacio. Cumque puer cucurrisset,
iecit aliam sagittam trans puerum. 37 Venit itaque puer ad locum iaculi, quod miserat Ionathas: et clamavit Ionathas post
tergum pueri, et ait: Ecce ibi est sagitta
porro ultra te. 38 Clamavitque iterum Ionathas post tergum pueri, dicens: Festina
velociter, ne steteris. Collegit autem puer
Ionathae sagittas, et attulit ad dominum
suum: 39 et quid ageretur, penitus ignorabat: tantummodo enim Ionathas et David rem noverant. 40 Dedit ergo Ionathas
arma sua puero, et dixit ei: Vade, et defer in civitatem. 41 Cumque abiisset puer,
surrexit David de loco qui vergebat ad
austrum, et cadens pronus in terram, adoravit tertio: et osculantes se alterutrum,
fleverunt pariter, David autem amplius.
42 Dixit ergo Ionathas ad David: Vade in
pace: quaecumque iuravimus ambo in
nomine Domini, dicentes: Dominus sit
inter me et te, et inter semen meum et
semen tuum usque in sempiternum.
43 Et surrexit David, et abiit: sed et Ionathas ingressus est civitatem.

David in Nobe

21 1 Venit autem David in Nobe ad
Achimelech sacerdotem: et obstupuit Achimelech, eo quod venisset David.
Et dixit ei: Quare tu solus, et nullus est
tecum? 2 Et ait David ad Achimelech
sacerdotem: Rex praecepit mihi sermonem, et dixit: Nemo sciat rem, propter
quam missus es a me, et cuiusmodi praecepta tibi dederim: nam et pueris condi-
xi in illum et illum locum. 3 Nunc ergo
si quid habes ad manum, vel quinque panes, da mihi aut quidquid inveneris. 4 Et
respondens sacerdos ad David, ait illi:
Non habeo laicos panes ad manum, sed
tantum panem sanctum: si mundi sunt
pueri, maxime a mulieribus? 5 Et respondit David sacerdoti, et dixit ei: Equidem,
si de mulieribus agitur: continuimus nos
ab heri et nudiustertius, quando egredie-
bamur, et fuerunt vasa puerorum sancta.
Porro via haec polluta est, sed et ipsa hodie sanctificabitur in vasis. 6 Dedit ergo
ei sacerdos sanctificatum panem: neque
enim erat ibi panis, nisi tantum panes propositionis, qui sublati fuerant a facie Domini, ut ponerentur panes calidi.
7 Erat autem ibi quidam de servis Saul,
in die illa, intus in tabernaculo Domini:
et nomen eius Doeg Idumaeus, potentissimus pastorum Saul. 8 Dixit autem David ad Achimelech: Si habes hic ad manum hastam, aut gladium? quia gladium
meum, et arma mea non tuli mecum: sermo enim regis urgebat. 9 Et dixit sacerdos: Ecce hic gladius Goliath Philisthaei,
quem percussisti in Valle terebinthi, est
involutus pallio post ephod: si istum vis
tollere, tolle: neque enim hic est alius absque eo. Et ait David: Non est huic alter
similis, da mihi eum.

David apud regem Geth

10 Surrexit itaque David, et fugit in die
illa a facie Saul: et venit ad Achis regem
Geth: 11 dixeruntque servi Achis ad eum
cum vidissent David: Numquid non iste
est David rex terrae? nonne huic cantabant per choros, dicentes:

Percussit Saul mille,
Et David decem millia?

12 Posuit autem David sermones istos
in corde suo, et extimuit valde a facie
Achis regis Geth. 13 Et immutavit os suum
coram eis, et collabebatur inter manus
eorum: et impingebat in ostia portae,
defluebantque salivae eius in barbam.
14 Et ait Achis ad servos suos: Vidistis
hominem insanum: quare adduxistis eum
ad me? 15 An desunt nobis furiosi, quod
introduxistis istum, ut fureret me praesente? hiccine ingredietur domum meam?

David profugus in deserto

22 1 Abiit ergo David inde, et fugit
in speluncam Odollam. Quod cum
audissent fratres eius, et omnis domus patris eius, descenderunt ad eum illuc. 2 Et
convenerunt ad eum omnes, qui erant in
angustia constituti, et oppressi aere alieno, et amaro animo: et factus est eorum
princeps, fueruntque cum eo quasi quadringenti viri. 3 Et profectus est David
inde in Maspha, quae est Moab: et dixit

21 1: 1 Sam 22,9.11.19. — 4: Ex 19,15; 25,30; Lev 22,3-7; 24,5-7. — 6: Lev 24,8; 1 Par 9,32; Mt 12,3-4; Mc 2,25-26; Lc 6,3-4. 7: 1 Sam 22,9.18. — 9: 1 Sam 17,2.51. — 11: 1 Sam 18,7; 29,5; Eccli 47,7. — 13: Ps 33,1; 55,1.

22 1: Gen 38,1; 2 Sam 23,13; 1 Par 11,15. 2: 1 Par 12,16. — 5: 2 Sam 24,11.18-19;

ad regem Moab: Maneat, oro, pater
meus et mater mea vobiscum, donec sciam
quid faciat mihi Deus. 4 Et reliquit eos
ante faciem regis Moab: manseruntque
apud eum cunctis diebus, quibus David
fuit in praesidio. 5 Dixitque Gad propheta ad David: Noli manere in praesidio,
proficiscere, et vade in terram Iuda. Et
profectus est David, et venit in saltum
Haret.

6 Et audivit Saul quod apparuisset David, et viri qui erant cum eo. Saul autem
cum maneret in Gabaa, et esset in nemore, quod est in Rama, hastam manu tenens, cunctique servi eius circumstarent
eum, 7 ait ad servos suos qui assistebant
ei: Audite nunc filii Iemini: numquid omnibus vobis dabit filius Isai agros, et vineas, et universos vos faciet tribunos, et
centuriones: 8 quoniam coniurastis omnes adversum me, et non est qui mihi re-
nuntiet, maxime cum et filius meus foedus inierit cum filio Isai? Non est qui vicem meam doleat ex vobis, nec qui annuntiet mihi: eo quod suscitaverit filius
meus servum meum adversum me, insi-
diantem mihi usque hodie.

Occisio sacerdotum Nobe

9 Respondens autem Doeg Idumaeus,
qui assistebat, et erat primus inter servos
Saul: Vidi, inquit, filium Isai in Nobe
apud Achimelech filium Achitob sacerdotem. 10 Qui consuluit pro eo Dominum,
et cibaria dedit ei: sed et gladium Goliath
Philisthaei dedit illi.

11 Misit ergo rex ad accersendum Achimelech sacerdotem filium Achitob, et omnem domum patris eius, sacerdotum, qui
erant in Nobe, qui universi venerunt ad
regem. 12 Et ait Saul ad Achimelech: Audi
fili Achitob. Qui respondit: Praesto sum,
domine. 13 Dixitque ad eum Saul: Quare coniurastis adversum me, tu et filius
Isai, et dedisti ei panes et gladium, et
consuluisti pro eo Deum, ut consurgeret
adversum me, insidiator usque hodie permanens? 14 Respondensque Achimelech
regi, ait: Et quis in omnibus servis tuis,
sicut David fidelis, et gener regis, et pergens ad imperium tuum, et gloriosus in
domo tua? 15 Num hodie coepi pro eo
consulere Deum? absit hoc a me: ne
suspicetur rex adversus servum suum rem
huiuscemodi, in universa domo patris
mei: non enim scivit servus tuus quidquam super hoc negotio, vel modicum
vel grande. 16 Dixitque rex: Morte morieris Achimelech, tu et omnis domus patris tui. 17 Et ait rex emissariis, qui cir-
cumstabant eum. Convertimini, et interficite sacerdotes Domini: nam manus eorum cum David est: scientes quod fugisset, et non indicaverunt mihi. Noluerunt
autem servi regis extendere manus suas
in sacerdotes Domini. 18 Et ait rex ad
Doeg: Convertere tu, et irrue in sacerdotes. Conversusque Doeg Idumaeus, irruit in sacerdotes, et trucidavit in die illa
octoginta quinque viros vestitos ephod lineo. 19 Nobe autem civitatem sacerdotum
percussit in ore gladii, viros et mulieres,
et parvulos, et lactentes, bovemque, et asinum, et ovem in ore gladii.

20 Evadens autem unus filius Achimelech, filii Achitob, cuius nomen erat Abiathar, fugit ad David, 21 et annuntiavit ei
quod occidisset Saul sacerdotes Domini.
22 Et ait David ad Abiathar: Sciebam in
die illa, quod cum ibi esset Doeg Idumaeus, procul dubio annuntiaret Sauli:
ego sum reus omnium animarum patris
tui. 23 Mane mecum, ne timeas: si quis
quaesierit animam meam, quaeret et animam tuam, mecumque servaberis.

David servat Ceilam a Philisthaeis

23 1 Et annuntiaverunt David, dicentes: Ecce Philisthiim oppugnant
Ceilam et diripiunt areas. 2 Consuluit ergo David Dominum, dicens: Num vadam, et percutiam Philisthaeos istos? Et
ait Dominus ad David: Vade, et percuties
Philisthaeos, et Ceilam salvabis. 3 Et dixerunt viri, qui erant cum David, ad eum:
Ecce nos hic in Iudaea consistentes timemus: quanto magis si ierimus in Ceilam
adversum agmina Philisthinorum? 4 Rursum ergo David consuluit Dominum. Qui
respondens, ait ei: Surge et vade in Ceilam: ego enim tradam Philisthaeos in manu tua. 5 Abiit ergo David, et viri eius, in
Ceilam, et pugnavit adversum Philisthaeos, et abegit iumenta eorum, et percussit eos plaga magna: et salvavit David habitatores Ceilae. 6 Porro eo tempore, quo fugiebat Abiathar filius Achimelech ad David in Ceilam, ephod secum
habens descenderat.

Fugit David de Ceilam in desertum Ziph

7 Nuntiatum est autem Sauli quod venisset David in Ceilam: et ait Saul: Tradidit eum Deus in manus meas, conclu-
susque est introgressus urbem, in qua
portae et serae sunt. 8 Et praecepit Saul
omni populo ut ad pugnam descenderet

1 Par 21,9-13.18-19; 29,29; 2 Par 29,25. — 7: 1 Sam 8,14. — 8: 1 Sam 18,3. — 9: 1 Sam 21, 1-2.7. — 10: Num 27,21; 1 Sam 21,6-9. — 14: 1 Sam 18,27.—20: 1 Sam 23,6.9.—22: 1 Sam 21,7.

23 1: Ios 15,44. — 2: 1 Sam 22,10. — 6: 1 Sam 22,20. — 9: Num 27,21; 1 Sam

in Ceilam, et obsideret David, et viros
eius.
9 Quod cum David rescisset quia praepararet ei Saul clam malum, dixit ad
Abiathar sacerdotem: Applica ephod.
10 Et ait David: Domine Deus Israel, audivit famam servus tuus, quod disponat
Saul venire in Ceilam, ut evertat urbem
propter me: 11 si tradent me viri Ceilae in
manus eius? et si descendet Saul, sicut
audivit servus tuus? Domine Deus Israel,
indica servo tuo. Et ait Dominus: Descendet. 12 Dixitque David: Si tradent me
viri Ceilae, et viros qui sunt mecum, in
manus Saul? Et dixit Dominus: Tradent.
13 Surrexit ergo David et viri eius quasi
sexcenti, et egressi de Ceila, huc atque
illuc vagabantur incerti: nuntiatumque est
Sauli quod fugisset David de Ceila, et
salvatus esset: quam ob rem dissimulavit
exire. 14 Morabatur autem David in deserto in locis firmissimis, mansitque in
monte solitudinis Ziph, in monte opaco:
quaerebat eum tamen Saul cunctis diebus:
et non tradidit eum Deus in manus eius.
15 Et vidit David quod egressus esset
Saul ut quaereret animam eius. Porro David erat in deserto Ziph in silva. 16 Et
surrexit Ionathas filius Saul, et abiit ad
David in silvam, et confortavit manus
eius in Deo: dixitque ei: 17 Ne timeas: neque enim inveniet te manus Saul patris
mei, et tu regnabis super Israel, et ego ero
tibi secundus, sed et Saul pater meus scit
hoc. 18 Percussit ergo uterque foedus coram Domino: mansitque David in silva:
Ionathas autem reversus est in domum
suam.

Denuntiatur Sauli a Ziphaeis

19 Ascenderunt autem Ziphaei ad Saul
in Gabaa, dicentes: Nonne ecce David
latitat apud nos in locis tutissimis silvae,
in colle Hachila, quae est ad dexteram deserti? 20 Nunc ergo, sicut desideravit anima tua ut descenderes, descende: nostrum autem erit ut tradamus eum in manus regis. 21 Dixitque Saul: Benedicti vos
a Domino, quia doluistis vicem meam.
22 Abite ergo, oro, et diligentius praeparate, et curiosius agite, et considerate locum ubi sit pes eius, vel quis viderit eum
ibi: recogitat enim de me, quod callide
insidier ei. 23 Considerate et videte omnia
latibula eius, in quibus absconditur: et
revertimini ad me ad rem certam, ut vadam vobiscum. Quod si etiam in terram
se abstruserit, perscrutabor eum in cunctis millibus Iuda.

David in deserto Maon

24 At illi surgentes abierunt in Ziph ante
Saul: David autem et viri eius erant in deserto Maon, in campestribus ad dexteram
Iesimon. 25 Ivit ergo Saul et socii eius ad
quaerendum eum: et nuntiatum est David, statimque descendit ad petram, et
versabatur in deserto Maon: quod cum
audisset Saul, persecutus est David in deserto Maon. 26 Et ibat Saul ad latus montis ex parte una: David autem et viri eius
erant in latere montis ex parte altera: porro David desperabat se posse evadere a
facie Saul: itaque Saul et viri eius in modum coronae cingebant David, et viros
eius, ut caperent eos. 27 Et nuntius venit
ad Saul, dicens: Festina, et veni, quoniam
infuderunt se Philisthiim super terram.
28 Reversus est ergo Saul desistens persequi David, et perrexit in occursum Philisthinorum: propter hoc vocaverunt locum illum, Petram dividentem.

Saul servatus a Davide

24 1 Ascendit ergo David inde: et habitavit in locis tutissimis Engaddi,
2 Cumque reversus esset Saul, postquam
persecutus est Philisthaeos, nuntiaverunt
ei, dicentes: Ecce, David in deserto est
Engaddi. 3 Assumens ergo Saul tria millia electorum virorum ex omni Israel, perrexit ad investigandum David et viros eius,
etiam super abruptissimas petras, quae solis ibicibus perviae sunt. 4 Et venit ad caulas ovium, quae se offerebant vianti: eratque ibi spelunca, quam ingressus est Saul,
ut purgaret ventrem: porro David et viri
eius in interiore parte speluncae latebant.
5 Et dixerunt servi David ad eum: Ecce
dies, de qua locutus est Dominus ad te:
Ego tradam tibi inimicum tuum, ut facias
ei sicut placuerit in oculis tuis. Surrexit
ergo David, et praecidit oram chlamydis
Saul silenter. 6 Post haec percussit cor
suum David, eo quod abscidisset oram
chlamydis Saul. 7 Dixitque ad viros suos:
Propitius sit mihi Dominus, ne faciam
hanc rem domino meo, christo Domini,
ut mittam manum meam in eum, quia
christus Domini est. 8 Et confregit David
viros suos sermonibus, et non permisit
eos ut consurgerent in Saul: porro Saul
exurgens de spelunca, pergebat coepto
itinere.

Sermo Davidis ad Saulem

9 Surrexit autem et David post eum: et
egressus de spelunca, clamavit post tergum Saul, dicens: Domine mi rex. Et

30,7. — **14:** Ios 15,24.55; 1 Sam 26,2. — **17:** 1 Sam 20,31; 24,21. — **18:** 1 Sam 18,3; 20,8.16.42. — **19:** 1 Sam 26,1.3; Ps 53,2. — **23:** Mich 5,2. — **24:** Ios 15,55; 1 Sam 25,2. — **28:** 1 Sam 24,2.

24 **1:** Ios 15,62; 2 Par 20,2; Cant 1,13. — **4:** Ps 56,1; 141,1. — **7:** 1 Sam 26,11;

respexit Saul post se: et inclinans se David pronus in terram, adoravit, 10 dixitque ad Saul: Quare audis verba hominum
loquentium, David quaerit malum adversum te? 11 Ecce hodie viderunt oculi tui,
quod tradiderit te Dominus in manu mea
in spelunca: et cogitavi ut occiderem te,
sed pepercit tibi oculus meus: dixi enim:
Non extendam manum meam in dominum meum, quia christus Domini est.
12 Quin potius pater mi, vide, et cognosce oram chlamydis tuae in manu mea:
quoniam cum praescinderem summitatem
chlamydis tuae, nolui extendere manum
meam in te: animadverte, et vide, quoniam non est in manu mea malum, neque
iniquitas, neque peccavi in te: tu autem
insidiaris animae meae ut auferas eam.
13 Iudicet Dominus inter me et te, et ulciscatur me Dominus ex te: manus autem
mea non sit in te. 14 Sicut et in proverbio
antiquo dicitur: Ab impiis egredietur impietas: manus ergo mea non sit in te.
15 Quem persequeris, rex Israel? quem
persequeris? canem mortuum persequeris, et pulicem unum. 16 Sit Dominus iudex, et iudicet inter me et te: et videat, et
iudicet causam meam, et eruat me de manu tua.

17 Cum autem complesset David loquens sermones huiuscemodi ad Saul, dixit Saul: Numquid vox haec tua est fili
mi David? Et levavit Saul vocem suam,
et flevit: 18 dixitque ad David: Iustior tu
es quam ego: tu enim tribuisti mihi bona:
ego autem reddidi tibi mala. 19 Et tu indicasti hodie quae feceris mihi bona: quomodo tradiderit me Dominus in manum
tuam, et non occideris me. 20 Quis enim
cum invenerit unimicum suum, dimittet
eum in via bona? Sed Dominus reddat
tibi vicissitudinem hanc pro eo quod hodie operatus es in me. 21 Et nunc quia scio
quod certissime regnaturus sis, et habiturus in manu tua regnum Israel: 22 iura
mihi in Domino, ne deleas semen meum
post me, neque auferas nomen meum de
domo patris mei. 23 Et iuravit David Sauli. Abiit ergo Saul in domum suam: et
David et viri eius ascenderunt ad tutiora
lòca.

David a Nabal reiectus

25 1 Mortuus est autem Samuel, et
congregatus est universus Israel, et
planxerunt eum, et sepelierunt eum in
domo sua in Ramatha. Consurgensque
David descendit in desertum Pharan.

2 Erat autem vir quispiam in solitudine
Maon, et possessio eius in Carmelo, et
homo ille magnus nimis: erantque ei oves
tria millia, et mille caprae: et accidit ut
tonderetur grex eius in Carmelo. 3 Nomen autem viri illius erat Nabal: et nomen uxoris eius Abigail: eratque mulier
illa prudentissima et speciosa: porro vir
eius durus, et pessimus, et malitiosus: erat
autem de genere Caleb. 4 Cum ergo audisset David in deserto quod tonderet Nabal gregem suum, 5 misit decem iuvenes,
et dixit eis: Ascendite in Carmelum, et
venietis ad Nabal, et salutabitis eum ex
nomine meo pacifice. 6 Et dicetis: Sit fratribus meis, et tibi pax, et domui tuae pax,
et omnibus, quaecumque habes, sit pax.
7 Audivi quod tonderent pastores tui,
qui erant nobiscum in deserto: nunquam
eis molesti fuimus, nec aliquando defuit
quidquam eis de grege, omni tempore quo
fuerunt nobiscum in Carmelo. 8 Interroga
pueros tuos, et indicabunt tibi. Nunc ergo inveniant pueri tui gratiam in oculis
tuis: in die enim bona venimus: quodcumque invenerit manus tua, da servis tuis, et
filio tuo David.

9 Cumque venissent pueri David, locuti
sunt ad Nabal omnia verba haec ex nomine David: et siluerunt. 10 Respondens
autem Nabal pueris David, ait: Quis est
David? et quis est filius Isai? hodie incre-
verunt servi qui fugiunt dominos suos.
11 Tollam ergo panes meos, et aquas meas,
et carnes pecorum, quae occidi tonsori-
bus meis, et dabo viris quos nescio unde
sint?

Iratus David vult percutere Nabal

12 Regressi sunt itaque pueri David per
viam suam, et reversi venerunt, et nuntiaverunt ei omnia verba quae dixerat.
13 Tunc ait David pueris suis: Accingatur
unusquisque gladio suo. Et accincti sunt
singuli gladiis suis, accinctusque est et David ense suo: et secuti sunt David quasi
quadringenti viri: porro ducenti remanserunt ad sarcinas.

14 Abigail autem uxori Nabal nuntiavit unus de pueris suis, dicens: Ecce David misit nuntios de deserto, ut benedice-
rent domino nostro: et aversatus est eos.
15 Homines isti boni satis fuerant nobis,
et non molesti: nec quidquam aliquando
periit omni tempore, quo fuimus conversati cum eis in deserto: 16 pro muro erat
nobis tam in nocte quam in die, omnibus
diebus quibus pavimus apud eos greges.
17 Quam ob rem considera, et recogita
quid facias: quoniam completa est ma-

2 Sam 1,14; Ps 104,15. — 15: 1 Sam 26,20. — 17: 1 Sam 26,17. — 21: 1 Sam 23,17. — 22: 2 Sam 21,7.

25 1: Num 10,12; 13,1; 1 Sam 1,19; 28,3; Eccli 46,23. — 2: Ios 15,55; 1 Sam 23, 24. — 3: Ios 15,13-19. — 11: 1 Sam 22,2. — 17: Deut 13,13; 1 Sam 1,16; 2,12. — 27: 1 Sam

litia adversum virum tuum, et adversum
domum tuam, et ipse est filius Belial, ita
ut nemo possit ei loqui.
18 Festinavit igitur Abigail, et tulit ducentos panes, et duos utres vini, et quinque arietes coctos, et quinque sata polen-
tae, et centum ligaturas uvae passae, et
ducentas massas caricarum, et posuit super asinos: 19 dixitque pueris suis: Praecedite me: ecce, ego post tergum sequar
vos: viro autem suo Nabal non indicavit. 20 Cum ergo ascendisset asinum, et
descenderet ad radices montis, David et
viri eius descendebant in occursum eius:
quibus et illa occurrit. 21 Et ait David:
Vere frustra servavi omnia quae huius
erant in deserto, et non periit quidquam
de cunctis quae ad eum pertinebant: et
reddidit mihi malum pro bono. 22 Haec
faciat Deus inimicis David, et haec addat, si reliquero de omnibus quae ad ipsum pertinent usque mane, mingentem ad
parietem.

Abigail veniam postulat obtinetque

23 Cum autem vidisset Abigail David,
festinavit, et descendit de asino, et procidit coram David super faciem suam, et
adoravit super terram, 24 et cecidit ad pedes eius, et dixit: In me sit, domine mi,
haec iniquitas: loquatur, obsecro, ancilla
tua in auribus tuis: et audi verba famulae
tuae. 25 Ne ponat, oro, dominus meus rex
cor suum super virum istum iniquum Nabal: quoniam secundum nomen suum
stultus est, et stultitia est cum eo: ego
autem ancilla tua non vidi pueros tuos,
domine mi, quos misisti. 26 Nunc ergo,
domine mi, vivit Dominus, et vivit anima tua, qui prohibuit te ne venires in sanguinem, et salvavit manum tuam tibi: et
nunc fiant sicut Nabal inimici tui, et qui
quaerunt domino meo malum. 27 Quapropter suscipe benedictionem hanc,
quam attulit ancilla tua tibi domino meo:
et da pueris qui sequuntur te dominum
meum. 28 Aufer iniquitatem famulae tuae:
faciens enim faciet Dominus tibi Domino
meo domum fidelem, quia praelia Domini, domine mi, tu praeliaris: malitia ergo
non inveniatur in te omnibus diebus vitae
tuae. 29 Si enim surrexerit aliquando homo persequens te, et quaerens animam
tuam, erit anima domini mei custodita
quasi in fasciculo viventium, apud Dominum Deum tuum: porro inimicorum tuorum anima rotabitur, quasi in impetu et
circulo fundae. 30 Cum ergo fecerit Dominus tibi domino meo omnia quae locutus est bona de te, et constituerit te ducem
super Israel, 31 non erit tibi hoc in singul-
tum, et in scrupulum cordis domino meo,
quod effuderis sanguinem innoxium, aut
ipse te ultus fueris: et cum benefecerit Dominus domino meo, recordaberis ancillae tuae.
32 Et ait David ad Abigail: Benedictus
Dominus Deus Israel, qui misit hodie te
in occursum meum, et benedictum eloquium tuum, 33 et benedicta tu, quae pro-
hibuisti me hodie ne irem ad sanguinem,
et ulciscerer me manu mea. 34 Alioquin vivit Dominus Deus Israel, qui prohibuit
me ne malum facerem tibi: nisi cito ve-
nisses in occursum mihi, non remansisset Nabal usque ad lucem matutinam,
mingens ad parietem. 35 Suscepit ergo David de manu eius omnia quae attulerat
ei, dixitque ei: Vade pacifice in domum
tuam, ecce audivi vocem tuam, et hono-
ravi faciem tuam.

Mors Nabal

36 Venit autem Abigail ad Nabal: et
ecce erat ei convivium in domo eius, quasi
convivium regis, et cor Nabal iucundum:
erat enim ebrius nimis: et non indicavit
ei verbum pusillum aut grande usque
mane. 37 Diluculo autem cum digessisset
vinum Nabal, indicavit ei uxor sua verba haec, et emortuum est cor eius intrinsecus, et factus est quasi lapis.
38 Cumque pertransissent decem dies,
percussit Dominus Nabal, et mortuus
est. 39 Quod cum audisset David mortuum
Nabal, ait: Benedictus Dominus, qui iudicavit causam opprobrii mei de manu Nabal, et servum suum custodivit a malo,
et malitiam Nabal reddidit Dominus in
caput eius. Misit ergo David, et locutus
est ad Abigail, ut sumeret eam sibi in
uxorem. 40 Et venerunt pueri David ad
Abigail in Carmelum, et locuti sunt ad
eam, dicentes: David misit nos ad te, ut
accipiat te sibi in uxorem. 41 Quae consurgens adoravit prona in terram, et ait:
Ecce famula tua sit in ancillam, ut lavet
pedes servorum domini mei. 42 Et festinavit, et surrexit Abigail, et ascendit super asinum, et quinque puellae ierunt cum
ea, pedissequae eius, et secuta est nuntios
David: et facta est illi uxor.
43 Sed et Achinoam accepit David de
Iezrael: et fuit utraque uxor eius. 44 Saul
autem dedit Michol filiam suam uxorem
David, Phalti filio Lais, qui erat de Gallim.

25,18. — **28:** 1 Sam 18,17. — **30:** 2 Sam 5,2; 6,21; 7,8. — **32:** Gen 24,27; Ps 40,51; 71,18; Lc 1,68. — **38:** 1 Sam 26,10. — **42:** 1 Sam 27,3; 30,5. — **43:** Ios 15,56; 1 Sam 27,3; 30,5; 2 Sam 2,2; 3,2-3; 1 Par 3,1. — **44:** 2 Sam 3,15.

David iterum proditus a Ziphaeis

26 1 Et venerunt Ziphaei ad Saul in
Gabaa, dicentes: Ecce, David absconditus est in colle Hachila, quae est ex
adverso solitudinis. 2 Et surrexit Saul, et
descendit in desertum Ziph, et cum eo
tria millia virorum de electis Israel, ut
quaereret David in deserto Ziph. 3 Et
castrametatus est Saul in Gabaa Hachila,
quae erat ex adverso solitudinis in via:
David autem habitabat in deserto. Videns autem quod venisset Saul post se in
desertum, 4 misit exploratores, et didicit
quod illuc venisset certissime. 5 Et surrexit David clam, et venit ad locum ubi
erat Saul: cumque vidisset locum in quo
dormiebat Saul, et Abner filius Ner, princeps militiae eius, et Saulem dormientem
in tentorio, et reliquum vulgus per circuitum eius, 6 ait David ad Achimelech
Hethaeum, et Abisai filium Sarviae, fratrem Ioab, dicens: Quis descendet mecum ad Saul in castra? Dixitque Abisai:
Ego descendam tecum.

Saul denuo servatus a Davide

7 Venerunt ergo David et Abisai ad populum nocte, et invenerunt Saul iacentem
et dormientem in tentorio, et hastam fi-
xam in terra ad caput eius: Abner autem
et populum dormientes in circuitu eius.
8 Dixitque Abisai ad David: Conclusit
Deus inimicum tuum hodie in manus tuas:
nunc ergo perfodiam eum lancea in terra,
semel, et secundo opus non erit. 9 Et dixit
David ad Abisai: Ne interficias eum: quis
enim extendet manum suam in christum
Domini, et innocens erit? 10 Et dixit David: Vivit Dominus, quia nisi Dominus
percusserit eum, aut dies eius venerit ut
moriatur, aut in praelium descendens perierit: 11 propitius sit mihi Dominus ne extendam manum meam in christum Domini: nunc igitur tolle hastam, quae est ad
caput eius, et scyphum aquae, et abeamus.
12 Tulit igitur David hastam, et scyphum
aquae, qui erat ad caput Saul, et abierunt:
et non erat quisquam, qui videret, et intelligeret, et evigilaret, sed omnes dormiebant, quia sopor Domini irruerat super eos.
13 Cumque transisset David ex adverso,
et stetisset in vertice montis de longe, et
esset grande intervallum inter eos, 14 clamavit David ad populum, et ad Abner
filium Ner, dicens: Nonne respondebis,
Abner? Et respondens Abner, ait: Quis
est tu, qui clamas, et inquietas regem?
15 Et ait David ad Abner: Numquid non
vir tu es? et quis alius similis tui in Israel?
quare ergo non custodisti dominum tuum
regem? ingressus est enim unus de turba
ut interficeret regem, dominum tuum.
16 Non est bonum hoc, quod fecisti: vivit Dominus, quoniam filii mortis estis
vos, qui non custodistis dominum vestrum, christum Domini: nunc ergo vide
ubi sit hasta regis, et ubi scyphus aquae
qui erat ad caput eius.

Questus Davidis ad Saulem

17 Cognovit autem Saul vocem David,
et dixit: Numquid vox haec tua, fili mi
David? Et ait David: Vox mea, domine
mi rex. 18 Et ait: Quam ob causam dominus meus persequitur servum suum? Quid
feci? aut quod est malum in manu mea?
19 Nunc ergo audi, oro, domine mi rex,
verba servi tui: Si Dominus incitat te adversum me, odoretur sacrificium: si autem
filii hominum, maledicti sunt in conspectu
Domini: qui eiecerunt me hodie, ut non
habitem in haereditate Domini, dicentes:
Vade, servi diis alienis. 20 Et nunc non
effundatur sanguis meus in terram coram
Domino: quia egressus est rex Israel ut
quaerat pulicem unum, sicut persequitur
perdix in montibus.
21 Et ait Saul: Peccavi, revertere fili mi
David: nequaquam enim ultra tibi ma-
lefaciam, eo quod pretiosa fuerit anima
mea in oculis tuis hodie: apparet enim
quod stulte egerim, et ignoraverim multa
nimis. 22 Et respondens David, ait: Ecce hasta regis: transeat unus de pueris
regis, et tollat eam. 23 Dominus autem retribuet unicuique secundum iustitiam
suam et fidem: tradidit enim te Dominus
hodie in manum meam, et nolui extendere manum meam in christum Domini.
24 Et sicut magnificata est anima tua hodie in oculis meis, sic magnificetur anima mea in oculis Domini, et liberet me
de omni angustia. 25 Ait ergo Saul ad David: Benedictus tu, fili mi David: et quidem faciens facies, et potens poteris.
Abiit autem David in viam suam, et Saul
reversus est in locum suum.

Fugit David in Siceleg

27 1 Et ait David in corde suo: Aliquando incidam una die in manus
Saul: nonne melius est ut fugiam, et sal-

26 1: 1 Sam 23,19; Ps 53,2. — 2: 1 Sam 23,14; 24,3. — 3: 1 Sam 23,19. — 5: 1 Sam 14,50. — 6: 2 Sam 2,18; 3,39; 16,10; 19,22; 1 Par 2,16. — 8-9: 1 Sam 24,5.7.11. — 10: 1 Sam 24,13; 31.6. — 11: 1 Sam 26,7. — 12: Gen 2,21; 15,12. — 16: 1 Sam 20,31; 2 Sam 12,5. — 17: 1 Sam 24,17. — 18: 1 Sam 24,10 12. — 19: Gen 8,21; Lev 26,31; 2 Sam 14,16; 20,19; 21,3. — 20: 1 Sam 24,15. — 21: 1 Sam 24,18-20.

27 2: 1 Sam 21,10; 23,13. — 3: 1 Sam 25,42-43. — 6: Ios 15,31. — 7: 1 Sam 29,3.

ver in terra Philisthinorum, ut desperet
Saul, cessetque me quaerere in cunctis
finibus Israel? fugiam ergo manus eius.
2 Et surrexit David, et abiit ipse, et sexcenti viri cum eo, ad Achis filium Maoch
regem Geth. 3 Et habitavit David cum
Achis in Geth, ipse et viri eius: vir et domus eius: et David, et duae uxores eius,
Achinoam Iezrahelites, et Abigail uxor
Nabal Carmeli. 4 Et nuntiatum est Sauli
quod fugisset David in Geth, et non addidit ultra quaerere eum.
5 Dixit autem David ad Achis: Si inveni gratiam in oculis tuis, detur mihi locus
in una urbium regionis huius, ut habitem
ibi: cur enim manet servus tuus in civitate regis tecum? 6 Dedit itaque ei Achis in
die illa Siceleg: propter quam causam
facta est Siceleg regum Iuda, usque in
diem hanc. 7 Fuit autem numerus dierum, quibus habitavit David in regione
Philisthinorum, quatuor mensium.

David praedator

8 Et ascendit David et viri eius, et agebant praedas de Gessuri, et de Gerzi, et
de Amelecitis: hi enim pagi habitabantur in terra antiquitus, euntibus Sur usque ad terram Aegypti. 9 Et percutiebat
David omnem terram, nec relinquebat viventem virum et mulierem: tollensque
oves, et boves, et asinos, et camelos, et
vestes, revertebatur, et veniebat ad Achis.
10 Dicebat autem ei Achis: In quem ir-
ruisti hodie? Respondebat David: Contra meridiem Iudae, et contra meridiem
Ierameel, et contra meridiem Ceni. 11 Virum et mulierem non vivificabat David,
nec adducebat in Geth, dicens: Ne forte
loquantur adversum nos: Haec fecit David: et hoc erat decretum illi omnibus diebus quibus habitavit in regione Philisthinorum. 12 Credidit ergo Achis David, dicens: Multa mala operatus est contra populum suum Israel: erit igitur mihi servus sempiternus.

Bellum Saulis cum Philisthaeis

28 1 Factum est autem in diebus illis,
congregaverunt Philisthiim agmina sua, ut praepararentur ad bellum contra Israel: dixitque Achis ad David: Sciens
nunc scito, quoniam mecum egredieris in
castris tu, et viri tui. 2 Dixitque David
ad Achis: Nunc scies quae facturus est
servus tuus. Et ait Achis ad David: Et
ego custodem capitis mei ponam te cunctis diebus.
3 Samuel autem mortuus est, planxit-
que eum omnis Israel, et sepelierunt eum
in Ramatha urbe sua. Et Saul abstulit magos et hariolos de terra.
4 Congregatique sunt Philisthiim, et venerunt, et castrametati sunt in Sunam:
congregavit autem et Saul universum Israel, et venit in Gelboe. 5 Et vidit Saul
castra Philisthiim, et timuit, et expavit
cor eius nimis.

Saul adit pythonissam

6 Consuluitque Dominum, et non respondit ei neque per somnia, neque per
sacerdotes, neque per prophetas.
7 Dixitque Saul servis suis: Quaerite
mihi mulierem habentem pythonem, et
vadam ad eam, et sciscitabor per illam.
Et dixerunt servi eius ad eum: Est mulier
pythonem habens in Endor. 8 Mutavit
ergo habitum suum, vestitusque est aliis
vestimentis, et abiit ipse, et duo viri
cum eo, veneruntque ad mulierem nocte,
et ait illi: Divina mihi in pythone, et suscita mihi quem dixero tibi. 9 Et ait mulier
ad eum: Ecce, tu nosti quanta fecerit Saul,
et quomodo eraserit magos et hariolos de
terra: quare ergo insidiaris animae meae,
ut occidar? 10 Et iuravit ei Saul in Domino, dicens: Vivit Dominus, quia non eveniet tibi quidquam mali propter hanc rem.
11 Dixitque ei mulier: Quem suscitabo tibi? Qui ait: Samuelem mihi suscita.
12 Cum autem vidisset mulier Samuelem, exclamavit voce magna, et dixit ad
Saul: Quare imposuisti mihi? Tu es enim
Saul. 13 Dixitque ei rex: Noli timere: quid
vidisti? Et ait mulier ad Saul: Deos vidi
ascendentes de terra. 14 Dixitque ei: Qualis est forma eius? Quae ait: Vir senex ascendit, et ipse amictus est pallio. Et intellexit Saul quod Samuel esset, et inclinavit
se super faciem suam in terra, et adoravit. 15 Dixit autem Samuel ad Saul: Quare inquietasti me ut suscitarer? Et ait Saul:
Coarctor nimis: siquidem Philisthiim pugnant adversum me, et Deus recessit a me,
et exaudire me noluit neque in manu prophetarum, neque per somnia: vocavi ergo
te, ut ostenderes mihi quid faciam. 16 Et
ait Samuel: Quid interrogas me, cum Dominus recesserit a te, et transierit ad aemulum tuum? 17 Faciet enim tibi Dominus sicut locutus est in manu mea, et scindet regnum tuum de manu tua et dabit
illud proximo tuo David: 18 quia non obe-

8: Ios 13,2; 16,10; Iud 1,29; 1 Sam 15,7-8; 1 Par 12,1-22. — 10: Iud 1,16; 1 Sam 30,29.

28 1: 1 Sam 29,1. — 3: Ex 22,18; Lev 19,31; 20,27; Deut 18,10-11; 1 Sam 25,1; Eccli 46,23. — 4: Ios 19,18; 1 Sam 31,1. — 6: Num 12,6; 27,21; 1 Sam 14,18-19.37. — 7: Lev 20,27; Deut. 18,11; Ios 17,11; Act 16,16. — 8: 1 Par 10,13. — 14: 1 Sam 15,27. — 15: 1 Sam 16,14; 18,12. — 17: 1 Sam 15,28; Eccli 46,23.

disti voci Domini, neque fecisti iram furoris eius in Amalec: idcirco quod pateris, fecit tibi Dominus hodie. 19 Et dabit
Dominus etiam Israel tecum in manus
Philisthiim: cras autem tu et filii tui mecum eritis: sed et castra Israel tradet Dominus in manus Philisthiim.
20 Statimque Saul cecidit porrectus in
terram: extimuerat enim verba Samuelis,
et robur non erat in eo, quia non comederat panem tota die illa.
21 Ingressa est itaque mulier illa ad Saul
(conturbatus enim erat valde), dixitque ad eum: Ecce obedivit ancilla tua
voci tuae, et posui animam meam in manu mea: et audivi sermones tuos, quos
locutus es ad me. 22 Nunc igitur audi et
tu vocem ancillae tuae, et ponam coram
te buccellam panis, ut comedens conva-
lescas, et possis iter agere. 23 Qui renuit,
et ait: Non comedam: Coegerunt autem
eum servi sui et mulier, et tandem audita
voce eorum surrexit de terra, et sedit super lectum. 24 Mulier autem illa habebat
vitulum pascualem in domo, et festinavit,
et occidit eum: tollensque farinam, miscuit eam, et coxit azyma, 25 et posuit ante
Saul et ante servos eius. Qui cum comedissent, surrexerunt, et ambulaverunt per
totam noctem illam.

David dimissus ab exercitu Philisthinorum

29 1 Congregata sunt ergo Philisthiim
universa agmina in Aphec: sed et
Israel castrametatus est super fontem, qui
erat in Iezrahel. 2 Et satrapae quidem Philisthiim incedebant in centuriis et millibus: David autem et viri eius erant in novissimo agmine cum Achis. 3 Dixeruntque
principes Philisthiim ad Achis: Quid sibi
volunt Hebraei isti? Et ait Achis ad principes Philisthiim: Num ignoratis David,
qui fuit servus Saul regis Israel, et est
apud me multis diebus, vel annis, et non
inveni in eo quidquam ex die qua trans-
fugit ad me, usque ad diem hanc? 4 Irati
sunt autem adversus eum principes Philisthiim, et dixerunt ei: Revertatur vir iste, et sedeat in loco suo, in quo constituisti eum, et non descendat nobiscum in
praelium, ne fiat nobis adversarius, cum
praeliari coeperimus: quomodo enim aliter poterit placare dominum suum, nisi
in capitibus nostris? 5 Nonne iste est David, cui cantabant in choris, dicentes:

Percussit Saul in millibus suis,
David in decem millibus suis?

6 Vocavit ergo Achis David, et ait ei:
Vivit Dominus, quia rectus es tu, et bonus
in conspectu meo: et exitus tuus, et introitus tuus mecum est in castris: et non
inveni in te quidquam mali ex die qua
venisti ad me, usque in diem hanc: sed
satrapis non places. 7 Revertere ergo, et
vade in pace, et non offendas oculos sa-
traparum Philisthiim. 8 Dixitque David
ad Achis: Quid enim feci, et quid invenisti in me servo tuo, a die qua fui in conspectu tuo in diem hanc, ut non veniam,
et pugnem contra inimicos domini mei
regis? 9 Respondens autem Achis, locutus
est ad David: Scio quia bonus es tu in
oculis meis, sicut angelus Dei: sed principes Philisthinorum dixerunt: Non ascendet nobiscum in praelium. 10 Igitur
consurge mane tu, et servi domini tui, qui
venerunt tecum: et cum de nocte surrexe-
ritis, et coeperit dilucescere, pergite.
11 Surrexit itaque de nocte David ipse
et viri eius, ut proficiscerentur mane, et
reverterentur ad terram Philisthiim: Philisthiim autem ascenderunt in Iezrahel.

Siceleg ab Amalecitis vastata

30 1 Cumque venissent David et viri
eius in Siceleg die tertia, Amalecitae impetum fecerant ex parte australi in
Siceleg, et percusserant Siceleg, et succenderant eam igni. 2 Et captivas duxerant
mulieres ex ea, a minimo usque ad magnum: et non interfecerant quemquam,
sed secum duxerant, et pergebant itinere
suo. 3 Cum ergo venissent David et viri
eius ad civitatem, et invenissent eam succensam igni, et uxores suas, et filios suos,
et filias ductas esse captivas, 4 levaverunt
David et populus qui erat cum eo voces
suas, et planxerunt donec deficerent in
eis lacrymae. 5 Siquidem et duae uxores
David captivae ductae fuerant, Achinoam
Iezrahelites, et Abigail uxor Nabal Carmeli. 6 Et contristatus est David valde:
volebat enim eum populus lapidare, quia
amara erat anima uniuscuiusque viri super filiis suis et filiabus: confortatus est
autem David in Domino Deo suo.

Victoria Davidis de Amalecitis

7 Et ait ad Abiathar sacerdotem filium
Achimelech: Applica ad me ephod. Et
Applicavit Abiathar ephod ad David, 8 et
consuluit David Dominum, dicens: Persequar latrunculos hos, et comprehendam
eos, an non? Dixitque ei Dominus: Per-

18: 1 Sam 15,3.9.18-19. — 19: 1 Sam 31,2-6.

29 1: Ios 17,16; Iud 7,1; 1 Sam 28,1; 3 Reg 20,26; 4 Reg 13,17. — 2: 1 Sam 5,8; 28, 1-2. — 3: 1 Sam 27,7. — 4: 1 Sam 27,6; 30,1; 1 Par 12,19. — 5: 1 Sam 21,11. — 10: 1 Par 12,19.22.

30 1: 1 Sam 29,4; 1 Par 12,20. — 5: 1 Sam 25,42-43. — 7: 1 Sam 23,6.9. — 8: 1 Par

sequere: absque dubio enim comprehendes eos, et excuties praedam.
9 Abiit ergo David ipse, et sexcenti viri
qui erant cum eo, et venerunt usque ad
torrentem Besor: et lassi quidam substi-
terunt. 10 Persecutus est autem David ipse, et quadringenti viri: substiterant enim
ducenti, qui lassi transire non poterant
torrentem Besor. 11 Et invenerunt virum
Aegyptium in agro, et adduxerunt eum
ad David: dederuntque ei panem ut comederet, et biberet aquam, 12 sed et fragmen massae caricarum, et duas ligaturas
uvae passae. Quae cum comedisset, reversus est spiritus eius, et refocillatus est:
non enim comederat panem, neque biberat aquam, tribus diebus et tribus noctibus. 13 Dixit itaque ei David: Cuius est
tu? vel unde? et quo pergis? Qui ait: Puer
Aegyptius ego sum, servus viri Amalecitae: dereliquit autem me dominus meus,
quia aegrotare coepi nudiustertius. 14 Siquidem nos erupimus ad australem plagam Cerethi, et contra Iudam, et ad meridiem Caleb, et Siceleg succendimus igni.
15 Dixitque ei David: Potes me ducere ad
cuneum istum? Qui ait: Iura mihi per
Deum, quod non occidas me, et non tradas me in manus domini mei, et ego ducam te ad cuneum istum. Et iuravit ei David. 16 Qui cum duxisset eum, ecce illi discumbebant super faciem universae terrae
comedentes et bibentes, et quasi festum
celebrantes diem, pro cuncta praeda et
spoliis quae ceperant de terra Philisthiim,
et de terra Iuda. 17 Et percussit eos David a vespere usque ad vesperam alterius
diei, et non evasit ex eis quisquam, nisi
quadringenti viri adolescentes, qui ascenderant camelos, et fugerant. 18 Eruit ergo
David omnia quae tulerant Amalecitae,
et duas uxores suas eruit. 19 Nec defuit
quidquam a parvo usque ad magnum,
tam de filiis quam de filiabus, et de spoliis,
et quaecumque rapuerant, omnia reduxit
David. 20 Et tulit universos greges et armenta, et minavit ante faciem suam: dixeruntque: Haec est praeda David.

Davidis misericordia in milites lassos

21 Venit autem David ad ducentos viros, qui lassi substiterant, nec sequi potuerant David, et residere eos iusserat in
torrente Besor: qui egressi sunt obviam
David, et populo qui erat cum eo. Accedens autem David ad populum, salutavit
eos pacifice. 22 Respondensque omnis vir
pessimus et iniquus de viris qui ierant
cum David, dixit: Quia non venerunt nobiscum, non dabimus eis quidquam de
praeda, quam eruimus: sed sufficiat unicuique uxor sua et filii: quos cum acceperint, recedant. 23 Dixit autem David:
Non sic facietis fratres mei de his, quae
tradidit nobis Dominus, et custodivit nos,
et dedit latrunculos, qui eruperant adversum nos, in manus nostras: 24 nec audiet
vos quisquam super sermone hoc: aequa
enim pars erit descendentis ad praelium,
et remanentis ad sarcinas, et similiter divident. 25 Et factum est hoc ex die illa, et
deinceps constitutum et praefinitum, et
quasi lex in Israel usque in diem hanc.
26 Venit ergo David in Siceleg, et misit
dona de praeda senioribus Iuda proximis
suis, dicens: Accipite benedictionem de
praeda hostium Domini: 27 his qui erant
in Bethel, et qui in Ramoth ad meridiem,
et qui in Iether, 28 et qui in Aroer, et qui
in Sephamoth, et qui in Esthamo, 29 et
qui in Rachal, et qui in urbibus Ierameel,
et qui in urbibus Ceni, 30 et qui in Arama,
et qui in lacu Asan, et qui in Athach, 31 et
qui in Hebron, et reliquis qui erant in his
locis, in quibus commoratus fuerat David ipse, et viri eius.

Saul devictus a Philisthaeis gladio se occidit

31 1 Philisthiim autem pugnabant adversum Israel: et fugerunt viri Israel ante faciem Philisthiim, et ceciderunt
interfecti in monte Gelboe. 2 Irrueruntque
Philisthiim in Saul, et in filios eius, et percusserunt Ionathan, et Abinadab, et Melchisua filios Saul, 3 totumque pondus
praelii versum est in Saul: et consecuti
sunt eum viri sagittarii, et vulneratus est
vehementer a sagittariis. 4 Dixitque Saul
ad armigerum suum: Evagina gladium
tuum, et percute me: ne forte veniant incircumcisi isti, et interficiant me, illudentes mihi. Et noluit armiger eius: fuerat
enim nimio terrore perterritus. Arripuit
itaque Saul gladium, et irruit super eum.
5 Quod cum vidisset armiger eius, videlicet quod mortuus esset Saul, irruit etiam
ipse super gladium suum, et mortuus est
cum eo. 6 Mortuus est ergo Saul, et tres
filii eius, et armiger illius, et universi viri
eius in die illa pariter. 7 Videntes autem
viri Israel, qui erant trans vallem, et trans
Iordanem, quod fugissent viri Israelitae,
et quod mortuus esset Saul, et filii eius,
reliquerunt civitates suas, et fugerunt: veneruntque Philisthiim, et habitaverunt ibi.

12,21. — **9:** 1 Sam 23,13; 17,2. — **14:** Ios 14,13; 15,13; 2 Sam 6,18; 15,18; 20,7.23. — **24:** Num 31,27; Ios 22,8. — **26:** 1 Sam 25,27; 2 Sam 3,17; 5,3. — **27:** Ios 15,48; 19,8. — **28:** Ios 13,16; 15,50. — **29:** 1 Sam 37,10.—**31:** Ios 14,13-15.

31 **1-13:** 1 Par 10,1-12. — **1:** 1 Sam 28,4; 2 Sam 1,6.21. — **2:** 1 Sam 14,10; 1 Par 8,33. — **4:** Iud 14,3; 1 Sam 26,9; 2 Sam 1,10.

8 Facta autem die altera, venerunt Philisthiim, ut spoliarent interfectos, et invenerunt Saul et tres filios eius iacentes
in monte Gelboe. 9 Et praeciderunt caput
Saul, et spoliaverunt eum armis: et miserunt in terram Philisthinorum per circuitum, ut annuntiaretur in templo idolorum, et in populis. 10 Et posuerunt arma
eius in templo Astaroth, corpus vero eius
suspenderunt in muro Bethsan.
11 Quod cum audissent habitatores Iabes Galaad, quaecumque fecerant Philisthiim Saul, 12 surrexerunt omnes viri fortissimi, et ambulaverunt tota nocte, et tulerunt cadaver Saul, et cadavera filiorum
eius de muro Bethsan: veneruntque Iabes
Galaad, et combusserunt ea ibi: 13 et tulerunt ossa eorum, et sepelierunt in nemore Iabes, et ieiunaverunt septem diebus.

14. — **9:** 2 Sam 1,20. — **10:** Ios 17,11. — **11-13:** 2 Sam 2,4-7; 21,12.

LIBER SECUNDUS SAMUELIS

QUI "SECUNDUS REGUM" DICITUR

SUMMARIUM PARS PRIMA: DAVID REX IN HEBRON *(1-4): Mors Saulis apud Davidem (1). David ungitur rex a tribu Iuda (2). Abner adiungitur partibus Davidis (3). Isboseth filius Saulis occiditur (4).* PARS SECUNDA: DAVID REX IN IERUSALEM *(5-20): Expugnatio civitatis Iebusaeorum (5,1-16). Prima praelia regis Davidis cum Philisthaeis (5,17-25). Arca Dei transfertur in Ierusalem (6). Dei promissio ad Davidem (7). Davidis praelia contra Syros (8). Davidis misericordia in domum Ionathae (9). Bellum cum filiis Ammon (10). Davidis adulterium et homicidium (11-12). Amnon, primogenitus David occisus ab Absalom (13). Redit Absalom in gratiam patris (14). Insurgente Absalom in patrem David secedit a Ierusalem (15,1-16,14). Absalom ingreditur Ierusalem et prima capit consilia (16,15-17,25). Moritur Absalom in praelio (17,24-18,55). David restituitur in regnum (19). Seditio Sebae (20).*—APPENDICES *(21-24): Finis domus Saulis (21). Canticum Davidis (22). Novissimum canticum Davidis (23,1-7). Heroes exercitus Davidis (23,8-39). Recensio populi eiusque punitio (24)*

PARS PRIMA

REGNUM DAVIDIS IN HEBRON

(1,1-4,12)

Davidi nuntiatur mors Saulis

1 1 Factum est autem, postquam mortuus est Saul, ut David reverteretur
a caede Amalec, et maneret in Siceleg
duos dies. 2 In die autem tertia apparuit
homo veniens de castris Saul veste con-
scissa, et pulvere conspersus caput: et ut
venit ad David, cecidit super faciem suam,
et adoravit. 3 Dixitque ad eum David:
Unde venis? Qui ait ad eum: De castris
Israel fugi. 4 Et dixit ad eum David: Quod
est verbum quod factum est? indica mihi.
Qui ait: Fugit populus ex praelio, et multi corruentes e populo mortui sunt: sed
et Saul et Ionathas filius eius interierunt.
5 Dixitque David ad adolescentem, qui
nuntiabat ei: Unde scis quia mortuus est
Saul, et Ionathas filius eius? 6 Et ait adolescens, qui nuntiabat ei: Casu veni in
montem Gelboe, et Saul incumbebat super hastam suam: porro currus et equites appropinquabant ei, 7 et conversus
post tergum suum, vidensque me vocavit.
Cui cum respondissem: Adsum: 8 dixit
mihi: Quisnam es tu? Et aio ad eum:
Amalecites ego sum. 9 Et locutus est mihi: Sta super me, et interfice me: quoniam tenent me angustiae, et adhuc tota
anima mea in me est. 10 Stansque super
eum, occidi illum: sciebam enim quod vivere non poterat post ruinam: et tuli diadema quod erat in capite eius, et armillam de brachio illius, et attuli ad te dominum meum huc.

1 **1:** 1 Sam 27,5-6; 30,17-20. — **2:** 2 Sam 4, 10. — **6-10:** 1 Sam 31,1-4; 1 Par 10,1-6. —

Davidis dolor

11 Apprehendens autem David vestimenta sua scidit, omnesque viri, qui erant
cum eo, 12 et planxerunt, et fleverunt, et
ieiunaverunt usque ad vesperam super
Saul, et super Ionathan filium eius, et super populum Domini, et super domum
Israel, eo quod corruissent gladio.
13 Dixitque David ad iuvenem qui nun-
tiaverat ei: Unde es tu? Qui respondit:
Filius hominis advenae Amalecitae ego
sum. 14 Et ait ad eum David: Quare non
timuisti mittere manum tuam ut occideres christum Domini? 15 Vocansque David unum de pueris suis, ait: Accedens
irrue in eum. Qui percussit illum, et mortuus est. 16 Et ait ad eum David: Sanguis
tuus super caput tuum: os enim tuum locutum est adversum te, dicens: Ego interfeci christum Domini.

Elegia Davidis de morte Saulis. Introductio

17 Planxit autem David planctum huiuscemodi super Saul, et super Ionathan filium eius 18 (et praecepit ut docerent filios
Iuda arcum, sicut scriptum est in libro
iustorum), et ait:

Considera Israel, pro his qui mortui sunt
Super excelsa tua vulnerati,
19 Inclyti, Israel, super montes tuos inter-
fecti sunt:
Quomodo ceciderunt fortes?
20 Nolite annuntiare in Geth,
Neque annuntietis in compitis Ascalonis:
Ne forte laetentur filiae Philisthiim,
Ne exultent filiae incircumcisorum.

Montes Gelboe maledicti

21 Montes Gelboe, nec ros, nec pluvia ve-
niant super vos,
Neque sint agri primitiarum:
Quia ibi abiectus est clypeus fortium,
Clypeus Saul, quasi non esset unctus oleo.

Patris filiique laus

22 A sanguine interfectorum, ab adipe fortium,
Sagitta Ionathae nunquam rediit retrorsum,
Et gladius Saul non est reversus inanis.
23 Saul et Ionathas amabiles, et decori in
vita sua,
In morte quoque non sunt divisi:
Aquilis velociores, leonibus fortiores.

Laus Saulis

24 Filiae Israel super Saul flete,
Qui vestiebat vos coccino in deliciis,
Qui praebebat ornamenta aurea cultui
vestro.

Laus Ionathae

25 Quomodo ceciderunt fortes in praelio?
Ionathas in excelsis tuis occisus est?
26 Doleo super te, frater mi Ionatha,
Decore nimis, et amabilis super amorem
mulierum.
Sicut mater unicum amat filium suum,
Ita ego te diligebam.
27 Quomodo ceciderunt robusti,
Et perierunt arma bellica?

David unctus in Hebron

2 1 Igitur post haec consuluit David
Dominum, dicens: Num ascendam
in unam de civitatibus Iuda? Et ait Dominus ad eum: Ascende. Dixitque David:
Quo ascendam? Et respondit ei: In Hebron. 2 Ascendit ergo David, et duae uxores eius, Achinoam Iezraelites, et Abigail
uxor Nabal Carmeli: 3 sed et viros, qui
erant cum eo, duxit David singulos cum
domo sua: et manserunt in oppidis Hebron. 4 Veneruntque viri Iuda, et unxerunt ibi David, ut regnaret super domum
Iuda. Et nuntiatum est David, quod viri
Iabes Galaad sepelissent Saul.
5 Misit ergo David nuntios ad viros Iabes Galaad, dixitque ad eos: Benedicti
vos Domino, qui fecistis misericordiam
hanc cum domino vestro Saul, et sepelis-
tis eum. 6 Et nunc retribuet vobis quidem
Dominus misericordiam et veritatem: sed
et ego reddam gratiam, eo quod fecistis
verbum istud. 7 Confortentur manus vestrae, et estote filii fortitudinis: licet enim
mortuus sit dominus vester Saul, tamen
me unxit domus Iuda in regem sibi.

Bellum civile

8 Abner autem filius Ner princeps exercitus Saul, tulit Isboseth filium Saul, et
circumduxit eum per castra, 9 regemque
constituit super Galaad, et super Gessuri,
et super Iezrael, et super Ephraim, et super Beniamin, et super Israel universum.
10 Quadraginta annorum erat Isboseth filius Saul cum regnare coepisset super Israel, et duobus annis regnavit: sola autem domus Iuda sequebatur David.

14: 1 Sam 10,1; 12,3; 24,6.10; 26,9; 31,4; Ps 104,15. — **15:** 2 Sam 4,10.12. — **18:** Ios 10,13. — **20:** Iud 14,3; 1 Sam 31,9; Mich 1,10. — **21:** 1 Sam 10,1; 31,1. — **26:** 1 Sam 18,1.3; 19,1.

2 **1:** Ios 14,13. — **2:** 1 Sam 25,42-43. — **3:** 1 Sam 27,2-3; 30, 1; 1 Par 12,1-22. — **4:** 1 Sam 16,13; 31,11-13; 2 Sam 5,3; 21,12-14; 1 Mach 2,57. — **7:** 2 Sam 2,4. — **8:** 1 Sam 14,

11 Et fuit numerus dierum, quos commoratus est David, imperans in Hebron super domum Iuda, septem annorum, et sex
mensium.

Duellum in Gabaon

12 Egressusque est Abner filius Ner, et
pueri Isboseth filii Saul, de castris in Gabaon. 13 Porro Ioab filius Sarviae, et pueri David egressi sunt, et occurrerunt eis
iuxta piscinam Gabaon. Et cum in unum
convenissent, e regione sederunt: hi ex
una parte piscinae, et illi ex altera. 14 Dixitque Abner ad Ioab: Surgant pueri et
ludant coram nobis. Et respondit Ioab:
Surgant. 15 Surrexerunt ergo, et transierunt numero duodecim de Beniamin, ex
parte Isboseth filii Saul, et duodecim de
pueris David. 16 Apprehensoque unusquisque capite comparis sui, defixit gladium in latus contrarii, et ceciderunt simul: vocatumque est nomen loci illius:
Ager robustorum, in Gabaon. 17 Et ortum est bellum durum satis in die illa: fu-
gatusque est Abner, et viri Israel a pueris
David.

Persecutio Beniamitarum

18 Erant autem ibi tres filii Sarviae,
Ioab, et Abisai, et Asael: porro Asael cursor velocissimus fuit, quasi unus de ca-
preis quae morantur in silvis. 19 Persequebatur autem Asael Abner, et non declinavit ad dextram neque ad sinistram omit-
tens persequi Abner. 20 Respexit itaque
Abner post tergum suum, et ait: Tune es
Asael? Qui respondit: Ego sum. 21 Dixitque ei Abner: Vade ad dexteram, sive ad
sinistram et apprehende unum de adolescentibus, et tolle tibi spolia eius. Noluit
autem Asael omittere quin urgeret eum.
22 Rursumque locutus est Abner ad Asael:
Recede, noli me sequi, ne compellar con-
fodere te in terram, et levare non potero
faciem meam ad Ioab fratrem tuum.
23 Qui audire contempsit, et noluit declinare: percussit ergo eum Abner aversa
hasta in inguine, et transfodit, et mortuus
est in eodem loco: omnesque qui transibant per locum illum, in quo ceciderat
Asael, et mortuus erat, subsistebant.
24 Persequentibus autem Ioab, et Abisai
fugientem Abner, sol occubuit: et venerunt usque ad collem aquae ductus, qui
est ex adverso vallis itineris deserti in Gabaon.
25 Congregatique sunt filii Beniamin ad
Abner: et conglobati in unum cuneum,
steterunt in summitate tumuli unius. 26 Et
exclamavit Abner ad Ioab, et ait: Num
usque ad internecionem tuus mucro desaeviet? an ignoras quod periculosa sit
desperatio? usquequo non dicis populo
ut omittat persequi fratres suos? 27 et ait
Ioab: Vivit Dominus, si locutus fuisses,
mane recessisset populus persequens fratrem suum. 28 Insonuit ergo Ioab buccina, et stetit omnis exercitus, nec persecuti
sunt ultra Israel, neque iniere certamen.
29 Abner autem et viri eius abierunt per
campestria, tota nocte illa: et transierunt
Iordanem, et lustrata omni Beth-horon,
venerunt ad castra.
30 Porro Ioab reversus, omisso Abner,
congregavit omnem populum: et defuerunt de pueris David decem et novem
viri, excepto Asaele. 31 Servi autem David
percusserunt de Beniamin, et de viris qui
erant cum Abner, trecentos sexaginta, qui
et mortui sunt. 32 Tuleruntque Asael, et
sepelierunt eum in sepulchro patris sui in
Bethlehem: et ambulaverunt tota nocte
Ioab et viri qui erant cum eo, et in ipso
crepusculo pervenerunt in Hebron.

Prosequitur bellum

3 1 Facta est ergo longa concertatio
inter domum Saul, et inter domum
David: David proficiscens, et semper seip-
so robustior, domus autem Saul decres-
cens quotidie.
2 Natique sunt filii David in Hebron:
fuitque primogenitus eius Amnon, de
Achinoam Iezraelitide. 3 Et post eum Che-
leab, de Abigail uxore Nabal Carmeli:
porro tertius Absalom, filius Maacha filiae
Tholmai, regis Gessur. 4 Quartus autem
Adonias, filius Haggith: et quintus Sa-
phathia, filius Abital. 5 Sextus quoque
Iethraam, de Egla uxore David: hi nati
sunt David in Hebron.
6 Cum ergo esset praelium inter domum Saul et domum David, Abner filius
Ner regebat domum Saul.

Abner adiungitur Davidi

7 Fuerat autem Sauli concubina nomine Respha, filia Aia. Dixitque Isboseth
ad Abner: 8 Quare ingressus es ad concubinam patris mei? Qui iratus nimis
propter verba Isboseth, ait: Numquid caput canis ego sum adversum Iudam hodie, qui fecerim misericordiam super domum Saul patris tui, et super fratres et
proximos eius, et non tradidi te in manus
David, et tu requisisti in me quod argue-

50; 17,55; 26,5; 1 Par 8,33; 9,39. — **11:** 2 Sam 5,5; 3 Reg 2,11. — **13:** 1 Sam 26,6. — **18:** 1 Sam 26,6; 1 Par 2,16. — **23:** 2 Sam 3,27; 4,6; 20,10.

3 **2-5:** 1 Par 3,1-4. — **2:** 1 Sam 25,43; 2 Sam 13,1. — **3:** 1 Sam 25,42; 27,8; 2 Sam 13, 37-38; 15,8. — **4:** 3 Reg 1,5. — **7:** 2 Sam 21,

res pro muliere hodie? 9 Haec faciat Deus
Abner, et haec addat ei, nisi quomodo
iuravit Dominus David, sic faciam cum
eo, 10 ut transferatur regnum de domo
Saul, et elevetur thronus David super Israel, et super Iudam, a Dan usque Bersabee. 11 Et non potuit respondere ei quidquam, quia metuebat illum.
12 Misit ergo Abner nuntios ad David
pro se dicentes: Cuius est terra? Et ut
loquerentur: Fac mecum amicitias, et erit
manus mea tecum, et reducam ad te universum Israel. 13 Qui ait: Optime: ego faciam tecum amicitias: sed unam rem peto
a te, dicens: Non videbis faciem meam antequam adduxeris Michol filiam Saul: et
sic venies, et videbis me. 14 Misit autem
David nuntios ad Isboseth filium Saul, dicens: Redde uxorem meam Michol, quam
despondi mihi centum praeputiis Philisthiim. 15 Misit ergo Isboseth, et tulit eam
a viro suo Phaltiel, filio Lais. 16 Seque-
baturque eam vir suus, plorans usque Bahurim: et dixit ad eum Abner: Vade, et
revertere. Qui reversus est.
17 Sermonem quoque intulit Abner ad
seniores Israel, dicens: Tam heri quam
nudiustertius quaerebatis David ut regnaret super vos. 18 Nunc ergo facite: quoniam Dominus locutus est ad David, dicens: In manu servi mei David salvabo
populum meum Israel de manu Philisthiim, et omnium inimicorum eius. 19 Locutus est autem Abner etiam ad Beniamin. Et abiit ut loqueretur ad David in
Hebron omnia quae placuerant Israeli et
universo Beniamin. 20 Venitque ad David
in Hebron cum viginti viris: et fecit David Abner, et viris eius qui venerant cum
eo, convivium. 21 Et dixit Abner ad David: Surgam, ut congregem ad te dominum meum regem omnem Israel, et ineam
tecum foedus, et imperes omnibus, sicut
desiderat anima tua.
Cum ergo deduxisset David Abner, et
ille isset in pace, 22 statim pueri David et
Ioab venerunt, caesis latronibus, cum
praeda magna nimis: Abner autem non
erat cum David in Hebron, quia iam dimiserat eum, et profectus fuerat in pace.
23 Et Ioab, et omnis exercitus, qui erat
cum eo, postea venerunt: nuntiatum est
itaque Ioab a narrantibus: Venit Abner
filius Ner ad regem, et dimisit eum, et
abiit in pace.

Ioab interficit Abner

24 Et ingressus est Ioab ad regem, et
ait: Quid fecisti? Ecce venit Abner ad te:
quare dimisisti eum, et abiit et recessit?
25 Ignoras Abner filium Ner, quoniam ad
hoc venit ad te ut deciperet te, et sciret
exitum tuum, et introitum tuum, et nosset omnia quae agis?
26 Egressus itaque Ioab a David, misit
nuntios post Abner, et reduxit eum a cisterna Sira, ignorante David. 27 Cumque
rediisset Abner in Hebron, seorsum adduxit eum Ioab ad medium portae, ut loqueretur ei, in dolo: et percussit illum ibi
in inguine, et mortuus est in ultionem
sanguinis Asael fratris eius. 28 Quod cum
audisset David rem iam gestam, ait: Mundus ego sum, et regnum meum apud Dominum usque in sempiternum a sanguine Abner filii Ner, 29 et veniat super caput Ioab, et super omnem domum patris eius: nec deficiat de domo Ioab fluxum seminis sustinens, et leprosus, et tenens fusum, et cadens gladio, et indigens
pane. 30 Igitur Ioab et Abisai frater eius
interfecerunt Abner, eo quod occidisset
Asael fratrem eorum in Gabaon in praelio.

Luctus de morte Abner

31 Dixit autem David ad Ioab, et ad
omnem populum, qui erat cum eo: Scindite vestimenta vestra, et accingimini saccis, et plangite ante exequias Abner: porro rex David sequebatur feretrum.
32 Cumque sepelissent Abner in Hebron,
levavit rex David vocem suam, et flevit
super tumulum Abner: flevit autem et omnis populus. 33 Plangensque rex et lugens
Abner, ait:

Nequaquam ut mori solent ignavi, mortuus est Abner.
34 Manus tuae ligatae non sunt,
Et pedes tui non sunt compedibus aggra-
vati:
Sed sicut solent cadere coram filiis iniquitatis, sic corruisti.

Congeminansque omnis populus flevit
super eum. 35 Cumque venisset universa
multitudo cibum capere cum David, clara adhuc die iuravit David, dicens: Haec
faciat mihi Deus, et haec addat, si ante
occasum solis gustavero panem vel aliud
quidquam. 36 Omnisque populus audivit,
et placuerunt eis cuncta quae fecit rex in
conspectu totius populi. 37 Et cognovit
omne vulgus et universus Israel in die
illa, quoniam non actum fuisset a rege ut
occideretur Abner filius Ner. 38 Dixit quoque rex ad servos suos: Num ignoratis
quoniam princeps et maximus cecidit hodie in Israel? 39 Ego autem adhuc delicatus, et unctus rex: porro viri isti filii Sar-

8.10. — **8:** 2 Sam 16,21-22. — **9:** 1 Sam 15,28; 16,1.12; 25,30; 28,17; 1 Par 12,23. — **10:** Iud 20,1; 1 Sam 3,20; 2 Sam 17,11; 24,3.15; 3 Reg 4,25. — **13:** 1 Sam 14,49; 18,18; 19,11. — **14:** 1 Sam 18,25.27. — **15:** 1 Sam 25,44. — **16:** 2 Sam 16,5; 17,18; 19,16; 3 Reg 2,8. — **17:** 1 Sam 20,26. — **19:** 1 Par 12,29. — **27:** 2 Sam 2,23; 3 Reg 2,5.32. — **29:** Lev 14,2; 15,1. — **30:** 2 Reg 2,23. — **35:** 1 Sam 31,13; 2 Sam 1,12. — **38:** 1 Sam 26,5.15. — **39:** 2 Sam 16,10; 19,22.

viae duri sunt mihi: retribuat Dominus
facienti malum iuxta malitiam suam.

Occiditur Isboseth

4 1 Audivit autem Isboseth filius Saul
quod cecidisset Abner in Hebron: et
dissolutae sunt manus eius, omnisque Israel perturbatus est. 2 Duo autem viri
principes latronum erant filio Saul, nomen uni Baana, et nomen alteri Rechab,
filii Remmon Berothitae de filiis Beniamin: siquidem et Beroth reputata est in
Beniamin. 3 Et fugerunt Berothitae in Gethaim, fueruntque ibi advenae usque ad
tempus illud. 4 Erat autem Ionathae filio
Saul filius debilis pedibus: quinquennis
enim fuit, quando venit nuntius de Saul
et Ionatha ex Iezrahel. Tollens itaque eum
nutrix sua, fugit: cumque festinaret ut fugeret, cecidit, et claudus effectus est: habuitque vocabulum Miphiboseth.
5 Venientes igitur filii Remmon Berothitae, Rechab et Baana, ingressi sunt fer-
vente die domum Isboseth: qui dormiebat
super stratum suum meridie. Et ostiaria
domus purgans triticum, obdormivit. 6 Ingressi sunt autem domum latenter assumentes spicas tritici, et percusserunt eum
in inguine Rechab et Baana frater eius, et
fugerunt. 7 Cum autem ingressi fuissent
domum, ille dormiebat super lectum suum
in conclavi, et percutientes interfecerunt
eum: sublatoque capite eius, abierunt per
viam deserti tota nocte, 8 et attulerunt caput Isboseth ad David in Hebron: dixeruntque ad regem: Ecce caput Isboseth
filii Saul inimici tui, qui quaerebat animam tuam: et dedit Dominus domino
meo regi ultionem hodie de Saul, et de
semine eius.

David iratus in occisores

9 Respondens autem David Rechab, et
Baana fratri eius, filiis Remmon Berothi-
thae, dixit ad eos: Vivit Dominus, qui
eruit animam meam de omni angustia,
10 quoniam eum, qui annuntiaverat mihi,
et dixerat: Mortuus est Saul: qui putabat
se prospera nuntiare, tenui, et occidi eum
in Siceleg, cui oportebat mercedem dare
pro nuntio. 11 Quanto magis nunc cum
homines impii interfecerunt virum innoxium in domo sua, super lectum suum,
non quaeram sanguinem eius de manu
vestra, et auferam vos de terra? 12 Praecepit itaque David pueris suis, et interfecerunt eos: praecidentesque manus et pedes eorum, suspenderunt eos super piscinam in Hebron: caput autem Isboseth tulerunt, et sepelierunt in sepulchro Abner
in Hebron.

PARS SECUNDA

David rex in Ierusalem

(5,1-20,26)

David rex totius Israel

5 1 Et venerunt universae tribus Israel
ad David in Hebron, dicentes: Ecce
nos, os tuum et caro tua sumus. 2 Sed et
heri et nudiustertius cum esset Saul rex
super nos, tu eras educens et reducens Israel: dixit autem Dominus ad te: Tu pasces populum meum Israel, et tu eris dux
super Israel. 3 Venerunt quoque et seniores Israel ad regem in Hebron, et percussit cum eis rex David foedus in Hebron
coram Domino: unxeruntque David in regem super Israel.
4 Filius triginta annorum erat David,
cum regnare coepisset, et quadraginta annis regnavit. 5 In Hebron regnavit super
Iudam septem annis et sex mensibus: in
Ierusalem autem regnavit triginta tribus
annis super omnem Israel et Iudam.

Ierusalem caput regni

6 Et abiit rex, et omnes viri qui erant
cum eo, in Ierusalem, ad Iebusaeum habitatorem terrae: dictumque est David ab
eis: Non ingredieris huc, nisi abstuleris
caecos et claudos dicentes: Non ingredietur David huc. 7 Cepit autem David
arcem Sion, haec est civitas David. 8 Proposuerat enim David in die illa praemium, qui percussisset Iebusaeum, et tetigisset domatum fistulas, et abstulisset
caecos et claudos odientes animam David.
Idcirco dicitur in proverbio: Caecus et
claudus non intrabunt in templum.
9 Habitavit autem David in arce, et vocavit eam, Civitatem David: et aedificavit per gyrum a Mello et intrinsecus. 10 Et
ingrediebatur proficiens atque succrescens,
et Dominus Deus exercituum erat cum
eo. 11 Misit quoque Hiram rex Tyri nuntios ad David, et ligna cedrina, et artifices
lignorum, artificesque lapidum ad parietes: et aedificaverunt domum David.
12 Et cognovit David quoniam confir-

4 **2:** Ios 9,17; 18,25. — **3:** Ios 19,45; 21,24; 1 Sam 31,7; Neh 11,33. — **4:** 1 Sam 29,1,11; 2 Sam 9,3.6; 1 Par 8,34; 9,40. — **8:** 1 Sam 19,10-11; 23,15. — **9:** 3 Reg 1,29. — **10:** 2 Sam 1,4-16. — **12:** 2 Sam 3,32.

5 **1-10:** Par 11,1-9. — **2:** 1 Sam 13,14; 25,30; 2 Sam 7,7; 1 Par 17,6; Ps 77,71-72. — **3:** 1 Sam 16,13; 2 Sam 2,4. — **4:** 3 Reg 2,11; 1 Par 3,4; 29,27. — **5:** 2 Sam 2,11. — **6:** Ios 15,63; Iud 1,21; 19,11. — **9:** 3 Reg 9,15.24; 11,27; 4 Reg 12,20; 2 Par 32,5. — **11-25:** 1 Par 14,1-16. — **11:** 3 Reg 5,1. — **13-15:** 1 Par 3,1-9. — **14:** 2

masset eum Dominus regem super Israel,
et quoniam exaltasset regnum eius super
populum suum Israel. 13 Accepit ergo David adhuc concubinas et uxores de Ierusalem, postquam venerat de Hebron: natique sunt David et alii filii et filiae: 14 et
haec nomina eorum, qui nati sunt ei in
Ierusalem, Samua, et Sobab, et Nathan,
et Salomon, 15 et Iebahar, et Elisua, et
Nepheg, 16 et Iaphia, et Elisama, et Elio-
da, et Eliphaleth.

Praelia contra Philisthaeos

17 Audierunt ergo Philisthiim quod unxissent David in regem super Israel: et
ascenderunt universi ut quaererent David:
quod cum audisset David, descendit in
praesidium. 18 Philisthiim autem venientes diffusi sunt in valle Raphaim. 19 Et
consuluit David Dominum, dicens: Si ascendam ad Philisthiim? et si dabis eos
in manu mea? Et dixit Dominus ad David: Ascende, quia tradens dabo Philisthiim in manu tua. 20 Venit ergo David in
Baal Pharasim: et percussit eos ibi, et
dixit: Divisit Dominus inimicos meos coram me, sicut dividuntur aquae. Propterea vocatum est nomen loci illius, Baal
Pharasim. 21 Et reliquerunt ibi sculptilia
sua, quae tulit David, et viri eius.
22 Et addiderunt adhuc Philisthiim ut
ascenderent, et diffusi sunt in valle Raphaim. 23 Consuluit autem David Dominum: Si ascendam contra Philisthaeos, et
tradas eos in manus meas? Qui respondit:
Non ascendas contra eos, sed gyra post
tergum eorum, et venies ad eos ex adverso pyrorum. 24 Et cum audieris sonitum
gradientis in cacumine pyrorum, tunc inibis praelium: quia tunc egredietur Dominus ante faciem tuam, ut percutiat castra
Philisthiim. 25 Fecit itaque David sicut
praeceperat ei Dominus, et percussit Philisthiim de Gabaa, usque dum venias Ge-
zer.

David proponit reducere arcam in Ierusalem

6 1 Congregavit autem rursum David
omnes electos ex Israel triginta millia. 2 Surrexitque David, et abiit, et universus populus qui erat cum eo de viris
Iuda, ut adducerent arcam Dei, super
quam invocatum est nomen Domini exercituum, sedentis in cherubim super eam.
3 Et imposuerunt arcam Dei super plaustrum novum: tuleruntque eam de domo
Abinadab, qui erat in Gabaa: Oza autem
et Ahio filii Abinadab, minabant plaustrum novum. 4 Cumque tulissent eam de
domo Abinadab, qui erat in Gabaa, custodiens arcam Dei Ahio praecedebat arcam. 5 David autem et omnis Israel ludebant coram Domino in omnibus lignis
fabrefactis, et citharis et lyris et tympanis
et sistris et cymbalis.
6 Postquam autem venerunt ad aream
Nachon, extendit Oza manum ad arcam
Dei, et tenuit eam: quoniam calcitrabant
boves, et declinaverunt eam. 7 Iratusque
est indignatione Dominus contra Ozam,
et percussit eum super temeritate: qui
mortuus est ibi iuxta arcam Dei. 8 Contristatus est autem David, eo quod percussisset Dominus Ozam, et vocatum est
nomen loci illius: Percussio Ozae, usque
in diem hanc.
9 Et extimuit David Dominum in die
illa, dicens: Quomodo ingredietur ad me
arca Domini? 10 Et noluit divertere ad se
arcam Domini in civitatem David: sed
divertit eam in domum Obededom Gethaei. 11 Et habitavit arca Domini in domo
Obededom Gethaei tribus mensibus: et
benedixit Dominus Obededom, et omnem domum eius.

Tandem arcam reducit in Ierusalem

12 Nuntiatumque est regi David quod
benedixisset Dominus Obededom, et omnia eius, propter arcam Dei. Abiit ergo
David, et adduxit arcam Dei de domo
Obededom in civitatem David cum gaudio: et erant cum David septem chori, et
victima vituli. 13 Cumque transcendissent
qui portabant arcam Domini sex passus,
immolabat bovem et arietem, 14 et David
saltabat totis viribus ante Dominum: porro David erat accinctus ephod lineo. 15 Et
David et omnis domus Israel ducebant arcam testamenti Domini, in iubilo, et in
clangore buccinae. 16 Cumque intrasset arca Domini in civitatem David, Michol
filia Saul prospiciens per fenestram, vidit
regem David subsilientem, atque saltantem coram Domino: et despexit eum in
corde suo.
17 Et introduxerunt arcam Domini, et
imposuerunt eam in loco suo in medio
tabernaculi, quod tetenderat ei David: et
obtulit David holocausta et pacifica coram Domino. 18 Cumque complesset offerens holocausta et pacifica, benedixit
populo in nomine Domini exercituum.
19 Et partitus est universae multitudini

Sam 12,24; Lc 3,31. — **17:** 1 Sam 22,4-5; 2 Sam 2,4; 5,3; 23,14. — **18:** Ios 15,8; 18,16; 2 Sam 23, 13. — **20:** Is 28,21. — **25:** Ios 10,33; 1 Par 20,4.

6 **1-11:** 1 Par 13,6-14. — **2:** Ex 25,22; 1 Par 13,5; 2 Par 1,4. — **3:** 1 Sam 6,7; 7,1. — **5:** 1 Sam 18,7. — **7:** Num 4,15; 1 Par 15,2. — **11:** 1 Par 26,4-5. — **12-19:** 1 Par 15,25; 16,3. — **13:** 3 Reg 8,5. — **17:** 3 Reg 8,5.62-63; 1 Par 15,1; 2 Par 1,4. — **19:** 1 Par 16,43. — **21:** 1 Sam 13,14; 15,28; 2 Sam 5,2.

Israel tam viro quam mulieri singulus collyridam panis unam, et assaturam bubu-
lae carnis unam, et similam frixam oleo:
et abiit omnis populus, unusquisque in
domum suam.

Michol reprehendit Davidem

20 Reversusque est David ut benediceret domui suae: et egressa Michol filia
Saul in occursum David, ait: Quam gloriosus fuit hodie rex Israel discooperiens
se ante ancillas servorum suorum, et nudatus est, quasi si nudetur unus de scur-
ris. 21 Dixitque David ad Michol: Ante
Dominum, qui elegit me potius quam patrem tuum, et quam omnem domum eius,
et praecepit mihi ut essem dux super populum Domini in Israel, 22 et Iudam, et
vilior fiam plus quam factus sum: et ero
humilis in oculis meis: et cum ancillis, de
quibus locuta es, gloriosior apparebo.
23 Igitur Michol filiae Saul non est natus
filius usque in diem mortis suae.

Propositum de templi aedificatione

7 1 Factum est autem cum sedisset rex
in domo sua, et Dominus dedisset ei
requiem undique ab universis inimicis suis,
2 dixit ad Nathan prophetam: Videsne
quod ego habitem in domo cedrina, et arca Dei posita sit in medio pellium? 3 Dixitque Nathan ad regem: Omne quod est
in corde tuo, vade, fac: quia Dominus
tecum est.
4 Factum est autem in illa nocte: et
ecce sermo Domini ad Nathan, dicens:
5 Vade, et loquere ad servum meum David: Haec dicit Dominus: Numquid tu
aedificabis mihi domum ad habitandum?
6 Neque enim habitavi in domo ex die
illa, qua eduxi filios Israel de terra Aegypti, usque in diem hanc: sed ambulabam in
tabernaculo, et in tentorio. 7 Per cuncta
loca, quae transivi cum omnibus filiis Israel, numquid loquens locutus sum ad
unam de tribubus Israel, cui praecepi ut
pasceret populum meum Israel, dicens:
Quare non aedificastis mihi domum cedrinam?

Dei promissio de perpetuitate domus eius

8 Et nunc haec dices servo meo David:
Haec dicit Dominus exercituum: Ego tuli
te de pascuis sequentem greges, ut esses
dux super populum meum Israel: 9 et fui
tecum in omnibus ubicumque ambulasti,
et interfeci universos inimicos tuos a facie tua: fecique tibi nomen grande, iuxta
nomen magnorum qui sunt in terra. 10 Et
ponam locum populo meo Israel, et plantabo eum, et habitabit sub eo, et non turbabitur amplius: nec addent filii iniquitatis ut affligant eum sicut prius, 11 ex die
qua constitui iudices super populum
meum Israel: et requiem dabo tibi ab
omnibus inimicis tuis: praedicitque tibi
Dominus, quod domum faciat tibi Dominus. 12 Cumque completi fuerint dies tui,
et dormieris cum patribus tuis, suscitabo
semen tuum post te, quod egredietur de
utero tuo, et firmabo regnum eius. 13 Ipse
aedificabit domum nomini meo, et stabiliam thronum regni eius usque in sempiternum. 14 Ego ero ei in patrem, et ipse
erit mihi in filium: qui si inique aliquid
gesserit, arguam eum in virga virorum, et
in plagis filiorum hominum. 15 Misericordiam autem meam non auferam ab eo,
sicut abstuli a Saul, quem amovi a facie
mea. 16 Et fidelis erit domus tua, et regnum tuum usque in aeternum ante faciem
tuam, et thronus tuus erit firmus iugiter.
17 Secundum omnia verba haec, et iuxta universam visionem istam, sic locutus
est Nathan ad David.

Gratiarum actio

18 Ingressus est autem rex David, et sedit coram Domino, et dixit: Quis ego sum,
Domine Deus, et quae domus mea, quia
adduxisti me hucusque? 19 Sed et hoc parum visum est in conspectu tuo Domine
Deus, nisi loquereris etiam de domo servi tui in longinquum: ista est enim lex
Adam, Domine Deus. 20 Quid ergo addere poterit adhuc David, ut loquatur ad
te? tu enim scis servum tuum, Domine
Deus. 21 Propter verbum tuum, et secundum cor tuum, fecisti omnia magnalia
haec, ita ut notum faceres servo tuo. 22 Idcirco magnificatus es Domine Deus, quia
non est similis tui, neque est Deus extra
te, in omnibus quae audivimus auribus
nostris. 23 Quae est autem, ut populus tuus
Israel, gens in terra, propter quam ibit
Deus, ut redimeret eam sibi in populum,
et poneret sibi nomen, faceretque eis magnalia, et horribilia super terram, a facie
populi tui, quem redemisti tibi ex Aegypto, gentem et deum eius. 24 Firmasti enim
tibi populum tuum Israel in populum
sempiternum: et tu Domine Deus factus
es eis in Deum. 25 Nunc ergo Domine

7 **1-29:** 1 Par 17,1-27. — **2:** 2 Sam 5,11; 6,17; 12,1; 1 Par 29,29; Eccli 47,1. — **5:** 3 Reg 5,3; 8,19; 1 Par 22,8; 28,3. — **6:** Ex 40,18-19.34; 3 Reg 3,16. — **8:** 1 Sam 16,11; 2 Sam 5,2; 6,21; 1 Par 28,4; Ps 77,70. — **11:** Iud 2,14-16. — **12:** 3 Reg 2,1; 8,20; 1 Par 22,10; 2 Par 7,18. — **13:** 3 Reg 5,3.5; 6,1.12; 8,19; Lc 1,31-33. — **14:** 1 Par 17,13; 22,10; 28,6; Ps 88,27-28; Lc 1,32; Hebr 1,5. — **15:** 1 Sam 15,23.26; Ps 88,4.34-38. — **16:** Lc 1,33; Hebr 1,8. — **22:** 2 Par 2,5; Ps 95,4. — **23:** Deut 4,32-34. — **29:** Ps 88,29-30.

Deus verbum, quod locutus es super servum tuum, et super domum eius, suscita
in sempiternum: et fac sicut locutus es,
26 ut magnificetur nomen tuum usque in
sempiternum, atque dicatur: Dominus
exercituum, Deus super Israel. Et domus
servi tui David erit stabilita coram Domino, 27 quia tu Domine exercituum Deus
Israel revelasti aurem servi tui, dicens:
Domum aedificabo tibi: propterea invenit servus tuus cor suum ut oraret te oratione hac. 28 Nunc ergo Domine Deus, tu
es Deus, et verba tua erunt vera: locutus
es enim ad servum tuum bona haec. 29 Incipe ergo, et benedic domui servi tui, ut
sit in sempiternum coram te: quia tu Domine Deus locutus es, et benedictione
tua benedicetur domus servi tui in sempiternum.

Firmatur et extenditur regnum David

8 1 Factum est autem post haec, percussit David Philisthiim, et humiliavit eos, et tulit David frenum tributi de
manu Philisthiim. 2 Et percussit Moab, et
mensus est eos funiculo, coaequans terrae: mensus est autem duos funiculos,
unum ad occidendum, et unum ad vivi-
ficandum: factusque est Moab David serviens sub tributo.
3 Et percussit David Adarezer, filium
Rohob regem Soba, quando profectus est
ut dominaretur super flumen Euphraten.
4 Et captis David ex parte eius mille septingentis equitibus, et viginti millibus peditum, subnervavit omnes iugales curruum: dereliquit autem ex eis centum currus. 5 Venit quoque Syria Damasci, ut
praesidium ferret Adarezer regi Soba: et
percussit David de Syria viginti duo millia virorum. 6 Et posuit David praesidium
in Syria Damasci: factaque est Syria David serviens sub tributo: servavitque Dominus David in omnibus ad quaecumque
profectus est.
7 Et tulit David arma aurea, quae habebant servi Adarezer, et detulit ea in
Ierusalem. 8 Et de Bete et de Beroth, civitatibus Adarezer, tulit rex David aes
multum nimis.
9 Audivit autem Thou rex Emath, quod
percussisset David omne robur Adarezer, 10 et misit Thou Ioram filium suum
ad regem David, ut salutaret eum con-
gratulans, et gratias ageret: eo quod expugnasset Adarezer, et percussisset eum.
Hostis quippe erat Thou Adarezer, et in
manu eius erant vasa aurea, et vasa argentea, et vasa aerea: 11 quae et ipsa sanctificavit rex David Domino cum argento
et auro, quae sanctificaverat de universis
gentibus quas subegerat, 12 de Syria, et
Moab, et filiis Ammon, et Philisthiim, et
Amalec, et de manubiis Adarezer filii
Rohob regis Soba.
13 Fecit quoque sibi David nomen cum
reverteretur capta Syria in valle Salinarum, caesis decem et octo millibus: 14 et
posuit in Idumaea custodes, statuitque
praesidium: et facta est universa Idumaea
serviens David, et servavit Dominus David in omnibus ad quaecumque profectus
est.
15 Et regnavit David super omnem Israel: faciebat quoque David iudicium et
iustitiam omni populo suo. 16 Ioab autem
filius Sarviae erat super exercitum: porro
Iosaphat filius Ahilud erat a commentariis: 17 et Sadoc filius Achitob, et Achimelech filius Abiathar, erant sacerdotes: et
Saraias, scriba: 18 Banaias autem filius
Ioiadae super Cerethi et Phelethi: filii
autem David sacerdotes erant.

Misericordia Davidis in filium Ionathae

9 1 Et dixit David: Putasne est aliquis
qui remanserit de domo Saul, ut faciam cum eo misericordiam propter Ionathan? 2 Erat autem de domo Saul, servus nomine Siba: quem cum vocasset rex
ad se, dixit ei: Tune es Siba? Et ille respondit: Ego sum servus tuus. 3 Et ait rex:
Numquid superest aliquis de domo Saul,
ut faciam cum eo misericordiam Dei?
Dixitque Siba regi: Superest filius Ionathae, debilis pedibus. 4 Ubi, inquit, est?
Et Siba ad regem: Ecce, ait, in domo est
Machir filii Ammiel, in Lodabar. 5 Misit
ergo rex David, et tulit eum de domo
Machir filii Ammiel, de Lodabar. 6 Cum
autem venisset Miphiboseth filius Ionathae filii Saul ad David, corruit in faciem
suam, et adoravit. Dixitque David: Miphiboseth? Qui respondit: Adsum servus
tuus. 7 Et ait ei David: Ne timeas, quia
faciens faciam in te misericordiam propter Ionathan patrem tuum et restituam tibi
omnes agros Saul patris tui, et tu comedes panem in mensa mea semper. 8 Qui
adorans eum, dixit: Quis ego sum servus

8 **1-18:** 1 Par 18,1-17. — **2:** Ps 59,10. — **3:** 1 Sam 14,47; 2 Sam 10,6.16.19; 3 Reg 11,23. — **5:** 3 Reg 11,23-25. — **9:** 3 Reg 8,65; 4 Reg 14,28; Is 10,9; 1 Mach 12,25. — **11:** 3 Reg 7,51; 1 Par 26,26. — **12:** 1 Sam 30,20; 2 Sam 5,17-25; 8,2; 10,14; 12,30. — **13:** Ios 15,62; 4 Reg 14,7; Ps 59,2. — **14:** Gen 25,13; 27,37; 4 Reg 8,20. — **16-18:** 2 Sam 20,23-26. — **16:** 3 Reg 4,3. — **17:** 1 Par 18,16; 24,3.6. — **18:** 1 Sam 30,14; 2 Sam 15,18; 20,7.23.26; 23,20-23; 3 Reg 1,38,44; 4,4-5.

9 **1:** 1 Sam 18,3; 20,14-15.42. — **2:** 2 Sam 16,1-4; 19,17.20. — **3:** 2 Sam 4,4. — **4:** 2 Sam 17,27. — **6:** 2 Sam 16,4; 19,24-25.30;

tuus, quoniam respexisti super canem
mortuum similem mei?
9 Vocavit itaque rex Sibam puerum
Saul, et dixit ei: Omnia quaecumque
fuerunt Saul, et universam domum eius,
dedi filio domini tui. 10 Operare igitur ei
terram tu, et filii tui, et servi tui: et inferes filio domini tui cibos ut alatur: Miphiboseth autem filius domini tui comedet
semper panem super mensam meam. Erant
autem Sibae quindecim filii, et viginti servi. 11 Dixitque Siba ad regem: Sicut iussisti domine mi rex servo tuo, sic faciet
servus tuus: et Miphiboseth comedet super mensam meam, quasi unus de filiis
regis. 12 Habebat autem Miphiboseth filium parvulum nomine Micha: omnis vero
cognatio domus Sibae serviebat Miphiboseth. 13 Porro Miphiboseth habitabat in
Ierusalem: quia de mensa regis iugiter
vescebatur et erat claudus utroque pede.

Legatio ad regem Ammon

10 1 Factum est autem post haec, ut
moreretur rex filiorum Ammon, et
regnavit Hanon filius eius pro eo. 2 Dixitque David: Faciam misericordiam cum
Hanon filio Naas, sicut fecit pater eius
mecum misericordiam. Misit ergo David,
consolans eum per servos suos super patris interitu. Cum autem venissent servi
David in terram filiorum Ammon, 3 dixerunt principes filiorum Ammon ad Hanon dominum suum: Putas quod propter honorem patris tui miserit David ad
te consolatores, et non ideo ut investigaret, et exploraret civitatem, et everteret
eam, misit David servos suos ad te? 4 Tulit itaque Hanon servos David, rasitque
dimidiam partem barbae eorum et prae-
scidit vestes eorum medias usque ad nates,
et dimisit eos. 5 Quod cum nuntiatum esset David, misit in occursum eorum: erant
enim viri confusi turpiter valde, et mandavit eis David: Manete in Iericho, donec
crescat barba vestra, et tunc revertimini.

Bellum in Ammonitas et in Syros

6 Videntes autem filii Ammon quod iniuriam fecissent David, miserunt, et conduxerunt mercede Syrum Rohob, et Syrum Soba, viginti millia peditum, et a
rege Maacha mille viros, et ab Istob duodecim millia virorum. 7 Quod cum audisset David, misit Ioab et omnem exercitum bellatorum. 8 Egressi sunt ergo filii
Ammon, et direxerunt aciem ante ipsum
introitum portae: Syrus autem Soba, et
Rohob, et Istob, et Maacha, seorsum
erant in campo. 9 Videns igitur Ioab quod
praeparatum esset adversum se praelium,
et ex adverso et post tergum, elegit ex
omnibus electis Israel, et instruxit aciem
contra Syrum: 10 reliquam autem partem
populi tradidit Abisai fratri suo, qui direxit aciem adversus filios Ammon. 11 Et ait
Ioab: Si praevaluerint adversum me Syri,
eris mihi in adiutorium: si autem filii Ammon praevaluerint adversum te, auxilia-
bor tibi. 12 Esto vir fortis, et pugnemus pro
populo nostro, et civitate Dei nostri: Dominus autem faciet quod bonum est in
conspectu suo. 13 Iniit itaque Ioab, et populus qui erat cum eo, certamen contra
Syros: qui statim fugerunt a facie eius.
14 Filii autem Ammon videntes quia fugissent Syri, fugerunt et ipsi a facie Abisai, et ingressi sunt civitatem: reversusque est Ioab a filiis Ammon, et venit Ierusalem.
15 Videntes igitur Syri quoniam corruissent coram Israel, congregati sunt pariter. 16 Misitque Adarezer, et eduxit Syros,
qui erant trans fluvium, et adduxit eorum
exercitum: Sobath autem, magister militiae Adarezer, erat princeps eorum.
17 Quod cum nuntiatum esset David, contraxit omnem Israelem, et transivit Iordanem, venitque in Helam: et direxerunt
aciem Syri ex adverso David, et pugnaverunt contra eum. 18 Fugeruntque Syri a
facie Israel, et occidit David de Syris septingentos currus, et quadraginta millia
equitum: et Sobath principem militiae
percussit: qui statim mortuus est. 19 Videntes autem universi reges, qui erant in
praesidio Adarezer, se victos esse ab Israel, expaverunt et fugerunt quinquaginta et octo millia coram Israel. Et fecerunt
pacem cum Israel: et servierunt eis, timueruntque Syri auxilium praebere ultra
filiis Ammon.

David cum Bethsabee moechatur

11 1 Factum est autem, vertente anno,
eo tempore quo solent reges ad bella procedere, misit David Ioab, et servos
suos cum eo, et universum Israel, et vastaverunt filios Ammon, et obsederunt
Rabba: David autem remansit in Ierusalem.
2 Dum haec agerentur, accidit ut surgeret David de strato suo post meridiem,
et deambularet in solario domus regiae:
viditque mulierem se lavantem, ex adverso super solarium suum: erat autem mulier pulchra valde. 3 Misit ergo rex, et re-

21,7; 1 Par 8,34; 9,40. — 10: 2 Sam 19,17. —
12: 1 Par 8,34. — 13: 2 Sam 4,4.

10 1-19: 1 Par 19,1-19. — 2: 1 Sam 11,1. —
6: Num 13,22; Ios 13,11.13; Iud 11,3.5;
18,22; 1 Sam 14,47; 2 Sam 8,3.5. — 16: 2 Sam
8,3; 1 Par 19,16.

11 1: 2 Sam 12,26; 17,27; 1 Par 20,1. —
3: 2 Sam 23,39; 1 Par 3,5. — 4: Lev 15,18.

quisivit quae esset mulier. Nuntiatumque
est ei quod ipsa esset Bethsabee filia
Eliam, uxor Uriae Hethaei. 4 Missis itaque David nuntiis, tulit eam: quae cum
ingressa esset ad illum, dormivit cum ea:
statimque sanctificata est ab immunditia
sua: 5 et reversa est domum suam concepto foetu. Mittensque nuntiavit David,
et ait: Concepi.
6 Misit autem David ad Ioab, dicens:
Mitte ad me Uriam Hethaeum. Misitque
Ioab Uriam ad David. 7 Et venit Urias ad
David. Quaesivitque David quam recte
ageret Ioab, et populus, et quomodo ad-
ministraretur bellum. 8 Et dixit David ad
Uriam: Vade in domum tuam, et lava pedes tuos. Et egressus est Urias de domo
regis, secutusque est eum cibus regius.
9 Dormivit autem Urias ante portam domus regiae cum aliis servis domini sui, et
non descendit ad domum suam. 10 Nuntiatumque est David a dicentibus: Non
ivit Urias in domum suam. Et ait David
ad Uriam: Numquid non de via venisti?
quare non descendisti in domum tuam?
11 Et ait Urias ad David: Arca Dei et Israel et Iuda habitant in papilionibus, et
dominus meus Ioab, et servi domini mei
super faciem terrae manent: et ego ingrediar domum meam, ut comedam et bibam, et dormiam cum uxore mea? per
salutem tuam, et per salutem animae tuae,
non faciam rem hanc. 12 Ait ergo David ad
Uriam: Mane hic etiam hodie, et cras dimittam te. Mansit Urias in Ierusalem in
die illa et altera: 13 et vocavit eum David
ut comederet coram se et biberet, et inebriavit eum: qui egressus vespere, dormivit in strato suo cum servis domini sui,
et in domum suam non descendit.

Uriam Bethsabee virum occidi iubet

14 Factum est ergo mane, et scripsit David epistolam ad Ioab: misitque per manum Uriae, 15 scribens in epistola: Ponite Uriam ex adverso belli, ubi fortissimum
est praelium: et derelinquite eum, ut percussus intereat. 16 Igitur cum Ioab obsideret urbem, posuit Uriam in loco ubi
sciebat viros esse fortissimos. 17 Egressique viri de civitate, bellabant adversum
Ioab, et ceciderunt de populo servorum
David, et mortuus est etiam Urias Hethaeus.
18 Misit itaque Ioab, et nuntiavit David
omnia verba praelii: 19 praecepitque nuntio, dicens: Cum compleveris universos
sermones belli ad regem, 20 si eum videris indignari, et dixerit: Quare accessistis
ad murum, ut praeliaremini? an ignoraba-
tis quod multa desuper ex muro tela mittantur? 21 Quis percussit Abimelech filium
Ierobaal? nonne mulier misit super eum
fragmen molae de muro, et interfecit eum
in Thebes? quare iuxta murum accessistis? dices: Etiam servus tuus Urias Hethaeus occubuit. 22 Abiit ergo nuntius, et
venit, et narravit David omnia quae ei
praeceperat Ioab. 23 Et dixit nuntius ad
David: Praevaluerunt adversum nos viri,
et egressi sunt ad nos in agrum: nos autem facto impetu persecuti eos sumus usque ad portam civitatis. 24 Et direxerunt
iacula sagittarii ad servos tuos ex muro
desuper: mortuique sunt de servis regis,
quin etiam servus tuus Urias Hethaeus
mortuus est. 25 Et dixit David ad nuntium: Haec dices Ioab: Non te frangat ista res: varius enim eventus est belli, nunc
hunc, et nunc illum consumit gladius:
conforta bellatores tuos adversus urbem,
ut destruas eam, et exhortare eos.
26 Audivit autem uxor Uriae, quod mortuus esset Urias vir suus, et planxit eum.
27 Transacto autem luctu, misit David, et
introduxit eam in domum suam, et facta
est ei uxor, peperitque ei filium: et displicuit verbum hoc, quod fecerat David, coram Domino.

A Nathan obiurgatur

12 1 Misit ergo Dominus Nathan ad
David: qui cum venisset ad eum,
dixit ei: Duo viri erant in civitate una,
unus dives, et alter pauper. 2 Dives habebat oves, et boves plurimos valde. 3 Pauper autem nihil habebat omnino, praeter
ovem unam parvulam, quam emerat et
nutrierat, et quae creverat apud eum cum
filiis eius simul, de pane illius comedens,
et de calice eius bibens, et in sinu illius
dormiens: eratque illi sicut filia. 4 Cum
autem peregrinus quidam venisset ad divitem, parcens ille sumere de ovibus et de
bobus suis, ut exhiberet convivium peregrino illi qui venerat ad se, tulit ovem viri
pauperis, et praeparavit cibos homini qui
venerat ad se.
5 Iratus autem indignatione David adversus hominem illum nimis, dixit ad Nathan: Vivit Dominus, quoniam filius mortis est vir qui fecit hoc. 6 Ovem reddet in
quadruplum, eo quod fecerit verbum istud, et non pepercerit. 7 Dixit autem Nathan ad David: Tu es ille vir. Haec dicit
Dominus Deus Israel: Ego unxi te in regem super Israel, et ego erui te de manu
Saul, 8 et dedi tibi domum domini tui, et
uxores domini tui in sinu tuo, dedique
tibi domum Israel et Iuda: et si parva

11: 2 Sam 7,2.6. — 15: 2 Sam 12,9. — 21: Iud 6,
32; 7,1; 8,31; 9,50-54. — 27: 2 Sam 12,9;
3 Reg 15,5.

12 1: 2 Sam 7,2.4.17. — 6: Ex 22,1; Lc
10,8. — 7: 1 Sam 16,13. — 9: 2 Sam

sunt ista, adiiciam tibi multo maiora.
Quare ergo contempsisti verbum Domini,
ut faceres malum in conspectu meo?
Uriam Hethaeum percussisti gladio, et
uxorem illius accepisti in uxorem tibi, et
interfecisti eum gladio filiorum Ammon.
10 Quamobrem non recedet gladius de domo tua usque in sempiternum, eo quod
despexeris me, et tuleris uxorem Uriae
Hethaei, ut esset uxor tua. 11 Itaque haec
dicit Dominus: Ecce ego suscitabo super
te malum de domo tua, et tollam uxores
tuas in oculis tuis, et dabo proximo tuo,
et dormiet cum uxoribus tuis in oculis solis huius. 12 Tu enim fecisti abscondite:
ego autem faciam verbum istud in conspectu omnis Israel, et in conspectu solis.

David confitetur peccatum suum

13 Et dixit David ad Nathan: Peccavi
Domino. Dixitque Nathan ad David: Dominus quoque transtulit peccatum tuum:
non morieris. 14 Verumtamen, quoniam
blasphemare fecisti inimicos Domini,
propter verbum hoc, filius, qui natus est
tibi, morte morietur. 15 Et reversus est Nathan in domum suam.
Percussit quoque Dominus parvulum,
quem pepererat uxor Uriae David, et de-
speratus est. 16 Deprecatusque est David
Dominum pro parvulo: et ieiunavit David ieiunio, et ingressus seorsum, iacuit
super terram. 17 Venerunt autem seniores
domus eius, cogentes eum ut surgeret de
terra, qui noluit, nec comedit cum eis cibum. 18 Accidit autem die septima ut moreretur infans: timueruntque servi David
nuntiare ei quod mortuus esset parvulus:
dixerunt enim: Ecce cum parvulus adhuc
viveret, loquebamur ad eum, et non audiebat vocem nostram: quanto magis si
diximus: Mortuus est puer, se affliget?
19 Cum ergo David vidisset servos suos
mussitantes, intellexit quod mortuus esset
infantulus: dixitque ad servos suos: Num
mortuus est puer? Qui responderunt ei:
Mortuus est.

Dei voluntati se submittit

20 Surrexit ergo David de terra: et lotus
unctusque est: cumque mutasset vestem,
ingressus est domum Domini: et adoravit, et venit in domum suam, petivitque
ut ponerent ei panem, et comedit. 21 Dixerunt autem ei servi sui: Quis est sermo,
quem fecisti? propter infantem, cum adhuc viveret, ieiunasti et flebas: mortuo
autem puero, surrexisti, et comedisti panem. 22 Qui ait: Propter infantem, dum
adhuc viveret, ieiunavi et flevi: dicebam
enim: Quis scit si forte donet eum mihi
Dominus, et vivat infans? 23 Nunc autem
quia mortuus est, quare ieiunem? Numquid potero revocare eum amplius? ego
vadam magis ad eum: ille vero non revertetur ad me.
24 Et consolatus est David Bethsabee
uxorem suam, ingressusque ad eam, dormivit cum ea: quae genuit filium, et vocavit nomen eius Salomon, et Dominus
dilexit eum. 25 Misitque in manu Nathan
prophetae, et vocavit nomen eius, Amabilis Domino, eo quod diligeret eum Dominus.

Victoria de Ammonitis

26 Igitur pugnabat Ioab contra Rabbath filiorum Ammon, et expugnabat urbem regiam. 27 Misitque Ioab nuntios ad
David, dicens: Dimicavi adversum Rabbath, et capienda est Urbs aquarum.
28 Nunc igitur congrega reliquam partem
populi, et obside civitatem, et cape eam:
ne, cum a me vastata fuerit urbs, nomini
meo adscribatur victoria. 29 Congregavit
itaque David omnem populum, et profectus est adversum Rabbath: cumque dimi-
casset, cepit eam. 30 Et tulit diadema regis eorum de capite eius, pondo auri talentum, habens gemmas pretiosissimas, et
impositum est super caput David. Sed et
praedam civitatis asportavit multam valde: 31 populum quoque eius adducens servavit, et circumegit super eos ferrata carpenta: divisitque cultris, et traduxit in
typo laterum: sic fecit universis civitatibus filiorum Ammon: et reversus est David, et omnis exercitus in Ierusalem.

Amnon violat sororem Thamar

13 1 Factum est autem post haec, ut
Absalom filii David sororem spe-
ciosissimam, vocabulo Thamar, adamaret
Amnon filius David, 2 et deperiret eam
valde, ita ut propter amorem eius aegrotaret: quia cum esset virgo, difficile ei videbatur ut quippiam inhoneste ageret
cum ea. 3 Erat autem Amnon amicus, nomine Ionadab, filius Semmaa fratris David, vir prudens valde. 4 Qui dixit ad eum:
Quare sic attenuaris macie fili regis per
singulos dies? cur non indicas mihi? Dixitque ei Amnon: Thamar sororem fratris mei Absalom amo. 5 Cui respondit
Ionadab: Cuba super lectum tuum, et languorem simula: cumque venerit pater tuus

11,15.17.27. — 10: 2 Sam 13,28-29; 18,14; 3 Reg 2,25. — 11: 2 Sam 16,22. — 13: Eccli 47,13. ‖ Conc. Trid.: D 904. — 14: 2 Sam 11,27. — 23: Iob 7,8-10. — 24: Mt 1,6. — 26-31: 1 Par 20, 1-3. — 26: 2 Sam 11,1.

13 1: 2 Sam 3,2-3; 1 Par 3,2.9. — 3: 1 Sam 16,9; 17,13; 1 Par 2,13. — 12: Gen 34,2;

ut visitet te, dic ei: Veniat, oro, Thamar
soror mea, ut det mihi cibum, et faciat
pulmentum, ut comedam de manu eius.
6 Accubuit itaque Amnon, et quasi aegrotare coepit: cumque venisset rex ad
visitandum eum, ait Amnon ad regem:
Veniat, obsecro, Thamar soror mea, ut
faciat in oculis meis duas sorbitiunculas,
et cibum capiam de manu eius. 7 Misit
ergo David ad Thamar domum, dicens:
Veni in domum Amnon fratris tui, et fac
ei pulmentum. 8 Venitque Thamar in domum Amnon fratris sui: ille autem iacebat: quae tollens farinam commiscuit: et
liquefaciens, in oculis eius coxit sorbitiunculas. 9 Tollensque quod coxerat, effudit, et posuit coram eo, et noluit comedere: dixitque Amnon: Eiicite universos a
me. Cumque eiecissent omnes, 10 dixit
Amnon ad Thamar: Infer cibum in conclave, ut vescar de manu tua. Tulit ergo
Thamar sorbitiunculas quas fecerat, et intulit ad Amnon fratrem suum in conclave. 11 Cumque obtulisset ei cibum, apprehendit eam et ait: Veni, cuba mecum soror mea. 12 Quae respondit ei: Noli frater
mi, noli opprimere me, neque enim hoc
fas est in Israel: noli facere stultitiam
hanc. 13 Ego enim ferre non potero opprobrium meum, et tu eris quasi unus de
insipientibus in Israel: quin potius loquere ad regem, et non negabit me tibi. 14 Noluit autem acquiescere precibus eius, sed
praevalens viribus oppressit eam, et cubavit cum ea.

Amor in odium versus

15 Et exosam eam habuit Amnon odio
magno nimis: ita ut maius esset odium,
quo oderat eam, amore quo ante dilexe-
rat. Dixitque ei Amnon: Surge, et vade.
16 Quae respondit ei: Maius est hoc malum, quod nunc agis adversum me, quam
quod ante fecisti, expellens me. Et noluit
audire eam: 17 sed vocato puero, qui ministrabat ei, dixit: Eiice hanc a me foras,
et claude ostium post eam. 18 Quae induta
erat talari tunica: huiuscemodi enim filiae
regis virgines vestibus utebantur. Eiecit
itaque eam minister illius foras: clausit-
que fores post eam. 19 Quae aspergens cinerem capiti suo, scissa talari tunica, im-
positisque manibus super caput suum, ibat
ingrediens, et clamans.
20 Dixit autem ei Absalom frater suus:
Numquid Amnon frater tuus concubuit
tecum? sed nunc soror tace, frater tuus
est: neque affligas cor tuum pro hac re.
Mansit itaque Thamar contabescens in
domo Absalom fratris sui. 21 Cum autem
audisset rex David verba haec, contristatus est valde, et noluit contristare spiritum Amnon filii sui, quoniam diligebat
eum, quia primogenitus erat ei. 22 Porro
non est locutus Absalom ad Amnon nec
malum nec bonum: oderat enim Absalom
Amnon, eo quod violasset Thamar sororem suam.

Amnon ab Absalom occisus

23 Factum est autem post tempus biennii, ut tonderentur oves Absalom in Ba-
alhasor, quae est iuxta Ephraim: et vocavit Absalom omnes filios regis, 24 venitque ad regem, et ait ad eum: Ecce ton-
dentur oves servi tui: veniat, oro, rex cum
servis suis ad servum suum. 25 Dixitque
rex ad Absalom: Noli fili mi, noli rogare
ut veniamus omnes, et gravemus te. Cum
autem cogeret eum, et noluisset ire, benedixit ei. 26 Et ait Absalom: Si non vis venire, veniat, obsecro, nobiscum saltem
Amnon frater meus. Dixitque ad eum
rex: Non est necesse ut vadat tecum.
27 Coegit itaque Absalom eum, et dimisit
cum eo Amnon et universos filios regis.
Feceratque Absalom convivium quasi
convivium regis. 28 Praeceperat autem Absalom pueris suis, dicens: Observate cum
temulentus fuerit Amnon vino, et dixero
vobis: Percutite eum, et interficite, nolite
timere: ego enim sum qui praecipio vobis:
roboramini, et estote viri fortes. 29 Fecerunt ergo pueri Absalom adversum Amnon, sicut praeceperat eis Absalom. Surgentesque omnes filii regis ascenderunt
singuli mulas suas, et fugerunt.

Dolor Davidis de morte filii

30 Cumque adhuc pergerent in itinere,
fama pervenit ad David, dicens: Percussit Absalom omnes filios regis, et non remansit ex eis saltem unus. 31 Surrexit itaque rex, et scidit vestimenta sua: et cecidit super terram, et omnes servi illius, qui
assistebant ei, sciderunt vestimenta sua.
32 Respondens autem Ionadab filius Semmaa fratris David, dixit: Ne aestimet dominus meus rex, quod omnes pueri filii
regis occisi sint: Amnon solus mortuus
est, quoniam in ore Absalom erat positus
ex die qua oppressit Thamar sororem eius.
33 Nunc ergo ne ponat dominus meus rex
super cor suum verbum istud, dicens: Omnes filii regis occisi sunt: quoniam Amnon
solus mortuus est. 34 Fugit autem Absalom.
Et elevavit puer speculator oculos suos,
et aspexit: et ecce populus multus veniebat per iter devium ex latere montis. 35 Dixit autem Ionadab ad regem: Ecce filii regis adsunt: iuxta verbum servi tui sic fac-

Lev 18,9.11; 20,17; Deut 21,14; 27,22. — 21
1 Sam 2,29; 3 Reg 1,6. — **23:** Gen 38,12-14;:
1 Sam 25,4.36. — **32:** 2 Sam 13,3. — **37:** 2 Sam
3,3; 1 Par 3,2.

tum est. 36 Cumque cessasset loqui, apparuerunt et filii regis: et intrantes levaverunt vocem suam, et fleverunt: sed et rex
et omnes servi eius fleverunt ploratu magno nimis.
37 Porro Absalom fugiens, abiit ad Tho-
lomai filium Ammiud regem Gessur. Luxit ergo David filium suum cunctis diebus.
38 Absalom autem cum fugisset, et venisset in Gessur, fuit ibi tribus annis. 39 Cessavitque rex David persequi Absalom, eo
quod consolatus esset super Amnon interitu.

Mulier thecuitis postulat pro Absalom

14 1 Intelligens autem Ioab filius Sarviae, quod cor regis versum esset
ad Absalom, 2 misit Thecuam, et tulit inde mulierem sapientem: dixitque ad eam:
Lugere te simula, et induere veste lugubri,
et ne ungaris oleo, ut sis quasi mulier iam
plurimo tempore lugens mortuum: 3 et
ingredieris ad regem, et loqueris ad eum
sermones huiuscemodi. Posuit autem
Ioab verba in ore eius.
4 Itaque cum ingressa fuisset mulier
Thecuitis ad regem, cecidit coram eo super terram, et adoravit, et dixit: Serva
me rex. 5 Et ait ad eam rex: Quid causae
habes? Quae respondit: Heu, mulier vidua
ego sum: mortuus est enim vir meus. 6 Et
ancillae tuae erant duo filii: qui rixati sunt
adversum se in agro, nullusque erat qui
eos prohibere posset: et percussit alter alterum, et interfecit eum. 7 Et ecce consurgens universa cognatio adversum ancillam
tuam, dicit: Trade eum, qui percussit fratrem suum, ut occidamus eum pro anima
fratris sui, quem interfecit, et deleamus
haeredem: et quaerunt extinguere scintillam meam, quae relicta est, ut non super-
sit viro meo nomen, et reliquiae super terram. 8 Et ait rex ad mulierem: Vade in
domum tuam, et ego iubebo pro te. 9 Dixitque mulier Thecuitis ad regem: In me,
domine mi rex, sit iniquitias, et in domum patris mei: rex autem et thronus
eius sit innocens. 10 Et ait rex: Qui contradixerit tibi, adduc eum ad me, et ultra
non addet ut tangat te. 11 Quae ait: Recordetur rex Domini Dei sui, ut non multiplicentur proximi sanguinis ad ulciscen-
dum, et nequaquam interficiant filium
meum. Qui ait: Vivit Dominus, quia non
cadet de capillis filii tui super terram.
12 Dixit ergo mulier: Loquatur ancilla tua
ad dominum meum regem verbum. Et
ait: Loquere. 13 Dixitque mulier: Quare
cogitasti huiuscemodi rem contra populum Dei, et locutus est rex verbum istud,
ut peccet, et non reducat eiectum suum?
14 Omnes morimur, et quasi aquae dilabi-
mur in terram, quae non revertuntur: nec
vult Deus perire animam, sed retractat cogitans ne penitus pereat qui abiectus est.
15 Nunc igitur veni, ut loquar ad dominum meum regem verbum hoc, praesente
populo. Et dixit ancilla tua: Loquar ad
regem, si quo modo faciat rex verbum
ancillae suae. 16 Et audivit rex, ut liberaret ancillam suam de manu omnium, qui
volebant de haereditate Dei delere me, et
filium meum simul. 17 Dicat ergo ancilla
tua, ut fiat verbum domini mei regis sicut
sacrificium. Sicut enim angelus Dei, sic
est dominus meus rex, ut nec benedictione, nec maledictione moveatur: unde et
Dominus Deus tuus est tecum.
18 Et respondens rex, dixit ad mulierem:
Ne abscondas a me verbum, quod te interrogo. Dixitque ei mulier: Loquere, domine mi rex. 19 Et ait rex: Numquid manus Ioab tecum est in omnibus istis? Respondit mulier, et ait: Per salutem animae
tuae, domine mi rex, nec ad sinistram,
nec ad dexteram est ex omnibus his quae
locutus est dominus meus rex: servus enim
tuus Ioab, ipse praecepit mihi, et ipse posuit in os ancillae tuae omnia verba haec.
20 Ut verterem figuram sermonis huius,
servus tuus Ioab praecepit istud: tu autem, domine mi rex, sapiens es, sicut habet sapientiam angelus Dei, ut intelligas
omnia super terram.

David permittit reditum Absalom

21 Et ait rex ad Ioab: Ecce placatus feci
verbum tuum: vade ergo, et revoca puerum Absalom. 22 Cadensque Ioab super
faciem suam in terram, adoravit, et benedixit regi: et dixit Ioab: Hodie intellexit servus tuus, quia inveni gratiam in
oculis tuis, domine mi rex: fecisti enim
sermonem servi tui. 23 Surrexit ergo Ioab
et abiit in Gessur, et adduxit Absalom in
Ierusalem. 24 Dixit autem rex: Revertatur in domum suam, et faciem meam non
videat. Reversus est itaque Absalom in
domum suam, et faciem regis non vidit.
25 Porro sicut Absalom, vir non erat
pulcher in omni Israel, et decorus nimis:
a vestigio pedis usque ad verticem non
erat in eo ulla macula. 26 Et quando ton-
debat capillum (semel autem in anno tondebatur, quia gravabat eum caesaries)
ponderabat capillos capitis sui ducentis
siclis, pondere publico. 27 Nati sunt autem Absalom filii tres: et filia una nomine Thamar, elegantis formae.

14 **2:** 2 Par 11,6; 20,20; Am 1,1. — **7:** Deut 19,11-13. — **11:** Num 35,19.21; Deut 19, 12. — **13:** 2 Sam 13,37-38. — **14:** Num 35,15. 25.28; Ez 18,32; 33,11; — **23:** 2 Sam 13,37. — **26:** 2 Sam 18,9. — **32:** 2 Sam 13,38.

Absalom exigit a Ioab plenam peccati veniam

28 Mansitque Absalom in Ierusalem
duobus annis, et faciem regis non vidit.
29 Misit itaque ad Ioab, ut mitteret eum
ad regem: qui noluit venire ad eum. Cumque secundo misisset, et ille noluisset venire ad eum, 30 dixit servis suis: Scitis
agrum Ioab iuxta agrum meum, habentem messem hordei: ite igitur, et succendite eum igni. Succenderunt ergo servi
Absalom segetem igni. Et venientes servi
Ioab, scissis vestibus suis, dixerunt: Succenderunt servi Absalom partem agri igni. 31 Surrexitque Ioab, et venit ad Absalom in domum eius, et dixit: Quare succenderunt servi tui segetem meam igni?
32 Et respondit Absalom ad Ioab: Misi
ad te obsecrans ut venires ad me, et mit-
terem te ad regem, et diceres ei: Quare
veni de Gessur? melius mihi erat ibi esse:
obsecro ergo ut videam faciem regis: quod
si memor est iniquitatis meae, interficiat
me. 33 Ingressus itaque Ioab ad regem,
nuntiavit ei omnia: vocatusque est Absalom, et intravit ad regem, et adoravit super faciem terrae coram eo: osculatusque
est rex Absalom.

Absalom parat coniurationem

15 1 Igitur post haec fecit sibi Absalom currus, et equites, et quinquaginta viros, qui praecederent eum. 2 Et
mane consurgens Absalom, stabat iuxta
introitum portae, et omnem virum, qui
habebat negotium ut veniret ad regis iudicium, vocabat Absalom ad se, et dicebat: De qua civitate es tu? Qui respondens aiebat: Ex una tribu Israel ego sum
servus tuus. 3 Respondebatque ei Absalom: Videntur mihi sermones tui boni et
iusti. Sed non est qui te audiat constitutus a rege. Dicebatque Absalom: 4 Quis
me constituat iudicem super terram, ut
ad me veniant omnes qui habent negotium, et iuste iudicem? 5 Sed et cum accederet ad eum homo ut salutaret illum,
extendebat manum suam, et apprehendens, osculabatur eum. 6 Faciebatque hoc
omni Israel venienti ad iudicium, ut audiretur a rege, et sollicitabat corda virorum Israel.

In patrem rebellatur

7 Post quadraginta autem annos, dixit
Absalom ad regem David: Vadam, et reddam vota mea quae vovi Domino in Hebron. 8 Vovens enim vovit servus tuus,
cum esset in Gessur Syriae, dicens: Si re-
duxerit me Dominus in Ierusalem, sacrificabo Domino. 9 Dixitque ei rex David:
Vade in pace. Et surrexit, et abiit in Hebron.
10 Misit autem Absalom exploratores
in universas tribus Israel, dicens: Statim
ut audieritis clangorem buccinae, dicite:
Regnavit Absalom in Hebron. 11 Porro
cum Absalom ierunt ducenti viri de Ierusalem vocati, euntes simplici corde, et
causam penitus ignorantes. 12 Accersivit
quoque Absalom Achitophel Gilonitem
consiliarium David, de civitate sua Gilo.
Cumque immolaret victimas, facta est
coniuratio valida, populusque concurrens
augebatur cum Absalom.
13 Venit igitur nuntius ad David, dicens:
Toto corde universus Israel sequitur Absalom. 14 Et ait David servis suis, qui erant
cum eo in Ierusalem: Surgite, fugiamus:
neque enim erit nobis effugium a facie
Absalom: festinate egredi, ne forte veniens occupet nos, et impellat super nos
ruinam, et percutiat civitatem in ore gladii. 15 Dixeruntque servi regis ad eum:
omnia quaecumque praeceperit dominus
noster rex, libenter exequemur servi tui.

Davidis fuga

16 Egressus est ergo rex, et universa domus eius pedibus suis: et dereliquit rex
decem mulieres concubinas ad custodiendam domum. 17 Egressusque rex et omnis
Israel pedibus suis, stetit procul a domo:
18 Et universi servi eius ambulabant iuxta
eum, et legiones Cerethi, et Phelethi, et
omnes Gethaei, pugnatores validi, sexcenti viri, qui secuti eum fuerant de Geth pedites, praecedebant regem. 19 Dixit autem
rex ad Ethai Gethaeum: Cur venis nobiscum? revertere, et habita cum rege, quia
peregrinus es, et egressus es de loco tuo.
20 Heri venisti, et hodie compelleris nobiscum egredi? ego autem vadam quo iturus sum: revertere, et reduc tecum fratres
tuos, et Dominus faciet tecum misericordiam, et veritatem, quia ostendisti gratiam et fidem. 21 Et respondit Ethai regi,
dicens: Vivit Dominus, et vivit dominus
meus rex: quoniam in quocumque loco
fueris domine mi rex, sive in morte, sive
in vita, ibi erit servus tuus. 22 Et ait David
Ethai: Veni, et transi. Et transivit Ethai
Gethaeus, et omnes viri qui cum eo erant,
et reliqua multitudo.
23 Omnesque flebant voce magna, et
universus populus transibat: rex quoque
transgrediebatur torrentem Cedron, et
cunctus populus incedebat contra viam,
quae respicit ad desertum. 24 Venit autem

15 8: 2 Sam 13,37-38. — 12: Ios 15,51; 2 Sam 16,20; 17,1.14.23; 23,34; 1 Par 27,33. — 16: 2 Sam 16,21-22; 20,3. — 18: 1 Sam 27,2; 2 Sam 8,18. — 19: 2 Sam 18,2. — 23: 2 Sam 16,2; 17,16; 3 Reg 2,37. — 24: 1 Sam 22,20; 2 Sam 8,17; 20,25. — 27: 1 Sam 9,9;

et Sadoc sacerdos, et universi Levitae cum
eo, portantes arcam foederis Dei, et deposuerunt arcam Dei: et ascendit Abiathar, donec expletus esset omnis populus,
qui egressus fuerat de civitate. 25 Et dixit
rex ad Sadoc: Reporta arcam Dei in urbem: si invenero gratiam in oculis Domini, reducet me, et ostendet mihi eam, et
tabernaculum suum. 26 Si autem dixerit
mihi: Non places: praesto sum, faciat
quod bonum est coram se. 27 Et dixit rex
ad Sadoc sacerdotem: O videns, revertere
in civitatem in pace: et Achimaas filius
tuus, et Ionathas filius Abiathar, duo filii
vestri, sint vobiscum. 28 Ecce ego abscondar in campestribus deserti, donec veniat
sermo a vobis indicans mihi. 29 Reportaverunt ergo Sadoc et Abiathar arcam Dei
in Ierusalem: et manserunt ibi.
30 Porro David ascendebat clivum Olivarum, scandens et flens, nudis pedibus
incedens, et operto capite, sed et omnis
populus, qui erat cum eo, operto capite,
ascendebat plorans. 31 Nuntiatum est autem David quod et Achitophel esset in
coniuratione cum Absalom, dixitque David: Infatua, quaeso, Domine, consilium
Achitophel. 32 Cumque ascenderet David
summitatem montis, in quo adoraturus
erat Dominum, ecce occurrit ei Chusai
Arachites, scissa veste, et terra pleno capite. 33 Et dixit ei David: Si veneris mecum, eris mihi oneri: 34 si autem in civitatem revertaris, et dixeris Absalom: Servus tuus sum, rex: sicut fui servus patris
tui, sic ero servus tuus: dissipabis consilium Achitophel. 35 Habes autem tecum
Sadoc et Abiathar sacerdotes: et omne
verbum quodcumque audieris de domo
regis, indicabis Sadoc et Abiathar sacerdotibus. 36 Sunt autem cum eis duo filii
eorum Achimaas filius Sadoc, et Ionathas
filius Abiathar: et mittetis per eos ad me
omne verbum quod audieritis. 37 Veniente ergo Chusai amico David in civitatem,
Absalom quoque ingressus est Ierusalem.

Miphiboseth a Siba accusatur

16 1 Cumque David transisset paululum montis verticem, apparuit Siba
puer Miphiboseth in occursum eius, cum
duobus asinis, qui onerati erant ducentis
panibus, et centum alligaturis uvae passae, et centum massis palatharum, et utre
vini. 2 Et dixit rex Sibae: Quid sibi volunt
haec? Responditque Siba: Asini, domesticis regis ut sedeant: panes et palathae
ad vescendum pueris tuis: vinum autem
ut bibat si quis defecerit in deserto. 3 Et
ait rex: Ubi est filius domini tui? Responditque Siba regi: Remansit in Ierusalem,
dicens: Hodie restituet mihi domus Israel
regnum patris mei. 4 Et ait rex Sibae: Tua
sint omnia quae fuerunt Miphiboseth. Dixitque Siba: Oro ut inveniam gratiam coram te, domine mi rex.

Semei regem offendit

5 Venit ergo rex David usque Bahurim:
et ecce egrediebatur inde vir de cognatione domus Saul, nomine Semei, filius Gera, procedebatque egrediens, et maledicebat, 6 mittebatque lapides contra David,
et contra universos servos regis David:
omnis autem populus, et universi bellatores a dextro et a sinistro latere regis incedebant. 7 Ita autem loquebatur Semei cum
malediceret regi. Egredere, egredere vir
sanguinum, et vir Belial. 8 Reddidit tibi
Dominus universum sanguinem domus
Saul: quoniam invasisti regnum pro eo,
et dedit Dominus regnum in manu Absalom filii tui, et ecce premunt te mala tua,
quoniam vir sanguinum es. 9 Dixit autem
Abisai filius Sarviae regi: Quare maledicit
canis hic mortuus domino meo regi? vadam, et amputabo caput eius. 10 Et ait
rex: Quid mihi et vobis est filii Sarviae?
dimittite eum, ut maledicat: Dominus enim
praecepit ei ut malediceret David: et quis
est qui audeat dicere, quare sic fecerit?
11 Et ait rex Abisai, et universis servis
suis: Ecce filius meus, qui egressus est de
utero meo, quaerit animam meam: quanto magis nunc filius Iemini? dimittite eum
ut maledicat iuxta praeceptum Domini:
12 si forte respiciat Dominus afflictionem
meam, et reddat mihi Dominus bonum
pro maledictione hac hodierna. 13 Ambulabat itaque David et socii eius per viam
cum eo. Semei autem per iugum montis
ex latere, contra illum gradiebatur, maledicens, et mittens lapides adversum eum,
terramque spargens. 14 Venit itaque rex,
et universus populus cum eo lassus, et
refocillati sunt ibi.

Consilia contraria in castris Absalom

15 Absalom autem et omnis populus
eius ingressi sunt Ierusalem, sed et Achitophel cum eo. 16 Cum autem venisset
Chusai Arachites amicus David ad Absalom, locutus est ad eum: Salve rex, salve rex. 17 Ad quem Absalom: Haec est,
inquit, gratia tua ad amicum tuum? quare
non ivisti cum amico tuo? 18 Responditque Chusai ad Absalom: Nequaquam:
quia illius ero, quem elegit Dominus, et
omnis hic populus, et universus Israel, et
cum eo manebo. 19 Sed ut et hoc inferam,

2 Sam 17,17; 3 Reg 1,42. — **31:** 2 Sam 16,23; 17,14.23. — **32:** Ios 16,2. — **34:** 2 Sam 16,19. — **35-36:** 2 Sam 17,15-17. — **37:** 2 Sam 16,15-16; 1 Par 27,33.

16 **1:** 2 Sam 9,2-13; 15,30.32. — **3:** 2 Sam 19,26-27. — **5:** 2 Sam 3,16; 19,16; 3 Reg 2,8-9.36-46. — **7:** Deut 13,13. — **10:** Gen 45,8; Iob 1,21. — **15:** 2 Sam 15,37. — **19:** 2 Sam 15,34.

cui ego serviturus sum? nonne filio regis?
sicut parui patri tuo, ita parebo et tibi.
20 Dixit autem Absalom ad Achitophel:
Inite consilium quid agere debeamus:
21 Et ait Achitophel ad Absalom: Ingredere ad concubinas patris tui, quas dimisit ad custodiendam domum: ut cum audierit omnis Israel quod foedaveris patrem
tuum, roborentur tecum manus eorum.
22 Tetenderunt ergo Absalom tabernaculum in solario, ingressusque est ad concubinas patris sui coram universo Israel.
23 Consilium autem Achitophel, quod dabat in diebus illis, quasi si quis consuleret
Deum: sic erat omne consilium Achitophel, et cum esset cum David, et cum esset cum Absalom.

17 1 Dixit ergo Achitophel ad Absalom: Eligam mihi duodecim millia virorum, et consurgens persequar David hac nocte. 2 Et irruens super eum
(quippe qui lassus est, et solutis manibus)
percutiam eum: cumque fugerit omnis populus qui cum eo est, percutiam regem
desolatum. 3 Et reducam universum populum, quomodo unus homo reverti solet: unum enim virum tu quaeris: et omnis populus erit in pace. 4 Placuitque sermo eius Absalom, et cunctis maioribus
natu Israel.
5 Ait autem Absalom: Vocate Chusai
Arachiten, et audiamus quid etiam ipse
dicat. 6 Cumque venisset Chusai ad Absalom, ait Absalom ad eum: Huiuscemodi sermonem locutus est Achitophel: facere debemus an non? quod das consilium? 7 Et dixit Chusai ad Absalom: Non
est bonum consilium, quod dedit Achitophel hac vice. 8 Et rursum intulit Chusai: Tu nosti patrem tuum, et viros qui
cum eo sunt, esse fortissimos et amaro
animo, veluti si ursa raptis catulis in saltu
saeviat: sed et pater tuus vir bellator est,
nec morabitur cum populo. 9 Forsitan
nunc latitat in foveis, aut in uno, quo voluerit, loco: et cum ceciderit unus quilibet in principio, audiet quicumque audierit, et dicet: Facta est plaga in populo qui
sequebatur Absalom. 10 Et fortissimus
quisque, cuius cor est quasi leonis, pavore solvetur: scit enim omnis populus Israel fortem esse patrem tuum, et robustos omnes qui cum eo sunt. 11 Sed hoc
mihi videtur rectum esse consilium: Con-
gregetur ad te universus Israel, a Dan usque Bersabee, quasi arena maris innumerabilis: et tu eris in medio eorum. 12 Et
irruemus super eum in quocumque loco
inventus fuerit: et operiemus eum, sicut
cadere solet ros super terram: et non relinquemus de viris, qui cum eo sunt, ne
unum quidem. 13 Quod si urbem aliquam
fuerit ingressus, circumdavit omnis Israel
civitati illi funes, et trahemus eam in torrentem, ut non reperiatur ne calculus quidem ex ea.

Absalom eligit consilium Chusai

14 Dixitque Absalom, et omnes viri Israel: Melius est consilium Chusai Arachi-
tae, consilio Achitophel: Domini autem
nutu dissipatum est consilium Achitophel
utile, ut induceret Dominus super Absalom malum. 15 Et ait Chusai Sadoc et
Abiathar sacerdotibus: hoc et hoc modo
consilium dedit Achitophel Absalom, et
senioribus Israel: et ego tale et tale dedi
consilium. 16 Nunc ergo mittite cito, et
nuntiate David dicentes: Ne moreris nocte hac in campestribus deserti, sed absque
dilatione transgredere: ne forte absorbeatur rex, et omnis populus qui cum eo est.
17 Ionathas autem et Achimaas stabant
iuxta fontem Rogel: abiit ancilla et nuntiavit eis: et illi profecti sunt, ut referrent
ad regem David nuntium: non enim poterant videri, aut introire civitatem. 18 Vidit autem eos quidam puer, et indicavit
Absalom: illi vero concito gradu ingressi
sunt domum cuiusdam viri in Bahurim,
qui habebat puteum in vestibulo suo, et
descenderunt in eum. 19 Tulit autem mulier, et expandit velamen super os putei,
quasi siccans ptisanas: et sic latuit res.
20 Cumque venissent servi Absalom in domum, ad mulierem dixerunt: Ubi est Achimaas et Ionathas? Et respondit eis mulier:
Transierunt festinanter, gustata paululum
aqua. At hi qui quaerebant, cum non reperissent, reversi sunt in Ierusalem.
21 Cumque abiissent, ascenderunt illi de
puteo, et pergentes nuntiaverunt regi David, et dixerunt: Surgite, et transite cito
fluvium: quoniam huiuscemodi dedit consilium contra vos Achitophel. 22 Surrexit
ergo David, et omnis populus qui cum
eo erat, et transierunt Iordanem, donec
dilucesceret: et ne unus quidem residuus
fuit, qui non transisset fluvium.
23 Porro Achitophel videns quod non
fuisset factum consilium suum, stravit asinum suum, surrexitque et abiit in domum
suam et in civitatem suam: et disposita
domo sua, suspendio interiit, et sepultus
est in sepulchro patris sui.

21: 2 Sam 15,16; 20,3. — **22:** 2 Sam 12,11.12. — **23:** 2 Sam 15,12.

17 **2:** 2 Sam 16,14. — **5:** 2 Sam 16,16-18. — **11:** 2 Sam 3,10. — **14:** 2 Sam 15,31.34. — **15:** 2 Sam 15,27-28.35-36. — **16:** 2 Sam 15,28; 20,19. — **17:** Ios 15,7; 2 Sam 15,27.36; 3 Reg 1,9. — **18:** 2 Sam 3,16. — **23:** 2 Sam 15,12. — **25:** 2 Sam 2,13.18; 19,13; 20,9.12; 3 Reg 2,5.32;

Pater et filius parantur ad praelium

24 David autem venit in castra, et Absalom transivit Iordanem, ipse et omnes
viri Israel cum eo. 25 Amasam vero constituit Absalom pro Ioab super exercitum:
Amasa autem erat filius viri, qui vocabatur Ietra de Iezraeli, qui ingressus est ad
Abigail, filiam Naas, sororem Sarviae,
quae fuit mater Ioab. 26 Et castrametatus
est Israel cum Absalom in terra Galaad.
27 Cumque venisset David in castra, Sobi
filius Naas de Rabbath filiorum Ammon,
et Machir filius Ammihel de Lodabar, et
Berzellai Galaadites de Rogelim, 28 obtulerunt ei stratoria, et tapetia, et vasa fictilia, frumentum, et hordeum, et farinam,
et polentam, et fabam, et lenem, et fri-
xum cicer, 29 et mel, et butyrum, oves, et
pingues vitulos; dederuntque David, et
populo qui cum eo erat, ad vescendum:
suspicati enim sunt, populum fame et siti
fatigari in deserto.

18 1 Igitur considerato David populo
suo, constituit super eos tribunos
et centuriones, 2 et dedit populi tertiam
partem sub manu Ioab, et tertiam partem
sub manu Abisai filii Sarviae fratris Ioab,
et tertiam partem sub manu Ethai, qui
erat de Geth, dixitque rex ad populum:
Egrediar et ego vobiscum. 3 Et respondit
populus: Non exibis: sive enim fugerimus,
non magnopere ad eos de nobis pertinebit: sive media pars ceciderit e nobis, non
satis curabunt: quia tu unus pro decem
millibus computaris: melius est igitur ut
sis nobis in urbe praesidio. 4 Ad quos rex
ait: Quod vobis videtur rectum, hoc faciam. Stetit ergo rex iuxta portam: egre-
diebaturque populus per turmas suas cen-
teni, et milleni. 5 Et praecepit rex Ioab, et
Abisai, et Ethai, dicens: Servate mihi puerum Absalom. Et omnis populus audiebat praecipientem regem cunctis principibus pro Absalom.

In praelio Absalom interficitur

6 Itaque egressus est populus in campum contra Israel, et factum est praelium
in saltu Ephraim. 7 Et caesus est ibi populus Israel ab exercitu David, factaque
est plaga magna in die illa, viginti millium. 8 Fuit autem ibi praelium dispersum super faciem omnis terrae, et multo
plures erant quos saltus consumpserat de
populo, quam hi quos voraverat gladius
in die illa.
9 Accidit autem ut occurreret Absalom
servis David, sedens mulo: cumque ingressus fuisset mulus subter condensam
quercum et magnam, adhaesit caput eius
quercui: et illo suspenso inter caelum et
terram, mulus, cui insederat, pertransivit.
10 Vidit autem hoc quispiam, et nuntiavit
Ioab, dicens: Vidi Absalom pendere de
quercu. 11 Et ait Ioab viro, qui nuntiave-
rat ei: Si vidisti, quare non confodisti eum
cum terra, et ego dedissem tibi decem argenti siclos, et unum balteum? 12 Qui dixit ad Ioab: Si appenderes in manibus
meis mille argenteos, nequaquam mitte-
rem manum meam in filium regis: audientibus enim nobis praecepit rex tibi, et Abisai, et Ethai, dicens: Custodite mihi puerum Absalom. 13 Sed et si fecissem contra animam meam audacter, nequaquam
hoc regem latere potuisset, et tu stares ex
adverso? 14 Et ait Ioab: Non sicut tu vis,
sed aggrediar eum coram te. Tulit ergo
tres lanceas in manu sua, et infixit eas in
corde Absalom: cumque adhuc palpitaret
haerens in quercu, 15 cucurrerunt decem
iuvenes armigeri Ioab, et percutientes interfecerunt eum.
16 Cecinit autem Ioab buccina, et retinuit populum, ne persequeretur fugientem
Israel, volens parcere multitudini. 17 Et
tulerunt Absalom, et proiecerunt eum in
saltu, in foveam grandem, et comporta-
verunt super eum acervum lapidum magnum nimis: omnis autem Israel fugit in
tabernacula sua. 18 Porro Absalom erexerat sibi, cum adhuc viveret, titulum qui
est in Valle regis: dixerat enim: Non habeo filium, et hoc erit monimentum nominis mei. Vocavitque titulum nomine
suo, et appellatur Manus Absalom, usque
ad hanc diem.

Pervenit nuntius ad Davidem

19 Achimaas autem filius Sadoc, ait:
Curram, et nuntiabo regi, quia iudicium
fecerit ei Dominus de manu inimicorum
eius. 20 Ad quem Ioab dixit: Non eris nuntius in hac die, sed nuntiabis in alia: hodie nolo te nuntiare, filius enim regis est
mortuus. 21 Et ait Ioab Chusi: Vade, et
nuntia regi quae vidisti. Adoravit Chusi
Ioab, et cucurrit. 22 Rursus autem Achimaas filius Sadoc, dixit ad Ioab: Quid
impedit si etiam ego curram post Chusi?
Dixitque ei Ioab: Quid vis currere fili mi?
non eris boni nuntii baiulus. 23 Qui respondit: Quid enim si cucurrero? Et ait
ei: Curre. Currens ergo Achimaas per
viam compendii, transivit Chusi.
24 David autem sedebat inter duas por-

1 Par 2,13.16-17. — 27: 2 Sam 9,4; 12,26.29; 19,31-32; 3 Reg 2,7. — 29: 2 Sam 15,23.

18 2: 2 Sam 16,15. — 3: 2 Sam 21,17. — 6: Ios 17,15.16. — 9: 2 Sam 14,26. — 17: Ios 7,26; 8,29. — 18: Gen 14,17; 2 Sam 14,27. — 19: 2 Sam 15,36; 17,17. — 24: 2 Sam 19,8. — 33: 2 Sam 19,4.

tas: speculator vero, qui erat in fastigio
portae super murum, elevans oculos, vidit hominem currentem solum. 25 Et exclamans indicavit regi: dixitque rex: Si solus est, bonus est nuntius in ore eius. Pro-
perante autem illo, et accedente propius,
26 vidit speculator hominem alterum currentem, et vociferans in culmine, ait: Apparet mihi alter homo currens solus. Dixitque rex: Et iste bonus est nuntius.
27 Speculator autem: Contemplor, ait, cursum prioris, quasi cursum Achimaas filii
Sadoc. Et ait rex: Vir bonus est: et nuntium portans bonum, venit.
28 Clamans autem Achimaas, dixit ad
regem: Salve rex. Et adorans regem coram
eo pronus in terram, ait: Benedictus Dominus Deus tuus, qui conclusit homines
qui levaverunt manus suas contra dominum meum regem. 29 Et ait rex: Estne
pax puero Absalom: Dixitque Achimaas:
Vidi tumultum magnum, cum mitteret
Ioab servus tuus, o rex, me servum tuum:
nescio aliud. 30 Ad quem rex: Transi, ait,
et sta hic. Cumque ille transisset, et staret, 31 apparuit Chusi: et veniens ait: Bonum apporto nuntium, domine mi rex:
iudicavit enim pro te Dominus hodie de
manu omnium qui surrexerunt contra te.

Luctus David de morte Absalom

32 Dixit autem rex ad Chusi: Estne pax
puero Absalom? Cui respondens Chusi:
Fiant, inquit, sicut puer, inimici domini
mei regis, et universi qui consurgent adversus eum in malum. 33 Contristatus itaque rex, ascendit coenaculum portae, et
flevit. Et sic loquebatur, vadens: Fili mi
Absalom, Absalom fili mi: quis mihi tribuat ut ego moriar pro te, Absalom fili
mi, fili mi Absalom?

19 1 Nuntiatum est autem Ioab quod
rex fleret et lugeret filium suum:
2 et versa est victoria in luctum in die illa
omni populo: audivit enim populus in die
illa dici: Dolet rex super filio suo. 3 Et declinavit populus in die illa ingredi civitatem, quomodo declinare solet populus
versus et fugiens de praelio. 4 Porro rex
operuit caput suum, et clamabat voce
magna: Fili mi Absalom, Absalom fili mi,
fili mi. 5 Ingressus ergo Ioab ad regem in
domum, dixit: Confudisti hodie vultus
omnium servorum tuorum, qui salvam fecerunt animam tuam, et animam filiorum
tuorum, et filiarum tuarum, et animam
uxorum tuarum, et animam concubinarum tuarum. 6 Diligis odientes te, et odio
habes diligentes te: et ostendisti hodie quia
non curas de ducibus tuis, et de servis tuis:
et vere cognovi modo, quia si Absalom viveret, et omnes nos occubuissemus, tunc
placeret tibi. 7 Nunc igitur surge, et procede, et alloquens satisfac servis tuis:
iuro enim tibi per Dominum, quod si non
exieris, ne unus quidem remansurus sit
tecum nocte hac: et peius erit hoc tibi,
quam omnia mala quae venerunt super
te ab adolescentia tua usque in praesens.

Finis belli

8 Surrexit ergo rex et sedit in porta: et
omni populo nuntiatum est quod rex sederet in porta: venitque universa multitudo coram rege: Israel autem fugit in tabernacula sua. 9 Omnis quoque populus
certabat in cunctis tribubus Israel, dicens:
Rex liberavit nos de manu inimicorum
nostrorum, ipse salvavit nos de manu Philisthinorum: et nunc fugit de terra propter Absalom. 10 Absalom autem, quem
unximus super nos, mortuus est in bello:
usquequo siletis, et non reducitis regem?
11 Rex vero David misit ad Sadoc et
Abiathar sacerdotes, dicens: Loquimini
ad maiores natu Iuda, dicentes: Cur venitis novissimi ad reducendum regem in
domum suam? (Sermo autem omnis Israel pervenerat ad regem in domo eius.)
12 Fratres mei vos, os meum, et caro mea
vos, quare novissimi reducitis regem? 13 Et
Amasae dicite: Nonne os meum, et caro
mea es? Haec faciat mihi Deus, et haec
addat, si non magister militiae fueris coram me omni tempore pro Ioab.

Revertitur rex in Ierusalem

14 Et inclinavit cor omnium virorum
Iuda, quasi viri unius: miseruntque ad
regem, dicentes: Revertere tu, et omnes
servi tui. 15 Et reversus est rex: et venit
usque ad Iordanem, et omnis Iuda venit
usque in Galgalam ut occurreret regi, et
traduceret eum Iordanem.
16 Festinavit autem Semei filius Gera
filii Iemini de Bahurim, et descendit cum
viris Iuda in occursum regis David 17 cum
mille viris de Beniamin, et Siba puer de
domo Saul: et quindecim filii eius, ac viginti servi erant cum eo: et irrumpentes
Iordanem, ante regem 18 transierunt vada,
ut traducerent domum regis, et facerent
iuxta iussionem eius: Semei autem filius
Gera prostratus coram rege, cum iam
transisset Iordanem, 19 dixit ad eum: Ne
reputes mihi domine mi iniquitatem, neque
memineris iniuriarum servi tui in die qua
egressus es domine mi rex de Ierusalem,
neque ponas rex in corde tuo. 20 Agnosco

19 4: 2 Sam 18,33. — 8: 2 Sam 18,4,24.3. — 9: 2 Sam 5,20; 8,1-14; 15,14. — 11: 2 Sam 15,29. — 13: 2 Sam 8,16; 17,25; 3 Reg 2,32. 16: 2 Sam 16,5; 3 Reg 2,8. — 17: 2 Sam 9,2.10; 16,1-4. — 19: 2 Sam 16,5-13. — 21: 2 Sam

enim servus tuus peccatum meum: et idcirco hodie primus veni de omni domo
Ioseph, descendique in occursum domini
mei regis. 21 Respondens vero Abisai filius
Sarviae, dixit: Numquid pro his verbis
non occidetur Semei, quia maledixit christo Domini? 22 Et ait David: Quid mihi et
vobis, filii Sarviae? cur efficimini mihi hodie in satan? Ergone hodie interficietur
vir in Israel? an ignoro hodie me factum
regem super Israel? 23 Et ait rex Semei:
Non morieris. Iuravitque ei.

Miphiboseth receptus a rege

24 Miphiboseth quoque filius Saul descendit in occursum regis, illotis pedibus,
et intonsa barba: vestesque suas non laverat a die qua egressus fuerat rex, usque
ad diem reversionis eius in pace. 25 Cumque Ierusalem occurrisset regi, dixit ei rex:
Quare non venisti mecum Miphiboseth?
26 Et respondens ait: Domine mi rex, servus meus contempsit me: dixitque ei ego
famulus tuus ut sterneret mihi asinum, et
ascendens abirem cum rege: claudus enim
sum servus tuus. 27 Insuper et accusavit
me servum tuum ad te dominum meum
regem: tu autem domine mi rex, sicut angelus Dei est, fac quod placitum est tibi.
28 Neque enim fuit domus patris mei, nisi
morti obnoxia domino meo regi: tu autem posuisti me servum tuum inter con-
vivas mensae tuae: quid ergo habeo iustae
querelae? aut quid possum ultra vocife-
rari ad regem? 29 Ait ergo ei rex: Quid ultra loqueris? fixum est quod locutus sum:
tu et Siba dividite possessiones. 30 Responditque Miphiboseth regi: Etiam cuncta accipiat, postquam reversus est dominus meus rex pacifice in domum suam.

Gratia regis in Berzellai

31 Berzellai quoque Galaadites, descendens de Rogelim, traduxit regem Iordanem, paratus etiam ultra fluvium prose-
qui eum. 32 Erat autem Berzellai Galaadites senex valde, id est, octogenarius, et
ipse praebuit alimenta regi, cum moraretur in castris: fuit quippe vir dives nimis.
33 Dixit itaque rex ad Berzellai: Veni mecum, ut requiescas securus mecum in Ierusalem. 34 Et ait Berzellai ad regem: Quot
sunt dies annorum vitae meae, ut ascendam cum rege in Ierusalem? 35 Octogenarius sum hodie: numquid vigent sensus
mei ad discernendum suave, aut amarum?
aut delectare potest servum tuum cibus
et potus? vel audire possum ultra vocem
cantorum, atque cantatricum? quare servus tuus sit oneri domino meo regi?
36 Paululum procedam famulus tuus ab
Iordane tecum: non indigeo hac vicissitu-
dine, 37 sed obsecro ut revertar servus tuus, et moriar in civitate mea, et sepeliar
iuxta sepulchrum patris mei et matris
meae. Est autem servus tuus Chamaam,
ipse vadat tecum, domine mi rex, et fac
ei quidquid tibi bonum videtur. 38 Dixit
itaque ei rex: Mecum transeat Chamaam,
et ego faciam ei quidquid tibi placuerit,
et omne quod petieris a me, impetrabis.
39 Cumque transisset universus populus et
rex Iordanem, osculatus est rex Berzellai,
et benedixit ei: et ille reversus est in locum suum. 40 Transivit ergo rex in Galgalam, et Chamaam cum eo.

De amore in regem Israel contendit cum Iuda

Omnis autem populus Iuda traduxerat
regem, et media tantum pars adfuerat de
populo Israel. 41 Itaque omnes viri Israel
concurrentes ad regem dixerunt ei: Quare
te furati sunt fratres nostri viri Iuda, et
traduxerunt regem et domum eius Iordanem, omnesque viros David cum eo? 42 Et
respondit omnis vir Iuda ad viros Israel:
Quia mihi propior est rex: cur irasceris
super hac re? numquid comedimus aliquid ex rege, aut munera nobis data sunt?
43 Et respondit vir Israel ad viros Iuda, et
ait: Decem partibus maior ego sum apud
regem, magisque ad me pertinet David
quam ad te: cur fecisti mihi iniuriam, et
non mihi nuntiatum est priori, ut reduce-
rem regem meum? Durius autem responderunt viri Iuda viris Israel.

Seditio Sebae

20 1 Accidit quoque ut ibi esset vir
Belial, nomine Seba, filius Bochri,
vir Iemineus: et cecinit buccina, et ait:
Non est nobis pars in David, neque haereditas in filio Isai: revertere in tabernacula
tua Israel. 2 Et separatus est omnis Israel
a David, secutusque est Seba filium
Bochri: viri autem Iuda adhaeserunt regi
suo a Iordane usque Ierusalem.

3 Cumque venisset rex in domum suam
in Ierusalem, tulit decem mulieres concubinas, quas dereliquerat ad custodiendam
domum, et tradidit eas in custodiam, alimenta eis praebens: et non est ingressus
ad eas, sed erant clausae usque in diem
mortis suae in viduitate viventes.

4 Dixit autem rex Amasae: Convoca
mihi omnes viros Iuda in diem tertium,

16,6. — **23:** 3 Reg 2,8-9.37.46. — **24:** 2 Sam 9,6. — **26:** 2 Sam 9,3.13. — **27:** 2 Sam 16,3. — **28:** 2 Sam 9,7.10-11.13. — **31:** 2 Sam 17,27; 3 Reg 2,7. — **32:** 2 Sam 17,28-29. — **37:** 3 Reg 2,7. — **43:** 3 Reg 11,30-32.

20 **1:** Deut 13,13; 3 Reg 12,16; 2 Par 10, 16. — **3:** 2 Sam 15,16; 16,21-22. — **4:** 2

et tu adesto praesens. 5 Abiit ergo Amasa, ut convocaret Iudam, et moratus est
extra placitum quod ei constituerat rex.
6 Ait autem David ad Abisai: Nunc magis afflicturus est nos Seba filius Bochri
quam Absalom: tolle igitur servos domini tui, et persequere eum, ne forte inveniat civitates munitas, et effugiat nos.
7 Egressi sunt ergo cum eo viri Ioab, Cerethi quoque et Phelethi: et omnes robusti exierunt de Ierusalem ad persequendum
Seba filium Bochri.
8 Cumque illi essent iuxta lapidem grandem, qui est in Gabaon, Amasa veniens
occurrit eis. Porro Ioab vestitus erat tunica stricta ad mensuram habitus sui, et
desuper accinctus gladio dependente usque ad ilia, in vagina, qui fabricatus levi
motu egredi poterat, et percutere. 9 Dixit
itaque Ioab ad Amasam: Salve mi frater.
Et tenuit manu dextera mentum Amasae,
quasi osculans eum. 10 Porro Amasa non
observavit gladium, quem habebat Ioab,
qui percussit eum in latere, et effudit intestina eius in terram, nec secundum vulnus apposuit, et mortuus est. Ioab autem,
et Abisai frater eius, persecuti sunt Seba
filium Bochri. 11 Interea quidam viri, cum
stetissent iuxta cadaver Amasae, de sociis
Ioab, dixerunt: Ecce qui esse voluit pro
Ioab comes David. 12 Amasa autem conspersus sanguine, iacebat in media via. Vidit hoc quidam vir quod subsisteret omnis populus ad videndum eum, et amovit
Amasam de via in agrum, operuitque eum
vestimento, ne subsisterent transeuntes
propter eum.

Seba interficitur

13 Amoto ergo illo de via, transibat omnis vir sequens Ioab ad persequendum Seba filium Bochri.
14 Porro ille transierat per omnes tribus
Israel in Abelam, et Bethmaacha: omnesque viri electi congregati fuerant ad eum.
15 Venerunt itaque et oppugnabant eum
in Abela, et in Bethmaacha, et circumdederunt munitionibus civitatem, et obsessa
est urbs: omnis autem turba, quae erat
cum Ioab, moliebatur destruere muros.
16 Et exclamavit mulier sapiens de civitate: Audite, audite: dicite Ioab: Appropinqua huc, et loquar tecum. 17 Qui cum ac-
cessisset ad eam, ait illi: Tu es Ioab? Et
ille respondit: Ego. Ad quem sic locuta
est: Audi sermones ancillae tuae. Qui respondit: Audio. 18 Rursumque illa: Sermo,
inquit, dicebatur in veteri proverbio: Qui
interrogant, interrogent in Abela: et sic
perficiebant. 19 Nonne ego sum quae re-
spondeo veritatem in Israel, et tu quaeris
subvertere civitatem, et evertere matrem
in Israel? Quare praecipitas haereditatem
Domini? 20 Respondensque Ioab, ait: Absit, absit hoc a me: non praecipito, neque
demolior. 21 Non sic se habet res, sed homo de monte Ephraim Seba, filius Bochri
cognomine, levavit manum suam contra
regem David: tradite illum solum, et recedemus a civitate. Et ait mulier ad Ioab:
Ecce caput eius mittetur ad te per murum.
22 Ingressa est ergo ad omnem populum,
et locuta est eis sapienter: qui abscissum
caput Seba filii Bochri proiecerunt ad
Ioab. Et ille cecinit tuba, et recesserunt
ab urbe, unusquisque in tabernacula sua:
Ioab autem reversus est Ierusalem ad regem.
23 Fuit ergo Ioab super omnem exercitum Israel: Banaias autem filius Ioiadae
super Cerethaeos et Phelethaeos. 24 Aduram vero super tributa: porro Iosaphat
filius Ahilud, a commentariis. 25 Siva autem, scriba: Sadoc vero et Abiathar, sacerdotes. 26 Ira autem Iairites erat sacerdos
David.

APPENDICES

(21,1-24,25)

Piaculum ob mortem Gabaonitarum

21 1 Facta est quoque fames in diebus
David tribus annis iugiter: et consuluit David oraculum Domini. Dixitque
Dominus: Propter Saul, et domum eius
sanguinum, quia occidit Gabaonitas.
2 Vocatis ergo Gabaonitis rex, dixit ad
eos. (Porro Gabaonitae non erant de filiis
Israel, sed reliquiae Amorrhaeorum: filii
quippe Israel iuraverant eis, et voluit Saul
percutere eos zelo, quasi pro filiis Israel
et Iuda.) 3 Dixit ergo David ad Gabaonitas: Quid faciam vobis? et quod erit vestri
piaculum, ut benedicatis haereditati Domini? 4 Dixeruntque ei Gabaonitae: Non
est nobis super argento et auro quaestio,
sed contra Saul, et contra domum eius:
neque volumus ut interficiatur homo de
Israel. Ad quos rex ait: Quid ergo vultis
ut faciam vobis? 5 Qui dixerunt regi: Virum, qui attrivit nos et oppressit inique,
ita delere debemus, ut ne unus quidem residuus sit de stirpe eius in cunctis finibus
Israel. 6 Dentur nobis septem viri de filiis
eius, ut crucifigamus eos Domino in Gabaa Saul, quondam electi Domini. Et ait
rex: Ego dabo.

Sam 17,25. — 7: 2 Sam 8,18. — 10: 3 Reg 2,5. — 15: 3 Reg 15,20; 4 Reg 15,29. — 23-26: 2 Sam 8,16-18; 3 Reg 4,3-6. — 24: 3 Reg 12,18. — 25: 2 Sam 15,24. — 26: 2 Sam 23,38.

21 1: 1 Sam 22,18-19. — 2: Ios 9,3,15.19. — 6: 1 Sam 10,24.26; 11,4. — 7: 1 Sam 18,

7 Pepercitque rex Miphiboseth filio Ionathae filii Saul, propter iusiurandum Domini, quod fuerat inter David et inter Ionathan filium Saul. 8 Tulit itaque rex duos
filios Respha filiae Aia, quos peperit Sauli,
Armoni, et Miphiboseth: et quinque filios
Michol filiae Saul, quos genuerat Hadrieli
filio Berzellai, qui fuit de Molathi, 9 et dedit eos in manus Gabaonitarum: qui crucifixerunt eos in monte coram Domino:
et ceciderunt hi septem simul occisi in
diebus messis primis, incipiente messione
hordei. 10 Tollens autem Respha filia Aia
cilicium, substravit sibi supra petram ab
initio messis, donec stillaret aqua super
eos de caelo: et non dimisit aves lacerare
eos per diem, neque bestias per noctem.
11 Et nuntiata sunt David quae fecerat
Respha, filia Aia, concubina Saul. 12 Et
abiit David, et tulit ossa Saul, et ossa Ionathae filii eius, a viris Iabes Galaad, qui
furati fuerant ea de platea Bethsan, in qua
suspenderant eos Philisthiim cum interfecissent Saul in Gelboe: 13 et asportavit
inde ossa Saul, et ossa Ionathae filii eius:
et colligentes ossa eorum qui affixi fuerant, 14 sepelierunt ea cum ossibus Saul et
Ionathae filii eius in terra Beniamin, in
latere, in sepulchro Cis patris eius: feceruntque omnia, quae praeceperat rex, et
repropitiatus est Deus terrae post haec.

Praelia adversus Philisthaeos

15 Factum est autem rursum praelium
Philisthinorum adversum Israel, et descendit David, et servi eius cum eo, et pugnabant contra Philisthiim. Deficiente autem David, 16 Iesbibenob, qui fuit de genere Arapha, cuius ferrum hastae trecentas uncias appendebat, et accinctus erat
ense novo, nisus est percutere David.
17 Praesidioque ei fuit Abisai filius Sarviae et percussum Philisthaeum interfecit.
Tunc iuraverunt viri David, dicentes: Iam
non egredieris nobiscum in bellum, ne ex-
tinguas lucernam Israel.
18 Secundum quoque bellum fuit in Gob
contra Philisthaeos: tunc percussit Sobochai de Husati, Sapli de stirpe Arapha de
genere gigantum.
19 Tertium quoque fuit bellum in Gob
contra Philisthaeos, in quo percussit
Adeodatus filius Saltus polymitarius
Bethlehemites Goliath Gethaeum, cuius
hastile hastae erat quasi liciatorium texentium.
20 Quartum bellum fuit in Geth: in quo
vir fuit excelsus, qui senos in manibus pe-
dibusque habebat digitos, id est, viginti
quatuor, et erat de origine Arapha. 21 Et
blasphemavit Israel: percussit autem eum
Ionathan filius Samaa fratris David. 22 Hi
quatuor nati sunt de Arapha in Geth, et
ceciderunt in manu David et servorum
eius.

Canticum Davidis

22 1 Locutus est autem David Domino verba carminis huius, in die qua
liberavit eum Dominus de manu omnium
inimicorum suorum, et de manu Saul, 2 et
ait:

Dominus petra mea, et robur meum, et
salvator meus.
3 Deus fortis meus sperabo in eum: Scutum meum, et cornu salutis meae:
Elevator meus, et refugium meum:
Salvator meus, de iniquitate liberabis me.
4 Laudabilem invocabo Dominum:
Et ab inimicis meis salvus ero.
5 Quia circumdederunt me contritiones
mortis:
Torrentes Belial terruerunt me.
6 Funes inferni circumdederunt me:
Praevenerunt me laquei mortis.
7 In tribulatione mea invocabo Dominum,
Et ad Deum meum clamabo.
Et exaudiet de templo suo vocem meam,
Et clamor meus venit ad aures eius.
8 Commota est et contremuit terra:
Fundamenta montium concussa sunt,
Et conquassata, quoniam iratus est eis.
9 Ascendit fumus de naribus eius,
Et ignis de ore eius vorabit:
Carbones succensi sunt ab eo.
10 Inclinavit caelos, et descendit:
Et caligo sub pedibus eius.
11 Et ascendit super cherubim, et volavit:
Et lapsus est super pennas venti.
12 Posuit tenebras in circuitu suo latibu-
lum:
Cribans aquas de nubibus caelorum.
13 Prae fulgore in conspectu eius,
Succensi sunt carbones ignis.
14 Tonabit de caelo Dominus:
Et excelsus dabit vocem suam.
15 Misit sagittas et dissipavit eos:
Fulgur, et consumpsit eos.
16 Et apparuerunt effusiones maris,
Et revelata sunt fundamenta orbis
Ab increpatione Domini,
Ab inspiratione spiritus furoris eius.
17 Misit de excelso, et assumpsit me:
Et extraxit me de aquis multis.
18 Liberavit me ab inimico meo potentis-
simo,
Et ab his qui oderant me: quoniam robustiores me erant.

3; 20,8.15.42; 23,18. — 8: 1 Sam 18,19; 2 Sam 3,7. — 12: 1 Sam 31,12-13. — 16: 1 Sam 17,7; 2 Sam 21,20.22. — 17: 2 Sam 23,18. — 18-22: 1 Par 20,4-8. — 18: 2 Sam 23,27; 1 Par 11,19; 27,11. — 19: 1 Par 20,5.

22 1-51: Ps 17,1-51. — 3: Hebr 2,13. — 6: Ps 114,3. — 7: Ps 119,1. — 10: Ex 20,21; Ps 143,5. — 12: Ps 96,2. — 18: Ps 141,7. — 20:

19 Praevenit me in die afflictionis meae,
Et factus est Dominus firmamentum meum.
20 Et eduxit me in latitudinem:
Liberavit me, quia complacui ei.
21 Retribuet mihi Dominus secundum iustitiam meam:
Et secundum munditiam manuum mearum reddet mihi.
22 Quia custodivi vias Domini,
Et non egi impie a Deo meo.
23 Omnia enim iudicia eius in conspectu meo:
Et praecepta eius non amovi a me.
24 Et ero perfectus cum eo:
Et custodiam me ab iniquitate mea.
25 Et restituet mihi Dominus secundum iustitiam meam:
Et secundum munditiam manuum mearum in conspectu oculorum suorum.
26 Cum sancto sanctus eris:
Et cum robusto perfectus.
27 Cum electo electus eris:
Et cum perverso perverteris.
28 Et populum pauperem salvum facies:
Oculisque tuis excelsos humiliabis.
29 Quia tu lucerna mea, Domine:
Et tu Domine illuminabis tenebras meas.
30 In te enim curram accinctus:
In Deo meo transiliam murum.
31 Deus, immaculata via eius,
Eloquium Domini igne examinatum.
Scutum est omnium sperantium in se.
32 Quis est Deus praeter Dominum:
Et quis fortis praeter Deum nostrum?
33 Deus qui accinxit me fortitudine:
Et complanavit perfectam viam meam.
34 Coaequans pedes meos cervis,
Et super excelsa mea statuens me.
35 Docens manus meas ad praelium,
Et componens quasi arcum aereum brachia mea.
36 Dedisti mihi clypeum salutis tuae:
Et mansuetudo tua multiplicavit me.
37 Dilatabis gressus meos subtus me:
Et non deficient tali mei.
38 Persequar inimicos meos, et conteram:
Et non convertar donec consumam eos.
39 Consumam eos et confringam, ut non consurgant:
Cadent sub pedibus meis.
40 Accinxisti me fortitudine ad praelium:
Incurvasti resistentes mihi subtus me.
41 Inimicos meos dedisti mihi dorsum:
Odientes me, et disperdam eos.
42 Clamabunt, et non erit qui salvet,
Ad Dominum, et non exaudiet eos.
43 Delebo eos ut pulverem terrae:
Quasi lutum platearum comminuam eos atque confringam.
44 Salvabis me a contradictionibus populi mei:
Custodies me in caput gentium:
Populus, quem ignoro, serviet mihi.
45 Filii alieni resistent mihi,
Auditu auris obedient mihi.
46 Filii alieni defluxerunt,
Et contrahentur in angustiis suis.
47 Vivit Dominus, et benedictus Deus meus:
Et exaltabitur Deus fortis salutis meae.
48 Deus qui das vindictas mihi,
Et deiicis populos sub me.
49 Qui educis me ab inimicis meis,
Et a resistentibus mihi elevas me:
A viro iniquo liberabis me.
50 Propterea confitebor tibi, Domine, in gentibus:
Et nomini tuo cantabo:
51 Magnificans salutes regis sui,
Et faciens misericordiam christo suo David,
Et semini eius in sempiternum.

Canticum novissimum Davidis

23 1 Haec autem sunt verba David novissima.
Dixit David filius Isai:

Dixit vir, cui constitutum est de christo Dei Iacob,
Egregius psaltes Israel.
2 Spiritus Domini locutus est per me,
Et sermo eius per linguam meam.
3 Dixit Deus Israel mihi,
Locutus est Fortis Israel,
Dominator hominum,
Iustus dominator in timore Dei.
4 Sicut lux aurorae, oriente sole,
Mane absque nubibus rutilat,
Et sicut pluviis germinat herba de terra.
5 Nec tanta est domus mea apud Deum,
Ut pactum aeternum iniret mecum,
Firmum in omnibus atque munitum.
Cuncta enim salus mea, et omnis voluntas:
Nec est quidquam ex ea quod non germinet.
6 Praevaricatores autem quasi spinae evellentur universi:
Quae non tolluntur manibus.
7 Et si quis tangere voluerit eas,
Armabitur ferro et ligno lanceato,
Igneque succensae comburentur, usque ad nihilum.

Tres fortissimi milites Davidis

8 Haec nomina fortium David:
Sedens in cathedra sapientissimus princeps inter tres, ipse est quasi tenerrimus

2 Sam 15,26. — **21:** 1 Sam 26,23; Ps 7,9. — **23:** Ps 118,30.102. — **32:** Ps 85,8. — **35:** Ps 143,1. **44:** 2 Sam 8,1-14.—**49:** Ps 58,2.—**50:** Rom 15,9.

23 **1:** 2 Sam 7,8-9; Ps 77,70-71. — **5:** 2 Sam 7,15-18; Ps 88,29-30. — **8-39:** 1 Par 11, 10-47. — **8:** 1 Par 27,2-3. — **13:** 1 Sam 22,1. —

ligni vermiculus, qui octingentos interfecit
impetu uno.
9 Post hunc, Eleazar filius patrui eius
Ahohites inter tres fortes, qui erant cum
David quando exprobraverunt Philisthiim, et congregati sunt illuc in praelium.
10 Cumque ascendissent viri Israel, ipse
stetit et percussit Philisthaeos donec deficeret manus eius, et obrigesceret cum gladio: fecitque Dominus salutem magnam
in die illa: et populus, qui fugerat, reversus est ad caesorum spolia detrahenda.
11 Et post hunc, Semma filius Age de
Arari. Et congregati sunt Philisthiim in
statione: erat quippe ibi ager lente plenus.
Cumque fugisset populus a facie Philisthiim, 12 stetit ille in medio agri, et tuitus
est eum, percussitque Philisthaeos: et fecit Dominus salutem magnam.

Tres fortes secundum locum tenentes

13 Necnon et ante descenderant tres qui
erant principes inter triginta, et venerant
tempore messis ad David in speluncam
Odollam: castra autem Philisthinorum
erant posita in Valle gigantum. 14 Et David erat in praesidio: porro statio Philisthinorum tunc erat in Bethlehem. 15 Desideravit ergo David, et ait: O si quis mihi daret potum aquae de cisterna quae est
in Bethlehem iuxta portam! 16 Irruperunt
ergo tres fortes castra Philisthinorum, et
hauserunt aquam de cisterna Bethlehem,
quae erat iuxta portam, et attulerunt ad
David: at ille noluit bibere, sed libavit
eam Domino, 17 dicens: Propitius sit mihi
Dominus, ne faciam hoc: num sanguinem
hominum istorum, qui profecti sunt, et
animarum periculum bibam? Noluit ergo
bibere. Haec fecerunt tres robustissimi.
18 Abisai quoque frater Ioab filius Sarviae, princeps erat de tribus: ipse est qui
levavit hastam suam contra trecentos,
quos interfecit, nominatus in tribus, 19 et
inter tres nobilior, eratque eorum princeps, sed usque ad tres primos non pervenerat.
20 Et Banaias filius Ioiadae viri fortissimi, magnorum operum, de Cabseel. Ipse
percussit duos leones Moab, et ipse descendit, et percussit leonem in media cisterna in diebus nivis. 21 Ipse quoque interfecit virum Aegyptium, virum dignum
spectaculo, habentem in manu hastam:
itaque cum descendisset ad eum in virga,
vi extorsit hastam de manu Aegyptii, et
interfecit eum hasta sua. 22 Haec fecit Banaias filius Ioiadae. 23 Et ipse nominatus
inter tres robustos, qui erant inter triginta
nobiliores: verumtamen usque ad tres non
pervenerat: fecitque eum sibi David auri-
cularium, a secreto.

Triginta qui tertium locum tenent

24 Asael frater Ioab inter triginta, Ele-
hanan filius patrui eius de Bethlehem,
25 Semma de Harodi, Elica de Harodi,
26 Heles de Phalti, Hira filius Acces de
Thecua, 27 Abiezer de Anathoth, Mobon-
nai de Husati, 28 Selmon Ahohites, Maharai Netophathites, 29 Heled filius Baana,
et ipse Netophathites, Ithai filius Ribai
de Gabaath filiorum Beniamin, 30 Banaia
Pharathonites, Heddai de torrente Gaas,
31 Abialbon Arbathites, Azmaveth de Be-
romi, 32 Eliaba de Salaboni. Filii Iassen,
Ionathan, 33 Semma de Orori, Aiam filius
Sarar Arorites, 34 Eliphelet filius Aasbai
filii Machati, Eliam filius Achitophel Ge-
lonites, 35 Hesrai de Carmelo, Pharai de
Arbi, 36 Igaal filius Nathan de Soba, Bonni de Gadi, 37 Selec de Ammoni, Naharai
Berothites armiger Ioab filii Sarviae, 38 Ira
Iethrites, Gareb et ipse Iethrites, 39 Urias
Hethaeus. Omnes triginta septem.

Praecipit David recensere populum

24 1 Et addidit furor Domini irasci
contra Israel, commovitque David
in eis dicentem: Vade, numera Israel et
Iudam. 2 Dixitque rex ad Ioab principem
exercitus sui: Perambula omnes tribus Israel a Dan usque Bersabee, et numerate
populum, ut sciam numerum eius. 3 Dixitque Ioab regi: Adaugeat Dominus Deus
tuus ad populum tuum, quantus nunc est,
iterumque centuplicet in conspectu domini mei regis: sed quid sibi dominus
meus rex vult in re huiuscemodi? 4 Obtinuit autem sermo regis verba Ioab, et
principum exercitus: egressusque est Ioab
et principes militum a facie regis, ut nu-
merarent populum Israel. 5 Cumque pertransissent Iordanem, venerunt in Aroer
ad dexteram urbis, quae est in valle Gad:
6 et per Iazer transierunt in Galaad, et in
terram inferiorem Hodsi, et venerunt in
Dan silvestria. Circumeuntesque iuxta Sidonem, 7 transierunt prope moenia Tyri,
et omnem terram Hevaei et Chananaei,
veneruntque ad meridiem Iuda in Bersa-

14: 1 Sam 22,4-5. — **16:** 1 Sam 7,6. — **18:** 2 Sam 21,17. — **20:** Ios 15,21; 2 Sam 8,18; 20,23; 1 Par 27,5. — **24:** 2 Sam 2,18; 1 Par 27,7. — **25:** 1 Par 27,8. — **26:** 1 Par 27,10. — **30:** Ios 24,30; Iud 2,9; 12,13-15. — **31:** Ios 15,61; 18,22. — **32:** Ios 19,42. — **34:** 2 Sam 10,6.8; 11,3; 15,12. — **35:** Ios 15,52. — **36:** 2 Sam 8,3. — **37:** 2 Sam 4,2. — **38:** 1 Sam 30,27; 2 Sam 20,26; 1 Par 2,53. — **39:** 2 Sam 11,3.6.

24 **1-25:** 1 Par 21,1-28. — **2:** 2 Sam 3,10. — **5:** Deut 2,36; Ios 13,9.16. — **6:** Num 21,32; Ios 13,25; Iud 18,29. — **7:** Ios 11,

bee: 8 et lustrata universa terra, affue-
runt post novem menses et viginti dies
in Ierusalem.
9 Dedit ergo Ioab numerum descrip-
tionis populi regi, et inventa sunt de Israel octingenta millia virorum fortium,
qui educerent gladium: et de Iuda quingenta millia pugnatorum.

Poena huius peccati

10 Percussit autem cor David eum, postquam numeratus est populus: et dixit David ad Dominum: Peccavi valde in hoc
facto: sed precor, Domine, ut transferas
iniquitatem servi tui, quia stulte egi nimis.
11 Surrexit itaque David mane, et sermo Domini factus est ad Gad prophetam
et videntem David, dicens: 12 Vade, et loquere ad David: Haec dicit Dominus:
Trium tibi datur optio, elige unum, quod
volueris ex his, ut faciam tibi. 13 Cumque
venisset Gad ad David, nuntiavit ei, dicens: Aut septem annis veniet tibi fames
in terra tua: aut tribus mensibus fugies
adversarios tuos, et illi te persequentur:
aut certe tribus diebus erit pestilentia in
terra tua. Nunc ergo delibera, et vide
quem respondeam ei, qui me misit, sermonem. 14 Dixit autem David ad Gad:
Coarctor nimis: sed melius est ut incidam in manus Domini (multae enim misericordiae eius sunt) quam in manus
hominum.

Pestilentiae desaevit in Israel

15 Immisitque Dominus pestilentiam in
Israel, de mane usque ad tempus constitutum, et mortui sunt ex populo a Dan
usque ad Bersabee septuaginta millia virorum. 16 Cumque extendisset manum
suam angelus Domini super Ierusalem ut
disperderet eam, misertus est Dominus super afflictione, et ait angelo percutienti
populum: Sufficit: nunc contine manum
tuam. Erat autem angelus Domini iuxta
aream Areuna Iebusaei. 17 Dixitque David ad Dominum cum vidisset angelum
caedentem populum: Ego sum qui peccavi, ego inique egi: isti qui oves sunt,
quid fecerunt? vertatur, obsecro, manus
tua contra me, et contra domum patris
mei.

David, erecto altari in area Areuna Iebusaei, obtulit sacrificia et desinit pestilentia

18 Venit autem Gad ad David in die
illa, et dixit ei: Ascende, et constitue altare Domino in area Areuna Iebusaei.
19 Et ascendit David iuxta sermonem Gad,
quem praeceperat ei Dominus. 20 Conspi-
ciensque Areuna, animadvertit regem et
servos eius transire ad se: 21 et egressus
adoravit regem prono vultu in terram, et
ait: Quid causae est ut veniat dominus
meus rex ad servum suum? Cui David
ait: Ut emam a te aream, et aedificem altare Domino, et cesset interfectio quae
grassatur in populo. 22 Et ait Areuna ad
David: Accipiat, et offerat dominus meus
rex, sicut placet ei: habes boves in holocaustum, et plaustrum, et iuga boum in
usum lignorum. 23 Omnia dedit Areuna
rex regi: dixitque Areuna ad regem: Dominus Deus tuus suscipiat votum tuum.
24 Cui respondens rex, ait: Nequaquam ut
vis, sed emam pretio a te, et non offeram
Domino Deo meo holocausta gratuita.
Emit ergo David aream, et boves, argenti
siclis quinquaginta: 25 et aedificavit ibi
David altare Domino, et obtulit holocausta et pacifica: et propitiatus est Dominus terrae, et cohibita est plaga ab
Israel.

3. — 9: 1 Par 27,24. — 10: Ex 30,12. — 11: 1 Sam 9,9; 22,5. — 13: Gen 41,27.30; 4 Reg 8,1. — 14: 1 Par 21,13; Dan 13,23. — 15: 1 Par 27,24. — 16: 2 Par 3,1. — 25: 2 Sam 21,14.

LIBER TERTIUS REGUM

QUI APUD HEBRAEOS DICITUR "PRIMUS MALACHIM"

SUMMARIUM PARS PRIMA: HISTORIA REGNI SALOMONIS *(1-11): Adoniae coniuratio (1,1-31). Exaltatio Salomonis (1,32-53). Davidis testamentum eiusque executio per Salomonem (2). Sacrificium Salomonis in Gabaon (3). Regni ordinatio (4). Paratur materia ad templi aedificationem (5). Templi descriptio (6). Aedificatio domus regiae (7,1-12). Templi suppellex (7,13-51). Templi dedicatio (8). Nova Dei ad regem apparitio (9,1-9). Regni administratio (9,10-28). Regina Saba apud Salomonem et regis magnificentia (10).*

Salomonis tristia (11).—PARS ALTERA: REGNORUM HISTORIA SYNCHRONICA USQUE AD ACHAB ET IOSAPHAT *(12-22): Regni Salomonis scissio (12-13). Regnum Ieroboam (14,1-20). Regna Roboam, Abia et Asa (14,21-15,24). Domus Baasa (15,25-16,22). Domus Amri (16,23-34). Elias Thesbites praedicit siccitatem in Israel (17-18). Elias in monte Horeb (19). Bella inter Syriam et Israel (20). Iniusta occisio Naboth (21). Iosaphat apud Achab (22,1-28). Moritur Achab, cui succedit Ochozias (22,29-54).*

PARS PRIMA

HISTORIA REGNI SALOMONIS

(1,1-11,43)

David senex

1 [1] Et rex David senuerat, habebatque
aetatis plurimos dies: cumque operiretur vestibus, non calefiebat. [2] Dixerunt
ergo ei servi sui: Quaeramus domino nostro regi adolescentulam virginem, et stet
coram rege, et foveat eum, dormiatque in
sinu suo, et calefaciat dominum nostrum
regem. [3] Quaesierunt igitur adolescentulam speciosam in omnibus finibus Israel,
et invenerunt Abisag Sunamitidem, et adduxerunt eam ad regem. [4] Erat autem
puella pulchra nimis, dormiebatque cum
rege, et ministrabat ei: rex vero non cognovit eam.

Adonias tentat usurpare regnum

[5] Adonias autem filius Haggith eleva-
batur, dicens: Ego regnabo. Fecitque sibi
currus et equites, et quinquaginta viros,
qui currerent ante eum. [6] Nec corripuit
eum pater suus aliquando, dicens: Quare
hoc fecisti? Erat autem et ipse pulcher
valde, secundus natu post Absalom. [7] Et
sermo ei cum Ioab filio Sarviae, et cum
Abiathar sacerdote, qui adiuvabant partes Adoniae. [8] Sadoc vero sacerdos, et
Banaias filius Ioiadae, et Nathan propheta, et Semei et Rei, et robur exercitus David, non erat cum Adonia.
[9] Immolatis ergo Adonias arietibus et
vitulis, et universis pinguibus iuxta lapidem Zoheleth, qui erat vicinus fonti Rogel, vocavit universos fratres suos filios
regis, et omnes viros Iuda servos regis.
[10] Nathan autem prophetam, et Banaiam,
et robustos quosque, et Salomonem fratrem suum non vocavit.

Nathan ad Bethsabee rem denuntiat

[11] Dixit itaque Nathan ad Bethsabee
matrem Salomonis: Num audisti, quod
regnaverit Adonias filius Haggith, et dominus noster David hoc ignorat? [12] Nunc
ergo veni, accipe consilium a me, et salva animam tuam, filiique tui Salomonis.
[13] Vade, et ingredere ad regem David, et
dic ei: Nonne tu, domine mi rex, iurasti
mihi ancillae tuae, dicens: Salomon filius
tuus regnabit post me, et ipse sedebit in
solio meo? quare ergo regnat Adonias?
[14] Et adhuc ibi te loquente cum rege, ego
veniam post te, et complebo sermones
tuos.
[15] Ingressa est itaque Bethsabee ad regem in cubiculum: rex autem senuerat
nimis, et Abisag Sunamitis ministrabat ei.
[16] Inclinavit se Bethsabee, et adoravit regem. Ad quam rex: Quid tibi, inquit, vis?
[17] Quae respondens, ait: Domine mi, tu
iurasti per Dominum Deum tuum ancillae tuae, Salomon filius tuus regnabit post
me, et ipse sedebit in solio meo. [18] Et ecce
nunc Adonias regnat, te, domine mi rex,
ignorante. [19] Mactavit boves, et pinguia
quaeque, et arietes plurimos, et vocavit
omnes filios regis, Abiathar quoque sacerdotem, et Ioab principem militiae: Salomonem autem servum tuum non vocavit.
[20] Verumtamen, domine mi rex, in te oculi respiciunt totius Israel, ut indices eis,
quis sedere debeat in solio tuo, domine
mi rex, post te. [21] Eritque, cum dormierit
dominus meus rex cum patribus suis, erimus ego et filius meus Salomon peccatores.

Nathan regem alloquitur

[22] Adhuc illa loquente cum rege, Nathan propheta venit. [23] Et nuntiaverunt
regi, dicentes: Adest Nathan propheta.
Cumque introisset in conspectu regis, et
adorasset eum pronus in terram, [24] dixit
Nathan: Domine mi rex, tu dixisti: Adonias regnet post me, et ipse sedeat super
thronum meum? [25] Quia descendit hodie,
et immolavit boves, et pinguia, et arietes
plurimos, et vocavit universos filios regis
et principes exercitus, Abiathar quoque
sacerdotem, illisque vescentibus, et bibentibus coram eo, et dicentibus: Vivat rex
Adonias: [26] me servum tuum, et Sadoc

1 3: Ios 19,18. — 5: 2 Sam 3,4; 15,1. — 6: 2 Sam 3,3-4; 1 Par 3,2. — 7: 1 Sam 22,20; 2 Sam 2,13.18. — 8: 2 Sam 8,17-18; 12,1; 3 Reg 4,18. — 9: Ios 15,7; 2 Sam 17,17. — 10: 2 Sam 12,24. — 21: 2 Sam 7,12; 3 Reg 2,10. — 30: 1 Par 23,1; 28,5. — 33: 2 Par 32,30; 33,14. — 38:

sacerdotem, et Banaiam filium Ioiadae,
et Salomonem famulum tuum non vocavit. 27 Numquid a domino meo rege exivit hoc verbum, et mihi non indicasti servo tuo quis sessurus esset super thronum
domini mei regis post eum?
28 Et respondit rex David, dicens: Vocate ad me Bethsabee. Quae cum fuisset
ingressa coram rege, et stetisset ante eum,
29 iuravit rex, et ait: Vivit Dominus, qui
eruit animam meam de omni angustia,
30 quia sicut iuravi tibi per Dominum
Deum Israel, dicens: Salomon filius tuus
regnabit post me, et ipse sedebit super
solium meum pro me: sic faciam hodie.
31 Summissoque Bethsabee in terram vultu, adoravit regem, dicens: Vivat dominus meus David in aeternum.

Adonias praeoccupatus a patre

32 Dixit quoque rex David: Vocate mihi
Sadoc sacerdotem, et Nathan prophetam,
et Banaiam filium Ioiadae. Qui cum ingressi fuissent coram rege, 33 dixit ad eos:
Tollite vobiscum servos domini vestri, et
imponite Salomonem filium meum super
mulam meam: et ducite eum in Gihon.
34 Et ungat eum ibi Sadoc sacerdos, et
Nathan propheta, in regem super Israel:
et canetis buccina, atque dicetis: Vivat
rex Salomon. 35 Et ascendetis post eum,
et veniet, et sedebit super solium meum,
et ipse regnabit pro me: illique praecipiam ut sit dux super Israel, et super
Iudam. 36 Et respondit Banaias filius Ioiadae regi, dicens: Amen: sic loquatur Dominus Deus domini mei regis. 37 Quomodo fuit Dominus cum domino meo rege,
sic sit cum Salomone, et sublimius faciat
solium eius a solio domini mei regis David.
38 Descendit ergo Sadoc sacerdos, et
Nathan propheta, et Banaias filius Ioiadae, et Cerethi, et Phelethi: et imposuerunt Salomonem super mulam regis David, et adduxerunt eum in Gihon.
39 Sumpsitque Sadoc sacerdos cornu olei
de tabernaculo, et unxit Salomonem: et
cecinerunt buccina, et dixit omnis populus: Vivat rex Salomon. 40 Et ascendit universa multitudo post eum, et populus canentium tibiis, et laetantium gaudio magno, et insonuit terra a clamore eorum.

Nuntium apud Adoniam

41 Audivit autem Adonias, et omnes qui
invitati fuerant ab eo, iamque convivium
finitum erat: sed et Ioab, audita voce tubae, ait: Quid sibi vult clamor civitatis tu-
multuantis? 42 Adhuc illo loquente, Ionathas filius Abiathar sacerdotis venit: cui
dixit Adonias: Ingredere, quia vir fortis
es, et bona nuntians. 43 Responditque Ionathas Adoniae: Nequaquam: Dominus
enim noster rex David regem constituit
Salomonem: 44 misitque cum eo Sadoc
sacerdotem, et Nathan prophetam, et Banaiam filium Ioiadae, et Cerethi, et Phelethi, et imposuerunt eum super mulam
regis. 45 Unxeruntque eum Sadoc sacerdos, et Nathan propheta regem in Gihon:
et ascenderunt inde laetantes, et insonuit
civitas: haec est vox, quam audistis. 46 Sed
et Salomon sedet super solium regni. 47 Et
ingressi servi regis benedixerunt domino
nostro regi David, dicentes: Amplificet
Deus nomen Salomonis super nomen
tuum, et magnificet thronum eius super
thronum tuum. Et adoravit rex in lectulo
suo: 48 et locutus est: Benedictus Dominus Deus Israel, qui dedit hodie sedentem
in solio meo, videntibus oculis meis.
49 Territi sunt ergo, et surrexerunt omnes qui invitati fuerant ab Adonia, et ivit
unusquisque in viam suam. 50 Adonias
autem timens Salomonem, surrexit, et
abiit, tenuitque cornu altaris.
51 Et nuntiaverunt Salomoni, dicentes:
Ecce Adonias timens regem Salomonem,
tenuit cornu altaris, dicens: Iuret mihi rex
Salomon hodie, quod non interficiat servum suum gladio. 52 Dixitque Salomon:
Si fuerit vir bonus, non cadet ne unus
quidem capillus eius in terram: sin autem
malum inventum fuerit in eo, morietur.
53 Misit ergo rex Salomon, et eduxit eum
ab altari: et ingressus adoravit regem Salomonem: dixitque ei Salomon: Vade in
domum tuam.

Davidis testamentum et mors

2 1 Appropinquaverunt autem dies David ut moreretur, praecepitque Salomoni filio suo, dicens: 2 Ego ingredior
viam universae terrae: confortare, et esto
vir. 3 Et observa custodias Domini Dei
tui, ut ambules in viis eius, ut custodias
caeremonias eius, et praecepta eius, et
iudicia, et testimonia, sicut scriptum est
in lege Moysi: ut intelligas universa quae
facis, et quocumque te verteris: 4 ut confirmet Dominus sermones suos, quos locutus est de me, dicens: Si custodierint
filii tui vias suas, et ambulaverint coram
me in veritate, in omni corde suo, et in
omni anima sua, non auferetur tibi vir de
solio Israel.

2 Sam 8,18. — **39:** Ex 30,23-32; 1 Par 29,22. — **42:** 2 Sam 15,27.36; 17,17. — **46:** 1 Par 29,33. — **48:** 3 Reg 3,6. — **50:** Ex 27,2.

2 **3:** Deut 17,14-20. — **4:** 2 Sam 7,12-13.25. — **5:** 2 Sam 3,27; 18,5.12.14; 20,10. —

5 Tu quoque nosti quae fecerit mihi
Ioab filius Sarviae, quae fecerit duobus
principibus exercitus Israel, Abner filio
Ner, et Amassae filio Iether: quos occidit, et effudit sanguinem belli in pace, et
posuit cruorem praelii in balteo suo, qui
erat circa lumbos eius, et in calceamento
suo, quod erat in pedibus eius. 6 Facies
ergo iuxta sapientiam tuam, et non deduces canitiem eius pacifice ad inferos.
7 Sed et filiis Berzellai Galaaditis reddes
gratiam, eruntque comedentes in mensa
tua: occurrerunt enim mihi quando fu-
giebam a facie Absalom fratris tui. 8 Habes quoque apud te Semei filium Gera filii
Iemini de Bahurim, qui maledixit mihi
maledictione pessima, quando ibam ad
castra: sed quia descendit mihi in occursum cum transirem Iordanem, et iuravi
ei per Dominum, dicens: Non te interficiam gladio: 9 tu noli pati eum esse innoxium. Vir autem sapiens es, ut scias
quae facies ei, deducesque canos eius cum
sanguine ad inferos.
10 Dormivit igitur cum patribus suis, et
sepultus est in civitate David. 11 Dies
autem, quibus regnavit David super Israel, quadraginta anni sunt: in Hebron
regnavit septem annis: in Ierusalem, triginta tribus.

Salomon mandat exsecutioni monita patris

12 Salomon autem sedit super thronum
David patris sui, et firmatum est regnum
eius nimis.
13 Et ingressus est Adonias filius Haggith ad Bethsabee matrem Salomonis.
Quae dixit ei: Pacificusne est ingressus
tuus? Qui respondit: Pacificus. 14 Addiditque: Sermo mihi est ad te. Cui ait: Loquere. Et ille: 15 Tu, inquit, nosti, quia
meum erat regnum, et me praeposuerat
omnis Israel sibi in regem: sed translatum est regnum, et factum est fratris mei:
a Domino enim constitutum est ei.
16 Nunc ergo petitionem unam precor a
te: ne confundas faciem meam. Quae dixit ad eum: Loquere. 17 Et ille ait: Precor ut dicas Salomoni regi (neque enim
negare tibi quidquam potest) ut det mihi
Abisag Sunamitidem uxorem. 18 Et ait
Bethsabee: Bene, ego loquar pro te regi.
19 Venit ergo Bethsabee ad regem Salomonem, ut loqueretur ei pro Adonia:
et surrexit rex in occursum eius, adoravitque eam, et sedit super thronum suum:
positusque est thronus matri regis, quae
sedit ad dexteram eius. 20 Dixitque ei: Petitionem unam parvulam ego deprecor a
te, ne confundas faciem meam. Et dixit
ei rex: Pete, mater mea: neque enim fas
est ut avertam faciem tuam. 21 Quae ait:
Detur Abisag Sunamitis Adoniae fratri
tuo uxor. 22 Responditque rex Salomon,
et dixit matri suae: Quare postulas Abisag Sunamitidem Adoniae? postula ei et
regnum: ipse est enim frater meus maior
me, et habet Abiathar sacerdotem, et Ioab
filium Sarviae. 23 Iuravit itaque rex Salomon per Dominum, dicens: Haec faciat
mihi Deus, et haec addat, quia contra
animam suam locutus est Adonias verbum hoc. 24 Et nunc vivit Dominus, qui
firmavit me, et collocavit me super solium David patris mei, et qui fecit mihi
domum, sicut locutus est, quia hodie occidetur Adonias.
25 Misitque rex Salomon per manum
Banaiae filii Ioiadae, qui interfecit eum,
et mortuus est. 26 Abiathar quoque sacerdoti dixit rex: Vade in Anathoth ad agrum
tuum, equidem vir mortis es: sed hodie
te non interficiam, quia portasti arcam
Domini Dei coram David patre meo, et
sustinuisti laborem in omnibus in quibus
laboravit pater meus. 27 Eiecit ergo Salomon Abiathar, ut non esset sacerdos Domini, ut impleretur sermo Domini, quem
locutus est super domum Heli in Silo.

Mors Ioab

28 Venit autem nuntius ad Ioab, quod
Ioab declinasset post Adoniam, et post
Salomonem non declinasset: fugit ergo
Ioab in tabernaculum Domini, et apprehendit cornu altaris. 29 Nuntiatumque est
regi Salomoni quod fugisset Ioab in tabernaculum Domini, et esset iuxta altare:
misitque Salomon Banaiam filium Ioiadae, dicens: Vade, interfice eum. 30 Et venit Banaias ad tabernaculum Domini, et
dixit ei: Haec dicit rex: Egredere. Qui ait:
Non egrediar, sed hic moriar. Renuntiavit Banaias regi sermonem, dicens: Haec
locutus est Ioab, et haec respondit mihi.
31 Dixitque ei rex: Fac sicut locutus est:
et interfice eum, et sepeli, et amovebis
sanguinem innocentem, qui effusus est a
Ioab, a me, et a domo patris mei. 32 Et
reddet Dominus sanguinem eius super caput eius, quia interfecit duos viros iustos,
melioresque se: et occidit eos gladio, patre meo David ignorante, Abner filium
Ner principem militiae Israel, et Amasam
filium Iether principem exercitus Iuda:
33 et revertetur sanguis illorum in caput
Ioab, et in caput seminis eius in sempi-

7: 2 Sam 17,27-29; 19,31,38. — **8:** 2 Sam 16,5-6; 17,24; 19,16-23. — **10:** 3 Reg 3,1; 9,24; Act 2,29; 13,36. — **11:** 2 Sam 5,4-5; 1 Par 29,26-27. — **12:** 1 Par 29,23; 2 Par 1,1. — **15:** 3 Reg 1,5-6.25.38-40, 1 Par 28,5-7. — **17:** 3 Reg 1,3-4. — **22:** 3 Reg 1,6-7; 1 Par 3,2.5. — **24:** 2 Sam 7,11.13; 1 Par 22,10. — **26:** Ios 21,18; 1 Sam 22,20-23; 23,6; 2 Sam 15,24.29. — **27:** 1 Sam 2,27-36. — **28:** 3 Reg 1,7. — **32:** 3 Reg 2,

ternum. David autem et semini eius, et
domui, et throno illius, sit pax usque in
aeternum a Domino.
34 Ascendit itaque Banaias filius Ioiadae, et aggressus eum interfecit: sepultusque est in domo sua in deserto. 35 Et constituit rex Banaiam filium Ioiadae pro eo
super exercitum, et Sadoc sacerdotem posuit pro Abiathar.

Finis Semei

36 Misit quoque rex, et vocavit Semei,
dixitque ei: Aedifica tibi domum in Ierusalem, et habita ibi: et non egredieris inde
huc atque illuc. 37 Quacumque autem die
egressus fueris, et transieris torrentem Cedron, scito te interficiendum: sanguis tuus
erit super caput tuum. 38 Dixitque Semei
regi: Bonus sermo: sicut locutus est dominus meus rex, sic faciet servus tuus.
Habitavit itaque Semei in Ierusalem diebus multis.
39 Factum est autem post annos tres ut
fugerent servi Semei ad Achis filium Maacha regem Geth: nuntiatumque est Semei
quod servi eius issent in Geth. 40 Et surrexit Semei, et stravit asinum suum: ivit-
que ad Achis in Geth ad requirendum
servos suos, et adduxit eos de Geth.
41 Nuntiatum est autem Salomoni quod
isset Semei in Geth de Ierusalem, et rediisset. 42 Et mittens vocavit eum, dixitque
illi: Nonne testificatus sum tibi per Dominum, et praedixi tibi: Quacumque die
egressus, ieris huc et illuc, scito te esse
moriturum? Et respondisti mihi: Bonus
sermo, quem audivi. 43 Quare ergo non
custodisti iusiurandum Domini, et praeceptum quod praeceperam tibi? 44 Dixitque rex ad Semei: Tu nosti omne malum
cuius tibi conscium est cor tuum, quod
fecisti David patri meo: reddidit Dominus malitiam tuam in caput tuum. 45 Et
rex Salomon benedictus, et thronus David erit stabilis coram Domino usque in
sempiternum. 46 Iussit itaque rex Banaiae filio Ioiadae, qui egressus, percussit
eum, et mortuus est.

Salomonis sacrificia in Gabaon

3 1 Confirmatum est igitur regnum in
manu Salomonis, et affinitate coniunctus est Pharaoni regi Aegypti: accepit namque filiam eius, et adduxit in civitatem David, donec compleret aedificans
domum suam, et domum Domini, et murum Ierusalem per circuitum. 2 Attamen
populus immolabat in excelsis: non enim
aedificatum erat templum nomini Domini usque in diem illum. 3 Dilexit autem
Salomon Dominum, ambulans in praeceptis David patris sui, excepto quod in
excelsis immolabat, et accendebat thymiama.
4 Abiit itaque in Gabaon, ut immolaret ibi: illud quippe erat excelsum maximum: mille hostias in holocaustum obtulit Salomon super altare illud in Gabaon. 5 Apparuit autem Dominus Salomoni per somnium nocte, dicens: Postula quod vis ut dem tibi. 6 Et ait Salomon:
Tu fecisti cum servo tuo David patre meo
misericordiam magnam, sicut ambulavit
in conspectu tuo in veritate, et iustitia, et
recto corde tecum: custodisti ei misericordiam tuam grandem, et dedisti ei filium
sedentem super thronum eius, sicut est
hodie. 7 Et nunc Domine Deus, tu regnare fecisti servum tuum pro David patre
meo: ego autem sum puer parvulus, et
ignorans egressum et introitum meum.
8 Et servus tuus in medio est populi, quem
elegisti, populi infiniti, qui numerari et
supputari non potest prae multitudine.
9 Dabis ergo servo tuo cor docile, ut populum tuum iudicare possit, et discernere
inter bonum et malum. Quis enim poterit iudicare populum istum, populum
tuum hunc multum?

Respondet Dominus ad eius petitionem

10 Placuit ergo sermo coram Domino,
quod Salomon postulasset huiuscemodi
rem. 11 Et dixit Dominus Salomoni: Quia
postulasti verbum hoc, et non petisti tibi
dies multos, nec divitias, aut animas inimicorum tuorum, sed postulasti tibi sapientiam ad discernendum iudicium: 12 ecce feci tibi secundum sermones tuos, et
dedi tibi cor sapiens et intelligens, in tantum ut nullus ante te similis tui fuerit, nec
post te surrecturus sit. 13 Sed et haec, quae
non postulasti, dedi tibi: divitias scilicet,
et gloriam, ut nemo fuerit similis tui in
regibus cunctis retro diebus. 14 Si autem
ambulaveris in viis meis, et custodieris
praecepta mea, et mandata mea, sicut
ambulavit pater tuus, longos faciam dies
tuos.
15 Igitur evigilavit Salomon, et intellexit quod esset somnium: cumque venisset
Ierusalem, stetit coram arca foederis Domini, et obtulit holocausta, et fecit victimas pacificas, et grande convivium universis famulis suis.

5. — 35: 3 Reg 4,4; 1 Par 29,22. — 37: 2 Sam 15,23. — 39: 1 Sam 27,2. —44: 2 Sam 16,5-14.

3 1: 3 Reg 6 1-38; 7,1.8; 9,15-16.24; 2 Par 1,1; 8,11. — 4: 2 Par 1,3.6. — 5-15: 2 Par 1,7-13. — 5: 3 Reg 9,2. — 6: 3 Reg 1,48; 2,4; 9,4. — 7: 1 Par 29,1. — 12: 3 Reg 4,29-31; 5,12; 10,23-24. — 13: 3 Reg 4,21-24; 10,23. 27; Sap 7,11; Mt 6,29.

Sapiens iudicium Salomonis

16 Tunc venerunt duae mulieres meretrices ad regem, steteruntque coram eo,
17 quarum una ait: Obsecro, mi domine:
ego et mulier haec habitabamus in domo
una, et peperi apud eam in cubiculo.
18 Tertia autem die postquam ego peperi, peperit et haec: et eramus simul, nullusque alius nobiscum in domo, exceptis nobis duabus. 19 Mortuus est autem
filius mulieris huius nocte. Dormiens quippe oppressit eum. 20 Et consurgens intem-
pestae noctis silentio, tulit filium meum
de latere meo ancillae tuae dormientis, et
collocavit in sinu suo: suum autem filium,
qui erat mortuus, posuit in sinu meo.
21 Cumque surrexissem mane ut darem
lac filio meo, apparuit mortuus: quem diligentius intuens clara luce, deprehendi
non esse meum quem genueram. 22 Responditque altera mulier: Non est ita ut
dicis, sed filius tuus mortuus est, meus
autem vivit. E contrario illa dicebat:
Mentiris: filius quippe meus vivit, et filius
tuus mortuus est. Atque in hunc modum
contendebant coram rege.

23 Tunc rex ait: Haec dicit: Filius meus
vivit, et filius tuus mortuus est. Et ista
respondit: Non, sed filius tuus mortuus
est, meus autem vivit. 24 Dixit ergo rex:
Afferte mihi gladium. Cumque attulissent
gladium coram rege, 25 Dividite, inquit,
infantem vivum in duas partes, et date
dimidiam partem uni, et dimidiam partem
alteri.

26 Dixit autem mulier, cuius filius erat
vivus, ad regem (commota sunt quippe
viscera eius super filio suo): Obsecro domine, date illi infantem vivum, et nolite
interficere eum. E contrario illa dicebat:
Nec mihi, nec tibi sit, sed dividatur. 27 Respondit rex, et ait: Date huic infantem vivum, et non occidatur: haec est enim mater eius. 28 Audivit itaque omnis Israel
iudicium quod iudicasset rex, et timuerunt
regem, videntes sapientiam Dei esse in eo
ad faciendum iudicium.

Officiales curiae Salomonis

4 1 Erat autem rex Salomon regnans
super omnem Israel: 2 et hi principes quos habebat: Azarias filius Sadoc
sacerdotis: 3 Elihoreph et Ahia filii Sisa
scribae: Iosaphat filius Ahilud a commentariis: 4 Banaias filius Ioiadae super exercitum: Sadoc autem et Abiathar sacerdotes. 5 Azarias filius Nathan super eos
qui assistebant regi: Zabud filius Nathan
sacerdos, amicus regis: 6 et Ahisar praepositus domus: et Adoniram filius Abda
super tributa.

7 Habebat autem Salomon duodecim
praefectos super omnem Israel, qui praebebant annonam regi et domui eius: per
singulos enim menses in anno, singuli necessaria ministrabant. 8 Et haec nomina
eorum: Benhur, in monte Ephraim. 9 Ben-
decar, in Macces, et in Salebim, et in
Bethsames, et in Elon, et in Bethanan.
10 Benhesed in Aruboth; ipsius erat Socho,
et omnis terra Epher. 11 Benabinadab,
cuius omnis Nephath Dor, Tapheth filiam
Salomonis habebat uxorem. 12 Bana filius
Ahilud regebat Thanac et Mageddo, et
universam Bethsan, quae est iuxta Sar-
thana subter Iezrahel, a Bethsam usque
Abelmehula e regione Iecmaan. 13 Ben-
gaber in Ramoth Galaad: habebat Avo-
thiair filii Manasse in Galaad, ipse praeerat in omni regione Argob, quae est in
Basan, sexaginta civitatibus magnis atque muratis, quae habebant seras aereas.
14 Ahinadab filius Addo praeerat in Manaim. 15 Achimaas in Nephthali: sed et
ipse habebat Basemath filiam Salomonis
in coniugio. 16 Baana filius Husi, in Aser,
et in Baloth. 17 Iosaphat filius Pharue, in
Issachar. 18 Semei filius Ela, in Beniamin.
19 Gaber filius Uri, in terra Galaad, in
terra Sehon regis Amorrhaei et Og regis
Basan, super omnia quae erant in illa
terra.

Potentia Salomonis

20 Iuda et Israel innumerabiles, sicut
arena maris in multitudine: comedentes,
et bibentes, atque laetantes. 21 Salomon
autem erat in ditione sua, habens omnia
regna a flumine terrae Philisthiim usque
ad terminum Aegypti: offerentium sibi
munera, et servientium ei cunctis diebus
vitae eius.

22 Erat autem cibus Salomonis per dies
singulos triginta cori similae, et sexaginta
cori farinae, 23 decem boves pingues, et
viginti boves pascuales, et centum arietes,
excepta venatione cervorum, caprearum,
atque bubalorum, et avium altilium. 24 Ipse enim obtinebat omnem regionem quae
erat trans flumen, a Taphsa usque ad Ga-
zan, et cunctos reges illarum regionum:
et habebat pacem ex omni parte in circuitu. 25 Habitabatque Iuda et Israel absque
timore ullo, unusquisque sub vite sua et
sub ficu sua, a Dan usque Bersabee cunctis diebus Salomonis.

26 Et habebat Salomon quadraginta millia praesepia equorum currilium, et duodecim millia equestrium. 27 Nutriebant-

4 2: 1 Par 6,10. — 3: 2 Sam 8,16; 20,24. — 4: 2 Sam 20,25; 3 Reg 2,27.35. — 6: 3 Reg 5,14. — 12: Ios 17,11. — 13: Num 32,41; Deut 3,4. — 19: Deut 3,8-10. — 21: 2 Par 9,26; Eccli 47,15. — 24: 1 Par 22,9. — 25: 2 Sam 3,10; Mich 4,4. — 26: 3 Reg 10,26; 2 Par 1,14;

que eos supradicti regis praefecti: sed et
necessaria mensae regis Salomonis cum
ingenti cura praebebant in tempore suo.
28 Hordeum quoque, et paleas equorum,
et iumentorum, deferebant in locum ubi
erat rex, iuxta constitutum sibi.

Eius sapientia

29 Dedit quoque Deus sapientiam Salomoni et prudentiam multam nimis, et latitudinem cordis quasi arenam quae est
in littore maris. 30 Et praecedebat sapientia Salomonis sapientiam omnium Orientalium et Aegyptiorum, 31 et erat sapientior cunctis hominibus: sapientior Ethan
Ezrahita, et Heman, et Chalcol, et Dor-
da filiis Mahol: et erat nominatus in universis gentibus per circuitum. 32 Locutus
est quoque Salomon tria millia parabolas: et fuerunt carmina eius quinque et
mille. 33 Et disputavit super lignis a cedro quae est in Libano, usque ad hyssopum quae egreditur de pariete: et disse-
ruit de iumentis, et volucribus, et reptilibus, et piscibus. 34 Et veniebant de cunctis populis ad audiendam sapientiam Salomonis, et ab universis regibus terrae,
qui audiebant sapientiam eius.

Legatio ad Hiram

5 1 Misit quoque Hiram rex Tyri servos suos ad Salomonem: audivit enim
quod ipsum unxissent regem pro patre
eius: quia amicus fuerat Hiram David
omni tempore. 2 Misit autem Salomon ad
Hiram, dicens: 3 Tu scis voluntatem David patris mei, et quia non potuerit aedificare domum nomini Domini Dei sui
propter bella imminentia per circuitum,
donec daret Dominus eos sub vestigio
pedum eius. 4 Nunc autem requiem dedit Dominus Deus meus mihi per circuitum: et non est satan, neque occursus malus. 5 Quamobrem cogito aedificare templum nomini Domini Dei mei, sicut locutus est Dominus David patri meo, dicens: Filius tuus, quem dabo pro te super
solium tuum, ipse aedificabit domum nomini meo. 6 Praecipe igitur ut praecidant
mihi servi tui cedros de Libano, et servi
mei sint cum servis tuis: mercedem autem
servorum tuorum dabo tibi quamcumque
petieris: scis enim quomodo non est in
populo meo vir qui noverit ligna caedere
sicut Sidonii.
7 Cum ergo audisset Hiram verba Salomonis, laetatus est valde, et ait: Benedictus Dominus Deus hodie, qui dedit David filium sapientissimum super populum
hunc plurimum. 8 Et misit Hiram ad Salomonem, dicens: Audivi quaecumque
mandasti mihi: ego faciam omnem voluntatem tuam in lignis cedrinis et abiegnis.
9 Servi mei deponent ea de Libano ad
mare: et ego componam ea in ratibus in
mari usque ad locum quem significaveris
mihi: et applicabo ea ibi, et tu tolles ea:
praebebisque necessaria mihi, ut detur cibus domui meae.
10 Itaque Hiram dabat Salomoni ligna
cedrina, et ligna abiegna, iuxta omnem
voluntatem eius. 11 Salomon autem praebebat Hiram coros tritici viginti millia, in
cibum domui eius, et viginti coros purissimi olei: haec tribuebat Salomon Hiram
per singulos annos. 12 Dedit quoque Dominus sapientiam Salomoni, sicut locutus est ei: et erat pax inter Hiram et Salomonem, et percusserunt ambo foedus.

Operarii Salomonis

13 Elegitque rex Salomon operarios de
omni Israel, et erat indictio triginta millia virorum. 14 Mittebatque eos in Libanum, decem millia per menses singulos
vicissim, ita ut duobus mensibus essent
in domibus suis: et Adoniram erat super
huiuscemodi indictione. 15 Fueruntque Salomoni septuaginta millia eorum qui onera portabant, et octoginta millia latomo-
rum in monte: 16 absque praepositis qui
praeerant singulis operibus, numero trium
millium et trecentorum praecipientium populo et his qui faciebant opus. 17 Praecepitque rex, ut tollerent lapides grandes,
lapides pretiosos in fundamentum templi,
et quadrarent eos: 18 quos dolaverunt caementarii Salomonis, et caementarii Hiram:
porro Giblii praeparaverunt ligna et lapides ad aedificandam domum.

Aedificatio templi

6 1 Factum est ergo quadringentesimo
et octogesimo anno egressionis filiorum Israel de terra Aegypti, in anno
quarto, mense Zio (ipse est mensis secundus), regni Salomonis super Israel, aedificari coepit domus Domino.
2 Domus autem, quam aedificabat rex
Salomon Domino, habebat sexaginta cubitos in longitudine, et viginti cubitos in
latitudine, et triginta cubitos in altitudine.
3 Et porticus erat ante templum viginti

9,25. — 29: 3 Reg 3,12; 5,12; Eccli 47,16-18. — 32: Prov 1,1; Eccli 12,9; Eccli 47,18. — 34: 3 Reg 10,1.6; 2 Par 9,23.

5 1: 2 Sam 5,11; 1 Par 14,1. — 3-11: 2 Par 2,3-16. — 3: 1 Par 22,8; 28,3. — 4: 3 Reg 4,24; 1 Par 22,9. — 5: 2 Sam 7,13; 1 Par 17,12; 22,10; 28,6. — 7: 3 Reg 10,9. — 12: 3 Reg 3,12; 4,29. — 14: 3 Reg 4,6. — 15: 2 Par 2,18. — 16: 3 Reg 9,23. — 18: Ez 27,9.

6 3: 2 Par 3,1-4. — 4: Ez 40,16; 41,16.26. —

cubitorum longitudinis, iuxta mensuram
latitudinis templi: et habebat decem cubitos latitudinis ante faciem templi. 4 Fecitque in templo fenestras obliquas. 5 Et aedificavit super parietem templi tabulata per
gyrum, in parietibus domus per circuitum
templi et oraculi, et fecit latera in circuitu. 6 Tabulatum quod subter erat, quinque cubitos habebat latitudinis, et medium
tabulatum sex cubitorum latitudinis, et
tertium tabulatum septem habens cubitos
latitudinis. Trabes autem posuit in domo
per circuitum forinsecus, ut non haererent
muris templi. 7 Domus autem cum aedificaretur, de lapidibus dolatis atque perfectis, aedificata est: et malleus, et securis, et omne ferramentum non sunt audita in domo cum aedificaretur. 8 Ostium
lateris medii in parte erat domus dextrae:
et per cochleam ascendebant in medium
coenaculum, et a medio in tertium. 9 Et
aedificavit domum, et consummavit eam:
texit quoque domum laquearibus cedrinis. 10 Et aedificavit tabulatum super omnem domum quinque cubitis altitudinis,
et operuit domum lignis cedrinis.
11 Et factus est sermo Domini ad Salomonem, dicens: 12 Domus haec, quam
aedificas, si ambulaveris in praeceptis meis
et iudicia mea feceris, et custodieris omnia mandata mea, gradiens per ea: firmabo sermonem meum tibi, quem locutus
sum ad David patrem tuum. 13 Et habitabo in medio filiorum Israel, et non derelinquam populum meum Israel.

Totius operis descriptio

14 Igitur aedificavit Salomon domum,
et consummavit eam. 15 Et aedificavit parietes domus intrinsecus, tabulatis cedrinis, a pavimento domus usque ad summitatem parietum, et usque ad laquearia,
operuit lignis cedrinis intrinsecus: et texit
pavimentum domus tabulis abiegnis.
16 Aedificavitque viginti cubitorum ad
posteriorem partem templi tabulata cedrina, a pavimento usque ad superiora: et
fecit interiorem domum oraculi in Sanctum sanctorum. 17 Porro quadraginta cubitorum erat ipsum templum pro foribus
oraculi. 18 Et cedro omnis domus intrinsecus vestiebatur, habens tornaturas et
iuncturas suas fabrefactas et caelaturas
eminentes: omnia cedrinis tabulis vestiebantur: nec omnino lapis apparere poterat in pariete.
19 Oraculum autem in medio domus,
in interiori parte fecerat, ut poneret ibi
arcam foederis Domini. 20 Porro oraculum habebat viginti cubitos longitudinis,
et viginti cubitos latitudinis, et viginti cubitos altitudinis: et operuit illud atque
vestivit auro purissimo: sed et altare vestivit cedro. 21 Domum quoque ante oraculum operuit auro purissimo, et affixit laminas clavis aureis. 22 Nihilque erat in
templo quod non auro tegeretur: sed et
totum altare oraculi texit auro.
23 Et fecit in oraculo duos cherubim de
lignis olivarum, decem cubitorum altitudinis. 24 Quinque cubitorum ala cherub
una, et quinque cubitorum ala cherub altera: id est, decem cubitos habentes, a
summitate alae unius usque ad alae alterius summitatem. 25 Decem quoque cubitorum erat cherub secundus: in mensura
pari, et opus unum erat in duobus cherubim, 26 id est, altitudinem habebat unus
cherub decem cubitorum, et similiter cherub secundus. 27 Posuitque cherubim in
medio templi interioris: extendebant autem alas suas cherubim, et tangebat ala
una parietem, et ala cherub secundi tangebat parietem alterum: alae autem alterae
in media parte templi se invicem contin-
gebant. 28 Texit quoque cherubim auro.
29 Et omnes parietes templi per circuitum sculpsit variis caelaturis et torno: et
fecit in eis cherubim, et palmas, et picturas varias, quasi prominentes de pariete,
et egredientes. 30 Sed et pavimentum domus texit auro intrinsecus et extrinsecus.
31 Et in ingressu oraculi fecit ostiola de
lignis olivarum, postesque angulorum
quinque. 32 Et duo ostia de lignis olivarum: et sculpsit in eis picturam cherubim,
et palmarum species, et anaglypha valde
prominentia: et texit ea auro: et operuit
tam cherubim quam palmas, et caetera,
auro. 33 Fecitque in introitu templi postes
de lignis olivarum quadrangulatos: 34 et
duo ostia de lignis abiegnis altrinsecus:
et utrumque ostium duplex erat, et se invicem tenens aperiebatur. 35 Et sculpsit
cherubim et palmas, et caelaturas valde
eminentes: operuitque omnia laminis aureis opere quadro ad regulam. 36 Et aedificavit atrium interius tribus ordinibus lapidum politorum, et uno ordine lignorum
cedri.
37 Anno quarto fundata est domus Domini in mense Zio: 38 et in anno undecimo, mense Bul (ipse est mensis octavus)
perfecta est domus in omni opere suo, et
in universis utensilibus suis: aedificavitque
eam annis septem.

5: Ez 41,6. — 7: Deut 27,5-6; 3 Reg 5,18. 9: Act 7,47. — 12: 2 Sam 7,13.16-17; 3 Reg 9,4. — 13: Ex 25,8; 29,45; 1 Par 22,9-10. — 16: Ex 26,33-34; 3 Reg 7,50; 8,6; 2 Par 3,8. — 23: Ex 37,7-9; 2 Par 3,10-12. — 27: Ex 25,20; 3 Reg 8,7; 2 Par 5,8. — 36: 3 Reg 7,12.

Domus regiae aedificatio

7 1 Domum autem suam aedificavit Salomon tredecim annis, et ad perfectum usque perduxit. 2 Aedificavit quoque
domum saltus Libani centum cubitorum
longitudinis, et quinquaginta cubitorum
latitudinis, et triginta cubitorum altitudinis: et quatuor deambulacra inter columnas cedrinas: ligna quippe cedrina excide-
rat in columnas. 3 Et tabulatis cedrinis
vestivit totam cameram, quae quadraginta quinque columnis sustentabatur. Unus
autem ordo habebat columnas quindecim
4 contra se invicem positas, 5 et e regione
se respicientes, aequali spatio inter columnas, et super columnas quadrangulata ligna in cunctis aequalia. 6 Et porticum columnarum fecit quinquaginta cubitorum
longitudinis, et triginta cubitorum latitudinis: et alteram porticum in facie maioris porticus: et columnas, et epistylia super columnas. 7 Porticum quoque solii, in
qua tribunal est, fecit: et texit lignis cedrinis a pavimento usque ad summitatem.
8 Et domuncula, in qua sedebatur ad iudicandum, erat in media porticu simili
opere. Domum quoque fecit filiae Pharaonis (quam uxorem duxerat Salomon)
tali opere, quali et hanc porticum.
9 Omnia lapidibus pretiosis, qui ad normam quamdam atque mensuram tam intrinsecus quam extrinsecus serrati erant:
a fundamento usque ad summitatem parietum, et extrinsecus usque ad atrium
maius. 10 Fundamenta autem de lapidibus
pretiosis, lapidibus magnis decem sive octo cubitorum. 11 Et desuper lapides pretiosi aequalis mensurae secti erant, similiterque de cedro. 12 Et atrium maius rotundum trium ordinum de lapidibus sectis, et unius ordinis de dolata cedro: necnon et in atrio domus Domini interiori,
et in porticu domus.

Opera aenea templi

13 Misit quoque rex Salomon, et tulit
Hiram de Tyro, 14 filium mulieris viduae
de tribu Nephthali, patre Tyrio, artificem
aerarium, et plenum sapientia, et intelligentia, et doctrina ad faciendum omne
opus ex aere. Qui cum venisset ad regem
Salomonem, fecit omne opus eius.
15 Et finxit duas columnas aereas, decem et octo cubitorum altitudinis columnam unam: et linea duodecim cubitorum
ambiebat columnam utramque. 16 Duo
quoque capitella fecit, quae ponerentur
super capita columnarum, fusilia ex aere:
quinque cubitorum altitudinis capitellum
unum, et quinque cubitorum altitudinis
capitellum alterum: 17 et quasi in modum
retis, et catenarum sibi invicem miro opere contextarum. Utrumque capitellum columnarum fusile erat: septena versuum
retiacula in capitello uno, et septena retiacula in capitello altero. 18 Et perfecit
columnas, et duos ordines per circuitum
retiaculorum singulorum, ut tegerent capitella, quae erant super summitatem, malogranatorum: eodem modo fecit et capitello secundo. 19 Capitella autem, quae
erant super capita columnarum, quasi
opere lilii fabricata erant in porticu quatuor cubitorum. 20 Et rursum alia capitella in summitate columnarum desuper iuxta mensuram columnae contra retiacula:
malogranatorum autem ducenti ordines
erant in circuitu capitelli secundi. 21 Et
statuit duas columnas in porticu templi:
cumque statuisset columnam dexteram,
vocavit eam nomine Iachin: similiter erexit columnam secundam: et vocavit nomen eius Booz. 22 Et super capita columnarum opus in modum lilii posuit: perfectumque est opus columnarum.
23 Fecit quoque mare fusile decem cubitorum a labio usque ad labium, rotundum in circuitu: quinque cubitorum altitudo eius, et resticula triginta cubitorum
cingebat illud per circuitum. 24 Et sculptu-
ra subter labium circuibat illud decem
cubitis ambiens mare: duo ordines sculp-
turarum striatarum erant fusiles. 25 Et stabat super duodecim boves, e quibus tres
respiciebant ad aquilonem, et tres ad occidentem, et tres ad meridiem, et tres ad
orientem, et mare super eos desuper erat:
quorum posteriora universa intrinsecus
latitabant. 26 Grossitudo autem luteris,
trium unciarum erat: labiumque eius,
quasi labium calicis, et folium repandi lilii: duo millia batos capiebat.
27 Et fecit decem bases aeneas, quatuor
cubitorum longitudinis bases singulas, et
quatuor cubitorum latitudinis, et trium
cubitorum altitudinis. 28 Et ipsum opus
basium, interrasile erat: et sculpturae inter iuncturas. 29 Et inter coronulas et plec-
tas, leones et boves et cherubim, et in
iuncturis similiter desuper: et subter leones et boves, quasi lora ex aere dependentia. 30 Et quatuor rotae per bases singulas,
et axes aerei: et per quatuor partes quasi
humeruli subter luterem fusiles, contra se
invicem respectantes. 31 Os quoque luteris
intrinsecus erat in capitis summitate: et
quod forinsecus apparebat, unius cubiti
erat totum rotundum, pariterque habebat

7 **1:** 3 Reg 3,1; 9,10; 2 Par 1,1. — **2:** 3 Reg 10,17.21; Is 22,8. — **8:** 3 Reg 3,1; 2 Par 8,11. — **12:** 3 Reg 6,36. — **13-14:** 2 Par 2,13-14. — **15-21:** 2 Par 3,5-17. — **15:** 4 Reg 25,17; 1 Par 18,8; 2 Par 4,12; Ier 52,21-23. — **21:** 2 Par 3,17. — **23-26:** 2 Par 4,2-5. — **23:** Ex 30,18; 4 Reg 16,17; 25,13; 1 Par 18,8; Ier 52,17. — **25:** Ier 52,20. — **27:** 4 Reg 25,13; 2 Par 4,14; Ier

unum cubitum et dimidium: in angulis
autem columnarum variae caelaturae
erant: et media intercolumnia, quadrata
non rotunda. 32 Quatuor quoque rotae,
quae per quatuor angulos basis erant, co-
haerebant sibi subter basim: una rota habebat altitudinis cubitum et semis. 33 Tales autem rotae erant quales solent in curru fieri: et axes earum, et radii, et canthi,
et modioli, omnia fusilia. 34 Nam et humeruli illi quatuor per singulos angulos
basis unius, ex ipsa basi fusiles et coniuncti erant. 35 In summitate autem basis
erat quaedam rotunditas dimidii cubiti,
ita fabrefacta, ut luter desuper posset imponi, habens caelaturas suas, variasque
sculpturas ex semetipsa. 36 Sculpsit quoque in tabulatis illis quae erant ex aere,
et in angulis, cherubim, et leones, et palmas, quasi in similitudinem hominis stantis, ut non caelata, sed apposita per circuitum viderentur. 37 In hunc modum fecit decem bases, fusura una, et mensura,
sculpturaque consimili.

38 Fecit quoque decem luteres aeneos:
quadraginta batos capiebat luter unus,
eratque quatuor cubitorum: singulos quoque luteres per singulas, id est, decem bases, posuit. 39 Et constituit decem bases,
quinque ad dexteram partem templi: et
quinque ad sinistram: mare autem posuit
ad dexteram partem templi contra orientem ad meridiem.

40 Fecit ergo Hiram lebetes, et scutras,
et hamulas, et perfecit omne opus regis
Salomonis in templo Domini. 41 Columnas duas, et funiculos capitellorum super
capitella columnarum duos: et retiacula
duo, ut operirent duos funiculos, qui erant
super capita columnarum. 42 Et malogranata quadringenta in duobus retiaculis:
duos versus malogranatorum in retiaculis
singulis, ad operiendos funiculos capitellorum, qui erant super capita columnarum. 43 Et bases decem, et luteres decem
super bases. 44 Et mare unum, et boves
duodecim subter mare. 45 Et lebetes, et
scutras, et hamulas, omnia vasa, quae fecit Hiram regi Salomoni in domo Domini, de aurichalco erant. 46 In campestri
regione Iordanis fudit ea rex in argillosa
terra, inter Sochoth et Sarthan. 47 Et posuit Salomon omnia vasa: propter multitudinem autem nimiam non erat pondus
aeris.

Opera aurea

48 Fécitque Salomon omnia vasa in domo Domini: altare aureum, et mensam,
super quam ponerentur panes propositionis, auream: 49 et candelabra aurea, quinque ad dexteram, et quinque ad sinistram
contra oraculum, ex auro puro: et quasi
lilii flores, et lucernas desuper aureas: et
forcipes aureos, 50 et hydrias, et fuscinulas, et phialas, et mortariola, et thuribula,
de auro purissimo: et cardines ostiorum
domus interioris Sancti sanctorum, et ostiorum domus templi, ex auro erant.

51 Et perfecit omne opus quod faciebat
Salomon in domo Domini, et intulit quae
sanctificaverat David pater suus, argentum et aurum, et vasa, reposuitque in thesauris domus Domini.

Templi dedicatio

8 1 Tunc congregati sunt omnes maiores natu Israel cum principibus tribuum, et duces familiarum filiorum Israel
ad regem Salomonem in Ierusalem: ut deferrent arcam foederis Domini, de civitate David, id est de Sion. 2 Conveniteque
ad regem Salomonem universus Israel in
mense Ethanim, in solemni die, ipse est
mensis septimus. 3 Veneruntque cuncti senes de Israel, et tulerunt arcam sacerdotes, 4 et portaverunt arcam Domini, et tabernaculum foederis, et omnia vasa sanctuarii, quae erant in tabernaculo: et ferebant ea sacerdotes et Levitae. 5 Rex autem Salomon, et omnis multitudo Israel,
quae convenerat ad eum, gradiebatur cum
illo ante arcam, et immolabant oves et
boves absque aestimatione et numero. 6 Et
intulerunt sacerdotes arcam foederis Domini in locum suum, in oraculum templi,
in Sanctum sanctorum subter alas cherubim. 7 Siquidem cherubim expandebant
alas super locum arcae, et protegebant
arcam, et vectes eius desuper. 8 Cumque
eminerent vectes, et apparerent summitates eorum foris sanctuarium ante oraculum, non apparebant ultra extrinsecus,
qui et fuerunt ibi usque in praesentem
diem. 9 In arca autem non erat aliud nisi
duae tabulae lapideae, quas posuerat in
ea Moyses in Horeb, quando pepigit Dominus foedus cum filiis Israel, cum egrederentur de terra Aegypti.

10 Factum est autem, cum exissent
sacerdotes de sanctuario, nebula implevit
domum Domini, 11 et non poterant sacerdotes stare et ministrare propter nebulam: impleverat enim gloria Domini domum Domini.

12 Tunc ait Salomon: Dominus dixit ut
habitaret in nebula. 13 Aedificans aedifi-

52,17. — **38:** 2 Par 4,6. — **40-51:** 2 Par 4,11; 5,1. — **40:** Ex 27,3; 38,3. — **46:** Ios 3,16;13, 27. — **48:** Ex 25,30; 37,10-16.25-29; Lev 24,5-8; 2 Par 4,8. — **49:** Ex 25,31-38; 2 Par 4,8. — **49:** Ex 25,31-38; 2 Par 4,7. — **51:** 2 Sam 8,11; 2 Par 5,1.

8 1-9: 2 Par 5,2-10. — **1:** 2 Sam 6,17. — **2:** Lev 23,34; 2 Par 7,8-10. — **3:** Num 4,5; Deut 31,9.25; 2 Sam 15,24; 1 Par 15,14-15. — **6:** Ex 26,33-34; 3 Reg 6,5.27. — **8:** Ex 25,13-15. — **9:** Ex 25,16.21; 34,27; 40,20; Deut 10, 2.5; Hebr 9,4. — **10:** Ex 40,32-33; 2 Par 2,13-

cavi domum in habitaculum tuum, firmis-
simum solium tuum in sempiternum.
14 Convertitque rex faciem suam, et benedixit omni ecclesiae Israel: omnis enim
ecclesia Israel stabat.
15 Et ait Salomon: Benedictus Dominus
Deus Israel, qui locutus est ore suo ad
David patrem meum, et in manibus eius
perfecit, dicens: 16 A die qua eduxi populum meum Israel de Aegypto, non elegi
civitatem de universis tribubus Israel, ut
aedificaretur domus, et esset nomen meum
ibi: sed elegi David ut esset super populum meum Israel. 17 Voluitque David pater meus aedificare domum nomini Domini Dei Israel: 18 et ait Dominus ad David patrem meum: Quod cogitasti in corde tuo aedificare domum nomini meo,
bene fecisti, hoc ipsum mente tractans.
19 Verumtamen tu non aedificabis mihi
domum, sed filius tuus, qui egredietur de
renibus tuis, ipse aedificabit domum nomini meo. 20 Confirmavit Dominus sermonem suum, quem locutus est: stetique
pro David patre meo, et sedi super thronum Israel, sicut locutus est Dominus: et
aedificavi domum nomini Domini Dei Israel. 21 Et constitui ibi locum arcae, in
qua foedus Domini est, quod percussit
cum patribus nostris, quando egressi sunt
de terra Aegypti.

Salomonis oratio dedicatoria

22 Stetit autem Salomon ante altare Domini in conspectu ecclesiae Israel, et expandit manus suas in caelum, 23 et ait:
Domine Deus Israel, non est similis tui
Deus in caelo desuper, et super terram
deorsum: qui custodis pactum et misericordiam servis tuis, qui ambulant coram
te in toto corde suo. 24 Qui custodisti servo tuo David patri meo quae locutus es
ei: ore locutus es, et manibus perfecisti,
ut haec dies probat. 25 Nunc igitur Domine Deus Israel, conserva famulo tuo
David patri meo quae locutus es ei, dicens: Non auferetur de te vir coram me,
qui sedeat super thronum Israel: ita tamen si custodierint filii tui viam suam, ut
ambulent coram me sicut tu ambulasti in
conspectu meo. 26 Et nunc Domine Deus
Israel firmentur verba tua, quae locutus
es servo tuo David patri meo. 27 Ergone
putandum est quod vere Deus habitet super terram? si enim caelum, et caeli caelorum te capere non possunt, quanto magis domus haec, quam aedificavi? 28 Sed
respice ad orationem servi tui, et ad preces eius, Domine Deus meus: audi hymnum et orationem, quam servus tuus orat
coram te hodie: 29 ut sint oculi tui aperti
super domum hanc nocte ac die: super
domum, de qua dixisti. Erit nomen meum
ibi: ut exaudias orationem, quam orat in
loco isto ad te servus tuus. 30 Ut exaudias
deprecationem servi tui et populi tui Israel, quodcumque oraverint in loco isto,
et exaudies in loco habitaculi tui in caelo,
et cum exaudieris, propitius eris.

Deus propitius populo suo

31 Si peccaverit homo in proximum
suum, et habuerit aliquod iuramentum,
quo teneatur astrictus: et venerit propter
iuramentum coram altari tuo in domum
tuam, 32 tu exaudies in caelo: et facies, et
iudicabis servos tuos, condemnans impium, et reddens viam suam super caput
eius, iustificansque iustum, et retribuens
ei secundum iustitiam suam.
33 Si fugerit populus tuus Israel inimicos suos (quia peccaturus est tibi) et agentes poenitentiam, et confitentes nomini
tuo, venerint, et oraverint, et deprecati te
fuerint in domo hac: 34 exaudi in caelo,
et dimitte peccatum populi tui Israel, et
reduces eos in terram, quam dedisti patribus eorum.
35 Si clausum fuerit caelum, et non plue-
rit propter peccata eorum, et orantes in
loco isto, poenitentiam egerint nomini
tuo, et a peccatis suis conversi fuerint
propter afflictionem suam: 36 exaudi eos
in caelo, et dimitte peccata servorum tuorum, et populi tui Israel: et ostende eis
viam bonam per quam ambulent, et da
pluviam super terram tuam, quam dedisti
populo tuo in possessionem.
37 Fames si oborta fuerit in terra, aut
pestilentia, aut corruptus aer, aut aerugo,
aut locusta, vel rubigo, et afflixerit eum
inimicus eius portas obsidens, omnis plaga, universa infirmitas, 38 cuncta devota-
tio, et imprecatio, quae acciderit omni
homini de populo tuo Israel: si quis cognoverit plagam cordis sui, et expanderit
manus suas in domo hac, 39 tu exaudies
in caelo in loco habitationis tuae, et re-
propitiaberis, et facies ut des unicuique
secundum omnes vias suas, sicut videris
cor eius (quia tu nosti solus cor omnium
filiorum hominum) 40 ut timeant te cunctis diebus, quibus vivunt super faciem terrae, quam dedisti patribus nostris.

Deus propitius alienigenae

41 Insuper et alienigena, qui non est de
populo tuo Israel, cum venerit de terra

14; 7,1-2. — **12-50**: 2 Par 6,1-39. — **15**: 3 Reg 6,12. — **16**: 2 Sam 7,4-16.25. — **17**: 2 Sam 7,2-3; 1 Par 17,1-2. — **19**: 2 Sam 7,5.12-13; 3 Reg 5,3.5. — **20**: 1 Par 28,5-6. — **23**: 2 Sam 7,22. — **24**: 3 Reg 6,12. — **25**: 2 Sam 7,12. — **27**: 2 Par 2,6. — **29**: Deut 12,5.11; 3 Reg 9,3; 2 Par, 15. — **33**: Lev 26,17.40. — **46**: 2 Par 6,36; Prov 20,9; Eccl 7,21; Rom 3,23; Iac 3,2; 1 Io 1,

longinqua propter nomen tuum (audietur enim nomen tuum magnum, et manus tua fortis, et brachium tuum 42 extentum ubique) cum venerit ergo, et oraverit in hoc loco, 43 tu exaudies in caelo, in firmamento habitaculi tui, et facies omnia pro quibus invocaverit te alienigena: ut discant universi populi terrarum nomen tuum timere, sicut populus tuus Israel, et probent quia nomen tuum invocatum est super domum hanc, quam aedificavi.

44 Si egressus fuerit populus tuus ad bellum contra inimicos suos, per viam, quocumque miseris eos, orabunt te contra viam civitatis, quam elegisti, et contra domum, quam aedificavi nomini tuo, 45 et exaudies in caelo orationes eorum, et preces eorum, et facies iudicium eorum.

Deus benedicet populo suo in captivitate

46 Quod si peccaverint tibi (non est enim homo qui non peccet) et iratus tradideris eos inimicis suis, et captivi ducti fuerint in terram inimicorum longe vel prope, 47 et egerint poenitentiam in corde suo in loco captivitatis, et conversi deprecati te fuerint in captivitate sua, dicentes: Peccavimus, inique egimus, impie gessimus: 48 et reversi fuerint ad te in universo corde suo, et tota anima sua in terra inimicorum suorum, ad quam captivi ducti fuerint: et oraverint te contra viam terrae suae, quam dedisti patribus eorum, et civitatis quam elegisti, et templi quod aedificavi nomini tuo: 49 exaudies in caelo, in firmamento solii tui, orationes eorum, et preces eorum, et facies iudicium eorum: 50 et propitiaberis populo tuo qui peccavit tibi, et omnibus iniquitatibus eorum, quibus praevaricati sunt in te: et dabis misericordiam coram eis qui eos captivos habuerint, ut misereantur eis. 51 Populus enim tuus est, et haereditas tua, quos eduxisti de terra Aegypti, de medio fornacis ferreae. 52 Ut sint oculi tui aperti ad deprecationem servi tui, et populi tui Israel, et exaudias eos in universis pro quibus invocaverint te. 53 Tu enim separasti eos tibi in haereditatem de universis populis terrae, sicut locutus es per Moysen servum tuum, quando eduxisti patres nostros de Aegypto, Domine Deus.

Salomon populo benedicit

54 Factum est autem, cum complesset Salomon orans Dominum omnem orationem et deprecationem hanc, surrexit de conspectu altaris Domini: utrumque enim genu in terram fixerat, et manus expanderat in caelum. 55 Stetit ergo, et benedixit omni ecclesiae Israel voce magna, dicens: 56 Benedictus Dominus, qui dedit requiem populo suo Israel, iuxta omnia quae locutus est: non cecidit ne unus quidem sermo ex omnibus bonis quae locutus est per Moysen servum suum. 57 Sit Dominus Deus noster nobiscum, sicut fuit cum patribus nostris, non derelinquens nos, neque proiiciens. 58 Sed inclinet corda nostra ad se, ut ambulemus in universis viis eius, et custodiamus mandata eius, et caeremonias eius, et iudicia quaecumque mandavit patribus nostris. 59 Et sint sermones mei isti, quibus deprecatus sum coram Domino, appropinquantes Domino Deo nostro die ac nocte, ut faciat iudicium servo suo, et populo suo Israel per singulos dies: 60 ut sciant omnes populi terrae, quia Dominus ipse est Deus, et non est ultra absque eo. 61 Sit quoque cor nostrum perfectum cum Domino Deo nostro, ut ambulemus in decretis eius, et custodiamus mandata eius, sicut et hodie.

Solemnia Salomonis sacrificia

62 Igitur rex, et omnis Israel cum eo, immolabant victimas coram Domino. 63 Mactavitque Salomon hostias pacificas, quas immolavit Domino, boum viginti duo millia, et ovium centum viginti millia: et dedicaverunt templum Domini rex et filii Israel. 64 In die illa sanctificavit rex medium atrii, quod erat ante domum Domini: fecit quippe holocaustum ibi, et sacrificium, et adipem pacificorum: quoniam altare aereum, quod erat coram Domino, minus erat, et capere non poterat holocaustum, et sacrificium, et adipem pacificorum.

65 Fecit ergo Salomon in tempore illo festivitatem celebrem, et omnis Israel cum eo, multitudo magna ab introitu Emath usque ad rivum Aegypti, coram Domino Deo nostro, septem diebus et septem diebus, id est, quatuordecim diebus. 66 Et in die octava dimisit populos: qui benedicentes regi, profecti sunt in tabernacula sua laetantes, et alacri corde super omnibus bonis, quae fecerat Dominus David servo suo, et Israel populo suo.

Nova Dei apparitio ad Salomonem

9 1 Factum est autem cum perfecisset Salomon aedificium domus Domini, et aedificium regis, et omne quod optave-

8.10. || Conc. Carthag. XVI: D 107. — 51: Deut 9,29; 32,9. — 53: Ex 19,5-6; Deut 9,26.29; 14,2. — 54: 2 Par 6,13; 7,1. — 60: Deut 4,35.39. — 62-66: 2 Par 7,4-10. — 62: 2 Mach 2,8-9.

64: 2 Par 4,1. — 65: 2 Par 7,8; 1 Mach 4,56; 2 Mach 2,12.

9 1-9: 2 Par 7,11-22. — 1: 3 Reg 3,1; 2 Par

rat et voluerat facere, 2 apparuit ei Dominus secundo, sicut apparuerat ei in Gabaon. 3 Dixitque Dominus ad eum: Exaudivi orationem tuam et deprecationem
tuam, quam deprecatus es coram me:
sanctificavi domum hanc, quam aedificasti, ut ponerem nomen meum ibi in sempiternum, et erunt oculi mei et cor meum
ibi cunctis diebus. 4 Tu quoque si ambulaveris coram me, sicut ambulavit pater
tuus, in simplicitate cordis, et in aequitate, et feceris omnia quae praecepi tibi,
et legitima mea et iudicia mea servaveris, 5 ponam thronum regni tui super Israel in sempiternum, sicut locutus sum
David patri tuo, dicens: Non auferetur
vir de genere tuo de solio Israel. 6 Si
autem aversione aversi fueritis vos et filii
vestri, non sequentes me, nec custodientes mandata mea, et caeremonias meas,
quas proposui vobis, sed abieritis et co-
lueritis deos alienos, et adoraveritis eos:
7 auferam Israel de superficie terrae, quam
dedi eis: et templum quod sanctificavi nomini meo, proiiciam a conspectu meo,
eritque Israel in proverbium, et in fabulam cunctis populis. 8 Et domus haec erit
in exemplum: omnis qui transierit per
eam, stupebit, et sibilabit, et dicet: Quare fecit Dominus sic terrae huic, et domui
huic? 9 Et respondebunt: Quia dereliqué-
runt Dominum Deum suum, qui eduxit
patres eorum de terra Aegypti, et secuti
sunt deos alienos, et adoraverunt eos, et
coluerunt eos: idcirco induxit Dominus
super eos omne malum hoc.

Quaedam de regni administratione

10 Expletis autem annis viginti postquam aedificaverat Salomon duas domos,
id est, domum Domini, et domum regis,
11 (Hiram rege Tyri praebente Salomoni
ligna cedrina et abiegna, et aurum iuxta
omne quod opus habuerat) tunc dedit Salomon Hiram viginti oppida in terra Galilaeae. 12 Et egressus est Hiram de Tyro,
ut videret oppida quae dederat ei Salomon, et non placuerunt ei, 13 et ait: Haeccine sunt civitates, quas dedisti mihi, frater? Et appellavit eas terram Chabul, usque in diem hanc. 14 Misit quoque Hiram
ad regem Salomonem centum viginti talenta auri.
15 Haec est summa expensarum, quam
obtulit rex Salomon ad aedificandam domum Domini et domum suam, et Mello,
et murum Ierusalem, et Heser, et Mageddo, et Gazer.
16 Pharao rex Aegypti ascendit, et cepit
Gazer, succenditque eam igni: et Chananaeum, qui habitabat in civitate, interfecit, et dedit eam in dotem filiae suae
uxori Salomonis. 17 Aedificavit ergo Salomon Gazer, et Bethoron inferiorem,
18 et Balaath, et Palmiram in terra solitudinis. 19 Et omnes vicos qui ad se pertinebant et erant absque muro, munivit, et
civitates curruum et civitates equitum, et
quodcumque ei placuit ut aedificaret in
Ierusalem, et in Libano, et in omni terra
potestatis suae.
20 Universum populum, qui remanserat
de Amorrhaeis, et Hethaeis, et Pherezaeis,
et Hevaeis, et Iebusaeis, qui non sunt de
filiis Israel: 21 horum filios, qui remanserant in terra, quos scilicet non potuerant filii Israel exterminare, fecit Salomon
tributarios, usque in diem hanc. 22 De
filiis autem Israel non constituit Salomon
servire quemquam, sed erant viri bellatores, et ministri eius, et principes, et duces,
et praefecti curruum et equorum. 23 Erant
autem principes super omnia opera Salomonis praepositi quingenti quinquaginta, qui habebant subiectum populum, et
statutis operibus imperabant.
24 Filia autem Pharaonis ascendit de civitate David in domum suam, quam aedificaverat ei Salomon: tunc aedificavit
Mello.
25 Offerebat quoque Salomon tribus vicibus per annos singulos holocausta, et
pacificas victimas, super altare quod aedificaverat Domino, et adolebat thymiama
coram Domino: perfectumque est templum.
26 Classem quoque fecit rex Salomon
in Asiongaber, quae est iuxta Ailath in
littore maris Rubri, in terra Idumaeae.
27 Misitque Hiram in classe illa servos
suos viros nauticos et gnaros maris, cum
servis Salomonis. 28 Qui cum venissent
in Ophir, sumptum inde aurum quadringentorum viginti talentorum, detulerunt
ad regem Salomonem.

Regina Saba in Ierusalem

10 1 Sed et regina Saba, audita fama
Salomonis in nomine Domini, venit tentare eum in aenigmatibus. 2 Et ingressa Ierusalem multo cum comitatu, et
divitiis, camelis portantibus aromata, et

8,1-6. — **2:** 3 Reg 3,5; 11,9. — **3:** 3 Reg 8,16.29; 4 Reg 21,4; 2 Par 33,4. — **5:** 2 Sam 7,12-16; 3 Reg 6,12; 1 Par 22,10. — **7:** Deut 28,37. — **8:** Deut 29,24-26; Ier 22,8-9. — **10-28:** 2 Par 8,1-18. — **10:** 3 Reg 6,37-38; 7,1. — **13:** Ios 19,27. — **15:** 2 Sam 5,9. — **16:** Ios 16,10; 3 Reg 3,1; 7,8. — **21:** Ios 15,63; 17,12; Iud 1,21. 27.29; 3,1.5; Esdr 2,55-58; Neh 7,57-60. — **22:** Lev 25,39. — **24:** 3 Reg 7,8; 11,27. — **26:** Num 33,35; 3 Reg 22,49. — **27:** 3 Reg 10,11. — **28:** 3 Reg 10,11. 22,49; 1 Par 39,4.

10 **1-13:** 2 Par 9,1-12. — **1:** Mt 12,40; Lc 11,31. — **9:** 3 Reg 5,7; 2 Par 2,11-12. —

aurum infinitum nimis, et gemmas pretiosas, venit ad regem Salomonem, et locuta est ei universa quae habebat in corde
suo. 3 Et docuit eam Salomon omnia verba quae proposuerat: non fuit sermo, qui
regem posset latere, et non responderet ei.

4 Videns autem regina Saba omnem sapientiam Salomonis, et domum quam
aedificaverat, 5 et cibos mensae eius, et
habitacula servorum, et ordines minis-
trantium, vestesque eorum, et pincernas,
et holocausta quae offerebat in domo
Domini: non habebat ultra spiritum. 6 Dixitque ad regem: Verus est sermo quem
audivi in terra mea 7 super sermonibus
tuis, et super sapientia tua: et non credebam narrantibus mihi, donec ipsa veni,
et vidi oculis meis, et probavi quod media pars mihi nuntiata non fuerit: maior
est sapientia et opera tua quam rumor
quem audivi. 8 Beati viri tui, et beati servi
tui, qui stant coram te semper, et audiunt
sapientiam tuam. 9 Sit Dominus Deus
tuus benedictus, cui complacuisti, et posuit te super thronum Israel, eo quod di-
lexerit Dominus Israel in sempiternum,
et constituit te regem, ut faceres iudicium
et iustitiam. 10 Dedit ergo regi centum viginti talenta auri, et aromata multa nimis,
et gemmas pretiosas: non sunt allata ultra aromata tam multa quam ea quae
dedit regina Saba regi Salomoni.

Aurum, ligna et rerum omnium copia undique affluentia

11 Sed et classis Hiram, quae portabat
aurum de Ophir, attulit ex Ophir ligna
thyina multa nimis, et gemmas pretiosas.
12 Fecitque rex de lignis thyinis fulcra domus Domini, et domus regiae, et citharas
lyrasque cantoribus: non sunt allata
huiuscemodi ligna thyina, neque visa usque in praesentem diem. 13 Rex autem
Salomon dedit reginae Saba omnia quae
voluit et petivit ab eo: exceptis his, quae
ultro obtulerat ei munere regio. Quae reversa est, et abiit in terram suam cum
servis suis.

14 Erat autem pondus auri, quod af-
ferebatur Salomoni per annos singulos,
sexcentorum sexaginta sex talentorum auri: 15 excepto eo, quod afferebant viri qui
super vectigalia erant, et negotiatores,
universique scruta vendentes, et omnes reges Arabiae, ducesque terrae.

16 Fecit quoque rex Salomon ducenta
scuta de auro purissimo, sexcentos auri
siclos dedit in laminas scuti unius. 17 Et
trecentas peltas ex auro probato: trecentae minae auri unam peltam vestiebant:
posuitque eas rex in domo saltus Libani.

18 Fecit etiam rex Salomon thronum de
ebore grandem: et vestivit eum auro fulvo
nimis, 19 qui habebat sex gradus: et sum-
mitas throni rotunda erat in parte posteriori: et duae manus hinc atque inde tenentes sedile: et duo leones stabant iuxta
manus singulas. 20 Et duodecim leunculi
stantes super sex gradus hinc atque inde:
non est factum tale opus in universis regnis.

21 Sed et omnia vasa, quibus potabat
rex Salomon, erant aurea: et universa
supellex domus saltus Libani de auro purissimo: non erat argentum, nec alicuius
pretii putabatur in diebus Salomonis,
22 quia classis regis per mare cum classe
Hiram semel per tres annos ibat in Tharsis, deferens inde aurum, et argentum, et
dentes elephantorum, et simias, et pavos.

Regis Salomonis magnificentia

23 Magnificatus est ergo rex Salomon
super omnes reges terrae divitiis et sapientia. 24 Et universa terra desiderabat
vultum Salomonis, ut audiret sapientiam
eius, quam dederat Deus in corde eius.
25 Et singuli deferebant ei munera, vasa
argentea et aurea, vestes et arma bellica,
aromata quoque, et equos et mulos per
annos singulos. 26 Congregavitque Salomon currus et equites, et facti sunt ei mille quadringenti currus, et duodecim millia equitum: et disposuit eos per civitates
munitas, et cum rege in Ierusalem. 27 Fecitque ut tanta esset abundantia argenti in
Ierusalem, quanta et lapidum: et cedrorum praebuit multitudinem quasi sico-
moros quae nascuntur in campestribus.
28 Et educebantur equi Salomoni de Aegypto, et de Coa. Negotiatores enim regis
emebant de Coa, et statuto pretio perdu-
cebant. 29 Egrediebatur autem quadriga ex
Aegypto sexcentis siclis argenti, et equus
centum quinquaginta. Atque in huc modum cuncti reges Hethaeorum et Syriae
equos venundabant.

Salomon depravatus a mulieribus

11 1 Rex autem Salomon adamavit
mulieres alienigenas multas, filiam,
quoque Pharaonis, et Moabitidas, et Ammonitidas, Idumaeas, et Sidonias, et He-
thaeas: 2 de gentibus, super quibus dixit

11: 3 Reg 9,27-28. — 14-28: 2 Par 9,13-38. — 16: 3 Reg 14,26. — 17: 3 Reg 7,2; Is 22,8. — 22: 3 Reg 9,27; 1 Par 1,7; 2 Par 20,36-37. — 23: 3 Reg 3,12-13; 4,30. — 26-29: 2 Par 1,14-17. — 26: 3 Reg 4,26; 2 Par 9,25. — 27: Eccli 47,20. 28: 2 Par 9,28.

11 1: Deut 17,17; Neh 13,26; Eccli 47,21. — 2: Ex 34,16; Deut 7,2-4. — 5-7: 4 Reg

Dominus filiis Israel: Non ingrediemini ad
eas, neque de illis ingredientur ad vestras:
certissime enim avertent corda vestra ut
sequamini deos earum. His itaque co-
pulatus est Salomon ardentissimo amore. 3 Fueruntque ei uxores quasi reginae
septingentae, et concubinae trecentae: et
averterunt mulieres cor eius. 4 Cumque
iam esset senex, depravatum est cor eius
per mulieres, ut sequeretur deos alienos:
nec erat cor eius perfectum cum Domino
Deo suo, sicut cor David patris eius.
5 Sed colebat Salomon Astarthen deam
Sidoniorum, et Moloch idolum Ammonitarum. 6 Fecitque Salomon quod non placuerat coram Domino, et non adimplevit
ut sequeretur Dominum sicut David pater eius. 7 Tunc aedificavit Salomon fanum Chamos, idolo Moab, in monte qui
est contra Ierusalem, et Moloch idolo
filiorum Ammon. 8 Atque in hunc modum fecit universis uxoribus suis alienigenis, quae adolebant thura, et immolabant diis suis.

9 Igitur iratus est Dominus Salomoni,
quod aversa esset mens eius a Domino
Israel, qui apparuerat ei secundo, 10 et
praeceperat de verbo hoc ne sequeretur
deos alienos, et non custodivit quae mandavit ei Dominus. 11 Dixit itaque Dominus Salomoni: Quia habuisti hoc apud te,
et non custodisti pactum meum, et praecepta mea, quae mandavi tibi, disrumpens
scindam regnum tuum, et dabo illud servo
tuo. 12 Verumtamen in diebus tuis non faciam propter David patrem tuum: de
manu filii tui scindam illud, 13 nec totum
regnum auferam, sed tribum unam dabo
filio tuo propter David servum meum, et
Ierusalem quam elegi.

Seditiones in Salomonem

14 Suscitavit autem Dominus adversarium Salomoni Adad Idumaeum de semine regio, qui erat in Edom. 15 Cum enim
esset David in Idumaea, et ascendisset
Ioab princeps militiae ad sepeliendum eos
qui fuerant interfecti, et occidisset omnem
masculinum in Idumaea 16 (sex enim mensibus ibi moratus est Ioba, et omnis Israel, donec interimeret omne masculinum
in Idumaea), 17 fugit Adad ipse, et viri
Idumaei de servis patris eius cum eo, ut
ingrederetur Aegyptum: erat autem Adad
puer parvulus. 18 Cumque surrexissent de
Madian, venerunt in Pharan, tuleruntque
secum viros de Pharan, et introierunt Aegyptum ad Pharaonem regem Aegypti:
qui dedit ei domum, et cibos constituit,
et terram delegavit. 19 Et invenit Adad
gratiam coram Pharaone valde, in tantum ut daret ei uxorem, sororem uxoris
suae germanam Taphnes reginae. 20 Genuitque ei soror Taphnes Genubath filium,
et nutrivit eum Taphnes in domo Pharaonis: eratque Genubath habitans apud Pharaonem cum filiis eius. 21 Cumque audisset Adad in Aegypto, dormisse David cum
patribus suis, et mortuum esse Ioab principem militiae, dixit Pharaoni: Dimitte
me, ut vadam in terram meam. 22 Dixitque ei Pharao: Qua enim re apud me indiges, ut quaeras ire ad terram tuam? At
ille respondit: Nulla: sed obsecro te ut
dimittas me.

23 Suscitavit quoque ei Deus adversarium Razon filium Eliada, qui fugerat
Adarezer regem Soba dominum suum:
24 et congregavit contra eum viros, et factus est princeps latronum cum interficeret
eos David: abieruntque Damascum, et
habitaverunt ibi, et constituerunt eum regem in Damasco, 25 eratque adversarius
Israeli cunctis diebus Salomonis: et hoc
est malum Adad, et odium contra Israel,
regnavitque in Syria.

26 Ieroboam quoque filius Nabat, Ephrathaeus, de Sareda, servus Salomonis,
cuius mater erat nomine Sarva, mulier vidua, levavit manum contra regem. 27 Et
haec est causa rebellionis adversus eum,
quia Salomon aedificavit Mello, et coaequavit voraginem civitatis David patris
sui. 28 Erat autem Ieroboam vir fortis et
potens: vidensque Salomon adolescentem bonae indolis et industrium, constituerat eum praefectum super tributa universae domus Ioseph.

Prophetia Ahiae

29 Factum est igitur in tempore illo, ut
Ieroboam egrederetur de Ierusalem, et
inveniret eum Ahias Silonites propheta in
via, opertus pallio novo: erant autem duo
tantum in agro. 30 Apprehendensque
Ahias pallium suum novum, quo coopertus erat, scidit in duodecim partes. 31 Et
ait ad Ieroboam: Tolle tibi decem scissuras: haec enim dicit Dominus Deus Israel: Ecce ego scindam regnum de manu
Salomonis, et dabo tibi decem tribus.
32 Porro una tribus remanebit ei propter
servum meum David, et Ierusalem civitatem, quam elegi ex omnibus tribubus
Israel: 33 eo quod dereliquerit me, et adoraverit Astarthen deam Sidoniorum, et
Chamos deum Moab, et Moloch deum
filiorum Ammon: et non ambulaverit in
viis meis, ut faceret iustitiam coram me,
et praecepta mea et iudicia sicut David

23,10.14. — **9:** 3 Reg 3,5; 9,2. — **10:** 3 Reg 6,12; 9,6. — **12:** 3 Reg 12,16-19. — **13:** 3 Reg 12,20. — **15:** 2 Sam 8,14; 1 Par 18,12-13. — **18:** Num 10,12. — **21:** 3 Reg 2,10.34. — **23-24:** 2 Sam 8,3; 10,16-19. — **26:** 3 Reg 12,2; 2 Par 13,6. — **27:** 3 Reg 9,24. — **29:** 3 Reg 12,15;

pater eius. 34 Nec auferam omne regnum
de manu eius, sed ducem ponam eum
cunctis diebus vitae suae, propter David
servum meum, quem elegi, qui custodivit mandata mea et praecepta mea. 35 Auferam autem regnum de manu filii eius,
et dabo tibi decem tribus: 36 filio autem
eius dabo tribum unam, ut remaneat lucerna David servo meo cunctis diebus
coram me in Ierusalem civitate, quam elegi ut esset nomen meum ibi. 37 Te autem
assumam, et regnabis super omnia quae
desiderat anima tua, erisque rex super Israel. 38 Si igitur audieris omnia quae
praecepero tibi, et ambulaveris in viis
meis, et feceris quod rectum est coram
me, custodiens mandata mea et praecepta mea, sicut fecit David servus meus: ero
tecum, et aedificabo tibi domum fidelem,
quomodo aedificavi David domum, et
tradam tibi Israel: 39 et affligam semen
David super hoc, verumtamen non cunctis diebus. 40 Voluit ergo Salomon interficere Ieroboam: qui surrexit, et aufugit
in Aegyptum ad Sesac regem Aegypti, et
fuit in Aegypto usque ad mortem Salomonis.

Extrema Salomonis

41 Reliquum autem verborum Salomonis, et omnia quae fecit, et sapientia eius:
ecce universa scripta sunt in Libro verborum dierum Salomonis.
42 Dies autem, quos regnavit Salomon
in Ierusalem super omnem Israel, quadraginta anni sunt. 43 Dormivitque Salomon cum patribus suis, et sepultus est
in civitate David patris sui, regnabitque
Roboam filius eius pro eo.

PARS ALTERA

(12,1-22,54)

REGNORUM ISRAEL ET IUDA SYNCHRONISTICA HISTORIA USQUE AD MORTEM ACHAB ET IOSAPHAT

Populi petitio ad Roboam

12 1 Venit autem Roboam in Sichem:
illuc enim congregatus erat omnis
Israel ad constituendum eum regem. 2 At
vero Ieroboam filius Nabat, cum adhuc
esset in Aegypto profugus a facie regis
Salomonis, audita morte eius, reversus est
de Aegypto. 3 Miseruntque et vocaverunt
eum: venit ergo Ieroboam, et omnis multitudo Israel, et locuti sunt ad Roboam,
dicentes: 4 Pater tuus durissimum iugum
imposuit nobis: tu itaque nunc imminue
paululum de imperio patris tui durissimo,
et de iugo gravissimo quod imposuit nobis, et serviemus tibi. 5 Qui ait eis: Ite usque ad tertium diem, et revertimini ad me.
Cumque abiisset populus, 6 iniit consilium rex Roboam cum senioribus, qui assistebant coram Salomone patre eius, cum
adhuc viveret, et ait: Quod datis mihi
consilium, ut respondeam populo huic?
7 Qui dixerunt ei: Si hodie obedieris populo huic, et servieris, et petitioni eorum
cesseris, locutusque fueris ad eos verba
lenia, erunt tibi servi cunctis diebus. 8 Qui
dereliquit consilium senum, quod dederant ei, et adhibuit adolescentes, qui nutriti fuerant cum eo, et assistebant illi,
9 dixitque ad eos: Quod mihi datis consilium, ut respondeam populo huic, qui dixerunt mihi: Levius fac iugum quod imposuit pater tuus super nos? 10 Et dixerunt ei iuvenes qui nutriti fuerant cum
eo: Sic loqueris populo huic, qui locuti
sunt ad te, dicentes: Pater tuus aggravavit iugum nostrum, tu releva nos. Sic loqueris ad eos: Minimus digitus meus
grossior est dorso patris mei. 11 Et nunc
pater meus posuit super vos iugum grave, ego autem addam super iugum vestrum: pater meus cecidit vos flagellis, ego
autem caedam vos scorpionibus.
12 Venit ergo Ieroboam et omnis populus ad Roboam die tertia, sicut locutus
fuerat rex, dicens: Revertimini ad me die
tertia. 13 Respondítque rex populo dura,
derelicto consilio seniorum, quod ei dederant, 14 et locutus est eis secundum consilium iuvenum, dicens: Pater meus aggravavit iugum vestrum, ego autem addam iugo vestro: pater meus cecidit vos
flagellis, ego autem caedam vos scorpionibus. 15 Et non acquievit rex populo:
quoniam aversatus fuerat eum Dominus,
ut suscitaret verbum suum, quod locutus
fuerat in manu Ahiae Silonitae, ad Ieroboam filium Nabat.

Scissio regni davidici

16 Videns itaque populus quod noluisset eos audire rex, respondit ei dicens:
Quae nobis pars in David? vel quae haereditas in filio Isai? Vade in tabernacula
tua Israel, nunc vide domum tuam David.
Et abiit Israel in tabernacula sua. 17 Super
filios autem Israel, quicumque habitabant
in civitatibus Iuda, regnavit Roboam.
18 Misit ergo rex Roboam Aduram, qui
erat super tributa: et lapidavit eum om-

14,2; 15,29; 2 Par 10,15. — **34:** 2 Sam 7,12. — **35:** 3 Reg 12,16-17. — **36:** 3 Reg 9,3; 12,20. **40:** 3 Reg 14,25; 2 Par 12,2.5.7.9. — **41:-43:** 2 Par 9,29-31. — **43:** Mt 1,7.

12 **1-19:** 2 Par 10,1-19. — **1:** Iud 9,6. — **2:** 3 Reg 11,26.40. — **4:** 3 Reg 4,7,22; 9,15. — **15:** 3 Reg 11,11.31. — **16:** 2 Sam 20,1. — **17:** 3 Reg 11,13.32.36. — **18:** 3 Reg 4,6;

nis Israel, et mortuus est. Porro rex Roboam festinus ascendit currum, et fugit in
Ierusalem: 19 recessitque Israel a domo
David, usque in praesentem diem.
20 Factum est autem cum audisset omnis Israel, quod reversus esset Ieroboam,
miserunt, et vocaverunt eum congregato
coetu, et constituerunt eum regem super
omnem Israel, nec secutus est quisquam
domum David praeter tribum Iuda solam. 21 Venit autem Roboam Ierusalem,
et congregavit universam domum Iuda, et
tribum Beniamin, centum octoginta millia electorum virorum bellatorum, ut pugnarent contra domum Israel, et reduce-
rent regnum Roboam filio Salomonis.
22 Factus est autem sermo Domini ad
Semeiam virum Dei, dicens: 23 Loquere
ad Roboam filium Salomonis regem Iuda,
et ad omnem domum Iuda, et Beniamin,
et reliquos de populo, dicens: 24 Haec dicit Dominus: Non ascendetis, neque bel-
labitis contra fratres vestros filios Israel:
revertatur vir in domum suam, a me enim
factum est verbum hoc. Audierunt sermonem Domini, et reversi sunt de itinere, sicut eis praeceperat Dominus.

Confirmatur regnum Ieroboam

25 Aedificavit autem Ieroboam Sichem
in monte Ephraim, et habitavit ibi: et
egressus inde aedificavit Phanuel.
26 Dixitque Ieroboam in corde suo:
Nunc revertetur regnum ad domum David, 27 si ascenderit populus iste ut faciat
sacrificia in domo Domini in Ierusalem:
et convertetur cor populi huius ad dominum suum Roboam regem Iuda, inter-
ficientque me, et revertentur ad eum. 28 Et
excogitato consilio fecit duos vitulos aureos, et dixit eis: Nolite ultra ascendere
in Ierusalem: Ecce dii tui Israel, qui te
eduxerunt de terra Aegypti. 29 Posuitque
unum in Bethel, et alterum in Dan: 30 et
factum est verbum hoc in peccatum: ibat
enim populus ad adorandum vitulum usque in Dan. 31 Et fecit fana in excelsis, et
sacerdotes de extremis populi, qui non
erant de filiis Levi. 32 Constituitque diem
solemnem in mense octavo, quintadecima
die mensis, in similitudinem solemnitatis
quae celebrabatur in Iuda. Et ascendens
altare, similiter fecit in Bethel, ut immolaret vitulis, quos fabricatus fuerat: constituitque in Bethel sacerdotes excelsorum,
quae fecerat. 33 Et ascendit super altare
quod extruxerat in Bethel, quintadecima
die mensis octavi, quem finxerat de corde
suo: et fecit solemnitatem filiis Israel, et
ascendit super altare, ut adoleret incensum.

Propheta Dei in Ieroboam

13 1 Et ecce vir Dei venit de Iuda in
sermone Domini in Bethel, Ieroboam stante super altare, et thus iacien-
te. 2 Et exclamavit contra altare in sermone Domini, et ait: Altare, altare, haec dicit Dominus: Ecce filius nascetur domui
David, Iosias nomine, et immolabit super
te sacerdotes excelsorum, qui nunc in te
thura succendunt, et ossa hominum super
te incendet. 3 Deditque in illa die signum,
dicens: Hoc erit signum quod locutus est
Dominus: Ecce altare scindetur, et effundetur cinis qui in eo est.
4 Cumque audisset rex sermonem hominis Dei, quem inclamaverat contra altare in Bethel, extendit manum suam de
altari, dicens: Apprehendite eum. Et exaruit manus eius, quam extenderat contra
eum: nec valuit retrahere eam ad se.
5 Altare quoque scissum est, et effusus
est cinis de altari, iuxta signum quod praedixerat vir Dei in sermone Domini. 6 Et
ait rex ad virum Dei: Deprecare faciem
Domini Dei tui, et ora pro me, ut resti-
tuatur manus mea mihi. Oravitque vir
Dei faciem Domini, et reversa est manus regis ad eum, et facta est sicut prius
fuerat. 7 Locutus est autem rex ad virum
Dei: Veni mecum domum ut prandeas, et
dabo tibi munera. 8 Responditque vir Dei
ad regem: Si dederis mihi mediam partem domus tuae, non veniam tecum, nec
comedam panem, neque bibam aquam in
loco isto: 9 sic enim mandatum est mihi
in sermone Domini praecipientis: Non comedes panem, neque bibes aquam, nec
reverteris per viam qua venisti. 10 Abiit
ergo per aliam viam, et non est reversus
per iter quo venerat in Bethel.

Propheta ab alio propheta invitatus

11 Prophetes autem quidam senex habitabat in Bethel, ad quem venerunt filii
sui, et narraverunt ei omnia opera, quae
fecerat vir Dei illa die in Bethel: et verba
quae locutus fuerat ad regem, narraverunt patri suo. 12 Et dixit eis pater eorum:
Per quam viam abiit? Ostenderunt ei filii
sui viam, per quam abierat vir Dei, qui
venerat de Iuda. 13 Et ait filiis suis: Sternite mihi asinum. Qui cum stravissent, ascendit, 14 et abiit post virum Dei, et in-

5,14. — **19:** 4 Reg 17,21. — **21-24:** 2 Par 11,1-4. — **22:** 2 Par 12,5.7.15. — **27:** Deut 12,5-6. — **28:** Ex 32,4.8; 3 Reg 14,9; 4 Reg 10,29; 17,16; 2 Par 11,15; 13,8; Os 8,5-6; 10,5; 13,2. — **31:** 3 Reg 13,32-33; 2 Par 11,14-15; 13,9. — **32:** 3 Reg 13,2; Am 7,13. — **33:** 3 Reg 13,1.

13 **1-2:** 3 Reg 12,33; 4 Reg 23,15-17. — **11:** 4 Reg 23,18. — **16:** 3 Reg 13,8-9. — **17:**

venit eum sedentem subtus terebinthum:
et ait illi: Tune es vir Dei qui venisti de
Iuda? Respondit ille: Ego sum. 15 Dixitque ad eum: Veni mecum domum, ut
comedas panem. 16 Qui ait: Non possum
reverti, neque venire tecum, nec comedam
panem, neque bibam aquam in loco isto:
17 quia locutus est Dominus ad me in sermone Domini, dicens: Non comedes panem, et non bibes aquam ibi, nec reverteris per viam qua ieris. 18 Qui ait illi: Et
ego propheta sum similis tui: et angelus
locutus est mihi in sermone Domini, dicens: Reduc eum tecum in domum tuam,
ut comedat panem, et bibat aquam. Fe-
fellit eum, 19 et reduxit secum: comedit
ergo panem in domo eius, et bibit aquam.
20 Cumque sederent ad mensam, factus
est sermo Domini ad prophetam, qui reduxerat eum. 21 Et exclamavit ad virum
Dei, qui venerat de Iuda, dicens: Haec dicit Dominus: Quia non obediens fuisti ori
Domini, et non custodisti mandatum quod
praecepit tibi Dominus Deus tuus, 22 et
reversus es, et comedisti panem, et bibisti
aquam in loco in quo praecepit tibi ne comederes panem, neque biberes aquam,
non inferetur cadaver tuum in sepulchrum
patrum tuorum.

Propheta a leone occisus

23 Cumque comedisset et bibisset, stravit asinum suum prophetae, quem reduxerat. 24 Qui cum abiisset, invenit eum
leo in via, et occidit, et erat cadaver eius
proiectum in itinere: asinus autem stabat
iuxta illum, et leo stabat iuxta cadaver.
25 Et ecce, viri transeuntes viderunt cadaver proiectum in via, et leonem stantem iuxta cadaver. Et venerunt et divul-
gaverunt in civitate, in qua prophetes ille
senex habitabat. 26 Quod cum audisset
propheta ille, qui reduxerat eum de via,
ait: Vir Dei est, qui inobediens fuit ori
Domini, et tradidit eum Dominus leoni,
et confregit eum, et occidit iuxta verbum
Domini, quod locutus est ei. 27 Dixitque
ad filios suos: Sternite mihi asinum. Qui
cum stravissent, 28 et ille abiisset, invenit
cadaver eius proiectum in via, et asinum
et leonem stantes iuxta cadaver: non comedit leo de cadavere, nec laesit asinum.
29 Tulit ergo prophetes cadaver viri Dei,
et posuit illud super asinum, et reversus
intulit in civitatem prophetae senis ut
plangeret eum. 30 Et posuit cadaver eius
in sepulchro suo, et planxerunt eum: Heu,
heu mi frater. 31 Cumque planxissent eum,
dixit ad filios suos: Cum mortuus fuero,
sepelite me in sepulchro, in quo vir Dei
sepultus est: iuxta ossa eius ponite ossa
mea. 32 Profecto enim veniet sermo, quem
praedixit in sermone Domini contra altare quod est in Bethel, et contra omnia
fana excelsorum, quae sunt in urbibus
Samariae.

Ieroboam perseverat in malo

33 Post verba haec non est reversus Ieroboam de via sua pessima, sed e contrario
fecit de novissimis populi sacerdotes excelsorum: quicumque volebat, implebat
manum suam, et fiebat sacerdos excelsorum. 34 Et propter hanc causam peccavit
domus Ieroboam, et eversa est, et deleta
de superficie terrae.

14 1 In tempore illo aegrotavit Abia
filius Ieroboam. 2 Dixitque Ieroboam uxori suae: Surge: et commuta
habitum, ne cognoscaris quod sis uxor
Ieroboam: et vade in Silo, ubi est Ahias
propheta, qui locutus est mihi, quod regnaturus essem super populum hunc. 3 Tolle quoque in manu tua decem panes, et
crustulam, et vas mellis, et vade ad illum:
ipse enim indicabit tibi quid eventurum
sit puero huic. 4 Fecit, ut dixerat, uxor
Ieroboam: et consurgens abiit in Silo, et
venit in domum Ahiae: at ille non poterat videre, quia caligaverant oculi eius
prae senectute.
5 Dixit autem Dominus ad Ahiam: Ecce uxor Ieroboam ingreditur ut consulat
te super filio suo qui aegrotat: haec et
haec loqueris ei. Cum ergo illa intraret,
et dissimularet se esse quae erat, 6 audivit Ahias sonitum pedum eius introeun-
tis per ostium, et ait: Ingredere uxor Ieroboam: quare aliam te esse simulas?
ego autem missus sum ad te durus nuntius. 7 Vade, et dic Ieroboam: Haec dicit
Dominus Deus Israel: Quia exaltavi te de
medio populi, et dedi te ducem super populum meum Israel: 8 et scidi regnum domus David, et dedi illud tibi, et non fuisti sicut servus meus David, qui custodivit
mandata mea, et secutus est me in toto
corde suo, faciens quod placitum esset in
conspectu meo: 9 sed operatus es mala
super omnes qui fuerunt ante te, et fecisti
tibi deos alienos et conflatiles, ut me ad
iracundiam provocares, me autem proiecisti post corpus tuum: 10 idcirco ecce ego
inducam mala super domum Ieroboam,
et percutiam de Ieroboam mingentem ad
parietem, et clausum, et novissimum in
Israel: et mundabo reliquias domus Ieroboam, sicut mundari solet fimus usque

3 Reg 13,1; 20,35. — **24:** 3 Reg 20,36. — **31-32:** 4 Reg 23, 15-20. — **33:** Iud 17,5. — **34:** 3 Reg 14,10; 15,29-30.

14 **2:** 3 Reg 11,29-31. — **3:** 1 Sam 9,7. — **7:** 3 Reg 11,37. — **8:** 3 Reg 11,31. — **9:** 3 Reg 12,28; 2 Par 11,14-15. — **10:** 3 Reg 15,29;

ad purum. 11 Qui mortui fuerint de Ieroboam in civitate, comedent eos canes: qui
autem mortui fuerint in agro, vorabunt
eos aves caeli: quia Dominus locutus est.
12 Tu igitur surge, et vade in domum
tuam: et in ipso introitu pedum tuorum
in urbem, morietur puer, 13 et planget eum
omnis Israel, et sepeliet: iste enim solus
inferetur de Ieroboam in sepulchrum, quia
inventus est super eo sermo bonus a Domino Deo Israel, in domo Ieroboam.
14 Constituet autem sibi Dominus regem
super Israel, qui percutiet domum Ieroboam in hac die, et in hoc tempore: 15 et
percutiet Dominus Deus Israel, sicut moveri solet arundo in aqua: et evellet Israel de terra bona hac, quam dedit patribus eorum, et ventilabit eos trans flumen:
quia fecerunt sibi lucos, ut irritarent Dominum. 16 Et tradet Dominus Israel propter peccata Ieroboam, qui peccavit, et peccare fecit Israel.

17 Surrexit itaque uxor Ieroboam, et
abiit, et venit in Thersa: cumque illa ingrederetur limen domus, puer mortuus
est, 18 et sepelierunt eum. Et planxit eum
omnis Israel iuxta sermonem Domini,
quem locutus est in manu servi sui Ahiae
prophetae.

Finis Ieroboam

19 Reliqua autem verborum Ieroboam,
quomodo pugnaverit, et quomodo regnaverit, ecce scripta sunt in Libro verborum
dierum regum Israel.

20 Dies autem, quibus regnavit Ieroboam, viginti duo anni sunt: et dormivit
cum patribus suis: regnavitque Nadab
filius eius pro eo.

Regnum Iuda sub Roboam

21 Porro Roboam filius Salomonis regnavit in Iuda. Quadraginta et unius anni
erat Roboam, cum regnare coepisset: decem et septem annos regnavit in Ierusalem civitate, quam elegit Dominus ut poneret nomen suum ibi, ex omnibus tribubus Israel. Nomen autem matris eius
Naama Ammanitis.

22 Et fecit Iudas malum coram Domino, et irritaverunt eum super omnibus,
quae fecerant patres eorum in peccatis
suis quae peccaverunt. 23 Aedificaverunt
enim et ipsi sibi aras, et statuas, et lucos
super omnem collem excelsum, et subter
omnem arborem frondosam: 24 sed et effeminati fuerunt in terra, feceruntque omnes abominationes gentium, quas attrivit
Dominus ante faciem filiorum Israel.

25 In quinto autem anno regni Roboam,
ascendit Sesac rex Aegypti in Ierusalem,
26 et tulit thesauros domus Domini, et thesauros regios, et universa diripuit: scuta
quoque aurea, quae fecerat Salomon:
27 pro quibus fecit rex Roboam scuta aerea, et tradidit ea in manum ducum scutariorum, et eorum qui excubabant ante
ostium domus regis. 28 Cumque ingrederetur rex in domum Domini, portabant
ea qui praeeundi habebant officium: et
postea reportabant ad armamentarium
scutariorum.

29 Reliqua autem sermonum Roboam,
et omnia quae fecit, ecce scripta sunt in
Libro sermonum dierum regum Iuda.
30 Fuitque bellum inter Roboam et Ieroboam cunctis diebus. 31 Dormivitque Roboam cum patribus suis, et sepultus est
cum eis in civitate David: nomen autem
matris eius Naama Ammanitis: et regnavit Abiam filius eius pro eo.

Abiam rex Iuda

15 1 Igitur in octavo decimo anno regni Ieroboam filii Nabat, regnavit
Abiam super Iudam. 2 Tribus annis regnavit in Ierusalem: nomen matris eius
Maacha filia Abessalom. 3 Ambulavitque
in omnibus peccatis patris sui, quae fecerat ante eum: nec erat cor eius perfectum
cum Domino Deo suo, sicut cor David
patris eius. 4 Sed propter David dedit ei
Dominus Deus suus lucernam in Ierusalem, ut suscitaret filium eius post eum, et
statueret Ierusalem: 5 eo quod fecisset
David rectum in oculis Domini, et non
declinasset ab omnibus, quae praeceperat ei cunctis diebus vitae suae, excepto
sermone Uriae Hethaei. 6 Attamen bellum fuit inter Roboam et Ieroboam omni tempore vitae eius.

7 Reliqua autem sermonum Abiam, et
omnia quae fecit, nonne haec scripta sunt
in Libro verborum dierum regum Iuda?
Fuitque praelium inter Abiam et inter
Ieroboam. 8 Et dormivit Abiam cum patribus suis, et sepelierunt eum in civitate
David, regnavitque Asa filius eius pro eo.

Asa rex Iuda

9 In anno ergo vigesimo Ieroboam regis
Israel regnavit Asa rex Iuda, 10 et quadraginta et uno anno regnavit in Ierusalem.

21,21. — **11:** 3 Reg 16,4; 21,24. — **14:** 3 Reg 15,27-29. — **15:** Ex 34,14; Deut 12,3. — **16:** 3 Reg 12,30; 13,34; 16,2.19. — **17:** 3 Reg 15,21.33; 16,6.8.15.23. — **19:** 2 Par 13,2-20. — **20:** 3 Reg 15,25. — **21-22:** 2 Par 12,13-14. — **21:** 3 Reg 11,32.36; 12,17. — **23:** Deut 12,2-3. — **24:** Deut 23,17; 3 Reg 15,12; 22,47. — **25-28:** 2 Par 12,2.9-11. — **25:** 3 Reg 11,40. — **26:** 3 Reg 10,16. — **29-31:** 2 Par 12,15-16. — **30:** 3 Reg 12,21-24; 15,6. — **31:** Mt 1,7.

15 **1-2:** 2 Par 13,1-2. — **4:** 3 Reg 11,36. — **5:** 2 Sam 11,4.27; 12,9; 3 Reg 9,4; 14,8. — **6:** 3 Reg 14,30. — **7:** 2 Par 13,2-22. — **8:**

Nomen matris eius Maacha, filia Abessalom.
11 Et fecit Asa rectum ante conspectum
Domini, sicut David pater eius: 12 et abstulit effeminatos de terra, purgavitque
universas sordes idolorum, quae fecerant
patres eius. 13 Insuper et Maacham matrem suam amovit, ne esset princeps in
sacris Priapi, et in luco eius, quem consecraverat: subvertitque specum eius, et
confregit simulacrum turpissimum, et
combussit in torrente Cedron: 14 excelsa
autem non abstulit. Verumtamen cor Asa
perfectum erat cum Domino cunctis diebus suis: 15 et intulit ea, quae sanctificaverat pater suus, et voverat, in domum
Domini, argentum et aurum, et vasa.

Eius bellum cum Baasa

16 Bellum autem erat inter Asa, et Baasa regem Israel cunctis diebus eorum.
17 Ascendit quoque Baasa rex Israel in Iudam, et aedificavit Rama, ut non posset
quispiam egredi vel ingredi de parte Asa
regis Iuda. 18 Tollens itaque Asa omne argentum et aurum, quod remanserat in
thesauris domus Domini, et in thesauris
domus regiae, et dedit illud in manus servorum suorum: et misit ad Benadad filium
Tabremon filii Hezion, regem Syriae, qui
habitabat in Damasco, dicens: 19 Foedus
est inter me et te, et inter patrem meum et
patrem tuum: ideo misi tibi munera, argentum et aurum: et peto ut venias, et irritum facias foedus, quod habes cum Baasa rege Israel, et recedat a me. 20 Acquiescens Benadad regi Asa, misit principes
exercitus sui in civitates Israel, et percusserunt Ahion, et Dan, et Abeldomum Maacha, et universam Cenneroth, omnem scilicet terram Nephthali. 21 Quod cum audisset Baasa, intermisit aedificare Rama,
et reversus est in Thersa. 22 Rex autem
Asa nuntium misit in omnem Iudam, dicens: Nemo sit excusatus. Et tulerunt lapides de Rama, et ligna eius, quibus aedificaverat Baasa, et extruxit de eis rex Asa
Gabaa Beniamin, et Maspha.
23 Reliqua autem omnium sermonum
Asa, et universae fortitudines eius, et
cuncta quae fecit, et civitates quas extruxit, nonne haec scripta sunt in Libro verborum dierum regum Iuda? Verumtamen
in tempore senectutis suae doluit pedes.
24 Et dormivit cum patribus suis, et sepultus est cum eis in civitate David patris sui.
Regnavitque Iosaphat filius eius pro eo.

Nadab rex Israel

25 Nadab vero filius Ieroboam regnavit
super Israel anno secundo Asa regis Iuda:
regnavitque super Israel duobus annis.
26 Et fecit quod malum est in conspectu
Domini, et ambulavit in viis patris sui, et
in peccatis eius, quibus peccare fecit Israel.
27 Insidiatus est autem ei Baasa filius
Ahiae de domo Issachar, et percussit eum
in Gebbethon, quae est urbs Philisthinorum: siquidem Nadab et omnis Israel obsidebant Gebbethon. 28 Interfecit ergo illum Baasa in anno tertio Asa regis Iuda
et regnavit pro eo. 29 Cumque regnasset,
percussit omnem domum Ieroboam: non
dimisit ne unam quidem animam de semine eius, donec deleret eum iuxta verbum Domini, quod locutus fuerat in manu servi sui Ahiae Silonitis, 30 propter peccata Ieroboam, quae peccaverat, et quibus peccare fecerat Israel: et propter delictum, quo irritaverat Dominum Deum
Israel.
31 Reliqua autem sermonum Nadab, et
omnia quae operatus est, nonne haec
scripta sunt in Libro verborum dierum
regum Israel? 32 Fuitque bellum inter Asa,
et Baasa regem Israel, cunctis diebus eorum.

Baasa rex Israel

33 Anno tertio Asa regis Iuda regnavit
Baasa filius Ahiae, super omnem Israel,
in Thersa, viginti quatuor annis. 34 Et fecit malum coram Domino, ambulavitque
in via Ieroboam, et in peccatis eius, quibus peccare fecit Israel.

16 1 Factus est autem sermo Domini
ad Iehu filium Hanani contra Baasa, dicens: 2 Pro eo quod exaltavi te de
pulvere, et posui te ducem super populum meum Israel, tu autem ambulasti in
via Ieroboam, et peccare fecisti populum
meum Israel, ut me irritares in peccatis
eorum: 3 ecce, ego demetam posteriora
Baasa, et posteriora domus eius: et faciam domum tuam sicut domum Ieroboam filii Nabat. 4 Qui mortuus fuerit de
Baasa in civitate, comedent eum canes:
et qui mortuus fuerit ex eo in regione, comedent eum volucres caeli.
5 Reliqua autem sermonum Baasa, et
quaecumque fecit, et praelia eius, nonne
haec scripta sunt in Libro verborum dierum regum Israel? 6 Dormivit ergo Baasa

2 Par 14,1. — **11:** 2 Par 14,2. — **12:** 3 Reg 14,24. — **13-15:** 2 Par 15,16-18. — **16-18:** 2 Par 16,1-6. — **18:** 3 Reg 14,26; 20,1. — **19:** 2 Par 16,7. — **21:** 3 Reg 14,17; 13,17. — **23-24:** 2 Par 16,11-14. — **24:** 3 Reg 22,41. — **25:** 3 Reg 14,20. — **27:** 3 Reg 14,14; 16,15. — **29:** 3 Reg 14,10-11; 21,22. — **32:** 3 Reg 15,16.

16 **1:** 2 Par 16,7; 19,2; 20,34. — **3:** 3 Reg 15,29. — **4:** 3 Reg 14,11; 21,24. — **5:** 2 Par 16,1. — **6:** 3 Reg 14,17; 15,21. — **9:** 4 Reg 9,

cum patribus suis, sepultusque est in Thersa: et regnavit Ela filius eius pro eo.
7 Cum autem in manu Iehu filii Hanani
prophetae verbum Domini factum esset
contra Baasa, et contra domum eius, et
contra omne malum quod fecerat coram
Domino, ad irritandum eum in operibus
manuum suarum, ut fieret sicut domus
Ieroboam: ob hanc causam occidit eum,
hoc est, Iehu filium Hanani, prophetam.

Ela rex Israel

8 Anno vigesimo sexto Asa regis Iuda,
regnavit Ela filius Baasa super Israel in
Thersa duobus annis. 9 Et rebellavit contra eum servus suus Zambri, dux mediae
partis equitum: erat autem Ela in Thersa bibens, et temulentus in domo Arsa
praefecti Thersa. 10 Irruens ergo Zambri,
percussit, et occidit eum, anno vigesimo
septimo Asa regis Iuda, et regnavit pro
eo. 11 Cumque regnasset, et sedisset super
solium eius, percussit omnem domum
Baasa, et non dereliquit ex ea mingentem
ad parietem, et propinquos et amicos eius.
12 Delevitque Zambri omnem domum
Baasa, iuxta verbum Domini, quod locutus fuerat ad Baasa in manu Iehu prophetae, 13 propter universa peccata Baasa, et
peccata Ela filii eius, qui peccaverunt, et
peccare fecerunt Israel, provocantes Dominum Deum Israel in vanitatibus suis.
14 Reliqua autem sermonum Ela, et omnia quae fecit, nonne haec scripta sunt in
Libro verborum dierum regum Israel?

Zambri rex Israel

15 Anno vigesimo septimo Asa regis
Iuda, regnavit Zambri septem diebus in
Thersa: porro exercitus obsidebat Gebbethon urbem Philisthinorum. 16 Cumque
audisset rebellasse Zambri, et occidisse regem, fecit sibi regem omnis Israel Amri,
qui erat princeps militiae super Israel in
die illa in castris. 17 Ascendit ergo Amri,
et omnis Israel cum eo, de Gebbethon, et
obsidebant Thersa. 18 Videns autem Zambri quod expugnanda esset civitas, ingressus est palatium, et succendit se cum domo regia: et mortuus est 19 in peccatis
suis, quae peccaverat faciens malum coram Domino, et ambulans in via Ieroboam, et in peccato eius, quo fecit peccare Israel.
20 Reliqua autem sermonum Zambri, et
insidiarum eius, et tyrannidis, nonne haec
scripta sunt in Libro verborum dierum
regum Israel?
21 Tunc divisus est populus Israel in
duas partes: media pars populi sequebatur Thebni filium Gineth, ut constitueret
eum regem: et media pars Amri. 22 Praevaluit autem populus qui erat cum Amri,
populo qui sequebatur Thebni filium Gineth: mortuusque est Thebni, et regnavit
Amri.

Amri rex Israel

23 Anno trigesimo primo Asa regis Iuda,
regnavit Amri super Israel, duodecim annis: in Thersa regnavit sex annis. 24 Emitque montem Samariae a Somer duobus
talentis argenti: et aedificavit eum, et vocavit nomen civitatis, quam extruxerat,
nomine Semer domini montis, Samariam.
25 Fecit autem Amri malum in conspectu
Domini, et operatus est nequiter, super
omnes qui fuerunt ante eum. 26 Ambulavitque in omni via Ieroboam filii Nabat,
et in peccatis eius quibus peccare fecerat
Israel: ut irritaret Dominum Deum Israel
in vanitatibus suis.
27 Reliqua autem sermonum Amri, et
praelia eius, quae gessit, nonne haec scripta sunt in Libro verborum dierum regum
Israel? 28 Dormivitque Amri cum patribus
suis, et sepultus est in Samaria: regnavitque Achab filius eius pro eo

Achab rex Israel

29 Achab vero filius Amri regnavit super Israel anno trigesimo octavo Asa regis Iuda. Et regnavit Achab filius Amri
super Israel in Samaria viginti et duobus
annis. 30 Et fecit Achab filius Amri malum in conspectu Domini super omnes
qui fuerunt ante eum. 31 Nec suffecit ei ut
ambularet in peccatis Ieroboam filii Nabat: insuper duxit uxorem Iezabel filiam
Ethbaal regis Sidoniorum. Et abiit, et servivit Baal, et adoravit eum. 32 Et posuit
aram Baal in templo Baal, quod aedificaverat in Samaria, 33 et plantavit lucum:
et addidit Achab in opere suo, irritans
Dominum Deum Israel super omnes reges Israel qui fuerunt ante eum.
34 In diebus eius aedificavit Hiel de Bethel Iericho: in Abiram primitivo suo fundavit eam, et in Segub novissimo suo posuit portas eius: iuxta verbum Domini,
quod locutus fuerat in manu Iosue filii
Nun.

31. — **12:** 3 Reg 16,2-4. — **15:** 3 Reg 15,27. — **16:** 3 Reg 16,9-10. — **25:** Mich 6,16. — **30:** 3 Reg 21,25. — **31:** Ex 34,16; Deut 7,3; 3 Reg 21,26; 4 Reg 3,2; 10,18. — **33:** 3 Reg 18,19; 4 Reg 21,3. — **34:** Ios 6,26.

Elias praedicit siccitatem

17 1 Et dixit Elias Thesbites de habitatoribus Galaad ad Achab: Vivit
Dominus Deus Israel, in cuius conspectu
sto, si erit annis his ros et pluvia, nisi iuxta oris mei verba.
2 Et factum est verbum Domini ad eum,
dicens: 3 Recede hinc, et vade contra
orientem, et abscondere in torrente Carith, qui est contra Iordanem, 4 et ibi de
torrente bibes: corvisque praecepi ut pascant te ibi. 5 Abiit ergo, et fecit iuxta verbum Domini: cumque abiisset, sedit in
torrente Carith, qui est contra Iordanem.
6 Corvi quoque deferebant ei panem et
carnes mane, similiter panem et carnes
vesperi, et bibebat de torrente. 7 Post dies
autem siccatus est torrens: non enim plue-
rat super terram.

Elias apud viduam Sarephtae

8 Factus est ergo sermo Domini ad eum,
dicens: 9 Surge, et vade in Sarephta Sidoniorum, et manebis ibi: praecepi enim ibi
mulieri viduae ut pascat te. 10 Surrexit, et
abiit in Sarephta. Cumque venisset ad
portam civitatis, apparuit ei mulier vidua
colligens ligna, et vocavit eam, dixitque
ei: Da mihi paululum aquae in vase ut
bibam. 11 Cumque illa pergeret ut afferret,
clamavit post tergum eius, dicens: Affer
mihi, obsecro, et buccellam panis in manu
tua. 12 Quae respondit: Vivit Dominus
Deus tuus, quia non habeo panem, nisi
quantum pugillus capere potest farinae
in hydria, et paululum olei in lecytho: en
colligo duo ligna ut ingrediar et faciam
illum mihi et filio meo, ut comedamus, et
moriamur. 13 Ad quam Elias ait: Noli timere, sed vade, et fac sicut dixisti: verumtamen mihi primum fac de ipsa farinula
subcinericium panem parvulum, et affer
ad me: tibi autem et filio tuo facies postea. 14 Haec autem dicit Dominus Deus
Israel: Hydria farinae non deficiet, nec
lecythus olei minuetur usque ad diem in
qua Dominus daturus est pluviam super
faciem terrae. 15 Quae abiit, et fecit iuxta
verbum Eliae: et comedit ipse, et illa, et
domus eius: et ex illa die 16 hydria farinae
non defecit, et lecythus olei non est im-
minutus, iuxta verbum Domini, quod locutus fuerat in manu Eliae.
17 Factum est autem post haec, aegrotavit filius mulieris matris familias, et erat
languor fortissimus, ita ut non remaneret
in eo halitus. 18 Dixit ergo ad Eliam: Quid
mihi et tibi vir Dei? ingressus es ad me,
ut rememorarentur iniquitates meae, et
interficeres filium meum? 19 Et ait ad eam
Elias: Da mihi filium tuum. Tulitque eum
de sinu eius, et portavit in coenaculum
ubi ipse manebat, et posuit super lectulum suum. 20 Et clamavit ad Dominum,
et dixit: Domine Deus meus, etiamne viduam, apud quam ego utcumque susten-
tor, afflixisti ut interficeres filium eius?
21 Et expandit se, atque mensus est super
puerum tribus vicibus, et clamavit ad Dominum, et ait: Domine Deus meus, revertatur obsecro anima pueri huius in viscera eius. 22 Et exaudivit Dominus vocem
Eliae: et reversa est anima pueri intra
eum, et revixit. 23 Tulitque Elias puerum,
et deposuit eum de coenaculo in inferiorem domum, et tradidit matri suae, et ait
illi: En vivit filius tuus. 24 Dixitque mulier ad Eliam: Nunc in isto cognovi quoniam vir Dei es tu, et verbum Domini in
ore tuo verum est.

Elias missus ad Achab

18 1 Post dies multos factum est verbum Domini ad Eliam, in anno
tertio, dicens: Vade, et ostende te Achab,
ut dem pluviam super faciem terrae. 2 Ivit
ergo Elias, ut ostenderet se Achab: erat
autem fames vehemens in Samaria.
3 Vocavitque Achab Abdiam dispensatorem domus suae: Abdias autem timebat Dominum valde. 4 Nam cum interficeret Iezabel prophetas Domini, tulit ille
centum prophetas, et abscondit eos quinquagenos et quinquagenos in speluncis,
et pavit eos pane et aqua. 5 Dixit ergo
Achab ad Abdiam: Vade in terram ad
universos fontes aquarum, et in cunctas
valles, si forte possimus invenire herbam,
et salvare equos et mulos, et non penitus
iumenta intereant. 6 Diviseruntque sibi regiones, ut circuirent eas: Achab ibat per
viam unam, et Abdias per viam alteram
seorsum.
7 Cumque esset Abdias in via, Elias occurrit ei: qui cum cognovisset eum, cecidit super faciem suam, et ait: Num tu es,
domine mi, Elias? 8 Cui ille respondit:
Ego. Vade, et dic domino tuo: Adest
Elias. 9 Et ille, quid peccavi, inquit, quoniam tradis me servum tuum in manu
Achab, ut interficiat me? 10 Vivit Dominus Deus tuus, quia non est gens aut regnum, quo non miserit dominus meus te
requirens: et respondentibus cunctis: Non
est hic: adiuravit regna singula et gentes,
eo quod minime repertireris. 11 Et nunc tu
dicis mihi: Vade, et dic domino tuo:
Adest Elias. 12 Cumque recessero a te,
Spiritus Domini asportabit te in locum
quem ego ignoro: et ingressus nuntiabo
Achab, et non inveniens te, interficiet me:

17 1: Eccli 48,1.3; Lc 4,25; Iac 5,17. — 9: Lc 4,26. — 21: 4 Reg 4,34-35.

18 12: 4 Reg 2,16; Ez 8,3; Act 8,39. — 18: 3 Reg 16,31-32. — 19: 4 Reg 3,13. — 22:

servus autem tuus timet Dominum ab infantia sua. 13 Numquid non indicatum est
tibi domino meo, quid fecerim cum interficeret Iezabel prophetas Domini, quod
absconderim de prophetis Domini centum viros, quinquagenos et quinquagenos,
in speluncis, et paverim eos pane et aqua?
14 Et nunc tu dicis: Vade, et dic domino
tuo: Adest Elias: ut interficiat me?
15 Et dixit Elias: Vivit Dominus exercituum, ante cuius vultum sto, quia hodie
apparebo ei. 16 Abiit ergo Abdias in occursum Achab, et indicavit ei: Venitque
Achab in occursum Eliae. 17 Et cum vidisset eum, ait: Tune es ille, qui conturbas Israel? 18 Et ille ait: Non ego turbavi
Israel, sed tu, et domus patris tui, qui dereliquistis mandata Domini, et secuti estis Baalim.

Elias cum prophetis Baal in Carmelo

19 Verumtamen nunc mitte, et congrega ad me universum Israel in monte Carmeli, et prophetas Baal quadringentos
quinquaginta, prophetasque lucorum quadringentos, qui comedunt de mensa Iezabel.
20 Misit Achab ad omnes filios Israel,
et congregavit prophetas in monte Carmeli. 21 Accedens autem Elias ad omnem
populum, ait: Usquequo claudicatis in
duas partes? si Dominus est Deus, sequimini eum: si autem Baal, sequimini illum.
Et non respondit ei populus verbum. 22 Et
ait rursus Elias ad populum: Ego remansi propheta Domini solus: prophetae autem Baal quadringenti et quinquaginta viri sunt. 23 Dentur nobis duo boves, et illi
eligant sibi bovem unum, et in frusta caedentes ponant super ligna, ignem autem
non supponant: et ego faciam bovem alterum, et imponam super ligna, ignem autem non supponam. 24 Invocate nomina
deorum vestrorum, et ego invocabo nomen Domini mei: et Deus qui exaudierit
per ignem, ipse sit Deus. Respondens omnis populus ait: Optima propositio.
25 Dixit ergo Elias prophetis Baal: Eligite vobis bovem unum, et facite primi,
quia vos plures estis: et invocate nomina
deorum vestrorum, ignemque non suppo-
natis. 26 Qui cum tulissent bovem, quem
dederat eis, fecerunt: et invocabant nomen Baal de mane usque ad meridiem,
dicentes: Baal, exaudi nos. Et non erat
vox, nec qui responderet: transiliebantque
altare quod fecerant. 27 Cumque esset iam
meridies, illudebat illis Elias, dicens: Clamate voce maiore: Deus enim est, et forsitan loquitur, aut in diversorio est, aut
in itinere, aut certe dormit, ut excitetur.
28 Clamabant ergo voce magna, et incide-
bant se iuxta ritum suum cultris et lan-
ceolis, donec perfunderentur sanguine.
29 Postquam autem transiit meridies, et
illis prophetantibus venerat tempus quo
sacrificium offeri solet, nec audiebatur
vox, nec aliquis respondebat, nec atten-
debat orantes: 30 dixit Elias omni populo: Venite ad me. Et accedente ad se populo, curavit altare Domini, quod de-
structum fuerat. 31 Et tulit duodecim lapides iuxta numerum tribuum filiorum Iacob, ad quem factus est sermo Domini,
dicens: Israel erit nomen tuum. 32 Et aedificavit de lapidibus altare in nomine Domini: fecitque aquaeductum, quasi per
duas aratiunculas in circuitu altaris, 33 et
composuit ligna: divisitque per membra
bovem, et posuit super ligna, 34 et ait: Implete quatuor hydrias aqua, et fundite super holocaustum: et super ligna. Rursumque dixit: Etiam secundo hoc facite. Qui
cum fecissent secundo, ait: Etiam tertio
idipsum facite. Feceruntque tertio, 35 et
currebant aquae circum altare, et fossa
aquaeductus repleta est.
36 Cumque iam tempus esset ut offerretur holocaustum, accedens Elias propheta ait: Domine Deus Abraham, et Isaac, et Israel, ostende hodie quia tu es Deus
Israel, et ego servus tuus, et iuxta praeceptum tuum feci omnia verba haec. 37 Exaudi me Domine, exaudi me: ut discat populus iste, quia tu es Dominus Deus, et
tu convertisti cor eorum iterum. 38 Cecidit autem ignis Domini, et voravit holocaustum, et ligna, et lapides, pulverem
quoque, et aquam quae erat in aquaeductu lambens. 39 Quod cum vidisset omnis
populus, cecidit in faciem suam, et ait:
Dominus ipse est Deus, Dominus ipse est
Deus. 40 Dixitque Elias ad eos: Apprehendite prophetas Baal, et ne unus quidem
effugiat ex eis. Quos cum apprehendissent, duxit eos Elias ad torrentem Cison,
et interfecit eos ibi.

Ad Eliae orationem Deus dat pluviam

41 Et ait Elias ad Achab: Ascende, comede, et bibe: quia sonus multae pluviae
est. 42 Ascendit Achab ut comederet et biberet: Elias autem ascendit in vertice
Carmeli, et pronus in terram posuit faciem
suam inter genua sua, 43 et dixit ad puerum suum: Ascende, et prospice contra
mare. Qui cum ascendisset, et contemplatus esset, ait: Non est quidquam. Et rursum ait illi: Revertere septem vicibus. 44 In
septima autem vice, Ecce nubecula parva
quasi vestigium hominis ascendebat de

3 Reg 19,10.14. — **29:** 1 Sam 18,10. — **30:** 3 Reg 19,10.14. — **31:** Gen 32,28; 35,10; 4 Reg 17,34.

40: Deut 13,6-9; Iud 4,7. — **45:** Iac 5,18.

mari. Qui ait: Ascende, et dic Achab:
Iunge currum tuum et descende, ne occupet te pluvia. 45 Cumque se verteret huc
atque illuc, ecce caeli contenebrati sunt,
et nubes, et ventus, et facta est pluvia
grandis. Ascendens itaque Achab abiit in
Iezrahel: 46 et manus Domini facta est super Eliam, accinctisque lumbis currebat
ante Achab, donec veniret in Iezrahel.

Iezabel persequitur Eliam

19 1 Nuntiavit autem Achab Iezabel
omnia quae fecerat Elias, et quomodo occidisset universos prophetas gladio. 2 Misitque Iezabel nuntium ad Eliam,
dicens: Haec mihi faciant dii, et haec addant, nisi hac hora cras posuero animam
tuam sicut animam unius ex illis.
3 Timuit ergo Elias, et surgens abiit
quocumque eum ferebat voluntas: venitque in Bersabee Iuda, et dimisit ibi puerum suum, 4 et perrexit in desertum, viam
unius diei. Cumque venisset, et sederet
subter unam iuniperum, petivit animae
suae ut moreretur, et ait: Sufficit mihi
Domine, tolle animam meam: neque enim
melior sum quam patres mei. 5 Proiecitque se, et obdormivit in umbra iuniperi:
et ecce angelus Domini tetigit eum, et dixit illi: Surge, et comede. 6 Respexit, et
ecce ad caput suum subcinericius panis,
et vas aquae: comedit ergo, et bibit, et
rursum obdormivit. 7 Reversusque est angelus Domini secundo, et tetigit eum, dixitque illi: Surge, comede: grandis enim
tibi restat via. 8 Qui cum surrexisset, comedit et bibit, et ambulavit in fortitudine
cibi illius quadraginta diebus et quadraginta noctibus usque ad montem Dei
Horeb.

Elias in monte Dei

9 Cumque venisset illuc, mansit in spelunca: et ecce sermo Domini ad eum, dixitque illi: Quid hic agis Elia? 10 At ille
respondit: Zelo zelatus sum pro Domino
Deo exercituum, quia dereliquerunt pactum tuum filii Israel: altaria tua destruxerunt, prophetas tuos occiderunt gladio,
derelictus sum ego solus, et quaerunt animam meam ut auferant eam. 11 Et ait ei:
Egredere, et sta in monte coram Domino:
et ecce Dominus transit, et spiritus grandis et fortis subvertens montes, et conterens petras ante Dominum: non in spiritu Dominus, et post spiritum commotio:
non in commotione Dominus, 12 et post
commotionem ignis: non in igne Dominus, et post ignem sibilus aurae tenuis.
13 Quod cum audisset Elias, operuit vultum suum pallio, et egressus stetit in
ostio speluncae, et ecce vox ad eum dicens: Quid hic agis Elia? Et ille respondit: 14 Zelo zelatus sum pro Domino Deo
exercituum: quia dereliquerunt pactum
tuum filii Israel: altaria tua destruxerunt,
prophetas tuos occiderunt gladio, derelictus sum ego solus, et quaerunt animam
meam ut auferant eam.
15 Et ait Dominus ad eum: Vade, et revertere in viam tuam per desertum in Damascum: cumque perveneris illuc, unges
Hazael regem super Syriam, 16 et Iehu filium Namsi unges regem super Israel: Eliseum autem filium Saphat, qui est de
Abelmeula, unges prophetam pro te. 17 Et
erit, quicumque fugerit gladium Hazael,
occidet eum Iehu: et quicumque fugerit
gladium Iehu, interficiet eum Eliseus. 18 Et
derelinquam mihi in Israel septem millia
virorum, quorum genua non sunt incur-
vata ante Baal, et omne os, quod non adoravit eum osculans manus.

Eliseus cum Elia

19 Profectus ergo inde Elias, reperit Eliseum filium Saphat, arantem in duodecim
iugis boum. Et ipse in duodecim iugis
boum arantibus unus erat: cumque venisset Elias ad eum, misit pallium suum super illum. 20 Qui statim relictis bobus cucurrit post Eliam, et ait: Osculer, oro,
patrem meum, et matrem meam, et sic
sequar te. Dixitque ei: Vade, et revertere:
quod enim meum erat feci tibi. 21 Reversus autem ab eo, tulit par boum, et mactavit illud, et in aratro boum coxit carnes,
et dedit populo, et comederunt: consurgensque abiit, et secutus est Eliam, et ministrabat ei.

Benadad rex Syriae Samariam obsidet

20 1 Porro Benadad rex Syriae, congregavit omnem exercitum suum,
et triginta duos reges secum, et equos, et
currus: et ascendens pugnabat contra Samariam, et obsidebat eam. 2 Mittensque
nuntios ad Achab regem Israel in civitatem, 3 ait: Haec dicit Benadad: Argentum
tuum, et aurum tuum meum est: et uxores tuae, et filii tui optimi, mei sunt. 4 Responditque rex Israel: Iuxta verbum tuum,
domine mi rex, tuus sum ego, et omnia

19 **1:** 3 Reg 18,40. — **8:** Ex 24,18; 34,28; Deut 9,9.18; Mt 4,2; Mc 1,13; Lc 4,2. || Conc. Trid.: D 882. — **9:** Eccli 48,7. — **10:** 3 Reg 18,4.22.30; Rom 11,3. — **15:** 4 Reg 8,13.15. — **16:** 3 Reg 19,19-21; 4 Reg 2,9.15; 9,16, **17:** 4 Reg 8,12; 9,23.27.33; 10,11.14.17.25; 13,3.22. — **18:** Rom 11,4. — **19:** 4 Reg 2,8.

20 **1:** 3 Reg 15,18; 16,24; 2,31; 4 Reg 6,24; 8,7. — **13:** 3 Reg 18,36. — **26:** 4 Reg

mea. 5 Revertentesque nuntii, dixerunt:
Haec dicit Benadad, qui misit nos ad te:
Argentum tuum, et aurum tuum, et uxores tuas, et filios tuos dabis mihi. 6 Cras
igitur hac eadem hora mittam servos meos
ad te, et scrutabuntur domum tuam, et
domum servorum tuorum: et omne quod
eis placuerit, ponent in manibus suis, et
auferent.
7 Vocavit autem rex Israel omnes seniores terrae, et ait: Animadvertite, et videte quoniam insidietur nobis: misit enim
ad me pro uxoribus meis, et filiis, et pro
argento et auro: et non abnui. 8 Dixeruntque omnes maiores natu, et universus populus, ad eum: Non audias, neque
acquiescas illi. 9 Respondit itaque nuntiis Benadad: Dicite domino meo regi:
Omnia propter quae misisti ad me servum tuum in initio, faciam: hanc autem
rem facere non possum. 10 Reversique
nuntii retulerunt ei. Qui remisit, et ait:
Haec faciant mihi dii, et haec addant, si
suffecerit pulvis Samariae pugillis omnis
populi qui sequitur me. 11 Et respondens
rex Israel, ait: Dicite ei: Ne glorietur accinctus aeque ut discinctus. 12 Factum est
autem, cum audisset Benadad verbum istud, bibebat ipse et reges in umbraculis,
et ait servis suis: Circumdate civitatem.
Et circumdederunt eam.

Benadad devictus

13 Et ecce propheta unus accedens ad
Achab regem Israel, ait ei: Haec dicit
Dominus: Certe vidisti omnem multitudinem hanc nimiam? ecce, ego tradam
eam in manu tua hodie: ut scias, quia ego
sum Dominus. 14 Et ait Achab: Per quem?
Dixitque ei: Haec dicit Dominus: Per pe-
dissequos principum provinciarum. Et ait:
Quis incipiet praeliari? Et ille dixit: Tu.
15 Recensuit ergo pueros principum provinciarum, et reperit numerum ducentorum triginta duorum: et recensuit post
eos populum, omnes filios Israel, septem
millia.
16 Et egressi sunt meridie. Benadad autem bibebat temulentus in umbraculo
suo, et reges triginta duo cum eo, qui ad
auxilium eius venerant. 17 Egressi sunt
autem pueri principum provinciarum in
prima fronte. Misit itaque Benadad. Qui
nuntiaverunt ei, dicentes: Viri egressi sunt
de Samaria. 18 Et ille ait: Sive pro pace
veniunt, apprehendite eos vivos: sive ut
praelientur, vivos eos capite. 19 Egressi
sunt ergo pueri principum provinciarum,
ac reliquus exercitus sequebatur: 20 et percussit unusquisque virum, qui contra se
veniebat: fugeruntque Syri, et persecutus
est eos Israel. Fugit quoque Benadad rex
Syriae in equo cum equitibus suis. 21 Necnon egressus rex Israel percussit equos et
currus, et percussit Syriam plaga magna.
22 Accedens autem propheta ad regem
Israel, dixit ei: Vade, et confortare, et scito, et vide quid facias: sequenti enim anno rex Syriae ascendet contra te.

Renovatur bellum

23 Servi vero regis Syriae dixerunt ei:
Dii montium sunt dii eorum, ideo superaverunt nos: sed melius est ut pugnemus
contra eos in campestribus, et obtinebimus eos. 24 Tu ergo verbum hoc fac: Amove reges singulos ab exercitu tuo, et pone
principes pro eis: 25 et instaura numerum
militum qui ceciderunt de tuis, et equos
secundum equos pristinos, et currus secundum currus quos ante habuisti: et
pugnabimus contra eos in campestribus,
et videbis quod obtinebimus eos. Credidit consilio eorum, et fecit ita. 26 Igitur
postquam annus transierat, recensuit Benadad Syros, et ascendit in Aphec ut pugnaret contra Israel. 27 Porro filii Israel recensiti sunt, et acceptis cibariis profecti
ex adverso, castraque metati sunt contra eos, quasi duo parvi greges caprarum:
Syri autem repleverunt terram.
28 (Et accedens unus vir Dei, dixit ad
regem Israel: Haec dicit Dominus: Quia
dixerunt Syri: Deus montium est Dominus et non est Deus vallium: dabo omnem multitudinem hanc grandem in manu
tua, et scietis quia ego sum Dominus.)
29 Dirigebantque septem diebus ex adverso hi atque illi acies, septima autem die
commissum est bellum: percusseruntque
filii Israel de Syris centum millia peditum
in die una. 30 Fugerunt autem qui remanserant in Aphec, in civitatem: et cecidit
murus super viginti septem millia hominum, qui remanserant.
Porro Benadad fugiens ingressus est
civitatem, in cubiculum quod erat intra
cubiculum. 31 Dixeruntque ei servi sui:
Ecce, audivimus quod reges domus Israel
clementes sint: ponamus itaque saccos in
lumbis nostris, et funiculos in capitibus
nostris, et egrediamur ad regem Israel:
forsitan salvabit animas nostras. 32 Accin-
xerunt saccis lumbos suos, et posuerunt
funiculos in capitibus suis, veneruntque
ad regem Israel, et dixerunt ei: Servus
tuus Benadad dicit: Vivat, oro te, anima
mea. Et ille ait: Si adhuc vivit, frater meus
est. 33 Quod acceperunt viri pro omine: et
festinantes rapuerunt verbum ex ore eius,
atque dixerunt: Frater tuus Benadad. Et
dixit eis: Ite, et adducite eum ad me.
Egressus est ergo ad eum Benadad, et
levavit eum in currum suum. 34 Qui dixit
ei: Civitates, quas tulit pater meus a patre tuo, reddam: et plateas fac tibi in Da-

masco, sicut fecit pater meus in Samaria,
et ego foederatus recedam a te. Pepigit
ergo foedus, et dimisit eum.

Propheta reprobat foedus cum Syria

35 Tunc vir quidam de filiis prophetarum dixit ad socium suum in sermone
Domini: Percute me. At ille noluit percutere. 36 Cui ait: Quia noluisti audire vocem Domini, ecce recedes a me, et percutiet te leo. Cumque paululum recessisset ab eo, invenit eum leo, atque percussit. 37 Sed alterum inveniens virum, dixit ad eum: Percute me. Qui percussit
eum, et vulneravit.
38 Abiit ergo propheta, et occurrit regi
in via, et mutavit aspersione pulveris os et
oculos suos. 39 Cumque rex transisset, clamavit ad regem, et ait: Servus tuus egressus est ad praeliandum cominus: cumque
fugisset vir unus, adduxit eum quidam ad
me, et ait: Custodi virum istum: qui si
lapsus fuerit, erit anima tua pro anima
eius, aut talentum argenti appendes.
40 Dum autem ego turbatus huc illucque
me verterem, subito non comparuit. Et
ait rex Israel ad eum: Hoc est iudicium
tuum, quod ipse decrevisti. 41 At ille statim abstersit pulverem de facie sua, et
cognovit eum rex Israel, quod esset de
prophetis. 42 Qui ait ad eum: Haec dicit
Dominus: Quia dimisisti virum dignum
morte de manu tua, erit anima tua pro
anima eius, et populus tuus pro populo
eius. 43 Reversus est igitur rex Israel in
domum suam, audire contemnens, et fu-
ribundus venit in Samariam.

Achab quaerit habere vineam Naboth

21 1 Post verba autem haec, tempore
illo vinea erat Naboth Iezrahelitae,
quae erat in Iezrahel, iuxta palatium
Achab regis Samariae. 2 Locutus est ergo
Achab ad Naboth, dicens: Da mihi vineam tuam, ut faciam mihi hortum olerum, quia vicina est, et prope domum
meam, daboque tibi pro ea vineam meliorem: aut si commodius tibi putas, argenti pretium, quanto digna est. 3 Cui
respondit Naboth: Propitius sit mihi Dominus, ne dem haereditatem patrum meorum tibi. 4 Venit ergo Achab in domum
suam indignans, et frendens super verbo,
quod locutus fuerat ad eum Naboth Iezrahelites, dicens: Non dabo tibi haereditatem patrum meorum. Et proiiciens se in
lectulum suum, avertit faciem suam ad
parietem, et non comedit panem. 5 Ingressa est autem ad eum Iezabel uxor sua,
dixitque ei: Quid est hoc, unde anima tua
contristata est? et quare non comedis panem? 6 Qui respondit ei: Locutus sum
Naboth Iezrahelitae, et dixi ei: Da mihi
vineam tuam, accepta pecunia: aut, si tibi
placet, dabo tibi vineam meliorem pro ea.
Et ille ait: Non dabo tibi vineam meam.
7 Dixit ergo ad eum Iezabel uxor eius:
Grandis auctoritatis es, et bene regis regnum Israel. Surge, et comede panem, et
aequo animo esto, ego dabo tibi vineam
Naboth Iezrahelitae.

Consilium Iezabel

8 Scripsit itaque litteras ex nomine
Achab, et signavit eas annulo eius, et
misit ad maiores natu, et optimates, qui
erant in civitate eius, et habitabant cum
Naboth. 9 Litterarum autem haec erat
sententia: Praedicate ieiunium, et sedere
facite Naboth inter primos populi, 10 et
submittite duos viros filios Belial contra
eum, et falsum testimonium dicant: Benedixit Deum et regem: et educite eum,
et lapidate, sicque moriatur. 11 Fecerunt
ergo cives eius maiores natu et optimates,
qui habitabant cum eo in urbe, sicut praeceperat eis Iezabel, et sicut scriptum erat
in litteris quas miserat ad eos: 12 praedicaverunt ieiunium, et sedere fecerunt Naboth inter primos populi. 13 Et adductis
duobus viris filiis diaboli, fecerunt eos
sedere contra eum: at illi, scilicet ut viri
diabolici, dixerunt contra eum testimonium coram multitudine: Benedixit Naboth Deum et regem: quam ob rem eduxerunt eum extra civitatem, et lapidibus
interfecerunt. 14 Miseruntque ad Iezabel,
dicentes: Lapidatus est Naboth et mortuus est.
15 Factum est autem, cum audisset Iezabel lapidatum Naboth, et mortuum, locuta est ad Achab: Surge, et posside vineam Naboth Iezrahelitae, qui noluit tibi
acquiescere, et dare eam accepta pecunia:
non enim vivit Naboth, sed mortuus est.
16 Quod cum audisset Achab, mortuum
videlicet Naboth, surrexit, et descendebat in vineam Naboth Iezrahelitae, ut pos-
sideret eam.

Achab reprehenditur ab Elia

17 Factus est igitur sermo Domini ad
Eliam Thesbiten, dicens: 18 Surge, et descende in occursum Achab regis Israel, qui
est in Samaria: ecce ad vineam Naboth

13,17. — **34:** 3 Reg 15,20. — **35:** 3 Reg 13,17-18; 4 Reg 2,3.5.7.15. — **42:** 3 Reg 22,25.

21 **1:** 3 Reg 18,45-46. — **3:** Lev 25,23. — **10:** Ex 22,28; Lev 24,15-16. — **18:** 3 Reg

descendit, ut possideat eam: 19 et loqueris ad eum, dicens: Haec dicit Dominus:
Occidisti, insuper et possedisti. Et post
haec addes: Haec dicit Dominus: In loco
hoc, in quo linxerunt canes sanguinem
Naboth, lambent quoque sanguinem
tuum. 20 Et ait Achab ad Eliam: Num
invenisti me inimicum tibi? Qui dixit: Inveni, eo quod venundatus sis, ut faceres
malum in conspectu Domini. 21 Ecce ego
inducam super te malum, et demetam posteriora tua, et interficiam de Achab mingentem ad parietem, et clausum et ultimum in Israel. 22 Et dabo domum tuam
sicut domum Ieroboam filii Nabat, et sicut domum Baasa filii Ahia: quia egisti,
ut me ad iracundiam provocares, et peccare fecisti Israel. 23 Sed et de Iezabel locutus est Dominus, dicens: Canes comedent Iezabel in agro Iezrahel. 24 Si mortuus fuerit Achab in civitate, comedent
eum canes: si autem mortuus fuerit in
agro, comedent eum volucres caeli.

25 Igitur non fuit alter talis sicut Achab,
qui venundatus est ut faceret malum in
conspectu Domini: concitavit enim eum
Iezabel uxor sua, 26 et abominabilis factus est, in tantum ut sequeretur idola,
quae fecerant Amorrhaei, quos consumpsit Dominus a facie filiorum Israel.

27 Itaque cum audisset Achab sermones
istos, scidit vestimenta sua, et operuit cilicio carnem suam, ieiunavitque et dormivit in sacco, et ambulavit demisso capite. 28 Et factus est sermo Domini ad
Eliam Thesbiten, dicens: 29 Nonne vidisti humiliatum Achab coram me? quia
igitur humiliatus est mei causa, non inducam malum in diebus eius, sed in diebus filii sui inferam malum domui eius.

Iosaphat rex Iuda in Samaria

22 1 Transierunt igitur tres anni absque bello inter Syriam et Israel.
2 In anno autem tertio, descendit Iosaphat rex Iuda ad regem Israel. 3 (Dixitque
rex Israel ad servos suos: Ignoratis quod
nostra sit Ramoth Galaad, et negligimus
tollere eam de manu regis Syriae?) 4 Et
ait ad Iosaphat: Veniesne mecum ad praeliandum in Ramoth Galaad? 5 Dixitque
Iosaphat ad regem Israel: Sicut ego sum,
ita et tu: populus meus et populus tuus
unum sunt: et equites mei, equites tui.
Dixitque Iosaphat ad regem Israel:
Quaere, oro te, hodie sermonem Domini. 6 Congregavit ergo rex Israel prophetas, quadringentos circiter viros, et ait ad
eos: Ire debeo in Ramoth Galaad ad bellandum, an quiescere? Qui responderunt:
Ascende, et dabit eam Dominus in manu regis. 7 Dixit autem Iosaphat: Non est
hic propheta Domini quispiam, ut interrogemus per eum?

8 Et ait rex Israel ad Iosaphat: Reman-
sit vir unus, per quem possumus interro-
gare Dominum: sed ego odi eum, quia
non prophetat mihi bonum, sed malum,
Michaeas filius Iemla. Cui Iosaphat ait:
Ne loquaris ita, rex. 9 Vocavit ergo rex
Israel eunuchum quemdam, et dixit ei:
Festina adducere Michaeam filium Iemla.

Michaeas propheta coram regibus Israel et Iuda

10 Rex autem Israel, et Iosaphat rex
Iuda, sedebant unusquisque in solio suo
vestiti cultu regio, in area iuxta ostium
portae Samariae, et universi prophetae
prophetabant in conspectu eorum. 11 Fecit quoque sibi Sedecias filius Chanaana
cornua ferrea, et ait: Haec dicit Dominus:
His ventilabis Syriam, donec deleas eam.
12 Omnesque prophetae similiter prophetabant, dicentes: Ascende in Ramoth Galaad, et vade prospere, et tradet Dominus in manus regis.

13 Nuntius vero, qui ierat ut vocaret
Michaeam, locutus est ad eum, dicens:
Ecce sermones prophetarum ore uno regi
bona praedicant: sit ergo sermo tuus similis eorum, et loquere bona. 14 Cui Michaeas ait: Vivit Dominus, quia quodcumque dixerit mihi Dominus, hoc loquar.
15 Venit itaque ad regem, et ait illi rex:
Michaea, ire debemus in Ramoth Galaad
ad praeliandum, an cessare? Cui ille respondit: Ascende, et vade prospere, et tradet eam Dominus in manus regis. 16 Dixit
autem rex ad eum: Iterum atque iterum
adiuro te, ut non loquaris mihi nisi quod
verum est, in nomine Domini. 17 Et ille
ait: Vidi cunctum Israel dispersum in
montibus, quasi oves non habentes pastorem. Et ait Dominus: Non habent isti
dominum: revertatur unusquisque in domum suam in pace.

18 (Dixit ergo rex Israel ad Iosaphat:
Numquid non dixi tibi, quia non prophetat mihi bonum, sed semper malum?)
19 Ille vero addens, ait: Propterea audi
sermonem Domini: Vidi Dominum sedentem super solium suum, et omnem
exercitum caeli assistentem ei a dextris et
a sinistris: 20 et ait Dominus: Quis decipiet Achab regem Israel, ut ascendat, et
cadat in Ramoth Galaad? Et dixit unus
verba huiuscemodi, et alius aliter. 21 Egres-

20,43. — **19:** 3 Reg 22,38; 4 Reg 9,26. — **21-22:** 3 Reg 15,29; 16,3.11; 4 Reg 9,8-9. — **23:** 4 Reg 9,36. — **25-26:** 3 Reg 16,30-33. — **29:** 4 Reg 9,26.

22 **2-35:** 2 Par 18,2-34. — **2:** 3 Reg 15,24. — **3:** Deut 4,43; Ios 21,38. — **5:** 4 Reg 3,7. **6:** 3 Reg 18,19. — **7:** 4 Reg 3,11. — **11:** Zach 1,18-19. — **14:** Deut 18,18. — **19:** Is 6,1; Dan 7,9;

sus est autem spiritus, et stetit coram Domino, et ait: Ego decipiam illum. Cui locutus est Dominus: In quo? 22 Et ille ait:
Egrediar, et ero spiritus mendax in ore
omnium prophetarum eius. Et dixit Dominus: Decipies, et praevalebis: egredere, et fac ita. 23 Nunc igitur ecce dedit Dominus spiritum mendacii in ore omnium
prophetarum tuorum, qui hic sunt, et Dominus locutus est contra te malum.

24 Accessit autem Sedecias filius Chanaana, et percussit Michaeam in maxillam, et dixit: Mene ergo dimisit Spiritus
Domini, et locutus est tibi? 25 Et ait Michaeas: Visurus es in die illa, quando ingredieris cubiculum, intra cubiculum ut
abscondaris. 26 Et ait rex Israel: Tollite
Michaeam, et maneat apud Amon principem civitatis, et apud Ioas filium Amelech, 27 et dicite eis: Haec dicit rex: Mittite virum istum in carcerem, et sustenta-
te eum pane tribulationis, et aqua angustiae, donec revertar in pace. 28 Dixitque
Michaeas: Si reversus fueris in pace, non
est locutus in me Dominus. Et ait: Audite populi omnes. 29 Ascendit itaque rex
Israel, et Iosaphat rex Iuda in Ramoth
Galaad. 30 Dixit itaque rex Israel ad Iosaphat: Sume arma, et ingredere praelium,
et induere vestibus tuis. Porro rex Israel
mutavit habitum suum, et ingressus est
bellum. 31 Rex autem Syriae praeceperat
principibus curruum triginta duobus, dicens: Non pugnabitis contra minorem, et
maiorem quempiam, nisi contra regem
Israel solum. 32 Cum ergo vidissent principes curruum Iosaphat, suspicati sunt
quod ipse esset rex Israel, et impetu facto
pugnabant contra eum: et exclamavit Iosaphat. 33 Intellexeruntque principes curruum quod non esset rex Israel, et cessaverunt ab eo.

34 Vir autem quidam tetendit arcum, in
incertum sagittam dirigens, et casu percussit regem Israel inter pulmonem et stomachum. At ille dixit aurigae suo: Verte
manum tuam, et eiice me de exercitu, quia
graviter vulneratus sum. 35 Commissum
est ergo praelium in die illa, et rex Israel
stabat in curru suo contra Syros, et mortuus est vespere: fluebat autem sanguis
plagae in sinum currus, 36 et praeco insonuit in universo exercitu antequam sol
occumberet, dicens: Unusquisque revertatur in civitatem, et in terram suam.
37 Mortuus est autem rex, et perlatus est
in Samariam: sepelieruntque regem in Samaria, 38 et laverunt currum eius in piscina Samariae, et linxerunt canes sanguinem eius, et habenas laverunt, iuxta verbum Domini quod locutus fuerat.

39 Reliqua autem sermonum Achab, et
universa quae fecit, et domus eburnea
quam aedificavit, cunctarumque urbium
quas extruxit, nonne haec scripta sunt in
Libro sermonum dierum regum Israel?
40 Dormivit ergo Achab cum patribus
suis, et regnavit Ochozias filius eius pro eo.

Iosaphat rex Iuda

41 Iosaphat vero filius Asa regnare coeperat super Iudam anno quarto Achab
regis Israel. 42 Triginta quinque annorum
erat cum regnare coepisset, et viginti quinque annis regnavit in Ierusalem: nomen
matris eius Azuba filia Salai. 43 Et ambulavit in omni via Asa patris sui, et non
declinavit ex ea: fecitque quod rectum
erat in conspectu Domini. 44 Verumtamen
excelsa non abstulit: adhuc enim populus
sacrificabat, et adolebat incensum in excelsis. 45 Pacemque habuit Iosaphat cum
rege Israel.

46 Reliqua autem verborum Iosaphat,
et opera eius quae gessit, et praelia, nonne haec scripta sunt in Libro verborum
dierum regum Iuda? 47 Sed et reliquias
effeminatorum, qui remanserant in diebus Asa patris eius, abstulit de terra.
48 Nec erat tunc rex constitutus in Edom.
49 Rex vero Iosaphat fecerat classes in
mari, quae navigarent in Ophir propter
aurum: et ire non potuerunt, quia confractae sunt in Asiongaber. 50 Tunc ait
Ochozias filius Achab ad Iosaphat: Vadant servi mei cum servis tuis in navibus.
Et noluit Iosaphat.

51 Dormivitque Iosaphat cum patribus
suis, et sepultus est cum eis in civitate
David patris sui: regnavitque Ioram filius
eius pro eo.

Ochozias rex Israel

52 Ochozias autem filius Achab regnare coeperat super Israel in Samaria, anno
septimo decimo Iosaphat regis Iuda, regnavitque super Israel duobus annis. 53 Et
fecit malum in conspectu Domini, et ambulavit in via patris sui et matris suae, et
in via Ieroboam filii Nabat, qui peccare
fecit Israel. 54 Servivit quoque Baal, et
adoravit eum, et irritavit Dominum Deum
Israel, iuxta omnia quae fecerat pater
eius.

Apoc 4,2. — 28: Deut 18,22. — 31: 3 Reg 20, 1.16. — 38: 3 Reg 21,10. — 40: 3 Reg 22,52. — 41-46: 2 Par 30,31-34. — 43: 2 Par 17,3. — 44: 3 Reg 15,14; 4 Reg 12,3. — 45: 2 Par 18,1; 20,35-36. — 47: 3 Reg 14,24; 15,12. — 48: 2 Sam 8,14; 4 Reg 3,8-9. — 49: 3 Reg 9,26.28; 10,22. 51: 4 Reg 8,16; 2 Par 21,1. — 52: 3 Reg 22, 40. — 53: 3 Reg 12,30. — 54: 3 Reg 16,30-33.

LIBER QUARTUS REGUM

QUI HEBRAICE DICITUR "SECUNDUS MALACHIM"

SUMMARIUM PARS PRIMA: PROSEQUITUR HISTORIA SYNCHRONICA USQUE AD FINEM *(1-17): Mors Ochoziae quam praedicit Elias (1). Rapitur Elias in caelum (2). Bellum contra Mesa regem Moab (3). Eliseus succedit Eliae in miraculorum gratia (4,1-6,7). Samaria obsidetur a Syris et liberatur a propheta (6,8-7,20). Nova Elisei prodigia (8,1-15). Ioram et Ochozias reges Iuda (8,16-29). Iehu unctus rex ab Eliseo eiusque facinora (9-10). Athalia regina in Ierusalem (11). Regnum Ioas in Iuda (12). Ioachaz et Ioas reges Israel (13). Amasias rex Iuda (14,1-22). Ieroboam II rex Israel (14,23-29). Azarias rex Iuda (15,1-7). Postremi reges Israel (15,8-39). Ioatham et Achaz reges Iuda (15,32-16,20). Finis Samariae (17).*—PARS ALTERA: REGES IUDA USQUE AD FINEM *(18-25): Ezechias (18,1-12). Sennacherib invadit regnum Iuda (18,23-19,19). Isaiae vaticinium (19,20-37). Ezechiae sanatio (20,1-11). Legatio Merodachbaladan (20,12-21). Regna Manasse et Amon (21). Iosias et Legis inventio (22). Reformatio religiosa (23,1-27). Finis Iosiae eiusque successorum (23,28-37). Nabuchodonosor et prima Iuda transmigratio (24). Sedecias et finis regni Iuda (25)*

PARS PRIMA

PROSEQUITUR SYNCHRONISTICA HISTORIA ISRAEL ET IUDA USQUE AD EXCIDIUM SAMARIAE

(1,1-17,41)

1 1 Praevaricatus est autem Moab in
Israel, postquam mortuus est Achab.
2 Ceciditque Ochozias per cancellos coenaculi sui, quod habebat in Samaria, et
aegrotavit: misitque nuntios, dicens ad
eos: Ite, consulite Beezelbub deum Accaron, utrum vivere queam de infirmitate mea hac. 3 Angelus autem Domini locutus est ad Eliam Thesbiten, dicens:
Surge, et ascende in occursum nuntiorum
regis Samariae, et dices ad eos: Numquid
non est Deus in Israel, ut eatis ad consulendum Beelzebub deum Accaron?
4 Quam ob rem haec dicit Dominus: De
lectulo, super quem ascendisti, non descendes, sed morte morieris. Et abiit Elias.
5 Reversique sunt nuntii ad Ochoziam.
Qui dixit eis: Quare reversi estis? 6 At illi
responderunt ei: Vir occurrit nobis, et dixit ad nos: Ite, et revertimini ad regem,
qui misit vos, et dicetis ei: Haec dicit Dominus: Numquid, quia non erat Deus in
Israel, mittis ut consulatur Beelzebub deus
Accaron? Idcirco de lectulo, super quem
ascendisti, non descendes, sed morte morieris. 7 Qui dixit eis: Cuius figurae et habitus est vir ille, qui occurrit vobis, et locutus est verba haec? 8 At illi dixerunt:
Vir pilosus, et zona pellicea accinctus renibus. Qui ait: Elias Thesbites est.

Nuntii regi ad Eliam

9 Misitque ad eum quinquagenarium
principem, et quinquaginta qui erant sub
eo. Qui ascendit ad eum: sedentique in
vertice montis, ait: Homo Dei, rex praecepit ut descendas. 10 Respondensque
Elias, dixit quinquagenario: Si homo Dei
sum, descendat ignis de caelo, et devoret
te, et quinquaginta tuos. Descendit itaque ignis de caelo, et devoravit eum, et
quinquaginta qui erant cum eo.
11 Rursumque misit ad eum principem
quinquagenarium alterum, et quinquaginta cum eo. Qui locutus est illi: Homo Dei,
haec dicit rex: Festina, descende. 12 Respondens Elias, ait: Si homo Dei ego sum,
descendat ignis de caelo, et devoret te, et
quinquaginta tuos. Descendit ergo ignis
de caelo, et devoravit illum, et quinquaginta eius.
13 Iterum misit principem quinquagenarium tertium, et quinquaginta qui erant
cum eo. Qui cum venisset, curvavit genua
contra Eliam, et precatus est eum, et ait:
Homo Dei, noli despicere animam meam,
et animas servorum tuorum qui mecum
sunt. 14 Ecce descendit ignis de caelo, et
devoravit duos principes quinquagenarios primos, et quinquagenos qui cum eis

1 1: 2 Sam 8,2; 3 Reg 22,35; 4 Reg 3,5. — 2: 3 Reg 22,40.52. — 3: 3 Reg 17,1; 21,17. — 10: Lc 9,54. — 17: 4 Reg 3,1; 8,16.

erant: sed nunc obsecro ut miserearis animae meae. 15 Locutus est autem angelus
Domini ad Eliam, dicens: Descende cum
eo, ne timeas. Surrexit igitur, et descendit
cum eo ad regem, 16 et locutus est ei:
Haec dicit Dominus: Quia misisti nuntios ad consulendum Beelzebub deum Accaron, quasi non esset Deus in Israel, a
quo posses interrogare sermonem, ideo
de lectulo super quem ascendisti, non
descendes, sed morte morieris. 17 Mortuus
est ergo iuxta sermonem Domini, quem
locutus est Elias, et regnavit Ioram frater eius pro eo, anno secundo Ioram filii
Iosaphat regis Iudae: non enim habebat
filium.
18 Reliqua autem verborum Ochoziae,
quae operatus est, nonne haec scripta
sunt in Libro sermonum dierum regum
Israel?

Elias cum Eliseo

2 1 Factum est autem cum levare vellet Dominus Eliam per turbinem in
caelum, ibant Elias et Eliseus de Galgalis.
2 Dixitque Elias ad Eliseum: Sede hic,
quia Dominus misit me usque in Bethel.
Cui ait Eliseus: Vivit Dominus, et vivit
anima tua, quia non derelinquam te.
Cumque descendissent Bethel, 3 egressi
sunt filii prophetarum, qui erant in Bethel, ad Eliseum, et dixerunt ei: Numquid nosti, quia hodie Dominus tollet dominum tuum a te? Qui respondit: Et ego
novi: silete. 4 Dixit autem Elias ad Eliseum: Sede hic, quia Dominus misit me
in Iericho. Et ille ait: Vivit Dominus, et
vivit anima tua, quia non derelinquam te.
Cumque venissent Iericho, 5 accesserunt
filii prophetarum, qui erant in Iericho, ad
Eliseum, et dixerunt ei: Numquid nosti
quia Dominus hodie tollet dominum tuum
a te? Et ait: Et ego novi: silete. 6 Dixit
autem ei Elias: Sede hic, quia Dominus
misit me usque ad Iordanem. Qui ait:
Vivit Dominus, et vivit anima tua, quia
non derelinquam te. Ierunt igitur ambo
pariter, 7 et quinquaginta viri de filiis
prophetarum secuti sunt eos, qui et steterunt econtra, longe: illi autem ambo
stabant super Iordanem.
8 Tulitque Elias pallium suum, et involvit illud, et percussit aquas, quae divisae
sunt in utramque partem, et transierunt
ambo per siccum. 9 Cumque transissent,
Elias dixit ad Eliseum: Postula quod vis
ut faciam tibi, antequam tollar a te. Dixitque Eliseus: Obsecro ut fiat in me duplex spiritus tuus. 10 Qui respondit: Rem
difficilem postulasti: attamen si videris
me, quando tollar a te, erit tibi quod petisti: si autem non videris, non erit.

Elias raptus in caelum

11 Cumque pergerent, et incedentes ser-
mocinarentur, ecce currus igneus, et equi
ignei diviserunt utrumque: et ascendit
Elias per turbinem in caelum. 12 Eliseus
autem videbat, et clamabat: Pater mi,
pater mi, currus Israel, et auriga eius. Et
non vidit eum amplius: apprehenditque
vestimenta sua, et scidit illa in duas partes. 13 Et levavit pallium Eliae, quod ceciderat ei: reversusque stetit super ripam
Iordanis, 14 et pallio Eliae, quod ceciderat ei, percussit aquas, et non sunt divisae; et dixit: Ubi est Deus Eliae etiam
nunc? Percussitque aquas, et divisae sunt
huc atque illuc, et transiit Eliseus.
15 Videntes autem filii prophetarum, qui
erant in Iericho econtra, dixerunt: Requievit spiritus Eliae super Eliseum. Et
venientes in occursum eius, adoraverunt
eum proni in terram, 16 dixeruntque illi:
Ecce, cum servis tuis sunt quinquaginta
viri fortes, qui possunt ire, et quaerere
dominum tuum, ne forte tulerit eum Spiritus Domini, et proiecerit eum in unum
montium, aut in unam vallium. Qui ait:
Nolite mittere. 17 Coegeruntque eum, donec acquiesceret, et diceret: Mittite. Et
miserunt quinquaginta viros: qui cum
quaesissent tribus diebus, non invenerunt.
18 Et reversi sunt ad eum: at ille habitabat in Iericho, et dixit eis: Numquid non
dixi vobis: Nolite mittere?
19 Dixerunt quoque viri civitatis ad Eliseum: Ecce habitatio civitatis huius optima est, sicut tu ipse, domine, perspicis: sed
aquae pessimae sunt, et terra sterilis. 20 At
ille ait: Afferte mihi vas novum, et mittite in illud sal. Quod cum attulissent,
21 egressus ad fontem aquarum misit in
illum sal, et ait: Haec dicit Dominus:
Sanavi aquas has, et non erit ultra in eis
mors, neque sterilitas. 22 Sanatae sunt
ergo aquae usque in diem hanc, iuxta verbum Elisei, quod locutus est.
23 Ascendit autem inde in Bethel: cumque ascenderet per viam, pueri parvi
egressi sunt de civitate, et illudebant ei,
dicentes: Ascende calve, ascende calve.
24 Qui cum respexisset, vidit eos, et maledixit eis in nomine Domini: egressique
sunt duo ursi de saltu, et laceraverunt ex
eis quadraginta duos pueros.
25 Abiit autem inde in montem Carmeli, et inde reversus est in Samariam.

2 **1:** Ios 5,9; 3 Reg 19,19-21. — **3:** 3 Reg 20,
35; 4 Reg 4,1.38; 5,22; 6,1; 9,1. — **8:** 3 Reg
10,19. — **11:** Eccli 48,13; 1 Mach 2,58. — **12:**
4 Reg 13,14. — **16:** 3 Reg 18,12. — **21:** Ex 15,
25; 4 Reg 4,21. — **25:** 3 Reg 18,19-20.

Bellum contra Moab rebellem

3 1 Ioram vero filius Achab regnavit
super Israel in Samaria anno decimo
octavo Iosaphat regis Iudae. Regnavitque
duodecim annis. 2 Et fecit malum coram
Domino, sed non sicut pater suus et mater: tulit enim statuas Baal, quas fecerat
pater eius. 3 Verumtamen in peccatis Ieroboam filii Nabat, qui peccare fecit Israel, adhaesit, nec recessit ab eis.
4 Porro Mesa rex Moab, nutriebat pecora multa, et solvebat regi Israel centum
millia agnorum, et centum millia arietum
cum velleribus suis. 5 Cumque mortuus
fuisset Achab, praevaricatus est foedus,
quod habebat cum rege Israel. 6 Egressus
est igitur rex Ioram in die illa de Samaria, et recensuit universum Israel. 7 Misitque ad Iosaphat regem Iuda, dicens: Rex
Moab recessit a me, veni mecum contra
eum ad praelium. Qui respondit: Ascendam: qui meus est, tuus est: populus
meus, populus tuus: et equi mei, equi tui.
8 Dixitque: Per quam viam ascendemus?
At ille respondit: Per desertum Idumaeae.
9 Perrexerunt igitur rex Israel, et rex
Iuda, et rex Edom, et circuierunt per viam
septem dierum, nec erat aqua exercitui,
et iumentis quae sequebantur eos. 10 Dixitque rex Israel: Heu heu heu, congregavit nos Dominus tres reges, ut trade-
deret in manus Moab. 11 Et ait Iosaphat:
Estne hic propheta Domini, ut deprecemur Dominum per eum? Et respondit
unus de servis regis Israel: Est hic Eliseus
filius Saphat, qui fundebat aquam super
manus Eliae. 12 Et ait Iosaphat: Est apud
eum sermo Domini. Descenditque ad eum
rex Israel, et Iosaphat rex Iuda, et rex
Edom.

Eliseus in castris Israel

13 Dixit autem Eliseus ad regem Israel:
Quid mihi et tibi est? vade ad prophetas
patris tui, et matris tuae: Et ait illi rex
Israel: Quare congregavit Dominus tres
reges hos, ut traderet eos in manus Moab?
14 Dixitque ad eum Eliseus: Vivit Dominus exercituum, in cuius conspectu sto,
quod si non vultum Iosaphat regis Iudae
erubescerem, non attendissem quidem te,
nec respexissem. 15 Nunc autem adducite
mihi psaltem. Cumque caneret psaltes,
facta est super eum manus Domini, et
ait: 16 Haec dicit Dominus: Facite alveum
torrentis huius fossas et fossas. 17 Haec
enim dicit Dominus: Non videbitis ventum, neque pluviam: et alveus iste replebitur aquis, et bibetis vos, et familiae vestrae, et iumenta vestra. 18 Parumque est
hoc in conspectu Domini: insuper tradet
etiam Moab in manus vestras. 19 Et per-
cutietis omnem civitatem munitam, et
omnem urbem electam, et universum lignum fructiferum succidetis, cunctosque
fontes aquarum obturabitis, et omnem
agrum egregium operietis lapidibus.
20 Factum est igitur mane, quando sacrificium offerri solet, et ecce, aquae veniebant per viam Edom, et repleta est terra
aquis.
21 Universi autem Moabitae audientes
quod ascendissent reges ut pugnarent adversum eos, convocaverunt omnes qui
accincti erant balteo desuper, et steterunt
in terminis. 22 Primoque mane surgentes,
et orto iam sole ex adverso aquarum, viderunt Moabitae econtra aquas rubras
quasi sanguinem, 23 dixeruntque: Sanguis
gladii est: pugnaverunt reges contra se,
et caesi sunt mutuo: nunc perge ad praedam Moab. 24 Perrexeruntque in castra
Israel: Porro consurgens Israel, percussit
Moab: at illi fugerunt coram eis. Venerunt igitur qui vicerant, et percusserunt
Moab, 25 et civitates destruxerunt: et omnem agrum optimum, mittentes singuli
lapides, repleverunt: et universos fontes
aquarum obturaverunt: et omnia ligna
fructifera succiderunt, ita ut muri tantum
fictiles remanerent: et circumdata est civitas a fundibulariis, et magna ex parte
percussa. 26 Quod cum vidisset rex Moab,
praevaluisse scilicet hostes, tulit secum
septingentos viros educentes gladium, ut
irrumperent ad regem Edom: et non potuerunt. 27 Arripiensque filium suum primogenitum, qui regnaturus erat pro eo,
obtulit holocaustum super murum: et
facta est indignatio magna in Israel, statimque recesserunt ab eo, et reversi sunt
in terram suam.

Eliseus subvenit viduae

4 1 Mulier autem quaedam de uxoribus
prophetarum clamabat ad Eliseum,
dicens: Servus tuus vir meus mortuus est,
et tu nosti quia servus tuus fuit timens
Dominum: et ecce creditor venit ut tollat duos filios meos ad serviendum sibi.
2 Cui dixit Eliseus: Quid vis ut faciam
tibi? Dic mihi, quid habes in domo tua?
At illa respondit: Non habeo ancilla tua
quidquam in domo mea nisi parum olei,
quo ungar. 3 Cui ait: Vade, pete mutuo
ab omnibus vicinis tuis vasa vacua non
pauca. 4 Et ingredere, et claude ostium
tuum, cum intrinsecus fueris tu, et filii
tui: et mitte inde in omnia vasa haec: et

3 **1**: 4 Reg 1,17. — **2**: 3 Reg 16,31-32. — **3**: 3 Reg 12,28-32. — **5**: 4 Reg 1,1. — **7**: 3 Reg 22,5. — **9**: 3 Reg 22,48. — **11**: 3 Reg 10,21; 22,7. — **13**: 3 Reg 18,19; 22,6. — **15**: 1 Sam 10,5; 1 Par 25,1. — **27**: Am 2,1.

cum plena fuerint, tolles. 5 Ivit itaque
mulier, et clausit ostium super se, et
super filios suos: illi offerebant vasa, et
illa infundebat. 6 Cumque plena fuissent
vasa, dixit ad filium suum: Affer mihi
adhuc vas. Et ille respondit: Non habeo.
Stetitque oleum. 7 Venit autem illa, et
indicavit homini Dei. Et ille: Vade, inquit, vende oleum, et redde creditori tuo:
tu autem, et filii tui vivite de reliquo.

Eliseus et Sunamitis

8 Facta est autem quaedam dies, et
transibat Eliseus per Sumam: erat autem
ibi mulier magna, quae tenuit eum ut comederet panem: cumque frequenter inde
transiret, divertebat ad eam ut comederet panem. 9 Quae dixit ad virum suum:
Animadverto quod vir Dei sanctus est
iste, qui transit per nos frequenter. 10 Faciamus ergo ei coenaculum parvum, et
ponamus ei in eo lectulum, et mensam,
et sellam, et candelabrum, ut cum venerit ad nos, maneat ibi.
11 Facta est ergo dies quaedam, et veniens divertit in coenaculum, et requievit
ibi. 12 Dixitque ad Giezi puerum suum:
Voca Sunamitidem istam. Qui cum vocasset eam, et illa stetisset coram eo, 13 dixit ad puerum suum: Loquere ad eam:
Ecce, sedule in omnibus ministrasti nobis,
quid vis ut faciam tibi? numquid habes
negotium, et vis ut loquar regi, sive principi militiae? Quae respondit: In medio
populi mei habito. 14 Et ait: Quid ergo
vult ut faciam ei? Dixitque Giezi: Ne
quaeras: filium enim non habet, et vir
eius senex est. 15 Praecepit itaque ut vocaret eam: quae cum vocata fuisset, et
stetisset ante ostium, 16 dixit ad eam: In
tempore isto, et in hac eadem hora, si vita
comes fuerit, habebis in utero filium. At
illa respondit: Noli quaeso, domine mi,
vir Dei, noli mentiri ancillae tuae. 17 Et
concepit mulier, et peperit filium in tempore, et in hora eadem, qua dixerat Eliseus.
18 Crevit autem puer. Et cum esset
quaedam dies, et egressus isset ad patrem
suum, ad messores, 19 ait patri suo: Caput meum doleo. At ille dixit puero: Tolle, et duc eum ad matrem suam. 20 Qui
cum tulisset, et duxisset eum ad matrem
suam, posuit eum illa super genua sua usque ad meridiem, et mortuus est. 21 Ascendit autem, et collocavit eum super lectulum hominis Dei, et clausit ostium: et
egressa, 22 vocavit virum suum, et ait:
Mitte mecum, obsecro, unum de pueris,
et asinam, ut excurram usque ad hominem Dei, et revertar. 23 Qui ait illi: Quam
ob causam vadis ad eum? hodie non sunt
calendae, neque sabbatum. Quae respondit: Vadam. 24 Stravitque asinam, et praecepit puero: Mina, et propera, ne mihi
moram facias in eundo: et hoc age quod
praecipio tibi.
25 Profecta est igitur, et venit ad virum
Dei in montem Carmeli: cumque vidisset
eam vir Dei econtra, ait ad Giezi puerum
suum: Ecce Sunamitis illa. 26 Vade ergo
in occursum eius, et dic ei: Rectene agitur circa te, et circa virum tuum, et circa
filium tuum? Quae respondit: Recte.
27 Cumque venisset ad virum Dei in montem, apprehendit pedes eius: et accessit
Giezi ut amoveret eam. Et ait homo Dei:
Dimitte illam: anima enim eius in amaritudine est, et Dominus celavit a me, et
non indicavit mihi. 28 Quae dixit illi:
Numquid petivi filium a domino meo?
numquid non dixi tibi: Ne illudas me? 29 et
ille ait ad Giezi: Accinge lumbos tuos, et
tolle baculum meum in manu tua, et vade. Si occurrerit tibi homo, non salutes
eum: et si salutaverit te quispiam, non
respondeas illi: et pones baculum meum
super faciem pueri. 30 Porro mater pueri
ait: Vivit Dominus, et vivit anima tua,
non dimittam te. Surrexit ergo, et secutus
est eam. 31 Giezi autem praecesserat ante
eos, et posuerat baculum super faciem
pueri, et non erat vox, neque sensus: reversusque est in occursum eius, et nuntiavit ei, dicens: Non surrexit puer. 32 Ingressus est ergo Eliseus domum, et ecce puer
mortuus iacebat in lectulo eius: 33 ingressusque clausit ostium super se, et super
puerum, et oravit ad Dominum. 34 Et ascendit, et incubuit super puerum: posuitque os suum super os eius, et oculos suos
super oculos eius, et manus suas super
manus eius: et incurvavit se super eum,
et calefacta est caro pueri. 35 At ille reversus, deambulavit in domo, semel huc atque illuc: et ascendit, et incubuit super
eum: et oscitavit puer septies, aperuitque
oculos. 36 At ille vocavit Giezi, et dixit ei:
Voca Sunamitidem hanc. Quae vocata,
ingressa est ad eum. Qui ait: Tolle filium
tuum. 37 Venit illa, et corruit ad pedes
eius, et adoravit super terram: tulitque
filium suum, et egressa est.

Nova Elisei miracula

38 Et Eliseus reversus est in Galgala.
Erat autem fames in terra, et filii prophetarum habitabant coram eo. Dixitque uni
de pueris suis: Pone ollam grandem, et
coque pulmentum filiis prophetarum. 39 Et
egressus est unus in agrum ut colligeret
herbas agrestes: invenitque quasi vitem

4 **8:** Ios 19,18. — **12:** 4 Reg 5,20-21.25; 8,4-5. — **16:** Gen 18,10.14. — **23:** Num 28,11; 1 Sam 20,5. — **34:** 3 Reg 17,21. — **37:** Hebr 11,35. — **38:** 4 Reg 2,1.

silvestrem, et collegit ex ea colocynthidas
agri, et implevit pallium suum, et reversus concidit in ollam pulmenti: nesciebat
enim quid esset. 40 Infuderunt ergo sociis,
ut comederent: cumque gustassent de coctione, clamaverunt, dicentes: Mors in olla,
vir Dei. Et non potuerunt comedere. 41 At
ille: Afferte, inquit, farinam. Cumque tulissent, misit in ollam, et ait: Infunde turbae, ut comedant. Et non fuit amplius
quidquam amaritudinis in olla.
42 Vir autem quidam venit de Baalsalisa
deferens viro Dei panes primitiarum, viginti panes hordeaceos, et frumentum novum in pera sua. At ille dixit: Da populo, ut comedat. 43 Respondítque ei minister eius: Quantum est hoc, ut apponam
centum viris? Rursum ille ait: Da populo, ut comedat: haec enim dicit Dominus:
Comedent, et supererit. 44 Posuit itaque
coram eis: qui comederunt, et superfuit
iuxta verbum Domini.

Naaman syrius sanatus a lepra

5 1 Naaman princeps militiae regis Syriae, erat vir magnus apud dominum
suum, et honoratus: per illum enim dedit
Dominus salutem Syriae: erat autem vir
fortis et dives, sed leprosus. 2 Porro de
Syria egressi fuerant latrunculi, et captivam duxerant de terra Israel puellam parvulam, quae erat in obsequio uxoris Naaman, 3 quae ait ad dominam suam: Utinam fuisset dominus meus ad prophetam,
qui est in Samaria: profecto curasset eum
a lepra, quam habet. 4 Ingressus est itaque Naaman ad dominum suum, et nuntiavit ei, dicens: Sic et sic locuta est puella
de terra Israel. 5 Dixitque ei rex Syriae:
Vade, et mittam litteras ad regem Israel:
Qui cum profectus esset, et tulisset secum
decem talenta argenti, et sex millia aureos, et decem mutatoria vestimentorum,
6 detulit litteras ad regem Israel, in haec
verba: Cum acceperis epistolam hanc, scito quod miserim ad te Naaman servum
meum, ut cures eum a lepra sua. 7 Cumque legisset rex Israel litteras, scidit vestimenta sua, et ait: Numquid Deus ego
sum, ut occidere possim et vivificare, quia
iste misit ad me, ut curem hominem a lepra sua? animadvertite, et videte quod
occasiones quaerat adversum me. 8 Quod
cum audisset Eliseus vir Dei, scidisse videlicet regem Israel vestimenta sua, misit
ad eum, dicens: Quare scidisti vestimenta
tua? veniat ad me, et sciat esse prophetam in Israel.
9 Venit ergo Naaman cum equis, et curribus, et stetit ad ostium domus Elisei:
10 misitque ad eum Eliseus nuntium, dicens: Vade, et lavare septies in Iordane,
et recipiet sanitatem caro tua, atque mundaberis. 11 Iratus Naaman recedebat, dicens: Putabam quod egrederetur ad me,
et stans invocaret nomen Domini Dei sui,
et tangeret manu sua locum leprae, et curaret me. 12 Numquid non meliores sunt
Abana, et Pharphar, fluvii Damasci, omnibus aquis Israel, ut laver in eis, et mun-
der? Cum ergo vertisset se, et abiret indignans, 13 accesserunt ad eum servi sui,
et locuti sunt ei: Pater, et si rem grandem
dixisset tibi propheta, certe facere debue-
ras: quanto magis quia nunc dixit tibi:
Lavare, et mundaberis? 14 Descendit, et
lavit in Iordane septies iuxta sermonem
viri Dei, et restituta est caro eius, sicut
caro pueri parvuli, et mundatus est.
15 Reversusque ad virum Dei cum universo comitatu suo, venit, et stetit coram
eo, et ait: Vere scio quod non sit alius
Deus in universa terra, nisi tantum in Israel. Obsecro itaque ut accipias benedictionem a servo tuo. 16 At ille respondit:
Vivit Dominus, ante quem sto, quia non
accipiam. Cumque vim faceret, penitus
non acquievit. 17 Dixitque Naaman: Ut
vis: sed, obsecro, concede mihi servo tuo
ut tollam onus duorum burdonum de terra: non enim faciet ultra servus tuus holocaustum, aut victimam diis alienis, nisi
Domino. 18 Hoc autem solum est, de quo
depreceris Dominum pro servo tuo, quando ingredietur dominus meus templum
Remmon, ut adoret: et illo innitente super manum meam, si adoravero in templo Remmon, adorante eo in eodem loco,
ut ignoscat mihi Dominus servo tuo pro
hac re. 19 Qui dixit ei: Vade in pace. Abiit
ergo ab eo electo terrae tempore.

Giezi cupiditas punita

20 Dixitque Giezi puer viri Dei: Pepercit dominus meus Naaman Syro isti, ut
non acciperet ab eo quae attulit: vivit Dominus, quia curram post eum, et accipiam
ab eo aliquid. 21 Et secutus est Giezi post
tergum Naaman: quem cum vidisset ille
currentem ad se, desiliit de curru in occursum eius, et ait: Rectene sunt omnia?
22 Et ille ait: Recte. Dominus meus misit
me ad te dicens: Modo venerunt ad me
duo adolescentes de monte Ephraim, ex
filiis prophetarum: da eis talentum argenti, et vestes mutatorias duplices. 23 Dixitque Naaman: Melius est ut accipias duo
talenta. Et coegit eum, ligavitque duo talenta argenti in duobus saccis, et duplicia
vestimenta, et imposuit duobus pueris
suis, qui et portaverunt coram eo. 24 Cum-

5 1: Lc 4,27. — 2: 4 Reg 6,23. — 5: 1 Sam 9,7. — 14: Lc 4,27. — 15: Gen 33,11. — 20: 4 Reg 4,12. — 22: 4 Reg 5,5. — 27: Ex 4,6; Num 12,10.

que venisset iam vesperi, tulit de manu
eorum, et reposuit in domo, dimisitque
viros, et abierunt. 25 Ipse autem ingressus,
stetit coram domino suo. Et dixit Eliseus:
Unde venis Giezi? Qui respondit: Non
ivit servus tuus quoquam. 26 At ille ait:
Nonne cor meum in praesenti erat, quando reversus est homo de curru suo in occursum tui? Nunc igitur accepisti argentum, et accepisti vestes ut emas oliveta,
et vineas, et oves, et boves, et servos, et
ancillas. 27 Sed et lepra Naaman adhaerebit tibi, et semini tuo, usque in sempiternum. Et egressus est ab eo leprosus quasi nix.

Novum Elisei miraculum

6 1 Dixerunt autem filii prophetarum
ad Eliseum: Ecce locus, in quo habitamus coram te, angustus est nobis. 2 Eamus usque ad Iordanem, et tollant singuli
de silva materias singulas, ut aedificemus
nobis ibi locum ad habitandum. Qui dixit: Ite. 3 Et ait unus ex illis: Veni ergo
et tu cum servis tuis. Respondit: Ego veniam. 4 Et abiit cum eis. Cumque venissent ad Iordanem, caedebant ligna. 5 Accidit autem, ut cum unus materiam succi-
disset, caderet ferrum securis in aquam:
exclamavitque ille, et ait: Heu heu heu,
domine mi, et hoc ipsum mutuo accepe-
ram. 6 Dixit autem homo Dei: Ubi cecidit? At ille monstravit ei locum. Praecidit ergo lignum, et misit illuc: natavitque
ferrum, 7 et ait: Tolle. Qui extendit manum, et tulit illud.

Eliseus protegit Samariam a Syriis

8 Rex autem Syriae pugnabat contra Israel, consiliumque iniit cum servis suis,
dicens: In loco illo et illo ponamus insidias. 9 Misit itaque vir Dei ad regem Israel, dicens: Cave ne transeas in locum illum; quia ibi Syri in insidiis sunt. 10 Misit
itaque rex Israel ad locum quem dixerat
ei vir Dei, et praeoccupavit eum, et observavit se ibi non semel neque bis. 11 Con-
turbatumque est cor regis Syriae pro hac
re: et convocatis servis suis, ait: Quare
non indicatis mihi quis proditor mei sit
apud regem Israel? 12 Dixitque unus servorum eius: Nequaquam, domine mi rex,
sed Eliseus propheta, qui est in Israel, indicat regi Israel omnia verba quaecumque
locutus fueris in conclavi tuo.
13 Dixitque eis: Ite, et videte ubi sit: ut
mittam, et capiam eum. Annuntiaverunt-
que ei, dicentes: Ecce in Dothan. 14 Misit
ergo illuc equos et currus, et robur exercitus: qui cum venissent nocte, circumdederunt civitatem. 15 Consurgens autem diluculo minister viri Dei, egressus, vidit
exercitum in circuitu civitatis, et equos et
currus: nuntiavitque ei, dicens: Heu heu
heu, domine mi, quid faciemus? 16 At ille
respondit: Noli timere; plures enim nobiscum sunt, quam cum illis. 17 Cumque
orasset Eliseus, ait: Domine, aperi oculos
huius, ut videat. Et aperuit Dominus oculos pueri, et vidit: et ecce mons plenus
equorum, et curruum igneorum, in circuitu Elisei.
18 Hostes vero descenderunt ad eum:
porro Eliseus oravit ad Dominum, dicens:
Percute, obsecro, gentem hanc caecitate.
Percussitque eos Dominus, ne viderent,
iuxta verbum Elisei. 19 Dixit autem ad eos
Eliseus: Non est haec via, neque ista est
civitas: sequimini me, et ostendam vobis
virum quem quaeritis. Duxit ergo in Samariam: 20 cumque ingressi fuissent in Samariam, dixit Eliseus: Domine, aperi oculos istorum, ut videant. Aperuitque Dominus oculos eorum, et viderunt se esse
in medio Samariae. 21 Dixitque rex Israel
ad Eliseum, cum vidisset eos: Numquid
percutiam eos, pater mi? 22 At ille ait:
Non percuties: neque enim cepisti eos
gladio, et arcu tuo, ut percutias: sed pone
panem et aquam coram eis, ut comedant,
et bibant, et vadant ad dominum suum.
23 Appositaque est eis ciborum magna
praeparatio, et comederunt, et biberunt
et dimisit eos, abieruntque ad dominum
suum, et ultra non venerunt latrones Syriae in terram Israel.

Samaria a Syriis obsessa

24 Factum est autem post haec, congregavit Benadad rex Syriae, universum
exercitum suum, et ascendit, et obsidebat
Samariam. 25 Factaque est fames magna
in Samaria: et tamdiu obsessa est, donec
venundaretur caput asini octoginta argenteis, et quarta pars cabi stercoris columbarum quinque argenteis. 26 Cumque rex
Israel transiret per murum, mulier quaedam exclamavit ad eum, dicens: Salva me,
domine mi rex. 27 Qui ait: Non te salvat
Dominus: unde te possum salvare? de
area, vel de torculari? Dixitque ad eam
rex: Quid tibi vis? Quae respondit: 28 Mulier ista dixit mihi: Da filium tuum, ut comedamus eum hodie, et filium meum comedemus cras. 29 Coximus ergo filium
meum, et comedimus. Dixique ei die altera: Da filium tuum, ut comedamus eum.
Quae abscondit filium suum. 30 Quod cum

6 1: 4 Reg 2,3. — 13: Gen 37,17. — 16: 2 Par 32,7. — 23: 4 Reg 5,2; 24,2. — 24: 3 Reg 20, 1. — 29: Deut 28,53.57. — 32: 3 Reg 18,4; 21,13.

audisset rex, scidit vestimenta sua, et transibat per murum. Viditque omnis populus cilicium, quo vestitus erat ad carnem
intrinsecus.
31 Et ait rex: Haec mihi faciat Deus, et
haec addat, si steterit caput Elisei filii Saphat super ipsum hodie. 32 Eliseus autem
sedebat in domo sua, et senes sedebant
cum eo. Praemisit itaque virum: et antequam veniret nuntius ille, dixit ad senes:
Numquid scitis quod miserit filius homicidae hic, ut praecidatur caput meum? videte ergo, cum venerit nuntius, claudite
ostium, et non sinatis eum introire: ecce
enim sonitus pedum domini eius post eum
est. 33 Adhuc illo loquente eis, apparuit
nuntius, qui veniebat ad eum. Et ait: Ecce,
tantum malum a Domino est: quid amplius expectabo a Domino?

Samariae liberatio

7 1 Dixit autem Eliseus: Audite verbum
Domini: Haec dicit Dominus: In
tempore hoc cras modius similae uno statere erit, et duo modii hordei statere uno,
in porta Samariae. 2 Respondens unus de
ducibus, super cuius manum rex incumbebat, homini Dei, ait: Si Dominus fecerit etiam cataractas in caelo, numquid poterit esse quod loqueris? Qui ait: Videbis
oculis tuis, et inde non comedes.
3 Quatuor ergo viri erant leprosi iuxta
introitum portae: qui dixerunt ad invicem: Quid hic esse volumus donec moriamur? 4 Sive ingredi voluerimus civitatem, fame moriemur: sive manserimus
hic, moriendum nobis est: venite ergo, et
transfugiamus ad castra Syriae; si peper-
cerint nobis, vivemus: si autem occidere
voluerint, nihilominus moriemur. 5 Surrexerunt ergo vesperi, ut venirent ad castra Syriae. Cumque venissent ad principium castrorum Syriae, nullum ibidem
repererunt. 6 Siquidem Dominus sonitum
audiri fecerat in castris Syriae, curruum,
et equorum, et exercitus plurimi: dixeruntque ad invicem: Ecce mercede conduxit adversum nos rex Israel reges Hethaeorum et Aegyptiorum, et venerunt super
nos. 7 Surrexerunt ergo, et fugerunt in tenebris, et dereliquerunt tentoria sua, et
equos et asinos, in castris, fugeruntque
animas tantum suas salvare cupientes.
8 Igitur cum venissent leprosi illi ad
principium castrorum, ingressi sunt unum
tabernaculum, et comederunt et biberunt:
tuleruntque inde argentum, et aurum, et
vestes, et abierunt, et absconderunt: et
rursum reversi sunt ad aliud tabernaculum, et inde similiter auferentes absconderunt. 9 Dixeruntque ad invicem: Non
recte facimus: haec enim dies boni nuntii
est. Si tacuerimus et noluerimus nuntiare
usque mane, sceleris arguemur: venite,
eamus, et nuntiemus in aula regis. 10 Cumque venissent ad portam civitatis, narraverunt eis, dicentes: Ivimus ad castra Syriae, et nullum ibidem reperimus hominem, nisi equos et asinos alligatos, et fixa
tentoria.
11 Ierunt ergo portarii, et nuntiaverunt
in palatio regis intrinsecus. 12 Qui surrexit nocte, et ait ad servos suos: Dico vobis quid fecerint nobis Syri: Sciunt quia
fame laboramus, et idcirco egressi sunt
de castris, et latitant in agris, dicentes:
Cum egressi fuerint de civitate, capiemus
eos vivos, et tunc civitatem ingredi poterimus. 13 Respondit autem unus servorum
eius: Tollamus quinque equos, qui remanserunt in urbe (quia ipsi tantum sunt in
universa multitudine Israel, alii enim consumpti sunt), et mittentes, explorare poterimus. 14 Adduxerunt ergo duos equos,
misitque rex in castra Syrorum, dicens:
Ite, et videte. 15 Qui abierunt post eos usque ad Iordanem: ecce autem omnis via
plena erat vestibus et vasis, quae proiecerant Syri cum turbarentur: reversique
nuntii indicaverunt regi.
16 Et egressus populus diripuit castra
Syriae: factusque est modius similae statere uno, et duo modii hordei statere uno,
iuxta verbum Domini. 17 Porro rex ducem illum, in cuius manu incumbebat,
constituit ad portam: quem conculcavit
turba in introitu portae, et mortuus est,
iuxta quod locutus fuerat vir Dei, quando descenderat rex ad eum. 18 Factumque
est secundum sermonem viri Dei, quem
dixerat regi, quando ait: Duo modii hordei statere uno erunt, et modius similae
statere uno, hoc eodem tempore cras in
porta Samariae: 19 quando responderat
dux ille viro Dei, et dixerat: Etiamsi Dominus fecerit cataractas in caelo, numquid
poterit fieri quod loqueris? Et dixit ei: Videbis oculis tuis, et inde non comedes.
20 Evenit ergo ei sicut praedictum fuerat,
et conculcavit eum populus in porta, et
mortuus est.

Fames ab Eliseo praedicta

8 1 Eliseus autem locutus est ad mulierem, cuius vivere fecerat filium, dicens: Surge, vade tu et domus tua, et peregrinare ubicumque repereris: vocavit
enim Dominus famem, et veniet super
terram septem annis. 2 Quae surrexit, et
fecit iuxta verbum hominis Dei: et vadens
cum domo sua, peregrinata est in terra
Philisthiim diebus multis.

7 3: Lev 13,46. — 17: 4 Reg 6,32.

8 1: 4 Reg 4,35. — 4: 4 Reg 4,12. — 7: 4 Reg

3 Cumque finiti essent anni septem, reversa est mulier de terra Philisthiim: et
egressa est ut interpellaret regem pro domo sua, et pro agris suis. 4 Rex autem loquebatur cum Giezi puero viri Dei, dicens: Narra mihi omnia magnalia quae
fecit Eliseus. 5 Cumque ille narraret regi
quo modo mortuum suscitasset, apparuit
mulier, cuius vivificaverat filium, clamans
ad regem pro domo sua, et pro agris suis.
Dixitque Giezi: Domine mi rex, haec est
mulier, et hic est filius eius quem suscitavit Eliseus. 6 Et interrogavit rex mulierem: quae narravit ei. Deditque ei rex
eunuchum unum, dicens: Restitue ei omnia quae sua sunt, et universos reditus
agrorum, a die qua reliquit terram usque
ad praesens.

Eliseus in Damasco

7 Venit quoque Eliseus Damascum, et
Benadad rex Syriae aegrotabat: nuntiaveruntque ei, dicentes: Venit vir Dei huc.
8 Et ait rex ad Hazael: Tolle tecum munera, et vade in occursum viri Dei, et consule Dominum per eum, dicens: Si evadere potero de infirmitate mea hac? 9 Ivit
igitur Hazael in occursum eius, habens
secum munera, et omnia bona Damasci,
onera quadraginta camelorum. Cumque
stetisset coram eo, ait: Filius tuus Benadad rex Syriae misit me ad te, dicens: Si
sanari potero de infirmitate mea hac?
10 Dixitque ei Eliseus: Vade, dic ei: Sana-
beris: porro ostendit mihi Dominus quia
morte morietur. 11 Stetitque cum eo, et
conturbatus est usque ad suffusionem
vultus: flevitque vir Dei. 12 Cui Hazael
ait: Quare dominus meus flet? At ille dixit: Quia scio quae facturus sis filiis Israel mala. Civitates eorum munitas igne
succendes, et iuvenes eorum interficies
gladio, et parvulos eorum elides, et praegnantes divides. 13 Dixitque Hazael: Quid
enim sum servus tuus canis, ut faciam rem
istam magnam? Et ait Eliseus: Ostendit
mihi Dominus te regem Syriae fore. 14 Qui
cum recessisset ab Eliseo, venit ad dominum suum. Qui ait ei: Quid dixit tibi
Eliseus? At ille respondit: Dixit mihi:
Recipies sanitatem. 15 Cumque venisset
dies altera, tulit stragulum, et infudit
aquam, et expandit super faciem eius:
quo mortuo, regnavit Hazael pro eo.

Ioram rex Iuda

16 Anno quinto Ioram filii Achab regis
Israel, et Iosaphat regis Iuda, regnavit Ioram filius Iosaphat rex Iuda. 17 Triginta
duorum annorum erat cum regnare coepisset, et octo annis regnavit in Ierusalem. 18 Ambulavitque in viis regum Israel, sicut ambulaverat domus Achab:
filia enim Achab erat uxor eius: et fecit quod malum est in conspectu Domini.
19 Noluit autem Dominus disperdere Iudam, propter David servum suum, sicut
promiserat ei, ut daret illi lucernam, et
filiis eius cunctis diebus. 20 In diebus eius
recessit Edom, ne esset sub Iuda, et constituit sibi regem. 21 Venitque Ioram Seira,
et omnes currus cum eo: et surrexit nocte, percussitque Idumaeos, qui eum cir-
cumdederant, et principes curruum, populus autem fugit in tabernacula sua.
22 Recessit ergo Edom ne esset sub Iuda,
et Lobna in tempore illo.
23 Reliqua autem sermonum Ioram, et
universa quae fecit, nonne haec scripta
sunt in Libro verborum dierum regum
Iuda? 24 Et dormivit Ioram cum patribus
suis, sepultusque est cum eis in civitate
David, et regnavit Ochozias filius eius
pro eo.

Ochozias rex Iuda

25 Anno duodecimo Ioram filii Achab
regis Israel regnavit Ochozias filius Ioram regis Iudae. 26 Viginti duorum annorum erat Ochozias cum regnare coepisset, et uno anno regnavit in Ierusalem:
nomen matris eius Athalia filia Amri regis Israel. 27 Et ambulavit in viis domus
Achab: et fecit quod malum est coram
Domino, sicut domus Achab: gener enim
domus Achab fuit. 28 Abiit quoque cum
Ioram filio Achab, ad praeliandum contra Hazael regem Syriae in Ramoth Galaad, et vulneraverunt Syri Ioram: 29 qui
reversus est ut curaretur, in Iezrahel: quia
vulneraverant eum Syri in Ramoth praeliantem contra Hazael regem Syriae. Porro Ochozias filius Ioram rex Iuda, descendit invisere Ioram filium Achab in
Iezrahel, quia aegrotabat ibi.

Iehu unctus in regem

9 1 Eliseus autem prophetes vocavit
unum de filiis prophetarum, et ait
illi: Accinge lumbos tuos, et tolle lenticu-

6,24. — **8:** 1 Sam 9,7; 3 Reg 19,15.17. — **12:** 4 Reg 10,32; 12,17; 13,3.7.22; Am 1,3-4. — **13:** 3 Reg 19,15. — **16:** 3 Reg 22,51; 4 Reg 1,17. **17-24:** 2 Par 21,5-10. — **19:** 2 Sam 7,16-20; 3 Reg 11,36; 15,4. — **20:** 3 Reg 22,48; 4 Reg 3,9. — **22:** Ios 10,29-30. — **24:** 2 Par 21,17; 22,6; 25,23. — **25-29:** 2 Par 22,1-6. — **26:** 4 Reg 11,1. — **28-29:** 4 Reg 9,14-16.

9 **1:** 4 Reg 2,3; 8,28. — **2:** 3 Reg 19,15,16. —

lam olei hanc in manu tua, et vade in
Ramoth Galaad. 2 Cumque veneris illuc,
videbis Iehu filium Iosaphat filii Namsi:
et ingressus suscitabis eum de medio fratrum suorum, et introduces in interius
cubiculum. 3 Tenensque lenticulam olei,
fundes super caput eius, et dices: Haec
dicit Dominus: Unxi te regem super Israel. Aperiesque ostium, et fugies, et non
ibi subsistes.
4 Abiit ergo adolescens puer prophetae in Ramoth Galaad, 5 et ingressus est
illuc: ecce autem principes exercitus sedebant, et ait: Verbum mihi ad te, o princeps.
Dixitque Iehu: Ad quem ex omnibus nobis? At ille dixit: Ad te, o princeps. 6 Et
surrexit et ingressus est cubiculum: at ille
fudit oleum super caput eius, et ait: Haec
dicit Dominus Deus Israel: Unxi te regem super populum Domini Israel, 7 et
percuties domum Achab domini tui, et
ulciscar sanguinem servorum meorum prophetarum, et sanguinem omnium servorum Domini de manu Iezabel. 8 Perdamque omnem domum Achab: et interficiam de Achab mingentem ad parietem,
et clausum et novissimum in Israel. 9 Et
dabo domum Achab, sicut domum Ieroboam filii Nabat, et sicut domum Baasa
filii Ahia. 10 Iezabel quoque comedent canes in agro Iezrahel, nec erit qui sepeliat
eam.
Aperuitque ostium, et fugit. 11 Iehu autem egressus est ad servos domini sui:
qui dixerunt ei: Rectene sunt omnia?
quid venit insanus iste ad te? Qui ait eis:
Nostis hominem, et quid locutus sit. 12 At
illi responderunt: Falsum est, sed magis narra nobis. Qui ait eis: Haec et haec
locutus est mihi, et ait: Haec dicit Dominus: Unxi te regem super Israel. 13 Fes-
tinaverunt itaque, et unusquisque tollens
pallium suum posuerunt sub pedibus eius,
in similitudinem tribunalis, et cecinerunt
tuba, atque dixerunt: Regnavit Iehu.

Iehu insurgit contra domum Achab

14 Coniuravit ergo Iehu filius Iosaphat
filii Namsi contra Ioram: porro Ioram
obsederat Ramoth Galaad, ipse et omnis
Israel contra Hazael regem Syriae: 15 et
reversus fuerat ut curaretur in Iezrahel
propter vulnera, quia percusserant eum
Syri, praeliantem contra Hazael regem
Syriae. Dixitque Iehu: Si placet vobis,
nemo egrediatur profugus de civitate, ne
vadat, et nuntiet in Iezrahel. 16 Et ascendit, et profectus est in Iezrahel: Ioram
enim aegrotabat ibi, et Ochozias rex Iuda
descenderat ad visitandum Ioram.
17 Igitur speculator qui stabat super turrim Iezrahel, vidit globum Iehu venientis,
et ait: Video ego globum. Dixitque Ioram: Tolle currum, et mitte in occursum
eorum, et dicat vadens: Rectene sunt omnia? 18 Abiit ergo, qui ascenderat currum,
in occursum eius, et ait: Haec dicit rex:
Pacatane sunt omnia? Dixitque Iehu:
Quid tibi et paci? transi, et sequere me.
Nuntiavit quoque speculator, dicens: Venit nuntius ad eos, et non revertitur.
19 Misit etiam currum equorum secundum: venitque ad eos, et ait: Haec dicit
rex: Numquid pax est? Et ait Iehu: Quid
tibi et paci? transi, et sequere me. 20 Nuntiavit autem speculator, dicens: Venit usque ad eos, et non revertitur: est autem
incessus quasi incessus Iehu filii Namsi,
praeceps enim graditur. 21 Et ait Ioram:
Iunge currum. Iunxeruntque currum eius,
et egressus est Ioram rex Israel, et Ochozias rex Iuda, singuli in curribus suis,
egressique sunt in occursum Iehu, et invenerunt eum in agro Naboth Iezrahelitae. 22 Cumque vidisset Ioram Iehu, dixit: Pax est, Iehu? At ille respondit: Quae
pax? adhuc fornicationes Iezabel matris
tuae, et veneficia eius multa vigent. 23 Convertit autem Ioram manum suam, et fugiens ait ad Ochoziam: Insidiae, Ochozia.
24 Porro Iehu tetendit arcum manu, et
percussit Ioram inter scapulas: et egressa est sagitta per cor eius, statimque corruit in curru suo. 25 Dixitque Iehu ad Ba-
dacer ducem: Tolle, proiice eum in agro
Naboth Iezrahelitae: memini enim quando ego et tu sedentes in curru sequeba-
mur Achab patrem huius, quod Dominus onus hoc levaverit super eum, dicens:
26 Si non pro sanguine Naboth, et pro
sanguine filiorum eius, quem vidi heri, ait
Dominus, reddam tibi in agro isto, dicit
Dominus. Nunc ergo tolle, et proiice
eum in agrum iuxta verbum Domini.

Ochoziam regem Iuda occidit quoque

27 Ochozias autem rex Iuda videns hoc,
fugit per viam domus horti: persecutus-
que est eum Iehu, et ait: Etiam hunc percutite in curru suo. Et percusserunt eum
in ascensu Gaver, qui est iuxta Ieblaam:
qui fugit in Mageddo, et mortuus est ibi.
28 Et imposuerunt eum servi eius super
currum suum, et tulerunt in Ierusalem:
sepelieruntque eum in sepulchro cum patribus suis in civitate David.

3: 3 Reg 19,16; 2 Par 22,7. — 7: 3 Reg 18,4. — 8: 3 Reg 21,21; 4 Reg 10,17. — 9: 3 Reg 14,10; 15,29; 16,3.11; 21,22. — 10: 3 Reg 21,23. — 14-15: 4 Reg 8,28-29. — 21: 3 Reg 21,1; 2 Par 22,7. — 25-26: 3 Reg 21,19.22.29. — 27: 2 Par 22,9. — 29: 4 Reg 8,25; 2 Par 21,17-19. —

Finis Iezabel

29 Anno undecimo Ioram filii Achab,
regnavit Ochozias super Iudam, 30 venitque Iehu in Iezrahel. Porro Iezabel, introitu eius audito, depinxit oculos suos
stibio, et ornavit caput suum, et respexit
per fenestram 31 ingredientem Iehu per
portam, et ait: Numquid pax potest esse
Zambri, qui interfecit dominum suum?
32 Levavitque Iehu faciem suam ad fenestram, et ait: Quae est ista? et inclinaverunt se ad eum duo vel tres eunuchi.
33 At ille dixit eis: Praecipitate eam deorsum: et praecipitaverunt eam, aspersus-
que est sanguine paries, et equorum ungulae conculcaverunt eam. 34 Cumque introgressus esset, ut comederet, biberetque,
ait: Ite, et videte maledictam illam, et sepelite eam: quia filia regis est. 35 Cumque
issent ut sepelirent eam, non invenerunt
nisi calvariam, et pedes, et summas manus. 36 Reversique nuntiaverunt ei. Et ait
Iehu: Sermo Domini est, quem locutus
est per servum suum Eliam Thesbiten, dicens: In agro Iezrahel comedent canes
carnes Iezabel, 37 et erunt carnes Iezabel sicut stercus super faciem terrae in
agro Iezrahel, ita ut praetereuntes dicant:
Haeccine est illa Iezabel?

Iehu interficit filios Achab

10 1 Erant autem Achab septuaginta
filii in Samaria: scripsit ergo Iehu
litteras, et misit in Samariam, ad optimates civitatis, et ad maiores natu, et ad
nutritios Achab, dicens: 2 Statim ut acceperitis litteras has, qui habetis filios domini vestri, et currus, et equos, et civitates firmas, et arma, 3 eligite meliorem, et
eum qui vobis placuerit de filiis domini
vestri, et eum ponite super solium patris
sui, et pugnate pro domo domini vestri.
4 Timuerunt illi vehementer, et dixerunt:
Ecce duo reges non potuerunt stare coram eo, et quo modo nos valebimus resistere? 5 Miserunt ergo praepositi domus,
et praefecti civitatis, et maiores natu, et
nutritii ad Iehu, dicentes: Servi tui sumus, quaecumque iusseris faciemus, nec
constituemus nobis regem: quaecumque
tibi placent, fac. 6 Rescripsit autem eis
litteras secundo, dicens: Si mei estis, et
obeditis mihi, tollite capita filiorum domini vestri, et venite ad me hac eadem
hora cras in Iezrahel. Porro filii regis,
septuaginta viri apud optimates civitatis
nutriebantur.
7 Cumque venissent litterae ad eos, tulerunt filios regis, et occiderunt septuaginta viros, et posuerunt capita eorum in
cophinis, et miserunt ad eum in Iezrahel.
8 Venit autem nuntius, et indicavit ei, dicens: Attulerunt capita filiorum regis.
Qui respondit: Ponite ea ad duos acervos iuxta introitum portae usque mane.
9 Cumque diluxisset, egressus est, et stans
dixit ad omnem populum: Iusti estis: si
ego coniuravi contra dominum meum, et
interfeci eum, quis percussit omnes hos?
10 Videte ergo nunc quoniam non cecidit
de sermonibus Domini in terram, quos
locutus est Dominus super domum Achab,
et Dominus fecit quod locutus est in manu servi sui Eliae. 11 Percussit igitur Iehu
omnes, qui reliqui erant de domo Achab
in Iezrahel, et universos optimates eius,
et sacerdotes, donec non remanerent ex
eo reliquiae.

Occidit quoque fratres Ochoziae

12 Et surrexit, et venit in Samariam:
cumque venisset ad Cameram pastorum
in via, 13 invenit fratres Ochoziae regis Iuda, dixitque ad eos: Quinam estis vos?
Qui responderunt: Fratres Ochoziae sumus, et descendimus ad salutandos filios
regis, et filios reginae. 14 Qui ait: Comprehendite eos vivos. Quos cum comprehendissent vivos, iugulaverunt eos in
cisterna iuxta Cameram, quadraginta duos
viros, et non reliquit ex eis quemquam.
15 Cumque abiisset inde, invenit Ionadab filium Rechab in occursum sibi, et
benedixit ei. Et ait ad eum: Numquid est
cor tuum rectum, sicut cor meum cum
corde tuo? Et ait Ionadab: Est. Si est,
inquit, da manum tuam. Qui dedit ei manum suam. At ille levavit eum ad se in
currum: 16 dixitque ad eum: Veni mecum,
et vide zelum meum pro Domino. Et impositum in curru suo 17 duxit in Samariam. Et percussit omnes qui reliqui fuerant de Achab in Samaria usque ad unum,
iuxta verbum Domini, quod locutus est
per Eliam.

Occidit cultores Baal

18 Congregavit ergo Iehu omnem populum, et dixit ad eos: Achab coluit Baal
parum, ego autem colam eum amplius.
19 Nunc igitur omnes prophetas Baal, et
universos servos eius, et cunctos sacerdotes ipsius vocate ad me: nullus sit qui
non veniat, sacrificium enim grande est
mihi Baal: quicumque defuerit, non vivet. Porro Iehu faciebat hoc insidiose, ut

31: 3 Reg 16,9-10. — 34: 3 Reg 16,31. — 36: 3 Reg 21,23.

10 7: 3 Reg 21,21. — 9: 4 Reg 9,14,24. — 10: 3 Reg 21,10.21-22.29. — 14: 2 Par 22,8. — 15: 1 Par 2,55; Ier 35,6-10. — 17: 4 Reg 9,8. — 18: 3 Reg 16,31-32. — 21: 3 Reg 16,

disperderet cultores Baal. 20 Et dixit: Sanctificate diem solemnem Baal. Vocavitque
21 et misit in universos terminos Israel, et
venerunt cuncti servi Baal: non fuit residuus ne unus quidem qui non veniret. Et
ingressi sunt templum Baal: et repleta est
domus Baal, a summo usque ad summum.
22 Dixitque his qui erant super vestes: Proferte vestimenta universis servis Baal. Et
protulerunt eis vestes. 23 Ingressusque Iehu, et Ionadab filius Rechab, templum
Baal, ait cultoribus Baal: Perquirite, et
videte, ne quis forte vobiscum sit de servis Domini, sed ut sint servi Baal soli.
24 Ingressi sunt igitur ut facerent victimas et holocausta: Iehu autem praeparaverat sibi foris octoginta viros, et dixerat
eis: Quicumque fugerit de hominibus his,
quos ego adduxero in manus vestras, anima eius erit pro anima illius.
25 Factum est autem, cum completum
esset holocaustum, praecepit Iehu militibus et ducibus suis: Ingredimini, et percutite eos, nullus evadat. Percusseruntque
eos in ore gladii, et proiecerunt milites et
duces: et ierunt in civitatem templi Baal,
26 et protulerunt statuam de fano Baal,
et combusserunt, 27 et comminuerunt eam.
Destruxerunt quoque aedem Baal, et fecerunt pro ea latrinas usque in diem hanc.

Finis Iehu

28 Delevit itaque Iehu Baal de Israel:
29 verumtamen a peccatis Ieroboam filii
Nabat, qui peccare fecit Israel, non recessit, nec dereliquit vitulos aureos, qui erant
in Bethel, et in Dan. 30 Dixit autem Dominus ad Iehu: Quia studiose egisti quod
rectum erat, et placebat in oculis meis, et
omnia quae erant in corde meo fecisti
contra domum Achab: filii tui usque ad
quartam generationem sedebunt super
thronum Israel. 31 Porro Iehu non custodivit ut ambularet in lege Domini Dei
Israel in toto corde suo: non enim recessit a peccatis Ieroboam, qui peccare fecerat Israel.
32 In diebus illis coepit Dominus taedere super Israel: percussitque eos Hazael
in universis finibus Israel, 33 a Iordane
contra orientalem plagam, omnem terram
Galaad, et Gad, et Ruben, et Manasse, ab
Aroer, quae est super torrentem Arnon,
et Galaad, et Basan.
34 Reliqua autem verborum Iehu, et
universa quae fecit, et fortitudo eius, nonne haec scripta sunt in Libro verborum
dierum regum Israel? 35 Et dormivit Iehu
cum patribus suis, sepelieruntque eum
in Samaria: et regnavit Ioachaz filius eius
pro eo. Dies autem, quos regnavit Iehu
super Israel, viginti et octo anni sunt in
Samaria.

Athalia regina in Ierusalem

11 1 Athalia vero mater Ochoziae, videns mortuum filium suum, surrexit, et interfecit omne semen regium.
2 Tollens autem Iosaba filia regis Ioram,
soror Ochoziae, Ioas filium Ochoziae, furata est eum de medio filiorum regis, qui
interficiebantur, et nutricem eius de triclinio: et abscondit eum a facie Athaliae
ut non interficeretur. 3 Eratque cum ea
sex annis clam in domo Domini: porro
Athalia regnavit super terram.

Ioas rex

4 Anno autem septimo misit Ioiada, et
assumens centuriones et milites, introduxit ad se in templum Domini, pepigitque
cum eis foedus: et adiurans eos in domo
Domini, ostendit eis filium regis: 5 et praecepit illis, dicens: Iste est sermo, quem facere debetis: 6 Tertia pars vestrum introeat sabbato, et observet excubias domus regis. Tertia autem pars sit ad portam Sur, et tertia pars sit ad portam, quae
est post habitaculum scutariorum: et custodietis excubias domus Messa. 7 Duae
vero partes e vobis, omnes egredientes
sabbato, custodiant excubias domus Domini circa regem. 8 Et vallabitis eum, habentes arma in manibus vestris: si quis
autem ingressus fuerit septum templi, interficiatur: eritisque cum rege introeunte et egrediente.
9 Et fecerunt centuriones iuxta omnia
quae praeceperat eis Ioiada sacerdos: et
assumentes singuli viros suos, qui ingrediebantur sabbatum, cum his qui egrediebantur sabbato, venerunt ad Ioiadam
sacerdotem. 10 Qui dedit eis hastas, et arma regis David, quae erant in domo Domini. 11 Et steterunt singuli habentes arma in manu sua a parte templi dextera,
usque ad partem sinistram altaris, et aedis,
circum regem. 12 Produxitque filium regis,
et posuit super eum diadema, et testimonium: feceruntque eum regem, et unxerunt: et plaudentes manu, dixerunt: Vivat rex.
13 Audivit autem Athalia vocem populi
currentis: et ingressa ad turbas in templum Domini, 14 vidit regem stantem super tribunal iuxta morem, et cantores, et
tubas prope eum, omnemque populum
terrae laetantem, et canentem tubis: et scidit vestimenta sua, clamavitque: Coniura-

32: 4 Reg 11,18. — 22: 4 Reg 22,14. — 25: 3 Reg 18,40. — 27: 3 Reg 16,32. — 29: 3 Reg 14,16. — 30: 4 Reg 13,1.10; 14,23; 15,8.12. — 32: 4 Reg 8,12. — 35: 4 Reg 13,1.

11 1-3: 2 Par 22,10-12. — 1: 4 Reg 8,26; 9,27. — 2: 4 Reg 11,21; 12,1. — 4-20: 2 Par 23,1-21. — 10: 2 Sam 8,7; 1 Par 18,7. — 12: Ex 25,16; 31,18. — 16: Neh 3,28; Ier 31,

tio, coniuratio. 15 Praecepit autem Ioiada
centurionibus, qui erant super exercitum,
et ait eis: Educite eam extra septa templi,
et quicumque eam secutus fuerit, feriatur
gladio. Dixerat enim sacerdos: Non occidatur in templo Domini. 16 Imposueruntque ei manus, et impegerunt eam per
viam introitus equorum, iuxta palatium,
et interfecta est ibi.
17 Pepigit ergo Ioiada foedus inter Dominum, et inter regem, et inter populum,
ut esset populus Domini, et inter regem
et populum. 18 Ingressusque est omnis populus terrae templum Baal, et destruxerunt aras eius, et imagines contriverunt
valide: Mathan quoque sacerdotem Baal
occiderunt coram altari. Et posuit sacerdos custodias in domo Domini. 19 Tulitque centuriones, et Cerethi et Phelethi legiones, et omnem populum terrae, dedu-
xeruntque regem de domo Domini: et
venerunt per viam portae scutariorum in
palatium, et sedit super thronum regum.
20 Laetatusque est omnis populus terrae,
et civitas conquievit: Athalia autem occisa est gladio in domo regis. 21 Septem-
que annorum erat Ioas, cum regnare coepisset.

12 1 Anno septimo Iehu regnavit Ioas:
et quadraginta annis regnavit in
Ierusalem. Nomen matris eius Sebia de
Bersabee. 2 Fecitque Ioas rectum coram
Domino cunctis diebus, quibus docuit
eum Ioiada sacerdos. 3 Verumtamen excelsa non abstulit: adhuc enim populus
immolabat, et adolebat in excelsis incensum.

Templi restauratio

4 Dixitque Ioas ad sacerdotes: Omnem
pecuniam sanctorum, quae illata fuerit in
templum Domini a praetereuntibus, quae
offertur pro pretio animae, et quam sponte et arbitrio cordis sui inferunt in templum Domini: 5 accipiant illam sacerdotes iuxta ordinem suum, et instaurent sartatecta domus, si quid necessarium viderint instauratione. 6 Igitur usque ad vigesimum tertium annum regis Ioas, non
instauraverunt sacerdotes sartatecta templi.
7 Vocavitque rex Ioas Ioiadam pontificem et sacerdotes, dicens eis: Quare sartatecta non instauratis templi? nolite ergo
amplius accipere pecuniam iuxta ordinem
vestrum, sed ad instaurationem templi
reddite eam. 8 Prohibitique sunt sacerdotes ultra accipere pecuniam a populo,
et instaurare sartatecta domus. 9 Et tulit
Ioiada pontifex gazophylacium unum,
aperuitque foramen desuper, et posuit illud iuxta altare ad dexteram ingredientium domum Domini, mittebantque in eo
sacerdotes, qui custodiebant ostia, omnem
pecuniam, quae deferebatur ad templum
Domini. 10 Cumque viderent nimiam pecuniam esse in gazophylacio, ascendebat
scriba regis, et pontifex, effundebantque
et numerabant pecuniam, quae inveniebatur in domo Domini: 11 et dabant eam
iuxta numerum atque mensuram in manu
eorum, qui praeerant caementariis domus
Domini: qui impendebant eam in fabris
lignorum, et in caementariis iis, qui operabantur in domo Domini, 12 et sartatecta faciebant: et in iis, qui caedebant saxa, et ut emerent ligna, et lapides, qui
excidebantur, ita ut impleretur instauratio domus Domini in universis, quae indigebant expensa ad muniendam domum.
13 Verumtamen non fiebant ex eadem pecunia hydriae templi Domini, et fuscinu-
lae, et thuribula, et tubae, et omne vas
aureum et argenteum de pecunia, quae
inferebatur in templum Domini. 14 Iis
enim, qui faciebant opus, dabatur, ut in-
stauraretur templum Domini: 15 et non
fiebat ratio iis hominibus, qui accipiebant
pecuniam ut distribuerent eam artificibus,
sed in fide tractabant eam. 16 Pecuniam
vero pro delicto, et pecuniam pro peccatis non inferebant in templum Domini,
quia sacerdotum erat.

Ioachaz rex Israel

17 Tunc ascendit Hazael rex Syriae, et
pugnabat contra Geth, cepitque eam: et
direxit faciem suam ut ascenderet in Ierusalem. 18 Quam ob rem tulit Ioas rex
Iuda omnia sanctificata, quae consecraverant Iosaphat, et Ioram, et Ochozias,
patres eius reges Iuda, et quae ipse obtulerat: et universum argentum, quod inveniri potuit in thesauris templi Domini, et
in palatio regis: misitque Hazaeli regi
Syriae, et recessit ab Ierusalem.
19 Reliqua autem sermonum Ioas, et
universa quae fecit, nonne haec scripta
sunt in Libro verborum dierum regum
Iuda? 20 Surrexerunt autem servi eius, et
coniuraverunt inter se, percusseruntque
Ioas in Domo Mello in descensu Sella.
21 Iosachar namque filius Semaath, et Iozabad filius Somer servi eius, percusserunt eum, et mortuus est: et sepelierunt
eum cum patribus suis in civitate David,
regnavitque Amasias filius eius pro eo.

40. — **18:** 4 Reg 10,26-27. — **21:** 2 Par 24,1.

12 **1-15:** 2 Par 24,1-14. — **3:** 3 Reg 3,2-3; 15,14; 22,44. — **4:** Reg 22,4. — **11-12:** 4 Reg 22,5-6. — **15:** 4 Reg 22,7. — **16:** Lev 4,1-35; 5,15.18; 7,7. — **17:** 4 Reg 8,12; 2 Par 24,23-24. — **20-21:** 2 Par 24,25-27. — **20:** 4 Reg 14,5. — **21:** 4 Reg 14,1.

13 1 Anno vigesimo tertio Ioas filii
Ochoziae regis Iuda, regnavit Ioachaz filius Iehu super Israel in Samaria
decem et septem annis. 2 Et fecit malum
coram Domino, secutusque est peccata
Ieroboam filii Nabat, qui peccare fecit
Israel, et non declinavit ab eis. 3 Iratusque est furor Domini contra Israel, et
tradidit eos in manu Hazael regis Syriae,
et in manu Benadad filii Hazael, cunctis
diebus. 4 Deprecatus est autem Ioachaz
faciem Domini, et audivit eum Dominus:
vidit enim angustiam Israel, quia attrive-
rat eos rex Syriae: 5 et dedit Dominus
salvatorem Israeli, et liberatus est de manu regis Syriae: habitaveruntque filii Israel in tabernaculis suis sicut heri et
nudiustertius. 6 Verumtamen non recesserunt a peccatis domus Ieroboam, qui peccare fecit Israel, sed in ipsis ambulaverunt: siquidem et lucus permansit in Samaria. 7 Et non sunt derelicti Ioachaz de
populo nisi quinquaginta equites, et decem currus, et decem millia peditum: in-
terfecerat enim eos rex Syriae, et redege-
rat quasi pulverem in tritura areae.
8 Reliqua autem sermonum Ioachaz, et
universa quae fecit, et fortitudo eius, nonne haec scripta sunt in Libro sermonum
dierum regum Israel? 9 Dormivitque Ioachaz cum patribus suis, et sepelierunt eum
in Samaria: regnavitque Ioas filius eius
pro eo.
10 Anno trigesimo septimo Ioas regis
Iuda, regnavit Ioas filius Ioachaz super
Israel in Samaria sedecim annis, 11 et fecit quod malum est in conspectu Domini:
non declinavit ab omnibus peccatis Ieroboam filii Nabat, qui peccare fecit Israel,
sed in ipsis ambulavit.
12 Reliqua autem sermonum Ioas, et
universa quae fecit, et fortitudo eius, quomodo pugnaverit contra Amasiam regem
Iuda, nonne haec scripta sunt in Libro
sermonum dierum regum Israel? 13 Et
dormivit Ioas cum patribus suis: Ieroboam autem sedit super solium eius. Porro Ioas sepultus est in Samaria cum regibus Israel.

Ioas aegrotantem Eliseum visitat

14 Eliseus autem aegrotabat infirmitate, qua et mortuus est: descenditque ad
eum Ioas rex Israel, et flebat coram eo,
dicebatque: Pater mi, pater mi, currus Israel et auriga eius. 15 Et ait illi Eliseus:
Affer arcum, et sagittas. Cumque attu-
lisset ad eum arcum, et sagittas, 16 dixit
ad regem Israel: Pone manum tuam super
arcum. Et cum posuisset ille manum suam,
superposuit Eliseus manus suas manibus
regis, 17 et ait: Aperi fenestram orientalem. Cumque aperuisset, dixit Eliseus:
Iace sagittam. Et iecit. Et ait Eliseus: Sagitta salutis Domini, et sagitta salutis contra Syriam: percutiesque Syriam in Aphec,
donec consumas eam. 18 Et ait: Tolle sagittas. Qui cum tulisset, rursum dixit ei:
Percute iaculo terram. Et cum percussisset tribus vicibus, et stetisset, 19 iratus est
vir Dei contra eum, et ait: Si percussisses
quinquies, aut sexies, sive septies, percussisses Syriam usque ad consumptionem:
nunc autem tribus vicibus percuties eam.
20 Mortuus est ergo Eliseus, et sepelierunt eum. Latrunculi autem de Moab venerunt in terram in ipso anno. 21 Quidam
autem sepelientes hominem, viderunt latrunculos, et proiecerunt cadaver in sepulchro Elisei. Quod cum tetigisset ossa
Elisei, revixit homo, et stetit super pedes suos.

Dominus misertus Israel

22 Igitur Hazael rex Syriae afflixit Israel
cunctis diebus Ioachaz: 23 et misertus est
Dominus eorum, et reversus est ad eos
propter pactum suum, quod habebat cum
Abraham, et Isaac, et Iacob: et noluit disperdere eos, neque proiicere penitus usque in praesens tempus.
24 Mortuus est autem Hazael rex Syriae, et regnavit Benadad filius eius pro
eo. 25 Porro Ioas filius Ioachaz tulit urbes de manu Benadad filii Hazael, quas
tulerat de manu Ioachaz patris sui iure
praelii, tribus vicibus percussit eum Ioas,
et reddidit civitates Israel.

Amasias rex Iuda

14 1 In anno secundo Ioas filii Ioachaz
regis Israel, regnavit Amasias filius
Ioas regis Iuda. 2 Viginti quinque annorum erat cum regnare coepisset: viginti
autem et novem annis regnavit in Ierusalem, nomen matris eius Ioadan de Ierusalem. 3 Et fecit rectum coram Domino,
verumtamen non ut David pater eius.
Iuxta omnia quae fecit Ioas pater suus,
fecit: 4 nisi hoc tantum quod excelsa non
abstulit: adhuc enim populus immolabat,
et adolebat incensum in excelsis. 5 Cumque obtinuisset regnum, percussit servos
suos, qui interfecerant regem patrem
suum: 6 filios autem eorum, qui occiderant, non occidit, iuxta quod scriptum est
in libro legis Moysi, sicut praecepit Do-

13 **1**: 4 Reg 10,35. — **2**: 3 Reg 14,16. — **3**: 4 Reg 8,12. — **6**: 3 Reg 10,33. — **7**: Am 1,3. — **12**: 4 Reg 14,8-15. — **13**: 4 Reg 14,23. — **14**: 4 Reg 2,12. — **17**: 3 Reg 20,26. — **20**: 4 Reg 1,1; 3,7; 24,2. — **21**: Eccli 48,14-15. — **22**: 4 Reg 8,12. — **23**: Ex 32,13. — **25**: 4 Reg 10,32-33; 13,18-19.

14 **1-6**: 2 Par 25,1-4. — **1**: 4 Reg 12,21. — **4**: 4 Reg 12,3. — **5**: 4 Reg 12,20-21. — **6**:

minus, dicens: Non morientur patres pro
filiis, neque filii morientur pro patribus:
sed unusquisque in peccato suo morietur.
7 Ipse percussit Edom in valle Salinarum decem millia, et apprehendit petram
in praelio, vocavitque nomen eius Iecte-
hel usque in praesentem diem.

Bellum inter Amasiam et Ioas

8 Tunc misit Amasias nuntios ad Ioas
filium Ioachaz, filii Iehu regis Israel, dicens: Veni, et videamus nos. 9 Remisitque
Ioas rex Israel ad Amasiam regem Iuda,
dicens: Carduus Libani misit ad cedrum,
quae est in Libano, dicens: Da filiam
tuam filio meo uxorem. Transieruntque
bestiae saltus, quae sunt in Libano, et
conculcaverunt carduum. 10 Percutiens invaluisti super Edom, et sublevavit te cor
tuum: contentus esto gloria, et sede in
domo tua, quare provocas malum, ut cadas tu et Iudas tecum? 11 Et non acquievit Amasias. Ascenditque Ioas rex Israel,
et viderunt se, ipse et Amasias rex Iuda,
in Bethsames oppido Iudae. 12 Percussus-
que est Iuda coram Israel, et fugerunt
unusquisque in tabernacula sua. 13 Amasiam vero regem Iuda, filium Ioas filii
Ochoziae, cepit Ioas rex Israel in Bethsames, et adduxit eum in Ierusalem: et
interrupit murum Ierusalem, a porta
Ephraim usque ad portam anguli, quadringentis cubitis. 14 Tulitque omne aurum, et argentum, et universa vasa, quae
inventa sunt in domo Domini, et in thesauris regis, et obsides, et reversus est in
Samariam.

Utriusque regis postrema

15 Reliqua autem verborum Ioas quae
fecit, et fortitudo eius qua pugnavit contra Amasiam regem Iuda, nonne haec
scripta sunt in Libro sermonum dierum
regum Israel? 16 Dormivitque Ioas cum
patribus suis, et sepultus est in Samaria
cum regibus Israel, et regnavit Ieroboam
filius eius pro eo.

17 Vixit autem Amasias, filius Ioas, rex
Iuda, postquam mortuus est Ioas filius
Ioachaz regis Israel, quindecim annis.
13 Reliqua autem sermonum Amasiae,
nonne haec scripta sunt in Libro sermonum dierum regum Iuda? 19 Factaque est
contra eum coniuratio in Ierusalem: at
ille fugit in Lachis. Miseruntque post eum
in Lachis, et interfecerunt eum ibi. 20 Et
asportaverunt in equis, sepultusque est in
Ierusalem cum patribus suis in civitate
David.
21 Tulit autem universus populus Iudae
Azariam annos natum sedecim, et constituerunt eum regem pro patre eius Amasia. 22 Ipse aedificavit Aelath, et restituit
eam Iudae, postquam dormivit rex cum
patribus suis.

Ieroboam rex Israel

23 Anno quintodecimo Amasiae filii Ioas regis Iuda, regnavit Ieroboam filius
Ioas regis Israel in Samaria, quadraginta
et uno anno: 24 et fecit quod malum est
coram Domino. Non recessit ab omnibus
peccatis Ieroboam filii Nabat, qui peccare fecit Israel. 25 Ipse restituit terminos Israel ab introitu Emath, usque ad mare
solitudinis, iuxta sermonem Domini Dei
Israel, quem locutus est per servum suum
Ionam filium Amathi prophetam, qui erat
de Geth, quae est in Opher. 26 Vidit enim
Dominus afflictionem Israel amaram nimis, et quod consumpti essent usque ad
clausos carcere, et extremos, et non esset
qui auxiliaretur Israeli. 27 Nec locutus est
Dominus ut deleret nomen Israel de sub
caelo, sed salvavit eos in manu Ieroboam
filii Ioas.

28 Reliqua autem sermonum Ieroboam,
et universa quae fecit, et fortitudo eius,
qua praeliatus est, et quomodo restituit
Damascum et Emath Iudae in Israel, nonne haec scripta sunt in Libro sermonum
dierum regum Israel? 29 Dormivitque Ieroboam cum patribus suis regibus Israel,
et regnavit Zacharias filius eius pro eo.

Azarias rex Iuda

15 1 Anno vigesimo septimo Ieroboam
regis Israel, regnavit Azarias filius
Amasiae regis Iuda. 2 Sedecim annorum
erat cum regnare coepisset, et quinquaginta duobus annis regnavit in Ierusalem:
nomen matris eius Iechelia de Ierusalem.
3 Fecitque quod erat placitum coram Domino, iuxta omnia quae fecit Amasias pater eius. 4 Verumtamen excelsa non est
demolitus: adhuc populus sacrificabat, et
adolebat incensum in excelsis. 5 Percussit
autem Dominus regem, et fuit leprosus
usque in diem mortis suae, et habitabat
in domo libera seorsum: Ioatham vero
filius regis gubernabat palatium, et iudicabat populum terrae.
6 Reliqua autem sermonum Azariae, et
universa quae fecit, nonne haec scripta
sunt in Libro verborum dierum regum

Deut 24,16; Ez 18,4.20. — **7:** Iud 1,36; 2 Par 25,11; Is 16,1. — **8-14:** 2 Par 25,15-24. — **11:** Ios 15,10. — **13:** 2 Par 26,9; Neh 8,16; 12,38; Ier 31,38; Zach 14,10. — **15-16:** 4 Reg 13,12-13. — **17-22:** 2 Par 25,25-26.2. — **19:** Ios 10,3. **21:** 4 Reg 15,1. — **22:** Deut 2,8; 4 Reg 16,6; 2 Par 8,17. — **23:** 4 Reg 13,13. — **24:** 3 Reg 14,16. — **25:** 3 Reg 8,65; 4 Reg 10,32-33; Ion 1,1. **29:** 4 Reg 15,8.

15 **1:** 4 Reg 14,21. — **2-3:** 2 Par 26,3-4. — **4:** 4 Reg 12,3. — **5-7:** 2 Par 26,21-23. **5:** Lev 13,46. — **7:** 4 Reg 15,32. — **8:** 4 Reg 14,

Iuda? 7 Et dormivit Azarias cum patribus
suis: sepelieruntque eum cum maioribus
suis in civitate David, et regnavit Ioatham
filius eius pro eo.

Zacharias rex Israel

8 Anno trigesimo octavo Azariae regis
Iuda, regnavit Zacharias filius Ieroboam
super Israel in Samaria sex mensibus: 9 et
fecit quod malum est coram Domino,
sicut fecerant patres eius: non recessit
a peccatis Ieroboam filii Nabat, qui peccare fecit Israel. 10 Coniuravit autem contra eum Sellum filius Iabes: percussitque
eum palam, et interfecit, regnavitque pro
eo. 11 Reliqua autem verborum Zachariae,
nonne haec scripta sunt in Libro sermonum regum Israel?
12 Iste est sermo Domini, quem locutus
est ad Iehu, dicens: Filii tui usque ad
quartam generationem sedebunt super
thronum Israel. Factumque est ita.

Sellum rex Israel

13 Sellum filius Iabes regnavit trigesimo
nono anno Azariae regis Iuda: regnavit
autem uno mense in Samaria. 14 Et ascendit Manahem filius Gadi de Thersa, venitque in Samariam, et percussit Sellum
filium Iabes in Samaria, et interfecit eum,
regnavitque pro eo. 15 Reliqua autem verborum Sellum, et coniuratio eius, per
quam tetendit insidias, nonne haec scripta sunt in Libro sermonum dierum regum
Israel?
16 Tunc percussit Manahem Thapsam,
et omnes qui erant in ea, et terminos eius
de Thersa: noluerant enim aperire ei: et
interfecit omnes praegnantes eius, et scidit eas.

Manahem rex Israel

17 Anno trigesimo nono Azariae regis
Iuda, regnavit Manahem filius Gadi super Israel decem annis in Samaria. 18 Fecitque quod erat malum coram Domino:
non recessit a peccatis Ieroboam filii Nabat, qui peccare fecit Israel cunctis diebus
eius. 19 Veniebat Phul rex Assyriorum in
terram, et dabat Manahem Phul mille talenta argenti, ut esset ei in auxilium, et
firmaret regnum eius. 20 Indixitque Manahem argentum super Israel cunctis potentibus et divitibus, ut daret regi Assyriorum quinquaginta siclos argenti per singulos: reversusque est rex Assyriorum, et
non est moratus in terra.
21 Reliqua autem sermonum Manahem,
et universa quae fecit, nonne haec scripta
sunt in Libro sermonum dierum regum
Israel? 22 Et dormivit Manahem cum
patribus suis: regnavitque Phaceia filius
eius pro eo.

Phaceia rex Israel

23 Anno quinquagesimo Azariae regis
Iuda, regnavit Phaceia filius Manahem
super Israel in Samaria biennio: 24 et fecit quod erat malum coram Domino: non
recessit a peccatis Ieroboam filii Nabat,
qui peccare fecit Israel. 25 Coniuravit autem adversus eum Phacee filius Romeliae,
dux eius, et percussit eum in Samaria in
turre domus regiae iuxta Argob, et iuxta
Arie, et cum eo quinquaginta viros de filiis Galaaditarum, et interfecit eum, regnavitque pro eo.
26 Reliqua autem sermonum Phaceia, et
universa quae fecit, nonne haec scripta
sunt in Libro sermonum dierum regum
Israel?

Phacee rex Israel

27 Anno quinquagesimo secundo Azariae regis Iuda, regnavit Phacee filius Romeliae super Israel in Samaria viginti annis. 28 Et fecit quod erat malum coram
Domino: non recessit a peccatis Ieroboam
filii Nabat, qui peccare fecit Israel. 29 In
diebus Phacee regis Israel venit Theglathphalasar rex Assur, et cepit Aion, et Abel-
Domum, Maacha et Ianoe, et Cedes, et
Asor, et Galaad, et Galilaeam, et universam terram Nephthali: et transtulit eos
in Assyrios. 30 Coniuravit autem, et tetendit insidias Osee filius Ela contra Phacee
filium Romeliae, et percussit eum, et interfecit: regnavitque pro eo vigesimo anno Ioatham filii Oziae.
31 Reliqua autem sermonum Phacee, et
universa quae fecit, nonne haec scripta
sunt in Libro sermonum dierum regum
Israel?

Ioatham rex Iuda

32 Anno secundo Phacee, filii Romeliae
regis Israel, regnavit Ioatham filius Oziae
regis Iuda. 33 Viginti quinque annorum
erat cum regnare coepisset, et sedecim annis regnavit in Ierusalem: nomen matris
eius Ierusa, filia Sadoc. 34 Fecitque quod
erat placitum coram Domino: iuxta omnia quae fecerat Ozias pater suus, operatus est. 35 Verumtamen excelsa non abstulit: adhuc populus immolabat, et adolebat incensum in excelsis: ipse aedificavit portam domus Domini sublimissimam.
36 Reliqua autem sermonum Ioatham,
et universa quae fecit, nonne haec scripta

29. — 9: 3 Reg 14,16. — 12: 4 Reg 10,30. — 14: 3 Reg 14,17; 16,17. — 19: 1 Par 5,26. — 28: 3 Reg 14,16. — 29: 4 Reg 16,7.10; 1 Par 5,6.26; 2 Par 28,20. — 30: 4 Reg 17,1. — 32-38: 2 Par

sunt in Libro verborum dierum regum
Iuda?
37 In diebus illis coepit Dominus mittere in Iudam Rasin regem Syriae, et Phacee filium Romeliae.
38 Et dormivit Ioatham cum patribus
suis, sepultusque est cum eis in civitate
David patris sui, et regnavit Achaz filius
eius pro eo.

Achaz rex Iuda

16 1 Anno decimo septimo Phacee filii
Romeliae, regnavit Achaz filius
Ioatham regis Iuda. 2 Viginti annorum
erat Achaz cum regnare coepisset, et sedecim annis regnavit in Ierusalem: non
fecit quod erat placitum in conspectu Domini Dei sui, sicut David pater eius: 3 sed
ambulavit in via regum Israel: insuper et
filium suum consecravit, transferens per
ignem secundum idola gentium, quae dissipavit Dominus coram filiis Israel. 4 Immolabat quoque victimas, et adolebat incensum in excelsis, et in collibus, et sub
omni ligno frondoso.

Ierusalem obsessa a Rasin et Phacee

5 Tunc ascendit Rasin rex Syriae, et
Phacee filius Romeliae rex Israel, in Ierusalem ad praeliandum: cumque obsiderent Achaz, non valuerunt superare eum.
6 In tempore illo restituit Rasin rex Syriae, Ailam Syriae, et eiecit Iudaeos de
Aila: et Idumaei venerunt in Ailam, et
habitaverunt ibi usque in diem hanc.

Achaz tributarius Theglathphalasar

7 Misit autem Achaz nuntios ad Theglathphalasar regem Assyriorum, dicens:
Servus tuus, et filius tuus ego sum: ascende, et salvum me fac de manu regis Syriae, et de manu regis Israel, qui consurrexerunt adversum me. 8 Et cum collegis-
set argentum et aurum, quod inveniri potuit in domo Domini, et in thesauris regis, misit regi Assyriorum munera. 9 Qui
et acquievit voluntati eius: ascendit enim
rex Assyriorum in Damascum, et vastavit eam: et transtulit habitatores eius Cyrenen, Rasin autem interfecit.
10 Perrexitque rex Achaz in occursum
Theglathphalasar regi Assyriorum in Damascum: cumque vidisset altare Damasci, misit rex Achaz ad Uriam sacerdotem
exemplar eius, et similitudinem iuxta omne opus eius. 11 Extruxitque Urias sacerdos altare iuxta omnia quae praeceperat
rex Achaz de Damasco, ita fecit sacerdos
Urias donec veniret rex Achaz de Damasco. 12 Cumque venisset rex de Damasco,
vidit altare, et veneratus est illud: ascenditque et immolavit holocausta, et sacrificium suum, 13 et libavit libamina, et fudit sanguinem pacificorum, quae obtulerat super altare. 14 Porro altare aereum,
quod erat coram Domino, transtulit de
facie templi, et de loco altaris, et de loco
templi Domini: posuitque illud ex latere
altaris ad aquilonem.
15 Praecepit quoque rex Achaz Uriae
sacerdoti, dicens: Super altare maius offer holocaustum matutinum, et sacrificium vespertinum, et holocaustum regis,
et sacrificium eius, et holocaustum universi populi terrae, et sacrificia eorum, et
libamina eorum: et omnem sanguinem
holocausti, et universum sanguinem victimae super illud effundes: altare vero aereum erit paratum ad voluntatem meam.
16 Fecit igitur Urias sacerdos iuxta omnia
quae praeceperat rex Achaz. 17 Tulit autem rex Achaz caelatas bases, et luterem,
qui erat desuper: et mare deposuit de bobus aereis, qui sustentabant illud, et posuit super pavimentum stratum lapide.
18 Musach quoque sabbati, quod aedificaverat in templo: et ingressum regis exterius convertit in templum Domini propter regem Assyriorum.
19 Reliqua autem verborum Achaz,
quae fecit, nonne haec scripta sunt in Libro sermonum dierum regum Iuda?
20 Dormivitque Achaz cum patribus suis,
et sepultus est cum eis in civitate David,
et regnavit Ezechias filius eius pro eo.

Osee ultimus rex Israel

17 1 Anno duodecimo Achaz regis Iuda, regnavit Osee filius Ela in Samaria super Israel novem annis. 2 Fecitque malum coram Domino: sed non sicut reges Israel, qui ante eum fuerant.
3 Contra hunc ascendit Salmanasar rex
Assyriorum, et factus est ei Osee servus,
reddebatque illi tributa. 4 Cumque depre-
hendisset rex Assyriorum Osee, quod rebellare nitens misisset nuntios ad Sua regem Aegypti, ne praestaret tributa regi
Assyriorum sicut singulis annis solitus

27,1-9. — **37:** 4 Reg 16,5; Is 7,1. — **38:** 4 Reg 16,1.

16 **2-4:** 2 Par 28,1-4. — **3:** Deut 12,31; 18, 10; 4 Reg 21,6; Ps 105,37-38. — **4:** 4 Reg 14,4. — **5:** 4 Reg 15,37; Is 7,1-9. — **6:** 4 Reg 14, 22. — **7-19:** 2 Par 28,16-27. — **9:** Is 8,4; Am 1,5. — **10:** Is 8,2. — **14:** 3 Reg 8,64; 2 Par 4,1. **15:** Ex 29,39-41. — **17:** 3 Reg 7,23.25.27-28. — **20:** 4 Reg 18,1.

17 **1:** 4 Reg 15,30. — **3-7:** 4 Reg 18,9-12. — **3:** Tob 1,2. — **6:** 4 Reg 18,10-11. — **7-12:**

erat, obsedit eum, et vinctum misit in carcerem. 5 Pervagatusque est omnem terram: et ascendens Samariam, obsedit eam
tribus annis. 6 Anno autem nono Osee,
cepit rex Assyriorum Samariam, et transtulit Israel in Assyrios: posuitque eos in
Hala, et in Habor iuxta fluvium Gozan
in civitatibus Medorum.

Ratio totius historiae Israel

7 Factum est enim, cum peccassent filii
Israel Domino Deo suo, qui eduxerat eos
de terra Aegypti, de manu Pharaonis regis Aegypti, coluerunt deos alienos. 8 Et
ambulaverunt iuxta ritum gentium, quas
consumpserat Dominus in conspectu filiorum Israel, et regum Israel, quia similiter
fecerant. 9 Et offenderunt filii Israel verbis non rectis Dominum Deum suum: et
aedificaverunt sibi excelsa in cunctis urbibus suis a turre custodum usque ad civitatem munitam. 10 Feceruntque sibi statuas, et lucos in omni colle sublimi, et
subter omne lignum nemorosum: 11 et
adolebant ibi incensum super aras in morem gentium, quas transtulerat Dominus
a facie eorum: feceruntque verba pessima
irritantes Dominum. 12 Et coluerunt immunditias, de quibus praecepit eis Dominus ne facerent verbum hoc.
13 Et testificatus est Dominus in Israel
et in Iuda per manum omnium prophetarum et videntium, dicens: Revertimini
a viis vestris pessimis, et custodite praecepta mea, et caeremonias iuxta omnem
legem, quam praecepi patribus vestris: et
sicut misi ad vos in manu servorum meorum prophetarum. 14 Qui non audierunt,
sed induraverunt cervicem suam iuxta cervicem patrum suorum, qui noluerunt obedire Domino Deo suo. 15 Et abiecerunt
legitima eius, et pactum, quod pepigit
cum patribus eorum, et testificationes,
quibus contestatus est eos: secutique sunt
vanitates, et vane egerunt: et secuti sunt
gentes, quae erant per circuitum eorum,
super quibus praeceperat Dominus eis ut
non facerent sicut et illae faciebant. 16 Et
dereliquerunt omnia praecepta Domini
Dei sui: feceruntque sibi conflatiles duos
vitulos, et lucos, et adoraverunt universam militiam caeli: servieruntque Baal,
17 et consecraverunt filios suos, et filias
suas per ignem: et divinationibus inser-
viebant, et auguriis: et tradiderunt se ut
facerent malum coram Domino, ut irritarent eum.
18 Iratusque est Dominus vehementer
Israeli, et abstulit eos a conspectu suo, et
non remansit nisi tribus Iuda tantummodo. 19 Sed nec ipse Iuda custodivit mandata Domini Dei sui: verum ambulavit in
erroribus Israel, quos operatus fuerat.
20 Proiecitque Dominus omne semen Israel, et afflixit eos, et tradidit eos in manu
diripientium, donec proiiceret eos a facie
sua: 21 ex eo iam tempore, quo scissus est
Israel a domo David, et constituerunt sibi
regem Ieroboam filium Nabat, separavit
enim Ieroboam Israel a Domino, et peccare eos fecit peccatum magnum. 22 Et
ambulaverunt filii Israel in universis peccatis Ieroboam quae fecerat: et non recesserunt ab eis, 23 usquequo Dominus
auferret Israel a facie sua, sicut locutus
fuerat in manu omnium servorum suorum prophetarum: translatusque est Israel de terra sua in Assyrios, usque in
diem hanc.

Origo Samaritanorum

24 Adduxit autem rex Assyriorum de
Babylone, et de Cutha, et de Avah, et de
Emath, et de Sepharvaim: et collocavit
eos in civitatibus Samariae pro filiis Israel: qui possederunt Samariam, et habitaverunt in urbibus eius. 25 Cumque ibi
habitare coepissent, non timebant Dominum: et immisit in eos Dominus leones,
qui interficiebant eos. 26 Nuntiatumque
est regi Assyriorum, et dictum: Gentes,
quas transtulisti, et habitare fecisti in civitatibus Samariae, ignorant legitima Dei
terrae: et immisit in eos Dominus leones,
et ecce interficiunt eos, eo quod ignorent
ritum Dei terrae. 27 Praecepit autem rex
Assyriorum, dicens: Ducite illuc unum de
sacerdotibus, quos inde captivos adduxistis, et vadat, et habitet cum eis: et doceat
eos legitima Dei terrae.
28 Igitur cum venisset unus de sacerdotibus his, qui captivi ducti fuerant de Samaria, habitavit in Bethel, et docebat eos
quomodo colerent Dominum. 29 Et unaquaeque gens fabricata est deum suum:
posueruntque eos in fanis excelsis, quae
fecerant Samaritae, gens et gens in urbibus suis, in quibus habitabat. 30 Viri enim
Babylonii fecerunt Sochothbenoth: viri
autem Cuthaei fecerunt Nergel: et viri de
Emath fecerunt Asima. 31 Porro Hevaei
fecerunt Nebahaz et Tharthac. Hi autem
qui erant de Sepharvaim, comburebant
filios suos igni, Adramelech et Anamelech
diis Sepharvaim, 32 et nihilominus colebant Dominum. Fecerunt autem sibi de
novissimis sacerdotes excelsorum, et ponebant eos in fanis sublimibus. 33 Et cum
Dominum colerent, diis quoque suis ser-
viebant iuxta consuetudinem gentium,

Ex 20,2-5; Lev 18,3; Deut 18,9. — **15:** Deut 12,30-31. — **16:** 3 Reg 12,28; 14,15.23; 15,13; 16,32-33; 22,54; 4 Reg 21,3; 23,5. — **17:** 4 Reg 16,3. — **21:** 3 Reg 11,11.31; 12,19-20; 14,16. — **23:** Ier 25,9. — **24:** Esdr 4,2.10. — **29:** 3 Reg 12,31; 13,32. — **32:** 3 Reg 13,33. — **34:** Gen 32,28;

de quibus translati fuerant Samariam. 34 Usque in praesentem diem morem sequuntur antiquum: non timent Dominum, neque custodiunt caeremonias eius, iudicia, et legem, et mandatum, quod praeceperat Dominus filiis Iacob, quem cognominavit Israel: 35 et percusserat cum eis pactum, et mandaverat eis, dicens: Nolite timere deos alienos, et non adoretis eos, neque colatis eos, et non immoletis eis: 36 sed Dominum Deum vestrum, qui eduxit vos de terra Aegypti in fortitudine magna, et in brachio extento, ipsum timete, et illum adorate, et ipsi immolate. 37 Caeremonias quoque, et iudicia, et legem, et mandatum, quod scripsit vobis, custodite ut faciatis cunctis diebus: et non timeatis deos alienos. 38 Et pactum quod percussit vobiscum, nolite oblivisci: nec colatis deos alienos, 39 sed Dominum Deum vestrum timete, et ipse eruet vos de manu omnium inimicorum vestrorum. 40 Illi vero non audierunt, sed iuxta consuetudinem suam pristinam perpetrabant. 41 Fuerunt igitur gentes istae timentes quidem Dominum, sed nihilominus et idolis suis servientes: nam et filii eorum, et nepotes, sicut fecerunt patres sui, ita faciunt usque in praesentem diem.

PARS POSTERIOR

ULTIMA FATA REGNI IUDA
(18,1-25,30)

Ezechias rex Iuda

18 1 Anno tertio Osee filii Ela regis Israel, regnavit Ezechias filius Achaz regis Iuda. 2 Viginti quinque annorum erat, cum regnare coepisset: et viginti novem annis regnavit in Ierusalem: nomen matris eius Abi filia Zachariae. 3 Fecitque quod erat bonum coram Domino, iuxta omnia quae fecerat David pater eius. 4 Ipse dissipavit excelsa, et contrivit statuas, et succidit lucos, confregitque serpentem aeneum, quem fecerat Moyses: siquidem usque ad illud tempus filii Israel adolebant ei incensum: vocavitque nomen eius Nohestan. 5 In Domino Deo Israel speravit: itaque post eum non fuit similis ei de cunctis regibus Iuda, sed neque in his qui ante eum fuerunt: 6 et adhaesit Domino, et non recessit a vestigiis eius, fecitque mandata eius, quae praeceperat Dominus Moysi. 7 Unde et erat Dominus cum eo, et in cunctis, ad quae procedebat, sapienter se agebat. Rebellavit quoque contra regem Assyriorum, et non servivit ei. 8 Ipse percussit Philisthaeos usque ad Gazam, et omnes terminos eorum, a turre custodum usque ad civitatem munitam.

9 Anno quarto regis Ezechiae, qui erat annus septimus Osee filii Ela regis Israel, ascendit Salmanasar rex Assyriorum in Samariam, et oppugnavit eam, 10 et cepit. Nam post annos tres, anno sexto Ezechiae, id est nono anno Osee regis Israel, capta est Samaria: 11 et transtulit rex Assyriorum Israel in Assyrios, collocavitque eos in Hala, et in Habor fluviis Gozan in civitatibus Medorum: 12 quia non audierunt vocem Domini Dei sui, sed praetergressi sunt pactum eius, omnia, quae praeceperat Moyses servus Domini, non audierunt, neque fecerunt.

Sennacherib Iudam invadit

13 Anno quartodecimo regis Ezechiae, ascendit Sennacherib rex Assyriorum ad universas civitates Iuda munitas: et cepit eas. 14 Tunc misit Ezechias rex Iuda nuntios ad regem Assyriorum in Lachis, dicens: Peccavi, recede a me: et omne, quod imposueris mihi, feram. Indixit itaque rex Assyriorum Ezechiae regi Iudae trecenta talenta argenti, et tringinta talenta auri. 15 Deditque Ezechias omne argentum quod repertum fuerat in domo Domini, et in thesauris regis. 16 In tempore illo confregit Ezechias valvas templi Domini, et laminas auri, quas ipse affixerat, et dedit eas regi Assyriorum.

17 Misit autem rex Assyriorum Tharthan, et Rabsaris, et Rabsacen de Lachis ad regem Ezechiam cum manu valida Ierusalem: qui cum ascendissent, venerunt Ierusalem, et steterunt iuxta aquaeductum piscinae superioris, quae est in via Agrifullonis. 18 Vocaveruntque regem: egressus est autem ad eos Eliacim filius Helciae praepositus domus, et Sobna scriba, et Ioahe filius Asaph a commentariis. 19 Dixitque ad eos Rabsaces: Loquimini Ezechiae: Haec dicit rex magnus, rex Assyriorum: Quae est ista fiducia, qua niteris? 20 Forsitan inisti consilium, ut praepares te ad praelium. In quo confidis, ut audeas rebellare? 21 An speras in baculo arundineo atque confracto Aegypto, super quem, si incubuerit homo, comminutus ingredietur manum eius, et perforabit eam? sic est Pharao rex Aegypti omnibus qui confidunt in se. 22 Quod si dixeritis mihi: In Domino Deo nostro ha-

35,10; 3 Reg 18,31. — **35:** Ex 20,3-5. — **36:** Deut 6,13. — **37:** Deut 5,32.

18 **1:** 4 Reg 16,20; 2 Par 28,27; Mt 1,9. — **2-3:** 2 Par 29,1-2. — **3:** 4 Reg 20,3; 2 Par 31,20. — **4:** Num 21,8-9; 2 Par 31,1. — **5:** 4 Reg 19,10; 23,25. — **7:** 4 Reg 16,7.10.18. — **8:** Is 14, 29. — **9-12:** 4 Reg 17,3-7. — **11:** 1 Par 5,26; Tob 1,2. — **13-37:** 2 Par 32,1-26; Is 36,1-22. — **13:** Eccli 48,20. — **17:** Is 7,3; 20,1. — **18:** Is 22, 15.20. — **21:** Is 30,2-3.7; Ez 29,6-7. — **22:** 2 Par

bemus fiduciam: nonne iste est, cuius
abstulit Ezechias excelsa et altaria: et
praecepit Iudae et Ierusalem: Ante altare
hoc adorabitis in Ierusalem? 23 Nunc igitur transite ad dominum meum regem Assyriorum, et dabo vobis duo millia equorum, et videte an habere valeatis ascensores eorum. 24 Et quomodo potestis resistere ante unum satrapam de servis domini mei minimis? An fiduciam habes in
Aegypto propter currus et equites?
25 Numquid sine Domini voluntate ascendi ad locum istum, ut demolirer eum? Dominus dixit mihi: Ascende ad terram hanc,
et demolire eam.

26 Dixerunt autem Eliacim filius Helciae, et Sobna, et Ioahe Rabsaci: Preca-
mur ut loquaris nobis servis tuis syriace:
siquidem intelligimus hanc linguam: et
non loquaris nobis iudaice, audiente populo, qui est super murum. 27 Responditque eis Rabsaces, dicens: Numquid ad
dominum tuum, et ad te misit me dominus meus, ut loquerer sermones hos, et
non potius ad viros, qui sedent super murum, ut comedant stercora sua, et bibant
urinam suam vobiscum? 28 Stetit itaque
Rabsaces, et exclamavit voce magna iudaice, et ait: Audite verba regis magni,
regis Assyriorum. 29 Haec dicit rex: Non
vos seducat Ezechias: non enim poterit
eruere vos de manu mea. 30 Neque fiduciam vobis tribuat super Dominum, dicens: Eruens liberabit nos Dominus, et
non tradetur civitas haec in manu regis
Assyriorum. 31 Nolite audire Ezechiam.
Haec enim dicit rex Assyriorum: Facite
mecum quod vobis est utile, et egredimini ad me: et comedet unusquisque de vinea sua, et de ficu sua: et bibetis aquas
de cisternis vestris, 32 donec veniam, et
transferam vos in terram, quae similis est
terrae vestrae, in terram fructiferam, et
fertilem vini, terram panis et vinearum,
terram olivarum, et olei ac mellis, et vivetis, et non moriemini. Nolite audire
Ezechiam, qui vos decipit, dicens: Dominus liberabit nos. 33 Numquid liberaverunt dii gentium terram suam de manu
regis Assyriorum? 34 Ubi est deus Emath,
et Arphad? ubi est deus Sepharvaim, Ana,
et Ava? numquid liberaverunt Samariam
de manu mea? 35 Quinam illi sunt in universis diis terrarum, qui eruerunt regionem suam de manu mea ut possit eruere
Dominus Ierusalem de manu mea?

36 Tacuit itaque populus, et non respondit ei quidquam: siquidem praeceptum
regis acceperant ut non responderent ei.
37 Venitque Eliacim filius Helciae, praepositus domus, et Sobna scriba, et Ioahe
filius Asaph a commentariis ad Ezechiam
scissis vestibus, et nuntiaverunt ei verba
Rabsacis.

Ezechias interrogat Isaiam

19 1 Quae cum audisset Ezechias rex,
scidit vestimenta sua, et opertus est
sacco, ingressusque est domum Domini.
2 Et misit Eliacim praepositum domus, et
Sobnam scribam, et senes de sacerdotibus
opertos saccis, ad Isaiam prophetam filium Amos. 3 Qui dixerunt: Haec dicit
Ezechias: Dies tribulationis, et increpa-
tionis, et blasphemiae dies iste: venerunt
filii usque ad partum, et vires non habet
parturiens. 4 Si forte audiat Dominus
Deus tuus universa verba Rabsacis, quem
misit rex Assyriorum dominus suus, ut
exprobraret Deum viventem, et argueret
verbis, quae audivit Dominus Deus tuus:
et fac orationem pro reliquiis, quae reper-
tae sunt.

5 Venerunt ergo servi regis Ezechiae ad
Isaiam. 6 Dixitque eis Isaias: Haec dicetis domino vestro: Haec dicit Dominus:
Noli timere a facie sermonum, quos audisti, quibus blasphemaverunt pueri regis
Assyriorum me. 7 Ecce, ego immittam
ei spiritum, et audiet nuntium, et revertetur in terram suam, et deiiciam eum
gladio in terra sua.

Altera Sennacherib legatio ad Ezechiam

8 Reversus est ergo Rabsaces, et invenit regem Assyriorum expugnantem Lobnam: audierat enim quod recessisset de
Lachis. 9 Cumque audisset de Tharaca
rege Aethiopiae, dicentes: Ecce, egressus
est ut pugnet adversum te: et iret contra
eum, misit nuntios ad Ezechiam, dicens:
10 Haec dicite Ezechiae regi Iuda: Non
te seducat Deus tuus, in quo habes fiduciam: neque dicas: Non tradetur Ierusalem in manus regis Assyriorum. 11 Tu
enim ipse audisti quae fecerunt reges Assyriorum universis terris, quomodo vastaverunt eas: num ergo solus poteris liberari? 12 Numquid liberaverunt dii gentium singulos, quos vastaverunt patres
mei, Gozan videlicet, et Haran, et Reseph, et filios Eden, qui erant in Thelas-
sar? 13 Ubi est rex Emath, et rex Arphad,
et rex civitatis Sepharvaim, Ana, et Ava?
14 Itaque cum accepisset Ezechias litteras de manu nuntiorum, et legisset eas,
ascendit in domum Domini, et expandit
eas coram Domino, 15 et oravit in conspectu eius, dicens: Domine Deus Israel,

31,1. — **26:** Esdr 4,7; Dan 2,4. — **33-35:** 4 Reg 10,12-13; Is 10,9-11.

19 **1-37:** 2 Par 32,20-22; Is 37,1-38. — **4:** Is 1,9. — **6:** 4 Reg 18,17.22-25.30-35. — **8:** Ios 10,29.31; 4 Reg 18,14. — **12-13:** 4 Reg

qui sedes super cherubim, tu es Deus solus regum omnium terrae: tu fecisti caelum et terram. 16 Inclina aurem tuam, et
audi: aperi Domine oculos tuos, et vide:
audi omnia verba Sennacherib, qui misit
ut exprobraret nobis Deum viventem.
17 Vere Domine dissipaverunt reges Assyriorum gentes, et terras omnium. 18 Et
miserunt deos eorum in ignem: non enim
erant dii, sed opera manuum hominum ex
ligno et lapide, et perdiderunt eos. 19 Nunc
igitur Domine Deus noster, salvos nos fac
de manu eius, ut sciant omnia regna terrae, quia tu es Dominus Deus solus.
20 Misit autem Isaias filius Amos ad
Ezechiam, dicens: Haec dicit Dominus
Deus Israel: Quae deprecatus es me super Sennacherib rege Assyriorum, audivi.

Solemne Isaiae vaticinium

21 Iste est sermo, quem locutus est Dominus de eo:

Sprevit te, et subsannavit te, virgo filia Sion:
Post tergum tuum caput movit, filia Ierusalem.
22 Cui exprobrasti, et quem blasphemasti?
Contra quem exaltasti vocem tuam, et elevasti in excelsum oculos tuos? contra sanctum Israel.
23 Per manum servorum tuorum exprobrasti Domino, et dixisti:
In multitudine curruum meorum ascendi excelsa montium in summitate Libani,
Et succidi sublimes cedros eius, et electas abietes illius.
Et ingressus sum usque ad terminos eius, et saltum Carmeli eius 24 ego succidi.
Et bibi aquas alienas, et siccavi vestigiis pedum meorum omnes aquas clausas.
25 Numquid non audisti quid ab initio fecerim?
Ex diebus antiquis plasmavi illud, et nunc adduxi:
Eruntque in ruinam collium pugnantium civitates munitae.
26 Et qui sedent in eis, humiles manu, contremuerunt et confusi sunt,
Facti sunt velut foenum agri, et virens herba tectorum,
Quae arefacta est antequam veniret ad maturitatem.
27 Habitaculum tuum, et egressum tuum, et introitum tuum, et viam tuam ego praescivi,
Et furorem tuum contra me.
28 Insanisti in me, et superbia tua ascendit in aures meas:
Ponam itaque circulum in naribus tuis, et camum in labiis tuis,
Et reducam te in viam, per quam venisti.
29 Tibi autem, Ezechia, hoc erit signum:
Comede hoc anno quae repereris: in secundo autem anno, quae sponte nascuntur:
Porro in tertio anno seminate et metite: plantate vineas, et comedite fructum earum.
30 Et quodcumque reliquum fuerit de domo Iuda, mittet radicem deorsum, et faciet fructum sursum.
31 De Ierusalem quippe egredientur reliquiae, et quod salvetur de monte Sion:
Zelus Domini exercituum faciet hoc.
32 Quam ob rem haec dicit Dominus de rege Assyriorum:
Non ingredietur urbem hanc, nec mittet in eam sagittam,
Nec occupabit eam clypeus, nec circumdabit eam munitio.
33 Per viam, qua venit, revertetur: et civitatem hanc non ingredietur, dicit Dominus.
34 Protegamque urbem hanc, et salvabo eam propter me, et propter David servum meum.

Angelus Domini visitat Assyriorum castra

35 Factum est igitur in nocte illa, venit
angelus Domini, et percussit in castris
Assyriorum centum octoginta quinque
millia. Cumque diluculo surrexisset, vidit
omnia corpora mortuorum: et recedens
abiit, 36 et reversus est Sennacherib rex
Assyriorum, et mansit in Ninive.
37 Cumque adoraret in templo Nesroch
deum suum, Adramelech et Sarasar filii
eius percusserunt eum gladio, fugeruntque in terram Armeniorum, et regnavit
Asarhaddon filius eius pro eo.

Ezechiae aegrotanti salutem denuntiat Isaias

20 1 In diebus illis aegrotavit Ezechias
usque ad mortem: et venit ad eum
Isaias filius Amos, propheta, dixitque ei:
Haec dicit Dominus Deus: Praecipe domui tuae: morieris enim tu, et non vives.
2 Qui convertit faciem suam ad parietem,
et oravit Dominum, dicens: 3 Obsecro Domine, memento quaeso quomodo ambulaverim coram te in veritate, et in corde
perfecto, et quod placitum est coram te,
fecerim. Flevit itaque Ezechias fletu
magno.
4 Et antequam egrederetur Isaias me-

18,33-35. — **15:** Ex 25,22; Ps 79,2. — **18:** 2 Par 32,19; Ps 113,4. — **23:** 4 Reg 18,17. — **31:** Is 9, 7. — **34:** 3 Reg 11,13; 4 Reg 20,6. — **35:** Tob 1, 21; Eccli 48,24; Is 37,36; 1 Mach 7,41; 2 Mach 8,19. — **37:** Tob 1,24; Esdr 4,2.

20 **1-11:** 2 Par 32,24; Is 38,1-22. — **3:** 4 Reg 18,3. — **6:** 4 Reg 19,34. — **9:** Eccli 48,

diam partem atrii, factus est sermo Domini ad eum, dicens: 5 Revertere, et dic
Ezechiae duci populi mei: Haec dicit Dominus Deus David patris tui: Audivi orationem tuam, et vidi lacrymas tuas, et
ecce sanavi te, die tertio ascendes templum Domini. 6 Et addam diebus tuis
quindecim annos: sed et de manu regis
Assyriorum liberabo te, et civitatem hanc,
et protegam utbem istam propter me, et
propter David servum meum. 7 Dixitque
Isaias: Afferte massam ficorum. Quam
cum attulissent, et posuissent super ulcus
eius, curatus est. 8 Dixerat autem Ezechias ad Isaiam: Quod erit signum, quia
Dominus me sanabit, et quia ascensurus
sum die tertia templum Domini? 9 Cui ait
Isaias: Hoc erit signum a Domino, quod
facturus sit Dominus sermonem, quem
locutus est: Vis ut ascendat umbra decem
lineis, an ut revertatur totidem gradibus?
10 Et ait Ezechias: Facile est umbram crescere decem lineis: nec hoc volo ut fiat,
sed ut revertatur retrorsum decem gradibus. 11 Invocavit itaque Isaias propheta
Dominum, et reduxit umbram per lineas,
quibus iam descenderat in horologio
Achaz, retrorsum decem gradibus.

Legati Berodach Baladan in Ierusalem

12 In tempore illo misit Berodach Baladan, filius Baladan, rex Babyloniorum,
litteras et munera ad Ezechiam: audierat
enim quod aegrotasset Ezechias. 13 Laetatus est autem in adventu eorum Ezechias, et ostendit eis domum aromatum,
et aurum et argentum, et pigmenta varia,
unguenta quoque, et domum vasorum
suorum, et omnia quae habere poterat
in thesauris suis. Non fuit quod non mons-
traret eis Ezechias in domo sua, et in omni potestate sua.
14 Venit autem Isaias propheta ad regem Ezechiam, dixitque ei: Quid dixerunt viri isti? aut unde venerunt ad te?
Cui ait Ezechias: De terra longinqua venerunt ad me, de Babylone. 15 At ille respondit: Quid viderunt in domo tua? Ait
Ezechias: Omnia quaecumque sunt in
domo mea, viderunt: nihil est quod non
monstraverim eis in thesauris meis. 16 Dixit itaque Isaias Ezechiae: Audi sermonem Domini: 17 Ecce dies venient, et auferentur omnia, quae sunt in domo tua,
et quae condiderunt patres tui usque in
diem hanc, in Babylonem: non remanebit
quidquam, ait Dominus. 18 Sed et de filiis
tuis qui egredientur ex te, quos generabis,
tollentur, et erunt eunuchi in palatio regis
Babylonis. 19 Dixit Ezechias ad Isaiam:
Bonus sermo Domini, quem locutus es:
sit pax et veritas in diebus meis.

Postrema Ezechiae

20 Reliqua autem sermonum Ezechiae,
et omnis fortitudo eius, et quomodo fecerit piscinam, et aquaeductum, et introduxerit aquas in civitatem, nonne haec
scripta sunt in Libro sermonum dierum
regum Iuda? 21 Dormivitque Ezechias cum
patribus suis, et regnavit Manasses filius
eius pro eo.

Manasse impietas

21 1 Duodecim annorum erat Manasses cum regnare coepisset, et quinquaginta quinque annis regnavit in Ierusalem: nomen matris eius Haphsiba. 2 Fecitque malum in conspectu Domini, iuxta idola gentium, quas delevit Dominus
a facie filiorum Israel. 3 Conversusque est,
et aedificavit excelsa, quae dissipaverat
Ezechias pater eius: et erexit aras Baal,
et fecit lucos sicut fecerat Achab rex Israel, et adoravit omnem militiam caeli, et
coluit eam. 4 Extruxitque aras in domo
Domini, de qua dixit Dominus: In Ierusalem ponam nomen meum. 5 Et extruxit
altaria universae militiae caeli in duobus
atriis templi Domini. 6 Et traduxit filium
suum per ignem: et ariolatus est, et observavit auguria, et fecit pythones, et
aruspices multiplicavit, ut faceret malum
coram Domino, et irritaret eum. 7 Posuit
quoque idolum luci, quem fecerat in templo Domini, super quod locutus est Dominus ad David, et ad Salomonem filium
eius: In templo hoc, et in Ierusalem, quam
elegi de cunctis tribubus Israel, ponam
nomen meum in sempiternum. 8 Et ultra
non faciam commoveri pedem Israel de
terra, quam dedi patribus eorum: si tamen custodierint opere omnia quae praecepi eis, universam legem, quam mandavit eis servus meus Moyses. 9 Illi vero non
audierunt: sed seducti sunt a Manasse, ut
facerent malum super gentes, quas contrivit Dominus a facie filiorum Israel.
10 Locutusque est Dominus in manu
servorum suorum prophetarum, dicens:
11 Quia fecit Manasses rex Iuda abominationes istas pessimas, super omnia quae
fecerunt Amorrhaei ante eum, et peccare
fecit etiam Iudam in immunditiis suis:

26. — **12-19:** Is 39,1-8. — **13:** 2 Par 32,25.27-28. **17:** 4 Reg 24,13; 25,13-15; Ier 20,5. — **18:** 4 Reg 24,12; 2 Par 33,11. — **20:** 2 Par 32,30.32; Neh 3,16. — **21:** 2 Par 32,33.

21 **1-9:** 2 Par 33,1-9. — **3:** 3 Reg 16,32-33; 4 Reg 17,6; 18,4; 23,5. — **4:** 2 Sam 7,13; 3 Reg 8,29; Ier 7,30; 32,34. — **5:** 4 Reg 23,12. — **6:** 4 Reg 16,3. — **7:** 2 Sam 7,26; 3 Reg 8,16; 9,3. **11:** 4 Reg 23,26; 24,3-4; Ier 15,4. — **16:** 4 Reg

12 propterea haec dicit Dominus Deus Israel: Ecce ego inducam mala super Ierusalem et Iudam: ut quicumque audierit,
tinniant ambae aures eius. 13 Et extendam
super Ierusalem funiculum Samariae, et
pondus domus Achab: et delebo Ierusalem, sicut deleri solent tabulae: et delens
vertam, et ducam crebrius stylum super faciem eius. 14 Dimittam vero reliquias haereditatis meae, et tradam eas in manus
inimicorum eius: eruntque in vastitatem,
et in rapinam cunctis adversariis suis:
15 eo quod fecerint malum coram me, et
perseveraverint irritantes me, ex die qua
egressi sunt patres eorum ex Aegypto, usque ad hanc diem. 16 Insuper et sanguinem innoxium fudit Manasses multum
nimis, donec impleret Ierusalem usque ad
os: absque peccatis suis, quibus peccare
fecit Iudam, ut faceret malum coram Domino.
17 Reliqua autem sermonum Manasse,
et universa quae fecit, et peccatum eius,
quod peccavit, nonne haec scripta sunt
in Libro sermonum dierum regum Iuda?
18 Dormivitque Manasses cum patribus
suis, et sepultus est in horto domus suae,
in horto Oza: et regnavit Amon filius eius
pro eo.

Amon impietas

19 Viginti duorum annorum erat Amon
cum regnare coepisset: duobus quoque
annis regnavit in Ierusalem: nomen matris eius Messalemeth filia Harus de Ie-
teba. 20 Fecitque malum in conspectu Domini, sicut fecerat Manasses pater eius.
21 Et ambulavit in omni via, per quam ambulaverat pater eius: servivitque immunditiis, quibus servierat pater eius, et adoravit eas, 22 et dereliquit Dominum Deum
patrum suorum, et non ambulavit in via
Domini. 23 Tetenderuntque ei insidias servi sui, et interfecerunt regem in domo sua.
24 Percussit autem populus terrae omnes,
qui coniuraverant contra regem Amon, et
constituerunt sibi regem Iosiam filium eius
pro eo.

Iosias

22 1 Octo annorum erat Iosias cum
regnare coepisset, triginta et uno
anno regnavit in Ierusalem: nomen matris eius Idida, filia Hadaia de Besecath.
2 Fecitque quod placitum erat coram Domino, et ambulavit per omnes vias David
patris sui: non declinavit ad dexteram,
sive ad sinistram.
3 Anno autem octavo decimo regis Iosiae, misit rex Saphan filium Aslia, filii
Messulam, scribam templi Domini, dicens
ei: 4 Vade ad Helciam sacerdotem magnum, ut confletur pecunia, quae illata est
in templum Domini, quam collegerunt
ianitores templi a populo, 5 deturque fabris per praepositos domus Domini: qui
et distribuant eam his qui operantur in
templo Domini, ad instauranda sartatecta templi: 6 tignariis videlicet et caementariis, et iis qui interrupta componunt: et
ut emantur ligna, et lapides de lapicidinis, ad instaurandum templum Domini.
7 Verumtamen non supputetur eis argentum quod accipiunt, sed in potestate habeant, et in fide.

Inventio libri Legis

8 Dixit autem Helcias pontifex ad Saphan scribam: Librum Legis reperi in
domo Domini: deditque Helcias volumen
Saphan, qui et legit illud. 9 Venit quoque
Saphan scriba ad regem, et renuntiavit ei
quod praeceperat, et ait: Conflaverunt
servi tui pecuniam, quae reperta est in
domo Domini: et dederunt ut distribue-
retur fabris a praefectis operum templi
Domini. 10 Narravit quoque Saphan scriba regi, dicens: Librum dedit mihi Helcias sacerdos.
Quem cum legisset Saphan coram rege,
11 et audisset rex verba Libri Legis Domini, scidit vestimenta sua. 12 Et praecepit Helciae sacerdoti, et Ahicam filio
Saphan, et Achobor filio Micha, et Saphan
scribae, et Asaiae servo regis, dicens: 13 Ite
et consulite Dominum super me, et super
populo, et super omni Iuda, de verbis voluminis istius, quod inventum est: magna
enim ira Domini succensa est contra nos:
quia non audierunt patres nostri verba
libri huius, ut facerent omne quod scriptum est nobis.
14 Ierunt itaque Helcias sacerdos, et
Ahicam, et Achobor, et Saphan, et Asaia,
ad Holdam prophetidem, uxorem Sellum, filii Thecuae, filii Araas custodis vestium, quae habitabat in Ierusalem in Secunda: locutique sunt ad eam. 15 Et illa
respondit eis: Haec dicit Dominus Deus
Israel: Dicite viro, qui misit vos ad me:
16 Haec dicit Dominus: Ecce, ego adducam mala super locum istum, et super
habitatores eius, omnia verba Legis quae
legit rex Iuda: 17 quia dereliquerunt me,
et sacrificaverunt diis alienis, irritantes
me in cunctis operibus manuum suarum:
et succendetur indignatio mea in loco hoc,

24,4. — 17: 2 Par 33,18. — 18-24: 2 Par 33, 20-25.

22 1-2: 2 Par 34,1-2. — 1: Ios 15,39. — 3-20: 2 Par 34,8-28. — 4-7: 4 Reg 12, 9-15. — 12: 4 Reg 25,22; Ier 26,24; 39,14; 40,5. 14: 4 Reg 10,22; Soph 1,10. — 17: Deut 29, 25-27.

et non extinguetur. 18 Regi autem Iuda,
qui misit vos ut consuleretis Dominum,
sic dicetis: Haec dicit Dominus Deus Israel: Pro eo quod audisti verba voluminis, 19 et perterritum est cor tuum, et humiliatus es coram Domino, auditis sermonibus contra locum istum, et habitatores eius, quod videlicet fierent in stuporem
et in maledictum: et scidisti vestimenta
tua, et flevisti coram me, et ego audivi, ait
Dominus: 20 idcirco colligam te ad patres
tuos, et colligeris ad sepulchrum tuum in
pace, ut non videant oculi tui omnia mala
quae inducturus sum super locum istum.

Universalis reformatio religiosa in Iuda

23 1 Et renuntiaverunt regi quod dixerat. Qui misit: et congregati sunt
ad eum omnes senes Iuda et Ierusalem.
2 Ascenditque rex templum Domini, et
omnes viri Iuda, universique qui habitabant in Ierusalem cum eo sacerdotes et
prophetae, et omnis populus a parvo usque ad magnum: legitque, cunctis audientibus, omnia verba libri foederis, qui inventus est in domo Domini. 3 Stetitque rex
super gradum: et foedus percussit coram
Domino, ut ambularent post Dominum, et
custodirent praecepta eius, et testimonia,
et caeremonias in omni corde, et in tota
anima, et suscitarent verba foederis huius,
quae scripta erant in libro illo: acquievit-
que populus pacto.
4 Et praecepit rex Helciae pontifici, et
sacerdotibus secundi ordinis, et ianitoribus, ut proiicerent de templo Domini omnia vasa, quae facta fuerant Baal, et in
luco, et universae militiae caeli: et combussit ea foris Ierusalem in convalle Cedron, et tulit pulverem eorum in Bethel.
5 Et delevit aruspices, quos posuerant reges Iuda ad sacrificandum in excelsis per
civitates Iuda, et in circuitu Ierusalem:
et eos, qui adolebant incensum Baal, et
Soli, et Lunae, et duodecim signis, et
omni militiae caeli. 6 Et efferri fecit lucum de domo Domini foras Ierusalem in
convalle Cedron, et combussit eum ibi,
et redegit in pulverem, et proiecit super
sepulchra vulgi. 7 Destruxit quoque aedi-
culas effeminatorum, quae erant in domo
Domini, pro quibus mulieres texebant
quasi domunculas luci. 8 Congregavitque
omnes sacerdotes de civitatibus Iuda: et
contaminavit excelsa, ubi sacrificabant
sacerdotes de Gabaa usque Bersabee: et
destruxit aras portarum in introitu ostii
Iosue principis civitatis, quod erat ad sinistram portae civitatis. 9 Verumtamen
non ascendebant sacerdotes excelsorum
ad altare Domini in Ierusalem: sed tantum comedebant azyma in medio fratrum
suorum. 10 Contaminavit quoque Topheth
quod est in convalle filii Ennom: ut nemo consecraret filium suum aut filiam
per ignem, Moloch. 11 Abstulit quoque
equos, quos dederant reges Iuda Soli, in
introitu templi Domini iuxta exedram
Nathanmelech eunuchi, qui erat in Pha-
rurim: currus autem Solis combussit igni.
12 Altaria quoque, quae erant super tecta
coenaculi Achaz, quae fecerant reges Iuda,
et altaria quae fecerat Manasses in duobus atriis templi Domini, destruxit rex,
et cucurrit inde, et dispersit cinerem eorum in torrentem Cedron. 13 Excelsa quoque, quae erant in Ierusalem ad dexteram partem montis offensionis, quae aedificaverat Salomon rex Israel Astaroth idolo Sidoniorum, et Chamos offensioni
Moab, et Melchom abominationi filiorum Ammon, polluit rex. 14 Et contrivit
statuas, et succidit lucos: replevitque loca
eorum ossibus mortuorum.
15 Insuper et altare, quod erat in Bethel,
et excelsum, quod fecerat Ieroboam filius
Nabat, qui peccare fecit Israel: et altare
illud, et excelsum destruxit, atque combussit, et comminuit in pulverem, succenditque etiam lucum. 16 Et conversus Iosias, vidit ibi sepulchra, quae erant in
monte: misitque et tulit ossa de sepulchris,
et combussit ea super altare, et polluit illud iuxta verbum Domini, quod locutus
est vir Dei, qui praedixerat verba haec.
17 Et ait: Quis est titulus ille, quem video?
Responderuntque ei cives urbis illius: Sepulchrum est hominis Dei, qui venit de
Iuda, et praedixit verba haec, quae fecisti
super altare Bethel. 18 Et ait: Dimitte
eum, nemo commoveat ossa eius. Et in-
tacta manserunt ossa illius cum ossibus
prophetae, qui venerat de Samaria. 19 Insuper et omnia fana excelsorum, quae
erant in civitatibus Samariae, quae fecerant reges Israel ad irritandum Dominum,
abstulit Iosias: et fecit eis secundum omnia opera quae fecerat in Bethel. 20 Et occidit universos sacerdotes excelsorum, qui
erant ibi super altaria: et combussit ossa
humana super ea: reversusque est Ierusalem.
21 Et praecepit omni populo, dicens:
Facite Phase Domino Deo vestro, secundum quod scriptum est in libro foederis
huius. 22 Nec enim factum est Phase tale
a diebus iudicum, qui iudicaverunt Israel,
et omnium dierum regum Israel, et regum

23 1-20: 2 Par 34,29-33. — 2: 4 Reg 22,8. 4-6: 4 Reg 21,3-7. — 4: Eccli 49,3. — 7: 3 Reg 14,24. — 10: Ios 15,8; Is 30,33; Ier 7, 31-32; 19,6.11-14. — 13: 3 Reg 11,5.7. — 15: 3 Reg 12,28-33; 13,32; 14,16. — 16-18: 3 Reg 13, 2,30-31. — 19: 3 Reg 13,32; 2 Par 34,6-7. — 20: 2 Par 34,5. — 21-23: 2 Par 35,1-19. — 21: Ex 12,2-11; Lev 23,5-8; Num 9,2-4; Deut 16,2-8.

Iuda, 23 sicut in octavo decimo anno regis
Iosiae factum est Phase istud Domino in
Ierusalem.
24 Sed et pythones, et ariolos, et figuras
idolorum, et immunditias, et abominationes, quae fuerant in terra Iuda et Ierusalem, abstulit Iosias: ut statueret verba legis, quae scripta sunt in libro, quem invenit Helcias sacerdos in templo Domini.
25 Similis illi non fuit ante eum rex, qui
reverteretur ad Dominum in omni corde suo, et in tota anima sua, et in universa virtute sua iuxta omnem legem Moysi: neque post eum surrexit similis illi.
26 Verumtamen non est aversus Dominus
ab ira furoris sui magni, quo iratus est
furor eius contra Iudam: propter irrita-
tiones, quibus provocaverat eum Manasses. 27 Dixit itaque Dominus: Etiam Iudam auferam a facie mea, sicut abstuli Israel: et proiiciam civitatem hanc, quam
elegi Ierusalem, et domum, de qua dixi:
Erit nomen meum ibi.

Finis Iosiae

28 Reliqua autem sermonum Iosiae, et
universa quae fecit, nonne haec scripta
sunt in Libro verborum dierum regum
Iuda?
29 In diebus eius ascendit Pharao Nechao rex Aegypti, contra regem Assyriorum ad flumen Euphraten: et abiit Iosias
rex in occursum eius: et occisus est in
Mageddo, cum vidisset eum. 30 Et portaverunt eum servi sui mortuum de Mageddo: et pertulerunt in Ierusalem, et sepelierunt eum in sepulchro suo. Tulitque
populus terrae Ioachaz filium Iosiae: et
unxerunt eum, et constituerunt eum regem pro patre suo.

Ioachaz rex Iuda

31 Viginti trium annorum erat Ioachaz
cum regnare coepisset, et tribus mensibus
regnavit in Ierusalem: nomen matris eius
Amital, filia Ieremiae, de Lobna. 32 Et fecit malum coram Domino, iuxta omnia
quae fecerant patres eius. 33 Vinxitque eum
Pharao Nechao in Rebla, quae est in terra Emath, ne regnaret in Ierusalem: et
imposuit mulctam terrae centum talentis
argenti, et talento auri.

Ioakim rex Iuda

34 Regemque constituit Pharao Nechao
Eliacim filium Iosiae pro Iosia patre eius:
vertitque nomen eius Ioakim. Porro Ioachaz tulit, et duxit in Aegyptum, et mortuus est ibi. 35 Argentum autem et aurum
dedit Ioakim Pharaoni, cum indixisset
terrae per singulos, ut conferretur iuxta
praeceptum Pharaonis: et unumquemque
iuxta vires suas exegit, tam argentum
quam aurum de populo terrae: ut daret
Pharaoni Nechao.
36 Viginti quinque annorum erat Ioakim cum regnare coepisset: et undecim
annis regnavit in Ierusalem: nomen matris eius Zebida, filia Phadaia de Ruma.
37 Et fecit malum coram Domino iuxta
omnia quae fecerant patres eius.

Nabuchodonosor in Ierusalem

24 1 In diebus eius ascendit Nabuchodonosor rex Babylonis, et factus
est ei Ioakim servus tribus annis: et rursum rebellavit contra eum. 2 Immisitque
ei Dominus latrunculos Chaldaeorum, et
latrunculos Syriae, et latrunculos Moab,
et latrunculos filiorum Ammon: et immisit eos in Iudam, ut disperderent eum,
iuxta verbum Domini, quod locutus fuerat per servos suos prophetas. 3 Factum
est autem hoc per verbum Domini contra
Iudam, ut auferret eum coram se propter
peccata Manasse universa quae fecit, 4 et
propter sanguinem innoxium, quem effudit, et implevit Ierusalem cruore innocentium: et ob hanc rem noluit Dominus
propitiari.
5 Reliqua autem sermonum Ioakim, et
universa quae fecit, nonne haec scripta
sunt in Libro sermonum dierum regum
Iuda? Et dormivit Ioakim cum patribus
suis: 6 et regnavit Ioachin filius eius
pro eo.
7 Et ultra non addidit rex Aegypti, ut
egrederetur de terra sua: tulerat enim rex
Babylonis a rivo Aegypti usque ad fluvium
Euphraten, omnia quae fuerant regis Aegypti.

Ioachin rex Iuda

8 Decem et octo annorum erat Ioachin
cum regnare coepisset, et tribus mensibus
regnavit in Ierusalem: nomen matris eius
Nohesta, filia Elnathan, de Ierusalem. 9 Et
fecit malum coram Domino, iuxta omnia
quae fecerat pater eius.
10 In tempore illo ascenderunt servi Nabuchodonosor regis Babylonis in Ierusalem, et circumdata est urbs munitionibus.
11 Venitque Nabuchodonosor rex Baby-

24: Lev 10,31; 20,27; Deut 18,10-11; 4 Reg 20,8. — **25**: 4 Reg 18,5. — **26**: 4 Reg 21,11-16; 24,3-4. — **27**: 3 Reg 8,16.29; 4 Reg 17,18.20; 18,11; 21,13; 24,2-3. — **28-30**: 2 Par 35,20-27. **29**: Ier 46,2. — **30-37**: 2 Par 36,1-5. — **31**: 4 Reg 24,18; 1 Par 3,15; Ier 22,11. — **33**: 4 Reg 25,6. 20-21; Ier 10,5-6; 52,9-10.26-27. — **34**: Ier 22, 11-12. — **36**: Ios 15,52.

24 **1**: 2 Par 36,6; Ier 25 1.9; Dan 1,1. — **2**: 4 Reg 20,17; 21,12-14. — **3**: 4 Reg 21, 11-16; 23,27. — **5-6**: 2 Par 36,8. — **7**: Ier 37, 5-7; 46,2.20.24.26. — **8**: 2 Par 36,9. — **9**: 4 Reg 23,37. — **10**: Dan 1,1. — **12-17**: 2 Par 36,10; Ier 24,1; Ez 17,12. — **15**: Esth 2,6; 11,4; Ier 22, 24-26. — **17-20**: 2 Par 36,10-13; Ier 37,1; 52, 1-3. — **18-19**: 4 Reg 23,31.37. — **20**: Ez 17,18.

lonis ad civitatem cum servis suis ut op-
pugnarent eam. 12 Egressusque est Ioachin rex Iuda ad regem Babylonis, ipse
et mater eius, et servi eius, et principes
eius, et eunuchi eius: et suscepit eum rex
Babylonis anno octavo regni sui. 13 Et
protulit inde omnes thesauros domus Domini, et thesauros domus regiae: et concidit universa vasa aurea, quae fecerat
Salomon rex Israel in templo Domini
iuxta verbum Domini.

Prima populi translatio in Babylonem

14 Et transtulit omnem Ierusalem, et
universos principes, et omnes fortes exercitus, decem millia, in captivitatem: et
omnem artificem et clusorem: nihilque
relictum est, exceptis pauperibus populi
terrae. 15 Transtulit quoque Ioachin in
Babylonem, et matrem regis, et uxores
regis, et eunuchos eius: et iudices terrae
duxit in captivitatem de Ierusalem in Babylonem. 16 Et omnes viros robustos, septem millia, et artifices, et clusores mille,
omnes viros fortes et bellatores: duxitque
eos rex Babylonis captivos in Babylonem.
17 Et constituit Matthaniam patruum eius
pro eo: imposuitque nomen ei Sedeciam.

Sedecias rex Iuda

18 Vigesimum et primum annum aetatis habebat Sedecias cum regnare coepisset, et undecim annis regnavit in Ierusalem: nomen matris eius erat Amital, filia
Ieremiae, de Lobna. 19 Et fecit malum
coram Domino, iuxta omnia quae fecerat Ioakim. 20 Irascebatur enim Dominus contra Ierusalem et contra Iudam,
donec proiiceret eos a facie sua: recessitque Sedecias a rege Babylonis.

Ierusalem obsessa a Chaldaeis

25 1 Factum est autem anno nono regni eius, mense decimo, decima die
mensis, venit Nabuchodonosor rex Babylonis, ipse et omnis exercitus eius in
Ierusalem, et circumdederunt eam: et extruxerunt in circuitu eius munitiones. 2 Et
clausa est civitas atque vallata usque ad
undecimum annum regis Sedeciae, 3 nona
die mensis: praevaluitque fames in civitate, nec erat panis populo terrae. 4 Et interrupta est civitas: et omnes viri bellatores nocte fugerunt per viam portae, quae
est inter duplicem murum ad hortum regis.
Porro Chaldaei obsidebant in circuitu civitatem. Fugit itaque Sedecias per viam,
quae ducit ad campestria solitudinis. 5 Et
persecutus est exercitus Chaldaeorum regem, comprehenditque eum in planitie
Iericho: et omnes bellatores, qui erant
cum eo, dispersi sunt, et reliquerunt eum.
6 Apprehensum ergo regem duxerunt ad
regem Babylonis in Reblatha: qui locutus est cum eo iudicium. 7 Filios autem
Sedeciae occidit coram eo, et oculos eius
effodit, vinxitque eum catenis, et adduxit
in Babylonem.

Ierusalem eversio et templi direptio

8 Mense quinto, septima die mensis, ipse est annus nonus decimus regis Babylonis: venit Nabuzardan princeps exercitus,
servus regis Babylonis, in Ierusalem. 9 Et
succendit domum Domini, et domum regis: et domos Ierusalem, omnemque domum combussit igni. 10 Et muros Ierusalem in circuitu destruxit omnis exercitus
Chaldaeorum, qui erat cum principe militum. 11 Reliquam autem populi partem,
quae remanserat in civitate, et perfugas,
qui transfugerant ad regem Babylonis, et
reliquum vulgus transtulit Nabuzardan
princeps militiae. 12 Et de pauperibus terrae reliquit vinitores et agricolas.
13 Columnas autem aereas, quae erant
in templo Domini, et bases, et mare
aureum, quod erat in domo Domini,
confregerunt Chaldaei, et transtulerunt
aes omne in Babylonem. 14 Ollas quoque
aereas, et trullas, et tridentes, et scyphos,
et mortariola, et omnia vasa aerea, in quibus ministrabant, tulerunt. 15 Necnon et
thuribula, et phialas: quae aurea, aurea:
et quae argentea, argentea, tulit princeps
militiae, 16 id est columnas duas, mare
unum, et bases quas fecerat Salomon in
templo Domini: non erat pondus aeris
omnium vasorum. 17 Decem et octo cubitos altitudinis habebat columna una: et
capitellum aereum super se altitudinis
trium cubitorum: et retiaculum, et malogranata super capitellum columnae, omnia aerea: similem et columna secunda habebat ornatum.
18 Tulit quoque princeps militiae Saraiam sacerdotem primum, et Sophoniam
sacerdotem secundum, et tres ianitores.
19 Et de civitate eunuchum unum, qui erat
praefectus super bellatores viros: et quinque viros de his, qui steterant coram rege,
quos reperit in civitate: et Sopher principem exercitus, qui probabat tyrones de
populo terrae: et sexaginta viros e vulgo,
qui inventi fuerant in civitate. 20 Quos tol-

25 **1-7:** 2 Par 36,17-20; Ier 39,1-7; 52,4-11. **1:** Ier 34,1-2; Ez 24,2. — **4:** Neh 3,15. **6:** 4 Reg 23,33; Ier 32,4-5; 34,3. — **7:** Ez 12,13. **8-12:** Ier 39,8-12; 52,12-16. — **9:** 2 Par 36,19; Ps 73,7. — **10:** Neh 1,3. — **11:** 2 Par 36,20. — **12:** 4 Reg 24,14; Ier 40,7. — **13-17:** 3 Reg 7,15-50; 2 Par 36,18-20; Ier 52,17-23. — **13:** Ier 27,19-22. — **18-21:** Ier 52,24-27. — **18:** 1 Par 6,14;

lens Nabuzardan princeps militum, duxit
ad regem Babylonis in Reblatha. 21 Percussitque eos rex Babylonis, et interfecit
eos in Reblatha in terra Emath: et translatus est Iuda de terra sua.

Godolias occiditur

22 Populo autem, qui relictus erat in terra Iuda, quem dimiserat Nabuchodonosor
rex Babylonis, praefecit Godoliam filium
Ahicam filii Saphan. 23 Quod cum audissent omnes duces militum, ipsi et viri qui
erant cum eis, videlicet, quod constituisset rex Babylonis Godoliam, venerunt
ad Godoliam in Maspha, Ismahel filius
Nathaniae, et Iohanan filius Caree, et Saraia filius Thanehumeth Netophathites, et
Iezonias filius Maachathi, ipsi et socii eorum. 24 Iuravitque Godolias ipsis et sociis
eorum, dicens: Nolite timere servire Chaldaeis: manete in terra, et servite regi Babylonis, et bene erit vobis.
25 Factum est autem in mense septimo,
venit Ismahel filius Nathaniae, filii Elisama de semine regio, et decem viri cum eo:
percusseruntque Godoliam, qui et mortuus est: sed et Iudaeos et Chaldaeos, qui
erant cum eo in Maspha.

Populus fugit in Aegyptum

26 Consurgensque omnis populus a parvo usque ad magnum, et principes militum venerunt in Aegyptum timentes Chaldaeos.
27 Factum est vero in anno trigesimo
septimo transmigrationis Ioachin regis Iuda, mense duodecimo, vigesima septima
die mensis: sublevavit Evilmerodach rex
Babylonis, anno quo regnare coeperat,
caput Ioachin regis Iuda de carcere. 28 Et
locutus est ei benigne: et posuit thronum
eius super thronum regum, qui erant cum
eo in Babylone. 29 Et mutavit vestes eius,
quas habuerat in carcere, et comedebat
panem semper in conspectu eius cunctis
diebus vitae suae. 30 Annonam quoque
constituit ei sine intermissione, quae et
dabatur ei a rege per singulos dies omnibus diebus vitae suae.

Esdr 7,1; Ier 21,1; 29,25; 37,3. — **21:** 4 Reg 23, 27; 24,3. — **22-24:** Ier 40,7-9. — **22:** 4 Reg 22, 12; Ier 39,14. — **25:** Ier 40,14-15; 41,1-2. — **26:** Ier 43,4-7. — **27-30:** Ier 52,31-34. — **27:** 4 Reg 24,12.15.

LIBER PRIMUS PARALIPOMENON

HEBRAICE "DIBRE HAIAMIM"

SUMMARIUM PARS PRIMA: GENEALOGIAE *(1-9): Patriarcharum genealogiae usque ad Abraham (1,1-23). Abraham eiusque proles (1,28-54). Genealogia Iuda (2). David (3). Altera genealogia Iuda (4,1-23). Simeonis (4,24-43). Ruben (5,1-10). Gad (5,11-22). Manasse (5,23-36). Levi (6). Issachar (7,1-5). Beniamin (7,6-12). Nephthali et Manasse (7,13-19). Ephraim (7,20-29). Aser (7,30-40). Iterum Beniamin (8,1-33). Saul (8,34-40). Primi habitatores Ierusalem post captivitatem (9,1-38). Iterum Saul (9,39-44).*—PARS ALTERA: HISTORIA DAVIDIS *(10-29): Initia regni Davidis (10,1-11,9). Exercitus Davidis (11,10-40). Arcae Dei translatio in domum Obededom (13). Prima praelia contra Philisthaeos (14). Translatio arcae in Ierusalem (15). Ordinatio cultus divini (16). Dei ad Davidem promissiones (17). Bella in Transiordania (18-20). Census populi (21). Parantur necessaria ad templi aedificationem (22). Ordinatio levitarum et sacerdotum (23-26). Ordinatio militaris regni (27). Testamentum Davidis (28-29).*

PARS PRIMA

GENEALOGIAE

(1,1-9,44)

Generationes patriarcharum ab Adam usque ad Abraham

1 1 Adam, Seth, Enos, 2 Cainan, Malaleel, Iared, 3 Henoch, Mathusale, Lamech, 4 Noe, Sem, Cham, et Iapheth.
5 Filii Iaphet: Gomer, et Magog, et Madai, et Iavan, Thubal, Mosoch, Thiras.
6 Porro filii Gomer: Ascenez, et Riphath.
et Thogorma. 7 Filii autem Iavan: Elisa
et Tharsis, Cethim et Dodanim.
8 Filii Cham: Chus, et Mesraim, et
Phut, et Chanaan. 9 Filii autem Chus: Saba, et Hevila, Sabatha, et Regma, et Sa-
bathacha. Porro filii Regma: Saba, et Dadan. 10 Chus autem genuit Nemrod: iste

1 **1:** Gen 2,7; 4,25-26; 5,3.6.9. — **2-4:** Gen 5,9-32; 6,10; 9,18. — **5-10:** Gen 10,2-8. —

coepit esse potens in terra. 11 Mesraim vero
genuit Ludim, et Anamim, et Laabim, et
Nephtuim, 12 Phetrusim quoque, et Cas-
luim: de quibus egressi sunt Philisthiim,
et Caphtorim. 13 Chanaan vero genuit Sidonem primogenitum suum, Hethaeum
quoque, 14 et Iebusaeum, et Amorrhaeum,
et Gergesaeum, 15 Hevaeumque et Aracaeum, et Sinaeum; 16 Aradium quoque,
et Samaraeum, et Hamathaeum.
17 Filii Sem: Aelam, et Assur, et Arphaxad, et Lud, et Aram, et Hus, et Hul,
et Gether, et Mosoch. 18 Arphaxad autem
genuit Sale, qui et ipse genuit Heber.
19 Porro Heber nati sunt duo filii, nomen
uni Phaleg, quia in diebus eius divisa est
terra; et nomen fratris eius Iectan. 20 Iectan autem genuit Elmodad, et Saleph, et
Asarmoth, et Iare, 21 Adoram quoque, et
Huzal, et Decla, 22 Hebal etiam, et Abi-
mael, et Saba, necnon 23 et Ophir, et Hevila, et Iobab: omnes isti filii Iectan.
24 Sem, Arphaxad, Sale, 25 Heber, Phaleg, Ragau, 26 Serug, Nachor, Thare,
27 Abram, iste est Abraham.

Generationes Abraham, Ismahelis et Isaac

28 Filii autem Abraham, Isaac et Ismahel. 29 Et hae generationes eorum. Primogenitus Ismahelis, Nabaioth, et Cedar, et
Adbeel, et Mabsam, 30 et Masma, et Duma, Massa, Hadad, et Thema, 31 Ietur,
Naphis, Cedma: hi sunt filii Ismahelis.
32 Filii autem Ceturae concubinae Abraham, quos genuit: Zamran, Iecsan, Ma-
dan, Madian, Iesboc, et Sue. Porro filii
Iecsan: Saba, et Dadan. Filii autem Dadan: Assurim, et Latussim, et Laomim.
33 Filii autem Madian: Epha, et Epher,
et Henoch, et Abida, et Eldaa: omnes hi,
filii Ceturae.
34 Genuit autem Abraham Isaac: cuius
fuerunt filii Esau, et Israel. 35 Filii Esau:
Eliphaz, Rahuel, Iehus, Ihelom, et Core.
36 Filii Eliphaz: Theman, Omar, Sephi,
Gathan, Cenez, Thamna, Amalec. 37 Filii
Rahuel: Nahath, Zara, Samma, Meza.
38 Filii Seir: Lotan, Sobal, Sebeon, Ana,
Dison, Eser, Disan. 39 Filii Lotan: Hori,
Homam. Soror autem Lotan fuit Thamna. 40 Filii Sobal: Alian, et Manahath, et
Ebal, Sephi et Onam. Filii Sebeon: Aia
et Ana. Filii Ana: Dison. 41 Filii Dison:
Hamram, et Heseban et Iethran, et Cha-
ran. 42 Filii Eser: Balaan, et Zavan, et
Iacan. Filii Disan: Hus et Aran.

Reges Edom

43 Isti sunt reges, qui imperaverunt in
terra Edom, antequam esset rex super filios Israel: Bale filius Beor: et nomen civitatis eius, Denaba. 44 Mortuus est autem Bale, et regnavit pro eo Iobab filius
Zare de Bosra. 45 Cumque et Iobab fuisset mortuus, regnavit pro eo Husam de
terra Themanorum. 46 Obiit quoque et
Husam, et regnavit pro eo Adad filius Badad, qui percussit Madian in terra Moab:
et nomen civitatis eius Avith. 47 Cumque
et Adad fuisset mortuus, regnavit pro eo
Semla de Masreca. 48 Sed et Semla mortuus est, et regnavit pro eo Saul de Rohoboth, quae iuxta Amnem sita est. 49 Mortuo quoque Saul, regnavit pro eo Balanan
filius Achobor. 50 Sed et hic mortuus est,
et regnavit pro eo Adad: cuius urbis nomen fuit Phau, et appellata est uxor eius
Meetabel, filia Matred filiae Mezaab.

Duces Edom

51 Adad autem mortuo, duces pro regibus in Edom esse coeperunt: dux Thamna, dux Alva, dux Ietheth, 52 dux Oolibama, dux Ela, dux Phinon, 53 dux Cenez,
dux Theman, dux Mabsar, 54 dux Magdiel, dux Hiram: hi duces Edom.

Filii Israel

2 1 Filii autem Israel: Ruben, Simeon
Levi, Iuda, Issachar, et Zabulon,
2 Dan, Ioseph, Beniamin, Nephthali, Gad
et Aser.

Filii Iuda

3 Filii Iuda: Her, Onan, et Sela: hi tres
nati sunt ei de filia Sue Chananitide. Fuit
autem Her primogenitus Iuda, malus coram Domino, et occidit eum. 4 Thamar
autem nurus eius peperit ei Phares et Zara: omnes ergo filii Iuda, quinque.
5 Filii autem Phares: Hesron et Hamul.
6 Filii quoque Zarae: Zamri, et Ethan,
et Eman, Chalchal quoque, et Dara, simul quinque. 7 Filii Charmi: Achar, qui
turbavit Israel, et peccavit in furto ana-
thematis. 8 Filii Ethan: Azarias.
9 Filii autem Hesron qui nati sunt ei:
Ierameel, et Ram, et Calubi.
10 Porro Ram genuit Aminadab. Aminadab autem genuit Nahasson, principem
filiorum Iuda. 11 Nahasson quoque genuit
Salma, de quo ortus est Booz. 12 Booz vero genuit Obed, qui et ipse genuit Isai.
13 Isai autem genuit primogenitum Eliab,

11-16: Gen 10,13-18. — **17-23:** Gen 10,22-29. — **24-27:** Gen 11,10-26; Lc 3,34-36. — **27:** Gen 17,5. — **28:** Gen 16,11.15; 21,2-3. — **29-31:** Gen 25,13-16. — **32-33:** Gen 25,1-4. — **34:** Gen 25, 20-28; 32,28. — **35-37:** Gen 36,4-5.9-13. — **38-42:** Gen 36,20-28. — **43-54:** Gen 36,31-43.

2 **1-2:** Gen 29,31-30,24; 35,23-26. — **3:** Gen 38,2-5.7; 46,12; 1 Par 4,1; Mt 1,3. — **4:** Gen 38,11.14.29-30; 46,12; Ruth 4,12. — **7:** Ios 6,18; 7,1. — **9-11:** Ruth 4,19-22; Mt 1,3-6. — **13-15:** 1 Sam 16,6-10; 17,12-14. — **16:** 2 Sam 2,18. — **17:** 2 Sam 17,25. — **18:** 1 Par 1,9. —

secundum Abinadab, tertium Simmaa,
14 quartum Nathanael, quintum Raddai.
15 sextum Asom, septimum David.
16 Quorum sorores fuerunt Sarvia, et Abigail. Filii Sarviae: Abisai, Ioab, et Asael,
tres. 17 Abigail autem genuit Amasa, cuius
pater fuit Iether Ismahelites.
18 Caleb vero filius Hesron accepit uxorem nomine Azuba, de qua genuit Ierioth:
fueruntque filii eius Iaser, et Sobab, et Ar-
don. 19 Cumque mortua fuisset Azuba,
accepit uxorem Caleb, Ephratha, quae peperit ei Hur. 20 Porro Hur genuit Uri, et
Uri genuit Bezeleel. 21 Post haec ingressus
est Hesron ad filiam Machir patris Galaad, et accepit eam cum esset annorum sexaginta: quae peperit ei Segub. 22 Sed et
Segub genuit Iair, et possedit viginti tres
civitates in terra Galaad. 23 Cepitque Gessur, et Aram oppida Iair, et Canath, et
viculos eius sexaginta civitatum: omnes
isti, filii Machir patris Galaad. 24 Cum autem mortuus esset Hesron, ingressus est
Caleb ad Ephratha. Habuit quoque Hesron uxorem Abia, quae peperit ei Assur
patrem Thecuae.

Filii Ierameel

25 Nati sunt autem filii Ierameel primogeniti Hesron, Ram primogenitus eius, et
Buna, et Aram, et Asom, et Achia. 26 Duxit quoque uxorem alteram Ierameel, nomine Atara, quae fuit mater Onam. 27 Sed
et filii Ram primogeniti Ierameel, fuerunt
Moos, Iamin, et Achar. 28 Onam autem
habuit filios Semei, et Iada. Filii autem
Semei: Nadab, et Abisur. 29 Nomen vero
uxoris Abisur, Abihail, quae peperit ei
Ahobban, et Molid. 30 Filii autem Nadab
fuerunt Saled, et Apphaim. Mortuus est
autem Saled absque liberis. 31 Filius vero
Apphaim, Iesi: qui Iesi genuit Sesan. Porro Sesan genuit Oholai. 32 Filii autem Iada fratris Semei: Iether, et Ionathan. Sed
et Iether mortuus est absque liberis.
33 Porro Ionathan genuit Phaleth, et Ziza.
Isti fuerunt filii Ierameel. 34 Sesan autem
non habuit filios, sed filias: et servum Aegyptium nomine Ieraa. 35 Deditque ei filiam suam uxorem: quae peperit ei Ethei.
36 Ethei autem genuit Nathan, et Nathan
genuit Zabad. 37 Zabad quoque genuit
Ophlal, et Ophlal genuit Obed, 38 Obed
genuit Iehu, Iehu genuit Azariam, 39 Azarias genuit Helles, et Helles genuit Elasa,
40 Elasa genuit Sisamoi, Sisamoi genuit
Sellum, 41 Sellum genuit Icamiam, Icamia
autem genuit Elisama.

Filii Caleb

42 Filii autem Caleb fratris Ierameel:
Mesa primogenitus eius, ipse est pater
Ziph, et filii Maresa patris Hebron. 43 Porro filii Hebron, Core, et Taphua, et Recem, et Samma. 44 Samma autem genuit
Raham, patrem Iercaam, et Recem genuit
Sammai. 45 Filius Sammai, Maon: et
Maon pater Bethsur. 46 Epha autem concubina Caleb peperit Haran, et Mosa, et
Gezez. Porro Haran genuit Gezez. 47 Filii
autem Iahaddai, Regom, et Ioathan, et
Gesan, et Phalet, et Epha, et Saaph.
48 Concubina Caleb Maacha, peperit Sa-
ber, et Tharana. 49 Genuit autem Saaph
pater Madmena, Sue patrem Machbena,
et patrem Gabaa. Filia vero Caleb, fuit
Achsa.
50 Hi erant filii Caleb, filii Hur primogeniti Ephratha, Sobal pater Cariathiarim. 51 Salma pater Bethlehem, Hariph
pater Bethgader. 52 Fuerunt autem filii Sobal patris Cariathiarim, qui videbat dimidium requietionum. 53 Et de cognatione
Cariathiarim, Iethrei, et Aphuthei, et Se-
mathei, et Maserei. Ex his egressi sunt
Saraitae, et Esthaolitae. 54 Filii Salma,
Bethlehem, et Netophathi, Coronae domus Ioab, et dimidium requietionis Sarai. 55 Cognationes quoque scribarum habitantium in Iabes, canentes atque reso-
nantes, et in tabernaculis commorantes.
Hi sunt Cinaei, qui venerunt de Calore
patris domus Rechab.

Filii David

3 1 David vero hos habuit filios, qui ei
nati sunt in Hebron: primogenitum
Amnon ex Achinoam Iezrahelitide, secundum Daniel de Abigail Carmelitide, 2 tertium Absalom filium Maacha filiae Tholmai regis Gessur, quartum Adoniam filium Aggith, 3 quintum Saphathiam ex
Abital, sextum Iethraham de Egla uxore
sua. 4 Sex ergo nati sunt ei in Hebron, ubi
regnavit septem annis et sex mensibus.
Triginta autem et tribus annis regnavit in
Ierusalem.
5 Porro in Ierusalem nati sunt ei filii,
Simmaa, et Sobab, et Nathan, et Salomon, quatuor de Bethsabee filia Ammiel,
6 Iebaar quoque et Elisama, 7 et Eliphaleth, et Noge, et Nepheg, et Iaphia, 8 necnon Elisama, et Eliada, et Elipheleth, novem: 9 omnes hi, filii David absque filiis
concubinarum: habueruntque sororemi
Thamar.
10 Filius autem Salomonis, Roboam:

19: Ex 17,10.12; 24,14; 31,2. — **20:** Ex 31,2; 35,30. — **21:** Num 27,1. — **22:** Num 32,41. — **24:** 1 Par 4,5. — **36:** 1 Par 11,41. — **49:** Ios 15, 16-17. — **55:** 4 Reg 10,15; Ier 35,2.6.

3 **1-4:** 2 Sam 3,2-5. — **4:** 2 Sam 2,11; 5,5. — **5-8:** 2 Sam 5,14-16; 1 Par 14,4-7. — **5:** 4 Sam 12,24. — **9:** 2 Sam 13,1. — **10-17:** Mt 1,7-12. — **10:** 3 Reg 11,43; 14,31; 15,1.8.24. — **11:** 4 Reg 8,

cuius Abia filius genuit Asa. De hoc quoque natus est Iosaphat, 11 pater Ioram:
qui Ioram genuit Ochoziam, ex quo ortus
est Ioas: 12 et huius Amasias filius genuit
Azariam. Porro Azariae filius Ioatham
13 procreavit Achaz patrem Ezechiae, de
quo natus est Manasses. 14 Sed et Manasses genuit Amon patrem Iosiae.
15 Filii autem Iosiae fuerunt, primogenitus Iohanan, secundus Ioakim, tertius
Sedecias, quartus Sellum. 16 De Ioakim
natus est Iechonias, et Sedecias.
17 Filii Iechoniae fuerunt: Asir, Salathiel, 18 Melchiram, Phadaia, Senneser, et
Iecemia, Sama, et Nadabia. 19 De Phadaia orti sunt Zorobabel et Semei. Zorobabel genuit Mosollam, Hananiam, et Salomith sororem eorum: 20 Hasaban quoque, et Ohol, et Barachian, et Hasadian,
Iosabhesed, quinque. 21 Filius autem Hananiae, Phaltias pater Ieseiae, cuius filius
Raphaia: huius quoque filius, Arnan, de
quo natus est Obdia, cuius filius fuit Sechenias. 22 Filius Secheniae Semeia: cuius
filii Hattus, et Iegaal, et Baria, et Naaria,
et Saphat, sex numero. 23 Filius Naariae,
Elioenai, et Ezechias, et Ezricam, tres.
24 Filii Elioenai, Oduia, et Eliasub, et
Pheleia, et Accub, et Iohanan, et Dalaia,
et Anani, septem.

Filii Iuda

4 1 Filii Iuda: Phares, Hesron, et Charmi, et Hur, et Sobal. 2 Raia vero filius
Sobal genuit Iahath, de quo nati sunt
Ahumai, et Laad: hae cognationes Sara-
thi. 3 Ista quoque stirps Etam: Iezrahel,
et Iesema, et Iedebos. Nomen quoque sororis eorum, Asalelphuni. 4 Phanuel autem pater Gedor, et Ezer pater Hosa: isti
sunt filii Hur primogeniti Ephratha patris
Bethlehem.
5 Assur vero patri Thecuae erant duae
uxores, Halaa, et Naara. 6 Peperit autem
ei Naara, Oozam, et Hepher, et Themani,
et Ahasthari: isti sunt filii Naara. 7 Porro
filii Halaa, Sereth, Isaar, et Ethnan.
8 Cos autem genuit Anob, et Soboba,
et cognationem Aharehel filii Arum. 9 Fuit
autem Iabes inclytus prae fratribus suis,
et mater eius vocavit nomen illius Iabes,
dicens: Quia peperi eum in dolore. 10 Invocavit vero Iabes Deum Israel, dicens:
Si benedicens benedixeris mihi, et dilataveris terminos meos, et fuerit manus tua
mecum, et feceris me a malitia non oppri-
mi. Et praestitit Deus quae precatus est.

Filii Caleb

11 Caleb autem frater Sua genuit Ma-
hir, qui fuit pater Esthon. 12 Porro Esthon
genuit Bethrapha, et Phesse, et Tehinna
patrem urbis Naas: hi sunt viri Recha.
13 Filii autem Cenez, Othoniel, et Saraia.
Porro filii Othoniel, Hathath, et Maonathi. 14 Maonathi genuit Ophra, Saraia autem genuit Ioab patrem Vallis artificum:
ibi quippe artifices erant.
15 Filii vero Caleb filii Iephone, Hir, et
Ela, et Naham. Filii quoque Ela: Cenez.
16 Filii quoque Ialeleel: Ziph, et Zipha,
Thiria, et Asrael.
17 Et filii Ezra, Iether, et Mered, et
Epher, et Ialon, genuitque Mariam, et
Sammai, et Iesba patrem Esthamo.
18 Uxor quoque eius Iudaia, peperit Iared
patrem Gedor, et Heber patrem Socho, et
Icuthiel patrem Zanoe: hi autem filii Be-
thiae filiae Pharaonis, quam accepit Mered. 19 Et filii uxoris Odaiae sororis Naham patris Ceila, Garmi, et Esthamo, qui
fuit de Machathi.
20 Filii quoque Simon, Amnon, et Rin-
na filius Hanan, et Thilon. Et filii Iesi,
Zoheth, et Benzoheth.
21 Filii Sela, filii Iuda: Her pater Le-
cha, et Laada pater Maresa, et cognationes domus operantium byssum in Domo
iuramenti. 22 Et qui stare fecit solem, vi-
rique Mendacii, et Securus, et Incendens,
qui principes fuerunt in Moab, et qui reversi sunt in Lahem: haec autem verba
vetera. 23 Hi sunt figuli habitantes in plan-
tationibus, et in sepibus, apud regem in
operibus eius, commoratique sunt ibi.

Filii Simeon

24 Filii Simeon: Namuel et Iamin, Iarib, Zara, Saul. 25 Sellum filius eius, Map-
sam filius eius, Masma filius eius. 26 Filii
Masma: Hamuel filius eius, Zachur filius
eius, Semei filius eius. 27 Filii Semei sedecim, et filiae sex: fratres autem eius non
habuerunt filios multos, et universa cognatio non potuit adaequare summam
filiorum Iuda.
28 Habitaverunt autem in Bersabee, et
Molada, et Hasarsuhal, 29 et in Bala, et
in Asom, et in Tholad, 30 et in Bathuel,
et in Horma, et in Siceleg, 31 et in Bethmarchaboth, et in Hasarsuim, et in Beth-
berai, et in Saarim: hae civitates eorum
usque ad regem David. 32 Villae quoque
eorum: Etam, et Aen, Remmon, et Tho-

16.24; 11,2. — **12:** 4 Reg 12,21; 15,1.7. — **13:** 4 Reg 15,38; 16,20; 20,21. — **14:** 4 Reg 21, 18.26. — **15:** 4 Reg 23,30.34; 24,17; Ier 22, 11. — **16:** 4 Reg 24,6; Ier 22,24. — **17:** Esdr 3, 2; 5,2. — **19:** Esdr 2,2; 3,2.8; Eccli 49,13. — **22:** Esdr 8,2; Neh 3,29.

4 **1:** Gen 38,3.29; 46,12; 1 Par 2,4.7; Mt 1, 3. — **5:** 1 Par 2,24. — **13:** Ios 15,17; Iud 1, 13; 3,9.11. — **15:** Num 13,6; 14,6. — **21:** Gen 38,1.5; 26,12; Num 26,20; 1 Par 2,3. — **24:** Gen 46,10; Ex 6,15; Num 26,12-13. — **28-32:** Ios

chen, et Asan, civitates quinque. 33 Et
universi viculi eorum per circuitum civitatum istarum usque ad Baal: haec est
habitatio eorum, et sedium distributio.
34 Mosobab quoque et Iemlech, et Iosa
filius Amasiae, 35 et Ioel, et Iehu filius
Iosabiae, filii Saraiae, filii Asiel, 36 et Elioenai, et Iacoba, et Isuhaia, et Asaia, et
Adiel, et Ismiel, et Banaia, 37 Ziza quoque filius Sephei, filii Allon, filii Idaia, filii
Semri, filii Samaia. 38 Isti sunt nominati
principes in cognationibus suis, et in domo affinitatum suarum multiplicati sunt
vehementer. 39 Et profecti sunt ut ingrederentur in Gador usque ad orientem vallis, et ut quaererent pascua gregibus suis.
40 Inveneruntque pascuas uberes, et valde bonas, et terram latissimam et quietam et fertilem, in qua ante habitaverant
de stirpe Cham. 41 Hi ergo venerunt,
quos supra descripsimus nominatim, in
diebus Ezechiae regis Iuda: et percusserunt tabernacula eorum, et habitatores
qui inventi fuerant ibi, et deleverunt eos
usque in praesentem diem: habitaveruntque pro eis, quoniam uberrimas pascuas
ibidem repererunt.
42 De filiis quoque Simeon abierunt in
montem Seir viri quingenti, habentes principes Phalthiam et Naariam et Raphaiam
et Oziel filios Iesi: 43 et percusserunt reliquias, quae evadere potuerant, Amaleci-
tarum, et habitaverunt ibi pro eis usque
ad diem hanc.

Filii Ruben

5 1 Filii quoque Ruben primogeniti Israel. (Ipse quippe fuit primogenitus
eius: sed cum violasset thorum patris sui,
data sunt primogenita eius filiis Ioseph
filii Israel, et non est ille reputatus in primogenitum. 2 Porro Iudas, qui erat fortissimus inter fratres suos, de stirpe eius
principes germinati sunt: primogenita autem reputata sunt Ioseph.) 3 Filii ergo Ruben primogeniti Israel: Enoch, et Phallu,
Esron, et Carmi.
4 Filii Ioel: Samia filius eius, Gog filius
eius, Semei filius eius, 5 Micha filius eius,
Reia filius eius, Raal filius eius, 6 Beera
filius eius, quem captivum duxit Thelgathphalnasar rex Assyriorum, et fuit
princeps in tribu Ruben. 7 Fratres autem
eius, et universa cognatio eius, quando
numerabantur per familias suas, habuerunt principes Iehiel, et Zachariam. 8 Porro Bala filius Azaz, filii Samma, filii Ioel,
ipse habitavit in Aroer usque ad Nebo, et
Beelmeon. 9 Contra orientalem quoque
plagam habitavit usque ad introitum eremi, et flumen Euphraten. Multum quippe iumentorum numerum possidebant in
terra Galaad. 10 In diebus autem Saul
praeliati sunt contra Agareos, et interfecerunt illos, habitaveruntque pro eis in
tabernaculis eorum, in omni plaga, quae
respicit ad orientem Galaad.

Filii Gad

11 Filii vero Gad e regione eorum habitaverunt in terra Basan usque Selcha:
12 Ioed in capite, et Saphan secundus:
Ianai autem, et Saphat in Basan. 13 Fratres vero eorum secundum domos cognationum suarum, Michael, et Mosollam,
et Sebe, et Iorai, et Iachan, et Zie, et Heber, septem. 14 Hi filii Abihail, filii Huri,
filii Iara, filii Galaad, filii Michael, filii
Iesesi, filii Ieddo, filii Buz. 15 Fratres quoque filii Abdiel, filii Guni, princeps domus in familiis suis. 16 Et habitaverunt in
Galaad, et in Basan, et in viculis eius, et
in cunctis suburbanis Saron, usque ad
terminos. 17 Omnes hi numerati sunt in
diebus Ioathan regis Iuda, et in diebus
Ieroboam regis Israel.
18 Filii Ruben, et Gad, et dimidiae tribus Manasse, viri bellatores, scuta portantes, et gladios, et tendentes arcum eru-
ditique ad praelia, quadraginta quatuor
millia et septingenti sexaginta, procedentes ad pugnam. 19 Dimicaverunt contra
Agareos: Ituraei vero, et Naphis, et No-
dab 20 praebuerunt eis auxilium. Traditi-
que sunt in manus eorum Agarei, et universi, qui fuerant cum eis, quia Deum
invocaverunt cum praeliarentur: et exaudivit eos, eo quod credidissent in eum.
21 Ceperuntque omnia quae possederant,
camelorum quinquaginta millia, et ovium
ducenta quinquaginta millia, et asinos duo
millia, et animas hominum centum millia. 22 Vulnerati autem multi corruerunt:
fuit enim bellum Domini. Habitaveruntque pro eis usque ad transmigrationem.

Filii Manasse

23 Filii quoque dimidiae tribus Manasse possederunt terram a finibus Basan
usque Baal, Hermon, et Sanir, et montem
Hermon, ingens quippe numerus erat.
24 Et hi fuerunt principes domus cognationis eorum: Epher, et Iesi, et Eliel, et
Ezriel, et Ieremia, et Odoia, et Iediel viri
fortissimi et potentes, et nominati duces
in familiis suis.

19,2-8. — 41: 4 Reg 18,1. — 42: Gen 36,8.

5 1: Gen 29,32; 35,22; 48,15-22; 49,3-4. — 2: Gen 49,8-10. — 3: Gen 46,9; Ex 6,14; Num 26,5-6. — 6: 4 Reg 15,29; 2 Par 28,20. — 8: Ios 13,16-17. — 11: Ios 12,4; 13,11. — 17: 4 Reg 14,16-29; 15,5.32. — 22: 4 Reg 15,29;

25 Reliquerunt autem Deum patrum
suorum, et fornicati sunt post deos populorum terrae, quos abstulit Deus coram eis. 26 Et suscitavit Deus Israel spiritum Phul regis Assyriorum, et spiritum
Thelgathphalnasar regis Assur: et transtulit Ruben, et Gad, et dimidiam tribum
Manasse, et adduxit eos in Lahela, et in
Habor, et Ara, et fluvium Gozan, usque
ad diem hanc.

Filii Levi

6 1 Filii Levi: Gersom, Caath, et Merari. 2 Filii Caath: Amram, Isaar,
Hebron, et Oziel. 3 Filii Amram: Aaron,
Moyses, et Maria: Filii Aaron: Nadab
et Abiu, Eleazar, et Ithamar. 4 Eleazar
genuit Phinees, et Phinees genuit Abisue,
5 Abisue vero genuit Bocci, et Bocci genuit Ozi. 6 Ozi genuit Zaraiam, et Za-
raias genuit Meraioth. 7 Porro Meraioth
genuit Amariam, et Amarias genuit Achitob. 8 Achitob genuit Sadoc, et Sadoc genuit Achimaas, 9 Achimaas genuit Azariam, Azarias genuit Iohanan, 10 Iohanan
genuit Azariam: ipse est qui sacerdotio
functus est in domo, quam aedificavit Salomon in Ierusalem. 11 Genuit autem Azarias Amariam, et Amarias genuit Achitob, 12 Achitob genuit Sadoc, et Sadoc
genuit Sellum, 13 Sellum genuit Helciam,
et Helcias genuit Azariam, 14 Azarias genuit Saraiam, et Saraias genuit Iosedec.
15 Porro Iosedec egressus est, quando
transtulit Dominus Iudam, et Ierusalem
per manus Nabuchodonosor.
16 Filii ergo Levi: Gersom, Caath, et
Merari. 17 Et haec nomina filiorum Gersom: Lobni, et Semei. 18 Filii Caath:
Amram, et Isaar, et Hebron, et Oziel.
19 Filii Merari: Moholi et Musi. Hae
autem cognationes Levi secundum familias eorum. 20 Gersom, Lobni filius eius,
Iahath filius eius, Zamma filius eius,
21 Ioah filius eius, Addo filius eius, Zara
filius eius, Iethrai filius eius. 22 Filii Caath
Aminadab filius eius, Core filius eius,
Asir filius eius, 23 Elcana filius eius, Abiasaph filius eius, Asir filius eius, 24 Thahath
filius eius, Uriel filius eius, Ozias filius
eius, Saul filius eius. 25 Filii Elcana, Amasai et Achimoth, 26 et Elcana. Filii Elcana: Sophai filius eius, Nahath filius eius,
27 Eliab filius eius, Ieroham filius eius, Elcana filius eius. 28 Filii Samuel primogenitus Vasseni, et Abia. 29 Filii autem Merari, Moholi: Lobni filius eius, Semei
filius eius, Oza filius eius, 30 Sammaa filius
eius, Haggia filius eius, Asaia filius eius.
31 Isti sunt, quos constituit David super cantores domus Domini, ex quo col-
locata est arca: 32 et ministrabant coram
tabernaculo testimonii, canentes donec
aedificaret Salomon domum Domini in
Ierusalem: stabant autem iuxta ordinem
suum in ministerio. 33 Hi vero sunt, qui
assistebant cum filiis suis, de filiis Caath,
Hemam cantor filius Iohei, filii Samuel,
34 filii Elcana, filii Ieroham, filii Eliel, filii
Thohu, 35 filii Suph, filii Elcana, filii Mahath, filii Amasai, 36 filii Elcana, filii Io-
hel, filii Azariae, filii Sophoniae, 37 filii
Thahath, filii Asir, filii Abiasaph, filii Core, 38 filii Issar, filii Caath, filii Levi, filii
Israel. 39 Et frater eius Asaph, qui stabat
a dextris eius, Asaph filius Barachiae, filii
Samaa, 40 filii Michael, filii Basaiae, filii
Melchiae, 41 filii Athanai, filii Zara, filii
Adaia, 42 filii Ethan, filii Zamma, filii Semei, 43 filii Ieth, filii Gersom, filii Levi.
44 Filii autem Merari fratres eorum, ad sinistram, Ethan filius Cusi, filii Abdi, filii
Maloch, 45 filii Hasabiae, filii Amasiae,
filii Helciae, 46 filii Amasai, filii Boni,
filii Somer, 47 filii Moholi, filii Musi, filii
Merari, filii Levi.
48 Fratres quoque eorum Levitae, qui
ordinati sunt in cunctum ministerium tabernaculi domus Domini. 49 Aaron vero,
et filii eius adolebant incensum super altare holocausti, et super altare thymiamatis, in omne opus Sancti sanctorum: et ut
precarentur pro Israel iuxta omnia, quae
praeceperat Moyses servus Dei.
50 Hi sunt autem filii Aaron: Eleazar
filius eius, Phinees filius eius, Abisue filius
eius, 51 Bocci filius eius, Ozi filius eius,
Zarahia filius eius, 52 Meraioth filius eius,
Amarias filius eius, Achitob filius eius,
53 Sadoc filius eius, Achimaas filius eius.

Civitates Levitarum

54 Et haec habitacula eorum per vicos
atque confinia, filiorum scilicet Aaron,
iuxta cognationes Caathitarum: ipsis enim
sorte contigerant. 55 Dederunt igitur eis
Hebron in terra Iuda, et suburbana eius
per circuitum: 56 agros autem civitatis,
et villas, Caleb filio Iephone. 57 Porro filiis Aaron dederunt civitates ad confugiendum Hebron, et Lobna, et suburbana eius, 58 Iether quoque, et Esthemo cum

17,6. — **25:** 4 Reg 17,7-12. — **26:** 4 Reg 15,19. 29; 17,6; 18,11.

6 **1:** Gen 46,11; Ex 6,16; Num 26,57; 1 Par 23,6. — **2:** Ex 6,18. — **3:** Ex 6,20; 15,20; Lev 10,1.12; 1 Par 6,50-53. — **4-14:** Esdr 7,1-5. **7:** 2 Sam 8,17. — **8:** 2 Sam 15,27.36. — **9:** 3 Reg 4,2. — **10:** 3 Reg 6,38; 2 Par 26,17. — **11:** 2 Par 19,11. — **13:** 4 Reg 22,4. — **14:** 4 Reg 25,18; Ier 52,24. — **15:** 4 Reg 25,8-21. — **16-19:** Ex 6, 16-19; 1 Par 23,7.12.21. — **27:** 1 Sam 1,1. — **31:** 1 Par 16,4-6. — **33:** 1 Sam 8,2; 1 Par 15,17. 19. — **39:** 1 Par 15,17.19. — **44:** 1 Par 15,17. 19. — **49:** Ex 28,1; 1 Par 23,13. — **54-81:** Ios 21, 4-39. — **56:** Ios 14,13; 15,13; 21,12. — **64:** Ios

suburbanis suis, sed et Helon, et Dabir
cum suburbanis suis, 59 Asan quoque, et
Bethsemes et suburbana earum. 60 De tribu autem Beniamin, Gabee et suburbana eius, et Almath cum suburbanis suis,
Anathoth quoque cum suburbanis suis:
omnes civitates, tredecim, per cognationes suas.
61 Filiis autem Caath residuis de cognatione sua dederunt ex dimidia tribu Manasse in possessionem urbes decem. 62 Porro filiis Gersom per cognationes suas de
tribu Issachar, et de tribu Aser, et de tribu
Nephthali, et de fribu Manasse in Basan,
urbes tredecim. 63 Filiis autem Merari per
cognationes suas de tribu Ruben, et de
tribu Gad, et de tribu Zabulon, dederunt
sorte civitates duodecim.
64 Dederunt quoque filii Israel Levitis
civitates, et suburbana earum: 65 dederuntque per sortem, ex tribu filiorum Iuda, et ex tribu filiorum Simeon, et ex tribu filiorum Beniamin urbes has, quas vocaverunt nominibus suis, 66 et his, qui
erant de cognatione filiorum Caath, fueruntque civitates in terminis eorum de
tribu Ephraim. 67 Dederunt ergo eis urbes ad confugiendum, Sichem cum suburbanis suis in monte Ephraim, et Gazer cum
suburbanis suis, 68 Iecmaam quoque cum
suburbanis suis, et Bethoron similiter,
69 necnon et Helon cum suburbanis suis,
et Gethremmon in eumdem modum.
70 Porro ex dimidia tribu Manasse, Aner
et suburbana eius, Balaam et suburbana
eius: his videlicet, qui de cognatione filiorum Caath reliqui erant.
71 Filiis autem Gersom de cognatione
dimidiae tribus Manasse, Gaulon in Basan, et suburbana eius, et Astaroth cum
suburbanis suis. 72 De tribu Issachar, Cedes et suburbana eius, et Dabereth cum
suburbanis suis, 73 Ramoth quoque et
suburbana eius, et Anem cum suburbanis
suis. 74 De tribu vero Aser: Masal cum
suburbanis suis, et Abdon similiter, 75 Hu-
cac quoque et suburbana eius, et Rohob
cum suburbanis suis.
76 Porro de tribu Nephthali, Cedes in
Galilaea et suburbana eius, Hamon cum
suburbanis suis, et Cariathaim, et suburbana eius.
77 Filiis autem Merari residuis: de tribu Zabulon, Remmono et suburbana eius,
et Thabor cum suburbanis suis: 78 trans
Iordanem quoque ex adverso Iericho contra orientem Iordanis, de tribu Ruben,
Bosor in solitudine cum suburbanis suis,
et Iassa cum suburbanis suis, 79 Cademoth
quoque et suburbana eius, et Mephaat
cum suburbanis suis. 80 Necnon et de tribu Gad, Ramoth in Galaad et suburbana
eius, et Manaim cum suburbanis suis,
81 sed et Hesebon cum suburbanis suis,
et Iezer cum suburbanis suis.

Filii Issachar

7 1 Porro filii Issachar: Thola, et Phua,
Iasub, et Simeron, quatuor. 2 Filii
Thola: Ozi, et Raphaia, et Ieriel, et Iemai,
et Iebsem, et Samuel, principes per domos cognationum suarum. De stirpe Thola viri fortissimi numerati sunt in diebus
David, viginti duo millia sexcenti. 3 Filii Ozi: Izrahia, de quo nati sunt Michael,
et Obadia, et Ioel, et Iesia, quinque omnes principes. 4 Cumque eis per familias,
et populos suos, accincti ad praelium, viri
fortissimi, triginta sex millia: multas enim
habuerunt uxores, et filios. 5 Fratres quoque eorum per omnem cognationem Issachar robustissimi ad pugnandum, octoginta septem millia numerati sunt.

Filii Beniamin

6 Filii Beniamin: Bela, et Bechor, et
Iadihel, tres. 7 Filii Bela: Esbon, et Ozi,
et Oziel, et Ierimoth, et Urai, quinque
principes familiarum, et ad pugnandum
robustissimi: numerus autem eorum, viginti duo millia et triginta quatuor. 8 Porro filii Bechor: Zamira, et Ioas, et Eliezer, et Elioenai, et Amri, et Ierimoth, et
Abia, et Anathoth, et Almath: omnes hi,
filii Bechor. 9 Numerati sunt autem per
familias suas principes cognationum suarum ad bella fortissimi, viginti millia et
ducenti. 10 Porro filii Iadihel: Balan. Filii autem Balan: Iehus, et Beniamin, et
Aod, et Chanana, et Zethan, et Tharsis,
et Ahishar: 11 omnes hi filii Iadihel, principes cognationum suarum viri fortissimi,
decem et septem millia, et ducenti ad praelium procedentes. 12 Sepham quoque, et
Hapham filii Hir: et Hasim filii Aher.

Filii Nephthali

13 Filii autem Nephthali: Iaziel, et Guni, et Ieser, et Sellum, filii Bala.

Filii Manasse

14 Porro filius Manasse, Esriel: concu-
binaque eius Syra peperit Machir patrem
Galaad. 15 Machir autem accepit uxores
filiis suis Happhim, et Saphan: et habuit

21,3. — **68:** Ios 12,22. — **71:** Ios 9,10. — **77:** Ios 19,12-13. — **78:** Ios 13,22. — **80:** 3 Reg 22,3-4. **81:** Ios 13,17.25.

7 **1:** Gen 46,13. — **2:** 2 Sam 24,1-2.9. — **6:** Gen 46,21; Num 26,38; 1 Par 8,1-40. — **13:** Gen 46;24; Num 26,48-50. — **14-19:** Num 26,29-33; Ios 17,1-3. — **15:** Num 27,1; 36,11. —

sororem nomine Maacha: nomen autem
secundi, Salphaad, nataeque sunt Salphaad filiae. 16 Et peperit Maacha uxor
Machir filium, vocavitque nomen eius
Phares: porro nomen fratris eius, Sares;
et filii eius, Ulam, et Recen. 17 Filius autem Ulam, Badan: hi sunt filii Galaad,
filii Machir, filii Manasse. 18 Soror autem
eius Regina peperit Virum decorum, et
Abiezer, et Mohola. 19 Erant autem filii
Semida, Ahin, et Sechem, et Leci, et
Aniam.

Filii Ephraim

20 Filii autem Ephraim: Suthala, Bared
filius eius, Thalath filius eius, Elada filius
eius, Thahath filius eius, huius filius Zabad, 21 et huius filius Suthala, et huius filius Ezer et Elad: occiderunt autem eos
viri Geth indigenae, quia descenderant ut
invaderent possessiones eorum. 22 Luxit
igitur Ephraim pater eorum multis diebus, et venerunt fratres eius ut consolarentur eum. 23 Ingressusque est ad uxorem suam: quae concepit, et peperit filium, et vocavit nomen eius Beria, eo quod
in malis domus eius ortus esset: 24 filia autem eius fuit Sara, quae aedificavit Bethoron inferiorem et superiorem, et Ozen-
sara. 25 Porro filius eius Rapha, et Reseph, et Thale, de quo natus est Thaan,
26 qui genuit Laadan: huius quoque filius
Ammiud, qui genuit Elisama, 27 de quo
ortus est Nun, qui habuit filium Iosue.
28 Possessio autem eorum et habitatio,
Bethel cum filiabus suis, et contra orientem Noran, ad occidentalem plagam Gazer et filiae eius, Sichem quoque cum filiabus suis, usque ad Aza cum filiabus eius.
29 Iuxta filios quoque Manasse Bethsan,
et filias eius, Thanach et filias eius, Mageddo et filias eius: Dor et filias eius: in
his habitaverunt filii Ioseph, filii Israel.

Filii Aser

30 Filii Aser: Iemna, et Iesua, et Iessui,
et Baria, et Sara soror eorum. 31 Filii autem Baria: Heber, et Melchiel: ipse est
pater Barsaith. 32 Heber autem genuit
Iephlat, et Somer, et Hotham, et Suaa sororem eorum. 33 Filii Iephlat: Phosech, et
Chamaal, et Asoth: hi filii Iephlat. 34 Porro filii Somer: Ahi, et Roaga, et Haba,
et Aram. 35 Filii autem Helem fratris eius:
Supha, et Iemna, et Selles et Amal. 36 Filii Supha: Sue, Harnapher, et Sual, et Be-
ri, et Iamra, 37 Bosor, et Hod, et Samma,
et Salusa, et Iethran, et Bera. 38 Filii Iether: Iephone, et Phaspha, et Ara. 39 Filii autem Olla: Aree, et Haniel, et Resia.
40 Omnes hi filii Aser, principes cognationum, electi atque fortissimi duces ducum:
numerus autem eorum aetatis, quae apta
esset ad bellum, viginti sex millia.

Filii Beniamin

8 1 Beniamin autem genuit Bale primogenitum suum, Asbel secundum,
Ahara tertium, 2 Nohaa quartum, et
Rapha quintum. 3 Fueruntque filii Bale:
Addar, et Gera, et Abiud, 4 Abisue quoque
et Naaman, et Ahoe, 5 sed et Gera, et Se-
phuphan, et Huram. 6 Hi sunt filii Ahod,
principes cognationum habitantium in
Gabaa, qui translati sunt in Manahath.
7 Naaman autem, et Achia, et Gera ipse
transtulit eos, et genuit Oza, et Ahiud.
8 Porro Saharaim genuit in regione
Moab, postquam dimisit Husim et Bara
uxores suas. 9 Genuit autem de Hodes
uxore sua Iobab, et Sebia, et Mosa, et
Molchom, 10 Iehus quoque, et Sechia, et
Marma: hi sunt filii eius principes in familiis suis. 11 Mehusim vero genuit Abi-
tob, et Elphaal. 12 Porro filii Elphaal: Heber, et Misaam, et Samad: hic aedificavit
Ono, et Lod, et filias eius.
13 Baria autem, et Sama principes cognationum habitantium in Aialon: hi fugaverunt habitatores Geth. 14 Et Ahio, et
Sesac, et Ierimoth, 15 et Zabadia, et Arod,
et Heder, 16 Michael quoque, et Iespha,
et Ioha filii Baria. 17 Et Zabadia, et Mosollam, et Hezeci, et Heber, 18 et Iesama-
ri, et Iezlia, et Iobab filii Elphaal, 19 et Iacim, et Zechari, et Zabdi, 20 et Elioenai,
et Selethai, et Eliel, 21 et Adaia, et Baraia,
et Samarath filii Semet. 22 Et Iespham, et
Heber, et Eliel, 23 et Abdon, et Zechri, et
Hanan, 24 et Hanania, et Aelam, et Ana-
thothia, 25 et Iephdaia, et Phanuel filii Sesac. 26 Et Samsari, et Sohoria, et Otholia,
27 et Iersia, et Elia, et Zechri, filii Ieroham.
28 Hi patriarchae, et cognationum principes, qui habitaverunt in Ierusalem.
29 In Gabaon autem habitaverunt Abi-
gabaon, et nomen uxoris eius Maacha:
30 filiusque eius primogenitus Abdon, et
Sur, et Cis, et Baal, et Nadab. 31 Gedor
quoque, et Ahio, et Zacher, et Macelloth:
32 et Macelloth genuit Samaa: habitaveruntque ex adverso fratrum suorum in
Ierusalem cum fratribus suis.

Filii Saul

33 Ner autem genuit Cis, et Cis genuit
Saul. Porro Saul genuit Ionathan, et Melchisua, et Abinadab, et Esbaal. 34 Filius

20: Num 26,15. — **24:** Ios 10,10-11. — **26:** Num 1,10. — **27:** Ios 13,9.17. — **28:** Ios 16,1-10. — **29:** Ios 17,11. — **30:** Gen 46,17; Num 26,44.

8 **1-5:** Gen 46,21; Num 26,38-40; 1 Par 7,6-12. — **29-32:** 1 Par 9,35-38. — **33-38:** 1 Par 9,39-44. — **33:** 1 Sam 9,1-2; 14,51; 31,2; 2 Sam 2,8; 1 Par 10,2. — **34:** 2 Sam 4,4; 9,6.10,12.

autem Ionathan, Meribbaal: et Meribbaal genuit Micha. 35 Filii Micha, Phithon
et Melech, et Tharaa, et Ahaz. 36 Et Ahaz
genuit Ioada: et Ioada genuit Alamath,
et Azmoth, et Zamri: porro Zamri genuit
Mosa, 37 et Mosa genuit Banaa, cuius filius fuit Rapha, de quo ortus est Elasa,
qui genuit Asel. 38 Porro Asel sex filii fuerunt his nominibus, Ezricam, Bocru, Ismahel, Saria, Obdia, et Hanan: omnes hi
filii Asel. 39 Filii autem Esec fratris eius,
Ulam primogenitus, et Iehus secundus, et
Eliphalet tertius. 40 Fueruntque filii Ulam
viri robustissimi, et magno robore tendentes arcum: et multos habentes filios ac
nepotes, usque ad centum quinquaginta.
Omnes hi, filii Beniamin.

Qui in Ierusalem primo habitaverunt

9 1 Universus ergo Israel dinumeratus
est et summa eorum scripta est in Libro regum Israel, et Iuda: translatique
sunt in Babylonem propter delictum suum.
2 Qui autem habitaverunt primi in possessionibus, et in urbibus suis: Israel, et
Sacerdotes, et Levitae, et Nathinaei.
3 Commorati sunt in Ierusalem de filiis
Iuda, et de filiis Beniamin, de filiis quoque Ephraim, et Manasse. 4 Othei filius
Ammiud, filii Amri, filii Omrai, filii Bonni, de filiis Phares filii Iuda. 5 Et de Silo-
ni: Asaia primogenitus, et filii eius. 6 De
filiis autem Zara, Iehuel, et fratres eorum,
sexcenti nonaginta. 7 Porro de filiis Beniamin: Salo filius Mosollam, filii Oduia,
filii Asana: 8 et Iobania filius Ieroham: et
Ela filius Ozi, filii Mochori: et Mosollam
filius Saphatiae, filii Rahuel, filii Iebaniae,
9 et fratres eorum per familias suas, nongenti quinquaginta sex. Omnes hi, principes cognationum per domos patrum suorum.
10 De sacerdotibus autem: Iedaia, Ioiarib, et Iachin: 11 Azarias quoque filius
Helciae, filii Mosollam, filii Sadoc, filii
Maraioth, filii Achitob, pontifex domus
Dei. 12 Porro Adaias filius Ieroham, filii
Phassur, filii Melchiae: et Maasai filius
Adiel filii Iezra, filii Mosollam, filii Mo-
sollamith, filii Emmer. 13 Fratres quoque
eorum principes per familias suas, mille
septingenti sexaginta, fortissimi robore ad
faciendum opus ministerii in domo Dei.
14 De Levitis autem: Semeia filius Has-
sub filii Ezricam, filii Hasebia de filiis Merari. 15 Bacbacar quoque carpentarius, et
Galal, et Mathania filius Micha, filii
Zechri, filii Asaph: 16 et Obdia filius Semeiae, filii Galal, filii Idithun: et Barachia
filius Asa, filii Elcana, qui habitavit in
atriis Netophati. 17 Ianitores autem: Sellum, et Accub, et Telmon, et Ahimam:
et frater eorum Sellum princeps, 18 usque
ad illud tempus, in porta regis ad orientem, observabant per vices suas de filiis
Levi. 19 Sellum vero filius Core filii Abiasaph, filii Core, cum fratribus suis, et domo patris sui, hi sunt Coritae super opera ministerii, custodes vestibulorum tabernaculi: et familiae eorum per vices castrorum Domini custodientes introitum.
20 Phinees autem filius Eleazari, erat dux
eorum coram Domino. 21 Porro Zacharias filius Mosollamia, ianitor portae tabernaculi testimonii. 22 Omnes hi electi in
ostiarios per portas, ducenti duodecim:
et descripti in villis propriis, quos constituerunt David, et Samuel Videns, in fide
sua 23 tam ipsos, quam filios eorum in ostiis domus Domini, et in tabernaculo vicibus suis. 24 Per quatuor ventos erant os-
tiarii: id est, ad orientem, et ad occidentem, et ad aquilonem, et ad austrum.
25 Fratres autem eorum in viculis morabantur, et veniebant in sabbatis suis de
tempore usque ad tempus. 26 His quatuor
Levitis creditus erat omnis numerus ianitorum, et erant super exedras, et thesauros domus Domini. 27 Per gyrum quoque
templi Domini morabantur in custodiis
suis: ut cum tempus fuisset, ipsi mane
aperirent fores.
28 De horum genere erant et super vasa
ministerii: ad numerum enim et inferebantur vasa, et efferebantur. 29 De ipsis
et qui credita habebant utensilia sanctuarii, praeerant similae, et vino, et oleo, et
thuri, et aromatibus. 30 Filii autem sacerdotum unguenta ex aromatibus conficie-
bant. 31 Et Mathathias Levites primogenitus Sellum Coritae, praefectus erat eorum,
quae in sartagine frigebantur. 32 Porro de
filiis Caath fratribus eorum, super panes
erant propositionis, ut semper novos per
singula sabbata praepararent. 33 Hi sunt
principes cantorum per familias Levitarum, qui in exedris morabantur, ut die ac
nocte iugiter suo ministerio deservirent.
34 Capita Levitarum, per familias suas
principes, manserunt in Ierusalem.
35 In Gabaon autem commorati sunt
pater Gabaon Iehiel, et nomen uxoris eius
Maacha. 36 Filius primogenitus eius Abdon, et Sur, et Cis, et Baal, et Ner, et Nadab, 37 Gedor quoque, et Ahio, et Zacharias, et Macelloth. 38 Porro Macelloth genuit Samaan: isti habitaverunt e regione
fratrum suorum in Ierusalem cum fratribus suis.

9 1: 4 Reg 24,15-16; 2 Par 16,11; 25,26; 27,7; 36,8. — 2-22: Neh 11,3-22. — 2: Esdr 2, 43.58; 7,7; 8,17.20; Neh 3,26; 7,60.73; 10,28; 11,3.21. — 11: 1 Par 6,13. — 18: Ez 46,1-2. — 19: Num 26,58; 2 Par 20,19. — 20: Num 25, 11-13. — 21: 1 Par 26,2. — 32: Lev 24,5-8. — 33: 1 Par 6,31; 25,1. — 35-44: 1 Par 8,29-38.

Genealogia Saul

39 Ner autem genuit Cis: et Cis genuit
Saul: et Saul genuit Ionathan, et Melchisua, et Abinadab, et Esbaal. 40 Filius autem Ionathan, Meribbaal: et Meribbaal
genuit Micha. 41 Porro filii Micha, Phithon, et Melech, et Tharaa, et Ahaz.
42 Ahaz autem genuit Iara, et Iara genuit
Alamath, et Azmoth, et Zamri. Zamri autem genuit Mosa. 43 Mosa vero genuit Banaa: cuius filius Raphaia, genuit Elasa:
de quo ortus est Asel. 44 Porro Asel sex
filios habuit his nominibus, Ezricam, Bocru, Ismahel, Saria, Obdia, Hanan: hi
sunt filii Asel.

PARS ALTERA

HISTORIA DAVIDIS

(10,1-29,30)

Mors Saul pugnantis contra Philisthaeos

10 1 Philisthiim autem pugnabant contra Israel, fugeruntque viri Israel
Palaesthinos, et ceciderunt vulnerati in
monte Gelboe. 2 Cumque appropinquassent Philisthaei, persequentes Saul, et filios
eius, percusserunt Ionathan, et Abinadab,
et Melchisua filios Saul. 3 Et aggravatum
est praelium contra Saul, inveneruntque
eum sagittarii, et vulneraverunt iaculis.
4 Et dixit Saul ad armigerum suum: Evagina gladium tuum, et interfice me: ne
forte veniant incircumcisi isti, et illudant
mihi. Noluit autem armiger eius hoc facere, timore perterritus: arripuit ergo Saul
ensem, et irruit in eum. 5 Quod cum vidisset armiger eius, videlicet mortuum esse
Saul, irruit etiam ipse in gladium suum,
et mortuus est. 6 Interiit ergo Saul, et tres
filii eius, et omnis domus illius pariter
concidit. 7 Quod cum vidissent viri Israel,
qui habitabant in campestribus, fugerunt:
et Saul ac filiis eius mortuis, dereliquе-
runt urbes suas, et huc illucque dispersi
sunt: veneruntque Philisthiim, et habitaverunt in eis.
8 Die igitur altero detrahentes Philisthiim spolia caesorum, invenerunt Saul,
et filios eius iacentes in monte Gelboe.
9 Cumque spoliassent eum, et amputas-
sent caput, armisque nudassent, miserunt
in terram suam, ut circumferretur, et os-
tenderetur idolorum templis, et populis:
10 arma autem eius consecraverunt in fano
dei sui, et caput affixerunt in templo Dagon. 11 Hoc cum audissent viri Iabes Galaad, omnia scilicet quae Philisthiim fecerant super Saul, 12 consurrexerunt singuli
virorum fortium, et tulerunt cadavera
Saul et filiorum eius: attuleruntque ea in
Iabes, et sepelierunt ossa eorum subter
quercum, quae erat in Iabes, et ieiunaverunt septem diebus.
13 Mortuus est ergo Saul propter iniquitates suas, eo quod praevaricatus sit mandatum Domini quod praeceperat, et non
custodierit illud: sed insuper etiam pytho-
nissam consuluerit, 14 nec speraverit in
Domino: propter quod interfecit eum, et
transtulit regnum eius ad David filium
Isai.

David unctus rex in Hebron

11 1 Congregatus est igitur omnis Israel ad David in Hebron, dicens:
Os tuum sumus, et caro tua. 2 Heri quoque, et nudiustertius cum adhuc regnaret
Saul, tu eras qui educebas, et introduce-
bas Israel: tibi enim dixit Dominus Deus
tuus: Tu pasces populum meum Israel, et
tu eris princeps super eum. 3 Venerunt
ergo omnes maiores natu Israel ad regem
in Hebron, et iniit David cum eis foedus
coram Domino: unxeruntque eum regem
super Israel, iuxta sermonem Domini,
quem locutus est in manu Samuel.

Expugnat Ierusalem

4 Abiit quoque David, et omnis Israel
in Ierusalem: haec est Iebus, ubi erant
Iebusaei habitatores terrae. 5 Dixeruntque
qui habitabant in Iebus ad David: Non
ingredieris huc. Porro David cepit arcem
Sion, quae est civitas David, 6 dixitque:
Omnis qui percusserit Iebusaeum in primis, erit princeps, et dux. Ascendit igitur
primus Ioab filius Sarviae, et factus est
princeps. 7 Habitavit autem David in arce, et idcirco appellata est civitas David.
8 Aedificavitque urbem in circuitu a Mello
usque ad gyrum, Ioab autem reliqua urbis extruxit. 9 Proficiebatque David vadens et crescens, et Dominus exercituum
erat cum eo.

Fortissimi David

10 Hi principes virorum fortium David,
qui adiuverunt eum ut rex fieret super
omnem Israel iuxta verbum Domini, quod
locutus est ad Israel. 11 Et iste numerus
robustorum David: Iesbaam filius Hachamoni princeps inter triginta: iste levavit

10 **1-12:** 1 Sam 31,1-13. — **12:** 2 Sam 2,5. — **13:** Ex 17,14; 1 Sam 13,13-14; 15,3.11.23; 28,8. — **14:** 1 Sam 15,28; 2 Sam 3,9-10; 1 Par 12,23.

11 **1-9:** 2 Sam 5,1-3.6-10. — **2:** Ez 34,23. — **3:** 1 Sam 16,1.3.12-13; 1 Par 12,23. — **4:** Ios 15,8; Iud 1,21. — **6:** 2 Sam 8,16. — **10-41:** 2 Sam 23,8-39. — **11-12:** 1 Par 27,2.4. — **15:**

hastam suam super trecentos vulneratos
una vice.
12 Et post eum Eleazar filius patrui eius
Ahohites, qui erat inter tres potentes. 13 Iste fuit cum David in Phesdomim, quando
Philisthiim congregati sunt ad locum illum in praelium: et erat ager regionis illius plenus hordeo, fugeratque populus a
facie Philisthinorum. 14 Hi steterunt in medio agri, et defenderunt eum: cumque
percussissent Philisthaeos, dedit Dominus
salutem magnam populo suo.
15 Descenderunt autem tres de triginta
principibus ad petram, in qua eret David,
ad speluncam Odollam, quando Philisthiim fuerant castrametati in valle Raphaim. 16 Porro David erat in praesidio,
et statio Philisthinorum in Bethlehem.
17 Desideravit igitur David, et dixit: O si
quis daret mihi aquam de cisterna Bethlehem, quae est in porta! 18 Tres ergo isti
per media castra Philisthinorum perrexerunt, et hauserunt aquam de cisterna Bethlehem, quae erat in porta, et attulerunt
ad David ut biberet, qui noluit, sed magis
libavit illam Domino, 19 dicens: Absit ut
in conspectu Dei mei hoc faciam, et sanguinem istorum virorum bibam: quia in
periculo animarum suarum attulerunt mihi aquam. Et ob hanc causam noluit bibere: haec fecerunt tres robustissimi.
20 Abisai quoque frater Ioab ipse erat
princeps trium, et ipse levavit hastam
suam contra trecentos vulneratos, et ipse
erat inter tres nominatissimus, 21 et inter
tres secundos inclytus, et princeps eorum:
verumtamen usque ad tres primos non
pervenerat.
22 Banaias filius Ioiadae viri robustissimi, qui multa opera perpetrarat, de Cabseel: ipse percussit duos Ariel Moab: et
ipse descendit, et interfecit leonem in media cisterna tempore nivis. 23 Et ipse percussit virum Aegyptium, cuius statura erat
quinque cubitorum, et habebat lanceam
ut liciatorium texentium: descendit igitur
ad eum cum virga, et rapuit hastam, quam
tenebat manu, et interfecit eum hasta sua.
24 Haec fecit Banaias filius Ioiadae, qui
erat inter tres robustos nominatissimus,
25 inter triginta primus, verumtamen ad
tres usque non pervenerat: posuit autem
eum David ad auriculam suam.

Fortes David

26 Porro fortissimi viri in exercitu, Asahel
frater Ioab, et Elchanan filius patrui eius
de Bethlehem, 27 Sammoth Arorites, Helles Phatonites, 28 Ira filius Acces Thecuites, Abiezer Anathothites, 29 Sobbochai
Husathites, Ilai Ahohites, 30 Maharai
Netophathites, Heled filius Baana Netophathites, 31 Ethai filius Ribai de Gabaath
filiorum Beniamin, Banaia Pharatoni-
tes, 32 Hurai de Torrente Gaas, Abiel
Arbathites, Azmoth Bauramites, Eliaba
Salabonites. 33 Filii Assem Gezonites, Ionathan filius Sage Ararites, 34 Ahiam filius Sachar Ararites, 35 Eliphal filius Ur,
36 Hepher Mecherathites, Ahia Pheloni-
tes, 37 Hesro Carmelites, Naarai filius As-
bai, 38 Ioel frater Nathan, Mibahar filius
Agarai. 39 Selec Ammonites, Naharai Berothites armiger Ioab, filii Sarviae. 40 Ira
Iethraeus, Gareb Iethraeus, 41 Urias Hethaeus, Zabad filius Oholi, 42 Adina filius
Siza Rubenites princeps Rubenitarum, et
cum eo triginta: 43 Hanan filius Maacha,
et Iosaphat Mathanites, 44 Ozia Astaro-
thites, Samma, et Iehiel filii Hotham Arorites, 45 Iedihel filius Samri, et Ioha frater
eius Thosaites, 46 Eliel Mahumites, et Ie-
ribai, et Iosaia filii Elnaem, et Iethma
Moabites, Eliel, et Obed, et Iasiel de Ma-
sobia.

Qui cum eo fuerunt in Siceleg

12 1 Hi quoque venerunt ad David in
Siceleg, cum adhuc fugeret Saul filium Cis, qui erant fortissimi et egregii
pugnatores, 2 tendentes arcum, et utraque
manu fundis saxa iacientes, et dirigentes
sagittas: de fratribus Saul ex Beniamin.
3 Princeps Ahiecer, et Ioas filii Samaa Ga-
baathites, et Iaziel, et Phallet filii Azmoth,
et Baracha, et Iehu Anathotites. 4 Samaias
quoque Gabaonites fortissimus inter triginta et super triginta. Ieremias, et Iehe-
ziel, et Iohanan, et Iezabad Gaderothites.
5 Et Eluzai et Ierimuth, et Baalia, et Samaria, et Saphatia Haruphites. 6 Elcana,
et Iesia, et Azareel, et Ioezer, et Iesbaam
de Carehim: 7 Ioela quoque, et Zabadia
filii Ieroham de Gedor.

In deserto

8 Sed et de Gaddi transfugerunt ad David cum lateret in deserto, viri robustissimi, et pugnatores optimi, tenentes clypeum et hastam: facies eorum quasi facies leonis, et veloces quasi capreae in
montibus: 9 Ezer princeps, Obdias secundus, Eliab tertius, 10 Masmana quartus,
Ieremias quintus, 11 Ethi sextus, Eliel septimus, 12 Iohanan octavus, Elzebad nonus, 13 Ieremias decimus, Machbanai undecimus. 14 Hi de filiis Gad principes exercitus: novissimus centum militibus praeerat, et maximus, mille. 15 Isti sunt qui

1 Sam 22,1; 2 Sam 5,18.22; 1 Par 14,9. — 22: 1 Par 27,5-6. — 26: 1 Par 27,7. — 27: 1 Par 27,8.10. — 41: 2 Sam 11,3; 1 Par 2,36.

12 1: 1 Sam 27,2-6. — 8: 1 Sam 22,2. — 15: Ios 3,15. — 19: 1 Sam 29,2-9. — 23: 2 Sam 2,3-4; 5,1; 1 Par 10,14; 11,3.10.

transierunt Iordanem mense primo, quando inundare consuevit super ripas suas:
et omnes fugaverunt qui morabantur in
vallibus ad orientalem plagam et occidentalem.

De Beniamin et Iuda

16 Venerunt autem et de Beniamin, et
de Iuda ad praesidium, in quo morabatur David. 17 Egressusque est David obviam eis, et ait: Si pacifice venistis ad me
ut auxiliemini mihi, cor meum iungatur
vobis: si autem insidiamini mihi pro adversariis meis, cum ego iniquitatem in
manibus non habeam, videat Deus patrum nostrorum, et iudicet. 18 Spiritus vero induit Amasai principem inter triginta,
et ait: Tui sumus, o David, et tecum, fili
Isai: pax, pax tibi, et pax adiutoribus tuis:
te enim adiuvat Deus tuus. Suscepit ergo
eos David, et constituit principes turmae.

De Manasse

19 Porro de Manasse transfugerunt ad
David, quando veniebat cum Philisthiim
adversus Saul, ut pugnaret: et non dimicavit cum eis: quia inito consilio remiserunt eum principes Philisthinorum, dicentes: Periculo capitis nostri revertetur ad
dominum suum Saul. 20 Quando igitur reversus est in Siceleg, transfugerunt ad eum
de Manasse, Ednas, et Iozabad, et Iedihel, et Michael, et Ednas, et Iozabad, et
Eliu, et Salathi, principes millium in Manasse. 21 Hi praebuerunt auxilium David
adversus latrunculos: omnes enim erant
viri fortissimi, et facti sunt principes in
exercitu. 22 Sed et per singulos dies veniebant ad David ad auxiliandum ei, usque
dum fieret grandis numerus, quasi exercitus Dei.

Qui cum eo fuerunt in Hebron

23 Iste quoque est numerus principum
exercitus, qui venerunt ad David, cum esset in Hebron, ut transferrent regnum
Saul ad eum, iuxta verbum Domini.
24 Filii Iuda portantes clypeum et hastam, sex millia octingenti expediti ad praelium. 25 De filiis Simeon virorum fortissimorum ad pugnandum, septem millia centum. 26 De filiis Levi, quatuor millia sexcenti. 27 Ioiada quoque princeps de stirpe
Aaron, et cum eo tria millia septingenti.
28 Sadoc etiam puer egregiae indolis, et
domus patris eius, principes viginti duo.
29 De filiis autem Beniamin fratribus Saul,
tria millia: magna enim pars eorum adhuc sequebatur domum Saul. 30 Porro de
filiis Ephraim viginti millia octingenti, fortissimi robore, viri nominati in cognationibus suis. 31 Et ex dimidia tribu Manasse, decem et octo millia, singuli per nomina sua venerunt ut constituerent regem
David. 32 De filiis quoque Issachar viri
eruditi, qui noverant singula tempora ad
praecipiendum quid facere deberet Israel,
principes ducenti: omnis autem reliqua
tribus eorum consilium sequebatur.
33 Porro de Zabulon qui egrediebantur ad
praelium, et stabant in acie instructi armis bellicis, quinquaginta millia venerunt
in auxilium, non in corde duplici. 34 Et
de Nephthali, principes mille, et cum eis
instructi clypeo et hasta, triginta et septem millia. 35 De Dan etiam praeparati
ad praelium, viginti octo millia sexcenti.
36 Et de Aser egredientes ad pugnam, et
in acie provocantes, quadraginta millia.
37 Trans Iordanem autem de filiis Ruben,
et de Gad, et dimidia parte tribus Manasse instructi armis bellicis, centum viginti millia.
38 Omnes isti viri bellatores expediti ad
pugnandum, corde perfecto venerunt in
Hebron, ut constituerent regem David super universum Israel: sed et omnes reliqui ex Israel, uno corde erant, ut rex fieret David. 39 Fueruntque ibi apud David
tribus diebus comedentes et bibentes;
praeparaverant enim eis fratres sui. 40 Sed
et qui iuxta eos erant, usque ad Issachar,
et Zabulon, et Nephthali, afferebant panes in asinis, et camelis, et mulis, et bobus ad vescendum: farinam, palathas,
uvam passam, vinum, oleum, boves, arietes ad omnem copiam; gaudium quippe
erat in Israel.

Transfertur arca in domum Obededom

13 1 Init autem consilium David cum
tribunis, et centurionibus, et universis principibus, 2 et ait ad omnem coetum Israel: Si placet vobis: et a Domino
Deo nostro egreditur sermo, quem loquor, mittamus ad fratres nostros reliquos in universas regiones Israel, et ad
sacerdotes, et Levitas, qui habitant in
suburbanis urbium, ut congregentur ad
nos, 3 et reducamus arcam Dei nostri ad
nos: non enim requisivimus eam in diebus Saul. 4 Et respondit universa multitudo ut ita fieret: placuerat enim sermo omni populo.
5 Congregavit ergo David cunctum Israel a Sihor Aegypti, usque dum ingrediaris Emath, ut adduceret arcam Dei de
Cariathiarim. 6 Et ascendit David, et omnis vir Israel ad collem Cariathiarim, qui

13 3: 1 Sam 7,1-2. — 5-14: 2 Sam 6,1-11. — 5: 1 Sam 6,21; 7,1; 3 Reg 8,65. — 7: 1 Sam 7,1. — 10: Num 4,15; 1 Par 15,13.

est in Iuda, ut afferret inde arcam Domini Dei sedentis super cherubim, ubi invocatum est nomen eius. 7 Imposueruntque
arcam Dei super plaustrum novum, de
domo Abinadab: Oza autem, et frater
eius minabant plaustrum. 8 Porro David,
et universus Israel, ludebant coram Deo
omni virtute in canticis, et in citharis, et
psalteriis, et tympanis, et cymbalis, et
tubis.
9 Cum autem pervenisset ad aream Chi-
don, tetendit Oza manum suam, ut susten-
taret arcam: bos quippe lasciviens paululum inclinaverat eam. 10 Iratus est itaque
Dominus contra Ozam, et percussit eum,
eo quod tetigisset arcam: et mortuus est
ibi coram Domino. 11 Contristatusque est
David, eo quod divisisset Dominus Ozam:
vocavitque locum illum: Divisio Ozae usque in praesentem diem. 12 Et timuit
Deum tunc temporis, dicens: Quo modo
possum ad me introducere arcam Dei?
13 Et ob hanc causam non adduxit eam
ad se, hoc est, in civitatem David, sed
avertit in domum Obededom Gethaei.
14 Mansit ergo arca Dei in domo Obededom tribus mensibus et benedixit Dominus domui eius, et omnibus quae habebat.

Familia David

14 1 Misit quoque Hiram rex Tyri
nuntios ad David, et ligna cedrina, et artifices parietum, lignorumque: ut
aedificarent ei domum. 2 Cognovitque David quod confirmasset eum Dominus in
regem super Israel, et sublevatum esset
regnum suum super populum eius Israel.
3 Accepit quoque David alias uxores in
Ierusalem: genuitque filios, et filias. 4 Et
haec nomina eorum, qui nati sunt ei in
Ierusalem: Samua, et Sobab, Nathan, et
Salomon, 5 Iebahar, et Elisua, et Eliphalet, 6 Noga quoque, et Napheg, et Iaphia,
7 Elisama, et Baaliada, et Eliphalet.

Praelia contra Philisthaeos

8 Audientes autem Philisthiim eo quod
unctus esset David in regem super universum Israel, ascenderunt omnes ut quaererent eum: quod cum audisset David,
egressus est obviam eis. 9 Porro Philisthiim venientes, diffusi sunt in valle Raphaim. 10 Consuluitque David Dominum,
dicens: Si ascendam ad Philisthaeos, et si
trades eos in manu mea? Et dixit ei Dominus: Ascende, et tradam eos in manu
tua. 11 Cumque illi ascendissent in Baalpharasim, percussit eos ibi David, et dixit: Divisit Deus inimicos meos per manum meam, sicut dividuntur aquae: et
idcirco vocatum est nomen illius loci
Baalpharasim. 12 Dereliqueruntque ibi
deos suos, quos David iussit exuri.
13 Alia etiam vice Philisthiim irruerunt,
et diffusi sunt in valle. 14 Consuluitque
rursum David Deum, et dixit ei Deus:
Non ascendas post eos, recede ab eis, et
venies contra illos ex adverso pyrorum.
15 Cumque audieris sonitum gradientis in
cacumine pyrorum, tunc egredieris ad bellum. Egressus est enim Deus ante te, ut
percutiat castra Philisthiim. 16 Fecit ergo
David sicut praeceperat ei Deus, et percussit castra Philisthinorum, de Gabaon
usque Gazera. 17 Divulgatumque est nomen David in universis regionibus, et
Dominus dedit pavorem eius super omnes gentes.

Transfertur arca in Ierusalem

15 1 Fecit quoque sibi domos in civitate David: et aedificavit locum
arcae Dei, tetenditque ei tabernaculum.
2 Tunc dixit David: Illicitum est ut a quocumque portetur arca Dei nisi a Levitis,
quos elegit Dominus ad portandum eam,
et ad ministrandum sibi usque in aeternum. 3 Congregavitque universum Israel
in Ierusalem, ut afferretur arca Dei in
locum suum, quem praeparaverat ei.
4 Necnon et filios Aaron, et Levitas. 5 De
filiis Caath, Uriel princeps fuit, et fratres
eius centum viginti. 6 De filiis Merari,
Asaia princeps: et fratres eius ducenti
viginti. 7 De filiis Gersom, Ioel princeps;
et fratres eius centum triginta. 8 De filiis
Elisaphan, Semeias princeps; et fratres
eius ducenti. 9 De filiis Hebron, Eliel princeps; et fratres eius octoginta. 10 De filiis
Oziel, Aminadab princeps; et fratres eius
centum duodecim. 11 Vocavitque David
Sadoc, et Abiathar sacerdotes, et Levitas,
Uriel, Asaiam, Ioel, Semeiam, Eliel, et
Aminadab: 12 et dixit ad eos: Vos, qui
estis principes familiarum Leviticarum,
sanctificamini cum fratribus vestris, et
afferte arcam Domini Dei Israel ad locum
qui ei praeparatus est: 13 ne ut a principio, quia non eratis praesentes, percussit
nos Dominus; sic et nunc fiat, illicitum
quid nobis agentibus. 14 Sanctificati sunt
ergo Sacerdotes, et Levitae, ut portarent
arcam Domini Dei Israel.
15 Et tulerunt filii Levi arcam Dei, sicut praeceperat Moyses iuxta verbum Domini, humeris suis in vectibus. 16 Dixitque

14 **1-16:** 2 Sam 5,11-25. — **4-7:** 1 Par 3,5-8. **8:** 2 Sam 5,17. — **12:** Deut 7,5.25.

15 **2:** Num 4,2.15; Deut 10,8; 31,25; 1 Sam 6,15. — **3:** 2 Sam 6,17. — **4:** 1 Par 6,16-30. — **13:** 2 Sam 6,3.8; 1 Par 13,7.10-11. — **15:** Num 4,15; 7,9. — **17:** 1 Par 6,33.39.44. —

David principibus Levitarum, ut constituerent de fratribus suis cantores, in organis musicorum, nablis videlicet, et lyris, et cymbalis, ut resonaret in excelsis
sonitus laetitiae. 17 Constitueruntque Levitas: Heman filium Ioel, et de fratribus
eius Asaph filium Barachiae: de filiis vero
Merari, fratribus eorum: Ethan filium
Casaiae. 18 Et cum eis fratres eorum: in
secundo ordine, Zachariam, et Ben, et
Iaziel, et Semiramoth, et Iahiel, et Ani,
Eliab, et Banaiam, et Maasiam, et Mathathiam, et Eliphalu, et Maceniam, et
Obededom, et Iehiel, ianitores. 19 Porro
cantores, Heman, Asaph, et Ethan, in
cymbalis aeneis concrepantes. 20 Zacharias autem, et Oziel, et Semiramoth, et
Iahiel, et Ani, et Eliab, et Maasias, et
Banaias in nablis arcana cantabant. 21 Porro Mathathias, et Eliphalu, et Macenias,
et Obededom, et Iehiel, et Ozaziu, in
citharis pro octava canebant epinicion.
22 Chonenias autem princeps Levitarum,
prophetiae praeerat, ad praecinendam
melodiam: erat quippe valde sapiens. 23 Et
Barachias, et Elcana, ianitores arcae.
24 Porro Sebenias, et Iosaphat, et Nathanael, et Amasai, et Zacharias, et Banaias, et Eliezer sacerdotes, clangebant
tubis coram arca Dei: et Obededom, et
Iehias, erant ianitores arcae.

Solemnitas translationis

25 Igitur David, et omnes maiores natu
Israel, et tribuni, ierunt ad deportandam
arcam foederis Domini de domo Obededom cum laetitia. 26 Cumque adiuvisset
Deus Levitas, qui portabant arcam foederis Domini, immolabantur septem tauri, et septem arietes. 27 Porro David erat
indutus stola byssina, et universi Levitae
qui portabant arcam, cantoresque, et Chonenias princeps prophetiae inter cantores: David autem etiam indutus erat
ephod lineo. 28 Universusque Israel deducebant arcam foederis Domini in iubilo,
et sonitu buccinae, et tubis, et cymbalis,
et nablis, et citharis concrepantes. 29 Cumque pervenisset arca foederis Domini usque ad civitatem David, Michol filia Saul
prospiciens per fenestram, vidit regem David saltantem atque ludentem, et despexit eum in corde suo.

16 1 Attulerunt igitur arcam Dei, et
constituerunt eam in medio tabernaculi, quod tetenderat ei David: et obtulerunt holocausta, et pacifica coram
Deo. 2 Cumque complesset David offerens holocausta, et pacifica, benedixit populo in nomine Domini. 3 Et divisit universis per singulos, a viro usque ad mulierem, tortam panis, et partem assae carnis bubalae, et frixam oleo similam.

Ordinatur cultus in tabernaculo

4 Constituitque coram arca Domini de
Levitis, qui ministrarent, et recordarentur
operum eius, et glorificarent, atque laudarent Dominum Deum Israel: 5 Asaph
principem, et secundum eius Zachariam:
Porro Iahiel, et Semiramoth, et Iehiel, et
Mathathiam, et Eliab, et Bananiam, et
Obededom: Iehiel super organa psalterii,
et lyras: Asaph autem ut cymbalis perso-
naret; 6 Banaiam veri, et Iaziel sacerdotes,
canere tuba iugiter coram arca foederis
Domini.

Canticum laudis

7 In illo die fecit David principem ad
confitendum Domino Asaph, et fratres
eius.

8 Confitemini Domino, et invocate nomen
eius,
Notas facite in populis adinventiones eius.
9 Cantate ei, et psallite ei:
Et narrate omnia mirabilia eius.
10 Laudate nomen sanctum eius:
Laetetur cor quaerentium Dominum.
11 Quaerite Dominum, et virtutem eius:
Quaerite faciem eius semper.
12 Recordamini mirabilium eius quae fecit:
Signorum illius, et iudiciorum oris eius,
13 Semen Israel servi eius:
Filii Iacob electi eius.
14 Ipse Dominus Deus noster:
In universa terra iudicia eius.
15 Recordamini in sempiternum pacti eius:
Sermonis, quem praecepit in mille generationes.
16 Quem pepigit cum Abraham:
Et iuramenti illius cum Isaac.
17 Et constituit illud Iacob in praeceptum:
Et Israel in pactum sempiternum,
18 Dicens: Tibi dabo terram Chanaan,
Funiculum haereditatis vestrae.
19 Cum essent pauci numero,
Parvi et coloni eius.
20 Et transierunt de gente in gentem,
Et de regno ad populum alterum.
21 Non dimisit quemquam calumniari eos,
Sed increpavit pro eis reges.
22 Nolite tangere christos meos:
Et in prophetis meis nolite malignari.
23 Cantate Domino omnis terra,

21: 1 Par 26,4. — **22:** 1 Par 26,29. — **25-29:** 2 Sam 6,12-16.

16 **1-3:** 2 Sam 6,17-19. — **8-22:** Ps 104,1-15. **8:** Is 12,4. — **11:** Ps 26,8. — **14:** Is 26,9. **16:** Gen 26,3. — **18:** Gen 13,15; 15,18-21. — **23-33:** Ps 95,1-13. — **25:** Ps 94,3. — **29:** 2 Par

Annuntiate ex die in diem salutare eius,
24 Narrate in gentibus gloriam eius:
In cunctis populis mirabilia eius.
25 Quia magnus Dominus, et laudabilis
nimis:
Et horribilis super omnes deos.
26 Omnes enim dii populorum, idola:
Dominus autem caelos fecit.
27 Confessio et magnificentia coram eo:
Fortitudo et gaudium in loco eius.
28 Afferte Domino familiae populorum:
Afferte Domino gloriam et imperium.
29 Date Domino gloriam, nomini eius,
Levate sacrificium, et venite in conspectu
eius:
Et adorate Dominum in decore sancto.
30 Commoveatur a facie eius omnis terra:
Ipse enim fundavit orbem immobilem.
31 Laetentur caeli, et exultet terra:
Et dicant in nationibus, Dominus regnavit.
32 Tonet mare, et plenitudo eius:
Exultent agri, et omnia quae in eis sunt.
33 Tunc laudabunt ligna saltus coram Domino:
Quia venit iudicare terram.
34 Confitemini Domino, quoniam bonus:
Quoniam in aeternum misericordia eius.
35 Et dicite: Salva nos Deus salvator noster;
Et congrega nos, et erue de gentibus,
Ut confiteamur nomini sancto tuo,
Et exultemus in carminibus tuis.
36 Benedictus Dominus Deus Israel,
Ab aeterno usque in aeternum:
Et dicat omnis populus: Amen, et hymnum Domino.

37 Reliquit itaque ibi coram arca foederis Domini Asaph et fratres eius, ut
ministrarent in conspectu arcae iugiter
per singulos dies, et vices suas. 38 Porro
Obededom, et fratres eius sexaginta octo;
et Obededom filium Idithun, et Hosa
constituit ianitores.

Cultus coram tabernaculo in Gabaon

39 Sadoc autem sacerdotem, et fratres
eius sacerdotes, coram tabernaculo Domini in excelso, quod erat in Gabaon,
40 ut offerrent holocausta Domino super
altare holocautomatis iugiter, mane et
vespere, iuxta omnia quae scripta sunt
in lege Domini, quam praecepit Israeli.
41 Et post eum Heman, et Idithun, et reliquos electos, unumquemque vocabulo
suo ad confitendum Domino: Quoniam
in aeternum misericordia eius. 42 Heman
quoque, et Idithun canentes tuba, et qua-
tientes cymbala, et omnia musicorum organa ad canendum Deo; filios autem
Idithun fecit esse portarios.
43 Reversusque est omnis populus in
domum suam: et David, ut benediceret
etiam domui suae.

Promissiones ad David

17 1 Cum autem habitaret David in
domo sua, dixit ad Nathan prophetam: Ecce ego habito in domo cedrina: arca autem foederis Domini sub pellibus est. 2 Et ait Nathan ad David: Omnia, quae in corde tuo sunt, fac: Deus
enim tecum est.
3 Igitur nocte illa factus est sermo Dei
ad Nathan, dicens: 4 Vade, et loquere
David servo meo: Haec dicit Dominus:
Non aedificabis tu mihi domum ad habitandum. 5 Neque enim mansi in domo ex
eo tempore, quo eduxi Israel, usque ad
diem hanc: sed fui semper mutans loca
tabernaculi, et in tentorio 6 manens cum
omni Israel. Numquid locutus sum saltem uni iudicum Israel, quibus praeceperam, ut pascerent populum meum, et dixi: Quare non aedificastis mihi domum
cedrinam? 7 Nunc itaque sic loqueris ad
servum meum David: Haec dicit Dominus exercituum: Ego tuli te, cum in pascuis sequereris gregem, ut esses dux populi mei Israel. 8 Et fui tecum quocumque
perrexisti: et interfeci omnes inimicos
tuos coram te, fecique tibi nomen quasi
unius magnorum, qui celebrantur in terra. 9 Et dedi locum populo meo Israel:
plantabitur, et habitabit in eo, et ultra
non commovebitur: nec filii iniquitatis
atterent eos, sicut a principio, 10 ex diebus quibus dedi iudices populo meo Israel, et humiliavi universos inimicos tuos.
Annuntio ergo tibi, quod aedificaturus sit
tibi Dominus domum. 11 Cumque imple-
veris dies tuos ut vadas ad patres tuos,
suscitabo semen tuum post te, quod erit
de filiis tuis: et stabiliam regnum eius.
12 Ipse aedificabit mihi domum, et firmabo solium eius usque in aeternum. 13 Ego
ero ei in patrem, et ipse erit mihi in filium:
et misericordiam meam non auferam ab
eo, sicut abstuli ab eo, qui ante te fuit.
14 Et statuam eum in domo mea, et in
regno meo usque in sempiternum: et
thronus eius erit firmissimus in perpetuum. 15 Iuxta omnia verba haec, et iuxta
universam visionem istam, sic locutus est
Nathan ad David.

20,21. — **31:** Ps 96,1; 98,1. — **34-36:** Ps 105, 1.47-48. — **38:** 1 Par 26,4.10.16. — **39:** 3 Reg 3,4; 1 Par 21,29; 2 Par 1,3. — **40:** Ex 29,3-841; Num 28,3-8. — **41:** 1 Par 25,1.6; 2 Par 5,13; 7,3.6; 20,21. — **43:** 2 Sam 6,19-20.

17 **1-27:** 2 Sam 7,1-29. — **3:** 1 Par 28,3. — **12:** 1 Par 22,10; 28,6. — **13:** 1 Sam 15, 23.28.

16 Cumque venisset rex David, et sedisset coram Domino, dixit: Quis ego
sum, Domine Deus, et quae domus mea,
ut praestares mihi talia? 17 Sed et hoc parum visum est in conspectu tuo, ideoque
locutus es super domum servi tui etiam in
futurum: et fecisti me spectabilem super
omnes homines, Domine Deus. 18 Quid
ultra addere potest David, cum ita glorificaveris servum tuum, et cognoveris eum?
19 Domine propter famulum tuum iuxta
cor tuum fecisti omnem magnificentiam
hanc, et nota esse voluisti universa magnalia. 20 Domine, non est similis tui: et
non est alius Deus absque te, ex omnibus,
quos audivimus auribus nostris. 21 Quis
enim est alius, ut populus tuus Israel, gens
una in terra, ad quam perrexit Deus, ut
liberaret, et faceret populum sibi, et magnitudine sua atque terroribus, eiiceret nationes a facie eius, quem de Aegypto libe-
rarat? 22 Et posuisti populum tuum Israel
tibi in populum usque in aeternum, et tu
Domine factus es Deus eius. 23 Nunc igitur Domine, sermo, quem locutus es famulo tuo, et super domum eius, confirmetur in perpetuum, et fac sicut locutus
es. 24 Permaneatque et magnificetur nomen tuum usque in sempiternum: et dicatur: Dominus exercituum Deus Israel,
et domus David servi eius permanens coram eo. 25 Tu enim, Domine Deus meus,
revelasti auriculam servi tui, ut aedificares ei domum: et idcirco invenit servus
tuus fiduciam, ut oret coram te. 26 Nunc
ergo, Domine, tu es Deus: et locutus es
ad servum tuum tanta beneficia. 27 Et
coepisti benedicere domui servi tui, ut sit
semper coram te: te enim, Domine, benedicente, benedicta erit in perpetuum.

David bella et victoriae

18 1 Factum est autem post haec, ut
percuteret David Philisthiim, et hu-
miliaret eos, et tolleret Geth, et filias eius
de manu Philisthiim, 2 percuteretque
Moab, et fierent Moabitae servi David,
offerentes ei munera. 3 Eo tempore percussit David etiam Adarezer regem Soba regionis Hemath, quando perrexit ut
dilataret imperium suum usque ad flumen
Euphraten. 4 Cepit ergo David mille quadrigas eius, et septem millia equitum, ac
viginti millia virorum peditum, subnerva-
vitque omnes equos curruum, exceptis
centum quadrigis, quas reservavit sibi.
5 Supervenit autem et Syrus Damascenus, ut auxilium praeberet Adarezer regi
Soba: sed et huius percussit David viginti duo millia virorum. 6 Et posuit milites
in Damasco, ut Syria quoque serviret sibi,
et offerret munera. Adiuvitque eum Dominus in cunctis, ad quae perrexerat.
7 Tulit quoque David pharetras aureas,
quas habuerant servi Adarezer, et attulit
eas in Ierusalem. 8 Necnon de Thebath
et Chun, urbibus Adarezer aeris plurimum
de quo fecit Salomon mare aeneum, et
columnas, et vasa aeneas.
9 Quod cum audisset Thou rex Hemath,
percussisse videlicet David omnem exercitum Adarezer regis Soba, 10 misit Adoram filium suum ad regem David, ut pos-
tularet ab eo pacem, et congratularetur ei
quod percussisset, et expugnasset Adarezer: adversarius quippe erat Thou Adarezer. 11 Sed et omnia vasa aurea, et argentea, et aenea consecravit David rex
Domino, cum argento et auro, quod tulerat ex universis gentibus, tam de Idumaea,
et Moab, et filiis Ammon, quam de Philisthiim et Amalec.
12 Abisai vero filius Sarviae percussit
Edom in valle Salinarum, decem et octo
millia: 13 et constituit in Edom praesidium, ut serviret Idumaea David: salvavitque Dominus David in cunctis, ad quae
perrexerat.
14 Regnavit ergo David super universum Israel, et faciebat iudicium atque
iustitiam cuncto populo suo.
15 Porro Ioab filius Sarviae erat super
exercitum, et Iosaphat filius Ahilud a
commentariis. 16 Sadoc autem filius Achitob, et Ahimelech, filius Abiathar, sacerdotes: et Susa, scriba. 17 Banaias quoque
filius Ioiadae super legiones Cerethi, et
Phelethi: porro filii David, primi ad manum regis.

Bellum cum filiis Ammon

19 1 Accidit autem ut moreretur Naas
rex filiorum Ammon, et regnaret
filius eius pro eo. 2 Dixitque David: Faciam misericordiam cum Hanon filio Naas:
praestitit enim mihi pater eius gratiam.
Misitque David nuntios ad consolandum
eum super morte patris sui. Qui cum
pervenissent in terram filiorum Ammon,
ut consolarentur Hanon, 3 dixerunt principes filiorum Ammon ad Hanon: Tu forsitan putas, quod David honoris causa
in patrem tuum miserit qui consolentur
te; nec animadvertis quod ut explorent,
et investigent, et scrutentur terram tuam,
venerint ad te servi eius. 4 Igitur Hanon
pueros David decalvavit, et rasit, et praecidit tunicas eorum a natibus usque ad

18 1-17: 2 Sam 8,1-18. — 8: 3 Reg 7,15.23; 2 Par 2,12,15-16. — 12: 1 Sam 26,6. — 15: 1 Par 11,6. — 16: 2 Sam 8,17; 3 Reg 4,3; 1 Par 24,6.

19 1-19: 2 Sam 10,1-19. — 11: 1 Par 18,12.

pedes, et dimisit eos. 5 Qui cum abiissent,
et hoc mandassent David, misit in occursum eorum (grandem enim contumeliam
sustinuerant) et praecepit ut manerent in
Iericho, donec cresceret barba eorum, et
tunc reverterentur.
6 Videntes autem filii Ammon, quod
iniuriam fecissent David, tam Hanon,
quam reliquus populus, miserunt mille
talenta argenti, ut conducerent sibi de
Mesopotamia, et de Syria Maacha, et de
Soba currus et equites. 7 Conduxerunt-
que triginta duo millia curruum, et regem
Maacha cum populo eius. Qui cum venissent, castrametati sunt e regione Medaba. Filii quoque Ammon congregati de
urbibus suis, venerunt ad bellum. 8 Quod
cum audisset David, misit Ioab, et omnem exercitum virorum fortium: 9 egressique filii Ammon, direxerunt aciem iuxta
portam civitatis: reges autem, qui ad auxilium eius venerant, separatim in agro steterunt.
10 Igitur Ioab intelligens bellum ex adverso, et post tergum contra se fieri, elegit viros fortissimos de universo Israel, et
perrexit contra Syrum. 11 Reliquam autem partem populi dedit sub manu Abisai fratris sui; et perrexerunt contra filios
Ammon. 12 Dixitque: Si vicerit me Syrus,
auxilio eris mihi: si autem superaverint
te filii Ammon, ero tibi in praesidium.
13 Confortare, et agamus viriliter pro populo nostro, et pro urbibus Dei nostri:
Dominus autem quod in conspectu suo
bonum est, faciet. 14 Perrexit ergo Ioab,
et populus qui cum eo erat, contra Syrum
ad praelium: et fugavit eos. 15 Porro filii
Ammon videntes quod fugisset Syrus, ipsi
quoque fugerunt Abisai fratrem eius, et
ingressi sunt civitatem: reversusque est
etiam Ioab in Ierusalem.
16 Videns autem Syrus quod cecidisset
coram Israel, misit nuntios, et adduxit
Syrum, qui erat trans fluvium: Sophach
autem princeps militiae Adarezer, erat
dux eorum. 17 Quod cum nuntiatum esset
David, congregavit universum Israel, et
transivit Iordanem, irruitque in eos, et direxit ex adverso aciem, illis contra pugnantibus. 18 Fugit autem Syrus Israel, et
interfecit David de Syris septem millia
curruum, et quadraginta millia peditum,
et Sophach exercitus principem. 19 Videntes autem servi Adarezer se ab Israel esse
superatos, transfugerunt ad David, et servierunt ei: noluitque ultra Syria auxilium
praebere filiis Ammon.

Alia bella David

20 1 Factum est autem post anni circulum, eo tempore, quo solent reges ad bella procedere, congregavit Ioab
exercitum, et robur militiae, et vastavit
terram filiorum Ammon; perrexitque et
obsedit Rabba: porro David manebat in
Ierusalem, quando Ioab percussit Rabba, et destruxit eam. 2 Tulit autem David
coronam Melchom de capite eius, et invenit in ea auri pondo talentum, et pretiosissimas gemmas, fecitque sibi inde diadema: manubias quoque urbis plurimas
tulit: 3 populum autem, qui erat in ea,
eduxit: et fecit super eos tribulas, et trahas, et ferrata carpenta transire, ita ut
dissecarentur, et contererentur: sic fecit
David cunctis urbibus filiorum Ammon:
et reversus est cum omni populo suo in
Ierusalem.
4 Post haec initum est bellum in Gazer
adversum Philisthaeos: in quo percussit
Sobochai Husathites, Saphai de genere
Raphaim, et humiliavit eos.
5 Aliud quoque bellum gestum est adversus Philisthaeos, in quo percussit Adeodatus filius Saltus Bethlehemites fratrem
Goliath Gethaei, cuius hastae lignum erat
quasi liciatorium texentium.
6 Sed et aliud bellum accidit in Geth,
in quo fuit homo longissimus, senos habens digitos, id est, simul viginti quatuor:
qui et ipse de Rapha fuerat stirpe genera-
tus. 7 Hic blasphemavit Israel: et percussit eum Ionathan filius Samaa fratris David. Hi sunt filii Rapha in Geth, qui ceciderunt in manu David et servorum eius.

Census populi

21 1 Consurrexit autem Satan contra
Israel: et concitavit David ut nu-
meraret Israel. 2 Dixitque David ad Ioab,
et ad principes populi: Ite, et numerate
Israel a Bersabee usque Dan: et afferte
mihi numerum ut sciam. 3 Responditque
Ioab: Augeat Dominus populum suum
centuplum, quam sunt: nonne, domine
mi rex, omnes servi tui sunt? quare hoc
quaerit dominus meus, quod in peccatum
reputetur Israeli? 4 Sed sermo regis magis
praevaluit: egressusque est Ioab, et circuivit universum Israel: et reversus est
Ierusalem: 5 deditque Davidi numerum
eorum, quos circuierat: et inventus est
omnis numerus Israel, mille millia et centum millia virorum educentium gladium:
de Iuda autem quadringenta septuaginta
millia bellatorum. 6 Nam Levi, et Beniamin non numeravit: eo quod Ioab invitus
exequeretur regis imperium.

20 1: 2 Sam 10,7; 11,1; 12,26. — 2-3: 2 Sam 12,30-31. — 4-8: 2 Sam 21,18-22. — 4: 1 Par 27,11. — 7: 1 Sam 16,9; 2 Sam 13,3.

21 1-28: 2 Sam 24,1-25. — 1: Iob 1,6-12; 2, 1-7; Zach 3,1-2. — 6: 1 Par 27,24. —

7 Displicuit autem Deo quod iussum erat; et percussit Israel. 8 Dixitque David ad Deum: Peccavi nimis ut hoc facerem: obsecro aufer iniquitatem servi tui, quia insipienter egi.

9 Et locutus est Dominus ad Gad videntem Davidis, dicens: 10 Vade, et loquere ad David, et dic ei: Haec dicit Dominus: Trium tibi optionem do; unum, quod volueris, elige, et faciam tibi. 11 Cumque venisset Gad ad David, dixit ei: Haec dicit Dominus: Elige quod volueris: 12 aut tribus annis famem: aut tribus mensibus te fugere hostes tuos, et gladium eorum non posse evadere: aut tribus diebus gladium Domini, et pestilentiam versari in terra, et angelum Domini interficere in universis finibus Israel: nunc igitur vide quid respondeam ei, qui misit me. 13 Et dixit David ad Gad: Ex omni parte me angustiae premunt: sed melius mihi est, ut incidam in manus Domini, quia multae sunt miserationes eius, quam in manus hominum.

14 Misit ergo Dominus pestilentiam in Israel: et ceciderunt de Israel septuaginta millia virorum. 15 Misit quoque angelum in Ierusalem, ut percuteret eam: cumque percuteretur, vidit Dominus, et misertus est super magnitudine mali: et imperavit angelo, qui percutiebat: Sufficit, iam cesset manus tua. Porro angelus Domini stabat iuxta aream Ornan Iebusaei. 16 Levansque David oculos suos, vidit angelum Domini stantem inter caelum et terram, et evaginatum gladium in manu eius, et versum contra Ierusalem: et ceciderunt tam ipse, quam maiores natu vestiti ciliciis, proni in terram. 17 Dixitque David ad Deum: Nonne ego sum, qui iussi ut numeraretur populus? Ego, qui peccavi: ego, qui malum feci: iste grex quid commeruit? Domine Deus meus, vertatur obsecro manus tua in me, et in domum patris mei: populus autem tuus non percutiatur.

18 Angelus autem Domini praecepit Gad ut diceret Davidi ut ascenderet, extrueretque altare Domino Deo in area Ornan Iebusaei. 19 Ascendit ergo David iuxta sermonem Gad, quem locutus ei fuerat ex nomine Domini. 20 Porro Ornan cum suspexisset, et vidisset angelum, quatuorque filii eius cum eo, absconderunt se: nam eo tempore terebat in area triticum. 21 Igitur cum veniret David ad Ornan, conspexit eum Ornan, et processit ei obvium de area, et adoravit eum pronus in terram. 22 Dixitque ei David: Da mihi locum areae tuae, ut aedificem in ea altare Domino: ita ut quantum valet argenti accipias, et cesset plaga a populo. 23 Dixit autem Ornan ad David: Tolle, et faciat dominus meus rex quodcumque ei placet: sed et boves do in holocaustum, et tribulas in ligna, et triticum in sacrificium: Omnia libens praebebo. 24 Dixitque ei rex David: Nequaquam ita fiet, sed argentum dabo quantum valet: neque enim tibi auferre debeo, et sic offerre Domino holocausta gratuita. 25 Dedit ergo David Ornan pro loco siclos auri iustissimi ponderis sexcentos. 26 Et aedificavit ibi altare Domino, obtulitque holocausta, et pacifica, et invocavit Dominum, et exaudivit eum in igne de caelo super altare holocausti. 27 Praecepitque Dominus angelo: et convertit gladium suum in vaginam.

28 Protinus ergo David, videns quod exaudisset eum Dominus in area Ornan Iebusaei, immolavit ibi victimas. 29 Tabernaculum autem Domini, quod fecerat Moyses in deserto, et altare holocaustorum, ea tempestate erat in excelso Gabaon. 30 Et non praevaluit David ire ad altare ut ibi obsecraret Deum: nimio enim fuerat in timore perterritus, videns gladium angeli Domini.

Parat necessaria ad aedificationem templi

22 1 Dixitque David: Haec est domus Dei, et hoc altare in holocaustum Israel.

2 Et praecepit ut congregarentur omnes proselyti de terra Israel, et constituit ex eis latomos ad caedendos lapides et poliendos, ut aedificaretur domus Dei. 3 Ferrum quoque plurimum ad clavos ianuarum, et ad commissuras atque iuncturas praeparavit David: et aeris pondus innumerabile. 4 Ligna quoque cedrina non poterant aestimari, quae Sidonii et Tyrii deportaverant ad David. 5 Et dixit David: Solomon filius meus puer parvulus est et delicatus; domus autem, quam aedificari volo Domino, talis esse debet ut in cunctis regionibus nominetur: praeparabo ergo ei necessaria. Et ob hanc causam ante mortem suam omnes praeparavit impensas.

6 Vocavitque Salomonem filium suum: et praecepit ei ut aedificaret domum Domino Deo Israel. 7 Dixitque David ad Salomonem: Fili mi, voluntatis meae fuit ut aedificarem domum nomini Domini Dei mei, 8 sed factus est sermo Domini ad me, dicens: Multum sanguinem effu-

10: 1 Par 29,29. — **13:** Eccli 2,22. — **26:** 2 Par 3,1. — **29:** Ex 36,2; 1 Par 16,39; 2 Par 1,3.

22 1: 1 Par 21,18.26.28. — **2:** 3 Reg 9,20-21; 2 Par 2,17. — **4:** 2 Reg 5,6. — **5:** 3 Reg 3,7; 1 Par 29,1. — **7:** 2 Sam 7,2-3; 3 Reg 8,17; 1 Par 17,1-14; 28,2-7. — **8:** 3 Reg 5,3;

disti, et plurima bella bellasti: non poteris aedificare domum nomini meo: tanto
effuso sanguine coram me: 9 filius, qui
nascetur tibi, erit vir quietissimus: faciam
enim eum requiescere ab omnibus inimicis suis per circuitum: et ob hanc causam
Pacificus vocabitur: et pacem et otium dabo in Israel cunctis diebus eius. 10 Ipse
aedificabit domum nomini meo, et ipse
erit mihi in filium, et ego ero illi in patrem: firmaboque solium regni eius super
Israel in aeternum. 11 Nunc ergo fili mi,
sit Dominus tecum, et prosperare, et aedifica domum Domino Deo tuo, sicut locutus est de te. 12 Det quoque tibi Dominus
prudentiam et sensum ut regere possis Israel, et custodire legem Domini Dei tui.
13 Tunc enim proficere poteris, si custodieris mandata, et iudicia, quae praecepit
Dominus Moysi ut doceret Israel: confortare et viriliter age, ne timeas, neque
paveas. 14 Ecce ego in paupertate mea
praeparavi impensas domus Domini, auri
talenta centum millia, et argenti mille millia talentorum: aeris vero et ferri non est
pondus, vincitur enim numerus magnitudine: ligna et lapides praeparavi ad universa impendia. 15 Habes quoque plurimos artifices, latomos, et caementarios,
artificesque lignorum, et omnium artium
ad faciendum opus prudentissimos, 16 in
auro et argento et aere et ferro, cuius non
est numerus. Surge igitur, et fac, et erit
Dominus tecum.
17 Praecepit quoque David cunctis principibus Israel, ut adiuvarent Salomonem
filium suum. 18 Cernitis, inquiens, quod
Dominus Deus vester vobiscum sit, et
dederit vobis requiem per circuitum, et
tradiderit omnes inimicos vestros in manus vestras, et subiecta sit terra coram
Domino, et coram populo eius. 19 Praebete igitur corda vestra et animas vestras,
ut quaeratis Dominum Deum vestrum:
et consurgite, et aedificate sanctuarium
Domino Deo, ut introducatur arca foederis Domini, et vasa Domino consecrata, in domum quae aedificatur nomini Domini.

Levitarum dispositio et ordinatio

23 1 Igitur David senex et plenus dierum, regem constituit Salomonem
filium suum super Israel. 2 Et congregavit omnes principes Israel, et sacerdotes
atque Levitas. 3 Numeratique sunt Levitae
a triginta annis, et supra: et inventa sunt

1 Par 28,3. — 9: 3 Reg 5,4. — 10: 2 Sam 7,13,14; 3 Reg 5,5; 1 Par 17,12; 28,6; Hebr 1,5. 14: 1 Par 29,2-4. — 17: 1 Par 28,1-6. — 19: 3 Reg 8,6.21; 2 Par 5,7; 6,11.

23 1: 3 Reg 1,33-39; 1 Par 28,5; 29,22.28. 3: Num 4,3.47. — 5: 2 Par 29,25-26;

triginta octo millia virorum. 4 Ex his electi sunt, et distributi in ministerium domus
Domini viginti quatuor millia: praepositorum autem et iudicum sex millia. 5 Porro quatuor millia ianitores: et totidem
psaltae canentes Domino in organis, quae
fecerat ad canendum.
6 Et distribuit eos David per vices filiorum Levi, Gersom videlicet, et Caath, et
Merari.
7 Filii Gersom: Leedan, et Semei. 8 Filii Leedan: princeps Iahiel, et Zethan, et
Ioel, tres. 9 Filii Semei: Salomith, et Ho-
siel, et Aran, tres: isti principes familiarum Leedan. 10 Porro filii Semei, Leheth,
et Ziza, et Iaus, et Baria: isti filii Semei,
quatuor. 11 Erat autem Leheth prior, Ziza secundus: porro Iaus et Baria non habuerunt plurimos filios, et idcirco in una
familia, unaque domo computati sunt.
12 Filii Caath: Amram, et Isaar, Hebron, et Oziel, quatuor. 13 Filii Amram,
Aaron, et Moyses. Separatusque est Aaron ut ministraret in Sancto sanctorum,
ipse et filii eius in sempiternum, et adoleret incensum Domino secundum ritum
suum, ac benediceret nomini eius in perpetuum. 14 Moysi quoque hominis Dei filii annumerati sunt in tribu Levi. 15 Filii
Moysi: Gersom, et Eliezer. 16 Filii Gersom: Subuel primus. 17 Fuerunt autem filii Eliezer: Rohobia primus: et non erant
Eliezer filii alii. Porro filii Rohobia multiplicati sunt nimis. 18 Filii Isaar: Salomith primus. 19 Filii Hebron: Ieriau primus, Amarias secundus, Iahaziel tertius,
Iecmaam quartus. 20 Filii Oziel: Micha
primus, Iesia secundus.
21 Filii Merari: Moholi, et Musi. Filii
Moholi: Eleazar, et Cis. 22 Mortuus est
autem Eleazar, et non habuit filios, sed
filias: acceperuntque eas filii Cis fratres
earum. 23 Filii Musi: Moholi, et Eder, et
Ierimoth, tres.
24 Hi filii Levi in cognationibus, et familiis suis, principes per vices, et numerum capitum singulorum, qui faciebant
opera ministerii domus Domini, a viginti
annis et supra. 25 Dixit enim David: Requiem dedit Dominus Deus Israel populo
suo, et habitationem Ierusalem usque in
aeternum. 26 Nec erit officii Levitarum ut
ultra portent tabernaculum, et omnia vasa eius ad ministrandum. 27 Iuxta praecepta quoque David novissima supputa-
bitur numerus filiorum Levi a viginti annis et supra. 28 Et erunt sub manu filiorum Aaron in cultum domus Domini, in

Neh 12,36. — 6: Ex 6,16; Num 26,57; 1 Par 6,1.16. — 7-8: 1 Par 15,18; 26,21. — 13: Ex 6,20; 30,7; Num 6,23; 16,40; Deut 10,8; 1 Sam 2,28; 1 Par 6,3.49; Hebr 5,4. — 15: Ex 2,22; 18,3-4. — 17-23: 1 Par 24,21-30. — 24: 2 Par 31,17; Esdr 3,8. — 26: Num 4,5-15; 2 Par 34,3.

vestibulis, et in exedris, et in loco purificationis, et in sanctuario, et in universis
operibus ministerii templi Domini.
29 Sacerdotes autem, super panes propositionis, et ad similae sacrificium, et ad
lagana azyma, et sartaginem, et ad torren-
dum, et super omne pondus atque mensuram. 30 Levitae vero ut stent mane ad
confitendum, et canendum Domino: similiterque ad vesperam 31 tam in oblatione holocaustorum Domini, quam in sabbatis et calendis et solemnitatibus reliquis
iuxta numerum, et caeremonias uniuscuiusque rei, iugiter coram Domino. 32 Et
custodiant observationes tabernaculi foederis, et ritum sanctuarii, et observationem filiorum Aaron fratrum suorum, ut
ministrent in domo Domini.

Sacerdotum ordinatio

24 1 Porro filiis Aaron hae partitiones
erant: Filii Aaron: Nadab, et Abiu,
et Eleazar, et Ithamar. 2 Mortui sunt autem Nadab, et Abiu ante patrem suum
absque liberis: sacerdotioque functus est
Eleazar, et Ithamar.

3 Et divisit eos David, id est, Sadoc de
filiis Eleazari, et Ahimelech de filiis Ithamar, secundum vices suas et ministerium.
4 Inventique sunt multo plures filii Eleazar in principibus viris, quam filii Ithamar. Divisit autem eis, hoc est, filiis Eleazar principes per familias sedecim: et filiis
Ithamar per familias et domos suas octo.
5 Porro divisit utrasque inter se familias
sortibus: erant enim principes sanctuarii,
et principes Dei, tam de filiis Eleazar,
quam de filiis Ithamar. 6 Descripsitque
eos Semeias filius Nathanael scriba Levites, coram rege et principibus, et Sadoc
sacerdote, et Ahimelech filio Abiathar,
principibus quoque familiarum sacerdota-
lium, et Leviticarum: unam domum, quae
caeteris praeerat, Eleazar: et alteram domum, quae sub se habebat caeteros, Ithamar.

7 Exivit autem sors prima Ioiarib, secunda Iedei, 8 tertia Harim, quarta Seo-
rim, 9 quinta Melchia, sexta Maiman,
10 septima Accos, octava Abia, 11 nona
Iesua, decima Sechenia, 12 undecima Eliasib, duodecima Iacim, 13 tertiadecima
Hoppha, decimaquarta Isbaab, 14 decima-
quinta Belga, decimasexta Emmer, 15 de-
cimaseptima Hezir, decimaoctava Aphses,
16 decimanona Pheteia, vigesima Heze-
chiel, 17 vigesimaprima Iachin, vigesimasecunda Gamul, 18 vigesimatertia Dalaiau,
vigesimaquarta Maaziau. 19 Hae vices eorum secundum ministeria sua, ut ingrediantur domum Domini et iuxta ritum
suum sub manu Aaron patris eorum:
sicut praeceperat Dominus Deus Israel.

20 Porro filiorum Levi, qui reliqui fuerant, de filiis Amram erat Subael, et de
filiis Subael, Iehedeia. 21 De filiis quoque
Rohobiae princeps Iesias. 22 Isaari vero
filius Salemoth, filiusque Salemoth Iahath: 23 filiusque eius Ieriau primus, Amarias secundus, Iahaziel tertius, Iecmaan
quartus. 24 Filius Oziel, Micha: filius Micha, Samir. 25 Frater Micha, Iesia: filiusque Iesiae, Zacharias. 26 Filii Merari: Moholi et Musi. Filius Oziau: Benno. 27 Filius quoque Merari: Oziau et Soam et
Zachur et Hebri. 28 Porro Moholi filius:
Eleazar, qui non habebat liberos. 29 Filius
vero Cis, Ierameel. 30 Filii Musi: Moholi,
Eder et Ierimoth: isti filii Levi secundum
domos familiarum suarum. 31 Miseruntque et ipsi sortes contra fratres suos filios
Aaron coram David rege, et Sadoc, et
Ahimelech, et principibus familiarum sa-
cerdotalium et Leviticarum, tam maiores,
quam minores: omnes sors aequaliter dividebat.

Ordinatio cantorum

25 1 Igitur David et magistratus exercitus segregaverunt in ministerium
filios Asaph, et Heman, et Idithun, qui
prophetarent in citharis, et psalteriis, et
cymbalis secundum numerum suum dedi-
cato sibi officio servientes.

2 De filiis Asaph: Zachur, et Ioseph, et
Nathania, et Asarela, filii Asaph: sub manu Asaph prophetantis iuxta regem. 3 Porro Idithun: filii Idithun, Godolias, Sori,
Ieseias, et Hasabias, et Mathathias, sex,
sub manu patris sui Idithun, qui in cithara prophetabat super confitentes et laudantes Dominum. 4 Heman quoque: filii
Heman, Bocciau, Mathaniau, Oziel, Subuel, et Ierimoth, Hananias, Hanani, Eliatha, Geddelthi, et Romemthiezer, et Ies-
bacassa, Mellothi, Othir, Mahazioth:
5 omnes isti filii Heman Videntis regis in
sermonibus Dei, ut exaltaret cornu: deditque Deus Heman filios quatuordecim,
et filias tres. 6 Universi sub manu patris
sui ad cantandum in templo Domini distributi erant, in cymbalis, et psalteriis, et
citharis, in ministeria domus Domini iuxta regem: Asaph videlicet, et Idithun, et
Heman. 7 Fuit autem numerus eorum cum
fratribus suis, qui erudiebant canticum
Domini, cuncti doctores, ducenti octoginta octo.

8 Miseruntque sortes per vices suas, ex
aequo tam maior quam minor, doctus pa-

31: Lev 23,4; Num 10,10; 29,39. — **32**: Num 1, 53; 3,6-9.

24 **1**: Lev 16,1.6; Num 26,60; 1 Par 6,3. — **2**: Lev 10,2; Num 3,4; 26,61. — **3**: 2 Sam 8,17. — **19**: 1 Par 9,25. — **20-30**: 1 Par 23,7-23.

25 **1**: Ex 15,20; 4 Reg 3,15; 1 Par 15,19; 16,41. — **5**: 2 Par 35,15. — **6**: 1 Par 15, 16; Neh 12,27. — **8**: 1 Par 26,13.

riter et indoctus. 9 Egressaque est sors prima Ioseph, qui erat de Asaph. Secunda
Godoliae, ipsi et filiis eius, et fratribus
eius duodecim. 10 Tertia Zachur, filiis et
fratribus eius duodecim. 11 Quarta Isari,
filiis et fratribus eius duodecim. 12 Quinta
Nathaniae, filiis et fratribus eius duodecim. 13 Sexta Bocciau, filiis et fratribus
eius duodecim. 14 Septima Isreela, filiis et
fratribus eius duodecim. 15 Octeva Iesaiae,
filiis et fratribus eius duodecim. 16 Nona
Mathaniae, filiis et fratribus eius duodecim. 17 Decima Semeiae, filiis et fratribus
eius duodecim. 18 Undecima Azareel, filiis
et fratribus eius duodecim. 19 Duodecima
Hasabiae, filiis et fratribus eius duodecim.
20 Tertiadecima Subael, filiis et fratribus
eius duodecim. 21 Quartadecima Mathathiae, filiis et fratribus eius duodecim.
22 Quintadecima Ierimoth, filiis et fratribus eius duodecim. 23 Sextadecima Hananiae, filiis et fratribus eius duodecim.
24 Septimadecima Iesbacassae, filiis et fratribus eius duodecim. 25 Octavadecima
Hanani, filiis et fratribus eius duodecim.
26 Nonadecima Mellothi, filiis et fratribus
eius duodecim. 27 Vigesima Eliatha, filiis
et fratribus eius duodecim. 28 Vigesimaprima Othir, filiis et fratribus eius duodecim. 29 Vigesimasecunda Geddelthi, filiis
et fratribus eius duodecim. 30 Vigesimatertia Mahazioth, filiis et fratribus eius duodecim. 31 Vigesimaquarta Romemthiezer,
filiis et fratribus eius duodecim.

Ordinatio ianitorum

26 1 Divisiones autem ianitorum: de
Coritis Meselemia, filius Core, de
filiis Asaph. 2 Filii Meselemiae: Zacharias
primogenitus, Iadihel secundus, Zabadias
tertius, Iathanael quartus, 3 Aelam quintus, Iohanan sextus, Elioenai septimus.
4 Filii autem Obededom: Semeias primogenitus, Iozabad secundus, Ioaha tertius,
Sachar quartus, Nathanael quintus, 5 Ammiel sextus, Issachar septimus, Phollathi
octavus: quia benedixit illi Dominus. 6 Semei autem filio eius nati sunt filii, praefecti familiarum suarum: erant enim viri
fortissimi. 7 Filii ergo Semeiae: Othni, et
Obed, Elzabad, fratres eius viri fortissimi:
Eliu quoque et Samachias. 8 Omnes hi,
de filiis Obededom: ipsi, et filii, et fratres
eorum fortissimi ad ministrandum, sexaginta duo de Obededom. 9 Porro Meselе-
miae filii, et fratres eorum robustissimi,
decem et octo.

10 De Hosa autem, id est de filiis Merari: Semri princeps (non enim habuerat
primogenitum, et idcirco posuerat eum
pater eius in principem), 11 Helcias secundus, Tabelias tertius, Zacharias quartus;
omnes hi filii, et fratres Hosa, tredecim.

12 Hi divisi sunt in ianitores, ut semper
principes custodiarum, sicut et fratres eorum ministrarent in domo Domini. 13 Missae sunt ergo sortes ex aequo, et parvis,
et magnis, per familias suas in unamquamque portarum. 14 Cecidit ergo sors
orientalis, Selemiae. Porro Zachariae filio
eius, viro prudentissimo, et erudito, sortito obtigit plaga septentrionalis. 15 Obededom vero et filiis eius ad austrum: in
qua parte domus erat seniorum concilium.
16 Sephim, et Hosa ad occidentem, iuxta
portam, quae ducit ad viam ascensionis:
custodia contra custodiam. 17 Ad orientem vero Levitae sex: et ad aquilonem
quatuor per diem: atque ad meridiem similiter in die quatuor: et ubi erat concilium bini et bini. 18 In cellulis quoque ianitorum ad occidentem quatuor in via,
binique per cellulas.

19 Hae sunt divisiones ianitorum filiorum Core et Merari.

Praepositi thesauris templi

20 Porro Achias erat super thesauros
domus Dei, et vasa sanctorum. 21 Filii Ledan, filii Gersonni: de Ledan principes
familiarum, Ledan, et Gersonni, Iehieli.
22 Filii Iehieli: Zathan, et Ioel fratres eius
super thesauros domus Domini. 23 Amra-
mitis et Isaaritis, et Hebronitis, et Ozihe-
litis. 24 Subael autem filius Gersom, filii
Moysi, praepositus thesauris. 25 Fratres
quoque eius Eliezer, cuius filius Rahabia,
et huius filius Isaias, et huius filius Ioram,
huius quoque filius Zechri, et huius filius
Selemith. 26 Ipse Selemith, et fratres eius,
super thesauros sanctorum, quae sanctificavit David rex, et principes familiarum,
et tribuni, et centuriones, et duces exercitus, 27 de bellis, et manubiis praeliorum,
quae consecraverant ad instaurationem,
et supellectilem templi Domini. 28 Haec
autem universa sanctificavit Samuel Videns, et Saul filius Cis, et Abner filius
Ner, et Ioab filius Sarviae: omnes, qui
sanctificaverant ea per manum Selemith,
et fratrum eius.

29 Isaaritis vero praeerat Chonenias, et
filii eius ad opera forinsecus super Israel
ad docendum et iudicandum eos. 30 Porro
de Hebronitis Hasabias, et fratres eius viri fortissimi, mille septingenti praeerant
Israeli trans Iordanem contra occidentem,
in cunctis operibus Domini, et in ministerium regis. 31 Hebronitarum autem princeps fuit Ieria secundum familias et cognationes eorum. Quadragesimo anno regni David recensiti sunt, et inventi sunt

26 **2**: 1 Par 9,21. — **5**: 1 Par 13,14. — **13**: 1 Par 25,8. — **21**: 1 Par 23,8; 29,8. — **26**: 2 Sam 8,11. — **28**: 1 Sam 9,2.9; 2 Sam 2,8.13. — **29**: Neh 11,16. — **30**: 1 Par 27,17.

viri fortissimi in Iazer Galaad, 32 fratresque eius robustioris aetatis, duo millia
septingenti principes familiarum. Praeposuit autem eos David rex Rubenitis, et
Gadditis, et dimidiae tribui Manasse, in
omne ministerium Dei, et regis.

Ordinatio militaris regni

27 1 Filii autem Israel secundum numerum suum, principes familia-
rum, tribuni, et centuriones, et praefecti,
qui ministrabant regi iuxta turmas suas,
ingredientes et egredientes per singulos
menses in anno, viginti quatuor millibus
singuli praeerant.
2 Primae turmae in primo mense Ies-
boam praeerat filius Zabdiel, et sub eo
viginti quatuor millia. 3 De filiis Phares,
princeps cunctorum principum in exercitu mense primo. 4 Secundi mensis habebat turmam Dudia Ahohites, et post se
alter nomine Macelloth, qui regebat partem exercitus viginti quatuor millium.
5 Dux quoque turmae tertiae in mense
tertio, erat Banaias filius Ioiadae sacerdos: et in divisione sua viginti quatuor
millia. 6 Ipse est Banaias fortissimus inter
triginta, et super triginta; praeerat autem
turmae ipsius Amizabad filius eius.
7 Quartus, mense quarto, Asahel frater
Ioab, et Zabadias filius eius post eum: et
in turma eius viginti quatuor millia.
8 Quintus, mense quinto, princeps Sa-
maoth Iezerites: et in turma eius viginti
quatuor millia. 9 Sextus, mense sexto, Hira filius Acces Thecuites: et in turma eius
viginti quatuor millia. 10 Septimus, mense
septimo, Helles Phallonites de filiis
Ephraim: et in turma eius viginti quatuor
millia. 11 Octavus, mense octavo, Sobochai Husathites de stirpe Zarahi: et in
turma eius viginti quatuor millia. 12 Nonus, mense nono, Abiezer Anathothites
de filiis Iemini: et in turma eius viginti
quatuor millia. 13 Decimus, mense decimo, Marai, et ipse Netophathites de stirpe Zarai: et in turma eius viginti quatuor
millia. 14 Undecimus, mense undecimo,
Banaias Pharathonites de filiis Ephraim:
et in turma eius viginti quatuor millia.
15 Duodecimus, mense duodecimo, Holdai Netophathites, de stirpe Gothoniel:
et in turma eius viginti quatuor millia.
16 Porro tribubus praeerant Israel, Rubenitis, dux Eliezer filius Zechri: Simeo-
nitis, dux Saphatias filius Maacha: 17 Levitis, Hasabias filius Camuel: Aaronitis,
Sadoc: 18 Iuda, Eliu, frater David: Issachar, Amri filius Michael. 19 Zabulonitis,
Iesmaias filius Abdiae: Nephthalitibus,
Ierimoth filius Ozriel: 20 filiis Ephraim,
Osee filius Ozaziu: dimidiae tribui Manasse, Ioel filius Phadaiae: 21 et dimidiae
tribui Manasse in Galaad, Iaddo filius
Zachariae: Beniamin autem, Iasiel filius
Abner. 22 Dan vero, Ezrihel filius Ieroham: hi principes filiorum Israel. 23 Noluit autem David numerare eos a viginti
annis inferius: quia dixerat Dominus ut
multiplicaret Israel quasi stellas caeli.
24 Ioab filius Sarviae coeperat numerare,
nec complevit: quia super hoc ira irruerat
in Israel: et idcirco numerus eorum qui
fuerant recensiti, non est relatus in fastos
regis David.

Alii officiales regni

25 Super thesauros autem regis fuit Azmoth filius Adiel; his autem thesauris, qui
erant in urbibus, et in vicis, et in turribus,
praesidebat Ionathan filius Oziae. 26 Operi autem rustico, et agricolis, qui exercebant terram, praeerat Ezri filius Chelub:
27 vinearumque cultoribus, Semeias Ro-
mathites: cellis autem vinariis, Zabdias
aphonites. 28 Nam super oliveta et ficeta,
quae erant in campestribus, Balanam Ge-
derites: super apothecas autem olei, Ioas.
29 Porro armentis, quae pascebantur in
Saron, praepositus fuit Setrai Saronites:
et super boves in vallibus Saphat filius
Adli: 30 super camelos vero, Ubil Ismahelites: et super asinos, Iadias Meronathites: 31 super oves quoque Iaziz Aga-
reus; omnes hi, principes substantiae regis David.
32 Ionathan autem patruus David, consiliarius, vir prudens et litteratus: ipse et
Iahiel filius Hachamoni erant cum filiis
regis. 33 Achitophel etiam consiliarius regis, et Chusai Arachites amicus regis.
34 Post Achitophel fuit Ioiada filius Banaiae, et Abiathar. Princeps autem exercitus regis erat Ioab.

David opus templi principibus et filio commendat

28 1 Convocavit igitur David omnes
principes Israel, duces tribuum, et
praepositos turmarum, qui ministrabant
regi: tribunos quoque et centuriones, et
qui praeerant substantiae et possessionibus regis, filiosque suos cum eunuchis, et
potentes, et robustissimos quosque in
exercitu Ierusalem. 2 Cumque surrexisset
rex, et stetisset, ait: Audite me, fratres
mei et populus meus: Cogitavi ut aedificarem domum, in qua requiesceret arca
foederis Domini, et scabellum pedum Dei

27 2: 1 Par 11,11. — 4: 2 Sam 23,9; 1 Par 11,12. — 6: 2 Sam 23,20-23; 1 Par 11, 22-25. — 7-14: 1 Par 11,26-31. — 17: 1 Par 24, 3; 26,30. — 23: Gen 15,5. — 24: 2 Sam 24, 1-15; 1 Par 21,1-7. — 33: 2 Sam 15,12.37.

28 1: 1 Par 11,10-46; 27,1-32. — 2: 1 Par 22, 7-10. — 3: 2 Sam 7,5.13; 1 Par 22,8. —

nostri: et ad aedificandum, omnia praeparavi. 3 Deus autem dixit mihi: Non aedificabis domum nomini meo, eo quod
sis vir bellator, et sanguinem fuderis.
4 Sed elegit Dominus Deus Israel me de
universa domo patris mei, ut essem rex
super Israel in sempiternum: de Iuda enim
elegit principes: porro de domo Iuda, domum patris mei, et de filiis patris mei, placuit ei ut me eligeret regem super cunctum
Israel. 5 Sed et de filiis meis (filios enim
mihi multos dedit Dominus) elegit Salomonem filium meum, ut sederet in throno
regni Domini super Israel, 6 dixitque mihi: Salomon filius tuus aedificavit domum
meam, et atria mea: ipsum enim elegi
mihi in filium, et ego ero ei in patrem.
7 Et firmabo regnum eius usque in aeternum, si perseveraverit facere praecepta
mea, et iudicia, sicut et hodie. 8 Nunc
ergo coram universo coetu Israel audiente Deo nostro, custodite, et perquirite
cuncta mandata Domini Dei nostri: ut
possideatis terram bonam, et relinquatis
eam filiis vestris post vos usque in sempiternum. 9 Tu autem, Salomon fili mi, scito Deum patris tui, et servito ei corde
perfecto, et animo voluntario: omnia
enim corda scrutatur Dominus, et universas mentium cogitationes intelligit. Si
quaesieris eum, invenies: si autem dereliqueris eum, proiiciet te in aeternum.
10 Nunc ergo quia elegit te Dominus ut
aedificares domum sanctuarii, confortare, et perfice.

11 Dedit autem David Salomoni filio
suo descriptionem porticus, et templi, et
cellariorum, et coenaculi, et cubiculorum
in adytis, et domus propitiationis, 12 necnon et omnium quae cogitaverat atriorum, et exedrarum per circuitum in thesauros domus Domini, et in thesauros
sanctorum, 13 divisionumque sacerdota-
lium et Leviticarum, in omnia opera domus Domini, et in universa vasa ministerii templi Domini. 14 Aurum in pondere per singula vasa ministerii. Argenti
quoque pondus pro vasorum et operum
diversitate. 15 Sed et in candelabra aurea,
et ad lucernas eorum, aurum pro mensura uniuscuiusque candelabri et lucerna-
rum. Similiter et in candelabra argentea,
et in lucernas eorum, pro diversitate mensurae, pondus argenti tradidit. 16 Aurum
quoque dedit in mensas propositionis pro
diversitate mensarum: similiter et argentum in alias mensas argenteas. 17 Ad fuscinulas quoque, et phialas, et thuribula
ex auro purissimo, et leunculos aureos
pro qualitate mensurae pondus distribuit
in leunculum et leunculum. Similiter et
in leones argenteos diversum argenti pondus separavit. 18 Altari autem, in quo adoletur incensum, aurum purissimum dedit:
ut ex ipso fieret similitudo quadrigae cherubim extendentium alas, et velantium
arcam foederis Domini. 19 Omnia, inquit,
venerunt scripta manu Domini ad me, ut
intelligerem universa opera exemplaris.

20 Dixit quoque David Salomoni filio
suo: Viriliter age, et confortare, et fac:
ne timeas, et ne paveas: Dominus enim
Deus meus tecum erit, et non dimittet te,
nec derelinquet donec perficias omne opus
ministerii domus Domini. 21 Ecce divisiones sacerdotum et Levitarum, in omne
ministerium domus Domini assistunt tibi,
et parati sunt, et noverunt tam principes
quam populus facere omnia praecepta tua.

Operam a populo rogat

29 1 Locutusque est David rex ad omnem ecclesiam: Salomonem filium
meum unum elegit Deus, adhuc puerum
et tenellum: opus namque grande est, neque enim homini praeparatur habitatio,
sed Deo. 2 Ego autem totis viribus meis
praeparavi impensas domus Dei mei. Aurum ad vasa aurea, et argentum in argentea, aes in aenea, ferrum in ferrea, ligna
ad lignea: et lapides onychinos, et quasi
stibinos, et diversorum colorum, omnemque pretiosum lapidem, et marmor Pa-
rium abundantissime: 3 et super haec,
quae obtuli in domum Dei mei de pecu-
lio meo aurum et argentum, do in templum Dei mei, exceptis his, quae praeparavi in aedem sanctam. 4 Tria millia talenta auri de auro Ophir: et septem millia
talentorum argenti probatissimi ad deau-
randos parietes templi. 5 Et, ubicumque
opus est aurum de auro, et ubicumque
opus est argentum de argento, opera fiant
per manus artificum: et si quis sponte offert, impleat manum suam hodie, et offerat quod voluerit Domino.

6 Polliciti sunt itaque principes familiarum, et proceres tribuum Israel, tribuni
quoque, et centuriones, et principes pos-
sessionum regis. 7 Dederuntque in opera
domus Dei auri talenta quinque millia, et
solidos decem millia: argenti talenta decem millia, et aeris talenta decem et octo
millia: ferri quoque centum millia talentorum. 8 Et apud quemcumque inventi
sunt lapides, dederunt in thesauros domus Domini, per manum Iahiel Gerso-
nitis.

4: 1 Sam 16,1.12-13; 1 Par 17,23-27. — 5: 2 Sam 7,13-14; 1 Par 3,1-9; 14,3-7; Sap 9,7. — 6: 1 Par 17,12; 22,10. — 9: Ps 138,3-4. — 13: 1 Par 23, 6; 24,1. — 21: 1 Par 23,6-26.28.

29 1: 3 Reg 3,7; 1 Par 22,5. — 3-4: 1 Par 22,14. — 6: 1 Par 27,1.25-31. — 11-14: 2 Par 20,6; Rom 11,25-36. || Conc. Arausic. II: D 184. — 15: Ps 38,13; Sap 2,5. — 19: 1 Par

Laetatur David Deoque gratias agit

9 Laetatusque est populus, cum vota
sponte promitterent: quia corde toto offerebant ea Domino: sed et David rex laetatus est gaudio magno. 10 Et benedixit
Domino coram universa multitudine, et
ait:
Benedictus es, Domine Deus Israel patris nostri ab aeterno in aeternum. 11 Tua
est Domine magnificentia, et potentia, et
tibi laus: cuncta enim quae in caelo sunt,
et in terra, tua sunt: tuum Domine regnum, et tu es super omnes principes.
12 Tuae divitiae, et tua est gloria: tu dominaris omnium, in manu tua virtus et
potentia: in manu tua magnitudo, et imperium omnium. 13 Nunc igitur Deus noster confitemur tibi, et laudamus nomen
tuum inclytum. 14 Quis ego, et quis populus meus, ut possimus haec tibi universa
promittere? tua sunt omnia: et quae de
manu tua accepimus dedimus tibi. 15 Peregrini enim sumus coram te, et advenae,
sicut omnes patres nostri. Dies nostri quasi umbra super terram, et nulla est mora.
16 Domine Deus noster, omnis haec copia, quam paravimus ut aedificaretur domus nomini sancto tuo, de manu tua est,
et tua sunt omnia. 17 Scio Deus meus
quod probes corda, et simplicitatem diligas, unde et ego in simplicitate cordis mei
laetus obtuli universa haec: et populum
tuum, qui hic repertus est, vidi cum ingenti gaudio tibi offerre donaria. 18 Domine Deus Abraham, et Isaac, et Israel patrum nostrorum, custodi in aeternum hanc
voluntatem cordis eorum, et semper in
venerationem tui mens ista permaneat.
19 Salomoni quoque filio meo da cor perfectum, ut custodiat mandata tua, testimonia tua, et caeremonias tuas, et faciat
universa: et aedificet aedem, cuius impensas paravi.

20 Praecepit autem David universae ecclesiae: Benedicite Domino Deo nostro.
Et benedixit omnis ecclesia Domino Deo
patrum suorum: et inclinaverunt se, et
adoraverunt Deum, et deinde regem.
21 Immolaveruntque victimas Domino, et
obtulerunt holocausta die sequenti, tauros mille, arietes mille, agnos mille cum
libaminibus suis, et universo ritu abundantissime in omnem Israel. 22 Et comederunt, et biberunt coram Domino in die
illo cum grandi laetitia. Et unxerunt secundo Salomonem filium David. Unxerunt autem eum Domino in principem,
et Sadoc in pontificem. 23 Seditque Salomon super solium Domini in regem pro
David patre suo, et cunctis placuit: et
paruit illi omnis Israel. 24 Sed et universi
principes, et potentes, et cuncti filii regis
David dederunt manum, et subiecti fuerunt Salomoni regi. 25 Magnificavit ergo
Dominus Salomonem super omnem Israel: et dedit illi gloriam regni, qualem
nullus habuit ante eum rex Israel. 26 Igitur David filius Isai regnavit super universum Israel.
27 Et dies, quibus regnavit super Israel,
fuerunt quadraginta anni: in Hebron regnavit septem annis, et in Ierusalem annis
triginta tribus. 28 Et mortuus est in senectute bona, plenus dierum, et divitiis, et
gloria: et regnavit Salomon filius eius
pro eo.

Mors David

29 Gesta autem David regis priora, et
novissima scripta sunt in Libro Samuelis
videntis, et in Libro Nathan prophetae,
atque in volumine Gad Videntis: 30 Universique regni eius, et fortitudinis, et temporum, quae transierunt sub eo, sive in
cunctis regnis terrarum.

22,14. — **22:** 3 Reg 1,33-39; 2,35; 1 Par 23,1. **25:** 3 Reg 3,13; 2 Par 1,1.12. — **26-28:** 3 Reg 2,10-12. — **27:** 2 Sam 5,4-5. — **29:** 1 Sam 9,9; 25,5; 1 Sam 12,1.

LIBER SECUNDUS PARALIPOMENON

HEBRAICE "DIBRE HAIAMIM"

SUMMARIUM PARS PRIMA: HISTORIA REGNI SALOMONIS *(1-9): Salomon in sanctuario Gabaon (1). Legatio ad Hiram (2). Templi aedificatio (3). Templi suppellex (4). Dedicatio templi (5,1-7,11). Nova Dei ad regem apparitio (7,12-22). Regni administratio (8). Regina Saba et Salomonis magnificentia (9,1-28). Extrema Salomonis (9,29-31).*—PARS ALTERA: HISTORIA CAETERORUM REGUM IUDA *(10-36): Discissio regni (10,1-11,4). Nova utriusque regni ordinatio (11,5-23). Sesac in Ierusalem (12). Regnum Abia (13). Regnum Asa et reformatio religiosa (14-15). Bella Iuda cum Israel (16). Regnum Iosaphat (17). Foedus cum Achab (18,1-19,3). Administratio iustitiae (19,4-11). Bellum cum Moab et Ammon (20). Ioram impietas (21). Ochozias eiusque mater Athalia (22). Instauratio Ioas in regno (23). Templi restauratio et finis regis (24). Amasias eiusque bella (25). Ozias eiusque aegritudo (26). Ioatham (27). Achaz eiusque impietas (28). Ezechias et eius reformatio (29-31). Assyriorum invasio (32,1-23). Finis Ezechiae (32,24-33). Impietas Manasse ac poenitentia (33,1-23). Amon (33,24-25). Iosias templi restaurator (34,1-13). Inventio libri Legis et universalis ad ipsius tenorem reformatio (34,14-35,19). Iosiae finis (35,20-27). Postremi Iuda reges (36,1-21). Edictum libertatis Cyri (36,22-23)*

PARS PRIMA

HISTORIA REGNI SALOMONIS

(1,1-9,31)

Salomon in excelso Gabaon

1 1 Confortatus est ergo Salomon filius
David in regno suo, et Dominus
Deus eius erat cum eo, et magnificavit
eum in excelsum. 2 Praecepitque Salomon
universo Israeli, tribunis et centurionibus,
et ducibus, et iudicibus omnis Israel, et
principibus familiarum: 3 et abiit cum
universa multitudine in excelsum Gabaon,
ubi erat tabernaculum foederis Dei, quod
fecit Moyses famulus Dei in solitudine.
4 Arcam autem Dei adduxerat David de
Cariathiarim in locum quem praeparaverat ei, et ubi fixerat illi tabernaculum,
hoc est, in Ierusalem. 5 Altare quoque
aeneum, quod fabricatus fuerat Beseleel
filius Uri filii Hur, ibi erat coram tabernaculo Domini: quod et requisivit Salomon, et omnis ecclesia. 6 Ascenditque
Salomon ad altare aeneum, coram tabernaculo foederis Domini, et obtulit in
eo mille hostias.
7 Ecce autem in ipsa nocte apparuit ei
Deus, dicens: Postula quod vis, ut dem
tibi. 8 Dixitque Salomon Deo: Tu fecisti
cum David patre meo misericordiam magnam: et constituisti me regem pro eo.
9 Nunc ergo, Domine Deus, impleatur
sermo tuus, quem pollicitus es David patri meo: tu enim me fecisti regem super
populum tuum multum, qui tam innumerabilis est, quam pulvis terrae. 10 Da mihi
sapientiam et intelligentiam, ut ingrediar
et egrediar coram populo tuo: quis enim
potest hunc populum tuum digne, qui
tam grandis est, iudicare?

Petitioni Salomonis Deus superaddit multa

11 Dixit autem Deus ad Salomonem:
Quia hoc magis placuit cordi tuo, et non
postulasti divitias, et substantiam, et gloriam, neque animas eorum qui te oderant,
sed nec dies vitae plurimos: petisti autem
sapientiam et scientiam, ut iudicare possis populum meum, super quem constitui te regem. 12 Sapientia et scientia datae
sunt tibi: divitias autem et substantiam et
gloriam dabo tibi, ita ut nullus in regibus
nec ante te nec post te fuerit similis tui.
13 Venit ergo Salomon ab excelso Gabaon
in Ierusalem coram tabernaculo foederis,
et regnavit super Israel.
14 Congregavitque sibi currus et equites, et facti sunt ei mille quadringenti currus, et duodecim millia equitum: et fecit
eos esse in urbibus quadrigarum, et cum
rege in Ierusalem. 15 Praebuitque rex argentum et aurum in Ierusalem quasi lapi-

1 **1:** 3 Reg 2,12; 3,1; 1 Par 29,25. — **2:** 1 Par 27,1. — **3:** 1 Par 16,39; 21,29. — **4:** 2 Sam 6,2.12; 1 Par 13,6.8; 15,3.25-26. — **5:** Ex 27, 1-2; 31,2; 38,1-8. — **6-13:** 3 Reg 3,4-15. — **8:** 1 Par 28,5. — **12:** 1 Par 29,25; 2 Par 9,22. — **14-17:** 3 Reg 10,26-29; 2 Par 9,25-28. — **15:** 2 Par 9,27.

des, et cedros quasi sycomoros, quae nascuntur in campestribus multitudine magna. 16 Adducebantur autem ei equi de
Aegypto, et de Coa a negotiatoribus regis,
qui ibant, et emebant pretio, 17 quadrigam
equorum sexcentis argenteis, et equum
centum quinquaginta: similiter de universis regnis Hethaeorum, et a regibus Syriae emptio celebrabatur.

Legatio ad Hiram

2 1 Decrevit autem Salomon aedificare
domum nomini Domini, et palatium
sibi. 2 Et numeravit septuaginta millia virorum portantium humeris, et octoginta
millia qui caederent lapides in montibus,
praepositosque eorum tria millia sexcentos.
3 Misit quoque ad Hiram regem Tyri,
dicens: Sicut egisti cum David patre meo,
et misisti ei ligna cedrina ut aedificaret
sibi domum, in qua et habitavit: 4 sic fac
mecum ut aedificem domum nomini Domini Dei mei, ut consecrem eam ad adolendum incensum coram illo, et fumigan-
da aromata, et ad propositionem panum
sempiternam, et ad holocautomata mane,
et vespere, sabbatis quoque, et neomeniis,
et solemnitatibus Domini Dei nostri in
sempiternum, quae mandata sunt Israeli.
5 Domus enim, quam aedificare cupio,
magna est: magnus est enim Deus noster
super omnes deos. 6 Quis ergo poterit
praevalere, ut aedificet ei dignam domum?
si caelum, et caeli caelorum capere eum
nequeunt: quantus ego sum, ut possim
aedificare ei domum? sed ad hoc tantum,
ut adoleatur incensum coram illo. 7 Mitte ergo mihi virum eruditum, qui noverit
operari in auro, et argento, aere, et ferro,
purpura, coccino, et hyacintho, et qui
sciat sculpere caelaturas cum his artificibus, quos mecum habeo in Iudaea, et
Ierusalem, quos praeparavit David pater
meus. 8 Sed et ligna cedrina mitte mihi,
et arceuthina, et pinea de Libano: scio
enim quod servi tui noverint caedere ligna
de Libano, et erunt servi mei cum servis
tuis, 9 ut parentur mihi ligna plurima.
Domus enim, quam cupio aedificare, magna est nimis, et inclyta. 10 Praeterea operariis, qui caesuri sunt ligna, servis tuis
dabo in cibaria tritici coros viginti millia, et hordei coros totidem, et vini viginti millia metretas, olei quoque sata viginti millia.

Acquiescit Hiram Salomonis petitioni

11 Dixit autem Hiram rex Tyri per litteras, quas miserat Salomoni: Quia dilexit Dominus populum suum, idcirco te
regnare fecit super eum. 12 Et addidit,
dicens: Benedictus Dominus Deus Israel,
qui fecit caelum et terram, qui dedit David regi filium sapientem et eruditum et
sensatum atque prudentem, ut aedificaret
domum Domino, et palatium sibi. 13 Misi
ergo tibi virum prudentem et scientissi-
mum Hiram, patrem meum, 14 filium mulieris de filiabus Dan, cuius pater fuit Ty-
rius, qui novit operari in auro, et argento, aere, et ferro, et marmore, et lignis, in
purpura quoque, et hyacintho, et bysso,
et coccino: et qui scit caelare omnem sculpturam, et adinvenire prudenter quodcumque in opere necessarium est cum artificibus tuis, et cum artificibus domini mei
David patris tui. 15 Triticum ergo, et hordeum, et oleum, et vinum, quae pollicitus
es, domine mi, mitte servis tuis. 16 Nos
autem caedemus ligna de Libano, quot
necessaria habueris, et applicabimus ea
ratibus per mare in Ioppe: tuum autem
erit transferre ea in Ierusalem.
17 Numeravit igitur Salomon omnes viros proselytos, qui erant in terra Israel,
post dinumerationem, quam dinumeravit
David pater eius, et inventi sunt centum
quinquaginta millia, et tria millia sexcenti. 18 Fecitque ex eis septuaginta millia,
qui humeris onera portarent, et octoginta millia, qui lapides in montibus caederent: tria autem millia et sexcentos praepositos operum populi.

Templi aedificatio

3 1 Et coepit Salomon aedificare domum Domini in Ierusalem in monte Moria, qui demonstratus fuerat David
patri eius, in loco, quem paraverat David
in area Ornan Iebusaei. 2 Coepit autem
aedificare mense secundo, anno quarto
regni sui.
3 Et haec sunt fundamenta, quae iecit
Salomon, ut aedificaret domum Dei, longitudinis cubitos in mensura prima sexaginta, latitudinis cubitos viginti. 4 Porticum vero ante frontem, quae tendebatur
in longum iuxta mensuram latitudinis domus, cubitorum viginti: porro altitudo
centum viginti cubitorum erat: et deauravit eam intrinsecus auro mundissimo.
5 Domum quoque maiorem texit tabulis
ligneis abiegnis, et laminas auri obrizi affixit per totum: sculpsitque in ea palmas,

2 1-18: 3 Reg 5,2-18. — 3: 1 Par 14,1. — 4: Num 28,3.9.11.19.26. — 6: 3 Reg 8, 27; 2 Par 6,18. — 7: 1 Par 22,15. — 11: 3 Reg 10, 9; 2 Par 9,8.—13: 3 Reg 7,13-14.—17: 1 Par 21,2.

3 1-13: 3 Reg 6,1-32. — 1: Gen 22,2.14; 2 Sam 24,23; 1 Par 21,15.18.25.28. — 9: 1 Par 28,

et quasi catenulas se invicem complecten-
tes. 6 Stravit quoque pavimentum templi
pretiosissimo marmore, decore multo.
7 Porro aurum erat probatissimum, de
cuius laminis texit domum, et trabes eius,
et postes, et parietes, et ostia: et caelavit
cherubim in parietibus. 8 Fecit quoque
domum Sancti sanctorum: longitudinem
iuxta latitudinem domus cubitorum viginti: et latitudinem similiter viginti cubitorum: et laminis aureis texit eam, quasi
talentis sexcentis. 9 Sed et clavos fecit aureos, ita ut singuli clavi siclos quinquagenos appenderent: coenacula quoque texit auro. 10 Fecit etiam in domo Sancti
sanctorum cherubim duos, opere statua-
rio: et texit eos auro. 11 Alae cherubim
viginti cubitis extendebantur, ita ut una
ala haberet cubitos quinque et tangeret
parietem domus: et altera quinque cubitos habens, alam tangeret alterius cherub. 12 Similiter cherub alterius ala, quinque habebat cubitos, et tangebat parietem: et ala eius altera quinque cubitorum,
alam cherub alterius contingebat. 13 Igitur
alae utriusque cherubim expansae erant
et extendebantur per cubitos viginti: ipsi
autem stabant erectis pedibus, et facies
eorum erant versae ad exteriorem domum.
14 Fecit quoque velum ex hyacintho, purpura, cocco, et bysso: et intexuit ei cherubim. 15 Ante fores etiam templi duas columnas, quae triginta et quinque cubitos
habebant altitudinis: porro capita earum,
quinque cubitorum. 16 Necnon et quasi
catenulas in oraculo, et superposuit eas
capitibus columnarum: malogranata
etiam centum, quae catenulis interposuit.
17 Ipsas quoque columnas posuit in vestibulo templi, unam a dextris, et alteram
a sinistris: eam, quae a dextris erat, vocavit Iachin: et quae ad laevam, Booz.

Supellex templi

4 1 Fecit quoque altare aeneum viginti
cubitorum longitudinis, et viginti cubitorum latitudinis, et decem cubitorum
altitudinis. 2 Mare etiam fusile decem cubitis a labio usque ad labium, rotundum
per circuitum: quinque cubitos habebat
altitudinis, et funiculus triginta cubitorum
ambiebat gyrum eius. 3 Similitudo quoque boum erat subter illud, et decem cubitis quaedam extrinsecus caelaturae, quasi duobus versibus alvum maris circuibant. Boves autem erant fusiles: 4 et ipsum mare super duodecim boves impositum erat, quorum tres respiciebant ad
aquilonem, et alii tres ad occidentem:
porro tres alii meridiem, et tres qui reliqui erant, orientem, habentes mare super-
positum: posteriora autem boum erant
intrinsecus sub mari. 5 Porro vastitas eius
habebat mensuram palmi, et labium illius
erat quasi labium calicis, vel repandi lilii:
capiebatque tria millia metretas. 6 Fecit
quoque conchas decem: et posuit quinque a dextris, et quinque a sinistris, ut la-
varent in eis omnia, quae in holocaustum
oblaturi erant: porro in mari sacerdotes
lavabantur.

7 Fecit autem et candelabra aurea decem secundum speciem, qua iussa erant
fieri: et posuit ea in templo, quinque a
dextris, et quinque a sinistris. 8 Necnon
et mensas decem, et posuit eas in templo,
quinque a dextris, et quinque a sinistris:
phialas quoque aureas centum. 9 Fecit
etiam atrium sacerdotum, et basilicam
grandem: et ostia in basilica, quae texit
aere. 10 Porro mare posuit in latere dextro contra orientem ad meridiem. 11 Fecit autem Hiram lebetes, et creagras, et
phialas: et complevit omne opus regis in
domo Dei: 12 hoc est, columnas duas, et
epistylia, et capita, et quasi quaedam retiacula, quae capita tegerent super epistylia. 13 Malogranata quoque quadringenta, et retiacula duo ita ut bini ordines
malogranatorum singulis retiaculis iungerentur, quae protegerent epistylia, et capita columnarum. 14 Bases etiam fecit, et
conchas, quas superposuit basibus: 15 mare unum, boves quoque duodecim sub
mari. 16 Et lebetes, et creagras, et phialas.
Omnia vasa fecit Salomoni Hiram pater
eius in domo Domini ex aere mundissimo. 17 In regione Iordanis fudit ea rex in
argillosa terra inter Sochot et Saredatha.
18 Erat autem multitudo vasorum innumerabilis, ita ut ignoraretur pondus aeris.

19 Fecitque Salomon omnia vasa domus
Dei, et altare aureum, et mensas, et super
eas panes propositionis: 20 candelabra quoque cum lucernis suis ut lucerent ante
oraculum iuxta ritum ex auro purissimo:
21 et florentia quaedam, et lucernas, et
forcipes aureos: omnia de auro mundissimo facta sunt. 22 Thymiateria quoque,
et thuribula, et phialas, et mortariola ex
auro purissimo. Et ostia caelavit templi
interioris, id est, in Sancta sanctorum: et
ostia templi forinsecus aurea. Sicque
completum est omne opus, quod fecit Salomon in domo Domini.

11. — **15-17:** 3 Reg 7,15,21. — **15:** 4 Reg 25,16-17; Ier 52,20.

4 **1:** 3 Reg 8,64; 4 Reg 16,14; 2 Par 7,7; 8,12. — **2-7:** 3 Reg 7,23-26.38-39.49. — **9:** 3 Reg 6,36. — **10:** 3 Reg 7,39. — **11-22:** 3 Reg 7,40-50.

Dedicatio templi

5 [1] Intulit igitur Salomon omnia, quae
voverat David pater suus, argentum,
et aurum, et universa vasa posuit in thesauris domus Dei.
[2] Post quae congregavit maiores natu
Israel, et cunctos principes tribuum, et
capita familiarum de filiis Israel in Ierusalem, ut adducerent arcam foederis Domini de civitate David, quae est Sion.
[3] Venerunt itaque ad regem omnes viri
Israel in die solemni mensis septimi.
[4] Cumque venissent cuncti seniorum Israel,
portaverunt Levitae arcam, [5] et intulerunt
eam, et omnem paraturam tabernaculi.
Porro vasa sanctuarii, quae erant in tabernaculo, portaverunt sacerdotes cum
Levitis.
[6] Rex autem Salomon, et universus coetus Israel, et omnes, qui fuerunt congregati ante arcam, immolabant arietes, et
boves absque ullo numero: tanta enim
erat multitudo victimarum. [7] Et intulerunt
sacerdotes arcam foederis Domini in locum suum, id est, ad oraculum templi, in
Sancta sanctorum subter alas cherubim:
[8] ita ut cherubim expanderent alas suas
super locum, in quo posita erat arca, et
ipsam arcam tegerent cum vectibus suis.
[9] Vectium autem, quibus portabatur arca,
quia paululum longiores erant, capita parebant ante oraculum: si vero quis paululum fuisset extrinsecus, eos videre non
poterat. Fuit itaque arca ibi usque in
praesentem diem. [10] Nihilque erat aliud
in arca, nisi duae tabulae, quas posuerat
Moyses in Horeb, quando legem dedit
Dominus filiis Israel egredientibus ex Aegypto.
[11] Egressis autem sacerdotibus de sanctuario (omnes enim sacerdotes qui ibi
potuerant inveniri, sanctificati sunt: nec
adhuc in illo tempore vices, et ministerio-
rum ordo inter eos divisus erat), [12] tam
Levitae quam cantores, id est, et qui sub
Asaph erant, et qui sub Eman, et qui sub
Idithun, filii, et fratres eorum vestiti byssinis, cymbalis, et psalteriis, et citharis
concrepabant, stantes ad orientalem plagam altaris, et cum eis sacerdotes centum
viginti canentes tubis. [13] Igitur cunctis pariter, et tubis, et voce, et cymbalis, et organis, et diversi generis musicorum conci-
nentibus, et vocem in sublime tollentibus,
longe sonitus audiebatur, ita ut cum Dominum laudare coepissent et dicere: Confitemini Domino quoniam bonus, quoniam in aeternum misericordia eius; impleretur domus Dei nube, [14] nec possent
sacerdotes stare et ministrare propter caliginem. Compleverat enim gloria Domini domum Dei.

Regis oratio

6 [1] Tunc Salomon ait: Dominus pollicitus est ut habitaret in caligine: [2] ego
autem aedificavi domum nomini eius, ut
habitaret ibi in perpetuum. [3] Et convertit
rex faciem suam, et benedixit universae
multitudini Israel (nam omnis turba stabat intenta) et ait:
[4] Benedictus Dominus Deus Israel, qui
quod locutus est David patri meo, opere
complevit, dicens: [5] A die, qua eduxi populum meum de terra Aegypti, non elegi
civitatem de cunctis tribubus Israel, ut
aedificaretur in ea domus nomini meo:
neque elegi quemquam alium virum, ut
esset dux in populo Israel, [6] sed elegi Ierusalem, ut sit nomen meum in ea: et elegi David, ut constituerem eum super populum meum Israel. [7] Cumque fuisset voluntatis David patris mei, ut aedificaret
domum nomini Domini Dei Israel, [8] dixit
Dominus ad eum: Quia haec fuit voluntas tua, ut aedificares domum nomini
meo, bene quidem fecisti huiuscemodi habere voluntatem: [9] sed non tu aedificabis
domum, verum filius tuus, qui egredietur
de lumbis tuis, ipse aedificabit domum nomini meo. [10] Complevit ergo Dominus
sermonem suum, quem locutus fuerat: et
ego surrexi pro David patre meo, et sedi
super thronum Israel, sicut locutus est
Dominus: et aedificavi domum nomini
Domini Dei Israel. [11] Et posui in ea arcam, in qua est pactum Domini, quod
pepigit cum filiis Israel.
[12] Stetit ergo coram altari Domini ex
adverso universae multitudinis Israel, et
extendit manus suas. [13] Siquidem fecerat
Salomon basim aeneam, et posuerat eam
in medio basilicae, habentem quinque cubitos longitudinis, et quinque cubitos latitudinis, et tres cubitos altitudinis: stetitque super eam: et deinceps flexis genibus contra universam multitudinem Israel,
et palmis in caelum levatis, [14] ait:
Domine Deus Israel, non est similis
tui Deus in caelo et in terra: qui custodis
pactum et misericordiam cum servis tuis,
qui ambulant coram te in toto corde suo:
[15] qui praestitisti servo tuo David patri
meo quaecumque locutus fueras ei: et
quae ore promiseras, opere complesti, sicut et praesens tempus probat. [16] Nunc
ergo, Domine Deus Israel, imple servo
tuo patri meo David quaecumque locu-

5 **1**: 3 Reg 7,51; 1 Par 28,14-18. — **2-14**: 3 Reg 8,1-11. — **10**: Deut 10,2.5; Hebr 9,4. **11**: 1 Par 24,1.5. — **12**: 1 Par 25,1-4. — **13**: 1 Par 16,34; 2 Par 7,3.6; 20,21; Ps 135,1. — **14**: 2 Par 7,2.

6 **1-39**: 3 Reg 8,12-50. — **6**: 1 Sam 16,11-13; 1 Par 28,4; 2 Par 12,13; Ps 77,68-70. — **7**: 2 Sam 7,2; 1 Par 17,1; 28,2. — **11**: 2 Par 5,10. — **15**: 1 Par 22,9-10. — **16**: 2 Sam 7,16;

tus es dicens: Non deficiet ex te vir coram
me, qui sedeat super thronum Israel: ita
tamen si custodierint filii tui vias suas, et
ambulaverint in lege mea, sicut et tu ambulasti coram me. [17] Et nunc, Domine
Deus Israel, firmetur sermo tuus, quem
locutus es servo tuo David.
[18] Ergone credibile est ut habitet Deus
cum hominibus super terram? Si caelum
et caeli caelorum non te capiunt, quanto
magis domus ista, quam aedificavi? [19] Sed
ad hoc tantum facta est, ut respicias orationem servi tui, et obsecrationem eius,
Domine Deus meus: et audias preces, quas
fundit famulus tuus coram te: [20] ut aperias oculos tuos super domum istam diebus ac noctibus, super locum, in quo pollicitus es ut invocaretur nomen tuum, [21] et
exaudires orationem, quam servus tuus
orat in eo: et exaudias preces famuli tui,
et populi tui Israel. Quicumque oraverit
in loco isto, exaudi de habitaculo tuo, id
est, de caelis, et propitiare.
[22] Si peccaverit quispiam in proximum
suum, et iurare contra eum paratus venerit, seque maledicto constrinxerit coram
altari in domo ista: [23] tu audies de caelo,
et facies iudicium servorum tuorum, ita
ut reddas iniquo viam suam in caput proprium, et ulciscaris iustum, retribuens ei
secundum iustitiam suam.
[24] Si superatus fuerit populus tuus Israel ab inimicis (peccabunt enim tibi) et
conversi egerint poenitentiam, et obse-
craverint nomen tuum, et fuerint deprecati in loco isto, [25] tu exaudies de caelo,
et propitiare peccato populi tui Israel, et
reduc eos in terram, quam dedisti eis, et
patribus eorum.
[26] Si clauso caelo pluvia non fluxerit
propter peccata populi, et deprecati te
fuerint in loco isto, et confessi nomini tuo,
et conversi a peccatis suis, cum eos afflixeris, [27] exaudi de caelo Domine, et dimitte peccata servis tuis et populi tui Israel, et doce eos viam bonam, per quam
ingrediàntur: et da pluviam terrae, quam
dedisti populo tuo ad possidendum.
[28] Fames si orta fuerit in terra et pestilentia, aerugo, et aurugo, et locusta, et
bruchus, et hostes, vastatis regionibus,
portas obsederint civitatis, omnisque plaga et infirmitas presserit: [29] si quis de populo tuo Israel fuerit deprecatus, cognoscens plagam et infirmitatem suam, et expanderit manus suas in domo hac, [30] tu
exaudies de caelo, de sublimi scilicet habitaculo tuo, et propitiare. et redde unicuique secundum vias suas, quas nosti
eum habere in corde suo: (tu enim solus
nosti corda filiorum hominum) [31] ut timeant te, et ambulent in viis tuis cunctis
diebus, quibus vivunt super faciem terrae, quam dedisti patribus nostris.
[32] Externum quoque, qui non est de
populo tuo Israel, si venerit de terra longinqua, propter nomen tuum magnum,
et propter manum tuam robustam, et brachium tuum extentum, et adoraverit in
loco isto, [33] tu exaudies de caelo firmissimo habitaculo tuo, et facies cuncta, pro
quibus invocaverit te ille peregrinus: ut
sciant omnes populi terrae nomen tuum,
et timeant te sicut populus tuus Israel, et
cognoscant, quia nomen tuum invocatum est super domum hanc, quam aedificavi.
[34] Si egressus fuerit populus tuus ad
bellum contra adversarios suos per viam
in qua miseris eos, adorabunt te contra
viam, in qua civitas haec est, quam elegisti, et domus, quam aedificavi nomini
tuo: [35] tu exaudies de caelo preces eorum,
et obsecrationem, et ulciscaris.
[36] Si autem peccaverint tibi (neque enim
est homo, qui non peccet) et iratus fueris
eis, et tradideris hostibus, et captivos du-
xerint eos in terram longinquam, vel certe
quae iuxta est, [37] et conversi in corde suo
in terra, ad quam captivi ducti fuerant,
egerint poenitentiam, et deprecati te fuerint in terra captivitatis suae, dicentes:
Peccavimus, inique fecimus, iniuste egimus, [38] et reversi fuerint ad te in toto corde suo, et in tota anima sua, in terra captivitatis suae, ad quam ducti sunt, adorabunt te contra viam terrae suae, quam dedisti patribus eorum, et urbis, quam elegisti, et domus, quam aedificavi nomini
tuo: [39] tu exaudies de caelo, hoc est, de
firmo habitaculo tuo preces eorum, et facias iudicium, et dimittas populo tuo,
quamvis peccatori: [40] tu es enim Deus
meus: aperiantur, quaeso, oculi tui, et
aures tuae intentae sint ad orationem, quae
fit in loco isto. [41] Nunc igitur consurge
Domine Deus in requiem tuam, tu et arca
fortitudinis tuae: sacerdotes tui Domine
Deus induantur salutem, et sancti tui laetentur in bonis. [42] Domine Deus, ne averteris faciem christi tui: memento misericordiarum David servi tui.

Templum consecratur praesentia Dei

7 [1] Cumque complesset Salomon fundens preces, ignis descendit de caelo,
et devoravit holocausta et victimas: et
maiestas Domini implevit domum. [2] Nec
poterant sacerdotes ingredi templum Domini, eo quod implesset maiestas Domini

3 Reg 2,4; 1 Par 7,18. — **26:** Deut 28,23-24; 3 Reg 17,1; 2 Par 7,13. — **28:** 2 Par 20,9. — **36:** 3 Reg 8,46; Eccl 7,21; Iac 3,2; 1 Io 1,8. — **41:** 1 Par 28,2; Ps 131,8-9. — **42:** Ps 131,1.10.

7 **1:** Ex 40,32; Lev 9,24; 3 Reg 8,54; 18,38; 2 Par 21,26; 2 Mach 2,8.10. — **2-3:** 2 Par

templum Domini. 3 Sed et omnes filii Israel videbant descendentem ignem, et gloriam Domini super domum: et corruentes proni in terram super pavimentum, stratum lapide, adoraverunt, et laudaverunt Dominum: Quoniam bonus, quoniam in saeculum misericordia eius. 4 Rex autem et omnis populus immolabant victimas coram Domino. 5 Mactavit igitur rex Salomon hostias, boum viginti duo millia, arietum centum viginti millia: et dedicavit domum Dei rex, et universus populus. 6 Sacerdotes autem stabant in officiis suis: et Levitae in organis carminum Domini, quae fecit David rex ad laudandum Dominum: Quoniam in aeternum misericordia eius, hymnos David canentes per manus suas: porro sacerdotes canebant tubis ante eos, cunctusque Israel stabat. 7 Sanctificavit quoque Salomon medium atrii ante templum Domini: obtulerat enim ibi holocausta et adipes pacificorum: quia altare aeneum, quod fecerat, non poterat sustinere holocausta et sacrificia et adipes.

8 Fecit ergo Salomon solemnitatem in tempore illo septem diebus, et omnis Israel cum eo, ecclesia magna valde, ab introitu Emath usque ad torrentem Aegypti. 9 Fecitque die octavo collectam, eo quod dedicasset altare septem diebus, et solemnitatem celebrasset diebus septem. 10 Igitur in die vigesimo tertio mensis septimi dimisit populos ad tabernacula sua, laetantes atque gaudentes super bono, quod fecerat Dominus Davidi, et Salomoni, et Israeli populo suo.

11 Complevitque Salomon domum Domini, et domum regis, et omnia quae disposuerat in corde suo, ut faceret in domo Domini, et in domo sua, et prosperatus est.

Nova Dei apparitio ad Salomonem

12 Apparuit autem ei Dominus nocte, et ait: Audivi orationem tuam, et elegi locum istum mihi in domum sacrificii. 13 Si clausero caelum, et pluvia non fluxerit, et mandavero et praecepero locustae, ut devoret terram, et misero pestilentiam in populum meum: 14 conversus autem populus meus, super quos invocatum est nomen meum, deprecatus me fuerit, et exquisierit faciem meam, et egerit poenitentiam a viis suis pessimis: et ego exaudiam de caelo, et propitius ero peccatis eorum, et sanabo terram eorum. 15 Oculi quoque mei erunt aperti, et aures meae erectae ad orationem eius, qui in loco isto oraverit. 16 Elegi enim, et sanctificavi locum istum, ut sit nomen meum ibi in sempiternum, et permaneant oculi mei, et cor meum ibi cunctis diebus. 17 Tu quoque si ambulaveris coram me, sicut ambulavit David pater tuus, et feceris iuxta omnia, quae praecepi tibi, et iustitias meas iudiciaque servaveris: 18 suscitabo thronum regni tui, sicut pollicitus sum David patri tuo, dicens: Non auferetur de stirpe tua vir, qui sit princeps in Israel. 19 Si autem aversi fueritis, et dereliqueritis iustitias meas, et praecepta mea, quae proposui vobis, et abeuntes servieritis diis alienis, et adoraveritis eos, 20 evellam vos de terra mea, quam dedi vobis: et domum hanc, quam sanctificavi nomini meo, proiiciam a facie mea, et tradam eam in parabolam, et in exemplum cunctis populis. 21 Et domus ista erit in proverbium universis transeuntibus, et dicent stupentes: Quare fecit Dominus sic terrae huic, et domui huic? 22 Respondebuntque: Quia dereliquerunt Dominum Deum patrum suorum, qui eduxit eos de terra Aegypti, et apprehenderunt deos alienos, et adoraverunt eos, et coluerunt: idcirco venerunt super eos universa haec mala.

Regni administratio

8 1 Expletis autem viginti annis postquam aedificavit Salomon domum Domini et domum suam: 2 civitates, quas dederat Hiram Salomoni, aedificavit, et habitare ibi fecit filios Israel.

3 Abiit quoque in Emath Suba, et obtinuit eam. 4 Et aedificavit Palmyram in deserto, et alias civitates munitissimas aedificavit in Emath. 5 Extruxitque Bethoron superiorem, et Bethoron inferiorem, civitates muratas habentes portas et vectes et seras: 6 Balaath etiam et omnes urbes firmissimas, quae fuerunt Salomonis, cunctasque urbes quadrigarum, et urbes equitum. Omnia quaecumque voluit Salomon atque disposuit, aedificavit in Ierusalem et in Libano, et in universa terra potestatis suae. 7 Omnem populum, qui derelictus fuerat de Hethaeis, et Amorrhaeis, et Pherezaeis, et Hevaeis, et Iebusaeis, qui non erant de stirpe Israel, 8 de filiis eorum: et de posteris, quos non interfecerant filii Israel, subiugavit Salomon in tributarios, usque in diem hanc. 9 Porro de filiis Israel non posuit ut servirent operibus regis: ipsi enim erant viri bellatores, et duces primi et principes quadrigarum et equitum eius. 10 Omnes autem principes exercitus regis Salomonis fue-

5,13-14. — **4-10:** 3 Reg 8,62-66. — **8:** 3 Reg 9,65. — **11-22:** 3 Reg 9,1-9. — **12:** Deut 12,5. — **14:** 2 Par 6,27.30. — **18:** 2 Sam 7,12.16; 3 Reg 8,25; 2 Par 6,16. — **19:** Lev 26,14; Deut 28,15. — **21:** Deut 29,24-26; Ier 22,8-9.

8 **1-18:** 3 Reg 9,10-28. — **5:** Ios 16,3.5. — **7:** Gen 15,18-21. — **11:** 3 Reg 3,1; 7,8;

runt ducenti quinquaginta, qui erudiebant
populum.
11 Filiam vero Pharaonis transtulit de civitate David in domum, quam aedificaverat ei. Dixit enim rex: Non habitabit uxor
mea in domo David regis Israel, eo quod
sanctificata sit: quia ingressa est in eam
arca Domini.
12 Tunc obtulit Salomon holocausta Domino super altare Domini, quod extruxerat ante porticum, 13 ut per singulos dies
offerretur in eo iuxta praeceptum Moysi
in sabbatis et in calendis, et in festis diebus, ter per annum, id est, in solemnitate
azymorum, et in solemnitate hebdomadarum, et in solemnitate tabernaculorum.
14 Et constituit iuxta dispositionem David
patris sui officia sacerdotum in ministeriis suis: et Levitas in ordine suo, ut laudarent, et ministrarent coram sacerdotibus iuxta ritum uniuscuiusque diei: ét
ianitores in divisionibus suis per portam
et portam: sic enim praeceperat David
homo Dei. 15 Nec praetergressi sunt de
mandatis regis tam sacerdotes, quam Levitae ex omnibus, quae praeceperat, et
in custodiis thesaurorum. 16 Omnes impensas praeparatas habuit Salomon ex
eo die, quo fundavit domum Domini usque in diem, quo perfecit eam.
17 Tunc abiit Salomon in Asiongaber,
et in Ailath ad oram maris Rubri, quae
est in terra Edom. 18 Misit autem ei Hiram per manus servorum suorum naves,
et nautas gnaros maris, et abierunt cum
servis Salomonis in Ophir, tuleruntque
inde quadringenta quinquaginta talenta
auri, et attulerunt ad regem Salomonem.

Regina Saba in Ierusalem

9 1 Regina quoque Saba, cum audisset
famam Salomonis, venit ut tentaret
eum in aenigmatibus in Ierusalem, cum
magnis opibus et camelis, qui portabant
aromata, et auri plurimum, gemmasque
pretiosas. Cumque venisset ad Salomonem, locuta est ei quaecumque erant in
corde suo. 2 Et exposuit ei Salomon omnia quae proposuerat: nec quidquam fuit,
quod non perspicuum ei fecerit.
3 Quae postquam vidit, sapientiam scilicet Salomonis, et domum quam aedificaverat, 4 necnon et cibaria mensae eius,
et habitacula servorum, et officia ministrorum eius, et vestimenta eorum, pincernas quoque et vestes eorum, et victimas
quas immolabat in domo Domini: non
erat prae stupore ultra in ea spiritus. 5 Dixitque ad regem: Verus est sermo, quem
audieram in terra mea de virtutibus et
sapientia tua. 6 Non credebam narrantibus donec ipsa venissem, et vidissent oculi mei, et probassem vix medietatem sapientiae tuae mihi fuisse narratam: vicisti famam virtutibus tuis. 7 Beati viri tui,
et beati servi tui, qui assistunt coram te
omni tempore, et audiunt sapientiam
tuam. 8 Sit Dominus Deus tuus benedictus, qui voluit te ordinare super thronum
suum, regem Domini Dei tui. Quia diligit Deus Israel, et vult servare eum in
aeternum, idcirco posuit te super eum regem ut facias iudicia atque iustitiam. 9 Dedit autem regi centum viginti talenta auri,
et aromata multa nimis, et gemmas pretiosissimas: non fuerunt aromata talia
ut haec, quae dedit regina Saba regi Salomoni.

Divitiae Salomonis

10 Sed et servi Hiram cum servis Salomonis attulerunt aurum de Ophir, et ligna
thyina, et gemmas pretiosissimas: 11 de
quibus fecit rex, de lignis scilicet thyinis,
gradus in domo Domini, et in domo regia, citharas quoque, et psalteria cantoribus: nunquam visa sunt in terra Iuda
ligna talia.
12 Rex autem Salomon dedit reginae
Saba cuncta quae voluit, et quae postulavit, et multo plura quam attulerat ad
eum: quae reversa, abiit in terram suam
cum servis suis.
13 Erat autem pondus auri, quod affe-
rebatur Salomoni per singulos annos, sexcenta sexaginta sex talenta auri: 14 excepta ea summa, quam legati diversarum
gentium, et negotiatores afferre consueverant; omnesque reges Arabiae, et satrapae terrarum, qui comportabant aurum, et argentum Salomoni.
15 Fecit igitur rex Salomon ducentas
hastas aureas de summa sexcentorum aureorum, qui in singulis hastis expende-
bantur: 16 trecenta quoque scuta aurea
trecentorum aureorum, quibus tegeban-
tur singula scuta; posuitque ea rex in ar-
mamentario, quod erat consitum nemore. 17 Fecit quoque rex solium eburneum
grande, et vestivit illud auro mundissimo.
18 Sex quoque gradus, quibus ascendebatur ad solium, et scabellum aureum, et
brachiola duo altrinsecus, et duos leones
stantes iuxta brachiola, 19 sed et alios
duodecim leunculos stantes super sex gradus ex utraque parte: non fuit tale solium
in universis regnis. 20 Omnia quoque vasa
convivii regis erant aurea, et vasa domus

9,24. — 12: 2 Par 4,1; 15,8. — 13: Ex 23,14; 29,38; Num 28,3.9.11.26; 29,12; Deut 16,16. 14: 1 Par 9,17-27; 23,6-32; 24,1-19; 25,1-31; 26,1-19. — 17: 3 Reg 9,26.

9 1-12: 3 Reg 10,1-13. — 1: Mt 12,42; Lc 11, 31. — 8: 2 Par 2,11. — 10: 2 Par 8,18. — 13-28: 3 Reg 10,14-28. — 21: 2 Par 8,18; 20,

saltus Libani ex auro purissimo. Argentum enim in diebus illis pro nihilo repu-
tabatur. 21 Siquidem naves regis ibant in
Tharsis cum servis Hiram, semel in annis
tribus: et deferebant inde aurum, et argentum, et ebur, et simias, et pavos.
22 Magnificatus est igitur Salomon super omnes reges terrae prae divitiis et
gloria. 23 Omnesque reges terrarum desiderabant videre faciem Salomonis, ut audirent sapientiam, quam dederat Deus in
corde eius: 24 et deferebant ei munera, vasa argentea, et aurea, et vestes, et arma,
et aromata, equos, et mulos, per singulos
annos. 25 Habuit quoque Salomon quadraginta millia equorum in stabulis, et
curruum, equitumque duodecim millia,
constituitque eos in urbibus quadrigarum, et ubi erat rex in Ierusalem. 26 Exercuit etiam potestatem super cunctos reges
a flumine Euphrate usque ad terram Philisthinorum, et usque ad terminos Aegypti. 27 Tantamque copiam praebuit argenti in Ierusalem quasi lapidum: et cedrorum tantam multitudinem velut sycomo-
rorum, quae gignuntur in campestribus.
28 Adducebantur autem ei equi de Aegypto, cunctisque regionibus.

Extrema Salomonis

29 Reliqua autem operum Salomonis
priorum et novissimorum scripta sunt in
verbis Nathan prophetae, et in libris Ahiae
Silonitis, in visione quoque Addo videntis, contra Ieroboam filium Nabat. 30 Regnavit autem Salomon in Ierusalem super
omnem Israel quadraginta annis. 31 Dormivitque cum patribus suis, et sepelierunt
eum in civitate David: regnavitque Roboam filius eius pro eo.

PARS ALTERA

HISTORIA CAETERORUM REGUM IUDA
(10,1-36,23

Discissio regni

10 1 Profectus est autem Roboam in
Sichem: illuc enim cunctus Israel
convenerat ut constituerent eum regem.
2 Quod cum audisset Ieroboam filius Nabat, qui erat in Aegypto (fugerat quippe
illuc ante Salomonem) statim reversus est.
3 Vocaveruntque eum, et venit cum universo Israel, et locuti sunt ad Roboam,
dicentes: 4 Pater tuus durissimo iugo nos
pressit, tu leviora impera patre tuo, qui
nobis imposuit gravem servitutem, et paululum de onere subleva, ut serviamus tibi.
5 Qui ait: Post tres dies revertimini ad me.
Cumque abiisset populus, 6 iniit consilium cum senibus, qui steterant coram
patre eius Salomone dum adhuc viveret,
dicens: Quid datis consilii ut respondeam
populo? 7 Qui dixerunt ei: Si placueris
populo huic, et leniveris eos verbis cle-
mentibus, servient tibi omni tempore.
8 At ille reliquit consilium senum, et cum
iuvenibus tractare coepit, qui cum eo nutriti fuerant, et erant in comitatu illius.
9 Dixitque ad eos: Quid vobis videtur?
vel respondere quid debeo populo huic,
qui dixit mihi: Subleva iugum quod imposuit nobis pater tuus? 10 At illi responderunt ut iuvenes, et nutriti cum eo in
deliciis, atque dixerunt: Sic loqueris populo, qui dixit tibi: Pater tuus aggravavit
iugum nostrum, tu subleva: et sic respondebis ei: Minimus digitus meus grossior
est lumbis patris mei. 11 Pater meus imposuit vobis grave iugum, et ego maius
pondus apponam: pater meus cecidit vos
flagellis, ego vero caedam vos scorpionibus.
12 Venit ergo Ieroboam, et universus
populus ad Roboam die tertio, sicut praeceperat eis. 13 Responditque rex dura, derelicto consilio seniorum: 14 locutusque
est iuxta iuvenum voluntatem: Pater meus
grave vobis imposuit iugum, quod ego
gravius faciam: pater meus cecidit vos
flagellis, ego vero caedam vos scorpionibus. 15 Et non acquievit populi precibus: erat enim voluntatis Dei ut compleretur sermo eius, quem locutus fuerat per
manum Ahiae Silonitis ad Ieroboam filium Nabat.
16 Populus autem universus rege durio-
ra dicente, sic locutus est ad eum: Non
est nobis pars in David, neque haereditas
in filio Isai. Revertere in tabernacula tua
Israel, tu autem pasce domum tuam David. Et abiit Israel in tabernacula sua.
17 Super filios autem Israel, qui habitabant in civitatibus Iuda, regnavit Roboam. 18 Misitque rex Roboam Aduram,
qui praeerat tributis, et lapidaverunt eum
filii Israel, et mortuus est: porro rex Roboam currum festinavit ascendere, et fugit in Ierusalem. 19 Recessitque Israel a
domo David, usque ad diem hanc.

11 1 Venit autem Roboam in Ierusalem, et convocavit universam domum Iuda et Beniamin, centum octoginta
millia electorum atque bellantium, ut di-

36-37. — **22:** 3 Reg 3,13. — **25-28:** 2 Par 1,14-17. — **25:** 3 Reg 4,26; 10,26. — **26:** 3 Reg 4,21. **29-31:** 3 Reg 11,41-43. — **29:** 2 Sam 12,1; 3 Reg 11,29; 2 Par 12,15; 13,22.

10 **1-19:** 3 Reg 12,1-20. — **2:** 3 Reg 11,40. — **4:** 3 Reg 5,15-16. — **15:** 3 Reg 11,29-39. **16:** 2 Sam 20,1. — **18:** 3 Reg 4,6; 5,14.

11 **1-4:** 3 Reg 12,21-24. — **2:** 2 Par 12,5.15. **14:** Num 35,2-3; 2 Par 13,9. — **15:** 3 Reg

micaret contra Israel, et converteret ad se
regnum suum. 2 Factusque est sermo Domini ad Semeiam hominem Dei, dicens:
3 Loquere ad Roboam filium Salomonis
regem Iuda, et ad universum Israel, qui
est in Iuda et Beniamin: 4 Haec dicit Dominus: Non ascendetis, neque pugnabitis
contra fratres vestros: revertatur unusquisque in domum suam, quia mea hoc
gestum est voluntate. Qui cum audissent
sermonem Domini reversi sunt, nec perrexerunt contra Ieroboam.

Regnum Roboam

5 Habitavit autem Roboam in Ierusalem, et aedificavit civitates muratas in
Iuda. 6 Extruxitque Bethlehem, et Etam,
et Thecue, 7 Bethsur quoque, et Socho,
et Odollam, 8 necnon et Geth, et Maresa,
et Ziph, 9 sed et Aduram, et Lachis, et
Azeca, 10 Saraa quoque, et Aialon, et Hebron, quae erant in Iuda et Beniamin,
civitates munitissimas. 11 Cumque clausis-
set eas muris, posuit in eis principes, ci-
borumque horrea, hoc est, olei, et vini.
12 Sed et in singulis urbibus fecit armamentarium scutorum et hastarum, firmavitque eas summa diligentia, et imperavit
super Iudam et Beniamin.

Ordinat Ieroboam cultum illegitimum

13 Sacerdotes autem et Levitae, qui erant
in universo Israel, venerunt ad eum de
cunctis sedibus suis, 14 relinquentes suburbana, et possessiones suas, et transeuntes
ad Iudam et Ierusalem: eo quod abiecis-
set eos Ieroboam, et posteri eius, ne sacerdotio Domini fungerentur. 15 Qui constituit sibi sacerdotes excelsorum, et daemoniorum, vitulorumque quos fecerat.
16 Sed et de cunctis tribubus Israel, quicumque dederant cor suum ut quaererent
Dominum Deum Israel, venerunt in Ierusalem ad immolandum victimas suas coram Domino Deo patrum suorum. 17 Et
roboraverunt regnum Iuda, et confirmaverunt Roboam filium Salomonis per tres
annos: ambulaverunt enim in viis David
et Salomonis, annis tantum tribus.

Roboam familia

18 Duxit autem Roboam uxorem Maha-
lath, filiam Ierimoth, filii David: Abihail
quoque filiam Eliab filii Isai, 19 quae peperit ei filios Iehus, et Somoriam, et
Zoom. 20 Post hanc quoque accepit Maacha filiam Absalom, quae peperit ei Abia,
et Ethai, et Ziza, et Salomith. 21 Amavit
autem Roboam Maacha filiam Absalom
super omnes uxores suas, et concubinas:
nam uxores decem et octo duxerat, concubinas autem sexaginta: et genuit viginti
octo filios, et sexaginta filias. 22 Constituit vero in capite, Abiam filium Maacha
ducem super omnes fratres suos: ipsum
enim regem facere cogitabat, 23 quia sapientior fuit, et potentior super omnes filios eius, et in cunctis finibus Iuda, et
Beniamin, et in universis civitatibus muratis: praebuitque eis escas plurimas, et
multas petivit uxores.

12,28.31; 13,33. — **16:** 2 Par 15,9. — **18:** 1 Sam 16,6; 17,13.28. — **20:** 3 Reg 15,2. — **22:** Deut 21,15-17.

Sesac diripit Ierusalem

12 1 Cumque roboratum fuisset regnum Roboam et confortatum, dereliquit legem Domini, et omnis Israel
cum eo.
2 Anno autem quinto regni Roboam,
ascendit Sesac rex Aegypti in Ierusalem
quia peccaverant Domino 3 cum mille ducentis curribus, et sexaginta millibus equitum: nec erat numerus vulgi quod venerat cum eo ex Aegypto, Libyes, scilicet, et
Troglodytae, et Aethiopes. 4 Cepitque civitates munitissimas in Iuda, et venit usque in Ierusalem. 5 Semeias autem propheta ingressus est ad Roboam, et principes Iuda, qui congregati fuerant in Ierusalem, fugientes Sesac, dixitque ad eos:
Haec dicit Dominus: Vos reliquistis me,
et ego reliqui vos in manu Sesac. 6 Con-
sternatique principes Israel et rex dixerunt:
Iustus est Dominus. 7 Cumque vidisset
Dominus, quod humiliati essent, factus
est sermo Domini ad Semeiam, dicens:
Quia humiliati sunt, non disperdam eos,
daboque eis pauxillum auxilii, et non stillabit furor meus super Ierusalem per manum Sesac. 8 Verumtamen servient ei, ut
sciant distantiam servitutis meae, et servitutis regni terrarum. 9 Recessit itaque
Sesac rex Aegypti ab Ierusalem, sublatis
thesauris domus Domini, et domus regis,
omniaque secum tulit, et clypeos aureos,
quos fecerat Salomon, 10 pro quibus fecit
rex aeneos, et tradidit illos principibus
scutariorum, qui custodiebant vestibulum
palatii. 11 Cumque introiret rex domum
Domini, veniebant scutarii, et tollebant
eos, iterumque referebant eos ad armamentarium suum.
12 Verumtamen quia humiliati sunt,
aversa est ab eis ira Domini, nec deleti
sunt penitus: siquidem et in Iuda inventa
sunt opera bona. 13 Confortatus est ergo

12 **1:** 3 Reg 14,22-24; 2 Par 11,17. — **2:** 3 Reg 14,25. — **4:** 2 Par 11,5-12. — **5:** 3 Reg 12,22; 2 Par 11,2. — **9-11:** 3 Reg 14,26-28. — **9:** 3 Reg 10,16-17; 2 Par 9,15-16. — **13:**

rex Roboam in Ierusalem, atque regnavit: quadraginta autem et unius anni erat cum regnare coepisset, et decem et septem annis regnavit in Ierusalem, urbe, quam elegit Dominus, ut confirmaret nomen suum ibi, de cunctis tribubus Israel: nomen autem matris eius Naama Ammanitis.
14 Fecit autem malum, et non praeparavit cor suum ut quaereret Dominum.

15 Opera vero Roboam prima et novissima scripta sunt in Libris Semeiae prophetae, et Addo videntis, et diligenter exposita: pugnaveruntque adversum se Roboam, et Ieroboam cunctis diebus.
16 Et dormivit Roboam cum patribus suis, sepultusque est in civitate David. Et regnavit Abia filius eius pro eo.

Abia succedit Roboam

13 1 Anno octavo decimo regis Ieroboam, regnavit Abia super Iudam.
2 Tribus annis regnavit in Ierusalem, nomenque matris eius Michaia, filia Uriel de Gabaa: et erat bellum inter Abiam et Ieroboam.
3 Cumque iniisset Abia certamen, et haberet bellicosissimos viros, et electorum quadringenta millia: Ieroboam instruxit econtra aciem octingenta millia virorum, qui et ipsi electi erant, et ad bella fortissimi.

Sermo Abiae ad Israel

4 Stetit ergo Abia super montem Semeron, qui erat in Ephraim, et ait:

Audi Ieroboam, et omnis Israel.
5 Num ignoratis quod Dominus Deus Israel dederit regnum David super Israel in sempiternum, ipsi et filiis eius in pactum salis?
6 Et surrexit Ieroboam filius Nabat, servus Salomonis filii David: et rebellavit contra dominum suum.
7 Congregatique sunt ad eum viri vanissimi, et filii Belial: et praevaluerunt contra Roboam filium Salomonis: porro Roboam erat rudis, et corde pavido, nec potuit resistere eis.
8 Nunc ergo vos dicitis quod resistere possitis regno Domini, quod possidet per filios David, habetisque grandem populi multitudinem, atque vitulos aureos, quos fecit vobis Ieroboam in deos.
9 Et eiecistis sacerdotes Domini, filios Aaron, atque Levitas: et fecistis vobis sacerdotes sicut omnes populi terrarum: quicumque venerit, et initiaverit manum suam in tauro de bobus, et in arietibus septem, fit sacerdos eorum qui non sunt dii.
10 Noster autem Dominus, Deus est, quem non relinquimus, sacerdotesque ministrant Domino, de filiis Aaron, et Levitae sunt in ordine suo:
11 Holocausta quoque offerunt Domino per singulos dies mane et vespere, et thymiama iuxta legis praecepta confectum, et proponuntur panes in mensa mundissima, estque apud nos candelabrum aureum, et lucernae eius, ut accendantur semper ad vesperam: nos quippe custodimus praecepta Domini Dei nostri, quem vos reliquistis.
12 Ergo in exercitu nostro dux Deus est, et sacerdotes eius, qui clangunt tubis, et resonant contra vos: filii Israel nolite pugnare contra Dominum Deum patrum vestrorum, quia non vobis expedit.

Abiae victoria

13 Haec illo loquente, Ieroboam retro moliebatur insidias. Cumque ex adverso hostium staret, ignorantem Iudam suo ambiebat exercitu.
14 Respiciensque Iudas vidit instare bellum ex adverso et post tergum, et clamavit ad Dominum: ac sacerdotes tubis canere coeperunt.
15 Omnesque viri Iuda vociferati sunt: et ecce illis clamantibus, perterruit Deus Ieroboam, et omnem Israel qui stabat ex adverso Abia et Iuda.
16 Fugeruntque filii Israel Iudam, et tradidit eos Deus in manu eorum.
17 Percussit ergo eos Abia, et populus eius plaga magna: et corruerunt vulnerati ex Israel quingenta millia virorum fortium.
18 Humiliatique sunt filii Israel in tempore illo, et vehementissime confortati filii Iuda eo quod sperassent in Domino Deo patrum suorum.
19 Persecutus est autem Abia fugientem Ieroboam, et cepit civitates eius, Bethel et filias eius, et Iesana cum filiabus suis, Ephron quoque et filias eius:
20 nec valuit ultra resistere Ieroboam in diebus Abia: quem percussit Dominus, et mortuus est.
21 Igitur Abia, confortato imperio suo, accepit uxores quatuordecim: procreavitque viginti duos filios, et sedecim filias.

22 Reliqua autem sermonum Abia, viarumque et operum eius, scripta sunt diligentissime in Libro Addo prophetae.

Abiae Asa succedit

14 1 Dormivit autem Abia cum patribus suis, et sepelierunt eum in civitate David: regnavitque Asa filius eius pro eo, in cuius diebus quievit terra annis decem.

2 Fecit autem Asa quod bonum et pla-

3 Reg 14,21; 2 Par 6,6. — 15-16: 3 Reg 14, 29-31. — 15: 3 Reg 12,22; 2 Par 9,29.

13 1-2: 3 Reg 15,1-2. — 2: 3 Reg 15,7; 2 Par 11,20. — 4: Ios 18,22. — 5: 2 Sam 7,12.13.16. — 6: 3 Reg 11,26; 12,19.20. — 8: 3 Reg 12,28. — 9: 3 Reg 12,31; 2 Par 11,14-15. 11: Ex 25,31-39; 27,20-21; Lev 24,2-5.9; Num 28,3-8; 2 Par 2,4. — 15: 2 Par 14,12. — 20: 3 Reg 14,20. — 22: 3 Reg 15,7; 2 Par 9,29.

14 1: 3 Reg 15,8. — 2-5: 3 Reg 15,11-14.

citum erat in conspectu Dei sui, et subvertit altaria peregrini cultus, et excelsa.
3 Et confregit statuas, lucosque succidit:
4 et praecepit Iudae ut quaereret Dominum Deum patrum suorum, et faceret legem, et universa mandata: 5 et abstulit de
cunctis urbibus Iuda aras, et fana, et regnavit in pace. 6 Aedificavit quoque urbes
munitas in Iuda, quia quietus erat, et nulla temporibus eius bella surrexerant, pacem Domino largiente. 7 Dixit autem Iudae: Aedificemus civitates istas, et valle-
mus muris, et roboremus turribus, et portis, et seris, donec a bellis quieta sunt
omnia, eo quod quaesierimus Dominum
Deum patrum nostrorum, et dederit nobis pacem per gyrum. Aedificaverunt igitur, et nullum in extruendo impedimentum fuit. 8 Habuit autem Asa in exercitu
suo portantium scuta et hastas de Iuda
trecenta millia, de Beniamin vero scutariorum et sagittariorum ducenta octoginta millia, omnes isti viri fortissimi.

Bellum cum Zara Aethiope

9 Egressus est autem contra eos Zara
Aethiops cum exercitu suo, decies centena millia, et curribus trecentis: et venit
usque Maresa. 10 Porro Asa perrexit obviam ei, et instruxit aciem ad bellum in
valle Sephata, quae est iuxta Maresa:
11 et invocavit Dominum Deum, et ait:
Domine, non est apud te ulla distantia
utrum in paucis auxilieris, an in pluribus:
adiuva nos Domine Deus noster: in te
enim, et in tuo nomine habentes fiduciam
venimus contra hanc multitudinem. Domine, Deus noster tu es, non praevaleat
contra te homo. 12 Exterruit itaque Dominus Aethiopes coram Asa et Iuda: fugeruntque Aethiopes. 13 Et persecutus est
eos Asa, et populus, qui cum eo erat, usque Gerara: et ruerunt Aethiopes usque
ad internecionem, quia Domino caedente
contriti sunt, et exercitu illius praeliante.
Tulerunt ergo spolia multa, 14 et percusserunt civitates omnes per circuitum Gerarae: grandis quippe cunctos terror invaserat: et diripuerunt urbes, et multam
praedam asportaverunt. 15 Sed et caulas
ovium destruentes, tulerunt pecorum infinitam multitudinem, et camelorum: reversique sunt in Ierusalem.

Asae reformatio religiosa

15 1 Azarias autem filius Oded, facto
in se spiritu Dei, 2 egressus est in
occursum Asa, et dixit ei: Audite me Asa,
et omnis Iuda et Beniamin: Dominus vobiscum, quia fuistis cum eo. Si quaesieritis eum, invenietis: si autem dereliqueritis
eum, derelinquet vos. 3 Transibunt autem
multi dies in Israel absque Deo vero, et
absque sacerdote doctore, et absque lege.
4 Cumque reversi fuerint in angustia sua
ad Dominum Deum Israel, et quaesierint
eum, reperient eum. 5 In tempore illo non
erit pax egredienti et ingredienti, sed terrores undique in cunctis habitatoribus terrarum: 6 pugnavit enim gens contra gentem, et civitas contra civitatem, quia Dominus conturbabit eos in omni angustia.
7 Vos ergo confortamini, et non dissolvantur manus vestrae: erit enim merces
operi vestro.
8 Quod cum audisset Asa verba scilicet,
et prophetiam Azariae filii Oded prophetae, confortatus est, et abstulit idola de
omni terra Iuda et de Beniamin et ex urbibus, quas ceperat, montis Ephraim, et
dedicavit altare Domini quod erat ante
porticum Domini. 9 Congregavitque universum Iudam et Beniamin, et advenas
cum eis de Ephraim, et de Manasse, et de
Simeon: plures enim ad eum confugerant
ex Israel, videntes quod Dominus Deus
illius esset cum eo. 10 Cumque venissent
in Ierusalem mense tertio, anno decimo-
quinto regni Asa, 11 immolaverunt Domino in die illa de manubiis, et praeda, quam
adduxerant, boves septingentos, et arietes
septem millia. 12 Et intravit ex more ad
corroborandum foedus ut quaererent Dominum Deum patrum suorum in toto corde, et in tota anima sua. 13 Si quis autem,
inquit, non quaesierit Dominum Deum
Israel, moriatur, a minimo usque ad maximum, a viro usque ad mulierem. 14 Iu-
raveruntque Domino voce magna in iubilo, et in clangore tubae, et in sonitu buc-
cinarum, 15 omnes qui erant in Iuda cum
execratione: in omni enim corde suo iuraverunt, et in tota voluntate quaesierunt
eum, et invenerunt: praestititque eis Dominus requiem per circuitum.
16 Sed et Maacham matrem Asa regis
ex augusto deposuit imperio, eo quod fecisset in luco simulacrum Priapi: quod
omne contrivit, et in frusta comminuens
combussit in torrente Cedron. 17 Excelsa
autem derelicta sunt in Israel: attamen
cor Asa erat perfectum cunctis diebus
eius. 18 Eaque quae voverat pater suus, et
ipse, intulit in domum Domini, argentum,
et aurum, vasorumque diversam supellectilem. 19 Bellum vero non fuit usque ad
trigesimum quintum annum regni Asa.

5: 2 Par 16,9. — 9: Ios 15,44. — 11: 1 Sam 14,6.

15 2: 1 Par 28,9; 2 Par 12,5. — 8: 2 Par 8, 12. — 9: 2 Par 11,16. — 11: 2 Par 14, 13-15. — 13: Deut 13,6-9. — 16-18: 3 Reg 15, 13-15. — 19: 2 Par 14,1.6.

Bellum Asae cum Israel

16 1 Anno autem trigesimo sexto regni eius, ascendit Baasa rex Israel
in Iudam, et muro circumdabat Rama,
ut nullus posset egredi et ingredi de regno Asa. 2 Protulit ergo Asa argentum et
aurum de thesauris domus Domini, et de
thesauris regis, misitque ad Benadad regem Syriae, qui habitabat in Damasco,
dicens: 3 Foedus inter me et te est, pater
quoque meus et pater tuus habuere concordiam: quam ob rem misi tibi argentum et aurum, ut rupto foedere, quod habes cum Baasa rege Israel, facias eum a
me recedere. 4 Quo comperto, Benadad
misit principes exercituum suorum ad urbes Israel: qui percusserunt Ahion, et
Dan, et Abelmaim, et universas urbes
Nephthali muratas. 5 Quod cum audisset
Baasa desiit aedificare Rama, et intermisit opus suum. 6 Porro Asa rex assumpsit
universum Iudam, et tulerunt lapides de
Rama, et ligna quae aedificationi praeparaverat Baasa, aedificavitque ex eis Gabaa, et Maspha.
7 In tempore illo venit Hanani propheta ad Asa regem Iuda, et dixit ei: Quia
habuisti fiduciam in rege Syriae, et non
in Domino Deo tuo, idcirco evasit Syriae
regis exercitus de manu tua. 8 Nonne Aethiopes et Libyes multo plures erant quadrigis, et equitibus, et multitudine nimia:
quos, cum Domino credidisses, tradidit
in manu tua? 9 Oculi enim Domini contemplantur universam terram, et praebent
fortitudinem his, qui corde perfecto credunt in eum. Stulte igitur egisti, et propter hoc ex praesenti tempore adversum
te bella consurgent. 10 Iratusque Asa adversus videntem, iussit eum mitti in nervum: valde quippe super hoc fuerat indignatus: et interfecit de populo in tempore
illo plurimos.

Postrema Asae

11 Opera autem Asa prima et novissima
scripta sunt in Libro regum Iuda et Israel.
12 Aegrotavit etiam Asa anno trigesimo
nono regni sui, dolore pedum vehementissimo, et nec in infirmitate sua quaesivit
Dominum, sed magis in medicorum arte
confisus est. 13 Dormivitque cum patribus
suis: et mortuus est anno quadragesimo
primo regni sui. 14 Et sepelierunt eum in
sepulchro suo quod foderat sibi in civitate David: posueruntque eum super lectum suum plenum aromatibus et unguen-
tibus meretriciis, quae erant pigmentario-
rum arte confecta, et combusserunt super
eum ambitione nimia.

Iosaphat regni administratio

17 1 Regnavit autem Iosaphat filius
eius pro eo, et invaluit contra Israel. 2 Constituitque militum numeros in
cunctis urbibus Iuda, quae erant vallatae
muris. Praesidiaque disposuit in terra Iuda, et in civitatibus Ephraim, quas ceperat Asa pater eius.
3 Et fuit Dominus cum Iosaphat, quia
ambulavit in viis David patris sui primis:
et non speravit in Baalim, 4 sed in Deo
patris sui, et perrexit in praeceptis illius
et non iuxta peccata Israel. 5 Confirma-
vitque Dominus regnum in manu eius, et
dedit omnis Iuda munera Iosaphat: fac-
taeque sunt ei infinitae divitiae, et multa
gloria. 6 Cumque sumpsisset cor eius audaciam propter vias Domini, etiam excelsa et lucos de Iuda abstulit.
7 Tertio autem anno regni sui misit de
principibus suis Benhail, et Obdiam, et
Zachariam, et Nathanael, et Michaeam
ut docerent in civitatibus Iuda: 8 et cum
eis Levitas Semeiam, et Nathaniam, et
Zabadiam, Asael quoque, et Semiramoth,
et Ionathan, Adoniamque et Thobiam, et
Thobadoniam Levitas, et cum eis Elisama, et Ioran sacerdotes, 9 docebantque
populum in Iuda, habentes librum legis
Domini, et circuibant cunctas urbes Iuda,
atque erudiebant populum. 10 Itaque factus est pavor Domini super omnia regna
terrarum, quae erant per gyrum Iuda, nec
audebant bellare contra Iosaphat. 11 Sed
et Philisthaei Iosaphat munera deferebant,
et vectigal argenti, Arabes quoque adducebant pecora, arietum septem millia septingenta, et hircorum totidem. 12 Crevit
ergo Iosaphat, et magnificatus est usque
in sublime: atque aedificavit in Iuda domos ad instar turrium, urbesque muratas.
13 Et multa opera paravit in urbibus Iuda: viri quoque bellatores, et robusti erant
in Ierusalem, 14 quorum iste numerus per
domos atque familias singulorum: in Iuda principes exercitus, Ednas dux, et cum
eo robustissimi viri trecenta millia. 15 Post
hunc Iohanan princeps, et cum eo ducenta octoginta millia. 16 Post istum quoque
Amasias filius Zechri, consecratus Domino, et cum eo ducenta millia virorum fortium. 17 Hunc sequebatur robustus ad
praelia Eliada, et cum eo tenentium arcum et clypeum ducenta millia. 18 Post

16 1-6: 3 Reg 15,17-22. — 7: 3 Reg 16,1; 2 Par 19,2. — 8: 2 Par 14,9-12. — 9: 3 Reg 15,16.32. — 10: 2 Par 18,26; Ier 20,2-3. 11-14: 3 Reg 15,23-24. — 12: Eccli 38,9. — 14: 2 Par 21,19; Ier 34,5.

17 1: 3 Reg 15,24. — 2: 2 Par 15,8. — 4: 3 Reg 12,28. — 5: 2 Par 18,1. — 6: Reg 22,43-44; 2 Par 15,17; 20,33. — 10: 2 Par 14, 14; 20,29.

istum etiam Iozabad, et cum eo centum
octoginta millia expeditorum militum.
19 Hi omnes erant ad manum regis, exceptis aliis, quos posuerat in urbibus muratis, in universo Iuda.

Foedus cum Achab

18 1 Fuit ergo Iosaphat dives et inclytus multum, et affinitate coniunctus est Achab. 2 Descenditque post annos
ad eum in Samariam: ad cuius adventum
mactavit Achab arietes, et boves plurimos
ipsi, et populo qui venerat cum eo: per-
suasitque illi ut ascenderet in Ramoth Galaad. 3 Dixitque Achab rex Israel ad Iosaphat regem Iuda: Veni mecum in Ramoth Galaad. Cui ille respondit: Ut ego,
et tu: sicut populus tuus, sic et populus
meus: tecumque erimus in bello. 4 Dixitque Iosaphat ad regem Israel: consule
obsecro impraesentiarum sermonem Domini. 5 Congregavit igitur rex Israel prophetarum quadringentos viros, et dixit ad
eos: In Ramoth Galaad ad bellandum ire
debemus an quiescere? At illi, Ascende,
inquiunt, et tradet Deus in manu regis.
6 Dixitque Iosaphat: Numquid non est
hic prophetes Domini, ut ab illo etiam
requiramus? 7 Et ait rex Israel ad Iosaphat: Est vir unus, a quo possumus quaerere Domini voluntatem: sed ego odi eum,
quia non prophetat mihi bonum, sed malum omni tempore: est autem Michaeas
filius Iemla. Dixitque Iosaphat: Ne loquaris rex hoc modo. 8 Vocavit ergo rex Israel unum de eunuchis, et dixit ei: Voca
cito Michaeam filium Iemla.
9 Porro rex Israel, et Iosaphat rex Iuda,
uterque sedebant in solio suo, vestiti cultu regio: sedebant autem in area iuxta
portam Samariae, omnesque prophetae
vaticinabantur coram eis. 10 Sedecias vero
filius Chanaana fecit sibi cornua ferrea,
et ait: Haec dicit Dominus: His ventilabis Syriam, donec conteras eam. 11 Omnesque prophetae similiter prophetabant,
atque dicebant: Ascende in Ramoth Galaad, et prosperaberis, et tradet eos Dominus in manu regis. 12 Nuntius autem,
qui ierat ad vocandum Michaeam, ait illi:
En verba omnium prophetarum uno ore
bona regi annuntiant: quaeso ergo te ut
et sermo tuus ab eis non dissentiat, loqua-
risque prospera. 13 Cui respondit Michaeas: Vivit Dominus, quia quodcumque dixerit mihi Deus meus, hoc loquar, 14 Venit ergo ad regem. Cui rex ait: Michaea,
ire debemus in Ramoth Galaad ad bellandum, an quiescere? Cui ille respondit:
Ascendite: cuncta enim prospera evenient,
et tradentur hostes in manus vestras.
15 Dixitque rex: Iterum, atque iterum te
adiuro, ut mihi non loquaris, nisi quod
verum est in nomine Domini. 16 At ille
ait: Vidi universum Israel dispersum in
montibus, sicut oves absque pastore: et
dixit Dominus: Non habent isti dominos:
revertatur unusquisque in domum suam
in pace.
17 Et ait rex Israel ad Iosaphat: Nonne
dixi tibi, quod non prophetaret iste mihi
quidquam boni, sed ea quae mala sunt?
18 At ille, Idcirco, ait, audite verbum Domini: Vidi Dominum sedentem in solio
suo, et omnem exercitum caeli assistentem ei a dextris et a sinistris. 19 Et dixit
Dominus: Quis decipiet Achab regem
Israel ut ascendat et corruat in Ramoth Galaad? Cumque diceret unus hoc
modo, et alter alio: 20 processit spiritus,
et stetit coram Domino, et ait: Ego decipiam eum. Cui Dominus, In quo, inquit,
decipies? 21 At ille respondit: Egrediar, et
ero spiritus mendax in ore omnium prophetarum eius. Dixitque Dominus: Decipies, et praevalebis: egredere, et fac ita.
22 Nunc igitur, ecce Dominus dedit spiritum mendacii in ore omnium prophetarum tuorum, et Dominus locutus est de
te mala.
23 Accessit autem Sedecias filius Chanaana, et percussit Michaeae maxillam, et
ait: per quam viam transivit Spiritus Domini a me, ut loqueretur tibi? 24 Dixitque
Michaeas: Tu ipse videbis in die illo,
quando ingressus fueris cubiculum de cubiculo ut abscondaris. 25 Praecepit autem
rex Israel, dicens: Tollite Michaeam, et
ducite eum ad Amon principem civitatis,
et ad Ioas filium Amelech. 26 Et dicetis:
Haec dicit rex: Mittite hunc in carcerem,
et date ei panis modicum, et aquae pauxillum, donec revertar in pace. 27 Dixitque Michaeas: Si reversus fueris in pace,
non est locutus Dominus in me. Et ait:
Audite omnes populi.
28 Igitur ascenderunt rex Israel et Iosaphat rex Iuda in Ramoth Galaad. 29 Dixitque rex Israel ad Iosaphat: Mutabo
habitum, et sic ad pugnam vadam, tu autem induere vestibus tuis. Mutatoque rex
Israel habitu, venit ad bellum. 30 Rex autem Syriae praeceperat ducibus equitatus
sui, dicens: Ne pugnetis contra minimum,
aut contra maximum, nisi contra solum
regem Israel. 31 Itaque cum vidissent principes equitatus Iosaphat, dixerunt: Rex
Israel est iste. Et circumdederunt eum di-
micantes: at ille clamavit ad Dominum
et auxiliatus est ei, atque avertit eos ab
illo. 32 Cum enim vidissent duces equitatus, quod non esset rex Israel, reliquerunt
eum. 33 Accidit autem ut unus e populo

18 **1:** 2 Par 17,5; 21,6. — **2-34:** 3 Reg 22, 2-35. — **6:** 4 Reg 3,11. — **13:** Num 22, 18; 24,13; Deut 18,18. — **26:** 2 Par 16,10.

sagittam in incertum iaceret, et percuteret regem Israel inter cervicem et scapulas, at ille aurigae suo ait: Converte manum tuam, et educ me de acie, quia vulneratus sum. 34 Et finita est pugna in die
illo: porro rex Israel stabat in curru suo
contra Syros usque ad vesperam, et mortuus est occidente sole.

19 1 Reversus est autem Iosaphat rex
Iuda in domum suam pacifice in
Ierusalem. 2 Cui occurrit Iehu filius Hena-
ni videns, et ait ad eum: Impio praebes
auxilium, et his qui oderunt Dominum
amicitia iungeris, et idcirco iram quidem
Domini merebaris: 3 sed bona opera inventa sunt in te, eo quod abstuleris lucos
de terra Iuda, et praeparaveris cor tuum
ut requireres Dominum Deum patrum
tuorum.

Iudices in regno constituit

4 Habitavit ergo Iosaphat in Ierusalem,
rursumque egressus est ad populum de
Bersabee usque ad montem Ephraim, et
revocavit eos ad Dominum Deum patrum
suorum. 5 Constituitque iudices terrae in
cunctis civitatibus Iuda munitis per singula loca, 6 et praecipiens iudicibus, Videte, ait, quid faciatis: non enim hominis
exercetis iudicium, sed Domini: et quodcumque iudicaveritis, in vos redundabit.
7 Sit timor Domini vobiscum, et cum diligentia cuncta facite: non est enim apud
Dominum Deum nostrum iniquitas, nec
personarum acceptio, nec cupido munerum.
8 In Ierusalem quoque constituit Iosaphat Levitas, et sacerdotes, et principes
familiarum ex Israel, ut iudicium et causam Domini iudicarent habitatoribus eius.
9 Praecepitque eis, dicens: Sic agetis in
timore Domini fideliter et corde perfecto. 10 Omnem causam, quae venerit ad
vos fratrum vestrorum, qui habitant in
urbibus suis inter cognationem et cognationem, ubicumque quaestio est de lege,
de mandato, de caeremoniis, de iustificationibus: ostendite eis, ut non peccent in
Dominum, et ne veniat ira super vos et
super fratres vestros: sic ergo agentes non
peccabitis. 11 Amarias autem sacerdos et
pontifex vester in his, quae ad Deum pertinent, praesidebit: porro Zabadias filius
Ismahel, qui est dux in domo Iuda, super
ea opera erit, quae ad regis officium pertinent: habetisque magistros Levitas coram vobis, confortamini, et agite diligenter, et erit Dominus vobiscum in bonis.

Oppugnatur Iuda a Moabitis et Ammonitis

20 1 Post haec congregati sunt filii
Moab, et filii Ammon, et cum eis
de Ammonitis, ad Iosaphat, ut pugnarent contra eum. 2 Veneruntque nuntii, et
indicaverunt Iosaphat, dicentes: Venit
contra te multitudo magna de his locis
quae trans mare sunt, et de Syria, et ecce
consistunt in Asasonthamar, quae est Engaddi. 3 Iosaphat autem timore perterritus,
totum se contulit ad rogandum Dominum, et praedicavit ieiunium universo Iuda. 4 Congregatusque est Iudas ad deprecandum Dominum: sed et omnes de urbibus suis venerunt ad obsecrandum eum.
5 Cumque stetisset Iosaphat in medio
coetu Iuda, et Ierusalem, in domo Domini ante atrium novum, 6 ait: Domine Deus
patrum nostrorum, tu es Deus in caelo,
et dominaris cunctis regnis gentium, in
manu tua est fortitudo et potentia, nec
quisquam tibi potest resistere. 7 Nonne
tu Deus noster interfecisti omnes habitatores terrae huius coram populo tuo Israel, et dedisti eam semini Abraham amici tui in sempiternum? 8 Habitaveruntque
in ea, et extruxerunt in illa sanctuarium
nomini tuo, dicentes: 9 Si irruerint super
nos mala, gladius iudicii, pestilentia, et
fames, stabimus coram domo hac in conspectu tuo, in qua invocatum est nomen
tuum: et clamabimus ad te in tribulationibus nostris, et exaudies, salvosque facies. 10 Nunc igitur ecce filii Ammon, et
Moab, et mons Seir, per quos non con-
cessisti Israel ut transirent quando egrediebantur de Aegypto, sed declinaverunt
ab eis, et non interfecerunt illos, 11 econtrario agunt, et nituntur eiicere nos de
possessione, quam tradidisti nobis.
12 Deus noster, ergo non iudicabis eos?
In nobis quidem non est tanta fortitudo,
ut possimus huic multitudini resistere,
quae irruit super nos. Sed cum ignoremus
quid agere debeamus, hoc solum habemus residui, ut oculos nostros dirigamus
ad te.
13 Omnis vero Iuda stabat coram Domino cum parvulis, et uxoribus, et liberis
suis. 14 Erat autem Iahaziel filius Zachariae, filii Banaiae, filii Iehiel, filii Mathaniae, Levites de filiis Asaph, super quem
factus est spiritus Domini in medio turbae, 15 et ait: Attendite omnis Iuda, et
qui habitatis Ierusalem, et tu rex Iosaphat: Haec dicit Dominus vobis: Nolite
timere, nec paveatis hanc multitudinem:
non est enim vestra pugna, sed Dei. 16 Cras

19 2: 3 Reg 16,1; 2 Par 20,34. — 3: 2 Par 17,3-6. — 6: Deut 1,17. — 7: Deut 10, 17; Sap 6,8; Eccli 35,15; Act 10,34; Rom 2, 11; Gal 2,6; Eph 6,9; Col 3,25; 1 Petr 1,17. 11: 1 Par 6,11; 26,30.32.

20 1: 4 Reg 3,4.7. — 3: 2 Par 19,3; Esdr 8, 21; Ier 36,9. — 6: 1 Par 29,12. — 7: Ex 6,7-8; Ps 43,3. — 9: 3 Reg 8,33.37-39; 2 Par 6, 28-30. — 10: Num 20,21; Deut 2,1.4-5.9.19.

descendetis contra eos: ascensuri enim
sunt per clivum nomine Sis, et invenietis
illos in summitate torrentis, qui est contra solitudinem Ieruel. 17 Non eritis vos
qui dimicabitis, sed tantummodo confidenter state, et videbitis auxilium Domini super vos, o Iuda, et Ierusalem: nolite
timere, nec paveatis: cras egrediemini
contra eos, et Dominus erit vobiscum.
18 Iosaphat ergo, et Iuda, et omnes habitatores Ierusalem ceciderunt proni in
terram coram Domino, et adoraverunt
eum. 19 Porro Levitae de filiis Caath, et
de filiis Core laudabant Dominum Deum
Israel voce magna, in excelsum.

Occurrunt hostibus eosque disiiciunt

20 Cumque mane surrexissent, egressi
sunt per desertum Thecue: profectisque
eis, stans Iosaphat in medio eorum, dixit:
Audite me viri Iuda, et omnes habitatores
Ierusalem: credite in Domino Deo vestro, et securi eritis: crediti prophetis eius,
et cuncta evenient prospera. 21 Deditque
consilium populo, et statuit cantores Domini, ut laudarent eum in turmis suis, et
antecederent exercitum, ac voce consona
dicerent: Confitemini Domino, quoniam
in aeternum misericordia eius.
22 Cumque coepissent laudes canere,
vertit Dominus insidias eorum in semetipsos, filiorum scilicet Ammon, et Moab,
et montis Seir, qui egressi fuerant ut pugnarent contra Iudam, et percussi sunt.
23 Namque filii Ammon, et Moab, consurrexerunt adversum habitatores montis
Seir, ut interficerent et delerent eos: cumque hoc opere perpetrassent, etiam in semetipsos versi, mutuis concidere vulneribus. 24 Porro Iuda cum venisset ad speculam, quae respicit solitudinem, vidit procul omnem late regionem plenam cadaveribus, nec superesse quemquam, qui necem potuisset evadere. 25 Venit ergo Iosaphat, et omnis populus cum eo ad detrahenda spolia mortuorum: inveneruntque inter cadavera variam supellectilem,
vestes quoque, et vasa pretiosissima, et
diripuerunt ita ut omnia portare non possent, nec per tres dies spolia auferre prae
praedae magnitudine. 26 Die autem quarto congregati sunt in valle Benedictionis:
etenim quoniam ibi benedixerant Domino, vocaverunt locum illum vallis Benedictionis usque in praesentem diem.
27 Reversusque est omnis vir Iuda, et
habitatores Ierusalem, et Iosaphat ante
eos, in Ierusalem cum laetitia magna, eo
quod dedisset eis Dominus gaudium de
inimicis suis. 28 Ingressique sunt in Ierusalem cum psalteriis, et citharis, et tubis
in domum Domini. 29 Irruit autem pavor
Domini super universa regna terrarum
cum audissent quod pugnasset Dominus
contra inimicos Israel. 30 Quievitque regnum Iosaphat, et praebuit ei Deus pacem
per circuitum.

Postrema Iosaphat

31 Regnavit igitur Iosaphat super Iudam, et erat triginta quinque annorum
cum regnare coepisset: viginti autem et
quinque annis regnavit in Ierusalem, et
nomen matris eius Azuba filia Selahi. 32 Et
ambulavit in via patris sui Asa, nec declinavit ab ea, faciens quae placita erant coram Domino. 33 Verumtamen excelsa non
abstulit, et adhuc populus non direxerat
cor suum ad Dominum Deum patrum
suorum.
34 Reliqua autem gestorum Iosaphat
priorum, et novissimorum scripta sunt in
verbis Iehu filii Hanani, quae digessit in
Libros regum Israel. 35 Post haec iniit
amicitias Iosaphat rex Iuda cum Ochozia
rege Israel, cuius opera fuerunt impiissi-
ma. 36 Et particeps fuit ut facerent naves,
quae irent in Tharsis: feceruntque classem
in Asiongaber. 37 Prophetavit autem Eliezer filius Dodau de Maresa ad Iosaphat,
dicens: Quia habuisti foedus cum Ochozia, percussit Dominus opera tua, contri-
taeque sunt naves, nec potuerunt ire in
Tharsis.

Ioram eiusque impietas

21 1 Dormivit autem Iosaphat cum
patribus suis, et sepultus est cum
eis in civitate David: regnavitque Ioram
filius eius pro eo. 2 Qui habuit fratres filios Iosaphat, Azariam, et Iahiel, et Zachariam, et Azariam, et Michael, et Sa-
phatiam; omnes hi, filii Iosaphat regis
Iuda. 3 Deditque eis pater suus multa
munera argenti, et auri, et pensitationes,
cum civitatibus munitissimis in Iuda: regnum autem tradidit Ioram, eo quod esset
primogenitus. 4 Surrexit ergo Ioram super regnum patris sui: cumque se confirmasset, occidit omnes fratres suos gladio, et quosdam de principibus Israel.
5 Triginta duorum annorum erat Ioram cum regnare coepisset: et octo annis regnavit in Ierusalem. 6 Ambulavitque
in viis regum Israel, sicut egerat domus
Achab: filia quippe Achab erat uxor eius,

19: 1 Par 6,22-28; 9,19. — **21:** 1 Par 16,34.41. **30:** 2 Par 14,6-7; 15,15. — **31-34:** 3 Reg 22,41-46. — **33:** 2 Par 17,6. — **34:** 2 Par 19,2. — **35-37:** 3 Reg 22,47-50.

21 **1:** 3 Reg 22,51. — **5-10:** 4 Reg 8,17-22. **6:** 3 Reg 12,28.30; 16,31;33; 4 Reg 8,18.

et fecit malum in conspectu Domini.
7 Noluit autem Dominus disperdere domum David propter pactum, quod inierat
cum eo: et quia promiserat ut daret ei
lucernam, et filiis eius omni tempore.
8 In diebus illis rebellavit Edom ne esset subditus Iudae, et constituit sibi regem. 9 Cumque transisset Ioram cum principibus suis, et cuncto equitatu, qui erat
secum, surrexit nocte, et percussit Edom
qui se circumdederat, et omnes duces equitatus eius. 10 Attamen rebellavit Edom,
ne esset sub ditione Iuda usque ad hanc
diem: eo tempore et Lobna recessit ne
esset sub manu illius. Dereliquerat enim
Dominum Deum patrum suorum: 11 insuper et excelsa fabricatus est in urbibus
Iuda, et fornicari fecit habitatores Ierusalem, et praevaricari Iudam.

Per litteras corripitur ab Elia

12 Allatae sunt autem ei litterae ab Elia
propheta, in quibus scriptum erat: Haec
dicit Dominus Deus David patris tui:
Quoniam non ambulasti in viis Iosaphat
patris tui, et in viis Asa regis Iuda, 13 sed
incessisti per iter regum Israel, et fornicari fecisti Iudam, et habitatores Ierusalem, imitatus fornicationem domus
Achab, insuper et fratres tuos, domum
patris tui, meliores te occidisti: 14 ecce
Dominus percutiet te plaga magna cum
populo tuo, et filiis, et uxoribus tuis, universaque substantia tua. 15 Tu autem ae-
grotabis pessimo languore uteri tui, donec egrediantur vitalia tua paulatim per
singulos dies.
16 Suscitavit ergo Dominus contra Ioram spiritum Philisthinorum, et Arabum,
qui confines sunt Aethiopibus; 17 et ascenderunt in terram Iuda, et vastaverunt
eam, diripueruntque cunctam substantiam, quae inventa est in domo regis, insuper et filios eius, et uxores: nec remansit ei filius, nisi Ioachaz, qui minimus
natu erat. 18 Et super haec omnia percussit eum Dominus alvi languore insanabili. 19 Cumque diei succederet dies, et temporum spatia volverentur, duorum annorum expletus est circulus: et sic longa consumptus tabe, ita ut egereret etiam viscera sua, languore pariter, et vita caruit.
Mortuusque est in infirmitate pessima,
et non fecit ei populus secundum morem
combustionis, exequias, sicut fecerat maioribus eius.
20 Triginta duorum annorum fuit, cum
regnare coepisset, et octo annis regnavit
in Ierusalem. Ambulavitque non recte, et
sepelierunt eum in civitate David: verumtamen non in sepulchro regum.

Ochozias

22 1 Constituerunt autem habitatores
Ierusalem Ochoziam filium eius
minimum, regem pro eo: omnes enim
maiores natu, qui ante eum fuerant, interfecerant latrones Arabum, qui irruerant in castra: regnavitque Ochozias filius
Ioram regis Iuda. 2 Quadraginta duorum
annorum erat Ochozias cum regnare coepisset, et uno anno regnavit in Ierusalem,
et nomen matris eius Athalia filia Amri.
3 Sed et ipse ingressus est per vias domus Achab: mater enim eius impulit eum
ut impie ageret. 4 Fecit igitur malum in
conspectu Domini, sicut domus Achab:
ipsi enim fuerunt ei consiliarii post mortem patris sui, in interitum eius. 5 Ambulavitque in consiliis eorum. Et perrexit
cum Ioram filio Achab rege Israel, in bellum contra Hazael regem Syriae in Ramoth Galaad: vulneraveruntque Syri Ioram. 6 Qui reversus est ut curaretur in
Iezahel: multas enim plagas acceperat in
supradicto certamine. Igitur Ochozias filius Ioram rex Iuda, descendit ut invise-
ret Ioram filium Achab in Iezrahel aegro-
tantem. 7 Voluntatis quippe fuit Dei adversus Ochoziam, ut veniret ad Ioram: et
cum venisset, et egrederetur cum eo adversum Iehu filium Namsi, quem unxit
Dominus ut deleret domum Achab. 8 Cum
ergo everteret Iehu domum Achab, invenit principes Iuda, et filios fratrum Ochoziae, qui ministrabant ei, interfecit illos.
9 Ipsum quoque perquirens Ochoziam,
comprehendit latitantem in Samaria: ad-
ductumque ad se, occidit, et sepelierunt
eum: eo quod esset filius Iosaphat, qui
quaesierat Dominum in toto corde suo.

Athalia

Nec erat ultra spes aliqua ut de stirpe
quis regnaret Ochoziae; 10 siquidem Athalia mater eius videns quod mortuus esset
filius suus, surrexit, et interfecit omnem
stirpem regiam domus Ioram. 11 Porro
Iosabeth filia regis tulit Ioas filium Ochoziae, et furata est eum de medio filiorum
regis, cum interficerentur: absconditque
eum cum nutrice sua in cubiculo lectu-
lorum: Iosabeth autem, quae absconde-
rat eum, erat filia regis Ioram, uxor Ioiadae pontificis, soror Ochoziae, et idcirco
Athalia non interfecit eum. 12 Fuit ergo
cum eis in domo Dei absconditus sex annis, quibus regnavit Athalia super terram.

7: 2 Sam 7,12; 3 Reg 11,36. — 12: 2 Par 14, 2-5; 17,3. — 13: 3 Reg 16,31-33. — 17: 2 Par 22,1.6; 25,23. — 19: 2 Par 16,14.

22 1-6: 4 Reg 8,24-29. — 1: 2 Par 21,16-17. 2: 2 Par 21,6. — 7: 3 Reg 19,16; 4 Reg 9,6-7. — 8: 4 Reg 10,11-14. — 9: 4 Reg 9,27-28; 2 Par 17,4. — 10-12: 4 Reg 11,1-3.

Conspiratio Ioiadae

23 1 Anno autem septimo confortatus
Ioiada, assumpsit centuriones,
Azariam videlicet filium Ieroham, et Ismahel, filium Iohanan, Azariam quoque
filium Obed, et Maasiam filium Adaiae,
et Elisaphat filium Zechri: et iniit cum
eis foedus. 2 Qui circumeuntes Iudam,
congregaverunt Levitas de cunctis urbibus Iuda, et principes familiarum Israel,
veneruntque in Ierusalem. 3 Iniit ergo omnis multitudo pactum in domo Dei cum
rege, dixitque ad eos Ioiada: Ecce filius
regis regnabit, sicut locutus est Dominus
super filios David. 4 Iste est ergo sermo
quem facietis: 5 Tertia pars vestrum qui
veniunt ad sabbatum, sacerdotum, et Levitarum, et ianitorum erit in portis: tertia
vero pars ad domum regis: et tertia ad
portam, quae appellatur Fundamenti: omne vero reliquum vulgus sit in atriis domus Domini. 6 Nec quispiam alius ingrediatur domum Domini, nisi sacerdotes,
et qui ministrant de Levitis: ipsi tantummodo ingrediantur, quia sanctificati sunt:
et omne reliquum vulgus observet custodias Domini. 7 Levitae autem circumdent
regem, habentes singuli arma sua (et si
quis alius ingressus fuerit templum, interficiatur), sintque cum rege et intrante
et egrediente.

8 Fecerunt ergo Levitae, et universus
Iuda, iuxta omnia quae praeceperat Ioiada
pontifex: et assumpserunt singuli viros
qui sub se erant, et veniebant per ordinem
sabbati, cum his qui impleverant sabbatum, et egressuri erant; siquidem Ioiada
pontifex non dimiserat abire turmas, quae
sibi per singulas hebdomadas succedere
consueverant. 9 Deditque Ioiada sacerdos
centurionibus lanceas, clypeosque et peltas regis David, quas consecraverat in domo Domini. 10 Constituitque omnem populum tenentium pugiones a parte templi
dextra, usque ad partem templi sinistram,
coram altari, et templo, per circuitum regis. 11 Et eduxerunt filium regis, et imposuerunt ei diadema, et testimonium, dederuntque in manu eius tenendam legem,
et constituerunt eum regem: unxit quoque illum Ioiada pontifex, et filii eius:
imprecatique sunt ei, atque dixerunt: Vivat rex.

12 Quod cum audisset Athalia, vocem
scilicet currentium atque laudantium regem, ingressa est ad populum in templum
Domini. 13 Cumque vidisset regem stantem super gradum in introitu, et principes, turmasque circa eum, omnemque populum terrae gaudentem, atque clangen-
tem tubis, et diversi generis organis con-
cinentem, vocemque laudantium, scidit
vestimenta sua, et ait: Insidiae, insidiae.
14 Egressus autem Ioiada pontifex ad centuriones, et principes exercitus, dixit eis:
Educite illam extra septa templi, et interficiatur foris gladio. Praecepitque sacerdos ne occideretur in domo Domini, 15 et
imposuerunt cervicibus eius manus: cumque intrasset portam equorum domus regis, interfecerunt eam ibi.

Ioas rex

16 Pepigit autem Ioiada foedus inter se,
universumque populum, et regem, ut esset populus Domini. 17 Itaque ingressus
est omnis populus domum Baal, et destruxerunt eam: et altaria ac simulacra illius confregerunt: Mathan quoque sacerdotem Baal interfecerunt ante aras.
18 Constituit autem Ioiada praepositos in
domo Domini, sub manibus sacerdotum,
et Levitarum, quos distribuit David in
domo Domini: ut offerrent holocausta
Domino, sicut scriptum est in lege Moysi,
in gaudio et canticis, iuxta dispositionem
David. 19 Constituit quoque ianitores in
portis domus Domini, ut non ingrederetur eam immundus in omni re. 20 Assumpsitque centuriones, et fortissimos viros ac
principes populi, et omne vulgus terrae,
et fecerunt descendere regem de domo
Domini, et introire per medium portae
superioris in domum regis, et collocaverunt eum in solio regali. 21 Laetatusque
est omnis populus terrae, et urbs quievit:
porro Athalia interfecta est gladio.

24 1 Septem annorum erat Ioas cum
regnare coepisset: et quadraginta
annis regnavit in Ierusalem, nomen matris eius Sebia de Bersabee. 2 Fecitque
quod bonum est coram Domino cunctis
diebus Ioiadae sacerdotis. 3 Accepit autem ei Ioiada uxores duas, e quibus genuit filios et filias.

Templi instauratio

4 Post quae placuit Ioas ut instauraret
domum Domini. 5 Congregavitque sacerdotes, et Levitas, et dixit eis: Egredimini
ad civitates Iuda, et colligite de universo
Israel pecuniam ad sartatecta templi Dei
vestri, per singulos annos, festinatoque
hoc facite: porro Levitae egere negligen-
tius. 6 Vocavitque rex Ioiadam principem,
et dixit ei: Quare tibi non fuit curae, ut
cogeres Levitas inferre de Iuda et de Ierusalem pecuniam quae constituta est a

23 **1-21:** 4 Reg 11,4-20. — **6:** 1 Par 23,27-29. — **11:** Deut 17,18-19. — **15:** Neh 3,28; Ier 31,40. — **16:** 2 Par 15,12. — **18:** 1 Par 23,6.30-31; 24,1. — **19:** 1 Par 26,1-19.

24 **1-14:** 4 Reg 11,21-22.15. — **6:** Ex 20,12-16. — **7:** 2 Par 22,3-4. — **18:** 2 Par 19,

Moyse servo Domini, ut inferret eam omnis multitudo Israel in tabernaculum testimonii? 7 Athalia enim impiisima, et filii
eius destruxerunt domum Dei, et de universis, quae sanctificata fuerant in templo Domini, ornaverunt fanum Baalim.
8 Praecepit ergo rex, et fecerunt arcam:
posueruntque eam iuxta portam domus
Domini forinsecus. 9 Et praedicatum est
in Iuda et Ierusalem ut deferrent singuli
pretium Domino, quod constituit Moyses servus Dei super omnem Israel in deserto. 10 Laetatique sunt cuncti principes,
et omnis populus: et ingressi contulerunt
in arcam Domini, atque miserunt ita ut
impleretur. 11 Cumque tempus esset ut
deferrent arcam coram rege per manus
Levitarum (videbant enim multam pecuniam) ingrediebatur scriba regis, et quem
primus sacerdos constituerat: effundebantque pecuniam quae erat in arca:
porro arcam reportabant ad locum suum:
sicque faciebant per singulos dies, et congregata est infinita pecunia. 12 Quam dederunt rex et Ioiada his, qui praeerant
operibus domus Domini: at illi conduce-
bant ex ea caesores lapidum, et artifices
operum singulorum ut instaurarent domum Domini: fabros quoque ferri et
aeris, ut quod cadere coeperat, fulciretur.
13 Egeruntque hi qui operabantur industrie, et obducebatur parietum cicatrix per
manus eorum, ac suscitaverunt domum
Domini in statum pristinum, et firmiter
eam stare fecerunt. 14 Cumque comples-
sent omnia opera, detulerunt coram rege,
et Ioiada reliquam partem pecuniae: de
qua facta sunt vasa templi in ministerium,
et ad holocausta, phialae quoque, et caetera vasa aurea et argentea: offerebantur
holocausta in domo Domini iugiter cunctis diebus Ioiadae.
15 Senuit autem Ioiada plenus dierum,
et mortuus est cum esset centum triginta
annorum: 16 sepelieruntque eum in civitate David cum regibus, eo quod fecisset
bonum cum Israel, et cum domo eius.

Mortuo Ioiada Ioas recedit a Domino

17 Postquam autem obiit Ioiada, ingressi sunt principes Iuda, et adoraverunt regem, qui delinitus obsequiis eorum, acquievit eis. 18 Et dereliquerunt templum
Domini Dei patrum suorum, servieruntque lucis et sculptilibus, et facta est ira
contra Iudam et Ierusalem propter hoc
peccatum. 19 Mittebatque eis prophetas
ut reverterentur ad Dominum, quos pro-
testantes, illi audire nolebant.
20 Spiritus itaque Dei induit Zachariam
filium Ioiadae sacerdotem, et stetit in
conspectu populi, et dixit eis: Haec dicit
Dominus Deus: Quare transgredimini
praeceptum Domini, quod vobis non proderit, et dereliquistis Dominum ut dere-
linqueret vos? 21 Qui congregati adversus
eum, miserunt lapides iuxta regis imperium in atrio domus Domini. 22 Et non
est recordatus Ioas rex misericordiae,
quam fecerat Ioiada pater illius secum,
sed interfecit filium eius. Qui cum moreretur, ait: Videat Dominus, et requirat.
23 Cumque evolutus esset annus, ascendit contra eum exercitus Syriae: venitque
in Iudam et Ierusalem, et interfecit cunctos principes populi, atque universam
praedam miserunt regi in Damascum.
24 Et certe cum permodicus venisset numerus Syrorum, tradidit Dominus in manibus eorum infinitam multitudinem, eo
quod dereliquissent Dominum Deum patrum suorum: in Ioas quoque ignominio-
sa exercuere iudicia. 25 Et abeuntes dimiserunt eum in languoribus magnis: surrexerunt autem contra eum servi sui in ultionem sanguinis filii Ioiadae sacerdotis,
et occiderunt eum in lectulo suo, et mortuus est: sepelieruntque eum in civitate
David, sed non in sepulchris regum. 26 Insidiati vero sunt ei Zabad filius Semmaath
Ammanitidis, et Iozabad filius Semmarith
Moabitidis.
27 Porro filii eius, ac summa pecuniae
quae adunata fuerat sub eo, et instauratio
domus Dei, scripta sunt diligentius in Libro regum: regnavit autem Amasias filius
eius pro eo.

Amasias

25 1 Viginti quinque annorum erat
Amasias cum regnare coepisset,
et viginti novem annis regnavit in Ierusalem, nomen matris eius Ioadan de Ierusalem. 2 Fecitque bonum in conspectu Domini: verumtamen non in corde perfecto.
3 Cumque roboratum sibi videret imperium, iugulavit servos, qui occiderant regem patrem suum, 4 sed filios eorum non
interfecit, sicut scriptum est in Libro legis
Moysi, ubi praecepit Dominus, dicens:
Non occidentur patres pro filiis, neque
filii pro patribus suis, sed unusquisque in
suo peccato morietur.
5 Congregavit igitur Amasias Iudam, et
constituit eos per familias, tribunosque
et centuriones in universo Iuda et Beniamin: et recensuit a viginti annis supra,
invenitque trecenta millia iuvenum, qui
egrederentur ad pugnam, et tenerent has-

2,10; 29,8; 32,25. — **19:** 2 Par 36,15-16; Neh 9,26; Ier 25,4. — **22:** Mt 23,35; Lc 11,51. — **23:** 4 Reg 12,17-18. — **25-27:** 4 Reg 12,20-22.

25 **1-4:** 4 Reg 14,1-6. — **3:** 2 Par 24,26. — **4:** Deut 24,16; Ier 31,30; Ez 18,20. — **5:** Num 1,3. — **11:** 4 Reg 14,7; 2 Par 20,10. —

tam et clypeum: 6 Mercede quoque conduxit de Israel centum millia robustorum,
centum talentis argenti. 7 Venit autem homo Dei ad illum, et ait: O rex, ne egrediatur tecum exercitus Israel: non est enim
Dominus cum Israel, et cunctis filiis
Ephraim: 8 quod si putas in robore exercitus bella consistere, superari te faciet
Deus ab hostibus: Dei quippe est et
adiuvare, et in fugam convertere. 9 Dixitque Amasias ad hominem Dei: quid
ergo fiet de centum talentis, quae dedi
militibus Israel? Et respondit ei homo
Dei: Habet Dominus unde tibi dare possit multo his plura. 10 Separavit itaque
Amasias exercitum, qui venerat ad eum
ex Ephraim, ut reverteretur in locum
suum: at illi contra Iudam vehementer
irati, reversi sunt in regionem suam.

Deos idumaeos adorat

11 Porro Amasias confidenter eduxit populum suum, et abiit in vallem Salinarum,
percussitque filios Seir decem millia. 12 Et
alia decem millia virorum ceperunt filii
Iuda, et adduxerunt ad praeruptum cuiusdam petrae, praecipitaveruntque eos de
summo in praeceps, qui universi crepue-
runt. 13 At ille exercitus, quem remiserat
Amasias ne secum iret ad praelium, diffusus est in civitatibus Iuda a Samaria usque ad Bethoron, et interfectis tribus millibus, diripuit praedam magnam.
14 Amasias vero post caedem Idumaeorum, et allatos deos filiorum Seir, statuit
illos in deos sibi, et adorabat eos, et illis
adolebat incensum. 15 Quam ob rem iratus Dominus contra Amasiam misit ad
illum prophetam, qui diceret ei: Cur ado-
rasti deos, qui non liberaverunt populum
suum de manu tua? 16 Cumque haec ille
loqueretur, respondit ei: Num consiliarius regis es? quiesce ne interficiam te.
Discedensque propheta: Scio, inquit, quod
cogitaverit Deus occidere te, quia fecisti
hoc malum, et insuper non acquievisti
consilio meo.

Bellum gerit cum Ioas rege Israel

17 Igitur Amasias rex Iuda inito pessimo consilio, misit ad Ioas filium Ioachaz
filii Iehu, regem Israel, dicens: Veni, videamus nos mutuo. 18 At ille remisit nuntios, dicens: Carduus, qui est in Libano,
misit ad cedrum Libani, dicens: Da filiam tuam filio meo uxorem: et ecce bestiae, quae erant in silva Libani, transierunt, et conculcaverunt carduum. 19 Dixisti: Percussi Edom, et idcirco erigitur
cor tuum in superbiam: sede in domo tua,
cur malum adversum te provocas, ut cadas et tu, et Iuda tecum? 20 Noluit audire
Amasias, eo quod Domini esset voluntas
ut traderetur in manus hostium propter
deos Edon. 21 Ascendit igitur Ioas rex Israel, et mutuos sibi praebuere conspectus:
Amasias autem rex Iuda erat in Bethsames Iuda: 22 corruitque Iuda coram Israel,
et fugit in tabernacula sua. 23 Porro Amasiam regem Iuda, filium Ioas filii Ioachaz,
cepit Ioas rex Israel in Bethsames, et adduxit in Ierusalem: destruxitque murum
eius a porta Ephraim usque ad portam
anguli quadringentis cubitis. 24 Omne quoque aurum, et argentum, et universa vasa,
quae repererat in domo Dei, et apud Obededom in thesauris etiam domus regiae,
necnon et filios obsidum, reduxit in Samariam.
25 Vixit autem Amasias filius Ioas rex
Iuda, postquam mortuus est Ioas filius
Ioachaz rex Israel, quindecim annis. 26 Reliqua autem sermonum Amasiae priorum
et novissimorum scripta sunt in Libro regum Iuda et Israel. 27 Qui postquam recessit a Domino, tetenderunt ei insidias
in Ierusalem. Cumque fugisset in Lachis,
miserunt, et interfecerunt eum ibi. 28 Re-
portantesque super equos, sepelierunt eum
cum patribus suis in civitate David.

Ozias

26 1 Omnis autem populus Iuda, filium eius Oziam annorum sedecim, constituit regem pro Amasia patre
suo. 2 Ipse aedificavit Ailath, et restituit
eam ditioni Iuda, postquam dormivit rex
cum patribus suis. 3 Sedecim annorum
erat Ozias cum regnare coepisset, et quinquaginta duobus annis regnavit in Ierusalem, nomen matris eius Iechelia de Ierusalem. 4 Fecitque quod erat rectum in
oculis Domini iuxta omnia, quae fecerat
Amasias pater eius. 5 Et exquisivit Dominum in diebus Zachariae intelligentis et
videntis Deum: cumque requireret Dominum, direxit eum in omnibus.
6 Denique egressus est, et pugnavit contra Philisthiim, et destruxit murum Geth,
et murum Iabniae, murumque Azoti: aedificavit quoque oppida in Azoto, et in Philisthiim. 7 Et adiuvit eum Deus contra
Philisthiim, et contra Arabes, qui habitabant in Gurbaal, et contra Ammonitas.
8 Appendebantque Ammonitae munera
Oziae: et divulgatum est nomen eius usque ad introitum Aegypti propter crebras
victorias.
9 Aedificavitque Ozias turres in Ierusalem super portam anguli, et super portam
vallis, et reliquas in eodem muri latere,

17-24: 4 Reg 14,8-14. — **23:** 2 Par 21,17; Neh 8,16 — **24:** 1 Par 26,15. — **25-28:** 4 Reg 14,17-20.

26 **1-2:** 4 Reg 14,21-22. — **3-4:** 4 Reg 15,2-3. **5:** 2 Par 24,2. — **7:** 2 Par 21,16. — **9:**

firmavitque eas. 10 Extruxit etiam turres
in solitudine, et effodit cisternas plurimas,
eo quod haberet multa pecora tam in
campestribus, quam in eremi vastitate: vineas quoque habuit et vinitores in montibus, et in Carmelo: erat quippe homo
agriculturae deditus. 11 Fuit autem exercitus bellatorum eius, qui procedebant ad
praelia sub manu Iehiel scribae, Maasiae-
que doctoris, et sub manu Hananiae, qui
erat de ducibus regis. 12 Omnisque numerus principum per familias virorum fortium, duorum millium sexcentorum. 13 Et
sub eis universus exercitus trecentorum et
septem millium quingentorum: qui erant
apti ad bella, et pro rege contra adversarios dimicabant. 14 Praeparavit quoque eis
Ozias, id est, cuncto exercitui, clypeos, et
hastas, et galeas, et loricas, arcusque et
fundas ad iaciendos lapides. 15 Et fecit in
Ierusalem diversi generis machinas, quas
in turribus collocavit, et in angulis murorum ut mitterent sagittas, et saxa grandia:
egressumque est nomen eius procul, eo
quod auxiliaretur ei Dominus, et corro-
borasset illum.

Eius peccatum

16 Sed cum roboratus esset, elevatum
est cor eius in interitum suum, et neglexit
Dominum Deum suum: ingressusque templum Domini, adolere voluit incensum super altare thymiamatis. 17 Statimque ingressus post eum Azarias sacerdos, et cum
eo sacerdotes Domini octoginta, viri fortissimi, 18 restiterunt regi, atque dixerunt:
Non est tui officii Ozia ut adoleas incensum Domino, sed sacerdotum, hoc est,
filiorum Aaron, qui consecrati sunt ad
huiuscemodi ministerium: egredere de
sanctuario, ne contempseris: quia non
reputabitur tibi in gloriam hoc a Domino
Deo. 19 Iratusque Ozias, tenens in manu
thuribulum ut adoleret incensum, minabatur sacerdotibus. Statimque orta est lepra in fronte eius coram sacerdotibus, in
domo Domini super altare thymiamatis.
20 Cumque respexisset eum Azarias pontifex, et omnes reliqui sacerdotes, viderunt lepram in fronte eius, et festinato
expulerunt eum. Sed et ipse perterritus,
acceleravit egredi, eo quod sensisset illico
plagam Domini. 21 Fuit igitur Ozias rex
leprosus usque ad diem mortis suae, et
habitavit in domo separata plenus lepra,
ob quam eiectus fuerat de domo Domini.
Porro Ioatham filius eius rexit domum regis, et iudicabat populum terrae.
22 Reliqua autem sermonum Oziae priorum et novissimorum scripsit Isaias filius
Amos, propheta. 23 Dormivitque Ozias
cum patribus suis, et sepelierunt eum in
agro regalium sepulchrorum, eo quod esset leprosus: regnavitque Ioatham filius
eius pro eo.

Ioatham

27 1 Viginti quinque annorum erat
Ioatham cum regnare coepisset, et
sedecim annis regnavit in Ierusalem: nomen matris eius Ierusa filia Sadoc. 2 Fecitque quod rectum erat coram Domino
iuxta omnia quae fecerat Ozias pater suus,
excepto quod non est ingressus templum
Domini, et adhuc populus delinquebat.
3 Ipse aedificavit portam domus Domini excelsam, et in muro Ophel multa
construxit. 4 Urbes quoque aedificavit in
montibus Iuda, et in saltibus castella, et
turres. 5 Ipse pugnavit contra regem filiorum Ammon, et vicit eos, dederuntque ei
filii Ammon in tempore illo centum talenta argenti, et decem millia coros tritici, ac
totidem coros hordei: haec ei praebuerunt filii Ammon in anno secundo et tertio. 6 Corroboratusque est Ioatham eo
quod direxisset vias suas coram Domino
Deo suo.
7 Reliqua autem sermonum Ioatham, et
omnes pugnae eius, et opera, scripta sunt
in Libro regum Israel et Iuda. 8 Viginti
quinque annorum erat cum regnare coepisset, et sedecim annis regnavit in Ierusalem. 9 Dormivitque Ioatham cum patribus suis, et sepelierunt eum in civitate
David: et regnavit Achaz filius eius pro eo.

Achaz afflictus ab Israel

28 1 Viginti annorum erat Achaz cum
regnare coepisset: et sedecim annis
regnavit in Ierusalem: non fecit rectum in
conspectu Domini sicut David pater eius:
2 sed ambulavit in viis regum Israel, insuper et statuas fudit Baalim. 3 Ipse est,
qui adolevit incensum in valle Benennom,
et lustravit filios suos in igne iuxta ritum
gentium, quas interfecit Dominus in adventu filiorum Israel. 4 Sacrificabat quoque, et thymiama succendebat in excelsis, et in collibus, et sub omni ligno frondoso. 5 Tradiditque eum Dominus Deus
eius in manu regis Syriae, qui percussit
eum, magnamque praedam cepit de eius
imperio, et adduxit in Damascum: manibus quoque regis Israel traditus est, et
percussus plaga grandi. 6 Occiditque Phacee, filius Romeliae, de Iuda centum vi-

4 Reg 14,13; Neh 2,13.15; 3,13. — **17:** 1 Par 9, 10. — **18:** Ex 30,7-8; Num 16,46; 18,7. — **21-23:** 4 Reg 15,5-7. — **21:** Lev 13,46; Num 5,2. — **22:** Is 1,1; 6,1.

27 **1-9:** 4 Reg 15,32-38. — **2:** 2 Par 26,16. **7:** 4 Reg 15,36.

28 **1-27:** 4 Reg 16,1-2. — **6:** 4 Reg 15,37; 16,5. — **15:** 4 Reg 6,22; Prov 35,21-22.

ginti millia in die uno, omnes viros bellatores: eo quod reliquissent Dominum
Deum patrum suorum. 7 Eodem tempore
occidit Zechri, vir potens ex Ephraim,
Maasiam filium regis, et Ezricam ducem
domus eius, Elcanam quoque secundum
a rege. 8 Ceperuntque filii Israel de fratribus suis ducenta millia mulierum, puerorum, et puellarum, et infinitam praedam: pertuleruntque eam in Samariam.
9 Ea tempestate erat ibi propheta Domini, nomine Oded: qui egressus obviam
exercitui venienti in Samariam, dixit eis:
Ecce iratus Dominus Deus patrum vestrorum contra Iuda, tradidit eos in manibus vestris, et occidistis eos atrociter,
ita ut ad caelum pertingeret vestra crudelitas. 10 Insuper filios Iuda et Ierusalem
vultis vobis subiicere in servos et ancillas;
quod nequaquam facto opus est: peccastis enim super hoc Domino Deo vestro.
11 Sed audite consilium meum, et reducite
captivos, quos adduxistis de fratribus vestris, quia magnus furor Domini imminet
vobis. 12 Steterunt itaque viri de principibus filiorum Ephraim, Azarias filius
Iohanam, Barachias filius Mosollamoth,
Ezechias filius Sellum, et Amasa filius
Adali, contra eos, qui veniebant de praelio, 13 et dixerunt eis: Non introducetis
huc captivos, ne peccemus Domino. Quare vultis adiicere super peccata nostra, et
vetera cumulare delicta? grande quippe
peccatum est, et ira furoris Domini imminet super Israel. 14 Dimiseruntque viri
bellatores praedam, et universa quae ceperant, coram principibus, et omni multitudine. 15 Steteruntque viri, quos supra
memoravimus, et apprehendentes captivos, omnesque qui nudi erant, vestierunt
de spoliis: cumque vestissent eos, et cal-
ceassent, et refecissent cibo ac potu, un-
xissentque propter laborem, et adhibuis-
sent eis curam: quicumque ambulare non
poterant, et erant imbecilli corpore, imposuerunt eos iumentis, et adduxerunt
Iericho civitatem palmarum ad fratres
eorum, ipsique reversi sunt in Samariam.

Mala regni Achaz

16 Tempore illo misit rex Achaz ad regem Assyriorum, postulans auxilium.
17 Veneruntque Idumaei, et percusserunt
multos ex Iuda, et ceperunt praedam magnam. 18 Philisthiim quoque diffusi sunt
per urbes campestres, et ad meridiem Iuda: ceperuntque Bethsames, et Aialon,
et Gaderoth, Socho quoque, et Thamnan,
et Gamzo, cum viculis suis, et habitaverunt in eis. 19 Humiliaverat enim Dominus Iudam propter Achaz regem Iuda, eo
quod nudasset eum auxilio, et contemptui habuisset Dominum. 20 Adduxitque
contra eum Theglathphalasar regem Assyriorum, qui et afflixit eum, et nullo resistente vastavit. 21 Igitur Achaz spoliata
domo Domini, et domo regum, ac principum, dedit regi Assyriorum munera, et
tamen nihil ei profuit.
22 Insuper et tempore angustiae suae
auxit contemptum in Dominum, ipse per
se rex Achaz, 23 immolavit diis Damasci
victimas percussoribus suis, et dixit: Dii
regum Syriae auxiliantur eis, quos ego
placabo hostiis, et aderunt mihi, cum econtrario ipsi fuerint ruinae ei, et universo
Israel. 24 Direptis itaque Achaz omnibus
vasis domus Dei, atque confractis, clausit
ianuas templi Dei, et fecit sibi altaria in
universis angulis Ierusalem. 25 In omnibus quoque urbibus Iuda extruxit aras
ad cremandum thus, atque ad iracundiam
provocavit Dominum Deum patrum suorum.
26 Reliqua autem sermonum eius, et
omnium operum suorum priorum et novissimorum, scripta sunt in Libro regum
Iuda et Israel. 27 Dormivitque Achaz cum
patribus suis, et sepelierunt eum in civitate Ierusalem: neque enim receperunt eum
in sepulchra regum Israel. Regnavitque
Ezechias filius eius pro eo.

Ezechias hortatur ad poenitentiam

29 1 Igitur Ezechias regnare coepit,
cum viginti quinque esset annorum,
et viginti novem annis regnavit in Ierusalem: nomen matris eius Abia, filia Zachariae. 2 Fecitque quod erat placitum in
conspectu Domini iuxta omnia quae fecerat David pater eius.
3 Ipse anno, et mense primo regni sui,
aperuit valvas domus Domini, et instauravit eas. 4 Adduxitque sacerdotes atque
Levitas, et congregavit eos in plateam
orientalem. 5 Dixitque ad eos: Audite me,
Levitae, et sanctificamini, mundate domum Domini Dei patrum vestrorum, et
auferte omnem immunditiam de sanctuario. 6 Peccaverunt patres nostri, et fecerunt malum in conspectu Domini Dei
nostri, derelinquentes eum: averterunt facies suas a tabernaculo Domini, et praebuerunt dorsum. 7 Clauserunt ostia, quae
erant in porticu, et extinxerunt lucernas,
incensumque non adoleverunt, et holocausta non obtulerunt in sanctuario Deo
Israel. 8 Concitatus est itaque furor Domini super Iudam et Ierusalem, tradiditque
eos in commotionem, et in interitum, et
in sibilum, sicut ipsi cernitis oculis vestris. 9 En, corruerunt patres nostri gladiis,

20: 4 Reg 15,19; 16,7.10. — **24:** 2 Par 29,3.7; 30,14. — **27:** 2 Par 21,29; 24,25.

29 **1-2:** 4 Reg 18,2-3. — **3:** 2 Par 28,24. — **7:** 2 Par 28,24-25. — **9:** 2 Par 28,5-6.8.

filii nostri, et filiae nostrae, et coniuges
captivae ductae sunt propter hoc scelus.
10 Nunc ergo placet mihi ut ineamus foedus cum Domino Deo Israel, et avertet
a nobis furorem irae suae. 11 Filii mei, nolite negligere: vos elegit Dominus ut stetis coram eo, et ministretis illi, colatisque
eum, et cremetis ei incensum.

Reformatio religiosa

12 Surrexerunt ergo Levitae: Mahath
filius Amasai, et Ioel filius Azariae de
filiis Caath: porro de filiis Merari, Cis
filius Abdi, et Azarias filius Ialaleel. De
filiis autem Gersom, Ioah filius Zemma,
et Edem filius Ioah. 13 At vero de filiis Elisaphan, Samri, et Iahiel. De filiis quoque
Asaph, Zacharias, et Mathanias: 14 necnon de filiis Heman, Iahiel, et Semei: sed
et de filiis Idithun, Semeias, et Oziel.
15 Congregaveruntque fratres suos, et sanctificati sunt, et ingressi sunt iuxta mandatum regis et imperium Domini, ut expia-
rent domum Dei. 16 Sacerdotes quoque
ingressi templum Domini ut sanctificarent illud, extulerunt omnem immunditiam, quam intro repererant in vestibulo
domus Domini, quam tulerunt Levitae,
et asportaverunt ad torrentem Cedron foras. 17 Coeperunt autem prima die mensis primi mundare, et in die octavo eiusdem mensis ingressi sunt porticum templi
Domini, expiaveruntque templum diebus
octo, et in die sextadecima mensis eiusdem, quod coeperant impleverunt. 18 Ingressi quoque sunt ad Ezechiam regem,
et dixerunt ei: Sanctificavimus omnem domum Domini, et altare holocausti, vasa-
que eius, necnon et mensam propositionis cum omnibus vasis suis, 19 cunctamque templi supellectilem, quam polluerat
rex Achaz in regno suo, postquam praevaricatus est: et ecce exposita sunt omnia
coram altare Domini.
20 Consurgensque diluculo Ezechias rex,
adunavit omnes principes civitatis, et ascendit in domum Domini: 21 obtuleruntque simul tauros septem et arietes septem, agnos septem, et hircos septem pro
peccato, pro regno, pro sanctuario, pro
Iuda, dixitque sacerdotibus filiis Aaron
ut offerrent super altare Domini. 22 Mactaverunt igitur tauros, et susceperunt sanguinem sacerdotes, et fuderunt illum super altare, mactaverunt etiam arietes, et
illorum sanguinem super altare fuderunt,
immolaveruntque agnos, et fuderunt super altare sanguinem. 23 Applicuerunt hircos pro peccato coram rege, et universa
multitudine, imposueruntque manus suas
super eos: 24 et immolaverunt illos sacerdotes, et asperserunt sanguinem eorum
coram altare pro piaculo universi Israelis: pro omni quippe Israel praeceperat
rex ut holocaustum fieret et pro peccato.
25 Constituit quoque Levitas in domo Domini cum cymbalis, et psalteriis, et citharis secundum dispositionem David regis,
et Gad videntis, et Nathan prophetae: siquidem Domini praeceptum fuit per manum prophetarum eius. 26 Steteruntque
Levitae tenentes organa David, et sacerdotes tubas. 27 Et iussit Ezechias ut offerrent holocausta super altare: cumque
offerrentur holocausta, coeperunt laudes
canere Domino, et clangere tubis, atque
in diversis organis, quae David rex Israel
praeparaverat, concrepare. 28 Omni autem turba adorante, cantores, et ii qui
tenebant tubas, erant in officio suo donec
compleretur holocaustum. 29 Cumque finita esset oblatio, incurvatus est rex, et
omnes qui erant cum eo, et adoraverunt.
30 Praecepitque Ezechias, et principes Levitis ut laudarent Dominum sermonibus
David, et Asaph videntis: qui laudaverunt eum magna laetitia, et incurvato genu adoraverunt.
31 Ezechias autem etiam haec addidit:
Implestis manus vestras Domino, accedite, et offerte victimas, et laudes in domo Domini. Obtulit ergo universa multitudo hostias, et laudes, et holocausta mente devota. 32 Porro numerus holocaustorum, quae obtulit multitudo, hic fuit:
Tauros septuaginta, arietes centum, agnos ducentos. 33 Sanctificaveruntque Domino boves sexcentos, et oves tria millia.
34 Sacerdotes vero pauci erant, nec poterant sufficere ut pelles holocaustorum de-
traherent: unde et Levitae fratres eorum
adiuverunt eos, donec impleretur opus,
et sanctificarentur antistites: Levitae quippe faciliori ritu sanctificantur, quam sacerdotes. 35 Fuerunt ergo holocausta plurima, adipes pacificorum, et libamina holocaustorum: et completus est cultus domus
Domini. 36 Laetatusque est Ezechias, et
omnis populus, eo quod ministerium Domini esset expletum. De repente quippe
hoc fieri placuerat.

Celebratio Phase

30 1 Misit quoque Ezechias ad omnem Israel et Iudam: scripsitque
epistolas ad Ephraim et Manassen ut venirent ad domum Domini in Ierusalem,
et facerent Phase Domino Deo Israel.
2 Inito ergo consilio regis et principum,
et universi coetus Ierusalem, decreverunt

17. — **11**: Num 3,6; 8,14; 18,2.6. — **13**: 1 Par 6,39; 15,8. — **14**: 1 Par 6,33; 9,16. — **19**: 2 Par 28,24. — **21**: Lev 4,14. — **22**: Lev 8,15.19.24. **23-24**: Lev 3,5.26. — **25**: 1 Par 16,4; 25,6. — **31**: Ex 28,41; 32,29; 2 Par 13,9. — **35**: Lev 3,16; Num 15,5.7.10.

30 **2**: Num 9,10-11. — **3**: Ex 12,6.18; 2 Par

ut facerent Phase mense secundo. 3 Non
enim potuerant facere in tempore suo,
quia sacerdotes, qui possent sufficere,
sanctificati non fuerant, et populus nondum congregatus fuerat in Ierusalem.
4 Placuitque sermo regi, et omni multitudini. 5 Et decreverunt ut mitterent nuntios in universum Israel de Bersabee usque Dan, ut venirent, et facerent Phase
Domino Deo Israel in Ierusalem: multi
enim non fecerant sicut lege praescriptum
est.

Reliquiae Israel invitantur

6 Perrexeruntque cursores cum epistolis ex regis imperio, et principum eius, in
universum Israel et Iudam, iuxta id, quod
rex iusserat, praedicantes: Filii Israel revertimini ad Dominum Deum Abraham,
et Isaac, et Israel: et revertetur ad reliquias, quae effugerunt manum regis Assyriorum. 7 Nolite fieri sicut patres vestri
et fratres, qui recesserunt a Domino Deo
patrum suorum, qui tradidit eos in interitum, ut ipsi cernitis. 8 Nolite indurare
cervices vestras, sicut patres vestri: tradite manus Domino, et venite ad sanctuarium eius, quod sanctificavit in aeternum:
servite Domino Deo patrum vestrorum,
et avertetur a vobis ira furoris eius. 9 Si
enim vos reversi fueritis ad Dominum:
fratres vestri, et filii habebunt misericordiam coram dominis suis, qui illos duxerunt captivos, et revertentur in terram
hanc: pius enim et clemens est Dominus
Deus vester, et non avertet faciem suam
a vobis, si reversi fueritis ad eum.
10 Igitur cursores pergebant velociter de
civitate in civitatem per terram Ephraim
et Manasse usque ad Zabulon, illis irri-
dentibus et subsannantibus eos. 11 Attamen
quidam viri ex Aser, et Manasse, et Zabulon acquiescentes consilio, venerunt Ierusalem. 12 In Iuda vero facta est manus Domini ut daret eis cor unum, ut facerent
iuxta praeceptum regis, et principum verbum Domini. 13 Congregatique sunt in
Ierusalem populi multi ut facerent solemnitatem azymorum, in mense secundo:
14 et surgentes destruxerunt altaria quae
erant in Ierusalem, atque universa, in quibus idolis adolebatur incensum, subver-
tentes, proiecerunt in torrentem Cedron.

Solemnia sacrificia

15 Immolaverunt autem Phase quartadecima die mensis secundi. Sacerdotes
quoque atque Levitae tandem sanctificati,
obtulerunt holocausta in domo Domini:
16 steteruntque in ordine suo iuxta dispositionem, et legem Moysi hominis Dei:
sacerdotes vero suscipiebant effundendum
sanguinem de manibus Levitarum, 17 eo
quod multa turba sanctificata non esset:
et idcirco immolarent Levitae Phase his,
qui non occurrerant sanctificari Domino.
18 Magna etiam pars populi de Ephraim
et Manasse, et Issachar, et Zabulon, quae
sanctificata non fuerat, comedit Phase,
non iuxta quod scriptum est: et oravit
pro eis Ezechias, dicens: Dominus bonus
propitiabitur 19 cunctis, qui in toto corde
requirunt Dominum Deum patrum suorum: et non imputabit eis quod minus
sanctificati sunt. 20 Quem exaudivit Dominus, et placatus est populo.
21 Feceruntque filii Israel, qui inventi
sunt in Ierusalem, solemnitatem azymorum septem diebus in laetitia magna, laudantes Dominum per singulos dies: Levitae quoque, et sacerdotes per organa,
quae suo officio congruebant. 22 Et locutus est Ezechias ad cor omnium Levitarum, qui habebant intelligentiam bonam
super Domino: et comederunt septem
diebus solemnitatis, immolantes victimas
pacificorum, et laudantes Dominum
Deum patrum suorum.
23 Placuitque universae multitudini ut
celebrarent etiam alios dies septem: quod
et fecerunt cum ingenti gaudio. 24 Ezechias enim rex Iuda praebuerat multitudini mille tauros, et septem millia ovium:
principes vero dederant populo tauros
mille, et oves decem millia: sanctificata
est ergo sacerdotum plurima multitudo.
25 Et hilaritate perfusa omnis turba Iuda,
tam sacerdotum et Levitarum, quam universae frequentiae, quae venerat ex Israel;
proselytorum quoque de terra Israel, et
habitantium in Iuda. 26 Factaque est grandis celebritas in Ierusalem, qualis a diebus Salomonis filii David regis Israel in
ea urbe non fuerat. 27 Surrexerunt autem
sacerdotes atque Levitae benedicentes populo: et exaudita est vox eorum: pervenitque oratio in habitaculum sanctum
caeli.

Ordinatio cultus

31 1 Cumque haec fuissent rite celebrata, egressus est omnis Israel,
qui inventus fuerat in urbibus Iuda, et
fregerunt simulacra, succideruntque lucos, demoliti sunt excelsa, et altaria destruxerunt, non solum de universo Iuda
et Beniamin, sed et de Ephraim quoque
et Manasse, donec penitus everterent: reversique sunt omnes filii Israel in possessiones et civitates suas.

29,34. — 5: 2 Sam 3,10. — 6: 4 Reg 15;
19.29. — 9: Ex 34,6. — 14: 2 Par. 28,24. — 15:
Num 9,11. — 18: Ex 12,43-49. — 21: Ex 12,16;
Esdr 6,22. — 24: 2 Par 29,34; 35,7-9. — 26:
2 Par 7,8-10.

31 1: 4 Reg 18,4. — 2: 1 Par 23,6; 24,1. —

2 Ezechias autem constituit turmas sacerdotales et Leviticas per divisiones suas,
unumquemque in officio proprio, tam
sacerdotum videlicet quam Levitarum, ad
holocausta et pacifica, ut ministrarent et
confiterentur, canerentque in portis castrorum Domini. 3 Pars autem regis erat,
ut de propria eius substantia offerretur
holocaustum, mane semper et vespere.
Sabbatis quoque, et calendis, et solemnitatibus caeteris, sicut scriptum est in lege
Moysi. 4 Praecepit etiam populo habitantium Ierusalem ut darent partes sacerdotibus, et Levitis, ut possent vacare legi
Domini. 5 Quod cum percrebruisset in
auribus multitudinis, plurimas obtulere
primitias filii Israel frumenti, vini, et olei,
mellis quoque: et omnium, quae gignit
humus, decimas obtulerunt. 6 Sed et filii
Israel et Iuda, qui habitabant in urbibus
Iuda, obtulerunt decimas boum et ovium,
decimasque sanctorum, quae voverant Domino Deo suo: atque universa portantes,
fecerunt acervos plurimos. 7 Mense tertio
coeperunt acervorum iacere fundamenta,
et mense septimo compleverunt eos.
8 Cumque ingressi fuissent Ezechias, et
principes eius, viderunt acervos, et benedixerunt Domino ac populo Israel. 9 Interrogavitque Ezechias sacerdotes, et Levitas cur ita iacerent acervi. 10 Respondit
illi Azarias sacerdos primus de stirpe Sadoc, dicens: Ex quo coeperunt offerri primitiae in domo Domini, comedimus, et
saturati sumus, et remanserunt plurima,
eo quod benedixerit Dominus populo
suo: reliquarum autem copia est ista,
quam cernis.
11 Praecepit igitur Ezechias, ut praepararent horrea in domo Domini. Quod cum
fecissent, 12 intulerunt tam primitias,
quam decimas, et quaecumque voverant,
fideliter. Fuit autem praefectus eorum
Chonenias Levita, et Semei frater eius,
secundus, 13 post quem Iahiel, et Azarias,
et Nahath, et Asael, et Ierimoth, Oizabad
quoque, et Eliel, et Iesmachias, et Mahath,
et Banaias, praepositi sub manibus Cho-
neniae, et Semei fratris eius, ex imperio
Ezechiae regis et Azariae pontificis domus
Dei, ad quos omnia pertinebant. 14 Core
vero filius Iemna Levites et ianitor orientalis portae, praepositus erat iis, quae
sponte offerebantur Domino, primitiis-
que et consecratis in Sancta sanctorum.
15 Et sub cura eius Eden, et Beniamin,
Iesue, et Semeias, Amarias quoque, et
Sechenias in civitatibus sacerdotum ut
fideliter distribuerent fratribus suis partes, minoribus atque maioribus: 16 exceptis maribus ab annis tribus et supra, cunctis qui ingrediebantur templum Domini,
et quidquid per singulos dies conduce-
bat in ministerio, atque observationibus
iuxta divisiones suas, 17 sacerdotibus per
familias, et Levitis a vigesimo anno et
supra, per ordines et turmas suas, 18 universaeque multitudini tam uxoribus, quam
liberis eorum utriusque sexus, fideliter
cibi de his quae sanctificata fuerant, prae-
bantur. 19 Sed et filiorum Aaron per agros,
et suburbana urbium singularum, dispositi erant viri, qui partes distribuerent universo sexui masculino de sacerdotibus
et Levitis.
20 Fecit ergo Ezechias universa quae diximus in omni Iuda: operatusque est bonum et rectum, et verum coram Domino
Deo suo, 21 in universa cultura ministerii
domus Domini, iuxta legem et caeremonias, volens requirere Deum suum in toto corde suo: fecitque et prosperatus est.

Invasio Sennacherib

32 1 Post quae et huiuscemodi veritatem, venit Sennacherib rex Assyriorum, et ingressus Iudam, obsedit civitates munitas, volens eas capere. 2 Quod
cum vidisset Ezechias, venisse scilicet Sennacherib, et totum belli impetum verti
contra Ierusalem, 3 inito cum principibus
consilio, virisque fortissimis ut obturarent
capita fontium, qui erant extra urbem: et
hoc omnium decernente sententia, 4 congregavit plurimam multitudinem, et obturaverunt cunctos fontes, et rivum, qui
fluebat in medio terrae, dicentes: Ne
veniant reges Assyriorum, et inveniant
aquarum abundantiam. 5 Aedificavit quoque, agens industrie, omnem murum,
qui fuerat dissipatus, et extruxit turres desuper, et forinsecus alterum murum: instauravitque Mello in civitate David, et fecit universi generis armaturam
et clypeos: 6 constituitque principes bellatorum in exercitu: et convocavit universos in platea portae civitatis, ac locutus
est ad cor eorum dicens: 7 Viriliter agite,
et confortamini: nolite timere, nec paveatis regem Assyriorum, et universam multitudinem quae est cum eo: multo enim
plures nobiscum sunt, quam cum illo.
8 Cum illo enim est brachium carneum:
nobiscum Dominus Deus noster, qui auxiliator est noster, pugnatque pro nobis.
Confortatusque est populus huiuscemodi
verbis Ezechiae regis Iuda.
9 Quae postquam gesta sunt, misit Sennacherib rex Assyriorum servos suos in
Ierusalem (ipse enim cum universo exercitu obsidebat Lachis) ad Ezechiam regem

3: Num 28,3-29.39. — 4: Num 18,8-24.—6: Lev 27,30; Deut 14,22-23.28. — 15: Ios 21, 9-19. — 20: 4 Reg 18,3; 20,3.

32 1-23: 4 Reg 18,13-19.37; Is 36,1-37.38. 1: Eccli 48,20. — 5: 2 Par 25,23; Is 22,

Iuda, et ad omnem populum, qui erat in
urbe, dicens:
10 Haec dicit Sennacherib rex Assyriorum: In quo habentes fiduciam sedetis
obsessi in Ierusalem? 11 Num Ezechias decipit vos, ut tradat morti in fame, et siti,
affirmans quod Dominus Deus vester liberet vos de manu regis Assyriorum?
12 Numquid non iste est Ezechias, qui destruxit excelsa illius, et altaria, et praecepit
Iuda et Ierusalem, dicens: Coram altari
uno adorabitis, et in ipso comburetis incensum? 13 An ignoratis quae ego fecerim,
et patres mei cunctis terrarum populis?
numquid praevaluerunt dii gentium, omniumque terrarum liberare regionem suam
de manu mea? 14 Quis est de universis diis
gentium, quas vastaverunt patres mei, qui
potuerit eruere populum suum de manu
mea, ut possit etiam Deus vester eruere
vos de hac manu? 15 Non vos ergo decipiat Ezechias, nec vana persuasione delu-
dat, neque credatis ei. Si enim nullus potuit deus cunctarum gentium atque regnorum liberare populum suum de manu
mea, et de manu patrum meorum, consequenter nec Deus vester poterit eruere vos
de manu mea. 16 Sed et alia multa locuti
sunt servi eius contra Dominum Deum,
et contra Ezechiam servum eius.
17 Epistolas quoque scripsit plenas blasphemiae in Dominum Deum Israel, et locutus est adversus eum: Sicut dii gentium
caeterarum non potuerunt liberare populum suum de manu mea, sic et Deus Ezechiae eruere non poterit populum suum
de manu ista. 18 Insuper et clamore magno, lingua iudaica, contra populum, qui
sedebat in muris Ierusalem, personabat,
ut terreret eos, et caperet civitatem. 19 Locutusque est contra Deum Ierusalem, sicut adversum deos populorum terrae, opera manuum hominum.
20 Oraverunt igitur Ezechias rex, et
Isaias filius Amos prophetes, adversum
hanc blasphemiam, ac vociferati sunt usque in caelum. 21 Et misit Dominus angelum, qui percussit omnem virum robustum, et bellatorem, et principem exercitus
regis Assyriorum: reversusque est cum ignominia in terram suam. Cumque ingressus esset domum dei sui, filii qui egressi
fuerant de utero eius, interfecerunt eum
gladio. 22 Salvavitque Dominus Ezechiam
et habitatores Ierusalem de manu Sennacherib regis Assyriorum, et de manu omnium, et praestitit eis quietem per circuitum. 23 Multi etiam deferebant hostias, et
sacrificia Domino in Ierusalem, et munera Ezechiae regi Iuda: qui exaltatus est
post haec coram cunctis gentibus.

Postrema Ezechiae

24 In diebus illis aegrotavit Ezechias usque ad mortem, et oravit Dominum: exaudivitque eum, et dedit ei signum. 25 Sed
non iuxta beneficia, quae acceperat, retribuit, quia elevatum est cor eius: et facta
est contra eum ira, et contra Iudam et
Ierusalem. 26 Humiliatusque est postea eo
quod exaltatum fuisset cor eius, tam ipse,
quam habitatores Ierusalem: et idcirco
non venit super eos ira Domini in diebus
Ezechiae.
27 Fuit autem Ezechias dives, et inclytus valde, et thesauros sibi plurimos congregavit argenti et auri et lapidis pretiosi,
aromatum, et armorum universi generis,
et vasorum magni pretii. 28 Apothecas
quoque frumenti, vini, et olei, et praesepia omnium iumentorum, caulasque pecorum, 29 et urbes aedificavit sibi: habebat quippe greges ovium, et armentorum
innumerabiles, eo quod dedisset ei Dominus substantiam multam nimis. 30 Ipse est
Ezechias, qui obturavit superiorem fontem aquarum Gihon, et avertit eas subter
ad occidentem urbis David: in omnibus
operibus suis fecit prospere quae voluit.
31 Attamen in legatione principum Babylonis, qui missi fuerant ad eum, ut interrogarent de portento, quod acciderat super terram, dereliquit eum Deus ut tentaretur, et nota fierent omnia quae erant in
corde eius.
32 Reliqua autem sermonum Ezechiae,
et misericordiarum eius, scripta sunt in
visione Isaiae filii Amos prophetae, et in
Libro regum Iuda et Israel. 33 Dormivitque Ezechias cum patribus suis, et sepelierunt eum super sepulchra filiorum David: et celebravit eius exequias universus
Iuda, et omnes habitatores Ierusalem: regnavitque Manasses filius eius pro eo.

Impietas Manasse

33 1 Duodecim annorum erat Manasses cum regnare coepisset, et quinquaginta quinque annis regnavit in Ierusalem. 2 Fecit autem malum coram Domino iuxta abominationes gentium, quas
subvertit Dominus coram filiis Israel: 3 et
conversus instauravit excelsa, quae demolitus fuerat Ezechias pater eius: constru-
xitque aras Baalim, et fecit lucos, et adoravit omnem militiam caeli, et coluit eam.
4 Aedificavit quoque altaria in domo Domini, de qua dixerat Dominus: In Ierusalem erit nomen meum in aeternum. 5 Aedificavit autem ea cuncto exercitui caeli
in duobus atriis domus Domini. 6 Transi-

9-10. — 12: 2 Par 31,1. — 21-22: Tob 1,21.24. 24: 4 Reg 20,1-11; Is 38,1-22. — 30: 4 Reg 20, 20; 2 Par 32,3; Eccli 48,19; Is 22,9.11. — 31: 4 Reg 20,12-19; Is 39,1-8. — 32-33: 4 Reg 20,20-21.

33 1-9: 4 Reg 21,1-9. — 3: 4 Reg 18,4; 2 Par 30,14; 31,1. — 4: 2 Sam 7,10; 3 Reg

reque fecit filios suos per ignem in valle
Benennom: observabat somnia, sectaba-
tur auguria, maleficis artibus inserviebat,
habebat secum magos, et incantatores:
multaque mala operatus est coram Domino ut irritaret eum: 7 Sculptile quoque,
et conflatile signum posuit in domo Dei,
de qua locutus est Deus ad David, et ad
Salomonem filium eius, dicens: In domo
hac et in Ierusalem, quam elegi de cunctis
tribubus Israel, ponam nomen meum in
sempiternum. 8 Et moveri non faciam pedem Israel de terra, quam tradidi patribus
eorum: ita dumtaxat si custodierint facere quae praecepi eis, cunctamque legem,
et caeremonias, atque iudicia per manum
Moysi. 9 Igitur Manasses seduxit Iudam,
et habitatores Ierusalem, ut facerent malum super omnes gentes, quas subverte-
rat Dominus a facie filiorum Israel. 10 Locutusque est Dominus ad eum, et ad populum illius, et attendere noluerunt.
11 Idcirco superinduxit eis principes
exercitus regis Assyriorum: ceperuntque
Manassen, et vinctum catenis atque compedibus duxerunt in Babylonem.

Eius poenitentia

12 Qui postquam coangustatus est, oravit Dominum Deum suum: et egit poenitentiam valde coram Deo patrum suorum. 13 Deprecatusque est eum, et obse-
cravit intente: et exaudivit orationem eius,
reduxitque eum Ierusalem in regnum suum, et cognovit Manasses quod Dominus
ipse esset Deus.
14 Post haec aedificavit murum extra
civitatem David ad occidentem Gihon in
convalle, ab introitu portae piscium per
circuitum usque ad Ophel, et exaltavit illum vehementer: constituitque principes
exercitus in cunctis civitatibus Iuda munitis: 15 et abstulit deos alienos, et simulacrum de domo Domini: aras quoque,
quas fecerat in monte domus Domini, et
in Ierusalem, et proiecit omnia extra urbem. 16 Porro instauravit altare Domini,
et immolavit super illud victimas, et pacifica, et laudem: praecepitque Iudae ut
serviret Domino Deo Israel. 17 Attamen
adhuc populus immolabat in excelsis Domino Deo suo.
18 Reliqua autem gestorum Manasse:
et obsecratio eius ad Deum suum: verba
quoque videntium, qui loquebantur ad
eum in nomine Domini Dei Israel, continentur in sermonibus regum Israel. 19 Oratio quoque eius et exauditio, et cuncta
peccata, atque contemptus, loca etiam in
quibus aedificavit excelsa, et fecit lucos,
et statuas antequam ageret poenitentiam,
scripta sunt in sermonibus Hozai. 20 Dormivit ergo Manasses cum patribus suis,
et sepelierunt eum in domo sua: regnavitque pro eo filius eius Amon.

Amon

21 Viginti duorum annorum erat Amon
cum regnare coepisset, et duobus annis
regnavit in Ierusalem. 22 Fecitque malum
in conspectu Domini, sicut fecerat Manasses pater eius: et cunctis idolis, quae
Manasses fuerat fabricatus, immolavit atque servivit. 23 Et non est reveritus faciem
Domini, sicut reveritus est Manasses pater eius et multo maiora deliquit. 24 Cumque coniurassent adversus eum servi sui,
interfecerunt eum in domo sua. 25 Porro
reliqua populi multitudo, caesis iis, qui
Amon percusserant, constituit regem Iosiam filium eius pro eo.

Iosias templum restaurat

34 1 Octo annorum erat Iosias cum
regnare coepisset, et triginta et uno
anno regnavit in Ierusalem. 2 Fecitque
quod erat rectum in conspectu Domini,
et ambulavit in viis David patris sui: non
declinavit neque ad dextram, neque ad sinistram. 3 Octavo autem anno regni sui,
cum adhuc esset puer, coepit quaerere
Deum patris sui David: et duodecimo anno postquam regnare coeperat, mundavit
Iudam et Ierusalem ab excelsis, et lucis,
simulacrisque et sculptilibus. 4 Destruxeruntque coram eo aras Baalim: et simulacra, quae superposita fuerant, demoliti
sunt lucos etiam, et sculptilia succidit atque comminuit: et super tumulos eorum,
qui eis immolare consueverant, fragmenta dispersit. 5 Ossa praeterea sacerdotum
combussit in altaribus idolorum, munda-
vitque Iudam et Ierusalem. 6 Sed et in urbibus Manasse, et Ephraim, et Simeon,
usque Nephthali, cuncta subvertit. 7 Cumque altaria dissipasset, et lucos, et sculptilia contrivisset in frusta, cunctaque delubra demolitus esset de universa terra
Israel, reversus est in Ierusalem.
8 Igitur anno octavodecimo regni sui,
mundata iam terra, et templo Domini,
misit Saphan filium Eseliae, et Maasiam
principem civitatis, et Ioha filium Ioachaz
a commentariis, ut instaurarent domum
Domini Dei sui. 9 Qui venerunt ad Helciam sacerdotem magnum: acceptamque
ab eo pecuniam, quae illata fuerat in domum Domini et quam congregaverant Levitae, et ianitores de Manasse, et Ephraim,

9,3; 2 Par 6,6. — 6: Deut 18,10. — 14: 3 Reg 1,
33; 2 Par 27,3; Neh 3,3; 12,39. — 20-25: 4 Reg
21,18.24.

34 1-2: 4 Reg 22,1-2. — 4-6: 4 Reg 23,6.16.
19-20. — 8-28: 4 Reg 22,3-20. — 24: Lev

et universis reliquiis Israel, ab omni quoque Iuda, et Beniamin, et habitatoribus
Ierusalem, 10 tradiderunt in manibus eorum, qui praeerant operariis in domo Domini ut instaurarent templum, et infirma
quaeque sarcirent. 11 At illi dederunt eam
artificibus, et caementariis, ut emerent lapides de lapicidinis, et ligna ad commissuras aedificii, et ad contignationem domorum, quas destruxerant reges Iuda.
12 Qui fideliter cuncta faciebant. Erant
autem praepositi operantium, Iahath et
Abdias de filiis Merari, Zacharias et Mosollam de filiis Caath, qui urgebant opus:
omnes Levitae scientes organis canere.
13 Super eos vero, qui ad diversos usus
onera portabant, erant scribae, et magistri de Levitis ianitores.

Invenitur liber Legis

14 Cumque efferrent pecuniam, quae illata fuerat in templum Domini, reperit
Helcias sacerdos Librum legis Domini
per manum Moysi. 15 Et ait ad Saphan
scribam: Librum legis inveni in domo
Domini: et tradidit ei. 16 At ille intulit
volumen ad regem, et nuntiavit ei dicens:
Omnia quae dedisti in manu servorum
tuorum, ecce complentur. 17 Argentum,
quod repertum est in domo Domini, conflaverunt: datumque est praefectis artificum, et diversa opera fabricantium.
18 Praeterea tradidit mihi Helcias sacerdos hunc librum. Quem cum rege praesente recitasset, 19 audissetque ille verba
legis, scidit vestimenta sua: 20 et praecepit Helciae, et Ahicam filio Saphan, et
Abdon filio Micha, Saphan quoque scribae, et Asaae servo regis, dicens: 21 Ite, et
orate Dominum pro me, et pro reliquiis
Israel et Iuda, super universis sermonibus
libri istius, qui repertus est: magnus enim
furor Domini stillavit super nos, eo quod
non custodierint patres nostri verba Domini ut facerent omnia quae scripta sunt
in isto volumine.
22 Abiit ergo Helcias, et hi qui simul a
rege missi fuerant, ad Oldam prophetidem, uxorem Sellum filii Thecuath, filii
Hasra custodis vestium: quae habitabat
in Ierusalem in Secunda: et locuti sunt ei
verba, quae supra narravimus. 23 At illa
respondit eis: Haec dicit Dominus Deus
Israel: Dicite viro, qui misit vos ad me:
24 Haec dicit Dominus: Ecce ego inducam mala super locum istum, et super
habitatores eius cunctaque maledicta,
quae scripta sunt in Libro hoc, quem legerunt coram rege Iuda. 25 Quia dereliquerunt me, et sacrificaverunt diis alienis,
ut me ad iracundiam provocarent in cunctis operibus manuum suarum, idcirco stillabit furor meus super locum istum, et
non extinguetur. 26 Ad regem autem Iuda, qui misit vos pro Domino deprecan-
do, sic loquimini: Haec dicit Dominus
Deus Israel: Quoniam audisti verba voluminis, 27 atque emollitum est cor tuum,
et humiliatus es in conspectu Dei super
his quae dicta sunt contra locum hunc,
et habitatores Ierusalem, reveritusque faciem meam, scidisti vestimenta tua, et flevisti coram me: ego quoque exaudivi te,
dicit Dominus. 28 Iam enim colligam te
ad patres tuos, et infereris in sepulchrum
tuum in pace: nec videbunt oculi tui omne malum, quod ego inducturus sum super locum istum, et super habitatores eius.
Retulerunt itaque regi cuncta quae dixerat.

Inducitur reformatio religiosa

29 At ille convocatis universis maioribus natu Iuda et Ierusalem, 30 ascendit
in domum Domini, unaque omnes viri
Iuda et habitatores Ierusalem, sacerdotes
et Levitae, et cunctus populus a minimo
usque ad maximum. Quibus audientibus
in domo Domini, legit rex omnia verba
voluminis: 31 et stans in tribunali suo, percussit foedus coram Domino ut ambularet post eum, et custodiret praecepta, et
testimonia, et iustificationes eius in toto
corde suo, et in tota anima sua, faceretque quae scripta sunt in volumine illo,
quod legerat. 32 Adiuravit quoque super
hoc omnes, qui reperti fuerant in Ierusalem et Beniamin: et fecerunt habitatores
Ierusalem iuxta pactum Domini Dei patrum suorum. 33 Abstulit ergo Iosias cunctas abominationes de universis regionibus
filiorum Israel: et fecit omnes, qui residui
erant in Israel, servire Domino Deo suo.
Cunctis diebus eius non recesserunt a Domino Deo patrum suorum.

Celebratur Phase

35 1 Fecit autem Iosias in Ierusalem
Phase Domino, quod immolatum
est quartadecima die mensis primi: 2 et
constituit sacerdotes in officiis suis, hor-
tatusque est eos ut ministrarent in domo
Domini: 3 Levitis quoque, ad quorum
eruditionem omnis Israel sanctificabatur
Domino, locutus est: Ponite arcam in
sanctuario templi, quod aedificavit Salomon filius David rex Israel, nequaquam
enim eam ultra portabitis: nunc autem
ministrate Domino Deo vestro, et populo
eius Israel. 4 Et praeparate vos per domos, et cognationes vestras in divisioni-

26,14-39; Deut 28,15-68. — **29-33:** 4 Reg 23,1-20.

35 1-19: 4 Reg 23,21-23. — 1: Ex 12,6; Esdr 6,19. — 4: 1 Par 23,1-26.32; 2 Par 8,

bus singulorum, sicut praecepit David,
rex Israel, et descripsit Salomon, filius
eius. 5 Et ministrate in sanctuario per familias turmasque Leviticas, 6 et sanctificati immolate Phase, fratres etiam vestros, ut possint iuxta verba quae locutus
est Dominus in manu Moysi facere, praeparate.
7 Dedit praeterea Iosias omni populo,
qui ibi fuerat inventus in solemnitate Phase, agnos et haedos de gregibus, et reliqui
pecoris triginta millia, boum quoque tria
millia. Haec de regis universa substantia.
8 Duces quoque eius, sponte quod voverant, obtulerunt, tam populo, quam sacerdotibus et Levitis. Porro Helcias, et Zacharias, et Iahiel principes domus Domini, dederunt sacerdotibus ad faciendum
Phase pecora commixtim duo millia sexcenta, et boves trecentos. 9 Chonenias autem, et Semeias, etiam Nathanael fratres
eius, necnon Hasabias, et Iehiel, et Iozabad principes Levitarum, dederunt caeteris Levitis ad celebrandum Phase quinque
millia pecorum, et boves quingentos.
10 Praeparatumque est ministerium, et
steterunt sacerdotes in officio suo: Levitae quoque in turmis, iuxta regis imperium. 11 Et immolatum est Phase: asper-
seruntque sacerdotes manu sua sanguinem, et Levitae detraxerunt pelles holocaustorum: 12 et separaverunt ea ut darent per domos et familias singulorum, et
offerrentur Domino, sicut scriptum est in
Libro Moysi: de bobus quoque fecerunt
similiter. 13 Et assaverunt Phase super ignem, iuxta quod in lege scriptum est: pacificas vero hostias coxerunt in lebetibus,
et cacabis, et ollis, et festinato distribue-
runt universae plebi: 14 sibi autem, et sacerdotibus postea paraverunt: nam in oblatione holocaustorum et adipum usque
ad noctem sacerdotes fuerunt occupati:
unde Levitae sibi, et sacerdotibus filiis
Aaron paraverunt novissimis. 15 Porro
cantores filii Asaph stabant in ordine suo,
iuxta praeceptum David, et Asaph, et Heman, et Idithun prophetarum regis: ianitores vero per portas singulas observabant, ita ut nec puncto quidem discederent a ministerio: quam ob rem et fratres
eorum Levitae paraverunt eis cibos.
16 Omnis igitur cultura Domini rite
completa est in die illa ut facerent Phase,
et offerrent holocausta super altare Domini, iuxta praeceptum regis Iosiae. 17 Feceruntque filii Israel, qui reperti fuerant
ibi, Phase in tempore illo, et solemnitatem azymorum septem diebus. 18 Non fuit
Phase simile huic in Israel a diebus Samuelis prophetae: sed nec quisquam de
cunctis regibus Israel fecit Phase sicut Iosias, sacerdotibus, et Levitis, et omni Iudae, et Israel qui repertus fuerat et habitantibus in Ierusalem. 19 Octavodecimo
anno regni Iosiae hoc Phase celebratum
est.

Postrema Iosiae

20 Postquam instauraverat Iosias templum, ascendit Nechao rex Aegypti ad
pugnandum in Charcamis iuxta Euphraten: et processit in occursum eius Iosias.
21 At ille, missis ad eum nuntiis, ait: Quid
mihi et tibi est, rex Iuda? non adversum
te hodie venio, sed contra aliam pugno
domum, ad quam me Deus festinato ire
praecepit: desine adversum Deum facere,
qui mecum est, ne interficiat te. 22 Noluit
Iosias reverti, sed praeparavit contra eum
bellum, nec acquievit sermonibus Nechao
ex ore Dei: verum perrexit ut dimicaret
in campo Mageddo. 23 Ibique vulneratus
a sagittariis, dixit pueris suis: Educite me
de praelio, quia oppido vulneratus sum.
24 Qui transtulerunt eum de curru in alterum currum, qui sequebatur eum more
regio, et asportaverunt eum in Ierusalem,
mortuusque est, et sepultus in mausoleo
patrum suorum: et universus Iuda et Ierusalem luxerunt eum. 25 Ieremias maxime: cuius omnes cantores atque cantatrices, usque in praesentem diem lamenta-
tiones super Iosiam replicant, et quasi lex
obtinuit in Israel: Ecce scriptum fertur in
lamentationibus.
26 Reliqua autem sermonum Iosiae et
misericordiarum eius: quae lege praecepta sunt Domini: 27 opera quoque illius
prima et novissima, scripta sunt in Libro
regum Iuda et Israel.

Ioachaz

36 1 Tulit ergo populus terrae Ioachaz
filium Iosiae, et constituit regem
pro patre suo in Ierusalem. 2 Viginti trium
annorum erat Ioachaz, cum regnare coepisset, et tribus mensibus regnavit in Ierusalem.
3 Amovit autem eum rex Aegypti cum
venisset in Ierusalem, et condemnavit terram centum talentis argenti, et talento
auri. 4 Constituitque pro eo regem, Eliakim fratrem eius, super Iudam et Ierusalem, et vertit nomen eius Ioakim: ipsum
vero Ioachaz tulit secum, et abduxit in
Aegyptum.

14. — **7:** 2 Par 30,24. — **8:** 2 Par 34,9.12. — **13:** Ex 12,8-9; Deut 16,7. — **17:** 2 Par 30,21. **18:** 4 Reg 23,22-23. — **20-27:** 4 Reg 23,28-30.

22-24: Zach 12,11. — **25:** 2 Sam 19,35; Esdr 2, 65; Lam 4,20.

36 **1-4:** 4 Reg 23,30-34. — **4:** Mt 1,11. — **5:** 4 Reg 23,36-37. — **6:** 4 Reg 24,1. —

Ioakim

5 Viginti quinque annorum erat Ioakim
cum regnare coepisset, et undecim annis
regnavit in Ierusalem: fecitque malum coram Domino Deo suo. 6 Contra hunc ascendit Nabuchodonosor rex Chaldaeorum, et vinctum catenis duxit in Babylonem. 7 Ad quam et vasa Domini transtulit, et posuit ea in templo suo.
8 Reliqua autem verborum Ioakim, et
abominationum eius, quas operatus est,
et quae inventa sunt in eo, continentur in
Libro regum Iuda et Israel. Regnavit autem Ioachin filius eius pro eo.

Ioachin

9 Octo annorum erat Ioachin cum regnare coepisset, et tribus mensibus, ac decem diebus regnavit in Ierusalem, fecitque malum in conspectu Domini.
10 Cumque anni circulus volveretur, misit Nabuchodonosor rex, qui adduxerunt
eum in Babylonem, asportatis simul pretiosissimis vasis domus Domini. Regem
vero constituit Sedeciam patruum eius
super Iudam et Ierusalem.

Sedecias

11 Viginti et unius anni erat Sedecias
cum regnare coepisset, et undecim annis
regnavit in Ierusalem. 12 Fecitque malum
in oculis Domini Dei sui, nec erubuit faciem Ieremiae prophetae, loquentis ad se
ex ore Domini.
13 A rege quoque Nabuchodonosor recessit, qui adiuraverat eum per Deum: et
induravit cervicem suam et cor ut non reverteretur ad Dominum Deum Israel.
14 Sed et universi principes sacerdotum,
et populus, praevaricati sunt inique iuxta
universas abominationes gentium, et polluerunt domum Domini, quam sanctificaverat sibi in Ierusalem. 15 Mittebat autem
Dominus Deus patrum suorum ad illos
per manum nuntiorum suorum de nocte
consurgens, et quotidie commonens: eo
quod parceret populo et habitaculo suo.
16 At illi subsannabant nuntios Dei, et
parvipendebant sermones eius, illudebant-
que prophetis, donec ascenderet furor Domini in populum eius, et esset nulla curatio. 17 Adduxit enim super eos regem
Chaldaeorum, et interfecit iuvenes eorum
gladio in domo sanctuarii sui, non est misertus adolescentis, et virginis, et senis,
nec decrepiti quidem, sed omnes tradidit
in manibus eius. 18 Universaque vasa domus Domini tam maiora, quam minora,
et thesauros templi, et regis, et principum
transtulit in Babylonem. 19 Incenderunt
hostes domum Dei, destruxeruntque murum Ierusalem, universas turres combusserunt, et quidquid pretiosum fuerat, demoliti sunt. 20 Si quis evaserat gladium,
ductus in Babylonem servivit regi et filiis
eius, donec imperaret rex Persarum, 21 et
compleretur sermo Domini ex ore Ieremiae, et celebraret terra sabbata sua:
cunctis enim diebus desolationis egit sabbatum usque dum complerentur septuaginta anni.

Cyri edictum

22 Anno autem primo Cyri regis Persarum ad explendum sermonem Domini,
quem locutus fuerat per os Ieremiae, suscitavit Dominus spiritum Cyri regis Persarum: qui iussit praedicari in universo
regno suo, etiam per scripturam, dicens:
23 Haec dicit Cyrus rex Persarum: Omnia
regna terrae dedit mihi Dominus Deus
caeli, et ipse praecepit mihi ut aedificarem
ei domum in Ierusalem, quae est in Iudaea: quis ex vobis est in omni populo
eius? sit Dominus Deus suus cum eo, et
ascendat.

7: 4 Reg 24,13; Esdr 1,7; Dan 1,1-2; 5,2. — **9-10:** 4 Reg 24,8-17. — **10:** 4 Reg 24,17.20; Ier 22,25; 37,1. — **11-13:** 4 Reg 24,18-20; Ier 52,1-2. — **12:** Ier 21,3-7; 27,12-22; 32,1-5; 37,6-10; 38,26. — **13:** Ier 52,3; Ez 17,18. — **17-20:** 4 Reg 25,1-7.11.13-15. — **21:** Lev 26,34.35.43; Ier 25,8-11. — **22-23:** Esdr 1,1-3; 6,3. — **22:** Ier 25,12-13; 29,10; 33,10.11.14.

LIBER PRIMUS ESDRAE

SUMMARIUM PARS PRIMA: PRIMUS EXULUM REDITUS ET TEMPLI AEDIFICATIO *(1-6): Cyri edictum (1). Reducum elenchus (2). Altaris restauratio (3,1-8). Templi opus incoeptum a gentibus impeditur (3,9-4,5). Opus civitatis etiam impeditum sub Artaxerxe (4,6-23). Denuo templi opus resumitur (4,24-5,16). Darii licentia completur templum (6).*—PARS ALTERA:

SECUNDUS EXULUM REDITUS ESDRA DUCE ET POPULI REFORMATIO *(7-10). Reducum elenchus et eorum iter in Ierusalem (7). Esdrae dolor de statu civitatis (8). Populi poenitentia (10,1-17). Elenchus delinquentium (10,18-44)*

PARS PRIMA

PRIMUS EXULUM REDITUS ET TEMPLI AEDIFICATIO
(1,1-6,22)

Cyri edictum

1 1 In anno primo Cyri regis Persarum
ut compleretur verbum Domini ex
ore Ieremiae, suscitavit Dominus spiritum
Cyri regis Persarum: et traduxit vocem
in omni regno suo, etiam per scripturam,
dicens: 2 Haec dicit Cyrus rex Persarum:
Omnia regna terrae dedit mihi Dominus
Deus caeli, et ipse praecepit mihi ut aedificarem ei domum in Ierusalem, quae est
in Iudaea. 3 Quis est in vobis de universo
populo eius? Sit Deus illius cum ipso. Ascendat in Ierusalem, quae est in Iudaea,
et aedificet domum Domini Dei Israel,
ipse est Deus qui est in Ierusalem. 4 Et
omnes reliqui in cunctis locis ubicumque
habitant, adiuvent eum viri de loco suo
argento et auro, et substantia, et pecoribus, excepto quod voluntarie offerunt
templo Dei, quod est in Ierusalem.

Multi ad reditum in patriam praeparantur

5 Et surrexerunt principes patrum de
Iuda, et Beniamin, et sacerdotes, et Levitae, et omnis cuius Deus suscitavit spiritum, ut ascenderent ad aedificandum templum Domini, quod erat in Ierusalem.
6 Universique qui erant in circuitu, adiuverunt manus eorum in vasis argenteis et
aureis, in substantia et iumentis in supellectili, exceptis his quae sponte obtulerant.
7 Rex quoque Cyrus protulit vasa templi Domini, quae tulerat Nabuchodonosor de Ierusalem, et posuerat ea in templo dei sui. 8 Protulit autem ea Cyrus rex
Persarum per manum Mithridatis filii Ga-
zabar, et annumeravit ea Sassabasar principi Iuda. 9 Et hic est numerus eorum:
Phialae aureae triginta, phialae argenteae
mille, cultri viginti novem, scyphi aurei
triginta, 10 scyphi argentei secundi quadringenti decem: vasa alia mille. 11 Omnia vasa aurea et argentea quinque millia quadringenta: universa tulit Sassabasar
cum his qui ascendebant de transmigratione Babylonis in Ierusalem.

Elenchus reducum in patriam

2 1 Hi sunt autem provinciae filii, qui
ascenderunt de captivitate, quam
transtulerat Nabuchodonosor rex Babylonis in Babylonem, et reversi sunt in Ierusalem et Iudam, unusquisque in civitatem suam. 2 Qui venerunt cum Zorobabel, Iosue, Nehemia, Saraia, Rahelaia,
Mardochai, Belsan, Mesphar, Beguai, Rehum, Baana.
Numerus virorum populi Israel:
3 Filii Pharaos duo millia centum septuaginta duo. 4 Filii Sephatia, trecenti
septuaginta duo. 5 Filii Area, septingenti
septuaginta quinque. 6 Filii Phahath
Moab, filiorum Iosue: Ioab, duo millia
octingenti duodecim. 7 Filii Aelam, mille
ducenti quinquaginta quatuor. 8 Filii
Zethua, nongenti quadraginta quinque.
9 Filii Zachai, septingenti sexaginta. 10 Fi-
lii Bani, sexcenti quadraginta duo. 11 Fi-
lii Bebai, sexcenti viginti tres. 12 Filii Azgad, mille ducenti viginti duo. 13 Filii Adonicam, sexcenti sexaginta sex. 14 Filii Beguai, duo millia quinquaginta sex. 15 Filii
Adin, quadringenti quinquaginta quatuor.
16 Filii Ather, qui erant ex Ezechia, nonaginta octo. 17 Filii Besai, trecenti viginti
tres. 18 Filii Iora, centum duodecim. 19 Filii Hasum, ducenti viginti tres. 20 Filii
Gebbar, nonaginta quinque. 21 Filii Bethlehem, centum viginti tres. 22 Viri Netupha,
quinquaginta sex. 23 Viri Anathoth, centum viginti octo. 24 Filii Azmaveth, quadraginta duo. 25 Filii Cariathiarim, Cephira et Beroth, septingenti quadraginta tres.
26 Filii Rama et Gabaa, sexcenti viginti
unus. 27 Viri Machnas, centum viginti
duo. 28 Viri Bethel et Hai, ducenti viginti tres. 29 Filii Nebo, quinquaginta duo.
30 Filii Megbis, centum quinquaginta sex.
31 Filii Aelam alterius, mille ducenti quinquaginta quatuor. 32 Filii Harim, trecenti
viginti. 33 Filii Lod Hadid, et Ono, septingenti viginti quinque. 34 Filii Iericho,
trecenti quadraginta quinque. 35 Filii Senaa, tria millia sexcenti triginta.
36 Sacerdotes: Filii Iadaia in domo Iosue, nongenti septuaginta tres. 37 Filii Emmer, mille quinquaginta duo. 38 Filii Pheshur, mille ducenti quadraginta septem.
39 Filii Harim, mille decem et septem.

1 1-3: 2 Par 36,22-23. — 1: Esdr 5,13; Ier 25,12-13; 29,10. — 2: Is 44,28; 45,1.13. — 7: 4 Reg 24,13; 25,13-16; 2 Par 36,7.10.18; Esdr 5,14; 6,5. — 8: 4,7; 5,14.

2 1-70: Neh 7,6-73. — 1: 4 Reg 24,14-16; 25,11; 2 Par 36,20. — 2: 1 Par 3,19; Esdr 3,2.8; Neh 7,7; Esth 2,5-6; Eccli 49,13; Agg 1,

40 Levitae: Filii Iosue et Cedmihel filiorum Odoviae, septuaginta quatuor. 41 Cantores: Filii Asaph, centum viginti octo.
42 Filii ianitorum: Filii Sellum, filii Ater,
filii Telmon, filii Accub, filii Hatitha, filii
Sobai: universi centum triginta novem.
43 Nathinaei: filii Siha, filii Hasupha,
filii Tabbaoth, 44 filii Ceros, filii Siaa, filii
Phadon, 45 filii Lebana, filii Hagaba, filii
Accub, 46 filii Hagab, filii Semlai, filii Hanan, 47 filii Gaddel, filii Gaher, filii Raaia,
48 filii Rasin, filii Necoda, filii Gazam,
49 filii Aza, filii Phasea, filii Besee, 50 filii
Asena, filii Munim, filii Nephusim, 51 filii
Bacbuc, filii Hacupha, filii Harhur, 52 filii
Besluth, filii Mahida, filii Harsa, 53 filii
Bercos, filii Sisara, filii Thema, 54 filii Na-
sia, filii Hatipha, 55 filii servorum Salomonis, filii Sotai, filii Sophereth, filii Pha-
ruda, 56 filii Iala, filii Dercon, filii Geddel,
57 filii Saphatia, filii Hatil, filii Phochereth, qui erant de Asebaim, filii Ami:
58 omnes Nathinaei, et filii servorum Salomonis, trecenti nonaginta duo.
59 Et hi qui ascenderunt de Thelmala,
Thelharsa, Cherub, et Adon, et Emer: et
non potuerunt indicare domum patrum
suorum et semen suum, utrum ex Israel
essent. 60 Filii Dalaia, filii Tobia, filii Necoda, sexcenti quinquaginta duo.
61 Et de filiis sacerdotum: Filii Hobia,
filii Accos, filii Berzellai, qui accepit de
filiabus Berzellai Galaaditis, uxorem, et
vocatus est nomine eorum: 62 hi quaesierunt scripturam genealogiae suae, et non
invenerunt, et eiecti sunt de sacerdotio.
63 Et dixit Athersatha eis ut non comederent de Sancto sanctorum, donec surgeret sacerdos doctus atque perfectus.

Summa

64 Omnis multitudo quasi unus, quadraginta duo millia trecenti sexaginta:
65 exceptis servis eorum, et ancillis, qui
erant septem millia trecenti triginta septem: et in ipsis cantores atque cantatrices
ducenti. 66 Equi eorum septingenti triginta sex, muli eorum, ducenti quadraginta
quinque, 67 cameli eorum, quadringenti
triginta quinque, asini eorum, sex millia
septingenti viginti. 68 Et de principibus patrum, cum ingrederentur templum Domini, quod est in Ierusalem, sponte obtulerunt in domum Dei ad extruendam eam
in loco suo. 69 Secundum vires suas dederunt impensas operis, auri solidos sexaginta millia et mille, argenti mnas quinque millia, et vestes sacerdotales centum.
70 Habitaverunt ergo sacerdotes, et Levitae, et de populo, et cantores, et ianitores, et Nathinaei, in urbibus suis, universusque Israel in civitatibus suis.

Altaris aedificatio

3 1 Iamque venerat mensis septimus et
erant filii Israel in civitatibus suis:
congregatus est ergo populus quasi vir
unus in Ierusalem. 2 Et surrexit Iosue
filius Iosedec, et fratres eius sacerdotes,
et Zorobabel filius Salathiel, et fratres
eius, et aedificaverunt altare Dei Israel ut
offerrent in eo holocautomata, sicut scriptum est in lege Moysi viri Dei: 3 collocaverunt autem altare Dei super bases suas,
deterrentibus eos per circuitum populis
terrarum, et obtulerunt super illud holocaustum Domino mane et vespere. 4 Feceruntque solemnitatem tabernaculorum,
sicut scriptum est, et holocaustum diebus
singulis per ordinem secundum praeceptum opus diei in die suo. 5 Et post haec
holocaustum iuge, tam in calendis quam
in universis solemnitatibus Domini, quae
erant consecratae, et in omnibus in quibus ultro offerebatur munus Domino.
6 A primo die mensis septimi coeperunt
offerre holocaustum Domino: porro templum Dei nondum fundatum erat. 7 Dederunt autem pecunias latomis et caementariis: cibum quoque, et potum, et oleum
Sidoniis, Tyriisque, ut deferrent ligna cedrina de Libano ad mare Ioppe, iuxta
quod praeceperat Cyrus rex Persarum
eis.

Ponuntur fundamenta templi

8 Anno autem secundo adventus eorum
ad templum Dei in Ierusalem, mense secundo, coeperunt Zorobabel filius Salathiel, et Iosue filius Iosedec, et reliqui de
fratribus eorum sacerdotes, et Levitae, et
omnes qui venerant de captivitate in Ierusalem, et constituerunt Levitas a viginti annis et supra, ut urgerent opus domini. 9 Stetitque Iosue et filii eius, et fratres
eius, Cedmihel, et filii eius, et filii Iuda,
quasi vir unus, ut instarent super eos qui
faciebant opus in templo Dei: filii Henadad, et filii eorum, et fratres eorum Levitae.
10 Fundato igitur a caementariis templo
Domini, steterunt sacerdotes in ornatu
suo cum tubis: et Levitae filii Asaph in
cymbalis, ut laudarent Deum per manus

12.14; Zach 4,6. — 42: 1 Par 9,17. — 43: 1 Par 9,2; Esdr 8,20; Neh 11,3. — 55: 3 Reg 9,21; Neh 11,3. — 61: 2 Sam 17,27; 19,32. — 63: Ex 28,30; Lev 22,2.10.15-16; Neh 7,65.70; 8,9; 10,1.

3 1: Neh 8,1. — 2: Deut 12,5-6; Neh 12,1-7; Agg 1,1.12.14; Zach 3,1. — 3: Ex 29,38; Num 28,3-4. — Ex 23,16; Lev 23,34; Num 29,12-38; Neh 8,14-17; Zach 14,16. — 5: Num 28,3.11; 29,39. — 7: Esdr 1,3-4; 6,3. — 10: 1 Par

David regis Israel. 11 Et concinebant in
hymnis, et confessione Domino: Quoniam
bonus, quoniam in aeternum misericordia eius super Israel. Omnis quoque populus vociferabatur clamore magno in
laudando Dominum, eo quod fundatum
esset templum Domini. 12 Plurimi etiam
de sacerdotibus et Levitis, et principes
patrum, et seniores, qui viderant templum
prius cum fundatum esset, et hoc templum
in oculis eorum, flebant voce magna: et
multi vociferantes in laetitia, elevabant
vocem. 13 Nec poterat quisquam agnoscere vocem clamoris laetantium, et vocem
fletus populi: commixtim enim populus
vociferabatur clamore magno, et vox audiebatur procul.

Oppositio alienigenarum

4 1 Audierunt autem hostes Iudae, et
Beniamin, quia filii captivitatis aedificarent templum Domino Deo Israel:
2 et accedentes ad Zorobabel, et ad principes patrum, dixerunt eis: Aedificemus
vobiscum, quia ita ut vos, quaerimus
Deum vestrum, ecce nos immolavimus
victimas a diebus Asor Haddan regis Assur, qui adduxit nos huc. 3 Et dixit eis
Zorobabel, et Iosue, et reliqui principes
patrum Israel: Non est vobis et nobis ut
aedificemus domum Deo nostro, sed nos
ipsi soli aedificabimus Domino Deo nostro, sicut praecepit nobis Cyrus rex Persarum. 4 Factum est igitur ut populus terrae impediret manus populi Iudae, et tur-
baret eos in aedificando. 5 Conduxerunt
autem adversus eos consiliatores, ut destruerent consilium eorum omnibus diebus Cyri regis Persarum, et usque ad regnum Darii regis Persarum.

Denuntiatur ad Artaxerxem aedificatio civitatis

6 In regno autem Assueri, in principio
regni eius, scripserunt accusationem adversus habitatores Iudae et Ierusalem.
7 Et in diebus Artaxerxis scripsit Bese-
lam, Mithridates, et Thabeel, et reliqui,
qui erant in consilio eorum, ad Artaxerxem regem Persarum: epistola autem ac-
cusationis scripta erat syriace, et legeba-
tur sermone syro.
8 Reum Beelteem, et Samsai scriba,
scripserunt epistolam unam de Ierusalem Artaxerxi regi, huiuscemodi: 9 Reum
Beelteem, et Samsai scriba, et reliqui consiliatores eorum, Dinaei, et Apharsatha-
chaei, Terphalaei, Apharsaei, Erchuaei,
Babylonii, Susanechaei, Dievi, et Aelamitae, 10 et caeteri de gentibus, quas transtulit Asenaphar magnus et gloriosus: et habitare eas fecit in civitatibus Samariae, et
in reliquis regionibus trans flumen in pace.
11 (Hoc est exemplar epistolae, quam
miserunt ad eum.)

Artaxerxi regi, servi tui, viri qui sunt
trans fluvium, salutem dicunt.
12 Notum sit regi, quia Iudaei, qui ascenderunt a te ad nos, venerunt in Ierusalem civitatem rebellem et pessimam, quam
aedificant extruentes muros eius, et parietes componentes. 13 Nunc igitur notum
sit regi, quia si civitas illa aedificata fuerit, et muri eius instaurati, tributum, et
vectigal, et annuos reditus non dabunt,
et usque ad reges haec noxa perveniet.
14 Nos autem memores salis, quod in palatio comedimus, et quia laesiones regis
videre nefas ducimus, idcirco misimus et
nuntiavimus regi, 15 ut recenseas in libris
historiarum patrum tuorum, et invenies
scriptum in commentariis: et scies quoniam urbs illa, urbs rebellis est, et nocens
regibus et provinciis, et bella concitantur
in ea ex diebus antiquis: quam ob rem
et civitas ipsa destructa est. 16 Nuntiamus
nos regi, quoniam si civitas illa aedificata fuerit, et muri ipsius instaurati, possessionem trans fluvium non habebis.
17 Verbum misit rex ad Reum Beelteem,
et Samsai scribam, et ad reliquos qui erant
in consilio eorum habitatores Samariae, et
caeteris trans fluvium, salutem dicens et
pacem. 18 Accusatio, quam misistis ad nos,
manifeste lecta est coram me, 19 et a me
praeceptum est: et recensuerunt, inveneruntque quoniam civitas illa a diebus antiquis adversum reges rebellat, et seditiones, et praelia concitantur in ea: 20 nam
et reges fortissimi fuerunt in Ierusalem,
qui et dominati sunt omni regioni, quae
trans fluvium est: tributum quoque et
vectigal, et reditus accipiebant. 21 Nunc
ergo audite sententiam: Prohibeatis viros
illos ut urbs illa non aedificetur, donec si
forte a me iussum fuerit. 22 Videte ne
negligenter hoc impleatis, et paulatim
crescat malum contra reges.
23 Itaque exemplum edicti Artaxerxis
regis lectum est coram Reum Beelteem, et
Samsai scriba, et consiliariis eorum: et
abierunt festini in Ierusalem ad Iudaeos,
et prohibuerunt eos in brachio et robore.

Resumitur opus templi

24 Tunc intermissum est opus domus
Domini in Ierusalem, et non fiebat usque
ad annum secundum regni Darii regis
Persarum.

6,31; 16,4-6; 25,1-2. — 11: 1 Par 16,34.41; 2 Par 5,13; 7,3; Ps 117,1. — 12: Agg 2,3.

4 2: 4 Reg 17,24.32-33; 19,37. — 3: Esdr 1, 1.3; Neh 2,20. — 4: Esdr 3,3. — 6: Esth 1, 1; Dan 9,1. — 7: 4 Reg 18,26. — 13: Esdr 7, 24. — 15: Esth 2,23; 6,1. — 24: Esdr 6,12.14-15.

5 1 Prophetaverunt autem Aggaeus propheta, et Zacharias filius Addo, prophetantes ad Iudaeos, qui erant in Iudaea
et Ierusalem, in nomine Dei Israel. 2 Tunc
surrexerunt Zorobabel filius Salathiel, et
Iosue filius Iosedec, et coeperunt aedificare templum Dei in Ierusalem, et cum eis
prophetae Dei adiuvantes eos. 3 In ipso
autem tempore venit ad eos Thathanai,
qui erat dux trans flumen, et Stharbuzanai, et consiliarii eorum: sicque dixerunt
eis: Quis dedit vobis consilium ut domum
hanc aedificaretis, et muros eius instauraretis? 4 Ad quod respondimus eis, quae
essent nomina hominum auctorum aedi-
ficationis illius. 5 Oculus autem Dei eorum
factus est super senes Iudaeorum, et non
potuerunt inhibere eos. Placuitque ut res
ad Darium referretur, et tunc satisface-
rent adversus accusationem illam.

Duces regii rem ad Darium referunt

6 Exemplar epistolae, quam misit Thathanai dux regionis trans flumen, et Stharbuzanai, et consiliatores eius Arphasa-
chaei, qui erant trans flumen, ad Darium
regem. 7 Sermo, quem miserant ei, sic
scriptus erat:
Dario regi pax omnis. 8 Notum sit regi,
isse nos ad Iudaeam provinciam, ad domum Dei magni, quae aedificatur lapide
impolito, et ligna ponuntur in parietibus:
opusque illud diligenter extruitur, et crescit in manibus eorum. 9 Interrogavimus
ergo senes illos, et ita diximus eis: Quis
dedit vobis potestatem ut domum hanc
aedificaretis, et muros hos instauraretis?
10 Sed et nomina eorum quaesivimus ab
eis, ut nuntiaremus tibi: scripsimusque
nomina eorum virorum, qui sunt principes in eis. 11 Huiuscemodi autem sermonem responderunt nobis dicentes: Nos
sumus servi Dei caeli et terrae, et aedi-
ficamus templum, quod erat extructum
ante hos annos multos, quodque rex Israel magnus aedificaverat, et extruxerat.
12 Postquam autem ad iracundiam provocaverunt patres nostri Deum caeli, tradidit eos in manus Nabuchodonosor regis Babylonis Chaldaei, domum quoque
hanc destruxit, et populum eius transtulit
in Babylonem. 13 Anno autem primo Cyri regis Babylonis, Cyrus rex proposuit
edictum ut domus Dei haec aedificaretur.
14 Nam et vasa templi Dei aurea et argentea, quae Nabuchodonosor tulerat de templo, quod erat in Ierusalem, et asportave-
rat ea in templum Babylonis, protulit Cyrus rex de templo Babylonis, et data sunt
Sassabasar vocabulo, quem et principem
constituit, 15 dixitque ei: Haec vasa tolle,
et vade, et pone ea in templo, quod est in
Ierusalem, et domus Dei aedificetur in
loco suo. 16 Tunc itaque Sassabasar ille
venit et posuit fundamenta templi Dei
in Ierusalem, et ex eo tempore usque
nunc aedificatur, et necdum completum
est. 17 Nunc ergo, si videtur regi bonum
recenseat in bibliotheca regis, quae est in
Babylone, utrumnam a Cyro rege iussum
fuerit ut aedificaretur domus Dei in Ierusalem, et voluntatem regis super hac re
mittat ad nos.

Responsio regis

6 1 Tunc Darius rex praecepit: et recensuerunt in bibliotheca librorum,
qui erant repositi in Babylone, 2 et inventum est in Ecbatanis, quod est castrum
in Medena provincia volumen unum, ta-
lisque scriptus erat in eo commentarius:
3 Anno primo Cyri regis: Cyrus rex
decrevit ut domus Dei aedificaretur, quae
est in Ierusalem, in loco ubi immolent
hostias, et ut ponant fundamenta suppor-
tantia altitudinem cubitorum sexaginta,
et latitudinem cubitorum sexaginta, 4 ordines de lapidibus impolitis tres, et sic
ordines de lignis novis: sumptus autem
de domo regis dabuntur. 5 Sed et vasa
templi Dei aurea et argentea, quae Nabuchodonosor tulerat de templo Ierusalem, et attulerat ea in Babylonem, reddan-
tur, et referantur in templum in Ierusalem in locum suum, quae et posita sunt
in templo Dei.
6 Nunc ergo Thathanai dux regionis,
quae est trans flumen, Stharbuzanai, et
consiliarii vestri Apharsachaei, qui estis
trans flumen, procul recedite ab illis, 7 et
dimittite fieri templum Dei illud a duce
Iudaeorum, et a senioribus eorum, ut domum Dei illam aedificent in loco suo.
8 Sed et a me praeceptum est quid oporteat fieri a presbyteris Iudaeorum illis ut
aedificetur domus Dei, scilicet ut de arca
regis, id est, de tributis, quae dantur de
regione trans flumen, studiose sumptus
dentur viris illis, ne impediatur opus.
9 Quod si necesse fuerit, et vitulos, et agnos, et haedos in holocaustum Deo caeli,
frumentum, sal, vinum, et oleum, secun-

5 1: Agg 1,1; Zach 1,1. — 2: Esdr 3,2. — 3: Esdr 6,6.13. — 5: Ps 32,18. — 11: 3 Reg 6,1. — 12: 4 Reg 24,2; 25,8-11; 2 Par 36,16-17. 13: Esdr 1,1. — 14: Esdr 1,7-8; 6,5. — 16: Esdr 3,8.10. — 17: Esdr 6,1-2.

6 1: Esdr 4,15; 5,17. — 4: 3 Reg 6,36. — 5:

dum ritum sacerdotum, qui sunt in Ierusalem, detur eis per singulos dies, ne sit
in aliquo querimonia. 10 Et offerant oblationes Deo caeli, orentque pro vita regis,
et filiorum eius. 11 A me ergo positum est
decretum: Ut omnis homo qui hanc mutaverit iussionem, tollatur lignum de domo
ipsius, et erigatur, et configatur in eo, domus autem eius publicetur. 12 Deus autem,
qui habitare fecit nomen suum ibi, dissipet omnia regna, et populum qui extenderit manum suam ut repugnet, et dissipet domum Dei illam, quae est in Ierusalem. Ego Darius statui decretum, quod
studiose impleri volo.

Templi aedificatio

13 Igitur Thathanai dux regionis trans
flumen, et Stharbuzanai, et consiliarii eius,
secundum quod praeceperat Darius rex,
sic diligenter executi sunt. 14 Seniores autem Iudaeorum aedificabant, et prospe-
rabantur iuxta prophetiam Aggaei prophetae, et Zachariae filii Addo: et aedificaverunt et construxerunt iubente Deo
Israel, et iubente Cyro, et Dario, et Artaxerxe regibus Persarum: 15 et compleverunt domum Dei istam, usque ad diem
tertium mensis Adar, qui est annus sextus regni Darii regis.
16 Fecerunt autem filii Israel sacerdotes
et Levitae, et reliqui filiorum transmigrationis, dedicationem domus Dei in gaudio. 17 Et obtulerunt in dedicationem domus Dei, vitulos centum, arietes ducentos, agnos quadringentos, hircos caprarum pro peccato totius Israel duodecim,
iuxta numerum tribuum Israel. 18 Et statuerunt sacerdotes in ordinibus suis, et
Levitas in vicibus suis, super opera Dei
in Ierusalem, sicut scriptum est in libro
Moysi.

Celebratur Pascha

19 Fecerunt autem filii Israel transmigrationis, Pascha, quartadecima die mensis primi. 20 Purificati enim fuerant sacerdotes et Levitae quasi unus: omnes mundi ad immolandum pascha universis filiis
transmigrationis, et fratribus suis sacerdotibus, et sibi. 21 Et comederunt filii Israel, qui reversi fuerant de transmigratione, et omnes qui se separaverant a coinquinatione gentium terrae ad eos, ut quaererent Dominum Deum Israel. 22 Et fecerunt solemnitatem azymorum septem diebus in laetitia, quoniam laetificaverat eos
Dominus, et converterat cor regis Assur
ad eos, ut adiuvaret manus eorum in opere domus Domini Dei Israel.

PARS ALTERA

SECUNDUS EXULUM REDITUS ET POPULI REFORMATIO

(7,1-10,44)

Esdras

7 1 Post haec autem verba in regno
Artaxerxis regis Persarum, Esdras filius Saraiae, filii Azariae, filii Helciae,
2 filii Sellum, filii Sadoc, filii Achitob, 3 filii Amariae, filii Azariae, filii Maraioth,
4 filii Zarahiae, filii Ozi, filii Bocci, 5 filii
Abisue, filii Phinees, filii Eleazar, filii
Aaron sacerdotis ab initio. 6 Ipse Esdras
ascendit de Babylone, et ipse scriba velox
in lege Moysi, quam Dominus Deus dedit
Israel: et dedit ei rex secundum manum
Domini Dei eius super eum, omnem petitionem eius. 7 Et ascenderunt de filiis
Israel, et de filiis sacerdotum, et de filiis
Levitarum, et de cantoribus, et de ianitoribus, et de Nathinaeis, in Ierusalem, anno septimo Artaxerxis regis. 8 Et venerunt
in Ierusalem mense quinto, ipse est annus septimus regis. 9 Quia in primo die
mensis primi coepit ascendere de Babylone, et in primo die mensis quinti venit
in Ierusalem, iuxta manum Dei sui bonam
super se. 10 Esdras enim paravit cor suum,
ut investigaret legem Domini, et faceret
et doceret in Israel praeceptum et iudicium.

Artaxerxis epistola ad Esdram

11 Hoc est autem exemplar epistolae
edicti, quod dedit rex Artaxerxes Esdrae
sacerdoti, scribae erudito in sermonibus
et praeceptis Domini, et caeremoniis eius
in Israel.
12 Artaxerxes rex regum Esdrae sacerdoti, scribae legis Dei caeli doctissimo,
salutem. 13 A me decretum est, ut cuicumque placuerit in regno meo de populo Israel, et de sacerdotibus eius, et de Levitis, ire in Ierusalem, tecum vadat. 14 A facie enim regis, et septem consiliatorum
eius, missus es, ut visites Iudaeam et Ierusalem in lege Dei tui, quae est in manu
tua: 15 et ut feras argentum et aurum quod
rex, et consiliatores eius sponte obtulerunt

Esdr 1,7-8; 5,14. — **12:** 3 Reg 9,3. — **14:** Esdr 1,1; 5,1-2.13; 6,12; 7,1.12. — **16:** Num 7,10; 3 Reg 8,63; 2 Par 7,5. — **18:** Num 3,6; 8,9.24. — **19:** Ex 12,6.— **26:** 2 Par 30,15; 35,11. — **21:** Esdr 9,2; 10,28. — **22:** Ex 12,15; 13,6; 2 Par 30,21; 35,17.

7 **1-5:** 1 Par 6,4-14. — **6:** Neh 8,1.4.13; 12,26.35. — **7:** Esdr 8,1-20. — **12:** Ez 26,7;

Deo Israel, cuius in Ierusalem tabernaculum est. 16 Et omne argentum et aurum
quodcumque inveneris in universa provincia Babylonis, et populus offerre voluerit, et de sacerdotibus quae sponte
obtulerint domui Dei sui, quae est in Ierusalem, 17 libere accipe, et studiose eme
de hac pecunia vitulos, arietes, agnos et
sacrificia, et libamina eorum, et offer ea
super altare templi Dei vestri, quod est in
Ierusalem. 18 Sed et si quid tibi et fratribus tuis placuerit de reliquo argento et
auro ut faciatis, iuxta voluntatem Dei vestri facite. 19 Vasa quoque, quae dantur tibi
in ministerium domus Dei tui, trade in
conspectu Dei in Ierusalem. 20 Sed et caetera, quibus opus ferit in domum Dei tui,
quantumcumque necesse est ut expendas,
dabitur de thesauro, et de fisco regis, 21 et
a me. Ego Artaxerxes rex, statui atque
decrevi omnibus custodibus arcae publicae, qui sunt trans flumen, ut quodcumque petierit a vobis Esdras sacerdos, scriba legis Dei caeli, absque mora detis,
22 usque ad argenti talenta centum, et usque ad frumenti coros centum, et usque
ad vini batos centum, et usque ad batos
olei centum, sal vero absque mensura.
23 Omne quod ad ritum Dei caeli pertinet,
tribuatur diligenter in domo Dei caeli:
ne forte irascatur contra regnum regis, et
filiorum eius. 24 Vobis quoque notum facimus de universis sacerdotibus, et Levitis, et cantoribus, et ianitoribus, Nathinaeis, et ministris domus Dei huius, ut
vectigal, et tributum, et annonas non habeatis potestatem imponendi super eos.
25 Tu autem Esdra secundum sapientiam
Dei tui, quae est in manu tua, constitue
iudices et praesides ut iudicent omni populo, qui est trans flumen, his videlicet
qui noverunt legem Dei tui, sed et impe-
ritos docete libere. 26 Et omnis qui non
fecerit legem Dei tui, et legem regis diligenter, iudicium erit de eo sive in mortem, sive in exilium, sive in condemnationem substantiae eius, vel certe in carcerem.

27 Benedictus Dominus Deus patrum
nostrorum, qui dedit hoc in corde regis
ut glorificaret domum Domini, quae est
in Ierusalem, 28 et in me inclinavit misericordiam suam coram rege et consiliato-
ribus eius, et universis principibus regis
potentibus: et ego confortatus manu Domini Dei mei, quae erat in me, congregavi de Israel principes qui ascenderent mecum.

Elenchus eorum qui cum Esdra redierunt

8 1 Hi sunt ergo principes familiarum,
et genealogia eorum, qui ascenderunt
mecum in regno Artaxerxis regis de Babylone.
2 De filiis Phinees, Gersom. De filiis
Ithamar, Daniel. De filiis David, Hattus.
3 De filiis Secheniae, filii Pharos, Zacharias: et cum eo numerati sunt viri centum
quinquaginta. 4 De filiis Phahath Moab,
Elioenai filius Zarehe, et cum eo ducenti
viri. 5 De filiis Secheniae, filius Ezechiel,
et cum eo trecenti viri. 6 De filiis Adan,
Abed filius Ionathan, et cum eo quinquaginta viri. 7 De filiis Alam, Isaias filius
Athaliae, et cum eo septuaginta viri. 8 De
filiis Saphatiae, Zebedia filius Michael, et
cum eo octoginta viri. 9 De filiis Ioab,
Obedia filius Iahiel, et cum eo ducenti
decem et octo viri. 10 De filiis Selomith,
filius Iosphiae, et cum eo centum sexaginta viri. 11 De filiis Bebai, Zacharias
filius Bebai, et cum eo viginti octo viri.
12 De filiis Azgad, Iohanan filius Ecce-
tan, et cum eo centum et decem viri.
13 De filiis Adonicam, qui erant novissimi: et haec nomina eorum: Elipheleth,
et Iehiel, et Samaias, et cum eis sexaginta
viri. 14 De filiis Begui, Uthai et Zachur,
et cum eis septuaginta viri.

Ad iter sese praeparant

15 Congregavi autem eos ad fluvium,
qui decurrit ad Ahava, et mansimus ibi
tribus diebus: quaesivique in populo et
in sacerdotibus de filiis Levi, et non inveni ibi. 16 Itaque misi Eliezer, et Ariel,
et Semeiam, et Elnathan, et Iarib, et alterum Elnathan, et Nathan, et Zachariam,
et Mosollam principes: et Ioiarib, et Elnathan sapientes. 17 Et misi eos ad Eddo,
qui est primus in Chasphiae loco, et posui in ore eorum verba, quae loquerentur
ad Eddo, et fratres eius Nathinaeos in
loco Chasphiae, ut adducerent nobis ministros domus Dei nostri. 18 Et adduxerunt nobis per manum Dei nostri bonam
super nos, virum doctissimum de filiis
Moholi filii Levi, filii Israel, et Sarabiam
et filios eius et fratres eius decem et octo,
19 et Hasabiam, et cum eo Isaiam de filiis
Merari, fratresque eius, et filios eius viginti: 20 et de Nathinaeis, quos dederat
David et principes ad ministeria Levitarum, Nathinaeos ducentos viginti: omnes
hi suis nominibus vocabantur.
21 Et praedicavi ibi ieiunium iuxta fluvium Ahava ut affligeremur coram Do-

Dan 2,37. — **16:** Esdr 8,25. — **25:** Ex 18,21-22; Deut 16,18. — **27:** Esdr 6,11. — **28:** Esdr 9,9.

8 **1:** Esdr 7,1.6-7. — **19:** 1 Par 6,1.16.19.29. **21:** 2 Par 20,3. — **25:** Esdr 7,15-16. — **28:**

mino Deo nostro, et peteremus ab eo viam
rectam nobis et filiis nostris, universaeque substantiae nostrae. 22 Erubui enim
petere a rege auxilium et equites, qui de-
fenderent nos ab inimico in via: quia di-
xeramus regi: Manus Dei nostri est super
omnes, qui quaerunt eum in bonitate: et
imperium eius et fortitudo eius, et furor
super omnes, qui derelinquunt eum. 23 Ieiunavimus autem, et rogavimus Deum
nostrum per hoc: et evenit nobis prospere.

24 Et separavi de principibus sacerdotum duodecim, Sarabiam, et Hasabiam, et cum eis de fratribus eorum decem; 25 appendique eis argentum et aurum, et vasa consecrata domus Dei nostri, quae obtulerat rex et consiliatores
eius, et principes eius, universusque Israel
eorum, qui inventi fuerant: 26 et appendi
in manibus eorum argenti talenta sexcenta quinquaginta, et vasa argentea centum,
auri centum talenta: 27 et crateres aureos
viginti, qui habebant solidos millenos, et
vasa aeris fulgentis optimi duo, pulchra,
ut aurum. 28 Et dixi eis: Vos sancti Domini, et vasa sancta, et argentum et aurum,
quod sponte oblatum est Domino Deo
patrum nostrorum: 29 vigilate et custodite, donec appendatis coram principibus sacerdotum, et Levitarum, et ducibus
familiarum Israel in Ierusalem, in thesaurum domus Domini. 30 Susceperunt autem sacerdotes et Levitae pondus argenti, et auri, et vasorum, ut deferrent Ierusalem in domum Dei nostri.

31 Promovimus ergo a flumine Ahava
duodecimo die mensis primi ut pergeremus Ierusalem: et manus Dei nostri fuit
super nos, et liberavit nos de manu inimici et insidiatoris in via.

Perveniunt in Ierusalem

32 Et venimus Ierusalem, et mansimus
ibi tribus diebus. 33 Die autem quarta appensum est argentum, et aurum, et vasa
in domo Dei nostri per manum Meremoth filii Uriae sacerdotis, et cum eo
Eleazar filius Phinees, cumque eis Ioza-
bed filius Iosue, et Noadaia filius Bennoi
Levitae, 34 iuxta numerum et pondus omnium: descriptumque est omne pondus
in tempore illo.

35 Sed et qui venerant de captivitate
filii transmigrationis, obtulerunt holocautomata Deo Israel, vitulos duodecim pro
omni populo Israel, arietes nonaginta sex,
agnos septuaginta septem, hircos pro peccato, duodecim: omnia in holocaustum
Domino. 36 Dederunt autem edicta regis
satrapis, qui erant de conspectu regis et
ducibus trans flumen, et elevaverunt populum et domum Dei.

Dolor Esdrae de statu civitatis

9 1 Postquam autem haec completa
sunt, accesserunt ad me principes, dicentes: Non est separatus populus Israel,
sacerdotes et Levitae a populis terrarum,
et abominationibus eorum Chananaei videlicet, et Hethaei, et Pherezaei, et Iebusaei, et Ammonitarum, et Moabitarum,
et Aegyptiorum, et Amorrhaeorum: 2 tulerunt enim de filiabus eorum sibi et filiis
suis, et commiscuerunt semen sanctum
cum populis terrarum; manus etiam principum et magistratuum fuit in transgres-
sione hac prima.

3 Cumque audissem sermonem istum,
scidi pallium meum et tunicam, et evelli
capillos capitis mei et barbae, et sedi moerens. 4 Convenerunt autem ad me omnes,
qui timebant verbum Dei Israel, pro trans-
gressione eorum qui de captivitate venerant, et ego sedebam tristis usque ad sacrificium vespertinum: 5 et in sacrificio
vespertino surrexi de afflictione mea, et
scisso pallio et tunica, curvavi genua
mea et expandi manus meas ad Dominum
Deum meum, 6 et dixi:

Esdrae oratio

Deus meus confundor et erubesco levare faciem meam ad te: quoniam iniquitates nostrae multiplicatae sunt super caput nostrum, et delicta nostra creverunt
usque ad caelum, 7 a diebus patrum nostrorum: sed et nos ipsi peccavimus graviter usque ad diem hanc, et in iniquitatibus nostris traditi sumus ipsi, et reges
nostri, et sacerdotes nostri in manum regum terrarum, et in gladium, et in captivitatem, et in rapinam, et in confusionem
vultus, sicut et die hac. 8 Et nunc quasi
parum et ad momentum facta est deprecatio nostra apud Dominum Deum nostrum, ut dimitterentur nobis reliquiae, et
daretur nobis paxillus in loco sancto eius,
et illuminaret oculos nostros Deus noster, et daret nobis vitam modicam in servitute nostra, 9 quia servi sumus, et in
servitute nostra non dereliquit nos Deus
noster, sed inclinavit super nos misericordiam coram rege Persarum, ut daret nobis vitam, et sublimaret domum Dei nostri, et exstrueret solitudines eius, et daret
nobis sepem in Iuda et Ierusalem. 10 Et

Lev 21,6; 22,2-3. — **31:** Esdr 7,9. — **32:** Neh 2,11. — **33:** Neh 3,21.24; 11,16. — **36:** Esdr 7, 12-26.

9 **1:** Esdr 6,21; Neh 9,2. — **2:** Deut 7,3-6; Esdr 10,2; Neh 13,23.27. — **4:** Ex 29,39.41. **9:** Esdr 7,28. — **12:** Deut 7,2-3. — **15:** Neh 9,33; Ps 118,137; Ier 12,1.

nunc quid dicemus Deus noster post haec?
quia dereliquimus mandata tua, 11 quae
praecepisti in manu servorum tuorum
prophetarum, dicens: Terra, ad quam vos
ingredimini ut possideatis eam, terra immunda est iuxta immunditiam populorum, caeterarumque terrarum, abominationibus eorum qui repleverunt eam ab
ore usque ad os in coinquinatione sua.
12 Nunc ergo filias vestras ne detis filiis
eorum, et filias eorum ne accipiatis filiis
vestris, et non quaeratis pacem eorum,
et prosperitatem eorum usque in aeternum: ut confortemini, et comedatis quae
bona sunt terrae, et haeredes habeatis
filios vestros usque in saeculum. 13 Et post
omnia quae venerunt super nos in operibus nostris pessimis, et in delicto nostro
magno, quia tu Deus noster liberasti nos
de iniquitate nostra, et dedisti nobis salutem sicut est hodie, 14 ut non converte-
remur, et irrita faceremus mandata tua,
neque matrimonia iungeremus cum populis abominationum istarum. Numquid
iratus es nobis usque ad consummationem ne dimitteres nobis reliquias ad salutem? 15 Domine Deus Israel, iustus es
tu: quoniam derelicti sumus, qui salva-
remur sicut die hac. Ecce coram te sumus
in delicto nostro, non enim stari potest
coram te super hoc.

Populi poenitentia

10 1 Sic ergo orante Esdra, et implo-
rante eo, et flente, et iacente ante
templum Dei, collectus est ad eum de Israel coetus grandis nimis virorum et mulierum et puerorum, et flevit populus fletu
multo. 2 Et respondit Sechenias filius Iehiel de filiis Aelam, et dixit Esdrae: Nos
praevaricati sumus in Deum nostrum, et
duximus uxores alienigenas de populis
terrae: et nunc, si est poenitentia in Israel
super hoc, 3 percutiamus foedus cum Domino Deo nostro, ut proiiciamus universas uxores, et eos qui de his nati sunt,
iuxta voluntatem Domini, et eorum qui
timent praeceptum Domini Dei nostri: secundum legem fiat. 4 Surge, tuum est de-
cernere, nosque erimus tecum: confortare, et fac.
5 Surrexit ergo Esdras, et adiuravit principes sacerdotum et Levitarum, et omnem
Israel ut facerent secundum verbum hoc,
et iuraverunt. 6 Et surrexit Esdras ante
domum Dei, et abiit ad cubiculum Iohanan filii Eliasib, et ingressus est illuc, panem non comedit, et aquam non bibit:
lugebat enim transgressionem eorum, qui
venerant de captivitate. 7 Et missa est vox
in Iuda et in Ierusalem omnibus filiis
transmigrationis, ut congregarentur in Ierusalem: 8 et omnis qui non venerit in
tribus diebus iuxta consilium principum
et seniorum, auferetur universa substantia eius, et ipse abiicietur de coetu transmigrationis. 9 Convenerunt igitur omnes
viri Iuda et Beniamin in Ierusalem tribus diebus, ipse est mensis nonus, vigesimo die mensis: et sedit omnis populus
in platea domus Dei, trementes pro peccato, et pluviis.

Esdras proponit solutionem

10 Et surrexit Esdras sacerdos, et dixit
ad eos: Vos transgressi estis, et duxistis
uxores alienigenas ut adderetis super delictum Israel. 11 Et nunc date confessionem Domino Deo patrum vestrorum, et
facite placitum eius, et separamini a populis terrae, et ab uxoribus alienigenis.
12 Et respondit universa multitudo, dixitque voce magna: Iuxta verbum tuum
ad nos, sic fiat. 13 Verumtamen quia populus multus est, et tempus pluviae, et
non sustinemus stare foris, et opus non
est diei unius vel duorum (vehementer
quippe peccavimus in sermone isto),
14 constituantur principes in universa multitudine: et omnes in civitatibus nostris
qui duxerunt uxores alienigenas veniant
in temporibus statutis, et cum his seniores per civitatem et civitatem, et iudices
eius, donec avertatur ira Dei nostri a nobis super peccato hoc. 15 Igitur Ionathan
filius Azahel, et Iaasia filius Thecue, steterunt super hoc, et Messollam, et Sebe-
thai Levites adiuverunt eos: 16 feceruntque sic filii transmigrationis. Et abierunt
Esdras sacerdos, et viri principes familiarum, in domos patrum suorum, et omnes
per nomina sua, et sederunt in die primo
mensis decimi ut quaererent rem. 17 Et
consummati sunt omnes viri, qui duxerant uxores alienigenas, usque ad diem
primam mensis primi.

Elenchus delinquentium

18 Et inventi sunt de filiis sacerdotum
qui duxerant uxores alienigenas. De filiis
Iosue filii Iosedec, et fratres eius, Maasia,
et Eliezer, et Iarib, et Godolia. 19 Et dederunt manus suas ut eiicerent uxores
suas, et pro delicto suo arietem de ovibus offerrent. 20 Et de filiis Emmer, Hanani, et Zebedia. 21 Et de filiis Harim
Maasia, et Elia, et Semeia, et Iehiel, et
Ozias. 22 Et de filiis Pheshur, Elioenai,
Maasia, Ismael, Nathanael, Iozabed, et
Elasa.

10 **1**: Neh 1,4-6. — **2**: Esdr 9,2. — **6**: Deut 9,18; Neh 3,1. — **15**: Esdr 8,16; Neh 11,16. — **19**: Lev 6,6. — **20-43**: Esdr 2,3-41.

23 Et de filiis Levitarum, Iozabed, et Semei, et Celaia, ipse est Calita, Phataia,
Iuda, et Eliezer. 24 Et de cantoribus, Eliasib. Et de ianitoribus, Sellum, et Telem,
et Uri.
25 Et ex Israel, de filiis Pharos, Remeia,
et Iesia, et Melchia, et Miamin, et Eliezer, et Melchia, et Banea. 26 Et de filiis
Aelam, Mathania, Zacharias, et Iehiel, et
Abdi, et Ierimoth, et Elia. 27 Et de filiis
Zethua, Elioenai, Eliasib, Mathania, et
Ierimuth, et Zabad, et Aziza. 28 Et de filiis Bebai, Iohanan, Hanania, Zabbai,
Athalai. 29 Et de filiis Bani, Mosollam, et
Melluch, et Adaia, Iasub, et Saal, et Ramoth. 30 Et de filiis Phahath Moab, Edna,
et Chalal, Banaias, et Maasias, Matha-
nias, Beseleel, Bennui, et Manasse. 31 Et
de filiis Herem, Eliezer, Iosue, Melchias,
Semeias, Simeon, 32 Beniamin, Maloch,
Samarias. 33 Et de filiis Hasom, Mathanai,
Mathatha, Zabad, Eliphelet, Iermai, Manasse, Semei. 34 De filiis Bani, Maaddi,
Amram, et Vel, 35 Baneas, et Badaias,
Cheliau, 36 Vania, Marimuth, et Eliasib,
37 Mathanias, Mathanai, et Iasi, 38 et Bani, et Bennui, Semei, 39 et Salmias, et
Nathan, et Adaias, 40 et Mechnedebai,
Sisai, Sarai, 41 Zrel, et Selemiau, Seme-
ria, 42 Sellum, Amaria, Ioseph. 43 De filiis Nebo, Iehiel, Mathathias, Zabad, Za-
bina, Ieddu, et Ioel, et Banaia.
44 Omnes hi acceperant uxores alienigenas, et fuerunt ex eis mulieres, quae pe-
pererant filios.

LIBER NEHEMIAE

QUI ET "ESDRAE SECUNDUS" DICITUR

SUMMARIUM *Nehemias in aula regis (1). Institutus ab Artaxerxe dux Iudaeae, venit in Ierusalem (2). Opus restaurationis muri Ierusalem (3). Hostium contradictio (4). Populi clamor contra divites (5). Hostium insidiae (6,1-7,5). Elenchus eorum qui redierunt cum Zorobabel (7,6-73). Lectio Legis ad populum (8). Populi poenitentia (9). Foederis renovatio (10). Distributio populi in civitatibus Iudaeae (11). Sacerdotes et Levitae qui redierunt cum Zorobabel (12,1-26). Solemnitas dedicationis muri (12,27-42). Dispositiones pro conservatione cultus (12,43-13,3). Nehemias redux in Ierusalem abusus populi corrigit (13,4-31)*

Nehemias

1 1 Verba Nehemiae filii Helchiae. Et
factum est in mense Casleu, anno
vigesimo, et ego eram in Susi castro. 2 Et
venit Hanani unus de fratribus meis, ipse
et viri ex Iuda: et interrogavi eos de Iudaeis, qui remanserant, et supererant de
captivitate, et Ierusalem. 3 Et dixerunt
mihi: Qui remanserunt, et relicti sunt de
captivitate ibi in provincia, in afflictione
magna sunt, et in opprobrio: et murus Ierusalem dissipatus est, et portae eius combustae sunt igni.
4 Cumque audissem verba huiuscemodi, sedi, et flevi, et luxi diebus multis:
ieiunabam, et orabam ante faciem Dei
caeli: 5 et dixi: Quaeso Domine Deus
caeli fortis, magne atque terribilis, qui
custodis pactum et misericordiam cum
his qui te diligunt, et custodiunt mandata
tua: 6 fiant aures tuae ausculantes, et oculi tui aperti, ut audias orationem servi
tui, quam ego oro coram te hodie nocte
et die pro filiis Israel servis tuis: et confiteor pro peccatis filiorum Israel, quibus peccaverunt tibi: ego et domus patris mei peccavimus, 7 vanitate seducti sumus, et non custodivimus mandatum
tuum, et caeremonias, et iudicia quae
praecepisti Moysi famulo tuo. 8 Memento verbi, quod mandasti Moysi servo tuo,
dicens: Cum transgressi fueritis, ego dispergam vos in populos: 9 et si revertamini ad me, et custodiatis praecepta mea,
et faciatis ea; etiamsi abducti fueritis ad
extrema caeli, inde congregabo vos, et
reducam in locum, quem elegi ut habitaret nomen meum ibi. 10 Et ipsi servi tui,
et populus tuus: quos redemisti in forti-

1 1: Neh 2,1; 10,1. — 2: Neh 7,2. — 3: 4 Reg 25,10; 2 Par 36,19; Neh 2,3.13.17. — 4: Esdr 9,3; 10,1. — 5: Dan 9,4. — 7: Deut 28,15. 8: Lev 26,33; Deut 28,64. — 9: Lev 26,39.42; Deut 4,29-31; 30,2-3. — 11: Neh 2,1.

tudine tua magna, et in manu tua valida. 11 Obsecro Domine, sit auris tua at-
tendens ad orationem servi tui, et ad orationem servorum tuorum, qui volunt timere nomen tuum: et dirige servum tuum
hodie, et da ei misericordiam ante virum
hunc; ego enim eram pincerna regis.

Regis licentia venit in Ierusalem

2 1 Factum est autem in mense Nisan,
anno vigesimo Artaxerxis regis: et
vinum erat ante eum, et levavi vinum, et
dedi regi: et eram quasi langidus ante faciem eius. 2 Dixitque mihi rex: Quare vultus tuus tristis est, cum te aegrotum non
videam? non est hoc frustra, sed malum
nescio quod in corde tuo est. Et timui valde, ac nimis: 3 et dixi regi: Rex in aeternum vive: quare non moereat vultus
meus, quia civitas domus sepulchrorum
patris mei deserta est, et portae eius combustae sunt igni? 4 Et ait mihi rex: Pro
qua re postulas? Et oravi Deum caeli,
5 et dixi ad regem: Si videtur regi bonum
et si placet servus tuus ante faciem tuam,
ut mittas me in Iudaeam ad civitatem
sepulchri patris mei, et aedificabo eam.
6 Dixitque mihi rex, et regina quae sedebat iuxta eum: Usque ad quod tempus
erit iter tuum, et quando reverteris? Et
placuit ante vultum regis, et misit me:
et constitui ei tempus. 7 Et dixi regi: Si
regi videtur bonum, epistolas det mihi ad
duces regionis trans flumen, ut traducant
me, donec veniam in Iudaeam: 8 et epistolam ad Asaph custodem saltus regis, ut
det mihi ligna, ut tegere possim portas
turris domus, et muros civitatis, et domum, quam ingressus fuero. Et dedit mihi rex iuxta manum Dei mei bonam mecum.
9 Et veni ad duces regionis trans flumen,
dedique eis epistolas regis. Miserat autem rex mecum principes militum, et equites. 10 Et audierunt Sanaballat Horonites,
et Tobias servus Ammanites: et contristati sunt afflictione magna, quod venisset
homo, qui quaereret prosperitatem filiorum Israel.

Inspectio civitatis

11 Et veni Ierusalem, et eram ibi tribus
diebus, 12 et surrexi nocte ego, et viri pauci mecum, et non indicavi cuiquam quid
Deus dedisset in corde meo ut facerem in
Ierusalem, et iumentum non erat mecum,
nisi animal, cui sedebam. 13 Et egressus
sum per portam vallis nocte, et ante fontem draconis, et ad portam stercoris, et
considerabam murum Ierusalem dissipatum, et portas eius consumptas igni. 14 Et
transivi ad portam fontis, et ad aquaeductum regis, et non erat locus iumento,
cui sedebam, ut transiret. 15 Et ascendi
per torrentem nocte, et considerabam murum, et reversus veni ad portam vallis,
et redii.
16 Magistratus autem nesciebant quo
abiissem, aut quid ego facerem: sed et Iudaeis et sacerdotibus, et optimatibus, et magistratibus et reliquis qui faciebant opus,
usque ad id loci nihil indicaveram. 17 Et dixi
eis: Vos nostis afflictionem in qua sumus:
quia Ierusalem deserta est, et portae eius
consumptae sunt igni: venite, et aedificemus muros Ierusalem, et non simus ultra
opprobrium. 18 Et indicavi eis manum Dei
mei, quod esset bona mecum, et verba
regis, quae locutus esset mihi, et aio: Surgamus, et aedificemus. Et confortatae sunt
manus eorum in bono.
19 Audierunt autem Sanaballat Horonites, et Tobias servus Ammanites, et Go-
sem Arabs, et subsannaverunt nos, et despexerunt, dixeruntque: Quae est haec res,
quam facitis? numquid contra regem vos
rebellatis? 20 Et reddidi eis sermonem, dixique ad eos: Deus caeli ipse nos iuvat,
et nos servi eius sumus: surgamus et aedificemus: vobis autem non est pars, et iustitia, et memoria in Ierusalem.

Opus restaurationis

3 1 Et surrexit Eliasib sacerdos magnus,
et fratres eius sacerdotes, et aedificaverunt portam gregis: ipsi sanctificaverunt
eam, et statuerunt valvas eius, et usque
ad turrim centum cubitorum sanctificaverunt eam, usque ad turrim Hananeel.
2 Et iuxta eum aedificaverunt viri Iericho:
et iuxta eum aedificavit Zachur filius Amri.
3 Portam autem piscium aedificaverunt
filii Asnaa: ipsi texerunt eam, et statuerunt valvas eius, et seras, et vectes. Et
iuxta eos aedificavit Marimuth filius
Uriae, filii Accus. 4 Et iuxta eum aedificavit Mosollam filius Barachiae, filii Mesezebel: et iuxta eos aedificavit Sadoc filius Baana. 5 Et iuxta eos aedificaverunt
Thecueni: optimates autem eorum non
supposuerunt colla sua in opere Domini
sui.
6 Et portam veterem aedificaverunt Ioiada filius Phasea, et Mosollam filius Be-
sodia: ipsi texerunt eam, et statuerunt

2 1: Esdr 7,1; Neh 1,1; 5,14. — 6: Neh 5,14; 13,6. — 7: Esdr 8,36. — 8: Esdr 7,6. — 10: Neh 2,19; 4,1.7; 6,1.5.12.14; 13,4.28 — 11: Esdr 8,32. — 13: 2 Par 26,9; Neh 3,13-14; 12,31. — 14: 4 Reg 20,20; Neh 3,15; 12,35. — 15: 2 Sam 15,23. — 19: Neh 6,6.

3 1: Neh 3,20-21; 12,10.38; 13,4.7.28; Ier 31, 38; Zach 14,10; Io 5,2. — 2: Esdr 2,34. — 3: 2 Par 33,14; Esdr 8,33; Neh 12,38; Soph 1,10. 4: Esdr 8,16. — Neh 12,38. — 11: Neh 12,37. —

valvas eius, et seras, et vectes. 7 Et iuxta
eos aedificaverunt Meltias Gabaonites, et
Iadon Meronathites, viri de Gabaon, et
Maspha, pro duce qui erat in regione trans
flumen. 8 Et iuxta eum aedificavit Eziel
filius Araia aurifex: et iuxta eum aedificavit Ananias filius pigmentarii: et dimiserunt Ierusalem usque ad murum plateae latioris. 9 Et iuxta eum aedificavit
Raphaia filius Hur, princeps vici Ierusalem. 10 Et iuxta eum aedificavit Iedaia filius Haromaph contra domum suam: et
iuxta eum aedificavit Hattus filius Hase-
boniae. 11 Mediam partem vici aedificavit
Melchias filius Herem, et Hasub filius
Phahath Moab, et turrim furnorum. 12 Et
iuxta eum aedificavit Sellum filius Alohes
princeps mediae partis vici Ierusalem, ipsi et filiae eius. 13 Et portam vallis aedificavit Hanum, et habitatores Zanoe: ipsi
aedificaverunt eam, et statuerunt valvas
eius, et seras, et vectes, et mille cubitos in
muro usque ad portam sterquilinii.

14 Et portam sterquilinii aedificavit
Melchias filius Rechab, princeps vici Be-
thacharam: ipse aedificavit eam, et statuit valvas eius, et seras, et vectes.

15 Et portam fontis aedificavit Sellum
filius Cholhoza, princeps pagi Maspha:
ipse aedificavit eam, et texit, et statuit
valvas eius, et seras, et vectes, et muros
piscinae Siloe in hortum regis, et usque
ad gradus, qui descendunt de civitate David.

16 Post eum aedificavit Nehemias filius
Azboc, princeps dimidiae partis vici Bethsur, usque contra sepulchrum David et
usque ad piscinam, quae grandi opere
constructa est, et usque ad domum fortium. 17 Post eum aedificaverunt Levitae,
Rehum filius Benni: post eum aedificavit
Hasebias princeps dimidiae partis vici
Ceilae in vico suo. 18 Post eum aedificaverunt fratres eorum Bavai filius Enadad,
princeps dimidiae partis Ceilae. 19 Et aedificavit iuxta eum Azer filius Iosue, princeps Maspha, mensuram secundam, contra ascensum firmissimi anguli.

20 Post eum in monte aedificavit Baruch
filius Zachai mensuram secundam, ab angulo usque ad portam domus Eliasib
sacerdotis magni. 21 Post eum aedificavit
Merimuth filius Uriae filii Haccus, mensuram secundam, a porta domus Eliasib,
donec extenderetur domus Eliasib.

22 Et post eum aedificaverunt sacerdotes, viri de campestribus Iordanis. 23 Post
eum aedificavit Beniamin et Hasub contra domum suam: et post eum aedificavit
Azarias filius Maasiae filii Ananiae contra domum suam. 24 Post eum aedificavit
Bennui filius Henadad mensuram secundam, a domo Azariae usque ad flexuram,
et usque ad angulum. 25 Phalel filius Ozi
contra flexuram et turrim, quae eminet
de domo regis excelsa, id est, in atrio carceris: post eum Phadaia filius Pharos.

26 Nathinaei autem habitabant in Ophel
usque contra portam aquarum ad orientem, et turrim, quae prominebat. 27 Post
eum aedificaverunt Thecueni mensuram
secundam e regione, a turre magna et emi-
nente usque ad murum templi. 28 Sursum
autem a porta equorum aedificaverunt
sacerdotes, unusquisque contra domum
suam. 29 Post eos aedificavit Sadoc filius
Emmer contra domum suam. Et post eum
aedificavit Semaia filius Secheniae, custos
portae orientalis. 30 Post eum aedificavit
Hanania filius Selemiae, et Hanun filius
Seleph sextus, mensuram secundam: post
eum aedificavit Mosollam filius Barachiae,
contra gazophylacium suum. Post eum
aedificavit Melchias filius aurificis usque
ad domum Nathinaeorum, et scruta vendentium contra portam iudicialem, et usque ad coenaculum anguli. 31 Et inter coenaculum anguli in porta gregis aedificaverunt aurifices et negotiatores.

Hostium obstacula superantur

4 1 Factum est autem, cum audisset Sanaballat quod aedificaremus murum,
iratus est valde: et motus nimis subsannavit Iudaeos, 2 et dixit coram fratribus suis,
et frequentia Samaritanorum: Quid Iudaei faciunt imbecilles? Num dimittent
eos gentes? Num sacrificabunt, et complebunt in una die? Numquid aedificare
poterunt lapides de acervis pulveris, qui
combusti sunt? 3 Sed et Tobias Ammanites proximus eius, ait: Aedificent: si ascenderit vulpes, transiliet murum eorum
lapideum.

4 Audi Deus noster, quia facti sumus
despectui: converte opprobrium super caput eorum, et da eos in despectionem in
terra captivitatis. 5 Ne operias iniquitatem eorum, et peccatum eorum coram
facie tua non deleatur, quia irriserunt aedificantes.

6 Itaque aedificavimus murum, et con-
iunximus totum usque ad partem dimidiam: et provocatum est cor populi ad
operandum. 7 Factum est autem, cum audisset Sanaballat, et Tobias, et Arabes,
et Ammanitae, et Azotii, quod obducta
esset cicatrix muri Ierusalem, et quod coepissent interrupta concludi, irati sunt ni-

15: 4 Reg 25,4; Neh 2,14; 12,36; Io 9,7.11. — **16**: 3 Reg 2,10; 4 Reg 20,20; Is 22,11; Act 2,29. **25**: Ier 32,2; 33,1; 37,20; 38,6. — **26**: 2 Par 27,3; Neh 8,1.3.16; 12,36. — **28**: 4 Reg 11,16; 2 Par 23,15; Ier 31,40.

4 **1**: Neh 2,10. — **3**: Lam 5,18. — **20**: Ex 14, 14. — **23**: Iudith 12,7.

mis. 8 Et congregati sunt omnes pariter
ut venirent, et pugnarent contra Ierusalem, et molirentur insidias.
9 Et oravimus Deum nostrum, et posuimus custodes super murum die ac nocte
contra eos. 10 Dixit autem Iudas: Debili-
tata est fortitudo portantis, et humus nimia est, et nos non poterimus aedificare
murum. 11 Et dixerunt hostes nostri: Ne-
sciant, et ignorent donec veniamus in medium eorum, et interficiamus eos, et cessare faciamus opus. 12 Factum est autem
venientibus Iudaeis, qui habitabant iuxta
eos, et dicentibus nobis per decem vices,
ex omnibus locis quibus venerant ad nos,
13 statui in loco post murum per circuitum populum in ordinem cum gladiis suis,
et lanceis, et arcubus. 14 Et perspexi atque
surrexi: et aio ad optimates et magistratus, et ad reliquam partem vulgi: Nolite
timere a facie eorum: Domini magni et
terribilis mementote, et pugnate pro fratribus vestris, filiis vestris, et filiabus
vestris, et uxoribus vestris, et domibus
vestris.
15 Factum est autem, cum audissent inimici nostri nuntiatum esse nobis, dissipavit Deus consilium eorum. Et reversi sumus omnes ad muros, unusquisque ad
opus suum. 16 Et factum est a die illa, media pars iuvenum eorum faciebat opus,
et media parata erat ad bellum, et lanceae, et scuta, et arcus, et loricae, et principes post eos in omni domo Iuda, 17 ae-
dificantium in muro, et portantium onera, et imponentium: una manu sua faciebat opus, et altera tenebat gladium: 18 ae-
dificantium enim unusquisque gladio erat
accinctus renes. Et aedificabant, et clangebant buccina iuxta me. 19 Et dixi ad
optimates, et ad magistratus, et ad reliquam partem vulgi: Opus grande est et
latum, et nos separati sumus in muro procul alter ab altero: 20 in loco quocumque
audieritis clangorem tubae, illuc concurrite ad nos: Deus noster pugnabit pro nobis. 21 Et nos ipsi faciamus opus: et media pars nostrum teneat lanceas ab ascensu aurorae donec egrediantur astra.
22 In tempore quoque illo dixi populo:
Unusquisque cum puero suo maneat in
medio Ierusalem, et sint nobis vices per
noctem, et diem, ad operandum. 23 Ego
autem et fratres mei, et pueri mei, et custodes, qui erant post me, non deponeba-
mus vestimenta nostra: unusquisque tantum nudabatur ad baptismum.

Clamor populi oppressi a divitibus

5 1 Et factus est clamor populi et uxorum eius magnus adversus fratres
suos Iudaeos. 2 Et erant qui dicerent: Filii nostri et filiae nostrae multae sunt nimis: accipiamus pro pretio eorum frumentum, et comedamus, et vivamus. 3 Et
erant qui dicerent: Agros nostros, et vineas, et domus nostras opponamus, et
accipiamus frumentum in fame. 4 Et alii
dicebant: Mutuo sumamus pecunias in
tributa regis, demusque agros nostros et
vineas: 5 et nunc sicut carnes fratrum nostrorum, sic carnes nostrae sunt: et sicut
filii eorum, ita et filii nostri; ecce nos sub-
iugamus filios nostros, et filias nostras in
servitutem, et de filiabus nostris sunt famulae, nec habemus unde possint redimi,
et agros nostros et vineas nostras alii possident.
6 Et iratus sum nimis cum audissem
clamorem eorum secundum verba haec:
7 cogitavitque cor meum mecum: et in-
crepavi optimates et magistratus, et dixi
eis: Usurasne singuli a fratribus vestris
exigitis? Et congregavi adversum eos con-
cionem magnam, 8 et dixi eis: Nos, ut
scitis, redemimus fratres nostros Iudaeos,
qui venditi fuerant gentibus secundum
possibilitatem nostram: et vos igitur ven-
detis fratres vestros, et redimemus eos?
Et siluerunt, nec invenerunt quid responderent. 9 Dixique ad eos: Non est bona
res, quam facitis: quare non in timore
Dei nostri ambulatis, ne exprobretur nobis a gentibus inimicis nostris? 10 Et ego,
et fratres mei, et pueri mei commodavi-
mus plurimis pecuniam et frumentum:
non repetamus in commune istud, aes alienum concedamus, quod debetur nobis,
11 Reddite eis hodie agros suos, et vineas
suas, et oliveta sua, et domos suas: quin
potius et centesimam pecuniae, frumenti,
vini et olei, quam exigere soletis ab eis,
date pro illis. 12 Et dixerunt: Reddemus,
et ab eis nihil quaeremus: sicque faciemus
ut loqueris. Et vocavi sacerdotes, et adiuravi eos, ut facerent iuxta quod dixeram.
13 Insuper excussi sinum meum, et dixi:
Sic excutiat Deus omnem virum, qui non
compleverit verbum istud, de domo sua,
et de laboribus suis: sic excutiatur, et vacuus fiat. Et dixit universa multitudo:
Amen. Et laudaverunt Deum. Fecit ergo
populus sicut erat dictum.
14 A die autem illa, qua praeceperat rex
mihi ut essem dux in terra Iuda, ab anno
vigesimo usque ad annum trigesimum secundum Artaxerxis regis per annos duodecim, ego et fratres mei annonas, quae
ducibus debebantur, non comedimus.

5 4: Esdr 4,13 20; 7,24. — 7: Ex 22,25; Lev 25,36. — 8: Lev 25,48-49. — 13: Mt 10,14; Act 13,51; 18,6. — 14: Neh 2,1; 13,6 — 19: Neh 13,14.22.31.

15 Duces autem primi, qui fuerant ante
me, gravaverunt populum, et acceperunt
ab eis in pane, et vino, et pecunia quotidie siclos quadraginta: sed et ministri eorum depresserunt populum. Ego autem
non feci ita propter timorem Dei: 16 quin
potius in opere muri aedificavi, et agrum
non emi, et omnes pueri mei congregati
ad opus erant. 17 Iudaei quoque et magistratus centum quinquaginta viri, et qui
veniebant ad nos de gentibus, quae in circuitu nostro sunt, in mensa mea erant.
18 Parabatur autem mihi per dies singulos bos unus, arietes sex electi, exceptis
volatilibus, et inter dies decem vina diversa, et alia multa tribuebam: insuper et
annonas ducatus mei non quaesivi: valde
enim attenuatus erat populus. 19 Memento mei, Deus meus, in bonum secundum
omnia quae feci populo huic.

Hostium insidiae

6 1 Factum est autem, cum audisset Sanaballat, et Tobias, et Gossem Arabs,
et caeteri inimici nostri, quod aedificas-
sem ego murum, et non esset in ipso residua interruptio (usque ad tempus autem illud valvas non posueram in portis),
2 miserunt Sanaballat et Gossem ad me,
dicentes: Veni, et percutiamus foedus pariter in viculis in campo Ono. Ipsi autem
cogitabant ut facerent mihi malum. 3 Misi ergo ad eos nuntios, dicens: Opus grande ego facio, et non possum descendere:
ne forte negligatur cum venero, et descendero ad vos. 4 Miserunt autem ad me
secundum verbum hoc per quatuor vices:
et respondi eis iuxta sermonem priorem.
5 Et misit ad me Sanaballat iuxta verbum
prius quinta vice puerum suum, et epistolam habebat in manu sua scriptam hoc
modo: 6 In gentibus auditum est, et Gossem dixit, quod tu et Iudaei cogitetis rebellare, et propterea aedifices murum, et
levare te velis super eos regem: propter
quam causam 7 et prophetas posueris, qui
praedicent de te in Ierusalem, dicentes:
Rex in Iudaea est. Auditurus est rex verba haec: idcirco nunc veni, ut ineamus
consilium pariter. 8 Et misi ad eos, dicens:
Non est factum secundum verba haec,
quae tu loqueris: de corde enim tuo tu
componis haec. 9 Omnes enim hi terrebant nos, cogitantes quod cessarent manus nostrae ab opere et quiesceremus;
quam ob causam magis confortavi manus meas.
10 Et ingressus sum domum Semaiae
filii Dalaiae filii Metabeel secreto. Qui
Tractemus nobiscum in domo Dei in
medio templi, et claudamus portas aedis:
quia venturi sunt ut interficiant te, et nocte venturi sunt ad occidendum te. 11 Et
dixi: Num quisquam similis mei fugit? et
quis ut ego ingredietur templum, et vivet?
non ingrediar. 12 Et intellexi quod Deus
non misisset eum, sed quasi vaticinans locutus esset ad me, et Tobias et Sanaballat
conduxissent eum. 13 Acceperat enim pretium, ut territus facerem, et peccarem, et
haberent malum, quod exprobrarent mihi.
14 Memento mei Domine pro Tobia et
Sanaballat, iuxta opera eorum talia: sed
et Noadiae prophetae, et caeterorum prophetarum, qui terrebant me. 15 Completus est autem murus vigesimoquinto die
mensis Elul, quinquaginta duobus diebus.
16 Factum est ergo cum audissent omnes
inimici nostri, ut timerent universae gentes, quae erant in circuitu nostro, et con-
ciderent intra semetipsos, et scirent quod
a Deo factum esset opus hoc.
17 Sed et in diebus illis multae optimatum Iudaeorum epistolae mittebantur ad
Tobiam, et a Tobia veniebant ad eos.
18 Multi enim erant in Iudaea habentes
iuramentum eius, quia gener erat Secheniae filii Area, et Iohanan filius eius acceperat filiam Mosollam filii Barachiae:
19 sed et laudabant eum coram me, et verba mea nuntiabant ei: et Tobias mittebat
epistolas ut terreret me.

Ordinem in civitate statuit

7 1 Postquam autem aedificatus est murus, et posui valvas, et recensui ianitores, et cantores, et Levitas: 2 praecepi
Hanani fratri meo, et Hananiae principi
domus de Ierusalem (ipse enim quasi vir
verax et timens Deum plus caeteris videbatur) 3 et dixi eis: Non aperiantur portae Ierusalem usque ab calorem solis.
Cumque adhuc assisterent, clausae portae sunt, et oppilatae: et posui custodes
de habitatoribus Ierusalem, singulos per
vices suas, et unumquemque contra domum suam.
4 Civitas autem erat lata nimis et grandis, et populus parvus in medio eius, et
non erant domus aedificatae. 5 Deus autem dedit in corde meo, et congregavi optimates, et magistratus, et vulgus, ut re-
censerem eos: et inveni librum census eorum, qui ascenderant primum, et inventum est scriptum in eo. 6 Isti filii provinciae, qui ascenderunt de captivitate mi-
grantium, quos transtulerat Nabuchodonosor rex Babylonis, et reversi sunt in
Ierusalem, et in Iudaeam, unusquisque in
civitatem suam. 7 Qui venerunt cum Zo-

6 1: Neh 2,10.19. — 6: Neh 2,19. — 14: Neh 13,29. — 16: Neh 2,10; 4,1.7. — 18: Esdr 2,5; 8,16; Neh 3,4.

7 1: Neh 6,1; Eccli 49,15. — 2: Neh 1,2. — 5: Esdr 1,11. — 6-73: Esdr 2,1-70. — Neh 7,70; 8,9; 10,1.

robabel, Iosue, Nehemias, Azarias, Raa-
mias, Nahamani, Mardochaeus, Belsam,
Mespharath, Begoai, Nahum, Baana.

Elenchus eorum qui redierunt cum Zorobabel

Numerus virorum populi Israel: 8 Filii
Pharos, duo millia centum septuaginta
duo: 9 filii Saphatia, trecenti septuaginta
duo: 10 filii Area, sexcenti quinquaginta
duo: 11 filii Phahathmoab filiorum Iosue
et Ioab, duo millia octingenti decem et
octo: 12 filii Aelam, mille ducenti quinquaginta quatuor: 13 filii Zethua, octingenti quadraginta quinque: 14 filii Zachai,
septingenti sexaginta: 15 filii Bannui, sexcenti quadraginta octo: 16 filii Bebai, sexcenti viginti octo: 17 filii Azgad, duo millia trecenti viginti duo: 18 filii Adonicam,
sexcenti sexaginta septem: 19 filii Beguai,
duo millia sexaginta septem: 20 filii Adin,
sexcenti quinquaginta quinque: 21 filii
Ater, filii Hezeciae, nonaginta octo: 22 filii
Hasem, trecenti viginti octo: 23 filii Besai,
trecenti viginti quatuor: 24 filii Hareph,
centum duodecim: 25 filii Gabaon, nonaginta quinque: 26 filii Bethlehem, et Netupha, centum octoginta octo. 27 Viri Anathoth, centum viginti octo. 28 Viri Bethaz-
moth, quadraginta duo. 29 Viri Cariathiarim, Cephira, et Beroth, septingenti quadraginta tres. 30 Viri Rama et Geba, sexcenti viginti unus. 31 Viri Machmas, centum viginti duo. 32 Viri Bethel et Hai,
centum viginti tres. 33 Viri Nebo alterius,
quinquaginta duo. 34 Viri Aelam alterius,
mille ducenti quinquaginta quatuor. 35 Filii Harem, trecenti viginti. 36 Filii Iericho,
trecenti quadraginta quinque. 37 Filii Lod
Hadid et Ono, septingenti viginti unus.
38 Filii Senaa, tria millia nongenti triginta.
39 Sacerdotes: Filii Idaia in domo Iosue, nongenti septuaginta tres.
40 Filii Emmer, mille quinquaginta duo.
41 Filii Phashur, mille ducenti quadraginta septem. 42 Filii Arem, mille decem et
septem.
Levitae 43 Filii Iosue et Cedmihel filiorum 44 Oduiae, septuaginta quatuor. Cantores: 45 Filii Asaph, centum quadraginta
octo. 46 Ianitores: Filii Sellum, filii Ater,
filii Telmon, filii Accub, filii Hatita, filii
Sobai: centum triginta octo.
47 Nathinaei: filii Soha, filii Hasupha,
filii Tebbaoth, 48 filii Ceros, filii Siaa, filii
Phadon, filii Lebana, filii Hagaba, filii
Selmai, 49 filii Hanan, filii Geddel, filii Gaher, 50 filii Raaia, filii Rasin, filii Necoda,
51 filii Gezem, filii Aza, filii Phasea, 52 filii
Besai, filii Munim, filii Nephussim, 53 filii
Bacbuc, filii Hacupha, filii Harhur, 54 filii
Besloth, filii Mahida, filii Harsa, 55 Bercos, filii Sisara, filii Thema, 56 filii Na-
sia, filii Hatipha, 57 filii servorum Salomonis, filii Sothai, filii Sophereth,
filii Pharida, 58 filii Iahala, filii Darcon,
filii Ieddel, 59 filii Saphatia, filii Hatil,
filii Phochereth, qui erat ortus ex Sabaim, filio Amon. 60 Omnes Nathinaei, et
filii servorum Salomonis, trecenti nonaginta duo.
61 Hi sunt autem, qui ascenderunt de
Thelmela, Thelharsa, Cherub, Addon, et
Emmer: et non potueruat indicare domum patrum suorum, et semen suum,
utrum ex Israel essent. 62 filii Dalaia, filii
Tobia, filii Necoda, sexcenti quadraginta
duo. 63 Et de sacerdotibus, filii Habia, filii
Accos, filii Berzellai, qui accepit de filiabus Berzellai Galaaditis uxorem: et vocatus est nomine eorum. 64 Hi quaesierunt
scripturam suam in censu, et non invenerunt: et eiecti sunt de sacerdotio. 65 Dixitque Athersatha eis ut non manducarent
de Sanctis sanctorum, donec staret sacerdos doctus et eruditus.
66 Omnis multitudo quasi vir unus quadraginta duo millia trecenti sexaginta,
67 absque servis, et ancillis eorum, qui
erant septem millia trecenti triginta septem, et inter eos cantores, et cantatrices,
ducenti quadraginta quinque. 68 Equi eorum, septingenti triginta sex: muli eorum,
ducenti quadraginta quinque: 69 cameli
eorum, quadringenti triginta quinque: asini, sex millia septingenti viginti.

Hucusque refertur quid in commentario scriptum fuerit, exin Nehemiae historia texitur.

Dona populi in templum

70 Nonnulli autem de principibus familiarum dederunt in opus. Athersatha dedit in thesaurum auri drachmas mille,
phialas quinquaginta, tunicas sacerdotales quingentas triginta. 71 Et de principibus familiarum dederunt in thesaurum
operis, auri drachmas viginti millia, et
argenti mnas duo millia ducentas. 72 Et
quod dedit reliquus populus, auri drachmas viginti millia, et argenti mnas duo
millia, et tunicas sacerdotales sexaginta
septem.
73 Habitaverunt autem sacerdotes, et
Levitae, et ianitores, et cantores, et reliquum vulgus, et Nathinaei, et omnis Israel in civitatibus suis.

Lectio Legis ad populum

8 1 Et venerat mensis septimus: filii
autem Israel erant in civitatibus suis.
Congregatusque est omnis populus quasi

8 **1**: Esdr 3,1; 7,6; Neh 3,26. — **2**: Deut 31,10-13. — **9**: Lev 23,24; Num 29,1; Esdr

vir unus ad plateam, quae est ante portam aquarum: et dixerunt Esdrae scribae ut afferret librum legis Moysi, quam
praeceperat Dominus Israeli. 2 Attulit ergo Esdras sacerdos legem coram multitudine virorum et mulierum, cunctisque qui
poterant intelligere, in die prima mensis
septimi.
3 Et legit in eo aperte in platea quae
erat ante portam aquarum, de mane usque ad mediam diem, in conspectu virorum et mulierum, et sapientium: et aures
omnis populi erant erectae ad librum.
4 Stetit autem Esdras scriba super gradum
ligneum, quem fecerat ad loquendum: et
steterunt iuxta eum Mathathias, et Semeia, et Ania, et Uria, et Helcia, et Maasia, ad dexteram eius: et ad sinistram,
Phadaia, Misael, et Melchia, et Hasum,
et Hasbadana, Zacharias, et Moollam.
5 Et aperuit Esdras librum coram omni
populo: super universum quippe populum eminebat: et cum aperuisset eum,
stetit omnis populus. 6 Et benedixit Esdras Domino Deo magno: et respondit
omnis pòpulus: Amen, Amen: elevans
manus suas; et incurvati sunt, et adoraverunt Deum proni in terram. 7 Porro
Iosue, et Bani, et Serebia, Iamin, Accub,
Septhai, Odia, Maasia, Celita, Azarias,
Iozabed, Hanan, Phalaia, Levitae, silentium faciebant in populo ad audiendam
legem: populus autem stabat in gradu
suo. 8 Et legerunt in libro legis Dei di-
stincte, et aperte ad intelligendum: et intellexerunt cum legeretur.
9 Dixit autem Nehemias (ipse est Athersatha) et Esdras sacerdos et scriba, et Levitae interpretantes universo populo: Dies
sanctificatus est Domino Deo nostro, nolite lugere, et nolite flere. Flebat enim
omnis populus cum audiret verba legis.
10 Et dixit eis: Ite, comedite pinguia, et
bibite mulsum, et mittite partes his qui
non praeparaverunt sibi: quia sanctus
dies Domini est, et nolite contristari: gaudium etenim Domini est fortitudo nostra. 11 Levitae autem silentium faciebant
in omni populo, dicentes: Tacete, quia
dies sanctus est, et nolite dolere. 12 Abiit
itaque omnis populus ut comederet, et
biberet, et mitteret partes, et faceret laetitiam magnam: quia intellexerant verba,
quae docuerat eos.
13 Et in die secundo congregati sunt
principes familiarum universi populi,
sacerdotes et Levitae ad Esdram scribam,
ut interpretaretur eis verba legis. 14 Et invenerunt scriptum in lege praecepisse Dominum in manu Moysi ut habitent filii
Israel in tabernaculis, in die solemni, mense septimo: 15 et ut praedicent, et divul-
gent vocem in universis urbibus suis, et in
Ierusalem, dicentes: Egredimini in montem, et afferte frondes olivae, et frondes
ligni pulcherrimi, frondes myrti, et ramos
palmarum, et frondes ligni nemorosi ut
fiant tabernacula, sicut scriptum est.

Solemnitas Tabernaculorum

16 Et egressus est populus, et attulerunt.
Feceruntque sibi tabernacula unusquisque in domate suo: et in atriis suis, et in
atriis domus Dei, et in platea portae aquarum, et in platea portae Ephraim. 17 Fecit
ergo universa ecclesia eorum qui redie-
rant de captivitate, tabernacula, et habitaverunt in tabernaculis: non enim fecerant a diebus Iosue filii Nun taliter filii
Israel usque ad diem illum. Et fuit laetitia magna nimis. 18 Legit autem in libro
legis Dei per dies singulos, a die primo
usque ad diem novissimum. Et fecerunt
solemnitatem septem diebus, et in die octavo collectam iuxta ritum.

Populi poenitentia

9 1 In die autem vigesimoquarto mensis huius convenerunt filii Israel in
ieiunio et in saccis, et humus super eos.
2 Et separatum est semen filiorum Israel
ab omni filio alienigena: et steterunt, et
confitebantur peccata sua, et iniquitates
patrum suorum. 3 Et consurrexerunt ad
standum: et legerunt in volumine legis
Domini Dei sui, quater in die, et quater
confitebantur, et adorabant Dominum
Deum suum. 4 Surrexerunt autem super
gradum Levitarum Iosue, et Bani, et Cedmihel, Sabania, Bonni, Sarebias, Bani, et
Chanani: et clamaverunt voce magna ad
Dominum Deum suum. 5 Et dixerunt Levitae Iosue, et Cedmihel, Bonni, Haseb-
nia, Serebia, Odaia, Sebnia, Phathahia:
Surgite, benedicite Domino Deo vestro
ab aeterno usque in aeternum: et benedicant nomini gloriae tuae excelso in omni
benedictione et laude. 6 Tu ipse, Domine,
solus, tu fecisti caelum, et caelum caelorum, et omnem exercitum eorum: terram, et universa quae in ea sunt: maria,
et omnia quae in eis sunt: et tu vivificas
omnia haec, et exercitus caeli te adorat.
7 Tu ipse, Domine Deus, qui elegisti
Abram, et eduxisti eum de igne Chaldeo-

2,63; Neh 7,65; 10,1; 12,26. — **14-15:** Lev 23, 4.34.40.42; Deut 16,13.16. — **16:** 4 Reg 14,13; Neh 3,26; 12,38. — **17:** 3 Reg 8,2; 2 Par 7,9; 8,13; Esdr 3,4. — **18:** Lev 23,36; Num 29,35; Deut 31,10-12.

9 **1:** Neh 8,2. — **2:** Esdr 6,21; 10,11; Neh 10, 28; 13,3.30. — **3:** Neh 8,7-8. — **6:** 4 Reg 19, 15. — **7:** Gen 11,31; 17,5. — **8:** Gen 12,7; 15,18;

rum, et posuisti nomen eius Abraham.
8 Et invenisti cor eius fidele coram te: et
percussisti cum eo foedus ut dares ei terram Chananaei, Hethaei, et Amorrhaei,
et Pherezaei, et Iebusaei, et Gergesaei, ut
dares semini eius: et implesti verba tua,
quoniam iustus es.
9 Et vidisti afflictionem patrum nostrorum in Aegypto: clamoremque eorum
audisti super mare Rubrum. 10 Et dedisti
signa atque portenta in Pharaone, et in
universis servis eius, et in omni populo
terrae illius: cognovisti enim quia superbe egerant contra eos: et fecisti tibi nomen, sicut et in hac die. 11 Et mare divisisti ante eos, et transierunt per medium
maris in sicco: persecutores autem eorum
proiecisti in profundum, quasi lapidem in
aquas validas. 12 Et in columna nubis ductor eorum fuisti per diem, et in columna
ignis per noctem, ut appareret eis via, per
quam ingrediebantur. 13 Ad montem quoque Sinai descendisti, et locutus es cum
eis de caelo, et dedisti eis iudicia recta,
et legem veritatis, caeremonias, et praecepta bona: 14 et sabbatum sanctificatum
tuum ostendisti eis, et mandata, et caeremonias, et legem praecepisti eis in manu
Moysi servi tui. 15 Panem quoque de caelo dedisti eis in fame eorum, et aquam
de petra eduxisti eis sitientibus, et dixisti
eis ut ingrederentur et possiderent terram,
super quam levasti manum tuam ut traderes eis.
16 Ipsi vero et patres nostri superbe
egerunt, et induraverunt cervices suas, et
non audierunt mandata tua. 17 Et noluerunt audire, et non sunt recordati mirabilium tuorum quae feceras eis. Et induraverunt cervices suas, et dederunt caput
ut converterentur ad servitutem suam,
quasi per contentionem. Tu autem Deus
propitius, clemens, et misericors, longanimis, et multae miserationis, non dereliquisti eos, 18 et quidem cum fecissent sibi
vitulum conflatilem, et dixissent: Iste est
Deus tuus, qui eduxit te de Aegypto: feceruntque blasphemias magnas. 19 Tu autem in misericordiis tuis multis non dimisisti eos in deserto: columna nubis non
recessit ab eis per diem ut duceret eos in
viam, et columna ignis per noctem ut ostenderet eis iter per quod ingrederentur.
20 Et spiritum tuum bonum dedisti qui
doceret eos, et manna tuum non prohi-
buisti ab ore eorum, et aquam dedisti eis
in siti. 21 Quadraginta annis pavisti eos
in deserto, nihilque eis defuit: vestimenta
eorum non inveteraverunt, et pedes eorum
non sunt attriti. 22 Et dedisti eis regna, et
populos, et partitus es eis sortes: et possederunt terram Sehon, et terram regis
Hesebon, et terram Og regis Basan. 23 Et
multiplicasti filios eorum sicut stellas caeli, et adduxisti eos ad terram, de qua dixe-
ras patribus eorum ut ingrederentur et
possiderent. 24 Et venerunt filii, et possederunt terram, et humiliasti coram eis habitatores terrae Chananaeos, et dedisti
eos in manu eorum, et reges eorum, et populos terrae ut facerent eis sicut placebat
illis. 25 Ceperunt itaque urbes munitas et
humum pinguem, et possederunt domos
plenas cunctis bonis: cisternas ab aliis fa-
bricatas, vineas, et oliveta, et ligna pomifera multa: et comederunt, et saturati
sunt, et impinguati sunt, et abundaverunt
deliciis in bonitate tua magna.
26 Provocaverunt autem te ad iracundiam, et recesserunt a te, et proiecerunt
legem tuam post terga sua: et prophetas
tuos occiderunt, qui contestabantur eos
ut reverterentur ad te: feceruntque blasphemias grandes. 27 Et dedisti eos in manu hostium suorum, et afflixerunt eos.
Et in tempore tribulationis suae clamaverunt ad te, et tu de caelo audisti, et secundum miserationes tuas multas dedisti eis
salvatores, qui salvarent eos de manu
hostium suorum. 28 Cumque requievis-
sent, reversi sunt ut facerent malum in
conspectu tuo, et dereliquisti eos in manu
inimicorum suorum, et possederunt eos.
Conversique sunt, et clamaverunt ad te:
tu autem de caelo exaudisti, et liberasti
eos in misericordiis tuis, multis temporibus. 29 Et contestatus es eos ut reverterentur ad legem tuam. Ipsi vero superbe egerunt, et non audierunt mandata tua, et in
iudiciis tuis peccaverunt, quae faciet homo, et vivet in eis: et dederunt humerum
recedentem, et cervicem suam induraverunt, nec audierunt. 30 Et protraxisti super eos annos multos, et contestatus es
eos in spiritu tuo per manum prophetarum tuorum: et non audierunt, et tradidisti eos in manu populorum terrarum.
31 In misericordiis autem tuis plurimis non
fecisti eos in consumptionem, nec dereliquisti eos: quoniam Deus miserationum,
et clemens es tu.
32 Nunc itaque Deus noster magne, fortis, et terribilis, custodiens pactum et misericordiam, ne avertas a facie tua omnem laborem, qui invenit nos, reges nostros, et principes nostros, et sacerdotes

17,7-8. — **9:** Ex 3,7; 14,10. — **10:** Ex 7,1-13,16. **11:** Ex 14,15.31. — **12:** Ex 13,21-22. — **13:** Ex 19,20; 20, 1-17. — **14:** Ex 16,32; 20,8-11. — **15:** Ex 16,14-15; 17,6; Num 20,9-11; Deut 1,8. — **17:** Num 14,4; Ps 77,11.42-43. — **18:** Ex 32,4.— **21:** Deut 2,7; 8,4; 29,5. — **22:** Num 21,21.33-35. — **23:** Gen 15,5. — **25:** Num 13,27; Deut 6,11. **26:** 3 Reg 18,4; 19,10; 2 Par 24,20-21; Mt 23,37; Act 7,52. — **27:** Iud 2,14; 3,9.15. — **28:** Iud 3, 11-12.30; 4,1; 5,31; 6,1. — **30:** Esdr 9,7; Act 7, 51. — **31:** Ier 4,27. — **32:** 4 Reg 17,3. —

nostros, et prophetas nostros, et patres
nostros, et omnem populum tuum, a diebus regis Assur usque in diem hanc.
33 Et tu iustus es in omnibus, quae venerunt super nos: quia veritatem fecisti,
nos autem impie egimus. 34 Reges nostri,
principes nostri, sacerdotes nostri, et patres nostri non fecerunt legem tuam, et
non attenderunt mandata tua, et testimonia tua quae testificatus es in eis. 35 Et
ipsi in regnis suis, et in bonitate tua multa, quam dederas eis, et in terra latissima
et pingui, quam tradideras in conspectu
eorum, non servierunt tibi, nec reversi
sunt a studiis suis pessimis. 36 Ecce nos
ipsi hodie servi sumus: et terra, quam dedisti patribus nostris ut comederent panem eius, et quae bona sunt eius, et nos
ipsi servi sumus in ea. 37 Et fruges eius
multiplicantur regibus, quos posuisti super nos propter peccata nostra, et corporibus nostris dominantur, et iumentis nostris secundum voluntatem suam, et in tribulatione magna sumus.
38 Super omnibus ergo his nos ipsi percutimus foedus, et scribimus, et signant
principes nostri, Levitae nostri, et sacerdotes nostri.

Signatores foederis

10 1 Signatores autem fuerunt, Nehemias, Athersatha filius Hachelai, et
Sedecias, 2 Saraias, Azarias, Ieremias,
3 Pheshur, Amarias, Melchias, 4 Hattus,
Sebenia, Melluch, 5 Harem, Merimuth,
Obdias, 6 Daniel, Genthon, Baruch, 7 Mosollam, Abia, Miamin, 8 Maazia, Belgai,
Semeia: hi sacerdotes. 9 Porro Levitae,
Iosue filius Azaniae, Bennui de filiis He-
nadad, Cedmihel, 10 et fratres eorum, Sebenia, Odaia, Celita, Phalaia, Hanan,
11 Micha, Rohob, Hasebia, 12 Zachur, Serebia, Sabania, 13 Odaia, Bani, Baninu.
14 Capita populi, Pharos, Phaharhmoab,
Aelam, Zethu, Bani, 15 Bonni, Azgad,
Bebai, 16 Adonia, Begoai, Adin, 17 Ater,
Hezecia, Azur, 18 Odaia, Hasum, Besai,
19 Hareph, Anathoth, Nebai, 20 Megphias,
Mosollam, Hazir, 21 Mesizabel, Sadoc,
Ieddua, 22 Pheltia, Hanan, Anaia, 23 Osee,
Hanania, Hasub, 24 Alohes, Phalea, So-
bec, 25 Rehum, Hasebna, Maasia,
26 Echaia, Hanan, Anan, 27 Melluch, Haran, Baana.

Quae facienda promittunt

28 Et reliqui de populo, sacerdotes, Levitae, ianitores, et cantores, Nathinaei, et
omnes qui se separaverunt de populis terrarum ad legem Dei, uxores eorum, filii
eorum, et filiae eorum, 29 omnes qui poterant sapere spondentes pro fratribus
suis, optimates eorum, et qui veniebant
ad pollicendum et iurandum ut ambularent in lege Dei, quam dederat in manu
Moysi servi Dei, ut facerent et custodirent universa mandata Domini Dei nostri, et iudicia eius et caeremonias eius,
30 et ut non daremus filias nostras populo
terrae, et filias eorum non acciperemus
filiis nostris. 31 Populi quoque terrae, qui
important venalia, et omnia ad usum, per
diem sabbati ut vendant, non accipiemus
ab eis in sabbato et in die sanctificato.
Et dimittemus annum septimum, et exactionem universae manus. 32 Et statuemus
super nos praecepta, ut demus tertiam
partem sicli per annum ad opus domus
Dei nostri, 33 ad panes propositionis, et
ad sacrificium sempiternum, et in holocaustum sempiternum in sabbatis, in calendis, in solemnitatibus, et in sanctificatis, et pro peccato: ut exoretur pro Israel,
et in omnem usum domus Dei nostri.
34 Sortes ergo misimus super oblationem lignorum inter sacerdotes, et Levitas, et populum, ut inferrentur in domum
Dei nostri per domos patrum nostrorum,
per tempora, a temporibus anni usque ad
annum: ut arderent super altare Domini
Dei nostri, sicut scriptum est in lege Moysi: 35 et ut afferremus primogenita terrae
nostrae, et primitiva universi fructus omnis ligni, ab anno in annum, in domo Domini: 36 et primitiva filiorum nostrorum,
et pecorum nostrorum, sicut scriptum est
in lege, et primitiva boum nostrorum, et
ovium nostrarum, ut offerrentur in domo
Dei nostri, sacerdotibus qui ministrant in
domo Dei nostri: 37 et primitias ciborum
nostrorum, et libaminum nostrorum, et
poma omnis ligni, vindemiae quoque et
olei afferemus sacerdotibus ad gazophylacium Dei nostri, et decimam partem terrae nostrae Levitis. Ipsi Levitae decimas
accipient ex omnibus civitatibus operum
nostrorum. 38 Erit autem sacerdos filius
Aaron cum Levitis in decimis Levitarum,
et Levitae offerent decimam partem decimae suae in domo Dei nostri, ad gazophylacium in domum thesauri. 39 Ad gazophylacium enim deportabunt filii Israel,

33: Esdr 9,15; Dan 9,5. — **36:** Esdr 9,9. — **37:** Deut 28, 33.51. — **38:** 4 Reg 23,3; Neh 10,1.

10 **1:** Neh 9,38. — **2-27:** Neh 12,2-21. — **14:** Esdr 2,3-35; Neh 7,8-42. — **28:** Esdr 2, 36-43; Neh 9,2. — **30:** Ex 34,16; Deut 7,3; Esdr 9,12. 14. — **31:** Ex 20,10; 23,10-11; Lev 23,3; 25,3-4; Deut 5,12; 15,1-2. — **33:** Lev 24,5-9; Num 28, 1-29,39. — **34:** Lev 6,12. — **35:** Ex 23,19; 34, 26; Lev 19,23-24; Num 18,12; Deut 26,2. — **36:** Ex 13,2.12-13; Lev 27,26-27; Num 18,15-16. — **37:** Lev 23,17; Num 15,20-21; 18, 12.21.26; Deut 18,4.

et filii Levi, primitias frumenti, vini, et
olei: et ibi erunt vasa sanctificata, et sacerdotes, et cantores, et ianitores, et ministri, et non dimittemus domum Dei nostri.

Civium per singulas civitates distributio

11 1 Habitaverunt autem principes populi in Ierusalem: reliqua vero
plebs misit sortem, ut tollerent unam partem de decem qui habitaturi essent in Ierusalem civitate sancta, novem vero partes in civitatibus. 2 Benedixit autem populus omnibus viris qui se sponte obtulerant ut habitarent in Ierusalem. 3 Hi
sunt itaque principes provinciae qui habitaverunt in Ierusalem, et in civitatibus
Iuda. Habitavit autem unusquisque in
possessione sua, in urbibus suis, Israel,
sacerdotes, Levitae, Nathinaei, et filii servorum Salomonis.
4 Et in Ierusalem habitaverunt de filiis
Iuda, et de filiis Beniamin: de filiis Iuda,
Athaias filius Aziam, filii Zachariae, filii
Amariae, filii Saphatiae, filii Malaleel: de
filiis Phares, 5 Maasia filius Baruch, filius
Cholhoza, filius Hazia, filius Adaia, filius
Ioiarib, filius Zachariae, filius Silonitis:
6 omnes hi filii Phares, qui habitaverunt
in Ierusalem, quadringenti sexaginta octo
viri fortes. 7 Hi sunt autem filii Beniamin:
Sellum filius Mosollam, filius Ioed, filius
Phadaia, filius Colaia, filius Masia, filius
Etheel, filius Isaia, 8 et post eum Gebbai,
Sellai, nongenti viginti octo, 9 et Ioel filius
Zechri praepositus eorum, et Iudas filius Senua super civitatem secundus.
10 Et de sacerdotibus, Idaia filius Ioarib,
Iachin, 11 Saraia filius Helciae, filius Mosollam, filius Sadoc, filius Meraioth, filius
Achitob princeps domus Dei, 12 et fratres
eorum facientes opera templi: octingenti
viginti duo. Et Adaia filius Ieroham, filius
Phelelia, filius Amsi, filius Zachariae, filius Pheshur, filius Melchiae, 13 et fratres
eius principes patrum: ducenti quadraginta duo. Et Amassai filius Azreel, filius
Ahazi, filius Mosollamoth, filius Emmer,
14 et fratres eorum potentes nimis: centum viginti octo, et praepositus eorum
Zabdiel filius potentium.
15 Et de Levitis, Semeia filius Hasub,
filius Azaricam, filius Hasabia, filius Boni, 16 et Sabathai et Iozabed, super omnia
opera, quae erant forinsecus in domo Dei,
a principibus Levitarum. 17 Et Mathania
filius Micha, filius Zebedei, filius Asaph,
princeps ad laudandum et ad confitendum in oratione, et Becbecia secundus de
fratribus eius, et Abda filius Samua, filius
Galal, filius Idithun: 18 omnes Levitae in
civitate sancta ducenti octoginta quatuor.
19 Et ianitores, Accub, Telmon, et fratres
eorum, qui custodiebant ostia: centum
septuaginta duo.
20 Et reliqui ex Israel sacerdotes et Levitae in universis civitatibus Iuda, unusquisque in possessione sua.
21 Et Nathinaei, qui habitabant in
Ophel, et Siaha, et Gaspha de Nathinaeis.
22 Et episcopus Levitarum in Ierusalem,
Azzi filius Bani, filius Hasabiae, filius Mathaniae, filius Michae. De filiis Asaph,
cantores in ministerio domus Dei. 23 Praeceptum quippe regis super eos erat, et ordo
in cantoribus per dies singulos, 24 et Phathahia filius Mesezebel, de filiis Zara filii
Iuda in manu regis, iuxta omne verbum
populi, 25 et in domibus per omnes regiones eorum.
De filiis Iuda habitaverunt in Cariatharbe et in filiabus eius: et in Dobin, et
in filiabus eius: et in Cabseel, et in viculis
eius, 26 et in Iesue, et in Molada, et in
Bethphaleth, 27 et in Hasersual, et in Bersabee, et in filiabus eius, 28 et in Siceleg,
et in Mochona, et in filiabus eius, 29 et in
Remmon, et in Saraa, et in Ierimuth,
30 Zanoa, Odollam, et in villis earum, Lachis et regionibus eius, et Azeca, et filiabus eius. Et manserunt in Bersabee usque
ad vallem Ennom.
31 Filii autem Beniamin, a Geba, Mech-
mas, et Hai, et Bethel, et filiabus eius:
32 Anathoth, Nob, Anania, 33 Asor, Rama, Gethaim, 34 Hadid, Seboim, et Ne-
ballat, Lod, 35 et Ono valle artificum.
36 Et de Levitis portiones Iudae et Beniamin.

Sacerdotes et Levitae ascendentes cum Zorobabel

12 1 Hi sunt autem sacerdotes et Levitae, qui ascenderunt cum Zorobabel filio Salathiel, et Iosue: Saraia, Ieremias, Esdras, 2 Amaria, Melluch, Hattus, 3 Sebenias, Rheum, Merimuth, 4 Addo, Genthon, Abia, 5 Miamin, Madia,
Belga, 6 Semeia, et Ioiarib, Idaia, Sellum,
Amoc, Helcias, 7 Idaia. Isti principes sacerdotum, et fratres eorum in diebus Iosue.
8 Porro Levitae, Iesua, Bennui, Cedmihel, Sarebia, Iuda, Mathanias, super
hymnos ipsi et fratres eorum: 9 et Becbecia atque Hanni, et fratres eorum, unusquisque in officio suo. 10 Iosue autem genuit Ioacim, et Ioacim genuit Eliasib, et
Eliasib genuit Ioiada, 11 et Ioiada genuit
Ionathan, et Ionathan genuit Ieddoa.
12 In diebus autem Ioacim erant sacer-

11 1: Is 48,2; 52,1; Mt 4,5; 27,53. — 3-19: 1 Par 9,2-34. — 3: Esdr 2,43.55. — 16: Esdr 8,33. — 17: Neh 12,8.25. — 23: 2 Par 31,16; Esdr 6,8-9; 7,20; Neh 12,47. — 25: Ios 21,11.

12 1-7: Neh 10,2-8; 12,12-21. — 1: Esdr. 2,1-

dotes et principes familiarum: Saraiae,
Maraia: Ieremiae, Hanania: 13 Esdrae,
Mosollam: Amariae, Iohanan: 14 Milicho,
Ionathan: Sebeniae, Ioseph: 15 Haram,
Edna: Maraioth, Helci: 16 Adaiae, Zacha-
ria, Genthon, Mosollam: 17 Abiae, Zechri,
Miamin et Moadiae, Phelti: 18 Belgae,
Sammua: Semaiae, Ionathan, 19 Ioiarib,
Mathanai: Iodaiae, Azzi: 20 Sellai, Celai:
Amoc, Heber: 21 Helciae, Hasebia: Idaiae,
Nathanael.
22 Levitae in diebus Eliasib, et Ioiada,
et Iohanan, et Ieddoa, scripti principes familiarum, et sacerdotes in regno Darii
Persae. 23 Filii Levi principes familiarum,
scripti in Libro verborum dierum, et usque ad dies Ionathan, filii Eliasib. 24 Et
principes Levitarum, Hasebia, Serebia, et
Iosue filius Cedmihel: et fratres eorum per
vices suas, ut laudarent et confiterentur
iuxta praeceptum David viri Dei, et observarent aeque per ordinem. 25 Mathania, et Becbecia, Obedia, Mosollam, Telmon, Accub, custodes portarum et vestibulorum ante portas. 26 Hi in diebus Ioacim filii Iosue, filii Iosedec, et in diebus
Nehemiae ducis, et Esdrae sacerdotis scri-
baeque.

Solemnitas dedicationis muri

27 In dedicatione autem muri Ierusalem
requisierunt Levitas de omnibus locis suis
ut adducerent eos in Ierusalem, et facerent dedicationem et laetitiam in actione
gratiarum, et cantico, et in cymbalis, psalteriis, et citharis. 28 Congregati sunt autem filii cantorum de campestribus circa
Ierusalem, et de villis Nethuphathi, 29 et
de domo Galgal, et de regionibus Geba
et Azmaveth: quoniam villas aedificaverunt sibi cantores in circuitu Ierusalem.
30 Et mundati sunt sacerdotes et Levitae, et mundaverunt populum, et portas,
et murum.
31 Ascendere autem feci principes Iuda
super munum, et statui duos magnos
choros laudantium. Et ierunt ad dexteram super murum ad portam sterquilinii.
32 Et ivit post eos Osaias, et media pars
principum Iuda, 33 et Azarias, Esdras, et
Mosollam, Iudas, et Beniamin, et Semeia,
et Ieremias. 34 Et de filiis sacerdotum in
tubis, Zacharias filius Ionathan, filius Semeiae, filius Mathaniae, filius Michaiae,
filius Zechur, filius Asaph, 35 et fratres
eius Semeia, et Azareel, Malalai, Galalai,
Maai, Nathanael, et Iudas, et Hanani, in
vasis cantici David viri Dei: et Esdras
scriba ante eos in porta fontis. 36 Et contra eos ascenderunt in gradibus civitatis
David in ascensu muri super domum David, et usque ad portam aquarum ad
orientem.
37 Et chorus secundus gratias referen-
tium ibat ex adverso, et ego post eum, et
media pars populi super murum, et super
turrim furnorum, et usque ad murum la-
tissimum, 38 et super portam Ephraim, et
super portam antiquam, et super portam
piscium et turrim Hananeel, et turrim
Emath, et usque ad portam gregis: et steterunt in porta custodiae, 39 steteruntque
duo chori laudantium in domo Dei, et
ego, et dimidia pars magistratuum mecum,
40 Et sacerdotes, Eliachim, Maasia, Miamin, Michea, Elioenai, Zacharia, Hanania in tubis, 41 et Maasia, et Semeia, et
Eleazar, et Azzi, et Iohanan, et Melchia,
et Aelam, et Ezer. Et clare cecinerunt cantores, et Iezraia praepositus: 42 et immolaverunt in die illa victimas magnas, et
laetati sunt: Deus enim laetificaverat eos
laetitia magna: sed et uxores eorum, et
liberi gravisi sunt, et audita est laetitia
Ierusalem procul.

Administratio templi

43 Recensuerunt quoque in die illa viros
super gazophylacia thesauri ad libamina,
et ad primitias, et ad decimas, ut intro-
ferrent per eos pr incipes civitatis in decore gratiarum actionis, sacerdotes et Levitas: quia laetificatus est Iuda in sacerdotibus et Levitis adstantibus. 44 Et custodierunt observationem Dei sui, et observationem expiationis, et cantores, et
ianitores iuxta praeceptum David, et Salomonis filii eius, 45 quia in diebus David
et Asaph ab exordio erant principes constituti cantorum in carmine laudantiumet
confitentium Deo. 46 Et omnis Israel, in
diebus Zorobabel, et in diebus Nehemiae,
dabant partes cantoribus et ianitoribus
per dies singulos, et sanctificabant Levitas, et Levitae sanctificabant filios Aaron.

13 1 In die autem illo lectum est in volumine Moysi audiente populo: et
inventum est scriptum in eo, quod non
debeant introire Ammonites et Moabites
in ecclesiam Dei usque in aeternum: 2 eo
quod non occurrerint filiis Israel cum pane et aqua: et conduxerint adversum eos
Balaam, ad maledicendum eis: et convertit Deus noster maledictionem in benedictionem. 3 Factum est autem, cum
audissent legem, separaverunt omnem
alienigenam ab Israel.

2. — **23**: 1 Par 9,14-16. — **24**: 1 Par 25,1-31; 2 Par 8,1; Esdr 2,40; Neh 10,9. — **26**: Esdr 7,6; Neh 8,9. — **30**: Neh 13,22.30. — **31**: Neh 2,13; 3,13. — **35**: Neh 2,14; 3,15. — **36**: Neh 3,15.26; 8,1.3.16. — **37**: Neh 3,8.11. — **38**: Neh 3,1.6; 8,16. — **43**: Neh 13,5.12-13. — **45**: 1 Par 25,1; 2 Par 29,30. — **46**: Neh 11,23.

13 1: Deut 23,3-5; 31,3.11-12; Neh 8,3; 9,3. 4: Neh 2,10; 3,1. — 5: Num 18,21-24. —

Redux Nehemias in Ierusalem corrigit abusus

4 Et super hoc erat Eliasib sacerdos,
qui fuerat praepositus in gazophylacio
domus Dei nostri, et proximus Tobiae.
5 Fecit ergo sibi gazophylacium grande, et
ibi erant ante eum reponentes munera, et
thus, et vasa, et decimam frumenti, vini,
et olei, partes Levitarum, et cantorum, et
ianitorum, et primitias sacerdotales. 6 In
omnibus autem his non fui in Ierusalem,
quia anno trigesimo secundo Artaxerxis
regis Babylonis veni ad regem, et in fine
dierum rogavi regem. 7 Et veni in Ierusalem, et intellexi malum, quod fecerat Eliasib Tobiae, ut faceret ei thesaurum in vestibulis domus Dei. 8 Et malum mihi visum est valde. Et proieci vasa domus Tobiae foras de gazophylacio: 9 praecepique et emundaverunt gazophylacia: et
retuli ibi vasa domus Dei, sacrificium, et
thus.

10 Et cognovi quod partes Levitarum
non fuissent datae: et fugisset unusquisque in regionem suam de Levitis, et cantoribus, et de his qui ministrabant: 11 et
egi causam adversus magistratus, et dixi:
Quare dereliquimus domum Dei? Et congregavi eos, et feci stare in stationibus
suis. 12 Et omnis Iuda apportabat decimam frumenti, vini, et olei, in horrea.
13 Et constituimus super horrea Selemiam
sacerdotem, et Sadoc scribam, et Pha-
daiam de Levitis, et iuxta eos Hanan filium Zachur, filium Mathaniae: quoniam
fideles comprobati sunt, et ipsis creditae
sunt partes fratrum suorum. 14 Memento
mei Deus meus pro hoc, et ne deleas miserationes meas, quas feci in domo Dei
mei, et in caeremoniis eius.

15 In diebus illis vidi in Iuda calcantes
torcularia in sabbato, portantes acervos,
et onerantes super asinos vinum, et uvas,
et ficus, et omne onus, et inferentes in Ierusalem die sabbati. Et contestatus sum
ut in die qua vendere licere , venderent.
16 Et Tyrii habitaverunt in ea inferentes
pisces, et omnia venalia: et vendebant in
sabbatis filiis Iuda in Ierusalem: 17 et
obiurgavi optimates Iuda, et dixi eis:
Quae est haec res mala, quam vos facitis
et profanatis diem sabbati? 18 Numquid
non haec fecerunt patres nostri, et adduxit Deus noster super nos omne malum
hoc, et super civitatem hanc? Et vos addi-
tis iracundiam super Israel violando sabbatum. 19 Factum est autem, cum quie-
vissent portae Ierusalem in die sabbati,
dixi: et clauserunt ianuas, et praecepi ut
non aperirent eas usque post sabbatum:
et de pueris meis constitui super portas
ut nullus inferret onus in die sabbati.
20 Et manserunt negotiatores, et vendentes universa venalia, foris Ierusalem semel et bis. 21 Et contestatus sum eos, et
dixi eis: Quare manetis ex adverso muri? si secundo hoc feceritis, manum mittam in vos. Itaque ex tempore illo non
venerunt in sabbato. 22 Dixi quoque Levitis ut mundarentur, et venirent ad custodiendas portas, et sanctificandam diem
sabbati: et pro hoc ergo memento mei
Deus meus, et parce mihi secundum multitudinem miserationum tuarum.

23 Sed et in diebus illis vidi Iudaeos ducentes uxores Azotidas, Ammonitidas, et
Moabitidas. 24 Et filii eorum ex media
parte loquebantur azotice, et nesciebant
loqui iudaice, et loquebantur iuxta linguam populi et populi. 25 Et obiurgavi eos,
et maledixi. Et cecidi ex eis viros, et de-
calvavi eos, et adiuravi in Deo, ut non
darent filias suas filiis eorum, et non acciperent de filiabus eorum filiis suis, et
sibimetipsis, dicens: 26 Numquid non in
huiuscemodi re peccavit Salomon rex Israel? et certe in gentibus multis non erat
rex similis ei, et dilectus Deo suo erat, et
posuit eum Deus regem super omnem Israel: et ipsum ergo duxerunt ad peccatum mulieres alienigenae. 27 Numquid et
nos inobedientes faciemus omne malum
grande hoc ut praevaricemur in Deo nostro, et ducamus uxores peregrinas?

28 De filiis autem Ioiada filii Eliasib
sacerdotis magni, gener erat Sanaballat
Horonites, quem fugavi a me. 29 Recordare Domine Deus meus, adversum eos
qui polluunt sacerdotium, iusque sacerdotale et Leviticum. 30 Igitur mundavi
eos ab omnibus alienigenis, et constitui
ordines sacerdotum et Levitarum, unumquemque in ministerio suo: 31 et in oblatione lignorum in temporibus constitutis,
et in primitivis: memento mei Deus meus
in bonum. Amen.

6: Neh 5,14. — **10:** 2 Par 31,4; Neh 10,37; 12,28-29. — **12:** Neh 10,36-37; 12,43. — **13:** 2 Par 31,12-13. — **15:** Ex 20,10; Neh 10,31; Ier 17,21-23. — **19:** Lev 23,32. — **23:** Esdr 9,2; 10,10. — **26:** 3 Reg 3,1.13;11,1-8. — **27:** Esdr 10,2. — **28:** Esdr 2,10; 12,10-11 22.

L I B E R   T O B I A E

SUMMARIUM *Tobiae origo et pietas (1). Tobias captivus in eadem pietate perseverat (2,1-9). A Deo probatus ipsum precatur (2,10-3,6). Sarae afflictio et oratio ad Deum (3,7-25). Tobiae ad filium cohortatio (4). Duce angelo, filius Tobiae iter arripit (5,1-6,9). Tobias filius Sarae coniugio copulatur (6,10-7,9). Gabelus praesens in nuptiis (9). Tobias redit ad parentes (10-11). Angeli revelatio (12). Canticum Tobiae (13). Utriusque Tobiae finis (14)*

Tobiae origo et pietas

1 1 Tobias ex tribu et civitate Nephthali (quae est in superioribus Galilaeae
supra Naasson, post viam quae ducit ad
occidentem, in sinistro habens civitatem
Sephet) 2 cum captus esset in diebus Salmanasar regis Assyriorum, in captivitate
tamen positus, viam veritatis non deseruit, 3 ita ut omnia, quae habere poterat,
quotidie concaptivis fratribus, qui erant
ex eius genere, impertiret.
4 Cumque esset iunior omnibus in tribu
Nephthali, nihil tamen puerile gessit in
opere. 5 Denique cum irent omnes ad vitulos aureos, quos Ieroboam fecerat rex
Israel, hic solus fugiebat consortia omnium. 6 Sed pergebat in Ierusalem ad templum Domini, et ibi adorabat Dominum
Deum Israel, omnia primitiva sua, et decimas suas fideliter offerens, 7 ita ut in
tertio anno proselytis et advenis ministraret omnem decimationem. 8 Haec et his
similia secundum legem Dei puerulus observabat. 9 Cum vero factus esset vir, accepit uxorem Annam de tribu sua, genuitque ex ea filium, nomen suum imponens ei, 10 quem ab infantia timere Deum
docuit, et abstinere ab omni peccato.
11 Igitur, cum per captivitatem devenis-
set cum uxore sua, et filio, in civitatem
Niniven cum omni tribu sua, 12 (cum omnes ederent ex cibis gentilium) iste custodivit animam suam, et nunquam contaminatus est in escis eorum. 13 Et quoniam
memor fuit Domini in toto corde suo, dedit illi Deus gratiam in conspectu Salmanasar regis, 14 et dedit illi potestatem quocumque vellet ire, habens libertatem quaecumque facere voluisset. 15 Pergebat ergo
ad omnes qui erant in captivitate, et monita salutis dabat eis. 16 Cum autem venisset in Rages civitatem Medorum, et ex
his, quibus honoratus fuerat a rege, habui-
set decem talenta argenti: 17 et cum in
multa turba generis sui Gabelum egentem videret, qui erat ex tribu eius, sub
chirographo dedit illi memoratum pondus argenti.
18 Post multum vero temporis, mortuo
Salmanasar rege, cum regnaret Sennacherib filius eius pro eo, et filios Israel exosos
haberet in conspectu suo: 19 Tobias quotidie pergebat per omnem cognationem
suam, et consolabatur eos, dividebatque
unicuique, prout poterat, de facultatibus
suis: 20 esurientes alebat, nudisque vestimenta praebebat, et mortuis atque occisis sepulturam sollicitus exhibebat. 21 Denique cum reversus esset rex Sennacherib
fugiens a Iudaea plagam, quam circa eum
fecerat Deus propter blasphemiam suam,
et iratus multos occideret ex filiis Israel,
Tobias sepeliebat corpora eorum. 22 At
ubi nuntiatum est regi, iussit eum occidi,
et tulit omnem substantiam eius.

Tobias regi assyrio exosus in pietate perseverat

23 Tobias vero cum filio suo et cum uxore fugiens, nudus latuit, quia multi diligebant eum. 24 Post dies vero quadraginta quinque occiderunt regem filii ipsius,
25 et reversus est Tobias in domum suam,
omnisque facultas eius restituta est ei.

2 1 Post haec vero, cum esset dies festus Domini, et factum esset prandium
bonum in domo Tobiae, 2 dixit filio suo:
Vade, et adduc aliquos de tribu nostra,
timentes Deum, ut epulentur nobiscum.
3 Cumque abiisset, reversus nuntiavit ei,
unum ex filiis Israel iugulatum iacere in
platea. Statimque exiliens de accubitu
suo, relinquens prandium, ieiunus pervenit ad corpus: 4 tollensque illud portavit ad domum suam occulte, ut dum sol
occubuisset, caute sepeliret eum. 5 Cumque occultasset corpus, manducavit panem cum luctu et tremore, 6 memorans
illum sermonem, quem dixit Dominus
per Amos prophetam: Dies festi vestri
convertentur in lamentationem et luctum.

1 2: 4 Reg 17,3; 18,9-11. — 5: 3 Reg 12,28-30. — 6: Ex 23,29; Lev 27,30; Mt 14,22-23. — 7: Deut 14,28-29. — 9: Num. 36,6-7. — 12: Iudith 12,2; Ez 4,13; Dan 1,8; Os 9,3; 1 Cor 10,27. — 16: Tob 4,21. — 18: 4 Reg; 18,13. — 21: 4 Reg 18,13; 19,35-36; Eccli 48, 20.24; Is 36,18-20; 37,36; 1 Mach 7,41; 2 Mach 8,19; 15,22. — 24: 4 Reg 19,37; 2 Par 32,21; Is 37,28; 2 Mach 8,19.

2 2: Eccli 9,22. — 6: Am 8,10; 1 Mach 1, 41. — 8: Tob 1,22-23. — 11: Tob 6,9; 11,

7 Cum vero sol occubuisset, abiit, et sepelivit eum. 8 Arguebant autem eum omnes proximi eius, dicentes: Iam huius rei
causa interfici iussus es, et vix effugisti
mortis imperium, et iterum sepelis mortuos? 9 Sed Tobias plus timens Deum
quam regem, rapiebat corpora occisorum,
et occultabat in domo sua, et mediis noctibus sepeliebat ea.

Probatur a Deo oculorum amissione

10 Contigit autem ut quadam die fatigatus a sepultura, veniens in domum
suam, iactasset se iuxta parietem, et obdormisset, 11 et ex nido hirundinum dor-
mienti illi calida stercora inciderent super
oculos eius, fieretque caecus. 12 Hanc autem tentationem ideo permisit Dominus
evenire illi, ut posteris daretur exemplum
patientiae eius, sicut et sancti Iob. 13 Nam
cum ab infantia sua semper Deum timuerit, et mandata eius custodierit, non est
contristatus contra Deum quod plaga
caecitatis evenerit ei, 14 sed immobilis in
Dei timore permansit, agens gratias Deo
omnibus diebus vitae suae. 15 Nam sicut
beato Iob insultabant reges, ita isti parentes et cognati eius irridebant vitam eius,
dicentes: 16 Ubi est spes tua, pro qua
eleemosynas et sepulturas faciebas? 17 Tobias vero increpabat eos, dicens: Nolite
ita loqui: 18 quoniam filii sanctorum sumus, et vitam illam expectamus, quam
Deus daturus est his, qui fidem suam nunquam mutant ab eo.

19 Anna vero uxor eius ibat ad opus
textrinum quotidie, et de labore manuum
suarum victum, quem consequi poterat,
deferebat. 20 Unde factum est, ut haedum
caprarum accipiens detulisset domi: 21 Cuius cum vocem balantis vir eius audisset,
dixit: Videte, ne forte furtivus sit, reddite
eum dominis suis, quia non licet nobis
aut edere ex furto aliquid, aut contingere. 22 Ad haec uxor eius irata respondit:
Manifeste vana facta est spes tua, et
eleemosynae tuae modo apparuerunt.
23 Atque his et aliis huiuscemodi verbis
exprobrabat ei.

Oratio Tobiae

3 1 Tunc Tobias ingemuit, et coepit orare cum lacrymis, 2 dicens:
Iustus es Domine, et omnia iudicia tua
iusta sunt,
Et omnes viae tuae, misericordia, et veritas, et iudicium.
3 Et nunc Domine memor esto mei,
Et ne vindictam sumas de peccatis meis,
Neque reminiscaris delicta mea, vel parentum meorum.
4 Quoniam non obedivimus praeceptis
tuis,
Ideo traditi sumus in direptionem,
Et captivitatem, et mortem,
Et in fabulam, et in improperium omnibus nationibus,
In quibus dispersisti nos.
5 Et nunc Domine magna iudicia tua,
Quia non egimus secundum praecepta
tua,
Et non ambulavimus sinceriter coram te.
6 Et nunc Domine secundum voluntatem
tuam fac mecum,
Et praecipe in pace recipi spiritum meum:
Expedit enim mihi mori magis quam vivere.

Sarae afflictio et oratio

7 Eadem itaque die contigit ut Sara filia
Raguelis in Rages civitate Medorum, et
ipsa audiret improperium ab una ex ancillis patris sui, 8 quoniam tradita fuerat
septem viris, et daemonium nomine Asmodaeus occiderat eos, mox ut ingressi
fuissent ad eam. 9 Ergo cum pro culpa sua
increparet puellam, respondit ei, dicens:
Amplius ex te non videamus filium, aut
filiam super terram, interfectrix virorum
tuorum. 10 Numquid et occidere me vis,
sicut iam occidisti septem viros? Ad hanc
vocem perrexit in superius cubiculum domus suae: et tribus diebus, et tribus noctibus non manducabit, neque bibit: 11 sed
in oratione persistens cum lacrymis deprecabatur Deum, ut ab isto improperio
liberaret eam.

12 Factum est autem die tertia, dum
compleret orationem, benedicens Dominum, 13 dixit: Benedictum est nomen tuum
Deus patrum nostrorum: qui cum iratus
fueris, misericordiam facies, et in tempore tribulationis peccata dimittis his, qui
invocant te. 14 Ad te Domine faciem meam
converto, ad te oculos meos dirigo. 15 Peto Domine ut de vinculo improperii huius
absolvas me, aut certe desuper terram
eripias me. 16 Tu scis Domine, quia nunquam concupivi virum, et mundam servavi animam meam ab omni concupiscentia. 17 Nunquam cum ludentibus miscui me: neque cum his, qui in levitate
ambulant, participem me praebui. 18 Virum autem cum timore tuo, non cum libidine mea consensi suscipere. 19 Et, aut
ego indigna fui illis, aut illi forsitan me
non fuerunt digni, quia forsitan viro alii
conservasti me. 20 Non est enim in homi-

14. — **13-14:** Iob 1,1.5.21-22. — **15-16:** Iob 4,6; 12,4. — **18:** 2 Mach 7,9.11.14; Hebr 11,35. — **21:** Deut 22,1. — **22:** Iob 2,9.

3 **4:** Deut 28,15.37. — **6:** Iob 7,15; Eccli 30,17. — **7:** Tob 6,11; 9,3. — **8:** Tob 6, 14. — **13:** Tob 11,17. — **19:** Tob 7,12. — **20:** Iob

nis potestate consilium tuum. 21 Hoc autem pro certo habet omnis qui te colit,
quod vita eius, si in probatione fuerit,
coronabitur: si autem in tribulatione
fuerit, liberabitur: et si in correptione
fuerit, ad misericordiam tuam venire lice-
bit. 22 Non enim delectaris in perditioni-
bus nostris: quia post tempestatem tran-
quillum facis: et post lacrymationem et
fletum, exultationem infundis. 23 Sit nomen tuum Deus Israel benedictum in
saecula.

24 In illo tempore exauditae sunt preces amborum in conspectu gloriae summi
Dei: 25 et missus est angelus Domini sanctus Raphael, ut curaret eos ambos, quorum uno tempore sunt orationes in conspectu Domini recitatae.

Tobiae ad filium cohortatio

4 1 Igitur cum Tobias putaret orationem suam exaudiri ut mori potuisset,
vocavit ad se Tobiam filium suum, 2 dixitque ei:

Audi fili mi verba oris mei, et ea in corde tuo, quasi fundamentum construe.
3 Cum acceperit Deus animam meam,
corpus meum sepeli: et honorem habebis
matri tuae omnibus diebus vitae eius:
4 memor enim esse debes, quae et quanta
pericula passa sit propter te in utero suo.
5 Cum autem et ipsa compleverit tempus
vitae suae, sepelias eam circa me. 6 Omnibus autem diebus vitae tuae in mente
habeto Deum: et cave ne aliquando peccato consentias, et praetermittas praecepta Domini Dei nostri. 7 Ex substantia tua
fac eleemosynam, et noli avertere faciem
tuam ab ullo paupere: ita enim fiet ut nec
a te avertatur facies Domini. 8 Quomodo
potueris, ita esto misericors. 9 Si multum
tibi fuerit, abundanter tribue: si exiguum
tibi fuerit, etiam exiguum libenter imper-
tiri stude. 10 Praemium enim bonum tibi
thesaurizas in die necessitatis; 11 quoniam
eleemosyna ab omni peccato, et a morte
liberat, et non patietur animam ire in tenebras. 12 Fiducia magna erit coram summo Deo eleemosyna omnibus facientibus
eam. 13 Attende tibi fili mi ab omni fornicatione, et praeter uxorem tuam nunquam patiaris crimen scire. 14 Superbiam
nunquam in tuo sensu, aut in tuo verbo
dominari permittas: in ipsa enim initium
sumpsit omnis perditio. 15 Quicumque tibi aliquid operatus fuerit, statim ei mercedem restitue, et merces mercenarii tui
apud te omnino non remaneat. 16 Quod
ab alio oderis fieri tibi, vide ne tu aliquando alteri facias. 17 Panem tuum cum esurientibus et egenis comede, et de vestimentis tuis nudos tege. 18 Panem tuum et
vinum tuum super sepulturam iusti constitue, et noli ex eo manducare et bibere
cum peccatoribus. 19 Consilium semper a
sapiente perquire. 20 Omni tempore benedic Deum: et pete ab eo, ut vias tuas dirigat, et omnia consilia tua in ipso permaneant.

21 Indico etiam tibi fili mi, dedisse me
decem talenta argenti, dum adhuc infantulus esses, Gabelo in Rages civitate Medorum, et chirographum eius apud me
habeo: 22 et ideo perquire quo modo ad
eum pervenias, et recipias ab eo supra
memoratum pondus argenti, et restituas
ei chirographum suum. 23 Noli timere fili
mi: pauperem quidem vitam gerimus, sed
multa bona habebimus si timuerimus
Deum, et recesserimus ab omni peccato,
et fecerimus bene.

Filius sese praeparat ut iter arripiat

5 1 Tunc respondit Tobias patri suo, et
dixit: Omnia quaecumque praecepisti mihi faciam, pater. 2 Quomodo autem
pecuniam hanc requiram, ignoro; ille me
nescit, et ego eum ignoro: quod signum
dabo ei? Sed neque viam, per quam per-
gatur illuc, aliquando cognovi. 3 Tunc pater suus respondit illi, et dixit: Chirographum quidem illius penes me habeo: quod
dum illi ostenderis, statim restituet. 4 Sed
perge nunc, et inquire tibi aliquem fidelem virum, qui eat tecum salva mercede
sua: ut, dum adhuc vivo, recipias eam.

5 Tunc egressus Tobias, invenit iuvenem splendidum, stantem praecinctum,
et quasi paratum ad ambulandum. 6 Et
ignorans quod angelus Dei esset, salutavit eum, et dixit: Unde te habemus, bone
iuvenis? 7 At ille respondit: Ex filiis Israel. Et Tobias dixit ei: Nosti viam, quac
ducit in regionem Medorum? 8 Cui respondit: Novi: et omnia itinera eius frequenter ambulavi, et mansi apud Gabelum fratrem nostrum: qui moratur in Rages civitate Medorum, quae posita est in
monte Ecbatanis. 9 Cui Tobias ait: Sustine me obsecro, donec haec ipsa nuntiem
patri meo. 10 Tunc ingressus Tobias, indicavit universa haec patri suo. Super quae
admiratus pater, rogavit ut introiret ad

15,8; Sap 9,13. — **25:** Tob 5,17; 8,3.11,15; 12,15.

4 **1:** Tob 3,6. — **3:** Ex 20,12; Deut 5,16; Eccli 3,8.18; 7,29. — **7:** Deut 15,7-8; Prov 3,9. 27; Eccli 4,1.4; 7,10; 14,13; Lc 14,13. — **8:** Eccli 35,10-12. — **10:** Eccli 29,15; Mt 19,21; Lc 12,33; 1 Tim 6,19. — **11:** Tob 12,9; Eccli 3,33; 39,15; Dam 4,24. — **12:** Prov 19,17; Eccli 35,13. — **13:** Act 15,29; 1 Thess 4,3. — **14:** Gen 3,5; Eccli 10,15. — **15:** Lev 19,13; Deut 24,14-15. — **16:** Mt 7,12; Lc 6,31. — **17:** Is 58,7; Ez 18,7.16; Mt 25,35-36; Lc 14,13. — **19:** Prov 19,20; Eccli 32,24. — **21:** Tob 1,16-17.

5 **3:** Tob 9,3. — **12:** Tob 2.11.13. — **14:** Tob 4,15. — **23:** Tob 10,4.

eum. 11 Ingressus itaque salutavit eum, et
dixit: Gaudium tibi sit semper. 12 Et ait
Tobias: Quale gaudium mihi erit, qui in
tenebris sedeo, et lumen caeli non video?
13 Cui ait iuvenis: Forti animo esto, in
proximo est ut a Deo cureris. 14 Dixit itaque illi Tobias: Numquid poteris perducere filium meum ad Gabelum in Rages
civitatem Medorum? et cum redieris, restituam tibi mercedem tuam. 15 Et dixit ei
angelus: Ego ducam, et reducam eum ad
te. 16 Cui Tobias respondit: Rogo te, indica mihi, de qua domo, aut de qua tribu
es tu? 17 Cui Raphael angelus dixit: Genus quaeris mercenarii, an ipsum mercenarium, qui cum filio tuo eat? 18 Sed ne
forte sollicitum te reddam, ego sum Azarias Ananiae magni filius. 19 Et Tobias
respondit: Ex magno genere es tu. Sed
peto ne irascaris quod voluerim cognoscere genus tuum. 20 Dixit autem illi angelus: Ego sanum ducam, et sanum tibi
reducam filium tuum. 21 Respondens autem Tobias, ait: Bene ambuletis, et sit
Deus in itinere vestro, et angelus eius comitetur vobiscum.

Filius cum socio proficiscitur

22 Tunc paratis omnibus, quae erant in
via portanda, fecit Tobias vale patri suo
et matri suae, et ambulaverunt ambo simul. 23 Cumque profecti essent, coepit
mater eius flere, et dicere: Baculum senectutis nostrae tulisti, et transmisisti a nobis. 24 Numquam fuisset ipsa pecunia, pro
qua misisti eum. 25 Sufficiebat enim nobis
paupertas nostra, ut divitias computare-
mus hoc, quod videbamus filium nostrum. 26 Dixitque ei Tobias: Noli flere,
salvus perveniet filius noster, et salvus revertetur ad nos, et oculi tui videbunt
illum. 27 Credo enim quod angelus Dei
bonus comitetur ei, et bene disponat omnia, quae circa eum geruntur, ita ut cum
gaudio revertatur ad nos. 28 Ad hanc vocem cessavit mater eius flere, et tacuit.

6 1 Profectus est autem Tobias, et canis secutus est eum, et mansit prima
mansione iuxta fluvium Tigris. 2 Et exivit
ut lavaret pedes suos, et ecce piscis imma-
nis exivit ad devorandum eum. 3 Quem
expavescens Tobias clamavit voce magna,
dicens: Domine, invadit me. 4 Et dixit ei
angelus: Apprehende branchiam eius, et
trahe eum ad te. Quod cum fecisset, attraxit eum in siccum, et palpitare coepit
ante pedes eius. 5 Tunc dixit ei angelus:
Exentera hunc piscem, et cor eius, et fel,
et iecur repone tibi: sunt enim haec necessaria ad medicamenta utiliter. 6 Quod
cum fecisset, assavit carnes eius, et secum tulerunt in via: caetera salierunt,
quae sufficerent eis, quousque pervenirent
in Rages civitatem Medorum. 7 Tunc interrogavit Tobias angelum, et dixit ei:
Obsecro te Azaria frater, ut dicas mihi
quod remedium habebunt ista, quae de
pisce servare iussisti? 8 Et respondens angelus, dixit ei: Cordis eius particulam si
super carbones ponas, fumus eius extricat
omne genus daemoniorum sive a viro, sive a muliere, ita ut ultra non accedat ad
eos. 9 Et fel valet ad ungendos oculos, in
quibus fuerit albugo, et sanabuntur.

Angeli consilia de matrimonio ineundo

10 Et dixit ei Tobias: Ubi vis ut maneamus? 11 Respondensque angelus, ait: Est
hic Raguel nomine, vir propinquus de tribu tua, et hic habet filiam nomine Saram,
sed neque masculum, neque feminam ullam habet aliam praeter eam. 12 Tibi debetur omnis substantia eius, et oportet
eam te accipere coniugem. 13 Pete ergo
eam a patre eius, et dabit tibi eam in uxorem.
14 Tunc respondit Tobias, et dixit: Audio quia tradita est septem viris, et mortui sunt: sed et hoc audivi, quia daemonium occidit illos. 15 Timeo ergo, ne forte et mihi haec eveniant: et cum sim unicus parentibus meis, deponam senectutem
illorum cum tristitia ad inferos. 16 Tunc
angelus Raphael dixit ei: Audi me, et
ostendam tibi qui sunt, quibus praevalere
potest daemonium. 17 Hi namque qui
coniugium ita suscipiunt, ut Deum a se
et a sua mente excludant, et suae libidini
ita vacent, sicut equus et mulus, quibus
non est intellectus: habet potestatem daemonium super eos. 18 Tu autem cum acceperis eam, ingressus cubiculum, per tres
dies continens esto ab ea, et nihil aliud
nisi orationibus vacabis cum ea. 19 Ipsa
autem nocte, incenso iecore piscis, fugabitur daemonium. 20 Secunda vero nocte
in copulatione sanctorum patriarcharum
admitteris. 21 Tertia autem nocte, benedictionem consequeris, ut filii ex vobis pro-
creentur incolumes. 22 Transacta autem
tertia nocte, accipies virginem cum timore Domini, amore filiorum magis quam
libidine ductus, ut in semine Abrahae benedictionem in filiis consequaris.

Tobiae et Sarae coniugium

7 1 Ingressi sunt autem ad Raguelem,
et suscepit eos Raguel cum gaudio.
2 Intuensque Tobiam Raguel, dixit Annae

6 1: Tob 11,9. — 8: Tob 8,2. — 11: Tob 3,7. — 12: Num 27,8; 36,8. — 14: Tob 3,8.10. —
22: Tob 8,9.

uxori suae: Quam similis est iuvenis iste
consobrino meo! 3 Et cum haec dixisset,
ait: Unde estis iuvenes fratres nostri? At
illi dixerunt: Ex tribu Nephthali sumus,
ex captivitate Ninive. 4 Dixitque illis Raguel: Nostis Tobiam fratrem meum? Qui
dixerunt: Novimus. 5 Cumque multa bona loqueretur de eo, dixit angelus ad Raguelem: Tobias, de quo interrogas, pater
istius est. 6 Et misit se Raguel, et cum lacrymis osculatus est eum, et plorans supra
collum eius, 7 dixit: Benedictio sit tibi fili
mi, quia boni et optimi viri filius es. 8 Et
Anna uxor eius, et Sara ipsorum filia, la-
crymatae sunt.

9 Postquam autem locuti sunt, praecepit Raguel occidi arietem, et parari convivium. Cumque hortaretur eos discumbere ad prandium, 10 Tobias dixit: Hic
ego hodie non manducabo neque bibam,
nisi prius petitionem meam confirmes, et
promittas mihi dare Saram filiam tuam.
11 Quo audito verbo Raguel, expavit,
sciens quid evenerit illis septem viris, qui
ingressi sunt ad eam: et timere coepit ne
forte et huic similiter contingeret: et cum
nutaret, et non daret petenti ullum responsum, 12 dixit ei angelus: Noli timere
dare eam isti, quoniam huic timenti Deum
debetur coniux filia tua: propterea alius
non potuit habere illam. 13 Tunc dixit Raguel: Non dubito quod Deus preces et
lacrymas meas in conspectu suo admise-
rit. 14 Et credo quoniam ideo fecit vos
venire ad me, ut ista coniungeretur cog-
nationi suae secundum legem Moysi: et
nunc noli dubium gerere quod tibi eam
tradam.

15 Et apprehendens dexteram filiae suae,
dexterae Tobiae tradidit, dicens: Deus
Abraham, et Deus Isaac, et Deus Iacob
vobiscum sit, et ipse coniungat vos im-
pleatque benedictionem suam in vobis.
16 Et accepta charta, fecerunt conscriptio-
nem coniugii. 17 Et post haec epulati sunt,
benedicentes Deum. 18 Vocavitque Raguel
ad se Annam uxorem suam, et praecepit
ei ut praepararet alterum cubiculum. 19 Et
introduxit illuc Saram filiam suam, et la-
crymata est. 20 Dixitque ei: Forti animo
esto filia mea: Dominus caeli det tibi gaudium pro taedio quod perpessa es.

Fugato daemone festum nuptiale celebratur

8 1 Postquam vero coenaverunt, introduxerunt iuvenem ad eam. 2 Recordatus itaque Tobias sermonum angeli,
protulit de cassidili suo partem iecoris,
posuitque eam super carbones vivos.
3 Tunc Raphael angelus apprehendit daemonium, et religavit illud in deserto superioris Aegypti. 4 Tunc hortatus est virginem Tobias, dixitque ei: Sara, exurge, et
deprecemur Deum hodie, et cras, et secundum cras: quia his tribus noctibus
Deo iungimur: tertia autem transacta nocte, in nostro erimus coniugio. 5 Filii quippe sanctorum sumus, et non possumus ita
coniungi sicut gentes, quae ignorant
Deum. 6 Surgentes autem pariter, instanter orabant ambo simul, ut sanitas daretur eis. 7 Dixitque Tobias: Domine Deus
patrum nostrorum, benedicant te caeli et
terrae, mareque et fontes, et flumina et
omnes creaturae tuae, quae in eis sunt.
8 Tu fecisti Adam de limo terrae, dedisti-
que ei adiutorium Hevam. 9 Et nunc Domine tu scis, quia non luxuriae causa accipio sororem meam coniugem, sed sola
posteritatis dilectione, in qua benedicatur
nomen tuum in saecula saeculorum. 10 Dixit quoque Sara: Miserere nobis Domine,
miserere nobis, et consenescamus ambo
pariter sani.

11 Et factum est circa pullorum cantum,
accersiri iussit Raguel servos suos, et abierunt cum eo pariter ut foderent sepulchrum. 12 Dicebat enim: Ne forte simili
modo evenerit ei, quo et caeteris illis septem viris, qui sunt ingressi ad eam.
13 Cumque parassent fossam, reversus Raguel ad uxorem suam, dixit ei: 14 Mitte
unam ex ancillis tuis, et videat si mortuus
est, ut sepeliam eum antequam illucescat
dies. 15 At illa misit unam ex ancillis suis.
Quae ingressa cubiculum, reperit eos salvos et incolumes, secum pariter dormientes. 16 Et reversa, nuntiavit bonum nuntium: et benedixerunt Dominum, Raguel
videlicet et Anna uxor eius, 17 et dixerunt: Benedicimus te Domine Deus Israel, quia non contigit quemadmodum
putabamus. 18 Fecisti enim nobiscum misericordiam tuam, et exclusisti a nobis
inimicum persequentem nos. 19 Misertus
es autem duobus unicis. Fac eos Domine
plenius benedicere te: et sacrificium tibi
laudis tuae et suae sanitatis offerre, ut
cognoscat universitas gentium, quia tu es
Deus solus in universa terra. 20 Statimque
praecepit servis suis Raguel, ut replerent
fossam, quam fecerant priusquam elucesceret.

21 Uxori autem suae dixit ut instrueret
convivium, et praepararet omnia, quae in
cibos erant iter agentibus necessaria.
22 Duas quoque pingues vaccas, et quatuor arietes occidi fecit, et parari epulas
omnibus vicinis suis, cunctisque amicis.
23 Et adiuravit Raguel Tobiam, ut duas

7 3: Tob. 1,1.11. — 7: Tob 9,9. — 11: Tob 3,8. — 12: Tob 3,19; 6,12. — 14: Num 36, 6-8.

8 2: Tob 6,18-19. — 3: Apoc 20,2. — 5: Tob 2,18. — 8: Gen 2,7.18. — 9: Tob 6,17.22. 19: Tob 6,11.15.

hebdomadas moraretur apud se. 24 De
omnibus autem, quae possidebat Raguel,
dimidiam partem dedit Tobiae, et fecit
scripturam, ut pars dimidia, quae supererat post obitum eorum, Tobiae dominio
deveniret.

Angelus pergit ad recipiendam pecuniam

9 1 Tunc vocavit Tobias angelum ad
se, quem quidem hominem existimabat, dixitque ei: Azaria frater, peto ut
auscultes verba mea: 2 Si meipsum tradam tibi servum, non ero condignus providentiae tuae. 3 Tamen obsecro te ut assumas tibi animalia sive servitia, et vadas
ad Gabelum in Rages civitatem Medorum: reddasque ei chirographum suum,
et recipias ab eo pecuniam, et roges eum
venire ad nuptias meas. 4 Scis enim ipse
quoniam numerat pater meus dies: et si
tardavero una die plus, contristatur anima eius. 5 Et certe vides quomodo adiuravit me Raguel, cuius adiuramentum
spernere non possum.
6 Tunc Raphael assumens quatuor ex
servis Raguelis, et duos camelos, in Rages civitatem Medorum perrexit: et inveniens Gabelum, reddidit ei chirographum
suum, et recepit ab eo omnem pecuniam.
7 Indicavitque ei de Tobia filio Tobiae,
omnia quae gesta sunt: fecitque eum secum venire ad nuptias. 8 Cumque ingressus esset domum Raguelis, invenit Tobiam discumbentem: et exiliens, osculati
sunt se invicem: et flevit Gabelus, benedixitque Deum, 9 et dixit: Benedicat te
Deus Israel, quia filius es optimi viri et
iusti, et timentis Deum, et eleemosynas
facientis: 10 et dicatur benedictio super
uxorem tuam, et super parentes vestros:
11 et videatis filios vestros, et filios filiorum vestrorum, usque in tertiam et quartam generationem: et sit semen vestrum
benedictum a Deo Israel, qui regnat in
saecula saeculorum. 12 Cumque omnes
dixissent, Amen, accesserunt ad convivium: sed et cum timore Domini nuptiarum convivium exercebant.

Tobiae reditus ad parentes

10 1 Cum vero moras faceret Tobias,
causa nuptiarum, sollicitus erat
pater eius Tobias dicens: Putas quare moratur filius meus, aut quare detentus est
ibi? 2 Putasne Gabelus mortuus est, et
nemo reddet illi pecuniam? 3 Coepit autem contristari nimis ipse et Anna uxor
eius cum eo: et coeperunt ambo simul
flere: eo quod die statuto minime reverteretur filius eorum ad eos. 4 Flebat
igitur mater eius irremediabilibus lacrymis, atque dicebat: Heu heu me, fili mi,
ut quid te misimus peregrinari, lumen oculorum nostrorum, baculum senectutis nostrae, solatium vitae nostrae, spem posteritatis nostrae? 5 Omnia simul in te uno
habentes, te non debuimus dimittere a
nobis. 6 Cui dicebat Tobias: Tace, et noli
turbari, sanus est filius noster: satis fidelis est vir ille, cum quo misimus eum. 7 Illa autem nullo modo consolari poterat,
sed quotidie exiliens circumspiciebat, et
circuibat vias omnes, per quas spes re-
meandi videbatur, ut procul videret eum,
si fieri posset, venientem.
8 At vero Raguel dicebat ad generum
suum: Mane hic, et ego mittam nuntium
salutis de te ad Tobiam patrem tuum.
9 Cui Tobias ait: Ego novi quia pater
meus et mater mea modo dies compu-
tant, et cruciatur spiritus eorum in ipsis.
10 Cumque verbis multis rogaret Raguel
Tobiam, et ille eum nulla ratione vellet
audire, tradidit ei Saram, et dimidiam
partem omnis substantiae suae in pueris,
in puellis, in pecudibus, in camelis, et in
vaccis, et in pecunia multa: et salvum atque gaudentem dimisit eum a se, 11 dicens: Angelus Domini sanctus sit in itinere vestro, perducatque vos incolumes,
et inveniatis omnia recte circa parentes
vestros, et videant oculi mei filios vestros
priusquam moriar. 12 Et apprehendentes
parentes filiam suam, osculati sunt eam,
et dimiserunt ire: 13 monentes eam honorare soceros, diligere maritum, regere familiam, gubernare domum, et se ipsam
irreprehensibilem exhibere.

Filius pervenit ad parentes

11 1 Cumque reverterentur, pervenerunt ad Charan, quae est in medio
itinere contra Niniven, undecimo die.
2 Dixitque angelus: Tobia frater, scis quemadmodum reliquisti patrem tuum. 3 Si
placet itaque tibi, praecedamus, et lento
gradu sequantur iter nostrum familiae,
simul cum coniuge tua, et cum animalibus. 4 Cumque hoc placuisset ut irent, dixit Raphael ad Tobiam: Tolle tecum ex
felle piscis: erit enim necessarium. Tulit
itaque Tobias ex felle illo, et abierunt.
5 Anna autem sedebat secus viam, quotidie in supercilio montis, unde respicere
poterat de longinquo. 6 Et dum ex eodem

9 1: Tob 5,18. — 3: Tob 4,21; 5,3. — 5: Tob 8,23. — 11: Tob 14,15.

10 4: Tob 5,23; Eccli 30,4-7. — 7: Tob 11, 5. — 10: Tob 8,24. — 13: Tit 2,4-5; 1 Petr 3,1-5.

11 4: Tob 6,9. — 5: Tob 10,7. — 9: Tob

loco specularetur adventum eius, vidit a
longe, et illico agnovit venientem filium
suum: currensque nuntiavit viro suo, dicens: Ecce venit filius tuus. 7 Dixitque
Raphael ad Tobiam: At ubi introieris domum tuam, statim adora Dominum Deum
tuum: et gratias agens ei, accede ad patrem tuum, et osculare eum. 8 Statimque
lini super oculos eius ex felle isto piscis,
quod portas tecum: scias enim quoniam
mox aperientur oculi eius, et videbit pater tuus lumen caeli, et in aspectu tuo
gaudebit. 9 Tunc praecucurrit canis, qui
simul fuerat in via: et quasi nuntius adveniens, blandimento suae caudae gaudebat. 10 Et consurgens caecus pater eius,
coepit offendens pedibus currere: et data
manu puero, occurrit obviam filio suo.
11 Et suscipiens osculatus est eum cum
uxore sua, et coeperunt ambo flere prae
gaudio. 12 Cumque adorassent Deum, et
gratias egissent, consederunt.

Tobias sanatus nuptias filii celebrat

13 Tunc sumens Tobias de felle piscis,
linivit oculos patris sui. 14 Et sustinuit quasi dimidiam fere horam: et coepit albugo
ex oculis eius, quasi membrana ovi, egredi. 15 Quam apprehendens Tobias traxit
ab oculis eius, statimque visum recepit.
16 Et glorificabant Deum, ipse videlicet,
et uxor eius, et omnes qui sciebant eum.
17 Dicebatque Tobias: Benedico te Domine Deus Israel, quia tu castigasti me, et
tu salvasti me: et ecce ego video Tobiam
filium meum.

18 Ingressa est etiam post septem dies
Sara uxor filii eius, et omnis familia sana,
et pecora, et cameli, et pecunia multa uxoris: sed et illa pecunia, quam receperat a
Gabelo: 19 et narravit parentibus suis omnia beneficia Dei, quae fecisset circa eum
per hominem qui eum duxerat. 20 Veneruntque Achior et Nabath consobrini Tobiae, gaudentes ad Tobiam, et congratulantes ei de omnibus bonis, quae circa illum ostenderat Deus. 21 Et per septem
dies epulantes, omnes cum gaudio magno gavisi sunt.

Angelus revelatur

12 1 Tunc vocavit ad se Tobias filium
suum, dixitque ei: Quid possumus
dare viro isti sancto, qui venit tecum?
2 Respondens Tobias, dixit patri suo: Pater, quam mercedem dabimus ei? aut quid
dignum poterit esse beneficiis eius? 3 Me
duxit et reduxit sanum, pecuniam a Gabelo ipse recepit, uxorem ipse me habere
fecit, et daemonium ab ea ipse compes-
cuit, gaudium parentibus eius fecit, meipsum a devoratione piscis eripuit, te quoque videre fecit lumen caeli, et bonis omnibus per eum repleti sumus. Quid illi ad
haec poterimus dignum dare? 4 Sed peto
te pater mi, ut roges eum, si forte dignabitur medietatem de omnibus, quae allata sunt, sibi assumere. 5 Et vocantes eum,
pater scilicet, et filius, tulerunt eum in
partem: et rogare coeperunt ut dignare-
tur dimidiam partem omnium, quae attu-
lerant, acceptam habere.

6 Tunc dixit eis occulte: Benedicite
Deum caeli, et coram omnibus viventibus confitemini ei, quia fecit vobiscum
misericordiam suam. 7 Etenim sacramentum regis abscondere bonum est: opera
autem Dei revelare et confiteri honorificum est. 8 Bona est oratio cum ieiunio
et eleemosyna magis quam thesauros auri
recondere: 9 quoniam eleemosyna a morte liberat, et ipsa est quae purgat peccata, et facit invenire misericordiam et vitam aeternam. 10 Qui autem faciunt peccatum, et iniquitatem, hostes sunt animae
suae. 11 Manifesto ergo vobis veritatem,
et non abscondam a vobis occultum sermonem. 12 Quando orabas cum lacrymis,
et sepeliebas mortuos, et derelinquebas
prandium tuum, et mortuos abscondebas
per diem in domo tua, et nocte sepeliebas
eos, ego obtuli orationem tuam Domino.
13 Et quia acceptus eras Deo, necesse fuit
ut tentatio probaret te. 14 Et nunc misit
me Dominus ut curarem te, et Saram uxorem filii tui a daemonio liberarem. 15 Ego
enim sum Raphael angelus, unus ex septem, qui adstamus ante Dominum.

16 Cumque haec audissent, turbati sunt,
et trementes ceciderunt super terram in
faciem suam. 17 Dixitque eis angelus: Pax
vobis, nolite timere. 18 Etenim cum essem
vobiscum, per voluntatem Dei eram: ipsum benedicite, et cantate illi. 19 Videbar
quidem vobiscum manducare, et bibere:
sed ego cibo invisibili, et potu, qui ab
hominibus videri non potest, utor. 20 Tempus est ergo ut revertar ad eum qui me
misit: vos autem benedicite Deum, et
narrate omnia mirabilia eius.

21 Et cum haec dixisset, ab aspectu eorum ablatus est, et ultra eum videre non
potuerunt. 22 Tunc prostrati per horas
tres in faciem, benedixerunt Deum: et
exurgentes narraverunt omnia mirabilia
eius.

6,1. — 14-15: Tob 2,11. — 17: Tob 3,13.22.

12 2: Tob 5,14. — 3: Tob 5,20; 6,2-5; 7,12; 8,3.21-24; 9,6; 11,8.14-15. — 9: Tob 4,11. — 12: Tob 1,20; 2,3-7. — 13: Prov 3,12; Sap 11,11; Eccli 2,1; Hebr 12,6-7; Iac 1,2-4. — 17: Lc 2,10; 24,36.

Canticum Tobiae

13 [1] Aperiens autem Tobias senior os suum, benedixit Dominum, et dixit:
Magnus es Domine in aeternum,
Et in omnia saecula regnum tuum:
[2] Quoniam tu flagellas, et salvas:
Deducis ad inferos, et reducis:
Et non est qui effugiat manum tuam.
[3] Confitemini Domino filii Israel,
Et in conspectu gentium laudate eum:
[4] Quoniam ideo dispersit vos inter gentes, quae ignorant eum,
Ut vos enarretis mirabilia eius,
Et faciatis scire eos,
Quia non est alius Deus omnipotens praeter eum.
[5] Ipse castigavit nos propter iniquitates nostras:
Et ipse salvabit nos propter misericordiam suam.
[6] Aspicite ergo quae fecit nobiscum,
Et cum timore et tremore confitemini illi:
Regemque saeculorum exaltate in operibus vestris.
[7] Ego autem in terra captivitatis meae confitebor illi:
Quoniam ostendit maiestatem suam in gentem peccatricem.
[8] Convertimini itaque peccatores,
Et facite iustitiam coram Deo,
Credentes quod faciat vobiscum misericordiam suam.
[9] Ego autem, et anima mea in eo laetabimur.
[10] Benedicite Dominum omnes electi eius;
Agite dies laetitiae, et confitemini illi.
[11] Ierusalem civitas Dei,
Castigavit te Dominus in operibus manuum tuarum.
[12] Confitere Domino in bonis tuis,
Et benedic Deum saeculorum,
Ut reaedificet in te tabernaculum suum,
Et revocet ad te omnes captivos,
Et gaudeas in omnia saecula saeculorum.
[13] Luce splendida fulgebis:
Et omnes fines terrae adorabunt te.
[14] Nationes ex longinquo ad te venient:
Et munera deferentes, adorabunt in te Dominum,
Et terram tuam in sanctificationem habebunt;
[15] Nomen enim magnum invocabunt in te.
[16] Maledicti erunt qui contempserint te:
Et condemnati erunt omnes qui blasphemaverint te:
Benedictique erunt qui aedificaverint te.
[17] Tu autem laetaberis in filiis tuis,
Quoniam omnes benedicentur,
Et congregabuntur ad Dominum.
[18] Beati omnes qui diligunt te,
Et qui gaudent super pace tua.
[19] Anima mea, benedic Dominum,
Quoniam liberavit Ierusalem civitatem suam
A cunctis tribulationibus eius, Dominus Deus noster.
[20] Beatus ero si fuerint reliquiae seminis mei
Ad videndam claritatem Ierusalem.
[21] Portae Ierusalem ex sapphiro et smaragdo aedificabuntur:
Et ex lapide pretioso omnis circuitus murorum eius.
[22] Ex lapide candido et mundo omnes plateae eius sternentur:
Et per vicos eius alleluia cantabitur.
[23] Benedictus Dominus, qui exaltavit eam,
Et sit regnum eius in saecula saeculorum super eam. Amen.

Optima senectus Tobiae

14 [1] Et consummati sunt sermones Tobiae. Et postquam illuminatus est
Tobias, vixit annis quadraginta duobus,
et vidit filios nepotum suorum. [2] Completis itaque annis centum duobus, sepultus
est honorifice in Ninive. [3] Quinquaginta
namque et sex annorum lumen oculorum
amisit, sexagenarius vero recepit. [4] Reliquum vero vitae suae in gaudio fuit, et
cum bono profectu timoris Dei perrexit
in pace.
[5] In hora autem mortis suae vocavit ad
se Tobiam filium suum, et septem iuvenes
filios eius nepotes suos, dixitque eis: [6] Prope erit interitus Ninive: non enim excidit
verbum Domini: et fratres nostri, qui dispersi sunt a terra Israel, revertentur ad
eam. [7] Omnis autem deserta terra eius replebitur, et domus Dei, quae in ea incensa est, iterum reaedificabitur: ibique revertentur omnes timentes Deum, [8] et relinquent gentes idola sua, et venient in Ierusalem, et inhabitabunt in ea, [9] et gaudebunt in ea omnes reges terrae, adorantes
regem Israel. [10] Audite ergo filii mei patrem vestrum: servite Domino in veritate,
et inquirite ut faciatis quae placita sunt
illi: [11] et filiis vestris mandate ut faciant
iustitias et eleemosynas, ut sint memores
Dei, et benedicant eum in omni tempore
in veritate, et in tota virtute sua. [12] Nunc
ergo filii audite me, et nolite manere hic:
sed quacumque die sepelieritis matrem
vestram circa me in uno sepulchro, ex eo
dirigite gressus vestros ut exeatis hinc:
[13] video enim quia iniquitas eius finem
dabit ei.
[14] Factum est autem post obitum ma-

13 2: Deut 32,39; 1 Sam 2,6; Tob 3,13.22; Sap 16,13-15. — 13: Is 40,23; 60,1-9. — 14: Ps 71,10; 85,9; Is 60,5-10; Mich 4,2; Zach 8,22. 21: Apoc 21,10-21.

14 1: Tob 11,14-15. — 3: Tob 2,11; 11,13-14. — 6: Nah 3,7; Soph 2,13.15. — 7: 4 Reg 25,9; Esdr 6,3-5. — 12: Tob 4,5. — 14: Tob 3,7; 7,16; 10,8. — 15: Tob 9,11.

tris suae, Tobias abscessit ex Ninive cum
uxore sua, et filiis, et filiorum filiis, et reversus est ad soceros suos; [15] invenitque
eos incolumes in senectute bona: et curam eorum gessit, et ipse clausit oculos
eorum; et omnem haereditatem domus
Raguelis ipse percepit: viditque quintam
generationem, filios filiorum suorum. [16] Et
completis annis nonaginta novem in timore Domini, cum gaudio sepelierunt
eum. [17] Omnis autem cognatio eius, et
omnis generatio eius in bona vita, et in
sancta conversatione permansit, ita ut
accepti essent tam Deo, quam hominibus,
et cunctis habitantibus in terra.

L I B E R   I U D I T H

SUMMARIUM PARS PRIMA: QUAE PRAECEDUNT OPPUGNATIONI BETHULIAE *(1-6): Nabuchodonosor potentia (1). Mittitur Holofernes ad nationes subiugandas (2). Timore assyriorum plurimi populi eorum iugo sese subiiciunt (3). Iudaei parantur ad praelium (4). Sermo Achior (5). Eius punitio ab Holoferne (6).*—PARS ALTERA: BETHULIAE LIBERATIO *(7-16): Bethulia in angustiis posita (7). Iudith eiusque sermo ad principes civitatis (8). Ipsius oratio ad Deum (9). Pergit in castra Assyriorum (10). Sistitur Holoferni (11). Iudith in coena Holofernis (12). Victrix redit in Bethuliam (13). Iudaei aggrediuntur Assyrios (14). Iudaeorum victoria (15). Canticum Iudith (16,1-22). Historiae finis (16,23-31)*

PARS PRIMA

ANTE OBSIDIONEM BETHULIAE
(1,1-6,21)

Arphaxad rex Medorum

1 [1] Arphaxad itaque, rex Medorum,
subiugaverat multas gentes imperio
suo, et ipse aedificavit civitatem poten-
tissimam, quam appellavit Ecbatanis, [2] ex
lapidibus quadratis et sectis: fecit muros
eius in latitudinem cubitorum septuaginta, et in altitudinem cubitorum triginta,
turres vero eius posuit in altitudinem cubitorum centum. [3] Per quadrum vero earum latus utrumque vicenorum pedum
spatio tendebatur, posuitque portas eius
in altitudinem turrium: [4] et gloriabatur
quasi potens in potentia exercitus sui, et
in gloria quadrigarum suarum.

Nabuchodonosor devicto Arphaxad ambit universale imperium

[5] Anno igitur duodecimo regni sui, Nabuchodonosor rex Assyriorum, qui reg-
nabat in Ninive civitate magna, pugnavit
contra Arphaxad, et obtinuit eum [6] in
campo magno, qui appellatur Ragau, circa Euphraten, et Tigrin, et Iadason, in
campo Erioch regis Elicorum.
[7] Tunc exaltatum est regnum Nabuchodonosor, et cor eius elevatum est: et misit ad omnes, qui habitabant in Cilicia, et
Damasco, et Libano, [8] et ad gentes, quae
sunt in Carmelo, et Cedar, et inhabitantes
Galilaeam in campo magno Esdrelon, [9] et
ad omnes qui erant in Samaria, et trans
flumen Iordanem usque ad Ierusalem, et
omnem terram Iesse quousque perveniatur ad terminos Aethiopiae.
[10] Ad hos omnes misit nuntios Nabuchodonosor rex Assyriorum: [11] qui omnes
uno animo contradixerunt, et remiserunt
eos vacuos, et sine honore abiecerunt.
[12] Tunc indignatus Nabuchodonosor rex
adversus omnem terram illam, iuravit per
thronum et regnum suum quod defende-
ret se de omnibus regionibus his.

Holofernes dux designatus multas subiugavit nationes

2 [1] Anno tertiodecimo Nabuchodonosor regis, vigesima et secunda die
mensis primi, factum est verbum in domo
Nabuchodonosor regis Assyriorum ut de-
fenderet se. [2] Vocavitque omnes maiores
natu, omnesque duces, et bellatores suos,
et habuit cum eis mysterium consilii sui:
[3] dixitque cogitationem suam in eo esse,
ut omnem terram suo subiugaret imperio.
Quod dictum cum placuisset omnibus,
vocavit Nabuchodonosor rex Holofernem

1 4: Iudith 4,13.—8: Iudith 4,5.—9: Iudith 4,3.

2 1: Iudith 1,12. — 7: Iudith 7,2.

principem militiae suae, 5 et dixit ei: Egredere adversus omne regnum occidentis, et
contra eos praecipue, qui contempserunt
imperium meum. 6 Non parcet oculus
tuus ulli regno, omnemque urbem munitam subiugabis mihi.
7 Tunc Holofernes vocavit duces, et magistratus virtutis Assyriorum, et dinumeravit viros in expeditionem, sicut praecepit ei rex, centum viginti millia peditum
pugnatorum, et equitum sagittariorum
duodecim millia. 8 Omnemque expeditionem suam fecit praeire in multitudine in-
numerabilium camelorum, cum his quae
exercitibus sufficerent copiose, boum quoque armenta, gregesque ovium, quorum
non erat numerus. 9 Frumentum ex omni
Syria in transitu suo parari constituit.
10 Aurum vero, et argentum, de domo regis assumpsit multum nimis. 11 Et profectus est ipse, et omnis exercitus cum
quadrigis, et equitibus, et sagittariis, qui
cooperuerunt faciem terrae, sicut locustae.
12 Cumque pertransisset fines Assyriorum, venit ad magnos montes Ange, qui
sunt a sinistro Ciliciae, ascenditque omnia castella eorum, et obtinuit omnem
munitionem. 13 Effregit autem civitatem
opinatissimam Melothi, praedavitque omnes filios Tharsis, et filios Ismael, qui erant
contra faciem deserti, et ad austrum terrae Cellon. 14 Et transivit Euphraten, et
venit in Mesopotamiam: et fregit omnes
civitates excelsas, quae erant ibi, a torrente Mambre usquequo perveniatur ad mare: 15 et occupavit terminos eius, a Cilicia usque ad fines Iapheth, qui sunt ad
austrum. 16 Abduxitque omnes filios Madian, et praedavit omnem locupletatio-
nem eorum, omnesque resistentes sibi occidit in ore gladii.
17 Et post haec descendit in campos Damasci in diebus messis, et succendit omnia sata, omnesque arbores, et vineas fecit incidi: 18 et cecidit timor illius super
omnes inhabitantes terram.

Aliae ex metu ei se subiiciunt

3 1 Tunc miserunt legatos suos universarum urbium, ac provinciarum reges
ac principes, Syriae scilicet Mesopotamiae, et Syriae Sobal, et Libyae, atque Ciliciae, qui venientes ad Holofernem, dixerunt: 2 Desinat indignatio tua circa nos:
Melius est enim ut viventes serviamus
Nabuchodonosor regi magno, et subditi
simus tibi, quam morientes cum interitu
nostro ipsi servitutis nostrae damna pa-
tiamur. 3 Omnis civitas nostra omnisque
possessio, omnes montes, et colles, et
campi, et armenta boum, gregesque ovium
et caprarum, equorumque et camelorum,
et universae facultates nostrae, atque familiae, in conspectu tuo sunt: 4 sint omnia nostra sub lege tua. 5 Nos, et filii nostri, servi tui sumus. 6 Veni nobis pacificus dominus, et utere servitio nostro,
sicut placuerit tibi.
7 Tunc descendit de montibus cum equitibus in virtute magna, et obtinuit omnem
civitatem, et omnem inhabitantem terram.
8 De universis autem urbibus assumpsit
sibi auxiliarios viros fortes, et electos ad
bellum. 9 Tantusque metus provinciis illis
incubuit, ut universarum urbium habitatores principes, et honorati simul cum populis exirent obviam venienti, 10 excipientes eum cum coronis, et lampadibus, ducentes choros in tympanis, et tibiis. 11 Nec
ista tamen facientes, ferocitatem eius pectoris mitigare potuerunt: 12 nam et civitates eorum destruxit, et lucos eorum excidit. 13 Praeceperat enim illi Nabuchodonosor rex, ut omnes deos terrae exterminaret, videlicet ut ipse solus diceretur deus
ab his nationibus, quae potuissent Holofernis potentia subiugari. 14 Pertransiens
autem Syriam Sobal, et omnem Apa-
meam, omnemque Mesopotamiam, venit
ad Idumaeos in terram Gabaa, 15 accepitque civitates eorum, et sedit ibi per
triginta dies, in quibus diebus adunari
praecepit universum exercitum virtutis
suae.

Iudaei defensionem parant

4 1 Tunc audientes haec filii Israel, qui
habitabant in terra Iuda, timuerunt
valde a facie eius. 2 Tremor et horror invasit sensus eorum, ne hoc faceret Ierusalem et templo Domini, quod fecerat caeteris civitatibus et templis earum. 3 Et miserunt in omnem Samariam per circuitum usque Iericho, et praeoccupaverunt
omnes vertices montium: 4 et muris circumdederunt vicos suos, et congregaverunt frumenta in praeparationem pugnae.
5 Sacerdos etiam Eliachim scripsit ad universos, qui erant contra Esdrelon, quae
est contra faciem campi magni iuxta Dothain, et universos, per quos viae transitus esse poterat, 6 ut obtinerent ascensus
montium, per quos via esse poterat ad
Ierusalem, et illic custodirent ubi angustum iter esse poterat inter montes. 7 Et
fecerunt filii Israel secundum quod constituerat eis sacerdos Domini Eliachim.
8 Et clamavit omnis populus ad Dominum instantia magna, et humiliaverunt
animas suas in ieiuniis, et orationibus,
ipsi et mulieres eorum. 9 Et induerunt se
sacerdotes ciliciis, et infantes prostrave-

3 2: Iudith 7,16. — 12: Iudith 2,13-14. — 13:
Iudith 6,2; Dan 3,5-6.

4 3: Iudith 5,1. — 5: Iudith 1,8; 7,3.15,9. —
6: Iudith 5,1; 7,1.5. — 13: Ex 17,8-13.

runt contra faciem templi Domini, et altare Domini operuerunt cilicio: 10 et clamaverunt ad Dominum Deum Israel unanimiter ne darentur in praedam infantes
eorum, et uxores eorum in divisionem, et
civitates eorum in exterminium, et sancta
eorum in pollutionem, et fierent opprobrium gentibus.
11 Tunc Eliachim, sacerdos Domini
magnus, circuivit omnem Israel, allocu-
tusque est eos, 12 dicens: Scitote quoniam
exaudiet Dominus preces vestras, si manentes permanseritis in ieiuniis, et orationibus in conspectu Domini. 13 Memores
estote Moysi servi Domini, qui Amalec
confidentem in virtute sua, et in potentia
sua, et in exercitu suo, et in clypeis suis,
et in curribus suis, et in equitibus suis,
non ferro pugnando, sed precibus sanctis orando deiecit: 14 sic erunt universi
hostes Israel: si perseveraveritis in hoc
opere, quod coepistis. 15 Ad hanc igitur
exhortationem eius deprecantes Dominum, permanebant in conspectu Domini,
16 ita ut etiam hi, qui offerebant Domino
holocausta, praecincti ciliciis offerrent sacrificia Domino, et erat cinis super capita eorum. 17 Et ex toto corde suo omnes orabant Deum, ut visitaret populum
suum Israel.

Israel historia ex Achior sermone

5 1 Nuntiatumque est Holoferni principi militiae Assyriorum, quod filii Israel praepararent se ad resistendum, ac
montium itinera conclusissent, 2 et furore
nimio exarsit in iracundia magna, vocavitque omnes principes Moab et duces
Ammon, 3 et dixit eis: Dicite mihi quis
sit populus iste, qui montana obsidet: aut
quae et quales, et quantae sint civitates
eorum: quae etiam sit virtus eorum, aut
quae sit multitudo eorum: vel quis rex
militiae illorum: 4 et quare prae omnibus,
qui habitant in oriente, isti contempserunt nos, et non exierunt obviam nobis
ut susciperent nos cum pace?
5 Tunc Achior dux omnium filiorum
Ammon respondens, ait: Si digneris audire domine mi, dicam veritatem in conspectu tuo de populo isto, qui in montanis habitat, et non egredietur verbum falsum ex
ore meo. 6 Populus iste ex progenie Chaldaeorum est. 7 Hic primum in Mesopotamia habitavit, quoniam noluerunt sequi
deos patrum suorum, qui erant in terra
Chaldaeorum. 8 Deserentes itaque caeremonias patrum suorum, quae in multitudine deorum erant, 9 unum Deum caeli
coluerunt, qui et praecepit eis ut exirent
inde, et habitarent in Charan. Cumque
operuisset omnem terram fames, descenderunt in Aegyptum, illicque per quadringentos annos sic multiplicati sunt, ut di-
numerari eorum non posset exercitus.
10 Cumque gravaret eos rex Aegypti, atque in aedificationibus urbium suarum in
luto et latere subiugasset eos, clamaverunt
ad Dominum suum, et percussit totam terram Aegypti plagis variis. 11 Cumque eiecissent eos Aegyptii a se, et cessasset plaga ab eis, et iterum eos vellent capere, et
ad suum servitium revocare, 12 fugientibus
his, Deus caeli mare aperuit, ita ut hinc
inde aquae quasi murus solidarentur, et
isti pede sicco fundum maris perambu-
lando transirent. 13 In quo loco dum innumerabilis exercitus Aegyptiorum eos
persequeretur, ita aquis coopertus est,
ut non remaneret vel unus, qui factum
posteris nuntiaret. 14 Egressi vero mare Rubrum, deserta Sina montis occupaverunt, in quibus nunquam homo habitare potuit, vel filius hominis requievit.
15 Illic fontes amari obdulcati sunt eis ad
bibendum, et per annos quadraginta annonam de caelo consecuti sunt. 16 Ubicumque ingressi sunt sine arcu et sagitta,
et absque scuto et gladio, Deus eorum
pugnavit pro eis, et vicit. 17 Et non fuit
qui insultaret populo isti, nisi quando recessit a cultu Domini Dei sui. 18 Quotiescumque autem praeter ipsum Deum suum,
alterum coluerunt, dati sunt in praedam,
et in gladium, et in opprobrium. 19 Quotiescumque autem poenituerunt se reces-
sisse a cultura Dei sui, dedit eis Deus caeli virtutem resistendi. 20 Denique Chananaeum regem, et Iebusaeum, et Pherezaeum, et Hethaeum, et Hevaeum, et
Amorrhaeum, et omnes potentes in Hesebon prostraverunt, et terras eorum, et civitates eorum ipsi possederunt: 21 et usque dum non peccarent in conspectu Dei
sui, erant cum illis bona: Deus enim illorum odit iniquitatem. 22 Nam et ante hos
annos cum recessissent a via, quam dederat illis Deus, ut ambularent in ea, exterminati sunt praeliis a multis nationibus, et plurimi eorum captivi abducti sunt
in terram non suam. 23 Nuper autem reversi ad Dominum Deum suum, ex dispersione qua dispersi fuerant, adunati
sunt, et ascenderunt montana haec omnia, et iterum possident Ierusalem, ubi
sunt sancta eorum. 24 Nunc ergo mi domine, perquire si est aliqua iniquitas eorum in conspectu Dei eorum: ascendamus
ad illos, quoniam tradens tradet illos Deus

5 1: Iudith 4,3.6. — 4: Iudith 3,1.10. — 5: Iudith 6,1-20; 13,27-31; 14,6. — 6: Gen 11,32. — 7: Ios 24,2. — 9: Gen 12,1; 42,5; 46,6; Ex 1,7; 12,40; Act 7,2-4.6. — 10: Ex 1,8-14; 2,23; 7,1-12,30. — 11: Ex 12,31-33. — 12-13: Ex 14,21-28. — 14: Ex 19,1. — 15: Ex 15,23-25; 16,35. — 16: Ios 6,20. — 18: Deut 28,37; Iudith 8,19. — 20: Ios 12,1-24. — 22:

eorum tibi, et subiugati erunt sub iugo
potentiae tuae. 25 Si vero non est offensio
populi huius coram Deo suo, non poterimus resistere illis: quoniam Deus eorum
defendet illos: et erimus in opprobrium
universae terrae.
26 Et factum est, cum cessasset loqui
Achior verba haec, irati sunt omnes magnates Holofernis, et cogitabant interficere
eum, dicentes ad alterutrum: 27 Quis est
iste, qui filios Israel posse dicat resistere
regi Nabuchodonosor, et exercitibus eius,
homines inermes, et sine virtute, et sine
peritia artis pugnae? 28 Ut ergo agnoscat
Achior quoniam fallit nos, ascendamus
in montana: et cum capti fuerint potentes
eorum, tunc cum eisdem gladio transver-
berabitur: 29 ut sciat omnis gens quoniam Nabuchodonosor deus terrae est,
et praeter ipsum alius non est.

Indignatus Holofernes tradit Achior Iudaeis

6 1 Factum est autem cum cessassent
loqui, indignatus Holofernes vehementer, dixit ad Achior: 2 Quoniam prophetasti nobis dicens, quod gens Israel
defendatur a Deo suo, ut ostendam tibi
quoniam non est Deus, nisi Nabuchodonosor: 3 cum percusserimus eos omnes,
sicut hominem unum, tunc et ipse cum
illis Assyriorum gladio interibis, et omnis Israel tecum perditione disperiet: 4 et
probabis quoniam Nabuchodonosor dominus sit universae terrae: tuncque gladius militiae meae transiet per latera tua,
et confixus cades inter vulneratos Israel,
et non respirabis ultra, donec extermine-
ris cum illis. 5 Porro autem si prophetiam
tuam veram existimas, non concidat vultus tuus, et pallor, qui faciem tuam ob-
tinet, abscedat a te, si verba mea haec putas impleri non posse. 6 Ut autem nove-
ris simul cum illis haec experietis, ecce ex
hac hora illorum populo sociaberis, ut,
dum dignas mei gladii poenas exceperint,
ipse simul ultioni subiaceas.
7 Tunc Holofernes praecepit servis suis
ut comprehenderent Achior, et perducerent eum in Bethuliam, et traderent eum
in manus filiorum Israel. 8 Et accipientes
eum servi Holofernis, profecti sunt per
campestria: sed cum appropinquassent ad
montana, exierunt contra eos fundibularii. 9 Illi autem divertentes a latere montis, ligaverunt Achior ad arborem manibus et pedibus, et sic vinctum restibus dimiserunt eum, et reversi sunt ad dominum
suum. 10 Porro filii Israel descendentes de
Bethulia, venerunt ad eum: quem solventes duxerunt ad Bethuliam, atque in medium populi illum statuentes, percunctati
sunt quid rerum esset quod illum vinctum
Assyrii reliquissent.

Achior in Bethulia

11 In diebus illis erant illic principes,
Ozias filius Micha de tribu Simeon, et
Charmi, qui et Gothoniel. 12 In medio
itaque seniorum, et in conspectu omnium,
Achior dixit omnia quae locutus ipse fuerat ab Holoferne interrogatus: et qualiter
populus Holofernis voluisset propter hoc
verbum interficere eum, 13 et quemadmodum ipse Holofernes iratus iusserit eum
Israelitis hac de causa tradi: ut dum vicerit filios Israel, tunc et ipsum Achior
diversis iubeat interire suppliciis, propter
hoc quod dixisset: Deus caeli defensor
eorum est.
14 Cumque Achior universa haec expo-
suisset, omnis populus cecidit in faciem,
adorantes Dominum, et communi lamentatione et fletu unanimes preces suas Domino effuderunt, 15 dicentes: Domine Deus
caeli et terrae, intuere superbiam eorum,
et respice ad nostram humilitatem, et faciem sanctorum tuorum attende, et ostende quoniam non derelinquis praesumentes de te: et praesumentes de se, et
de sua virtute gloriantes, humilias. 16 Finito itaque fletu, et per totam diem oratione populorum completa, consolati sunt
Achior, 17 dicentes: Deus patrum nostrorum, cuius tu virtutem praedicasti, ipse
tibi hanc dabit vicissitudinem, ut eorum
magis tu interitum videas. 18 Cum vero
Dominus Deus noster dederit hanc libertatem servis suis, sit et tecum Deus in medio nostri: ut sicut placuerit tibi, ita cum
tuis omnibus converseris nobiscum.
19 Tunc Ozias, finito consilio, suscepit
eum in domum suam, et fecit ei coenam
magnam. 20 Et vocatis omnibus presbyteris, simul expleto ieiunio refecerunt.
Postea vero convocatus est omnis populus, et per totam noctem intra ecclesiam oraverunt petentes auxilium a Deo
Israel.

PARS ALTERA

(7,1-15,8)

IUDITH LIBERAT BETHULIAM

Bethulia in angustiis posita

7 1 Holofernes autem altera die praecepit exercitibus suis ut ascenderent
contra Bethuliam. 2 Erant autem pedites
bellatorum centum viginti millia, et equi-

4 Reg 17,6; 18,10-12. — 23: Esdr 1,5-11; 8,1-32; Neh 11,1-12,26. — 29: Iudith 3,13; 6,4.

6 2: Iudith 3,13. — 3: Iudith 5,28. — 12: Iudith 5,5-29. — 18: Iudith 14,6.

tes viginti duo millia, praeter praepara-
tiones virorum illorum, quos occupave-
rat captivitas, et abducti fuerant de provinciis et urbibus universae iuventutis.
3 Omnes paraverunt se pariter ad pugnam
contra filios Israel, et venerunt per crepidinem montis usque ad apicem, qui
respicit super Dothain, a loco qui dicitur
Belma usque ad Chelmon, qui est contra
Esdrelon. 4 Filii autem Israel ut viderunt
multitudinem illorum, prostraverunt se
super terram, mittentes cinerem super capita sua, unanimes orantes ut Deus Israel
misericordiam suam ostenderet super populum suum. 5 Et assumentes arma sua
bellica, sederunt per loca, quae ad angusti
itineris tramitem dirigunt inter montosa,
et erant custodientes ea tota die et nocte.

6 Porro Holofernes, dum circuit per
gyrum, reperit quod fons, qui influebat,
aquaeductum illorum a parte australi extra civitatem dirigeret: et incidi praecepit
aquaeductum illorum. 7 Erant tamen non
longe a muris fontes, ex quibus furtim videbantur haurire aquam ad refocillandum
potius quam ad potandum. 8 Sed filii Ammon et Moab accesserunt ad Holofernem, dicentes: Filii Israel non in lancea,
nec in sagitta confidunt, sed montes de-
fendunt illos, et muniunt illos colles in
praecipitio constituti. 9 Ut ergo sine con-
gressione pugnae possis superare eos, pone custodes fontium, ut non hauriant
aquam ex eis, et sine gladio interficies eos,
vel certe fatigati tradent civitatem suam,
quam putant in montibus positam superari non posse. 10 Et placuerunt verba
haec coram Holoferne, et coram satellitibus eius, et constituit per gyrum centena-
rios per singulos fontes. 11 Cumque ista
custodia per dies viginti fuisset expleta,
defecerunt cisternae, et collectiones aquarum omnibus habitantibus Bethuliam, ita
ut non esset intra civitatem unde satiarentur vel una die, quoniam ad mensuram dabatur populis aqua quotidie.

12 Tunc ad Oziam congregati omnes
viri, feminaeque, iuvenes, et parvuli, omnes simul una voce 13 dixerunt: Iudicet
Deus inter nos et te, quoniam fecisti in
nos mala, nolens loqui pacifice cum Assyriis, et propter hoc vendidit nos Deus
in manibus eorum. 14 Et ideo non est
qui adiuvet, cum prosternamur ante oculos eorum in siti, et perditione magna.
15 Et nunc congregate universos, qui in civitate sunt, ut sponte tradamus nos omnes populo Holofernis. 16 Melius est enim
ut captivi benedicamus Dominum, viventes, quam moriamur, et simus opprobrium omni carni, cum viderimus uxores
nostras, et infantes nostros mori ante oculos nostros. 17 Contestamur hodie caelum
et terram, et Deum patrum nostrorum,
qui ulciscitur nos secundum peccata nostra, ut iam tradatis civitatem in manu militiae Holofernis, et sit finis noster brevis
in ore gladii, qui longior efficitur in ariditate sitis. 18 Et cum haec dixissent, factus
est fletus et ululatus magnus in ecclesia
ab omnibus, et per multas horas una voce clamaverunt ad Deum, dicentes: 19 Peccavimus cum patribus nostris, iniuste egimus, iniquitatem fecimus. 20 Tu, quia pius
es, miserere nostri, aut in tuo flagello
vindica iniquitates nostras, et noli tradere confitentes te populo, qui ignorat te,
21 ut non dicant inter gentes: Ubi est
Deus eorum?

22 Et cum fatigati his clamoribus, et his
fletibus lassati siluissent, 23 exurgens Ozias
infusus lacrymis, dixit: Aequo animo estote fratres, et hos quinque dies expectemus a Domino misericordiam. 24 Forsitan enim indignationem suam abscindet,
et dabit gloriam nomini suo. 25 Si autem
transactis quinque diebus non venerit adiutorium, faciemus haec verba, quae locuti
estis.

Iudith

8 1 Et factum est, cum audisset haec
verba Iudith vidua, quae erat filia
Merari, filii Idox, filii Ioseph, filii Oziae,
filii Elai, filii Iamnor, filii Gedeon, filii
Raphaim, filii Achitob, filii Melchiae,
filii Enan, filii Nathaniae, filii Salathiel,
filii Simeon, filii Ruben: 2 et vir eius
fuit Manasses, qui mortuus est in diebus messis hordeaceae: 3 instabat enim super alligantes manipulos in campo, et venit aestus super caput eius, et mortuus est
in Bethulia civitate sua, et sepultus est illic cum patribus suis. 4 Erat autem Iudith
relicta eius vidua iam annis tribus, et
mensibus sex. 5 Et in superioribus domus
suae fecit sibi secretum cubiculum, in quo
cum puellis suis clausa morabatur, 6 et
habens super lumbos suos cilicium, ieiuna-
bat omnibus diebus vitae suae, praeter
sabbata, et neomenias, et festa domus
Israel. 7 Erat autem eleganti aspectu nimis, cui vir suus reliquerat divitias multas, et familiam copiosam, ac possessiones
armentis boum, et gregibus ovium plenas.
8 Et erat haec in omnibus famosissima,
quoniam timebat Dominum valde, nec
erat qui loqueretur de illa verbum malum.

7 2: Iudith 2,7; 3,8. — 3-5: Iudith 4,5-10. 16.
13: Ex 5,21. — 16: Iudith 3,2. — 19: Ps
105,6. — 21: Num 14,13-16; Ps 113,2. — 23:
Iudith 8,9.

8 1: Iudith 16,8. — 9: Iudith 7,23-25. — 19:
Iudith 5,18. — 21: Deut 13,3. — 22: Gen

Eius sermo ad duces populi

9 Haec itaque cum audisset, quoniam
Ozias promisisset quod transacto quinto
die traderet civitatem, misit ad presbyteros Chabri et Charmi. 10 Et venerunt ad
illam, et dixit illis: Quod est hoc verbum,
in quo consensit Ozias, ut tradat civitatem Assyriis si intra quinque dies non venerit vobis adiutorium? 11 Et qui estis vos,
qui tentatis Dominum? 12 Non est iste sermo, qui misericordiam provocet, sed potius qui iram excitet, et furorem accen-
dat. 13 Posuistis vos tempus miserationis
Domini, et in arbitrium vestrum, diem
constituistis ei. 14 Sed quia patiens Dominus est, in hoc ipso poeniteamus, et indulgentiam eius fusis lacrymis postule-
mus: 15 non enim quasi homo sic Deus
comminabitur, neque sicut filius hominis
ad iracundiam inflammabitur. 16 Et ideo
humiliemus illi animas nostras, et in spiritu constituti humiliato, servientes illi,
17 dicamus flentes Domino, ut secundum
voluntatem suam sic faciat nobiscum misericordiam suam: ut sicut conturbatum
est cor nostrum in superbia eorum, ita
etiam de nostra humilitate gloriemur:
18 quoniam non sumus secuti peccata patrum nostrorum, qui dereliquerunt Deum
suum, et adoraverunt deos alienos, 19 pro
quo scelere dati sunt in gladium, et in rapinam, et in confusionem inimicis suis:
nos autem alterum Deum nescimus praeter ipsum. 20 Expectemus humiles consolationem eius, et exquiret sanguinem nostrum de afflictionibus inimicorum nostrorum, et humiliabit omnes gentes, quaecumque insurgunt contra nos, et faciet
illas sine honore Dominus Deus noster.
21 Et nunc fratres, quoniam vos estis presbyteri in populo Dei, et ex vobis pendet
anima illorum, ad eloquium vestrum corda eorum erigite, ut memores sint, quia
tentati sunt patres nostri ut probarentur,
si vere colerent Deum suum. 22 Memores
esse debent, quomodo pater noster Abraham tentatus est, et per multas tribulationes probatus, Dei amicus effectus est.
23 Sic Isaac, sic Iacob, sic Moyses, et omnes qui placuerunt Deo, per multas tribulationes transierunt fideles. 24 Illi autem, qui tentationes non susceperunt cum
timore Domini, et impatientiam suam et
improperium murmurationis suae contra
Dominum protulerunt, 25 exterminati
sunt ab exterminatore, et a serpentibus
perierunt. 26 Et nos ergo non ulciscamur
nos pro his quae patimur, 27 sed reputan-
tes peccatis nostris haec ipsa supplicia
minora esse flagella Domini, quibus quasi servi corripimur ad emendationem, et
non ad perditionem nostram evenisse credamus.
28 Et dixerunt illi Ozias, et presbyteri:
Omnia, quae locuta es, vera sunt, et non
est in sermonibus tuis ulla reprehensio.
29 Nunc ergo ora pro nobis, quoniam mulier sancta es, et timens Deum. 30 Et dixit
illis Iudith: Sicut quod potui loqui, Dei
esse cognoscitis: 31 ita quod facere disposui, probate si ex Deo est, et orate ut firmum faciat Deus consilium meum. 32 Stabitis vos ad portam nocte ista, et ego
exeam cum abra mea: et orate, ut sicut
dixistis, in diebus quinque respiciat Dominus populum suum Israel. 33 Vos autem nolo ut scrutemini actum meum, et
usque dum renuntiem vobis, nihil aliud
fiat, nisi oratio pro me ad Dominum
Deum nostrum. 34 Et dixit ad eam Ozias
princeps Iuda: Vade in pace, et Dominus
sit tecum in ultionem inimicorum nostrorum. Et revertentes abierunt.

Oratio Iudith ad Dominum

9 1 Quibus abscedentibus, Iudith ingressa est oratorium suum: et induens se cilicio, posuit cinerem super caput suum: et prosternens se Domino, clamabat ad Dominum, dicens:
2 Domine Deus patris mei Simeon, qui
dedisti illi gladium in defensionem alienigenarum, qui violatores extiterunt in
coinquinatione sua, et denudaverunt femur virginis in confusionem: 3 et dedisti
mulieres illorum in praedam, et filias illorum in captivitatem: et omnem praedam
in divisionem servis tuis, qui zelaverunt
zelum tuum: subveni, quaeso te Domine
Deus meus, mihi viduae. 4 Tu enim fecisti
priora, et illa post illa cogitasti: et hoc
factum est quod ipse voluisti. 5 Omnes
enim viae tuae paratae sunt, et tua iudicia
in tua providentia posuisti. 6 Respice castra Assyriorum nunc, sicut tunc castra
Aegyptiorum videre dignatus es, quando
post servos tuos armati currebant, confidentes in quadrigis, et in equitatu suo, et
in multitudine bellatorum. 7 Sed aspexisti
super castra eorum, et tenebrae fatigave-
runt eos. 8 Tenuit pedes eorum abyssus,
et aquae operuerunt eos. 9 Sic fiant et isti,
Domine, qui confidunt in multitudine sua,
et in curribus suis, et in contis, et in scu-
tis, et in sagittis suis, et in lanceis gloriantur, 10 et nesciunt quia tu ipse es Deus
noster, qui conteris bella ab initio, et Dominus nomen est tibi. 11 Erige brachium
tuum sicut ab initio, et allide virtutem
illorum in virtute tua: cadat virtus eorum

22,1-19; 1 Mach 2,52. — **23:** Tob 12,13. — **24-25:** Num 11,1.33; 14,10-12.36-37; 20,3-6; 21,5-6; Sap 16,5; 1 Cor 10,9. — **32:** Iudith 7,23.25.

9 **2-3:** Gen 34,25-29. — **6-8:** Ex 14,9.19.24-28. — **15:** Iud 4,9.21; 5,26; 9,53; Iudith 13,19; 16,7. — **16:** Lc 1,51-52.

in iracundia tua, qui promittunt se violare sancta tua, et polluere tabernaculum
nominis tui, et deiicere gladio suo cornu
altaris tui. 12 Fac Domine, ut gladio proprio eius superbia amputetur: 13 capiatur
laqueo oculorum suorum in me, et percuties eum ex labiis charitatis meae. 14 Da
mihi in animo constantiam, ut contemnam illum: et virtutem, ut evertam illum.
15 Erit enim hoc memoriale nominis tui,
cum manus feminae deiecerit eum. 16 Non
enim in multitudine est virtus tua Domine, neque in equorum viribus voluntas
tua est, nec superbi ab initio placuerunt
tibi: sed humilium et mansuetorum semper tibi placuit deprecatio. 17 Deus caelorum, creator aquarum, et Dominus totius
creaturae, exaudi me miseram deprecantem, et de tua misericordia praesumen-
tem. 18 Memento Domine testamenti tui,
et da verbum in ore meo, et in corde meo
consilium corrobora, ut domus tua in
sanctificatione tua permaneat: 19 et omnes
gentes agnoscant quia tu es Deus, et non
alius praeter te.

Iudith in castris Assyriorum

10 1 Factum est autem, cum cessasset
clamare ad Dominum, surrexit de
loco, in quo iacuerat prostrata ad Dominum. 2 Vocavitque abram suam, et descendens in domum suam, abstulit a se
cilicium, et exuit se vestimentis viduitatis
suae, 3 et lavit corpus suum, et unxit se
myro optimo, et discriminavit crinem capitis sui, et imposuit mitram super caput
suum, et induit se vestimentis iucunditatis suae, induitque sandalia pedibus suis,
assumpsitque dextraliola, et lilia, et inaures, et annulos, et omnibus ornamentis
suis ornavit se. 4 Cui etiam Dominus contulit splendorem: quoniam omnis ista
compositio non ex libidine, sed ex virtute
pendebat: et ideo Dominus hanc in illam
pulchritudinem ampliavit, ut incompara-
bili decore omnium oculis appareret.
5 Imposuit itaque abrae suae ascoperam
vini, et vas olei, et polentam, et palathas,
et panes, et caseum, et profecta est.
6 Cumque venissent ad portam civitatis, invenerunt expectantem Oziam et
presbyteros civitatis. 7 Qui cum vidissent
eam, stupentes mirati sunt nimis pulchritudinem eius. 8 Nihil tamen interrogantes
eam, dimiserunt transire, dicentes: Deus
patrum nostrorum det tibi gratiam, et
omne consilium tui cordis sua virtute corroboret, ut glorietur super te Ierusalem,
et sit nomen tuum in numero sanctorum
et iustorum. 9 Et dixerunt hi qui illic erant,
omnes una voce: Fiat, fiat. 10 Iudith vero
orans Dominum, transivit per portas ipsa
et abra eius.
11 Factum est autem, cum descenderet
montem, circa ortum diei, occurrerunt ei
explotatores Assyriorum, et tenuerunt
eam, dicentes: Unde venis? aut quo vadis? 12 Quae respondit: Filia sum Hebraeorum, ideo ego fugi a facie eorum,
quoniam futurum agnovi, quod dentur
vobis in depraedationem, pro eo quod
contemnentes vos, noluerunt ultro tradere seipsos ut invenirent misericordiam in
conspectu vestro. 13 Hac de causa cogitavi
mecum, dicens: Vadam ad faciem principis Holofernis, ut indicem illi secreta illorum, et ostendam illi quo aditu possit obtinere eos, ita ut non cadat vir unus de
exercitu eius. 14 Et cum audissent viri illi
verba eius, considerabant faciem eius, et
erat in oculis eorum stupor, quoniam pulchritudinem eius mirabantur nimis. 15 Et
dixerunt ad eam: Conservasti animam
tuam eo quod tale reperisti consilium, ut
descenderes ad dominum nostrum. 16 Hoc
autem scias, quoniam cum steteris in conspectu eius, bene tibi faciet, et eris gratissima in corde eius. Duxeruntque illam ad
tabernaculum Holofernis, annuntiantes
eam.
17 Cumque intrasset ante faciem eius,
statim captus est in suis oculis Holofernes. 18 Dixeruntque ad eum satellites eius:
Quis contemnat populum Hebraeorum,
qui tam decoras mulieres habent, ut non
pro his merito pugnare contra eos debeamus?

Iudith ante Holofernem

19 Videns itaque Iudith Holofernem sedentem in conopeo, quod erat ex purpura, et auro, et smaragdo, et lapidibus pretiosis intextum: 20 et cum in faciem eius
intendisset, adoravit eum, prosternens se
super terram. Et elevaverunt eam servi
Holofernis, iubente domino suo.

11 1 Tunc Holofernes dixit ei: Aequo
animo esto, et noli pavere in corde
tuo: quoniam ego nunquam nocui viro,
qui voluit servire Nabuchodonosor regi:
2 Populus autem tuus, si non contempsis-
set me, non levassem lanceam meam super eum. 3 Nunc autem dic mihi, qua ex
causa recessisti ab illis, et placuit tibi ut
venires ad nos?
4 Et dixit illi Iudith: Sume verba ancillae tuae, quoniam si secutus fueris verba
ancillae tuae, perfectam rem faciet Dominus tecum. 5 Vivit enim Nabuchodonosor
rex terrae, et vivit virtus eius, quae est in
te ad correptionem omnium animarum

10 1: Iudith 8,5; 9,2-19. — 6: Iudith 8,32. — 11: Iudith 14,3. — 17: Iudith 16,8.11.19: Iudith 13,10.19.

errantium: quoniam non solum homines
serviunt illi per te, sed et bestiae agri ob-
temperant illi. 6 Nuntiatur enim animi tui
industria universis gentibus, et indicatum
est omni saeculo, quoniam tu solus bonus
et potens es in omni regno eius, et disciplina tua omnibus provinciis praedicatur.
7 Nec hoc latet, quod locutus est Achior,
nec illud ignoratur, quod ei iusseris evenire. 8 Constat enim, Deum nostrum sic
peccatis offensum, ut mandaverit per prophetas suos ad populum, quod tradat eum
pro peccatis suis. 9 Et quoniam sciunt se
offendisse Deum suum filii Israel, tremor
tuus super ipsos est. 10 Insuper etiam fames invasit eos, et ab ariditate aquae iam
inter mortuos computantur. 11 Denique
hoc ordinant, ut interficiant pecora sua,
et bibant sanguinem eorum: 12 et sancta
Domini Dei sui quae praecepit Deus non
contingi, in frumento, vino, et oleo, haec
cogitaverunt impendere, et volunt consumere quae nec manibus deberent contingere: ergo quoniam haec faciunt, certum
est quod in perditionem dabuntur. 13 Quod
ego ancilla tua cognoscens, fugi ab illis,
et misit me Dominus haec ipsa nuntiare
tibi. 14 Ego enim ancilla tua Deum colo,
etiam nunc apud te: et exiet ancilla tua,
et orabo Deum, 15 et dicet mihi quando
eis reddat peccatum suum, et veniens nuntiabo tibi, ita ut ego adducam te per mediam Ierusalem, et habebis omnem populum Israel, sicut oves, quibus non est
pastor, et non latrabit vel unus canis contra te: 16 quoniam haec mihi dicta sunt
per providentiam Dei. 17 Et quoniam iratus est illis Deus, haec ipsa missa sum
nuntiare tibi.

18 Placuerunt autem omnia verba haec
coram Holoferne, et coram pueris eius,
et mirabantur sapientiam eius, et dicebant
alter ad alterum: 19 Non est talis mulier
super terram in aspectu, in pulchritudine,
et in sensu verborum. 20 Et dixit ad illam
Holofernes: Benefecit Deus, qui misit te
ante populum, ut des illum tu in manibus
nostris: 21 et quoniam bona est promissio
tua, si fecerit mihi hoc Deus tuus, erit et
Deus meus, et tu in domo Nabuchodonosor magna eris, et nomen tuum nominabitur in universa terra.

Iudith vocata ad coenam Holofernis

12 1 Tunc iussit eam introire ubi repositi erant thesauri eius, et iussit
illic manere eam, et constituit quid daretur illi de convivio suo. 2 Cui respondit
Iudith, et dixit: Nunc non potero manducare ex his, quae mihi praecipis tribui,
ne veniat super me offensio: ex his autem
quae mihi detuli, manducabo. 3 Cui Holofernes ait: Si defecerint tibi ista, quae
tecum detulisti, quid faciemus tibi? 4 Et
dixit Iudith: Vivit anima tua domine
meus, quoniam non expendet omnia haec
ancilla tua, donec faciat Deus in manu
mea haec quae cogitavi. Et induxerunt
illam servi eius in tabernaculum, quod
praeceperat. 5 Et petiit dum introiret, ut
daretur ei copia nocte et ante lucem egre-
diendi foras ad orationem, et deprecandi
Dominum. 6 Et praecepit cubiculariis suis
ut sicut placeret illi, exiret et introiret ad
adorandum Deum suum, per triduum:
7 et exibat noctibus in vallem Bethuliae,
et baptizabat se in fonte aquae. 8 Et ut
ascendebat, orabat Dominum Deum Israel, ut dirigeret viam eius ad liberationem populi sui. 9 Et introiens, munda manebat in tabernaculo usque dum acciperet escam suam in vespere.

10 Et factum est, in quarto die Holofernes fecit coenam servis suis, et dixit ad
Vagao eunuchum suum: Vade, et suade
Hebraeam illam ut sponte consentiat habitare mecum. 11 Foedum est enim apud
Assyrios, si femina irrideat virum agendo
ut immunis ab eo transeat.

12 Tunc introivit Vagao ad Iudith, et
dixit: Non vereatur bona puella introire
ad dominum meum, ut honorificetur ante
faciem eius, ut manducet cum eo, et bibat vinum in iucunditate. 13 Cui Iudith
respondit: Quae ego sum, ut contradicam
domino meo? 14 Omne quod erit ante oculos eius bonum et optimum faciam. Quidquid autem illi placuerit, hoc mihi erit optimum omnibus diebus vitae meae. 15 Et
surrexit, et ornavit se vestimento suo, et
ingressa stetit ante faciem eius. 16 Cor autem Holofernis concussum est: erat enim
ardens in concupiscentia eius. 17 Et dixit
ad eam Holofernes: Bibe nunc, et accum-
be in iucunditate, quoniam invenisti gratiam coram me. 18 Et dixit Iudith: Bibam
domine, quoniam magnificata est anima
mea hodie prae omnibus diebus meis.
19 Et accepit, et manducavit, et bibit coram ipso ea, quae paraverat illi ancilla
eius. 20 Et iucundus factus est Holofernes
ad eam, bibitque vinum multum nimis,
quantum nunquam biberat in vita sua.

Iudith Holofernem occidit

13 1 Ut autem sero factum est: festi-
naverunt servi illius ad hospitia
sua, et conclusit Vagao ostia cubiculi, et
abiit. 2 Erant autem omnes fatigati a vino:

11 7: Iudith 5,5-25; 6,2-6. — 10: Iudith 7,9-10.14. — 12: Lev 22,1-16; Num 18,8-19; 1 Sam 14,31-33. — 15: 3 Reg 22,17.

12 1: Iudith 15,14. — 2: Iudith 10,5. — 7: Neh 4,23. — 10: Iudith 7,23. — 16: Iudith 10,17; 16,8.11.

3 eratque Iudith sola in cubiculo. 4 Porro
Holofernes iacebat in lecto, nimia ebrietate sopitus. 5 Dixitque Iudith puellae
suae ut staret foris ante cubiculum, et ob-
servaret. 6 Stetitque Iudith ante lectum,
orans cum lacrymis, et labiorum motu in
silentio, 7 dicens: Confirma me Domine
Deus Israel, et respice in hac hora ad opera manuum mearum, ut, sicut promisisti,
Ierusalem civitatem tuam erigas: et hoc
quod credens per te posse fieri cogitavi,
perficiam. 8 Et cum haec dixisset, accessit
ad columnam, quae erat ad caput lectuli
eius, et pugionem eius, qui in ea ligatus
pendebat, exolvit. 9 Cumque evaginasset
illum, apprehendit comam capitis eius, et
ait: Confirma me Domine Deus in hac
hora. 10 Et percussit bis in cervicem eius,
et abscidit caput eius, et abstulit conopeum eius a columnis, et evolvit corpus
eius truncum. 11 Et post pusillum exivit,
et tradidit caput Holofernis ancillae suae,
et iussit ut mitteret illud in peram suam.
12 Et exierunt duae, secundum consuetudinem suam, quasi ad orationem, et transierunt castra, et gyrantes vallem, venerunt ad portam civitatis. 13 Et dixit Iudith
a longe custodibus murorum: Aperite
portas, quoniam nobiscum est Deus, qui
fecit virtutem in Israel.

Iudith in Bethulia

14 Et factum est, cum audissent viri vocem eius, vocaverunt presbyteros civitatis. 15 Et concurrerunt ad eam omnes, a
minimo usque ad maximum: quoniam
sperabant eam iam non esse venturam.
16 Et accendentes luminaria congyrave-
runt circa eam universi: illa autem ascendens in eminentiorem locum, iussit fieri
silentium. Cumque omnes tacuissent,
17 dixit Iudith: Laudate Dominum Deum
nostrum, qui non deseruit sperantes in se:
18 et in me ancilla sua adimplevit misericordiam suam, quam promisit domui Israel: et interfecit in manu mea hostem
populi sui hac nocte. 19 Et proferens de
pera caput Holofernis, ostendit illis, dicens: Ecce caput Holofernis principis militiae Assyriorum, et ecce conopeum illius,
in quo recumbebat in ebrietate sua, ubi
per manum feminae percussit illum Dominus Deus noster. 20 Vivit autem ipse
Dominus, quoniam custodivit me angelus eius et hinc euntem, et ibi commoran-
tem, et inde huc revertentem, et non permisit me Dominus ancillam suam coinquinari, sed sine pollutione peccati revocavit me vobis gaudentem in victoria sua,
in evasione mea, et in liberatione vestra.
21 Confitemini illi omnes, quoniam bonus,
quoniam in saeculum misericordia eius.
22 Universi autem adorantes Dominum,
dixerunt ad eam: Benedixit te Dominus
in virtute sua, quia per te ad nihilum redegit inimicos nostros. 23 Porro Ozias
princeps populi Israel, dixit ad eam: Benedicta es tu filia a Domino Deo excelso
prae omnibus mulieribus super terram.
24 Benedictus Dominus, qui creavit caelum et terram, qui te direxit in vulnera
capitis principis inimicorum nostrorum:
25 quia hodie nomen tuum ita magnificavit, ut non recedat laus tua de ore hominum, qui memores fuerint virtutis Domini
in aeternum, pro quibus non pepercisti
animae tuae propter angustias et tribulationem generis tui, sed subvenisti ruinae
ante conspectum Dei nostri. 26 Et dixit
omnis populus: Fiat, fiat.
27 Porro Achior vocatus venit, et dixit
ei Iudith: Deus Israel, cui tu testimonium
dedisti quod ulciscatur se de inimicis suis,
ipse caput omnium incredulorum incidit
hac nocte in manu mea. 28 Et ut probes
quia ita est, ecce caput Holofernis, qui in
contemptu superbiae suae Deum Israel
contempsit, et tibi interitum minabatur,
dicens: Cum captus fuerit populus Israel,
gladio perforari praecipiam latera tua.
29 Videns autem Achior caput Holofernis,
angustiatus prae pavore, cecidit in faciem
suam super terram, et aestuavit anima
eius. 30 Postea vero quam resumpto spiritu recreatus est, procidit ad pedes eius, et
adoravit eam, et dixit: 31 Benedicta tu a
Deo tuo in omni tabernaculo Iacob, quoniam in omni gente, quae audierit nomen
tuum, magnificabitur super te Deus Israel.

Iudaei aggrediuntur contra Assyrios

14 1 Dixit autem Iudith ad omnem
populum: Audite me, fratres, suspendite caput hoc super muros nostros:
2 Et erit, cum exierit sol, accipiat unusquisque arma sua, et exite cum impetu,
non ut descendatis deorsum, sed quasi
impetum facientes. 3 Tunc exploratores
necesse erit ut fugiant ad principem suum
excitandum ad pugnam. 4 Cumque duces
eorum cucurrerint ad tabernaculum Holofernis, et invenerint eum truncum in suo
sanguine volutatum, decidet super eos timor. 5 Cumque cognoveritis fugere eos,
ite post illos securi, quoniam Dominus
conteret eos sub pedibus vestris.
6 Tunc Achior videns virtutem, quam

13 3: Iudith 12,20. — 7: 3 Reg 9,3; 4 Reg 19,34. — 12: Iudith 12,5.7. — 14: Iudith 8 9.28. — 19: Iudith 9 15. — 21: 1 Par 16,34.41; Ps 105,1; 106,1; 135,1. — 23: Lc 1,28. — 27: Iudith 5,5-25; 13,10. — 28: Iudith 5,28; 6,4-6.

14 4: Iudith 15,1-2. — 6: Gen 17,23; Ex 12,48. — 15: Iudith 12,4.

fecit Deus Israel, relicto gentilitatis ritu,
credidit Deo, et circumcidit carnem praeputii sui, et appositus est ad populum Israel, et omnis successio generis eius usque
in hodiernum diem.
7 Mox autem ut ortus est dies, suspenderunt super muros caput Holofernis, accepitque unusquisque vir arma sua, et
egressi sunt cum grandi strepitu et ululatu. 8 Quod videntes exploratores, ad tabernaculum Holofernis cucurrerunt.
9 Porro hi qui in tabernaculo erant, venientes, et ante ingressum cubiculi, per-
strepentes, excitandi gratia, inquietudinem
arte moliebantur, ut non ab excitantibus,
sed a sonantibus Holofernes evigilaret.
10 Nullus enim audebat cubiculum virtutis Assyriorum pulsando aut intrando
aperire. 11 Sed cum venissent eius duces
ac tribuni, et universi maiores exercitus
regis Assyriorum, dixerunt cubiculariis:
12 Intrate, et excitate illum, quoniam
egressi mures de cavernis suis, ausi sunt
provocare nos ad praelium. 13 Tunc ingressus Vagao cubiculum eius, stetit ante
cortinam, et plausum fecit manibus suis:
suspicabatur enim illum cum Iudith dormire. 14 Sed cum nullum motum iacentis
sensu aurium caperet, accessit proximans
ad cortinam, et elevans eam, vidensque
cadaver absque capite Holofernis in suo
sanguine tabefactum iacere super terram,
exclamavit voce magna cum fletu, et scidit vestimenta sua. 15 Et ingressus tabernaculum Iudith, non invenit eam, et exi-
liit foras ad populum, 16 et dixit: Una
mulier Hebraea fecit confusionem in domo regis Nabuchodonosor: ecce enim
Holofernes iacet in terra, et caput eius
non est in illo. 17 Quod cum audissent
principes virtutis Assyriorum, sciderunt
omnes vestimenta sua, et intolerabilis timor et tremor cecidit super eos, et turbati
sunt animi eorum valde. 18 Et factus est
clamor incomparabilis in medio castrorum eorum.

Fugiunt Assyrii

15 1 Cumque omnis exercitus decolla-
tum Holofernem audisset, fugit
mens et consilium ab eis, et solo tremore
et metu agitati, fugae praesidium sumunt,
2 ita ut nullus loqueretur cum proximo
suo, sed inclinato capite, relictis omnibus,
evadere festinabant Hebraeos, quos armatos super se venire audiebant, fugientes per vias camporum et semitas collium.
3 Videntes itaque filii Israel fugientes, secuti sunt illos. Descenderuntque clangentes tubis, et ululantes post ipsos. 4 Et quoniam Assyrii non adunati, in fugam ibant
praecipites: filii autem Israel uno agmine
persequentes debilitabant omnes, quos
invenire potuissent.
5 Misit itaque Ozias nuntios per omnes
civitates et regiones Israel. 6 Omnis itaque
regio, omnisque urbs electam iuventutem
armatam misit post eos, et persecuti sunt
eos in ore gladii, quousque pervenirent
ad extremitatem finium suorum. 7 Reliqui
autem, qui erant in Bethulia, ingressi sunt
castra Assyriorum, et praedam, quam fugientes Assyrii reliquerant, abstulerunt
et onustati sunt valde. 8 Hi vero, qui victores reversi sunt ad Bethuliam, omnia
quae erant illorum attulerunt secum, ita
ut non esset numerus in pecoribus, et iumentis, et universis mobilibus eorum, ut
a minimo usque ad maximum omnes divites fierent de praedationibus eorum.

Laudes Iudith

9 Ioacim autem summus pontifex de
Ierusalem venit in Bethuliam cum universis presbyteris suis ut videret Iudith.
10 Quae cum exisset ad illum, benedixerunt eam omnes una voce, dicentes: Tu
gloria Ierusalem, tu laetitia Israel, tu ho-
norificentia populi nostri: 11 quia fecisti
viriliter, et confortatum est cor tuum, eo
quod castitatem amaveris, et post virum
tuum, alterum nescieris: ideo et manus
Domini confortavit te, et ideo eris benedicta in aeternum. 12 Et dixit omnis populus: Fiat, fiat.
13 Per dies autem triginta, vix collecta
sunt spolia Assyriorum a populo Israel.
14 Porro autem universa, quae Holofernis
peculiaria fuisse probata sunt, dederunt
Iudith in auro, et argento, et vestibus, et
gemmis, et omni supellectili, et tradita
sunt omnia illi a populo. 15 Et omnes populi gaudebant cum mulieribus, et virginibus, et iuvenibus, in organis, et citharis.

Canticum Iudith

16 1 Tunc cantavit canticum hoc Do-
mino Iudith, dicens:
2 Incipite Domino in tympanis,
Cantate Domino in cymbalis,
Modulamini illi psalmum novum,
Exaltate, et invocate nomen eius.
3 Dominus conterens bella,
Dominus nomen est illi.
4 Qui posuit castra sua in medio populi
sui,
Ut eriperet nos de manu omnium inimi-
corum nostrorum.
5 Venit Assur ex montibus ab aquilone
In multitudine fortitudinis suae:
Cuius multitudo obturabit torrentes,
Et equi eorum cooperuerunt valles.

15 7: Iudith 2,8.10. — 9: Iudith 4,5. — 15: Ex 15,20-21.

16 3: Ex 15,3. — 5: Iudith 2,12-17. — 7: Iudith 9,15; 13,19. — 8: Iudith 10,17;

6 Dixit se incensurum fines meos,
Et iuvenes meos occisurum gladio,
Infantes meos dare in praedam,
Et virgines in captivitatem.
7 Dominus autem omnipotens nocuit eum,
Et tradidit eum in manus feminae, et confodit eum.
8 Non enim cecidit potens eorum a iuvenibus,
Nec filii Titan percusserunt eum,
Nec excelsi gigantes opposuerunt se illi,
Sed Iudith filia Merari in specie faciei suae dissolvit eum.
9 Exuit enim se vestimento viduitatis,
Et induit se vestimento laetitiae
In exultatione filiorum Israel.
10 Unxit faciem suam unguento,
Et colligavit cincinnos suos mitra,
Accepit stolam novam ad decipiendum illum.
11 Sandalia eius rapuerunt oculos eius,
Pulchritudo eius captivam fecit animam eius,
Amputavit pugione cervicem eius.
12 Horruerunt Persae constantiam eius,
Et Medi audaciam eius.
13 Tunc ululaverunt castra Assyriorum,
Quando apparuerunt humiles mei, arescentes in siti.
14 Filii puellarum compunxerunt eos,
Et sicut pueros fugientes occiderunt eos:
Perierunt in praelio a facie Domini Dei mei.
15 Hymnum cantemus Domino,
Hymnum novum cantemus Deo nostro.
16 Adonai Domine magnus es tu,
Et praeclarus in virtute tua,
Et quem superare nemo potest.
17 Tibi serviat omnis creatura tua:
Quia dixisti, et facta sunt:
Misisti spiritum tuum, et creata sunt,
Et non est qui resistat voci tuae.
18 Montes a fundamentis movebuntur cum aquis:
Petrae, sicut cera, liquescent ante faciem tuam.
19 Qui autem timent te,
Magni erunt apud te per omnia.
20 Vae genti insurgenti super genus meum:
Dominus enim omnipotens vindicabit in eis,
In die iudicii visitabit illos.
21 Dabit enim ignem et vermes in carnes eorum,
Ut urantur et sentiant usque in sempiternum.

Populus victoriam celebrat et quotannis celebrandam instituit

22 Et factum est post haec, omnis populus post victoriam venit in Ierusalem
adorare Dominum; et mox ut purificati
sunt, obtulerunt omnes holocausta, et
vota, et repromissiones suas. 23 Porro
Iudith universa vasa bellica Holofernis,
quae dedit illi populus, et conopeum,
quod ipsa sustulerat de cubili ipsius,
obtulit in anathema oblivionis. 24 Erat
autem populus iucundus secundum faciem sanctorum; et per tres menses gaudium huius victoriae celebratum est cum
Iudith.
25 Post dies autem illos, unusquisque
rediit in domum suam; et Iudith magna
facta est in Bethulia, et praeclarior erat
universae terrae Israel. 26 Erat etiam virtuti castitas adiuncta, ita ut non cognosceret virum omnibus diebus vitae suae,
ex quo defunctus est Manasses, vir eius.
27 Erat autem, diebus festis, procedens
cum magna gloria. 28 Mansit autem in
domo viri sui annos centum quinque, et
dimisit abram suam liberam, et defuncta
est ac sepulta cum viro suo in Bethulia.
29 Luxitque illam omnis populus diebus
septem. 30 In omni autem spatio vitae
eius non fuit qui pertubaret Israel, et
post mortem eius annis multis.
31 Dies autem victoriae huius festivitatis ab Hebraeis in numero sanctorum
dierum accipitur, et colitur a Iudaeis ex
illo tempore usque in praesentem diem.

12,16. — **9-10:** Iudith 10,2-3. — **11:** Iudith 10,17; 12,16; 13,9-10. — **13:** Iudith 11,10; 14,18. — **14:** Iudith 15,4. — **16:** Ex 15,11. — **17:** Gen 1,3; Iudith 9,4; Ps 32,9; 103,30. — **18:** 2 Sam 22,8; Ps 96,5. — **21:** Eccli 7,19; Is 66,24; Mc 9,43.45.47. — **23:** 1 Sam 21,9; Iudith 13,10; 15,14.

L I B E R   E S T H E R

SUMMARIUM PARS PROTOCANONICA *(1,1-10,3): Magnum Asseri convivium in Susan (1). Esther electa in reginam (2). Aman exaltatio eiusque odium in Iudaeos (3-4). Esther regem adit (5). Mardochaeus honoratur a rege (6). Aman suspensus in ligno (7). Rerum commutatio (8). Iudaeo-*

rum de suis hostibus vindicta (9,1-19). Festi Sortium institutio (9,20-10,3).—PARS DEUTEROCANONICA *(10,4-16,24): Somnium Mardochaei (10,3-11,12). Mardochaeus prodit crimen eunuchorum (12). Regis edictum contra Iudaeos (13, 1-7). Mardochaei oratio ad Deum (13,8-18). Planctus et oratio reginae (14). Esther adit regem (15). Regis edictum pro Iudaeis (16)*

Magnum Assueri convivium

1 1 In diebus Assueri, qui regnavit ab
India usque Aethiopiam super centum viginti septem provincias: 2 quando
sedit in solio regni sui, Susan civitas regni
eius exordium fuit.
3 Tertio igitur anno imperii sui fecit
grande convivium cunctis principibus, et
pueris suis, fortissimis Persarum, et Medorum inclytis, et praefectis provinciarum
coram se, 4 ut ostenderet divitias gloriae
regni sui, ac magnitudinem, atque iactantiam potentiae suae, multo tempore, centum videlicet et octoginta diebus. 5 Cumque implerentur dies convivii, invitavit
omnem populum, qui inventus est in
Susan, a maximo usque ad minimum: et
iussit septem diebus convivium praeparari in vestibulo horti, et nemoris, quod
regio cultu et manu consitum erat. 6 Et
pendebant ex omni parte tentoria aerii
coloris, et carbasini ac hyacinthini, sus-
tentata funibus byssinis, atque purpureis,
qui eburneis circulis inserti erant, et columnis marmoreis fulciebantur. Lectuli
quoque aurei et argentei, super pavimentum smaragdino et pario stratum
lapide, dispositi erant: quod mira varietate pictura decorabat. 7 Bibebant autem
qui invitati erant, aureis poculis, et aliis
atque aliis vasis cibi inferebantur. Vinum
quoque, ut magnificentia regia dignum
erat, abundans, et praecipuum poneba-
tur. 8 Nec erat qui nolentes cogeret ad
bibendum, sed sicut rex statuerat, prae-
ponens mensis singulos de principibus
suis, ut sumeret unusquisque quod vellet.
9 Vasthi quoque regina fecit convivium
feminarum in palatio, ubi rex Assuerus
manere consueverat.

Regina Vasthi vocata in convivium

10 Itaque die septimo, cum rex esset
hilarior, et post nimiam potationem incaluisset mero, praecepit Maumam, et Ba-
zatha, et Harbona, et Bagatha, et Ab-
gatha, et Zethar, et Charchas, septem
eunuchis, qui in conspectu eius ministrabant, 11 ut introducerent reginam Vasthi coram rege, posito super caput eius
diademate, ut ostenderet cunctis populis
et principibus pulchritudinem illius: erat
enim pulchra valde. 12 Quae renuit, et
ad regis imperium, quod per eunuchos
mandaverat, venire contempsit.
Unde iratus rex, et nimio furore succensus, 13 interrogavit sapientes, qui ex
more regio semper ei aderant, et illorum
faciebat cuncta consilio, scientium leges,
ac iura maiorum: 14 (erant autem primi
et proximi, Charsena, et Sethar, et Adma-
tha, et Tharsis, et Mares, et Marsana,
en Mamuchan, septem duces Persarum,
atque Medorum, qui videbant faciem regis, et primi post eum residere soliti
erant) 15 cui sententiae Vasthi regina sub-
iaceret, quae Assueri regis imperium,
quod per eunuchos mandaverat, facere
noluisset. 16 Responditque Mamuchan,
audiente rege, atque principibus: Non
solum regem laesit regina Vasthi, sed et
omnes populos, et principes, qui sunt
in cunctis provinciis regis Assueri. 17 Egredietur enim sermo reginae ad omnes mulieres, ut contemnant viros suos, et dicant:
Rex Assueruns iussit ut regina Vasthi intraret ad eum, et illa noluit. 18 Atque
hoc exemplo omnes principum coniuges
Persarum atque Medorum, parvipendent
imperia maritorum: unde regis iusta est
indignatio. 19 Si tibi placet, egrediatur
edictum a facie tua, et scribatur iuxta
legem Persarum atque Medorum, quam
praeteriri illicitum est, ut nequaquam
ultra Vasthi ingrediatur ad regem, sed
regnum illius, altera, quae melior est illa,
accipiat. 20 Et hoc in omne (quod latis-
simum est) provinciarum tuarum divulgetur imperium, et cunctae uxores tam
maiorum, quam minorum, deferant mari-
tis suis honorem.
21 Placuit consilium eius regi, et principibus: fecitque rex iuxta consilium Mamuchan, 22 et misit epistolas ad universas
provincias regni sui, ut quaeque gens
audire et legere poterat, diversis linguis
et litteris, esse viros principes ac maiores
in domibus suis: et hoc per cunctos populos divulgari.

Esther in reginam eligitur

2 1 His ita gestis, postquam regis Assueri indignatio deferbuerat, recordatus est Vasthi, et quae fecisset, vel quae
esset: 2 dixeruntque pueri regis, ac minis-

1 **1**: Esdr 4,6; Esth 8,9.9.30. — **5**: Esth 7,7-8. **10**: Esth 2,21; 6,2; 7,9. — **11**: Esth 2,17; 6,8. — **13**: Ier 50,35; Dan 2,12; 5,15. — **14**: Esdr 7,14. — **19**: Esth 8,8; Dan 6,8.12.15. — **22**: Esth 3,12; 8,9.

tri eius: Quaerantur regi puellae virgines
ac speciosae, 3 et mittantur qui considerent per universas provincias puellas speciosas et virgines: et adducant eas ad civitatem Susan, et tradant eas in domum
feminarum sub manu Egei eunuchi, qui
est praepositus et custos mulierum regia-
rum: et accipiant mundum muliebrem, et
caetera ad usus necessaria. 4 Et quaecumque inter omnes oculis regis placuerit, ipsa regnet pro Vasthi. Placuit sermo regi:
et ita, ut suggesserant, iussit fieri.
5 Erat vir Iudaeus in Susan civitate,
vocabulo Mardochaeus, filius Iair, filii
Semei, filii Cis, de stirpe Iemini, 6 qui
translatus fuerat de Ierusalem eo tempore, quo Iechoniam regem Iuda Nabuchodonosor rex Babylonis transtulerat, 7 qui
fuit nutritius filiae fratris sui Edissae, quae
altero nomine vocabatur Esther: et utrumque parentem amiserat: pulchra nimis, et
decora facie. Mortuisque patre eius ac
matre, Mardochaeus sibi eam adoptavit
in filiam.
8 Cumque percrebruisset regis imperium, et iuxta mandatum illius multae
pulchrae virgines adducerentur Susan, et
Egeo traderentur eunucho, Esther quoque inter caeteras puellas ei tradita est, ut
servaretur in numero feminarum. 9 Quae
placuit ei, et invenit gratiam in conspectu
illius. Et praecepit eunucho, ut accele-
raret mundum muliebrem, et traderet ei
partes suas, et septem puellas speciosissi-
mas de domo regis, et tam ipsam, quam
pedissequas eius ornaret atque excoleret.
10 Quae noluit indicare ei populum et patriam suam: Mardochaeus enim praeceperat ei, ut de hac re omnino reticeret:
11 qui deambulabat quotidie ante vestibulum domus, in qua electae virgines servabantur, curam agens salutis Esther, et scire volens quid ei accideret.
12 Cum autem venisset tempus singularum per ordinem puellarum, ut intrarent
ad regem, expletis omnibus, quae ad cultum muliebrem pertinebant, mensis duodecimus vertebatur: ita dumtaxat, ut sex
mensibus oleo ungerentur myrrhino, et
aliis sex quibusdam pigmentis et aromata-
tibus uterentur. 13 Ingredientesque ad regem, quidquid postulassent ad ornatum
pertinens, accipiebant: et ut eis placuerat,
compositae de triclinio feminarum ad regis cubiculum transibant. 14 Et quae intraverat vespere, egrediebatur mane, atque inde in secundas aedes deducebatur,
quae sub manu Susagazi eunuchi erant,
qui concubinis regis praesidebat: nec habebat potestatem ad regem ultra redeun-
di, nisi voluisset rex, et eam venire iussisset ex nomine.
15 Evoluto autem tempore per ordinem,
instabat dies, quo Esther filia Abihail fratris Mardochaei, quam sibi adoptaverat
in filiam, deberet intrare ad regem. Quae
non quaesivit muliebrem cultum, sed
quaecumque voluit Egeus eunuchus custos virginum, haec ei ad ornatum dedit.
Erat enim formosa valde, et incredibili
pulchritudine, omnium oculis gratiosa et
amabilis videbatur. 16 Ducta est itaque ad
cubiculum regis Assueri mense decimo,
qui vocatur Tebeth, septimo anno regni
eius. 17 Et adamavit eam rex plus quam
omnes mulieres, habuitque gratiam et misericordiam coram eo super omnes mulieres, et posuit diadema regni in capite
eius, fecitque eam regnare in loco Vasthi.
18 Et iussit convivium praeparari permag-
nificum cunctis principibus, et servis suis,
pro coniunctione et nuptiis Esther. Et dedit requiem universis provinciis, ac dona
largitus est iuxta magnificentiam principalem.
19 Cumque secundo quaererentur virgines et congregarentur, Mardochaeus manebat ad ianuam regis: 20 necdum prodi-
derat Esther patriam, et populum suum,
iuxta mandatum eius. Quidquid enim ille
praecipiebat, observabat Esther: et ita
cuncta faciebat ut eo tempore solita erat,
quo eam parvulam nutriebat.

Mardochaeus crimen eunuchorum prodit

21 Eo igitur tempore, quo Mardochaeus
ad regis ianuam morabatur, irati sunt Ba-
gathan et Thares duo eunuchi regis, qui
ianitores erant, et in primo palatii limine
praesidebant: volueruntque insurgere in
regem, et occidere eum. 22 Quod Mardochaeum non latuit, statimque nuntiavit
reginae Esther: et illa regi ex nomine
Mardochaei, qui ad se rem detulerat.
23 Quaesitum est, et inventum: et appensus est uterque eorum in patibulo. Man-
datumque est historiis, et annalibus traditum coram rege.

Aman in summam dignitatem exaltatur

3 1 Post haec rex Assuerus exaltavit
Aman filium Amadathi, qui erat de
stirpe Agag: et posuit solium eius super

2 3: Esth 2,8.15. — 5: 3 Reg 2,8; Esth 11, 2. — 6: 4 Reg 24,14-15; 2 Par 36,10.20; Esth 11,4; Ier 24,1; 29,1-2. — 7: Esth 2,15. — 15: Esth 2,7; 9,29. — 17: Esth 1,11.19.21. — 19: Esth 2,21; 3,2-3; 5,9.13; 6,10.12. — 21-23: Esth 12,1-4. — 23: Esdr 4,15; Esth 6,1; 10,2.

3 1: Esth 5,11; 16,10.14. — 2: Esth 5,9. — 7: Esth 9,24.26. — 10: Esth 3,6; 7,6; 8,1-2. —

omnes principes, quos habebat. 2 Cunctique servi regis, qui in foribus palatii versabantur, flectebant genua, et adorabant
Aman: sic enim praeceperat eis impera-
tor; solus Mardochaeus non flectebat genu, neque adorabat eum. 3 Cui dixerunt
pueri regis, qui ad fores palatii praesidebant: Cur praeter caeteros non observas
mandatum regis? 4 Cumque hoc crebrius
dicerent, et ille nollet audire, nuntiaverunt
Aman, scire cupientes utrum persevera-
ret in sententia: dixerat enim eis se esse
Iudaeum.
5 Quod cum audisset Aman, et experimento probasset quod Mardochaeus non
flecteret sibi genu, nec se adoraret, iratus
est valde, 6 et pro nihilo duxit in unum
Mardochaeum mittere manus suas: audierat enim quod esset gentis Iudaeae; magisque voluit omnem Iudaeorum, qui
erant in regno Assueri, perdere nationem.

Regis edictum in Iudaeos

7 Mense primo (cuius vocabulum est
Nisan) anno duodecimo regni Assueri,
missa est sors in urnam, quae hebraice
dicitur phur, coram Aman, quo die et quo
mense gens Iudaeorum deberet interfici:
et exivit mensis duodecimus, qui vocatur
Adar. 8 Dixitque Aman regi Assuero: Est
populus per omnes provincias regni tui
dispersus, et a se mutuo separatus, novis
utens legibus et caeremoniis, insuper et
regis scita contemnens. Et optime nosti
quod non expediat regno tuo ut insoles-
cat per licentiam. 9 Si tibi placet, decerne,
ut pereat, et decem millia talentorum ap-
pendam arcariis gazae tuae. 10 Tulit ergo
rex annulum, quo utebatur, de manu sua,
et dedit eum Aman filio Amadathi de progenie Agag, hosti Iudaeorum, 11 dixitque
ad eum: Argentum, quod tu polliceris,
tuum sit; de populo age quod tibi placet.
12 Vocatique sunt scribae regis mense
primo Nisan, tertiadecima die eiusdem
mensis: et scriptum est, ut iusserat Aman,
ad omnes satrapas regis, et iudices provinciarum, diversarumque gentium, ut
quaeque gens legere poterat, et audire
pro varietate linguarum ex nomine regis
Assueri: et litterae signatae ipsius annulo, 13 missae sunt per cursores regis ad
universas provincias ut occiderent atque
delerent omnes Iudaeos, a puero usque ad
senem, parvulos, et mulieres, uno die,
hoc est tertiodecimo mensis duodecimi,
qui vocatur Adar, et bona eorum diriperent. 14 Summa autem epistolarum haec
fuit, ut omnes provinciae scirent, et pararent se ad praedictam diem. 15 Festinabant cursores, qui missi erant, regis imperium explere. Statimque in Susan pependit edictum, rege et Aman celebran-
te convivium, et cunctis Iudaeis, qui in
urbe erant, flentibus.

Iudaeorum luctus

4 1 Quae cum audisset Mardochaeus,
scidit vestimenta sua, et indutus est
sacco, spargens cinerem capiti: et in platea mediae civitatis voce magna clamabat,
ostendens amaritudinem animi sui, 2 et
hoc eiulatu usque ad fores palatii gradiens. Non enim erat licitum indutum
sacco aulam regis intrare. 3 In omnibus
quoque provinciis, oppidis, ac locis, ad
quae crudele regis dogma pervenerat,
planctus ingens erat apud Iudaeos, ieiunium, ululatus, et fletus, sacco et cinere
multis pro strato utentibus.
4 Ingressae autem sunt puellae Esther
et eunuchi, nuntiaveruntque ei. Quod audiens consternata est: et vestem misit, ut
ablato sacco induerent eum: quam accipere noluit. 5 Accitoque Athach eunucho,
quem rex ministrum ei dederat, praecepit
ei ut iret ad Mardochaeum, et disceret ab
eo cur hoc faceret. 6 Egressusque Athach,
ivit ad Mardochaeum stantem in platea civitatis, ante ostium palatii: 7 qui indicavit ei omnia, quae acciderant, quomodo
Aman promisisset, ut in thesauros regis
pro Iudaeorum nece inferret argentum.
8 Exemplar quoque edicti, quod pendebat in Susan, dedit ei, ut reginae ostenderet, et moneret eam, ut intraret ad regem, et deprecaretur eum pro populo suo.
9 Regressus Athach, nuntiavit Esther
omnia, quae Mardochaeus dixerat.
10 Quae respondit ei, et iussit ut diceret
Mardochaeo: 11 Omnes servi regis, et
cunctae, quae sub ditione eius sunt, norunt provinciae, quod sive vir, sive mulier
non vocatus, interius atrium regis intraverit, absque ulla cunctatione statim interficiatur: nisi forte rex auream virgam
ad eum tetenderit pro signo clementiae,
atque ita possit vivere. Ego igitur quomodo ad regem intrare potero, quae
triginta iam diebus non sum vocata ad
eum? 12 Quod cum audisset Mardochaeus,
13 rursum mandavit Esther, dicens: Ne
putes quod animam tuam tantum liberes,
quia in domo regis es prae cunctis Iudaeis:
14 si enim nunc silueris, per aliam occasionem liberabuntur Iudaei: et tu et domus patris tui peribitis. Et quis novit
utrum idcirco ad regnum veneris, ut in
tali tempore parareris?

12: Esdr 8,36; Esth 8,8-10. — **13:** Esth 7,4; 13,1-7. — **15:** Esth 4,8.

4 3: Esth 9,31. — **4:** Esth 2,9. — **7:** Esth 3,9. — **8:** Esth 3,15; 15,1-3. — **11:** Esth 5,1-2; 8,4. — **17:** Esth 13,8-14.19.

15 Rursumque Esther haec Mardochaeo
verba mandavit: 16 Vade et congrega omnes Iudaeos, quos in Susan repereris, et
orate pro me. Non comedatis, et non
bibatis tribus diebus, et tribus noctibus:
et ego cum ancillis meis similiter ieiunabo,
et tunc ingrediar ad regem contra legem
faciens non vocata, tradensque me morti
et periculo.
17 Ivit itaque Mardochaeus, et fecit
omnia, quae ei Esther praeceperat.

Esther regina adit regem

5 1 Die autem tertio induta est Esther
regalibus vestimentis, et stetit in atrio
domus regiae, quod erat interius, contra
basilicam regis: at ille sedebat super
solium suum in consistorio palatii contra
ostium domus. 2 Cumque vidisset Esther
reginam stantem, placuit oculis eius, et
extendit contra eam virgam auream, quam
tenebat manu. Quae accedens, osculata
est summitatem virgae eius. 3 Dixitque
ad eam rex: Quid vis Esther regina? quae
est petitio tua? etiam si dimidiam partem
regni petieris, dabitur tibi. 4 At illa respondit: Si regi placet, obsecro ut venias
ad me hodie, et Aman tecum, ad convivium quod paravi. 5 Statimque rex, Vocate, inquit, cito Aman ut Esther obediat
voluntati.
Venerunt itaque rex et Aman ad convivium, quod eis regina paraverat. 6 Dixitque ei rex, postquam vinum biberat
abundanter: Quid petis ut detur tibi?
et pro qua re postulas? etiam si dimidiam
partem regni mei petieris, impetrabis.
7 Cui respondit Esther: Petitio mea, et
preces sunt istae: 8 Si inveni in conspectu
regis gratiam, et si regi placet ut det
mihi quod postulo, et meam impleat
petitionem: veniat rex et Aman ad convivium quod paravi eis, et cras aperiam
regi voluntatem meam.

Aman crucem Mardochaeo parat

9 Egressus est itaque illo die Aman
laetus et alacer. Cumque vidisset Mardochaeum sedentem ante fores palatii, et
non solum non assurrexisse sibi, sed nec
motum quidem de loco sessionis suae,
indignatus est valde: 10 et dissimulata ira,
reversus in domum suam, convocavit ad
se amicos suos, et Zares uxorem suam:
11 et exposuit illis magnitudinem divitiarum suarum, filiorumque turbam, et quanta eum gloria super omnes principes et
servos suos rex elevasset. 12 Et post haec
ait: Regina quoque Esther nullum alium
vocavit ad convivium cum rege praeter
me: apud quam etiam cras cum rege
pransurus sum. 13 Et cum haec omnia
habeam, nihil me habere puto, quamdiu
videro Mardochaeum Iudaeum sedentem
ante fores regias. 14 Responderuntque ei
Zares uxor eius, et caeteri amici: Iube
parari excelsam trabem, habentem altitudinis quinquaginta cubitos, et dic mane
regi ut appendatur super eam Mardochaeus, et sic ibis cum rege laetus ad
convivium. Placuit ei consilium, et iussit
excelsam parari crucem.

Rex praecipit Mardochaeum honorare

6 1 Noctem illam duxit rex insomnem,
iussitque sibi afferri historias et an-
nales priorum temporum. Quae cum illo
praesente legerentur, 2 ventum est ad illum locum ubi scriptum erat quo modo
nuntiasset Mardochaeus insidias Baga-
than et Thares eunuchorum, regem As-
suerum iugulare cupientium. 3 Quod cum
audisset rex, ait: Quid pro hac fide honoris ac praemii Mardochaeus consecutus
est? Dixerunt ei servi illius ac ministri:
Nihil omnino mercedis accepit. 4 Statimque rex, Quis est, inquit, in atrio? Aman
quippe interius atrium domus regiae intraverat, ut suggereret regi, et iuberet
Mardochaeum affigi patibulo, quod ei
fuerat praeparatum. 5 Responderunt pueri: Aman stat in atrio. Dixitque rex:
Ingrediatur.
6 Cumque esset ingressus, ait illi: Quid
debet fieri viro, quem rex honorare desiderat? Cogitans autem in corde suo Aman,
et reputans quod nullum alium rex, nisi se,
vellet honorare, 7 respondit: Homo, quem
rex honorare cupit, 8 debet indui vestibus
regiis, et imponi super equum, qui de
sella regis est, et accipere regium diadema
super caput suum, 9 et primus de regiis
principibus ac tyrannis teneat equum eius,
et per plateam civitatis incedens clamet,
et dicat: Sic honorabitur, quemcumque
voluerit rex honorare. 10 Dixitque ei rex:
Festina, et sumpta stola et equo, fac, ut
locutus es Mardochaeo Iudaeo, qui sedet
ante fores palatii: Cave ne quidquam de
his, quae locutus es, praetermittas. 11 Tulit itaque Aman stolam et equum, indu-
tumque Mardochaeum in platea civitatis,
et impositum equo praecedebat, atque
clamabat: Hoc honore condignus est,
quemcumque rex voluerit honorare.
12 Reversusque est Mardochaeus ad ia-

5 **1-2:** Esth 15,4-19. — **2:** Esth 4,11; 8,4. — **3:** Esth 5,6; 7,2. — **6:** Esth 5,3. — **8:** Esth 6,14. — **9:** Esth 2,19; 3,5. — **10:** Esth 6,13. — **11:** Esth 3,1; 9,6-9. — **14:** Esth 6,4; 7,9-10.

6 **1-2:** Esth 2,21-23. — **3:** Esth 12,4-5. — **4:** Esth 4,11; 5,1.14. — **8:** Esth 1,11; 2,17; 8,15. — **10:** Esth 2,19. — **14:** Esth 5,8.

nuam palatii: et Aman festinavit ire in
domum suam, lugens et operto capite:
13 narravitque Zares uxori suae, et amicis,
omnia quae evenissent sibi. Cui responderunt sapientes, quos habebat in consilio,
et uxor eius: Si de semine Iudaeorum est
Mardochaeus, ante quem cadere coepisti,
non poteris ei resistere, sed cades in conspectu eius. 14 Adhuc illis loquentibus, venerunt eunuchi regis, et cito eum ad convivium, quod regina paraverat, pergere
compulerunt.

Aman ligno suspensus

7 1 Intravit itaque rex et Aman, ut
biberent cum regina. 2 Dixitque ei
rex etiam secunda die, postquam vino
incaluerat: Quae est petitio tua Esther
ut detur tibi? et quid vis fieri? etiam si
dimidiam partem regni mei petieris, impetrabis. 3 Ad quem illa respondit: Si
inveni gratiam in oculis tuis o rex, et si
tibi placet, dona mihi animam meam pro
qua rogo, et populum meum pro quo
obsecro. 4 Traditi enim sumus ego et
populus meus, ut conteramur, iugulemur,
et pereamus. Atque utinam in servos et
famulas venderemur: esset tolerabile malum, et gemens tacerem: nunc autem
hostis noster est, cuius crudelitas redundat in regem. 5 Respondensque rex Assuerus ait: Quis est iste, et cuius potentiae,
ut haec audeat facere? 6 Dixitque Esther:
Hostis et inimicus noster pessimus iste
est Aman. Quod ille audiens, illico obstupuit, vultum regis ac reginae ferre non
sustinens.
7 Rex autem iratus surrexit, et de loco
convivii intravit in hortum arboribus consitum. Aman quoque surrexit ut rogaret
Esther reginam pro anima sua, intellexit
enim a rege sibi paratum malum. 8 Qui
cum reversus esset de horto nemoribus
consito, et intrasset convivii locum, reperit
Aman super lectulum corruisse, in quo
iacebat Esther, et ait: Etiam reginam vult
opprimere, me praesente, in domo mea.
Necdum verbum de ore regis exierat, et
statim operuerunt faciem eius. 9 Dixitque
Harbona, unus de eunuchis, qui stabant
in ministerio regis: En lignum, quod paraverat Mardochaeo, qui locutus est pro
rege, stat in domo Aman, habens altitudinis quinquaginta cubitos. Cui dixit rex:
Appendite eum in eo. 10 Suspensus est
itaque Aman in patibulo quod paraverat
Mardochaeo: et regis ira quievit.

Regis edictum in Iudaeos revocatum

8 1 Die illo dedit rex Assuerus Esther
reginae domum Aman adversarii Iudaeorum, et Mardochaeus ingressus est
ante faciem regis. Confessa est enim ei
Esther quod esset patruus suus. 2 Tulitque
rex annulum, quem ab Aman recipi iusserat, et tradidit Mardochaeo. Esther
autem constituit Mardochaeum super domum suam.
3 Nec his contenta, procidit ad pedes
regis, flevitque et locuta ad eum oravit
ut malitiam Aman Agagitae, et machina-
tiones eius pessimas, quas excogitaverat
contra Iudaeos, iuberet irritas fieri. 4 At
ille ex more sceptrum aureum protendit
manu, quo signum clementiae monstra-
batur: illaque consurgens stetit ante eum,
5 et ait: Si placet regi, et si inveni gratiam
in oculis eius, et deprecatio mea non ei
videtur esse contraria, obsecro, ut novis epistolis, veteres Aman litterae insidiatoris et hostis Iudaeorum, quibus
eos in cunctis regis provinciis perire
praeceperat, corrigantur. 6 Quomodo enim
potero sustinere necem et interfectionem
populi mei? 7 Responditque rex Assuerus
Esther reginae, et Mardochaeo Iudaeo:
Domum Aman concessi Esther, et ipsum
iussi affigi cruci, quia ausus est manum
mittere in Iudaeos. 8 Scribite ergo Iudaeis, sicut vobis placet regis nomine,
signantes litteras annulo meo. Haec enim
consuetudo erat, ut epistolis, quae ex
regis nomine mittebantur, et illius annulo
signatae erant, nemo auderet contradicere.
9 Accitisque scribis et librariis regis
(erat autem tempus tertii mensis, qui
appellatur Siban) vigesima et tertia die
illius, scriptae sunt epistolae, ut Mardochaeus voluerat, ad Iudaeos, et ad principes, procuratoresque et iudices, qui centum viginti septem provinciis ab India
usque ad Aethiopiam praesidebant: provinciae atque provinciae, populo et populo
iuxta linguas et litteras suas, et Iudaeis,
prout legere poterant, et audire.

Iudaeis permittitur ut sese de inimicis defendant

10 Ipsaeque epistolae, quae regis nomine
mittebantur, annulo ipsius obsignatae
sunt, et missae per veredarios: qui per
omnes provincias discurrentes, veteres litteras novis nuntiis praevenirent. 11 Quibus
imperavit rex, ut convenirent Iudaeos
per singulas civitates, et in unum praeci-

7 2: Esth 5,6. — 3: Esth 5,8. — 4: Esth 3,9.13. — 6: Esth 3,10. — 7: Esth 1,5. — 9: Esth 1,10; 2,22; 5,14.

8 2: Esth 3,10. — 4: Esth 4,11; 5,2. — 5: Esth 5,8; 7,3. — 6: Esth 7,4. — 8: Esth 1,19; 3,12; Dan 6,8.12.15. — 9: Esth 16,1-24. — 10: Esth 3,12-13. — 11: Esth 9,2.15-18. — 13: Esth

perent congregari ut starent pro animabus
suis, et omnes inimicos suos cum coniugibus ac liberis et universis domibus,
interficerent atque delerent, et spolia eorum diriperent. 12 Et constituta est per
omnes provincias una ultionis dies, id
est tertiadecima mensis duodecimi Adar.
13 Summaque epistolae haec fuit, ut
in omnibus terris ac populis, qui regis
Assueri subiacebant imperio, notum fieret, paratos esse Iudaeos ad capiendam
vindictam de hostibus suis. 14 Egressique
sunt veredarii celeres nuntia perferentes,
et edictum regis pependit in Susan.
15 Mardochaeus autem de palatio, et
de conspectu regis egrediens, fulgebat
vestibus regiis, hyacinthinis videlicet et
aeriis, coronam auream portans in capite,
et amictus serico pallio atque purpureo.
Omnisque civitas exultavit, atque laetata
est. 16 Iudaeis autem nova lux oriri visa
est, gaudium, honor, et tripudium.
17 Apud omnes populos, urbes, atque
provincias, quocumque regis iussa veniebant, mira exultatio, epulae atque convivia, et festus dies: in tantum ut plures
alterius gentis et sectae eorum religioni et
caeremoniis iungerentur. Grandis enim
cunctos Iudaici nominis terror invaserat.

Iudaeorum de hostibus vindicta

9 1 Igitur duodecimi mensis, quem Adar
vocari ante iam diximus, tertiadecima die, quando cunctis Iudaeis interfectio
parabatur, et hostes eorum inhiabant
sanguini, versa vice Iudaei superiores esse
coeperunt, et se de adversariis vindicare.
2 Congregatique sunt per singulas civitates, oppida, et loca, ut extenderent manum contra inimicos et persecutores suos.
Nullusque ausus est resistere, eo quod
omnes populos magnitudinis eorum formido penetrarat. 3 Nam et provinciarum
iudices, et duces, et procuratores, omnisque dignitas, quae singulis locis ac
operibus praeerat, extollebant Iudaeos
timore Mardochaei: 4 quem principem
esse palatii, et plurimum posse cognoverant: fama quoque nominis eius crescebat
quotidie, et per cunctorum ora volitabat.
5 Itaque percusserunt Iudaei inimicos
suos plaga magna, et occiderunt eos, reddentes eis quod sibi paraverant facere:
6 in tantum ut etiam in Susan quingentos
viros interficerent, extra decem filios
Aman Agagitae hostis Iudaeorum: quorum ista sunt nomina: 7 Pharsandatha,
et Delphon, et Sphatha, 8 et Phoratha,
et Adalia, et Aridatha, 9 et Phermesta, et
Arisai, et Aridai, et Iezatha. 10 Quos cum
occidissent, praedas de substantiis eorum
tangere noluerunt.
11 Statimque numerus eorum, qui occisi
erant in Susan, ad regem relatus est. 12 Qui
dixit reginae: In urbe Susan interfecerunt
Iudaei quingentos viros, et alios decem
filios Aman: quantam putas eos exercere
caedem in universis provinciis? Quid ultra
postulas, et quid vis ut fieri iubeam?
13 Cui illa respondit: Si regi placet, detur
potestas Iudaeis, ut sicut fecerunt hodie
in Susan, sic et cras faciant, et decem filii
Aman in patibulis suspendantur. 14 Praecepitque rex ut ita fieret. Statimque in
Susan pependit edictum, et decem filii
Aman suspensi sunt. 15 Congregatis Iudaeis quartadecima die mensis Adar, interfecti sunt in Susan trecenti viri: nec
eorum ab illis direpta substantia est.
16 Sed et per omnes provincias, quae
ditionis regis subiacebant, pro animabus
suis steterunt Iudaei, interfectis hostibus
ac persecutoribus suis: in tantum ut septuaginta quinque millia occisorum implerentur, et nullus de substantiis eorum
quidquam contingeret.
17 Dies autem tertiusdecimus mensis
Adar primus apud omnes interfectionis
fuit, et quartadecima die caedere desierunt. Quem constituerunt esse solemnem,
ut in eo omni tempore deinceps vacarent
epulis, gaudio atque conviviis. 18 At hi
qui in urbe Susan caedem exercuerant,
tertiodecimo et quartodecimo die eiusdem
mensis in caede versati sunt: quintodecimo autem die percutere desierunt. Et idcirco eumdem diem constituerunt solemnem epularum atque laetitiae. 19 Hi vero
Iudaei, qui in oppidis non muratis ac
villis morabantur, quartumdecimum diem
mensis Adar conviviorum et gaudii decreverunt, ita ut exsultent in eo, et mittant
sibi mutuo partes epularum et ciborum.

Festum Sortium instituitur

20 Scripsit itaque Mardochaeus omnia
haec, et litteris comprehensa misit ad
Iudaeos, qui in omnibus regis provinciis
morabantur, tam in vicino positis, quam
procul, 21 ut quartamdecimam et quin-
tamdecimam diem mensis Adar pro festis susciperent, et revertente semper anno
solemni celebrarent honore: 22 quia in
ipsis diebus se ulti sunt Iudaei de inimicis
suis, et luctus atque tristitia in hilaritatem
gaudiumque conversa sunt: essentque dies
isti epularum atque laetitiae, et mitterent
sibi invicem ciborum partes, et pauperibus
munuscula largirentur.
23 Susceperuntque Iudaei in solemnem
ritum cuncta quae eo tempore facere coe

16,1-24. — **15:** Esth 6,8. — **17:** Esth 9,2.19.
22.27.

9 **1-2:** Esth 8,11-12.17. — **5:** Deut 10,21. —
10: Esth 8,11. — **15-16:** Esth 8,11. — **21:**

perant, et quae Mardochaeus litteris facienda mandaverat. 24 Aman enim, filius
Amadathi stirpis Agag, hostis et adversarius Iudaeorum, cogitavit contra eos
malum, ut occideret illos, atque deleret:
et misit phur, quod nostra lingua vertitur
in sortem. 25 Et postea ingressa est Esther
ad regem, obsecrans ut conatus eius, litteris regis irriti fierent: et malum, quod
contra Iudaeos cogitaverat, reverteretur
in caput eius. Denique et ipsum et filios
eius affixerunt cruci, 26 atque ex illo tempore dies isti appellati sunt phurim, id est
sortium: eo quod phur, id est sors, in
urnam missa fuerit. Et cuncta, quae gesta
sunt, epistolae, id est libri huius volumine
continentur: 27 quaeque sustinuerunt, et
quae deinceps immutata sunt, susceperunt Iudaei super se et semen suum, et
super cunctos, qui religioni eorum voluerunt copulari, ut nulli liceat duos hos
dies absque solemnitate transigere: quos
scriptura testatur, et certa expetunt tempora, annis sibi iugiter succedentibus.
28 Isti sunt dies, quos nulla unquam delebit oblivio: et per singulas generationes
cunctae in toto orbe provinciae celebrabunt: nec est ulla civitas, in qua dies
phurim, id est sortium, non observentur
a Iudaeis, et ab eorum progenie, quae
his caeremoniis obligata est.
29 Scripseruntque Esther regina filia
Abihail, et Mardochaeus Iudaeus etiam
secundam epistolam, ut omni studio dies
ista solemnis sanciretur in posterum: 30 et
miserunt ad omnes Iudaeos, qui in centum viginti septem provinciis regis Assueri versabantur, ut haberent pacem,
et susciperent veritatem, 31 observantes
dies sortium, et suo tempore cum gaudio
celebrarent: sicut constituerant Mardochaeus et Esther, et illi observanda susceperunt a se, et a semine suo, ieiunia, et
clamores, et sortium dies, 32 et omnia,
quae libri huius, qui vocatur Esther, historia continentur.

Mardochaeus secundus a rege honoratus

10 1 Rex vero Assuerus omnem terram et cunctas maris insulas fecit
tributarias: 2 cuius fortitudo et imperium,
et dignitas atque sublimitas, qua exaltavit
Mardochaeum, scripta sunt in libris Medorum, atque Persarum: 3 et quomodo
Mardochaeus Iudaici generis secundus a
rege Assuero fuerit: et magnus apud Iudaeos et acceptabilis plebi fratrum suorum, quaerens bona populo suo, et loquens ea, quae ad pacem seminis sui
pertinerent.

APPENDICES DEUTEROCANONICAE

Quae habentur in Hebraeo, plena fide expressi. Haec autem, quae sequuntur, scripta reperi in editione vulgata, quae Graecorum lingua et litteris continentur: et interim post finem libri hoc capitulum ferebatur: quod iuxta consuetudinem nostram obelo, id est, veru praenotavimus.

Somnium Mardochaei declaratur

4 Dixitque Mardochaeus: A Deo facta
sunt ista. 5 Recordatus sum somnii, quod
videram, haec eadem significantis: nec
eorum quidquam irritum fuit. 6 Parvus
fons, qui crevit in fluvium, et in lucem,
solemque conversus est, et in aquas plurimas redundavit: Esther est quam rex
accepit uxorem, et voluit esse reginam.
7 Duo autem dracones: ego sum, et Aman.
8 Gentes, quae convenerant: hi sunt, qui
conati sunt delere nomen Iudaeorum.
9 Gens autem mea: Israel est, quae clamavit ad Dominum, et salvum fecit Dominus populum suum: liberavitque nos
ab omnibus malis, et fecit signa magna
atque portenta inter gentes: 10 et duas
sortes esse praecepit, unam populi Dei,
et alteram cunctarum gentium. 11 Venitque
utraque sors in statutum ex illo iam tempore diem coram Deo universis gentibus:
12 et recordatus est Dominus populi sui,
ac misertus est haereditatis suae. 13 Et
observabuntur dies isti in mense Adar
quartadecima, et quintadecima die eiusdem mensis, cum omni studio et gaudio
in unum coetum populi congregati, in
cunctas deinceps generationes populi Israel.

11 1 Anno quarto regnantibus Ptolemaeo et Cleopatra, attulerunt Do-
sithaeus, qui se sacerdotem, et Levitici
generis ferebat, et Ptolemaeus filius eius
hanc epistolam phurim, quam dixerunt
interpretatum esse Lysimachum Ptolemaei filium in Ierusalem.

Hoc quoque principium erat in editione vulgata, quod nec in Hebraeo, nec apud ullum fertur interpretum.

2 Anno secundo, regnante Artaxerxe
maximo, prima die mensis Nisan, vidit
somnium Mardochaeus filius Iairi, filii

Esth 16,21. — 24: Esth 3,7. — 25: Esth 7,9-10; 8,3.7. — 31: Esth 4,3.

10 2: Esth 2,23; 6,1.8.2.15. — 5: Esth 11,5-11. — 7: Esth 11,6. — 10: Esth 3,7; 9,24. — 12: Esth 9,15.21.28.

11 1: Esth 9,20.26; 1 Mach 1,19; 10,57. — 2: Esth 2,5; 10,5. — 4: 4 Reg 24,15; Esth 2,6. — 6: Esth 10,7. — 10: Esth 10,6.

Semei, filii Cis, de tribu Beniamin: 3 homo
Iudaeus, qui habitabat in urbe Susis, vir
magnus, et inter primos aulae regiae.
4 Erat autem de eo numero captivorum,
quos transtulerat Nabuchodonosor rex
Babylonis de Ierusalem cum Iechonia
rege Iuda: 5 et hoc eius somnium fuit:
Apparuerunt voces, et tumultus, et tonitrua, et terraemotus, et conturbatio super
terram: 6 et ecce duo dracones magni,
paratique contra se in praelium. 7 Ad
quorum clamorem cunctae concitatae sunt
nationes, ut pugnarent contra gentem iustorum. 8 Fuitque dies illa tenebrarum et
discriminis, tribulationis et angustiae, et
ingens formido super terram. 9 Contur-
bataque est gens iustorum timentium mala
sua, et praeparata ad mortem. 10 Clamaveruntque ad Deum: et illis vociferantibus,
fons parvus crevit in fluvium maximum,
et in aquas plurimas redundavit. 11 Lux
et sol ortus est, et humiles exaltati sunt,
et devoraverunt inclytos.

12 Quod cum vidisset Mardochaeus, et
surrexisset de strato, cogitabat quid Deus
facere vellet: et fixum habebat in animo
scire cupiens quid significaret somnium.

Mardochaeus prodit crimen eunuchorum

12 1 Morabatur autem eo tempore in
aula regis cum Bagatha et Thara
eunuchis regis, qui ianitores erant palatii.
2 Cumque intellexisset cogitationes eorum,
et curas diligentius pervidisset, didicit
quod conarentur in regem Artaxerxem
manus mittere, et nuntiavit super eo regi.
3 Qui de utroque, habita quaestione, con-
fessos iussit duci ad mortem. 4 Rex autem
quod gestum erat, scripsit in commentariis: sed et Mardochaeus rei memoriam
litteris tradidit. 5 Praecepitque ei rex, ut
in aula palatii moraretur, datis ei pro
delatione muneribus. 6 Aman vero filius
Amadathi Bugaeus erat gloriosissimus coram rege, et voluit nocere Mardochaeo,
et populo eius pro duobus eunuchis regis,
qui fuerant interfecti.

Hucusque prooemium.
Quae sequuntur, in eo loco posita erant, ubi scriptum est in volumine:

Et diripuerunt bona, vel substantias
eorum.

Quae in sola vulgata editione reperimus.

Epistolae autem hoc exemplar fuit.

13 1 Rex maximus Artaxerxes ab India
usque Aethiopiam centum viginti
septem provinciarum principibus, et ducibus, qui eius imperio subiecti sunt, salutem. 2 Cum plurimis gentibus imperarem,
et universum orbem meae ditioni sub-
iugassem, volui nequaquam abuti potentiae magnitudine, sed clementia et lenitate
gubernare subiectos, ut absque ullo terrore vitam silentio transigentes, optata
cunctis mortalibus pace fruerentur.
3 Quaerente autem me a consiliariis meis
quomodo posset hoc impleri, unus qui
sapientia et fide caeteros praecellebat, et
erat post regem secundus, Aman nomine,
4 indicavit mihi in toto orbe terrarum populum esse dispersum, qui novis uteretur
legibus, et contra omnium gentium consuetudinem faciens, regum iussa contem-
neret, et universarum concordiam nationum sua dissensione violaret. 5 Quod cum
didicissemus, videntes unam gentem rebellem adversus omne hominum genus
perversis, uti legibus, nostrisque iussioni-
bus contraire, et turbare subiectarum nobis provinciarum pacem atque concordiam, 6 iussimus ut quoscumque Aman,
qui omnibus provinciis praepositus est et
secundus a rege, et quem patris loco
colimus, monstraverit, cum coniugibus ac
liberis deleantur ab inimicis suis, nullusque eorum misereatur quartadecima
die duodecimi mensis Adar anni praesentis: 7 ut nefarii homines uno die ad inferos
descendentes, reddant imperio nostro pacem, quam turbaverant.

Hucusque exemplar epistolae.
Quae sequuntur, post eum locum scripta reperi, ubi legitur:

Pergensque Mardochaeus, fecit omnia,
quae ei mandaverat Esther.

Nec tamen habentur in Hebraico, et apud nullum penitus feruntur interpretum.

Mardochaei deprecatio

8 Mardochaeus autem deprecatus est
Dominum, memor omnium operum eius,
9 et dixit: Domine Domine rex omnipotens, in ditione enim tua cuncta sunt posita, et non est qui possit tuae resistere
voluntati, si decreveris salvare Israel. 10 Tu
fecisti caelum et terram, et quidquid caeli
ambitu continetur. 11 Dominus omnium
es, nec est qui resistat maiestati tuae.
12 Cuncta nosti, et scis quia non pro
superbia et contumelia, et aliqua gloriae
cupiditate, fecerim hoc, ut non adorarem
Aman superbissimum 13 (Libenter enim
pro salute Israel etiam vestigia pedum
eius deosculari paratus essem), 14 sed timui ne honorem Dei mei transferrem ad
hominem et ne quemquam adorarem,

12 1-4: Esth 2,21-23; 6,2. — 5: Esth 6,3. — 6: Esth 3,1.6.13.

13 1: Esth 1,1; 3,12; 16,1. — 2: Esth 16,8. — 3: Esth 3,1. — 4: Esth 3,8. — 6: Esth 3,13. — 7: Esth 4,17. — 12: Esth 3,2.

excepto Deo meo. 15 Et nunc, Domine
rex Deus Abraham, miserere populi tui,
quia volunt nos inimici nostri perdere, et
haereditatem tuam delere. 16 Ne despicias
partem tuam, quam redemisti tibi de
Aegypto. 17 Exaudi deprecationem meam,
et propitius esto sorti et funiculo tuo, et
converte luctum nostrum in gaudium, ut
viventes laudemus nomen tuum Domine,
et ne claudas ora te canentium. 18 Omnis
quoque Israel pari mente et obsecratione
clamavit ad Dominum, eo quod eis certa
mors impenderet.

Esther planctus et deprecatio

14 1 Esther quoque regina confugit ad
Dominum, pavens periculum, quod
imminebat. 2 Cumque deposuisset vestes
regias, fletibus et luctui apta indumenta
suscepit, et pro unguentis variis, cinere
et stercore implevit caput, et corpus suum
humiliavit ieiuniis: omniaque loca, in
quibus antea laetari consueverat, crinium
laceratione complevit.
3 Et deprecabatur Dominum Deum Israel, dicens: Domine mi, qui rex noster
es solus, adiuva me solitariam, et cuius
praeter te nullus est auxiliator alius. 4 Periculum meum in manibus meis est. 5 Audivi a patre meo quod tu Domine tulisses
Israel de cunctis gentibus, et patres nostros ex omnibus retro maioribus suis, ut
possideres haereditatem sempiternam, fe-
cistique eis sicut locutus es. 6 Peccavimus
in conspectu tuo, et idcirco tradidisti nos
in manus inimicorum nostrorum: 7 colui-
mus enim deos eorum. Iustus es Domine: 8 et nunc non eis sufficit, quod durissima nos opprimunt servitute, sed robur
manuum suarum, idolorum potentiae de-
putantes, 9 volunt tua mutare promissa,
et delere haereditatem tuam, et claudere
ora laudantium te atque extinguere gloriam templi et altaris tui, 10 ut aperiant
ora gentium, et laudent idolorum fortitudinem, et praedicent carnalem regem
in sempiternum.
11 Ne tradas Domine sceptrum tuum
his, qui non sunt, ne rideant ad ruinam
nostram: sed converte consilium eorum
super eos, et eum, qui in nos coepit sae-
vire, disperde. 12 Memento Domine, et
ostende te nobis in tempore tribulationis
nostrae, et da mihi fiduciam Domine rex
deorum, et universae potestatis: 13 tribue
sermonem compositum in ore meo in
conspectu leonis, et transfer cor illius in
odium hostis nostri, ut et ipse pereat, et
caeteri, qui ei consentiunt. 14 Nos autem
libera manu tua, et adiuva me, nullum
aliud auxilium habentem, nisi te, Domine, qui habes omnium scientiam, 15 et
nosti quia oderim gloriam iniquorum, et
detester cubile incircumcisorum, et omnis alienigenae. 16 Tu scis necessitatem
meam, quod abominer signum superbiae
et gloriae meae, quod est super caput
meum in diebus ostentationis meae, et detester illud quasi pannum menstruatae, et
non portem in diebus silentii mei, 17 et
quod non comederim in mensa Aman,
nec mihi placuerit convivium regis, et non
biberim vinum libaminum: 18 et nunquam
laetata sit ancilla tua, ex quo huc translata sum usque in praesentem diem, nisi in
te Domine Deus Abraham. 19 Deus fortis
super omnes, exaudi vocem eorum, qui
nullam aliam spem habent, et libera nos
de manu iniquorum, et erue me a timore
meo.

Haec quoque addita reperi in editione vulgata.

15 1 Et mandavit ei (haud dubium
quin esset Mardochaeus) ut ingrederetur ad regem, et rogaret pro populo
suo et pro patria sua. 2 Memorare (inquit)
dierum humilitatis tuae, quomodo nutri-
ta sis in manu mea, quia Aman secundus
a rege locutus est contra nos in mortem:
3 et tu invoca Dominum, et loquere regi
pro nobis, et libera nos de morte.

Necnon et ista quae subdita sunt.

Esther regina Assuerum regem adit

4 Die autem tertio deposuit vestimenta
ornatus sui, et circumdata est gloria sua.
5 Cumque regio fulgeret habitu, et invo-
casset omnium rectorem et salvatorem
Deum, assumpsit duas famulas, 6 super
unam quidem innitebatur, quasi prae deliciis et nimia teneritudine corpus suum
ferre non sustinens: 7 altera autem famularum sequebatur dominam, defluentia in
humum indumenta sustentans. 8 Ipsa autem roseo colore vultum perfusa, et gratis ac nitentibus oculis tristem celabat animum, et nimio timore contractum. 9 Ingressa igitur cuncta per ordinem ostia
stetit contra regem, ubi ille residebat super solium regni sui, indutus vestibus regiis, auroque fulgens, et pretiosis lapidibus, eratque terribilis aspectu. 10 Cumque
elevasset faciem, et ardentibus oculis furorem pectoris indicasset, regina corruit,
et in pallorem colore mutato, lassum super ancillulam reclinavit caput.
11 Convertitque Deus spiritum regis in
mansuetudinem, et festinus ac metuens

14 2: Esth 4,16. — 5: Deut 4,20; 32,9. — 6: Iud 2,13-14. — 9: Esth 13,17. — 15: Esth 13,12. — 16: Esth 2,17.

15 1: Esth 4,8. — 2: Esth 2,7; 3,8. — 4-19: Esth 5,1-2. — 13: Esth 4,11. — 14: Esth 8,4.

exilivit de solio, et sustentans eam ulnis
suis, donec rediret ad se, his verbis blan-
diebatur: 12 Quid habes Esther? Ego sum
frater tuus, noli metuere. 13 Non morieris: non enim pro te, sed pro omnibus
haec lex constituta est. 14 Accede igitur et
tange sceptrum. 15 Cumque illa reticeret,
tulit auream virgam, et posuit super collum eius, et osculatus est eam, et ait: Cur
mihi non loqueris? 16 Quae respondit: Vidi te domine quasi angelum Dei, et conturbatum est cor meum prae timore gloriae tuae. 17 Valde enim mirabilis es domine, et facies tua plena est gratiarum.
18 Cumque loqueretur, rursus corruit, et
pene exanimata est. 19 Rex autem turba-
batur, et omnes ministri eius consolabantur eam.

Exemplar epistolae Assueri pro Iudaeorum salute

Exemplar epistolae regis Artaxerxis, quam pro Iudaeis ad totas regni sui provincias misit: quod et ipsum in hebraico volumine non habetur.

16 1 Rex magnus Artaxerxes ab India
usque Aethiopiam centum viginti
septem provinciarum ducibus ac principibus, qui nostrae iussioni obediunt, salutem dicit.
2 Multi bonitate principum et honore,
qui in eos collatus est, abusi sunt in superbiam: 3 et non solum subiectos regibus
nituntur opprimere, sed datam sibi gloriam non ferentes, in ipsos, qui dederunt,
moliuntur insidias. 4 Nec contenti sunt
gratias non agere beneficiis, et humanitatis in se iura violare, sed Dei quoque
cuncta cernentis arbitrantur se posse fugere sententiam. 5 Et in tantum vesaniae
proruperunt, ut eos, qui credita sibi officia diligenter observant, et ita cuncta
agunt ut omnium laude digni sint, men-
daciorum cuniculis conentur subvertere,
6 dum aures principum simplices, et ex
sua natura alios aestimamtes, callida fraude decipiunt. 7 Quae res et ex veteribus
probatur historiis, et ex his, quae geruntur quotidie, quomodo malis quorumdam
suggestionibus regum studia depraventur.
8 Unde providendum est paci omnium
provinciarum. 9 Nec putare debetis, si diversa iubeamus, ex animi nostri venire levitate, sed pro qualitate et necessitate temporum, ut reipublicae poscit utilitas, ferre sententiam.
10 Et ut manifestius quod dicimus intelligatis, Aman filius Amadathi, et animo
et gente Macedo, alienusque a Persarum
sanguine, et pietatem nostram sua crudelitate commaculans, peregrinus a nobis
susceptus est: 11 et tantam in se expertus
humanitatem, ut pater noster vocaretur,
et adoraretur ab omnibus post regem secundus; 12 qui in tantum arrogantiae tumorem sublatus est, ut regno privare nos
niteretur et spiritu. 13 Nam Mardochaeum,
cuius fide et beneficiis vivimus, et consor-
tem regni nostri Esther cum omni gente
sua, novis quibusdam atque inauditis machinis expetivit in mortem: 14 hoc cogitans ut illis interfectis, insidiaretur nostrae solitudini, et regnum Persarum transferret in Macedonas. 15 Nos autem a pessimo mortalium Iudaeos neci destinatos,
in nulla penitus culpa reperimus, sed econtrario iustis utentes legibus, 16 et filios altissimi et maximi, semperque viventis Dei,
cuius beneficio et patribus nostris et nobis regnum est traditum, et usque hodie
custoditur. 17 Unde eas litteras, quas sub
nomine nostro ille direxerat, sciatis esse
irritas. 18 Pro quo scelere ante portas
huius urbis, id est, Susan, et ipse qui ma-
chinatus est, omnis cognatio eius pendet
in patibulis: non nobis, sed Deo reddente
ei quod meruit.
19 Hoc autem edictum, quod nunc mittimus, in cunctis urbibus proponatur, ut
liceat Iudaeis uti legibus suis. 20 Quibus
debetis esse adminiculo, ut eos, qui se ad
necem eorum paraverant, possint interficere tertiadecima die mensis duodecimi,
qui vocatur Adar. 21 Hanc enim diem,
Deus omnipotens, moeroris et luctus, eis
vertit in gaudium. 22 Unde et vos inter
caeteros festos dies, hanc habetote diem,
et celebrate eam cum omni laetitia, ut et
in posterum cognoscatur, 23 omnes, qui
fideliter Persis obediunt, dignam pro fide
recipere mercedem: qui autem insidiantur regno eorum, perire pro scelere. 24 Omnis autem provincia et civitas, quae noluerit solemnitatis huius esse particeps,
gladio et igne pereat, et sic deleatur, ut
non solum hominibus, sed etiam bestiis
invia sit in sempiternum, pro exemplo
contemptus, et inobedientiae.

16 **1**: Esth 13,1. — **9**: Esth 3,13; 13,1-7. — **10**: Esth 3,1. — **11**: Esth 13,3.6. — **12**: Esth 7,5-6. — **16**: Is 45,1. — **17**: Esth 13,1-7. — **18**: Esth 7,10; 9,6-9.14. — **22**: Esth 9,21.

L I B E R I O B

SUMMARIUM *Prologus historicus (1-2): Prima disceptatio Iob cum amicis (3-14). Secunda disceptatio (15-21). Tertia disceptatio (22-31). Sermones Eliu (32-37). Dei interventus (38,1-42,6). Epilogus historicus (42,7-16)*

PROLOGUS HISTORICUS

(1,1-2,13)

Iob pietas et felicitas

1 1 Vir erat in terra Hus, nomine Iob;
et erat vir ille simplex, et rectus, ac
timens Deum, et recedens a malo. 2 Natique sunt ei septem filii, et tres filiae. 3 Et
fuit possessio eius septem millia ovium,
et tria millia camelorum, quingenta quoque iuga boum, et quingentae asinae, ac
familia multa nimis: eratque vir ille magnus inter omnes orientales.
4 Et ibant filii eius, et faciebant convivium per domos, unusquisque in die suo.
Et mittentes vocabant tres sorores suas,
ut comederent et biberent cum eis. 5 Cumque in orbem transissent dies convivii,
mittebat ad eos Iob, et sanctificabat illos:
consurgensque diluculo, offerebat holocausta pro singulis.Dicebat enim: Ne forte peccaverint filii mei, et benedixerint
Deo in cordibus suis. Sic faciebat Iob
cunctis diebus.

Iob probatio in bonorum exspoliatione

6 Quadam autem die, cum venissent
filii Dei ut assisterent coram Domino,
affuit inter eos etiam Satan. 7 Cui dixit
Dominus: Unde venis? Qui respondens,
ait: Circuivi terram, et perambulavi eam.
8 Dixitque Dominus ad eum: Numquid
considerasti servum meum Iob, quod non
sit ei similis in terra, homo simplex et rectus, ac timens Deum, et recedens a malo?
9 Cui respondens Satan, ait: Numquid Iob
frustra timet Deum? 10 Nonne tu vallasti
eum, ac domum eius, universamque substantiam per circuitum, operibus manuum
eius benedixisti, et possessio eius crevit
in terra? 11 Sed extende paululum manum
tuam et tange cuncta quae possidet, nisi
in faciem benedixerit tibi. 12 Dixit ergo
Dominus ad Satan: Ecce universa quae
habet in manu tua sunt; tantum in eum
ne extendas manum tuam. Egressusque
est Satan a facie Domini.
13 Cum autem quadam die filii et filiae
eius comederent et biberent vinum in domo fratris sui primogeniti, 14 nuntius venit ad Iob, qui diceret: Boves arabant, et
asinae pascebantur iuxta eos; 15 et irruerunt Sabaei, tuleruntque omnia, et pueros percusserunt gladio; et evasi ego solus,
ut nuntiarem tibi.
16 Cumque adhuc ille loqueretur, venit
alter, et dixit: Ignis Dei cecidit e caelo, et
tactas oves puerosque consumpsit; et effugi ego solus, ut nuntiarem tibi.
17 Sed et illo adhuc loquente, venit alius,
et dixit: Chaldaei fecerunt tres turmas, et
invaserunt camelos, et tulerunt eos, necnon et pueros percusserunt gladio: et ego
fugi solus, ut nuntiarem tibi.
18 Adhuc loquebatur ille, et ecce alius
intravit, et dixit: Filiis tuis et filiabus vescentibus et bibentibus vinum in domo fratris sui primogeniti, 19 repente ventus vehemens irruit a regione deserti, et concussit quatuor angulos domus, quae corruens
oppressit liberos tuos, et mortui sunt; et
effugi ego solus, ut nuntiarem tibi.
20 Tunc surrexit Iob, et scidit vestimenta sua; et tonso capite, corruens in terram,
adoravit, 21 et dixit: Nudus egressus sum
de utero matris meae, et nudus revertar
illuc. Dominus dedit, Dominus abstulit;
sicut Domino placuit, ita factum est. Sit
nomen Domini benedictum. 22 In omnibus his non peccavit Iob labiis suis, neque stultum quid contra Deum locutus est.

Iob probatio in sanitatis privatione

2 1 Factum est autem, cum quadam die
venissent filii Dei, et starent coram
Domino, venisset quoque Satan inter eos,
et staret in conspectu eius, 2 ut diceret Dominus ad Satan: Unde venis? Qui respondens, ait: Circuivi terram, et perambulavi
eam. 3 Et dixit Dominus ad Satan: Numquid considerasti servum meum Iob, quod
non sit ei similis in terra, vir simplex et
rectus, ac timens Deum, et recedens a
malo, et adhuc retinens innocentiam? Tu
autem commovisti me adversus eum, ut
affligerem eum frustra. 4 Cui respondens

1 1: Gen 22,21; Iob 2,3; Ier 25,20; Lam 4,21; Ez 14,14.20; Iac 5,11. — **6-8:** Iob 2,1-3. — **6:** 1 Par 21,1; Iob 38,7; Zach 3,1; Lc 22,31; Apoc 12,9. — **7:** Zach 1,10-11; 1 Petr 5,8. — **8:** Iob 2,3. || Epist. Hadriani: D. 310. — **11-12:** Iob 2,5-6. — **20:** Ier 7,29; 16,6; 48,37; Ez 7,18. — **21:** Eccl 5,14; Eccli 11,14.20; 1 Tim 6,7. — **22:** Iob 2,10; Iac 5,11.

2 1-3: Iob 1,6-8. — **5:** Iob 1,11. — **7:** Ex 9,9; Lev 13,18. — **9:** Iob 19,17. — **10:** Iob 1,21-

Satan, ait: Pellem pro pelle, et cuncta
quae habet homo dabit pro anima sua;
5 alioquin mitte manum tuam, et tange
os eius et carnem; et tunc videbis quod
in faciem benedicat tibi. 6 Dixit ergo Dominus ad Satan: Ecce in manu tua est;
verumtamen animam illius serva.
7 Egressus igitur Satan a facie Domini,
percussit Iob ulcere pessimo, a planta pedis usque ad verticem eius; 8 qui testa sa-
niem radebat, sedens in sterquilinio. 9 Dixit autem illi uxor sua: Adhuc tu permanes in simplicitate tua? Benedic Deo, et
morere. 10 Qui ait ad illam: Quasi una
de stultis mulieribus locuta es; si bona
suscepimus de manu Dei, mala quare non
suscipiamus? In omnibus his non peccavit Iob labiis suis.

Iob ab amicis visitatur

11 Igitur audientes tres amici Iob omne
malum quod accidisset ei, venerunt singuli de loco suo, Eliphaz Themanites, et
Baldad Suhites, et Sopha Naamathites.
Condixerant enim ut pariter venientes
visitarent eum, et consolarentur. 12 Cumque elevassent procul oculos suos, non
cognoverunt eum, et exclamantes ploraverunt, scissisque vestibus, sparserunt pulverem super caput suum in caelum. Et
sederunt cum eo in terra septem diebus
et septem noctibus; et nemo loquebatur
ei verbum, videbant enim dolorem esse
vehementem.

PARS PRIMA

Triplex Iob cum amicis disceptatio

(3,1-31,40)

Prima disceptatio

(3,1-14,22)

Iob lamentatio

3 1 Post haec aperuit Iob os suum, et
maledixit diei suo, 2 et locutus est:

3 Pereat dies in qua natus sum,
Et nox in qua dictum est: Conceptus est homo!
4 Dies ille vertatur in tenebras;
Non requirat eum Deus desuper,
Et non illustretur lumine.
5 Obscurent eum tenebrae et umbra mortis;
Occupet eum caligo,
Et involvatur amaritudine.
6 Noctem illam tenebrosus turbo possideat;
Non computetur in diebus anni,
Nec numeretur in mensibus.
7 Sit nox illa solitaria,
Nec laude digna.
8 Maledicant ei qui maledicunt diei,
Qui parati sunt suscitare Leviathan.
9 Obtenebrentur stellae caligine eius;
Expectet lucem, et non videat,
Nec ortum surgentis aurorae.
10 Quia non conclusit ostia ventris qui portavit me,
Nec abstulit mala ab oculis meis.
11 Quare non in vulva mortuus sum?
Egressus ex utero non statim perii?
12 Quare exceptus genibus?
Cur lactatus uberibus?
13 Nunc enim dormiens silerem,
Et somno meo requiescerem
14 Cum regibus et consulibus terrae,
Qui aedificant sibi solitudines;
15 Aut cum principibus qui possident aurum,
Et replent domos suas argento;
16 Aut sicut abortivum absconditum non subsisterem,
Vel qui concepti non viderunt lucem.
17 Ibi impii cessaverunt a tumultu,
Et ibi requieverunt fessi robore.
18 Et quondam vincti pariter sine molestia,
Non audierunt vocem exactoris.
19 Parvus et magnus ibi sunt,
Et servus liber a domino suo.
20 Quare misero data est lux,
Et vita his qui in amaritudine animae sunt?
21 Qui expectant mortem, et non venit,
Quasi effodientes thesaurum;
22 Gaudentque vehementer
Cum invenerint sepulchrum?
23 Viro cuius abscondita est via
Et circumdedit eum Deus tenebris?
24 Antequam comedam, suspiro;
Et tanquam innundantes aquae, sic rugitus meus;
25 Quia timor quem timebam evenit mihi,
Et quod verebar accidit.
26 Nonne dissimulavi? nonne silui? nonne quievi?
Et venit super me indignatio.

Accusatio Eliphaz

4 1 Respondens autem Eliphaz Themanites, dixit:
2 Si coeperimus loqui tibi, forsitan moleste accipies;
Sed conceptum sermonem tenere quis poterit?

22: Eccli 2,4; Iac 5,11. — 13: Gen 50,10; Ez 3,15.

3 3: Ier 20,14-18. — 11: Iob 10,18-19. — 12: Gen 30,3; 50,22.

3 Ecce docuisti multos,
Et manus lassas roborasti;
4 Vacilantes confirmaverunt sermones tui,
Et genua trementia confortasti.
5 Nunc autem venit super te plaga, et defecisti;
Tetigit te, et conturbatus es.
6 Ubi est timor tuus, fortitudo tua?
Patientia tua et perfectio viarum tuarum?
7 Recordare, obsecro te, quis unquam innocens periit;
Aut quando recti deleti sunt?
8 Quin potius vidi eos qui operantur iniquitatem,
Et seminant dolores, et metunt eos,
9 Flante Deo perisse,
Et spiritu irae eius esse consumptos.
10 Rugitus leonis, et vos leaenae,
Et dentes catulorum leonum contriti sunt.
11 Tigris periit, eo quod non haberet praedam,
Et catuli leonis dissipati sunt.
12 Porro ad me dictum est verbum absconditum,
Et quasi furtive suscepit auris mea venas susurri eius.
13 In horrore visionis nocturnae,
Quando solet sopor occupare homines,
14 Pavor tenuit me, et tremor,
Et omnia ossa mea perterrita sunt;
15 Et cum spiritus, me praesente, transiret,
Inhorruerunt pili carnis meae.
16 Stetit quidam, cuius non agnoscebam vultum,
Imago coram oculis meis,
Et vocem quasi aurae lenis audivi.
17 Numquid homo, Dei comparatione, iustificabitur?
Aut factore suo purior erit vir?
18 Ecce qui serviunt ei, non sunt stabiles,
Et in angelis suis reperit pravitatem;
19 Quanto magis hi qui habitant domos luteas,
Qui terrenum habent fundamentum,
Consumentur velut a tinea!
20 De mane usque ad vesperam succidentur;
Et quia nullus intelligit, in aeternum peribunt.
21 Qui autem reliqui fuerint, auferentur ex eis;
Morientur, et non in sapientia.

5 1 Voca ergo, si est qui tibi respondeat,
Et ad aliquem sanctorum convertere.
2 Vere stultum interficit iracundia,
Et parvulum accidit invidia.
3 Ego vidi stultum firma radice;
Et maledixi pulchritudini eius statim.
4 Longe fient filii eius a salute,
Et conterentur in porta,
Et non erit qui eruat.
5 Cuius messem famelicus comedet,
Et ipsum rapiet armatus,
Et bibent sitientes divitias eius.
6 Nihil in terra sine causa fit,
Et de humo non oritur dolor.
7 Homo nascitur ad laborem,
Et avis ad volatum.
8 Quamobrem ego deprecabor Dominum,
Et ad Deum ponam eloquium meum,
9 Qui facit magna et inscrutabilia,
Et mirabilia absque numero;
10 Qui dat pluviam super faciem terrae,
Et irrigat aquis universa;
11 Qui ponit humiles in sublime,
Et moerentes erigit sospitate;
12 Qui dissipat cogitationes malignorum,
Ne possint implere manus eorum quod coeperant;
13 Qui apprehendit sapientes in astutia eorum,
Et consilium pravorum dissipat.
14 Per diem incurrent tenebras,
Et quasi in nocte, sic palpabunt in meridie.
15 Porro salvum faciet egenum a gladio oris eorum,
Et de manu violenti pauperem.
16 Et erit egeno spes;
Iniquitas autem contrahet os suum.
17 Beatus homo qui corripitur a Deo.
Increpationem ergo Domini ne reprobes;
18 Quia ipse vulnerat, et medetur;
Percutit, et manus eius sanabunt.
19 In sex tribulationibus liberabit te,
Et in septima non tanget te malum.
20 In fame eruet te de morte,
Et in bello de manu gladii.
21 A flagello linguae absconderis,
Et non timebis calamitatem cum venerit.
22 In vastitate et fame ridebis,
Et bestias terrae non formidabis.
23 Sed cum lapidibus regionum pactum tuum,
Et bestiae terrae pacificae erunt tibi.
24 Et scies quod pacem habeat tabernaculum tuum;
Et visitans speciem tuam, non peccabis.
25 Scies quoque quoniam multiplex erit semen tuum,
Et progenies tua quasi herba terrae.
26 Ingredieris in abundantia sepulchrum,
Sicut infertur acervus tritici in tempore suo.

4 1: Iob 2,11. — 3: Iob 29,12-16. — 6: Tob 2,16. — 7: Ps 36,25; Eccli 2,12. — 8: Ps 8,7; 10,13. — 9: Ex 15,8; Ps 17,16; Is 11,4, 2 Thess 2,8. — 13: Iob 33,15. — 17: Iob 9,2; 10,4; 15,14-16; 25,4; Ps 129,3; 142,2. — 18: Iob 15,15; 25,5; 2 Petr 2,4; Iudae 6. — 19: Gen 3,19; Iob 10,9; 33,6.

5 1: Ps 88,6. — 3: Ps 36,35-36, 72,18-20. — 7: Gen 17-19. — 10: Ps 64,10,11. — 11: 1 Sam 2,7; Ps 112,7; Lc 1,52. — 13: 1 Cor 3,19. 15: Ps 34,10. — 17: Ps 93,12; Prov 3,11-12. — 25: Ps 111,2; 127,3. — 26: Iob 42,16; Prov 9,11 10,27.

27 Ecce hoc, ut investigavimus, ita est.
Quod auditum, mente pertracta.

Responsio Iob

6 1 Respondens autem Iob, dixit:

2 Utinam appenderentur peccata mea quibus iram merui,
Et calamitas quam patior, in statera!
3 Quasi arena maris haec gravior appareret;
Unde et verba mea dolore sunt plena;
4 Quia sagittae Domini in me sunt.
Quarum indignatio ebibit spiritum meum,
Et terrores Domini militant contra me.
5 Numquid rugiet onager cum habuerit herbam?
Aut mugiet bos cum ante praesepe plenum steterit?
6 Aut poterit comedi insulsum, quod non est sale conditum?
Aut potest aliquis gustare quod gustatum affert mortem?
7 Quae prius nolebat tangere anima mea,
Nunc, prae angustia, cibi mei sunt.
8 Quis det ut veniat petitio mea,
Et quod expecto tribuat mihi Deus?
9 Et qui coepit, ipse me conterat;
Solvat manum suam, et succidat me?
10 Et haec mihi sit consolatio, ut affligens me dolore, non parcat,
Nec contradicam sermonibus Sancti.
11 Quae est enim fortitudo mea, ut sustineam?
Aut quis finis meus, ut patienter agam?
12 Nec fortitudo lapidum fortitudo mea,
Nec caro mea aenea est.
13 Ecce non est auxilium mihi in me;
Et necessarii quoque mei recesserunt a me.
14 Qui tollit ab amico suo misericordiam,
Timorem Domini derelinquit.
15 Fratres mei praeterierunt me, sicut torrens
Qui raptim transit in convallibus.
16 Qui timent pruinam,
Irruet super eos nix.
17 Tempore quo fuerint dissipati, peribunt;
Et ut incaluerit, solventur de loco suo.
18 Involutae sunt semitae gressuum eorum;
Ambulabunt in vacuum, et peribunt.
19 Considerate semitas Thema.
Itinera Saba, et expectate paulisper.
20 Confusi sunt, quia speravi;
Venerunt quoque usque ad me, et pudore cooperti sunt.
21 Nunc venistis;
Et modo videntes plagam meam, timetis.
22 Numquid dixi: Afferte mihi,
Et de substantia vestra donate mihi?
23 Vel: Liberate me de manu hostis,
Et de manu robustorum eruite me?
24 Docete me, et ego tacebo;
Et si quid forte ignoravi, instruite me.
25 Quare detraxistis sermonibus veritatis,
Cum e vobis nullus sit qui possit arguere me?
26 Ad increpandum tantum eloquia concinnatis,
Et in ventum verba profertis.
27 Super pupillum irruitis,
Et subvertere nitimini amicum vestrum.
28 Verumtamen quod coepistis explete;
Praebete aurem, et videte an mentiar.
29 Respondete, obsecro, absque contentione;
Et loquentes id quod iustum est, iudicate.
30 Et non invenietis in lingua mea iniquitatem,
Nec in faucibus meis stultitia personabit.

7 1 Militia est vita hominis super terram;

Et sicut dies mercenarii, dies eius.
2 Sicut servus desiderat umbram,
Et sicut mercenarius praestolatur finem operis sui,
3 Sic et ego habui menses vacuos,
Et noctes laboriosas enumeravi mihi.
4 Si dormiero, dicam: Quando consurgam?
Et rursum expectabo vesperam,
Et replebor doloribus usque ad tenebras.
5 Induta est caro mea putredine;
Et sordibus pulveris cutis mea aruit et contracta est.
6 Dies mei velocius transierunt quam a texente tela succiditur;
Et consumpti sunt absque ulla spe.
7 Memento quia ventus est vita mea,
Et non revertetur oculus meus ut videat bona.
8 Nec aspiciet me visus hominis;
Oculi tui in me, et non subsistam.
9 Sicut consumitur nubes, et pertransit,
Sic qui descenderit ad inferos, non ascendet.
10 Nec revertetur ultra in domum suam,
Neque cognoscet eum amplius locus eius.
11 Quapropter et ego non parcam ori meo;
Loquar in tribulatione spiritus mei,
Confabulabor cum amaritudine animae meae.
12 Numquid mare ego sum, aut cetus,
Quia circumdedisti me carcere?
13 Si dixero: Consolabitur me lectulus meus,
Et relevabor loquens mecum in strato meo;
14 Terrebis me per somnia,
Et per visiones horrore concuties.

6 4: Ps 37,2; 87,17. — 10: Is 40,25; Bar 4,22; Hab 3,3. — 13: Iob 19,14-15.

7 1: Iob 14,14; 1 Tim 1,18; 2 Tim 2,3-5. — 5: Iob 2,7. — 7: Ps 77,39. — 9-10: 2 Sam

15 Quamobrem elegit suspendium anima mea,
Et mortem ossa mea.
16 Desperavi, nequaquam ultra iam vivam;
Parce mihi, nihil enim sunt dies mei.
17 Quid est homo, quia magnificas eum?
Aut quid apponis erga eum cor tuum?
18 Visitas eum diluculo,
Et subito probas illum.
19 Usquequo non parcis mihi,
Nec dimittis me ut glutiam salivam meam?
20 Peccavi; quid faciam tibi, o custos hominum?
Quare posuisti me contrarium tibi,
Et factus sum mihimetipsi gravis?
21 Cur non tollis peccatum meum,
Et quare non aufers iniquitatem meam?
Ecce nunc in pulvere dormiam;
Et si mane me quaesieris, non subsistam.

Acusatio Baldad

8 1 Respondens autem Baldad Suhites, dixit:
2 Usquequo loqueris talia,
Et spiritus multiplex sermones oris tui?
3 Numquid Deus supplantat iudicium?
Aut Omnipotens subvertit quod iustum est?
4 Etiam si filii tui peccaverunt ei,
Et dimisit eos in manu iniquitatis suae:
5 Tu tamen si diluculo consurrexeris ad Deum,
Et Omnipotentem fueris deprecatus:
6 Si mundus et rectus incesseris,
Statim evigilabit ad te,
Et peccatum reddet habitaculum iustitiae tuae;
7 In tantum, ut si priora tua fuerint parva,
Et novissima tua multiplicentur nimis.
8 Interroga enim generationem pristinam,
Et diligenter investiga patrum memoriam:
9 (Hesterni quippe sumus, et ignoramus,
Quoniam sicut umbra dies nostri sunt super terram.)
10 Et ipsi docebunt te, loquentur tibi,
Et de corde suo proferent eloquia:
11 Numquid virere potest scirpus absque humore?
Aut crescere carectum sine aqua?
12 Cum adhuc sit in flore, nec carpatur manu,
Ante omnes herbas arescit.
13 Sic viae omnium qui obliviscuntur Deum,
Et spes hipocritae peribit.
14 Non ei placebit vecordia sua,
Et sicut tela aranearum fiducia eius.
15 Innitetur super domum suam, et non stabit;
Fulciet eam, et non consurget.
16 Humectus videtur antequam veniat sol,
Et in ortu suo germen eius egredietur.
17 Super acervum petrarum radices eius densabuntur,
Et inter lapides commorabitur.
18 Si absorbuerit eum de loco suo,
Negabit eum, et dicet: Non novi te.
19 Haec est enim laetitia viae eius,
Ut rursum de terra alii germinentur.
20 Deus non proiiciet simplicem,
Nec porriget manum malignis,
21 Donec impleatur risu os tuum,
Et labia tua iubilo.
22 Qui oderunt te induentur confusione,
Et tabernaculum impiorum non subsistet.

Responsio Iob

9 1 Et respondens Iob, ait:
2 Vere scio quod ita sit,
Et quod non iustificetur homo compositus Deo.
3 Si voluerit contendere cum eo,
Non poterit ei respondere unum pro mille.
4 Sapiens corde est, et fortis robore:
Quis restitit ei, et pacem habuit?
5 Qui transtulit montes, et nescierunt
Hi quos subvertit in furore suo.
6 Qui commovet terram de loco suo,
Et columnae eius concutiuntur.
7 Qui praecipit soli, et non oritur,
Et stellas claudit quasi sub signaculo.
8 Qui extendit caelos solus,
Et graditur super fluctus maris.
9 Qui facit Arcturum et Oriona,
Et Hyadas et interiora austri.
10 Qui facit magna, et incomprehensibilia,
Et mirabilia, quorum non est numerus.
11 Si venerit ad me, non videbo eum;
Si abierit, non intelligam.
12 Si repente interroget, quis respondebit ei?
Vel quis dicere potest: Cur ita facis?
13 Deus, cuius irae nemo resistere potest,
Et sub quo curvantur qui portant orbem.
14 Quantus ergo sum ego, ut respondeam ei,
Et loquar verbis meis cum eo?
15 Qui, etiam si habuero quippiam iustum, non respondebo.
Sed meum iudicem deprecabor.
16 Et cum invocantem exaudierit me,
Non credo quod audierit vocem meam.

12,23; 14,14; Iob 10,21; 14,10-12; 16,23; Sap 2,1. — **16:** Iob 14,1-5. — **17:** Ps 8,5; 143,3. — **18:** Ps 16,3.

8 **1:** Iob 2,11. — **3:** Iob 34,10.12. — **4:** Iob 1, 5.18-19. — **8:** Deut 4,32; 32,7. — **9:** Iob 14,2; Ps 101,12; 108,23; 143,4; Eccl 7,1; Sap 2,5. — **13:** Iob 11,20; 18,14; Prov 10,28.

9 **2:** Iob 4,17-19; 25,4. — **6:** Iob 26,11; Is 13, 13. — **8:** Ps 103,2; Is 40,22. — **9:** Gen 1, 16; Iob 38,31-32. — **13:** Nah 1,6. — **15:** Iob 10,

17 In turbine enim conteret me,
Et multiplicabit vulnera mea, etiam sine causa.
18 Non concedit requiescere spiritum meum,
Et implet me amaritudinibus.
19 Si fortitudo quaeritur, robustissimus est;
Si aequitas iudicii, nemo audet pro me testimonium dicere.
20 Si iustificare me voluero, os meum condemnabit me;
Si innocentem ostendero, pravum me comprobabit.
21 Etiam si simplex fuero, hoc ipsum ignorabit anima mea,
Et taedebit me vitae meae.
22 Unum est quod locutus sum:
Et innocentem et impium ipse consumit.
23 Si flagellat, occidat semel.
Et non de poenis innocentum rideat.
24 Terra data est in manus impii,
Vultum iudicum eius operit.
Quod si non ille est, quis ergo est?
25 Dies mei velociores fuerunt cursore;
Fugerunt, et non viderunt bonum.
26 Pertransierunt quasi naves poma portantes,
Sicut aquila volans ad escam.
27 Cum dixero: Nequaquam ita loquar,
Commuto faciem meam, et dolore torqueor.
28 Verebar omnia opera mea,
Sciens quod non parceres delinquenti.
29 Si autem et sic impius sum,
Quare frustra laboravi?
30 Si lotus fuero quasi aquis nivis,
Et fulserint velut mundissimae manus meae,
31 Tamen sordibus intinges me,
Et abominabuntur me vestimenta mea,
32 Neque enim viro qui similis mei est, respondebo;
Nec qui mecum in iudicio ex aequo possit audiri.
33 Non est qui utrumque valeat arguere,
Et ponere manum suam in ambobus.
34 Auferat a me virgam suam,
Et pavor eius non me terreat.
35 Loquar, et non timebo eum;
Neque enim possum metuens respondere.

10 1 Taedet animam meam vitae meae;
Dimittam adversum me eloquium meum,
Loquar in amaritudine animae meae.
2 Dicam Deo: Noli me condemnare;
Indica mihi cur me ita iudices.
3 Numquid bonum tibi videtur, si calumnieris me,
Et opprimas me opus manuum tuarum,
Et consilium impiorum adiuves?
4 Numquid oculi carnei tibi sunt?
Aut sicut videt homo, et tu videbis?
5 Numquid sicut dies hominis dies tui,
Et anni tui sicut humana sunt tempora,
6 Ut quaeras iniquitatem meam,
Et peccatum meum scruteris,
7 Et scias quia nihil impium fecerim,
Cum sit nemo qui de manu tua possit eruere?
8 Manus tuae fecerunt me,
Et plasmaverunt me totum in circuitu;
Et sic repente praecipitas me?
9 Memento, quaeso, quod sicut lutum feceris me,
Et in pulverem reduces me.
10 Nonne sicut lac mulsisti me,
Et sicut caseum me coagulasti?
11 Pelle et carnibus vestisti me;
Ossibus et nervis compegisti me.
12 Vitam et misericordiam tribuisti mihi,
Et visitatio tua custodivit spiritum meum.
13 Licet haec celes in corde tuo,
Tamen scio quia universorum memineris.
14 Si peccavi, et ad horam pepercisti mihi,
Cur ab iniquitate mea mundum me esse non pateris?
15 Et si impius fuero, vae mihi est;
Et si iustus, non levabo caput,
Saturatus afflictione et miseria.
16 Et propter superbiam quasi leaenam capies me,
Reversusque mirabiliter me crucias.
17 Instauras testes tuos contra me,
Et multiplicas iram tuam adversum me,
Et poenae militant in me.
18 Quare de vulva eduxisti me:
Qui utinam consumptus essem, ne oculus me videret!
19 Fuissem quasi non essem,
De utero translatus ad tumulum.
20 Numquid non paucitas dierum meorum finitur brevi?
Dimitte ergo me, ut plangam paululum dolorem meum;
21 Antequam vadam, et non revertar,
Ad terram tenebrosam, et opertam mortis caligine:
22 Terram miseriae et tenebrarum,
Ubi umbra mortis et nullus ordo.
Sed sempiternus horror inhabitat.

Accusatio Sophar

11 1 Respondens autem Sophar Naamathites, dixit:
2 Numquid qui multa loquitur, non et audiet?
Aut vir verbosus iustificabitur?
3 Tibi soli tacebunt homines?

15. — **17:** Iob 2,3. — **20:** Iob 15.6. — **21:** Iob 7, 16. — **22:** Eccl 9,2. — **25:** Iob 7,6. — **28:** Iob 10, 14. — **32:** Rom 9,20.

10 1: Iob 7,16; 9,21. — **3:** Gen 2,7; Iob 14, 15; Ps 137,8. — **4:** 1 Sam 16,7. — **5:** Iob 36,26. — **7:** Deut 32,39; Iob 2,3.9; Sap 16,15; Is 43,13. — **8:** Ps 118,73. — **9:** Gen 2,7; 3,19; Iob 4,19; 33,6; 34,15; Ps 145,4; Eccl 12,7. — **18-19:** Iob 3,3.11; Ier 20,14. — **20:** Iob 7,16; 9,27. — **21:** 2 Sam 12,23; Iob 7,9-10; 16,23.

Et cum caeteros irriseris, a nullo confutaberis?
4 Dixisti enim: Purus est sermo meus,
Et mundus sum in conspectu tuo.
5 Atque utinam Deus loqueretur tecum,
Et aperiret labia sua tibi,
6 Ut ostenderet tibi secreta sapientiae,
Et quod multiplex esset lex eius,
Et intelligeres quod multo minora exigaris ab eo,
Quam meretur iniquitas tua!
7 Forsitan vestigia Dei comprehendes,
Et usque ad perfectum Omnipotentem reperies?
8 Excelsior caelo est, et quid facies?
Profundior inferno, et unde cognosces?
9 Longior terra mensura eius
Et latior mari.
10 Si subverterit omnia, vel in unum coarctaverit,
Quis contradicet ei?
11 Ipse enim novit hominum vanitatem;
Et videns iniquitatem, nonne considerat?
12 Vir vanus in superbiam erigitur,
Et tanquam pullum onagri se liberum natum putat.
13 Tu autem firmasti cor tuum,
Et expandisti ad eum manus tuas.
14 Si iniquitatem quae est in manu tua abstuleris a te,
Et non manserit in tabernaculo tuo iniustitia,
15 Tunc levare poteris faciem tuam absque macula;
Et eris stabilis, et non timebis.
16 Miseriae quoque oblivisceris,
Et quasi aquarum quae praeterierunt recordaberis.
17 Et quasi meridianus fulgor consurget tibi ad vesperam;
Et cum te consumptum putaveris, orieris ut lucifer.
18 Et habebis fiduciam, proposita tibi spe,
Et defossus securus dormies.
19 Requiesces, et non erit qui te exterreat;
Et deprecabuntur faciem tuam plurimi.
20 Oculi autem impiorum deficient,
Et effugium peribit ab eis,
Et spes illorum abominatio animae.

Responsio Iob

12 1 Respondens autem Iob, dixit:
2 Ergo vos estis soli homines,
Et vobiscum morietur sapientia?
3 Et mihi est cor sicut et vobis, nec inferior vestri sum;
Quis enim haec quae nostis ignorat?
4 Qui deridetur ab amico suo, sicut ego,
Invocabit Deum, et exaudiet eum;
Deridetur enim iusti simplicitas.
5 Lampas contempta apud cogitationes divitum,
Parata ad tempus statutum.
6 Abundant tabernacula praedonum,
Et audacter provocant Deum,
Cum ipse dederit omnia in manus eorum.
7 Nimirum interroga iumenta, et docebunt te;
Et volatilia caeli, et indicabunt tibi.
8 Loquere terrae, et respondebit tibi;
Et narrabunt pisces maris.
9 Quis ignorat quod omnia haec manus Domini fecerit?
10 In cuius manu anima omnis viventis,
Et spiritus universae carnis hominis.
11 Nonne auris verba diiudicat?
Et fauces comedentis, saporem?
12 In antiquis est sapientia,
Et in multo tempore prudentia.
13 Apud ipsum est sapientia et fortitudo;
Ipse habet consilium et intelligentiam.
14 Si destruxerit, nemo est qui aedificet;
Si incluserit hominem, nullus est qui aperiat.
15 Si continuerit aquas, omnia siccabuntur;
Et si emiserit eas, subvertent terram.
16 Apud ipsum est fortitudo et sapientia;
Ipse novit et decipientem, et eum qui decipitur.
17 Adducit consiliarios in stultum finem,
Et iudices in stuporem.
18 Balteum regum dissolvit,
Et praecingit fune renes eorum.
19 Ducit sacerdotes inglorios,
Et optimates supplantat;
20 Commutans labium veracium,
Et doctrinam senum auferens.
21 Effundit despectionem super principes,
Eos qui oppressi fuerant relevans.
22 Qui revelat profunda de tenebris,
Et producit in lucem umbram mortis.
23 Qui multiplicat gentes, et perdit eas,
Et subversas in integrum restituit.
24 Qui immutat cor principum populi terrae,
Et dicipit eos ut frustra incedant per invium.
25 Palpabunt quasi in tenebris, et non in luce,
Et errare eos faciet quasi ebrios.

13 1 Ecce omnia haec vidit oculus meus,
Et audivit auris mea, et intellexi singula.
2 Secundum scientiam vestram et ego novi;
Nec inferior vestri sum.

11 **1:** Iob 2,11. — **4:** Iob 10,7. — **7:** Iob 5,9; Eccli 43,30-36; Rom 11,33. — **12:** Iob 39, 5-8. — **18:** Lev 26,6; Ps 4,9. — **20:** Lev 26,16; Iob 17,5.

12 **3:** Iob 13,2; 15,9; 16,2. — **4:** Iob 21,3; 30,1; Prov 14,2. — **6:** Iob 21,7; Ps 72, 12. — **9:** Iob 1,21; Is 41,20. — **10:** Num 16,22; Act 17,28. — **11:** Iob 34,3. — **12:** Iob 32,7. — **14:** Is 22,22; Apoc 3,7. — **15:** Gen 7,11-24; Deut 11,17. — **17:** Is 40,23; 44,25. — **21:** Ps 106,40.

[3] Sed tamen ad Omnipotentem loquar,
Et disputare cum Deo cupio,
[4] Prius vos ostendens fabricatores mendacii,
Et cultores perversorum dogmatum.
[5] Atque utinam taceretis,
Ut putaremini esse sapientes!
[6] Audite ergo correptionem meam,
Et iudicium labiorum meorum attendite.
[7] Numquid Deus indiget vestro mendacio,
Ut pro illo loquamini dolos?
[8] Numquid faciem eius accipitis,
Et pro Deo iudicare nitimini?
[9] Aut placebit ei quem celare nihil potest?
Aut decipietur, ut homo, vestris fraudulentiis?
[10] Ipse vos arguet,
Quoniam in abscondito faciem eius accipitis.
[11] Statim ut se commoverit, turbabit vos,
Et terror eius irruet super vos.
[12] Memoria vestra comparabitur cineri,
Et redigentur in lutum cervices vestrae.
[13] Tacete paulisper, ut loquar
Quodcumque mihi mens suggesserit.
[14] Quare lacero carnes meas dentibus meis,
Et animam meam porto in manibus meis?
[15] Etiam si occiderit me, in ipso sperabo;
Verumtamen vias meas in conspectu eius arguam.
[16] Et ipse erit salvator meus:
Non enim veniet in conspectu eius omnis hypocrita.
[17] Audite sermonem meum,
Et aenigmata percipite auribus vestris.
[18] Si fuero iudicatus,
Scio quod iustus inveniar.
[19] Quis est qui iudicetur mecum?
Veniat: quare tacens consumor?
[20] Duo tantum ne facias mihi,
Et tunc a facie tua non abscondar;
[21] Manum tuam longe fac a me,
Et formido tua non me terreat.
[22] Voca me, et ego respondebo tibi;
Aut certe loquar, et tu responde mihi.
[23] Quantas habeo iniquitates et peccata,
Scelera mea et delicta ostende mihi.
[24] Cur faciem tuam abscondis,
Et arbitraris me inimicum tuum?
[25] Contra folium, quod vento rapitur, ostendis potentiam tuam,
Et stipulam siccam persequeris;
[26] Scribis enim contra me amaritudines,
Et consumere me vis peccatis adolescentiae meae.
[27] Posuisti in nervo pedem meum,
Et observasti omnes semitas meas,
Et vestigia pedum meorum considerasti,
[28] Qui quasi putredo consumendus sum,
Et quasi vestimentum quod comeditur a tinea.

14 [1] Homo, natus de muliere, brevi vivens tempore,
Repletur multis miseriis.
[2] Qui quasi flos egreditur et conteritur,
Et fugit velut umbra, et nunquam in eodem statu permanet.
[3] Et dignum ducis super huiuscemodi aperire oculos tuos,
Et adducere eum tecum in iudicium?
[4] Quis potest facere mundum de immundo conceptum semine?
Nonne tu qui solus es?
[5] Breves dies hominis sunt;
Numerus mensium eius apud te est;
Constituisti terminos eius, qui praeteriri non poterunt.
[6] Recede paululum ab eo, ut quiescat,
Donec optata veniat, sicut mercenarii, dies eius.
[7] Lignum habet spem;
Si praecisum fuerit, rursum virescit,
Et rami eius pullulant.
[8] Si senuerit in terra radix eius,
Et in pulvere emortuus fuerit truncus illius,
[9] Ad odorem aquae germinabit,
Et faciet comam, quasi cum primum plantatum est.
[10] Homo vero cum mortuus fuerit, et nudatus,
Atque consumptus, ubi, quaeso, est?
[11] Quomodo si recedant aquae de mari,
Et fluvius vacuefactus arescat;
[12] Sic homo, cum dormierit, non resurget,
Donec atteratur caelum, non evigilabit,
Nec consurget de somno suo.
[13] Quis mihi hoc tribuat, ut in inferno protegas me,
Et abscondas me, donec pertranseat furor tuus,
Et constituas mihi tempus in quo recorderis mei?
[14] Putasne, mortuus homo rursum vivat?
Cunctis diebus quibus nunc milito, expecto
Donec veniat immutatio mea.
[15] Vocabis me, et ego respondebo tibi;
Operi manuum tuarum porriges dexteram.
[16] Tu quidem gressus meos dinumerasti,
Sed parce peccatis meis.
[17] Signasti quasi in sacculo delicta mea,
Sed curasti iniquitatem meam.
[18] Mons cadens defluit,
Et saxum transfertur de loco suo;

13 **2:** Iob 12,3; 15,9. — **3:** Iob 23,4; 31,35. **5:** Prov 17,28. — **9:** Gal 6,7. — **15:** Iob 27,5. — **18:** Iob 33,9. — **19:** Is 50,8-9. — **22:** Iob 14,15. — **24:** Iob 19,11; 33,10. — **26:** Ps 24, 7. — **27:** Iob 33,11.

14 **1:** Iob 10,20; 15,14; 16,23; 25,4; Ps 38, 5-6; 88,46; Sap 2,1. — **2:** Iob 8,9; Ps 89,6; 101,12; 102,15; 108,23; 143,4; Eccli 14,18; Is 40, 6-7; Iac 1,10; 1 Petr 1,24. — **3:** Iob 22,4; Ps 142, 2. — **4:** Ps 50,4.7. — **6:** Iob 7,1.19. — **10:** Iob 20,7. — **12:** Iob 7,10. — **14:** Iob 7,1; 1 Cor 15, 51. — **16:** Iob 31,4; 34,21; Prov 5,21.

19 Lapides excavant aquae,
Et alluvione paulatim terra consumitur;
Et hominem ergo similiter perdes.
20 Roborasti eum paululum, ut in perpetuum transiret;
Immutabis faciem eius, et emittes eum.
21 Sive nobiles fuerint filii eius,
Sive ignobiles, non intelliget.
22 Attamen caro eius, dum vivet, dolebit,
Et anima illius super semetipso lugebit.

Secunda disceptatio

(15,1-21,34)

Incusatio Eliphaz

15 1 Respondens autem Eliphaz Themanites, dixit:
2 Numquid sapiens respondebit quasi ventum loquens,
Et implebit ardores stomachum suum?
3 Arguis verbis eum qui non est aequalis tibi,
Et loqueris quod tibi non expedit.
4 Quantum in te est evacuasti timorem,
Et tulisti preces coram Deo.
5 Docuit enim iniquitas tua os tuum,
Et imitaris linguam blasphemantium.
6 Condemnabit te os tuum, et non ego,
Et labia tua respondebunt tibi.
7 Numquid primus homo tu natus es,
Et ante colles formatus?
8 Numquid consilium Dei audisti,
Et inferior te erit eius sapientia?
9 Quid nosti quod ignoremus?
Quid intelligis quod nesciamus?
10 Et senes et antiqui sunt in nobis,
Multo vetustiores quam patres tui.
11 Numquid grande est ut consoletur te Deus?
Sed verba tua prava hoc prohibent.
12 Quid te elevat cor tuum,
Et quasi magna cogitans attonitos habes oculos?
13 Quid tumet contra Deum spiritus tuus,
Ut proferas de ore tuo huiusmodi sermones?
14 Quid est homo ut immaculatus sit,
Et ut iustus appareat natus de muliere?
15 Ecce inter sanctos eius nemo immutabilis,
Et caeli non sunt mundi in conspectu eius.
16 Quanto magis abominabilis et inutilis homo,
Qui bibit quasi aquam iniquitatem?
17 Ostendam tibi, audi me;
Quod vidi narrabo tibi.
18 Sapientes confitentur,
Et non abscondunt patres suos:
19 Quibus solis data est terra,
Et non transivit alienus per eos.
20 Cunctis diebus suis impius superbit,
Et numerus annorum incertus est tyrannidis eius.
21 Sonitus terroris semper in auribus illius;
Et cum pax sit, ille semper insidias suspicatur.
22 Non credit quod reverti possit de tenebris ad lucem,
Circumspectans undique gladium.
23 Cum se moverit ad quaerendum panem,
Novit quod paratus sit in manu eius tenebrarum dies.
24 Terrebit eum tribulatio,
Et angustia vallabit eum,
Sicut regem qui praeparatur ad praelium.
25 Tetendit enim adversus Deum manum suam,
Et contra Omnipotentem roboratus est.
26 Cucurrit adversus eum erecto collo,
Et pingui cervice armatus est.
27 Operuit faciem eius crassitudo,
Et de lateribus eius arvina dependet.
28 Habitavit in civitatibus desolatis,
Et in domibus desertis, quae in tumulos sunt redactae.
29 Non ditabitur, nec perseverabit substantia eius,
Nec mittet in terra radicem suam.
30 Non recedet de tenebris;
Ramos eius arefaciet flamma,
Et auferetur spiritu oris sui.
31 Non credet frustra errore deceptus,
Quod aliquo pretio redimendus sit.
32 Antequam dies eius impleantur peribit,
Et manus eius arescent.
33 Laedetur quasi vinea in primo flore botrus eius,
Et quasi oliva proiiciens florem suum.
34 Congregatio enim hypocritae sterilis,
Et ignis devorabit tabernacula eorum qui munera libenter accipiunt.
35 Concepit dolorem et peperit iniquitatem,
Et uterus eius praeparat dolos.

Responsio Iob

16 1 Respondens autem Iob, dixit:
2 Audivi frequenter talia,
Consolatores onerosi omnes vos estis.
3 Numquid habebunt finem verba ventosa?
Aut aliquid tibi molestum est, si loquaris?
4 Poteram et ego similia vestri loqui;
Atque utinam esset anima vestra pro anima mea!
5 Consolarer et ego vos sermonibus,
Et moverem caput meum super vos.
6 Roborarem vos ore meo,
Et moverem labia mea, quasi parcens vobis.

15 1: Iob 2,11. — 6: Iob 9,20. — 8: Iob 11,7; Sap 9,13; Ier 23,18; Rom 11,34; 1 Cor 2,11.16. — 9: Iob 12,3; 13,2. — 14-16: Iob 25,4-6. 14: Iob 14,1.4. — 15: Iob 4,18-19. — 32: Iob 22,16; Ps 54,24. — 34: Sap 3,11.18. — 35: Ps 7,15; Is 59,4.

7 Sed quid agam? Si locutus fuero, non quiescet dolor meus,
Et si tacuero, non recedet a me.
8 Nunc autem oppressit me dolor meus,
Et in nihilum redacti sunt omnes artus mei.
9 Rugae meae testimonium dicunt contra me,
Et suscitatur falsiloquus adversus faciem meam, contradicens mihi.
10 Collegit furorem suum in me,
Et comminans mihi, infremuit contra me dentibus suis;
Hostis meus terribilibus oculis me intuitus est.
11 Aperuerunt super me ora sua,
Et exprobrantes percusserunt maxillam meam;
Saciati sunt poenis meis.
12 Conclusit me Deus apud iniquum,
Et manibus impiorum me tradidit.
13 Ego ille quondam opulentus, repente contritus sum;
Tenuit cervicem meam, confregit me,
Et posuit me sibi quasi in signum.
14 Circumdedit me lanceis suis,
Convulneravit lumbos meos;
Non pepercit, et effudit in terra viscera mea.
15 Concidit me vulnere super vulnus;
Irruit in me quasi gigas.
16 Saccum consui super cutem meam,
Et operui cinere carnem meam.
17 Facies mea intumuit a fletu,
Et palpebrae meae caligaverunt.
18 Haec passus sum absque iniquitate manus meae,
Cum haberem mundas ad Deum preces.
19 Terra, ne operias sanguinem meum,
Neque inveniat in te locum latendi clamor meus;
20 Ecce enim in caelo testis meus
Et conscius meus in excelsis.
21 Verbosi amici mei;
Ad Deum stillat oculus meus;
22 Atque utinam sic iudicaretur vir cum Deo,
Quomodo iudicatur filius hominis cum collega suo!
23 Ecce enim breves anni transeunt;
Et semitam per quam non revertar ambulo.

17 1 Spiritus meus attenuabitur,
Dies mei breviabuntur,
Et solum mihi superest sepulchrum.
2 Non peccavi,
Et in amaritudinibus moratur oculus meus.
3 Libera me, Domine, et pone me iuxta te,
Et cuiusvis manus pugnet contra me.
4 Cor eorum longe fecisti a disciplina;
Propterea non exaltabuntur.
5 Praedam pollicetur sociis,
Et oculi filiorum eius deficient.
6 Posuit me quasi in proverbium vulgi,
Et exemplum sum coram eis.
7 Caligavit ab indignatione oculus meus,
Et membra mea quasi in nihilum redacta sunt.
8 Stupebunt iusti super hoc,
Et innocens contra hypocritam suscitabitur.
9 Et tenebit iustus viam suam,
Et mundis manibus addet fortitudinem.
10 Igitur omnes vos convertimini, et venite,
Et non inveniam in vobis ullum sapientem.
11 Dies mei transierunt;
Cogitationes meae dissipatae sunt,
Torquentes cor meum.
12 Noctem verterunt in diem,
Et rursum post tenebras spero lucem.
13 Si sustinuero, infernus domus mea est;
Et in tenebris stravi lectulum meum.
14 Putredini dixi: Pater meus es;
Mater mea, et soror mea, vermibus.
15 Ubi est ergo nunc praestolatio mea?
Et patientiam meam quis considerat?
16 In profundissimum infernum descendent omnia mea.
Putasne saltem ibi erit requies mihi?

Incusatio Baldad

18 1 Respondens autem Baldad Suhites, dixit:
2 Usque ad quem finem verba iactabitis?
Intelligite prius, et sic loquamur.
3 Quare reputati sumus ut iumenta,
Et sorduimus coram vobis?
4 Qui perdis animam tuam in furore tuo,
Numquid propter te derelinquetur terra,
Et transferentur rupes de loco suo?
5 Nonne lux impii extinguetur,
Nec splendebit flamma ignis eius?
6 Lux obtenebrescet in tabernaculo illius;
Et lucerna quae super eum est extinguetur.
7 Arctabuntur gressus virtutis eius,
Et praecipitabit eum consilium suum.
8 Immisit enim in rete pedes suos,
Et in maculis eius ambulat.
9 Tenebitur planta illius laqueo,
Et exardescet contra eum sitis.
10 Abscondita est in terra pedica eius,
Et decipula illius super semitam.
11 Undique terrebunt eum formidines,
Et involvent pedes eius.

16 **2**: Iob 12,3. — **8**: Iob 1,15-19. — **10**: Ps 34,16; 36,12. — **15**: Iob 2,7. — **18**: Iob 33,9. || Constit. Innocentii XI: D 1.269. — **19**: Gen 4,9; Is 26,21; Ez 24,7. — **22**: Iob 9,32-33. **23**: Iob 10,21.

17 **5**: Iob 11,20. — **6**: Iob 30,9; Ps 43,14; 68,12. — **8**: Is 52,14. — **11**: Iob 7,6; 9,25. **13**: Iob 30,23; Eccl 12,5.

18 **1**: Iob 2,11; 8,1. — **3**: Iob 16,2-3; 17,10. **5-6**: Iob 21,17; Prov 13,9; 24,20. — **11**:

12 Attenuetur fame robur eius,
Et inedia invadat costas illius.
13 Devoret pulchritudinem cutis eius,
Consumat brachia illius primogenita mors.
14 Avellatur de tabernaculo suo fiducia eius;
Et calcet super eum, quasi rex, interitus.
15 Habitent in tabernaculo illius socii eius qui non est;
Aspergatur in tabernaculo eius sulphur.
16 Deorsum radices eius siccentur;
Sursum autem atteratur messis eius.
17 Memoria illius pereat de terra,
Et non celebretur nomen eius in plateis.
18 Expellet eum de luce in tenebras,
Et de orbe transferet eum.
19 Non erit semen eius, neque progenies in populo suo,
Nec ullae reliquiae in regionibus eius.
20 In die eius stupebunt novissimi,
Et primos invadet horror.
21 Haec sunt ergo tabernacula iniqui,
Et iste locus eius qui ignorat Deum.

Responsio Iob

19 1 Respondens autem Iob, dixit:
2 Usquequo affligitis animam meam,
Et atteritis me sermonibus?
3 En decies confunditis me,
Et non erubescitis opprimentes me.
4 Nempe, et si ignoravi,
Mecum erit ignorantia mea.
5 At vos contra me erigimini,
Et arguitis me opprobriis meis.
6 Saltem nunc intelligite quia Deus non aequo iudicio afflixerit me,
Et flagellis suis me cinxerit.
7 Ecce clamabo, vim patiens, et nemo audiet;
Vociferabor, et non est qui iudicet.
8 Semitam meam circumsepsit, et transire non possum;
Et in calle meo tenebras posuit.
9 Spoliavit me gloria mea,
Et abstulit coronam de capite meo.
10 Destruxit me undique, et pereo;
Et quasi evulsae arbori abstulit spem meam.
11 Iratus est contra me furor eius,
Et sic me habuit quasi hostem suum.
12 Simul venerunt latrones eius,
Et fecerunt sibi viam per me,
Et obsederunt in gyro tabernaculum meum.
13 Fratres meos longe fecit a me,
Et noti mei quasi alieni recesserunt a me.
14 Dereliquerunt me propinqui mei,
Et qui me noverant obliti sunt mei.
15 Inquilini domus meae et ancillae meae sicut alienum habuerunt me,
Et quasi peregrinus fui in oculis eorum.
16 Servum meum vocavi, et non respondit;
Ore proprio deprecabar illum.
17 Halitum meum exhorruit uxor mea,
Et orabam filios uteri mei.
18 Stulti quoque despiciebant me;
Et cum ab eis recessissem, detrahebant mihi.
19 Abominati sunt me quondam consiliarii mei,
Et quem maxime diligebam, aversatus est me.
20 Pelli meae, consumptis carnibus, adhaesit os meum,
Et derelicta sunt tantummodo labia circa dentes meos.
21 Miseremini mei, miseremini mei, saltem vos, amici mei,
Quia manus Domini tetigit me.
22 Quare persequimini me sicut Deus,
Et carnibus meis saturamini?
23 Quis mihi tribuat ut scribantur sermones mei?
Quis mihi det ut exarentur in libro,
24 Stylo ferreo et plumbi lamina,
Vel celte sculpantur in silice?
25 Scio enim quod Redemptor meus vivit,
Et in novissimo die de terra surrecturus sum;
26 Et rursum circumdabor pelle mea,
Et in carne mea videbo Deum meum.
27 Quem visurus sum ego ipse,
Et oculi mei conspecturi sunt, et non alius;
Reposita est haec spes mea in sinu meo.
28 Quare ergo nunc dicitis: Persequamur eum,
Et radicem verbi inveniamus contra eum?
29 Fugite ergo a facie gladii,
Quoniam ultor iniquitatum gladius est;
Et scitote esse iudicium.

Incusatio Sophar

20 1 Respondens autem Sophar Naamathites, dixit:

2 Idcirco cogitationes meae variae succedunt sibi,
Et mens in diversa rapitur.
3 Doctrinam qua me arguis audiam,
Et spiritus intelligentiae meae respondebit mihi.
4 Hoc scio a principio,
Ex quo positus est homo super terram,
5 Quod laus impiorum brevis sit,

Iob 15,20-24; 27,20. — **17:** Ps 33,17; Prov 2,22; 10,7.

19 **7:** Iob 30,20. — **9:** Iob 29,14.25. — **11:** Iob 13,24; 33,10. — **12:** Iob 10,17. — **13:** Iob 6,13. — **17:** Iob 2,9. — **19:** Eccli 6,8. — **20:** Ps 101,6. — **21:** Iob 1,11; 2,5. — **23:** Iob 31,35. — **25-27:** Phil 3,20; Tit 2,13. — **25:** Is 43,14; 44,6.24. — **26:** 2 Mach 7,9; 1 Cor 13,12; 1 Io 3,2.

20 **1:** Iob 2,11; 11,1. — **5:** Iob 21,13; Ps 36,35-36. — **7:** Iob 14,10; Ps 36,10.36. —

Et gaudium hypocritae ad instar puncti.
6 Si ascenderit usque ad caelum superbia eius,
Et caput eius nubes tetigerit,
7 Quasi sterquilinium in fine perdetur,
Et qui eum viderant, dicent: Ubi est?
8 Velut somnium avolans non invenietur,
Transiet sicut visio nocturna.
9 Oculus qui eum viderat non videbit,
Neque ultra intuebitur eum locus suus.
10 Filii eius atterentur egestate,
Et manus illius reddent ei dolorem suum.
11 Ossa eius implebuntur vitiis adolescentiae eius,
Et cum eo in pulvere dormient.
12 Cum enim dulce fuerit in ore eius malum,
Abscondet illud sub lingua sua.
13 Parcet illi, et non derelinquet illud,
Et celabit in gutture suo.
14 Panis eius in utero illius
Vertetur in fel aspidum intrinsecus.
15 Divitias quas devoravit evomet,
Et de ventre illius extrahet eas Deus.
16 Caput aspidum suget,
Et occidet eum lingua viperae.
17 (Non videat rivulos fluminis,
Torrentes mellis et butyri.)
18 Luet quae fecit omnia, nec tamen consumetur;
Iuxta multitudinem adinventionum suarum, sic et sustinebit.
19 Quoniam confringens nudavit pauperes;
Domum rapuit, et non aedificavit eam.
20 Nec est satiatus venter eius;
Et cum habuerit quae concupierat, possidere non poterit.
21 Non remansit de cibo eius;
Et propterea nihil permanebit de bonis eius.
22 Cum satiatus fuerit, arctabitur;
Aestuabit, et omnis dolor irruet super eum.
23 Utinam impleatur venter eius,
Ut emittat in eum iram furoris sui,
Et pluat super illum bellum suum!
24 Fugiet arma ferrea,
Et irruet in arcum aereum.
25 Eductus, et egrediens de vagina sua,
Et fulgurans in amaritudine sua;
Vadent et venient super eum horribiles.
26 Omnes tenebrae absconditae sunt in occultis eius;
Devorabit eum ignis qui non succenditur;
Affligetur relictus in tabernaculo suo.
27 Revelabunt caeli iniquitatem eius,
Et terra consurget adversus eum.
28 Apertum erit germen domus illius;
Detrahetur in die furoris Dei.
29 Haec est pars hominis impii a Deo,
Et haereditas verborum eius a Domino.

Responsio Iob

21 1 Respondens autem Iob, dixit:
2 Audite, quaeso, sermones meos,
Et agite poenitentiam.
3 Sustinete me, et ego loquar;
Et post mea, si videbitur, verba ridete.
4 Numquid contra hominem disputatio mea est,
Ut merito non debeam contristari?
5 Attendite me et obstupescite,
Et superponite digitum ori vestro.
6 Et ego, quando recordatus fuero, pertimesco,
Et concutit carnem meam tremor.
7 Quare ergo impii vivunt,
Sublevati sunt, confortatique divitiis?
8 Semen eorum permanet coram eis,
Propinquorum turba et nepotum in conspectu eorum.
9 Domus eorum securae sunt et pacatae,
Et non est virga Dei super illos.
10 Bos eorum concepit, et non abortivit;
Vacca peperit, et non est privata foetu suo.
11 Egrediuntur quasi greges parvuli eorum,
Et infantes eorum exultant lusibus.
12 Tenent tympanum et citharam,
Et gaudent ad sonitum organi.
13 Ducunt in bonis dies suos,
Et in puncto ad inferna descendunt.
14 Qui dixerunt Deo: Recede a nobis,
Et scientiam viarum tuarum nolumus.
15 Quis est Omnipotens, ut serviamus ei?
Et quid nobis prodest si oraverimus illum?
16 Verumtamen quia non sunt in manu eorum bona sua,
Consilium impiorum longe sit a me.
17 Quoties lucerna impiorum extinguetur,
Et superveniet eis inundatio,
Et dolores dividet furoris sui?
18 Erunt sicut paleae ante faciem venti,
Et sicut favilla quam turbo dispergit.
19 Deus servabit filiis illius dolorem patris,
Et cum reddiderit, tunc sciet.
20 Videbunt oculi eius interfectionem suam,
Et de furore Omnipotentis bibet.
21 Quid enim ad eum pertinet de domo sua post se,
Et si numerus mensium eius dimidietur?
22 Numquid Deum docebit quispiam scientiam,
Qui excelsos iudicat?
23 Iste moritur robustus et sanus,
Dives et felix;
24 Viscera eius plena sunt adipe,

10: Iob 27,14; Ps 108,10. — **20:** Eccl 5,9.14; Lc 12,20. — **22:** Iob 15,20-35. — **26:** Deut 32, 22. — **27:** Iob 16,19-20. — **29:** Iob 27,13.

21 **2:** Iob 13,17. — **7:** Iob 12,6; Ps 36,35; 72,3; Eccl 8,14; Ier 12,1-2; Hab 1,3.13; Mal 3,14-15. — **13:** Iob 34,20. — **14:** Iob 22,17. **15:** Mal 3,14. — **16:** Iob 22,18. — **17:** Iob 18,5-6. **19:** Ex 20,5; Iob 20,10. — **26:** Eccl. 2,15-16; 9,2.

Et medullis ossa illius irrigantur;
25 Alius vero moritur in amaritudine animae
Absque ullis opibus;
26 Et tamen simul in pulvere dormient,
Et vermes operient eos.
27 Certe novi cogitationes vestras,
Et sententias contra me iniquas.
28 Dicitis enim: Ubi est domus principis?
Et ubi tabernacula impiorum?
29 Interrogate quemlibet de viatoribus,
Et haec eadem illum intelligere cognoscetis:
30 Quia in diem perditionis servatur malus,
Et ad diem furoris ducetur.
31 Quis arguet coram eo viam eius?
Et quae fecit, quis reddet illi?
32 Ipse ad sepulchra ducetur,
Et in congerie mortuorum vigilabit.
33 Dulcis fuit glareis Cocyti,
Et post se omnem hominem trahet,
Et ante se innumerabiles.
34 Quomodo igitur consolamini me frustra,
Cum responsio vestra repugnare ostensa sit veritati?

Tertia disceptatio

(22,1-31,40)

Tertio accusatur Iob ab Eliphaz

22 1 Respondens autem Eliphaz Themanites, dixit:
2 Numquid Deo potest comparari homo,
Etiam cum perfectae fuerit scientiae?
3 Quid prodest Deo, si iustus fueris?
Aut quid ei confers, si immaculata fuerit via tua?
4 Numquid timens arguet te,
Et veniet tecum in iudicium?
5 Et non propter malitiam tuam plurimam,
Et infinitas iniquitates tuas?
6 Abstulisti enim pignus fratrum tuorum sine causa,
Et nudos spoliasti vestibus.
7 Aquam lasso non dedisti,
Et esurienti subtraxisti panem.
8 In fortitudine brachii tui possidebas terram,
Et potentissimus obtinebas eam.
9 Viduas dimisisti vacuas,
Et lacertos pupillorum comminuisti.
10 Propterea circumdatus es laqueis,
Et conturbat te formido subita.
11 Et putabas te tenebras non visurum,
Et impetu aquarum inundantium non oppressum iri.
12 An non cogitas quod Deus excelsior caelo sit,
Et super stellarum verticem sublimetur?
13 Et dicis: Quid enim novit Deus?
Et quasi per caliginem iudicat.
14 Nubes latibulum eius, nec nostra considerat,
Et circa cardines caeli perambulat.
15 Numquid semitam saeculorum custodire cupis,
Quam calcaverunt viri iniqui,
16 Qui sublati sunt ante tempus suum,
Et fluvius subvertit fundamentum eorum?
17 Qui dicebant Deo: Recede a nobis;
Et quasi nihil posset facere Omnipotens, aestimabant eum:
18 Cum ille implesset domos eorum bonis?
Quorum sententia procul sit a me!
19 Videbunt iusti, et laetabuntur,
Et innocens subsannabit eos:
20 Nonne succisa est erectio eorum?
Et reliquias eorum devoravit ignis?
21 Acquiesce igitur ei, et habeto pacem,
Et per haec habebis fructus optimos.
22 Suscipe ex ore illius legem,
Et pone sermones eius in corde tuo.
23 Si reversus fueris ad Omnipotentem, aedificaberis,
Et longe facies iniquitatem a tabernaculo tuo.
24 Dabit pro terra silicem,
Et pro silice torrentes aureos.
25 Eritque Omnipotens contra hostes tuos,
Et argentum coacervabitur tibi.
26 Tunc super Omnipotentem deliciis afflues,
Et elevabis ad Deum faciem tuam.
27 Rogabis eum, et exaudiet te,
Et vota tua reddes.
28 Decernes rem, et veniet tibi,
Et in viis tuis splendebit lumen.
29 Qui enim humiliatus fuerit erit in gloria,
Et qui inclinaverit oculos, ipse salvabitur.
30 Salvabitur innocens:
Salvabitur autem in munditia manuum suarum.

Iob respondet accusationi

23 1 Respondens autem Iob, ait:
2 Nunc quoque in amaritudine est sermo meus,
Et manus plagae meae aggravata est super genitum meum.

22 **1:** Iob 2,11; 4,1; 15,1. — **2:** Iob 9,2. — **3:** Iob 35,7. — **6:** Ex 22,26-27; Deut 24,6.17; Iob 24,3.7.9; Ez 18,12.16. — **9:** Deut 24,17; 27,19. — **10:** Iob 18,8-10. — **12:** Iob 11,8. **13:** Ps 10,11; 72,11; 93,7; Eccli 23,25-29; Is 29,15; Ez 8,12; 9,9; Soph 1,12; Mal 2,17. — **16:** Iob 15,32. — **18:** Iob 21,16. — **19:** Ps 57,11; 106,42. — **26:** Iob 27,10; Is 58,14. — **27:** Iob 33,26; Ps 49,14-15. — **29:** Ps 137,6; Prov 6,16-17; 29,23; Mt 23,12; Lc 1,52; Iac 4,10; 1 Petr 5,5. **30:** Iob 17,9; Ps 17,21.25.

23 **3-4:** Iob 13,3.18. — **6:** Iob 9,34; 13,21. **10:** Ps 65,10; 138,3-4; Prov 17,3; Zach

3 Quis mihi tribuat ut cognoscam et inveniam illum,
Et veniam usque ad solium eius?
4 Ponam coram eo iudicium,
Et os meum replebo increpationibus;
5 Ut sciam verba quae mihi respondeat,
Et intelligam quid loquatur mihi.
6 Nolo multa fortitudine contendat mecum,
Nec magnitudinis suae mole me premat.
7 Proponat aequitatem contra me,
Et perveniat ad victoriam iudicium meum.
8 Si ad orientem iero, non apparet;
Si ad occidentem, non intelligam eum.
9 Si ad sinistram, quid agam? non apprehendam eum;
Si me vertam ad dexteram, non videbo illum.
10 Ipse vero scit viam meam,
Et probavit me quasi aurum quod per ignem transit.
11 Vestigia eius secutus est pes meus;
Viam eius custodivi, et non declinavi ex ea.
12 A mandatis labiorum eius non recessi,
Et in sinu meo abscondi verba oris eius.
13 Ipse enim solus est, et nemo avertere potest cogitationem eius,
Et anima eius quodcumque voluit, hoc fecit.
14 Cum expleverit in me voluntatem suam,
Et alia multa similia praesto sunt ei.
15 Et idcirco a facie eius turbatus sum,
Et considerans eum, timore sollicitor.
16 Deus mollivit cor meum,
Et Omnipotens conturbavit me.
17 Non enim perii propter imminentes tenebras,
Nec faciem meam operuit caligo.

24 1 Ab Omnipotente non sunt abscondita tempora;
Qui autem noverunt eum, ignorant dies illius.
2 Alii terminos transtulerunt,
Diripuerunt greges, et paverunt eos.
3 Asinum pupillorum abegerunt,
Et abstulerunt pro pignore bovem viduae.
4 Subverterunt pauperum viam,
Et oppresserunt pariter mansuetos terrae.
5 Alii quasi onagri in deserto egrediuntur ad opus suum;
Vigilantes ad praedam, praeparant panem liberis.
6 Agrum non suum demetunt,
Et vineam eius, quem vi oppresserint, vindemiant.
7 Nudos dimittunt homines, indumenta tollentes,
Quibus non est operimentum in frigore;
8 Quos imbres montium rigant,
Et non habentes velamen, amplexantur lapides.
9 Vim fecerunt depraedantes pupillos,
Et vulgum pauperem spoliaverunt.
10 Nudis et incedentibus absque vestitu,
Et esurientibus tulerunt spicas.
11 Inter acervos eorum meridiati sunt,
Qui calcatis torcularibus sitiunt.
12 De civitatibus fecerunt viros gemere,
Et anima vulneratorum clamavit;
Et Deus inultum abire non patitur.
13 Ipsi fuerunt rebelles lumini,
Nescierunt vias eius,
Nec reversi sunt per semitas eius.
14 Mane primo consurgit homicida,
Interficit egenum et pauperem;
Per noctem vero erit quasi fur.
15 Oculus adulteri observat caliginem,
Dicens: Non me videbit oculus;
Et operit vultum suum.
16 Perfodit in tenebris domos, sicut in die condixerant sibi,
Et ignoraverunt lucem.
17 Si subito apparuerit aurora, arbitrantur umbram mortis;
Et sic in tenebris quasi in luce ambulant.
18 Levis est super faciem aquae;
Maledicta sit pars eius in terra,
Nec ambulet per viam vinearum.
19 Ad nimium calorem transeat ab aquis nivium,
Et usque ad inferos peccatum illius.
20 Obliviscatur eius misericordia, dulcedo illius vermes;
Non sit in recordatione,
Sed conteratur quasi lignum infructuosum.
21 Pavit enim sterilem quae non parit,
Et viduae bene non fecit.
22 Detraxit fortes in fortitudine sua,
Et cum steterit, non credet vitae suae.
23 Dedit ei Deus locum poenitentiae,
Et ille abutitur eo in superbiam;
Oculi autem eius sunt in viis illius.
24 Elevati sunt ad modicum, et non subsistent;
Et humiliabuntur sicut omnia, et auferentur,
Et sicut summitates spicarum conterentur.
25 Quod si non est ita, quis me potest arguere esse mentitum,
Et ponere ante Deum verba mea?

Tertio accusatur a Baldad

25 1 Respondens autem Baldad Suhites, dixit:
2 Potestas et terror apud eum est,
Qui facit concordiam in sublimibus suis.
3 Numquid est numerus militum eius?

13,9; Mal 3,3; 1 Petr 1,7. — **13:** Iob 42,2; Ps 113,3; 134,6. — **17:** Iob 22,11.

24 **2-3:** 2 Sam 12,2-5. — **4:** Am 2,7. — **13:** Io 3,19-20. — **15:** Prov 7,9. — **23:** Ps 33, 17; Prov 15,3; Eccli 15,20; Apoc 2,21. — **24:** Ps 36,10.35-36.

25 **1:** Iob 2,11; 8,1; 18,1. — **3:** Mt 5,45. — **4:** Iob 4,17-19; 9,2. — **5-6:** Iob 15,15-16.

Et super quem non surget lumen illius?
4 Numquid iustificari potest homo comparatus Deo?
Aut apparere mundus natus de muliere?
5 Ecce luna etiam non splendet,
Et stellae non sunt mundae in conspectu eius:
6 Quanto magis homo putredo,
Et filius hominis vermis!

Iob respondet accusationi

26 1 Respondens autem Iob dixit:

2 Cuius adiutor es? numquid imbecillis?
Et sustentas brachium eius qui non est fortis?
3 Cui dedisti consilium?
Forsitan illi qui non habet sapientiam,
Et prudentiam tuam ostendisti plurimam.
4 Quem docere voluisti?
Nonne eum qui fecit spiramentum?
5 Ecce gigantes gemunt sub aquis,
Et qui habitant cum eis.
6 Nudus est infernus coram illo,
Et nullum est operimentum perditioni.
7 Qui extendit aquilonem super vacuum,
Et appendit terram super nihilum.
8 Qui ligat aquas in nubibus suis,
Ut non erumpant pariter deorsum.
9 Qui tenet vultum solii sui,
Et expandit super illud nebulam suam.
10 Terminum circumdedit aquis,
Usque dum finiantur lux et tenebrae.
11 Columnae caeli contremiscunt,
Et pavent ad nutum eius.
12 In fortitudine illius repente maria congregata sunt,
Et prudentia eius percussit superbum.
13 Spiritus eius ornavit caelos,
Et obstetricante manu eius, eductus est coluber tortuosus.
14 Ecce haec ex parte dicta sunt viarum eius;
Et cum vix parvam stillam sermonis eius audierimus,
Quis poterit tonitruum magnitudinis illius intueri?

27 1 Addidit quoque Iob, assumens parabolam suam, et dixit:

2 Vivit Deus, qui abstulit iudicium meum,
Et Omnipotens, qui ad amaritudinem adduxit animam meam.
3 Quia donec superest halitus in me,
Et spiritus Dei in naribus meis,
4 Non loquentur labia mea iniquitatem,
Nec lingua mea meditabitur mendacium.
5 Absit a me ut iustos vos esse iudicem;
Donec deficiam, non recedam ab innocentia mea.
6 Iustificationem meam, quam coepi tenere, non deseram;
Neque enim reprehendit me cor meum in omni vita mea.
7 Sit ut impius, inimicus meus,
Et adversarius meus, quasi iniquus.
8 Quae est enim spes hypocritae, si avare rapiat,
Et non liberet Deus animam eius?
9 Numquid Deus audiet clamorem eius,
Cum venerit super eum angustia?
10 Aut poterit in Omnipotente delectari,
Et invocare Deum omni tempore?
11 Docebo vos per manum Dei
Quae Omnipotens habeat, nec abscondam.
12 Ecce vos omnes nostis,
Et quid sine causa vana loquimini?
13 Haec est pars hominis impii apud Deum,
Et haereditas violentorum, quam ab Omnipotente suscipient.
14 Si multiplicati fuerint filii eius, in gladio erunt,
Et nepotes eius non saturabuntur pane;
15 Qui reliqui fuerint ex eo sepelientur in interitu,
Et viduae illius non plorabunt.
16 Si comportaverit quasi terram argentum,
Et sicut lutum praeparaverit vestimenta;
17 Praeparabit quidem, sed iustus vestietur illis,
Et argentum innocens dividet.
18 Aedificavit sicut tinea domum suam,
Et sicut custos fecit umbraculum.
19 Dives, cum dormierit, nihil secum auferet;
Aperiet oculos suos, et nihil inveniet.
20 Apprehendet eum quasi aqua inopia,
Nocte opprimet eum tempestas.
21 Tollet eum ventus urens, et auferet,
Et velut turbo rapiet eum de loco suo.
22 Et mittet super eum, et non parcet;
De manu eius fugiens fugiet.
23 Stringet super eum manus suas,
Et sibilabit super illum, intuens locum eius.

28 1 Habet argentum venarum suarum principia,
Et auro locus est in quo conflatur.
2 Ferrum de terra tollitur,
Et lapis solutus calore in aes vertitur.
3 Tempus posuit tenebris,
Et universorum finem ipse considerat,
Lapidem quoque caliginis et umbram mortis.
4 Dividit torrens a populo peregrinante,

26 4: Gen 2,7; Act 17,25. — 6: Ps 138,7-12; Prov 15,11; Hebr 4,13. — 10: Iob 38, 8-11; Prov 8,29. — 11: Iob 9,6. — 13: Is 27,1.

27 2: Iob 34,5. — 3: Gen 2,7. — 5: Iob 2, 3.9; 13,15; 33,9. — 8: Iob 8,13. — 9: Prov 1,27-28. — 13: Iob 20,4-29. — 14: Deut 28,41; Os 9,12-13.16. — 16: Zach 9,3. — 17: Prov 13, 22. — 19: Ps 48,18; 75,6. — 20: Iob 22,10-11.

Eos quos oblitus est pes egentis hominis,
et invios.
5 Terra, de qua oriebatur panis,
In loco suo igni subversa est.
6 Locus sapphiri lapides eius,
Et glebae illius aurum.
7 Semitam ignoravit avis,
Nec intuitus est eam oculus vulturis.
8 Non calcaverunt eam filii institorum,
Nec pertransivit per eam leaena.
9 Ad silicem extendit manum suam,
Subvertit a radicibus montes.
10 In petris rivos excidit,
Et omne pretiosum vidit oculus eius.
11 Profunda quoque fluviorum scrutatus
est,
Et abscondita in lucem produxit.
12 Sapientia vero ubi invenitur?
Et quis est locus intelligentiae?
13 Nescit homo pretium eius,
Nec invenitur in terra suaviter viventium.
14 Abyssus dicit: Non est in me,
Et mare loquitur: Non est mecum.
15 Non dabitur aurum obrizum pro ea,
Nec appendetur argentum in commutatione eius.
16 Non conferetur tinctis Indiae coloribus,
Nec lapidi sardonycho pretiosissimo, vel
sapphiro.
17 Non adaequabitur ei aurum vel vitrum,
Nec commutabuntur pro ea vasa auri.
18 Excelsa et eminentia non memorabuntur comparatione eius;
Trahitur autem sapientia de occultis.
19 Non adaequabitur ei topazius de Aethiopia,
Nec tincturae mundissimae componetur.
20 Unde ergo sapientia venit?
Et quis est locus intelligentiae?
21 Abscondita est ab oculis omnium viventium;
Volucres quoque caeli latet.
22 Perditio et mors dixerunt:
Auribus nostris audivimus famam eius.
23 Deus intelligit viam eius,
Et ipse novit locum illius.
24 Ipse enim fines mundi intuetur,
Et omnia quae sub caelo sunt respicit.
25 Qui fecit ventis pondus,
Et aquas appendit in mensura.
26 Quando ponebat pluviis legem,
Et viam procellis sonantibus,
27 Tunc vidit illam et enarravit,
Et praeparavit, et investigavit.
28 Et dixit homini: Ecce timor Domini,
ipsa est sapientia,
Et recedere a malo, intelligentia.

28 **12:** Eccl 7,24-25; Bar 3,14-38. — **15:** Prov 3,14; 8,10-11.19; 16,16; Sap 7,7-11. — **23-28:** Prov 8,22-31. — **23:** Prov 2,6; Sap 7,15; Eccli 1,1; Iac 1,5. — **26:** Iob 38,25; Prov 3,20. — **28:** Deut 4,6; Ps 110,10; Prov 1,7; 3,7; 9,10; Eccli 1,16.34.

Conclusio sermonum Iob

29 1 Addidit quoque Iob, assumens parabolam suam, et dixit:
2 Quis mihi tribuat ut sim iuxta menses
pristinos,
Secundum dies quibus Deus custodiebat
me?
3 Quando splendebat lucerna eius super
caput meum,
Et ad lumen eius ambulabam in tenebris;
4 Sicut fui in diebus adolescentiae meae,
Quando secreto Deus erat in tabernaculo
meo;
5 Quando erat Omnipotens mecum,
Et in circuitu meo pueri mei;
6 Quando lavabam pedes meos butyro,
Et petra fundebat mihi rivos olei;
7 Quando procedebam ad portam civitatis,
Et in platea parabant cathedram mihi.
8 Videbant me iuvenes, et abscondebantur;
Et senes assurgentes stabant.
9 Principes cessabant loqui,
Et digitum superponebant ori suo.
10 Vocem suam cohibebant duces,
Et lingua eorum gutturi suo adhaerebat.
11 Auris audiens beatificabat me,
Et oculus videns testimonium, reddebat
mihi,
12 Eo quod liberassem pauperem vociferantem,
Et pupillum cui non esset adiutor.
13 Benedictio perituri super me veniebat,
Et cor viduae consolatus sum.
14 Iustitia indutus sum,
Et vestivi me, sicut vestimento et diademate, iudicio meo.
15 Oculus fui caeco,
Et pes claudo.
16 Pater eram pauperum,
Et causam quam nesciebam diligentissime investigabam.
17 Conterebam molas iniqui,
Et de dentibus illius auferebam praedam.
18 Dicebamque: In nidulo meo moriar,
Et sicut palma multiplicabo dies.
19 Radix mea aperta est secus aquas,
Et ros morabitur in messione mea.
20 Gloria mea semper innovabitur,
Et arcus meus in manu mea instaurabitur.
21 Qui me audiebant, expectabant sententiam,
Et intenti tacebant ad consilium meum.
22 Verbis meis addere nihil audebant,
Et super illos stillabat eloquium meum.
23 Expectabant me sicut pluviam,

29 **2:** Iob 1,10. — **5:** Iob 1,2.4-5. — **9:** Sap 8,10-12. — **12-17:** Iob 22,5-9. — **15:** 1 Cor 9,22. — **17:** Ps 3,8.

Et os suum aperiebant quasi ad imbrem serotinum.
24 Si quando ridebam ad eos, non credebant,
Et lux vultus mei non cadebat in terram.
25 Si voluissem ire ad eos, sedebam primus;
Cumque sederem quasi rex, circumstante exercitu,
Eram tamen moerentium consolator.

30 1 Nunc autem derident me iuniores tempore,
Quorum non dignabar patres ponere cum canibus gregis mei;
2 Quorum virtus manuum mihi erat pro nihilo,
Et vita ipsa putabantur indigni;
3 Egestate et fame steriles, qui rodebant in solitudine,
Squallentes calamitate et miseria.
4 Et mandebant herbas, et arborum cortices,
Et radix iuniperorum erat cibus eorum;
5 Qui de convallibus ista rapientes,
Cum singula reperissent, ad ea cum clamore currebant;
6 In desertis habitabant torrentium,
Et in cavernis terrae, vel super glaream;
7 Qui inter huiuscemodi laetabantur,
Et esse sub sentibus delicias computabant;
8 Filii stultorum et ignobilium,
Et in terra penitus non parentes.
9 Nunc in eorum canticum versus sum,
Et factus sum eius in proverbium.
10 Abominantur me, et longe fugiunt a me,
Et faciem meam conspuere non verentur.
11 Pharetram enim suam aperuit, et afflixit me,
Et frenum posuit in os meum.
12 Ad dexteram orientis calamitates meae illico surrexerunt;
Pedes meos subverterunt,
Et oppresserunt quasi fluctibus semitis suis.
13 Dissipaverunt itinera mea;
Insidiati sunt mihi, et praevaluerunt,
Et non fuit qui ferret auxilium.
14 Quasi rupto muro, et aperta ianua, irruerunt super me,
Et ad meas miserias devoluti sunt.
15 Redactus sum in nihilum:
Abstulisti quasi ventus desiderium meum,
Et velut nubes pertransiit salus mea.
16 Nunc autem in memetipso marcescit anima mea,
Et possident me dies afflictionis.
17 Nocte os meum perforatur doloribus,
Et qui me comedunt, non dormiunt.
18 In multitudine eorum consumitur vestimentum meum,
Et quasi capitio tunicae succinxerunt me.
19 Comparatus sum luto,
Et assimilatus sum favillae et cineri.
20 Clamo ad te, et non exaudis me;
Sto, et non respicis me.
21 Mutatus es mihi in crudelem,
Et in duritia manus tuae adversaris mihi.
22 Elevasti me, et quasi super ventum ponens
Elisisti me valide.
23 Scio quia morti trades me,
Ubi constituta est domus omni viventi.
24 Verumtamen non ad consumptionem eorum emittis manum tuam;
Et si corruerint, ipse salvabis.
25 Flebam quondam super eo qui afflictus erat,
Et compatiebatur anima mea pauperi.
26 Expectabam bona, et venerunt mihi mala;
Praestolabar lucem, et eruperunt tenebrae.
27 Interiora mea efferbuerunt absque ulla requie;
Praevenerunt me dies afflictionis.
28 Moerens incedebam, sine furore,
Consurgens, in turba clamabam.
29 Frater fui draconum,
Et socius struthionum.
30 Cutis mea denigrata est super me,
Et ossa mea aruerunt prae caumate.
31 Versa est in luctum cithara mea,
Et organum meum in vocem flentium.

31 1 Pepigi foedus cum oculis meis,
Ut ne cogitarem quidem de virgine.
2 Quam enim partem haberet in me Deus desuper,
Et haereditatem Omnipotens de excelsis?
3 Numquid non perditio est iniquo,
Et alienatio operantibus iniustitiam?
4 Nonne ipse considerat vias meas,
Et cunctos gressus meos dinumerat?
5 Si ambulavi in vanitate,
Et festinavit in dolo pes meus,
6 Appendat me in statera iusta,
Et sciat Deus simplicitatem meam.
7 Si declinabit gressus meus de via,
Et si secutum est oculos meos cor meum,
Et si manibus meis adhaesit macula,
8 Seram, et alius comedat,
Et progenies mea eradicetur.
9 Si deceptum est cor meum super muliere,
Et si ad ostium amici mei insidiatus sum,
10 Scortum alterius sit uxor mea,
Et super illam incurventur alii.

30 **1:** Iob 12,4; 19,18. — **3-8:** Iob 24,5-6. — **9:** Iob 17,6. — **15:** Ps 72,20. — **20:** Iob 19,7. — **23:** Eccl 12,5; Hebr 9,27. — **25:** Iob 29, 12-17; Ps 34,13-14. — **30:** Iob 2,7-8. — **31:** Lam 5,15.

31 **1:** Eccli 9,5.8; Mt 5,28. — **2-3:** Iob 20, 29; 27,13. — **4:** 2 Par 16,9; Iob 14,16. 23,10; 34,21; Ps 138,3; Prov 5,21; Eccli 15,20; **8:** Lev 26,16. — **11:** Ex 20,14; Lev 20,10; Deut 22,22. — **12:** Prov 6,27-29; Eccli 9,8-9. — **15:**

11 Hoc enim nefas est,
Et iniquitas maxima.
12 Ignis est usque ad perditionem devorans,
Et omnia eradicans genimina.
13 Si contempsi subire iudicium cum servo meo et ancilla mea,
Cum disceptarent adversum me:
14 Quid enim faciam cum surrexerit ad iudicandum Deus?
Et cum quaesierit, quid respondebo illi?
15 Numquid non in utero fecit me, qui et illum operatus est?
Et formavit me in vulva unus?
16 Si negavi quod volebant pauperibus,
Et oculos viduae expectare feci;
17 Si comedi bucellam meam solus,
Et non comedit pupillus ex ea
(18 Quia ab infantia mea crevit mecum miseratio,
Et de utero matris meae egressa est mecum):
19 Si despexi pereuntem, eo quod non habuerit indumentum,
Et absque operimento pauperem;
20 Si non benedixerunt mihi latera eius,
Et de velleribus ovium mearum calefactus est;
21 Si levavi super pupillum manum meam,
Etiam cum viderem me in porta superiorem,
22 Humerus meus a iunctura sua cadat,
Et brachium meum cum suis ossibus confringatur.
23 Semper enim quasi tumentes super me fluctus timui Deum,
Et pondus eius ferre non potui.
24 Si putavi aurum robur meum,
Et obrizo dixi: Fiducia mea;
25 Si laetatus sum super multis divitiis meis,
Et quia plurima reperit manus mea.
26 Si vidi solem cum fulgeret,
Et lunam incedentem clare,
27 Et laetatum est in abscondito cor meum,
Et osculatus sum manum meam ore meo:
28 Quae est iniquitas maxima,
Et negatio contra Deum altissimum.
29 Si gavisus sum ad ruinam eius qui me oderat,
Et exsultavi quod invenisset eum malum;
30 Non enim dedi ad peccandum guttur meum,
Ut expeterem maledicens animam eius.
31 Si non dixerunt viri tabernaculi mei:
Quis det de carnibus eius, ut saturemur?
32 Foris non mansit peregrinus:
Ostium meum viatori patuit.
33 Si abscondi quasi homo peccatum meum.
Et celavi in sinu meo iniquitatem meam.
34 Si expavi ad multitudinem nimiam,
Et despectio propinquorum terruit me;
Et non magis tacui, nec egressus sum ostium.
35 Quis mihi tribuat auditorem,
Ut desiderium meum audiat Omnipotens,
Et librum scribat ipse qui iudicat,
36 Ut in humero meo portem illum,
Et circumdem illum quasi coronam mihi?
37 Per singulos gradus meos pronuntiabo illum,
Et quasi principi offeram eum.
38 Si adversum me terra mea clamat,
Et cum ipsa sulci eius deflent;
39 Si fructus eius comedi absque pecunia,
Et animam agricolarum eius afflixi:
40 Pro frumento oriatur mihi tribulus,
Et pro hordeo spina.

Finita sunt verba Iob.

PARS SECUNDA

(32,1-37,24)

Sermo primus

32 1 Omiserunt autem tres viri isti
respondere Iob, eo quod iustus
sibi videretur. 2 Et iratus, indignatusque
est Eliu, filius Barachel, Buzites, de cognatione Ram; iratus est autem adversum
Iob, eo quod iustum se esse diceret coram
Deo. 3 Porro adversum amicos eius indignatus est, eo quod non invenissent
responsionem rationabilem, sed tantummodo condemnassent Iob. 4 Igitur Eliu
expectavit Iob loquentem, eo quod seniores essent qui loquebantur. 5 Cum
autem vidisset quod tres respondere non
potuissent, iratus est vehementer. 6 Respondensque Eliu, filius Barachel, Buzites,
dixit:
Iunior sum tempore, vos autem antiquiores;
Idcirco, demisso capite,
Veritus sum vobis indicare meam sententiam.
7 Sperabam enim quod aetas prolixior loqueretur,
Et annorum multitudo doceret sapientiam.
8 Sed, ut video, spiritus est in hominibus,
Et inspiratio Omnipotentis dat intelligentiam.
9 Non sunt longaevi sapientes,
Nec senes intelligunt iudicium
10 Ideo dicam: Audite me.
Ostendam vobis etiam ego meam sapientiam.

Iob 34,19; Prov 22,2; Mal 2,10. — **16-23:** Iob 22,6-9; 29,12-16. — **26-27:** Deut 4,19. — **28:** Deut 17,2-7. — **29:** Prov 17,5; 24,17; Eccli 8,8. **33:** Prov 28,13. — **35:** Iob 19,23; 23,37.

32 **1:** Iob 33,9. — **2:** Iob 13,18; 27,6; 34,5; 35,2. — **3:** Iob 22,5. — **6:** Iob 15,10; 29,8; Eccli 32,9-13. — **7:** Iob 12,12. — **8:** Iob 33,4; 35,10-11; 38,36.

11 Expectavi enim sermones vestros,
Audivi prudentiam vestram,
Donec disceptaremini sermonibus;
12 Et donec putabam vos aliquid dicere, considerabam;
Sed, ut video, non est qui possit arguere Iob,
Et respondere ex vobis sermonibus eius.
13 Ne forte dicatis: Invenimus sapientiam;
Deus proiecit eum, non homo.
14 Nihil locutus est mihi;
Et ego non secundum sermones vestros respondebo illi.
15 Extimuerunt, nec responderunt ultra,
Abstuleruntque a se eloquia.
16 Quoniam igitur expectavi, et non sunt locuti;
Steterunt, nec ultra responderunt,
17 Respondebo et ego partem meam,
Et ostendam scientiam meam.
18 Plenus sum enim sermonibus,
Et coarctat me spiritus uteri mei.
19 En venter meus quasi mustum absque spiraculo,
Quod lagunculas novas disrumpit.
20 Loquar, et respirabo paululum,
Aperiam labia mea, et respondebo.
21 Non accipiam personam viri,
Et Deum homini non aequabo.
22 Nescio enim quamdiu subsistam,
Et si post modicum tollat me factor meus.

33 1 Audi igitur, Iob, eloquia mea,
Et omnes sermones meos ausculta.
2 Ecce aperui os meum,
Loquatur lingua mea in faucibus meis.
3 Simplici corde meo sermones mei,
Et sententiam puram labia mea loquentur.
4 Spiritus Dei fecit me,
Et spiraculum Omnipotentis vivificavit me.
5 Si potes, responde mihi,
Et adversus faciem meam consiste.
6 Ecce, et me sicut et te fecit Deus,
Et de eodem luto ego quoque formatus sum.
7 Verumtamen miraculum meum non te terreat,
Et eloquentia mea non sit tibi gravis.
8 Dixisti ergo in auribus meis,
Et vocem verborum tuorum audivi:
9 Mundus sum ego, et absque delicto,
Immaculatus, et non est iniquitas in me.
10 Quia querelas in me reperit,
Ideo arbitratus est me inimicum sibi.
11 Posuit in nervo pedes meos,
Custodivit omnes semitas meas.
12 Hoc est ergo in quo non es iustificatus.
Respondebo tibi, quia maior sit Deus homine.
13 Adversus eum contendis,
Quod non ad omnia verba responderit tibi?
14 Semel loquitur Deus,
Et secundo id ipsum non repetit.
15 Per somnium, in visione nocturna,
Quando irruit sopor super homines,
Et dormiunt in lectulo,
16 Tunc aperit aures virorum,
Et erudiens eos instruit disciplina,
17 Ut avertat hominem ab his quae facit,
Et liberet eum de superbia,
18 Eruens animam eius a corruptione,
Et vitam illius, ut non transeat in gladium.
19 Increpat quoque per dolorem in lectulo,
Et omnia ossa eius marcescere facit.
20 Abominabilis ei fit in vita sua panis,
Et animae illius cibus ante desiderabilis.
21 Tabescet caro eius,
Et ossa, quae tecta fuerant, nudabuntur.
22 Appropinquavit corruptioni anima eius,
Et vita illius mortiferis.
23 Si fuerit pro eo angelus loquens,
Unus de millibus, ut annuntiet hominis aequitatem,
24 Miserebitur eius, et dicet:
Libera eum, ut non descendat in corruptionem;
Inveni in quo ei propitier.
25 Consumpta est caro eius a suppliciis;
Revertatur ad dies adolescentiae suae.
26 Deprecabitur Deum, et placabilis ei erit;
Et videbit faciem eius in iubilo,
Et reddet homini iustitiam suam.
27 Respiciet homines, et dicet: Peccavi;
Et vere deliqui, et ut eram dignus non recepi.
28 Liberavit animam suam, ne pergeret in interitum,
Sed vivens lucem videret.
29 Ecce haec omnia operatur Deus
Tribus vicibus per singulos,
30 Ut revocet animas eorum a corruptione,
Et illuminet luce viventium.
31 Attende, Iob, et audi me;
Et tace, dum ego loquor.
32 Si autem habes quod loquaris, responde mihi;
Loquere, volo enim te apparere iustum.
33 Quod si non habes, audi me;
Tace, et docebo te sapientiam.

Secundus sermo Eliu

34 1 Pronuntians itaque Eliu, etiam haec locutus est:
2 Audite, sapientes, verba mea;
Et, eruditi, auscultate me.

33 **4:** Gen 2,7; Iob 32,8. — **6:** Iob 4,19; 31,15. — **9:** Iob 10,7; 13,18; 16,18; 27,5-6; 29,14; 32,1; 34,5. — **10:** Iob 13,24; 19,11. — **11:** Iob 13,27; 31,4. — **13:** Iob 13,3; 31,35. — **15:** Num 12,6; Iob 4,13-16. — **20:** Iob 6,7. — **26:** Iob 22,26-29. — **27-30:** Is 38,17.

3 Auris enim verba probat,
Et guttur escas gustu diiudicat.
4 Iudicium eligamus nobis,
Et inter nos videamus quid sit melius.
5 Quia dixit Iob: Iustus sum,
Et Deus subvertit iudicium meum.
6 In iudicando enim me mendacium est,
Violenta sagitta mea absque ullo peccato.
7 Quis est vir ut est Iob,
Qui bibit subsannationem quasi aquam?
8 Qui graditur cum operantibus iniquitatem,
Et ambulat cum viris impiis?
9 Dixit enim: Non placebit vir Deo,
Etiam si cucurrerit cum eo.
10 Ideo, viri cordati, audite me:
Absit a Deo impietas,
Et ab Omnipotente iniquitas!
11 Opus enim hominis reddet ei,
Et iuxta vias singulorum restituet eis.
12 Vere enim Deus non condemnabit frustra,
Nec Omnipotens subvertet iudicium.
13 Quem constituit alium super terram?
Aut quem posuit super orbem quem fabricatus est?
14 Si direxerit ad eum cor suum,
Spiritum illius et flatum ad se trahet.
15 Deficiet omnis caro simul,
Et homo in cinerem revertetur.
16 Si habes ergo intellectum, audi quod dicitur,
Et ausculta vocem eloquii mei,
17 Numquid qui non amat iudicium, sanari potest?
Et quomodo tu eum qui iustus est in tantum condemnas?
18 Qui dicit regi: Apostata;
Qui vocat duces impios;
19 Qui non accipit personas principum,
Nec cognovit tyrannum, cum disceptaret contra pauperem;
Opus enim manuum eius sunt universi.
20 Subito morientur, et in media nocte,
Turbabuntur populi, et pertransibunt,
Et auferent violentum absque manu.
21 Oculi enim eius super vias hominum,
Et omnes gressus eorum considerat,
22 Non sunt tenebrae, et non est umbra mortis,
Ut abscondantur ibi qui operantur iniquitatem.
23 Neque enim ultra in hominis potestate est,
Ut veniat ad Deum in iudicium.
24 Conteret multos, et innumerabiles,
Et stare faciet alios pro eis.
25 Novit enim opera eorum,
Et idcirco inducet noctem, et conterentur.
26 Quasi impios percussit eos,
In loco videntium;
27 Qui quasi de industria recesserunt ab eo,
Et omnes vias eius intelligere noluerunt;
28 Ut pervenire facerent ad eum clamorem egeni,
Et audiret vocem pauperum.
29 Ipso enim concedente pacem, quis est qui condemnet?
Ex quo absconderit vultum, quis est qui contempletur eum,
Et super gentes, et super omnes homines?
30 Qui regnare facit hominem hypocritam
Propter peccata populi.
31 Quia ergo ego locutus sum ad Deum,
Te quoque non prohibebo.
32 Si erravi, tu doce me;
Si iniquitatem locutus sum, ultra non addam.
33 Numquid a te Deus expetit eam, quia displicuit tibi?
Tu enim coepisti loqui, et non ego.
Quod si quid nosti melius, loquere.
34 Viri intelligentes loquantur mihi,
Et vir sapiens audiat me.
35 Iob autem stulte locutus est,
Et verba illius non sonant disciplinam.
36 Pater mi, probetur Iob usque ad finem;
Ne desinas ab homine iniquitatis.
37 Quia addit super peccata sua blasphemiam,
Inter nos interim constringatur;
Et tunc ad iudicium provocet sermonibus suis Deum.

Tertius sermo Eliu

35 1 Igitur Eliu haec rursum locutus est:
2 Numquid aequa tibi videtur tua cogitatio,
Ut diceres: Iustior sum Deo?
3 Dixisti enim: Non tibi placet quod rectum est;
Vel quid tibi proderit, si ego peccavero?
4 Itaque ego respondebo sermonibus tuis,
Et amicis tuis tecum.
5 Suspice caelum, et intuere;
Et contemplare aethera quod altior te sit.
6 Si peccaveris, quid ei nocebis?
Et si multiplicatae fuerint iniquitates tuae, quid facies contra eum?
7 Porro si iuste egeris, quid donabis ei?
Aut quid de manu tua accipiet?
8 Homini qui similis tui est, nocebit impietas tua;
Et filium hominis adiuvabit iustitia tua.

34 **3:** Iob 12,11. — **5:** Iob 27,2; 33,9. — **6:** Iob 9,20. — **9:** Iob 9,22-23.30-31; 10,15; 21,15; 35,3. — **10:** Iob 8,3; 36,23. — **11:** Ps 61,13; Prov 24,12; Eccli 2,8; 16,15; Mt 16,27; Rom 2,6; 2 Cor 5,10; Apoc 22,12. — **12:** Iob 8,3. **13:** Iob 38,4-7. — **15:** Iob 10,9. — **19:** Deut 10,17; 2 Par 19,7; Sap 6,7-8; Eccli 35,15; Act 10,34; Rom 2,11; Gal 2,6; Eph 6,9; Col 3,25; 1 Petr 1,17. — **20:** Iob 21,13. — **21:** Iob 31,4. — **23:** Iob 14,3. — **24:** Ps 2,9; 75,4. — **33:** Iob 33,32. — **35:** Iob 35,16; 38,2; 42,3.

35 **2:** Iob 32,2. — **3:** 21,15; 34,9. — **5:** Iob 22,12. — **7:** Iob 22,3; 41,2; Prov 9,12;

9 Propter multitudinem calumniatorum clamabunt,
Et eiulabunt propter vim brachii tyrannorum.
10 Et non dixit: Ubi est Deus qui fecit me,
Qui dedit carmina in nocte,
11 Qui docet nos super iumenta terrae,
Et super volucres caeli erudit nos?
12 Ibi clamabunt, et non exaudiet
Propter superbiam malorum.
13 Non ergo frustra audiet Deus,
Et Omnipotens causas singulorum intuebitur.
14 Etiam cum dixeris: Non considerat;
Iudicare coram illo, et expecta eum.
15 Nunc enim non infert furorem suum,
Nec ulciscitur scelus valde.
16 Ergo Iob frustra aperit os suum,
Et absque scientia verba multiplicat.

Quartus sermo Eliu

36 1 Addens quoque Eliu, haec locutus est:
2 Sustine me paululum, et indicabo tibi;
Adhuc enim habeo quod pro Deo loquar.
3 Repetam scientiam meam a principio,
Et operatorem meum probabo iustum.
4 Vere enim absque mendacio sermones mei,
Et perfecta scientia probabitur tibi.
5 Deus potentes non abiicit,
Cum et ipse sit potens;
6 Sed non salvat impios,
Et iudicium pauperibus tribuit.
7 Non auferet a iusto oculos suos,
Et reges in solio collocat in perpetuum,
Et illi eriguntur.
8 Et si fuerint in catenis,
Et vinciantur funibus paupertatis,
9 Indicabit eis opera eorum,
Et scelera eorum, quia violenti fuerunt.
10 Revelabit quoque aurem eorum, ut corripiat;
Et loquetur, ut revertantur ab iniquitate.
11 Si audierint et observaverint, complebunt dies suos in bono,
Et annos suos in gloria;
12 Si autem non audierint,
Transibunt per gladium,
Et consumentur in stultitia.
13 Simulatores et callidi provocant iram Dei,
Neque clamabunt cum vincti fuerint.
14 Morietur in tempestate anima eorum,
Et vita eorum inter effeminatos.
15 Eripiet de angustia sua pauperem,
Et revelabit in tribulatione aurem eius.
16 Igitur salvabit te de ore angusto latissime,
Et non habente fundamentum subter se;
Requies autem mensae tuae erit plena pinguedine.
17 Causa tua quasi impii iudicata est;
Causam iudiciumque recipies.
18 Non te ergo superet ira ut aliquem opprimas;
Nec multitudo donorum inclinet te.
19 Depone magnitudinem tuam absque tribulatione,
Et omnes robustos fortitudine.
20 Ne protrahas noctem,
Ut ascendant populi pro eis.
21 Cave ne declines ad iniquitatem;
Hanc enim coepisti sequi post miseriam.
22 Ecce, Deus excelsus in fortitudine sua,
Et nullus ei similis in legislatoribus.
23 Quis poterit scrutari vias eius?
Aut quis potest ei dicere: Operatus es iniquitatem?
24 Memento quod ignores opus eius,
De quo cecinerunt viri.
25 Omnes homines vident eum;
Unusquisque intuetur procul.
26 Ecce, Deus magnus vincens scientiam nostram;
Numerus annorum eius inaestimabilis.
27 Qui aufert stillas pluviae,
Et effundit imbres ad instar gurgitum,
28 Qui de nubibus fluunt,
Quae praetexunt cuncta desuper.
29 Si voluerit extendere nubes quasi tentorium suum,
30 Et fulgurare lumine suo desuper,
Cardines quoque maris operiet.
31 Per haec enim iudicat populos,
Et dat escas multis mortalibus.
32 In manibus abscondit lucem,
Et praecipit ei ut rursus adveniat.
33 Annuntiat de ea amico suo, quod possessio eius sit,
Et ad eam possit ascendere.

37 1 Super hoc expavit cor meum,
Et emotum est de loco suo.
2 Audite auditionem in terrore vocis eius,
Et sonum de ore illius procedentem.
3 Subter omnes caelos ipse considerat,
Et lumen illius super terminos terrae.
4 Post eum rugiet sonitus,
Tonabit voce magnitudinis suae;
Et non investigabitur, cum audita fuerit vox eius.
5 Tonabit Deus in voce sua mirabiliter,
Qui facit magna et inscrutabilia,
6 Qui praecipit nivi ut descendat in terram,

Lc 17,10; Rom 11,35. — **14:** Iob 19,7; 23,8-9. **16:** Iob 34,35; 38,2; 42,3.

36 6: Ps 71,4.12-13. — **7:** 1 Sam 2,6-8; Ps 33,16; 112,7-8; 1 Petr 3,12. — **10:** Iob 33,16. — **14:** Iob 15,32-33. — **23:** Iob 34,10; Is 40,13-14; Rom 11,34. — **26:** Ps 89,2; 101, 27-28.

37 5: Iob 5,9. — **7:** Dan 12,9. || Conc. Carthag. XVI: D 107. — **10:** Iob 38,29-30;

Et hiemis pluviis, et imbri fortitudinis suae;
7 Qui in manu omnium hominum signat,
Ut noverint singuli opera sua.
8 Ingredietur bestia latibulum,
Et in antro suo morabitur.
9 Ab interioribus egredietur tempestas,
Et ab Arcturo frigus.
10 Flante Deo, concrescit gelu,
Et rursum latissimae funduntur aquae,
11 Frumentum desiderat nubes,
Et nubes spargunt lumen suum.
12 Quae lustrant per circuitum,
Quocumque eas voluntas gubernantis duxerit,
Ad omne quod praeceperit illis super faciem orbis terrarum:
13 Sive in una tribu, sive in terra sua,
Sive in quocumque loco misericordiae suae eas iusserit inveniri.
14 Ausculta haec, Iob;
Sta, et considera mirabilia Dei.
15 Numquid scis quando praeceperit Deus pluviis,
Ut ostenderent lucem nubium eius?
16 Numquid nosti semitas nubium magnas,
Et perfectas scientias?
17 Nonne vestimenta tua calida sunt,
Cum perflata fuerit terra austro?
18 Tu forsitan cum eo fabricatus es caelos,
Qui solidissimi quasi aere fusi sunt.
19 Ostende nobis quid dicamus illi;
Nos quippe involvimur tenebris.
20 Quis narrabit ei quae loquor?
Etiam si locutus fuerit homo, devorabitur.
21 At nunc non vident lucem,
Subito aer cogetur in nubes,
Et ventus transiens fugabit eas.
22 Ab aquilone aurum venit,
Et ad Deum formidolosa laudatio.
23 Digne eum invenire non possumus;
Magnus fortitudine, et iudicio, et iustitia;
Et enarrari non potest.
24 Ideo timebunt eum viri,
Et non audebunt contemplari omnes qui sibi videntur esse sapientes.

PARS TERTIA

Dei interventus

(38,1-42,6)

Prima Dei oratio

38 1 Respondens autem Dominus Iob de turbine, dixit:
2 Quis est iste involvens sententias
Sermonibus imperitis?
3 Accinge sicut vir lumbos tuos;
Interrogabo te, et responde mihi.
4 Ubi eras quando ponebam fundamenta terrae?
Indica mihi, si habes intelligentiam.
5 Quis posuit mensuras eius, si nosti?
Vel quis tetendit super eam lineam?
6 Super quo bases illius solidatae sunt?
Aut quis demisit lapidem angularem eius,
7 Cum me laudarent simul astra matutina,
Et iubilarent omnes filii Dei?
8 Quis conclusit ostiis mare,
Quando erumpebat quasi de vulva procedens;
9 Cum ponerem nubem vestimentum eius,
Et caligine illud quasi pannis infantiae obvolverem?
10 Circumdedi illud terminis meis,
Et posui vectem et ostia,
11 Et dixi: Usque huc venies, et non procedes amplius,
Et hic confringes tumentes fluctus tuos.
12 Numquid post ortum tuum praecepisti diluculo,
Et ostendisti aurorae locum suum?
13 Et tenuisti concutiens extrema terrae,
Et excussisti impios ex ea?
14 Restituetur ut lutum signaculum,
Et stabit sicut vestimentum.
15 Auferetur ab impiis lux sua,
Et brachium excelsum confringetur.
16 Numquid ingressus es profunda maris?
Et in novissimis abyssi deambulasti?
17 Numquid apertae sunt tibi portae mortis,
Et ostia tenebrosa vidisti?
18 Numquid considerasti latitudinem terrae?
Indica mihi, si nosti, omnia;
19 In qua via lux habitet,
Et tenebrarum quis locus sit:
20 Ut ducas unumquodque ad terminos suos,
Et intelligas semitas domus eius.
21 Sciebas tunc quod nasciturus esses,
Et numerum dierum tuorum noveras?
22 Numquid ingressus es thesauros nivis,
Aut thesauros grandinis aspexisti,
23 Quae praeparavi in tempus hostis,
In diem pugnae et belli?
24 Per quam viam spargitur lux,
Dividitur aestus super terram?
25 Quis dedit vehementissimo imbri cursum,
Et viam sonantis tonitrui,
26 Ut plueret super terram absque homine in deserto,
Ubi nullus mortalium commoratur,
27 Ut impleret inviam et desolatam,
Et produceret herbas virentes?
28 Quis est pluviae pater?
Vel quis genuit stillas roris?

Ps 147,17-18. — **12:** Ps 148,8. — **13:** 3 Reg 8, 35-36; Iob 38,26-27; Am 4,7. — **18:** Gen 1,6; Is 44,24. — **24:** Mt 10,28,11,25.

38 **1:** Ex 19,18. — **3:** Iob 40,2. — **4-8.** Gen 1,9; Iob 26,7-10; Ps 103,5-9. — **23:** Ex 9,18; Ios 10,11; Is 30,30 Ez 13,11.13; Apoc 16, 21. — **41:** Ps 146,9; Lc 12,24.

29 De cuius utero egressa est glacies?
Et gelu de caelo quis genuit?
30 In similitudinem lapidis aquae durantur,
Et superficies abyssi constringitur.
31 Numquid coniungere valebis micantes stellas Pleiadas,
Aut gyrum Arcturi poteris dissipare?
32 Numquid producis luciferum in tempore suo,
Et vesperum super filios terrae consurgere facis?
33 Numquid nosti ordinem caeli,
Et pones rationem eius in terra?
34 Numquid elevabis in nebula vocem tuam,
Et impetus aquarum operiet te?
35 Numquid mittes fulgura, et ibunt,
Et revertentia dicent tibi: Adsumus?
36 Quis posuit in visceribus hominis sapientiam?
Vel quis dedit gallo intelligentiam?
37 Quis enarrabit caelorum rationem,
Et concentum caeli quis dormire faciet?
38 Quando fundebatur pulvis in terra,
Et glebae compingebantur?
39 Numquid capies leaenae praedam,
Et animam catulorum eius implebis,
40 Quando cubant in antris,
Et in specubus insidiantur?
41 Quis praeparat corvo escam suam,
Quando pulli eius clamant ad Deum,
Vagantes, eo quod non habeant cibos?

39 1 Numquid nosti tempus partus ibicum in petris?
Vel parturientes cervas observasti?
2 Dinumerasti menses conceptus earum,
Et scisti tempus partus earum?
3 Incurvantur ad fetum, et pariunt,
Et rugitus emittunt.
4 Separantur filii earum, et pergunt ad pastum;
Egrediuntur, et non revertuntur ad eas.
5 Quis dimisit onagrum liberum,
Et vincula eius quis solvit?
6 Cui dedi in solitudine domum,
Et tabernacula eius in terra salsuginis.
7 Contemnit multitudinem civitatis;
Clamorem exactoris non audit.
8 Circumspicit montes pascuae suae,
Et virentia quaeque perquirit.
9 Numquid volet rhinoceros servire tibi,
Aut morabitur ad praesepe tuum?
10 Numquid alligabis rhinocerota ad arandum loro tuo,
ut confringet glebas vallium post te?
Numquid fiduciam habebis in magna fortitudine eius,
Et derelinques ei labores tuos?
12 Numquid credes illi quod sementem reddat tibi,
Et aream tuam congreget?
13 Penna struthionis similis est
Pennis herodii et accipitris.
14 Quando derelinquit ova sua in terra,
Tu forsitan in pulvere calefacies ea?
15 Obliviscitur quod pes conculcet ea,
Aut bestia agri conterat.
16 Duratur ad filios suos, quasi non sint sui;
Frustra laboravit, nullo timore cogente.
17 Privavit enim eam Deus sapientia, nec dedit illi intelligentiam.
18 Cum tempus fuerit, in altum alas erigit;
Deridet equum et ascensorem eius.
19 Numquid praebebis equo fortitudinem,
Aut circumdabis collo eius hinnitum?
20 Numquid suscitabis eum quasi locustas?
Gloria narium eius terror.
21 Terram ungula fodit, exultat audacter;
In occursum pergit armatis.
22 Contemnit pavorem,
Nec cedit gladio.
23 Super ipsum sonabit pharetra;
Vibrabit hasta et clypeus;
24 Fervens et fremens sorbet terram,
Nec reputat tubae sonare clangorem.
25 Ubi audierit buccinam, dicit: Vah!
Procul odoratur bellum,
Exhortationem ducum, et ululatum exercitus.
26 Numquid per sapientiam tuam plumescit accipiter,
Expandens alas suas ad austrum?
27 Numquid ad praeceptum tuum elevabitur aquila,
Et in arduis ponet nidum suum?
28 In petris manet,
Et in praeruptis silicibus commoratur atque inaccessis rupibus.
29 Inde contemplatur escam,
Et de longe oculi eius prospiciunt.
30 Pulli eius lambent sanguinem;
Et ubicumque cadaver fuerit, statim adest.
31 Et adiecit Dominus, et locutus est ad Iob:
32 Numquid qui contendit cum Deo, tam facile conquiescit?
Utique qui arguit Deum, debet respondere ei.

Iob Deo respondet

33 Respondens autem Iob Domino, dixit:
34 Qui leviter locutus sum, respondere quid possum?
Manum meam ponam super os meum.
35 Unum locutus sum, quod utinam non dixissem;
Et alterum, quibus ultra non addam.

39 6: Iob 24,5; Ier 2,24. — 16: Lam 4,3. — 21: Ier 8,6. — 30: Mt 24,28; Lc 17,37. — 32: Iob 33,13.

Secunda Dei oratio

40 1 Respondens autem Dominus Iob de turbine, dixit:
2 Accinge sicut vir lumbos tuos:
Interrogabo te, et indica mihi.
3 Numquid irritum facies iudicium meum,
Et condemnabis me, ut tu iustificeris?
4 Et si habes brachium sicut Deus?
Et si voce simili tonas?
5 Circumda tibi decorem, et in sublime erigere,
Et esto gloriosus, et speciosis induere vestibus.
6 Disperge superbos in furore tuo,
Et respiciens omnem arrogantem humilia.
7 Respice cunctos superbos, et confunde eos,
Et contere impios in loco suo.
8 Absconde eos in pulvere simul,
Et facies eorum demerge in foveam.
9 Et ego confitebor
Quod salvare te possit dextera tua.
10 Ecce behemoth quem feci tecum,
Foenum quasi bos comedet.
11 Fortitudo eius in lumbis eius,
Et virtus illius in umbilico ventris eius.
12 Stringit caudam suam quasi cedrum;
Nervi testiculorum eius perplexi sunt.
13 Ossa eius velut fistulae aeris,
Cartilago illius quasi laminae ferreae.
14 Ipse est principium viarum Dei;
Qui fecit eum applicabit gladium eius.
15 Huic montes herbas ferunt;
Omnes bestiae agri ludent ibi.
16 Sub umbra dormit, in secreto calami
Et in locis humentibus.
17 Protegunt umbrae umbram eius;
Circumdabunt eum salices torrentis.
18 Ecce absorbebit fluvium, et non mirabitur,
Et habet fiduciam quod influat Iordanis in os eius.
19 In oculis eius quasi hamo capiet eum,
Et in sudibus perforabit nares eius.
20 An extrahere poteris leviathan hamo,
Et fune ligabis linguam eius?
21 Numquid pones circulum in naribus eius,
Aut armilla perforabis maxillam eius?
22 Numquid multiplicabit ad te preces,
Aut loquetur tibi mollia?
23 Numquid feriet tecum pactum,
Et accipies eum servum sempiternum?
24 Numquid illudes ei quasi avi,
Aut ligabis eum ancillis tuis?
25 Concident eum amici?
Divident illum negotiatores?
26 Numquid implebis sagenas pelle eius,
Et gurgustium piscium capite illius?
27 Pone super eum manum tuam;
Memento belli, nec ultra addas loqui.
28 Ecce spes eius frustrabitur eum,
Et videntibus cunctis praecipitabitur.

41 1 Non quasi crudelis suscitabo eum;
Quis enim resistere potest vultui meo?
2 Quis ante dedit mihi, ut reddam ei?
Omnia quae sub caelo sunt, mea sunt.
3 Non parcam ei, et verbis potentibus,
Et ad deprecandum compositis.
4 Quis revelabit faciem indumenti eius?
Et in medium oris eius quis intrabit?
5 Portas vultus eius quis aperiet?
Per gyrum dentium eius formido.
6 Corpus illius quasi scuta fusilia,
Compactum squamis se prementibus.
7 Una uni coniungitur,
Et ne spiraculum quidem incedit per eas.
8 Una alteri adhaerebit,
Et tenentes se nequaquam separabuntur.
9 Sternutatio eius splendor ignis,
Et oculi eius ut palpebrae diluculi.
10 De ore eius lampades procedunt,
Sicut taedae ignis accensae.
11 De naribus eius procedit fumus,
Sicut ollae succensae atque ferventis.
12 Halitus eius prunas ardere facit,
Et flamma de ore eius egreditur.
13 In collo eius morabitur fortitudo,
Et faciem eius praecedit egestas.
14 Membra carnium eius cohaerentia sibi;
Mittet contra eum fulmina et ad locum alium non ferentur.
15 Cor eius indurabitur tanquam lapis,
Et stringetur quasi malleatoris incus,
16 Cum sublatus fuerit, timebunt angeli,
Et territi purgabuntur.
17 Cum apprehenderit eum gladius, subsistere non poterit,
Neque hasta, neque thorax;
18 Reputabit enim quasi paleas ferrum,
Et quasi lignum putridum aes.
19 Non fugabit eum vir sagittarius;
In stipulam versi sunt ei lapides fundae.
20 Quasi stipulam aestimabit malleum,
Et deridebit vibrantem hastam.
21 Sub ipso erunt radii solis,
Et sternet sibi aurum quasi lutum.
22 Fervescere faciet quasi ollam profundum mare,
Et ponet quasi cum unguenta bulliunt.
23 Post eum lucebit semita;
Aestimabit abyssum quasi senescentem.
24 Non est super terram potestas quae comparetur ei,
Qui factus est ut nullum timeret.
25 Omne sublime videt:
Ipse est rex super universos filios superbiae.

40 1: Iob 38,1. — 2: Iob 38,3. — 3: Iob 32,2.

41 2: Deut 10,14; Iob 35,7; Ps 23,1; 49,12; Rom 11,35.

Responsio Iob

42 1 Respondens autem Iob Domino,
dixit:
2 Scio quia omnia potes,
Et nulla te latet cogitatio.
3 Quis est iste qui celat consilium absque
scientia?
Ideo insipienter locutus sum,
Et quae ultra modum excederent scientiam
meam.
4 Audit, et ego loquar;
Interrogabo te, et responde mihi.
5 Auditu auris audivi te;
Nunc autem oculus meus videt te.
6 Idcirco ipse me reprehendo,
Et ago poenitentiam in favilla et cinere.

EPILOGUS HISTORICUS

(42,7-16)

7 Postquam autem locutus est Dominus
verba haec ad Iob, dixit ad Eliphaz The-
manitem: Iratus est furor meus in te, et
in duos amicos tuos, quoniam non estis
locuti coram me rectum, sicut servus meus
Iob. 8 Sumite ergo vobis septem tauros et
septem arietes, et ite ad servum meum Iob,
et offerte holocaustum pro vobis: Iob autem servus meus orabit pro vobis. Faciem
eius suscipiam, ut non vobis imputetur
stultitia; neque enim locuti estis ad me
recta, sicut servus meus Iob. 9 Abierunt
ergo Eliphaz Themanites, et Baldad Suhites, et Sophar Naamathites, et fecerunt
sicut locutus fuerat Dominus ad eos, et
suscepit Dominus faciem Iob.
10 Dominus quoque conversus est ad
poenitentiam Iob, cum oraret ille pro amicis suis; et addidit Dominus omnia quaecumque fuerant Iob, duplicia. 11 Venerunt
autem ad eum omnes fratres sui, et universae sorores suae, et cuncti qui noverant
eum prius, et comederunt cum eo panem
in domo eius; et moverunt super eum caput, et consolati sunt eum super omni
malo quod intulerat Dominus super eum,
et dederunt ei unusquisque ovem unam,
et inaurem auream unam. 12 Dominus autem benedixit novissimis Iob magis quam
principio eius; et facta sunt ei quatuordecim millia ovium, et sex millia camelorum, et mille iuga boum, et mille asinae.
13 Et fuerunt ei septem filii, et tres filiae.
14 Et vocavit nomen unius Diem, et nomen secundae Cassiam, et nomen tertiae
Cornustibii. 15 Non sunt autem inventae
mulieres speciosae sicut filiae Iob in universa terra; deditque eis pater suus haereditatem inter fratres earum.
16 Vixit autem Iob post haec centum
quadraginta annis, et vidit filios suos, et
filios filiorum suorum usque ad quartam
generationem; et mortuus est senex et plenus dierum.

42 **2**: Iob 23,13; Mt 19,26. — **3**: Iob 34,35; 35,16; 38,2; 39,34. — **4**: Iob 13, 22; 38,3; 40,2. — **6**: Iob 39,34. — **8**: Gen 20,7.17; Num 23,1. — **9**: Iob 2,11. — **12**: Iob 1,3. — **16**: Iob 5,25-26.

*LIBER PSALMORUM**

SUMMARIUM

Liber primus (1-40). Liber secundus (41-71). Liber tertius (72-88). Liber quartus (89-105). Liber quintus (106-150)

LIBER PRIMUS

PSALMUS 1

Iustorum sors bona, impiorum mala

1 Beatus vir qui non abiit in consilio im-
piorum,
Et in via peccatorum non stetit,
Et in cathedra pestilentiae non sedit;

I. 1 *Beatus vir, qui non sequitur consilium*
impiorum,
Et viam peccatorum non ingreditur.
Et in conventu protervorum non sedet;

* *Vulgatae textui addimus in altera columna novam versionem latinam Instituti Biblici a Pio XII pro usu liturgico approbatam, die 24 martii 1945.*

2 Sed in lege Domini voluntas eius,
Et in lege eius meditabitur die ac nocte.
3 Et erit tanquam lignum quod plantatum est secus decursus aquarum,
Quod fructum suum dabit in tempore suo:
Et folium eius non defluet;
Et omnia quaecumque faciet prosperabuntur.
4 Non sic impii, non sic;
Sed tanquam pulvis quem proiicit ventus a facie terrae.
5 Ideo non resurgent impii in iudicio,
Neque peccatores in concilio iustorum,
6 Quoniam novit Dominus viam iustorum;
Et iter impiorum peribit.

2 Sed in lege Domini voluptas eius est,
Et de lege eius meditatur die ac nocte.
3 Et est tamquam arbor
Plantata iuxta rivos aquarum,
Quae fructum praebet tempore suo,
Cuiusque folia non marcescunt,
Et quaecumque facit, prospere procedunt.
II. *4 Non sic impii, non sic;*
Sed tamquam palea, quam dissipat ventus.
5 Ideo non consistent impii in iudicio,
Neque peccatores in concilio iustorum.
6 Quoniam Dominus curat viam iustorum,
Et via impiorum peribit.

PSALMUS 2

Messias rex Sion omnisque terrae

1 Quare fremuerunt gentes,
Et populi meditati sunt inania?
2 Astiterunt reges terrae,
Et principes convenerunt in unum.
Adversus Dominum, et adversus Christum eius.
3 Dirumpamus vincula eorum,
Et proiiciamus a nobis iugum ipsorum.
4 Qui habitat in caelis irridebit eos,
Et Dominus subsannabit eos.
5 Tunc loquetur ad eos in ira sua,
Et in furore suo conturbabit eos.
6 Ego autem constitutus sum rex ab eo
Super Sion, montem sanctum eius,
Praedicans praeceptum eius.
7 Dominus dixit ad me: Filius meus es tu;
Ego hodie genui te.
8 Postula a me, et dabo tibi gentes haereditatem tuam,
Et possessionem tuam terminos terrae.
9 Reges eos in virga ferrea,
Et tanquam vas figuli confringes eos.
10 Et nunc, reges, intelligite;
Erudimini, qui iudicatis terram.
11 Servite Domino in timore,
Et exsultate ei cum tremore.
12 Apprehendite disciplinam, nequando irascatur Dominus,
Et pereatis de via iusta.
13 Cum exarserit in brevi ira eius,
Beati omnes qui confidunt in eo.

I. *1 Quare tumultuantur gentes*
Et populi meditantur inania?
2 Consurgunt reges terrae
Et principes conspirant simul
Adversus Dominum et adversus Christum eius:
3 «Dirumpamus vincula eorum
Et proiciamus a nobis laqueos eorum!»
II. *4 Qui habitat in caelis, ridet,*
Dominus illudit eis.
5 Tum loquitur ad eos in ira sua,
Et in furore suo conturbat eos.
6 «At ego constitui regem meum
Super Sion, montem sanctum meum!»
III. *7 Promulgabo decretum Domini:*
Dominus dixit ad me: «Filius meus es tu, ego hodie genui te.
8 Postula a me et dabo tibi gentes in hereditatem
Et in possessionem tuam terminos terrae.
9 Reges eas virga ferrea,
Tamquam vas figuli confringes eas.»
IV. *10 Et nunc, reges, intellegite;*
Erudimini, qui gubernatis terram.
11 Servite Domino in timore et exsultate ei;
Cum tremore 12 praestate obsequium illi,
Ne irascatur et pereatis de via,
Cum cito exarserit ira eius.
Beati omnes qui confugiunt ad eum.

1 **2:** Deut 6,7; Ios 1,8; Ps 118,1.97; Prov 1,15. **3:** Gen 39,2-3; Num 24,6; Ier 17,8. — **4:** Iob 21,18; Sap 5,15. — **6:** Iob 23,10; Ps 36,18; Io 10,44.

2 **1-2:** Act 4,25-26. — **2:** Ps 17,5[illegible] 19,7. — **3:** Ier 5,5. — **4:** Ps 36,13. — **6:** [illegible] 3,5; 14,1; 42,3. — **7:** Act 13,33; Hebr 1,5; 5,5 — **8:** Ps 71,8. — **9:** Is 30,14; Ier 19,11; Apoc 2,27; 12,5; 19,15.

PSALMUS 3

Oratio confidentis inter medios hostes

[1] Psalmus David, cum fugeret a facie Absalom, filii sui.
[2] Domine, quid multiplicati sunt qui tribulant me?
Multi insurgunt adversum me.
[3] Multi dicunt animae meae:
Non est salus ipsi in Deo eius.
[4] Tu autem, Domine, susceptor meus es,
Gloria mea, et exaltans caput meum.
[5] Voce mea ad Dominum clamavi;
Et exaudivit me de monte sancto suo.
[6] Ego dormivi, et soporatus sum;
Et exsurrexi, quia Dominus suscepit me.
[7] Non timebo millia populi circumdantis me.
Exsurge, Domine; salvum me fac, Deus meus.
[8] Quoniam tu percussisti omnes adversantes mihi sine causa;
Dentes peccatorum contrivisti.
[9] Domini est salus;
Et super populum tuum benedictio tua.

[1] *Psalmus. Davidis, cum fugit a filio suo Absalom.*
I. [2] *Domine, quam multi sunt qui tribulant me,*
Multi insurgunt adversum me.
[3] *Multi sunt qui de me dicunt:*
«Non est salus ei in Deo.»
[4] *Tu autem, Domine, clipeus meus es,*
Gloria mea, qui erigis caput meum.
II. [5] *Voce mea ad Dominum clamavi,*
Et exaudivit me de monte sancto suo.
[6] *Ego decubui et obdormivi:*
Exsurrexi, quia Dominus sustentat me.
[7] *Non timebo milia populi,*
Quae in circuitu contra me consistunt.
III. [8] *Exsurge, Domine!*
Salvum me fac, Deus meus!
Nam maxillam percussisti omnium adversantium mihi,
Dentes peccatorum confregisti.
[9] *Penes Dominum est salus:*
Super populum tuum sit benedictio tua!

PSALMUS 4

Oratio fidentis inter peccatores incredulos

[1] In finem, in carminibus. Psalmus David.
[2] Cum invocarem exaudivit me Deus iustitiae meae,
In tribulatione dilatasti mihi.
Miserere mei et exaudi orationem meam.
[3] Filii hominum, usquequo gravi corde?
Ut quid diligitis vanitatem, et quaeritis mendacium?
[4] Et scitote quoniam mirificavit Dominus sanctum suum;
Dominus exaudiet me cum clamavero ad eum.
[5] Irascimini, et nolite peccare;
Quae dicitis in cordibus vestris, in cubilibus vestris compungimini.
[6] Sacrificate sacrificium iustitiae, et sperate in Domino.
Multi dicunt: Quis ostendit nobis bona?
[7] Signatum est super nos lumen vultus tui, Domine.
Dedisti laetitiam in corde meo.
[8] A fructu frumenti, vini, et olei sui, multiplicati sunt.
[9] In pace in idipsum dormiam, et requiescam;
[10] Quoniam tu, Domine, singulariter in spe constituisti me.

[1] *Magistro chori. Fidibus. Psalmus Davidis.*
I. [2] *Cum invocavero, exaudi me, Deus iustitiae meae,*
Qui in tribulatione me sublevasti;
Miserere mei et exaudi orationem meam.
II. [3] *Viri, quousque estis graves corde?*
Quare diligitis vanitatem et quaeritis mendacium?
[4] *Scitote: mirabilem facit Dominus sanctum suum;*
Dominus exaudiet me, cum invocavero eum.
[5] *Contremiscite et nolite peccare,*
Recogitate in cordibus vestris,
In cubilibus vestris, et obmutescite.
[6] *Sacrificate sacrificia iusta,*
Et sperate in Domino.
III. [7] *Multi dicunt: «Quis ostendet nobis bona?»*
Extolle super nos lumen vultus tui, Domine!
[8] *Dedisti laetitiam in cor meum*
Maiorem, quam cum abundant tritico et vino.
[9] *In pace, simul ac decubui, obdormisco,*
Quoniam tu solus, Domine,
In securitate me constituis.

3 1: 2 Sam 15,14-17,20. — 3: 2 Sam 16,8; Ps 70,11. — 5: Ps 2,6. — 6: Ps 4,9. — 7: Ps 26,3. — 9: Ps 36,39.

4 5: Eph 4,26. — 6: Deut 33,19; Ps 50,21. — 9: Ps 3,6.

PSALMUS 5

Preces matutinae iusti ab inimicis circumdati

1 In finem, pro ea quae haereditatem consequitur. Psalmus David.
2 Verba mea auribus percipe, Domine;
Intellige clamorem meum.
3 Intende voci orationis meae,
Rex meus et Deus meus.
4 Quoniam ad te orabo, Domine,
Mane exaudies vocem meam.
5 Mane astabo tibi, et videbo
Quoniam non Deus volens iniquitatem tu es.
6 Neque habitabit iuxta te malignus,
Neque permanebunt iniusti ante oculos tuos.
7 Odisti omnes qui operantur iniquitatem;
Perdes omnes qui loquuntur mendacium.
Virum sanguinum et dolosum abominabitur Dominus.
8 Ego autem, in multitudine misericordiae tuae,
Introibo in domum tuam;
Adorabo ad templum sanctum tuum in timore tuo.
9 Domine, deduc me in iustitia tua;
Propter inimicos meos dirige in conspectu tuo viam meam.
10 Quoniam non est in ore eorum veritas;
Cor eorum vanum est.
11 Sepulchrum patens est guttur eorum;
Linguis suis dolose agebant,
Iudica illos, Deus.
Decidant a cogitationibus suis;
Secundum multitudinem impietatum eorum expelle eos,
Quoniam irritaverunt te, Domine.
12 Et laetentur omnes qui sperant in te;
In aeternum exsultabunt, et habitabis in eis.
Et gloriabuntur in te omnes qui diligunt nomen tuum,
13 Quoniam tu benedices iusto.
Domine, ut scuto bonae voluntatis tuae coronasti nos.

1 Magistro chori. Ad tibias. Psalmus. Davidis.
I. *2 Verba mea auribus percibe, Domine,*
Attende gemitum meum,
3 Adverte voci orationis meae,
Rex meus et Deus meus!
Te enim deprecor, 4 Domine;
Mane audis vocem meam;
Mane propono tibi preces meas et exspecto.
II. *5 Tu enim non es Deus, cui placeat iniquitas,*
Malignus apud te non commoratur,
6 Neque impii consistunt coram te.
Odisti omnes qui patrant iniqua,
7 Perdis omnes qui loquuntur mendacium;
Virum cruentum et dolosum
Abominatur Dominus.
III. *8 Ego autem, pro multitudine gratiae tuae,*
Ingrediar domum tuam,
Prosternar ad templum sanctum tuum
In timore tuo, 9 Domine.
Deduc me in iustitia tua propter inimicos meos;
Complana viam tuam coram me.
IV. *10 Nam in ore istorum non est sinceritas;*
Cor eorum insidias molitur;
Sepulchrum patens est guttur eorum;
Linguis suis blandiuntur.
11 Castiga eos, Deus,
Excidant consiliis suis;
Propter crimina eorum multa expelle eos,
Nam contra te rebelles sunt.
V. *12 Laetentur autem omnes qui confugiunt ad te,*
In perpetuum exsultent.
Et protegas eos et laetentur de te,
Qui diligunt nomen tuum.
13 Nam tu benedices iusto, Domine:
Benevolentia, velut scuto, circumdabis eum.

PSALMUS 6

Hominis a Deo castigati precatio

1 In finem, in carminibus. Psalmus David. Pro octava.
2 Domine, ne in furore tuo arguas me,
Neque in ira tua corripias me.
3 Miserere mei, Domine, quoniam infirmus sum;
Sana me, Domine, quoniam conturbata sunt ossa mea.

1 Magistro chori. Fidibus. Super octavam. Psalmus. Davidis.
I. *2 Domine, noli me arguere in ira tua,*
Nec me corripere in furore tuo.
3 Miserere mei, Domine, quoniam infirmus sum;
Sana me, Domine, quoniam conturbata sunt ossa mea,

5 4: Ps 87,14. — 7: Sap 14,9; Mt 7,23. — 8: 3 Reg 8, 29-30. — 11: Ps 13,3; Rom 3,13. — 13: Ps 34,2.

6 1: Ps 11,1. — 2: Ps 37,2. — 4: Ps 89,13. — 6: Ps 29,10; 87,11-13; 113,17; Is 38,18. —

4 Et anima mea turbata est valde;
Sed tu, Domine, usquequo?
5 Convertere, Domine, et eripe animam meam;
Salvum me fac propter misericordiam tuam.
6 Quoniam non est in morte qui memor sit tui;
In inferno autem quis confitebitur tibi?
7 Laboravi in gemitu meo;
Lavabo per singulas noctes lectum meum;
Lacrymis meis stratum meum rigabo.
8 Turbatus est a furore oculus meus;
Inveteravi inter omnes inimicos meos.
9 Discedite a me omnes qui operamini iniquitatem,
Quoniam exaudivit Dominus vocem fletus mei.
10 Exaudivit Dominus deprecationem meam;
Dominus orationem meam suscepit.
11 Erubescant, et conturbentur vehementer omnes inimici mei;
Convertantur, et erubescant valde velociter.

4 *Et anima mea conturbata est valde;*
Sed tu, Domine, quousque...?
II. 5 *Revertere, Domine, eripe animam meam,*
Salvum me fac propter misericordiam tuam,
6 *Quoniam non est in morte qui recordetur tui:*
Apud inferos quis te laudat?
III. 7 *Defessus sum gemitu meo,*
Fletu per singulas noctes rigo lectum meum,
Lacrimis meis stratum meum perfundo.
8 *Caligat maerore oculus meus,*
Inveterascit propter omnes inimicos meos.
IV. 9 *Recedite a me omnes qui facitis iniquitatem,*
Quoniam Dominus audivit vocem fletus mei;
10 *Dominus audivit precationem meam,*
Dominus orationem meam suscepit.
11 *Erubescant et conturbentur vehementer omnes inimici mei;*
Recedant et erubescant velociter.

PSALMUS 7

Hominis calumniis oppressi ad Deum iudicem appellatio

1 Psalmus David, quem cantavit Domino pro verbis Chusi, filii Iemini.
2 Domine Deus meus, in te speravi;
Salvum me fac ex omnibus persequentibus me, et libera me,
3 Ne quando rapiat ut leo animam meam,
Dum non est qui redimat, neque qui salvum faciat.
4 Domine Deus meus, si feci istud,
Si est iniquitas in manibus meis,
5 Si reddidi retribuentibus mihi mala,
Decidam merito ab inimicis meis inanis.
6 Persequatur inimicus animam meam, et comprehendat;
Et conculcet in terra vitam meam,
Et gloriam meam in pulverem deducat.
7 Exsurge, Domine, in ira tua;
Et exaltare in finibus inimicorum meorum;
Et exsurge, Domine Deus meus, in praecepto quod mandasti;
8 Et synagoga populorum circumdabit te.
Et propter hanc in altum regredere.
9 Dominus iudicat populos.
Iudica me, Domine, secundum iustitiam meam,
Et secundum innocentiam meam super me.
10 Consumetur nequitia peccatorum; et diriges iustum,
Scrutans corda et renes, Deus.
11 Iustum adiutorium meum a Domino,
Qui salvos facit rectos corde.

1 *Lamentatio Davidis, quam cantavit Domino propter Chus Beniaminitam.*

I. 2 *Domine Deus meus, ad te confugio;*
Salva me ab omnibus persequentibus me et libera me;
3 *Ne quis rapiat ut leo animam meam,*
Discerpat, nec sit qui eripiat.
II. 4 *Domine Deus meus, si feci istud,*
Si est iniquitas in manibus meis,
5 *Si attuli amico meo malum,*
Qui salvavi adversantes mihi iniuste:
6 *Insequatur inimicus animam meam et apprehendat,*
Conculcet in terram vitam meam,
Et honorem meum in pulverem prosternat.
III. 7 *Exsurge, Domine, in ira tua,*
Erige te contra rabiem opprimentium me,
Et surge pro me in iudicio, quod indixisti.
8 *Et coetus nationum circumdet te,*
Et sede super eum in alto.
9 *Dominus iudex est populorum.*
Ius redde mihi, Domine, secundum iustitiam meam
Et secundum innocentiam, quae est in me.
10 *Desinat nequitia impiorum et confirma iustum,*
Scrutans corda et renes, Deus iuste.
IV. 11 *Clipeus mihi est Deus,*
Qui salvat rectos corde.

7: Ps 37,9; 68,4. || Conc. Trid.; D 897. — 9: Ps 118,115; 138,19, Mt 7,23; 25,41; Lc 13,27. — 11: Ps 34,4; 39,15.

7 2: Ps 30,15-16. — 7: Ps 34,23. — 9: Ps 17,21; 25,1; 34,24; 42,1. — 10: 1 Sam 16,7; 3 Reg 8,39; 1 Par 28,9; Ps 138,1-5; Ier 11,20;

12 Deus iudex iustus, fortis, et patiens;
Numquid irascitur per singulos dies?
13 Nisi conversi fueritis, gladium suum vibrabit;
Arcum suum tetendit, et paravit illum.
14 Et in eo paravit vasa mortis,
Sagittas suas ardentibus effecit.
15 Ecce parturiit iniustitiam;
Concepit dolorem, et peperit iniquitatem.
16 Lacum aperuit, et effodit eum;
Et incidit in foveam quam fecit.
17 Convertetur dolor eius in caput eius,
Et in verticem ipsius iniquitas eius descendet.
18 Confitebor Domino secundum iustitiam eius,
Et psallam nomini Domini altissimi.

12 *Deus est iudex iustus,*
Et Deus comminans cotidie.
13 *Nisi convertantur, acuet gladium suum,*
Tendet arcum et diriget eum,
14 *Et eis parabit tela mortis,*
Sagittas suas faciet ardentes.
V. 15 *Ecce, concepit iniquitatem et gravidus est malitia*
Et parit dolum.
16 *Fossam fodit et excavavit,*
Sed incidit in foveam quam fecit.
17 *Convertetur malitia eius in caput ipsius,*
Et in verticem ipsius violentia eius redibit.
18 *Ego autem laudabo Dominum pro iustitia eius,*
Et psallam nomini Domini altissimi.

PSALMUS 8

Maiestas Dei et dignitas hominis

1 In finem, pro torcularibus. Psalmus David.
2 Domine, Dominus noster,
Quam admirabile est nomen tuum in universa terra!
Quoniam elevata est magnificentia tua super caelos.
3 Ex ore infantium et lactentium perfecisti laudem propter inimicos tuos,
Ut destruas inimicum et ultorem.
4 Quoniam videbo caelos tuos, opera digitorum tuorum,
Lunam et stellas quae tu fundasti:
5 Quid est homo, quod memor es eius?
Aut filius hominis, quoniam visitas eum?
6 Minuisti eum paulo minus ab angelis;
Gloria et honore coronasti eum;
7 Et constituisti eum super opera manuum tuarum.
8 Omnia subiecisti sub pedibus eius,
Oves et boves universas,
Insuper et pecora campi,
9 Volucres caeli, et pisces maris
Qui perambulant semitas maris.
10 Domine, Dominus noster,
Quam admirabile est nomen tuum in universa terra!

1 *Magistro chori. Ad modum cantici «Torcularia...» Psalmus. Davidis.*
I. 2 *Domine, Domine noster, quam admirabile est nomen tuum in universa terra,*
Qui extulisti maiestatem tuam super caelos.
3 *Ex ore infantium et lactentium parasti laudem contra adversarios tuos,*
Ut compescas inimicum et hostem.
4 *Cum video caelos tuos, opus digitorum tuorum,*
Lunam et stellas quae tu fundasti:
5 *Quid est homo, quod memor es eius?*
Aut filius hominis, quod curas de eo?
II. 6 *Et fecisti eum paulo minorem angelis,*
Gloria et honore coronasti eum;
7 *Dedisti ei potestatem super opera manuum tuarum,*
Omnia subiecisti pedibus eius.
8 *Oves et boves universos,*
Insuper et pecora campi,
9 *Volucres caeli et pisces maris.*
Quidquid perambulat semitas marium.
10 *Domine, Domine noster, quam admirabile est nomen tuum in universa terra!*

PSALMUS 9 (Hebr. 9 et 10)

A

Gratiarum actio pro devictis gentibus

1 In finem, pro occultis filii. Psalmus David.
2 Confitebor tibi, Domine, in toto corde meo;

1 *Magistro chori. Ad modum cantic* «mut labben». *Psalmus. Davidis.*
I. 2 *Celebrabo te, Domine, toto corde meo,*

17,10; 20,12. — **15:** Iob 15,35; Is 59,4. — **16:** Ps 56,7; Prov 26,27; Eccl 10,8; Eccli 27,29 — **17:** 3 Reg 2,32; Esth 9,25.

8 **1:** Ps 80,1; 83,1 — **2:** Ps 112,4; 148,13 — **3:** Mt 21,16. — **4:** Gen 1,14-16. — **5:** Iob 7,17; Ps 143,3; Hebr 2,6-8. — **7:** Gen 1.26.28; Sap 9,2. — **8:** 1 Cor 15,26-27.

Narrabo omnia mirabilia tua.
3 Laetabor et exsultabo in te;
Psallam nomini tuo, Altissime.
4 In convertendo inimicum meum retrorsum;
Infirmabuntur, et peribunt a facie tua.
5 Quoniam fecisti iudicium meum et causam meam;
Sedisti super thronum, qui iudicas iustitiam.
6 Increpasti gentes, et periit impius.
Nomen eorum delesti in aeternum, et in saeculum saeculi.
7 Inimici defecerunt frameae in finem,
Et civitates eorum destruxisti.
Periit memoria eorum cum sonitu;
8 Et Dominus in aeternum permanet.
Paravit in iudicio thronum suum;
9 Et ipse iudicabit orbem terrae in aequitate,
Iudicabit populos in iustitia.
10 Et factus est Dominus refugium pauperi;
Adiutor in opportunitatibus, in tribulatione.
11 Et sperent in te qui noverunt nomen tuum,
Quoniam non dereliquisti quaerentes te, Domine.
12 Psallite Domino qui habitat in Sion;
Annuntiate inter gentes studia eius,
13 Quoniam requirens sanguinem eorum recordatus est;
Non est oblitus clamorem pauperum.
14 Miserere mei, Domine;
Vide humilitatem meam de inimicis meis,
15 Qui exaltas me de portis mortis,
Ut annuntiem omnes laudationes tuas in portis filiae Sion.
16 Exultabo in salutari tuo.
Infixae sunt gentes in interitu quem fecerunt;
In laqueo isto quem absconderunt
Comprehensus est pes eorum.
17 Cognoscetur Dominus iudicia faciens;
In operibus manuum suarum comprehensus est peccator.
18 Convertantur peccatores in infernum,
Omnes gentes quae obliviscuntur Deum.
19 Quoniam non in finem oblivio erit pauperis;
Patientia pauperum non peribit in finem.
20 Exsurge, Domine; non confortetur homo:
Iudicentur gentes in conspectu tuo.
21 Constitue, Domine, legislatorem super eos,
Ut sciant gentes quoniam homines sunt.

Enarrabo omnia mirabilia tua.
3 *Laetabor et exsultabo de te,*
Psallam nomini tuo, Altissime,
4 *Quia cesserunt inimici mei retrorsum,*
Corruerunt et perierunt a facie tua.
II. 5 *Nam suscepisti iudicium meum et causam meam,*
Sedisti super solium, iudex iustus.
6 *Increpasti gentes, perdidisti impium,*
Nomen eorum delesti in aeternum.
7 *Inimici defecerunt, in ruinas sempiternas acti,*
Et urbes destruxisti: periit memoria eorum.
III. 8 *Dominus autem in aeternum sedet,*
Stabilivit ad iudicandum solium suum.
9 *Et ipse iudicabit orbem cum iustitia,*
Ius dicet populis cum aequitate.
10 *Et erit Dominus refugium oppresso,*
Refugium opportunum temporibus angustiae.
11 *Et sperabunt in te qui noverunt nomen tuum,*
Quia non derelinquis quaerentes te, Domine.
IV. 12 *Psallite Domino qui habitat in Sion,*
Annuntiate in populis opera eius,
13 *Quia ultor sanguinis recordatus est eorum,*
Non est oblitus clamoris pauperum.
V. 14 *Miserere mei, Domine: vide afflictionem quam patior ab inimicis meis,*
Extollens me de portis mortis,
15 *Ut annuntiem omnes laudes tuas in portis filiae Sion,*
Et exsultem de auxilio tuo.
VI. 16 *Demersae sunt gentes in foveam quam fecerunt,*
Laqueo, quem absconderunt, captus est pes eorum.
17 *Manifestavit se Dominus, iudicium fecit;*
Operibus manuum suarum irretitus est peccator.
VII. 18 *Recedant peccatores ad inferos,*
Omnes gentes quae oblitae sunt Dei.
19 *Neque enim in perpetuum oblivioni dabitur pauper,*
Fiducia miserorum non peribit in aeternum.
20 *Exsurge, Domine: ne praevaleat homo;*
Iudicentur gentes in conspectu tuo.
21 *Incute, Domine, terrorem eis;*
Sciant gentes se homines esse.

9 **6:** Deut 9,14; Prov 10,7; Eccli 10,10. — **8:** Ps 101,13.27; 144,13. — **9:** Ps 95,10.13; 97,9. — **11:** Ps 90,14. — **12:** Ps 67,17; 73,2; 75,3; 131,13. — **13:** Gen 4,10; 9,5. — **16:** Ps 7,16; 34,7-8. — **18:** Iob 8,13; Is 14,15-17. — **19:** Prov 23,18.

B

Contra oppressores iniquos

(10) 1 Ut quid, Domine, recessisti longe.
Despicis in opportunitatibus, in tribulatione?
2 Dum superbit impius, incenditur pauper.
Comprehenduntur in consiliis quibus cogitant.
3 Quoniam laudatur peccator in desideriis animae suae,
Et iniquus benedicitur.
4 Exacerbavit Dominum peccator,
Secundum multitudinem irae suae, non quaeret.
5 Non est Deus in conspectu eius,
Inquinatae sunt viae illius in omni tempore.
Auferuntur iudicia tua a facie eius;
Omnium inimicorum suorum dominabitur.
6 Dixit enim in corde suo: Non movebor
A generatione in generationem, sine malo.
7 Cuius maledictione os plenum est, et amaritudine, et dolo;
Sub lingua eius labor et dolor.
8 Sedet in insidiis cum divitibus in occultis,
Ut interficiat innocentem.
9 Oculi eius in pauperem respiciunt;
Insidiatur in abscondito, quasi leo in spelunca sua.
Insidiatur ut rapiat pauperem;
Rapere pauperem dum attrahit eum.
10 In laqueo suo humiliabit eum;
Inclinabit se, et cadet cum dominatus fuerit pauperum.
11 Dixit enim in corde suo: Oblitus est Deus;
Avertit faciem suam, ne videat in finem.
12 Exsurge, Domine Deus, exaltetur manus tua;
Ne obliviscaris pauperum.
13 Propter quid irritavit impius Deum?
Dixit enim in corde suo: Non requiret.
14 Vides, quoniam tu laborem et dolorem consideras,
Ut tradas eos in manus tuas.
Tibi derelictus est pauper;
Orphano tu eris adiutor.
15 Contere brachium peccatoris et maligni;
Quaeretur peccatum illius, et non invenietur.
16 Dominus regnabit in aeternum, et in saeculum saeculi;
Peribitis, gentes, de terra illius.
17 Desiderium pauperum exaudivit Dominus;
Praeparationem cordis eorum audivit auris tua,
18 Iudicare pupillo et humili,
Ut non apponat ultra magnificare se homo super terram.

I. 1 Quare, Domine, distas procul.
Abscondis te temporibus angustiae,
2 Dum superbit impius, vexatur miser,
Capitur dolis quos ille confinxit?

II. 3 Nam peccator gloriatur de cupidine sua,
Et rapax blasphemat, Dominum spernit.
4 Ait impius in superbia mentis: «Non vindicabit;
Non est Deus»: haec est omnis cogitatio eius.
5 Prosperae sunt viae eius omni tempore;
Longe distant iudicia tua a mente eius;
Omnes adversarios suos contemnit.
6 Dicit in corde suo: «Non commovebor:
A generatione in generationem non ero infelix.»
7 Maledictione os eius plenum est et fraude et dolo.
Sub lingua eius labor et vexatio.
8 Sedet in insidiis prope vicos,
In occultis occidit innocentem:
Oculi eius pauperem speculantur.
9 Insidiatur in latebris sicut leo in spelunca sua;
Insidiatur ut rapiat miserum:
Rapit miserum trahitque in rete suum.
10 Incurvatur, prosternit se humi,
Et violentia eius pauperes cadunt.
11 Dicit in corde suo: «Oblitus est Deus,
Avertit faciem suam, non videt unquam.»

III. 12 Exsurge, Domine Deus, extolle manum tuam!
Noli pauperum oblivisci!
13 Quare spernit impius Deum,
Dicit in corde suo: «Non vindicabit»?
14 Tu autem vides: tu laborem et maerorem consideras,
Ut ponas ea in manibus tuis.
Tibi se pauper committit,
Orphano tu es adiutor!
15 Contere bracchium peccatoris et maligni:
Vindicabis malitiam eius, nec subsistet.

IV. 16 Dominus rex est in saeculum saeculi,
Perierunt gentes de terra eius.
17 Desiderium miserorum audisti, Domine,
Confirmasti cor eorum, aurem praebuisti,
18 Ut ius tuearis orphani et oppressi,
Neque ultra terrorem incutiat homo terrenus.

(10) **2:** Ps 7,15-16. — **5:** Ps 13,1; 52,1. — **7:** Ps 13,3; Rom 3,14. — **11:** Ps 72,11; 93,7; Iob 22,13; Eccli 23,25-26. — **14:** Ps 67,6; Os 14,4.

PSALMUS 10 (11)

Iusti imperterrita in Deum fiducia

1 In finem. Psalmus David.
2 In Domino confido; quomodo dicitis animae meae:
Transmigra in montem sicut passer?
3 Quoniam ecce peccatores intenderunt arcum;
Paraverunt sagittas suas in pharetra,
Ut sagittent in obscuro rectos corde;
4 Quoniam quae perfecisti destruxerunt;
Iustus autem quid fecit?
5 Dominus in templo sancto suo;
Dominus in caelo sedes eius.
Oculi eius in pauperem respiciunt,
Palpebrae eius interrogant filios hominum.
6 Dominus interrogat iustum et impium;
Qui autem diligit iniquitatem, odit animam suam.
7 Pluet super peccatores laqueos;
Ignis et sulphur, et spiritus procellarum, pars calicis eorum.
8 Quoniam iustus Dominus, et iustitias dilexit:
Aequitatem vidit vultus eius.

1 Magistro chori. Davidis.
I. *Ad Dominum confugio; quomodo dicitis animae meae:*
«Transvola in montem sicut avis!
2 Ecce enim peccatores tendunt arcum,
Ponunt sagittam suam super nervum,
Ut sagittent in obscuro rectos corde.
3 Quando fundamenta evertuntur,
Iustus quid facere valet?»

II. *4 Dominus in templo sancto suo;*
Dominus — in caelo sedes eius.
Oculi eius respiciunt,
Palpebrae eius scrutantur filios hominum.
5 Dominus scrutatur iustum et impium;
Qui diligit iniquitatem, hunc odit anima eius.
6 Pluet super peccatores carbones ignitos et sulphur;
Ventus aestuans pars calicis eorum.
7 Nam iustus est Dominus, iustitiam diligit;
Recti videbunt faciem eius.

PSALMUS 11 (12)

Contra hostes dolosos et superbos

1 In finem, pro octava. Psalmus David.
2 Salvum me fac, Domine, quoniam defecit sanctus,
Quoniam diminutae sunt veritates a filiis hominum.
3 Vana locuti sunt unusquisque ad proximum suum;
Labia dolosa, in corde et corde locuti sunt.
4 Disperdat Dominus universa labia dolosa,
Et linguam magniloquam.
5 Qui dixerunt: Linguam nostram magnificabimus;
Labia nostra a nobis sunt.
Quis noster dominus est?
6 Propter miseriam inopum, et gemitum pauperum,
Nunc exsurgam, dicit Dominus.
Ponam in salutari;
Fiducialiter agam in eo.
7 Eloquia Domini, eloquia casta; argentum igne examinatum,
Probatum terrae, purgatum septuplum.
8 Tu, Domine, servabis nos,
Et custodies nos a generatione hac in aeternum.
9 In circuitu impii ambulant:
Secundum altitudinem tuam multiplicasti filios hominum.

1 Magistro chori. Super octavam. Psalmus. Davidis.
I. *2 Salva, Domine! Nam deficiunt pii,*
Desiit fidelitas inter filios hominum.
3 Fallacia loquuntur unusquisque ad proximum suum,
Labiis dolosis loquuntur et duplici corde.
4 Exstirpet Dominus omnia labia dolosa,
Linguam magniloquam,
5 Eos qui dicunt: «Lingua nostra fortes sumus;
Labia nostra pro nobis sunt: quis nobis est dominus?»

II. *6 «Propter afflictionem humilium et gemitum pauperum,*
Nunc exsurgam, dicit Dominus:
Conferam salutem ei qui desiderat eam».

III. *7 Eloquia Domini sunt eloquia sincera,*
Argentum probatum, separatum a terra, purgatum septies.
8 Tu, Domine, servabis nos,
Custodies nos a generatione hac in aeternum.
9 In circuitu impii ambulant,
Cum se extollunt vilissimi hominum.

10 2: Ps 7,2; 56,11. — 3: Ps 63,5. — 5: Hab 2,20. — 6: Tob 12,10. — 7: Gen 19,24.

11 1: Ps 6,1. — 2: 3 Reg 19,10; Mich 7,2. — 6: Is 33,10. — 7: Ps 17,31; 18,8-9; 118, 140; Prov 30,5.

PSALMUS 12 (13)

Lamentatio iusti in Deum fidentis

1 In finem. Psalmus David.
Usquequo, Domine, oblivisceris me in finem?
Usquequo avertis faciem tuam a me?
2 Quamdiu ponam consilia in anima mea,
Dolorem in corde meo per diem?
3 Usquequo exaltabitur inimicus meus super me?
4 Respice, et exaudi me, Domine Deus meus.
Illumina oculos meos, ne unquam obdormiam in morte;
5 Nequando dicat inimicus meus: Praevalui adversus eum.
Qui tribulant me exsultabunt si motus fuero;
6 Ego autem in misericordia tua speravi.
Exsultabit cor meum in salutari tuo.
Cantabo Domino qui bona tribuit mihi;
Et psallam nomini Domini altissimi.

1 *Magistro chori. Psalmus. Davidis.*
I. 2 *Quousque, Domine? oblivisceris mei omnino?*
Quousque abscondes faciem tuam a me?
3 *Quousque volvam dolores in anima mea,*
Maerorem in corde meo cotidie?
Quousque se extollet inimicus meus super me?
4 *Respice, exaudi me, Domine, Deus meus!*
II. *Illustra oculos meos, ne obdormiam in morte,*
5 *Ne dicat inimicus meus: «devici eum»;*
Ne exsultent adversarii mei, quod corruerim:
6 *Cum confisus sim in misericordia tua.*
Exsultet cor meum de auxilio tuo;
Cantem Domino, qui bona tribuit mihi.

PSALMUS 13 (14)

Omnium corruptio eiusque castigatio

1 In finem. Psalmus David.
Dixit insipiens in corde suo: Non est Deus.
Corrupti sunt, et abominabiles facti sunt in studiis suis;
Non est qui faciat bonum, non est usque ad unum.
2 Dominus de caelo prospexit super filios hominum,
Ut videat si est intelligens, aut requirens Deum.
3 Omnes declinaverunt, simul inutiles facti sunt.
Non est qui faciat bonum, non est usque ad unum.
Sepulchrum patens est guttur eorum;
Linguis suis dolose agebant.
Venenum aspidum sub labiis eorum.
Quorum os maledictione et amaritudine plenum est;
Veloces pedes eorum ad effundendum sanguinem.
Contritio et infelicitas in viis eorum,
Et viam pacis non cognoverunt;
Non est timor Dei ante oculos eorum.
4 Nonne cognoscent omnes qui operantur iniquitatem,
Qui devorant plebem meam sicut escam panis?
5 Dominum non invocaverunt;
Illic trepidaverunt timore, ubi non erat timor.

1 *Magistro chori. Davidis.*
I. *Dicit insipiens in corde suo:*
«Non est Deus».
Corrupti sunt, abominanda egerunt;
Non est, qui faciat bonum.
2 *Dominus de caelo prospicit super filios hominum,*
Ut videat num sit, qui intellegat et quaerat Deum.
3 *Omnes simul aberraverunt, depravati sunt:*
Non est qui faciat bonum, non est nec unus.
II. 4 *Nonne, resipiscent omnes qui faciunt iniquitatem,*
Qui devorant populum meum, sicut comedunt panem?
Dominum non invocaverunt.
5 *Tum trepidabunt timore,*
Quoniam Deus cum generatione iusta est.

12 1: Ps 43,24; 87,15. — 4: 1 Sam 14,27; Esdr 9,8; Ps 18,9; Eccli 34,20. — 5: Ps 24,3; 37,17.

13 1-7: Ps 52,1-6. — 1: Ps 10,5. — 3: Ps 5, 11; 10,7; 35,2; Prov 1,16; Is 59,7-8; Rom 3,10-18. — 7: Ps 84,2; 125,1.4.

6 Quoniam Dominus in generatione iusta est,
Consilium inopis confudistis,
Quoniam Dominus spes eius est.
7 Quis dabit ex Sion salutare Israel?
Cum averterit Dominus captivitatem plebis suae,
Exsultabit Iacob, et laetabitur Israel.

6 *Consilium miseri vultis confundere:*
Sed Dominus est refugium eius.

III. 7 *Utinam veniat ex Sion salus Israel!*
Cum verterit Dominus sortem populi sui,
Exsultabit Iacob, laetabitur Israel.

PSALMUS 14 (15)

Quis dignus est qui appareat coram Domino?

1 Psalmus David.
Domine, quis habitabit in tabernaculo tuo?
Aut quis requiescet in monte sancto tuo?
2 Qui ingreditur sine macula,
Et operatur iustitiam;
3 Qui loquitur veritatem in corde suo;
Qui non egit dolum in lingua sua;
Nec fecit proximo suo malum,
Et opprobrium non accepit adversus proximos suos,
4 Ad nihilum deductus est in conspectu eius malignus;
Timentes autem Dominum glorificat.
Qui iurat proximo suo, et non decipit;
5 Qui pecuniam suam non dedit ad usuram,
Et munera super innocentem non accepit.
Qui facit haec non movebitur in aeternum.

1 *Psalmus. Davidis.*

I. *Domine, quis commorabitur in tabernaculo tuo,*
Quis habitabit in monte sancto tuo?

II. 2 *Qui ambulat sine macula et facit iustitiam*
Et cogitat recta in corde suo,
3 *Nec calumniatur lingua sua;*
Qui non facit proximo suo malum,
Neque opprobrium infert vicino suo;
4 *Qui contemptibilem aestimat improbum,*
Timentes vero Dominum honorat;
Qui, etsi iuravit cum damno suo, non mutat,
5 *Pecuniam suam non dat ad usuram*
Neque accipit munera contra innocentem.

III. *Qui facit haec,*
Non movebitur in aeternum.

PSALMUS 15 (16)

Deus, summum bonum, fons resurrectionis et vitae aeternae

1 Tituli inscriptio, ipsi David.
Conserva me, Domine, quoniam speravi in te.
2 Dixi Domino: Deus meus es tu,
Quoniam bonorum meorum non eges.
3 Sanctis, qui sunt in terra eius,
Mirificavit omnes voluntates meas in eis.
4 Multiplicatae sunt infirmitates eorum,
Postea acceleraverunt.
Non congregabo conventicula eorum de sanguinibus;
Nec memor ero nominum eorum per labia mea,
5 Dominus pars haereditatis meae, et calicis mei:
Tu es qui restitues haereditatem meam mihi.
6 Funes ceciderunt mihi in praeclaris;
Etenim haereditas mea praeclara est mihi.
7 Benedicam Dominum qui tribuit mihi intellectum;
Insuper et usque ad noctem increpuerunt me renes mei.

1 *Miktam. Davidis.*

I. *Conserva me, Deus, quoniam confugio ad te,*
2 *Dico Domino: «Dominus meus es tu;*
Bonum mihi non est sine te».
3 *In sanctos, qui sunt in terra eius,*
Quam mirabilem fecit omnem affectum meum!
4 *Multiplicant dolores suos*
Qui sequuntur deos alienos.
Non libabo sanguinem libationum eorum,
Nec pronuntiabo nomina eorum labiis meis.
5 *Dominus pars hereditatis meae et calicis mei:*
Tu es qui tenes sortem meam.
6 *Funes ceciderunt mihi in amoena;*
Et hereditas mea perplacet mihi.

II. 7 *Benedico Domino, quod dedit mihi consilium,*
Quod vel per noctem me monet cor meum.

14 **1:** Ps 2,6. — **5:** Ex 22,35; 23,8; Lev 25,36; Deut 16,19; 23,19; Ez 18,8.

15 **4:** Ex 23,13. — **5:** Ps 22,5; 72,26; 118,57; 141,6. — **8-11:** Act 2,25-28. — **10:** Act 2

[8] Providebam Dominum in conspectu meo semper,
Quoniam a dextris est mihi, ne commovear.
[9] Propter hoc laetatum est cor meum, et exsultavit lingua mea;
Insuper et caro mea requiescet in spe
[10] Quoniam non derelinques animam meam in inferno,
Nec dabis sanctum tuum videre corruptionem.
[11] Notas mihi fecisti vias vitae;
Adimplebis me laetitia cum vultu tuo:
Delectationes in dextera tua usque in finem.

[8] Pono Dominum in conspectu meo semper;
Quoniam a dextris meis est, non commovebor.
[9] Propter hoc laetatur cor meum et exsultat anima mea,
Insuper et caro mea requiescet secura,
[10] Quia non relinques animam meam apud inferos,
Non sines sanctum tuum videre corruptionem.
[11] Ostendes mihi semitam vitae,
Ubertatem gaudiorum apud te,
Delicias ad dexteram tuam in perpetuum.

PSALMUS 16 (17)

Iustus innocens implorat auxilium Dei contra inimicos praepotentes

[1] Oratio David.
Exaudi, Domine, iustitiam meam;
Intende deprecationem meam.
Auribus percipe orationem meam,
Non in labiis dolosis.
[2] De vultu tuo iudicium meum prodeat;
Oculi tui videant aequitates.
[3] Probasti cor meum, et visitasti nocte;
Igne me examinasti, et non est inventa in me iniquitas.
[4] Ut non loquatur os meum opera hominum:
Propter verba labiorum tuorum, ego custodivi vias duras.
[5] Perfice gressus meos in semitis tuis,
Ut non moveantur vestigia mea.
[6] Ego clamavi, quoniam exaudisti me, Deus;
Inclina aurem tuam mihi, et exaudi verba mea.
[7] Mirifica misericordias tuas,
Qui salvos facis sperantes in te.
[8] A resistentibus dexterae tuae custodi me,
Ut pupillam oculi.
Sub umbra alarum tuarum protege me,
[9] A facie impiorum qui me afflixerunt.
Inimici mei animam meam circumdederunt;
[10] Adipem suum concluserunt;
Os eorum locutum est superbiam.
[11] Proiicientes me nunc circumdederunt me;
Oculos suos statuerunt declinare in terram.
[12] Susceperunt me sicut leo paratus ad praedam,
Et sicut catulus leonis habitans in abditis.
[13] Exsurge, Domine; praeveni eum, et supplanta eum;
Eripe animam meam ab impio,

[1] Precatio. Davidis.
I. *Audi, Domine, iustam causam,*
Attende clamorem meum,
Auribus percipe orationem meam ex labiis non dolosis.
[2] A conspectu tuo iudicium de me prodeat:
Oculi tui vident quae recta sunt.
[3] Si scrutaris cor meum, si visitas nocte, si igne me probas,
Non invenies in me iniquitatem.
Non est transgressum os meum [4] hominum more;
Secundum verba labiorum tuorum ego custodivi vias legis.
[5] Firmiter inhaesit gressus meus semitis tuis,
Non titubarunt pedes mei.
II. *[6] Ego te invoco, quoniam exaudies me, Deus;*
Inclina aurem tuam mihi, audi verbum meum.
[7] Mirabilem ostende misericordiam tuam,
Qui ab adversantibus salvas confugientes ad dexteram tuam.
[8] Custodi me ut pupillam oculi,
Sub umbra alarum tuarum absconde me
[9] A peccatoribus, qui vim inferunt mihi.
III. *Inimici mei cum furore me circumveniunt,*
[10] Crassum cor suum praecludunt,
Ore suo loquuntur superbe.
[11] Passus eorum nunc me circumdant,
Oculos suos intendunt, ut in terram prosternant,
[12] Similes leoni, qui inhiat praedae,
Et catulo leonis, qui in abditis sedet.
IV. *[13] Exsurge, Domine, occurre illi, prosterne eum,*
Eripe a peccatore animam meam gladio tuo,

31; 13,35. || Resp. Comm. Bibl.: D 2272. — 11: Ps 20,7; 35,9; Mt 7,14.

16 3: Iob 23,10; 33,14-15; Ps 25,2; 65,10-12; 138,1; Sap 3,6. — 11-12: Ps 10,8-9. 15: Ps 15,11.

14 Frameam tuam ab inimicis manus tuae.
Domine, a paucis de terra divide eos in vita eorum;
De absconditis tuis adimpletus est venter eorum.
Saturati sunt filiis,
Et dimiserunt reliquias suas parvulis suis.
15 Ego autem in iustitia apparebo conspectui tuo;
Satiabor cum apparuerit gloria tua.

14 Manu tua ab hominibus, Domine:
Ab hominibus, quorum portio est haec vita,
Et quorum ventrem imples opibus tuis;
Quorum filii saturantur
Et relinquunt, quod eis superest, parvulis suis.
15 Ego autem in iustitia videbo faciem tuam,
Satiabor, evigilans, aspectu tuo.

PSALMUS 17 (18)

Gratiarum actio regis David pro salute et victoria

1 In finem. Puero Domini David, qui
locutus est Domino verba cantici huius,
in die qua eripuit eum Dominus de manu
omnium inimicorum eius, et de manu
Saul, et dixit:
2 Diligam te, Domine, fortitudo mea.
3 Dominus firmamentum meum, et refugium meum, et liberator meus.
Deus meus adiutor meus, et sperabo in eum;
Protector meus, et cornu salutis meae, et susceptor meus.
4 Laudans invocabo Dominum,
Et ab inimicis meis salvus ero.
5 Circumdederunt me dolores mortis,
Et torrentes iniquitatis conturbaverunt me.
6 Dolores inferni circumdederunt me,
Praeoccupaverunt me laquei mortis.
7 In tribulatione mea invocavi Dominum,
Et ad Deum meum clamavi;
Et exaudivit de templo sancto suo vocem meam;
Et clamor meus in conspectu eius introivit in aures eius.
8 Commota est, et contremuit terra,
Fundamenta montium conturbata sunt,
Et commota sunt, quoniam iratus est eis.
9 Ascendit fumus in ira eius,
Et ignis a facie eius exarsit;
Carbones succensi sunt ab eo.
10 Inclinavit caelos, et descendit;
Et caligo sub pedibus eius.
11 Et ascendit super cherubim, et volavit;
Volavit super pennas ventorum.
12 Et posuit tenebras latibulum suum;
In circuitu eius tabernaculum eius,
Tenebrosa aqua in nubibus aeris.
13 Prae fulgore in conspectu eius nubes transierunt,
Grando et carbones ignis.
14 Et intonuit de caelo Dominus,
Et Altissimus dedit vocem suam:
Grando et carbones ignis.
15 Et misit sagittas suas, et dissipavit eos;
Fulgura multiplicavit, et conturbavit eos.

1 Magistro chori. Davidis, servi Domini,
qui locutus est ad Dominum verba huius
cantici, quando Dominus eum liberaverat
e potestate omnium inimicorum suorum et
e manu Saul. 2 Dixit igitur:

A

I. *Diligo te, Domine, fortitudo mea.*
3 Domine, petra mea, arx mea, liberator meus,
Deus meus, rupes mea, in quam confugio,
Clipeus meus, cornu salutis meae, praesidium meum!
4 Laudabilem invocabo Dominum,
Et ab inimicis meis salvus ero.

II. *5 Circumdederunt me fluctus mortis*
Et torrentes perniciosi terruerunt me;
6 Funes inferni circumplexi sunt me,
Invaserunt me laquei mortis:
7 In tribulatione mea invocavi Dominum,
Et ad Deum meum clamavi;
Et audivit de templo suo vocem meam,
Et clamor meus introivit in aures eius.

III. *8 Et concussa est et contremuit terra,*
Fundamenta montium conturbata sunt
Et concussa sunt, quia flagrabat ira.
9 Ascendit fumus e naribus eius,
Et ignis ex ore eius consumens,
Carbones ab eo succensi.
10 Et inclinavit caelos et descendit,
Et atrum nubilum erat sub pedibus eius.
11 Et vectus est super cherub et volavit,
Et ferebatur super alas venti.
12 Induit tenebras ut velamentum,
Ut tegumentum aquam tenebrosam, nubila densa.
13 Ob fulgorem in conspectu eius,
Exarserunt carbones igniti.
14 Et intonuit de caelo Dominus;
Et Altissimus emisit vocem suam,
15 Et misit sagittas suas et dissipavit eos,
Fulgura multa, et profligavit eos.

17 1-51: 2 Sam 22,1-51. — 3: Lc 1,69; Hebr 2,13. — 5: Ps 54,5; 114,3. — 7: Ps 114,4; 119,1. — 10: Ex 19,9; Ps 145,5. — 12: Ps 96,2.— 13-16: Ps 28,3-9. — 21: 1 Sam 26,23; Ps 7,9. —

16 Et apparuerunt fontes aquarum,
Et revelata sunt fundamenta orbis terrarum,
Ab increpatione tua, Domine,
Ab inspiratione spiritus irae tuae.
17 Misit de summo, et accepit me;
Et assumpsit me de aquis multis.
18 Eripuit me de inimicis meis fortissimis, et ab his qui oderunt me,
Quoniam confortati sunt super me.
19 Praevenerunt me in die afflictionis meae;
Et factus est Dominus protector meus.
20 Et eduxit me in latitudinem;
Salvum me fecit, quoniam voluit me.
21 Et retribuet mihi Dominus secundum iustitiam meam,
Et secundum puritatem manuum mearum retribuet mihi;
22 Quia custodivi vias Domini,
Nec impie gessi a Deo meo;
23 Quoniam omnia iudicia eius in conspectu meo,
Et iustitias eius non repuli a me.
24 Et ero immaculatus cum eo;
Et observabo me ab iniquitate mea.
25 Et retribuet mihi Dominus secundum iustitiam meam,
Et secundum puritatem manuum mearum in conspectu oculorum eius.
26 Cum sancto sanctus eris,
Et cum viro innocente innocens eris,
27 Et cum electo electus eris,
Et cum perverso perverteris.
28 Quoniam tu populum humilem salvum facies,
Et oculos superborum humiliabis.
29 Quoniam tu illuminas lucernam meam, Domine;
Deus meus, illumina tenebras meas.
30 Quoniam in te eripiar a tentatione;
Et in Deo meo transgrediar murum.
31 Deus meus, impolluta via eius,
Eloquia Domini igne examinata,
Protector est omnium sperantium in se.
32 Quoniam quis Deus praeter Dominum?
Aut quis Deus praeter Deum nostrum?
33 Deus qui praecinxit me virtute,
Et posuit immaculatam viam meam;
34 Qui perfecit pedes meos tanquam cervorum,
Et super excelsa statuens me;
35 Qui docet manus meas ad praelium;
Et posuisti, ut arcum aereum, brachia mea;
36 Et dedisti mihi protectionem salutis tuae,
Et dextera tua suscepit me;
Et disciplina tua correxit me in finem,
Et disciplina tua ipsa me docebit.
37 Dilatasti gressus meos subtus me;
Et non sunt infirmata vestigia mea.
38 Persequar inimicos meos, et comprehendam illos;

23: Ps 118,30.102. — 26: Mt 5,7. — 29: Iob 18, 5-6. — 31: Ps 11,7; Prov 30,5. — 32: Deut 32,

16 Et apparuerunt alvei maris
Et nudata sunt fundamenta orbis terrarum
Ab increpatione Domini,
A flatu spiritus irae eius.
17 Extendit manum ex alto: prehendit me,
Extraxit me de aquis multis.
18 Eripuit me de inimico meo fortissimo,
Et ab osoribus meis, qui erant me validiores.
19 Invadebant me die mihi funesto,
Sed Dominus factus est praesidium mihi,
20 Et eduxit me in campum spatiosum,
Salvum me fecit, quia diligit me.
IV. *21 Rependit mihi Dominus secundum iustitiam meam,*
Secundum puritatem manuum mearum retribuit mihi,
22 Quia custodivi vias Domini
Nec peccando recessi a Deo meo,
23 Quia omnia mandata eius prae oculis habui,
Et praecepta eius a me non removi,
24 Sed fui integer coram eo,
Et a culpa servavi me.
25 Et retribuit mihi Dominus secundum iustitiam meam,
Secundum puritatem manuum mearum coram oculis eius.
26 Erga virum pium ostendis te pium,
Erga integrum integre agis,
27 Erga purum te monstras purum,
Erga versutum te praebes prudentem.
28 Nam tu populum humilem salvum facis,
Oculos autem elatos affligis.
29 Nam tu splendere facis lucernam meam, Domine;
Deus meus, illuminas tenebras meas.
30 Nam per te incurro in turmas hostiles,
Et per Deum meum transilio murum.
31 Dei via est integra,
Eloquium Domini igne probatum,
Ipse clipeus est omnibus confugientibus ad eum.

B

I. *32 Quisnam est deus praeter Dominum?*
Aut quae petra praeter Deum nostrum?
33 Deus, qui praecinxit me fortitudine
Et fecit integram viam meam,
34 Qui celeres fecit pedes meos ut pedes cervarum,
Et super excelsa statuit me,
35 Qui exercuit manus meas ad proelium,
Et ad arcum aereum tendendum bracchia mea.

II. *36 Et dedisti mihi clipeum tuum salvantem,*
Et dextera tua sustentavit me,
Et sollicitudo tua grandem me fecit.
37 Latam fecisti viam gressibus meis,
Nec vacillarunt pedes mei.
38 Insequebar inimicos meos et apprehendebam illos

39; Ps 85,8. — 35: Ps 143,1. — 42: Iob 27,9;

Et non convertar donec deficiant.
39 Confringam illos nec poterunt stare;
Cadent subtus pedes meos.
40 Et praecinxisti me virtute ad bellum,
Et supplantasti insurgentes in me subtus me.
41 Et inimicos meos dedisti mihi dorsum,
Et odientes me disperdidisti.
42 Clamaverunt, nec erat qui salvos faceret;
Ad Dominum, nec exaudivit eos.
43 Et comminuam eos ut pulverem ante faciem venti;
Ut lutum platearum delebo eos.
44 Eripies me de contradictionibus populi;
Constitues me in caput gentium.
45 Populus, quem non cognovi, servivit mihi;
In auditu auris obedivit mihi.
46 Filii alieni mentiti sunt mihi,
Filii alieni inveterati sunt,
Et claudicaverunt a semitis suis.
47 Vivit Dominus! et benedictus Deus meus!
Et exaltetur Deus salutis meae!
48 Deus qui das vindictas mihi,
Et subdis populos sub me;
Liberator meus de inimicis meis iracundis.
49 Et ab insurgentibus in me exaltabis me;
A viro iniquo eripies me.
50 Propterea confitebor tibi in nationibus, Domine,
Et nomini tuo psalmum dicam;
51 Magnificans salutes regis eius,
Et faciens misericordiam christo suo David,
Et semini eius usque in saeculum.

Nec revertebar, donec confeceram eos.
39 *Confregi illos nec potuerunt surgere,*
Ceciderunt sub pedibus meis.

III. 40 *Et praecinxisti me fortitudine ad proelium,*
Et resistentes mihi sub me curvasti,
41 *Et inimicos meos in fugam vertisti,*
Et, qui oderunt me, disperdidisti.
42 *Clamaverunt — neque erat qui salvos faceret;*
Ad Dominum — neque eos audivit.
43 *Et disieci eos ut pulverem ante ventum,*
Ut lutum platearum contudi eos.

IV. 44 *Eripuisti me de contentionibus populi,*
Caput nationum me constituisti.
Populus, quem non noveram, servivit mihi,
45 *Ad primum auditum oboedivit mihi;*
Alienigenae blanditi sunt mihi.
46 *Alienigenae palluerunt, exierunt trementes ex arcibus suis.*

C

47 *Vivat Dominus, et benedicta sit Petra mea,*
Et laudibus extollatur Deus, salvator meus,
48 *Deus qui dedit ultionem mihi*
Et populos mihi subiecit;
49 *Qui liberasti me ab inimicis meis,*
Et super resistentes mihi extulisti me,
A viro violento me eripuisti.
50 *Propterea celebrabo te in nationibus, Domine,*
Et nomini tuo psalmum dicam:
51 *Qui magnas victorias dedisti regi tuo*
Et misericordiam fecisti uncto tuo,
David et semini eius in aeternum.

PSALMUS 18 (19)

Laus Dei creatoris et legislatoris

1 In finem. Psalmus David.
2 Caeli enarrant gloriam Dei,
Et opera manuum eius annuntiat firmamentum.
3 Dies diei eructat verbum,
Et nox nocti indicat scientiam.
4 Non sunt loquelae, neque sermones,
Quorum non audiantur voces eorum.
5 In omnem terram exivit sonus eorum,
Et in fines orbis terrae verba eorum.
6 In sole posuit tabernaculum suum;
Et ipse tanquam sponsus procedens de thalamo suo.
Exsultavit ut gigas ad currendam viam;
7 A summo caelo egressio eius.
Et occursus eius usque ad summum eius;
Nec est qui se abscondat a calore eius.

1 *Magistro chori. Psalmus. Davidis.*

A

I. 2 *Caeli enarrant gloriam Dei,*
Et opus manuum eius annuntiat firmamentum.
3 *Dies diei effundit verbum,*
Et nox nocti tradit notitiam.
4 *Non est verbum et non sunt sermones,*
Quorum vox non percipiatur:
5 *In omnem terram exit sonus eorum,*
Et usque ad fines orbis eloquia eorum.

II. *Ibi posuit soli tabernaculum suum,*
6 *Qui procedit ut sponsus de thalamo suo,*
Exsultat ut gigas percurrens viam.
7 *A termino caeli fit egressus eius,*
Et circuitus eius usque ad terminum caeli,
Nec quidquam subtrahitur ardori eius.

Prov 1,28. — **44:** 2 Sam 3,1; 8,1-14; 19,9; 20,1. **49:** Ps 58,2; 139,2. — **50:** Rom 15,9. — **51:** 2 Sam 7,12-13.29; Ps 2,2.

18 **2:** Ps 49,6; 96,6. — **5:** Rom 10,18. — **6:** Lc 24,46. — **9:** Ps 12,4. || Conc. Constan-

8 Lex Domini immaculata, convertens animas;
Testimonium Domini fidele, sapientiam praestans parvulis.
9 Iustitiae Domini rectae, laetificantes corda;
Praeceptum Domini lucidum, illuminans oculos.
10 Timor Domini sanctus, permanens in saeculum saeculi;
Iudicia Domini vera, iustificata in semetipsa.
11 Desiderabilia super aurum et lapidem pretiosum multum;
Et dulciora super mel et favum.
12 Etenim servus tuus custodit ea;
In custodiendis illis retributio multa.
13 Delicta quis intelligit?
Ab occultis meis munda me;
14 Et ab alienis parce servo tuo.
Si mei non fuerint dominati, tunc immaculatus ero,
Et emundabor a delicto maximo.
15 Et erunt ut complaceant eloquia oris mei,
Et meditatio cordis mei in conspectu tuo semper.
Domine, adiutor meus, et redemptor meus.

B

I. 8 *Lex Domini perfecta, recreans animam;*
Praescriptum Domini firmum, instituens rudem;
9 *Praecepta Domini recta, delectantia cor;*
Mandatum Domini mundum, illustrans oculos;
10 *Timor Domini purus, permanens in aeternum;*
Iudicia Domini vera, iusta omnia simul,
11 *Desiderabilia super aurum et obryzum multum*
Et dulciora melle et liquore favi.

II. 12 *Etsi servus tuus attendit illis,*
In iis custodiendis sedulus est valde,
13 *Errata tamen quis animadvertit?*
A mihi occultis munda me.
14 *A superbia quoque prohibe servum tuum,*
Ne dominetur in me.
Tunc integer ero et mundus
A delicto grandi.
15 *Accepta sint eloquia oris mei et meditatio cordis mei*
Coram te, Domine, Petra mea et Redemptor meus.

PSALMUS 19 (20)

Pro rege ante bellum precatio

1 In finem. Psalmus David.
2 Exaudiat te Dominus in die tribulationis;
Protegat te nomen Dei Iacob.
3 Mittat tibi auxilium de sancto,
Et de Sion tueatur te.
4 Memor sit omnis sacrificii tui,
Et holocaustum tuum pingue fiat.
5 Tribuat tibi secundum cor tuum,
Et omne consilium tuum confirmet.
6 Laetabimur in salutari tuo;
Et in nomine Dei nostri magnificabimur.
7 Impleat Dominus omnes petitiones tuas;
Nunc cognovi quoniam salvum fecit Dominus christum suum.
Exaudiet illum de caelo sancto suo,
In potentatibus salus dexterae eius.
8 Hi in curribus, et hi in equis;
Nos autem in nomine Domini Dei nostri invocabimus.
9 Ipsi obligati sunt, et ceciderunt,
Nos autem surreximus, et erecti sumus.
10 Domine, salvum fac regem,
Et exaudi nos in die qua invocaverimus te.

1 *Magistro chori. Psalmus. Davidis.*

I. 2 *Exaudiat te Dominus die tribulationis,*
Protegat te nomen Dei Iacob.
3 *Mittat tibi auxilium de Sancto,*
Et de Sion te sustentet.
4 *Memor sit omnium oblationum tuarum,*
Et holocaustum tuum habeat gratum.
5 *Tribuat tibi quae optat cor tuum*
Et impleat omne consilium tuum.
6 *Laetemur de victoria tua,*
Et in nomine Dei nostri extollamus vexilla;
Impleat Dominus omnes petitiones tuas!

II. 7 *Iam novi Dominum tribuisse victoriam uncto suo,*
Exaudisse eum de caelo sancto suo
Fortitudine victricis dexterae suae.
8 *Illi curribus et isti equis,*
Nos autem nomine Domini, Dei nostri, fortes sumus;
9 *Illi collapsi sunt et ceciderunt,*
Nos vero stamus et permanemus.
10 *Domine, victoriam tribue regi*
Et exaudi nos, quo die te invocamus.

tinop. IV: D 336. — 13: Ps 39,13; 90,8. || Conc. Trid.: D 900.

19 3: 2 Par 20,8-12. — 8: Is 31,1; 36,9.

PSALMUS 20 (21)

Gratiarum actio et preces pro rege

[1] In finem. Psalmus David.
[2] Domine, in virtute tua laetabitur rex,
Et super salutare tuum exsultabit vehementer.
[3] Desiderium cordis eius tribuisti ei,
Et voluntate labiorum eius non fraudasti eum.
[4] Quoniam praevenisti eum in benedictionibus dulcedinis;
Posuisti in capite eius coronam de lapide pretioso.
[5] Vitam petit a te, et tribuisti ei longitudinem dierum
In saeculum, et in saeculum saeculi.
[6] Magna est gloria eius in salutari tuo;
Gloriam et magnum decorem impones super eum.
[7] Quoniam dabis eum in benedictionem in saeculum saeculi;
Laetificabis eum in gaudio cum vultu tuo.
[8] Quoniam rex sperat in Domino;
Et in misericordia Altissimi non commovebitur.
[9] Inveniatur manus tua omnibus inimicis tuis;
Dextera tua inveniat omnes qui te oderunt.
[10] Pones eos ut clibanum ignis in tempore vultus tui:
Dominus in ira sua conturbabit eos
Et devorabit eos ignis.
[11] Fructum eorum de terra perdes,
Et semen eorum a filiis hominum,
[12] Quoniam declinaverunt in te mala;
Cogitaverunt consilia quae non potuerunt stabilire.
[13] Quoniam pones eos dorsum;
In reliquiis tuis praeparabis vultum eorum.
[14] Exaltare, Domine, in virtute tua;
Cantabimus et psallemus virtutes tuas.

[1] Magistro chori. Psalmus. Davidis.
I. *[2] Domine, de potentia tua laetatur rex,*
Et de auxilio tuo quam vehementer exsultat!
[3] Desiderium cordis eius tribuisti ei;
Et petitionem labiorum eius non denegasti.
[4] Nam benedictionibus faustis praevenisti eum,
Imposuisti capiti eius coronam de auro puro.
[5] Vitam petiit a te: tribuisti ei
Longitudinem dierum in saeculum saeculi.
[6] Magna est gloria eius auxilio tuo,
Maiestatem et decorem posuisti super eum.
[7] Etenim fecisti eum benedictionem in saeculum,
Laetificasti eum gaudio in conspectu tuo.
[8] Nam rex confidit in Domino,
Et propter gratiam Altissimi non commovebitur.
II. *[9] Superveniat manus tua omnibus inimicis tuis;*
Dextera tua inveniat eos qui te oderunt.
[10] Pone eos ut in fornace ignis,
Cum apparuerit facies tua.
Dominus in ira sua consumat eos,
Et ignis devoret eos.
[11] Prolem eorum perde de terra,
Et semen eorum e filiis hominum.
[12] Si intentaverint in te malum,
Moliti sint dolum, non praevalebunt;
[13] Nam in fugam convertes eos,
Tendes arcum tuum in faciem eorum.
[14] Exsurge, Domine, in potentia tua!
Canemus et celebrabimus fortitudinem tuam.

PSALMUS 21 (22)

Messiae extrema passio eiusque fructus

[1] In finem, pro susceptione matutina. Psalmus David.
[2] Deus, Deus meus, respice in me, quare me dereliquisti?
Longe a salute mea verba delictorum meorum.
[3] Deus meus, clamabo per diem, et non exaudies;
Et nocte, et non ad insipientiam mihi.

[1] Magistro chori. Psalmus. Davidis.

A

I. *[2] Deus meus, Deus meus, quare me dereliquisti?*
Longe abes a precibus, a verbis clamoris mei.
[3] Deus meus, clamo per diem, et non exaudis,
Et nocte, et non attendis ad me.

20 **4:** 2 Sam 12,30. — **5:** Deut 6,2; 3 Reg 3,14; Ps 60,7; 90,16. — **10:** Ps 17,9; Is 26,11; Mal 4,1. — **11:** Iob 18,16; Ps 36,28; Is 14,20.

21 **2:** Mt 27,46; Mc 15,34. — **7:** Is 41,14; 53,3. — **8:** Mt 27,39-44; Mc 15,29. — **9:**

4 Tu autem in sancto habitas, laus Israel.
5 In te speraverunt patres nostri;
Speraverunt, et liberasti eos.
6 Ad te clamaverunt, et salvi facti sunt;
In te speraverunt, et non sunt confusi.
7 Ego autem sum vermis, et non homo;
Opprobrium hominum, et abiectio plebis.
8 Omnes videntes me deriserunt me;
Locuti sunt labiis, et moverunt caput.
9 Speravit in Domino, eripiat eum:
Salvum faciat eum, quoniam vult eum.
10 Quoniam tu es qui extraxisti me de ventre,
Spes mea ab uberibus matris meae.
11 In te proiectus sum ex utero;
De ventre matris meae Deus meus es tu;
12 Ne discesseris a me,
Quoniam tribulatio proxima est,
Quoniam non est qui adiuvet.
13 Circumdederunt me vituli multi;
Tauri pingues obsederunt me.
14 Aperuerunt super me os suum,
Sicut leo rapiens et rugiens.
15 Sicut aqua effusus sum;
Et dispersa sunt omnia ossa mea.
Factum est cor meum tanquam cera liquescens in medio ventris mei.
16 Aruit tanquam testa virtus mea,
Et lingua mea adhaesit faucibus meis,
Et in pulverem mortis deduxisti me.
17 Quoniam circumdederunt me canes multi;
Concilium malignantium obsedit me.
Foderunt manus meas et pedes meos,
18 Dinumeraverunt omnia ossa mea.
Ipsi vero consideraverunt et inspexerunt me.
19 Diviserunt sibi vestimenta mea,
Et super vestem meam miserunt sortem.
20 Tu autem, Domine, ne elongaveris auxilium tuum a me;
Ad defensionem meam conspice.
21 Erue a framea, Deus, animam meam,
Et de manu canis unicam meam.
22 Salva me ex ore leonis,
Et a cornibus unicornium humilitatem meam.
23 Narrabo nomen tuum fratribus meis;
In medio ecclesiae laudabo te.
24 Qui timetis Dominum, laudate eum;
Universum semen Iacob, glorificate eum.
25 Timeat eum omne semen Israel,
Quoniam non sprevit, neque despexit deprecationem pauperis;
Nec avertit faciem suam a me,
Et cum clamarem ad eum exaudivit me.
26 Apud te laus mea in ecclesia magna;
Vota mea reddam in conspectu timentium eum.
27 Edent pauperes, et saturabuntur;

4 *Tu autem in sanctuario habitas,*
Laus Israel.
5 *In te speraverunt patres nostri,*
Speraverunt et liberasti eos;
6 *Ad te clamaverunt et salvi facti sunt,*
In te speraverunt et non sunt confusi.
7 *Ego autem sum vermis et non homo,*
Opprobrium hominum et despectio plebis.
8 *Omnes videntes me derident me,*
Diducunt labia, agitant caput:
9 *«Confidit in Domino: liberet eum,*
Eripiat eum, si diligit eum».
10 *Tu utique duxisti me inde ab utero;*
Securum me fecisti ad ubera matris meae.
11 *Tibi traditus sum inde ab ortu,*
Ab utero matris meae Deus meus es tu.
12 *Ne longe steteris a me, quoniam tribulor;*
Prope esto: quia non est adiutor.

II. 13 *Circumstant me iuvenci multi,*
Tauri Basan cingunt me.
14 *Aperiunt contra me os suum,*
Sicut leo rapax et rugiens.
15 *Sicut aqua effusus sum,*
Et disiuncta sunt omnia ossa mea:
Factum est cor meum tamquam cera,
Liquescit in visceribus meis.
16 *Aruit tamquam testa guttur meum.*
Et lingua mea adhaeret faucibus meis,
Et in pulverem mortis deduxisti me.
17 *Etenim circumstant me canes multi,*
Caterva male agentium cingit me.
Foderunt manus meas et pedes meos,
18 *Dinumerare possum omnia ossa mea.*
Ipsi vero aspiciunt et videntes me laetantur;
19 *Dividunt sibi indumenta mea,*
Et de veste mea mittunt sortem.
20 *Tu autem, Domine, ne longe steteris:*
Auxilium meum, ad iuvandum me festina.
21 *Eripe a gladio animam meam,*
Et de manu canis vitam meam;
22 *Salva me ex ore leonis,*
Et me miserum a cornibus bubalorum.

B

I. 23 *Enarrabo nomen tuum fratribus meis,*
In medio coetu laudabo te.
24 *«Qui timetis Dominum, laudate eum;*
Universum semen Iacob, celebrate eum:
Timete eum, omne semen Israel.
25 *Neque enim sprevit nec fastidivit miseriam miseri;*
Neque abscondit faciem suam ab eo
Et, dum clamavit ad eum, audivit eum».
26 *A te venit laudatio mea in coetu magno,*
Vota mea reddam in conspectu timentium eum.
27 *Edent pauperes et saturabuntur,*

Mt 27,43. — **10:** Ps 70,5-6. — **13:** Is 34,7; Am 4,1. — **17:** Mt 27,35; Mc 15,24; Lc 23,33; Io 19,18; 20,25.27. — **19:** Mt 27,35; Mc 15,24; Lc 23,34; Io 19,24. — **21:** Ps 34,17. || Bulla Bonif. VIII: D 468. — **23:** Hebr 2,12. — **28:** Ps 2,8; 66,8; 71,8-11; 85,9; 95,7-9; Is 49,6-7.

Et laudabunt Dominum qui requirunt eum;
Vivent corda eorum in saeculum saeculi.
28 Reminiscentur et convertentur ad Dominum universi fines terrae;
Et adorabunt in conspectu eius universae familiae gentium;
29 Quoniam Domini est regnum,
Et ipse dominabitur gentium.
30 Manducaverunt et adoraverunt omnes pingues terrae;
In conspectu eius cadent omnes qui descendunt in terram.
31 Et anima mea illi vivet;
Et semen meum serviet ipsi.
32 Annuntiabitur Domino generatio ventura;
Et annuntiabunt caeli iustitiam eius,
Populo qui nascetur, quem fecit Dominus.

Laudabunt Dominum, qui quaerunt eum:
«Vivant corda vestra in saecula».

II. 28 *Recordabuntur et convertentur ad Dominum*
Universi fines terrae;
Et procumbent in conspectu eius
Universae familiae gentium,
29 *Quoniam Domini est regnum,*
Et ipse dominatur in gentibus.
30 *Eum solum adorabunt omnes qui dormiunt in terra,*
Coram eo curvabuntur omnes, qui descendunt in pulverem.

III. *Et anima mea ipsi vivet,*
31 *Semen meum serviet ei,*
Narrabit de Domino generationi 32 *venturae,*
Et annuntiabunt iustitiam eius populo, qui nascetur:
«Haec fecit Dominus».

PSALMUS 22 (23)

Dominus pastor meus et hospes meus

1 Psalmus David.

Dominus regit me, et nihil mihi deerit:
2 In loco pascuae ibi me collocavit.
Super aquam refectionis educavit me,
3 Animam meam convertit.
Deduxit me super semitas iustitiae,
Propter nomen suum.
4 Nam, et si ambulavero in medio umbrae mortis,
Non timebo mala, quoniam tu mecum es.
Virga tua, et baculus tuus,
Ipsa me consolata sunt.
5 Parasti in conspectu meo mensam,
Adversus eos qui tribulant me;
Impinguasti in oleo caput meum;
Et calix meus inebrians quam praeclarus est!
6 Et misericordia tua subsequetur me
Omnibus diebus vitae meae;
Et ut inhabitem in domo Domini,
In longitudinem dierum.

1 *Psalmus. Davidis.*

I. *Dominus pascit me: nihil mihi deest;*
2 *In pascuis virentibus cubare me facit.*
Ad aquas, ubi quiescam, conducit me;
3 *Reficit animam meam.*
Deducit me per semitas rectas
Propter nomen suum.
4 *Etsi incedam in valle tenebrosa,*
Non timebo mala, quia tu mecum es.
Virga tua et baculus tuus:
Haec me consolantur.

II. 5 *Paras mihi mensam*
Spectantibus adversariis meis;
Inungis oleo caput meum;
Calix meus uberrimus est.
6 *Benignitas et gratia me sequentur*
Cunctis diebus vitae meae,
Et habitabo in domo Domini
In longissima tempora.

PSALMUS 23 (24)

Sollemnis ingressus Domini in sanctuarium

1 Prima sabbati. Psalmus David.

Domini est terra, et plenitudo eius;
Orbis terrarum, et universi qui habitant in eo.
2 Quia ipse super maria fundavit eum,
Et super flumina praeparavit eum
3 Quis ascendet in montem Domini?
Aut quis stabit in loco sancto eius?
4 Innocens manibus et mundo corde,

1 *Davidis. Psalmus.*

I. *Domini est terra et quae replent eam,*
Orbis terrarum et qui habitant in eo.
2 *Nam ipse super maria fundavit eum,*
Et super flumina firmavit eum.

II. 3 *Quis ascendet in montem Domini,*
Aut quis stabit in loco sancto eius?
4 *Innocens manibus et mundus corde,*

22 **1:** Ps 77,52; 79,2; Is 40,10-11; Ier 23,4; 31,10; Ez 34,11-16.23; Io 10,11; 1 Petr 2,25; 5,4; Apoc 7,17. — **4:** Ps 3,7; 26,1-3. — **5:** Ps 15,5. — **6:** Ps 20,4. || Epist. Bonif. II: D 200.

23 **1:** Ex 9,29; Deut 10,14; Ps 49,12; 1 Cor 10,26. — **3-5:** Ps 1-5. — **3:** Ps 2,6. — **4:** Mt 5,8. — **10:** Act 7,2; 1 Cor 2,8.

Qui non accepit in vano animam suam,
Nec iuravit in dolo proximo suo.
5 Hic accipiet benedictionem a Domino,
Et misericordiam a Deo salutari suo.
6 Haec est generatio quaerentium eum,
Quaerentium faciem Dei Iacob.
7 Attollite portas, principes, vestras,
Et elevamini, portae aeternales,
Et introibit rex gloriae.
8 Quis est iste rex gloriae?
Dominus fortis et potens,
Dominus potens in praelio.
9 Attollite portas, principes, vestras,
Et elevamini, portae aeternales,
Et introibit rex gloriae.
10 Quis est iste rex gloriae?
Dominus virtutum ipse est rex gloriae.

Qui non intendit mentem suam ad vana,
Nec cum dolo iuravit proximo suo.
5 *Hic accipiet benedictionem a Domino,*
Et mercedem a Deo Salvatore suo.
6 *Haec est generatio quaerentium eum,*
Quaerentium faciem Dei Iacob.

III. 7 *Attollite, portae, capita vestra,*
Et attollite vos, fores antiquae,
Ut ingrediatur rex gloriae.
8 *«Quis est iste rex gloriae?»*
«Dominus fortis et potens,
Dominus potens in proelio.»
9 *Attollite, portae, capita vestra,*
Et attollite vos, fores antiquae,
Ut ingrediatur rex gloriae!
10 *«Quis est iste rex gloriae?»*
«Dominus exercituum: ipse est rex gloriae.

PSALMUS 24 (25)

Petitio veniae et liberationis ex omnibus angustiis

1 In finem. Psalmus David.
Ad te, Domine, levavi animam meam.
2 Deus meus, in te confido; non erubescam.
3 Neque irrideant me inimici mei:
Etenim universi, qui sustinent te, non confundentur.
4 Confundentur omnes iniqua agentes supervacue.
Vias tuas, Domine, demonstra mihi,
Et semitas tuas edoce me.
5 Dirige me in veritate tua, et doce me,
Quia tu es Deus salvator meus,
Et te sustinui tota die.
6 Reminiscere miserationum tuarum, Domine,
Et misericordiarum tuarum quae a saeculo sunt.
7 Delicta iuventutis meae, et ignorantias meas ne memineris.
Secundum misericordiam tuam memento mei tu,
Propter bonitatem tuam, Domine.
8 Dulcis et rectus Dominus;
Propter hoc legem dabit delinquentibus in via.
9 Diriget mansuetos in iudicio;
Docebit mites vias suas.
10 Universae viae Domini, misericordia et veritas,
Requirentibus testamentum eius et testimonia eius.
11 Propter nomen tuum, Domine,
Propitiaberis peccato meo; multum est enim.
12 Quis est homo qui timet Dominum?
Legem statui ei in via quam elegit.
13 Anima eius in bonis demorabitur;
Et semen eius haereditabit terram.

1 *Davidis.*

I. *Ad te attollo animam meam,*
Domine, 2 *Deus meus.*
In te confido: ne confundar!
Ne exultent de me inimici mei!
3 *Etenim universi, qui sperant in te, non confundentur;*
4 *Confundentur, qui fidem temere frangunt.*
Vias tuas, Domine, ostende mihi
Et semitas tuas edoce me.
5 *Dirige me in veritate tua et doce me,*
Quia tu es Deus salvator meus:
Et in te spero semper.
6 *Reminiscere miserationum tuarum, Domine,*
Et misericordiarum tuarum, quae a saeculo sunt.
7 *Peccata iuventutis meae et delicta mea ne memineris;*
Secundum misericordiam tuam memento mei tu,
Propter bonitatem tuam, Domine.

II. 8 *Bonus et rectus est Dominus:*
Propterea peccatores edocet viam.
9 *Dirigit humiles in iustitia,*
Docet humiles viam suam.
10 *Omnes semitae Domini gratia et fidelitas*
Iis qui observant foedus et praecepta eius.
11 *Propter nomen tuum, Domine,*
Dimittes peccatum meum: grande est enim.
12 *Quis est vir, qui timet Dominum?*
Docet eum, quam viam eligat.
13 *In bonis morabitur ipse,*
Et semen eius possidebit terram.

24 **1:** Ps 85,4; 142,8. — **3:** Ps 12,5. — **4:** Ps 5,9; 26,11; 85,11; 142,8. — **6:** Ps 102,17. — **7:** Iob 13,26. — **15:** Ps 30,4; 140,8. — **19:** Io 15,25.

14 Firmamentum est Dominus timentibus eum;
Et testamentum ipsius ut manifestetur illis.
15 Oculi mei semper ad Dominum,
Quoniam ipse evellet de laqueo pedes meos.
16 Respice in me, et miserere mei;
Quia unicus et pauper sum ego.
17 Tribulationes cordis mei multiplicatae sunt;
De necessitatibus meis erue me.
18 Vide humilitatem meam et laborem meum,
Et dimitte universa delicta mea.
19 Respice inimicos meos, quoniam multiplicati sunt,
Et odio iniquo oderunt me.
20 Custodi animam meam, et erue me;
Non erubescam, quoniam speravi in te.
21 Innocentes et recti adhaeserunt mihi,
Quia sustinui te.
22 Libera, Deus, Israel
Ex omnibus tribulationibus suis.

14 *Familiaris est Dominus timentibus eum,*
Et foedus suum manifestat eis.
15 *Oculi mei semper ad Dominum.*
Quia ipse eruet de laqueo pedes meos.
III. 16 *Respice in me et miserere mei,*
Nam solus et miser sum ego.
17 *Alleva angustias cordis mei,*
Et de anxietatibus meis erue me.
18 *Vide miseriam meam et laborem meum,*
Et dimitte universa delicta mea.
19 *Respice inimicos meos: sunt enim multi,*
Et odio violento oderunt me.
20 *Custodi animam meam et eripe me,*
Ne confundar quod confugi ad te.
21 *Innocentia et probitas me tueantur,*
Quoniam spero in te, Domine.
22 *Libera, Deus, Israel*
Ex omnibus angustiis eius.

PSALMUS 25 (26)

Innocens, falso accusatus, Deum iudicem invocat

1 In finem. Psalmus David.
Iudica me, Domine, quoniam ego in innocentia mea ingressus sum,
Et in Domino sperans non infirmabor.
2 Proba me, Domine, et tenta me;
Ure renes meos et cor meum.
3 Quoniam misericordia tua ante oculos meos est,
Et complacui in veritate tua.
4 Non sedi cum concilio vanitatis,
Et cum iniqua gerentibus non introibo.
5 Odivi ecclesiam malignantium,
Et cum impiis non sedebo.
6 Lavabo inter innocentes manus meas,
Et circumdabo altare tuum, Domine;
7 Ut audiam vocem laudis,
Et enarrem universa mirabilia tua.
8 Domine, dilexi decorem domus tuae,
Et locum habitationis gloriae tuae.
9 Ne perdas cum impiis, Deus, animam meam,
Et cum viris sanguinum vitam meam;
10 In quorum manibus iniquitates sunt,
Dextera eorum repleta est muneribus.
11 Ego autem in innocentia mea ingressus sum;
Redime me, et miserere mei.
12 Pes meus stetit in directo;
In ecclesiis benedicam te, Domine.

1 *Davidis.*
I. *Ius redde mihi, Domine, quoniam ego in innocentia mea ambulavi.*
Et in Domino confisus, non vacillavi.
2 *Scrutare me, Domine, et proba me;*
Explora renes meos et cor meum.
II. 3 *Nam benignitas tua est ante oculos meos,*
Et ambulo in veritate tua.
4 *Non sedeo cum viris iniquis,*
Nec convenio cum dolosis.
5 *Odi conventum male agentium*
Et cum impiis non consido.
6 *Lavo in innocentia manus meas*
Et circumeo altare tuum, Domine,
7 *Ut palam annuntiem laudem*
Et enarrem universa mirabilia tua.
8 *Domine, diligo habitaculum domus tuae*
Et locum tabernaculi gloriae tuae.
III. 9 *Noli auferre cum peccatoribus animam meam*
Et cum viris sanguinum vitam meam,
10 *In quorum manibus scelus est,*
Et quorum dextera plena est muneribus.
11 *Ego autem in innocentia mea ambulo:*
Redime me et miserere mei.
12 *Pes meus stat in via plana,*
In conventibus benedicam Domino.

25 2: Ps 16,3; 138,23. — 4-5: Ps 1,1. — 6: Ps 72,13. — 12: 21,20.

PSALMUS 26 (27)

Intrepida in Deum fiducia

1 Psalmus David, priusquam liniretur.
Dominus illuminatio mea et salus mea; quem timebo?
Dominus protector vitae meae; a quo trepidabo?
2 Dum appropiant super me nocentes, ut edant carnes meas,
Qui tribulant me inimici mei, ipsi infirmati sunt et ceciderunt.
3 Si consistant adversum me castra, non timebit cor meum.
Si exsurgat adversum me praelium, in hoc ego sperabo.
4 Unam petii a Domino, hanc requiram,
Ut inhabitem in domo Domini omnibus diebus vitae meae,
Ut videam voluptatem Domini, et visitem templum eius.
5 Quoniam abscondit me in tabernaculo suo;
In die malorum protexit me in abscondito tabernaculi sui.
6 In petra exaltavit me,
Et nunc exaltavit caput meum super inimicos meos.
Circuivi, et immolavi in tabernaculo eius hostiam vociferationis;
Cantabo, et psalmum dicam Domino.
7 Exaudi, Domine, vocem meam, qua clamavi ad te;
Miserere mei, et exaudi me.
8 Tibi dixit cor meum, exquisivit te facies mea;
Faciem tuam, Domine, requiram.
9 Ne avertas faciem tuam a me;
Ne declines in ira a servo tuo.
Adiutor meus esto; ne derelinquas me,
Neque despicias me, Deus salutaris meus.
10 Quoniam pater meus et mater mea dereliquerunt me;
Dominus autem assumpsit me.
11 Legem pone mihi, Domine, in via tua,
Et dirige me in semitam rectam, propter inimicos meos.
12 Ne tradideris me in animas tribulantium me,
Quoniam insurrexerunt in me testes iniqui, et mentita est iniquitas sibi.
13 Credo videre bona Domini in terra viventium.
14 Expecta Dominum, viriliter age,
Et confortetur cor tuum, et sustine Dominum.

1 *Davidis.*

A

I. *Dominus lux mea et salus mea: quem timebo?*
Dominus praesidium vitae meae: a quo trepidabo?
2 *Cum invadunt me maligni, ut edant carnem meam,*
Hostes mei et inimici mei, labuntur et cadunt.
3 *Si steterint adversum me castra, non timebit cor meum;*
Si surrexerit contra me bellum, ego confidam.

II. 4 *Unum peto a Domino; hoc requiro:*
Ut habitem in domo Domini cunctis diebus vitae meae,
Ut fruar suavitate Domini,
Et aspiciam templum eius.
5 *Etenim abscondet me in tentorio suo die malo,*
Occultabit me in abdito tabernaculi sui.
In petram extollet me.
6 *Et nunc caput meum erigitur*
Super inimicos qui circumstant me,
Et immolabo in tabernaculo eius hostias exsultationis,
Cantabo et psallam Domino.

B

I. 7 *Audi, Domine, vocem meam qua clamo,*
Miserere mei et exaudi me.
8 *Tibi loquitur cor meum; te quaerit facies mea;*
Faciem tuam, Domine, quaero.
9 *Noli abscondere faciem tuam a me,*
Noli repellere in ira servum tuum.
Auxilium meum es tu; ne abieceris me,
Neve dereliqueris me, Deus, salvator meus.
10 *Si pater meus et mater mea dereliquerint me,*
Dominus tamen me suscipiet.

II. 11 *Doce me, Domine, viam tuam,*
Et deduc me in semita plana propter adversarios meos.
12 *Ne tradideris me desiderio inimicorum meorum,*
Quoniam insurrexerunt in me testes mendaces et qui violentiam spirant.
13 *Credo visurum me bona Domini*
In terra viventium.
14 *Exspecta Dominum, esto fortis,*
Et roboretur cor tuum, et exspecta Dominum.

26 **1**: 2 Sam 2,4. — **3**: Ps 22,4. — **4**: Ps 14,1; 22,6; 41,5; 60,5; 64,5. — **6**: Num 10,10. — **8**: Ps 23,6. — **10**: Is 49,15.

PSALMUS 27 (28)

Supplicatio et gratiarum actio

1 Psalmus ipsi David.
Ad te, Domine, clamabo; Deus meus, ne sileas a me:
Ne quando taceas a me, et assimilabor descendentibus in lacum.
2 Exaudi, Domine, vocem deprecationis meae, dum oro ad te,
Dum extollo manus meas ad templum sanctum tuum.
3 Ne simul trahas me cum peccatoribus,
Et cum operantibus iniquitatem ne perdas me;
Qui loquuntur pacem cum proximo suo,
Mala autem in cordibus eorum.
4 Da illis secundum opera eorum,
Et secundum nequitiam adinventionum ipsorum.
Secundum opera manuum eorum tribue illis,
Redde retributionem eorum ipsis.
5 Quoniam non intellexerunt opera Domini et in opera manuum eius;
Destrues illos, et non aedificabis eos.
6 Benedictus Dominus,
Quoniam exaudivit vocem deprecationis meae.
7 Dominus adiutor meus et protector meus;
In ipso speravit cor meum, et adiutus sum.
Et refloruit caro mea,
Et ex voluntate mea confitebor ei.
8 Dominus fortitudo plebis suae,
Et protector salvationum christi sui est.
9 Salvum fac populum tuum, Domine, et benedic haereditati tuae;
Et rege eos, et extolle illos usque in aeternum.

1 *Davidis.*
I. *Ad te, Domine, clamo;*
Petra mea, ne surdus fueris mihi,
Ne, si non audieris me, similis fiam
Descendentibus in foveam.
2 *Audi vocem obsecrationis meae, dum ad te clamo,*
Dum attollo manus meas ad templum sanctum tuum.
3 *Noli me abripere cum peccatoribus*
Et cum facientibus iniquitatem,
Qui loquuntur pacem cum proximis suis,
Sed malum in animo habent.
4 *Da eis secundum acta eorum*
Et secundum malitiam facinorum ipsorum.
Secundum opus manuum eorum tribue illis,
Facta eorum redde ipsis.
5 *Quia non attendunt ad acta Domini et ad opus manuum eius,*
Destruat eos nec restituat eos.
II. 6 *Benedictus Dominus, quia audivit vocem obsecrationis meae,*
7 *Dominus, robur meum et clipeus meus!*
In ipso confisum est cor meum, et adiutus sum;
Ideo exsultat cor meum, et cantico meo laudo eum.
III. 8 *Dominus robur est populo suo,*
Et praesidium salutis uncto suo.
9 *Salvum fac populum tuum, Domine, et benedic hereditati tuae,*
Et pasce eos, et porta eos usque in aeternum.

PSALMUS 28 (29)

Maiestas Dei in procella apparens

1 Psalmus David, in consummatione tabernaculi.
Afferte Domino, filii Dei,
Afferte Domino filios arietum.
2 Afferte Domino gloriam et honorem;
Afferte Domino gloriam nomini eius;
Adorate Dominum in atrio sancto eius.
3 Vox Domini super aquas;
Deus maiestatis intonuit;
Dominus super aquas multas.
4 Vox Domini in virtute;
Vox Domini in magnificentia.

1 *Psalmus Davidis.*
I. *Tribuite Domino, filii Dei,*
Tribuite Domino gloriam et potentiam!
2 *Tribuite Domino gloriam nominis eius,*
Adorate Dominum in ornatu sacro.
II. 3 *Vox Domini super aquas!*
Deus maiestatis intonuit:
Dominus super aquas multas!
4 *Vox Domini cum potentia!*
Vox Domini cum magnificentia!

27 **1:** Ps 29,4; 87,4-5; 142,7; Prov 1,12. — **3:** Ps 54,22; 61,5. — **4:** Ps 136,8; 2 Tim 4,14.

28 **2:** Ps 95,7-9. — **6:** Ps 113,4.6. — **11:** Ps 27,8-9.

5 Vox Domini confringentis cedros,
Et confringet Dominus cedros Libani;
6 Et comminuet eas tanquam vitulum Libani:
Et dilectus quemadmodum filius unicornium.
7 Vox Domini intercidentis flammam ignis.
8 Vox Domini concutientis desertum
Et commovebit Dominus desertum Cades.
9 Vox Domini praeparantis cervos,
Et revelabit condensa;
Et in templo eius omnes dicent gloriam.
10 Dominus diluvium inhabitare facit,
Et sedebit Dominus rex in aeternum.
11 Dominus virtutem populo suo dabit;
Dominus benedicet populo suo in pace.

5 *Vox Domini confringit cedros,*
Dominus confringit cedros Libani.
6 *Facit subsilire, ut vitulum, Libanum,*
Et Sarion, ut pullum bubalorum.
7 *Vox Domini elicit flammas ignis,*
8 *Vox Domini concutit desertum,*
Dominus concutit desertum Cades.
9 *Vox Domini contorquet quercus et decorticat silvas:*
Et in templo eius omnes dicunt: Gloria!
III. 10 *Dominus super diluvium sedit,*
Et Dominus sedebit rex in aeternum.
11 *Dominus fortitudinem populo suo dabit,*
Dominus benedicet populo suo cum pace.

PSALMUS 29 (30)

Gratiarum actio pro liberatione a morte

1 Psalmus canti, in dedicatione domus David.
2 Exaltabo te, Domine, quoniam suscepisti me,
Nec delectasti inimicos meos super me.
3 Domine Deus meus, clamavi ad te, et sanasti me.
4 Domine, aduxisti ab inferno animam meam;
Salvasti me a descendentibus in lacum.
5 Psallite Domino, sancti eius;
Et confitemini memoriae sanctitatis eius.
6 Quoniam ira in indignatione eius,
Et vita in voluntate eius
Ad vesperum demorabitur fletus,
Et ad matutinum laetitia.
7 Ego autem dixi in abundantia mea:
Non movebor in aeternum.
8 Domine, in voluntate tua praestitisti decori meo virtutem.
Advertisti faciem tuam a me, et factus sum conturbatus.
9 Ad te, Domine, clamabo,
Et ad Deum meum deprecabor.
10 Quae utilitas in sanguine meo,
Dum descendo in corruptionem?
Numquid confitebitur tibi pulvis,
Aut annuntiabit veritatem tuam?
11 Audivit Dominus, et misertus est mei;
Dominus factus est adiutor meus.
12 Convertisti planctum meum in gaudium mihi;
Conscidisti saccum meum, et circumdedisti me laetitia:
13 Ut cantet tibi gloria mea, et non compungar.
Domine, Deus meus, in aeternum confitebor tibi.

1 *Psalmus. Canticum festi dedicationis templi. Davidis.*
2 *Praedicabo te, Domine, quoniam liberasti me,*
Nec laetificasti de me inimicos meos.

A

3 *Domine, Deus meus,*
Clamavi ad te, et sanasti me;
4 *Domine, eduxisti ab inferis animam meam;*
Salvasti me ex descendentibus in foveam.
5 *Psallite Domino, sancti eius;*
Et gratias agite nomini sancto eius.
6 *Nam momento durat ira eius,*
Per totam vitam benevolentia eius.
Vespere advenit fletus,
Et exsultatio mane.

B

I. 7 *Ego autem dixi in confidentia mea:*
«Non movebor in aeternum».
8 *Domine, in favore tuo praestitisti mihi honorem et potentiam;*
Cum abscondisti faciem tuam, factus sum conturbatus.
II. 9 *Ad te, Domine, clamo,*
Et misericordiam Dei mei imploro;
10 *«Quid lucri erit ex sanguine meo,*
Ex descensu meo in foveam?
An laudabit te pulvis,
Aut praedicabit fidelitatem tuam?»
11 *Audi, Domine, et miserere mei;*
Domine, esto adiutor meus.
III. 12 *Convertisti planctum meum in chorum mihi;*
Solvisti saccum meum, et cinxisti me laetitia:
13 ***Ut psallat tibi anima mea nec taceat.***
Domine Deus meus, in aeternum laudabo te.

29 1: 2 Sam 5,11; 1 Par 14,1. — 2: Ps 24,3. 4: Ps 15,10; 27,1. — 6: Is 54,7-9. — 10: Ps 6,6.

PSALMUS 30 (31)

Afflicti supplicatio et gratiarum actio

1 In finem Psalmus David, pro extasi.
2 In te, Domine, speravi;
Non confundar in aeternum;
In iustitia tua libera me.
3 Inclina ad me aurem tuam,
Accelera ut eruas me.
Esto mihi in Deum protectorem,
Et in domum refugii, ut salvum me facias:
4 Quoniam fortitudo mea et refugium meum es tu;
Et propter nomen tuum deduces me et enutries me.
5 Educes me de laqueo hoc quem absconderunt mihi,
Quoniam tu es protector meus.
6 In manus tuas commendo spiritum meum;
Redemisti me, Domine, Deus veritatis.
7 Odisti observantes vanitates supervacue;
Ego autem in Domino speravi.
8 Exsultabo, et laetabor in misericordia tua.
Quoniam respexisti humilitatem meam,
Salvasti de necessitatibus animam meam.
9 Nec conclusisti me in manibus inimici;
Statuisti in loco spatioso pedes meos.
10 Miserere mei, Domine, quoniam tribulor;
Conturbatus est in ira oculus meus, anima mea, et venter meus.
11 Quoniam defecit in dolore vita mea,
Et anni mei in gemitibus.
Infirmata est in paupertate virtus mea;
Et ossa mea conturbata sunt.
12 Super omnes inimicos meos factus sum opprobrium,
Et vicinis meis valde, et timor notis meis.
Qui videbant me foras fugerunt a me.
13 Oblivioni datus sum, tanquam mortuus a corde.
Factus sum tanquam vas perditum;
14 Quoniam audivi vituperationem multorum commorantium in circuitu.
In eo dum convenirent simul adversum me,
Accipere animam meam consiliati sunt.
15 Ego autem in te speravi, Domine;
Dixi: Deus meus es tu;
16 In manibus tuis sortes meae.
Eripe me de manu inimicorum meorum, et a persequentibus me.
17 Illustra faciem tuam super servum tuum;
Salvum me fac in misericordia tua.
18 Domine, non confundar, quoniam invocavi te.

1 Magistro chori Psalmus. Davidis.

I. *2 Ad te, Domine, confugio: ne confundar in aeternum;*
In iustitia tua libera me!
3 Inclina ad me aurem tuam,
Festina, ut eripias me.
Esto mihi petra refugii,
Arx munita, ut salves me.
4 Nam tu es petra mea et arx mea,
Et propter nomen tuum deduces me et diriges me.
5 Educes me e reti quod absconderunt mihi,
Quia tu es refugium meum.
6 In manus tuas commendo spiritum meum:
Liberabis me, Domine, Deus fidelis.
7 Odisti eos qui colunt idola vana;
Ego autem in Domino confido.
8 Exsultabo et laetabor de miseratione tua,
Quoniam respexisti miseriam meam,
Adiuvisti in angustiis animam meam,
9 Nec tradidisti me in manum inimici,
Sed statuisti in loco spatioso pedes meos.

II. *10 Miserere mei, Domine, quia in angustiis sum;*
Maerore tabescit oculus meus, anima mea et corpus meum.
11 Etenim aerumna consumitur vita mea,
Et anni mei gemitu.
Defecit in afflictione robur meum,
Et ossa mea tabuerunt.
12 Omnibus inimicis meis factus sum opprobrium,
Vicinis meis ludibrium, et terror notis meis;
Qui foris vident me, aufugiunt a me;
13 Oblivione excidi ex corde, quasi mortuus,
Factus tamquam vas confractum.
14 Etenim audivi sibilum multorum —terror est undique!
Convenientes simul contra me, vitam meam auferre meditati sunt.
15 Ego autem in te confido, Domine; Dico: Deus meus es tu.
16 In manu tua sortes meae;
Eripe me de manu inimicorum meorum et a persequentibus me.
17 Serenum praebe vultum tuum servo tuo,
Salva me in misericordia tua.
18 Domine, ne confundar, quia invocavi te;

30 **2-4:** Ps 70,1-3. — **5:** Ps 24,15. — **6:** Lc 23,46; Act 7,59. — **12:** Iob 19,13-19; Ps 43,14; 68,9-13; 78,4; 79,7. — **13:** Eccli 21,17; Is 30,14; Ier 19,11; 22,28. — **20:** Is 64,4; 1 Cor 2,9. — **23:** Is 38,11; Ion 2,5.

Erubescant impii, et deducantur in infernum;
19 Muta fiant labia dolosa,
Quae loquuntur adversus iustum iniquitatem,
In superbia, et in abusione.
20 Quam magna multitudo dulcedinis tuae, Domine,
Quam abscondisti timentibus te!
Perfecisti eis qui sperant in te, in conspectu filiorum hominum.
21 Abscondes eos in abscondito faciei tuae, a conturbatione hominum.
Proteges eos in tabernaculo tuo, a contradictione linguarum.
22 Benedictus Dominus,
Quoniam mirificavit misericordiam suam mihi in civitate munita.
23 Ego autem dixi in excessu mentis meae:
Proiectus sum a facie oculorum tuorum.
Ideo exaudisti vocem orationis meae, dum clamarem ad te.
24 Diligite Dominum, omnes sancti eius,
Quoniam veritatem requiret Dominus,
Et retribuet abundanter facientibus superbiam.
25 Viriliter agite, et confortetur cor vestrum,
Omnes qui speratis in Domino.

Confundantur impii, conticescant, acti ad inferos.
19 *Muta fiant labia mendacia,*
Quae loquuntur contra iustum insolenter in superbia et contemptu.

III. 20 *Quam magna est bonitas tua, Domine,*
Quam reservasti timentibus te,
Quam praestas confugientibus ad te;
In conspectu hominum.
21 *Protegis eos protectione vultus tui*
A conspiratione virorum,
Occultas eos in tentorio
A iurgio linguarum.
22 *Benedictus Dominus, quia mirabilem praebuit mihi*
Misericordiam suam in urbe munita.
23 *Ego autem dixi in trepidatione mea:*
«Abscissus sum a conspectu tuo»:
Tu vero audisti vocem obsecrationis meae
Cum clamarem ad te.
24 *Diligite Dominum, omnes sancti eius!*
Fideles conservat Dominus,
Sed retribuit abundanter
Agentibus superbe.
25 *Confortamini et roboretur cor vestrum*
Omnes, qui speratis in Domino.

PSALMUS 31 (32)

Felicitas viri cui remissum est peccatum

1 Ipsi David intellectus.
Beati quorum remissae sunt iniquitates,
Et quorum tecta sunt peccata.
2 Beatus vir cui non imputavit Dominus peccatum,
Nec est in spiritu eius dolus.
3 Quoniam tacui, inveteraverunt ossa mea,
Dum clamarem tota die.
4 Quoniam die ac nocte gravata est super me manus tua,
Conversus sum in aerumna mea, dum configitur spina.
5 Delictum meum cognitum tibi feci,
Et iniustitiam meam non abscondi.
Dixi: Confitebor adversum me iniustitiam meam Domino;
Et tu remisisti impietatem peccati mei.
6 Pro hac orabit ad te omnis sanctus
In tempore opportuno.
Verumtamen in diluvio aquarum multarum,
Ad eum non approximabunt.
7 Tu es refugium meum a tribulatione quae circumdedit me;
Exsultatio mea, erue me a circumdantibus me.

1 *Davidis. Maskil.*
I. *Beatus cuius remissa est iniquitas,*
Cuius obtectum est peccatum.
2 *Beatus homo cui Dominus non imputat culpam,*
Et in cuius spiritu non est dolus.

II. 3 *Quamdiu tacui, tabuerunt ossa mea*
Inter gemitus meos assiduos.
4 *Etenim die noctuque gravis erat super me manus tua.*
Consumebatur robur meum velut ardoribus aestivis.
5 *Peccatum meum confessus sum tibi,*
Et culpam meam non abscondi;
Dixi: «Confiteor iniquitatem meam Domino»,
Et tu remisisti culpam peccati mei.
6 *Propterea orabit ad te omnis pius*
In tempore necessitatis.
Cum irruent aquae multae,
Ad eum non pervenient.
7 *Tu es refugium mihi, ab angustiis me servabis,*
Gaudio salutis meae circumdabis me.

31 1-2: Rom 4,7-8. || Decr. S. Officii: D 1.925. — 2: 2 Cor 5,19. — 4: Ps 37,3. — 5: Prov 28,13; Is 65,24; Lc 15,21-24. — 8: Ps

8 Intellectum tibi dabo, et instruam te in via hac qua gradieris;
Firmabo super te oculos meos.
9 Nolite fieri sicut equus et mulus,
Quibus non est intellectus.
In camo et freno maxillas eorum constringe,
Qui non approximant ad te.
10 Multa flagella peccatoris;
Sperantem autem in Domino misericordia circumdabit.
11 Laetamini in Domino, et exsultate, iusti;
Et gloriamini, omnes recti corde.

III. 8 *Erudiam te, et docebo viam, qua ambules;*
Instruam te, firmans super te oculos meos.
9 *Nolite esse sicut equus et mulus sine intellectu,*
Quorum impetus camo et freno constringitur;
Secus ad te non appropinquant.
IV. 10 *Multi sunt dolores impii;*
Sperantem autem in Domino misericordia circumdat.
11 *Laetamini in Domino et gaudete, iusti;*
Et exsultate, omnes recti corde.

PSALMUS 32 (33)

Laus potentiae et providentiae Dei

1 Psalmus David.
Exsultate, iusti, in Domino,
Rectos decet collaudatio.
2 Confitemini Domino in cithara;
In psalterio decem chordarum psallite illi.
3 Cantate ei canticum novum;
Bene psallite ei in vociferatione.
4 Quia rectum est verbum Domini,
Et omnia opera eius in fide.
5 Diligit misericordiam et iudicium;
Misericordia Domini plena est terra.
6 Verbo Domini caeli firmati sunt;
Et spiritu oris eius omnis virtus eorum.
7 Congregans sicut in utre aquas maris;
Ponens in thesauris abyssos.
8 Timeat Dominum omnis terra;
Ab eo autem commoveantur omnes inhabitantes orbem.
9 Quoniam ipse dixit, et facta sunt;
Ipse mandavit et creata sunt.
10 Dominus dissipat consilia gentium;
Reprobat autem cogitationes populorum,
Et reprobat consilia principum.
11 Consilium autem Domini in aeternum manet;
Cogitationes cordis eius in generatione et generationem.
12 Beata gens cuius est Dominus Deus eius;
Populus quem elegit in haereditatem sibi.
13 De caelo respexit Dominus;
Vidit omnes filios hominum.
14 De praeparato habitaculo suo
Respexit super omnes qui habitant terram
15 Qui finxit sigillatim corda eorum;
Qui intelligit omnia opera eorum.
16 Non salvatur rex per multam virtutem
Et gigas non salvabitur in multitudine virtutis suae.

I. 1 *Exsultate, iusti, in Domino:*
Rectos decet collaudatio.
2 *Celebrate Dominum cithara,*
Psalterio decachordo psallite ei.
3 *Cantate ei canticum novum,*
Bene canite ei cum clangore.
4 *Nam rectum est verbum Domini,*
Et omne opus eius fidum.
5 *Diligit iustitiam et ius:*
Gratia Domini plena est terra.

II. 6 *Verbo Domini caeli facti sunt,*
Et spiritu oris eius omne agmen eorum.
7 *Congregat quasi in utre aquas maris:*
Ponit in receptaculis fluctus.

III. 8 *Timeat Dominum omnis terra:*
Ipsum vereantur omnes incolae orbis.
9 *Nam ipse dixit et facta sunt;*
Ipse mandavit et exstiterunt.
10 *Dominus dissipat consilium nationum;*
Irritas facit cogitationes populorum.
11 *Consilium Domini in aeternum manet:*
Cogitationes cordis eius in generationem et generationem.
12 *Beata gens, cuius Deus est Dominus:*
Populus quem elegit in hereditatem sibi.

IV. 13 *De caelis respicit Dominus:*
Videt omnes filios hominum.
14 *De loco habitationis suae prospectat*
Omnes qui habitant terram:
15 *Qui omnium eorum corda finxit,*
Qui attendit ad omnia opera eorum.

V. 16 *Non vincit rex multo exercitu:*
Bellator non se salvat magno robore.

24 12; 72,24; 118,34.73. || Decr. Damasi: D 83. **10:** Ps 33,8-9; Prov 13,21; 16,20.

32 5: Ps 10,8; 118,64. — **6:** Gen 1,6-7; Hebr 11,3. || Fid. Damasi: D 15. — **7:** Gen 1,9. — **9:** Gen 1,3; Iudith 16,17; Ps 148,5. — **12:** Deut 4,7-8; 7,6; 32,9; 33,29; Ps 143,15. — **14:** 3 Reg 8,39.43.49. — **16-21:** Ps 43,5-9; Prov 21,31.

17 Fallax equus ad salutem;
In abundantia autem virtutis suae non salvabitur.
18 Ecce oculi Domini super metuentes eum:
Et in eis qui sperant super misericordia eius.
19 Ut eruat a morte animas eorum:
Et alat eos in fame.
20 Anima nostra sustinet Dominum,
Quoniam adiutor et protector noster est.
21 Quia in eo laetabitur cor nostrum,
Et in nomine sancto eius speravimus.
22 Fiat misericordia tua, Domine, super nos,
Quemadmodum speravimus in te.

17 *Fallax est equus ad victoriam,*
Et magnitudine roboris sui non salvat.
18 *Ecce oculi Domini super timentes eum:*
In eos qui sperant gratiam eius.
19 *Ut eruat a morte animas eorum*
Et alat eos in fame.

VI. 20 *Anima nostra exspectat Dominum:*
Adiutor et clipeus noster ipse est.
21 *In illo ergo laetatur cor nostrum,*
In nomine sancto eius confidimus.
22 *Fiat misericordia tua, Domine, super nos,*
Quemadmodum speramus in te.

PSALMUS 33 (34)

Timor Dei eiusque praemium

1 David, cum immutavit vultum suum coram Achimelech, et dimisit eum, et abiit.
2 Benedicam Dominum in omni tempore;
Semper laus eius in ore meo.
3 In Domino laudabitur anima mea:
Audiant mansueti, et laetentur.
4 Magnificate Dominum mecum,
Et exaltemus nomen eius in idipsum.
5 Exquisivi Dominum, et exaudivit me;
Et ex omnibus tribulationibus meis eripuit me.
6 Accedite ad eum, et illuminamini;
Et facies vestrae non confundentur.
7 Iste pauper clamavit, et Dominus exaudivit eum,
Et de omnibus tribulationibus eius salvavit eum.
8 Immittet angelus Domini in circuitu timentium eum,
Et eripiet eos.
9 Gustate, et videte quoniam suavis est Dominus;
Beatus vir qui sperat in eo.
10 Timete Dominum, omnes sancti eius,
Quoniam non est inopia timentibus eum.
11 Divites eguerunt, et esurierunt;
Inquirentes autem Dominum non minuentur omni bono.
12 Venite, filii, audite me;
Timorem Domini docebo vos.
13 Quis est homo qui vult vitam,
Diligit dies videre bonos?
14 Prohibe linguam tuam a malo,
Et labia tua ne loquantur dolum.
15 Diverte a malo, et fac bonum;
Inquire pacem, et persequere eam.
16 Oculi Domini super iustos,
Et aures eius in preces eorum.
17 Vultus autem Domini super facientes mala,

1 *Davidis, quando se mente alienatum simulavit coram Abimelech et, dimissus ab illo, abiit.*
I. 2 *Benedicam Domino omni tempore;*
Semper laus eius in ore meo.
3 *In Domino glorietur anima mea:*
Audiant humiles, et laetentur.
4 *Magnificate Dominum mecum;*
Et extollamus nomen eius simul.

II. 5 *Quaesivi Dominum, et exaudivit me;*
Et ex omnibus timoribus meis eripuit me.
6 *Aspicite ad eum, ut exhilaremini,*
Et facies vestrae ne erubescant.
7 *Ecce, miser clamavit, et Dominus audivit,*
Et ex omnibus angustiis eius salvavit eum.
8 *Castra ponit angelus Domini*
Circa timentes eum, et eripit eos.
9 *Gustate, et videte, quam bonus sit Dominus;*
Beatus vir qui confugit ad eum.
10 *Timete Dominum, sancti eius,*
Quia non est inopia timentibus eum.
11 *Potentes facti sunt pauperes et esurierunt;*
Quaerentes autem Dominum nullo bono carebunt.

III. 12 *Venite, filii, audite me;*
Timorem Domini docebo vos.
13 *Quis est homo qui diligit vitam.*
Desiderat dies, ut bonis fruatur?
14 *Cohibe linguam tuam a malo,*
Et labia tua a verbis dolosis.
15 *Recede a malo, et fac bonum;*
Quaere pacem, et sectare eam.
16 *Oculi Domini respiciunt iustos,*
Et aures eius clamorem eorum.
17 *Vultus Domini aversatur facientes mala,*

33 **1:** 1 Sam 21,13-15. — **8:** Gen 48,16; Ex 23,20; Ps 90,11. — **9:** Hebr 6,5; 1 Petr 2,5. — **11:** Ps 36,25; Lc 1,53. — **13-17:** 1 Petr 3,10-12. — **14:** Ps 140,3-4; Prov 13,3; 16,1; 21,23; Eccli 22,33; Iac 1,23; 3,2; 1 Petr 2,22. — **16:** Ps 32,18; Eccli 15,20.

Ut perdat de terra memoriam eorum.
18 Clamaverunt iusti, et Dominus exaudivit eos;
Et ex omnibus tribulationibus eorum liberavit eos.
19 Iuxta est Dominus iis qui tribulato sunt corde,
Et humiles spiritu salvabit.
20 Multae tribulationes iustorum;
Et de omnibus his liberabit eos Dominus.
21 Custodit Dominus omnia ossa eorum:
Unum ex his non conteretur.
22 Mors peccatorum pessima;
Et qui oderunt iustum delinquent.
23 Redimet Dominus animas servorum suorum,
Et non delinquent omnes qui sperant in eo.

Ut deleat de terra memoriam eorum.
18 *Clamaverunt iusti, et Dominus exaudivit eos;*
Et ex omnibus angustiis eorum eripuit eos.
19 *Prope est Dominus contritis corde,*
Et confractos spiritu salvat.
20 *Multa sunt mala iusti;*
Sed ex omnibus eripit eum Dominus.
21 *Custodit omnia ossa eius:*
Non confringetur ne unum quidem.
22 *In mortem agit impium malitia,*
Et qui oderunt iustum, punientur.
23 *Dominus liberat animas servorum suorum,*
Neque punietur, quicumque confugerit ad eum.

PSALMUS 34 (35)

Petitio auxilii contra persecutores iniustos et ingratos

1 Ipsi David.
Iudica, Domine, nocentes me;
Expugna impugnantes me.
2 Apprehende arma et scutum,
Et exsurge in adiutorium mihi.
3 Effunde frameam, et conclude adversus eos qui persequuntur me;
Dic animae meae: Salus tua ego sum.
4 Confundantur et revereantur quaerentes animam meam;
Avertantur retrorsum et confundantur cogitantes mihi mala.
5 Fiant tanquam pulvis ante faciem venti,
Et angelus Domini coarctans eos.
6 Fiat via illorum tenebrae, et lubricum;
Et angelus Domini persequens eos.
7 Quoniam gratis absconderunt mihi interitum laquei sui,
Supervacue exprobraverunt animam meam.
8 Veniat illi laqueus quem ignorat,
Et captio quam abscondit apprehendat eum,
Et in laqueum cadat in ipsum.
9 Anima autem mea exsultabit in Domino,
Et delectabitur super salutari suo.
10 Omnia ossa mea dicent:
Domine, quis similis tibi?
Eripiens inopem de manu fortiorum eius;
Egenum et pauperem a diripientibus eum.
11 Surgentes testes iniqui,
Quae ignorabam interrogabant me.
12 Retribuebant mihi mala pro bonis,
Sterilitatem animae meae.
13 Ego autem, cum mihi molesti essent, induebar cilicio;
Humiliabam in ieiunio animam meam,
Et oratio mea in sinu meo convertetur.

1 *Davidis.*
I. *Certa, Domine, contra certantes mecum,*
Impugna impugnantes me.
2 *Apprehende clipeum et scutum,*
Et exsurge in auxilium meum.
3 *Vibra lanceam et cohibe persequentes me,*
Dic animae meae: «Salus tua ego sum.»
4 *Confundantur et erubescant qui quaerunt vitam meam,*
Cedant retrorsum et afficiantur pudore qui cogitant mihi mala.
5 *Sint velut palea ante ventum,*
Cum angelus Domini pellet eos.
6 *Sit via illorum tenebrosa et lubrica*
Cum angelus Domini insectabitur eos.
II. 7 *Nam sine causa tetenderunt mihi rete suum,*
Sine causa foderunt foveam vitae meae.
8 *Veniat illis interitus improviso,*
Et rete, quod tetenderunt, capiat ipsos;
In foveam quam foderunt, ipsi cadant.
9 *Anima autem mea exsultabit in Domino,*
Laetabitur de auxilio eius.
10 *Omnes vires meae dicent:*
«Domine, quis similis tibi,
Qui eripis miserum a praepotente,
Miserum et pauperem a praedatore.»
11 *Surrexerunt testes violenti:*
Quorum non eram conscius, a me quaerebant.
12 *Retribuebant mihi mala pro bonis:*
Desolationem animae meae.
III. 13 *Ego autem, cum illi aegrotarent, induebar cilicio,*
Affligebam ieiunio animam meam
Et preces intra me fundebam.

34 4-8: Ps 68,23-29; 108,6-15. — 4: Ps 39,15. — 5: Ps 1,4. — 7-8: Ps 7,6; 9,16; 139,6. — 10: Ex 15,11; Ps 70,9; 76,14; 82,2; 85,8; 88,7-9; 112,5. — 17-18: Ps 21,21-22.26. — 19:

14 Quasi proximum et quasi fratrem nostrum sic complacebam;
Quasi lugens et contristatus sic humiliabar.
15 Et adversum me laetati sunt, et convenerunt;
Congregata sunt super me flagella, et ignoravi.
16 Dissipati sunt, nec compuncti,
Tentaverunt me, subsannaverunt me subsannatione;
Frenduerunt super me dentibus suis.
17 Domine, quando respicies?
Restitue animam meam a malignitate eorum,
A leonibus unicam meam.
18 Confitebor tibi in ecclesia magna; in populo gravi laudabo te.
19 Non supergaudeant mihi qui adversantur mihi inique,
Qui oderunt me gratis, et annuunt oculis.
20 Quoniam mihi quidem pacifice loquebantur;
Et in iracundia terrae loquentes, dolos cogitabant.
21 Et dilataverunt super me os suum; Dixerunt: Euge, euge! viderunt oculi nostri.
22 Vidisti, Domine, ne sileas;
Domine, ne discedas a me.
23 Exsurge et intende iudicio meo;
Deus meus, et Dominus meus, in causam meam.
24 Iudica me secundum iustitiam tuam, Domine Deus meus,
Et non supergaudeant mihi.
25 Non dicant in cordibus suis: Euge, euge, animae nostrae;
Nec dicant: Devoravimus eum.
26 Erubescant et revereantur simul qui gratulantur malis meis;
Induantur confusione et reverentia qui magna loquuntur super me.
27 Exsultent et laetentur qui volunt iustitiam meam;
Et dicant semper: Magnificetur Dominus, qui volunt pacem servi eius.
28 Et lingua mea meditabitur iustitiam tuam,
Tota die laudem tuam.

14 Velut pro amico, pro fratre meo, incedebam tristis.
Velut qui luget matrem, maestus incurvabar.
15 Sed cum vacillarem ego, laetati sunt et convenerunt,
Convenerunt contra me percutientes inopinantem.
Dilaniabant me neque cessabant,
16 Tentabant me, irridebant mihi
Frendentes contra me dentibus suis.

IV. *17 Domine, quamdiu aspicies?*
Eripe animam meam a rugientibus, a leonibus vitam meam.
18 Gratias agam tibi in coetu magno,
In populo multo te laudabo.
19 Ne gaudeant de me inimici mei, iniusti;
Ne oculis annuant qui me oderunt sine causa.
20 Neque enim quae pacis sunt loquuntur,
Et contra quietos terrae fraudes meditantur.
21 Et dilatant contra me os suum,
Dicunt: «Vah! Vah! oculis nostris vidimus!»
22 Vidisti, Domine! Noli silere.
Domine, noli esse procul a me!
23 Expergiscere et evigila ad defensionem meam,
Deus meus et Dominus meus, pro causa mea!
24 Iudica me secundum iustitiam tuam, Domine;
Deus meus, ne laetentur de me!
25 Ne cogitent in corde suo: «Vah! Quod desideravimus!»
Ne dicant: «Devoravimus eum.»
26 Confundantur et erubescant omnes simul,
Qui laetantur de malis meis;
Induantur confusione et ignominia,
Qui se extollunt contra me.
27 Exsultent et laetentur qui favent causae meae,
Et dicant semper:
«Magnificetur Dominus,
Qui favet saluti servi sui.»
28 Et lingua mea enuntiabit iustitiam tuam,
Perpetuo laudem tuam.

PSALMUS 35 (36)

De pravitate humana et providentia divina

1 In finem. Servo Domini ipsi David.
2 Dixit iniustus ut delinquat in semetipso:
Non est timor Dei ante oculos eius.
3 Quoniam dolose egit in conspectu eius,
Ut inveniatur iniquitas eius ad odium.

1 Magistro chori. Davidis, servi Domini
I. *2 Loquitur iniquitas ad impium in corde eius;*
Non est timor Dei ante oculos eius.
3 Etenim in mente sua blanditur sibi
Non deprehendi culpam suam neque abhorreri.

Ps 68,5; Io 15,25. — **28:** Ps 50,16; 70,24.

35 **2:** Rom 3,18. — **3:** Ps 10,4-5. — **3:** Ps 70,19; Rom 11,33. || Alloc. Pii IX: D 1646. — **10:** Io 4,10.14; 5,26.

4 Verba oris eius iniquitas, et dolus;
Noluit intelligere ut bene ageret.
5 Iniquitatem meditatus est in cubili suo;
Astitit omni viae non bonae,
Malitiam autem non odivit.
6 Domine, in caelo misericordia tua,
Et veritas tua usque ad nubes.
7 Iustitia tua sicut montes Dei;
Iudicia tua abyssus multa.
Homines et iumenta salvabis, Domine,
8 Quemadmodum multiplicasti misericordiam tuam, Deus,
Filii autem hominum in tegmine alarum tuarum sperabunt.
9 Inebriabuntur ab ubertate domus tuae,
Et torrente voluptatis tuae potabis eos;
10 Quoniam apud te est fons vitae,
Et in lumine tuo videbimus lumen.
11 Praetende misericordiam tuam scientibus te,
Et iustitiam tuam his qui recto sunt corde.
12 Non veniat mihi pes superbiae,
Et manus peccatoris non moveat me.
13 Ibi ceciderunt qui operantur iniquitatem;
Expulsi sunt, nec potuerunt stare.

4 Verba oris eius iniquitas et dolus,
Desiit sapere et agere bene.
5 Iniquitatem meditatur in cubili suo,
Consistit in via non bona, malum non aversatur.

II. *6 Domine, caelum contingit misericordia tua,*
Fidelitas tua ipsas nubes.
7 Iustitia tua sicut montes Dei,
Iudicia tua sicut mare profundum.
Homines et iumenta salvas, Domine.
8 Quam pretiosa est gratia tua, Deus:
Filii hominum sub umbram alarum tuarum confugiunt;
9 Satiantur pinguedine domus tuae,
Et torrente deliciarum tuarum potas eos.
10 Etenim apud te est fons vitae,
Et in lumine tuo videmus lumen.

III. *11 Serva gratiam tuam iis qui te colunt,*
Et aequitatem tuam iis qui recto sunt corde.
12 Ne superveniat mihi pes superbi,
Et manus peccatoris ne moveat me.
13 Ecce corruerunt qui patrant iniquitatem:
Deiecti sunt nec surgere possunt.

PSALMUS 36 (37)

Sors bonorum et malorum

1 Psalmus ipsi David.

Noli aemulari in malignantibus,
Neque zelaveris facientes iniquitatem;
2 Quoniam tanquam foenum velociter arescent,
Et quemadmodum olera herbarum cito decident.
3 Spera in Domino, et fac bonitatem;
Et inhabita terram, et pasceris in divitiis eius.
4 Delectare in Domino,
Et dabit tibi petitiones cordis tui.
5 Revela Domino viam tuam,
Et spera in eo, et ipse faciet.
6 Et educet quasi lumen iustitiam tuam,
Et iudicium tuum tanquam meridiem.
7 Subditus esto Domino, et ora eum.
Noli aemulari in eo qui prosperatur in via sua,
In homine faciente iniustitias.
8 Desine ab ira, et derelinque furorem;
Noli aemulari ut maligneris.
9 Quoniam qui malignantur exterminabuntur;
Sustinentes autem Dominum, ipsi haereditabunt terram.
10 Et adhuc pusillum, et non erit peccator;
Et quaeres locum eius, et non invenies.
11 Mansueti autem haereditabunt terram,
Et delectabuntur in multitudine pacis.

1 Davidis.

Noli excandescere propter male agentes,
Neque invidere facientibus iniquitatem;
2 Nam sicut faenum velociter decident
Et sicut herba viridis marcescent.
3 Spera in Domino, et fac bonum,
Ut habites terram et fruaris securitate.
4 Delectare in Domino,
Et dabit tibi quod petit cor tuum.
5 Et spera in eo, et ipse aget.
6 Et oriri faciet sicut lumen iustitiam tuam,
Et ius tuum sicut meridiem.
7 Acquiesce in Domino,
Et spera in eo.
Noli excandescere de eo qui prospere procedit in via sua,
Propter hominem machinantem mala.
8 Desiste ab ira et depone furorem;
Noli excandescere, ne male agas.
9 Etenim male agentes destruentur;
Sed qui sperant in Domino, possidebunt terram.
10 Et modicum, et non erit impius;
Et si attendes ad locum eius, iam non erit.
11 Sed mansueti possidebunt terram,
Et delectabuntur multitudine pacis.

36 1: Prov 24,1.19. — 2: Iob 27,13-23; Ps 91,8. — 11: Mt 5,4. — 13: Ps 2,4. — 16:

[12] Observabit peccator iustum,
Et stridebit super eum dentibus suis.
[13] Dominus autem irridebit eum,
Quoniam prospicit quod veniet dies eius.
[14] Gladium evaginaverunt peccatores,
Intenderunt arcum suum,
Ut deiiciant pauperem et inopem,
Ut trucident rectos corde.
[15] Gladius eorum intret in corda ipsorum,
Et arcus eorum confringatur.
[16] Melius est modicum iusto,
Super divitias peccatorum multas;
[17] Quoniam brachia peccatorum conterentur,
Confirmat autem iustos Dominus.
[18] Novit Dominus dies immaculatorum,
Et haereditas eorum in aeternum erit.
[19] Non confundentur in tempore malo,
Et in diebus famis saturabuntur,
[20] Quia peccatores peribunt.
Inimici vero Domini mox ut honorificati fuerint et exaltati,
Deficientes quemadmodum fumus deficient.
[21] Mutuabitur peccator, et non solvet,
Iustus autem miseretur et tribuet;
[22] Quia benedicentes ei haereditabunt terram:
Maledicentes autem ei disperibunt.
[23] Apud Dominum gressus hominis dirigentur;
Et viam eius volet.
[24] Cum ceciderit, non collidetur,
Quia Dominus supponit manum suam.
[25] Iunior fui, etenim senui;
Et non vidi iustum derelictum,
Nec semen eius quaerens panem.
[26] Tota die miseretur et commodat;
Et semen illius in benedictione erit.
[27] Declina a malo, et fac bonum,
Et inhabita in saeculum saeculi;
[28] Quia Dominus amat iudicium,
Et non derelinquet sanctos suos;
In aeternum conservabuntur.
Iniusti punientur,
Et semen impiorum peribit.
[29] Iusti autem haereditabunt terram,
Et inhabitabunt in saeculum saeculi super eam.
[30] Os iusti meditabitur sapientiam,
Et lingua eius loquetur iudicium.
[31] Lex Dei eius in corde ipsius,
Et non supplantabuntur gressus eius.
[32] Considerat peccator iustum,
Et quaerit mortificare eum.
[33] Dominus autem non derelinquet eum in manibus eius,
Nec damnabit eum cum iudicabitur illi.
[34] Exspecta Dominum, et custodi viam eius;
Et exaltabit te ut haereditate capias terram;

[12] *Mala molitur impius iusto*
Et frendit contra eum dentibus suis.
[13] *Dominus irridet illi,*
Quia videt diem eius venturum.
[14] *Gladium evaginant impii et tendunt arcum suum,*
Ut prosternant miserum et pauperem,
Ut trucident eos qui recta via incedunt.
[15] *Gladius eorum penetrabit in corda ipsorum,*
Et arcus eorum confringentur.
[16] *Melius est modicum, quod habet iustus,*
Quam opulentia impiorum magna;
[17] *Nam bracchia impiorum confringentur;*
Iustos autem sustentat Dominus.
[18] *Dominus curat de vita proborum,*
Et hereditas eorum in aeternum erit.
[19] *Non confundentur tempore calamitatis,*
Et diebus famis saturabuntur.
[20] *Impii vero peribunt,*
Et inimici Domini ut decor pratorum marcescent,
Quemadmodum fumus evanescent.
[21] *Mutuatur impius et non reddit,*
Iustus autem miseretur et donat.
[22] *Nam, quibus benedixerit, possidebunt terram,*
Et quibus maledixerit, destruentur.
[23] *A Domino gressus hominis firmantur,*
Et viam eius acceptam habet.
[24] *Etsi ceciderit, non prosternitur,*
Quia Dominus sustinet manum eius.
[25] *Puer fui, et iam sum senex,*
Et non vidi iustum derelictum,
Nec semen eius mendicans panem.
[26] *Omni tempore miseretur et commodat;*
Et semini illius benedicetur.
[27] *Recede a malo, et fac bonum,*
Ut maneas in sempiternum.
[28] *Nam Dominus diligit iustitiam,*
Et non derelinquit sanctos suos;
Improbi destruentur,
Et semen impiorum exscindetur.
[29] *Iusti possidebunt terram,*
Et habitabunt in sempiternum super eam.
[30] *Os iusti eloquitur sapientiam,*
Et lingua eius effatur rectum.
[31] *Lex Dei eius in corde ipsius,*
Et non vacillant gressus eius.
[32] *Observat impius iustum,*
Et studet occidere eum.
[33] *Dominus non derelinquet eum in manu illius,*
Nec condemnabit eum, cum iudicabitur.
[34] *Confide in Domino,*
Et viam eius observa;
Et provehet te, ut possideas terram;

Prov 15,16. — **23:** 1 Sam 2,9; Prov 16,9. — **25:** Ps 33,10-11. — **31:** Ps 118,11; Is 51,7. — **35-36:** Iob 5,3; Ps 72,3-20.

Cum perierint peccatores, videbis.
35 Vidi impium superexaltatum,
Et elevatum sicut cedros Libani;
36 Et transivi, et ecce non erat;
Et quaesivi eum, et non est inventus locus eius.
37 Custodi innocentiam, et vide aequitatem,
Quoniam sunt reliquiae homini pacifico.
38 Iniusti autem disperibunt simul;
Reliquiae impiorum interibunt.
39 Salus autem iustorum a Domino;
Et protector eorum in tempore tribulationis.
40 Et adiuvabit eos Dominus, et liberabit eos;
Et eruet eos a peccatoribus, et salvabit eos,
Quia speraverunt in eo.

Excidium impiorum laetus videbis.
35 *Vidi impium superbientem*
Et sese expandentem ut cedrum frondosam.
36 *Et praeterii, et ecce non erat;*
Et quaesivi eum, et non est inventus.
37 *Observa probum et considera iustum:*
Nam posteritas est viro pacifico.
38 *Peccatores autem exstirpabuntur omnes,*
Posteritas impiorum exscindetur.
39 *Salus iustorum a Domino est;*
Refugium eorum est tempore tribulationis.
40 *Et adiuvat eos Dominus et liberat eos;*
Liberat eos ab impiis, et servat eos,
Quia confugiunt ad eum.

PSALMUS 37 (38)

Peccatoris a Deo afflicti obsecratio

1 Psalmus David, in rememorationem de sabbato.
2 Domine, ne in furore tuo arguas me,
Neque in ira tua corripias me;
3 Quoniam sagittae tuae infixae sunt mihi,
Et confirmasti super me manum tuam.
4 Non est sanitas in carne mea, a facie irae tuae;
Non est pax ossibus meis, a facie peccatorum meorum:
5 Quoniam iniquitates meae supergressae sunt caput meum,
Et sicut onus grave gravatae sunt super me.
6 Putruerunt et corruptae sunt cicatrices meae,
A facie insipientiae meae.
7 Miser factus sum et curvatus sum usque in finem;
Tota die contristatus ingrediebar.
8 Quoniam lumbi mei impleti sum illusionibus,
Et non est sanitas in carne mea.
9 Afflictus sum, et humiliatus sum nimis;
Rugiebam a gemitu cordis mei.
10 Domine, ante te omne desiderium meum,
Et gemitus meus a te non est absconditus.
11 Cor meum conturbatum est,
Dereliquit me virtus mea,
Et lumen oculorum meorum, et ipsum non est mecum.
12 Amici mei et proximi mei adversum me appropinquaverunt, et steterunt;
Et qui iuxta me erant, de longe steterunt,
Et vim faciebant qui quaerebant animam meam.

1 *Psalmus. Davidis. Ad commemorandum.*

I. 2 *Domine, noli me arguere in ira tua*
Nec me corripere in furore tuo.
3 *Etenim sagittae tuae infixae sunt mihi,*
Et descendit super me manus tua.
4 *Nihil sani in carne mea ob indignationem tuam,*
Nihil integri in ossibus meis propter peccatum meum.
5 *Nam culpae meae supergressae sunt caput meum,*
Sicut onus grave gravant me nimis.

II. 6 *Foetent, tabescunt livores mei propter insipientiam meam.*
7 *Inclinatus, incurvatus sum valde;*
Toto die maestus incedo.
8 *Nam lumbi mei pleni sunt inflammatione,*
Nec quicquam est sani in carne mea.
9 *Inclinatus, incurvatus sum valde,*
Rugio propter fremitum cordis mei.
10 *Domine, coram te est omne desiderium meum,*
Et gemitus meus te non latet.
11 *Cor meum palpitat, dereliquit me robur meum,*
Et ipsa lux oculorum meorum deficit me.
12 *Amici mei et sodales mei procul a plaga mea subsistunt,*
Et propinqui mei stant e longinquo.

37 1: Ps 69,1. — 2: 6,2. — 3: Iob 5,4; 31,4. — 5: Esdr 9,6; Lam 1,14. — 12: Iob

13 Et qui inquirebant mala mihi, locuti sunt vanitates,
Et dolos tota die meditabantur.
14 Ego autem, tanquam surdus, non audiebam;
Et sicut mutus non aperiens os suum.
15 Et factus sum sicut homo non audiens,
Et non habens in ore suo redargutiones.
16 Quoniam in te, Domine, speravi;
Tu exaudies me, Domine Deus meus.
17 Quia dixi: Nequando supergaudeant mihi inimici mei;
Et dum commoventur pedes mei, super me magna locuti sunt.
18 Quoniam ego in flagella paratus sum,
Et dolor meus in conspectu meo semper.
19 Quoniam iniquitatem meam annuntiabo,
Et cogitabo pro peccato meo.
20 Inimici autem mei vivunt, et confirmati sunt super me:
Et multiplicati sunt qui oderunt me inique.
21 Qui retribuunt mala pro bonis detrahebant mihi,
Quoniam sequebar bonitatem.
22 Ne derelinquas me, Domine Deus meus;
Ne discesseris a me.
23 Intende in adiutorium meum,
Domine, Deus salutis meae.

13 *Et laqueos tendunt qui insidiantur vitae meae,*
Et qui quaerunt mihi malum, perniciem minantur
Et fraudes omni tempore moliuntur.
III. 14 *Ego autem, tamquam surdus, non audio,*
Et sum velut mutus non aperiens os suum.
15 *Et factus sum sicut homo qui non audit,*
Et qui non habet responsum in ore suo.
16 *In te enim, Domine, confido:*
Tu exaudies, Domine, Deus meus.
17 *Etenim dico: «Ne laetentur de me;*
Dum labitur pes meus, ne superbiant contra me».
IV. 18 *Ego enim lapsui proximus sum,*
Et dolor meus coram me est semper.
19 *Etenim culpam meam confiteor.*
Et ob peccatum meum sum anxius.
20 *Sed qui sine causa adversantur mihi, potentes sunt,*
Et multi, qui oderunt me iniuste;
21 *Et qui retribuunt malum pro bono,*
Infestant me, quia bonum sector.
22 *Noli me derelinquere, Domine,*
Deus meus, noli procul distare a me!
23 *Festina in auxilium meum.*
Domine, salus mea!

PSALMUS 38 (39)

Graviter aegrotantis lamenta et preces

1 In finem, ipsi Idithun. Canticum David.
2 Dixi: Custodiam vias meas,
Locutus sum in lingua mea:
Posui ori meo custodiam
Cum consisteret peccator adversum me.
3 Obmutui, et humiliatus sum, et silui a bonis;
Et dolor meus renovatus est.
4 Concaluit cor meum intra me;
Et in meditatione mea exardescet ignis.
5 Locutus sum in lingua mea:
Notum fac mihi, Domine, finem meum,
Et numerum dierum meorum quis est,
Ut sciam quid desit mihi.
6 Ecce mensurabiles posuisti dies meos,
Et substantia mea tanquam nihilum ante te.
Verumtamen universa vanitas, omnis homo vivens.
7 Verumtamen in imagine pertransit homo;
Sed et frustra conturbatur:
Thesaurizat, et ignorat cui congregabit ea.
8 Et nunc quae est exspectatio mea: Nonne Dominus?
Et substantia mea apud te est.

1 *Magistro chori, Idithun. Psalmus. Davidis.*

I. 2 *Dixi: custodiam vias meas,*
Ut non peccem lingua mea;
Frenum apponam ori meo,
Dum impius est coram me.
3 *Obmutui silens, bono carens,*
Sed dolor meus recruduit.
4 *Incaluit cor meum intra me;*
Cum consideravi, exarsit ignis:
Locutus sum lingua mea.

II. 5 *Notum fac mihi, Domine, terminum meum,*
Et quae mensura sit dierum meorum,
Ut sciam, quam caducus sim ego.
6 *Ecce paucorum palmorum fecisti dies meos,*
Et vita mea quasi nihil est coram te:
Ut halitus tantum stat omnis homo.
7 *Ut umbra tantum pertransit homo.*
Inaniter tantum tumultuatur;
Coacervat nec scit quis percipiat ea.

III. 8 *Et nunc quid exspecto, Domine?*
Fiducia mea est in te.

19,13-20; Ps 30,12. — **14:** Ps 38,3.10. — **21:** Ps 34,12; Mt 5,10.

38 **1:** 1 Par 16,41; Ps 61,1; 76,1. — **5-6:** Ps 89,5-6,12. — **7:** Ps 48,11; Lc 12,20-

9 Ab omnibus iniquitatibus meis erue me:
Opprobrium insipienti dedisti me.
10 Obmutui, et non aperui os meum,
Quoniam tu fecisti;
11 Amove a me plagas tuas.
12 A fortitudine manus tuae ego defeci in increpationibus,
Propter iniquitatem corripuisti hominem.
Et tabescere fecisti sicut araneam animam eius:
Verumtamen vane conturbatur omnis homo.
13 Exaudi orationem meam, Domine, et deprecationem meam;
Auribus percipe lacrymas meas.
Ne sileas, quoniam advena ego sum apud te,
Et peregrinus sicut omnes patres mei.
14 Remitte mihi, ut refrigerer
Priusquam abeam et amplius non ero.

9 Ab omnibus iniquitatibus meis libera me,
Opprobrio stulti ne tradideris me.

IV. *10 Obmutui, non aperio os meum:*
Tu enim fecisti.
11 Remove a me plagam tuam:
Impetu manus tuae ego consumor.
12 Correptione culpae castigas virum;
Dissolvis, ut tinea, pretiosa eius:
Halitus tantum est omnis homo.
13 Audi orationem meam, Domine,
Et clamorem meum ausculta,
Ad lacrimas meas ne fueris surdus.
Hospes enim sum apud te,
Peregrinus, sicut omnes patres mei.
14 Averte oculos a me, ut respirem,
Priusquam vadam et non sim.

PSALMUS 39 (40)

Gratiarum actio et novi auxilii petitio

1 In finem, Psalmus ipsi David.

2 Exspectans, exspectavi Dominum,
Et intendit mihi.
3 Et exaudivit preces meas,
Et eduxit me de lacu miseriae et de luto faecis.
Et statuit super petram pedes meos,
Et direxit gressus meos.
4 Et immisit in os meum canticum novum,
Carmen Deo nostro.
Videbunt multi, et timebunt,
Et sperabunt in Domino.
5 Beatus vir cuius est nomen Domini spes eius,
Et non respexit in vanitates et insanias falsas.
6 Multa fecisti tu, Domine Deus meus, mirabilia tua;
Et cogitationibus tuis non est qui similis sit tibi.
Annuntiavi et locutus sum,
Multiplicati sunt super numerum.
7 Sacrificium et oblationem noluisti;
Aures autem perfecisti mihi.
Holocaustum et pro peccato non postulasti;
8 Tunc dixi: Ecce venio.
In capite libri scriptum est de me,
9 Ut facerem voluntatem tuam.
Deus meus, volui,
Et legem tuam in medio cordis mei.
10 Annuntiavi iustitiam tuam in ecclesia magna,
Ecce labia mea non prohibebo; Domine, tu scisti.

1 Magistro chori. Davidis. Psalmus.

A

I. *2 Speravi, speravi in Domino,*
Et inclinavit se ad me, et exaudivit clamorem meum.
3 Et extraxit me de fossa interitus, de luto caeni,
Et statuit super petram pedes meos,
Firmavit gressus meos.
4 Et posuit in ore meo canticum novum,
Carmen Deo nostro.
Videbunt multi, et verebuntur,
Et sperabunt in Domino.

II. *5 Beatus vir, qui posuit in Domino spem suam,*
Nec sectatur idolorum cultores et declinantes ad falsa.
6 Multa fecisti tu, Domine, Deus meus, mirabilia tua,
Et consiliis erga nos nemo est similis tibi.
Si ea voluerim narrare et eloqui,
Plura sunt, quam quae numerari possint.

III. *7 Sacrificium et oblationem noluisti,*
Sed aures aperuisti mihi.
Holocaustum et victimam pro peccato non postulasti:
8 Tunc dixi: «Ecce venio,
In volumine libri scriptum est de me:
9 Facere voluntatem tuam, Deus meus, me delectat
Et lex tua est in praecordiis meis.»
10 Annuntiavi iustitiam in coetu magno;
Ecce labia mea non cohibui; Domine, tu nosti.

21. — 13: Lev 25,23; 1 Par 29,15; Hebr 11,13; 1 Petr 2,11.

39 3: Ps 68,3.15. — 5: Ps 33,9. — 7: 1 Sam 15,22; Ps 49,8; 50,18; Is 66,3; Os 6,6; Hebr 10,6-8. — 8: Lc 24,44. — 9: Ps 118,16.24.

11 Iustitiam tuam non abscondi in corde meo;
Veritatem tuam et salutare tuum dixi;
Non abscondi misericordiam tuam et veritatem tuam a concilio multo.
12 Tu autem, Domine, ne longe facias miserationes tuas a me;
Misericordia tua et veritas tua semper susceperunt me.
13 Quoniam circumdederunt me mala quorum non est numerus;
Comprehenderunt me iniquitates meae, et non potui ut viderem.
Multiplicatae sunt super capillos capitis mei,
Et cor meum dereliquit me.
14 Complaceat tibi, Domine, et eruas me;
Domine, ad adiuvandum me respice.
15 Confundantur et revereantur simul,
Qui quaerunt animam meam, ut auferant eam.
Convertantur retrorsum et revereantur,
Qui volunt mihi mala.
16 Ferant confestim confusionem suam,
Qui dicunt mihi: Euge, euge!
17 Exsultent et laetentur super te omnes quaerentes te,
Et dicant semper: Magnificetur Dominus, qui diligunt salutare tuum.
18 Ego autem mendicus sum et pauper;
Dominus sollicitus est mei.
Adiutor meus et protector meus tu es;
Deus meus, ne tardaveris.

11 *Iustitiam tuam non abscondi in corde meo;*
Fidelitatem tuam et auxilium tuum narravi.
Non occultavi gratiam tuam
Et fidelitatem tuam coetui magno.

B

I. 12 *Tu, Domine, ne prohibueris miserationes tuas a me;*
Gratia tua et fidelitas tua semper me conservent.
13 *Nam circumdederunt me mala, quorum non est numerus,*
Comprehenderunt me culpae meae, ut non possim videre.
Plures sunt quam capilli capitis mei.
Et animus meus me defecit.

II. 14 *Placeat tibi, Domine, ut eripias me;*
Domine, ad adiuvandum me festina.
15 *Confundantur et erubescant omnes*
Qui quaerunt vitam meam, ut auferant eam.
Cedant retrorsum et pudore afficiantur,
Qui delectantur malis meis.
16 *Obstupescant propter confusionem suam,*
Qui dicunt mihi: Vah, Vah!
17 *Exsultent et laetentur in te omnes, qui quaerunt te,*
Et dicant semper: «Magnificetur Dominus», qui desiderant auxilium tuum.
18 *Ego autem miser sum et pauper;*
Sed Dominus sollicitus est mei.
Adiutor meus et liberator meus es tu;
Deus meus, ne tardaveris.

PSALMUS 40 (41)

Aegroti fiducia et preces

1 In finem. Psalmus ipsi David.
2 Beatus qui intelligit super egenum et pauperem:
In die mala liberabit eum Dominus.
3 Dominus conservet eum, et vivificet eum,
Et beatum faciat eum in terra,
Et non tradat eum in animam inimicorum eius.
4 Dominus opem ferat illi super lectum doloris eius;
Universum stratum eius versasti in infirmitate eius.
5 Ego dixi: Domine, miserere mei;
Sana animam meam, quia peccavi tibi.
6 Inimici mei dixerunt mala mihi:
Quando morietur, et peribit nomen eius?
7 Et si ingrediebatur ut videret, vana loquebatur;
Cor eius congregavit iniquitatem sibi.
Egrediebatur foras et loquebatur.
8 In idipsum adversum me susurrabant omnes inimici mei;
Adversum me cogitabant mala mihi.

1 *Magistro chori. Psalmus. Davidis.*

I. 2 *Beatus qui cogitat de egeno et paupere:*
Die malo salvabit eum Dominus.
3 *Dominus custodiet eum, et vivum servabit eum,*
Et beatum faciet eum in terra,
Nec tradet eum voluntati inimicorum eius.
4 *Dominus opem feret illi in lecto doloris:*
Totam infirmitatem eius auferet in morbo eius.

II. 5 *Ego dico: Domine, miserere mei;*
Sana me, quia peccavi tibi.
6 *Inimici mei malum de me dicunt:*
«Quando morietur et peribit nomen eius?»
7 *Et qui venit, ut invisat, loquitur inania;*
Cor eius iniqua colligit sibi, foras egressus eloquitur.
8 *Simul contra me susurrant omnes qui me oderunt;*
Cogitant contra me quae sunt mihi mala:

35.92; Io 4,34. — **14-18:** Ps 69,2-6. — **15:** Ps 6,11; 34,4.26. — **18:** Ps 36,4-5; 85,1.

40 **2:** Prov 14,21; Mt 5,7. — **10:** Ps 54,14-

9 Verbum iniquum constituerunt adversum me:
Numquid qui dormit non adiiciet ut resurgat?
10 Etenim homo pacis meae, in quo speravi,
Qui edebat panes meos magnificavit super me supplantationem.
11 Tu autem, Domine, miserere mei,
Et resuscita me; et retribuam eis.
12 In hoc cognovi quoniam voluisti me:
Quoniam non gaudebit inimicus meus super me.
13 Me autem propter innocentiam suscepisti;
Et confirmasti me in conspectu tuo in aeternum.
14 Benedictus Dominus, Deus Israel,
A saeculo, et usque in saeculum. Fiat, fiat.

9 *«Pestis maligna immissa est ei»,*
Et «qui decubuit, non amplius resurget».
10 *Etiam amicus meus, cui fisus sum,*
Qui panem meum comedit, contra me calcaneum movit.
III. 11 *Tu autem, Domine, miserere mei et erige me,*
Ut retribuam eis.
12 *Inde cognoscam te favere mihi,*
Quod non exsultabit de me inimicus meus.
13 *Me autem incolumem sustentabis,*
Et pones me in conspectu tuo in aeternum.
14 *Benedictus Dominus, Deus Israel,*
A saeculo in saeculum. Fiat, fiat.

LIBER SECUNDUS

PSALMUS 41. 42 (42. 43)

Desiderium Dei et templi sancti eius

Ps. 41 (42)

1 In finem. Intellectus filiis Core.
2 Quemadmodum desiderat cervus ad fontes aquarum,
Ita desiderat anima mea ad te, Deus.
3 Sitivit anima mea ad Deum fortem, vivum;
Quando veniam, et apparebo ante faciem Dei?
4 Fuerunt mihi lacrymae meae panes die ac nocte,
Dum dicitur mihi quotidie: Ubi est Deus tuus?
5 Haec recordatus sum, et effudi in me animam meam,
Quoniam transibo in locum tabernaculi admirabilis, usque ad domum Dei,
In voce exsultationis et confessionis, sonus epulantis.
6 Quare tristis es, anima mea?
Et quare conturbas me?
Spera in Deo, quoniam adhuc confitebor illi,
Salutare vultus mei,
7 Et Deus meus:
Ad meipsum anima mea conturbata est;
Propterea memor ero tui de terra Iordanis, et Hermoniim a monte modico.
8 Abyssus abyssum invocat, in voce cataractarum tuarum;

1 *Magistro chori. Maskil. Filiorum Core*

I. 2 *Quemadmodum desiderat cerva rivos aquarum,*
Ita desiderat anima mea te, Deus.
3 *Sitit anima mea Deum, Deum vivum:*
Quando veniam et videbo faciem Dei?
4 *Factae sunt mihi lacrimae meae panis die ac nocte,*
Dum dicunt mihi cotidie: «Ubi est Deus tuus?»
5 *Illud recordor et effundo animum meum intra me:*
Quomodo incesserim in turba, praecesserim eos ad domum Dei,
Inter voces exsultationis et laudis,
In coetu festivo.
6 *Quare deprimeris, anima mea,*
Et tumultuaris in me?
Spera in Deum: quia rursus celebrabo eum,
Salutem vultus mei et Deum meum.

II. 7 *In me ipso anima mea deprimitur:*
Ideo recordor tui ex terra Iordanis et Hermon, ex monte Misar.
8 *Gurges gurgitem vocat cum fragore cataractarum tuarum:*

15; Io 13,18; Act 1,16-17. — **14:** Ps **71,18-19;** 88,53; 105,48.

41 **1:** 1 Par 6,37; Ps 43,1. — **3:** Ps 62,2; 83,3. — **4:** Ps 78,10; 79,6. — **8:** Ps 87,8.

Omnia excelsa tua, et fluctus tui super me transierunt.
9 In die mandavit Dominus misericordiam suam,
Et nocte canticum eius;
Apud me oratio Deo vitae meae.
10 Dicam Deo: Susceptor meus es; quare oblitus es mei?
Et quare contristatus incedo, dum affligit me inimicus?
11 Dum confringuntur ossa mea,
Exprobraverunt mihi qui tribulant me inimici mei,
Dum dicunt mihi per singulos dies: Ubi est Deus tuus?
12 Quare tristis es, anima mea?
Et quare conturbas me?
Spera in Deo, quoniam adhuc confitebor illi,
Salutare vultus mei, et Deus meus.

Omnes fructus et undae tuae super me transierunt.
9 *Per diem largiatur Dominus gratiam suam,*
Et nocte canam ei, laudabo Deum vitae meae.
10 *Dico Deo: Petra mea, cur oblivisceris mei?*
Quare tristis incedo, ab inimico oppressus?
11 *Ossa mea franguntur, dum insultant mihi adversarii mei,*
Dum dicunt mihi cotidie: «Ubi est Deus tuus?»
12 *Quare deprimeris, anima mea,*
Et tumultuaris in me?
Spera in Deum: quia rursus celebrabo eum,
Salutem vultus mei et Deum meum.

Ps. 42 (43)

1 Psalmus David.
Iudica me, Deus, et discerne causam meam de gente non sancta,
Ab homine iniquo et doloso erue me.
2 Quia tu es, Deus, fortitudo mea, quare me repulisti?
Et quare tristis incedo, dum affligit me inimicus?
3 Emitte lucem tuam et veritatem tuam;
Ipsa me deduxerunt, et adduxerunt
In montem sanctum tuum, et in tabernacula tua.
4 Et introibo ad altare Dei,
Ad Deum, qui laetificat iuventutem meam.
Confitebor tibi in cithara, Deus, Deus meus.
5 Quare tristis es, anima mea?
Et quare conturbas me?
Spera in Deo, quoniam adhuc confitebor illi,
Salutare vultus mei, et Deus meus.

III. 1 *Ius redde mihi, Deus,*
Et age causam meam adversus gentem non sanctam;
Ab homine doloso et iniquo libera me,
2 *Quia tu es, Deus, fortitudo mea:*
Quare me reppulisti?
Quare tristis incedo, ab inimico oppressus?
3 *Emitte lucem tuam et fidelitatem tuam: ipsae me ducant,*
Adducant me in montem sanctum tuum et in tabernacula tua.
4 *Et introibo ad altare Dei,*
Ad Deum laetitiae et exsultationis meae,
Et laudabo te cum cithara,
Deus, Deus meus!
5 *Quare deprimeris, anima mea,*
Et tumultuaris in me?
Spera in Deum: quia rursus celebrabo eum,
Salutem vultus mei et Deum meum.

PSALMUS 43 (44)

Populus, olim a Deo protectus, nunc repudiatus auxilium petit

1 In finem. Filiis Core ad intellectum.
2 Deus, auribus nostris audivimus,
Patres nostri annuntiaverunt nobis:
Opus quod operatus es in diebus eorum,
Et in diebus antiquis.
3 Manus tua gentes disperdidit, et plantasti eos;
Afflixisti populos et expulisti eos.
4 Nec enim in gladio suo possederunt terram.
Et brachium eorum non salvavit eos;
Sed dextera tua et brachium tuum,

1 *Magistro chori. Filiorum Core, Maskil.*
I. 2 *Deus, auribus nostris audivimus,*
Patres nostri narraverunt nobis
Opus quod operatus es diebus eorum,
Diebus antiquis.
3 *Tu, manu tua, gentibus expulsis, plantasti eos;*
Attritis nationibus, dilatasti eos.
4 *Neque enim gladio suo occupaverunt terram,*
Nec bracchium eorum salvavit eos,
Sed dextera tua et bracchium tuum

42 1: Ps 7,9; 25,1; 34,1. — 3: Ps 2,6; 83,2.

43 1: Ps 41,1. — 2: Ex 10,2; 12,26-27; 13,14; Deut 6,20-23; Ps 77,3. — 3: Ex 23,

Et illuminatio vultus tui, quoniam complacuisti in eis.
5 Tu es ipse rex meus et Deus meus,
Qui mandas salutes Iacob.
6 In te inimicos nostros ventilabimus cornu,
Et in nomine tuo spernemus insurgentes in nobis.
7 Non enim in arcu meo sperabo,
Et gladius meus non salvabit me;
8 Salvasti enim nos de affligentibus nos,
Et odientes nos confudisti.
9 In Deo laudabimur tota die;
Et in nomine tuo confitebimur in saeculum.
10 Nunc autem repulisti et confudisti nos;
Et non egredieris, Deus, in virtutibus nostris.
11 Avertisti nos retrorsum post inimicos nostros;
Et qui oderunt nos diripiebant sibi.
12 Dedisti nos tanquam oves escarum;
Et in gentibus dispersisti nos.
13 Vendidisti populum tuum sine pretio;
Et non fuit multitudo in commutationibus eorum.
14 Posuisti nos opprobrium vicinis nostris,
Subsannationem et derisum his qui sunt in circuitu nostro.
15 Posuisti nos in similitudinem gentibus,
Commotionem capitis in populis.
16 Tota die verecundia mea contra me est,
Et confusio faciei meae cooperuit me:
17 A voce exprobrantis et obloquentis,
A facie inimici et persequentis.
18 Haec omnia venerunt super nos; nec obliti sumus te,
Et inique non egimus in testamento tuo.
19 Et non recessit retro cor nostrum;
Et declinasti semitas nostras a via tua;
20 Quoniam humiliasti nos in loco afflictionis,
Et cooperuit nos umbra mortis.
21 Si obliti sumus nomen Dei nostri,
Et si expandimus manus nostras ad deum alienum,
22 Nonne Deus requiret ista?
Ipse enim novit abscondita cordis.
Quoniam propter te mortificamur tota die;
Aestimati sumus sicut oves occisionis.
23 Exsurge; quare obdormis, Domine?
Exsurge, et ne repellas in finem.
24 Quare faciem tuam avertis?
Oblivisceris inopiae nostrae et tribulationis nostrae?
25 Quoniam humiliata est in pulvere anima nostra;
Conglutinatus est in terra venter noster.
26 Exsurge, Domine, adiuva nos,
Et redime nos propter nomen tuum.

Et serenitas vultus tui, quoniam dilexisti eos.
5 *Tu es rex meus, Deus meus,*
Qui tribuisti victorias Iacob.
6 *Per te adversarios nostros reppulimus,*
Et in nomine tuo calcavimus insurgentes in nos.
7 *Neque enim in arcu meo confisus sum,*
Nec gladius salvavit me.
8 *Sed tu salvasti nos ab adversariis nostris,*
Et eos, qui oderunt nos, confudisti.
9 *In Deo gloriabamur omni tempore,*
Et nomen tuum perpetuo celebrabamus.

II. 10 *Nunc vero reppulisti et confudisti nos,*
Et non egrederis, Deus, cum exercitibus nostris.
11 *Cedere nos fecisti adversariis nostris,*
Et qui oderunt nos, praedati sunt sibi.
12 *Tradidisti nos velut oves mactandas,*
Et inter gentes dispersisti nos.
13 *Vendidisti populum tuum pretio nullo,*
Nec multum lucratus es venditis illis.
14 *Fecisti nos opprobrium vicinis nostris,*
Irrisionem et ludibrium his, qui nos circumdant.
15 *Fecisti nos fabulam inter gentes,*
Populi caput movent de nobis.
16 *Perpetuo coram me est ignominia mea*
Et confusio operit faciem meam,
17 *Propter vocem exprobrantis et conviciantis,*
Propter inimicum et hostem.

III. 18 *Haec omnia venerunt super nos, etsi tui non sumus obliti,*
Nec violavimus foedus tuum,
19 *Nec retro cessit cor nostrum*
Nec gressus noster deflexit a semita tua,
20 *Quando contrivisti nos in loco afflictionis,*
Et caligine nos operuisti.
21 *Si obliti essemus nomen Dei nostri,*
Et expandissemus manus nostras ad deum alienum:
22 *Nonne Deus explorata haberet ista?*
Ipse enim novit abscondita cordis.
23 *Sed propter te trucidamur omni tempore,*
Aestimamur velut oves mactandae.

IV. 24 *Expergiscere: quare dormis, Domine?*
Evigila! noli repellere in perpetuum!
25 *Quare faciem tuam abscondis?*
Oblivisceris miseriae nostrae et oppressionis nostrae?
26 *Nam prostrata est in pulverem anima nostra,*
In terra iacet venter noster.
27 *Exsurge in auxilium nobis.*
Et libera nos propter misericordiam tuam.

31; Ios 3,10; Ps 77,54; 79,9; Eccli 10,18-20. — **4:** Deut 4,37; 7,7-8; 10,15; Ios 24,12. — **6:** Deut 33,17; Ps 59,14. — **10-22:** Ps 88,39-46. — **11:** Lev 26,17; Deut 28,25. — **12:** Lev 26,33; Deut 4,27; 28,64; Ps 105,27. — **14:** Ps 78,4; 79,7. — **15:** 4 Reg 19,21; Ier 24,9. — **22:** Rom 8,36.

PSALMUS 44 (45)

Carmen nuptiale regis Messiae

1 In finem, pro iis qui commutabuntur. Filiis Core, ad intellectum. Canticum pro dilecto.
2 Eructavit cor meum verbum bonum;
Dico ego opera mea regi.
Lingua mea calamus scribae
Velociter scribentis.
3 Speciosus forma prae filiis hominum,
Diffusa est gratia in labiis tuis;
Propterea benedixit te Deus in aeternum.
4 Accingere gladio tuo super femur tuum, potentissime.
5 Specie tua et pulchritudine tua
Intende, prospere procede, et regna,
Propter veritatem, et mansuetudinem, et iustitiam;
Et deducet te mirabiliter dextera tua.
6 Sagittae tuae acutae,
Populi sub te cadent,
In corda inimicorum regis.
7 Sedes tua, Deus, in saeculum saeculi:
Virga directionis virga regni tui.
8 Dilexisti iustitiam, et odisti iniquitatem;
Propterea unxit te Deus, Deus tuus,
Oleo laetitiae, prae consortibus tuis.
9 Myrrha, et gutta, et casia a vestimentis tuis,
A domibus eburneis; ex quibus delectaverunt te
10 Filiae regum in honore tuo.
Astitit regina a dextris tuis
In vestitu deaurato, circumdata varietate.
11 Audi, filia, et vide, et inclina aurem tuam;
Et obliviscere populum tuum, et domum patris tui.
12 Et concupiscet rex decorem tuum,
Quoniam ipse est Dominus Deus tuus, et adorabunt eum.
13 Et filiae Tyri in muneribus vultum tuum deprecabuntur;
Omnes divites plebis.
14 Omnis gloria eius filiae regis ab intus,
In fimbriis aureis,
15 Circumamicta varietatibus.
Adducentur regi virgines post eam,
Proximae eius afferentur tibi.
16 Afferentur in laetitia et exsultatione,
Adducentur in templum regis.
17 Pro patribus tuis nati sunt tibi filii;
Constitues eos principes super omnem terram.
18 Memores erunt nominis tui in omni generatione et generationem.
Propterea populi confitebuntur tibi in aeternum, et in saeculum saeculi.

1 *Magistro chori. Secundum «Lilia...». Filiorum Core. Maskil. Canticum amoris.*

I. 2 *Effundit cor meum verbum bonum:*
Dico ego carmen meum regi;
Lingua mea stilus est scribae velocis.

II. 3 *Speciosus es forma prae filiis hominum,*
Diffusa est gratia super labia tua:
Propterea benedixit tibi Deus in aeternum.
4 *Cinge gladium tuum super femur, potentissime,*
Decorem tuum et ornatum tuum!
5 *Feliciter evehere pro fide et pro iustitia,*
Et praeclara gesta doceat te dextera tua.
6 *Sagittae tuae acutae, populi tibi subduntur,*
Deficiunt corde inimici regis.
7 *Thronus tuus, Deus, in saeculum saeculi;*
Sceptrum aequitatis sceptrum regni tui.
8 *Diligis iustitiam et odisti iniquitatem:*
Propterea unxit te Deus, Deus tuus,
Oleo laetitiae prae consortibus tuis.
9 *Myrrha et aloe et cassia fragrant vestimenta tua;*
Ex aedibus eburneis fidium sonus laetificat te.
10 *Filiae regum obviam veniunt tibi,*
Regina adstat ad dexteram tuam ornata auro ex Ophir.

III. 11 *Audi filia, et vide, et inclina aurem tuam,*
Et obliviscere populum tuum et domum patris tui.
12 *Et concupiscet rex pulchritudinem tuam:*
Ipse est dominus tuus; obsequere ei.
13 *Et populus Tyri cum muneribus venit;*
Favorem tuum captant proceres plebis.
14 *Tota decora ingreditur filia regis;*
Texturae aureae sunt amictus eius.
15 *Amictu variegato induta adducitur ad regem;*
Virgines post eam, sociae eius, adducuntur ad te.
16 *Afferuntur cum laetitia et exsultatione,*
Ingrediuntur in palatium regis.

IV. 17 *Loco patrum tuorum erunt filii tui;*
Constitues eos principes super totam terram.
18 *Memorabo nomen tuum in omnem generationem et generationem;*
Propterea populi celebrabunt te in saeculum saeculi.

44 **1:** Ps 43,1; 68,1; 79,1. — **2:** Esdr 7,6. — **7:** Ps 92,2; Hebr 1,8. — **8:** Ps 10,8; Is 61,1. — **10:** 3 Reg 2,19. || Epist. Gregorii IX: D 442. — **17:** 1 Petr 2,9; Apoc 1,6.

PSALMUS 45 (46)

Deus praesidium nostrum et robur

1 In finem, filiis Core, pro arcanis. Psalmus.
2 Deus noster refugium et virtus;
Adiutor in tribulationibus quae invenerunt nos nimis.
3 Propterea non timebimus dum turbabitur terra,
Et transferentur montes in cor maris.
4 Sonuerunt, et turbatae sunt aquae eorum;
Conturbati sunt montes in fortitudine eius.
5 Fluminis impetus laetificat civitatem Dei:
Sanctificavit tabernaculum suum Altissimus.
6 Deus in medio eius, non commovebitur;
Adiuvabit eam Deus mane diluculo.
7 Conturbatae sunt gentes, et inclinata sunt regna:
Dedit vocem suam, mota est terra.
8 Dominus virtutum nobiscum;
Susceptor noster Deus Iacob.
9 Venite, et videte opera Domini,
Quae posuit prodigia super terram,
10 Auferens bella usque ad finem terrae.
Arcum conteret, et confringet arma,
Et scuta comburet igni.
11 Vacate, et videte quoniam ego sum Deus:
Exaltabor in gentibus, et exaltabor in terra.
12 Dominus virtutum nobiscum;
Susceptor noster Deus Iacob.

1 *Magistro chori. Filiorum Core. Secundum «Virgines...». Canticum.*
I. 2 *Deus est nobis refugium et robur;*
Adiutorem in angustiis probavit se valde.
3 *Propterea non timemus, dum subvertitur terra,*
Et montes cadunt in medium mare.
4 *Tumultuentur, aestuent aquae eius,*
Concutiantur montes impetu eius;
Dominus exercituum nobiscum;
Praesidium nobis est Deus Iacob.
II. 5 *Fluminis rivuli laetificant civitatem Dei,*
Sanctissimum tabernaculum Altissimi.
6 *Deus est in medio eius, non commovebitur;*
Auxiliabitur ei Deus primo diluculo.
7 *Fremuerunt gentes, commota sunt regna;*
Intonuit voce sua, diffluxit terra:
8 *Dominus exercituum nobiscum;*
Praesidium nobis est Deus Iacob.
III. 9 *Venite, videte opera Domini,*
Quae egit stupenda in terra.
10 *Qui compescit bella usque ad finem terrae,*
Arcus conterit et confringit hastas, et scuta comburit igni.
11 *Desistite et agnoscite me Deum,*
Excelsum in gentibus, excelsum in terra.
12 *Dominus exercituum nobiscum;*
Praesidium nobis est Deus Iacob.

PSALMUS 46 (47)

Deus, rex victor, in thronum ascendit

1 In finem, pro filiis Core. Psalmus.
2 Omnes gentes, plaudite manibus;
Iubilate Deo in voce exsultationis:
3 Quoniam Dominus excelsus, terribilis,
Rex magnus super omnem terram.
4 Subiecit populos nobis,
Et gentes sub pedibus nostris.
5 Elegit nobis haereditatem suam:
Speciem Iacob quam dilexit.
6 Ascendit Deus in iubilo,
Et Dominus in voce tubae.
7 Psallite Deo nostro, psallite;
Psallite regi nostro, psallite;
8 Quoniam rex omnis terrae Deus,
Psallite sapienter.
9 Regnabit Deus super gentes;
Deus sedet super sedem sanctam suam.
10 Principes populorum congregati sunt cum Deo Abraham,
Quoniam dii fortes terrae vehementer elevati sunt.

1 *Magistro chori. Filiorum Core. Psalmus.*
I. 2 *Omnes populi, plaudite manibus,*
Exsultate Deo voce laetitiae,
3 *Quoniam Dominus excelsus, terribilis,*
Rex magnus super omnem terram.
4 *Subicit populos nobis,*
Et nationes pedibus nostris.
5 *Eligit nobis hereditatem nostram,*
Gloriam Iacob, quem diligit.
II. 6 *Ascendit Deus cum exsultatione,*
Dominus cum voce tubae.
7 *Psallite Deo, psallite;*
Psallite regi nostro, psallite.
III. 8 *Quoniam rex omnis terrae est Deus,*
Psallite hymnum.
9 *Deus regnat super nationes,*
Deus sedet super solium sanctum suum.
10 *Principes populorum congregati sunt*
Cum populo Dei Abraham.
Nam Dei sunt proceres terrae:
Excelsus est valde.

45 1: Ps 43,1. — 10: Iudith 16,3; Is 2,4.

46 1: Ps 43,1. — 3: Deut 7,21; Neh 1,5; Mal 1,14. — 4: Ps 17,48. — 5: Is 19,25; 1 Petr 1,3-4. — 6: 2 Sam 6,15; 1 Par 15,28.

PSALMUS 47 (48)

Gloria Dei in liberatione Urbis manifestata

1 Psalmus cantici. Filiis Core, secunda sabbati.
2 Magnus Dominus et laudabilis nimis,
In civitate Dei nostri, in monte sancto eius.
3 Fundatur exsultatione universae terrae mons Sion;
Latera aquilonis, civitas regis magni.
4 Deus in domibus eius cognoscetur.
Cum suscipiet eam.
5 Quoniam ecce reges terrae congregati sunt,
Convenerunt in unum.
6 Ipsi videntes, sic admirati sunt,
Conturbati sunt, commoti sunt.
7 Tremor apprehendit eos;
Ibi dolores ut parturientis:
8 In spiritu vehementi conteres naves Tharsis.
9 Sicut audivimus, sic vidimus.
In civitate Domini virtutum, in civitate Dei nostri.
Deus fundavit eam in aeternum.
10 Suscepimus, Deus, misericordiam tuam
In medio templi tui.
11 Secundum nomen tuum, Deus,
Sic et laus tua in fines terrae.
Iustitia plena est dextera tua.
12 Laetetur mons Sion,
Et exsultent filiae Iudae,
Propter iudicia tua, Domine.
13 Circumdate Sion, et complectimini eam;
Narrate in turribus eius.
14 Ponite corda vestra in virtute eius,
Et distribuite domos eius, ut enarretis in progenie altera.
15 Quoniam hic est Deus,
Deus noster in aeternum, et in saeculum saeculi;
Ipse reget nos in saecula.

1 *Canticum. Psalmus. Filiorum Core.*

I. 2 *Magnus Dominus et laudabilis valde,*
In civitate Dei nostri.
Mons sanctus eius, 3 *collis praeclarus,*
Gaudium est universae terrae;
Mons Sion, aquilo extremus,
Civitas est Regis magni.
4 *Deus in arcibus eius*
Sese probavit munimen tutum.

II. 5 *Ecce enim reges congregati sunt,*
Irruerunt simul.
6 *Vixdum viderant, obstupuerunt,*
Conturbati sunt, diffugerunt.
7 *Tremor invasit eos ibidem,*
Dolor velut parturientis,
8 *Ut cum ventus orientis*
Confringit naves Tharsis.

III. 9 *Sicut audivimus, sic vidimus,*
In civitate Domini exercituum,
In civitate Dei nostri:
Deus confirmat eam in aeternum.
10 *Recolimus, Deus, misericordiam tuam*
Intra templum tuum.
11 *Sicut nomen tuum, Deus, sic et laus tua*
Pertingit ad fines terrae.
Iustitia plena est dextera tua:
12 *Laetetur mons Sion,*
Exsultent civitates Iuda
Propter iudicia tua.

IV. 13 *Perlustrate Sion, et circuite eam,*
Numerate turres eius.
14 *Considerate propugnacula eius,*
Percurrite arces eius,
Ut enarretis generationi futurae:
15 *Tantus est Deus,*
Deus noster in aeternum et semper:
Ipse nos ducet.

PSALMUS 48 (49)

Aenigma prosperitatis iniquorum

1 In finem, filiis Core. Psalmus.

2 Audite haec, omnes gentes;
Auribus percipite, omnes qui habitatis orbem:
3 Quique terrigenae et filii hominum,
Simul in unum dives et pauper.
4 Os meum loquetur sapientiam,
Et meditatio cordis mei prudentiam.
5 Inclinabo in parabolam aurem meam;
Aperiam in psalterio propositionem meam.

1 *Magistro chori. Filiorum Core. Psalmus.*

2 *Audite haec, omnes gentes;*
Auribus percipite omnes qui habitatis orbem,
3 *Humiles natu aeque ac proceres,*
Pari modo dives et pauper.
4 *Os meum loquetur sapientiam,*
Et meditatio cordis mei intellegentiam.
5 *Inclinabo in proverbium aurem meam,*
Pandam ad sonum lyrae aenigma meum.

47 **1:** Ps 43,1. — **2:** Ps 2,6. — **3:** Is 14,13; Lam 2,15. — **5:** 2 Sam 10,6-19. — **9:** Is 2,2. — **15:** Ps 22,1-4.

48 **1:** Ps 43,1. — **5:** Ps 77,2; Mt 13,35. — **8-10:** Ps 88,49. — **11:** Eccl 2,14.16.18.21. **15:** Sap 4,16-5,24. — **16:** Iob 19,25-27; Ps 15,

6 Cur timebo in die mala?
Iniquitas calcanei mei circumdabit me.
7 Qui confidunt in virtute sua,
Et in multitudine divitiarum suarum gloriantur.
8 Frater non redimit, redimet homo:
Non dabit Deo placationem suam,
9 Et pretium redemptionis animae suae.
Et laborabit in aeternum;
10 Et vivet adhuc in finem.
11 Non videbit interitum,
Cum viderit sapientes morientes.
Simul insipiens et stultus peribunt;
Et relinquent alienis divitias suas;
12 Et sepulchra eorum domus illorum in aeternum.
Tabernacula eorum in progenie et progenie;
Vocaverunt nomina sua in terris suis.
13 Et homo, cum in honore esset, non intellexit.
Comparatus est iumentis insipientibus,
Et similis factus est illis.
14 Haec via illorum scandalum ipsis;
Et postea in ore suo complacebunt.
15 Sicut oves in inferno positi sunt:
Mors depascet eos.
Et dominabuntur eorum iusti in matutino;
Et auxilium eorum veterascet in inferno a gloria eorum.
16 Verumtamen Deus redimet animam meam de manu inferi,
Cum acceperit me.
17 Ne timueris cum dives factus fuerit homo,
Et cum multiplicata fuerit gloria domus eius;
18 Quoniam, cum interierit, non sumet omnia,
Neque descendet cum eo gloria eius.
19 Quia anima eius in vita ipsius benedicetur;
Confitebitur tibi cum benefeceris ei.
20 Introibit usque in progenies patrum suorum;
Et usque in aeternum non videbit lumen.
21 Homo, cum in honore esset, non intellexit.
Comparatus est iumentis insipientibus,
Et similis factus est illis.

I. 6 *Quare timeam diebus malis,*
Cum nequitia insidiantium me circumdat,
7 *Qui confidunt opibus suis,*
Et de multitudine divitiarum suarum gloriantur?
8 *Neque enim quisquam liberabit seipsum,*
Non dabit Deo pretium redemptionis suae:
9 *Nimio constat liberatio animae eius neque unquam sufficiet,*
10 *Ut vivat ultra in aeternum nec videat interitum.*
11 *Videbit enim mori sapientes,*
Pariter interire insipientem et stultum,
Relinquere alienis divitias suas.
12 *Sepulcra sunt domus eorum in aeternum,*
Habitacula eorum in progeniem et progeniem,
Quantumvis nominibus suis appellaverint terras.
13 *Homo enim in opulentia non permanebit:*
Similis est pecudibus quae pereunt.

II. 14 *Haec via eorum, qui stulte confidunt,*
Et hic finis eorum, qui sorte sua delectantur.
15 *Sicut oves in inferno ponuntur;*
Mors pascit eos, et iusti dominantur in eos.
Cito figura eorum absumetur,
Infernus erit domus eorum.
16 *Verumtamen Deus liberabit ab inferis animam meam,*
Eo quod me assumet.
17 *Ne timueris, si quis factus sit dives,*
Si creverint opes domus eius:
18 *Neque enim, cum morietur, quidquam tollet secum,*
Neque opes eius cum eo descendent.
19 *Etsi in vita sua benedixit sibi:*
«Praedicabunt te, quod bene fecisti tibi»,
20 *Ibit ad coetum patrum suorum,*
Qui in aeternum non videbunt lumen.
21 *Homo in opulentia vivens neque considerans,*
Similis est pecudibus quae pereunt.

PSALMUS 49 (50)

De recto Dei cultu

1 Psalmus Asaph.

Deus deorum, Dominus, locutus est,
Et vocavit terram a solis ortu usque ad occasum.
2 Ex Sion species decoris eius:

1 *Psalmus. Asaphi.*

I. *Deus Dominus locutus est et vocavit terram*
A solis ortu usque ad occasum.
2 *Ex Sion, plena decore, Deus affulsit:*

10; 29,4; 55,13; 85,13; 102,4; 114,8. — **18:** Eccl 5,12-16; Eccli 11,20. — **19:** Deut 29,19; Lc 12,19.

49 **1:** 1 Par 6,39; 2 Par 29,30; Ps 72,1: 73,1. — **3:** Ex 19,16; Ps 17,8-16. — **4:** Deut 4,26; 31,28. — **5:** Ex 19,6; 24,7-8; Deut

3 Deus manifeste veniet;
Deus noster, et non silebit.
Ignis in conspectu eius exardescet;
Et in circuitu eius tempestas valida.
4 Advocabit caelum desursum, et terram,
Discernere populum suum.
5 Congregate illi sanctos eius,
Qui ordinant testamentum eius super sacrificia.
6 Et annuntiabunt caeli iustitiam eius,
Quoniam Deus iudex est.
7 Audi, populus meus, et loquar
Israel, et testificabor tibi.
Deus, Deus tuus ego sum.
8 Non in sacrificiis tuis arguam te;
Holocausta autem tua in conspectu meo sunt semper.
9 Non accipiam de domo tua vitulos,
Neque de gregibus tuis hircos;
10 Quoniam meae sunt omnes ferae silvarum,
Iumenta in montibus, et boves.
11 Cognovi omnia volatilia caeli;
Et pulchritudo agri mecum est.
12 Si esuriero, non dicam tibi:
Meus est enim orbis terrae, et plenitudo eius.
13 Numquid manducabo carnes taurorum?
Aut sanguinem hircorum potabo?
14 Immola Deo sacrificium laudis,
Et redde Altissimo vota tua.
15 Et invoca me in die tribulationis;
Eruam te, et honorificabis me.
16 Peccatori autem dixit Deus: Quare tu enarras iustitias meas?
Et assumis testamentum meum per os tuum?
17 Tu vero odisti disciplinam,
Et proiecisti sermones meos retrorsum.
18 Si videbas furem, currebas cum eo;
Et cum adulteris portionem tuam ponebas.
19 Os tuum abundavit malitia,
Et lingua tua concinnabat dolos.
20 Sedens, adversus fratrem tuum loquebaris,
Et adversus filium matris tuae ponebas scandalum.
21 Haec fecisti, et tacui.
Existimasti inique quod ero tui similis:
Arguam te, et statuam contra faciem tuam.
22 Intelligite haec, qui obliviscimini Deum;
Nequando rapiat, et non sit qui eripiat.
23 Sacrificium laudis honorificabit me;
Et illic iter quo ostendam illi salutare Dei.

3 *Advenit Deus noster nec silet.*
Ignis consumens praecedit eum,
Et circa eum tempestas furit.
4 *Vocat caelos desursum et terram,*
Iudicaturus populum suum:
5 *«Congregate mihi sanctos meos,*
Qui pepigerunt foedus meum cum sacrificio».
6 *Et caeli annuntiant iustitiam eius,*
Quoniam Deus ipse est iudex.

II. 7 *«Audi, popule meus, et loquar,*
Israel, et testabor contra te:
Deus, Deus tuus sum ego.
8 *Non de sacrificiis tuis te reprehendo,*
Nam holocausta tua coram me sunt semper.
9 *Non accipiam de domo tua vitulum,*
Neque de gregibus tuis hircos:
10 *Nam meae sunt omnes ferae silvarum,*
Bestiarum milia in montibus meis.
11 *Novi omnia volatilia caeli,*
Et quod in agro movetur, notum est mihi.
12 *Si esuriero, non dicam tibi:*
Meus enim est orbis et quod eum replet.
13 *Num comedam carnes taurorum,*
Aut sanguinem hircorum bibam?
14 *Immola Deo sacrificium laudis,*
Et redde Altissimo vota tua.
15 *Et invoca me die angustiae:*
Liberabo te, et honorabis me.»

III. 16 *Peccatori autem dicit Deus:*
«Quare tu enarras praecepta mea,
Et habes in ore tuo foedus meum?
17 *Tu, qui odisti disciplinam*
Et proiecisti verba mea post te?
18 *Cum videbas furem, currebas cum eo,*
Et cum adulteris pars tua erat.
19 *Os tuum laxabas ad malum,*
Et lingua tua concinnabat dolos.
20 *Sedens, adversus fratrem tuum loquebaris,*
Filium matris tuae afficiebas opprobrio.
21 *Haec fecisti, et ego tacebo?*
Existimasti me esse similem tui?
Arguam te, et pandam ea ante oculos tuos.

IV. 22 *Intellegite haec, immemores Dei,*
Ne rapiam nec sit qui salvos reddat.
23 *Qui immolat sacrificium laudis, honorat me,*
Et qui ambulat recte, illi ostendam salutem Dei».

7,6. — **7:** Ex 20,2. — **8-9:** Ps 39,7; 50,18. — **12:** Ps 23,1. — **14:** Iob 22,27; Ps 60,9; 68,31-32; Os 14,3; Eccl 5,3-4; Hebr 13,15. || Enc. Pii XI: D 2276.

PSALMUS 50 (51)

Peccatoris paenitentis confessio, promissio, preces

1 In finem. Psalmus David, 2 cum venit ad eum Nathan propheta, quando intravit ad Bethsabee.

3 Miserere mei, Deus, secundum magnam misericordiam tuam;
Et secundum multitudinem miserationum tuarum, dele iniquitatem meam.
4 Amplius lava me ab iniquitate mea,
Et a peccato meo munda me.
5 Quoniam iniquitatem meam ego cognosco,
Et peccatum meum contra me est semper.
6 Tibi soli peccavi, et malum coram te feci;
Ut iustificeris in sermonibus tuis,
Et vincas cum iudicaris.
7 Ecce enim in iniquitatibus conceptus sum,
Et in peccatis concepit me mater mea.
8 Ecce enim veritatem dilexisti;
Incerta et occulta sapientiae tuae manifestasti mihi.
9 Asperges me hyssopo, et mundabor;
Lavabis me, et super nivem dealbabor.
10 Auditui meo dabis gaudium et laetitiam,
Et exsultabunt ossa humiliata.
11 Averte faciem tuam a peccatis meis,
Et omnes iniquitates meas dele.
12 Cor mundum crea in me, Deus,
Et spiritum rectum innova in visceribus meis.
13 Ne proiicias me a facie tua,
Et spiritum sanctum tuum ne auferas a me.
14 Redde mihi laetitiam salutaris tui,
Et spiritu principali confirma me.
15 Docebo iniquos vias tuas,
Et impii ad te convertentur.
16 Libera me de sanguinibus, Deus, Deus salutis meae,
Et exsultabit lingua mea iustitiam tuam.
17 Domine, labia mea aperies,
Et os meum annuntiabit laudem tuam.
18 Quoniam si voluisses sacrificium, dedissem utique;
Holocaustis non delectaberis.
19 Sacrificium Deo spiritus contribulatus;
Cor contritum et humiliatum, Deus, non despicies.
20 Benigne fac, Domine, in bona voluntate tua Sion,
Ut aedificentur muri Ierusalem.
21 Tunc acceptabis sacrificium iustitiae, oblationes et holocausta;
Tunc imponent super altare tuum vitulos.

1 Magistro chori. Psalmus. Davidis, 2 cum venit ad eum Nathan propheta, postquam cum Bethsabee peccavit.

A

3 Miserere mei, Deus, secundum misericordiam tuam;
Secundum multitudinem miserationum tuarum dele iniquitatem meam.
4 Penitus lava me a culpa mea,
Et a peccato meo munda me.

B

I. *5 Nam iniquitatem meam ego agnosco,*
Et peccatum meum coram me est semper.
6 Tibi soli peccavi
Et, quod malum est coram te, feci,
Ut manifesteris iustus in sententia tua,
Rectus in iudicio tuo.
7 Ecce, in culpa natus sum,
Et in peccato concepit me mater mea.
8 Ecce, sinceritate cordis delectaris,
Et in praecordiis sapientiam me doces.
II. *9 Asperge me hyssopo, et mundabor;*
Lava me, et super nivem dealbabor.
10 Fac me audire gaudium et laetitiam,
Exsultent ossa quae contrivisti.
11 Averte faciem tuam a peccatis meis,
Et omnes culpas meas dele.
III. *12 Cor mundum crea mihi, Deus,*
Et spiritum firmum renova in me.
13 Ne proieceris me a facie tua,
Et spiritum sanctum tuum ne abstuleris a me.
14 Redde mihi laetitiam salutis tuae,
Et spiritu generoso confirma me.
IV. *15 Docebo iniquos vias tuas,*
Et peccatores ad te convertentur.
16 Libera me a poena sanguinis, Deus, Deus salvator meus:
Exsultet lingua mea de iustitia tua.
17 Domine, labia mea aperies,
Et os meum annuntiabit laudem tuam.
18 Neque enim sacrificio delectaris;
Et holocaustum, si darem, non acceptares.
19 Sacrificium meum, Deus, spiritus contritus,
Cor contritum et humiliatum, Deus, non despicies.

C

20 Benigne fac, Domine, pro bonitate tua, erga Sion,
Ut reaedifices muros Ierusalem.
21 Tunc acceptabis sacrificia legitima, oblationes et holocausta,
Tunc offerent super altare tuum vitulos.

50 **2:** 2 Sam 12,1. — **3:** Ps 24,6-7; Is 43,25. — **5:** Ps 31,5. — **6:** Rom 3,4. ‖ Conc. Trid.: D 897. — **7:** Iob 14,4; 15,14; Rom 5,12.19; Eph 2,3. — **9:** Ex 12,22; Lev 14,4-6; Num 19,18. — **12:** Eccli 6,37; Ez 11,19; 36,26; Eph 4,23-24. — **18:** 1 Sam 15,22; Ps 39,7; 49,8-9. — **19:** Ps 33,19. ‖ Conc. Trid.: D 807. — **20:** Ps 68,36; 146,2. — **21:** Ps 4,6.

PSALMUS 51 (52)

Contra calumniatorem praepotentem

1 In finem. Intellectus David, 2 cum venit Doeg Idumaeus, et nuntiavit Sauli: Venit David in domum Achimelech.

3 Quid gloriaris in malitia,
Qui potens es in iniquitate?
4 Tota die iniustitiam cogitavit lingua tua;
Sicut novacula acuta fecisti dolum.
5 Dilexisti malitiam super benignitatem;
Iniquitatem magis quam loqui aequitatem.
6 Dilexisti omnia verba praecipitationis, lingua dolosa.
7 Propterea Deus destruet te in finem;
Evellet te, et emigrabit te de tabernaculo tuo,
Et radicem tuam de terra viventium.
8 Videbunt iusti, et timebunt;
Et super eum ridebunt, et dicent:
9 Ecce homo qui non posuit Deum adiutorem suum;
Sed speravit in multitudine divitiarum suarum,
Et praevaluit in vanitate sua.
10 Ego autem, sicut oliva fructifera in domo Dei;
Speravi in misericordia Dei, in aeternum et in saeculum saeculi.
11 Confitebor tibi in saeculum, quia fecisti;
Et exspectabo nomen tuum,
Quoniam bonum est in conspectu sanctorum tuorum.

1 Magistri chori. Maskil. Davidis, 2 postquam Doeg Edomita ad Saul venit eique narravit dicens: David intravit in domum Abimelech.

I. *3 Quid gloriaris in malitia,*
Praepotens infamis?
Omni tempore 4 meditaris perniciem,
Lingua tua est velut novacula acuta, patrator doli.
5 Diligis malum magis quam bonum,
Mendacium magis quam loqui iusta.
6 Diligis omnes sermones perniciosos,
Lingua dolosa!
II. *7 Ideo Deus destruet te,*
In sempiternum te removebit,
Extrahet te de tentorio
Et eradicabit te de terra viventium.
III. *8 Videbunt iusti et timebunt*
Et de illo ridebunt:
9 «Ecce homo qui non statuit
Deum praesidium suum,
Sed speravit in multitudine divitiarum suarum,
Invaluit sceleribus suis».
10 Ego autem sicut oliva virens in domo Dei;
Confido in misericordia Dei in sempiternum.
11 Celebrabo te in saeculum, quia egisti,
Et praedicabo nomen tuum,
Quia bonum est, in conspectu sanctorum tuorum.

PSALMUS 52 (53)

Corruptio omnium eorumque castigatio

1 In finem, pro Maëleth intelligentiae. David.

Dixit insipiens in corde suo: Non est Deus.
2 Corrupti sunt, et abominabiles facti sunt in iniquitatibus;
Non est qui faciat bonum.
3 Deus de caelo prospexit super filios hominum,
Ut videat si est intelligens, aut requirens Deum.
4 Omnes declinaverunt, simul inutiles facti sunt;
Non est qui faciat bonum, non est usque ad unum.
5 Nonne scient omnes qui operantur iniquitatem,

1 Magistro chori. Secundum «Mahalat». Maskil. Davidis.

I. *2 Dicit insipiens in corde suo:*
«Non est Deus».
Corrupti sunt, abominanda egerunt;
Non est, qui faciat bonum.
3 Deus de caelo prospicit super filios hominum,
Ut videat, num sit qui intellegat et quaerat Deum.
4 Omnes simul aberraverunt, depravati sunt;
Non est qui faciat bonum, non est nec unus.
II. *5 Nonne resipiscent, qui faciunt iniquitatem,*
Qui devorant populum meum, sicut comedunt panem,

51 1: Ps 31,1. — 2: 1 Sam 22,9-18. — 4-6: Ps 49,19; Ier 9,4-5. — 7: Iob 18,17-18; Prov 2,22. — 9: Ps 48,7. — 11: Ps 49,5; 53,8.

52 1: Ps 87,1. — 1-7: Ps 13,1-7. — 4: Rom 3,12.

Qui devorant plebem meam ut cibum panis?
6 Deum non invocaverunt;
Illic trepidaverunt timore, ubi non erat timor.
Quoniam Deus dissipavit ossa eorum qui hominibus placent:
Confusi sunt, quoniam Deus sprevit eos.
7 Quis dabit ex Sion salutare Israel?
Cum converterit Deus captivitatem plebis suae,
Exsultabit Iacob, et laetabitur Israel.

Non invocant Deum?
6 Ibi trepidaverunt timore,
Ubi non erat timor,
Quoniam Deus dissipavit ossa eorum, qui te obsidebant;
Confusi sunt, quoniam Deus abiecit eos.

III. *7 Utinam veniat ex Sion salus Israel!*
Cum verterit Deus sortem populi sui,
Exsultabit Iacob, laetabitur Israel.

PSALMUS 53 (54)

Imploratio auxilii divini contra inimicos

1 In finem, in carminibus. Intellectus David, 2 cum venissent Ziphaei, et dixissent ad Saul: Nonne David absconditus est apud nos?
3 Deus, in nomine tuo salvum me fac,
Et in virtute tua iudica me.
4 Deus, exaudi orationem meam;
Auribus percipe verba oris mei.
5 Quoniam alieni insurrexerunt adversum me,
Et fortes quaesierunt animam meam.
Et non proposuerunt Deum ante conspectum suum.
6 Ecce enim Deus adiuvat me,
Et Dominus susceptor est animae meae.
7 Averte mala inimicis meis;
Et in veritate tua disperde illos.
8 Voluntarie sacrificabo tibi,
Et confitebor nomini tuo, Domine, quoniam bonum est.
9 Quoniam ex omni tribulatione eripuisti me,
Et super inimicos meos despexit oculus meus.

1 Magistro chori. Fidibus. Maskil. Davidis, 2 postquam Ziphaei ad Saul venerunt dicentes: «Ecce, David apud nos abditus latet».

I. *3 Deus, in nomine tuo salvum me fac,*
Et virtute tua age causam meam.
4 Deus, audi orationem meam;
Auribus percipe verba oris mei.
5 Nam superbi insurrexerunt contra me,
Et violenti quaesierunt vitam meam;
Non proposuerunt Deum ante oculos suos.

II. *6 Ecce, Deus adiuvat me,*
Dominus sustentat vitam meam.
7 Retorque malum in adversarios meos,
Et pro fidelitate tua destrue illos.
8 Voluntarie sacrificabo tibi,
Celebrabo nomen tuum, Domine, quia bonum est.
9 Nam ex omni tribulatione eripuit me,
Et inimicos meos confusos vidit oculus meus.

PSALMUS 54 (55)

Contra inimicos et perfidum amicum

1 In finem, in carminibus. Intellectus David.

2 Exaudi, Deus, orationem meam,
Et ne despexeris deprecationem meam;
3 Intende mihi, et exaudi me.
Contristatus sum in exercitatione mea;
Et conturbatus sum
4 A voce inimici, et a tribulatione peccatoris.
Quoniam declinaverunt in me iniquitates,
Et in ira molesti erant mihi.
5 Cor meum conturbatum est in me,
Et formido mortis cecidit super me.
6 Timor et tremor venerunt super me,

1 Magistro chori. Fidibus. Maskil. Davidis.

I. *2 Auribus percipe, Deus, orationem meam,*
Nec te subtraxeris supplicationi meae,
3 Attende mihi et exaudi me.
Agitor in angore meo,
Et conturbor 4 propter vocem inimici,
Ob clamorem peccatoris.
Quoniam inferunt mihi mala
Et in ira me infestant.
5 Cor meum conturbatur in me,
Et pavor mortis cadit super me.
6 Timor et tremor veniunt super me,

53 1: Ps 51,1. — 2: 1 Sam 23,19; 26,1. — 5: Ps 85,14. — 7: Ps 142,12. — 8: Ps 51,11.

54 1: Ps 53,1. — 13-15: Ps 40,10. — 16: Num 16,30-33. — 23: Ps 36,5; Mt 6, 25; Lc 12,22; 1 Petr 5,7.

Et contexerunt me tenebrae.
7 Et dixi: Quis dabit mihi pennas sicut columbae,
Et volabo, et requiescam?
8 Ecce elongavi fugiens;
Et mansi in solitudine.
9 Exspectabam eum qui salvum me fecit
A pusillanimitate spiritus, et tempestate.
10 Praecipita, Domine, divide linguas eorum;
Quoniam vidi iniquitatem et contradictionem in civitate.
11 Die ac nocte circumdabit eam super muros eius iniquitas;
Et labor in medio eius,
12 Et iniustitia.
Et non defecit de plateis eius usura et dolus.
13 Quoniam si inimicus meus maledixisset mihi,
Sustinuissem utique.
Et si is qui oderat me super me magna locutus fuisset,
Abscondissem me forsitan ab eo.
14 Tu vero homo unanimis,
Dux meus, et notus meus;
15 Qui simul mecum dulces capiebas cibos,
In domo Dei ambulavimus cum consensu.
16 Veniat mors super illos,
Et descendant in infernum viventes,
Quoniam nequitiae in habitaculis eorum, in medio eorum.
17 Ego autem ad Deum clamavi,
Et Dominus salvabit me.
18 Vespere, et mane, et meridie, narrabo, et annuntiabo;
Et exaudiet vocem meam.
19 Redimet in pace animam meam ab his qui appropinquant mihi;
Quoniam inter multos erant mecum.
20 Exaudiet Deus,
Et humiliabit illos, qui est ante saecula.
Non enim est illis commutatio,
Et non timuerunt Deum.
21 Extendit manum suam in retribuendo;
Contaminaverunt testamentum eius;
22 Divisi sunt ab ira vultus eius;
Et appropinquavit cor illius.
Molliti sunt sermones eius super oleum;
Et ipsi sunt iacula.
23 Iacta super Dominum curam tuam, et ipse te enutriet;
Non dabit in aeternum fluctuationem iusto.
24 Tu vero, Deus, deduces eos in puteum interitus.
Viri sanguinum et dolosi non dimidiabunt dies suos;
Ego autem sperabo in te, Domine.

Et operit me horror.
7 *Et dico: o si haberem pennas sicut columba,*
Avolarem et quiescerem;
8 *Ecce, longe discederem,*
Manerem in deserto.
9 *Quaererem cito perfugium mihi*
A turbine et procella.

II. 10 *Dissipa, Domine, divide linguas eorum;*
Nam video violentiam et discordiam in civitate:
11 *Die ac nocte circumeunt eam super muros eius,*
Et iniquitas et oppressio sunt in medio eius.
12 *Insidiae sunt in medio eius,*
Et de plateis eius non recedunt iniuria et dolus.
13 *Si inimicus exprobrasset mihi,*
Sustinuissem utique;
Si is, qui odit me, contra me insurrexisset,
Abscondissem me ab eo.
14 *Sed eras tu, sodalis meus,*
Amicus et familiaris meus,
15 *Quocum dulce habui consortium,*
In domo Dei ambulavimus in coetu festivo.

III. 16 *Irruat mors super illos,*
Viventes ad inferos descendant,
Quoniam nequitiae in habitationibus eorum, in medio eorum!
17 *Ego autem ad Deum clamabo,*
Et Dominus salvabit me.
18 *Vespere et mane et meridie lamentabor et gemam,*
Et audiet vocem meam.
19 *Redimet in pacem animam meam ab iis qui me infestant:*
Nam multi sunt contra me.
20 *Audiet Deus, deprimetque eos, qui regnat ab aeterno;*
Neque enim mutantur nec timent Deum:
21 *Extendit suas quisque manus contra familiares suos,*
Violat pactum suum.
22 *Blandior butyro est facies eius,*
Sed cor eius pugnax.
Molliores oleo sunt sermones eius,
Sed sunt gladii stricti.
23 *Proiice super Dominum curam tuam,*
Et ipse te sustentabit:
Non sinet in perpetuum vacillare iustum.
24 *Et tu, Deus, deduces eos*
In puteum interitus;
Viri sanguinum et dolosi non complebunt dimidium dierum suorum,
Ego autem spero in te, Domine.

PSALMUS 55 (56)

Hominis oppressi in Deo fiducia

1 In finem, pro populo qui a sanctis longe factus est. David in tituli inscriptionem, cum tenuerunt eum Allophyli in Geth.

2 Miserere mei, Deus, quoniam conculcavit me homo;
Tota die impugnans, tribulavit me.
3 Conculcaverunt me inimici mei tota die;
Quoniam multi bellantes adversum me.
4 Ab altitudine diei timebo:
Ego vero in te sperabo.
5 In Deo laudabo sermones meos;
In Deo speravi;
Non timebo quid faciat mihi caro.
6 Tota die verba mea execrabantur;
Adversum me omnes cogitationes eorum in malum.
7 Inhabitabunt, et abscondent;
Ipsi calcaneum meum observabunt.
Sicut sustinuerunt animam meam,
8 Pro nihilo salvos facies illos;
In ira populos confringes.
9 Deus, vitam meam annuntiavi tibi;
Posuisti lacrymas meas in conspectu tuo,
Sicut et in promissione tua;
10 Tunc convertentur inimici mei retrorsum:
In quacumque die invocavero te,
Ecce cognovi quoniam Deus meus es.
11 In Deo laudabo verbum;
In Domino laudabo sermonem.
In Deo speravi:
Non timebo quid faciat mihi homo.
12 In me sunt, Deus, vota tua,
Quae reddam, laudationes tibi:
13 Quoniam eripuisti animam meam de morte,
Et pedes meos de lapsu,
Ut placeam coram Deo in lumine viventium.

1 *Magistro chori. Secundum* «Yonat elem rehoqim». *Davidis. Miktam. Cum Philistaei eum tenerent in Gath.*

I. 2 *Miserere mei, Deus, nam conculcat me homo,*
Perpetuo pugnans opprimit me.
3 *Conculcant me inimici mei perpetuo,*
Quoniam multi pugnant adversum me.
Altissime, 4 *quo die invadet me timor,*
Ego in te confidam.
5 *In Deo, cuius celebro promissum,*
In Deo confido, non timebo:
Quid faciet mihi caro?

II. 6 *Toto die obtrectant mihi,*
Adversum me sunt omnes cogitationes eorum, ad malum.
7 *Conveniunt, insidiantur,*
Vestigia mea observant, quaerentes vitam meam.
8 *Pro iniquitate repende illis,*
In ira populos prosterne, Deus.
9 *Exsilii mei vias tu notasti;*
Reconditae sunt lacrimae meae in utre tuo:
Nonne consignatae in libro tuo?
10 *Tunc recedent inimici mei retrorsum,*
Quandocumque invocavero te;
Hoc probe scio Deum esse pro me.
11 *In Deo, cuius celebro promissum,*
12 *In Deo confido, non timebo:*
Quid faciet mihi homo?

III. 13 *Teneor votis, Deus, quae feci tibi,*
Persolvam tibi sacrificia laudis,
14 *Quoniam eripuisti vitam meam de morte,*
Et pedes meos de lapsu,
Ut ambulem coram Deo in lumine viventium.

PSALMUS 56 (57)

In media persecutione fiducia plenus

1 In finem, ne disperdas. David in tituli inscriptionem, cum fugeret a facie Saul in speluncam.

2 Miserere mei, Deus, miserere mei,
Quoniam in te confidit anima mea.
Et in umbra alarum tuarum sperabo,
Donec transeat iniquitas.
3 Clamabo ad Deum altissimum,
Deum qui benefecit mihi.
4 Misit de caelo, et liberavit me;

1 *Magistro chori. Secundum* «*Ne destruxeris*». *Davidis. Miktam. Quando a Saul in cavernam fugit.*

I. 2 *Miserere mei, Deus, miserere mei,*
Quia ad te confugit anima mea,
Et in umbram alarum tuarum confugio,
Donec transeat calamitas.
3 *Clamo ad Deum altissimum,*
Ad Deum qui bene facit mihi.
4 *Mittat de caelo et salvet me,*

55 **1:** 1 Sam 21,10-12; Ps 15,1; 50,1 — **5:** Ps 26,1; 117,6. — **13:** Ps 48,16; 114,8-9.

56 **1:** 1 Sam 22,1; 24,4; Ps 57,1; 141,1. — **4:** Ps 143,5-7. — **7:** Ps 9,16. — **8-12:** Ps 107,2-6. — **10:** Ps 35,6.

Dedit in opprobrium conculcantes me.
Misit Deus misericordiam suam et veritatem suam,
5 Et eripuit animam meam de medio catulorum leonum;
Dormivi conturbatus.
Filii hominum dentes eorum arma et sagittae,
Et lingua eorum gladius acutus.
6 Exaltare super caelos, Deus,
Et in omnem terram gloria tua.
7 Laqueum paraverunt pedibus meis,
Et incurvaverunt animam meam.
Foderunt ante faciem meam foveam,
Et inciderunt in eam.
8 Paratum cor meum, Deus, paratum cor meum;
Cantabo, et psalmum dicam.
9 Exsurge, gloria mea;
Exsurge, psalterium et cithara;
Exsurgam diluculo.
10 Confitebor tibi in populis, Domine,
Et psalmum dicam tibi in gentibus;
11 Quoniam magnificata est usque ad caelos misericordia tua,
Et usque ad nubes veritas tua.
12 Exaltare super caelos, Deus,
Et super omnem terram gloria tua.

Opprobriis afficiat eos qui me persequuntur;
Mittat Deus gratiam suam et fidelitatem.
5 *In medio leonum decumbo,*
Qui avide devorant filios hominum.
Dentes eorum sunt lanceae et sagittae,
Et lingua eorum gladius acutus.
6 *Excelsus appare super caelos, Deus;*
Super omnem terram sit gloria tua.

II. 7 *Rete paraverunt gressibus meis:*
Depresserunt animam meam;
Foderunt ante me fossam:
Cadant in eam.
8 *Firmum est cor meum, Deus, firmum cor meum;*
Cantabo et psallam.
9 *Evigila, anima mea; evigilate, psalterium et cithara!*
Excitabo auroram.
10 *Laudabo te in populis, Domine;*
Psallam tibi in nationibus,
11 *Quoniam magna est usque ad caelum misericordia tua,*
Et usque ad nubes fidelitas tua.
12 *Excelsus appare super caelos, Deus;*
Super omnem terram sit gloria tua!

PSALMUS 57 (58)

Iniustorum iudicum increpatio

1 In finem, ne disperdas. David in tituli inscriptionem.

2 Si vere utique iustitiam loquimini,
Recta iudicate, filii hominum.
3 Etenim in corde iniquitates operamini;
In terra iniustitias manus vestrae concinnant.
4 Alienati sunt peccatores a vulva;
Erraverunt ab utero, locuti sunt falsa.
5 Furor illis secundum similitudinem serpentis,
Sicut aspidis surdae et obturantis aures suas,
6 Quae non exaudiet vocem incantantium,
Et venefici incantantis sapienter.
7 Deus conteret dentes eorum in ore ipsorum;
Molas leonum confringet Dominus.
8 Ad nihilum devenient tanquam aqua decurrens;
Intendit arcum suum donec infirmentur.
9 Sicut cera quae fluit auferentur;
Supercecidit ignis, et non viderunt solem.
10 Priusquam intelligerent spinae vestrae rhamnum,
Sicut viventes sic in ira absorbet eos.
11 Laetabitur iustus cum viderit vindictam;

1 *Magistro chori. Secundum «Ne destruxeris». Davidis. Miktam.*

I. 2 *Num vere dicitis ius, potentes?*
Num iudicatis recte, filii hominum?
3 *Immo in corde iniquitates patratis,*
In terra iniustitias dispensant manus vestrae.
4 *Deviaverunt impii inde a sinu matris,*
Inde ab utero erraverunt, qui mendacium dicunt.
5 *Venenum est illis simile veneno serpentis,*
Veneno aspidis surdae, quae aures suas obturat,
6 *Ne audiat vocem fascinatorum,*
Incantatoris incantantis perite.

II. 7 *Deus, contere dentes eorum in ore ipsorum;*
Molares leonum confringe, Domine.
8 *Dissolvantur quasi aquae, quae defluunt;*
Si dirigunt sagittas suas, sint velut obtusae.
9 *Transeant sicut limax, quae diffluit,*
Quasi fetus abortivus mulieris, qui solem non vidit.
10 *Priusquam ollae vestrae senserint veprem,*
Dum est viridis, aestus turbinis abripiat eum.

57 1: Ps 15,1; 56,1. — 5: Ps 139,4. — 11: Ps 67,24; Is 63,3.

Manus suas lavabit in sanguine peccatoris.
12 Et dicet homo: Si utique est fructus iusto,
Utique est Deus iudicans eos in terra.

11 *Laetabitur iustus, cum viderit vindictam,*
Pedes suos lavabit in sanguine iniqui.
12 *Et dicent homines: Utique est fructus iusto,*
Utique est Deus, iudicans in terra.

PSALMUS 58 (59)

Contra inimicos rapaces et sanguinolentos

1 In finem, ne disperdas. David in tituli inscriptionem, quando misit Saul, et custodivit domum eius, ut eum interficeret.
2 Eripe me de inimicis meis, Deus meus,
Et ab insurgentibus in me libera me.
3 Eripe me de operantibus iniquitatem,
Et de viris sanguinum salva me.
4 Quia ecce ceperunt animam meam;
Irruerunt in me fortes.
5 Neque iniquitas mea, neque peccatum meum, Domine;
Sine iniquitate cucurri, et direxi.
6 Exsurge in occursum meum, et vide.
Et tu, Domine, Deus virtutum, Deus Israel,
Intende ad visitandas omnes gentes;
Non miserearis omnibus qui operantur iniquitatem.
7 Convertentur ad vesperam, et famem patientur ut canes;
Et circuibunt civitatem.
8 Ecce loquentur in ore suo,
Et gladius in labiis eorum: quoniam quis audivit?
9 Et tu, Domine, deridebis eos;
Ad nihilum deduces omnes gentes.
10 Fortitudinem meam ad te custodiam,
Quia, Deus, susceptor meus es.
11 Deus meus, misericordia eius praeveniet me.
12 Deus ostendet mihi super inimicos meos;
Ne occidas eos, nequando obliviscantur populi mei.
Disperge illos in virtute tua,
Et depone eos, protector meus, Domine;
13 Delictum oris eorum, sermonem labiorum ipsorum;
Et comprehendantur in superbia sua.
Et de execratione et mendacio annuntiabuntur,
14 In consummatione, in ira consummationis; et non erunt.
Et scient quia Deus dominabitur Iacob, et finium terrae.
15 Convertentur ad vesperam, et famem patientur ut canes;
Et circuibunt civitatem.
16 Ipsi dispergentur ad manducandum;
Si vero non fuerint saturati, et murmurabunt.
17 Ego autem cantabo fortitudinem tuam,

1 *Magistro chori. Secundum «Ne destruxeris». Davidis. Miktam. Quando Saul viros misit qui domum observarent, ut eum occiderent.*

I. 2 *Eripe me de inimicis meis, Deus meus,*
Ab insurgentibus contra me tuere me.
3 *Eripe me de patrantibus iniquitatem,*
Et a viris sanguinum salva me.
4 *Ecce enim insidiantur vitae meae.*
Conspirant contra me potentes.
Non est crimen in me nec peccatum, Domine:
5 *Sine culpa mea procurrunt et aggrediuntur.*
Evigila, occurre mihi, et vide;
6 *Nam tu, Domine exercituum, Deus Israel es.*
Expergiscere, castiga omnes gentes,
Noli misereri omnium perfidorum.
7 *Revertuntur vespere, latrant ut canes*
Et percurrunt civitatem;
8 *Ecce se iactant ore suo; contumeliae sunt in labiis eorum:*
«Quis enim audit?»
9 *Sed tu, Domine, irrides eos,*
Ludibrio habes omnes gentes.
10 *Robur meum, ad te attendam,*
Quia tu, Deus, praesidium meum es,
11 *Deus meus, misericordia mea.*

II. *Subveniat mihi Deus,*
Faciat ut delecter de hostibus meis.
12 *Deus, occide eos, ne offensae sint populo meo,*
Conturba eos robore tuo et prosterne eos,
Clipeus noster, Domine.
13 *Peccatum oris eorum est sermo labiorum eorum,*
Et capiantur superbia sua et maledictis et mendaciis quae dicunt.
14 *Perde eos in ira, perde, ut iam non sint;*
Ut sciatur Deum regnare in Iacob et usque ad fines terrae.
15 *Revertuntur vespere, latrant ut canes,*
Et percurrunt civitatem;
16 *Vagantur cibum quaerentes;*
Si satiati non sunt, ululatum edunt.
17 *Ego autem cantabo potentiam tuam,*

58 **1:** 1 Sam 19,11; Ps 57,1. — **5:** Ps 7,4-5.9. — **8:** Ps 10,11; 56,5. — **9:** Ps 2,4. — **11:** Ps 20,4. ‖ Conc. Arausic. II: D 187; Epist. Bonif. II: D 200. — **14:** Ps 82,19.

Et exsultabo mane misericordiam tuam;
Quia factus es susceptor meus,
Et refugium meum in die tribulationis meae.
18 Adiutor meus, tibi psallam,
Quia Deus susceptor meus es;
Deus meus, misericordia mea.

Et exsultabo mane de misericordia tua,
Quia factus es praesidium mihi,
Et refugium die angustiae meae.
18 *Robur meum, tibi psallam,*
Quia, Deus, praesidium meum es,
Deus meus, misericordia mea.

PSALMUS 59 (60)

Lamentatio, fiducia, preces post cladem populi

1 In finem. Pro his qui immutabuntur, in tituli inscriptionem ipsi David, in doctrinam, 2 cum succendit Mesopotamiam Syriae, et Sobal, et convertit Ioab, et percussit Idumaeam in valle Salinarum duodecim millia.

3 Deus, repulisti nos, et destruxisti nos;
Iratus es, et misertus es nobis.
4 Commovisti terram, et conturbasti eam;
Sana contritiones eius, quia commota est.
5 Ostendisti populo tuo dura;
Potasti nos vino compunctionis.
6 Dedisti metuentibus te significationem,
Ut fugiant a facie arcus;
Ut liberentur dilecti tui,
7 Salvum fac dextera tua, et exaudi me.
8 Deus locutus est in sancto suo:
Laetabor, et partibor Sichimam;
Et convallem tabernaculorum metibor.
9 Meus est Galaad, et meus est Manasses;
Et Ephraim fortitudo capitis mei.
Iuda rex meus;
10 Moab olla spei meae.
In Idumaeam extendam calceamentum meum:
Mihi alienigenae subditi sunt.
11 Quis deducet me in civitatem munitam?
Quis deducet me usque in Idumaeam?
12 Nonne tu, Deus, qui repulisti nos?
Et non egredieris, Deus, in virtutibus nostris?
13 Da nobis auxilium de tribulatione,
Quia vana salus hominis.
14 In Deo faciemus virtutem;
Et ipse ad nihilum deducet tribulantes nos.

1 *Magistro chori. Secundum «Lilium legis». Miktam. Davidis. Ad docendum.* 2 *Quando contra Aram Naharaim et contra Aram Soba egressus est, et quando Ioab reversus devicit Edom in valle salis:* 12.000 *(hominum).*

I. 3 *Deus, reppulisti nos, perfregisti acies nostras,*
Iratus es: restitue nos.
4 *Concussisti terram, scidisti eam;*
Sana rupturas eius: nam vacillat.
5 *Imposuisti populo tuo dura;*
Potasti nos vino inebrianti.
6 *Statuisti timentibus te vexillum,*
Ut fugerent ab arcu;
7 *Ut liberentur dilecti tui,*
Adiuva dextera tua, et exaudi nos.

II. 8 *Deus locutus est in sanctuario suo:*
«Exsultabo et partibor Sichem,
Et vallem Succoth dimetiar.
9 *Mea est terra Galaad, et mea terra Manasse,*
Et Ephraim galea capitis mei, Iuda sceptrum meum,
10 *Moab pelvis lotionis meae;*
Super Edom ponam calceamentum meum,
De Philistaea triumphabo».

III. 11 *Quis adducet me in civitatem munitam?*
Quis deducet me usque in Edom?
12 *Nonne tu, Deus, qui reppulisti nos,*
Nec iam egrederis, Deus, cum exercitibus nostris?
13 *Da nobis auxilium contra inimicum,*
Quia vanum est subsidium hominum.
14 *Per Deum fortiter agemus,*
Et ipse conculcabit inimicos nostros.

59 **1:** Ps 44,1; 55,1. — **2:** 2 Sam 8,3.13; 10,13.18; 1 Par 18,12-13. — **6-14:** Ps 107, 7-14. — **8:** Ps 88,36. — **9:** Gen 49,10. — **10:** 2 Sam 8,1-2.14. — **12:** Ps 43,10. — **13:** Ps 145, 3. — **14:** Num 24,18.

PSALMUS 60 (61)

Regis exsulantis preces et exauditio

1 In finem. In hymnis David.
2 Exaudi, Deus, deprecationem meam,
Intende orationi meae.
3 A finibus terrae ad te clamavi, dum anxiaretur cor meum;
In petra exaltasti me.
Deduxisti me,
4 Quia factus es spes mea,
Turris fortitudinis a facie inimici.
5 Inhabitabo in tabernaculo tuo in saecula;
Protegar in velamento alarum tuarum.
6 Quoniam tu, Deus meus, exaudisti orationem meam;
Dedisti haereditatem timentibus nomen tuum.
7 Dies super dies regis adiicies;
Annos eius usque in diem generationis et generationis.
8 Permanet in aeternum in conspectu Dei.
Misericordiam et veritatem eius quis requiret?
9 Sic psalmum dicam nomini tuo in saeculum saeculi,
Ut reddam vota mea de die in diem.

1 *Magistro chori. Fidibus. Davidis.*
I. 2 *Audi, Deus, clamorem meum,*
Intende orationi meae.
3 *Ab extremis terrae ad te clamo,*
Cum deficit cor meum.
In petram extolles me, dabis quietem mihi,
4 *Quia praesidium es mihi, turris fortis contra inimicum.*
5 *Utinam habitem in tabernaculo tuo semper,*
Confugiam sub tegmen alarum tuarum!

II. 6 *Tu enim, Deus, audisti vota mea;*
Dedisti mihi hereditatem timentium nomen tuum.
7 *Dies adice ad dies regis,*
Anni eius aequent generationes multas;
8 *Regnet in aeternum coram Deo;*
Gratiam et fidelitatem mitte, ut conservent eum.
9 *Sic cantabo nomen tuum semper,*
Et solvam vota mea omni die.

PSALMUS 61 (62)

In solo Deo sperandum

1 In finem, pro Idithun. Psalmus David.
2 Nonne Deo subiecta erit anima mea?
Ab ipso enim salutare meum.
3 Nam et ipse Deus meus et salutaris meus;
Susceptor meus, non movebor amplius.
4 Quousque irruitis in hominem?
Interficitis universi vos,
Tanquam parieti inclinato et maceriae depulsae?
5 Verumtamen pretium meum cogitaverunt repellere;
Cucurri in siti;
Ore suo benedicebant,
Et corde suo maledicebant.
6 Verumtamen Deo subiecta esto, anima mea,
Quoniam ab ipso patientia mea;
7 Quia ipse Deus meus et salvator meus,
Adiutor meus, non emigrabo.
8 In Deo salutare meum et gloria mea;
Deus auxilii mei, et spes mea in Deo est.
9 Sperate in eo, omnis congregatio populi;
Effundite coram illo corda vestra;
Deus adiutor noster in aeternum.

1 *Magistro chori. Secundum Iduthun. Psalmus. Davidis.*
I. 2 *In Deo tantum quiescit anima mea,*
Ab ipso venit salus mea.
3 *Ipse tantum est petra mea et salus mea,*
Praesidium meum: nequaquam movebor.
4 *Quousque irruitis in hominem, subvertitis eum omnes,*
Ut parietem inclinatum, ut murum ruentem?
5 *Profecto e loco meo excelso moliuntur me pellere,*
Delectantur mendacio;
Ore suo benedicunt,
Et in corde maledicunt.

II. 6 *In Deo tantum quiesce, anima mea,*
Quia ab ipso venit quod spero.
7 *Ipse tantum est petra mea et salus mea,*
Praesidium meum: non movebor.
8 *Penes Deum est salus mea et gloria mea,*
Petra roboris mei: refugium meum in Deo.
9 *Spera in eo, popule, omni tempore;*
Effundite coram eo corda vestra:
Deus est refugium nobis!

60 4-5: Ps 90,1-4. — 5: Ps 26,4. — 7: 2 Sam 7,13-16. — 9: Ps 49,14. — 11: Ps 48,7; 51,9; Eccli 5,1; 31,8; Lc 12,15.

61 1: Ps 38,1. — 5: Ps 27,3. — 9: 1 Sam 1,15; Lam 2,19. — 10: Ps 38,6-7. — 13: Iob 34,11; Prov 24,12; Mt 16,27; Rom 2,6-11; 1 Cor 3,3. || Conc. Valent. III: D 321.

10 Verumtamen vani filii hominum,
Mendaces filii hominum in stateris,
Ut decipiant ipsi de vanitate in idipsum.
11 Nolite sperare in iniquitate,
Et rapinas nolite concupiscere.
Divitiae si affluant, nolite cor apponere.
12 Semel locutus est Deus;
Duo haec audivi:
Quia potestas Dei est, 13 et tibi, Domine, misericordia:
Quia tu reddes unicuique iuxta opera sua.

III. 10 Halitus tantum sunt filii hominum,
Fallaces filii virorum:
In statera in altum ascendunt,
Leviores quam halitus omnes simul.
11 Nolite confidere oppressioni, neque in rapina vane gloriari;
Opibus, si crescant, ne adhaeseritis corde.
12 Unum locutus est Deus; haec duo audivi:
«Deo potentia est, 13 et tibi, Domine, gratia;
Nam tu reddes unicuique secundum opus eius».

PSALMUS 62 (63)

Desiderium Dei, vitae et salutis nostrae

1 Psalmus David, cum esset in deserto Idumaeae.
2 Deus, Deus meus, ad te de luce vigilo.
Sitivit in te anima mea; quam multipliciter tibi caro mea!
3 In terra deserta, et invia, et inaquosa,
Sic in sancto apparui tibi,
Ut viderem virtutem tuam et gloriam tuam.
4 Quoniam melior est misericordia tua super vitas,
Labia mea laudabunt te.
5 Sic benedicam te in vita mea;
Et in nomine tuo levabo manus meas.
6 Sicut adipe et pinguedine repleatur anima mea,
Et labiis exsultationis laudabit os meum,
7 Si memor fui tui super stratum meum,
In matutinis meditabor in te.
8 Quia fuisti adiutor meus,
Et in velamento alarum tuarum exsultabo.
9 Adhaesit anima mea post te;
Me suscepit dextera tua.
10 Ipsi vero in vanum quaesierunt animam meam:
Introibunt in inferiora terrae;
11 Tradentur in manus gladii;
Partes vulpium erunt.
12 Rex vero laetabitur in Deo;
Laudabuntur omnes qui iurant in eo,
Quia obstructum est os loquentium iniqua.

1 Psalmus. Davidis, cum in deserto Iuda commoraretur.
I. 2 Deus, Deus meus es:
Sollicite te quaero;
Te sitit anima mea, desiderat te caro mea,
Ut terra arida et sitiens, sine aqua.
3 Sic in sanctuario contemplor te,
Ut videam potentiam tuam et gloriam tuam.
4 Quia melior est gratia tua quam vita,
Labia mea praedicabunt te.
II. 5 Sic benedicam tibi in vita mea:
In nomine tuo attollam manus meas.
6 Sicut adipe et pinguedine satiabitur anima mea,
Et labiis exsultantibus laudabit os meum,
7 Cum memor ero tui super stratum meum,
In vigiliis meditabor de te.
8 Etenim factus es adiutor meus,
Et in umbra alarum tuarum exsulto:
9 Adhaeret anima mea tibi,
Me sustentat dextera tua.
III. 10 Qui autem perdere quaerunt animam meam,
Introibunt in profunda terrae.
11 Tradentur in manus gladii,
Portio vulpium erunt.
12 Rex vero laetabitur in Deo,
Gloriabitur omnis qui iurat per eum,
Quia abstruetur os loquentium iniqua.

PSALMUS 63 (64)

Iudicium Dei de perfidis persecutoribus

1 In finem. Psalmus David.
2 Exaudi, Deus, orationem meam cum deprecor;
A timore inimici eripe animam meam.
3 Protexisti me a conventu malignantium,
A multitudine operantium iniquitatem.

1 Magistro chori. Psalmus. Davidis.
I. 2 Audi, Deus, vocem meam, dum queror;
A timore inimici custodi vitam meam.
3 Protege me a concilio malignorum,
A tumultu agentium iniqua.

62 **1:** 1 Sam 23,14; 2 Sam 17,29. — **2:** Ps 42,2. — **9:** Deut 4,4; 10,20; 11,22; 13,4; 30,20; Ios 22,5; Ps 72,28.

63 **4-5:** Ps 10,3; 56,5. — **6:** Iob 22,13; Ps 10,11; 72,11; 93,7; Eccli 16,16; 23,25. — **7:** Ier 17,9. ‖ Epist. Pii VII: D 1605. — **10:** Ps 39,4.

4 Quia exacuerunt ut gladium linguas suas;
Intenderunt arcum rem amaram,
5 Ut sagittent in occultis immaculatum.
6 Subito sagittabunt eum, et non timebunt;
Firmaverunt sibi sermonem nequam.
Narraverunt ut absconderent laqueos;
Dixerunt: Quis videbit eos?
7 Scrutati sunt iniquitates;
Defecerunt scrutantes scrutinio.
Accedet homo ad cor altum;
8 Et exaltabitur Deus.
Sagittae parvulorum factae sunt plagae eorum;
9 Et infirmatae sunt contra eos linguae eorum.
Conturbati sunt omnes qui videbant eos;
10 Et timuit omnis homo.
Et annuntiaverunt opera Dei;
Et facta eius intellexerunt.
11 Laetabitur iustus in Domino, et sperabit in eo;
Et laudabuntur omnes recti corde.

4 *Qui acuunt ut gladium linguas suas,*
Dirigunt ut sagittas verba venenata,
5 *Ut feriant ex latebris innocentem,*
De improviso feriant eum nihil timentes.
6 *Firmiter proponunt sibi rem malam,*
Conspirant de laqueis tendendis occulte,
Dicunt: «Quis nos videbit»?
7 *Excogitant nefaria, occultant cogitationes excogitatas,*
Et mens cuiusque et cor sunt profunda.

II. 8 *Sed Deus ferit eos sagittis,*
De improviso percutiuntur vulneribus,
9 *Et ruinam parat eis lingua ipsorum:*
Capita movent omnes qui vident eos.
10 *Et omnes timent et praedicant opus Dei,*
Et perpendunt acta eius.
11 *Laetatur iustus in Domino et confugit ad eum,*
Et gloriantur omnes recti corde.

PSALMUS 64 (65)

Sollemnis gratiarum actio pro beneficiis Dei

1 In finem. Psalmus David, canticum Ieremiae et Ezechielis, populo transmigrationis, cum inciperent exire.

2 Te decet hymnus, Deus, in Sion,
Et tibi reddetur votum in Ierusalem.
3 Exaudi orationem meam;
Ad te omnis caro veniet.
4 Verba iniquorum praevaluerunt super nos,
Et impietatibus nostris tu propitiaberis.
5 Beatus quem elegisti et assumpsisti:
Inhabitabit in atriis tuis.
Replebimur in bonis domus tuae;
Sanctum est templum tuum,
6 Mirabile in aequitate.
Exaudi nos, Deus, salutaris noster,
Spes omnium finium terrae, et in mari longe.
7 Praeparans montes in virtute tua,
Accinctus potentia;
8 Qui conturbas profundum maris,
Sonum fluctuum eius.
Turbabuntur gentes,
9 Et timebunt qui habitant terminos a signis tuis;
Exitus matutini et vespere delectabis.
10 Visitasti terram, et inebriasti eam;
Multiplicasti locupletare eam.
Flumen Dei repletum est aquis; parasti cibum illorum;
Quoniam ita est praeparatio eius.

1 *Magistro chori. Psalmus. Davidis. Canticum.*

I. 2 *Te decet hymnus, Deus, in Sion*
Et tibi reddatur votum, 3 *qui exaudis preces.*
Ad te omnis caro venit
4 *Propter iniquitates.*
Opprimunt nos delicta nostra:
Tu ea dimittis.
5 *Beatus, quem eligis et assumis:*
Inhabitat in atriis tuis.
Satiemur bonis domus tuae,
Sanctitate templi tui.

II. 6 *Signis stupendis exaudis nos cum iustitia,*
Deus, salvator noster,
Spes omnium finium terrae
Et marium procul,
7 *Qui firmas montes virtute tua,*
Accinctus potentia,
8 *Qui compescis sonitum maris,*
Sonitum fluctuum eius et tumultum nationum:
9 *Et timent, qui habitant terminos terrae, propter signa tua;*
Extrema Orientis et Occidentis gaudio reples.

III. 10 *Visitasti terram et irrigasti eam,*
Multum locupletasti eam.
Rivus Dei repletus est aquis,
Parasti frumentum eorum;
Ita enim parasti eam:

64 **5:** Ps 26,4; 32,12; 35,9. — **8:** Ps 88,10; 106,25.29. — **10:** Deut 11,12; Ps 49,5; 67,9.

11 Rivos eius inebria,
Multiplica genimina eius;
In stillicidiis eius laetabitur germinans.
12 Benedices coronae anni benignitatis tuae,
Et campi tui replebuntur ubertate.
13 Pinguescent speciosa deserti,
Et exsultatione colles accingentur.
14 Induti sunt arietes ovium,
Et valles abundabunt frumento;
Clamabunt, etenim hymnum dicent.

11 Sulcos eius irrigasti,
Complanasti glebas eius,
Imbribus eam mollisti,
Benedixisti germini eius.
12 Coronasti annum benignitate tua.
Et semitae tuae pinguedinem stillant.
13 Stillant pascua deserti,
Et colles exsultatione se cingunt.
14 Vestiuntur gregibus arva,
Et valles operiuntur frumento:
Acclamant et cantant.

PSALMUS 65 (66)

Hymnus in sacrificio gratiarum actionis

1 In finem. Canticum Psalmi resurrectionis.
Iubilate Deo, omnis terra;
2 Psalmum dicite nomini eius;
Date gloriam laudi eius.
3 Dicite Deo: Quam terribilia sunt opera tua, Domine!
In multitudine virtutis tuae mentientur tibi inimici tui.
4 Omnis terra adoret te, et psallat tibi;
Psalmum dicat nomini tuo.
5 Venite, et videte opera Dei;
Terribilis in consiliis super filios hominum.
6 Qui convertit mare in aridam,
In flumine pertransibunt pede;
Ibi laetabimur in ipso.
7 Qui dominatur in virtute sua in aeternum,
Oculi eius super gentes respiciunt,
Qui exasperant non exaltentur in semetipsis.
8 Benedicite, gentes, Deum nostrum,
Et auditam facite vocem laudis eius;
9 Qui posuit animam meam ad vitam,
Et non dedit in commotionem pedes meos.
10 Quoniam probasti nos, Deus;
Igne nos examinasti, sicut examinatur argentum.
11 Induxisti nos in laqueum;
Posuisti tribulationes in dorso nostro;
12 Imposuisti homines super capita nostra.
Transivimus per ignem et aquam,
Et eduxisti nos in refrigerium.
13 Introibo in domum tuam in holocaustis;
Reddam tibi vota mea 14 quae distinxerunt labia mea;
Et locutum est os meum, in tribulatione mea.
15 Holocausta medullata offeram tibi, cum incenso arietum;
Offeram tibi boves cum hircis.
16 Venite, audite, et narrabo, omnes qui timetis Deum,
Quanta fecit animae meae.

1 Magistro chori. Canticum. Psalmus

Exsultate Deo, omnes terrae,
2 Cantate gloriam nominis eius,
Laudem praeclaram reddite ei.
3 Dicite Deo: quam stupenda sunt opera tua!
Ob magnitudinem roboris tui blandiuntur tibi inimici tui.
4 Tota terra adoret te et cantet tibi,
Cantet nomen tuum.

I. *5 Venite et videte opera Dei:*
Stupenda patravit inter filios hominum!
6 Convertit mare in aridum;
Pedibus flumen transierunt:
Ideo laetemur de eo!
7 Dominatur potentia sua in aeternum;
Oculi eius gentes observant:
Rebelles ne se extollant.
8 Benedicite, gentes, Deo nostro
Et annuntiate famam laudis eius,
9 Qui dedit animae nostrae vitam,
Nec sivit commoveri pedem nostrum.
10 Nam probasti nos, Deus;
Igne nos examinasti sicut examinatur argentum;
11 Induxisti nos in laqueum;
Onus grave imposuisti lumbis nostris;
12 Incedere fecisti homines super capita nostra;
Transivimus per ignem et aquam:
Sed relaxationem dedisti nobis.

II. *13 Introibo domum tuam cum holocaustis,*
Reddam tibi vota mea,
14 Quae protulerunt labia mea
Quaeque promisit os meum in tribulatione mea.
15 Holocausta ovium pinguium offeram tibi cum adipe arietum:
Immolabo boves cum hircis.
16 Venite, audite et narrabo, omnes qui timetis Deum,
Quanta fecerit animae meae!

65 1: Ps 65,9.12. — 3: Ex 34,10; Deut 10,21; Ps 46,3; 144,6. — 6: Ex 14,21-22; Ios 3,14-17; Ps 76,17; 113,3. — 7: Ps 32,13-14. — 10: Ps 16,3; 25,2. — 13: Ps 49,14.

17 Ad ipsum ore meo clamavi;
Et exaltavi sub lingua mea.
18 Iniquitatem si aspexi in corde meo,
Non exaudiet Dominus.
19 Propterea exaudivit Deus,
Et attendit voci deprecationis meae.
20 Benedictus Deus, qui non amovit orationem meam,
Et misericordiam suam a me.

17 Ad ipsum ore meo clamavi,
Et laudavi eum lingua mea.
18 Iniquitatem si intendissem in corde meo,
Non exaudisset Dominus.
19 Sed exaudivit Deus:
Attendit voci precationis meae.
20 Benedictus Deus, qui non reppulit precationem meam
Neque amovit a me misericordiam suam.

PSALMUS 66 (67)

Ad fidem gentibus annuntiandam petitur benedictio

1 In finem, in hymnis. Psalmus cantici David.
2 Deus misereatur nostri, et benedicat nobis;
Illuminet vultum suum super nos, et misereatur nostri;
3 Ut cognoscamus in terra viam tuam,
In omnibus gentibus salutare tuum.
4 Confiteantur tibi populi, Deus,
Confiteantur tibi populi omnes.
5 Laetentur et exsultent gentes,
Quoniam iudicas populos in aequitate,
Et gentes in terra dirigis.
6 Confiteantur tibi populi, Deus,
Confiteantur tibi populi omnes.
7 Terra dedit fructum suum.
Benedicat nos Deus, Deus noster!
8 Benedicat nos Deus,
Et metuant eum omnes fines terrae.

1 Magistro chori. Fidibus. Psalmus. Canticum.

I. *2 Deus misereatur nostri, et benedicat nobis;*
Serenum praebeat nobis vultum suum,
3 Ut cognoscant in terra viam eius,
In omnibus gentibus salutem eius.
4 Celebrent te populi, Deus,
Celebrent te populi omnes.

II. *5 Laetentur et exsultent nationes,*
Quod regis populos cum aequitate,
Et nationes in terra gubernas.
6 Celebrent te populi, Deus,
Celebrent te populi omnes.

III. *7 Terra dedit fructum suum.*
Benedixit nobis Deus, Deus noster.
8 Benedicat nobis Deus,
Et timeant eum omnes fines terrae!

PSALMUS 67 (68)

Iter Dei triumphale ex Aegypto ad montem Sion

1 In finem. Psalmus cantici ipsi David.
2 Exsurgat Deus, et dissipentur inimici eius;
Et fugiant qui oderunt eum a facie eius.
3 Sicut deficit fumus, deficiant;
Sicut fluit cera a facie ignis, sic pereant peccatores a facie Dei.
4 Et iusti epulentur; et exsultent in conspectu Dei,
Et delectentur in laetitia.
5 Cantate Deo, psalmum dicite nomini eius;
Iter facite ei qui ascendit super occasum.
Dominus nomen illi; exsultate in conspectu eius.
Turbabuntur a facie eius:
6 Patris orphanorum, et iudicis viduarum;
Deus in loco sancto suo.
7 Deus qui inhabitare facit unius moris in domo;
Qui educit vinctos in fortitudine,

1 Magistro chori. Davidis. Psalmus. Canticum.

I. *2 Exsurgit Deus, dissipantur inimici eius,*
Et fugiunt, qui oderunt eum, a facie eius.
3 Sicut dispergitur fumus, disperguntur,
Sicut diffluit cera ante ignem, sic pereunt peccatores ante Deum.
4 Iusti autem laetantur, exsultant in conspectu Dei,
Et delectantur in laetitia.

II. *5 Cantate Deo, psallite nomini eius;*
Sternite viam ei qui vehitur per desertum,
Cui nomen est Dominus,
Et exsultate coram eo.
6 Pater orphanorum et tutor viduarum
Deus est in habitaculo sancto suo.
7 Deus domum parat derelictis,
Educit captivos ad prosperitatem:
Rebelles tantum degunt in torrida terra.

66 2: Num 6,24-26. — 3: Ps 97,2; Is 49,6; 52,10; Lc 2,30; 3,6; Act 18,25. — 7: Lev 26,4; Ps 84,13.

67 2: Num 10,35. — 3: Ps 36,20; 96,5; Mich 1,4. — 5: Ex 6,2-3; 15,3; Ps 82,19. — 6: Ps 10,14; 145,9. — 7: Ps 106,14. —

Similiter eos qui exasperant, qui habitant in sepulchris.
8 Deus, cum egredereris in conspectu populi tui,
Cum pertransires in deserto,
9 Terra mota est, etenim caeli distillaverunt,
A facie Dei Sinai, a facie Dei Israel.
10 Pluviam voluntariam segregabis, Deus, haereditati tuae;
Et infirmata est, tu vero perfecisti eam.
11 Animalia tua habitabunt in ea;
Parasti in dulcedine tua pauperi, Deus.
12 Dominus dabit verbum
Evangelizantibus, virtute multa.
13 Rex virtutum dilecti dilecti;
Et speciei domus dividere spolia.
14 Si dormiatis inter medios cleros,
Pennae columbae deargentatae,
Et posteriora dorsi eius in pallore auri.
15 Dum discernit caelestis reges super eam,
Nive dealbabuntur in Selmon.
16 Mons Dei, mons pinguis.
Mons coagulatus, mons pinguis:
17 Ut quid suspicamini montes coagulatos?
Mons in quo beneplacitum est Deo habitare in eo;
Etenim Dominus habitabit in finem.
18 Currus Dei decem millibus multiplex, millia laetantium;
Dominus in eis in Sina in sancto.
19 Ascendisti in altum, cepisti captivitatem,
Accepisti dona in hominibus;
Etenim non credentes inhabitare Dominum Deum.
20 Benedictus Dominus die quotidie:
Prosperum iter faciet nobis Deus salutarium nostrorum.
21 Deus noster, Deus salvos faciendi;
Et Domini Domini exitus mortis.
22 Verumtamen Deus confringet capita inimicorum suorum,
Verticem capilli perambulantium in delictis suis.
23 Dixit Dominus: Ex Basan convertam,
Convertam in profundum maris;
24 Ut intingatur pes tuus in sanguine,
Lingua canum tuorum ex inimicis, ab ipso.
25 Viderunt ingressus tuos, Deus,
Ingressus Dei mei, regis mei, qui est in sancto.
26 Praevenerunt principes coniuncti psallentibus.
In medio iuvencularum tympanistriarum.
27 In ecclesiis benedicite Deo Domino de fontibus Israel.

III. 8 *Deus, cum exires ante populum tuum,*
Cum incederes per desertum,
9 *Terra mota est, caeli quoque stillarunt ante Deum,*
Tremuit Sinai ante Deum, Deum Israel.
10 *Pluviam copiosam demisisti, Deus, in hereditatem tuam,*
Et fatigatam tu refecisti.
11 *Grex tuus habitavit in ea,*
Parasti eam in bonitate tua pauperi, Deus.

IV. 12 *Dominus profert verbum;*
Laeta nuntiantium multitudo est magna:
13 *«Reges exercituum fugiunt, fugiunt;*
Et incolae domus dividunt praedam.
14 *Dum quiescebatis inter caulas gregum,*
Alae columbae nitebant argento,
Et pennae eius flavore auri.
15 *Dum Omnipotens illic dispergebat reges,*
Nives ceciderunt in Salmon!»

V. 16 *Montes excelsi sunt montes Basan,*
Clivosi montes sunt montes Basan:
17 *Cur invidiosi aspicitis, montes clivosi,*
Montem in quo habitare placuit Deo,
Immo in quo habitabit Dominus semper?
18 *Currus Dei myriades sunt, mille et mille:*
Dominus de Sinai in sanctuarium venit.
19 *Ascendisti in altum, duxisti captivos,*
Accepisti in donum homines,
Vel eos qui nolunt habitare apud Dominum Deum.

VI. 20 *Benedictus Dominus per singulos dies:*
Portat onera nostra Deus, salus nostra!
21 *Deus noster est Deus qui salvat,*
Et Dominus Deus dat evasionem a morte.
22 *Profecto, Deus confringit capita inimicorum suorum.*
Verticem capillatum eius qui ambulat in delictis suis.
23 *Dixit Dominus: «Ex Basan reducam,*
Reducam e profundo maris,
24 *Ut intingas pedem tuum in sanguine,*
Ut linguis canum tuorum sit portio ex inimicis».

VII. 25 *Vident ingressum tuum, Deus,*
Ingressum Dei mei, regis mei, in sanctum:
26 *Praecedunt cantores, postremi sunt citharoedi,*
In medio puellae tympana sonant.
27 *«In coetibus festivis benedicite Deo,*
Domino vos, ex Israel nati».

8: Ex 13,21; Iud 4,14. — **9:** Ex 19,16-19; Iud 5,4. — **10:** Deut 11,5. — **11:** Ex 16,13; Ps 77, 20. — **15:** Iud 9,48. — **19:** Act 1,9; Eph 4,8. ‖ De gratia Dei Indic.: D 140; Conc. Arausic. II: D 189. — **21:** Deut 32,39. — **23:** Num 21,33-35. — **24:** 3 Reg 21,19; Ps 57,11. — **26:** 1 Par 15,15-28. — **30:** 3 Reg 10,10.27; 2 Par 32,23; Ps 71,10; 75,12; Is 18,7. — **31:** Iob 40,10.16. — **32:** Is 19,19.21; 45,14; Soph 3,10. — **36:** Ps 46,3.

28 Ibi Beniamin adolescentulus, in mentis excessu;
Principes Iuda, duces eorum;
Principes Zabulon, principes Nephthali.
29 Manda, Deus, virtuti tuae;
Confirma hoc, Deus, quod operatus es in nobis.
30 A templo tuo in Ierusalem,
Tibi offerent reges munera.
31 Increpa feras arundinis;
Congregatio taurorum in vaccis populorum;
Ut excludant eos qui probati sunt argento:
Dissipa gentes quae bella volunt.
32 Venient legati ex Aegypto;
Aethiopia praeveniet manus eius Deo.
33 Regna terrae, cantate Deo;
Psallite Domino; psallite Deo,
34 Qui ascendit super caelum caeli, ad orientem:
Ecce dabit voci suae vocem virtutis.
35 Date gloriam Deo super Israel;
Magnificentia eius et virtus eius in nubibus.
36 Mirabilis Deus in sanctis suis;
Deus Israel ipse dabit virtutem et fortitudinem plebi suae.
Benedictus Deus!

28 *Ibi est Beniamin, minimus natu, praecedens eos,*
Principes Iuda cum turmis suis,
Principes Zabulon, principes Nephtali.

VIII. 29 *Exsere, Deus, potentiam tuam,*
Potentiam, Deus, qui operaris pro nobis!
30 *Propter templum tuum, quod est in Ierusalem,*
Tibi offerant reges munera!
31 *Increpa feram arundinis,*
Turmam taurorum cum vitulis populorum,
Prosternant se cum laminis argenti:
Dissipa gentes quae bellis laetantur.
32 *Veniant magnates ex Aegypto,*
Aethiopia extendat manus suas ad Deum.

IX. 33 *Regna terrae, cantate Deo, psallite Domino,*
34 *Qui vehitur per caelos, caelos antiquos!*
Ecce, edit vocem suam, vocem potentem:
35 *«Agnoscite potentiam Dei!»*
Super Israel maiestas eius,
Et potentia eius in nubibus.
36 *Timendus est Deus e sancto suo, Deus Israel;*
Ipse potentiam dat et robur populo suo.
Benedictus Deus!

PSALMUS 68 (69)

Viri propter Deum gravissime afflicti precatio

1 In finem, pro iis qui commutabuntur. David.
2 Salvum me fac, Deus,
Quoniam intraverunt aquae usque ad animam meam.
3 Infixus sum in limo profundi et non est substantia.
Veni in altitudinem maris; et tempestas demersit me.
4 Laboravi clamans, raucae factae sunt fauces meae;
Defecerunt oculi mei, dum spero in Deum meum.
5 Multiplicati sunt super capillos capitis mei
Qui oderunt me gratis.
Confortati sunt qui persecuti sunt me,
Inimici mei iniuste;
Quae non rapui, tunc exsolvebam.
6 Deus, tu scis insipientiam meam;
Et delicta mea a te non sunt abscondita.
7 Non erubescant in me qui exspectant te,
Domine, Domine virtutum.
Non confundantur super me qui quaerunt te, Deus Israel.
8 Quoniam propter te sustinui opprobrium;
Operuit confusio faciem meam.

1 *Magistro chori. Secundum «Lilia...». Davidis.*

I. 2 *Salvum me fac, Deus,*
Quoniam venerunt aquae usque ad collum.
3 *Immersus sum in limo profundi,*
Et non est, ubi pedem figam;
Veni in altum aquarum,
Et fluctus obruunt me.
4 *Defessus sum clamando,*
Raucae factae sunt fauces meae;
Defecerunt oculi mei,
Dum exspecto Deum meum.
5 *Plures sunt quam capilli capitis mei,*
Qui oderunt me sine causa,
Validiores quam ossa mea,
Qui iniuste adversantur mihi:
Num, quae non rapui, illa reddam?

II. 6 *Deus, tu scis insipientiam meam,*
Et delicta mea te non latent.
7 *Ne confundantur propter me, qui sperant in te,*
Domine, Domine exercituum.
Ne erubescant propter me,
Qui quaerunt te, Deus Israel.
8 *Etenim propter te sustinui opprobrium,*
Operuit confusio faciem meam.

68 **1**: Ps 44,1. — **5**: Ps 34,19; Io 15,25. — **8**: Ier 15,15. — **9**: Ps 30,12. — **10**: Io 2,

9 Extraneus factus sum fratribus meis,
Et peregrinus filiis matris meae.
10 Quoniam zelus domus tuae comedit me,
Et opprobria exprobrantium tibi ceciderunt super me.
11 Et operui in ieiunio animam meam,
Et factum est in opprobrium mihi.
12 Et posui vestimentum meum cilicium;
Et factus sum illis in parabolam.
13 Adversum me loquebantur qui sedebant in porta,
Et in me psallebant qui bibebant vinum.
14 Ego vero orationem meam ad te, Domine:
Tempus beneplaciti, Deus, in multitudine misericordiae tuae;
Exaudi me in veritate salutis tuae.
15 Eripe me de luto, ut non infigar;
Libera me ab iis qui oderunt me, et de profundis aquarum.
16 Non me demergat tempestas aquae,
Neque absorbeat me profundum,
Neque urgeat super me puteus os suum.
17 Exaudi me, Domine, quoniam benigna est misericordia tua;
Secundum multitudinem miserationum tuarum respice in me.
18 Et ne avertas faciem tuam a puero tuo;
Quoniam tribulor, velociter exaudi me.
19 Intende animae meae, et libera eam;
Propter inimicos meos eripe me.
20 Tu scis improperium meum, et confusionem meam, et reverentiam meam;
21 In conspectu tuo sunt omnes qui tribulant me.
Improperium exspectavit cor meum et miseriam;
Et sustinui qui simul contristaretur, et non fuit;
Et qui consolaretur, et non inveni.
22 Et dederunt in escam meam fel,
Et in siti mea potaverunt me aceto.
23 Fiat mensa eorum coram ipsis in laqueum,
Et in retributiones, et in scandalum.
24 Obscurentur oculi eorum, ne videant;
Et dorsum eorum semper incurva.
25 Effunde super eos iram tuam;
Et furor irae tuae comprehendat eos.
26 Fiat habitatio eorum deserta;
Et in tabernaculis eorum non sit qui inhabitet.
27 Quoniam quem tu percussisti persecuti sunt,
Et super dolorem vulnerum meorum addiderunt.
28 Appone iniquitatem super iniquitatem eorum
Et non intrent in iustitiam tuam.
29 Deleantur de libro viventium,
Et cum iustis non scribantur.
30 Ego sum pauper et dolens;

17; Rom 15,3. — **20:** Ps 21,7; Hebr 12,2. — **22:** Mt 27,34.48; Mc 15,23; Lc 23,36; Io 19,29. —

9 *Extraneus factus sum fratribus meis,*
Et alienus filiis matris meae.
10 *Nam zelus domus tuae comedit me,*
Et opprobria exprobrantium tibi ceciderunt super me.
11 *Afflixi ieiunio animam meam,*
Et versum est in opprobrium mihi.
12 *Saccum indui pro vestimento,*
Et ludibrio factus sum illis.
13 *Fabulantur contra me qui sedent in porta,*
Et conviciantur mihi, qui bibunt vinum.

III. 14 *Mea autem oratio ad te, Domine,*
Tempore gratiae, Deus;
Secundum magnam bonitatem tuam exaudi me,
Secundum auxilium tuum fidele.
15 *Eripe me de luto, ne submergar,*
Libera me ab iis qui me oderunt,
Et de profundis aquarum.
16 *Ne obruant me fluctus aquarum,*
Neve absorbeat me profundum,
Neve occludat super me puteus os suum.
17 *Exaudi me, Domine, quia benigna est gratia tua;*
Secundum multitudinem misericordiae tuae respice in me,
18 *Neque absconderis faciem tuam a servo tuo;*
Quoniam tribulor, cito exaudi me.
19 *Appropinqua ad animam meam, redime eam;*
Propter inimicos meos libera me.
20 *Tu scis opprobrium meum et confusionem meam et ignominiam meam;*
In conspectu tuo sunt omnes qui tribulant me.
21 *Opprobrium fregit cor meum et defeci,*
Et exspectavi commiserantem, sed non fuit,
Et consolantes, sed non inveni.
22 *Et indiderunt in escam meam fel,*
Et in siti mea potaverunt me aceto.

IV. 23 *Fiat mensa eorum laqueus ipsis,*
Et amicis tendicula.
24 *Obscurentur oculi eorum, ne videant,*
Et lumbi eorum fac semper vacillent.
25 *Effunde super eos indignationem tuam,*
Et aestus irae tuae comprehendat eos.
26 *Habitatio eorum devastetur,*
Et in tabernaculis eorum ne sit qui habitet.
27 *Quoniam quem tu percussisti, persecuti sunt,*
Et dolorem eius quem vulnerasti, adauxerunt.
28 *Adde culpam ad culpam eorum,*
Et apud te ne declarentur iusti.
29 *Deleantur de libro viventium,*
Et cum iustis ne scribantur.

V. 30 *Ego autem sum miser et dolens;*

23-29: Ps 34,4-8; 108,6-15. — **23:** Rom 11,9-10. — **26:** Act 1,20. — **29:** Ex 32,32; Lc 10,20;

Salus tua, Deus, suscepit me.
31 Laudabo nomen Dei cum cantico;
Et magnificabo eum in laude;
32 Et placebit Deo super vitulum novellum,
Cornua producentem et ungulas.
33 Videant pauperes, et laetentur;
Quaerite Deum, et vivet anima vestra,
34 Quoniam exaudivit pauperes Dominus,
Et vinctos suos non despexit.
35 Laudent illum caeli et terra;
Mare, et omnia reptilia in eis.
36 Quoniam Deus salvam faciet Sion,
Et aedificabuntur civitates Iuda.
Et inhabitabunt ibi, et haereditate acquirent eam.
37 Et semen servorum eius possidebit eam;
Et qui diligunt nomen eius habitabunt in ea.

Auxilium tuum, Deus, tueatur me.
31 *Laudabo nomen Dei cum cantico,*
Et praedicabo eum cum gratiarum actione.
32 *Et placebit Deo magis quam taurus,*
Quam iuvencus cornutus et ungulatus.
33 *Videte, humiles, et laetamini,*
Et reviviscat cor vestrum, qui quaeritis Deum.
34 *Quia pauperes audit Dominus,*
Et vinctos suos non contemnit.
35 *Laudent eum caeli et terra,*
Maria et quidquid movetur in eis.
36 *Nam Deus salvabit Sion,*
Et aedificabit civitates Iuda:
Et habitabunt ibi et possidebunt eam.
37 *Et semen servorum eius hereditabit eam;*
Et qui diligunt nomen eius, morabuntur in ea.

PSALMUS 69 (70)

Auxilii divini petitio

1 In finem. Psalmus David in rememorationem, quod salvum fecerit eum Dominus.
2 Deus, in adiutorium meum intende;
Domine, ad adiuvandum me festina.
3 Confundantur, et revereantur, qui quaerunt animam meam.
4 Avertantur retrorsum, et erubescant, qui volunt mihi mala.
Avertantur statim erubescentes qui dicunt mihi: Euge, euge!
5 Exsultent et laetentur in te omnes qui quaerunt te;
Et dicant semper: Magnificetur Dominus, qui diligunt salutare tuum.
6 Ego vero egenus et pauper sum;
Deus, adiuva me.
Adiutor meus et liberator meus es tu;
Domine, ne moreris.

1 *Magistro chori. Davidis. Ad commemorandum.*
2 *Placeat tibi, Deus, ut eripias me;*
Domine, ad adiuvandum me festina.
3 *Confundantur, et erubescant,*
Qui quaerunt vitam meam.
Cedant retrorsum, et pudore afficiantur,
Qui delectantur malis meis.
4 *Recedant confusione operti,*
Qui dicunt mihi: Vah, vah!
5 *Exsultent et laetentur de te*
Omnes qui quaerunt te;
Et dicant semper: «Magnificetur Deus»,
Qui desiderant auxilium tuum.
6 *Ego autem miser sum et pauper,*
Deus, succurre mihi!
Adiutor meus et liberator meus es tu:
Domine, ne tardaveris.

PSALMUS 70 (71)

«Ne abieceris me tempore senectutis»

1 Psalmus David, filiorum Ionadab, et priorum captivorum.
In te, Domine, speravi; non confundar in aeternum;
2 In iustitia tua libera me, et eripe me:
Inclina ad me aurem tuam, et salva me.
3 Esto mihi in Deum protectorem,
Et in locum munitum, ut salvum me facias;
Quoniam firmamentum meum et refugium meum es tu.
4 Deus meus, eripe me de manu peccatoris,

I. 1 *Ad te, Domine, confugio:*
Ne confundar in aeternum;
2 *Secundum iustitiam tuam eripe me et libera me;*
Inclina ad me aurem tuam et salva me.
3 *Esto mihi petra refugii, arx munita, ut salves me:*
Nam petra mea et arx mea es tu.
4 *Deus meus, eripe me de manu iniqui,*

Phil 4,3; Hebr 12,23; Apoc 3,5. — **35:** Ps 148,1-13. — **36:** Ps 50,20.

69 **1:** Ps 37,1. — **2-6:** Ps 39,14-18.

70 **1:** 4 Reg 10,15; Ier 35,6.10.19. — **1-3:** Ps 30,2-4. — **6:** Ps 21,10-11; Is 44,2; 46,3.

Et de manu contra legem agentis, et iniqui:
5 Quoniam tu es patientia mea, Domine;
Domine, spes mea a iuventute mea.
6 In te confirmatus sum ex utero;
De ventre matris meae tu es protector meus;
In te cantatio mea semper.
7 Tanquam prodigium factus sum multis;
Et tu adiutor fortis.
8 Repleatur os meum laude,
Ut cantem gloriam tuam,
Tota die magnitudinem tuam.
9 Ne proiicias me in tempore senectutis;
Cum defecerit virtus mea, ne derelinquas me.
10 Quia dixerunt inimici mei mihi,
Et qui custodiebant animam meam consilium fecerunt in unum;
11 Dicentes: Deus dereliquit eum;
Persequimini et comprehendite eum,
Quia non est qui eripiat.
12 Deus, ne elongeris a me;
Deus meus, in auxilium meum respice.
13 Confundantur et deficiant detrahentes animae;
Operiantur confusione et pudore qui quaerunt mala mihi.
14 Ego autem semper sperabo,
Et adiiciam super omnem laudem tuam.
15 Os meum annuntiabit iustitiam tuam,
Tota die salutare tuum.
Quoniam non cognovi litteraturam,
16 Introibo in potentias Domini;
Domine, memorabor iustitiae tuae solius.
17 Deus, docuisti me a iuventute mea;
Et usque nunc pronuntiabo mirabilia tua.
18 Et usque in senectam et senium,
Deus, ne derelinquas me,
Donec annuntiem brachium tuum generationi omni quae ventura est,
Potentiam tuam, 19 et iustitiam tuam,
Deus, usque in altissima;
Quae fecisti magnalia, Deus, quis similis tibi?
20 Quantas ostendisti mihi tribulationes multas et malas!
Et conversus vivificasti me,
Et de abyssis terrae iterum reduxisti me.
21 Multiplicasti magnificentiam tuam;
Et conversus consolatus es me.
22 Nam et ego confitebor tibi in vasis psalmi veritatem tuam, Deus;
Psallam tibi in cithara, sanctus Israel.
23 Exsultabunt labia mea cum cantavero tibi;
Et anima mea quam redemisti.
24 Sed et lingua mea tota die meditabitur iustitiam tuam,
Cum confusi et reveriti fuerint qui quaerunt mala mihi.

De pugno improbi et oppressoris:
5 *Nam tu es exspectatio mea, Deus meus,*
Domine, spes mea a iuventute mea.
6 *Tibi innixus sum ab utero;*
A ventre matris meae eras protector meus:
In te speravi semper.
7 *Tamquam prodigium apparui multis;*
Tu enim fuisti adiutor meus fortis.
8 *Plenum erat os meum laude tua,*
Toto die gloria tua.

II. 9 *Ne abieceris me tempore senectutis;*
Cum defecerint vires meae, ne dereliqueris me.
10 *Nam loquuntur de me inimici mei,*
Et observantes me, consiliantur una,
11 *Dicentes: «Deus dereliquit eum;*
Persequimini et comprehendite eum,
Quia non est qui eripiat».
12 *Deus, noli stare procul a me,*
Deus meus, ad iuvandum me festina.
13 *Confundantur, deficiant adversantes vitae meae;*
Operiantur confusione et pudore qui quaerunt mala mihi.
14 *Ego autem semper sperabo,*
Et in dies conferam ad omnem laudem tuam.
15 *Os meum annuntiabit iustitiam tuam,*
Toto die auxilia tua:
Neque enim novi mensuram eorum.
16 *Enarrabo potentiam Dei,*
Domine, praedicabo iustitiam tuam solius.

III. 17 *Deus, docuisti me a iuventute mea,*
Et usque nunc annuntio mirabilia tua.
18 *Et in senecta quoque et senio,*
Deus, ne dereliqueris me,
Dum annuntiabo bracchium tuum generationi huic,
Omnibus venturis potentiam tuam,
19 *Et iustitiam tuam, Deus, quae contingit caelos,*
Qua fecisti tam magna: Deus, quis par est tibi?
20 *Imposuisti mihi tribulationes multas et malas:*
Rursus vivum facies me et de profundis terrae rursus me extolles.
21 *Auge dignitatem meam,*
Et denuo me consolare.
22 *Ego quoque celebrabo psalterio fidelitatem tuam, Deus,*
Psallam tibi cithara, Sanctus Israel.
23 *Exsultabunt labia mea, cum cantabo tibi,*
Et anima mea, quam redemisti.
24 *Etiam lingua mea toto die eloquetur iustitiam tuam,*
Quia confusi sunt et erubuerunt qui quaerunt malum mihi.

15: Ps 39,6. — **19:** Ex 15,11; Ps 34,10. — **20:** Ps 79,19; 84,7; Os 6,3. — **22:** Ps 77,41; 88,19; Is 60,9; Ier 50,29.

PSALMUS 71 (72)

Regnum Messiae

1 Psalmus, in Salomonem.
2 Deus, iudicium tuum regi da,
Et iustitiam tuam filio regis;
Iudicare populum tuum in iustitia,
Et pauperes tuos in iudicio.
3 Suscipiant montes pacem populo,
Et colles iustitiam.
4 Iudicabit pauperes populi,
Et salvos faciet filios pauperum,
Et humiliabit calumniatorem.
5 Et permanebit cum sole, et ante lunam,
In generatione et generationem.
6 Descendet sicut pluvia in vellus,
Et sicut stillicidia stillantia super terram.
7 Orietur in diebus eius iustitia et abundantia pacis,
Donec auferatur luna.
8 Et dominabitur a mari usque ad mare,
Et a flumine usque ad terminos orbis terrarum.
9 Coram illo procident Aethiopes,
Et inimici eius terram lingent.
10 Reges Tharsis et insulae munera offerent;
Reges Arabum et Saba dona adducent;
11 Et adorabunt eum omnes reges terrae,
Omnes gentes servient ei.
12 Quia liberabit pauperem a potente,
Et pauperem cui non erat adiutor.
13 Parcet pauperi et inopi,
Et animas pauperum salvas faciet.
14 Ex usuris et iniquitate redimet animas eorum,
Et honorabile nomen eorum coram illo.
15 Et vivet, et dabitur ei de auro Arabiae;
Et adorabunt de ipso semper,
Tota die benedicent ei.
16 Et erit firmamentum in terra in summis montium;
Superextolletur super Libanum fructus eius,
Et florebunt de civitate sicut foenum terrae.
17 Sit nomen eius benedictum in saecula;
Ante solem permanet nomen eius.
Et benedicentur in ipso omnes tribus terrae;
Omnes gentes magnificabunt eum.
18 Benedictus Dominus, Deus Israel,
Qui facit mirabilia solus.
19 Et benedictum nomen maiestatis eius in aeternum,
Et replebitur maiestate eius omnis terra. Fiat, fiat.

1 *Salomonis.*
I. *Deus, iudicium tuum regi da.*
Et iustitiam tuam filio regis:
2 *Gubernet populum tuum cum iustitia,*
Et humiles tuos cum aequitate.
3 *Afferent montes pacem populo*
Et colles iustitiam.
4 *Tuebitur humiles populi,*
Salvos faciet filios pauperum,
Et conteret oppressorem.

II. 5 *Et diu vivet ut sol,*
Et sicut luna in omnes generationes.
6 *Descendet ut pluvia super gramen,*
Sicut imbres qui irrigant terram.
7 *Florebit in diebus eius iustitia*
Et abundantia pacis, donec deficiat luna.

III. 8 *Et dominabitur a mari usque ad mare,*
Et a flumine usque ad terminos terrae.
9 *Coram illo procident inimici eius,*
Et adversarii eius pulverem lingent.
10 *Reges Tharsis et insularum munera offerent;*
Reges Arabum et Saba dona adducent:
11 *Et adorabunt eum omnes reges terrae,*
Omnes gentes servient ei.

IV. 12 *Etenim liberabit pauperem invocantem,*
Et miserum, cui non est adiutor.
13 *Miserebitur inopis et pauperis,*
Et vitam pauperum salvabit:
14 *Ab iniuria et oppressione liberabit eos,*
Et pretiosus erit sanguis eorum coram illo.

V. 15 *Ideo vivet, et dabunt ei de auro Arabiae,*
Et orabunt pro eo semper:
Perpetuo benedicent ei.
16 *Erit abundantia frumenti in terra;*
In summis montium strepet, ut Libanus, fructus eius,
Et florebunt incolae urbium ut gramina terrae.
17 *Erit nomen eius benedictum in saecula;*
Dum lucebit sol, permanebit nomen eius.
Et benedicentur in ipso omnes tribus terrae,
Omnes gentes beatum praedicabunt eum.
18 *Benedictus Dominus, Deus Israel,*
Qui facit mirabilia solus.
19 *Et benedictum nomen eius gloriosum in saecula;*
Et repleatur gloria eius omnis terra. Amen. Amen.

71 2: 1 Par 22,12. — 6: 2 Sam 23,4; Iud 6,36-38. — 8: Ex 23,31; Ps 79,12; 88,26. — 10: 3 Reg 10,1.22; Ps 67,30; Is 42,10.12. — 17: Gen 22,18; Ier 4,2. — 18-19: Ps 40,14; 88,53; 105,48.

LIBER TERTIUS

(Ps 72-88)

PSALMUS 72 (73)

Aenigma felicitatis impiorum eiusque solutio

1 Psalmus Asaph.

Quam bonus Israel Deus,
His qui recto sunt corde!
2 Mei autem pene moti sunt pedes,
Pene effusi sunt gressus mei;
3 Quia zelavi super iniquos,
Pacem peccatorum videns.
4 Quia non est respectus morti eorum,
Et firmamentum in plaga eorum,
5 In labore hominum non sunt,
Et cum hominibus non flagellabuntur.
6 Ideo tenuit eos superbia;
Operti sunt iniquitate et impietate sua.
7 Prodiit quasi ex adipe iniquitas eorum;
Transierunt in affectum cordis.
8 Cogitaverunt et locuti sunt nequitiam;
Iniquitatem in excelso locuti sunt.
9 Posuerunt in caelum os suum,
Et lingua eorum transivit in terra.
10 Ideo convertetur populus meus hic,
Et dies pleni invenientur in eis.
11 Et dixerunt: Quomodo scit Deus,
Et si est scientia in excelso?
12 Ecce ipsi peccatores, et abundantes in saeculo,
Obtinuerunt divitias.
13 Et dixi: Ergo sine causa iustificavi cor meum,
Et lavi inter innocentes manus meas;
14 Et fui flagellatus tota die,
Et castigatio mea in matutinis.
15 Si dicebam: Narrabo sic;
Ecce nationem filiorum tuorum reprobavi.
16 Existimabam ut cognoscerem hoc;
Labor est ante me:
17 Donec intrem in sanctuarium Dei,
Et intelligam in novissimis eorum.
18 Verumtamen propter dolos posuisti eis;
Deiecisti eos dum allevarentur.
19 Quomodo facti sunt in desolationem?
Subito defecerunt; perierunt propter iniquitatem suam.
20 Velut somnium surgentium, Domine,
In civitate tua imaginem ipsorum ad nihilum rediges.
21 Quia inflammatum est cor meum,
Et renes mei commutati sunt;
22 Et ego ad nihilum redactus sum, et nescivi;
23 Ut iumentum factus sum apud te,
Et ego semper tecum.

1 Psalmus. Asaphi.

Quam bonus rectis est Deus,
Dominus eis qui puro sunt corde!
2 Mei autem fere nutarunt pedes,
Paene lapsi sunt gressus mei,
3 Quia impiis invidebam,
Prosperitatem peccatorum observans.
I. *4 Nulla enim sunt iis tormenta,*
Sanum et pingue est corpus eorum.
5 In aerumnis mortalium non versantur,
Et cum hominibus non flagellantur.
6 Ideo cingit eos, ut torquis, superbia,
Et violentia, ut vestis, operit eos.
7 Prodit ex crasso corde iniquitas eorum,
Erumpunt figmenta mentis.
8 Irrident et loquuntur maligne,
Oppressionem ex alto minantur.
9 Aggrediuntur caelum ore suo,
Et lingua eorum perstringit terram.
10 Ideo populus meus se convertit ad eos,
Et aquas abundantes sorbent sibi.
11 Et dicunt: «Quomodo scit Deus,
Et estne cognitio in Altissimo?»
12 Ecce tales sunt peccatores
Et, semper tranquilli, potentiam augent.
II. *13 Ergone frustra mundum servavi cor meum,*
Et lavi in innocentia manus meas?
14 Nam flagella patior omni tempore,
Et castigationem cotidie.
15 Si cogitarem: Loquar ut illi,
Genus filiorum tuorum deseruissem.
16 Meditabar ergo, ut cognoscerem hoc;
Sed laboriosum visum est mihi,
17 Donec intravi in sancta Dei,
Et attendi fini illorum.
III. *18 Vere in via lubrica collocas eos,*
Praecipitas eos in ruinas.
19 Quomodo corruerunt momento,
Desierunt, absumpti sunt magno terrore!
20 Sicut somnium, cum quis evigilat, Domine,
Ita, cum surrexeris, spernes figmentum eorum.
21 Quando exasperabatur mens mea,
Et cor meum pungebatur,
22 Ego insipiens eram neque intellegebam:
Ut iumentum fui coram te.
IV. *23 Ego autem semper tecum ero:*
Apprehendisti manum dexteram meam;

72 1: Ps 49,1. — 3: Iob 21,7; Ps 36,1. — 9: Ps 11,4: Eccli 13,28. || Epist. Leonis IX: D 350. — 11: Iob 22,13; Ps 10,11; 63,6; 93, 7. — 13: Ps 25,6. — 17: Ps 36,38. — 24: Ps 31,

24 Tenuisti manum dexteram meam,
Et in voluntate tua deduxisti me,
Et cum gloria suscepisti me.
25 Quid enim mihi est in caelo?
Et a te quid volui super terram?
26 Defecit caro mea et cor meum;
Deus cordis mei, et pars mea, Deus, in aeternum.
27 Quia ecce qui elongant se a te peribunt;
Perdidisti omnes qui fornicantur abs te.
28 Mihi autem adhaerere Deo bonum est,
Ponere in Domino Deo spem meam;
Ut annuntiem omnes praedicationes tuas
In portis filiae Sion.

24 *Consilio tuo deduces me,*
Et in gloriam tandem suscipies me.
25 *Quis praeter te mihi est in caelo?*
Et, si tecum sum, non delectat me terra.
26 *Deficit caro mea et cor meum,*
Petra cordis mei et pars mea Deus in aeternum.
27 *Ecce enim, qui recedunt a te, peribunt,*
Perdis omnes qui fornicantur abs te.
28 *Mihi autem bonum est prope Deum esse,*
Ponere in Domino Deo refugium meum.
Enarrabo omnia opera tua
In portis filiae Sion.

PSALMUS 73 (74)

Lamentatio de sanctuario vastato et preces

1 Intellectus Asaph.
Ut quid, Deus, repulisti in finem,
Iratus est furor tuus, super oves pascuae tuae?
2 Memor esto congregationis tuae,
Quam possedisti ab initio.
Redemisti virgam haereditatis tuae,
Mons Sion, in quo habitasti in eo.
3 Leva manus tuas in superbias eorum in finem.
Quanta malignatus est inimicus in sancto!
4 Et gloriati sunt qui oderunt te in medio solemnitatis tuae;
Posuerunt signa sua, signa;
5 Et non cognoverunt sicut in exitu super summum.
Quasi in silva lignorum securibus
6 Exciderunt ianuas eius in idipsum;
In securi et ascia deiecerunt eam.
7 Incenderunt igni sanctuarium tuum,
In terra polluerunt tabernaculum nominis tui.
8 Dixerunt in corde suo cognatio eorum simul:
Quiescere faciamus omnes dies festos Dei a terra.
9 Signa nostra non vidimus;
Iam non est propheta;
Et nos non cognoscet amplius.
10 Usquequo, Deus, improperabit inimicus?
Irritat adversarius nomen tuum in finem?
11 Ut quid avertis manum tuam,
Et dexteram tuam de medio sinu tuo in finem?
12 Deus autem rex noster ante saecula,
Operatus est salutem in medio terrae.
13 Tu confirmasti in virtute tua mare;
Contribulasti capita draconum in aquis.
14 Tu confregisti capita draconis;
Dedisti eum escam populis Aethiopum.

1 *Maskil. Asaphi.*

I. *Quare, Deus, reppulisti in perpetuum*
Exardescit ira tua contra oves pascuae tuae?
2 *Recordare sodalitatis tuae, quam condidisti ab antiquo,*
Tribus, quam redemisti tibi in possessionem,
Montis Sion, in quo sedem posuisti.
3 *Dirige gressus tuos ad ruinas perpetuas:*
Omnia vastavit inimicus in sanctuario.
4 *Rugierunt adversarii tui in loco conventus tui,*
Posuerunt signa sua in trophaeum.
5 *Similes sunt illis qui in condenso vibrant securim,*
6 *Et iam ascia et malleo ianuas eius pariter contundunt.*
7 *Igni tradiderunt sanctuarium tuum,*
Profanarunt in terra tabernaculum nominis tui.
8 *Dixerunt in corde suo: «Destruamus eos simul;*
Comburite omnia sanctuaria Dei in terra».
9 *Signa nostra non iam videmus, non est propheta;*
Neque inter nos est qui sciat quousque.
10 *Quousque, Deus, exprobrabit inimicus?*
Blasphemabit adversarius nomen tuum in perpetuum?
11 *Quare avertis manum tuam*
Et dexteram tuam retines in sinu tuo?

II. 12 *Deus autem rex meus est ab antiquo,*
Qui efficit salutem in medio terrae.
13 *Tu dirupisti potentia tua mare,*
Contrivisti capita draconum in aquis.
14 *Tu confregisti capita Leviathan,*
Dedisti eum escam monstris marinis.

8; 48,36. — **26:** Ps 15,5. — **27:** Ex 34,15; Num 15,39; Ps 105,39.

73 **1:** Ps 41,1; 78,13. — **2:** Ex 15,16; Ps 67, 17; 131,13. — **6:** Lam 2,9. — **7:** 4 Reg 25,9; Ps 78,1; 88,40. — **9:** Lam 2,9; Ez 7,26. — **11:** Lam 2,3. — **13:** Ex 14,21. — **15:** Ex 17,6; Ios

15 Tu dirupisti fontes et torrentes;
Tu siccasti fluvios Ethan.
16 Tuus est dies, et tua est nox;
Tu fabricatus es auroram et solem.
17 Tu fecisti omnes terminos terrae;
Aestatem et ver tu plasmasti ea.
18 Memor esto huius, inimicus improperavit Domino,
Et populus insipiens incitavit nomen tuum.
19 Ne tradas bestiis animas confitentes tibi,
Et animas pauperum tuorum ne obliviscaris in finem.
20 Respice in testamentum tuum,
Quia repleti sunt qui obscurati sunt terrae domibus iniquitatum.
21 Ne avertatur humilis factus confusus;
Pauper et inops laudabunt nomen tuum.
22 Exsurge, Deus, iudica causam tuam;
Memor esto improperiorum tuorum,
Eorum quae ab insipiente sunt tota die.
23 Ne obliviscaris voces inimicorum tuorum:
Superbia eorum qui te oderunt ascendit semper.

15 Tu elicuisti fontes et torrentes:
Tu siccasti fluvios copiosos.
16 Tuus est dies et tua est nox;
Tu stabilisti lunam et solem.
17 Tu statuisti omnes terminos terrae;
Aestatem et hiemem tu formasti.
18 Recordare haec: inimicus exprobravit tibi, Domine,
Et populus insipiens maledixit nomini tuo.
19 Ne tradideris vulturi vitam turturis tui:
Vitam pauperum tuorum noli oblivisci in perpetuum.
20 Respice in foedus tuum,
Quia violentiae plena sunt latibula terrae, et campi.
21 Ne humilis revertatur confusus:
Pauper et inops laudent nomen tuum.
22 Exsurge, Deus, age causam tuam;
Recordare improperii quod insipiens cotidie infert tibi.
23 Noli oblivisci voces adversariorum tuorum:
Tumultus insurgentium contra te ascendit semper.

PSALMUS 74 (75)

Dominus est iustus iudex populorum

1 In finem, ne corrumpas. Pasalmus cantici Asaph.
2 Confitebimur tibi, Deus, confitebimur,
Et invocabimus nomen tuum,
Narrabimus mirabilia tua.
3 Cum accepero tempus,
Ego iustitias iudicabo.
4 Liquefacta est terra et omnes qui habitant in ea,
Ego confirmavi columnas eius.
5 Dixi iniquis: Nolite inique agere,
Et delinquentibus: Nolite exaltare cornu.
6 Nolite extollere in altum cornu vestrum;
Nolite loqui adversus Deum iniquitatem.
7 Quia neque ab oriente, neque ab occidente,
Neque a desertis montibus.
8 Quoniam Deus iudex est;
Hunc humiliat, et hunc exaltat:
9 Quia calix in manu Domini
Vini meri, plenus mixto.
Et inclinavit ex hoc in hoc,
Veruntamen faex eius non est exinanita;
Bibent omnes peccatores terrae.
10 Ego autem annuntiabo in saeculum;
Cantabo Deo Iacob.
11 Et omnia cornua peccatorum confringam;
Et exaltabuntur cornua iusti.

1 Magistro chori. Secundum «Ne destruxeris». Psalmus. Asaphi Canticum.

I. *2 Celebramus te, Domine, celebramus,*
Et praedicamus nomen tuum, enarramus mirabilia tua.

II. *3 «Quando statuero tempus,*
Ego secundum ius iudicabo.
4 Etsi moveatur terra cum omnibus incolis suis:
Ego firmavi columnas eius.
5 Dico insolentibus: «Nolite insolescere»,
Et impiis: «Nolite extollere cornu».
6 Nolite extollere contra Altissimum cornu vestrum,
Nolite loqui contra Deum proterva.
7 Neque enim ab Oriente neque ab Occidente
Neque a deserto neque a montibus:
8 Sed Deus est iudex:
Hunc deprimit, et illum extollit,
9 Nam in manu Domini calix est,
Qui spumat vino, plenus mixto:
Et propinat ex eo; usque ad faeces sorbebunt,
Bibent omnes impii terrae».

III. *10 Ego autem exsultabo in aeternum,*
Psallam Deo Iacob.
11 Et omnia cornua impiorum confringam;
Extollentur cornua iusti.

3,13. — **16**: Gen 1,14-16. — **20**: Gen 17,7-8; Lev 26,42.45; Ps 105,45.

74 **8**: 1 Sam 2,7; Ps 49,6. — **94**: Iob 12,20; Ps 10,7; Ier 25,15-29. — **11**: 1 Sam 2,1; Ier 48,25.

PSALMUS 75 (76)

Carmen triumphale post magnam victoriam

1 In finem, in laudibus. Psalmus Asaph, canticum ad Assyrios.
2 Notus in Iudaea Deus;
In Israel magnum nomen eius.
3 Et factus est in pace locus eius,
Et habitatio eius in Sion.
4 Ibi confregit potentias arcuum,
Scutum, gladium, et bellum.
5 Illuminans tu mirabiliter a montibus aeternis;
6 Turbati sunt omnes insipientes corde.
Dormierunt somnum suum,
Et nihil invenerunt omnes viri divitiarum in manibus suis.
7 Ab increpatione tua, Deus Iacob,
Dormitaverunt qui ascenderunt equos.
8 Tu terribilis es; et quis resistet tibi?
Ex tunc ira tua.
9 De caelo auditum fecisti iudicium:
Terra tremuit et quievit;
10 Cum exsurgeret in iudicium Deus,
Ut salvos faceret omnes mansuetos terrae.
11 Quoniam cogitatio hominis confitebitur tibi,
Et reliquiae cogitationis diem festum agent tibi.
12 Vovete et reddite Domino Deo vestro,
Omnes qui in circuitu eius affertis munera
Terribili, 13 et ei qui aufert spiritum principum;
Terribili apud reges terrae.

1 Magistro chori. Fidibus. Psalmus. Asaphi. Canticum.
I. *2 Innotuit Deus in Iuda,*
In Israel magnum est nomen eius.
3 In Salem est tabernaculum eius,
Et habitatio eius in Sion.
4 Ibi confregit fulmina arcus,
Scutum et gladium et arma.
II. *5 Splendens luce tu, potens, venisti*
A montibus aeternis.
6 Spoliati sunt robusti corde,
Dormiunt somnum suum,
Et omnium fortium defecerunt manus.
7 Increpatione tua, Deus Iacob,
Torpuerunt currus et equi.
III. *8 Terribilis es tu, et quis resistet tibi,*
Ob vehementiam irae tuae?
9 De caelo audiri fecisti iudicium.
Terra expavit et siluit,
10 Cum exsurgeret ad iudicium Deus,
Ut salvos faceret omnes humiles terrae.
IV. *11 Nam furor Edom glorificabit te,*
Et superstites Emath festum agent tibi.
12 Facite vota et solvite ea Domino Deo vestro,
Omnes in circuitu eius munus ferant Terribili,
13 Ei qui cohibet spiritum principum,
Qui terribilis est regibus terrae.

PSALMUS 76 (77)

Populi afflicti lamentatio et solacium

1 In finem, pro Idithun. Psalmus Asaph.
2 Voce mea ad Dominum clamavi;
Voce mea ad Deum, et intendit mihi.
3 In die tribulationis meae Deum exquisivi;
Manibus meis nocte contra eum, et non sum deceptus.
Renuit consolari anima mea;
4 Memor fui Dei, et delectatus sum;
Et exercitatus sum, et defecit spiritus meus.
5 Anticipaverunt vigilias oculi mei;
Turbatus sum, et non sum locutus.
6 Cogitavi dies antiquos,
Et annos aeternos in mente habui.
7 Et meditatus sum nocte cum corde meo,
Et exercitabar, et scopebam spiritum meum.

1 Magistro chori. Secundum Idithun. Asaphi. Psalmus.
I. *2 Vox mea ad Deum ascendit et clamo,*
Vox mea ad Deum, ut audiat me;
3 Die angustiae meae Dominum quaero.
Manus mea per noctem extenditur indefessa;
Consolationem renuit anima mea.
4 Cum Dei recordor, ingemisco;
Cum recogito, deficit spiritus meus.
5 Tenes vigiles oculos meos;
Conturbor nec possum loqui.
6 Perpendo dies antiquos,
Et pristinos annos 7 recordor:
Meditor nocte in corde meo,
Recogito et scrutatur spiritus meus:

75 **2-3:** Ps 47,2. — **7:** Ex 15,1.21. — **8:** Ps 46,3; 129,3. — **12:** Ps 67,30.

76 **1:** Ps 38,1; 49,1. — **6:** Deut 32,7; Ps 43,2; 142,5. — **8:** Ps 73,1; 84,6. — **11:** Conc.

8 Numquid in aeternum proiiciet Deus?
Aut non apponet ut complacitior sit adhuc?
9 Aut in finem misericordiam suam abscindet,
A generatione in generationem?
10 Aut obliviscetur misereri Deus?
Aut continebit in ira sua misericordias suas?
11 Et dixi: Nunc coepi;
Haec mutatio dexterae Excelsi.
12 Memor fui operum Domini,
Quia memor ero ab initio mirabilium tuorum;
13 Et meditabor in omnibus operibus tuis,
Et in adinventionibus tuis exercebor.
14 Deus, in sancto via tua:
Quis Deus magnus sicut Deus noster?
15 Tu es Deus qui facis mirabilia.
Notam fecisti in populis virtutem tuam.
16 Redemisti in brachio tuo populum tuum
Filios Iacob et Ioseph.
17 Viderunt te aquae, Deus;
Viderunt te aquae, et timuerunt;
Et turbatae sunt abyssi.
18 Multitudo sonitus aquarum;
Vocem dederunt nubes.
Etenim sagittae tuae transeunt;
19 Vox tonitrui tui in rota.
Illuxerunt coruscationes tuae orbi terrae;
Commota est et contremuit terra.
20 In mari via tua, et semitae tuae in aquis multis,
Et vestigia tua non cognoscentur.
21 Deduxisti sicut oves populum tuum,
In manu Moysi et Aaron.

8 *«Num in aeternum repellet Deus,*
Nec propitius erit ultra?
9 *Num in perpetuum deficiet gratia eius,*
Irrita erit promissio in omnes generationes?
10 *Num oblitus est misereri Deus?*
An iratus occlusit misericordiam suam?»
11 *Et dico: «Hic est dolor meus,*
Quod mutata est dextera Altissimi».
12 *Memor sum factorum Domini,*
Utique memor sum antiquorum mirabilium tuorum.
13 *Et meditor omnia opera tua,*
Et gesta tua perpendo.
II. 14 *Deus, sancta est via tua:*
Quis deus est magnus ut Deus noster?
15 *Tu es Deus, qui mirabilia patras,*
Notam fecisti in populis potentiam tuam.
16 *Redemisti bracchio tuo populum tuum,*
Filios Iacob et Ioseph.
17 *Viderunt te aquae, Deus,*
Viderunt te aquae: tremuerunt,
Atque commoti sunt fluctus.
18 *Profuderunt nubila aquas,*
Nubes emiserunt vocem,
Atque sagittae tuae volarunt.
19 *Tonitrus tuus in turbine sonuit,*
Collustrarunt fulgura orbem:
Commota est et tremuit terra.
20 *Per mare facta est via tua,*
Et semita tua per aquas multas,
Neque apparuerunt vestigia tua.
21 *Duxisti ut gregem populum tuum,*
Per manum Moysis et Aaron.

PSALMUS 77 (78)

Dei beneficia, populi Israel ingratitudo

1 Intellectus Asaph.
Attendite, popule meus, legem meam;
Inclinate aurem vestram in verba oris mei.
2 Aperiam in parabolis os meum;
Loquar propositiones ab initio,
3 Quanta audivimus et cognovimus ea,
Et patres nostri narraverunt nobis.
4 Non sunt occultata a filiis eorum in generatione altera.
Narrantes laudes Domini et virtutes eius,
Et mirabilia eius quae fecit.
5 Et suscitavit testimonium in Iacob,
Et legem posuit in Israel,
Quanta mandavit patribus nostris
Nota facere ea filiis suis:
6 Ut cognoscat generatio altera;

1 *Maskil. Asaphi.*
Ausculta, popule meus, doctrinam meam;
Inclinate aures vestras ad verba oris mei.
2 *Aperiam ad parabolas os meum,*
Proferam arcana aetatis antiquae.
3 *Quae audivimus et cognovimus,*
Et quae patres nostri narraverunt nobis,
4 *Non occultabimus a filiis eorum,*
Generationi futurae narrabimus
Laudes Domini et potentiam eius
Et mirabilia quae fecit.
5 *Statuit enim praeceptum in Iacob*
Et legem condidit in Israel,
Ut, quae mandavit patribus nostris,
Nota facerent filiis suis,
6 *Ut cognoscat generatio ventura, filii qui nascentur,*

Arausic. II: D 188. — **14:** Ex 15,11; Ps 34,10; 85,10. — **16:** Ex 15,13; Deut 9,29; Ps 73,2; 77,35. — **17:** Ex 14,21; Ios 3,16; Ps 113,3. — **19:** Ex 19,16; Ps 96,4; 103,7. — **21:** Ex 12,51; Ps 77,52-53; 79,1; Is 63,11-12; Os 12,13.

77 **1:** Ps 73,1. — **2:** Ps 48,5; Mt 13,35. — **3:** Ex 12,26-27; 13,8.14; Deut 4,9-10; 6,7.20; 11,19; Ios 4,6-7; Ps 43,2. — **8:** Ex 32,9; 33,3; Deut 9,7.24; 31,27; 32,5-6; Ier 5,23. — **12:** Ex 7,1-12,36. — **13:** Ex 14,21-22; 15,8; Ps

Filii qui nascentur et exsurgent,
Et narrabunt filiis suis,
7 Ut ponant in Deo spem suam,
Et non obliviscantur operum Dei,
Et mandata eius exquirant;
8 Ne fiant, sicut patres eorum,
Generatio prava et exasperans;
Generatio quae non direxit cor suum,
Et non est creditus cum Deo spiritus eius.
9 Filii Ephrem, intendentes et mittentes arcum,
Conversi sunt in die belli.
10 Non custodierunt testamentum Dei,
Et in lege eius noluerunt ambulare.
11 Et obliti sunt benefactorum eius,
Et mirabilium eius quae ostendit eis.
12 Coram patribus eorum fecit mirabilia
In terra Aegypti, in campo Taneos.
13 Interrupit mare, et perduxit eos;
Et statuit aquas quasi in utre,
14 Et deduxit eos in nube diei,
Et tota nocte in illuminatione ignis.
15 Interrupit petram in eremo,
Et adaquavit eos velut in abysso multa.
16 Et eduxit aquam de petra,
Et deduxit tanquam flumina aquas.
17 Et apposuerunt adhuc peccare ei;
In iram excitaverunt Excelsum in inaquoso.
18 Et tentaverunt Deum in cordibus suis,
Ut peterent escas animabus suis.
19 Et male locuti sunt de Deo;
Dixerunt: Numquid poterit Deus parare mensam in deserto?
20 Quoniam percussit petram, et fluxerunt aquae,
Et torrentes inundaverunt.
Numquid et panem poterit dare,
Aut parare mensam populo suo?
21 Ideo audivit Dominus, et distulit;
Et ignis accensus est in Iacob,
Et ira ascendit in Israel;
22 Quia non crediderunt in Deo,
Nec speraverunt in salutari eius.
23 Et mandavit nubibus desuper,
Et ianuas caeli aperuit.
24 Et pluit illis manna ad manducandum,
Et panem caeli dedit eis.
25 Panem angelorum manducavit homo;
Cibaria misit eis in abundantia.
26 Transtulit austrum de caelo,
Et induxit in virtute sua africum.
27 Et pluit super eos sicut pulverem carnes,
Et sicut arenam maris volatilia pennata.
28 Et ceciderunt in medio castrorum eorum,
Circa tabernacula eorum.
29 Et manducaverunt, et saturati sunt nimis;

Ut surgant et narrent filiis suis,
7 *Ut ponant in Deo spem suam*
Neque obliviscantur opera Dei,
Sed mandata eius observent;
8 *Neve fiant, sicut patres eorum,*
Generatio rebellis et contumax:
Generatio quae cor non habuit rectum,
Neque animum Deo fidelem.

I. 9 *Filii Ephraim pugnantes arcu*
Terga verterunt die proelii.
10 *Non servaverunt foedus Dei,*
Et in lege eius renuerunt ambulare,
11 *Et obliti sunt opera eius,*
Et mirabilia eius quae ostendit eis.
12 *Coram patribus eorum fecit miracula*
In terra Aegypti, in campo Taneos.
13 *Scidit mare et traduxit eos,*
Et statuit aquas ut aggerem.
14 *Et duxit eos nube per diem,*
Per totam noctem lumine ignis.
15 *Scidit petras in deserto,*
Et adaquavit eos, ut fluctibus, copiose.
16 *Et eliciut rivos de petra,*
Et deduxit ut flumina aquas.

II. 17 *Sed perrexerunt peccare in eum,*
Offendere Altissimum in deserto.
18 *Et tentaverunt Deum in cordibus suis,*
Petentes cibum secundum cupiditatem suam.
19 *Et locuti sunt contra Deum;*
Dixerunt: «Num poterit Deus parare mensam in deserto?
20 *Ecce percussit petram, et fluxerunt aquae et torrentes emanaverunt:*
Num panem quoque poterit dare, vel parare carnem populo suo?»
21 *Ideo, cum audisset Dominus, furore exarsit,*
Et ignis accensus est contra Iacob,
Et ira efferbuit contra Israel,
22 *Quia non crediderunt in Deum,*
Nec speraverunt in auxilio eius.
23 *Sed mandavit nubibus desuper,*
Et ianuas caeli aperuit,
24 *Et pluit super eos manna ad manducandum,*
Et panem caeli dedit eis.
25 *Panem fortium manducavit homo:*
Cibaria misit eis ad saturitatem.
26 *Excitavit Eurum de caelo*
Et adduxit potentia sua austrum.
27 *Et pluit super eos, ut pulverem, carnes,*
Et, sicut arenam maris, volatilia pennata.
28 *Et ceciderunt in castra eorum,*
Circa tabernacula eorum.
29 *Et manducaverunt, et saturati sunt valde,*
Et desiderium eorum implevit eis.

135,13. — **14:** Ex 13,21; Sap 18,3. — **15-16:** Ex 17,6; Num 20,11; Deut 8,15; Ps 104,41; 106,35; 113,8; Sap 11,4. — **17:** Deut 9,7; Hebr 3,16. — **18:** Ex 16,3; 17,2-7; Deut 6,16; Ps 94,9; 105,14; 1 Cor 10,9. — **19:** Num 11,4; 21,5. — **21:** Num 11,1. — **24:** Ex 16,4.14-15; Num 11,7; Ps 104,40; Sap 16,20; Io 6,31; 1 Cor 10,3. — **25:** Ps 102, 20. || Conc. Trid.: D 882. — **26-31:** Num 11,

Et desiderium eorum attulit eis;
30 Non sunt fraudati a desiderio suo.
Adhuc escae eorum erant in ore ipsorum:
31 Et ira Dei ascendit super eos;
Et occidit pingues eorum,
Et electos Israel impedivit.
32 In omnibus his peccaverunt adhuc,
Et non crediderunt in mirabilibus eius.
33 Et defecerunt in vanitate dies eorum,
Et anni eorum cum festinatione.
34 Cum occideret eos, quaerebant eum et revertebantur,
Et diluculo veniebant ad eum.
35 Et rememorati sunt quia Deus adiutor est eorum.
Et Deus excelsus redemptor eorum est.
36 Et dilexerunt eum in ore suo,
Et lingua sua mentiti sunt ei;
37 Cor autem eorum non erat rectum cum eo,
Nec fideles habiti sunt in testamento eius.
38 Ipse autem est misericors,
Et propitius fiet peccatis eorum et non disperdet eos.
Et abundavit ut averteret iram suam,
Et non accendit omnem iram suam.
39 Et recordatus est quia caro sunt,
Spiritus vadens et non rediens.
40 Quoties exacerbaverunt eum in deserto,
In iram concitaverunt eum in inaquoso!
41 Et conversi sunt, et tentaverunt Deum,
Et sanctum Israel exacerbaverunt.
42 Non sunt recordati manus eius,
Die qua redemit eos de manu tribulantis;
43 Sicut posuit in Aegypto signa sua,
Et prodigia sua in campo Taneos;
44 Et convertit in sanguinem flumina eorum,
Et imbres eorum, ne biberent.
45 Misit in eos coenomyiam, et comedit eos,
Et ranam, et disperdidit eos;
46 Et dedit aerugini fructus eorum,
Et labores eorum locustae;
47 Et occidit in grandine vineas eorum,
Et moros eorum in pruina;
48 Et tradidit grandini iumenta eorum,
Et possessionem eorum igni,
49 Misit in eos iram indignationis suae,
Indignationem, et iram, et tribulationem,
Immissiones per angelos malos;
50 Viam fecit semitae irae suae,
Non pepercit a morte animabus eorum,
Et iumenta eorum in morte conclusit;
51 Et percussit omne primogenitum in terra Aegypti,
Primitias omnis laboris eorum in tabernaculis Cham;
52 Et abstulit sicut oves populum suum,
Et perduxit eos tanquam gregem in deserto;

30 *Nondum cessaverant a desiderio suo,*
Et escae eorum erant in ore ipsorum,
31 *Cum ira Dei efferbuit contra eos,*
Et caedem fecit procerum eorum,
Et iuvenes Israel prostravit.

III. 32 *Sed tamen peccaverunt ultra,*
Nec crediderunt miraculis eius.
33 *Et consumpsit velociter dies eorum,*
Et annos eorum exitio repentino.
34 *Cum occidebat eos, quaerebant eum,*
Et conversi requirebant Deum,
35 *Et recordabantur Deum esse petram suam,*
Et Deum Altissimum redemptorem suum.
36 *Sed decipiebant eum ore suo,*
Et lingua sua mentiebantur ei.
37 *Et cor eorum non erat rectum cum eo,*
Nec fideles erant in foedere eius.
38 *Ipse tamen miserans dimittebat culpam nec perdebat eos,*
Et crebro cohibuit iram suam,
Neque effudit totum furorem suum.
39 *Et recordatus est eos esse carnem,*
Halitum, qui vadat nec revertatur.

IV. 40 *Quoties provocaverunt eum in deserto,*
Afflixerunt eum in solitudine!
41 *Et iterum tentaverunt Deum,*
Et Sanctum Israel exacerbaverunt.
42 *Non sunt recordati manus eius,*
Diei quo redemit eos de manu adversarii,
43 *Quando patravit in Aegypto signa sua,*
Et prodigia sua in campo Taneos,
44 *Et convertit in sanguinem flumina eorum*
Et rivos eorum, ne biberent.
45 *Misit in eos muscas quae comederunt eos,*
Et ranas quae infestarunt eos;
46 *Et dedit brucho proventus eorum,*
Et fructum laboris eorum locustae.
47 *Percussit grandine vineas eorum,*
Et sycomoros eorum pruina.
48 *Et tradidit grandini iumenta eorum,*
Et greges eorum fulminibus.
49 *Misit in eos aestum irae suae,*
Indignationem et furorem et tribulationem:
Catervam ministrorum calamitatis.
50 *Viam aperuit irae suae,*
Non servavit eos a morte,
Et animalia eorum tradidit pesti.
51 *Et percussit omne primogenitum in Aegypto,*
Primos partus eorum in tabernaculis Cham.
52 *Et eduxit sicut oves populum suum,*
Et deduxit eos ut gregem in deserto.

31-33. — **33:** Num 14,23.35; 26,64-65. — **35:** Ps 73,2; 76,16. — **38:** Ex 34,6; Num 14,20. — **39:** Gen 6,3; Ps 102,14. — **41:** Ps 70,22. — **43-51:** Ps 104,27-36. — **43:** Ps 77,12. — **44:** Ex 7,17-24. **45:** Ex 8,2-14.21-24. — **46:** Ex 10,12-15. — **47-50:** Ex 9,19-25. — **51:** Ex 12,29. — **52:** Ps 76,

53 Et deduxit eos in spe, et non timuerunt,
Et inimicos eorum operuit mare.
54 Et induxit eos in montem sanctificationis suae,
Montem quem acquisivit dextera eius;
Et eiecit a facie eorum gentes,
Et sorte divisit eis terram in funiculo distributionis;
55 Et habitare fecit in tabernaculis eorum tribus Israel.
56 Et tentaverunt, et exacerbaverunt Deum excelsum,
Et testimonia eius non custodierunt.
57 Et averterunt se, et non servaverunt pactum,
Quemadmodum patres eorum, conversi sunt in arcum pravum.
58 In iram concitaverunt eum in collibus suis,
Et in sculptilibus suis ad aemulationem eum provocaverunt.
59 Audivit Deus, et sprevit,
Et ad nihilum redegit valde Israel.
60 Et repulit tabernaculum Silo,
Tabernaculum suum, ubi habitavit in hominibus.
61 Et tradidit in captivitatem virtutem eorum,
Et pulchritudinem eorum in manus inimici.
62 Et conclusit in gladio populum suum,
Et haereditatem suam sprevit.
63 Iuvenes eorum comedit ignis,
Et virgines eorum non sunt lamentatae.
64 Sacerdotes eorum in gladio ceciderunt,
Et viduae eorum non plorabantur.
65 Et excitatus est tanquam dormiens Dominus,
Tanquam potens crapulatus a vino.
66 Et percussit inimicos suos in posteriora,
Opprobrium sempiternum dedit illis.
67 Et repulit tabernaculum Ioseph,
Et tribum Ephraim non elegit.
68 Sed elegit tribum Iuda,
Montem Sion, quem dilexit.
69 Et aedificavit sicut unicornium sanctificium suum,
In terra quam fundavit in saecula.
70 Et elegit David, servum suum,
Et sustulit eum de gregibus ovium;
De post foetantes accepit eum:
71 Pascere, Iacob, servum suum,
Et Israel, haereditatem suam.
72 Et pavit eos in innocentia cordis sui,
Et in intellectibus manuum suarum deduxit eos.

53 Et duxit eos securos nec timuerunt,
Et inimicos eorum operuit mare.
54 Et perduxit eos in terram sanctam suam,
Ad montes quos acquisivit dextera eius;
55 Et eiecit ante eos gentes,
Et sorte attribuit eas in hereditatem,
Et habitare fecit in tabernaculis earum tribus Israel.

V. *56 Sed tentaverunt et provocaverunt Deum Altissimum,*
Et praecepta eius non servaverunt.
57 Et defecerunt et praevaricati sunt sicut patres eorum,
Aberraverunt ut arcus fallax.
58 Ad iram lacessiverunt eum excelsis suis,
Et sculptilibus suis aemulationem eius excitaverunt.
59 Audivit Deus et exarsit furore,
Et acriter reiecit Israel.
60 Et reliquit habitaculum Silo,
Tabernaculum, ubi habitavit inter homines.
61 Et tradidit in captivitatem robur suum,
Et gloriam suam in manus inimici.
62 Et tradidit gladio populum suum,
Et contra hereditatem suam exarsit.
63 Iuvenes eorum comedit ignis,
Et virgines eorum non sunt desponsatae.
64 Sacerdotes eorum gladio ceciderunt,
Et viduae eorum non ploraverunt.

VI. *65 Et expergefactus est velut e somno Dominus,*
Velut bellator victus a vino.
66 Et percussit a tergo inimicos suos:
Ignominiam aeternam inflixit eis.
67 Et reiecit tabernaculum Ioseph,
Et tribum Ephraim non elegit.
68 Sed elegit tribum Iuda,
Montem Sion quem dilexit.
69 Et exstruxit, ut caelum, sanctuarium suum,
Ut terram, quam fundavit in saecula.
70 Et elegit David, servum suum,
Et tulit eum de caulis ovium:
71 Sequentem lactantes vocavit eum,
Ut pasceret Iacob, populum suum,
Et Israel, hereditatem suam.
72 Et pavit eos cum probitate cordis sui,
Et prudentia manuum suarum duxit eos.

21. — **53:** Ex 14,27-28; 15,10. — **54:** Ex 15,17; Ios 14,2; Ps 43,3-4. — **58:** Lev 26,30; Deut 12,2; 3 Reg 11,7; 12,31. — **60:** 1 Sam 4,3-4.11; Ier 7, 11-14. — **69:** 3 Reg 6,1-7,51. — **70:** 1 Sam 16, 12-13; 2 Sam 7,8; 2 Par 6,6. — **71:** Ps 27,9.

PSALMUS 78 (79)

De Ierusalem destructa lamentatio

1 Psalmus Asaph.
Deus, venerunt gentes in haereditatem tuam;
Polluerunt templum sanctum tuum;
Posuerunt Ierusalem in pomorum custodiam.
2 Posuerunt morticina servorum tuorum escas volatilibus caeli,
Carnes sanctorum tuorum bestiis terrae.
3 Effuderunt sanguinem eorum tanquam aquam in circuitu Ierusalem,
Et non erat qui sepeliret.
4 Facti sumus opprobrium vicinis nostris,
Subsannatio et illusio his qui in circuitu nostro sunt.
5 Usquequo, Domine, irasceris in finem?
Accendetur velut ignis zelus tuus?
6 Effunde iram tuam in gentes quae te non noverunt,
Et in regna quae nomen tuum non invocaverunt;
7 Quia comederunt Iacob,
Et locum eius desolaverunt.
8 Ne memineris iniquitatum nostrarum antiquarum;
Cito anticipent nos misericordiae tuae,
Quia pauperes facti sumus nimis.
9 Adiuva nos, Deus, salutaris noster;
Et propter gloriam nominis tui, Domine, libera nos,
Et propitius esto peccatis nostris, propter nomen tuum.
10 Ne forte dicant in gentibus: Ubi est Deus eorum?
Et innotescat in nationibus coram oculis nostris,
Ultio sanguinis servorum tuorum qui effusus est.
11 Introeat in conspectu tuo gemitus compeditorum;
Secundum magnitudinem brachii tui posside filios mortificatorum;
12 Et redde vicinis nostris septuplum in sinu eorum;
Improperium ipsorum quod exprobraverunt tibi, Domine.
13 Nos autem populus tuus, et oves pascuae tuae,
Confitebimur tibi in saeculum,
In generationem et generationem annuntiabimus laudem tuam.

1 *Psalmus. Asaphi.*
I. *Deus, venerunt gentes in hereditatem tuam,*
Polluerunt templum sanctum tuum,
Redegerunt Ierusalem in ruinas.
2 *Dederunt corpora servorum tuorum escam volatilibus caeli,*
Carnes sanctorum tuorum bestiis terrae.
3 *Effuderunt sanguinem eorum ut aquam in circuitu Ierusalem,*
Neque erat qui sepeliret.
4 *Facti sumus opprobrium vicinis nostris,*
Irrisio et ludibrium his qui sunt in circuitu nostro.

II. 5 *Quousque, Domine? Irasceris perpetuo?*
Ardebit velut ignis zelus tuus?
6 *Effunde iram tuam super gentes quae te non agnoscunt,*
Et super regna quae non invocant nomen tuum.
7 *Etenim comederunt Iacob,*
Et habitationem eius vastaverunt.
8 *Noli recordari contra nos culpas maiorum;*
Cito obveniat nobis misericordia tua:
Nam miseri sumus valde.

III. 9 *Adiuva nos, Deus salutis nostrae, propter gloriam nominis tui,*
Et libera nos et dimitte peccata nostra propter nomen tuum.
10 *Quare dicant gentes:*
«Ubi est Deus eorum?»
Innotescat inter gentes, coram oculis nostris,
Ultio sanguinis servorum tuorum, qui effusus est.

IV. 11 *Perveniat ad te gemitus captivorum;*
Secundum potentiam bracchii tui solve addictos morti.
12 *Et retribue vicinis nostris septies in sinum eorum*
Opprobrium quo affecerunt te, Domine.
13 *Nos autem, populus tuus et oves pascuae tuae,*
Celebrabimus te in aeternum;
A generatione in generationem enarrabimus laudem tuam.

78 **1**: Ps 73,3-7. — **2-3**: Deut 28,26; 1 Mach 7,17. — **4**: Ps 43,14. — **6-7**: Ier 10,25 — **8**: Is 64,9. || Conc. Arausic. II: D 187. — **10**: Ps 41,4; 93,1-2.

PSALMUS 79 (80)

«Restitue vitam tuam devastatam!»

1 In finem, pro iis qui commutabuntur. Testimonium Asaph, psalmus.
2 Qui regis Israel, intende;
Qui deducis velut ovem Ioseph.
Qui sedes super cherubim, manifestare
3 Coram Ephraim, Beniamin, et Manasse.
Excita potentiam tuam, et veni,
Ut salvos facias nos.
4 Deus, coverte nos,
Et ostende faciem tuam, et salvi erimus.
5 Domine, Deus virtutum,
Quousque irasceris super orationem servi tui?
6 Cibabis nos pane lacrymarum,
Et potum dabis nobis in lacrymis in mensura?
7 Posuisti nos in contradictionem vicinis nostris,
Et inimici nostri subsannaverunt nos.
8 Deus virtutum, converte nos,
Et ostende faciem tuam, et salvi erimus.
9 Vineam de Aegypto transtulisti,
Et eiecisti gentes, et plantasti eam.
10 Dux itineris fuisti in conspectu eius;
Plantasti radices eius, et implevit terram.
11 Operuit montes umbra eius,
Et arbusta eius cedros Dei.
12 Extendit palmites suos usque ad mare,
Et usque ad flumen propagines eius.
13 Ut quid destruxisti maceriam eius,
Et vindemiant eam omnes qui praetergrediuntur viam?
14 Exterminavit eam aper de silva,
Et singularis ferus depastus est eam.
15 Deus virtutum, convertere, respice de caelo.
Et vide, et visita vineam istam;
16 Et perfice eam quam plantavit dextera tua,
Et super filium hominis quem confirmasti tibi.
17 Incensa igni et suffossa,
Ab increpatione vultus tui peribunt.
18 Fiat manus tua super virum dexterae tuae,
Et super filium hominis quem confirmasti tibi.
19 Et non discedimus a te;
Vivificabis nos, et nomen tuum invocabimus.
20 Domine, Deus virtutum, converte nos,
Et ostende faciem tuam, et salvi erimus.

1 Magistro chori. Secundum «Lilium legis». Asaphi. Psalmus.

I. *2 Qui pascis Israel, ausculta,*
Qui ducis, velut gregem, Ioseph.
Qui sedes super cherubim, affulge
3 Coram Ephraim et Beniamin et Manasse.
Excita potentiam tuam,
Et veni, ut salvos facias nos.
4 Deus, restitue nos,
Et serenum praebe vultum tuum, ut salvi simus.

II. *5 Deus exercituum, quousque succensebis,*
Cum oret populus tuus?
6 Cibasti eum pane lacrimarum
Et potasti eum lacrimis copiose.
7 Fecisti nos causam iurgii vicinis nostris,
Et inimici nostri illudunt nobis.
8 Deus exercituum, restitue nos,
Et serenum praebe vultum tuum ut salvi simus.

III. *9 Vitem ex Aegypto abstulisti,*
Expulisti gentes, et plantasti eam.
10 Praeparasti ei solum,
Et radices egit et implevit terram.
11 Operti sunt montes umbra eius,
Et ramis eius cedri Dei.
12 Extendit palmites suos usque ad mare,
Et usque ad flumen propagines suas.

IV. *13 Quare destruxisti maceriam eius,*
Ut vindemient eam omnes qui transeunt per viam,
14 Devastet eam aper silvestris,
Et bestiae agri depascantur eam?
15 Deus exercituum, revertere,
Respice de caelo et vide, et visita vitem hanc.
16 Et protege eam, quam plantavit dextera tua,
Et surculum, quem roborasti tibi.

V. *17 Qui eam combusserunt igni et conciderunt eam,*
Pereant comminatione vultus tui.
18 Sit manus tua super virum dexterae tuae,
Super filium hominis, quem roborasti tibi.
19 Iam non recedemus a te ultra;
Vivos servabis nos, et praedicabimus nomen tuum.
20 Domine, Deus exercituum, restitue nos,
Et serenum praebe vultum tuum, ut salvi simus.

79 **1:** Ps 59,1. — **2:** Ex 25,22; 1 Sam 4,4; 2 Sam 6,2; Ps 98,1. — **3:** Num 2,18-24. **7:** Ps 43,14. — **9:** Is 5,1-7; 27,2; Ier 2,21; 12,10; Os 10,1; Mt 21,33. — **12:** Ps 71,8. — **18:** Ps 88,22; Lc 1,66.

PSALMUS 80 (81)

Hymnus et admonitio in sollemni die festo

1 In finem. Pro torcularibus. Psalmus ipsi Asaph.
2 Exsultate Deo adiutori nostro,
Iubilate Deo Iacob.
3 Sumite psalmum, et date tympanum;
Psalterium iucundum, cum cithara.
4 Buccinate in neomenia tuba,
In insigni die sollemnitatis vestrae;
5 Quia praeceptum in Israel est,
Et iudicium Deo Iacob.
6 Testimonium in Ioseph posuit illud,
Cum exiret de terra Aegypti;
Linguam quam non noverat audivit.
7 Divertit ab oneribus dorsum eius;
Manus eius in cophino servierunt.
8 In tribulatione invocasti me, et liberavi te.
Exaudi te in abscondito tempestatis;
Probavi te apud aquam contradictionis.
9 Audi, populus meus, et contestabor te.
Israel, si audieris me,
10 Non erit in te deus recens,
Neque adorabis deum alienum.
11 Ego enim sum Dominus Deus tuus,
Qui eduxi te de terra Aegypti.
Dilata os tuum, et implebo illud.
12 Et non audivit populus meus vocem meam,
Et Israel non intendit mihi.
13 Et dimisi eos secundum desideria cordis eorum;
Ibunt in adinventionibus suis.
14 Si populus meus audisset me,
Israel si in viis meis ambulasset,
15 Pro nihilo forsitan inimicos eorum humiliassem,
Et super tribulantes eos misissem manum meam.
16 Inimici Domini mentiti sunt ei,
Et erit tempus eorum in saecula.
17 Et cibavit eos ex adipe frumenti,
Et de petra melle saturavit eos.

1 Magistro chori. Secundum «Torcularia...» Asaphi.

A

2 Exsultate Deo adiutori nostro,
Acclamate Deo Iacob.
3 Sonate psalterio, et pulsate tympanum,
Citharam dulce sonantem cum lyra.
4 Clangite in neomenia bucina,
In plenilunio, die sollemni nostro,
5 Quia institutum Israel est,
Praeceptum Dei Iacob.
6 Legem statuit hanc in Ioseph,
Cum prodiret contra terram Aegypti.

B

Linguam quam non noveram, audivi:
I. *7 «Liberavi ab onere humerum eius;*
Manus eius a cophino cessarunt.
8 In tribulatione clamasti, et eripui te;
Ex nube tonanti respondi tibi,
Probavi te apud aquam Meriba.
9 Audi, popule meus, et monebo te:
Israel, utinam audias me!
10 Non erit apud te deus alienus,
Neque adorabis deum peregrinum:
11 Ego sum Dominus, Deus tuus,
Qui eduxi te de terra Aegypti:
Dilata os tuum, et implebo illud.
II. *12 Sed non audivit populus meus vocem meam,*
Et Israel non obtemperavit mihi.
13 Ideo tradidi eos duritiae cordis eorum:
Ambulent secundum consilia sua.
14 Utinam populus meus audiret me,
Israel ambularet in viis meis:
15 Confestim deprimerem inimicos eorum,
Et contra adversarios eorum verterem manum meam;
16 Qui oderunt Dominum, blandirentur ei,
Et sors eorum maneret in perpetuum.
17 Illum autem cibarem de medulla tritici,
Et melle de petra saturarem eum».

PSALMUS 81 (82)

Iniquorum iudicum sors

1 Psalmus Asaph.
Deus stetit in synagoga deorum,
In medio autem deos diiudicat.
2 Usquequo iudicatis iniquitatem,
Et facies peccatorum sumitis?
3 Iudicate egeno et pupillo;
Humilem et pauperem iustificate.

1 Psalmus. Asaphi.
Deus assurgit in concilio divino,
In medio deorum iudicium agit.
I. *2 «Quousque iudicabitis inique,*
Et causae impiorum favebitis?
3 Defendite oppressum et pupillum,
Ius reddite humili et pauperi.

80 1: Ps 8,1. — 4: Lev 23,24.34-35; Num 29,1. — 7: Ex 1,11. — 8: Ex 2,23; 14,10; 17,5-7; 19,19; Num 20,13. — 10: Ex 20,3-5; Deut 5,7. — 11: Ex 20,2; Deut 5,6. — 12: Ex 32,1; Deut 32,15.18. — 13: Act 7,42. — 17: Deut 32,13-14.

81 1: Ps 49,1. — 2: Prov 18,5. — 4: Prov 24,11. — 6: Io 10,34. — 7: Ps 48,11-13.

4 Eripite pauperem,
Et egenum de manu peccatoris liberate.
5 Nescierunt, neque intellexerunt,
In tenebris ambulant;
Movebuntur omnia fundamenta terrae.
6 Ego dixi: Dii estis,
Et filii Excelsi omnes.
7 Vos autem sicut homines moriemini,
Et sicut unus de principibus cadetis.
8 Surge, Deus, iudica terram,
Quoniam tu haereditabis in omnibus gentibus.

4 *Liberate oppressum et egenum:*
De manu impiorum eripite eum».

II. 5 *Non sapiunt neque intellegunt,*
In tenebris ambulant:
Commoventur omnia fundamenta terrae.
6 *Ego dixi: «Dii estis,*
Et filii Altissimi omnes.
7 *Verumtamen sicut homines moriemini,*
Et sicut quivis ex principibus cadetis».
8 *Surge, Deus, iudica terram,*
Quoniam tu iure possides omnes gentes.

PSALMUS 82 (83)

Contra hostes populi foederatos oratio

1 Canticum Psalmi Asaph.
2 Deus, quis similis erit tibi?
Ne taceas, neque compescaris, Deus:
3 Quoniam ecce inimici tui sonuerunt
Et qui oderunt te extulerunt caput.
4 Super populum tuum malignaverunt consilium,
Et cogitaverunt adversus sanctos tuos.
5 Dixerunt: Venite, et disperdamus eos de gente,
Et non memoretur nomen Israel ultra.
6 Quoniam cogitaverunt unanimiter.
Simul adversum te testamentum disposuerunt:
7 Tabernacula Idumaeorum et Ismahelitae,
Moab et Agareni,
8 Gebal et Ammon, et Amalec;
Alienigenae cum habitantibus Tyrum.
9 Etenim Assur venit cum illis,
Facti sunt in adiutorium filiis Lot.
10 Fac illis sicut Madian et Sisarae,
Sicut Iabin in torrente Cisson.
11 Disperierunt in Endor,
Facti sunt ut stercus terrae.
12 Pone principes eorum sicut Oreb,
Et Zeb, et Zebee, et Salmana;
Omnes principes eorum
13 Qui dixerunt: Haereditate possideamus sanctuarium Dei.
14 Deus meus, pone illos ut rotam,
Et sicut stipulam ante faciem venti.
15 Sicut ignis qui comburit silvam,
Et sicut flamma comburens montes;
16 Ita persequeris illos in tempestate tua,
Et in ira tua turbabis eos.
17 Imple facies eorum ignominia,
Et quaerent nomen tuum, Domine.
18 Erubescant, et conturbentur in saeculum saeculi,
Et confundantur, et pereant.
19 Et cognoscant quia nomen tibi Dominus;
Tu solus Altissimus in omni terra.

1 *Canticum. Psalmus. Asaphi.*

I. 2 *Noli, Domine, tacere;*
Noli silere, Deus, neque quiescere!
3 *Nam ecce inimici tui tumultuantur,*
Et qui oderunt te, extollunt caput.
4 *Contra populum tuum moliuntur consilia,*
Et consultant contra protectos tuos.
5 *«Venite, aiunt, disperdamus eos, ne sint populus,*
Neve memoretur nomen Israel ultra».
6 *Vere, consultant uno corde,*
Et contra te ineunt foedus:
7 *Tentoria Edom et Ismaelitae,*
Moab et Agareni,
8 *Gebal et Ammon et Amalec,*
Philistaea cum incolis Tyri;
9 *Etiam Assyrii se consociaverunt cum eis,*
Bracchia praebuerunt filiis Lot.

II. 10 *Fac illis sicut Madian,*
Sicut Sisarae, sicut Iabin ad torrentem Cison,
11 *Qui interempti sunt apud Endor,*
Facti sunt sterquilinium terrae.
12 *Principes eius similes fac Oreb et Zeb,*
Similes Zebee et Salmana omnes duces eorum,
13 *Qui dixerunt:*
«Occupemus nobis regiones Dei».
14 *Deus meus, fac eos similes foliis turbine rotatis,*
Stipulae ante ventum.
15 *Sicut ignis qui comburit silvam,*
Et sicut flamma quae exurit montes,
16 *Ita persequere eos tempestate tua,*
Et procella tua conturba eos.
17 *Imple facies eorum ignominia,*
Ut quaerant nomen tuum, Domine.
18 *Erubescant et conturbentur in aeternum,*
Et confundantur et pereant.
19 *Et cognoscant te, cuius nomen est Dominus,*
Esse solum Excelsum super totam terram.

82 **2:** Ps 27,1; 34,10. — **5:** Esth 3,6; Ps 73,8. **9:** 4 Reg 15,19. — **10:** Iud 4,15-24; 5,21. **12:** Iud 7,22-25; 8,5-21. — **19:** Ex 6,2-3; Ps 58,14; 67,5.

PSALMUS 83 (84)

Desiderium templi Domini

1 In finem, pro torcularibus filiis Core. Psalmus.

2 Quam dilecta tabernacula tua, Domine virtutum!
3 Concupiscit, et deficit anima mea in atria Domini;
Cor meum et caro mea exsultaverunt in Deum vivum.
4 Etenim passer invenit sibi domum,
Et turtur nidum sibi, ubi ponat pullos suos:
Altaria tua, Domine virtutum,
Rex meus, et Deus meus.
5 Beati qui habitant in domo tua, Domine;
In saecula saeculorum laudabunt te.
6 Beatus vir cuius est auxilium abs te,
Ascensiones in corde suo disposuit,
7 In valle lacrymarum, in loco quem posuit.
8 Etenim benedictionem dabit legislator;
Ibunt de virtute in virtutem,
Videbitur Deus deorum in Sion.
9 Domine, Deus virtutum, exaudi orationem meam;
Auribus percipe, Deus Iacob.
10 Protector noster, aspice, Deus,
Et respice in faciem christi tui.
11 Quia melior est dies una in atriis tuis super millia;
Elegi abiectus esse in domo Dei mei,
Magis quam habitare in tabernaculis peccatorum.
12 Quia misericordiam et veritatem diligit Deus,
Gratiam et gloriam dabit Dominus:
13 Non privabit bonis eos qui ambulant in innocentia.
Domine virtutum, beatus homo qui sperat in te.

1 Magistro chori. Secundum «Torcularia». Filiorum Core. Psalmus.

I. *2 Quam dilecta habitatio tua, Domine exercituum!*
3 Desiderat, languens concupiscit anima mea atria Domini;
Cor meum et caro mea
Exsultant ad Deum vivum.
4 Etiam passer invenit domum,
Et hirundo nidum sibi, ubi ponat pullos suos:
Altaria tua, Domine exercituum,
Rex meus et Deus meus!

II. *5 Beati qui habitant in domo tua, Domine,*
Perpetuo laudant te.
6 Beatus vir, cuius auxilium est a te,
Cum sacra itinera in animo habet:
7 Transeuntes per vallem aridam, fontem facient eam,
Ac benedictionibus vestiet eam pluvia prima,
8 Procedent de robore in robur;
Videbunt Deum deorum in Sion.

III. *9 Domine exercituum, audi orationem meam;*
Auribus percipe, Deus Iacob.
10 Clipeus noster, aspice, Deus,
Et respice faciem uncti tui.
11 Vere, melior est dies unus in atriis tuis
Quam alii mille;
Consistere malo in limine domus Dei mei,
Quam morari in tabernaculis peccatorum.
12 Nam sol et clipeus est Dominus Deus:
Gratiam et gloriam largitur Dominus,
Non negat bona eis
Qui ambulant in innocentia.
13 Domine exercituum,
Beatus homo qui confidit in te.

PSALMUS 84 (85)

«Propinqua est salus nostra»

1 In finem, filiis Core. Psalmus.

2 Benedixisti, Domine, terram tuam;
Avertisti captivitatem Iacob.
3 Remisisti iniquitatem plebis tuae,
Operuisti omnia peccata eorum.
4 Mitigasti omnem iram tuam,
Avertisti ab ira indignationis tuae.
5 Converte nos, Deus salutaris noster,
Et averte iram tuam a nobis.
6 Numquid in aeternum irasceris nobis?
Aut extendes iram tuam a generatione in generationem?

1 Magistro chori. Filiorum Core. Psalmus.

I. *2 Propitius fuisti, Domine, terrae tuae;*
Bene vertisti sortem Iacob.
3 Dimisisti culpam populi tui;
Operuisti omnia peccata eorum.
4 Continuisti omnem iracundiam tuam,
Destitisti a furore irae tuae.

II. *5 Restitue nos, Deus Salvator noster,*
Et depone indignationem tuam adversus nos.
6 Num in aeternum irasceris nobis,

83 **1:** Ps 8,1; 41,1. — **3:** Ps 41,2-3. — **8:** Is 40,31. ‖ Conc. Trid.: D 803.

84 **2:** Ps 13,7. — **5:** Ps 79,4. — **6:** Ps 76,8; 78,5; 88,47. — **11:** Ps 71,2-3; 88,15; Is 32,17.

7 Deus, tu conversus vivificabis nos,
Et plebs tua laetabitur in te.
8 Ostende nobis, Domine, misericordiam tuam,
Et salutare tuum da nobis.
9 Audiam quid loquatur in me Dominus Deus,
Quoniam loquetur pacem in plebem suam,
Et super sanctos suos,
Et in eos qui convertuntur ad cor.
10 Verumtamen prope timentes eum salutare ipsius,
Ut inhabitet gloria in terra nostra.
11 Misericordia et veritas obviaverunt sibi;
Iustitia et pax osculatae sunt.
12 Veritas de terra orta est,
Et iustitia de caelo prospexit.
13 Etenim Dominus dabit benignitatem,
Et terra nostra dabit fructum suum.
14 Iustitia ante eum ambulabit,
Et ponet in via gressus suos.

Aut extendes iram tuam in omnes generationes?
7 *Nonne tu vitam restitues nobis,*
Et populus tuus laetabitur in te?
8 *Ostende nobis, Domine, misericordiam tuam,*
Et salutem tuam da nobis.
III. 9 *Audiam, quid loquatur Dominus Deus:*
Profecto loquitur pacem
Populo suo et sanctis suis
Et eis qui corde convertuntur ad eum.
10 *Certe propinqua est salus eius timentibus eum,*
Ut habitet gloria in terra nostra.
11 *Misericordia et fidelitas obviam venient sibi,*
Iustitia et pax inter se osculabuntur.
12 *Fidelitas germinabit ex terra,*
Et iustitia de caelo prospiciet.
13 *Dominus quoque dabit bonum,*
Et terra nostra dabit fructum suum.
14 *Iustitia ante eum incedet,*
Et salus in via gressuum eius.

PSALMUS 85 (86)

Pii servi Dei in rebus adversis obsecratio

1 Oratio ipsi David.
Inclina, Domine, aurem tuam et exaudi me,
Quoniam inops et pauper sum ego.
2 Custodi animam meam, quoniam sanctus sum;
Salvum fac servum tuum, Deus meus, sperantem in te.
3 Miserere mei, Domine,
Quoniam ad te clamavi tota die;
4 Laetifica animam servi tui,
Quoniam ad te, Domine, animam meam levavi.
5 Quoniam tu, Domine, suavis et mitis,
Et multae misericordiae omnibus invocantibus te.
6 Auribus percipe, Domine, orationem meam,
Et intende voci deprecationis meae.
7 In die tribulationis meae clamavi ad te,
Quia exaudisti me.
8 Non est similis tui in diis, Domine,
Et non est secundum opera tua.
9 Omnes gentes quascumque fecisti venient,
Et adorabunt coram te, Domine,
Et glorificabunt nomen tuum.
10 Quoniam magnus es tu, et faciens mirabilia;
Tu es Deus solus.
11 Deduc me, Domine, in via tua, et ingrediar in veritate tua;

1 *Precatio. Davidis.*
I. *Inclina, Domine, aurem tuam, exaudi me,*
Quia miser et pauper sum ego.
2 *Custodi animam meam, quia devotus sum tibi;*
Salvum fac servum tuum sperantem in te.
Deus meus es tu: 3 *miserere mei. Domine,*
Quia assidue ad te clamo.
4 *Laetifica animam servi tui,*
Quia ad te, Domine, animam meam attollo.
5 *Tu enim, Domine, es bonus et clemens,*
Plenus misericordiae in omnes qui invocant te.
6 *Ausculta, Domine, orationem meam,*
Et attende ad vocem obsecrationis meae.
7 *Die tribulationis meae clamo ad te,*
Quia exaudies me.

II. 8 *Non est tibi par inter deos, Domine,*
Et non est opus simile operi tuo:
9 *Omnes gentes, quas fecisti, venient*
Et adorabunt te, Domine,
Et praedicabunt nomen tuum.
10 *Quia magnus es tu et facis mirabilia:*
Tu solus es Deus.

III. 11 *Doce me, Domine, viam tuam, ut ambulem in veritate tua;*

85 **2:** Ps 4,4; 15,10. — **5:** Ex 34,6; Ioel 2,13. **8:** Ex 15,11; Ps 34,10; 88,7; 94,3. — **9:** Ps 65,4; Is 66,23; Zach 14,16; Apoc 15,4. — **10:** Ps 71,18; 76,14. — **11:** Ps 26,11. — **13:** Ps 29,4.

Laetetur cor meum, ut timeat nomen tuum.
12 Confitebor tibi, Domine Deus meus, in toto corde meo,
Et glorificabo nomen tuum in aeternum;
13 Quia misericordia tua magna est super me,
Et eruisti animam meam ex inferno inferiori.
14 Deus, iniqui insurrexerunt super me,
Et synagoga potentium quaesierunt animam meam,
Et non proposuerunt te in conspectu suo.
15 Et tu, Domine Deus, miserator et misericors;
Patiens, et multae misericordiae, et verax.
16 Respice in me, et miserere mei;
Da imperium tuum puero tuo,
Et salvum fac filium ancillae tuae.
17 Fac mecum signum in bonum,
Ut videant qui oderunt me, et confundantur,
Quoniam tu, Domine, adiuvisti me, et consolatus es me.

Dirige cor meum, ut timeat nomen tuum.
12 *Celebrabo te, Domine, Deus meus, toto corde meo,*
Et praedicabo nomen tuum in aeternum,
13 *Quia misericordia tua magna fuit erga me,*
Et eripuisti animam meam de profundis inferni.
14 *Deus, superbi insurrexerunt contra me,*
Et turba praepotentium insidiatur vitae meae,
Neque te ponunt ante oculos suos.
15 *Sed tu, Domine, Deus misericors es et benignus,*
Tardus ad iram, summe clemens et fidelis.
16 *Respice in me et miserere mei;*
Da robur tuum servo tuo,
Et salvum fac filium ancillae tuae.
17 *Signum da mihi favoris tui,*
Ut videant, qui oderunt me, et confundantur,
Quod tu, Domine, adiuveris me et consolatus sis me.

PSALMUS 86 (87)

Sion, omnium populorum mater

1 Filiis Core. Psalmus cantici.

Fundamenta eius in montibus sanctis;
2 Diligit Dominus portas Sion super omnia tabernacula Iacob.
3 Gloriosa dicta sunt de te, civitas Dei!
4 Memor ero Rahab et Babylonis, scientium me;
Ecce alienigenae, et Tyrus, et populus Aethiopum,
Hi fuerunt illic.
5 Numquid Sion dicet: Homo et homo natus est in ea,
Et ipse fundavit eam Altissimus?
6 Dominus narrabit in scripturis populorum et principum,
Horum qui fuerunt in ea.
7 Sicut laetantium omnium
Habitatio est in te.

1 *Filiorum Core. Psalmus. Canticum.*

Fundationem suam in montibus sanctis 2 *diligit Dominus:*
Portas Sion magis quam omnia tabernacula Iacob.
3 *Gloriosa praedicantur de te,*
Civitas Dei!
4 *Accensebo Rahab et Babel colentibus me:*
Ecce, Philistaea et Tyrus populusque Aethiopum:
Hi nati sunt illic.
5 *Et de Sion dicetur: «Viritim omnes sunt nati in ea,*
Et ipse firmavit eam Excelsus».
6 *Dominus scribet in libro populorum:*
«Hi nati sunt illic».
7 *Et cantabunt, dum chorum ducent:*
«Omnes fontes mei sunt in te».

PSALMUS 87 (88)

Viri gravissime afflicti planctus et obsecratio

1 Canticum Psalmi, filiis Core, in finem, pro Maheleth ad respondendum. Intellectus Eman Ezrahitae.

2 Domine, Deus salutis meae,
In die clamavi et nocte coram te.
3 Intret in conspectu tuo oratio mea,
Inclina aurem tuam ad precem meam.
4 Quia repleta est malis anima mea,
Et vita mea inferno appropinquavit.

1 *Canticum Psalmus. Filiorum Core. Magistro chori. Secundum «Mahalat». Ad cantandum. Maskil. Heman Ezrahitae.*

I. 2 *Domine, Deus meus, interdiu clamo,*
Nocte lamentor coram te.
3 *Perveniat ad te oratio mea,*
Inclina aurem tuam ad clamorem meum.
4 *Nam saturata est malis anima mea,*
Et inferis vita mea propinquat.

86 1: Ps 41,1. — 3: Ps 45,5.

87 1: 1 Par 6,33; Ps 31,1; 41,1; 52,1. — 5: Ps 27,1. — 6: Epist. Ioannis IV: D 253.

5 Aestimatus sum cum descendentibus in lacum,
Factus sum sicut homo sine adiutorio,
6 Inter mortuos liber;
Sicut vulnerati dormientes in sepulchris,
Quorum non es memor amplius,
Et ipsi de manu tua repulsi sunt.
7 Posuerunt me in lacu inferiori,
In tenebrosis, et in umbra mortis.
8 Super me confirmatus est furor tuus,
Et omnes fluctus tuos induxisti super me.
9 Longe fecisti notos meos a me,
Posuerunt me abominationem sibi.
Traditus sum, et non egrediebar;
10 Oculi mei languerunt prae inopia.
Clamavi ad te, Domine, tota die;
Expandi ad te manus meas.
11 Numquid mortuis facies mirabilia?
Aut medici suscitabunt, et confitebuntur tibi?
12 Numquid narrabit aliquis in sepulchro misericordiam tuam,
Et veritatem tuam in perditione?
13 Numquid cognoscentur in tenebris mirabilia tua?
Et iustitia tua in terra oblivionis?
14 Et ego ad te, Domine, clamavi,
Et mane oratio mea praeveniet te.
15 Ut quid, Domine, repellis orationem meam,
Avertis faciem tuam a me?
16 Pauper sum ego, et in laboribus a iuventute mea;
Exaltatus autem, humiliatus sum et conturbatus.
17 In me transierunt irae tuae,
Et terrores tui conturbaverunt me.
18 Circumdederunt me sicut aqua tota die;
Circumdederunt me simul.
19 Elongasti a me amicum et proximum,
Et notos meos a miseria.

5 Accenseor descendentibus in foveam,
Similis factus sum viro invalido.
6 Inter mortuos est stratum meum,
Sicut occisorum, qui in sepulcro iacent,
Quorum non es memor amplius
Et qui a cura tua sunt seiuncti.
7 Collocasti me in fovea profunda,
In tenebris, in voragine.
8 Super me gravat indignatio tua,
Et omnibus fluctibus tuis opprimis me.
9 Removisti notos meos a me;
Abominabilem fecisti me illis,
Clausus sum, neque egredi possum.

II. *10 Oculi mei ob miseriam tabescunt,*
Clamo ad te, Domine, cotidie;
Expando ad te manus meas.
11 Num pro mortuis facis mirabilia?
An defuncti surgent, et laudabunt te?
12 Num enarratur in sepulcro bonitas tua,
Fidelitas tua apud inferos?
13 Num manifestantur in tenebris mirabilia tua,
Et gratia tua in terra oblivionis?

III. *14 Ego autem ad te, Domine, clamo,*
Et mane oratio mea ad te venit.
15 Quare, Domine, repellis animam meam,
Abscondis faciem tuam a me?
16 Miser sum ego et moribundus inde a puero,
Portavi terrores tuos et elangui.
17 Super me transierunt irae tuae.
Et terrores tui me perdiderunt.
18 Circumdant me ut aqua perpetuo;
Circumveniunt me omnes simul.
19 Removisti a me amicum et sodalem:
Familiares mei sunt tenebrae.

PSALMUS 88 (89)

Promissiones divinae David datae, comparatae cum ruina domus David

1 Intellectus Ethan Ezrahitae.

2 Misericordias Domini in aeternum cantabo;
In generationem et generationem annuntiabo veritatem tuam in ore meo.
3 Quoniam dixisti: In aeternum misericordia aedificabitur in caelis;
Praeparabitur veritas tua in eis.
4 Disposui testamentum electis meis;
Iuravi David, servo meo:
5 Usque in aeternum praeparabo semen tuum,

1 Maskil. Ethan Ezrahitae.

I. *2 Gratias Domini in aeternum cantabo;*
Per omnes generationes annuntiabo fidelitatem tuam ore meo.
3 Dixisti enim: «In aeternum fundata est gratia»;
In caelo stabilisti fidelitatem tuam.
4 «Inii foedus cum electo meo;
Iuravi David, servo meo:
5 Usque in aeternum stabiliam semen tuum,

7: Ps 85,13; 142,3. — 9: Ps 37,12. — 11-13: Ps 6,6; Is 38,18; Bar 2,17.

88 1: 3 Reg 4,31; 1 Par 2,6. — 4: 2 Sam 7, 8-16; 1 Par 17,7-14; Ps 131,11; Ier 33

Et aedificabo in generationem et generationem sedem tuam.
6 Confitebuntur caeli mirabilia tua, Domine;
Etenim veritatem tuam in ecclesia sanctorum.
7 Quoniam quis in nubibus aequabitur Domino,
Similis erit Deo in filiis Dei?
8 Deus, qui glorificatur in consilio sanctorum,
Magnus et terribilis super omnes qui in circuitu eius sunt.
9 Domine Deus virtutum, quis similis tibi?
Potens es, Domine, et veritas tua in circuitu tuo.
10 Tu dominaris potestati maris,
Motum autem fluctuum eius tu mitigas.
11 Tu humiliasti, sicut vulneratum, superbum;
In brachio virtutis tuae dispersisti inimicos tuos.
12 Tui sunt caeli, et tua est terra;
Orbem terrae et plenitudinem eius tu fundasti;
13 Aquilonem et mare tu creasti.
Thabor et Hermon in nomine tuo exsultabunt;
14 Tuum brachium cum potentia.
Firmetur manus tua, et exaltetur dextera tua.
15 Iustitia et iudicium praeparatio sedis tuae.
Misericordia et veritas praecedent faciem tuam.
16 Beatus populus qui scit iubilationem.
Domine, in lumine vultus tui ambulabunt;
17 Et in nomine tuo exsultabunt tota die;
Et in iustitia tua exaltabuntur.
18 Quoniam gloria virtutis eorum tu es,
Et in beneplacito tuo exaltabitur cornu nostrum.
19 Quia Domini est assumptio nostra
Et sancti Israel regis nostri.
20 Tunc locutus es in visione sanctis tuis,
Et dixisti: Posui adiutorium in potente;
Et exaltavi electum de plebe mea.
21 Inveni David, servum meum,
Oleo sancto meo unxi eum.
22 Manus enim mea auxiliabitur ei,
Et brachium meum confortabit eum.
23 Nihil proficiet inimicus in eo,
Et filius iniquitatis non apponet nocere ei.
24 Et concidam a facie ipsius inimicos eius,
Et odientes eum in fugam convertam.
25 Et veritas mea et misericordia mea cum ipso;
Et in nomine meo exaltabitur cornu eius.
26 Et ponam in mari manum eius,
Et in fluminibus dexteram eius.
27 Ipse invocabit me: Pater meus es tu,

Et fundabo in omnes generationes thronum tuum».

II. 6 *Caeli mirabilia tua celebrant, Domine,*
Et fidelitatem tuam in coetu sanctorum.
7 *Nam quis in nubibus aequabitur Domino,*
Similis erit Domino inter filios Dei?
8 *Deus est terribilis in concilio sanctorum,*
Magnus et tremendus prae omnibus circa eum.
9 *Domine, Deus exercituum, quis par est tibi?*
Potens es, Domine, et fidelitas tua circumdat te.
10 *Tu imperas superbiae maris,*
Tumorem fluctuum eius tu compescis.
11 *Tu transfixum conculcasti Rahab,*
Bracchio potenti tuo dispersisti inimicos tuos.
12 *Tui sunt caeli, et tua est terra;*
Orbem terrarum et quod eum replet tu fundasti;
13 *Aquilonem et austrum tu creasti;*
Thabor et Hermon de nomine tuo exsultant.
14 *Tibi bracchium potens est,*
Firma manus tua, dextera tua erecta.
15 *Iustitia et ius sunt fundamentum throni tui;*
Gratia et fidelitas praecedunt te.
16 *Beatus populus qui exsultare novit;*
Ambulant, Domine, in lumine vultus tui,
17 *De nomine tuo laetantur semper,*
Et iustitia tua extolluntur.
18 *Nam tu es splendor potentiae eorum,*
Et tuo favore extollitur cornu nostrum.
19 *Nam Domini est clipeus noster,*
Et Sancti Israel rex noster.

III. 20 *Olim locutus es in visione sanctis tuis et dixisti.*
«Imposui coronam potenti;
Extuli electum de populo.
21 *Inveni David, servum meum,*
Oleo sancto meo unxi eum,
22 *Ut manus mea sit semper cum eo,*
Et bracchium meum confirmet eum.
23 *Non decipiet eum inimicus,*
Neque malignus deprimet eum.
24 *Sed contundam coram eo adversarios eius,*
Et, qui oderunt eum, percutiam.
25 *Fidelitas mea et gratia mea cum ipso;*
Et in nomine meo extolletur cornu eius.
26 *Et extendam super mare manum eius,*
Et super flumina dexteram eius.
27 *Ipse vocabit me: Pater meus es tu,*

17-22. — **5:** Lc 1,32-33. — **9:** Ps 34,10. — **10:** Ps 64,8. — **12:** Ps 23,1; 103,5. — **15:** Ps 84,11. **19:** Ps 70,22. — **20:** 1 Sam 16,7-12; 2 Sam 7,4-16; 1 Par 17,7-15. — **21:** 1 Sam 16,1.12-13; Act 13, 22. — **25:** Ps 131,17-18. || Epist. Bonif. II: D 200. **26:** Ps 71,8. — **27:** 2 Sam 7,14. — **31-38:** 2 Sam

Deus meus, et susceptor salutis meae.
28 Et ego primogenitum ponam illum,
Excelsum prae regibus terrae.
29 In aeternum servabo illi misericordiam meam,
Et testamentum meum fidele ipsi.
30 Et ponam in saeculum saeculi semen eius,
Et thronum eius sicut dies caeli.
31 Si autem dereliquerint filii eius legem meam,
Et in iudiciis meis non ambulaverint;
32 Si iustitias meas profanaverint,
Et mandata mea non custodierint:
33 Visitabo in virga iniquitates eorum;
Et in verberibus peccata eorum;
34 Misericordiam autem meam non dispergam ab eo,
Neque nocebo in veritate mea.
35 Neque profanabo testamentum meum,
Et quae procedunt de labiis meis non faciam irrita.
36 Semel iuravi in sancto meo, si David mentiar:
37 Semen eius in aeternum manebit.
Et thronus eius sicut sol in conspectu meo,
38 Et sicut luna perfecta in aeternum,
Et testis in caelo fidelis.
39 Tu vero repulisti et despexisti;
Distulisti christum tuum.
40 Evertisti testamentum servi tui;
Profanasti in terra sanctuarium eius.
41 Destruxisti omnes sepes eius;
Posuisti firmamentum eius formidinem.
42 Diripuerunt eum omnes transeuntes viam;
Factus est opprobrium vicinis suis.
43 Exaltasti dexteram deprimentium eum;
Laetificasti omnes inimicos eius.
44 Avertisti adiutorium gladii eius,
Et non es auxiliatus ei in bello.
45 Destruxisti eum ab emundatione,
Et sedem eius in terram collisisti.
46 Minorasti dies temporis eius:
Perfudisti eum confusione.
47 Usquequo, Domine, avertis in finem:
Exardescet sicut ignis ira tua?
48 Memorare quae mea substantia;
Numquid enim vane constituisti omnes filios hominum?
49 Quis est homo qui vivet et non videbit mortem?
Eruet animam suam de manu inferi?
50 Ubi sunt misericordiae tuae antiquae, Domine,
Sicut iurasti David in veritate tua?
51 Memor esto, Domine, opprobrii servorum tuorum,
Quod continui in sinu meo, multarum gentium;

7,14-16. — **31-33:** Lev 26,14-33; Deut 28,15-68. **39-46:** Ps 43,10-25; 73,3-7; 78,1-4; Lam 2,1-22.

Deus meus et petra salutis meae.
28 *Atque ego primogenitum constituam eum,*
Celsissimum inter reges terrae.
29 *In aeternum servabo ei gratiam meam,*
Et firmum manebit ei foedus meum.
30 *Et aeternum faciam semen eius,*
Et thronum eius ut dies caeli.
31 *Si dereliquerint filii eius legem meam,*
Neque ambulaverint in praeceptis meis,
32 *Si violaverint statuta mea,*
Nec custodierint mandata mea:
33 *Virga puniam delictum eorum,*
Et verberibus culpam eorum;
34 *Sed gratiam meam non subtraham ei,*
Nec fidem meam fallam.
35 *Non violabo foedus meum,*
Neque effatum labiorum meorum mutabo.
36 *Semel iuravi per sanctitatem meam:*
Davidi certe non mentiar,
37 *Semen eius in aeternum manebit*
Et thronus eius coram me erit ut sol,
38 *Ut luna, quae manet in aeternum,*
Testis in caelo fidelis».

IV. 39 *Tu vero reppulisti et abiecisti,*
Graviter iratus es uncto tuo.
40 *Sprevisti foedus servi tui,*
Profanasti humi coronam eius.
41 *Diruisti omnes muros eius,*
Munitiones eius excidio tradidisti.
42 *Diripuerunt eum omnes transeuntes per viam,*
Ludibrio factus est vicinis suis.
43 *Extulisti dexteram inimicorum eius;*
Implevisti gaudio omnes hostes eius.
44 *Retudisti aciem gladii eius,*
Nec sustentasti eum in proelio.
45 *Cessare fecisti splendorem eius,*
Et thronum eius in terram deiecisti.
46 *Breviasti dies adulescentiae eius,*
Operuisti eum ignominia.

V. 47 *Quousque, Domine? abscondes te semper?*
Ardebit ut ignis indignatio tua?
48 *Memento, quam brevis sit vita mea,*
Quam caducos creaveris omnes homines.
49 *Quis est, qui vivat nec videat mortem,*
Qui e manu inferi subtrahat animam suam?
50 *Ubi sunt gratiae tuae antiquae, Domine,*
Quas David iurasti per fidelitatem tuam?
51 *Memento, Domine, contumeliae servorum tuorum:*
Porto in sinu meo omnes inimicitias gentium,

48: Ps 38,5-6. — **49:** Eccli 41,5; Rom 5,12. — **50:** 2 Sam 7,10-15. — **53:** Ps 40,14.

52 Quod exprobraverunt inimici tui, Domine,
Quod exprobraverunt commutationem christi tui.
53 Benedictus Dominus in aeternum. Fiat!, fiat!

52 Quibus insultant adversarii tui, Domine,
Quibus insultant gressibus uncti tui.
53 Benedictus Dominus in aeternum! Fiat!, fiat!

PSALMUS 89 (90)

Deus aeternus hominis in brevitate vitae refugium

1 Oratio Moysi, hominis Dei.
Domine, refugium factus es nobis
A generatione in generationem.
2 Priusquam montes fierent,
Aut formaretur terra et orbis,
A saeculo et usque in saeculum tu es Deus.
3 Ne avertas hominem in humilitatem;
Et dixisti: Convertimini, filii hominum.
4 Quoniam mille anni ante oculos tuos
Tanquam dies hesterna quae praeteriit,
Et custodia in nocte;
5 Quae pro nihilo habentur eorum anni erunt.
6 Mane sicut herba transeat;
Mane floreat, et transeat;
Vespere decidat, induret, et arescat.
7 Quia defecimus in ira tua,
Et in furore tuo turbati sumus.
8 Posuisti iniquitates nostras in conspectu tuo,
Saeculum nostrum in illuminatione vultus tui.
9 Quoniam omnes dies nostri defecerunt;
Et in ira tua defecimus.
Anni nostri sicut aranea meditabuntur;
10 Dies annorum nostrorum in ipsis septuaginta anni.
Si autem in potentatibus octoginta anni,
Et amplius eorum labor et dolor;
Quoniam supervenit mansuetudo, et corripiemur.
11 Quis novit potestatem irae tuae,
12 Et prae timore tuo iram tuam dinumerare?
Dexteram tuam sic notam fac,
Et eruditos corde in sapientia.
13 Convertere, Domine; usquequo?
Et deprecabilis esto super servos tuos.
14 Repleti sumus mane misericordia tua;
Et exsultavimus, et delectati sumus omnibus diebus nostris.
15 Laetati sumus pro diebus quibus nos humiliasti,
Annis quibus vidimus mala.
16 Respice in servos tuos et in opera tua,
Et dirige filios eorum.
17 Et sit splendor Domini Dei nostri super nos;
Et opera manuum nostrarum dirige super nos,
Et opus manuum nostrarum dirige.

1 Precatio. Moysis, viri Dei.

I. *Domine, tu fuisti refugium nobis*
A generatione in generationem.
2 Priusquam montes gignerentur et nasceretur terra et orbis,
Et ab aeterno in aeternum tu es, Deus.
3 Reverti iubes mortales in pulverem,
Et dicis: «Revertimini, filii hominum».
4 Nam mille anni in oculis tuis
Tamquam dies hesternus sunt qui transivit,
Et tamquam vigilia nocturna.
5 Abripis eos: fiunt ut somnium matutinum,
Ut herba virescens:
6 Mane floret et viret,
Vespere succiditur et arescit.

II. *7 Vere consumpti sumus ira tua,*
Et indignatione tua conturbati.
8 Posuisti culpas nostras in conspectu tuo,
Peccata nostra occulta in lumine vultus tui.
9 Nam omnes dies nostri transierunt in ira tua;
Finivimus annos nostros ut suspirium.
10 Summa annorum nostrorum sunt septuaginta anni
Et, si validi sumus, octoginta;
Et plerique eorum sunt labor et vanitas;
Nam cito transeunt, et nos avolamus.
11 Quis perpendit potentiam irae tuae,
Et pro debito tibi timore indignationem tuam?

III. *12 Dinumerare nos doce dies nostros,*
Ut perveniamus ad sapientiam cordis.
13 Revertere, Domine, — quousque?
Et propitius esto servis tuis.
14 Satia nos cito misericordia tua,
Ut exsultemus et laetemur cunctis diebus nostris.
15 Laetifica nos pro diebus quibus nos afflixisti,
Pro annis quibus vidimus mala.
16 Appareat servis tuis opus tuum,
Et gloria tua filiis eorum,
17 Et bonitas Domini Dei nostri sit super nos,
Et opus manuum nostrarum secunda nobis,
Et opus manuum nostrarum secunda.

89 **1:** Deut 33,1; Ios 14,6; Esdr 3,2. — **2:** Ps 92,2; 101,26; Prov 8,25-26; Hab 1,12. **4:** 2 Petr 3,8. — **8:** Ier 16,17. — **10:** Eccli 18,8; Is 65,20. — **13:** Ps 6,4-5.

PSALMUS 90 (91)

Deus altissimus iustorum protector

1 Laus cantici David.

Qui habitat in adiutorio Altissimi,
In protectione Dei caeli commorabitur.
2 Dicet Domino: Susceptor meus es tu et refugium meum;
Deus meus, sperabo in eum.
3 Quoniam ipse liberavit me de laqueo venantium,
Et a verbo aspero.
4 Scapulis suis obumbrabit tibi,
Et sub pennis eius sperabis.
5 Scuto circumdabit te veritas eius;
Non timebis a timore nocturno;
6 A sagitta volante in die,
A negotio perambulante in tenebris,
Ab incursu, et daemonio meridiano.
7 Cadent a latere tuo mille, et decem millia a dextris tuis;
Ad te autem non appropinquabit.
8 Verumtamen oculis tuis considerabis
Et retributionem peccatorum videbis.
9 Quoniam tu es, Domine, spes mea;
Altissimum posuisti refugium tuum.
10 Non accedet ad te malum,
Et flagellum non appropinquabit tabernaculo tuo.
11 Quoniam angelis suis mandavit de te,
Ut custodiant te in omnibus viis tuis.
12 In manibus portabunt te,
Ne forte offendas ad lapidem pedem tuum.
13 Super aspidem et basiliscum ambulabis,
Et conculcabis leonem et draconem.
14 Quoniam in me speravit, liberabo eum;
Protegam eum, quoniam cognovit nomen meum.
15 Clamabit ad me, et ego exaudiam eum;
Cum ipso sum in tribulatione;
Eripiam eum, et glorificabo eum.
16 Longitudine dierum replebo eum,
Et ostendam illi salutare meum.

I. 1 *Qui degis in praesidio Altissimi,*
Qui sub umbra Omnipotentis commoraris,
2 *Dic Domino: «Refugium meum et arx mea,*
Deus meus, in quo confido».
3 *Nam ipse liberabit te de laqueo venantium,*
A peste perniciosa.
4 *Pennis suis proteget te,*
Et sub alas eius confugies:
Scutum et clipeus est fidelitas eius.
5 *Non timebis a terrore nocturno,*
A sagitta volante in die,
6 *A peste quae vagatur in tenebris,*
A pernicie quae vastat meridie.
7 *Cadant a latere tuo mille, et decem milia a dextris tuis:*
Ad te non appropinquabit.
8 *Verumtamen oculis tuis spectabis*
Et mercedem peccatorum videbis.
9 *Nam refugium tuum est Dominus,*
Altissimum constituisti munimen tuum.
10 *Non accedet ad te malum,*
Et plaga non appropinquabit tabernaculo tuo,
11 *Quia angelis suis mandavit de te.*
Ut custodiant te in omnibus viis tuis.
12 *In manibus suis portabunt te,*
Ne offendas ad lapidem pedem tuum.
13 *Super aspidem et viperam gradieris,*
Conculcabis leonem et draconem.

II. 14 *Quoniam mihi adhaesit, liberabo eum;*
Protegam eum, quia cognovit nomen meum.
15 *Invocabit me et exaudiam eum;*
Cum ipso ero in tribulatione,
Eripiam eum et honorabo eum.
16 *Longitudine dierum satiabo eum.*
Et ostendam ei salutem meam.

PSALMUS 91 (92)

Laus Dei, sortes hominum sapienter et iuste gubernantis

1 Psalmus cantici, in die sabbati.

2 Bonum est confiteri Domino,
Et psallere nomini tuo, Altissime.
3 Ad annuntiandum mane misericordiam tuam,
Et veritatem tuam per noctem;
4 In decachordo, psalterio,
Cum cantico, in cithara.

1 *Psalmus. Canticum. Pro die sabbati.*

I. 2 *Bonum est celebrare Dominum,*
Et psallere nomini tuo, Altissime:
3 *Annuntiare mane misericordiam tuam*
Et fidelitatem tuam per noctes
4 *Psalterio decachordo et lyra,*
Cum cantico ad citharam.

90 1: Ps 120,5-8. — 2: 2 Sam 22,3; Ps 17,3; 58,17-18. — 3: Ps 118, 110. — 5: Ps 34,2; Prov 3,24. — 8: Ps 36,34-36. — 11: Mt 4,6; Lc 4, 10-11. — 15: Ps 49,15. — 16: Deut 6,2; 3 Reg 3, 14; Ps 49,23.

91 4: Ps 32,2. — 6: Ps 39,6; 103,24; Rom 11, 33. — 7: Sap 13,1-19. — 10: Ps 67,2-3; Nah 1,2. — 13: Ps 1,3; 51,10; Os 14,5-8. — 16: Deut 32,4; Rom 9,14.

5 Quia delectasti me, Domine, in factura tua;
Et in operibus manuum tuarum exsultabo.
6 Quam magnificata sunt opera tua, Domine!
Nimis profundae factae sunt cogitationes tuae.
7 Vir insipiens non cognoscet,
Et stultus non intelliget haec.
8 Cum exorti fuerint peccatores sicut foenum,
Et apparuerint omnes qui operantur iniquitatem,
Ut intereant in saeculum saeculi;
9 Tu autem Altissimus in aeternum, Domine.
10 Quoniam ecce inimici tui, Domine,
Quoniam ecce inimici tui peribunt;
Et dispergentur omnes qui operantur iniquitatem.
11 Et exaltabitur sicut unicornis cornu meum,
Et senectus mea in misericordia uberi.
12 Et despexit oculus meus inimicos meos,
Et in insurgentibus in me malignantibus audiet auris mea.
13 Iustus ut palma florebit;
Sicut cedrus Libani multiplicabitur.
14 Plantati in domo Domini,
In atriis domus Dei nostri florebunt.
15 Adhuc multiplicabuntur in senecta uberi
Et bene patientes erunt:
16 Ut annuntient quoniam rectus Dominus Deus noster,
Et non est iniquitas in eo.

5 Nam delectas me, Domine, factis tuis,
De operibus manuum tuarum exsulto.

II. *6 Quam magnifica sunt opera tua, Domine,*
Quam profundae cogitationes tuae!
7 Vir insipiens non cognoscit,
Et stultus non intellegit haec.
8 Etsi impii floreant ut herba,
Et splendeant omnes male agentes,
Excidio destinantur sempiterno:
9 Tu autem in aeternum excelsus es, Domine.

III. *10 Nam ecce inimici tui, Domine,*
Nam ecce inimici tui peribunt;
Dispergentur omnes male agentes.
11 Extulisti sicut cornu bubali cornu meum;
Perfudisti me oleo purissimo.
12 Et oculus meus despexit inimicos meos,
Et de insurgentibus contra me malignis laeta audierunt aures meae.

IV. *13 Iustus ut palma florebit,*
Sicut cedrus Libani crescet.
14 Plantati in domo Domini,
In atriis Dei nostri florebunt.
15 Fructum ferent etiam in senectute,
Sucosi et vegeti erunt,
16 Ut annuntient, quam rectus sit Dominus,
Petra mea, neque iniquitatem esse in eo.

PSALMUS 92 (93)

Dominus rex potens universi orbis terrarum

1 Laus cantici ipsi David, in die ante sabbatum, quando fundata est terra.

Dominus regnavit, decorem indutus est:
Indutus est Dominus fortitudinem, et praecinxit se.
Etenim firmavit orbem terrae, qui non commovebitur.
2 Parata sedes tua ex tunc;
A saeculo tu es.
3 Elevaverunt flumina, Domine,
Elevaverunt flumina vocem suam,
Elevaverunt flumina fluctus suos,
4 A vocibus aquarum multarum.
Mirabiles elationes maris;
Mirabilis in altis Dominus.
5 Testimonia tua credibilia facta sunt nimis;
Domum tuam decet sanctitudo,
Domine, in longitudinem dierum.

A

1 Dominus regnat, maiestatem indutus est,
Indutus est Dominus potentiam, praecinxit se,
Et firmavit orbem terrarum,
Qui non commovebitur.
2 Firma est sedes tua ab aevo,
Ab aeterno tu es.
3 Extollunt flumina, Domine,
Extollunt flumina vocem suam,
Extollunt flumina fragorem suum.
4 Potentior voce aquarum multarum,
Potentior aestibus maris:
Potens in excelsis est Dominus.
5 Testimonia tua fide digna sunt valde;
Domum tuam decet sanctitas, Domine, in longitudinem dierum.

92 1: Ps 95,10; 103,1. — 2: Ps 89,2; Hab 1, 12. — 5: Ps 18,8. || Enc. Pii X: D 2120.

PSALMUS 93 (94)

Invocatio Dei, iusti iudicis, contra oppressores iniquos

1 Psalmus ipsi David, quarta sabbati.

Deus ultionum Dominus;
Deus ultionum libere egit.
2 Exaltare, qui iudicas terram,
Redde retributionem superbis.
3 Usquequo peccatores, Domine,
Usquequo peccatores gloriabuntur?
4 Effabuntur et loquentur iniquitatem,
Loquentur omnes qui operantur iniustitiam?
5 Populum tuum, Domine, humiliaverunt;
Et haereditatem tuam vexaverunt.
6 Viduam et advenam interfecerunt,
Et pupillos occiderunt.
7 Et dixerunt: Non videbit Dominus,
Nec intelliget Deus Iacob.
8 Intelligite, insipientes in populo;
Et stulti, aliquando sapite.
9 Qui plantavit aurem non audiet?
Aut qui finxit oculum non considerat?
10 Qui corripit gentes non arguet,
Qui docet hominem scientiam?
11 Dominus scit cogitationes hominum,
Quoniam vanae sunt.
12 Beatus homo quem tu erudieris, Domine,
Et de lege tua docueris eum;
13 Ut mitiges ei a diebus malis,
Donec fodiatur peccatori fovea.
14 Quia non repellet Dominus plebem suam,
Et haereditatem suam non derelinquet.
15 Quoadusque iustitia convertatur in iudicium,
Et qui iuxta illam omnes qui recto sunt corde.
16 Quis consurget mihi adversus malignantes?
Aut quis stabit mecum adversus operantes iniquitatem?
17 Nisi quia Dominus adiuvit me,
Paulo minus habitasset in inferno anima mea.
18 Si dicebam: Motus est pes meus,
Misericordia tua, Domine, adiuvabat me.
19 Secundum multitudinem dolorum meorum in corde meo,
Consolationes tuae laetificaverunt animam meam.
20 Numquid adhaeret tibi sedes iniquitatis,
Qui fingis laborem in praecepto?
21 Captabunt in animam iusti,
Et sanguinem innocentem condemnabunt.
22 Et factus est mihi Dominus in refugium,

A

I. 1 *Deus ultor, Domine,*
Deus ultor, affulge.
2 *Exsurge, qui iudicas terram;*
Redde, quod merentur, superbis.
3 *Quousque impii, Domine,*
Quousque impii gloriabuntur,
4 *Effutient, loquentur insolenter,*
Iactabunt se qui patrant iniqua?

II. 5 *Populum tuum, Domine, conculcant,*
Et hereditatem tuam affligunt;
6 *Viduam et peregrinum trucidant,*
Et occidunt pupillos.
7 *Et dicunt: Non videt Dominus,*
Neque advertit Deus Iacob.

III. 8 *Intellegite, stulti in populo,*
Et insipientes, quando sapietis?
9 *Qui plantavit aurem, non audiet?*
Aut, qui finxit oculum, non videbit?
10 *Qui erudit gentes, non castigabit?*
Qui docet homines scientiam?
11 *Dominus novit cogitationes hominum:*
Sunt enim inanes.

B

I. 12 *Beatus vir, quem erudis, Domine,*
Et instruis lege tua,
13 *Ut des ei requiem a diebus malis*
Donec impio fovea fodiatur.
14 *Neque enim reiciet Dominus populum suum,*
Et hereditatem suam non derelinquet;
15 *Sed ad iustitiam redibit iudicium,*
Eamque sequentur omnes recti corde.

II. 16 *Quis consurget pro me contra male agentes?*
Quis stabit pro me contra patrantes iniqua?
17 *Nisi Dominus iuvaret me,*
Brevi habitaret in loco silentii anima mea.
18 *Cum cogito: «Vacillat pes meus»,*
Gratia tua, Domine, me sustentat.
19 *Cum anxietates multiplicantur in corde meo,*
Consolationes tuae delectant animam meam.

III. 20 *Num sociabitur tecum tribunal iniquum,*
Quod vexationes creat sub specie legis?
21 *Invadant animam iusti,*
Et sanguinem innocentem condemnent:
22 *Dominus certe erit praesidium mihi,*

93 **1:** Deut 32,35.43; Eccli 28,1; Nah 1,2; Rom 12,19. — **5:** Ps 32,12. — **7:** Iob 22, 13; Ps 10,11; 63,6; 72,11; Eccli 16,16. — **9:** Ex 4, 11; Prov 20,12. — **10:** Iob 35,11. || Conc. Carthag. XVI: D 104; De gratia Dei Indic.: D 137. **11:** 1 Cor 3,20. — **14:** 1 Sam 12,22; Rom 11,2. **23:** Ps 7,17.

Et Deus meus in adiutorium spei meae.
23 Et reddet illis iniquitatem ipsorum,
Et in malitia eorum disperdet eos,
Disperdet illos Dominus Deus noster.

Et Deus meus petra refugii mei.
23 Et rependet illis iniquitatem eorum,
Et ipsorum malitia perdet eos,
Perdet eos Dominus Deus noster.

PSALMUS 94 (95)

Invitatio ad laudem Dei et oboedientiam

1 Laus cantici ipsi David.
Venite, exsultemus Domino;
Iubilemus Deo salutari nostro;
2 Praeoccupemus faciem eius in confessione,
Et in psalmis iubilemus ei:
3 Quoniam Deus magnus Dominus,
Et rex magnus super omnes deos;
4 Quia in manu eius sunt omnes fines terrae,
Et altitudines montium ipsius sunt;
5 Quoniam ipsius est mare, et ipse fecit illud,
Et siccam manus eius formaverunt.
6 Venite, adoremus, et procidamus,
Et ploremus ante Dominum qui fecit nos;
7 Quia ipse est Dominus Deus noster,
Et nos populus pascuae eius, et oves manus eius.
8 Hodie si vocem eius audieritis,
Nolite obdurare corda vestra 9 sicut in irritatione,
Secundum diem tentationis in deserto,
Ubi tentaverunt me patres vestri,
Probaverunt me, et viderunt opera mea.
10 Quadraginta annis offensus fui generationi illi;
Et dixi: Semper hi errant corde.
11 Et isti non cognoverunt vias meas:
Ut iuravi in ira mea:
Si introibunt in requiem meam.

I. *1 Venite, exsultemus Domino,*
Acclamemus Petrae salutis nostrae:
2 Accedamus in conspectum eius cum laudibus,
Cum canticis exsultemus ei.
3 Nam Deus magnus est Dominus,
Et Rex magnus super omnes deos.
4 In manu eius sunt profunda terrae,
Et altitudines montium ipsius sunt.
5 Ipsius est mare: nam ipse fecit illud,
Et terra sicca, quam formaverunt manus eius:

II. *6 Venite, adoremus et procidamus,*
Et genua flectamus Domino qui fecit nos.
7 Nam ipse est Deus noster,
Nos autem populus pascuae eius et oves manus eius.
Utinam hodie vocem eius audiatis:
8 «Nolite obdurare corda vestra ut in Meriba,
Ut die Massa in deserto,
9 Ubi tentaverunt me patres vestri,
Probaverunt me, etsi viderant opera mea.
10 Quadraginta annos taeduit me generationis illius,
Et dixi: Populus errans corde sunt,
Et non noverunt vias meas.
11 Ideo iuravi in ira mea:
Non introibunt in requiem meam».

PSALMUS 95 (96)

Laudate Dominum, regem omnis terrae

1 Canticum ipsi David, quando domus aedificabatur post captivitatem.
Cantate Domino canticum novum,
Cantate Domino omnis terra.
2 Cantate Domino, et benedicite nomini eius.
Annuntiate de die in diem salutare eius.
3 Annuntiate inter gentes gloriam eius,
In omnibus populis mirabilia eius.
4 Quoniam magnus Dominus, et laudabilis nimis;
Terribilis est super omnes deos;

I. *1 Cantate Domino canticum novum,*
Cantate Domino, omnes terrae.
2 Cantate Domino, benedicite nomini eius,
Annuntiate de die in diem salutem eius.
3 Enarrate inter gentes gloriam eius,
In omnibus populis mirabilia eius.

II. *4 Nam magnus est Dominus et laudandus valde,*
Timendus magis quam omnes dii.

94 **3:** Ps 85,4; 96,9. — **5:** Gen 1,9-10. — **7:** Ps 73,1. — **8-11:** Hebr 3,7-11.15; 4,7. **8:** Ex 17,7; Deut 6,16. — **9:** 1 Cor 10,9. — **10:** Num 14,34. — **11:** Num 14,28-30; Deut 1,34-35; Hebr 4,3-5.

95 **1:** Esdr 6,14-15. — **1-13:** 1 Par 16,23-33; Ps 97,1-9. — **5:** Ps 113,4-8.15; 1 Cor 8,4; 10,20. — **7-9:** Ps 28,2. — **7:** Ps 21,28. — **8:** Ps 83,3; 115,18-19. — **10:** Ps 92,1. — **13:** Ps 66,5.

5 Quoniam omnes dii gentium daemonia;
Dominus autem caelos fecit.
6 Confessio et pulchritudo in conspectu eius;
Sanctimonia et magnificentia in sanctificatione eius.
7 Afferte Domino, patriae gentium;
Afferte Domino gloriam et honorem;
8 Afferte Domino gloriam nomini eius.
Tollite hostias, et introite in atria eius;
9 Adorate Dominum in atrio sancto eius.
Commoveatur a facie eius universa terra;
10 Dicite in gentibus, quia Dominus regnavit.
Etenim correxit orbem terrae, qui non commovebitur;
Iudicabit populos in aequitate.
11 Laetentur caeli, et exsultet terra;
Commoveatur mare et plenitudo eius;
12 Gaudebunt campi, et omnia quae in eis sunt.
Tunc exsultabunt omnia ligna silvarum
13 A facie Domini, quia venit,
Quoniam venit iudicare terram.
Iudicabit orbem terrae in aequitate,
Et populos in veritate sua.

5 Nam omnes dii gentium sunt figmenta;
Dominus autem caelos fecit.
6 Maiestas et decor praecedunt eum;
Potentia et splendor sunt in sede sancta eius.

III. *7 Tribuite Domino, familiae populorum,*
Tribuite Domino gloriam et potentiam;
8 Tribuite Domino gloriam nominis eius.
Offerte sacrificium et introite in atria eius;
9 Adorate Dominum in ornatu sacro.
Contremisce coram eo, universa terra;
10 Dicite inter gentes: Dominus regnat.
Stabilivit orbem, ut non moveatur:
Regit populos cum aequitate.

IV. *11 Laetentur caeli, et exsultet terra;*
Insonet mare et quae illud implent;
12 Gestiat campus et omnia quae in eo sunt.
Tum gaudebunt omnes arbores silvae
13 Coram Domino, quia venit,
Quia venit regere terram.
Reget orbem terrarum cum iustitia,
Et populos cum fidelitate sua.

PSALMUS 96 (97)

Dominus rex, falsos deos confundens, homines iustos extollens

1 Huic David, quando terra eius restituta est.
Dominus regnavit; exsultet terra;
Laetentur insulae multae.
2 Nubes et caligo in circuitu eius;
Iustitia et iudicium correctio sedis eius.
3 Ignis ante ipsum praecedet,
Et inflammabit in circuitu inimicos eius.
4 Illuxerunt fulgura eius orbi terrae;
Vidit, et commota est terra.
5 Montes sicut cera fluxerunt a facie Domini;
A facie Domini omnis terra.
6 Annuntiaverunt caeli iustitiam eius;
Et viderunt omnes populi gloriam eius.
7 Confundantur omnes qui adorant sculptilia,
Et qui gloriantur in simulacris suis.
Adorate eum omnes angeli eius.
8 Audivit, et laetata est Sion;
Et exsultaverunt filiae Iudae,
Propter iudicia tua, Domine.
9 Quoniam tu Dominus altissimus super omnem terram;
Nimis exaltatus es super omnes deos.
10 Qui diligitis Dominum, odite malum;
Custodit Dominus animas sanctorum suorum,

I. *1 Dominus regnat: exsultet terra,*
Laetentur insulae multae.
2 Nubes et caligo circumdant eum,
Iustitia et ius fundamentum sunt solii eius
3 Ignis ante ipsum praecedit,
Et comburit in circuitu inimicos eius.
4 Fulgura eius collustrant orbem;
Terra videt et contremiscit.
5 Montes ut cera liquescunt coram Domino,
Coram dominatore universae terrae.
6 Caeli annuntiant iustitiam eius;
Et omnes populi vident gloriam eius.

II. *7 Confunduntur omnes qui colunt sculptilia*
Et qui gloriantur in idolis;
Ante eum se prosternunt omnes dii.
8 Audit, et laetatur Sion,
Et exsultant civitates Iuda
Propter iudicia tua, Domine.
9 Nam tu, Domine, excelsus es super omnem terram,
Summe eminens inter omnes deos.
10 Dominus diligit eos, qui oderunt malum,
Custodit animas sanctorum suorum,

96 1: Ps 71,10. — 2: Ex 19,16; Deut 4,11; 5,22; 3 Reg 8,12. — 4: Is 6,4. — 6: Is 40, 5. — 7: Ex 20,4; Lev 26,1; Deut 5,8; Hebr 1, 6. ‖ Conc. Trid.: D 878. — 9: Ps 82,19; 94,3. 10: Ps 36,28; 144,20; Prov 2,8; 8,13; Am 5,15; Rom 12,9.

De manu peccatoris liberabit eos.
11 Lux orta est iusto,
Et rectis corde laetitia.
12 Laetamini iusti, in Domino,
Et confitemini memoriae sanctificationis eius.

De manu impiorum eripit eos.
11 Lux oritur iusto,
Et rectis corde laetitia.
12 Laetamini, iusti, in Domino,
Et celebrate nomen sanctum eius.

PSALMUS 97 (98)

Dominus victor, rex, iudex iustus

1 Psalmus ipsi David.
Cantate Domino canticum novum,
Quia mirabilia fecit.
Salvavit sibi dextera eius,
Et brachium sanctum eius.
2 Notum fecit Dominus salutare suum;
In conspectu gentium revelavit iustitiam suam.
3 Recordatus est misericordiae suae,
Et veritatis suae domui Israel.
Viderunt omnes termini terrae
Salutare Dei nostri.
4 Iubilate Deo, omnis terra;
Cantate et exsultate, et psallite.
5 Psallite Domino in cithara;
In cithara et voce psalmi;
6 In tubis ductilibus, et voce tubae corneae.
Iubilate in conspectu regis Domini;
7 Moveatur mare, et plenitudo eius;
Orbis terrarum, et qui habitant in eo.
8 Flumina plaudent manu,
Simul montes exsultabunt 9 a conspectu Domini,
Quoniam venit iudicare terram.
Iudicabit orbem terrarum in iustitia,
Et populos in aequitate.

1 Psalmus.

I. *Cantate Domino canticum novum,*
Quia mirabilia fecit.
Victoriam paravit ei dextera eius,
Et bracchium sanctum eius.
2 Notam fecit Dominus salutem suam;
In conspectu gentium revelavit iustitiam suam.
3 Recordatus est bonitatis et fidelitatis suae
In gratiam domus Israel.
Viderunt omnes fines terrae
Salutem Dei nostri.

II. *4 Exsultate Domino, omnes terrae,*
Laetamini et gaudete et psallite.
5 Psallite Domino cum cithara,
Cum cithara et sonitu psalterii,
6 Cum tubis et sono bucinae:
Exsultate in conspectu regis Domini.

III. *7 Insonet mare et quae illud replent,*
Orbis terrarum et qui habitant in eo.
8 Flumina plaudant manibus,
Simul montes exsultent
9 Coram Domino, quia venit,
Quia venit regere terram.
Reget orbem terrarum cum iustitia
Et populos cum aequitate.

PSALMUS 98 (99)

Dominus rex sanctus

1 Psalmus ipsi David.
Dominus regnavit: irascantur populi;
Qui sedet super cherubim: moveatur terra.
2 Dominus in Sion magnus,
Et excelsus super omnes populos.
3 Confiteantur nomini tuo magno,
Quoniam terribile et sanctum est,
4 Et honor regis iudicium diligit.
Tu parasti directiones;
Iudicium et iustitiam in Iacob tu fecisti.
5 Exaltate Dominum Deum nostrum
Et adorate scabellum pedum eius,
Quoniam sanctum est.
6 Moyses et Aaron in sacerdotibus eius,
Et Samuel inter eos qui invocant nomen eius;

I. *1 Dominus regnat: tremunt populi;*
Sedet super cherubim: movetur terra.
2 Dominus in Sion magnus
Et excelsus super omnes populos.
3 Celebrent nomen tuum magnum et tremendum:
Sanctum est illud.

II. *4 Et regnat potens qui iustitiam diligit:*
Tu stabilisti quae recta sunt,
Iustitiam et ius exerces in Iacob.
5 Extollite Dominum Deum nostrum,
Et procumbite ad scabellum pedum eius:
Sanctum est illud.

III. *6 Moyses et Aaron sunt inter sacerdotes eius,*

97 1: Ex 15,6; Ps 117,16; Lc 1,51. — 2-3: Is 49,6; 52,10; Lc 2,30-31. — 3: Lc 1,54. 72; 3,6. — 9: Ps 95,10.13.

98 1: Ps 79,2. — 3: Lc 1,49. — 6: Ex 17,11; 33,11; Lev 8,1-30; Num 16,48; 1 Sam 12, 18. — 7: Ex 33,9; Num 12,5. — 8: Num 12, 10-15; 14,20; 20,12. — 9: Ps 2,6.

Invocabant Dominum, et ipse exaudiebat eos;
7 In columna nubis loquebatur ad eos.
Custodiebant testimonia eius,
Et praeceptum quod dedit illis.
8 Domine, Deus noster, tu exaudiebas eos;
Deus, tu propitius fuisti eis,
Et ulciscens in omnes adinventiones eorum.
9 Exaltate Dominum Deum nostrum,
Et adorate in monte sancto eius,
Quoniam sanctus Dominus Deus noster.

Et Samuel inter eos qui invocabant nomen eius:
Invocabant Dominum, et ipse exaudiebat eos.
7 *In columna nubis loquebatur ad eos:*
Audiebant mandata eius,
Et praeceptum, quod dedit eis.
8 *Domine, Deus noster, tu exaudisti eos;*
Deus, propitius fuisti eis,
Sed ultus es iniurias eorum.
9 *Extollite Dominum Deum nostrum,*
Et procumbite ad montem sanctum eius:
Nam sanctus est Dominus, Deus noster.

PSALMUS 99 (100)

Hymnus ingredientium in templum

1 Psalmus in confessione.

2 Iubilate Deo, omnis terra;
Servite Domino in laetitia.
Introite in conspectu eius in exsultatione.
3 Scitote quoniam Dominus ipse est Deus;
Ipse fecit nos, et non ipsi nos;
Populus eius, et oves pascuae eius.
4 Introite portas eius in confessione,
Atria eius in hymnis; confitemini illi.
Laudate nomen eius, 5 quoniam suavis est Dominus;
In aeternum misericordia eius,
Et usque in generationem et generationem veritas eius.

1 *Psalmus. Ad gratiarum actionem.*

Exsultate Domino, omnes terrae;
2 *Servite Domino cum laetitia;*
Introite in conspectum eius
Cum exsultatione.
3 *Scitote Dominum esse Deum,*
Ipse fecit nos et ipsius sumus,
Populus eius et oves pascuae eius.
4 *Introite portas eius cum laude,*
Atria eius cum hymno;
Celebrate eum, benedicite nomini eius.
5 *Nam bonus est Dominus,*
In aeternum misericordia eius,
Et in generationem et generationem fidelitas eius.

PSALMUS 100 (101)

Egregii principis proposita

1 Psalmus ipsi David.

Misericordiam et iudicium cantabo tibi, Domine;
Psallam, 2 et intelligam in via immaculata quando venies ad me?
Perambulabam in innocentia cordis mei, in medio domus meae.
3 Non proponebam ante oculos meos rem iniustam;
Facientes praevaricationes odivi, non adhaesit mihi 4 cor pravum;
Declinantem a me malignum non cognoscebam.
5 Detrahentem secreto proximo suo, hunc persequebar,
Superbo oculo, et insatiabili corde, cum hoc non edebam.
6 Oculi mei ad fideles terrae, ut sedeant mecum;
Ambulans in via immaculata, hic mihi ministrabat.

1 *Davidis Psalmus.*

Gratiam et iustitiam cantabo;
Tibi, Domine, psallam.
2 *Incedam in via immaculata.*
Quando venies ad me?
Ambulabo in innocentia cordis mei
In domo mea.
3 *Non ponam ante oculos meos*
Rem iniustam;
Facientem praevaricationes odio habeo:
Non adhaerebit mihi.
4 *Cor pravum erit procul a me;*
Quod malum est, non cognoscam.
5 *Detrahentem occulte proximo suo:*
Hunc perdam.
Superbum oculis et inflatum corde:
Hunc non tolerabo.
6 *Oculi mei respiciunt fideles terrae,*
Ut habitent mecum,
Qui ambulat in via immaculata,
Hic mihi ministrabit.

99 2-3: Ps 94,1-7.

100 3-8: Ps 39,5; 96,10; 138,21; Prov 20,26.

7 Non habitabit in medio domus meae qui facit superbiam;
Qui loquitur iniqua non direxit in conspectu oculorum meorum.
8 In matutino interficiebam omnes peccatores terrae,
Ut disperderem de civitate Domini omnes operantes iniquitatem.

7 Non habitabit in domo mea,
Qui facit dolum.
Qui loquitur mendacia, non subsistet
Coram oculis meis.
8 Cotidie perdam
Omnes peccatores terrae,
Exterminans de civitate Domini
Omnes male agentes.

PSALMUS 101 (102)

Graviter afflicti lamenta et preces

1 Oratio pauperis, cum anxius fuerit, et in conspectu Domini effuderit precem suam.

2 Domine, exaudi orationem meam,
Et clamor meus ad te veniat.
3 Non avertas faciem tuam a me;
In quacumque die tribulor, inclina ad me aurem tuam;
In quacumque die invocavero te, velociter exaudi me.
4 Quia defecerunt sicut fumus dies mei,
Et ossa mea sicut cremium aruerunt.
5 Percussus sum ut foenum, et aruit cor meum,
Quia oblitus sum comedere panem meum.
6 A voce gemitus mei
Adhaesit os meum carni meae.
7 Similis factus sum pellicano solitudinis;
Factus sum sicut nycticorax in domicilio.
8 Vigilavi, et factus sum sicut passer solitarius in tecto.
9 Tota die exprobrabant mihi inimici mei,
Et qui laudabant me adversum me iurabant:
10 Quia cinerem tanquam panem manducabam,
Et potum meum cum fletu miscebam;
11 A facie irae et indignationis tuae,
Quia elevans allisisti me.
12 Dies mei sicut umbra declinaverunt,
Et ego sicut foenum arui.
13 Tu autem, Domine, in aeternum permanes,
Et memoriale tuum in generationem et generationem.
14 Tu exsurgens misereberis Sion,
Quia tempus miserendi eius, quia venit tempus;
15 Quoniam placuerunt servis tuis lapides eius,
Et terrae eius miserebuntur.
16 Et timebunt gentes nomen tuum, Domine,
Et omnes reges terrae gloriam tuam;
17 Quia aedificavit Dominus Sion.
Et videbitur in gloria sua.
18 Respexit in orationem humilium

1 Preces afflicti qui defessus angorem suum ante Dominum profundit.

I. *2 Domine, exaudi orationem meam,*
Et clamor meus ad te veniat.
3 Noli abscondere faciem tuam a me
Die angustiae meae.
Inclina ad me aurem tuam:
Quando te invoco, velociter exaudi me.
4 Nam dies mei evanescunt ut fumus,
Et ossa mea ut ignis ardent.
5 Exustum, ut herba, arescit cor meum,
Obliviscor comedere panem meum.
6 Propter vehementiam gemitus mei
Adhaerent ossa mea cuti meae.
7 Similis sum pelicano deserti,
Factus velut noctua in ruinis.
8 Insomnis sum et ingemisco,
Sicut avis solitaria in tecto.
9 Perpetuo insultant mihi inimici mei;
Qui furunt contra me, imprecantur nomine meo.
10 Nam cinerem comedo tamquam panem,
Et potum meum misceo cum fletu,
11 Propter indignationem et furorem tuum,
Quia me extulisti et deiecisti.
12 Dies mei similes sunt umbrae protensae,
Et ego sicut herba aresco.

II. *13 Tu autem, Domine, in aeternum manes.*
Et nomen tuum in omnes generationes.
14 Tu exsurge et propitius esto Sion,
Quia tempus est, ut miserearis eius, quia venit hora.
15 Nam servi tui diligunt lapides eius,
Et ruinas eius commiserantur.
16 Et reverebuntur gentes nomen tuum, Domine,
Et omnes reges terrae gloriam tuam,
17 Cum Dominus instauraverit Sion,
Apparuerit in gloria sua,
18 Converterit se ad orationem inopum,
Nec reiecerit orationem eorum.

101 **3:** Ps 26,9; 30,3; 68,18. — **12:** Iob 8,9; 14,2; Ps 108,23; 143,4; Sap 2,5. — **13:** Ps 9,8; 134,13. — **16:** 3 Reg 8,43; Is 59,19. — **23:** Is 45,14; Zach 8,22. — **26-28:** Hebr 1,10-12. **27:** Is 34,4; Mt 24,35; 2 Petr 3,7.10-12; Apoc 20,11. — **28:** Num 23,19; Mal 3,6; Hebr 13,8.

Et non sprevit precem eorum.
19 Scribantur haec in generatione altera,
Et populus qui creabitur laudabit Dominum.
20 Quia prospexit de excelso sancto suo,
Dominus de caelo in terram aspexit;
21 Ut audiret gemitus compeditorum,
Ut solveret filios interemptorum;
22 Ut annuntient in Sion nomen Domini,
Et laudem eius in Ierusalem,
23 In conveniendo populos in unum,
Et reges ut serviant Domino.
24 Respondit ei in via virtutis suae:
Paucitatem dierum meorum nuntia mihi.
25 Ne revoces me in dimidio dierum meorum,
In generationem et generationem anni tui.
26 Initio tu, Domine, terram fundasti,
Et opera manuum tuarum sunt caeli.
27 Ipsi peribunt, tu autem permanes;
Et omnes sicut vestimentum veterascent.
Et sicut opertorium mutabis eos, et mutabuntur;
28 Tu autem idem ipse es, et anni tui non deficient.
29 Filii servorum tuorum habitabunt;
Et semen eorum in saeculum dirigetur.

19 *Scribantur haec pro generatione ventura,*
Et populus qui creabitur, collaudet Dominum.
20 *Nam Dominus respexit de excelso sanctuario suo,*
De caelo prospexit in terram,
21 *Ut audiret gemitus captivorum,*
Ut liberaret addictos morti,
22 *Ut nomen Domini annuntietur in Sion,*
Et eius laus in Ierusalem,
23 *Quando populi congregabuntur simul*
Et regna, ut serviant Domino.

III. 24 *Consumpsit in via vires meas,*
Praecidit dies meos.
25 *Dico: Deus meus, ne abstuleris me in dimidio dierum meorum;*
Per omnes generationes durant anni tui.
26 *In primordiis terram fundasti,*
Et opus manuum tuarum est caelum.
27 *Ista peribunt, tu autem permanebis,*
Et universa sicut vestis veterascent.
Sicut vestimentum mutas ea, et mutantur:
28 *Tu autem es idem, et anni tui non habent finem.*
29 *Filii servorum tuorum habitabunt securi,*
Et semen eorum coram te durabit.

PSALMUS 102 (103)

Laus misericordiae Dei

1 Ipsi David.
Benedic, anima mea, Domino,
Et omnia quae intra me sunt nomini sancto eius.
2 Benedic, anima mea, Domino,
Et noli oblivisci omnes retributiones eius;
3 Qui propitiatur omnibus iniquitatibus tuis,
Qui sanat omnes infirmitates tuas,
4 Qui redimit de interitu vitam tuam,
Qui coronat te in misericordia et miserationibus;
5 Qui replet in bonis desiderium tuum:
Renovabitur ut aquilae iuventus tua.
6 Faciens misericordias Dominus,
Et iudicium omnibus iniuriam patientibus.
7 Notas fecit vias suas Moysi,
Filiis Israel voluntates suas.
8 Miserator et misericors Dominus,
Longanimis, et multum misericors.
9 Non in perpetuum irascetur,
Neque in aeternum comminabitur.
10 Non secundum peccata nostra fecit nobis,
Neque secundum iniquitates nostras retribuit nobis.
11 Quoniam secundum altitudinem caeli a terra,

1 *Davidis.*

I. *Benedic, anima mea, Domino,*
Et omnia, quae intra me sunt, nomini sancto eius.
2 *Benedic, anima mea, Domino,*
Et noli oblivisci omnia beneficia eius,
3 *Qui remittit omnes culpas tuas,*
Qui sanat omnes infirmatates tuas,
4 *Qui redimit ab interitu vitam tuam,*
Qui coronat te gratia et miseratione,
5 *Qui satiat bonis vitam tuam:*
Renovatur, ut aquilae, iuventus tua.

II. 6 *Opera iustitiae patrat Dominus,*
Et omnibus oppressis ius reddit.
7 *Notas fecit vias suas Moysi,*
Filiis Israel opera sua.
8 *Misericors et propitius est Dominus,*
Tardus ad iram et admodum clemens.
9 *Non in perpetuum contendit,*
Neque in aeternum succenset.
10 *Non secundum peccata nostra agit nobiscum,*
Neque secundum culpas nostras retribuit nobis.

III. 11 *Nam quantum eminet caelum super terram,*

102 **3:** Ex 15,26; 34,7; Ps 129,8; 146,3. — **4:** Ps 48,16. || De gratia Dei Indic.: D 141. — **6:** Ps 145,7. — **8:** Ex 34,6; Num 14, 18; Ier 3,12. — **10-11:** Is 55,7-9; Ez 20,44. — **14:** Gen 3,19; Ps 77,39. || Conc. Trid.: D 894. — **21:** Ps 23,10; 148,2; Hebr 1,14.

Corroboravit misericordiam suam super timentes se;
12 Quantum distat ortus ab occidente,
Longe fecit a nobis iniquitates nostras.
13 Quomodo miseretur pater filiorum,
Misertus est Dominus timentibus se.
14 Quoniam ipse cognovit figmentum nostrum;
Recordatus est quoniam pulvis sumus.
15 Homo, sicut foenum dies eius;
Tanquam flos agri sic efflorebit:
16 Quoniam spiritus pertransibit in illo, et non subsistet:
Et non cognoscet amplius locum suum.
17 Misericordia autem Domini ab aeterno,
Et usque in aeternum super timentes eum.
Et iustitia illius in filios filiorum,
18 His qui servant testamentum eius,
Et memores sunt mandatorum ipsius ad faciendum ea.
19 Dominus in caelo paravit sedem suam,
Et regnum ipsius omnibus dominabitur.
20 Benedicite Domino, omnes angeli eius,
Potentes virtute, facientes verbum illius,
Ad audiendam vocem sermonum eius.
21 Benedicite Domino, omnes virtutes eius,
Ministri eius, qui facitis voluntatem eius.
22 Benedicite Domino, omnia opera eius,
In omni loco dominationis eius.
Benedic, anima mea, Domino.

Tantum praevalet misericordia eius erga timentes eum;
12 *Quantum distat oriens ab occidente,*
Tam longe removet a nobis delicta nostra.
13 *Quemadmodum miseretur pater filiorum,*
Miseretur Dominus timentium se.
14 *Ipse enim novit, cuius facturae simus:*
Recordatur nos pulverem esse.
15 *Hominis dies sunt similes faeno;*
Sicut flos agri, ita floret:
16 *Vix ventus perstrinxit eum, non iam subsistit;*
Neque ultra cognoscit eum locus eius.
17 *Misericordia autem Domini ab aeterno in aeternum erga timentes eum,*
Et iustitia eius erga filios filiorum,
18 *Erga eos qui servant foedus eius,*
Et memores sunt praeceptorum eius, ut faciant ea.

IV. 19 *Dominus in caelo statuit sedem suam,*
Et regnum eius gubernat universa.
20 *Benedicite Domino, omnes angeli eius,*
Potentes virtute, facientes iussa eius,
Ut oboediatis sermoni eius.
21 *Benedicite Domino, omnes exercitus eius,*
Ministri eius, qui facitis voluntatem eius.
22 *Benedicite Domino, omnia opera eius,*
In omnibus locis potestatis eius:
Benedic, anima mea, Domino.

PSALMUS 103 (104)

Laus Dei creatoris

1 Ipsi David.
Benedic, anima mea, Domino.
Domine Deus meus, magnificatus es vehementer.
Confessionem et decorem induisti,
2 Amictus lumine sicut vestimento.
Extendens caelum sicut pellem,
3 Qui tegis aquis superiora eius;
Qui ponis nubem ascensum tuum,
Qui ambulas super pennas ventorum;
4 Qui facis angelos tuos spiritus,
Et ministros tuos ignem urentem.
5 Qui fundasti terram super stabilitatem suam,
Non inclinabitur in saeculum saeculi.
6 Abyssus sicut vestimentum amictus eius;
Super montes stabunt aquae.
7 Ab increpatione tua fugient,
A voce tonitrui tui formidabunt.
8 Ascendunt montes, et descendunt campi
In locum quem fundasti eis.
9 Terminum posuisti quem non transgredientur;
Neque convertentur operire terram.
10 Qui emittis fontes in convallibus;

I. 1 *Benedic, anima mea, Domino.*
Domine, Deus meus, magnus es valde!
Maiestatem et decorem indutus es.
2 *Amictus lumine sicut pallio.*
Extendisti caelum sicut aulaeum,
3 *Exstruxisti super aquas conclavia tua.*
Nubes constituis currum tuum,
Ambulas super alas venti.
4 *Nuntios tuos facis ventos,*
Et ministros tuos ignem ardentem.

II. 5 *Fundasti terram super bases eius:*
Non vacillabit in saeculum saeculi.
6 *Oceano ut vestimento texisti eam,*
Super montes steterunt aquae.
7 *Increpante te fugerunt,*
Te tonante trepidarunt.
8 *Ascenderunt montes, descenderunt valles*
In locum quem statuisti eis.
9 *Terminum posuisti, quem non transgrediantur,*
Ne iterum operiant terram.

III. 10 *Fontes defluere iubes in rivos*
Qui manant inter montes,

103 **1:** Ps 92,1. — **2:** Is 40,22. — **4:** Hebr 1,7. — **9:** Iob 26,10; Ier 5,22. — **15:** Iud 9,13; Prov 31,6-7; Eccli 31,35; 40,20. — **19:** Gen 1,14; Eccli 43,6-8. — **24:** Ps 9,6; Prov 3,

Inter medium montium pertransibunt aquae.
11 Potabunt omnes bestiae agri;
Expectabunt onagri in siti sua.
12 Super ea volucres caeli habitabunt;
De medio petrarum dabunt voces.
13 Rigans montes de superioribus suis;
De fructu operum tuorum satiabitur terra;
14 Producens foenum iumentis,
Et herbam servituti hominum:
Ut educas panem de terra,
15 Et vinum laetificet cor hominis;
Ut exhilaret faciem in oleo,
Et panis cor hominis confirmet.
16 Saturabuntur ligna campi,
Et cedri Libani quas plantavit;
17 Illic passeres nidificabunt,
Herodii domus dux est eorum;
18 Montes excelsi cervis,
Petra refugium herinaciis.
19 Fecit lunam in tempora;
Sol cognovit occasum suum.
20 Posuisti tenebras, et facta est nox;
In ipsa pertransibunt omnes bestiae silvae:
21 Catuli leonum rugientes ut rapiant,
Et quaerant a Deo escam sibi.
22 Ortus est sol, et congregati sunt,
Et in cubilibus suis collocabuntur.
23 Exibit homo ad opus suum,
Et ad operationem suam usque ad vesperum.
24 Quam magnificata sunt opera tua, Domine!
Omnia in sapientia fecisti;
Impleta est terra possessione tua.
25 Hoc mare magnum et spatiosum manibus:
Illic reptilia quorum non est numerus,
Animalia pusilla cum magnis.
26 Illic naves pertransibunt;
Draco iste quem formasti ad illudendum ei.
27 Omnia a te expectant
Ut des illis escam in tempore.
28 Dante te illis, colligent;
Aperiente te manum tuam, omnia implebuntur bonitate.
29 Avertente autem te faciem, turbabuntur;
Auferes spiritum eorum, et deficient,
Et in pulverem suum revertentur.
30 Emittes spiritum tuum, et creabuntur;
Et renovabis faciem terrae.
31 Sit gloria Domini in saeculum,
Laetabitur Dominus in operibus suis.
32 Qui respicit terram, et facit eam tremere;
Qui tangit montes, et fumigant.
33 Cantabo Domino in vita mea;
Psallam Deo meo quamdiu sum.

11 *Potum praebent omni bestiae agri:*
Onagri exstinguunt sitim suam;
12 *Iuxta eos habitant volucres caeli,*
Inter ramos edunt vocem.
13 *Rigas montes de conclavibus tuis*
Fructu operum tuorum satiatur terra.
14 *Producis gramen iumentis*
Et herbam, ut serviat homini,
Ut trahat panem de terra,
15 *Et vinum quod laetificet cor hominis;*
Ut faciem exhilaret oleo,
Et panis reficiat cor hominis.
16 *Saturantur arbores Domini,*
Cedri Libani quas plantavit.
17 *Illic volucres nidum ponunt;*
Ciconiae domus sunt abietes.
18 *Montes excelsi ibicibus,*
Petrae hyracibus perfugium praestant.

IV. 19 *Fecisti lunam ad tempora signanda;*
Sol cognovit occasum suum.
20 *Cum facis tenebras et oritur nox,*
In ea vagantur omnes bestiae silvae.
21 *Catuli leonum rugiunt ad praedam,*
Et petunt a Deo escam sibi.
22 *Cum oritur sol, recedunt,*
Et in cubilibus suis recumbunt.
23 *Homo exit ad opus suum*
Et ad laborem suum usque ad vesperum.

V. 24 *Quam multa sunt opera tua, Domine!*
Omnia cum sapientia fecisti:
Plena est terra creaturis tuis.
25 *Ecce mare magnum et late patens:*
Illic reptilia sine numero,
Animalia parva cum magnis.
26 *Illic naves perambulant,*
Leviathan, quem fecisti, ut ludat in eo.

VI. 27 *Omnia a te exspectant,*
Ut des eis escam tempore suo.
28 *Dante te eis colligunt;*
Aperiente te manum tuam, implentur bonis.
29 *Si abscondis faciem tuam, turbantur;*
Si aufers spiritum eorum, decedunt
Et revertuntur in pulverem suum.
30 *Si emittis spiritum tuum, creantur,*
Et renovas faciem terrae.

VII. 31 *Gloria Domini sit in aeternum:*
Laetetur Dominus de operibus suis,
32 *Qui respicit terram, et tremit;*
Tangit montes, et fumant.
33 *Cantabo Domino, donec vivam;*
Psallam Deo meo, quamdiu ero.

19. — **27:** Ps 144,15-16. — **29:** Gen 3,19; Iob 34,14-15; Ps 145,4. — **30:** Iob 33,4. || Fides Damasi: D 15. — **33:** Ps 145,2.

34 Iucundum sit ei eloquium meum;
Ego vero delectabor in Domino.
35 Deficiant peccatores a terra,
Et iniqui, ita ut non sint.
Benedic, anima mea, Domino.

34 Iucundum sit ei eloquium meum:
Ego laetabor in Domino.
35 Tollantur peccatores de terra,
Et impii ne sint ultra:
Benedic, anima mea, Domino! Alleluia.

PSALMUS 104 (105)

Deus promissa Abrahae data implens

1 Alleluia.
Confitemini Domino, et invocate nomen eius;
Annuntiate inter gentes opera eius.
2 Cantate ei, et psallite ei;
Narrate omnia mirabilia eius.
3 Laudamini in nomine sancto eius;
Laetetur cor quaerentium Dominum.
4 Quaerite Dominum, et confirmamini;
Quaerite faciem eius semper.
5 Mementote mirabilium eius quae fecit,
Prodigia eius, et iudicia oris eius.
6 Semen Abraham, servi eius;
Filii Iacob, electi eius.
7 Ipse Dominus Deus noster;
In universa terra iudicia eius.
8 Memor fuit in saeculum testamenti sui;
Verbi quod mandavit in mille generationes;
9 Quod disposuit ad Abraham,
Et iuramenti sui ad Isaac;
10 Et statuit illud Iacob in praeceptum,
Et Israel in testamentum aeternum:
11 Dicens: Tibi dabo terram Chanaan.
Funiculum haereditatis vestrae;
12 Cum essent numero brevi,
Paucissimi et incolae eius.
13 Et pertransierunt de gente in gentem,
Et de regno ad populum alterum.
14 Non reliquit hominem nocere eis;
Et corripuit pro eis reges.
15 Nolite tangere christos meos,
Et in prophetis meis nolite malignari.
16 Et vocavit famem super terram;
Et omne firmamentum panis contrivit.
17 Misit ante eos virum;
In servum venundatus est Ioseph.
18 Humiliaverunt in compedibus pedes eius:
Ferrum pertransiit animam eius;
19 Donec veniret verbum eius.
Eloquium Domini inflammavit eum.
20 Misit rex, et solvit eum;
Princeps populorum, et dimisit eum.
21 Constituit eum dominum domus suae,
Et principem omnis possessionis suae;
22 Ut erudiret principes eius sicut semetipsum,
Et senes eius prudentiam doceret.

I. 1 Celebrate Dominum, acclamate nomini eius,
Nota facite inter gentes opera eius.
2 Cantate ei, psallite ei,
Enarrate omnia mirabilia eius.
3 Gloriamini de nomine sancto eius;
Laetetur cor quaerentium Dominum.
4 Considerate Dominum et potentiam eius,
Quaerite faciem eius semper.
5 Mementote mirabilia eius quae fecit,
Prodigia eius, et iudicia oris eius,
6 Semen Abraham, servi eius,
Filii Iacob, electi eius!
7 Ipse Dominus est Deus noster;
In universa terra valent iudicia eius.

II. 8 Memor est in aeternum foederis sui,
Promissi quod disposuit in mille generationes,
9 Foederis quod iniit cum Abraham,
Et iuris iurandi quod dedit Isaac,
10 Quod statuit pro Iacob firmum decretum,
Pro Israel foedus aeternum,
11 Dicens: Tibi dabo terram Chanaan
In sortem hereditariam vestram.

III. 12 Cum essent numero pauci,
Exigui et peregrini in terra illa,
13 Et migrarent de gente in gentem,
Et de regno hoc ad populum illum,
14 Nemini permisit opprimere eos,
Et propter eos corripuit reges:
15 «Nolite tangere unctos meos,
Nec prophetis meis intuleritis malum».

IV. 16 Et vocavit famem super terram;
Et omne subsidium panis subtraxit.
17 Miserat ante eos virum;
In servitutem venundatus erat Ioseph.
18 Strinxerant vinculis pedes eius,
Ferro ligatum erat collum eius,
19 Donec impleta est praedictio eius,
Verbum Domini comprobavit eum.
20 Misit rex, et solvit eum,
Princeps populorum, et liberavit eum.
21 Constituit eum dominum super domum suam,
Et principem super omnem possessionem suam,
22 Ut erudiret proceres eius pro beneplacito suo
Et senes eius sapientiam doceret.

104 **1-15:** 1 Par 16,8-22. — **1:** Ps 144,11-12. **8-9:** Gen 17,2; 22,15-18; 26,3; Lc 1,72-73. — **10:** Gen 28,13-14; 35,11-12. — **11:** Gen 12,7; 15,18. — **12:** Gen 34,30; Deut 7,7; 26,5. — **14:** Gen 12,17; 20,3.7. — **15:** Gen 20,7; 2 Sam 1,14; 1 Par 16,22. — **16:** Gen 41,54. — **17:** Gen 37,28.36. — **18:** Gen 39,20. — **19:** Gen 40,20-21; 41,53-54. — **20:** Gen 41,14. — **21:** Gen 41,40-44;

23 Et intravit Israel in Aegyptum;
Et Iacob accola fuit in terra Cham.
24 Et auxit populum suum vehementer,
Et firmavit eum super inimicos eius.
25 Convertit cor eorum, ut odirent populum eius,
Et dolum facerent in servos eius.
26 Misit Moysen, servum suum,
Aaron quem elegit ipsum.
27 Posuit in eis verba signorum suorum,
Et prodigiorum in terra Cham.
28 Misit tenebras, et obscuravit;
Et non exacerbavit sermones suos.
29 Convertit aquas eorum in sanguinem,
Et occidit pisces eorum.
30 Edidit terra eorum ranas
In penetralibus regum ipsorum.
31 Dixit, et venit coenomyia,
Et ciniphes in omnibus finibus eorum.
32 Posuit pluvias eorum grandinem,
Ignem comburentem in terra ipsorum.
33 Et percussit vineas eorum, et ficulneas eorum,
Et contrivit lignum finium eorum.
34 Dixit, et venit locusta,
Et bruchus cuius non erat numerus;
35 Et comedit omne foenum in terra eorum;
Et comedit omnem fructum terrae eorum.
36 Et percussit omne primogenitum in terra eorum,
Primitias omnis laboris eorum.
37 Et eduxit eos cum argento et auro,
Et non erat in tribubus eorum infirmus.
38 Laetata est Aegyptus in profectione eorum,
Quia incubuit timor eorum super eos.
39 Expandit nubem in protectionem eorum,
Et ignem ut luceret eis per noctem.
40 Petierunt, et venit coturnix,
Et pane caeli saturavit eos.
41 Dirupit petram, et fluxerunt aquae,
Abierunt in sicco flumina;
42 Quoniam memor fuit verbi sancti sui,
Quod habuit ad Abraham, puerum suum.
43 Et eduxit populum suum in exsultatione,
Et electos suos in laetitia.
44 Et dedit illis regiones gentium,
Et labores populorum possederunt:
45 Ut custodiant iustificationes eius,
Et legem eius requirant.

V. 23 *Tum Israel intravit in Aegyptum,*
Et Iacob hospes fuit in terra Cham.
24 *Et multiplicavit populum suum valde,*
Et fecit eum fortiorem inimicis eius.

VI. 25 *Convertit cor eorum, ut odio haberent populum eius*
Et dolose agerent in servos eius:
26 *Tum misit Moysen, servum suum,*
Aaron, quem elegerat.
27 *Patraverunt inter eos signa eius,*
Et prodigia in terra Cham.

VII. 28 *Misit tenebras, et facta est caligo,*
Sed restiterunt verbis eius.
29 *Convertit aquas eorum in sanguinem,*
Et occidit pisces eorum.
30 *Scatuit terra eorum ranis,*
Usque in penetralia regum eorum.
31 *Dixit, et venit agmen muscarum,*
Culices in omnes fines eorum.
32 *Dedit eis pro pluvia grandinem,*
Ignem flammantem per terram eorum,
33 *Et percussit vites eorum et ficus corum,*
Et confregit arbores in finibus eorum.
34 *Dixit, et venerunt locustae,*
Et bruchi sine numero;
35 *Et devoraverunt omnem herbam in terra eorum,*
Et devoraverunt fructus agri eorum.
36 *Et percussit omnes primogenitos in terra eorum,*
Primitias omnis roboris eorum.
37 *Et eduxit eos cum argento et auro,*
Nec fuit in tribubus eorum infirmus.
38 *Laetati sunt Aegyptii de profectione eorum,*
Quia timor eorum ceciderat super illos.

VIII. 39 *Expandit nubem in tegumentum,*
Et ignem, ut luceret per noctem.
40 *Petierunt, et adduxit coturnices,*
Et pane caeli saturavit eos.
41 *Scidit petram, et manavit aqua,*
Cucurrit in deserto ut flumen.
42 *Nam memor fuit verbi sancti sui,*
Quod dederat Abrahae, servo suo.
43 *Et eduxit populum suum cum gaudio,*
Cum exsultatione electos suos.

IX. 44 *Et dedit eis terras nationum,*
Et opibus populorum potiti sunt,
45 *Ut custodiant praecepta eius,*
Et leges eius observent. Alleluia.

42,6. — **23:** Gen 46,6; Act 7,15. — **24:** Ex 1,7; Deut 26,5; Act 7,17. — **25:** Ex 1,8-14. — **26:** Ex 3,10; 4,12-16.27-29. — **27-36:** Ps 77,43-51. **27:** Ex 7,1-12.30. — **28:** Ex 10,21-23; Sap 17,2. **29:** Ex 7,20-25. — **30:** Ex 8,3.6. — **31:** Ex 8, 16-24. — **32:** Ex 9,23. — **33:** Ex 9,25. — **34:** Ex 10,12-15. — **36:** Ex 12,29; Sap 18,12. — **37-38:** Ex 12,33-36. — **39:** Ex 13,21; Ps 77,14; 1 Cor 10, 1. — **40:** Ex 16,13-15; Num 11,31; Ps 77,24-27. **41:** Num 20,11; Ps 77,15. — **42:** Gen 17,7. — **43:** Ex 15,1-21. — **44:** Ios 24,13; Ps 77,55. — **45:** Deut 4,1.40.

PSALMUS 105 (106)

Populi ingrati culpae et poenae

1 Alleluia.

Confitemini Domino, quoniam bonus,
Quoniam in saeculum misericordia eius.
2 Quis loquetur potentias Domini,
Auditas faciet omnes laudes eius?
3 Beati qui custodiunt iudicium,
Et faciunt iustitiam in omni tempore.
4 Memento nostri, Domine, in beneplacito populi tui;
Visita nos in salutari tuo:
5 Ad videndum in bonitate electorum tuorum,
Ad laetandum in laetitia gentis tuae,
Ut lauderis cum haereditate tua.
6 Peccavimus cum patribus nostris;
Iniuste egimus, iniquitatem fecimus.
7 Patres nostri in Aegypto non intellexerunt mirabilia tua;
Non fuerunt memores multitudinis misericordiae tuae.
Et irritaverunt ascendentes in mare, mare Rubrum.
8 Et salvavit eos propter nomen suum,
Ut notam faceret potentiam suam.
9 Et increpuit mare Rubrum, et exsiccatum est;
Et deduxit eos in abyssis sicut in deserto.
10 Et salvavit eos de manu odientium,
Et redemit eos de manu inimici.
11 Et operuit aqua tribulantes eos;
Unus ex eis non remansit.
12 Et crediderunt verbis eius,
Et laudaverunt laudem eius.
13 Cito fecerunt, obliti sunt operum eius;
Et non sustinuerunt consilium eius.
14 Et concupierunt concupiscentiam in deserto,
Et tentaverunt Deum in inaquoso.
15 Et dedit eis petitionem ipsorum,
Et misit saturitatem in animas eorum.
16 Et irritaverunt Moysen in castris,
Aaron, sanctum Domini.
17 Aperta est terra, et deglutivit Dathan,
Et operuit super congregationem Abiron.
18 Et exarsit ignis in synagoga eorum,
Flamma combussit peccatores.
19 Et fecerunt vitulum in Horeb,
Et adoraverunt sculptile.
20 Et mutaverunt gloriam suam,
In similitudinem vituli comedentis foenum.
21 Obliti sunt Deum qui salvavit eos,
Qui fecit magnalia in Aegypto,

1 *Alleluia.*

A

Celebrate Dominum, quia bonus est,
Quia in aeternum misericordia eius.
2 *Quis eloquetur opera potentiae Domini,*
Enarrabit omnes laudes eius?
3 *Beati qui observant praecepta,*
Faciunt, quod iustum est, omni tempore!
4 *Memento mei, Domine, pro benevolentia in populum tuum;*
Visita me auxilio tuo,
5 *Ut delecter felicitate electorum tuorum,*
Ut gaudeam de gaudio populi tui,
Ut glorier cum hereditate tua.

B

I. 6 *Peccavimus sicut patres nostri,*
Iniquitatem fecimus, impie egimus.
7 *Patres nostri in Aegypto*
Non consideraverunt mirabilia tua,
Non fuerunt memores multitudinis gratiarum tuarum,
Sed rebellarunt contra Altissimum ad mare Rubrum.
8 *Sed salvavit eos propter nomen suum,*
Ut manifestaret potentiam suam.
9 *Et increpuit mare Rubrum et exsiccatum est,*
Et duxit eos per fluctus velut per desertum.
10 *Et salvavit eos de manu osoris,*
Et liberavit eos de manu inimici.
11 *Et aquae operuerunt adversarios eorum:*
Ne unus quidem ex eis remansit.
12 *Et crediderunt verbis eius,*
Et cantaverunt laudes eius.

II. 13 *Cito obliti sunt opera eius:*
Non sunt confisi consilio eius.
14 *Et indulserunt concupiscentiae in deserto,*
Et tentaverunt Deum in solitudine.
15 *Et concessit eis petitionem eorum,*
Sed tabem immisit eis.

III. 16 *Et inviderunt Moysi in castris,*
Aaron, sancto Domini.
17 *Aperta est terra et degluttivit Dathan,*
Et operuit catervam Abiron.
18 *Et exarsit ignis in catervam eorum:*
Flamma combussit iniquos.

IV. 19 *Fecerunt vitulum in Horeb,*
Et adoraverunt idolum ex auro fusum.
20 *Et commutaverunt gloriam suam*
Cum effigie tauri comedentis faenum.
21 *Obliti sunt Dei, qui salvavit eos,*
Qui fecit portenta in Aegypto,

105 **1:** 1 Par 16,34; Iudith 13,31; Ps 106,1; 117,1; 135,1; Ier 33,11; Dan 3,89; 1 Mach 4,24. — **2:** Ps 39,6; Eccli 43,35. — **6:** 3 Reg 8,47; Esdr 9,6-7; Neh 1,6; Dan 9,5. — **7:** Ex 14,11-12. — **8:** Ez 20,9. — **9-11:** Ex 14,21.27-28.30. — **12:** Ex 14,31; 15,1-21. — **13:** Ex 15, 22-24; 16,2; 17,2. — **14-15:** Ex 17,2-6; Num 11, 4; Ps 77,18.29. — **16:** Num 16,1-3. — **17:** Num 16,31-1, 32; Deut 11,6 — **18:** Num 16,73. — **19:** Ex 32,4; Deut 9,16; Act 7,41. — **23:** Ex 32,10-13.

22 Mirabilia in terra Cham,
Terribilia in mari Rubro.
23 Et dixit ut disperderet eos,
Si non Moyses, electus eius,
Stetisset in confractione in conspectu eius,
Ut averteret iram eius, ne disperderet eos.
24 Et pro nihilo habuerunt terram desiderabilem;
Non crediderunt verbo eius.
25 Et murmuraverunt in tabernaculis suis;
Non exaudierunt vocem Domini.
26 Et elevavit manum suam super eos,
Ut prosterneret eos in deserto,
27 Et ut deiiceret semen eorum in nationibus,
Et dispergeret eos in regionibus.
28 Et initiati sunt Beelphegor,
Et comederunt sacrificia mortuorum.
29 Et irritaverunt eum in adinventionibus suis,
Et multiplicata est in eis ruina.
30 Et stetit Phinees, et placavit,
Et cessavit quassatio.
31 Et reputatum est ei in iustitiam,
In generationem et generationem usque in sempiternum.
32 Et irritaverunt eum ad Aquas contradictionis;
Et vexatus est Moyses propter eos,
33 Quia exacerbaverunt spiritum eius,
Et distinxit in labiis suis.
34 Non disperdiderunt gentes
Quas dixit Dominus illis;
35 Et commisti sunt inter gentes,
Et didicerunt opera eorum;
36 Et servierunt sculptilibus eorum,
Et factum est illis in scandalum.
37 Et immolaverunt filios suos
Et filias suas daemoniis.
38 Et effuderunt sanguinem innocentem,
Sanguinem filiorum suorum et filiarum suarum,
Quas sacrificaverunt sculptilibus Chanaan.
Et infecta est terra in sanguinibus;
39 Et contaminata est in operibus eorum,
Et fornicati sunt in adinventionibus suis.
40 Et iratus est furore Dominus in populum suum,
Et abominatus est haereditatem suam.
41 Et tradidit eos in manus gentium;
Et dominati sunt eorum qui oderunt eos.
42 Et tribulaverunt eos inimici eorum;
Et humiliati sunt sub manibus eorum;
43 Saepe liberavit eos.
Ipsi autem exacerbaverunt eum in consilio suo;
Et humiliati sunt in iniquitatibus suis.

22 *Mirabilia in terra Cham,*
Stupenda ad mare Rubrum.
23 *Et cogitabat disperdere eos,*
Nisi Moyses, electus eius,
Intercessisset apud eum,
Ut averteret iram eius, ne disperderet eos.

V. 24 *Et spreverunt terram desiderabilem;*
Non crediderunt verbo eius.
25 *Et murmuraverunt in tabernaculis suis,*
Non oboedierunt Domino.
26 *Et erecta manu iuravit eis*
Se postraturum eos in deserto,
27 *Et dispersurum semen eorum inter nationes,*
Et dissipaturum eos per terras.

VI. 28 *Et adhaeserunt Beelphegor,*
Et comederunt sacrificia deorum mortuorum.
29 *Et provocaverunt eum facinoribus suis,*
Et irruit in eos plaga.
30 *Sed surrexit Phinees et iudicavit,*
Et plaga cessavit.
31 *Et imputatum est ei in meritum*
In omnes generationes usque in aeternum.

VII. 32 *Et irritaverunt eum ad Aquas Meriba,*
Et male evenit Moysi propter eos,
33 *Quia exacerbaverunt spiritum eius,*
Et inconsulte locutus est labiis suis.

VIII. 34 *Non disperdiderunt gentes,*
Quas Dominus iusserat eos.
35 *Et commiscuerunt se gentibus,*
Et didicerunt opera eorum;
36 *Et coluerunt sculptilia eorum,*
Quae laqueus facta sunt eis.
37 *Et immolaverunt filios suos*
Et filias suas daemoniis.
38 *Et effuderunt sanguinem innocentem:*
Sanguinem filiorum filiarumque suarum,
Quos immolaverunt sculptilibus Chanaan.
Et terra polluta est sanguine,
39 *Et contaminati sunt operibus suis,*
Et fornicati sunt facinoribus suis.

C

40 *Et exarsit furor Domini in populum suum,*
Et abominatus est hereditatem suam.
41 *Et tradidit eos in manus gentium,*
Et dominati sunt in eos, qui oderant eos.
42 *Et tribulaverunt eos inimici eorum,*
Et oppressi sunt sub manu eorum.
43 *Saepenumero liberavit eos;*
Ipsi autem exacerbaverunt eum consiliis suis,
Et prostrati sunt ob iniquitates suas.

24: Num 14,2.4.31. — **26:** Num 14,29-30. — **27:** Ps 43,12. — **28:** Num 25,3. — **30-31:** Num 25, 7-8.10-13. — **32-33:** Num 20,10.12; Deut 1,37. **34:** Num 33,52; Deut 7,1-2.16.24; Iud 1,21. 27-36. — **35:** Iud 3,5-6. — **36:** Iud 2,12-13.17. 19. — **37:** 4 Reg 16,3. — **40-43:** Iud 2,14-19; Neh 9,26-27; Ps 77,59-72. — **45:** Lev 26,42; Ps 50,3; 68,17; 104,8. — **46:** 3 Reg 8,50; Esdr 9,9; Neh 1,11. — **47-48:** 1 Par 16,35-36. — **48:** Ps 40,14. || Conc. Tolet. XI: D 274.

44 Et vidit cum tribularentur,
Et audivit orationem eorum.
45 Et memor fuit testamenti sui,
Et poenituit eum secundum multitudinem misericordiae suae;
46 Et dedit eos in misericordias,
In conspectu omnium qui ceperant eos.
47 Salvos nos fac, Domine Deus noster,
Et congrega nos de nationibus;
Ut confiteamur nomini sancto tuo,
Et gloriemur in laude tua.
48 Benedictus Dominus, Deus Israel, a saeculo et usque in saeculum;
Et dicet omnis populus: Fiat! fiat!

44 *Sed respexit tribulationem eorum,*
Cum audisset orationem eorum.
45 *Et recordatus est in gratiam eorum foederis sui,*
Et paenituit eum propter multam misericordiam suam.
46 *Et misericordiam conciliavit eis*
Apud omnes qui captivos duxerant eos.
47 *Salvos nos fac, Domine, Deus noster,*
Et congrega nos de nationibus,
Ut celebremus nomen sanctum tuum,
Et gloriemur de laude tua.
48 *Benedictus Dominus, Deus Israel, a saeculo in saeculum:*
Et omnis populus dicat: Amen! alleluia!

LIBER QUINTUS

(Ps 106-150)

PSALMUS 106 (107)

Gratiarum actio pro liberatione e periculis

1 Alleluia.
Confitemini Domino, quoniam bonus,
Quoniam in saeculum misericordia eius.
2 Dicant qui redempti sunt a Domino,
Quos redemit de manu inimici,
Et de regionibus congregavit eos,
3 A solis ortu, et occasu, ab aquilone, et mari.
4 Erraverunt in solitudine, in inaquoso;
Viam civitatis habitaculi non invenerunt.
5 Esurientes et sitientes,
Anima eorum in ipsis defecit.
6 Et clamaverunt ad Dominum cum tribularentur,
Et de necessitatibus eorum eripuit eos;
7 Et deduxit eos in viam rectam,
Ut irent in civitatem habitationis.
8 Confiteantur Domino misericordiae eius,
Et mirabilia eius filiis hominum.
9 Quia satiavit animam inanem,
Et animam esurientem satiavit bonis.
10 Sedentes in tenebris et umbra mortis;
Vinctos, in mendicitate et ferro.
11 Quia exacerbaverunt eloquia Dei,
Et consilium Altissimi irritaverunt.
12 Et humiliatum est in laboribus cor eorum;
Infirmati sunt, nec fuit qui adiuvaret.
13 Et clamaverunt ad Dominum cum tribularentur;
Et de necessitatibus eorum liberavit eos.
14 Et eduxit eos de tenebris et umbra mortis,
Et vincula eorum disrupit.
15 Confiteantur Domino misericordiae eius,

1 *Celebrate Dominum, quoniam bonus,*
Quoniam in aeternum misericordia eius.
2 *Sic dicant qui redempti sunt a Domino,*
Quos redemit de manu inimici,
3 *Quosque congregavit ex terris,*
Ex oriente et occasu, ex aquilone et austro.

A

I. 4 *Erraverunt in deserto, in solitudine,*
Viam ad civitatem habitabilem non invenerunt.
5 *Esuriebant et sitiebant,*
Vita eorum deficiebat in ipsis.
6 *Et clamaverunt ad Dominum in angustiis suis;*
A tribulationibus eorum eripuit eos.
7 *Et duxit eos via recta,*
Ut venirent in civitatem habitabilem.
8 *Gratias agant Domino pro misericordia eius,*
Et pro mirabilibus eius erga filios hominum,
9 *Quia satiavit animam famelicam,*
Et animam esurientem implevit bonis.

II. 10 *Sederunt in tenebris et in obscuro.*
Ligati miseria et ferro.
11 *Nam rebellaverant contra eloquia Dei,*
Et despexerant consilium Altissimi.
12 *Et humiliavit aerumnis cor eorum,*
Vacillarunt nec fuit qui subveniret.
13 *Et clamaverunt ad Dominum in angustiis suis;*
A tribulationibus eorum liberavit eos.
14 *Et eduxit eos e tenebris et ex obscuro,*
Et vincula eorum disrupit.
15 *Gratias agant Domino pro misericordia eius,*

106 **2:** Ps 105,10.47; Is 62,12. — **4-7:** Deut 32,10-11. — **7:** Esdr 8,21. — **9:** Lc 1,53. — **10:** Is 42,7; Lc 1,79. — **14:** Ps 67,7. — **20:** Ps 29,3; 102,3-4; 147,15. — **29:** Ps 88,10. —

Et mirabilia eius filiis hominum.
16 Quia contrivit portas aereas,
Et vectes ferreos confregit.
17 Suscepit eos de via iniquitatis eorum,
Propter iniustitias enim suas humiliati sunt.
18 Omnem escam abominata est anima eorum,
Et appropinquaverunt usque ad portas mortis.
19 Et clamaverunt ad Dominum cum tribularentur;
Et de necessitatibus eorum liberavit eos.
20 Misit verbum suum, et sanavit eos,
Et eripuit eos de interitionibus eorum.
21 Confiteantur Domino misericordiae eius;
Et mirabilia eius filiis hominum.
22 Et sacrificent sacrificium laudis,
Et annuntient opera eius in exsultatione.
23 Qui descendunt mare in navibus,
Facientes operationem in aquis multis,
24 Ipsi viderunt opera Domini,
Et mirabilia eius in profundo.
25 Dixit, et stetit spiritus procellae,
Et exaltati sunt fluctus eius.
26 Ascendunt usque ad caelos, et descendunt usque ad abyssos;
Anima eorum in malis tabescebat.
27 Turbati sunt et moti sunt sicut ebrius;
Et omnis sapientia eorum devorata est.
28 Et clamaverunt ad Dominum cum tribularentur;
Et de necessitatibus eorum eduxit eos.
29 Et statuit procellam eius in auram,
Et siluerunt fluctus eius.
30 Et laetati sunt quia siluerunt;
Et deduxit eos in portum voluntatis eorum.
31 Confiteantur Domino misericordiae eius;
Et mirabilia eius filiis hominum.
32 Et exaltent eum in ecclesia plebis,
Et in cathedra seniorum laudent eum.
33 Posuit flumina in desertum,
Et exitus aquarum in sitim;
34 Terram fructiferam in salsuginem,
A malitia inhabitantium in ea.
35 Posuit desertum in stagna aquarum,
Et terram sine aqua in exitus aquarum.
36 Et collocavit illic esurientes,
Et constituerunt civitatem habitationis;
37 Et seminaverunt agros et plantaverunt vineas,
Et fecerunt fructum nativitatis.
38 Et benedixit eis, et multiplicati sunt nimis;
Et iumenta eorum non minoravit.
39 Et pauci facti sunt et vexati sunt,
A tribulatione malorum et dolore.
40 Effusa est contemptio super principes;

Et pro mirabilibus eius erga filios hominum,
16 *Quod confregit portas aereas*
Et vectes ferreos contrivit.
III. 17 *Aegrotabant propter iniquitatem suam,*
Et propter delicta sua affligebantur;
18 *Omnem escam abominabatur anima eorum,*
Et appropinquaverunt ad portas mortis.
19 *Et clamaverunt ad Dominum in angustiis suis;*
A tribulationibus eorum liberavit eos.
20 *Misit verbum suum ut sanaret eos,*
Et ex interitu eriperet eos,
21 *Gratias agant Domino pro misericordia eius,*
Et pro mirabilibus eius erga filios hominum.
22 *Et sacrificent sacrificia laudis*
Et enarrent opera eius cum exsultatione.
IV. 23 *Qui descenderant navibus in mare,*
Mercaturam facturi in aquis magnis,
24 *Hi viderunt opera Domini,*
Et mirabilia eius in pelago.
25 *Dixit, et concitavit ventum procellosum,*
Qui in altum extulit undas eius.
26 *Ascendebant usque ad caelos, descendebant usque ad ima;*
Anima eorum tabescebat in malis.
27 *Titubabant et nutabant ut ebrii;*
Et absorpta est omnis peritia eorum.
28 *Et clamaverunt ad Dominum in angustiis suis,*
Et e tribulationibus eorum eduxit eos.
29 *Sedavit procellam in auram lenem,*
Et conticuerunt fluctus maris.
30 *Et laetati sunt, quod siluerunt,*
Et deduxit eos ad portum optatum.
31 *Gratias agant Domino pro misericordia eius,*
Et pro mirabilibus eius erga filios hominum.
32 *Et celebrent eum in coetu populi,*
Et in consessu seniorum laudent eum.

B

33 *Convertit flumina in desertum,*
Et fontes aquarum in terram sitientem,
34 *Terram frugiferam in salsuginem,*
Propter malitiam habitantium in ea.
35 *Convertit desertum in lacum aquarum,*
Et terram aridam in fontes aquarum.
36 *Et collocavit illic esurientes,*
Et condiderunt civitatem habitabilem.
37 *Et seminaverunt agros et plantaverunt vineas,*
Et obtinuerunt proventus frugum.
38 *Et benedixit eis et multiplicati sunt valde,*
Et pecora non pauca tribuit eis.
39 *Et pauci facti sunt et abiecti*
Ob pressuram malorum et afflictionis;
40 *Sed qui effundit contemptum super principes*

32: Ps 21,23.26. — **34:** Gen 13,10; 14,3; 19,24-28. — **38:** Gen 12,2; 17,20; Ex 1,7. — **42:** Iob 22,19-20. — **43:** Os 14,10.

Et errare fecit eos in invio, et non in via.
41 Et adiuvit pauperem de inopia,
Et posuit sicut oves familias.
42 Videbunt recti, et laetabuntur;
Et omnis iniquitas oppilabit os suum.
43 Quis sapiens et custodiet haec?
Et intelliget misericordias Domini?

Eosque errare facit per invia deserta,
41 *Sublevavit egenum de miseria,*
Et familias fecit numerosas ut greges.
42 *Vident recti et laetantur,*
Et omnis malitia claudit os suum.
43 *Quis est sapiens, qui observet haec,*
Et probe perpendat misericordias Domini?

PSALMUS 107 (108)

Laus Dei et imploratio auxilii in bello

1 Canticum Psalmi, ipsi David.
2 Paratum cor meum, Deus, paratum cor meum;
Cantabo, et psallam in gloria mea.
3 Exsurge, gloria mea; exsurge, psalterium et cithara;
Exsurgam diluculo.
4 Confitebor tibi in populis, Domine,
Et psallam tibi in nationibus;
5 Quia magna est super caelos misericordia tua,
Et usque ad nubes veritas tua.
6 Exaltare super caelos, Deus,
Et super omnem terram gloria tua;
7 Ut liberentur dilecti tui,
Salvum fac dextera tua, et exaudi me.
8 Deus locutus est in sancto suo:
Exsultabo, et dividam Sichimam;
Et convallem tabernaculorum dimetiar.
9 Meus est Galaad, et meus est Manasses;
Et Ephraim susceptio capitis mei.
Iuda rex meus,
10 Moab lebes spei meae;
In Idumaeam extendam calceamentum meum;
Mihi alienigenae amici facti sunt.
11 Quis deducet me in civitatem munitam?
Quis deducet me usque in Idumaeam?
12 Nonne tu, Deus, qui repulisti nos?
Et non exibis, Deus, in virtutibus nostris?
13 Da nobis auxilium de tribulatione,
Quia vana salus hominis.
14 In Deo faciemus virtutem;
Et ipse ad nihilum deducet inimicos nostros.

1 *Canticum. Psalmus. Davidis.*
I. 2 *Firmum est cor meum, Deus, firmum cor meum;*
Cantabo et psallam.
3 *Evigila, anima mea; evigilate, psalterium et cithara:*
Expergiscar ad auroram.
4 *Laudabo te in populis, Domine,*
Et psallam tibi in nationibus,
5 *Quoniam magna est usque ad caelum misericordia tua,*
Et usque ad nubes fidelitas tua.
6 *Excelsus appare super caelos, Deus;*
Super omnem terram sit gloria tua.
7 *Ut liberentur dilecti tui,*
Adiuva dextera tua, et exaudi nos.

II. 8 *Deus locutus est in sanctuario suo:*
«Exsultabo et partibor Sichem,
Et vallem Succoth dimetiar;
9 *Mea est terra Galaad, et mea terra Manasse,*
Et Ephraim galea capitis mei, Iuda sceptrum meum,
10 *Moab pelvis lotionis meae;*
Super Edom ponam calceamentum meum,
De Philistaea triumphabo».
11 *Quis adducet me in civitatem munitam?*
Quis deducet me usque in Edom?
12 *Nonne tu, Deus, qui reppulisti nos,*
Nec iam egrederis, Deus, cum exercitibus nostris?
13 *Da nobis auxilium contra inimicum,*
Quia vanum est subsidium hominum.
14 *Per Deum fortiter agemus,*
Et ipse conculcabit inimicos nostros.

PSALMUS 108 (109)

Contra inimicos iniustos et perfidos

1 In finem. Psalmus David.
2 Deus, laudem meam ne tacueris,
Quia os peccatoris et os dolosi super me apertum est.
3 Locuti sunt adversum me lingua dolosa,
Et sermonibus odii circumdederunt me,
Et expugnaverunt me gratis.

1 *Magistro chori. Davidis. Psalmus.*
I. *Deus, laus mea, ne tacueris,*
2 *Quia os impium et dolosum contra me aperuerunt.*
Locuti sunt mecum lingua mendaci,
3 *Et sermonibus odii circumdederunt me,*
Et impugnaverunt me sine causa:

107 **2-6:** Ps 56,8-12. — **5:** Ps 112,2-9; 113,2. — **7-14:** Ps 59,6-14.

4 Pro eo ut me diligerent, detrahebant mihi;
Ego autem orabam.
5 Et posuerunt adversum me mala pro bonis,
Et odium pro dilectione mea.
6 Constitue super eum peccatorem;
Et diabolus stet a dextris eius.
7 Cum iudicatur, exeat condemnatus;
Et oratio eius fiat in peccatum.
8 Fiant dies eius pauci,
Et episcopatum eius accipiat alter.
9 Fiant filii eius orphani,
Et uxor eius vidua.
10 Nutantes transferantur filii eius et mendicent,
Et eiiciantur de habitationibus suis.
11 Scrutetur foenerator omnem substantiam eius,
Et diripiant alieni labores eius.
12 Non sit illi adiutor;
Nec sit qui misereatur pupillis eius.
13 Fiant nati eius in interitum;
In generatione una deleatur nomen eius.
14 In memoriam redeat iniquitas patrum eius in conspectu Domini,
Et peccatum matris eius non deleatur.
15 Fiant contra Dominum semper,
Et dispereat de terra memoria eorum:
16 Pro eo quod non est recordatus facere misericordiam,
17 Et persecutus est hominem inopem et mendicum,
Et compunctum corde mortificare.
18 Et dilexit maledictionem, et veniet ei;
Et noluit benedictionem, et elongabitur ab eo.
Et induit maledictionem sicut vestimentum;
Et intravit sicut aqua in interiora eius,
Et sicut oleum in ossibus eius.
19 Fiat ei sicut vestimentum quo operitur,
Et sicut zona qua semper praecingitur.
20 Hoc opus eorum qui detrahunt mihi apud Dominum,
Et qui loquuntur mala adversus animam meam.
21 Et tu, Domine, Domine, fac mecum propter nomen tuum,
Quia suavis est misericordia tua.
22 Libera me, quia egenus et pauper ego sum,
Et cor meum conturbatum est intra me.
23 Sicut umbra cum declinat ablatus sum,
Et excussus sum sicut locustae.
24 Genua mea infirmata sunt a ieiunio;
Et caro mea immutata est, propter oleum,
25 Et ego factus sum opprobrium illis;
Viderunt me, et moverunt capita sua.
26 Adiuva me, Domine Deus meus;
Salvum me fac secundum misericordiam tuam.

4 Pro dilectione mea accusabant me:
Ego vero orabam.
5 Et retribuerunt mihi mala pro bonis,
Et odium pro dilectione mea.

II. *6 Suscita impium contra eum,*
Et accusator stet a dextris eius.
7 Cum iudicabitur, exeat condemnatus,
Et deprecatio eius irrita sit.
8 Dies eius fiant pauci,
Munus eius accipiat alter.
9 Filii eius orphani fiant,
Et uxor eius vidua.
10 Instabiles vagentur filii eius et mendicent,
Eiciantur e domibus suis devastatis.
11 Foenerator insidietur omni possessioni eius,
Et alieni diripiant fructum laboris eius.
12 Nemo exhibeat ei misericordiam,
Nec sit qui misereatur pupillorum eius.
13 Posteritas eius tradatur excidio;
In generatione altera deleatur nomen eorum.
14 Memoretur culpa patrum eius apud Dominum,
Et peccatum matris eius ne deleatur:
15 Praesentia sint Domino semper,
Et exstirpet e terra memoriam eorum.
16 Neque enim cogitavit exercere misericordiam,
Sed persecutus est hominem miserum et inopem,
Et afflictum corde, ut eum occideret.
17 Et dilexit maledictionem; veniat ei;
Noluit benedictionem: recedat ab eo.
18 Et induatur maledictione sicut vestimento:
Intret, sicut aqua, in interiora eius,
Et, sicut oleum, in ossa eius.
19 Sit ei quasi vestis quae operit eum,
Et zona qua cingitur semper.

III. *20 Haec merces sit eis a Domino, qui me accusant,*
Et qui loquuntur mala adversus animam meam.
21 Sed tu, Domine, Deus, age mecum propter nomen tuum;
Quia benigna est misericordia tua, salva me.
22 Nam ego sum miser et inops,
Et cor meum sauciatum est in me.
23 Sicut umbra, quae declinat, evanesco,
Et excutior ut locusta.
24 Genua mea vacillant ob ieiunium,
Et caro mea macie tabescit,
25 Et ego factus sum opprobrio illis;
Videntes me movent caput suum.
26 Adiuva me, Domine, Deus meus;
Salva me secundum misericordiam tuam.

108 6-15: Ps 34,4-8; 68,23-29. — 8: Act 1,20. 9: Ex 22,24. — 13: Ps 20,11. — 14: Ex 20,5. — 21: Ps 22,3; 24,11. — 23: Ps 101,12. — 25: Ps 21,7-8. — 31: Ps 15,8.

27 Et sciant quia manus tua haec,
Et tu, Domine, fecisti eam.
28 Maledicent illi, et tu benedices.
Qui insurgunt in me confundantur,
Servus autem tuus laetabitur.
29 Induantur qui detrahunt mihi pudore,
Et operiantur sicut diploide confusione sua.
30 Confitebor Domino nimis in ore meo,
Et in medio multorum laudabo eum,
31 Quia astitit a dextris pauperis,
Ut salvam faceret a persequentibus animam meam.

27 Et sciant tuam hanc esse manum,
Te, Domine, haec fecisse.
28 Maledicant illi, sed tu benedicas;
Insurgentes in me confundantur,
Servus autem tuus laetetur.
29 Induantur, qui accusant me, ignominia,
Et operiantur, sicut pallio, confusione sua.
30 Celebrabo Dominum ore meo valde,
Et in medio multorum laudabo eum:
31 Nam astitit a dextris pauperis,
Ut a iudicibus salvum faceret eum.

PSALMUS 109 (110)

Messias rex, sacerdos victor

1 Psalmus David.
Dixit Dominus Domino meo:
Sede a dextris meis,
Donec ponam inimicos tuos scabellum pedum tuorum.
2 Virgam virtutis tuae emittet Dominus ex Sion:
Dominare in medio inimicorum tuorum.
3 Tecum principium in die virtutis tuae,
In splendoribus sanctorum;
Ex utero ante luciferum genui te.
4 Iuravit Dominus, et non poenitebit eum:
Tu es sacerdos in aeternum
Secundum ordinem Melchisedech.
5 Dominus a dextris tuis;
Confregit in die irae suae reges.
6 Iudicabit in nationibus;
Implebit ruinas,
Conquassabit capita in terra multorum.
7 De torrente in via bibet;
Propterea exaltabit caput.

1 Davidis. Psalmus.
I. *Dixit Dominus Domino meo: «Sede a dextris meis,*
Donec ponam inimicos tuos scabellum pedum tuorum».
2 Sceptrum potentiae tuae protendet Dominus ex Sion:
Dominare in medio inimicorum tuorum!
3 Tecum principatus die ortus tui in splendore sanctitatis:
Ante luciferum, tamquam rorem, genui te».

II. *4 Iuravit Dominus et non paenitebit eum:*
«Tu es sacerdos in aeternum secundum ordinem Melchisedech».

III. *5 Dominus a dextris tuis:*
Conteret die irae suae reges.
6 Iudicabit nationes, acervabit cadavera:
Conteret capita late per terram.
7 De torrente in via bibet,
Propterea extollet caput.

PSALMUS 110 (111)

1 Alleluia.
Confitebor tibi, Domine, in toto corde meo,
In consilio iustorum, et congregatione.
2 Magna opera Domini,
Exquisita in omnes voluntates eius.
3 Confessio et magnificentia opus eius;
Et iustitia eius manet in saeculum saeculi.
4 Memoriam fecit mirabilium suorum,
Misericors et miserator Dominus.
5 Escam dedit timentibus se.
Memor erit in saeculum testamenti sui.

1 Alleluia.
Celebrabo Dominum toto corde,
In coetu iustorum et congregatione.
2 Magna sunt opera Domini,
Scrutanda omnibus qui diligunt ea.
3 Maiestas et magnificentia opus eius;
Et iustitia eius manet in aeternum.
4 Memoranda fecit mirabilia sua;
Misericors et clemens est Dominus.
5 Escam dedit timentibus se;
Memor erit in aeternum foederis sui.

109 **1:** Mt 22,44; Act 2,34-35; 1 Cor 15,25; Hebr 1,13; 10,13. — **2:** Ps 2,6. — **3:** Epist. S. Dionysii: D 50. — **4:** Gen 14,18-20; Io 12,34; Hebr 5,6; 7,13.21. || Conc. Trid.: D 938; Enc. Pii XI: D 2275. — **5:** Ps 15,8. — **6:** Ps 67,22; Eccli 36,12; Ez 39,17-21. — **7:** Iud 7,4-6.

110 **1:** Ps 137,1. — **3:** Ps 11,3.9. — **4:** Ex 12,14; 13,9; 34,6; Ps 85,15. || Conc. Trid.: D 875. — **5:** Ps 33,10-11; Mat 6,31-33. —

6 Virtutem operum suorum annuntiabit populo suo,
7 Ut det illis haereditatem gentium.
Opera manuum eius veritas et iudicium.
8 Fidelia omnia mandata eius,
Confirmata in saeculum saeculi,
Facta in veritate et aequitate.
9 Redemptionem misit populo suo;
Mandavit in aeternum testamentum suum.
Sanctum et terribile nomen eius.
10 Initium sapientiae timor Domini;
Intellectus bonus omnibus facientibus eum.
Laudatio eius manet in saeculum saeculi.

6 *Potentiam operum suorum manifestavit populo suo,*
Ut daret eis possessionem gentium.
7 *Opera manuum eis sunt fidelia et iusta;*
Firma sunt omnia praecepta eius,
8 *Stabilita in saecula, in aeternum,*
Facta cum firmitate et aequitate.
9 *Redemptionem misit populo suo,*
Statuit in aeternum foedus suum;
Sanctum et venerabile est nomen eius.
10 *Initium sapientiae timor Domini:*
Prudenter agunt omnes, qui colunt eum;
Laus eius manet in aeternum.

PSALMUS 111 (112)

Viri iusti beatitudo

1 Alleluia, reversionis Aggaei et Zachariae.
Beatus vir qui timet Dominum,
In mandatis eius volet nimis.
2 Potens in terra erit semen eius;
Generatio rectorum benedicetur.
3 Gloria et divitiae in domo eius,
Et iustitia eius manet in saeculum saeculi.
4 Exortum est in tenebris lumen rectis,
Misericors, et miserator, et iustus.
5 Iucundus homo qui miseretur et commodat,
Disponet sermones suos in iudicio;
6 Quia in aeternum non commovebitur.
7 In memoria aeterna erit iustus;
Ab auditione mala non timebit.
Paratum cor eius sperare in Domino.
8 Confirmatum est cor eius;
Non commovebitur donec despiciat inimicos suos.
9 Dispersit, dedit pauperibus.
Iustitia eius manet in saeculum saeculi.
Cornu eius exaltabitur in gloria.
10 Peccator videbit, et irascetur,
Dentibus suis fremet et tabescet;
Desiderium peccatorum peribit.

1 *Alleluia.*
Beatus vir qui timet Dominum,
Qui mandatis eius delectatur multum.
2 *Potens in terra erit semen eius;*
Generationi rectorum benedicetur.
3 *Opes et divitiae erunt in domo eius,*
Et munificentia eius manebit semper.
4 *Oritur in tenebris ut lumen rectis,*
Clemens et misericors et iustus.
5 *Bene est viro qui miseretur et commodat,*
Qui disponit res suas cum iustitia.
6 *In aeternum non vacillabit;*
In memoria aeterna erit iustus.
7 *A nuntio tristi non timebit;*
Firmum est cor eius, sperans in Domino.
8 *Constans est cor eius, non timebit.*
Donec confusos videat adversarios suos.
9 *Distribuit, donat pauperibus,*
Munificentia eius manebit semper;
Cornu eius extolletur cum gloria.
10 *Peccator videbit et indignabitur,*
Dentibus suis frendet et tabescet;
Desiderium peccatorum peribit.

PSALMUS 112 (113)

Laus Dei excelsi et benigni

1 Alleluia.
Laudate, pueri, Dominum;
Laudate nomen Domini.
2 Sit nomen Domini benedictum
Ex hoc nunc et usque in saeculum.
3 A solis ortu usque ad occasum
Laudabile nomen Domini.
4 Excelsus super omnes gentes Dominus,
Et super caelos gloria eius.

1 *Alleluia.*
I. *Laudate, servi Domini,*
Laudate nomen Domini.
2 *Sit nomen Domini benedictum*
Et nunc et usque in aeternum.
3 *A solis ortu usque ad occasum eius*
Laudetur nomen Domini.
II. 4 *Excelsus super omnes gentes Dominus,*
Super caelos gloria eius.

7: Apoc 15,3. — **9:** Ps 98,3. — **10:** Iob 28,28; Prov 1,7.9.10; Eccli 1,16 || Decret. Damasi: D 83.

111 **1:** Ps 145,1 — **2:** Ps 24,13; 36,26. — **4:** Ex 34,6; Ps 96,11; 110,4. — **7:** Prov 1,33; 10,7. — **9:** 2 Cor 9,9. — **10:** Iob 8,13; Prov 10,28.

112 **3:** Ps 49,1; Mal 1,11. — **4:** Ps 56,6.12; 98,2. — **7:** 1 Sam 2,8.

[5] Quis sicut Dominus Deus noster, qui in altis habitat,
[6] Et humilia respicit in caelo et in terra?
[7] Suscitans a terra inopem,
Et de stercore erigens pauperem:
[8] Ut collocet eum cum principibus,
Cum principibus populi sui.
[9] Qui habitare facit sterilem in domo,
Matrem filiorum laetantem.

[5] *Quis sicut Dominus, Deus noster,*
Qui sedet in alto
[6] *Et oculos demittit in caelum et in terram?*
III. [7] *Sublevat e pulvere inopem,*
E stercore erigit pauperem,
[8] *Ut collocet eum cum principibus,*
Cum principibus populi sui.
[9] *Habitare facit eam, quae sterilis erat in domo,*
Matrem filiorum laetantem.

PSALMUS 113 (hebr. 114-115)

A

Mirabilia a Deo in Exodo patrata

[1] Alleluia.
In exitu Israel de Aegypto,
Domus Iacob de populo barbaro,
[2] Facta est Iudaea sanctificatio eius,
Israel potestas eius.
[3] Mare vidit, et fugit;
Iordanis conversus est retrorsum.
[4] Montes exsultaverunt ut arietes,
Et colles sicut agni ovium.
[5] Quid est tibi, mare, quod fugisti?
Et tu, Iordanis, quia conversus es retrorsum?
[6] Montes, exsultastis sicut arietes?
Et colles sicut agni ovium?
[7] A facie Domini mota est terra,
A facie Dei Iacob;
[8] Qui convertit petram in stagna aquarum,
Et rupem in fontes aquarum.

[1] *Alleluia.*
Cum exiret Israel de Aegypto,
Domus Iacob de populo barbaro,
[2] *Factus est Iuda sanctuarium eius,*
Israel regnum eius.
[3] *Mare vidit et fugit,*
Iordanis vertit se retrorsum.
[4] *Montes saltarunt ut arietes,*
Colles ut agnelli.
[5] *Quid est tibi, mare, quod fugis?*
Iordanis, quod vertis te retrorsum?
[6] *Montes, quod saltatis ut arietes,*
Colles, ut agnelli?
[7] *A facie Domini contremisce, terra,*
A facie Dei Iacob,
[8] *Qui convertit petram in stagnum aquarum,*
Rupem in fontes aquarum.

B

Magnitudo et bonitas veri Dei

[1] Non nobis, Domine, non nobis;
Sed nomini tuo da gloriam,
[2] Super misericordia tua et veritate tua;
Nequando dicant gentes:
Ubi est Deus eorum?
[3] Deus autem noster in caelo;
Omnia quaecumque voluit fecit.
[4] Simulacra gentium argentum et aurum,
Opera manuum hominum.
[5] Os habent, et non loquentur;
Oculos habent, et non videbunt.
[6] Aures habent, et non audient;
Nares habent, et non odorabunt.
[7] Manus habent, et non palpabunt,
Pedes habent, et non ambulabunt;
Non clamabunt in gutture suo.

I. [1] *Non nobis, Domine, non nobis,*
Sed nomini tuo da gloriam,
Propter misericordiam tuam, propter fidelitatem tuam.
[2] *Quare dicant gentes:*
«Ubinam est Deus eorum?»
[3] *Deus noster in caelo est;*
Omnia, quae voluit, fecit.
II. [4] *Idola eorum sunt argentum et aurum,*
Opus manuum hominum.
[5] *Os habent, et non loquuntur;*
Oculos habent, et non vident.
[6] *Aures habent, et non audiunt;*
Nares habent, et non odorantur.
[7] *Manus habent, et non palpant;*
Pedes habent, et non ambulant;
Sonum non edunt gutture suo.

113 (*A*) **1:** Ex 12,37.41; 13,3. — **2:** Ps 77,68-69. — **3:** Ex 14,21-22; Ios 3,13-16; Ps 65,6; 76,17. — **8:** Ex 17,6; Num 20,11; Ps 77,16.

113 (*B*) **1:** Is 48,11. — **2:** Ex 32,12; Num 14,13-16; Ps 41,4. — **4-8:** Ps 134,15-18; Sap 13,11-16; 14,8; Is 44,9-20; Ier 10,3-5. —

[8] Similes illis fiant qui faciunt ea,
Et omnes qui confidunt in eis.
[9] Domus Israel speravit in Domino;
Adiutor eorum et protector eorum est.
[10] Domus Aaron speravit in Domino;
Adiutor eorum et protector eorum est.
[11] Qui timent Dominum speraverunt in Domino;
Adiutor eorum et protector eorum est.
[12] Dominus memor fuit nostri,
Et benedixit nobis.
Benedixit domui Israel;
Benedixit domui Aaron.
[13] Benedixit omnibus qui timent Dominum,
Pusillis cum maioribus.
[14] Adiiciat Dominus super vos,
Super vos et super filios vestros.
[15] Benedicti vos a Domino,
Qui fecit caelum et terram.
[16] Caelum caeli Domino;
Terram autem dedit filiis hominum.
[17] Non mortui laudabunt te, Domine;
Neque omnes qui descendunt in infernum.
[18] Sed nos qui vivimus, benedicimus Domino,
Ex hoc nunc et usque in saeculum.

[8] Similes illis erunt, qui faciunt ea,
Omnis qui confidit in eis.
III. [9] *Domus Israel confidit in Domino:*
Adiutor eorum et clipeus eorum est.
[10] *Domus Aaron confidit in Domino:*
Adiutor eorum et clipeus eorum est.
[11] *Qui timent Dominum, confidunt in Domino:*
Adiutor eorum et clipeus eorum est.
[12] *Dominus recordatur nostri*
Et benedicet nobis;
Benedicet domui Israel,
Benedicet domui Aaron.
[13] *Benedicet iis qui timent Dominum,*
Tam pusillis quam maioribus.
[14] *Dominus multiplicabit vos,*
Vos et filios vestros.
[15] *Benedicti vos a Domino,*
Qui fecit caelum et terram.
[16] *Caelum est caelum Domini,*
Terram autem dedit filiis hominum.
[17] *Non mortui laudant Dominum,*
Neque ullus qui ad inferos descendit.
[18] *Sed nos benedicimus Domino,*
Et nunc et usque in aeternum.

PSALMUS 114, 115 (hebr. 116)

Hominis e morte servati gratiarum actiones

Ps. 114

[1] Alleluia.
Dilexi, quoniam exaudiet Dominus
Vocem orationis meae.
[2] Quia inclinavit aurem suam mihi,
Et in diebus meis invocabo.
[3] Circumdederunt me dolores mortis;
Et pericula inferni invenerunt me.
Tribulationem et dolorem inveni,
[4] Et nomen Domini invocavi:
O Domine, libera animam meam.
[5] Misericors Dominus et iustus,
Et Deus noster miseretur.
[6] Custodiens parvulos Dominus;
Humiliatus sum, et liberavit me.
[7] Convertere, anima mea, in requiem tuam,
Quia Dominus benefecit tibi;
[8] Quia eripuit animam meam de morte,
Oculos meos a lacrymis,
Pedes meos a lapsu.
[9] Placebo Domino
In regione vivorum.

[1] Alleluia.
I. *Diligo Dominum: quia audivit*
Vocem obsecrationis meae,
[2] *Quia inclinavit aurem suam mihi,*
Quo die invocavi eum.
[3] *Circumdederunt me funes mortis,*
Et laquei inferorum supervenerunt mihi,
In angorem et aerumnas incidi.
[4] *Et nomen Domini invocavi:*
«O Domine, salva vitam meam!»
II. [5] *Benignus est Dominus et iustus,*
Et Deus noster misericors.
[6] *Custodit simplices Dominus:*
Miser fui et salvavit me.
[7] *Redi, anima mea, ad tranquillitatem tuam,*
Quia Dominus bene fecit tibi.
[8] *Etenim eripuit animam meam a morte,*
Oculos meos a lacrimis, pedes meos a lapsu.
[9] *Ambulabo coram Domino*
In regione viventium.

Ps. 115

Alleluia.
[10] Credidi, propter quod locutus sum;
Ego autem humiliatus sum nimis.
[11] Ego dixi in excessu meo:
Omnis homo mendax.

Alleluia.
[10] *Confisus sum, etiam cum dixi:*
«Ego afflictus sum valde»;
[11] *Ego dixi in pavore meo:*
«Omnis homo fallax!»

9-11: Ps 134,19-20. — **16:** Ier 27,5. — **17:** Ps 6,6; Is 38,18; Bar 2,17. — **18:** Eccli 17,25-26.

114 **1:** Ps 65,19; 117,21. — **5:** Ps 85,15; 144,17.

12 Quid retribuam Domino,
Pro omnibus quae retribuit mihi?
13 Calicem salutaris accipiam,
Et nomen Domini invocabo.
14 Vota mea Domino reddam
Coram omni populo eius.
15 Pretiosa in conspectu Domini
Mors sanctorum eius.
16 O Domine, quia ego servus tuus;
Ego servus tuus, et filius ancillae tuae.
Dirupisti vincula mea:
17 Tibi sacrificabo hostiam laudis,
Et nomen Domini invocabo.
18 Vota mea Domino reddam
In conspectu omnis populi eius;
19 In atriis domus Domini,
In medio tui, Ierusalem.

12 Quid retribuam Domino
Pro omnibus quae tribuit mihi?
13 Calicem salutis accipiam,
Et nomen Domini invocabo.
14 Vota mea Domino reddam
Coram omni populo eius.
15 Pretiosa est in oculis Domini
Mors sanctorum eius.
16 O Domine, ego servus tuus sum,
Ego servus tuus, filius ancillae tuae.
Solvisti vincula mea.
17 Tibi sacrificabo sacrificium laudis,
Et nomen Domini invocabo.
18 Vota mea Domino reddam
Coram omni populo eius,
19 In atriis domus Domini,
In medio tui, Ierusalem.

PSALMUS 116 (117)

Hymnus laudis et gratiarum actionis

1 Alleluia.

Laudate Dominum, omnes gentes,
Laudate eum, omnes populi.
2 Quoniam confirmata est super nos misericordia eius,
Et veritas Domini manet in aeternum.

1 Alleluia.

Laudate Dominum, omnes gentes,
Praedicate eum, omnes populi,
2 Quoniam confirmata est super nos misericordia eius,
Et fidelitas Domini manet in aeternum.

PSALMUS 117 (118)

Gratiarum actio pro salute impetrata

1 Alleluia.

Confitemini Domino, quoniam bonus,
Quoniam in saeculum misericordia eius.
2 Dicat nunc Israel: Quoniam bonus,
Quoniam in saeculum misericordia eius,
3 Dicat nunc domus Aaron:
Quoniam in saeculum misericordia eius.
4 Dicant nunc qui timent Dominum:
Quoniam in saeculum misericordia eius.
5 De tribulatione invocavi Dominum;
Et exaudivit me in latitudine Dominus.
6 Dominus mihi adiutor;
Non timebo quid faciat mihi homo.
7 Dominus mihi adiutor;
Et ego despiciam inimicos meos.
8 Bonum est confidere in Domino,
Quam confidere in homine.
9 Bonum est sperare in Domino,
Quam sperare in principibus.
10 Omnes gentes circuierunt me;
Et in nomine Domini quia ultus sum in eos.
11 Circumdantes circumdederunt me,
Et in nomine Domini quia ultus sum in eos.

A

1 Alleluia.

Gratias agite Domino, quia bonus est;
Quia in aeternum misericordia eius.
2 Dicat domus Israel:
«In aeternum misericordia eius».
3 Dicat domus Aaron:
«In aeternum misericordia eius».
4 Dicant qui timent Dominum:
«In aeternum misericordia eius».

B

I. *5 De tribulatione invocavi Dominum;*
Exaudivit me Dominus et liberavit me.
6 Dominus mecum est: non timeo;
Quid faciat mihi homo?
7 Dominus mecum est, adiutor meus,
Et ego confusos videbo inimicos meos.
8 Melius est confugere ad Dominum,
Quam confidere in homine.
9 Melius est confugere ad Dominum
Quam confidere in principibus.
II. *10 Omnes gentes circumvenerunt me;*
In nomine Domini contrivi eos.
11 Undique circumvenerunt me:

115 **10**: 2 Cor 4,13. — **11**: Ps 61,10, Rom 3,4. — **14**: Ps 21,26. — **15**: Num 23,10; Sap 2,22. — **16**: Ps 85,16.

116 **1**: Rom 15,11. — **2**: Ps 99,5.

117 **1**: Ps 105,1. — **2-4**: Ps 113,9-11. — **6**: Ps 55,5; Hebr 13,6. — **8**: Ps 145,2-3.

12 Circumdederunt me sicut apes,
Et exarserunt sicut ignis in spinis;
Et in nomine Domini quia ultus sum in eos.
13 Impulsus eversus sum, ut caderem;
Et Dominus suscepit me.
14 Fortitudo mea et laus mea Dominus;
Et factus est mihi in salutem.
15 Vox exsultationis et salutis
In tabernaculis iustorum.
16 Dextera Domini fecit virtutem,
Dextera Domini exaltavit me;
Dextera Domini fecit virtutem.
17 Non moriar, sed vivam;
Et narrabo opera Domini.
18 Castigans castigavit me Dominus,
Et morti non tradidit me.
19 Aperite mihi portas iustitiae:
Ingressus in eas, confitebor Domino.
20 Haec porta Domini,
Iusti intrabunt in eam.
21 Confitebor tibi quoniam exaudisti me,
Et factus es mihi in salutem.
22 Lapidem quem reprobaverunt aedificantes,
Hic factus est in caput anguli.
23 A Domino factum est istud,
Et est mirabile in oculis nostris.
24 Haec est dies quam fecit Dominus;
Exsultemus, et laetemur in ea.
25 O Domine, salvum me fac;
O Domine, bene prosperare.
26 Benedictus qui venit in nomine Domini.
Benediximus vobis de domo Domini.
27 Deus Dominus, et illuxit nobis.
Constituite diem solemnem in condensis,
Usque ad cornu altaris.
28 Deus meus es tu, et confitebor tibi;
Deus meus es tu, et exaltabo te.
Confitebor tibi quoniam exaudisti me,
Et factus es mihi in salutem.
29 Confitemini Domino, quoniam bonus,
Quoniam in saeculum misericordia eius.

In nomine Domini contrivi eos.
12 *Circumvenerunt me sicut apes;*
Adusserunt, sicut ignis spinas:
In nomine Domini contrivi eos.
13 *Pulsus, impulsus sum, ut caderem;*
Sed Dominus adiuvit me.
14 *Robur meum et fortitudo mea est Dominus;*
Et factus est mihi salvator.
III. 15 *Vox exsultationis et salutis*
In tabernaculis iustorum.
Dextera Domini fortiter egit,
16 *Dextera Domini erexit me,*
Dextera Domini fortiter egit.
17 *Non moriar, sed vivam;*
Et enarrabo opera Domini.
18 *Castigavit, castigavit me Dominus,*
Sed morti non tradidit me.

C

I. 19 *Aperite mihi portas iustitiae:*
Ingressus per eas gratias agam Domino.
20 *Haec est porta Domini,*
Iusti intrabunt per eam.
21 *Gratias agam tibi, quod audisti me,*
Et factus es mihi salvator.
22 *Lapis, quem reprobaverunt aedificantes,*
Factus est caput anguli.
23 *A Domino factum est istud;*
Est mirabile in oculis nostris.
24 *Hic est dies quem fecit Dominus;*
Exsultemus, et laetemur de eo.
25 *O Domine, salvum fac;*
O Domine, da prosperitatem!
II. 26 *Benedictus qui venit in nomine Domini:*
Benedicimus vobis e domo Domini.
27 *Deus est Dominus, et illuxit nobis.*
Ordinate pompam cum frondibus densis
Usque ad cornua altaris.
28 *Deus meus es tu, et gratias ago tibi;*
Deus meus, laudibus te extollo.
29 *Gratias agite Domino, quia bonus est;*
In aeternum misericordia eius.

PSALMUS 118 (119)

Praeconium legis divinae

ALEPH

1 Alleluia.

Beati immaculati in via,
Quia ambulant in lege Domini.
2 Beati qui scrutantur testimonia eius,
In toto corde exquirunt eum.
3 Non enim qui operantur iniquitatem
In viis eius ambulaverunt.
4 Tu mandasti mandata tua
Custodiri nimis.

ALEPH

Beati qui observant legem Dei.

1 *Beati quorum immaculata est via,*
Qui ambulant in lege Domini.
2 *Beati qui observant praescripta eius,*
Toto corde quaerunt eum,
3 *Qui non faciunt iniquitatem,*
Sed ambulant in viis eius.
4 *Tu dedisti praecepta tua,*
Ut custodiantur valde.

14: Ex 15,2. — **22:** Is 28,16; Mt 21,42; Lc 20,17; Act 4,11; Rom 9,33; Eph 2,20; 1 Petr 2,7. — **26:** Mt 21,9; 23,39. — **27:** Ps 96,11.

118 **1:** Ps 127,1. — **12:** Ps 24,4-5; 118,26. 64.108.124.135.171. — **16:** Ps 1,2; 118, 24.47.7c 77.92.143. — **19:** Ps 38,13. — **25:** Ps 43,

5 Utinam dirigantur viae meae
Ad custodiendas iustificationes tuas!
6 Tunc non confundar,
Cum perspexero in omnibus mandatis tuis.
7 Confitebor tibi in directione cordis,
In eo quod didici iudicia iustitiae tuae.
8 Iustificationes tuas custodiam;
Non me derelinquas usquequaque.

BETH

9 In quo corrigit adolescentior viam suam?
In custodiendo sermones tuos.
10 In toto corde meo exquisivi te;
Ne repellas me a mandatis tuis.
11 In corde meo abscondi eloquia tua,
Ut non peccem tibi.
12 Benedictus es, Domine;
Doce me iustificationes tuas.
13 In labiis meis pronuntiavi
Omnia iudicia oris tui.
14 In via testimoniorum tuorum delectatus sum,
Sicut in omnibus divitiis.
15 In mandatis tuis exercebor,
Et considerabo vias tuas.
16 In iustificationibus tuis meditabor,
Non obliviscar sermones tuos.

GHIMEL

17 Retribue servo tuo, vivifica me,
Et custodiam sermones tuos.
18 Revela oculos meos,
Et considerabo mirabilia de lege tua.
19 Incola ego sum in terra,
Non abscondas a me mandata tua.
20 Concupivit anima mea
Desiderare iustificationes tuas in omni tempore.
21 Increpasti superbos;
Maledicti qui declinant a mandatis tuis.
22 Aufer a me opprobrium et contemptum,
Quia testimonia tua exquisivi.
23 Etenim sederunt principes, et adversum me loquebantur;
Servus autem tuus exercebatur in iustificationibus tuis.
24 Nam et testimonia tua meditatio mea est;
Et consilium meum iustificationes tuae.

DALETH

25 Adhaesit pavimento anima mea;
Vivifica me secundum verbum tuum.
26 Vias meas enuntiavi, et exaudisti me;
Doce me iustificationes tuas;
27 Viam iustificationum tuarum instrue me,
Et exercebor in mirabilibus tuis.
28 Dormitavit anima mea prae taedio;
Confirma me in verbis tuis.

5 Utinam firmae sint viae meae
Ad custodienda statuta tua!
6 Tunc non confundar,
Cum intendero ad omnia mandata tua.
7 Celebrabo te in rectitudine cordis,
Cum didicero decreta iustitiae tuae.
8 Statuta tua custodiam:
Ne dereliqueris me omnino.

BETH

Legem tuam laetus observabo.

9 Quomodo puram servabit adulescens viam suam?
Custodiendo verba tua.
10 Toto corde meo quaero te;
Ne siveris me aberrare a mandatis tuis.
11 In corde meo recondo eloquium tuum,
Ne peccem contra te.
12 Benedictus es, Domine;
Doce me statuta tua.
13 Labiis meis enarro
Omnia decreta oris tui.
14 De via praescriptorum tuorum laetor,
Sicut de omnibus divitiis.
15 De praeceptis tuis meditabor,
Et considerabo vias tuas.
16 Statutis tuis delectabor:
Non obliviscar verba tua.

GHIMEL

Da mihi gratiam legem etiam inter persecutiones servandi.

17 Bene fac servo tuo, ut vivam
Et custodiam verba tua.
18 Aperi oculos meos,
Ut considerem mirabilia legis tuae.
19 Hospes ego sum in terra,
Noli a me abscondere mandata tua.
20 Deficit anima mea,
Desiderans decreta tua omni tempore.
21 Increpasti superbos;
Maledicti qui declinant a mandatis tuis.
22 Aufer a me opprobrium et contemptum,
Quia praescripta tua observo.
23 Etsi considunt principes et contra me loquuntur,
Servus tuus meditatur de statutis tuis.
24 Nam praescripta tua sunt deliciae meae,
Consiliarii mei statuta tua.

DALETH

Maerore oppressus rogo, ut me doceas et consoleris.

25 Prostrata est in pulvere anima mea:
Redde mihi vitam secundum verbum tuum.
26 Vias meas exposui et exaudisti me:
Doce me statuta tua.
27 Via praeceptorum tuorum institue me,
Et meditabor mirabilia tua.
28 Stillat lacrimas anima mea ex maerore:

43,25. — **36:** 3 Reg 8,58; Lc 12,15; 1 Tim 6,10; Hebr 13,5. — **37:** Prov 23,5; Is 33,15. — **50:** Ps

29 Viam iniquitatis amove a me,
Et de lege tua miserere mei.
30 Viam veritatis elegi;
Iudicia tua non sum oblitus.
31 Adhaesi testimoniis tuis, Domine;
Noli me confundere.
32 Viam mandatorum tuorum cucurri,
Cum dilatasti cor meum.

HE

33 Legem pone mihi, Domine, viam iustificationum tuarum,
Et exquiram eam semper.
34 Da mihi intellectum, et scrutabor legem tuam,
Et custodiam illam in toto corde meo.
35 Deduc me in semitam mandatorum tuorum,
Quia ipsam volui.
36 Inclina cor meum in testimonia tua,
Et non in avaritiam.
37 Averte oculos meos, ne videant vanitatem;
In via tua vivifica me.
38 Statue servo tuo eloquium tuum
In timore tuo.
39 Amputa opprobrium meum quod suspicatus sum,
Quia iudicia tua iucunda.
40 Ecce concupivi mandata tua;
In aequitate tua vivifica me.

VAU

41 Et veniat super me misericordia tua, Domine;
Salutare tuum secundum eloquium tuum.
42 Et respondebo exprobrantibus mihi verbum,
Quia speravi in sermonibus tuis.
43 Et ne auferas de ore meo verbum veritatis usquequaque,
Quia in iudiciis tuis supersperavi.
44 Et custodiam legem tuam semper,
In saeculum et in saeculum saeculi.
45 Et ambulabam in latitudine,
Quia mandata tua exquisivi.
46 Et loquebar in testimoniis tuis in conspectu regum,
Et non confundebar.
47 Et meditabar in mandatis tuis,
Quae dilexi.
48 Et levavi manus meas ad mandata tua, quae dilexi,
Et exercebar in iustificationibus tuis.

ZAIN

49 Memor esto verbi tui servo tuo,
In quo mihi spem dedisti.
50 Haec me consolata est in humilitate mea,
Quia eloquium tuum vivificavit me.

Erige me secundum verbum tuum.
29 *A via erroris arce me,*
Et legem tuam largire mihi.
30 *Viam veritatis elegi,*
Decreta tua proposui mihi.
31 *Adhaereo praescriptis tuis:*
Domine, noli me confundere.
32 *Viam mandatorum tuorum curram,*
Cum dilataveris cor meum.

HE

Da mihi lucem et gratiam, ut legem tuam fideliter sequar.

33 *Ostende mihi, Domine, viam statutorum tuorum,*
Et servabo eam ad amussim.
34 *Instrue me, ut observem legem tuam,*
Et custodiam illam toto corde meo.
35 *Deduc me in semita mandatorum tuorum,*
Quia ipsa delector.
36 *Inclina cor meum in praescripta tua,*
Et non in avaritiam.
37 *Averte oculos meos, ne videant vanitatem;*
Per viam tuam da mihi vitam.
38 *Adimple servo tuo promissum tuum,*
Quod datum est timentibus te.
39 *Aufer opprobrium meum, quod formido,*
Quia decreta tua iucunda.
40 *Ecce desidero praecepta tua:*
Secundum aequitatem tuam tribue mihi vitam.

VAU

Domino iuvante laetus profitebor veritatem etiam coram potentibus.

41 *Et veniant super me miserationes tuae, Domine,*
Auxilium tuum, secundum promissum tuum.
42 *Et respondebo verbum exprobrantibus mihi,*
Quia spero in verbis tuis.
43 *Noli auferre de ore meo verbum veritatis,*
Quia in decretis tuis spero.
44 *Et custodiam legem tuam semper,*
In saeculum et in sempiternum.
45 *Et ambulabo in via spatiosa,*
Quia praecepta tua exquiro.
46 *Et loquar de praescriptis tuis in conspectu regum,*
Et non confundar.
47 *Et delectabor mandatis tuis,*
Quae diligo.
48 *Et attollam manus meas ad mandata tua*
Et meditabor statuta tua.

ZAIN

In afflictione et dolore lex tua solatium et gaudium meum est.

49 *Memor esto verbi tui servo tuo,*
Quo mihi spem dedisti.
50 *Hoc est solatium meum in afflictione mea,*

118,25.41.76.82.116.140.154.170. — 57: Ps 15,5. 64: Ps 32,5. — 68: Ps 105,1. — 71: Ps 118,67;

51 Superbi inique agebant usquequaque,
A lege autem tua non declinavi.
52 Memor fui iudiciorum tuorum a saeculo, Domine,
Et consolatus sum.
53 Defectio tenuit me,
Pro peccatoribus derelinquentibus legem tuam.
54 Cantabiles mihi erant iustificationes tuae
In loco peregrinationis meae.
55 Memor fui nocte nominis tui, Domine,
Et custodivi legem tuam.
56 Haec facta est mihi,
Quia iustificationes tuas exquisivi.

HETH

57 Portio mea, Domine,
Dixi, custodire legem tuam.
58 Deprecatus sum faciem tuam in toto corde meo;
Miserere mei secundum eloquium tuum.
59 Cogitavi vias meas,
Et converti pedes meos in testimonia tua.
60 Paratus sum, et non sum turbatus,
Ut custodiam mandata tua.
61 Funes peccatorum circumplexi sunt me,
Et legem tuam non sum oblitus.
62 Media nocte surgebam, ad confitendum tibi
Super iudicia iustificationis tuae.
63 Particeps ego sum omnium timentium te,
Et custodientium mandata tua.
64 Misericordia tua, Domine, plena est terra;
Iustificationes tuas doce me.

TETH

65 Bonitatem fecisti cum servo tuo, Domine,
Secundum verbum tuum.
66 Bonitatem, et disciplinam, et scientiam doce me,
Quia mandatis tuis credidi.
67 Priusquam humiliarer ego deliqui,
Propterea eloquium tuum custodivi.
68 Bonus es tu, et in bonitate tua
Doce me iustificationes tuas.
69 Multiplicata est super me iniquitas superborum;
Ego autem in toto corde meo scrutabor mandata tua.
70 Coagulatum est sicut lac cor eorum;
Ego vero legem tuam meditatus sum.
71 Bonum mihi quia humiliasti me:
Ut discam iustificationes tuas.
72 Bonum mihi lex oris tui,
Super millia auri et argenti.

IOD

73 Manus tuae fecerunt me, et plasmaverunt me;
Da mihi intellectum, et discam mandata tua.

Quod eloquium tuum largitur mihi vitam.
51 *Superbi insultant mihi vehementer;*
A lege tua non declino.
52 *Memor sum antiquorum iudiciorum tuorum, Domine,*
Et solatium est mihi.
53 *Indignatio tenet me propter peccatores,*
Qui derelinquunt legem tuam.
54 *Carmina facta sunt mihi statuta tua*
In loco peregrinationis meae.
55 *Memor sum nocte nominis tui, Domine,*
Et custodiam legem tuam.
56 *Hoc factum est mihi,*
Quia praecepta tua servavi.

HETH

Firmiter mihi proposui legem servare, contrarius malis, amicus bonis.

57 *Portionem meam dixi, Domine,*
Custodire verba tua.
58 *Deprecor faciem tuam toto corde,*
Miserere mei secundum promissum tuum.
59 *Perpendi vias meas,*
Et converti pedes meos ad praescripta tua.
60 *Festinavi et non sum cunctatus*
Custodire mandata tua.
61 *Funes peccatorum circumplexi sunt me:*
Legem tuam non sum oblitus.
62 *Media nocte surgo ad celebrandum te*
De iustis decretis tuis.
63 *Amicus sum omnium timentium te*
Et custodientium praecepta tua.
64 *Gratia tua, Domine, plena est terra;*
Statuta tua doce me.

TETH

Afflictiones quas misisti mihi, me docuerunt servare legem tuam.

65 *Bene fecisti servo tuo,*
Domine, secundum verbum tuum.
66 *Iudicium et scientiam doce me,*
Quia mandatis tuis confido.
67 *Priusquam afflictus sum, erravi;*
Nunc vero eloquium tuum custodio.
68 *Bonus es tu et benefaciens;*
Doce me statuta tua.
69 *Machinantur fraudes contra me superbi,*
Ego toto corde observo praecepta tua.
70 *Incrassatum est ut adeps cor eorum;*
Ego lege tua delector.
71 *Bonum mihi, quod afflictus sum,*
Ut discam statuta tua.
72 *Melior est mihi lex oris tui,*
Quam milia auri et argenti.

IOD

Afflictionibus probatus rogo, ut me consoleris et inimicos meos confundas.

73 *Manus tuae fecerunt me et formaverunt me;*

Hebr 12,10-11. — **72:** Ps 18,11; Prov 8,11. — **73:** Iob 10,8; Ps 99,3. — **78:** Ps 24,4. — **84:** Ps

[74] Qui timent te videbunt me, et laetabuntur,
Quia in verba tua supersperavi.
[75] Cognovi, Domine, quia aequitas iudicia tua,
Et in veritate tua humiliasti me.
[76] Fiat misericordia tua ut consoletur me,
Secundum eloquium tuum servo tuo.
[77] Veniant mihi miserationes tuae, et vivam,
Quia lex tua meditatio mea est.
[78] Confundantur superbi, quia iniuste iniquitatem fecerunt in me;
Ego autem exercebor in mandatis tuis.
[79] Convertantur mihi timentes te,
Et qui noverunt testimonia tua.
[80] Fiat cor meum immaculatum in iustificationibus tuis,
Ut non confundar.

CAPH

[81] Deficit in salutare tuum anima mea,
Et in verbum tuum supersperavi.
[82] Defecerunt oculi mei in eloquium tuum,
Dicentes: Quando consolaberis me?
[83] Quia factus sum sicut uter in pruina;
Iustificationes tuas non sum oblitus.
[84] Quot sunt dies servi tui?
Quando facies de persequentibus me iudicium?
[85] Narraverunt mihi iniqui fabulationes,
Sed non ut lex tua.
[86] Omnia mandata tua veritas.
Inique persecuti sunt me, adiuva me.
[87] Paulo minus consummaverunt me in terra;
Ego autem non dereliqui mandata tua.
[88] Secundum misericordiam tuam vivifica me,
Et custodiam testimonia oris tui.

LAMED

[89] In aeternum, Domine,
Verbum tuum permanet in caelo.
[90] In generationem et generationem veritas tua;
Fundasti terram, et permanet.
[91] Ordinatione tua perseverat dies,
Quoniam omnia serviunt tibi.
[92] Nisi quod lex tua meditatio mea est,
Tunc forte periissem in humilitate mea.
[93] In aeternum non obliviscar iustificationes tuas,
Quia in ipsis vivificasti me.
[94] Tuus sum ego; salvum me fac,
Quoniam iustificationes tuas exquisivi.
[95] Me exspectaverunt peccatores ut perderent me,
Testimonia tua intellexi.

Instrue me, ut discam mandata tua.
[74] *Qui timent te, videbunt me et laetabuntur,*
Quod in verbum tuum speravi.
[75] *Scio, Domine, iusta esse decreta tua,*
Et iure afflixisti me.
[76] *Adsit misericordia tua, ut consoletur me,*
Secundum promissum quod dedisti servo tuo.
[77] *Veniant mihi miserationes tuae, ut vivam,*
Quia lex tua delectatio mea est.
[78] *Confundantur superbi, quia immerito affligunt me:*
Ego meditabor de praeceptis tuis.
[79] *Convertantur ad me timentes te,*
Et qui curant praescripta tua.
[80] *Sit cor meum perfectum in statutis tuis,*
Ut non confundar.

CAPH

Graviter ab inimicis oppressus ardenter desidero et imploro auxilium tuum.

[81] *Deficit desiderio auxilii tui anima mea;*
In verbum tuum spero.
[82] *Deficiunt oculi mei desiderio eloquii tui:*
Quando consolaberis me?
[83] *Nam, factus sicut uter in fumo,*
Statuta tua non sum oblitus.
[84] *Quot sunt dies servi tui?*
Quando facies de persequentibus me iudicium?
[85] *Foderunt mihi superbi foveas,*
Qui non secundum legem tuam agunt.
[86] *Omnia mandata tua sunt fidelia;*
Immerito persequuntur me: adiuva me.
[87] *Propemodum confecerunt me in terra;*
Ego autem non dereliqui praecepta tua.
[88] *Secundum misericordiam tuam serva me vivum,*
Et custodiam praescripta oris tui.

LAMED

Lex tua est stabilis, delectans, inexhaustae perfectionis, nullis limitibus circumscripta.

[89] *In aeternum, Domine, est verbum tuum*
Stabile ut caelum.
[90] *In generationem et generationem est fidelitas tua:*
Condidisti terram, quae permanet.
[91] *Secundum decreta tua constat omni tempore,*
Quia universa serviunt tibi.
[92] *Nisi lex tua delectatio mea esset,*
Iam periissem in afflictione mea.
[93] *In aeternum non obliviscar praecepta tua,*
Quia ipsis dedisti mihi vitam.
[94] *Tuus sum ego: salvum me fac,*
Quoniam praecepta tua quaesivi.
[95] *Me exspectant peccatores ut perdant me;*
Ad praescripta tua attendo.

38,5; Apoc 6,10. — **98**: Deut 4,6. — **105**: Prov 6,23. || Conc. Constantinop. IV: D 336. — **111**:

96 Omnis consummationis vidi finem,
Latum mandatum tuum nimis.

MEM

97 Quomodo dilexi legem tuam, Domine!
Tota die meditatio mea est.
98 Super inimicos meos prudentem me fecisti mandato tuo,
Quia in aeternum mihi est,
99 Super omnes docentes me intellexi,
Quia testimonia tua meditatio mea est.
100 Super senes intellexi,
Quia mandata tua quaesivi.
101 Ab omni via mala prohibui pedes meos,
Ut custodiam verba tua.
102 A iudiciis tuis non declinavi,
Quia tu legem posuisti mihi.
103 Quam dulcia faucibus meis eloquia tua!
Super mel ori meo.
104 A mandatis tuis intellexi;
Propterea odivi omnem viam iniquitatis.

NUN

105 Lucerna pedibus meis verbum tuum,
Et lumen semitis meis.
106 Iuravi et statui
Custodire iudicia iustitiae tuae.
107 Humiliatus sum usquequaque, Domine;
Vivifica me secundum verbum tuum.
108 Voluntaria oris mei beneplacita fac, Domine,
Et iudicia tua doce me.
109 Anima mea in manibus meis semper,
Et legem tuam non sum oblitus.
110 Posuerunt peccatores laqueum mihi,
Et de mandatis tuis non erravi.
111 Haereditate acquisivi testimonia tua in aeternum,
Quia exsultatio cordis mei sunt.
112 Inclinavi cor meum ad faciendas iustificationes tuas,
In aeternum, propter retributionem.

SAMECH

113 Iniquos odio habui,
Et legem tuam dilexi.
114 Adiutor et susceptor meus es tu,
Et in verbum tuum supersperavi.
115 Declinate a me, maligni,
Et scrutabor mandata Dei mei.
116 Suscipe me secundum eloquium tuum, et vivam,
Et non confundas me ab exspectatione mea.
117 Adiuva me, et salvus ero,
Et meditabor in iustificationibus tuis semper.
118 Sprevisti omnes discedentes a iudiciis tuis,

96 *Omnis perfectionis vidi esse terminum:*
Latissime patet mandatum tuum.

MEM

Lex tua summam dat sapientiam et laetitiam.

97 *Quam diligo legem tuam, Domine!*
Toto die meditatio mea est.
98 *Inimicis meis sapientiorem me fecit mandatum tuum,*
Quia in aeternum mecum est.
99 *Omnibus docentibus me prudentior sum,*
Quia de praescriptis tuis meditatio mea est.
100 *Senibus intellegentior sum,*
Quia praecepta tua observo.
101 *Ab omni via mala cohibeo pedes meos,*
Ut custodiam verba tua.
102 *A decretis tuis non declino,*
Quia tu docuisti me.
103 *Quam dulcia palato meo eloquia tua!*
Super mel sunt ori meo.
104 *Praeceptis tuis intellegens fio,*
Propterea odi omnem viam iniquitatis.

NUN

Legem tuam, quae mihi est lux, etiam afflictus et oppressus semper observabo.

105 *Lucerna pedibus meis verbum tuum,*
Et lumen semitae meae.
106 *Iuro et statuo*
Custodire iusta decreta tua.
107 *Afflictus sum vehementer, Domine:*
Vivum me serva secundum verbum tuum.
108 *Oblationes oris mei accipe, Domine,*
Et decreta tua doce me.
109 *Vita mea periclitatur semper,*
Sed legem tuam non obliviscor.
110 *Posuerunt peccatores laqueum mihi,*
Sed a praeceptis tuis non aberravi.
111 *Hereditas mea praescripta tua in aeternum,*
Quia gaudium cordis mei sunt.
112 *Inclinavi cor meum ad statuta tua implenda:*
Perpetuo, ad amussim.

SAMECH

Sincero animo detestor malos quos tu abominaris.

113 *Duplices corde odio habeo,*
Et diligo legem tuam.
114 *Protector meus et clipeus meus es tu:*
In verbum tuum spero.
115 *Discedite a me maligni,*
Et observabo mandata Dei mei.
116 *Sustenta me secundum promissum tuum, et vivam:*
Noli confundere spem meam.
117 *Adiuva me et salvus ero.*
Et attendam ad statuta tua semper.
118 *Spernis omnes discedentes a statutis tuis,*

Deut 33,4. — **112:** Mt 10,22. || Conc. Trid.: D 804. — **114:** Ps 3,4; 17,3; 31,7 — **122:** Iob 17,3.

Quia iniusta cogitatio eorum.
119 Praevaricantes reputavi omnes peccatores terrae;
Ideo dilexi testimonia tua.
120 Configе timore tuo carnes meas,
A iudiciis enim tuis timui.

AIN

121 Feci iudicium et iustitiam,
Non tradas me calumniantibus me.
122 Suscipe servum tuum in bonum,
Non calumnientur me superbi.
123 Oculi mei defecerunt in salutare tuum,
Et in eloquium iustitiae tuae.
124 Fac cum servo tuo secundum misericordiam tuam,
Et iustificationes tuas doce me.
125 Servus tuus sum ego, da mihi intellectum,
Ut sciam testimonia tua.
126 Tempus faciendi, Domine;
Dissipaverunt legem tuam.
127 Ideo dilexi mandata tua
Super aurum et topazion.
128 Propterea ad omnia mandata tua dirigebar;
Omnem viam iniquam odio habui.

PHE

129 Mirabilia testimonia tua,
Ideo scrutata est ea anima mea.
130 Declaratio sermonum tuorum illuminat,
Et intellectum dat parvulis.
131 Os meum aperui, et attraxi spiritum,
Quia mandata tua desiderabam.
132 Aspice in me, et miserere mei,
Secundum iudicium diligentium nomen tuum.
133 Gressus meos dirige secundum eloquium tuum,
Et non dominetur mei omnis iniustitia.
134 Redime me a calumniis hominum,
Ut custodiam mandata tua.
135 Faciem tuam illumina super servum tuum,
Et doce me iustificationes tuas.
136 Exitus aquarum deduxerunt oculi mei,
Quia non custodierunt legem tuam.

SADE

137 Iustus es, Domine,
Et rectum iudicium tuum.
138 Mandasti iustitiam testimonia tua
Et veritatem tuam nimis.
139 Tabescere me fecit zelus meus,
Quia obliti sunt verba tua inimici mei.
140 Ignitum eloquium tuum vehementer,
Et servus tuus dilexit illud.
141 Adolescentulus sum ego et contemptus;
Iustificationes tuas non sum oblitus.

Quia mendax est cogitatio eorum.
119 *Scorias reputas omnes peccatores terrae,*
Ideo diligo praescripta tua.
120 *Horrescit timore tui caro mea,*
Et decreta tua timeo.

AIN

Cum legem tuam diligam, sine mora me adiuva contra superbos.

121 *Exercui ius et iustitiam:*
Noli me tradere opprimentibus me.
122 *Sponde pro servo tuo in bonum,*
Ne opprimant me superbi.
123 *Oculi mei deficiunt desiderio auxilii tui,*
Et iusti eloquii tui.
124 *Fac cum servo tuo secundum bonitatem tuam,*
Et statuta tua doce me.
125 *Servus tuus sum ego, instrue me,*
Ut cognoscam praescripta tua.
126 *Tempus agendi est Domino:*
Violaverunt legem tuam.
127 *Ideo diligo mandata tua,*
Plus quam aurum et obryzum.
128 *Ideo omnia praecepta tua elegi mihi;*
Omnem viam falsam odio habeo.

PHE

Admiratorem et amatorem legis tuae instrue et protege.

129 *Mirabilia sunt praescripta tua,*
Ideo observat ea anima mea.
130 *Declaratio verborum tuorum illuminat,*
Docet inexpertos.
131 *Os meum aperio et attraho auram,*
Quia mandata tua desidero.
132 *Convertere ad me et miserere mei.*
Ut soles erga diligentes nomen tuum.
133 *Gressus meos dirige secundum eloquium tuum,*
Neque ulla dominetur in me nequitia.
134 *Libera me ab oppressione hominum.*
Et custodiam praecepta tua.
135 *Serenum praebe vultum tuum servo tuo,*
Et doce me statuta tua.
136 *Rivi aquarum fluxerunt de oculis meis,*
Quia non custodierunt legem tuam.

SADE

Iusta, firma, pura est lex tua.

137 *Iustus es, Domine,*
Et rectum iudicium tuum.
138 *Cum iustitia imposuisti praescripta tua,*
Et cum firmitate magna.
139 *Consumit me zelus meus,*
Quia obliviscuntur verba tua adversarii mei.
140 *Probatum est eloquium tuum valde,*
Et servus tuus diligit illud.
141 *Parvulus sum et contemptus.*
Praecepta tua non obliviscor,

125: Ps 115,16. — **130:** Ps 18,8-9. — **135:** Num 6,25; Ps 4,7. — **137:** Neh 9,33; Ps 18,9-10. —

142 Iustitia tua, iustitia in aeternum,
Et lex tua veritas.
143 Tribulatio et angustia invenerunt me;
Mandata tua meditatio mea est.
144 Aequitas testimonia tua in aeternum;
Intellectum da mihi, et vivam.

COPH

145 Clamavi in toto corde meo: exaudi me, Domine;
Iustificationes tuas requiram.
146 Clamavi ad te; salvum me fac,
Ut custodiam mandata tua.
147 Praeveni in maturitate, et clamavi;
Quia in verba tua supersperavi.
148 Praevenerunt oculi mei ad te diluculo,
Ut meditarer eloquia tua.
149 Vocem meam audi secundum misericordiam tuam, Domine,
Et secundum iudicium tuum vivifica me.
150 Appropinquaverunt persequentes me iniquitati,
A lege autem tua longe facti sunt.
151 Prope es tu, Domine,
Et omnes viae tuae veritas.
152 Initio cognovi de testimoniis tuis,
Quia in aeternum fundasti ea.

RES

153 Vide humilitatem meam, et eripe me,
Quia legem tuam non sum oblitus.
154 Iudica iudicium meum, et redime me,
Propter eloquium tuum vivifica me.
155 Longe a peccatoribus salus,
Quia iustificationes tuas non exquisierunt.
156 Misericordiae tuae multae, Domine;
Secundum iudicium tuum vivifica me.
157 Multi qui persequuntur me, et tribulant me;
A testimoniis tuis non declinavi.
158 Vidi praevaricantes et tabescebam,
Quia eloquia tua non custodierunt.
159 Vide quoniam mandata tua dilexi, Domine;
In misericordia tua vivifica me.
160 Principium verborum tuorum veritas;
In aeternum omnia iudicia iustitiae tuae.

SIN

161 Principes persecuti sunt me gratis,
Et a verbis tuis formidavit cor meum.
162 Laetabor ego super eloquia tua,
Sicut qui invenit spolia multa.
163 Iniquitatem odio habui, et abominatus sum,
Legem autem tuam dilexi.

142 *Iustitia tua est iustitia aeterna,*
Et lex tua firma.
143 *Angustia et tribulatio venerunt super me,*
Mandata tua deliciae meae sunt.
144 *Iustitia praescriptorum tuorum aeterna est,*
Instrue me et vivam.

COPH

Clamo ex toto corde: concede mihi gratiam observandi legem.

145 *Clamo ex toto corde meo: exaudi me, Domine;*
Statuta tua observo.
146 *Clamo ad te; salvum me fac,*
Et custodiam praescripta tua.
147 *Venio diluculo et auxilium imploro;*
Spero in verba tua.
148 *Praeveniunt oculi mei vigilias noctis,*
Ut mediter eloquium tuum.
149 *Vocem meam audi secundum misericordiam tuam, Domine,*
Et secundum decretum tuum da mihi vitam.
150 *Appropinquant persequentes me inique;*
A lege tua longe absunt.
151 *Prope es tu, Domine,*
Et omnia mandata tua fidelia.
152 *Pridem cognovi ex praescriptis tuis*
Te in aeternum fundasse ea.

RES

A persequentibus et praevaricantibus salva me.

153 *Vide afflictionem meam et eripe me,*
Quia legem tuam non sum oblitus.
154 *Defende causam meam et redime me;*
Secundum eloquium tuum largire mihi vitam.
155 *Longe a peccatoribus salus,*
Quia statuta tua non curant.
156 *Miserationes tuae multae, Domine;*
Secundum decreta tua largire mihi vitam.
157 *Multi persequuntur me et tribulant me:*
A praescriptis tuis non declino.
158 *Vidi praevaricantes et taeduit me,*
Quia eloquium tuum non custodierunt.
159 *Vide, praecepta tua diligo, Domine;*
Secundum misericordiam tuam vivum me serva.
160 *Verbi tui caput constantia est,*
Et aeternum est omne decretum iustitiae tuae.

SIN

Lex tua implet me reverentia, gaudio, amore, pace, fiducia.

161 *Principes persequuntur me sine causa,*
Verba autem tua veretur cor meum.
162 *Laetor de eloquiis tuis,*
Sicut qui invenit praedam multam.
163 *Iniquitatem odio habeo et detestor;*

139: Ps 68,10. — 151: Ps 144,18. — 155: Iob 5,4. — 165: Prov 3,2; Is 32,17. — 176: Is

164 Septies in die laudem dixi tibi,
Super iudicia iustitiae tuae.
165 Pax multa diligentibus legem tuam,
Et non est illis scandalum.
166 Exspectabam salutare tuum, Domine,
Et mandata tua dilexi.
167 Custodivit anima mea testimonia tua,
Et dilexit ea vehementer.
168 Servavi mandata tua et testimonia tua,
Quia omnes viae meae in conspectu tuo.

TAU

169 Appropinquet deprecatio mea in conspectu tuo, Domine;
Iuxta eloquium tuum da mihi intellectum.
170 Intret postulatio mea in conspectu tuo,
Secundum eloquium tuum eripe me.
171 Eructabunt labia mea hymnum,
Cum docueris me iustificationes tuas.
172 Pronuntiabit lingua mea eloquium tuum,
Quia omnia mandata tua aequitas.
173 Fiat manus tua ut salvet me,
Quoniam mandata tua elegi.
174 Concupivi salutare tuum, Domine,
Et lex tua meditatio mea est.
175 Vivet anima mea, et laudabit te,
Et iudicia tua adiuvabunt me.
176 Erravi sicut ovis quae periit; quaere servum tuum,
Quia mandata tua non sum oblitus.

Diligo legem tuam.
164 *Septies in die laudem dico tibi*
Propter iusta iudicia tua.
165 *Pax multa diligentibus legem tuam,*
Neque ullum est illis offendiculum.
166 *Praestolor auxilium tuum, Domine,*
Et facio mandata tua.
167 *Custodit anima mea praescripta tua,*
Et diligit ea valde.
168 *Custodio praecepta et iussa tua,*
Quia omnes viae meae in conspectu tuo.

TAU

Perveniat precatio mea ad te; libera me et instrue me, nam sine te sum ovicula errabunda.

169 *Clamor meus ad te veniat, Domine:*
Secundum verbum tuum instrue me.
170 *Perveniat precatio mea ad te,*
Secundum eloquium tuum eripe me.
171 *Fundant labia mea hymnum,*
Cum docueris me statuta tua.
172 *Cantet lingua mea eloquium tuum,*
Quia omnia mandata tua sunt iusta.
173 *Adsit manus tua, ut adiuvet me,*
Quia praecepta tua elegi.
174 *Cupio salutem a te, Domine,*
Et lex tua delectatio mea est.
175 *Vivat anima mea et laudet te,*
Et decreta tua adiuvent me.
176 *Oberro ut ovis quae periit; quaere servum tuum,*
Quia mandata tua non sum oblitus.

PSALMUS 119 (120)

Contra linguas iniquas

1 Canticum graduum.

Ad Dominum cum tribularer clamavi,
Et exaudivit me.
2 Domine, libera animam meam a labiis iniquis
Et a lingua dolosa.
3 Quid detur tibi, aut quid apponatur tibi
Ad linguam dolosam?
4 Sagittae potentis acutae,
Cum carbonibus desolatoriis.
5 Heu mihi, quia incolatus meus prolongatus est!
Habitavi cum habitantibus Cedar;
6 Multum incola fuit anima mea.
7 Cum his qui oderunt pacem eram pacificus;
Cum loquebar illis, impugnabant me gratis.

1 *Canticum ascensionum.*

I. *Ad Dominum, cum tribularer, clamavi*
Et exaudivit me.
2 *Domine, libera animam meam a labio iniquo,*
A lingua dolosa.

II. 3 *Quid dabit tibi aut quid addet tibi,*
Lingua dolosa?
4 *Sagittas potentis acutas*
Et carbones genistarum.

III. 5 *Heu mihi, quod dego in Mosoch,*
Habito in tentoriis Cedar!
6 *Nimium habitavit anima mea*
Cum iis, qui oderunt pacem.
7 *Ego pacem cum loquor,*
Illi urgent ad bellum.

53,6; Mt 10,6; Lc 15,4; 1 Petr 2,25.

119 1: Is 30,29. — 2: Eccli 51,3.

PSALMUS 120 (121)

Dominus custos et protector populi sui

1 Canticum graduum.
Levavi oculos meos in montes,
Unde veniet auxilium mihi.
2 Auxilium meum a Domino,
Qui fecit caelum et terram.
3 Non det in commotionem pedem tuum,
Neque dormitet qui custodit te.
4 Ecce non dormitabit neque dormiet
Qui custodit Israel.
5 Dominus custodit te,
Dominus protectio tua super manum dexteram tuam.
6 Per diem sol non uret te,
Neque luna per noctem.
7 Dominus custodit te ab omni malo;
Custodiat animam tuam Dominus.
8 Dominus custodiat introitum tuum et exitum tuum,
Ex hoc nunc et usque in saeculum.

1 *Canticum ascensionum.*
I. *Attollo oculos meos in montes.*
Unde veniet auxilium mihi?
2 *Auxilium meum a Domino,*
Qui fecit caelum et terram.
II. 3 *Non sinet nutare pedem tuum,*
Non dormitabit, qui custodit te,
4 *Ecce non dormitabit neque dormiet,*
Qui custodit Israel.
III. 5 *Dominus custodit te,*
Dominus protectio tua a latere dextro tuo.
6 *Per diem sol non feriet te,*
Neque luna per noctem.
IV. 7 *Dominus custodiet te ab omni malo:*
Custodiet animam tuam.
8 *Dominus custodiet exitum tuum et introitum tuum,*
Et nunc et usque in saeculum.

PSALMUS 121 (122)

Salutatio Ierusalem, urbis sanctae

1 Canticum graduum
Laetatus sum in his quae dicta sunt mihi:
In domum Domini ibimus.
2 Stantes erant pedes nostri
In atriis tuis, Ierusalem.
3 Ierusalem, quae aedificatur ut civitas,
Cuius participatio eius in idipsum.
4 Illuc enim ascenderunt tribus, tribus Domini,
Testimonium Israel,
Ad confitendum nomini Domini.
5 Quia illic sederunt sedes in iudicio,
Sedes super domum David.
6 Rogate quae ad pacem sunt Ierusalem,
Et abundantia diligentibus te.
7 Fiat pax in virtute tua,
Et abundantia in turribus tuis.
8 Propter fratres meos et proximos meos,
Loquebar pacem de te.
9 Propter domum Domini Dei nostri,
Quaesivi bona tibi.

1 *Canticum ascensionum. Davidis.*
I. *Laetatus sum, quia dixerunt mihi:*
«In domum Domini ibimus.»
2 *Iam consistunt pedes nostri*
In portis tuis, Ierusalem,
3 *Ierusalem quae aedificata est ut civitas,*
In se compacta tota.
II. 4 *Illuc ascendunt tribus, tribus Domini,*
Secundum legem Israel, ad celebrandum nomen Domini.
5 *Illic positae sunt sedes iudicii,*
Sedes domus David.
III. 6 *Rogate quae ad pacem sunt Ierusalem!*
Securi sint qui diligunt te!
7 *Sit pax in moenibus tuis,*
Securitas in palatiis tuis!
8 *Propter fratres meos et sodales meos*
Loquar: Pax in te!
9 *Propter domum Domini, Dei nostri,*
Precabor bona tibi.

120 2: Ps 123,8. — 3: 1 Sam 2,9; Ps 65,9; 126,1; Is 27,3. — 6: Is 49,10; Apoc 7, 16. — 8: Deut 28,6.

121 1: Is 2,3; Zach 8,21. — 4: Ex 23,14. 17; 34,23; Deut 16,16. — 5: Deut 17, 8; 2 Sam 15,2; 3 Reg 7,7; 2 Par 19,8.

PSALMUS 122 (123)

Populi despecti in Deum fiducia

1 Canticum graduum.
Ad te levavi oculos meos,
Qui habitas in caelis.
2 Ecce sicut oculi servorum
In manibus dominorum suorum;
Sicut oculi ancillae
In manibus dominae suae:
Ita oculi nostri ad Dominum Deum nostrum,
Donec misereatur nostri.
3 Miserere nostri, Domine, miserere nostri,
Quia multum repleti sumus despectione;
4 Quia multum repleta est anima nostra,
Opprobrium abundantibus, et despectio superbis.

1 Canticum ascensionum.
I. *Ad te attollo oculos meos,*
Qui habitas in caelis.
2 Ecce, sicut oculi servorum
Ad manus dominorum suorum,
Sicut oculi ancillae
Ad manus dominae suae:
Ita oculi nostri ad Dominum Deum nostrum,
Donec misereatur nostri.
II. *3 Miserere nostri, Domine, miserere nostri,*
Quia multum satiati sumus despectione;
4 Multum satiata est anima nostra
Irrisione abundantium, despectione superborum.

PSALMUS 123 (124)

Dominus e summo periculo liberator

1 Canticum graduum.
Nisi quia Dominus erat in nobis,
Dicat nunc Israel,
2 Nisi quia Dominus erat in nobis;
Cum exsurgerent homines in nos,
3 Forte vivos deglutissent nos;
Cum irasceretur furor eorum in nos,
4 Forsitan aqua absorbuisset nos.
5 Torrentem pertransivit anima nostra;
Forsitan pertransisset anima nostra
Aquam intolerabilem.
6 Benedictus Dominus, qui non dedit nos
In captionem dentibus eorum.
7 Anima nostra sicut passer erepta est
De laqueo venantium;
Laqueus contritus est,
Et nos liberati sumus.
8 Adiutorium nostrum in nomine Domini.
Qui fecit caelum et terram.

1 Canticum ascensionum. Davidis.
I. *Nisi Dominus fuisset pro nobis,*
Dicat iam Israel,
2 Nisi Dominus fuisset pro nobis:
Cum insurgerent homines in nos,
3 Tunc vivos deglutissent nos.
Cum excandesceret furor eorum in nos,
4 Tunc aqua submersisset nos;
Torrens transisset super nos;
5 Tunc transissent super nos aquae tumentes.
II. *6 Benedictus Dominus, qui non dedit nos*
In praedam dentibus eorum.
7 Anima nostra sicut avis erepta est
De laqueo venantium:
Laqueus contritus est,
Et nos liberati sumus.
8 Adiutorium nostrum in nomine Domini,
Qui fecit caelum et terram.

PSALMUS 124 (125)

Dominus adiutor populi contra hostes iniquos

1 Canticum graduum.
Qui confidunt in Domino, sicut mons Sion:
Non commovebitur in aeternum,
Qui habitat 2 in Ierusalem.
Montes in circuitu eius;
Et Dominus in circuitu populi sui,
Ex hoc nunc et usque in saeculum.

1 Canticum ascensionum.
I. *Qui confidunt in Domino, sunt sicut mons Sion,*
Qui non commovetur, qui manet in aeternum.
2 Ierusalem circumdant montes:
Ita Dominus circumdat populum suum,
Et nunc et in aeternum.

122 1: Ps 2,4; 10,5. — Neh 2,19; Am 6,1.

123 1: Ps 93,17. — 7: Ps 90,3; Prov 6,5. — 8: Ps 120,2.

[3] Quia non relinquet Dominus virgam peccatorum
Super sortem iustorum,
Ut non extendant iusti
Ad iniquitatem manus suas.
[4] Benefac, Domine, bonis,
Et rectis corde.
[5] Declinantes autem in obligationes,
Adducet Dominus cum operantibus iniquitatem.
Pax super Israel!

II. [3] *Neque enim manebit sceptrum impiorum*
Super sortem iustorum,
Ne extendant iusti
Ad iniquitatem manus suas.

III. [4] *Benefac, Domine, bonis*
Et rectis corde.
[5] *Qui autem declinant in vias suas obliquas,*
Abigat eos Dominus cum male agentibus:
Pax super Israel!

PSALMUS 125 (126)

Pro plena instauratione populi oratio

[1] Canticum graduum.
In convertendo Dominus captivitatem Sion,
Facti sumus sicut consolati.
[2] Tunc repletum est gaudio os nostrum,
Et lingua nostra exsultatione.
Tunc dicent inter gentes:
Magnificavit Dominus facere cum eis.
[3] Magnificavit Dominus facere nobiscum;
Facti sumus laetantes.
[4] Converte, Domine, captivitatem nostram,
Sicut torrens in austro.
[5] Qui seminant in lacrymis,
In exsultatione metent.
[6] Euntes ibant et flebant,
Mittentes semina sua.
Venientes autem venient cum exsultatione,
Portantes manipulos suos.

[1] *Canticum ascensionum.*

I. *Cum reduceret Dominus captivos Sion,*
Fuimus sicut somniantes.
[2] *Tunc repletum est risu os nostrum,*
Et lingua nostra exsultastione.
Tunc dixerunt inter gente:
«Magnifice fecit Dominus cum eis».
[3] *Magnifice fecit Dominus nobiscum:*
Facti sumus laetantes!

II. [4] *Verte, Domine, sortem nostram,*
Sicut torrentes in terra australi.
[5] *Qui seminant in lacrimis,*
In exsultatione metent.
[6] *Euntes eunt et plorant,*
Semen spargendum portantes:
Venientes venient cum exsultatione,
Portantes manipulos suos.

PSALMUS 126 (127)

Omnis prosperitas a Dei benedictione proficiscitur

[1] Canticum graduum Salomonis.
Nisi Dominus aedificaverit domum,
In vanum laboraverunt qui aedificant eam.
Nisi Dominus custodierit civitatem,
Frustra vigilat qui custodit eam.
[2] Vanum est vobis ante lucem surgere.
Surgite postquam sederitis,
Qui manducatis panem doloris.
Cum dederit dilectis suis somnum,
[3] Ecce haereditas Domini, filii;
Merces, fructus ventris.
[4] Sicut sagittae in manu potentis,
Ita filii excussorum.
[5] Beatus vir qui implevit desiderium suum ex ipsis:
Non confundetur cum loquetur inimicis suis in porta.

[1] *Canticum ascensionum. Salomonis.*

I. *Nisi Dominus aedificaverit domum,*
In vanum laborant qui aedificant eam.
Nisi Dominus custodierit civitatem,
In vanum vigilat custos.
[2] *Vanum est vobis surgere ante lucem,*
Sedere in multam noctem,
Qui manducatis panem duri laboris:
Quoniam largitur dilectis suis in somno.

II. [3] *Ecce donum Domini sunt filii,*
Merces est fructus ventris.
[4] *Sicut sagittae in manu bellatoris,*
Ita filii iuventutis.
[5] *Beatus vir qui eis implevit pharetram suam:*
Non confundentur, cum contenderint cum inimicis in porta.

124 3: Ps 15,5; Is 14,5. — 5: Ps 91,8.10; Prov 2,15.

125 2: Io 2,20-21. — 5: Ier 31,9.

126 1: Ps 120,3-4. — 3: Gen 30,18; 33,5; Ios 24,3-4. — 5: Eccli 30,2.5.

PSALMUS 127 (128)

Pii Israelitae felicitas domestica

1 Canticum graduum.
Beati omnes qui timent Dominum,
Qui ambulant in viis eius.
2 Labores manuum tuarum quia manducabis,
Beatus es, et bene tibi erit.
3 Uxor tua sicut vitis abundans,
In lateribus domus tuae.
Filii tui, sicut novellae olivarum,
In circuitu mensae tuae.
4 Ecce sic benedicetur homo
Qui timet Dominum.
5 Benedicat tibi Dominus ex Sion,
Et videas bona Ierusalem omnibus diebus vitae tuae;
6 Et videas filios filiorum tuorum,
Pacem super Israel.

1 *Canticum ascensionum.*
I. *Beatus, quicumque times Dominum,*
Qui ambulas in viis eius!
2 *Nam laborem manuum tuarum manducabis,*
Beatus eris et bene tibi erit.
3 *Uxor tua sicut vitis fructifera*
In penetralibus domus tuae.
Filii tui ut surculi olivarum
Circa mensam tuam.
4 *Ecce sic benedicitur viro,*
Qui timet Dominum!
II. 5 *Benedicat tibi Dominus ex Sion,*
Ut videas prosperitatem Ierusalem omnibus diebus vitae tuae;
6 *Ut videas filios filiorum tuorum:*
Pax super Israel!

PSALMUS 128 (129)

Israel a iuventute oppressus Dei auxilium implorat

1 Canticum graduum.
Saepe expugnaverunt me a iuventute mea,
Dicat nunc Israel;
2 Saepe expugnaverunt me a iuventute mea;
Etenim non potuerunt mihi.
3 Supra dorsum meum fabricaverunt peccatores;
Prolongaverunt iniquitatem suam.
4 Dominus iustus
Concidit cervices peccatorum.
5 Confundantur, et convertantur retrorsum
Omnes qui oderunt Sion.
6 Fiant sicut foenum tectorum,
Quod priusquam evellatur exaruit,
7 De quo non implevit manum suam qui metit,
Et sinum suum qui manipulos colligit.
8 Et non dixerunt qui paeteribant:
Benedictio Domini super vos.
Benediximus vobis in nomine Domini.

1 *Canticum ascensionum.*
I. *Multum oppugnaverunt me a iuventute mea,*
Dicat nunc Israel:
2 *Multum oppugnaverunt me a iuventute mea,*
Sed non devicerunt me.
3 *Supra dorsum meum araverunt aratores,*
Longos duxerunt sulcos suos.
4 *Dominus autem iustus*
Concidit funes impiorum.
II. 5 *Confundantur et cedant retro*
Omnes qui oderunt Sion.
6 *Similes fiant gramini tectorum,*
Quod, prius quam evellatur, arescit;
7 *Quo non implet manum suam, qui metit,*
Nec sinum suum, qui manipulos colligit.
8 *Nec dicunt qui praetereunt:*
«Benedictio Domini super vos!,
Benedicimus vobis in nomine Domini».

PSALMUS 129 (130)

Culpa hominis et Dei misericordia

1 Canticum graduum.
De profundis clamavi, ad te Domine;
2 Domine, exaudi vocem meam.

1 *Canticum ascensionum.*
I. *De profundis clamo ad te, Domine,*
2 *Domine, audi vocem meam!*

127 2: Is 3,10. — 3: Ps 143,12; Ex 19,10.— 6: Iob 42,16; Prov 17,6.

128 3: Is 51,23. — 6: Ps 36,2. — 8: Ruth 2,4.

129 1-2: Ps 68,3.14-16. — 3: Ps 75,8; 89,8; 142,2. — 4: Ps 85,5; Is 55,7. — 8: Ps 24,22; Mt 1,21.

Fiant aures tuae intendentes
In vocem deprecationis meae.
3 Si iniquitates observaveris, Domine,
Domine, quis sustinebit?
4 Quia apud te propitiatio est;
Et propter legem tuam sustinui te, Domine.
Sustinuit anima mea in verbo eius;
5 Speravit anima mea in Domino.
6 A custodia matutina usque ad noctem,
Speret Israel in Domino;
7 Quia apud Dominum misericordia,
Et copiosa apud eum redemptio.
8 Et ipse redimet Israel
Ex omnibus iniquitatibus eius.

Fiant aures tuae intentae
Ad vocem obsecrationis meae.
II. 3 *Si delictorum memoriam servaveris, Domine,*
Domine, quis sustinebit?
4 *Sed penes te est peccatorum venia,*
Ut cum reverentia serviatur tibi.
III. 5 *Spero in Dominum,*
Sperat anima mea in verbum eius;
Exspectat 6 *anima mea Dominum,*
Magis quam custodes auroram.
IV. *Magis quam custodes auroram,*
7 *Exspectat Israel Dominum,*
Quia penes Dominum misericordia
Et copiosa penes eum redemptio:
8 *Et ipse redimet Israel*
Ex omnibus iniquitatibus eius.

PSALMUS 130 (131)

Demissa et filialis in Deo quies

1 Canticum graduum David.
Domine, non est exaltatum cor meum,
Neque elati sunt oculi mei.
Neque ambulavi in magnis,
Neque in mirabilibus super me.
2 Si non humiliter sentiebam,
Sed exaltavi animam meam;
Sicut ablactatus est super matre sua,
Ita retributio in anima mea.
3 Speret Israel in Domino,
Ex hoc nunc et usque in saeculum.

1 *Canticum ascensionum. Davidis.*
Domine, non superbit cor meum,
Neque extolluntur oculi mei,
Nec prosequor res grandes
Aut altiores me ipso.
2 *Immo composui et pacavi*
Animam meam,
Sicut parvulus in gremio matris suae:
Sicut parvulus, ita in me est anima mea.
3 *Spera, Israel, in Domino,*
Et nunc et usque in saeculum.

PSALMUS 131 (132)

Quae David promiserit Domino, quae Dominus Davidi

1 Canticum graduum.
Memento, Domine, David,
Et omnis mansuetudinis eius;
2 Sicut iuravit Domino
Votum vovit Deo Iacob:
3 Si introiero in tabernaculum domus meae;
Si ascendero in lectum strati mei;
4 Si dedero somnum oculis meis,
Et palpebris meis dormitationem,
5 Et requiem temporibus meis,
Donec inveniam locum Domino,
Tabernaculum Deo Iacob.
6 Ecce audivimus eam in Ephrata;
Invenimus eam in campis silvae.
7 Introibimus in tabernaculum eius;
Adorabimus in loco ubi steterunt pedes eius.
8 Surge, Domine, in requiem tuam,
Tu et arca sanctificationis tuae.
9 Sacerdotes tui induantur iustitiam,
Et sancti tui exsultent.

1 *Canticum ascensionum.*

A

I. *Memento, Domine, in gratiam David*
Omnis sollicitudinis eius:
2 *Quomodo iuraverit Domino,*
Votum voverit Potenti Iacob:
3 *«Non intrabo in habitaculum domus meae,*
Non ascendam in stratum lecti mei,
4 *Non concedam somnum oculis meis,*
Palpebris meis quietem,
5 *Donec invenero locum Domino,*
Habitationem Potenti Iacob».

II. 6 *Ecce, audivimus de illa in Ephrata;*
Invenimus eam in campis Iaar.
7 *Intremus in habitationem eius,*
Procidamus ante scabellum pedum eius.
8 *Surge, Domine, in locum quietis tuae,*
Tu et arca maiestatis tuae.
9 *Sacerdotes tui induant iustitiam,*
Et sancti tui exsultantes exsultent.

130 1: Ps 100,5; 137,6. — 3: Ps 129,6.

131 1: 1 Par 22,14. — 2-5: 2 Sam 7,2. — 5: Act 7,46. — 6: 1 Sam 4,8; 7,1; 17,12.

10 Propter David, servum tuum,
Non avertas faciem christi tui.
11 Iuravit Dominus David veritatem,
Et non frustrabitur eam:
De fructu ventris tui
Ponam super sedem tuam.
12 Si custodierint filii tui testamentum meum,
Et testimonia mea haec quae docebo eos,
Et filii eorum usque in saeculum
Sedebunt super sedem tuam.
13 Quoniam elegit Dominus Sion,
Elegit eam in habitationem sibi.
14 Haec requies mea in saeculum saeculi;
Hic habitabo, quoniam elegi eam.
15 Viduam eius benedicens benedicam;
Pauperes eius saturabo panibus.
16 Sacerdotes eius induam salutari,
Et sancti eius exsultatione exsultabunt.
17 Illuc producam cornu David;
Paravi lucernam christo meo.
18 Inimicos eius induam confusione;
Super ipsum autem efflorebit sanctificatio mea.

10 *Propter David, servum tuum,*
Noli repellere faciem uncti tui.

B

I. 11 *Iuravit Dominus David*
Promissum firmum a quo non recedet.
«Subolem generis tui
Ponam super solium tuum.
12 *Si custodierint filii tui pactum meum,*
Et praecepta quae docebo eos,
Etiam filii eorum in sempiternum
Sedebunt super solium tuum».
13 *Nam Dominus elegit Sion,*
Eam optavit sedem sibi:

II. 14 *«Haec est requies mea in sempiternum,*
Hic habitabo, quoniam optavi eam.
15 *Victui eius benedicens benedicam,*
Pauperes eius saturabo pane.
16 *Sacerdotes eius induam salute,*
Et sancti eius exsultantes exsultabunt.
17 *Illic David suscitabo cornu,*
Parabo lucernam uncto meo.
18 *Inimicos eius induam confusione,*
Super ipsum autem fulgebit diadema meum».

PSALMUS 132 (133)

Concordiae fratrum iucunditas

1 Canticum graduum David.
Ecce quam bonum et quam iucundum,
Habitare fratres in unum!
2 Sicut unguentum in capite,
Quod descendit in barbam, barbam Aaron,
Quod descendit in oram vestimenti eius;
3 Sicut ros Hermon,
Qui descendit in montem Sion.
Quoniam illic mandavit Dominus benedictionem,
Et vitam usque in saeculum.

1 *Canticum ascensionum. Davidis.*
Ecce quam bonum et quam iucundum,
Habitare fratres in unum:
2 *Sicut oleum optimum in capite,*
Quod defluit in barbam, barbam Aaron,
Quod defluit in oram vestimenti eius;
3 *Sicut ros Hermon,*
Qui descendit super montem Sion.
Nam illic largitur Dominus benedictionem,
Vitam usque in saeculum.

PSALMUS 133 (134)

Laudes nocturnae in templo

1 Canticum graduum.
Ecce nunc benedicite Dominum, omnes servi Domini:
Qui statis in domo Domini,
In atriis domus Dei nostri.
2 In noctibus extollite manus vestras in sancta,
Et benedicite Dominum.
3 Benedicat te Dominus ex Sion,
Qui fecit caelum et terram.

1 *Canticum ascensionum.*
Ecce benedicite Domino,
Omnes servi Domini;
Qui statis in domo Domini
Horis nocturnis.
2 *Extollite manus vestras ad sancta*
Et benedicite Domino.
3 *Ex Sion benedicat tibi Dominus,*
Qui fecit caelum et terram.

8: Num 10,35; 2 Par 6,41-42. — 11: 2 Sam 7,12; 2 Par 6,16; Lc 1,32; Act 2,30. — 12: 3 Reg 2,4; 8,25. — 13: 3 Reg 8,13; 2 Par 6,2; Ps 73,2. — 17: Lc 1,69.

132 1: Hebr 13,1. — 2: Ex 29,7; 30,25-30. 3: Lev 25,21; Deut 28,8.

133 1: 1 Par 9,33; Ps 91,2; 134,2. — 3: Ps 127,5.

PSALMUS 134 (135)

Laudes Dei, rerum omnium domini et benefactoris populi Israel

1 Alleluia.
Laudate nomen Domini;
Laudate, servi, Dominum:
2 Qui statis in domo Domini,
In atriis domus Dei nostri.
3 Laudate Dominum, quia bonus Dominus;
Psallite nomini eius, quoniam suave.
4 Quoniam Iacob elegit sibi Dominus,
Israel in possessionem sibi.
5 Quia ego cognovi quod magnus est Dominus,
Et Deus noster prae omnibus diis.
6 Omnia quaecumque voluit Dominus fecit,
In caelo, in terra, in mari et in omnibus abyssis.
7 Educens nubes ab extremo terrae,
Fulgura in pluviam fecit;
Qui producit ventos de thesauris suis.
8 Qui percussit primogenita Aegypti,
Ab homine usque ad pecus.
9 Et misit signa et prodigia in medio tui, Aegypte,
In Pharaonem, et in omnes servos eius.
10 Qui percussit gentes multas,
Et occidit reges fortes:
11 Sehon, regem Amorrhaeorum, et Og, regem Basan,
Et omnia regna Chanaan;
12 Et dedit terram eorum haereditatem,
Haereditatem Israel populo suo.
13 Domine, nomen tuum in aeternum;
Domine, memoriale tuum in generationem et generationem.
14 Quia iudicabit Dominus populum suum,
Et in servis suis deprecabitur.
15 Simulacra gentium argentum et aurum,
Opera manuum hominum.
16 Os habent, et non loquentur;
Oculos habent, et non videbunt.
17 Aures habent, et non audient;
Neque enim est spiritus in ore ipsorum.
18 Similes illis fiant qui faciunt ea,
Et omnes qui confidunt in eis.
19 Domus Israel, benedicite Domino;
Domus Aaron, benedicite Domino.
20 Domus Levi, benedicite Domino;
Qui timetis Dominum, benedicite Domino.
21 Benedictus Dominus ex Sion,
Qui habitat in Ierusalem.

1 *Alleluia.*

A

Laudate nomen Domini;
Laudate, servi Domini,
2 *Qui statis in domo Domini,*
In atriis domus Dei nostri.
3 *Laudate Dominum, quia bonus Dominus:*
Psallite nomini eius, quoniam suave.
4 *Nam Iacob elegit sibi Dominus,*
Israel in peculium suum.

B

I. 5 *Novi equidem hoc: magnus est Dominus,*
Et Dominator noster prae omnibus diis.
6 *Quaecumque vult Dominus, facit in caelo et in terra,*
In mari et in omnibus profundis aquarum.
7 *Adducit nubes ab extremo terrae,*
Fulguribus pluviam facit,
Promit ventum de receptaculis suis.

II. 8 *Percussit primogenita Aegypti,*
Homines aeque ac pecora.
9 *Edidit signa et portenta in te, Aegypte,*
In Pharaonem et in omnes servos eius.
10 *Percussit gentes multas*
Et occidit reges potentes:
11 *Sehon, regem Amorrhaeorum, et Og, regem Basan,*
Et omnes reges Chanaan,
12 *Et dedit terram eorum in possessionem,*
In possessionem Israel, populo suo.
13 *Domine, nomen tuum in aeternum manet,*
Domine, memoria tua in generationem et generationem.
14 *Nam Dominus tuetur populum suum,*
Et servorum suorum miseretur.

III. 15 *Idola gentium argentum et aurum,*
Opera manuum hominum:
16 *Os habent, et non loquuntur;*
Oculos habent, et non vident;
17 *Aures habent, et non audiunt;*
Et non est halitus in ore eorum.
18 *Similes illis fiunt, qui faciunt ea,*
Omnis qui confidit in eis.

C

19 *Domus Israel, benedicite Domino;*
Domus Aaron, benedicite Domino.
20 *Domus Levi, benedicite Domino;*
Qui colitis Dominum, benedicite Domino.
21 *Benedictus Dominus ex Sion,*
Qui habitat in Ierusalem.

134 **1:** Ps 112,1. — **2:** Ps 91,14; 115,19; 133,1. — **4:** Ex 19,5; Deut 7,6-7. — **5:** Ps 94,3. — 113,3; Sap 12,18. — **7:** Ier 10,13. — **8:** Ex 12,29; Ps 77,51. — **9:** Deut 6,22; Ps 104, 27-36; Ier 32,20. — **10-12:** Ps 135,17-22. — **10:** Deut 7,1. — **11:** Num 21,24-35; Deut 3,8-11; Ios 12,1-24. — **12:** Ios 13,1-32; Ps 77,54. — **13:** Ex 3,15; Ps 101,13. — **14:** Deut 32,36.43; Ps 89, 13. — **15-20:** Ps 113,4-11. || Conc. Trid.: D 986. **21:** Ps 131,13-14.

PSALMUS 135 (136)

Gratiarum actio pro multiplicibus beneficiis Dei

1 Alleluia.
Confitemini Domino, quoniam bonus,
Quoniam in aeternum misericordia eius.
2 Confitemini Deo deorum,
Quoniam in aeternum misericordia eius.
3 Confitemini Domino dominorum,
Quoniam in aeternum misericordia eius.
4 Qui facit mirabilia magna solus,
Quoniam in aeternum misericordia eius.
5 Qui fecit caelos in intellectu,
Quoniam in aeternum misericordia eius.
6 Qui firmavit terram super aquas,
Quoniam in aeternum misericordia eius.
7 Qui fecit luminaria magna,
Quoniam in aeternum misericordia eius:
8 Solem in potestatem diei,
Quoniam in aeternum misericordia eius;
9 Lunam et stellas in potestatem noctis,
Quoniam in aeternum misericordia eius.
10 Qui percussit Aegyptum cum primogenitis eorum,
Quoniam in aeternum misericordia eius.
11 Qui eduxit Israel de medio eorum,
Quoniam in aeternum misericordia eius,
12 In manu potenti et brachio excelso,
Quoniam in aeternum misericordia eius.
13 Qui divisit mare Rubrum in divisiones,
Quoniam in aeternum misericordia eius;
14 Et eduxit Israel per medium eius,
Quoniam in aeternum misericordia eius;
15 Et excussit Pharaonem et virtutem eius in mari Rubro,
Quoniam in aeternum misericordia eius.
16 Qui traduxit populum suum per desertum,
Quoniam in aeternum misericordia eius.
17 Qui percussit reges magnos,
Quoniam in aeternum misericordia eius;
18 Et occidit reges fortes,
Quoniam in aeternum misericordia eius:
19 Sehon, regem Amorrhaeorum,
Quoniam in aeternum misericordia eius;
20 Et Og, regem Basan,
Quoniam in aeternum misericordia eius;
21 Et dedit terram eorum haereditatem,
Quoniam in aeternum misericordia eius;
22 Haereditatem Israel, servo suo,
Quoniam in aeternum misericordia eius.
23 Quia in humilitate nostra memor fuit nostri,
Quoniam in aeternum misericordia eius;
24 Et redimit nos ab inimicis nostris,
Quoniam in aeternum misericordia eius.

1 Alleluia.
Laudate Dominum, quoniam bonus,
Quoniam in aeternum misericordia eius.
2 Laudate Deum deorum,
Quoniam in aeternum misericordia eius.
3 Laudate Dominum dominorum,
Quoniam in aeternum misericordia eius.
I. *4 Qui fecit mirabilia magna solus,*
Quoniam in aeternum misericordia eius.
5 Qui fecit caelos cum sapientia,
Quoniam in aeternum misericordia eius.
6 Qui extendit terram super aquas,
Quoniam in aeternum misericordia eius.
7 Qui fecit lumina magna,
Quoniam in aeternum misericordia eius:
8 Solem, ut praesit diei,
Quoniam in aeternum misericordia eius,
9 Lunam et stellas, ut praesint nocti,
Quoniam in aeternum misericordia eius.
II. *10 Qui percussit Aegyptios in primogenitis eorum,*
Quoniam in aeternum misericordia eius.
11 Et eduxit Israel e medio eorum,
Quoniam in aeternum misericordia eius,
12 Manu potenti et bracchio extento,
Quoniam in aeternum misericordia eius.
13 Qui divisit mare Rubrum in partes,
Quoniam in aeternum misericordia eius.
14 Et traduxit Israel per medium eius,
Quoniam in aeternum misericordia eius.
15 Et detrusit Pharaonem et exercitum eius in mare Rubrum,
Quoniam in aeternum misericordia eius.
16 Qui duxit populum suum per desertum,
Quoniam in aeternum misericordia eius.
17 Qui percussit reges magnos,
Quoniam in aeternum misericordia eius.
18 Et occidit reges potentes,
Quoniam in aeternum misericordia eius.
19 Sehon, regem Amorrhaeorum,
Quoniam in aeternum misericordia eius.
20 Et Og, regem Basan,
Quoniam in aeternum misericordia eius.
21 Et dedit terram eorum in possessionem,
Quoniam in aeternum misericordia eius.
22 In possessionem Israel, servo suo,
Quoniam in aeternum misericordia eius.
III. *23 Qui in humilitate nostra recordatus est nostri,*
Quoniam in aeternum misericordia eius.
24 Et liberavit nos ab inimicis nostris,
Quoniam in aeternum misericordia eius.

135 **1:** 1 Par 16,34.41; Ps 117,1. — **2:** Deut 10,17. — **5:** Gen 1,1; Ps 103,24; Prov 3,19. — **6:** Gen 1,9-10; Is 42,5; 44,24. — **7-9:** Gen 1,14-18; Eccli 43,1-11. — **10:** Ex 12,29; Ps 77,51; 134,8-10. — **11:** Ex 12,51; 13,3. — **12:** Ex 15,12-13; Deut 4,34. — **13:** Ex 14,21; Ps 77,13. — **14:** Ex 14,22. — **15:** Ex 14,27-28; Ps 77,53. — **16:** Ex 15,32; Deut 8,15. — **17-22:** Ps 134,10-12. — **25:** Ps 103,27.

25 Qui dat escam omni carni,
Quoniam in aeternum misericordia eius.
26 Confitemini Deo caeli,
Quoniam in aeternum misericordia eius.
Confitemini Domino dominorum,
Quoniam in aeternum misericordia eius.

25 Qui dat escam omni carni,
Quoniam in aeternum misericordia eius.
26 Laudate Deum caeli,
Quoniam in aeternum misericordia eius.

PSALMUS 136 (137)

Exsulum maerores et desideria

1 Psalmus David, Ieremiae.
Super flumina Babylonis illic sedimus et flevimus,
Cum recordaremur Sion.
2 In salicibus in medio eius
Suspendimus organa nostra;
3 Quia illic interrogaverunt nos, qui captivos duxerunt nos,
Verba cantionum;
Et qui abduxerunt nos:
Hymnum cantate nobis de canticis Sion.
4 Quomodo cantabimus canticum Domini
In terra aliena?
5 Si oblitus fuero tui, Ierusalem,
Oblivioni detur dextera mea.
6 Adhaereat lingua mea faucibus meis,
Si non meminero tui;
Si non proposuero Ierusalem
In principio laetitiae meae.
7 Memor esto, Domine, filiorum Edom,
In die Ierusalem,
Qui dicunt: Exinanite, exinanite
Usque ad fundamentum in ea.
8 Filia Babylonis misera! beatus qui retribuet tibi
Retributionem tuam quam retribuisti nobis.
9 Beatus qui tenebit,
Et allidet parvulos tuos ad petram.

I. *1 Ad flumina Babylonis, illic sedimus et flevimus,*
Cum recordaremur Sion.
2 In salicibus terrae illius
Suspendimus citharas nostras.
3 Nam illic, qui abduxerant nos, rogaverunt a nobis cantica,
Et qui affligebant nos, laetitiam:
«Cantate nobis ex canticis Sion!»

II. *4 Quomodo cantabimus canticum Domini*
In terra aliena?
5 Si oblitus ero tui, Ierusalem,
Oblivioni detur dextera mea!
6 Adhaereat lingua mea faucibus meis,
Si non meminero tui,
Si non posuero Ierusalem
Super omnem laetitiam meam.

III. *7 Recordare, Domine, contra filios Edom*
Diem Ierusalem,
Qui dixerunt: «Evertite, evertite
Ipsa fundamenta in ea!»
8 Filia Babylonis vastatrix,
Beatus qui rependet tibi
Mala quae intulisti nobis!
9 Beatus qui apprehendet et allidet
Parvulos tuos ad petram!

PSALMUS 137 (138)

Gratiarum actio pro beneficio

1 Ipsi David.
Confitebor tibi, Domine, in toto corde meo,
Quoniam audisti verba oris mei.
In conspectu angelorum psallam tibi,
2 Adorabo ad templum sanctum tuum,
Et confitebor nomini tuo super misericordia tua et veritate tua,
Quoniam magnificasti super omne nomen sanctum tuum.
3 In quacumque die invocavero te, exaudi me;
Multiplicabis in anima mea virtutem.
4 Confiteantur tibi, Domine, omnes reges terrae,

1 Davidis.
I. *Celebrabo te, Domine, ex toto corde meo,*
Quia audisti verba oris mei;
In conspectu angelorum psallam tibi,
2 Prosternam me ad templum sanctum tuum
Et celebrabo nomen tuum
Propter bonitatem et fidem tuam,
Quia magnum fecisti super omnia
Nomen tuum et promissum tuum.
3 Quando te invocavi, exaudisti me,
Multiplicasti in anima mea robur.

II. *4 Celebrabunt te, Domine, omnes reges terrae,*

136 1: Ez 1,3; 3,15. — 7: Is 34,5-6; Ier 49, 7-22; Ez 25,12-14; Abd 1,16. — 8: Is 21,9; 47,1-15; Ier 25,12; 50,1-46; 51,1-64.

137 1: Ps 110,1. — 2: Ps 5,8. — 4: Ps 71, 11; 101,16. — 6: Ps 112,4-7; Lc 1,48; Iac 4,6. — 8: Ps 135,1.

Quia audierunt omnia verba oris tui;
5 Et cantent in viis Domini,
Quoniam magna est gloria Domini;
6 Quoniam excelsus Dominus, et humilia respicit,
Et alta a longe cognoscit.
7 Si ambulavero in medio tribulationis, vivificabis me;
Et super iram inimicorum meorum extendisti manum tuam,
Et salvum me fecit dextera tua.
8 Dominus retribuet pro me.
Domine, misericordia tua in saeculum;
Opera manuum tuarum ne despicias.

Cum audierint verba oris tui;
5 *Et cantabunt vias Domini:*
«Vere, magna est gloria Domini».
6 *Vere excelsus est Dominus, et humilem respicit,*
Superbum autem e longinquo contuetur.
III. 7 *Si ambulabo in medio tribulationis, vivum me servas,*
Contra iram inimicorum meorum extendis manum tuam,
Salvum me facit dextera tua.
8 *Dominus pro me perficiet coepta.*
Domine, bonitas tua in aeternum manet;
Ne dereliqueris opus manuum tuarum.

PSALMUS 138 (139)

Deus ubique praesens, omnia videns

1 In finem, Psalmus David.
Domine, probasti me, et cognovisti me;
2 Tu cognovisti sessionem meam et resurrectionem meam.
3 Intellexisti cogitationes meas de longe;
Semitam meam et funiculum meum investigasti;
4 Et omnes vias meas praevidisti,
Quia non est sermo in lingua mea.
5 Ecce, Domine, tu cognovisti omnia, novissima et antiqua.
Tu formasti me, et posuisti super me manum tuam.
6 Mirabilis facta est scientia tua ex me;
Confortata est, non potero ad eam.
7 Quo ibo a spiritu tuo?
Et quo a facie tua fugiam?
8 Si ascendero in caelum, tu illic es;
Si descendero in infernum, ades.
9 Si sumpsero pennas meas diluculo,
Et habitavero in extremis maris,
10 Etenim illuc manus tua deducet me,
Et tenebit me dextera tua.
11 Et dixi: Forsitan tenebrae conculcabunt me;
Et nox illuminatio mea in deliciis meis.
12 Quia tenebrae non obscurabuntur a te,
Et nox sicut dies illuminabitur;
Sicut tenebrae eius, ita et lumen eius.
13 Quia tu possedisti renes meos;
Suscepisti me de utero matris meae.
14 Confiteor tibi, quia terribiliter magnificatus es;
Mirabilia opera tua, et anima mea cognoscit nimis.
15 Non est occultatum os meum a te, quod fecisti in occulto;
Et substantia mea in inferioribus terrae.
16 Imperfectum meum viderunt oculi tui,
Et in libro tuo omnes scribentur.
Dies formabuntur, et nemo in eis.

1 *Magistro chori, Davidis, Psalmus.*
I. *Domine, scrutaris me et novisti,*
2 *Tu novisti me, cum sedeo et cum surgo.*
Intellegis cogitationes meas e longinquo;
3 *Cum ambulo et cum recumbo, tu perspicis,*
Et ad omnes vias meas advertis.
4 *Cum verbum nondum est super linguam meam;*
Ecce, Domine, iam nosti totum.
5 *A tergo et a fronte complecteris me,*
Et ponis super me manum tuam.
6 *Nimis mirabilis est mihi scientia haec,*
Sublimis: non capio eam.

II. 7 *Quo abeam procul a spiritu tuo?*
Et quo a facie tua fugiam?
8 *Si ascendam in caelum, illic es;*
Si apud inferos me sternam, ades.
9 *Si sumam pennas aurorae,*
Si habitem in termino maris:
10 *Etiam illic manus tua ducet me,*
Et tenebit me dextera tua.
11 *Si dicam: «Tenebrae saltem operient me,*
Et nox instar lucis circumdabit me»:
12 *Ipsae tenebrae non erunt obscurae tibi.*
Et nox sicut dies lucebit:
Caligo est tibi sicut lux.

III. 13 *Tu enim formasti renes meos,*
Texuisti me in utero matris meae.
14 *Laudo te, quod tam mirifice factus sum,*
Quod mirabilia sint opera tua.
Et animam meam novisti perfecte,
15 *Non latuit te substantia mea,*
Quando in occulto formabar,
Quando texebar in profundis terrae.
16 *Actus meos viderunt oculi tui,*
Et in libro tuo scripti sunt omnes;
Dies sunt definiti, priusquam esset vel unus ex eis.

138 **1:** Ps 43,22; Ier 12,3. — **3:** Mt 9,4; Io 2,24-25. — **6:** Rom 11,33. — **8-10:** Am 9,2-4. — **12:** Iob 34,22. — **13:** Iob 10,10-11. — **17-18:** Ps 39,6. — **21:** Ps 118,158.

17 Mihi autem nimis honorificati sunt amici tui, Deus;
Nimis confortatus est principatus eorum.
18 Dinumerabo eos, et super arenam multiplicabuntur.
Exsurrexi, et adhuc sum tecum.
19 Si occideris, Deus, peccatores,
Viri sanguinum, declinate a me;
20 Quia dicitis in cogitatione:
Accipient in vanitate civitates tuas.
21 Nonne qui oderunt te, Domine, oderam?
Et super inimicos tuos tabescebam?
22 Perfecto odio oderam illos,
Et inimici facti sunt mihi.
23 Proba me, Deus, et scito cor meum;
Interroga me, et cognosce semitas meas.
24 Et vide si via iniquitatis in me est;
Et deduc me in via aeterna.

17 Mihi autem quam ardua sunt consilia tua, Deus,
Quam ingens summa eorum!
18 Si dinumerem ea, plura sunt quam arena;
Si pervenerim ad finem, adhuc sum tecum.

IV. *19 Utinam occidas impium, Deus,*
Et viri sanguinum recedant a me!
20 Nam rebellant contra te dolose,
Perfide se efferunt hostes tui.
21 Nonne, qui oderunt te, Domine, eos odio habeo,
Qui insurgunt in te, sunt mihi taedio?
22 Perfecto odio odi eos;
Inimici facti sunt mihi.
23 Scrutare me, Deus, et cognosce cor meum;
Proba me et cognosce sensa mea,
24 Et vide, num via prava incedam,
Et deduc me via antiqua.

PSALMUS 139 (140)

Contra inimicos violentos et perfidos

1 In finem. Psalmus David.

2 Eripe me, Domine, ab homine malo;
A viro iniquo eripe me.
3 Qui cogitaverunt iniquitates in corde,
Tota die constituebant praelia.
4 Acuerunt linguas suas sicut serpentis;
Venenum aspidum sub labiis eorum.
5 Custodi me, Domine, de manu peccatoris,
Et ab hominibus iniquis eripe me:
Qui cogitaverunt supplantare gressus meos;
6 Absconderunt superbi laqueum mihi,
Et funes extenderunt in laqueum,
Iuxta iter scandalum posuerunt mihi.
7 Dixi Domino: Dus meus es tu;
Exaudi, Domine, vocem deprecationis meae.
8 Domine, Domine, virtus salutis meae,
Obumbrasti super caput meum in die belli.
9 Ne tradas me, Domine, a desiderio meo peccatori;
Cogitaverunt contra me;
Ne derelinquas me, ne forte exaltentur.
10 Caput circuitus eorum,
Labor labiorum ipsorum operiet eos.
11 Cadent super eos carbones,
In ignem deiicies eos;
In miseriis non subsistent.
12 Vir linguosus non dirigetur in terra,
Virum iniustum mala capient in interitu.
13 Cognovi quia faciet Dominus iudicium inopis,

1 Magistro chori. Psalmus. Davidis.

I. *2 Eripe me, Domine, ab homine malo,*
A viro violento custodi me:
3 Ab iis qui cogitant mala in corde,
Omni die excitant lites,
4 Acuunt linguas suas ut serpens:
Venenum aspidum sub labiis eorum.

II. *5 Salva me, Domine, a manibus iniqui.*
A viro violento custodi me:
Qui cogitant evertere gressus meos,
6 Superbi abscondunt laqueum mihi,
Et funes extendunt ut rete,
Iuxta viam tendiculas collocant mihi.
7 Dico Domino: Deus meus es tu;
Ausculta, Domine, vocem obsecrationis meae.
8 Domine, Deus, potens auxilium meum!
Tegis caput meum die pugnae.

III *9 Ne concesseris, Domine, desideria iniqui,*
Noli implere consilia eius.
Extollunt 10 caput qui me circumdant:
Malitia labiorum eorum obruat eos.
11 Pluat super eos carbones ignitos;
In foveam deiiciat eos, ne resurgant.

IV. *12 Vir linguae malae non durabit in terra;*
Virum violentum repente capient mala.
13 Novi Dominum ius reddere egeno,

139 **3:** Ps 55,6. — **4:** Ps 57,5; Rom 3,13. — **6:** Iob 18,7-10; Ps 34,7; 140,9; 141,4; Ier 18,22. — **10:** Ps 7,16-17; Prov 12,13; 18,7. — **11:** Ps 10,7.

Et vindictam pauperum.
14 Verumtamen iusti confitebuntur nomini tuo;
Et habitabunt recti cum vultu tuo.

Iustitiam pauperibus.
14 *Profecto iusti celebrabunt nomen tuum,*
Recti habitabunt in conspectu tuo.

PSALMUS 140 (141)

Viri iusti contra insidias iniquorum preces

1 Psalmus David.

Domine, clamavi ad te, exaudi me;
Intende voci meae, cum clamavero ad te.
2 Dirigitur oratio mea sicut incensum in conspectu tuo;
Elevatio manuum mearum sacrificium vespertinum.
3 Pone, Domine, custodiam ori meo,
Et ostium circumstantiae labiis meis.
4 Non declines cor meum in verba malitiae,
Ad excusandas excusationes in peccatis:
Cum hominibus operantibus iniquitatem;
Et non communicabo cum electis eorum.
5 Corripiet me iustus in misericordia, et increpabit me:
Oleum autem peccatoris non impinguet caput meum,
Quoniam adhuc et oratio mea in beneplacitis eorum.
6 Absorpti sunt iuncti petrae iudices eorum;
Audient verba mea, quoniam potuerunt.
7 Sicut crassitudo terrae erupta est super terram;
Dissipata sunt ossa nostra secus infernum.
8 Quia ad te, Domine, Domine, oculi mei;
In te speravi, non auferas animam meam.
9 Custodi me a laqueo quem statuerunt mihi,
Et a scandalis operantium iniquitatem.
10 Cadent in retiaculo eius peccatores.
Singulariter sum ego, donec transeam.

1 *Psalmus. Davidis.*

I. *Domine, clamo ad te: cito succurre mihi;*
Ausculta vocem meam, cum ad te clamo.
2 *Dirigitur ad te oratio mea sicut incensum,*
Elatio manuum mearum ut sacrificium vespertinum.

II. 3 *Pone, Domine, custodiam ad os meum,*
Excubias ad ostium labiorum meorum.
4 *Ne inclinaveris cor meum ad rem malam,*
Ad impie patranda facinora;
Neque cum viris iniqua agentibus
Vescar unquam lautis cibis eorum.
5 *Percutiat me iustus: haec pietas est;*
Increpet me: oleum est capitis,
Quod non recusabit caput meum,
Sed semper orabo sub malis eorum.
6 *Demissi sunt iuxta petram principes eorum,*
Et audierunt, quam lenia essent verba mea.
7 *Ut cum terram quis sulcat et findit,*
Sparsa sunt ossa eorum ad fauces inferni.

III. 8 *Nam ad te, Domine Deus, convertuntur oculi mei;*
Ad te confugio: ne perdideris animam meam.
9 *Custodi me a laqueo, quem posuerunt mihi,*
Et a tendiculis agentium iniqua.
10 *Cadant in retia sua impii simul,*
Dum ego salvus evadam.

PSALMUS 141 (142)

Hominis ab omnibus derelicti precatio

1 Intellectus David, cum esset in spelunca, oratio.

2 Voce mea ad Dominum clamavi,
Voce mea ad Dominum deprecatus sum.
3 Effundo in conspectu eius orationem meam;
Et tribulationem meam ante ipsum pronuntio.
4 In deficiendo ex me spiritum meum,
Et tu cognovisti semitas meas.
In via hac qua ambulabam
Absconderunt laqueum mihi.
5 Considerabam ad dexteram, et videbam;

1 *Maskil. Davidis, cum esset in caverna. Precatio.*

I. 2 *Voce magna ad Dominum clamo,*
Voce magna Dominum obsecro.
3 *Effundo coram eo sollicitudinem meam,*
Angustiam meam coram ipso pando.
4 *Cum anxiatur in me spiritus meus,*
Tu novisti viam meam.

II. *In via qua incedo,*
Absconderunt laqueum mihi.
5 *Respicio ad dextram et video,*
Et non est, qui de me curet.

140 **2:** Ex 29,41; Lc 1,10; Apoc 8,3-4. — **3:** Ps 38,1. — **5:** Prov 9,8,19,25; Gal 6,1. **7:** Ps 52,6. — **10:** Ps 7,16.

141 **1:** Ps 31,1; 56,1. — **2:** Ps 76,2. — **4:** Ps 130,6. — **5:** Ps 30,12; 68,21; Eccli 51,10. — **6:** Ps 15,5. — **7:** Ps 142,11.

Et non erat qui cognosceret me.
Periit fuga a me,
Et non est qui requirat animam meam.
6 Clamavi ad te, Domine:
Dixi: Tu es spes mea,
Portio mea in terra viventium.
7 Intende ad deprecationem meam,
Quia humiliatus sum nimis.
Libera me a persequentibus me,
Quia confortati sunt super me.
8 Educ de custodia animam meam
Ad confitendum nomini tuo;
Me exspectant iusti donec retribuas mihi.

Non est, quo fugiam,
Non est, qui prospiciat vitae meae.
III. 6 *Clamo ad te, Domine;*
Dico: Tu es refugium meum,
Portio mea in terra viventium.
7 *Attende ad clamorem meum,*
Quia miser factus sum valde.
Eripe me a persequentibus me,
Quia me fortiores sunt.
8 *De carcere educ me,*
Ut gratias agam nomini tuo.
Iusti circumdabunt me,
Cum bene feceris mihi.

PSALMUS 142 (143)

Viri paenitentis in angustiis preces

1 Psalmus David, quando persequebatur eum Absalom, filius eius.
Domine, exaudi orationem meam;
Auribus percipe obsecrationem meam in veritate tua;
Exaudi me in tua iustitia.
2 Et non intres in iudicium cum servo tuo,
Quia non iustificabitur in conspectu tuo omnis vivens.
3 Quia persecutus est inimicus animam meam,
Humiliavit in terra vitam meam;
Collocavit me in obscuris, sicut mortuos saeculi.
4 Et anxiatus est super me spiritus meus;
In me turbatum est cor meum.
5 Memor fui dierum antiquorum;
Meditatus sum in omnibus operibus tuis,
In factis manuum tuarum meditabar.
6 Expandi manus meas ad te;
Anima mea sicut terra sine aqua tibi.
7 Velociter exaudi me, Domine;
Defecit spiritus meus.
Non avertas faciem tuam a me,
Et similis ero descendentibus in lacum.
8 Auditam fac mihi mane misericordiam tuam,
Quia in te speravi.
Notam fac mihi viam in qua ambulem,
Quia ad te levavi animam meam.
9 Eripe me de inimicis meis, Domine,
Ad te confugi.
10 Doce me facere voluntatem tuam,
Quia Deus meus es tu.
Spiritus tuus bonus deducet me in terram rectam.
11 Propter nomen tuum, Domine, vivificabis me;
In aequitate tua, educes de tribulatione animam meam;

1 *Psalmus. Davidis.*

I. *Domine, audi orationem meam,*
Percipe obsecrationem meam pro fidelitate tua,
Exaudi me pro tua iustitia.
2 *Ne vocaveris in iudicium servum tuum,*
Quia nemo vivens iustus est coram te.

II. 3 *Nam inimicus persequitur animam meam:*
Prostravit in terram vitam meam,
Collocavit me in tenebris sicut pridem defunctos.
4 *Et defecit in me spiritus meus;*
Intra me obriguit cor meum.
5 *Memini dierum antiquorum,*
Meditor de omnibus operibus tuis,
Facta manuum tuarum perpendo.
6 *Expando manus meas ad te;*
Anima mea, ut terra arida, te sitit.

III. 7 *Velociter exaudi me, Domine:*
Nam deficit spiritus meus.
Noli abscondere faciem tuam a me,
Ne similis fiam descendentibus in foveam.
8 *Fac cito percipiam gratiam tuam,*
Quia in te confido.
Notum fac mihi, qua via incedam,
Quia ad te attollo animam meam.
9 *Eripe me de inimicis meis, Domine:*
In te spero.

IV. 10 *Doce me facere voluntatem tuam,*
Quia tu es Deus meus.
Spiritus tuus bonus est.
Ducat me in terra plana.
11 *Propter nomen tuum, Domine, vivum me serva;*
Pro clementia tua educ de angustiis animam meam.

142 **1:** 2 Sam 15,14. — **2:** Iob 9,2; 14,3; 25,4; Ps 129,3; Rom 3,23; 1 Cor 4, 4. || Conc. Carthag. XVI: D 107. — **4:** Ps 108, 22. — **5:** Ps 76,6.12-13. — **7:** Ps 68,17-18; 101, 3. — **8:** Ps 24,1; 85,4. — **11:** Ps 24,11; 70,20. — **12:** Ps 53,7; 115,16.

12 Et in misericordia tua disperdes inimicos meos,
Et perdes omnes qui tribulant animam meam,
Quoniam ego servus tuus sum.

12 *Et pro gratia tua destrue inimicos meos,*
Et perde omnes qui tribulant animam meam:
Nam ego sum servus tuus.

PSALMUS 143 (144)

Regis pro obtinenda victoria et prosperitate preces

1 Psalmus David. Adversus Goliath.
Benedictus Dominus Deus meus,
Qui docet manus meas ad praelium,
Et digitos meos ad bellum.
2 Misericordia mea et refugium meum,
Susceptor meus et liberator meus;
Protector meus, et in ipso speravi;
Qui subdit populum meum sub me.
3 Domine, quid est homo, quia innotuisti ei?
Aut filius hominis, quia reputas eum?
4 Homo vanitati similis factus est;
Dies eius sicut umbra praetereunt.
5 Domine, inclina caelos tuos, et descende;
Tange montes, et fumigabunt.
6 Fulgura coruscationem, et dissipabis eos;
Emitte sagittas tuas et conturbabis eos.
7 Emitte manum tuam de alto, eripe me;
Et libera me de aquis multis, de manu filiorum alienorum:
8 Quorum os locutum est vanitatem,
Et dextera eorum dextera iniquitatis.
9 Deus, canticum novum cantabo tibi.
In psalterio decachordo psallam tibi.
10 Qui das salutem regibus,
Qui redemisti David servum tuum de gladio maligno,
11 Eripe me, et erue me de manu filiorum alienorum,
Quorum os locutum est vanitatem,
Et dextera eorum dextera iniquitatis.
12 Quorum filii sicut novellae plantationes in iuventute sua;
Filiae eorum compositae,
Circumornatae ut similitudo templi.
13 Promptuaria eorum plena, eructantia ex hoc in illud;
Oves eorum fetosae, abundantes in egressibus suis;
14 Boves eorum crassae.
Non est ruina maceriae, neque transitus;
Neque clamor in plateis eorum.
15 Beatum dixerunt populum cui haec sunt;
Beatus populus cuius Dominus Deus eius.

1 *Davidis.*
I. *Benedictus Dominus, Petra mea,*
Qui docet manus meas proelium, digitos bellum,
2 *Misericordia mea et arx mea,*
Praesidium meum et liberator meus,
Clipeus meus et refugium meum,
Qui subdit populos mihi.
II. 3 *Domine, quid est homo, quod curas de eo,*
Filius hominis, quod de eo cogitas?
4 *Homo similis est flatui aurae,*
Dies eius umbrae, quae transit.
5 *Domine, inclina caelos tuos et descende,*
Tange montes et fumabunt;
6 *Fulmina fulmen et disperge eos,*
Emitte sagittas tuas et conturba eos;
7 *Porrige manum tuam de alto,*
Eripe me et libera me ex aquis multis, e manu alienigenarum,
8 *Quorum os mendacium loquitur*
Et dextera iurat falsum.
III. 9 *Deus, canticum novum cantabo tibi,*
Psalterio decachordo psallam tibi,
10 *Qui das victoriam regibus,*
Qui eripuisti David, servum tuum.
A gladio malo 11 *eripe me,*
Et libera me e manu alienigenarum,
Quorum os mendacium loquitur,
Et dextera iurat falsum.
IV. 12 *Filii nostri similes sint plantis,*
Crescentes in adulescentia sua;
Filiae nostrae quasi columnae angulares,
Sculptae ut columnae templi.
13 *Horrea nostra sint plena,*
Copiosa omnibus fructibus;
Oves nostrae, milies fecundae,
In myriadas augeantur in campis nostris;
14 *Iumenta nostra sint onusta.*
Ne sit ruptura moenium aut exsilium,
Neve planctus in plateis nostris.
15 *Beatus populus cui sunt talia;*
Beatus populus, cuius Deus est Dominus.

143 1: 1 Sam 17,23-54. — 2: Ps 17,3.48. — 3: Ps 8,5. — 4: Iob 14,7; Ps 38,6; 101,12; 108,23. — 5-7: Ps 17,10.15.17.45-46. — 15: Deut 33,29; Ps 32,12.

PSALMUS 144 (145)

Magnitudo et bonitas Dei

1 Laudatio ipsi David.
Exaltabo te, Deus meus rex;
Et benedicam nomini tuo in saeculum, et in saeculum saeculi.
2 Per singulos dies benedicam tibi,
Et laudabo nomen tuum in saeculum, et in saeculum saeculi.
3 Magnus Dominus, et laudabilis nimis;
Et magnitudinis eius non est finis.
4 Generatio et generatio laudabit opera tua,
Et potentiam tuam pronuntiabunt.
5 Magnificentiam gloriae sanctitatis tuae loquentur,
Et mirabilia tua narrabunt.
6 Et virtutem terribilium tuorum dicent,
Et magnitudinem tuam narrabunt.
7 Memoriam abundantiae suavitatis tuae eructabunt,
Et iustitia tua exsultabunt.
8 Miserator et misericors Dominus;
Patiens et multum misericors.
9 Suavis Dominus universis;
Et miserationes eius super omnia opera eius.
10 Confiteantur tibi, Domine, omnia opera tua;
Et sancti tui benedicant tibi.
11 Gloriam regni tui dicent,
Et potentiam tuam loquentur;
12 Ut notam faciant filiis hominum potentiam tuam,
Et gloriam magnificentiae regni tui.
13 Regnum tuum regnum omnium saeculorum;
Et dominatio tua in omni generatione et generationem.
Fidelis Dominus in omnibus verbis suis,
Et sanctus in omnibus operibus suis.
14 Allevat Dominus omnes qui corruunt,
Et erigit omnes elisos.
15 Oculi omnium in te sperant, Domine;
Et tu das escam illorum in tempore opportuno.
16 Aperis tu manum tuam,
Et imples omne animal benedictione.
17 Iustus Dominus in omnibus viis suis,
Et sanctus in omnibus operibus suis.
18 Prope est Dominus omnibus invocantibus eum,
Omnibus invocantibus eum in veritate.
19 Voluntatem timentium se faciet;
Et deprecationem eorum exaudiet, et salvos faciet eos.
20 Custodit Dominus omnes diligentes se,

1 *Laudes. Davidis.*

Praedicabo te, Deus meus, rex;
Et benedicam nomini tuo in saeculum saeculi,
2 *Omni die benedicam tibi,*
Et laudabo nomen tuum in saeculum saeculi.
3 *Magnus est Dominus et laudabilis valde,*
Neque explorari potest magnitudo eius.
4 *Generatio generationi praedicat opera tua,*
Et annuntiant potentiam tuam.
5 *Gloriam magnificam maiestatis tuae loquuntur,*
Et mirabilia tua pervulgant.
6 *Et potentiam terribilium operum tuorum dicunt,*
Et magnitudinem tuam enarrant.
7 *Laudem magnae bonitatis tuae proclamant,*
Et de iustitia tua exsultant.
8 *Clemens et misericors est Dominus,*
Tardus ad iram et gratiae multae.
9 *Bonus est Dominus universis,*
Et misericors erga omnia opera sua.
10 *Celebrent te, Domine, omnia opera tua,*
Et sancti tui benedicant tibi.
11 *Gloriam regni tui dicant,*
Et potentiam tuam loquantur,
12 *Ut notam faciant filiis hominum potentiam tuam*
Et gloriam magnifici regni tui.
13 *Regnum tuum regnum omnium saeculorum,*
Et dominatio tua manet per universas generationes.
Fidelis Dominus in omnibus operibus suis,
Et sanctus in omnibus operibus suis.
14 *Dominus sustinet omnes qui cadunt,*
Et erigit omnes depressos.
15 *Oculi omnium in te sperant,*
Et tu das illis escam tempore suo.
16 *Tu aperis manum tuam,*
Et satias cum benevolentia omne vivens.
17 *Iustus est Dominus in omnibus viis suis,*
Et sanctus in omnibus operibus suis.
18 *Prope est Dominus omnibus invocantibus eum,*
Omnibus invocantibus eum sincere.
19 *Voluntatem timentium se faciet,*
Et clamorem eorum audiet, et salvabit eos.
20 *Custodit Dominus omnes qui diligunt eum*

144 3: Iob 11,7-9; Ps 47,2. — 6: Ps 65,3. — 8-9: Ps 85,5.15. — 10: Ps 18,2. — 13: Ps 10,16; Dan 4,31. || Epist. Tractoria: D 109. — 14: Ps 36,17.24; 145,8. — 15-16: Ps 103,27-28. — 18: Deut 4,7; Io 4,23-24.

Et omnes peccatores disperdet.
21 Laudationem Domini loquetur os meum;
Et benedicat omnis caro nomini sancto eius in saeculum, et in saeculum saeculi.

Et omnes impios disperdet.
21 Laudem Domini loquatur os meum,
Et omnis caro benedicat nomini sancto eius in saeculum saeculi.

PSALMUS 145 (146)

Laus Dei creatoris, adiutoris omnium, regis aeterni

1 Alleluia, Aggaei et Zachariae.
2 Lauda, anima mea, Dominum.
Laudabo Dominum in vità mea;
Psallam Deo meo quamdiu fuero.
Nolite confidere in principibus,
3 In filiis hominum, in quibus non est salus.
4 Exibit spiritus eius, et revertetur in terram suam;
In illa die peribunt omnes cogitationes eorum.
5 Beatus cuius Deus Iacob adiutor eius,
Spes eius in Domino Deo ipsius:
6 Qui fecit caelum et terram,
Mare, et omnia quae in eis sunt.
7 Qui custodit veritatem in saeculum;
Facit iudicium iniuriam patientibus;
Dat escam esurientibus.
Dominus solvit compeditos,
8 Dominus illuminat caecos.
Dominus erigit elisos;
Dominus diligit iustos.
9 Dominus custodit advenas;
Pupillum et viduam suscipiet,
Et vias peccatorum disperdet.
10 Regnabit Dominus in saecula;
Deus tuus, Sion, in generationem et generationem.

1 Alleluia.
Lauda, anima mea, Dominum;
2 Laudabo Dominum in vita mea;
Psallam Deo meo quamdiu ero.
3 Nolite confidere in principibus,
In homine, per quem non est salus.
4 Cum exierit spiritus eius, revertetur in terram suam;
Tunc peribunt omnia consilia eius.
5 Beatus, cuius adiutor est Deus Iacob,
Cuius spes in Domino, Deo suo,
6 Qui fecit caelum et terram,
Mare, et omnia quae in eis sunt,
Qui servat fidem in aeternum,
7 Reddit ius oppressis,
Panem dat esurientibus.
Dominus solvit captivos,
8 Dominus aperit oculos caecorum.
Dominus erigit curvatos,
Dominus diligit iustos.
9 Dominus custodit peregrinos,
Pupillum et viduam sustentat,
Viam autem peccatorum perturbat.
10 Regnabit Dominus in aeternum,
Deus tuus, Sion, in generationem et generationem. Alleluia.

PSALMUS 146, 147 (hebr. 147)

Laudes Dei, potentis et sapientis restitutoris Israel

Ps 146 (147,1-11)

1 Alleluia.
Laudate Dominum, quoniam bonus est psalmus;
Deo nostro sit iucunda, decoraque laudatio.
2 Aedificans Ierusalem Dominus,
Dispersiones Israelis congregabit;
3 Qui sanat contritos corde,
Et alligat contritiones eorum;
4 Qui numerat multitudinem stellarum,
Et omnibus eis nomina vocat.
5 Magnus Dominus noster, et magna virtus eius;

1 Alleluia.
Laudate Dominum, quia bonus est,
Psallite Deo nostro, quia suavis est:
Decet eum laudatio.
2 Aedificat Ierusalem Dominus,
Dispersos Israel congregat;
3 Ipse sanat fractos corde,
Et alligat vulnera eorum.
4 Definit numerum stellarum,
Singulas nomine vocat.
5 Magnus Dominus noster et viribus potens,

145 **1:** Ps 111,1. — **2:** Ps 103,38; 144,2. — **3:** Ps 117,8-9; Is 2,22. — **4:** Ps 103,20; Eccl 12,7. — **6:** Ps 113,15; Act 14,14; Apoc 14, 7. — **7:** Ps 67,7; 103,27; 144,15; Is 61,1. — **8:** Ps 144,14; Is 29,18. — **9:** Ex 22,21-22; Ps 67, 6. — **10:** Ps 10,16.

146 **1:** Ps 91,2; 134,3. — **2:** Deut 36,3; Ps 106,2-7; Is 11,12; 27,13; 56,8; Ez 39,28. — **3:** Is 61,1. — **4:** Gen 15,5; Is 40,26. — **5:** Is 40,28. || Conc. Tolet. XI: D 280. — **6:**

Et sapientiae eius non est numerus.
6 Suscipiens mansuetos Dominus;
Humilians autem peccatores usque ad terram.
7 Praecinite Domino in confessione,
Psallite Deo nostro in cithara.
8 Qui operit caelum nubibus,
Et parat terrae pluviam;
Qui producit in montibus foenum,
Et herbam servituti hominum;
9 Qui dat iumentis escam ipsorum
Et pullis corvorum invocantibus eum.
10 Non in fortitudine equi voluntatem habebit,
Nec in tibiis viri beneplacitum erit ei.
11 Beneplacitum est Domino super timentes eum,
Et in eis qui sperant super misericordia eius.

Sapientiae eius non est mensura.
6 *Sublevat humiles Dominus;*
Impios deprimit usque ad terram.
7 *Cantate Domino cum gratiarum actione,*
Psallite cithara Deo nostro,
8 *Qui caelum operit nubibus,*
Qui pluviam terrae parat;
Qui producit in montibus gramen,
Et herbam, ut serviat homini;
9 *Qui dat iumentis escam eorum,*
Pullis corvorum, qui clamant ad eum.
10 *Non robur equi delectat eum,*
Nec crura viri placent ei.
11 *Placent Domino, qui timent eum,*
Qui fidunt in bonitate eius.

Ps 147 (147, 12-20)

Alleluia.
12 Lauda, Ierusalem, Dominum;
Lauda Deum tuum, Sion.
13 Quoniam confortavit seras portarum tuarum,
Benedixit filiis tuis in te.
14 Qui posuit fines tuos pacem,
Et adipe frumenti satiat te.
15 Qui emittit eloquium suum terrae,
Velociter currit sermo eius.
16 Qui dat nivem sicut lanam,
Nebulam sicut cinerem spargit.
17 Mittit crystallum suam sicut buccellas:
Ante faciem frigoris eius quis sustinebit?
18 Emittet verbum suum, et liquefaciet ea;
Flabit spiritus eius, et fluent aquae.
19 Qui annuntiat verbum suum Iacob,
Iustitias et iudicia sua Israel.
20 Non fecit taliter omni nationi,
Et iudicia sua non manifestavit eis.
Alleluia.

12 *Lauda, Ierusalem, Dominum,*
Lauda Deum tuum, Sion,
13 *Quod firmavit seras portarum tuarum,*
Benedixit filiis tuis in te.
14 *Composuit fines tuos in pace,*
Medulla tritici satiat te.
15 *Emittit eloquium suum in terram,*
Velociter currit verbum eius.
16 *Dat nivem sicut lanam,*
Pruinam sicut cinerem spargit.
17 *Proiicit glaciem suam ut frustula panis;*
Coram frigore eius aquae frigescunt.
18 *Emittit verbum suum et liquefacit eas;*
Flare iubet ventum suum et fluunt aquae.
19 *Annuntiavit verbum suum Iacob,*
Statuta et praecepta sua Israel.
20 *Non fecit ita ulli nationi:*
Praecepta sua non manifestavit eis. Alleluia.

PSALMUS 148

Caelum et terra laudent Dominum

1 Alleluia.
Laudate Dominum de caelis;
Laudate eum in excelsis.
2 Laudate eum, omnes angeli eius;
Laudate eum, omnes virtutes eius.
3 Laudate eum, sol et luna;
Laudate eum, omnes stellae et lumen.
4 Laudate eum, caeli caelorum;
Et aquae omnes quae super caelos sunt,

1 *Alleluia.*
Laudate Dominum de caelis,
Laudate eum in excelsis.
2 *Laudate eum, omnes angeli eius,*
Laudate eum, omnes exercitus eius.
3 *Laudate eum, sol et luna,*
Laudate eum, omnes stellae lucentes.
4 *Laudate eum, caeli caelorum,*
Et aquae quae super caelos sunt:

Ps 145,7-9; Eccli 10,17. — **8:** Ps 103,13-14. — **9:** Iob 38,41; Ps 103,27-28; Mt 6,26.

147 **13:** Neh 7,1-3. — **14:** Ps 80,17; Is 60, 17-18. — **16-17:** Iob 37,6.9-10. — **19-20:** Deut 4,7-8.

148 **2:** Ps 23,10; 102,20-21. — **3-4:** Dan 3,59-63. — **5:** Gen 1,1-31. — **8:** Ps 147, 15.18.

5 Laudent nomen Domini.
Quia ipse dixit, et facta sunt;
Ipse mandavit, et creata sunt.
6 Statuit ea in aeternum, et in saeculum saeculi;
Praeceptum posuit, et non praeteribit.
7 Laudate Dominum de terra,
Dracones et omnes abyssi;
8 Ignis, grando, nix, glacies, spiritus procellarum,
Quae faciunt verbum eius,
9 Montes, et omnes colles;
Ligna fructifera, et omnes cedri;
10 Bestiae, et universa pecora,
Serpentes, et volucres pennatae;
11 Reges terrae et omnes populi,
Principes et omnes iudices terrae.
12 Iuvenes et virgines, senes cum iunioribus laudent nomen Domini,
13 Quia exaltatum est nomen eius solius.
14 Confessio eius super caelum et terram;
Et exaltavit cornu populi sui.
Hymnus omnibus sanctis eius;
Filiis Israel, populo appropinquanti sibi!
Alleluia.

5 Laudent nomen Domini,
Nam ipse iussit et creata sunt,
6 Et statuit ea in aeternum, in saeculum:
Praeceptum dedit, quod non transibit.
7 Laudate Dominum de terra,
Cete et omnia profunda maris,
8 Ignis et grando, nix et nebula,
Ventus procellae, qui facit verbum eius,
9 Montes et omnes colles,
Arbores frugiferae et omnes cedri,
10 Ferae et omnia iumenta,
Reptilia et volucres pennatae,
11 Reges terrae et omnes populi,
Principes et omnes iudices terrae,
12 Iuvenes et etiam virgines,
Senes, una cum pueris:
13 Laudent nomen Domini,
Quia excelsum est nomen eius solius;
Maiestas eius superat terram et caelum,
14 Et altum tribuit cornu populo suo.
Laus est omnibus sanctis eius,
Filiis Israel, populo qui propinquus est ei. Alleluia.

PSALMUS 149

Israel Dominum laudet ore et gladio

1 Alleuia.
Cantate Domino canticum novum,
Laus eius in ecclesia sanctorum.
2 Laetetur Israel in eo qui fecit eum,
Et filii Sion exsultent in rege suo.
3 Laudent nomen eius in choro,
In tympano et psalterio psallant ei.
4 Quia beneplacitum est Domino in populo suo,
Et exaltabit mansuetos in salutem.
5 Exsultabunt sancti in gloria,
Laetabuntur in cubilibus suis.
6 Exaltationes Dei in gutture eorum:
Et gladii ancipites in manibus eorum:
7 Ad faciendam vindictam in nationibus,
Increpationes in populis;
8 Ad alligandos reges eorum in compedibus,
Et nobiles eorum in manicis ferreis;
9 Ut faciant in eis iudicium conscriptum:
Gloria haec est omnibus sanctis eius.
Alleluia.

1 Alleluia.
Cantate Domino canticum novum;
Laus eius sonet in coetu sanctorum.
2 Laetetur Israel de factore suo,
Filii Sion exsultent de rege suo.
3 Laudent nomen eius choro,
Tympano et cithara psallant ei,
4 Quia Dominus diligit populum suum,
Et humiles victoria ornat.
5 Exsultent sancti de gloria,
Laetentur in cubilibus suis.
6 Praeconia Dei sint in gutture eorum,
Et gladii ancipites in manibus eorum:
7 Ut faciant vindictam in gentibus,
Castigationes in populis;
8 Ut alligent reges eorum compedibus,
Et nobiles eorum manicis ferreis;
9 Ut faciant de eis iudicium praestitutum:
Hoc gloriae est omnibus sanctis eius. Alleluia.

PSALMUS 150

Sollemnis laudis Dei concentus

1 Alleluia.
Laudate Dominum in sanctis eius;
Laudate eum in firmamento virtutis eius.

1 Alleluia.
Laudate Dominum in sanctuario eius,
Laudate eum in augusto firmamento eius.

149 1: Ps 88,6.8. — 3: Ps 150,3-5. — 9: Is 65,6.

150 1: Ps 10,5; 67,26. — 6: Ps 144,21; Apoc 5,13-14.

2 Laudate eum in virtutibus eius,
Laudate eum secundum multitudinem magnitudinis eius.
3 Laudate eum in sono tubae;
Laudate eum in psalterio et cithara.
4 Laudate eum in tympano et choro;
Laudate eum in chordis et organo.
5 Laudate eum in cymbalis benesonantibus;
Laudate eum in cymbalis iubilationis.
6 Omnis spiritus laudet Dominum! Alleluia.

2 *Laudate eum propter grandia opera eius,*
Laudate eum propter summam maiestatem eius.
3 *Laudate eum clangore tubae,*
Laudate eum psalterio et cithara.
4 *Laudate eum tympano et choro,*
Laudate eum chordis et organo.
5 *Laudate eum cymbalis sonoris,*
Laudate eum cymbalis crepitantibus:
Omne quod spirat, laudet Dominum!
Alleluia.

LIBER PROVERBIORUM

QUEM HEBRAEI «MISLE» APPELLANT

SUMMARIUM TITULUS ET ARGUMENTUM *(1,1-7)*. PARS PRIMA: *Adhortationes ad colendam sapientiam (1,8-9,18)*. PARS SECUNDA: *Parabolae Salomonis (10,1-22,16)*. PARS TERTIA: *Verba sapientium (22,17-24,34)*. PARS QUARTA: *Parabolae Salomonis a viris Ezechiae regis Iudae collectae (25,1-29,28)*. PARS QUINTA: *Verba aliorum (30-31)*

1 1 Parabolae Salomonis, filii David, regis Israel,
2 Ad sciendam sapientiam et disciplinam;
3 Ad intelligenda verba prudentiae,
Et suscipiendam eruditionem doctrinae,
Iustitiam, et iudicium, et aequitatem:
4 Ut detur parvulis astutia,
Adolescenti scientia et intellectus.
5 Audiens sapiens, sapientior erit;
Et intelligens gubernacula possidebit.
6 Animadvertet parabolam et interpretationem,
Verba sapientium et aenigmata eorum.
7 Timor Domini principium sapientiae.
Sapientiam atque doctrinam stulti despiciunt.

PARS PRIMA

ADHORTATIONES AD COLENDAM SAPIENTIAM

De impiorum societate

8 Audi, fili mi, disciplinam patris tui,
Et ne dimittas legem matris tuae;
9 Ut addatur gratia capiti tuo,
Et torques collo tuo.
10 Fili mi, si te lactaverint peccatores,
Ne acquiescas eis.
11 Si dixerint: Veni nobiscum, insidiemur sanguini;
Abscondamus tendiculas contra insontem frustra;
12 Deglutiamus eum sicut infernus viventem,
Et integrum quasi descendentem in lacum;
13 Omnem pretiosam substantiam reperiemus;
Implebimus domos nostras spoliis;
14 Sortem mitte nobiscum,
Marsupium unum sit omnium nostrum:
15 Fili mi, ne ambules cum eis;
Prohibe pedem tuum a semitis eorum;
16 Pedes enim illorum ad malum currunt,
Et festinant ut effundant sanguinem.
17 Frustra autem iacitur rete
Ante oculos pennatorum.
18 Ipsi quoque contra sanguinem suum insidiantur,
Et moliuntur fraudes contra animas suas.
19 Sic semitae omnis avari:
Animas possidentium rapiunt.

1 **1**: 3 Reg 4,32; Prov 10,1; 25,1; Eccl 12, 9; Eccli 47,18. — **4**: Prov 8,5; 14,15; 27, 12. — **7**: Iob 28,28; Ps 110,10; Prov 9,10; Eccl 12,13; Eccli 1,16. — **11**: Ps 63,5-6; Sap 2,12; Ier 5,26. — **15**: Ps 1,1; 108,101. — **16**: Is 59,7; Rom 3,15. — **19**: Prov 15,27; 1 Tim

Sapientiae exhortatio

20 Sapientia foris praedicat;
In plateis dat vocem suam;
21 In capite turbarum clamitat;
In foribus portarum urbis profert verba sua, dicens:
22 Usquequo, parvuli, diligitis infantiam,
Et stulti ea quae sibi sunt noxia cupient,
Et imprudentes odibunt scientiam?
23 Convertimini ad correptionem meam.
En proferam vobis spiritum meum,
Et ostendam vobis verba mea.
24 Quia vocavi, et renuistis;
Extendi manum meam, et non fuit qui aspiceret;
25 Despexistis omne consilium meum,
Et increpationes meas neglexistis.
26 Ego quoque in interitu vestro ridebo,
Et subsannabo cum vobis id quod timebatis advenerit.
27 Cum irruerit repentina calamitas,
Et interitus quasi tempestas ingruerit;
Quando venerit super vos tribulatio et angustia;
28 Tunc invocabunt me, et non exaudiam;
Mane consurgent, et non invenient me:
29 Eo quod exosam habuerint disciplinam,
Et timorem Domini non susceperint,
30 Nec acquieverint consilio meo,
Et detraxerint universae correptioni meae.
31 Comedent igitur fructus viae suae,
Suisque consiliis saturabuntur.
32 Aversio parvulorum interficiet eos,
Et prosperitas stultorum perdet illos.
33 Qui autem me audierit absque terrore requiescet,
Et abundantia perfruetur, timore malorum sublato.

Sapientiae praestantia

2 1 Fili mi, si susceperis sermones meos,
Et mandata mea absconderis penes te:
2 Ut audiat sapientiam auris tua,
Inclina cor tuum ad cognoscendam prudentiam.
3 Si enim sapientiam invocaveris,
Et inclinaveris cor tuum prudentiae;
4 Si quaesieris eam quasi pecuniam,
Et sicut thesauros effoderis illam:
5 Tunc intelliges timorem Domini,
Et scientiam Dei invenies,
6 Quia Dominus dat sapientiam,
Et ex ore eius prudentia et scientia.
7 Custodiet rectorum salutem,
Et proteget gradientes simpliciter,
8 Servans semitas iustitiae,
Et vias sanctorum custodiens.
9 Tunc intelliges iustitiam, et iudicium,
Et aequitatem, et omnem semitam bonam.

Sapientia a pravorum societate servat

10 Si intraverit sapientia cor tuum,
Et scientia animae tuae placuerit,
11 Consilium custodiet te,
Et prudentia servabit te;
12 Ut eruaris a via mala,
Et ab homine qui perversa loquitur;
13 Qui relinquunt iter rectum,
Et ambulant per vias tenebrosas,
14 Qui laetantur cum malefecerint
Et exsultant in rebus pessimis;
15 Quorum viae perversae sunt,
Et infames gressus eorum.
16 Ut eruaris a muliere aliena,
Et ab extranea quae mollit sermones suos,
17 Et relinquit ducem pubertatis suae,
18 Et pacti Dei sui oblita est.
Inclinata est enim ad mortem domus eius,
Et ad inferos semitae ipsius.
19 Omnes qui ingrediuntur ad eam non revertentur,
Nec apprehendent semitas vitae.
20 Ut ambules in via bona,
Et calles iustorum custodias:
21 Qui enim recti sunt habitabunt in terra,
Et simplices permanebunt in ea;
22 Impii vero de terra perdentur,
Et qui inique agunt auferentur ex ea.

Fructus honestatis

3 1 Fili mi, ne obliviscaris legis meae,
Et praecepta mea cor tuum custodiat;
2 Longitudinem enim dierum, et annos vitae,
Et pacem apponent tibi.
3 Misericordia et veritas te non deserant;
Circumda eas gutturi tuo,
Et describe in tabulis cordis tui,
4 Et invenies gratiam, et disciplinam bonam,
Coram Deo et hominibus.
5 Habe fiduciam in Domino ex toto corde tuo,
Et ne innitaris prudentiae tuae.
6 In omnibus viis tuis cogita illum,
Et ipse diriget gressus tuos.
7 Ne sis sapiens apud temetipsum;

6,10. — **20:** Prov 8,1-3; 9,3. — **24:** Is 65,2.12; 66,4; Ier 7,13. — **26:** Ps 2,4; Sap 4,18. — **28:** 1 Sam 8,18; Iob 27,9; Is 1,15; Ier 11,11; Ez 8,28; Mich 3,4. — **31:** Ier 6,10. — **33:** Ps 24,12-13; Prov 8,33-34; Eccli 4,16.

2 **6:** Iob 32,8; Sap 7,15.25; Eccli 1,1; 24,5; 39,8; Iac 1,5. — **8:** 1 Sam 2,9. — **14:** Prov 10,23; Ier 11,15. — **16:** Prov 5,3.20; 6,24; 7,5; 22,14; Eccli 9,12. — **18:** Prov 5,5-6; 7,27. — **21-22:** Iob 18,17; Ps 20,9-11; 36,9.22.38; Prov 10,7.30.

3 **2:** Ps 90,16; Prov 4,10; 9,11; 10,27; Eccli 1,12.25; 23,38. — **3:** Deut 6,6-8; Prov 7,3. — **7:** Rom 11,25; 12,16. — **9:** Ex 23,19; 34,

Time Deum, et recede a malo:
8 Sanitas quippe erit umbilico tuo,
Et irrigatio ossium tuorum.
9 Honora Dominum de tua substantia,
Et de primitiis omnium frugum tuarum da ei;
10 Et implebuntur horrea tua saturitate,
Et vino torcularia tua redundabunt.

Sapientiae praestantia

11 Disciplinam Domini, fili mi, ne abiicias,
Nec deficias cum ab eo corriperis:
12 Quem enim diligit Dominus corripit,
Et quasi pater in filio complacet sibi.
13 Beatus homo qui invenit sapientiam,
Et qui affluit prudentia.
14 Melior est acquistio eius negotiatione argenti,
Et auri primi et purissimi fructus eius.
15 Pretiosior est cunctis opibus,
Et omnia quae desiderantur huic non valent comparari.
16 Longitudo dierum in dextera eius,
Et in sinistra illius divitiae et gloria.
17 Viae eius viae pulchrae,
Et omnes semitae illius pacificae.
18 Lignum vitae est his qui apprehenderint eam,
Et qui tenuerit eam beatus.
19 Dominus sapientia fundavit terram,
Stabilivit caelos prudentia.
20 Sapientia illius eruperunt abyssi,
Et nubes rore concrescunt.

Iusti felicitas

21 Fili mi, ne effluant haec ab oculis tuis;
Custodi legem atque consilium:
22 Et erit vita animae tuae,
Et gratia faucibus tuis.
33 Tunc ambulabis fiducialiter in via tua,
Et pes tuus non impinget.
24 Si dormieris, non timebis;
Quiesces, et suavis somnus tuus.
25 Ne paveas repentino terrore,
Et irruentes tibi potentias impiorum.
26 Dominus enim erit in latere tuo,
Et custodiet pedem tuum, ne capiaris.

De comitate in proximum

27 Noli prohibere benefacere eum qui potest;
Si vales, et ipse benefac.
28 Ne dicas amico tuo: Vade, et revertere, cras dabo tibi;
Cum statim possis dare.
29 Ne moliaris amico tuo malum,
Cum ille in te habeat fiduciam.
30 Ne contendas adversus hominem frustra,
Cum ipse tibi nihil mali fecerit.
31 Ne aemuleris hominem iniustum,
Nec imiteris vias eius;
32 Quia abominatio Domini est omnis illusor,
Et cum simplicibus sermocinatio eius.
33 Egestas a Domino in domo impii;
Habitacula autem iustorum benedicentur.
34 Ipse deludet illusores,
Et mansuetis dabit gratiam.
35 Gloriam sapientes possidebunt;
Stultorum exaltatio ignominia.

Parentum doctrina

4 1 Audite, filii, disciplinam patris,
Et attendite ut sciatis prudentiam,
2 Donum bonum tribuam vobis;
Legem meam ne derelinquatis.
3 Nam et ego filius fui patris mei,
Tenellus et unigenitus coram matre mea.
4 Et docebat me, atque dicebat:
Suscipiat verba mea cor tuum;
Custodi praecepta mea, et vives.
5 Posside sapientiam, posside prudentiam.
Ne obliviscaris, neque declines a verbis oris mei.
6 Ne dimittas eam, et custodiet te;
Dilige eam, et conservabit te.
7 Principium sapientiae, posside sapientiam;
Et in omni possessione tua acquire prudentiam.
8 Arripe illam, et exaltabit te;
Glorificaberis ab ea cum eam fueris amplexatus.
9 Dabit capiti tuo augmenta gratiarum,
Et corona inclyta proteget te.

Recta semita tenenda

10 Audi, fili mi, et suscipe verba mea,
Ut multiplicentur tibi anni vitae.
11 Viam sapientiae monstrabo tibi;
Ducam te per semitas aequitatis;
12 Quas cum ingressus fueris, non arctabuntur gressus tui,
Et currens non habebis offendiculum.
13 Tene disciplinam, ne dimittas eam;
Custodi illam, quia ipsa est vita tua.
14 Ne delecteris in semitis impiorum,
Nec tibi placeat malorum via.
15 Fuge ab ea, nec transeas per illam;

26; Lev 27,30; Deut 26,2; Eccli 7,34; 14,11; 35,10. — **11:** Hebr 12,5-6. — **12:** Tob 12,13; Iudith 8,23; Apoc 3,19. — **13:** Prov 8,3-35; Eccli 25,13. — **15:** Prov 8,11.19; Sap 7,8-11. — **18:** Gen 2,9; 3,22; Prov 4,13; 8,35; 11,30; 13,12. — **19:** Ps 103,5.24; 135,5; Prov 8,27. — **24:** Ps 3,6; 4,9. — **28:** Tob 4,7; Eccli 4,3. — **31:** Ps 36,1; Prov 23,17; 24,1.19. — **34:** Prov 1,26; Iac 4,5; 1 Petr 5,5.

4 **3:** 1 Par 22,5. — **4:** 3 Reg 2,2-9; 1 Par 28,9. — **5:** Prov 2,2-3. — **10:** Prov 3,2. — **14:** Prov 1,15. — **22:** Prov 8,35; 21,21. — **27:** Deut 5,32.

Declina, et desere eam.
[16] Non enim dormiunt nisi malefecerint,
Et rapitur somnus ab eis nisi supplantaverint.
[17] Comedunt panem impietatis,
Et vinum iniquitatis bibunt.
[18] Iustorum autem semita quasi lux splendens procedit,
Et crescit usque ad perfectam diem.
[19] Via impiorum tenebrosa;
Nesciunt ubi corruant.
[20] Fili mi, ausculta sermones meos,
Et ad eloquia mea inclina aurem tuam.
[21] Ne recedant ab oculis tuis,
Custodi ea in medio cordis tui:
[22] Vita enim sunt invenientibus ea,
Et universae carni sanitas.
[23] Omni custodia serva cor tuum,
Quia ex ipso vita procedit.
[24] Remove a te os pravum,
Et detrahentia labia sint procul a te.
[25] Oculi tui recta videant,
Et palpebrae tuae praecedant gressus tuos.
[26] Dirige semitam pedibus tuis,
Et omnes viae tuae stabilientur.
[27] Ne declines ad dexteram neque ad sinistram;
Averte pedem tuum a malo:
Vias enim quae a dextris sunt novit Dominus:
Perversae vero sunt quae a sinistris sunt.
Ipse autem rectos faciet cursus tuos,
Itinera autem tua in pace producet.

Meretricum consortium vitandum

5 [1] Fili mi, attende ad sapientiam meam,
Et prudentiae meae inclina aurem tuam:
[2] Ut custodias cogitationes,
Et disciplinam labia tua conservent.
Ne attendas fallaciae mulieris;
[3] Favus enim distillans labia meretricis,
Et nitidius oleo guttur eius;
[4] Novissima autem illius amara quasi absynthium,
Et acuta quasi gladius biceps.
[5] Pedes eius descendunt in mortem,
Et ad inferos gressus illius penetrant.
[6] Per semitam vitae non ambulant,
Vagi sunt gressus eius et investigabiles.
[7] Nunc ergo, fili mi, audi me,
Et ne recedas a verbis oris mei.
[8] Longe fac ab ea viam tuam,
Et ne appropinques foribus domus eius.
[9] Ne des alienis honorem tuum,
Et annos tuos crudeli:
[10] Ne forte impleantur extranei viribus tuis,
Et labores tui sint in domo aliena,
[11] Et gemas in novissimis,
Quando consumpseris carnes tuas et corpus tuum,
Et dicas: [12] Cur detestatus sum disciplinam,
Et increpationibus non acquievit cor meum,
[13] Nec audivi vocem docentium me,
Et magistris non inclinavi aurem meam?
[14] Pene fui in omni malo,
In medio ecclesiae et synagogae.
[15] Bibe aquam de cisterna tua,
Et fluenta putei tui;
[16] Deriventur fontes tui foras,
Et in plateis aquas tuas divide.
[17] Habeto eas solus,
Nec sint alieni participes tui.
[18] Sit vena tua benedicta,
Et laetare cum muliere adolescentiae tuae.
[19] Cerva carissima, et gratissimus hinnulus:
Ubera eius inebrient te in omni tempore,
In amore eius delectare iugiter.
[20] Quare seduceris, fili mi, ab aliena,
Et foveris in sinu alterius?
[21] Respicit Dominus vias hominis,
Et omnes gressus eius considerat.
[22] Iniquitates suae capiunt impium,
Et funibus peccatorum suorum constringitur.
[23] Ipse morietur, quia non habuit disciplinam,
Et in multitudine stultitiae suae decipietur.

Ab sponsione cavendum

6 [1] Fili mi, si spoponderis pro amico tuo,
Defixisti apud extraneum manum tuam;
[2] Illaqueatus es verbis oris tui,
Et captus propriis sermonibus.
[3] Fac ergo quod dico, fili mi, et temetipsum libera,
Quia incidisti in manum proximi tui.
Discurre, festina, suscita amicum tuum.
[4] Ne dederis somnum oculis tuis,
Nec dormitent palpebrae tuae.
[5] Eruere quasi damula de manu,
Et quasi avis de manu aucupis.

Contra pigritiam

[6] Vade ad formicam, o piger,
Et considera vias eius, et disce sapientiam.
[7] Quae cum non habeat ducem,
Nec praeceptorem, nec principem,
[8] Parat in aestate cibum sibi,
Et congregat in messe quod comedat.

5 **2**: Prov 2,16. — **3**: Prov 7,5. — **4**: Eccl 7,27. — **5**: Prov 2,18; 7,27. — **8**: Prov 7,25. — **10**: Eccli 9,6. — **18**: Mal 2,14. — **21**: Iob 14,16; 31,4; 34,21; Eccli 23,28; Ier 16,17; Os 7,2; Hebr 4,13.

6 **1**: Prov 11,15; 20,16; 22,26; Eccli 8,16; 29,19. — **6-8**: Prov 30,25. — **10**: Prov 24,

9 Usquequo, piger, dormies?
Quando consurges e somno tuo?
10 Paululum dormies, paululum dormitabis,
Paululum conseres manus ut dormias;
11 Et veniet tibi quasi viator egestas,
Et pauperies quasi vir armatus.
Si vero impiger fueris, veniet ut fons messis tua,
Et egestas longe fugiet a te.

Vir pravus

12 Homo apostata vir inutilis, graditur ore perverso;
13 Annuit oculis, terit pede, digito loquitur,
14 Pravo corde machinatur malum,
Et omni tempore iurgia seminat.
15 Huic extemplo veniet perditio sua;
Et subito conteretur, nec habebit ultra medicinam.
16 Sex sunt quae odit Dominus,
Et septimum detestatur anima eius:
17 Oculos sublimes, linguam mendacem,
Manus effundentes innoxium sanguinem,
18 Cor machinans cogitationes pessimas,
Pedes veloces ad currendum in malum,
19 Proferentem mendacia testem fallacem,
Et eum qui seminat inter fratres discordias.

Mulier dissoluta fugienda

20 Conserva, fili mi, praecepta patris tui,
Et ne dimittas legem matris tuae.
21 Liga ea in corde tuo iugiter,
Et circumda gutturi tuo.
22 Cum ambulaveris, gradiantur tecum;
Cum dormieris custodiant te;
Et evigilans loquere cum eis.
23 Quia mandatum lucerna est, et lex lux,
Et via vitae increpatio disciplinae;
24 Ut custodiant te a muliere mala,
Et a blanda lingua extraneae.
25 Non concupiscat pulchritudinem eius cor tuum,
Nec capiaris nutibus illius:
26 Pretium enim scorti vix est unius panis,
Mulier autem viri pretiosam animam capit.
27 Numquid potest homo abscondere ignem in sinu suo,
Ut vestimenta illius non ardeant?
28 Aut ambulare super prunas,
Ut non comburantur plantae eius?
29 Sic qui ingreditur ad mulierem proximi sui,
Non erit mundus cum tetigerit eam.
30 Non grandis est culpa cum quis furatus fuerit,
Furatur enim ut esurientem impleat animam;
31 Deprehensus quoque reddet septuplum,
Et omnem substantiam domus suae tradet.
32 Qui autem adulter est,
Propter cordis inopiam perdet animam suam;
33 Turpitudinem et ignominiam congregat sibi,
Et opprobrium illius non delebitur:
34 Quia zelus et furor viri
Non parcet in die vindictae;
35 Nec acquiescet cuiusquam precibus,
Nec suscipiet pro redemptione dona plurima.

De meretricum illecebris

7 1 Fili mi, custodi sermones meos,
Et praecepta mea reconde tibi.
2 Fili, serva mandata mea, et vives;
Et legem meam quasi pupillam oculi tui;
3 Liga eam in digitis tuis,
Scribe illam in tabulis cordis tui.
4 Dic sapientiae: Soror mea es,
Et prudentiam voca amicam tuam;
5 Ut custodiat te a muliere extranea,
Et ab aliena quae verba sua dulcia facit.
6 De fenestra enim domus meae
Per cancellos prospexi;
7 Et video parvulos,
Considero vecordem iuvenem,
8 Qui transit per plateam iuxta angulum
Et prope viam domus illius graditur:
9 In obscuro, advesperascente die,
In noctis tenebris et caligine.
10 Et ecce occurrit illi mulier ornatu meretricio,
Praeparata ad capiendas animas:
Garrula et vaga,
11 Quietis impatiens,
Nec valens in domo consistere pedibus suis;
12 Nunc foris, nunc in plateis,
Nunc iuxta angulos insidians.
13 Apprehensumque deosculatur iuvenem,
Et procaci vultu blanditur, dicens:
14 Victimas pro salute vovi,
Hodie reddidi vota mea;
15 Idcirco egressa sum in occursum tuum,
Desiderans te videre, et reperi.
16 Intexui funibus lectulum meum,
Stravi tapetibus pictis ex Aegypto;
17 Aspersi cubile meum myrrha,
Et aloe, et cinnamomo.
18 Veni, inebriemur uberibus,

33. — **11:** Prov 10,4; 20,4.13. — **17:** Ps 30,19; 100,5; Is 1,15. — **18:** Gen 6,5; Rom 3,15. — **19:** Ps 26,12; Prov 16,28. — **21:** Prov 3,3. — **23:** Ps 118,105. ‖ Conc. Constantinop. IV: D 336. — **24:** Prov 2,16; 7,5. — **25:** Ex 20,17; Deut 5, 21; Eccli 9,8; 25,28; Mt 5,28. — **29:** Eccli 9, 12-13. — **31:** Ex 22,1.4.7.; Lc 19,8.

7 **2:** Prov 4,4. — **3:** Deut 6,8; Prov 3,3. — **5:** Prov 2,16; 6,24. — **11:** 1 Tim 5,13. — **14:**

Et fruamur cupitis amplexibus donec illucescat dies.
19 Non est enim vir in domo sua,
Abiit via longissima;
20 Sacculum pecuniae secum tulit;
In die plenae lunae reversurus est in domum suam.
21 Irretivit eum multis sermonibus,
Et blanditiis labiorum protraxit illum.
22 Statim eam sequitur quasi bos ductus ad victimam,
Et quasi agnus lasciviens;
Et ignorans quod ad vincula stultus trahatur:
23 Donec transfigat sagitta iecur eius;
Velut si avis festinet ad laqueum,
Et nescit quod de periculo animae illius agitur.
24 Nunc ergo, fili mi, audi me,
Et attende verbis oris mei.
25 Ne abstrahatur in viis illius mens tua,
Neque decipiaris semitis eius;
26 Multos enim vulneratos deiecit,
Et fortissimi quique interfecti sunt ab ea.
27 Viae inferi domus eius,
Penetrantes in interiora mortis.

Sapientia vocat ad se

8 1 Numquid non sapientia clamitat,
Et prudentia dat vocem suam?
2 In summis excelsisque verticibus supra viam,
In mediis semitis stans,
3 Iuxta portas civitatis,
In ipsis foribus loquitur, dicens:
4 O viri, ad vos clamito,
Et vox mea ad filios hominum.
5 Intelligite, parvuli, astutiam,
Et insipientes, animadvertite.
6 Audite, quoniam de rebus magnis locutura sum,
Et aperientur labia mea ut recta praedicent.
7 Veritatem meditabitur guttur meum.
Et labia mea detestabuntur impium.
8 Iusti sunt omnes sermones mei,
Non est in eis pravum quid, neque perversum;
9 Recti sunt intelligentibus,
Et aequi invenientibus scientiam.
10 Accipite disciplinam meam, et non pecuniam;
Doctrinam magis quam aurum eligite:
11 Melior est enim sapientia cunctis pretiosissimis,
Et omne desiderabile ei non potest comparari.

Sapientiae dignitas

12 Ego sapientia, habito in consilio,
Et eruditis intersum cogitationibus.
13 Timor Domini odit malum.
Arrogantiam, et superbiam,
Et viam pravam, et os bilingue detestor.
14 Meum est consilium, et aequitas;
Mea est prudentia, mea est fortitudo.
15 Per me reges regnant,
Et legum conditores iusta decernunt;
16 Per me principes imperant,
Et potentes decernunt iustitiam.
17 Ego diligentes me diligo,
Et qui mane vigilant ad me, invenient me.
18 Mecum sunt divitiae et gloria,
Opes superbae et iustitia.
19 Melior est enim fructus meus auro et lapide pretioso,
Et genimina mea argento electo.
20 In viis iustitiae ambulo,
In medio semitarum iudicii,
21 Ut ditem diligentes me,
Et thesauros eorum repleam.

Opus sapientiae in mundi creatione

22 Dominus possedit me in initio viarum suarum,
Antequam quidquam faceret a principio.
23 Ab aeterno ordinata sum,
Et ex antiquis antequam terra fieret.
24 Nondum erant abyssi, et ego iam concepta eram,
Necdum fontes aquarum eruperant;
25 Necdum montes gravi mole constiterant:
Ante colles ego parturiebar.
26 Adhuc terram non fecerat, et flumina,
Et cardines orbis terrae.
27 Quando praeparabat caelos, aderam;
Quando certa lege et gyro vallabat abyssos;
28 Quando aethera firmabat sursum,
Et librabat fontes aquarum;
29 Quando circumdabat mari terminum suum,
Et legem ponebat aquis, ne transirent fines suos;
Quando appendebat fundamenta terrae;
30 Cum eo eram, cuncta componens.
Et delectabar per singulos dies,
Ludens coram eo omni tempore,
31 Ludens in orbe terrarum;
Et deliciae meae esse cum filiis hominum.
32 Nunc ergo, filii, audite me:
Beati qui custodiunt vias meas.
33 Audite disciplinam, et estote sapientes,

Lev 7,11. — **21:** Prov 5,3; 6,24. — **26:** Iud 16,1-5; Neh 13,26. — **27:** Prov 2,18-19.

8 **1:** Prov 1,20-33; 9,3. — **5:** Prov 1,4. — **11:** Prov 3,15; Sap 7,8. — **13:** Prov 6,12.17; 16,5; Sap 1,4-5; Eccli 28,15. — **15:** Dan 2,20-21. — **18:** Prov 3,16. — **19:** Prov 3,14. — **22:** Iob 28,25-28; Sap 9,9; Eccli 1,1; 24,5.14. || Epist. S. Dion.: D 50. — **23:** Eccli 1,4. — **25:** Ps 89,2. || Epist. S. Dion.: D 50. — **27:** Prov 3,19; Eccli 24,6-7. — **30:** Sap 7,21; 9,9; Io 1,1-3. — **34:** Prov 3,13; Eccli 14,22. — **35:** Prov 3,

Et nolite abiicere eam.
34 Beatus homo qui audit me,
Et qui vigilat ad fores meas quotidie,
Et observat ad postes ostii mei.
35 Qui me invenerit inveniet vitam,
Et hauriet salutem a Domino.
36 Qui autem in me peccaverit, laedet animam suam;
Omnes qui me oderunt diligunt mortem.

Sapientiae convivium

9 1 Sapientia aedificavit sibi domum,
Excidit columnas septem.
2 Immolavit victimas suas, miscuit vinum,
Et proposuit mensam suam.
3 Misit ancillas suas ut vocarent
Ad arcem et ad moenia civitatis:
4 Si quis est parvulus, veniat ad me,
Et insipientibus locuta est:
5 Venite, comedite panem meum,
Et bibite vinum quod miscui vobis.
6 Relinquite infantiam, et vivite,
Et ambulate per vias prudentiae.

Sapientiae consilia

7 Qui erudit derisorem, ipse iniuriam sibi facit,
Et qui arguit impium, sibi maculam generat.
8 Noli arguere derisorem, ne oderit te;
Argue sapientem, et diliget te.
9 Da sapienti occasionem, et addetur ei sapientia;
Doce iustum, et festinabit accipere.
10 Principium sapientiae timor Domini,
Et scientia sanctorum prudentia.
11 Per me enim multiplicabuntur dies tui,
Et addentur tibi anni vitae.
12 Si sapiens fueris, tibimetipsi eris;
Si autem illusor, solus portabis malum.

Stultitia

13 Mulier stulta et clamosa,
Plenaque illecebris, et nihil omnino sciens,
14 Sedit in foribus domus suae,
Super sellam in excelso urbis loco,
15 Ut vocaret transeuntes per viam,
Et pergentes itinere suo:
16 Qui est parvulus declinet ad me;
Et vecordi locuta est:
17 Aquae furtivae dulciores sunt,
Et panis absconditus suavior.
18 Et ignoravit quod ibi sint gigantes,
Et in profundis inferni convivae eius.

13-18; 4,22. || De gratia Dei Indiculus: D 134; Conc. Araus. II: D 177.

9 **3:** Prov 8,1-2. — **4:** Eccli 51,31-33. — **8:** Prov 19,25; 23,9; Eccli 10,28. — **10:** Iob 28,28; Ps 110,10; Prov 1,7; Eccli 1,16. — **11:** Prov 3,2.16; 4,10; 10,27. — **13-18:** Prov 7,7-27.

PARS SECUNDA

Parabolae Salomonis

(10,1-22,16)

Sententiae variae Salomonis

10 1 Filius sapiens laetificat patrem,
Filius vero stultus moestitia est matris suae.
2 Nil proderunt thesauri impietatis,
Iustitia vero liberabit a morte.
3 Non affliget Dominus fame animam iusti,
Et insidias impiorum subvertet.
4 Egestatem operata est manus remissa;
Manus autem fortium divitias parat.
Qui nititur mendaciis, hic pascit ventos;
Idem autem ipse sequitur aves volantes.
5 Qui congregat in messe, filius sapiens est;
Qui autem stertit aestate, filius confusionis.
6 Benedictio Domini super caput iusti;
Os autem impiorum operit iniquitas.
7 Memoria iusti cum laudibus,
Et nomen impiorum putrescet.
8 Sapiens corde praecepta suscipit;
Stultus caeditur labiis.
9 Qui ambulat simpliciter ambulat confidenter;
Qui autem depravat vias suas manifestus erit.
10 Qui annuit oculo dabit dolorem;
Et stultus labiis verberabitur.

Eloquium viri iusti

11 Vena vitae os iusti,
Et os impiorum operit iniquitatem.
12 Odium suscitat rixas,
Et universa delicta operit charitas.
13 In labiis sapientis invenitur sapientia,
Et virga in dorso eius qui indiget corde.
14 Sapientes abscondunt scientiam;
Os autem stulti confusioni proximum est.
15 Substantia divitis, urbs fortitudinis eius;
Pavor pauperum egestas eorum.
16 Opus iusti ad vitam,
Fructus autem impii ad peccatum.
17 Via vitae custodienti disciplinam;
Qui autem increpationes relinquit, errat.
18 Abscondunt odium labia mendacia;
Qui profert contumeliam, insipiens est.
19 In multiloquio non deerit peccatum,

10 **1:** Prov 1,1; 15,20; 17,25; 19,13; 25,1; 29,15. — **2:** Prov 11,4.6; Eccli 5,1.10. — **3:** Ps 33,10; 36,25. — **4:** Prov 6,11; 12,11.24; 13,4; 19,8; 20,13; 21,5; 28,19. — **7:** Ps 111,7; Sap 4,1; Eccli 44,7. — **10:** Ps 34,19; Prov 6,13; Eccli 27,25. — **12:** Prov 17,9; 1 Cor 13,4-7; 1 Petr 4,8. — **16:** Prov 11,18-19. — **17:** Prov 6,23; 15,10. — **19:** Prov 17,27; Eccl 5,2; Eccli

Qui autem moderatur labia sua prudentissimus est.
20 Argentum electum lingua iusti;
Cor autem impiorum pro nihilo.
21 Labia iusti erudiunt plurimos;
Qui autem indocti sunt in cordis egestate morientur.

Iusti felicitas

22 Benedictio Domini divites facit,
Nec sociabitur eis afflictio.
23 Quasi per risum stultus operatur scelus,
Sapientia autem est viro prudentia.
24 Quod timet impius veniet super eum;
Desiderium suum iustis dabitur.
25 Quasi tempestas transiens non erit impius;
Iustus autem quasi fundamentum sempiternum.
26 Sicut acetum dentibus, et fumus oculis,
Sic piger his qui miserunt eum.
27 Timor Domini apponet dies,
Et anni impiorum breviabuntur.
28 Exspectatio iustorum laetitia,
Spes autem impiorum peribit.
29 Fortitudo simplicis via Domini,
Et pavor his qui operantur malum.
30 Iustus in aeternum non commovebitur,
Impii autem non habitabunt super terram.
31 Os iusti parturiet sapientiam;
Lingua pravorum peribit.
32 Labia iusti considerant placita,
Et os impiorum perversa.

11 1 Statera dolosa abominatio est apud Dominum,
Et pondus aequum voluntas eius.
2 Ubi fuerit superbia, ibi erit et contumelia;
Ubi autem est humilitas, ibi et sapientia.
3 Simplicitas iustorum diriget eos,
Et supplantatio perversorum vastabit illos.
4 Non proderunt divitiae in die ultionis;
Iustitia autem liberabit a morte.
5 Iustitia simplicis diriget viam eius,
Et in impietate sua corruet impius.
6 Iustitia rectorum liberabit eos,
Et in insidiis suis capientur iniqui.
7 Mortuo homine impio, nulla erit ultra spes,
Et exspectatio sollicitorum peribit.
8 Iustus de angustia liberatus est,
Et tradetur impius pro eo.

De civitatis salute

9 Simulator ore decipit amicum suum;
Iusti autem liberabuntur scientia.
10 In bonis iustorum exsultabit civitas,
Et in perditione impiorum erit laudatio.
11 Benedictione iustorum exaltabitur civitas,
Et ore impiorum subvertetur.
12 Qui despicit amicum suum indigens corde est;
Vir autem prudens tacebit.
13 Qui ambulat fraudulenter, revelat arcana;
Qui autem fidelis est animi, celat amici commissum.
14 Ubi non est gubernator, populus corruet;
Salus autem, ubi multa consilia.
15 Affligetur malo qui fidem facit pro extraneo;
Qui autem cavet laqueos securus erit.
16 Mulier gratiosa inveniet gloriam,
Et robusti habebunt divitias.

De beneficentia

17 Benefacit animae suae vir misericors;
Qui autem crudelis est etiam propinquos abiicit.
18 Impius facit opus instabile,
Seminanti autem iustitiam merces fidelis.
19 Clementia praeparat vitam,
Et sectatio malorum mortem.
20 Abominabile Domino cor pravum,
Et voluntas eius in iis qui simpliciter ambulant.
21 Manus in manu non erit innocens malus;
Semen autem iustorum salvabitur.
22 Circulus aureus in naribus suis,
Mulier pulchra et fatua.
23 Desiderium iustorum omne bonum est;
Praestolatio impiorum furor.
24 Alii dividunt propria, et ditiores fiunt;
Alii rapiunt non sua, et semper in egestate sunt.
25 Anima quae benedicit impinguabitur;
Et qui inebriat ipse quoque inebriabitur.
26 Qui abscondit frumenta maledicetur in populis;
Benedictio autem super caput vendentium.
27 Bene consurgit diluculo qui quaerit bona;
Qui autem investigator malorum est opprimetur ab eis.
28 Qui confidit in divitiis suis corruet,

1,30; 7,15; 20,5.8; Iac 1,19; 3,2. — **22:** Ps 126,1; 127,1-6; Eccli 11,24. — **24:** Iob 15,21; Ps 144, 9,11; 14,27.

11 **1:** Lev 19,35-36; Prov 16,11; 20,10.23. — **4:** Prov 10,2-3; Ez 8,19. — **5:** Prov 28, 18. — **7:** Prov 10,28; Sap 3,18; 5,15. — **9:** Prov 29,5. — **10:** Prov 28,12; 29,2. — **13:** Prov 20, 19. — **14:** Prov 15,22; 20,18; 24,6. — **15:** Prov 6,1. — **18:** Prov 10,16. — **24:** Ps 111,9. — **28:** Ps 51,9-10; 91,13. — **31:** 1 Petr 4,18.

Iusti autem quasi virens folium germinabunt.
29 Qui conturbat domum suam possidebit ventos,
Et qui stultus est serviet sapienti.
30 Fructus iusti lignum vitae,
Et qui suscipit animas sapiens est.
31 Si iustus in terra recipit,
Quanto magis impius et peccator!

12 1 Qui diligit disciplinam diligit scientiam;
Qui autem odit increpationes insipiens est.
2 Qui bonus est hauriet gratiam a Domino,
Qui autem confidit in cogitationibus suis impie agit.
3 Non roborabitur homo ex impietate,
Et radix iustorum non commovebitur.
4 Mulier diligens corona est viro suo;
Et putredo in ossibus eius, quae confusione res dignas gerit.
5 Cogitationes iustorum iudicia,
Et consilia impiorum fraudulenta.
6 Verba impiorum insidiantur sanguini;
Os iustorum liberabit eos.
7 Verte impios, et non erunt;
Domus autem iustorum permanebit.
8 Doctrina sua noscetur vir;
Qui autem vanus et excors est patebit contemptui.
9 Melior est pauper et sufficiens sibi
Quam gloriosus et indigens pane.
10 Novit iustus iumentorum suorum animas,
Viscera autem impiorum crudelia.
11 Qui operatur terram suam satiabitur panibus;
Qui autem sectatur otium stultissimus est.
Qui suavis est in vini demorationibus,
In suis munitionibus relinquit contumeliam.
12 Desiderium impii munimentum est pessimorum,
Radix autem iustorum proficiet.

De bonis et malis linguae

13 Propter peccata labiorum ruina proximat malo,
Effugiet autem iustus de angustia.
14 De fructu oris sui unusquisque replebitur bonis,
Et iuxta opera manuum suarum retribuetur ei.
15 Via stulti recta in oculis eius;
Qui autem sapiens est audit consilia.
16 Fatuus statim indicat iram suam;
Qui autem dissimulat iniuriam callidus est.
17 Qui quod novit loquitur, index iustitiae est;
Qui autem mentitur testis est fraudulentus.
18 Est qui promittit, et quasi gladio pungitur conscientiae,
Lingua autem sapientium sanitas est.
19 Labium veritatis firmum erit in perpetuum;
Qui autem testis est repentinus concinnat linguam mendacii.
20 Dolus in corde cogitantium mala;
Qui autem pacis ineunt consilia, sequitur eos gaudium.
21 Non contristabit iustum quidquid ei acciderit,
Impii autem replebuntur malo.
22 Abominatio est Domino labia mendacia;
Qui autem fideliter agunt placent ei.
23 Homo versutus celat scientiam,
Et cor insipientium provocat stultitiam.

De laboris studio

24 Manus fortium dominabitur;
Quae autem remissa est tributis serviet.
25 Moeror in corde viri humiliabit illum,
Et sermone bono laetificabitur.
26 Qui negligit damnum propter amicum, iustus est;
Iter autem impiorum decipiet eos.
27 Non inveniet fraudulentus lucrum,
Et substantia hominis erit auri pretium.
28 In semita iustitiae vita;
Iter autem devium ducit ad mortem.

13 1 Filius sapiens doctrina patris,
Qui autem illusor est non audit cum arguitur.
2 De fructu oris sui homo satiabitur bonis,
Anima autem praevaricatorum iniqua.
3 Qui custodit os suum custodit animam suam;
Qui autem inconsideratus est ad loquendum, sentiet mala.
4 Vult et non vult piger;
Anima autem operantium impinguabitur.
5 Verbum mendax iustus detestabitur;
Impius autem confundit, et confundetur.
6 Iustitia custodit innocentis viam,
Impietas autem peccatorem supplantat.

De divite et paupere

7 Est quasi dives, cum nihil habeat,
Et est quasi pauper, cum in multis divitiis sit.

12 **1:** Prov 15,5.10; 29,1; Eccli 19,5; 21,7. — **4:** Eccli 26,1.16; 1 Cor 11,7. — **9:** Eccli 10,30. — **10:** Deut 25,4. — **11:** Prov 28,19; Eccli 20,30. — **14:** Prov 13,2; 18,20. — **16:** Prov 29,11. — **17:** Prov 14,5. — **21:** Ps 90,10; Eccli 33,1. — **22:** Prov 6,17. — **24:** Prov 10,4; 13,4. — **25:** Prov 15,13; 17,22; Eccli 38,19-25.

13 **2:** Prov 12,14; 18,20. — **3:** Prov 18,7; 20,19; 21,23. — **6:** Ps 33,21; Prov 11,3.5.

8 Redemptio animae viri divitiae suae;
Qui autem pauper est increpationem non sustinet.
9 Lux iustorum laetificat,
Lucerna autem impiorum extinguetur.
10 Inter superbos semper iurgia sunt;
Qui autem agunt omnia cum consilio, reguntur sapientia.
11 Substantia festinata minuetur;
Quae autem paulatim colligitur manu, multiplicabitur.
12 Spes quae differtur affligit animam;
Lignum vitae desiderium veniens.

De docilitate

13 Qui detrahit alicui rei ipse se in futurum obligat,
Qui autem timet praeceptum in pace versabitur.
Animae dolosae errant in peccatis,
Iusti autem misericordes sunt, et miserantur.
14 Lex sapientis fons vitae,
Ut declinet a ruina mortis.
15 Doctrina bona dabit gratiam;
In itinere contemptorum vorago.
16 Astutus omnia agit cum consilio,
Qui autem fatuus est aperit stultitiam.
17 Nuntius impii cadet in malum;
Legatus autem fidelis, sanitas.
18 Egestas et ignominia ei qui deserit disciplinam,
Qui autem acquiescit arguenti glorificabitur.
19 Desiderium si compleatur delectat animam;
Detestantur stulti eos qui fugiunt mala.
20 Qui cum sapientibus graditur sapiens erit;
Amicus stultorum similis efficietur.

Quodnam iustorum praemium

21 Peccatores persequitur malum,
Et iustis retribuentur bona.
22 Bonus relinquit haeredes filios et nepotes,
Et custoditur iusto substantia peccatoris.
23 Multi cibi in novalibus patrum,
Et aliis congregantur absque iudicio.
24 Qui parcit virgae odit filium suum;
Qui autem diligit illum instanter erudit.
25 Iustus comedit et replet animam suam;
Venter autem impiorum insaturabilis.

14 1 Sapiens mulier aedificat domum suam;
Insipiens exstructam quoque manibus destruet.
2 Ambulans recto itinere, et timens Deum,
Despicitur ab eo qui infami graditur via.
3 In ore stulti virga superbiae,
Labia autem sapientium custodiunt eos.
4 Ubi non sunt boves praesepe vacuum est;
Ubi autem plurimae segetes, ibi manifesta est fortitudo bovis.
5 Testis fidelis non mentitur,
Profert autem mendacium dolosus testis.
6 Quaerit derisor sapientiam, et non invenit;
Doctrina prudentium facilis.
7 Vade contra virum stultum,
Et nescit labia prudentiae.
8 Sapientia callidi est intelligere viam suam,
Et imprudentia stultorum errans.
9 Stultus illudet peccatum,
Et inter iustos morabitur gratia.
10 Cor quod novit amaritudinem animae suae,
In gaudio eius non miscebitur extraneus.
11 Domus impiorum delebitur,
Tabernacula vero iustorum germinabunt.
12 Est via quae videtur homini iusta,
Novissima autem eius deducunt ad mortem.
13 Risus dolore miscebitur,
Et extrema gaudii luctus occupat.
14 Viis suis replebitur stultus,
Et super eum erit vir bonus.

Prudentia

15 Innocens credit omni verbo;
Astutus considerat gressus suos.
Filio doloso nihil erit boni;
Servo autem sapienti prosperi erunt actus, et dirigetur via eius.
16 Sapiens timet, et declinat a malo;
Stultus transilit, et confidit.
17 Impatiens operabitur stultitiam,
Et vir versutus odiosus est.
18 Possidebunt parvuli stultitiam,
Et exspectabunt astuti scientiam.
19 Iacebunt mali ante bonos,
Et impii ante portas iustorum.
20 Etiam proximo suo pauper odiosus erit,
Amici vero divitum multi.
21 Qui despicit proximum suum peccat;
Qui autem miseretur pauperis beatus erit.
Qui credit in Domino misericordiam diligit.
22 Errant qui operantur malum;
Misericordia et veritas praeparant bona.
23 In omni opere erit abundantia;
Ubi autem verba sunt plurima, ibi frequenter egestas.

6. — **9:** Iob 18,5; 21,17; Prov 24,20. — **11:** Prov **20,21**; **28,20.22**. — **14:** Prov 10,11. — **20:** Eccli 6,35-36; 8,9-10; 9,21. — **21:** Ps 31,10. — **24:** Prov 19,18; **22,15**; 23,13-14; 29,15; Eccli 7,25; 30,1.8-13.

14 **2:** Iob 12,4; Sap 2,10-20. — **5:** Ex 23,1; Prov 12,17. — **9:** Prov 10,23. — **11:** Iob 8,15; Prov 3,33; 12,7; 15,25. — **12:** Prov 5,4; 16,25. — **16:** Prov 22,3. — **20:** Prov 19,4.7; Eccli

24 Corona sapientium divitiae eorum;
Fatuitas stultorum imprudentia.
25 Liberat animas testis fidelis,
Et profert mendacia versipellis.

De Dei timore et de regimine civitatis

26 In timore Domini fiducia fortitudinis,
Et filiis eius erit spes.
27 Timor Domini fons vitae,
Ut declinent a ruina mortis.
28 In multitudine populi dignitas regis,
Et in paucitate plebis ignominia principis.
29 Qui patiens est multa gubernatur prudentia;
Qui autem impatiens est exaltat stultitiam suam.
30 Vita carnium sanitas cordis;
Putredo ossium invidia.
31 Qui calumniatur egentem exprobrat factori eius,
Honorat autem eum qui miseretur pauperis.
32 In malitia sua expelletur impius,
Sperat autem iustus in morte sua.
33 In corde prudentis requiescit sapientia,
Et indoctos quosque erudiet.
34 Iustitia elevat gentem;
Miseros autem facit populos peccatum.
35 Acceptus est regi minister intelligens;
Iracundiam eius inutilis sustinebit.

De mansuetudine

15 1 Responsio mollis frangit iram;
Sermo durus suscitat furorem.
2 Lingua sapientium ornat scientiam;
Os fatuorum ebullit stultitiam.
3 In omni loco, oculi Domini
Contemplantur bonos et malos.
4 Lingua placabilis lignum vitae;
Quae autem immoderata est conteret spiritum.
5 Stultus irridet disciplinam patris sui;
Qui autem custodit increpationes astutior fiet.
In abundanti iustitia virtus maxima est,
Cogitationes autem impiorum eradicabuntur.
6 Domus iusti plurima fortitudo,
Et in fructibus impii conturbatio.
7 Labia sapientium disseminabunt scientiam;
Cor stultorum dissimile erit.
8 Victimae impiorum abominabiles Domino;
Vota iustorum placabilia.
9 Abominatio est Domino via impii;
Qui sequitur iustitiam diligitur ab eo.
10 Doctrina mala deserenti viam vitae;
Qui increpationes odit morietur.
11 Infernus et perditio coram Domino;
Quanto magis corda filiorum hominum!
12 Non amat pestilens eum qui se corripit,
Nec ad sapientes graditur.

De felicitate

13 Cor gaudens exhilarat faciem;
In moerore animi deiicitur spiritus.
14 Cor sapientis quaerit doctrinam,
Et os stultorum pascitur imperitia.
15 Omnes dies pauperis, mali;
Secura mens quasi iuge convivium.
16 Melius est parum cum timore Domini,
Quam thesauri magni et insatiabiles.
17 Melius est vocari ad olera cum charitate,
Quam ad vitulum saginatum cum odio.
18 Vir iracundus provocat rixas;
Qui patiens est mitigat suscitatas.
19 Iter pigrorum quasi sepes spinarum,
Via iustorum absque offendiculo.
20 Filius sapiens laetificat patrem,
Et stultus homo despicit matrem suam.
21 Stultitia gaudium stulto,
Et vir prudens dirigit gressus suos.
22 Dissipantur cogitationes ubi non est consilium;
Ubi vero sunt plures consiliarii, confirmantur.
23 Laetatur homo in sententia oris sui,
Et sermo opportunus est optimus.
24 Semita vitae super eruditum,
Ut declinet de inferno novissimo.

Quinam odiosi et cari Deo

25 Domum superborum demolietur Dominus,
Et firmos faciet terminos viduae.
26 Abominatio Domini cogitationes malae,
Et purus sermo pulcherrimus firmabitur ab eo.
27 Conturbat domum suam qui sectatur avaritiam;
Qui autem odit munera vivet.
Per misericordiam et fidem purgantur peccata,
Per timorem autem Domini declinat omnis a malo.

6,8-10; 13,25. — **27:** Prov 13,14. — **29:** Prov 15,18; 16,32; 19,11; Eccl 7,9-10; Iac 1,19. — **31:** Prov 17,5; Mt 25,40. — **34:** Is 57,21. || Enc. Benedicti XIV: D 1478.

15 **1:** Iud 8,1-3; Prov 25,15; Eccli 6,5. — **3:** Iob 34,21; Prov 5,21; Eccli 17,13; Ier 16,17. — **5:** Prov 12,1; 13,18. — **8:** Prov 21,27; Eccl 4,17; Eccli 7,11; 34,21.23; 35,14; Is 1,11-15. — **9:** Prov 11,20; 21,21. — **13:** Prov 12,25; 17,22; Eccli 30,35; 38,19. — **16:** Ps 36,16; Prov 16,8; Eccl 4,6; 1 Tim 6,6. — **18:** Prov 16,28; 26,21; 29,22; Eccli 28,11. — **20:** Prov 10,1; 29,3. — **22:** Prov 11,14. — **23:** Prov 25,11; Eccli 20,6-7. — **25:** Ps 145,9; Prov 14,11. — **26:** Prov 6,16.18. — **27:** Prov 16,6. — **30:** Prov 22,1. — **31:**

28 Mens iusti meditatur obedientiam;
Os impiorum redundat malis.
29 Longe est Dominus ab impiis,
Et orationes iustorum exaudiet.
30 Lux oculorum laetificat animam;
Fama bona impinguat ossa.
31 Auris quae audit increpationes vitae,
In medio sapientium commorabitur.
32 Qui abiicit disciplinam despicit animam suam;
Qui autem acquiescit increpationibus possessor est cordis.
33 Timor Domini disciplina sapientiae,
Et gloriam praecedit humilitas.

Dei providentia

16 1 Hominis est animam praeparare,
Et Domini gubernare linguam.
2 Omnes viae hominis patent oculis eius;
Spirituum ponderator est Dominus.
3 Revela Domino opera tua,
Et dirigentur cogitationes tuae.
4 Universa propter semetipsum operatus est Dominus:
Impium quoque ad diem malum.
5 Abominatio Domini est omnis arrogans;
Etiamsi manus ad manum fuerit, non est innocens.
Initium viae bonae facere iustitiam;
Accepta est autem apud Deum magis quam immolare hostias.
6 Misericordia et veritate redimitur iniquitas,
Et in timore Domini declinatur a malo.
7 Cum placuerint Domino viae hominis,
Inimicos quoque eius convertet ad pacem.
8 Melius est parum cum iustitia
Quam multi fructus cum iniquitate.
9 Cor hominis disponit viam suam,
Sed Domini est dirigere gressus eius.

De munere regis

10 Divinatio in labiis regis;
In iudicio non errabit os eius.
11 Pondus et statera iudicia Domini sunt,
Et opera eius omnes lapides sacculi.
12 Abominabiles regi qui agunt impie,
Quoniam iustitia firmatur solium.
13 Voluntas regum labia iusta;
Qui recta loquitur diligetur.
14 Indignatio regis nuntii mortis,
Et vir sapiens placabit eam.
15 In hilaritate vultus regis vita,
Et clementia eius quasi imber serotinus.

Sapientia et modestia

16 Posside sapientiam, quia auro melior est,
Et acquire prudentiam, quia pretiosior est argento.
17 Semita iustorum declinat mala;
Custos animae suae servat viam suam.
18 Contritionem praecedit superbia,
Et ante ruinam exaltatur spiritus.
19 Melius est humiliari cum mitibus
Quam dividere spolia cum superbis.
20 Eruditus in verbo reperiet bona,
Et qui sperat in Domino beatus est.
21 Qui sapiens est corde appellabitur prudens,
Et qui dulcis eloquio maiora percipiet.
22 Fons vitae eruditio possidentis;
Doctrina stultorum fatuitas.

De dono elocutionis

23 Cor sapientis erudiet os eius,
Et labiis eius addet gratiam.
24 Favus mellis composita verba;
Dulcedo animae sanitas ossium.
25 Est via quae videtur homini recta,
Et novissima eius ducunt ad mortem.
26 Anima laborantis laborat sibi,
Quia compulit eum os suum.
27 Vir impius fodit malum,
Et in labiis eius ignis ardescit.
28 Homo perversus suscitat lites,
Et verbosus separat principes.
29 Vir iniquus lactat amicum suum,
Et ducit eum per viam non bonam.
30 Qui attonitis oculis cogitat prava,
Mordens labia sua perficit malum.
31 Corona dignitatis senectus,
Quae in viis iustitiae reperietur.
32 Melior est patiens viro forti;
Et qui dominatur animo suo, expugnatore urbium.
33 Sortes mittuntur in sinum,
Sed a Domino temperantur.

De charitate in proximum

17 1 Melior est buccella sicca cum gaudio
Quam domus plena victimis cum iurgio.
2 Servus sapiens dominabitur filiis stultis,
Et inter fratres haereditatem dividet.
3 Sicut igne probatur argentum et aurum camino,
Ita corda probat Dominus.
4 Malus obedit linguae iniquae,
Et fallax obtemperat labiis mendacibus.

Prov 20,12; 25,12. — 33: Prov 1,7; Eccli 1,34.

16 1: Mt 10,19-20. — 2: Prov 21,2. — 4: Ex 9,16; Rom 11,36. — 5: Prov 6,16-17; 8,13; 11,21. — 6: Prov 15,27. — 8: Prov 15,16. — 9: Prov 19,21; 20,24. — 11: Prov 11,1. — 12: Prov 25,5; 29,14. — 13: Prov 14,35; 22,11. — 14: Prov 19,12; 20,2. — 16: Prov 8,10-11.19. — [illegible]: Prov 11,2. — 22: Prov 10,11. — 25: Prov [illegible]2. — 26: Prov 10,4. — 28: Prov 6,14.19; [illegible]; 17,9; 26,20.22; Eccli 28,15. — 31: Prov 20,29. — 32: Prov 14,29; Eccl 9,18; Sap 6,1.

17 1: [illegible]v 15,16-17. — 2: Eccli 10,28. — 5: Prov 14,31. — 6: Ps 127,3-6. — 12: Os

5 Qui despicit pauperem exprobrat factori eius,
Et qui ruina laetatur alterius non erit impunitus.
6 Corona senum filii filiorum,
Et gloria filiorum patres eorum.
7 Non decent stultum verba composita,
Nec principem labium mentiens.
8 Gemma gratissima exspectatio praestolantis;
Quocumque se vertit, prudenter intelligit.
9 Qui celat delictum quaerit amicitias;
Qui altero sermone repetit separat foederatos.
10 Plus proficit correptio apud prudentem,
Quam centum plagae apud stultum.
11 Semper iurgia quaerit malus;
Angelus autem crudelis mittetur contra eum.
12 Expedit magis ursae occurrere raptis foetibus,
Quam fatuo confidenti in stultitia sua.
13 Qui reddit mala pro bonis,
Non recedet malum de domo eius.
14 Qui dimittit aquam caput est iurgiorum,
Et antequam patiatur contumeliam iudicium deserit.

Iustitia

15 Qui iustificat impium, et qui condemnat iustum,
Abominabilis est uterque apud Deum.
16 Quid prodest stulto habere divitias,
Cum sapientiam emere non possit?
Qui altam facit domum suam quaerit ruinam,
Et qui evitat discere incidet in mala.
17 Omni tempore diligit qui amicus est,
Et frater in angustiis comprobatur.
18 Stultus homo plaudet manibus,
Cum spoponderit pro amico suo.
19 Qui meditatur discordias diligit rixas,
Et qui exaltat ostium quaerit ruinam.
20 Qui perversi cordis est non inveniet bonum,
Et qui vertit linguam incidet in malum.
21 Natus est stultus in ignominiam suam;
Sed nec pater in fatuo laetabitur.
22 Animus gaudens aetatem floridam facit;
Spiritus tristis exsiccat ossa.
23 Munera de sinu impius accipit,
Ut pervertat semitas iudicii.
24 In facie prudentis lucet sapientia;
Oculi stultorum in finibus terrae.
25 Ira patris filius stultus,
Et dolor matris quae genuit eum.
26 Non est bonum damnum inferre iusto,
Nec percutere principem qui recta iudicat.

Sapientia

27 Qui moderatur sermones suos doctus et prudens est,
Et pretiosi spiritus vir eruditus.
28 Stultus quoque, si tacuerit, sapiens reputabitur,
Et si compresserit labia sua, intelligens.

18 1 Occasiones quaerit qui vult recedere ab amico,
Omni tempore erit exprobrabilis.
2 Non recipit stultus verba prudentiae,
Nisi ea dixeris quae versantur in corde eius.
3 Impius, cum in profundum venerit peccatorum, contemnit;
Sed sequitur eum ignominia et opprobrium.
4 Aqua profunda verba ex ore viri,
Et torrens redundans fons sapientiae.
5 Accipere personam impii non est bonum,
Ut declines a veritate iudicii.

De stultitia in loquendo

6 Labia stulti miscent se rixis,
Et os eius iurgia provocat.
7 Os stulti contritio eius,
Et labia ipsius ruina animae eius.
8 Verba bilinguis quasi simplicia,
Et ipsa perveniunt usque ad interiora ventris.
Pigrum deiicit timor;
Animae autem effeminatorum esurient.
9 Qui mollis et dissolutus est in opere suo
Frater est sua opera dissipantis.
10 Turris fortissima nomen Domini;
Ad ipsum currit iustus, et exaltabitur.
11 Substantia divitis urbs roboris eius,
Et quasi murus validus circumdans eum.
12 Antequam conteratur exaltatur cor hominis,
Et antequam glorificetur humiliatur.
13 Qui prius respondet quam audiat,
Stultum se esse demonstrat et confusione dignum.
14 Spiritus viri sustentat imbecillitatem suam;
Spiritum vero ad irascendum facilem quis poterit sustinere?
15 Cor prudens possidebit scientiam,
Et auris sapientium quaerit doctrinam.

13,8. — **13:** Mt 5,39; Rom 12,17; 1 Thess 5,15; 1 Petr 3,9. — **15:** Ex 23,7; Prov 24,24; Is 5, 23. — **17:** Prov 18,24; Eccli 6,7. — **18:** Prov 6,1; 11,15; 20,16. — **19:** Prov 15,18; 16,28. — **22:** Prov 12,25; 15,13. — **24:** Eccl 2,14; 8,1. — **25:** Prov 10,1; 23,25; 29,15. — **27:** Prov 10,19; Eccli 1,30; Iac 1,19. — **28:** Iob 13,5.

18 **4:** Prov 20,5. — **5:** Lev 19,15; Deut 1, 17; Prov 24,23; 28,21. — **6:** Prov 15, 18. — **7:** Prov 10,14; 12,13; 13,3; Eccl 10,12. — **8:** Prov 26,22. — **11:** Prov 10,15. — **12:** Prov 11,2; 15,33; 16,18; Eccli 10,15. — **13:** Eccli 11, 8. — **16:** Gen 32,20; Prov 21,14. — **20:** Prov 12: 14; 13,2. — **21:** Prov 10,19; Eccli 37,21. — **22:**

De litibus apud tribunalia

16 Donum hominis dilatat viam eius;
Et ante principes spatium ei facit.
17 Iustus prior est accusator sui;
Venit amicus eius, et investigabit eum.
18 Contradictiones comprimit sors,
Et inter potentes quoque diiudicat.
19 Frater qui adiuvatur a fratre quasi civitas firma,
Et iudicia quasi vectes urbium.
20 De fructu oris viri replebitur venter eius,
Et genimina labiorum ipsius saturabunt eum.
21 Mors et vita in manu linguae:
Qui diligunt eam comedent fructus eius.
22 Qui invenit mulierem bonam invenit bonum,
Et hauriet iucunditatem a Domino.
Qui expellit mulierem bonam expellit bonum;
Qui autem tenet adulteram stultus est et impius.
23 Cum obsecrationibus loquetur pauper,
Et dives effabitur rigide.

Amicus verus

24 Vir amabilis ad societatem
Magis amicus erit quam frater.

19 1 Melior est pauper qui ambulat in simplicitate sua
Quam dives torquens labia sua, et insipiens.
2 Ubi non est scientia animae, non est bonum,
Et qui festinus est pedibus offendet.
3 Stultitia hominis supplantat gressus eius,
Et contra Deum fervet animo suo.
4 Divitiae addunt amicos plurimos;
A paupere autem et hi quos habuit separantur.
5 Testis falsus non erit impunitus,
Et qui mendacia loquitur non effugiet.
6 Multi colunt personam potentis,
Et amici sunt dona tribuentis.
7 Fratres hominis pauperis oderunt eum;
Insuper et amici procul recesserunt ab eo.

Prudens et stultus

Qui tantum verba sectatur nihil habebit;
8 Qui autem possessor est mentis diligit animam suam,
Et custos prudentiae inveniet bona.
9 Falsus testis non erit impunitus,
Et qui loquitur mendacia peribit.
10 Non decent stultum deliciae,
Nec servum dominari principibus.
11 Doctrina viri per patientiam noscitur,
Et gloria eius est iniqua praetergredi.
12 Sicut fremitus leonis, ita et regis ira,
Et sicut ros super herbam, ita et hilaritas eius.
13 Dolor patris filius stultus,
Et tecta iugiter perstillantia litigiosa mulier.
14 Domus et divitiae dantur a parentibus;
A Domino autem proprie uxor prudens.
15 Pigredo immittit soporem,
Et anima dissoluta esuriet.
16 Qui custodit mandatum custodit animam suam;
Qui autem negligit viam suam mortificabitur.
17 Foeneratur Domino qui miseretur pauperis,
Et vicissitudinem suam reddet ei.
18 Erudi filium tuum, ne desperes;
Ad interfectionem autem eius ne ponas animam tuam.
19 Qui impatiens est sustinebit damnum,
Et cum rapuerit, aliud apponet.
20 Audi consilium, et suscipe disciplinam,
Ut sis sapiens in novissimis tuis.
21 Multae cogitationes in corde viri;
Voluntas autem Domini permanebit.
22 Homo indigens misericors est,
Et melior est pauper quam vir mendax.
23 Timor Domini ad vitam,
Et in plenitudine commorabitur absque visitatione pessima.

De correctione et pigritia

24 Abscondit piger manum suam sub ascella,
Nec ad os suum applicat eam.
25 Pestilente flagellato stultus sapientior erit;
Si autem corripueris sapientem, intellige disciplinam.
26 Qui affligit patrem, et fugat matrem,
Ignominiosus est et infelix.
27 Non cesses, fili, audire doctrinam,
Nec ignores sermones scientiae.
28 Testis iniquus deridet iudicium,
Et os impiorum devorat iniquitatem.
29 Parata sunt derisoribus iudicia,
Et mallei percutientes stultorum corporibus.

Prov 12,4; 19,14; 31,30-31; Eccli 7,21. — **24**, Prov 17,17.

19 **1**: Prov 28,6. — **4**: Prov 14,20; Eccli 13,35. — **5**: Deut 19,16-21; Prov 19,2; 21,28; Dan 13,61. — **6**: Prov 29,26. — **9**: Prov 19,5. — **10**: Prov 30,22; Eccl 10,6-7. — **12**: Prov 20,2. — **13**: Prov 10,1; 17,21.25; 21,9; 25,24; 27,15. — **14**: Prov 18,22. — **15**: Prov 6,9-11. — **16**: Prov 13,13; 16,17; Lc 10,28. — **17**: Deut 15,7-10; Prov 14,21; 22,9; 28,27; Mt 10,42; 2 Cor 9,6-8. — **18**: Prov 13,24; 23,13. — **21**: Prov 16,1.9. — **23**: Prov 10,16; 11,19. — **24**: Prov 15,19; 26,15. — **25**: Prov 17,10; 21,11. — **26**: Eccli 3,14.18. — **29**: Prov 10,13; 26,3. || Conc. Valent. III: D 322.

20 1 Luxuriosa res vinum, et tumultuosa ebrietas:
Quicumque his delectatur non erit sapiens.
2 Sicut rugitus leonis, ita et terror regis:
Qui provocat eum peccat in animam suam.
3 Honor est homini qui separat se a contentionibus;
Omnes autem stulti miscentur contumeliis.
4 Propter frigus piger arare noluit,
Mendicabit ergo aestate, et non dabitur illi.
5 Sicut aqua profunda, sic consilium in corde viri;
Sed homo sapiens exhauriet illud.
6 Multi homines misericordes vocantur;
Virum autem fidelem quis inveniet?

De rectitudine

7 Iustus qui ambulat in simplicitate sua
Beatos post se filios derelinquet.
8 Rex qui sedet in solio iudicii
Dissipat omne malum intuitu suo.
9 Quis potest dicere: Mundum est cor meum,
Purus sum a peccato?
10 Pondus et pondus, mensura et mensura:
Utrumque abominabile est apud Deum.
11 Ex studiis suis intelligitur puer,
Si munda et recta sint opera eius.
12 Aurem audientem, et oculum videntem:
Dominus fecit utrumque.
13 Noli diligere somnum, ne te egestas opprimat;
Aperi oculos tuos, et saturare panibus.
14 Malum est, malum est, dicit omnis emptor;
Et cum recesserit, tunc gloriabitur.
15 Est aurum et multitudo gemmarum,
Et vas pretiosum labia scientiae.

De bono et malo quaestu

16 Tolle vestimentum eius qui fideiussor extitit alieni,
Et pro extraneis aufer pignus ab eo.
17 Suavis est homini panis mendacii,
Et postea implebitur os eius calculo.
18 Cogitationes consiliis roborantur,
Et gubernaculis tractanda sunt bella.
19 Ei qui revelat mysteria et ambulat fraudulenter,
Et dilatat labia sua, ne commiscearis.
20 Qui maledicit patri suo et matri,
Extinguetur lucerna eius in mediis tenebris.
21 Haereditas ad quam festinatur in principio,
In novissimo benedictione carebit.
22 Ne dicas: Reddam malum;
Exspecta Dominum, et liberabit te.
23 Abominatio est apud Dominum pondus et pondus;
Statera dolosa non est bona.
24 A Domino diriguntur gressus viri;
Quis autem hominum intelligere potest viam suam?
25 Ruina est homini devorare sanctos,
Et post vota retractare.

De rege eiusque regimine

26 Dissipat impios rex sapiens,
Et incurvat super eos fornicem.
27 Lucerna Domini spiraculum hominis,
Quae investigat omnia secreta ventris.
28 Misericordia et veritas custodiunt regem,
Et roboratur clementia thronus eius.
29 Exsultatio iuvenum fortitudo eorum,
Et dignitas senum canities.
30 Livor vulneris absterget mala,
Et plagae in secretioribus ventris.

21 1 Sicut divisiones aquarum, ita cor regis in manu Domini;
Quocumque voluerit inclinabit illud.
2 Omnis via viri recta sibi videtur,
Appendit autem corda Dominus.
3 Facere misericordiam et iudicium
Magis placet Domino quam victimae.
4 Exaltatio oculorum est dilatatio cordis;
Lucerna impiorum peccatum.
5 Cogitationes robusti semper in abundantia,
Omnis autem piger semper in egestate est.

Malitia inutilis

6 Qui congregat thesauros lingua mendacii vanus et excors est,
Et impingetur ad laqueos mortis.
7 Rapinae impiorum detrahent eos,
Quia noluerunt facere iudicium.
8 Perversa via viri aliena est;
Qui autem mundus est, rectum opus eius.
9 Melius est sedere in angulo domatis,
Quam cum muliere litigiosa, et in domo communi.
10 Anima impii desiderat malum,

20 **1:** Prov 23,29-35. — **2:** Prov 19,12. — **3:** Prov 17,14. — **5:** Prov 18,4. — **7:** Ps 111, 2. — **9:** 3 Reg 8,46; 2 Par 6,36; Eccl 7,21; 1 Io 1,8. — **10:** Prov 11,1; 20,23. — **16:** Prov 6,1; 22,26; 27,13. — **18:** Prov 11,14. — **20:** Ex 21,17; Lev 20,9; Iob 18,5; Prov 30,11.17; Eccli 3,18; Mt 15,4. — **22:** Ps 26,14; Prov 17,13; 24,29; Eccli 28,1; Mt 5,39; Rom 12,17.19; 1 Thess 5, 15; 1 Petr 3,9. — **23:** Prov 11,1; 20,10. — **24:** Prov 16,9. — **28:** Prov 16,12; 29,14. — **29:** Prov 16,31.

21 **2:** Prov 12,15; 16,2; 24,12. — **3:** 1 Sam 15,22; Prov 15,8; Os 6,6. — **6:** Prov 10, 2. — **9:** Prov 19,13; 21,19; 25,24; 27,15; Eccli

Non miserebitur proximo suo.
11 Mulctato pestilente, sapientior erit parvulus,
Et si sectetur sapientem, sumet scientiam.
12 Excogitat iustus de domo impii,
Ut detrahat impios a malo.

Charitas et iustitia

13 Qui obturat aurem suam ad clamorem pauperis,
Et ipse clamabit, et non exaudietur.
14 Munus absconditum extinguit iras,
Et donum in sinu indignationem maximam.
15 Gaudium iusto est facere iudicium,
Et pavor operantibus iniquitatem.
16 Vir qui erraverit a via doctrinae
In coetu gigantum commorabitur.
17 Qui diligit epulas in egestate erit;
Qui amat vinum et pinguia non ditabitur.
18 Pro iusto datur impius,
Et pro rectis iniquus.
19 Melius est habitare in terra deserta
Quam cum muliere rixosa et iracunda.
20 Thesaurus desiderabilis, et oleum in habitaculo iusti:
Et imprudens homo dissipabit illud.
21 Qui sequitur iustitiam et misericordiam,
Inveniet vitam, iustitiam et gloriam.
22 Civitatem fortium ascendit sapiens,
Et destruxit robur fiduciae eius.
23 Qui custodit os suum et linguam suam
Custodit ab angustiis animam suam.
24 Superbus et arrogans vocatur indoctus,
Qui in ira operatur superbiam.
25 Desideria occidunt pigrum:
Noluerunt enim quidquam manus eius operari.
26 Tota die concupiscit et desiderat;
Qui autem iustus est tribuet, et non cessabit.
27 Hostiae impiorum abominabiles,
Quia offeruntur ex scelere.
28 Testis mendax peribit;
Vir obediens loquetur victoriam.
29 Vir impius procaciter obfirmat vultum suum;
Qui autem rectus est corrigit viam suam.

Dei potentia

30 Non est sapientia, non est prudentia,
Non est consilium contra Dominum.
31 Equus paratur ad diem belli;
Dominus autem salutem tribuit.

22 1 Melius est nomen bonum quam divitiae multae;
Super argentum et aurum gratia bona.
2 Dives et pauper obviaverunt sibi:
Utriusque operator est Dominus.
3 Callidus vidit malum, et abscondit se;
Innocens pertransiit, et afflictus est damno.
4 Finis modestiae timor Domini,
Divitiae, et gloria, et vita.
5 Arma et gladii in via perversi;
Custos autem animae suae longe recedit ab eis.
6 Proverbium est: Adolescens iuxta viam suam;
Etiam cum senuerit, non recedet ab ea.
7 Dives pauperibus imperat,
Et qui accipit mutuum servus est foenerantis.
8 Qui seminat iniquitatem metet mala,
Et virga irae suae consummabitur.
9 Qui pronus est ad misericordiam benedicetur,
De panibus enim suis dedit pauperi.
Victoriam et honorem acquiret qui dat munera;
Animam autem aufert accipientium.
10 Eiice derisorem, et exibit cum eo iurgium,
Cessabuntque causae et contumeliae.
11 Qui diligit cordis munditiam,
Propter gratiam labiorum suorum habebit amicum regem.
12 Oculi Domini custodiunt scientiam,
Et supplantantur verba iniqui.
13 Dicit piger: Leo est foris,
In medio platearum occidendus sum.
14 Fovea profunda os alienae;
Cui iratus est Dominus, incidet in eam.
15 Stultitia colligata est in corde pueri,
Et virga disciplinae fugabit eam.
16 Qui calumniatur pauperem ut augeat divitias suas,
Dabit ipse ditiori, et egebit.

PARS TERTIA

VERBA SAPIENTIUM

(22,17-24,34)

Sententiae variae

17 Inclina aurem tuam, et audi verba sapientium,
Appone autem cor ad doctrinam meam;
18 Quae pulchra erit tibi cum servaveris eam in ventre tuo,
Et redundabit in labiis tuis;

25,23. — **11:** Prov 19,25. — **13:** Mt 6,15; 18,30-34. — **14:** Prov 18,16. — **15:** Prov 10,29. — **18:** Prov 11,8; Is 43,3. — **19:** Prov 21,9. — **21:** Prov 15,9. — **23:** Ps 140,3; Prov 13,3; Iac 3,2. — **27:** Prov 15,8; Eccli 34,21.23. — **28:** Prov 19,5.9. — **30:** Is 8,9-10.

22 **1:** Eccl 7,2; Eccli 41,15-16. — **2:** Prov 29,13. — **3:** Prov 27,12. — **4:** Ps 111,3. — **6:** Prov 20,11. — **8:** Iob 4,8; Eccli 7,3; Os 8,7; 10,13. — **9:** Prov 19,17; Eccli 31,28. — **10:** Prov 26,20. — **11:** Ps 100,6; Sap 6,20; Mt 5,8. — **13:** Prov 26,13. — **14:** Prov 23,27. — **15:** Prov 13,24. || Enc. Pii XI: D 2212. — **17:** Prov 5,1. —

19 Ut sit in Domino fiducia tua:
Unde et ostendi eam tibi hodie.
20 Ecce descripsi eam tibi tripliciter,
In cogitationibus et scientia;
21 Ut ostenderem tibi firmitatem et eloquia veritatis,
Respondere ex his illis qui miserunt te.
22 Non facias violentiam pauperi quia pauper est,
Neque conteras egenum in porta;
23 Quia iudicabit Dominus causam eius,
Et configet eos qui confixerunt animam eius.
24 Noli esse amicus homini iracundo,
Neque ambules cum viro furioso;
25 Ne forte discas semitas eius,
Et sumas scandalum animae tuae.
26 Noli esse cum his qui defigunt manus suas,
Et qui vades se offerunt pro debitis:
27 Si enim non habes unde restituas,
Quid causae est ut tollat operimentum de cubili tuo?
28 Ne transgrediaris terminos antiquos,
Quos posuerunt patres tui.
29 Vidisti virum velocem in opere suo?
Coram regibus stabit, nec erit ante innobiles.

In mensa

23 1 Quando sederis ut comedas cum principe,
Diligenter attende quae apposita sunt ante faciem tuam.
2 Et statue cultrum in gutture tuo;
Si tamen habes in potestate animam tuam.
3 Ne desideres de cibis eius,
In quo est panis mendacii.
4 Noli laborare ut diteris,
Sed prudentiae tuae pone modum.
5 Ne erigas oculos tuos ad opes quas non potes habere,
Quia facient sibi pennas quasi aquilae et volabunt in caelum.
6 Ne comedas cum homine invido,
Et ne desideres cibos eius;
7 Quoniam in similitudinem arioli et coniectoris,
Aestimat quod ignorat.
Comede et bibe, dicet tibi;
Et mens eius non est tecum.
8 Cibos quos comederas evomes,
Et perdes pulchros sermones tuos.
9 In auribus insipientium ne loquaris,
Quia despicient doctrinam eloquii tui.
10 Ne attingas parvulorum terminos,
Et agrum pupillorum ne introeas:
11 Propinquus enim illorum fortis est,
Et ipse iudicabit contra te causam illorum.

De docilitate

12 Ingrediatur ad doctrinam cor tuum,
Et aures tuae ad verba scientiae.
13 Noli subtrahere a puero disciplinam,
Si enim percusseris eum virga, non morietur.
14 Tu virga percuties eum,
Et animam eius de inferno liberabis.
15 Fili mi, si sapiens fuerit animus tuus,
Gaudebit tecum cor meum;
16 Et exsultabunt renes mei,
Cum locuta fuerint rectum labia tua.
17 Non aemuletur cor tuum peccatores,
Sed in timore Domini esto tota die;
18 Quia habebis spem in novissimo,
Et praestolatio tua non auferetur.
19 Audi, fili mi, et esto sapiens,
Et dirige in via animum tuum.
20 Noli esse in conviviis potatorum,
Nec in comessationibus eorum qui carnes ad vescendum conferunt;
21 Quia vacantes potibus et dantes symbola consumentur
Et vestietur pannis dormitatio.
22 Audi patrem tuum, qui genuit te,
Et ne contemnas cum senuerit mater tua.
23 Veritatem eme, et noli vendere sapientiam,
Et doctrinam, et intelligentiam.
24 Exsultat gaudio pater iusti;
Qui sapientem genuit laetabitur in eo.
25 Gaudeat pater tuus et mater tua,
Et exsultet quae genuit te.
26 Praebe, fili mi, cor tuum mihi,
Et oculi tui vias meas custodiant.
27 Fovea enim profunda est meretrix,
Et puteus angustus aliena.
28 Insidiatur in via quasi latro,
Et quos incautos viderit interficiet.

De ebrietate

29 Cui vae? Cuius patri vae?
Cui rixae? cui foveae?
Cui sine causa vulnera? cui suffusio oculorum?
30 Nonne his qui commorantur in vino,
Et student calicibus epotandis?
31 Ne intuearis vinum quando flavescit,
Cum splenduerit in vitro color eius.
Ingreditur blande;
32 Sed in novissimo mordebit ut coluber,
Et sicut regulus venena diffundet.

22: Iob 31,21; Zach 7,10. — **23:** Ps 11,6; 34, 10; 67,6; 139,13; Prov 23,11. — **24:** Eccli 8, 18-19. — **26:** Prov 6,1; 11,15; 17,18; 20,16; Eccli 8,16. — **28:** Deut 19,14; 27,17; Prov 23, 10. || Epist. S. Gelasii I: D 161; Enc. Bened. XV: D 2186.

23 **4:** Prov 28,20; Eccli 27,1; Mt 6,19; 1 Tim 6,9-10. — **9:** Prov 9,7; Eccli 32,6. — **10:** Prov 22,28. — **11:** Num 35,19; Prov 22,23. — **13:** Prov 13,24; 19,18; Eccli 30,1. — **14:** Prov 29,15.17. — **17:** Ps 36,1; Prov 3,31; 24,1.19. — **18:** Prov 24,14. — **20:** Mt 24,49; Lc 21,34; Rom 13,13. — **22:** Prov 30,17; Eccli 3,14-15. — **24:** Prov 10,1. — **27:** Prov 22,14. — **28:** Prov 7,10-18. — **30:** Prov 20,1; Eccli 19,2; Os 4, 11. — **35:** Is 56,12.

33 Oculi tui videbunt extraneas,
Et cor tuum loquetur perversa.
34 Et eris sicut dormiens in medio mari,
Et quasi sopitus gubernator, amisso clavo.
35 Et dices: Verberaverunt me, sed non dolui;
Traxerunt me, et ego non sensi.
Quando evigilabo, et rursus vina reperiam?

24 1 Ne aemuleris viros malos,
Nec desideres esse cum eis;
2 Quia rapinas meditatur mens eorum,
Et fraudes labia eorum loquuntur.
3 Sapientia aedificabitur domus,
Et prudentia roborabitur.
4 In doctrina replebuntur cellaria,
Universa substantia pretiosa et pulcherrima.
5 Vir sapiens fortis est,
Et vir doctus robustus et validus;
6 Quia cum dispositione initur bellum,
Et erit salus ubi multa consilia sunt.
7 Excelsa stulto sapientia;
In porta non aperiet os suum.
8 Qui cogitat mala facere stultus vocabitur:
9 Cogitatio stulti peccatum est,
Et abominatio hominum detractor.
10 Si desperaveris lassus in die angustiae,
Imminuetur fortitudo tua.

Officia in proximum

11 Erue eos qui ducuntur ad mortem,
Et qui trahuntur ad interitum liberare ne cesses.
12 Si dixeris: Vires non suppetunt;
Qui inspector est cordis ipse intelligit;
Et servatorem animae tuae nihil fallit,
Reddetque homini iuxta opera sua.
13 Comede, fili mi, mel, quia bonum est,
Et favum dulcissimum gutturi tuo.
14 Sic et doctrina sapientiae animae tuae;
Quam cum inveneris, habebis in novissimis spem,
Et spes tua non peribit.
15 Ne insidieris, et quaeras impietatem in domo iusti,
Neque vastes requiem eius.
16 Septies enim cadet iustus, et resurget:
Impii autem corruent in malum.
17 Cum ceciderit inimicus tuus ne gaudeas,
Et in ruina eius ne exsultet cor tuum;
18 Ne forte videat Dominus, et displiceat ei,
Et auferat ab eo iram suam.
19 Ne contendas cum pessimis,
Nec aemuleris impios;
20 Quoniam non habent futurorum spem mali,
Et lucerna impiorum extinguetur.
21 Time Dominum, fili mi, et regem,
Et cum detractoribus non commiscearis;
22 Quoniam repente consurget perditio eorum,
Et ruinam utriusque quis novit?

Alia verba sapientium

23 Haec quoque sapientibus:
Cognoscere personam in iudicio non est bonum.
24 Qui dicunt impio: Iustus es, maledicent eis populi,
Et detestabuntur eos tribus.
25 Qui arguunt eum laudabuntur,
Et super ipsos veniet benedictio.
26 Labia deosculabitur
Qui recta verba respondet.
27 Praepara foris opus tuum,
Et diligenter exerce agrum tuum,
Ut postea aedifices domum tuam.
28 Ne sis testis frustra contra proximum tuum,
Nec lactes quemquam labiis tuis.
29 Ne dicas: Quomodo fecit mihi, sic faciam ei;
Reddam unicuique secundum opus suum.

Vir piger

30 Per agrum hominis pigri transivi,
Et per vineam viri stulti;
31 Et ecce totum repleverant urticae,
Et operuerant superficiem eius spinae,
Et maceria lapidum destructa erat.
32 Quod cum vidissem, posui in corde meo,
Et exemplo didici disciplinam.
33 Parum, inquam, dormies; modicum dormitabis,
Pauxillum manus conseres ut quiescas:
34 Et veniet tibi quasi cursor egestas,
Et mendicitas quasi vir armatus.

24 **1**: Ps 36,1; Prov 3,31; 23,17. — **5**: Prov 21,22; Eccl 9,16; Sap 6,1. — **6**: Prov 20,18. — **7**: Eccli 6,21. — **12**: Iob 34,11; Ps 61,13; Eccli 16,15; Mt 16,27; Rom 2,6. — **14**: Prov 23,18. — **16**: Iob 5,19; Ps 36,24. — **20**: Prov 13,9. — **23**: Lev 19,15; Deut 1,17; 16,19; Prov 18,5; 19,6; 28,21; Eccli 42,1. — **28**: Prov 19,5; 25,18. — **29**: Prov 20,22; Eccli 28,1. — **33-34**: Prov 6,10-11.

PARS QUARTA

PARABOLAE SALOMONIS A VIRIS EZECHIAE COLLECTAE

(25,1-29,28)

25 1 Hae quoque parabolae Salomonis, quas transtulerunt viri Ezechiae, regis Iuda.
2 Gloria Dei est celare verbum,
Et gloria regum investigare sermonem.
3 Caelum sursum, et terra deorsum,
Et cor regum inscrutabile.
4 Aufer rubiginem de argento,
Et egredietur vas purissimum.
5 Aufer impietatem de vultu regis,
Et firmabitur iustitia thronus eius.
6 Ne gloriosus appareas coram rege,
Et in loco magnorum ne steteris.
7 Melius est enim ut dicatur tibi: Ascende huc,
Quam ut humilieris coram principe.

Litigia

8 Quae viderunt oculi tui ne proferas in iurgio cito,
Ne postea emendare non possis,
Cum dehonestaveris amicum tuum.
9 Causam tuam tracta cum amico tuo,
Et secretum extraneo ne reveles;
10 Ne forte insultet tibi cum audierit,
Et exprobrare non cesset.
Gratia et amicitia liberant:
Quas tibi serva, ne exprobrabilis fias.
11 Mala aurea in lectis argenteis,
Qui loquitur verbum in tempore suo.
12 Inauris aurea et margaritum fulgens
Qui arguit sapientem et aurem obedientem.
13 Sicut frigus nivis in die messis,
Ita legatus fidelis ei qui misit eum:
Animam ipsius requiescere facit.
14 Nubes, et ventus, et pluviae non sequentes,
Vir gloriosus et promissa non complens.
15 Patientia lenietur princeps,
Et lingua mollis confringet duritiam.

Modestia

16 Mel invenisti: comede quod sufficit tibi,
Ne forte satiatus evomas illud.
17 Subtrahe pedem tuum de domo proximi tui,
Nequando satiatus oderit te.
18 Iaculum, et gladius, et sagitta acuta,
Homo qui loquitur contra proximum suum falsum testimonium.
19 Dens putridus, et pes lassus,
Qui sperat super infideli in die angustiae,
20 Et amittit pallium in die frigoris.
Acetum in nitro,
Qui cantat carmina cordi pessimo.
Sicut tinea vestimento, et vermis ligno,
Ita tristitia viri nocet cordi.
21 Si esurierit inimicus tuus, ciba illum:
Si sitierit, da ei aquam bibere:
22 Prunas enim congregabis super caput eius,
Et Dominus reddet tibi.
23 Ventus aquilo dissipat pluvias,
Et facies tristis linguam detrahentem.
24 Melius est sedere in angulo domatis,
Quam cum muliere litigiosa et in domo communi.
25 Aqua frigida animae sitienti,
Et nuntius bonus de terra longinqua.
26 Fons turbatus pede et vena corrupta,
Iustus cadens coram impio.
27 Sicut qui mel multum comedit non est ei bonum,
Sic qui scrutator est maiestatis opprimetur a gloria.
28 Sicut urbs patens et absque murorum ambitu,
Ita vir qui non potest in loquendo cohibere spiritum suum.

De stultis

26 1 Quomodo nix in aestate, et pluviae in messe,
Sic indecens est stulto gloria.
2 Sicut avis ad alia transvolans et passer quolibet vadens,
Sic maledictum frustra prolatum in quempiam superveniet.
3 Flagellum equo, et camus asino,
Et virga in dorso imprudentium.
4 Ne respondeas stulto iuxta stultitiam suam,
Ne efficiaris ei similis.
5 Responde stulto iuxta stultitiam suam,
Ne sibi sapiens esse videatur.
6 Claudus pedibus, et iniquitatem bibens,
Qui mittit verba per nuntium stultum.
7 Quomodo pulchras frustra habet claudus tibias,
Sic indecens est in ore stultorum parabola.
8 Sicut qui mittit lapidem in acervum Mercurii,
Ita qui tribuit insipienti honorem.
9 Quomodo si spina nascatur in manu temulenti,
Sic parabola in ore stultorum.
10 Iudicium determinat causas,
Et qui imponit stulto silentium iras mitigat.

25 1: Prov 1,1; 10,1. — 5: Prov 20,8. — 7: Lc 14,8-10. — 8: Prov 17,14; Mt 5,25. — 11: Prov 15,23; Eccli 20,7. — 15: 1 Sam 25,24; 26,18; Prov 15,1.4; 16,14. — 17: Eccli 21,25. — 18: Ps 56,5; Prov 19,5; 24,28. — 20: Prov 12,25; 15,13; 17,22; Eccli 22,6; 30,24. — 21: Ex 23,4; Rom 12,20. — 24: Prov 21,9. — 27: Eccli 3,22.

26 1: 1 Sam 12,17. — 3: Prov 10,13; 19,29; Eccli 33,25. — 5: Mt 16,1-4. — 11: 2 Petr

11 Sicut canis qui revertitur ad vomitum suum,
Sic imprudens qui iterat stultitiam suam.
12 Vidisti hominem sapientem sibi videri?
Magis illo spem habebit insipiens.

De pigris

13 Dicit piger: Leo est in via,
Et leaena in itineribus.
14 Sicut ostium vertitur in cardine suo,
Ita piger in lectulo suo.
15 Abscondit piger manum sub ascella sua,
Et laborat si ad os suum eam converterit.
16 Sapientior sibi piger videtur
Septem viris loquentibus sententias.

De litigiosis

17 Sicut qui apprehendit auribus canem,
Sic qui transit impatiens et commiscetur rixae alterius.
18 Sicut noxius est qui mittit sagittas et lanceas in mortem,
19 Ita vir qui fraudulenter nocet amico suo,
Et cum fuerit deprehensus dicit: Ludens feci.
20 Cum defecerint ligna extinguetur ignis,
Et susurrone subtracto, iurgia conquiescent.
21 Sicut carbones ad prunas, et ligna ad ignem,
Sic homo iracundus suscitat rixas.
22 Verba susurronis quasi simplicia,
Et ipsa perveniunt ad intima ventris.
23 Quomodo si argento sordido ornare velis vas fictile,
Sic labia tumentia cum pessimo corde sociata.
24 Labiis suis intelligitur inimicus,
Cum in corde tractaverit dolos.
25 Quando submiserit vocem suam, ne credideris ei,
Quoniam septem nequitiae sunt in corde illius.
26 Qui operit odium fraudulenter,
Revelabitur malitia eius in consilio.
27 Qui fodit foveam incidet in eam,
Et qui volvit lapidem, revertetur ad eum.
28 Lingua fallax non amat veritatem,
Et os lubricum operatur ruinas.

27 1 Ne glorieris in crastinum,
Ignorans quid superventura pariat dies.
2 Laudet te alienus, et non os tuum;
Extraneus, et non labia tua.
3 Grave est saxum, et onerosa arena;
Sed ira stulti utroque gravior.
4 Ira non habet misericordiam nec erumpens furor,
Et impetum concitati ferre quis poterit?
5 Melior est manifesta correptio
Quam amor absconditus.
6 Meliora sunt vulnera diligentis.
Quam fraudulenta oscula odientis.
7 Anima saturata calcabit favum,
Et anima esuriens etiam amarum pro dulci sumet.
8 Sicut avis transmigrans de nido suo,
Sic vir qui derelinquit locum suum.
9 Unguento et variis odoribus delectatur cor,
Et bonis amici consiliis anima dulcoratur.

De amicis et propinquis

10 Amicum tuum, et amicum patris tui ne dimiseris,
Et domum fratris tui ne ingrediaris in die afflictionis tuae.
Melior est vicinus iuxta,
Quam frater procul.
11 Stude sapientiae, fili mi, et laetifica cor meum,
Ut possis exprobranti respondere sermonem.
12 Astutus videns malum, absconditus est:
Parvuli transeuntes sustinuerunt dispendia.
13 Tolle vestimentum eius qui spopondit pro extraneo,
Et pro alienis aufer ei pignus.
14 Qui benedicit proximo suo voce grandi,
De nocte consurgens maledicenti similis erit.
15 Tecta perstillantia in die frigoris
Et litigiosa mulier comparantur.
16 Qui retinet eam quasi qui ventum teneat,
Et oleum dexterae suae vocabit.
17 Ferrum ferro exacuitur,
Et homo exacuit faciem amici sui.
18 Qui servat ficum comedet fructus eius,
Et qui custos est domini sui glorificabitur.
19 Quomodo in aquis resplendent vultus prospicientium,
Sic corda hominum manifesta sunt prudentibus.
20 Infernus et perditio nunquam implentur:
Similiter et oculi hominum insatiabiles.
21 Quomodo probatur in conflatorio argentum et in fornace aurum,
Sic probatur homo ore laudantis.
Cor iniqui inquirit mala,

2,22. — **12:** Prov 29,20. — **13:** Prov 22,13. — **15:** Prov 19,24. — **20:** Prov 22,10. — **21:** Prov 15,18; 29,22. — **22:** Prov 18,8. — **25:** Ps 27,3; Eccli 12,10-11; 27,26. — **27:** Ps 7,16; Eccl 10,8; Eccli 27,28-30.

27 **1:** Iac 4,13-14. — **2:** 2 Cor 10,12.18. — **3:** Eccli 22,17-18. — **5:** Prov 28,23. — **10:** Prov 17,17; 18,24; Eccli 37,6. — **12:** Prov 22,3. **13:** Prov 20,10. — **15:** Prov 19,13; 21,9; 25,24. **20:** Prov 30,15-16; Eccl 1,8; Eccli 14,9-10. — **24:** 1 Tim 6,7.

Cor autem rectum inquirit scientiam.
22 Si contuderis stultum in pila
Quasi ptisanas feriente desuper pilo,
Non auferetur ab eo stultitia eius.

De cura gregis

23 Diligenter agnosce vultum pecoris tui,
Tuosque greges considera:
24 Non enim habebis iugiter potestatem,
Sed corona tribuetur in generationem et generationem.
25 Aperta sunt prata, et apparuerunt herbae virentes,
Et collecta sunt foena de montibus.
26 Agni ad vestimentum tuum,
Et haedi ad agri pretium.
27 Sufficiat tibi lac caprarum in cibos tuos,
Et in necessaria domus tuae et ad victum ancillis tuis.

28 1 Fugit impius, nemine persequente;
Iustus autem, quasi leo confidens, absque terrore erit.
2 Propter peccata terrae multi principes eius;
Et propter hominis sapientiam, et horum scientiam quae dicuntur,
Vita ducis longior erit.
3 Vir pauper calumnians pauperes
Similis est imbri vehementi in quo paratur fames.

De legis observantia

4 Qui derelinquunt legem laudant impium;
Qui custodiunt succenduntur contra eum.
5 Viri mali non cogitant iudicium;
Qui autem inquirunt Dominum animadvertunt omnia.
6 Melior est pauper ambulans in simplicitate sua
Quam dives in pravis itineribus.
7 Qui custodit legem filius sapiens est;
Qui autem comessatores pascit confundit patrem suum.
8 Qui coacervat divitias usuris et foenore,
Liberali in pauperes congregat eas.
9 Qui declinat aures suas ne audiat legem,
Oratio eius erit execrabilis.
10 Qui decipit iustos in via mala, in interitu suo corruet,
Et simplices possidebunt bona eius.
11 Sapiens sibi videtur vir dives;
Pauper autem prudens scrutabitur eum.
12 In exsultatione iustorum multa gloria est;
Regnantibus impiis ruinae hominum.
13 Qui abscondit scelera sua non dirigetur;
Qui autem confessus fuerit et reliquerit ea, misericordiam consequetur.
14 Beatus homo qui semper est pavidus:
Qui vero mentis est durae corruet in malum.
15 Leo rugiens et ursus esuriens,
Princeps impius super populum pauperem.
16 Dux indigens prudentia multos opprimet per calumniam;
Qui autem odit avaritiam, longi fient dies eius.
17 Hominem qui calumniatur animae sanguinem,
Si usque ad lacum fugerit, nemo sustinet.
18 Qui ambulat simpliciter salvus erit;
Qui perversis graditur viis concidet semel.
19 Qui operatur terram suam satiabitur panibus;
Qui autem sectatur otium replebitur egestate.

De bonitate et aequitate

20 Vir fidelis multum laudabitur;
Qui autem festinat ditari non erit innocens.
21 Qui cognoscit in iudicio faciem non bene facit;
Iste et pro buccella panis deserit veritatem.
22 Vir qui festinat ditari, et aliis invidet,
Ignorat quod egestas superveniet ei.
23 Qui corripit hominem gratiam postea inveniet apud eum,
Magis quam ille qui per linguae blandimenta decipit.
24 Qui subtrahit aliquid a patre suo et a matre,
Et dicit hoc non esse peccatum,
Particeps homicidae est.
25 Qui se iactat et dilatat, iurgia concitat;
Qui vero sperat in Domino sanabitur.
26 Qui confidit in corde suo stultus est;
Qui autem graditur sapienter ipse salvabitur.
27 Qui dat pauperi non indigebit:
Qui despicit deprecantem sustinebit penuriam.
28 Cum surrexerint impii, abscondentur homines;
Cum illi perierint, multiplicabuntur iusti.

28 **3:** Mt 18,28. — **6:** Prov 19,1. — **8:** Prov 13,22; Eccl 2,26. — **9:** Ps 108,7; Prov 15,8; 21,27. — **13:** Ps 31,5; 1 Io 1,9-10. — **19:** Prov 6,11; 10,4; 12,11; 24,27.33-34; Eccli 20,30. — **20:** Prov 13,11; 20,21; 23,4. — **21:** Prov 18,5; 24,23. — **22:** Prov 22,16. — **23:** Prov 27,5-6; 29,5. — **24:** Mc 7,11-13. — **25:** Prov 16,20; 29,25. — **27:** Prov 19,17; Eccli 4,3-8.

29 1 Viro qui corripientem dura cervice contemnit,
Repentinus ei superveniet interitus,
Et eum sanitas non sequetur.

De bono regimine

2 In multiplicatione iustorum laetabitur vulgus;
Cum impii sumpserint principatum, gemet populus.
3 Vir qui amat sapientiam laetificat patrem suum;
Qui autem nutrit scorta perdet substantiam.
4 Rex iustus erigit terram:
Vir avarus destruet eam.
5 Homo qui blandis fictisque sermonibus loquitur amico suo,
Rete expandit gressibus eius.
6 Peccantem virum iniquum in involvet laqueus,
Et iustus laudabit atque gaudebit.
7 Novit iustus causam pauperum;
Impius ignorat scientiam.
8 Homines pestilentes dissipant civitatem,
Sapientes vero avertunt furorem.
9 Vir sapiens si cum stulto contenderit,
Sive irascatur, sive rideat, non inveniet requiem.
10 Viri sanguinum oderunt simplicem:
Iusti autem quaerunt animam eius.
11 Totum spiritum suum profert stultus;
Sapiens differt, et reservat in posterum.
12 Princeps qui libenter audit verba mendacii,
Omnes ministros habet impios.
13 Pauper et creditor obviaverunt sibi:
Utriusque illuminator est Dominus.
14 Rex qui iudicat in veritate pauperes,
Thronus eius in aeternum firmabitur.

De disciplina puerorum

15 Virga atque correptio tribuit sapientiam;
Puer autem qui dimittitur voluntati suae confundit matrem suam.
16 In multiplicatione impiorum multiplicabuntur scelera,
Et iusti ruinas eorum videbunt.
17 Erudi filium tuum, et refrigerabit te,
Et dabit delicias animae tuae.
18 Cum prophetia defecerit, dissipabitur populus;
Qui vero custodit legem beatus est.
19 Servus verbis non potest erudiri,
Quia quod dicis intelligit, et respondere contemnit.
20 Vidisti hominem velocem ad loquendum?
Stultitia magis speranda est quam illius correptio.
21 Qui delicate a pueritia nutrit servum suum
Postea sentiet eum contumacem.

De mansuetudine et humilitate

22 Vir iracundus provocat rixas,
Et qui ad indignandum facilis est erit ad peccandum proclivior.
23 Superbum sequitur humilitas,
Et humilem spiritu suscipiet gloria.
24 Qui cum fure participat odit animam suam;
Adiurantem audit, et non indicat.
25 Qui timet hominem cito corruet;
Qui sperat in Domino sublevabitur.
26 Multi requirunt faciem principis,
Et iudicium a Domino egreditur singulorum.
27 Abominantur iusti virum impium,
Et abominantur impii eos qui in recta sunt via.
28 Verbum custodiens filius
Extra perditionem erit.

PARS QUINTA

VERBA ALIORUM

(30,1-31,31)

Verba Agur

30 1 Verba Congregantis, filii Vomentis. Visio quam locutus est vir cum quo est Deus, et qui Deo secum morante confortatus, ait:

Exordium

2 Stultissimus sum virorum,
Et sapientia hominum non est mecum.
3 Non didici sapientiam,
Et non novi scientiam sanctorum.
4 Quis ascendit in caelum, atque descendit?
Quis continuit spiritum in manibus suis?
Quis colligavit aquas quasi in vestimento?
Quis suscitavit omnes terminos terrae?
Quod nomen est eius, et quod nomen filii eius, si nosti?

29 **1:** Prov 1,24-27; 6,15. — **2:** Prov 11,10. — **3:** Prov 5,10; 6,26; 10,1; 15,20; 27,11. — **8:** Prov 11,11. — **10:** Gen 4,5.8. — **11:** Prov 12,16; 14,33; 25,28; Eccli 21,29. — **13:** Prov 22,2. — **14:** Prov 16,12. — **15:** Prov 13,24; 22,15; 23,13.14; Eccli 22,6; 30,1. — **19:** Eccli 33,25-28. — **20:** Eccl 5,1; Eccli 4,34; Iac 1,19. — **22:** Prov 15,18; 26,21. — **23:** Iob 22,29; Prov 11,2; 15,33; 16,18; 18,12; Mt 23,12. — **25:** Prov 16,20; 28,25; Io 12,43. — **26:** Prov 19,6.

30 **2:** Ps 72,23. — **4:** Iob 38,4-11; Ps 103,3-6; Io 3,13. — **5:** Ps 11,7; 17,31; 18,9; 118,

De sermone Dei

5 Omnis sermo Dei ignitus,
Clypeus est sperantibus in se.
6 Ne addas quidquam verbis illius,
Et arguaris, inveniarisque mendax.

De aurea mediocritate

7 Duo rogavi te,
Ne deneges mihi antequam moriar:
8 Vanitatem et verba mendacia longe fac a me.
Mendicitatem et divitias ne dederis mihi;
Tribue tantum victui meo necessaria;
9 Ne forte satiatus illiciar ad negandum,
Et dicam: Quis est Dominus?
Aut egestate compulsus, furer,
Et periurem nomen Dei mei.
10 Ne accuses servum ad dominum suum,
Ne forte maledicat tibi, et corruas.

De pessima iniquitate

11 Generatio quae patri suo maledicit,
Et quae matri suae non benedicit.
12 Generatio quae sibi munda videtur,
Et tamen non est lota a sordibus suis.
13 Generatio cuius excelsi sunt oculi,
Et palpebrae eius in alta surrectae.
14 Generatio quae pro dentibus gladios habet,
Et commandit molaribus suis,
Ut comedat inopes de terra,
Et pauperes ex hominibus.

Quatuor insaturabilia

15 Sanguisugae duae sunt filiae,
Dicentes: Affer, affer.
Tria sunt insaturabilia,
Et quartum quod nunquam dicit: Sufficit.
16 Infernus, et os vulvae,
Et terra quae non satiatur aqua;
Ignis vero nunquam dicit: Sufficit.
17 Oculum qui subsannat patrem,
Et qui despicit partum matris suae,
Effodiant eum corvi de torrentibus,
Et comedant eum filii aquilae!

Quatuor mirabilia

18 Tria sunt difficilia mihi,
Et quartum penitus ignoro:
19 Viam aquilae in caelo,
Viam colubri super petram.
Viam navis in medio mari,
Et viam viri in adolescentia.
20 Talis est et via mulieris adulterae,
Quae comedit, et tergens os suum,
Dicit: Non sum operata malum.

Quatuor funesta

21 Per tria movetur terra,
Et quartum non potest sustinere:
22 Per servum, cum regnaverit;
Per stultum, cum saturatus fuerit cibo;
23 Per odiosam mulierem, cum in matrimonio fuerit assumpta,
Et per ancillam, cum fuerit haeres dominae suae.

De animalibus minimis et sapientibus

24 Quatuor sunt minima terrae,
Et ipsa sunt sapientiora sapientibus:
25 Formicae, populus infirmus,
Qui praeparat in messe cibum sibi;
26 Lepusculus, plebs invalida,
Qui collocat in petra cubile suum;
27 Regem locusta non habet,
Et egreditur universa per turmas suas;
28 Stellio manibus nititur,
Et moratur in aedibus regis.

De animalibus fortibus

29 Tria sunt quae bene gradiuntur,
Et quartum quod incedit feliciter:
30 Leo, fortissimus bestiarum,
Ad nullius pavebit occursum;
31 Gallus succinctus lumbos,
Et aries; nec est rex, qui resistat ei.
32 Est qui stultus apparuit postquam elevatus est in sublime;
Si enim intellexisset, ori suo imposuisset manum.
33 Qui autem fortiter premit ubera ad eliciendum lac exprimit butyrum;
Et qui vehementer emungit elicit sanguinem;
Et qui provocat iras producit discordias.

Verba Lamuelis regis

31 1 Verba Lamuelis regis. Visio qua erudivit eum mater sua.

Quae a rege facienda et vitanda

2 Quid, dilecte mi? quid, dilecte uteri mei?
Quid, dilecte votorum meorum?
3 Ne dederis mulieribus substantiam tuam,
Et divitias tuas ad delendos reges.
4 Noli regibus, o Lamuel, noli regibus dare vinum,
Quia nullum secretum est ubi regnat ebrietas;

140. — **6:** Deut 4,2; 12,32. — **8:** Mt 6,11; 1 Tim 6,8. — **9:** Deut 8,12-14; 31,20; 32,15. — **11:** Prov 20,20; 23,22. — **16:** Prov 27,20. — **22:** Prov 19,10; Eccl 10,6-7. — **25:** Prov 6,6-8.

31 **3:** Deut 17,17; 3 Reg 11,1; Prov 5, 9. — **4:** Prov 20,1; Eccl 10,17. — **9:** Lev

5 Et ne forte bibant, et obliviscantur iudiciorum,
Et mutent causam filiorum pauperis.
6 Date siceram moerentibus,
Et vinum his qui amaro sunt animo.
7 Bibant, et obliviscantur egestatis suae,
Et doloris sui non recordentur amplius.
8 Aperi os tuum muto,
Et causis omnium filiorum qui pertranseunt.
9 Aperi os tuum, decerne quod iustum est,
Et iudica inopem et pauperem.

Encomium mulieris fortis, seu matronae israeliticae

10 Mulierem fortem quis inveniet?
Procul et de ultimis finibus pretium eius.
11 Confidit in ea cor viri sui,
Et spoliis non indigebit.
12 Reddet ei bonum, et non malum,
Omnibus diebus vitae suae.
13 Quaesivit lanam et linum,
Et operata est consilio manuum suarum.
14 Facta et quasi navis institoris,
De longe portans panem suum.
15 Et de nocte surrexit,
Deditque praedam domesticis suis,
Et cibaria ancillis suis.
16 Consideravit agrum, et emit eum;
De fructu manuum suarum plantavit vineam.
17 Accinxit fortitudine lumbos suos,
Et roboravit brachium suum.
18 Gustavit, et vidit quia bona est negotiatio eius;
Non extinguetur in nocte lucerna eius.
19 Manum suam misit ad fortia,
Et digiti eius apprehenderunt fusum.
20 Manum suam aperuit inopi,
Et palmas suas extendit ad pauperem.
21 Non timebit domui suae a frigoribus nivis:
Omnes enim domestici eius vestiti sunt duplicibus.
22 Stragulatam vestem fecit sibi;
Byssus et purpura indumentum eius.
23 Nobilis in portis vir eius,
Quando sederit cum senatoribus terrae.
24 Sindonem fecit. et vendidit,
Et cingulum tradidit Chananaeo.
25 Fortitudo et decor indumentum eius,
Et ridebit in die novissimo.
26 Os suum aperuit sapientiae,
Et lex clementiae in lingua eius.
27 Consideravit semitas domus suae,
Et panem otiosa non comedit.
28 Surrexerunt filii eius, et beatissimam praedicaverunt;
Vir eius, et laudavit eam.
29 Multae filiae congregaverunt divitias;
Tu supergressa es universas.
30 Fallax gratia, et vana est pulchritudo:
Mulier timens Dominum ipsa laudabitur.
31 Date ei de fructu manuum suarum,
Et laudent eam in portis opera eius.

19,15; Deut 1,16. — **10-31:** Eccli 26,1-3.16-24. — **15:** Lc 12,42. — **23:** Ruth 4,1-2.

LIBER ECCLESIASTES

QUI AB HEBRAEIS «COHELETH» APPELLATUR

SUMMARIUM *Prologus (1,1-11). Corpus operis (1,12-12,8). Epilogus (12,9-14).*

PROLOGUS

Vanitas vanitatum

1 1 Verba Ecclesiastae, filii David, regis Ierusalem.
2 Vanitas vanitatum, dixit Ecclesiastes;
Vanitas vanitatum, et omnia vanitas.
3 Quid habet amplius homo
De universo labore suo quo laborat sub sole?

Nihil novum sub sole

4 Generatio praeterit, et generatio advenit;
Terra autem in aeternum stat.
5 Oritur sol et occidit,
Et ad locum suum revertitur;
Ibique renascens, 6 gyrat per meridiem, et flectitur ad aquilonem.
Lustrans universa in circuitu pergit spiritus,

1 **1:** Eccl 1,12; 7,28; 12,8-9. — **2:** Ps 61,10; 143,3-4; Eccl 12,8. — **3:** Eccl 2,11.22; 3,9; 5,15. — **5:** Ps 18,6-7. — **7:** Eccli 40,11. —

Et in circulos suos revertitur.
7 Omnia flumina intrant in mare,
Et mare non redundat;
Ad locum unde exeunt flumina
Revertuntur ut iterum fluant.
8 Cunctae res difficiles;
Non potest eas homo explicare sermone.
Non saturatur oculus visu,
Nec auris auditu impletur.
9 Quid est quod fuit? Ipsum quod futurum est.
Quid est quod factum est? Ipsum quod faciendum est.
10 Nihil sub sole novum,
Nec valet quisquam dicere: Ecce hoc recens est;
Iam enim praecessit in saeculis quae fuerunt ante nos.
11 Non est priorum memoria;
Sed nec eorum quidem quae postea futura sunt.
Erit recordatio apud eos qui futuri sunt in novissimo.

CORPUS OPERIS

(1,12-12,8)

Vanitas sapientiae

12 Ego Ecclesiastes fui rex Israel in Ierusalem;
13 Et proposui in animo meo quaerere et investigare sapienter
De omnibus quae fiunt sub sole.
Hanc occupationem pessimam
Dedit Deus filiis hominum, ut occuparentur in ea.
14 Vidi cuncta quae fiunt sub sole,
Et ecce universa vanitas et afflictio spiritus.
15 Perversi difficile corriguntur,
Et stultorum infinitus est numerus.
16 Locutus sum in corde meo, dicens:
Ecce magnus effectus sum, et praecessi omnes sapientia
Qui fuerunt ante me in Ierusalem;
Et mens mea contemplata est multa sapienter, et didici.
17 Dedique cor meum ut scirem prudentiam
Atque doctrinam, erroresque et stultitiam;
Et agnovi quod in his quoque esset labor et afflictio spiritus:
18 Eo quod in multa sapientia multa sit indignatio;
Et qui addit scientiam, addit et laborem.

Vanitas deliciarum

2 1 Dixi ego in corde meo: Vadam,
Et affluam deliciis, et fruar bonis;
Et vidi quod hoc quoque esset vanitas.
2 Risum reputavi errorem,
Et gaudio dixi: Quid frustra deciperis?
3 Cogitavi in corde meo abstrahere a vino carnem meam,
Ut animum meum transferrem ad sapientiam,
Devitaremque stultitiam,
Donec viderem quid esset utile filiis hominum,
Quo facto opus est sub sole numero dierum vitae suae.
4 Magnificavi opera mea,
Aedificavi mihi domos,
Et plantavi vineas;
5 Feci hortos et pomaria,
Et consevi ea cuncti generis arboribus;
6 Et exstruxi mihi piscinas aquarum,
Ut irrigarem silvam lignorum germinantium,
7 Possedi servos et ancillas,
Multamque familiam habui,
Armenta quoque, et magnos ovium greges,
Ultra omnes qui fuerunt ante me in Ierusalem;
8 Coacervavi mihi argentum et aurum,
Et substantias regum ac provinciarum;
Feci mihi cantores et cantatrices,
Et delicias filiorum hominum,
Scyphos, et urceos in ministerio ad vina fundenda;
9 Et supergressus sum opibus
Omnes qui ante me fuerunt in Ierusalem:
Sapientia quoque perseveravit mecum.
10 Et omnia quae desideraverunt oculi mei
Non negavi eis,
Nec prohibui cor meum quin omni voluptate frueretur,
Et oblectaret se in his quae praeparaveram;
Et hanc ratus sum partem meam si uterer labore meo.
11 Cumque me convertissem ad universa opera quae fecerant manus meae,
Et ad labores in quibus frustra sudaveram,
Vidi in omnibus vanitatem et afflictionem animi,
Et nihil permanere sub sole.

Idem est finis sapientis et stulti

12 Transivi ad contemplandam sapientiam,
Erroresque, et stultitiam.
(Quid est, inquam, homo,
Ut sequi possit regem, factorem suum?)
13 Et vidi quod tantum praecederet sapientia stultitiam,
Quantum differt lux a tenebris.

8: Prov 27,20; Eccl 8,17; Eccli 43,29. — **9-10:** Eccl 3,15. — **11:** Eccl 2,16. — **13:** Eccl 8,9. — **14:** Eccl 2,11.17.26; 4,4; 6,9. — **16:** Eccl 2,9. — **17:** Eccl 2,3.12; 7,24-26. — **18:** Eccl 12,12.

2 **1:** Sap 2,6; Lc 12,19. — **10:** Eccl 3,22; 5,18; 9,9. — **11:** Eccl 1,3.14. — **12:** Eccl 1,

14 Sapientis oculi in capite eius;
Stultus in tenebris ambulat;
Et didici quod unus utriusque esset interitus.
15 Et dixi in corde meo:
Si unus et stulti et meus occasus erit,
Quid mihi prodest quod maiorem sapientiae dedi operam?
Locutusque cum mente mea,
Animadverti quod hoc quoque esset vanitas.
16 Non enim erit memoria sapientis similiter ut stulti in perpetuum,
Et futura tempora oblivione cuncta pariter operient:
Moritur doctus similiter ut indoctus.
17 Et idcirco taeduit me vitae meae,
Videntem mala universa esse sub sole,
Et cuncta vanitatem et afflictionem spiritus.

Vanum est laborare

18 Rursus detestatus sum omnem industriam meam,
Qua sub sole studiosissime laboravi,
Habiturus haeredem post me,
19 Quem ignoro utrum sapiens an stultus futurus sit,
Et dominabitur in laboribus meis,
Quibus desudavi et sollicitus fui;
Et est quidquam tam vanum?
20 Unde cessavi,
Renuntiavitque cor meum ultra laborare sub sole.
21 Nam cum alius laboret in sapientia,
Et doctrina, et sollicitudine,
Homini otioso quaesita dimittit;
Et hoc ergo vanitas et magnum malum.
22 Quid enim proderit homini de universo labore suo,
Et afflictione spiritus,
Qua sub sole cruciatus est?
23 Cuncti dies eius doloribus et aerumnis pleni sunt,
Nec per noctem mente requiescit.
Et hoc nonne vanitas est?
24 Nonne melius est comedere et bibere,
Et ostendere animae suae bona de laboribus suis?
Et hoc de manu Dei est.
25 Quis ita devorabit et deliciis affluet ut ego?
26 Homini bono in conspectu suo
Dedit Deus sapientiam, et scientiam, et laetitiam;
Peccatori autem dedit afflictionem et curam superfluam,
Ut addat, et congreget,
Et tradat ei qui placuit Deo;
Sed et hoc vanitas est, et cassa sollicitudo mentis.

Omnia tempus habent

3 1 Omnia tempus habent,
Et suis spatiis transeunt universa sub caelo.
2 Tempus nascendi, et tempus moriendi;
Tempus plantandi, et tempus evellendi quod plantatum est.
3 Tempus occidendi, et tempus sanandi;
Tempus destruendi, et tempus aedificandi.
4 Tempus flendi, et tempus ridendi;
Tempus plangendi, et tempus saltandi.
5 Tempus spargendi lapides et tempus colligendi,
Tempus amplexandi, et tempus longe fieri ab amplexibus.
6 Tempus acquirendi, et tempus perdendi;
Tempus custodiendi, et tempus abiiciendi.
7 Tempus scindendi, et tempus consuendi;
Tempus tacendi, et tempus loquendi.
8 Tempus dilectionis, et tempus odii;
Tempus belli, et tempus pacis.

Omnia incerta in vita hominis

9 Quid habet amplius homo de labore suo?
10 Vidi afflictionem quam dedit Deus filiis hominum,
Ut distendantur in ea.
11 Cuncta fecit bona tempore suo,
Et mundum tradidit disputationi eorum,
Ut non inveniat homo opus
Quod operatus est Deus ab initio usque ad finem.
12 Et cognovi quod non esset melius nisi laetari,
Et facere bene in vita sua;
13 Omnis enim homo qui comedit et bibit,
Et videt bonum de labore suo,
Hoc donum Dei est.
14 Didici quod omnia opera quae fecit Deus perseverent in perpetuum;
Non possumus eis quidquam addere, nec auferre,
Quae fecit Deus ut timeatur.
15 Quod factum est ipsum permanet;
Quae futura sunt iam fuerunt;
Et Deus instaurat quod abiit.

Cuncta perturbata in societate

16 Vidi sub sole in loco iudicii impietatem,
Et in loco iustitiae iniquitatem;
17 Et dixi in corde meo;

17; 7,26. — **14:** Ps 48,11; Prov 17,24; Eccl 2,16; 3,19; 6,8; 8,1; 9,2-3. — **16:** Eccl 1,11; 9,5; Sap 2,4; Eccli 44,9. — **19:** Ps 38,7; Eccli 11,20. — **22:** Eccl 1,3. — **24:** Eccl 3,12-13.22; 5,18; 8,15.

3 1: Eccl 8,6. — **5:** Ioel 2,16; 1 Cor 7,5. — **9:** Eccl 1,3; 2,22. — **11:** Gen 1,31; Eccl 7,30; 8,17; 11,5; Eccli 39,21.39. — **12:** Ps 33,15; 36,3. — **13:** Eccl 2,24; 5,19; Eccli 11,14. — **14:** Eccli 18,5. || Conc. Valent. III: D 322. — **15:** Eccl 1,9. — **16:** Eccl 4,1. — **17:** Eccl 12,14;

Iustum et impium iudicabit Deus,
Et tempus omnis rei tunc erit.
18 Dixi in corde meo de filiis hominum,
Ut probaret eos Deus,
Et ostenderet similes esse bestiis.
19 Idcirco unus interitus est hominis et iumentorum,
Et aequa utriusque conditio.
Sicut moritur homo,
Sic et illa moriuntur.
Similiter spirant omnia,
Et nihil habet homo iumento amplius:
Cuncta subiacent vanitati;
20 Et omnia pergunt ad unum locum.
De terra facta sunt,
Et in terram pariter revertuntur.
21 Quis novit si spiritus filiorum Adam ascendat sursum,
Et si spiritus iumentorum descendat deorsum?
22 Et deprehendi nihil esse melius
Quam laetari hominem in opere suo,
Et hanc esse partem illius.
Quis enim eum adducet ut post se futura cognoscat?

4 1 Verti me ad alia, et vidi calumnias
Quae sub sole geruntur,
Et lacrymas innocentium,
Et neminem consolatorem,
Nec posse resistere eorum violentiae,
Cunctorum auxilio destitutos;
2 Et laudavi magis mortuos quam viventes;
3 Et feliciorem utroque iudicavi
Qui necdum natus est,
Nec vidit mala quae sub sole fiunt.
4 Rursum contemplatus sum omnes labores hominum,
Et industrias animadverti patere invidiae proximi;
Et in hoc ergo vanitas et cura superflua est.
5 Stultus complicat manus suas,
Et comedit carnes suas, dicens:
6 Melior est pugillus cum requie,
Quam plena utraque manus cum labore et afflictione animi.
7 Considerans, reperi et aliam vanitatem sub sole.
8 Unus est, et secundum non habet,
Non filium, non fratrem,
Et tamen laborare non cessat,
Nec satiantur oculi eius divitiis;
Nec recogitat, dicens:
Cui laboro, et fraudo animam meam bonis?
In hoc quoque vanitas est et afflictio pessima.

Utilitas societatis

9 Melius est ergo duos esse simul quam unum;
Habent enim emolumentum societatis suae.
10 Si unus ceciderit, ab altero fulcietur.
Vae soli, quia cum ceciderit, non habet sublevantem se.
11 Et si dormierint duo, fovebuntur mutuo;
Unus quomodo calefiet?
12 Et si quispiam praevaluerit contra unum,
Duo resistunt ei;
Funiculus triplex difficile rumpitur.
13 Melior est puer pauper, et sapiens,
Rege sene et stulto,
Qui nescit praevidere in posterum.
14 Quod de carcere catenisque interdum quis egrediatur ad regnum;
Et alius, natus in regno, inopia consumatur.
15 Vidi cunctos viventes qui ambulant sub sole
Cum adolescente secundo, qui consurget pro eo.
16 Infinitus numerus est populi
Omnium qui fuerunt ante eum,
Et qui postea futuri sunt non laetabuntur in eo;
Sed et hoc vanitas et afflictio spiritus.

In Deum officia

17 Custodi pedem tuum ingrediens domum Dei,
Et appropinqua ut audias.
Multo enim melior est obedientia quam stultorum victimae,
Qui nesciunt quid faciunt mali.

5 1 Ne temere quid loquaris,
Neque cor tuum sit velox
Ad proferendum sermonem coram Deo.
Deus enim in caelo, et tu super terram;
Idcirco sint pauci sermones tui.
2 Multas curas sequuntur somnia,
Et in multis sermonibus invenietur stultitia.
3 Si quid vovisti Deo,
Ne moreris reddere;
Displicet enim ei infidelis et stulta promissio;
Sed quodcumque voveris redde,
4 Multoque melius est non vovere,
Quam post votum promissa non reddere.
5 Ne dederis os tuum ut peccare facias carnem tuam;

2 Cor 5,10. — 20: Gen 2,7; 3,19; Ps 102,14; Eccl 12,7; Sap 2,3; Eccl 10,9; 17,1-2; 40,11; 41,13. — 21: Sap 2,2. — 22: Eccl 2,19.24; 8,7; 10,14.

4 1: Eccl 3,16; 5,7. — 2: Iob 3,11-26; Eccl 7,2. — 3: Eccl 6,3. — 6: Prov 15,16. — 8: Eccl 2,18. — 17: 1 Sam 15,22; Prov 15,8.

5 1: Eccli 7,15; Mt 6,7. — 2: Prov 10,19; Eccl 10,14. — 3: Num 30,3; Deut 23,21.23; Ps 49,14; 65,13-14. — 4: Prov 20,25; Act 5,4. —

Neque dicas coram angelo:
Non est providentia;
Ne forte iratus Deus contra sermones tuos.
Dissipet cuncta opera manuum tuarum.
6 Ubi multa sunt somnia,
Plurimae sunt vanitates et sermones innumeri;
Tu vero Deum time.

Iniustitia

7 Si videris calumnias egenorum, et violenta iudicia,
Et subverti iustitiam in provincia,
Non mireris super hoc negotio;
Quia excelso excelsior est alius,
Et super hos quoque eminentiores sunt alii;
8 Et insuper universae terrae rex imperat servienti.
9 Avarus non implebitur pecunia,
Et qui amat divitias fructum non capiet ex eis;
Et hoc ergo vanitas.
10 Ubi multae sunt opes,
Multi et qui comedunt eas.
Et quid prodest possessori,
Nisi quod cernit divitias oculis suis?
11 Dulcis est somnus operanti,
Sive parum sive multum comedat:
Saturitas autem divitis non sinit eum dormire.

Labor inutilis

12 Est et alia infirmitas pessima quam vidi sub sole:
Divitiae conservatae in malum domini sui.
13 Pereunt enim in afflictione pessima:
Generavit filium qui in summa egestate erit.
14 Sicut egressus est nudus de utero matris suae, sic revertetur,
Et nihil auferet secum de labore suo.
15 Miserabilis prorsus infirmitas:
Quomodo venit, sic revertetur.
Quid ergo prodest ei quod laboravit in ventum?
16 Cunctis diebus vitae suae comedit in tenebris,
Et in curis multis, et in aerumna atque tristitia.

Quid bonum

17 Hoc itaque visum est mihi
Bonum ut comedat quis et bibat,
Et fruatur laetitia ex labore suo,
Quo laboravit ipse sub sole,
Numero dierum vitae suae
Quos dedit ei Deus;
Et haec est pars illius.
18 Et omni homini cui dedit Deus divitias, atque substantiam,
Potestatemque ei tribuit ut comedat ex eis,
Et fruatur parte sua, et laetetur de labore suo.
Hoc est donum Dei.
19 Non enim satis recordabitur dierum vitae suae,
Eo quod Deus occupet deliciis cor eius.

Desideria quae expleri nequeunt

6 1 Est et aliud malum quod vidi sub sole,
Et quidem frequens apud homines:
2 Vir cui dedit Deus divitias,
Et substantiam, et honorem,
Et nihil deest animae suae,
Ex omnibus quae desiderat;
Nec tribuit ei potestatem Deus ut comedat ex eo,
Sed homo extraneus vorabit illud:
Hoc vanitas et miseria magna est.
3 Si genuerit quispiam centum liberos,
Et vixerit multos annos,
Et plures dies aetatis habuerit,
Et anima illius non utatur bonis substantiae suae,
Sepulturaque careat:
De hoc ego pronuntio quod melior illo sit abortivus.
4 Frustra enim venit,
Et pergit ad tenebras,
Et oblivione delebitur nomen eius.
5 Non vidit solem,
Neque cognovit distantiam boni et mali.
6 Etiam si duobus millibus annis vixerit,
Et non fuerit perfruitus bonis,
Nonne ad unum locum properant omnia?
7 Omnis labor hominis in ore eius;
Sed anima eius non implebitur.
8 Quid habet amplius sapiens a stulto?
Et quid pauper, nisi ut pergat illuc ubi est vita?
9 Melius est videre quod cupias,
Quam desiderare quod nescias.
Sed et hoc vanitas est, et praesumptio spiritus.
10 Qui futurus est, iam vocatum est nomen eius;
Et scitur quod homo sit,
Et non possit contra fortiorem se in iudicio contendere.
11 Verba sunt plurima,
Multamque in disputando habentia vanitatem.

6: Deut 6,2; 10,12; Eccl 12,13. — **7:** Eccl 3,16; 4,1. — **9:** Prov 28,8.22. — **14:** Iob 1,21; 1 Tim 6,7. — **15:** Eccl 1,3. — **17:** Eccl 2,24. — **18:** Eccl 3,13.

6 **2:** Eccl 2,18-19. — **7:** Prov 16,26.

Quid optimum

7 [1] Quid necesse est homini maiora se quaerere,
Cum ignoret quid conducat sibi in vita sua,
Numero dierum peregrinationis suae,
Et tempore quod velut umbra praeterit?
Aut quis ei poterit indicare
Quod post eum futurum sub sole sit?
[2] Melius est nomen bonum quam unguenta pretiosa,
Et dies mortis die nativitatis.
[3] Melius est ire ad domum luctus
Quam ad domum convivii;
In illa enim finis cunctorum admonetur hominum,
Et vivens cogitat quid futurum sit.
[4] Melior est ira risu,
Quia per tristitiam vultus corrigitur animus delinquentis.
[5] Cor sapientium ubi tristitia est,
Et cor stultorum ubi laetitia.
[6] Melius est a sapiente corripi,
Quam stultorum adulatione decipi;
[7] Quia sicut sonitus spinarum ardentium sub olla,
Sic risus stulti.
Sed et hoc vanitas.
[8] Calumnia conturbat sapientem,
Et perdet robur cordis illius.
[9] Melior est finis orationis quam principium.
Melior est patiens arrogante.
[10] Ne sis velox ad irascendum,
Quia ira in sinu stulti requiescit.
[11] Ne dicas: Quid putas causae est
Quod priora tempora meliora fuere quam nunc sunt?
Stulta enim est huiuscemodi interrogatio.
[12] Utilior est sapientia cum divitiis,
Et magis prodest videntibus solem.
[13] Sicut enim protegit sapientia, sic protegit pecunia;
Hoc autem plus habet eruditio et sapientia,
Quod vitam tribuunt possessori suo.
[14] Considera opera Dei,
Quod nemo possit corrigere quem ille despexerit.
[15] In die bona fruere bonis,
Et malam diem praecave;
Sicut enim hanc, sic et illam fecit Deus,
Ut non inveniat homo contra eum iustas querimonias.
[16] Haec quoque vidi in diebus vanitatis meae:
Iustus perit in iustitia sua,
Et impius multo vivit tempore in malitia sua.
[17] Noli esse iustus multum,
Neque plus sapias quam necesse est,
Ne obstupescas.
[18] Ne impie agas multum,
Et noli esse stultus,
Ne moriaris in tempore non tuo.
[19] Bonum est te sustentare iustum;
Sed et ab illo ne subtrahas manum tuam;
Quia qui timet Deum nihil negligit.
[20] Sapientia confortavit sapientem
Super decem principes civitatis;
[21] Non est enim homo iustus in terra
Qui faciat bonum et non peccet.
[22] Sed et cunctis sermonibus qui dicuntur
Ne accommodes cor tuum,
Ne forte audias servum tuum maledicentem tibi;
[23] Scit enim conscientia tua
Quia et tu crebro maledixisti aliis.
[24] Cuncta tentavi in sapientia.
Dixi: Sapiens efficiar,
Et ipsa longius recessit a me,
[25] Multo magis quam erat.
Et alta profunditas, quis inveniet eam?

Mulieris amaritudo

[26] Lustravi universa animo meo,
Ut scirem et considerarem,
Et quaererem sapientiam, et rationem,
Et ut cognoscerem impietatem stulti,
Et errorem imprudentium;
[27] Et inveni amariorem morte mulierem,
Quae laqueus venatorum est,
Et sagena cor eius,
Vincula sunt manus illius.
Qui placet Deo effugiet illam;
Qui autem peccator est capietur ab illa.
[28] Ecce hoc inveni, dixit Ecclesiastes,
Unum et alterum ut invenirem rationem,
[29] Quam adhuc quaerit anima mea,
Et non inveni.
Virum de mille unum reperi;
Mulierem ex omnibus non inveni.
[30] Solummodo hoc inveni,
Quod fecerit Deus hominem rectum,
Et ipse se infinitis miscuerit quaestionibus.
Quis talis ut sapiens est?
Et quis cognovit solutionem verbi?

Vir probus

8 [1] Sapientia hominis lucet in vultu eius,
Et potentissimus faciem illius commutabit.
[2] Ego os regis observo,
Et praecepta iuramenti Dei.

7 **1:** Iob 14,2; Ps 143,4; Eccl 2,18; 3,22. — **2:** Prov 22,1; Eccl 4,2; Eccli 41,15-16. — **3:** Eccli 7,38-40. — **6:** Ps 140,5; Prov 15,31-32. — **9:** Prov 14,29. — **13:** Prov 3,18. — **16:** Eccl 8, 12-14. — **20:** Eccl 9,16.18. — **21:** 3 Reg 8,46; 2 Par 6,36; Iob 9,20; 15,14; 25,4; Prov 20,9; Eccli 7,5; 8,6; 1 Io 1,8. — **26:** Eccl 1,17; 2,12. — **27:** Prov 5,4; 22,14. — **30:** Eccl 3,11.

8 **3:** Eccl 10,4. — **7:** Eccl 3,22; 7,1; 10,14. — **9:** Eccl 1,13. — **11:** Ps 49,21; Rom 2,4-5;

3 Ne festines recedere a facie eius,
Neque permaneas in opere malo,
Quia omne quod voluerit faciet.
4 Et sermo illius potestate plenus est,
Nec dicere ei quisquam potest: Quare ita facis?
5 Qui custodit praeceptum non experietur quidquam mali.
Tempus et responsionem cor sapientis intelligit.
6 Omni negotio tempus est, et opportunitas,
Et multa hominis afflictio,
7 Quia ignorat praeterita,
Et futura nullo scire potest nuntio.
8 Non est in hominis potestate prohibere spiritum;
Nec habet potestatem in die mortis;
Nec sinitur quiescere ingruente bello;
Neque salvabit impietas impium.

Eadem sors iusto et iniusto contingit

9 Omnia haec consideravi,
Et dedi cor meum in cunctis operibus quae fiunt sub sole.
Interdum dominatur homo homini in malum suum.
10 Vidi impios sepultos,
Qui etiam cum adhuc viverent
In loco sancto erant,
Et laudabantur in civitate
Quasi iustorum operum.
Sed et hoc vanitas est.
11 Etenim quia non profertur cito
Contra malos sententia,
Absque timore ullo
Filii hominum perpetrant mala.
12 Attamen peccator ex eo quod centies facit malum,
Et per patientiam sustentatur,
Ego cognovi quod erit bonum timentibus Deum,
Qui verentur faciem eius.
13 Non sit bonum impio,
Nec prolongentur dies eius,
Sed quasi umbra transeant qui non timent faciem Domini.
14 Est et alia vanitas quae fit super terram:
Sunt iusti quibus mala proveniunt
Quasi opera egerint impiorum;
Et sunt impii qui ita securi sunt
Quasi iustorum facta habeant.
Sed et hoc vanissimum iudico.
15 Laudavi igitur laetitiam;
Quod non esset homini bonum sub sole,
Nisi quod comederet, et biberet, atque gauderet,
Et hoc solum secum auferret de labore suo,
In diebus vitae suae quos dedit ei Deus sub sole.
16 Et apposui cor meum ut scirem sapientiam,
Et intelligerem distentionem quae versatur in terra.
Est homo qui diebus et noctibus somnum non capit oculis.
17 Et intellexi quod omnium operum Dei
Nullam possit homo invenire rationem
Eorum quae fiunt sub sole;
Et quanto plus laboraverit ad quaerendum,
Tanto minus inveniat:
Etiam si dixerit sapiens se nosse,
Non poterit reperire.

9 1 Omnia haec tractavi in corde meo,
Ut curiose intelligerem.
Sunt iusti atque sapientes,
Et opera eorum in manu Dei;
Et tamen nescit homo utrum amore an odio dignus sit.
2 Sed omnia in futurum servantur incerta,
Eo quod universa aeque eveniant iusto et impio,
Bono et malo, mundo et immundo,
Immolanti victimas et sacrificia contemnenti.
Sicut bonus, sic et peccator;
Ut periurus, ita et ille qui verum deierat.

De morte

3 Hoc est pessimum inter omnia quae sub sole fiunt,
Quia eadem cunctis eveniunt.
Unde et corda filiorum hominum implentur malitia
Et contemptu in vita sua,
Et post haec ad inferos deducentur.
4 Nemo est qui semper vivat, et qui huius rei habeat fiduciam;
Melior est canis vivus leone mortuo.
5 Viventes enim sciunt se esse morituros;
Mortui vero nihil noverunt amplius,
Nec habent ultra mercedem,
Quia oblivioni tradita est memoria eorum.
6 Amor quoque, et odium, et invidiae simul perierunt;
Nec habent partem in hoc saeculo,
Et in opere quod sub sole geritur.
7 Vade ergo, et comede in laetitia panem tuum,
Et bibe cum gaudio vinum tuum,
Quia Deo placent opera tua.
8 Omni tempore sint vestimenta tua candida;
Et oleum de capite tuo non deficiat.
9 Perfruere vinum cum uxore quam diligis,

2 Petr 3,9. — 14: Eccl 7,16. — 15: Eccl 2,24. — 16: Eccl 1,13; 3,10. — 17: Eccl 3,11.

9 2: Eccl 2,14. — 5: Eccl 1,11; Is 26,14. — 7: Eccl 2,1.24; 8,15; 11,9. — 12: Eccl 8,7; Lc 21,35. — 16: Prov 21,22; 24,5; Eccl 7,20; Sap 6,1.

Cunctis diebus vitae instabilitatis tuae,
Qui dati sunt tibi sub sole omni tempore vanitatis tuae;
Haec est enim pars in vita
Et in labore tuo quo laboras sub sole.
10 Quodcumque facere potest manus tua
Instanter operare,
Quia nec opus, nec ratio, nec sapientia, nec scientia
Erunt apud inferos, quo tu properas.

De fortuna incerta

11 Verti me ad aliud, et vidi sub sole
Nec velocium esse cursum,
Nec fortium bellum,
Nec sapientium panem,
Nec doctorum divitias,
Nec artificum gratiam;
Sed tempus casumque in omnibus.
12 Nescit homo finem suum;
Sed sicut pisces capiuntur hamo,
Et sicut aves laqueo comprehenduntur,
Sic capiuntur homines in tempore malo,
Cum eius extemplo supervenerit.
13 Hanc quoque sub sole vidi sapientiam,
Et probavi maximam:
14 Civitas parva, et pauci in ea viri;
Venit contra eam rex magnus, et vallavit eam,
Exstruxitque munitiones per gyrum, et perfecta est obsidio.
15 Inventusque est in ea vir pauper et sapiens,
Et liberavit urbem per sapientiam suam;
Et nullus deinceps recordatus est hominis illius pauperis.
16 Et dicebam ego meliorem esse sapientiam fortitudine.
Quomodo ergo sapientia pauperis contempta est,
Et verba eius non sunt audita?
17 Verba sapientium audiuntur in silentio,
Plus quam clamor principis inter stultos.
18 Melior est sapientia quam arma bellica;
Et qui in uno peccaverit multa bona perdet.

De sapientia et stultitia

10 1 Muscae morientes perdunt suavitatem unguenti.
Pretiosior est sapientia et gloria,
Parva et ad tempus stultitia.
2 Cor sapientis in dextera eius,
Et cor stulti in sinistra illius.
3 Sed et in via stultus ambulans,
Cum ipse insipiens sit,
Omnes stultos aestimat.
4 Si spiritus potestatem habentis ascenderit super te,
Locum tuum ne dimiseris,
Quia curatio faciet cessare peccata maxima.

De pravo regimine

5 Est malum quod vidi sub sole,
Quasi per errorem egrediens a facie principis:
6 Positum stultum in dignitate sublimi,
Et divites sedere deorsum.
7 Vidi servos in equis,
Et principes ambulantes super terram quasi servos.
8 Qui fodit foveam incidet in eam,
Et qui dissipat sepem mordebit eum coluber.
9 Qui transfert lapides affligetur in eis,
Et qui scindit ligna vulnerabitur ab eis.
10 Si retusum fuerit ferrum,
Et hoc non ut prius, sed hebetatum fuerit,
Multo labore exacuetur,
Et post industriam sequetur sapientia.
11 Si mordeat serpens in silentio,
Nihil eo minus habet qui occulte detrahit.
12 Verba oris sapientis gratia,
Et labia insipientis praecipitabunt eum;
13 Initium verborum eius stultitia,
Et novissimum oris illius error pessimus.
14 Stultus verba multiplicat.
Ignorat homo quid ante se fuerit;
Et quid post se futurum sit, quis ei poterit indicare?
15 Labor stultorum affliget eos,
Qui nesciunt in urbem pergere.

De regum temperantia et prudentia

16 Vae tibi, terra, cuius rex puer est,
Et cuius principes mane comedunt.
17 Beata terra cuius rex nobilis est,
Et cuius principes vescuntur in tempore suo,
Ad reficiendum, et non ad luxuriam.
18 In pigritiis humiliabitur contignatio,
Et in infirmitate manuum perstillabit domus.
19 In risum faciunt panem et vinum
Ut epulentur viventes;
Et pecuniae obediunt omnia.
20 In cogitatione tua regi ne detrahas,
Et in secreto cubiculi tui ne maledixeris diviti:
Quia et aves caeli portabunt vocem tuam,
Et qui habet pennas annuntiabit sententiam.

De prudentia in labore

11 1 Mitte panem tuum super transeuntes aquas,
Quia post tempora multa invenies illum.
2 Da partem septem necnon et octo,

10 **4:** Eccl 8,3. — **8:** Ps 7,16; Prov 26,27; Eccli 27,28-30. — **12:** Prov 10,32; Eccli 21,19. — **14:** Eccl 5,2; 8,7. — **16:** Is 3,4.12; 5 11. **20:** Ex 22,28.

Quia ignoras quid futurum sit mali super terram.
3 Si repletae fuerint nubes,
Imbrem super terram effundent.
Si ceciderit lignum ad austrum aut ad aquilonem,
In quocumque loco ceciderit ibi erit.
4 Qui observat ventum non seminat;
Et qui considerat nubes nunquam metet.
5 Quomodo ignoras quae sit via spiritus,
Et qua ratione compingantur ossa in ventre praegnantis:
Sic nescis opera Dei,
Qui fabricator est omnium,
6 Mane semina semen tuum,
Et vespere ne cesset manus tua:
Quia nescis quid magis oriatur, hoc aut illud;
Et si utrumque simul, melius erit.

Bonum hominis

7 Dulce lumen,
Et delectabile est oculis videre solem.
8 Si annis multis vixerit homo,
Et in his omnibus laetatus fuerit,
Meminisse debet tenebrosi temporis, et dierum multorum,
Qui cum venerint, vanitatis arguentur praeterita.
9 Laetare ergo, iuvenis, in adolescentia tua;
Et in bono sit cor tuum in diebus iuventutis tuae;
Et ambula in viis cordis tui,
Et in intuitu oculorum tuorum,
Et scito quod pro omnibus his adducet te Deus in iudicium.
10 Aufer iram a corde tuo,
Et amove malitiam a carne tua;
Adolescentia enim et voluptas vana sunt.

De senectute

12 1 Memento Creatoris tui in diebus iuventutis tuae,
Antequam veniat tempus afflictionis,
Et appropinquent anni de quibus dicas:
Non mihi placent;
2 Antequam tenebrescat sol, et lumen, et luna, et stellae,
Et revertantur nubes post pluviam;
3 Quando commovebuntur custodes domus,
Et nutabunt viri fortissimi,
Et otiosae erunt molentes in minuto numero,
Et tenebrescent videntes per foramina;
4 Et claudent ostia in platea,
In humilitate vocis molentis,
Et consurgent ad vocem volucris,
Et obsurdescent omnes filiae carminis.
5 Excelsa quoque timebunt, et formidabunt in via.
Florebit amygdalus, impinguabitur locusta,
Et dissipabitur capparis,
Quoniam ibit homo in domum aeternitatis suae,
Et circuibunt in platea plangentes.
6 Antequam rumpatur funiculus argenteus,
Et recurrat vitta aurea,
Et conteratur hydria super fontem,
Et confringatur rota super cisternam,
7 Et revertatur pulvis in terram suam unde erat,
Et spiritus redeat ad Deum, qui dedit illum.
8 Vanitas vanitatum, dixit Ecclesiastes,
Et omnia vanitas.

EPILOGUS

9 Cumque esset sapientissimus Ecclesiastes,
Docuit populum, et enarravit quae fecerat;
Et investigans composuit parabolas multas.
10 Quaesivit verba utilia,
Et conscripsit sermones rectissimos ac veritate plenos.
11 Verba sapientium sicut stimuli,
Et quasi clavi in altum defixi,
Quae per magistrorum consilium data sunt a pastore uno.
12 His amplius, fili mi, ne requiras.
Faciendi plures libros nullus est finis;
Frequensque meditatio, carnis afflictio est.
13 Finem loquendi pariter omnes audiamus.
Deum time, et mandata eius observa;
Hoc est enim omnis homo;
14 Et cuncta quae fiunt adducet Deus in iudicium
Pro omni errato, sive bonum, sive malum illud sit.

11 **5:** Ps 138,13-16; Eccl 8,17; Io 3,8.

12 **1:** 2 Sam 19,35; Eccl 11,8. — **7:** Gen 2,7. Iob 34,15; Eccl 3,20-21. — **8:** Eccl 1,2; **12:** Eccl 1,18. — **13:** Eccl 5,6. — **14:** Eccl 11,9.

CANTICUM CANTICORUM SALOMONIS

QUOD HEBRAICE DICITUR "SIR HASIRIM"

SUMMARIUM *Sponsa, sodalibus comitata, sponsum exspectat, eoque adventante, uterque mutuum amorem declarat, adeo ut sponsa, extra se rapta, in exstasim incidat (1,1-2,7). Sponsa advenientis sponsi vocem audit, qui eam ad spatiandum per agros invitat (2,8-17). In somniis quaerit sponsa dilectum (3,1-5). Per desertum advenientem sponsum prospicit sponsa, sponsusque sponsae pulchritudinem summis laudibus effert (3,6-5,1). Fingit sponsa se noctu a sponso visitari eiusque pulchritudinem, sodalibus alloquens, extollit itemque sponsus dilectae speciem (5,2-6,9). Sodales atque sponsus certatim celebrant sponsam (6,10-8,4). Colloquentibus sponsis, fratres sponsae apparent (8,5-14)*

SPONSA

1 1 Osculetur me osculo oris sui;
Quia meliora sunt ubera tua vino,
2 Fragantia unguentis optimis.
Oleum effusum nomen tuum;
Ideo adolescentulae dilexerunt te.

CHORUS ADOLESCENTULARUM

3 Trahe me, post te curremus
In odorem unguentorum tuorum.
Introduxit me rex in cellaria sua;
Exsultabimus et laetabimur in te,
Memores uberum tuorum super vinum.
Recti diligunt te.

SPONSA

4 Nigra sum, sed formosa, filiae Ierusalem,
Sicut tabernacula Cedar, sicut pelles Salomonis.
5 Nolite me considerare quod fusca sim,
Quia decoloravit me sol.
Filii matris meae pugnaverunt contra me;
Posuerunt me custodem in vineis,
Vineam meam non custodivi.
6 Indica mihi, quem diligit anima mea, ubi pascas,
Ubi cubes in meridie,
Ne vagari incipiam post greges sodalium tuorum.

SPONSUS

7 Si ignoras te, o pulcherrima inter mulieres,
Egredere, et abi post vestigia gregum,
Et pasce haedos tuos iuxta tabernacula pastorum.
8 Equitatui meo in curribus Pharaonis
Assimilavi te, amica mea.
9 Pulchrae sunt genae tuae sicut turturis;
Collum tuum sicut monilia.
10 Murenulas aureas faciemus tibi,
Vermiculatas argento.

SPONSA

11 Dum esset rex in accubitu suo,
Nardus mea dedit odorem suum.
12 Fasciculus myrrhae dilectus meus mihi:
Inter ubera mea commorabitur.
13 Botrus cypri dilectus meus mihi
In vineis Engaddi.

SPONSUS

14 Ecce tu pulchra es, amica mea!, ecce tu pulchra es!
Oculi tui columbarum.

SPONSA

15 Ecce tu pulcher es, dilecte mi, et decorus!
Lectulus noster floridus.
16 Tigna domorum nostrarum cedrina,
Laquearia nostra cypressina.

2 1 Ego flos campi,
Et lilium convallium.

SPONSUS

2 Sicut lilium inter spinas,
Sic amica mea inter filias.

SPONSA

3 Sicut malus inter ligna silvarum,
Sic dilectus meus inter filios.
Sub umbra illius quem desideraveram sedi,
Et fructus eius dulcis gutturi meo.

1 **1:** Cant 4,10. — **3:** Ps 44,15-16. — **7:** Cant 5,9.17. — **9:** 2 Par 1,16-17. — **11:** Cant 4, 13-41.

2 **1:** Is 35,1. — **6:** Cant 8,3. — **7:** Cant 3,5. — **9:** Cant 8,14. — **12:** Ier 8,7. — **14:** Cant 8, 13. — **15:** Ez 13,4.

4 Introduxit me in cellam vinariam;
Ordinavit in me charitatem.
5 Fulcite me floribus,
Stipate me malis,
Quia amore langueo.
6 Laeva eius sub capite meo,
Et dextera illius amplexabitur me.

SPONSUS

7 Adiuro vos, filiae Ierusalem,
Per capreas cervosque camporum,
Ne suscitetis, neque evigilare faciatis dilectam,
Quoadusque ipsa velit.

SPONSA

8 Vox dilecti mei; ecce iste venit,
Saliens in montibus, transiliens colles.
9 Similis est dilectus meus capreae,
Hinnuloque cervorum.
En ipse stat post parietem nostrum,
Respiciens per fenestras,
Prospiciens per cancellos.
10 En dilectus meus loquitur mihi.

SPONSUS

Surge, propera, amica mea,
Columba mea, formosa mea, et veni.
11 Iam enim hiems transiit;
Imber abiit, et recessit.
12 Flores apparuerunt in terra nostra.
Tempus putationis advenit;
Vox turturis audita est in terra nostra;
13 Ficus protulit grossos suos;
Vineae florentes dederunt odorem suum.
Surge, amica mea, speciosa mea, et veni:
14 Columba mea, in foraminibus petrae, in caverna maceriae,
Ostende mihi faciem tuam,
Sonet vox tua in auribus meis;
Vox enim tua dulcis, et facies tua decora.

SPONSA

15 Capite nobis vulpes parvulas
Quae demoliuntur vineas;
Nam vinea nostra floruit.
16 Dilectus meus mihi, et ego illi,
Qui pascitur inter lilia,
17 Donec aspiret dies, et inclinentur umbrae.
Revertere; similis esto, dilecte mi, capreae,
Hinnuloque cervorum super montes Bether.

3 1 In lectulo meo, per noctes,
Quaesivi quem diligit anima mea,
Quaesivi illum, et non inveni.
2 Surgam, et circuibo civitatem;
Per vicos et plateas
Quaeram quem diligit anima mea,
Quaesivi illum, et non inveni.
3 Invenerunt me vigiles qui custodiunt civitatem:
Num quem diligit anima mea vidistis?
4 Paululum cum pertransissem eos,
Inveni quem diligit anima mea,
Tenui eum, nec dimittam,
Donec introducam illum in domum matris meae,
Et in cubiculum genitricis meae.

SPONSUS

5 Adiuro vos, filiae Ierusalem,
Per capreas cervosque camporum,
Ne suscitetis, neque evigilare faciatis dilectam,
Donec ipsa velit.

CHORUS

6 Quae est ista quae ascendit per desertum
Sicut virgula fumi ex aromatibus myrrhae,
Et thuris, et universi pulveris pigmentarii?
7 En lectulum Salomonis sexaginta fortes ambiunt
Ex fortissimis Israel,
8 Omnes tenentes gladios, et ad bella doctissimi:
Uniuscuiusque ensis super femur suum
Propter timores nocturnos.
9 Ferculum fecit sibi rex Salomon
De lignis Libani;
10 Columnas eius fecit argenteas,
Reclinatorium aureum, ascensum purpureum;
Media charitate constravit,
Propter filias Ierusalem.
11 Egredimini et videte, filiae Sion,
Regem Salomonem in diademate quo coronavit illum mater sua
In die desponsationis illius,
Et in die laetitiae cordis eius.

SPONSUS

4 1 Quam pulchra es, amica mea! quam pulchra es!
Oculi tui columbarum,
Absque eo quod intrinsecus latet.
Capilli tui sicut greges caprarum
Quae ascenderunt de monte Galaad.
2 Dentes tui sicut greges tonsarum
Quae ascenderunt de lavacro;
Omnes gemellis foetibus,
Et sterilis non est inter eas.
3 Sicut vitta coccinea labia tua,
Et eloquium tuum dulce.
Sicut fragmen mali punici, ita genae tuae,
Absque eo quod intrinsecus latet.
4 Sicut turris David collum tuum,

3 1: Is 26,9. — 3: Cant 5,7. — 5: Cant 2,7. — 6: Cant 8,5.

4 1: Cant 1,14; 6,4. — 4: Cant 7,4. — 5: Cant 2,16; 7,3. — 10: Cant 1,1-3. — 15: Ier 2,13.

Quae aedificata est cum propugnaculis;
Mille clypei pendent ex ea,
Omnis armatura fortium.
5 Duo ubera tua sicut duo hinnuli,
Capreae gemelli, qui pascuntur in liliis.
6 Donec aspiret dies, et inclinentur umbrae,
Vadam ad montem myrrhae, et ad collem thuris.
7 Tota pulchra es, amica mea,
Et macula non est in te.
8 Veni de Libano, sponsa mea,
Veni de Libano, veni, coronaberis;
De capite Amana, de vertice Sanir et Hermon,
De cubilibus leonum, de montibus pardorum.
9 Vulnerasti cor meum, soror mea, sponsa;
Vulnerasti cor meum in uno oculorum tuorum,
Et in uno crine colli tui.
10 Quam pulchrae sunt mammae tuae, soror mea sponsa!
Pulchriora sunt ubera tua vino,
Et odor unguentorum tuorum super omnia aromata.
11 Favus distillans labia tua, sponsa;
Mel et lac sub lingua tua;
Et odor vestimentorum tuorum sicut odor thuris.
12 Hortus conclusus soror mea, sponsa,
Hortus conclusus, fons signatus.
13 Emissiones tuae paradisus malorum punicorum,
Cum pomorum fructibus, cypri cum nardo.
14 Nardus et crocus, fistula et cinnamomum,
Cum universis lignis Libani;
Myrrha et aloe, cum omnibus primis unguentis.
15 Fons hortorum, puteus aquarum viventium,
Quae fluunt impetu de Libano.

SPONSA

16 Surge, aquilo; et veni, auster;
Perfla hortum meum, et fluant aromata illius.

5 1 Veniat dilectus meus in hortum suum,
Et comedat fructum pomorum suorum.

SPONSUS

Veni in hortum meum, soror mea, sponsa;
Messui myrrham meam cum aromatibus meis;
Comedi favum cum melle meo;
Bibi vinum meum cum lacte meo.
Comedite, amici, et bibite;
Et inebriamini, carissimi.

SPONSA

2 Ego dormio, et cor meum vigilat.
Vox dilecti mei pulsantis:

SPONSUS

Aperi mihi, soror mea, amica mea,
Columba mea, immaculata mea,
Quia caput meum plenum est rore,
Et cincinni mei guttis noctium.

SPONSA

3 Expoliavi me tunica mea, quomodo induar illa?
Lavi pedes meos, quomodo inquinabo illos?
4 Dilectus meus misit manum suam per foramen,
Et venter meus intremuit ad tactum eius.
5 Surrexit ut aperirem dilecto meo;
Manus meae stillaverunt myrrham,
Et digiti mei pleni myrrha probatissima.
6 Pessulum ostii mei aperui dilecto meo;
At ille declinaverat, atque transierat.
Anima mea liquefacta est, ut locutus est;
Quaesivi, et non inveni illum,
Vocavi, et non respondit mihi.
7 Invenerunt me custodes qui circumeunt civitatem;
Percusserunt me, et vulneraverunt me.
Tulerunt pallium meum mihi custodes murorum.
8 Adiuro vos, filiae Ierusalem,
Si inveneritis dilectum meum,
Ut nuntietis ei quia amore langueo.

CHORUS

9 Qualis est dilectus tuus ex dilecto, o pulcherrima mulierum?
Qualis est dilectus tuus ex dilecto, quia sic adiurasti nos?

SPONSA

10 Dilectus meus candidus et rubicundus;
Electus ex millibus.
11 Caput eius aurum optimum.
Comae eius sicut elatae palmarum,
Comae eius sicut elatae palmarum, nigrae quasi corvus.
12 Oculi eius sicut columbae super rivulos aquarum,
Quae lacte sunt lotae, et resident iuxta fluenta plenissima.
13 Genae illius sicut areolae aromatum.

5 1: Cant 4,11.14. — 6: Cant 3,1. — 12: Cant 4,1.

Consitae a pigmentariis.
Labia eius lilia
Distillantia myrrham primam.
14 Manus illius tornatiles, aureae,
Plenae hyacinthis.
Venter eius eburneus,
Distinctus sapphiris.
15 Crura illius columnae marmoreae
Quae fundatae sunt super bases aureas.
Species eius ut Libani,
Electus ut cedri.
16 Guttur illius suavissimum,
Et totus desiderabilis.
Talis est dilectus meus,
Et ipse est amicus meus, filiae Ierusalem.

CHORUS

17 Quo abiit dilectus tuus, o pulcherrima mulierum?
Quo declinavit dilectus tuus?
Et quaeremus eum tecum.

SPONSA

6 1 Dilectus meus descendit in hortum suum ad areolam aromatum,
Ut pascatur in hortis, et lilia colligat.
2 Ego dilecto meo, et dilectus meus mihi,
Qui pascitur inter lilia.

SPONSUS

3 Pulchra est, amica mea, suavis,
Et decora sicut Ierusalem;
Terribilis ut castrorum acies ordinata.
4 Averte oculos tuos a me,
Quia ipsi me avolare fecerunt.
Capilli tui sicut grex caprarum
Quae apparuerunt de Galaad.
5 Dentes tui sicut grex ovium
Quae ascenderunt de lavacro,
Omnes gemellis foetibus,
Et sterilis non est in eis.
6 Sicut cortex mali punici, sic genae tuae,
Absque occultis tuis.
7 Sexaginta sunt reginae, et octoginta concubinae,
Et adolescentularum non est numerus.
8 Una est columba mea, perfecta mea,
Una est matris suae, electa genitrici suae.
Viderunt eam filiae, et beatissimam praedicaverunt;
Reginae et concubinae, et laudaverunt eam.
9 Quae est ista quae progreditur quasi aurora consurgens,
Pulchra ut luna, electa ut sol,
Terribilis ut castrorum acies ordinata?

SPONSA

10 Descendi in hortum nucum,
Ut viderem poma convallium,
Et inspicerem si floruisset vinea,
Et germinassent mala punica.
11 Nescivi: anima mea conturbavit me,
Propter quadrigas Aminadab.

CHORUS

12 Revertere, revertere, Sulamitis!
Revertere, revertere ut intueamur te.

SPONSA

7 1 Quid videbis in Sulamite, nisi choros castrorum?

CHORUS

Quam pulchri sunt gressus tui in calceamentis, filia principis!
Iuncturae femorum tuorum sicut monilia
Quae fabricata sunt manu artificis.
2 Umbilicus tuus crater tornatilis,
Nunquam indigens poculis.
Venter tuus sicut acervus tritici vallatus liliis.
3 Duo ubera tua sicut duo hinnuli,
Gemelli capreae.
4 Collum tuum sicut turris eburnea,
Oculi tui sicut piscinae in Hesebon,
Quae sunt in porta filiae multitudinis.
Nasus tuus sicut turris Libani,
Quae respicit contra Damascum.
5 Caput tuum ut Carmelus;
Et comae capitis tui sicut purpura regis
Vincta canalibus.

SPONSUS

6 Quam pulchra es, et quam decora,
Charissima, in deliciis!
7 Statura tua assimilata est palmae,
Et ubera tua botris.
8 Dixi: Ascendam in palmam,
Et apprehendam fructus eius;
Et erunt ubera tua sicut botri vineae,
Et odor oris tui sicut malorum.
9 Guttur tuum sicut vinum optimum,
Dignum dilecto meo ad potandum,
Labiisque et dentibus illius ad ruminandum.

SPONSA

10 Ego dilecto meo,
Et ad me conversio eius.
11 Veni, dilecte mi, egrediamur in agrum,

6 **1:** Cant 4,16; 5,13. — **2:** Cant 2,16; 7,10. **3:** Cant 1,4.14. ‖ Conc. Trid.: D 960. — **4:** Cant 4,1. — **8:** Cant 1,13. ‖ Bulla Bonif. VIII: D 468. — **9:** Cant 3,6. — **12:** 3 Reg 1,3.

7 **3:** Cant 4,5. — **10:** Cant 2,16; 6,2. — **12:** Cant 2,13.15; 6,10. — **13:** Gen 30,14.

Commoremur in villis.
12 Mane surgamus ad vineas;
Videamus si floruit vinea,
Si flores fructus parturiunt,
Si floruerunt mala punica;
Ibi dabo tibi ubera mea.
13 Mandragorae dederunt odorem,
In portis nostris omnia poma:
Nova et vetera, dilecte mi, servavi tibi.

8 1 Quis mihi det te fratrem meum,
Sugentem ubera matris meae,
Ut inveniam te foris, et deosculer te,
Et iam me nemo despiciat?
2 Apprehendam te, et ducam in domum matris meae,
Ibi me docebis,
Et dabo tibi poculum ex vino condito,
Et mustum malorum granatorum meorum.
3 Laeva eius sub capite meo,
Et dextera illius amplexabitur me.

SPONSUS

4 Adiuro vos, filiae Ierusalem,
Ne suscitetis, neque evigilare faciatis dilectam,
Donec ipsa velit.

CHORUS

5 Quae est ista quae ascendit de deserto, deliciis affluens,
Innixa super dilectum suum?

SPONSUS

Sub arbore malo suscitavi te;
Ibi corrupta est mater tua,
Ibi violata est genitrix tua.

SPONSA

6 Pone me ut signaculum super cor tuum,
Ut signaculum super brachium tuum,
Quia fortis est ut mors dilectio,
Dura sicut infernus aemulatio:
Lampades eius lampades ignis atque flammarum.
7 Aquae multae non potuerunt extinguere charitatem,
Nec flumina obruent illam.
Si dederit homo omnem substantiam domus suae pro dilectione,
Quasi nihil despiciet eam.

CHORUS FRATRUM

8 Soror nostra parva,
Et ubera non habet;
Quid faciemus sorori nostrae
In die quando alloquenda est?
9 Si murus est,
Aedificemus super eum propugnacula argentea;
Si ostium est,
Compingamus illud tabulis cedrinis.

SPONSA

10 Ego murus, et ubera mea sicut turris,
Ex quo facta sum coram eo, quasi pacem reperiens.

CHORUS FRATRUM

11 Vinea fuit pacifico in ea quae habet populos;
Tradidit eam custodibus;
Vir affert pro fructu eius mille argenteos.

SPONSA

12 Vinea mea coram me est.
Mille tui pacifici,
Et ducenti his qui custodiunt fructus eius.

SPONSUS

13 Quae habitas in hortis, amici auscultant;
Fac me audire vocem tuam.

SPONSA

14 Fuge, dilecte mi, et assimilare capreae,
Hinnuloque cervorum super montes aromatum.

8 2: Cant 3,4. — 3: Cant 2,6. — 5: Cant 3,6. 6: Prov 6,34; Is 49,16; Ier 22,24; Rom 8,35. — 11: Mt 21,33. — 14: Cant 2,9.17.

LIBER SAPIENTIAE

SUMMARIUM

PARS PRIMA: *Sapientia fons felicitatis et immortalitatis (1,1-9,19)*. PARS ALTERA: *Sapientia in populo israelitico (10,1-19,20)*

PARS PRIMA

SAPIENTIA FONS FELICITATIS ET IMMORTALITATIS
(1,1-9,19)

Sapientiae natura

1 [1] Diligite iustitiam, qui iudicatis terram.
Sentite de Domino in bonitate,
Et in simplicitate cordis quaerite illum;
[2] Quoniam invenitur ab his qui non tentant illum,
Apparet autem eis qui fidem habent in illum.
[3] Perversae enim cogitationes separant a Deo;
Probata autem virtus corripit insipientes.
[4] Quoniam in malevolam animam non introibit sapientia,
Nec habitabit in corpore subdito peccatis.
[5] Spiritus enim sanctus disciplinae effugiet fictum;
Et auferet se a cogitationibus quae sunt sine intellectu,
Et corripietur a superveniente iniquitate.
[6] Benignus est enim spiritus sapientiae,
Et non liberabit maledicum a labiis suis;
Quoniam renum illius testis est Deus,
Et cordis illius scrutator est verus
Et linguae eius auditor.
[7] Quoniam spiritus Domini replevit orbem terrarum;
Et hoc quod continet omnia, scientiam habet vocis.
[8] Propter hoc qui loquitur iniqua non potest latere,
Nec praeteriet illum corripiens iudicium.
[9] In cogitationibus enim impii interrogatio erit;
Sermonum autem illius auditio ad Deum veniet,
Ad correptionem iniquitatum illius.
[10] Quoniam auris zeli audit omnia,
Et tumultus murmurationum non abscondetur.
[11] Custodite ergo vos a murmuratione quae nihil prodest,
Et a detractione parcite linguae:
Quoniam sermo obscurus in vacuum non ibit,
Os autem quod mentitur occidit animam.

Hominis finis

[12] Nolite zelare mortem in errore vitae vestrae,
Neque acquiratis perditionem in operibus manuum vestrarum.
[13] Quoniam Deus mortem non fecit,
Nec laetatur in perditione vivorum,
[14] Creavit enim ut essent omnia;
Et sanabiles fecit nationes orbis terrarum,
Et non est in illis medicamentum exterminii,
Nec inferorum regnum in terra.
[15] Iustitia enim perpetua est, et immortalis.
[16] Impii autem manibus et verbis accersierunt illam,
Et aestimantes illam amicam, defluxerunt;
Et sponsiones posuerunt ad illam,
Quoniam digni sunt qui sint ex parte illius.

2 [1] Dixerunt enim cogitantes apud se non recte:
Exiguum et cum taedio est tempus vitae nostrae,
Et non est refrigerium in fine hominis,
Et non est qui agnitus sit reversus ab inferis.
[2] Quia ex nihilo nati sumus,
Et post hoc erimus tanquam non fuerimus.
Quoniam fumus flatus est in naribus nostris,
Et sermo scintilla ad commovendum cor nostrum:
[3] Qua extincta, cinis erit corpus nostrum,
Et spiritus diffundetur tanquam mollis aer;
Et transibit vita nostra tanquam vestigium nubis.
Et sicut nebula dissolvetur quae fugata est a radiis solis,
Et a calore illius aggravata.
[4] Et nomen nostrum oblivionem accipiet per tempus,

1 **1:** Deut 1,16-17; 3 Reg 3,9; Is 56,1. — **2:** Par 15,2-4. — **3:** Prov 8,13; Eccli 15,7. — **6:** Eccli 42,18-20; Ier 17,10; Gal 5,22. — **7:** Sap 7,24; 8,1; Is 6,3. — **8:** Eccli 39,24. — **11:** Prov 19,9; 21,23. — **13:** Sap 2,23-24; Ez 18,32; 33,11. **15:** Sap 6,18-19.

2 **1:** Iob 7,9; 14,1. — **6:** Is 22,13; 56,12; 1 Cor 15,32. — **12:** Ps 10,8-10; Prov 1,11.

Et nemo memoriam habebit operum nostrorum.
5 Umbrae enim transitus est tempus nostrum,
Et non est reversio finis nostri:
Quoniam consignata est, et nemo revertitur.
6 Venite ergo, et fruamur bonis quae sunt,
Et utamur creatura tanquam in iuventute celeriter.
7 Vino pretioso et unguentis nos impleamus,
Et non praetereat nos flos temporis.
8 Coronemus nos rosis antequam marcescant;
Nullum pratum sit quod non pertranseat luxuria nostra:
9 Nemo nostrum exsors sit luxuriae nostrae.
Ubique relinquamus signa laetitiae,
Quoniam haec est pars nostra, et haec est sors.
10 Opprimamus pauperem iustum,
Et non parcamus viduae,
Nec veterani revereamur canos multi temporis.
11 Sit autem fortitudo nostra lex iustitiae;
Quod enim infirmum est inutile invenitur.
12 Circumveniamus ergo iustum, quoniam inutilis est nobis,
Et contrarius est operibus nostris,
Et improperat nobis peccata legis,
Et diffamat in nos peccata disciplinae nostrae.
13 Promittit se scientiam Dei habere,
Et filium Dei se nominat.
14 Factus est nobis in traductionem cogitationum nostrarum.
15 Gravis est nobis etiam ad videndum,
Quoniam dissimilis est aliis vita illius,
Et immutatae sunt viae eius.
16 Tanquam nugaces aestimati sumus ab illo,
Et abstinet se a viis nostris tanquam ab immunditiis,
Et praefert novissima iustorum,
Et gloriatur patrem se habere Deum.
17 Videamus ergo si sermones illius veri sint,
Et tentemus quae ventura sunt illi.
Et sciemus quae erunt novissima illius.
18 Si enim est verus filius Dei, suscipiet illum,
Et liberabit eum de manibus contrariorum.
19 Contumelia et tormento interrogemus eum,
Ut sciamus reverentiam eius,
Et probemus patientiam illius.
20 Morte turpissima condemnemus eum;
Erit enim ei respectus ex sermonibus illius.
21 Haec cogitaverunt, et erraverunt:
Excaecavit enim illos malitia eorum.
22 Et nescierunt sacramenta Dei;
Neque mercedem speraverunt iustitiae,
Nec iudicaverunt honorem animarum sanctarum.
23 Quoniam Deus creavit hominem inexterminabilem,
Et ad imaginem similitudinis suae fecit illum.
24 Invidia autem diaboli mors introivit in orbem terrarum:
25 Imitantur autem illum qui sunt ex parte illius.

De iustorum et impiorum vita et morte

3 1 Iustorum autem animae in manu Dei sunt,
Et non tanget illos tormentum mortis.
2 Visi sunt oculis insipientium mori,
Et aestimata est afflictio exitus illorum,
3 Et quod a nobis est iter exterminium;
Illi autem sunt in pace;
4 Et si coram hominibus tormenta passi sunt,
Spes illorum immortalitate plena est.
5 In paucis vexati, in multis bene disponentur,
Quoniam Deus tentavit eos,
Et invenit illos dignos se.
6 Tanquam aurum in fornace probavit illos,
Et quasi holocausti hostiam accepit illos,
Et in tempore erit respectus illorum.
7 Fulgebunt iusti,
Et tanquam scintillae in arundineto discurrent.
8 Iudicabunt nationes, et dominabuntur populis,
Et regnabit Dominus illorum in perpetuum.
9 Qui confidunt in illo intelligent veritatem,
Et fideles in dilectione acquiescent illi,
Quoniam donum et pax est electis eius.
10 Impii autem secundum quae cogitaverunt
Correptionem habebunt, qui neglexerunt iustum,
Et a Domino recesserunt.
11 Sapientiam enim et disciplinam qui abiicit infelix est;
Et vacua est spes illorum,
Et labores sine fructu,
Et inutilia opera eorum.

13: Mt 27,43; Io 19,7. — **18:** Ps 21,9; Mt 27,43. **19:** Is 53,7; Ier 11,19. — **21:** Rom 1,21. — **23:** Gen 1,26-27; 2,7; 5,1; Eccli 17,1. — **24:** Gen 3, 13; Io 8,44.

3 **1:** Deut 33,3; Io 10,28-29. — **2:** Sap 5,4. **4:** 2 Cor 5,1. — **5:** Tob 12,13; Mt 10,37. — **7:** Mt 13,43. — **8:** 1 Cor 6,2. — **9:** Io 7,17. — **11:** Prov 10,16; 11,18. — **14:** Is 56,3-5. — **16:** Eccli 41,8-9.

12 Mulieres eorum insensatae sunt,
Et nequissimi filii eorum.
13 Maledicta creatura eorum, quoniam felix est sterilis;
Et incoinquinata, quae nescivit thorum in delicto,
Habebit fructum in respectione animarum sanctarum;
14 Et spado qui non operatus est per manus suas iniquitatem,
Nec cogitavit adversus Deum nequissima:
Dabitur enim illi fidei donum electum,
Et sors in templo Dei acceptissima.
15 Bonorum enim laborum gloriosus est fructus,
Et quae non concidat radix sapientiae.
16 Filii autem adulterorum in inconsummatione erunt,
Et ab iniquo thoro semen exterminabitur.
17 Et si quidem longae vitae erunt, in nihilum computabuntur,
Et sine honore erit novissima senectus illorum.
18 Et si celerius defuncti fuerint, non habebunt spem,
Nec in die agnitionis allocutionem.
19 Nationis enim iniquae dirae sunt consummationes.

4 1 O quam pulchra est casta generatio, cum claritate!
Immortalis est enim memoria illius,
Quoniam et apud Deum nota est, et apud homines.
2 Cum praesens est, imitantur illam,
Et desiderant eam cum se eduxerit;
Et in perpetuum coronata triumphat,
Incoinquinatorum certaminum praemium vincens.
3 Multigena autem impiorum multitudo non erit utilis,
Et spuria vitulamina non dabunt radices altas,
Nec stabile firmamentum collocabunt.
4 Et si in ramis in tempore germinaverint,
Infirmiter posita, a vento commovebuntur,
Et a nimietate ventorum eradicabuntur.
5 Confringentur enim rami inconsummati;
Et fructus illorum inutiles et acerbi ad manducandum,
Et ad nihilum apti.
6 Ex iniquis enim somnis filii qui nascuntur,
Testes sunt nequitiae adversus parentes in interrogatione sua.
7 Iustus autem si morte praeoccupatus fuerit,
In refrigerio erit;
8 Senectus enim venerabilis est non diuturna,
Neque annorum numero computata.
Cani autem sunt sensus hominis,
9 Et aetas senectutis vita immaculata.
10 Placens Deo factus est dilectus,
Et vivens inter peccatores translatus est.
11 Raptus est, ne malitia mutaret intellectum eius,
Aut ne fictio deciperet animam illius.
12 Fascinatio enim nugacitatis obscurat bona,
Et inconstantia concupiscentiae transvertit sensum sine malitia.
13 Consummatus in brevi,
Explevit tempora multa;
14 Placita enim erat Deo anima illius:
Propter hoc properavit aducere illum de medio iniquitatum.
Populi autem videntes, et non intelligentes,
Nec ponentes in praecordiis talia,
15 Quoniam gratia Dei et misericordia est in sanctos eius,
Et respectus in electos illius.
16 Condemnat autem iustus mortuus vivos impios,
Et iuventus celerius consummata longam vitam iniusti.
17 Videbunt enim finem sapientis,
Et non intelligent quid cogitaverit de illo Deus,
Et quare munierit illum Dominus.
18 Videbunt, et contemnent eum;
Illos autem Dominus irridebit.
19 Et erunt post haec decidentes sine honore,
Et in contumelia inter mortuos in perpetuum;
Quoniam disrumpet illos inflatos sine voce,
Et commovebit illos a fundamentis,
Et usque ad supremum desolabuntur,
Et erunt gementes, et memoria illorum peribit.
20 Venient in cogitatione peccatorum suorum timidi,
Et traducent illos ex adverso iniquitates ipsorum.

Dei iudicium in iustos et impios

5 1 Tunc stabunt iusti in magna constantia
Adversus eos qui se angustiaverunt,
Et qui abstulerunt labores eorum.
2 Videntes turbabuntur timore horribili,
Et mirabuntur in subitatione insperatae salutis;

4 **2:** 1 Cor 9,24-25; Iac 1,12. — **4:** Ps 36,35-36. **8:** Eccli 25,6-7. — **10:** Gen 5,24; Eccli 44,16; Hebr 11,5. — **12:** Ps 4,3; Sap 2,21. — **15:** Sap 3,9. — **18:** Ps 36,12-13. — **19:** Ps 108,15; Prov 10,7; Eccli 41,14.

5 **1-2:** Lc 13,28; 21,26-28. — **4:** Sap 3,2; 4,17.

3 Dicentes intra se, poenitentiam agentes,
Et prae angustia spiritus gementes:
Hi sunt quos habuimus aliquando in derisum,
Et in similitudinem improperii.
4 Nos insensati, vitam illorum aestimabamus insaniam,
Et finem illorum sine honore;
5 Ecce quomodo computati sunt inter filios Dei,
Et inter sanctos sors illorum est.
6 Ergo erravimus a via veritatis,
Et iustitiae lumen non luxit nobis,
Et sol intelligentiae non est ortus nobis.
7 Lassati sumus in via iniquitatis et perditionis;
Et ambulavimus vias difficiles,
Viam autem Domini ignoravimus.
8 Quid nobis profuit superbia?
Aut divitiarum iactantia quid contulit nobis?
9 Transierunt omnia illa tamquam umbra,
Et tanquam nuntius percurrens,
10 Et tanquam navis quae pertransit fluctuantem aquam,
Cuius cum praeterierit non est vestigium invenire,
Neque semitam carinae illius in fluctibus;
11 Aut tanquam avis quae transvolat in aere,
Cuius nullum invenitur argumentum itineris,
Sed tantum sonitus alarum verberans levem ventum,
Et scindens per vim itineris aerem;
Commotis alis transvolavit,
Et post hoc nullum signum invenitur itineris illius;
12 Aut tanquam sagitta emissa in locum destinatum,
Divisus aer continuo in se reclusus est,
Ut ignoretur transitus illius:
13 Sic et nos nati continuo desivimus esse;
Et virtutis quidem nullum signum valuimus ostendere,
In malignitate autem nostra consumpti sumus.
14 Talia dixerunt in inferno hi qui peccaverunt;
15 Quoniam spes impii tanquam lanugo est quae a vento tollitur;
Et tanquam spuma gracilis quae a procella dispergitur,
Et tanquam fumus qui a vento diffusus est,
Et tanquam memoria hospitis unius diei praetereuntis.
16 Iusti autem in perpetuum vivent,
Et apud Dominum est merces eorum,
Et cogitatio illorum apud Altissimum.
17 Ideo accipient regnum decoris,
Et diadema speciei de manu Domini;
Quoniam dextera sua teget eos,
Et brachio sancto suo defendet illos.
18 Accipiet armaturam zelus illius,
Et armabit creaturam ad ultionem inimicorum.
19 Induet pro thorace iustitiam,
Et accipiet pro galea iudicium certum;
20 Sumet scutum inexpugnabile aequitatem.
21 Acuet autem duram iram in lanceam,
Et pugnabit cum illo orbis terrarum contra insensatos.
22 Ibunt directe emissiones fulgurum,
Et tanquam a bene curvato arcu nubium exterminabuntur,
Et ad certum locum insilient.
23 Et a petrosa ira plenae mittentur grandines;
Excandescet in illos aqua maris,
Et flumina concurrent duriter.
24 Contra illos stabit spiritus virtutis,
Et tanquam turbo venti dividet illos;
Et ad eremum perducet omnem terram iniquitas illorum,
Et malignitas evertet sedes potentium.

Sapientia a regibus quaerenda est

6 1 Melior est sapientia quam vires,
Et vir prudens quam fortis.
2 Audite ergo, reges, et intelligite;
Discite, iudices finium terrae.
3 Praebete aures, vos qui continetis multitudines,
Et placetis vobis in turbis nationum.
4 Quoniam data est a Domino potestas vobis,
Et virtus ab Altissimo, qui interrogabit opera vestra, et cogitationes scrutabitur;
5 Quoniam cum essetis ministri regni illius,
Non recte iudicastis, nec custodistis legem iustitiae,
Neque secundum voluntatem Dei ambulastis.
6 Horrende et cito apparebit vobis,
Quoniam iudicium durissimum his qui praesunt fiet.
7 Exiguo enim conceditur misericordia;
Potentes autem potenter tormenta patientur.
8 Non enim subtrahet personam cuiusquam Deus,
Nec verebitur magnitudinem cuiusquam,
Quoniam pusillum et magnum ipse fecit,
Et aequaliter cura est illi de omnibus.
9 Fortioribus autem fortior instat cruciatio.

5: Act 26,18; Col 1,12. — **9**: 1 Par 29,15; Sap 2,5. — **17**: Sap 4,2; 19,8; 1 Petr 5,4. — **19-21**: Eph 6,14-17.

6 **1**: Prov 16,32; Eccl 9,18. — **4**: Prov 8,15; Dan 2,21; Rom 13,1. — **8**: Deut 10,17; 2 Par 19,7; Eccli 18,22; 35,15; Act 10,34; Rom

10 Ad vos ergo, reges, sunt hi sermones mei,
Ut discatis sapientiam, et non excidatis.
11 Qui enim custodierint iusta iuste, iustificabuntur;
Et qui didicerint ista, invenient quid respondeant.
12 Concupiscite ergo sermones meos;
Diligite illos, et habebitis disciplinam.
13 Clara est, et quae nunquam marcescit, sapientia;
Et facile videtur ab his qui diligunt eam,
Et invenitur ab his qui quaerunt illam.
14 Praeoccupat qui se concupiscunt,
Ut illis se prior ostendat.
15 Qui de luce vigilaverit ad illam non laborabit;
Assidentem enim illam foribus suis inveniet.
16 Cogitare ergo de illa sensus est consummatus,
Et qui vigilaverit propter illam cito securus erit.
17 Quoniam dignos se ipsa circuit quaerens,
Et in viis ostendit se illis hilariter,
Et in omni providentia occurrit illis.
18 Initium enim illius verissima est disciplinae concupiscentia.
19 Cura ergo disciplinae dilectio est.
Et dilectio custodia legum illius est;
Custoditio autem legum consummatio incorruptionis est;
20 Incorruptio autem facit esse proximum Deo.
21 Concupiscentia itaque sapientiae deducit ad regnum perpetuum.
22 Si ergo delectamini sedibus et sceptris, o reges populi,
Diligite sapientiam, ut in perpetuum regnetis.
23 Diligite lumen sapientiae, omnes qui praeestis populis.

Salomon amator sapientiae

24 Quid est autem sapientia, et quemadmodum facta sit referam,
Et non abscondam a vobis sacramenta Dei,
Sed ab initio nativitatis investigabo;
Et ponam in lucem scientiam illius,
Et non praeteribo veritatem.
25 Neque cum invidia tabescente iter habebo,
Quoniam talis homo non erit particeps sapientiae.
26 Multitudo autem sapientium sanitas est orbis terrarum,
Et rex sapiens stabilimentum populi est.
27 Ergo accipite disciplinam per sermones meos,
Et proderit vobis.

7 1 Sum quidem et ego mortalis homo, similis omnibus,
Et ex genere terreni illius qui prior factus est;
Et in ventre matris figuratus sum caro,
2 Decem mensium tempore coagulatus sum in sanguine.
Ex semine hominis, et delectamento somni conveniente.
3 Et ego natus accepi communem aerem;
Et in similiter factam decidi terram,
Et primam vocem similem omnibus emisi plorans.
4 In involumentis nutritus sum, et curis magnis:
5 Nemo enim ex regibus aliud habuit nativitatis initium.
6 Unus ergo introitus est omnibus ad vitam,
Et similis exitus.
7 Propter hoc optavi, et datus est mihi sensus;
Et invocavi, et venit in me spiritus sapientiae;
8 Et praeposui illam regnis et sedibus,
Et divitias nihil esse duxi in comparatione illius.
9 Nec comparavi illi lapidem pretiosum,
Quoniam omne aurum in comparatione illius arena est exigua,
Et tanquam lutum aestimabitur argentum in conspectu illius.
10 Super salutem et speciem dilexi illam,
Et proposui pro luce habere illam,
Quoniam inextinguibile est lumen illius.
11 Venerunt autem mihi omnia bona pariter cum illa,
Et innumerabilis honestas per manus illius;
12 Et laetatus sum in omnibus,
Quoniam antecedebat me ista sapientia,
Et ignorabam quoniam horum omnium mater est.
13 Quam sine fictione didici,
Et sine invidia communico,
Et honestatem illius non abscondo.
14 Infinitus enim thesaurus est hominibus;
Quo qui usi sunt, participes facti sunt amicitiae Dei,
Propter disciplinae dona commendati.
15 Mihi autem dedit Deus dicere ex sententia,

2,11; Gal 2,6; Eph 6,9; Col 3,25; 1 Par 1,17. — **12:** Sap 7,7. — **13:** Prov 8,17; Eccli 6,28. — **17:** Prov 8,2-4. — **22:** Ps 2,10-12. — **24:** Prov 11, 14; 28,15.

7 **1:** Sap 10,1. — **2:** Iob 10,10. — **6:** Iob 1,21; Eccli 40,1-3; 1 Tim 6,7. — **7:** 3 Reg 3,9.12; 4,29. — **8:** 3 Reg 3,11; Sap 8,5. — **9:** Iob 28, 15-19; Prov 8,11. — **11:** 3 Reg 3,13; Prov 3,16; Mt 6,33. — **13:** Sap 6,25; Eccli 20,23. — **14:** 2 Cor 10,18. || Bulla Clem. VI: D 550. — **15:** Eph

Et praesumere digna horum quae mihi dantur,
Quoniam ipse sapientiae dux est,
Et sapientium emendator.
16 In manu enim illius et nos et sermones nostri,
Et omnis sapientia, et operum scientia, et disciplina.
17 Ipse enim dedit mihi horum quae sunt scientiam veram,
Ut sciam dispositionem orbis terrarum, et virtutes elementorum,
18 Initium, et consummationem, et medietatem temporum,
Vicissitudinum permutationes, et commutationes temporum,
19 Anni cursus, et stellarum dispositiones,
20 Naturas animalium, et iras bestiarum,
Vim ventorum, et cogitationes hominum,
Differentias virgultorum, et virtutes radicum.
21 Et quaecumque sunt absconsa et improvisa didici:
Omnium enim artifex docuit me sapientia.

Proprietates sapientiae

22 Est enim in illa spiritus intelligentiae, sanctus,
Unicus, multiplex, subtilis, disertus, mobilis,
Incoinquinatus, certus, suavis, amans bonum, acutus,
Quem nihil vetat, benefaciens,
23 Humanus, benignus, stabilis, certus, securus,
Omnem habens virtutem, omnia prospiciens,
Et qui capiat omnes spiritus,
Intelligibilis, mundus, subtilis.
24 Omnibus enim mobilibus mobilior est sapientia:
Attingit autem ubique propter suam munditiam.
25 Vapor est enim virtutis Dei,
Et emanatio quaedam est claritatis omnipotentis Dei sincera,
Et ideo nihil inquinatum in eam incurrit;
26 Candor est enim lucis aeternae,
Et speculum sine macula Dei maiestatis,
Et imago bonitatis illius.
27 Et cum sit una, omnia potest;
Et in se permanens omnia innovat,
Et per nationes in animas sanctas se transfert,
Amicos Dei et prophetas constituit.
28 Neminem enim diligit Deus,
Nisi eum qui cum sapientia inhabitat.
29 Est enim haec speciosior sole,
Et super omnem dispositionem stellarum:
Luci comparata, invenitur prior.
30 Illi enim succedit nox;
Sapientiam autem non vincit malitia.

8 1 Attingit ergo a fine usque ad finem fortiter,
Et disponit omnia suaviter.

Quas divitias afferat sapientia

2 Hanc amavi, et exquisivi a iuventute mea,
Et quaesivi sponsam mihi eam assumere,
Et amator factus sum formae illius.
3 Generositatem illius glorificat,
Contubernium habens Dei;
Sed et omnium Dominus dilexit illam.
4 Doctrix enim est disciplinae Dei,
Et electrix operum illius.
5 Et si divitiae appetuntur in vita,
Quid sapientia locupletius quae operatur omnia?
6 Si autem sensus operatur,
Quis horum quae sunt magis quam illa est artifex?
7 Et si iustitiam quis diligit,
Labores huius magnas habent virtutes:
Sobrietatem enim et prudentiam docet,
Et iustitiam, et virtutem,
Quibus utilius nihil est in vita hominibus.
8 Et si multitudinem scientiae desiderat quis,
Scit praeterita, et de futuris aestimat;
Scit versutias sermonum, et dissolutiones argumentorum;
Signa et monstra scit antequam fiant,
Et eventus temporum et saeculorum.
9 Proposui ergo hanc adducere mihi ad convivendum;
Sciens quoniam mecum communicabit de bonis,
Et erit allocutio cogitationis et taedii mei,
10 Habebo propter hanc claritatem ad turbas,
Et honorem apud seniores iuvenis;
11 Et acutus inveniar in iudicio;
Et in conspectu potentium admirabilis ero,
Et facies principum mirabuntur me.
12 Tacentem me sustinebunt,
Et loquentem me respicient,
Et sermocinante me plura, manus ori suo imponent.
13 Praeterea habebo per hanc immortalitatem,
Et memoriam aeternam his qui post me futuri sunt relinquam.
14 Disponam populos,
Et nationes mihi erunt subditae.
15 Timebunt me audientes reges horrendi.

6,20. || Enc. Greg. XVI: D 1616. — **17:** 3 Reg 4, 29.33. — **21:** Sap 8,5; 14,2. — **22-24:** Sap 8,1; 1 Cor 12,4-11. — **25:** Eccli 24,5. — **26:** Col 1, 15; Hebr 1,3. || Conc. Tolet. XI: D 281. — **28:** Eccli 4,15.

8 **1:** Sap 7,24. || Conc. Vatic.: D 1784; Enc. Pii XI: D 2213. — **2:** 3 Reg 3,7-9; Eccli 47, 14-16. — **3:** Prov 8,30. — **5:** Sap 7,21. — **10-12:** 3 Reg 3,28; 4,34. — **13:** Eccli 15,6. — **21:** Prov 2,6; Iac 1,5.

In multitudine videbor bonus,
Et in bello fortis.
16 Intrans in domum meam, conquiescam cum illa:
Non enim habet amaritudinem conversatio illius,
Nec taedium convictus illius,
Sed laetitiam et gaudium.
17 Haec cogitans apud me
Et commemorans in corde meo,
Quoniam immortalitas est in cognatione sapientiae,
18 Et in amicitia illius delectatio bona,
Et in operibus manuum illius honestas sine defectione,
Et in certamine loquelae illius sapientia,
Et praeclaritas in communicatione sermonum ipsius,
Circuibam quaerens, ut mihi illam assumerem.
19 Puer autem eram ingeniosus,
Et sortitus sum animam bonam.
20 Et cum essem magis bonus,
Veni ad corpus incoinquinatum.
21 Et ut scivi quoniam aliter non possem esse continens, nisi Deus det;
Et hoc ipsum erat sapientiae, scire cuius esset hoc donum:
Adii Dominum, et deprecatus sum illum,
Et dixi ex totis praecordiis meis:

Salomonis oratio pro adipiscenda sapientia

9 1 Deus patrum meorum, et Domine misericordiae,
Qui fecisti omnia verbo tuo,
2 Et sapientia tua constituisti hominem,
Ut dominaretur creaturae quae a te facta est,
3 Ut disponat orbem terrarum in aequitate et iustitia,
Et in directione cordis iudicium iudicet:
4 Da mihi sedium tuarum assistricem sapientiam.
Et noli me reprobare a pueris tuis,
5 Quoniam servus tuus sum ego, et filius ancillae tuae;
Homo infirmus, et exigui temporis,
Et minor ad intellectum iudicii et legum.
6 Nam et si quis erit consummatus inter filios hominum,
Si ab illo abfuerit sapientia tua, in nihilum computabitur.
7 Tu elegisti me regem populo tuo,
Et iudicem filiorum tuorum et filiarum.
8 Et dixiti me aedificare templum in monte sancto tuo,
Et in civitate habitationis tuae altare,
Similitudinem tabernaculi sancti tui quod praeparasti ab initio;
9 Et tecum sapientia tua, quae novit opera tua,
Quae et affuit tunc cum orbem terrarum faceres,
Et sciebat quid esset placitum oculis tuis,
Et quid directum in praeceptis tuis.
10 Mitte illam de caelis sanctis tuis,
Et a sede magnitudinis tuae,
Ut mecum sit et mecum laboret,
Ut sciam quid acceptum sit apud te;
11 Scit enim illa omnia, et intelligit.
Et deducet me in operibus meis sobrie,
Et custodiet me in sua potentia.
12 Et erunt accepta opera mea;
Et disponam populum tuum iuste,
Et ero dignus sedium patris mei.
13 Quis enim hominum poterit scire consilium Dei?
Aut quis poterit cogitare quid velit Deus?
14 Cogitationes enim mortalium timidae,
Et incertae providentiae nostrae;
15 Corpus enim quod corrumpitur aggravat animam,
Et terrena inhabitatio deprimit sensum multa cogitantem.
16 Et difficile aestimamus quae in terra sunt,
Et quae in prospectu sunt invenimus cum labore:
Quae autem in caelis sunt quis investigabit?
17 Sensum autem tuum quis sciet, nisi tu dederis sapientiam,
Et miseris spiritum sanctum tuum de altissimis,
18 Et sic correctae sint semitae eorum qui sunt in terris,
Et quae tibi placent didicerint homines?
19 Nam per sapientiam sanati sunt
Quicumque placuerunt tibi, Domine, a principio.

PARS SECUNDA

Sapientia in populo israelitico

(10,1-19,20)

Sapientia, dux patriarcharum

10 1 Haec illum qui primus formatus est a Deo pater orbis terrarum,
Cum solus esset creatus, custodivit,
2 Et eduxit illum a delicto suo,
Et dedit illi virtutem continendi omnia.
3 Ab hac ut recessit iniustus, in ira sua,
Per iram homicidii fraterni deperiit.

9 **1:** Ps 32,6.9. — **2:** Gen 1,26-28; Ps 8,7. — **4:** Sap 8,3. — **5:** 3 Reg 3,7. — **7:** 2 Sam 7,12; 1 Par 28,4-5; 2 Par 1,9. — **8:** Ex 25,9; 26,30; 2 Sam 7,13; 3 Reg 8,19. — **9:** Prov 8,22-30; Io 1,1.3.10. — **11:** Sap 8,8. — **13:** Iob 38,4-37; Is 40,13; Rom 11,34; 1 Cor 2,16. — **15:** Iob 4,19; 2 Cor 5,1.4. — **17:** Lc 10,22; Io 14,26.

10 **1-2:** Gen 1,26-28. — **3:** Gen 4,8-13. — **4:** Gen 6,1-8.22. — **5:** Gen 12,1-3; 22,

4 Propter quem cum aqua deleret terram, sanavit iterum sapientia,
Per contemptibile lignum iustum gubernans.
5 Haec et in consensu nequitiae cum se nationes contulissent,
Scivit iustum, et conservavit sine querela Deo,
Et in filii misericordia fortem custodivit.
6 Haec iustum a pereuntibus impiis liberavit fugientem,
Descendente igne in Pentapolim,
7 Quibus in testimonium nequitiae
Fumigabunda constat deserta terra,
Et incerto tempore fructus habentes arbores,
Et incredibilis animae memoria stans figmentum salis.
8 Sapientiam enim praetereuntes,
Non tantum in hoc lapsi sunt ut ignorarent bona,
Sed et insipientiae suae reliquerunt hominibus memoriam,
Ut in his quae peccaverunt nec latere potuissent.
9 Sapientia autem hos qui se observant a doloribus liberavit.
10 Haec profugum irae fratris iustum deduxit per vias rectas;
Et ostendit illi regnum Dei,
Et dedit illi scientiam sanctorum,
Honestavit illum in laboribus,
Et complevit labores illius.
11 In fraude circumvenientium illum affuit illi,
Et honestum fecit illum.
12 Custodivit illum ab inimicis,
Et a seductoribus tutavit illum,
Et certamen forte dedit illi ut vinceret,
Et sciret quoniam omnium potentior est sapientia.
13 Haec venditum iustum non dereliquit,
Sed a peccatoribus liberavit eum;
Descenditque cum illo in foveam,
14 Et in vinculis non dereliquit illum,
Donec afferret illi sceptrum regni,
Et potentiam adversus eos qui eum deprimebant;
Et mendaces ostendit qui maculaverunt illum,
Et dedit illi claritatem aeternam.

Sapientia, dux Moysis et populi Israel

15 Haec populum iustum et semen sine querela
Liberavit a nationibus quae illum deprimebant.
16 Intravit in animam servi Dei,
Et stetit contra reges horrendos in portentis et signis.
17 Et reddidit iustis mercedem laborum suorum,
Et deduxit illos in via mirabili,
Et fuit illis in velamento diei,
Et in luce stellarum per noctem;
18 Transtulit illos per mare Rubrum,
Et transvexit illos per aquam nimiam.
19 Inimicos autem illorum demersit in mare,
Et ab altitudine inferorum eduxit illos.
Ideo iusti tulerunt spolia impiorum;
20 Et decantaverunt, Domine, nomen sanctum tuum,
Et victricem manum tuam laudaverunt pariter:
21 Quoniam sapientia aperuit os mutorum,
Et linguas infantium fecit disertas.

11 1 Direxit opera eorum in manibus prophetae sancti.
2 Iter fecerunt per deserta quae non habitabantur,
Et in locis desertis fixerunt casas.
3 Steterunt contra hostes,
Et de inimicis se vindicaverunt.
4 Sitierunt, et invocaverunt te;
Et data est illis aqua de petra altissima,
Et requies sitis de lapide duro.

Sapientia contra Aegyptios

5 Per quae enim poenas passi sunt inimici illorum a defectione potus sui,
Et in eis cum abundarent filii Israel laetati sunt,
6 Per haec, cum illis deessent, bene cum illis actum est.
7 Nam pro fonte quidem sempiterni fluminis,
Humanum sanguinem dedisti iniustis.
8 Qui cum minuerentur in traductione infantium occisorum,
Dedisti illis abundantem aquam insperate,
9 Ostendens per sitim, quae tunc fuit,
Quemadmodum tuos exaltares,
Et adversarios illorum necares.
10 Cum enim tentati sunt,
Et quidem cum misericordia disciplinam accipientes,
Scierunt quemadmodum cum ira iudicati impii tormenta paterentur.
11 Hos quidem tanquam pater monens probasti;
Illos autem tanquam durus rex interrogans condemnasti.

1-19: Eccli 44,21; Hebr 11,17-19. — **6-7**: Gen 19,1-29. — **10**: Gen 27,42-45; 28,5.10.12-17; 30,31-43. — **11**: Gen 31,1-16. — **12**: Gen 32,24-32; 33,1-4; Os 12,4. — **13**: Gen 37,28; 39,7-10.20-23. **14**: Gen 41,40-41; Act 7,9. — **15**: Ex 1,1-12; 12,51. — **16**: Ex 3,12; 4,12; 7,10-12; Num 12,7; Deut 34,5. — **17**: Ex 13,21; Ps 104,39. — **18**: Ex 14,21,22; Ps 77,13. — **19**: Ex 12,36; 14,27. — **20**: Ex 15,1-18.

11 **1**: Deut 18,15.18; Os 12,13. — **2**: Ex 16,1; Deut 8,15. — **3**: Ex 17,10-13; Num 21,1.23.33; 25,17; 31,2. — **4**: Ex 17,4-6; Num 20,8-11; Ps 113,8. — **7**: Ex 7,17.20. — **11**: Sap 3,5;

12 Absentes enim, et praesentes, similiter torquebantur.
13 Duplex enim illos acceperat taedium et gemitus,
Cum memoria praeteritorum.
14 Cum enim audirent per sua tormenta bene secum agi,
Commemorati sunt Dominum, admirantes in finem exitus.
15 Quem enim in expositione prava proiectum deriserunt,
In finem eventus mirati sunt,
Non similiter iustis sitientes.
16 Pro cogitationibus autem insensatis iniquitatis illorum,
Quod quidam errantes colebant mutos serpentes
Et bestias supervacuas,
Immisisti illis multitudinem mutorum animalium in vindictam;
17 Ut scirent quia per quae peccat quis, per haec et torquetur.
18 Non enim impossibilis erat omnipotens manus tua,
Quae creavit orbem terrarum ex materia invisa,
Immittere illis multitudinem ursorum, aut audaces leones,
19 Aut novi generis ira plenas ignotas bestias,
Aut vaporem ignium spirantes,
Aut fumi odorem proferentes,
Aut horrendas ab oculis scintillas emittentes;
20 Quarum non solum laesura poterat illos exterminare,
Sed et aspectus per timorem occidere.
21 Sed et sine his uno spiritu poterant occidi,
Persecutionem passi ab ipsis factis suis,
Et dispersi per spiritum virtutis tuae;
Sed omnia in mensura, et numero, et pondere disposuisti;
22 Multum enim valere, tibi soli supererat semper;
Et virtuti brachii tui qui resistet?
23 Quoniam tanquam momentum staterae,
Sic est ante te orbis terrarum,
Et tanquam gutta roris antelucani quae descendit in terram.
24 Sed misereris omnium, quia omnia potes;
Et dissimulas peccata hominum, propter poenitentiam.
25 Diligis enim omnia quae sunt,
Et nihil odisti eorum quae fecisti;
Nec enim odiens aliquid constituisti aut fecisti.
26 Quomodo autem posset aliquid permanere, nisi tu voluisses?
Aut quod a te vocatum non esset conservaretur?
27 Parcis autem omnibus, quoniam tua sunt,
Domine, qui amas animas.

12 1 O quam bonus et suavis est, Domine, spiritus tuus in omnibus!
2 Ideoque eos qui exerrant partibus corripis,
Et de quibus peccant admones et alloqueris,
Ut relicta malitia credant in te, Domine.

Sapientia contra Chananaeos

3 Illos enim antiquos inhabitatores terrae sanctae tuae,
Quos exhorruisti,
4 Quoniam odibilia opera tibi faciebant
Per medicamina et sacrificia iniusta,
5 Et filiorum suorum necatores sine misericordia,
Et comestores viscerum hominum,
Et devoratores sanguinis a medio sacramento tuo,
6 Et auctores parentes animarum inauxiliatarum,
Perdere voluisti per manus parentum nostrorum;
7 Ut dignam perciperent peregrinationem puerorum Dei,
Quae tibi omnium charior est terra.
8 Sed et his tanquam hominibus pepercisti,
Et misisti antecessores exercitus tui vespas,
Ut illos paulatim exterminarent.
9 Non quia impotens eras in bello subiicere impios iustis,
Aut bestiis saevis, aut verbo duro simul exterminare;
10 Sed partibus iudicans,
Dabas locum poenitentiae,
Non ignorans quoniam nequam est natio eorum,
Et naturalis malitia ipsorum,
Et quoniam non poterat mutari cogitatio illorum in perpetuum.
11 Semen enim erat maledictum ab initio;
Nec timens aliquem, veniam dabas peccatis illorum.
12 Quis enim dicet tibi: Quid fecisti?
Aut quis stabit contra iudicium tuum?
Aut quis in conspectu tuo veniet vindex iniquorum hominum?
Aut quis tibi imputabit, si perierint nationes quas tu fecisti?
13 Non enim est alius Deus quam tu,
Cui cura est de omnibus,

16,6. — **16:** Sap 12,23-24; 16,1. — **22:** 2 Par 20,6; Ps 75,8. — **24:** Sap 12,2.10; Eccli 2,23; 2 Petr 3,9. — **27:** Sap 12,16.

12 **2:** Sap 11,24. — **3:** Deut 9,2-3; 12,29; 18,10-12. — **6:** Num 33,51-56; Deut 20,17. **8:** Ex 23,28.30; Deut 7,9.22; Sap 11,27. — **9:** Sap 11,18. — **12:** Iob 9,12; Eccl 8,4; Is 45,9; Dan 4,32. — **13:** Sap 6,8; 1 Petr 5,7. — **16:** Sap

Ut ostendas quoniam non iniuste iudicas iudicium.
14 Neque rex neque tyrannus in conspectu tuo inquirent
De his quos perdidisti.
15 Cum ergo sis iustus, iuste omnia disponis;
Ipsum quoque qui non debet puniri condemnare,
Exterum aestimas a tua virtute,
16 Virtus enim tua iustitiae initium est,
Et ob hoc quod omnium Dominus es,
Omnibus te parcere facis.
17 Virtutem enim ostendis tu,
Qui non crederis esse in virtute consummatus,
Et horum qui te nesciunt audaciam traducis.
18 Tu autem dominator virtutis, cum tranquillitate iudicas,
Et cum magna reverentia disponis nos:
Subest enim tibi, cum volueris, posse.

Conclusio ex his deducta

19 Docuisti autem populum tuum, per talia opera,
Quoniam oportet iustum esse et humanum;
Et bonae spei fecisti filios tuos,
Quoniam iudicans das locum in peccatis poenitentiae.
20 Si enim inimicos servorum tuorum, et debitos morti,
Cum tanta cruciasti attentione,
Dans tempus et locum per quae possent mutari a malitia:
21 Cum quanta diligentia iudicasti filios tuos,
Quorum parentibus iuramenta et conventiones dedisti bonarum promissionum!
22 Cum ergo das nobis disciplinam, inimicos nostros multipliciter flagellas,
Ut bonitatem tuam cogitemus iudicantes,
Et cum de nobis iudicatur, speramus misericordiam tuam.
23 Unde et illis qui in vita sua insensate et iniuste vixerunt,
Per haec quae coluerunt dedisti summa tormenta.
24 Etenim in erroris via diutius erraverunt,
Deos aestimantes haec quae in animalibus sunt supervacua,
Infantium insensatorum more viventes.
25 Propter hoc tanquam pueris insensatis iudicium in derisum dedisti.
26 Qui autem ludibriis et increpationibus non sunt correcti,
Dignum Dei iudicium experti sunt.
27 In quibus enim patientes indignabantur
Per haec quos putabant deos,
In ipsis cum exterminarentur videntes,
Illum quem olim negabant se nosse, verum Deum agnoverunt;
Propter quod et finis condemnationis eorum venit super illos.

Stultitia eorum qui creaturas colunt

13 1 Vani autem sunt omnes homines
In quibus non subest scientia Dei;
Et de his quae videntur bona,
Non potuerunt intelligere eum qui est,
Neque operibus attendentes agnoverunt quis esset artifex;
2 Sed aut ignem, aut spiritum, aut citatum aerem,
Aut gyrum stellarum, aut nimiam aquam, aut solem et lunam,
Rectores orbis terrarum deos putaverunt.
3 Quorum si specie delectati, deos putaverunt,
Sciant quanto his dominator eorum speciosior est;
Speciei enim generator haec omnia constituit.
4 Aut si virtutem et opera eorum mirati sunt,
Intelligant ab illis quoniam qui haec fecit fortior est illis;
5 A magnitudine enim speciei et creaturae
Cognoscibiliter poterit creator horum videri.
6 Sed tamen adhuc in his minor est querela;
Et hi enim fortasse errant,
Deum quaerentes, et volentes invenire.
7 Etenim cum in operibus illius conversentur, inquirunt,
Et persuasum habent quoniam bona sunt quae videntur.
8 Iterum autem nec his debet ignosci.
9 Si enim tantum potuerunt scire
Ut possent aestimare saeculum,
Quomodo huius Dominum non facilius invenerunt?

De cultu idolorum

10 Infelices autem sunt,
Et inter mortuos spes illorum est,
Qui appellaverunt deos opera manuum hominum,
Aurum et argentum, artis inventionem
Et similitudines animalium, aut lapidem inutilem
Opus manus antiquae.
11 Aut si quis artifex faber de silva lignum rectum secuerit,

11,24.27. — **21:** Deut 7,8; Rom 9,4-5.22-24. — **24:** Sap 11,16; Rom 1,23. — **27:** Ex 8,4.24; 9,27; 10,7.16; 12,31.

13 **1-15:** Rom 1,19-32. — **2:** Deut 4,19; 17,3; Iob 31,26-28. — **3-5:** Ps 8,4; Act 17,27; Rom 1,20. — **10:** Ps 113,4; Sap 15,5.17. — **11:** Is 44,10-17; Ier 10,3-5. — **19:** Sap 15,15.

Et huius docte eradat omnem corticem,
Et arte sua usus,
Diligenter fabricet vas utile in conversationem vitae;
12 Reliquiis autem eius operis
Ad praeparationem escae abutatur;
13 Et reliquum horum quod ad nullos usus facit,
Lignum curvum et vorticibus plenum,
Sculpat diligenter per vacuitatem suam,
Et per scientiam suae artis figuret illud,
Et assimilet illud imagini hominis,
14 Aut alicui ex animalibus illud comparet:
Perliniens rubrica, et rubicundum faciens fuco colorem illius,
Et omnem maculam quae in illo est perliniens;
15 Et faciat ei dignam habitationem,
Et in pariete ponens illud, et confirmans ferro,
16 Ne forte cadat; prospiciens illi,
Sciens quoniam non potest adiuvare se:
Imago enim est, et opus est illi adiutorium.
17 Et de substantia sua, et de filiis suis,
Et de nuptiis votum faciens inquirit.
Non erubescit loqui cum illo qui sine anima est.
18 Et pro sanitate quidem infirmum deprecatur,
Et pro vita rogat mortuum,
Et in adiutorium inutile invocat.
19 Et pro itinere petit ab eo qui ambulare non potest:
Et de acquirendo, et de operando,
Et de omnium rerum eventu,
Petit ab eo qui in omnibus est inutilis.

14 1 Iterum alius navigare cogitans,
Et per feros fluctus iter facere incipiens,
Ligno portante se, fragilius lignum invocat.
2 Illud enim cupiditas acquirendi excogitavit,
Et artifex sapientia fabricavit sua.
3 Tua autem, Pater, providentia gubernat:
Quoniam dedisti et in mari viam,
Et inter fluctus semitam firmissimam,
4 Ostendens quoniam potens es ex omnibus salvare,
Etiam si sine arte aliquis adeat mare.
5 Sed ut non essent vacua sapientiae tuae opera,
Propter hoc etiam et exiguo ligno credunt homines animas suas,
Et transeuntes mare per ratem liberati sunt.
6 Sed et ab initio cum perirent superbit gigantes,
Spes orbis terrarum ad ratem confugiens,
Remisit saeculo semen nativitatis quae manu tua erat gubernata.
7 Benedictum est enim lignum per quod fit iustitia;
8 Per manus autem quod fit idolum.
Maledictum est et ipsum, et qui fecit illud;
Quia ille quidem operatus est,
Illud autem cum esset fragile, deus cognominatus est.
9 Similiter autem odio sunt Deo impius et impietas eius;
10 Etenim quod factum est, cum illo qui fecit tormenta patietur.
11 Propter hoc et in idolis nationum non erit respectus,
Quoniam creaturae Dei in odium factae sunt,
Et in tentationem animabus hominum,
Et in muscipulam pedibus insipientium.
12 Initium enim fornicationis est exquisitio idolorum;
Et adinventio illorum corruptio vitae est:
13 Neque enim erant ab initio,
Neque erunt in perpetuum.
14 Supervacuitas enim hominum haec advenit in orbem terrarum;
Et ideo brevis illorum finis est inventus.

Homo in deum erectus

15 Acerbo enim luctu dolens pater,
Cito sibi rapti filii fecit imaginem;
Et illum qui tunc quasi homo mortuus fuerat,
Nunc tanquam deum colere coepit,
Et constituit inter servos suos sacra et sacrificia.
16 Deinde interveniente tempore, convalescente iniqua consuetudine,
Hic error tanquam lex custoditus est,
Et tyrannorum imperio colebantur figmenta.
17 Et hos quos in palam homines honorare non poterant
Propter hoc quod longe essent,
E longinquo figura eorum allata,
Evidentem imaginem regis quem honorare volebant fecerunt,
Ut illum qui aberat, tanquam praesentem colerent sua sollicitudine.
18 Provexit autem ad horum culturam
Et hos qui ignorabant artificis eximia diligentia.
19 Ille enim, volens placere illi qui se assumpsit,
Elaboravit arte sua ut similitudinem in melius figuraret.
20 Multitudo autem hominum, abducta per speciem operis,
Eum qui ante tempus tanquam homo honoratus fuerat,

14 2: Sap 7,21; 8,5. — 6: Gen 6,4; 7,1.7; Eccli 16,8; Bar 3,26-28. — 8: Lev 19,4; Deut 27,15. — 11: Ex 12,12; Num 33,4; Ier 10, 11.15. — 12: Deut 31,16; Sap 15,5. — 16: Dan

Nunc deum aestimaverunt.
21 Et haec fui vitae humanae deceptio.
Quoniam aut affectui, aut regibus deservientes homines,
Incommunicabile nomen lapidibus et lignis imposuerunt

Quid ex idololatria consequatur

22 Et non suffecerat errasse eos circa Dei scientiam,
Sed et in magno viventes inscientiae bello,
Tot et tam magna mala pacem appellant.
23 Aut enim filios suos sacrificantes,
Aut obscura sacrificia facientes,
Aut insaniae plenas vigilias habentes,
24 Neque vitam, neque nuptias mundas iam custodiunt:
Sed alius alium per invidiam occidit,
Aut adulterans contristat;
25 Et omnia commista sunt: sanguis, homicidium,
Furtum et fictio, corruptio et infidelitas,
Turbatio et periurium, tumultus bonorum,
26 Dei immemoratio, animarum inquinatio,
Nativitatis immutatio, nuptiarum inconstantia,
Inordinatio moechiae et impudicitiae.
27 Infandorum enim idolorum cultura
Omnis mali causa est, et initium, et finis.
28 Aut enim dum laetantur insaniunt,
Aut certe vaticinantur falsa,
Aut vivunt iniuste, aut peierant cito.
29 Dum enim confidunt in idolis quae sine anima sunt,
Male iurantes noceri se non sperant.
30 Utraque ergo illis evenient digne,
Quoniam male senserunt de Deo, attendentes idolis,
Et iuraverunt iniuste,
In dolo contemnentes iustitiam.
31 Non enim iuratorum virtus,
Sed peccantium poena,
Perambulat semper iniustorum praevaricationem.

Israel felicitas, qui idola non coluit

15 1 Tu autem, Deus noster, suavis et verus es, patiens,
Et in misericordia disponens omnia.
2 Etenim si peccaverimus, tui sumus,
Scientes magnitudinem tuam,
Et si non peccaverimus,
Scimus quoniam apud te sumus computati.
3 Nosse enim te, consummata iustitia est;
Et scire iustitiam et virtutem tuam, radix est immortalitatis.
4 Non enim in errorem induxit nos
Hominum malae artis excogitatio,
Nec umbra picturae labor sine fructu,
Effigies sculpta per varios colores,
5 Cuius aspectus insensato dat concupiscentiam,
Et diligit mortuae imaginis effigiem sine anima.
6 Malorum amatores digni sunt qui spem habeant in talibus,
Et qui faciunt illos, et qui diligunt, et qui colunt.

Magna stultitia eorum qui idola colunt

7 Sed et figulus mollem terram premens,
Laboriose fingit ad usus nostros unumquodque vas;
Et de eodem luto fingit quae munda sunt in usum vasa,
Et similiter quae his sunt contraria;
Horum autem vasorum quis sit usus,
Iudex est figulus.
8 Et cum labore vano deum fingit de eodem luto,
Ille qui paulo ante de terra factus fuerat,
Et post pusillum reducit se unde acceptus est,
Repetitus animae debitum quam habebat.
9 Sed cura est illi non quia laboraturus est,
Nec quoniam brevis illis vita est;
Sed concertatur aurificibus et argentariis;
Sed et aerarios imitatur,
Et gloriam praefert, quoniam res supervacuas fingit.
10 Cinis est enim cor eius,
Et terra supervacua spes illius,
Et luto vilior vita eius;
11 Quoniam ignoravit qui se finxit,
Et qui inspiravit illi animam quae operatur,
Et qui insufflavit ei spiritum vitalem.
12 Sed et aestimaverunt lusum esse vitam nostram,
Et conversationem vitae compositam ad lucrum,
Et oportere undecumque etiam ex malo acquirere.
13 Hic enim scit se super omnes delinquere,
Qui ex terrae materia fragilia vasa et sculptilia fingit.
14 Omnes enim insipientes,
Et infelices supra modum animae superbi,

3,4-6. — **21:** Is 42,8. — **22-31:** Rom 1,24-32. — **23:** Sap 12,5; Is 57,5. — **25:** Rom 1,29-31; 2 Cor 12,20-21; Gal 5,19-21; 1 Tim 1,9-10. — **27:** Sap 14,12. — **29:** Eccli 23,12.

15 **1:** Ex 34,6. — **5:** Sap 13,10. — **6:** Sap 14, 8-9; Is 44,9-11. — **7:** Eccli 33,13; Rom 9,20-24. — **11:** Gen 2,7. — **12:** Act 19,24-25. —

Sunt inimici populi tui, et imperantes illi:
15 Quoniam omnia idola nationum deos aestimaverunt,
Quibus neque oculorum usus est ad videndum,
Neque nares ad percipiendum spiritum,
Neque aures ad audiendum,
Neque digiti manuum ad tractandum,
Sed et pedes eorum pigri ad ambulandum.
16 Homo enim fecit illos;
Et qui spiritum mutuatus est, is finxit illos.
Nemo enim sibi similem homo poterit deum fingere.
17 Cum enim sit mortalis, mortuum fingit manibus iniquis.
Melior enim est ipse his quos colit,
Quia ipse quidem vixit, cum esset mortalis, illi autem nunquam.

De cultu animalium

18 Sed et animalia miserrima colunt;
Insensata enim comparata his, illis sunt deteriora.
19 Sed nec aspectu aliquis ex his animalibus bona potest conspicere;
Effugerunt autem Dei laudem et benedictionem eius.

Punitio idololatriae

16 1 Propter haec, et per his similia passi sunt digne tormenta,
Et per multitudinem bestiarum exterminati sunt.
2 Pro quibus tormentis bene disposuisti populum tuum,
Quibus dedisti concupiscentiam delectamenti sui novum saporem,
Escam parans eis ortygometram:
3 Ut illi quidem, concupiscentes escam
Propter ea quae illis ostensa et missa sunt,
Etiam a necessaria concupiscentia averterentur.
Hi autem in brevi inopes facti, novam gustaverunt escam.
4 Oportebat enim illis sine excusatione quidem
Supervenire interitum exercentibus tyrannidem;
His autem tantum ostendere
Quemadmodum inimici eorum exterminabantur.
5 Etenim cum illis supervenit saeva bestiarum ira,
Morsibus perversorum colubrorum exterminabantur.
6 Sed non in perpetuum ira tua permansit,
Sed ad correptionem in brevi turbati sunt,
Signum habentes salutis ad commemorationem mandati legis tuae.
7 Qui enim conversus est,
Non per hoc quod videbat sanabatur,
Sed per te omnium salvatorem.
8 In hoc autem ostendisti inimicis nostris,
Quia tu es qui liberas ab omni malo.
9 Illos enim locustarum et muscarum occiderunt morsus,
Et non est inventa sanitas animae illorum,
Quia digni erant ab huiuscemodi exterminari.
10 Filios autem tuos nec draconum venenatorum vicerunt dentes;
Misericordia enim tua adveniens sanabat illos.
11 In memoria enim sermonum tuorum examinabantur,
Et velociter salvabantur,
Ne in altam incidentes oblivionem,
Non possent tuo uti adiutorio.
12 Etenim neque herba, neque malagma sanavit eos;
Sed tuus, Domine, sermo, qui sanat omnia.
13 Tu es enim, Domine, qui vitae et mortis habes potestatem,
Et deducis ad portas mortis, et reducis.
14 Homo autem occidit quidem per malitiam;
Et cum exierit spiritus, non revertetur,
Nec revocabit animam quae recepta est.
15 Sed tuam manum effugere impossibile est.
16 Negantes enim te nosse impii,
Per fortitudinem brachii tui flagellati sunt;
Novis aquis, et grandinibus,
Et pluviis persecutionem passi,
Et per ignem consumpti.
17 Quod enim mirabile erat, in aqua, quae omnia extinguit,
Plus ignis valebat;
Vindex est enim orbis iustorum.
18 Quodam enim tempore mansuetabatur ignis,
Ne comburerentur quae ad impios missa erant animalia,
Sed ut ipsi videntes scirent
Quoniam Dei iudicio patiuntur persecutionem.
19 Et quodam tempore in aqua
Supra virtutem ignis exardescebat undique,
Ut iniquae terrae nationem exterminaret.
20 Pro quibus angelorum esca nutrivisti populum tuum;

15: Ps 113,5-7; Sap 13,17-19; Bar 6,18. — 18: Sap 11,16; 12,24. — 19: Gen 1,25.31.

16 1: Ex 8,2.17.24; Sap 11,16-17. — 2: Ex 16,13; Num 11,31; Sap 19,11-12. — 5-6: Num 21,6-9. — 7: 4 Reg 18,4; 1 Tim 4,10. — 9: Ex 8,24; 10,4.14-17; Ps 77,45; Apoc 9,7. — 13: Deut 32,39; 1 Sam 2,6; Tob 13,2. — 14: Eccl 8,8. — 16: Ex 9,23. — 17: Ex 9,24; Sap 19,19. — 20: Ex 16,13-14; Num 11,7; Ps 77,

Et paratum panem de caelo praestitisti illis sine labore.
Omne delectamentum in se habentem,
Et omnis saporis suavitatem.
21 Substantia enim tua dulcedinem tuam,
Quam in filios habes ostendebat,
Et deserviens uniuscuiusque voluntati,
Ad quod quisque volebat convertebatur.
22 Nix autem et glacies sustinebant vim ignis, et non tabescebant:
Ut scirent quoniam fructus inimicorum exterminabat
Ignis ardens in grandine et pluvia coruscans;
23 Hic autem iterum ut nutrirentur iusti,
Etiam suae virtutis oblitus est.
24 Creatura enim tibi Factori deserviens,
Exardescit in tormentum adversus iniustos,
Et lenior fit ad benefaciendum pro his qui in te confidunt.
25 Propter hoc et tunc in omnia transfigurata,
Omnium nutrici gratiae tuae deserviebat,
Ad voluntatem eorum qui a te desiderabant;
26 Ut scirent filii tui quos dilexisti, Domine,
Quoniam non nativitatis fructus pascunt homines,
Sed sermo tuus hos qui in te crediderint conservat.
27 Quod enim ab igne non poterat exterminari,
Statim ab exiguo radio solis calefactum tabescebat,
28 Ut notum omnibus esset,
Quoniam oportet praevenire solem ad benedictionem tuam,
Et ad ortum lucis te adorare.
29 Ingrati enim spes tanquam hibernalis glacies tabescet,
Et disperiet tanquam aqua supervacua.

Aegyptii tenebris obvolvuntur, dum Hebraei ignea columna reguntur

17 1 Magna sunt enim iudicia tua, Domine,
Et inenarrabilia verba tua.
Propter hoc indisciplinatae animae erraverunt.
2 Dum enim persuasum habent iniqui
Posse dominari nationi sanctae,
Vinculis tenebrarum et longae noctis compediti,
Inclusi sub tectis,
Fugitivi perpetuae providentiae iacuerunt.
3 Et dum putant se latere in obscuris peccatis,
Tenebroso oblivionis velamento dispersi sunt,
Paventes horrende,
Et cum admiratione nimia perturbati.
4 Neque enim quae continebat illos spelunca sine timore custodiebat.
Quoniam sonitus descendens perturbabat illos,
Et personae tristes illis apparentes pavorem illis praestabant.
5 Et ignis quidem nulla vis poterat illis lumen praebere,
Nec siderum limpidae flammae
Illuminare poterant illam noctem horrendam.
6 Apparebat autem illis subitaneus ignis timore plenus;
Et timore perculsi illius quae non videbatur faciei,
Aestimabant deteriora esse quae videbantur.
7 Et magicae artis appositi erant derisus,
Et sapientiae gloriae correptio cum contumelia.
8 Illi enim qui promittebant
Timores et perturbationes expellere se ab anima languente,
Hi cum derisu pleni timore languebant.
9 Nam etsi nihil illos ex monstris perturbabat,
Transitu animalium et serpentium sibilatione commoti,
Tremebundi peribant,
Et aerem quem nulla ratione quis effugere posset, negantes se videre.
10 Cum sit enim timida nequitia,
Dat testimonium condemnationis;
Semper enim praesumit saeva,
Perturbata conscientia.
11 Nihil enim est timor nisi proditio cogitationis auxiliorum.
12 Et dum ab intus minor est exspectatio,
Maiorem computat inscientiam eius causae,
De qua tormentum praestat.
13 Illi autem qui impotentem vere noctem,
Et ab infimis et ab altissimis inferis supervenientem,
Eumdem somnum dormientes,
14 Aliquando monstrorum exagitabantur timore,
Aliquando animae deficiebant traductione;
Subitaneus enim illis et insperatus timor supervenerat.
15 Deinde si quisquam ex illis decidisset,
Custodiebatur in carcere sine ferro reclusus.
16 Si enim rusticus quis erat, aut pastor,
Aut agri laborum operarius praeoccupatus esset,
Ineffugibilem sustinebat necessitatem;

24-25: Io 6,31. — 22: Ex 9,24; Sap 19,19-20. 26: Deut 8,3; Mt 4,4. — 27: Ex 16,21.

17 1: Ex 7,4; Rom 11,33. — 2: Ex 10,21-23; Sap 18,4. — 7: Ex 7,11.22; 8,7.18; 9,11; Sap 18,13. — 20: Ex 10,22.

17 Una enim catena tenebrarum omnes erant colligati.
Sive spiritus sibilans,
Aut inter spissos arborum ramos avium sonus suavis,
Aut vis aquae decurrentis nimium,
18 Aut sonus validus praecipitatarum petrarum,
Aut ludentium animalium cursus invisus,
Aut mugientium valida bestiarum vox,
Aut resonans de altissimis montibus echo,
Deficientes faciebant illos prae timore.
19 Omnis enim orbis terrarum limpido illuminabatur lumine,
Et non impeditis operibus continebatur.
20 Solis autem illis superposita erat gravis nox,
Imago tenebrarum quae superventura illis erat;
Ipsi ergo sibi erant graviores tenebris.

18 1 Sanctis autem tuis maxima erat lux,
Et horum quidem vocem audiebant, sed figuram non videbant.
Et quia non et ipsi eadem passi erant, magnificabant te;
2 Et qui ante laesi erant, quia non laedebantur, gratias agebant;
Et ut esset differentia, donum petebant.
3 Propter quod ignis ardentem columnam
Ducem habuerunt ignotae viae,
Et solem sine laesura boni hospitii praestitisti.
4 Digni quidem illi carere luce,
Et pati carcerem tenebrarum,
Qui inclusos custodiebant filios tuos,
Per quos incipiebat incorruptum legis lumen saeculo dari.

De primogenitorum morte

5 Cum cogitarent iustorum occidere infantes,
Et uno exposito filio et liberato,
In traductionem illorum, multitudinem filiorum abstulisti,
Et pariter illos perdidisti in aqua valida.
6 Illa enim nox ante cognita est a patribus nostris,
Ut vere scientes quibus iuramentis crediderunt,
Animaequiores essent.
7 Suscepta est autem a populo tuo sanitas quidem iustorum,
Iniustorum autem exterminatio.
8 Sicut enim laesisti adversarios,
Sic et nos provocans magnificasti.
9 Absconse enim sacrificabant iusti pueri bonorum,
Et iustitiae legem in concordia disposuerunt;
Similiter et bona et mala recepturos iustos,
Patrum iam decantantes laudes.
10 Resonabat autem inconveniens inimicorum vox,
Et flebilis audiebatur planctus ploratorum infantium.
11 Simili autem poena servus cum domino afflictus est,
Et popularis homo regi similia passus.
12 Similiter ergo omnes, uno nomine mortis,
Mortuos habebant innumerabiles.
Nec enim ad sepeliendum vivi sufficiebant,
Quoniam uno momento quae erat praeclarior
Natio illorum exterminata est.
13 De omnibus enim non credentes, propter veneficia;
Tunc vero primum cum fuit exterminium primogenitorum,
Spoponderunt populum Dei esse.
14 Cum enim quietum silentium contineret omnia,
Et nox in suo cursu medium iter haberet,
15 Omnipotens sermo tuus de caelo, a regalibus sedibus,
Durus debellator in mediam exterminii terram prosilivit,
16 Gladius acutus insimulatum imperium tuum portans,
Et stans, replevit omnia morte,
Et usque ad caelum attingebat stans in terra.
17 Tunc continuo visus somniorum malorum turbaverunt illos,
Et timores supervenerunt insperati.
18 Et alius alibi proiectus semivivus,
Propter quam moriebatur causam demonstrabat mortis.
19 Visiones enim quae illos turbaverunt haec praemonebant,
Ne inscii quare mala patiebantur perirent.
20 Tetigit autem tunc et iustos tentatio mortis,
Et commotio in eremo facta est multitudinis;
Sed non diu permansit ira tua.
21 Properans enim homo sine querela deprecari pro populis,
Proferens servitutis suae scutum,
Orationem et per incensum deprecationem allegans,
Restitit irae, et finem imposuit necessitati,
Ostendens quoniam tuus est famulus.
23 Vicit autem turbas non in virtute corporis,

18 **1:** Ex 10,23. — **3:** Ex 13,21; 14,24; Ps 77,14; 104,39. — **4:** Is 2,3; Mich 4,1-2. **5:** Ex 1,16.22; 2,3-10; 14,27; Sap 10,19; 11,8. — **6:** Ex 11,4; 12,12.29. — **9-11:** Ex 12,21-30. — **12:** Num 33,4. — **13:** Ex 4,22-23; Lev 26,12; Sap 17,7. — **14:** Ex 12,29. — **17:** Sap 17,3-4. — **20-23:** Num 16,41-42.46-48. — **24:** Ex 28,17-21. 36-38; 39,30; Eccli 45,9.13.

Nec armaturae potentia;
Sed verbo illum qui se vexabat subiecit,
Iuramenta parentum, et testamentum commemorans.
23 Cum enim iam acervatim cecidissent super alterutrum mortui,
Interstitit, et amputavit impetum,
Et divisit illam quae ad vivos dicebat viam.
24 In veste enim poderis quam habebat, totus erat orbis terrarum;
Et parentum magnalia in quatuor ordinibus lapidum erant sculpta,
Et magnificentia tua in diademate capitis illius sculpta erat.
25 His autem cessit qui exterminabat, et haec extimuit;
Erat enim sola tentatio irae sufficiens.

De Aegyptiorum morte in mari Rubro

19 1 Impiis autem usque in novissimum
Sine misericordia ira supervenit:
Praesciebat enim et futura illorum;
2 Quoniam cum ipsi permisissent ut se educerent,
Et cum magna sollicitudine praemisissent illos,
Consequebantur illos, poenitentia acti.
3 Adhuc enim inter manus habentes luctum,
Et deplorantes ad monumenta mortuorum,
Aliam sibi assumpserunt cogitationem inscientiae,
Et quos rogantes proiecerant,
Hos tanquam fugitivos persequebantur.
4 Ducebat enim illos ad hunc finem digna necessitas;
Et horum quae acciderant commemorationem amittebant,
Ut quae deerant tormentis repleret punitio,
5 Et populus quidem tuus mirabiliter transiret,
Illi autem novam mortem invenirent.
6 Omnis enim creatura ad suum genus ab initio refigurabatur,
Deserviens tuis praeceptis,
Ut pueri tui custodirentur illaesi.
7 Nam nubes castra eorum obumbrabat;
Et ex aqua quae ante erat, terra arida apparuit;
Et in mari Rubro via sine impedimento,
Et campus germinans de profundo nimio;
8 Per quem omnis natio transivit quae tegebatur tua manu,
Videntes tua mirabilia et monstra.
9 Tanquam enim equi depaverunt escam,
Et tanquam agni exsultaverunt,
Magnificantes te, Domine, qui liberasti illos.
10 Memores enim erant adhuc eorum
Quae in incolatu illorum facta fuerant,
Quemadmodum pro natione animalium eduxit terra muscas,
Et pro piscibus eructavit fluvius multitudinem ranarum.
11 Novissime autem viderunt novam creaturam avium,
Cum, adducti concupiscentia, postulaverunt escas epulationis.
12 In allocutione enim desiderii ascendit illis de mari ortygometra;
Et vexationes peccatoribus supervenerunt,
Non sine illis quae ante facta erant argumentis per vim fulminum:
Iuste enim patiebantur secundum suas nequitias.

Aegyptii, ad instar Sodomitarum, caecitate sunt perculsi

13 Etenim detestabiliorem inhospitalitatem instituerunt:
Alii quidem ignotos non recipiebant advenas;
Alii autem bonos hospites in servitutem redigebant.
14 Et non solum haec, sed et alius quidam respectus illorum erat,
Quoniam inviti recipiebant extraneos.
15 Qui autem cum laetitia receperunt hos
Qui eisdem usi erant iustitiis,
Saevissimis afflixerunt doloribus.
16 Percussi sunt autem caecitate,
Sicut illi in foribus iusti,
Cum subitaneis cooperti essent tenebris,
Unusquisque transitum ostii sui quaerebat.
17 In se enim elementa dum convertuntur,
Sicut in organo qualitatis sonus immutatur,
Et omnia suum sonum custodiunt:
Unde aestimari ex ipso visu certo potest.
18 Agrestia enim in aquatica convertebantur,
Et quaecumque erant natantia, in terram transibant.
19 Ignis in aqua valebat supra suam virtutem,
Et aqua extinguentis naturae obliviscebatur.
20 Flammae e contrario corruptibilium animalium
Non vexaverunt carnes coambulantium,
Nec dissolvebant illam,
Quae facile dissolvebatur sicut glacies, bonam escam.
In omnibus enim magnificasti populum tuum, Domine,
Et honorasti, et non despexisti,
In omni tempore et in omni loco assistens eis.

19 1: Ex 14,4. — 2-3: Ex 12,30-33; 14,5-8. 6: Ex 14,29-30. — 7: Ex 13,21; 14,20. 9: Ex 15,1-18. — 10: Ex 8,2-3.6.16. — 11-12: Ex 16,13; Num 11,31; Sap 16,2. — 13: Gen 19, 4-8; 41,56; Ex 1,10-14. — 15: Gen 45,17-20; 47,5-6. — 16: Gen 19,11; Ex 10,23; Sap 17,2; 18,4. — 18: Ex 8,2. — 19-20: Sap 16,17-22.

E C C L E S I A S T I C U S

I E S U , F I L I I S I R A C H

SUMMARIUM *Prologus interpretis.* PARS PRIMA: *Natura et praecepta sapientiae (1,1-42,14).* PARS ALTERA: *Sapientia in rerum natura et in historia israelitica (42,15-50,26). Epilogus (50,27-51,38)*

PROLOGUS

Multorum nobis et magnorum per legem, et prophetas, aliosque qui secuti sunt illos, sapientia demonstrata est, in quibus oportet laudare Israel doctrinae et sapientiae causa, quia non solum ipsos loquentes necesse est esse peritos, sed etiam extraneos posse et dicentes et scribentes doctissimos fieri.

Avus meus Iesus, postquam se amplius dedit ad diligentiam lectionis legis, et prophetarum, et aliorum librorum qui nobis a parentibus nostris traditi sunt, voluit et ipse scribere aliquid horum quae ad doctrinam et sapientiam pertinent, ut desiderantes discere, et illorum periti facti, magis magisque attendant animo, et confirmentur ad legitimam vitam.

Hortor itaque venire vos cum benevolentia, et attentiori studio lectionem facere, et veniam habere in illis, in quibus videmur, sequentes imaginem sapientiae, deficere in verborum compositione. Nam deficiunt verba hebraica, quando fuerint translata ad alteram linguam; non autem solum haec, sed et ipsa lex, et prophetae, caeteraque aliorum librorum non parvam habent differentiam quando inter se dicuntur.

Nam in octavo et trigesimo anno temporibus Ptolomaei Evergetis regis, postquam perveni in Aegyptum, et cum multum temporis ibi fuissem, inveni ibi libros relictos, non parvae neque contemnendae doctrinae. Itaque bonum et necessarium putavi et ipse aliquam addere diligentiam et laborem interpretandi librum istum; et multa vigilia attuli doctrinam in spatio temporis, ad illa quae ad finem ducunt, librum istum dare, et illis qui volunt animum intendere, et discere quemadmodum oporteat instituere mores, qui secundum legem Domini proposuerint vitam agere.

E C C L E S I A S T I C U S

PARS PRIMA

NATURA ET PRAECEPTA SAPIENTIAE
(1,1-42,14)

Origo sapientiae

1 1 Omnis sapientia a Domino Deo est;
Et cum illo fuit semper, et est ante aevum.
2 Arenam maris, et pluviae guttas,
Et dies saeculi quis dinumeravit?
Altitudinem caeli, et latitudinem terrae,
Et profundum abyssi quis dimensus est?
3 Sapientiam Dei praecedentem omnia quis investigavit?
4 Prior omnium creata est sapientia.
Et intellectus prudentiae ab aevo.
5 Fons sapientiae verbum Dei in excelsis,
Et ingressus illius mandata aeterna.
6 Radix sapientiae cui revelata est?
Et astutias illius quis agnovit?
7 Disciplina sapientiae cui revelata est et manifestata?
Et multiplicationem ingressus illius quis intellexit?
8 Unus est altissimus, Creator omnipotens,
Et Rex potens et metuendus nimis,
Sedens super thronum illius, et dominans Deus.
9 Ipse creavit illam in Spiritu Sancto,
Et vidit, et dinumeravit, et mensus est.
10 Et effudit illam super omnia opera sua,
Et super omnem carnem, secundum datum suum,
Et praebuit illam diligentibus se.

Timor Domini, initium sapientiae

11 Timor Domini gloria, et gloriatio,
Et laetitia, et corona exsultationis.
12 Timor Domini delectabit cor;
Et dabit laetitiam, et gaudium, et longitudinem dierum.
13 Timenti Dominum bene erit in extremis,
Et in die defunctionis suae benedicetur.

1 **1:** 3 Reg 3,9; 4,29; Sap 8,21; Eccli 15,10. — **4:** Prov 8,22. — **5:** Eccli 24,5; Bar 2,12. — **12:** Prov 3,2. — **16:** Iob 28,28; 31,18; Ps 110,10; Prov 1,7; 9,10; Eccli 19,18. — **22:** Eccli 21,13.

14 Dilectio Dei honorabilis sapientia:
15 Quibus autem apparuerit in visu diligunt eam in visione,
Et in agnitione magnalium suorum.
16 Initium sapientiae timor Domini;
Et cum fidelibus in vulva concreatus est:
Cum electis feminis graditur,
Et cum iustis et fidelibus agnoscitur.
17 Timor Domini scientiae religiositas.
18 Religiositas custodiet et iustificabit cor,
Iucunditatem atque gaudium dabit.
19 Timenti Dominum bene erit,
Et in diebus consummationis illius benedicetur.
20 Plenitudo sapientiae est timere Deum,
Et plenitudo a fructibus illius.
21 Omnem domum illius implebit a generationibus,
Et receptacula a thesauris illius.
22 Corona sapientiae timor Domini,
Replens pacem et salutis fructum;
23 Et vidit, et dinumeravit eam;
Utraque autem sunt dona Dei.
24 Scientiam et intellectum prudentiae sapientia compartietur,
Et gloriam tenentium se exaltat.
25 Radix sapientiae est timere Dominum,
Et rami illius longaevi.
26 In thesauris sapientiae intellectus et scientiae religiositas;
Execratio autem peccatoribus sapientia.
27 Timor Domini expellit peccatum;
28 Nam qui sine timore est non poterit iustificari;
Iracundia enim animositatis illius subversio illius est.
29 Usque in tempus sustinebit patiens,
Et postea redditio iucunditatis.
30 Bonus usque in tempus abscondet verba illius,
Et labia multorum enarrabunt sensum illius.
31 In thesauris sapientiae significatio disciplinae;
32 Execratio autem peccatori cultura Dei.
33 Fili, concupiscens sapientiam, conserva iustitiam,
Et Deus praebebit illam tibi.
34 Sapientia enim et disciplina timor Domini;
Et quod beneplacitum est illi,
35 Fides et mansuetudo,
Et adimplebit thesauros illius.
36 Ne sis incredibilis timori Domini,
Et ne accesseris ad illum duplici corde.
37 Ne fueris hypocrita in conspectu hominum,
Et non scandalizeris in labiis tuis.
38 Attende in illis, ne forte cadas,
Et adducas animae tuae inhonorationem;
39 Et revelet Deus absconsa tua,
Et in medio synagogae elidat te:
40 Quoniam accessisti maligne ad Dominum,
Et cor tuum plenum est dolo et fallacia.

De patientia in tribulatione

2 1 Fili, accedens ad servitutem Dei,
Sta in iustitia et timore,
Et praepara animam tuam ad tentationem.
2 Deprime cor tuum, et sustine;
Inclina aurem tuam, et suscipe verba intellectus;
Et ne festines in tempore obductionis.
3 Sustine sustentationes Dei;
Coniungere Deo, et sustine,
Ut crescat in novissimo vita tua.
4 Omne quod tibi applicitum fuerit accipe;
Et in dolore sustine,
Et in humilitate tua patientiam habe:
5 Quoniam in igne probatur aurum et argentum,
Homines vero receptibiles in camino humiliationis.
6 Crede Deo, et recuperabit te;
Et dirige viam tuam, et spera in illum;
Serva timorem illius, et in illo veterasce

Confidentia in Domino

7 Metuentes Dominum, sustinete misericordiam eius;
Et non deflectatis ab illo, ne cadatis.
8 Qui timetis Dominum, credite illi,
Et non evacuabitur merces vestra.
9 Qui timetis Dominum, sperate in illum,
Et in oblectationem veniet vobis misericordia.
10 Qui timetis Dominum, diligite illum,
Et illuminabuntur corda vestra.
11 Respicite, filii, nationes hominum;
Et scitote quia nullus speravit in Domino et confusus est.
12 Quis enim permansit in mandatis eius, et derelictus est?
Aut quis invocavit eum, et despexit illum?
13 Quoniam pius et misericors est Deus,
Et remittet in die tribulationis peccata,
Et protector est omnibus exquirentibus se in veritate.

Vae ignavis!

14 Vae duplici corde, et labiis scelestis,
Et manibus malefacientibus,
Et peccatori terram ingredienti duabus viis!

27: Eccli 7,40. || Conc. Trid.: D 798. — **29:** Eccli 2,7-9. — **30:** Prov 10,19; Eccli 20,7. — **34:** Prov 15,33; Eccli 1,16. — **36:** Iac 1,8.

2 **1:** Mt 4,1-2; 2 Tim 3,12. — **5:** Prov 17,3; Sap 3,5-6; 1 Petr 1,7. — **7-9:** Eccli 1,29; 16,15. — **11-12:** Ps 36,25; 144,18-19; 1 Mach 2,61. — **13:** Ex 34,6-7. — **23:** Sap 11,24.

15 Vae dissolutis corde, qui non credunt Deo,
Et ideo non protegentur ab eo!
16 Vae his qui perdiderunt sustinentiam,
Et qui dereliquerunt vias rectas,
Et diverterunt in vias pravas!
17 Et quid facient cum inspicere coeperit Dominus?
18 Qui timent Dominum non erunt incredibiles verbo illius;
Et qui diligunt illum conservabunt viam illius.
19 Qui timent Dominum inquirent quae beneplacita sunt ei,
Et qui diligunt eum replebuntur lege ipsius.
20 Qui timent Dominum praeparabunt corda sua,
Et in conspectu illius sanctificabunt animas suas.
21 Qui timent Dominum custodiunt mandata illius,
Et patientiam habebunt usque ad inspectionem illius;
22 Dicentes: Si poenitentiam non egerimus,
Incidemus in manus Domini, et non in manus hominum.
23 Secundum enim magnitudinem ipsius,
Sic et misericordia illius cum ipso est.

De filiorum officiis erga parentes

3 1 Filii sapientiae ecclesia iustorum,
Et natio illorum obedientia et dilectio.
2 Iudicium patris audite, filii;
Et sic facite ut salvi sitis.
3 Deus enim honoravit patrem in filiis;
Et iudicium matris exquirens, firmavit in filios.
4 Qui diligit Deum exorabit pro peccatis,
Et continebit se ab illis,
Et in oratione dierum exaudietur.
5 Et sicut qui thesaurizat,
Ita et qui honorificat matrem suam.
6 Qui honorat patrem suum iucundabitur in filiis,
Et in die orationis suae exaudietur.
7 Qui honorat patrem suum vita vivet longiore,
Et qui obedit patri refrigerabit matrem.
8 Qui timet Dominum honorat parentes,
Et quasi dominis serviet his qui se genuerunt.
9 In opere, et sermone, et omni patientia honora patrem tuum,
10 Ut superveniat tibi benedictio ab eo,
Et benedictio illius in novissimo maneat.
11 Benedictio patris firmat domos filiorum;
Maledictio autem matris eradicat fundamenta.
12 Ne glorieris in contumelia patris tui;
Non enim est tibi gloria eius confusio.
13 Gloria enim hominis ex honore patris sui,
Et dedecus filii pater sine honore.
14 Fili, suscipe senectam patris tui,
Et non contristes eum in vita illius.
15 Et si defecerit sensu, veniam da,
Et ne spernas eum in virtute tua;
Eleemosyna enim patris non erit in oblivione.
16 Nam pro peccato matris restituetur tibi bonum;
17 Et in iustitia aedificabitur tibi,
Et in die tribulationis commemorabitur tui,
Et sicut in sereno glacies, solventur peccata tua.
18 Quam malae famae est qui derelinquit patrem,
Et est maledictus a Deo qui exasperat matrem!

De modestia et misericordia

19 Fili, in mansuetudine opera tua perfice,
Et super hominum gloriam diligeris.
20 Quanto magnus es, humilia te in omnibus,
Et coram Deo invenies gratiam;
21 Quoniam magna potentia Dei solius,
Et ab humilibus honoratur.
22 Altiora te ne quaesieris,
Et fortiora te ne scrutatus fueris;
Sed quae praecepit tibi Deus, illa cogita semper,
Et in pluribus operibus eius ne fueris curiosus.
23 Non est enim tibi necessarium
Ea quae abscondita sunt videre oculis tuis.
24 In supervacuis rebus noli scrutari multipliciter,
Et in pluribus operibus eius non eris curiosus.
25 Plurima enim super sensum hominum ostensa sunt tibi;
26 Multos quoque supplantavit suspicio illorum,
Et in vanitate detinuit sensus illorum.
27 Cor durum habebit male in novissimo,
Et qui amat periculum in illo peribit.
28 Cor ingrediens duas vias non habebit successus,
Et pravus corde in illis scandalizabitur.
29 Cor nequam gravabitur in doloribus,
Et peccator adiiciet ad peccandum.
30 Synagogae superborum non erit sanitas,

3 **2-9:** Ex 20,12; Deut 5,16; Eccli 7,29; Mt 15,4; Mc 7,10; Eph 6,2. — **11:** Gen 9,25-27; 27,27.29; 49,2-27. — **13:** Prov 17,6; Eccli 41, 10. — **14:** Prov 19,26. — **18:** Prov 30,11.17. — **20:** Phil 2,3; Iac 4,10; 1 Petr 5,5. — **22:** Prov 25, 27; Eccl 7,1. || Epist.Pii VII: D 1606. — **30:**

Frutex enim peccati radicabitur in illis,
et non intelligetur.
31 Cor sapientis intelligitur in sapientia,
Et auris bona audiet cum omni concupiscentia sapientiam.
32 Sapiens cor et intelligibile abstinebit se a peccatis,
Et in operibus iustitiae successus habebit.

Officia in pauperes

33 Ignem ardentem exstinguit aqua,
Et eleemosyna resistit peccatis;
34 Et Deus prospector est eius qui reddit gratiam,
Meminit eius in posterum;
Et in tempore casus sui inveniet firmamentum.

4 1 Fili, eleemosynam pauperis ne defraudes,
Et oculos tuos ne transvertas a paupere.
2 Animam esurientem ne despexeris,
Et non exasperes pauperem in inopia sua.
3 Cor inopis ne afflixeris,
Et non protrahas datum angustianti.
4 Rogationem contribulati ne abiicias,
Et non avertas faciem tuam ab egeno.
5 Ab inope ne avertas oculos tuos, propter iram;
Et non relinquas quaerentibus tibi retro maledicere.
6 Maledicentis enim tibi in amaritudine animae,
Exaudietur deprecatio illius;
Exaudiet autem eum qui fecit illum.
7 Congregationi pauperum affabilem te facito;
Et presbytero humilia animam tuam,
Et magnato humilia caput tuum.
8 Declina pauperi sine tristitia aurem tuam,
Et redde debitum tuum,
Et responde illi pacifica in mansuetudine.
9 Libera eum qui iniuriam patitur de manu superbi,
Et non acide feras in anima tua.
10 In iudicando esto pupillis misericors ut pater,
Et pro viro matri illorum;
11 Et eris tu velut filius Altissimi obediens,
Et miserebitur tui magis quam mater.

De commodis sapientiae

12 Sapientia filiis suis vitam inspirat;
Et suscipit inquirentes se,
Et praeibit in via iustitiae.
13 Et qui illam diligit diligit vitam,
Et qui vigilaverint ad illam complectentur placorem eius.
14 Qui tenuerint illam vitam haereditabunt;
Et quo introibit benedicet Deus.
15 Qui serviunt ei obsequentes erunt sancto;
Et eos qui diligunt illam diligit Deus.
16 Qui audit illam iudicabit gentes;
Et qui intuetur illam permanebit confidens.
17 Si crediderit ei, haereditabit illam,
Et erunt in confirmatione creaturae illius;
18 Quoniam in tentatione ambulat cum eo,
Et in primis elegit eum.
19 Timorem, et metum, et probationem inducet super illum;
Et cruciabit illum in tribulatione doctrinae suae,
Donec tentet eum in cogitationibus suis,
Et credat animae illius.
20 Et firmabit illum, et iter adducet directum ad illum,
Et laetificabit illum;
21 Et denudabit absconsa sua illi,
Et thesaurizabit super illum scientiam et intellectum iustitiae.
22 Si autem oberraverit, derelinquet eum,
Et tradet eum in manus inimici sui.

De bona et mala confusione

23 Fili, conserva tempus,
Et devita a malo.
24 Pro anima tua ne confundaris dicere verum:
25 Est enim confusio adducens peccatum;
Et est confusio adducens gloriam et gratiam.
26 Ne accipias faciem adversus faciem tuam,
Nec adversus animam tuam mendacium.
27 Ne reverearis proximum tuum in casu suo,
28 Nec retineas verbum in tempore salutis.
Non abscondas sapientiam tuam in decore suo:
29 In lingua enim sapientia dignoscitur;
Et sensus, et scientia, et doctrina in verbo sensati.
Et firmamentum in operibus iustitiae.
30 Non contradicas verbo veritatis ullo modo,
Et de mendacio ineruditionis tuae confundere.
31 Non confundaris confiteri peccata tua,
Et ne subiicias te omni homini pro peccato.

Eccli 10,15. — 33: Tob 4,11; Prov 10,12; Eccli 7,36; 29,15; 35,4; Dan 4,24; 1 Petr 4,8.

4 1: Tob 4,7; Eccli 7,10; 14,13; Lc 14,13-14. 6: Ex 22,23-24; Eccli 35,16-19; Iac 5,4. — 7: Eccli 6,35; 8,9. — 12: Eccli 6,28-29. — 15: Sap 7,28. — 21: Eccli 14,23. — 25: Eccli 20,24-25; 41,10; 42,1-8. — 31: Prov 28,13; Iac 5,16.

32 Noli resistere contra faciem potentis,
Nec coneris contra ictum fluvii.
33 Pro iustitia agonizare pro anima tua,
Et usque ad mortem certa pro iustitia;
Et Deus expugnabit pro te inimicos tuos.
34 Noli citatus esse in lingua tua,
Et inutilis, et remissus in operibus tuis.
35 Noli esse sicut leo in domo tua,
Evertens domesticos tuos, et opprimens subiectos tibi.
36 Non sit porrecta manus tua ad accipiendum,
Et ad dandum collecta.

De falsa securitate

5 1 Noli attendere ad possessiones iniquas,
Et ne dixeris: Est mihi sufficiens vita;
Nihil enim proderit in tempore vindictae et obductionis.
2 Ne sequaris in fortitudine tua concupiscentiam cordis tui,
3 Et ne dixeris: Quomodo potui?
Aut quis me subiiciet propter facta mea?
Deus enim vindicans vindicabit.
4 Ne dixeris: Peccavi; et quid mihi accidit triste?
Altissimus enim est patiens redditor.
5 De propitiato peccato noli esse sine metu,
Neque adiicias peccatum super peccatum.
6 Et ne dicas: Miseratio Domini magna est,
Multitudinis peccatorum meorum miserebitur;
7 Misericordia enim et ira ab illo cito proximant,
Et in peccatores respicit ira illius.
8 Non tardes converti ad Dominum,
Et ne differas de die in diem;
9 Subito enim veniet ira illius,
Et in tempore vindictae disperdet te.
10 Noli anxius esse in divitiis iniustis:
Non enim proderunt tibi in die obductionis et vindictae.

De moderanda lingua

11 Non ventiles te in omnem ventum,
Et non eas in omnem viam:
Sic enim omnis peccator probatur in duplici lingua.
12 Esto firmus in via Domini,
Et in veritate sensus tui et scientia;
Et prosequatur te verbum pacis et iustitiae.
13 Esto mansuetus ad audiendum verbum, ut intelligas,
Et cum sapientia proferas responsum verum.
14 Si est tibi intellectus, responde proximo;
Sin autem, sit manus tua super os tuum,
Ne capiaris in verbo indisciplinato, et confundaris.
15 Honor et gloria in sermone sensati;
Lingua vero imprudentis subversio est ipsius.
16 Non appelleris susurro,
Et lingua tua ne capiaris et confundaris:
17 Super furem enim est confusio et poenitentia,
Et denotatio pessima super bilinguem;
Susurratori autem odium, et inimicitia, et contumelia.
18 Iustifica pusillum,
Et magnum similiter.

6 1 Noli fieri pro amico inimicus proximo;
Improperium enim et contumeliam malus haereditabit.
Et omnis peccator invidus et bilinguis.

De superbia

2 Non te extollas in cogitatione animae tuae velut taurus,
Ne forte elidatur virtus tua per stultitiam;
3 Et folia tua comedat, et fructus tuos perdat,
Et relinquaris velut lignum aridum in eremo.
4 Anima enim nequam disperdet qui se habet,
Et in gaudium inimicis dat illum,
Et deducet in sortem impiorum.

De amicitia

5 Verbum dulce multiplicat amicos et mitigat inimicos,
Et lingua eucharis in bono homine abundat.
6 Multi pacifici sint tibi;
Et consiliarius sit tibi unus de mille.
7 Si possides amicum, in tentatione posside eum,
Et ne facile credas ei.
8 Est enim amicus secundum tempus suum,
Et non permanebit in die tribulationis.
9 Et est amicus qui convertitur ad inimicitiam,
Et est amicus qui odium et rixam et convitia denudabit.
10 Est autem amicus socius mensae,

5 **1:** Ps 61,11; Prov 10,2; 21,6; Eccli 31,8. — **3:** Ps 11,5. — **4:** Ps 49,16-21; Sap 11,24. — **5:** Prov 28,14; 1 Cor 4,4. — **7:** Ex 20,5-6; Eccli 16,22. — **8:** Ps 94,8; Is 55,6. — **10:** Prov 10,2; 11,4.28; Eccli 14,4. — **11:** Eph 4,14. — **13:** Prov 29,20; Eccli 4,34; Iac 1,19. — **16:** Prov 26,22; Eccli 21,31; 28,15; Rom 1,29; 2 Cor 12,20. — **18:** Lev 19,15.

6 **2:** Rom 12,16; Phil 2,3. — **4:** Eccli 18,31. — **7:** Prov 17,17; Eccli 12,8-9. — **8:** Eccli 37,4. — **9-10:** Eccli 37,2.5. — **14:** Prov 17,17; 18,

Et non permanebit in die necessitatis.
11 Amicus si permanserit fixus, erit tibi quasi coaequalis,
Et in domesticis tuis fiducialiter aget.
12 Si humiliaverit se contra te,
Et a facie tua absconderit se,
Unanimem habebis amicitiam bonam.
13 Ab inimicis tuis separare,
Et ab amicis tuis attende.
14 Amicus fidelis protectio fortis;
Qui autem invenit illum invenit thesaurum.
15 Amico fideli nulla est comparatio,
Et non est digna ponderatio auri et argenti contra bonitatem fidei illius.
16 Amicus fidelis medicamentum vitae et immortalitatis;
Et qui metuunt Dominum invenient illum.
17 Qui timet Deum aeque habebit amicitiam bonam,
Quoniam secundum illum erit amicus illius.

De commodis sapientiae

18 Fili, a iuventute tua excipe doctrinam,
Et usque ad canos invenies sapientiam.
19 Quasi is qui arat et seminat accede ad eam,
Et sustine bonos fructus illius.
20 In opere enim ipsius exiguum laborabis,
Et cito edes de generationibus illius.
21 Quam aspera est nimium sapientia indoctis hominibus!
Et non permanebit in illa excors.
22 Quasi lapidis virtus probatio erit in illis;
Et non demorabuntur proiicere illam.
23 Sapientia enim doctrinae secundum nomen est eius,
Et non est multis manifesta;
Quibus autem cognita est,
Permanet usque ad conspectum Dei.
24 Audi, fili, et accipe consilium intellectus,
Et ne abiicias consilium meum.
25 Iniice pedem tuum in compedes illius,
Et in torques illius collum tuum.
26 Subiice humerum tuum, et porta illam,
Et ne acedieris vinculis eius.
27 In omni animo tuo accede ad illam,
Et in omni virtute tua conserva vias eius.
28 Investiga illam, et manifestabitur tibi;
Et continens factus, ne derelinquas eam:
29 In novissimis enim invenies requiem in ea,
Et convertetur tibi in oblectationem.
30 Et erunt tibi compedes eius in protectionem fortitudinis et bases virtutis,
Et torques illius in stolam gloriae;
31 Decor enim vitae est in illa,
Et vincula illius alligatura salutaris.
32 Stolam gloriae indues eam,
Et coronam gratulationis superpones tibi.
33 Fili, si attenderis mihi, disces;
Et si accommodaveris animum tuum, sapiens eris.
34 Si inclinaveris aurem tuam, excipies doctrinam:
Et si dilexeris audire, sapiens eris.
35 In multitudine presbyterorum prudentium sta,
Et sapientiae illorum ex corde coniungere,
Ut omnem narrationem Dei possis audire,
Et proverbia laudis non effugiant a te.
36 Et si videris sensatum, evigila ad eum,
Et gradus ostiorum illius exterat pes tuus.
37 Cogitatum tuum habe in praeceptis Dei,
Et in mandatis illius maxime assiduus esto;
Et ipse dabit tibi cor,
Et concupiscentia sapientiae dabitur tibi.

Praecepta promiscua

7 1 Noli facere mala, et non te apprehendent:
2 Discede ab iniquo, et deficient mala abs te.
3 Fili, non semines mala in sulcis iniustitiae,
Et non metes ea in septuplum.
4 Noli quaerere a Domino ducatum,
Neque a rege cathedram honoris.
5 Non te iustifices ante Deum,
Quoniam agnitor cordis ipse est;
Et penes regem noli velle videri sapiens.
6 Noli quaerere fieri iudex,
Nisi valeas virtute irrumpere iniquitates:
Ne forte extimescas faciem potentis,
Et ponas scandalum in aequitate tua.
7 Non pecces in multitudinem civitatis,
Nec te immittas in populum;
8 Neque alliges duplicia peccata,
Nec enim in uno eris immunis.
9 Noli esse pusillanimis in animo tuo;
10 Exorare et facere eleemosynam ne despicias.
11 Ne dicas: In multitudine munerum meorum respiciet Deus,
Et offerente me Deo altissimo, munera mea suscipiet.
12 Non irrideas hominem in amaritudine animae;
Est enim qui humiliat et exaltat circumspector Deus.
13 Noli amare mendacium adversus fratrem tuum,

24: Eccli 25,12. — 21: Prov 24,7. — 28: Prov 2,4-5; Sap 6,13; Eccli 4,12. — 31: Prov 4,9. — 35: Eccli 8,9; 39,3-4. — 37: Ps 1,2; 50,12.

7 1: Rom 6,16. — 5: Job 9,2-20; Ps 142, 2; Eccl 7,17; Prov 25,6; Lc 18,11. — 8: Eccli 3,29. — 11: Eccli 34,21; 35,14. — 12: 1 Sam 2.

Neque in amicum similiter facias.
14 Noli velle mentiri omne mendacium;
Assiduitas enim illius non est bona.
15 Noli verbossus esse in multitudine presbyterorum,
Et non iteres verbum in oratione tua.
16 Non oderis laboriosa opera,
Et rusticationem creatam ab Altissimo.
17 Non te reputes in multitudine indisciplinatorum.
18 Memento irae, quoniam non tardabit.
19 Humilia valde spiritum tuum,
Quoniam vindicta carnis impii ignis et vermis.

De officiis patrisfamilias

20 Noli praevaricari in amicum pecuniam differentem,
Neque fratrem carissimum auro spreveris.
21 Noli discedere a muliere sensata et bona,
Quam sortitus es in timore Domini;
Gratia enim verecundiae illius super aurum.
22 Non laedas servum in veritate operantem,
Neque mercenarium dantem animam suam.
23 Servus sensatus sit tibi dilectus quasi anima tua;
Non defraudes illum libertate,
Neque inopem derelinquas illum.
24 Pecora tibi sunt, attende illis;
Et si sunt utilia, perseverent apud te.
25 Filii tibi sunt? erudi illos,
Et curva illos a pueritia illorum.
26 Filiae tibi sunt? serva corpus illarum,
Et non ostendas hilarem faciem tuam ad illas.
27 Trade filiam, et grande opus feceris;
Et homini sensato da illam.
28 Mulier si est tibi secundum animam tuam, non proiicias illam;
Et odibili non credas te.
In toto corde tuo
29 Honora patrem tuum,
Et gemitus matris tuae ne obliviscaris:
30 Memento quoniam nisi per illos natus non fuisses;
Et retribue illis, quomodo et illi tibi.

De officiis in Deum et sacerdotem

31 In tota anima tua time Dominum,
Et sacerdotes illius sanctifica.
32 In omni virtute tua dilige eum qui te fecit,
Et ministros eius ne derelinquas.
33 Honora Deum ex tota anima tua,
Et honorifica sacerdotes,
Et propurga te cum brachiis.
34 Da illis partem, sicut mandatum est tibi, primitiarum et purgationis,
Et de negligentia tua purga te cum paucis.
35 Datum brachiorum tuorum,
Et sacrificium sanctificationis offeres Domino,
Et initia sanctorum.
36 Et pauperi porrige manum tuam,
Ut perficiatur propitiatio et benedictio tua.
37 Gratia dati in conspectu omnis viventis,
Et mortuo non prohibeas gratiam.
38 Non desis plorantibus in consolatione,
Et cum lugentibus ambula.
39 Non te pigeat visitare infirmum;
Ex his enim in dilectione firmaberis.
40 In omnibus operibus tuis memorare novissima tua,
Et in aeternum non peccabis.

Monita servanda cum sodalibus

8 1 Non litiges cum homine potente,
Ne forte incidas in manus illius.
2 Non contendas cum viro locuplete,
Ne forte contra te constituat litem tibi;
3 Multos enim perdidit aurum et argentum,
Et usque ad cor regum extendit et convertit.
4 Non litiges cum homine linguato,
Et non strues in ignem illius ligna.
5 Non communices homini indocto,
Ne male de progenie tua loquatur.
6 Ne despicias hominem avertentem se a peccato,
Neque improperes ei;
Memento quoniam omnes in correptione sumus.
7 Ne spernas hominem in sua senectute,
Etenim ex nobis senescunt.
8 Noli de mortuo inimico tuo gaudere;
Sciens quoniam omnes morimur,
Et in gaudium nolumus venire.
9 Ne despicias narrationem presbyterorum sapientium,
Et in proverbiis eorum conversare;
10 Ab ipsis enim disces sapientiam et doctrinam intellectus,
Et servire magnatis sine querela.
11 Non te praetereat narratio seniorum,
Ipsi enim didicerunt a patribus suis;
12 Quoniam ab ipsis disces intellectum,

7; Prov 17,5. — **15:** Eccli 32,9-13. — **16:** Gen 2,15; 3,23. — **21:** Prov 12,4; 18,22. — **22:** Lev 19,13. — **23:** Ex 21,2; Deut 15,12-13; Eccli 33, 31. — **25:** Eccli 30,8-13. — **26:** Eccli 42,9-11. — **29:** Ex 20,12; Tob 4,3-4; Eccli 3,2-9; 23,18. — **31:** Deut 6,5; 12,19. — **34:** Ex 29,27; Lev 7,32; 8,25; 9,21; Num 18,18; Deut 18,3-5. — **36:** Deut 14,29; 15,7-8. — **37:** 2 Sam 2,5; 2 Mach 12,43. **39:** Mt 25,35-36; Lc 10,33-34. — **40:** Eccli 28,6.

8 **3:** Eccli 31,6. — **4:** Prov 26,20-21; Eccli 9, 25. — **6:** 2 Cor 2,6; Gal 6,1-2. — **8:** Iob 31,

Et in tempore necessitatis dare responsum.
13 Non incendas carbones peccatorum arguens eos,
Et ne incendaris flamma ignis peccatorum illorum.
14 Ne contra faciem stes contumeliosi,
Ne sedeat quasi insidiator ori tuo.
15 Noli foenerari homini fortiori te;
Quod si foeneraveris, quasi perditum habe.
16 Non spondeas super virtutem tuam;
Quod si spoponderis, quasi restituens cogita.
17 Non iudices contra iudicem,
Quoniam secundum quod iustum est iudicat.
18 Cum audace non eas in via,
Ne forte gravet mala sua in te;
Ipse enim secundum voluntatem suam vadit,
Et simul cum stultitia illius peries.
19 Cum iracundo non facias rixam,
Et cum audace non eas in desertum;
Quoniam quasi nihil est ante illum sanguis,
Et ubi non est adiutorium, elidet te.
20 Cum fatuis consilium non habeas;
Non enim poterunt diligere nisi quae eis placent.
21 Coram extraneo ne facias consilium;
Nescis enim quid pariet.
22 Non omni homini cor tuum manifestes,
Ne forte inferat tibi gratiam falsam, et convicietur tibi.

De conversatione cum mulieribus

9 1 Non zeles mulierem sinus tui,
Ne ostendat super te malitiam doctrinae nequam.
2 Non des mulieri potestatem animae tuae,
Ne ingrediatur in virtutem tuam, et confundaris.
3 Ne respicias mulierem multivolam,
Ne forte incidas in laqueos illius.
4 Cum saltatrice ne assiduus sis,
Nec audias illam, ne forte pereas in efficacia illius.
5 Virginem ne conspicias,
Ne forte scandalizeris in decore illius.
6 Ne des fornicariis animam tuam in ullo,
Ne perdas te et haereditatem tuam.
7 Noli circumspicere in vicis civitatis,
Nec oberraveris in plateis illius.
8 Averte faciem tuam a muliere compta,
Et ne circumspicias speciem alienam.
9 Propter speciem mulieris multi perierunt;
Et ex hoc concupiscentia quasi ignis exardescit.
10 Omnis mulier quae est fornicaria,
Quasi stercus in via conculcabitur.
11 Speciem mulieris alienae multi admirati, reprobi facti sunt;
Colloquium enim illius quasi ignis exardescit.
12 Cum aliena muliere ne sedeas omnino,
Nec accumbas cum ea super cubitum;
13 Et non alterceris cum illa in vino,
Ne forte declinet cor tuum in illam,
Et sanguine tuo labaris in perditionem.

De commercio cum hominibus

14 Ne derelinquas amicum antiquum;
Novus enim non erit similis illi.
15 Vinum novum amicus novus;
Veterascet, et cum suavitate bibes illud.
16 Non zeles gloriam et opes peccatoris;
Non enim scis quae futura sit illius subversio.
17 Non placeat tibi iniuria iniustorum,
Sciens quoniam usque ad inferos non placebit impius.
18 Longe abesto ab homine potestatem habente occidendi,
Et non suspicaberis timorem mortis.
19 Et si accesseris ad illum, noli aliquid committere,
Ne forte auferat vitam tuam.
20 Communionem mortis scito,
Quoniam in medio laqueorum ingredieris,
Et super dolentium arma ambulabis.
21 Secundum virtutem tuam cave te a proximo tuo,
Et cum sapientibus et prudentibus tracta.
22 Viri iusti sint tibi convivae,
Et in timore Dei sit tibi gloriatio;
23 Et in sensu sit tibi cogitatus Dei,
Et omnis enarratio tua in praeceptis Altissimi.
24 In manu artificum opera laudabuntur,
Et princeps populi in sapientia sermonis sui,
In sensu vero seniorum verbum.
25 Terribilis est in civitate sua homo linguosus;
Et temerarius in verbo suo odibilis erit.

De rege sapiente et insipiente

10 1 Iudex sapiens iudicabit populum suum,
Et principatus sensati stabilis erit.
2 Secundum iudicem populi, sic et ministri eius;

29. — **9:** Eccli 6,35; 9,21; 37,15; 39,2-3. — **15:** Eccli 29,4.9-10. — **18-19:** Prov 22,24. — **21:** Prov 25,9. — **22:** Eccli 19,8.

9 **2:** Eccli 25,30. — **3:** Prov 7,10.23. — **5:** Mt 3,28. — **6:** Prov 5,2.10; 6,26; 29,3. — **8:** Iob 31,1.9; Prov 6,25; Eccli 25,28; 41,27. — **14:** Prov 27,10. — **16:** Ps 36,1-2. — **21:** Prov 13,20; Eccli 6,35; 8,9; 27,13. — **22:** Eccli 37,15.

10 **2:** Prov 29,12. — **3:** 3 Reg 12,6-16; Prov 29,4. — **6:** Lev 19,18; Prov 20,22; Mt 18,

Et qualis rector est civitatis, tales et inhabitantes in ea.
3 Rex insipiens perdet populum suum;
Et civitates inhabitabuntur per sensum potentium.
4 In manu Dei potestas terrae,
Et utilem rectorem suscitabit in tempus super illam.
5 In manu Dei prosperitas hominis,
Et super faciem scribae imponet honorem suum.

De superbia

6 Omnis iniuriae proximi ne memineris,
Et nihil agas in operibus iniuriae.
7 Odibilis coram Deo est et hominibus superbia,
Et execrabilis omnis iniquitas gentium.
8 Regnum a gente in gentem transfertur propter iniustitias,
Et iniurias, et contumelias, et diversos dolos.
9 Avaro autem nihil est scelestius.
Quid superbit terra et cinis?
10 Nihil est iniquius quam amare pecuniam;
Hic enim et animam suam venalem habet,
Quoniam in vita sua proiecit intima sua.
11 Omnis potentatus brevis vita.
Languor prolixior gravat medicum.
12 Brevem languorem praecidit medicus;
Sic et rex hodie est, et cras morietur.
13 Cum enim morietur homo,
Haereditabit serpentes, et bestias, et vermes.
14 Initium superbiae hominis apostatare a Deo;
15 Quoniam ab eo qui fecit illum recessit cor eius,
Quoniam initium omnis peccati est superbia.
Qui tenuerit illam adimplebitur maledictis,
Et subvertet eum in finem.
16 Propterea exhonoravit Dominus conventus malorum,
Et destruxit eos usque in finem.
17 Sedes ducum superborum destruxit Deus,
Et sedere fecit mites pro eis.
18 Radices gentium superbarum arefecit Deus,
Et plantavit humiles ex ipsis gentibus.
19 Terras gentium evertit Dominus,
Et perdidit eas usque ad fundamentum.
20 Arefecit ex ipsis, et disperdidit eos,
Et cessare fecit memoriam eorum a terra.
21 Memoriam superborum perdidit Deus,
Et reliquit memoriam humilium sensu.
22 Non est creata hominibus superbia,
Neque iracundia nationi mulierum.

De gloria vera

23 Semen hominum honorabitur hoc, quod timet Deum;
Semen autem hoc exhonorabitur, quod praeterit mandata Domini.
24 In medio fratrum rector illorum in honore;
Et qui timent Dominum erunt in oculis illius.
25 Gloria divitum, honoratorum, et pauperum,
Timor Dei est.
26 Noli despicere hominem iustum pauperem,
Et noli magnificare virum peccatorem divitem.
27 Magnus, et iudex, et potens est in honore;
Et non est maior illo qui timet Deum.
28 Servo sensato liberi servient;
Et vir prudens et disciplinatus non murmurabit correptus,
Et inscius non honorabitur.
29 Noli extollere te in faciendo opere tuo,
Et noli cunctari in tempore angustiae.
30 Melior est qui operatur et abundat in omnibus,
Quam qui gloriatur et eget pane.
31 Fili, in mansuetudine serva animam tuam,
Et da illi honorem secundum meritum suum.
32 Peccantem in animam suam quis iustificabit?
Et quis honorificabit exhonorantem animam suam?
33 Pauper gloriatur per disciplinam et timorem suum;
Et est homo qui honorificatur propter substantiam suam.
34 Qui autem gloriatur in paupertate, quanto magis in substantia!
Et qui gloriatur in substantia, paupertatem vereatur.

11 1 Sapientia humiliati exaltabit caput illius,
Et in medio magnatorum consedere illum faciet.

De externa rerum specie

2 Non laudes virum in specie sua,
Neque spernas hominem in visu suo.
3 Brevis in volatilibus est apis,
Et initium dulcoris habet fructus illius.
4 In vestitu ne glorieris unquam,

21-22. — **13:** Iob 17,14; Is 14,11. — **14:** Tob 4, 14. — **17:** Lc 1,52. — **25:** Eccli 9,22. — **27:** Eccli 25,13. — **28:** 2 Sam 12,13; Prov 9,8; 17,2. — **30:** Prov 12,9.

11 **2:** 1 Sam 16,7. — **4:** Iac 2,2. — **6:** Iud 16, 21,30; 1 Sam 15,28; Esth 7,10. — **8:** Prov 18,13. — **10:** 1 Tim 6,9. — **13:** Iob 42,10. — **14:**

Nec in die honoris tui extollaris;
Quoniam mirabilia opera Altissimi solius,
Et gloriosa, et absconsa, et invisa opera illius.
5 Multi tyranni sederunt in throno;
Et insuspicabilis portavit diadema.
6 Multi potentes oppressi sunt valide,
Et gloriosi traditi sunt in manus alterorum.
7 Priusquam interroges, ne vituperes quemquam;
Et cum interrogaveris, corripe iuste.

De modestia

8 Priusquam audias, ne respondeas verbum;
Et in medio sermonum ne adiicias loqui.
9 De ea re quae te non molestat ne certeris;
Et in iudicio peccantium ne consistas.
10 Fili, ne in multis sint actus tui;
Et si dives fueris, non eris immunis a delicto.
Si enim secutus fueris, non apprehendes;
Et non effugies, si praecucurreris.
11 Est homo laborans et festinans, et dolens;
Impius, et tanto magis non abundabit.
12 Est homo marcidus egens recuperatione,
Plus deficiens virtute, et abundans paupertate;
13 Et oculus Dei respexit illum in bono,
Et erexit eum ab humilitate ipsius, et exaltavit caput eius;
Et mirati sunt in illo multi, et honoraverunt Deum.

Bona et mala a Domino procedunt

14 Bona et mala, vita et mors,
Paupertas et honestas a Deo sunt.
15 Sapientia, et disciplina, et scientia legis apud Deum.
Dilectio et viae bonorum apud ipsum.
16 Error et tenebrae peccatoribus concreata sunt;
Qui autem exsultant in malis consenescunt in malo.
17 Datio Dei permanet iustis,
Et profectus illius successus habebit in aeternum.
18 Est qui locupletatur parce agendo,
Et haec est pars mercedis illius.
19 In eo quod dicit: Inveni requiem mihi,
Et nunc manducabo de bonis meis solus;
20 Et nescit quod tempus praeteriet, et mors appropinquet,
Et relinquat omnia aliis, et morietur.
21 Sta in testamento tuo, et in illo colloquere,
Et in opere mandatorum tuorum veterasce.
22 Ne manseris in operibus peccatorum;
Confide autem in Deo, et mane in loco tuo,
23 Facile est enim in oculis Dei
Subito honestare pauperem.
24 Benedictio Dei in mercedem iusti festinat,
Et in hora veloci processus illius fructificat.
25 Ne dicas: Quid est mihi opus?
Et quae erunt mihi ex hoc bona?
26 Ne dicas: Sufficiens mihi sum;
Et quid ex hoc pessimabor?
27 In die bonorum ne immemor sis malorum
Et in die malorum ne immemor sis bonorum;
28 Quoniam facile est coram Deo in die obitus
Retribuere unicuique secundum vias suas.
29 Malitia horae oblivionem facit luxuriae magnae,
Et in fine hominis denudatio operum illius.
30 Ante mortem ne laudes hominem quemquam;
Quoniam in filiis suis agnoscitur vir.

Quis domi admittendus

31 Non omnem hominem inducas in domum tuam;
Multae enim sunt insidiae dolosi.
32 Sicut enim eructant praecordia foetentium,
Et sicut perdix inducitur in caveam, et ut caprea in laqueum;
Sic et cor superborum,
Et sicut prospector videns casum proximi sui.
33 Bona enim in mala convertens insidiatur,
Et in electis imponet maculam.
34 A scintilla una augetur ignis,
Et ab uno doloso augetur sanguis;
Homo vero peccator sanguini insidiatur.
35 Attende tibi a pestifero, fabricat enim mala,
Ne forte inducat super te subsannationem in perpetuum.
36 Admitte ad te alienigenam;
Et subvertet te in turbine,
Et abalienabit te a tuis propriis.

De beneficentia in probos

12 1 Si benefeceris, scito cui feceris,
Et erit gratia in bonis tuis multa.

Iob 1,21; 2,10. — **19:** Lc 12,19-20. — **24:** Prov 10,22. — **27:** Eccl 21,8; Eccli 18,25.

12 1: Mt 7,6; Gal 6,10. — **4-5:** Mt 5,43-48.

2 Benefac iusto, et invenies retributionem magnam;
Et si non ab ipso, certe a Domino.
3 Non est enim ei bene qui assiduus est in malis,
Et eleemosynas non danti;
Quoniam et Altissimus odio habet peccatores,
Et misertus est poenitentibus.
4 Da misericordi, et ne suscipias peccatorem;
Et impiis et peccatoribus reddet vindictam,
Custodiens eos in diem vindictae.
5 Da bono, et non receperis peccatorem.
6 Benefac humili, et non dederis impio;
Prohibe panes illi dari, ne in ipsis potentior te sit;
7 Nam duplicia mala invenies in omnibus bonis quaecumque feceris illi,
Quoniam et Altissimus odio habet peccatores,
Et impiis reddet vindictam.

Inimico nunquam fidendum

8 Non agnoscetur in bonis amicus,
Et non abscondetur in malis inimicus.
9 In bonis viri, inimici illius in tristitia;
Et in malitia illius, amicus agnitus est.
10 Non credas inimico tuo in aeternum;
Sicut enim aeramentum aeruginat nequitia illius;
11 Et si humiliatus vadat curvus,
Adiice animum tuum, et custodi te ab illo.
12 Non statuas illum penes te,
Nec sedeat ad dexteram tuam,
Ne forte conversus in locum tuum, inquirat cathedram tuam,
Et in novissimo agnoscas verba mea,
Et in sermonibus meis stimuleris.
13 Quis miserebitur incantatori a serpente percusso,
Et omnibus qui appropiant bestiis!
Et sic qui comitatur cum viro iniquo,
Et obvolutus est in peccatis eius.
14 Una hora tecum permanebit;
Si autem declinaveris, non supportabit.
15 In labiis suis indulcat inimicus,
Et in corde suo insidiatur ut subvertat te in foveam.
16 In oculis suis lacrymatur inimicus,
Et si invenerit tempus, non satiabitur sanguine.
17 Et si incurrerint tibi mala,
Invenies eum illic priorem.
18 In oculis suis lacrymatur inimicus,
Et quasi adiuvans suffodiet plantas tuas.
19 Caput suum movebit, et plaudet manu,
Et multa susurrans commutabit vultum suum.

8: Prov 17,17; Eccli 6,7.10. — **10:** Prov 26,25. — **15:** Prov 26,24-25.

De electione amicorum

13 1 Qui tetigerit picem inquinabitur ab ea,
Et qui communicaverit superbo induet superbiam.
2 Pondus super se tollet qui honestiori se communicat,
Et ditiori te ne socius fueris.
3 Quid communicabit cacabus ad ollam?
Quando enim se colliserint, confringetur.
4 Dives iniuste egit, et fremet;
Pauper autem laesus tacebit.
5 Si largitus fueris, assumet te;
Et si non habueris, derelinquet te.
6 Si habes, convivet tecum, et evacuabit te;
Et ipse non dolebit super te.
7 Si necessarius illi fueris, supplantabit te,
Et subridens spem dabit, narrans tibi bona,
Et dicet: Quid opus est tibi?
8 Et confundet te in cibis suis,
Donec te exinaniat bis et ter;
Et in novissimo deridebit te,
Et postea videns derelinquet te,
Et caput suum movebit ad te.
9 Humiliare Deo, et exspecta manus eius.
10 Attende ne seductus in stultitiam humilieris.
11 Noli esse humilis in sapientia tua,
Ne humiliatus in stultitiam seducaris.
12 Advocatus a potentiore, discede;
Ex hoc enim magis te advocabit.
13 Ne improbus sis, ne impingaris;
Et ne longe sis ab eo, ne eas in oblivionem.
14 Ne retineas ex aequo loqui cum illo,
Nec credas multis verbis illius;
Ex multa enim loquela tentabit te,
Et subridens interrogabit te de absconditis tuis.
15 Immitis animus illius conservabit verba tua;
Et non parcet de malitia, et de vinculis.
16 Cave tibi, et attende diligenter auditui tuo,
Quoniam cum subversione tua ambulas;
17 Audiens vero illa,
Quasi in somnis vide, et vigilabis.
18 Omni vita tua dilige Deum,
Et invoca illum in salute tua.
19 Omne animal diligit simile sibi,
Sic et omnis homo proximum sibi.
20 Omnis caro ad similem sibi coniungetur
Et omnis homo simili sui sociabitur.
21 Si communicabit lupus agno aliquando,
Sic peccator iusto.
22 Quae communicatio sancto homini ad canem?
Aut quae pars diviti ad pauperem?
23 Venatio leonis onager in eremo;
Sic et pascua divitum sunt pauperes.

13 **1:** Prov 13,20; Eccli 7,2. — **4:** Prov 18,23. **18:** Deut 6,5; Eccli 7,32; Mt 22,37-40. —

24 Et sicut abominatio est superbo humilitas,
Sic et execratio divitis pauper.
25 Dives commotus confirmatus ab amicis suis;
Humilis autem cum ceciderit, expelletur a notis.
26 Diviti decepto multi recuperatores,
Locutus est superba, et iustificaverunt illum.
27 Humilis deceptus est, insuper et arguitur;
Locutus est sensate, et non est datus ei locus.
28 Dives locutus est, et omnes tacuerunt,
Et verbum illius usque ad nubes perducent.
29 Pauper locutus est, et dicunt: Quis est hic?
Et si offenderit, subvertent illum.

Quomodo divitiis utendum

30 Bona est substantia cui non est peccatum in conscientia;
Et nequissima paupertas in ore impii.
31 Cor hominis immutat faciem illius,
Sive in bona, sive in mala.
32 Vestigium cordis boni et faciem bonam
Difficile invenies, et cum labore.

14 1 Beatus vir qui non est lapsus verbo ex ore suo,
Et non est stimulatus in tristitia delicti.
2 Felix qui non habuit animi sui tristitiam,
Et non excidit a spe sua.
3 Viro cupido et tenaci sine ratione est substantia;
Et homini livido ad quid aurum?
4 Qui acervat ex animo suo iniuste, aliis congregat,
Et in bonis illius alius luxuriabitur.
5 Qui sibi nequam est, cui alii bonus erit?
Et non iucundabitur in bonis suis.
6 Qui sibi invidet nihil est illo nequius;
Et haec redditio est malitiae illius.
7 Et si bene fecerit, ignoranter et non volens facit;
Et in novissimo manifestat malitiam suam.
8 Nequam est oculus lividi;
Et avertens faciem suam, et despiciens animam suam.
9 Insatiabilis oculus cupidi in parte iniquitatis;
Non satiabitur donec consumat arefaciens animam suam.
10 Oculus malus ad mala, et non satiabitur pane,
Sed indigens et in tristitia erit super mensam suam.
11 Fili, si habes, benefac tecum,
Et Deo dignas oblationes offer.
12 Memor est quoniam mors non tardat,
Et testamentum inferorum, quia demonstratum est tibi;
Testamentum enim huius mundi morte morietur.
13 Ante mortem benefac amico tuo,
Et secundum vires tuas exporrigens da pauperi.
14 Non defrauderis a die bono,
Et particula boni doni non te praetereat.
15 Nonne aliis relinques dolores
Et labores tuos in divisione sortis?
16 Da et accipe,
Et iustifica animam tuam.
17 Ante obitum tuum operare iustitiam,
Quoniam non est apud inferos invenire cibum.
18 Omnis caro sicut foenum veterascet,
Et sicut folium fructificans in arbore viridi.
19 Alia generantur, et alia deiiciuntur;
Sic generatio carnis et sanguinis alia finitur, et alia nascitur.
20 Omne opus corruptibile in fine deficiet,
Et qui illud operatur ibit cum illo.
21 Et omne opus electum iustificabitur,
Et qui operatur illud honorabitur in illo.

De commodis sapientiae

22 Beatus vir qui in sapientia morabitur,
Et qui in iustitia sua meditabitur,
Et in sensu cogitabit circumspectionem Dei;
23 Qui excogitat vias illius in corde suo,
Et in absconditis suis intelligens,
Vadens post illam quasi investigator,
Et in viis illius consistens;
24 Qui respicit per fenestras illius,
Et in ianuis illius audiens;
25 Qui requiescit iuxta domum illius,
Et in parietibus illius figens palum,
Statuet casulam suam ad manus illius,
Et requiescent in casula illius bona per aevum.
26 Statuet filios suos sub tegmine illius,
Et sub ramis eius morabitur.
27 Protegetur sub tegmine illius a fervore,
Et in gloria eius requiescet.

15 1 Qui timet Deum faciet bona,
Et qui continens est iustitiae apprehendet illam;
2 Et obviabit illi quasi mater honorificata,
Et quasi mulier a virginitate suscipiet illum.

21: Prov 29,27; 2 Cor 6,14-15. — **23:** Is 3,14-15. **31:** Prov 15,13; Eccli 26,4.

14 **1:** Eccli 19,17; 25,11. — **4:** Ps 38,7; Prov 28,8.10; Eccli 4,8; 5,12-15. — **11:** Eccl 3,22; 5,17. — **13:** Tob 4,7; Eccli 4,1; Lc 16,9. — **18:** Is 40,6; Iac 1,10; 1 Petr 1,24. — **22:** Ps 1,2. **24:** Prov 8,34.

3 Cibabit illum pane vitae et intellectus,
Et aqua sapientiae salutaris potabit illum;
Et firmabitur in illo, et non flectetur;
4 Et continebit illum, et non confundetur;
Et exaltabit illum apud proximos suos,
5 Et in medio ecclesiae aperiet os eius,
Et adimplebit illum spiritu sapientiae et intellectus,
Et stola gloriae vestiet illum.
6 Iucunditatem et exsultationem thesaurizabit super illum,
Et nomine aeterno haereditabit illum.
7 Homines stulti non apprehendent illam,
Et homines sensati obviabunt illi.
Homines stulti non videbunt eam;
Longe enim abest a superbia et dolo.
8 Viri mendaces non erunt illius memores;
Et viri veraces invenientur in illa,
Et successum habebunt usque ad inspectionem Dei.
9 Non est speciosa laus in ore peccatoris,
10 Quoniam a Deo profecta est sapientia.
Sapientiae enim Dei astabit laus,
Et in ore fideli abundabit,
Et Dominator dabit eam illi.

Deus non est auctor peccati

11 Non dixeris: Per Deum abest;
Quae enim odit ne feceris.
12 Non dicas: Ille me implanavit;
Non enim necessarii sunt ei homines impii.
13 Omne execramentum erroris odit Dominus,
Et non erit amabile timentibus eum.
14 Deus ab initio constituit hominem,
Et reliquit illum in manu consilii sui.
15 Adiecit mandata et praecepta sua.
16 Si volueris mandata servare, conservabunt te,
Et in perpetuum fidem placitam facere.
17 Apposuit tibi aquam et ignem,
Ad quod volueris porrige manum tuam.
18 Ante hominem vita et mors, bonum et malum;
Quod placuerit ei dabitur illi;
19 Quoniam multa sapientia Dei, et fortis in potentia,
Videns omnes sine intermissione.
20 Oculi Domini ad timentes eum,
Et ipse agnoscit omnem operam hominis.
21 Nemini mandavit impie agere,
Et nemini dedit spatium peccandi;
22 Non enim concupiscit multitudinem
Filiorum infidelium et inutilium.

Deus est iustus

16 1 Ne iucunderis in filiis impiis, si multiplicentur;
Nec oblecteris super ipsos, si non est timor Dei in illis.
2 Non credas vitae illorum,
Et ne respexeris in labores eorum.
3 Melior est enim unus timens Deum,
Quam mille filii impii;
4 Et utile est mori sine filiis,
Quam relinquere filios impios.
5 Ab uno sensato inhabitabitur patria;
Tribus impiorum deseretur.
6 Multa talia vidit oculus meus
Et fortiora horum audivit auris mea.
7 In synagoga peccantium exardebit ignis,
Et in gente incredibili exardescet ira.
8 Non exoraverunt pro peccatis suis antiqui gigantes,
Qui destructi sunt confidentes suae virtuti.
9 Et non pepercit peregrinationi Lot,
Et execratus est eos prae superbia verbi illorum.
10 Non misertus est illis, gentem totam perdens,
Et extollentem se in peccatis suis.
11 Et sicut sexcenta millia peditum,
Qui congregati sunt in duritia cordis sui;
Et si unus fuisset cervicatus,
Mirum si fuisset immunis.
12 Misericordia enim et ira est cum illo;
Potens exoratio, et effudens iram.
13 Secundum misericordiam suam,
Sic correptio illius homines secundum opera sua iudicat.
14 Non effugiet in rapina peccator,
Et non retardabit sufferentia misericordiam facientis.
15 Omnis misericordia faciet locum unicuique,
Secundum meritum operum suorum,
Et secundum intellectum peregrinationis ipsius.

Nemo se abscondere a Deo potest

16 Non dicas: A Deo abscondar;
Et ex summo quis mei memorabitur?
17 In populo magno non agnoscar;
Quae est enim anima mea in tam immensa creatura?
18 Ecce caelum et caeli caelorum,
Abyssus, et universa terra, et quae in eis sunt,
In conspectu illius commovebuntur.
19 Montes simul, et colles, et fundamenta terrae,

15 3: Io 4,10. ‖ Epist. Pii VII: D 1602. — 4: Sap 8,10-15. — 5: Eccli 1,24; 6,32; 21,20. — 12: Iac 1,13-14. — 14: Gen 1,26-27. — 16: Mt 19,17. — 18: Ier 21,8. — 20: Ps 32,18; 33,16; Eccli 17,16; 34,19.

16 1: Prov 17,21; 19,13. — 7: Eccli 21,10. — 8: Gen 6,4; Sap 14,6; Bar 3,26-28. — 9: Gen 19,24-25. — 11: Ex 12,37; Num 14,23-35; 26,64. — 12: Eccli 5,7. — 15: Eccli 2,8; 51,38; Rom 2,6. — 16: Iob 24,15; Ps 93,7; Eccli 23,25-

Cum conspexerit illa Deus, tremore concutientur.
20 Et in omnibus his insensatum est cor,
Et omne cor intelligitur ab illo.
21 Et vias illius quis intelligit,
Et procellam quam nec oculus videbit hominis?
22 Nam plurima illius opera sunt in absconsis;
Sed opera iustitiae eius quis enuntiabit, aut quis sustinebit?
Longe enim est testamentum a quibusdam,
Et interrogatio omnium in consummatione est.
23 Qui minoratur corde cogitat inania,
Et vir imprudens et errans cogitat stulta.

Deus omnium rerum creator

24 Audi me, fili, et disce disciplinam sensus,
Et in verbis meis attende in corde tuo;
25 Et dicam in aequitate disciplinam,
Et scrutabor enarrare sapientiam;
Et in verbis meis attende in corde tuo,
Et dico in aequitate spiritus virtutes
Quas posuit Deus in opera sua ab initio,
Et in veritate enuntio scientiam eius.
26 In iudicio Dei opera eius ab initio;
Et ab institutione ipsorum distinxit partes illorum,
Et initia eorum in gentibus suis.
27 Ornavit in aeternum opera illorum;
Nec esurierunt, nec laboraverunt,
Et non destiterunt ab operibus suis.
28 Unusquisque proximum sibi non angustiabit usque in aeternum;
29 Non sis incredibilis verbo illius.
30 Post haec Deus in terram respexit,
Et implevit illam bonis suis,
31 Anima omnis vitalis denuntiavit ante faciem ipsius,
Et in ipsam iterum reversio illorum.

Deus hominis creator

17 1 Deus creavit de terra hominem,
Et secundum imaginem suam fecit illum.
2 Et iterum convertit illum in ipsam,
Et secundum se vestivit illum virtute.
3 Numerum dierum et tempus dedit illi.
Et dedit illi potestatem eorum quae sunt super terram.
4 Posuit timorem illius super omnem carnem,
Et dominatus est bestiarum et volatilium.
5 Creavit ex ipso adiutorium simile sibi;
Consilium, et linguam, et oculos, et aures,
Et cor dedit illis excogitandi,
Et disciplina intellectus replevit illos.
6 Creavit illis scientiam spiritus,
Sensu implevit cor illorum,
Et mala et bona ostendit illis.
7 Posuit oculum suum super corda illorum,
Ostendere illis magnalia operum suorum;
8 Ut nomen sanctificationis collaudent,
Et gloriari in mirabilibus illius,
Ut magnalia enarrent operum eius.
9 Addidit illis disciplinam,
Et legem vitae haereditavit illos.
10 Testamentum aeternum constituit cum illis,
Et iustitiam et iudicia sua ostendit illis.
11 Et magnalia honoris eius vidit oculus illorum,
Et honorem vocis audierunt aures illorum.
Et dixit illis: Attendite ab omni iniquo.
12 Et mandavit illis unicuique de proximo suo.
13 Viae illorum coram ipso sunt semper,
Non sunt absconsae ab oculis ipsius.
14 In unamquamque gentem praeposuit rectorem;
15 Et pars Dei Israel facta est manifesta.
16 Et omnia opera illorum velut sol in conspectu Dei;
Et oculi eius sine intermissione inspicientes in viis eorum.
17 Non sunt absconsa testamenta per iniquitatem illorum,
Et omnes iniquitates eorum in conspectu Dei.
18 Eleemosyna viri quasi signaculum cum ipso,
Et gratiam hominis quasi pupillam conservabit.
19 Et postea resurget,
Et retribuet illis retributionem, unicuique in caput ipsorum,
Et convertet in interiores partes terrae.
20 Poenitentibus autem dedit viam iustitiae,
Et confirmavit deficientes sustinere,
Et destinavit illis sortem veritatis.

Conversio ad Deum

21 Convertere ad Dominum, et relinque peccata tua;
22 Precare ante faciem Domini, et minue offendicula.
23 Revertere ad Dominum, et avertere ab iniustitia tua,
Et nimis odito execrationem;
24 Et cognosce iustitias et iudicia Dei;

26. — **19:** Ps 17,8. — **26:** Gen 1,4-10. — **27:** Ps 148,6. — **30:** Gen 1,29-31. — **31:** Gen 1,25; Eccli 3,20.

17 **1:** Gen 1,26-27; 2,7; Sap 7,1. — **2:** Gen 3,19. — **3:** Gen 1,26.28; Ps 89,10; Sap 9, 2-3. — **5-6:** Gen 2,17-18. — **10:** Deut 5,2-3. — **11:** Ex 20,1-11. — **12:** Ex 20,12-17. — **15:** Ex 19,5; Deut 7,6. — **16:** Ps 32,18; 33,16; Eccli 15, 20; 34,19. — **18:** Tob 4,7; Eccli 29,15. — **20:**

Et sta in sorte propositionis, et orationis altissimi Dei.
25 In partes vade saeculi sancti,
Cum vivis et dantibus confessionem Deo.
26 Non demoreris in errore impiorum;
Ante mortem confitere;
A mortuo, quasi nihil, perit confessio.
27 Confiteberis vivens,
Vivus et sanus confiteberis;
Et laudabis Deum,
Et gloriaberis in miserationibus illius.
28 Quam magna misericordia Domini,
Et propitiatio illius convertentibus ad se!
29 Nec enim omnia possunt esse in hominibus,
Quoniam non est immortalis filius hominis,
Et in vanitate malitiae placuerunt.
30 Quid lucidius sole?
Et hic deficiet.
Aut quid nequius quam quod excogitabit caro et sanguis?
Et hoc arguetur.
31 Virtutem altitudinis caeli ipse conspicit;
Et omnes homines terra et cinis.

18 1 Qui vivit in aeternum creavit omnia simul.
Deus solus iustificabitur,
Et manet invictus rex in aeternum.
2 Quis sufficit enarrare opera illius?
3 Quis enim investigabit magnalia eius?
4 Virtutem autem magnitudinis eius quis enuntiabit?
Aut quis adiiciet enarrare misericordiam eius?
5 Non est minuere neque adiicere,
Nec est invenire magnalia Dei.
6 Cum consummaverit homo, tunc incipiet;
Et cum quieverit, aporiabitur.
7 Quid est homo? et quae est gratia illius?
Et quid est bonum aut quid nequam illius?
8 Numerus dierum hominum, ut multum centum anni,
Quasi gutta aquae maris deputati sunt;
Et sicut calculus arenae, sic exigui anni in die aevi.
9 Propter hoc patiens est Deus in illis,
Et effundit super eos misericordiam suam.
10 Vidit praesumptionem cordis eorum, quoniam mala est;
Et cognovit subversionem illorum, quoniam nequam est.
11 Ideo adimplevit propitiationem suam in illis,
Et ostendit eis viam aequitatis.
12 Miseratio hominis circa proximum suum;
Misericordia autem Dei super omnem carnem.
13 Qui misericordiam habet, docet et erudit
Quasi pastor gregem suum.
14 Miseretur excipientis doctrinam miserationis,
Et qui festinat in iudiciis eius.

De optima conversatione

15 Fili, in bonis non des querelam,
Et in omni dato non des tristitiam verbi mali.
16 Nonne ardorem refrigerabit ros?
Sic et verbum melius quam datum.
17 Nonne ecce verbum super datum bonum?
Sed utraque cum homine iustificato.
18 Stultus acriter improperabit;
Et datus indisciplinati tabescere facit oculos.
19 Ante iudicium para iustitiam tibi,
Et antequam loquaris disce.
20 Ante languorem adhibe medicinam;
Et ante iudicium interroga teipsum,
Et in conspectu Dei invenies propitiationem.
21 Ante languorem humilia te,
Et in tempore infirmitatis ostende conversationem tuam.
22 Non impediaris orare semper,
Et ne verearis usque ad mortem iustificari,
Quoniam merces Dei manet in aeternum.
23 Ante orationem praepara animam tuam,
Et noli esse quasi homo qui tentat Deum.
24 Memento irae in die consummationis,
Et tempus retributionis in conversatione faciei.
25 Memento paupertatis in tempore abundantiae,
Et necessitatum paupertatis in die divitiarum.
26 A mane usque ad vesperam immutabitur tempus,
Et haec omnia citata in oculis Dei.
27 Homo sapiens in omnibus metuet,
Et in diebus delictorum attendet ab inertia.
28 Omnis astutus agnoscit sapientiam,
Et invenienti eam dabit confessionem.
29 Sensati in verbis et ipsi sapienter egerunt;
Et intellexerunt veritatem et iustitiam,
Et impleverunt proverbia et iudicia.

De continentia

30 Post concupiscentias tuas non eas,
Et a voluntate tua avertere.

2 Petr 3,9. — **28:** Ps 102,11. — **31:** Gen 18,27; Eccli 10,9.

18 **1:** Gen 1,1.31. || Epist. S. Anast. II: D 170. — **2-6:** Ps 105,2; Eccli 42,21-22; 43,29-36. — **8:** Ps 89,10. — **13:** Is 40,11; Io 10,11. **18:** Eccli 20,14-15. — **22:** Lc 18,1; 21,36; Rom 12,12; Eph 6,18; Col 4,2; 1 Thess 5,17. || Conc. Trid.: D 803. — **24:** Eccli 7,18. — **25:** Eccli 11,

31 Si praestes animae tuae concupiscentias eius,
Faciat te in gaudium inimicis tuis.
32 Ne oblecteris in turbis nec in modicis;
Assidua enim est commissio illorum.
33 Ne fueris mediocris in contentione ex foenore,
Et est tibi nihil in sacculo;
Eris enim invidus vitae tuae.

19 1 Operarius ebriosus non locupletabitur;
Et qui spernit modica paulatim decidet.
2 Vinum et mulieres apostatare faciunt sapientes,
Et arguent sensatos.
3 Et qui se iungit fornicariis erit nequam;
Putredo et vermes haereditabunt illum;
Et extolletur in exemplum maius,
Et tolletur de numero anima eius.

De cautela in credendo et in loquendo

4 Qui credit cito levis corde est, et minorabitur;
Et qui delinquit in animam suam, insuper habebitur.
5 Qui gaudet iniquitate, denotabitur;
Et qui odit correptionem minuetur vita;
Et qui odit loquacitatem extinguit malitiam.
6 Qui peccat in animam suam, poenitebit;
Et qui iucundatur in malitia, denotabitur.
7 Ne iteres verbum nequam et durum,
Et non minoraberis.
8 Amico et inimico noli narrare sensum tuum;
Et si est tibi delictum, noli denudare;
9 Audiet enim te, et custodiet te,
Et quasi defendens peccatum, odiet te,
Et sic aderit tibi semper.
10 Audisti verbum adversus proximum tuum?
Commoriatur in te, fidens quoniam non te dirumpet.
11 A facie verbi parturit fatuus,
Tanquam gemitus partus infantis.
12 Sagitta infixa femori carnis,
Sic verbum in corde stulti.
13 Corripe amicum,
Ne forte non intellexerit, et dicat: Non feci;
Aut, si fecerit, ne iterum addat facere.
14 Corripe proximum, ne forte non dixerit;
Et si dixerit, ne forte iteret.
15 Corripe amicum, saepe enim fit commissio;
16 Et non omni verbo credas.
Est qui labitur lingua, sed non ex animo:
17 Quis est enim qui non deliquerit in lingua sua?

De vera et falsa sapientia

Corripe proximum antequam commineris,
18 Et da locum timori Altissimi.
Quia omnis sapientia timor Dei, et in illa timere Deum,
Et in omni sapientia dispositio legis.
19 Et non est sapientia nequitiae disciplina,
Et non est cogitatus peccatorum prudentia.
20 Est nequitia et in ipsa execratio,
Et est insipiens qui minuitur sapientia.
21 Melior est homo qui minuitur sapientia,
Et deficiens sensu, in timore,
Quam qui abundat sensu,
Et transgreditur legem Altissimi.
22 Est solertia certa, et ipsa iniqua;
23 Et est qui emittit verbum certum enarrans veritatem.
Est qui nequiter humiliat se,
Et interiora eius plena sunt dolo;
24 Et est qui se nimium submittit a multa humilitate;
Et est qui inclinat faciem suam,
Et fingit se non videre quod ignoratum est;
25 Et si ab imbecillitate virium vetetur peccare,
Si invenerit tempus malefaciendi, malefaciet.
26 Ex visu cognoscitur vir,
Et ab occursu faciei cognoscitur sensatus.
27 Amictus corporis, et risus dentium,
Et ingressus hominis, enuntiant de illo.
28 Est correptio mendax in ira contumeliosi,
Et est iudicium quod non probatur esse bonum;
Et est tacens, et ipse est prudens.

De moderatione in loquendo

20 1 Quam bonum est arguere, quam irasci,
Et confitentem in oratione non prohibere!
2 Concupiscentia spadonis devirginabit iuvenculam:
3 Sic qui facit per vim iudicium iniquum.

27. — **27:** Prov 28,14. — **30:** Rom 6,12; 13,13-14; 1 Petr 2,11.

19 **1:** Prov 21,17; 23,21. — **2:** Gen 19,33; 3 Reg 11,1-4; Prov 7,26; 20,1; 31,3-5; Eccli 9,5.9. — **4:** Ios 9,15-19; 22,11. — **5:** Prov 15,10; 21,23. — **8:** Eccli 8,22. — **13:** Lev 19,17; Mt 18,15; Lc 17,3; Gal 6,1. — **17:** Eccli 14,1; Iac 3,2.8. — **18:** Ps 110,10; Eccli 1,11.16-17. — **26:** Prov 17,24; Eccli 13,31.

20 **1:** Prov 28,13. — **5:** Prov 10,19; 17,28; Eccli 19,28. — **8:** Prov 10,19. — **13:** Eccli 6,5; 21,19. — **20:** Prov 12,13. — **23:** Eccli 19,

4 Quam bonum est correptum manifestare poenitentiam!
Sic enim effugies voluntarium peccatum.
5 Est tacens qui invenitur sapiens;
Et est odibilis qui procax est ad loquendum.
6 Est tacens non habens sensum loquelae;
Et est tacens sciens tempus aptum.
7 Homo sapiens tacebit usque ad tempus;
Lascivus autem et imprudens non servabunt tempus.
8 Qui multis utitur verbis laedet animam suam;
Et qui potestatem sibi sumit iniuste, odietur.
9 Est processio in malis viro indisciplinato,
Et est inventio in detrimentum.
10 Est datum quod non est utile,
Et est datum cuius retributio duplex.
11 Est propter gloriam minoratio,
Et est qui ab humilitate levabit caput.
12 Est qui multa redimat modico pretio,
Et restituens ea in septuplum.
13 Sapiens in verbis seipsum amabilem facit;
Gratiae autem fatuorum effundentur.
14 Datus insipientis non erit utilis tibi;
Oculi enim illius septemplices sunt.
15 Exigua dabit, et multa improperabit;
Et apertio oris illius inflammatio est.
16 Hodie foeneratur quis, et cras expetit;
Odibilis est homo huiusmodi.
17 Fatuo non erit amicus,
Et non erit gratia bonis illius;
18 Qui enim edunt panem illius, falsae linguae sunt.
Quoties et quanti irridebunt eum!
19 Neque enim quod habendum erat directo sensu distribuit:
Similiter et quod non erat habendum.
20 Lapsus falsae linguae quasi qui in pavimento cadens;
Sic casus malorum festinanter veniet.
21 Homo acharis quasi fabula vana,
In ore indisciplinatorum assidua erit.
22 Ex ore fatui reprobabitur parabola,
Non enim dicit illam in tempore suo.

Praecepta promiscua

23 Est qui vetatur peccare prae inopia,
Et in requie sua stimulabitur.
24 Est qui perdet animam suam prae confusione,
Et ab imprudenti persona perdet eam;
Personae autem acceptione perdet se.
25 Est qui prae confusione promittit amico,
Et lucratus est eum inimicum gratis.
26 Opprobrium nequam in homine mendacium;
Et in ore indisciplinatorum assidue erit.
27 Potior fur quam assiduitas viri mendacis;
Perditionem autem ambo haereditabunt.
28 Mores hominum mendacium sine honore,
Et confusio illorum cum ipsis sine intermissione.
29 Sapiens in verbis producet seipsum,
Et homo prudens placebit magnatis.
30 Qui operatur terram suam inaltabit acervum frugum;
Et qui operatur iustitiam ipse exaltabitur:
Qui vero placet magnatis effugiet iniquitatem.
31 Xenia et dona excaecant oculos iudicum,
Et quasi mutus, in ore avertit correptiones eorum.
32 Sapientia absconsa, et thesaurus invisus,
Quae utilitas in utrisque?
33 Melior est qui celat insipientiam suam,
Quam homo qui abscondit sapientiam suam.

De peccato fugiendo

21 1 Fili, peccasti, non adiicias iterum:
Sed et de pristinis deprecare, ut tibi dimittantur.
2 Quasi a facie colubri fuge peccata;
Et si accesseris ad illa, suscipient te.
3 Dentes leonis dentes eius,
Interficientes animas hominum.
4 Quasi romphaea bis acuta omnis iniquitas,
Plagae illius non est sanitas.
5 Obiurgatio et iniuriae annullabunt substantiam,
Et domus quae nimis locuples est annullabitur superbia;
Sic substantia superbi eradicabitur.
6 Deprecatio pauperis ex ore usque ad aures eius perveniet,
Et iudicium festinato adveniet illi.
7 Qui odit correptionem vestigium est peccatoris,
Et qui timet Deum convertetur ad cor suum.
8 Notus a longe potens lingua audaci,
Et sensatus scit labi se ab ipso.
9 Qui aedificat domum suam impendiis alienis,
Quasi qui colligit lapides suos in hieme.
10 Stupa collecta synagoga peccantium,
Et consummatio illorum flamma ignis.
11 Via peccantium complanata lapidibus;
Et in fine illorum inferi, et tenebrae, et poenae.

25. — **26:** Prov 6,17.19; Eccli 7,14. — **30:** Prov 12,11; 28,19. — **31:** Ex 23,8; Deut 16,19; Eccli 8,3. — **32-33:** Eccli 41,17-18.

21 **1:** Eccli 5,5. — **5:** Prov 16,18. — **6:** Eccl 4,6. — **13:** Prov 8,10; Eccli 1,22. — **16:** Prov 10,11; 16,22. — **19:** Eccli 22,17-18. — **23:**

De sapiente et insipiente

12 Qui custodit iustitiam continebit sensum eius.
13 Consummatio timoris Dei, sapientia et sensus.
14 Non erudietur
Qui non est sapiens in bono.
15 Est autem sapientia quae abundat in malo,
Et non est sensus ubi est amaritudo.
16 Scientia sapientis tanquam inundatio abundabit,
Et consilium illius sicut fons vitae permanet.
17 Cor fatui quasi vas confractum,
Et omnem sapientiam non tenebit.
18 Verbum sapiens quodcumque audierit scius,
Laudabit, et ad se adiiciet;
Audivit luxuriosus, et displicebit illi,
Et proiiciet illud post dorsum suum.
19 Narratio fatui quasi sarcina in via;
Nam in labiis sensati invenietur gratia.
20 Os prudentis quaeritur in ecclesia,
Et verba illius cogitabunt in cordibus suis.
31 Tanquam domus exterminata, sic fatuo sapientia;
Et scientia insensati inenarrabilia verba.
22 Compedes in pedibus, stulto doctrina:
Et quasi vincula manuum super manum dextram.
23 Fatuus in risu exaltat vocem suam;
Vir autem sapiens vix tacite ridebit.
24 Ornamentum aureum prudenti doctrina,
Et quasi brachiale in brachio dextro.
25 Pes fatui facilis in domum proximi;
Et homo peritus confundetur a persona potentis.
26 Stultus a fenestra respiciet in domum;
Vir autem eruditus foris stabit.
27 Stultitia hominis auscultare per ostium;
Et prudens gravabitur contumelia.
28 Labia imprudentium stulta narrabunt;
Verba autem prudentium statera ponderabuntur.
29 In ore fatuorum cor illorum,
Et in corde sapientium os illorum.
30 Dum maledicit impius diabolum,
Maledicit ipse animam suam.
31 Susurro coinquinabit animam suam, et in omnibus odietur;
Et qui cum eo manserit odiosus erit:
Tacitus et sensatus honorabitur.

22 1 In lapide luteo lapidatus est piger;
Et omnes loquentur super aspernationem illius.
2 De stercore boum lapidatus est piger;
Et omnis qui tetigerit eum excutiet manus.

Eccl 7,7. — **25:** Prov 25,17; Eccli 13,12. — **31:** Eccli 5,16.

De liberis indisciplinatis

3 Confusio patris est de filio indisciplinato;
Filia autem in deminoratione fiet.
4 Filia prudens haereditas viro suo;
Nam quae confundit, in contumeliam fit genitoris.
5 Patrem et virum confundit audax,
Et ab impiis non minorabitur;
Ab utrisque autem inhonorabitur.
6 Musica in luctu importuna narratio;
Flagella et doctrina in omni tempore sapientia.

De insipiente

7 Qui docet fatuum,
Quasi qui conglutinat testam.
8 Qui narrat verbum non audienti,
Quasi qui excitat dormientem de gravi somno.
9 Cum dormiente loquitur qui enarrat stulto sapientiam;
Et in fine narrationis dicit: Quis est hic?
10 Supra mortuum plora, defecit enim lux eius;
Et supra fatuum plora, deficit enim sensus.
11 Modicum plora supra mortuum, quoniam requievit;
12 Nequissimi enim nequissima vita super mortem fatui.
13 Luctus mortui septem dies;
Fatui autem et impii omnes dies vitae illorum.
14 Cum stulto ne multum loquaris,
Et cum insensato ne abieris.
15 Serva te ab illo, ut non molestiam habeas,
Et non coinquinaberis peccato illius.
16 Deflecte ab illo, et invenies requiem,
Et non acediaberis in stultitia illius.
17 Super plumbum quid gravabitur?
Et: quod illi aliud nomen quam fatuus?
18 Arenam, et salem, et massam ferri facilius est ferre,
Quam hominem imprudentem, et fatuum, et impium.

De fortitudine

19 Loramentum ligneum colligatum in fundamento aedificii non dissolvetur,
Sic et cor confirmatum in cogitatione consilii.
20 Cogitatus sensati in omni tempore metu non depravabitur.
21 Sicut pali in excelsis, et caementa sine impensa posita

22 **3:** Prov 10,1; 17,21.25; 19,13; 29,15. — **4:** Prov 18,22; 31,10. — **6:** Prov 25,20; 29,15; Eccli 30,1. — **7:** Eccli 21,17. — **10-11:** Eccli 38,16-18. — **18:** Prov 27,3; Eccli 21,19. →

Contra faciem venti non permanebunt;
22 Sic et cor timidum in cogitatione stulti
Contra impetum timoris non resistet.
23 Sicut cor trepidum in cogitatione fatui omni tempore non metuet,
Sic et qui in praeceptis Dei permanet semper.

De amicitia

24 Pungens oculum deducit lacrymas,
Et qui pungit cor profert sensum.
25 Mittens lapidem in volatilia, deiiciet illa;
Sic et qui conviciatur amico, dissolvit amicitiam.
26 Ad amicum etsi produxeris gladium, non desperes;
Est enim regressus.
Ad amicum
27 Si aperueris os triste, non timeas;
Est enim concordatio:
Excepto convitio, et improperio, et superbia,
Et mysterii revelatione, et plaga dolosa;
In his omnibus effugiet amicus.
28 Fidem posside cum amico in paupertate illius.
Ut et in bonis illius laeteris.
29 In tempore tribulationis illius permane illi fidelis,
Ut et in haereditate illius cohaeres sis.
30 Ante ignem camini vapor et fumus ignis inaltatur;
Sic et ante sanguinem maledicta, et contumeliae, et minae.
31 Amicum salutare non confundar,
A facie illius non me abscondam;
Et si mala mihi evenerint per illum, sustinebo.
32 Omnis qui audiet cavebit se ab eo.

Oratio ad mala cavenda

33 Quis dabit ori meo custodiam,
Et super labia mea signaculum certum,
Ut non cadam ab ipsis,
Et lingua mea perdat me?

23 1 Domine, pater et dominator vitae meae,
Ne derelinquas me in consilio eorum,
Nec sinas me cadere in illis.
2 Quis superponet in cogitatu meo flagella,
Et in corde meo doctrinam sapientiae,
Ut ignorationibus eorum non parcant mihi,
Et non appareant delicta eorum,
3 Et ne adincrescant ignorantiae meae,
Et multiplicentur delicta mea,
Et peccata mea abundent,
Et incidam in conspectu adversariorum meorum,
Et gaudeat super me inimicus meus?
4 Domine, pater et Deus vitae meae,
Ne derelinquas me in cogitatu illorum.
5 Extollentiam oculorum meorum ne dederis mihi,
Et omne desiderium averte a me.
6 Aufer a me ventris concupiscentias,
Et concubitus concupiscentiae ne apprehendant me,
Et animae irreverenti et infrunitae ne tradas me.

De linguae disciplina

7 Doctrinam oris audite, filii;
Et qui custodierit illam non periet labiis,
Nec scandalizabitur in operibus nequissimis.
8 In vanitate sua apprehenditur peccator;
Et superbus et maledicus scandalizabitur in illis.
9 Iurationi non assuescat os tuum;
Multi enim casus in illa.
10 Nominatio vero Dei non sit assidua in ore tuo,
Et nominibus sanctorum non admiscearis,
Quoniam non erit immunis ab eis.
11 Sicut enim servus interrogatus assidue a livore non minuitur,
Sic omnis iurans et nominans in toto a peccato non purgabitur.
12 Vir multum iurans implebitur iniquitate,
Et non discedet a domo illius plaga.
13 Et si frustraverit, delictum illius super ipsum erit;
Et si dissimulaverit, delinquit dupliciter;
14 Et si in vacuum iuraverit, non iustificabitur;
Replebitur enim retributione domus illius.
15 Est et alia loquela contraria morti;
Non inveniatur in haereditate Iacob.
16 Etenim a misericordibus omnia haec auferentur,
Et in delictis non volutabuntur.
17 Indisciplinatae loquelae non assuescat os tuum;
Est enim in illa verbum peccati.
18 Memento patris et matris tuae,
In medio enim magnatorum consistis;
19 Ne forte obliviscatur te Deus in conspectu illorum,
Et assiduitate tua infatuatus, improperium patiaris,
Et maluisses non nasci,
Et diem nativitatis tuae maledicas.
20 Homo assuetus in verbis improperii
In omnibus diebus suis non erudietur.

28: Prov 17,17; 27,10; Eccli 6,7-10; 12,8-9. — **33:** Ps 140,3.

23 **3:** Ps 12,5. — **9:** Ex 20,7; Eccli 27,15; Mt 5,33-17. — **10:** Ex 20,7. — **13:** Lev 5,4-6. — **18:** Ex 20,12; Eccli 3,2-9; 7,29. — **20:**

De peccatis carnis

21 Duo genera abundant in peccatis,
Et tertium adducit iram et perditionem.
22 Anima calida quasi ignis ardens,
Non extinguetur donec aliquid glutiat;
23 Et homo nequam in ore carnis suae
Non desinet donec incendat ignem.
24 Homini fornicatio omnis panis dulcis;
Non fatigabitur transgrediens usque ad finem.
25 Omnis homo qui transgreditur lectum suum,
Contemnens in animam suam, et dicens: Quis me videt?
26 Tenebrae circumdant me, et parietes cooperiunt me,
Et nemo circumspicit me; quem vereor?
Delictorum meorum non memorabitur Altissimus.
27 Et non intelligit quoniam omnia videt oculus illius,
Quoniam expellit a se timorem Dei huiusmodi hominis timor,
Et oculi hominum timentes illum;
28 Et non cognovit quoniam oculi Domini
Multo plus lucidiores sunt super solem,
Circumspicientes omnes vias hominum,
Et profundum abyssi, et hominum corda,
Intuentes in absconditas partes.
29 Domino enim Deo antequam crearentur omnia sunt agnita;
Sic et post perfectum respicit omnia.
30 Hic in plateis civitatis vindicabitur,
Et quasi pullus equinus fugabitur,
Et ubi non speravit apprehendetur.
31 Et erit dedecus omnibus,
Eo quod non intellexerit timorem Domini.
32 Sic et mulier omnis relinquens virum suum,
Et statuens haereditatem ex alieno matrimonio;
33 Primo enim in lege Altissimi incredibilis fuit;
Secundo in virum suum deliquit;
Tertio in adulterio fornicata est,
Et ex alio viro filios statuit sibi.
34 Haec in ecclesiam adducetur,
Et in filios eius respicietur;
35 Non tradent filii eius radices,
Et rami eius non dabunt fructum;
36 Derelinquet in maledictum memoriam eius,
Et dedecus illius non delebitur.
37 Et agnoscent qui derelicti sunt,
Quoniam nihil melius est quam timor Dei,
Et nihil dulcius quam respicere in mandatis Domini.
38 Gloria magna est sequi Dominum;
Longitudo enim dierum assumetur ab eo.

Praeconium sapientiae

24 1 Sapientia laudabit animam suam,
Et in Deo honorabitur,
Et in medio populi sui gloriabitur,
2 Et in ecclesiis Altissimi aperiet os suum,
Et in conspectu virtutis illius gloriabitur.
3 Et in medio populi sui exaltabitur,
Et in plenitudine sancta admirabitur,
4 Et in multitudine electorum habebit laudem,
Et inter benedictos benedicetur, dicens:
5 Ego ex ore Altissimi prodivi
Primogenita ante omnem creaturam.
6 Ego feci in caelis ut oriretur lumen indeficiens,
Et sicut nebula texi omnem terram.
7 Ego in altissimis habitavi,
Et thronus meus in columna nubis.
8 Gyrum caeli circuivi sola,
Et profundum abyssi penetravi;
In fluctibus maris ambulavi,
9 Et in omni terra steti;
Et in omni populo
10 Et in omni gente primatum habui;
11 Et omnium excellentium et humilium corda virtute calcavi.
Et in his omnibus requiem quaesivi,
Et in haereditate Domini morabor.
12 Tunc praecepit, et dixit mihi Creator omnium;
Et qui creavit me requievit in tabernaculo meo.
13 Et dixit mihi: In Iacob inhabita,
Et in Israel haereditare,
Et in electis meis mitte radices.

Sapientiae habitatio in Sion

14 Ab initio et ante saecula creata sum,
Et usque ad futurum saeculum non desinam,
Et in habitatione sancta coram ipso ministravi.
15 Et sic in Sion firmata sum,
Et in civitate sanctificata similiter requievi,
Et in Ierusalem potestas mea.
16 Et radicavi in populo honorificato,
Et in parte Dei mei haereditas illius,
Et in plenitudine sanctorum detentio mea.

Sapientiae praestantia

17 Quasi cedrus exaltata sum in Libano,
Et quasi cypressus in monte Sion;
18 Quasi palma exaltata sum in Cades,
Et quasi plantatio rosae in Iericho.

2 Sam 16,7. — **26:** Ps 93,7; Eccli 16,16. — **28:** Prov 5,21; Eccli 15,20. — **30:** Lev 20,10; Deut 22,21; Prov 6,33-35. — **33:** Ex 20,14; Lev 18,20; Deut 22,22. — **35:** Eccli 40,15. — **37:** Eccli 25, 14; 40,26. — **38:** Prov 3,2; Eccli 1,12.25.

24 **1-47:** Prov 8,1-36. — **5:** Prov 2,6; Sap 7, 25; Eccli 1,4-5; Col 1,15. — **13:** Deut 7, 6; Bar 3,37. — **14:** Prov 8,22-23; Eccli 1,4. — **24:** Sap 7,12. — **26:** Prov 9,4-5; Mt 11,28. — **31:**

19 Quasi oliva speciosa in campis,
Et quasi platanus exaltata sum iuxta aquam in plateis.
20 Sicut cinnamomum et balsamum aromatizans odorem dedi,
Quasi myrrha electa dedi suavitatem odoris;
21 Et quasi storax, et galbanus, et ungula, et gutta,
Et quasi Libanus non incisus vaporavi habitationem meam.
Et quasi balsamum non mistum odor meus,
22 Ego quasi terebinthus extendi ramos meos,
Et rami mei honoris et gratiae.
23 Ego quasi vitis fructificavi suavitatem odoris;
Et flores mei fructus honoris et honestatis.
24 Ego mater pulchrae dilectionis, et timoris,
Et agnitionis, et sanctae spei.
25 In me gratia omnis viae et veritatis;
In me omnis spes vitae et virtutis.
26 Transite ad me, omnes qui concupiscitis me,
Et a generationibus meis implemini;
27 Spiritus enim meus super mel dulcis,
Et haereditas mea super mel et favum.
28 Memoria mea in generationes saeculorum.
29 Qui edunt me adhuc esurient,
Et qui bibunt me adhuc sitient.
30 Qui audit me non confundetur,
Et qui operantur in me non peccabunt;
31 Qui elucidant me vitam aeternam habebunt.

Sapientiae relatio ad Legem

32 Haec omnia liber vitae,
Et testamentum Altissimi, et agnitio veritatis.
33 Legem mandavit Moyses in praeceptis iustitiarum,
Et haereditatem domui Iacob,
Et Israel promissiones.
34 Posuit David, puero suo,
Excitare regem ex ipso fortissimum,
Et in throno honoris sedentem in sempiternum.
35 Qui implet quasi Phison sapientiam,
Et sicut Tigris in diebus novorum;
36 Qui adimplet quasi Euphrates sensum,
Qui multiplicat quasi Iordanis in tempore messis;
37 Qui mittit disciplinam sicut lucem,
Et assistens quasi Gehon in die vindemiae.

Dan 12,3. — 33: Deut 29,1. — 34: 2 Sam 7,12-13. — 47: Eccli 33,18.

38 Qui perficit primus scire ipsam,
Et infirmior non investigabit eam.
39 A mari enim abundavit cogitatio eius,
Et consilium illius ab abysso magna.
40 Ego sapientia effudi flumina;
41 Ego quasi trames aquae immensae de fluvio;
Ego quasi fluvii dioryx,
Et sicut aquaeductus exivi de paradiso.
42 Dixi: Rigabo hortum meum plantationum,
Et inebriabo prati mei fructum.
43 Et ecce factus est mihi trames abundans,
Et fluvius meus appropinquavit ad mare;
44 Quoniam doctrinam quasi antelucanum illumino omnibus,
Et enarrabo illam usque ad longinquum.
45 Penetrabo omnes inferiores partes terrae,
Et inspiciam omnes dormientes,
Et illuminabo omnes sperantes in Domino.
46 Adhuc doctrinam quasi prophetiam affundam,
Et relinquam illam quaerentibus sapientiam,
Et non desinam in progenies illorum usque in aevum sanctum.
47 Videte quoniam non soli mihi laboravi,
Sed omnibus exquirentibus veritatem.

De tribus bonis et de tribus odiosis

25 1 In tribus placitum est spiritui meo,
Quae sunt probata coram Deo et hominibus:
2 Concordia fratrum, et amor proximorum,
Et vir et mulier bene sibi consentientes.
3 Tres species odivit anima mea,
Et aggravor valde animae illorum:
4 Pauperem superbum, divitem mendacem,
Senem fatuum et insensatum.

Sapientia, corona senectutis

5 Quae in iuventute tua non congregasti,
Quomodo in senectute tua invenies?
6 Quam speciosum canitiei iudicium,
Et presbyteris cognoscere consilium!
7 Quam speciosa veteranis sapientia,
Et gloriosis intellectus et consilium!
8 Corona senum multa peritia,
Et gloria illorum timor Dei.

25 2: Lev 19,18; Ps 132,1. — 10: Prov 23,22-25. — 11: Prov 12,4; 18,22; Eccli 7,21; 14,1; 19,16-75; 26,1-3; Iac 3,2. — 12: Ec-

Novem laudanda

9 Novem insuspicabilia cordis magnificavi,
Et decimum dicam in lingua hominibus:
10 Homo qui iucundatur in filiis,
Vivens et videns subversionem inimicorum suorum.
11 Beatus qui habitat cum muliere sensata,
Et qui lingua sua non est lapsus,
Et qui non servivit indignis se.
12 Beatus qui invenit amicum verum,
Et qui enarrat iustitiam auri audienti.
13 Quam magnus qui invenit sapientiam et scientiam!
Sed non est super timentem Dominum.
14 Timor Dei super omnia se superposuit.
15 Beatus homo cui donatum est habere timorem Dei:
Qui tenet illum cui assimilabitur?
16 Timor Dei initium dilectionis eius;
Fidei autem initium agglutinandum est ei.

De muliere nequam

17 Omnis plaga tristitia cordis est,
Et omnis malitia nequitia mulieris.
18 Et omnem plagam, et non plagam videbit cordis;
19 Et omnem nequitiam, et non nequitiam mulieris;
20 Et omnem obductum, et non obductum odientium;
21 Et omnem vindictam, et non vindictam inimicorum.
22 Non est caput nequius super caput colubri,
23 Et non est ira super iram mulieris.
Commorari leoni et draconi placebit,
Quam habitare cum muliere nequam.
24 Nequitia mulieris immutat faciem eius;
Et obcaecat vultum suum tanquam ursus,
Et quasi saccum ostendit.
In medio proximorum eius
25 Ingemuit vir eius,
Et audiens suspiravit modicum.
26 Brevis omnis malitia super malitiam mulieris;
Sors peccatorum cadat super illam.
27 Sicut ascensus arenosis in pedibus veterani,
Sic mulier linguata homini quieto.
28 Ne respicias in mulieris speciem,
Et non concupiscas mulierem in specie.
29 Mulieris ira, et irreverentia,
Et confusio magna.
30 Mulier si primatum habeat,
Contraria est viro suo.
31 Cor humile, et facies tristis,
Et plaga cordis, mulier nequam.
32 Manus debiles et genua dissoluta,
Mulier quae non beatificat virum suum.
33 A muliere initium factum est peccati,
Et per illam omnes morimur.
34 Non des aquae tuae exitum, nec modicum;
Nec mulieri nequam veniam prodeundi.
35 Si non ambulaverit ad manum tuam,
Confundet te in conspectu inimicorum.
36 A carnibus tuis abscinde illam,
Ne semper te abutatur.

De muliere nequam et de muliere proba

26 1 Mulieris bonae beatus vir:
Numerus enim annorum illius duplex.
2 Mulier fortis oblectat virum suum,
Et annos vitae illius in pace implebit.
3 Pars bona mulier bona,
In parte timentium Deum dabitur viro pro factis bonis;
4 Divitis autem et pauperis cor bonum,
In omni tempore vultus illorum hilaris.
5 A tribus timuit cor meum,
Et in quarto facies mea metuit:
6 Delaturam civitatis, et collectionem populi,
7 Calumniam mendacem super mortem omnia gravia;
8 Dolor cordis et luctus, mulier zelotypa.
9 In muliere zelotypa flagellum linguae,
Omnibus communicans.
10 Sicut boum iugum quod movetur, ita et mulier nequam;
Qui tenet illam quasi qui apprehendit scorpionem.
11 Mulier ebriosa ira magna, et contumelia;
Et turpitudo illius non tegetur.
12 Fornicatio mulieris in extollentia oculorum,
Et in palpebris illius agnoscetur.
13 In filia non avertente se, firma custodiam,
Ne inventa occasione utatur se.
14 Ab omni irreverentia oculorum eius cave,
Et ne mireris si te neglexerit.
15 Sicut viator sitiens ad fontem os aperiet,
Et ab omni aqua proxima bibet,
Et contra omnem palum sedebit,
Et contra omnem sagittam aperiet pharetram donec deficiat.
16 Gratia mulieris sedulae delectabit virum suum,
Et ossa illius impinguabit.
17 Disciplina illius datum Dei est.

cli 6,14-15. — **13**: Prov 3,13; Eccli 10,27; Sap 7,10-11. — **14**: Eccli 23,37; 40,26. — **23**: Prov 19,13; 21,9.19; 25,24; 27,15. — **28**: Eccli 9,8-9. **30**: Eccli 9,2. — **33**: Gen 3,6; Rom 5,12.

26 **1**: Prov 12,4; 18,22; Eccli 7,21; 25,11. — **3**: Eccli 36,26. — **12**: Prov 7,10-12. — **13**: Eccli 42,11. — **15**: Ez 16,25. — **18**: Prov 31,10.

18 Mulier sensata et tacita,
Non est immutatio eruditae animae.
19 Gratia super gratiam
Mulier sancta et pudorata.
20 Omnis autem ponderatio non est digna
Continentis animae.
21 Sicut sol oriens mundo in altissimis Dei,
Sic mulieris bonae species in ornamentum domus eius.
22 Lucerna splendens super candelabrum sanctum,
Et species faciei super aetatem stabilem.
23 Columnae aureae super bases argenteas,
Et pedes firmi super plantas stabilis mulieris.
24 Fundamenta aeterna supra petram solidam,
Et mandata Dei in corde mulieris sanctae.

De tribus tristibus

25 In duobus contristatum est cor meum,
Et in tertio iracundia mihi advenit:
26 Vir bellator deficiens per inopiam;
Et vir sensatus contemptus;
27 Et qui transgreditur a iustitia ad peccatum:
Deus paravit eum ad romphaeam.

De cupiditate

28 Duae species difficiles et periculosae mihi apparuerunt:
Difficile exuitur negotians a negligentia,
Et non iustificabitur caupo a peccatis labiorum.

27 1 Propter inopiam multi deliquerunt;
Et qui quaerit locupletari avertit oculum suum.
2 Sicut in medio compaginis lapidum palus figitur,
Sic et inter medium venditionis et emptionis angustiabitur peccatum:
3 Conteretur cum delinquente delictum.
4 Si non in timore Domini tenueris te instanter,
Cito subvertetur domus tua.

De prudentia in loquendo

5 Sicut in percussura cribri remanebit pulvis,
Sic aporia hominis in cogitatu illius.
6 Vasa figuli probat fornax,
Et homines iustos tentatio tribulationis.
7 Sicut rusticatio de ligno ostendit fructum illius,
Sic verbum ex cogitatu cordis hominis.
8 Ante sermonem non laudes virum;
Haec enim tentatio est hominum.
9 Si sequaris iustitiam, apprehendes illam,
Et indues quasi poderem honoris;
Et inhabitabis cum ea, et proteget te in sempiternum,
Et in die agnitionis invenies firmamentum.
10 Volatilia ad sibi similia conveniunt;
Et veritas ad eos qui operantur illam revertetur.
11 Leo venationi insidiatur semper;
Sic peccata operantibus iniquitates.
12 Homo sanctus in sapientia manet sicut sol;
Nam stultus sicut luna mutatur.
13 In medio insensatorum serva verbum tempori;
In medio autem cogitantium assiduus esto.
14 Narratio peccantium odiosa,
Et risus illorum in deliciis peccati.
15 Loquela multum iurans horripilationem capiti statuet,
Et irreverentia ipsius obturatio aurium.
16 Effusio sanguinis in rixa superborum,
Et maledictio illorum auditus gravis.
17 Qui denudat arcana amici fidem perdit,
Et non inveniet amicum ad animum suum.
18 Dilige proximum,
Et coniungere fide cum illo.
19 Quod si denudaveris absconsa illius,
Non persequeris post eum.
20 Sicut enim homo qui perdit amicum suum,
Sic et qui perdit amicitiam proximi sui.
21 Et sicut qui dimittit avem de manu sua,
Sic dereliquisti proximum tuum, et non eum capies.
22 Non illum sequaris, quoniam longe abest;
Effugit enim quasi caprea de laqueo, quoniam vulnerata est anima eius:
23 Ultra eum non poteris colligare.
Et maledicti est concordatio;
24 Denudare autem amici mysteria, desperatio est animae infelicis.

De simulatione

25 Annuens oculo fabricat iniqua,
Et nemo eum abiiciet.
26 In conspectu oculorum tuorum condulcabit os suum,
Et super sermones tuos admirabitur;
Novissime autem pervertet os suum,
Et in verbis tuis dabit scandalum.
27 Multa odivi, et non coaequavi ei,
Et Dominus odiet illum.

19: Eccli 7,21. — 27: Ez 33,12-13. — 28: Prov 20,14; Eccli 27,2.

27 1: Prov 28,20; 1 Tim 6,9. — 2: Eccli 26,28. — 6: Eccli 2,5. — 7: Mt 12,33-34. — 12: Eccli 33,5. — 13: Eccli 9,21. — 15: Eccli 23,9.12. — 17: Prov 11,13; 20,19; Eccli 22,27; 42,1. — 24: Eccli 22,26-27. — 27: Ps 11,4. — 29: Prov 26,27.

28 Qui in altum mittit lapidem, super caput eius cadet;
Et plaga dolosa dolosi dividet vulnera.
29 Et qui foveam fodit incidet in eam;
Et qui statuit lapidem proximo offendet in eo;
Et qui laqueum alii ponit peribit in illo.
30 Facienti nequissimum consilium super ipsum devolvetur,
Et non agnoscet unde adveniat illi.
31 Illusio et improperium superborum,
Et vindicta sicut leo insidiabitur illi.
32 Laqueo peribunt qui oblectantur casu iustorum,
Dolor autem consumet illos antequam moriantur.

De moderatione irae

33 Ira et furor utraque execrabilia sunt,
Et vir peccator continens erit illorum.

28 1 Qui vindicari vult, a Domino inveniet vindictam,
Et peccata illius servans servabit.
2 Relinque proximo tuo nocenti te,
Et tunc deprecanti tibi peccata solventur.
3 Homo homini reservat iram,
Et a Deo quaerit medelam;
4 In hominem similem sibi non habet misericordiam,
Et de peccatis suis deprecatur.
5 Ipse cum caro sit reservat iram,
Et propitiationem petit a Deo:
Quis exorabit pro delictis illius?
6 Memento novissimorum, et desine inimicari;
7 Tabitudo enim et mors imminent in mandatis eius.
8 Memorare timorem Dei,
Et non irascaris proximo.
9 Memorare testamentum Altissimi,
Et despice ignorantiam proximi.
10 Abstine te a lite,
Et minues peccata.
11 Homo enim iracundus incendit litem,
Et vir peccator turbabit amicos,
Et in medio pacem habentium immittet inimicitiam.
12 Secundum enim ligna silvae sic ignis exardescit;
Et secundum virtutem hominis sic iracundia illius erit,
Et secundum substantiam suam exaltabit iram suam.
13 Certamen festinatum incendit ignem;
Et lis festinans effundit sanguinem;
Et lingua testificans adducit mortem.
14 Si sufflaveris in scintillam, quasi ignis exardebit;
Et si expueris super illam, extinguetur:
Utraque ex ore proficiscuntur.

De maledicentia

15 Susurro et bilinguis maledictus,
Multos enim turbabit pacem habentes.
16 Lingua tertia multos commovit,
Et dispersit illos de gente in gentem.
17 Civitates muratas divitum destruxit,
Et domus magnatorum effodit.
18 Virtutes populorum concidit,
Et gentes fortes dissolvit.
19 Lingua tertia mulieres viratas eiecit,
Et privavit illas laboribus suis.
20 Qui respicit illam non habebit requiem,
Nec habebit amicum in quo requiescat.
21 Flagelli plaga livorem facit;
Plaga autem linguae comminuet ossa.
22 Multi ceciderunt in ore gladii;
Sed non sic quasi qui interierunt per linguam suam.
23 Beatus qui tectus est a lingua nequam,
Qui in iracundiam illius non transivit,
Et qui non attraxit iugum illius,
Et in vinculis eius non est ligatus:
24 Iugum enim illius iugum ferreum est,
Et vinculum illius vinculum aereum est,
25 Mors illius mors nequissima;
Et utilis potius infernus quam illa.
26 Perseverantia illius non permanebit,
Sed obtinebit vias iniustorum,
Et in flamma sua non comburet iustos.
27 Qui relinquunt Deum incident in illam,
Et exardebit in illis, et non extinguetur,
Et immittetur in illos quasi leo,
Et quasi pardus laedet illos.
28 Sepi aures tuas spinis,
Linguam nequam noli audire;
Et ori tuo facito ostia et seras.
29 Aurum tuum et argentum tuum confla,
Et verbis tuis facito stateram,
Et frenos ori tuo rectos;
30 Et attende ne forte labaris in lingua,
Et cadas in conspectu inimicorum insidiantium tibi,
Et sit casus tuus insanabilis in mortem.

De misericordia

29 1 Qui facit misericordiam foeneratur proximo suo;
Et qui praevalet manu mandata servat.
2 Foenerare proximo tuo in tempore necessitatis illius;
Et iterum redde proximo in tempore suo.
3 Confirma verbum, et fideliter age cum illo;
Et in omni tempore invenies quod tibi necessarium est.

28 1: Deut 32,35. — 2: Mt 6,14; Lc 6,37; Mc 11,25; Rom 12,19. — 6: Eccli 7,40. — 11: Prov 15,18. — 15: Prov 26,22; Eccli 5,16; 21,31. — 22: Iac 3,8.

29 1: Deut 15,8; Prov 19,17. — 2: Ex 22,25; Lev 25,36; Deut 15,8; Mt 5,42; Lc 6,35. — 4: Eccli 8,15. — 12: Lev 19,10; 23,22; Deut 15,8; 11,13; 24,12; Eccli 4,1-3. — 15:

4 Multi quasi inventionem aestimaverunt foenus,
Et praestiterunt molestiam his qui se adiuverunt.
5 Donec accipiant, osculantur manus dantis,
Et in promissionibus humiliant vocem suam;
6 Et in tempore redditionis postulabit tempus,
Et loquetur verba taedii et murmurationum,
Et tempus causabitur.
7 Si autem potuerit reddere, adversabitur;
Solidi vix reddet dimidium,
Et computabit illud quasi inventionem;
8 Sin autem, fraudabit illum pecunia sua,
Et possidebit illum inimicum gratis;
9 Et convitia et maledicta reddet illi,
Et pro honore et beneficio reddet illi contumeliam.
10 Multi non causa nequitiae non foenerati sunt,
Sed fraudari gratis timuerunt.
11 Verumtamen super humilem animo fortior esto,
Et pro eleemosyna non trahas illum.
12 Propter mandatum assume pauperem,
Et propter inopiam eius ne dimittas eum vacuum.
13 Perde pecuniam propter fratrem et amicum tuum,
Et non abscondas illam sub lapide in perditionem.
14 Pone thesaurum tuum in praeceptis Altissimi,
Et proderit tibi magis quam aurum.
15 Conclude eleemosynam in corde pauperis,
Et haec pro te exorabit ab omni malo.
16 17 18 Super scutum potentis et super lanceam
Adversus inimicum tuum pugnabit.

De fideiussione

19 Vir bonus fidem facit pro proximo suo;
Et qui perdiderit confusionem derelinquet sibi.
20 Gratiam fideiussoris ne obliviscaris;
Dedit enim pro te animam suam.
21 Repromissorem fugit peccator et immundus.
22 Bona repromissoris sibi ascribit peccator;
Et ingratus sensu derelinquet liberantem se.
23 Vir repromittit de proximo suo;
Et cum perdiderit reverentiam, derelinquetur ab eo.
24 Repromissio nequissima multos perdidit dirigentes;
Et commovit illos quasi fluctus maris.
25 Viros potentes gyrans migrare fecit,
Et vagati sunt in gentibus alienis.
26 Peccator transgrediens mandatum Domini incidet in promissionem nequam;
Et qui conatur multa agere incidet in iudicium.
27 Recupera proximum secundum virtutem tuam,
Et attende tibi ne incidas.

De aliena mensa non quaerenda

28 Initium vitae hominis, aqua et panis,
Et vestimentum, et domus protegens turpitudinem.
29 Melior est victus pauperis sub tegmine asserum
Quam epulae splendidae in peregre sine domicilio.
30 Minimum pro magno placeat tibi,
Et improperium peregrinationis non audies.
31 Vita nequam hospitandi de domo in domum;
Et ubi hospitabitur non fiducialiter aget, nec aperiet os.
32 Hospitabitur, et pascet, et potabit ingratos,
Et ad haec amara audiet:
33 Transi, hospes, et orna mensam,
Et quae in manu habes ciba caeteros.
34 Exi a facie honoris amicorum meorum;
Necessitudine domus meae hospitio mihi factus est frater.
35 Gravia haec homini habenti sensum:
Correptio domus, et improperium foeneratoris.

De liberorum disciplina

30 1 Qui diligit filium suum assiduat illi flagella,
Ut laetetur in novissimo suo,
Et non palpet proximorum ostia.
2 Qui docet filium suum laudabitur in illo,
Et in medio domesticorum in illo gloriabitur.
3 Qui docet filium suum in zelum mittit inimicum,
Et in medio amicorum gloriabitur in illo.
4 Mortuus est pater eius et quasi non est mortuus:
Similem enim reliquit sibi post se.
5 In vita sua vidit, et laetatus est in illo;
In obitu suo non est contristatus,
Nec confusus est coram inimicis;

Tob 4,7.11-12; Eccli 17,18-19. — **24:** Prov 6,1-2; 11,15. — **28:** Eccli 39,31. — **29:** Eccli 40,30. — **31:** Eccli 36,28; Lc 10,7.

30 **1:** Prov 13,24; 23,13; 29,15.17. — **6:** 3 Reg 2,5-8. — **12:** Eccli 7,25. — **17:** Iob 3,13; Eccli 41,3-4. — **19:** Dan 14,6. — **22:**

6 Reliquit enim defensorem domus contra inimicos,
Et amicis reddentem gratiam.
7 Pro animabus filiorum colligabit vulnera sua,
Et super omnem vocem turbabuntur viscera eius.
8 Equus indomitus evadit durus,
Et filius remissus evadet praeceps.
9 Lacta filium, et paventem te faciet;
Lude cum eo, et contristabit te.
10 Non corrideas illi, ne doleas,
Et in novissimo obstupescent dentes tui.
11 Non des illi potestatem in iuventute,
Et ne despicias cogitatus illius.
12 Curva cervicem eius in iuventute,
Et tunde latera eius dum infans est,
Ne forte induret, et non credat tibi,
Et erit tibi dolor animae.
13 Doce filium tuum, et operare in illo,
Ne in turpitudinem illius offendas.

De corporis et animi sanitate

14 Melior est pauper sanus, et fortis viribus,
Quam dives imbecillis et flagellatus malitia.
15 Salus animae in sanctitate iustitiae
Melior est omni auro et argento;
Et corpus validum quam census immensus.
16 Non est census super censum salutis corporis,
Et non est oblectamentum super cordis gaudium.
17 Melior est mors quam vita amara,
Et requies aeterna quam languor perseverans.
18 Bona abscondita in ore clauso,
Quasi appositiones epularum circumpositae sepulchro.
19 Quid proderit libatio idolo?
Nec enim manducabit, nec odorabit.
20 Sic qui effugatur a Domino,
Portans mercedes iniquitatis;
21 Videns oculis et ingemiscens,
Sicut spado complectens virginem, et suspirans.
22 Tristitiam non des animae tuae,
Et non affligas temetipsum in consilio tuo.
23 Iucunditas cordis haec est vita hominis,
Et thesaurus sine defectione sanctitatis;
Et exsultatio viri est longaevitas.
24 Miserere animae tuae placens Deo, et contine;
Congrega cor tuum in sanctitate eius,
Et tristitiam longe repelle a te.
25 Multos enim occidit tristitia,
Et non est utilitas in illa.
26 Zelus et iracundia minuunt dies,
Et ante tempus senectam adducet cogitatus.
27 Splendidum cor et bonum in epulis est;
Epulae enim illius diligenter fiunt.

De divitiis

31 1 Vigilia honestatis tabefaciet carnes,
Et cogitatus illius auferet somnum.
2 Cogitatus praescientiae avertit sensum,
Et infirmitas gravis sobriam facit animam.
3 Laboravit dives in congregatione substantiae,
Et in requie sua replebitur bonis suis.
4 Laboravit pauper in diminutione victus,
Et in fine inops fit.
5 Qui aurum diligit non iustificabitur,
Et qui insequitur consumptionem replebitur ex ea.
6 Multi dati sunt in auri casus,
Et facta est in specie ipsius perditio illorum.
7 Lignum offensionis est aurum sacrificantium;
Vae illis qui sectantur illud!
Et omnis imprudens deperiet in illo.
8 Beatus dives qui inventus est sine macula,
Et qui post aurum non abiit,
Nec speravit in pecunia et thesauris!
9 Quis est hic? et laudabimus eum;
Fecit enim mirabilia in vita sua.
10 Qui probatus est in illo, et perfectus est, erit illi gloria aeterna;
Qui potuit transgredi et non est transgressus;
Facere mala, et non fecit.
11 Ideo stabilita sunt bona illius in Domino,
Et eleemosynas illius enarrabit omnis ecclesia sanctorum.

De conviviis

12 Supra mensam magnam sedisti?
Non aperias super illam faucem tuam prior.
13 Non dicas sic: Multa sunt, quae super illam sunt.
14 Memento quoniam malus est oculus nequam.
15 Nequius oculo quid creatum est?
Ideo ab omni facie sua lacrymabitur, cum viderit.
16 Ne extendas manum tuam prior,
Et invidia contaminatus erubescas.
17 Ne comprimaris in convivio.
18 Intellige quae sunt proximi tui ex teipso.
19 Utere quasi homo frugi his quae tibi apponuntur;

Prov 12,25; 15,13; 17,22; Eccli 38,31. — **25:** Prov 15,13; Eccli 38,10; 2 Cor 7,10.

31 1: 1 Tim 6,9-10. — 6: Eccli 8,3. — **8:** Eccli 5,1.10. — **14:** Eccli 14,8-10. — **18:** Tob 4,16; Mt 7,12. — **20:** Eccli 37,32. — **27:**

Ne, cum manducas multum, odio habearis.
20 Cessa prior causa disciplinae;
Et noli nimius esse, ne forte offendas.
21 Et si in medio multorum sedisti,
Prior illis ne extendas manum tuam,
Nec prior poscas bibere.
22 Quam sufficiens est homini erudito vinum exiguum!
Et in dormiendo non laborabis ab illo,
Et non senties dolorem.
23 Vigilia, cholera et tortura viro infrunito,
24 Sommus sanitatis in homine parco;
Dormiet usque mane,
Et anima illius cum ipso delectabitur.
25 Et si coactus fueris in edendo multum,
Surge e medio, evome, et refrigerabit te,
Et non adduces corpori tuo infirmitatem.
26 Audi me, fili, et ne spernas me,
Et in novissimo invenies verba mea.
27 In omnibus operibus tuis esto velox,
Et omnis infirmitas non occurret tibi.
28 Splendidum in panibus benedicent labia multorum,
Et testimonium veritatis illius fidele.
29 Nequissimo in pane murmurabit civitas,
Et testimonium nequitiae illius verum est.
30 Diligentes in vino noli provocare;
Multos enim exterminavit vinum.
31 Ignis probat ferrum durum;
Sic vinum corda superborum arguet in ebrietate potatum.
32 Aequa vita hominibus vinum in sobrietate;
Si bibas illud moderate, èris sobrius.
33 Quae vita est ei qui minuitur vino?
34 Quid defraudat vitam? Mors.
35 Vinum in iucunditatem creatum est,
Et non in ebrietatem, ab initio.
36 Exsultatio animae et cordis vinum moderate potatum.
37 Sanitas est animae et corpori sobrius potus.
38 Vinum multum potatum irritationem,
Et iram, et ruinas multas facit.
39 Amaritudo animae
Vinum multum potatum.
40 Ebrietatis animositas, imprudentis offensio,
Minorans virtutem, et faciens vulnera.
41 In convivio vini non arguas proximum,
Et non despicias eum in iucunditate illius.
42 Verba improperii non dicas illi,
Et non premas illum repetendo.

32 1 Rectorem te posuerunt? noli extolli;
Esto in illis quasi unus ex ipsis.
2 Curam illorum habe, et sic conside,
Et omni cura tua explicita recumbe;
3 Ut laeteris propter illos,
Et ornamentum gratiae accipias coronam,
Et dignationem consequaris corrogationis.
4 Loquere maior natu;
Decet enim te
5 Primum verbum diligenti scientia,
Et non impedias musicam.
6 Ubi auditus non est non effundas sermonem,
Et importune noli extolli in sapientia tua.
7 Gemmula carbunculi in ornamento auri,
Et comparatio musicorum in convivio vini.
9 Sicut in fabricatione auri signum est smaragdi,
Sic numerus musicorum in iucundo et moderato vino.
9 Audi tacens,
Et pro reverentia accedet tibi bona gratia.
10 Adolescens, loquere in tua causa vix.
11 Si bis interrogatus fueris,
Habeat caput responsum tuum.
12 In multis esto quasi inscius,
Et audi tacens simul et quaerens.
13 In medio magnatorum non praesumas;
Et ubi sunt senes non multum loquaris.
14 Ante grandinem praeibit coruscatio;
Et ante verecundiam praeibit gratia,
Et pro reverentia accedet tibi bona gratia.
15 Et hora surgendi non te trices;
Praecurre autem prior in domum tuam,
Et illic avocare, et illic lude,
16 Et age conceptiones tuas,
Et non in delictis et verbo superbo;
17 Et super his omnibus benedicito Dominum, qui fecit te,
Et inebriantem te ab omnibus bonis suis.

De lege Dei servanda

18 Qui timet Dominum excipiet doctrinam eius;
Et qui vigilaverint ad illum invenient benedictionem.
19 Qui quaerit legem replebitur ab ea,
Et qui insidiose agit scandalizabitur in ea.
20 Qui timent Dominum invenient iudicium iustum,
Et iustitias quasi lumen accendent.
21 Peccator homo vitabit correptionem,
Et secundum voluntatem suam inveniet comparationem.
22 Vir consilii non disperdet intelligentiam;
Alienus et superbus non pertimescet timorem:
23 Etiam postquam fecit cum eo sine consilio,

Prov 22,29. — **30:** Eccli 37,34. — **33:** Prov 31,4-5. — **38:** Prov 20,1; 23,29-35.

32 **5:** 2 Sam 19,35; Is 5,12. — **6:** Prov 9,7; 23,9. — **9-10:** Iob 32,6; Eccli 7,15. — **17:**

Et suis insectationibus arguetur.
24 Fili, sine consilio nihil facias,
Et post factum non poenitebis.
25 In via ruinae non eas, et non offendes in lapides;
Nec credas te viae laboriosae, ne ponas animae tuae scandalum.
26 Et a filiis tuis cave,
Et a domesticis tuis attende.
27 In omni opere tuo crede ex fide animae tuae,
Hoc est enim conservatio mandatorum.
28 Qui credit Deo attendit mandatis;
Et qui confidit in illo non minorabitur.

33 1 Timenti Dominum non occurrent mala;
Sed in tentatione Deus illum conservabit, et liberabit a malis.
Sapiens non odit mandata et iustitias,
2 Et non illidetur quasi in procella navis.
3 Homo sensatus credit legi Dei,
Et lex illi fidelis.

De fatuo

4 Qui interrogationem manifestat parabit verbum,
Et sic deprecatus exaudietur;
Et conservabit disciplinam, et tunc respondebit.
5 Praecordia fatui quasi rota carri,
Et quasi axis versatilis cogitatus illius.
6 Equus emissarius, sic et amicus subsannator;
Sub omni supra sedente hinnit.

De varia hominum indole

7 Quare dies diem superat, et iterum lux lucem,
Et annus annum a sole?
8 A Domini scientia separati sunt,
Facto sole, et praeceptum custodiente.
9 Et immutavit tempora, et dies festos ipsorum,
Et in illis dies festos celebraverunt ad horam.
10 Ex ipsis exaltavit et magnificavit Deus,
Et ex ipsis posuit in numerum dierum;
Et omnes homines de solo et ex terra unde creatus est Adam.
11 In multitudine disciplinae Dominus separavit eos,
Et immutavit vias eorum.
12 Ex ipsis benedixit et exaltavit,
Et ex ipsis sanctificavit, et ad se applicavit,
Et ex ipsis maledixit, et humiliavit,
Et convertit illos a separatione ipsorum.
13 Quasi lutum figuli in manu ipsius,
Plasmare illud et disponere.
14 Omnes viae eius secundum dispositionem eius;
Sic homo in manu illius qui se fecit,
Et reddet illi secundum iudicium suum.
15 Contra malum bonum est, et contra mortem vita;
Sic et contra virum iustum peccator.
Et sic intuere in omnia opera Altissimi,
Duo et duo, et unum contra unum.

Auctor libri sui scopum declarat

16 Et ego novissimus evigilavi,
Et quasi qui colligit acinos post vindemiatores.
17 In benedictione Dei et ipse speravi,
Et quasi qui vindemiat replevi torcular.
18 Respicite quoniam non mihi soli laboravi,
Sed omnibus exquirentibus disciplinam.
19 Audite me, magnates et omnes populi;
Et rectores ecclesiae, auribus percipite.

Nihil de haereditate tradendum est ante mortem

20 Filio et mulieri, fratri et amico,
Non des potestatem super te in vita tua;
Et non dederis alii possessionem tuam,
Ne forte poeniteat te, et depreceris pro illis.
21 Dum adhuc superes et aspiras,
Non immutabit te omnis caro.
22 Melius est enim ut filii tui te rogent,
Quam te respicere in manus filiorum tuorum.
23 In omnibus operibus tuis praecellens esto,
24 Ne dederis maculam in gloria tuae.
In die consummationis dierum vitae tuae, et in tempore exitus tui.
Distribue haereditatem tuam.

De disciplina servorum

25 Cibaria, et virga, et onus asino;
Panis, et disciplina, et opus servo.
26 Operatur in disciplina, et quaerit requiescere;
Laxa manus illi, et quaerit libertatem.
27 Iugum et lorum curvant collum durum,
Et servum inclinant operationes assiduae.
28 Servo malevolo tortura et compedes;
Mitte illum in operationem, ne vacet;
29 Multam enim malitiam docuit otiositas.
30 In opera constitue eum;

Deut 8,10. — **24:** Tob 4,19; Eccli 37,20. — **26:** Eccli 33,20. — **28:** Ps 22,1.

33 **1:** Ps 90,10; Prov 3,23; 12,21. — **5:** Eccli 21,17; 27,12. — **8:** Gen 1,14. — **10:** Gen 1,27; 2,3.7. — **12:** Gen 4,11; 9,1; 1 Sam 13,13; 16,13. — **13:** Rom 9,20-21. — **18:** Eccli 24,47. — **20:** Eccli 32,26. — **31:** Eccli 7,23.

Sic enim condecet illum.
Quod si non obaudierit, curva illum compedibus,
Et non amplifices super omnem carnem;
Verum sine iudicio nihil facias grave.
31 Si est tibi servus fidelis, sit tibi quasi anima tua;
Quasi fratrem sic eum tracta,
Quoniam in sanguine animae comparasti illum.
32 Si laeseris eum iniuste,
In fugam convertetur;
33 Et si extollens discesserit,
Quem quaeras et in qua via quaeras illum nescis.

Somniis non confidendum

34 1 Vana spes et mendacium viro insensato;
Et somnia extollunt imprudentes.
2 Quasi qui apprehendit umbram et persequitur ventum,
Sic et qui attendit ad visa mendacia.
3 Hoc secundum hoc visio somniorum,
Ante faciem hominis similitudo hominis.
4 Ab immundo quid mundabitur?
Et a mendace quid verum dicetur?
5 Divinatio erroris, et auguria mendacia,
Et somnia malefacientium, vanitas est;
6 Et sicut parturientis, cor tuum phantasias patitur.
Nisi ab Altissimo fuerit emissa visitatio,
Ne dederis in illis cor tuum;
7 Multos enim errare fecerunt somnia,
Et exciderunt sperantes in illis.
8 Sine mendacio consummabitur verbum legis,
Et sapientia in ore fidelis complanabitur.

De experientia

9 Qui non est tentatus quid scit?
Vir in multis expertus cogitabit multa;
Et qui multa didicit enarrabit intellectum.
10 Qui non est expertus pauca recognoscit,
Qui autem in multis factus est multiplicat malitiam.
11 Qui tentatus non est qualia scit?
Qui implanatus est abundabit nequitia.
12 Multa vidi errando,
Et plurimas verborum consuetudines.
13 Aliquoties usque ad mortem periclitatus sum horum causa,
Et liberatus sum gratia Dei.

Oculi Domini super timentes eum

14 Spiritus timentium Deum quaeritur,
Et in respectu illius benedicetur.
15 Spes enim illorum in salvantem illos,
Et oculi Dei in diligentes se.
16 Qui timet Dominum nihil trepidabit;
Et non pavebit, quoniam ipse est spes eius.
17 Timentis Dominum beata est anima eius.
18 Ad quem respicit, et quis est fortitudo eius?
19 Oculi Domini super timentes eum;
Protector potentiae, firmamentum virtutis,
Tegimen ardoris, et umbraculum meridiani;
20 Deprecatio offensionis, et adiutorium casus;
Exaltans animam, et illuminans oculos,
Dans sanitatem, et vitam, et benedictionem.

De vero cultu Dei

21 Immolantis ex iniquo oblatio est maculata,
Et non sunt beneplacitae subsannationes iniustorum.
22 Dominus solus sustinentibus se
In via veritatis et iustitiae.
23 Dona iniquorum non probat Altissimus,
Nec respicit in oblationes iniquorum,
Nec in multitudine sacrificiorum eorum propitiabitur peccatis.
24 Qui offert sacrificium ex substantia pauperum,
Quasi qui victimat filium in conspectu patris sui.
25 Panis egentium vita pauperum est;
Qui defraudat illum homo sanguinis est.
26 Qui aufert in sudore panem,
Quasi qui occidit proximum suum.
27 Qui effundit sanguinem,
Et qui fraudem facit mercenario, fratres sunt.
28 Unus aedificans, et unus destruens:
Quid prodest illis, nisi labor?
29 Unus orans, et unus maledicens:
Cuius vocem exaudiet Deus?
30 Qui baptizatur a mortuo, et iterum tangit eum,
Quid proficit lavatio illius?
31 Sic homo qui ieiunat in peccatis suis,
Et iterum eadem faciens,
Quid proficit humiliando se?
Orationem illius quis exaudiet?

35 1 Qui conservat legem
Multiplicat oblationem.
2 Sacrificium salutare est attendere mandatis,
Et discedere ab omni iniquitate.

34 **5:** Ier 14,14; 23,25. — **6:** Gen 28,12; 37,6; 41,17; Num 12,6. — **16:** Ps 22,4; 111,7-8; Prov 3,21-25; 28,1. — **19:** Ps 32,18; 33,16; Eccli 15,20. — **21:** Prov 21,27; Eccli 35,14. — **27:** Deut 24,14; Tob 4,15; Eccli 7,22. — **30:** Num 19,11-12. — **31:** 2 Petr 2,20-22.

35 **2:** 1 Sam 15,22; Ps 50,18-19; Eccl 4,17; Is 1,11-18; Os 6,6; Am 5,21-24. — 6.

3 Et propitiationem litare sacrificii super iniustitias;
Et deprecatio pro peccatis, recedere ab iniustitia.
4 Retribuet gratiam qui offert similaginem;
Et qui facit misericordiam offert sacrificium.
5 Beneplacitum est Domino recedere ab iniquitate;
Et deprecatio pro peccatis recedere ab iniustitia.
6 Non apparebis ante conspectum Domini vacuus;
7 Haec enim omnia propter mandatum Dei fiunt.
8 Oblatio iusti impinguat altare,
Et odor suavitatis est in conspectu Altissimi.
9 Sacrificium iusti acceptum est,
Et memoriam eius non obliviscetur Dominus.
10 Bono animo gloriam redde Deo,
Et non minuas primitias manuum tuarum.
11 Et omni dato hilarem fac vultum tuum,
Et in exsultatione sanctifica decimas tuas.
12 Da Altissimo secundum datum eius,
Et in bono oculo adinventionem facito manuum tuarum,
13 Quoniam Dominus retribuens est,
Et septies tantum reddet tibi.
14 Noli offerre munera prava,
Non enim suscipiet illa.
15 Et noli inspicere sacrificium iniustum,
Quoniam Dominus iudex est,
Et non est apud illum gloria personae.
16 Non accipiet Dominus personam in pauperem,
Et deprecationem laesi exaudiet.
17 Non despiciet preces pupilli,
Nec viduam, si effundat loquelam gemitus.
18 Nonne lacrymae viduae ad maxillam descendunt,
Et exclamatio eius super deducentem eas?
19 A maxilla enim ascendunt usque ad caelum,
Et Dominus exauditor non delectabitur in illis.
20 Qui adorat Deum in oblectatione suscipietur,
Et deprecatio illius usque ad nubes propinquabit.

Dominus nationes impias iudicabit

21 Oratio humiliantis se nubes penetrabit,
Et donec propinquet non consolabitur,
Et non discedet donec Altissimus aspiciat.
22 Et Dominus non elongabit;
Sed iudicabit iustos, et faciet iudicium;
Et Fortissimus non habebit in illis patientiam,
Ut contribulet dorsum ipsorum;
23 Et gentibus reddet vindictam,
Donec tollat plenitudinem superborum,
Et sceptra iniquorum contribulet;
24 Donec reddat hominibus secundum actus suos,
Et secundum opera Adae, et secundum praesumptionem illius;
25 Donec iudicet iudicium plebis suae,
Et oblectabit iustos misericordia sua.
26 Speciosa misericordia Dei, in tempore tribulationis,
Quasi nubes pluviae in tempore siccitatis.

Oratio pro populi dispersi restitutione

36 1 Miserere nostri, Deus omnium, et respice nos,
Et ostende nobis lucem miserationum tuarum;
2 Et immitte timorem tuum super gentes quae non exquisierunt te,
Ut cognoscant quia non est Deus nisi tu,
Et enarrent magnalia tua.
3 Alleva manum tuam super gentes alienas,
Ut videant potentiam tuam.
4 Sicut enim in conspectu eorum sanctificatus es in nobis,
Sic in conspectu nostro magnificaberis in eis;
5 Ut cognoscant te, sicut et nos cognovimus
Quoniam non est Deus praeter te, Domine.
6 Innova signa, et immuta mirabilia.
7 Glorifica manum et brachium dextrum.
8 Excita furorem, et effunde iram.
9 Tolle adversarium, et afflige inimicum.
10 Festina tempus, et memento finis,
Ut enarrent mirabilia tua.
11 In ira flammae devoretur qui salvatur;
Et qui pessimant plebem tuam inveniant perditionem.
12 Contere caput principum inimicorum,
Dicentium: Non est alius praeter nos.
13 Congrega omnes tribus Iacob,
Ut cognoscant quia non est Deus nisi tu,
Et enarrent magnalia tua,

Ex 23,15; 34,20; Deut 16,16. — 10: Ex 23,19; Eccli 7,34; 14,11. — 11: Tob 4,9; 2 Cor 9,7. — 13: Prov 19,17. — 14: Lev 22,20-25; Deut 15,21; Prov 21,27; Eccli 34,21. — 15: Deut 10,17; 2 Par 19,7; Iob 34,19; Sap 6,8; Act 10,34; Rom 2,11; Gal 2,6; Col 3,25; 1 Petr 1,17. — 17: Ex 22,22-23.

36 3: Ps 78,6; Ier 10,25. — 4: Ier 16,21; Ez 20,41. — 10: Sap 18,22; Eccli 44,22;

Et haereditabis eos sicut ab initio.
14 Miserere plebi tuae, super quam invocatum est nomen tuum,
Et Israel quem coaequasti primogenito tuo.
15 Miserere civitati sanctificationis tuae,
Ierusalem, civitati requiei tuae.
16 Reple Sion inenarrabilibus verbis tuis,
Et gloria tua populum tuum.
17 Da testimonium his qui ab initio creaturae tuae sunt,
Et suscita praedicationes quas locuti sunt in nomine tuo prophetae priores.
18 Da mercedem sustinentibus te,
Ut prophetae tui fideles inveniantur;
Et exaudi orationes servorum tuorum,
19 Secundum benedictionem Aaron de populo tuo,
Et dirige nos in viam iustitiae,
Et sciant omnes qui habitant terram
Quia tu es Deus conspector saeculorum.

De electione uxoris

20 Omnem escam manducabit venter;
Et est cibus cibo melior.
21 Fauces contingunt cibum ferae,
Et cor sensatum verba mendacia.
22 Cor pravum dabit tristitiam,
Et homo peritus resistet illi.
23 Omnem masculum excipiet mulier;
Et est filia melior filia.
24 Species mulieris exhilarat faciem viri sui,
Et super omnem concupiscentiam hominis superducit desiderium.
25 Si est lingua curationis,
Est et mitigationis et misericordiae;
Non est vir illius secundum filios hominum.
26 Qui possidet mulierem bonam inchoat possessionem;
Adiutorium secundum illum est, et columna ut requies.
27 Ubi non est sepes, diripietur possessio;
Et ubi non est mulier, ingemiscit egens.
28 Quis credit ei qui non habet nidum,
Et deflectens ubicumque obscuraverit,
Quasi succinctus latro exiliens de civite in civitatem?

De amico vero et falso

37 1 Omnis amicus dicet: Et ego amicitiam copulavi;
Sed est amicus solo nomine amicus.
Nonne tristitia inest usque ad mortem?
2 Sodalis autem et amicus ad inimicitiam convertentur.
3 O praesumptio nequissima, unde creata es
Cooperire aridam malitia et dolositate illius?
4 Sodalis amico coniucundatur in oblectationibus,
Et in tempore tribulationis adversarius erit.
5 Sodalis amico condolet causa ventris,
Et contra hostem accipiet scutum.
6 Non obliviscaris amici tui in animo tuo,
Et non immemor sis illius in opibus tuis.
7 Noli consiliari cum eo qui tibi insidiatur,
Et a zelantibus te absconde consilium.

De consiliario bono et malo

8 Omnis consiliarius prodit consilium,
Sed est consiliarius in semetipso.
9 A consiliario serva animam tuam:
Prius scito quae sit illius necessitas;
Et ipse enim animo suo cogitabit;
10 Ne forte mittat sudem in terram,
Et dicat tibi:
11 Bona est via tua;
Et stet e contrario videre quid tibi eveniat.
12 Cum viro irreligioso tracta de sanctitate,
Et cum iniusto de iustitia,
Et cum muliere de ea quae aemulatur,
Cum timido de bello,
Cum negotiatore de traiectione,
Cum emptore de venditione,
Cum viro livido de gratiis agendis,
13 Cum impio de pietate,
Cum inhonesto de honestate,
Cum operario agrario de omni opere,
14 Cum operario annuali de consummatione anni,
Cum servo pigro de multa operatione.
Non attendas his in omni consilio:
15 Sed cum viro sancto assiduus esto,
Quemcumque cognoveris observantem timorem Dei;
16 Cuius anima est secundum animam tuam,
Et qui, cum titubaveris in tenebris, condolebit tibi.
17 Cor boni consilii statue tecum;
Non est enim tibi aliud pluris illo.
18 Anima viri sancti enuntiat aliquando vera,
Quam septem circumspectores sedentes in excelso ad speculandum.
19 Et in his omnibus deprecare Altissimum,
Ut dirigat in veritate viam tuam.

De vera et falsa sapientia

20 Ante omnia opera verbum verax praecedat te,
Et ante omnem actum consilium stabile.

Lc 1,72. — **14:** Ex 4,22. — **19:** Num 6,23-27. — **24:** Eccli 26,16. — **26:** Gen 2,18; Prov 18,22; Eccli 26,1.3.

37 **1-5:** Eccli 6,8-10. — **10:** Prov 16,29. — **15:** Eccli 6,36; 9,21. — **20:** Tob 4,19; Eccli 32,24. — **21:** Deut 30,19; Prov 4,23; 18

21 Verbum nequam immutabit cor,
Ex quo partes quatuor oriuntur:
Bonum et malum, vita et mors;
Et dominatrix illorum est assidua lingua.
Est vir astutus multorum eruditor,
Et animae suae inutilis est.
22 Vir peritus multos erudivit,
Et animae suae suavis est.
23 Qui sophistice loquitur odibilis est;
In omni re defraudabitur.
24 Non est illi data a Domino gratia,
Omni enim sapientia defraudatus est.
25 Est sapiens animae suae sapiens,
Et fructus sensus illius laudabilis.
26 Vir sapiens plebem suam erudit,
Et fructus sensus illius fideles sunt.
27 Vir sapiens implebitur benedictionibus,
Et videntes illum laudabunt.
28 Vita viri in numero dierum;
Dies autem Israel innumerabiles sunt.
29 Sapiens in populo haereditabit honorem,
Et nomen illius erit vivens in aeternum.

De temperantia

30 Fili, in vita tua tenta animam tuam;
Et si fuerit nequam non des illi potestatem:
31 Non enim omnia omnibus expediunt,
Et non omni animae omne genus placet.
32 Noli avidus esse in omni epulatione,
Et non te effundas super omnem escam;
33 In multis enim escis erit infirmitas,
Et aviditas appropinquabit usque ad choleram.
34 Propter crapulam multi obierunt;
Qui autem abstinens est adiiciet vitam.

De medico

38 1 Honora medicum propter necessitatem;
Etenim illum creavit Altissimus.
2 A Deo est enim omnis medela,
Et a rege accipiet donationem.
3 Disciplina medici exaltabit caput illius,
Et in conspectu magnatorum collaudabitur.
4 Altissimus creavit de terra medicamenta,
Et vir prudens non abhorrebit illa.
5 Nonne a ligno indulcata est aqua amara?
6 Ad agnitionem hominum virtus illorum;
Et dedit hominibus scientiam Altissimus,
Honorari in mirabilibus suis.
7 In his curans mitigabit dolorem;
Et unguentarius faciet pigmenta suavitatis,
Et unctiones conficiet sanitatis;
Et non consummabuntur opera eius.
8 Pax enim Dei super faciem terrae.
9 Fili, in tua infirmitate ne despicias te ipsum;
Sed ora Dominum, et ipse curabit te.
10 Averte a delicto, et dirige manus,
Et ab omni delicto munda cor tuum.
11 Da suavitatem et memoriam similaginis,
Et impingua oblationem, et da locum medico:
12 Etenim illum Dominus creavit, et non discedat a te,
Quia opera eius sunt necessaria.
13 Est enim tempus quando in manus illorum incurras;
14 Ipsi vero Dominum deprecabuntur, ut dirigat requiem eorum,
Et sanitatem, propter conversationem illorum.
15 Qui delinquit in conspectu eius qui fecit eum,
Incidet in manus medici.

De luctu pro mortuis

16 Fili, in mortuum produc lacrymas,
Et quasi dira passus incipe plorare;
Et secundum iudicium contege corpus illius,
Et non despicias sepulturam illius.
17 Propter delaturam autem amare fer luctum illius uno die,
Et consolare propter tristitiam;
18 Et fac luctum secundum meritum eius
Uno die, vel duobus, propter detractionem;
19 A tristitia enim festinat mors, et cooperit virtutem,
Et tristitia cordis flectit cervicem.
20 In abductione permanet tristitia,
Et substantia inopis secundum cor eius.
21 Ne dederis in tristitia cor tuum,
Sed repelle eam a te, et memento novissimorum.
22 Noli oblivisci, neque enim est conversio;
Et huic nihil proderis, et te ipsum pessimabis.
23 Memor esto iudicii mei; sic enim erit et tuum:
Mihi heri, et tibi hodie.
24 In requie mortui requiescere fac memoriam eius
Et consolare illum in exitu spiritus sui.

De opifice et scriba

25 Sapientia scribae in tempore vacuitatis,
Et qui minoratur actu sapientiam percipiet,

21; Eccli 15,18. — **26:** Prov 15,7. — **28:** Ps 38,6; Eccli 44,13. — **29:** Eccli 39,13. — **32-33:** Eccli 31,20-25. — **34:** Eccli 31,30.

38 **4:** Ez 47,12. — **5:** Ex 15,23-25. — **9:** Is 38,2-3. — **16-17:** Eccli 22,10-11. — **19:** Prov 12,25; 15,13; 17,22; Eccli 30,25; 2 Cor 7,10. — **21:** Eccli 7,40; 18,24; 30,22. — **22:** Iob 7,9. — **23:** Eccli 41,5. — **24:** 2 Sam 12,20-23. — **32:** Sap 15,7.

Qua sapientia replebitur
26 Qui tenet aratrum.
Et qui gloriatur in iaculo, stimulo boves agitat,
Et conversatur in operibus eorum,
Et enarratio eius in filiis taurorum.
27 Cor suum dabit ad versandos sulcos,
Et vigilia eius in sagina vaccarum.
28 Sic omnis faber et architectus,
Qui noctem tanquam diem transigit;
Qui sculpit signacula sculptilia,
Et assiduitas eius variat picturam;
Cor suum dabit in similitudinem picturae,
Et vigilia sua perficiet opus.
29 Sic faber ferrarius sedens iuxta incudem,
Et considerans opus ferri:
Vapor ignis uret carnes eius,
Et in calore fornacis concertatur.
30 Vox mallei innovat aurem eius,
Et contra similitudinem vasis oculus eius.
31 Cor suum dabit in consummationem operum,
Et vigilia sua ornabit in perfectionem.
32 Sic figulus sedens ad opus suum,
Convertens pedibus suis rotam,
Qui in sollicitudine positus est semper propter opus suum,
Et in numero est omnis operatio eius.
33 In brachio suo formabit lutum,
Et ante pedes suos curvabit virtutem suam.
34 Cor suum dabit ut consummet linitionem,
Et vigilia sua mundabit fornacem.
35 Omnes hi in manibus suis speraverunt,
Et unusquisque in arte sua sapiens est.
36 Sine his omnibus non aedificatur civitas.
37 Et non inhabitabunt, nec inambulabunt,
Et in ecclesiam non transilient.
38 Super sellam iudicis non sedebunt,
Et testamentum iudicii non intelligent,
Neque palam facient disciplinam et iudicium
Et in parabolis non invenientur;
39 Sed creaturam aevi confirmabunt;
Et deprecatio illorum in operatione artis,
Accommodantes animam suam,
Et conquirentes in lege Altissimi.

39 1 Sapientiam omnium antiquorum exquiret sapiens,
Et in prophetis vacabit.
2 Narrationem virorum nominatorum conservabit,
Et in versutias parabolarum simul introibit.
3 Occulta proverbiorum exquiret,
Et in absconditis parabolarum conversabitur.
4 In medio magnatorum ministrabit,
Et in conspectu praesidis apparebit.
5 In terram alienigenarum gentium pertransiet;
Bona enim et mala in hominibus tentabit.
6 Cor suum tradet ad vigilandum diluculo ad Dominum, qui fecit illum,
Et in conspectu Altissimi deprecabitur.
7 Aperiet os suum in oratione,
Et pro delictis suis deprecabitur.
8 Si enim Dominus magnus voluerit,
Spiritu intelligentiae replebit illum;
9 Et ipse tanquam imbres mittet eloquia sapientiae suae,
Et in oratione confitebitur Domino;
10 Et ipse diriget consilium eius, et disciplinam,
Et in absconditis suis consiliabitur.
11 Ipse palam faciet disciplinam doctrinae suae,
Et in lege testamenti Domini gloriabitur.
12 Collaudabunt multi sapientiam eius,
Et usque in saeculum non delebitur.
13 Non recedet memoria eius,
Et nomen eius requiretur a generatione in generationem.
14 Sapientiam eius enarrabunt gentes.
Et laudem eius enuntiabit ecclesia.
15 Si permanserit, nomen derelinquet plus quam mille;
Et si requieverit, proderit illi.

Omnia opera Dei sunt bona

16 Adhuc consiliabor ut enarrem:
Ut furore enim repletus sum.
17 In voce dicit: Obaudite me, divini fructus,
Et quasi rosa plantata super rivos aquarum fructificate.
18 Quasi Libanus odorem suavitatis habete.
19 Florete flores quasi lilium;
Et date odorem, et frondete in gratiam;
Et collaudate canticum, et benedicite Dominum in operibus suis.
20 Date nomini eius magnificentiam,
Et confitemini illi in voce labiorum vestrorum,
Et in canticis labiorum, et citharis;
Et sic dicetis in confessione:
21 Opera Domini universa bona valde.
22 In verbo eius stetit aqua sicut congeries;
Et in sermone oris illius sicut exceptoria aquarum;
23 Quoniam in praecepto ipsius placor fit,
Et non est minoratio in salute ipsius.
24 Opera omnis carnis coram illo,
Et non est quidquam absconditum ab oculis eius.
25 A saeculo usque in saeculum respicit,
Et nihil est mirabile in conspectu eius.

39 1: Eccli 44,3; 46,1. — 4: Eccli 11,1. — 13: Eccli 37,29; 44,14. — 21: Eccli 3,11; Mc 7,37. — 22: Gen 1,6-10; Ex 14,22; Ios 3,13-16. — 24: Sap 1,8; Hebr 4,13. — 26:

26 Non est dicere: Quid est hoc, aut quid est istud?
Omnia enim in tempore suo quaerentur.
27 Benedictio illius quasi fluvius inundavit.
28 Quomodo cataclysmus aridam inebriavit,
Sic ira ipsius gentes quae non exquisierunt eum haereditabit.
29 Quomodo convertit aquas in siccitatem, et siccata est terra,
Et viae illius viis illorum directae sunt,
Sic peccatoribus offensiones in ira eius.
30 Bona bonis creata sunt ab initio,
Sic nequissimis bona et mala.
31 Initium necessariae rei vitae hominum, aqua, ignis, et ferrum,
Sal, lac, et panis similagineus, et mel,
Et botrus uvae, et oleum, et vestimentum.
32 Haec omnia sanctis in bona,
Sic et impiis et peccatoribus in mala convertentur.
33 Sunt spiritus qui ad vindictam creati sunt,
Et in furore suo confirmaverunt tormenta sua.
34 In tempore consummationis effundent virtutem,
Et furorem eius qui fecit illos placabunt.
35 Ignis, grando, fames, et mors,
Omnia haec ad vindictam creata sunt;
36 Bestiarum dentes, et scorpii, et serpentes,
Et romphaea vindicans in exterminium impios.
37 In mandatis eius epulabuntur;
Et super terram in necessitatem praeparabuntur,
Et in temporibus suis non praeterient verbum.
38 Propterea ab initio confirmatus sum, et consiliatus sum,
Et cogitavi, et scripta dimisi.
39 Omnia opera Domini bona
Et omne opus hora sua subministrabit.
40 Non est dicere: Hoc illo nequius est;
Omnia enim in tempore suo comprobabuntur.
41 Et nunc in omni corde et ore collaudate,
Et benedicite nomen Domini.

De vitae humanae miseriis

40 1 Occupatio magna creata est, omnibus hominibus,
Et iugum grave super filios Adam,
A die exitus de ventre matris eorum
Usque in diem sepulturae in matrem omnium.
2 Cogitationes eorum, et timores cordis,
Adinventio exspectationis, et dies finitionis,
3 A residente super sedem gloriosam,
Usque ad humiliatum in terra et cinere;
4 Ab eo qui utitur hyacintho et portat coronam,
Usque ad eum qui operitur lino crudo;
Furor, zelus, tumultus, fluctuatio, et timor mortis,
Iracundia perseverans, et contentio;
5 Et in tempore refectionis in cubili
Somnus noctis immutat scientiam eius.
6 Modicum tanquam nihil in requie,
Et ab eo in somnis, quasi in die respectus.
7 Conturbatus est in visu cordis sui,
Tanquam qui evaserit in die belli;
In tempore salutis suae exsurrexit,
Et admirans ad nullum timorem;
8 Cum omni carne, ab homine usque ad pecus,
Et super peccatores septuplum.
9 Ad haec mors, sanguis, contentio, et romphaea,
Oppressiones, fames, et contritio, et flagella:
10 Super iniquos creata sunt haec omnia;
Et propter illos factus est cataclysmus.

De bonis impiorum

11 Omnia quae de terra sunt in terram convertentur,
Et omnes aquae in mare revertentur.
12 Omne munus et iniquitas delebitur;
Et fides in saeculum stabit.
13 Substantiae iniustorum sicut fluvius siccabuntur,
Et sicut tonitruum magnum in pluvia personabunt.
14 In aperiendo manus suas laetabitur;
Sic praevaricatores in consummatione tabescent.
15 Nepotes impiorum non multiplicabunt ramos;
Et radices immundae super cacumen petrae sonant.
16 Super omnem aquam viriditas,
Et ad oram fluminis ante omne foenum evelletur

Quaedam optima

17 Gratia sicut paradisus in benedictionibus,
Et misericordia in saeculum permanet.
18 Vita sibi sufficientis operarii condulcabitur,
Et in ea invenies thesaurum.
19 Filii et aedificatio civitatis confirmabit nomen;
Et super haec mulier immaculata computabitur.

Prov 16,4. — 29: Ex 14,21. — 31: Eccli 29,28. — 39: Eccli 39,21.

40 1: Iob 14,1; Eccl 2,23. — 8: Ps 7,12; Eccli 7,3. — 9: Eccli 30,35-30. — 10: Gen 6,13; 7,11. — 11: Eccl 1,7; Eccli 41,13. — 15:

20 Vinum et musica laetificant cor;
Et super utraque dilectio sapientiae.
21 Tibiae et psalterium suavem faciunt melodiam;
Et super utraque lingua suavis.
22 Gratiam et speciem desiderabit oculus tuus;
Et super haec virides sationes.
23 Amicus et sodalis in tempore convenientes,
Et super utrosque mulier cum viro.
24 Fratres in adiutorium in tempore tribulationis;
Et super eos misericordia liberabit.
25 Aurum et argentum est constitutio pedum;
Et super utrumque consilium beneplacitum.
26 Facultates et virtutes exaltant cor,
Et super haec timor Domini.
27 Non est in timore Domini minoratio;
Et non est in eo inquirere adiutorium.
28 Timor Domini sicut paradisus benedictionis,
Et super omnem gloriam operuerunt illum.

De mendicitate

29 Fili, in tempore vitae tuae ne indigeas;
Melius est enim mori quam indigere.
30 Vir respiciens in mensam alienam,
Non est vita eius in cogitatione victus;
Alit enim animam suam cibis alienis:
31 Vir autem disciplinatus et eruditus custodiet se.
32 In ore imprudentis condulcabitur inopia,
Et in ventre eius ignis ardebit.

De mortis memoria

41 1 O mors, quam amara est memoria tua
Homini pacem habenti in substantiis suis;
2 Viro quieto, et cuius viae directae sunt in omnibus,
Et adhuc valenti accipere cibum!
3 O mors, bonum est iudicium tuum homini indigenti,
Et qui minoratur viribus,
4 Defecto aetate, et cui de omnibus cura est,
Et incredibili, qui perdit patientiam!
5 Noli metuere iudicium mortis.
Memento quae ante te fuerunt,
Et quae superventura sunt tibi:
Hoc iudicium a Domino omni carni.
6 Et quid superveniet tibi in beneplacito Altissimi?
Sive decem, sive centum, sive mille anni;
7 Non est enim in inferno accusatio vitae.

De impiorum progenie

8 Filii abominationum fiunt filii peccatorum,
Et qui conversantur secus domos impiorum.
9 Filiorum peccatorum periet haereditas,
Et cum semine illorum assiduitas opprobrii.
10 De patre impio queruntur filii,
Quoniam propter illum sunt in opprobrio.
11 Vae vobis, viri impii,
Qui dereliquistis legem Domini Altissimi!
12 Et si nati fueritis, in maledictione nascemini;
Et si mortui fueritis, in maledictione erit pars vestra.
13 Omnia quae de terra sunt in terram convertentur;
Sic impii a maledicto in perditionem.
14 Luctus hominum in corpore ipsorum;
Nomen autem impiorum delebitur.
15 Curam habe de bono nomine;
Hoc enim magis permanebit tibi
Quam mille thesauri pretiosi et magni.
16 Bonae vitae numerus dierum;
Bonum autem nomen permanebit in aevum.

De vero et falso pudore

17 Disciplinam in pace conservate, filii;
Sapientia enim abscondita, et thesaurus invisus,
Quae utilitas in utrisque?
18 Melior est homo qui abscondit stultitiam suam,
Quam homo qui abscondit sapientiam suam.
19 Verumtamen reveremini in his quae procedunt de ore meo:
20 Non est enim bonum omnem reverentiam observare,
Et non omnia omnibus bene placent in fide.
21 Erubescite a patre et a matre de fornicatione;
Et a praesidente et a potente de mendacio;
22 A principe et a iudice de delicto;
A synagoga et plebe de iniquitate;
23 A socio et amico de iniustitia,
Et de loco in quo habitas,
24 De furto, de veritate Dei, et testamento;

Sap 4,3-5; Eccli 23,35. — **20:** Ps 103,15. — **24:** Eccli 29,15. — **29:** Prov 30,8; Eccli 30,17.

41 **1:** Lc 12,19. — **3:** Eccli 30,17. — **5:** Eccli 38,23. — **10:** Eccli 3,13. — **13:** Eccli 40,11.— **15:** Prov 22,1. — **17-18:** Eccli 20,32-33. — **27:** Eccli 9,8; 25 28; Mt 5,28.

De discubitu in panibus, et ab offuscatione dati et accepti;
25 A salutantibus de silentio,
A respectu mulieris fornicariae,
Et ab aversione vultus cognati.
26 Ne avertas faciem a proximo tuo,
Et ab auferendo partem et non restituendo.
27 Ne respicias mulierem alieni viri,
Et ne scruteris ancillam eius,
Neque steteris ad lectum eius.
28 Ab amicis de sermonibus improperii;
Et cum dederis, ne improperes.

42 1 Non duplices sermonem auditus de revelatione sermonis absconditi;
Et eris vere sine confusione,
Et invenies gratiam in conspectu omnium hominum.
Ne pro his omnibus confundaris,
Et ne accipias personam ut delinquas:
2 De lege Altissimi, et testamento,
Et de iudicio iustificare impium,
3 De verbo sociorum et viatorum,
Et de datione haereditatis amicorum,
4 De aequalitate staterae et ponderum,
De acquisitione multorum et paucorum,
5 De corruptione emptionis et negotiatorum,
Et de multa disciplina filiorum,
Et servo pessimo latus sanguinare.
6 Super mulierem nequam bonum est signum.
7 Ubi manus multae sunt, claude;
Et quodcumque trades, numera et appende;
Datum vero et acceptum omne describe.
8 De disciplina insensati et fatui,
Et de senioribus qui iudicantur ab adolescentibus;
Et eris eruditus in omnibus
Et probabilis in conspectu omnium vivorum.

De sollicitudine patris pro filia

9 Filia patris abscondita est vigilia,
Et sollicitudo eius aufert somnum;
Ne forte in adolescentia sua adulta efficiatur,
Et cum viro commorata odibilis fiat;
10 Nequando polluatur in virginitate sua,
Et in paternis suis gravida inveniatur;
Ne forte cum viro commorata transgrediatur,
Aut certe sterilis efficiatur.
11 Super filiam luxuriosam confirma custodiam,
Nequando faciat te in opprobrium venire inimicis,
A detractione in civitate, et obiectione plebis,
Et confundat te in multitudine populi.
12 Omni homini noli intendere in specie,
Et in medio mulierum noli commorari;
13 De vestimentis enim procedit tinea,
Et a muliere iniquitas viri.
14 Melior est enim iniquitas viri quam mulier benefaciens,
Et mulier confundens in opprobrium.

PARS ALTERA

DE SAPIENTIA DIVINA IN RERUM NATURA ET IN HISTORIA ISRAEL

(42,15-50,26)

Opera Dei

15 Memor ero igitur operum Domini,
Et quae vidi annuntiabo.
In sermonibus Domini opera eius.
16 Sol illuminans per omnia respexit,
Et gloria Domini plenum est opus eius.
17 Nonne Dominus fecit sanctos enarrare omnia mirabilia sua,
Quae confirmavit Dominus omnipotens stabiliri in gloria sua?
18 Abyssum et cor hominum investigavit,
Et in astutia eorum excogitavit.
19 Cognovit enim Dominus omnem scientiam,
Et inspexit in signum aevi,
Annuntians quae praeterierunt et quae superventura sunt,
Revelans vestigia occultorum.
20 Non praeterit illum omnis cogitatus,
Et non abscondit se ab eo ullus sermo.
21 Magnalia sapientiae suae decoravit,
Qui est ante saeculum et usque in saeculum;
Neque adiectum est,
22 Neque minuitur,
Et non eget alicuius consilio.
23 Quam desiderabilia omnia opera eius!
Et tanquam scintilla quae est considerare!
24 Omnia haec vivunt, et manent in saeculum,
Et in omni necessitate omnia obaudiunt ei.
25 Omnia duplicia, unum contra unum,
Et non fecit quidquam deesse.
26 Uniuscuiusque confirmavit bona.
Et quis satiabitur videns gloriam eius?

Sol

43 1 Altitudinis firmamentum pulchritudo eius est,
Species caeli in visione gloriae.

42 **1:** Eccli 22,27; 27,17.19.24. — **4:** Prov 11,1. — **5:** Eccli 30,1-13; 33,25-30. — **8:** Dan 13,5.45.61. — **9:** Eccli 7,26-27. — **11:** Eccli 26,13. — **13:** Eccli 9,9. — **20:** Sap 1,6-10; Eccli 39,24. — **22:** Rom 11,34-35.

2 Sol in aspectu annuntians in exitu,
Vas admirabile opus Excelsi.
3 In meridiano exurit terram,
Et in conspectu ardoris eius quis poterit sustinere?
Fornacem custodiens in operibus ardoris;
4 Tripliciter sol exurens montes,
Radios igneos exsufflans,
Et refulgens radiis suis obcaecat oculos.
5 Magnus Dominus qui fecit illum,
Et in sermonibus eius festinavit iter.

Luna et stellae

6 Et luna in omnibus in tempore suo,
Ostensio temporis, et signum aevi.
7 A luna signum diei festi;
Luminare quod minuitur in consummatione.
8 Mensis secundum nomen eius est,
Crescens mirabiliter in consummatione.
9 Vas castrorum in excelsis,
In firmamento caeli resplendens gloriose.
10 Species caeli gloria stellarum:
Mundum illuminans in excelsis Dominus.
11 In verbis Sancti stabunt ad iudicium,
Et non deficient in vigiliis suis.

Phaenomena meteorologica

12 Vide arcum, et benedic eum qui fecit illum:
Valde speciosus est in splendore suo.
13 Gyravit caelum in circuitu gloriae suae,
Manus Excelsi aperuerunt illum.
14 Imperio suo acceleravit nivem,
Et accelerat coruscationes emittere iudicii sui.
15 Propterea aperti sunt thesauri,
Et evolaverunt nebulae sicut aves.
16 In magnitudine sua posuit nubes,
Et confracti sunt lapides grandinis.
17 In conspectu eius commovebuntur montes,
Et in voluntate eius aspirabit notus.
18 Vox tonitrui eius verberavit terram,
Tempestas aquilonis, et congregatio spiritus;
19 Et sicut avis deponens ad sedendum, aspergit nivem,
Et sicut locusta demergens descensus eius.
20 Pulchritudinem candoris eius admirabitur oculus,
Et super imbrem eius expavescet cor.
21 Gelu sicut salem effundet super terram;
Et dum gelaverit, fiet tanquam cacumina tribuli.
22 Frigidus ventus aquilo flavit,
Et gelavit crystallus ab aqua;
Super omnem cogregationem aquarum requiescet,
Et sicut lorica induet se aquis;
23 Et devorabit montes, et exuret desertum,
Et extinguet viride, sicut igne.
24 Medicina omnium in festinatione nebulae;
Et ros obvians ab ardore venienti humilem efficiet eum.
25 In sermone eius siluit ventus,
Et cogitatione sua placavit abyssum;
Et plantavit in illa Dominus insulas.
26 Qui navigant mare enarrent pericula eius,
Et audientes auribus nostris admirabimur.
27 Illic praeclara opera et mirabilia,
Varia bestiarum genera, et omnium pecorum, et creatura belluarum.
28 Propter ipsum confirmatus est itineris finis,
Et in sermone eius composita sunt omnia.

Opera Dei omnem laudem exsuperant

29 Multa dicemus, et deficiemus in verbis;
Consummatio autem sermonum ipse est in omnibus.
30 Gloriantes ad quid valebimus?
Ipse enim Omnipotens super omnia opera sua.
31 Terribilis Dominus et magnus vehementer,
Et mirabilis potentia ipsius.
32 Glorificantes Dominum quantumcumque potueritis,
Supervalebit enim adhuc; et admirabilis magnificentia eius.
33 Benedicentes Dominum, exaltate illum quantum potestis;
Maior enim est omni laude.
34 Exaltantes eum, replemini virtute, ne laboretis,
Non enim comprehendetis.
35 Quis videbit eum et enarrabit?
Et quis magnificabit eum sicut est ab initio?
36 Multa abscondita sunt maiora his;
Pauca enim vidimus operum eius.
37 Omnia autem Dominus fecit,
Et pie agentibus dedit sapientiam.

Invitatio ad viros illustres Israel laudandos

44 1 Laudemus viros gloriosos,
Et parentes nostros in generatione sua.
2 Multam gloriam fecit Dominus,
Magnificentia sua a saeculo.

43 **2-3:** Ps 18,6-7. — **6:** Gen 1,14. — **7:** Lev 23,5.27.34; Num 28,11; 1 Sam 20,5. 24. — **10-11:** Ps 8,4; Sap 13,3; Bar 3,34-35. — **12:** Gen 9,13. — **14-16:** Iob 37,6; 38,22.25. — **17:** Ps 103,32. — **26:** Ps 106,23-27. — **29:** Eccli 18,2-4; Act 17,28. — **35:** Ps 105,2.

3 Dominantes in potestatibus suis,
Homines magni virtute et prudentia sua praediti,
Nuntiantes in prophetis dignitatem prophetarum;
4 Et imperantes in praesenti populo,
Et virtute prudentiae populis sanctissima verba;
5 In peritia sua requirentes modos musicos,
Et narrantes carmina Scripturarum;
6 Homines divites in virtute,
Pulchritudinis studium habentes,
Pacificantes in domibus suis.
7 Omnes isti in generationibus gentis suae gloriam adepti sunt,
Et in diebus suis habentur in laudibus.
8 Qui de illis nati sunt reliquerunt nomen
Narrandi laudes eorum.
9 Et sunt quorum non est memoria:
Perierunt quasi qui non fuerint;
Et nati sunt quasi non nati,
Et filii ipsorum cum ipsis.
10 Sed illi viri misericordiae sunt,
Quorum pietates non defuerunt.
11 Cum semine eorum permanent bona;
12 Haereditas sancta nepotes eorum.
Et in testamentis stetit semen eorum;
13 Et filii eorum propter illos usque in aeternum manent;
Semen eorum et gloria eorum non derelinquetur.
14 Corpora ipsorum in pace sepulta sunt,
Et nomen eorum vivit in generationem et generationem.
15 Sapientiam ipsorum narrent populi,
Et laudem eorum nuntiet ecclesia.

Enoch et Noe

16 Enoch placuit Deo, et translatus est in paradisum,
Ut det gentibus poenitentiam.
17 Noe inventus est perfectus, iustus,
Et in tempore iracundiae factus est reconciliatio.
18 Ideo dimissum est reliquum terrae,
Cum factum est diluvium.
19 Testamenta saeculi posita sunt apud illum,
Ne deleri possit diluvio omnis caro.

Abraham, Isaac et Iacob

20 Abraham magnus pater multitudinis gentium,
Et non est inventus similis illi in gloria;
Qui conservavit legem Excelsi,
Et fuit in testamento cum illo.
21 In carne eius stare fecit testamentum,
Et in tentatione inventus est fidelis.
22 Ideo iureiurando dedit illi gloriam in gente sua,
Crescere illum quasi terrae cumulum,
23 Et ut stellas exaltare semen eius,
Et haereditare illos a mari usque ad mare,
Et a flumine usque ad terminos terrae.
24 Et in Isaac eodem modo fecit,
Propter Abraham, patrem eius.
25 Benedictionem omnium gentium dedit illi Dominus,
Et testamentum confirmavit super caput Iacob.
26 Agnovit eum in benedictionibus suis,
Et dedit illi haereditatem,
Et divisit illi partem in tribubus duodecim.
27 Et conservavit illi homines misericordiae,
Invenientes gratiam in oculis omnis carnis.

Moyses

45 1 Dilectus Deo et hominibus Moyses,
Cuius memoria in benedictione est.
2 Similem illum fecit in gloria sanctorum,
Et magnificavit eum in timore inimicorum,
Et in verbis suis monstra placavit.
3 Glorificavit illum in conspectu regum,
Et iussit illi coram populo suo,
Et ostendit illi gloriam suam.
4 In fide et lenitate ipsius sanctum fecit illum,
Et elegit eum ex omni carne.
5 Audivit enim eum, et vocem ipsius,
Et induxit illum in nubem.
6 Et dedit illi coram praecepta,
Et legem vitae et disciplinae,
Docere Iacob testamentum suum,
Et iudicia sua Israel.

Aaron

7 Excelsum fecit Aaron, fratrem eius.
Et similem sibi, de tribu Levi.
8 Statuit ei testamentum aeternum,
Et dedit illi sacerdotium gentis,
Et beatificavit illum in gloria;
9 Et circumcinxit eum zona gloriae,
Et induit eum stolam gloriae,
Et coronavit eum in vasis virtutis.
10 Circumpedes, et femoralia, et humerale posuit ei;

44 **3:** Eccli 39,1. — **5:** Eccli 47,10-12. — **9:** Sap 2,2.4. — **11:** Prov 13,22. — **15:** Eccli 39,12-14. — **16:** Gen 5,24. — **17-19:** Gen 6,1-9.17. — **20:** Gen 12,2; 15,5; 17,4-5. — **21:** Gen 17,10.13; 22,1.12; 1 Mach 2,52; Gal 3,6.9; Hebr 11,17. — **22-23:** Gen 15,15.18; 22,16-18; 26,3. — **24:** Gen 26,3-5.24. — **25:** Gen 27,28-29; 28,14. — **26:** Gen 32,9; 49,28.

45 **1:** Ex 11,3. — **2:** Ex 8,31; 9,33; 10,18-19. — **3:** Ex 6,13; 33,22-23; 34,6. — **4:** Num 12,3.7. — **5:** Ex 24,18; 33,11. — **6:** Lev 18,5. — **7:** Ex 4,14-16. — **8:** Ex 28,1-3; 29,9; 40,13; Num 25,13. — **9-16:** Ex 28,4-43. — **17:**

Et cinxit illum tintinnabulis aureis plurimis in gyro:
11 Dare sonitum in incessu suo,
Auditum facere sonitum in templo
In memoriam filiis gentis suae.
12 Stolam sanctam auro, et hyacintho, et purpura,
Opus textile viri sapientis, iudicio et veritate praediti:
13 Torto cocco opus artificis
Gemmis pretiosis figuratis in ligatura auri,
Et opere lapidarii sculptis,
In memoriam secundum numerum tribuum Israel.
14 Corona aurea super mitram eius
Expressa signo sanctitatis, et gloria honoris;
Opus virtutis, et desideria oculorum ornata.
15 Sic pulchra ante ipsum non fuerunt talia
Usque ad originem.
16 Non est indutus illa alienigena aliquis,
Sed tantum filii ipsius soli,
Et nepotes eius per omne tempus.
17 Sacrificia ipsius
Consumpta sunt igne quotidie.
18 Complevit Moyses manus eius,
Et unxit illum oleo sancto.
19 Factum est illi in testamentum aeternum,
Et semini eius, sicut dies caeli,
Fungi sacerdotio, et habere laudem,
Et glorificare populum suum in nomine eius.
20 Ipsum elegit ab omni vivente,
Offerre sacrificium Deo, incensum, et bonum odorem,
In memoriam placare pro populo suo;
21 Et dedit illi in praeceptis suis potestatem,
In testamentis iudiciorum:
Docere Iacob testimonia,
Et in lege sua lucem dare Israel.
22 Quia contra illum steterunt alieni,
Et propter invidiam circumdederunt illum homines in deserto,
Qui erant cum Dathan et Abiron,
Et congregatio Core in iracundia.
23 Vidit Dominus Deus, et non placuit illi,
Et consumpti sunt in impetu iracundiae.
24 Fecit illis monstra,
Et consumpsit illos in flamma ignis.
25 Et addidit Aaron gloriam,
Et dedit illi haereditatem,
Et primitias frugum terrae divisit illi.
26 Panem ipsis in primis paravit in satietatem;
Nam et sacrificia Domini edent,
Quae dedit illi et semini eius.
27 Caeterum in terra gentes non haereditabit,
Et pars non est illi in gente;
Ipse est enim pars eius, et haereditas.

Phinees

28 Phinees, filius Eleazari, tertius in gloria est,
Imitando eum in timore Domini,
29 Et stare in reverentia gentis;
In bonitate et alacritate animae suae placuit Deo pro Israel.
30 Ideo statuit illi testamentum pacis,
Principem sanctorum et gentis suae,
Ut sit illi et semini eius sacerdotii dignitas in aeternum.
31 Et testamentum David regi, filio Iesse, de tribu Iuda,
Haereditas ipsi et semini eius:
Ut daret sapientiam in cor nostrum,
Iudicare gentem suam in iustitia,
Ne abolerentur bona ipsorum;
Et gloriam ipsorum in gentem eorum aeternam fecit.

Iosue et Caleb

46 1 Fortis in bello Iesus Nave, successor Moysi in prophetis,
Qui fuit magnus secundum nomen suum,
2 Maximus in salutem electorum Dei,
Expugnare insurgentes hostes,
Ut consequeretur haereditatem Israel.
3 Quam gloriam adeptus est in tollendo manus suas,
Et iactando contra civitates romphaeas!
4 Quis ante illum sic restitit?
Nam hostes ipse Dominus perduxit.
5 An non in iracundia eius impeditus est sol,
Et una dies facta est quasi duo?
6 Invocavit Altissimum potentem,
In oppugnando inimicos undique;
Et audivit illum magnus et sanctus Deus,
In saxis grandinis virtutis valde fortis.
7 Impetum fecit contra gentem hostilem,
Et in descensu perdidit contrarios;
8 Ut cognoscant gentes potentiam eius,
Quia contra Deum pugnare non est facile.
Et secutus est a tergo potentis;
9 Et in diebus Moysi misericordiam fecit,
Ipse et Caleb, filius Iephone,
Stare contra hostem, et prohibere gentem a peccatis,

Ex 29,38.42; Num 28,4.6. — **18:** Ex 28,41; Lev 8,2; Num 3,3. — **19:** Ex 40,12-13; Num 25,13; Deut 18,5. — **20:** Num 17,5. — **21:** Deut 17,9-11; 21,5. — **22-24:** Num 16,1-35. — **25:** Num 18,11-13. — **26:** Lev 7,31-32; 23,20. — **27:** Num 18,20; Deut 10,9. — **28:** Num 25,11-13; 1 Mach 2,26.54. — **31:** 2 Sam 7,12-16.

46 **1:** Num 27,18; Deut 34,9. — **3:** Ios 8,18-26. — **5:** Ios 10,12-14. — **6:** Ios 10,8-

Et perfringere murmur malitiae.
10 Et ipsi duo constituti a periculo liberati sunt
A numero sexcentorum millium peditum,
Inducere illos in haereditatem,
In terram quae manat lac et mel.
11 Et dedit Dominus ipsi Caleb fortitudinem,
Et usque in senectutem permansit illi virtus,
Ut ascenderet in excelsum terrae locum,
Et semen ipsius obtinuit haereditatem,
12 Ut viderent omnes filii Israel
Quia bonum est obsequi sancto Deo.

Iudices

13 Et iudices singuli suo nomine, quorum non est corruptum cor,
Qui non aversi sunt a Domino,
14 Ut sit memoria illorum in benedictione,
Et ossa eorum pullulent de loco suo;
15 Et nomen eorum permaneat in aeternum,
Permanens ad filios illorum, sanctorum virorum gloria.

Samuel

16 Dilectus a Domino Deo suo Samuel, propheta Domini,
Renovavit imperium,
Et unxit principes in gente sua.
17 In lege Domini congregationem iudicavit,
Et vidit Deus Iacob;
Et in fide sua probatus est propheta;
18 Et cognitus est in verbis suis fidelis,
Quia vidit Deum lucis.
19 Et invocavit Dominum omnipotentem,
In oppugnando hostes circumstantes undique,
In oblatione agni inviolati.
20 Et intonuit de caelo Dominus,
Et in sonitu magno auditam fecit vocem suam;
21 Et contrivit principes Tyriorum,
Et omnes duces Philisthiim;
22 Et ante tempus finis vitae suae et saeculi,
Testimonium praebuit in conspectu Domini et Christi;
Pecunias et usque ad calceamenta ab omni carne non accepit,
Et non accusavit illum homo.
23 Et post hoc dormivit; et notum fecit regi,
Et ostendit illi finem vitae suae;
Et exaltavit vocem suam de terra in prophetia,
Delere impietatem gentis

Nathan et David

47 1 Post haec surrexit Nathan,
Propheta in diebus David.
2 Et quasi adeps separatus a carne,
Sic David a filiis Israel.
3 Cum leonibus lusit quasi cum agnis,
Et in ursis similiter fecit sicut in agnis ovium in iuventute sua.
4 Numquid non occidit gigantem,
Et abstulit opprobrium de gente?
5 In tollendo manum,
Saxo fundae deiecit exsultationem Goliae;
6 Nam invocavit Dominum omnipotentem,
Et dedit in dextera eius tollere hominem fortem in bello,
Et exaltare cornu gentis suae.
7 Sic in decem millibus glorificavit eum;
Et laudavit eum in benedictionibus Domini,
In offerendo illi coronam gloriae;
8 Contrivit enim inimicos undique,
Et extirpavit Philisthiim contrarios usque in hodiernum diem;
Contrivit cornu ipsorum usque in aeternum.
9 In omni opere dedit confessionem Sancto,
Et Excelso in verbo gloriae.
10 De omni corde suo laudavit Dominum;
Et dilexit Deum, qui fecit illum,
Et dedit illi contra inimicos potentiam;
11 Et stare fecit cantores contra altare,
Et in sono eorum dulces fecit modos.
12 Et dedit in celebrationibus decus,
Et ornavit tempora usque ad consummationem vitae,
Ut laudarent nomen sanctum Domini,
Et amplificarent mane Dei sanctitatem.
13 Dominus purgavit peccata ipsius,
Et exaltavit in aeternum cornu eius;
Et dedit illi testamentum regni,
Et sedem gloriae in Israel.

Salomon

14 Post ipsum surrexit filius sensatus,
Et propter illum deiecit omnem potentiam inimicorum.
15 Salomon imperavit in diebus pacis.
Cui subiecit Deus omnes hostes,
Ut conderet domum in nomine suo,

11. — **9**: Num 14,6-9. — **10**: Num 14,24-38. — **11**: Ios 14,6-14. — **13**: Iudith 2,10. — **16**: 1 Sam 8,1-10,27; 16,1-13. — **17**: 1 Sam 3.19.21. — **19-20**: 1 Sam 7,9; 12,18. — **22**: 1 Sam 12,3-5. — **23**: 1 Sam 25,1; 28,3.11-20.

47 **1**: 2 Sam 7,1-17; 12,1-15. — **2**: 1 Sam 16,11-13.—**3**: 1 Sam 17,34.36. — **4**: 1 Sam 17,49-51. — **7**: 1 Sam 18,7. — **8**: 2 Sam 5,6-10. 17.25; 8,1-14; 21,15-22. — **11**: 1 Par 16,4; 23, 30.32; 25,1-7. — **13**: 2 Sam 7,12-16; 12,13. — **14**: 3 Reg 2,12; 5,7. — **15**: 3 Reg 4,24-25.29-

Et pararet sanctitatem in sempiternum.
Quemadmodum eruditus es in iuventute tua,
16 Et impletus es, quasi flumen, sapientia,
Et terram retesit anima tua.
17 Et replesti in comparationibus aenigmata.
Ad insulas longe divulgatum est nomen tuum,
Et dilectus es in pace tua.
18 In cantilenis, et proverbiis,
Et comparationibus, et interpretationibus, miratae sunt terrae;
19 Et in nomine Domini Dei,
Cui est cognomen Deus Israel.
20 Collegisti quasi aurichalcum aurum,
Et ut plumbum complesti argentum;
21 Et inclinasti femora tua mulieribus,
Potestatem habuisti in corpore tuo.
22 Dedisti maculam in gloria tua,
Et profanasti semen tuum,
Inducere iracundiam ad liberos tuos,
Et incitari stultitiam tuam;
23 Ut faceres imperium bipartitum,
Et ex Ephraim imperare imperium durum.
24 Deus autem non derelinquet misericordiam suam;
Et non corrumpet, nec delebit opera sua;
Neque perdet a stirpe nepotes electi sui,
Et semen eius qui diligit Dominum non corrumpet.
25 Dedit autem reliquum Iacob,
Et David de ipsa stirpe.
26 Et finem habuit Salomon cum patribus suis.

Roboam et Ieroboam

27 Et dereliquit post se de semine suo, gentis stultitiam,
28 Et imminutum a prudentia, Roboam,
Qui avertit gentem consilio suo;
29 Et Ieroboam, filium Nabat, qui peccare fecit Israel,
Et dedit viam peccandi Ephraim.
Et plurima redundaverunt peccata ipsorum.
30 Valde averterunt illos a terra sua.
31 Et quaesivit omnes nequitias,
Usque dum perveniret ad illos defensio,
Et ab omnibus peccatis liberavit eos.

Elias

48 1 Et surrexit Elias, propheta, quasi ignis,
Et verbum ipsius quasi facula ardebat.
2 Qui induxit in illos famem;
Et irritantes illum invidia sua pauci facti sunt;
Non enim poterant sustinere praecepta Domini.
3 Verbo Domini continuit caelum,
Et deiecit de caelo ignem ter.
4 Sic amplificatus est Elias in mirabilibus suis.
Et quis potest similiter sic gloriari tibi?
5 Qui sustulisti mortuum ab inferis de sorte mortis,
In verbo Domini Dei;
6 Qui deiecisti reges ad perniciem,
Et confregisti facile potentiam ipsorum,
Et gloriosos de lecto suo;
7 Qui audis in Sina iudicium,
Et in Horeb iudicia defensionis;
8 Qui ungis reges ad poenitentiam,
Et prophetas facis successores post te;
9 Qui receptus es in turbine ignis,
In curru equorum igneorum;
10 Qui scriptus es in iudiciis temporum,
Lenire iracundiam Domini,
Conciliare cor patris ad filium,
Et restituere tribus Iacob?
11 Beati sunt qui te viderunt,
Et in amicitia tua decorati sunt.
12 Nam nos vita vivimus tantum;
Post mortem autem non erit tale nomen nostrum.

Eliseus

13 Elias quidem in turbine tectus est,
Et in Eliseo completus est spiritus eius;
In diebus suis non pertimuit principem
Et potentia nemo vicit illum.
14 Nec superavit illum verbum aliquod,
Et mortuum prophetavit corpus eius.
15 In vita sua fecit monstra,
Et in morte mirabilia operatus est.

Ezechias et Isaias

16 In omnibus istis non poenituit populus,
Et non recesserunt a peccatis suis,
Usque dum eiecti sunt de terra sua,
Et dispersi sunt in omnem terram;
17 Et relicta est gens perpauca,
Et princeps in domo David.

30; 5,4-5. — **17:** 3 Reg 4,34; 10,1. — **18:** 3 Reg 4,31-34. — **20:** 3 Reg 10,22-27; 2 Par 1,15. — **21:** 3 Reg 11,1-13. — **23:** 3 Reg 12,1-24. — **24:** Ps 88,20-38. — **26:** 3 Reg 11,43. — **28:** 3 Reg 12,6-16. — **29:** 3 Reg 12,28-30. — **30:** 4 Reg 17,6-8.18.

48 **2:** 3 Reg 17,1; Iac 5,17. — **3:** 3 Reg 17,1; 18,38; 4 Reg 1,9-14. — **5:** 3 Reg 17,21-22. — **6:** 3 Reg 21,19.21; 4 Reg 1,4.16-17; 2 Par 21,12-15. — **7:** 3 Reg 19,8-18. — **8:** 3 Reg 19,15-19. — **9:** 4 Reg 2,11; 2 Mach 2,58. — **10:** Mal 4,5-6. — **13:** 4 Reg 2,9.15; 3,13-14; 6,16.32; 8,10. — **14:** 4 Reg 13,21. — **16:** 4 Reg 15,29; 18,11-12; 2 Par 36,15-16. — **17:** Is 1,9. — **19:**

18 Quidam ipsorum fecerunt quod placeret Deo;
Alii autem multa commiserunt peccata.
19 Ezechias munivit civitatem suam,
Et induxit in medium ipsius aquam;
Et fodit ferro rupem,
Et aedificavit ad aquam puteum.
20 In diebus ipsius ascendit Sennacherib,
Et misit Rabsacen, et sustulit manum suam contra illos;
Et extulit manum suam in Sion,
Et superbus factus est potentia sua.
21 Tunc mota sunt corda et manus ipsorum;
Et doluerunt quasi parturientes mulieres.
22 Et invocaverunt Dominum misericordem,
Et expandentes manus suas extulerunt ad caelum;
Et Sanctus, Dominus Deus, audivit cito vocem ipsorum.
23 Non est commemoratus peccatorum illorum,
Neque dedit illos inimicis suis;
Sed purgavit eos in manu Isaiae sancti prophetae.
24 Deiecit castra Assyriorum,
Et contrivit illos angelus Domini.
25 Nam fecit Ezechias quod placuit Deo,
Et fortiter ivit in via David, patris sui,
Quam mandavit illi Isaias, propheta magnus,
Et fidelis in conspectu Dei.
26 In diebus ipsius retro rediit sol,
Et addidit regi vitam.
27 Spiritu magno vidit ultima,
Et consolatus est lugentes in Sion.
Usque in sempiternum
28 Ostendit futura,
Et abscondita antequam evenirent.

Iosias

49 1 Memoria Iosiae in compositionem odoris facta
Opus pigmentarii.
2 In omni ore quasi mel indulcabitur eius memoria,
Et ut musica in convivio vini.
3 Ipse est directus divinitus in poenitentiam gentis,
Et tulit abominationes impietatis.
4 Et gubernavit ad Dominum cor ipsius,
Et in diebus peccatorum corroboravit pietatem.

Ultimi reges et prophetae

5 Praeter David, et Ezechiam, et Iosiam,
Omnes peccatum commiserunt;
6 Nam reliquerunt legem Altissimi reges Iuda,
Et contempserunt timorem Dei.
7 Dederunt enim regnum suum aliis,
Et gloriam suam alienigenae genti.
8 Incenderunt electam sanctitatis civitatem,
Et desertas fecerunt vias ipsius in manu Ieremiae.
9 Nam male tractaverunt illum
Qui a ventre matris consecratus est propheta,
Evertere, et eruere, et perdere,
Et iterum aedificare, et renovare.
10 Ezechiel, qui vidit conspectum gloriae
Quam ostendit illi in curru cherubim.
11 Nam commemoratus est inimicorum in imbre,
Benefacere illis qui ostenderunt rectas vias.
12 Et duodecim prophetarum ossa pullulent de loco suo;
Nam corroboraverunt Iacob,
Et redemerunt se in fide virtutis.

Zorobabel, Iesus et Nehemias

13 Quomodo amplificemus Zorobabel?
Nam et ipse quasi signum in dextera manu;
14 Sic et Iesum, filium Iosedec,
Qui in diebus suis aedificaverunt domum,
Et exaltaverunt templum sanctum Domino,
Paratum in gloriam sempiternam.
15 Et Nehemias in memoriam multi temporis,
Qui erexit nobis muros eversos,
Et stare fecit portas et seras,
Qui erexit domos nostras.

Henoch, Ioseph, Seth, Sem, Adam

16 Nemo natus est in terra qualis Henoch,
Nam et ipse receptus est a terra;
17 Neque ut Ioseph, qui natus est homo princeps fratrum,
Firmamentum gentis, rector fratrum, stabilimentum populi;
18 Et ossa ipsius visitata sunt,
Et post mortem prophetaverunt.

4 Reg 20,20; 2 Par 32,5.30. — **20:** 4 Reg 18,13-37; Is 36,1-22. — **21:** 4 Reg 19,1-4; Is 37,1-4. — **22:** 4 Reg 19,15-20; Is 37,15. — **23:** Is 37, 22-35. — **24:** 4 Reg 19,35; Is 37,36. — **25:** 4 Reg 18,3-7; 2 Par 29,2; Is 38,3. — **26:** 4 Reg 20, 10-11; Is 38,8. — **27:** Is 40,1; 61,2. — **28:** 4 Reg 20,17; Is 42,9; 46,10; 48,5.

49 1: 4 Reg 22,1-2; 2 Par 34,1-2. — **3:** 4 Reg 23,1-27; 2 Par 34,33. — **8:** 4 Reg 25,9-11; 2 Par 36,19. — **9:** Ier 1,5.10; 37,14; 38,6. — **10:** Ez 1,1.4.15; 8,2; 43,3. — **11:** Ez 13,11; 38,9.22. — **13:** Esdr 3,2; Agg 1,12; 2,2, 24. — **14:** Esdr 3,8-11; Agg 2,7-10. — **15:** Neh 1,1; 3,1-31. — **16:** Gen 5,24; Eccli 44,16. — **17:** Gen 37,5; 41,42-45; 42,1-3. — **18:** Gen 50, 24, Ex 13,19; Ios 24,32. — **19:** Gen 4,25; 5,32.

19 Seth et Sem apud homines gloriam adepti sunt,
Et super omnem animam in origine Adam.

Simon filius Oniae

50 1 Simon, Oniae filius, sacerdos magnus,
Qui in vita sua suffulsit domum,
Et in diebus suis corroboravit templum.
2 Templi etiam altitudo ab ipso fundata est,
Duplex aedificatio, et excelsi parietes templi.
3 In diebus ipsius emanaverunt putei aquarum,
Et quasi mare adimpleti sunt supra modum.
4 Qui curavit gentem suam,
Et liberavit eam a perditione.
5 Qui praevaluit amplificare civitatem,
Qui adeptus est gloriam in conversatione gentis,
Et ingressum domus et atrii amplificavit.
6 Quasi stella matutina in medio nebulae,
Et quasi luna plena, in diebus suis lucet;
7 Et quasi sol refulgens,
Sic ille effulsit in templo Dei.
8 Quasi arcus refulgens inter nebulas gloriae,
Et quasi flos rosarum in diebus vernis,
Et quasi lilia quae sunt in transitu aquae,
Et quasi thus redolens in diebus aestatis;
9 Quasi ignis effulgens,
Et thus ardens in igne;
10 Quasi vas auri solidum,
Ornatum omni lapide pretioso,
11 Quasi oliva pullulans, et cypressus in altitudinem se extollens,
In accipiendo ipsum stolam gloriae,
Et vestiri eum in consummationem virtutis.
12 In ascensu altaris sancti
Gloriam dedit sanctitatis amictum.
13 In accipiendo autem partes de manu sacerdotum,
Et ipse stans iuxta aram;
Et circa illum corona fratrum:
Quasi plantatio cedri in monte Libano,
14 Sic circa illum steterunt quasi rami palmae;
Et omnes filii Aaron in gloria sua.
15 Oblatio autem Domini in manibus ipsorum
Coram omni synanoga Israel;
Et consummatione fungens in ara,
Amplificare oblationem excelsi Regis,
16 Porrexit manum suam in libatione,
Et libavit dc sanguine uvae.
17 Effudit in fundamento altaris
Odorem divinum excelso Principi.
18 Tunc exclamaverunt filii Aaron,
In tubis productilibus sonuerunt;
Et auditam fecerunt vocem magnam in memoriam coram Deo.
19 Tunc omnis populus simul properaverunt,
Et ceciderunt in faciem super terram,
Adorare Dominum Deum suum,
Et dare preces omnipotenti Deo excelso.
20 Et amplificaverunt psallentes in vocibus suis,
Et in magna domo auctus est sonus suavitatis plenus.
21 Et rogavit populus Dominum excelsum in prece,
Usquedum perfectus est honor Domini,
Et munus suum perfecerunt.
22 Tunc descendens, manus suas extulit
In omnem congregationem filiorum Israel,
Dare gloriam Deo a labiis suis,
Et in nomine ipsius gloriari;
23 Et iteravit orationem suam,
Volens ostendere virtutem Dei.
24 Et nunc orate Deum omnium, qui magna fecit in omni terra,
Qui auxit dies nostros a ventre matris nostrae,
Et fecit nobiscum secundum suam misericordiam;
25 Det nobis iucunditatem cordis,
Et fieri pacem in diebus nostris in Israel per dies sepiternos;
26 Credere Israel nobiscum Dei esse misericordiam,
Ut liberet nos in diebus suis.

EPILOGUS

Tres sunt gentes odio dignae

27 Duas gentes odit anima mea;
Tertia autem non est gens quam oderim:
28 Qui sedent in monte Seir, et Philisthiim,
Et stultus populus qui habitat in Sichimis.

Subscriptio Siracidis

29 Doctrinam sapientiae et disciplinae scripsit in codice isto
Iesus, filius Sirach, Ierosolymita,
Qui renovavit sapientiam de corde suo.
30 Beatus qui in istis versatur bonis;
Qui ponit illa in corde suo sapiens erit semper.
31 Si enim haec facerit, ad omnia valebit,
Quia lux Dei vestigium eius est.

50 **1:** 2 Mach 3,1; 4,2; 15,12. — **11:** Eccli 45,9. — **16:** Num 15,5. — **18:** Num 10,10. — **22:** Num 6,22-26. — **28:** Io 4,9.

APPENDIX

Oratio qua filius Sirach Deum celebrat eique gratias agit

51 1 Oratio Iesu, filii Sirach.
Confitebor tibi, Domine rex,
Et collaudabo te Deum, salvatorem meum.
2 Confitebor nomini tuo,
Quoniam adiutor et protector factus es mihi,
3 Et liberasti corpus meum a perditione,
A laqueo linguae iniquae, et a labiis operantium mendacium,
Et in conspectu astantium factus es mihi adiutor.
4 Et liberasti me, secundum multitudinem misericordiae nominis tui,
A rugientibus praeparatis ad escam;
5 De manibus quaerentium animam meam,
Et de portis tribulationum quae circumdederunt me;
6 A pressura flammae quae circumdedit me,
Et in medio ignis non sum aestuatus;
7 De altitudine ventris inferi,
Et a lingua coinquinata, et a verbo mendacii,
A rege iniquo, et a lingua iniusta.
8 Laudabit usque ad mortem anima mea Dominum,
9 Et vita mea appropinquans erat in inferno deorsum.
10 Circumdederunt me undique, et non erat qui adiuvaret;
Respiciens eram ad adiutorium hominum, et non erat.
11 Memoratus sum misericordiae tuae, Domine,
Et operationis tuae, quae a saeculo sunt;
12 Quoniam eruis sustinentes te, Domine,
Et liberas eos de manibus gentium.
13 Exaltasti super terram habitationem meam,
Et pro morte defluente deprecatus sum.
14 Invocavi Dominum patrem Domini mei,
Ut non derelinquat me in die tribulationis meae,
Et in tempore superborum, sine adiutorio.
15 Laudabo nomen tuum assidue,
Et collaudabo illud in confessione,
Et exaudita est oratio mea;
16 Et liberasti me de perditione,
Et eripuisti me de tempore iniquo.
17 Propterea confitebor, et laudem dicam tibi,
Et benedicam nomini Domini.

De studio Siracidis pro sapientia adsequenda

18 Cum adhuc iunior essem, priusquam oberrarem,
Quaesivi sapientiam palam in oratione mea.
19 Ante templum postulabam pro illa,
Et usque in novissimis inquiram eam;
Et effloruit tanquam praecox uva.
20 Laetatum est cor meum in ea:
Ambulavit pes meus iter rectum;
A iuventute mea investigabam eam.
21 Inclinavi modice aurem meam,
Et excepi illam.
22 Multam inveni in meipso sapientiam,
Et multum profeci in ea.
23 Danti mihi sapientiam dabo gloriam;
24 Consiliatus sum enim ut facerem illam;
Zelatus sum bonum, et non confundar.
25 Colluctata est anima mea in illa,
Et in faciendo eam confirmatus sum.
26 Manus meas extendi in altum,
Et insipientiam eius luxi;
27 Animam meam direxi ad illam,
Et in agnitione invenii eam.
28 Possedi cum ipsa cor ab initio;
Propter hoc non derelinquar.
29 Venter meus conturbatus est quaerendo illam;
Propterea bonam possidebo possessionem.
30 Dedit mihi Dominus linguam mercedem meam,
Et in ipsa laudabo eum.
31 Appropiate ad me, indocti,
Et congregate vos in domum disciplinae.
32 Quid adhuc retardatis? et quid dicitis in his?
Animae vestrae sitiunt vehementer.
33 Aperui os meum, et locutus sum;
Comparate vobis sine argento;
34 Et collum vestrum subiicite iugo.
Et suscipiat anima vestra disciplinam;
In proximo est enim invenire eam.
35 Videte oculis vestris, quia modicum laboravi,
Et inveni mihi multam requiem.
36 Assumite disciplinam in multo numero argenti.
Et copiosum aurum possidete in ea.
37 Laetetur anima vestra in misericordia eius,
Et non confundemini in laude ipsius.
38 Operamini opus vestrum ante tempus,
Et dabit vobis mercedem vestram in tempore suo.

51 **1:** Ps 137,1-2. — **2:** Ps 27,7; 39,18. — **3:** Ps 56,4-5; 90,3; 119,2. — **4:** Ps 21,14; 68,14. — **6:** Ps 16,3; 65,10-12. — **7:** Ps 5,7. — **9:** Ps 87,4; 93,17; 106,18. — **10:** Ps 21,12; 106,12; 117,10-12; 141,5. — **12:** Eccli 2,11-12. — **18:** Eccli 34,12. — **28:** Prov 4,6.8. — **31:** Prov 9,4-5. — **35:** Eccli 6,20. — **38:** Eccli 16,15.

P R O P H E T I A   I S A I A E

SUMMARIUM *TITULUS (1,1)*. PARS PRIMA: VATICINIA IN IUDAM ET ISRAEL *(1,2-12,6): Priora Isaiae oracula (1-5). Vocatio in ministerium propheticum (6). Liber Emmanuelis (7-12).*—PARS SECUNDA: VATICINIA IN GENTES *(13-23): Onus Babylonis et Assyriae (13,1-14,27). Philistinorum et Moabitarum (14,28-16,13). Damasci et Aegypti (17-20). Babylonis iterum, Idumeae et Arabiae (21). Vallis visionis (22). Tyri (23).*—PARS TERTIA: ORACULA DE FINE TEMPORUM *(24-27).*—PARS QUARTA: IUDICIUM IN SAMARIAM ET IERUSALEM *(28-35). Oraculum contra Samariam et Ierusalem (28). Ierusalem obsessa et liberata (29). Contra foedus cum Aegypto (30-31). Regnum iustitiae (32-33). Iudicium in nationes (34-35).* APPENDIX HISTORICA *(36-39): Legatio Sennacherib Isaiae denuntiatur (36-37). Aegritudo Ezechiae (38). Legatio babylonica (39).*—PARS QUINTA: LIBERTAS POPULO ANNUNTIATUR *(40-48): Gloria Domini in populi liberatione (40-41). Servus Domini (42,1-9). Populi liberatio gratiosa (43,1-44,5). Solus Deus liberator (44,6-46,13). Excidium Babylonis (47). Gratuita populi liberatio per Dominum (48).*—PARS SEXTA: POPULI LIBERATIO PER SERVUM DOMINI *(49-66): Servus Domini populi liberator et lumen gentium (49,1-51,16). Exulum reditus in patriam (51,17-52,12). Servi Domini passiones (52,13-53,12). Gloria novae Sion (54-55). Gentium vocatio (56,1-8). Principum reprehensio et fidelium consolatio (56,9-57,21). De ieiunio et sabbato (58). Dominus conversorum salvator (59). Iterum gloria Ierusalem celebratur (60-62). Dei vindicta (63,1-6). Oratio pro liberatione (63,7-64,12). Domini responsio (65). De nova Ierusalem et impiorum punitione (66)*

TITULUS GENERALIS

1 [1] Visio Isaiae, filii Amos, quam vidit super Iudam et Ierusalem, in diebus Oziae, Ioathan, Achaz, et Ezechiae, regum Iuda.

PARS PRIMA

VATICINIA IN IUDAM ET ISRAEL
(1,2-12,6)

Cultus externus sine iustitia Deo non placet

[2] Audite, caeli, et auribus percipe, terra,
Quoniam Dominus locutus est.
Filios enutrivi, et exaltavi;
Ipsi autem spreverunt me.
[3] Cognovit bos possessorem suum,
Et asinus praesepe domini sui;
Israel autem me non cognovit,
Et populus meus non intellexit.
[4] Vae genti peccatrici,
Populo gravi iniquitate,
Semini nequam, filiis sceleratis!
Dereliquerunt Dominum,
blasphemaverunt Sanctum Israel,
Abalienati sunt retrorsum.
[5] Super quo percutiam vos ultra, addentes praevaricationem?
Omne caput languidum,
Et omne cor moerens.
[6] A planta pedis usque ad verticem,
Non est in eo sanitas;
Vulnus, et livor, et plaga tumens,
Non est circumligata, nec curata medicamine,
Neque fota oleo.
[7] Terra vestra deserta,
Civitates vestrae succensae igni:
Regionem vestram coram vobis alieni devorant,
Et desolabitur sicut in vastitate hostili.
[8] Et derelinquetur filia Sion
Ut umbraculum in vinea,
Et sicut tugurium in cucumerario,
Et sicut civitas quae vastatur.
[9] Nisi Dominus exercituum
Reliquisset nobis semen,
Quasi Sodoma fuissemus,
Et quasi Gomorrha similes essemus.
[10] Audite verbum Domini,
Principes Sodomorum;
Percipite auribus legem Dei nostri,
Populus Gomorrhae.
[11] Quo mihi multitudinem victimarum vestrarum?
Dicit Dominus.

1 **1:** 4 Reg 15,1.32-38; Is 2,1; 7,1; 37,1. — **2:** Deut 32,1.6.10.15; Ier 2,12. — **4:** Is 31, 1. — **6:** Ps 37,4; Ier 8,22. || Bulla Clement. VI: D 550. — **8:** Iob 27,18. — **9:** Lam 3,22; Rom 9,29. — **11:** Prov 15,8; Mal 1,10. — **13:** Num 28,1. — **15:** 3 Reg 8,22; Is 59,3. — **16:** Is 43,26;

Plenus sum. Holocausta arietum,
Et adipem pinguium,
Et sanguinem vitulorum,
Et agnorum, et hircorum, nolui.
12 Cum veniretis ante conspectum meum,
Quis quaesivit haec de manibus vestris,
Ut ambularetis in atriis meis?
13 Ne offeratis ultra sacrificium frustra;
Incensum abominatio est mihi.
Neomeniam et sabbatum, et festivitates alias, non feram;
Iniqui sunt coetus vestri.
14 Calendas vestras, et solemnitates vestras odivit anima mea;
Facta sunt mihi molesta, laboravi sustinens.
15 Et cum extenderitis manus vestras, avertam oculos meos a vobis;
Et cum multiplicaveritis orationem, non exaudiam,
Manus enim vestrae sanguine plenae sunt.
16 Lavamini, mundi estote;
Auferte malum cogitationum vestrarum
Ab oculis meis;
Quiescite agere perverse,
17 Discite benefacere;
Quaerite iudicium, subvenite oppresso,
Iudicate pupillo, defendite viduam.

Hortatio ad conversionem

18 Et venite, et arguite me, dicit Dominus.
Si fuerint peccata vestra ut coccinum,
Quasi nix dealbabuntur;
Et si fuerint rubra quasi vermiculus,
Velut lana alba erunt.
19 Si volueritis, et audieritis me,
Bona terrae comedetis.
20 Quod si nolueritis, et me ad iracundiam provocaveritis,
Gladius devorabit vos,
Quia os Domini locutum est.
21 Quomodo facta est meretrix
Civitas fidelis, plena iudicii?
Iustitia habitavit in ea,
Nunc autem homicidae.
22 Argentum tuum versum est in scoriam,
Vinum tuum mistum est aquà.
23 Principes tui infideles,
Socii furum.
Omnes diligunt munera,
Sequuntur retributiones.
Pupillo non iudicant,
Et causa viduae non ingreditur ad illos.

Peracta in peccatores vindicta, reliquiae servabuntur

24 Propter hoc ait Dominus,
Deus exercituum, Fortis Israel:
Heu! consolabor super hostibus meis,
Et vindicabor de inimicis meis.
25 Et convertam manum meam ad te,
Et excoquam ad purum scoriam tuam,
Et auferam omne stannum tuum.
26 Et restituam iudices tuos ut fuerunt prius,
Et consiliarios tuos sicut antiquitus;
Post haec vocaberis civitas iusti,
Urbs fidelis.
27 Sion in iudicio redimetur,
Et reducent eam in iustitia.
28 Et conteret scelestos, et peccatores simul;
Et qui dereliquerunt Dominum consumentur.
29 Confundentur enim ab idolis quibus sacrificaverunt,
Et erubescetis super hortis quos elegeratis,
30 Cum fueritis velut quercus defluentibus foliis,
Et velut hortus absque aqua.
31 Et erit fortitudo vestra ut favilla stuppae,
Et opus vestrum quasi scintilla,
Et succedetur utrumque simul,
Et non erit qui extinguat.

Ierusalem, centrum omnium nationum

2 1 Verbum quod vidit Isaias, filius Amos, super Iuda et Ierusalem.
2 Et erit in novissimis diebus
Praeparatus mons domus Domini
In vertice montium,
Et elevabitur super colles;
Et fluent ad eum omnes gentes,
3 Et ibunt populi multi, et dicent:
Venite, et ascendamus ad montem Domini,
Et ad domum Dei Iacob;
Et docebit nos vias suas,
Et ambulabimus in semitis eius,
Quia de Sion exibit lex,
Et verbum Domini de Ierusalem.
4 Et iudicabit gentes,
Et arguet populos multos;
Et conflabunt gladios suos in vomeres,
Et lanceas suas in falces.
Non levabit gens contra gentem gladium,
Nec exercebuntur ultra ad praelium.
5 Domus Iacob, venite,
Et ambulemus in lumine Domini.

Iudicium in superbos

6 Proiecisti enim populum tuum,
Domum Iacob,

55,7. — **18:** Ps 50,9. — **19:** Lev 25,18. — **20:** Is 26,3. — **21:** Ier 2,20; Ez 16,8. — **23:** Mich 3,11. — **24:** Is 49,26; Ier 46,10. — **26:** Is 60,14; 62,3. — **27:** Is 46,13; Ier 22,3. — **28:** Iob 31,3. — **29:** Is 42,17; 44,11. — **30:** Ier 8,13. — **31:** Is 66,24; Ps 82,14.

2 **1:** Is 13,1; 20,2. — **2-4:** Mich 4,2-3; Zach 8,20-23. — **3:** Is 51,4. — **4:** Ps 46,9; Is 9,7;

Quia repleti sunt ut olim,
Et augures habuerunt ut Philisthiim,
Et pueris alienis adhaeserunt.
7 Repleta est terra argento et auro,
Et non est finis thesaurorum eius.
8 Et repleta est terra eius equis,
Et innumerabiles quadrigae eius.
Et repleta est terra eius idolis;
Opus manuum suarum adoraverunt,
Quod fecerunt digiti eorum.
9 Et incurvavit se homo,
Et humiliatus est vir;
Ne ergo dimittas eis.
10 Ingredere in petram, et abscondere in fossa humo
A facie timoris Domini, et a gloria maiestatis eius.
11 Oculi sublimes hominis humiliati sunt,
Et incurvabitur altitudo virorum;
Exaltabitur autem Dominus solus
In die illa.
12 Quia dies Domini exercituum
Super omnem superbum, et excelsum,
Et super omnem arrogantem, et humiliabitur;
13 Et super omnes cedros Libani sublimes et erectas,
Et super omnes quercus Basan,
14 Et super omnes montes excelsos,
Et super omnes colles elevatos,
15 Et super omnem turrim excelsam,
Et super omnem murum munitum,
16 Et super omnes naves Tharsis,
Et super omne quod visu pulchrum est,
17 Et incurvabitur sublimitas hominum,
Et humiliabitur altitudo virorum,
Et elevabitur Dominus solus
In die illa;
18 Et idola penitus conterentur;
19 Et introibunt in speluncas petrarum,
Et in voragines terrae,
A facie formidinis Domini
Et a gloria maiestatis eius,
Cum surrexerit percutere terram.
20 In die illa proiiciet homo
Idola argenti sui, et simulacra auri sui,
Quae fecerat sibi ut adoraret,
Talpas et vespertiliones.
21 Et ingredietur scissuras petrarum
Et in cavernas saxorum,
A facie formidinis Domini,
Et a gloria maiestatis eius,
Cum surrexerit percutere terram.
22 Quiescite ergo ab homine,
Cuius spiritus in naribus eius est,
Quia excelsus reputatus est ipse.

Ierusalem, principibus orbata, poenas luit peccatorum

3 1 Ecce enim Dominator, Dominus exercituum,
Auferet a Ierusalem et a Iuda
Validum et fortem,
Omne robur panis, et omne robur aquae;
2 Fortem, et virum bellatorem,
Iudicem, et prophetam, et ariolum et senem;
3 Principem super quinquaginta, et honorabilem vultu et consiliarium,
Et sapientem de architectis, et prudentem eloquii mystici.
4 Et dabo pueros principes eorum,
Et effeminati dominabuntur eis;
5 Et irruet populus, vir ad virum,
Et unusquisque ad proximum suum;
Tumultuabitur puer contra senem,
Et ignobilis contra nobilem.
6 Apprehendet enim vir fratrem suum,
Domesticum patris sui:
Vestimentum tibi est, princeps esto noster,
Ruina autem haec sub manu tua.
7 Respondebit in die illa, dicens:
Non sum medicus,
Et in domo mea non est panis neque vestimentum;
Nolite constituere me principem populi.
8 Ruit enim Ierusalem, et Iudas concidit,
Quia lingua eorum et adinventiones eorum contra Dominum,
Ut provocarent oculos maiestatis eius.
9 Agnitio vultus eorum respondit eis;
Et peccatum suum quasi Sodoma praedicaverunt, nec absconderunt.
Vae animae eorum, quoniam reddita sunt eis mala!
10 Dicite iusto quoniam bene,
Quoniam fructum adinventionum suarum comedet.
11 Vae impio in malum!
Retributio enim manuum eius fiet ei.
12 Populum meum exactores sui spoliaverunt,
Et mulieres dominatae sunt eis.
Popule meus, qui te beatum dicunt ipsi te decipiunt,
Et viam gressuum tuorum dissipant.
13 Stat ad iudicandum Dominus,
Et stat ad iudicandos populos.
14 Dominus ad iudicium veniet
Cum senibus populi sui, et principibus eius;
Vos enim depasti estis vineam,
Et rapina pauperis in domo vestra.

11,4; Ioel 3,10. — **5:** Is 60,1. — **6:** Deut 18,14. — **7:** Deut 17,16; Is 39,2. — **9:** Is 5,15. — **10:** Is 2,10. — **11:** Is 2,17. — **12:** Iob 40,6-8; Ioel 2,31. — **13:** Is 14,8; Ez 27,5; Zach 11,2. — **14:** Is 30,25. — **16:** Is 23,1. — **17:** Is 2,11. — **18:** Ier 10,11. — **19:** Is 2,10. — **20:** Is 30,22. — **22:** Ps 145,4.

3 **1:** Lev 26,26. — **2:** Deut 18,10; 4 Reg 24,14. — **4:** Eccl 10,16. — **5:** Mich 7,2. — **6:** Is 4,1. — **7:** Ier 14,19. — **9:** Gen 13,13. — **10:** Deut 12,25; Eccl 8,12. — **11:** Deut 28,15. — **12:** Lam 2,14; Ez 13,10; Mich 3,5. — **13:** Ps 7,7; Os 4,1. — **14:** Am 3,10; Mich 3,1. — **15:** Ps

15 Quare atteritis populum meum,
Et facies pauperum commolitis?
Dicit Dominus, Deus exercituum.

Contra luxuriam mulierum

16 Et dixit Dominus:
Pro eo quod elevatae sunt filiae Sion,
Et ambulaverunt extento collo,
Et nutibus oculorum ibant,
Et plaudebant, ambulabant pedibus suis,
Et composito gradu incedebant;
17 Decalvabit Dominus verticem filiarum Sion,
Et Dominus crinem earum nudabit.
18 In die illa auferet Dominus ornamentum calceamentorum,
19 Et lunulas, et torques,
Et monilia, et armillas, et mitras,
20 Et discriminalia, et periscelidas, et murenulas,
Et olfactoriola, et inaures,
21 Et annulos, et gemmas in fronte pendentes,
22 Et mutatoria, et palliola,
Et linteamina, et acus,
23 Et specula, et sindones,
Et vittas, et theristra.
24 Et erit pro suavi odore foetor,
Et pro zona funiculus,
Et pro crispanti crine calvitium,
Et pro fascia pectorali cilicium.
25 Pulcherrimi quoque viri tui gladio cadent,
Et fortes tui in praelio.
26 Et moerebunt atque lugebunt portae eius,
Et desolata in terra sedebit.

4 1 Et apprehendent septem mulieres virum unum in die illa, dicentes:
Panem nostrum comedemus,
Et vestimentis nostris operiemur;
Tantummodo invocetur nomen tuum super nos,
Aufer opprobrium nostrum.

Gloria reliquiarum populi, quae servatae sunt

2 In die illa,
Erit germen Domini in magnificentia et gloria,
Et fructus terrae sublimis, et exsultatio
His qui salvati fuerint de Israel.
3 Et erit: Omnis qui relictus fuerit in Sion,
Et residuus in Ierusalem,
Sanctus vocabitur,
Omnis qui scriptus est in vita in Ierusalem.
4 Si abluerit Dominus sordes filiarum Sion,
Et sanguinem Ierusalem laverit de medio eius,
In spiritu iudicii, et spiritu ardoris.
5 Et creabit Dominus super omnem locum montis Sion,
Et ubi invocatus est,
Nubem per diem et fumum,
Et splendorem ignis flammantis in nocte;
Super omnem enim gloriam protectio.
6 Et tabernaculum erit in umbraculum
Diei ab aestu,
Et in securitatem et absconsionem
A turbine et a pluvia.

Parabola de vinea Domini electa

5 1 Cantabo dilecto meo
Canticum patruelis mei vineae suae.
Vinea facta est dilecto meo
In cornu filio olei.
2 Et sepivit eam, et lapides elegit ex illa,
Et plantavit eam electam;
Et aedificavit turrim in medio eius,
Et torcular extruxit in ea;
Et exspectavit ut faceret uvas,
Et fecit labruscas.
3 Nunc ergo, habitatores Ierusalem
Et viri Iuda,
Iudicate inter me
Et vineam meam.
4 Quid est quod debui ultra facere vineae meae,
Et non feci ei?
An quod exspectavi ut faceret uvas,
Et fecit labruscas?
5 Et nunc ostendam vobis
Quid ego faciam vineae meae;
Auferam sepem eius,
Et erit in direptionem;
Diruam maceriam eius,
Et erit in conculcationem,
6 Et ponam eam desertam;
Non putabitur et non fodietur,
Et ascendent vepres et spinae,
Et nubibus mandabo
Ne pluant super eam imbrem.
7 Vinea enim Domini exercituum.
Domus Israel est;
Et vir Iuda
Germen eius delectabile;
Et exspectavi ut faceret iudicium,
Et ecce iniquitas;
Et iustitiam, et ecce clamor.

93,5. — **16:** Is 4,4. — **24:** Esth 2,12; Ier 2,32; Lam 2,10. — **26:** Ier 14,2; Lam 1,4.

4 **1:** Num 6,27; Is 3,6; 54,4. — **2:** Ier 23,5; 33,15. — **3:** Ex 32,32; Ps 68,29; Is 10,20; Abd 17. — **4:** Ez 36,25; Mal 3,2-3. — **5:** Ex 13,21; Is 25,4.

5 **1:** Ps 79,9; Is 3,14; 27,2. — **2:** Mt 21:33. — **4:** Mich 6,2. — **5:** Ier 5,10. — **8,**

Comminationes in peccatores

8 Vae qui coniungitis domum ad domum,
Et agrum agro copulatis
Usque ad terminum loci!
Numquid habitabitis vos soli
In medio terrae?
9 In auribus meis sunt haec,
Dicit Dominus exercituum;
Nisi domus multae desertae fuerint,
Grandes et pulchrae, absque habitatore.
10 Decem enim iugera vinearum facient lagunculam unam,
Et triginta modii sementis facient modios tres.
11 Vae qui consurgitis mane
Ad ebrietatem sectandam,
Et potandum usque ad vesperam,
Ut vino aestuetis!
12 Cithara, et lyra, et tympanum,
Et tibia, et vinum in coviviis vestris;
Et opus Domini non respicitis,
Nec opera manuum eius consideratis.
13 Propterea captivus ductus est populus meus,
Quia non habuit scientiam,
Et nobiles eius interierunt fame,
Et multitudo eius siti exaruit.
14 Propterea dilatavit infernus animam suam,
Et aperuit os suum absque ullo termino;
Et descendent fortes eius,
Et populus eius, et sublimes gloriosique eius, ad eum.
15 Et incurvabitur homo, et humiliabitur vir,
Et oculi sublimium deprimentur.
16 Et exaltabitur Dominus exercituum in iudicio;
Et Deus sanctus sanctificabitur in iustitia.
17 Et pascentur agni iuxta ordinem suum,
Et deserta in ubertatem versa advenae comedent.
18 Vae qui trahitis iniquitatem
In funiculis vanitatis,
Et quasi vinculum plaustri peccatum!
19 Qui dicitis: Festinet,
Et cito veniat opus eius, ut videamus;
Et appropiet, et veniat
Consilium sancti Israel,
Et sciemus illud!
20 Vae qui dicitis malum bonum,
Et bonum malum;
Ponentes tenebras lucem,
Et lucem tenebras;
Ponentes amarum in dulce,
Et dulce in amarum!
21 Vae qui sapientes estis in oculis vestris,
Et coram vobismetipsis prudentes.
22 Vae qui potentes estis ad bibendum vinum,
Et viri fortes ad miscendam ebrietatem!
23 Qui iustificatis impium pro muneribus,
Et iustitiam iusti aufertis ab eo!
24 Propter hoc, sicut devorat stipulam lingua ignis,
Et calor flammae exurit,
Sic radix eorum quasi favilla erit
Et germen eorum ut pulvis ascendet;
Abiecerunt enim legem Domini exercituum,
Et eloquium sancti Israel blasphemaverunt.
25 Ideo iratus est furor Domini in populum suum,
Et extendit manum suam super eum et percussit eum;
Et conturbati sunt montes,
Et facta sunt morticina eorum quasi stercus in medio platearum.
In his omnibus non est aversus furor eius,
Sed adhuc manus eius extenta.
26 Et elevabit signum in nationibus procul,
Et sibilabit ad eum de finibus terrae;
Et ecce festinus velociter veniet.
27 Non est deficiens neque laborans in eo;
Non dormitabit, neque dormiet;
Neque solvetur cingulum renum eius,
Nec rumpetur corrigia calceamenti eius.
28 Sagittae eius acutae,
Et omnes arcus eius extenti.
Ungulae equorum eius ut silex,
Et rotae eius quasi impetus tempestatis.
29 Rugitus eius ut leonis,
Rugiet ut catuli leonum;
Et frendet, et tenebit praedam,
Et amplexabitur, et non erit qui eruat.
30 Et sonabit super eum in die illa
Sicut sonitus maris.
Aspiciemus in terram,
Et ecce tenebrae tribulationis
Et lux obtenebrata est in caligine eius.

Vocatio Isaiae

6 1 In anno quo mortuus est rex Ozias, vidi Dominum sedentem super solium excelsum et elevatum; et ea quae sub ipso 2 erant replebant templum. Seraphim stabant super illud: sex alae uni, et sex alae alteri; duabus velabant faciem eius, et duabus velabant pedes eius, et duabus volabant. 3 Et clamabant alter ad alterum, et dicebant:

Sanctus, sanctus, sanctus Dominus,
Deus exercituum;

Mich 2,2. — **10:** Lev 26,26; Agg 1,6.10. — **12:** Am 6,5-6. — **13:** Is 1,3; Os 4,6. — **14:** Hab 2,5. — **17:** Is 7,25. — **18:** Prov 5,22; Is 66,5; Ier 17,15. — **20:** Is 32,5; Am 5,7. — **21:** Prov 3,7. — **22:** Is 2,11; 56,12. — **23:** Prov 17,15; 24,24. — **24:** Is 47,14; Ioel 2,5. — **25:** Is 9,12. 17.21; Ier 36,30. — **26:** Is 11,12; 13,2. — **28:** Ier 4,13. — **29:** Is 42,22; Ier 2,15; 4,7. — **30:** Is 8,22.

6 **1:** 2 Par 26,23; Dan 7,9; Io 12,41. — **2:** Ez 1,5; Apoc 4,8. — **3:** Num 14,21; Ps

Plena est omnis terra gloria eius.
4 Et commota sunt superliminaria cardinum a voce clamantis, et domus repleta est fumo.
5 Et dixi:
Vae mihi, quia tacui,
Quia vir pollutus labiis ego sum,
Et in medio populi polluta labia habentis ego habito
Et regem Dominum exercituum vidi oculis meis.

6 Et volavit ad me unus de seraphim, et in manu eius calculus, quem forcipe tulerat de altari,
7 et tetigit os meum, et dicit:
Ecce tetigit hoc labia tua,
Et auferetur iniquitas tua, et peccatum tuum mundabitur.

8 Et audivi vocem Domini dicentis:
Quem mittam?
Et quis ibit nobis?
Et dixi:
Ecce ego, mitte me.
9 Et dixit:
Vade, et dices populo huic:
Audite audientes, et nolite intelligere;
Et videte visionem, et nolite cognoscere.
10 Excaeca cor populi huius.
Et aures eius aggrava,
Et oculos eius claude:
Ne forte videat oculis suis,
Et auribus suis audiat,
Et corde suo intelligat,
Et convertatur, et sanem eum.
11 Et dixi:
Usquequo, Domine?
Et dixit:
Donec desolentur civitates absque habitatore,
Et domus sine homine,
Et terra relinquetur deserta.
12 Et longe faciet Dominus homines,
Et multiplicabitur quae derelicta fuerat in medio terrae.
13 Et adhuc in ea decimatio,
Et convertetur, et erit in ostensionem
Sicut terebinthus, et sicut quercus quae expandit ramos suos;
Semen sanctum erit id quod steterit in ea.

Oraculum comminationis in Achaz

7 1 Et factum est in diebus Achaz, filii
Ioathan, filii Oziae, regis Iuda, ascendit Rasin, rex Syriae, et Phacee, filius
Romeliae, rex Israel, in Ierusalem, ad
praeliandum contra eam, et non potuerunt
2 debellare eam. Et nuntiaverunt domui David, dicentes: Requievit Syria super
Ephraim. Et commotum est cor eius, et
cor populi eius, sicut moventur ligna silvarum a facie venti.
3 Et dixit Dominus
ad Isaiam: Egredere in occursum Achaz,
tu et qui derelictus est Iasub, filius tuus,
ad extremum aquaeductus piscinae superioris in via agri Fullonis;
4 et dices
ad eum:
Vide ut sileas; noli timere,
Et cor tuum ne formidet
A duabus caudis titionum fumigantium istorum,
In ira furoris Rasin, regis Syriae, et filii Romeliae;
5 Eo quod consilium inierit contra te Syria in malum,
Ephraim, et filius Romeliae, dicentes:
6 Ascendamus ad Iudam,
Et suscitemus eum, et avellamus eum ad nos,
Et ponamus regem in medio eius filium Tabeel.
7 Haec dicit Dominus Deus:
Non stabit, et non erit istud;
8 Sed caput Syriae Damascus,
Et caput Damasci Rasin;
Et adhuc sexaginta et quinque anni,
Et desinet Ephraim esse populus;
9 Et caput Ephraim Samaria,
Et caput Samariae filius Romeliae.
Si non credideritis, non permanebitis.
10 Et adiecit Dominus loqui ad Achaz,
dicens:
11 Pete tibi signum a Domino
Deo tuo, in profundum inferni, sive in
excelsum supra.
12 Et dixit Achaz: Non
petam, et non tentabo Dominum.
13 Et
dixit:
Audite ergo, domus David.
Numquid parum vobis est molestos esse hominibus,
Quia molesti estis et Deo meo?
14 Propter hoc dabit Dominus ipse vobis signum:
Ecce virgo concipiet, et pariet filium.
Et vocabitur nomen eius Emmanuel.
15 Butyrum et mel comedet,
Ut sciat reprobare malum, et eligere bonum.
16 Quia antequam sciat puer reprobare malum et eligere bonum,
Derelinquetur terra quam tu detestaris a facie duorum regum suorum.
17 Adducet Dominus super te, et super populum tuum,
Et super domum patris tui,
Dies qui non venerunt

71,19; Ier 22,29; Ez 21,27; Nah 1,2; Hab 2, 14. — **4:** Ps 95,9; 96,4-5; Am 9,1. — **5:** Ex 33, 20; Ier 1,6; Soph 3,9. — **7:** Ps 64,4; Ier 1,9; Dan 10,16. — **8:** Gen 3,22; 11,7. — **9:** Ier 5, 14; Ez 12,2; Zach 11,9; Mt 13,14-15; Act 28, 25-27. **11:** Lev 26,31; Ps 78,5; 88,47. — **13:** Is 65,8-9; Zach 13,9.

7 **1:** 4 Reg 15,37; 16,5. — **2:** Is 8,12. — **3:** Is 36,2. — **4:** Is 30,15; Am 4,11. — **5:** Is 7,2. — **7:** Is 8,10. — **8:** 4 Reg 17,6. — **9:** 2 Par 20,20. — **11:** Is 38,7.22. — **12:** 2 Par 28,22; Ps 77,18. — **18:** Is 43,24. — **14:** Gen 8,8.10; 24,43; Is 37,30; 38,7. — **15:** Is 7,22. — **16:** Is 6,12; 8,4. — **17:** Is 8,7. — **18:** Is 5,26. — **20:**

A diebus separationis Ephraim a Iuda,
Cum rege Assyriorum.
18 Et erit in die illa: Sibilabit Dominus
Muscae quae est in extremo fluminum Aegypti,
Et api quae est in terra Assur;
19 Et venient, et requiescent omnes
In torrentibus vallium,
Et in cavernis petrarum,
Et in omnibus frutetis, et in universis foraminibus.
20 In die illa radet Dominus
In novacula conducta in his qui trans flumen sunt,
In rege Assyriorum,
Caput et pilos pedum,
Et barbam universam.
21 Et erit in die illa:
Nutriet homo vaccam boum, et duas oves,
22 Et prae ubertate lactis
Comedet butyrum;
Butyrum enim et mel manducabit
Omnis qui relictus fuerit in medio terrae.
23 Et erit in die illa: Omnis locus ubi fuerint
Mille vites, mille argenteis,
In spinas et in vepres erunt.
24 Cum sagittis et arcu ingredientur illuc,
Vepres enim et spinae erunt in universa terra.
25 Et omnes montes qui in sarculo sarrientur,
Non veniet illuc terror spinarum et veprium;
Et erit in pascua bovis, et in conculcationem pecoris.

Denuntiatur ruina Damasci et Samariae

8 1 Et dixit Dominus ad me: Sume tibi
librum grandem, et scribe in eo stylo
hominis: Velociter spolia detrahe, cito
praedare. 2 Et adhibui mihi testes fideles, Uriam sacerdotem, et Zachariam, filium Barachiae; 3 et accessi ad prophe-
tissam, et concepit, et peperit filium. Et
dixit Dominus ad me: Voca nomen eius:
Accelera spolia detrahere: Festina prae-
dari: 4 quia antequam sciat puer vocare
patrem suum et matrem suam, auferetur fortitudo Damasci, et spolia Samariae, coram rege Assyriorum.

De invasione Assyriorum in Iudam

5 Et adiecit Dominus loqui ad me adhuc, dicens:
6 Pro eo quod abiecit populus iste
Aquas Siloe, quae vadunt cum silentio,
Et assumpsit magis Rasin,
Et filium Romeliae:
7 Propter hoc ecce Dominus adducet super eos
Aquas fluminis fortes et multas,
Regem Assyriorum, et omnem gloriam eius,
Et ascendet super omnes rivos eius,
Et fluet super universas ripas eius;
8 Et ibit per Iudam, inundans, et transiens
Usque ad collum veniet.
Et erit extensio alarum eius,
Implens latitudinem terrae tuae, o Emmanuel!
9 Congregamini, populi, et vincimini;
Et audite, universae procul terrae;
Confortamini, et vincimini;
Accingite vos, et vincimini.
10 Inite consilium, et dissipabitur;
Loquimini verbum, et non fiet,
Quia nobiscum Deus.
11 Haec enim ait Dominus ad me: Sicut in manu forti erudivit me,
Ne irem in via populi huius, dicens:
12 Non dicatis: Coniuratio;
Omnia enim quae loquitur populus iste, coniuratio est;
Et timorem eius ne timeatis, neque paveatis;
13 Dominum exercituum ipsum sanctificate;
Ipse pavor vester, et ipse terror vester:
14 Et erit vobis in sanctificationem;
In lapidem autem offensionis, et in petram scandali,
Duabus domibus Israel;
In laqueum et in ruinam habitantibus Ierusalem.
15 Et offendent ex eis plurimi,
Et cadent, et conterentur,
Et irretientur, et capientur.
16 Liga testimonium,
Signa legem in discipulis meis.
17 Et exspectabo Dominum qui abscondit faciem suam
A domo Iacob, et praestolabor eum.
18 Ecce ego et pueri mei quos dedit mihi Dominus
In signum, et in portentum Israel
A Domino exercituum,
Qui habitat in monte Sion.
19 Et cum dixerint ad vos:
Quaerite a pythonibus
Et a divinis qui strident in incantationibus suis:
Numquid non populus a Deo suo requiret,
Pro vivis a mortuis?
20 Ad legem magis et ad testimonium.

Ps 117,12. — **21:** Is 5,17. — **24:** Gen 27,3; Is 32,12-14.

8 **1:** Is 30,8; Hab 2,2. — **2:** 4 Reg 16,10-11. 15-16. — **3:** 4 Reg 16,9; Os 1,4.6.9. — **6:** 4 Reg 15,29. || Epist. Gregorii IX: D 442. — **8:** Is 14,2; 30,28; Os 9,3. — **10:** Prov 21,30; Is 37,35. — **12:** Is 7,5. — **13:** Mal 2,5. — **14:** Is 28,16; Ez 11,16. — **15:** Is 28,13. — **16:** Dan 8,26; 12,4.9. — **17:** Is 54,8; Mich 7,7. — **18:** Hebr 2,13. — **19:** Lev 19,31; 20,6. — **20:** Is 5,30; Mal

Quod si non dixerint iuxta verbum hoc,
Non erit eis matutina lux.
21 Et transibit per eam, corruet, et esuriet;
Et cum esuriet, irascetur,
Et maledicet regi suo, et Deo suo,
Et suscipiet sursum,
22 Et ad terram intuebitur;
Et ecce tribulatio et tenebrae,
Dissolutio et angustia,
Et caligo persequens,
Et non poterit avolare de angustia sua.

De Iudae liberatione per Principem pacis

9 1 Primo tempore alleviata est
Terra Zabulon et terra Nephthali:
Et novissimo aggravata est via maris
Trans Iordanem Galilaeae gentium.
2 Populus qui ambulabat in tenebris,
Vidit lucem magnam;
Habitantibus in regione umbrae mortis,
Lux orta est eis.
3 Multiplicasti gentem,
Et non magnificasti laetitiam.
Laetabuntur coram te, sicut qui laetantur in messe,
Sicut exsultant victores capta praeda, quando dividunt spolia.
4 Iugum enim oneris eius,
Et virgam humeri eius,
Et sceptrum exactoris eius
Superasti, sicut in die Madian.
5 Quia omnis violenta praedatio cum tumultu,
Et vestimentum mistum sanguine,
Erit in combustionem,
Et cibus ignis.
6 Parvulus enim natus est nobis,
Et filius datus est nobis;
Et factus est principatus super humerum eius;
Et vocabitur nomen eius:
Admirabilis, Consiliarius, Deus, Fortis,
Pater futuri saeculi, Princeps pacis.
7 Multiplicabitur eius imperium,
Et pacis non erit finis;
Super solium David, et super regnum eius sedebit,
Ut confirmet illud et corroboret
In iudicio et iustitia,
Amodo et usque in sempiternum:
Zelus Domini exercituum faciet hoc.

Iudicium contra Samariam

8 Verbum misit Dominus in Iacob, et cecidit in Israel.
9 Et sciet omnis populus
Ephraim et habitantes Samariam,
In superbia et magnitudine cordis dicentes:
10 Lateres ceciderunt, sed quadris lapidibus aedificabimus.
Sycomoros succiderunt, sed cedros immutabimus.
11 Et elevabit Dominus hostes Rasin super eum,
Et inimicos eius in tumultum vertet.
12 Syriam ab oriente, et Philisthiim ab occidente;
Et devorabunt Israel toto ore.
In omnibus his non est aversus furor eius,
Sed adhuc manus eius extenta.
13 Et populus non est reversus ad percutientem se,
Et Dominum exercituum non inquisierunt.
14 Et disperdet Dominus ab Israel caput et caudam,
Incurvantem et refraenantem, die una.
15 Longaevus et honorabilis, ipse est caput;
Et propheta docens mendacium, ipse est cauda.
16 Et erunt qui beatificant populum istum, seducentes;
Et qui beatificantur, praecipitati.
17 Propter hoc super adolescentulis eius non laetabitur Dominus;
Et pupillorum eius et viduarum non miserebitur,
Quia omnis hypocrita est et nequam,
Et universum os locutum est stultitiam.
In omnibus his non est aversus furor eius,
Sed adhuc manus eius extenta.
18 Succensa est enim quasi ignis impietas:
Veprem et spinam vorabit;
Et succendetur in densitate saltus,
Et convolvetur superbia fumi.
19 In ira Domini exercituum conturbata est terra;
Et erit populus quasi esca ignis;
Vir fratri suo non parcet.
20 Et declinabit ad dexteram, et esuriet;
Et comedet ad sinistram, et non saturabitur;
Unusquisque carnem brachii sui vorabit:
Manasses Ephraim, et Ephraim Manassen;
Simul ipsi contra Iudam.
21 In omnibus his non est aversus furor eius,
Sed adhuc manus eius extenta.

4,4. — **21:** Prov 19,3; Apoc 16,11. — **22:** Is 5,30; 9,2.

9 **1:** 4 Reg 15,29. — **3:** Is 26,15. — **4:** Iud 7,22; Is 10,26. — **5:** Ez 39,9. — **6:** Is 7,14; 10,21; 22,22; 63,16; Mich 5,5; Zach 9,10. || Decretum Damasi: D 83. — **7:** 2 Sam 7,13.16; Ps 2,8; 71,3.11; Is 37,32; Ier 23,5. — **12:** Is 5,25; 10,4. — **14:** Deut 28,13; Is 19,15. — **16:** Is 3,12. — **17:** Ier 18,21. — **18:** Is 33,11. — **19:** Is 24,6. — **20:** 4 Reg 15,14.30.

10 1 Vae qui condunt leges iniquas,
Et scribentes iniustitiam scripserunt,
2 Ut opprimerent in iudicio pauperes,
Et vim facerent causae humilium populi mei;
Ut essent viduae praeda eorum,
Et pupillos diriperent.
3 Quid facietis in die visitationis,
Et calamitatis de longe venientis?
Ad cuius confugietis auxilium?
Et ubi derelinquetis gloriam vestram,
4 Ne incurvemini sub vinculo,
Et cum interfectis cadatis?
Super omnibus his non est aversus furor eius,
Sed adhuc manus eius extenta.

Assyriorum superbia humiliabitur

5 Vae Assur! Virga furoris mei et baculus ipse est;
In manu eorum indignatio mea.
6 Ad gentem fallacem mittam eum,
Et contra populum furoris mei mandabo illi,
Ut auferat spolia, et diripiat praedam,
Et ponat illum in conculcationem quasi lutum platearum.
7 Ipse autem non sic arbitrabitur,
Et cor eius non ita existimabit;
Sed ad conterendum erit cor eius,
Et ad internecionem gentium non paucarum.
8 Dicet enim: 9 Numquid non principes mei simul reges sunt?
Numquid non ut Charcamis, sic Calano?
Et ut Arphad, sic Emath?
Numquid non ut Damascus, sic Samaria?
10 Quomodo invenit manus mea regna idoli,
Sic et simulacra eorum de Ierusalem et de Samaria.
11 Numquid non sicut feci Samariae et idolis eius,
Sic faciam Ierusalem et simulacris eius?
12 Et erit, cum impleverit Dominus
Cuncta opera sua
In monte Sion et in Ierusalem,
Visitabo super fructum magnifici cordis regis Assur,
Et super gloriam altitudinis oculorum eius.
13 Dixit enim: In fortitudine manus meae feci,
Et in sapientia mea intellexi;
Et abstuli terminos populorum,
Et principes eorum depraedatus sum,
Et detraxi quasi potens in sublimi residentes.
14 Et invenit quasi nidum manus mea
Fortitudinem populorum;
Et sicut colliguntur ova quae derelicta sunt,
Sic universam terram ego congregavi;
Et non fuit qui moveret pennam,
Et aperiret os, et ganniret.
15 Numquid gloriabitur securis contra eum qui secat in ea?
Aut exaltabitur serra contra eum a quo trahitur?
Quomodo si elevetur virga contra elevantem se,
Et exaltetur baculus, qui utique lignum est.
16 Propter hoc mittet Dominator, dominus exercituum,
In pinguibus eius tenuitatem;
Et subtus gloriam eius succensa ardebit
Quasi combustio ignis.
17 Et erit lumen Israel in igne
Et Sanctus eius in flamma;
Et succendetur, et devorabitur
Spina eius et vepres in die una.
18 Et gloria saltus eius, et carmeli eius,
Ab anima usque ad carnem consumetur;
Et erit terrore profugus.
19 Et reliquiae ligni saltus eius prae paucitate numerabuntur,
Et puer scribet eos.

Israel liberabitur

20 Et erit in die illa:
Non adiiciet residuum Israel,
Et hi qui fugerint de domo Iacob,
Inniti super eo qui percutit eos;
Sed innitetur super Dominum,
Sanctum Israel, in veritate.
21 Reliquiae convertentur; reliquiae, inquam, Iacob
Ad Deum fortem.
22 Si enim fuerit populus tuus, Israel, quasi arena maris,
Reliquiae convertentur ex eo;
Consummatio abbreviata
Innundabit iustitiam.
23 Consummationem enim et abbreviationem
Dominus Deus exercituum faciet in medio omnis terrae.
24 Propter hoc, haec dicit Dominus Deus exercituum:
Noli timere, populus meus,
Habitator Sion, ab Assur;
In virga percutiet te,
Et baculum suum levabit super te,
In via Aegypti.
25 Adhuc enim paululum modicumque,

10 **1:** Ps 57,2; 93,20. — **2:** Am 2,6; 5,11. — **3:** Ex 22,23. — **4:** Is 5,25; 9,12. — **5:** Is 7,20; Hab 1,12. — **6:** Is 9,17; 30,9; Ier 34,22. — **7:** Mich 4,12. — **8:** 4 Reg 18,24. — **9:** 4 Reg 19,12; Is 36,19. — **12:** Is 10,15.19; 37,33. — **13:** Is 37,24; Ier 9,23; Ez 28,4. — **14:** Iob 31,25. — **15:** Is 45,9; Ier 51,20. — **16:** Is 30,33. — **17:** Deut 4,24; Is 9,14; 27,4. — **18:** Is 10,34. — **20:** 4 Reg 16,7; 19,14; 2 Par 28,20; Is 4,2. — **21:** Is 9,6. — **22:** Gen 22,17; Is 6,13; 48,19; Rom 9,27-28. — **23:** Is 28,22; Dan 9,27. — **24:** Ex 2,23; Is 37,6. — **25:** Is 14,24-25; 31,8. — **26:**

Et consummabitur indignatio
Et furor meus super scelus eorum.
26 Et suscitabit super eum Dominus exercituum flagellum,
Iuxta plagam Madian in petra Oreb,
Et virgam suam super mare,
Et levabit eam in via Aegypti.
27 Et erit in die illa:
Auferetur onus eius de humero tuo
Et iugum eius de collo tuo,
Et computrescet iugum a facie olei.

Assyrii Iudam invadunt

28 Veniet in Aiath, transibit in Magron,
Apud Machmas commendabit vasa sua.
29 Transierunt cursim,
Gaba sedes nostra;
Obstupuit Rama,
Gabaath Saulis fugit.
30 Hinni voce tua, filia Gallim,
Attende Laisa, paupercula Anathoth.
31 Migravit Medemena;
Habitatores Gabim, confortamini.
32 Adhuc dies est ut in Nobe stetur;
Agitabit manum suam super montem filiae Sion,
Collem Ierusalem.
33 Ecce Dominator, Dominus exercituum,
Confringet laguncuIam in terrore;
Et excelsi statura succidentur,
Et sublimes humiliabuntur.
34 Et subvertentur condensa saltus ferro;
Et Libanus cum excelsis cadet.

Rex e progenie Iesse eiusque regnum pacificum

11 1 Et egredietur virga de radice Iesse,
Et flos de radice eius ascendet.
2 Et requiescet super eum spiritus Domini:
Spiritus sapientiae et intellectus,
Spiritus consilii et fortitudinis,
Spiritus scientiae et pietatis;
3 Et replebit eum spiritus timoris Domini.
Non secundum visionem oculorum iudicabit,
Neque secundum auditum aurium arguet;
4 Sed iudicabit in iustitia pauperes,
Et arguet in aequitate pro mansuetis terrae;
Et percutiet terram virga oris sui,
Et spiritu labiorum suorum interficiet impium.
5 Et erit iustitia cingulum lumborum eius,
Et fides cinctorium renum eius.
6 Habitabit lupus cum agno,
Et pardus cum haedo accubabit;
Vitulus, et leo, et ovis, simul morabuntur,
Et puer parvulus minabit eos.
7 Vitulus et ursus pascentur,
Simul requiescent catuli eorum;
Et leo quasi bos comedet paleas.
8 Et delectabitur infans ab ubere super foramine aspidis;
Et in caverna reguli,
Qui ablactatus fuerit manum suam mittet.
9 Non nocebunt, et non occident
In universo monte sancto meo,
Quia repleta est terra scientia Domini,
Sicut aquae maris operientes.

Restauratio messianica

10 In die illa radix Iesse,
Qui stat in signum populorum,
Ipsum gentes deprecabuntur,
Et erit sepulchrum eius gloriosum.
11 Et erit in die illa: adiiciet Dominus secundo manum suam
Ad possidendum residuum populi sui,
Quod relinquetur ab Assyriis, et ab Aegypto,
Et a Phetros, et ab Aethiopia, et ab Aelam, et a Sennaar,
Et ab Emath, et ab insulis maris.
12 Et levabit signum in nationes,
Et congregabit profugos Israel,
Et dispersos Iuda colliget
A quatuor plagis terrae.
13 Et auferetur zelus Ephraim,
Et hostes Iuda peribunt;
Ephraim non aemulabitur Iudam,
Et Iudas non pugnabit contra Ephraim.
14 Et volabunt in humeros Philisthiim per mare,
Simul praedabuntur filios orientis;
Idumaea et Moab praeceptum manus eorum,
Et filii Ammon obedientes erunt.
15 Et desolabit Dominus linguam maris Aegypti,
Et levabit manum suam super flumen in fortitudine spiritus sui;
Et percutiet eum in septem rivis,
Ita ut transeant per eum calceati.
16 Et erit via residuo populo meo
Qui relinquetur ab Assyriis,
Sicut fuit Israeli
In die illa qua ascendit de terra Aegypti.

Iud 7,25; Is 9,3. — **27:** Is 14,25; Ier 30,8. — **28:** Ios 7,2; 1 Sam 13,2; 14,2. — **29:** 1 Sam 11,4; 13,16. — **30:** Iud 18,7; 1 Sam 25,44; Ier 1,1. — **31:** Ios 15,31. — **23:** 1 Sam 21,1; Is 19,16; 37, 22. — **33:** Is 2,13. — **34:** Ez 31,3; Am 2,9.

11 **1:** 1 Sam 16,1; Ps 71,20; Is 4,2; 53,2; Ier 23,5. — **2:** Is 42,1; 61,1. || Conc. Trident.: D 930. — **3:** Io 7,24. — **4:** Ps 2,9; 71,2.4. — **5:** Ps 138,19; Is 30,28. — **6:** Is 65,25. **9:** Is 2,4; 35,9; Hab 2,14. — **10:** Is 42,4; 49,22. — **11:** Is 27,13; Ier 23,7-8; 25,25; 44,1; 49,34-39. — **12:** Is 56,8; Ez 11,17. || Conc. Vatic.: D 1794. — **13:** Ez 37,16. — **14:** Ps 59,10. — **16:** Is 19,23.

Cantus libertatis

12 1 Et dices in die illa:
Confitebor tibi, Domine, quoniam iratus es mihi;
Conversus est furor tuus, et consolatus es me.
2 Ecce Deus salvator meus;
Fiducialiter agam, et non timebo;
Quia fortitudo mea et laus mea Dominus,
Et factus est mihi in salutem.
3 Haurietis aquas in gaudio de fontibus salvatoris.
4 Et dicetis in die illa:
Confitemini Domino et invocate nomen eius;
Notas facite in populis adinventiones eius,
Mementote quoniam excelsum est nomen eius.
5 Cantate Domino, quoniam magnifice fecit;
Annuntiate hoc in universa terra.
6 Exsulta et lauda, habitatio Sion,
Quia magnus in medio tui Sanctus Israel.

PARS SECUNDA

Vaticinia in gentes exteras

(13,1-23,18)

Onus Babylonis

13 1 Onus Babylonis, quod vidit Isaias, filius Amos.
2 Super montem caliginosum levate signum,
Exaltate vocem,
Levate manum,
Et ingrediantur portas duces.
3 Ego mandavi sanctificatis meis,
Et vocavi fortes meos in ira mea,
Exsultantes in gloria mea.
4 Vox multitudinis in montibus.
Quasi populorum frequentium;
Vox sonitus regum.
Gentium congregatarum.
Dominus exercituum praecepit
Militiae belli,
5 Venientibus de terra procul,
A summitate caeli;
Dominus, et vasa furoris eius,
Ut disperdat omnem terram.
6 Ululate, quia prope est dies Domini;
Quasi vastitas a Domino veniet.
7 Propter hoc omnes manus dissolventur,
Et omne cor hominis contabescet,
8 Et conteretur.
Torsiones et dolores tenebunt,
Quasi parturiens dolebunt;
Unusquisque ad proximum suum stupebit,
Facies combustae vultus eorum.
9 Ecce dies Domini veniet,
Crudelis, et indignationis plenus, et irae, furorisque,
Ad ponendam terram in solitudinem,
Et peccatores eius conterendos de ea.
10 Quoniam stellae caeli, et splendor earum,
Non expandent lumen suum;
Obtenebratus est sol in ortu suo,
Et luna non splendebit in lumine suo.
11 Et visitabo super orbis mala,
Et contra impios iniquitatem eorum;
Et quiescere faciam superbiam infidelium,
Et arrogantiam fortium humiliabo.
12 Pretiosior erit vir auro,
Et homo mundo obrizo.
13 Super hoc caelum turbabo;
Et movebitur terra de loco suo,
Propter indignationem Domini exercituum,
Et propter diem irae furoris eius.
14 Et erit quasi damula fugiens,
Et quasi ovis, et non erit qui congreget.
Unusquisque ad populum suum convertetur,
Et singuli ad terram suam fugient.
15 Omnis qui inventus fuerit occidetur;
Et omnis qui supervenerit cadet in gladio;
16 Infantes eorum allidentur in oculis eorum,
Diripientur domus eorum, et uxores eorum violabuntur.
17 Ecce suscitabo ego super eos Medos,
Qui non argentum quaerant,
Nec aurum velint;
18 Sed sagittis parvulos interficient,
Et lactantibus uteris non miserebuntur
Et super filios non parcet oculus eorum.
19 Et erit Babylon illa gloriosa in regnis,
Inclyta superbia Chaldaeorum,
Sicut subvertit Dominus Sodomam et Gomorrham.
20 Non habitabitur usque in finem,
Et non fundabitur usque ad generationem et generationem;
Nec ponet tibi tentoria Arabs,
Nec pastores requiescent ibi.
21 Sed requiescent ibi bestiae,

12 **1:** Ps 9,2; 117,21; Is 11,10; 40,1. — **2:** Is 45,17; Ier 3,23. — **3:** Ps 45,5; Zach 13,1; Is 45,17; Ier 3,23. — **3:** Ps 45,5; Zach 13,1; Io 4,13. — **4:** 1 Par 16,8; Ps 104,1; 144,5-6. — **5:** Ex 15,1; Ps 97,1. — **6:** Is 41,14.16; 54,1; Soph 3,14; Zach 2,10.

13 **1:** Is 21,1; 47,1; Ier 50,1-51,63. — **2:** Is 5,26; 45,1. — **3:** Is 3,9. — **4:** Ier 50,9.— **6:** Is 2,12; Ier 46,10; Ioel 1,15. — **7:** Ez 7,17; 21,7. — **8:** Ps 47,7; Is 21,3; Mich 4,9. — **9:** Ier 50,3; 51,9. — **10:** Is 24,23; 34,4. — **11:** Is 2,17; Ier 50,29.32. — **12:** Iob 28,15; 31,24. — **13:** Ier 4,24; Agg 2,7. — **14:** Ier 50,16; 51,9. — **16:** Ps 136,9; Nah 3,10. — **17:** Is 21,2; Ier 51,11.28. — **18:** Ier 51,3. — **20:** Ier 3,2; 51,62. — **21:** Is 34,13-14; 35,7.

Et replebuntur domus eorum draconibus,
Et habitabunt ibi struthiones,
Et pilosi saltabunt ibi;
22 Et respondebunt ibi ululae in aedibus eius,
Et sirenes in delubris voluptatis.

Israelis liberatio

14 1 Prope est ut veniat tempus eius,
Et dies eius non elongabuntur.
Miserebitur enim Dominus Iacob,
Et eliget adhuc de Israel,
Et requiescere eos faciet super humum suam;
Adiungetur advena ad eos,
Et adhaerebit domui Iacob.
2 Et tenebunt eos populi,
Et adducent eos in locum suum,
Et possidebit eos domus Israel
Super terram Domini
In servos et ancillas:
Et erunt capientes eos qui se ceperant,
Et subiicient exactores suos.

Epinicion de rege Babylonis ad inferos descendente

3 Et erit in die illa: cum requiem dederit tibi Deus
A labore tuo, et a concussione tua,
Et a servitute dura qua ante servisti,
4 Sumes parabolam istam
Contra regem Babylonis, et dices:
Quomodo cessavit exactor,
Quievit tributum?
5 Contrivit Dominus baculum impiorum,
Virgam dominantium,
6 Caedentem populos in indignatione
Plaga insanabili,
Subiicientem in furore gentes,
Persequentem crudeliter.
7 Conquievit et siluit omnis terra,
Gavisa est et exsultavit;
8 Abietes quoque laetatae sunt super te,
Et cedri Libani:
Ex quo dormisti, non ascendet
Qui succidat nos.
9 Infernus subter conturbatus est
In occursum adventus tui;
Suscitavit tibi gigantes.
Omnes principes terrae
Surrexerunt de soliis suis,
Omnes principes nationum.
10 Universi respondebunt, et dicent tibi:
Et tu vulneratus es sicut et nos,
Nostri similis effectus es.
11 Detracta est ad inferos superbia tua,
Concidit cadaver tuum,
Subter te sternetur tinea,
Et operimentum tuum erunt vermes.
12 Quomodo cecidisti de caelo,
Lucifer, qui mane oriebaris?
Corruisti in terram,
Qui vulnerabas gentes?
13 Qui dicebas in corde tuo:
In caelum conscendam,
Super astra Dei
Exaltabo solium meum;
Sedebo in monte testamenti,
In lateribus aquilonis;
14 Ascendam super altitudinem nubium,
Similis ero Altissimo?
15 Verumtamen ad infernum detraheris,
In profundum laci.
16 Qui te viderint, ad te inclinabuntur,
Teque prospicient:
Numquid iste est vir qui conturbavit terram,
Qui concussit regna,
17 Qui posuit orbem desertum,
Et urbes eius destruxit,
Vinctis eius non aperuit carcerem;
18 Omnes reges gentium
Universi dormierunt in gloria,
Vir in domo sua;
19 Tu autem proiectus es de sepulchro tuo,
Quasi stirps inutilis pollutus,
Et obvolutus cum his qui interfecti sunt gladio,
Et descenderunt ad fundamenta laci,
Quasi cadaver putridum.
20 Non habebis consortium, neque cum eis in sepultura;
Tu enim terram tuam disperdidisti,
Tu populum tuum occidisti.
Non vocabitur in aeternum
Semen pessimorum.
21 Praeparate filios eius occisioni,
In iniquitate patrum suorum;
Non consurgent, nec haereditabunt terram,
Neque implebunt faciem orbis civitatum.
22 Et consurgam super eos,
Dicit Dominus exercituum;
Et perdam Babylonis nomen, et reliquias,
Et germen, et progeniem, dicit Dominus;
23 Et ponam eam in possessionem ericii,
Et in paludes aquarum,
Et scopabo eam in scopa terens,
Dicit Dominus exercituum.

Onus Assyriorum

24 Iuravit Dominus exercituum, dicens:
Si non, ut putavi, ita erit;
Et quomodo mente tractavi,
25 Sic eveniet:
Ut conteram Assyrium in terra mea,

14 **1:** Lev 26,42; Ps 101,14; Is 56,3; 60,4; Ier 24,6; Zach 1,17. — **2:** Is 60,9; 66,20.— **3:** Ier 30,10; 50,33. — **4:** Hab 2,6. — **5:** Is 9,4; 10,5. — **6:** Ier 51,20. — **7:** Is 44,23; Hab 2, 19. — **8:** Ez 31,16. — **9:** Ez 32,21. — **11:** Eccli 10,13. — **12:** Is 34,4. — **13:** Ier 51,53; Am 9,2. — **14:** Is 47,8; Ez 28,2. — **19:** Is 34,3. — **20:** Is 18,19. — **22:** Iob 18,19; Ier 51,62. — **23:** Is 13,21; 34,11. — **24:** Is 14,27. — **25:** Is 10,17. — **26:** Soph 3,8. — **27:** Is 14,24. — **28:** 4 Reg 16,

Et in montibus meis conculcem eum;
Et auferetur ab eis iugum eius,
Et onus illius ab humero eorum tolletur.
26 Hoc consilium quod cogitavi super omnem terram;
Et haec est manus extenta super universas gentes.
27 Dominus enim exercituum decrevit; et quis poterit infirmare?
Et manus eius extenta; et quis avertet eam?

Onus Philistinorum

28 In anno quo mortuus est rex Achaz, factum est onus istud:
29 Ne laeteris, Philisthaea omnis tu,
Quoniam comminuta est virga percussoris tui;
De radice enim colubri egredietur regulus,
Et semen eius absorbens volucrem,
30 Et pascentur primogeniti pauperum,
Et pauperes fiducialiter requiescent;
Et interire faciam in fame radicem tuam,
Et reliquias tuas interficiam.
31 Ulula, porta; clama, civitas;
Prostrata est Philisthaea omnis;
Ab aquilone enim fumus veniet,
Et non est qui effugiet agmen eius.
32 Et quid respondebitur nuntiis gentis?
Quia Dominus fundavit Sion,
Et in ipso sperabunt pauperes populi eius.

Onus Moab

15 1 Onus Moab.
Quia nocte vastata est
Ar Moab, conticuit;
Quia nocte vastatus est
Murus Moab, conticuit.
2 Ascendit domus et Dibon
Ad excelsa, in planctum
Super Nabo et super Medaba, Moab ululavit;
In cunctis capitibus eius calvitium,
Et omnis barba radetur.
3 In triviis eius accincti sunt sacco;
Super tecta eius et in plateis eius
Omnis ululatus descendit in fletum.
4 Clamabit Hesebon et Eleale,
Usque Iasa audita est vox eorum,
Super hoc expediti Moab ululabunt,
Anima eius ululabit sibi.
5 Cor meum ad Moab clamabit;
Vectes eius usque ad Segor,
Vitulam conternantem;
Per ascensum enim Luith
Flens ascendet,
Et in via Oronaim
Clamorem contritionis levabunt.
6 Aquae enim Nemrim desertae erunt,
Quia aruit herba, defecit germen,
Viror omnis interiit.
7 Secundum magnitudinem operis, et visitatio eorum;
Ad torrentem Salicum ducent eos.
8 Quoniam circuivit clamor terminum Moab;
Usque ad Gallim ululatus eius,
Et usque ad puteum Elim clamor eius.
9 Quia aquae Dibon repletae sunt sanguine;
Ponam enim super Dibon additamenta;
His qui fugerint de Moab leonem,
Et reliquiis terrae.

16 1 Emitte agnum, Domine, dominatorem terrae,
De petra deserti
Ad montem filiae Sion.
2 Et erit: sicut avis fugiens,
Et pulli de nido avolantes,
Sic erunt filiae Moab
In transcensu Arnon.
3 Ini consilium, coge concilium;
Pone quasi noctem umbram tuam
In meridie;
Absconde fugientes, et vagos ne prodas.
4 Habitabunt apud te profugi mei;
Moab, esto latibulum eorum a facie vastatoris;
Finitus est enim pulvis, consummatus est miser,
Defecit qui conculcabat terram.
5 Et praeparabitur in misericordia solium,
Et sedebit super illud in veritate
In tabernaculo David,
Iudicans et quaerens iudicium,
Et velociter reddens quod iustum est.
6 Audivimus superbiam Moab;
Superbus est valde;
Superbia eius, et arrogantia eius, et indignatio eius
Plus quam fortitudo eius.
7 Idcirco ululabit Moab ad Moab;
Universus ululabit:
His qui laetantur super muros cocti lateris,
Loquimini plagas suas.
8 Quoniam suburbana Hesebon deserta sunt;
Et vineam Sabama
Domini gentium exciderunt;
Flagella eius usque ad Iazer pervenerunt,
Erraverunt in deserto,

20; 2 Par 28,27. — **29:** 2 Par 26,6; 28,18. — **32:** Ps 86,5; 101,17; Soph 3,12.

15 **1:** Num 21,28; Is 16,7. — **2:** Num 12,3; 21,30; Ier 48,37. — **3:** Ier 48,28. — **4:** Num 32,3; Ier 48,34. — **5:** Gen 19,22; Is 16,9; Ier 48,3. — **6:** Num 32,36. — **8:** Num 21,16; Ez 47,10. — **9:** 4 Reg 17,25; Ier 5,6.

16 **1:** 4 Reg 3,4; 14,7. — **2:** Num 21,13. — **4:** 1 Sam 22,3. — **5:** Is 32,1; Mich 4, 7. — **6:** Ier 48,29. — **7:** Is 15,3. — **8:** Num 21,32;

Propagines eius relictae sunt,
Transierunt mare.
9 Super hoc plorabo in fletu Iazer
Vineam Sabama;
Inebriabo de lacryma mea,
Hesebon et Eleale,
Quoniam super vindemiam tuam et super messem tuam
Vox calcantium irruit.
10 Et auferetur laetitia et exsultatio de Carmelo,
Et in vineis non exsultabit neque iubilabit.
Vinum in torculari non calcabit qui calcare consueverat;
Vocem calcantium abstuli.
11 Super hoc venter meus ad Moab
Quasi cithara sonabit,
Et viscera mea ad murum cocti lateris.
12 Et erit: cum apparuerit quod laboravit Moab
Super excelsis suis,
Ingredietur ad sancta sua ut obsecret,
Et non valebit.
13 Hoc verbum quod locutus est Dominus ad Moab ex tunc. 14 Et nunc locutus
est Dominus, dicens: In tribus annis, quasi anni mercenarii, auferetur gloria Moab
super omni populo multo, et relinquetur
parvus et modicus, nequaquam multus.

Onus Damasci

17 1 Onus Damasci.
Ecce Damascus desinet esse civitas,
Et erit sicut acervus lapidum in ruina.
2 Derelictae civitates Aroer
Gregibus erunt,
Et requiescent ibi, et non erit qui exterreat.
3 Et cessabit adiutorium ab Ephraim,
Et regnum a Damasco;
Et reliquiae Syriae
Sicut gloria filiorum Israel erunt,
Dicit Dominus exercituum.
4 Ex erit in die illa:
Attenuabitur gloria Iacob,
Et pinguedo carnis eius marcescet.
5 Et erit sicut congregans in messe quod restiterit,
Et brachium eius spicas leget;
Et erit sicut quaerens spicas
In valle Raphaim.
6 Et relinquetur in eo sicut racemus et sicut excussio oleae
Duarum vel trium olivarum in summitate rami,
Sive quatuor aut quinque in cacuminibus eius fructus eius,
Dicit Dominus Deus Israel.
7 In die illa inclinabitur homo ad factorem suum,
Et oculi eius ad Sanctum Israel respicient;
8 Et non inclinabitur ad altaria quae fecerunt manus eius;
Et quae operati sunt digiti eius non respiciet,
Lucos et delubra.
9 In die illa erunt civitates fortitudinis eius
Derelictae sicut aratra, et segetes
Quae derelictae sunt a facie filiorum Israel;
Et eris deserta.
10 Quia oblita es Dei salvatoris tui,
Et fortis adiutoris tui non es recordata,
Propterea plantabis plantationem fidelem,
Et germen alienum seminabis,
11 In die plantationis tuae labrusca,
Et mane semen tuum florebit;
Ablata est messis in die haereditatis,
Et dolebit graviter.
12 Vae multitudini populorum multorum,
Ut multitudo maris sonantis;
Et tumultus turbarum,
Sicut sonitus aquarum multarum.
13 Sonabunt populi sicut sonitus aquarum inundantium,
Et increpabit eum, et fugiet procul;
Et rapietur sicut pulvis montium a facie venti,
Et sicut turbo coram tempestate.
14 In tempore vespere, et ecce turbatio;
In matutino, et non subsistet.
Haec est pars eorum qui vastaverunt nos,
Et sors diripientium nos.

Onus Aethiopiae

18 1 Vae terrae cymbalo alarum,
Quae est trans flumina Aethiopiae,
2 Qui mittit in mare legatos,
Et in vasis papyri super aquas.
Ite, angeli veloces,
Ad gentem convulsam et dilaceratam;
Ad populum terribilem, post quem non est alius;
Ad gentem exspectantem et conculcatam,
Cuius diripuerunt flumina terram eius.
3 Omnes habitatores orbis, qui moramini in terra,
Cum elevatum fuerit signum in montibus, videbitis,
Et clangorem tubae audietis.
4 Quia haec dicit Dominus ad me:
Quiescam et considerabo in loco meo,
Sicut meridiana lux clara est,
Et sicut nubes roris in die messis.
5 Ante messem enim totus effloruit,

32,38. — **9:** Is 15,5; Ier 48,32. — **10:** Is 24,8. — **11:** Is 15,5; Ier 48,36. — **12:** Ier 10,5; 48,13; Hab 2,19. — **14:** Is 17,4; 21,16; Ier 48,13.

17 **1:** Ier 49,23. — **2:** Deut 2,36. — **3:** Is 8,4. — **4:** Is 10,16. — **5:** Os 6,11; Ioel 3,13. — **6:** Is 24,13. — **7:** Mich 7,7. — **8:** Mich 5,12. — **9:** Is 27,10. — **10:** Ier 2,32; Os 8,14. — **11:** Is 18,5. — **12:** Is 28,2. — **13:** Is 30,31. — **14:** Ps 36,36; Is 38,12.

18 **1:** 4 Reg 19,9; Is 8,8; 17,12. — **2:** Ex 2,3; Is 18.7; 30,4. — **3:** Is 5,26. — **4:** Ps 10,5; 131,13. — **5:** Ez 32,4. — **7:** Ps 67,32; 71,10; Is

Et immatura perfectio germinabit;
Et praecidentur ramusculi eius falcibus,
Et quae derelicta fuerint abscindentur et excutientur.
6 Et relinquentur simul avibus montium
Et bestiis terrae;
Et aestate perpetua erunt super eum volucres,
Et omnes bestiae terrae super illum hiemabunt.
7 In tempore illo deferetur munus Domino exercituum
A populo divulso et dilacerato,
A populo terribili, post quem non fuit alius;
A gente exspectante, exspectante et conculcata,
Cuius diripuerunt flumina terram eius;
Ad locum nominis Domini exercituum, montem Sion.

Onus Aegypti

19 1 Onus Aegypti.
Ecce Dominus ascendet super nubem levem,
Et ingredietur Aegyptum,
Et commovebuntur simulacra Aegypti a facie eius;
Et cor Aegypti tabescet in medio eius,
2 Et concurrere faciam Aegyptios adversus Aegyptios;
Et pugnabit vir contra fratrem suum, et vir contra amicum suum,
Civitas adversus civitatem, regnum adversus regnum.
3 Et dirumpetur spiritus Aegypti in visceribus eius,
Et consilium eius praecipitabo;
Et interrogabunt simulacra sua, et divinos suos,
Et pythones, et ariolos,
4 Et tradam Aegyptum in manu dominorum crudelium,
Et rex fortis dominabitur eorum,
Ait Dominus Deus exercituum.
5 Et arescet aqua de mari,
Et fluvius desolabitur atque siccabitur.
6 Et deficient flumina,
Attenuabuntur et siccabuntur rivi aggerum,
Calamus et iuncus marcescet:
7 Nudabitur alveus rivi a fonte suo:
Et omnis sementis irrigua
Siccabitur, arescet, et non erit.
8 Et moerebunt piscatores,
Et lugebunt omnes mittentes in flumen hamum;
Et expandentes rete super faciem aquarum emarcescent.
9 Confundentur qui operabantur linum,
Pectentes et texentes subtilia.
10 Et erunt irrigua eius flaccentia;
Omnes qui faciebant lacunas ad capiendos pisces.
11 Stulti principes Taneos,
Sapientes consiliarii Pharaonis
Dederunt consilium insipiens.
Quomodo dicetis Pharaoni:
Filius sapientium ego,
Filius regum antiquorum?
12 Ubi nunc sunt sapientes tui?
Annuntient tibi, et indicent
Quid cogitaverit Dominus exercituum super Aegyptum.
13 Stulti facti sunt principes Taneos,
Emarcuerunt principes Mempheos;
Deceperunt Aegyptum, angulum populorum eius.
14 Dominus miscuit in medio eius spiritum vertiginis;
Et errare fecerunt Aegyptum in omni opere suo,
Sicut errat ebrius et vomens.
15 Et non erit Aegypto opus
Quod faciat caput et caudam,
Incurvantem et refrenantem.
16 In die illa erit Aegyptus quasi mulieres;
Et stupebunt, et timebunt
A facie commotionis manus Domini exercituum,
Quam ipse movebit super eam.
17 Et erit terra Iuda
Aegypto in pavorem;
Omnis qui illius fuerit recordatus pavebit
A facie consilii Domini exercituum,
Quod ipse cogitavit super eam.
18 In die illa erunt quinque civitates
In terra Aegypti
Loquentes lingua Chanaan,
Et iurantes per Dominum exercituum.
Civitas Solis vocabitur una.
19 In die illa erit altare Domini
In medio terrae Aegypti,
Et titulus Domini iuxta terminum eius.
20 Erit in signum et in testimonium Domino exercituum
In terra Aegypti;
Clamabunt enim ad Dominum a facie tribulantis,
Et mittet eis salvatorem
Et propugnatorem qui liberet eos.
21 Et cognoscetur Dominus ab Aegypto,
Et cognoscent Aegyptii Dominum
In die illa;
Et colent eum in hostiis et in muneribus;

16,1; 23,18; 45,14; Soph 3,10; Mal 1,11.

19 **1:** Is 13,1; Ier 46,19. — **2:** Deut 33,26; Ps 17,11; 103,3; Is 9,18; Ier 43,12. — **3:** Is 19,14; 44,25; 47,12. — **4:** Ez 29,19; 30,10. **5:** Ez 30,12; 32,2. — **8:** Ex 7,21. — **9:** Prov 7,16; Ez 27,7. — **11:** Is 29,14; 30,4. — **12:** 3 Reg 4,30. **13:** Ier 2,16; 44,1; 46,14. — **14:** 3 Reg 22,22; Is 29,10.14. — **15:** Is 9,14. — **16:** Ier 51,30; Nah 3,13. — **17:** Ex 14,25. — **18:** Gen 41,45; Is 65,16; Ier 12,16; 43,13; Soph 3,9. — **19:** Gen 28,18; Ios 22,10; 4 Reg 5,17. — **20:** 4 Reg 13,5; Abd 21. — **21:** 3 Reg 8,43; Zach 14,16.18. —

Et vota vovebunt Domino, et solvent.
22 Et percutiet Dominus Aegyptum plaga,
Et sanabit eam;
Et revertentur ad Dominum,
Et placabitur eis, et sanabit eos.
23 In die illa erit via
De Aegypto in Assyrios;
Et intrabit Assyrius Aegyptum,
Et Aegyptius in Assyrios,
Et servient Aegyptii Assur.
24 In die illa erit Israel tertius
Aegyptio et Assyrio;
Benedictio in medio terrae
25 Cui benedixit Dominus exercituum, dicens:
Benedictus populus meus Aegypti,
Et opus manuum mearum Assyrio;
Haereditas autem mea Israel.

Vana spes auxilii Aegypti et Aethiopiae

20 1 In anno quo ingressus est Tharthan in Azotum, cum misisset eum
Sargon, rex Assyriorum, et pugnasset contra Azotum, 2 et cepisset eam: in tempore
illo locutus est Dominus in manu Isaiae, filii Amos, dicens: Vade, et solve saccum de lumbis tuis, et calceamenta tua tolle de pedibus tuis. Et fecit sic, vadens nudus et discalceatus. 3 Et dixit Dominus:
Sicut ambulavit servus meus Isaias nudus et discalceatus,
Trium annorum signum et portentum erit
Super Aegyptum et super Aethiopiam;
4 Sic minabit rex Assyriorum captivitatem Aegypti,
Et transmigrationem Aethiopiae,
Iuvenum et senum, nudam et discalceatam, discoopertis natibus, ad ignominiam Aegypti.
5 Et timebunt, et confundentur
Ab Aethiopia spe sua,
Et ab Aegypto gloria sua.
6 Et dicet habitator insulae huius in die illa:
Ecce haec erat spes nostra,
Ad quos confugimus in auxilium, ut liberarent nos
A facie regis Assyriorum:
Et quomodo effugere poterimus nos?

Onus alterum Babylonis

21 1 Onus deserti maris.
Sicut turbines ab africo veniunt,
De deserto venit,
De terra horribili.
2 Visio dura nuntiata est mihi:
Qui incredulus est infideliter agit;
Et qui depopulator est vastat.
Ascende, Aelam; obside, Mede;
Omnem gemitum eius cessare feci.
3 Propterea repleti sunt lumbi mei dolore;
Angustia possedit me
Sicut angustia parturientis;
Corrui cum audirem, conturbatus sum cum viderem.
4 Emarcuit cor meum;
Tenebrae stupefecerunt me:
Babylon dilecta mea
Posita est mihi in miraculum.
5 Pone mensam, contemplare in specula
Comedentes et bibentes:
Surgite, principes,
Arripite clypeum.
6 Haec enim dixit mihi Dominus:
Vade, et pone speculatorem,
Et quodcumque viderit annuntiet.
7 Et vidit currum duorum equitum,
Ascensorem asini,
Et ascensorem cameli;
Et contemplatus est diligenter multo intuitu.
8 Et clamavit leo:
Super speculam Domini ego sum,
Stans iugiter per diem;
Et super custodiam meam ego sum,
Stans totis noctibus.
9 Ecce iste venit ascensor
Vir bigae equitum;
Et respondit, et dixit:
Cecidit, cecidit Babylon,
Et omnia sculptilia deorum eius
Contrita sunt in terram.
10 Tritura mea et filii areae meae,
Quae audivi a Domino exercituum,
Deo Israel,
Annuntiavi vobis.

Onus Duma

11 Onus Duma.
Ad me clamat ex Seir:
Custos, quid de nocte?
Custos, quid de nocte?
12 Dixit custos:
Venit mane, et nox;
Si quaeritis, quaerite;
Convertimini, venite.

Onus in Arabia

13 Onus in Arabia.
In saltu ad vesperam dormietis,

22: Ier 46,25; Os 6,1. — **23:** Is 11,10; Soph 3, 9-10. — **24:** Gen 12,2; Ez 34,26; Zach 8,13. — **25:** Deut 32,9; 3 Reg 8,51; Ier 10,16; Os 2,23.

20 **1:** 1 Sam 5,1; 4 Reg 18,17. — **2:** 4 Reg 1,8; Ez 24,17; Mich 1,3; Zach 13,4. — **3:** Is 8,18; Ier 19,1. — **4:** Is 3,17; 47,2; Ier 13, 22.26. — **5:** Is 30,3.5. — **6:** Is 31,3; 36,6.

21 **1:** Ier 4,11; 13,24; 51,36.42. — **2:** Is 11, 11; 13,17; 33,1; 34,16. — **3:** Ps 37,8; Is 13,8. — **4:** Deut 28,67; Ier 51,39.57. — **5:** 2 Sam 1,21; Ier 51,39.57. — **6:** 2 Sam 18,24; 4 Reg 19, 18. — **7:** Is 5,28; Ier 4,13. — **8:** Hab 2,1. — **9:** Is 46,1; Ier 50,2; 51,8; Apoc 14,4. — **10:** Is 51, 33. — **11:** Gen 25,14; Deut 2,4.8; Ez 35,2. — **12:** Iob 36,20; Ps 36,36; Am 5,8. — **13:** Gen 25,

In semitis Dedanim.
14 Occurrentes sitienti ferte aquam,
Qui habitatis terram austri;
Cum panibus occurrite fugienti.
15 A facie enim gladiorum fugerunt,
A facie gladii imminentis,
A facie arcus extenti,
A facie gravis praelii.
16 Quoniam haec dicit Dominus ad me:
Adhuc in uno anno, quasi in anno mercenarii,
Et auferetur omnis gloria Cedar.
17 Et reliquiae numeri sagittariorum fortium
De filiis Cedar imminuentur;
Dominus enim Deus Israel locutus est.

Onus in Ierusalem

22 1 Onus vallis Visionis.
Quidnam quoque tibi est, quia ascendisti
Et tu omnis in tecta?
2 Clamoris plena, urbs frequens,
Civitas exsultans;
Interfecti tui, non interfecti gladio,
Nec mortui in bello.
3 Cuncti principes tui fugerunt simul
Dureque ligati sunt;
Omnes qui inventi sunt vincti sunt pariter,
Procul fugerunt.
4 Propterea dixi: Recedite a me,
Amare flebo;
Nolite incumbere ut consolemini me
Super vastitate filiae populi mei;
5 Dies enim interfectionis,
Et conculcationis, et fletuum,
Domino Deo exercituum,
In valle Visionis,
Scrutans murum,
Et magnificus super montem.
6 Et Aelam sumpsit pharetram,
Currum hominis equitis,
Et parietem nudavit clypeus.
7 Et erunt electae valles tuae plenae quadrigarum,
Et equites ponent sedes suas in porta.
8 Et revelabitur operimentum Iudae,
Et videbis in die illa
Armamentarium domus saltus.
9 Et scissuras civitatis David videbitis,
Quia multiplicatae sunt;
Et congregastis aquas piscinae inferioris,
10 Et domos Ierusalem numerastis,
Et destruxistis domos ad muniendum murum.
11 Et lacum fecistis inter duos muros
Ad aquam piscinae veteris;
Et non suspexistis ad eum qui fecerat eam,
Et operatorem eius de longe non vidistis.
12 Et vocabit Dominus Deus exercituum
In die illa
Ad fletum, et ad planctum,
Ad calvitium, et ad cingulum sacci,
13 Et ecce gaudium et laetitia,
Occidere vitulos et iugulare arietes.
Comedere carnes et bibere vinum.
Comedamus et bibamus,
Cras enim moriemur.
14 Et revelata est in auribus meis vox Domini exercituum:
Si dimittetur iniquitas haec vobis donec moriamini,
Dicit Dominus Deus exercituum.

Onus in Sobnam, praepositum templi

15 Haec dicit Dominus Deus exercituum:
Vade, ingredere ad eum qui habitat in tabernaculo,
Ad Sobnam, praepositum templi, et dices ad eum:
16 Quid tu hic, aut quasi quis hic?
Quia excidisti tibi hic sepulchrum,
Excidisti in excelso memoriale diligenter,
In petra tabernaculum tibi.
17 Ecce Dominus asportari te faciet,
Sicut asportatur gallus gallinaceus;
Et quasi amictum, sic sublevabit te.
18 Coronans coronabit te tribulatione;
Quasi pilam mittet te in terram latam et spatiosam;
Ibi morieris, et tibi erit currus gloriae tuae,
Ignominia domus domini tui.
19 Et expellam te de statione tua,
Et de ministerio tuo deponam te.
20 Et erit in die illa:
Vocabo servum meum Eliacim, filium Helciae,
21 Et induam illum tunica tua,
Et cingulo tuo confortabo eum,
Et potestatem tuam dabo in manu eius;
Et erit quasi pater habitantibus Ierusalem
Et domui Iuda.
22 Et dabo clavem domus David
Super humerum eius;
Et aperiet, et non erit qui claudat;
Et claudet, et non erit qui aperiat.

3; Ier 25,24. — **14:** Iob 6,19. — **16:** Is 16,14; 60,7. — **17:** Is 1,20; Zach 1,6.

22 **1:** Is 13,1; 15,3; 22,5. — **2:** Lev 26,25; Num 14,12; Deut 28,21; Is 32,13. — **3:** 4 Reg 25,4. — **4:** Ier 6,26; 9,1; 14,17; Mich 1,8. **5:** Is 10,6; 22,1; 37,3. — **6:** Ier 49,35. — **8:** 3 Reg 7,2; Is 47,2. — **9:** 2 Par 32,5.30; Eccli 48,19; Ier 33,4. — **11:** Is 5,12. — **12:** Ioel 2,17; Am 8,10. — **13:** Is 5,11; 56,12; 1 Cor 15,32. — **14:** 1 Sam 3,14; Is 5,9. — **15:** Is 36,3. — **16:** 2 Par 16,14. — **17:** Ier 10,18; 16,13. — **18:** 2 Sam 15,1; Ier 22,26; Am 7,17. — **20:** 4 Reg 18,18.37. — **22:** Apoc 3,7. — **23:** Esdr 9,8. — **24:** Ez 15,3. — **25:** Is 22,23.

23 Et figam illum paxillum in loco fideli,
Et erit in solium gloriae domui patris eius.
24 Et suspendent super eum omnem gloriam domus patris eius;
Vasorum diversa genera,
Omne vas parvulum,
A vasis craterarum usque ad omne vas musicorum.
25 In die illa, dicit Dominus exercituum,
Auferetur paxillus qui fixus fuerat in loco fideli,
Et frangetur, et cadet,
Et peribit quod pependerat in eo,
Quia Dominus locutus est.

Onus Tyri

23 1 Onus Tyri.
Ululate, naves maris,
Quia vastata est domus
Unde venire consueverant:
De terra Cethim
Revelatum est eis.
2 Tacete, qui habitatis in insula;
Negotiatores Sidonis, transfretantes mare, repleverunt te.
3 In aquis multis semen Nili,
Messis fluminis fruges eius;
Et facta est negotiatio gentium.
4 Erubesce, Sidon; ait enim mare,
Fortitudo maris, dicens:
Non parturivi, et non peperi,
Et non nutrivi iuvenes,
Nec ad incrementum perduxi virgines.
5 Cum auditum fuerit in Aegypto,
Dolebunt cum audierint de Tiro.
6 Transite maria, ululate
Qui habitatis in insula!
7 Numquid non vestra haec est, quae gloriabatur
A diebus pristinis in antiquitate sua?
Ducent eam pedes sui
Longe ad peregrinandum.
8 Quis cogitavit hoc
Super Tyrum quondam coronatam,
Cuius negotiatores principes,
Institores eius inclyti terrae?
9 Dominus exercituum cogitavit hoc,
Ut detraheret superbiam omnis gloriae,
Et ad ignominiam deduceret universos inclytos terrae.
10 Transi terram tuam quasi flumen, filia maris!
Non est cingulum ultra tibi.
11 Manum suam extendit super mare,
Conturbavit regna.
Dominus mandavit adversus Chanaan,
Ut contereret fortes eius;
12 Et dicit: Non adiicies ultra ut glorieris,
Calumniam sustinens virgo filia Sidonis:
In Cethim consurgens transfreta,
Ibi quoque non erit requies tibi.
13 Ecce terra Chaldaeorum, talis populus non fuit:
Assur fundavit eam;
In captivitatem traduxerunt robustos eius,
Suffoderunt domos eius,
Posuerunt eam in ruinam.
14 Ululate, naves maris,
Quia devastata est fortitudo vestra.
15 Et erit in die illa: in oblivione eris,
o Tyre! septuaginta annis, sicut dies re-
gis unius; post septuaginta autem annos
erit Tyro quasi canticum meretricis:
16 Sume citharam, circui civitatem,
Meretrix oblivioni tradita;
Bene cane, frequenta canticum,
Ut memoria tui sit.
17 Et erit post septuaginta annos:
Visitabit Dominus Tyrum,
Et reducet eam ad mercedes suas,
Et rursum fornicabitur cum universis regnis terrae
Super faciem terrae.
18 Et erunt negotiationes eius et mercedes eius sanctificatae Domino:
Non condentur neque reponentur,
Quia his qui habitaverint coram Domino erit negotiatio eius,
Ut manducent in saturitatem, et vestiantur usque ad vetustatem.

PARS TERTIA

ORACULA DE FINE TEMPORUM

(24,1-27,13)

Totius orbis eversio

24 1 Ecce Dominus dissipabit terram; et nudabit eam,
Et affliget faciem eius, et disperget habitatores eius.
2 Et erit sicut populus, sic sacerdos;
Et sicut servus, sic dominus eius;
Sicut ancilla, sic domina eius;
Sicut emens, sic ille qui vendit;
Sicut foenerator, sic is qui mutuum accipit;
Sicut qui repetit, sic qui debet.
3 Dissipatione dissipabitur terra, et direptione praedabitur;
Dominus enim locutus est verbum hoc.
4 Luxit, et defluxit terra, et infirmata est;
Defluxit orbis,
Infirmata est altitudo populi terrae.

23 **1:** Is 2,16; Ier 2,10; 25,22; Ez 26,2-28.24. **2:** Ez 23,12; 27,4. — **3:** Ez 27,3. — **4:** Ez 26,6.16. — **7:** Gen 10,15; Ez 26,15. — **8:** Ez 26,16. — **9:** Ez 28,7. — **10:** Iob 12,18. — **11:** Ez 14,21. — **12:** Ez 28,21. — **13:** Ez 26,7; 29,18. — **15:** Ier 25,11; 29,10. — **17:** Ez 27,12; Apoc 17,2. **18:** Lev 27,28; Ps 44,12; Ez 28,36; Zach 14,20.

24 **1:** Is 13,9. — **2:** Ez 7,12; Os 4,9. — **3:** 2 Par 36,21; Is 14,27. — **4:** Is 33,9. — **5:**

5 Et terra infecta est ab habitatoribus suis,
Quia transgressi sunt leges,
Mutaverunt ius,
Dissipaverunt foedus sempiternum.
6 Propter hoc maledictio vorabit terram,
Et peccabunt habitatores eius,
Ideoque insanient cultores eius,
Et relinquentur homines pauci.
7 Luxit vindemia, infirmata est vitis,
Ingemuerunt omnes qui laetabantur corde;
8 Cessavit gaudium tympanorum,
Quievit sonitus laetantium,
Conticuit dulcedo citharae.
9 Cum cantico non bibent vinum.
Amara erit potio bibentibus illam.
10 Attrita est civitas vanitatis,
Clausa est omnis domus, nullo introeunte.
11 Clamor erit super vino in plateis,
Deserta est omnis laetitia,
Translatum est gaudium terrae.
12 Relicta est in urbe solitudo,
Et calamitas opprimet portas.
13 Quia haec erunt in medio terrae
In medio populorum,
Quomodo si paucae olivae quae remanserunt excutiantur ex olea;
Et racemi, cum fuerit finita vindemia.

Iudicium Dei

14 Hi levabunt vocem suam, atque laudabunt:
Cum glorificatus fuerit Dominus, hinnient de mari.
15 Propter hoc in doctrinis glorificate Dominum;
In insulis maris
Nomen Domini Dei Israel.
16 A finibus terrae laudes audivimus,
Gloria Iusti.
Et dixi: Secretum meum mihi,
Secretum meum mihi. Vae mihi!
Praevaricantes praevaricati sunt,
Et praevaricatione transgressorum praevaricati sunt.
17 Formido, et fovea, et laqueus
Super te, qui habitator es terrae.
18 Et erit: Qui fugerit a voce formidinis cadet in foveam;
Et qui se explicaverit de fovea tenebitur laqueo;
Quia cataractae de excelsis apertae sunt
Et concutientur fundamenta terrae.
19 Confractione confringetur terra,
Contritione conteretur terra,
Commotione commovebitur terra;
20 Agitatione agitabitur terra sicut ebrius,
Et auferetur quasi tabernaculum unius noctis;
Et gravabit eam iniquitas sua,
Et corruet, et non adiiciet ut resurgat.
21 Et erit: In die illa visitabit Dominus
Super militiam caeli in excelso,
Et super reges terrae qui sunt super terram;
22 Et congregabuntur in congregatione unius fascis in lacum,
Et claudentur ibi in carcere,
Et post multos dies visitabuntur.
23 Et erubescet luna, et confundetur sol,
Cum regnaverit Dominus exercituum
In monte Sion et in Ierusalem
Et in conspectu senum suorum fuerit glorificatus.

Laus Deo ob destructionem civitatis dominatricis

25 1 Domine, Deus meus es tu;
Exaltabo te, et confitebor nomini tuo:
Quoniam fecisti mirabilia,
Cogitationes antiquas fideles. Amen.
2 Quia posuisti civitatem in tumulum,
Urbem fortem in ruinam,
Domum alienorum, ut non sit civitas,
Et in sempiternum non aedificatur.
3 Super hoc laudabit te populus fortis,
Civitas gentium robustorum timebit te;
4 Quia factus es fortitudo pauperi,
Fortitudo egeno in tribulatione sua,
Spes a turbine,
Umbraculum ab aestu;
Spiritus enim robustorum
Quasi turbo impellens parietem.
5 Sicut aestus in siti,
Tumultum alienorum humiliabis;
Et quasi calore sub nube torrente,
Propaginem fortium marcescere facies.
6 Et faciet Dominus exercituum
Omnibus populis in monte hoc
Convivium pinguium,
Covivium vindemiae,
Pinguium medullatorum,
Vindemiae defaecatae.
7 Et praecipitabit in monte isto
Faciem vinculi colligati super omnes populos,
Et telam quam orditus est super omnes nationes.
8 Praecipitabit mortem in sempiternum;
Et auferet Dominus Deus
Lacrymam ab omni facie,

Lev 18,24; Num 35,33. — **7:** Ioel 1,10.12. — **8:** Ier 7,34; Os 2,12. — **9:** Am 6,7. — **10:** Is 25,2; 27,10. — **11:** Ier 48,33; Lam 5,14-15; Ioel 1, 13. — **13:** Eccli 33,16; Is 17,6; Mich 7,1. — **15:** Is 42,10.12; Soph 2,11. — **16:** Ier 5,11. — **17:** Ps 17,8; 81,5; Ier 48,43-44. — **18:** Am 5,19. — **19:** Ier 4,23-28. — **20:** Is 19,14. — **21:** Ps 75,13; Is 10,12; 13,11; Eph 6,12. — **22:** Ez 38,8; Apoc 19,19. — **23:** Ps 98,1.3; Is 13,10; Ioel 2,31; 3,15; Mich 4,7; Apoc 19,4.

25 **1:** Ex 15,2; Ps 97,1; 106,32. — **2:** Ier 9, 11; 51,37.58. — **3:** Ps 65,3; Ez 38,23. — **4:** Is 14,32; 32,2; Ier 16,19; Ez 13,11; Nah 1,7. **5:** Is 13,11; Ier 51,39. — **6:** Ps 21,27; Prov 9,2; Is 2,2; 55,12. — **7:** Is 60,1.3. — **8:** Is 60,15; 61,9;

Et opprobrium populi sui auferet
De universa terra;
Quia Dominus locutus est.

Cantus de destructione Moab

9 Et dicet in die illa:
Ecce Deus noster iste;
Exspectavimus eum, et salvabit nos;
Iste Dominus, sustinuimus eum:
Exsultabimus, et laetabimur in salutari eius.
10 Quia requiescet manus Domini
In monte isto;
Et triturabitur Moab sub eo,
Sicuti teruntur paleae in plaustro.
11 Et extendet manus suas sub eo,
Sicut extendit natans ad natandum;
Et humiliabit gloriam eius
Cum allisione manuum eius.
12 Et munimenta sublimium murorum tuorum
Concident, et humiliabuntur,
Et detrahentur in terram usque ad pulverem.

Alterum canticum in gratiarum actionem

26 1 In die illa cantabitur canticum istud in terra Iuda:
Urbs fortitudinis nostrae Sion; salvator ponetur in ea
Murus et antemurale.
2 Aperite portas, et ingrediatur gens iusta,
Custodiens veritatem.
3 Vetus error abiit: servabis pacem;
Pacem, quia in te speravimus.
4 Sperastis in Domino in saeculis aeternis,
In Domino Deo forti, in perpetuum.
5 Quia incurvabit habitantes in excelso,
Civitatem sublimem humiliabit;
Humiliabit eam usque ad terram,
Detrahet eam usque ad pulverem.
6 Conculcabit eam pes,
Pedes pauperis, gressus egenorum.
7 Semita iusti recta est,
Rectus callis iusti ad ambulandum.
8 Et in semita iudiciorum tuorum, Domine, sustinuimus te:
Nomen tuum et memoriale tuum in desiderio animae.
9 Anima mea desideravit te in nocte,
Sed et spiritu meo in praecordiis meis de mane vigilabo ad te.
Cum feceris iudicia tua in terra,
Iustitiam discent habitatores orbis.
10 Misereamur impio, et non discet iustitiam;
In terra sanctorum iniqua gessit,
Et non videbit gloriam Domini.
11 Domine, exaltetur manus tua, et non videant;
Videant, et confundantur zelantes populi;
Et ignis hostes tuos devoret.
12 Domine, dabis pacem nobis,
Omnia enim opera nostra
Operatus es nobis.
13 Domine Deus noster, possederunt nos
Domini absque te;
Tantum in te recordemur nominis tui.
14 Morientes non vivant,
Gigantes non resurgant.
Propterea visitasti et contrivisti eos,
Et perdidisti omnem memoriam eorum.
15 Indulsisti genti, Domine,
Indulsisti genti, numquid glorificatus es?
Elongasti omnes terminos terrae.
16 Domine, in angustia requisierunt te,
In tribulatione murmuris doctrina tua eis.
17 Sicut quae concipit, cum appropinquaverit ad partum,
Dolens clamat in doloribus suis,
Sic facti sumus a facie tua, Domine.
18 Concepimus, et quasi parturivimus,
Et peperimus spiritum.
Salutes non fecimus in terra;
Ideo non ceciderunt habitatores terrae.
19 Vivent mortui tui,
Interfecti mei resurgent.
Expergiscimini, et laudate,
Qui habitatis in pulvere,
Quia ros lucis ros tuus,
Et terram gigantum detrahes in ruinam.
20 Vade, populus meus, intra in cubicula tua;
Claude ostia tua super te,
Abscondere modicum ad momentum,
Donec pertranseat indignatio.
21 Ecce enim Dominus egredietur de loco suo,
Ut visitet iniquitatem habitatoris terrae contra eum;
Et revelabit terra sanguinem suum,
Et non operiet ultra interfectos suos.

Os 13,14; 1 Cor 15,53; Apoc 20,14. — **9:** Ps 9,16; Is 26,8; 30,18-19. — **10:** 2 Sam 12,31; Is 41,15; Ier 48,38; Soph 2,9-10. — **11:** Is 16,6-7.14. **12:** Is 26,5.

26 **1:** Is 2,9; 60,18; Zach 2,5. — **2:** Ps 117,19-20. — **3:** Is 32,17-18; 54,13. — **4:** Ps 61,8; 117,19-20; Is 30,29. — **5:** Is 25,12; 32,19. **6:** Is 25,4. — **7:** Ps 22,3; 36,23; Prov 11,3.5. — **8:** Ps 62,1.3; Is 64,5. — **9:** Ps 57,11; 93,15. — **10:** Eccl 8,12; Is 5,12; Os 7,15; 11,7. — **11:** Ps 27,5; 72,5-8; Mich 7,16; Mal 4,1. — **12:** Is 9,7; Ier 29,11; 33,6; Mich 5,5. — **13:** 2 Par 12,8; Ps 65,12; Os 2,16-17. — **14:** Is 14,9.20. — **15:** Is 9,2; 54,2-3; Ier 30,19; Neh 9,23. — **16:** Is 28,19; Ier 2,27; Os 6,1. — **17:** Is 13,8. — **18:** Is 37,3; Mich 4,10. — **19:** Iob 7,21; Ez 37,1; Dan 12,2; Os 6,2; 13,14; 14,6. — **20:** Is 54,7-8. — **21:** Gen 4,10; Iob 16,19; Mich 1,3.

Punitis hostibus, Dominus populum suum servabit

27 1 In die illa visitabit Dominus
In gladio suo duro, et grandi, et forti,
Super Leviathan, serpentem vectem,
Et super Leviathan, serpentem tortuosum,
Et occidet cetum qui in mari est.
2 In die illa vinea meri cantabit ei.
3 Ego Dominus qui servo eam;
Repente propinabo ei.
Ne forte visitetur contra eam,
Nocte et die servo eam.
4 Indignatio non est mihi.
Quis dabit me spinam et veprem
In praelio: gradiar super eam,
Succendam eam pariter?
5 An potius tenebit fortitudinem meam?
Faciet pacem mihi,
Pacem faciet mihi.
6 Qui ingrediuntur impetu ad Iacob,
Florebit et germinabit Israel,
Et implebunt faciem orbis semine.
7 Numquid iuxta plagam percutientis se percussit eum?
Aut sicut occidit interfectos eius, sic occisus est?
8 In mensura contra mensuram,
Cum abiecta fuerit, iudicabis eam;
Meditatus est in spiritu suo duro
Per diem aestus.
9 Idcirco super hoc dimittetur iniquitas domui Iacob;
Et iste omnis fructus ut auferatur peccatum eius,
Cum posuerit omnes lapides altaris
Sicut lapides cineris allisos,
Non stabunt luci et delubra.
10 Civitas enim munita desolata erit;
Speciosa relinquetur, et dimittetur quasi desertum;
Ibi pascetur vitulus,
Et ibi accubabit, et consumet summitates eius.
11 In siccitate messes illius conterentur.
Mulieres venientes, et docentes eam;
Non est enim populus sapiens:
Propterea non miserebitur eius qui fecit eum.
Et qui formavit eum non parcet ei.
12 Et erit: in die illa
Percutiet Dominus
Ab alveo fluminis usque ad torrentem Aegypti;
Et vos congregabimini unus et unus, filii Israel.
13 Et erit: in die illa clangetur in tuba magna;
Et venient qui perditi fuerant de terra Assyriorum,
Et qui eiecti erant in terra Aegypti,
Et adorabunt Dominum
In monte sancto in Ierusalem.

PARS QUARTA

Iudicium Dei in Samariam et Ierusalem

(28,1-35,10)

Contra Samariam et Ierusalem

28 1 Vae coronae superbiae, ebriis Ephraim,
Et flori decidenti, gloriae exsultationis eius,
Qui erant in vertice vallis pinguissimae,
Errantes a vino.
2 Ecce validus et fortis Dominus
Sicut impetus grandinis; turbo confringens,
Sicut impetus aquarum multarum inundantium
Et emissarum super terram spatiosam.
3 Pedibus conculcabitur
Corona superbiae ebriorum Ephraim.
4 Et erit flos decidens gloriae exsultationis eius,
Qui est super verticem vallis pinguium,
Quasi temporaneum ante maturitatem autumni,
Quod, cum aspexerit videns,
Statim ut manu tenuerit, devorabit illud.
5 In die illa erit Dominus exercituum corona gloriae,
Et sertum exsultationis residuo populi sui;
6 Et spiritus iudici sedenti super iudicium,
Et fortitudo revertentibus de bello ad portam.

Vae his qui suae prudentiae confidunt!

7 Verum hi quoque prae vino nescierunt, et prae ebrietate erraverunt;
Sacerdos et propheta nescierunt prae ebrietate;
Absorpti sunt a vino, erraverunt in ebrietate,
Nescierunt videntem, ignoraverunt iudicium.

27 **1:** Iob 3,8; 40,20; Is 24,21; Ier 47,6; Ez 29,3; 32,2. — **2:** Is 5,7. — **3:** Ps 120,4-5; 124,2; Ier 2,21. — **4:** Is 10,17. — **5:** Is 45,24; 57,19. — **6:** Is 37,31; Os 14,5-6; Rom 11,12. — **7:** Is 37,36; Ier 30,11; Os 6,1-2. — **8:** Ier 10,24; 18,17; 30,11. — **9:** Is 4,4; Ez 24,13. — **10:** Is 6,11; 17,9; 32,14. — **11:** 2 Par 36,15.17; Ier 4,22; 8,7; Ez 15,6.8. — **12:** Gen 15,18; Deut 30,3; Ier 3,14. — **13:** Lev 25,9; Ier 31,6.12; Os 11,11; Zach 10,10; Mt 24,31.

28 **1:** Os 7,5; Am 5,11; 6,6. — **2:** Is 30,30; Ier 47,2. — **4:** Is 28,1; Os 9,11; 13,3. — **7:** Is 9,15; 56,10.12; Os 4,11. — **9:** Ier 6,10. —

8 Omnes enim mensae repletae sunt vomitu sordiumque,
Ita ut non esset ultra locus.
9 Quem docebit scientiam?
Et quem intelligere faciet auditum?
Ablactatos a lacte,
Avulsos ab uberibus.
10 Quia manda, remanda; manda, remanda.
Exspecta, reexspecta; exspecta, reexspecta;
Modicum ibi, modicum ibi.
11 In loquela enim labii,
Et lingua altera
Loquetur ad populum istum.
12 Cui dixit: Haec est requies mea.
Reficite lassum,
Et hoc est meum refrigerium;
Et noluerunt audire.
13 Et erit eis verbum Domini:
Manda, remanda; manda, remanda;
Exspecta, reexspecta; exspecta, reexspecta;
Modicum ibi, modicum ibi;
Ut vadant, et cadant retrorsum,
Et conterantur, et illaqueentur, et capiantur.
14 Propter hoc audite verbum Domini, viri illusores,
Qui dominamini super populum meum, qui est in Ierusalem.
15 Dixistis enim: Percussimus foedus cum morte,
Et cum inferno fecimus pactum.
Flagellum inundans cum transierit, non veniet super nos,
Quia posuimus mendacium spem nostram,
Et mendacio protecti sumus.
16 Idcirco haec dicit Dominus Deus:
Ecce ego mittam in fundamentis Sion lapidem,
Lapidem probatum,
Angularem, pretiosum, in fundamento fundatum;
Qui crediderit, non festinet.
17 Et ponam in pondere iudicium,
Et iustitiam in mensura;
Et subvertet grando spem mendacii,
Et protectionem aquae inundabunt.
18 Et delebitur foedus vestrum cum morte,
Et pactum vestrum cum inferno non stabit:
Flagellum inundans cum transierit, eritis ei in conculcationem.
19 Quandocumque pertransierit, tollet vos,
Quoniam mane diluculo pertransibit in die et in nocte;
Et tantummodo sola vexatio intellectum dabit auditui.
20 Coangustatum est enim stratum, ita ut alter decidat;
Et pallium breve utrumque operire non potest.
21 Sicut enim in monte divisionum stabit Dominus;
Sicut in valle quae est in Gabaon irascetur,
Ut faciat opus suum, alienum opus eius:
Ut operetur opus suum, peregrinum est opus eius ab eo.
22 Et nunc nolite illudere,
Ne forte constringantur vincula vestra;
Consummationem enim et abbreviationem audivi
A Domino Deo exercituum, super universam terram.

Verba consolatoria ad fideles

23 Auribus percipite, et audite vocem meam:
Attendite, et audite eloquium meum.
24 Numquid tota die arabit arans ut serat?
Proscindet et sarriet humum suam?
25 Nonne cum adaequaverit faciem eius,
Seret gith et cyminum sparget?
Et ponet triticum per ordinem, et hordeum,
Et milium, et viciam in finibus suis?
26 Et erudiet illum in iudicio;
Deus suus docebit illum.
27 Non enim in serris triturabitur gith,
Nec rota plaustri super cyminum circuibit;
Sed in virga excutietur gith,
Et cyminum in baculo.
28 Panis autem comminuetur;
Verum non in perpetuum triturans triturabit illum,
Neque vexabit eum rota plaustri,
Neque ungulis suis comminuet eum.
29 Et hoc a Domino Deo exercituum exivit,
Ut mirabile faceret consilium, et magnificaret iustitiam.

Ierusalem obsessa et liberata

29 1 Vae Ariel, Ariel
Civitas, quam expugnavit David!
Additus est annus ad annum;
Solemnitates evolutae sunt.
2 Et circumvallabo Ariel,
Et erit tristis et moerens,
Et erit mihi quasi Ariel.
3 Et circumdabo quasi sphaeram in circuitu tuo,
Et iaciam contra te aggerem,
Et munimenta ponam in obsidionem tuam.

10: Is 28,13. — **11:** Ier 5,15; 1 Cor 14,21. — **12:** Ier 6,16. — **15:** Eccl 8,8; Sap 1,16; Ier 5,12. — **16:** Ps 117,22; Rom 9,33; 1 Petr 2,6. — **17:** Ier 14,15-16; Ez 13,10. — **18:** Is 8,8; 28,2.15; Ier 6,21. — **19:** Ier 4,13. — **21:** Ios 10,10; 2 Sam 5,20. — **22:** 2 Par 36,16; Is 10,22-23. — **23:** Ps 77,1; Prov 1,8. — **26:** Iob 32,8; 35,11. — **27:** Is 41,15. — **28:** Is 21,10; Ier 46,28. — **29:** Rom 11,33.

29 **1:** 2 Sam 5,9; Ier 7,21.23; Ez 41,15. — **2:** Is 33,7-9. — **3:** 4 Reg 25,1; Ez 4,2. —

4 Humiliaberis, de terra loqueris,
Et de humo audietur eloquium tuum;
Et erit quasi pythonis de terra vox tua,
Et de humo eloquium tuum mussitabit.
5 Et erit sicut pulvis tenuis multitudo ventilantium te,
Et sicut favilla pertransiens multitudo eorum qui contra te praevaluerunt;
6 Eritque repente confestim.
A Domino exercituum visitabitur
In tonitruo, et commotione terrae,
Et voce magna
Turbinis et tempestatis, et flammae ignis devorantis.
7 Et erit sicut somnium visionis nocturnae
Multitudo omnium gentium quae dimicaverunt contra Ariel,
Et omnes qui militaverunt, et obsederunt,
Et praevaluerunt adversus eam.
8 Et sicut somniat esuriens, et comedit,
Cum autem fuerit expergefactus, vacua est anima eius;
Et sicut somniat sitiens et bibit,
Et postquam fuerit expergefactus, lassus adhuc sitit,
Et anima eius vacua est:
Sic erit multitudo omnium gentium
Quae dimicaverunt contra montem Sion.
9 Obstupescite et admiramini;
Fluctuate et vacillate;
Inebriamini, et non a vino;
Movemini, et non ab ebrietate.
10 Quoniam miscuit vobis Dominus
Spiritum soporis, claudet oculos vestros;
Prophetas et principes vestros, qui vident visiones, operiet.
11 Et erit vobis visio omnium
Sicut verba libri signati,
Quem cum dederint scienti litteras,
Dicent: Lege istum:
Et respondebit: Non possum, signatus est enim.
12 Et dabitur liber nescienti litteras,
Diceturque ei: Lege;
Et respondebit: Nescio litteras.
13 Et dixit Dominus: Eo quod appropinquat populus iste ore suo,
Et labiis suis glorificat me,
Cor autem eius longe est a me,
Et timuerunt me mandato hominum et doctrinis,
14 Ideo ecce ego addam ut admirationem faciam
Populo huic miraculo grandi et stupendo;
Peribit enim sapientia a sapientibus eius,
Et intellectus prudentium eius abscondetur.
15 Vae qui profundi estis corde,
Ut a Domino abscondatis consilium;
Quorum sunt in tenebris opera,
Et dicunt: Quis videt nos? Et quis novit nos?
16 Perversa est haec vestra cogitatio;
Quasi si lutum contra figulum cogitet,
Et dicat opus factori suo: Non fecisti me;
Et figmentum dicat fictori suo: Non intelligis.
17 Nonne adhuc in modico et in brevi.
Convertetur Libanus in charmel,
Et charmel in saltum reputabitur?
18 Et audient in die illa surdi verba libri,
Et de tenebris et caligine oculi caecorum videbunt.
19 Et addent mites in Domino laetitiam,
Et pauperes homines in Sancto Israel exsultabunt;
20 Quoniam defecit qui praevalebat, consummatus est illusor,
Et succisi sunt omnes qui vigilabant super iniquitatem,
21 Qui peccare faciebant homines in verbo,
Et arguentem in porta supplantabant,
Et declinaverunt frustra a iusto.
22 Propter hoc, haec decit Dominus ad domum Iacob,
Qui redemit Abraham:
Non modo confundetur Iacob,
Nec modo vultus eius erubescet;
23 Sed cum viderit filios suos,
Opera manuum mearum in medio sui
Sanctificantes nomen meum,
Et sanctificabunt Sanctum Iacob,
Et Deum Israel praedicabunt;
24 Et scient errantes spiritu intellectum,
Et mussitatores discent legem.

Contra foedus cum Aegyptiis

30 1 Vae filii desertores, dicit Dominus,
Ut faceretis consilium, et non ex me,
Et ordiremini telam, et non per spiritum meum,
Ut adderetis peccatum super peccatum;
2 Qui ambulatis ut descendatis in Aegyptum,
Et os meum non interrogastis,
Sperantes auxilium in fortitudine Pharaonis,
Et habentes fiduciam in umbra Aegypti!
3 Et erit vobis fortitudo Pharaonis in confusionem,
Et fiducia umbrae Aegypti in ignominiam.
4 Erant enim in Tani principes tui,

4: Is 2,11-12;18,19. — **5:** Ps 17,43; Iob 21,18; Is 17,13. — **6:** Is 28,2; 30,30. — **7:** Is 37,26; 41,11.12; Mich 4,11; Zach 12,9. — **8:** 2 Par 32, 21; Ps 72,20. — **9:** Is 19,14; 28,7-8; Ier 23,9; Hab 1,5. — **10:** Is 6,10; 19,14; Rom 11,8. — **11:** Is 8,16; Dan 12,4.12. — **13:** Ez 33,31; Mt 15, 8-9. — **14:** Is 3,1-4; Ier 49,7; Abd 8. — **15:** Is 30,1; Ez 8,12; Io 3,19-20. — **16:** Is 45,9; Ier 18, 4.6; Rom 9,20. — **17:** Is 32,15. — **18:** Is 32,3; 35,5; 42,6-7. — **19:** Ps 21,26; Is 41,16; 61,1. — **20:** Is 28,14.22; Mich 2,1; Mal 4,1. — **21:** Am 5,10,12. — **22:** Ios 24,8; Is 45,17; 54,21. — **23:** Is 19,25; 45,11. — **24:** Is 28,7; 29,18.

30 **1:** Is 1,2.4; 31,1; Ez 2,3. — **2:** Is 31,1; 36,6. — **3:** Is 20,5; Ier 2,36-37. — **4:** Is

Et nuntii tui usque ad Hanes pervenerunt.
5 Omnes confusi sunt super populo qui eis prodesse non potuit:
Non fuerunt in auxilium et in aliquam utilitatem,
Sed in confusionem et in opprobrium.
6 Onus iumentorum austri.
In terra tribulationis et angustiae
Leaena, et leo ex eis,
Vipera et regulus volans;
Portantes super humeros iumentorum divitias suas,
Et super gibbum camelorum thesauros suos,
Ad populum qui eis prodesse non poterit.
7 Aegyptus enim frustra et vane auxiliabitur.
Ideo clamavi super hoc: Superbia tantum est, quiesce.
8 Nunc ergo ingressus scribe ei super buxum,
Et in libro diligenter exara illud,
Et erit in die novissimo
In testimonium usque in aeternum.
9 Populus enim ad iracundiam provocans est:
Et filii mendaces,
Filii nolentes
Audire legem Dei;
10 Qui dicunt videntibus: Nolite videre;
Et aspicientibus: Nolite aspicere nobis ea quae recta sunt,
Loquimini nobis placentia;
Videte nobis errores.
11 Auferte a me viam;
Declinate a me semitam;
Cesset a facie nostra
Sanctus Israel.
12 Propterea haec dicit Sanctus Israel:
Pro eo quod reprobastis verbum hoc,
Et sperastis in calumnia et in tumultu,
Et innixi estis super eo;
13 Propterea erit vobis iniquitas haec
Sicut interruptio cadens,
Et requisita in muro excelso,
Quoniam subito, dum non speratur, veniet contritio eius.
14 Et comminuetur sicut conteritur lagena figuli
Contritione pervalida,
Et non invenietur de fragmentis eius testa
In qua portetur igniculus de incendio,
Aut hauriatur parum aquae de fovea.
15 Quia haec dicit Dominus Deus,
Sanctus Israel:
Si revertamini et quiescatis, salvi eritis;
In silentio et in spe erit fortitudo vestra.
Et noluistis;
16 Et dixistis: Nequaquam,
Sed ad equos fugiemus;
Ideo fugietis.
Et super veloces ascendemus;
Ideo velociores erunt qui persequentur vos.
17 Mille homines a facie terroris unius;
Et a facie terroris quinque fugietis,
Donec relinquamini
Quasi malus navis in vertice montis,
Et quasi signum super collem.
18 Propterea exspectat Dominus ut misereatur vestri;
Et ideo exaltabitur parcens vobis.
Quia Deus iudicii Dominus;
Beati omnes qui exspectant eum!
19 Populus enim Sion habitabit in Ierusalem;
Plorans nequaquam plorabis;
Miserans miserebitur tui; ad vocem clamoris tui
Statim ut audierit, respondebit tibi.
20 Et dabit vobis Dominus
Panem arctum, et aquam brevem;
Et non faciet avolare a te ultra doctorem tuum;
Et erunt oculi tui videntes praeceptorem tuum.
21 Et aures tuae audient verbum post tergum monentis:
Haec est via; ambulate in ea,
Et non declinetis neque ad dexteram, neque ad sinistram.
22 Et contaminabis laminas sculptilium argenti tui,
Et vestimentum conflatilis auri tui,
Et disperges ea sicut immunditiam menstruatae.
Egredere, dices ei.
23 Et dabitur pluvia semini tuo,
Ubicumque seminaveris in terra;
Et panis frugum terrae
Erit uberrimus et pinguis;
Pascetur in possessione tua in die illo agnus spatiose;
24 Et tauri tui, et pulli asinorum,
Qui operantur terram,
Commistum migma comedent
Sicut in area ventilatum est.
25 Et erunt super omnem montem excelsum,
Et super omnem collem elevatum,
Rivi currentium aquarum,
In die interfectionis multorum,
Cum ceciderint turres.
26 Et erit lux lunae sicut lux solis,
Et lux solis erit septempliciter
Sicut lux septem dierum,

19,11; Ier 43,7. — **5:** Is 36,6. — **6:** Deut 8,15; Is 13,1; 14,29. — **7:** Is 51,9; Ier 46,17. — **8:** Is 8,1.16; Ier 36,2; Hab 2,2. — **9:** Deut 32,20; Is 1,4; Ier 7,28. — **10:** Ier 5,31; Am 2,12; 7,13. — **11:** Iob 21,14-15. — **13:** Ez 13,13-14. — **14:** Ier 13,14; 19,11. — **15:** 2 Par 32,7-8; Is 7,4; 31,6; Mich 7,7. — **16:** 4 Reg 25,5; Is 31,1.3; Lam 4,19. — **17:** Lev 26,17; Deut 32,30. — **18:** Ps 2,13; 33,9; 39,5; 83,13; Is 10,12; 57,18; Ier 17,7. **19:** Is 12,1; 58,9; 65,19. — **20:** 4 Reg 22,27. — **21:** Deut 5,32; Ier 31,33-34. — **22:** Lev 26,3; Is 2,20; 31,7; 64,6; Os 14,8. — **23:** Lev 26,3.5. — **25:** Ez 39,17-20; Ioel 3,18. — **26:** Is 60,19-20; 65,17; Ier 30,17. — **27:** Is 10,16-17; 29,6. —

In die qua alligaverit Dominus vulnus populi sui,
Et percussuram plagae eius sanaverit.
27 Ecce nomen Domini venit de longinquo,
Ardens furor eius, et gravis ad portandum;
Labia eius repleta sunt indignatione,
Et lingua eius quasi ignis devorans.
28 Spiritus eius velut torrens
Inundans usque ad medium colli,
Ad perdendas gentes in nihilum,
Et frenum erroris quod erat in maxillis populorum.
29 Canticum erit vobis
Sicut nox sanctificatae solemnitatis,
Et laetitia cordis
Sicut qui pergit cum tibia,
Ut intret in montem Domini
Ad Fortem Israel.
30 Et auditam faciet Dominus gloriam vocis suae,
Et terrorem brachii sui ostendet
In comminatione furoris, et flamma ignis devorantis,
Allidet in turbine, et in lapide grandinis.
31 A voce enim Domini pavebit Assur
Virga percussus.
32 Et erit transitus virgae fundatus,
Quam requiescere faciet Dominus super eum
In tympanis et citharis;
Et in bellis praecipuis expugnabit eos.
32 Praeparata est enim ab heri Topheth,
A rege praeparata,
Profunda, et dilatata.
Nutrimenta eius, ignis et ligna multa;
Flatus Domini sicut torrens sulphuris succendens eam.

Iterum contra foedus cum Aegyptiis

31 1 Vae qui descendunt in Aegyptum ad auxilium,
In equis sperantes,
Et habentes fiduciam super quadrigis, quia multae sunt;
Et super equitibus, quia praevalidi nimis;
Et non sunt confisi super Sanctum Israel,
Et Dominum non requisierunt!
2 Ipse autem sapiens adduxit malum,
Et verba sua non abstulit;
Et consurget contra domum pessimorum,
Et contra auxilium operantium iniquitatem.
3 Aegyptus homo, et non Deus;
Et equi eorum caro, et non spiritus,
Et Dominus inclinabit manum suam,
Et corruet auxiliator, et cadet cui praestatur auxilium,
Simulque omnes consumentur.
4 Quia haec dicit Dominus ad me:
Quomodo si rugiat leo
Et catulus leonis super praedam suam;
Et cum occurrerit ei multitudo pastorum,
A voce eorum non formidabit,
Et a multitudine eorum non pavebit;
Sic descendet Dominus exercituum ut praelietur
Super montem Sion et super collem eius.
5 Sicut aves volantes,
Sic proteget Dominus exercituum Ierusalem,
Protegens et liberans, transiens et salvans.
6 Convertimini, sicut in profundum recesseratis,
Filii Israel.
7 In die enim illa abiiciet vir
Idola argenti sui, et idola auri sui,
Quae fecerunt vobis manus vestrae in peccatum.
8 Et cadet Assur in gladio non viri;
Et gladius non hominis vorabit eum;
Et fugiet non a facie gladii,
Et iuvenes eius vectigales erunt.
9 Et fortitudo eius a terrore transibit,
Et pavebunt fugientes principes eius:
Dixit Dominus, cuius ignis est in Sion,
Et caminus eius in Ierusalem.

Promittitur regnum iustitiae

32 1 Ecce in iustitia regnabit rex,
Et principes in iudicio praeerunt.
2 Et erit vir sicut qui absconditur a vento,
Et celat se a tempestate;
Sicut rivi aquarum in siti,
Et umbra petrae prominentis in terra deserta.
3 Non caligabunt oculi videntium,
Et aures audientium diligenter auscultabunt.
4 Et cor stultorum intelliget scientiam,
Et lingua balborum velociter loquetur et plane.
5 Non vocabitur ultra is qui insipiens est, princeps,
Neque fraudulentus appellabitur maior;
6 Stultus enim fatua loquetur,
Et cor eius faciet iniquitatem,
Ut perficiat simulationem,
Et loquatur ad Dominum fraudulenter,
Et vacuam faciat animam esurientis,

28: Is 11,4; 17,13. — **29:** Ps 80,1-5; Is 2,3; 26,4. **30:** Ps 17,14; 29,6; Is 29,6; 32,19. — **31:** Is 9,4; 10,5. — **32:** Ex 15,20; Is 10,26. — **33:** Deut 4, 24; 4 Reg 23,10; Ez 24,9-10.

31 **1:** Is 1,4; 5,19; 30,2; 36,6-7. — **2:** Num 23,19; Am 3,6. — **3:** Ps 145,3.5; Ier 17,5; Ez 28,2. — **4:** Is 42,13; Os 11,10; Am 3,4.8. — **5:** Deut 32,11; Ps 90,4. — **6:** Is 30,15; Ier 3,12. 22. — **7:** Is 2,20; 30,22. — **8:** Is 37,36. — **9:** Deut 32,30-31; Is 30,31; Zach 2,5.

32 **1:** Ps 71,2-4; Is 16,5; Ier 23,5. — **2:** Is 4,6; 25,4; 33,21. — **3:** Is 29,18; 35.5-6. — **5:** Is 5,20. — **6:** Prov 10,32; Eccl 10,12-13. — **7:**

Et potum sitienti auferat.
7 Fraudulenti vasa pessima sunt;
Ipse enim cogitationes concinnavit
Ad perdendos mites in sermone mendacii,
Cum loqueretur pauper iudicium.
8 Princeps vero ea quae digna sunt principe cogitabit,
Et ipse super duces stabit.

Ad mulieres opulentas

9 Mulieres opulentae, surgite,
Et audite vocem meam;
Filiae confidentes,
Percipite auribus eloquium meum.
10 Post dies enim et annum,
Vos conturbabimini confidentes;
Consummata est enim vindemia,
Collectio ultra non veniet.
11 Obstupescite, opulentae;
Conturbamini, confidentes;
Exuite vos et confundimini;
Accingite lumbos vestros.
12 Super ubera plangite,
Super regione desiderabili,
Super vinea fertili.
13 Super humum populi mei
Spinae et vepres ascendent,
Quanto magis super omnes domos gaudii
Civitatis exsultantis!
14 Domus enim dimissa est,
Multitudo urbis relicta est,
Tenebrae et palpatio
Factae sunt super speluncas usque in aeternum;
Gaudium onagrorum,
Pascua gregum.
15 Donec effundatur super nos
Spiritus de excelso,
Et erit desertum in charmel,
Et charmel in saltum reputabitur.
16 Et habitabit in solitudine iudicium,
Et iustitia in charmel sedebit.
17 Et erit opus iustitiae pax,
Et cultus iustitiae silentium,
Et securitas usque in sempiternum.
18 Et sedebit populus meus in pulchritudine pacis,
Et in tabernaculis fiduciae,
Et in requie opulenta.
19 Grando autem in descensione saltus,
Et humilitate humiliabitur civitas.
20 Beati, qui seminatis super omnes aquas,
Immittentes pedem bovis et asini.

De Sion libertate

33 1 Vae qui praedaris! nonne et ipse praedaberis?
Et qui spernis, nonne et ipse sperneris?
Cum consummaveris depraedationem, depraedaberis;
Cum fatigatus desieris contemnere, contemneris.
2 Domine, miserere nostri,
Te enim exspectavimus,
Esto brachium nostrum in mane,
Et salus nostra in tempore tribulationis.
3 A voce angeli fugerunt populi,
Et ab exaltatione tua dispersae sunt gentes.
4 Et congregabuntur spolia vestra sicut colligitur bruchus,
Velut cum fossae plenae fuerint de eo.
5 Magnificatus est Dominus, quoniam habitavit in excelso;
Implevit Sion iudicio et iustitia.
6 Et erit fides in temporibus tuis,
Divitiae salutis sapientia et scientia:
Timor Domini ipse est thesaurus eius.
7 Ecce videntes clamabunt foris,
Angeli pacis amare flebunt.
8 Dissipatae sunt viae,
Cessavit transiens per semitam;
Irritum factum est pactum, proiecit civitates,
Non reputavit homines
9 Luxit et elanguit terra,
Confusus est Libanus, et obsorduit;
Et factus est Saron sicut desertum;
Et concussa est Basan, et Carmelus.
10 Nunc consurgam, dicit Dominus,
Nunc exaltabor, nunc sublevabor.
11 Concipietis ardorem, parietis stipulam;
Spiritus vester ut ignis vorabit vos.
12 Et erunt populi quasi de incendio cinis,
Spinae congregatae igni comburentur.
13 Audite, qui longe estis, quae fecerim;
Et cognoscite, vicini, fortitudinem meam.
14 Conterriti sunt in Sion peccatores,
Possedit tremor hypocritas.
Quis poterit habitare de vobis cum igne devorante?
Quis habitabit ex vobis cum ardoribus sempiternis?
15 Qui ambulat in iustitiis et loquitur veritatem,
Qui proiicit avaritiam ex calumnia,
Et excutit manus suas ab omni munere,
Qui obturat aures suas ne audiat sanguinem,
Et claudit oculos suos ne videat malum.

Prov 29,4; Mich 3,1.3. — **9:** Am 6,1. — **10:** Soph 1,12-13. — **11:** Is 22,12; Ier 4,8. — **12:** Lc 23,27.48. — **13:** Is 7,23; 34,13. — **14:** Is 24,10.12; 27,10. — **15:** Is 29,17; 35,1; 44,3. — **16:** Is 60,21; 61,11. — **17:** Ps 71,7; 84,10; Is 54,13-14; Iac 3,18. — **18:** Is 33,20; Mich 4,4. — **19:** Is 28,17; Nah 2,8. — **20:** Is 30,23; Eccl 11,1.

33 **1:** Is 22,2-3; Nah 2,9. — **2:** Is 25,9. — **3:** Is 17,13. — **4:** 2 Par 20,25; Ioel 2,5-7. **5:** Ps 45,8-10; Is 1,26-27; 37,20. — **6:** Prov 9,10; Eccli 40,48. — **7:** 4 Reg 18,18.37. — **8:** Iud 5,6; 4 Reg 18,14-17. — **9:** Is 24,4; 35,2; 37,24; Nah 1,4. — **10:** Ps 11,6; Is 9,17; 10,15. — **11:** Ps 7,14; Is 59,4. — **12:** Is 9,18; 10,17. — **13:** Is 37,20. — **14:** Ps 10,7; Is 28,14.22; Nah 1,6. — **15:**

16 Iste in excelsis habitabit,
Munimenta saxorum sublimitas eius;
Panis ei datus est, aquae eius fideles sunt.
17 Regem in decore suo videbunt oculi eius,
Cernent terram de longe.
18 Cor tuum meditabitur timorem.
Ubi est litteratus? ubi legis verba ponderans?
Ubi doctor parvulorum?
19 Populum impudentem non videbis,
Populum alti sermonis, ita ut non possis intelligere
Disertitudinem linguae eius, in quo nulla est sapientia.
20 Respice, Sion, civitatem solemnitatis nostrae:
Oculi tui videbunt Ierusalem,
Habitationem opulentam,
Tabernaculum quod nequaquam transferri poterit;
Nec auferentur clavi eius in sempiternum,
Et omnes funiculi eius non rumpentur;
21 Quia solummodo ibi magnificus est Dominus noster;
Locus fluviorum rivi latissimi et patentes;
Non transibit per eum navis remigum,
Neque trieris magna transgredietur eum.
22 Dominus enim iudex noster,
Dominus legifer noster,
Dominus rex noster,
Ipse salvabit nos.
23 Laxati sunt funiculi tui,
Et non praevalebunt;
Sic erit malus tuus
Ut dilatare signum non queas.
Tunc dividentur spolia praedarum multarum;
Claudi diripient rapinam.
24 Nec dicet vicinus: Elangui;
Populus qui habitat in ea, auferetur ab eo iniquitas.

Iudicium Dei in nationes, maxime in Edom

34 1 Accedite, gentes, et audite;
Et populi, attendite;
Audiat terra, et plenitudo eius;
Orbis, et omne germen eius.
2 Quia indignatio Domini super omnes gentes,
Et furor super universam militiam eorum;
Interfecit eos, et dedit eos in occisionem.
3 Interfecti eorum proiicientur,
Et de cadaveribus eorum ascendet foetor;
Tabescent montes a sanguine eorum.
4 Et tabescet omnis militia caelorum,
Et complicabuntur sicut liber caeli,
Et omnis militia eorum defluet
Sicut defluit folium de vinea
Et de ficu.
5 Quoniam inebriatus est in caelo gladius meus;
Ecce super Idumaeam descendet,
Et super populum interfectionis meae, ad iudicium.
6 Gladius Domini repletus est sanguine,
Incrassatus est adipe,
De sanguine agnorum et hircorum,
De sanguine medullatorum arietum;
Victima enim Domini in Bosra,
Et interfectio magna in terra Edom.
7 Et descendent unicornes cum eis,
Et tauri cum potentibus;
Inebriabitur terra eorum sanguine,
Et humus eorum adipe pinguium.
8 Quia dies ultionis Domini,
Annus retributionum iudicii Sion.
9 Et convertentur torrentes eius in picem,
Et humus eius in sulphur;
Et erit terra eius in picem ardentem.
10 Nocte et die non extinguetur,
In sempiternum ascendet fumus eius,
A generatione in generationem desolabitur,
In saecula saeculorum non erit transiens per eam.
11 Et possidebunt illam onocrotalus et ericius;
Ibis et corvus habitabunt in ea;
Et extendetur super eam mensura, ut redigatur ad nihilum,
Et perpendiculum in desolationem.
12 Nobiles eius non erunt ibi; regem potius invocabunt,
Et omnes principes eius erunt in nihilum.
13 Et orientur in domibus eius spinae et urticae,
Et paliurus in munitionibus eius;
Et erit cubile draconum,
Et pascua struthionum.
14 Et occurrent daemonia onocentauris,
Et pilosus clamabit alter ad alterum;
Ibi cubavit lamia,
Et invenit sibi requiem.
15 Ibi habuit foveam ericius, et enutrivit catulos,
Et circumfodit, et fovit in umbra eius;
Illuc congregati sunt milvi, alter ad alterum.
16 Requirite diligenter in libro Domini, et legite:

Ps 14,2-6; 23,4-5. — **16:** Is 30,23-25. — **17:** Is 6,5; Ier 23,5; Zach 9,9. — **18:** 4 Reg 18,17; Ps 33,4. — **19:** Deut 28,49-50; 4 Reg 19,32. — **20:** Ps 45,5; Is 37,33; 54,2. — **21:** Ps 45,5; Ez 47,1. **22:** 1 Sam 13,12; Iac 4,12. — **24:** Ier 50,20; Mich 7,18-19.

34 **1:** Deut 32,1; Ps 48,2; Ier 6,19. — **2:** Ier 25,15. — **3:** Ez 32,4.6. — **4:** Is 13,10; Ez 32,7-8; Ioel 3,15. — **5:** Ier 25,13-14; 46,10; 49, 7-22. — **6:** Ier 46,14-15. — **7:** Ier 49,13; 51,4; Abd 8-9. — **8:** Is 13,9; 63,4. — **9:** Deut 29,23. **10:** Is 66,24; Mal 1,4; Apoc 14,11. — **11:** 4 Reg 21,13; Is 14,23; Soph 2,14. — **12:** Abd 8,18. — **13:** Is 13,21; 32,13; Os 9,6. — **16:** Is 30,8; Mal 3,16. — **17:** Ios 18,6.10; Ps 77,55.

Unum ex eis non defuit,
Alter alterum non quaesivit;
Quia quod ex ore meo procedit, ille mandavit,
Et spiritus eius ipse congregavit ea.
17 Et ipse misit eis sortem,
Et manus eius divisit eam illis in mensuram;
Usque in aeternum possidebunt eam,
In generationem et generationem habitabunt in ea.

Liberatio et gloria Israel

35 1 Laetabitur deserta et invia,
Et exsultabit solitudo,
Et florebit quasi lilium.
2 Germinans germinabit, et exsultabit
Laetabunda et laudans:
Gloria Libani data est ei,
Decor Carmeli et Saron;
Ipsi videbunt gloriam Domini,
Et decorem Dei nostri.
3 Confortate manus dissolutas,
Et genua debilia roborate.
4 Dicit pusillanimis:
Confortamini, et nolite timére, ecce Deus vester
Ultionem adducet retributionis;
Deus ipse veniet, et salvabit vos.
5 Tunc aperientur oculi caecorum.
Et aures surdorum patebunt.
6 Tunc saliet sicut cervus claudus,
Et aperta erit lingua mutorum,
Quia scissae sunt in deserto aquae,
Et torrentes in solitudine.
7 Et quae erat arida, erit in stagnum,
Et sitiens in fontes aquarum.
In cubilibus, in quibus prius dracones habitabant,
Orietur viror calami et iunci.
8 Et erit ibi semita et via,
Et via sancta vocabitur;
Non transibit per eam pollutus;
Et haec erit vobis directa via,
Ita ut stulti non errent per eam.
9 Non erit ibi leo,
Et mala bestia non ascendet per eam,
Nec invenietur ibi;
Et ambulabunt qui liberati fuerint.
10 Et redempti a Domino convertentur,
Et venient in Sion cum laude;
Et laetitia sempiterna super caput eorum;
Gaudium et laetitiam obtinebunt,
Et fugiet dolor et gemitus.

APPENDIX HISTORICA

(36,1-39,8)

Legatio Sennacherib ad Ezechiam

36 1 Et factum est in quarto decimo
anno regis Ezechiae, ascendit Sennacherib, rex Assyriorum, super omnes
civitates Iuda munitas, et cepit eas. 2 Et
misit rex Assyriorum Rabsacen de Lachis
in Ierusalem, ad regem Ezechiam in manu gravi: et stetit in aquaeductu piscinae
superioris in via Agri fullonis. 3 Et egressus est ad eum Eliacim, filius Helciae, qui
erat super domum, et Sobna scriba, et
Ioahe, filius Asaph, a commentariis.
4 Et dixit ad eos Rabsaces: Dicite Ezechiae: Haec dicit rex magnus, rex Assyriorum: Quae est ista fiducia qua confidis? 5 Aut quo consilio vel fortitudine
rebellare disponis? super quem habes fiduciam, quia recessisti a me? 6 Ecce confidis super baculum arundineum, confractum istum, super Aegyptum; cui si innixus fuerit homo, intrabit in manum eius,
et perforabit eam; sic Pharao, rex Aegypti, omnibus qui confidunt in eo. 7 Quod si
responderis mihi: In Domino Deo nostro
confidimus; nonne ipse est cuius abstulit
Ezechias excelsa et altaria, et dixit Iudae
et Ierusalem: Coram altari isto adorabitis? 8 Et nunc trade te domino meo, regi
Assyriorum, et dabo tibi duo millia equorum, nec poteris ex te praebere ascensores
eorum: 9 et quomodo sustinebis faciem
iudicis unius loci ex servis domini mei
minoribus? Quod si confidis in Aegypto,
in quadrigis et in equitibus, 10 et nunc
numquid sine Domino ascendi ad terram
istam, ut disperderem eam? Dominus dixit ad me: Ascende super terram istam,
et disperde eam.
11 Et dixit Eliacim, et Sobna, et Ioahe,
ad Rabsacen: Loquere ad servos tuos
syra lingua; intelligimus enim; ne loquaris ad nos iudaice in auribus populi qui
est super murum. 12 Et dixit ad eos Rabsaces: Numquid ad dominum tuum et ad
te misit me dominus meus, ut loquerer
omnia verba ista? et non potius ad viros
qui sedent in muro, ut comedant stercora
sua, et bibant urinam pedum suorum vobiscum? 13 Et stetit Rabsaces, et clamavit
voce magna iudaice, et dixit: Audite verba regis magni, regis Assyriorum! 14 Haec
dicit rex: Non seducat vos Ezechias, quia
non poterit eruere vos. 15 Et non vobis
tribuat fiduciam Ezechias super Domino,

35 **1:** Is 55,12-13; Ez 36,8. — **2:** Ps 95,12; Is 32,15; 33,9; 60,13; Os 14,5.7. — **3:** Iob 4,3-4; Hebr 12,12. — **4:** Is 25,9; 41,10; 46,13; Zach 8,13. — **5:** Is 29,18; 32,3-4. — **6:** Is 41,18; 43,19; Mt 9,32. — **7:** Is 48,21; 49,10. — **8:** Is 40,3; 43,19; Ier 31,9. — **9:** Lev 26,6; Is 11,9; 62,10. — **10:** Is 51,11; 62,12; Ier 34,11-13.

36 **1:** 4 Reg 18,13. — **2:** 2 Par 32,1; Is 7,3. **3:** Is 22,20. — **4:** Is 10,8. — **6:** Is 30,2. — **7:** 4 Reg 18,4. — **8:** Is 5,28. — **10:** Is 10,5-6. — **11:** Esdr 4,7; Dan 2,4. — **12:** Lam 4,5. — **14:** 2

dicens: Eruens liberabit nos Dominus,
non dabitur civitas ista in manu regis
Assyriorum. 16 Nolite audire Ezechiam;
haec enim dicit rex Assyriorum: Facite
mecum benedictionem, et egredimini ad
me, et comedite unusquisque vineam suam
et unusquisque ficum suam, et bibite
unusquisque aquam cisternae suae, 17 donec veniam, et tollam vos ad terram quae
est ut terra vestra, terram frumenti et
vini, terram panum et vinearum. 18 Nec
conturbet vos Ezechias, dicens: Dominus
liberabit nos. Numquid liberaverunt dii
gentium unusquisque terram suam de
manu regis Assyriorum? 19 Ubi est deus
Emath et Arphad? ubi est deus Sepharvaim? numquid liberaverunt Samariam de
manu mea? 20 Quis est ex omnibus diis
terrarum istarum qui eruerit terram suam
de manu mea, ut eruat Dominus Ierusalem de manu mea?
21 Et siluerunt, et non responderunt ei
verbum. Mandaverat enim rex, dicens:
Ne respondeatis ei. 22 Et ingressus est
Eliacim, filius Helciae, qui erat super domum, et Sobna, scriba, et Iohahe, filius
Asaph, a commentariis, ad Ezechiam,
scissis vestibus, et nuntiaverunt ei verba
Rabsacis.

Denuntiatio ad Isaiam

37 1 Et factum est, cum audisset rex
Ezechias, scidit vestimenta sua, et
obvolutus est sacco, et intravit in domum
Domini. 2 Et misit Eliacim, qui erat super
domum, et Sobnam scribam, et seniores
de sacerdotibus, opertos saccis, ad Isaiam,
filium Amos, prophetam, 3 et dixerunt ad
eum: Haec dicit Ezechias: Dies tribulationis, et correptionis, et blasphemiae,
dies haec; quia venerunt filii usque ad
partum, et virtus non est pariendi. 4 Si
quo modo audiat Dominus Deus tuus
verba Rabsacis, quem misit rex Assyriorum, dominus suus, ad blasphemandum
Deum viventem et exprobandum sermonibus quos audivit Dominus Deus tuus;
leva ergo orationem pro reliquiis quae re-
pertae sunt.

Altera legatio Assyriorum

5 Et venerunt servi regis Ezechiae ad
Isaiam. 6 Et dixit ad eos Isaias: Haec dicetis domino vestro: Haec dicit Dominus:
Ne timeas a facie verborum quae audisti,
quibus blasphemaverunt pueri regis Assyriorum me. 7 Ecce ego dabo ei spiritum,
et audiet nuntium, et revertetur ad terram suam, et corruere eum faciam gladio
in terra sua.
8 Reversus est autem Rabsaces, et invenit regem Assyriorum praeliantem adversus Lobnam; audierat enim quia profectus esset de Lachis. 9 Et audivit de
Tharaca, rege Aethiopiae, dicentes: Egressus est ut pugnet contra te. Quod cum
audisset, misit nuntios ad Ezechiam, dicens: 10 Haec dicetis Ezechiae regi Iudae,
loquentes: Non te decipiat Deus tuus in
quo tu confidis, dicens: Non dabitur Ierusalem in manu regis Assyriorum. 11 Ecce tu audisti omnia quae fecerunt reges
Assyriorum omnibus terris, quas subverterunt; et tu poteris liberari? 12 Numquid
eruerunt eos dii gentium quos subverterunt patres mei, Gozam, et Haram, et
Reseph, et filios Eden qui erant in Tha-
lassar? 13 Ubi est rex Emath, et rex Arphad, et rex urbis Sepharvaim, Ana, et
Ava?

Responsio Isaiae

14 Et tulit Ezechias libros de manu nuntiorum, et legit eos, et ascendit in domum
Domini, et expandit eos Ezechias coram
Domino; 15 et oravit Ezechias ad Dominum, dicens: 16 Domine exercituum, Deus
Israel, qui sedes super cherubim, tu es
Deus solus omnium regnorum terrae, tu
fecisti caelum et terram. 17 Inclina, Domine, aurem tuam, et audi; aperi, Domine, oculos tuos, et vide: et audi omnia
verba Sennacherib, quae misit ad blasphemandum Deum viventem. 18 Vere
enim, Domine, desertas fecerunt reges Assyriorum terras, et regiones earum; 19 et
dederunt deos earum igni: non enim
erant dii, sed opera manuum hominum,
lignum et lapis, et comminuerunt eos.
20 Et nunc, Domine Deus noster, salva
nos de manu eius, et cognoscant omnia
regna terrae, quia tu es Dominus solus.
21 Et misit Isaias, filius Amos, ad Ezechiam, dicens: Haec dicit Dominus Deus
Israel: Pro quibus rogasti me de Sennacherib, rege Assyriorum, 22 hoc est verbum quod locutus est Dominus super
eum:

Despexit te et subsannavit te,
Virgo filia Sion;

2 Par 32,6-8. — **12:** 3 Reg 4,25; Zach 3,10. — **17:** 4 Reg 17,6; 18,11. — **18:** Is 37,11. — **19:** 4 Reg 17,6; Is 10,9; 37,13. — **20:** Is 10,15; 37,17-19. **22:** Eccli 48,20-21.

37 **1:** Gen 37,30; Ier 36,24. — **2:** 4 Reg 22, 12-14; Is 1,1. — **3:** Is 22,5; 26,17. — **4:** 1 Sam 7,8; Is 37,28-29; Ier 37,3. — **6:** Is 41,10-14; 51,7-8. — **7:** Is 37,29.36.38. — **8:** Ios 10,29; Is 36,2. — **9:** Is 18,1-2; 20,5. — **10:** Is 36,14. — **12:** Is 36,18. — **14:** 3 Reg 8,28; Is 37,1. — **15:** Eccli 48,22. — **16:** Ex 25,22; 1 Sam 4,4. — **17:** 2 Par 6,40; Dan 9,18. — **18:** Nah 3,19. — **19:** Is 10, 10-11; Ier 2,11; 16,20. — **20:** Ps 45,11; Is 40,5; 42,8. — **21:** Is 38,4-6. — **22:** 4 Reg 19,21; Iob

Post te caput movit,
Filia Ierusalem.
23 Cui exprobrasti? et quem blasphemasti?
Et super quem exaltasti vocem,
Et levasti altitudinem oculorum tuorum?
Ad Sanctum Israel.
24 In manu servorum tuorum exprobrasti Domino,
Et dixisti: In multitudine quadrigarum mearum
Ego ascendi altitudinem montium, iuga Libani;
Et succidam excelsa cedrorum eius,
Et electas abietes illius,
Et introibo altitudinem summitatis eius,
Saltum Carmeli eius.
25 Ego fodi, et bibi aquam,
Et exsiccavi vestigio pedis mei
Omnes rivos aggerum.
26 Numquid non audisti quae olim
Fecerim ei?
Ex diebus antiquis ego plasmavi illud;
Et nunc adduxi,
Et factum est in eradicationem collium compugnatium,
Et civitatum munitarum.
27 Habitatores earum breviata manu
Contremuerunt, et confusi sunt.
Facti sunt sicut foenum agri,
Et gramen pascuae,
Et herba tectorum,
Quae exaruit antequam maturesceret.
28 Habitationem tuam, et egressum tuum,
Et introitum tuum cognovi,
Et insaniam tuam contra me.
29 Cum fureres adversum me,
Superbia tua ascendit in aures meas.
Ponam ergo circulum in naribus tuis,
Et frenum in labiis tuis,
Et reducam te in viam
Per quam venisti.

Signum liberationis

30 Tibi autem hoc erit signum: Comede
hoc anno quae sponte nascuntur, et in
anno secundo pomis vescere; in anno
autem tertio seminate et metite, et plantate vineas, et comedite fructum earum.
31 Et mittet id quod salvatum fuerit de
domo Iuda, et quod reliquum est, radicem deorsum, et faciet fructum sursum;
32 quia de Ierusalem exibunt reliquiae, et
salvatio de monte Sion: zelus Domini
exercituum faciet istud. 33 Propterea haec
dicit Dominus de rege Assyriorum:

Non intrabit civitatem hanc,
Et non iaciet tibi sagittam,
Et non occupabit eam clypeus,
Et non mittet in circuitu eius aggerem.
34 In via qua venit, per eam revertetur,
Et civitatem hanc non ingredietur, dicit Dominus.
35 Et protegam civitatem istam, ut salvem eam
Propter me, et propter David, servum meum.

36 Egressus est autem angelus Domini,
et percussit in castris Assyriorum centum octoginta quinque millia. Et surrexerunt mane, et ecce omnes cadavera
mortuorum. 37 Et egressus est, et abiit,
et reversus est Sennacherib, rex Assyriorum, et habitavit in Ninive. 38 Et factum
est, cum adoraret in templo Nesroch deum
suum, Adramelech et Sarasar, filii eius,
percusserunt eum gladio, fugeruntque in
terram Ararat; et regnavit Asarhaddon,
filius eius, pro eo.

Aegritudo Ezechiae

38 1 In diebus illis aegrotavit Ezechias
usque ad mortem; et introivit ad
eum Isaias, filius Amos, propheta, et dixit ei: Haec dicit Dominus: Dispone domui tuae, quia morieris tu, et non vives.
2 Et convertit Ezechias faciem suam ad
parietem, et oravit ad Dominum, 3 et dixit: Obsecro, Domine, memento, quaeso,
quomodo ambulaverim coram te in veritate et in corde perfecto, et quod bonum
est in oculis tuis fecerim. Et flevit Ezechias fletu magno.
4 Et factum est verbum Domini ad
Isaiam, dicens: 5 Vade, et dic Ezechiae:
Haec dicit Dominus Deus David, patris
tui: Audivi orationem tuam, et vidi lacrymas tuas; ecce ego adiiciam super dies
tuos quindecim annos; 6 et de manu regis Assyriorum eruam te, et civitatem istam, et protegam eam. 7 Hoc autem tibi
erit signum a Domino, quia faciet Dominus verbum hoc quod locutus est: 8 Ecce
ego reverti faciam umbram linearum per
quas descenderat in horologio Achaz in
sole, retrorsum decem lineis. Et reversus
est sol decem lineis per gradus quos descenderat.

Cantus Ezechiae post eius curationem

9 Scriptura Ezechiae, regis Iuda, cum
aegrotasset et convaluisset de infirmitate
sua.

16,5; Mich 4,13. — **23:** Is 1,4. — **24:** Is 14,8. — **25:** Is 19,6. — **26:** Is 10,5.15. — **27:** Is 33,8. — **28:** Ps 32,13-15. — **29:** Ez 38,4. — **30:** Lev 25, 4-5.20.22. — **31:** Is 27,6. — **32:** Is 9,7; 10,20. — **33:** Is 10,33-34. — **34:** Is 37,29. — **35:** 3 Reg 15, 4-5. — **36:** 2 Sam 19,35; Eccli 48,24; Is 10,12. 16-19; 17,14. — **37:** 4 Reg 19,35-36. — **38:** Gen 8,4; 4 Reg 19,17; Esdr 4,2.

38 **1:** 2 Sam 17,23; 4 Reg 20,1. — **2:** Iac 5, 13. — **3:** 4 Reg 18,5-6; Ps 6,6; Eccli 48, 25; 49,5. — **5:** 4 Reg 18,2.13. — **6:** Is 37,35. — **7:** Is 7,11.14. — **8:** 4 Reg 20,9.11. — **9:** 4 Reg 20,7.

10 Quaesivi residuum annorum meorum
Vadam ad portas inferi;
Quaesivi residuum annorum meorum.
11 Dixi: Non videbo Dominum Deum
In terra viventium;
Non aspiciam hominem ultra,
Et habitatorem quietis.
12 Generatio mea ablata est, et convoluta est a me,
Quasi tabernaculum pastorum.
Praecisa est velut a texente vita mea;
Dum adhuc ordirer, succidit me.
De mane usque ad vesperam finies me.
13 Sperabam usque ad mane;
Quasi leo sic contrivit omnia ossa mea;
De mane usque ad vesperam finies me.
14 Sicut pullus hirundinis, sic clamabo;
Meditabor ut columba.
Attenuati sunt oculi mei, suspicientes in excelsum.
Domine, vim patior, responde pro me.
15 Quid dicam, aut quid respondebit mihi,
Cum ipse fecerit?
Recogitabo tibi omnes annos meos
In amaritudine animae meae.
16 Domine, si sic vivitur,
Et in talibus vita spiritus mei,
Corripies me, et vivificabis me.
17 Ecce in pace amaritudo mea amarissima.
Tu autem eruisti animam meam,
Ut non periret;
Proiecisti post tergum tuum
Omnia peccata mea.
18 Quia non infernus confitebitur tibi,
Neque mors laudabit te:
Non exspectabunt qui descendunt in lacum
Veritatem tuam.
19 Vivens, vivens ipse confitebitur tibi,
Sicut et ego hodie;
Pater filiis notam faciet
Veritatem tuam.
20 Domine, salvum me fac!
Et psalmos nostros cantabimus
Cunctis diebus vitae nostrae
In domo Domini.

21 Et iussit Isaias ut tollerent massam
de ficis, et cataplasmarent super vulnus,
et sanaretur. 22 Et dixit Ezechias: Quod
erit signum quia ascendam in domum Domini?

Legatio babylonica

39 1 In tempore illo misit Merodach
Baladam, filius Baladam, rex Babylonis, libros et munera ad Ezechiam; audierat enim quod aegrotasset et convaluisset.
2 Laetatus est autem super eis
Ezechias, et ostendit eis cellam aromatum, et argenti, et auri, et odoramentorum, et unguenti optimi, et omnes apothecas supellectilis suae, et universa quae inventa sunt in thesauris eius. Non fuit verbum quod non ostenderet eis Ezechias in domo sua, et in omni potestate sua.
3 Introivit autem Isaias propheta ad
Ezechiam regem, et dixit ei: Quid dixerunt viri isti, et unde venerunt ad te? Et dixit Ezechias: De terra longinqua venerunt ad me, de Babylone.
4 Et dixit:
Quid viderunt in domo tua? Et dixit Ezechias: Omnia quae in domo mea sunt viderunt; non fuit res quam non ostenderim eis in thesauris meis.
5 Et dixit Isaias
ad Ezechiam: Audi verbum Domini exercituum.
6 Ecce dies venient, et auferentur
omnia quae in domo tua sunt, et quae thesaurizaverunt patres tui usque ad diem hanc, in Babylonem; non relinquetur quidquam, dicit Dominus.
7 Et de filiis
tuis, qui exibunt de te, quos genueris, tollent, et erunt eunuchi in palatio regis Babylonis.
8 Et dixit Ezechias ad Isaiam:
Bonum verbum Domini, quod locutus est. Et dixit: Fiat tantum pax et veritas in diebus meis!

PARS QUINTA

LIBERTAS POPULO ANNUNTIATUR

(40,1-48,22)

Gloria Dei in populi sui liberatione

40 1 Consolamini, consolamini, popule meus,
Dicit Deus vester.
2 Loquimini ad cor Ierusalem,
Et advocate eam,
Quoniam completa est malitia eius,
Dimissa est iniquitas illius,
Suscepit de manu Domini duplicia
Pro omnibus peccatis suis.
3 Vox clamantis in deserto:
Parate viam Domini,
Rectas facite in solitudine semitas Dei nostri.
4 Omnis vallis exaltabitur,
Et omnis mons et collis humiliabitur;
Et erunt prava in directa,
Et aspera in vias planas;

10: Iob 17,11.13; Ps 101,25. — **11:** Ps 26,13. — **12:** Iob 7,6; 9,25. — **13:** Iob 10,16; Ps 50,8. — **14:** Ps 59,11. — **15:** Iob 7,9-10. ‖ Conc. Trid.: D 897 et 915. — **17:** Is 43,25. — **18:** Ps 6,6; 87,11-13. — **19:** Ps 115,16-17; Eccli 17,25.27. — **20:** Ps 115,17-19. — **21:** 4 Reg 20,7-8.

39 **1:** 4 Reg 20,12-19; 2 Par 32,31. — **2:** 2 Par 32,25-27. — **6:** 4 Reg 24,13; 25,13-15. — **7:** 2 Par 33,11; Dan 1,2-3. — **8:** 2 Par 32,26.

40 **1:** Eccl 48,27-28; Is 51,12; 63-13. — **2:** 2 Par 36,22; Is 33,24; 61,7; Ier 25,12; Os 2,14. — **3:** Is 62,19; Mal 3,1; Mt 3,3. — **4:**

5 Et revelabitur gloria Domini,
Et videbit omnis caro pariter
Quod os Domini locutum est.
6 Vox dicentis: Clama.
Et dixit: Quid clamabo?
Omnis caro foenum,
Et omnis gloria eius quasi flos agri.
7 Exsiccatum est foenum, et cecidit flos,
Quia spiritus Domini sufflavit in eo.
Vere foenum est populus;
8 Exsiccatum est foenum, et cecidit flos;
Verbum autem Domini nostri manet in aeternum.
9 Super montem excelsum ascende,
Tu qui evangelizas Sion;
Exalta in fortitudine vocem tuam,
Qui evangelizas Ierusalem;
Exalta, noli timere.
Dic civitatibus Iuda:
Ecce Deus vester:
10 Ecce Dominus Deus in fortitudine veniet,
Et brachium eius dominabitur,
Ecce merces eius cum eo,
Et opus illius coram illo.
11 Sicut pastor gregem suum pascet;
In brachio suo congregabit agnos,
Et in sinu suo levabit;
Foetas ipse portabit.
12 Quis mensus est pugillo aquas,
Et caelos palmo ponderavit?
Quis appendit tribus digitis molem terrae,
Et libravit in pondere montes,
Et colles in statera?
13 Quis adiuvit spiritum Domini?
Aut quis consiliarius eius fuit, et ostendit illi?
14 Cum quo iniit consilium, et instruxit eum,
Et docuit eum semitam iustitiae,
Et erudivit eum scientiam,
Et viam prudentiae ostendit illi?
15 Ecce gentes quasi stilla situlae,
Et quasi momentum staterae reputatae sunt;
Ecce insulae quasi pulvis exiguus.
16 Et Libanus non sufficiet ad succendendum;
Et animalia eius non sufficient ad holocaustum.
17 Omnes gentes quasi non sint, sic sunt coram eo,
Et quasi nihilum et inane reputatae sunt ei.

De vanitate idolorum

18 Cui ergo similem fecisti Deum?
Aut quam imaginem ponetis ei?
19 Numquid sculptile conflavit faber?
Aut aurifex auro figuravit illud,
Et laminis argenteis argentarius?
20 Forte lignum
Et imputribile elegit;
Artifex sapiens quaerit
Quomodo statuat simulacrum, quod non moveatur.
21 Numquid non scitis? numquid non audistis?
Numquid non annuntiatum est vobis ab initio?
Numquid non intellexistis fundamenta terrae?
22 Qui sedet super gyrum terrae,
Et habitatores eius sunt quasi locustae;
Qui extendit velut nihilum caelos,
Et expandit eos sicut tabernaculum ad inhabitandum;
23 Qui dat secretorum scrutatores quasi non sint,
Iudices terrae velut inane fecit.
24 Et quidem neque plantatus, neque satus,
Neque radicatus in terra truncus eorum;
Repente flavit in eos, et aruerunt,
Et turbo quasi stipulam auferet eos.
25 Et cui assimilastis me, et adaequastis,
Dicit Sanctus?
26 Levate in excelsum oculos vestros, et videte
Quis creavit haec;
Qui educit in numero militiam eorum,
Et omnes ex nomine vocat;
Prae multitudine fortitudinis et roboris, virtutisque eius,
Neque unum reliquum fuit.
27 Quare dicis, Iacob,
Et loqueris, Israel:
Abscondita est via mea a Domino,
Et a Deo meo iudicium meum transivit?
28 Numquid nescis, aut non audisti?
Deus sempiternus Dominus,
Qui creavit terminos terrae;
Non deficiet, neque laborabit,
Nec est investigatio sapientiae eius.
29 Qui dat lasso virtutem,
Et his qui non sunt fortitudinem et robur multiplicat.
30 Deficient pueri, et laborabunt,
Et iuvenes in infirmitate cadent;
31 Qui sperant autem in Domino mutabunt fortitudinem,
Assument pennas sicut aquilae,
Current et non laborabunt,
Ambulabunt et non deficient.

Is 49,11; Bar 5,7; Lc 3,5. — **5:** Is 35,2; 58,8. — **6:** Iob 14,2; Iac 1,10; 1 Petr 1,24-25. — **8:** Ps 118,89; Mt 24,35; 1 Petr 1,25. — **9:** Is 25,9; 52, 7-8. — **10:** Is 49,25; 62,11. — **11:** Ez 34,12; 37, 24; Zach 11,7. — **12:** Iob 28,25; 38,4-5. — **13:** Iob 21,22; Ier 23,18; Rom 11,34. — **15:** Sap 11, 23. — **16:** Ps 49,10-12. — **17:** Dan 4,32. — **18:** Is 40,25; 46,5. — **19:** Sap 13,11-16. — **20:** Ier 10, 3. — **22:** Iob 9,8; 26,7; Is 44,24. — **23:** Iob 12, 21. — **24:** Is 41,2. — **25:** Is 40,18. — **26:** Ps 19, 1; 146,4; Is 48,13. — **27:** Is 49,14. — **28:** Ps 146, 5; Is 57,15. — **29:** 1 Sam 2,4. — **30:** Am 2,14. **31:** Ps 91,14; 102,5; 137,8.

Deus liberatorem suscitat Israeli

41 1 Taceant ad me insulae,
Et gentes mutent fortitudinem;
Accedant, et tunc loquantur;
Simul ad iudicium propinquemus.
2 Quis suscitavit ab oriente Iustum,
Vocavit eum ut sequeretur se?
Dabit in conspectu eius gentes,
Et reges obtinebit;
Dabit quasi pulverem gladio eius,
Sicut stipulam vento raptam arcui eius.
3 Persequetur eos, transibit in pace,
Semita in pedibus eius non apparebit.
4 Quis haec operatus est, et fecit,
Vocans generationes ab exordio?
Ego Dominus, primus
Et novissimus ego sum.
5 Viderunt insulae, et timuerunt;
Extrema terrae obstupuerunt.
Appropinquaverunt, et accesserunt.
6 Unusquisque proximo suo auxiliabitur,
Et fratri suo dicet: Confortare.
7 Confortavit faber aerarius
Percutiens malleo
Eum, qui cudebat tunc temporis,
Dicens: Glutino bonum est;
Et confortavit eum clavis, ut non moveretur.

De liberatione Israel, populi electi

8 Et tu, Israel, serve meus,
Iacob quem elegi,
Semen Abraham amici mei:
9 In quo apprehendi te ab extremis terrae,
Et a longinquis eius vocavi te,
Et dixi tibi: Servus meus es tu,
Elegi te, et non abieci te.
10 Ne timeas, quia ego tecum sum;
Ne declines, quia ego Deus tuus;
Confortavi te, et auxiliatus sum tibi,
Et suscepit te dextera Iusti mei.
11 Ecce confundentur et erubescent
Omnes qui pugnant adversum te;
Erunt quasi non sint, et peribunt
Viri qui contradicunt tibi.
12 Quaeres eos, et non invenies,
Viros rebelles tuos;
Erunt quasi non sint, et veluti consumptio
Homines bellantes adversum te.
13 Quia ego Dominus Deus tuus,
Apprehendens manum tuam,
Dicensque tibi: Ne timeas;
Ego adiuvi te.
14 Noli timere, vermis Iacob,
Qui mortui estis ex Israel;
Ego auxiliatus sum tibi, dicit Dominus,
Et redemptor tuus Sanctus Israel.
15 Ego posui te quasi plaustrum triturans novum,
Habens rostra serrantia;
Triturabis montes, et comminues,
Et colles quasi pulverem pones.
16 Ventilabis eos, et ventus tollet,
Et turbo disperget eos;
Et tu exsultabis in Domino,
In Sancto Israel laetaberis.
17 Egeni et pauperes
Quaerunt aquas, et non sunt,
Lingua eorum siti aruit.
Ego Dominus exaudiam eos,
Deus Israel, non derelinquam eos.
18 Aperiam in supinis collibus flumina,
Et in medio camporum fontes,
Ponam desertum in stagna aquarum,
Et terram inviam in rivos aquarum.
19 Dabo in solitudinem cedrum,
Et spinam, et myrtum, et lignum olivae;
Ponam in deserto abietem,
Ulmum, et buxum simul;
20 Ut videant et sciant,
Et recogitent, et intelligant pariter,
Quia manus Domini fecit hoc,
Et Sanctus Israel creavit illud.
21 Prope facite iudicium vestrum,
Dicit Dominus;
Afferte, si quid forte habetis,
Dixit rex Iacob.
22 Accedant, et nuntient nobis
Quaecumque ventura sunt;
Priora quae fuerunt nuntiate;
Et ponemus cor nostrum,
Et sciemus novissima eorum.
Et quae ventura sunt indicate nobis.
23 Annuntiate quae ventura sunt in futurum,
Et sciemus quia dii estis vos;
Bene quoque aut male, si potestis, facite;
Et loquamur et videamus simul.
24 Ecce vos estis ex nihilo,
Et opus vestrum ex eo quod non est;
Abominatio est qui elegit vos.
25 Suscitavi ab aquilone, et veniet ab ortu solis;
Vocabit nomen meum;
Et adducet magistratus quasi lutum,
Et velut plastes conculcans humum.
26 Quis annuntiavit ab exordio ut sciamus,
Et a principio ut dicamus: Iustus es?
Non est neque annuntians, neque praedicens,
Neque audiens sermones vestros.

41 **1:** Is 45,20; Zach 2,13. — **2:** 2 Sam 13,7; 2 Par 36,23; Is 45,13; 46,11. — **4:** Is 41,26; 44,7. — **5:** Ps 64,8. — **6:** Is 44,19. — **7:** Is 40,20; 44,12. — **8:** 2 Par 20,7; Is 43,1; 44,1. — **9:** 1 Sam 12,22; Is 42,6. — **10:** Is 41,13-14; 43,1. — **11:** Is 40,17. — **12:** Ps 36,10.36. — **13:** Deut 31,6; 33,26-29. — **14:** Iob 25,6; Is 43,3. — **15:** Is 2,14; Mich 4,13. — **16:** Ier 15,7; 45,26; 51,2. — **17:** Is 41,18; 44,3. — **19:** Is 35,1-2; 55,13. — **20:** Is 43,10-11. — **22:** Is 41,26; 43,9. — **24:** Is 41,29; 44,9. — **25:** Is 41,2; 46,11. — **26:** Is 43,9; 46,10. — **27:** Is 40,9; 52,7. — **28:** Is 45,20; 63,5. — **29:** Is 41,24; 44,25; Zach 10,2.

27 Primus ad Sion dicet: Ecce adsunt,
Et Ierusalem evangelistam dabo.
28 Et vidi, et non erat
Neque ex istis quisquam qui iniret consilium,
Et interrogatus responderet verbum.
29 Ecce omnes iniusti
Et vana opera eorum;
Ventus et inane simulacra eorum.

Servus Domini

42 1 Ecce servus meus, suscipiam eum;
Electus meus, complacuit sibi in illo anima mea:
Dedi spiritum meum super eum,
Iudicium gentibus proferet.
2 Non clamabit, neque accipiet personam;
Nec audietur vos eius foris.
3 Calamum quassatum non conteret,
Et linum fumigans non extinguet;
In veritate educet iudicium.
4 Non erit tristis, neque turbulentus,
Donec ponat in terra iudicium;
Et legem eius insulae exspectabunt.
5 Haec dicit Dominus Deus,
Creans caelos, et extendens eos;
Firmans terram, et quae germinant ex ea,
Dans flatum populo qui est super eam,
Et spiritum calcantibus eam.
6 Ego Dominus vocavi te in iustitia,
Et apprehendi manum tuam,
Et servavi te; et dedi te in foedus populi,
In lucem gentium,
7 Ut aperires oculos caecorum,
Et educeres de conclusione vinctum,
De domo carceris sedentes in tenebris.
8 Ego Dominus,
Hoc est nomen meum;
Gloriam meam alteri non dabo,
Et laudem meam sculptilibus.
9 Quae prima fuerunt, ecce venerunt;
Nova quoque ego annuntio:
Antequam oriantur,
Audita vobis faciam.

Canticum in laudem Domini

10 Cantate Domino canticum novum,
Laus eius ab extremis terrae,
Qui descenditis in mare, et plenitudo eius;
Insulae, et habitatores earum.
11 Sublevetur desertum et civitates eius.
In domibus habitabit Cedar:
Laudate, habitatores petrae,
De vertice montium clamabunt.
12 Ponent Domino gloriam,
Et laudem eius in insulis nuntiabunt.
13 Dominus sicut fortis egredietur,
Sicut vir praeliator suscitabit zelum;
Vociferabitur, et clamabit:
Super inimicos suos confortabitur.

Cultores idolorum confundentur et Israel salvabitur

14 Tacui semper,
Silui, patiens fui;
Sicut parturiens loquar;
Dissipabo, et absorbebo simul.
15 Desertos faciam montes, et colles,
Et omne gramen eorum exsiccabo;
Et ponam flumina in insulas,
Et stagna arefaciam.
16 Et ducam caecos in viam quam nesciunt,
Et in semitis quas ignoraverunt ambulare eos faciam;
Ponam tenebras coram eis in lucem,
Et prava in recta;
Haec verba feci eis,
Et non dereliqui eos.
17 Conversi sunt retrorsum, confundantur confusione
Qui confidunt in sculptili,
Qui dicunt conflatili:
Vos dii nostri.
18 Surdi, audite;
Et caeci, intuemini ad videndum.
19 Quis caecus, nisi servus meus;
Et surdus, nisi ad quem nuntios meos misi?
Quis caecus, nisi qui venundatus est?
Et quis caecus, nisi servus Domini?
20 Qui vides multa, nonne custodies?
Qui apertas habes aures, nonne audies?
21 Et Dominus voluit ut sanctificaret eum,
Et magnificaret legem, et extolleret.
22 Ipse autem populus direptus, et vastatus;
Laqueus iuvenum omnes,
Et in domibus carcerum absconditi sunt;
Facti sunt in rapinam, nec est qui eruat;
In direptionem, nec est qui dicat: Redde.
23 Quis est in vobis qui audiat hoc,
Attendat, et auscultet futura?
24 Quis dedit in direptionem Iacob,
Et Israel vastantibus?
Nonne Dominus ipse, cui peccavimus?
Et noluerunt in viis eius ambulare,
Et non audierunt legem eius.
25 Et effudit super eum indignationem furoris sui,
Et forte bellum;
Et combussit eum in circuitu, et non cognovit;
Et succendit eum, et non intellexit.

42 **1:** Is 2,4; 11,2-3; 43,10; 49,3-6; 52,13; 53,11; Mt 12,18-20. — **3:** Is 11,3-4; 57, 15. — **4:** Gen 49,10. — **5:** Is 44,24; 45,12. — **6:** Is 41,9; 49,6. — **7:** Is 61,1. — **8:** Ex 3,15; Ps 82, 19; Is 48,11. — **9:** Is 43,19; 46,10. — **10:** Ps 32, 3. — **11:** Is 16,1; 21,6. — **13:** Is 59,17. — **14:** Is 13,8. — **15:** Ps 106,33. — **16:** Is 35,5.8; 40,4. — **17:** Is 1,29; 45,16. — **18:** Is 43,8. — **19:** Ez 12,2· Mt 13,13; Mc 8,18. — **21:** Ps 39,8-9. — **22:** Is 14,17; Soph 1,3. — **23:** Deut 32,29. — **24:** Is 10, 5-6. — **25:** Ier 12,11; Os 7,9.

Gratiosa populi liberatio

43 1 Et nunc haec dicit Dominus
Creans te, Iacob,
Et formans te, Israel:
Noli timere, quia redemi te,
Et vocavi te nomine tuo; meus es tu.
2 Cum transieris per aquas, tecum ero,
Et flumina non operient te;
Cum ambulaveris in igne, non combureris,
Et flamma non ardebit in te.
3 Quia ego Dominus Deus tuus,
Sanctus Israel, salvator tuus,
Dedi propitiationem tuam Aegyptum,
Aethiopiam, et Saba pro te.
4 Ex quo honorabilis factus es in oculis meis,
Et gloriosus, ego dilexi te,
Et dabo homines pro te,
Et populos pro anima tua.
5 Noli timere, quia ego tecum sum,
Ab oriente adducam semen tuum,
Et ab occidente congregabo te.
6 Dicam aquiloni: Da;
Et austro: Noli prohibere;
Affer filios meos de longinquo,
Et filias meas ab extremis terrae.
7 Et omnem qui invocat nomen meum,
In gloriam meam creavi eum, formavi eum, et feci eum.
8 Educ foras populum caecum, et oculos habentem;
Surdum, et aures ei sunt.
9 Omnes gentes congregatae sunt simul,
Et collectae sunt tribus.
Quis in vobis annuntiet istud,
Et quae prima sunt audire nos faciet?
Dent testes eorum, iustificentur,
Et audiant et dicant: Vere.
10 Vos testes mei, dicit Dominus,
Et servus meus quem elegi;
Ut sciatis, et credatis mihi,
Et intelligatis quia ego ipse sum;
Ante me non est formatus Deus,
Et post me non erit.
11 Ego sum, ego sum Dominus;
Et non est absque me salvator.
12 Ego annuntiavi, et salvavi; auditum feci,
Et non fuit in vobis alienus:
Vos testes mei, dicit Dominus,
Et ego Deus.
13 Et ab initio ego ipse;
Et non est qui de manu mea eruat.
Operabor, et quis avertet illud?

Destructa Babylone, Israel salvabitur

14 Haec dicit Dominus, redemptor vester
Sanctus Israel:
Propter vos misi in Babylonem,
Et detraxi vectes universos,
Et Chaldaeos in navibus suis gloriantes.
15 Ego Dominus, Sanctus vester,
Creans Israel, rex vester.
16 Haec dicit Dominus,
Qui dedit in mari viam,
Et in aquis torrentibus semitam;
17 Qui eduxit quadrigam et equum,
Agmen et robustum;
Simul obdormierunt, nec resurgent;
Contriti sunt quasi linum, et extincti sunt.
18 Ne memineritis priorum,
Et antiqua ne intueamini.
19 Ecce ego facio nova,
Et nunc orientur, utique cognoscetis ea;
Ponam in deserto viam,
Et in invio flumina.
20 Glorificabit me bestia agri,
Dracones, et struthiones,
Quia dedi in deserto aquas,
Flumina in invio,
Ut darem potum populo meo, electo meo.
21 Populum istum formavi mihi,
Laudem meam narrabit.

Israel sola Dei pietate salvabitur

22 Non me invocasti, Iacob;
Nec laborasti in me, Israel.
23 Non obtulisti mihi arietem holocausti tui,
Et victimis tuis non glorificasti me,
Non te servire feci in oblatione,
Nec laborem tibi praebui in thure.
24 Non emisti mihi argento calamum,
Et adipe victimarum tuarum non inebriasti me;
Verumtamen servire me fecisti in peccatis tuis,
Praebuisti mihi laborem in iniquitatibus tuis.
25 Ego sum, ego sum ipse qui deleo iniquitates tuas propter me
Et peccatorum tuorum non recordabor.
26 Reduc me in memoriam, et iudicemur simul:
Narra si quid habes ut iustificeris,
27 Pater tuus primus peccavit,
Et interpretes tui praevaricati sunt in me;
28 Et contaminavi principes sanctos;
Dedi ad internecionem Iacob,
Et Israel in blasphemiam.

43 **1:** Is 43,7.14-15; 45,3-4. — **2:** Ps 65,12. 3: Prov 11,8; Is 52,3; Ez 29,20; Dan 6,24; 13,62. — **4:** Is 43,14. — **5:** Is 49,12. — **6:** Is 27,13; Ier 3,18; Ez 36,24. — **7:** Is 29,29; Ier 14,9. — **8:** Is 42,18-19. — **9:** Is 41,21-22. — **10:** Is 41,4; 42,1; 43,12; 44,8. — **11:** Is 45,21. — **13:** Iob 9,12; Is 41,4. — **14:** Is 41,14; 43,4. — **16:** Ps 76,19. — **17:** Ex 14,4.9.23-28. — **18:** Deut 7,18-19. — **19:** Is 35,6; 42,9. — **20:** Is 13,21; 49,10. — **22:** Is 64,7. — **23:** Is 1,11; Am 5,25. — **24:** Ier 6,20; Mal 2,17. — **25:** Is 44,22; Ier 31,34. — **26:** Is 1,18; Ier 2,9.35. — **27:** Ier 8,8.10; Ez 16,3. — **28:** Is 47,6; Ier 24,9.

Deus spiritum suum effundet super Israel

44 1 Et nunc audi, Iacob, serve meus,
Et Israel, quem elegi.
2 Haec dicit Dominus faciens et formans te,
Ab utero auxiliator tuus:
Noli timere, serve meus Iacob,
Et rectissime, quem elegi.
Effundam enim aquas super sitientem,
Et fluenta super aridam.
3 Effundam spiritum meum super semen tuum,
Et benedictionem meam super stirpem tuam;
4 Et germinabunt inter herbas,
Quasi salices iuxta praeterfluentes aquas.
5 Iste dicet: Domini ego sum;
Et ille vocabit in nomine Iacob;
Et hic scribet manu sua: Domino,
Et in nomine Israel assimilabitur.

Deus solus Dominus: vanitas idolorum

6 Haec dicit Dominus, rex Israel,
Et redemptor eius, Dominus exercituum;
Ego primus, et ego novissimus;
Et absque me non est Deus.
7 Quis similis mei? vocet,
Et annuntiet; et ordinem exponat mihi,
Ex quo constitui populum antiquum;
Ventura et quae futura sunt annuntient eis.
8 Nolite timere, neque conturbemini;
Et tunc audire te feci
Et annuntiavi; vos estis testes mei.
Numquid est Deus absque me,
Et formator quem ego non noverim?
9 Plastae idoli omnes nihil sunt,
Et amantissima eorum non proderunt eis.
Ipsi sunt testes eorum, quia non vident,
Neque intelligunt, ut confundantur.
10 Quis formavit deum,
Et sculptile conflavit ad nihil utile?
11 Ecce omnes participes eius confundentur,
Fabri enim sunt ex hominibus;
Convenient omnes, stabunt
Et pavebunt, et confundentur simul.
12 Faber ferrarius lima operatus est,
In prunis et in malleis formavit illud,
Et operatus est in brachio fortitudinis suae;
Esuriet et deficiet,
Non bibet aquam et lassescet.
13 Artifex lignarius extendit normam,
Formavit illud in runcina,
Fecit illud in angularibus,
Et in circino tornavit illud
Et fecit imaginem viri
Quasi speciosum hominem
Habitantem in domo;
14 Succidit cedros,
Tulit ilicem, et quercum,
Quae steterat inter ligna saltus;
Plantavit pinum, quam pluvia nutrivit;
15 Et facta est hominibus in focum,
Sumpsit ex eis, et calefactus est;
Et succendit et coxit panes;
De reliquo autem operatus est deum, et adoravit;
Fecit sculptile, et curvatus est ante illud.
16 Medium eius combussit igni,
Et de medio eius carnes comedit;
Coxit pulmentum, et saturatus est,
Et calefactus est, et dixit: Vah!
Calefactus sum. vidi focum;
17 Reliquum autem eius deum fecit et sculptile sibi;
Curvatur ante illud, et adorat illud,
Et obsecrat, dicens:
Libera me, quia deus meus es tu!
18 Nescierunt, neque intellexerunt;
Obliti enim sunt ne videant oculi eorum,
Et ne intelligant corde suo.
19 Non recogitant in mente sua,
Neque cognoscunt, neque sentiunt, ut dicant:
Medietatem eius combussi igni,
Et coxi super carbones eius panes;
Coxi carnes et comedi,
Et de reliquo eius idolum faciam?
Ante truncum ligni procidam?
20 Pars eius cinis est;
Cor insipiens adoravit illud,
Et non liberabit animam suam, neque dicet:
Forte mendacium est in dextera mea.
21 Memento horum Iacob,
Et Israel, quoniam servus meus es tu.
Formavi te; servus meus es tu,
Israel, ne obliviscaris mei.
22 Delevi ut nubem iniquitates tuas,
Et quasi nebulam peccata tua;
Revertere ad me, quoniam redemi te.
23 Laudate, caeli, quoniam misericordiam fecit Dominus;
Iubilate, extrema terrae;
Resonate, montes, laudationem,
Saltus et omne lignum eius,
Quoniam redemit Dominus Iacob,
Et Israel gloriabitur.

Cyrus, christus Domini et liberator Israel

24 Haec dicit Dominus, redemptor tuus,
Et formator tuus ex utero:

44 **1:** Is 41,8. — **2:** Deut 32,15; Is 44,24. — **3:** Is 55,1. — **4:** Ps 1,3. — **5:** Mich 4,2; Zach 2,11. — **6:** Deut 4,35; Is 43,14; 48,12. — **7:** Is 41,22; 43,10.12. — **8:** Deut 4,35; Is 45,5. **9:** Is 41,24.29. — **10:** Is 45,16; Ier 10,5. — **11:** Is 42,17. — **12:** Is 40,18-20. — **13:** Deut 4,16; Ps 113,4-7. — **14:** Is 40,20. — **15:** Sap 13,12. — **16:** Bar 7,54. — **17:** Sap 13,17-18; Is 45,20. — **21:** Is 42,19. — **22:** Is 43,25; Mich 7,19. — **23:** Is 42,10; 49,13; 52,9-10. — **24:** Is 42,5; 45,12. —

Ego sum Dominus, faciens omnia,
Extendens caelos solus,
Stabiliens terram, et nullus mecum;
25 Irrita faciens signa divinorum,
Et ariolos in furorem vertens;
Convertens sapientes retrorsum,
Et scientiam eorum stultam faciens;
26 Suscitans verbum servi sui
Et consilium nuntiorum suorum complens;
Qui dico Ierusalem: Habitaberis;
Et civitatibus Iuda: Aedificabimini,
Et deserta eius suscitabo;
27 Qui dico profundo: Desolare.
Et flumina arefaciam tua;
28 Qui dico Cyro: Pastor meus es,
Et omnem voluntatem meam complebis;
Qui dico Ierusalem: Aedificaberis;
Et templo: Fundaberis.

45 1 Haec dicit Dominus christo meo Cyro,
Cuius apprehendi dexteram,
Ut subiiciam ante faciem eius gentes,
Et dorsa regum vertam,
Et aperiam coram eo ianuas,
Et portae non claudentur:
2 Ego ante te ibo,
Et gloriosos terrae humiliabo;
Portas aereas conteram,
Et vectes ferreos confringam;
3 Et dabo tibi thesauros absconditos,
Et arcana secretorum,
Ut scias quia ego Dominus,
Qui voco nomen tuum, Deus Israel,
4 Propter servum meum Iacob,
Et Israel, electum meum;
Et vocavi te nomine tuo:
Assimilavi te, et non cognovisti me.
5 Ego Dominus, et non est amplius;
Extra me non est Deus;
Accinxi te, et non cognovisti me;
6 Ut sciant hi qui ab ortu solis et qui ab occidente,
Quoniam absque me non est:
Ego Dominus, et non est alter;
7 Formans lucem et creans tenebras,
Faciens pacem et creans malum:
Ego Dominus faciens omnia haec.
8 Rorate, caeli, desuper,
Et nubes pluant iustum;
Aperiatur terra, et germinet Salvatorem,
Et iustitia oriatur simul:
Ego Dominus creavi eum.

Nullus resistere Deo potest

9 Vae qui contradicit fictori suo,
Testa de samiis terrae!
Numquid dicet lutum figulo suo: Quid facis,
Et opus tuum absque manibus est?
10 Vae qui dicit patri: Quid generas?
Et mulieri: Quid parturis?
11 Haec dicit Dominus,
Sanctus Israel, plastes eius:
Ventura interrogate me;
Super filios meos et super opus manuum mearum mandate mihi.
12 Ego feci terram,
Et hominem super eam creavi ego:
Manus meae tetenderunt caelos,
Et omni militiae eorum mandavi.
13 Ego suscitavi eum ad iustitiam,
Et omnes vias eius dirigam;
Ipse aedificabit civitatem meam,
Et captivitatem meam dimittet,
Non in pretio neque in muneribus,
Dicit Dominus Deus exercituum.

Conversio gentium

14 Haec dicit Dominus:
Labor Aegypti, et negotiatio Aethiopiae,
Et Sabaim viri sublimes
Ad te transibunt, et tui erunt;
Post te ambulabunt,
Vincti manicis pergent, et te adorabunt,
Teque deprecabuntur:
Tantum in te est Deus,
Et non est absque te Deus.
15 Vere tu es Deus absconditus,
Deus Israel, salvator.
16 Confusi sunt, et erubuerunt omnes,
Simul abierunt in confusionem fabricatores errorum.
17 Israel salvatus est in Domino salute aeterna;
Non confundemini, et non erubescetis usque in saeculum saeculi.
18 Quia haec dicit Dominus
Creans caelos,
Ipse Deus formans terram
Et faciens eam, ipse plastes eius;
Non in vanum creavit eam,
Ut habitaretur formavit eam:
Ego Dominus et non est alius.
19 Non in abscondito locutus sum,
In loco terrae tenebroso;
Non dixi semini Iacob frustra:
Quaerite me;
Ego Dominus loquens iustitiam,
Annuntians recta.
20 Congregamini, et venite, et accedite simul
Qui salvati estis ex gentibus:
Nescierunt qui levant lignum sculpturae suae,

25: Iob 5,12; Is 47,12. — **26:** Ps 101,13-16; Zach 1,6. — **27:** Ier 50,38; 51,32.36. — **28:** 2 Par 36, 22; Is 45,4;46,11.

45 **1:** Is 41,13; 44,28. — **2:** Ps 106,10; Is 13, 5; 40,4. — **3:** Is 43,1. — **5:** Is 45,14. — **6:** Is 36,20; Mal 1,11. — **7:** Am 3,6. — **8:** Ps 71, 6; 84,11-12. — **9:** Is 29,16; 64,8. — **10:** Mal 1, 6. — **11:** Is 64,8. || Conc. Valent. III: D 322. — **12:** Ier 27,5. — **13:** Is 41,2; 44,28; 49,25. — **14:** Is 43,3. — **15:** Is 8,17; 57,17. — **16:** Is 42,17. — **17:** Is 51,6.8. — **18:** Ier 10,12. — **19:** Is 48,16. — **20:** Is 43,9; 66,18. — **21:** Is 41,22.26. — **22:** Is

Et rogant deum non salvantem.
21 Annuntiate et venite,
Et consiliamini simul.
Quis auditum fecit hoc ab initio,
Ex tunc praedixit illud?
Numquid non ego Dominus,
Et non est ultra Deus absque me?
Deus iustus, et salvans non est praeter me.
22 Convertimini ad me, et salvi eritis,
Omnes fines terrae,
Quia ego Deus, et non est alius.
23 In memetipso iuravi;
Egredietur de ore meo iustitiae verbum,
Et non revertetur:
24 Quia mihi curvabitur omne genu,
Et iurabit omnis lingua.
25 Ergo in Domino, dicet,
Meae sunt iustitiae et imperium;
Ad eum venient, et confundentur
Omnes qui repugnant ei.
26 In Domino iustificabitur, et laudabitur
Omne semen Israel.

Ruina idolorum

46 1 Confractus est Bel, contritus est Nabo;
Facta sunt simulacra eorum bestiis et iumentis,
Onera vestra gravi pondere
Usque ad lassitudinem.
2 Contabuerunt, et contrita sunt simul;
Non potuerunt salvare portantem,
Et anima eorum in captivitatem ibit.
3 Audite me, domus Iacob,
Et omne residuum domus Israel;
Qui portamini a meo utero,
Qui gestamini a mea vulva.
4 Usque ad senectam ego ipse,
Et usque ad canos ego portabo;
Ego feci, et ego feram;
Ego portabo, et salvabo.
5 Cui assimilastis me, et adaequastis,
Et comparastis me, et fecistis similem?
6 Qui confertis aurum de sacculo,
Et argentum statera ponderatis,
Conducentes aurificem ut faciat deum,
Et procidunt, et adorant.
7 Portant illum in humeris gestantes,
Et ponentes in loco suo,
Et stabit, ac de suo non movebitur;
Sed et cum clamaverint ad eum, non audiet;
De tribulatione non salvabit eos.
8 Mementote istud, et confundamini;
Redite, praevaricatores, ad cor.
9 Recordamini prioris saeculi,
Quoniam ego sum Deus, et non est ultra Deus
Nec est similis mei.
10 Annuntians ab exordio novissimum,
Et ab initio quae necdum facta sunt,
Dicens: Consilium meum stabit.
Et omnis voluntas mea fiet.
11 Vocans ab oriente avem,
Et de terra longinqua virum voluntatis meae;
Et locutus sum, et adducam illud;
Creavi et faciam illud.
12 Audite me, duro corde,
Qui longe estis a iustitia.
13 Prope feci iustitiam meam, non elongabitur,
Et salus mea non morabitur.
Dabo in Sion salutem,
Et in Israel gloriam meam.

Excidium Babylonis

47 1 Descende, sede in pulvere,
Virgo filia Babylon,
Sede in terra; non est solium
Filiae Chaldaeorum,
Quia ultra non vocaberis
Mollis et tenera.
2 Tolle molam, et mole farinam;
Denuda turpitudinem tuam;
Discoperi humerum, revela crura,
Transi flumina.
3 Revelabitur ignominia tua,
Et videbitur opprobrium tuum;
Ultionem capiam, et non resistet mihi homo.
4 Redemptor noster, Dominus exercituum nomen illius,
Sanctus Israel.
5 Sede tacens, et intra in tenebras,
Filia Chaldaeorum,
Quia non vocaberis ultra
Domina regnorum.
6 Iratus sum super populum meum,
Contaminavi haereditatem meam,
Et dedi eos in manu tua;
Non posuisti eis misericordias,
Super senem aggravasti iugum tuum valde.
7 Et dixisti: In sempiternum ero domina.
Non posuisti haec super cor tuum,
Neque recordata es novissimi tui.
8 Et nunc audi haec delicata,
Et habitans confidenter,
Quae dicis in corde tuo:
Ego sum, et non est praeter me amplius;
Non sedebo vidua,
Et ignorabo sterilitatem.
9 Venient tibi duo haec
Subito in die una,
Sterilitas et viduitas;
Universa venerunt super te,

11,12; 43,5-6. — **23:** Gen 22,16. — **24:** Rom 14,11. — **25:** Rom 9,6.8.

46 **1:** Ier 50,2; Bar 6,40. — **2:** 2 Sam 5,21; Bar 6,26. — **3:** Ex 19,4; Deut 1,31; 32,11. — **4:** Ps 70,18; 91,14-15. — **5:** Is 40,18. — **6:** Is 40,19. — **7:** Ier 10,5. — **9:** Is 45,5. — **10:** Is 42,9. — **11:** Ier 12,9. — **12:** Is 42,18. — **13:** Is 51,5; Abd 17.

47 **1:** Ier 48,18. — **2:** Iud 16,21; Ier 13,26; Mt 24,41. — **4:** Is 43,14. — **5:** Is 13,19. — **6:** Is 10,6; 51,23; Bar 4,16. — **7:** Is 47,5. — **8:** Is 45,6.18. — **9:** Is 13,16; 14,21. — **10:**

Propter multitudinem maleficiorum tuorum,
Et propter duritiam incantatorum tuorum vehementem.
10 Et fiduciam habuisti in malitia tua,
Et dixisti: Non est qui videat me.
Sapientia tua et scientia tua
Haec decepit te.
Et dixisti in corde tuo:
Ego sum, et praeter me non est altera.
11 Veniet super te malum,
Et nescies ortum eius;
Et irruet super te calamitas
Quam non poteris expiare;
Veniet super te repente miseria
Quam nescies.
12 Sta cum incantatoribus tuis
Et cum multitudine maleficiorum tuorum,
In quibus laborasti ab adolescentia tua,
Si forte quid prosit tibi,
Aut si possis fieri fortior.
13 Defecisti in multitudine consiliorum tuorum.
Stent, et salvent te
Augures caeli,
Qui contemplabantur sidera,
Et supputabant menses,
Ut ex eis annuntiarent ventura tibi.
14 Ecce facti sunt quasi stipula,
Ignis combussit eos;
Non liberabunt animam suam
De manu flammae;
Non sunt prunae quibus calefiant,
Nec focus ut sedeant ad eum.
15 Sic facta sunt tibi in quibuscumque laboraveras:
Negotiatores tui ab adolescentia tua,
Unusquisque in via sua erraverunt;
Non est qui salvet te.

Deus gratiose Israel educet e Babylonia

48 1 Audite haec, domus Iacob,
Qui vocamini nomine Israel,
Et de aquis Iuda existis,
Qui iuratis in nomine Domini,
Et Dei Israel recordamini
Non in veritate neque in iustitia.
2 De civitate enim sancta vocati sunt;
Et super Deum Israel constabiliti sunt;
Dominus exercituum nomen eius.
3 Priora ex tunc annuntiavi,
Et ex ore meo exierunt, et audita feci ea;
Repente operatus sum, et venerunt.
4 Scivi enim quia durus es tu,
Et nervus ferreus cervix tua,
Et frons tua aerea.
5 Praedixi tibi ex tunc;
Antequam venirent indicavi tibi,
Ne forte diceres: Idola mea fecerunt haec;
Et sculptilia mea, et conflatilia mandaverunt ista.
6 Quae audisti, vide omnia;
Vos autem, num annuntiastis?
Audita feci tibi nova ex tunc,
Et conservata sunt quae nescis.
7 Nunc creata sunt et non ex tunc;
Et ante diem, et non audisti ea,
Ne forte dicas: Ecce ego cognovi ea.
8 Neque audisti, neque cognovisti,
Neque ex tunc aperta est auris tua;
Scio enim quia praevaricans praevaricaberis,
Et transgressorem ex utero vocavi te.
9 Propter nomen meum longe faciam furorem meum;
Et laude mea infrenabo te,
Ne intereas.
10 Ecce excoxi te, sed non quasi argentum;
Elegi te in camino paupertatis.
11 Propter me, propter me faciam,
Ut non blasphemer;
Et gloriam meam alteri non dabo.
12 Audi me, Iacob,
Et Israel quem ego voco;
Ego ipse, ego primus,
Et ego novissimus.
13 Manus quoque mea fundavit terram,
Et dextera mea mensa est caelos,
Ego vocabo eos,
Et stabunt simul.
14 Congregamini, omnes vos, et audite:
Quis de eis annuntiavit haec?
Dominus dilexit eum, faciet voluntatem suam in Babylone,
Et brachium suum in Chaldaeis.
15 Ego, ego locutus sum, et vocavi eum;
Adduxi eum, et directa est via eius.
16 Accedite ad me et audite hoc:
Non a principio in abscondito locutus sum,
Ex tempore antequam fieret, ibi eram;
Et nunc Dominus Deus misit me,
Et spiritus eius.
17 Haec dicit Dominus, redemptor tuus,
Sanctus Israel:
Ego Dominus Deus tuus,
Docens te utilia,
Gubernans te in via qua ambulas.
18 Utinam attendisses mandata mea:
Facta fuisset sicut flumen pax tua,
Et iustitia tua sicut gurgites maris;
19 Et fuisset quasi arena semen tuum,
Et stirps uteri tui ut lapilli eius;
Non interisset et non fuisset attritum
Nomen eius a facie mea.

Ps 93,7; Is 5,21; Ez 28,2.7. — **11:** Is 42,25. — **12:** Is 19,3. — **13:** Is 57,10. — **14:** Is 5,24; 10,17. — **15:** Apoc 18,11.15.

48 **1:** Ps 67,27; Ier 7,9. — **2:** Neh 11,18; Is 52,1. — **3:** Is 41,22.26. — **4:** Ex 32,9; Ier 5,3. — **5:** Is 42,8-9. — **6:** Ps 70,17-18. — **7:** Is 48,5. — **8:** Ier 5,21; 6,10. — **9:** Ex 34,6. — **10:** Ps 65,10; Mal 3,3. — **11:** Is 43,

20 Egredimini de Babylone, fugite a Chaldaeis,
In voce exsultationis annuntiate;
Auditum facite hoc,
Et afferte illud usque ad extrema terrae.
Dicite: Redemit Dominus
Servum suum Iacob.
21 Non sitierunt in deserto, cum educeret eos;
Aquam de petra produxit eis;
Et scidit petram, et fluxerunt aquae
22 Non est pax impiis, dicit Dominus.

PARS SEXTA

POPULI LIBERATIO PER SERVUM DOMINI

(49,1-66,24)

Servus Domini

49 1 Audite, insulae;
Et attendite, populi de longe,
Dominus ab utero vocavit me,
De ventre matris meae recordatus est nominis mei.
2 Et posuit os meum quasi gladium acutum,
In umbra manus suae protexit me;
Et posuit me sicut sagittam electam,
In pharetra sua abscondit me.
3 Et dixit mihi: Servus meus es tu Israel,
Quia in te gloriabor.
4 Et ego dixi: In vacuum laboravi,
Sine causa et vane fortitudinem meam consumpsi,
Ergo iudicium meum cum Domino,
Et opus meum cum Deo meo.
5 Et nunc dicit Dominus,
Formans me ex utero servum sibi,
Ut reducam Iacob ad eum,
Et Israel non congregabitur;
Et glorificatus sum in oculis Domini,
Et Deus meus factus est fortitudo mea.
6 Et dixit: Parum est ut sis mihi servus
Ad suscitandas tribus Iacob,
Et faeces Israel convertendas;
Ecce dedi te in lucem gentium,
Ut sis salus mea
Usque ad extremum terrae.
7 Haec dicit Dominus,
Redemptor Israel, Sanctus eius,
Ad contemptibilem animam, ad abominatam gentem,
Ad servum dominorum:
Reges videbunt,
Et consurgent principes, et adorabunt
Propter Dominum quia fidelis est,
Et Sanctum Israel qui elegit te.

Liberatio Israel

8 Haec dicit Dominus:
In tempore placito exaudivi te,
Et in die salutis auxiliatus sum tui;
Et servavi te, et dedi te in foedus populi,
Ut suscitares terram,
Et possideres haereditates dissipatas;
9 Ut diceres his qui vincti sunt: Exite;
Et his qui in tenebris: Revelamini.
Super vias pascentur,
Et in omnibus planis pascua eorum.
10 Non esurient neque sitient,
Et non percutiet eos aestus et sol,
Quia miserator eorum reget eos,
Et ad fontes aquarum potabit eos.
11 Et ponam omnes montes meos in viam,
Et semitae meae exaltabuntur.
12 Ecce isti de longe venient,
Et ecce illi ab aquilone et mari,
Et isti de terra australi.
13 Laudate, caeli, et exsulta, terra;
Iubilate, montes, laudem,
Quia consolatus est Dominus populum suum,
Et pauperum suorum miserebitur.

Sion restitutio

14 Et dixit Sion: Dereliquit me Dominus,
Et Dominus oblitus est mei.
15 Numquid oblivisci potest mulier infantem suum,
Ut non misereatur filio uteri sui?
Et si illa oblita fuerit,
Ego tamen non obliviscar tui.
16 Ecce in manibus meis descripsi te;
Muri tui coram oculis meis semper.
17 Venerunt structores tui;
Destruentes te et dissipantes a te exibunt.
18 Leva in circuitu oculos tuos, et vide;
Omnes isti congregati sunt, venerunt tibi.
Vivo ego, dicit Dominus,
Quia omnibus his velut ornamento vestieris,
Et circumdabis tibi eos quasi sponsa;
19 Quia deserta tua, et solitudines tuae,
Et terra ruinae tuae,
Nunc angusta erunt prae habitatoribus;

25. — **12:** Is 44,6. — **13:** Is 50,26; 41,13. — **14:** Is 41,2; 46,11. — **15:** Is 45,1-3. — **16:** Is 45,19. || Conc. Tolet. XI: D 285. — **17:** Iob 22,21-22. — **18:** Deut 32,29; Is 54,13; 66,12. — **19:** Gen 22,17. — **20:** Is 52,11; Ier 50,8; Apoc 18,4. — **21:** Is 43,19-20. — **22:** Is 57,20-21; 59,8.

49 **1:** Is 41,1; 44,2; 45,2. — **2:** Ps 44,5; Is 11,4; 51,16. — **3:** Is 41,8; 42,1. — **4:** Is 53,10; 65,2; Ez 3,19. — **5:** Is 49,1; 52,13. — **6:** Is 42,6; Lc 2,32; Act 13,47. — **7:** Ps 71,10-11; Is 48,17; 53,3. — **8:** Ps 68,14; Is 42,6; 61,4; 2 Cor 6,2. — **9:** Is 42,7; Ez 34,13; Zach 9,11-12. — **10:** Ps 120,6; Ier 31,9; Apoc 7,17. — **11:** Is 40,4. — **12:** Is 43,5. — **13:** Is 44,23. — **14:** Is 40,27. — **15:** 3 Reg 3,26; Ps 102,13; Is 54,10. **16:** Ex 18,9; Cant 8,6. — **17:** Is 60,10; 61,4. — **18:** Num 14,21; Is 60,4.8; Bar 4,36. — **19:** Is

Et longe fugabuntur qui absorbebant te.
20 Adhuc dicent in auribus tuis
Filii sterilitatis tuae:
Angustus est mihi locus,
Fac spatium mihi ut habitem.
21 Et dices in corde tuo:
Quis genuit mihi istos?
Ego sterilis et non pariens,
Transmigrata, et captiva;
Et istos quis enutrivit?
Ego destituta et sola;
Et isti ubi erant?
22 Haec dicit Dominus Deus:
Ecce levabo ad gentes manum meam,
Et ad populos exaltabo signum meum.
Et afferent filios tuos in ulnis,
Et filias tuas super humeros portabunt.
23 Et erunt reges nutritii tui,
Et reginae nutrices tuae;
Vultu in terram demisso adorabunt te,
Et pulverem pedum tuorum lingent.
Et scies quia ego Dominus,
Super quo non confundentur qui exspectant eum.
24 Numquid tolletur a forti praeda?
Aut quod captum fuerit a robusto, salvum esse poterit?
25 Quia haec dicit Dominus:
Equidem, et captivitas a forti tolletur;
Et quod ablatum fuerit a robusto, salvabitur.
Eos vero qui iudicaverunt te, ego iudicabo,
Et filios tuos ego salvabo.
26 Et cibabo hostes tuos carnibus suis,
Et quasi musto, sanguine suo inebriabuntur,
Et sciet omnis caro
Quia ego Dominus salvans te,
Et redemptor tuus fortis Iacob.

50 1 Haec dicit Dominus:
Quis est hic liber repudii matris vestrae,
Quo dimisi eam?
Aut quis est creditor meus,
Cui vendidi vos?
Ecce in iniquitatibus vestris venditi estis,
Et in sceleribus vestris dimisi matrem vestram.
2 Quia veni, et non erat vir;
Vocavi, et non erat qui audiret.
Numquid abbreviata et parvula facta est manus mea,
Ut non possim redimere?
Aut non est in me virtus ad liberandum?
Ecce in increpatione mea desertum faciam mare,
Ponam flumina in siccum;
Computrescent pisces sine aqua,
Et morientur in siti.
3 Induam caelos tenebris,
Et saccum ponam operimentum eorum.

Servus Domini

4 Dominus dedit mihi
Linguam eruditam,
Ut sciam sustentare eum qui lassus est verbo.
Erigit mane,
Mane erigit mihi aurem,
Ut audiam quasi magistrum.
5 Dominus Deus aperuit mihi aurem,
Ego autem non contradico;
Retrorsum non abii.
6 Corpus meum dedi percutientibus,
Et genas meas vellentibus;
Faciem meam non averti ab increpantibus
Et conspuentibus in me.
7 Dominus Deus auxiliator meus,
Ideo non sum confusus;
Ideo posui faciem meam ut petram durissimam,
Et scio quoniam non confundar.
8 Iuxta est qui iustificat me; quis contradicet mihi?
Stemus simul;
Quis est adversarius meus? accedat ad me.
9 Ecce Dominus Deus auxiliator meus;
Quis est qui condemnet me?
Ecce omnes quasi vestimentum contorentur;
Tinea comedet eos.
10 Quis ex vobis timens Dominum,
Audiens vocem servi sui?
Qui ambulavit in tenebris,
Et non est lumen ei,
Speret in nomine Domini,
Et innitatur super Deum suum.
11 Ecce vos omnes accendentes ignem,
Accincti flammis;
Ambulate in lumine ignis vestri,
Et in flammis quas succendistis;
De manu mea factum est hoc vobis;
In doloribus dormietis.

Hortatio ad fiduciam in Domino

51 1 Audite me, qui sequimini quod iustum est,
Et quaeritis Dominum;
Attendite ad petram unde excisi estis,
Et ad cavernam laci de qua praecisi estis.
2 Attendite ad Abraham, patrem vestrum,
Et ad Saram, quae peperit vos;

64,1; Zach 2,4. — **20:** Is 54,2-3. — **21:** Is 60,4-5. — **22:** Is 40,11; 66,20. — **23:** Ps 24,3; 71,9; Is 60,16. — **24:** Mt 12,29; Lc 11,21-22. — **25:** Is 51,22; 52,3; Ier 50,17.19. — **26:** Is 9,20; 43,3; Ez 36,36; Zach 11,9; Apoc 14,20; 16,6.

50 **1:** Deut 24,1; 4 Reg 4,1; Ier 3,8. — **2:** Num 11,23; 2 Par 36,15-16; Ps 105,9; Is 59,1; Ez 14,21. — **3:** Apoc 6,12. — **4:** Mt 13,54, 11,28; Io 7,16; 8,28. — **5:** Ps 39,6-8. — **6:** Is 53,5; Mt 26,67-68. — **7:** Is 49,8; Ez 3,8-9. — **8:** Rom 8,33-34. — **9:** Is 41,10; 51,8. — **10:** Is 42,1. — **11:** Is 17,4; 65,13-15; Ez 20,39.

51 **1:** Is 51,7. — **2:** Ez 33,34; Rom 4,1. — **3:** Is 35,10; 41,1; 51,12. — **4:** Is 2,3;

Quia unum vocavi eum,
Et benedixi ei, et multiplicavi eum.
3 Consolabitur ergo Dominus Sion,
Et consolabitur omnes ruinas eius;
Et ponet desertum eius quasi delicias,
Et solitudinem eius quasi hortum Domini,
Gaudium et laetitia invenietur in ea,
Gratiarum actio et vox laudis.
4 Attendite ad me, popule meus,
Et, tribus mea, me audite:
Quia lex a me exiet,
Et iudicium meum in lucem populorum requiescet.
5 Prope est iustus meus, egressus est salvator meus,
Et brachia mea populos iudicabunt,
Me insulae exspectabunt,
Et brachium meum sustinebunt.
6 Levate in caelum oculos vestros,
Et videte sub terra deorsum,
Quia caeli sicut fumus liquescent,
Et terra sicut vestimentum atteretur,
Et habitatores eius sicut haec interibunt,
Salus autem mea in sempiternum erit,
Et iustitia mea non deficiet.
7 Audite me, qui scitis iustum:
Populus meus, lex mea in corde eorum;
Nolite timere opprobrium hominum,
Et blasphemias eorum ne metuatis;
8 Sicut enim vestimentum, sic comedet eos vermis;
Et sicut lanam, sic devorabit eos tinea:
Salus autem mea in sempiternum erit;
Et iustitia mea in generationes generationum.
9 Consurge, consurge, induere fortitudinem,
Brachium Domini!
Consurge sicut in diebus antiquis,
In generationibus saeculorum.
Numquid non tu percussisti superbum,
Vulnerasti draconem?
10 Numquid non tu siccasti mare,
Aquam abyssi vehementis;
Qui posuisti profundum maris viam,
Ut transirent liberati?
11 Et nunc qui redempti sunt a Domino, revertentur;
Et venient in Sion laudantes,
Et laetitia sempiterna super capita eorum,
Gaudium et laetitiam tenebunt;
Fugiet dolor et gemitus.
12 Ego, ego ipse consolabor vos.
Quis tu, ut timeres ab homine mortali,
Et a filio hominis qui quasi foenum ita arescet?
13 Et oblitus es Domini, factoris tui,
Qui tetendit caelos et fundavit terram;
Et formidasti iugiter tota die
A facie furoris eius qui te tribulabat,
Et paraverat ad perdendum.
Ubi nunc est furor tribulantis?
14 Cito veniet gradiens ad aperiendum;
Et non interficiet usque ad internecionem
Nec deficiet panis eius.
15 Ego autem sum Dominus Deus tuus,
Qui conturbo mare, et intumescunt fluctus eius;
Dominus exercituum nomen meum.
16 Posui verba mea in ore tuo,
Et in umbra manus meae protexi te,
Ut plantes caelos, et fundes terram,
Et dicas ad Sion: Populus meus es tu.

Redeunt exsules in patriam dum tyranni puniuntur

17 Elevare, elevare,
Consurge, Ierusalem,
Quae bibisti de manu Domini
Calicem irae eius;
Usque ad fundum calicis soporis bibisti,
Et potasti usque ad faeces.
18 Non est qui sustentet eam,
Ex omnibus filiis quos genuit;
Et non est qui apprehendat manum eius,
Ex omnibus filiis quos enutrivit.
19 Duo sunt quae occurrerunt tibi;
Quis contristabitur super te?
Vastitas, et contritio, et fames, et gladius;
Quis consolabitur te?
20 Filii tui proiecti sunt, dormierunt
In capite omnium viarum
Sicut oryx illaqueatus;
Pleni indignatione Domini,
Increpatione Dei tui.
21 Idcirco audi hoc, paupercula,
Et ebria non a vino.
22 Haec dicit dominator tuus Dominus
Et Deus tuus, qui pugnabit pro populo suo:
Ecce tuli de manu tua
Calicem soporis,
Fundum calicis indignationis meae,
Non adiicies ut bibas illum ultra.
23 Et ponam illum in manu eorum qui te humiliaverunt,
Et dixerunt animae tuae:
Incurvare, ut transeamus;
Et posuisti ut terram corpus tuum,
Et quasi viam transeuntibus.

52 1 Consurge, consurge, induere fortitudine tua, Sion!
Induere vestimentis gloriae tuae,

42,4.6. — **5:** Is 42,4; 46,13. — **6:** Ps 101,26-29; Is 40,26. — **7:** Is 41,14; 51,1. — **8:** Is 50,9. — **9:** Ps 43,2; 73,14-15; Is 52,1. — **10:** Ex 14,21-22. — **11:** Is 35,10; Ier 31,9. — **12:** Is 8,12-13; 40,1; 66,13. — **13:** Deut 32,18; Is 17,10. — **14:** Is 45,13. — **15:** Ier 31,35. — **16:** Is 49,2; 59,21; 65,17.19. — **17:** Iob 21,20; Is 52,1; Ier 25,15. — **18:** Is 63,3.5. — **19:** Is 47,9; Ez 14,21. — **20:** Deut 14,5; Lam 2,11-12. — **21:** Is 54,11. — **22:** Ier 50,34. — **23:** Ier 25,12.17.16.28; 35,8.

52 **1:** Is 51,9.17. — **2:** Is 49,25; 51,23. — **3:** Is 45,13; Bar 4,6. — **4:** Gen 46,6; Is 10,24.

Ierusalem, civitas Sancti,
Quia non adiiciet ultra ut pertranseat per te
Incircumcisus et immundus.
2 Excutere de pulvere, consurge;
Sede, Ierusalem!
Solve vincula colli tui,
Captiva filia Sion;
3 Quia haec dicit Dominus:
Gratis venundati estis,
Et sine argento redimemini.
4 Quia haec dicit Dominus Deus:
In Aegyptum descendit populus meus in principio, ut colonus esset ibi,
Et Assur absque ulla causa calumniatus est eum.
5 Et nunc quid mihi est hic, dicit Dominus,
Quoniam ablatus est populus meus gratis?
Dominatores eius inique agunt, dicit Dominus,
Et iugiter tota die nomen meum blasphematur.
6 Propter hoc sciet populus meus nomen meum
In die illa:
Quia ego ipse qui loquebar, ecce adsum.

Quam laeta restauratio Sion

7 Quam pulchri super montes pedes annuntiantis
Et praedicantis pacem,
Annuntiantis bonum,
Praedicantis salutem,
Dicentis Sion:
Regnabit Deus tuus!
8 Vox speculatorum tuorum: levaverunt vocem,
Simul laudabunt,
Quia oculo ad oculum videbunt
Cum converterit Dominus Sion.
9 Gaudete, et laudate simul,
Deserta Ierusalem,
Quia consolatus est Dominus populum suum,
Redemit Ierusalem.
10 Paravit Dominus brachium sanctum suum
In oculis omnium gentium;
Et videbunt omnes fines terrae
Salutare Dei nostri.
11 Recedite, recedite; exite inde,
Pollutum nolite tangere;
Exite de medio eius; mundamini,
Qui fertis vasa Domini.
12 Quoniam non in tumultu exibitis,
Nec in fuga properabitis;
Praecedet enim vos Dominus,
Et congregabit vos Deus Israel.

Humiliationes et mors servi Domini

13 Ecce intelliget servus meus,
Exaltabitur et elevabitur, et sublimis erit valde.
14 Sicut obstupuerunt super te multi,
Sic inglorius erit inter viros aspectus eius,
Et forma eius inter filios hominum.
15 Iste asperget gentes multas,
Super ipsum continebunt reges os suum:
Quia quibus non est narratum de eo viderunt,
Et qui non audierunt contemplati sunt.

53 1 Quis credidit auditui nostro?
Et brachium Domini cui revelatum est?
2 Et ascendet sicut virgultum coram eo;
Et sicut radix de terra sitienti.
Non est species ei, neque decor, et vidimus eum,
Et non erat aspectus, et desideravimus eum;
3 Despectum, et novissimum virorum,
Virum dolorum, et scientem infirmitatem;
Et quasi absconditus vultus eius et despectus,
Unde nec reputavimus eum.
4 Vere languores nostros ipse tulit,
Et dolores nostros ipse portavit;
Et nos putavimus eum quasi leprosum,
Et percussum a Deo, et humiliatum.
5 Ipse autem vulneratus est propter iniquitates nostras,
Attritus est propter scelera nostra;
Disciplina pacis nostrae super eum,
Et livore eius sanati sumus.
6 Omnes nos quasi oves erravimus,
Unusquisque in viam suam declinavit;
Et posuit Dominus in eo
Iniquitatem omnium nostrum.
7 Oblatus est quia ipse voluit,
Et non aperuit os suum;
Sicut ovis ad occisionem ducetur,
Et quasi agnus coram tondente se obmutescet,
Et non aperiet os suum.
8 De angustia, et de iudicio sublatus est.
Generationem eius quis enarrabit?
Quia abscissus est de terra viventium.
Propter scelus populi mei percussi eum.

27. — **5:** Is 47,6; Ier 50,17; Ez 36,20; Rom 2,24. — **6:** Is 25,9; 40,9. — **7:** Ps 95,10; Mich 4,7; Rom 10,15. || Enc. Pii IX: D 1638. — **8:** Is 56,10; 62,6. — **9:** Is 48,20. — **10:** Ps 97,12-13. — **11:** Esdr 1,7.11; Ier 50,8; 2 Cor 6,17. — **12:** Ex 12,33.39; Mich 2,13. — **13:** Is 42,1; 53,10.12. — **14:** Is 53,2-3. — **15:** Ex 24,8; Is 55,5; Rom 15,21; 16,25-26.

53 **1:** Is 52,10; Ier 12,38; Rom 10,16. — **2:** Is 4,2; 11,1. — **3:** Is 50,6-7; 52,14. — **4:** Ps 21,15; 68,27; Mt 8,17; Hebr 2,10. — **5:** Rom 4,25; 1 Petr 2,24. — **6:** Ps 118,176; 2 Cor 5,21. — **7:** Mt 26,63; Act 8,32. — **8:** Mt 27,26;

9 Et dabit impios pro sepultura,
Et divitem pro morte sua,
Eo quod iniquitatem non fecerit,
Neque dolus fuerit in ore eius.
10 Et Dominus voluit conterere eum in infirmitate.
Si posuerit pro peccato animam suam,
Videbit semen longaevum,
Et voluntas Domini in manu eius dirigetur.
11 Pro eo quod laboravit anima eius
Videbit et saturabitur.
In scientia sua iustificabit
Ipse iustus servus meus multos.
Et iniquitates eorum ipse portabit.
12 Ideo dispertiam ei plurimos,
Et fortium dividet spolia,
Pro eo quod tradidit in mortem animam suam,
Et cum sceleratis reputatus est,
Et ipse peccata multorum tulit,
Et pro transgressoribus rogavit.

Gloria novae Sion

54 1 Lauda, sterilis, quae non paris;
Decanta laudem, et hinni, quae non pariebas:
Quoniam multi filii desertae
Magis quam eius quae habet virum, dicit Dominus.
2 Dilata locum tentorii tui,
Et pelles tabernaculorum tuorum extende,
Ne parcas; longos fac funiculos tuos,
Et clavos tuos consolida.
3 Ad dexteram enim et ad laevam penetrabis,
Et semen tuum gentes haereditabit,
Et civitates desertas inhabitabit.
4 Noli timere, quia non confunderis,
Neque erubesces; non enim te pudebit,
Quia confusionis adolescentiae tuae oblivisceris,
Et opprobrii viduitatis tuae non recordaberis amplius.
5 Quia dominabitur tuî qui fecit te,
Dominus exercituum nomen eius,
Et redemptor tuus, Sanctus Israel,
Deus omnis terrae vocabitur.
6 Quia ut mulierem derelictam et moerentem spiritu
Vocavit te Dominus,
Et uxorem ab adolescentia abiectam,
Dixit Deus tuus.
7 Ad punctum in modico dereliqui te,
Et in miserationibus magnis congregabo te.
8 In momento indignationis abscondi
Faciem meam parumper a te;
Et in misericordia sempiterna misertus sum tui,
Dixit redemptor tuus, Dominus.
9 Sicut in diebus Noe istud mihi est,
Cui iuravi ne inducerem aquas Noe
Ultra supra terram;
Sic iuravi ut non irascar tibi,
Et non increpem te.
10 Montes enim commovebuntur,
Et colles contremiscent;
Misericordia autem mea non recedet a te,
Et foedus pacis meae non movebitur,
Dixit miserator tuus Dominus.
11 Paupercula, tempestate convulsa absque ulla consolatione,
Ecce ego sternam per ordinem lapides tuos,
Et fundabo te in sapphiris;
12 Et ponam iaspidem propugnacula tua;
Et portas tuas in lapides sculptos,
Et omnes terminos tuos in lapides desiderabiles;
13 Universos filios tuos doctos a Domino,
Et multitudinem pacis filiis tuis.
14 Et in iustitia fundaberis:
Recede procul a calumnia, quia non timebis;
Et a pavore, quia non appropinquabit tibi.
15 Ecce accola veniet qui non erat mecum,
Advena quondam tuus adiungetur tibi.
16 Ecce ego creavi fabrum
Sufflantem in igne prunas,
Et proferentem vas in opus suum;
Et ego creavi interfectorem ad disperdendum.
17 Omne vas quod fictum est contra te, non dirigetur;
Et omnem linguam resistentem tibi in iudicio, iudicabis.
Haec est haereditas servorum Domini;
Et iustitia eorum apud me, dicit Dominus.

Salus omnibus gratuita

55 1 Omnes sitientes, venite ad aquas;
Et qui non habetis argentum,
Properate, emite, et comedite:
Venite, emite absque argento
Et absque ulla commutatione vinum et lac.

Act 8,33. — **9:** Mt 27,57; 1 Petr 2,22. — **10:** Zach 13,7; Eph 5,2; 1 Petr 2,1. — **11:** Is 42,1; 49,3; Rom 3,22; Hebr 5,8-9; 12,2. — **12:** Lc 22,37; 23,24; Col 2,15; Hebr 7,25; 9,24.

54 **1:** Is 49,18-21; Soph 3,14; Zach 9,9; Gal 4,27. — **2:** Is 33,20; Ier 10,20. — **3:** Is 49,8.19; 55,5; 61,5-6.9. — **4:** Is 49,17; Ez 16,22; Os 3,4-5. — **5:** Is 43,3; Ier 3,14; Os 2,19-20; Zach 14,9. — **6:** Is 49,14; Ier 30,17. — **7:** Is 26,20; Ier 31,9; Mich 4,6-7. — **8:** Ps 29,6; Ier 31,3; Rom 11,29. — **9:** Gen 9,11.14; Ier 33,20. — **10:** Ps 45,2-3; 88,33; Mt 5,18. — **11:** 1 Par 29,2; Lam 1,16-17; Apoc 21,28. — **12:** Ps 24,14; Ier 31,34; Io 6,45. — **14:** Is 60,17-18; Ez 34,25. — **15:** Zach 12,9. — **16:** Is 10,5-15; 46,11. — **17:** Ps 36,33-34; Is 45,24-25; Mt 16,18.

55 **1:** Prov 9,1.5; Is 44,3; Io 7,37. — **2:** Is 25,6; Ier 2,13. || Epist. Gregorii IX:

2 Quare appenditis argentum non in panibus,
Et laborem vestrum non in saturitate?
Audite, audientes me, et comedite bonum,
Et delectabitur in crassitudine anima vestra.
3 Inclinate aurem vestram, et venite ad me;
Audite, et vivet anima vestra;
Et feriam vobiscum pactum sempiternum,
Misericordias David fideles.
4 Ecce testem populis dedi eum,
Ducem ac praeceptorem gentibus.
5 Ecce gentem quam nesciebas vocabis;
Et gentes, quae te non cognoverunt ad te current,
Propter Dominum Deum tuum,
Et Sanctum Israel, quia glorificavit te.
6 Quaerite Dominum dum inveniri potest;
Invocate eum dum prope est.
7 Derelinquat impius viam suam,
Et vir iniquus cogitationes suas,
Et revertatur ad Dominum, et miserebitur eius;
Et ad Deum nostrum, quoniam multus est ad ignoscendum.
8 Non enim cogitationes meae, cogitationes vestrae;
Neque viae vestrae, viae meae, dicit Dominus.
9 Quia sicut exaltantur caeli a terra,
Sic exaltatae sunt viae meae a viis vestris,
Et cogitationes meae a cogitationibus vestris.
10 Et quomodo descendit imber et nix
De caelo, et illuc ultra non revertitur,
Sed inebriat terram, et infundit eam,
Et germinare eam facit,
Et dat semen serenti,
Et panem comedenti:
11 Sic erit verbum meum quod egredietur de ore meo;
Non revertetur ad me vacuum,
Sed faciet quaecumque volui,
Et prosperabitur in his ad quae misi illud.
12 Quia in laetitia egrediemini,
Et in pace deducemini,
Montes et colles cantabunt coram vobis laudem
Et omnia ligna regionis plaudent manu.
13 Pro saliunca ascendet abies,
Et pro urtica crescet myrtus;
Et erit Dominus nominatus
In signum aeternum quod non auferetur.

D 442. — 3: Ps 88,27; Prov 4,4; Is 61,8; Ier 31,31; Ez 37,20. — 4: Dan 9,25; Mich 5,2; Io 18,37. — 5: Is 52,15; 60,9; 65,1. — 6: Ps 31,6; Ier 29,13; Mt 7,7. — 7: Is 1,16; Ez 18,21; Zach 8,17. — 8: 2 Sam 7,19. — 9: Ps 102,11. — 10: Deut 32,2. — 11: Ps 118,89; Is 40,8; Ez 12,25. — 12: Is 35,1; 48,20; 51,11. — 13: Is 41,19; Ez 36,34-35.

Vocatio gentium

56 1 Haec dicit Dominus:
Custodite iudicium, et facite iustitiam,
Quia iuxta est salus mea ut veniat,
Et iustitia mea ut reveletur.
2 Beatus vir qui facit hoc,
Et filius hominis qui apprehendet istud,
Custodiens sabbatum ne polluat illud,
Custodiens manus suas ne faciat omne malum.
3 Et non dicat filius advenae, qui adhaeret Domino, dicens:
Separatione dividet me Dominus a populo suo;
Et non dicat eunuchus:
Ecce ego lignum aridum.
4 Quia haec dicit Dominus eunuchis:
Qui custodierint sabbata mea,
Et elegerint quae ego volui,
Et tenuerint foedus meum,
5 Dabo eis in domo mea et in muris meis
Locum, et nomen
Melius a filiis et filiabus:
Nomen sempiternum dabo eis,
Quod non peribit.
6 Et filios advenae, qui adhaerent Domino,
Ut colant eum, et diligant nomen eius,
Ut sint ei in servos;
Omnem custodientem sabbatum ne polluat illud,
Et tenentem foedus meum;
7 Adducam eos in montem sanctum meum
Et laetificabo eos in domo orationis meae;
Holocausta eorum et victimae eorum placebunt mihi super altari meo,
Quia domus mea domus orationis vocabitur
Cunctis populis.
8 Ait Dominus Deus,
Qui congregat dispersos Israel:
Adhuc congregabo ad eum
Congregatos eius.

Principes peccato arguuntur

9 Omnes bestiae agri,
Venite ad devorandum,
Universae bestiae saltus.
10 Speculatores eius caeci omnes,
Nescierunt universi:
Canes muti
Non valentes latrare,
Videntes vana, dormientes,
Et amantes somnia.
11 Et canes impudentissimi,

56 1: Is 14,1; 46,13; 58,13. — 2: Is 56,4; Ier 17,19. — 3: Deut 23,1-8. — 4: Ps 21,11. — 5: 2 Sam 18,18; 2 Tim 3,15. — 6: Is 44,5; 56,3. — 7: 3 Reg 8,41-43; Is 2,2; 65,1; Mt 21,13; Rom 12,1. — 8: Ps 146,2; Is 11,12. — 9: Ier 12,9. — 10: Is 52,8; Ier 6,17. — 11: Ier 6,13; Ez 34,2-3; Mich 3,5. — 12: Is 22,13; 28,7; 1 Cor 15,32.

Nescierunt saturitatem;
Ipsi pastores
Ignoraverunt intelligentiam;
Omnes in viam suam declinaverunt;
Unusquisque ad avaritiam suam, a summo usque ad novissimum.
12 Venite, sumamus vinum,
Et impleamur ebrietate;
Et erit sicut hodie, sic et cras,
Et multo amplius.

Reprehensio idololatriae

57 1 Iustus perit,
Et non est qui recogitet in corde suo;
Et viri misericordiae colliguntur,
Quia non est qui intelligat,
A facie enim malitiae collectus est iustus.
2 Veniat pax,
Requiescat in cubili suo
Qui ambulavit in directione sua.
3 Vos autem accedite huc,
Filii auguratricis,
Semen adulteri et fornicariae.
4 Super quem lusistis?
Super quem dilatastis os,
Et eiecistis linguam?
Numquid non vos filii scelesti,
Semen mendax,
5 Qui consolamini in diis
Subter omne lignum frondosum;
Immolantes parvulos in torrentibus,
Subter eminentes petras?
6 In partibus torrentis pars tua,
Haec est sors tua;
Et ipsis effudisti libamen,
Obtulisti sacrificium.
Numquid super his non indignabor?
7 Super montem excelsum et sublimem
Posuisti cubile tuum,
Et illuc ascendisti
Ut immolares hostias.
8 Et post ostium, et retro postem,
Posuisti memoriale tuum.
Quia iuxta me discooperuisti,
Et suscepisti adulterum, dilatasti cubile tuum;
Et pepigisti cum eis foedus;
Dilexisti stratum eorum
Manu aperta.
9 Et ornasti te regi unguento,
Et multiplicasti pigmenta tua.
Misisti legatos tuos procul,
Et humiliata es usque ad inferos.
10 In multitudine viae tuae laborasti;
Non dixisti: Quiescam.
Vitam manus tuae invenisti;
Propterea non rogasti.
11 Pro quo sollicita timuisti,
Quia mentita es,
Et mei non es recordata,
Neque cogitasti in corde tuo?
Quia ego tacens et quasi non videns,
Et mei oblita es.
12 Ego annuntiabo iustitiam tuam,
Et opera tua non proderunt tibi.
13 Cum clamaveris, liberent te congregati tui,
Et omnes eos auferet ventus,
Tollet aura.

Poenitentibus venia promittitur

Qui autem fiduciam habet mei, haereditabit terram,
Et possidebit montem sanctum meum.
14 Et dicam: Viam facite, praebete iter; declinate de semita,
Auferte offendicula de via populi mei.
15 Quia haec dicit Excelsus,
Et Sublimis, habitans aeternitatem, et sanctum nomen eius,
In excelso et in sancto habitans,
Et cum contrito et humili spiritu:
Ut vivificet spiritum humilium,
Et vivificet cor contritorum.
16 Non enim in sempiternum litigabo,
Neque usque ad finem irascar,
Quia spiritus a facie mea egredietur,
Et flatus ego faciam.
17 Propter iniquitatem avaritiae eius iratus sum, et percussi eum.
Abscondi a te faciem meam, et indignatus sum;
Et abiit vagus in via cordis sui.
18 Vias eius vidi, et sanavi eum;
Et reduxi eum, et reddidi
Consolationes ipsi, et lugentibus eius.
19 Creavi fructum labiorum pacem;
Pacem ei qui longe est et qui prope,
Dixit Dominus, et sanavi eum.
20 Impii autem quasi mare fervens,
Quod quiescere non potest,
Et redundant fluctus eius in conculcationem et lutum.
21 Non est pax impiis, dicit Dominus Deus.

Peccata Israel

58 1 Clama, ne cesses,
Quasi tuba exalta vocem tuam,
Et annuntia populo meo scelera eorum,
Et domui Iacob peccata eorum.

57 **1:** 4 Reg 22,20; Ps 11,1; Ier 12,11; Mich 7,2. — **2:** Ps 36,37; Sap 3,3; Dan 12, 13. — **3:** 4 Reg 9,22; Ier 3,6.9; Os 2,4. — **4:** 2 Par 36,16; Ps 34,21. — **5:** 4 Reg 16,4; Ier 2,20; 3,6.13. — **6:** Ier 32,35; Ez 20,29. — **7:** Ez 16, 16.25; 23,41. — **8:** Ez 16,26.28; 23,20. — **9:** Ez 16,33; 23,16. — **10:** Ier 2,25.36; 18,12. — **11:** Is 51,12-13. — **12:** Is 64,6. — **13:** Ps 36,9.29; Ier 2,28; 11,12. — **14:** Is 40,3; 62,10. — **15:** Ps 33,19; 137,6; 146,3; Is 66,2. — **16:** Ps 103,9; Ier 3,5; Mich 7,18. — **17:** Is 45,15; 56,11; Ier 6,13. — **18:** Is 61,2; Ier 3,22; 30,17. — **19:** Os 14,4-5; Hebr 13,15. — **20:** Is 59,8; Iudae 13. — **21:** Is 48,22.

58 **1:** Ez 3,17; Mich 3,8. — **2:** Is 29,13. — **3:** Lev 16,29-30; Neh 5,7. — Zach 7,5-

2 Me etenim de die in diem quaerunt,
Et scire vias meas volunt,
Quasi gens quae iustitiam fecerit,
Et iudicium Dei sui non dereliquerit.
Rogant me iudicia iustitiae,
Appropinquare Deo volunt.
3 Quare ieiunavimus, et non aspexisti;
Humiliavimus animas nostras, et nescisti?
Ecce in die ieiunii vestri invenitur voluntas vestra,
Et omnes debitores vestros repetitis.
4 Ecce ad lites et contentiones ieiunatis,
Et percutitis pugno impie.
Nolite ieiunare sicut usque ad hanc diem,
Ut audiatur in excelso clamor vester.
5 Numquid tale est ieiunium quod elegi,
Per diem affligere hominem animam suam?
Numquid contorquere quasi circulum caput suum,
Et saccum et cinerem sternere?
Numquid istud vocabis ieiunium,
Et diem acceptabilem Domino?

Quodnam ieiunium Deo gratum

6 Nonne hoc est magis ieiunium quod elegi?
Dissolve colligationes impietatis,
Solve fasciculos deprimentes,
Dimitte eos qui confracti sunt liberos,
Et omne onus dirumpe;
7 Frange esurienti panem tuum,
Et egenos vagosque induc in domum tuam;
Cum videris nudum, operi eum,
Et carnem tuam ne despexeris.
8 Tunc erumpet quasi mane lumen tuum;
Et sanitas tua citius orietur,
Et anteibit faciem tuam iustitia tua,
Et gloria Domini colliget te.
9 Tunc invocabis, et Dominus exaudiet;
Clamabis, et dicet: Ecce adsum.
Si abstuleris de medio tui catenam,
Et desieris extendere digitum et loqui quod non prodest;
10 Cum effuderis esurienti animam tuam;
Et animam afflictam repleveris,
Orietur in tenebris lux tua,
Et tenebrae tuae erunt sicut meridies.
11 Et requiem tibi dabit Dominus semper,
Et implebit splendoribus animam tuam,
Et ossa tua liberabit;
Et eris quasi hortus irriguus,
Et sicut fons aquarum
Cuius non deficient aquae.
12 Et aedificabuntur in te deserta saeculorum,
Fundamenta generationis et generationis suscitabis;
Et vocaberis aedificator sepium,
Avertens semitas in quietem.
13 Si averteris a sabbato pedem tuum,
Facere voluntatem tuam in die sancto meo;
Et vocaveris sabbatum delicatum,
Et sanctum Domini gloriosum,
Et glorificaveris eum dum non facis vias tuas,
Et non invenitur voluntas tua, ut loquaris sermonem:
14 Tunc delectaberis super Domino;
Et sustollam te super altitudines terrae,
Et cibabo te haereditate Iacob, patris tui;
Os enim Domini locutum est.

Dominus, salvator eorum qui convertuntur

59 1 Ecce non est abbreviata manus Domini, ut salvare nequeat;
Neque aggravata est auris eius, ut non exaudiat.
2 Sed iniquitates vestrae diviserunt
Inter vos et Deum vestrum;
Et peccata vestra absconderunt faciem eius a vobis,
Ne exaudiret.
3 Manus enim vestrae pollutae sunt sanguine,
Et digiti vestri iniquitate;
Labia vestra locuta sunt mendacium,
Et lingua vestra iniquitatem fatur.
4 Non est qui invocet iustitiam,
Neque est qui iudicet vere;
Sed confidunt in nihilo, et loquuntur vanitates;
Conceperunt laborem, et pepererunt iniquitatem.
5 Ova aspidum ruperunt,
Et telas araneae texuerunt.
Qui comederit de ovis eorum, morietur;
Et quod confotum est, erumpet in regulum.
6 Telae eorum non erunt in vestimentum,
Neque operientur operibus suis;
Opera eorum opera inutilia,
Et opus iniquitatis in manibus eorum.
7 Pedes eorum ad malum currunt,
Et festinant ut effundant sanguinem innocentem;
Cogitationes eorum cogitationes innutiles,
Vastitas et contritio in viis eorum.

6. — 4: Prov 21,17; Is 1,15; Ioel 2,12.14; Mt 23,14. — 5: Mt 6,16. — 6: Neh 5,10; Ion 3,5. 8; Mich 6,8. — 7: Iob 31,17.19; Prov 28,27; Is 1,16-17. — 8: Iob 11,17; Is 52,12; Ier 33, 6. — 9: Ps 144,18; Prov 6,13; Ier 29,12. — 10: Ps 40,1; 111,4.9. — 11: Ps 22,2; 31,8; Prov 11, 17.25. — 12: Is 61,4; Am 9,14. — 13: Ps 83,2. 11; Is 56,2; Ier 17,21. — 14: Deut 32,13; Iob 22,26; Is 1,19; 40,5.

59 1: Num 11,23; Ps 93,9; Is 50,2. || Allocutio Pii IX: D 1648. — 2: Deut 31,17; Is 50,1; Ier 5,25. — 3: Is 1,15; Ez 9,9; Mich 3,9-10. — 4: 1 Sam 12,21; Iob 15,35; Is 30,10; Ier 7,4.8 — 5: Is 14,29; Rom 6,21. — 6: Iob 8,14-15; Mich 7,3. — 7: Prov 1,16; Rom 3,

8 Viam pacis nescierunt,
Et non est iudicium in gressibus eorum;
Semitae eorum incurvatae sunt eis,
Omnis qui calcat in eis, ignorat pacem.
9 Propter hoc elongatum est iudicium a nobis.
Et non apprehendet nos iustitia.
Exspectavimus lucem, et ecce tenebrae;
Splendorem, et in tenebris ambulavimus.
10 Palpavimus sicut caeci parietem,
Et quasi absque oculis attrectavimus;
Impegimus meridie quasi in tenebris,
In caliginosis quasi mortui.
11 Rugiemus quasi ursi omnes,
Et quasi columbae meditantes gememus:
Exspectavimus iudicium, et non est;
Salutem, et elongata est a nobis.
12 Multiplicatae sunt enim iniquitates nostrae coram te,
Et peccata nostra responderunt nobis,
Quia scelera nostra nobiscum
Et iniquitates nostras cognovimus,
13 Peccare et mentiri contra Dominum,
Et aversi sumus ne iremus post tergum Dei nostri,
Ut loqueremur calumniam et transgressionem;
Concepimus et locuti sumus de corde verba mendacii.
14 Et conversum est retrorsum iudicium,
Et iustitia longe stetit,
Quia corruit in platea veritas
Et aequitas non potuit ingredi.
15 Et facta est veritas in oblivionem,
Et qui recessit a malo, praedae patuit.
Et vidit Dominus, et malum apparuit in oculis eius,
Quia non est iudicium.
16 Et vidit quia non est vir,
Et aporiatus est, quia non est qui occurrat;
Et salvavit sibi brachium suum,
Et iustitia eius ipsa confirmavit eum.
17 Indutus est iustitia ut lorica,
Et galea salutis in capite eius;
Indutus est vestimentis ultionis,
Et opertus est quasi pallio zeli.
18 Sicut ad vindictam quasi ad retributionem
Indignationis hostibus suis,
Et vicissitudinem inimicis suis,
Insulis vicem reddet.
19 Et timebunt qui ab occidente nomen Domini,
Et qui ab ortu solis gloriam eius,
Cum venerit quasi fluvius violentus
Quem spiritus Domini cogit;
20 Et venerit Sion redemptor,
Et eis qui redeunt ab iniquitate in Iacob,
Dicit Dominus.
21 Hoc foedus meum cum eis,
Dicit Dominus:
Spiritus meus qui est in te,
Et verba mea quae posui in ore tuo,
Non recedent de ore tuo,
Et de ore seminis tui,
Et de ore seminis seminis tui,
Dicit Dominus, amodo et usque in sempiternum.

De gloria novae Ierusalem

60 1 Surge, illuminare, Ierusalem, quia venit lumen tuum,
Et gloria Domini super te orta est.
2 Quia ecce tenebrae operient terram,
Et caligo populos;
Super te autem orietur Dominus,
Et gloria eius in te videbitur.
3 Et ambulabunt gentes in lumine tuo,
Et reges in splendore ortus tui.
4 Leva in circuitu oculos tuos, et vide:
Omnes isti congregati sunt, venerunt tibi;
Filii tui de longe venient
Et filiae tuae de latere surgent.
5 Tunc videbis, et afflues,
Mirabitur et dilatabitur cor tuum,
Quando conversa fuerit ad te multitudo maris,
Fortitudo gentium venerit tibi.
6 Inundatio camelorum operiet te,
Dromedarii Madian et Epha;
Omnes de Saba venient,
Aurum et thus deferentes,
Et laudem Domino annuntiantes.
7 Omne pecus Cedar congregabitur tibi;
Arietes Nabaioth ministrabunt tibi:
Offerentur super placabili altari meo,
Et domum maiestatis meae glorificabo.
8 Qui sunt isti qui ut nubes volant,
Et quasi columbae ad fenestras suas?
9 Me enim insulae exspectant,
Et naves maris in principio,
Ut adducam filios tuos de longe;
Argentum eorum, et aurum eorum cum eis,
Nomini Domini Dei tui,
Et Sancto Israel, quia glorificavit te.
10 Et aedificabunt filii peregrinorum muros tuos,

5-117. — **8:** Prov 2,15; Is 48,22; 57,20-21; Ier 8,15. — **9:** Deut 31,17; Iob 31,26; Is 59,11. 14. — **10:** Deut 28,29; Iob 5,14; Lam 3,6; Am 8,9. — **11:** Is 38,14; Ier 8,15; Ez 7,16; Os 13, 8. — **12:** Ier 5,6; 12,7; Dan 9,5. — **13:** Is 48,8; Ier 2,19-21; 9,3-6. — **14:** Eccl 3,16; Is 10,1-2. — **15:** Ps 10,8; Sap 2,12-20; Hab 1,13. — **16:** Ps 97,1; Is 50,2; 51,18; 63,5. — **17:** Sap 5,19-20; Is 9,7; 61,10; Eph 6,13-17; 1 Thess 5,8. — **18:** Deut 32,41; Is 66,6; Ier 51,56. — **19:** Is 8,7; 45,6; Mal 1,11. — **20:** Is 35,4; Rom 11, 26-27. — **21:** Is 51,16; Ier 31,31-34; 32,39-40; Ez 39,29; Ioel 2,28; Io 14,16.

60 **1:** Is 2,5; 40,5; 52,1-2; 58,8; Ez 43, 4-5; Eph 5,14. — **2:** Mal 4,2. — **3:** Ps 71,11; Is 2,2-3; 11,10; 49,6. — **4:** Is 49,18. — **5:** Is 23,18; Agg 2,8-9. — **6:** Gen 25,4; 3 Reg 10,1; Ps 66,4-6; 71,10. — **7:** Gen 25,13; Is 21, 16; Agg 2,7-9; Rom 15,16. — **8:** Os 11,11. — **9:** Ps 67,30; Is 49,22; 51,5; 55,5. — **10:** Is 54,7-8;

Et reges eorum ministrabunt tibi;
In indignatione enim mea percussi te,
Et in reconciliatione mea misertus sum tui.
11 Et aperientur portae tuae iugiter;
Die ac nocte non claudentur,
Ut afferatur ad te fortitudo gentium,
Et reges earum adducantur.
12 Gens enim et regnum quod non servierit tibi peribit,
Et gentes solitudine vastabuntur.
13 Gloria Libani ad te veniet,
Abies, et buxus, et pinus simul
Ad ornandum locum sanctificationis meae;
Et locum pedum meorum glorificabo.
14 Et venient ad te curvi filii eorum qui humiliaverunt te,
Et adorabunt vestigia pedum tuorum omnes qui detrahebant tibi,
Et vocabunt te civitatem Domini,
Sion Sancti Israel.
15 Pro eo quod fuisti derelicta
Et odio habita,
Et non erat qui per te transiret,
Ponam te in superbiam saeculorum,
Gaudium in generationem et generationem;
16 Et suges lac gentium,
Et mamilla regum lactaberis,
Et scies quia ego Dominus salvans te,
Et redemptor tuus, Fortis Iacob.
17 Pro aere afferam aurum,
Et pro ferro afferam argentum,
Et pro lignis aes,
Et pro lapidibus ferrum,
Et ponam visitationem tuam pacem,
Et praepositos tuos iustitiam.
18 Non audietur ultra iniquitas in terra tua,
Vastitas et contritio in terminis tuis;
Et occupabit salus muros tuos,
Et portas tuas laudatio.
19 Non erit tibi amplius sol ad lucendum per diem,
Nec splendor lunae illuminabit te;
Sed erit tibi Dominus in lucem sempiternam,
Et Deus tuus in gloriam tuam.
20 Non occidet ultra sol tuus,
Et luna tua non minuetur,
Quia erit tibi Dominus in lucem sempiternam,
Et complebuntur dies luctus tui.
21 Populus autem tuus omnes iusti;
In perpetuum haereditabunt terram,
Germen plantationis meae,
Opus manus meae ad glorificandum.
22 Minimus erit in mille,
Et parvulus in gentem fortissimam.
Ego Dominus, in tempore eius
Subito faciam istud.

Servi Domini missio

61 1 Spiritus Domini super me,
Eo quod unxerit Dominus me;
Ad annuntiandum mansuetis misit me,
Ut mederer contritis corde,
Et praedicarem captivis indulgentiam,
Et clausis apertionem;
2 Ut praedicarem annum placabilem Domino,
Et diem ultionis Deo nostro;
Ut consolarer omnes lugentes,
3 Ut ponerem lugentibus Sion,
Et darem eis coronam pro cinere,
Oleum gaudii pro luctu,
Pallium laudis pro spiritu moeroris;
Et vocabuntur in ea fortes iustitiae,
Plantatio Domini ad glorificandum.
4 Et aedificabunt deserta a saeculo,
Et ruinas antiquas erigent,
Et instaurabunt civitates desertas,
Dissipatas in generationem et generationem.
5 Et stabunt alieni, et pascent pecora vestra,
Et filii peregrinorum agricolae et vinitores vestri erunt.
6 Vos autem sacerdotes Domini vocabimini,
Ministri Dei nostri, dicetur vobis;
Fortitudinem gentium comedetis,
Et in gloria earum superbietis.
7 Pro confusione vestra duplici
Et rubore, laudabunt partem suam;
Propter hoc in terra sua duplicia possidebunt,
Laetitia sempiterna erit eis.
8 Quia ego Dominus diligens iudicium,
Et odio habens rapinam in holocausto;
Et dabo opus eorum in veritate,
Et foedus perpetuum feriam eis.
9 Et scient in gentibus semen eorum,
Et germen eorum in medio populorum;
Omnes qui viderint eos cognoscent illos,
Quia isti sunt semen cui benedixit Dominus.
10 Gaudens gaudebo in Domino,
Et exsultabit anima mea in Deo meo,
Quia induit me vestimentis salutis,
Et indumento iustitiae circumdedit me,

Zach 6,15. — **11:** Apoc 21,25-26. — **12:** Is 54,15; Zach 14,17-19. — **13:** 1 Par 28,2; Is 35,2; 41,19; Ez 43,7. — **14:** Is 49,23; 62,2; Ez 43,7. — **15:** Ps 86,1-3; Is 61,7. — **16:** Is 49,23; 66,11-12. — **17:** 3 Reg 10,21.27; Is 55,13. — **18:** Is 11,9; 54,14. — **19:** Zach 14,16; Apoc 21,22; 22,5. — **20:** Is 65,19; Apoc 21,4. — **21:** Is 52,1; Ier 31,33-34. — **22:** Zach 12,8; Mich 4,7.

61 **1:** Is 11,2; 42,1; Lc 4,18-21. — **2:** Lev 25,9-13; Is 57,18; 63,4. — **3:** Ps 44,7; Is 60,21; 61,10; Zach 3,3-5. — **4:** Is 58,12; Ez 36,33-36; Am 9,14. — **5:** Is 14,2; 60,10. — **6:** Ex 19,6; Is 60,16; 66,12; 1 Petr 2,9. — **7:** Is 35,10; 40,2; Zach 2,8-9; 9,12. — **8:** Ps 10,8; Is 1,11.13; 55,3. — **9:** Is 65,23; Zach 8,13. **10:** Ps 131,9.16; Is 49,18; Hab 3,18; Apoc

Quasi sponsum decoratum corona,
Et quasi sponsam ornatam monilibus suis.
11 Sicut enim terra profert germen suum,
Et sicut hortus semen suum germinat,
Sic Dominus Deus germinabit iustitiam
Et laudem coram universis gentibus.

Salus Domini advenit

62 1 Propter Sion non tacebo,
Et propter Ierusalem non quiescam,
Donec egrediatur ut splendor iustus eius,
Et salvator eius ut lampas accendatur.
2 Et videbunt gentes iustum tuum,
Et cuncti reges inclytum tuum,
Et vocabitur tibi nomen novum,
Quod os Domini nominabit.
3 Et eris corona gloriae in manu Domini,
Et diadema regni in manu Dei tui.
4 Non vocaberis ultra Derelicta,
Et terra tua non vocabitur amplius Desolata;
Sed vocaberis Voluntas mea in ea,
Et terra tua Inhabitata,
Quia complacuit Domino in te;
Et terra tua inhabitabitur.
5 Habitabit enim iuvenis cum virgine,
Et habitabunt in te filii tui;
Et gaudebit sponsus super sponsam,
Et gaudebit super te Deus tuus.
6 Super muros tuos Ierusalem,
Constitui custodes; tota die et tota nocte
In perpetuum non tacebunt.
Qui reminiscimini Domini,
Ne taceatis,
7 Et ne detis silentium ei,
Donec stabiliat et donec ponat Ierusalem
Laudem in terra.
8 Iuravit Dominus in dextera sua,
Et in brachio fortitudinis suae:
Si dedero triticum tuum ultra
Cibum inimicis tuis;
Et si biberint filii alieni vinum tuum
In quo laborasti.
9 Quia qui congregant illud, comedent,
Et laudabunt Dominum;
Et qui comportant illud, bibent
In atriis sanctis meis.
10 Transite, transite per portas,
Praeparate viam populo,
Planum facite iter, eligite lapides,
Et elevate signum ad populos.
11 Ecce Dominus auditum fecit
In extremis terrae:
Dicite filiae Sion:
Ecce Salvator tuus venit;
Ecce merces eius cum eo,
Et opus eius coram illo.
12 Et vocabunt eos Populus sanctus,
Redempti a Domino;
Tu autem vocaberis: Quaesita civitas,
Et non derelicta.

Ultio de Edom

63 1 Quis est iste, qui venit de Edom,
Tinctis vestibus de Bosra?
Iste formosus in stola sua,
Gradiens in multitudine fortitudinis suae.
Ego qui loquor iustitiam,
Et propugnator sum ad salvandum.
2 Quare ergo rubrum est indumentum tuum,
Et vestimenta tua sicut calcantium in torculari?
3 Torcular calcavi solus,
Et de gentibus non est vir mecum;
Calcavi eos in furore meo,
Et conculcavi eos in ira mea;
Et aspersus est sanguis eorum super vestimenta mea,
Et omnia indumenta mea inquinavi.
4 Dies enim ultionis in corde meo,
Annus redemptionis meae venit.
5 Circumspexi, et non erat auxiliator;
Quaesivi, et non fuit qui adiuvaret;
Et salvavit mihi brachium meum,
Et indignatio mea ipsa auxiliata est mihi.
6 Et conculcavi populos in furore meo,
Et inebriavi eos in indignatione mea,
Et detraxi in terram virtutem eorum.

Oratio pro liberatione

7 Miserationum Domini recordabor,
Laudem Domini
Super omnibus quae reddidit nobis Dominus,
Et super multitudinem bonorum domui Israel,
Quae largitus est eis secundum indulgentiam suam,
Et secundum multitudinem misericordiarum suarum.
8 Et dixit: Verumtamen populus meus est,
Filii non negantes;
Et factus est eis salvator.
9 In omni tribulatione eorum non est tribulatus,
Et angelus faciei eius salvavit eos:

19,8; 21,2. || Epist.Gregorii IX: D 442. — **11:** Ps 71,3; Is 45,8; 60,18; Soph 3,20.

62 **1:** Ps 36,6; Is 60,2-3; 62,6-7. — **2:** Is 62,4.12; Ier 33,9. — **3:** Zach 3,5. — **4:** Ps 146,11; 149,4; Is 54,6-7; Ier 30,17. — **5:** Is 65,19; Ier 33,11; Soph 3,17. — **6:** Ier 6,17; Ez 3,17. — **7:** Is 60,18; Ez 36,37. — **8:** Is 65,21-23; Ez 20,5. — **9:** Deut 12,12; 14,23.26. — **10:** Is 40,3; 57,14. — **11:** Is 40,10; Zach 9,9. — **12:** Ez 34,11-16; 39,28-29; Os 1,10; 1 Petr 1,18-19.

63 **1:** Ps 44,4.19; 62,11; Is 34,6. — **2:** Lam 1,15. — **3:** Apoc 19,15. — **4:** Is 34,8; Os 9,7. — **5:** Ps 97,1; Is 59,16-18. — **6:** Is 49,26; Ier 25,15-17. — **7:** Ps 88,1; 144,7-9. — **8:** Ex 19,56; 1 Sam 12,22; Is 46,3-4. — **9:** Ex 14,19;

In dilectione sua et in indulgentia sua
Ipse redemit eos,
Et portavit eos, et elevavit eos
Cunctis diebus saeculi.
10 Ipsi autem ad iracundiam provocaverunt, et afflixerunt
Spiritum Sancti eius;
Et conversus est eis in inimicum,
Et ipse debellavit eos.
11 Et recordatus est dierum saeculi Moysi, et populi sui.
Ubi est qui eduxit eos de mari
Cum pastoribus gregis sui?
Ubi est qui posuit in medio eius
Spiritum Sancti sui;
12 Qui eduxit ad dexteram Moysen,
Brachio maiestatis suae;
Qui scidit aquas ante eos,
Ut faceret sibi nomen sempiternum;
13 Qui eduxit eos per abyssos,
Quasi equum in deserto
Non impingentem?
14 Quasi animal in campo descendens,
Spiritus Domini ductor eius fuit.
Sic adduxisti populum tuum,
Ut faceres tibi nomen gloriae.
15 Attende de caelo, et vide
De habitaculo sancto tuo, et gloriae tuae.
Ubi est zelus tuus, et fortitudo tua,
Multitudo viscerum tuorum et miserationum tuarum?
Super me continuerunt se.
16 Tu enim pater noster;
Et Abraham nescivit nos,
Et Israel ignoravit nos;
Tu, Domine, pater noster,
Redemptor noster, a saeculo nomen tuum.
17 Quare errare nos fecisti, Domine, de viis tuis;
Indurasti cor nostrum ne timeremus te?
Convertere propter servos tuos,
Tribus haereditatis tuae.
18 Quasi nihilum possederunt populum sanctum tuum,
Hostes nostri conculcaverunt sanctificationem tuam.
19 Facti sumus quasi in principio, cum non dominareris nostri,
Neque invocaretur nomen tuum super nos.

23,20-21; Deut 7,7-8; 32,10-12; Iud 10,16. — **10:** Num 14,11; Ps 77,56-64; Ez 15,24. — **11:** Ex 14,30; 32,11-12; Num 11,17.25. — **12:** Ex 14,21; Ios 3,16. — **13:** Ps 109,9. — **14:** 2 Sam 7,23; Is 63,12. — **15:** Deut 26,15; Ps 79,15. — **16:** Is 41,14; 49,15; 64,8. — **17:** Num 10,36; Deut 32,9; Ps 118,10; Is 6,10. — **18:** Deut 4,25-26; Ps 78,1; Ier 51,51. — **19:** Deut 28,10; Ier 14,2.

Desiderium revelationis Domini

64 1 Utinam dirumperes caelos, et descenderes;
A facie tua montes defluerent.
2 Sicut exustio ignis tabescerent,
Aquae arderent igni,
Ut notum fieret nomen tuum inimicis tuis,
A facie tua gentes turbarentur.
3 Cum feceris mirabilia, non sustinebimus.
Descendisti, et a facie tua montes defluxerunt.
4 A saeculo non audierunt, neque auribus perceperunt;
Oculus non vidit,
Deus, absque te, quae praeparasti exspectantibus te.
5 Occurristi laetanti, et facienti iustitiam;
In viis tuis recordabuntur tui.
Ecce tu iratus es, et peccavimus.
In ipsis fuimus semper, et salvabimur.
6 Et facti sumus ut immundus omnes nos,
Et quasi pannus menstruatae universae iustitiae nostrae;
Et cecidimus quasi folium universi,
Et iniquitates nostrae quasi ventus abstulerunt nos.
7 Non est qui invocet nomen tuum,
Qui consurgat, et teneat te.
Abscondisti faciem tuam a nobis,
Et allisisti nos in manu iniquitatis nostrae.
8 Et nunc, Domine, pater noster es tu,
Nos vero lutum; et fictor noster tu,
Et opera manuum tuarum omnes nos.
9 Ne irascaris, Domine, satis,
Et ne ultra memineris iniquitatis nostrae;
Ecce, respice, populus tuus omnes nos.
10 Civitas Sancti tui facta est deserta,
Sion deserta facta est,
Ierusalem desolata est.
11 Domus sanctificationis nostrae et gloriae nostrae,
Ubi laudaverunt te patres nostri,
Facta est in exustionem ignis,
Et omnia desiderabilia nostra versa sunt in ruinas.
12 Numquid super his continebis te, Domine;
Tacebis, et affliges nos vehementer?

64 **1:** Iud 5,5; Ps 17,9; 143,5; Mich 1, 4. — **2:** Ps 9,19-20; 78,10. — **3:** Ex 34,10; Deut 4,34; Ps 65,3.5. — **4:** Ps 30,20; 1 Cor 2, 9. — **5:** Deut 32,19; 2 Par 30,20-21; Is 26,8; Mich 7,7.9. — **6:** Ps 1,4; 895,-7; Is 59,12-15. ‖ Conc. Trid.: D 793. — **7:** Is 50,2; Ez 22,30; 24,23; Os 7,7. —**8:** Ps 99,3; Is 29,19; 63,16.— **9:** Deut 9,29; Ps 73,1-2; 78,8-9. — **10:** Ps 78,1; Lam 2,5; 5,18. — **11:** 2 Par 36,19; Ps 73,7. — **12:** Ps 82,1; Is 42,14; Zach 1,12.

Respondet Dominus populo deprecanti

65 [1] Quaesierunt me qui ante non interrogabant,
Invenerunt qui non quaesierunt me.
Dixi: Ecce ego, ecce ego,
Ad gentem quae non invocabat nomen meum.
[2] Expandi manus meas tota die
Ad populum incredulum,
Qui graditur in via non bona
Post cogitationes suas.
[3] Populus qui ad iracundiam provocat me
Ante faciem meam semper;
Qui immolant in hortis,
Et sacrificant super lateres;
[4] Qui habitant in sepulchris,
Et in delubris idolorum dormiunt;
Qui comedunt carnem suillam,
Et ius profanum in vasis eorum;
[5] Qui dicunt: Recede a me,
Non appropinques mihi, quia immundus es.
Isti fumus erunt in furore meo,
Ignis ardens tota die.
[6] Ecce scriptum est coram me.
Non tacebo, sed reddam,
Et retribuam in sinum eorum.
[7] Iniquitates vestras, et iniquitates patrum vestrorum simul,
Dicit Dominus;
Qui sacrificaverunt super montes,
Et super colles exprobraverunt mihi;
Et remetiar opus eorum primum
In sinu eorum.
[8] Haec dicit Dominus:
Quomodo si inveniatur granum in botro,
Et dicatur: Ne dissipes illud,
Quoniam benedictio est,
Sic faciam propter servos meos,
Ut non disperdam totum.
[9] Et educam de Iacob semen,
Et de Iuda possidentem montes meos;
Et haereditabunt eam electi mei,
Et servi mei habitabunt ibi.
[10] Et erunt campestria in caulas gregum,
Et vallis Achor in cubile armentorum,
Populo meo qui requisierunt me.
[11] Et vos qui dereliquistis Dominum,
Qui obliti estis montem sanctum meum,
Qui ponitis Fortunae mensam,
Et libatis super eam;
[12] Numerabo vos in gladio,
Et omnes in caede corruetis.
Pro eo quod vocavi, et non respondistis;
Locutus sum, et non audistis;
Et faciebatis malum in oculis meis,
Et quae nolui elegistis.
[13] Propter hoc haec dicit Dominus Deus:
Ecce servi mei comedent,
Et vos esurietis;
Ecce servi mei bibent,
Et vos sitietis;
[14] Ecce servi mei laetabuntur,
Et vos confundemini;
Ecce servi mei laudabunt prae exsultatione cordis,
Et vos clamabitis prae dolore cordis,
Et prae contritione spiritus ululabitis,
[15] Et dimittetis nomen vestrum in iuramentum electis meis;
Et interficiet te Dominus Deus,
Et servos suos vocabit nomine alio:
[16] In quo qui benedictus est super terram
Benedicetur in Deo amen.
Et qui iurat in terra
Iurabit in Deo amen;
Quia oblivioni traditae sunt angustiae priores,
Et quia absconditae sunt ab oculis meis.
[17] Ecce enim ego creo caelos novos,
Et terram novam;
Et non erunt in memoria priora,
Et non ascendent super cor.
[18] Sed gaudebitis et exsultabitis usque in sempiternum
In his quae ego creo,
Quia ecce ego creo Ierusalem exsultationem,
Et populum eius gaudium.
[19] Et exsultabo in Ierusalem,
Et gaudebo in populo meo,
Et non audietur in eo ultra
Vox fletus et vox clamoris.
[20] Non erit ibi amplius infans dierum,
Et senex qui non impleat dies suos,
Quoniam puer centum annorum morietur,
Et peccator centum annorum maledictus erit.
[21] Et aedificabunt domos, et habitabunt;
Et plantabunt vineas, et comedent fructus earum.
[22] Non aedificabunt, et alius habitabit;
Non plantabunt, et alius comedet:
Secundum enim dies ligni erunt dies populi mei,
Et opera manuum eorum inveterabunt.
[23] Electi mei non laborabunt frustra,
Neque generabunt in conturbatione,
Quia semen benedictorum Domini est,
Et nepotes eorum cum eis.

65 **1:** Is 45,22; 55,5; Rom 10,20. || Conc. Araus. II: D 176. — **2:** Prov 1,24; Ier 7,24; Bar 1,22. — **3:** Deut 32,21; Is 3,8; 66,17. — **4:** Lev 11,7; Is 66,17. — **5:** Deut 29,20; Prov 16,5; Mt 9,11; Lc 5,30. — **6:** Deut 32,34; Ps 49,3; 78,12. — **7:** Ex 20,5.27.28; Ez 20,27-28. — **8:** Is 6,13; Ioel 2,14. — **9:** Ps 36,29; Is 65,15.22; Ez 37,22. — **10:** Is 33,9; Os 2,15; Soph 2,6. — **11:** Ez 23,41; Dan 14,13.17.20. — **12:** Lev 26,25; Is 66,4. — **13:** Is 66,5.14; Mal 3,18. — **15:** Num 5,21; Is 62,2. — **16:** Deut 6,13; Is 45,23; 54,4; Ier 4,2. — **17:** Is 66,22; 2 Petr 3,13; Apoc 21,1. — **18:** Is 51,11; 60,15; Soph 3,14-15. — **19:** Is 62,4-5; Soph 3,17. — **20:** Iob 5,26; Prov 10,27; Eccl 8,12-13; Zach 8,4. — **21:** Deut 28,30; Is 62,8; Ier 31,5. — **22:** Ps 91,13-14. — **23:** Is 61,9; Ez 36,29-30. — **24:** Is 30,19; 58,9. — **25:** Gen 3,14; Is 11,6-9.

24 Eritque antequam clament, ego exaudiam;
Adhuc illis loquentibus, ego audiam.
25 Lupus et agnus pascentur simul,
Leo et bos comedent paleas,
Et serpenti pulvis panis eius.
Non nocebunt, neque occident
In omni monte sancto meo, dicit Dominus.

De nova Ierusalem et impiorum punitione

66 1 Haec dicit Dominus: Caelum sedes mea,
Terra autem scabellum pedum meorum.
Quae est ista domus quam aedificabitis mihi?
Et quis est iste locus quietis meae?
2 Omnia haec manus mea fecit,
Et facta sunt universa ista,
Dicit Dominus;
Ad quem autem respiciam, nisi ad pauperculum,
Et contritum spiritu, et trementem sermones meos?
3 Qui immolat bovem, quasi qui interficiat virum;
Qui mactat pecus, quasi qui excerebret canem;
Qui offert oblationem, quasi qui sanguinem suillum offerat;
Qui recordatur thuris, quasi qui benedicat idolo.
Haec omnia elegerunt in viis suis,
Et in abominationibus suis anima eorum delectata est.
4 Unde et ego eligam ilusiones eorum,
Et quae timebant adducam eis;
Quia vocavi, et non erat qui responderet;
Locutus sum, et non audierunt;
Feceruntque malum in oculis meis
Et quae nolui elegerunt.
5 Audite verbum Domini,
Qui tremitis ad verbum eius.
Dixerunt fratres vestri odientes vos,
Et abiicientes propter nomen meum:
Glorificetur Dominus,
Et videbimus in laetitia vestra;
Ipsi autem confundentur.
6 Vox populi de civitate,
Vox de templo,
Vox Domini
Reddentis retributionem inimicis suis.
7 Antequam parturiret peperit;
Antequam veniret partus eius,
Peperit masculum.
8 Quis audivit unquam tale?
Et quis vidit huic simile?
Numquid parturiet terra in die una,
Aut parietur gens simul,
Quia parturivit et peperit
Sion filios suos?
9 Numquid ego qui alios parere facio, ipse non pariam?
Dicit Dominus.
Si ego, qui generationem caeteris tribuo, sterilis ero?
Ait Dominus Deus tuus.
10 Laetamini cum Ierusalem,
Et exsultate in ea, omnes qui diligitis eam;
Gaudete cum ea gaudio,
Universi qui lugetis super eam;
11 Ut sugatis et repleamini
Ab ubere consolationis eius,
Ut mulgeatis et deliciis affluatis
Ab omnimoda gloria eius.
12 Quia haec dicit Dominus:
Ecce ego declinabo super eam quasi fluvium pacis,
Et quasi torrentem inundantem gloriam gentium,
Quam sugetis; ad ubera portabimini,
Et super genua blandientur vobis.
13 Quomodo si cui mater blandiatur,
Ita ego consolabor vos,
Et in Ierusalem consolabimini.
14 Videbitis, et gaudebit cor vestrum;
Et ossa vestra quasi herba germinabunt;
Et cognoscetur manus Domini servis eius,
Et indignabitur inimicis suis.
15 Quia ecce Dominus in igne veniet,
Et quasi turbo quadrigae eius,
Reddere in indignatione furorem suum,
Et increpationem suam in flamma ignis;
16 Quia in igne Dominus diiudicabit,
Et in gladio suo ad omnem carnem;
Et multiplicabuntur interfecti a Domino,
17 Qui sanctificabantur et mundos se putabant in hortis
Post ianuam intrinsecus,
Qui comedebant carnem suillam,
Et abominationem et murem:
Simul consumentur, dicit Dominus.
18 Ego autem opera eorum et cogitationes eorum
Venio ut congregem,
Cum omnibus gentibus et linguis;
Et venient, et videbunt gloriam meam.
19 Et ponam in eis signum,
Et mittam ex eis qui salvati fuerint, ad gentes
In mare, in Africam, et Lydiam, tendentes sagittam;
In Italiam et Graeciam,
Ad insulas longe,
Ad eos qui non audierunt de me,

66 **1**: 3 Reg 8,27; Act 7,49-50. — **2**: 1 Par 29,11; Iob 12,9; Is 57,15; Act 7,50. — **3**: Deut 23,18; Is 1,11; 65,4. — **4**: Is 65,12; Ier 7,13. — **5**: Is 5,19; Lc 6,22. — **6**: Is 26,21; 65,6-7. — **7**: Is 66,8. — **9**: Ps 93,9. — **10**: Is 65,18-19. — **11**: 1 Petr 2,2. — **12**: Is 48,18; 49,22; 60,4-11. — **13**: Is 51,3.12; 65,18. — **14**: Prov 3,8; Os 14,5-7; Io 16,22. — **15**: Ps 49,3; 96,3; Mal 3,1-2. — **16**: Is 27,1; 59,17-18. — **17**: Lev 11,7; Ps 103,35; Is 65,4. — **18**: Is 59,7. — **19**:

Et non viderunt gloriam meam.
Et annuntiabunt gloriam meam gentibus;
20 Et adducent omnes fratres vestros
De cunctis gentibus
Donum Domino,
In equis, et in quadrigis, et in lecticis,
Et in mulis, et in carrucis,
Ad montem sanctum meum
Ierusalem, dicit Dominus,
Quomodo si inferant filii Israel munus
In vase mundo in domum Domini.
21 Et assumam ex eis
In sacerdotes et levitas, dicit Dominus.
22 Quia sicut caeli novi,
Et terra nova, quae ego facio
Stare coram me, dicit Dominus,
Sic stabit semen vestrum et nomen vestrum.
23 Et erit mensis ex mense,
Et sabbatum ex sabbato;
Veniet omnis caro ut adoret coram facie mea,
Dicit Dominus.
24 Et egredientur, et videbunt cadavera
Virorum qui praevaricati sunt in me;
Vermis eorum non morietur,
Et ignis eorum non extinguetur;
Et erunt usque ad satietatem visionis omni carni.

Gen 10,2.4.13; 3 Reg 10,22; Is 11,10; 49,6; Mal 1,11; Rom 10,18. — **20:** Is 49,12.22; 60, 4. — **21:** Ex 19,5; Is 61,6; 1 Petr 2,9. — **22:** Is 59,21; 65,17; Ier 33,20-21; 2 Petr 3,15. — **23:** Ps 85,9; Zach 14,16. — **24:** Eccli 7,19; Is 34,10; 66,16-17; Mc 9,43; Apoc 21,8.

PROPHETIA IEREMIAE

SUMMARIUM *EXORDIUM (1): Libri inscriptio (1,1-3). Ieremiae vocatio ad ministerium propheticum (1,4-19).*—PARS PRIMA: ORACULA DE REPROBATIONE IUDAE *(2-20): Populi apostasia (2,1-4,4). Punitio Iudae per hostes invasores (4,5-6,30). Vana populi fiducia in templo (7,1-8,3). Vana quoque in sapientia Legis fiducia (8,4-9,26). Vanitas idolorum (10). In foederis violatores (11,1-17). Coniuratio contra Ieremiam (11,18-12,17). Vaticinia symbolica (13). Oratio prophetae a Domino reiicitur (14-15). Prophetae coelibatus praefigurat desolationem populi (16,1-17,18). De sanctificatione sabbati (17,19-27). Oracula symbolica (18-19). Ieremiae lamentatio (20).*—PARS SECUNDA: ORACULA DE EXITIO IERUSALEM ET IUDAE *(21-29): Prophetae responsio regi Sedeciae (21-23). Visio calathorum (24). Praenuntiatur captivitas babylonica (25). Ieremiae periculum a sacerdotibus et populo (26). Ieremias contra falsos prophetas (27-29).*—PARS TERTIA: ORACULA DE SALUTE MESSIANICA *(30-33): Vaticinium de populi restitutione (30-31). Agri emptio symbolum restitutionis populi (32-33).*—PARS QUARTA: ULTIMA VATICINIA ET PROPHETAE SORS *(34-35): Populi captivitas denuntiatur regi Sedeciae (34). Rechabitae populo exemplum (35). Liber vaticiniorum Ieremiae (36). Ieremias in carcere detentus consulitur a rege (37-38). Ieremias liber in civitatis expugnatione (39). Ieremias apud Godoliam, qui a seditiosis interficitur (40-41). Ieremias in Aegyptum ductus (42-45)* PARS QUINTA: VATICINIA IN GENTES *(46-51): In Aegyptum (46). In Palaestinos et Moabitas (47-48). In Ammon, Idumaeam, Damascum, Arabiam et Aelam (49). In Babylonem (50-51).* APPENDIX HISTORICA *(52)*

EXORDIUM

(1,1-19)

Libri inscriptio

1 1 Verba Ieremiae, filii Helciae, de
sacerdotibus qui fuerunt in Anathoth,
in terra Beniamin. 2 Quod factum est verbum Domini ad eum in diebus Iosiae,
filii Amon, regis Iuda, in tertio decimo
anno regni eius. 3 Et factum est in diebus
Ioakim, filii Iosiae, regis Iuda, usque ad consummationem undecimi anni Sedeciae, filii Iosiae, regis Iuda, usque ad transmigrationem Ierusalem, in mense quinto.

Ieremiae ad munus propheticum vocatio

4 Et factum est verbum Domini ad me, dicens:

1 **1:** Ios 21,18; Ier 32,7-9. — **2:** Ier 25,3. — **3:** Ier 25,1; 39,2; 52,12-15. — **4:** Num 12,

5 Priusquam te formarem in utero, novi te;
Et antequam exires de vulva, sanctificavi te,
Et prophetam in gentibus dedi te.
6 Et dixi:
A, a, a, Domine Deus, ecce nescio loqui,
Quia puer ego sum.
7 Et dixit Dominus ad me:
Noli dicere: Puer sum;
Quoniam ad omnia quae mittam te ibis,
Et universa quaecumque mandavero tibi loqueris.
8 Ne timeas a facie eorum,
Quia tecum ego sum ut eruam te,
Dicit Dominus.
9 Et misit Dominus manum suam, et
tetigit os meum, et dixit Dominus ad me:
Ecce dedi verba mea in ore tuo;
10 Ecce constitui te hodie
Super gentes et super regna,
Ut evellas, et destruas,
Et disperdas, et dissipes,
Et aedifices, et plantes.
11 Et factum est verbum Domini ad me,
dicens:
Quid tu vides, Ieremia?
Et dixi:
Virgam vigilantem ego video.
12 Et dixit Dominus ad me:
Bene vidisti; quia vigilabo ego
Super verbo meo, ut faciam illud.
13 Et factum est verbum Domini secun-
do ad me, dicens:
Quid tu vides?
Et dixi:
Ollam succensam ego video,
Et faciem eius a facie aquilonis.
14 Et dixit Dominus ad me:
Ab aquilone pandetur malum
Super omnes habitatores terrae;
15 Quia ecce ego convocabo
Omnes cognationes regnorum aquilonis,
Ait Dominus;
Et venient, et ponent unusquisque solium suum
In introitu portarum Ierusalem,
Et super omnes muros eius in circuitu,
Et super universas urbes Iuda;
16 Et loquar iudicia mea cum eis
Super omnem malitiam eorum qui dereliquerunt me,
Et libaverunt diis alienis.
Et adoraverunt opus manuum suarum.
17 Tu ergo, accinge lumbos tuos,
Et surge, et loquere ad eos
Omnia quae ego praecipio tibi.
Ne formides a facie eorum,
Nec enim timere te faciam vultum eorum.
18 Ego quippe dedi te hodie in civitatem munitam,
Et in columnam ferream,
Et in murum aereum,
Super omnem terram,
Regibus Iuda, principibus eius,
Et sacerdotibus, et populo terrae.
19 Et bellabunt adversum te,
Et non praevalebunt,
Quia ego tecum sum, ait Dominus, ut liberem te.

PARS PRIMA

ORACULA DE REPROBATIONE IUDAE
(2,1-20,18)

Magna Israel perfidia in Deum

2 1 Et factum est verbum Domini ad me, dicens:
2 Vade, et clama in auribus Ierusalem, dicens:
Haec dicit Dominus:
Recordatus sum tui, miserans adolescentiam tuam,
Et charitatem desponsationis tuae,
Quando secuta es me in deserto,
In terra quae non seminatur.
3 Sanctus Israel Domino,
Primitiae frugum eius:
Omnes qui devorant eum delinquunt;
Mala venient super eos,
Dicit Dominus.
4 Audite verbum Domini, domus Iacob,
Et omnes cognationes domus Israel.
5 Haec dicit Dominus:
Quid invenerunt patres vestri in me iniquitatis,
Quia elongaverunt a me,
Et ambulaverunt post vanitatem,
Et vani facti sunt?
6 Et non dixerunt: Ubi est Dominus
Qui ascendere nos fecit de terra Aegypti;
Qui traduxit nos per desertum,
Per terram inhabitabilem et inviam,
Per terram sitis, et imaginem mortis,
Per terram in qua non ambulavit vir,
Neque habitavit homo?
7 Et induxi vos in terram Carmeli,
Ut comederetis fructum eius et optima illius;
Et ingressi contaminastis terram meam,
Et haereditatem meam posuistis in abominationem.

6. — **5:** Is 13,13; 49,1.5; Gal 1,15-16. — **6:** Ex 4,10; 3 Reg 3,7. — **7:** Ex 7,2; Ez 3,17. — **8:** Ier 1,17; Ez 2,6; 3,9. — **9:** 2 Sam 23,2; Is 6,7; Ier 5, 14. — **10:** Ier 18,7; 2 Cor 10,4-5. — **11:** Ier 1,12; Am 8,2. — **12:** Ez 12,25.28. — **13:** Ez 14,3.7; 24,3. — **14:** Ier 4,6; 6,1. — **15:** Ier 5,15; 6,22. — **16:** Is 2,8; Ier 4,12; 15,6; 17,13. — **17:** 3 Reg 18,46; Ier 1,8; 7,27. — **18:** Ier 6,27; 15,20; Ez 3,8-9; Mich 3,8.

2 **1:** Ier 1,4. — **2:** Deut 2,7; 32,9-12; Ier 3, 4; Ez 16,6-7; Os 11,1. — **3:** Ex 4,22; Deut 7,6; 14,2; Ier 12,14; 50,17-18. — **5:** Is 5,4; Ier 10,8; Mich 6,3. — **6:** Ex 20,2-3; Deut 8,14-16; 32, 9-12; Is 63,11-13. — **7:** Lev 18,24-25; Deut 8,

8 Sacerdotes non dixerunt: Ubi est Dominus?
Et tenentes legem nescierunt me,
Et pastores praevaricati sunt in me:
Et prophetae prophetaverunt in Baal,
Et idola secuti sunt.
9 Propterea adhuc iudicio contendam vobiscum,
Ait Dominus, et cum filiis vestris disceptabo.
10 Transite ad insulas Cethim, et videte;
Et in Cedar mittite, et considerate vehementer;
Et videte si factum est huiuscemodi:
11 Si mutavit gens deos suos,
Et certe ipsi non sunt dii;
Populus vero meus mutavit gloriam suam in idolum.
12 Obstupescite, caeli, super hoc,
Et portae eius, desolamini vehementer, dicit Dominus.
13 Duo enim mala fecit populus meus:
Me dereliquerunt fontem aquae vivae,
Et foderunt sibi cisternas, cisternas dissipatas,
Quia continere non valent aquas.
14 Numquid servus est Israel, aut vernaculus?
Quare ergo factus est in praedam?
15 Super eum rugierunt leones,
Et dederunt vocem suam;
Posuerunt terram eius in solitudinem,
Civitates eius exustae sunt,
Et non est qui habitet in eis.
16 Filii quoque Mempheos et Taphnes
Constupraverunt te usque ad verticem.
17 Numquid non istud factum est tibi,
Quia dereliquisti Dominum Deum tuum
Eo tempore quo ducebat te per viam?
18 Et nunc quid tibi vis in via Aegypti,
Ut bibas aquam turbidam?
Et quid tibi cum via Assyriorum,
Ut bibas aquam fluminis?
19 Arguet te malitia tua,
Et aversio tua increpabit te.
Scito et vide, quia malum et amarum est
Reliquisse te Dominum Deum tuum,
Et non esse timorem mei apud te,
Dicit Dominus Deus exercituum.
20 A saeculo confregisti iugum meum,
Rupisti vincula mea;
Et dixisti: Non serviam.
In omni enim colle sublimi,
Et sub omni ligno frondoso,
Tu prosternebaris meretrix.
21 Ego autem plantavi te vineam electam,
Omne semen verum;
Quomodo ergo conversa es mihi in pravum,
Vinea aliena?
22 Si laveris te nitro,
Et multiplicaveris tibi herbam borith,
Maculata es in iniquitate tua coram me,
Dicit Dominus Deus.
23 Quomodo dicis: Non sum polluta,
Post Baalim non ambulavi?
Vide vias tuas in convalle,
Scito quid feceris:
Cursor levis explicans vias suas.
24 Onager assuetus in solitudine,
In desiderio animae suae attraxit ventum amoris sui;
Nullus avertet eam,
Omnes qui quaerunt eam non deficient;
In menstruis eius invenient eam.
25 Prohibe pedem tuum a nuditate,
Et guttur tuum a siti.
Et dixisti: Desperavi, nequaquam faciam;
Adamavi quippe alienos,
Et post eos ambulabo.

Huius perfidiae sequela

26 Quomodo confunditur fur quando deprehenditur,
Sic confusi sunt domus Israel,
Ipsi et reges eorum, principes,
Et sacerdotes, et prophetae eorum,
27 Dicentes ligno: Pater meus es tu;
Et lapidi: Tu me genuisti.
Verterunt ad me tergum et non faciem,
Et in tempore afflictionis suae dicent:
Surge, et libera nos.
28 Ubi sunt dii tui quos fecisti tibi?
Surgant, et liberent te in tempore afflictionis tuae;
Secundum numerum quippe civitatum tuarum erant dii tui, Iuda!
29 Quid vultis mecum iudicio contendere?
Omnes dereliquistis me, dicit Dominus.
30 Frustra percussi filios vestros,
Disciplinam non receperunt;
Devoravit gladius vester prophetas vestros:
Quasi leo vastator 31 generatio vestra.
Videte verbum Domini:
Numquid solitudo factus sum Israeli,
Aut terra serotina?
Quare ergo dixit populus meus: Recessimus,
Non veniemus ultra ad te?
32 Numquid obliviscetur virgo ornamenti sui,

7-10; 32,13-14. — **8:** Ier 8,8-10; 23,1.13; Hab 2,18. — **9:** Ex 20,15; Lev 20,5; Ier 2,35. — **10:** Gen 25,13; Is 23,1.12. — **11:** Ps 105,20; Ier 16,20; Mich 4,5. — **12:** Deut 32,1; Is 1,2. — **13:** Ps 35,9; Is 1,4; Ier 17,13. — **14:** Ex 4,22. — **15:** Ier 4,7; 5,6; 9,11. — **16:** Is 31,3; Ier 44,1; 46, 14. — **17:** Ier 2,13.19; 4,18; 30,15. — **18:** Gen 15,18; Ios 13,3; 2 Par 28,16.20; Ier 2,36. — **19:** Prov 5,22; Is 3,9; Os 5,5. — **20:** Iud 10,6; Ier 2,31; 3,6.13. — **21:** Ex 15,17; Ps 79,9; Is 5, 4. — **22:** Iob 9,30; Ier 17,1. — **23:** Prov 30,12; Ier 2,35; 7,31. — **24:** Iob 39,8-11; Ier 3,2; 14,6. — **25:** Ier 3,18; 8,6; 18,12. — **26:** Ps 96, 7; Ier 48,27; Rom 6,21. — **27:** Is 26,16; 41,17. 19; Ier 3,9; Os 5,15. — **28:** Deut 32,38; Iud 10,14; Ier 11,13. — **29:** Iob 9,3; Ier 2,23.35. — **30:** Neh 9,26; Is 1,5; Ier 5,3; 14,12. — **31:** Ier 2,5-7; 5,5.23. — **32:** Deut 32,18; Ier 13,25. —

Aut sponsa fasciae pectoralis suae?
Populus vero meus oblitus est mei diebus innumeris.
33 Quid niteris bonam ostendere viam tuam,
Ad quaerendam dilectionem,
Quae insuper et malitias tuas docuisti vias tuas,
34 Et in alis tuis inventus est
Sanguis animarum pauperum et innocentium?
Non in fossis inveni eos,
Sed in omnibus quae supra memoravi.
35 Et dixisti: Absque peccato et innocens ego sum,
Et propterea avertatur furor tuus a me.
Ecce ego iudicio contendam tecum,
Eo quod dixeris: Non peccavi.
36 Quam vilis facta es nimis, iterans vias tuas!
Et ab Aegypto confunderis,
Sicut confusa es ab Assur.
37 Nam et ab ista egredieris,
Et manus tuae erunt super caput tuum,
Quoniam obtrivit Dominus confidentiam tuam;
Et nihil habebis prosperum in ea.

3 1 Vulgo dicitur: Si dimiserit vir uxorem suam,
Et recedens ab eo,
Duxerit virum alterum, numquid revertetur ad eam ultra?
Numquid non polluta et contaminata erit mulier illa?
Tu autem fornicata es cum amatoribus multis;
Tamen revertere ad me, dicit Dominus,
Et ego suscipiam te.
2 Leva oculos tuos in directum,
Et vide ubi non prostrata sis.
In viis sedebas,
Exspectans eos quasi latro in solitudine;
Et polluisti terram in fornicationibus tuis, et in malitiis tuis.
3 Quamobrem prohibitae sunt stillae pluviarum,
Et serotinus imber non fuit.
Frons mulieris meretricis facta est tibi,
Noluisti erubescere.
4 Ergo amodo saltem voca me:
Pater meus, dux virginitatis meae tu es;
5 Numquid irasceris in perpetuum,
Aut perseverabis in finem?
Ecce locuta es, et fecisti mala, et potuisti.

Salutem obtinebunt si convertuntur ad Dominum

6 Et dixit Dominus ad me in diebus Iosiae regis:
Numquid vidisti quae fecerit aversatrix Israel?
Abiit sibimet super omnem montem excelsum,
Et sub omni ligno frondoso, et fornicata est ibi;
7 Et dixi, cum fecisset haec omnia:
Ad me revertere;
Et non est reversa.
Et vidit praevaricatrix soror eius, Iuda,
8 Quia pro eo quod moechata esset aversatrix Israel,
Dimisissem eam,
Et dedissem ei libellum repudii;
Et non timuit praevaricatrix Iuda, soror eius,
Sed abiit, et fornicata est etiam ipsa;
9 Et facilitate fornicationis suae contaminavit terram,
Et moechata est cum lapide et ligno;
10 Et in omnibus his non est reversa ad me
Praevaricatrix soror eius, Iuda,
In toto corde suo, sed in mendacio,
Ait Dominus.
11 Et dixit Dominus ad me:
Iustificavit animam suam aversatrix Israel,
Comparatione praevaricatricis Iudae.
12 Vade, et clama sermones istos contra aquilonem, et dices:
Revertere, aversatrix Israel, ait Dominus,
Et non avertam faciem meam a vobis,
Quia Sanctus ego sum, dicit Dominus,
Et non irascar in perpetuum.
13 Verumtamen scito iniquitatem tuam,
Quia in Dominum Deum tuum praevaricata es,
Et dispersisti vias tuas alienis sub omni ligno frondoso,
Et vocem meam non audisti, ait Dominus.
14 Convertimini, filii revertentes, dicit Dominus,
Quia ego vir vester;
Et assumam vos unum de civitate,
Et duos de cognatione,
Et introducam vos in Sion.
15 Et dabo vobis pastores iuxta cor meum,
Et pascent vos scientia et doctrina.
16 Cumque multiplicati fueritis,
Et creveritis in terra in diebus illis, ait Dominus,

33: Os 2,5.13. — **34:** Ier 7,31; 18,12. — **35:** Prov 28,13; Ier 2,9.23.29. — **36:** 2 Par 28,16-21; Ier 2,18; 31,32. — **37:** 2 Sam 13,19; Lam 4,17.

3 **1:** Deut 24,1-4; Ier 3,12-14; Ez 16,26.28. — **2:** Prov 27,28; Ier 2,20; Ez 16,24-25. — **3:** Lev 26,19; Deut 28,24; Ier 6,15. — **4:** Os 2,15; 5,15. — **5:** Ier 8,5-6; Os 7,14. — **6:** Deut 12,2; Ier 2,20; 3,11-12. — **7:** Ez 16,46; 23,2.4; Os 4,13. — **8:** 4 Reg 17,6.18-19; Ez 23,11. — **9:** Ier 2,7.27. — **10:** 2 Par 34,23. — **11:** Ez 16,51; 23,11. — **12:** Deut 4,29-31. — **13:** Lev 26,40; Ier 2,20.25. — **14:** Is 10,21-22; 31,32; 55,7; Ier 23,3. — **15:** Ez 34,23; Io 21,15.— **16:** Is 65,17; Ez 48,35. — **17:** Is 2,2; 11,8-9.—**18:**

Non dicent ultra:
Arca testamenti Domini;
Neque ascendet super cor, neque recordabuntur illius,
Nec visitabitur, nec fiet ultra.
17 In tempore illo vocabunt Ierusalem solium Domini;
Et congregabuntur ad eam omnes gentes
In nomine Domini in Ierusalem,
Et non ambulabunt post pravitatem cordis sui pessimi.
18 In diebus illis ibit domus Iuda ad domum Israel,
Et venient simul de terra aquilonis
Ad terram quam dedi patribus vestris.
19 Ego autem dixi:
Quomodo ponam te in filios,
Et tribuam tibi terram desiderabilem,
Haereditatem praeclaram exercituum gentium?
Et dixi: Patrem vocabis me,
Et post me ingredi non cessabis.
20 Sed quomodo si contemnar mulier amatorem suum,
Sic contempsit me domus Israel, dicit Dominus.
21 Vox in viis audita est,
Ploratus et ululatus filiorum Israel,
Quoniam iniquam fecerunt viam suam,
Obliti sunt Domini Dei sui.
22 Convertimini, filii revertentes,
Et sanabo aversiones vestras.
Ecce nos venimus ad te;
Tu enim es Dominus Deus noster.
23 Vere mendaces erant colles
Et multitudo montium;
Vere in Domino Deo nostro salus Israel.
24 Confusio comedit laborem patrum nostrorum ab adolescentia nostra,
Greges eorum, et armenta eorum,
Filios eorum, et filias eorum.
25 Dormiemus in confusione nostra,
Et operiet nos ignominia nostra,
Quoniam Domino Deo nostro peccavimus nos, et patres nostri,
Ab adolescentia nostra usque ad diem hanc,
Et non audivimus vocem Domini Dei nostri.

4 1 Si reverteris, Israel, ait Dominus,
Ad me convertere;
Si abstuleris offendicula tua a facie mea,
Non commoveberis.
2 Et iurabis: Vivit Dominus!
In veritate, et in iudicio, et in iustitia;
Et benedicent eum gentes,
Ipsumque laudabunt.
3 Haec enim dicit Dominus viro Iuda et Ierusalem:
Novate vobis novale,
Et nolite serere super spinas.
4 Circumcidimini Domino,
Et auferte praeputia cordium vestrorum,
Viri Iuda, et habitatores Ierusalem,
Ne forte egrediatur ut ignis indignatio mea,
Et succendatur, et non sit qui extinguat,
Propter malitiam cogitationum vestrarum.

Punitio Iudae imminens

5 Annuntiate in Iuda, et in Ierusalem auditum facite;
Loquimini, et canite tuba in terra,
Clamate fortiter, et dicite:
Congregamini, et ingrediamur civitates munitas.
6 Levate signum in Sion,
Confortamini, nolite stare,
Quia malum ego adduco ab aquilone,
Et contritionem magnam.
7 Ascendit leo de cubili suo,
Et praedo gentium se levavit:
Egressus est de loco suo ut ponat terram tuam in solitudinem;
Civitates tuae vastabuntur,
Remanentes absque habitatore.
8 Super hoc accingite vos ciliciis,
Plangite, et ululate,
Quia non est aversa ira furoris Domini a nobis.
9 Et erit in die illa, dicit Dominus:
Peribit cor regis, et cor principum;
Et obstupescent sacerdotes,
Et prophetae consternabuntur.
10 Et dixi: Heu! heu! heu! Domine Deus,
Ergone decepisti populum istum et Ierusalem,
Dicens: Pax erit vobis;
Et ecce pervenit gladius usque ad animam?
11 In tempore illo dicetur populo huic et Ierusalem:
Ventus urens in viis quae sunt in deserto viae filiae populi mei,
Non ad ventilandum et ad purgandum.
12 Spiritus plenus ex his veniet mihi,
Et nunc ego loquar iudicia mea cum eis.
13 Ecce quasi nubes ascendet;
Et quasi tempestas currus eius,
Velociores aquilis equi illius.
Vae nobis! quoniam vastati sumus.
14 Lava a malitia cor tuum, Ierusalem, ut salva fias;

Ier 30,3; 31,8. — **19:** Is 63,16; Ier 31,9.20; 32, 39-40. — **20:** Ier 5,11; Os 2,2. — **21:** Prov 10, 9; Ier 31,18. — **22:** Ier 2,14; Os 3,5. — **23:** Ier 14,8. — **24:** Os 2,8-9; 9,10-16. — **25:** Ier 16, 11-12; 22,21.

4 **1:** Ier 3,12-14; 25,5-6. — **2:** Gen 22,18; Deut 10,20; Is 65,16; Ier 12,16. — **3:** Os 10,12; Mt 13,7.22. — **4:** Deut 10,16; Ier 9,26; 21,12. — **5:** Ier 6,1; 8,14. — **6:** Ier 1,13-15; 6, 1.22. — **7:** Ier 2,15; 5,6; 9,11. — **8:** Num 25,4; Is 5,25; Ier 6,26. — **9:** Ier 2,26-27; 5,31. — **10:** Ier 5,12; 6,14; Ez 14,9. — **11:** Ier 8,19; 9,1. — **12:** Ier 1,16; Ez 5,8. — **13:** Deut 4,31; 28,49; Is 5,28. — **14:** Ps 50,4.9; Is 1,16. — **15:** Ier 8,

Usquequo morabuntur in te cogitationes noxiae?
15 Vox enim annuntiantis a Dan,
Et notum facientis idolum de monte Ephraim.
16 Dicite gentibus: Ecce auditum est in Ierusalem
Custodes venire de terra longinqua,
Et dare super civitates Iuda vocem suam;
17 Quasi custodes agrorum facti sunt super eam in gyro,
Quia me ad iracundiam provocavit, dicit Dominus.
18 Viae tuae et cogitationes tuae fecerunt haec tibi;
Ista malitia tua, quia amara,
Quia tetigit cor tuum.
19 Ventrem meum, ventrem meum doleo,
Sensus cordis mei turbati sunt in me;
Non tacebo, quoniam vocem buccinae audivit anima mea,
Clamorem praelii.
20 Contritio super contritionem vocata est;
Et vastata est omnis terra,
Repente vastata sunt tabernacula mea,
Subito pelles meae.
21 Usquequo videbo fugientem,
Audiam vocem buccinae?
22 Quia stultus populus meus me non cognovit.
Filii insipientes sunt et vecordes;
Sapientes sunt ut faciant mala,
Bene autem facere nescierunt.
23 Aspexi terram, et ecce vacua erat et nihili;
Et caelos, et non erat lux in eis.
24 Vidi montes, et ecce movebantur;
Et omnes colles conturbati sunt.
25 Intuitus sum, et non erat homo;
Et omne volatile caeli recessit.
26 Aspexi, et ecce Carmelus desertus,
Et omnes urbes eius destructae sunt a facie Domini,
Et a facie irae furoris eius.
27 Haec enim dicit Dominus:
Deserta erit omnis terra,
Sed tamen consummationem non faciam.
28 Lugebit terra, et moerebunt caeli desuper,
Eo quod locutus sum.
Cogitavi, et non poenituit me,
Nec aversus sum ab eo.
29 A voce equitis et mittentis sagittam fugit omnis civitas;
Ingressi sunt ardua, et ascenderunt rupes;
Universae urbes derelictae sunt,
Et non habitat in eis homo.
30 Tu autem vastata, quid facies?
Cum vestieris te coccino,
Cum ornata fueris monili aureo,
Et pinxeris stibio oculos tuos,
Frustra componeris;
Contempserunt te amatores tui,
Animam tuam quaerent.
31 Vocem enim quasi parturientis audivi,
Angustias ut puerperae;
Vox filiae Sion intermorientis,
Expandentisque manus suas:
Vae mihi quia defecit anima mea propter interfectos!

Universalis corruptio Ierusalem

5 1 Circuite vias Ierusalem,
Et aspicite, et considerate,
Et quaerite in plateis eius
An inveniatis virum facientem iudicium,
Et quaerentem fidem;
Et propitius ero ei.
2 Quod si etiam, Vivit Dominus, dixerint,
Et hoc falso iurabunt.
3 Domine, oculi tui respiciunt fidem;
Percussisti eos, et non doluerunt;
Attrivisti eos, et renuerunt accipere disciplinam;
Induraverunt facies suas supra petram,
Et noluerunt reverti.
4 Ego autem dixi: Forsitan pauperes sunt et stulti,
Ignorantes viam Domini,
Iudicium Dei sui.
5 Ibo igitur ad optimates, et loquar eis;
Ipsi enim cognoverunt viam Domini,
Iudicium Dei sui;
Et ecce magis hi simul confregerunt iugum,
Ruperunt vincula.
6 Idcirco percussit eos leo de silva,
Lupus ad vesperam vastavit eos;
Pardus vigilans super civitates eorum;
Omnis qui egressus fuerit ex eis capietur,
Quia multiplicatae sunt praevaricationes eorum,
Confortatae sunt aversiones eorum.
7 Super quo propitius tibi esse potero?
Filii tui dereliquerunt me,
Et iurant in his qui non sunt dii.
Saturavi eos, et moechati sunt,
Et in domo meretricis luxuriabantur.
8 Equi amatores et emissarii facti sunt;
Unusquisque ad uxorem proximi sui hinniebat.
9 Numquid super his non visitabo, dicit Dominus,

16. — **16:** Ier 5,15; 6,18; Ez 21,27. — **17:** Ier 6,3; Lam 1,18. — **18:** Ier 2,17.19; Lam 3,13.15. — **19:** Is 16,11; Ier 4,5; 9,1. — **20:** Ier 10,20; Ez 7,26. — **21:** Ier 4,19. — **22:** Deut 32,6.28; Os 4,1; Rom 16,19. — **23:** Is 4,28; 24,1.3; Ez 32,7-8. — **24:** Is 5,25. — **25:** Soph 1,3. — **26:** Lev 26,31; Ier 25,11. — **27:** Ier 4,29; 5,18. **28:** Num 23,19; Is 24,4; 50,3. — **29:** Ier 4,13.16. — **30:** Is 10,3; 22,20.22; Ez 23,22-30. — **31:** Ier 6,24; 14,18; Lam 1-17.

5 **1:** Gen 18,23; Ier 5,7. — **2:** Ier 4,2; 7,9. — **3:** 2 Par 16,9; Is 48,4; Ier 2,30; Agg 1,18. **4:** Ier 8,7. — **5:** Ier 6,13; Mich 3,1. — **6:** Ier 2,15; 30,15; Os 13,7. — **7:** 4 Reg 23,7; Ier 4,2; 9,2; 23,10. — **8:** Ier 13,27. — **9:** Ier 5,29. — **10:**

Et in gente tali non ulciscetur anima mea?
10 Ascendite muros eius, et dissipate,
Consummationem autem nolite facere;
Auferte propagines eius,
Quia non sunt Domini.
11 Praevaricatione enim praevaricata est in me
Domus Israel, et domus Iuda, ait Dominus.
12 Negaverunt Dominum, et dixerunt:
Non est ipse; neque veniet super nos malum;
Gladium et famem non videbimus.
13 Prophetae fuerunt in ventum locuti,
Et responsum non fuit in eis.
Haec ergo evenient illis.
14 Haec dicit Dominus Deus exercituum:
Quia locuti estis verbum istud,
Ecce ego do verba mea in ore tuo in ignem,
Et populum istum in ligna,
Et vorabit eos.
15 Ecce ego adducam super vos gentem de longinquo,
Domus Israel, ait Dominus,
Gentem robustam,
Gentem antiquam,
Gentem cuius ignorabis linguam,
Nec intelliges quid loquatur.
16 Pharetra eius quasi sepulchrum patens,
Universi fortes.
17 Et comedet segetes tuas et panem tuum,
Devorabit filios tuos et filias tuas,
Comedet gregem tuum et armenta tua,
Comedet vineam tuam et ficum tuam,
Et conteret urbes munitas tuas,
In quibus tu habes fiduciam, gladio.
18 Veruntamen in diebus illis, ait Dominus,
Non faciam vos in consummationem.
19 Quod si dixeritis:
Quare fecit nobis Dominus Deus noster haec omnia?
Dices ad eos:
Sicut dereliquistis me,
Et servistis deo alieno in terra vestra,
Sic servietis alienis in terra non vestra.
20 Annuntiate hoc domui Iacob,
Et auditum facite in Iuda, dicentes:
21 Audi, popule stulte, qui non habes cor;
Qui habentes oculos, non videtis
Et aures, et non auditis.
22 Me ergo non timebitis, ait Dominus,
Et a facie mea non dolebitis:
Qui posui arenam terminum mari,
Praeceptum sempiternum quod non praeteribit;
Et commovebuntur, et non poterunt:
Et intumescent fluctus eius, et non transibunt illud?
23 Populo autem huic factum est cor incredulum et exasperans;
Recesserunt, et abierunt.
24 Et non dixerunt in corde suo:
Metuamus Dominum Deum nostrum,
Qui dat nobis pluviam temporaneam et serotinam in tempore suo,
Plenitudinem annuae messis custodientem nobis.
25 Iniquitates vestrae declinaverunt haec,
Et peccata vestra prohibuerunt bonum a vobis,
26 Quia inventi sunt in populo meo impii insidiantes quasi aucupes.
Laqueos ponentes et pedicas ad capiendos viros.
27 Sicut decipula plena avibus,
Sic domus eorum plenae dolo:
Ideo magnificati sunt et ditati.
28 Incrassati sunt et impinguati,
Et praeterierunt sermones meos pessime.
Causam viduae non iudicaverunt,
Causam pupilli non direxerunt,
Et iudicium pauperum non iudicaverunt.
29 Numquid super his non visitabo, dicit Dominus,
Aut super gentem huiuscemodi non ulciscetur anima mea?
30 Stupor et mirabilia facta sunt in terra:
31 Prophetae prophetabant mendacium,
Et sacerdotes applaudebant manibus suis,
Et populus meus dilexit talia.
Quid igitur fiet in novissimo eius?

Hostes contra Ierusalem et Iudam

6 1 Confortamini, filii Beniamin, in medio Ierusalem;
Et in Thecua clangite buccina,
Et super Bethacarem levate vexillum,
Quia malum visum est ab aquilone,
Et contritio magna.
2 Speciosae et delicatae assimilavi filiam Sion.
3 Ad eam venient pastores et greges eorum,
Fixerunt in ea tentoria in circuitu,
Pascet unusquisque eos qui sub manu sua sunt.
4 Sanctificate super eam bellum;
Consurgite, et ascendamus in meridie:
Vae nobis, quia declinavit dies,
Quia longiores factae sunt umbrae vesperi!

Ier 2,21; 5,18; 39,8. — **11:** Ier 3,20. — **12:** 2 Par 36,16; Is 28,15; Ier 14,13. — **14:** Ier 1,9; 23,29; Os 6,5. — **15:** Deut 28,49; Is 33,19. — **16:** Ier 6,23. — **17:** Lev 26,16; Deut 28,31. — **18:** Ier 4, 27; 5,10. — **19:** Deut 28,47; Ier 16,10. — **21:** Deut 32,7; 29,4; Is 6,9; Ier 5,4; Ez 12,2. — **22:** Iob 38,10-11; Ier 10,7. — **23:** Ier 2,31; Os 11,7. **24:** Gen 8,22; Deut 11,14. — **25:** Ier 2,17.19. — **26:** Ps 9,10; Prov 1,11. — **27:** Os 12,8-9; Mich 6,10-12. — **28:** Deut 32,15; Ps 16,10; Is 1,23; Ier 12,1. — **29:** Ier 5,9; Mal 3,5. — **30:** Ier 23, 14. — **31:** Ier 14,14; Mich 2,11.

6 **1:** Ios 18,28; Ier 1,14-15; Neh 3,14. — **2:** Is 47,8; 52,2. — **3:** 4 Reg 24,2.10; Ier 4, 17. — **4:** Ier 15,8; 22,7. — **5:** 2 Par 36,19. — **6:**

5 Surgite, et ascendamus in nocte,
Et dissipemus domus eius.
6 Quia haec dicit Dominus exercituum:
Caedite lignum eius,
Et fundite circa Ierusalem aggerem.
Haec est civitas visitationis,
Omnis calumnia in medio eius.
7 Sicut frigidam fecit cisterna aquam suam,
Sic frigidam fecit malitiam suam.
Iniquitas et vastitas audietur in ea,
Coram me semper infirmitas et plaga.
8 Erudire, Ierusalem,
Ne forte recedat anima mea a te,
Ne forte ponam te desertam.
Terram inhabitabilem.
9 Haec dicit Dominus exercituum:
Usque ad racemum colligent quasi in vinea reliquias Israel.
Converte manum tuam quasi vindemiator ad cartallum.
10 Cui loquar, et quem contestabor ut audiat?
Ecce incircumcisae aures eorum,
Et audire non possunt;
Ecce verbum Domini factum est eis in opprobrium,
Et non suscipient illud.
11 Idcirco furore Domini plenus sum,
Laboravi sustinens.
Effunde super parvulum foris,
Et super consilium iuvenum simul;
Vir enim cum muliere capietur,
Senex cum pleno dierum.
12 Et transibunt domus eorum ad alteros,
Agri et uxores pariter,
Quia extendam manum meam super habitantes terram, dicit Dominus;
13 A minore quippe usque ad maiorem,
Omnes avaritiae student,
Et a propheta usque ad sacerdotem
Cuncti faciunt dolum.
14 Et curabant contritionem filiae populi mei cum ignominia,
Dicentes: Pax, pax!
Et non erat pax.
15 Confusi sunt, quia abominationem fecerunt;
Quin potius confusione non sunt confusi,
Et erubescere nescierunt.
Quamobrem cadent inter ruentes;
In tempore visitationis suae corruent, dicit Dominus.
16 Haec dicit Dominus:
State super vias, et videte,
Et interrogate de semitis antiquis quae sit via bona,
Et ambulate in ea;
Et invenietis refrigerium animabus vestris.
Et dixerunt: Non ambulabimus.
17 Et constitui super vos speculatores:
Audite vocem tubae.
Et dixerunt: Non audiemus.
18 Ideo audite, gentes;
Et cognosce, congregatio,
Quanta ego faciam eis.
19 Audi, terra:
Ecce ego adducam mala super populum istum,
Fructum cogitationum eius,
Quia verba mea non audierunt,
Et legem meam proiecerunt.
20 Ut quid mihi thus de Saba affertis,
Et calamum suave olentem de terra longinqua?
Holocautomata vestra non sunt accepta,
Et victimae vestrae non placuerunt mihi.
21 Propterea haec dicit Dominus:
Ecce ego dabo in populum istum ruinas;
Et ruent in eis patres et filii simul,
Vicinus et proximus peribunt.
22 Haec dicit Dominus:
Ecce populus venit de terra aquilonis,
Et gens magna consurget a finibus terrae.
23 Sagittam et scutum arripiet;
Crudelis est et non miserebitur;
Vox eius quasi mare sonabit;
Et super equos ascendent,
Praeparati quasi vir ad praelium
Adversum te, filia Sion.
24 Audivimus famam eius,
Dissolutae sunt manus nostrae;
Tribulatio apprehendit nos,
Dolores ut parturientem.
25 Nolite exire ad agros,
Et in via ne ambuletis,
Quoniam gladius inimici,
Pavor in circuitu.
26 Filia populi mei, accingere cilicio,
Et conspergere cinere;
Luctum unigeniti fac tibi
Planctum amarum,
Quia repente veniet vastator super nos.
27 Probatorem dedi te in populo meo robustum;
Et scies, et probabis viam eorum.
28 Omnes isti principes declinantes,
Ambulantes fraudulenter,
Aes et ferrum;
Universi corrupti sunt.
29 Defecit sufflatorium,
In igne consumptum est plumbum;
Frustra conflavit conflator,
Malitiae enim eorum non sunt consumptae.

Ier 5,9; 32,24; Soph 3,1-4. — **7:** Ps 54,10-11; Is 1,8; 57,20. — **8:** Ier 4,7; Ez 23,18. — **9:** Lev 19,10; Deut 24,21. — **10:** Is 28,9; Ier 7,26; 20,8. **11:** Ier 9,21; 20,9; Ez 9,6. — **12:** Deut 28,30-32; Ier 8,10. — **13:** Ier 8,10; 23,11. — **14:** Ier 5,12; 8,11. — **15:** Ier 3,3; 8,12; Os 9,7. — **16:** Is 28,12; Ier 7,23-24; 18,15. — **17:** Ier 25,4; Ez 3,17; 33,2-5; Zach 7,11. — **18:** Deut 32,1. — **19:** Prov 1,31; Is 1,2. — **20:** Is 1,11; 43,24; 60,6. — **21:** Is 8,14-15; Ez 3,20. — **22:** Ier 1,15; 5,15. — **23:** 2 Par 36,17; Is 17,12. — **24:** Ier 4,31; 38,4. **25:** Ier 4,5; Lam 5,9. — **26:** Ier 15,8; 25,34; Am 8,10; Zach 12,10. — **27:** Ier 1,18; Ez 20,4, **28:** Ier 5,23; 9,4-6; Ez 22,18-22. — **29:** Ez 24.

30 Argentum reprobum vocate eos,
Quia Dominus proiecit illos.

Vana populi fiducia in templo

7 1 Verbum quod factum est ad Ieremiam a Domino, dicens: 2 Sta in porta domus Domini, et praedica ibi verbum
istud, et dic:
Audite verbum Domini, omnis Iuda,
Qui ingredimini per portas has ut adoretis Dominum.
3 Haec dicit Dominus exercituum, Deus
Israel:
Bonas facite vias vestras, et studia vestra,
Et habitabo vobiscum in loco isto.
4 Nolite confidere in verbis mendacii, dicentes:
Templum Domini, templum Domini, templum Domini est!
5 Quoniam si bene direxeritis vias vestras,
et studia vestra;
Si feceritis iudicium inter virum et proximum eius;
6 Advenae, et pupillo, et viduae non feceritis calumniam,
Nec sanguinem innocentem effuderitis in
loco hoc,
Et post deos alienos non ambulaveritis in
malum vobismetipsis:
7 Habitabo vobiscum in loco isto,
In terra quam dedi patribus vestris a
saeculo et usque in saeculum.
8 Ecce vos confiditis vobis in sermonibus
mendacii,
Qui non proderunt vobis:
9 Furari, occidere, adulterari,
Iurare mendaciter, libare Baalim,
Et ire post deos alienos quos ignoratis;
10 Et venistis, et stetistis coram me
In domo hac, in qua invocatum est nomen meum,
Et dixistis: Liberati sumus,
Eo quod fecerimus omnes abominationes
istas.
11 Numquid ergo spelunca latronum facta
est domus ista,
In qua invocatum est nomen meum in
oculis vestris?
Ego, ego sum; ego vidi, dicit Dominus.
12 Ite ad locum meum in Silo,
Ubi habitavit nomen meum a principio;
Et videte quae fecerim ei propter mali-
tiam populi mei Israel.
13 Et nunc, quia fecistis omnia opera haec,
dicit Dominus;
Et locutus sum ad vos mane consurgens,
et loquens, et non audistis;
Et vocavi vos, et non respondistis:
14 Faciam domui huic, in qua invocatum
est nomen meum,
Et in qua vos habetis fiduciam,
Et loco quem dedi vobis et patribus ves-
tris,
Sicut feci Silo;
15 Et proiiciam vos a facie mea
Sicut proieci omnes fratres vestros,
Universum semen Ephraim.
16 Tu ergo, noli orare pro populo hoc,
Nec assumas pro eis laudem et oratio-
nem,
Et non obsistas mihi,
Quia non exaudiam te.
17 Nonne vides quid isti faciunt in civi-
tatibus Iuda,
Et in plateis Ierusalem?
18 Filii colligunt ligna,
Et patres succendunt ignem,
Et mulieres conspergunt adipem,
Ut faciant placentas reginae caeli,
Et libent diis alienis,
Et me ad iracundiam provocent.
19 Numquid me ad iracundiam provocant?
dicit Dominus;
Nonne semetipsos in confusionem vultus
sui?
20 Ideo haec dicit Dominus Deus:
Ecce furor meus et indignatio mea con-
flatur super locum istum,
Super viros, et super iumenta,
Et super lignum regionis, et super fruges
terrae;
Et succendetur, et non extinguetur.
21 Haec dicit Dominus exercituum,
Deus Israel:
Holocautomata vestra addite victimis ves-
tris,
Et comedite carnes;
22 Quia non sum locutus cum patribus
vestris, et non praecepi eis,
In die qua eduxi eos de terra Aegypti,
De verbo holocautomatum et victima-
rum;
23 Sed hoc verbum praecepi eis, dicens:
Audite vocem meam,
Et ero vobis Deus,
Et vos eritis mihi populus;
Et ambulate in omni via quam mandavi
vobis,
Ut bene sit vobis.
24 Et non audierunt, nec inclinaverunt
aurem suam;
Sed abierunt in voluntatibus et in pravi-
tate cordis sui mali;
Factique sunt retrorsum, et non in ante,

12-13. — **30:** 4 Reg 24,20; Is 1,22; Lam 5,22.

7 **2:** Ier 26,2; 36,5-6. — **3:** Ier 18,11; 26,13. **4:** Ier 7,8; Mich 3,11. — **5:** Ier 21,12; Ez 18,8. — **6:** Ex 22,21-24; Deut 6,14-15. — **7:** Deut 4,40; Ier 3,18. — **8:** Ier 7,4. — **9:** Os 4,1-2; 7,6. **10:** Ier 6,15; 32,34; 44,17. — **11:** Is 56,7; Ier 16, 17; Mt 21,13. — **12:** Deut 12,5.11; Ios 18,1. — **13:** Prov 1,24; Ier 7,25. — **14:** Ier 26,9. — **15:** 3 Reg 9,7; 4 Reg 17,6.23. — **16:** Ier 11,14; 14, 11. — **18:** Ier 44,17.19. — **19:** Iob 35,6; Ier 51, 51. — **20:** 4 Reg 22,17; Ier 36,29. — **21:** Deut 12,27; Ier 6,20. — **22:** 1 Sam 15,22; Ps 50,16-17; Os 6,6. — **23:** Ex 15,26; Lev 26,3.12; Ier 11,4.7. **24:** Ier 6,10; 17,23. — **25:** 2 Par 36,15-16; Bar

25 A die qua egressi sunt patres eorum de terra Aegypti
Usque ad diem hanc.
Et misi ad vos omnes servos meos prophetas
Per diem consurgens diluculo, et mittens;
26 Et non audierunt me,
Nec inclinaverunt aurem suam;
Sed induraverunt cervicem suam,
Et peius operati sunt quam patres eorum.
27 Et loqueris ad eos omnia verba haec, et non audient te;
Et vocabis eos, et non respondebunt tibi.
28 Et dices ad eos:
Haec est gens quae non audivit vocem Domini Dei sui,
Nec recepit disciplinam.
Periit fides,
Et ablata est de ore eorum.
29 Tonde capillum tuum, et proiice;
Et sume in directum planctum,
Quia proiecit Dominus et reliquit generationem furoris sui:
30 Quia fecerunt filii Iuda malum in oculis meis, dicit Dominus.
Posuerunt offendicula sua in domo
In qua invocatum est nomen meum, ut polluerent eam;
31 Et aedificaverunt excelsa Topheth,
Quae est in valle filii Ennom,
Ut incenderent filios suos et filias suas igni,
Quae non praecepi, nec cogitavi in corde meo.
32 Ideo ecce dies venient, dicit Dominus,
Et non dicetur amplius Topheth, et vallis filii Ennom,
Sed vallis interfectionis;
Et sepelient in Topheth, eo quod non sit locus.
33 Et erit morticinum populi huius in cibos volucribus caeli et bestiis terrae,
Et non erit qui abigat.
34 Et quiescere faciam de urbibus Iuda,
Et de plateis Ierusalem,
Vocem gaudii et vocem laetitiae,
Vocem sponsi et vocem sponsae;
In desolationem enim erit terra.

8 1 In illo tempore, ait Dominus:
Eiicient ossa regum Iuda, et ossa principum eius,
Et ossa sacerdotum, et ossa prophetarum,
Et ossa eorum qui habitaverunt Ierusalem,
De sepulchris suis;
2 Et expandent ea ad solem, et lunam,
Et omnem militiam caeli,
Quae dilexerunt, et quibus servierunt,
Et post quae ambulaverunt,
Et quae quaesierunt, et adoraverunt.
Non colligentur, et non sepelientur;
In sterquilinium super faciem terrae erunt.
3 Et eligent magis mortem quam vitam,
Omnes qui residui fuerint de cognatione hac pessima,
In universis locis quae derelicta sunt,
Ad quae eieci eos, dicit Dominus exercituum.

Vana populi fiducia in scientia Legis

4 Et dices ad eos: Haec dicit Dominus:
Numquid qui cadit non resurget?
Et qui aversus est non revertetur?
5 Quare ergo aversus est populus iste in Ierusalem
Aversione contentiosa?
Apprehenderunt mendacium,
Et noluerunt reverti.
6 Attendi, et auscultavi:
Nemo quod bonum est loquitur;
Nullus est qui agat poenitentiam super peccato suo,
Dicens: Quid feci?
Omnes conversi sunt ad cursum suum,
Quasi equus impetu vadens ad praelium.
7 Milvus in caelo cognovit tempus suum;
Turtur, et hirundo, et ciconia custodierunt tempus adventus sui;
Populus autem meus non cognovit iudicium Domini.
8 Quomodo dicitis: Sapientes nos sumus,
Et lex Domini nobiscum est?
Vere mendacium operatus est stylus mendax scribarum!
9 Confusi sunt sapientes,
Perterriti et capti sunt;
Verbum enim Domini proiecerunt,
Et sapientia nulla est in eis.
10 Propterea dabo mulieres eorum exteris,
Agros eorum haeredibus,
Quia a minimo usque ad maximum,
Omnes avaritiam sequuntur:
A propheta usque ad sacerdotem,
Cuncti faciunt mendacium.
11 Et sanabant contritionem filiae populi mei ad ignominiam,
Dicentes: Pax, pax!
Cum non esset pax.
12 Confusi sunt, quia abominationem fecerunt;
Quinimo confusione non sunt confusi,
Et erubescere nescierunt.
Idcirco cadent inter corruentes;

1,19. — **26:** 2 Par 30,8; Ier 19,15. — **27:** Ier 1, 17; 7,13. — **28:** Ier 5,3; 9,3.6. — **29:** Ier 9,17-21, 16,6. — **30:** Ier 23,11; 32,34. — **31:** Lev 20,1-5; Ier 19,1; 32,35. — **32:** Ier 19,6; 29,6.11. — **33:** Ier 16,4; 34,20. — **34:** Lev 26,32-33; Ier 4,27; 16,9.

8 **1:** Ier 7,32; Bar 2,24. — **2:** Deut 4,19; 4 Reg 21,3.5; 23,5. — **3:** Iob 3,21-22; 7, 15-16. — **4:** Rom 11,11. — **5:** Ier 5,3; 7,24.26. **6:** Iob 34,31-32; 39,19-25; Is 57,17; 2 Petr 3,9. **7:** Is 1,3; Ier 5,4-5. — **8:** Mal 2,8; Rom 2,17-18. — **9:** Ier 6,15; 1 Cor 3,19-20. — **10:** Deut 28, 39; Ier 6,13. — **11:** Ier 6,14; Ez 13,10. — **12:** Ier

In tempore visitationis suae corruent, dicit Dominus.
13 Congregans congregabo eos, ait Dominus;
Non est uva in vitibus,
Et non sunt ficus in ficulnea;
Folium defluxit,
Et dedi eis quae praetergressa sunt.
14 Quare sedemus?
Convenite, et ingrediamur civitatem munitam,
Et sileamus ibi,
Quia Dominus Deus noster silere nos fecit.
Et potum dedit nobis aquam fellis;
Peccavimus enim Domino.
15 Exspectavimus pacem, et non erat bonum;
Tempus medelae, et ecce formido.
16 A Dan auditus est fremitus equorum eius;
A voce hinnituum pugnatorum eius commota est omnis terra;
Et venerunt, et devoraverunt terram,
Et plenitudinem eius, urbem et habitatores eius.
17 Quia ecce ego mittam vobis serpentes regulos,
Quibus non est incantatio;
Et mordebunt vos, ait Dominus.
18 Dolor meus super dolorem,
In me cor meum moerens.
19 Ecce vox clamoris filiae populi mei de terra longinqua:
Numquid Dominus non est in Sion?
Aut rex eius non est in ea?
Quare ergo me ad iracundiam concitaverunt in sculptilibus suis,
Et in vanitatibus alienis?
20 Transiit messis, finita est aestas,
Et nos salvati non sumus.
21 Super contritione filiae populi mei contritus sum, et contristatus;
Stupor obtinuit me.
22 Numquid resina non est in Galaad?
Aut medicus non est ibi?
Quare igitur non est obducta cicatrix filiae populi mei?

Violationem Legis et populi ruinam deplorat propheta

9 1 Quis dabit capiti meo aquam,
Et oculis meis fontem lacrymarum,
Et plorabo die ac nocte interfectos filiae populi mei?
2 Quis dabit me in solitudine diversorium viatorum,
Et derelinquam populum meum
Et recedam ab eis?
Quia omnes adulteri sunt,
Coetus praevaricatorum.
3 Et extenderunt linguam suam
Quasi arcum mendacii et non veritatis.
Confortati sunt in terra,
Quia de malo ad malum egressi sunt,
Et me non cognoverunt, dicit Dominus.
4 Unusquisque se a proximo suo custodiat,
Et in omni fratre suo non habeat fiduciam;
Quia omnis frater supplantans supplantabit,
Et omnis amicus fraudulenter incedet.
5 Et vir fratrem suum deridebit,
Et veritatem non loquentur;
Docuerunt enim linguam suam loqui mendacium;
Ut inique agerent laboraverunt.
6 Habitatio tua in medio doli:
In dolo renuerunt scire me, dicit Dominus.
7 Propterea haec dicit Dominus exercituum:
Ecce ego conflabo, et probabo eos,
Quid enim aliud faciam a facie filiae populi mei?
8 Sagitta vulnerans lingua eorum,
Dolum locuta est.
In ore suo pacem cum amico suo loquitur,
Et occulte ponit ei insidias.
9 Numquid super his non visitabo, dicit Dominus,
Aut in gente huiusmodi non ulciscetur anima mea?
10 Super montes assumam fletum ac lamentum,
Et super speciosa deserti planctum,
Quoniam incensa sunt, eo quod non sit vir pertransiens,
Et non audierunt vocem possidentis;
A volucre caeli usque ad pecora transmigraverunt et recesserunt.
11 Et dabo Ierusalem in acervos arenae,
Et cubilia draconum;
Et civitates Iuda dabo in desolationem,
Eo quod non sit habitator.
12 Quis est vir sapiens qui intelligat hoc,
Et ad quem verbum oris Domini fiat, ut annuntiet istud,
Quare perierit terra,
Et exusta sit quasi desertum,
Eo quod non sit qui pertranseat?
13 Et dixit Dominus:
Quia dereliquerunt legem meam quam dedi eis,
Et non audierunt vocem meam,

6,15. — **13:** Ier 2,21; 6,9; Os 2,8-9; Soph 1,2. — **14:** Ier 4,5-6; 9,15; 23,15. — **15:** Ier 14,19. — **16:** Ier 4,7.15; 47,3. — **17:** Lev 22,23; Deut 32,24. **18:** Ier 4,19. — Deut 32,21; Is 39,3; Mich 4,9. **21:** Ier 14,17. — **22:** Gen 37,25; Ier 40,11; 51,8.

9 **1:** Ier 13,17; Lam 2,11. ‖ Epist. S. Siricii: D 89. — **2:** Ps 54,6-7; Ier 5,7-8; Mich 7, 2-5. — **3:** Ps 63,4; Ier 4,55. — **4:** Ier 12,6; Mich 7,5-6. — **5:** Ps 11,4; Prov 4,16-17. — **6:** Ier 8,5; Ez 22,29. — **7:** Is 1,25; Zach 13,9. — **8:** Ps 27, 3; Ier 18,18. — **9:** Ier 5,9.29. — **10:** Ier 4,25; 12,4. — **11:** Is 10,22; 13,22; 25,2. — **12:** Ps 106,

Et non ambulaverunt in ea;
14 Et abierunt post pravitatem cordis sui,
Et post Baalim, quod didicerunt a patribus suis.
15 Idcirco haec dicit Dominus exercituum, Deus Israel:
Ecce ego cibabo populum istum absinthio,
Et potum dabo eis aquam fellis.
16 Et dispergam eos in gentibus
Quas non noverunt ipsi et patres eorum,
Et mittam post eos gladium,
Donec consumantur.
17 Haec dicit Dominus exercituum, Deus Israel:
Contemplamini, et vocate lamentatrices,
Et veniant;
Et ad eas quae sapientes sunt mittite,
Et properent;
18 Festinent, et assumant super nos lamentum:
Deducant oculi nostri lacrymas,
Et palpebrae nostrae defluant aquis.
19 Quia vox lamentationis audita est de Sion:
Quomodo vastati sumus,
Et confusi vehementer?
Quia dereliquimus terram,
Quoniam deiecta sunt tabernacula nostra.
20 Audite ergo, mulieres, verbum Domini,
Et assumant aures vestrae sermonem oris eius,
Et docete filias vestras lamentum,
Et unaquaeque proximam suam planctum,
21 Quia ascendit mors per fenestras nostras,
Ingressa est domos nostras,
Disperdere parvulos de foris,
Iuvenes de plateis.
22 Loquere: Haec dicit Dominus.
Et cadet morticinum hominis
Quasi stercus super faciem regionis,
Et quasi foenum post tergum metentis,
Et non est qui colligat.
23 Haec dicit Dominus:
Non glorietur sapiens in sapientia sua,
Et non glorietur fortis in fortitudine sua,
Et non glorietur dives in divitiis suis;
24 Sed in hoc glorietur, qui gloriatur,
Scire et nosse me,
Quia ego sum Dominus qui facio misericordiam,
Et iudicium, et iustitiam in terra,
Haec enim placent mihi, ait Dominus.
25 Ecce dies veniunt, dicit Dominus,
Et visitabo super omnem qui circumcisum habet praeputium,
26 Super Aegyptum, et super Iuda, et super Edom,
Et super filios Ammon, et super Moab,
Et super omnes qui attonsi sunt in comam,
Habitantes in deserto:
Quia omnes gentes habent praeputium,
Omnis autem domus Israel incircumcisi sunt corde.

Vana sunt idola: Deus solus timendus

10 1 Audite verbum quod locutus est Dominus super vos, domus Israel.
2 Haec dicit Dominus:
Iuxta vias gentium nolite discere,
Et a signis caeli nolite metuere quae timent gentes,
3 Quia leges populorum vanae sunt.
Quia lignum de saltu praecidit opus manus artificis in ascia;
4 Argento et auro decoravit illud;
Clavis et malleis compegit, ut non dissolvatur;
5 In similitudinem palmae fabricata sunt,
Et non loquentur;
Portata tollentur,
Quia incedere non valent.
Nolite ergo timere ea,
Quia nec male possunt facere nec bene.
6 Non est similis tui, Domine;
Magnus es tu,
Et magnum nomen tuum in fortitudine.
7 Quis non timebit te, o Rex gentium?
Tuum est enim decus;
Inter cunctos sapientes gentium,
Et in universis regnis eorum,
Nullus est similis tui.
8 Pariter insipientes et fatui probabuntur;
Doctrina vanitatis eorum lignum est.
9 Argentum involutum de Tharsis affertur,
Et aurum de Ophaz;
Opus artificis et manus aerarii,
Hyacinthus et purpura indumentum eorum;
Opus artificum universa haec.
10 Dominus autem Deus verus est,
Ipse Deus vivens,
Et Rex sempiternus.
Ab indignatione eius commovebitur terra,
Et non sustinebunt gentes comminationem eius.
11 Sic ergo dicetis eis:
Dii qui caelos et terram non fecerunt,
Pereant de terra et de his quae sub caelo sunt!

43; Os 14,10. — **13:** Deut 28,15; Ps 88,31-33. — **14:** Ier 7,24; 19,4-5. — **15:** Ps 79,6; Ier 23,15. — **16:** Lev 26,33; Deut 28,36.64. — **17:** 2 Par 35, 25. — **18:** Ier 14,17; Am 5,16. — **19:** Lev 18,28; 20,22; Ier 4,31. — **20:** Is 32,9-10. — **21:** Ier 6, 11; 14,16. — **22:** Lev 23,22; Ier 7,33; 8,2. — **23:** Prov 3,5; 21,30; Ier 8,8.—**24:** Ps 33,2-3;—Is 45, 26. — **25:** Is 24,21; Ier 4,4. — **26:** Lev 19,27; Ier 25,23.

10 **2:** Bar 6,66. — **3:** Sap 13,11; Is 44,9. — **4:** Is 40,19; 41,7. — **5:** Ps 113,7; Bar 6, 15. — **6:** Ps 85,8-10. — **7:** Ps 46,2.8; Ier 5,22. — **8:** Ier 10,14.21. — **9:** 3 Reg 10,22; Dan 10,5; Bar 6,12. — **10:** Deut 5,26; 32,4; Ps 10,16. — **11:** Ps 95,5; Ier 10,15. — **12:** Ps 103,5; Sap 14,

12 Qui facit terram in fortitudine sua,
Praeparat orbem in sapientia sua,
Et prudentia sua extendit caelos.
13 Ad vocem suam dat multitudinem aquarum in caelo,
Et elevat nebulas ab extremitatibus terrae;
Fulgura in pluviam facit,
Et educit ventum de thesauris suis.
14 Stultus factus est omnis homo a scientia:
Confusus est artifex omnis in sculptili,
Quoniam falsum est quod conflavit,
Et non est spiritus in eis.
15 Vana sunt, et opus risu dignum;
In tempore visitationis suae peribunt.
16 Non est his similis pars Iacob:
Qui enim formavit omnia ipse est,
Et Israel virga haereditatis eius;
Dominus exercituum nomen illi.
17 Congrega de terra confusionem tuam,
Quae habitas in obsidione;
18 Quia haec dicit Dominus:
Ecce ego longe proiiciam habitatores terrae in hac vice,
Et tribulabo eos ita ut inveniantur.
19 Vae mihi super contritione mea,
Pessima plaga mea,
Ego autem dixi:
Plane haec infirmitas mea est, et portabo illam.
20 Tabernaculum meum vastatum est,
Omnes funiculi mei dirupti sunt,
Filii mei exierunt a me, et non subsistunt.
Non est qui extendat ultra tentorium meum,
Et erigat pelles meas.
21 Quia stulte egerunt pastores,
Et Dominum non quaesierunt;
Propterea non intellexerunt,
Et omnis grex eorum dispersus est.
22 Vox auditionis ecce venit,
Et commotio magna de terra aquilonis,
Ut ponat civitates Iuda solitudinem,
Et habitaculum draconum.
23 Scio, Domine,
Quia non est hominis via eius,
Nec viri est ut ambulet,
Et dirigat gressus suos.
24 Corripe me, Domine, verumtamen in iudicio,
Et non in furore tuo, ne forte ad nihilum redigas me.
25 Effunde indignationem tuam super gentes quae non cognoverunt te,
Et super provincias quae nomen tuum non invocaverunt,
Quia comederunt Iacob, et devoraverunt eum,
Et consumpserunt illum, et decus eius dissipaverunt.

Qui Domini pactum fregerunt punientur

11 1 Verbum quod factum est a Domino ad Ieremiam, dicens:
2 Audite verba pacti huius,
Et loquimini ad viros Iuda,
Et ad habitatores Ierusalem,
3 Et dices ad eos: Haec dicit Dominus Deus Israel:
Maledictus vir qui non audierit verba pacti huius
4 Quod praecepi patribus vestris,
In die qua eduxi eos de terra Aegypti,
De fornace ferrea, dicens:
Audite vocem meam, et facite omnia quae praecipio vobis,
Et eritis mihi in populum,
Et ego ero vobis in Deum;
5 Ut suscitem iuramentum quod iuravi patribus vestris,
Daturum me eis terram fluentem lacte et melle,
Sicut est dies haec.
Et respondi, et dixi: Amen, Domine.
6 Et dixit Dominus ad me:
Vociferare omnia verba haec in civitatibus Iuda,
Et foris Ierusalem, dicens:
Audite verba pacti huius, et facite illa,
7 Quia contestans contestatus sum patres vestros,
In die qua eduxi eos de terra Aegypti, usque ad diem hanc;
Mane consurgens contestatus sum,
Et dixi: Audite vocem meam.
8 Et non audierunt, nec inclinaverunt aurem suam,
Sed abierunt unusquisque in pravitate cordis sui mali;
Et induxi super eos omnia verba pacti huius
Quod praecepi ut facerent,
Et non fecerunt.
9 Et dixit Dominus ad me:
Inventa est coniuratio in viris Iuda et in habitatoribus Ierusalem.
10 Reversi sunt ad iniquitates patrum suorum priores,
Qui noluerunt audire verba mea.
Et hi ergo abierunt post deos alienos, ut servirent eis;
Irritum fecerunt domus Israel et domus Iuda pactum meum,
Quod pepigi cum patribus eorum.

11; Ier 46,25. — **13:** Iob 38,22. — **14:** Sap 13, 11; Ier 10,8; Rom 1,22. — **15:** Ier 2,5. — **16:** Deut 32,21; Ier 31,35.—**17:** Ez 12,3.—**18:** Deut 28,20.63-64; 7 Sam 25,29. — **19:** Ier 8,11. **20:** Ier 4,20. — **21:** Ier 23,1; Ez 34,5-6. — **22:** Ier 1,15; 4,7,9,11. — **23:** Prov 16,1; 20,24. — **24:** Ps 6,1; Ier 30,11. — **25:** Ps 78,6-7; Ier 8,16.

11 **2:** 4 Reg 23,2-3. — **3:** Deut 27,26. — **4:** Ex 19,5; Lev 26,12; Deut 4,20; 3 Reg 8, 51; Ier 28,6. — **7:** Ier 7,25; 11,4. — **8:** Lev 26, 15; 4 Reg 17,14. — **9:** Ez 22,25-29. — **10:** Deut

11 Quamobrem haec dicit Dominus:
Ecce ego inducam super eos mala
De quibus exire non poterunt;
Et clamabunt ad me, et non exaudiam eos.
12 Et ibunt civitates Iuda et habitatores Ierusalem,
Et clamabunt ad deos quibus libant,
Et non salvabunt eos in tempore afflictionis eorum.
13 Secundum numerum enim civitatum tuarum
Erant dii tui, Iuda;
Et secundum numerum viarum Ierusalem,
Posuisti aras confusionis,
Aras ad libandum Baalim.
14 Tu ergo noli orare pro populo hoc,
Et ne assumas pro eis laudem et orationem,
Quia non exaudiam in tempore clamoris eorum ad me,
In tempore afflictionis eorum.
15 Quid est, quod dilectus meus in domo mea fecit scelera multa?
Numquid carnes sanctae auferent a te malitias tuas,
In quibus gloriata es?
16 Olivam uberem, pulchram, fructiferam, speciosam,
Vocavit Dominus nomen tuum;
Ad vocem loquelae, grandis exarsit ignis in ea,
Et combusta sunt fruteta eius.
17 Et Dominus exercituum qui plantavit te locutus est super te malum,
Pro malis domus Israel, et domus Iuda,
Quae fecerunt sibi ad irritandum me,
Libantes Baalim.

Coniuratio contra Ieremiam

18 Tu autem, Domine, demonstrasti mihi, et cognovi;
Tunc ostendisti mihi studia eorum.
19 Et ego quasi agnus mansuetus,
Qui portatur ad victimam;
Et non cognovi quia cogitaverunt super me consilia, dicentes:
Mittamus lignum in panem eius,
Et eradamus eum de terra viventium,
Et nomen eius non memoretur amplius.
20 Tu autem, Domine Sabaoth, qui iudicas iuste,
Et probas renes et corda,
Videam ultionem tuam ex eis;
Tibi enim revelavi causam meam.
21 Propterea haec dicit Dominus ad viro Anathoth,
Qui quaerunt animam tuam, et dicunt:
Non prophetabis in nomine Domini
Et non morieris in manibus nostris;
22 Propterea haec dicit Dominus exercituum:
Ecce ego visitabo super eos:
Iuvenes morientur in gladio,
Filii eorum et filiae eorum morientur in fame,
23 Et reliquiae non erunt ex eis;
Inducam enim malum super viros Anathoth,
Annum visitationis eorum.

12 1 Iustus quidem tu es, Domine, si disputem tecum;
Verumtamen iusta loquar ad te:
Quare via impiorum prosperatur?
Bene est omnibus qui praevaricantur, et inique agunt?
2 Plantasti eos, et radicem miserunt;
Proficiunt, et faciunt fructum;
Prope es tu ori eorum,
Et longe a renibus eorum.
3 Et tu, Domine, nosti me, vidisti me,
Et probasti cor meum tecum;
Congrega eos quasi gregem ad victimam,
Et sanctifica eos in die occisionis.
4 Usquequo lugebit terra,
Et herba omnis regionis siccabitur,
Propter malitiam habitantium in ea?
Consumptum est animal, et volucre,
Quoniam dixerunt: Non videbit novissima nostra.
5 Si cum peditibus currens laborasti,
Quomodo contendere poteris cum equis?
Cum autem in terra pacis securus fueris,
Quid facies in superbia Iordanis?
6 Nam et fratres tui, et domus patris tui,
Etiam ipsi pugnaverunt adversum te,
Et clamaverunt post te plena voce.
Ne credas eis, cum locuti fuerint tibi bona.

Dominus haereditatem suam hostibus tradet

7 Reliqui domum meam,
Dimisi haereditatem meam;
Dedi dilectam animam meam in manu inimicorum eius.
8 Facta est mihi haereditas mea quasi leo in silva;
Dedit contra me vocem, ideo odivi eam.

31,16; Ez 20,18-30. — **11:** Ier 14,12; 19,15; Mich 3,4. — **12:** Deut 32,37-38. — **13:** Ier 2,28; 19,5; Os 10,1. — **14:** Ier 7,16; 11,11; 14,11. — **15:** Prov 2,14; Ier 7,8.11; Agg 2,13. — **16:** Ps 51,10; Ier 2,21. — **17:** Is 5,2; Ier 7,18. — **18:** 1 Sam 23, 11-12. — **19:** Ps 26,13; Sap 2,20; Ier 18,18; 20, 10. — **20:** Ps 16,3; 25,2; Ier 15,15; 17,18; 20, 12. — **21:** Is 30,10, Ier 12,6; Am 2,12; 7,13.16. **22:** Ier 18,21-22. — **23:** Ier 23,12;46,21.

12 **1:** Iob 21,7; Ps 50,6; Mal 3,15. — **2:** Ps 36,35; Is 29,13. — **3:** Iob 23,10; Ier 15, 15; 17,18. — **4:** Ps 106,34; Ier 4,25.28; 7,20. — **5:** Ier 49,19. — **6:** Prov 26,25; Ier 9,4; Mich 7, 6. — **7:** Ps 77,62; Lam 2,1-2. — **8:** Ps 105,40. —

9 Numquid avis discolor haereditas mea mihi?
Numquid avis tincta per totum?
Venite, congregamini, omnes bestiae terrae,
Properate ad devorandum.
10 Pastores multi demoliti sunt vineam meam,
Conculcaverunt partem meam.
Dederunt portionem meam desiderabilem in desertum solitudinis.
11 Posuerunt eam in dissipationem,
Luxitque super me;
Desolatione desolata est omnis terra,
Quia nullus est qui recogitet corde.
12 Super omnes vias deserti venerunt vastatores,
Quia gladius Domini devorabit
Ab extremo terrae usque ad extremum eius;
Non est pax universae carni.
13 Seminaverunt triticum,
Et spinas messuerunt;
Haereditatem acceperunt,
Et non eis proderit;
Confundemini a fructibus vestris,
Propter iram furoris Domini.
14 Haec dicit Dominus adversum omnes vicinos meos pessimos,
Qui tangunt haereditatem quam distribui populo meo Israel:
Ecce ego evellam eos de terra sua,
Et domum Iuda evellam de medio eorum.
15 Et cum evulsero eos, convertar,
Et miserebor eorum, et reducam eos,
Virum ad haereditatem suam,
Et virum in terram suam.
16 Et erit: si eruditi didicerint vias populi mei,
Ut iurent in nomine meo: Vivit Dominus!
Sicut docuerunt populum meum iurare in Baal,
Aedificabuntur in medio populi mei.
17 Quod si non audierint,
Evellam gentem illam evulsione et perditione, ait Dominus.

Lumbare putrefactum

13 1 Haec dicit Dominus ad me: Vade,
et posside tibi lumbare lineum, et
pones illud super lumbos tuos, et in aquam
non inferes illud. 2 Et possedi lumbare
iuxta verbum Domini, et posui circa lumbos meos. 3 Et factus est sermo Domini
ad me secundo, dicens: 4 Tolle lumbare
quod possedisti, quod est circa lumbos
tuos; et surgens vade ad Euphraten, et
absconde ibi illud in foramine petrae.
5 Et abii, et abscondi illud in Euphrate,
sicut praeceperat mihi Dominus. 6 Et factum est post dies plurimos, dixit Dominus ad me: Surge, vade ad Euphraten, et
tolle inde lumbare quod praecepi tibi ut
absconderes illud ibi. 7 Et abii ad Euphraten, et fodi, et tuli lumbare de loco
ubi absconderam illud; et ecce computruerat lumbare, ita ut nulli usui aptum
esset. 8 Et factum est verbum Domini ad
me, dicens:
9 Haec dicit Dominus:
Sic putrescere faciam superbiam Iuda,
Et superbiam Ierusalem multam;
10 Populum istum pessimum qui nolunt audire verba mea,
Et ambulant in pravitate cordis sui,
Abieruntque post deos alienos ut servirent eis et adorarent eos:
Et erunt sicut lumbare istud,
Quod nulli usui aptum est.
11 Sicut enim adhaeret lumbare ad lumbos viri,
Sic agglutinavi mihi omnem domum Israel,
Et omnem domum Iuda, dicit Dominus,
Ut essent mihi in populum,
Et in nomen, et in laudem, et in gloriam,
Et non audierunt.

Laguncula confracta

12 Dices ergo ad eos sermonem istum:
Haec dicit Dominus Deus Israel:
Omnis laguncula implebitur vino.
Et dicent ad te:
Numquid ignoramus quia omnis laguncula implebitur vino?
13 Et dices ad eos:
Haec dicit Dominus:
Ecce ego implebo omnes habitatores terrae huius,
Et reges qui sedent de stirpe David super thronum eius,
Et sacerdotes, et prophetas,
Et omnes habitatores Ierusalem, ebrietate.
14 Et dispergam eos virum a fratre suo,
Et patres et filios pariter, ait Dominus.
Non parcam, et non concedam;
Neque miserebor, ut non disperdam eos.
15 Audite, et auribus percipite;
Nolite elevari, quia Dominus locutus est.
16 Date Domino Deo vestro gloriam
Antequam contenebrescat,
Et antequam offendant pedes vestri ad montes caliginosos:
Exspectabitis lucem,
Et ponet eam in umbram mortis, et in calignem.
17 Quod si hoc non audieritis,

9: 4 Reg 24,2; Is 56,9. — **10:** Is 63,18; Ier 6,3. — **11:** Ier 12,4; Ez 21,8. — **12:** Is 42,25; 57,21. — **13:** Lev 26,16; Deut 28,38. — **14:** 4 Reg 24,2; Abd 10-14. — **15:** Ier 48,47; 49,6; Am 9,14. — **16:** Deut 6,13; Ier 24,6; Zach 2,11; 1 Petr 2,5. **17:** Is 60,12.

13 **1:** Lev 16,4; Ier 13,11. — **4:** Ier 51,63. — **7:** Ier 13,9. — **9:** Lev 26,19; Prov 16,18. **10:** Ier 2,20; 7,24; 16,11. — **11:** Ex 19,5; Deut 26,18-19; Ier 33,9. — **12:** Ier 48,12. — **13:** Is 51,17; Ier 25,15-18. — **14:** Ier 19,10-11. — **16:** Prov 4,19; Is 5,30; Lam 4,17; Am 8,9. — **17:** Ps 118,

In abscondito plorabit anima mea a facie superbiae;
Plorans plorabit,
Et deducet oculus meus lacrymam,
Quia captus est grex Domini.
18 Dic regi et dominatrici:
Humiliamini, sedete,
Quoniam descendit de capite vestro corona gloriae vestrae.
19 Civitates austri clausae sunt,
Et non est qui aperiat.
Translata est omnis Iuda transmigratione perfecta.
20 Levate oculos vestros,
Et videte qui venitis ab aquilone
Ubi est grex qui datus est tibi,
Pecus inclytum tuum?
21 Quid dices cum visitaverit te?
Tu enim docuisti eos adversum te,
Et erudisti in caput tuum.
Numquid non dolores apprehendent te,
Quasi mulierem parturientem?
22 Quod si dixeris in corde tuo: Quare venerunt mihi haec?
Propter multitudinem iniquitatis tuae
Revelata sunt verecundiora tua,
Pollutae sunt plantae tuae.
23 Si mutare potest Aethiops pellem suam.
Aut pardus varietates suas,
Et vos poteritis benefacere,
Cum didiceritis malum.
24 Et disseminabo eos quasi stipulam
Quae vento raptatur in deserto.
25 Haec sors tua,
Parsque mensurae tuae a me, dicit Dominus,
Quia oblita es mei,
Et confisa es in mendacio.
26 Unde et ego nudavi femora tua contra faciem tuam,
Et apparuit ignominia tua,
27 Adulteria tua, et hinnitus tuus,
Scelus fornicationis tuae.
Super colles in agro vidi abominationes tuas.
Vae tibi, Ierusalem!
Non mundaberis post me: usquequo adhuc?

Magna siccitas in Iudaea: orat propheta pro populo, sed eius oratio reiicitur

14 1 Quod factum est verbum Domini ad Ieremiam, de sermonibus siccitatis.
2 Luxit Iudaea et portae eius corruerunt,
Et obscuratae sunt in terra,
Et clamor Ierusalem ascendit.
3 Maiores miserunt minores suos ad aquam;
Venerunt ad hauriendum,
Non invenerunt aquam,
Reportaverunt vasa sua vacua;
Confusi sunt et afflicti,
Et operuerunt capita sua.
4 Propter terrae vastitatem,
Quia non venit pluvia in terram,
Confusi sunt agricolae;
Operuerunt capita sua.
5 Nam et cerva in agro peperit, et reliquit,
Quia non erat herba.
6 Et onagri steterunt in rupibus,
Traxerunt ventum quasi dracones,
Defecerunt oculi eorum,
Quia non erat herba.
7 Si iniquitates nostrae responderint nobis, Domine,
Fac propter nomen tuum;
Quoniam multae sunt aversiones nostrae,
Tibi peccavimus.
8 Exspectatio Israel,
Salvator eius in tempore tribulationis,
Quare quasi colonus futurus es in terra,
Et quasi viator declinans ad manendum?
9 Quare futurus es velut vir vagus,
Ut fortis qui non potest salvare?
Tu autem in nobis es, Domine,
Et nomen tuum invocatum est super nos,
Ne derelinquas nos.
10 Haec dicit Dominus populo huic,
Qui dilexit movere pedes suos,
Et non quievit,
Et Domino non placuit:
Nunc recordabitur iniquitatum eorum,
Et visitabit peccata eorum.
11 Et dixit Dominus ad me:
Noli orare pro populo isto in bonum.
12 Cum ieiunaverint,
Non exaudiam preces eorum;
Et si obtulerint holocautomata et victimas,
Non suscipiam ea,
Quoniam gladio, et fame, et peste consumam eos.
13 Et dixi: A a, a, Domine Deus,
Prophetae dicunt eis:
Non videbitis gladium,
Et fames non erit in vobis;
Sed pacem veram dabit vobis in loco isto.
14 Et dixit Dominus ad me:
Falso prophetae vaticinantur in nomine meo;
Non misi eos, et non praecepi eis,
Neque locutus sum ad eos.

136; Ier 14,17. — **18:** 4 Reg 24,12.15; Ier 22,26. **19:** 2 Par 36,20. — **20:** Ier 6,22-24. — **21:** Deut 28,24; 4 Reg 16,7,20,12. — **22:** Is 47,2-3, Ier 13, 26. — **23:** Ps 54,20; Mt 19,24. — **24:** Ps 1,4,82, 10. — **25:** Iob 20,29; Is 28,15. — **26:** Ier 13,22; Ez 16,37. — **27:** Ier 2,20; 4,14; 5,8.

14 **1:** Lev 26,19-20. — **2:** 1 Sam 5,12; Is 3, 26; Ier 12,4. — **3:** Am 4,8. — **4:** Deut 28, 23-24; Ier 14,3. — **5:** Iob 39,4-7. — **6:** Ier 2,24. **7:** Dan 9,4-14. — **8:** Ier 12,13. — **9:** Is 59,1-2; 63,19; 64,9. — **10:** Ps 77,58-59; Ier 2,23-25; Os 8,13; 9,9. — **11:** Ex 32,10; Ier 11,11.14. — **12:** Is 1,11.13; Ier 2,17; 6,20. — **13:** Ier 4,10; 5,12. —

Visionem mendacem, et divinationem,
Et fraudulentiam, et seductionem cordis sui,
Prophetant vobis.
15 Idcirco haec dicit Dominus
De prophetis qui prophetant in nomine meo,
Quos ego non misi, dicentes:
Gladius et fames non erit in terra hac:
In gladio et fame consumentur prophetae illi.
16 Et populi quibus prophetant
Erunt proiecti in viis Ierusalem
Prae fame et gladio,
Et non erit qui sepeliat eos:
Ipsi et uxores eorum,
Filii et filiae eorum;
Et effundam super eos malum suum.
17 Et dices ad eos verbum istud:
Deducant oculi mei lacrymam per noctem et diem,
Et non taceant,
Quoniam contritione magna
Contrita est virgo filia populi mei,
Plaga pessima vehementer.
18 Si egressus fuero ad agros,
Ecce occisi gladio;
Et si introiero in civitatem,
Ecce attenuati fame.
Propheta quoque et sacerdos abierunt in terram quam ignorabant.
19 Numquid proiiciens abiecisti Iudam?
Aut Sion abominata est anima tua?
Quare ergo percussisti nos ita ut nulla sit sanitas?
Exspectavimus pacem,
Et non est bonum;
Et tempus curationis,
Et ecce turbatio.
20 Cognovimus, Domine, impietates nostras,
Iniquitates patrum nostrorum,
Quia peccavimus tibi.
21 Ne des nos in opprobrium, propter nomen tuum,
Neque facias nobis contumeliam solii gloriae tuae;
Recordare, ne irritum facias foedus tuum nobiscum.
22 Numquid sunt in sculptilibus gentium qui pluant,
Aut caeli possunt dare imbres?
Nonne tu es Dominus Deus noster, quem exspectavimus?
Tu enim fecisti omnia haec.

Dominus populo suo non ignoscet

15 1 Et dixit Dominus ad me:
Si steterit Moyses et Samuel coram me,
Non est anima mea ad populum istum;
Eiice illos a facie mea, et egrediantur.
2 Quod si dixerint ad te: Quo egrediemur?
Dices ad eos: Haec dicit Dominus:
Qui ad mortem, ad mortem;
Et qui ad gladium, ad gladium;
Et qui ad famem, ad famem;
Et qui ad captivitatem, ad captivitatem.
3 Et visitabo super eos quatuor species, dicit Dominus:
Gladium ad occisionem,
Et canes ad lacerandum,
Et volatilia caeli et bestias terrae
Ad devorandum et dissipandum.
4 Et dabo eos in fervorem universis regnis terrae,
Propter Manassen, filium Ezechiae, regis Iuda,
Super omnibus quae fecit in Ierusalem.
5 Quis enim miserebitur tui, Ierusalem,
Aut quis contristabitur pro te?
Aut quis ibit ad rogandum pro pace tua?
6 Tu reliquisti me, dicit Dominus,
Retrorsum abiisti:
Et extendam manum meam super te, et interficiam te;
Laboravi rogans.
7 Et dispergam eos ventilabro in portis terrae;
Interfeci et disperdidi populum meum,
Et tamen a viis suis non sunt reversi.
8 Multiplicatae sunt mihi viduae eius super arenam maris;
Induxi eis super matrem adolescentis vastatorem meridie;
Misi super civitates repente terrorem.
9 Infirmata est quae peperit septem,
Defecit anima eius:
Occidit ei sol cum adhuc esset dies;
Confusa est, et erubuit;
Et residuos eius in gladium dabo
In conspectu inimicorum eorum, ait Dominus.

Conqueritur propheta et Dominus ei respondet

10 Vae mihi, mater mea, quare genuisti me,
Virum rixae, virum discordiae in universa terra?
Non foeneravi, nec foeneravit mihi quisquam;
Omnes maledicunt mihi.

14: Ier 5,31;23,16. — **15:** Ier 5,12-13. — **16:** Ier 7,33; 19,7. — **17:** Ier 9,18. — **18:** Ier 23,34; Ez 7,15. — **19:** 2 Par 36,16; Ier 8,15; 12,7-8. — **20:** Ps 105,6; Dan 9,5,8. — **21:** Lev 26,42-44; Ps 24, 11; Ier 14,7. — **22:** Ier 5,24,10,12-15; Zach 10,1-2.

15 **1:** Ps 98,6; Ez 14,14.16. — **2:** Ier 14,12; Ez 5,12. — **3:** Ez 14,21. — **4:** 4 Reg 21, 11-16; 23,26; 24,3-4; Ier 24,9. — **5:** Is 51,19. — **6:** Os 13,14; Am 7,8. — **7:** Is 41,16; Am 4,10-11. — **8:** Ier 4,16; 6,4.25. — **9:** 1 Sam 2,5; Ez 5, 12; Am 8,9. — **10:** Ex 22,25; Ier 20,14. — **11:**

11 Dicit Dominus: Si non reliquiae tuae in bonum,
Si non occurri tibi in tempore afflictionis,
Et in tempore tribulationis adversus inimicum.
12 Numquid foederabitur ferrum ferro ab aquilone, et aes?
13 Divitias tuas et thesauros tuos in direptionem dabo gratis,
In omnibus peccatis tuis, et in omnibus terminis tuis.
14 Et adducam inimicos tuos de terra quam nescis,
Quia ignis succensus est in furore meo,
Super vos ardebit.
15 Tu scis, Domine, recordare mei, et visita me,
Et tuere me ab his qui persequuntur me;
Noli in patientia tua suscipere me;
Scito quoniam sustinui propter te opprobrium.
16 Inventi sunt sermones tui, et comedi eos;
Et factum est mihi verbum tuum in gaudium
Et in laetitiam cordis mei,
Quoniam invocatum est nomen tuum super me,
Domine Deus exercituum.
17 Non sedi in concilio ludentium,
Et gloriatus sum a facie manus tuae;
Solus sedebam, quoniam comminatione replesti me.
13 Quare factus est dolor meus perpetuus,
Et plaga mea desperabilis renuit curari?
Facta est mihi quasi mendacium aquarum infidelium.
19 Propter hoc haec dicit Dominus:
Si converteris, convertam te,
Et ante faciem meam stabis;
Et si separaveris pretiosum a vili,
Quasi os meum eris;
Convertentur ipsi ad te,
Et tu non converteris ad eos.
20 Et dabo te populo huic in murum aereum, fortem;
Et bellabunt adversum te, et non praevalebunt,
Quia ego tecum sum ut salvem te, et eruam te, dicit Dominus.
21 Et liberabo te de manu pessimorum
Et redimam te de manu fortium.

Propheta, vita sua solitaria, praefigurat populi ruinam

16 1 Et factum est verbum Domini ad me, dicens:
2 Non accipies uxorem,
Et non erunt tibi filii et filiae in loco isto.
3 Quia haec dicit Dominus
Super filios et filias, qui generantur in loco isto,
Et super matres eorum, quae genuerunt eos,
Et super patres eorum, de quorum stirpe sunt nati in terra hac.
4 Mortibus aegrotationum morientur;
Non plangentur, et non sepelientur;
In sterquilinium super faciem terrae erunt;
Et gladio et fame consumentur,
Et erit cadaver eorum in escam volatilibus caeli et bestiis terrae.
5 Haec enim dicit Dominus:
Ne ingrediaris domum convivii
Neque vadas ad plangendum,
Neque consoleris eos,
Quia abstuli pacem meam a populo isto, dicit Dominus,
Misericordiam et miserationes.
6 Et morientur grandes et parvi in terra ista;
Non sepelientur neque plangentur;
Et non se incident,
Neque calvitium fiet pro eis.
7 Et non frangent inter eos lugenti panem
Ad consolandum super mortuo,
Et non dabunt eis potum calicis
Ad consolandum super patre suo et matre.
8 Et domum convivii non ingrediaris,
Ut sedeas cum eis,
Et comedas, et bibas;
9 Quia haec dicit Dominus exercituum, Deus Israel:
Ecce ego auferam de loco isto,
In oculis vestris, et in diebus vestris,
Vocem gaudii et vocem laetitiae,
Vocem sponsi et vocem sponsae.
10 Et cum annuntiaveris populo huic omnia verba haec,
Et dixerint tibi:
Quare locutus est Dominus super nos omne malum grande istud?
Quae iniquitas nostra?
Et quod peccatum nostum,
Quod peccavimus Domino Deo nostro?
11 Dices ad eos:
Quia dereliquerunt me patres vestri, ait Dominus;
Et abierunt post deos alienos,
Et servierunt eis, et adoraverunt eos,
Et me dereliquerunt, et legem meam non custodierunt.
12 Sed et vos peius operati estis quam patres vestri;

Eccl 8,12; Ier 39,11-14. — **12:** Ier 17,4. — **14:** Ier 16,13; 17,4. — **15:** Ps 68,8; Ier 11,20; 12,3; 17,16. — **16:** Ier 14,9; Ez 3,1-3. — **17:** Ps 1,1; 25,4; Ier 9,1-2. — **18:** Ier 14,19; 30,15. — **19:** Ex 4,16; Ier 1,9; 3,14. — **20:** Ps 108,30-31; Ier 1,18; 6,27; 20,13.

16 **4:** Deut 28,27-28; Ier 7,33; 22,18. — **5:** Num 6,26; Ier 13,14; Ez 24,16-23. — **6:** Lev 19,28; Deut 14,1. — **7:** Prov 31,6-7; Ez 24, 17. — **9:** Ier 7,34; 25,10. — **10:** Ier 2,35; 5,19; 13,22. — **11:** Deut 29,25; Ier 22,9. — **12:** Ier 7,

Ecce enim ambulat unusquisque post pravitatem cordis sui mali,
Ut me non audiat.
13 Et eiiciam vos de terra hac
In terram quam ignoratis,
Vos et patres vestri;
Et servietis ibi diis alienis, die ac nocte,
Qui non dabunt vobis requiem.
14 Propterea ecce dies veniunt, dicit Dominus,
Et non dicetur ultra:
Vivit Dominus qui eduxit filios Israel de terra Aegypti,
15 Sed: Vivit Dominus qui eduxit filios Israel de terra aquilonis,
Et de universis terris ad quas eieci eos,
Et reducam eos in terram suam,
Quam dedi patribus eorum.
16 Ecce ego mittam piscatores multos, dicit Dominus,
Et piscabuntur eos;
Et post haec mittam eis multos venatores,
Et venabuntur eos de omni monte,
Et de omni colle, et cavernis petrarum.
17 Quia oculi mei super omnes vias eorum;
Non sunt absconditae a facie mea,
Et non fuit occultata iniquitas eorum ab oculis meis.
18 Et reddam primum duplices iniquitates, et peccata eorum;
Quia contaminaverunt terram meam in morticinis idolorum suorum,
Et abominationibus suis impleverunt haereditatem meam.
19 Domine, fortitudo mea, et robur meum,
Et refugium meum in die tribulationis,
Ad te gentes venient ab extremis terrae, et dicent:
Vere mendacium possederunt patres nostri,
Vanitatem quae eis non profuit.
20 Numquid faciet sibi homo deos,
Et ipsi non sunt dii?
21 Idcirco ecce ego ostendam eis per vicem hanc,
Ostendam eis manum meam, et virtutem meam,
Et scient quia nomen mihi Dominus.

17 1 Peccatum Iuda scriptum est stylo ferreo
In ungue adamantino,
Exaratum super latitudinem cordis eorum,
Et in cornibus ararum eorum.
2 Cum recordati fuerint filii eorum ararum suarum,
Et lucorum suorum,
Lignorumque frondentium,
In montibus excelsis,
3 Sacrificantes in agro:
Fortitudinem tuam, et omnes thesauros tuos in direptionem dabo,
Excelsa tua propter peccata in universis finibus tuis.
4 Et relinqueris sola ab haereditate tua, quam dedi tibi,
Et servire te faciam inimicis tuis in terra quam ignoras,
Quoniam ignem succendisti in furore meo,
Usque in aeternum ardebit.

Benedictus qui in Domino confidit

5 Haec dicit Dominus:
Maledictus homo qui confidit in homine,
Et ponit carnem brachium suum,
Et a Domino recedit cor eius.
6 Erit enim quasi myricae in deserto,
Et non videbit cum venerit bonum;
Sed habitabit in siccitate in deserto,
In terra salsuginis et inhabitabili.
7 Benedictus vir qui confidit in Domino,
Et erit Dominus fiducia eius.
8 Et erit quasi lignum quod transplantatur super aquas,
Quod ad humorem mittit radices suas,
Et non timebit cum venerit aestus.
Et erit folium eius viride,
Et in tempore siccitatis non erit sollicitum,
Nec aliquando desinet facere fructum.
9 Pravum est cor omnium, et inscrutabile;
Quis cognoscet illud?
10 Ego Dominus scrutans cor,
Et probans renes;
Qui do unicuique iuxta viam suam,
Et iuxta fructum adinventionum suarum.
11 Perdix fovit quae non peperit;
Fecit divitias, et non in iudicio;
In dimidio dierum suorum derelinquet eas,
Et in novissimo suo erit insipiens.
12 Solium gloriae altitudinis a principio,
Locus sanctificationis nostrae.
13 Exspectatio Israel, Domine,
Omnes qui te derelinquunt confundentur;
Recedentes a te, in terra scribentur,
Quoniam dereliquerunt venam aquarum viventium Dominum.
14 Sana me, Domine, et sanabor;
Salvum me fac, et salvus ero,

24-26. — **13:** Deut 1,26-28; Ier 10,18; 15,14. — **14:** Ier 23,7-8. — **15:** Ier 24,6. — **16:** 4 Reg 24, 2; Lam 4, 19; Am 4,2. — **17:** Iob 34,21; Ier 32, 19. — **18:** Is 40,2; Ier 17,18. — **19:** Is 2,2-3, Ier 2,11; 10,25. — **20:** Ier 2,11; Gal 4,8. — **21:** Ier 33,2; Ez 12,15-16; Am 5,8.

17 **1:** Iob 19,24; Prov 3,3. — **2:** Ier 2,19-20. **3:** Ier 15,13. — **4:** Deut 32,22; Ier 5,19; 16,13. — **5:** 2 Par 32,8; Ps 145,2-3. — **6:** Iob 20, 17; Ps 106,33-34; Ier 48,6. — **7:** Prov 16,20; 22, 19; Ier 2,13. — **8:** Is 58,11; Ier 1,3. — **9:** Ps 63, 7. — **10:** 1 Sam 16,7; Eccl 12,14; Ier 11,20; 32, 19. — **11:** Prov 13,11; 28,8; Lc 12,20. — **12:** Ps 10,5; Ier 14,21. — **13:** Ps 68,28-29; Ier 2,13; 14, 8. — **14:** Deut 10,21; Ps 108,1. — **15:** Is 5,19;

Quoniam laus mea tu es.
15 Ecce ipsi dicunt ad me:
Ubi est verbum Domini? veniat.
16 Et ego non sum turbatus, te pastorem sequens;
Et diem hominis non desideravi, tu scis:
Quod egressum est de labiis meis, rectum in conspectu tuo fuit.
17 Non sis tu mihi formidini,
Spes mea tu in die afflictionis.
18 Confundantur qui me persequuntur,
Et non confundar ego;
Paveant illi,
Et non paveam ego;
Induc super eos diem afflictionis,
Et duplici contritione contere eos.

De sabbati sanctificatione

19 Haec dicit Dominus ad me: Vade
et sta in porta filiorum populi, per quam
ingrediuntur reges Iuda, et egrediuntur,
et in cunctis portis Ierusalem; 20 et dices
ad eos:
Audite verbum Domini,
Reges Iuda, et omnis Iuda,
Cunctique habitatores Ierusalem,
Qui ingredimini per portas istas.
21 Haec dicit Dominus:
Custodite animas vestras,
Et nolite portare pondera in die sabbati,
Nec inferatis per portas Ierusalem,
22 Et nolite eiicere onera de domibus vestris in die sabbati;
Et omne opus non facietis:
Sanctificate diem sabbati,
Sicut praecepi patribus vestris.
23 Et non audierunt, nec inclinaverunt aurem suam;
Sed induraverunt cervicem suam, ne audirent me,
Et ne acciperent disciplinam.
24 Et erit: audieritis me, dicit Dominus,
Ut non inferatis onera per portas civitatis huius in die sabbati;
Et si sanctificaveritis diem sabbati,
Ne faciatis in eo omne opus:
25 Ingredientur per portas civitatis huius reges et principes,
Sedentes super solium David,
Et ascendentes in curribus et equis,
Ipsi et principes eorum,
Viri Iuda, et habitatores Ierusalem;
Et habitabitur civitas haec in sempiternum.
26 Et venient de civitatibus Iuda,
Et de circuitu Ierusalem,
Et de terra Beniamin,
Et de campestribus, et de montuosis, et ab austro,
Portantes holocaustum, et victimam,
Et sacrificium, et thus,
Et inferent oblationem in domum Domini.
27 Si autem non audieritis me
Ut sanctificetis diem sabbati,
Et ne portetis onus,
Et ne inferatis per portas Ierusalem in die sabbati,
Succendam ignem in portis eius,
Et devorabit domos Ierusalem,
Et non extinguetur.

Israel in manu Dei sicut vas in manu figuli

18 1 Verbum quod factum est ad
Ieremiam a Domino, dicens: 2 Surge, et descende in domum figuli, et ibi
audies verba mea.
3 Et descendi in domum figuli et ecce
ipse faciebat opus super rotam. 4 Et dissipatum est vas quod ipse faciebat e luto
manibus suis; conversusque fecit illud
vas alterum, sicut placuerat in oculis
eius ut faceret. 5 Et factum est verbum
Domini ad me, dicens:
6 Numquid sicut figulus iste,
Non potero vobis facere, domus Israel? ait Dominus;
Ecce sicut lutum in manu figuli,
Sic vos in manu mea, domus Israel.
7 Repente loquar adversum gentem et adversus regnum,
Ut eradicem, et destruam, et disperdam illud;
8 Si poenitentiam egerit gens illa a malo suo,
Quod locutus sum adversus eam,
Agam et ego poenitentiam super malo
Quod cogitavi ut facerem ei.
9 Et subito loquar de gente et de regno,
Ut aedificem et plantem illud;
10 Si fecerit malum in oculis meis,
Ut non audiat vocem meam,
Poenitentiam agam super bono quod locutus sum ut facerem ei.
11 Nunc ergo dic viro Iuda, et habitatoribus Ierusalem, dicens:
Haec dicit Dominus:
Ecce ego fingo contra vos malum,
Et cogito contra vos cogitationem;
Revertatur unusquisque a via sua mala,
Et dirigite vias vestras et studia vestra.
12 Qui dixerunt: Desperavimus;
Post cogitationes enim nostras ibimus,

Am 5,18; 2 Petr 3,4. — **16:** Deut 23,23. — **17:** Ier 16,19. — **18:** Ps 34,5-6; Ier 15,15; 18,20-23. **19:** Ier 7,2. — **21:** Deut 4,15; Neh 13,15-19. — **22:** Ex 20,8; 23,12. — **23:** Ier 5,3; 7,24; Soph 3,7. — **24:** Is 58,14; Ier 17,21-22. — **25:** Ier 7, 3.7; 22,4. — **26:** Lev 7,12; Ier 32,44; Zach 7,7. **27:** Ez 7,20; 21,14; 22,8.

18 **2:** Eccli 38,32; Ier 19,1.3. — **4:** Rom 9,20-21. — **6:** Sap 15,7; Is 45,9. — **7:** Ier 1,10; 42,10. — **8:** Is 55,7; Ier 26,3; Ez 18,21.27. — **10:** Gen 6,6; Num 14,22-23. — **11:** Ier 7,3; 25,5; 35,15. — **12:** Ier 2,25; 7,24. — **13:** Ier 2,10-11;

Et unusquisque pravitatem cordis sui mali faciemus.
13 Ideo haec dicit Dominus.
Interrogate gentes:
Quis audivit talia horribilia,
Quae fecit nimis virgo Israel?
14 Numquid deficiet de petra agri nix Libani?
Aut evelli possunt aquae erumpentes frigidae, et defluentes?
15 Quia oblitus est mei populus meus,
Frustra libantes,
Et impingentes in viis suis,
In semitis saeculi,
Ut ambularent per eas in itinere non trito,
16 Ut fieret terra eorum in desolationem,
Et in sibilum sempiternum:
Omnis qui praeterierit per eam obstupescet,
Et movebit caput suum.
17 Sicut ventus urens dispergam eos coram inimico;
Dorsum, et non faciem, ostendam eis in die perditionis eorum.

Altera conspiratio adversus Ieremiam

18 Et dixerunt: Venite,
Et cogitemus contra Ieremiam cogitationes;
Non enim peribit lex a sacerdote,
Neque consilium a sapiente,
Nec sermo a propheta;
Venite, et percutiamus eum lingua,
Et non attendamus ad universos sermones eius.
19 Attende, Domine, ad me,
Et audi vocem adversariorum meorum.
20 Numquid redditur pro bono malum,
Quia foderunt foveam animae meae?
Recordare quod steterim in conspectu tuo
Ut loquerer pro eis bonum,
Et averterem indignationem tuam ab eis.
21 Propterea da filios eorum in famem,
Et deduc eos in manus gladii;
Fiant uxores eorum absque liberis, et viduae;
Et viri earum interficiantur morte;
Iuvenes eorum confodiantur gladio in praelio;
22 Audiatur clamor de domibus eorum;
Adduces enim super eos latronem repente,
Quia foderunt foveam ut caperent me,
Et laqueos absconderunt pedibus meis.
23 Tu autem, Domine, scis omne consilium eorum
Adversum me in mortem;
Ne propitieris iniquitati eorum,
Et peccatum eorum a facie tua non deleatur;
Fiant corruentes in conspectu tuo,
In tempore furoris tui abutere eis.

Laguncula confracta, symbolum futurae populi sortis

19 1 Haec dicit Dominus: Vade, et
accipe lagunculam figuli testeam
a senioribus populi, et a senioribus sacerdotum, 2 et egredere ad vallem filii Ennom, quae est iuxta introitum portae
fictilis; et praedicabis ibi verba quae ego
loquar ad te. 3 Et dices:

Audite verbum Domini,
Reges Iuda, et habitatores Ierusalem;
Haec dicit Dominus exercituum, Deus Israel:
Ecce ego inducam afflictionem super locum istum,
Ita ut omnis qui audierit illam tinniant aures eius,
4 Eo quod dereliquerint me,
Et alienum fecerint locum istum,
Et libaverunt in eo diis alienis,
Quos nescierunt, ipsi et patres eorum, et reges Iuda,
Et repleverunt locum istum sanguine innocentium;
5 Et aedificaverunt excelsa Baalim,
Ad comburendos filios suos igni in holocaustum Baalim:
Quae non praecepi, nec locutus sum,
Nec ascenderunt in cor meum.
6 Propterea ecce dies veniunt, dicit Dominus,
Et non vocabitur amplius locus iste Topheth,
Et vallis filii Ennom,
Sed vallis occisionis.
7 Et dissipabo consilium Iuda et Ierusalem in loco isto;
Et subvertam eos gladio in conspectu inimicorum suorum,
Et in manu quaerentium animas eorum;
Et dabo cadavera eorum escam volatilibus caeli et bestiis terrae.
8 Et ponam civitatem hanc in stuporem, et in sibilum;
Omnis qui praeterierit per eam obstupescet,
Et sibilabit super universa plaga eius.
9 Et cibabo eos carnibus filiorum suorum et carnibus filiarum suarum;
Et unusquisque carnem amici sui comedet in obsidione,

5,30. — **15:** Is 57,14; Ier 2,13.32; 6,16. — **16:** Lev 26,32; 3 Reg 9,8; Ier 19,8. — **17:** Prov 1, 24-31; Ier 2,27; 13,24. — **18:** Ps 34,15-16; Ier 9,3.8; 11,19; Mal 2,7. — **19:** Ps 63,1-2. — **20:** Ps 18,22; 34,12; Ier 14,20-21. — **21:** Ps 108,9-10; Ier 11,22. — **22:** Ps 7,15-16; Ier 20,16. — **23:** Neh 4,5; Ps 34,4; 36,32-33; 108,14-15.

19 **1:** 4 Reg 19,2; 23,1; Ier 18,2. — **3:** Ier 7,20. — **4:** Deut 32,17; 4 Reg 21,16; 24, 4; Ier 1,16; 2,13.34. — **5:** Ier 7,31-32; 32,35. — **6:** Ios 15,8; Ier 7,32. — **7:** Lev 26,17.25; Is 29, 14; Ier 7,33. — **8:** Ier 49,17. — **9:** Lev 26,29;

Et in angustia in qua concludent eos inimici eorum,
Et qui quaerunt animas eorum.
10 Et conteres lagunculam in oculis vi-
rorum qui ibunt tecum, 11 et dices ad eos:
Haec dicit Dominus exercituum:
Sic conteram populum istum, et civitatem istam,
Sicut conteritur vas figuli,
Quod non potest ultra instaurari;
Et in Topheth sepelientur,
Eo quod non sit alius locus ad sepeliendum.
12 Sic faciam loco huic, ait Dominus,
Et habitatoribus eius,
Et ponam civitatem istam sicut Topheth.
13 Et erunt domus Ierusalem,
Et domus regum Iuda,
Sicut locus Topheth, immundae,
Omnes domus in quarum domatibus sacrificaverunt omni militiae caeli,
Et libaverunt libamina diis alienis.

Ieremias a sacerdote percussus

14 Venit autem Ieremias de Topheth,
quo miserat eum Dominus ad prophetandum, et stetit in atrio domus Domini, et
dixit ad omnem populum: 15 Haec dicit
Dominus exercituum, Deus Israel: Ecce
ego inducam super civitatem hanc, et
super omnes urbes eius, universa mala
quae locutus sum adversum eam, quoniam induraverunt cervicem suam ut non
audirent sermones meos.

20 1 Et audivit Phassur, filius Emmer,
sacerdos, qui constitutus erat princeps in domo Domini, Ieremiam prophetantem sermones istos. 2 Et percussit
Phassur Ieremiam prophetam, et misit
eum in nervum quod erat in porta Beniamin superiori, in domo Domini. 3 Cumque illuxisset in crastinum, eduxit Phassur Ieremiam de nervo, et dixit ad eum
Ieremias: Non Phassur vocavit Dominus
nomen tuum, sed pavorem undique. Quia
haec dicit Dominus:

4 Ecce ego dabo te in pavorem,
Te et omnes amicos tuos;
Et corruent gladio inimicorum suorum,
Et oculi tui videbunt;
Et omnem Iudam dabo in manum regis Babylonis,
Et traducet eos in Babylonem,
Et percutiet eos gladio.
5 Et dabo universam substantiam civitatis huius,
Et omnem laborem eius, omneque pretium,
Et cunctos thesauros regum Iudà
Dabo in manu inimicorum eorum;
Et diripient eos, et tollent,
Et ducent in Babylonem.
6 Tu autem, Phassur, et omnes habitatores domus tuae,
Ibitis in captivitatem;
Et in Babylonem venies,
Et ibi morieris, ibique sepelieris
Tu, et omnes amici tui,
Quibus prophetasti mendacium.

Iterum conqueritur Ieremias de adversariis

7 Seduxisti me, Domine, et seductus sum;
Fortior me fuisti, et invaluisti;
Factus sum in derisum tota die,
Omnes subsannant me.
8 Quia iam olim loquor,
Vociferans iniquitatem, et vastitatem clamito;
Et factus est mihi sermo Domini in opprobrium,
Et in derisum tota die.
9 Et dixi: Non recordabor eius,
Neque loquar ultra in nomine illius;
Et factus est in corde meo quasi ignis exaestuans,
Claususque in ossibus meis,
Et defeci, ferre non sustinens.
10 Audivi enim contumelias multorum,
Et terrorem in circuitu:
Persequimini, et persequamur eum,
Ab omnibus viris qui erant pacifici mei,
Et custodientes latus meum:
Si quo modo decipiatur, et praevaleamus adversus eum,
Et consequamur ultionem ex eo.
11 Dominus autem mecum est, quasi bellator fortis;
Idcirco qui persequuntur me cadent,
Et infirmi erunt:
Confundentur vehementer,
Quia non intellexerunt opprobrium sempiternum,
Quod nunquam delebitur.
12 Et tu, Domine exercituum, probator iusti,
Qui vides renes et cor,
Videam, quaeso, ultionem tuam ex eis;
Tibi enim revelavi causam meam.
13 Cantate Domino,
Laudate Dominum,
Quia liberavit animam pauperis de manu malorum.

Deut 28,23. — **11:** Ier 7,32; 51,63-64. — **12:** 4 Reg 23,10; Is 30,33. — **13:** 4 Reg 23,12; Ier 32, 20. — **14:** 2 Par 20,5; Ier 26,2. — **15:** Prov 29, 1; Ier 7,26; 25,3-4.

20 **1:** 1 Par 24,14; Ier 19,14-15; 21,1. — **2:** Ier 26,8; 29,26; 37,12. — **3:** Ier 6,25; 46, 5. — **5:** 4 Reg 20,17; 24,12-16. — **6:** Ier 14,13-14; 28,15. — **7:** Ier 1,6-7.17; 20,9. — **8:** Ier 6,7. 10; 13,13. — **9:** Iob 32,18; Ps 38,4; Ier 6,11. — **10:** Iob 19,19; Ps 30,13; Lc 20,20. — **11:** Ier 1,8; 15,20; 17,18; 23,40. — **12:** 2 Par 24,22; Ps 58, 10.17; Ier 11,20. — **13:** Ps 34,9-10; 108,30-31.

14 Maledicta dies in qua natus sum!
Dies in qua peperit me mater mea,
Non sit benedicta!
15 Maledictus vir qui annuntiavit patri meo,
Dicens: Natus est tibi puer masculus,
Et quasi gaudio laetificavit eum!
16 Sit homo ille ut sunt civitates quae subvertit Dominus,
Et non poenituit eum,
Audiat clamorem mane,
Et ululatum in tempore meridiano;
17 Qui non me interfecit a vulva,
Ut fieret mihi mater mea sepulchrum,
Et vulva eius conceptus aeternus!
18 Quare de vulva egressus sum,
Ut viderem laborem et dolorem,
Et consumerentur in confusione dies mei?

PARS SECUNDA

ORACULA DE EXITIO IERUSALEM ET IUDAE

(21,1-29,32)

Ieremias praedicit Iudae vastationem

21 1 Verbum quod factum est ad Ieremiam a Domino, quando misit
ad eum rex Sedecias Phassur, filium Melchiae, et Sophoniam, filium Maasiae,
sacerdotem, dicens: 2 Interroga pro nobis
Dominum, quia Nabuchodonosor, rex Babylonis, praeliatur adversum nos; si forte faciat Dominus nobiscum secundum omnia mirabilia sua, et recedat a nobis.
3 Et dixit Ieremias ad eos: Sic dicetis
Sedeciae: 4 Haec dicit Dominus, Deus Israel: Ecce ego convertam vasa belli, quae in manibus vestris sunt, et quibus vos pugnatis adversum regem Babylonis, et Chaldaeos, qui obsident vos in circuitu murorum; et congregabo ea in medio civitatis huius.
5 Et debellabo ego vos in
manu extenta, et in brachio forti, et in furore, et in indignatione, et in ira grandi.
6 Et percutiam habitatores civitatis
huius, homines et bestiae pestilentia magna morientur.
7 Et post haec ait Dominus: Dabo Sedeciam, regem Iuda, et servos eius, et populum eius, et qui derelicti sunt in civitate hac a peste, et gladio, et fame, in manu Nabuchodonosor, regis Babylonis, et in manu inimicorum eorum, et in manu quaerentium animam eorum; et percutiet eos in ore gladii, et non flectetur neque parcet, nec miserebitur.
8 Et ad
populum hunc dices: Haec dicit Dominus: Ecce ego do coram vobis viam vitae, et viam mortis.
9 Qui habitaverit in urbe hac
morietur gladio, et fame, et peste; qui autem egressus fuerit, et transfugerit ad Chaldaeos, qui obsident vos, vivet, et erit ei anima sua quasi spolium.
10 Posui enim
faciem meam super civitatem hanc in malum, et non in bonum, ait Dominus; in manu regis Babylonis dabitur, et exuret eam igni.
11 Et domui regis Iuda:

Audite verbum Domini,
12 Domus David;
Haec dicit Dominus:
Iudicate mane iudicium,
Et eruite vi oppressum de manu calumniantis,
Ne forte egrediatur ut ignis indignatio mea,
Et succendatur, et non sit qui extinguat,
Propter malitiam studiorum vestrorum.
13 Ecce ego ad te, habitatricem vallis solidae atque campestris,
Ait Dominus;
Qui dicitis: Quis percutiet nos?
Et quis ingredietur domos nostras?
14 Et visitabo super vos iuxta fructum studiorum vestrorum,
Dicit Dominus;
Et succendam ignem in saltu eius,
Et devorabit omnia in circuitu eius.

Contra domum regiam

22 1 Haec dicit Dominus: Descende in domum regis Iuda, et loqueris
ibi verbum hoc, 2 et dices:
Audi verbum Domini, rex Iuda,
Qui sedes super solium David;
Tu et servi tui, et populus tuus,
Qui ingredimini per portas istas.
3 Haec dicit Dominus:
Facite iudicium et iustitiam,
Et liberate vi oppressum de manu calumniatoris;
Et advenam, et pupillum, et viduam
Nolite contristare, neque opprimatis inique,
Et sanguinem innocentem ne effundatis in loco isto.
4 Si enim facientes feceritis verbum istud,
Ingredientur per portas domos huius,

14: Iob 3,1-10; 10,18; Eccli 23,19; Ier 15,10. — **15:** Io 16,21. — **16:** Gen 19,25; Is 13,19; Ier 18, 22. — **17:** Iob 3,10-11; 10,19. — **18:** Iob 3,20; 14,1.

21 **1:** 4 Reg 25,18; Ier 29,25; 38,1. — **2:** 4 Reg 25,1; Ps 104,2.5; Ier 37,6-7. — **4:** Ier 32,5; 37,8-10. — **5:** Ex 6,6; Deut 4,34; Is 63,10; Lam 2,4-5. — **6:** Ier 16,4. — **7:** Deut 28,50; Ier 24,8-10; 37-16. — **8:** Deut 30,15.19; Ier 21,9. — **9:** Ier 27,12-13; 39,18. — **10:** Lev 17,10; Ier 44, 11; Ez 14,8. — **12:** Ier 4,4; 22,3; Zach 7,9. — **13:** Is 22,1; Ier 40,4. — **14:** 4 Reg 25,9; 2 Par 36,19; Prov 1,31; Is 3,11; Ier 9,25.

22 **2:** Ier 17,20; 19,3. — **3:** Ex 22,21-24; Deut 24,17; Ier 21,12. — **4:** Ier 17,24-25. — **5:**

Reges sedentes de genere David super thronum eius,
Et ascendentes currus et equos,
Ipsi, et servi, et populus eorum.
5 Quod si non audieritis verba haec:
In memetipso iuravi, dicit Dominus,
Quia in solitudinem erit domus haec.
6 Quia haec dicit Dominus super domum regis Iuda:
Galaad, tu mihi caput Libani,
Si non posuero te solitudinem, urbes inhabitabiles!
7 Et sanctificabo super te, interficientem virum, et arma eius;
Et succident electas cedros tuas,
Et praecipitabunt in ignem.
8 Et pertransibunt gentes multae per civitatem hanc,
Et dicet unusquisque proximo suo:
Quare fecit Dominus sic civitati huic grandi?
9 Et respondebunt:
Eo quod dereliquerint pactum Domini Dei sui,
Et adoraverint deos alienos et servierint eis.
10 Nolite flere mortuum,
Neque lugeatis super eum fletu;
Plangite eum qui egreditur,
Quia non revertetur ultra,
Nec videbit terram nativitatis suae.
11 Quia haec dicit Dominus ad Sellum,
Filium Iosiae, regem Iuda,
Qui regnavit pro Iosia, patre suo,
Qui egressus est de loco isto:
Non revertetur huc amplius;
12 Sed in loco ad quem transtuli eum, ibi morietur,
Et terram istam non videbit amplius.
13 Vae qui aedificat domum suam in iniustitia,
Et coenacula sua non in iudicio;
Amicum suum opprimet frustra,
Et mercedem eius non reddet ei;
14 Qui dicit: Aedificabo mihi domum latam,
Et coenacula spatiosa;
Qui aperit sibi fenestras et facit laquearia cedrina,
Pingitque sinopide.
15 Numquid regnabis quoniam confers te cedro?
Pater tuus numquid non comedit et bibit,
Et fecit iudicium et iustitiam tunc cum bene erat ei?
16 Iudicavit causam pauperis et egeni in bonum suum;
Numquid non ideo quia cognovit me? dicit Dominus.
17 Tui vero oculi et cor ad avaritiam,
Et ad sanguinem innocentem fundendum,
Et ad calumniam, et ad cursum mali operis.
18 Propterea haec dicit Dominus ad Ioakim,
Filium Iosiae, regem Iuda:
Non plangent eum: Vae, frater! Et vae, soror!
Non concrepabunt ei: Vae Domine! et vae inclyte!
19 Sepultura asini sepelietur,
Putrefactus et proiectus extra portas Ierusalem.

Contra pastores Iudae

20 Ascende Libanum, et clama;
Et in Basan da vocem tuam,
Et clama ad transeuntes,
Quia contriti sunt omnes amatores tui.
21 Locutus sum ad te in abundantia tua,
Et dixisti: Non audiam;
Haec est via tua ab adolescentia tua,
Quia non audisti vocem meam.
22 Omnes pastores tuos pascet ventus,
Et amatores tui in captivitatem ibunt;
Et tunc confunderis,
Et erubesces ab omni malitia tua.
23 Quae sedes in Libano,
Et nidificas in cedris,
Quomodo congemuisti cum venissent tibi dolores,
Quasi dolores parturientis?
24 Vivo ego, dicit Dominus,
Quia si fuerit Iechonias, filius Ioakim, regis Iuda,
Annulus in manu dextera mea,
Inde evellam eum,
25 Et dabo te in manu quaerentium animam tuam,
Et in manu quorum tu formidas faciem,
Et in manu Nabuchodonosor, regis Babylonis,
Et in manu Chaldaeorum;
26 Et mittam te, et matrem tuam quae genuit te,
In terram alienam, in qua nati non estis,
Ibique moriemini.
27 Et in terram ad quam ipsi levant animam suam ut revertantur illuc,
Non revertentur.
28 Numquid vas fictile atque contritum
Vir iste Iechonias?
Numquid vas absque omni voluptate?

Gen 22,16; Ier 7,34; Hebr 6,13. — **6:** Num 32,1; Is 37,24. — **7:** Is 37,24; Ier 21,14. — **8:** Deut 29,24-26. — **9:** Ier 19,4; 40,2-3. — **10:** 2 Par 35,23-25. — **11:** 4 Reg 23,30; 2 Par 36,4. — **12:** 4 Reg 23,34. — **13:** Lev 19,13; Deut 24,14; Mich 3,10; Hab 2,9.12. — **14:** Am 5,11; 6,12. — **15:** 4 Reg 23,25; Is 37,24. — **16:** Prov 31,9; Ier 9,24. — **17:** Ez 22,13.27; 2 Petr 2,14. — **18:** 3 Reg 13,30; Ier 16,4-6; 34,5. — **19:** 2 Par 36,6; Ier 36,30. — **20:** Deut 32,49; Ier 30,14-15. — **21:** Ier 2,25. — **22:** Ier 2,26-28.37; 23,1-2. — **23:** Ier 21,13-14. — **24:** 3 Reg 21,8; Is 49,18; Ez 5,11. — **25:** Ier 21,7; 34,20. — **26:** 4 Reg 24,8.15. — **27:** Ier 44,14. **28:** Ps 30, 13; Ier 48,38. — **29:** Deut 32,1; Ier 6,19. — **30:** 1 Par 3,16-17; Ier 36,30; Mt 1,12.

Quare abiecti sunt ipse et semen eius,
Et proiecti in terram quam ignoraverunt?
29 Terra, terra, terra, audi sermonem Domini.
30 Haec dicit Dominus:
Scribe virum istum sterilem,
Virum qui in diebus suis non prosperabitur;
Nec enim erit de semine eius vir
Qui sedeat super solium David,
Et potestatem habeat ultra in Iuda.

23 1 Vae pastoribus qui disperdunt et dilacerant,
Gregem pascuae meae! dicit Dominus.
2 Ideo haec dicit Dominus Deus Israel
Ad pastores qui pascunt populum meum:
Vos dispersistis gregem meum,
Et eiecistis eos, et non visitastis eos;
Ecce ego visitabo super vos
Malitiam studiorum vestrorum, ait Dominus.
3 Et ego congregabo reliquias gregis mei
De omnibus terris ad quas eiecero eos illuc;
Et convertam eos ad rura sua,
Et crescent et multiplicabuntur.
4 Et suscitabo super eos pastores, et pascent eos;
Non formidabunt ultra, et non pavebunt,
Et nullus quaeretur ex numero, dicit Dominus.

Pastor messianicus

5 Ecce dies veniunt, dicit Dominus,
Et suscitabo David germen iustum;
Et regnabit rex, et sapiens erit,
Et faciet iudicium et iustitiam in terra.
6 In diebus illis salvabitur Iuda,
Et israel habitabit confidenter;
Et hoc est nomen quod vocabunt eum:
Dominus iustus noster.
7 Propter hoc ecce dies veniunt, dicit Dominus,
Et non dicent ultra: Vivit Dominus,
Qui eduxit filios Israel de terra Aegypti,
8 Sed: Vivit Dominus,
Qui eduxit et adduxit semen domus Israel de terra aquilonis,
Et de cunctis terris ad quas eieceram eos illuc,
Et habitabunt in terra sua.

Contra pseudoprophetas

9 Ad prophetas:
Contritum est cor meum in medio mei,
Contremuerunt omnia ossa mea:
Factus sum quasi vir ebrius,
Et quasi homo madidus a vino,
A facie Domini,
Et a facie verborum sanctorum eius.
10 Quia adulteris repleta est terra,
Quia a facie maledictionis luxit terra,
Arefacta sunt arva deserti:
Factus est cursus eorum malus;
Et fortitudo eorum dissimilis.
11 Propheta namque et sacerdos polluti sunt,
Et in domo mea inveni malum eorum, ait Dominus.
12 Idcirco via eorum erit quasi lubricum in tenebris;
Impellentur enim, et corruent in ea;
Afferam enim super eos mala,
Annum visitationis eorum, ait Dominus.
13 Et in prophetis Samariae vidi fatuitatem;
Prophetabant in Baal,
Et decipiebant populum meum Israel.
14 Et in prophetis Ierusalem vidi similitudinem adulterantium,
Et iter mendacii;
Et confortaverunt manus pessimorum,
Ut non converteretur unusquisque a malitia sua;
Facti sunt mihi omnes ut Sodoma,
Et habitatores eius quasi Gomorrha.
15 Propterea haec dicit Dominus exercituum ad prophetas;
Ecce ego cibabo eos absinthio,
Et potabo eos felle;
A prophetis enim Ierusalem egressa est pollutio super omnem terram.
16 Haec dicit Dominus exercituum:
Nolite audire verba prophetarum
Qui prophetant vobis, et decipiunt vos;
Visionem cordis sui loquuntur,
Non de ore Domini.
17 Dicunt his qui blasphemant me:
Locutus est Dominus: Pax erit vobis;
Et omni qui ambulat in pravitate cordis sui dixerunt:
Non veniet super vos malum.
18 Quis enim affuit in consilio Domini,
Et vidit, et audivit sermonem eius?
Quis consideravit verbum illius, et audivit?
19 Ecce turbo Dominicae indignationis egredietur,
Et tempestas erumpens super caput impiorum veniet.
20 Non revertetur furor Domini,
Usque dum faciat

23 **1:** Ier 10,21; 22,22. — **2:** Ier 17,10: Ez 34,4-6; Zach 11,16-17. — **3:** Deut 30,5; Ier 29,14; 32,37. — **4:** Ier 3,15; Ez 34,11-12. — **5:** Is 4,2; 9,5-6; 11,1-5; Ier 33,14. — **6:** Ier 30, 10; Dan 9,24. — **7:** Ier 16,14-15. — **9:** Ps 6,3; Ier 5,30-31; Ez 6,9. — **10:** Ier 4,22; 5,7-8; 9,2. 10. — **11:** Ier 6,13; 7,30. — **12:** Ps 34,6; Prov 4,19; Ier 11,23. — **13:** 3 Reg 18,19. — **14:** Is 1, 9-10; Ier 29,21-23. — **15:** Ier 8,14; 9,15. — **16:** Num 16,28; Ier 14,14; 23,21.26. — **17:** Ier 5, 12; Ez 13,10; Mich 3,11; Zach 10,2. — **18:** Iob 15,8; Is 40,13; 1 Cor 2,16. — **19:** Sap 5,24; Ier 30,23. — **20:** Is 14,24; Ier 20,24; Zach 1, 6. — **21:** Ier 27,15; 29,9. — **22:** Ier 23,18; 25,

Et usque dum compleat cogitationem cordis sui;
In novissimis diebus intelligetis consilium eius.
21 Non mittebam prophetas,
Et ipsi currebant;
Non loquebar ad eos,
Et ipsi prophetabant.
22 Si stetissent in consilio meo,
Et nota fecissent verba mea populo meo,
Avertissem utique eos a via sua mala
Et a cogitationibus suis pessimis.
23 Putasne Deus a vicino ego sum, dicit Dominus,
Et non Deus de longe?
24 Si occultabitur vir in absconditis,
Et ego non videbo eum? dicit Dominus.
Numquid non caelum et terram ego impleo? dicit Dominus.
25 Audivi quae dixerunt prophetae
Prophetantes in nomine meo mendacium,
Atque dicentes: Somniavi, somniavi.
26 Usquequo istud est in corde prophetarum
Vaticinantium mendacium,
Et prophetantium seductiones cordis sui?
27 Qui volunt facere ut obliviscatur populus meus nominis mei,
Propter somnia eorum quae narrat unusquisque ad proximum suum,
Sicut obliti sunt patres eorum nominis mei propter Baal?
28 Propheta qui habet somnium,
Narret somnium;
Et qui habet sermonem meum,
Loquatur sermonem meum vere.
Quid paleis ad triticum? dicit Dominus.
29 Numquid non verba mea sunt quasi ignis, dicit Dominus,
Et quasi malleus conterens petram?
30 Propterea ecce ego ad prophetas, ait Dominus,
Qui furantur verba mea unusquisque a proximo suo.
31 Ecce ego ad prophetas, ait Dominus,
Qui assumunt linguas suas, et aiunt: Dicit Dominus.
32 Ecce ego ad prophetas somniantes mendacium, ait Dominus;
Qui narraverunt ea, et seduxerunt populum meum
In mendacio suo et in miraculis suis,
Cum ego non misissem eos, nec mandassem eis,
Qui nihil profuerunt populo huic, dicit Dominus.
33 Si igitur interrogaverit te populus iste,
Vel propheta, aut sacerdos, dicens:
Quod est onus Domini?
Dices ad eos: Vos estis onus;
Proiiciam quippe vos, dicit Dominus.
34 Et propheta, et sacerdos, et populus
Qui dicit: Onus Domini.
Visitabo super virum illum et super domum eius.
35 Haec dicetis unusquisque ad proximum,
Et ad fratrem suum:
Quid respondit Dominus?
Et quid locutus est Dominus?
36 Et onus Domini ultra non memorabitur;
Quia onus erit unicuique sermo suus,
Et pervertistis verba Dei viventis,
Domini exercituum, Dei nostri.
37 Haec dices ad prophetam:
Quid respondit tibi Dominus?
Et quid locutus est Dominus?
38 Si autem onus Domini dixeritis,
Propter hoc haec dicit Dominus:
Quia dixistis sermonem istum: Onus Domini,
Et misi ad vos dicens: Nolite dicere: Onus Domini;
39 Propterea ecce ego tollam vos portans,
Et derelinquam vos, et civitatem
Quam dedi vobis et patribus vestris, a facie mea;
40 Et dabo vos in opprobrium sempiternum,
Et in ignominiam aeternam,
Quae nunquam oblivione delebitur.

Duo calathi ficorum, novum symbolum futurae populi sortis

24 1 Ostendit mihi Dominus: et ecce
duo calathi pleni ficis, positi ante
templum Domini, postquam transtulit
Nabuchodonosor, rex Babylonis, Iechoniam, filium Ioakim, regem Iuda, et
principes eius, et fabrum, et inclusorem,
de Ierusalem, et adduxit eos in Babylonem.
2 Calathus unus ficus bonas habebat nimis, ut solent ficus esse primi temporis; et calathus unus ficus habebat
malas nimis, quae comedi non poterant
eo quod essent malae.
3 Et dixit Dominus
ad me: Quid tu vides, Ieremia? Et dixi:
Ficus, ficus bonas, bonas valde; et malas, malas valde, quae comedi non possunt eo quod sint malae.
4 Et factum est verbum Domini ad me,
dicens:
5 Haec dicit Dominus, Deus Israel:
Sicut ficus hae bonae,
Sic cognoscam transmigrationem Iuda,
Quam emisi de loco isto in terram Chaldaeorum, in bonum.

25; Ez 18,30. — **23:** Ps 93,7.9. — **24:** Ps 138,8; Sap 1,7; Ier 16,17. — **25:** Ier 27,28. — **27:** Iud 3,7; 8,33. — **28:** Num 12,6. — **29:** Os 6,5; Hebr 4,12. — **30:** Deut 18,20. — **32:** Ier 28,15-17; Ez 13,10. — **33:** Is 9,15; Ier 17,15; Mal 1,1.— **34:** Is 28,22. — **36:** Is 3,8; 23,17. — **39:** Ier 23,33; Os 4,6. — **40:** Ier 20,11; Ez 5,14-15.

24 **1:** Deut 26,1-4; Am 8,1-2. — **2:** Os 9,10; Mich 7,1. — **3:** Ier 1,11. — **5:** Lev

6 Et ponam oculos meos super eos ad placandum,
Et reducam eos in terram hanc;
Et aedificabo eos, et non destruam;
Et plantabo eos, et non evellam.
7 Et dabo eis cor ut sciant me,
Quia ego sum Dominus;
Et erunt mihi in populum,
Et ego ero eis in Deum,
Quia revertentur ad me in toto corde suo.
8 Et sicut ficus pessimae quae comedi non possunt,
Eo quod sint malae, haec dicit Dominus,
Sic dabo Sedeciam, regem Iuda,
Et principes eius, et reliquos de Ierusalem,
Qui remanserunt in urbe hac,
Et qui habitant in terra Aegypti.
9 Et dabo eos in vexationem,
Afflictionemque omnibus regnis terrae,
In opprobrium, et in parabolam,
Et in proverbium, et in maledictionem
In universis locis ad quae eieci eos.
10 Et mittam in eis gladium, et famem, et pestem,
Donec consumantur de terra quam dedi eis et patribus eorum.

Expletis septuaginta annis captivitatis, Babylon punietur

25 1 Verbum quod factum est ad
Ieremiam, de omni populo Iuda,
in anno quarto Ioakim, filii Iosiae, regis
Iuda (ipse est annus primus Nabuchodonosor, regis Babylonis), 2 quod locutus
est Ieremias propheta ad omnem populum Iuda, et ad universos habitatores
Ierusalem, dicens: 3 A tertio decimo anno
Iosiae, filii Amon, regis Iuda, usque ad diem hanc, iste tertius et vigesimus annus, factum est verbum Domini ad me, et locutus sum ad vos de nocte consurgens, et
loquens, et non audistis. 4 Et misit Dominus ad vos omnes servos suos prophetas, consurgens diluculo, mittensque; et non audistis, neque inclinastis aures vestras
ut audiretis, 5 cum diceret: Revertimini unusquisque a via sua mala, et a pessimis cogitationibus vestris, et habitabitis in terra quam dedit Dominus vobis et patribus vestris, a saeculo et usque in
saeculum; 6 et nolite ire post deos alienos, ut serviatis eis adoretisque eos, neque me ad iracundiam provocetis in operibus manuum vestrarum, et non affligam vos. 7 Et non audistis me, dicit Dominus, ut me ad iracundiam provocaretis in operibus manuum vestrarum, in malum vestrum.
8 Propterea haec dicit Dominus exercituum: Pro eo quod non audistis verba
mea, 9 ecce ego mittam et assumam universas cognationes aquilonis, ait Dominus, et Nabuchodonosor, regem Babylonis, servum meum, et adducam eos super terram istam, et super habitatores eius, et super omnes nationes quae in circuitu illius sunt; et interficiam eos, et ponam eos in stuporem et in sibilum, et
in solitudines sempiternas. 10 Perdamque
ex eis vocem gaudii et vocem laetitiae, vocem sponsi et vocem sponsae, vocem
molae et lumen lucernae. 11 Et erit universa terra haec in solitudinem, et in stuporem; et servient omnes gentes istae regi Babylonis septuaginta annis.
12 Cumque impleti fuerint septuaginta anni, visitabo super regem Babylonis et super gentem illam, dicit Dominus, iniquitatem eorum, et super terram Chaldaeorum, et ponam illam in solitudines
sempiternas. 13 Et adducam super terram illam omnia verba mea, quae locutus sum contra eam, omne quod scriptum est in libro isto, quaecumque prophetavit Ieremias adversum omnes gentes; 14 quia ser-
vierunt eis, cum essent gentes multae, et reges magni; et reddam eis secundum opera eorum, et secundum facta manuum suarum.

Propheta cunctis gentibus calicem irae Domini propinat

15 Quia sic dicit Dominus exercituum, Deus Israel: Sume calicem vini furoris huius de manu mea, et propinabis de illo cunctis gentibus, ad quas ego mittam te. 16 Et bibent, et turbabuntur et insanient a facie gladii quem ego mittam
inter eos. 17 Et accepi calicem de manu Domini, et propinavi cunctis gentibus ad
quas misit me Dominus: 18 Ierusalem,
et civitatibus Iuda, et regibus eius, et principibus eius, ut darem eos in solitudinem, et in stuporem, et in sibilum, et in maledictionem, sicut est dies ista;
19 Pharaoni, regi Aegypti, et servis eius,
et principibus eius, et omni populo eius;
20 et universis generaliter cunctis regibus

26,44-45; Ps 30,7; Ier 29,11. — **6:** Ier 12,15; 29,10; Am 9,15. — **7:** Deut 30,6; Ier 30,22; 31,1; 32,39; Bar 2,31. — **8:** Ier 29,17; 441,. — **9:** Deut 28,37; Ier 15,4; 29,18. — **10:** Ier 14,12; 29,17.

25 **1:** 4 Reg 24,1-2; Ier 36,1; 46,2. — **2:** Ier 18,11. — **3:** Ier 1,2; 7,13. — **4:** 2 Par 36,15. — **5:** Ier 7,13; 24,26. — **6:** Deut 6,14-15; Ier 7,6. — **7:** Ier 7,17-19. — **8:** Bar 6,1. — **9:** Ier 1,15; 43,10; 25,17-27. — **10:** Ier 7,34; 16,9. — **11:** Lev 26,32-35; 2 Par 36,20-21. — **12:** 2 Par 36,21-22; Esdr 1,1; Is 13,20-21; Ier 29,10; Dan 9,2; Zach 1,12. — **13:** Ier 25, 46-51. — **14:** Ier 27,7; 50,9.41-42; 51,6.24. — **15:** Iob 21,20; Ps 59,5; Apoc 14,10. — **16:** Ier

terrae Ausitidis, et cunctis regibus terrae
Philisthiim, et Ascaloni, et Gazae, et
Accaron, et reliquiis Azoti; 21 et Idumaeae, et Moab, et filiis Ammon; 22 e
cunctis regibus Tyri, et universis regibus
Sidonis, et regibus terrae insularum qui
sunt trans mare; 23 et Dean, et Thema,
et Buz, et universis qui attonsi sunt in
comam; 24 et cunctis regibus Arabiae, et
cunctis regibus occidentis, qui habitant
in deserto; 25 et cunctis regibus Zambri, et
cunctis regibus Elam, et cunctis regibus
Medorum; 26 cunctis quoque regibus aquilonis, de prope et de longe, unicuique
contra fratrem suum; et omnibus regnis
terrae quae super faciem eius sunt; et rex
Sesach bibet post eos.
27 Et dices ad eos: Haec dicit Dominus
exercituum, Deus Israel: Bibite, et inebriamini, et vomite; et cadite, neque surgatis a facie gladii quem ego mittam inter
vos. 28 Cumque noluerint accipere calicem de manu tua ut bibant, dices ad eos:
Haec dicit Dominus exercituum: Bibentes
bibetis; 29 quia ecce in civitate in qua invocatum est nomen meum ego incipiam
affligere, et vos quasi innocentes et immunes eritis? Non eritis immunes; gladium enim ego voco super omnes habitatores terrae, dicit Dominus exercituum.
30 Et tu prophetabis ad eos omnia verba,
haec, et dices ad illos:

Dominus de excelso rugiet,
Et de habitaculo sancto suo dabit vocem
suam;
Rugiens rugiet super decorem suum;
Celeuma quasi calcantium concinetur
Adversus omnes habitatores terrae.
31 Pervenit sonitus usque ad extrema ter-
rae,
Quia iudicium Domino, cum gentibus;
Iudicatur ipse cum omni carne.
Impios tradidi gladio, dicit Dominus.
32 Haec dicit Dominus exercituum:
Ecce afflictio egredietur de gente in gentem,
Et turbo magnus egredietur a summita-
tibus terrae.
33 Et erunt interfecti Domini in die illa,
A summo terrae usque ad summum eius;
Non plangentur, et non colligentur, neque sepelientur:
In sterquilinium super faciem terrae iacebunt.
34 Ululate, pastores, et clamate;
Et aspergite vos cinere, optimates gregis,
Quia completi sunt dies vestri, ut inter-
ficiamini;
Et dissipationes vestrae, et cadetis quasi
vasa pretiosa.
35 Et peribit fuga a pastoribus,
Et salvatio ab optimatibus gregis.
36 Vox clamoris pastorum et ululatus optimatum gregis,
Quia vastavit Dominus pascua eorum.
37 Et conticuerunt arva pacis a facie irae
furoris Domini.
38 Deriliquit quasi leo umbraculum suum,
Quia facta est terra eorum in desolationem
A facie irae columbae,
Et a facie irae furoris Domini.

Prophetat Ieremias eversionem urbis, et contradicitur a sacerdotibus

26 1 In principio regni Ioakim, filii
Iosiae, regis Iuda, factum est verbum istud a Domino, dicens: 2 Haec dicit
Dominus: Sta in atrio domus Domini, et
loqueris ad omnes civitates Iuda, de quibus veniunt ut adorent in domo Domini
universos sermones quos ego mandavi
tibi ut loquaris ad eos; noli subtrahere
verbum, 3 si forte audiant, et convertantur unusquisque a via sua mala, et poeniteat me mali quod cogito facere eis
propter malitiam studiorum eorum. 4 Et
dices ad eos: Haec dicit Dominus: Si
non audieritis me, ut ambuletis in lege
mea, quam dedi vobis, 5 ut audiatis sermones servorum meorum prophetarum,
quos ego misi ad vos de nocte consurgens, et dirigens, et non audistis, 6 dabo
domum istam sicut Silo, et urbem hanc
dabo in maledictionem cunctis gentibus
terrae.
7 Et audierunt sacerdotes, et prophetae,
et omnis populus, Ieremiam loquentem
verba haec in domo Domini. 8 Cumque complesset Ieremias, loquens omnia
quae praeceperat ei Dominus ut loqueretur ad universum populum, apprehenderunt eum sacerdotes, et prophetae, et
omnis populus, dicens: Morte moriatur.
9 Quare prophetavit in nomine Domini,
dicens: Sicut Silo erit domus haec, et
urbs ista desolabitur eo quod non sit
habitator? Et congregatus est omnis populus adversus Ieremiam in domo Domini. 10 Et audierunt principes Iuda verba
haec, et ascenderunt de domo regis in
domum Domini, et sederunt in introitu portae domus Domini novae. 11 Et locuti sunt sacerdotes et prophetae ad prin-

51,7; Lam 4,21; Ez 23,32-34. — **23:** Ier 9,26; 49,32. — **27:** Ier 25,15-16; Abd 16. — **28:** Ier 49,12. — **29:** Prov 11,31; Ier 19,3; Ez 38,21; Abd 16; 1 Petr 4,17. — **30:** Ier 51,14; Os 11, 10. — **31:** Os 4,1; Ioel 3,2; Mich 6,2. — **32:** Ier 25,9.29. — **33:** Is 66,16; Ier 8,2; 16,4.6. — **34:** Ier 4,8; 6,26. — **35:** Ier 32,4; Am 2,14. — **36:** Ier 4,26. — **37:** Is 32,18; Ier 12,13. — **38:** Ier 4,7; 46,16; 50,16.

26 **1:** 2 Par 36,4-5; Ier 27,1. — **2:** Ier 7,2; 19,14. — **3:** Ier 18,8; 26,13.19. — **4:** Lev 26,14; Deut 28,15. — **5:** Ier 25,4. — **6:** Ier 7, 12.14; 24,9. — **7:** Ier 23,33. — **9:** Ier 4,7; 26, 6. — **10:** Ier 36,10. — **11:** Ier 38,4. — **13:** Ier

cipes, et ad omnem populum, dicentes:
Iudicium mortis est viro huic, quia prophetavit adversus civitatem istam, sicut
audistis auribus vestris. 12 Et ait Ieremias
ad omnes principes, et ad universum populum, dicens: Dominus misit me ut prophetarem ad domum istam, et ad civitatem hanc, omnia verba quae audistis.
13 Nunc ergo bonas facite vias vestras,
et stûdia vestra, et audite vocem Domini
Dei vestri, et poenitebit Dominum mali
quod locutus est adversum vos. 14 Ego
autem ecce in manibus vestris sum; facite
mihi quod bonum et rectum est in oculis vestris. 15 Verumtamen scitote et cognoscite quod, si occideritis me, sanguinem
innocentem tradetis contra vosmetipsos,
et contra civitatem istam, et habitatores
eius; in veritate enim misit me Dominus
ad vos, ut loquerer in auribus vestris omnia verba haec.

16 Et dixerunt principes et omnis populus ad sacerdotes et ad prophetas: Non
est viro huic iudicium mortis, quia in
nomine Domini Dei nostri locutus est
ad nos. 17 Surrexerunt ergo viri de senioribus terrae, et dixerunt ad omnem coetum populi, loquentes: 18 Michaeas de
Morasthi fuit propheta in diebus Ezechiae,
regis Iuda, et ait ad omnem populum
Iuda, dicens:

Haec dicit Dominus exercituum:
Sion quasi ager arabitur,
Et Ierusalem in acervum lapidum erit,
Et mons domus in excelsa silvarum.

19 Numquid morte condemnavit eum
Ezechias, rex Iuda, et omnis Iuda? numquid non timuerunt Dominum, et deprecati sunt faciem Domini, et poenituit Dominum mali quod locutus fuerat
adversum eos? Itaque nos facimus malum
grande contra animas nostras.

20 Fuit quoque vir prophetans in nomi-
me Domini, Urias, filius Semei de Cariathiarim, et prophetavit adversus civitatem
istam, et adversus terram hanc, iuxta omnia verba Ieremiae. 21 Et audivit rex Ioakim, et omnes potentes et principes eius,
verba haec, et quaesivit rex interficere
eum; et audivit Urias, et timuit, fugitque
et ingressus est Aegyptum. 22 Et misit rex
Ioakim viros in Aegyptum, Elnathan,
filium Achobor, et viros cum eo in Aegyptum, 23 et eduxerunt Uriam de Aegypto,
et adduxerunt eum ad regem Ioakim, et
percussit eum gladio, et proiecit cadaver
eius in sepulchris vulgi ignobilis.

24 Igitur manus Ahicam, filii Saphan,
fuit cum Ieremia, ut non traderetur in
manus populi, et interficerent eum.

Vincula et catenae in collo Ieremiae, novum symbolum futurae populi sortis

27 1 In principio regni Ioakim, filii
Iosiae, regis Iuda, factum est verbum istud ad Ieremiam a Domino, dicens:
2 Haec dicit Dominus ad me: Fac tibi
vincula et catenas, et pones eas in collo
tuo, 3 et mittes eas ad regem Edom, et
ad regem Moab, et ad regem filiorum
Ammon, et ad regem Tyri, et ad regem
Sidonis, in manu nuntiorum qui venerunt
Ierusalem ad Sedeciam, regem Iuda. 4 Et
praecipies eis ut ad dominos suos loquantur: Haec dicit Dominus exercituum,
Deus Israel: Haec dicetis ad dominos
vestros: 5 Ego feci terram, et homines,
et iumenta quae sunt super faciem terrae, in fortitudine mea magna, et in brachio meo extento, et dedi eam ei qui
placuit in oculis meis. 6 Et nunc itaque
ego dedi omnes terras istas in manu Nabuchodonosor, regis Babylonis, servi mei;
insuper et bestias agri dedi ei, ut serviant illi; 7 et servient ei omnes gentes,
et filio eius, et filio filii eius, donec veniat
tempus terrae eius et ipsius; et servient
ei gentes multae et reges magni. 8 Gens
autem et regnum quod non servierit Nabuchodonosor, regi Babylonis, et quicumque non curvaverit collum suum sub
iugo regis Babylonis, in gladio, et in fame,
et in peste visitabo super gentem illam,
ait Dominus; donec consumam eos in
manu eius. 9 Vos ergo, nolite audire prophetas vestros, et divinos, et somniatores, et augures, et maleficos, qui dicunt
vobis: Non servietis regi Babylonis. 10 Quia
mendacium prophetant vobis, ut longe
vos faciant de terra vestra, et eiiciant vos,
et pereatis. 11 Porro gens quae subiecerit
cervicem suam sub iugo regis Babylonis,
et servierit ei, dimittam eam in terra sua,
dicit Dominus, et colet eam, et habitabit
in ea.

12 Et ad Sedeciam, regem Iuda, locutus sum secundum omnia verba haec
dicens: Subiicite colla vestra sub iugo
regis Babylonis, et servite ei, et populo
eius, et vivetis. 13 Quare moriemini, tu et
populus tuus, gladio, et fame, et peste,
sicut locutus est Dominus ad gentem quae
servire noluerit regi Babylonis? 14 Nolite

7,3; 26,3.19. — **17:** Ier 19,1. — **18:** Mich 1,1; 3,12. — **19:** 2 Par 32,26. — **20:** Ios 9,17. — **21:** Ier 26,1; 27,1. — **22:** Ier 36,12.25. — **23:** Ier 22,17. — **24:** 4 Reg 22,12.

27 **1:** Ier 26,1.21. — **2:** Ier 28,10-13; Ez 7,23. — **3:** Ier 25,15.20-22. — **5:** Ps 113,15; Ier 32,17. — **6:** Ier 25,9; 43,10; Ez 30,21.25. — **7:** 2 Par 36,20; Ier 25,11; Dan 5,26. — **8:** Ier 25,9; 27,13; Bar 2,22. — **9:** Deut 18,10-11; Ier 27,16; 29,8. — **10:** Ier 14,13-16. — **11:** Bar 2,21. — **12:** Ier 28,1; 38,17. — **13:** Ier 24,

audire verba prophetarum dicentium vobis: Non servietis regi Babylonis; quia
mendacium ipsi loquuntur vobis. 15 Quia
non misi eos, ait Dominus; et ipsi prophetant in nomine meo mendaciter, ut
eiiciant vos, et pereatis, tam vos quam
prophetae qui vaticinantur vobis. 16 Et
ad sacerdotes, et ad populum istum, locutus sum, dicens: Haec dicit Dominus:
Nolite audire verba prophetarum vestrorum, qui prophetarunt vobis, dicentes:
Ecce vasa Domini revertentur de Babylone nunc cito; mendacium enim prophetant vobis. 17 Nolite ergo audire eos;
sed servite regi Babylonis, ut vivatis: quare datur haec civitas in solitudinem? 18 Et
si prophetae sunt, et est verbum Domini
in eis, occurrant Domino exercituum, ut
non veniant vasa quae derelicta fuerant
in domo Domini, et in domo regis Iuda,
et in Ierusalem, in Babylonem. 19 Quia
haec dicit Dominus exercituum ad columnas, et ad mare, et ad bases, et ad reliqua vasorum, quae remanserunt in civitate hac, 20 quae non tulit Nabuchodonosor, rex Babylonis, cum transferret Iechoniam, filium Ioakim, regem Iuda, de
Ierusalem in Babylonem, et omnes optimates Iuda et Ierusalem; 21 quia haec
dicit Dominus exercituum, Deus Israel,
ad vasa quae derelicta sunt in domo Domini, et in domo regis Iuda et Ierusalem:
22 In Babylonem transferentur, et ibi erunt
usque ad diem visitationis suae, dicit
Dominus, et afferri faciam ea, et restitui
in loco isto.

Hananias, propheta de Gabaon, Ieremiae contradicit

28 1 Et factum est in anno illo, in
principio regni Sedeciae, regis Iuda,
in anno quarto, in mense quinto, dixit
ad me Hananias, filius Azur, propheta de
Gabaon, in domo Domini, coram sacerdotibus et omni populo, dicens: 2 Haec
dicit Dominus exercituum, Deus Israel:
Contrivi iugum regis Babylonis. 3 Adhuc
duo anni dierum, et ego referri faciam
ad locum istum omnia vasa domus Domini, quae tulit Nabuchodonosor, rex Babylonis, de loco isto, et transtulit ea in
Babylonem. 4 Et Iechoniam, filium Ioakim, regem Iuda, et omnem transmigrationem Iuda, qui ingressi sunt in Babylonem, ego convertam ad locum istum, ait
Dominus; conteram enim iugum regis
Babylonis. 5 Et dixit Ieremias propheta
ad Hananiam prophetam, in oculis sacerdotum, et in oculis omnis populi qui stabat
in domo Domini; 6 et ait Ieremias propheta: Amen! sic faciat Dominus, suscitet Dominus verba tua quae prophetasti,
ut referantur vasa in domum Domini, et
omnis transmigratio de Babylone ad locum istum. 7 Verumtamen audi verbum
hoc quod ego loquor in auribus tuis, et
in auribus universi populi: 8 Prophetae
qui fuerunt ante me et ante te, ab initio,
et prophetaverunt super terras multas et
super regna magna de praelio, et de afflictione, et de fame; 9 propheta qui vaticinatus est pacem, cum venerit verbum eius,
scietur propheta quem misit Dominus
in veritate. 10 Et tulit Hananias propheta
catenam de collo Ieremiae prophetae, et
confregit eam. 11 Et ait Hananias in conspectu omnis populi, dicens: Haec dicit
Dominus: Sic confringam iugum Nabuchodonosor, regis Babylonis, post duos
annos dierum de collo omnium gentium.
12 Et abiit Ieremias propheta in viam
suam. Et factum est verbum Domini ad
Ieremiam, postquam confregit Hananias
propheta catenam de collo Ieremiae prophetae, dicens: 13 Vade, et dices Hananiae:
Haec dicit Dominus: Catenas ligneas contrivisti; et facies pro eis catenas ferreas.
14 Quia haec dicit Dominus exercituum,
Deus Israel: Iugum ferreum posui super
collum cunctarum gentium istarum, ut
serviant Nabuchodonosor, regi Babylonis, et servient ei; insuper et bestias terrae
dedi ei. 15 Et dixit Ieremias propheta ad
Hananiam prophetam: Audi, Hanania:
non misit te Dominus, et tu confidere
fecisti populum istum in mendacio. 16 Idcirco haec dicit Dominus: Ecce ego mittam te a facie terrae; hoc anno morieris,
adversum enim Dominum locutus es.
17 Et mortuus est Hananias propheta in
anno illo, mense septimo.

Epistola Ieremiae ad exsules in Babylone

29 1 Et haec sunt verba libri quem
misit Ieremias propheta de Ierusalem ad reliquias seniorum transmigrationis, et ad sacerdotes, et ad prophetas, et
ad omnem populum quem traduxerat Nabuchodonosor de Ierusalem in Babylonem,
2 postquam egressus est Iechonias rex, et
domina, et eunuchi, et principes Iuda et

8-10; 38,20-23; Ez 18,31. — **14:** Ier 14,14; 23,21. — **15:** Ier 14,15-16; 20,6. — **16:** 2 Par 36,7.10.18; Ier 28,3. — **17:** 4 Reg 24,13; Ier 28,3. — **18:** 4 Reg 19,4; Ier 18,20; 42,2; Ez 22, 30. — **19:** 4 Reg 25,13-17. — **22:** 2 Par 36,18. 22; Esdr 1,7-11; 5,14-15.

28 **1:** Ier 27,1-3; 36,12. — **2:** Ier 27,11-12. — **3:** Ier 27,16; 28,11. — **4:** Ier 22,10. — **9:** Deut 18,22. — **11:** 3 Reg 22,11; Ier 27,7; 28, 2-3. — **14:** Deut 28,48; Ier 27,6-7. — **15:** Ier 29,31. — **16:** Deut 13,5; 18,20.

29 **1:** Ez 1,2. — **2:** 4 Reg 24,12-15. — **3:** 2 Par 34,8. — **5:** Ier 29,28. — **7:** Esdr 6,

Ierusalem, et faber et inclusor, de Ierusalem, 3 in manu Elasa, filii Saphan, et
Gamariae, filii Helciae, quos misit Sedecias, rex Iuda, ad Nabuchodonosor, regem Babylonis, in Babylonem, dicens:
4 Haec dicit Dominus exercituum, Deus
Israel, omni transmigrationi quam transtuli de Ierusalem in Babylonem: 5 Aedificate domos, et habitate; et plantate hortos, et comedite fructum eorum. 6 Accipite uxores, et generate filios et filias; et
date filiis vestris uxores, et filias vestras
date viris, et pariant filios et filias; et
multiplicamini ibi, et nolite esse pauci
numero. 7 Et quaerite pacem civitatis ad
quam transmigrare vos feci, et orate pro
ea ad Dominum, quia in pace illius erit
pax vobis. 8 Haec enim dicit Dominus
exercituum, Deus Israel: Non vos sedu-
cant prophetae vestri qui sunt in medio
vestrum, et divini vestri, et ne attendatis
ad somnia vestra quae vos somniatis,
9 quia falso ipsi prophetant vobis in nomine meo; et non misi eos, dicit Dominus.
10 Quia haec dicit Dominus: Cum coeperint impleri in Babylone septuaginta
anni, visitabo vos, et suscitabo super vos
verbum meum bonum, ut reducam vos
ad locum istum. 11 Ego enim scio cogitationes quas ego cogito super vos, ait
Dominus, cogitationes pacis et non afflictionis, ut dem vobis finem et patientiam.
12 Et invocabitis me, et ibitis; et orabitis
me, et ego exaudiam vos. 13 Quaeretis me,
et invenietis, cum quaesieritis me in toto
corde vestro. 14 Et inveniar a vobis, ait
Dominus; et reducam captivitatem vestram, et congregabo vos de universis gentibus et de cunctis locis ad quae expuli
vos, dicit Dominus, et reverti vos faciam
de loco ad quem transmigrare vos feci.
15 Quia dixistis: Suscitavit nobis Dominus prophetas in Babylone; 16 quia haec
dicit Dominus ad regem qui sedet super
solium David, et ad omnem populum habitatorem urbis huius, ad fratres vestros
qui non sunt egressi vobiscum in transmigrationem. 17 Haec dicit Dominus exercituum: Ecce mittam in eos gladium, et
famem, et pestem; et ponam eos quasi ficus malas, quae comedi non possunt eo
quod pessimae sint; 18 et persequar eos
in gladio, et in fame, et in pestilentia; et
dabo eos in vexationem universis regnis
terrae; in maledictionem, et in stuporem,
et in sibilum, et in opprobrium cunctis
gentibus ad quas ego eieci eos, 19 eo quod
non audierint verba mea, dicit Dominus,
quae misi ad eos per servos meos prophetas, de nocte consurgens et mittens;
et non audistis, dicit Dominus.
20 Vos ergo audite verbum Domini, omnis transmigratio quam emisi de Ierusalem in Babylonem. 21 Haec dicit Dominus
exercituum, Deus Israel, ad Achab, filium Coliae, et ad Sedeciam, filium Maasiae, qui prophetant vobis in nomine meo
mendaciter: Ecce ego tradam eos in manus Nabuchodonosor, regis Babylonis, et
percutiet eos in oculis vestris; 22 et assumetur ex eis maledictio omni transmigrationi Iuda quae est in Babylone, dicentium: Ponat te Dominus sicut Sedeciam
et sicut Achab, quos frixit rex Babylonis
in igne; 23 pro eo quod fecerint stultitiam
in Israel, et moechati sunt in uxores amicorum suorum, et locuti sunt verbum in
nomine meo mendaciter, quod non mandavi eis. Ego sum iudex et testis, dicit
Dominus.
24 Et ad Semeiam Nehelamiten dices:
25 Haec dicit Dominus exercituum, Deus
Israel: Pro eo quod misisti in nomine tuo
libros ad omnem populum qui est in Ierusalem, et ad Sophoniam, filium Maasiae, sacerdotem, et ad universos sacerdotes, dicens: 26 Dominus dedit te sacerdotem pro Ioiade sacerdote, ut sis dux in
domo Domini, super omnem virum ar-
reptitium et prophetantem, ut mittas eum
in nervum et in carcerem; 27 et nunc quare non increpasti Ieremiam Anathothi-
ten, qui prophetat vobis? 28 Quia super
hoc misit in Babylonem ad nos, dicens:
Longum est; aedificate domos, et habitate; et plantate hortos, et comedite fructus
eorum.
29 Legit ergo Sophonias sacerdos librum
istum in auribus Ieremiae prophetae.
30 Et factum est verbum Domini ad Ieremiam, dicens: 31 Mitte ad omnem transmigrationem, dicens: Haec dicit Dominus
ad Semeiam Nehelamiten: Pro eo quod
prophetavit vobis Semeias, et ego non
misi eum, et fecit vos confidere in mendacio, 32 idcirco haec dicit Dominus: Ecce ego visitabo super Semeiam Nehelamiten, et super semen eius; non erit ei vir
sedens in medio populi huius, et non videbit bonum quod ego faciam populo
meo, ait Dominus, quia praevaricationem
locutus est adversus Dominum.

10; Bar 1,11; 1 Mach 7,33; 1 Tim 2,1-2. — **8:** Ier 27,9.14. — **9:** Ier 5,31. — **10:** 2 Par 26,21-22; Esdr 1,1; Ier 25,11; Dan 9,2; Zach 1,12; 7,5. — **11:** Is 55,8-9. — **12:** Ier 33,3. — **13:** Lev 26,40-45; Ier 24,7. — **14:** Ier 23,3.8. — **15:** Ier 29,8-9. — **16:** Ier 22,2. — **17:** Ier 14,12; 24,3.8. — **18:** Ier 15,4; 24,9; 34,17-18. — **19:** 2 Par 36,15; Ier 25,4. — **20:** 4 Reg 24,12-17; Ier 24,5. — **21:** Ier 14,14; 29,9. — **22:** Dan 3,6. — **23:** Ier 23,14.32; Mal 3,5. — **24:** Ier 29,31-32. — **25:** 4 Reg 11,4-20; Ier 29,29. — **26:** 4 Reg 9,11; Ier 20,2; Os 9,7. — **27:** Ier 1,1; 32,7. — **28:** Ier 29,5. — **29:** 4 Reg 25,18; Ier 29,25. — **32:** Ier 17,6; 28,15-16; Am 7,17.

PARS TERTIA

ORACULA DE SALUTE MESSIANICA
(30,1-33,26)

Futura populi restitutio

30 [1] Hoc verbum quod factum est ad
Ieremiam a Domino, dicens: [2] Haec
dicit Dominus Deus Israel, dicens: Scribe tibi omnia verba quae locutus sum ad
te, in libro. [3] Ecce enim dies veniunt, dicit
Dominus, et convertam conversionem populi mei Israel et Iuda, ait Dominus; et
convertam eos ad terram quam dedi patribus eorum, et possidebunt eam. [4] Et
haec verba quae locutus est Dominus ad
Israel et ad Iudam:

[5] Quoniam haec dicit Dominus:
Vocem terroris audivimus;
Formido, et non est pax.
[6] Interrogate, et videte si generat masculus:
Quare ergo vidi omnis viri manum
Super lumbum suum, quasi parturientis,
Et conversae sunt universae facies in auruginem?
[7] Vae! quia magna dies illa,
Nec est similis eius;
Tempusque tribulationis est Iacob,
Et ex ipso salvabitur.
[8] Et erit in die illa, ait Dominus exercituum,
Conteram iugum eius de collo tuo:
Et vincula eius dirumpam,
Et non dominabuntur ei amplius alieni;
[9] Sed servient Domino Deo suo,
Et David, regi suo,
Quem suscitabo eis.
[10] Tu ergo ne timeas, serve meus Iacob, ait Dominus;
Neque paveas, Israel,
Quia ecce ego salvabo te de terra longinqua,
Et semen tuum de terra captivitatis eorum;
Et revertetur Iacob, et quiescet,
Et cunctis affluet bonis, et non erit quem formidet;
[11] Quoniam tecum ego sum, ait Dominus, ut salvem te.
Faciam enim consummationem in cunctis gentibus
In quibus dispersi te;
Te autem non faciam in consummationem;
Sed castigabo te in iudicio,
Ut non videaris tibi innoxius.
[12] Quia haec dicit Dominus:
Insanabilis fractura tua,
Pessima plaga tua;
[13] Non est qui iudicet iudicium tuum ad alligandum;
Curationum utilitas non est tibi.
[14] Omnes amatores tui obliti sunt tui,
Teque non quaerent;
Plaga enim inimici percussi te castigatione crudeli:
Propter multitudinem iniquitatis tuae dura facta sunt peccata tua.
[15] Quid clamas super contritione tua?
Insanabilis est dolor tuus;
Propter multitudinem iniquitatis tuae,
Et propter dura peccata tua,
Feci haec tibi.
[16] Propterea omnes qui comedunt te devorabuntur,
Et universi hostes tui in captivitatem ducentur;
Et qui te vastant vastabuntur,
Cunctosque praedatores tuos dabo in praedam.
[17] Obducam enim cicatricem tibi,
Et a vulneribus tuis sanabo te, dicit Dominus.
Quia eiectam vocaverunt te, Sion:
Haec est, quae non habebat requirentem.
[18] Haec dicit Dominus:
Ecce ego convertam conversionem tabernaculorum Iacob,
Et tectis eius miserebor,
Et aedificabitur civitas in excelso suo,
Et templum iuxta ordinem suum fundabitur:
[19] Et egredietur de eis laus,
Voxque ludentium.
Et multiplicabo eos, et non minuentur;
Et glorificabo eos, et non attenuabuntur.
[20] Et erunt filii eius sicut a principio,
Et coetus eius coram me permanebit,
Et visitabo adversum omnes qui tribulant eum.
[21] Et erit dux eius ex eo,
Et princeps de medio eius producetur;
Et applicabo eum, et accedet ad me.
Quis enim iste est qui applicet cor suum
Ut appropinquet mihi? ait Dominus.
[22] Et eritis mihi in populum, et ego ero vobis in Deum.

30 **2:** Ier 36,2; Hab 2,2-3; Apoc 1,11. — **3:** Ier 29,14; 30,18; 31,8.10.23; 32,37.44; Ez 39,25; Am 9,14. — **5:** Ier 6,22-26. — **6:** Ier 4,31; 6,24; 50,43; Nah 2,10. — **7:** Ioel 2,6.11; Am 5,18; Soph 1,14-15. — **8:** Is 10,7; 14,5-8; Ier 27,12; Ez 34,27. — **9:** Ez 34,23; 37,24; Os 3,5; Lc 1,69-70; Act 13,22-23. — **10:** Is 41,13-14; 43,5; Ier 42,11; 46,27. — **11:** Ier 10,24; 46,28; Ez 11,16; Am 9,8-9. — **12:** Ier 10,19; 14,17; 15,18. — **13:** Ier 8,22; Nah 3,19. — **14:** Iob 13,24; 29,11; Ier 4,30; 22,22; Lam 1,2.19. — **15:** Ier 15,18; Lam 3,29. — **16:** Ier 2,3; 10,25; 12,14. — **17:** Ps 102,3; Is 30,26; 62,4; Ier 33,6; Mich 4,6; Soph 3,19. — **18:** Esdr 6,3-15; Neh 2,1-8; Ier 31,10; 33,7.11. — **19:** Is 35,10; 51,11; Ier 31,21-22; 33,21; Ez 36,10.37; Zach 10,8. — **20:** Is 49,26; 51,22-23; Ier 25,12. — **21:** Gen 49,10; Num 16,5; Ier 30,9; Zach 6,12; Hebr 10,21. — **22:** Lev 26,12; Ier 24,7; 31,1.33; 32,38; Ez 11,20; 36,28; Os 2,

23 Ecce turbo Domini, furor egrediens, procella ruens;
In capite impiorum conquiescet.
24 Non avertet iram indignationis Dominus,
Donec faciat et compleat cogitationem cordis sui;
In novissimo dierum intelligetis ea.

Duodecim tribus Israel in patriam restituentur

31 1 In tempore illo, dicit Dominus, Ero Deus universis cognationibus Israel,
Et ipsi erunt mihi in populum.
2 Haec dicit Dominus:
Invenit gratiam in deserto populus qui remanserat a gladio;
Vadet ad requiem suam Israel.
3 Longe Dominus apparuit mihi,
Et in charitate perpetua dilexi te;
Ideo attraxi te, miserans.
4 Rursumque aedificabo te, et aedificaberis, virgo Israel;
Adhuc ornaberis tympanis tuis,
Et egredieris in choro ludentium.
5 Adhuc plantabis vineas in montibus Samariae;
Plantabunt plantantes,
Et donec tempus veniat, non vindemiabunt.
6 Quia erit dies in qua clamabunt custodes in monte Ephraim:
Surgite, et ascendamus in Sion ad Dominum Deum nostrum.
7 Quia haec dicit Dominus:
Exsultate in laetitia, Iacob,
Et hinnite contra caput gentium;
Personate, et canite, et dicite:
Salva, Domine, populum tuum, reliquias Israel.
8 Ecce ego adducam eos de terra aquilonis,
Et congregabo eos ab extremis terrae:
Inter quos erunt caecus et claudus,
Praegnans et pariens simul,
Coetus magnus revertentium huc.
9 In fletu venient,
Et in misericordia reducam eos;
Et adducam eos per torrentes aquarum in via recta,
Et non impingent in ea,
Quia factus sum Israeli pater,
Et Ephraim primogenitus meus est.
10 Audite verbum Domini, gentes,
Et annuntiate in insulis quae procul sunt,
Et dicite: Qui dispersit Israel congregabit eum,
Et custodiet eum sicut pastor gregem suum.
11 Redemit enim Dominus Iacob,
Et liberavit eum de manu potentioris.
12 Et venient, et laudabunt in monte Sion;
Et confluent ad bona Domini,
Super frumento, et vino, et oleo,
Et fetu pecorum et armentorum;
Eritque anima eorum quasi hortus irriguus,
Et ultra non esurient.
13 Tunc laetabitur virgo in choro,
Iuvenes et senes simul;
Et convertam luctum eorum in gaudium,
Et consolabor eos, et laetificabo a dolore suo.
14 Et inebriabo animam sacerdotum pinguedine,
Et populus meus bonis meis adimplebitur, ait Dominus.
15 Haec dicit Dominus:
Vox in excelso audita est lamentationis,
Luctus, et fletus Rachel plorantis filios suos,
Et nolentis consolari super eis,
Quia non sunt.
16 Haec dicit Dominus:
Quiescat vox tua a ploratu,
Et oculi tui a lacrymis,
Quia est merces operi tuo, ait Dominus,
Et revertentur de terra inimici;
17 Et est spes novissimis tuis, ait Dominus,
Et revertentur filii ad terminos suos.
18 Audiens audivi Ephraim transmigrantem:
Castigasti me, et eruditus sum,
Quasi iuvenculus indomitus;
Converte me, et convertar,
Quia tu Dominus Deus meus.
19 Postquam enim convertisti me, egi poenitentiam;
Et postquam ostendisti mihi, percussi femur meum.
Confusus sum, et erubui,
Quoniam sustinui opprobrium adolescentiae meae.
20 Si filius honorabilis mihi Ephraim,
Si puer delicatus!
Quia ex quo locutus sum de eo,

23. — **23:** Deut 4,30; Is 14,24; Ier 23,19; 25, 32. — **24:** Is 14,24; Ier 23,20; Os 3,5.

31 **1:** Ier 30,22. — **2:** Ier 2,2; Ez 11,10; 20,35-36. — **3:** Deut 7,8; 10,15; Is 43,4; 63,9; Os 11,1.4. — **4:** Ier 31,28; 33,7. — **5:** Is 65,21; Ez 36,8; Am 9,14. — **6:** Is 2,3; 27,13; Mich 4,2. — **7:** Is 10,22; 12,5-6; 65,18; Am 6, 1. — **8:** Is 35,3-6; Ier 3,12.18; 23,3.8. — **9:** Ex 4,22; Deut 32,6; Is 35,6-8; 43,19-20; Ier 50, 4. — **10:** Is 40,11; 42,12; Ez 34,12. — **11:** Is 44,23; 48,20; 49,23-25. — **12:** Is 2,2; 35,10; 58,11; Ez 20,40; Os 3,5; Mich 4,1. — **13:** 1 Sam 18,6; Is 61,2-3; Ier 31,4. — **14:** Neh 10,35; Is 55,2; Ier 31,25. — **15:** Ier 3,21; Mt 2,18. || Epist. Gregorii IX: D 443. — **16:** Esdr 1,5; Os 1, 11. — **17:** Ier 29,10-14. — **18:** Lev 26,40-41. — **19:** Deut 30,1-2; Lam 5,21; Ez 21,12. — **20:** Is 16,11; 49,15; Ier 31,9; Os 11,8. — **21:** Ier 50,4-5. — **22:** Is 42,9; 43,19; Ier 2,18.23.35; 3,6-12. — **23:** Ps 121,6-7; Is 1,26; Ier 30,3. —

Adhuc recordabor eius.
Idcirco conturbata sunt viscera mea super eum;
Miserans miserebor eius, ait Dominus.
21 Statue tibi speculam,
Pone tibi amaritudines;
Dirige cor tuum in viam rectam in qua ambulasti;
Revertere, virgo Israel,
Revertere ad civitates tuas istas.
22 Usquequo deliciis dissolveris, filia vaga?
Quia creavit Dominus novum super terram:
Femina circumdabit virum.
23 Haec dicit Dominus exercituum, Deus Israel:
Adhuc dicent verbum istud
In terra Iuda et in urbibus eius,
Cum convertero captivitatem eorum:
Benedicat tibi Dominus, pulchritudo iustitiae, mons sanctus;
24 Et habitabunt in eo Iudas et omnes civitates eius simul,
Agricolae et minantes greges.
25 Quia inebriavi animam lassam,
Et omnem animam esurientem saturavi.
26 Ideo quasi de somno suscitatus sum;
Et vidi, et somnus meus dulcis mihi.
27 Ecce dies veniunt, dicit Dominus,
Et seminabo domum Israel et domum Iuda
Semine hominum et semine iumentorum.
28 Et sicut vigilavi super eos
Ut evellerem, et demolirer, et dissiparem,
Et disperderem, et affligerem,
Sic vigilabo super eos
Ut aedificem et plantem, ait Dominus.
29 In diebus illis non dicent ultra:
Patres comederunt uvam acerbam,
Et dentes filiorum obstupuerunt.
30 Sed unusquisque in iniquitate sua morietur;
Omnis homo qui comederit uvam acerbam,
Obstupescent dentes eius.
31 Ecce dies venient, dicit Dominus,
Et feriam domui Israel et domui Iuda foedus novum,
32 Non secundum pactum quod pepigi cum patribus eorum,
In die qua apprehendi manum eorum
Ut educerem eos de terra Aegypti,
Pactum quod irritum fecerunt;
Et ego dominatus sum eorum, dicit Dominus.
33 Sed hoc erit pactum quod feriam cum domo Israel
Post dies illos, dicit Dominus:
Dabo legem meam in visceribus eorum,
Et in corde eorum scribam eam,
Et ero eis in Deum,
Et ipsi erunt mihi in populum;
34 Et non docebit ultra vir proximum suum
Et vir fratrem suum,
Dicens: Cognosce Dominum;
Omnes enim cognoscent me,
A minimo eorum usque ad maximum, ait Dominus;
Quia propitiabor iniquitati eorum,
Et peccati eorum non memorabor amplius.
35 Haec dicit Dominus qui dat solem in lumine diei,
Ordinem lunae et stellarum in lumine noctis;
Qui turbat mare, et sonant fluctus eius;
Dominus exercituum nomen illi.
36 Si defecerint leges istae coram me, dicit Dominus,
Tunc et semen Israel deficiet,
Ut non sit gens coram me cunctis diebus.
37 Haec dicit Dominus:
Si mensurari potuerint caeli sursum,
Et investigari fundamenta terrae deorsum,
Et ego abiiciam universum semen Israel,
Propter omnia quae fecerunt, dicit Dominus.
38 Ecce dies veniunt, dicit Dominus,
Et aedificabitur civitas Domino,
A turre Hananeel usque ad portam anguli.
39 Et exibit ultra norma mensurae
In conspectu eius super collem Gareb,
Et circuibit Goatha,
40 Et omnem vallem cadaverum, et cineris,
Et universam regionem mortis
Usque ad torrentem Cedron,
Et usque ad angulum portae equorum orientalis,
Sanctum Domini;
Non evelletur, et non destruetur ultra in perpetuum.

Per emptionem agri praefigurat Ieremias regni Iudae restitutionem

32 1 Verbum quod factum est ad Ieremiam a Domino, in anno decimo Sedeciae, regis Iuda, ipse est annus decimus octavus Nabuchodonosor. 2 Tunc exercitus regis Babylonis obsidebat Ierusalem, et Ieremias propheta erat clausus

24: Ier 33,12-13. — **25:** Ps 35,9; 106,9. — **26:** Ps 77,65. — **27:** Ier 9,25; Ez 36,11; Os 2,23; Zach 10,9. — **28:** Ier 1,10; 18,7; 28,4; 44,27. — **29:** Deut 24,16, Ez 18,2.31-34; Hebr 8,8-12. — **31:** Ier 32,40; Ez 37,23; 2 Cor 3,6-11; Hebr 9, 15. — **32:** Ex 24,3-8; Deut 5,2; Is 54,5-6; 62, 4-5. — **33:** Ier 31,1; 32,40; Ez 37,26; Rom 11, 27; Hebr 10,16. — **34:** Is 54,13; Ier 33,8; 36,3; Hebr 10,27. — **35:** Gen 1,14-18; Iob 26,12; Is 51,15; Ier 10,16. — **36:** Ps 148,6; Ier 33,20-21. — **37:** Ier 33,22; Rom 11,26-29. — **38:** Neh 3,1; 12,38; Zach 14,10. — **39:** Ez 40,3-8; Zach 2,1-2. — **40:** 2 Par 23,15; Ier 7,31-32; Ez 48,35.

32 **1:** 4 Reg 25,1-2; Ier 39,1-2. — **2:** Ier 33,1; 37,1-2.20; 38,6.8; 39,14. — **3:** Ier

in atrio carceris qui erat in domo regis
Iuda. 3 Clauserat enim eum Sedecias, rex
Iuda, dicens: Quare vaticinaris, dicens:
Haec dicit Dominus: Ecce ego dabo civitatem istam in manus regis Babylonis, et
capiet eam; 4 et Sedecias, rex Iuda, non
effugiet de manu Chaldaeorum, sed tradetur in manus regis Babylonis; et loquetur os eius cum ore illius, et oculi eius
oculos illius videbunt; 5 et in Babylonem
ducet Sedeciam, et ibi erit donec visitem
eum, ait Dominus: si autem dimicaveritis
adversum Chaldaeos, nihil prosperum habebitis.
6 Et dixit Ieremias: Factum est verbum
Domini ad me, dicens: 7 Ecce Hanameel,
filius Sellum, patruelis tuus, veniet ad te,
dicens: Eme tibi agrum meum qui est in
Anathoth, tibi enim competit ex propin-
quitate ut emas. 8 Et venit ad me Hanameel, filius patrui mei, secundum verbum
Domini, ad vestibulum carceris, et ait ad
me: Posside agrum meum qui est in Anathoth, in terra Beniamin, quia tibi competit
haereditas, et tu propinquus es ut possideas.
Intellexi autem quod verbum Domini esset. 9 Et emi agrum ab Hanameel, filio patrui mei, qui est in Anathoth, et appendi
ei argentum: septem stateras, et decem argenteos. 10 Et scripsi in libro, et signavi, et
adhibui testes, et appendi argentum in statera. 11 Et accepi librum possessionis signatum et stipulationes, et rata, et signa
forinsecus; 12 et dedi librum possessionis
Baruch, filio Neri, filii Maasiae, in oculis
Hanameel, patruelis mei, in oculis testium
qui scripti erant in libro emptionis, et in
oculis omnium Iudaeorum qui sedebant
in atrio carceris. 13 Et praecepi Baruch coram eis, dicens: 14 Haec dicit Dominus
exercituum, Deus Israel: Sume libros istos, librum emptionis hunc signatum, et
librum hunc qui apertus est, et pone illos
in vase fictili, ut permanere possint diebus multis; 15 haec enim dicit Dominus
exercituum, Deus Israel: Adhuc possidebuntur domus, et agri, et vineae in terra
ista.

Oratio prophetae

16 Et oravi ad Dominum, postquam tradidi librum possessionis Baruch, filio Neri, dicens:

17 Heu! heu! heu! Domine Deus,
Ecce tu fecisti caelum et terram
In fortitudine tua magna et in brachio tuo
extento;
Non erit tibi difficile omne verbum;
18 Qui facis misericordiam in millibus,
Et reddis iniquitatem patrum in sinum
filiorum eorum post eos;
Fortissime, magne, et potens,
Dominus exercituum nomen tibi.
19 Magnus consilio, et incomprehensibilis
cogitatu;
Cuius oculi aperti sunt super omnes vias
filiorum Adam,
Ut reddas unicuique secundum vias suas
Et secundum fructum adinventionum eius.
20 Qui posuisti signa et portenta
In terra Aegypti usque ad diem hanc,
Et in Israel, et in hominibus,
Et fecisti tibi nomen sicut est dies haec.
21 Et eduxisti populum tuum Israel de ter-
ra Aegypti,
In signis et in portentis,
Et in manu robusta et in brachio extento,
Et in terrore magno.
22 Et dedisti eis terram hanc,
Quam iurasti patribus eorum ut dares eis,
Terram fluentem lacte et melle.
23 Et ingressi sunt, et possederunt eam,
Et non oboedierunt voci tuae,
Et in lege tua non ambulaverunt;
Omnia quae mandasti eis ut facerent non
fecerunt,
Et evenerunt eis omnia mala haec.
24 Ecce munitiones exstructae sunt adver-
sum civitatem ut capiatur,
Et urbs data est in manus Chaldaeorum,
Qui praeliantur adversus eam,
A facie gladii, et famis, et pestilentiae;
Et quaecumque locutus es acciderunt, ut
tu ipse cernis.
25 Et tu dicis mihi, Domine Deus:
Eme agrum argento, et adhibe testes,
Cum urbs data sit in manus Chaldaeo-
rum?

Responsio Domini

26 Et factum est verbum Domini ad Ieremiam, dicens:
27 Ecce ego Dominus, Deus universae
carnis;
Numquid mihi difficile erit omne verbum?
28 Propterea haec dicit Dominus:
Ecce ego tradam civitatem istam in manus Chaldaeorum,
Et in manus regis Babylonis, et capient
eam.
29 Et venient Chaldaei praeliantes adversum urbem hanc,
Et succendent eam igni, et comburent
eam,

26,8-9; 34,2; 37,6-10. — **4:** Ier 34,3; 38,18.23; 39,4-7. — **5:** Ier 39,7; 42,11. — **7:** Lev 25,24-34; Ruth 4,4. — **9:** Gen 23,16; Zach 11,12. — **10:** Ier 32,12.44. — **12:** Ier 36,4. — **15:** Ier 32,12.44. — **12:** Ier 36,4. — **15:** Ier 32,4.27.37.43. — **17:** 4 Reg 19,15; Iob 42,2; Zach 8,6. — **18:** Ex 20,5-6; Deut 5,9; — **19:** Iob 34,21; Ps 32,13-15; Is 28,29; Ier 16,17. — **20:** Ex 6,6; 9,16; Deut 4,34; Ps 134,9. — **22:** Gen 15,18; 17,7-8; 26,3; Ier 11,5. — **23:** Ier 7,23-26; Dan 9,10-14. — **24:** Ier 14,12; 21,4-7; 33,4. — **25:** Ier 32,2-15. — **27:** Num 16,22; Ier

Et domos in quarum domatibus sacrificabant Baal,
Et libabant diis alienis libamina ad irritandum me.
30 Erant enim filii Israel et filii Iuda
Iugiter facientes malum in oculis meis ab adolescentia sua;
Filii Israel, qui usque nunc exacerbant me
In opere manuum suarum, dicit Dominus.
31 Quia in furore et in indignatione mea facta est mihi civitas haec,
A die qua aedificaverunt eam,
Usque ad diem istam qua auferetur de conspectu meo,
32 Propter malitiam filiorum Israel et filiorum Iuda,
Quam fecerunt ad iracundiam me provocantes,
Ipsi et reges eorum, principes eorum,
Et sacerdotes eorum, et prophetae eorum,
Viri Iuda et habitatores Ierusalem.
33 Et verterunt ad me terga, et non facies,
Cum docerem eos diluculo et erudirem,
Et nollent audire, ut acciperent disciplinam.
34 Et posuerunt idola sua in domo
In qua invocatum est nomen meum, ut polluerent eam.
35 Et aedificaverunt excelsa Baal,
Quae sunt in valle filii Ennom,
Ut initiarent filios suos et filias suas Moloch,
Quod non mandavi eis,
Nec ascendit in cor meum ut facerent abominationem hanc,
Et in peccatum deducerent Iudam.
36 Et nunc propter ista, haec dicit Dominus Deus Israel,
Ad civitatem hanc, de qua vos dicitis
Quod tradetur in manus regis Babylonis,
In gladio, et in fame, et in peste.
37 Ecce ego congregabo eos de universis terris ad quas eieci eos
In furore meo, et in ira mea, et indignatione grandi;
Et reducam eos ad locum istum,
Et habitare eos faciam confidenter,
38 Et erunt mihi in populum,
Et ego ero eis in Deum.
39 Et dabo eis cor unum, et viam unam,
Ut timeant me universis diebus,
Et bene sit eis, et filiis eorum post eos,
40 Et feriam eis pactum sempiternum,
Et non desinam eis benefacere;
Et timorem meum dabo in corde eorum,
Ut non recedant a me.
41 Et laetabor super eis, cum bene eis fecero;
Et plantabo eos in terra ista in veritate,
In toto corde meo et in tota anima mea.
42 Quia haec dicit Dominus:
Sicut adduxi super populum istum omne malum hoc grande,
Sic adducam super eos
Omne bonum quod ego loquor ad eos.
43 Et possidebuntur agri in terra ista,
De qua vos dicitis quod deserta sit,
Eo quod non remanserit homo et iumentum,
Et data sit in manus Chaldaeorum.
44 Agri ementur pecunia, et scribentur in libro,
Et imprimetur signum, et testis adhibebitur,
In terra Beniamin et in circuitu Ierusalem,
In civitatibus Iuda, et in civitatibus montanis,
Et in civitatibus campestribus, et in civitatibus quae ad austrum sunt,
Quia convertam captivitatem eorum, ait Dominus.

Nova promissio restaurationis

33 1 Et factum est verbum Domini ad Ieremiam secundo cum adhuc clausus esset in atrio carceris, dicens:
2 Haec dicit Dominus, qui facturus est,
Et formaturus illud, et paraturus;
Dominus nomen eius.
3 Clama ad me, et exaudiam te;
Et annuntiabo tibi grandia et firma quae nescis.
4 Quia haec dicit Dominus Deus Israel
Ad domos urbis huius,
Et ad domos regis Iuda, quae destructae sunt,
Et ad munitiones, et ad gladium
5 Venientium ut dimicent cum Chaldaeis,
Et impleant eas cadaveribus hominum
Quos percussi in furore meo et in indignatione mea,
Abscondens faciem meam a civitate hac,
Propter omnem malitiam eorum.
6 Ecce ego obducam eis cicatricem et sanitatem,
Et curabo eos, et revelabo illis deprecationem pacis et veritatis.
7 Et convertam conversionem Iuda et conversionem Ierusalem,
Et aedificabo eos sicut a principio.
8 Et emundabo illos ab omni iniquitate sua

32,17. — **29:** Ier 21,10; 37,8-10. — **30:** Ier 3,25; 44,8. — **31:** 4 Reg 23,27; 24,3; Lam 2,6-9. — **32:** Is 3,8; Ier 2,26. — **33:** Ier 2,27; 7,24; Ez 8,16. — **34:** 4 Reg 21,4-5; Ier 7,30. — **35:** Ps 105,37-38; Ier 7,31; 19,5. — **36:** Ier 32,3.24.32.37. — **37:** Is 11,12; Ier 23,3; 29,14; Ez 11,17. — **33:** Ier 24,7; 30,32; 31,33. — **39:** Ier 24,7; Ez 11,19; 36,27. — **40:** Ps 88,34; Ier 31,31-33; 50,5; Hebr 13,20;. — **41:** Deut 28,63; 30,9; Am 9,15; Soph 3,17. — **42:** Ier 31,28; 33,10-14; Zach 8,13-15. — **43:** Ier 32,14-15; 33,10. — **44:** Ier 17,26; 30,3; 32,10-12; 33,7.

33 **1:** Ier 32,2-3. — **2:** Is 37,26; Am 9,6. — **3:** Ps 91,15; Is 48,6. — **4:** Ier 32,24. — **5:** Ier 21,4-7; 32,5; Ez 22,20-21. — **6:** Is 57,18; Ier 30,17. — **7:** Ier 30,3; 31,4; 32,44. — **8:** Ps

In qua peccaverunt mihi,
Et propitius ero cunctis iniquitatibus eorum,
In quibus deliquerunt mihi et spreverunt me.
9 Et erit mihi in nomen, et in gaudium,
Et in laudem, et in exsultationem
Cunctis gentibus terrae,
Quae audierint omnia bona quae ego facturus sum eis;
Et pavebunt et turbabuntur in universis bonis,
Et in omni pace quam ego faciam eis.
10 Haec dicit Dominus:
Adhuc audietur in loco isto
Quem vos dicitis esse desertum,
Eo quod non sit homo nec iumentum
In civitatibus Iuda, et foris Ierusalem,
Quae desolatae sunt, absque homine,
Et absque habitatore, et absque pecore,
11 Vox gaudii et vos laetitiae,
Vox sponsi et vos sponsae,
Vox dicentium: Confitemini Domino exercituum,
Quoniam bonus Dominus,
Quoniam in aeternum misericordia eius;
Et portantium vota in domum Domini:
Reducam enim conversionem terrae
Sicut a principio, dicit Dominus.
12 Haec dicit Dominus exercituum:
Adhuc erit in loco isto deserto,
Absque homine et absque iumento,
Et in cunctis civitatibus eius,
Habitaculum pastorum accubantium gregum.
13 In civitatibus montuosis,
Et in civitatibus campestribus,
Et in civitatibus quae ad austrum sunt,
Et in terra Beniamin, et in circuitu Ierusalem,
Et in civitatibus Iuda,
Adhuc transibunt greges ad manum numerantis, ait Dominus.

Regnum aeternum Davidis

14 Ecce dies veniunt, dicit Dominus,
Et suscitabo verbum bonum quod locutus sum
Ad domum Israel et ad domum Iuda.
15 In diebus illis et in tempore illo
Germinare faciam David germen iustitiae,
Et faciet iudicium et iustitiam in terra;
16 In diebus illis salvabitur Iuda,
Et Ierusalem habitabit confidenter;
Et hoc est nomen quod vocabunt eum:
Dominus iustus noster.
17 Quia haec dicit Dominus:
Non interibit de David vir qui sedeat super thronum domus Israel;
18 Et de sacerdotibus et de levitis non interibit vir a facie mea,
Qui offerat holocautomata,
Et incendat sacrificium,
Et caedat victimas omnibus diebus.
19 Et factum est verbum Domini ad Ieremiam, dicens:
20 Haec dicit Dominus:
Si irritum potest fieri pactum meum cum die,
Et pactum meum cum nocte,
Ut non sit dies et nox in tempore suo,
21 Et pactum meum irritum esse poterit cum David, servo meo,
Ut non sit ex eo filius qui regnet in throno eius,
Et levitae et sacerdotes ministri mei.
22 Sicuti enumerari non possunt stellae caeli,
Et metiri arena maris,
Sic multiplicabo semen David, servi mei,
Et levitas ministros meos.
23 Et factum est verbum Domini ad Ieremiam, dicens:
24 Numquid non vidisti quid populus hic locutus sit, dicens:
Duae cognationes quas elegerat Dominus abiectae sunt?
Et populum meum despexerunt,
Eo quod non sit ultra gens coram eis.
25 Haec dicit Dominus:
Si pactum meum inter diem et noctem,
Et leges caelo et terrae non posui,
26 Equidem et semen Iacob et David, servi mei, proiiciam,
Ut non assumam de semine eius
Principes seminis Abraham, Isaac, et Iacob;
Reducam enim conversionem eorum, et miserebor eis.

PARS QUARTA

ULTIMA VATICINIA ET PROPHETAE SORS

(34,1-45,5)

Praedictio de rege Sedecia

34 1 Verbum quod factum est ad Ieremiam a Domino quando Nabuchodonosor, rex Babylonis, et omnis exer-

50,4.9; Ier 31,34; Ez 36,25. — **9:** Is 60,5; Ier 13,11; Mich 7,15-17; Soph 3,19-20. — **10:** Ier 4,7; 32,43. — **11:** 1 Par 16,34; Esdr 3,10-11; Ps 135,1. — **12:** Lev 27,32; Ier 31,34; 50,19. — **13:** Ier 17,26; 32,44. — **14:** Is 11,1; Ier 23,5-6; Mich 7,20. — **15:** Ps 71,1-4.12-14; Is 4,2; 11,1; Ier 23,5. — **17:** Is 45,24; Ier 23,6; 32,37. — **17:** 2 Sam 7,16; 3 Reg 2,4; Ps 88,4-5.29.36-37. — **18:** Esdr 6,16; Is 61,6; Ez 44,15-16. — **20:** Ps 88,36-37;; Ier 31,36. — **21:** 2 Sam 23,5; Is 55,3. — **22:** Gen 15,5; Ier 31,37; 33,17-18. — **24:** Ps 73,16-17; 103,19; Ier 33,21-22; Rom 11, 1-2.29. — **25:** Ier 31,35-36; 33,20. — **26:** Esdr 2,1; Ier 32,44; 33,3.7.11.

34 **1:** 4 Reg 25,1; Ier 1,15; 32,2; 52,4. — **2:** Ier 21,10; 32,3.28; 34,22. — **3:** Ier 32,4;

citus eius, universaque regna terrae, quae
erant sub potestate manus eius, et omnes
populi, bellabant contra Ierusalem, et
contra omnes urbes eius, dicens: 2 Haec
dicit Dominus Deus Israel: Vade, et
loquere ad Sedeciam, regem Iuda, et
dices ad eum: Haec dicit Dominus: Ecce
ego tradam civitatem hanc in manus
regis Babylonis, et succendet eam igni;
3 et tu non effugies de manu eius, sed
comprehensione capieris, et in manu eius
traderis; et oculi tui oculos regis Babylonis videbunt, et os [illegible] cum ore tuo
loquetur, et Babylonem introibis. 4 Attamen audi verbum Domini, Sedecia, rex
Iuda; haec dicit Dominus ad te: Non
morieris in gladio, 5 sed in pace morieris;
et secundum combustiones patrum tuorum, regum priorum qui fuerunt ante te,
sic comburent te; et vae domine, plangent te; quia verbum ego locutus sum,
dicit Dominus.
6 Et locutus est Ieremias propheta ad
Sedeciam, regem Iuda, universa verba
haec in Ierusalem. 7 Et exercitus regis
Babylonis pugnabat contra Ierusalem, et
contra omnes civitates Iuda quae reliquae erant, contra Lachis et contra Aze-
cha; hae enim supererant de civitatibus
Iuda, urbes munitae.

Violatio foederis de servis dimittendis

8 Verbum quod factum est ad Ieremiam
a Domino, postquam percussit rex Sedecias foedus cum omni populo in Ierusalem, praedicans, 9 ut dimitteret unusquisque servum suum et unusquisque ancillam suam, Hebraeum et Hebraeam,
liberos, et nequaquam dominarentur eis,
id est, in Iudaeo et fratre suo. 10 Audierunt ergo omnes principes et universus
populus, qui inierant pactum ut dimitteret unusquisque servum suum et unusquisque ancillam suam liberos, et ultra
non dominarentur eis. Audierunt igitur,
et dimiserunt. 11 Et conversi sunt deinceps; et retraxerunt servos et ancillas
suas quos dimiserant liberos, et subiuga-
verunt in famulos et famulas.
12 Et factum est verbum Domini ad
Ieremiam a Domino, dicens: 13 Haec dicit Dominus, Deus Israel: Ego percussi
foedus cum patribus vestris in die qua
eduxi eos de terra Aegypti, de domo servitutis, dicens: 14 Cum completi fuerint
septem anni, dimittat unusquisque fratrem suum Hebraeum, qui venditus est ei;
et serviet tibi sex annis, et dimittes eum a
te liberum; et non audierunt patres vestri
me, nec inclinaverunt aurem suam. 15 Et
conversi estis vos hodie, et fecistis quod
rectum est in oculis meis, ut praedicaretis
libertatem unusquisque ad amicum suum;
et inistis pactum in conspectu meo, in
domo in qua invocatum est nomen meum
super eam; 16 et reversi estis, et commacu-
lastis nomen meum, et reduxistis unusquisque servum suum et unusquisque ancillam suam, quos dimiseratis ut essent
liberi et suae potestatis, et subiugastis eos
ut sint vobis servi et ancillae.
17 Propterea haec dicit Dominus: Vos
non audistis me, ut praedicaretis libertatem unusquisque fratri suo et unusquisque amico suo; ecce ego praedico vobis
libertatem, ait Dominus, ad gladium, ad
pestem, et ad famem, et dabo vos in
commotionem cunctis regnis terrae. 18 Et
dabo viros qui praevaricantur foedus
meum, et non observaverunt verba foederis quibus assensi sunt in conspectu
meo, vitulum quem conciderunt in duas
partes, et transierunt inter divisiones eius,
19 principes Iuda et principes Ierusalem,
eunuchi et sacerdotes, et omnis populus
terrae, qui transierunt inter divisiones vituli; 20 et dabo eos in manus inimicorum
suorum, et in manus quaerentium animam eorum, et erit morticinum eorum
in escam volatilibus caeli et bestiis terrae.
21 Et Sedeciam, regem Iuda, et principes
eius, dabo in manus inimicorum suorum,
et in manus quaerentium animas eorum,
et in manus exercituum regis Babylonis,
qui recesserunt a vobis. 22 Ecce ego praecipio, dicit Dominus, et reducam eos in
civitatem hanc, et praeliabuntur adversus
eam, et capient eam, et incendent igni;
et civitates Iuda dabo in solitudinem, eo
quod non sit habitator.

Oboedientia Rechabitarum inoboedientiae Iudaeorum opponitur

35 1 Verbum quod factum est ad Ieremiam a Domino in diebus Ioa-
kim, filii Iosiae, regis Iuda, dicens: 2 Vade
ad domum Rechabitarum, et loquere eis,
et introduces eos in domum Domini, in
unam exedram thesaurorum, et dabis eis
bibere vinum. 3 Et assumpsi Iezoniam,
filium Ieremiae, filii Habsaniae, et fratres eius, et omnes filios eius, et universam domum Rechabitarum, 4 et introduxi eos in domum Domini, ad gazophylacium filiorum Hanan, filii Iegede-

52,11; Ez 12,12-14. — **5:** 1 Sam 31,12; 2 Par 16,14; 21,19; 35,24-25. — **7:** Ios 10,3; 15,35; 4 Reg 18,13. — **9:** Ex 21,2-4; Lev 25,10.39-46; Deut 15,12-15; Neh 5,2-13; Ier 34,13-14. — **16:** Lev 19,12; Ez 17,18-19. — **17:** Deut 28,25.64; Ier 32,26. — **18:** Gen 15,10-17. — **20:** Ier 7,33; 16,4; 19,7. — **21:** Ier 37,5.11. — **22:** 2 Par 36,17-19; Ier 37,8-11; 52,7-13.

35 **1:** Ier 25,1. — **2:** 1 Par 2,55; 9,16.33; 23,28. — **4:** 4 Reg 12,9; 25,18. — **6:** Num

liae, hominis Dei, quod erat iuxta gazophylacium principum, super thesaurum
Maasiae, filii Sellum, qui erat custos
vestibuli, 5 et posui coram filiis domus
Rechabitarum scyphos plenos vino, et
calices, et dixi ad eos: Bibite vinum.
6 Qui responderunt: Non bibemus vinum,
quia Ionadab, filius Rechab, pater noster,
praecepit nobis, dicens: Non bibetis vinum, vos et filii vestri, usque in sempiternum; 7 et domum non aedificabitis,
et sementem non seretis, et vineas non
plantabitis, nec habebitis; sed in tabernaculis habitabitis cunctis diebus vestris,
ut vivatis diebus multis super faciem terrae in qua vos peregrinamini. 8 Oboedivi-
mus ergo voci Ionadab, filii Rechab, patris nostri, in omnibus quae praecepit nobis, ita ut non biberemus vinum, cunctis
diebus nostris, nos, et mulieres nostrae,
filii, et filiae nostrae, 9 et non aedificaremus domos ad habitandum; et vineam, et
agrum, et sementem non habuimus; 10 sed
habitavimus in tabernaculis, et oboedien-
tes fuimus iuxta omnia quae praecepit nobis Ionadab, pater noster. 11 Cum autem
ascendisset Nabuchodonosor, rex Babylonis, ad terram nostram, diximus: Venite, et ingrediamur Ierusalem a facie exercitus Chaldaeorum, et a facie exercitus
Syriae; et mansimus in Ierusalem.

12 Et factum est verbum Domini ad Ieremiam, dicens: 13 Haec dicit Dominus
exercituum, Deus Israel: Vade, et dic viris Iuda et habitatoribus Ierusalem: Numquid non recipietis disciplinam, ut oboediatis verbis meis? dicit Dominus. 14 Praevaluerunt sermones Ionadab, filii Rechab,
quos praecepit filiis suis ut non biberent
vinum, et non biberunt usque ad diem
hanc, quia obedierunt praecepto patris
sui; ego autem locutus sum ad vos, de
mane consurgens et loquens, et non oboe-
distis mihi. 15 Misique ad vos omnes servos meos prophetas, consurgens diluculo
mittensque, et dicens: Convertimini unusquisque a via sua pessima, et bona facite
studia vestra; et nolite sequi deos alienos, neque colatis eos, et habitabitis in
terra quam dedi vobis et patribus vestris;
et non inclinastis aurem vestram, neque
audistis me.

16 Firmaverunt igitur filii Ionadab, filii
Rechab, praeceptum patris sui, quod praeceperat eis; populus autem iste non oboedivit mihi. 17 Idcirco haec dicit Dominus
exercituum, Deus Israel: Ecce ego adducam super Iudam et super omnes habitatores Ierusalem universam afflictionem,
quam locutus sum adversum illos, eo
quod locutus sum ad illos, et non audierunt; vocavi illos, et non responderunt
mihi. 18 Domui autem Rechabitarum dixit Ieremias: Haec dicit Dominus exercituum, Deus Israel: Pro eo quod oboe-
distis praecepto Ionadab, patris vestri, et
custodistis omnia mandata eius, et fecistis universa quae praecepit vobis, 19 propterea haec dicit Dominus exercituum,
Deus Israel: Non deficiet vir de stirpe Ionadab, filii Rechab, stans in conspectu
meo cunctis diebus.

Rex Ioakim comburit librum Ieremiae

36 1 Et factum est in anno quarto
Ioakim, filii Iosiae, regis Iuda, factum est verbum hoc ad Ieremiam a Domino, dicens: 2 Tolle volumen libri, et
scribes in eo omnia verba quae locutus
sum tibi adversum Israel et Iudam, et adversum omnes gentes, a die qua locutus
sum ad te, ex diebus Iosiae, usque ad diem
hanc; 3 si forte, audiente domo Iuda universa mala, quae ego cogito facere eis,
revertatur unusquisque a via sua pessima, et propitius ero iniquitati et peccato
eorum.

4 Vocavit ergo Ieremias Baruch, filium
Neriae; et scripsit Baruch ex ore Ieremiae
omnes sermones Domini quos locutus est
ad eum, in volumine libri; 5 et praecepit
Ieremias Baruch, dicens: Ego clausus sum,
nec valeo ingredi domum Domini. 6 Ingredere ergo tu, et lege de volumine in
quo scripsisti ex ore meo verba Domini,
audiente populo in domo Domini, in die
ieiunii, insuper et audiente universo Iuda,
qui veniunt de civitatibus suis, leges eis,
7 si forte cadat oratio eorum in conspectu
Domini, et revertatur unusquisque a via
sua pessima, quoniam magnus furor et
indignatio est quam locutus est Dominus
adversus populum hunc. 8 Et fecit Baruch, filius Neriae, iuxta omnia quae
praeceperat ei Ieremias propheta, legens
ex volumine sermones Domini in domo
Domini.

9 Factum est autem in anno quinto
Ioakim, filii Iosiae, regis Iuda, in mense
nono; praedicaverunt ieiunium in conspectu Domini omni populo in Ierusalem,
et universae multitudini quae confluxe-
rat de civitatibus Iuda in Ierusalem. 10 Legitque Baruch ex volumine sermones Ie-

6,3-4; Iud 13,7; 4 Reg 10,15-23. — **7:** Ex 20,12; Eph 6,2-3; Hebr 11,9-13. — **8:** Prov 6,20; 1 Petr 2,11. — **11:** 4 Reg 24,1-2. — **13:** Prov 19,20; Ier 5,3; 6,8-10; 32,33. — **14:** 2 Par 36,15-16; Ier 7,13; 25,3; Mal 1,6. — **15:** Ier 7,3-7; 18,11; 25,4-7. — **17:** Ier 7,13; 11,8-14. — **18:** Deut 5,16; Eph 6,1-3. — **19:** Ier 15,10; 33,17-18.

36 **1:** Ier 25,1. — **2:** Esdr 6,2; Ier 25,15-16; Ez 2,9; Zach 5,1-2. — **3:** Is 55,6-7; Ier 26,3. — **4:** Ier 32,12; 36,17-18. — **5:** Ier 26,1-2.11.24. — **6:** Lev 16,29; 23,27.32; Ier 36,9. — **7:** 4 Reg 22,13; Ier 36,3. — **8:** Neh 8,3; Ier 36,5-6. — **9:** 2 Par 20,3: Neh 9,1. — **10:**

remiae in domo Domini, in gazophylacio
Gamariae, filii Saphan, scribae, in vestibulo superiori, in introitu portae novae
domus Domini, audiente omni populo.
11 Cumque audisset Michaeas, filius Gamariae, filii Saphan, omnes sermones Domini ex libro, 12 descendit in domum regis, ad gazophylacium scribae, et ecce ibi
omnes principes sedebant: Elisama scriba, et Dalaias, filius Semeiae, et Elnathan, filius Achobor, et Gamarias, filius
Saphan, et Sedecias, filius Hananiae, et
universi principes; 13 et nuntiavit eis Michaeas omnia verba quae audivit, legente
Baruch ex volumine in auribus populi.
14 Miserunt itaque omnes principes ad
Baruch Iudi, filium Nathaniae, filii Selemiae, filii Chusi, dicentes: Volumen ex
quo legisti, audiente populo, sume in
manu tua et veni. Tulit ergo Baruch, filius
Neriae, volumen in manu sua, et venit ad
eos, 15 et dixerunt ad eum: Sede, et lege
haec in auribus nostris. Et legit Baruch in
auribus eorum. 16 Igitur cum audissent
omnia verba, obstupuerunt unusquisque
ad proximum suum, et dixerunt ad Baruch: Nuntiare debemus regi omnes sermones istos. 17 Et interrogaverunt eum,
dicentes: Indica nobis quomodo scripsisti omnes sermones istos ex ore eius.
18 Dixit autem eis Baruch: Ex ore suo
loquebatur quasi legens ad me omnes sermones istos, et ego scribebam in volumine atramento. 19 Et dixerunt principes ad
Baruch: Vade, et abscondere, tu et Ieremias, et nemo sciat ubi sitis.
20 Et ingressi sunt ad regem in atrium;
porro volumen commendaverunt in gazophylacio Elisamae scribae, et nuntiaverunt, audiente rege, omnes sermones.
21 Misitque rex Iudi ut sumeret volumen;
qui tollens illud de gazophylacio Elisamae
scribae, legit, audiente rege et universis
principibus qui stabant circa regem. 22 Rex
autem sedebat in domo hiemali, in mense
nono, et posita erat arula coram eo plena prunis. 23 Cumque legisset Iudi tres
pagellas vel quatuor, scidit illud scalpello
scribae, et proiecit in ignem qui erat super
arulam, donec consumeretur omne volumen igni qui erat in arula. 24 Et non timuerunt, neque sciderunt vestimenta sua,
rex et omnes servi eius qui audierunt universos sermones istos. 25 Verumtamen Elnathan, et Dalaias, et Gamarias, contradixerunt regi, ne combureret librum; et
non audivit eos. 26 Et praecepit rex Iere-
miel, filio Amelech, et Saraiae, filio Ezriel, et Selemiae, filio Abdeel, ut comprehenderent Baruch scribam, et Ieremiam
prophetam; abscondit autem eos Dominus.

Propheta praecipitur denuo scribere librum

27 Et factum est verbum Domini ad Ieremiam prophetam, postquam combusserat rex volumen et sermones quos scripserat Baruch ex ore Ieremiae, dicens:
28 Rursum tolle volumen aliud, et scribe
in eo omnes sermones priores qui erant
in primo volumine quod combussit Ioakim, rex Iuda. 29 Et ad Ioakim, regem
Iuda, dices: Haec dicit Dominus: Tu
combussisti volumen illud, dicens: Quare
scripsisti in eo annuntians: Festinus veniet rex Babylonis, et vastabit terram
hanc, et cessare faciet ex illa hominem
et iumentum? 30 Propterea haec dicit Dominus contra Ioakim, regem Iuda: Non
erit ex eo qui sedeat super solium David;
et cadaver eius proiicietur ad aestum per
diem; et ad gelu per noctem. 31 Et visitabo contra eum, et contra semen eius, et
contra servos eius, iniquitates suas; et adducam super eos, et super habitatores
Ierusalem, et super viros Iuda, omne malum quod locutus sum ad eos, et non audierunt.
32 Ieremias autem tulit volumen aliud,
et dedit illud Baruch, filio Neriae, scribae, qui scripsit in eo ex ore Ieremiae
omnes sermones libri quem combusserat
Ioakim, rex Iuda, igni; et insuper additi
sunt sermones multo plures quam antea
fuerant.

Ieremias in carcerem missus

37 1 Et regnavit rex Sedecias, filius
Iosiae, pro Iechonia, filio Ioakim,
quem constituit regem Nabuchodonosor
rex Babylonis in terra Iuda; 2 et non obedivit ipse, et servi eius, et populus terrae,
verbis Domini, quae locutus est in manu
Ieremiae prophetae. 3 Et misit rex Sedecias Iuchal, filium Selemiae, et Sophoniam, filium Maasiae, sacerdotem, ad Ieremiam prophetam, dicens: Ora pro nobis Dominum Deum nostrum. 4 Ieremias
autem libere ambulabat in medio populi:
non enim miserant eum in custodiam carceris. Igitur exercitus Pharaonis egressus
est de Aegypto, et audientes Chaldaei,
qui obsidebant Ierusalem, huiuscemodi
nuntium, recesserunt ab Ierusalem.

4 Reg 22,3; Ier 26,10. — **12:** Ier 36,10.20.25. — **14:** Ier 36,21. — **16:** 4 Reg 22,11; Ier 36,24; Act 24,25. — **18:** Ier 36,4. — **19:** 2 Par 25,25-16; Ier 26,24. — **21:** Ier 22,1-2; 23,28. — **22:** Am 3,15. — **23:** Ier 36,29.31. — **24:** Ier 36,16. — **25:** Ier 13,15-17. — **26:** 3 Reg 17,3.9; Ps 26,5; 36,32-33; 63,2. — **28:** Iob 23,10; Prov 19,21. — **29:** Ier 28,9. — **30:** Ier 22,19. — **31:** Ps 93,23; Prov 1,29-31; 11,21.31; Ier 19,15.

37 **1:** 4 Reg 24,17; 2 Par 36,10; Ier 52,1. — **2:** 2 Par 36,12-16. — **3:** 1 Sam 12,19; Ier 21,1; 42,2; 52,24. — **4:** Ier 32,2; 37,15. —

5 Et factum est verbum Domini ad Ieremiam prophetam, dicens: 6 Haec dicit
Dominus Deus Israel: Sic dicetis regi
Iuda, qui misit vos ad me interrogandum:
Ecce exercitus Pharaonis, qui egressus est
vobis in auxilium, revertetur in terram
suam in Aegyptum; 7 et redient Chaldaei,
et bellabunt contra civitatem hanc, et
capient eam, et succendent eam igni. 8 Haec
dicit Dominus: Nolite decipere animas
vestras, dicentes: Euntes abibunt, et recedent a nobis Chaldaei; quia non abibunt. 9 Sed, et si percusseritis omnem
exercitum Chaldaeorum qui praeliantur
adversum vos, et derelicti fuerint ex eis
aliqui vulnerati, singuli de tentorio suo
consurgent, et incendent civitatem hanc
igni.
10 Ergo cum recessisset exercitus Chaldaeorum ab Ierusalem, propter exercitum
Pharaonis, 11 egressus est Ieremias de Ierusalem ut iret in terram Beniamin, et
divideret ibi possessionem in conspectu
civium. 12 Cumque pervenisset ad portam
Beniamin, erat ibi custos portae per vices,
nomine Ierias, filius Selemiae, filii Hananiae, et apprehendit Ieremiam prophetam,
dicens: Ad Chaldaeos profugis. 13 Et respondit Ieremias: Falsum est, non fugio
ad Chaldaeos. Et non audivit eum, sed
comprehendit Ierias Ieremiam, et adduxit
eum ad principes; 14 quamobrem irati
principes contra Ieremiam, caesum eum
miserunt in carcerem qui erat in domo
Ionathan scribae; ipse enim praepositus
erat super carcerem. 15 Itaque ingressus est
Ieremias in domum laci et in ergastulum;
et sedit ibi Ieremias diebus multis. 16 Mittens autem Sedecias rex, tulit eum; et interrogavit eum in domo sua abscondite,
et dixit: Putasne est sermo a Domino? Et
dixit Ieremias: Est; et ait: In manus regis Babylonis traderis. 17 Et dixit Ieremias
ad regem Sedeciam: Quid peccavi tibi, et
servis tuis, et populo tuo, quia misisti me
in domum carceris? 18 Ubi sunt prophetae
vestri, qui prophetabant vobis et dicebant: Non veniet rex Babylonis super vos,
et super terram hanc? 19 Nunc ergo audi,
obsecro, domine mi rex: valeat deprecatio
mea in conspectu tuo, et ne me remittas
in domum Ionathan scribae, ne moriar ibi.
20 Praecepit ergo rex Sedecias ut traderetur Ieremias in vestibulo carceris, et daretur ei torta panis quotidie, excepto pul-
mento, donec consumerentur omnes panes de civitate; et mansit Ieremias in vestibulo carceris.

5: 4 Reg 24,7; Ez 17,15; 29,6-7. — 7: Ier 21,2; Ez 17,17. — 8: Ier 34,22. — 9: Iob 15,31; Ps 145,3. — 10: Ier 21,4-5. — 11: Ier 20,2; 38,7; Zach 14,10. — 15: Ier 38,6-14. — 17: Ier 21, 7-10; 32,3; 34,21. — 18: Prov 17,13-15; Ier 26, 19; 28,2.11.17. — 19: Ier 14,13-16; 28,1-17. — 21: Ier 32,2; 38,10.28.

Ieremias in lacum proiectus

38 1 Audivit autem Saphatias, filius
Mathan, et Gedelias, filius Phas-
sur, et Iuchal, filius Selemiae, et Phassur,
filius Melchiae, sermones quos Ieremias
loquebatur ad omnem populum, dicens:
2 Haec dicit Dominus: Quicumque manserit in civitate hac, morietur gladio, et
fame, et peste; qui autem profugerit ad
Chaldaeos, vivet, et erit anima eius sospes
et vivens. 3 Haec dicit Dominus: Traden-
do tradetur civitas haec in manu exercitus
regis Babylonis, et capiet eam.
4 Et dixerunt principes regi: Rogamus
ut occidatur homo iste; de industria enim
dissolvit manus virorum bellantium qui
remanserunt in civitate hac, et manus universi populi, loquens ad eos iuxta verba
haec; siquidem homo iste non quaerit pacem populo huic, sed malum. Et dixit
rex Sedecias: 5 Ecce ipse in manibus vestris est; nec enim fas est regem vobis
quidquam negare. 6 Tulerunt ergo Ieremiam, et proiecerunt eum in lacum Melchiae, filii Amelech, qui erat in vestibulo
carceris; et submiserunt Ieremiam funibus
in lacum, in quo non erat aqua, sed lutum; descendit itaque Ieremias in coenum.
7 Audivit autem Abdemelech Aethiops,
vir eunuchus, qui erat in domo regis,
quod misissent Ieremiam in lacum. Porro
rex sedebat in porta Beniamin; 8 et egressus est Abdemelech de domo regis, et
locutus est ad regem, dicens: 9 Domine
mi rex, male fecerunt viri isti omnia quaecumque perpetrarunt contra Ieremiam prophetam, mittentes eum in lacum, ut moriatur ibi fame; non sunt enim panes ultra
in civitate. 10 Praecepit itaque rex Abdemelech Aethiopi, dicens: Tolle tecum hinc
triginta viros, et leva Ieremiam prophetam de lacu, antequam moriatur. 11 Assumptis ergo Abdemelech secum viris, ingressus est domum regis, quae erat sub
cellario, et tulit inde veteres pannos, et
antiqua quae computruerant, et submisit
ea ad Ieremiam in lacum per funiculos.
12 Dixitque Abdemelech Aethiops ad Ieremiam: Pone veteres pannos, et haec scissa et putrida, sub cubito manuum tuarum
et super funes. Fecit ergo Ieremias sic,
13 et extraxerunt Ieremiam funibus, et eduxerunt eum de lacu; mansit autem Ieremias in vestibulo carceris.

38 1: Ier 21,1.8; 37,3. — 2: Ier 21,9; 39, 18; 45,5. — 3: Ier 21,10; 32,3. — 4: 3 Reg 18,17-18; Ier 26,11; Am 7,10. — 5: Ier 38,24-28. — 6: Ier 37,14-15. — 7: Act 8,37-39. — 9: Ier 11,22; 52,6. — 10: Prov 21,1; Ier 38,5. — 13: Ier 37,20; 38,28. — 14: Ier 37,16. — 15:

Ieremiae colloquium cum Sedecia

14 Et misit rex Sedecias, et tulit ad se Ieremiam prophetam ad ostium tertium quod erat in domo Domini; et dixit rex ad Ieremiam: Interrogo ego te sermonem, ne abscondas a me aliquid. 15 Dixit autem Ieremias ad Sedeciam: Si annuntiavero tibi, numquid non interficies me? et si consilium dedero tibi, non me audies. 16 Iuravit ergo rex Sedecias Ieremiae clam, dicens: Vivit Dominus, qui fecit nobis animam hanc, si occidero te, et si tradidero te in manus virorum istorum qui quaerunt animam tuam.

17 Et dixit Ieremias ad Sedeciam: Haec dicit Dominus exercituum, Deus Israel: Si profectus exieris ad principes regis Babylonis, vivet anima tua, et civitas haec non succendetur igni: et salvus eris, tu et domus tua. 18 Si autem non exieris ad principes regis Babylonis, tradetur civitas haec in manus Chaldaeorum, et succendent eam igni; et tu non effugies de manu eorum. 19 Et dixit rex Sedecias ad Ieremiam: Sollicitus sum propter Iudaeos qui transfugerunt ad Chaldaeos; ne forte tradar in manus eorum, et illudant mihi. 20 Respondit autem Ieremias: Non te tradent. Audi, quaeso, vocem Domini, quam ego loquor ad te, et bene tibi erit, et vivet anima tua. 21 Quod si nolueris egredi, iste est sermo quem ostendit mihi Dominus: 22 Ecce omnes mulieres quae remanserunt in domo regis Iuda educentur ad principes regis Babylonis et ipsae dicent: Seduxerunt te, et praevaluerunt adversum te, viri pacifici tui; demerserunt in coeno et in lubrico pedes tuos, et recesserunt a te. 23 Et omnes uxores tuae et filii tui educentur ad Chaldaeos; et non effugies manus eorum, sed in manu regis Babylonis capieris, et civitatem hanc comburet igni.

24 Dixit ergo Sedecias ad Ieremiam: Nullus sciat verba haec, et non morieris. 25 Si autem audierint principes quia locutus sum tecum, et venerint ad te, et dixerint tibi: Indica nobis quid locutus sis cum rege, ne celes nos, et non te interficiemus, et quid locutus est tecum rex, 26 dices ad eos: Prostravi ego preces meas coram rege, ne me reduci iuberet in domum Ionathan, et ibi morerer. 27 Venerunt ergo omnes principes ad Ieremiam, et interrogaverunt eum, et locutus est eis iuxta omnia verba quae praeceperat ei rex: et cessaverunt ab eo, nihil enim fuerat auditum. 28 Mansit vero Ieremias in vestibulo carceris usque ad diem quo capta est Ierusalem; et factum est ut caperetur Ierusalem.

Ieremiae liberatio, capta Ierusalem

39 1 Anno nono Sedeciae, regis Iuda, mense decimo, venit Nabuchodonosor, rex Babylonis, et omnis exercitus eius ad Ierusalem, et obsidebant eam. 2 Undecimo autem anno Sedeciae, mense quarto, quinta mensis, aperta est civitas; 3 et ingressi sunt omnes principes regis Babylonis, et sederunt in porta media: Neregel, Sereser, Semegarnabu, Sarsachim, Rabsares, Neregel, Sereser, Rebmag, et omnes reliqui principes regis Babylonis. 4 Cumque vidisset eos Sedecias, rex Iuda, et omnes viri bellatores, fugerunt; et egressi sunt nocte de civitate per viam horti regis, et per portam quae erat inter duos muros, et egressi sunt ad viam deserti. 5 Persecutus est autem eos exercitus Chaldaeorum, et comprehenderunt Sedeciam in campo solitudinis Ierichontinae, et captum adduxerunt ad Nabuchodonosor, regem Babylonis, in Reblatha, quae est in terra Emath; et locutus est ad eum iudicia. 6 Et occidit rex Babylonis filios Sedeciae, in Reblatha, in oculis eius; et omnes nobiles Iuda occidit rex Babylonis. 7 Oculos quoque Sedeciae eruit, et vinxit eum compedibus ut duceretur in Babylonem. 8 Domum quoque regis et domum vulgi succenderunt Chaldaei igni, et murum Ierusalem subverterunt. 9 Et reliquias populi qui remanserant in civitate, et perfugas qui transfugerant ad eum, et superfluos vulgi qui remanserant, transtulit Nabuzardan, magister militum, in Babylonem. 10 Et de plebe pauperum, qui nihil penitus habebant, dimisit Nabuzardan, magister militum, in terra Iuda, et dedit eis vineas et cisternas in die illa.

11 Praeceperat autem Nabuchodonosor, rex Babylonis, de Ieremia Nabuzardan, magistro militum, dicens: 12 Tolle illum, et pone super eum oculos tuos, nihilque ei mali facias; sed ut voluerit, sic facias ei. 13 Misit ergo Nabuzardan, princeps militiae, et Nabusetzban, et Rabsares, et Neregel, et Sereser, et Rebmag, et omnes optimates regis Babylonis, 14 miserunt, et tulerunt Ieremiam de vestibulo carceris, et tradiderunt eum Godoliae, filio Ahicam, filii Saphan, ut intraret in domum, et habitaret in populo.

Lec 22,67-68. — **16:** Is 57,16. — **17:** 4 Reg 24, 12; Ier 5,27; 21,9; 27,12-13. — **18:** Ier 32,4; 34,3; 38,23; 51,7-14. — **19:** 1 Sam 41,4. — **20:** 2 Par 20,20; Ier 40,9. — **22:** Iob 6,15; 19,13-14.19; Ier 27,14-15; Abd 7. — **23:** Ier 39,6; 41, 10. — **26:** Ier 37,15-20. — Ier 39,14.

39 **1:** Ier 52,4-16; Ez 24,1. — **2:** 4 Reg 25, 1-12. — **3:** Ier 21,4; 38,17; 39,13. — **4:** 2 Par 32,5; Ier 52,7. — **5:** Ier 32,4-5; 38,18. — **6:** Ier 34,17-21. — **7:** Ier 32,4-5; Ez 12,13. — **8:** Ier 21,10; 34,2; 52,13. — **9:** 4 Reg 25,9. — **10:** 4 Reg 25,12.22; Ier 40,6. — **12:** Ier 15,11;

15 Ad Ieremiam autem factus fuerat sermo Domini, cum clausus esset in vestibulo carceris, dicens: 16 Vade, et dic Abdemelech Aethiopi, dicens: Haec dicit Dominus exercituum, Deus Israel: Ecce ego
inducam sermones meos super civitatem
hanc in malum, et non in bonum, et
erunt in conspectu tuo in die illa. 17 Et
liberabo te in die illa, ait Dominus, et
non traderis in manus virorum quos tu
formidas; 18 sed eruens liberabo te, et
gladio non cades, sed erit tibi anima tua
in salutem, quia in me habuisti fiduciam,
ait Dominus.

Ieremias liber vadit ad Godoliam una cum dispersis Iudaeis

40 1 Sermo qui factus est ad Ieremiam
a Domino, postquam dimissus est
a Nabuzardan, magistro militiae, de Rama
quando tulit eum vinctum catenis in medio omnium qui migrabant de Ierusalem
et Iuda, et ducebantur in Babylonem.
2 Tollens ergo princeps militiae Ieremiam,
dixit ad eum: Dominus Deus tuus locutus est malum hoc super locum istum,
3 et adduxit; et fecit Dominus sicut locutus
est, quia peccastis Domino, et non audistis vocem eius; et factus est vobis sermo
hic. 4 Nunc ergo ecce solvi te hodie de
catenis quae sunt in manibus tuis; si placet tibi ut venias mecum in Babylonem,
veni, et ponam oculos meos super te; si
autem displicet tibi venire mecum in Babylonem, reside; ecce omnis terra in conspectu tuo est; quod elegeris, et quo placuerit tibi ut vadas, illuc perge. 5 Et mecum noli venire, sed habita apud Godoliam, filium Ahicam, filii Saphan, quem
praeposuit rex Babylonis civitatibus Iuda;
habita ergo cum eo in medio populi; vel
quocumque placuerit tibi ut vadas, vade.
Dedit quoque ei magister militiae cibaria, et munuscula, et dimisit eum. 6 Venit
autem Ieremias ad Godoliam, filium Ahicam, in Masphath, et habitavit cum eo
in medio populi qui relictus fuerat in
terra.
7 Cumque audissent omnes principes
exercitus, qui dispersi fuerant per regiones, ipsi et socii eorum, quod praefecisset
rex Babylonis Godoliam, filium Ahicam,
terrae, et quod commendasset ei viros, et
mulieres, et parvulos, et de pauperibus
terrae, qui non fuerant translati in Babylonem, 8 venerunt ad Godoliam in Masphath, et Ismahel, filius Nathaniae, et
Iohanan et Ionathan, filii Caree, et Sa-
reas, filius Thanehumeth, et filii Ophi,
qui erant de Netophathi, et Iezonias,
filius Maachathi, ipse et viri eorum. 9 Et
iuravit eis Godolias, filius Ahicam, filii
Saphan, et comitibus eorum, dicens: Nolite timere servire Chaldaeis; habitate in
terra, et servite regi Babylonis, et bene
erit vobis. 10 Ecce ego habito in Masphath, ut respondeam praecepto Chaldaeorum qui mittuntur ad nos; vos autem
colligite vindemiam, et messem, et oleum,
et condite in vasis vestris, et manete in
urbibus vestris, quas tenetis.
11 Sed et omnes Iudaei qui erant in
Moab, et in filiis Ammon, et in Idumaea,
et in universis regionibus, audito quod
dedisset rex Babylonis reliquias in Iudaea,
et quod praeposuisset super eos Godoliam
filium Ahicam, filii Saphan, 12 reversi sunt,
inquam, omnes Iudaei de universis locis
ad quae profugerant, et venerunt in terram Iuda ad Godoliam in Masphath, et
collegerunt vinum et messem multam
nimis.

Godoliae occisio

13 Iohanan autem, filius Caree, et omnes principes exercitus, qui dispersi fuerant in regionibus, venerunt ad Godoliam in Masphath, 14 et dixerunt ei: Scito
quod Baalis, rex filiorum Ammon, misit
Ismahel, filium Nathaniae, percutere animam tuam. Et non credidit eis Godolias,
filius Ahicam. 15 Iohanan autem, filius
Caree, dixit ad Godoliam seorsum in
Masphath loquens: Ibo, et percutiam Ismahel, filium Nathaniae, nullo sciente,
ne interficiat animam tuam, et dissipentur omnes Iudaei qui congregati sunt ad
te, et peribunt reliquiae Iuda. 16 Et ait
Godolias, filius Ahicam, ad Iohanan,
filium Caree: Noli facere verbum hoc;
falsum enim tu loqueris de Ismahel.

41 1 Et factum est in mense septimo,
venit Ismahel, filius Nathaniae,
filii Elisama, de semine regali, et optimates
regis, et decem viri cum eo, ad Godoliam,
filium Ahicam, in Masphath, et comederunt ibi panes simul in Masphath. 2 Surrexit autem Ismahel, filius Nathaniae, et
decem viri qui cum eo erant, et percusserunt Godoliam, filium Ahicam, filii Saphan, gladio et interfecerunt eum quem
praefecerat rex Babylonis terrae. 3 Omnes
quoque Iudaeos qui erant cum Godolia

40,4. — **14**: Ier 26,24; 38,28; 40,51. — **16**: Ier 21,10; 38,7.12; Dan 9,12. — **17**: Iob 5,19-21. — **18**: Ps 24,3; 36,40; Ier 21,4; 45,5.

40 1: Ios 18,25; Ier 39,14. — **3**: Deut 29, 24-25; Ier 44,3; Lam 2,17. — **4**: Gen 20, 15; 47,6; Ier 39,12. — **5**: 4 Reg 25,22; Ier 39, 14; 41,2. — **6**: Iud 20,1; Ier 39,14. — **7**: 4 Reg 25,23; Ier 39,10; 40,5. — **8**: Ier 41,1.11; 42,1; 43,2-7. — **9**: 4 Reg 25,24; Ier 27,11-13. — **10**: Ier 29,10. — **11**: Ez 5,12. — **14**: Ier 41,1-3.10.

41 1: 4 Reg 25,25; Ier 40,14-16. — **2**: 2 Sam 13,26-28; 20,7-10. — **4**: 1 Sam 27,11. —

in Masphath, et Chaldaeos qui reperti sunt ibi, et viros bellatores, percussit Ismahel.

4 Secundo autem die postquam occiderat Godoliam, nullo adhuc sciente, 5 venerunt viri de Sichem, et de Silo, et de Samaria, octoginta viri, rasi barba, et scissis vestibus, et squallentes; et munera et thus habebant in manu, ut offerrent in domo Domini. 6 Egressus ergo Ismahel, filius Nathaniae, in occursum eorum de Masphath, incedens et plorans ibat; cum autem occurrisset eis, dixit ad eos: Venite ad Godoliam, filium Ahicam. 7 Qui cum venissent ad medium civitatis, interfecit eos Ismahel, filius Nathaniae, circa medium laci, ipse et viri qui erant cum eo. 8 Decem autem viri reperti sunt inter eos, qui dixerunt ad Ismahel: Noli occidere nos, quia habemus thesauros in agro, frumenti, et hordei, et olei, et mellis; et cessavit, et non interfecit eos cum fratribus suis. 9 Lacus autem in quem proiecerat Ismahel omnia cadavera virorum quos percussit propter Godoliam, ipse est quem fecit rex Asa propter Baasa, regem Israel; ipsum replevit Ismahel, filius Nathaniae, occisis. 10 Et captivas duxit Ismahel omnes reliquias populi qui erant in Masphath, filias regis, et universum populum qui remanserat in Masphath, quos commendaverat Nabuzardan, princeps militiae, Godoliae, filio Ahicam; et cepit eos Ismahel, filius Nathaniae, et abiit ut transiret ad filios Ammon.

Populus vult fugere in Aegyptum

11 Audivit autem Iohanan, filius Caree, et omnes principes bellatorum qui erant cum eo, omne malum quod fecerat Ismahel, filius Nathaniae, 12 et assumptis universis viris, profecti sunt ut bellarent adversum Ismahel, filium Nathaniae; et invenerunt eum ad aquas multas quae sunt in Gabaon. 13 Cumque vidisset omnis populus qui erat cum Ismahel Iohanan, filium Caree, et universos principes bellatorum qui erant cum eo, laetati sunt; 14 et reversus est omnis populus quem ceperat Ismahel, in Masphath, reversusque abiit ad Iohanan, filium Caree. 15 Ismahel autem, filius Nathaniae, fugit cum octo viris a facie Iohanan, et abiit ad filios Ammon.

16 Tulit ergo Iohanan, filius Caree, et omnes principes bellatorum qui erant cum eo, universas reliquias vulgi quas reduxerat ab Ismahel, filio Nathaniae, de Masphath, postquam percussit Godoliam, filium Ahicam: fortes viros ad praelium, et mulieres, et pueros, et eunuchos, quos reduxerat de Gabaon. 17 Et abierunt, et sederunt peregrinantes in Chamaam, quae est iuxta Bethlehem, ut pergerent, et introirent Aegyptum, 18 a facie Chaldaeorum: timebant enim eos, quia percusserat Ismahel, filius Nathaniae, Godoliam, filium Ahicam, quem praeposuerat rex Babylonis in terra Iuda.

Ieremias dat consilium non fugiendi

42 1 Et accesserunt omnes principes bellatorum, et Iohanan, filius Caree, et Iezonias, filius Osaiae, et reliquum vulgus, a parvo usque ad magnum, 2 dixeruntque ad Ieremiam prophetam: Cadat oratio nostra in conspectu tuo, et ora pro nobis ad Dominum Deum tuum, pro universis reliquiis istis, quia derelicti sumus pauci de pluribus, sicut oculi tui non intuentur; 3 et annuntiet nobis Dominus Deus tuus viam per quam pergamus, et verbum quod faciamus. 4 Dixit autem ad eos Ieremias propheta: Audivi. Ecce ego oro ad Dominum Deum vestrum secundum verba vestra; omne verbum quodcumque responderit mihi indicabo vobis, nec celabo vos quidquam. 5 Et illi dixerunt ad Ieremiam: Sit Dominus inter nos testis veritatis et fidei, si non, iuxta omne verbum in quo miserit te Dominus Deus tuus ad nos, sic faciemus; 6 sive bonum est, sive malum, voci Domini Dei nostri, ad quem mittimus te, obediemus, ut bene sit nobis cum audierimus vocem Domini Dei nostri.

7 Cum autem completi essent decem dies, factum est verbum Domini ad Ieremiam, 8 vocavitque Iohanan, filium Caree, et omnes principes bellatorum qui erant cum eo, et universum populum, a minimo usque ad magnum. 9 Et dixit ad eos: Haec dicit Dominus, Deus Israel, ad quem misistis me ut prosternerem preces vestras in conspectu eius: 10 Si quiescentes manseritis in terra hac, aedificabo vos, et non destruam; plantabo, et non evellam, iam enim placatus sum super malo quod feci vobis. 11 Nolite timere a facie regis Babylonis, quem vos pavidi formidatis; nolite metuere eum, dicit Dominus,

Lev 19,27; Deut 14,1; Ios 18,1; 3 Reg 16,24; Is 15,2. — **6:** Prov 26,24-26. — **7:** Ier 41,9. — **9:** 3 Reg 15,16; 2 Par 16,6. — **10:** Ier 38,23; 40,7.13-14; 43,6. — **11:** Ier 40,7-8.13; 41,1-7. — **12:** Ios 9,3.17; 2 Sam 2,13. — **16:** Ier 41,10-12. — **17:** 2 Sam 19,37-38; Ier 42,11; 43,5-7. — **18:** Ier 40,5; 41,2.

42 **1:** Ier 40,8.13; 41,11.16-18. — **2:** Deut 28,62; 1 Sam 7,8; 12,19; Ier 21,2; 37,16; Lam 1,1. — **3:** Esdr 8,21. — **4:** Ex 8,29; 1 Sam 3,18; 12,23; 3 Reg 22,14. — **5:** Gen 31,5; Iud 11,10. — **6:** Deut 5,33; 6,3; Ier 7,23. — **7:** Ier 40,1. — **9:** Ier 42,1-3. — **10:** Ier 24,6; 31,28; 32,41. — **11:** Ier 30,10-11; 41,17-18; Rom

quia vobiscum sum ego ut salvos vos faciam, et eruam de manu eius; 12 et dabo
vobis misericordias, et miserebor vestri,
et habitare vos faciam in terra vestra.
13 Si autem dixeritis vos: Non habitabimus in terra ista, nec audiemus vocem
Domini Dei nostri, 14 dicentes: Nequaquam, sed ad terram Aegypti pergemus,
ubi non videbimus bellum, et clangorem
tubae non audiemus, et famem non sustinebimus, et ibi habitabimus; 15 propter
hoc nunc audite verbum Domini, reliquiae Iuda: Haec dicit Dominus exercituum, Deus Israel: Si posueritis faciem
vestram ut ingrediamini Aegyptum, et intraveritis ut ibi habitetis, 16 gladius quem
vos formidatis, ibi comprehendet vos in
terra Aegypti; et fames, pro qua estis
solliciti, adhaerebit vobis in Aegypto, et
ibi moriemini. 17 Omnesque viri qui posuerunt faciem suam ut ingrediantur Aegyptum, ut habitent ibi, morientur gladio,
et fame, et peste; nullus de eis remanebit,
nec effugiet a facie mali quod ego afferam super eos. 18 Quia haec dicit Dominus exercituum, Deus Israel: Sicut conflatus est furor meus et indignatio mea
super habitatores Ierusalem, sic confla-
bitur indignatio mea super vos cum ingressi fueritis Aegyptum; et eritis in iusiurandum, et in stuporem, et in maledictum, et
in opprobrium, et nequaquam ultra videbitis locum istum. 19 Verbum Domini super vos, reliquiae Iuda: Nolite intrare
Aegyptum; scientes scietis, quia obtesta-
tus sum vos hodie, 20 quia decepistis animas vestras. Vos enim misistis me ad
Dominum Deum nostrum, dicentes: Ora
pro nobis ad Dominum Deum nostrum,
et iuxta omnia quaecumque dixerit tibi
Dominus Deus noster, sic annuntia nobis, et faciemus. 21 Et annuntiavi vobis
hodie, et non audistis vocem Domini Dei
vestri super universis pro quibus misit
me ad vos. 22 Nunc ergo scientes scietis
quia gladio, et fame, et peste moriemini
in loco ad quem voluistis intrare ut habitaretis ibi.

Iudaei fugiunt in Aegyptum et Ieremiam secum abducunt

43 1 Factum est autem, cum complesset Ieremias loquens ad populum
universos sermones Domini Dei eorum,
pro quibus miserat eum Dominus Deus
eorum ad illos, omnia verba haec, 2 dixit
Azarias, filius Osaiae, et Iohanan, filius
Caree, et omnes viri superbi, dicentes ad
Ieremiam: Mendacium tu loqueris; non
misit te Dominus Deus noster, dicens:
Ne ingrediamini Aegyptum ut habitetis
illic. 3 Sed Baruch, filius Neriae, incitat te
adversum nos, ut tradat nos in manus
Chaldaeorum, ut interficiat nos, et tra-
duci faciat in Babylonem. 4 Et non audivit Iohanan, filius Caree, et omnes principes bellatorum, et universus populus,
vocem Domini, ut manerent in terra Iuda.
5 Sed tollens Iohanan, filius Caree, et universi principes bellatorum, universos reliquiarum Iuda, qui reversi fuerant de cunctis gentibus ad quas fuerant ante dispersi
ut habitarent in terra Iuda, 6 viros, et
mulieres, et parvulos, et filias regis, et
omnem animam quam reliquerat Nabuzardan, princeps militiae, cum Godolia,
filio Ahicam, filii Saphan, et Ieremiam
prophetam, et Baruch, filium Neriae; 7 et
ingressi sunt terram Aegypti, quia non
obedierunt voci Domini, et venerunt usque ad Taphnis.
8 Et factus est sermo Domini ad Ieremiam in Taphnis, dicens: 9 Sume lapides grandes in manu tua, et abscondes
eos in crypta quae est sub muro latericio
in porta domus Pharaonis in Taphnis,
cernentibus viris Iudaeis, 10 et dices ad
eos: Haec dicit Dominus exercituum, Deus
Israel: Ecce ego mittam et assumam Nabuchodonosor, regem Babylonis, servum
meum; et ponam thronum eius super lapides istos quos abscondi, et statuet solium suum super eos, 11 veniensque percutiet terram Aegypti, quos in mortem, in
mortem, et quos in captivitatem, in captivitatem, et quos in gladium, in gladium;
12 et succendet ignem in delubris deorum
Aegypti, et comburet ea, et captivos ducet
illos, et amicietur terra Aegypti sicut ami-
citur pastor pallio suo, et egredietur inde
in pace; 13 et conteret statuas domus solis
quae sunt in terra Aegypti, et delubra deorum Aegypti comburet igni.

Ieremias monet Iudaeos ut ab idolis se avertant

44 1 Verbum quod factum est per Ieremiam ad omnes Iudaeos qui habitabant in terra Aegypti, habitantes in
Magdalo, et in Taphnis, et in Memphis,

8,31. — **12:** Ps 105,45-46; Prov 16,7. — **13:** Ier 44,16-17. — **14:** Num 11,5; Deut 28,68; Is 30, 15-16. — **15:** Deut 17,16; Is 44,12-14. — **16:** Ier 44,13-14.27; Ez 11,8. — **17:** Ier 29,17-18; 44,14.28; Lam 2,22. — **18:** Ier 7,20; 44,12; 52, 4; Lam 2,4-9. — **19:** Deut 17,16. — **20:** Deut 11,26-28; Ier 7,19. — **21:** Zach 7,11-12. — **22:** Ier 42,17; Ez 6,11; Os 9,6.

43 **1:** Ier 42,7. — **2:** Prov 8,13; Ier 40,8; 42,1.19. — **3:** Ier 36,4; 38,4. — **4:** Ier 40, 11-12; 41,16. — **5:** Ier 40,11-12. — **6:** Ier 41, 10. — **7:** Ier 2,16; 42,13-14; 44,1. — **9:** Ier 13,1; 18,2. — **10:** Ier 25,9; 27,6; Ez 28,18. — **11:** Ier 46,13; Ez 30,10. — **12:** Ier 46,25; Ez 30,13-14. — **13:** Is 19,18.

44 **1:** Ex 14,2; Ier 43,7-9; 46,14; Ez 29, 14; 30,14. — **2:** Lev 26,32-33; Ier 9,11;

et in terra Phatures, dicens: 2 Haec dicit
Dominus exercituum, Deus Israel: Vos
vidistis omne malum istud quod adduxi
super Ierusalem, et super omnes urbes
Iuda; et ecce desertae sunt hodie, et non
est in eis habitator, 3 propter malitiam
quam fecerunt ut me ad iracundiam provocarent, et irent ut sacrificarent, et colerent deos alienos quos nesciebant, et
illi, et vos, et patres vestri. 4 Et misi ad
vos omnes servos meos prophetas, de
nocte consurgens, mittensque et dicens:
Nolite facere verbum abominationis huiuscemodi, quam odivi. 5 Et non audierunt,
nec inclinaverunt aurem suam, ut converterentur a malis suis, et non sacrificarent diis alienis. 6 Et conflata est indignatio mea et furor meus, et succensa
est in civitatibus Iuda, et in plateis Ierusalem, et versae sunt in solitudinem et
vastitatem secundum diem hanc. 7 Et
nunc haec dicit Dominus exercituum,
Deus Israel: Quare vos facitis malum
grande hoc contra animas vestras, ut intereat ex vobis et mulier, parvulus et
lactens, de medio Iudae, nec relinquatur
vobis quidquam residuum; 8 provocantes me in operibus manuum vestrarum,
sacrificando diis alienis, in terra Aegypti,
in quam ingressi estis ut habitetis ibi et
dispereatis, et sitis in maledictionem et
in opprobrium cunctis gentibus terrae?
9 Numquid obliti estis mala patrum vestrorum, et mala regum Iuda, et mala
uxorum eius, et mala vestra, et mala
uxorum vestrarum, quae fecerunt in terra
Iuda, et in regionibus Ierusalem? 10 Non
sunt mundati usque ad diem hanc; et
non timuerunt, et non ambulaverunt in
lege Domini, et in praeceptis meis, quae
dedi coram vobis et coram patribus vestris. 11 Ideo haec dicit Dominus exercituum, Deus Israel: Ecce ego ponam faciem meam in vobis in malum; et disperdam omnem Iudam. 12 Et assumam reliquias Iudae, qui posuerunt facies suas ut
ingrederentur terram Aegypti, et habitarent ibi, et consumentur omnes in terra
Aegypti; cadent in gladio et in fame, et
consumentur a minimo usque ad maximum, in gladio et in fame morientur; et
erunt in iusiurandum, et in miraculum,
et in maledictionem, et in opprobrium.
13 Et visitabo super habitatores terrae Aegypti, sicut visitavi super Ierusalem, in
gladio, et fame, et peste. 14 Et non erit
qui effugiat, et sit residuus de reliquiis
Iudaeorum qui vadunt ut peregrinentur
in terra Aegypti, et revertantur in terram
Iuda, ad quam ipsi elevant animas suas
ut revertantur, et habitent ibi; non revertentur, nisi qui fugerint.

Renuunt Iudaei deserere cultum idolorum

15 Responderunt autem Ieremiae omnes viri scientes quod sacrificarent uxores
eorum diis alienis, et universae mulieres
quarum stabat multitudo grandis, et omnis populus habitantium in terra Aegypti
in Phatures, dientes: 16 Sermonem quem
locutus es ad nos in nomine Domini, non
audiemus ex te; 17 sed facientes faciemus
omne verbum quod egredietur de ore
nostro, ut sacrificemus reginae caeli, et
libemus ei libamina, sicut fecimus nos
et patres nostri, reges nostri et principes
nostri, in urbibus Iuda, et in plateis Ierusalem; et saturati sumus panibus, et bene
nobis erat, malumque non vidimus. 18 Ex
eo autem tempore quo cessavimus sacrificare reginae caeli, et libare ei libamina,
indigemus omnibus, et gladio et fame consumpti sumus. 19 Quod si nos sacrifica-
mus reginae caeli, et libamus ei libamina,
numquid sine viris nostris fecimus ei placentas ad colendum eam et libandum ei
libamina?

Ieremias plenum interitum eis minatur

20 Et dixit Ieremias ad omnem populum, adversum viros, et adversum mulieres, et adversum universam plebem, qui
responderant ei verbum, dicens: 21 Numquid non sacrificium quod sacrificastis in
civitatibus Iuda, et in plateis Ierusalem,
vos et patres vestri, reges vestri, et principes vestri, et populus terrae, horum recordatus est Dominus, et ascendit super
cor eius? 22 Et non poterat Dominus ultra
portare propter malitiam studiorum vestrorum, et propter abominationes quas
fecistis; et facta est terra vestra in desolationem, et in stuporem, et in maledictum,
eo quod non sit habitator, sicut est dies
haec. 23 Propterea quod sacrificaveritis
idolis, et peccaveritis Domino, et non
audieritis vocem Domini, et in lege, et in
praeceptis, et in testimoniis eius non ambulaveritis, idcirco evenerunt vobis mala
haec, sicut est dies haec.
24 Dixit autem Ieremias ad omnem populum, et ad universas mulieres: Audite

34,22. — **3:** Deut 13,6; 29,26; 32,17; Ier 11,17; 16,9.12. — **4:** 2 Par 36,15; Ez 30-31. — **5:** Ier 7,24.26; 19,4.13. — **6:** Ier 42,18; Lam 2,1. — **7:** Num 16,38; Prov 8,36; 20,2; Ier 7,19; 25,7; Ez 33,11. — **8:** Is 3,8; Ier 25,6-7; 42,18. — **9:** 3 Reg 11,1.8; Esdr 9,7-14. — **10:** Prov 14,16; 28,14; Ier 7,23-24. — **11:** Lev 17,10; Ier 21,10; Ez 14,8; Am 9,4. — **12:** Ier 42,15 22. — **13:** Ier 43,11; 44,27. — **14:** Ier 43,7; 44,1. — **15:** Neh 13,26; Ier 7,18. — **16:** Ier 6, 16-17. — **17:** Ier 5,3; 7,18; 44,25; Os 2,5-9. — **18:** Ier 40,12; Mal 3,14; Lam 3,32. — **19:** Ier 7,18; 44,15. — **20:** Ier 1,18; Ez 2,3-7. — **21:** Ier 11,13; 14,10. — **22:** Ier 15,6; Mal 2,7; Rom 2,4-5. — **23:** 4 Reg

verbum Domini, omnis Iuda, qui estis in
terra Aegypti. 25 Haec inquit Dominus
exercituum, Deus Israel, dicens: Vos et
uxores vestrae locuti estis ore vestro, et
manibus vestris implestis, dicentes: Faciamus vota nostra, quae vovimus, ut sacrificemus reginae caeli, et libemus ei libamina. Implestis vota vestra, et opere per-
petrastis ea. 26 Ideo audite verbum Domini, omnis Iuda, qui habitatis in terra
Aegypti: Ecce ego iuravi in nomine meo
magno, ait Dominus, quia nequaquam
ultra vocabitur nomen meum ex ore omnis
viri Iudaei, dicentis: Vivit Dominus Deus,
in omni terra Aegypti. 27 Ecce ego vigilabo super eos in malum, et non in bonum; et consumentur omnes viri Iuda qui
sunt in terra Aegypti, gladio et fame, donec penitus consumantur. 28 Et qui fugerint gladium, revertentur de terra Aegypti in terram Iuda viri pauci; et scient omnes
reliquiae Iuda, ingredientium terram Aegypti ut habitent ibi, cuius sermo compleatur, meus an illorum. 29 Et hoc vobis
signum, ait Dominus, quod visitem ego
super vos in loco isto, ut sciatis quia vere
complebuntur sermones mei contra vos
in malum. 30 Haec dicit Dominus: Ecce
ego tradam Pharaonem Ephree, regem
Aegypti, in manu inimicorum eius, et in
manu quaerentium animam illius, sicut
tradidi Sedeciam, regem Iuda, in manu
Nabuchodonosor, regis Babylonis, inimici sui, et quaerentis animam eius.

Ieremias salutem Baruch repromittit

45 1 Verbum quod locutus est Ieremias propheta ad Baruch, filium
Neriae, cum scripsisset verba haec in libro ex ore Ieremiae, anno quarto Ioakim,
filii Iosiae, regis Iuda, dicens: 2 Haec dicit
Dominus, Deus Israel, ad te, Baruch:
3 Dixisti: Vae misero mihi! quoniam addidit Dominus dolorem dolori meo; laboravi in gemitu meo, et requiem non inveni. 4 Haec dicit Dominus: Sic dices ad
eum: Ecce quos aedificavi, ego destruo;
et quos plantavi, ego evello, et universam
terram hanc; 5 et tu quaeris tibi grandia?
Noli quaerere, quia ecce ego adducam
malum super omnem carnem, ait Dominus, et dabo tibi animam tuam in salutem
in omnibus locis ad quaecumque perrexeris.

PARS QUINTA

VATICINIA CONTRA GENTES

(46,1-51,64)

Contra Aegyptum

46 1 Quod factum est verbum Domini ad Ieremiam prophetam contra
gentes.
2 Ad Aegyptum, adversum exercitum
Pharaonis Nechao, regis Aegypti, qui erat
iuxta fluvium Euphraten in Charcamis,
quem percussit Nabuchodonosor, rex Babylonis, in quarto anno Ioakim, filii Iosiae,
regis Iuda.

3 Praeparate scutum et clypeum,
Et procedite ad bellum.
4 Iungite equos,
Et ascendite, equites;
State in galeis,
Polite lanceas,
Induite vos loricis.
5 Quid igitur? vidi ipsos pavidos,
Et terga vertentes,
Fortes eorum caesos;
Fugerunt conciti, nec respexerunt:
Terror undique, ait Dominus.
6 Non fugiat velox,
Nec salvari se putet fortis:
Ad aquilonem iuxta flumen Euphraten
Victi sunt, et ruerunt.
7 Quis est iste, qui quasi flumen ascendit,
Et veluti fluviorum intumescunt gurgites
eius?
8 Aegyptus fluminis instar ascendit,
Et velut flumina movebuntur fluctus eius,
Et dicet: Ascendens operiam terram;
Perdam civitatem, et habitatores eius.
9 Ascendite equos,
Et exsultate in curribus,
Et procedant fortes,
Aethiopia et Libyes tenentes scutum,
Et Lydii arripientes et iacientes sagittas.
10 Dies autem ille Domini Dei exercituum,
Dies ultionis, ut sumat vindictam de ini-
micis suis:
Devorabit gladius, et saturabitur,
Et inebriabitur sanguine eorum;
Victima enim Domini, Dei exercituum,
In terra aquilonis iuxta flumen Euphraten.
11 Ascende in Galaad, et tolle resinam,
Virgo filia Aegypti;
Frustra multiplicas medicamina,
Sanitas non erit tibi.
12 Audierunt gentes ignominiam tuam

17,15; Dan 9,11-12. — **24:** Ier 43,5-7. — **25:** Ier 44,15. — **26:** Gen 22,16; Ez 20,39; Hebr 6, 13. — **27:** Ier 21,10; 31,28; Ez 7,3-7. — **28:** Deut 28,62; Is 10,22; 27,13; Ier 44,14. — **29:** Ier 32,10-11. — **30:** Ier 39,5-7; 46,25-26; Ez 29,3-4; 30,21.

45 **1:** Ier 36,1.4.18.32. — **3:** Ier 15,20; 36, 26; Lam 1,3; 5,5. — **4:** Is 5,5-6; Ier 18, 7. — **5:** Ier 21,9; 25,26-29; 39,18; Rom 12,16.

46 **1:** Ier 25,13.15. — **2:** 4 Reg 23,29; 24, 1; 2 Par 35,20. — **3:** Ier 51,11-12. — **4:** Nah 3,2. — **5:** Ier 6,25; 49,29; Nah 2,8. — **6:** Ier 50,32; Dan 11,19; Am 2,14-15. — **7:** Is 8,7; Ier 47,2; Dan 11,11. — **8:** Ez 29,3; 32,2. — Is 66,19; Ez 30,4; Nah 3,2. — **10:** Deut 32,42; Is 13,6.9; Ez 39,17-10; Ioel 1,15; 2,1. — **11:** Ier 8,22; 51,8; Ez 30,21-22. — **12:** Ez 32,9-12. — **13:** Is 19,1; Ier 43,10-11; 44,30. — **14:**

Et ululatus tuus replevit terram,
Quia fortis impegit in fortem,
Et ambo pariter conciderunt.

Contra Aegyptum alterum vaticinium

13 Verbum quod locutus est Dominus ad Ieremiam prophetam, super eo quod venturus esset Nabuchodonosor, rex Babylonis, et percussurus terram Aegypti:
14 Annuntiate Aegypto, et auditum facite in Magdalo,
Et resonet in Memphis, et in Taphnis, dicite:
Sta, et praepara te,
Quia devorabit gladius ea quae per circuitum tuum sunt.
15 Quare computruit fortis tuus?
Non stetit, quoniam Dominus subvertit eum.
16 Multiplicavit ruentes,
Ceciditque vir ad proximum suum, et dicent:
Surge, et revertamur ad populum nostrum,
Et ad terram nativitatis nostrae,
A facie gladii columbae.
17 Vocate nomen Pharaonis, regis Aegypti:
Tumultum adduxit tempus.
18 Vivo ego (inquit rex, Dominus exercituum nomen eius),
Quoniam sicut Thabor in montibus,
Et sicut Carmelus in mari, veniet.
19 Vasa transmigrationis fac tibi,
Habitatrix filia Aegypti;
Quia Memphis in solitudinem erit,
Et deseretur, et inhabitabilis erit.
20 Vitula elegans atque formosa Aegyptus,
Stimulator ab aquilone veniet ei.
21 Mercenarii quoque eius,
Qui versabantur in medio eius quasi vituli saginati,
Versi sunt, et fugerunt simul,
Nec stare potuerunt,
Quia dies interfectionis eorum venit super eos,
Tempus visitationis eorum.
22 Vox eius quasi aeris sonabit;
Quoniam cum exercitu properabunt,
Et cum securibus venient ei
Quasi caedentes ligna.
23 Succiderunt saltum eius, ait Dominus,
Qui supputari non potest,
Multiplicati sunt super locustas,
Et non est eis numerus.
24 Confusa est filia Aegypti,
Et tradita in manu populi aquilonis.
25 Dixit Dominus exercituum, Deus Israel:
Ecce ego visitabo super tumultum Alexandriae,
Et super Pharaonem, et super Aegyptum,
Et super deos eius, et super reges eius,
Et super Pharaonem, et super eos qui confidunt in eo.
26 Et dabo eos in manu quaerentium animam eorum,
Et in manu Nabuchodonosor, regis Babylonis,
Et in manu servorum eius:
Et post haec habitabitur sicut diebus pristinis, ait Dominus.
27 Et tu ne timeas, serve meus Iacob;
Et ne paveas, Israel,
Quia ecce ego salvum te faciam de longinquo,
Et semen tuum de terra captivitatis tuae;
Et revertetur Iacob, et requiescet,
Et prosperabitur, et non erit qui exterreat eum.
28 Et tu noli timere, serve meus Iacob, ait Dominus,
Quia tecum ego sum,
Quia ego consumam cunctas gentes ad quas eieci te;
Te vero non consumam,
Sed castigabo te in iudicio,
Nec quasi innocenti parcam tibi.

Contra Philistaeos

47 1 Quod factum est verbum Domini ad Ieremiam prophetam contra Palaestinos, antequam percuteret Pharao Gazam.
2 Haec dicit Dominus:
Ecce aquae ascendunt ab aquilone,
Et erunt quasi torrens inundans,
Et operient terram et plenitudinem eius,
Urbem et habitatores eius.
Clamabunt homines,
Et ululabunt omnes habitatores terrae,
3 A strepitu pompae armorum, et bellatorum eius,
A commotione quadrigarum eius, et multitudine rotarum illius.
Non respexerunt patres filios manibus dissolutis,
4 Pro adventu diei in quo vastabuntur omnes Philisthiim,
Et dissipabitur Tyrus, et Sidon,
Cum omnibus reliquis auxiliis suis;

Ier 44,1. — **15:** Ier 17,37-39. — **16:** Lev 26,27. — **17:** Is 30,7. — **18:** Ier 48,15; 51,57. — **19:** Is 20,4. — **20:** Ier 50,11; Os 10,11. — **21:** Deut 32, 35; Ier 48,44; 50,27. — **22:** Is 29,4; Ier 22,7. — **23:** Iud 6,5; 7,12; Is 10,34. — **24:** Ier 1,15; 25,9.19. — **25:** Ier 25,16; Ez 30,15-16; Nah 3, 8. — **26:** Ier 44,30; Ez 30,4; 32,11-19. — **27:** Is 41,13; 43,5; 44,2; Ier 30,10. — **28:** Ier 10,24; 25,9; 30,11.

47 **1:** Ier 25,20; Ez 25,15-16; Am 1,6; Soph 2,4. — **2:** Is 8,7-8; 28,2; Ier 46,7-8. — **3:** Ier 8,16; Nah 3,2-3. — **4:** Ier 25,22; Ex 25,

Depopulatus est enim Dominus Palaestinos,
Reliquias insulae Cappadociae.
5 Venit calvitium super Gazam,
Conticuit Ascalon,
Et reliquiae vallis earum:
Usquequo concideris?
6 O mucro Domini, usquequo non quiesces?
Ingredere in vaginam tuam,
Refrigerare, et sile.
7 Quomodo quiescet,
Cum Dominus praeceperit ei adversus Ascalonem
Et adversus maritimas eius regiones,
Ibique condixerit illi?

Contra Moab

48 1 Ad Moab haec dicit Dominus exercituum, Deus Israel:
Vae super Nabo, quoniam vastata est, et confusa!
Capta est Cariathaim, confusa est fortis, et tremuit.
2 Non est ultra exsultatio in Moab contra Hesebon;
Cogitaverunt malum: Venite, et disperdamus eam de gente.
Ergo silens conticesces, sequeturque te gladius.
3 Vox clamoris de Oronaim, vastitas et contritio magna.
4 Contrita est Moab; annuntiate clamorem parvulis eius.
5 Per ascensum enim Luith
Plorans ascendet in fletu,
Quoniam in descensu Oronaim
Hostes ulutatum contritionis audierunt.
6 Fugite, salvate animas vestras,
Et eritis quasi myricae in deserto;
7 Pro eo enim quod habuisti fiduciam
In munitionibus tuis et in thesauris tuis,
Tu quoque capieris;
Et ibit Chamos in transmigrationem,
Sacerdotes eius et principes eius simul.
8 Et veniet praedo ad omnem urbem,
Et urbs nulla salvabitur;
Et peribunt valles,
Et dissipabuntur campestria,
Quoniam dixit Dominus:
9 Date florem Moab, quia florens egredietur;
Et civitates eius desertae erunt, et inhabitabiles.
10 Maledictus qui facit opus Domini fraudulenter,
Et maledictus qui prohibet gladium suum a sanguine.
11 Fertilis fuit Moab ab adolescentia sua,
Et requievit in faecibus suis;
Nec transfusus est de vase in vas,
Et in transmigrationem non abiit;
Idcirco permansit gustus eius in eo,
Et odor eius non est immutatus.
12 Propterea ecce dies veniunt, dicit Dominus,
Et mittam ei ordinatores et stratores laguncularum;
Et sternent eum, et vasa eius exhaurient,
Et lagunculas eorum collident.
13 Et confundetur Moab a Chamos
Sicut confusa est domus Israel a Bethel,
In qua habebat fiduciam.
14 Quomodo dicitis: Fortes sumus,
Et viri robusti ad praeliandum?
15 Vastata est Moab, et civitates illius succiderunt,
Et electi iuvenes eius descenderunt in occisionem,
Ait rex, Dominus exercituum nomen eius.
16 Prope est interitus Moab ut veniat,
Et malum eius velociter accurret nimis.
17 Consolamini eum, omnes qui estis in circuitu eius;
Et universi qui scitis nomen eius, dicite:
Quomodo confracta est virga fortis,
Baculus gloriosus?
18 Descende de gloria, et sede in siti,
Habitatio filiae Dibon,
Quoniam vastator Moab ascendit ad te,
Dissipavit munitiones tuas.
19 In via sta, et prospice,
Habitatio Aroer;
Interroga fugientem,
Et ei qui evasit dic: Quid accidit?
20 Confusus est Moab, quoniam victus est.
Ululate, et clamate,
Annuntiate in Arnon,
Quoniam vastata est Moab.
21 Et iudicium venit ad terram campestrem,
Super Helon, et super Iasa,
Et super Mephaath, 22 et super Dibon,
Et super Nabo, et super domum Deblathaim,
23 Et super Cariathaim, et super Bethgamul,
Et super Bethmaon, 24 et super Carioth,
Et super Bosra, et super omnes civitates terrae Moab,
Quae longe et quae prope sunt.
25 Abscissum est cornu Moab,

16-17; Am 1,8; 9,7. — **5:** Am 1,7; Mich 1,16. — **6:** Deut 32,41; Ez 21,3-5.8-10. — **7:** Ez 14,17; Am 3,6; Mich 6,9; Soph 2,5-6.

48 **1:** Num 32,3.28; 33,47. — **2:** Num 21, 26.37. — **3:** Is 15,5. — **4:** Is 15,5; Ier 19, 11. — **5:** Is 15,5; Ier 48,34. — **6:** Ier 17,6; 51,6. **7:** Num 21,29; Ps 51,5.7; Ier 49,4. — **8:** Ier 6, 26; 25,9.11; 48,15. — **9:** Ps 54,6-8; Ier 48,28. — **10:** Iud 5,23; 1 Sam 20,42. — **11:** Soph 1,12. — **13:** 4 Reg 17,21-23; Is 16,12; 45,16; Ier 48,46; Os 10,6. — **14:** Ier 48,29. — **15:** Ier 48,8-9; 50, 27. — **16:** Deut 32,35. — **17:** Is 9,4; 14,5. — **18:** Num 21,30; Is 47,1; Ier 48,8. — **19:** Deut 2,36; Is 16,2. — **20:** Num 21,13; Is 16,7. — **21:** Num 21,23; Ios 13,18; Is 15,4. — **22:** Num 35,46; Ier 48,1; Ez 6,14. — **23:** Ios 13,17. — **24:** Deut 4,43; Ier 48,41; Am 2,2. — **25:** Ez 30,21-22. —

Et brachium eius contritum est, ait Dominus.
26 Inebriate eum, quoniam contra Dominum erectus est;
Et allidet manum Moab in vomitu suo,
Et erit in derisum etiam ipse.
27 Fuit enim in derisum tibi Israel,
Quasi inter fures reperisses eum;
Propter verba ergo tua quae adversum illum locutus es,
Captivus duceris.
28 Relinquite civitates, et habitate in petra, habitatores Moab;
Et estote quasi columba nidificans in summo ore foraminis.
29 Audivimus superbiam Moab, superbus est valde;
Sublimitatem eius, et arrogantiam,
Et superbiam, et altitudinem cordis eius.
30 Ego scio, ait Dominus, iactantiam eius,
Et quod non sit iuxta eam virtus eius,
Nec iuxta quod poterat conata sit facere.
31 Ideo super Moab eiulabo,
Et ad Moab universam clamabo,
Ad viros muri fictilis lamentantes.
32 De planctu Iazer plorabo tibi, vinea Sabama.
Propagines tuae transierunt mare,
Usque ad mare Iazer pervenerunt:
Super messem tuam et vindemiam tuam praedo irruit.
33 Ablata est laetitia et exsultatio
De Carmelo et de terra Moab;
Et vinum de torcularibus sustuli,
Nequaquam calcator uvae solitum celeuma cantabit.
34 De clamore Hesebon usque Eleale et Iasa, dederunt vocem suam,
A Segor usque ad Oronaim, vitula conternante;
Aquae quoque Memrim pessimae erunt.
35 Et auferam de Moab, ait Dominus,
Offerentem in excelsis,
Et sacrificantem diis eius.
36 Propterea cor meum ad Moab quasi tibiae resonabit,
Et cor meum ad viros muri fictilis dabit sonitum tibiarum;
Quia plus fecit quam potuit,
Idcirco perierunt.
37 Omne enim caput calvitium,
Et omnis barba rasa erit;
In cunctis manibus colligatio,
Et super omne dorsum cilicium.
38 Super omnia tecta Moab, et in plateis eius,
Omnis planctus:
Quoniam contrivi Moab
Sicut vas inutile, ait Dominus.
39 Quomodo victa est, et ululaverunt?
Quomodo deiecit cervicem Moab, et confusus est?
Eritque Moab in derisum,
Et in exemplum omnibus in circuitu suo.
40 Haec dicit Dominus:
Ecce quasi aquila volabit,
Et extendet alas suas ad Moab.
41 Capta est Carioth, et munitiones comprehensae sunt;
Et erit cor fortium Moab in die illa
Sicut cor mulieris parturientis.
42 Et cessabit Moab esse populus,
Quoniam contra Dominum gloriatus est.
43 Pavor, et fovea,
Et laqueus super te,
O habitator Moab, dicit Dominus.
44 Qui fugerit a facie pavoris cadet in foveam,
Et qui conscenderit de fovea capietur laqueo;
Adducam enim super Moab annum visitationis eorum, ait Dominus.
45 In umbra Hesebon steterunt de laqueo fugientes,
Quia ignis egressus est de Hesebon,
Et flamma de medio Seon;
Et devorabit partem Moab,
Et verticem filiorum tumultus.
46 Vae tibi, Moab;
Periisti, popule Chamos,
Quia comprehensi sunt filii tui,
Et filiae tuae in captivitatem.
47 Et convertam captivitatem Moab in novissimis diebus, ait Dominus.
48 Hucusque iudicia Moab.

Contra Ammon

49 1 Ad filios Ammon.
Haec dicit Dominus:
Numquid non filii sunt Israel,
Aut haeres non est ei?
Cur igitur haereditate possedit Melchom Gad,
Et populus eius in urbibus eius habitavit?
2 Ideo ecce dies veniunt, dicit Dominus,
Et auditum faciam super Rabbath filiorum Ammon fremitum praelii,
Et erit in tumulum dissipata,
Filiaeque eius igni succendentur,
Et possidebit Israel possessores suos, ait Dominus.
3 Ulula, Hesebon, quoniam vastata est Hai;

26: Is 19,14; Ier 25,15-21. — **27:** Soph 2,8-10. **28:** Ps 54,7; Cant 2,14. — **29:** Is 13,11; 16,6; Soph 2,8-10. — **30:** Is 16,6; Ier 50,36. — **31:** Is 15,5; 10,7.11. — **32:** Num 32,28; Is 16,8-9. — **33:** Ier 16,9-10. — **34:** Is 15,4-5. — **35:** Is 15,2; 16,12; Ez 20,29. — **36:** Is 15,5; 16,11. — **37:** Is 15,2-3; Ier 47,5; Ez 7,18. — **38:** Ier 22,1.28. — **39:** Deut 28,49; Ier 48,25-26; 49,22. — **40:** Is 8,8; Ier 49,22. — **41:** Ier 6,24; 30,6; 48,24. — **42:** Ier 48,26; 50,29; Soph 2,9-10. — **43:** Is 24,17-18. **44:** Ier 16,16; Am 5,19. — **45:** Num 21,28-29; 24,17. — **47:** Ier 46,27; 49,39.

49 **1:** 3 Reg 11,5; Ier 9,26; 25,21; Ez 21,25; Am 1,13-15. — **2:** Ez 25,5; Am 1,14. — **3:** Is 15,2-4; 46,1. — **4:** Is 47,1.8; Ier 21,13. — **5:**

Clamate, filiae Rabbath,
Accingite vos ciliciis,
Plangite et circuite per sepes,
Quoniam Melchom in transmigrationem ducetur,
Sacerdotes eius et principes eius simul.
4 Quid gloriaris in vallibus?
Defluxit vallis tua, filia delicata,
Quae confidebas in thesauris tuis,
Et dicebas: Quis veniet ad me?
5 Ecce ego inducam super te terrorem,
Ait Dominus Deus exercituum,
Ab omnibus qui sunt in circuitu tuo;
Et dispergemini singula a conspectu vestro,
Nec erit qui congreget fugientes.
6 Et post haec reverti faciam
Captivos filiorum Ammon, ait Dominus.

Contra Idumaeam

7 Ad Idumaeam.
Haec dicit Dominus exercituum:
Numquid non ultra est sapientia in Theman?
Periit consilium a filiis,
Inutilis facta est sapientia eorum.
8 Fugite et terga vertite,
Descendite in voraginem, habitatores Dedan,
Quoniam perditionem Esau adduxi super eum,
Tempus visitationis eius.
9 Si vindemiatores venissent super te,
Non reliquissent racemum;
Si fures in nocte,
Rapuissent quod sufficeret sibi.
10 Ego vero, discooperui Esau;
Revelavi abscondita eius,
Et celari non poterit:
Vastatum est semen eius,
Et fratres eius, et vicini eius, et non erit.
11 Relinque pupillos tuos, ego faciam eos vivere;
Et viduae tuae in me sperabunt.
12 Quia haec dicit Dominus:
Ecce quibus non erat iudicium ut biberent calicem,
Bibentes bibent;
Et tu, quasi innocens relinqueris?
Non eris innocens, sed bibens bibes.
13 Quia per memetipsum iuravi, dicit Dominus,
Quod in solitudinem, et in opprobrium,
Et in desertum, et in maledictionem erit Bosra,
Et omnes civitates eius erunt in solitudines sempiternas.
14 Auditum audivi a Domino,
Et legatus ad gentes missus est:
Congregamini, et venite contra eam,
Et consurgamus in praelium.
15 Ecce enim parvulum dedi te in gentibus,
Contemptibilem inter homines.
16 Arrogantia tua decepit te,
Et superbia cordis tui,
Qui habitas in cavernis petrae,
Et apprehendere niteris altitudinem collis:
Cum exaltaveris quasi aquila nidum tuum,
Inde detraham te, dicit Dominus.
17 Et erit Idumaea deserta:
Omnis qui transibit per eam stupebit,
Et sibilabit super omnes plagas eius.
18 Sicut subversa est Sodoma,
Et Gomorrha, et vicinae eius, ait Dominus:
Non habitabit ibi vir,
Et non incolet eam filius hominis.
19 Ecce quasi leo ascendet
De superbia Iordanis ad pulchritudinem robustam,
Quia subito currere faciam eum ad illam.
Et quis erit electus, quem praeponam ei?
Quis enim similis mei?
Et quis sustinebit me?
Et quis est iste pastor, qui resistat vultui meo?
20 Propterea audite consilium Domini, quod iniit de Edom,
Et cogitationes eius, quas cogitavit de habitatoribus Theman:
Si non deiecerint eos parvuli gregis,
Nisi dissipaverint cum eis habitaculum eorum.
21 A voce ruinae eorum commota est terra,
Clamor in mari Rubro auditus est vocis eius.
22 Ecce quasi aquila ascendet,
Et avolabit, et expandet alas suas super Bosran;
Et erit cor fortium Idumaeae in die illa
Quasi cor mulieris parturientis.

Contra Damascum

23 Ad Damascum.
Confusa est Emath et Arphad,
Quia auditum pessimum audierunt;
Turbati sunt in mari,
Prae sollicitudine quiescere non potuit.
24 Dissoluta est Damascus,
Versa est in fugam;
Tremor apprehendit eam,
Angustia et dolores tenuerunt eam quasi parturientem.
25 Quomodo dereliquerunt civitatem laudabilem,

Ier 48,47. — **6:** Ier 49,39. — **7:** Lam 4,21; Ez 25, 12-14; Am 1,11; Abd 1. — **8:** Ier 25,17.26; 49, 30. — **9:** Abd 5. — **10:** Is 17,14; Mal 1,3. — **11:** Deut 10,18; Ps 67,6. — **12:** Ier 25,15.28; Lam 4,21-22. — **13:** Is 34,6; 63,1; Ez 35,3-9; Abd 16. — **14:** Is 13,2-5. — **15:** Abd 2. — **16:** Ier 48,29-30. — **17:** Ier 18,16; 50,13. — **18:** Deut 29,23; Ier 50,40. — **19:** Ier 12,5; 25,9; 50,44-45. **20:** Is 14,26-27. — **21:** Ier 50,46; Ez 26,15. — **22:** Ier 4,13; 48,40; 49,13. — **23:** 3 Reg 8,65; Is 17,1; 37,13; Am 1,3; Zach 9,2. — **24:** Ier 6, 24; 49,22. — **25:** Ier 33,9; 51,41. — **26:** Ier 50,

Urbem laetitiae?
26 Ideo cadent iuvenes eius in plateis eius,
Et omnes viri praelii conticescent in die illa,
Ait Dominus exercituum.
27 Et succendam ignem in muro Damasci,
Et devorabit moenia Benadad.

Contra Arabes

28 Ad Cedar, et ad regna Asor, quae percussit Nabuchodonosor, rex Babylonis.
Haec dicit Dominus:
Surgite, et ascendite ad Cedar,
Et vastate filios orientis.
29 Tabernacula eorum, et greges eorum capient;
Pelles eorum, et omnia vasa eorum,
Et camelos eorum tollent sibi,
Et vocabunt super eos formidinem in circuitu.
30 Fugite, abite vehementer, in voraginibus sedete,
Qui habitatis Asor, ait Dominus;
Iniit enim contra vos Nabuchodonosor, rex Babylonis, consilium,
Et cogitavit adversum vos cogitationes.
31 Consurgite, et ascendite ad gentem quietam,
Et habitantem confidenter, ait Dominus;
Non ostia, nec vectes eis: soli habitant.
32 Et erunt cameli eorum in direptionem,
Et multitudo iumentorum in praedam;
Et dispergam eos in omnem ventum,
Qui sunt attonsi in comam,
Et ex omni confinio eorum adducam interitum super eos, ait Dominus.
33 Et erit Asor in habitaculum draconum,
Deserta usque in aeternum;
Non manebit ibi vir,
Nec incolet eam filius hominis.

Contra Aelam

34 Quod factum est verbum Domini ad Ieremiam prophetam adversus Aelam, in principio regni Sedeciae, regis Iuda, dicens:
35 Haec dicit Dominus exercituum:
Ecce ego confringam arcum Aelam,
Et summam fortitudinem eorum.
36 Et inducam super Aelam quatuor ventos a quatuor plagis caeli,
Et ventilabo eos in omnes ventos istos,
Et non erit gens ad quam non perveniant profugi Aelam.
37 Et pavere faciam Aelam coram inimicis suis,
Et in conspectu quaerentium animam eorum;
Et adducam super eos malum,
Iram furoris mei, dicit Dominus,
Et mittam post eos gladium donec consumam eos.
38 Et ponam solium meum in Aelam,
Et perdam inde reges et principes, ait Dominus.
39 In novissimis autem diebus
Reverti faciam captivos Aelam, dicit Dominus.

Contra Babylonem

50 1 Verbum quod locutus est Dominus de Babylone et de terra Chaldaeorum, in manu Ieremiae prophetae.
2 Annuntiate in gentibus, et auditum facite;
Levate signum, praedicate,
Et nolite celare, dicite: Capta est Babylon,
Confusus est Bel, victus est Merodach,
Confusa sunt sculptilia eius,
Superata sunt idola eorum.
3 Quoniam ascendit contra eam gens ab aquilone;
Quae ponet terram eius in solitudinem,
Et non erit qui habitet in ea ab homine usque ad pecus;
Et moti sunt, et abierunt.
4 In diebus illis, et in tempore illo, ait Dominus,
Venient filii Israel ipsi et filii Iuda simul;
Ambulantes et flentes properabunt,
Et Dominum Deum suum quaerent;
5 In Sion interrogabunt viam, huc facies eorum;
Venient, et apponentur ad Dominum foedere sempiterno,
Quod nulla oblivione delebitur.
6 Grex perditus factus est populus meus,
Pastores eorum seduxerunt eos,
Feceruntque vagari in montibus;
De monte in collem transierunt,
Obliti sunt cubilis sui.
7 Omnes qui invenerunt comederunt eos,
Et hostes eorum dixerunt: Non peccavimus;
Pro eo quod peccaverunt Domino decori iustitiae,
Et exspectationi patrum eorum Domino.
8 Recedite de medio Babylonis,
Et de terra Chaldaeorum egredimini,
Et stote quasi haedi ante gregem.

30; 51,4. — **27:** 3 Reg 15,18; 20,1. — **28:** Gen 25,13; Is 21,16. — **29:** Ier 4,20; 6,25. — **30:** Ier 25,9.24; 49,8. — **31:** Num 23,9; Iud 18,27-28. **32:** Ier 9,26; 25,23; 49,36; Ez 5,10. — **33:** Ier 9,11; 49,18. — **34:** Ier 25,25; Ez 32,24. — **35:** Ier 22,6; 51,56. — **36:** Ier 49,32; Dan 7,2. — **37:** Ier 9,16; 48,2. — **38:** Ier 43,10. — **39:** Ier 48,47.

50 **1:** Is 13,1-14; 21,1-10; Ier 51,1. — **2:** Is 39,1; Ier 51,44. — **3:** Is 13,17; Ier 51,48. **4:** Ps 125,6; Ier 3,18; Os 1,11. — **5:** Ier 31,31; 32,40. — **6:** Is 53,6; Ier 50,17; 1 Petr 2,25. — **7:** Ier 2,3; 31,23; 40,2-3. — **8:** Is 48,20; Ier 51,

9 Quoniam ecce ego suscito,
Et adducam in Babylonem
Congregationem gentium magnarum de terra aquilonis,
Et praeparabuntur adversus eam, et inde capietur;
Sagitta eius quasi viri fortis interfectoris,
Non revertetur vacua.
10 Et erit Chaldaea in praedam;
Omnes vastantes eam replebuntur, ait Dominus.
11 Quoniam exsultatis, et magna loquimini,
Diripientes haereditatem meam;
Quoniam effusi estis sicut vituli super herbam,
Et mugistis sicut tauri;
12 Confusa est mater vestra nimis,
Et adaequata pulveri, quae genuit vos;
Ecce novissima erit in gentibus,
Deserta, invia, et arens.
13 Ab ira Domini non habitabitur,
Sed redigetur tota in solitudinem;
Omnis qui transibit per Babylonem stupebit,
Et sibilabit super universis plagis eius.
14 Praeparamini contra Babylonem per circuitum,
Omnes qui tenditis arcum;
Debellate eam, non parcatis iaculis,
Quia Domino peccavit.
15 Clamate adversus eam,
Ubique dedit manum,
Ceciderunt fundamenta eius,
Destructi sunt muri eius,
Quoniam ultio Domini est;
Ultionem accipite de ea;
Sicut fecit, facite ei.
16 Disperdite satorem de Babylone,
Et tenentem falcem in tempore messis:
A facie gladii columbae
Unusquisque ad populum suum convertetur,
Et singuli ad terram suam fugient.
17 Grex dispersus Israel,
Leones eiecerunt eum;
Primus comedit eum rex Assur;
Iste novissimus exossavit eum
Nabuchodonosor, rex Babylonis.
18 Propterea haec dicit Dominus exercituum, Deus Israel:
Ecce ego visitabo regem Babylonis et terram eius,
Sicut visitavi regem Assur;
19 Et reducam Israel ad habitaculum suum;
Et pascetur Carmelum et Basan,
Et in monte Ephraim et Galaad saturabitur anima eius.
20 In diebus illis, et in tempore illo, ait Dominus,
Quaeretur iniquitas Israel, et non erit;
Et peccatum Iuda, et non invenietur,
Quoniam propitius ero eis quos reliquero.
21 Super terram dominantium ascende,
Et super habitatores eius visita;
Dissipa, et interfice quae post eos sunt, ait Dominus,
Et fac iuxta omnia quae praecepi tibi.
22 Vox belli in terra, et contritio magna.
23 Quomodo confractus est et contritus malleus universae terrae?
Quomodo versa est in desertum Babylon in gentibus?
24 Illaqueavi te, et capta es, Babylon,
Et nesciebas;
Inventa es et apprehensa,
Quoniam Dominum provocasti.
25 Aperuit Dominus thesaurum suum,
Et protulit vasa irae suae,
Quoniam opus est Domino Deo exercituum,
In terra Chaldaeorum.
26 Venite ad eam ab extremis finibus,
Aperite ut exeant qui conculcent eam;
Tollite de via lapides, et redigite in acervos;
Et interficite eam, nec sit quidquam reliquum.
27 Dissipate universos fortes eius,
Descendant in occisionem;
Vae eis, quia venit dies eorum,
Tempus visitationis eorum!
28 Vox fugientium,
Et eorum qui evaserunt de terra Babylonis,
Ut annuntient in Sion ultionem Domini Dei nostri,
Ultionem templi eius.
29 Annuntiate in Babylonem plurimis,
Omnibus qui tendunt arcum;
Consistite adversus eam per gyrum,
Et nullus evadat;
Reddite ei secundum opus suum;
Iuxta omnia quae fecit, facite illi,
Quia contra Dominum erecta est,
Adversum Sanctum Israel.
30 Idcirco cadent iuvenes eius in plateis eius,
Et omnes viri bellatores eius conticescent in die illa,
Ait Dominus.
31 Ecce ego ad te, superbe!
Dicit Dominus Deus exercituum.

6.45. — **9:** Ier 15,14; 50,41; 51,27. — **10:** Is 45,3; Apoc 17,16. — **11:** Deut 32,15; Is 47,6; Lam 2, 16-17. — **12:** Is 13,20-22; Ier 51,43. — **13:** Ier 25,12; 50,39; Soph 2,15. — **14:** Is 21,2; Ier 50,9; 51,11. — **15:** Ps 136,8; Ier 51,6.11.44.58. — **16:** Is 13,14; Ier 51,9. — **17:** 4 Reg 17,24; 18,14; Ier 50,6. — **18:** Is 10,12; 14,24-25. — **19:** Ier 23, 3; Ez 34,13-14. — **20:** Is 43,25; Ier 31,34; Mich 7,19. — **21:** Ier 34,22; 48,10; 50,26. — **22:** Ier 51,54. — **23:** Is 14,6; Ier 51,20. — **24:** Ier 51,8. 31.39.57. — **25:** Is 13,5; Ier 51,11-12. — **26:** Ier 21,10; 51,33. — **27:** Is 34,7; Ier 27,7; 46,21. — **28:** Ier 51,10-11; 52,13. — **29:** Ier 50,9.14; 51, 56. — **30:** Ier 49,26; 51,4. — **31:** Ier 48,29; 49,16;

Quia venit dies tuus,
Tempus visitationis tuae.
32 Et cadet superbus, et corruet,
Et non erit qui suscitet eum;
Et succendam ignem in urbibus eius,
Et devorabit omnia in circuitu eius.
83 Haec dicit Dominus exercituum:
Calumniam sustinent filii Israel,
Et filii Iuda simul;
Omnes qui ceperunt eos, tenent,
Nolunt dimittere eos.
24 Redemptor eorum fortis,
Dominus exercituum nomen eius;
Iudicio defendet causam eorum,
Ut exterreat terram,
Et commoveat habitatores Babylonis.
35 Gladius ad Chaldaeos, ait Dominus,
Et ad habitatores Babylonis,
Et ad principes, et ad sapientes eius.
36 Gladius ad divinos eius, qui stulti erunt;
Gladius ad fortes illius, qui timebunt.
37 Gladius ad equos eius, et ad currus eius,
Et ad omne vulgus quod est in medio eius;
Et erunt quasi mulieres;
Gladius ad thesauros eius, qui diripientur.
38 Siccitas super aquas eius erit, et arescent,
Quia terra sculptilium est, et in portentis gloriantur.
39 Propterea habitabunt dracones cum faunis ficariis,
Et habitabunt in ea struthiones,
Et non inhabitabitur ultra usque in sempiternum,
Nec exstruetur usque ad generationem et generationem.
40 Sicut subvertit Dominus Sodomam,
Et Gomorrham, et vicinas eius, ait Dominus;
Non habitabit ibi vir,
Et non incolet eam filius hominis.
41 Ecce populus venit ab aquilone,
Et gens magna, et reges multi
Consurgent a finibus terrae.
42 Arcum et scutum apprehendent.
Crudeles sunt et immisericordes,
Vox eorum quasi mare sonabit;
Et super equos ascendent,
Sicut vir paratus ad praelium contra te, filia Babylon.
43 Audivit rex Babylonis famam eorum,
Et dissolutaę sunt manus eius;
Angustia apprehendit eum,
Dolor quasi parturientem.
44 Ecce quasi leo ascendet
De superbia Iordanis ad pulchritudinem robustam,
Quia subito currere faciam eum ad illam.
Et quis erit electus, quem praeponam ei?
Quis est enim similis mei? et quis sustinebit me?
Et quis est iste pastor, qui resistat vultui meo?
45 Propterea audite consilium Domini,
Quod mente concepit adversum Babylonem,
Et cogitationes eius,
Quas cogitavit super terram Chaldaeorum:
Nisi detraxerint eos parvuli gregum,
Nisi dissipatum fuerit cum ipsis habitaculum eorum.
46 A voce captivitatis Babylonis commota est terra,
Et clamor inter gentes auditus est.

51 1 Haec dicit Dominus:
Ecce ego suscitabo super Babylonem et super habitatores eius,
Qui cor suum levaverunt contra me,
Quasi ventum pestilentem;
2 Et mittam in Babylonem ventilatores,
Et ventilabunt eam et demolientur terram eius,
Quoniam venerunt super eam undique in die afflictionis eius.
3 Non tendat qui tendit arcum suum,
Et non ascendat loricatus;
Nolite parcere iuvenibus eius,
Interficite omnem militiam eius.
4 Et cadent interfecti in terra Chaldaeorum,
Ut vulnerati in regionibus eius.
5 Quoniam non fuit viduatus Israel et Iuda
A Deo suo, Domino exercituum,
Terra autem eorum repleta est delicto
A Sancto Israel.
6 Fugite de medio Babylonis,
Et salvet unusquisque animam suam;
Nolite tacere super iniquitatem eius,
Quoniam tempus ultionis est a Domino,
Vicissitudinem ipse retribuet ei.
7 Calix aureus Babylon in manu Domini,
Inebrians omnem terram;
De vino eius biberunt gentes,
Et ideo commotae sunt.
8 Subito cecidit Babylon, et contrita est.
Ululate super eam;
Tollite resinam ad dolorem eius,

50,27. — **32:** Prov 16,18;18,12. — **33:** Is 14,17; 43,14. — **34:** Is 14,3-7; 47,4; Ier 51,36. — **35:** Is 47,13 14; Ier 51,57. — **36:** Is 44,25; Ier 48,30; 51,30.32. — **37:** Ier 25,20; 51,30; Nah 3,13. — **38:** Is 44,27; Ier 51,32.36. — **39:** Is 13,21-22; Ier 51,37. — **40:** Gen 19,24; Is 1,9-10; Ier 51, 43. — **41:** Ier 6,22; 25,14.26; 50,9; 51,27-28. — **42:** Is 13,18; Ier 6,23; Hab 1,8. — **43:** Is 13,7; Ier 6,24; 49,19-21. — **44:** Iob 41,10; Is 14,24; Ier 49,19. — **45:** Is 14,24; Ier 51,12.29. — **46:** Is 26,18; 32,10; Ier 49,21; 51,29.

51 **1:** Ier 4,11. — **2:** Is 41,16; Ier 15,7. — **3:** Ier 46,4; 50,14.29. — **4:** Ier 49,26; 50, 30. — **5:** Is 51,4-7; Lam 1,1. — **6:** Is 48,20; Ier 50,8.15.29; 51,45. — **7:** Ier 25,15; Apoc 14,8; 17,4. — **8:** Is 13,6; Ier 50,2; Apoc 18,9-18. —

Si forte sanetur.
9 Curavimus Babylonem, et non est sanata;
Derelinquamus eam, et eamus unusquisque in terram suam,
Quoniam pervenit usque ad caelos iudicium eius,
Et elevatum est usque ad nubes.
10 Protulit Dominus iustitias nostras;
Venite, et narremus in Sion opus Domini Dei nostri.
11 Acuite sagittas, implete pharetras:
Suscitavit Dominus spiritum regum Medorum;
Et contra Babylonem mens eius est ut perdat eam,
Quoniam ultio Domini est,
Ultio templi sui.
12 Super muros Babylonis levate signum,
Augete custodiam, levate custodes,
Praeparate insidias,
Quia cogitavit Dominus,
Et fecit quaecumque locutus est contra habitatores Babylonis.
13 Quae habitas super aquas multas,
Locuples in thesauris,
Venit finis tuus, pedalis praecisionis tuae.
14 Iuravit Dominus exercituum per animam suam:
Quoniam replebo te hominibus quasi brucho,
Et super te celeuma cantabitur.
15 Qui fecit terram in fortitudine sua,
Praeparavit orbem in sapientia sua,
Et prudentia sua extendit caelos.
16 Dante eo vocem, multiplicantur aquae in caelo;
Qui levat nubes ab extremo terrae,
Fulgura in pluviam fecit
Et produxit ventum de thesauris suis.
17 Stultus factus est omnis homo a scientia,
Confusus est omnis conflator in sculptili,
Quia mendax est conflatio eorum,
Nec est spiritus in eis.
18 Vana sunt opera, et risu digna;
In tempore visitationis suae peribunt.
19 Non sicut haec, pars Iacob,
Quia qui fecit omnia ipse est;
Et Israel sceptrum haereditatis eius,
Dominus exercituum nomen eius.
20 Collidis tu mihi vasa belli;
Et ego collidam in te gentes,
Et disperdam in te regna;
21 Et collidam in te equum et equitem eius;
Et collidam in te currum et ascensorem eius;
22 Et collidam in te virum et mulierem;
Et collidam in te senem et puerum;
Et collidam in te iuvenem et virginem;
23 Et collidam in te pastorem et gregem eius;
Et collidam in te agricolam et iugales eius;
Et collidam in te duces et magistratus;
24 Et reddam Babyloni, et cunctis habitatoribus Chaldaeae,
Omne malum suum, quod fecerunt in Sion,
In oculis vestris, ait Dominus.
25 Ecce ego ad te, mons pestifer, ait Dominus,
Qui corrumpis universam terram;
Et extendam manum meam super te,
Et evolvam te de petris,
Et dabo te in montem combustionis;
26 Et non tollent de te lapidem in angulum,
Et lapidem in fundamenta;
Sed perditus in aeternum eris, ait Dominus.
27 Levate signum in terra,
Clangite buccina in gentibus,
Sanctificate super eam gentes,
Annuntiate contra illam regibus Ararat, Menni, et Ascenez;
Numerate contra eam Taphsar,
Adducite equum quasi bruchum aculeatum.
28 Sanctificate contra eam gentes,
Reges Mediae, duces eius, et universos magistratus eius,
Cunctamque terram potestatis eius.
29 Et commovebitur terra et conturbabitur,
Quia evigilabit contra Babylonem cogitatio Domini,
Ut ponat terram Babylonis desertam et inhabitabilem.
30 Cessaverunt fortes Babylonis a praelio
Habitaverunt in praesidiis;
Devoratum est robur eorum,
Et facti sunt quasi mulieres;
Incensa sunt tabernacula eius,
Contriti sunt vectes eius.
31 Currens obviam currenti veniet
Et nuntios obvias nuntianti,
Ut annuntiet regi Babylonis
Quia capta est civitas eius a summo usque ad summum.
32 Et vada praeoccupata sunt,
Et paludes incensae sunt igni,
Et viri bellatores conturbati sunt.
33 Quia haec dicit Dominus exercituum, Deus Israel:

9: Is 13,14; Ier 50,16; Apoc 18,5. — **10:** Ps 36,6; Ier 50,28. — **11:** 4 Reg 17,6; Is 13,17; Ier 46,3-4; 50,28; 51,28. — **12:** Ier 50,28; 51,27. — **13:** Ier 50,2; Nah 2,1; Apoc 8,8. — **14:** Ps 104,34; Is 16,9; Ez 21,2; Ioel 1,4; Am 6,8. — **15:** Ier 10,12-16. — **20:** Ier 50,23. — **21:** Dan 7,7.19.23. — **22:** 2 Par 36,17; Is 13,16.18. — **23:** Ier 51,28.57. — **24:** Ps 136,8; Ier 25,14; 50,15.29. **25:** 4 Reg 23,13; Is 13,2; Zach 4,7; Apoc 8,7; 18,8-9. — **26:** Ps 117,22; Is 28,16; Ier 25,12. — **27:** Ier 4,5-6; 50,41; Nah 3,17. — **29:** Is 13,13; Ier 8,16; 50,3.45. — **30:** Is 47,14; Ier 50,37. — **31:** 2 Par 30,6; Iob 1,14-18; Ier 50,24-26. — **32:** Is 44,27. — **33:** Is 17,5; 21,10; Apoc 14,15. —

Filia Babylonis quasi area,
Tempus triturae eius;
Adhuc modicum, et veniet tempus messionis eius.
34 Comedit me, devoravit me Nabuchodonosor, rex Babylonis;
Reddidit me quasi vas inane;
Absorbuit me quasi draco,
Replevit ventrem suum teneritudine mea, et eiecit me.
35 Iniquitas adversum me
Et caro mea super Babylonem, dicit habitatio Sion;
Et sanguis meus super habitatores Chaldaeae, dicit Ierusalem.
36 Propterea haec dicit Dominus:
Ecce ego iudicabo causam tuam,
Et ulciscar ultionem tuam;
Et desertum faciam mare eius,
Et siccabo venam eius.
37 Et erit Babylon in tumulos,
Habitatio draconum, stupor et sibilus,
Eo quod non sit habitator.
38 Simul ut leones rugient,
Excutient comas veluti catuli leonum.
39 In calore eorum ponam potus eorum,
Et inebriabo eos, ut sopiantur,
Et dormiant somnum sempiternum,
Et non consurgant, dicit Dominus.
40 Deducam eos quasi agnos ad victimam,
Et quasi arietes cum haedis.
41 Quomodo capta est Sesach,
Etc omprehensa est inclyta universae terrae!
Quomodo facta est in stuporem Babylon inter gentes!
42 Ascendit super Babylonem mare,
Multitudine fluctuum eius operta est.
43 Factae sunt civitates eius in stuporem,
Terra inhabitabilis et deserta,
Terra in qua nullus habitet,
Nec transeat per eam filius hominis.
44 Et visitabo super Bel in Babylone,
Et eiiciam quod absorbuerat de ore eius;
Et non confluent ad eum ultra gentes,
Siquidem et murus Babylonis corruet.
45 Egredimini de medio eius, populus meus,
Ut salvet unusquisque animam suam ab ira furoris Domini.
46 Et ne forte mollescat cor vestrum,
Et timeatis auditum qui audietur in terra:
Et veniet in anno auditio,
Et post hunc annum auditio,
Et iniquitas in terra,
Et dominator super dominatorem.
47 Propterea ecce dies veniunt,
Et visitabo super sculptilia Babylonis,
Et omnis terra eius confundetur,
Et universi interfecti eius cadent in medio eius.
48 Et laudabunt super Babylonem caeli et terra,
Et omnia quae in eis sunt,
Quia ab aquilone venient ei praedones, ait Dominus.
49 Et quomodo fecit Babylon
Ut caderent occisi in Israel,
Sic de Babylone
Cadent occisi in universa terra.
50 Qui fugistis gladium, venite,
Nolite stare;
Recordamini procul Domini,
Et Ierusalem ascendat super cor vestrum.
51 Confusi sumus, quoniam audivimus opprobrium;
Operuit ignominia facies nostras,
Quia venerunt alieni super sanctificationem domus Domini.
52 Propterea ecce dies veniunt, ait Dominus,
Et visitabo super sculptilia eius,
Et in omni terra eius mugiet vulneratus.
53 Si ascenderit Babylon in caelum,
Et firmaverit in excelso robur suum,
A me venient vastatores eius, ait Dominus.
54 Vox clamoris de Babylone,
Et contritio magna de terra Chaldaeorum;
55 Quoniam vastavit Dominus Babylonem,
Et perdidit ex ea vocem magnam;
Et sonabunt fluctus eorum quasi aquae multae,
Dedit sonitum vox eorum,
56 Quia venit super eam, id est super Babylonem, praedo,
Et apprehensi sunt fortes eius,
Et emarcuit arcus eorum,
Quia fortis ultor Dominus reddens retribuet.
57 Et inebriabo principes eius, et sapientes eius,
Et duces eius, et magistratus eius, et fortes eius;
Et dormient somnum sempiternum,
Et non expergiscentur, ait rex,
Dominus exercituum nomen eius.
58 Haec dicit Dominus exercituum:
Murus Babylonis ille latissimus suffossione suffodietur,
Et portae eius excelsae igni comburentur,
Et labores populorum ad nihilum,
Et gentium in ignem erunt, et disperibunt.

Confirmatio vaticinii

59 Verbum quod praecepit Ieremias propheta Saraiae, filio Neriae, filii Maasiae,

34: Ier 50,17; 51,44; Apoc 3,16. — **36:** Ier 50, 34.38. — **37:** Is 25,2; Ier 18,16. — **38:** Am 3,4; Nah 2,11-12. — **39:** Is 21,5; 51,57. — **40:** Is 34, 7; Ier 50,8.27. — **41:** Is 13,19; Ier 25,26; 49,25. **42:** Ier 51,55. — **43:** Ier 50,12.32.40. — **44:** Ier 50,2; 51,34. — **45:** Ier 12,13; 51,6. — **46:** Mt 24, 6-7. — **47:** Ier 51,52. — **48:** Is 44,23; Ier 50,3; Apoc 18,20. — **49:** Ier 51,24. — **50:** Ps 136,5; Ier 44,28. — **51:** Ps 43,16-17; 78,1-4. — **52:** Iob 24,12; Ier 51,47. — **53:** Is 14,13; Ier 49,16. — **54:** Ier 50,22. — **55:** Ier 51,22. — **56:** Is 59,18; Ier 50,15; Nah 1,2. — **57:** Ier 51,39. — **58:** Ier

cum pergeret cum Sedecia rege in Babylonem, in anno quarto regni eius; Saraias autem erat princeps prophetiae.
60 Et scripsit Ieremias omne malum quod
venturum erat super Babylonem, in libro
uno, omnia verba haec quae scripta sunt
contra Babylonem. 61 Et dixit Ieremias
ad Saraiam: Cum veneris in Babylonem,
et videris, et legeris omnia verba haec,
62 dices: Domine, tu locutus es contra locum istum, ut disperderes eum, ne sit qui
in eo habitet, ab homine usque ad pecus,
et ut sit perpetua solitudo. 63 Cumque
compleveris legere librum istum, ligabis
ad eum lapidem, et proiicies illum in medium Euphraten, 64 et dices: Sic submer-
getur Babylon, et non consurget a facie
afflictionis quam ego adduco super eam,
et dissolvetur.
Hucusque verba Ieremiae.

APPENDIX

De Sedeciae captivitate et Ierusalem exitio

52 1 Filius viginti et unius anni erat
Sedecias cum regnare coepisset, et
undecim annis regnavit in Ierusalem. Et
nomen matris eius Amital, filia Ieremiae,
de Lobna. 2 Et fecit malum in oculis Domini, iuxta omnia quae fecerat Ioakim,
3 quoniam furor Domini erat in Ierusalem et in Iuda, usquequo proiiceret eos
a facie sua; et recessit Sedecias a rege
Babylonis. 4 Factum est autem in anno
nono regni eius, in mense decimo, decima
mensis, venit Nabuchodonosor, rex Babylonis, ipse et omnis exercitus eius, adversus Ierusalem; et obsederunt eam, et
aedificaverunt contra eam munitiones in
circuitu. 5 Et fuit civitas obsessa usque ad
undecimum annum regis Sedeciae. 6 Mense autem quarto, nona mensis, obtinuit
fames civitatem, et non erant alimenta
populo terrae. 7 Et dirupta est civitas, et
omnes viri bellatores eius fugerunt, exie-
runtque de civitate nocte, per viam portae quae est inter duos muros, et ducit ad
hortum regis, Chaldaeis obsidentibus urbem in gyro, et abierunt per viam quae
ducit in eremum. 8 Persecutus est autem
Chaldaeorum exercitus regem, et apprehenderunt Sedeciam in deserto quod est
iuxta Iericho; et omnis comitatus eius dif-
fugit ab eo. 9 Cumque comprehendissent
regem, adduxerunt eum ad regem Babylonis in Reblatha, quae est in terra Emath,
et locutus est ad eum iudicia. 10 Et iugulavit rex Babylonis filios Sedeciae in oculis eius, sed et omnes principes Iuda occidit in Reblatha. 11 Et oculos Sedeciae
eruit, et vinxit eum compedibus, et adduxit eum rex Babylonis in Babylonem, et
posuit eum in domo carceris usque ad
diem mortis eius.
12 In mense autem quinto, decima mensis, ipse est annus nonus decimus Nabuchodonosor, regis Babylonis, venit Nabuzardan, princeps militiae, qui stabat
coram rege Babylonis, in Ierusalem, 13 et
incendit domum Domini, et domum regis,
et omnes domos Ierusalem, et omnem domum magnam igni combussit; 14 et totum murum Ierusalem per circuitum destruxit cunctus exercitus Chaldaeorum, qui
erat cum magistro militiae. 15 De pauperibus autem populi et de reliquo vulgo,
quod remanserat in civitate, et de perfu-
gis qui transfugerant ad regem Babylonis,
et caeteros de multitudine transtulit Nabuzardan, princeps militiae. 16 De pauperibus vero terrae reliquit Nabuzardan,
princeps militiae, vinitores et agricolas.
17 Columnas quoque aereas quae erant
in domo Domini, et bases, et mare aeneum quod erat in domo Domini, confregerunt Chaldaei, et tulerunt omne aes
eorum in Babylonem, 18 et lebetes, et
creagras, et psalteria, et phialas, et mortariola, et omnia vasa aerea quae in ministerio fuerant, tulerunt; 19 et hydrias,
et thymiamateria, et urceos, et pelves, et
candelabra, et mortaria, et cyathos, quotquot aurea, aurea, et quotquot argentea,
argentea tulit magister militiae; 20 et columnas duas, et mare unum, et vitulos duodecim aereos qui erant sub basibus quas fecerat rex Salomon in domo Domini. Non
erat pondus aeris omnium horum vasorum.
21 De columnis autem decem et octo cubiti altitudinis erant in columna una, et
funiculus duodecim cubitorum circuibat
eam; porro grossitudo eius quatuor digitorum, et intrinsecus cava erat. 22 Et capitella super utramque aerea: altitudo capitelli unius quinque cubitorum, et retiacula et malogranata super coronam in
circuitu, omnia aerea; similiter columnae
secundae, et malogranata. 23 Et fuerunt
malogranata nonaginta sex dependentia;
et omnia malogranata centum, retiaculis
circumdabantur.
24 Et tulit magister militiae Saraiam,
sacerdotem primum, et Sophoniam, sacerdotem secundum, et tres custodes vestibuli; 25 et de civitate tulit eunuchum
unum, qui erat praepositus super viros
bellatores; et septem viros de his qui videbant faciem regis, qui inventi sunt in

50,15; 51,44; Hab 2,13. — **59:** Ier 32,12. — **60:** Ier 50,1-51.58. — **62:** Ier 50,3; 51,26. — **63:** Ier 19,10; Apoc 18,21. — **64:** Ier 51,58. — **65:** Ier 48,47.

52 **1-27:** 4 Reg 24,18-25,21. — **4-16:** Ier 39,1-10. — **28:** 4 Reg 24,2.12. — **29:** Ier 39,9. — **31-34:** 4 Reg 25,27-30; Ier 22,24-30; 37,1. **32:** Ier 27,3.

civitate; et scribam principem militum,
qui probabat tyrones; et sexaginta viros
de populo terrae, qui inventi sunt in medio civitatis. 26 Tulit autem eos Nabuzardan, magister militiae; et duxit eos ad regem Babylonis in Reblatha; 27 et percussit eos rex Babylonis, et interfecit eos in
Reblatha in terra Emath; et translatus
est Iuda de terra sua. 28 Iste est populus
quem transtulit Nabuchodonosor: in anno septimo, Iudaeos tria millia et viginti
tres; 29 in anno octavo decimo Nabuchodonosor, de Ierusalem animas octingen-
tas triginta duas; 30 in anno vigesimo tertio Nabuchodonosor, transtulit Nabuzardan, magister militiae, animas Iudaeorum
septingentas quadraginta quinque. Omnes ergo animae, quatuor millia sexcentae.
31 Et factum est in trigesimo septimo
anno transmigrationis Ioachin, regis Iuda,
duodecimo mense, vigesima quinta mensis, elevavit Evilmerodach, rex Babylonis,
ipso anno regni sui, caput Ioachin, regis
Iuda, et eduxit eum de domo carceris.
32 Et locutus est cum eo bona, et posuit
thronum eius super thronos regum qui
erant post se in Babylone. 33 Et mutavit
vestimenta carceris eius, et comedebat panem coram eo semper cunctis diebus vitae
suae. 34 Et cibaria eius, cibaria perpetua
dabantur ei a rege Babylonis, statuta per
singulos dies, usque ad diem mortis suae,
cunctis diebus vitae eius.

THRENI, id est LAMENTATIONES IEREMIAE PROPHETAE

SUMMARIUM LAM. PRIMA: IERUSALEM DESOLATA.—LAM. SECUNDA: IERUSALEM EVERSA.—LAM. TERTIA: PROPHETAE DESOLATIO.—LAM. QUARTA: CALAMITATES IN URBE OBSESSA.—LAM. QUINTA: ORATIO IEREMIAE PROPHETAE

PROLOGUS

Et factum est, postquam in captivitatem redactus est Israel, et Ierusalem deserta est, sedit Ieremias propheta flens, et planxit lamentatione hac in Ierusalem, et amaro animo suspirans et eiulans, dixit:

LAMENTATIO PRIMA

Ierusalem desolata

ALEPH

1 1 Quomodo sedet sola
Civitas plena populo!
Facta est quasi vidua
Domina gentium;
Princeps provinciarum
Facta est sub tributo.

BETH

2 Plorans ploravit in nocte,
Et lacrymae eius in maxillis eius;
Non est qui consoletur eam,
Ex omnibus charis eius;
Omnes amici eius spreverunt eam,
Et facti sunt ei inimici.

GHIMEL

3 Migravit Iudas propter afflictionem,
Et multitudinem servitutis;
Habitavit inter gentes,
Nec invenit requiem;
Omnes persecutores eius apprehenderunt eam
Inter angustias.

DALETH

4 Viae Sion lugent, eo quod non sint
Qui veniant ad solemnitatem;
Omnes portae eius destructae,
Sacerdotes eius gementes;
Virgines eius squalidae,
Et ipsa oppressa amaritudine.

HE

5 Facti sunt hostes eius in capite,
Inimici eius locupletati sunt,
Quia Dominus locutus est super eam
Propter multitudinem iniquitatum eius;
Parvuli eius ducti sunt in captivitatem
Ante faciem tribulantis.

VAU

6 Et egressus est a filia Sion
Omnis decor eius;

1 1: Esdr 4,20; Is 54,8; Ier 15,8; 51,5. — 2: Ier 22,22; 30,14; Ez 16,37; Os 2,10. — 3: Lev 26,33; Deut 28,65; Ier 45,3; 51,27. — 4: Ier 2,6; 14,2. — 5: Deut 28,13.44; Is 9,14-15.

Facti sunt principes eius velut arietes
Non invenientes pascua,
Et abierunt absque fortitudine
Ante faciem subsequentis.

ZAIN

7 Recordata est Ierusalem dierum afflictionis suae,
Et praevaricationis,
Omnium desiderabilium suorum,
Quae habuerat a diebus antiquis,
Cum caderet populus eius in manu hostili,
Et non esset auxiliator;
Viderunt eam hostes,
Et deriserunt sabbata eius.

HETH

8 Peccatum peccavit Ierusalem,
Propterea instabilis facta est;
Omnes qui glorificabant eam spreverunt illam,
Quia viderunt ignominiam eius;
Ipsa autem gemens
Conversa est retrorsum.

TETH

9 Sordes eius in pedibus eius,
Nec recordata est finis sui;
Deposita est vehementer,
Non habens consolatorem.
Vide, Domine, afflictionem meam,
Quoniam erectus est inimicus.

IOD

10 Manum suam misit hostis
Ad omnia desiderabilia eius,
Quia vidit gentes
Ingressas sanctuarium suum,
De quibus praeceperas
Ne intrarent in ecclesiam tuam.

CAPH

11 Omnis populus eius gemens,
Et quaerens panem;
Dederunt pretiosa quaeque pro cibo
Ad refocillandam animam.
Vide, Domine, et considera
Quoniam facta sum vilis!

LAMED

12 O vos omnes qui transitis per viam,
Attendite, et videte
Si est dolor sicut dolor meus!
Quoniam vindemiavit me,
Ut locutus est Dominus,
In die irae furoris sui.

MEM

13 De excelso misit ignem in ossibus meis
Et erudivit me;
Expandit rete pedibus meis,
Convertit me retrorsum;
Posuit me desolatam,
Tota die moerore confectam.

NUN

14 Vigilavit iugum iniquitatum mearum,
In manu eius convolutae sunt,
Et impositae collo meo;
Infirmata est virtus mea;
Dedit me Dominus in manu
De qua non potero surgere.

SAMECH

15 Abstulit omnes magnificos meos Dominus
De medio mei;
Vocavit adversum me tempus
Ut contereret electos meos.
Torcular calcavit Dominus
Virgini, filiae Iuda.

AIN

16 Idcirco ego plorans,
Et oculus meus deducens aquas,
Quia longe factus est a me consolator,
Convertens animam meam.
Facti sunt filii mei perditi,
Quoniam invaluit inimicus.

PHE

17 Expandit Sion manus suas,
Non est qui consoletur eam.
Mandavit Dominus adversum Iacob
In circuitu eius hostes eius;
Facta est Ierusalem
Quasi polluta menstruis inter eos.

SADE

18 Iustus est Dominus,
Quia os eius ad iracundiam provocavi.
Audite, obsecro, universi populi,
Et videte dolorem meum:
Virgines meae et iuvenes mei abierunt
In captivitatem.

COPH

19 Vocavi amicos meos,
Et ipsi deceperunt me;
Sacerdotes mei et senes mei
In urbe consumpti sunt,
Quia quaesierunt cibum sibi
Ut refocillarent animam suam.

6: Ier 14,6. — **7:** Is 64,11; Ier 46,26; Lam 1, 10-11. — **8:** Is 47,2; Ier 13,22.26; Zach 13,1. — **9:** Deut 32,29; Is 47,7. — **10:** Ps 78,1; Ier 51, 51. — **11:** Ier 38,9; 52,6. — **12:** Ez 5,9; Dan 9, 12. — **13:** Ez 12,13; 17,20. — **14:** Deut 28,48; Iob 40,12. — **15:** Is 63,2-3; Ier 8,16. — **16:** Ier 9,1; 13,17. — **17:** Ps 73,7; 88,39; Is 1,15; Ier 4, 31. — **18:** Deut 28,41; 3 Reg 12,14-15. — **19:**

RES

20 Vide, Domine, quoniam tribulor:
Conturbatus est venter meus,
Subversum est cor meum in memetipsa,
Quoniam amaritudine plena sum.
Foris interficit gladius,
Et domi mors similis est.

SIN

21 Audierunt quia ingemisco ego,
Et non est qui consoletur me;
Omnes inimici mei audierunt malum meum,
Laetati sunt quoniam tu fecisti;
Adduxisti diem consolationis,
Et fient similes mei.

THAU

22 Ingrediatur omne malum
Eorum coram te:
Et vindemia eos, sicut vindemiasti me
Propter omnes iniquitates meas:
Multi enim gemitus mei,
Et cor meum moerens.

LAMENTATIO SECUNDA

Ierusalem eversa

ALEPH

2 1 Quomodo obtexit caligine in furore suo
Dominus filiam Sion;
Proiecit de caelo in terram
Inclytam Israel,
Et non est recordatus scabelli pedum suorum
In die furoris sui!

BETH

2 Praecipitavit Dominus, nec pepercit,
Omnia speciosa Iacob,
Destruxit in furore suo
Munitiones virginis Iuda,
Et deiecit in terram;
Polluit regnum et principes eius.

GHIMEL

3 Confregit in ira furoris sui
Omne cornu Israel.
Avertit retrorsum dexteram suam
A facie inimici,
Et succendit in Iacob quasi ignem
Flammae devorantis in gyro.

DALETH

4 Tetendit arcum suum quasi inimicus,
Firmavit dexteram suam quasi hostis,
Et occidit omne quod pulchrum erat visu
In tabernaculo filiae Sion;
Effudit quasi ignem
Indignationem suam.

HE

5 Factus est Dominus velut inimicus,
Praecipitavit Israel;
Praecipitavit omnia moenia eius,
Dissipavit munitiones eius,
Et replevit in filia Iuda
Humiliatum et humiliatam.

VAU

6 Et dissipavit quasi hortum tentorium suum;
Demolitus est tabernaculum suum.
Oblivioni tradidit Dominus in Sion
Festivitatem et sabbatum;
Et in opprobrium, et in indignationem furoris sui,
Regem et sacerdotem.

ZAIN

7 Repulit Dominus altare suum,
Maledixit sanctificationi suae;
Tradidit in manu inimici
Muros turrium eius:
Vocem dederunt in domo Domini
Sicut in die solemni.

HETH

8 Cogitavit Dominus dissipare
Murum filiae Sion;
Tetendit funiculum suum,
Et non avertit manum suam a perditione;
Luxitque antemurale,
Et murus pariter dissipatus est.

TETH

9 Defixae sunt in terra portae eius,
Perdidit et contrivit vectes eius;
Regem eius et principes eius in gentibus:
Non est lex,
Et prophetae eius non invenerunt
Visionem a Domino.

IOD

10 Sederunt in terra, conticuerunt
Senes filiae Sion;
Consperserunt cinere capita sua,

Ier 30,14; Lam 1,2.11. — **20:** Iob 30,27; Ier 4,19; Lam 2,11. — **21:** Ier 12,4; 50,11; Lam 3,64. — **22:** Ps 108,15; Ier 8,18.

2 **1:** 1 Par 28,2; Ps 98,5; Lam 3,44. — **2:** Ps 73,7; 88,32. — **3:** Ps 78,5; 88,47; Lam 1,12; 2,17. — **4:** Is 63,10; Ier 30,14; Lam 2,11. — **6:** Ps 79,12; 88,40; Is 1,13; 5,5; Lam 1,4. — **7:** Ps 73,4; 88,40; Ez 24,21. — **8:** 4 Reg 21,13; Ier 5,10; 52,13. — **9:** Deut 28,30; Neh 3,13; Ier 51,30. — **10:** Ios 7,6; Is 3,26; Ez 27,30. —

Accincti sunt ciliciis;
Abiecerunt in terram capita sua
Virgines Ierusalem.

CAPH

11 Defecerunt prae lacrymis oculi mei,
Conturbata sunt viscera mea;
Effusum est in terra iecur meum
Super contritione filiae populi mei,
Cum deficeret parvulus et lactens
In plateis oppidi.

LAMED

12 Matribus suis dixerunt:
Ubi est triticum et vinum?
Cum deficerent quasi vulnerati
In plateis civitatis,
Cum exhalarent animas suas
In sinu matrum suarum.

MEM

13 Cui comparabo te, vel cui assimilabo te,
Filia Ierusalem?
Cui exaequabo te, et consolabor te,
Virgo, filia Sion?
Magna est enim velut mare contritio tua;
Quis medebitur tui?

NUN

14 Prophetae tui viderunt tibi
Falsa et stulta;
Nec aperiebant iniquitatem tuam,
Ut te ad poenitentiam provocarent;
Viderunt autem tibi assumptiones falsas,
Et eiectiones.

SAMECH

15 Plauserunt super te manibus
Omnes transeuntes per viam;
Sibilaverunt et moverunt caput suum
Super filiam Ierusalem:
Haeccine est urbs, dicentes, perfecti decoris,
Gaudium universae terrae?

PHE

16 Aperuerunt super te os suum
Omnes inimici tui;
Sibilaverunt, et fremuerunt dentibus;
Et dixerunt: Devorabimus;
En ista est dies quam exspectabamus;
Invenimus, vidimus.

AIN

17 Fecit Dominus quae cogitavit;
Complevit sermonem suum,
Quem praeceperat a diebus antiquis:
Destruxit, et non pepercit,
Et laetificavit super te inimicum,
Et exaltavit cornu hostium tuorum.

SADE

18 Clamavit cor eorum ad Dominum
Super muros filiae Sion;
Deduc quasi torrentem lacrymas
Per diem et noctem;
Non des requiem tibi,
Neque taceat pupilla oculi tui.

COPH

19 Consurge, lauda in nocte,
In principio vigiliarum;
Effunde sicut aquam cor tuum
Ante conspectum Domini;
Leva ad eum manus tuas
Pro anima parvulorum tuorum,
Qui defecerunt in fame
In capite omnium compitorum.

RES

20 Vide, Domine, et considera
Quem vindemiaveris ita.
Ergone comedent mulieres fructum suum,
Parvulos ad mensuram palmae?
Si occiditur in sanctuario Domini
Sacerdos et propheta?

SIN

21 Iacuerunt in terra foris
Puer et senex;
Virgines meae et iuvenes mei
Ceciderunt in gladio:
Interfecisti in die furoris tui,
Percussisti, nec misertus es.

THAU

22 Vocasti quasi ad diem solemnem,
Qui terrerent me de circuitu;
Et non fuit in die furoris Domini qui effugeret,
Et relinqueretur;
Quos educavi et enutrivi,
Inimicus meus consumpsit eos.

LAMENTATIO TERTIA

Desolatio prophetae

ALEPH

3 1 Ego vir videns paupertatem meam
In virga indignationis eius.

11: Iob 16,24; Ier 44,7; Lam 2,18; 3,48. — **12:** Lam 1,11. — **13:** 2 Sam 5,20; Is 46,5; Lam 1,12; Ez 26,3. — **14:** Is 58,1; Ier 2,8; 23,16. — **15:** Iob 27,23; Ps 47,3; Ier 18,16; Ez 16,14. — **16:** Ps 34,21; Lam 3,46-51; 4,16-17. — **17:** Lev 26,16; Deut 28,15; Ps 29,9; 37,17. — **18:** Ps 16,8; Ier 22,29; Lam 2,11. — **19:** Ex 14,24; 1 Sam 7,6; Lam 2,11-12. — **20:** Ier 19,9; Lam 1,12.22; 4,10. — **21:** 2 Par 36,17; Ier 6,11; Lam 3,43. — **22:** Ier 6,25; 42,17; Lam 2,7.

ALEPH

2 Me minavit, et adduxit in tenebras,
Et non in lucem.

ALEPH

3 Tantum in me vertit et convertit
Manum suam tota die.

BETH

4 Vetustam fecit pellem meam et carnem meam,
Contrivit ossa mea.

BETH

5 Aedificavit in gyro meo, et circumdedit me
Felle et labore.

BETH

6 In tenebrosis collocavit me,
Quasi mortuos sempiternos.

GHIMEL

7 Circumaedificavit adversum me, ut non egrediar;
Aggravavit compedem meum.

GHIMEL

8 Sed et cum clamavero, et rogavero,
Exclusit orationem meam.

GHIMEL

9 Conclusit vias meas lapidibus quadris,
Semitas meas subvertit.

DALETH

10 Ursus insidians factus est mihi,
Leo in absconditis.

DALETH

11 Semitas meas subvertit, et confregit me;
Posuit me desolatam.

DALETH

12 Tetendit arcum suum, et posuit me
Quasi signum ad sagittam.

HE

13 Misit in renibus meis
Filias pharetrae suae.

HE

14 Factus sum in derisum omni populo meo,
Canticum eorum tota die.

HE

15 Replevit me amaritudinibus,
Inebriavit me absinthio.

VAU

16 Et fregit ad numerum dentes meos,
Cibavit me cinere.

VAU

17 Et repulsa est a pace anima mea;
Oblitus sum bonorum.

VAU

18 Et dixit: Periit finis meus,
Et spes mea a Domino.

ZAIN

19 Recordare paupertatis, et transgressionis meae,
Absinthii et fellis.

ZAIN

20 Memoria memor ero, et tabescet
In me anima mea.

ZAIN

21 Haec recolens in corde meo,
Ideo sperabo.

HETH

22 Misericordiae Domini, quia non sumus consumpti;
Quia non defecerunt miserationes eius.

HETH

23 Novi diluculo,
Multa est fides tua.

HETH

24 Pars mea Dominus, dixit anima mea;
Propterea exspectabo eum.

TETH

25 Bonus est Dominus sperantibus in eum,
Animae quaerenti illum.

TETH

26 Bonum est praestolari cum silentio
Salutare Dei.

TETH

27 Bonum est viro cum portaverit iugum
Ab adolescentia sua.

3 **1:** Ps 2,9; Ier 20,18. — **2:** Is 5,30; Ier 4,23. **4:** Iob 30,30; Is 38,13. — **5:** Iob 19,12. — **6:** Ps 142,3. — **7:** Ps 87,2.8. — **8:** Ps 21,2. — **10:** Iob 10,16; Os 13,8. — **11:** Iob 16,13; Lam 1,13. **12:** Iob 16,12; Lam 2,4. — **13:** Iob 6,4; Ps 37,3. — **14:** Iob 30,9; Ps 68,13. — **15:** Ier 9,15; 23,15. ‖ Epist. Gregorii IX: D 442. — **16:** Iob 29,17; Prov 20,17. — **19:** Lam 1,11.20. — **20:** Ps 38,12. — **21:** Ps 41,6.12; Lam 3,24. — **22:** Neh 9,31; Mal 3,6. — **23:** Iob 7,18; Ps 35,5. — **24:** Ps 15,5; 72,26. — **25:** Ps 129,6; Is 30,18. — **26:** Ps 36,7; Mich 7,7. — **27:** Ps 93,12; 118,7. — **28:** Iob

IOD

28 Sedebit solitarius, et tacebit,
Quia levavit super se.

IOD

29 Ponet in pulvere os suum,
Si forte sit spes.

IOD

30 Dabit percutienti se maxillam,
Saturabitur opprobriis.

CAPH

31 Quia non repellet
In sempiternum Dominus.

CAPH

32 Quia si abiecit, et miserebitur,
Secundum multitudinem misericordiarum suarum.

CAPH

33 Non enim humiliavit ex corde suo
Et abiecit filios hominum,

LAMED

34 Ut contereret sub pedibus suis
Omnes vinctos terrae;

LAMED

35 Ut declinaret iudicium viri
In conspectu vultus Altissimi;

LAMED

36 Ut perverteret hominem in iudicio suo;
Dominus ignoravit.

MEM

37 Quis est iste qui dixit ut fieret,
Domino non iubente?

MEM

38 Ex ore Altissimi non egredientur
Nec mala nec bona?

MEM

39 Quid murmuravit homo vivens,
Vir pro peccatis suis?

NUN

40 Scrutemur vias nostras, et quaeramus,
Et revertamur ad Dominum.

NUN

41 Levemus corda nostra cum manibus
Ad Dominum in caelos.

NUN

42 Nos inique egimus, et ad iracundiam provocavimus;
Idcirco tu inexorabilis es.

SAMECH

43 Operuisti in furore, et percussisti nos;
Occidisti, nec pepercisti.

SAMECH

44 Opposuisti nubem tibi,
Ne transeat oratio.

SAMECH

45 Eradicationem et abiectionem posuisti me
In medio populorum.

PHE

46 Aperuerunt super nos os suum
Omnes inimici.

PHE

47 Formido et laqueus facta est nobis
Vaticinatio, et contritio.

PHE

48 Divisiones aquarum deduxit oculus meus,
In contritione filiae populi mei.

AIN

49 Oculus meus afflictus est, nec tacuit,
Eo quod non esset requies,

AIN

50 Donec respiceret et videret
Dominus de caelis.

AIN

51 Oculus meus depraedatus est animam meam
In cunctis filiabus urbis meae.

SADE

52 Venatione ceperunt me quasi avem
Inimici mei gratis.

SADE

53 Lapsa est in lacum vita mea,
Et posuerunt lapidem super me.

2,13; Is 3,16; Lam 2,10. — **29:** Iob 42,6. — **30:** Is 50,6; Mt 5,39. — **31:** Ps 102,9; Sap 11,24-27. **32:** Ps 102,8; Is 54,8-9. — **33:** Hebr 12,6.10-11. **34:** Ps 106,10. — **35:** Hab 1,13. — **37:** Ps 32, 9. — **38:** Is 45,7; Am 3,6; Soph 1,12. — **39:** Prov 19,3; Mich 7,9. — **40:** Ioel 2,12-13. — **41:** Ps 24, 1; 85,4. — **42:** Ps 77,17; Is 63,10; Dan 9,5. — **43:** Lam 2,21. — **44:** Ier 2,27-28; Lam 3,8. — **45:** 1 Cor 4,13. — **46:** Lam 2,16-17; 4,16-17. **47:** Is 24,17; Ier 48,43. — **48:** Ps 118,136. — **50:** Ps 13,2; Is 63,15. — **52:** Ps 10,1-3; 34,19. — **53:** Ier 37,16; 38,6-9. — **54:** Ps 68,2; 87,5. — **55:**

SADE

54 Inundaverunt aquae super caput meum;
Dixi: Perii.

COPH

55 Invocavi nomen tuum, Domine,
De lacu novissimo

COPH

56 Vocem meam audisti; ne avertas aurem tuam
A singultu meo et clamoribus.

COPH

57 Appropinquasti in die quando invocavi te;
Dixisti: Ne timeas.

RES

58 Iudicasti, Domine, causam animae meae,
Redemptor vitae meae.

RES

59 Vidisti, Domine, iniquitatem illorum adversum me;
Iudica iudicium meum.

RES

60 Vidisti omnem furorem,
Universas cogitationes eorum adversum me.

SIN

61 Audisti opprobrium eorum, Domine,
Omnes cogitationes eorum adversum me.

SIN

62 Labia insurgentium mihi, et meditationes eorum
Adversum me tota die.

SIN

63 Sessionem eorum et resurrectionem eorum vide;
Ego sum psalmus eorum.

THAU

64 Redes eis vicem, Domine,
Iuxta opera manuum suarum.

THAU

65 Dabis eis scutum cordis,
Laborem tuum.

THAU

66 Persequeris in furore, et conteres eos
Sub caelis, Domine.

LAMENTATIO QUARTA

Calamitates in Urbe obsessa

ALEPH

4 1 Quomodo obscuratum est aurum,
Mutatus est color optimus!
Dispersi sunt lapides sanctuarii
In capite omnium platearum!

BETH

2 Filii Sion inclyti,
Et amicti auro primo,
Quomodo reputati sunt in vasa testea,
Opus manuum figuli!

GHIMEL

3 Sed et lamiae nudaverunt mammam,
Lactaverunt catulos suos:
Filia populi mei crudelis
Quasi struthio in deserto.

DALETH

4 Adhaesit lingua lactentis
Ad palatum eius in siti;
Parvuli petierunt panem,
Et non erat qui frangeret eis.

HE

5 Qui vescebantur voluptuose,
Interierunt in viis;
Qui nutriebant in croceis,
Amplexati sunt stercora.

VAU

6 Et maior effecta est iniquitas filiae populi mei
Peccato Sodomorum,
Quae subversa est in momento,
Et non ceperunt in ea manus.

ZAIN

7 Candidiores Nazaraei eius nive,
Nitidiores lacte,
Rubicundiores ebore antiquo,
Sapphiro pulchriores.

HETH

8 Denigrata est super carbones facies eorum
Et non sunt cogniti in plateis;

Ps 129,1. — **56:** Ps 129,2. — **57:** Iac 4,8-10. — **58:** 1 Sam 24,15; Ps 34,1. — **59:** Ps 9,4; 34,22-23. — **60:** Ier 11,19. — **61:** Lam 5,1. — **62:** Ps 3,2; 17,40. — **63:** Ps 138,2; Lam 3,8. — **64:** Ps 27,4. — **65:** Ier 11,20; 2 Tim 4,14. — **66:** Deut 25,19; Ier 10,11.

4 **1:** Is 1,22; Ier 6,30; Lam 2,19. — **2:** Ier 19,11; 2 Cor 4,7. — **3:** Iob 39,13-17. — **4:** Ps 21,16; Lam 2,11. ‖ Conc. Trid.: D 946. — **5:** Deut 28,56; Iob 24,8; Is 47,8-9. — **6:** Mt 10,15; 2 Petr 2,6; Iudae 7. — **7:** Num 2,6; Deut 33,16; Am 2,12. — **8:** Iob 19,20; 30,30; Ps 101,5; Lam

Adhaesit cutis eorum ossibus, aruit,
Et facta est quasi lignum.

TETH

9 Melius fuit occisis gladio
Quam interfectis fame,
Quoniam isti extabuerunt consumpti
A sterilitate terrae.

IOD

10 Manus mulierum misericordium
Coxerunt filios suos;
Facti sunt cibus earum,
In contritione filiae populi mei.

CAPH

11 Complevit Dominus furorem suum,
Effudit iram indignationis suae;
Et succendit ignem in Sion,
Et devoravit fundamenta eius.

LAMED

12 Non crediderunt reges terrae,
Et universi habitatores orbis,
Quoniam ingrederetur hostis et inimicus
Per portas Ierusalem.

MEM

13 Propter peccata prophetarum eius,
Et iniquitates sacerdotum eius,
Qui effuderunt in medio eius
Sanguinem iustorum.

NUN

14 Erraverunt caeci in plateis,
Polluti sunt in sanguine;
Cumque non possent,
Tenuerunt lacinias suas.

SAMECH

15 Recedite polluti, clamaverunt eis;
Recedite, abite, nolite tangere;
Iurgati quippe sunt, et commoti, dixerunt inter gentes:
Non addet ultra ut habitet in eis.

PHE

16 Facies Domini divisit eos,
Facies sacerdotum non erubuerunt,
Neque senum miserti sunt.

AIN

17 Cum adhuc subsisteremus, defecerunt oculi nostri
Ad auxilium nostrum vanum,
Cum respiceremus attenti ad gentem
Quae salvare non poterat.

SADE

18 Lubricaverunt vestigia nostra
In itinere platearum nostrarum;
Appropinquavit finis noster, completi sunt dies nostri,
Quia venit finis noster.

COPH

19 Velociores fuerunt persecutores nostri
Aquilis caeli;
Super montes persecuti sunt nos,
In deserto insidiati sunt nobis.

RES

20 Spiritus oris nostri, Christus Dominus,
Captus est in peccatis nostris,
Cui diximus: In umbra tua
Vivemus in gentibus.

SIN

21 Gaude et laetare, filia Edom,
Quae habitas in terra Hus!
Ad te quoque perveniet calix, inebriaberis,
Atque nudaberis.

THAU

22 Completa est iniquitas tua, filia Sion,
Non addet ultra ut transmigret te.
Visitavit iniquitatem tuam, filia Edom;
Discooperuit peccata tua.

LAMENTATIO QUINTA

Oratio Ieremiae prophetae

5 1 Recordare, Domine, quid acciderit nobis;
Intuere et respice opprobrium nostrum.
2 Haereditas nostra versa est ad alienos,
Domus nostrae ad extraneos.
3 Pupilli facti sumus absque patre,
Matres nostrae quasi viduae.
4 Aquam nostram pecunia bibimus;
Ligna nostra pretio comparavimus.
5 Cervicibus nostris minabamur,
Lassis non dabatur requies.
6 Aegypto dedimus manum et Assyriis,
Ut saturaremur pane.
7 Patres nostri peccaverunt, et non sunt;
Et nos iniquitates eorum portavimus.
8 Servi dominati sunt nostri;

3,4. — **9:** Ier 4,13. — **10:** Deut 28,56-57; 4 Reg 6,29; Lam 2,20. — **11:** Ier 7,20; Ez 5,13. — **13:** Ier 5,31; 6,13; Lam 2,20. — **14:** Num 19,16; Is 59,10. — **15:** Lev 17,45; Lc 17,12. — **16:** Lam 2,17; 5,12.14. — **17:** Is 30,5-6; Ier 37,6-7. — **18:** 4 Reg 25,4-5. — **19:** Ier 4,13; Hab 1,8. — **20:** 2 Sam 25,5; Lam 2,9; Ez 12,13; 19,4.8. — **21:** Iob 1,1; Ier 25,15-16; Lam 1,21. — **22:** Is 40,2; Bar 2,35.

5 **1:** Ps 88,51; Lam 3,61. — **2:** Ps 78,1; 104, 11. — **5:** Is 10,24; Ier 45,3. — **6:** Ier 50,15; Os 12,1. — **7:** Ex 20,5; Iob 14,10; Zach 1,5. — **8:** Neh 2,10.19; Prov 30,11.22. — **9:** Ier 6,25. —

Non fuit qui redimeret de manu eorum.
9 In animabus nostris afferebamus panem nobis,
A facie gladii in deserto.
10 Pellis nostra quasi clibanus exusta est,
A facie tempestatum famis.
11 Mulieres in Sion humiliaverunt,
Et virgines in civitatibus Iuda.
12 Principes manu suspensi sunt;
Facies senum non erubuerunt.
13 Adolescentibus impudice abusi sunt,
Et pueri in ligno corruerunt.
14 Senes defecerunt de portis,
Iuvenes de choro psallentium.
15 Defecit gaudium cordis nostri,
Versus est in luctum chorus noster.
16 Cecidit corona capitis nostri;
Vae nobis, quia peccavimus!
17 Propterea moestum factum est cor nostrum;
Ideo contenebrati sunt oculi nostri,
18 Propter montem Sion quia disperiit,
Vulpes ambulaverunt in eo.
19 Tu autem, Domine, in aeternum permanebis,
Solium tuum in generationem et generationem.
20 Quare in perpetuum oblivisceris nostri,
Derelinques nos in longitudine dierum?
21 Converte nos, Domine, ad te et convertemur;
Innova dies nostros, sicut a principio;
22 Sed proiiciens repulisti nos,
Iratus es contra nos vehementer.

10: Lam 4,8. — **11**: Deut 21,14; Is 13,16; Zach 14,2. — **12**: 4 Reg 25,19.21; Lam 4,16. — **13**: Iud 16,21; Is 9,17. — **14**: Is 24,8. — **15**: Ier 16,9; 25,10; Am 8,10. — **16**: Prov 4,9; Sap 5,17; Ier 13,18. — **17**: Ier 13,18; Ez 3,15. — **18**: Is 34,13. **19**: Ps 9,8; 44,6; 101,13.27. — **20**: Ps 12,1; 41, 10. — **21**: Ps 79,3.7.19; Ier 31,18. || Conc. Trid.: D 797. — **22**: Ier 14,19.

PROPHETIA BARUCH

SUMMARIUM PARS PRIOR: POPULI POENITENTIS DEPRECATIO *(1,1-3,8): Introductio historica (1,1-15). Confessio peccatorum (1,16-3,8).*—PARS ALTERA: TRIPLEX EXHORTATIO *(3,9-5,9): Exhortatio ad quaerendam sapientiam (3,9-4,4). Ad patientiam et fiduciam (4,5-29). Ad spem (4,30-5,9).*—APPENDIX: *Epistola Ieremiae de idolorum vanitate (6,1-68). Conclusio (6,69-72)*

PARS PRIOR

POPULI POENITENTIS DEPRECATIO
(1,1-3,8)

Introductio historica

1 1 Et haec verba libri quae scripsit
Baruch, filius Neriae, filii Maasiae,
filii Sedeciae, filii Sedei, filii Helciae, in
Babylonia, 2 in anno quinto, in septimo
die mensis, in tempore quo ceperunt Chaldaei Ierusalem, et succenderunt eam igni. 3 Et legit Baruch verba libri huius ad
aures Iechoniae, filii Ioakim, regis Iuda,
et ad aures universi populi venientis ad
librum; 4 et ad aures potentium, filiorum regum, et ad aures presbyterorum,
et ad aures populi, a minimo usque ad
maximum eorum omnium habitantium in
Babylonia, ad flumen Sodi. 5 Qui audientes plorabant, et ieiunabant, et orabant
in conspectu Domini. 6 Et collegerunt pecuniam, secundum quod potuit uniuscuiusque manus, 7 et miserunt in Ierusalem ad Ioakim, filium Helciae, filii Salom,
sacerdotem, et ad sacerdotes, et ad omnem populum qui inventi sunt cum eo in
Ierusalem: 8 cum acciperet vasa templi
Domini, quae ablata fuerant de templo,
revocare in terram Iuda, decima die mensis Sivan, vasa argentea quae fecit Sedecias filius Iosiae, rex Iuda, 9 posteaquam
cepisset Nabuchodonosor, rex Babylonis,
Iechoniam, et principes, et cunctos potentes, et populum terrae, ab Ierusalem,
et duxit eos vinctos in Babylonem.
10 Et dixerunt: Ecce misimus ad vos
pecunias, de quibus emite holocautomata
et thus; et facite manna, et offerte pro
peccato, ad aram Domini Dei nostri; 11 et
orate pro vita Nabuchodonosor, regis Babylonis, et pro vita Baltassar, filii eius,
ut sint dies eorum sicut dies caeli super
terram; 12 et ut det Dominus virtutem

1 **1**: 1 Par 15,20; Ier 32,12; 37,3. — **2**: 4 Reg 24,10-16; 25,8-9. — **3**: Ier 51,59-64. — **4**: Ier 42,1. — **5**: Tob 12,8. — **6**: Rom 15,16; 1 Cor 16,1-4. — **7**: Ier 41,15-16. — **8**: 4 Reg 24,13; 2 Par 36,10. — **9**: 4 Reg 24,14; Ier 24,1. — **10**: Ier 41,5; Bar 1,6. — **11**: Esdr 1,7; Ier 29,7. — **12**: Ps 88,30; Ier 29,5.28; Dan 5,1; 7,1. — **13**: Ier 23,20; Bar 2,13. — **14**: Os 9,5; 12,10. — **15**: Bar

nobis, et illuminet oculos nostros, ut vivamus sub umbra Nabuchodonosor, regis Babylonis, et sub umbra Baltassar,
filii eius, et serviamus eis multis diebus, et
inveniamus gratiam in conspectu eorum.
13 Et pro nobis ipsis orate ad Dominum
Deum nostrum, quia peccavimus Domino Deo nostro, et non est aversus furor
eius a nobis usque in hunc diem. 14 Et
legite librum istum quem misimus ad vos
recitari in templo Domini, in die solemni
et in die opportuno; 15 et dicetis:

Confessio peccatorum

Domino Deo nostro iustitia,
Nobis autem confusio faciei nostrae,
Sicut est dies haec omni Iuda,
Et habitantibus in Ierusalem,
16 Regibus nostris, et principibus nostris,
Et sacerdotibus nostris, et prophetis nostris,
Et patribus nostris.
17 Peccavimus ante Dominum Deum nostrum,
Et non credidimus, diffidentes in eum;
18 Et non fuimus subiectibiles illi,
Et non audivimus vocem Domini Dei nostri,
Ut ambularemus in mandatis eius, quae dedit nobis.
19 A die qua eduxit patres nostros de terra Aegypti,
Usque ad diem hanc,
Eramus incredibiles ad Dominum Deum nostrum;
Et dissipati recessimus, ne audiremus vocem ipsius;
20 Et adhaeserunt nobis multa mala et maledictiones
Quae constituit Dominus Moysi, servo suo,
Qui eduxit patres nostros de terra Aegypti,
Dare nobis terram fluentem lac et mel, sicut hodierna die.
21 Et non audivimus vocem Domini Dei nostri,
Secundum omnia verba prophetarum quos misit ad nos;
22 Et abivimus unusquisque in sensum cordis nostri maligni,
Operari diis alienis,
Facientes mala ante oculos Domini Dei nostri.

2 1 Propter quod statuit Dominus Deus noster verbum suum,
Quod locutus est ad nos,
Et ad iudices nostros, qui iudicaverunt Israel,
Et ad reges nostros, et ad principes nostros,
Et ad omnem Israel et Iuda;
2 Ut adduceret Dominus super nos mala magna,
Quae non sunt facta sub caelo
Quemadmodum facta sunt in Ierusalem,
Secundum quae scripta sunt in lege Moysi,
3 Ut manducaret homo carnes filii sui et carnes filiae suae.
4 Et dedit eos sub manu regum omnium qui sunt in circuitu nostro,
In improperium et in desolationem in omnibus populis
In quibus nos dispersit Dominus;
5 Et facti sumus subtus, et non supra,
Quia peccavimus Domino Deo nostro,
Non obaudiendo voci ipsius.
6 Domino Deo nostro iustitia,
Nobis autem et patribus nostris confusio faciei,
Sicut est dies haec;
7 Quia locutus est Dominus super nos omnia mala haec
Quae venerunt super nos;
8 Et non sumus deprecati faciem Domini Dei nostri,
Ut reverteremur unusquisque nostrum a viis nostris pessimis.
9 Et vigilavit Dominus in malis,
Et adduxit ea super nos,
Quia iustus est Dominus in omnibus operibus suis
Quae mandavit nobis.
10 Et non audivimus vocem ipsius
Ut iremus in praeceptis Domini,
Quae dedit ante faciem nostram.

Divinae iustitiae agnitio et imploratio misericordiae

11 Et nunc, Domine Deus Israel,
Qui eduxisti populum tuum de terra Aegypti
In manu valida, et in signis, et in prodigiis,
Et in virtute tua magna, et in brachio excelso,
Et fecisti tibi nomen sicut est dies iste,
12 Peccavimus, impie egimus,
Inique gessimus, Domine Deus noster,
In omnibus iustitiis tuis.
13 Avertatur ira tua a nobis,
Quia derelicti sumus pauci inter gentes ubi dispersisti nos.

2,6; 3,8. — **17:** Ps 50,6; Dan 9,5. — **18:** Bar 2,10; Dan 9,6.10. — **19:** 4 Reg 21,15; Ier 7,25. — **20:** Deut 28,15; Ier 42,15. — **21:** 2 Par 36,15. — **22:** Is 65,2; Ier 7,24.

2 **1:** Ier 44,28-29; Dan 9,12-13. — **2:** Deut 28,53; Ez 5,9. — **3:** Ier 19,9; Lam 2,20; 4,10. — **4:** Sap 2,9; Ier 42,18; 48,26-27. — **5:** Deut 28,12-13.43; Ier 7,24. — **6:** Ier 1,15; 11,17; 16,10. — **7:** Bar 1,20; Dan 9,12. — **8:** Ps 44,13; 118,58; Dan 9,13. — **9:** Ier 1,12; 31,28; Dan 9,14. — **10:** Deut 30,15; Bar 1,18. — **11:** Ier 16,21; 32,21; Dan 9,15. — **12:** 3 Reg 8,47; 2 Par 6,37; Ps 105,6. — **13:** Ier 42,2; Bar 4,6; Dan 9,

14 Exaudi, Domine, preces nostras et orationes nostras;
Et educ nos propter te,
Et da nobis invenire gratiam ante faciem eorum qui nos abduxerunt;
15 Ut sciat omnis terra quia tu es Dominus Deus noster,
Et quia nomen tuum invocatum est
Super Israel et super genus ipsius.
16 Respice, Domine, de domo sancta tua in nos,
Et inclina aurem tuam, et exaudi nos.
17 Aperi oculos tuos et vide:
Quia non mortui, qui sunt in inferno,
Quorum spiritus acceptus est a visceribus suis,
Dabunt honorem et iustificationem Domino;
18 Sed anima quae tristis est super magnitudine mali,
Et incedit curva et infirma,
Et oculi deficientes, et anima esuriens
Dat tibi gloriam et iustitiam Domino.
19 Quia non secundum iustitias patrum nostrorum
Nos fundimus preces et petimus misericordiam
Ante conspectum tuum, Domine Deus noster:
20 Sed quia misisti iram tuam et furorem tuum super nos,
Sicut locutus es in manu puerorum tuorum prophetarum,
Dicens: 21 Sic dicit Dominus:
Inclinate humerum vestrum et cervicem vestram,
Et opera facite regi Babylonis,
Et sedebitis in terra quam dedi patribus vestris.
22 Quod si non audieritis vocem Domini Dei vestri,
Operari regi Babyloniae,
Defectionem vestram faciam de civitatibus Iuda,
Et a foris Ierusalem,
23 Et auferam a vobis vocem iucunditatis et vocem gaudii,
Et vocem sponsi et vocem sponsae,
Et erit omnis terra sine vestigio ab inhabitantibus eam.
24 Et non audierunt vocem tuam,
Ut operarentur regi Babylonis;
Et statuisti verba tua,
Quae locutus es in manibus puerorum tuorum prophetarum,
Ut transferrentur ossa regum nostrorum
Et ossa patrum nostrorum de loco suo;
25 Et ecce proiecta sunt in calore solis et in gelu noctis,
Et mortui sunt in doloribus pessimis,
In fame et in gladio, et in emissione.
26 Et posuisti templum in quo invocatum est nomen tuum in ipso
Sicut haec dies,
Propter iniquitatem domus Israel et domus Iuda.
27 Et fecisti in nobis, Domine Deus noster,
Secundum omnem bonitatem tuam
Et secundum omnem miserationem tuam illam magnam;
28 Sicut locutus es in manu pueri tui Moysi,
In die qua praecepisti ei scribere legem tuam coram filiis Israel,
29 Dicens: Si non audieritis vocem meam,
Multitudo haec magna convertetur in minimam inter gentes,
Quo ego eos dispergam;
30 Quia scio quod me non audiet populus,
Populus est enim dura cervice.
Et convertetur ad cor suum in terra captivitatis suae;
31 Et scient quia ego sum Dominus Deus eorum;
Et dabo eis cor, et intelligent;
Aures, et audient;
32 Et laudabunt me in terra captivitatis suae,
Et memores erunt nominis mei;
33 Et avertent se a dorso suo duro,
Et a malignitatibus suis,
Quia reminiscentur viam patrum suorum,
Qui peccaverunt in me.
34 Et revocabo illos in terram quam iuravi patribus eorum,
Abraham, Isaac, et Iacob;
Et dominabuntur eius, et multiplicabo eos,
Et non minorabuntur;
35 Et statuam illis testamentum alterum sempiternum.
Ut sim illis in Deum,
Et ipsi erunt mihi in populum;
Et non movebo amplius populum meum, filios Israel,
A terra quam dedi illis.

3 1 Et nunc, Domine omnipotens, Deus Israel,
Anima in angustiis, et spiritus anxius clamat ad te.
2 Audi, Domine, et miserere,
Quia Deus es misericors;

16. — **14:** Ps 24,11; Is 48,11; Dan 9,19. — **15:** Ps 78,10; Eccli 36,14; Ier 14,9. — **16:** Deut 26, 15; Is 63,15. — **17:** Eccli 17,22.26-27. — **18:** Iudith 4,8; Ps 34,13; 73,21. — **19:** Dan 9,18; Rom 5,18. — **20:** Ier 50,1. — **21:** Ier 25,8-11; 27,8. 11-12; Bar 1,22. — **22:** Ier 27,8-10. — **23:** Ier 7, 34; 16,9. — **24:** Ier 8,1-2. — **25:** Ier 32,36; 36,30. **26:** Ier 7,10-11.14.30. — **27:** Ps 59,10; Ier 4,27; 5,10. — **29:** Lev 26,14; Deut 28,15.62. — **30:** Ex 32,9; Deut 4,25-31. — **31:** Ex 30,25-26; Deut 30,6. — **32:** Ier 5,21; 24,7. — **33:** Ps 68,24. — **34:** Lev 26,42-45; Deut 30,1-5. — **35:** Ier 2914; 31-33.

3 **1:** 1 Sam 1,10; Ps 119,1. — **2:** Ps 50,6; Is 59,12. — **3:** Ps 28,10; Lam 5,19-20. — **4:**

Et miserere nostri, quia peccavimus ante te;
3 Quia tu sedes in sempiternum,
Et nos peribimus in aevum?
4 Domine omnipotens, Deus Israel,
Audi nunc orationem mortuorum Israel,
Et filiorum ipsorum qui peccaverunt ante te,
Et non audierunt vocem Domini Dei sui,
Et agglutinata sunt nobis mala.
5 Noli meminisse iniquitatum patrum nostrorum;
Sed memento manus tuae et nominis tui in tempore isto.
6 Quia tu es Dominus Deus noster;
Et laudabimus te, Domine,
7 Quia propter hoc dedisti timorem tuum in cordibus nostris,
Et ut invocemus nomen tuum,
Et laudemus te in captivitate nostra,
Quia convertimur ab iniquitate patrum nostrorum,
Qui peccaverunt ante te.
8 Et ecce nos in captivitate nostra sumus hodie,
Qua nos dispersisti in improperium,
Et in maledictum, et in peccatum,
Secundum omnes iniquitates patrum nostrorum,
Qui recesserunt a te, Dominus Deus noster.

PARS ALTERA

TRIPLEX BARUCH EXHORTATIO

(3,9-5,9)

Exhortatio ad quaerendam sapientiam

9 Audi, Israel, mandata vitae;
Auribus percipe, ut scias prudentiam.
10 Quid est, Israel, quod in terra inimicorum es,
11 Inveterasti in terra aliena,
Coinquinatus es cum mortuis,
Deputatus es cum descendentibus in infernum?
12 Dereliquisti fontem sapientiae.
13 Nam si in via Dei ambulasses,
Habitasses utique in pace sempiterna.
14 Disce ubi sit prudentia,
Ubi sit virtus, ubi sit intellectus,
Ut scias simul ubi sit longiturnitas vitae et victus,
Ubi sit lumen oculorum, et pax.
15 Quis invenit locum eius?
Et quis intravit in thesauros eius?
16 Ubi sunt principes gentium,
Et qui dominantur super bestias quae sunt super terram?
17 Qui in avibus caeli ludunt,
18 Qui argentum thesaurizant, et aurum,
In quo confidunt homines,
Et non est finis acquisitionis eorum?
Qui argentum fabricant, et solliciti sunt,
Nec est inventio operum illorum?
19 Exterminati sunt, et ad inferos descenderunt,
Et alii loco eorum surrexerunt.
20 Iuvenes viderunt lumen, et habitaverunt super terram;
Viam autem disciplinae ignoraverunt,
21 Neque intellexerunt semitas eius;
Neque filii eorum susceperunt eam,
A facie ipsorum longe facta est.
22 Non est audita in terra Chanaan,
Neque visa est in Theman.
23 Filii quoque Agar, qui exquirunt prudentiam quae de terra est,
Negotiatores Merrhae et Theman,
Et fabulatores, et exquisitores prudentiae et intelligentiae:
Viam autem sapientiae nescierunt,
Neque commemorati sunt semitas eius.
24 O Israel, quam magna est domus Dei,
Et ingens locus possessionis eius!
25 Magnus est, et non habet finem;
Excelsus, et immensus.
26 Ibi fuerunt gigantes nominati illi, qui ab initio fuerunt,
Statura magna, scientes bellum.
27 Non hos elegit Dominus,
Neque viam disciplinae invenerunt,
Propterea perierunt;
28 Et quoniam non habuerunt sapientiam,
Interierunt propter suam insipientiam.
29 Quis ascendit in caelum, et accepit eam,
Et eduxit eam de nubibus?
30 Quis transfretavit mare, et invenit illam,
Et attulit illam super aurum electum?
31 Non est qui possit scire vias eius,
Neque qui exquirat semitas eius;
32 Sed qui scit universa novit eam,
Et adinvenit eam prudentia sua,
Qui praeparavit terram in aeterno tempore,
Et replevit eum pecudibus et quadrupedibus;
33 Qui emittit lumen, et vadit;
Et vocavit illud, et obedit illi in tremore

2 Mach 15,14; Bar 3,11. — **7:** Bar 2,20. — **8:** Ier 18,16; 42,18. — **9:** Prov 2,1; 4,20-22; Bar 3,14. — **11:** Ps 27,1; 87,5; Bar 3,4. — **12:** Eccli 1,2; Ier 2,13; 17,13. — **13:** Is 48,18; Bar 4,13. — **14:** Deut 32,29; Prov 6,23; Eccli 1,12. — **15:** Iob 28,12.22; Eccli 24,5. — **16:** Ier 27,6. — **17:** Iob 40,24; Prov 8,30. — **19:** Ps 48,11-12. — **20:** Iob 3,16.20; Bar 3,27. — **21:** Bar 3,31-32. — **22:** Gen 36,15; Ier 49,7. — **23:** Gen 16,15; Ps 82,7. — **24:** Bar 3,36-38. — **25:** Ps 47,2. — **26:** Gen 6,4; Sap 14,6. — **27:** Deut 7,6-7; 1 Sam 16,7-10; Bar 3,20. — **28:** Eccli 16,8. — **29:** Deut 30,11-14; Iob 28,15-19. — **30:** Prov 3,14. — **31:** Bar 3,21. — **32:** Iob 28,23-27; Eccli 1,4. — **33:** Gen

34 Stellae autem dederunt lumen in custodiis suis,
Et laetatae sunt,
35 Vocatae sunt, et dixerunt: Adsumus,
Et luxerunt ei cum iucunditate, qui fecit illas.
36 Hic est Deus noster
Et non aestimabitur alius adversus eum.
37 Hic adinvenit omnem viam disciplinae,
Et tradidit illam Iacob, puero suo,
Et Israel, dilecto suo.
38 Post haec in terris visus est,
Et cum hominibus conversatus est.

4 1 Hic liber mandatorum Dei,
Et lex quae est in aeternum;
Omnes qui tenent eam pervenient ad vitam;
Qui autem dereliquerunt eam, in mortem.
2 Convertere, Iacob, et apprehende eam;
Ambula per viam ad splendorem eius contra lumen eius.
3 Ne tradas alteri gloriam tuam,
Et dignitatem tuam genti alienae.
4 Beati sumus, Israel,
Quia quae Deo placent manifesta sunt nobis.

Exhortatio ad patientiam et fiduciam in Deo

5 Animaequior esto, populus Dei, memorabilis Israel:
6 Venundati estis gentibus non in perditionem;
Sed propter quod in ira ad iracundiam provocastis Deum,
Traditi estis adversariis.
7 Exacerbastis enim eum qui fecit vos, Deum aeternum,
Immolantes daemoniis, et non Deo.
8 Obliti enim estis Deum qui nutrivit vos,
Et contristastis nutricem vestram Ierusalem.
9 Vidit enim iracundiam a Deo venientem vobis, et dixit:
Audite, confines Sion;
Adduxit enim mihi Deus luctum magnum.
10 Vidi enim captivitatem populi mei,
Filiorum meorum et filiarum,
Quam superduxit illis Aeternus.
11 Nutrivi enim illos cum iucunditate,
Dimisi autem illos cum fletu et luctu.
12 Nemo gaudeat super me viduam et desolatam;
A multis derelicta sum propter peccat filiorum meorum,
Quia declinaverunt a lege Dei.
13 Iustitias autem ipsius nescierunt,
Nec ambulaverunt per vias mandatorum Dei,
Neque per semitas veritatis eius cum iustitia ingressi sunt.
14 Veniant confines Sion,
Et memorentur captivitatem filiorum et filiarum mearum,
Quam superduxit illis Aeternus.
15 Adduxit enim super illos gentem de longinquo,
Gentem improbam, et alterius linguae,
16 Qui non sunt reveriti senem,
Neque puerorum miserti sunt,
Et abduxerunt dilectos viduae,
Et a filiis unicam desolaverunt.
17 Ego autem, quid possum adiuvare vos?
18 Qui enim adduxit super vos mala,
Ipse vos eripiet de manibus inimicorum vestrorum.
19 Ambulate, filii, ambulate;
Ego enim derelicta sum sola.
20 Exui me stola pacis,
Indui autem me sacco obsecrationis,
Et clamabo ad Altissimum in diebus meis.
21 Animaequiores estote, filii, clamate ad Dominum,
Et eripiet vos de manu principum inimicorum.
22 Ego enim speravi in aeternum salutem vestram;
Et venit mihi gaudium a Sancto, super misericordia
Quae veniet vobis ab aeterno salutari nostro.
23 Emisi enim vos cum luctu et ploratu;
Reducet autem vos mihi Dominus
Cum gaudio et iucunditate in sempiternum.
24 Sicut enim viderunt vicinae Sion captivitatem vestram a Deo,
Sic videbunt et in celeritate salutem vestram a Deo,
Quae superveniet vobis cum honore magno et splendore aeterno.
25 Filii, patienter sustinete iram quae supervenit vobis;
Persecutus est enim te inimicus tuus;
Sed cito videbis perditionem ipsius,
Et super cervices ipsius ascendes.
26 Delicati mei ambulaverunt vias asperas;
Ducti sunt enim ut grex direptus ab inimicis.

1,5. — **34:** Deut 17,3; Eccli 43,10. — **35:** Iob 38,35; Ps 146,4. — **36:** Deut 4,5; 32,15; Is 44,1. **37:** Ps 147,19; Eccli 17,10. — **38:** Prov 8,12.31; Sap 1,7; Eccli 24,13.

4 **1:** Deut 4,6; 30,19; Eccli 24,23. — **2:** Ps 118,105; Prov 6,23; Sap 5,6; Is 2,5; 60,1-3. **3:** Mt 21,41-44. — **4:** Deut 4,8.32-37; Sap 9,18. **6:** Iud 2,14; Is 50,1; 52,3. — **7:** Deut 32,15-18. **8:** Deut 32,13-15; Is 1,2. — **9:** Bar 4,14.24. — **10:** Bar 4,14-16. — **11:** Bar 4,23.29. — **12:** Ier 51,5; Lam 1,7. — **13:** Ier 18,15; Bar 3,13. — **14:** Bar 4,10. — **15:** Ier 5,15-17; 6,22-23. — **16:** Lam 4,16; 5,12. — **18:** Ier 32,42; Bar 4,29; Mich 7, 9. — **20:** Ps 114,3-4; 119,2; Bar 5,1. — **21:** Bar 4,5.27.31. — **22:** Iob 6,10; Is 40,25; Bar 4,10.14. **23:** Ier 31,13; Bar 4,9.14. — **24:** Is 54,7; Ier 48, 47; Bar 4,9.14. — **25:** Is 10,24; 51,23. — **26:** Is

27 Animaequiores estote, filii, et proclamate ad Dominum;
Erit enim memoria vestra ab eo qui duxit vos.
28 Sicut enim fuit sensus vester ut erraretis a Deo,
Decies tantum iterùm convertentes requiretis eum;
29 Qui enim induxit vobis mala,
Ipse rursum adducet vobis sempiternam iucunditatem cum salute vestra.

Exhortatio ad spem erigendam de hostium punitione et Ierusalem gloria

30 Animaequior esto, Ierusalem;
Exhortatur enim te, qui te nominavit.
31 Nocentes peribunt, qui te vexaverunt;
Et qui gratulati sunt in tua ruina, punientur.
32 Civitates quibus servierunt filii tui, punientur,
Et quae accepit filios tuos.
35 Sicut enim gavisa est in tua ruina, et laetata est in casu tuo,
Sic contristabitur in sùa desolatione.
34 Et amputabitur exsultatio multitudinis eius,
Et gaudimonium eius erit in luctum.
35 Ignis enim superveniet ei ab Aeterno in longiturnis diebus,
Et habitabitur a daemoniis in multitudine temporis.
36 Circumspice, Ierusalem, ad orientem,
Et vide iucunditatem a Deo tibi venientem.
37 Ecce enim veniunt filii tui, quos dimisisti dispersos,
Veniunt collecti ab oriente usque ad occidentem, in verbo Sancti,
Gaudentes in honorem Dei.

5 1 Exue te, Ierusalem, stola luctus et vexationis tuae;
Et indue te decore, et honore eius,
Quae a Deo tibi est, sempiternae gloriae.
2 Circumdabit te Deus diploide iustitiae,
Et imponet mitram capiti honoris aeterni.
3 Deus enim ostendet splendorem suum in te,
Omni qui sub caelo est.
4 Nominabitur enim tibi nomen tuum a Deo in sempiternum:
Pax iustitiae, et honor pietatis.
5 Exsurge, Ierusalem, et sta in excelso;
Et circumspice ad orientem,
Et vide collectos filios tuos ab oriente sole usque ad occidentem,
In verbo Sancti,
Gaudentes Dei memoria.
6 Exierunt enim abs te pedibus ducti ab inimicis;
Adducet autem illos Dominus ad te portatos in honore
Sicut filios regni;
7 Constituit enim Deus
Humiliare omnem montem excelsum et rupes perennes,
Et convalles replere in aequalitatem terrae,
Ut ambulet Israel diligenter in honorem Dei.
8 Obumbraverunt autem et silvae,
Et omne lignum suavitatis Israel
Ex mandato Dei.
9 Adducet enim Deus Israel cum iucunditate in lumine maiestatis suae,
Cum misericordia et iustitia quae est ex ipso.

APPENDIX

Epistola Ieremiae ad Iudaeos exules

6 Exemplar epistolae quam misit Ieremias ad abducendos captivos in Babyloniam a rege Babyloniorum, ut annuntiaret illis secundum quod praeceptum est illi a Deo.

Idola splendide ornata nequeunt sese defendere

1 Propter peccata quae peccastis ante
Deum, abducemini in Babyloniam captivi a Nabuchodonosor, rege Babyloniorum. 2 Ingressi itaque in Babylonem, eritis ibi annis plurimis, et temporibus longis,
usque ad generationes septem; post hoc
autem educam vos inde cum pace. 3 Nunc
autem videbitis in Babylonia deos aureos
et argenteos, et lapideos et ligneos, in
humeris portari, ostentantes metum gentibus. 4 Videte ergo ne et vos similes efficiamini factis alienis, et metuatis, et metus vos capiat in ipsis. 5 Visa itaque turba de retro, et ab ante, adorantes dicite
in cordibus vestris: Te oportet adorari,
Domine. 6 Angelus enim meus vobiscum
est; ipse autem exquiram animas vestras.

47,1.8. — **27:** Bar 4,21.30. — **28:** Ez 44,10.15; Iac 5,19. — **29:** Is 35,10; 50,11-12; Bar 4,18. — **30:** Is 45,4-5; Bar 5,4. — **31:** Bar 2,12. — **32:** Ier 51,43. — **33:** Ier 50,13.23. — **34:** Is 13,20-22. **35:** Is 34,14; Ier 50,39. — **36:** Is 60,4. — **37:** Is 43,5; 49,12; Zach 8,7-8.

5 **1:** Is 52,1; 60,3.10; Bar 4,20. — **2:** Is 59,17; 61,10. — **3:** Ez 16,10-13. — **4:** Is 60,1; 62,3-4; Ez 48,35. — **5:** Is 40,9; 49,18; Bar 4,36-37. **6:** Is 40,22; 66,20. — **7:** Is 40,4; 49,11. — **8:** Is 41,19; 55,13.

6 Ier 29,1. — **1:** 2 Par 36,12-17; Ier 10,10-13. **2:** Ier 29,5-7; 32,14. — **3:** Ps 113,4; Sap 13,10. — **4:** Deut 6,13. — **5:** Ex 33,2. — **6:** Ex 23,20. — **7:** Ps 134,15; Bar 6,50.70. — **10:** Bar 6,32. — **12:** Bar 6,16. — **13:** Iud 6,31; Ier 50,2. —

7 Nam lingua ipsorum polita a fabro;
ipsa etiam inaurata et inargentata, falsa
sunt, et non possunt loqui. 8 Et sicut virgini amanti ornamenta, ita accepto auro
fabricati sunt. 9 Coronas certe aureas habent super capita sua dii illorum; unde
subtrahunt sacerdotes ab eis aurum et
argentum, et erogant illud in semetipsos.
10 Dant autem et ex ipso prostitutis, et
meretrices ornant; et iterum cum receperint illud a meretricibus, ornant deos
suos. 11 Hi autem non liberantur ab aeru-
gine et tinea. 12 Opertis autem illis veste
purpurea, extergunt faciem ipsorum propter pulverem domus qui est plurimus inter eos. 13 Sceptrum autem habet ut homo,
sicut iudex regionis, qui in se peccantem
non interficit. 14 Habet etiam in manu
gladium et securim, se autem de bello et
a latronibus non liberat. Unde vobis notum sit quia non sunt dii; 15 non ergo
timueritis eos.

Sicut enim vas hominis confractum inutile efficitur, tales sunt et dii illorum.
16 Constitutis illis in domo, oculi eorum
pleni sunt pulvere a pedibus introeun-
tium. 17 Et sicut alicui qui regem offendit
circumseptae sunt ianuae, aut sicut ad
sepulchrum adductum mortuum: ita tu-
tantur sacerdotes ostia clausuris et seris,
ne a latronibus expolientur. 18 Lucernas
accendunt illis, et quidem multas, ex quibus nullam videre possunt; sunt autem
sicut trabes in domo. 19 Corda vero eorum
dicunt elingere serpentes qui de terra
sunt, dum comedunt eos, et vestimentum
ipsorum, et non sentiunt. 20 Nigrae fiunt
facies eorum a fumo qui in domo fit.
21 Supra corpus eorum et supra caput
eorum volant noctuae, et hirundines, et
aves etiam similiter et cattae. 22 Unde sciatis quia non sunt dii; ne ergo timueritis eos.

Nec ambulant nec possunt auxilium praestare

23 Aurum etiam quod habent ad speciem est; nisi aliquis exterserit aeruginem,
non fulgebunt; neque enim dum confla-
rentur, sentiebant. 24 Ex omni pretio emp-
ta sunt, in quibus spiritus non inest ipsis.
25 Sine pedibus, in humeris portantur, ostentantes innobilitatem suam hominibus;
confundantur etiam qui colunt ea! 26 Propterea si ceciderint in terram, a semetipsis
non consurgunt; neque si quis eum statuerit rectum, per semetipsum stabit; sed
sicut mortuis munera eorum illis apponentur. 27 Hostias illorum vendunt sacerdotes ipsorum, et abutuntur; similiter et
mulieres eorum decerpentes, neque in-
firmo, neque mendicanti, aliquid imper-
tiunt. 28 De sacrificiis eorum fetae et
menstruatae contingunt. Scientes itaque
ex his quia non sunt dii, ne timeatis eos.

29 Unde enim vocantur dii? Quia mulieres apponunt diis argenteis, et aureis,
et ligneis; 30 et in domibus eorum sacerdotes sedent habentes tunicas scissas, et
capita et barbam rasam, quorum capita
nuda sunt. 31 Rugiunt autem clamantes
contra deos suos sicut in coena mortui.
32 Vestimenta eorum auferunt sacerdotes, et vestiunt uxores suas et filios suos.
33 Neque si quid mali patiuntur ab aliquo,
neque si quid boni, poterunt retribuere;
neque regem constituere possunt, neque
auferre. 34 Similiter neque dare divitias
possunt, neque malum retribuere. Si quis
illis votum voverit et non reddiderit, neque hoc requirunt. 35 Hominem a morte
non liberant, neque infirmum a potentio-
ri eripiunt. 36 Hominem caecum ad visum
non restituunt, de necessitate hominem
non liberabunt. 37 Viduae non miserebuntur, neque orphanis benefacient. 38 Lapidibus de monte similes sunt dii illorum,
lignei, et lapidei, et aurei, et argentei; qui
autem colunt ea confundentur. 39 Quomodo ergo aestimandum est aut dicendum illos esse deos?

40 Adhuc enim ipsis Chaldaeis non ho-
norantibus ea; qui cum audierint mutum
non posse loqui, offerunt illud ad Bel,
postulantes ab eo loqui; 41 quasi possint
sentire qui non habent motum! Et ipsi,
cum intellexerint, relinquent ea; sensum
enim non habent ipsi dii illorum. 42 Mulieres autem circumdatae funibus in viis
sedent, succendentes ossa olivarum;
43 cum autem aliqua ex ipsis, attracta ab
aliquo transeunte, dormierit cum eo, proximae suae exprobrat quod ea non sit
digna habita, sicut ipsa, neque funis eius
diruptus sit. 44 Omnia autem quae illi
fiunt, falsa sunt; quomodo aestimandum
aut dicendum est illos esse deos?

A malis vel latronibus nequeunt sese protegere

45 A fabris autem et ab aurificibus facta
sunt; nihil aliud erunt, nisi id quod volunt esse sacerdotes. 46 Artifices etiam
ipsi, qui ea faciunt, non sunt multi tem-

14: Bar 6,17.56-57. — **15:** Eccli 21,17; Ier 18,4. **16:** Bar 6,12. — **17:** Ier 52,2; 33,1. — **18:** Ps 113.5; Sap 15,15. — **19:** 2 Sam 18,14; Ez 27,4. — **24:** Ps 134,17. — **25:** Is 46,7; Bar 6,3. — **26:** Sap 13,15-16; Is 40,20. — **27:** Deut 14,28-29. — **28:** Lev 12,2-4; 15,19-23. — **30:** Lev 10,6; 21,10. — **31:** Bar 6,26. — **32:** Bar 6,10.57. — **33:** Bar 6,52.65. — **34:** Sap 14,29; Ier 17,10; 32,19. — **35:** Ps 145,8; Is 29,18. — **36:** Deut 32,37-38; Ier 2,28. — **37:** Ps 145,9. — **38:** Hab 2,19. — **39:** Bar 6,44. — **40:** Is 46,1; Dan 14,21. — **42:** Gen 38,14; Ier 3,2. — **45:** Is 40,19; Ier 10,3-9. — **50:**

poris; numquid ergo possunt ea, quae
fabricata sunt ab ipsis, esse dii? 47 Reliquerunt autem falsa et opprobrium postea futuris. 48 Nam cum supervenerit illis
praelium et mala, cogitant sacerdotes
apud se ubi se abscondant cum illis.
49 Quomodo ergo sentiri debeant quoniam
dii sunt, qui nec de bello se liberant, neque
de malis se eripiunt? 50 Nam cum sint lignea, inaurata et inargentata, scietur postea quia falsa sunt ab universis gentibus et
regibus; quae manifesta sunt quia non
sunt dii, sed opera manuum hominum, et
nullum Dei opus cum illis. 51 Unde ergo
notum est quia non sunt dii, sed opera
manuum hominum, et nullum Dei opus
in ipsis est.

52 Regem regioni non suscitant, neque
pluviam hominibus dabunt. 53 Iudicium
quoque non discernent, neque regiones
liberabunt ab iniuria, quia nihil possunt,
sicut corniculae inter medium caeli et
terrae. 54 Etenim cum inciderit ignis in
domum deorum ligneorum, argenteorum
et aureorum, sacerdotes quidem ipsorum
fugient, et liberabuntur; ipsi vero sicut
trabes in medio comburentur. 55 Regi
autem et bello non resistent. Quomodo
ergo aestimandum est aut recipiendum
quia dii sunt?

56 Non a furibus, neque a latronibus se
liberabunt dii lignei, et lapidei, et inaurati,
et inargentati; quibus hi qui fortiores sunt,
57 aurum et argentum et vestimentum quo
operti sunt, auferent illis, et abibunt, nec
sibi auxilium ferent.

Sunt igitur omnibus rebus inutiliora

58 Itaque melius est esse regem osten-
tantem virtutem suam, aut vas in domo
utile, in quo gloriabitur qui possidet illud,
vel ostium in domo, quod custodit quae
in ipsa sunt, quam falsi dii. 59 Sol quidem
et luna ac sidera, cum sint splendida et
emissa ad utilitates, obaudiunt; 60 similiter et fulgur cum apparuerit, perspicuum
est; idipsum autem et spiritus in omni
regione spirat; 61 et nubes, quibus cum
imperatum fuerit a Deo perambulare universum orbem, perficiunt quod imperatum est eis; 62 ignis etiam missus desuper,
ut consumat montes et silvas, facit quod
praeceptum est ei: haec autem neque
speciebus, neque virtutibus, uni eorum
similia sunt. 63 Unde neque existimandum
est, neque dicendum illos esse deos, quando non possunt neque iudicium iudicare,
neque quidquam facere hominibus.
64 Scientes itaque quia non sunt dii, ne
ergo timueritis eos.

65 Neque enim regibus maledicent, neque benedicent. 66 Signa etiam in caelo
gentibus non ostendunt; neque ut sol
lucebunt, neque illuminabunt ut luna.
67 Bestiae meliores sunt illis, quae possunt fugere sub tectum ac prodesse sibi.
68 Nullo itaque modo nobis est manifestum quia sunt dii; propter quod ne timeatis eos.

Conclusio

69 Nam sicut in cucumerario formido
nihil custodit, ita sunt dii illorum lignei, et
argentei, et inaurati. 70 Eodem modo et in
horto spina alba, supra quam omnis avis
sedet, similiter et mortuo proiecto in tenebris, similes sunt dii illorum lignei, et inaurati, et inargentati. 71 A purpura quoque et
murice, quae supra illos tineant, scietis itaque quia non sunt dii; ipsi etiam postremo
comeduntur, et erunt opprobrium in regione. 72 Melior est homo iustus qui non
habet simulacra, nam erit longe ab opprobriis.

Sap 13,10; Ier 10,14; 51,17. — **52:** Bar 6,33. — **53:** Bar 6,63. — **54:** Bar 6,18. — **56:** Bar 6,14.17. — **57:** Sap 13,16. — **58:** Sap 13,16. — **63:** Bar 6,34-37.53. — **65:** Is 41,23; Ier 10,5. — **71:** Bar 6,12-14. — **72:** 1 Sam 2,30; Ps 145,8; Sap 3,1.

PROPHETIA EZECHIELIS

SUMMARIUM *VOCATIO PROPHETAE (1,1-3,21).* PARS PRIMA: IUDICIA DEI IN IUDAM *(3,22-24,27): Poena Ierusalem diversis symbolis denuntiatur (3,22-5,27). Contra idololatras Israel (6-7). Iter prophetae in Ierusalem (8-11). Captivitas symbolice praenuntiata (12). In pseudoprophetas (13-14). Parabola de ligno vitis (15). Historia allegorica Ierusalem peccatricis (16). Parabola duarum aquilarum et vitis (17). Ratio divinorum iudiciorum (18). Planctus super reges Iudae (19). Responsio prophetae ad interrogationem seniorum (20,1-40). Gladius Dei contra Ierusalem et Ammon (20,45-21,32).*

Scelera Ierusalem (22). Parabola duarum sororum (23). Exitium Ierusalem symbolice praenuntiatum (24).—PARS SECUNDA: VATICINIA IN GENTES *(25-32): In gentes finitimas (25). In Tyrum et Sidonem (26-28). In Aegyptum (29-32).*—PARS TERTIA: VATICINIA CONSOLATORIA *(33-39): Invitatio ad poenitentiam (33). In pravos pastores (34). In Edom (35). Renovatio terrae Israel (36). Visio ossium (37). Adversus Gog et Magog (38-39).*—PARS QUARTA: RESTAURATIONIS DESCRIPTIO *(40-48): Templum novum (40-43). Cultus Dei in novo templo (44-46). Terrae novae descriptio (47-48)*

VOCATIO EZECHIELIS

Visio gloriae Dei

1 1 Et factum est in trigesimo anno, in
quarto, in quinta mensis, cum essem
in medio captivorum iuxta fluvium Chobar, aperti sunt caeli, et vidi visiones Dei.
2 In quinta mensis, ipse est annus quintus
transmigrationis regis Ioachim, 3 factum
est verbum Domini ad Ezechielem, filium
Buzi, sacerdotem, in terra Chaldaeorum,
sicut flumen Chobar; et facta est super
eum ibi manus Domini.
4 Et vidi, et ecce ventus turbinis veniebat ab aquilone, et nubes magna, et
ignis involvens, et splendor in circuitu
eius; et de medio eius, quasi species
electri, id est, de medio ignis; 5 et in medio eius similitudo quatuor animalium.
Et hic aspectus eorum, similitudo hominis in eis. 6 Quatuor facies uni, et quatuor
pennae uni. 7 Pedes eorum, pedes recti,
et planta pedis eorum quasi planta pedis
vituli; et scintillae quasi aspectus aeris
candentis. 8 Et manus hominis sub pennis
eorum, in quatuor partibus; et facies et
pennas per quatuor partes habebant.
9 Iunctaeque erant pennae eorum alterius
ad alterum; non revertebantur cum incederent, sed unumquodque ante faciem
suam gradiebatur. 10 Similitudo autem
vultus eorum, facies hominis et facies
leonis a dextris ipsorum quatuor, facies
autem bovis a sinistris ipsorum quatuor,
et facies aquilae desuper ipsorum quatuor.
11 Facies eorum et pennae eorum extentae desuper; duae pennae singulorum iungebantur, et duae tegebant corpora eorum.
12 Et unumquodque eorum coram facie
sua ambulabat; ubi erat impetus spiritus,
illuc gradiebantur, nec revertebantur cum
ambularent. 13 Et similitudo animalium,
aspectus eorum quasi carbonum ignis ardentium, et quasi aspectus lampadarum:
haec erat visio discurrens in medio animalium, splendor ignis, et de igne fulgur
egrediens. 14 Et animalia ibant et revertebantur, in similitudinem fulguris coruscantis. 15 Cumque aspicerem animalia, apparuit rota una super terram iuxta animalia, habens quatuor facies. 16 Et aspectus
rotarum et opus earum quasi visio maris;
et una similitudo ipsarum quatuor; et
aspectus earum et opera quasi sit rota in
medio rotae. 17 Per quatuor partes earum
euntes ibant, et non revertebantur cum
ambularent. 18 Statura quoque erat rotis,
et altitudo, et horribilis aspectus; et totum corpus oculis plenum in circuitu
ipsarum quatuor. 19 Cumque ambularent
animalia, ambulabant pariter er totae iuxta ea; et cum elevarentur animalia de
terra, elevabantur simul et rotae. 20 Quocumque ibat spiritus, illuc, eunte spiritu,
et rotae pariter elevabantur sequentes
eum: spiritus enim vitae erat in rotis.
21 Cum euntibus ibant, et cum stantibus
stabant; et cum elevatis a terra, pariter
elevabantur et rotae sequentes ea, quia
spiritus vitae erat in rotis.
22 Et similitudo super capita animalium
firmamenti, quasi aspectus crystalli horribilis, et extenti super capita eorum desuper. 23 Sub firmamento autem pennae
eorum rectae alterius ad alterum; unumquodque duabus alis velabat corpus suum,
et alterum similiter velabatur. 24 Et audiebam sonum alarum, quasi sonum aquarum multarum, quasi sonum sublimis
Dei: cum ambularent, quasi sonus erat
multitudinis ut sonus castrorum; cumque starent, demittebantur pennae eorum.
25 Nam cum fieret vox super firmamentum quod erat super caput eorum,
stabant, et submittebant alas suas. 26 Et
super firmamentum, quor erat imminens
capiti eorum, quasi aspectus lapidis sapphiri similitudo throni; et super similitudinem throni similitudo quasi aspectus

1 1: Ez 3,15.23; 8,3; 10,22; 40,2; Mt 3,16; Io 1,51. — 2: 4 Reg 24,12.15; Ez 8,1. — 3: Ez 3,22; 33,22; 37,1. — 4: Ier 1,13-14; 23,19; Ez 1,1; Apoc 4,6-8. — 5: Ez 10,14.21; Apoc 4,6. — 6: Ez 10,21. — 7: Ez 40,3; Apoc 1,15; 2,18. — 8: Ez 10,8.21. — 9: Ez 10,22. — 10: Ez 1,5. — 11: Is 6,2; Ez 1,23. — 12: Ez 10,17. — 13: Ps 17,12-13; 103,4. — 14: Dan 10,6; Zach 4,10. — 15: Ez 10,2.6. — 16: Ez 10,10; Dan 10,6. — 17: Ez 1,8-9; 10,11. — 18: Ez 10,12; Apoc 4,8. — 19: Ez 10,16.19; 11,21. — 20: Ez 1,12; 10,17. — 22: Ez 1,25-26; 10,1; Apoc 4,6. — 23: Ez 1,7.11. — 24: Is 28,2; Ez 10,5; 43,2; Apoc 1,15. — 26: Ex 24,10; Ez 10,1. — 27: Ez 14; 8,2. — 28: Gen 9,13; Ios 5,14; Dan 8,17; Apoc 4,3.

hominis desuper. [27] Et vidi quasi speciem
electri, velut aspectum ignis, intrinsecus
eius per circuitum; a lumbis eius et desuper, et a lumbis eius usque deorsum
vidi quasi speciem ignis splendentis in
circuitu, [28] velut aspectum arcus cum
fuerit in nube in die pluviae. Hic erat
aspectus splendoris per gyrum.

2 [1] Haec visio similitudinis gloriae Domini. Et vidi, et cecidi in faciem
meam, et audivi vocem loquentis, et
dixit ad me: Fili hominis, sta super
pedes tuos, et loquar tecum.

Commendatur Ezechiel munus propheticum

[2] Et ingressus est in me spiritus postquam locutus est mihi, et statuit me
supra pedes meos; et audivi loquentem
ad me, [3] et dicentem: Fili hominis, mitto
ego te ad filios Israel, ad gentes aposta-
trices, quae recesserunt a me; ipsi et
patres eorum praevaricati sunt pactum
meum, usque ad diem hanc. [4] Et filii
dura facie et indomabili corde sunt, ad
quos ego mitto te, et dices ad eos: Haec
dicit Dominus Deus: [5] si forte vel ipsi
audiant te, si forte quiescant, quoniam
domus exasperans est; et scient quia
propheta fuerit in medio eorum. [6] Tu
ergo, fili hominis, ne timeas eos, neque
sermones eorum metuas, quoniam increduli et subversores sunt tecum, et cum
scorpionibus habitas. Verba eorum ne
timeas, et vultus eorum ne formides,
quia domus exasperans est. [7] Loqueris
ergo verba mea ad eos, si forte audiant,
et quiescant; quoniam irritatores sunt.
[8] Tu autem, fili hominis, audi quaecumque loquor ad te, et noli esse exasperans,
sicut domus exasperatrix est; aperi os
tuum, et comede quaecumque ego do
tibi. [9] Et vidi: et ecce manus missa ad me,
in qua erat involutus liber, et expandit
illum coram me, qui erat scriptus intus
et foris, et scriptae erant in eo lamenta-
tiones, et carmen et vae.

3 [1] Et dixit ad me: Fili hominis, quodcumque inveneris, comede; come-
de volumen istud, et vadens loquere ad
filios Israel. [2] Et aperui os meum, et
cibavit me volumine illo; [3] et dixit ad
me: Fili hominis, venter tuus comedet, et
viscera tua complebuntur volumine isto
quod ego do tibi. Et comedi illud, et
factum est in ore meo sicut mel dulce.
[4] Et dixit ad me: Fili hominis, vade
ad domum Israel, et loqueris verba mea
ad eos. [5] Non enim ad populum profundi
sermonis et ignotae linguae tu mitteris,
ad domum Israel; [6] neque ad populos
multos profundi sermonis, et ignotae lin-
quae, quorum non possis audire sermones; et si ad illos mitteris, ipsi audirent
te; [7] domus autem Israel nolunt audire te,
quia nolunt audire me; omnis quippe
domus Israel attrita fronte est et duro
corde. [8] Ecce dedi faciem tuam valentio-
rem faciebus eorum, et frontem tuam
duriorem frontibus eorum; [9] ut adamantem et ut silicem dedi faciem tuam; ne
timeas eos, neque metuas a facie eorum,
quia domus exasperans est.
[10] Et dixit ad me: Fili hominis, omnes
sermones meos quos ego loquor ad te
assume in corde tuo, et auribus tuis audi;
[11] et vade, ingredere ad transmigrationem,
ad filios populi tui, et loqueris ad eos,
et dices eis: Haec dicit Dominus Deus:
si forte audiant et quiescant. [12] Et assumpsit me spiritus, et audivi post me vocem
commotionis magnae: Benedicta gloria
Domini de loco suo; [13] et vocem alarum
animalium percutientium alteram ad alteram, et vocem rotarum sequentium animalia, et vocem commotionis magnae.
[14] Spiritus quoque levavit me, et assumpsit me; et abii amarus in indignatione
spiritus mei; manus enim Domini erat
mecum, confortans me. [15] Et veni ad
transmigrationem, ad acervum novarum
frugum, ad eos qui habitabant iuxta flumen Chobar; et sedi ubi illi sedebant, et
mansi ibi septem diebus, moerens in medio eorum.
[16] Cum autem pertransissent septem
dies, factum est verbum Domini ad me,
dicens: [17] Fili hominis, speculatorem dedi
te domui Israel, et audies de ore meo
verbum, et annuntiabis eis ex me. [18] Si,
dicente me ad impium: Morte morieris,
non annuntiaveris ei, neque locutus fueris ut avertatur a via sua impia, et vivat,
ipse impius in iniquitate sua morietur,
sanguinem autem eius de manu tua requiram. [19] Si autem tu annuntiaveris impio, et ille non fuerit conversus ab impietate sua, et a via sua impia ipse quidem
in iniquitate sua morietur; tu autem ani-

2 **1:** Ez 3,1.3-4.23; 8,4; 9,3; 10,4.18-19; 43,3; 44,4; Dan 10,11. — **2:** Ez 3,24; 11,5. — **3:** Ez 2,5.8; 20,13.18.21. — **4:** Ez 3,7. — **5:** Ez 2,7; 3,26; 12,2; 33,33. — **6:** 4 Reg 23,6; Eccli 26,10; Ier 1,8; Ez 3,9; 28,24. — **7:** Ez 2,5; 3,3.11; Apoc 10,10. — **8:** Is 50,5; Apoc-5,1. — **9:** Ez 8,3; Dan 10,10; Apoc 10,2.10.

3 **1:** Ez 2,1.8. — **3:** Ier 15,16; Apoc 10,9-10. **5:** Deut 28,49; Is 33,19; Ier 5,15. — **6:** Mt 11,21.23. — **7:** Ez 2,4; Io 15,20. — **8:** Is 50,7; Ier 1,18. — **9:** Ez 2,6. — **11:** Ez 3,27; 33,2.12. — **12:** Ez 1,24; 8,3; 11,1.24; 43,5. — **13:** Ez 1,5.15. **14:** Ez 1,3; 3,2. — **15:** Gen 50,10; 1 Sam 31,13; Iudith 16,29; Ez 1,1. — **16:** Ier 42,7. — **17:** Is 52,8; 56,10; Ier 6,17; Os 9,8. — **18:** Gen 2,17; Ier 31,30; Ez 18.4.18. — **19:** Ez 14,14.20; 33,9;

mam tuam liberasti. 20 Sed et si conversus
iustus a iustitia sua fuerit, et fecerit iniquitatem, ponam offendiculum coram eo;
ipse morietur quia non annuntiasti ei; in
peccato suo morietur, et non erunt in
memoria iustitiae eius quas fecit, sanguinem vero eius de manu tua requiram.
21 Si autem tu annuntiaveris iusto ut non
peccet iustus, et ille non peccaverit, vivens vivet, quia annuntiasti ei, et tu animam tuam liberasti.

PARS PRIMA

Divina iudicia contra Iudam
(3,22-24,27)

Propheta, captivus in domo sua

22 Et facta est super me manus Domini
et dixit ad me: Surgens egredere in campum, et ibi loquar tecum. 23 Et surgens
egressus sum in campum; et ecce ibi gloria Domini stabat, quasi gloria quam vidi
iuxta fluvium Chobar; et cecidi in faciem
meam. 24 Et ingressus est in me spiritus,
et statui me super pedes meos, et locutus
est mihi, et dixit ad me: Ingredere, et in-
cludere in medio domus tuae. 25 Et tu,
fili hominis, ecce data sunt super te vincula, et ligabunt te in eis, et non egredieris
de medio eorum. 26 Et linguam tuam adhaerere faciam palato tuo, et eris mutus,
nec quasi vir obiurgans, quia domus exasperans est. 27 Cum autem locutus fuero
tibi, aperiam os tuum, et dices ad eos:
Haec dicit Dominus Deus: Qui audit,
audiat; et qui quiescit, quiescat, quia domus exasperans est.

Descriptio Ierusalem obsessae

4 1 Et tu, fili hominis, sume tibi laterem, et pones eum coram te, et de-
scribes in eo civitatem Ierusalem. 2 Et or-
dinabis adversus eam obsidionem, et aedificabis munitiones, et comportabis aggerem et dabis contra eam castra, et pones
arietes in gyro. 3 Et tu sume tibi sartaginem ferream, et pones eam in murum ferreum inter te et inter civitatem; et obfir-
mabis faciem tuam ad eam, et erit in
obsidionem, et circumdabis eam: signum
est domui Israel.

Propheta, dormiens super latus suum et cibum impurum comedens, symbolum futurae Iudaeorum sortis

4 Et tu dormies super latus tuum sinistrum, et pones iniquitates domus Israel
super eo, numero dierum quibus dormies
super illud, et assumes iniquitatem eorum.
5 Ego autem dedi tibi annos iniquitatis
eorum, numero dierum trecentos et nonaginta dies, et portabis iniquitatem domus
Israel. 6 Et cum compleveris haec, dormies super latus tuum dexterum secundo,
et assumes iniquitatem domus Iuda quadraginta diebus; diem pro anno, diem,
inquam, pro anno, dedi tibi. 7 Et ad obsidionem Ierusalem convertes faciem tuam,
et brachium tuum erit extentum; et prophetabis adversus eam. 8 Ecce circumdedi
te vinculis; et non te convertes a latere
tuo in latus aliud, donec compleas dies
obsidionis tuae.
9 Et tu, sume tibi frumentum, et hordeum, et fabam, et lentem, et milium,
et viciam; et mittes ea in vas unum, et
facies tibi panes numero dierum quibus
dormies super latus tuum: trecentis et nonaginta diebus comedes illud. 10 Cibus autem tuus, quo vesceris, erit in pondere
viginti stateres in die; a tempore usque
ad tempus comedes illud. 11 Et aquam in
mensura bibes, sextam partem hin; a tempore usque ad tempus bibes illud. 12 Et
quasi subcinericium hordeaceum comedes
illud, et stercore quod egreditur de homine operies illud in oculis eorum. 13 Et
dixit Dominus: Sic comedent filii Israel
panem suum pollutum inter gentes ad
quas eiiciam eos. Et dixi: 14 A, a, a, Domine Deus, ecce anima mea non est polluta; et morticinum, et laceratum a bestiis non comedi ab infantia mea usque
nunc, et non est ingressa in os meum omnis caro immunda. 15 Et dixit ad me:
Ecce dedi tibi fimum boum pro stercori-
bus humanis, et facies panem tuum in
eo. 16 Et dixit ad me: Fili hominis, ecce
ego conteram baculum panis in Ierusalem, et comedent panem in pondere et in
sollicitudine, et aquam in mensura et in
angustia bibent, 17 ut deficientibus pane
et aqua, corruat unusquisque ad fratrem
suum, et contabescant in iniquitatibus
suis.

1 Tim 4,6. — **20:** Ier 6,18.21; Ez 18,24. — **22:** Ez 1,3; Act 9,6; 22,10. — **23:** Ez 2,1.15. — **24:** Ez 2,2. — **25:** Ez 4,8. — **26:** Ez 2,5.8. — **27:** Ez 3,11; 24,27; 29,21.

4 **1:** Ier 13,1-2; Ez 2,1; 4,3. — **2:** 4 Reg 25,1; Is 21,22; 29,3. — **3:** Lev 17,10; Is 29,3; Ez 21,6; 24,24. — **4:** Lev 16,22; Is 53,11-12; Ez 44,10.12. — **5:** Num 14,34; Ez 4,9; 23,4.9-10. — **6:** Ez 23,11-12. — **7:** Is 52,10; Ez 21,2. — **9:** 3 Reg 22,27; Ier 3721; Ez 4,16. — **11:** Ez 45,24. **12:** Ez 12,13. — **13:** Os 9,3. — **14:** Lev 7,18; Ez 20,49; 44,31; Dan 1,8; Act 10,14. — **16:** Lev 26,26; Ez 4,10; 5,16; 14,13. — **17:** Lev 26,39; Ez 24,23; 33,10.

Pili detonsi varieque consumpti, novum symbolum futurae Iudaeorum sortis

5 1 Et tu, fili hominis, sume tibi gladium acutum, radentem pilos, et assumes eum et duces per caput tuum et per
barbam tuam, et assumes tibi stateram
ponderis et divides eos. 2 Tertiam partem
igni combures in medio civitatis, iuxta
completionem dierum obsidionis, et assumes tertiam partem, et concides gladio
in circuitu eius; tertiam vero aliam disperges in ventum, et gladium nudabo post
eos. 3 Et sumes inde parvum numerum,
et ligabis eos in summitate pallii tui; 4 et
ex eis rursum tolles, et proiicies eos in
medio ignis, et combures eos igni, et ex
eo egredietur ignis in omnem domum Israel.

5 Haec dicit Dominus Deus: Ista est Ierusalem, in medio gentium posui eam, et
in circuitu eius terras. 6 Et contempsit iudicia mea, ut plus esset impia quam gentes, et praecepta mea ultra quam terrae
quae in circuitu eius sunt; iudicia enim
mea proiecerunt, et in praeceptis meis non
ambulaverunt. 7 Idcirco haec dicit Dominus Deus: Quia superastis gentes quae
in circuitu vestro sunt, et in praeceptis
meis non ambulastis, et iudicia mea non
fecistis, et iuxta iudicia gentium quae in
circuitu vestro sunt non estis operati,
8 ideo haec dicit Dominus Deus: Ecce ego
ad te, et ipse ego faciam in medio tui
iudicia in oculis gentium; 9 et faciam in
te quod non feci, et quibus similia ultra
non faciam, propter omnes abominationes tuas. 10 Ideo patres comedent filios in
medio tui, et filii comedent patres suos,
et faciam in te iudicia, et ventilabo universas reliquias tuas in omnem ventum.

11 Idcirco vivo ego, dicit Dominus Deus,
nisi pro eo quod sanctum meum violasti
in omnibus offensionibus tuis, et in cunctis abominationibus tuis, ego quoque
confringam, et non parcet oculus meus,
et non miserebor. 12 Tertia pars tui peste
morietur, et fame consumetur in medio
tui, et tertia pars tui in gladio cadet in
circuitu tuo; tertiam vero partem tuam
in omnem ventum dispergam, et gladium
evaginabo post eos. 13 Et complebo furorem meum, et requiescere faciam indignationem meam in eis, et consolabor; et
scient quia ego Dominus locutus sum in
zelo meo, cum implevero indignationem
meam in eis. 14 Et dabo te in desertum,
et in opprobrium gentibus quae in circuitu tuo sunt, in conspectu omnis praetereuntis; 15 et eris opprobrium et blasphemia, exemplum et stupor in gentibus quae
in circuitu tuo sunt, cum fecero in te
iudicia in furore, et in indignatione, et in
increpationibus irae. 16 Ego Dominus locutus sum: quando misero sagittas famis
pessimas in eos, quae erunt mortiferae,
et quas mittam ut disperdam vos; et
famem congregabo super vos, et conteram in vobis baculum panis; 17 et immittam in vos famem et bestias pessimas,
usque ad internecionem; et pestilentia et
sanguis transibunt per te, et gladium inducam super te. Ego Dominus locutus sum.

Divina vindicta contra idololatras Israel

6 1 Et factus est sermo Domini ad me,
dicens: 2 Fili hominis, pone faciem
tuam ad montes Israel, et prophetabis ad
eos, 3 et dices:

Montes Israel,
Audite verbum Domini Dei,
Haec dicit Dominus Deus
Montibus et collibus,
Rupibus et vallibus:
Ecce ego inducam super vos gladium,
Et disperdam excelsa vestra,
4 El demoliar aras vestras,
Et confringentur simulacra vestra,
Et deiiciam interfectos vestros
Ante idola vestra;
5 Et dabo cadavera filiorum Israel
Ante faciem simulacrorum vestrorum,
Et dispergam ossa vestra
Circum aras vestras;
6 In omnibus habitationibus vestris
Urbes desertae erunt,
Et excelsa demolientur et dissipabuntur;
Et interibunt arae vestrae, et confringen-
tur,
Et cessabunt idola vestra,
Et conterentur delubra vestra,
Et delebuntur opera vestra;
7 Et cadet interfectus in medio vestri,
Et scietis quia ego sum Dominus.
8 Et relinquam in vobis eos
Qui fugerint gladium in gentibus,
Cum dispersero vos in terris;
9 Et recordabuntur mei liberati vestri in
gentibus

5 **1:** Lev 21,5; Ez 2,1; 44,20. — **2:** Ez 4,1.8; 5,5.10.12; 12,14. — **3:** Ier 40,6. — **4:** Ier 42,18; 44,14. — **5:** Ez 4,1; 38,12. — **6:** Ez 16,47-48. **7:** Ier 2,10-11; 10,47. — **8:** Ez 5,10; 11,9; 13,8; 22,16. — **9:** 4 Reg 21,12-13. — **10:** Ier 19,9; Ez 12,14-15; 17,21; 22,15. — **11:** 4 Reg 16,10-15; 2 Par 36,14; Ez 7,4; 8,3.5-6; 14,16; 16,48. — **12:** Deut 28,65; Ier 15,2; Ez 5,2; 6,11-12; Am 9,4. **13:** Ez 6,12; 7,8; 8,18; 16,42; 36,5-6. — **14:** Neh 2,21; Ez 6,6; 22,4. — **15:** Ez 14,8.21; 25,17. — **16:** Deut 32,23-24; Ez 4,16. — **17:** Ez 14,15; 33,27; 38,22.

6 **2:** Ez 13,17; 19,9; 20,46; 36,1.4.8; 37,4.9. — **3:** Lev 26,30. — **5:** 4 Reg 23,14-16. — **6:** Ez 6,14; 12,20. — **7:** Ez 7,4; 11,10-12; 13,9.14. — **8:** Ier 44,28; Ez 12,16; 14,22. — **9:**

Ad quas captivi ducti sunt;
Quia contrivi cor eorum
Fornicans et recedens a me,
Et oculos eorum fornicantes post idola sua;
Et displicebunt sibimet super malis
Quae fecerunt in universis abominationibus suis.
10 Et scient quia ego Dominus non frustra locutus sum,
Ut facerem eis malum hoc.
11 Haec dicit Dominus Deus:
Percute manum tuam
Et allide pedem tuum, et dic: Heu,
Ad omnes abominationes malorum domus Israel,
Quia gladio, fame et peste ruituri sunt!
12 Qui longe est, peste morietur;
Qui autem prope, gladio corruet;
Et qui relictus fuerit et obsessus, fame morietur;
Et complebo indignationem meam in eis.
13 Et scietis quia ego Dominus,
Cum fuerint interfecti vestri in medio idolorum vestrorum,
In circuitu ararum vestrarum,
In omni colle excelso,
Et in cunctis summitatibus montium,
Et subtus omne lignum nemorosum,
Et subtus universam quercum frondosam,
Locum ubi accenderunt thura redolentia universis idolis suis.
14 Et extendam manum meam super eos;
Et faciam terram desolatam, et destitutam,
A deserto Deblatha, in omnibus habitationibus eorum:
Et scient quia ego Dominus.

Imminet Dei iudicium in Iudam

7 1 Et factus est sermo Domini ad me, dicens: 2 Et tu, fili hominis, haec dicit Dominus Deus terrae Israel:

Finis venit, venit finis super quatuor plagas terrae.
3 Nunc finis super te, et immittam furorem meum in te;
Et iudicabo te iuxta vias tuas,
Et ponam contra te omnes abominationes tuas.
4 Et non parcet oculus meus super te, et non miserebor;
Sed vias tuas ponam super te,
Et abominationes tuae in medio tui erunt,
Et scietis quia ego Dominus.
5 Haec dicit Dominus Deus:
Afflictio una, afflictio ecce venit.
6 Finis venit, venit finis;
Evigilavit adversum te, ecce venit.
7 Venit contritio super te, qui habitas in terra;
Venit tempus, prope est dies occisionis,
Et non gloriae montium.
8 Nunc de propinquo effundam iram meam super te,
Et complebo furorem meum in te;
Et iudicabo te iuxta vias tuas,
Et imponam tibi omnia scelera tua,
9 Et non parcet oculus meus,
Nec miserebor;
Sed vias tuas imponam tibi,
Et abominationes tuae in medio tui erunt.
Et scietis quia ego sum Dominus percutiens.
10 Ecce dies, ecce venit;
Egressa est contritio,
Floruit virga, germinavit superbia;
11 Iniquitas surrexit in virga impietatis;
Non ex eis, et non ex populo,
Neque ex sonitu eorum;
Et non erit requies in eis.
12 Venit tempus, appropinquavit dies;
Qui emit, non laetetur;
Et qui vendit, non lugeat,
Quia ira super omnem populum eius.
13 Quia qui vendit, ad id quod vendidit non revertetur;
Et adhuc in viventibus vita eorum:
Visio enim ad omnem multitudinem eius non regredietur,
Et vir in iniquitate vitae suae non confortabitur.
14 Canite tuba, praeparentur omnes;
Et non est qui vadat ad praelium,
Ira enim mea super universum populum eius.
15 Gladius foris, et pestis et fames intrinsecus:
Qui in agro est, gladio morietur;
Et qui in civitate, pestilentia et fame devorabuntur.
16 Et salvabuntur qui fugerint ex eis;
Et erunt in montibus quasi columbae convallium omnes trepidi,
Unusquisque in iniquitate sua.
17 Omnes manus dissolventur,
Et omnia genua fluent aquis.
18 Et accingent se ciliciis,
Et operiet eos formido;
Et in omni facie confusio,
Et in universis capitibus eorum calvitium.
19 Argentum eorum foras proiicietur,

Ez 16,61; 20,43; 36,31. — **10:** Ez 6,7 — **11:** Ez 5,12; 21,14.17; 25,6. — **12:** Ez 5,13; 7,15. — **13:** Is 57,5; Ier 2,20; Ez 6,4-5.7; 20,28; Os 4, 13. — **14:** Num 33,46-47; Ier 48,22; Ez 6,6-7; 25,7; 35,3.

7 **2:** Ez 7,3-6; Am 8,2. — **3:** Ez 7,8; 18, 30. — **4:** Ez 5,11; 6,7. — **6:** Ez 7,2. — **7:** Ez 7,10; Soph 1,14-15. — **8:** Ez 5,3; 9,8; 14, 19. — **9:** Ez 7,4. — **10:** Is 10,5; 14,5; Ez 7,2-4. — **11:** Ier 16,4-6; Ez 17,13. — **12:** Is 24,2; Ez 7,7. — **13:** Lev 25,13-14. — **15:** Ier 14,8; Lam 1,20; Ez 6,12. — **16:** Is 38,14; Ez 6,8. — **17:** Ez 21,7. — **18:** Is 3,24; Ier 4,8; Lam 2,10. — **19:** Ez 14,3-7. — **20:** Ez 8,5-16; 16,17. — **21:**

Et aurum eorum in sterquilinium erit;
Argentum eorum, et aurum eorum.
Non valebit liberare eos in die furoris Domini:
Animam suam non saturabunt,
Et ventres eorum non implebuntur,
Quia scandalum iniquitatis eorum factum est.
20 Et ornamentum monilium suorum in superbiam posuerunt,
Et imagines abominationum suarum et simulacrorum fecerunt ex eo;
Propter hoc dedi eis illud in immunditiam.
21 Et dabo illud in manus alienorum ad diripiendum.
Et impiis terrae in praedam, et contaminabunt illud.
22 Et avertam faciem meam ab eis,
Et violabunt arcanum meum;
Et introibunt in illud emissarii, et contaminabunt illud.
23 Fac conclusionem,
Quoniam terra plena est iudicio sanguinum
Et civitas plena iniquitate.
24 Et adducam pessimos de gentibus,
Et possidebunt domos eorum;
Et quiescere faciam superbiam potentium,
Et possidebunt sanctuaria eorum.
25 Angustia superveniente,
Requirent pacem, et non erit.
26 Conturbatio super conturbationem veniet,
Et auditus super auditum;
Et quaerent visionem de propheta,
Et lex peribit a sacerdote,
Et consilium a senioribus.
27 Rex lugebit, et princeps induetur moerore,
Et manus populi terrae conturbabuntur;
Secundum viam eorum faciam eis,
Et secundum iudicia eorum iudicabo eos,
Et scient quia ego Dominus.

Propheta conspicit in visione cultus idololatricos in templo

8 1 Et factum est in anno sexto, in
sexto mense, in quinta mensis, ego
sedebam in domo mea, et senes Iuda sedebant coram me, et cecidit ibi super me
manus Domini Dei, 2 et vidi: et ecce similitudo quasi aspectus ignis; ab aspectu
lumborum eius, et deorsum, ignis; et a
lumbis eius, et sursum, quasi aspectus
splendoris, ut visio electri. 3 Et emissa
similitudo manus apprehendit me in cin-
cinno capitis mei, et elevavit me spiritus
inter terram et caelum, et adduxit me in
Ierusalem, in visione Dei, iuxta ostium
interius, quod respiciebat ad aquilonem,
ubi erat statutum idolum zeli ad provo-
candam aemulationem. 4 Et ecce ibi gloria Dei Israel, secundum visionem quam
videram in campo.
5 Et dixit ad me: Fili hominis, leva
oculos tuos ad viam aquilonis. Et levavi
oculos meos ad viam aquilonis, et ecce ab
aquilone portae altaris idolum zeli in ipso
introitu. 6 Et dixit ad me: Fili hominis,
putasne, vides tu quid isti faciunt, abominationes magnas quas domus Israel facit
hic, ut procul recedam a sanctuario meo?
et adhuc conversus videbis abominationes maiores. 7 Et introduxit me ad ostium atrii, et vidi, et ecce foramen unum
in pariete; 8 et dixit ad me: Fili hominis,
fode parietem. Et cum fodissem parietem,
apparuit ostium unum. 9 Et dixit ad me:
Ingredere, et vide abominationes pessimas quas isti faciunt hic. 10 Et ingressus
vidi, et ecce omnis similitudo reptilium
et animalium, abominatio, et universa idola domus Israel depicta erant in pariete
in circuitu per totum; 11 et septuaginta
viri de senioribus domus Israel; et Iezonias, filius Saphan, stabat in medio eorum
stantium ante picturas; et unusquisque
habebat thuribulum in manu sua, et vapor nebulae de thure consurgebat. 12 Et
dixit ad me: Certe vides, fili hominis,
quae seniores domus Israel faciunt in tenebris, unusquisque in abscondito cubiculi
sui; dicunt enim: Non videt Dominus
nos, dereliquit Dominus terram. 13 Et dixit ad me: Adhuc conversus videbis abominationes maiores, quas isti faciunt. 14 Et
introduxit me per ostium portae domus
Domini quod respiciebat ad aquilonem,
et ecce ibi mulieres sedebant plangentes
Adonidem. 15 Et dixit ad me: Certe vidisti, fili hominis; adhuc conversus videbis abominationes maiores his. 16 Et introduxit me in atrium domus Domini interius, et ecce in ostio templi Domini,
inter vestibulum et altare, quasi viginti
quinque viri dorsa habentes contra templum Domini, et facies ad orientem; et
adorabant ad ortum solis. 17 Et dixit ad
me: Certe vidisti, fili hominis; numquid
leve est hoc domui Iuda, ut facerent abominationes istas quas fecerunt hic, quia
replentes terram iniquitate, conversi sunt
ad irritandum me? Et ecce applicant ramum ad nares suas. 18 Ergo et ego faciam

Ez 11,9; 23,46; 28,7. — **23:** Ier 27,2; Ez 8,17; 9,9. — **24:** Ez 7,21; Hab 1,6.13. — **25:** Ier 6, 14; 8,15. — **26:** Ier 4,20; Ez 20,1; Dan 13,5; Mal 2,7.

8 **1:** Ez 1,3; 14,1. — **2:** Ez 1,4.27. — **3:** Deut 5,5; Dan 14,35; 40,2. — **4:** Deut 4,16; 32, 16.21. — **5:** Ez 2,1; 3,23. — **6:** Ez 2,1; 5,11. — **8:** Ez 12,5. — **10:** Lev 11,30; Ez 23,14. — **11:** Ex 24,1; Num 11,16; 2 Par 34,8; Ez 6,13. — **12:** Iob 22,14; Ez 9,9. — **13:** Ez 8,6. — **14:** Ez 8,3. — **16:** Ier 8,2; Ez 10,3; 11,1; 40,23. — **17:** Ier 7,18-19; Ez 7,23. — **18:** Prov 1,28; Ez 5,13.

in furore: non parcet oculus meus, nec miserebor; et cum clamaverint ad aures meas voce magna, non exaudiam eos.

Apparent ministri vindictae Dei

9 1 Et clamavit in auribus meis voce magna, dicens: Appropinquaverunt visitationes urbis, et unusquisque vas interfectionis habet in manu sua. 2 Et ecce sex viri veniebant de via portae superioris, quae respicit ad aquilonem, et uniuscuiusque vas interitus in manu eius; vir quoque unus in medio eorum vestitus erat lineis, et atramentarium scriptoris ad renes eius; et ingressi sunt, et steterunt iuxta altare aereum.

3 Et gloria Domini Israel assumpta est de cherub, quae erat super eum ad limen domus; et vocavit virum qui indutus erat lineis, et atramentarium scriptoris habebat in lumbis suis, 4 et dixit Dominus ad eum: Transi per mediam civitatem, in medio Ierusalem, et signa thau super frontes virorum gementium et dolentium super cunctis abominationibus quae fiunt in medio eius. 5 Et illis dixit, audiente me: Transite per civitatem sequentes eum, et percutite; non parcat oculus vester, neque misereamini: 6 senem, adolescentulum et virginem, parvulum et mulieres, interficite usque ad internecionem; omnem autem super quem videritis thau, ne occidatis, et a sanctuario meo incipite. Coeperunt ergo a viris senioribus, qui erant ante faciem domus. 7 Et dixit ad eos: Contaminate domum et implete atria interfectis; egredimini. Et egressi sunt, et percutiebant eos qui erant in civitate. 8 Et caede completa, remansi ego, ruique super faciem meam, et clamans aio: Heu! heu! heu! Domine Deus; ergone disperdes omnes reliquias Israel, effundens furorem tuum super Ierusalem? 9 Et dixit ad me: Iniquitas domus Israel et Iuda magna est nimis valde, et repleta est terra sanguinibus, et civitas repleta est aversione; dixerunt enim: Dereliquit Dominus terram, et Dominus non videt. 10 Igitur et meus non parcet oculus, neque miserebor; viam eorum super caput eorum reddam. 11 Et ecce vir qui erat indutus lineis, qui habebat atramentarium in dorso suo, respondit verbum, dicens: Feci sicut praecepisti mihi.

Apparet Dominus in gloria

10 1 Et vidi: et ecce, in firmamento quod erat super caput cherubim, quasi lapis sapphirus, quasi species similitudinis solii, apparuit super ea. 2 Et dixit ad virum qui indutus erat lineis, et ait: Ingredere in medio rotarum quae sunt subtus cherubim, et imple manum tuam prunis ignis quae sunt inter cherubim, et effunde super civitatem. Ingressusque est in conspectu meo. 3 Cherubim autem stabant a dextris domus, cum ingrederetur vir, et nubes implevit atrium interius. 4 Et elevata est gloria Domini desuper cherub ad limen domus; et repleta est domus nube, et atrium repletum est splendore gloriae Domini. 5 Et sonitus alarum cherubim audiebatur usque ad atrium exterius, quasi vox Dei omnipotentis loquentis. 6 Cumque praecepisset viro qui indutus erat lineis, dicens: Sume ignem de medio rotarum quae sunt inter cherubim, ingressus ille stetit iuxta rotam. 7 Et extendit cherub manum de medio cherubim, ad ignem qui erat inter cherubim, et sumpsit, et dedit in manus eius qui indutus erat lineis, qui accipiens egressus est. 8 Et apparuit in cherubim similitudo manus hominis subtus pennas eorum.

9 Et vidi: et ecce quatuor rotae iuxta cherubim; rota una iuxta cherub unum, et rota alia iuxta cherub unum; species autem rotarum erat quasi visio lapidis chrysolithi; 10 et aspectus earum similitudo una quatuor, quasi sit rota in medio rotae. 11 Cumque ambularent, in quatuor partes gradiebantur et non revertebantur ambulantes; sed ad locum ad quem ire declinabat quae prima erat, sequebantur et caeterae, nec convertebantur. 12 Et omne corpus earum, et colla, et manus, et pennae, et circuli, plena erant oculis in circuitu quatuor rotarum. 13 Et rotas istas vocavit volubiles, audiente me. 14 Quatuor autem facies habebat unum: facies una, facies cherub; et facies secunda, facies hominis; et in tertio facies leonis, et in quarto facies aquilae. 15 Et elevata sunt cherubim: ipsum est animal quod videram iuxta fluvium Chobar. 16 Cumque ambularent cherubim, ibant pariter et rotae iuxta ea; et cum elevarent cherubim alas suas ut exaltarentur de terra, non residebant rotae, sed et ipsae iuxta erant. 17 Stantibus illis, stabant, et cum elevatis elevabantur; spiritus enim vitae erat in eis.

9 **2:** Ier 1,14; Ez 8,16; 10,2-7. — **3:** Ex 27, 2; Ez 2,1; 10,4. — **4:** Apoc 3,12; 7,3; 9,4; 20,4. — **5:** Ez 5,11. — **6:** 2 Par 36,19; Ier 25, 29; Ez 8,11-12; Apoc 9,4. — **7:** Ez 7,20-22. — **8:** Ez 7,8; 11,13. — **9:** 2 Par 36,14-16; Ez 7,23; 8,12. — **10:** Ez 5,11; 7,4. — **11:** Ez 9,2.

10 **1:** Ez 1,22.26; 10,4.18. — **2:** Ez 1,13; 10,6.13; Apoc 8,5. — **3:** Ez 8,16; 16,46; Lc 1,11. — **4:** Ez 9,3; 10,18-19; 43,2. — **5:** Ez 1,24. — **6:** Ez 10,2. — **8:** Ez 8,3. — **9:** Ez 1, 16. — **10:** Dan 10,6. — **11:** Ez 1,17. — **12:** Ez 1,18. — **14:** Ez 1,5-6.10; 10,21. — **15:** Ez 10, 17-18. — **16:** Ez 1,19. — **17:** Ez 1,21. — **18:** Ez

18 Et egressa est gloria Domini a limine templi, et stetit super cherubim. 19 Et
elevantia cherubim alas suas, exaltata sunt
a terra coram me; et illis egredientibus,
rotae quoque subsecutae sunt; et stetit
in introitu portae domus Domini orientalis, et gloria Dei Israel erat super ea.
20 Ipsum est animal quod vidi subter
Deum Israel iuxta fluvium Chobar, et
intellexi quia cherubim essent. 21 Quatuor
vultus uni, et quatuor alae uni; et similitudo manus hominis sub alis eorum.
22 Et similitudo vultuum eorum, ipsi vultus quos videram iuxta fluvium Chobar,
et intuitus eorum, et impetus singulorum
ante faciem suam ingredi.

Propheta videt principes populi, pravos consiliatores in civitate, eisque interitum nuntiat

11 1 Et elevavit me spiritus, et introduxit me ad portam domus Domi-
ni orientalem, quae respicit ad solis ortum;
et ecce in introitu portae viginti quinque
viri; et vidi in medio eorum Iezoniam,
filium Azur, et Pheltiam, filium Banaiae,
principes populi. 2 Dixitque ad me: Fili
hominis, hi sunt viri qui cogitant iniquitatem, et tractant consilium pessimum in
urbe ista, 3 dicentes: Nonne dudum aedificatae sunt domus? haec est lebes, nos
autem carnes. 4 Idcirco vaticinare de eis,
vaticinare, fili hominis. 5 Et irruit in me
spiritus Domini, et dixit ad me: Loquere.
Haec dicit Dominus: Sic locuti estis, domus Israel, et cogitationes cordis vestri
ego novi. 6 Plurimos occidistis in urbe
hac, et implestis vias eius interfectis.
7 Propterea haec dicit Dominus Deus:
Interfecti vestri, quos posuistis in medio
eius, hi sunt carnes, et haec est lebes; et
educam vos de medio eius. 8 Gladium
metuistis, et gladium inducam super vos,
ait Dominus Deus. 9 Et eiiciam vos de
medio eius, daboque vos in manu hostium, et faciam in vobis iudicia. 10 Gladio
cadetis; in finibus Israel iudicabo vos,
et scietis quia ego Dominus. 11 Haec non
erit vobis in lebetem, et vos non eritis in
medio eius in carnes; in finibus Israel
iudicabo vos. 12 Et scietis quia ego Dominus, quia in praeceptis meis non ambulastis, et iudicia mea non fecistis, sed iuxta
iudicia gentium quae in circuitu vestro
sunt estis operati. 13 Et factum est cum
prophetarem, Pheltias, filius Banaiae,
mortuus est; et cecidi in faciem meam clamans voce magna, et dixi: Heu! heu! heu!
Domine Deus, consummationem tu facis
reliquiarum Israel?

Promissio restitutionis

14 Et factum est verbum Domini ad me,
dicens: 15 Fili hominis, fratres tui, fratres tui, viri propinqui tui, et omnis domus Israel, universi quibus dixerunt habitatores Ierusalem: Longe recedite a Domino, nobis data est terra in possessionem. 16 Propterea haec dicit Dominus
Deus: Quia longe feci eos in gentibus, et
quia dispersi eos in terris, ero eis in sanctificationem modicam in terris ad quas
venerunt. 17 Propterea loquere: Haec dicit
Dominus Deus: Congregabo vos de populis, et adunabo de terris in quibus dispersi estis, daboque vobis humum Israel.
18 Et ingredientur illuc, et auferent omnes
offensiones, cunctasque abominationes
eius de illa. 19 Et dabo eis cor unum, et
spiritum novum tribuam in visceribus
eorum; et auferam cor lapideum de carne
eorum, et dabo eis cor carneum, 20 ut
in praeceptis meis ambulent, et iudicia
mea custodiant, faciantque ea, et sint
mihi in populum, et ego sim eis in Deum.
21 Quorum cor post offendicula et abominationes suas ambulat, horum viam in capite suo ponam, dicit Dominus Deus.
22 Et elevaverunt cherubim alas suas,
et rotae cum eis, et gloria Dei Israel erat
super ea; 23 et ascendit gloria Domini de
medio civitatis, stetitque super montem qui
est ad orientem urbis. 24 Et spiritus levavit
me, adduxitque in Chaldaeam ad transmigrationem, in visione, in spiritu Dei;
et sublata est a me visio quam videram.
25 Et locutus sum ad transmigrationem
omnia verba Domini quae ostenderat
mihi.

Captivitas regis et populi symbolice figuratur

12 1 Et factus est sermo Domini ad
me, dicens: 2 Fili hominis, in medio domus exasperantis tu habitas, qui
oculos habent ad videndum, et non vident; et aures ad audiendum, et non au-

9,3; 10,4. — **19:** Ez 10,4; 11,1. — **20:** Ez 1,22. — **21:** Ez 1,6; 10,14. — **22:** Ez 1,9-10.12; 10,11.

11 **1:** Ier 28,1; Ez 8,16; 11,13.24. — **3:** Ier 29,28; Ez 12,22; 24,3.6. — **5:** Ez 2,2; 20,32. — **6:** Ez 7,23. — **7:** Ez 11,3; 24,6. — **8:** Ier 42,16. — **9:** Ez 5,8.10; 7,21. — **10:** Ez 6,7; 39,6. — **11:** Ez 11,3.7. — **12:** Ez 5,7; 8,10-16. — **13:** Ier 4,27; Ez 9,8; 20,17; Act 5,5. — **15:** 1 Sam 26,19. — **16:** Ez 37,26. — **17:** Ez 20,41; 28,25; 36,24. — **18:** Ez 5,11; 37,23. — **19:** Ier 32,26; Bar 2,3; Ez 33,26; Zach 7,12. — **20:** Ps 104,45; Ez 14,11; 36,28; 37,23.27. — **21:** Ez 7,4; 9,4-6. — **22:** Ez 2,1; 10,19. — **23:** Ez 43,2; Zach 14,4. — **24:** Ez 8,3; 11,1.

12 **2:** Is 6,9-10; 42,20; Ier 5,21; Mt 13,13-14. — **3:** Ier 46,19; Ez 17,16. — **4:** 4 Reg 25,4; Ier 39,4; 52,7. — **5:** Ez 8,8. — **6:**

diunt, quia domus exasperans est. 3 Tu
ergo, fili hominis, fac tibi vasa transmigrationis, et transmigrabis per diem coram eis. Transmigrabis autem de loco
tuo ad locum alterum, in conspectu eorum
si forte aspiciant, quia domus exasperans
est; 4 et efferes foras vasa tua quasi vasa
transmigrantis per diem in conspectu
eorum; tu autem egredieris vespere coram eis, sicut egreditur migrans. 5 Ante
oculos eorum perfode tibi parietem, et
egredieris per eum; 6 in conspectu eorum
in humeris portaberis, in caligine effere-
ris; faciem tuam velabis, et non videbis
terram, quia portentum dedi te domui
Israel.

7 Feci ergo sicut praeceperat mihi Dominus; vasa mea protuli quasi vasa transmigrantis per diem; et vespere perfodi
mihi parietem manu, et in caligine egressus sum, in humeris portatus in conspectu
eorum. 8 Et factus est sermo Domini mane
ad me, dicens: 9 Fili hominis, numquid
non dixerunt ad te domus Israel, domus
exasperans: Quid tu facis? 10 Dic ad eos:
Haec dicit Dominus Deus:

Super ducem onus istud, qui est in Ierusalem,
Et super omnem domum Israel quae est in medio eorum.
11 Dic: Ego portentum vestrum;
Quomodo feci, sic fiet illis:
In transmigrationem et in captivitatem ibunt.
12 Et dux qui est in medio eorum,
In humeris portabitur, in caligine egredietur;
Parietem perfodient, ut educant eum;
Facies eius operietur, ut non videat oculo terram;
13 Et extendam rete meum super eum,
Et capietur in sagena mea;
Et adducam eum in Babylonem, in terram Chaldaeorum;
Et ipsam non videbit, ibique morietur.
14 Et omnes qui circa eum sunt,
Praesidium eius, et agmina eius,
Dispergam in omnem ventum,
Et gladium evaginabo post eos.
15 Et scient quia ego Dominus,
Quando dispersero illos in gentibus,
Et disseminavero eos in terris.
16 Et relinquam ex eis viros paucos
A gladio, et fame, et pestilentia,
Ut enarrent omnia scelera eorum
In gentibus ad quas ingredientur,
Et scient quia ego Dominus.
17 Et factus est sermo Domini ad me, dicens:
18 Fili hominis, panem tuum in conturbatione comede,
Sed et aquam tuam in festinatione et moerore bibe.
19 Et dices ad populum terrae:
Haec dicit Dominus Deus
Ad eos qui habitant in Ierusalem, in terra Israel:
Panem suum in sollicitudine comedent,
Et aquam suam in desolatione bibent;
Ut desoletur terra a multitudine sua,
Propter iniquitatem omnium qui habitant in ea.
20 Et civitates quae nunc habitantur, desolatae erunt,
Terraque deserta,
Et scietis quia ego Dominus.

Iudicium Domini iam imminet

21 Et factus est sermo Domini ad me dicens:
22 Fili hominis, quod est proverbium istud
Vobis in terra Israel, dicentium:
In longum differentur dies,
Et peribit omnis visio?
23 Ideo dic ad eos:
Haec dicit Dominus Deus:
Quiescere faciam proverbium istud,
Neque vulgo dicetur ultra in Israel;
Et loquere ad eos quod appropinquaverint dies
Et sermo omnis visionis.
24 Non enim erit ultra omnis visio cassa,
Neque divinatio ambigua in medio filiorum Israel,
25 Quia ego Dominus loquar,
Et quodcumque locutus fuero verbum, fiet,
Et non prolongabitur amplius;
Sed in diebus vestris, domus exasperans,
Loquar verbum, et faciam illud,
Dicit Dominus Deus.
26 Et factus est sermo Domini ad me, dicens:
27 Fili hominis, ecce domus Israel dicentium:
Visio quam hic videt, in dies multos,
Et in tempora longa iste prophetat.
28 Propterea dic ad eos:
Haec dicit Dominus Deus:
Non prolongabitur ultra omnis sermo meus;
Verbum quod locutus fuero, complebitur,
Dicit Dominus Deus.

Ez 12,11. — **7:** Ez 24,18; 37,7. — **9:** Ez 17,12. — **10:** Ez 21,25. — **11:** Ez 12,6; 24,24. — **12:** 4 Reg 25,4. — **13:** Ier 52,11; Ez 17,20. — **14:** Ez 5,2.10. — **15:** Ez 6,7. — **16:** Ez 6,8-9; 14,22. — **18:** Ez 4,10-11; 21,6. — **19:** Ez 4,10.16; 36,15; Zach 7,14. — **20:** Ez 6,6-7. — **22:** Ez 12,27; 2 Petr 3,4. — **23:** Ez 7,7.12. — **24:** Ez 13,23. — **25:** Is 55,11; Ez 12,28. — **27:** Ez 38,8; Am 6,3. — **28:** Ez 12,25.

Contra pseudoprophetas

13 1 Et factus est sermo Domini ad me, dicens:
2 Fili hominis, vaticinare ad prophetas Israel, qui prophetant,
Et dices prophetantibus de corde suo:
Audite verbum Domini;
3 Haec dicit Dominus Deus:
Vae prophetis insipientibus,
Qui sequuntur spiritum suum,
Et nihil vident!
4 Quasi vulpes in desertis prophetae tui, Israel, erant.
5 Non ascendistis ex adverso,
Neque opposuistis murum pro domo Israel,
Ut staretis in praelio in die Domini.
6 Vident vana, et divinant mendacium,
Dicentes: Ait Dominus,
Cum Dominus non miserit eos:
Et perseveraverunt confirmare sermonem.
7 Numquid non visionem cassam vidistis,
Et divinationem mendacem locuti estis,
Et dicitis: Ait Dominus,
Cum ego non sim locutus?
8 Propterea haec dicit Dominus Deus:
Quia locuti estis vana, et vidistis mendacium,
Ideo ecce ego ad vos, dicit Dominus Deus.
9 Et erit manus mea super prophetas
Qui vident vana, et divinant mendacium:
In consilio populi mei non erunt,
Et in scriptura domus Israel non scribentur,
Nec in terra Israel ingredientur;
Et scietis quia ego Dominus Deus.
10 Eo quod deceperint populum meum,
Dicentes: Pax, et non est pax;
Et ipse aedificabat parietem,
Illi autem liniebant eum luto absque paleis.
11 Dic ad eos qui liniunt absque temperatura, quod casurus sit;
Erit enim imber inundans,
Et dabo lapides praegrandes desuper irruentes,
Et ventum procellae dissipantem.
12 Siquidem ecce cecidit paries;
Numquid non dicetur vobis:
Ubi est litura quam linistis?
13 Propterea haec dicit Dominus Deus:
Et erumpere faciam spiritum tempestatum in indignatione mea,
Et imber inundans in furore meo erit,
Et lapides grandes in ira in consumptionem.
14 Et destruam parietem quem linistis absque temperamento,
Et adaequabo eum terrae,
Et revelabitur fundamentum eius;
Et cadet, et consumetur in medio eius,
Et scietis quia ego sum Dominus.
15 Et complebo indignationem meam in pariete,
Et in his qui liniunt eum absque temperamento;
Dicamque vobis: Non est paries,
Et non sunt qui liniunt eum;
16 Prophetae Israel, qui prophetant ad Ierusalem,
Et vident ei visionem pacis, et non est pax,
Ait Dominus Deus.

Contra prophetissas falsas

17 Et tu, fili hominis, pone faciem tuam contra filias populi tui,
Quae prophetant de corde suo;
Et vaticinare super eas, 18 et dic:
Haec dicit Dominus Deus:
Vae quae consuunt pulvillos sub omni cubito manus,
Et faciunt cervicalia sub capite universae aetatis
Ad capiendas animas;
Et cum caperent animas populi mei,
Vivificabant animas eorum!
19 Et violabant me ad populum meum
Propter pugillum hordei, et fragmen panis,
Ut interficerent animas quae non moriuntur,
Et vivificarent animas quae non vivunt,
Mentientes populo meo credenti mendaciis.
20 Propter hoc haec dicit Dominus Deus:
Ecce ego ad pulvillos vestros,
Quibus vos capitis animas volantes;
Et dirumpam eos de brachiis vestris,
Et dimittam animas quas vos capitis,
Animas ad volandum.
21 Et dirumpam cervicalia vestra,
Et liberabo populum meum de manu vestra.
Neque erunt ultra in manibus vestris ad praedandum;
Et scietis quia ego Dominus.
22 Pro eo quod moerere fecistis cor iusti mendaciter,
Quem ego non contristavi;
Et confortastis manus impii,
Ut non reverteretur a via sua mala, et viveret;
23 Propterea vana non videbitis,
Et divinationes non divinabitis amplius,
Et eruam populum meum de manu vestra;
Et scietis quia ego Dominus.

13 **2:** Ier 23,16.26; Ez 12,17. — **3:** Deut 12,18; Ier 1,9; Os 9,7. — **5:** Ps 105,23; Ez 12,24; 13,23. — **8:** Ez 5,8; 21,3. — **9:** Esdr 2,59.62; Neh 7,5; Ps 68,29. — **10:** Ier 6,14; Ez 13,16; Mich 3,5. — **11:** Is 28,2.17; Ez 38,22. — **14:** Mich 1,6. — **16:** Ez 13,10. — **17:** 4 Reg 22,14; Ez 6,2; 14,8. — **18:** Ez 13,20-21. — **19:** Prov 28,21; Eccli 21,3. — **20:** Ez 13,18. — **21:** Ez 34,10. — **22:** Ier 23,14; 28,15; Ez 18,21. — **23:** Ez 12,24; 13,6-9.

Exhortatio ad conversionem

14 1 Et venerunt ad me viri seniorum
Israel, et sederunt coram me. 2 Et
factus est sermo Domini ad me, dicens:
3 Fili hominis, viri isti posuerunt immunditias suas in cordibus suis, et scandalum
iniquitatis suae statuerunt contra faciem
suam: numquid interrogatus respondebo
eis? 4 Propter hoc loquere eis, et dices ad
eos: Haec dicit Dominus Deus: Homo,
homo de domo Israel, qui posuerit immunditias suas in corde suo, et scandalum iniquitatis suae statuerit contra fa-
cien suam, et venerit ad prophetam interrogans per eum me, ego Dominus respondebo ei in multitudine immunditiarum
suarum; 5 ut capiatur domus Israel in
corde suo, quo recesserunt a me in cunctis idolis suis.
6 Propterea dic ad domum Israel: Haec
dicit Dominus Deus: Convertimini, et recedite ab idolis vestris et ab universis
contaminationibus vestris avertite facies
vestras. 7 Quia homo, homo de domo Israel, et de proselytis quicumque advena
fuerit in Israel, si alienatus fuerit a me, et
posuerit idola sua in corde suo, et scandalum iniquitatis suae statuerit contra
faciem suam, et venerit ad prophetam ut
interroget per eum me: ego Dominus respondebo ei per me; 8 et ponam faciem
meam super hominem illum, et faciam
eum in exemplum et in proverbium, et
disperdam eum de medio populi mei;
et scietis quia ego Dominus.
9 Et propheta cum erraverit, et locutus
fuerit verbum, ego Dominus decepi prophetam illum, et extendam manum meam
super illum, et delebo eum de medio populi mei Israel. 10 Et portabunt iniquitatem suam; iuxta iniquitatem interrogan-
tis, sic iniquitas prophetae erit: 11 ut non
erret ultra domus Israel a me, neque polluatur in universis praevaricationibus suis;
sed sint mihi in populum, et ego sim eis
in Deum, ait Dominus exercituum.

Intercessio iustorum, inutilis

12 Et factus est sermo Domini ad me,
dicens:
13 Fili hominis, terra cum peccaverit mihi,
Ut praevaricetur praevaricans,
Extendam manum meam super eam,
Et conteram virgam panis eius,
Et immittam in eam famem,
Et interficiam de ea hominem et iumen-
tum.
14 Et si fuerint tres viri isti in medio eius,
Noe, Daniel, et Iob,
Ipsi iustitia sua liberabunt animas suas,
Ait Dominus exercituum.
15 Quod si et bestias pessimas induxero
super terram
Ut vastem eam, et fuerit invia,
Eo quod non sit pertransiens propter
bestias;
16 Tres viri isti si fuerint in ea,
Vivo ego, dicit Dominus Deus,
Quia nec filios nec filias liberabunt,
Sed ipsi soli liberabuntur,
Terra autem desolabitur.
17 Vel si gladium induxero super terram
illam,
Et dixero gladio: Transi per terram;
Et interfecero de ea hominem et iumen-
tum;
18 Et tres viri isti fuerint in medio eius,
Vivo ego, dicit Dominus Deus,
Non liberabunt filios neque filias,
Sed ipsi soli liberabuntur.
19 Si autem et pestilentiam immisero su-
per terram illam,
Et effudero indignationem meam super
eam in sanguine,
Ut auferam ex ea hominem et iumentum;
20 Et Noe, et Daniel, et Iob fuerint in
medio eius,
Vivo ego, dicit Dominus Deus,
Quia filium et filiam non liberabunt,
Sed ipsi iustitia sua liberabunt animas
suas.
21 Quoniam haec dicit Dominus Deus:
Quod et si quatuor iudicia mea pessima,
Gladium, et famem, ac bestias malas, et
pestilentiam,
Immisero in Ierusalem,
Ut interficiam de ea hominem et pecus,
22 Tamen relinquetur in ea salvatio edu-
centium filios et filias;
Ecce ipsi ingredientur ad vos,
Et videbitis viam eorum et adinventiones
eorum,
Et consolabimini super malo quod in-
duxi in Ierusalem,
In omnibus quae importavi super eam.
23 Et consolabuntur vos,
Cum videritis viam eorum,
Et adinventiones eorum;
Et cognoscetis quod non frustra fecerim
omnia quae feci in ea,
Ait Dominus Deus.

14 **1:** Ez 8,1; 20,1; 33,31. — **3:** 4 Reg 3,13; Ez 7,19. — **4:** Ez 14,7. — **5:** 2 Thess 2,11-12. — **6:** Ez 18,30-32. — **7:** Ez 14,4. — **8:** Lev 17,10; 20,3-6; Ez 5,15; 17,17. — **9:** 3 Reg 22,23. — **11:** Ez 11,20. — **13:** Ez 4,16; 14,17-21. — **14:** Gen 6,9; Ez 3,19; 28,3. — **15:** Ez 5,17. — **16:** Ez 5,11; 6,6; 12,20; 16,48. — **17:** Ez 6,14; 21,31. — **18:** Ez 14,14. — **19:** Ez 7,8; 38,22. — **21:** Ez 5,17. — **22:** Ez 6,8; 12,16; 16,54; 20,43. — **23:** Ez 6,10.

Parabola de ligno vitis igni tradito

15 1 Et factus est sermo Domini ad me, dicens:
2 Fili hominis, quid fiet de ligno vitis,
Ex omnibus lignis nemorum
Quae sunt inter ligna silvarum?
3 Numquid tolletur de ea lignum ut fiat opus,
Aut fabricabitur de ea paxillus
Ut dependeat in eo quodcumque vas?
4 Ecce igni datum est in escam;
Utramque partem eius consumpsit ignis,
Et medietas eius redacta est in favillam:
Numquid utile erit ad opus?
5 Etiam cum esset integrum,
Non erat aptum ad opus;
Quanto magis cum illud ignis devoraverit et combusserit,
Nihil ex eo fiet operis!
6 Propterea haec dicit Dominus Deus:
Quomodo lignum vitis inter ligna silvarum,
Quod dedi igni ad devorandum,
Sic tradam habitatores Ierusalem.
7 Et ponam faciem meam in eos:
De igne egredientur,
Et ignis consumet eos;
Et scietis quia ego Dominus,
Cum posuero faciem meam in eos,
8 Et dedero terram inviam et desolatam,
Eo quod praevaricatores extiterint,
Dicit Dominus Deus.

Historia allegorica Ierusalem peccatricis

16 1 Et factus est sermo Domini ad
me, dicens: 2 Fili hominis, notas
fac Ierusalem abominationes suas; 3 et
dices: Haec dicit Dominus Deus Ierusalem: Radix tua et generatio tua de terra
Chanaan; pater tuus Amorrhaeus, et mater tua Cethaea. 4 Et quando nata es, in
die ortus tui, non est praecisus umbilicus
tuus; et aqua non es lota in salutem, nec
sale salita, nec involuta pannis. 5 Non pepercit super te oculus, ut faceret tibi unum
de his, misertus tui; sed proiecta es super
faciem terrae in abiectione animae tuae,
in die qua nata es.
6 Transiens autem per te, vidi te conculcari in sanguine tuo; et dixi tibi, cum
esses in sanguine tuo: Vive; dixi, inquam,
tibi: In sanguine tuo vive. 7 Multiplicatam quasi germen agri dedi te; et multiplicata es, et grandis effecta, et ingressa es,
et pervenisti ad mundum muliebrem: ubera tua intumuerunt, et pilus tuus germinavit; et eras nuda, et confusione plena.
8 Et transivi per te, et vidi te; ecce tempus
tuum, tempus amantium; et expandi amictum meum super te, et operui ignominiam tuam; et iuravi tibi, et ingressus sum
pactum tecum, ait Dominus Deus, et facta es mihi. 9 Et lavi te aqua, et emundavi
sanguinem tuum ex te, et unxi te oleo.
10 Et vestivi te discoloribus, et calceavi
te ianthino; et cinxi te bysso, et indui te
subtilibus. 11 Et ornavi te ornamento, et
dedi armillas in manibus tuis, et torquem
circa collum tuum. 12 Et dedi inaurem super os tuum, et circulos auribus tuis, et
coronam decoris in capite tuo. 13 Et ornata
es bysso et polymito et multicoloribus; similam, et mel, et oleum comedisti; et
decora facta es vehementer nimis, et profecisti in regnum.
14 Et egressum est nomen tuum in gentes propter speciem tuam, quia perfecta
eras in decore meo, quem posueram super
te, dicit Dominus Deus. 15 Et habens fiduciam in pulchritudine tua, fornicata es in
nomine tuo; et exposuisti fornicationem
tuam omni transeunti, ut eius fieres. 16 Et
sumens de vestimentis tuis, fecisti tibi excelsa hinc inde consuta et fornicata es
super eis sicut non est factum, neque futurum est. 17 Et tulisti vasa decoris tui
de auro meo atque argento meo, quae dedi
tibi, et fecisti tibi imagines masculinas, et
fornicata es in eis. 18 Et sumpsisti vestimenta tua multicoloria, et operuisti illas,
et oleum meum et thymiama meum posuisti coram eis. 19 Et panem meum quem
dedi tibi, similam, et oleum, et mel, quibus
enutrivi te, posuisti in conspectu eorum
in odorem suavitatis; et factum est, ait
Dominus Deus. 20 Et tulisti filios tuos
et filias tuas, quas generasti mihi, et immolasti eis ad devorandum. Numquid
parva est fornicatio tua? 21 Immolasti filios meos, et dedisti, illos consecrans, eis.
22 Et post omnes abominationes tuas et
fornicationes, non es recordata dierum
adolescentiae tuae, quando eras nuda, et
confusione plena, conculcata in sanguine
tuo. 23 Et accidit post omnem malitiam
tuam (vae, vae tibi!, ait Dominus Deus),
24 et aedificasti tibi lupanar, et fecisti tibi
prostibulum in cunctis plateis. 25 Ad omne caput viae aedificasti signum prostitutionis tuae, et abominabilem fecisti decorem tuum; et divisisti pedes tuos omni
transeunti, et multiplicasti fornicationes

15 **2:** Ez 15,6. — **3:** Is 22,23-24. — **4:** Io 15,6. — **5:** Ez 15,6. — **6:** Ez 15,2; 17,6. — **7:** 4 Reg 25,9; Ez 6,7; 14,8. — **8:** Ez 6,14; 14,13.

16 **3:** Dan 13,56. — **4:** Os 2,3. — **5:** Deut 32,10. — **6:** Ez 16,22. — **7:** Ex 1,7. — **8:** Ex 19,5; 24,7-8; Ruth 3,9. — **9:** Ruth 3,3. — **10:** Ex 26,36. — **11:** Gen 24,22.30.47. — **12:** Ez 23,42. — **14:** Lam 2,15. — **15:** Is 1,21; 57,8; Ier 2,20; 3,2.6.20; Dan 23,3.8 11-12; Os 1,2. — **17:** Os 2,8. — **19:** Ez 6,13. — **20:** Ier 7,31; Ez 02,31; 23,37. — **22:** Ez 16,6-7. — **24:** Is 57,7;

tuas; 26 et fornicata es cum filiis Aegypti,
vicinis tuis, magnarum carnium; et multiplicasti fornicationem tuam ad irritandum me. 27 Ecce ego extendam manum
meam super te, et auferam iustificationem
tuam, et dabo te in animas odientium te
filiarum Palaestinarum, quae erubescunt
in via tua scelerata. 28 Et fornicata es in
filiis Assyriorum, eo quod necdum fueris
expleta; et postquam fornicata es, nec sic
es satiata; 29 et multiplicasti fornicationem tuam in terra Chanaan cum Chaldaeis, et nec sic satiata es.

30 In quo mundabo cor tuum, ait Dominus Deus, cum facias omnia haec opera mulieris meretricis et procacis? 31 Quia
fabricasti lupanar tuum in capite omnis
viae, et excelsum tuum fecisti in omni
platea; nec facta es quasi meretrix fasti-
dio augens pretium; 32 sed quasi mulier
adultera, quae super virum suum inducit
alienos. 33 Omnibus meretricibus dantur
mercedes, tu autem dedisti mercedes cunctis amatoribus tuis, et dona donabas eis,
ut intrarent ad te undique ad fornicandum
tecum. 34 Factumque est in te contra consuetudinem mulierum in fornicationibus
tuis, et post te non erit fornicatio; in eo
enim quod dedisti mercedes, et mercedes
non accepisti, factum est in te contrarium.

Poena tantorum criminum

35 Propterea, meretrix, audi verbum Domini. 36 Haec dicit Dominus Deus: Quia
effusum est aes tuum el relevata est ignominia tua in fornicationibus tuis super amatores tuos, et super idola abominationum tuarum, in sanguine filiorum
tuorum quos dedisti eis, 37 ecce ego congregabo omnes amatores tuos, quibus
commista es, et omnes quos dilexisti, cum
universis quos oderas; et congregabo eos
super te undique, et nudabo ignominiam
tuam coram eis, et videbunt omnem turpitudinem tuam. 38 Et iudicabo te iudiciis adulterarum, et effundentium sanguinem; et dabo te in sanguinem furoris et
zeli. 39 Et dabo te in manus eorum, et destruent lupanar tuum, et demolientur prostibulum tuum; et denudabunt te vestimentis tuis, et auferent vasa decoris tui, et de-
relinquent te nudam, plenamque ignominia; 40 et adducent super te multitudinem,
et lapidabunt te lapidibus, et trucidabunt
te gladiis suis; 41 et comburent domos
tuas igni, et facient in te iudicia in oculis
mulierum plurimarum; et desines fornicari, et mercedes ultra non dabis; 42 et requiescet indignatio mea in te; et auferetur
zelus meus a te, et quiescam nec irascar
amplius. 43 Eo quod non fueris recordata
dierum adolescentiae tuae, et provocasti
me in omnibus his, quapropter et ego vias
tuas in capite tuo dedi, ait Dominus Deus;
et non feci iuxta scelera tua in omnibus
abominationibus tuis. 44 Ecce omnis qui
dicit vulgo proverbium, in te assumet illud, dicens: Sicut mater, ita et filia eius.
45 Filia matris tuae es tu, quae proiecit
virum suum et filios suos; et soror sororum tuarum es tu, quae proiecerunt viros
suos et filios suos: mater vestra Cethaea,
et pater vester Amorrhaeus. 46 Et soror
tua maior, Samaria, ipsa et filiae eius,
quae habitant ad sinistram tuam; soror
autem tua minor te, quae habitat a dextris tuis, Sodoma, et filiae eius. 47 Sed nec
in viis earum ambulasti, neque secundum
scelera earum fecisti pauxillum minus;
pene sceleratiora fecisti illis in omnibus
viis tuis.

48 Vivo ego, dicit Dominus Deus, quia
non fecit Sodoma, soror tua, ipsa et filiae
eius, sicut fecisti tu, et filiae tuae. 49 Ecce
haec fuit iniquitas Sodomae, sororis tuae:
superbia, saturitas panis et abundantia,
et otium ipsius, et filiarum eius; et manum egeno et pauperi non porrigebant;
50 et elevatae sunt, et fecerunt abominationes coram me; et abstuli eas sicut vidisti. 51 Et Samaria dimidium peccatorum
tuorum non peccavit; sed vicisti eas sceleribus tuis, et iustificasti sorores tuas in
omnibus abominationibus tuis quas operata es. 52 Ergo et tu porta confusionem
tuam, quae vicisti sorores tuas peccatis
tuis, sceleratius agens ab eis: iustificatae
sunt enim a te; ergo et tu confundere, et
porta ignominiam tuam, quae iustificasti sorores tuas.

53 Et convertam restituens eas conversione Sodomorum cum filiabus suis, et
conversione Samariae et filiarum eius, et
convertam reversionem tuam in medio
earum, 54 ut portes ignominiam tuam, et
confundaris in omnibus quae fecisti consolans eas. 55 Et soror tua Sodoma et filiae eius revertentur ad antiquitatem suam,
et Samaria et filiae eius revertentur ad antiquitatem suam, et tu et filiae tuae rever-
temini ad antiquitatem vestram. 56 Non
fuit autem Sodoma, soror tua, audita in
ore tuo, in die superbiae tuae, 57 antequam revelaretur malitia tua, sicut hoc

Ier 2,20; 3,2. — **26:** Ez 20,7-8; 23,19-21. — **28:** 4 Reg 17,7-18; 2 Par 28,16-21; Ier 2,18.36; Ez 23,12. — **29:** Ez 23,15-16. — **36:** Ez 16,21.38. — **37:** Ez 23,22.29. — **38:** Lev 20,10; Deut 22,22; Ez 23,37.45. — **39:** Ez 16,24-25; 23,26. — **40:** Ez 23,46-47. — **41:** 4 Reg 25,9; Ier 39,8; 52,13; Ez 16,33-34; 23,27.48. — **42:** Ez 5,13; 24,13. — **45:** Ez 16,3.46. — **46:** Ez 16,51.53.55. **47:** Ez 5,6-7. — **48:** Mt 10,15; 11,24. — **49:** Gen 13,10; Eccli 16,9. — **50:** Gen 13,13; 18,21; 19,24. — **51:** Ier 3,11; Ez 17,47. — **53:** Ez 39,25. — **58:** Ez 23,35. — **59:** Ez 17,15-19. — **60:**

tempore in opprobrium filiarum Syriae,
et cunctarum in circuitu tuo filiarum Palaestinarum quae ambiunt te per gyrum.
58 Scelus tuum et ignominiam tuam tu
portasti, ait Dominus Deus.

Peccatorum condonatio et restitutio populi

59 Quia haec dicit Dominus Deus: Et
faciam tibi sicut despexisti iuramentum,
ut irritum faceres pactum; 60 et recordabor ego pacti mei tecum in diebus adolescentiae tuae, et suscitabo tibi pactum
sempiternum. 61 Et recordaberis viarum
tuarum, et confunderis, cum receperis sorores tuas te maiores cum minoribus tuis;
et dabo eas tibi filias, sed non ex pacto
tuo. 62 Et suscitabo ego pactum meum
tecum, et scies quia ego Dominus; 63 ut
recorderis, et confundaris, et non sit tibi
ultra aperire os prae confusione tua, cum
placatus tibi fuero in omnibus quae fecisti, ait Dominus Deus.

Parabola de duabus aquilis et de vinea

17 1 Et factum est verbum Domini ad
me, dicens: 2 Fili hominis, propone aenigma, et narra parabolam ad domum Israel; 3 et dices:
Haec dicit Dominus Deus: Aquila grandis magnarum alarum, longo membrorum
ductu, plena plumis et varietate, venit ad
Libanum, et tulit medullam cedri. 4 Summitatem frondium eius avulsit, et trans-
portavit eam in terram Chanaan; in urbe
negotiatorum posuit illam. 5 Et tulit de
semine terrae, et posuit illud in terra pro
semine, ut firmaret radicem super aquas
multas; in superficie posuit illud. 6 Cumque germinasset, crevit in vineam latiorem, humili statura, respicientibus ramis
eius ad eam, et radices eius sub illa erant;
facta est ergo vinea, et fructificavit in palmites, et emisit propagines.
7 Et facta est aquila altera grandis,
magnis alis, multisque plumis; et ecce vinea ista quasi mittens radices suas ad
eam, palmites suos extendit ad illam, ut
irrigaret eam de areolis germinis sui. 8 In
terra bona super aquas multas plantata
est, ut faciat frondes, et portet fructum,
ut sit in vineam grandem. 9 Dic: Haec dicit Dominus Deus: Ergone prosperabitur? nonne radices eius evellet, et fructus
eius distringet, et siccabit omnes palmites germinis eius, et arescet, et non in
brachio grandi, neque in populo multo,
10 ut evelleret eam radicitus? Ecce plantata est; ergone prosperabitur? nonne,
cum tetigerit eam ventus urens, siccabitur, et in areis germinis sui arescet?

Declaratio parabolae

11 Et factum est verbum Domini ad me,
dicens: 12 Dic ad domum exasperantem:
Nescitis quid ista significent? Dic: Ecce
venit rex Babylonis in Ierusalem; et assumet regem et principes eius, et adducet
eos ad semetipsum in Babylonem. 13 Et
tollet de semine regni, ferietque cum eo
foedus, et ab eo accipiet iusiurandum. Sed
et fortes terrae tollet, 14 ut sit regnum humile, et non elevetur, sed custodiat pactum eis, et servet illud. 15 Qui recedens ab
eo misit nuntios ad Aegyptum, ut daret
sibi equos et populum multum: numquid
prosperabitur, vel consequetur salutem,
qui fecit haec? et qui dissolvit pactum,
numquid effugiet? 16 Vivo ego, dicit Dominus Deus, quoniam in loco regis qui
constituit eum regem, cuius fecit irritum
iuramentum, et solvit pactum quod habebat cum eo, in medio Babylonis morietur. 17 Et non in exercitu grandi, neque in
populo multo, faciet contra eum Pharao
praelium: in iactu aggeris, et in exstruc-
tione vallorum, ut interficiat animas multas. 18 Spreverat enim iuramentum, ut solveret foedus, et ecce dedit manum suam;
et cum omnia haec fecerit, non effugiet.
19 Propterea haec dicit Dominus Deus:
Vivo ego, quoniam iuramentum quod
sprevit, et foedus quod praevaricatus est,
ponam in caput eius. 20 Et expandam super eum rete meum, et comprehendetur
in sagena mea; et adducam eum in Babylonem, et iudicabo eum ibi in praevaricatione qua despexit me. 21 Et omnes
profugi eius, cum universo agmine suo,
gladio cadent; residui autem in omnem
ventum dispergentur, et scietis quia ego
Dominus locutus sum.
22 Haec dicit Dominus Deus: Et sumam ego de medulla cedri sublimis, et
ponam; de vertice ramorum eius tenerum
distringam, et plantabo super montem
excelsum et eminentem. 23 In monte sublimi Israel plantabo illud, et erumpet in
germen, et faciet fructum, et erit in cedrum magnam; et habitabunt sub ea omnes volucres, et universum volatile sub
umbra frondium eius nidificabit; 24 et

Lev 26,42; Ps 195,45; Ier 32,40; 50,5. — **61:** Ez 16,45-46. — **63:** Rom 3,19.

17 **2:** Iud 14,12; Ez 2,1. — **3:** Ier 48,40. — **5:** Deut 8,7-9. — **6:** Ez 17,14. — **7:** Ez 17,15. — **10:** Ier 4,11; Ez 19,12; Os 13,15. — **12:** 4 Reg 24,11-12. — **13:** 4 Reg 24,15.17; 2 Par 36,13. — **15:** 4 Reg 24,20; 2 Par 36,13; Ier 37,5-7; 52,3. — **16:** 4 Reg 25,7; Ez 12,13. — **17:** Ier 37,6-8; 44,30. — **18:** 1 Par 29,24. — **20:** Ez 12,13; 20,35. — **21:** Ez 5,10. — **22:** Ps 2,6; Ez 17,3. — **23:** Ez 20,40; 31,6; Dan 4,18; Mt 13,32. — **24:** Ez 22,14; 24,14.

scient omnia ligna regionis quia ego Dominus humiliavi lignum sublime, et exaltavi lignum humile; et siccavi lignum viride, et frondere feci lignum aridum. Ego Dominus locutus sum, et feci.

Iudiciorum divinorum ratio ostenditur

18 1 Et factus est sermo Domini ad me, dicens: 2 Quid est quod inter vos parabolam vertitis in proverbium istud in terra Israel, dicentes: Patres comederunt uvam acerbam, et dentes filiorum obstupescunt? 3 Vivo ego, dicit Dominus Deus, si erit ultra vobis parabola haec in proverbium in Israel. 4 Ecce omnes animae meae sunt; ut anima patris, ita et anima filii mea est: anima quae peccaverit, ipsa morietur.

5 Et vir si fuerit iustus, et fecerit iudicium et iustitiam, 6 in montibus non comederit, et oculos suos non levaverit ad idola domus Israel; et uxorem proximi sui non violaverit, et ad mulierem menstruatam non accesserit; 7 et hominem non contristaverit, pignus debitori reddiderit, per vim nihil rapuerit; panem suum esurienti dederit, et nudum operuerit vestimento, 8 ad usuram non commodaverit, et amplius non acceperit; ab iniquitate averterit manum suam, et iudicium verum fecerit inter virum et virum; 9 in praeceptis meis ambulaverit, et iudicia mea custodierit, ut faciat veritatem: hic iustus est, vita vivet, ait Dominus Deus. 10 Quod si genuerit filium latronem, effundentem sanguinem, et fecerit unum de istis; 11 et haec quidem omnia non facientem, sed in montibus comedentem, et uxorem proximi sui polluentem; 12 egenum et pauperem contristantem, rapientem rapinas, pignus non reddentem, et ad idola levantem oculos suos, abominationem facientem; 13 ad usuram dantem, et amplius accipientem: numquid vivet? Non vivet; cum universa haec detestanda fecerit, morte morietur, sanguis eius in ipso erit. 14 Quod si genuerit filium, qui videns omnia peccata patris sui quae fecit, timuerit, et non fecerit simile eius; 15 super montes non comederit, et oculos suos non levaverit ad idola domus Israel, et uxorem proximi sui non violaverit; 16 et virum non contristaverit, pignus non retinuerit, et rapinam non rapuerit, panem suum esurienti dederit, et nudum operuerit vestimento; 17 a pauperis iniuria averterit manum suam, usuram et superabundantiam non acceperit, iudicia mea fecerit, in praeceptis meis ambulaverit; hic non morietur in iniquitate patris sui, sed vita vivet. 18 Pater eius, quia calumniatus est, et vim fecit fratri, et malum operatus est in medio populi sui, ecce mortuus est in iniquitate sua. 19 Et dicitis: Quare non portavit filius iniquitatem patris? Videlicet quia filius iudicium et iustitiam operatus est, omnia praecepta mea custodivit, et fecit illa, vivet vita. 20 Anima quae peccaverit, ipsa morietur; filius non portabit iniquitatem patris, et pater non portabit iniquitatem filii; iustitia iusti super eum erit, et impietas impii erit super eum.

21 Si autem impius egerit poenitentiam ab omnibus peccatis suis, quae operatus est, et custodierit omnia praecepta mea, et fecerit iudicium et iustitiam, vita vivet et non morietur; 22 omnium iniquitatum eius, quas operatus est, non recordabor; in iustitia sua, quam operatus est, vivet. 23 Numquid voluntatis meae est mors impii? dicit Dominus Deus; et non ut convertatur a viis suis, et vivat? 24 Si autem averterit se iustus a iustitia sua, et fecerit iniquitatem secundum omnes abominationes quas operari solet impius, numquid vivet? Omnes iustitiae eius, quas fecerat, non recordabuntur; in praevaricatione qua praevaricatus est, et in peccato suo quod peccavit, in ipsis morietur.

25 Et dixistis: Non est aequa via Domini! Audite ergo, domus Israel: Numquid via mea non est aequa? et non magis viae vestrae pravae sunt? 26 Cum enim averterit se iustus a iustitia sua, et fecerit iniquitatem, morietur in eis, in iniustitia quam operatus est morietur. 27 Et cum averterit se impius ab impietate sua quam operatus est, et fecerit iudicium et iustitiam, ipse animam suam vivificabit; 28 considerans enim, et avertens se ab omnibus iniquitatibus suis quas operatus est, vita vivet, et non morietur. 29 Et dicunt filii Israel: Non est aequa via Domini! Numquid viae meae non sunt aequae, domus Israel? et non magis viae vestrae pravae? 30 Idcirco unumquemque iuxta vias suas iudicabo, domus Israel, ait Dominus Deus. Convertimini, et agite poenitentiam ab omnibus iniquitatibus vestris, et non erit vobis in ruinam iniquitas. 31 Proiicite a vobis omnes praevaricationes vestras in quibus praevaricati estis,

18 **2-3:** Ex 20,5; Ier 31,29. — **4:** Gen 18,25; Prov 17,15; Sap 11,27; Ier 1,30. — **6:** Lev 18,19-20; Ier 5,8; Ez 22,9-11. — **7:** Ex 22,21.26; Is 58,7; Mt 25,35-36. — **8:** Lev 25, 35-37; Deut 1,16; Ez 22,12; Zach 8,16. — **9:** Ez 20,11; Am 5,6. — **13:** Lev 20,9.11; Ez 33,4. — **18:** Ez 3,18. — **19:** Ex 20,5. — **20:** Deut 24, 16; 4 Reg 14,6; Is 3,10-11; Ez 18,4. || Conc. Arausic. II: D 174. — **21:** Is 1,18; 55,7; Ier 18,8; Ez 33,19. — **22:** Ez 33,16. — **23:** Sap 1, 13; Ez 33,11; 1 Tim 2,4.6; 2 Petr 3,9. — **24:** Eccli 26,27; Ez 3,20; 33,12-13.18; 2 Petr 2, 20-21. — **25:** Ez 33,17.20. — **27:** Ez 18,21. — **30:** Ier 3,1.22; Ez 7,3.8; 33,20; Mt 3,2. || Conc. Trid.: D 894. — **31:** Ez 11,19; 36,26. || Conc. Trid.: D 897. — **32:** Ez 18,23.

et facite vobis cor novum, et spiritum novum: et quare moriemini, domus Israel?
32 Quia nolo mortem morientis, dicit Dominus Deus; revertimini, et vivite.

Planctus super ultimos reges Iudae

19 1 Et tu assume planctum super principes Israel; 2 et dices:
Quare mater tua leaena inter leones cubavit?
In medio leunculorum enutrivit catulos suos?
3 Et eduxit unum de leunculis suis,
Et leo factus est;
Et didicit capere praedam,
Hominemque comedere.
4 Et audierunt de eo gentes;
Et non absque vulneribus suis ceperunt eum,
Et adduxerunt eum in catenis in terram Aegypti.
5 Quae cum vidisset quoniam infirmata est,
Et periit exspectatio eius,
Tulit unum de leunculis suis,
Leonem constituit eum.
6 Qui incedebat inter leones,
Et factus est leo;
Et didicit praedam capere,
Et homines devorare;
7 Didicit viduas facere,
Et civitates earum in desertum adducere;
Et desolata est terra et plenitudo eius a voce rugitus illius.
8 Et convenerunt adversus eum gentes undique de provinciis,
Et expanderunt super eum rete suum;
In vulneribus earum captus est,
9 Et miserunt eum in caveam;
In catenis adduxerunt eum ad regem Babylonis,
Miseruntque eum in carcerem,
Ne audiretur vox eius ultra super montes Israel.
10 Mater tua quasi vinea in sanguine tuo super aquam plantata est;
Fructus eius et frondes eius creverunt ex aquis multis.
11 Et factae sunt ei virgaé solidae in sceptra dominantium,
Et exaltata est statura eius inter frondes,
Et vidit altitudinem suam in multitudine palmitum suorum.
12 Et evulsa est in ira, in terramque proiecta,
Et ventus urens siccavit fructum eius;
Marcuerunt et arefactae sunt virgae roboris eius:
Ignis comedit eam.
13 Et nunc transplantata est in desertum,
In terra invia et sitienti.
14 Et egressus est ignis de virga ramorum eius,
Qui fructum eius comedit;
Et non fuit in ea virga fortis,
Sceptrum dominantium.
Planctus est, et erit in planctum.

Propheta infidelitatem populi fidelitati Dei opponit

20 1 Et factum est in anno septimo,
in quinto, in decima mensis, venerunt viri de senioribus Israel ut interrogarent Dominum, et sederunt coram me.
2 Et factus est sermo Domini ad me,
dicens: 3 Fili hominis, loquere senioribus
Israel, et dices ad eos: Haec dicit Dominus Deus: Numquid ad interrogandum me vos venistis? Vivo ego quia non respondebo vobis, ait Dominus Deus. 4 Si
iudicas eos, si iudicas, fili hominis, abominationes patrum eorum ostende eis.
5 Et dices ad eos: Haec dicit Dominus
Deus: In die qua elegi Israel, et levavi manum meam pro stirpe domus Iacob, et apparui eis in terra Aegypti, et levavi manum meam pro eis, dicens: Ego Dominus Deus vester: 6 in die illa levavi
manum meam pro eis ut educerem eos de terra Aegypti, in terram quam provideram eis, fluentem lacte et melle, quae
est egregia inter omnes terras. 7 Et dixi
ad eos: Unusquisque offensiones oculorum suorum abiiciat, et in idolis Aegypti nolite pollui: ego Dominus Deus vester.
8 Et irritaverunt me, noluerunt que me
audire; unusquisque abominationes oculorum suorum non proiecit, nec idola Aegypti reliquerunt. Et dixi ut effunderem indignationem meam super eos et implerem iram meam in eis, in medio
terrae Aegypti. 9 Et feci propter nomen
meum, ut non violaretur coram gentibus in quarum medio erant, et inter quas apparui eis ut educerem eos de terra Aegypti.
10 Eieci ergo eos de terra Aegypti, et
eduxi eos in desertum. 11 Et dedi eis praecepta mea, et iudicia mea ostendi eis,
quae faciens homo vivet in eis. 12 Insuper
et sabbata mea dedi eis, ut essent signum inter me et eos, et scirent quia ego Do-

19 1: Ier 7,29; Ez 26,17; 27,2. — 3: Ez 22,25.27. — 4: 4 Reg 23,33-34; 2 Par 36,4; Ier 22,11-12. — 5: 4 Reg 23,34.36. — 6: Ier 22,13-17. — 8: 4 Reg 24,2. — 9: 2 Par 36,6; Ier 22,18. — 10: Ez 15,6. — 12: Ez 17,10. — 13: 4 Reg 24,12-16. — 14: Ez 19,1.

20 1: Ez 8,1. — 3: Ez 2,1; 16,48. — 4: Ez 16,2; 22,2-3; 23,36. — 5: Ex 3,8; 4,31; 6,7; 20,2. — 6: Ex 3,8; Ier 3,19; Zach 7,14. — 7: Lev 18,3. — 8: Ez 5,13; 7,8. — 9: Ps 105,8; Is 48,11; Ez 36,22. — 10: Ex 13,18.20. — 11: Deut 4,8; Ez 18,9. — 12: Ex 20,8-9; Lev 21,8.

minus sanctificans eos. 13 Et irritaverunt
me domus Israel in deserto; in praeceptis
meis non ambulaverunt, et iudicia mea
proiecerunt, quae faciens homo vivet in
eis, et sabbata mea violaverunt vehementer. Dixi ergo ut effunderem furorem
meum super eos in deserto, et consume-
rem eos; 14 et feci propter nomen meum,
ne violaretur coram gentibus de quibus
eieci eos in conspectu earum. 15 Ego
igitur levavi manum meam super eos in
deserto, ne inducerem eos in terram quam
dedi eis, fluentem lacte et melle, praeci-
puam terrarum omnium: 16 quia iudicia
mea proiecerunt, et in praeceptis meis
non ambulaverunt, et sabbata mea violaverunt, post idola enim cor eorum gradiebatur. 17 Et pepercit oculus meus super eos, ut non interficerem eos; nec consumpsi eos in deserto. 18 Dixi autem ad
filios eorum in solitudine: In praeceptis
patrum vestrorum nolite incedere; nec
iudicia eorum custodiatis, nec in idolis
eorum polluamini. 19 Ego Dominus Deus
vester: in praeceptis meis ambulate, iudicia mea custodite, et facite ea. 20 Et sabbata mea sanctificate, ut sint signum inter
me et vos, et sciatis quia ego sum Dominus Deus vester. 21 Et exacerbaverunt me
filii: in praeceptis meis non ambulaverunt,
et iudicia mea non custodierunt ut facerent ea, quae cum fecerit homo, vivet in
eis, et sabbata mea violaverunt. Et comminatus sum ut effunderem furorem
meum super eos, et implerem iram meam
in eis in deserto. 22 Averti autem manum
meam, et feci propter nomen meum, ut
non violaretur coram gentibus, de quibus
eieci eos in oculis earum. 23 Iterum levavi
manum meam in eos in solitudine, ut
dispergerem illos in nationes, et ventila-
rem in terras, 24 eo quod iudicia mea non
fecissent, et praecepta mea reprobassent,
et sabbata mea violassent, et post idola
patrum suorum fuissent oculi eorum.
25 Ergo et ego dedi eis praecepta non bona,
et iudicia in quibus non vivent. 26 Et pollui eos in muneribus suis, cum offerrent
omne quod aperit vulvam, propter delicta
sua; et scient quia ego Dominus.

27 Quamobrem loquere ad domum Israel, fili hominis, et dices ad eos: Haec
dicit Dominus Deus: Adhuc et in hoc
blasphemaverunt me patres vestri, cum
sprevissent me contemnentes, 28 et indu-
xissem eos in terram super quam levavi
manum meam ut darem eis: viderunt omnem collem excelsum, et omne lignum
nemorosum; et immolaverunt ibi victimas
suas, et dederunt ibi irritationem oblationis suae, et posuerunt ibi odorem suavitatis suae, et libaverunt libationes suas.
29 Et dixi ad eos: Quid est excelsum, ad
quod vos ingredimini? et vocatum est
nomen eius Excelsum usque ad hanc
diem. 30 Propterea dic ad domum Israel:
Haec dicit Dominus Deus: Certe in via
patrum vestrorum vos polluimini, et post
offendicula eorum vos fornicamini; 31 et
in oblatione donorum vestrorum, cum
traducitis filios vestros per ignem, vos
polluimini in omnibus idolis vestris usque hodie; et ego respondebo vobis,
domus Israel? Vivo ego, dicit Dominus
Deus, quia non respondebo vobis. 32 Neque cogitatio mentis vestrae fiet, dicentium: Erimus sicut gentes et sicut cognationes terrae, ut colamus ligna et lapides.

Populi conversio et restitutio

33 Vivo ego, dicit Dominus Deus, quoniam in manu forti, et in brachio extento,
et in furore effuso, regnabo super vos.
34 Et educam vos de populis, et congregabo vos de terris in quibus dispersi estis;
in manu valida, et in brachio extento, et
in furore effuso, regnabo super vos. 35 Et
adducam vos in desertum populorum, et
iudicabor vobiscum ibi facie ad faciem.
36 Sicut iudicio contendi adversum patres
vestros in deserto terrae Aegypti, sic
iudicabo vos, dicit Dominus Deus. 37 Et
subiiciam vos sceptro meo, et inducam
vos in vinculis foederis. 38 Et eligam de
vobis transgressores et impios, et de
terra incolatus eorum educam eos, et in
terram Israel non ingredientur; et scietis quia ego Dominus.

39 Et vos, domus Israel, haec dicit Dominus Deus: Singuli post idola vestra
ambulate, et servite eis. Quod si et in
hoc non audieritis me, et nomen meum
sanctum pollueritis ultra in muneribus
vestris et in idolis vestris: in monte sancto
meo, 40 in monte excelso Israel, ait Dominus Deus, ibi serviet mihi omnis domus Israel: omnes, inquam, in terra in
qua placebunt mihi, et ibi quaeram primitias vestras, et initium decimarum vestrarum, in omnibus sanctificationibus vestris. 41 In odorem suavitatis suscipiam
vos, cum eduxero vos de populis, et congregavero vos de terris in quas dispersi
estis: et sanctificabor in vobis in oculis

15.23; Deut 5,12-15. — **13:** Num 26,65; Ps 105, 23; Ez 2,3. — **14:** Ez 20,9. — **15:** Num 14,28-30; Ps 94,11; Ez 20,6. — **16:** Num 15,39. — **17:** Ez 5,11. — **18:** Ios 24,14; Ez 2,3; 1 Petr 1,18. — **19:** Ex 20,2; Deut 5,32.33. — **20:** Gen 9,12; 17,11; Ier 17,22. — **21:** Ez 20,8. — **22:** Ez 20,9.14. — **23:** Deut 28,64. — **25:** Ez 20, 39. — **28:** Is 57,5; Ez 6,13. — **30:** Ez 16,20. — **31:** Ez 14,3; 20,26. — **32:** Deut 4,28; 4 Reg 19,18; Ier 44,17; Ez 11,5. — **33:** Ier 21,5. — **35:** Deut 5,4; Ez 17,20. — **36:** Num 14,20-23. 28-30. — **37:** Lev 27,32; Ier 33,13. — **38:** Ez 13,9; 34,17.20.22. — **30:** Iud 10,14; Ps 80,13; Ez 43,7; Act 7,42; Rom 1,24.28. — **40:** Is 56,7;

nationum. 42 Et scietis quia ego Dominus,
cum induxero vos ad terram Israel, in
terram pro qua levavi manum meam, ut
darem eam patribus vestris. 43 Et recordabimini ibi viarum vestrarum, et omnium scelerum vestrorum, quibus polluti
estis in eis; et displicebitis vobis in conspectu vestro, in omnibus malitiis vestris
quas fecistis. 44 Et scietis quia ego Dominus, cum benefecero vobis propter nomen
meum, et non secundum vias vestras malas, neque secundum scelera vestra pessima, domus Israel, ait Dominus Deus.

Gladius Domini contra Ierusalem

45 Et factus est sermo Domini ad me,
dicens:
46 Fili hominis, pone faciem tuam contra
viam austri,
Et stilla ad africum,
Et propheta ad saltum agri meridiani.
47 Et dices saltui meridiano:
Audi verbum Domini;
Haec dicit Dominus Deus:
Ecce ego succendam in te ignem,
Et comburam in te omne lignum viride,
Et omne lignum aridum;
Non extinguetur flamma succensionis;
Et comburetur in ea omnis facies
Ab austro usque ad aquilonem;
48 Et videbit universa caro quia ego Do-
minus succendi eam,
Nec extinguetur.
49 Et dixi: A, a, a, Domine Deus; ipsi
dicunt de me: Numquid non per para-
bolas loquitur iste?

21 1 Et factus est sermo Domini ad
me, dicens:
2 Fili hominis, pone faciem tuam ad Ierusalem,
Et stilla ad sanctuaria,
Et propheta contra humum Israel.
3 Et dices terrae Israel:
Haec dicit Dominus Deus:
Ecce ego ad te,
Et eiiciam gladium meum de vagina sua,
Et occidam in te iustum et impium.
4 Pro eo autem quod occidi in te iustum
et impium,
Idcirco egredietur gladius meus de va-
gina sua
Ad omnem carnem, ab austro usque ad
aquilonem:
5 Ut sciat omnis caro quia ego Dominus
Eduxi gladium meum de vagina sua irre-
vocabilem.
6 Et tu, fili hominis, ingemisce in contri-
tione lumborum,
Et in amaritudinibus ingemisce coram
eis.
7 Cumque dixerint ad te: Quare tu gemis?
Dices: Pro auditu;
Quia venit, et tabescet omne cor,
Et dissolventur universae manus,
Et infirmabitur omnis spiritus,
Et per cuncta genua fluent aquae;
Ecce venit, et fiet, ait Dominus Deus.
8 Et factus est sermo Domini ad me,
dicens: 9 Fili hominis, propheta, et dices:
Haec dicit Dominus Deus: Loquere.
Gladius, gladius exacutus est, et limatus.
10 Ut caedat victimas, exacutus est;
Ut splendat, limatus est:
Qui moves sceptrum filii mei, succidisti
omne lignum.
11 Et dedi eum ad levigandum, ut tenea-
tur manu;
Iste exacutus est gladius, et iste limatus
est,
Ut sit in manu interficientis.
12 Clama, et ulula, fili hominis,
Quia hic factus est in populo meo,
Hic in cunctis ducibus Israel qui fuge-
rant;
Gladio traditi sunt cum populo meo;
Idcirco plaude super femur, 13 quia pro-
batus est;
Et hoc, cum sceptrum subverterit, et
non erit,
Dicit Dominus Deus.
14 Tu ergo, fili hominis, propheta,
Et percute manu ad manum;
Et duplicetur gladius,
Ac triplicetur gladius interfectorum:
Hic est gladius occisionis magnae,
Qui obstupescere eos facit,
15 Et corde tabescere,
Et multiplicat ruinas.
In omnibus portis eorum dedi conturba-
tionem gladii acuti,
Et limati ad fulgendum,
Amicti ad caedem.
16 Exacuere, vade ad dexteram, sive ad
sinistram,
Quocumque faciei tuae est appetitus.
17 Quin et ego plaudam manu ad manum,
Et implebo indignationem meam:
Ego Dominus locutus sum.
18 Et factus est sermo Domini ad me,
dicens: 19 Et tu, fili hominis, pone tibi
duas vias, ut veniat gladius regis Babylonis: de terra una egredientur ambae;
et manu capiet coniecturam, in capite
viae civitatis coniiciet. 20 Viam pones ut
veniat gladius ad Rabbath filiorum Ammon, et ad Iudam in Ierusalem munitissimam. 21 Stetit enim rex Babylonis in
bivio, in capite duarum viarum, divina-

Ez 17,23; Mal 3,4. — **41:** Num 20,12; Ez 36,23; 39,27. — **43:** Ez 6,9. — **44:** Ez 20,9.14,22. — **45:** Ez 6,2; 21,2; Am 7,16. — **47:** Ier 21,14; Ez 17,24; 21,3-4. — **49:** Ez 17,2; 24,3.

21 **2:** Ez 20,46. — **3:** Iob 9,22; Ier 47,6; Ez 20,47. — **6:** Ez 12,3.17. — **7:** Ez 7,17. — **9:** Deut 32,41. — **12:** Ier 31,19. — **14:** Ez 6,11. **16:** Ez 14,17. — **17:** Ez 5,13. — **20:** Ier 49,2; Ez

tionem quaerens, commiscens sagittas,
interrogavit idola, exta consuluit. 22 Ad
dexteram eius facta est divinatio super
Ierusalem, ut ponat arietes, ut aperiat
os in caede, ut elevet vocem in ululatu,
ut ponat arietes contra portas, ut com-
portet aggerem, ut aedificet munitiones.
23 Eritque quasi consulens frustra oraculum in oculis eorum, et sabbatorum otium
imitans; ipse autem recordabitur iniquitatis ad capiendum.
24 Idcirco haec dicit Dominus Deus:
Pro eo quod recordati estis iniquitatis
vestrae, et revelastis praevaricationes vestras, et apparuerunt peccata vestra in
omnibus cogitationibus vestris, pro eo,
inquam, quod recordati estis, manu ca-
piemini. 25 Tu autem, profane, impie dux
Israel, cuius venit dies in tempore iniquitatis praefinita; 26 haec dicit Dominus
Deus: Aufer cidarim, tolle coronam: nonne haec est quae humilem sublevavit, et
sublimem humiliavit? 27 Iniquitatem, iniquitatem, iniquitatem ponam eam; et
hoc non factum est, donec veniret cuius
est iudicium, et tradam ei.

Gladius Domini contra Ammon

28 Et tu, fili hominis, propheta, et dic:
Haec dicit Dominus Deus ad filios Am-
mon, et ad opprobrium eorum; et dices:
Mucro, mucro, evagina te ad occidendum;
Lima te ut interficias et fulgeas;
29 Cum tibi viderentur vana,
Et divinarentur mendacia,
Ut dareris super colla vulneratorum im-
piorum,
Quorum venit dies in tempore iniquitatis
praefinita.
30 Revertere ad vaginam tuam,
In loco in quo creatus es;
In terra nativitatis tuae iudicabo te.
31 Et effundam super te indignationem
meam,
In igne furoris mei sufflabo in te,
Daboque te in manus hominum insipien-
tium,
Et fabricantium interitum.
32 Igni eris cibus,
Sanguis tuus erit in medio terrae,
Oblivioni traderis;
Quia ego Dominus locutus sum.

Scelera Ierusalem eorumque punitio

22 1 Et factum est verbum Domini ad
me, dicens: 2 Et tu, fili hominis,
nonne iudicas, nonne iudicas civitatem
sanguinum? 3 Et ostendes ei omnes abominationes suas, et dices: Haec dicit
Dominus Deus: Civitas effundens sanguinem in medio sui, ut veniat tempus
eius; et quae fecit idola contra semetipsam, ut pollueretur. 4 In sanguine tuo,
qui a te effusus est, deliquisti; et in idolis
tuis, quae fecisti, polluta es; et appropinquare fecisti dies tuos, et adduxisti tempus annorum tuorum: propterea dedi te
opprobrium gentibus, et irrisionem universis terris. 5 Quae iuxta sunt, et quae
procul a te, triumphabunt de te, sordida,
nobilis, grandis interitu. 6 Ecce principes
Israel singuli in brachio suo fuerunt in
te, ad effundendum sanguinem. 7 Patrem
et matrem contumeliis affecerunt; in te
advenam calumniati sunt in medio tui;
pupillum et viduam contristaverunt apud
te. 8 Sanctuaria mea sprevisti, et sabbata
mea polluisti. 9 Viri detractores fuerunt in
te ad effundendum sanguinem, et super
montes comederunt in te; scelus operati
sunt in medio tui. 10 Verecundiora patris
discooperuerunt in te; immunditiam
menstruatae humiliaverunt in te; 11 et
unusquisque in uxorem proximi sui operatus est abominationem, et socer nurum
suam polluit nefarie; frater sororem suam,
filiam patris sui, oppressit in te. 12 Munera
acceperunt apud te ad effundendum sanguinem; usuram et superabundantiam accepisti, et avare proximos tuos calum-
niabaris; meique oblita es, ait Dominus
Deus. 13 Ecce complosi manus meas super
avaritiam tuam, quam fecisti, et super
sanguinem qui effusus est in medio tui.
14 Numquid sustinebit cor tuum, aut praevalebunt manus tuae, in diebus quos
ego faciam tibi? Ego Dominus locutus
sum, et faciam. 15 Et dispergam te in
nationes, et ventilabo te in terras, et deficere faciam immunditiam tuam a te.
16 Et possidebo te in conspectu gentium;
et scies quia ego Dominus.
17 Et factum est verbum Domini ad me,
dicens: 18 Fili hominis, versa est mihi
domus Israel in scoriam; omnes isti aes,
et stannum, et ferrum, et plumbum in
medio fornacis; scoria argenti facti sunt.
19 Propterea haec dicit Dominus Deus:
Eo quod versi estis omnes in scoriam,
propterea ecce ego congregabo vos in
medio Ierusalem, 20 congregatione argenti, et aeris, et stanni, et ferri, et plumbi,
in medio fornacis, ut succendam in ea
ignem ad conflandum. Sic congregabo

25,4-5; Am 1,14. — **22:** Ez 4,2. — **23:** Ez 17,19-20. — **25:** Ier 52,2. — **26:** Ex 28,4; Lc 1,52. — **27:** Gen 49,10; Zach 6,12-13; Io 1,49. — **28:** Ier 49,2; Ez 21,20; 25,2; Soph 2,8. — **31:** Ez 7,8; 22,20-21. — **32:** Ez 25,10.

22 **2:** Ez 20,4. — **3:** Ez 7,23; 16,38; 21,25.29. — **4:** Ez 5,14. — **6:** Ez 22,13.27. — **7:** Ex 20,12; 22,21-22; Deut 27,10. — **8:** Ez 20,13. — **9:** Lev 19,16; Ez 18,6. — **10:** Lev 18,7-8.19; Ez 18,6. — **12:** Deut 27,25; Ez 18,8.13; 23,35. — **13:** Num 24,10; Ez 21,14.17. — **14:** Ez 21,7. — **15:** Deut 4,27; Ez 5,10; 24,11. — **16:**

in furore meo, et in ira mea, et requiescam, et conflabo vos. 21 Et congregabo
vos, et succendam vos in igne furoris
mei, et conflabimini in medio eius. 22 Ut
conflatur argentum in medio fornacis, sic
eritis in medio eius; et scietis quia ego
Dominus, cum effuderim indignationem
meam super vos.
23 Et factum est verbum Domini ad
me, dicens: 24 Fili hominis, dic ei: Tu es
terra immunda, et non compluta in die
furoris. 25 Coniuratio prophetarum in medio eius: sicut leo rugiens, rapiensque
praedam, animas devoraverunt; opes et
pretium acceperunt; viduas eius multi-
plicaverunt in medio illius. 26 Sacerdotes
eius contempserunt legem meam, et polluerunt sanctuaria mea; inter sanctum et
profanum non habuerunt distantiam, et
inter pollutum et mundum non intellexerunt; et a sabbatis meis averterunt oculos
suos, et coinquinabar in medio eorum.
27 Principes eius in medio illius, quasi
lupi rapientes praedam ad effundendum
sanguinem, et ad perdendas animas, et
avare ad sectanda lucra. 28 Prophetae
autem eius liniebant eos absque temperamento, videntes vana, et divinantes eis
mendacium, dicentes: Haec dicit Dominus Deus, cum Dominus non sit locutus.
29 Populi terrae calumniabantur calumniam, et rapiebant violenter; egenum et
pauperem affligebant, et advenam opprimebant calumnia absque iudicio. 30 Et
quaesivi de eis virum qui interponeret
sepem, et staret oppositus contra me
pro terra, ne dissiparem eam; et non
inveni. 31 Et effudi super eos indignationem meam, in igne irae meae consumpsi
eos; viam eorum in caput eorum reddidi,
ait Dominus Deus.

Parabola de duabus sororibus meretricibus, Oolla et Ooliba

23 1 Et factus est sermo Domini ad
me, dicens:
2 Fili hominis, duae mulieres filiae matris unius fuerunt;
3 Et fornicatae sunt in Aegypto,
In adolescentia sua fornicatae sunt;
Ibi subacta sunt ubera earum,
Et fractae sunt mammae pubertatis earum.
4 Nomina autem earum,
Oolla maior, et Ooliba soror eius minor;
Et habui eas, et pepererunt filios et filias.
Porro earum nomina,
Samaria Oolla, et Ierusalem Ooliba.
5 Fornicata est igitur super me Oolla,
Et insanivít in amatores suos,
In Assyrios propinquantes,
6 Vestitos hyacintho,
Principes, et magitratus,
Iuvenes cupidinis,
Universos equites, ascensores equorum.
7 Et dedit fornicationes suas super eos electos,
Filios Assyriorum universos;
Et in omnibus in quos insanivit,
In immunditiis eorum polluta est.
8 Insuper et fornicationes suas, quas habuerat in Aegypto, non reliquit;
Nam et illi dormierunt cum ea in adolescentia eius,
Et illi confregerunt ubera pubertatis eius,
Et effuderunt fornicationem suam super eam.
9 Propterea tradidi eam in manus amatorum suorum,
In manus filiorum Assur,
Super quorum insanivit libidine.
10 Ipsi discooperuerunt ignominiam eius,
Filios et filias eius tulerunt,
Et ipsam occiderunt gladio;
Et factae sunt famosae mulieres,
Et iudicia perpetraverunt in ea.
11 Quod cum vidisset soror eius Ooliba,
Plus quam illa insanivit libidine;
Et fornicationem suam super fornicationem sororis suae,
12 Ad filios Assyriorum praebuit impudenter,
Ducibus et magistratibus ad se venientibus,
Indutis veste varia,
Equitibus qui vectabantur equis,
Et adolescentibus forma cunctis egregia.
13 Et vidi quod polluta esset via una ambarum.
14 Et auxit fornicationes suas;
Cumque vidisset viros depictos in pariete,
Imagines Chaldaeorum expressas coloribus,
15 Et accinctos balteis renes,
Et tiaras tinctas in capitibus eorum,
Formam ducum omnium,
Similitudinem filiorum Babylonis,
Terraeque Chaldaeorum, in qua orti sunt,
16 Insanivit super eos concupiscentia oculorum suorum,
Et misit nuntios ad eos in Chaldaeam.
17 Cumque venissent ad eam filii Babylonis ad cubile mammarum,
Polluerunt eam stupris suis;
Et polluta est ab eis,

Ez 5,8; 6,7; 20,38. — **18:** Is 1,22-25; Ier 6,28-30; Mal 3,3. — **24:** 3 Reg 8,35-36; Ez 34,26. — **25:** Ier 11,9; Ez 19,3. — **26:** Lev 10,10; Ier 17, 22-23; Ez 36,20; Soph 3,4; Mal 2,3. — **27:** Mich 3,1-3.9-11. — **28:** Ez 13,5.10. — **30:** Gen 18,26; Ier 5,1. — **31:** Ez 7,4.

23 **2:** Ez 2,1; 16,45-46. — **3:** Ez 16,15. — **4:** Ez 16,8.46. — **5:** 4 Reg 15,19; Os 8,9. — **6:** Ez 38,15. — **9:** 4 Reg 15,29; 17,4-6. — **10:** Ez 5,8. — **11:** Ier 3,8-11; Ez 16,47. — **12:** Ez 23,6-7. — **16:** Is 57,9. — **20:** Ez 16,26. — **22:** Ez

Et saturata est anima eius ab illis.
18 Denudavit quoque fornicationes suas,
Et discooperuit ignominiam suam;
Et recessit anima mea ab ea,
Sicut recesserat anima mea a sorore eius:
19 Multiplicavit enim fornicationes suas,
Recordans dies adolescentiae suae,
Quibus fornicata est in terra Aegypti.
20 Et insanivit libidine super concubitum eorum,
Quorum carnes sunt ut carnes asinorum,
Et sicut fluxus equorum fluxus eorum.
21 Et visitasti scelus adolescentiae tuae,
Quando subacta sunt in Aegypto ubera tua,
Et confractae sunt mammae pubertatis tuae.
22 Propterea, Ooliba, haec dicit Dominus Deus:
Ecce ego suscitabo omnes amatores tuos contra te,
De quibus satiata est anima tua,
Et congregabo eos adversum te in circuitu;
23 Filios Babylonis, et universos Chaldaeos,
Nobiles, tyrannosque et principes,
Omnes filios Assyriorum,
Iuvenes forma egregia,
Duces et magistratus universos,
Principes principum, et nominatos ascensores equorum;
24 Et venient super te instructi curru et rota,
Multitudo populorum;
Lorica, et clypeo, et galea armabuntur contra te undique:
Et dabo coram eis iudicium,
Et iudicabunt te iudiciis suis.
25 Et ponam zelum meum in te,
Quem exercent tecum in furore:
Nasum tuum et aures tuas praecident,
Et quae remanserint, gladio concident;
Ipsi filios tuos et filias tuas capient,
Et novissimum tuum devorabitur igni.
26 Et denudabunt te vestimentis tuis,
Et tollent vasa gloriae tuae,
27 Et requiescere faciam scelus tuum de te,
Et fornicationem tuam de terra Aegypti;
Nec levabis oculos tuos ad eos,
Et Aegypti non recordaberis amplius.
28 Quia haec dicit Dominus Deus:
Ecce ego tradam te in manus eorum quos odisti,
In manus de quibus satiata est anima tua.
29 Et agent tecum in odio,
Et tollent omnes labores tuos,
Et dimittent te nudam et ignominia plenam;
Et revelabitur ignominia fornicationum tuarum,
Scelus tuum, et fornicationes tuae.
30 Fecerunt haec tibi,
Quia fornicata es post gentes
Inter quas polluta es in idolis earum.
31 In via sororis tuae ambulasti,
Et dabo calicem eius in manu tua.
32 Haec dicit Dominus Deus:
Calicem sororis tuae bibes profundum et latum;
Eris in derisum et in subsannationem quae est capacissima.
33 Ebrietate et dolore repleberis;
Calice moeroris, et tristitiae,
Calice sororis tuae Samariae.
34 Et bibes illum, et epotabis usque ad faeces;
Et fragmenta eius devorabis,
Et ubera tua lacerabis,
Quia ego locutus sum, ait Dominus Deus.
35 Propterea haec dicit Dominus Deus:
Quia oblita es mei,
Et proiecisti me post corpus tuum,
Tu quoque porta scelus tuum et fornicationes tuas.
36 Et ait Dominus ad me, dicens:
Fili hominis, numquid iudicas Oollam et Oolibam,
Et annuntias eis scelera earum?
37 Quia adulteratae sunt, et sanguis in manibus earum,
Et cum idolis suis fornicatae sunt;
Insuper et filios suos quos genuerunt mihi,
Obtulerunt eis ad devorandum.
38 Sed et hoc fecerunt mihi:
Polluerunt sanctuarium meum in die illa,
Et sabbata mea profanaverunt.
39 Cumque immolarent filios suos idolis suis,
Et ingrederentur sanctuarium meum in die illa ut polluerent illud,
Etiam haec fecerunt in medio domus meae.
40 Miserunt ad viros venientes de longe,
Ad quos nuntium miserant;
Itaque ecce venerunt:
Quibus te lavisti,
Et circumlinisti stibio oculos tuos,
Et ornata es mundo muliebri;
41 Sedisti in lecto pulcherrimo,
Et mensa ornata est ante te;
Thymiama meum et unguentum meum posuisti super eam;
42 Et vox multitudinis exsultantis erat in ea;
Et in viris, qui de multitudine hominum adducebantur,
Et veniebant de deserto,
Posuerunt armillas in manibus eorum,
Et coronas speciosas in capitibus eorum.
43 Et dixi ei, quae attrita est in adulteriis:
Nunc fornicabitur in fornicatione sua etiam haec.

16,37. — **23:** Ex 23,12. — **24:** 4 Reg 25,6. — **26:** Ez 16,39. — **28:** Ez 16,37. — **30:** Ex 34,15; Ez 6,9. — **31:** Ier 25,15. — **32:** Is 51,17. — **33:** Ier 13,13. — **35:** 3 Reg 14,9; Ier 2,32; Ez 16,58. — **36:** Ez 20,4. — **37:** Ez 16,20. 38; 22,2. — **38:** Ez 5,11; 22,8. — **39:** 4 Reg 21,4; Ier 23,11;

44 Et ingressi sunt ad eam quasi ad mulie-
rem meretricem;
Sic ingrediebantur ad Oollam et Oolibam,
mulieres nefarias.
45 Viri ergo iusti sunt;
Hi iudicabunt eas iudicio adulterarum,
Et iudicio effundentium sanguinem,
Quia adulterae sunt,
Et sanguis in manibus earum.
46 Haec enim dicit Dominus Deus:
Adduc ad eas multitudinem,
Et trade eas in tumultum et in rapinam.
47 Et lapidentur lapidibus populorum,
Et confodiantur gladiis eorum,
Filios et filias earum interficient,
Et domos earum igne succendent.
48 Et auferam scelus de terra,
Et discent omnes mulieres ne faciant se-
cundum scelus earum.
49 Et dabunt scelus vestrum super vos,
Et peccata idolorum vestrorum portabitis;
Et scietis quia ego Dominus Deus.

Olla carnibus plena ignique admota, symbolum futurae Ierusalem sortis

24 1 Et factum est verbum Domini ad
me, in anno nono, in mense decimo, decima die mensis, dicens: 2 Fili hominis, scribe tibi nomen diei huius, in qua
confirmatus est rex Babylonis adversum
Ierusalem hodie.
3 Et dices per proverbium ad domum
irritatricem parabolam, et loqueris ad
eos: Haec dicit Dominus Deus: Pone ollam; pone, inquam, et mitte in eam aquam.
4 Congere frusta eius in eam, omnem partem bonam, femur et armum, electa et ossibus plena. 5 Pinguissimum pecus assume, compone quoque strues ossium sub
ea; efferbuit coctio eius et discocta sunt
ossa illius in medio eius.
6 Propterea haec dicit Dominus Deus:
Vae civitati sanguinum, ollae cuius rubigo in ea est, et rubigo eius non exivit de
ea! Per partes et per partes suas eiice eam,
non cecidit super eam sors. 7 Sanguis
enim eius in medio eius est, super limpidissimam petram effudit illum; non effudit illum super terram, ut possit operiri
pulvere. 8 Ut superinducerem indignationem meam, et vindicta ulciscerer, dedi
sanguinem eius super petram limpidissimam, ne operiretur. 9 Propterea haec dicit Dominus Deus: Vae civitati sanguinum, cuius ego grandem faciam pyram!
10 Congere ossa, quae igne succendam;
consumentur carnes, et coquetur universa compositio, et ossa tabescent. 11 Pone quoque eam super prunas vacuam, ut
incalescat, et liquefiat aes eius, et confletur in medio eius inquinamentum eius,
et consumatur rubigo eius. 12 Multo labore sudatum est, et non exivit de ea nimia rubigo eius, neque per ignem. 13 Immunditia tua execrabilis, quia mundare
te volui, et non es mundata a sordibus
tuis; sed nec mundaberis prius, donec
quiescere faciam indignationem meam in
te. 14 Ego Dominus locutus sum: Veniet,
et faciam; non transeam, nec parcam, nec
placabor; iuxta vias tuas, et iuxta adinventiones tuas iudicabo te, dicit Dominus.

Propheta uxorem mortuam non lugens, symbolum futurae Iudaeorum sortis

15 Et factum est verbum Domini ad
me, dicens: 16 Fili hominis, ecce ego tollo
a te desiderabile oculorum tuorum in plaga; et non planges, neque plorabis, neque
fluent lacrymae tuae. 17 Ingemisce tacens,
mortuorum luctum non facies; corona
tua circumligata sit tibi, et calceamenta
tua erunt in pedibus tuis; nec amictu ora
velabis, nec cibos lugentium comedes.
18 Locutus sum ergo ad populum mane,
et mortua est uxor mea vespere; fecique
mane sicut praeceperat mihi. 19 Et dixit
ad me populus: Quare non indicas nobis
quid ista significent quae tu facis? 20 Et
dixi ad eos: Sermo Domini factus est ad
me, dicens: 21 Loquere domui Israel: Haec
dicit Dominus Deus: Ecce ego polluam
sanctuarium meum, superbiam imperii
vestri, et desiderabile oculorum vestrorum, et super quo pavet anima vestra;
filii vestri, et filiae vestrae, quas reliquistis, gladio cadent. 22 Et facietis sicut feci:
ora amictu non velabitis, et cibos lugentium non comedetis; 23 coronas habebitis
in capitibus vestris, et calceamenta in pedibus; non plangetis, neque flebitis, sed
tabescetis in iniquitatibus vestris, et unusquisque gemet ad fratrem suum. 24 Eritque Ezechiel vobis in portentum: iuxta
omnia quae fecit, facietis cum venerit istud; et scietis quia ego Dominus Deus.
25 Et tu, fili hominis, ecce in die qua
tollam ab eis fortitudinem eorum, et gaudium dignitatis, et desiderium oculorum
eorum, super quo requiescunt animae
eorum, filios et filias eorum; 26 in die illa,
cum venerit fugiens ad te ut annuntiet

Ez 44,7. — **40:** Ez 23,16. — **41:** Ez 16,18. — **45:** Ez 16,38. — **46:** Ez 16,40-41. — **47:** 2 Par 36, 17-19. — **49:** Ez 4,7; 23,35.

24 **1:** 4 Reg 25,1; Ier 39,1; 52,4. — **3:** Ier 1,13; Ez 11,3.7.11; 20,49. — **4:** 1 Sam 9, 24. — **6:** Ez 22,2. — **7:** Lev 17,13; Deut 12,16.

24. — **11:** Ez 22,15. — **13:** Ez 5,13; 16,42. — **14:** Ez 5,11; 23,45. — **16:** 3 Reg 20,6. — **17:** Lev 10,6; Deut 26,14; Ier 16,4-7; Os 9,4. — **19:** Ez 12,9; 17,12. — **21:** 2 Par 36,17; Ier 7, 14; Ez 7,20; 23,47. — **23:** Ez 4,17. — **24:** Ez 4,3; 12,6.11. — **26:** Ez 33,21. — **27:** Ez 3,26-27; 29,21; 33,22.

tibi; 27 in die, inquam, illa aperietur os tuum cum eo qui fugit: et loqueris, et non silebis ultra; erisque eis in portentum, et scietis quia ego Dominus.

PARS SECUNDA

VATICINIA CONTRA GENTES

(25,1-32,32)

Contra Ammonitas

25 1 Et factus est sermo Domini ad me, dicens:
2 Fili hominis, pone faciem tuam contra filios Ammon,
Et prophetabis de eis.
3 Et dices filiis Ammon:
Audite verbum Domini Dei.
Haec dicit Dominus Deus:
Pro eo quod dixisti: Euge, euge,
Super sanctuarium meum, quia pollutum est;
Et super terram Israel, quoniam desolata est;
Et super domum Iuda, quoniam ducti sunt in captivitatem:
4 Idcirco ego tradam te filiis orientalibus in haereditatem;
Et collocabunt caulas suas in te,
Et ponent in te tentoria sua:
Ipsi comedent fruges tuas,
Et ipsi bibent lac tuum.
5 Daboque Rabbath in habitaculum camelorum,
Et filios Ammon in cubile pecorum;
Et scietis quia ego Dominus.
6 Quia haec dicit Dominus Deus:
Pro eo quod plausisti manu et percussisti pede,
Et gavisa es ex toto affectu super terram Israel,
7 Idcirco ecce ego extendam manum meam super te,
Et tradam te in direptionem gentium,
Et interficiam te de populis,
Et perdam de terris, et conteram;
Et scies quia ego Dominus.

Contra Moabitas

8 Haec dicit Dominus Deus:
Pro eo quod dixerunt Moab et Seir;
Ecce sicut omnes gentes, domus Iuda,
9 Idcirco ecce ego aperiam humerum Moab
De civitatibus, de civitatibus, inquam, eius, et de finibus eius,
Inclytas terrae Bethiesimoth, et Beelmeon et Cariathaim,
10 Filiis orientis cum filiis Ammon,
Et dabo eam in haereditatem,
Ut non sit ultra memoria filiorun Ammon in gentibus.
11 Et in Moab faciam iudicia,
Et scient quia ego Dominus.

Contra Idumaeos

12 Haec dicit Dominus Deus:
Pro eo quod fecit Idumaea ultionem ut se vindicaret de filiis Iuda,
Peccavitque delinquens,
Et vindictam expetivit de eis;
13 Idcirco haec dicit Dominus Deus:
Extendam manum meam super Idumaeam,
Et auferam de ea hominem et iumentum,
Et faciam eam desertam ab austro;
Et qui sunt in Dedan gladio cadent.
14 Et dabo ultionem meam super Idumaeam
Per manum populi mei Israel,
Et facient in Edom iuxta iram meam et furorem meum,
Et scient vindictam meam,
Dicit Dominus Deus.

Contra Philistaeos

15 Haec dicit Dominus Deus:
Pro eo quod fecerunt Palaestini vindictam,
Et ulti se sunt toto animo,
Interficientes, et implentes inimicitias veteres,
16 Propterea haec dicit Dominus Deus:
Ecce ego extendam manum meam super Palaestinos,
Et interficiam interfectores,
Et perdam reliquias maritimae regionis.
17 Faciamque in eis ultiones magnas,
Arguens in furore;
Et scient quia ego Dominus,
Cum dedero vindictam meam super eos

Contra Tyrum

26 1 Et factum est in undecimo anno prima mensis, factus est sermo Domini ad me, dicens:
2 Fili hominis, pro eo quod dixit Tyrus de Ierusalem:
Euge, confractae sunt portae populorum,
Conversa est ad me;
Implebor, deserta est;
3 Propterea haec dicit Dominus Deus:
Ecce ego super te, Tyre,

25 **2:** Ier 49,1; Ez 21,20.28. — **3:** Ez 26,2; 36,2. — **4:** Iud 6,3; Ier 49,28; Ez 21, 20. — **6:** Ez 36,5; Soph 2,8.10. — **7:** Ez 6,14; 7,21. — **8:** Is 15,1; Ier 25,21; 48,1; Ez 35,2. — **9:** Ios 12,3; 1 Par 5,8; Ier 48,1. — **10:** Ez 21, 32. — **12:** Ps 136,7; Is 34,5; Ez 35,5; Am 1, 11. — **13:** 1 Par 1,45; Ez 27,15; 38,13; Am 1, 12. — **14:** Ier 49,7; Am 9,12; Abd 18. — **15:** Is 14,29-31; Ier 25,20; 47,1; Ioel 3,4; Am 1,6. — **16:** 1 Sam 30,14.

Et ascendere faciam ad te gentes multas,
Sicut ascendit mare fluctuans.
4 Et dissipabunt muros Tyri,
Et turres destruent eius;
Et radam pulverem eius de ea,
Et dabo eam in limpidissimam petram.
5 Siccatio sagenarum erit in medio maris,
Quia ego locutus sum, ait Dominus Deus;
Et erit in direptionem gentibus.
8 Filiae quoque eius, quae sunt in agro,
Gladio interficientur;
Et scient quia ego Dominus.
7 Quia haec dicit Dominus Deus:
Ecce ego adducam ad Tyrum
Nabuchodonosor regem Babylonis, ab aquilone,
Regem regum,
Cum equis, et curribus, et equitibus,
Et coetu, populoque magno.
8 Filias tuas quae sunt in agro gladio interficiet;
Et circumdabit te munitionibus,
Et comportabit aggerem in gyro;
Et elevabit contra te clypeum.
9 Et vineas, et arietes temperabit in muros tuos,
Et turres tuas destruet in armatura sua.
10 Inundatione equorum eius operiet te pulvis eorum;
A sonitu equitum, et rotarum, et curruum, movebuntur muri tui,
Cum ingressus fuerit portas tuas quasi per introitum urbis dissipatae.
11 Ungulis equorum suorum conculcabit omnes plateas tuas;
Populum tuum gladio caedet,
Et statuae tuae nobiles in terram corruent.
12 Vastabunt opes tuas,
Diripient negotiationes tuas,
Et destruent muros tuos,
Et domos tuas praeclaras subvertent;
Et lapides tuos, et ligna tua, et pulverem tuum
In medio aquarum ponent.
13 Et quiescere faciam multitudinem canticorum tuorum;
Et sonitus cithararum tuarum non audietur amplius.
14 Et dabo te in limpidissimam petram,
Siccatio sagenarum eris,
Nec aedificaberis ultra,
Quia ego locutus sum, ait Dominus Deus.
15 Haec dicit Dominus Deus Tyro:
Numquid non a sonitu ruinae tuae,
Et gemitu interfectorum tuorum,
Cum occisi fuerint in medio tui,
Commovebuntur insulae?
16 Et descendent de sedibus suis omnes principes maris;
Et auferent exuvias suas,
Et vestimenta sua varia abiicient,
Et induentur stupore;
In terra sedebunt,
Et attoniti super repentino casu tuo admirabuntur;
17 Et assumentes super te lamentum, dicent tibi:
Quomodo peristi, quae habitas in mari, urbs inclyta,
Quae fuisti fortis in mari cum habitatoribus tuis,
Quos formidabant universi!
18 Nunc stupebunt naves in die pavoris tui;
Et turbabuntur insulae in mari,
Eo quod nullus egrediatur ex te.
19 Quia haec dicit Dominus Deus:
Cum dedero te urbem desolatam,
Sicut civitates quae non habitantur;
Et adduxero super te abyssum,
Et operuerint te aquae multae;
20 Et detraxero te cum his qui descendunt in lacum
Ad populum sempiternum;
Et collocavero te in terra novissima sicut solitudines veteres,
Cum his qui deducuntur in lacum,
Ut non habiteris:
Porro cum dedero gloriam in terra viventium,
21 In nihilum redigam te, et non eris;
Et requisita non invenieris ultra in sempiternum,
Dicit Dominus Deus.

Lamentatio super Tyrum

27 1 Et factum est verbum Domini ad
me, dicens: 2 Tu ergo, fili hominis, assume super Tyrum lamentum; 3 et
dices Tyro, quae habitat in introitu maris, negotiationi populorum ad insulas
multas: Haec dicit Dominus Deus:

O Tyre, tu dixisti: Perfecti decoris ego sum,
4 Et in corde maris sita.
Finitimi tui qui te aedificaverunt, impleverunt decorem tuum:
5 Abietibus de Sanir extruxerunt te cum omnibus tabulatis maris;
Cedrum de Libano tulerunt ut facerent tibi malum.
6 Quercus de Basan dolaverunt in remos tuos;
Et transtra tua fecerunt tibi ex ebore indico,
Et praetoriola de insulis Italiae.
7 Byssus varia de Aegypto texta est tibi in velum

26 **2:** Is 23,1. — **3:** Ez 32,3. — **5:** Ez 27, 32. — **7:** Esdr 7,12; Ier 1,14; Ez 29,18; Dan 2,37. — **8:** Ez 4,2; Lc 19,43. — **12:** Ez 27,12-24. — **15:** Ez 27,27-28.35. — **16:** Is 23, 8. — **17:** Ez 27,2.32; 32,23. — **19:** Ez 27,34. — **20:** Ez 31,14; 32,18; Mt 11,23. — **21:** Ez 27, 36; 28,19.

27 **2:** Ez 26,17; 28,11. — **3:** Ez 28,12. — **5:** Deut 3,9. — **6:** Is 2,13; 66,19. — **7:** Gen

Ut poneretur in malo;
Hyacinthus et purpura de insulis Elisa
Facta sunt operimentum tuum.
8 Habitatores Sidonis et Aradii fuerunt remiges tui;
Sapientes tui, Tyre, facti sunt gubernatores tui.
9 Senes Giblii et prudentes eius
Habuerunt nautas ad ministerium variae supellectilis tuae;
Omnes naves maris, et nautae earum,
Fuerunt in populo negotiationis tuae.
10 Persae, et Lydii, et Libyes erant in exercitu tuo
Viri bellatores tui;
Clypeum et galeam suspenderunt in te pro ornatu tuo.
11 Filii Aradii cum exercitu tuo erant super muros tuos in circuitu;
Sed et Pigmaei, qui erant in turribus tuis,
Pharetras suas suspenderunt in muris tuis per gyrum;
Ipsi compleverunt pulchritudinem tuam.
12 Carthaginenses negotiatores tui,
A multitudine cunctarum divitiarum,
Argento, ferro, stanno, plumboque, repleverunt nundinas tuas.
13 Graecia, Thubal, et Mosoch, ipsi institores tui;
Mancipia, et vasa aerea advexerunt populo tuo.
14 De domo Thogorma, equos et equites, et mulos
Adduxerunt ad forum tuum.
15 Filii Dedan negotiatores tui;
Insulae multae, negotiatio manus tuae;
Dentes eburneos et hebeninos commutaverunt in pretio tuo.
16 Syrus negotiator tuus propter multitudinem operum tuorum.
Gemmam, et purpuram, et scutulata,
Et byssum, et sericum, et chodchod
Proposuerunt in mercatu tuo.
17 Iuda et terra Israel ipsi institores tui in frumento primo;
Balsamum, et mel, et oleum, et resinam
Proposuerunt in nundinis tuis.
18 Damascenus negotiator tuus in multitudine operum tuorum,
In multitudine diversarum opum,
In vino pingui, in lanis coloris optimi.
19 Dan, et Graecia, et Mosel,
In nundinis tuis proposuerunt ferrum fabrefactum;
Stacte et calamus in negotiatione tua.
20 Dedan institores tui in tapetibus ad sedendum.
21 Arabia et universi principes Cedar,
Ipsi negotiatores manus tuae;
Cum agnis, et arietibus, et haedis,
Venerunt ad te negotiatores tui.
22 Venditores Saba et Reema, ipsi negotiatores tui;
Cum universis primis aromatibus, et lapide pretioso, et auro,
Quod proposuerunt in mercatu tuo.
23 Haran, et Chene, et Eden, negotiatores tui;
Saba, Assur, et Chelmad, venditores tui.
24 Ipsi negotiatores tui multifariam involucris hyacinthi,
Et polymitorum, gazarumque pretiosarum,
Quae obvolutae et astrictae erant funibus;
Cedros quoque habebant in negotiationibus tuis.
25 Naves maris, principes tui in negotiatione tua;
Et repleta es, et glorificata nimis in corde maris.
26 In aquis multis adduxerunt te remiges tui;
Ventus auster contrivit te in corde maris.
27 Divitiae tuae, et thesauri tui,
Et multiplex instrumentum tuum,
Nautae tui et gubernatores tui,
Qui tenebant supellectilem tuam,
Et populo tuo praeerant;
Viri quoque bellatores tui, qui erant in te,
Cum universa multitudine tua, qua est in medio tui,
Cadent in corde maris in die ruinae tuae,
28 A sonitu clamoris gubernatorum tuorum conturbabuntur classes.
29 Et descendent de navibus suis omnes qui tenebant remum;
Nautae et universi gubernatores maris in terra stabunt.
30 Et eiulabunt super te voce magna;
Et clamabunt amare,
Et superiacient pulverem capitibus suis,
Et cinere conspergentur.
31 Et radent super te calvitium,
Et accingentur ciliciis;
Et plorabunt te in amaritudine animae, ploratu amarissimo.
32 Et assument super te carmen lugubre,
Et plangent te:
Quae est ut Tyrus, quae obmutuit in medio maris?
33 Quae in exitu negotiationum tuarum de mari
Implesti populos multos;
In multitudine divitiarum tuarum, et populorum tuorum,
Ditasti reges terrae.
34 Nunc contrita es a mari;
In profundis aquarum opes tuae,

10,4. — **8:** Gen 10,18. — **9:** 3 Reg 5,18; Ps 82,8. — **10:** Ier 46,9; Ez 30,5. — **12:** 3 Reg 10,22; Ez 38,13. — **13:** Gen 10,2; Ez 32,26; 38,2. — **14:** Gen 10,3; Ez 38,6. — **15:** Ez 25,13. **17:** Gen 37,25; Iud 11,33; 3 Reg 5,11; Ier 8, 22. — **19:** Ex 30,23; Ier 6,20. — **21:** Is 60,7. — **22:** Gen 10,7; Ier 6,20. — **23:** Is 37,12; Am 1, 5. — **25:** Ps 47,7; Is 2,16. — **27-28:** Ez 26,15-16. **30:** Apoc 18,17-19. — **31:** Ier 47,5; Ez 7,18. — **32** :Ez 19,1. — **33:** Apoc 18,15.19. — **34:** Ez

Et omnis multitudo tua, quae erat in medio tui, ceciderunt.
35 Universi habitatores insularum obstupuerunt super te;
Et reges earum omnes tempestate perculsi mutaverunt vultus.
36 Negotiatores populum sibilaverunt super te;
Ad nihilum deducta es,
Et non eris usque in perpetuum,

Contra regem Tyri

28 1 Et factus est sermo Domini ad me, dicens:
2 Fili hominis, dic principi Tyri:
Haec dicit Dominus Deus:
Eo quod elevatum est cor tuum,
Et dixisti: Deus ego sum,
Et in cathedra Dei sedi in corde maris,
Cum sis homo, et non Deus;
Et dedisti cor tuum quasi cor Dei:
3 Ecce sapientior es tu Daniele,
Omne secretum non est absconditum a te;
4 In sapientia et prudentia tua fecisti tibi fortitudinem,
Et acquisisti aurum et argentum in thesauris tuis;
5 In multitudine sapientiae tuae,
Et in negotiatione tua multiplicasti tibi fortitudinem,
Et elevatum est cor tuum in robore tuo.
6 Propterea haec dicit Dominus Deus:
Eo quod elevatum est cor tuum quasi cor Dei,
7 Idcirco ecce ego adducam super te alienos
Robustissimos gentium,
Et nudabunt gladios suos super pulchritudinem sapientiae tuae,
Et polluent decorem tuum.
8 Interficient, et detrahent te;
Et morieris in interitu occisorum in corde maris.
9 Numquid dicens loqueris: Deus ego sum,
Coram interficientibus te,
Cum sis homo, et non Deus,
In manu occidentium te?
10 Morte incircumcisorum morieris in manu alienorum,
Quia ego locutus sum, ait Dominus Deus.

Planctus super regem Tyri

11 Et factus est sermo Domini ad me,
dicens: Fili hominis, leva planctum super regem Tyri, 12 et dices ei:
Haec dicit Dominus Deus:
Tu signaculum similitudinis,
Plenus sapientia, et perfectus decore;
13 In deliciis paradisi Dei fuisti;
Omnis lapis pretiosus operimentum tuum:
Sardius, topazius, et iaspis,
Chrysolithus, et onyx, et beryllus,
Sapphirus, et carbunculus, et smaragdus, aurum, opus decoris tui;
Et foramina tua, in die qua conditus es, praeparata sunt.
14 Tu cherub extentus, et protegens;
Et posui te in monte sancto Dei,
In medio lapidum ignitorum ambulasti.
15 Perfectus in viis tuis a die conditionis tuae,
Donec inventa est iniquitas in te.
16 In multitudine negotiationis tuae
Repleta sunt interiora tua iniquitate et peccasti;
Et eieci te de monte Dei,
Et perdidi te, o cherub protegens, de medio lapidum ignitorum.
17 Et elevatum est cor tuum in decore tuo;
Perdidisti sapientiam tuam in decore tuo,
In terram proieci te;
Ante faciem regum dedi te ut cernerent te.
18 In multitudine iniquitatum tuarum,
Et iniquitate negotiationis tuae,
Polluisti sanctificationem tuam;
Producam ergo ignem de medio tui, qui comedat te,
Et dabo te in cinerem super terram,
In conspectu omnium videntium te.
19 Omnes qui viderint te in gentibus, obstupescent super te;
Nihili factus es, et non eris in perpetuum.

Contra Sidonem

20 Et factus est sermo Domini ad me,
dicens: 21 Fili hominis, pone faciem tuam
contra Sidonem, et prophetabis de ea.
22 Et dices:
Haec dicit Dominus Deus:
Ecce ego ad te, Sidon,
Et glorificabor in medio tui;
Et scient quia ego Dominus,
Cum fecero in ea iudicia,
Et sanctificatus fuero in ea.
23 Et immittam ei pestilentiam,
Et sanguinem in plateis eius;
Et corruent interfecti in medio eius gladio per circuitum,
Et scient quia ego Dominus.
24 Et non erit ultra domui Israel offendiculum amaritudinis,
Et spina dolorem inferens undique
Per circuitum eorum qui adversantur eis;
Et scient quia ego Dominus Deus.

26,19. — **35:** Ez 26,15-16. — **36:** Ier 19,8; Ez 26,21; 28,19; Soph 2,15.

28 **2:** Is 31,3; Ez 27,4. — **3:** Ez 14,14; Zach 9,2. — **7:** Ez 7,21; 30,11-12; 31,12. — **8:** Ez 32,18. — **10:** Ez 31,18; 32,19.21.24-30.32. — **11:** Ez 19,1; 32,2. — **12:** Ez 27,3. — **13:** Is 51,3; Ez 31,8-9. — **14:** Ex 25,20; 3 Reg 8,7; Ez 20, 40. — **18:** Ez 30,8.14.16; Zach 9,4; Apoc 18, 8. — **19:** Ez 27,36. — **21:** Is 23,4; Ier 25,22; 27,3. — **22:** Ez 20,41. — **23:** Ez 38,22. — **24:**

25 Haec dicit Dominus Deus:
Quando congregavero domum Israel
De populis in quibus dispersi sunt,
Sanctificabor in eis coram gentibus
Et habitabunt in terra sua,
Quam dedi servo meo Iacob;
26 Et habitabunt in ea securi:
Et aedificabunt domos, et plantabunt vineas,
Et habitabunt confidenter,
Cum fecero iudicia in omnibus qui adversantur eis per circuitum;
Et scient quia ego Dominus Deus eorum.

Contra Aegyptum, sub allegoria magni draconis

29 1 In anno decimo, decimo mense,
undecima die mensis, factum est
verbum Domini ad me, dicens: 2 Fili hominis, pone faciem tuam contra Pharaonem, regem Aegypti, et prophetabis de
eo, et de Aegypto universa. 3 Loquere, et
dices:

Haec dicit Dominus Deus:
Ecce ego ad te, Pharao, rex Aegypti, draco magne,
Qui cubas in medio fluminum tuorum, et dicis:
Meus est fluvius, et ego feci memetipsum.
4 Et ponam frenum in maxillis tuis,
Et agglutinabo pisces fluminum tuorum squamis tuis,
Et extraham te de medio fluminum tuorum,
Et universi pisces tui squamis tuis adhaerebunt.
5 Et proiiciam te in desertum,
Et omnes pisces fluminis tui;
Super faciem terrae cades,
Non colligeris, neque congregaberis;
Bestiis terrae et volatilibus caeli dedi te ad devorandum.
6 Et scient omnes habitatores Aegypti quia ego Dominus,
Pro eo quod fuisti baculus arundineus domui Israel;
7 Quando apprehenderunt te manu, et confractus es,
Et lacerasti omnem humerum eorum;
Et innitentibus eis super te comminutus es,
Et dissolvisti omnes renes eorum.
8 Propterea haec dicit Dominus Deus:
Ecce ego adducam super te gladium,
Et interficiam de te hominem et iumentum.
9 Et erit terra Aegypti in desertum et in solitudinem;
Et scient quia ego Dominus,
Pro eo quod dixeris: Fluvius meus est, et ego feci eum.
10 Idcirco ecce ego ad te, et ad flumina tua;
Daboque terram Aegypti in solitudines,
Gladio dissipatam,
A turre Syenes, usque ad terminos Aethiopiae.
11 Non pertransibit eam pes hominis,
Neque pes iumenti gradietur in ea,
Et non habitabitur quadraginta annis.
12 Daboque terram Aegypti desertam in medio terrarum desertarum,
Et civitates eius in medio urbium subversarum,
Et erunt desolatae quadraginta annis;
Et dispergam Aegyptios in nationes,
Et ventilabo eos in terras.
13 Quia haec dicit Dominus Deus:
Post finem quadraginta annorum congregabo Aegyptum
De populis in quibus dispersi fuerant.
14 Et reducam captivitatem Aegypti,
Et collocabo eos in terra Phathures,
In terra nativitatis suae,
Et erunt ibi in regnum humile.
15 Inter caetera regna erit humillima,
Et non elevabitur ultra super nationes,
Et imminuam eos ne imperent gentibus.
16 Neque erunt ultra domui Israel in confidentia,
Docentes iniquitatem ut fugiant, et sequantur eos;
Et scient quia ego Dominus Deus.

Contra Aegyptum, exercitui Nabuchodonosor ut merces datum

17 Et factum est in vigesimo et sep-
timo anno, in primo, in una mensis, fac-
tum est verbum Domini ad me, dicens:
18 Fili hominis, Nabuchodonosor, rex Babylonis,
Servire fecit exercitum suum servitute magna adversus Tyrum;
Omne caput decalvatum, et omnis humerus depilatus est;
Et merces non est reddita ei, neque exercitui eius, de Tyro,
Pro servitute qua servivit mihi adversus eam.
19 Propterea haec dicit Dominus Deus:
Ecce ego dabo Nabuchodonosor, regem Babylonis, in terra Aegypti;
Et accipiet multitudinem eius,
Et depraedabitur manubias eius,
Et diripiet spolia eius;
Et erit merces exercitui illius,

Num 33,55; Ios 23,13. — **25:** Ez 11,17; 37,25. — **26:** Ier 23,6; Ez 36,28-30; 38,8.

29 **2:** Is 19,1; Ier 25,19; Ez 32,2. — **3:** Ps 73,13; Is 27,1; 51,9; Ez 32,2. — **4:** Ez 38,4. — **5:** Ier 8,2; 25,33. — **6:** 4 Reg 18,21: Is 30,2-3; 36,6. — **7:** Is 20,5; 30,3.5; Ier 2,36; 37,6. — **9:** Ez 29,3. — **10:** Ez 30,6.12. — **12:** Ez 30,7.23.26. — **13:** Is 19,22-25; Ier 46,26. — **14:** Is 11,11; Ier 44,1; Ez 30,14. — **16:** Is 30,2-3; 36,4.6. — **18:** Ier 25,9; Ez 26,7. — **19:** Ier

20 Et operi quo servivit adversus eam;
Dedi ei terram Aegypti pro eo quod laboraverit mihi,
Ait Dominus Deus.
21 In die illo pullulabit cornu domui Israel,
Et tibi dabo apertum os in medio eorum,
Et scient quia ego Dominus.

Contra Aegyptum, cuius urbes destruentur

30 1 Et factum est verbum Domini ad me, dicens: 2 Fili hominis, propheta, et dic:
Haec dicit Dominus Deus:
Ululate; vae, vae diei!
3 Quia iuxta est dies;
Et appropinquat dies Domini, dies nubis;
Tempus gentium erit.
4 Et veniet gladius in Aegyptum
Et erit pavor in Aethiopia,
Cum ceciderint vulnerati in Aegypto,
Et ablata fuerit multitudo illius,
Et destructa fundamenta eius.
5 Aethiopia, et Libya, et Lydi,
Et omne reliquum vulgus,
Et Chub, et filii terrae foederis,
Cum eis gladio cadent.
6 Haec dicit Dominus Deus:
Et corruent fulcientes Aegyptum,
Et destruetur superbia imperii eius;
A turre Syenes gladio cadent in ea,
Ait Dominus Deus exercituum.
7 Et dissipabuntur in medio terrarum desolatarum,
Et urbes eius in medio civitatum desertarum erunt;
8 Et scient quia ego Dominus,
Cum dedero ignem in Aegypto,
Et attriti fuerint omnes auxiliatores eius.
9 In die illa egredientur nuntii a facie mea in trieribus,
Ad conterendam Aethiopiae confidentiam;
Et erit pavor in eis in die Aegypti,
Quia absque dubio veniet.
10 Haec dicit Dominus Deus:
Cessare faciam multitudinem Aegypti
In manu Nabuchodonosor, regis Babylonis.
11 Ipse et populus eius cum eo, fortissimi gentium,
Adducentur ad disperdendam terram;
Et evaginabunt gladios suos super Aegyptum,
Et implebunt terra interfectis.
12 Et faciam alveos fluminum aridos,
Et tradam terram in manus pessimorum;
Et dissipabo terram, et plenitudinem eius
Manu alienorum,
Ego Dominus locutus sum.
13 Haec dicit Dominus Deus:
Et disperdam simulacra,
Et cessare faciam idola de Memphis;
Et dux de terra Aegypti non erit amplius,
Et dabo terrorem in terra Aegypti.
14 Et disperdam terram Phathures,
Et dabo ignem in Taphnis,
Et faciam iudicia in Alexandria.
15 Et effundam indignationem meam super Pelusium, robur Aegypti;
Et interficiam multitudinem Alexandriae.
16 Et dabo ignem in Aegypto:
Quasi parturiens dolebit Pelusium,
Et Alexandria erit dissipata,
Et in Memphis angustiae quotidianae.
17 Iuvenes Heliopoleos et Bubasti gladio cadent,
Et ipsae captivae ducentur.
18 Et in Taphnis nigrescet dies,
Cum contrivero ibi sceptra Aegypti,
Et defecerit in ea superbia potentiae eius;
Ipsam nubes operiet.
Filiae autem eius in captivitatem ducentur,
19 Et iudicia faciam in Aegypto:
Et scient quia ego Dominus.

Contra Aegyptum, a rege Babylonis confractum

20 Et factum est in undecimo anno, in primo mense, in septima mensis, factum est verbum Domini ad me, dicens:
21 Fili hominis, brachium Pharaonis, regis Aegypti, confregi;
Et ecce non est obvolutum ut restitueretur ei sanitas,
Ut ligaretur pannis, et fasciaretur linteolis,
Ut recepto robore posset tenere gladium.
22 Propterea haec dicit Dominus Deus:
Ecce ego ad Pharaonem, regem Aegypti,
Et comminuam brachium eius forte, sed confractum;
Et deiiciam gladium de manu eius,
23 Et dispergam Aegyptum in gentibus,
Et ventilabo eos in terris.
24 Et confortabo brachia regis Babylonis,
Daboque gladium meum in manu eius,
Et confringam brachia Pharaonis,
Et gement gemitibus interfecti coram facie eius.
25 Et confortabo brachia regis Babylonis,
Et brachia Pharaonis concident;

46,13; Ez 30,10-12; 32,12. — **21:** Ps 131,17; Ez 24,27.

30 **2:** Is 13,6. — **3:** Ez 7,7.12; Ioel 1,15; 2,1-2; Soph 1,7.15. — **4:** Ez 29,8.19. — **5:** Ier 25,20; Ez 27,10. — **6:** Ez 29,10. — **7:** Ez 39,12. — **8:** Ez 28,18. — **10:** Is 19,4.23; Ez 29,19. — **11:** Ez 28,7. — **12:** Is 19,4-6. — **13:** Is 19,13.15-16; Ier 43,12; 46,25. — **14:** Ier 43,7-9; 46,14.25; Ez 29,14. — **16:** Is 13,8. — **21:** Ier 30,13; 48,25. — **23:** Ez 29,12. — **25:** Ez 21,3; 30,10.

Et scient quia ego Dominus,
Cum dedero gladium meum in manu regis Babylonis,
Et extenderit eum super terram Aegypti.
26 Et dispergam Aegyptum in nationes,
Et ventilabo eos in terras;
Et scient quia ego Dominus.

Contra Aegyptum, sub allegoria cedri

31 1 Et factum est in anno undecimo,
tertio mense, una mensis, factum
est verbum Domini ad me, dicens: 2 Fili
hominis, dic Pharaoni, regi Aegypti, et
populo eius:
Cui similis factus es in magnitudine tua?
3 Ecce Assur quasi cedrus in Libano,
Pulcher ramis et frondibus nemorosus, excelsusque altitudine,
Et inter condensas frondes elevatum est cacumen eius.
4 Aquae nutrierunt illum,
Abyssus exaltavit illum;
Flumina eius manabant in circuitu radicum eius,
Et rivos suos emisit ad universa ligna regionis.
5 Propterea elevata est altitudo eius super omnia ligna regionis;
Et multiplicata sunt arbusta eius,
Et elevati sunt rami eius prae aquis multis.
6 Cumque extendisset umbram suam,
In ramis eius fecerunt nidos omnia volatilia caeli;
Et sub frondibus eius genuerunt omnes bestiae saltuum,
Et sub umbraculo illius habitabat coetus gentium plurimarum.
7 Eratque pulcherrimus in magnitudine sua,
Et in dilatatione arbustorum suorum:
Erat enim radix illius iuxta aquas multas.
8 Cedri non fuerunt altiores illo in paradiso Dei;
Abietes non adaequaverunt summitatem eius,
Et platani non fuerunt aequae frondibus illius:
Omne lignum paradisi Dei non est assimilatum illi,
Et pulchritudini eius.
9 Quoniam speciosum feci eum,
Et multis condensisque frondibus,
Et aemulata sunt eum omnia ligna voluptatis,
Quae erant in paradiso Dei.
10 Propterea haec dicit Dominus Deus:
Pro eo quod sublimatus est in altitudine,
Et dedit summitatem suam virentem atque condensam,
Et elevatum est cor eius in altitudine sua,
11 Tradidi eum in manu fortissimi gentium,
Faciens faciet ei;
Iuxta impietatem eius eieci eum.
12 Et succident eum alieni,
Et crudelissimi nationum,
Et proiicient eum super montes;
Et in cunctis convallibus corruent rami eius,
Et confringentur arbusta eius in universis rupibus terrae;
Et recedent de umbraculo eius omnes populi terrae,
Et relinquent eum.
13 In ruina eius habitaverunt omnia volatilia caeli,
Et in ramis eius fuerunt universae bestiae regionis.
14 Quamobrem non elevabuntur in altitudine sua omnia ligna aquarum,
Nec ponent sublimitatem suam inter nemorosa atque frondosa;
Nec stabunt in sublimitate sua omnia quae irrigantur aquis,
Quia omnes traditi sunt in mortem ad terram ultimam,
In medio filiorum hominum,
Ad eos qui descendunt in lacum.
15 Haec dicit Dominus Deus:
In die quando descendit ad inferos, induxi luctum;
Operui eum abysso,
Et prohibui flumina eius,
Et coercui aquas multas;
Contristatus est super eum Libanus,
Et omnia ligna agri concussa sunt.
16 A sonitu ruinae eius commovi gentes,
Cum deducerem eum ad infernum
Cum his qui descendebant in lacum;
Et consolata sunt in terra infima
Omnia ligna voluptatis egregia atque praeclara in Libano,
Universa quae irrigabantur aquis.
17 Nam et ipsi cum eo descendent in infernum ad interfectos gladio;
Et brachium uniuscuiusque sedebit sub umbraculo eius
In medio nationum.
18 Cui assimilatus es, o inclyte atque sublimis inter ligna voluptatis?
Ecce deductus es cum lignis voluptatis ad terram ultimam;
In medio incircumcisorum dormies,
Cum eis qui interfecti sunt gladio;
Ipse est Pharao, et omnis multitudo eius,
Dicit Dominus Deus.

31 2: Ez 29,3; 31,18. — 3: Is 10,34; Dan 4,8-12. — 4: Ez 17,7. — 6: Ez 17,23; Dan 4,12.21. — 8: Ez 28,13; 31,9.16.18. — 10: Dan 5,20. — 12: Ez 28,7; 32,5. — 13: Ez 32,4. — 14: Ez 26,20; 32,18.24. — 16: Ez 26,5. — 17: Is 14,10-11; Ez 32,20-21. — 18: Ez 28,10; 32,19,21.25.28.

Lamentatio super Pharaonem

32 [1] Et factum est, duodecimo anno,
in mense duodecimo, in una mensis, factum est verbum Domini ad me,
dicens: [2] Fili hominis, assume lamentum
super Pharaonem, regem Aegypti, et dices ad eum:

Leoni gentium assimilatus es,
Et draconi qui est in mari,
Et ventilabas cornu in fluminibus tuis,
Et conturbabas aquas pedibus tuis,
Et conculcabas flumina earum.
[3] Propterea haec dicit Dominus Deus:
Expandam super te rete meum in multitudine populorum multorum,
Et extraham te in sagena mea.
[4] Et proiiciam te in terram,
Super faciem agri abiiciam te;
Et habitare faciam super te omnia volatilia caeli,
Et saturabo de te bestias universae terrae.
[5] Et dabo carnes tuas super montes,
Et implebo colles tuos sanie tua.
[6] Et irrigabo terram foetore sanguinis tui super montes,
Et valles implebuntur ex te.
[7] Et operiam, cum extinctus fueris, caelum,
Et nigrescere faciam stellas eius;
Solem nube tegam,
Et luna non dabit lumen suum.
[8] Omnia luminaria caeli moerere faciam super te;
Et dabo tenebras super terram tuam,
Dicit Dominus Deus,
Cum ceciderint vulnerati tui in medio terrae,
Ait Dominus Deus.
[9] Et irritabo cor populorum multorum;
Cum induxero contritionem tuam in gentibus super terras quas nescis.
[10] Et stupescere faciam super te populos multos;
Et reges eorum horrore nimio formidabunt super te,
Cum volare coeperit gladius meus super facies eorum;
Et obstupescent repente singuli pro anima sua in die ruinae tuae.
[11] Quia haec dicit Dominus Deus:
Gladius regis Babylonis veniet tibi.
[12] In gladiis fortium deiiciam multitudinem tuam;
Inexpugnabiles omnes gentes hae,
Et vastabunt superbiam Aegypti,
Et dissipabitur multitudo eius.
[13] Et perdam omnia iumenta eius,
Quae erant super aquas plurimas;
Et non conturbabit eas pes hominis ultra,
Neque ungula iumentorum turbabit eas.
[14] Tunc purissimas reddam aquas eorum,
Et flumina eorum quasi oleum adducam,
Ait Dominus Deus;
[15] Cum dedero terram Aegypti desolatam:
Deseretur autem terra a plenitudine sua,
Quando percussero omnes habitatores eius;
Et scient quia ego Dominus.
[16] Planctus est, et planget eum,
Filiae gentium plangent eum;
Super Aegyptum et super multitudinem eius plangent eum,
Ait Dominus Deus.

Altera super Pharaonem lamentatio

[17] Et factum est in duodecimo anno, in
quinta decima mensis, factum est verbum
Domini ad me, dicens:

[18] Fili hominis, cane lugubre super multitudinem Aegypti;
Et detrahe eam ipsam, et filias gentium robustarum,
Ad terram ultimam, cum his qui descendunt in lacum.
[19] Quo pulchrior es? descende,
Et dormi cum incircumcisis.
[20] In medio interfectorum gladio cadent;
Gladius datus est, attraxerunt eam et omnes populos eius.
[21] Loquentur ei potentissimi robustorum de medio inferni,
Qui cum auxiliatoribus eius descenderunt,
Et dormierunt incircumcisi interfecti gladio.
[22] Ibi Assur, et omnis multitudo eius;
In circuitu illius sepulchra eius,
Omnes interfecti, et qui ceciderunt gladio.
[23] Quorum data sunt sepulchra in novissimis laci,
Et facta est multitudo eius per gyrum sepulchri eius;
Universi interfecti, cadentesque gladio,
Qui dederant quondam formidinem in terra viventium.
[24] Ibi Aelam, et omnis multitudo eius per gyrum sepulchri sui;
Omnes hi interfecti, ruentesque gladio,
Qui descenderunt incircumcisi ad terram ultimam,
Qui posuerunt terrorem suum in terra viventium,
Et portaverunt ignominiam suam cum his qui descendunt in lacum.
[25] In medio interfectorum
Posuerunt cubile eius in universis populis eius;

32 **2:** Ez 19,1; 27,2; 29,2-3. — **3:** Ez 12,13; 17,20. — **4:** Ez 29,5; 31,13. — **5:** Ez 31,12. — **7:** Is 13,10; Ioel 2,31; Mt 24,29. — **10:** Ez 26,16; 27,35. — **11:** Ier 46,26; Ez 29,8. 19. — **12:** Ez 28,7. — **13:** Ez 29,11. — **15:** Ez 7,5; Ez 6,7; 20,38. — **16:** Ez 32,18. — **18:** Ez 31,14. — **19:** Ez 31,18. — **21:** Is 14,9-10. — **23:** Is 14,15; Ez 32,25-26. — **24:** Is 21,2; Ier 49,

In circuitu eius sepulchrum illius:
Omnes hi incircumcisi, interfectique gladio.
Dederunt enim terrorem suum in terra viventium,
Et portaverunt ignominiam suam cum his qui descendunt in lacum;
In medio interfectorum positi sunt.
26 Ibi Mosoch et Thubal, et omnis multitudo eius;
In circuitu eius sepulchra illius:
Omnes hi incircumcisi, interfectique et cadentes gladio,
Quia dederunt formidinem suam in terra viventium.
27 Et non dormient cum fortibus,
Cadentibusque, et incircumsisis,
Qui descenderunt ad infernum cum armis suis,
Et posuerunt gladios suos sub capitibus suis,
Et fuerunt iniquitates eorum in ossibus eorum:
Quia terror fortium facti sunt in terra viventium.
28 Et tu ergo in medio incircumcisorum contereris,
Et dormies cum interfectis gladio.
29 Ibi Idumaea, et reges eius, et omnes duces eius,
Qui dati sunt cum exercitu suo cum interfectis gladio,
Et qui cum incircumcisis dormierunt,
Et cum his qui descendunt in lacum.
30 Ibi principes aquilonis omnes, et universi venatores,
Qui deducti sunt cum interfectis, paventes,
Et in sua fortitudine confusi;
Qui dormierunt incircumcisi
Cum interfectis gladio,
Et portaverunt confusionem suam
Cum his qui descendunt in lacum.
31 Vidit eos Pharao, et consolatus est
Super universa multitudine sua,
Quae interfecta est gladio;
Pharao, et omnis exercitus eius,
Ait Dominus Deus.
32 Quia dedi terrorem meum in terra viventium;
Et dormivit in medio incircumcisorum cum interfectis gladio:
Pharao, et omnis multitudo eius,
Ait Dominus Deus.

34-39. — **26:** Ez 27,13. — **27:** Is 14,18-19. — **28:** Ez 28,10; 31,18. — **29:** Ez 25,12-14. — **30:** Ier 25,9; Ez 28,21; 39,2. — **31:** Ez 31,16. — **32:** Ez 31,18.

PARS TERTIA

VATICINIA CONSOLATORIA

(33,1-39,29)

Propheta, speculator domui Israel

33 1 Et factum est verbum Domini
ad me, dicens: 2 Fili hominis, loquere ad filios pupuli tui, et dices ad eos:
Terra, cum induxero super eam gladium, et
tulerit populus terrae virum unum de novissimis suis, et constituerit eum super se
speculatorem: 3 et ille viderit gladium venientem super terram, et cecinerit buccina,
et annuntiaverit populo; 4 audiens autem
quisquis ille est, sonitum buccinae, et
non se observaverit, veneritque gladius,
et tulerit eum, sanguis ipsius super caput eius erit. 5 Sonum buccinae audivit,
et non se observavit; sanguis eius in ipso
erit; si autem se custodierit, animam
suam salvabit.
6 Quod si speculator viderit gladium venientem, et non insonuerit buccina, et
populus se non custodierit, veneritque gladius, et tulerit de eis animam: ille quidem
in iniquitate sua captus est, sanguinem
autem eius de manu speculatoris requiram.
7 Et tu, fili hominis, speculatorem dedi
te domui Israel; audiens ergo ex ore meo
sermonem, annuntiabis eis ex me. 8 Si
me dicente ad impium: Impie, morte morieris, non fueris locutus ut se custodiat
impius a via sua, ipse impius in iniquitate
sua morietur, sanguinem autem eius de
manu tua requiram.
9 Si autem annuntiante te ad impium
ut a viis suis convertatur, non fuerit conversus a via sua, ipse in iniquitate sua
morietur, porro tu animam tuam liberasti.

Salus per poenitentiam

10 Tu ergo, fili hominis, dic ad domum
Israel: Sic locuti estis, dicentes: Iniquitates nostrae et peccata nostra super nos
sunt; et in ipsis nos tabescimus: quomodo
ergo vivere poterimus? 11 Dic ad eos: Vivo ego, dicit Dominus Deus, nolo mortem impii, sed ut convertatur impius a
via sua, et vivat. Convertimini, convertimini a viis vestris pessimis; et quare
moriemini, domus Israel?
12 Tu itaque, fili hominis, dic ad filios
populi tui: Iustitia iusti non liberabit
eum, in quacumque die peccaverit; et
impietas impii non nocebit ei, in quacumque die conversus fuerit ab impietate

33 **2:** Ez 3,11; 14,17. — **3:** Am 3,6. — **4:** Ez 3,18; 18,13. — **6:** Ez 3,18. — **7-9:** Ez 3,17-19. — **10:** Ez 37,11. — **11:** Ez 18,23.31-32; 1 Tim 2,4. — **12:** Ez 18,24. — **14:** Ier 18,8;

sua; et iustus non poterit vivere in iustitia sua, in quacumque die peccaverit.
13 Etiamsi dixero iusto quod vita vivat,
et confisus in iustitia sua fecerit iniquitatem, omnes iustitiae eius oblivioni tradentur, et in iniquitate sua quam operatus est, in ipsa morietur. 14 Si autem dixero impio: Morte morieris, et egerit poenitentiam a peccato suo, feceritque iudicium et iustitiam, 15 et pignus restituerit
ille impius, rapinamque reddiderit, in
mandatis vitae ambulaverit, nec fecerit
quidquam iniustum, vita vivet, et non
morietur. 16 Omnia peccata eius, quae
peccavit, non imputabuntur ei; iudicium
et iustitiam fecit, vita vivet. 17 Et dixerunt
filii populi tui: Non est aequi ponderis
via Domini; et ipsorum via iustitia est.
18 Cum enim recesserit iustus a iustitia
sua, feceritque iniquitates, morietur in eis.
19 Et cum recesserit impius ab impietate
sua, feceritque iudicium et iustitiam, vivet in eis. 20 Et dicitis: Non est recta via
Domini. Unumquemque iuxta vias suas
iudicabo de vobis, domus Israel.

Peccatores a terra sancta sunt arcendi

21 Et factum est in duodecimo anno,
in decimo mense, in quinta mensis transmigrationis nostrae, venit ad me qui fugerat de Ierusalem, dicens: Vastata est
civitas. 22 Manus autem Domini facta
fuerat ad me vespere, antequam veniret
qui fugerat; aperuitque os meum donec
veniret ad me mane; et aperto ore meo,
non silui amplius.
23 Et factum est verbum Domini ad
me, dicens: 24 Fili hominis, qui habitant
in ruinosis his super humum Israel, loquentes aiunt: Unus erat Abraham, et
haereditate possedit terram; nos autem
multi sumus: nobis data est terra in possessionem. 25 Idcirco dices ad eos: Haec
dicit Dominus Deus: Qui in sanguine
comeditis, et oculos vestros levatis ad
immunditias vestras, et sanguinem fundi-
tis, numquid terram haereditate possidebitis? 26 Stetistis in gladiis vestris, fecistis
abominationes, et unusquisque uxorem
proximi sui polluit: et terram haereditate
possidebitis? 27 Haec dices ad eos: Sic
dicit Dominus Deus: Vivo ego, quia qui
in ruinosis habitant, gladio cadent; et qui
in agro est, bestiis tradetur ad devorandum; qui autem in praesidiis et speluncis
sunt, peste morientur. 28 Et dabo terram
in solitudinem et in desertum, et deficiet
superba fortitudo eius; et desolabuntur
montes Israel, eo quod nullus sit qui per
eos transeat; 29 et scient quia ego Dominus, cum dedero terram eorum desolatam
et desertam, propter universas abominationes suas, quas operati sunt.
30 Et tu, fili hominis, filii populi tui,
qui loquuntur de te iuxta muros et in
ostiis domorum, et dicunt unus ad alterum, vir ad proximum suum, loquentes:
Venite, et audiamus quis sit sermo egrediens a Domino. 31 Et veniunt ad te, quasi
si ingrediatur populus, et sedent coram
te populus meus; et audiunt sermones
tuos, et non faciunt eos, quia in canticum
oris sui vertunt illos, et avaritiam suam
sequitur cor eorum. 32 Et es eis quasi carmen musicum, quod suavi dulcique sono
canitur; et audiunt verba tua, et non faciunt ea. 33 Et cum venerit quod praedictum est, ecce enim venit, tunc scient quod
prophetes fuerit inter eos.

Pravos pastores infidelitatis arguit propheta

34 1 Et factum est verbum Domini ad
me, dicens:
2 Fili hominis, propheta de pastoribus Is-
rael;
Propheta, et dices pastoribus:
Haec dicit Dominus Deus:
Vae pastoribus Israel, qui pascebant se-
metipsos!
Nonne greges a pastoribus pascuntur?
3 Lac comedebatis,
Et lanis operiebamini,
Et quod crassum erat occidebatis,
Gregem autem meum non pascebatis.
4 Quod infirmum fuit non consolidastis,
Et quod aegrotum non sanastis;
Quod confractum est non alligastis,
Et quod abiectum est non reduxistis,
Et quod perierat non quaesistis;
Sed cum austeritate imperabatis eis, et
cum potentia.
5 Et dispersae sunt oves meae, eo quod
non esset pastor;
Et factae sunt in devorationem omnium
bestiarum agri,
Et dispersae sunt.
6 Erraverunt greges mei in cunctis mon-
tibus,
Et in universo colle excelso;
Et super omnem faciem terrae dispersi
sunt greges mei,
Et non erat qui requireret:

Ez 3,18; 18,27. — **15:** Lev 6,2.4-5; Ez 18,7; 20,11. — **16:** Ez 18,22. || Epist. S. Caelest. I: D III. — **17:** Ez 18,25.29. — **18-19:** Ez 18,26-27; 33,12-13. — **20:** Eccli 15,18; Ez 18,30; Rom 2, 6. — **21:** 4 Reg 25,2-11; Ier 39,2; 52,5-6; Ez 1,2; 24,26. — **22:** Ez 13; 24,27; 29,21. — **24:** Is 51,2; Mt 3,9. — **25:** Gen 9,4; Lev 3,17; Ez 18,6; 22,3. — **27:** Ez 14,21. — **28:** Ez 6,3.14. — **31:** Ps 77,36-37; Is 29,13; 58,2; Mt 13,22. — **33:** Ez 2,5; 33,29.

34 **2:** Ier 23,1; 2 Cor 12,14. — **3:** Zach 11,4-5.16. — **4:** Mt 18,12; 1 Petr 5,3. — **5:** 3 Reg 22,17; Ier 50,17; Mt 9,36; Io 10,10. —

Non erat, inquam, qui requireret.
7 Propterea, pastores, audite verbum Domini:
8 Vivo ego, dicit Dominus Deus,
Quia pro eo quod facti sunt greges mei in rapinam,
Et oves meae in devorationem omnium bestiarum agri,
Eo quod non esset pastor;
Neque enim quaesierunt pastores mei gregem meum,
Sed pascebant pastores semetipsos,
Et greges meos non pascebant:
9 Propterea, pastores, audite verbum Domini:
10 Haec dicit Dominus Deus:
Ecce ego ipse super pastores
Requiram gregem meum de manu eorum,
Et cessare faciam eos,
Ut ultra non pascant gregem,
Nec pascant amplius pastores semetipsos;
Et liberabo gregem meum de ore eorum,
Et non erit ultra eis in escam.

Deus, optimus pastor

11 Quia haec dicit Dominus Deus:
Ecce ego ipse requiram oves meas,
Et visitabo eas.
12 Sicut visitat pastor gregem suum,
In die quando fuerit in medio ovium suarum dissipatarum,
Sic visitabo oves meas,
Et liberabo eas de omnibus locis
In quibus dispersae fuerant in die nubis et caliginis.
13 Et educam eas de populis,
Et congregabo eas de terris,
Et inducam eas in terram suam,
Et pascam eas in montibus Israel,
In rivis, et in cunctis sedibus terrae.
14 In pascuis uberrimis pascam eas,
Et in montibus excelsis Israel erunt pascua earum;
Ibi requiescent in herbis virentibus,
Et in pascuis pinguibus pascentur super montes Israel.
15 Ego pascam oves meas, et ego eas accubare faciam,
Dicit Dominus Deus.
16 Quod perierat requiram,
Et quod abiectum erat reducam,
Et quod confractum fuerat alligabo,
Et quod infirmum fuerat consolidabo,
Et quod pingue et forte custodiam;
Et pascam illas in iudicio.
17 Vos autem, greges mei, haec dicit Dominus Deus:
Ecce ego iudico inter pecus et pecus,
Arietum et hircorum.
18 Nonne satis vobis erat pascua bona depasci?
Insuper et reliquias pascuarum vestrarum conculcastis pedibus vestris;
Et cum purissimam aquam biberetis,
Reliquam pedibus vestris turbabatis;
19 Et oves meas his quae conculcata pedibus vestris fuerant, pascebantur;
Et quae pedes vestri turbaverant, haec bibebant.
20 Propterea haec dicit Dominus Deus ad vos:
Ecce ego ipse iudico inter pecus pingue et macilentum;
21 Pro eo quod lateribus et humeris impingebatis,
Et cornibus vestris ventilabatis omnia infirma pecora,
Donec dispergerentur foras,
22 Salvabo gregem meum,
Et non erit ultra in rapinam,
Et iudicabo inter pecus et pecus.

David in pastorem Domini

23 Et suscitabo super eas pastorem unum, qui pascat eas,
Servum meum David;
Ipse pascet eas,
Et ipse erit eis in pastorem.
24 Ego autem Dominus ero eis in Deum;
Et servus meus David princeps in medio eorum;
Ego Dominus locutus sum.
25 Et faciam cum eis pactum pacis,
Et cessare faciam bestias pessimas de terra;
Et qui habitant in deserto,
Securi dormient in saltibus.
26 Et ponam eos in circuitu collis mei benedictionem;
Et deducam imbrem in tempore suo:
Pluviae benedictionis erunt.
27 Et dabit lignum agri fructum suum,
Et terra dabit germen suum,
Et erunt in terra sua absque timore,
Et scient quia ego Dominus,
Cum contrivero catenas iugi eorum,
Et eruero eos de manu imperantium sibi.
28 Et non erunt ultra in rapinam in gentibus,
Neque bestiae terrae devorabunt eos;
Sed habitabunt confidenter absque ullo terrore.
29 Et suscitabo eis germen nominatum,
Et non erunt ultra imminuti fame in terra,
Neque portabunt ultra opprobrium gentium.

10: Ez 3,18; Hebr 13,17. — **11:** Mich 4,6-7; Io 10,11. — **12:** Ez 30,3; Ioel 2,2; Soph 1,15. — **13:** Ez 11,17. — **14:** Ps 22,2; Ier 33,12. — **15:** Is 40,11. — **16:** Mich 4,6; Soph 3,19; Lc 15,4. — **17:** Mt 25,32. — **21:** Dan 8,4. — **23:** Ps 77,70-72; Ier 3,15; 23,4-5; Ez 37,24-25; Mich 5,4; Io 10,11. — **24:** Ex 29,45; Ez 37,24.27. — **25:** Lev 26,6; Is 11,6-9; 35,9; Ez 37,26; 38,8.14; Os 2,18. — **26:** Gen 12,2; Lev 26,3; Is 19,24; Zach 8,13; Mal 3,10. — **27:** Lev 26,4; Ez 36,30; 38,8.14. — **29:** Is 60,21; 61,3; Ez 36,6; 39,26. — **31:** Ps 73,1; 99,3; Io 10,16.

30 Et scient quia ego Dominus Deus eorum cum eis,
Et ipsi populus meus domus Israel,
Ait Dominus Deus.
31 Vos autem, greges mei, greges pascuae meae,
Homines estis;
Et ego Dominus Deus vester,
Dicit Dominus Deus.

Dei iudicium contra Edom

35 1 Et factus est sermo Domini ad me, dicens:
2 Fili hominis, pone faciem tuam adversum montem Seir,
Et prophetabis de eo, et dices illi:
3 Haec dicit Dominus Deus:
Ecce ego ad te, mons Seir;
Et extendam manum meam super te,
Et dabo te desolatum atque desertum.
4 Urbes tuas demoliar,
Et tu desertus eris;
Et scies quia ego Dominus.
5 Eo quod fueris inimicus sempiternus,
Et concluseris filios Israel in manus gladii
In tempore afflictionis eorum,
In tempore iniquitatis extremae:
6 Propterea vivo ego, dicit Dominus Deus,
Quoniam sanguini tradam te,
Et sanguis te persequetur;
Et cum sanguinem oderis,
Sanguis persequetur te.
7 Et dabo montem Seir desolatum atque desertum;
Et auferam de eo euntem et redeuntem.
8 Et implebo montes eius occisorum suorum;
In collibus tuis, et in vallibus tuis atque in torrentibus,
Interfecti gladio cadent.
9 In solitudines sempiternas tradam te,
Et civitates tuae non habitabuntur;
Et scietis quia ego Dominus Deus.
10 Eo quod dixeris: Duae gentes et duae terrae meae erunt,
Et haereditate possidebo eas,
Cum Dominus esset ibi:
11 Propterea vivo ego, dicit Dominus Deus,
Quia faciam iuxta iram tuam, et secundum zelum tuum,
Quem fecisti odio habens eos;
Et notus efficiar per eos, cum te iudicavero.
12 Et scies quia ego Dominus audivi universa opprobria tua,
Quae locutus es de montibus Israel, dicens:
Deserti, nobis ad devorandum dati sunt.
13 Et insurrexistis super me ore vestro,
Et derogastis adversum me verba vestra;
Ego audivi.
14 Haec dicit Dominus Deus:
Laetante universa terra,
In solitudinem te redigam,
15 Sicuti gavisus es super haereditatem domus Israel,
Eo quod fuerit dissipata,
Sic faciam tibi:
Dissipatus eris, mons Seir, et Idumaea omnis;
Et scient quia ego Dominus.

Terra Israel in sempiternum renovabitur

36 1 Tu autem, fili hominis, propheta super montes Israel, et dices:
Montes Israel, audite verbum Domini.
2 Haec dicit Dominus Deus:
Eo quod dixerit inimicus de vobis: Euge,
Altitudines sempiternae in haereditatem datae sunt nobis,
3 Propterea vaticinare, et dic:
Haec dicit Dominus Deus:
Pro eo quod desolati estis, et conculcati per circuitum,
Et facti in haereditatem reliquis gentibus,
Et ascendistis super labium linguae et opprobrium populi,
4 Propterea, montes Israel, audite verbum Domini Dei.
Haec dicit Dominus Deus montibus et collibus,
Torrentibus, vallibusque et desertis,
Parietinis et urbibus derelictis,
Quae depopulatae sunt et subsannatae a reliquis gentibus per circuitum.
5 Propterea haec dicit Dominus Deus:
Quoniam in igne zeli mei locutus sum de reliquis gentibus,
Et de Idumaea universa,
Quae dederunt terram meam sibi in haereditatem cum gaudio,
Et toto corde et ex animo,
Et eiecerunt eam ut vastarent;
6 Idcirco vaticinare super humum Israel,
Et dices montibus et collibus, iugis et vallibus:
Haec dicit Dominus Deus:
Ecce ego in zelo meo et in furore meo locutus sum,
Eo quod confusionem gentium sustinueritis.
7 Idcirco haec dicit Dominus Deus:
Ego levavi manum meam,
Ut gentes quae in circuitu vestro sunt,

35 2: Gen 32,3; Deut 2,4-5; Is 21,11; Ier 49,7-22; Ez 25,8.12; Ioel 3,19; Am 1,11; Abd 8; Mal 1,4. — 5: Ps 136,7; Ez 36,2; Am 1, 11; Abd 11. — 6: Gen 9,6; Mt 26,52; Apoc 13, 10. — 8: Ez 31,12. — 9: Ez 6,7; 20,38. — 10: Ez 36,2; 37,22. — 11: Abd 15. — 12: Ez 6,2. — 13: 1 Sam 2,3. — 15: Is 36,5; Ez 35,2.

36 1: Ez 6,2. — 2: Deut 32,13; Ez 25,3; 26,2; 36,5. — 3: Lam 2,15-16; Ez 6,3-4. — 5: Deut 4,24; Ez 35,15; Soph 3,8. — 6:

Ipsae confusionem suam portent.
8 Vos autem, montes Israel, ramos vestros germinetis,
Et fructum vestrum afferatis populo meo Israel;
Prope enim est ut veniat.
9 Quia ecce ego ad vos, et convertar ad vos;
Et arabimini, et accipietis sementem.
10 Et multiplicabo in vobis homines, omnemque domum Israel;
Et habitabuntur civitates, et ruinosa instaurabuntur.
11 Et replebo vos hominibus et iumentis;
Et multiplicabuntur, et crescent;
Et habitare vos faciam sicut a principio,
Bonisque donabo maioribus quam habuistis ab initio;
Et scietis quia ego Dominus.
12 Et adducam super vos homines, populum meum Israel,
Et haereditate possidebunt te;
Et eris eis in haereditatem,
Et non addes ultra ut absque eis sis.
13 Haec dicit Dominus Deus:
Pro eo quod dicunt de vobis:
Devoratrix hominum es, et suffocans gentem tuam,
14 Propterea homines non comedes amplius,
Et gentem tuam non necabis ultra,
Ait Dominus Deus.
15 Nec auditam faciam in te amplius confusionem gentium,
Et opprobrium populorum nequaquam portabis;
Et gentem tuam non amittes amplius,
Ait Dominus Deus.

Dominus populum Israel mundabit

16 Et factum est verbum Domini ad me, dicens:
17 Fili hominis, domus Israel habitaverunt in humo sua,
Et polluerunt eam in viis suis et in studiis suis;
Iuxta immunditiam menstruatae facta est via eorum coram me.
18 Et effudi indignationem meam super eos
Pro sanguine quem fuderunt super terram,
Et in idolis suis polluerunt eam.
19 Et dispersi eos in gentes,
Et ventilati sunt in terras;
Iuxta vias eorum et adinventiones eorum iudicavi eos.
20 Et ingressi sunt ad gentes ad quas introierunt;
Et polluerunt nomen sanctum meum,
Cum diceretur de eis: Populus Domini iste est,
Et de terra eius egressi sunt.
21 Et peperci nomini sancto meo,
Quod polluerat domus Israel in gentibus ad quas ingressi sunt.
22 Idcirco dices domui Israel:
Haec dicit Dominus Deus:
Non propter vos ego faciam, domus Israel,
Sed propter nomen sanctum meum,
Quod polluistis in gentibus ad quas intrastis.
23 Et sanctificabo nomen meum magnum,
Quod pollutum est inter gentes,
Quod polluistis in medio earum,
Ut sciant gentes quia ego Dominus,
Ait Dominus exercituum,
Cum sanctificatus fuero in vobis coram eis.
24 Tollam quippe vos de gentibus,
Et congregabo vos de universis terris,
Et adducam vos in terram vestram.
25 Et effundam super vos aquam mundam,
Et mundabimini ab omnibus inquinamentis vestris,
Et ab universis idolis vestris mundabo vos.
26 Et dabo vobis cor novum,
Et spiritum novum ponam in medio vestri;
Et auferam cor lapideum de carne vestra,
Et dabo vobis cor carneum.
27 Et spiritum meum ponam in medio vestri;
Et faciam ut in praeceptis meis ambuletis,
Et iudicia mea custodiatis et operemini.
28 Et habitabitis in terra quam dedi patribus vestris;
Et eritis mihi in populum,
Et ego ero vobis in Deum.
29 Et salvabo vos ex universis inquinamentis vestris;
Et vocabo frumentum et multiplicabo illud,
Et non imponam vobis famem.
30 Et multiplicabo fructum ligni, et genimina agri,
Ut non portetis ultra opprobrium famis in gentibus.
31 Et recordabimini viarum vestrarum pessimarum,
Studiorumque non bonorum;

Ez 32,34. — **8:** Is 56,1; Ez 12,23; 17,23. — **9:** Ez 36,34-35. — **10:** Is 61,4; Ez 36,33.35; 38,12; Am 9,14. — **11:** Ier 31,27; Ez 16,55. — **12:** Abd 17. — **13:** Ez 5,17; 14,15. — **17:** Lev 18,19.25; Ez 22,10. — **18:** Ez 7,8; 16,36; 22,4. — **19:** Ez 5,10; 18,30. — **20:** Is 52,5; Rom 2,24. — **21:** Is 48,11; Ez 20,9. — **22:** Deut 9,5. — **23:** Ez 6,7; 20,41; 37,28; 38,23. — **24:** Ps 43,12; Ez 11,17; 37,21. — **25:** Is 4,4; 52,15; Ier 33,8; Ez 37,23; Io 3,5; Hebr 10,22. — **26:** Ier 31,33; Ez 11,19-20; 18,31. — **27:** Ez 37,14.24; Ioel 2,28. — **28:** Lev 26,12; Ez 11,20; 28,25. — **29:**

Et displicebunt vobis iniquitates vestrae
et scelera vestra.
32 Non propter vos ego faciam,
Ait Dominus Deus; notum sit vobis:
Confundimini, et erubescite super viis
vestris, domus Israel.

Terrae Israelis restitutio

33 Haec dicit Dominus Deus:
In die qua mundavero vos ex omnibus
iniquitatibus vestris,
Et inhabitare fecero urbes,
Et instauravero ruinosa,
34 Et terra deserta fuerit exculta,
Quae quondam erat desolata in oculis
omnis viatoris,
35 Dicent: Terra illa inculta facta est ut
hortus voluptatis;
Et civitates desertae, et destitutae atque
suffossae, munitae sederunt.
36 Et scient gentes quaecumque derelictae
fuerint in circuitu vestro,
Quia ego Dominus aedificavi dissipata,
plantavique inculta;
Ego Dominus locutus sim, et fecerim.
37 Haec dicit Dominus Deus:
Adhuc in hoc invenient me domus Israel,
ut faciam eis:
Multiplicabo eos sicut gregem hominum,
38 Ut gregem sanctum,
Ut gregem Ierusalem in solemnitatibus
eius:
Sic erunt civitates desertae, plenae gregibus hominum;
Et scient quia ego Dominus.

Visio ossium aridorum

37 1 Facta est super me manus Domini, et eduxit me in spiritu Domini et dimisit me in medio campi, qui erat
plenus ossibus. 2 Et circumduxit me per
ea in gyro: erant autem multa valde super faciem campi, siccaque vehementer.
3 Et dixit ad me: Fili hominis, putasne
vivent ossa ista? Et dixi: Domine Deus,
tu nosti.
4 Et dixit ad me: Vaticinare de ossibus
istis, et dices eis: Ossa arida, audite verbum Domini. 5 Haec dicit Dominus Deus
ossibus his: Ecce ego intromittam in vos
spiritum, et vivetis. 6 Et dabo super vos
nervos, et succrescere faciam super vos
carnes, et superextendam in vobis cutem,
et dabo vobis spiritum, et vivetis; et scietis quia ego Dominus. 7 Et prophetavi sicut praeceperat mihi; factus est autem sonitus, prophetante me, et ecce commotio;
et accesserunt ossa ad ossa, unumquodque
ad iuncturam suam. 8 Et vidi, et ecce super ea nervi et carnes ascenderunt, et extenta est in eis cutis desuper, et spiritum
non habebant. 9 Et dixit ad me: Vaticinare ad spiritum; vaticinare, fili hominis,
et dices ad spiritum: Haec dicit Dominus
Deus: A quatuor ventis veni spiritus, et
insuffla super interfectos istos, et revivis-
cant. 10 Et prophetavi sicut praeceperat
mihi; et ingressus est in ea spiritus, et vixerunt; steteruntque super pedes suos,
exercitus grandis nimis valde.

Visionis declaratio

11 Et dixit ad me: Fili hominis, ossa
haec universa, domus Israel est. Ipsi dicunt: Aruerunt ossa nostra, et periit spes
nostra, et abscissi sumus. 12 Propterea vaticinare, et dices ad eos: Haec dicit Dominus Deus: Ecce ego aperiam tumulos
vestros, et educam vos de sepulchris vestris, populus meus, et inducam vos in terram Israel. 13 Et scietis quia ego Dominus, cum aperuero sepulchra vestra, et
eduxero vos de tumulis vestris, popule
meus, 14 et dedero spiritum meum in vobis, et vixeritis, et requiescere vos faciam
super humum vestram; et scietis quia ego
Dominus locutus sum, et feci, ait Dominus Deus.

Unionem inter Israel et Iudam duorum lignorum parabola prophe-ta praedicit

15 Et est factus sermo Domini ad me,
dicens: 16 Et tu, fili hominis, sume tibi
lignum unum, et scribe super illud: Iudae,
filiorum Israel sociorum eius; et tolle
lignum alterum, et scribe super illud:
Ioseph, ligno Ephraim, et cunctae domui
Israel sociorumque eius. 17 Et adiunge illa
unum ad alterum tibi in lignum unum;
et erunt in unionem in manu tua.
18 Cum autem dixerint ad te filii populi
tui loquentes: Nonne indicas nobis quid
in his tibi velis? 19 loqueris ad eos: Haec
dicit Dominus Deus: Ecce ego assumam
lignum Ioseph, quod est in manu Ephraim,
et tribus Israel, quae sunt ei adiunctae,
et dabo eas pariter cum ligno Iuda, et
faciam eas in lignum unum; et erunt unum
in manu eius. 20 Erunt autem ligna super
quae scripseris in manu tua, in oculis
eorum. 21 Et dices ad eos: Haec dicit

Ez 34,29; 37,23; Ioel 2,19. — **31:** Ez 6,9; 16, 61. — **32:** Ez 36,22. — **33:** Ez 36,10.25. — **35:** Ez 28,13; 31,9. — **36:** Ps 125,2; Ez 17,24. — **37:** Mich 2,12.

37 **1:** Ez 1,3; 3,12. — **3:** Deut 32,39; Io 5, 21; 2 Cor 1,9. — **5:** Gen 2,7; Ps 103,30; Iob 33,4; Act 17,25. — **9:** Dan 7,2; 11,4; Apoc 7,1. — **11:** Is 49,14; Ez 33,10. — **12:** Is 26,19; Ez 36,24; Os 13,14. — **14:** Ez 17,24; 36,27. — **16:** Gen 48,13-14.19; Num 17,2; 2 Par 11,12.16; 15,9; Os 5,3.5; Zach 10,6. — **17:** Is 11,13; Ez 37,22.24. — **18:** Ez 17,12; 24,19. — **20:** Ez 12, 3. — **21:** Ez 11,17; 36,24. — **22:** Ier 3,18; 50,4;

Dominus Deus: Ecce ego assumam filios
Israel de medio nationum ad quas abierunt; et congregabo eos undique, et adducam eos ad humum suam. 22 Et faciam
eos in gentem unam in terra in montibus
Israel, et rex unus erit omnibus imperans;
et non erunt ultra duae gentes, nec dividentur amplius in duo regna. 23 Neque
polluentur ultra in idolis suis, et abominationibus suis, et cunctis iniquitatibus
suis; et salvos eos faciam de universis
sedibus in quibus peccaverunt, et emundabo eos; et erunt mihi populus, et ego
ero eis Deus. 24 Et servus meus David rex
super eos, et pastor unus erit omnium
eorum. In iudiciis meis ambulabunt, et
mandata mea custodient, et facient ea.
25 Et habitabunt super terram quam dedi
servo meo Iacob, in qua habitaverunt patres vestri; et habitabunt super eam ipsi,
et filii eorum, et filii filiorum eorum, usque in sempiternum; et David servus
meus princeps eorum in perpetuum. 26 Et
percutiam illis foedus pacis; pactum sempiternum erit eis. Et fundabo eos, et
multiplicabo, et dabo sanctificationem
meam in medio eorum in perpetuum.
27 Et erit tabernaculum meum in eis; et
ero eis Deus, et ipsi erunt mihi populus.
28 Et scient gentes quia ego Dominus
sanctificator Israel, cum fuerit sanctificatio mea in medio eorum in perpetuum.

Oraculum adversus Gog in terram Israel irruentem

38 1 Et factus est sermo Domini ad me, dicens:
2 Fili hominis, pone faciem tuam contra Gog, terram Magog,
Principem capitis Mosoch et Thubal,
Et vaticinare de eo. 3 Et dices ad eum:
Haec dicit Dominus Deus:
Ecce ego ad te, Gog, principem capitis Mosoch et Thubal,
4 Et circumagam te, et ponam frenum in maxillis tuis;
Et educam te, et omnem exercitum tuum,
Equos et equites vestitos loricis universos,
Multitudinem magnam, hastam et clypeum arripientium et gladium.
5 Persae, Aethiopes, et Libyes cum eis,
Omnes scutati et galeati.
6 Gomer et universa agmina eius,
Domus Thogorma, latera aquilonis,
Et totum robur eius, populique multi tecum.
7 Praepara et instrue te,
Et omnem multitudinem tuam quae coacervata est ad te,
Et esto eis in praeceptum.
8 Post dies multos visitaberis;
In novissimo annorum venies ad terram
Quae reversa est a gladio,
Et congregata est de populis multis ad montes Israel,
Qui fuerunt deserti iugiter.
Haec de populis educta est,
Et habitabunt in ea confidenter universi.
9 Ascendens autem quasi tempestas venies,
Et quasi nubes, ut operias terram
Tu, et omnia agmina tua,
Et populi multi tecum.
10 Haec dicit Dominus Deus:
In die illa, ascendent sermones super cor tuum,
Et cogitabis cogitationem pessimam;
11 Et dices: Ascendam ad terram absque muro;
Veniam ad quiescentes habitantesque secure;
Hi omnes habitant sine muro,
Vectes et portae non sunt eis;
12 Ut diripias spolia, et invadas praedam,
Ut inferas manum tuam super eos qui deserti fuerant, et postea restituti,
Et super populum qui est congregatus ex gentibus,
Qui possidere coepit et esse habitator umbilici terrae.
13 Saba, et Dedan, et negotiatores Tharsis,
Et omnes leones eius, dicent tibi:
Numquid ad sumenda spolia tu venis?
Ecce ad diripiendam praedam congregasti multitudinem tuam,
Ut tollas argentum et aurum,
Et auferas supellectilem atque substantiam,
Et diripias manubias infinitas.
14 Propterea vaticinare, fili hominis, et dices ad Gog:
Haec dicit Dominus Deus:
Numquid non in die illo,
Cum habitaverit populus meus Israel confidenter,
Scies? 15 Et venies de loco tuo a lateribus aquilonis,
Tu, et populi multi tecum,
Ascensores equorum universi,
Coetus magnus, et exercitus vehemens.
16 Et ascendes super populum meum Israel
Quasi nubes, ut operias terram.
In novissimis diebus eris,
Et adducam te super terram meam:

Ez 34,23. — **23:** Ex 29,45; Ez 11,18.20; 36,25.29; 2 Cor 6,16. — **24:** Ier 23,5; Ez 34,23; 36,27. **25:** Is 60,21; Ez 28,25; 36,28; Ioel 3,20; Am 9,15; Io 12,34. — **26:** Is 55,3; Ier 32,40; Ez 11,16; 34,25; 36,10; 43,7; Ioel 2,27. — **27:** Lev 26,11; Ez 11,20; Io 1,14; Apoc 21,3. — **28:** Ez 20,12; 36,23; 38,23.

38 **2:** Gen 10,2; Ez 27,13; 39,1.6.11; Apoc 20,8. — **4:** Ez 29,4. — **5:** Ez 27,10. — **6:** Gen 10,2-3; Ez 27,14; 39,2. — **8:** Is 24,22; Ez 34,13.25.28; Apoc 20,7. — **9:** Is 28,2; Ier 4,13. **11:** Zach 2,4-5. — **12:** Ez 5,5; 38,8. — **13:** Ez 19,2; 25,13; 27,12.15.22; 32,2. — **15:** Ez 38,6; 39,2. — **16:** Eccli 46,4; Ez 20,41; 38,8. — **17:** Ier 6,

Ut sciant gentes me,
Cum sanctificatus fuero in te in oculis eorum, o Gog!
17 Haec dicit Dominus Deus:
Tu ergo ille es, de quo locutus sum in diebus antiquis,
In manu servorum meorum prophetarum Israel,
Qui prophetaverunt, in diebus illorum temporum,
Ut adducerem te super eos.
18 Et erit in die illa,
In die adventus Gog super terram Israel,
Ait Dominus Deus,
Ascendet indignatio mea in furore meo.
19 Et in zelo meo, in igne irae meae locutus sum,
Quia in die illa erit commotio magna super terram Israel;
20 Et commovebuntur a facie mea pisces maris,
Et volucres caeli, et bestiae agri,
Et omne reptile quod movetur super humum,
Cunctique homines qui sunt super faciem terrae;
Et subvertentur montes, et cadent sepes,
Et omnis murus corruet in terram.
21 Et convocabo adversus eum in cunctis montibus meis gladium,
Ait Dominus Deus;
Gladius uniuscuiusque in fratrem suum dirigetur.
22 Et iudicabo eum peste, et sanguine,
Et imbre vehementi, et lapidibus immensis;
Ignem et sulphur pluam super eum,
Et super exercitum eius,
Et super populos multos qui sunt cum eo.
23 Et magnificabor, et sanctificabor,
Et notus ero in oculis multarum gentium;
Et scient quia ego Dominus.

Destructio exercitus Gog praenuntiatur

39 1 Tu autem, fili hominis, vaticinare adversum Gog, et dices:
Haec dicit Dominus Deus:
Ecce ego super te, Gog,
Principem capitis Mosoch et Thubal.
2 Et circumagam te, et educam te,
Et ascendere te faciam de lateribus aquilonis,
Et adducam te super montes Israel.
3 Et percutiam arcum tuum in manu sinistra tua,
Et sagittas tuas de manu dextera tua deiiciam.
4 Super montes Israel cades tu, et omnia agmina tua,
Et populi tui qui sunt tecum,
Feris, avibus, omnique volatili et bestiis terrae
Dedi te ad devorandum.
5 Super faciem agri cades,
Quia ego locutus sum,
Ait Dominus Deus.
6 Et immittam ignem in Magog,
Et in his qui habitant in insulis confidenter;
Et scient quia ego Dominus.
7 Et nomen sanctum meum notum faciam in medio populi mei Israel,
Et non polluam nomen sanctum meum amplius;
Et scient gentes quia ego Dominus, sanctus Israel.
8 Ecce venit, et factum est,
Ait Dominus Deus;
Haec est dies de qua locutus sum.
9 Et egredientur habitatores de civitatibus Israel,
Et succendent et comburent arma,
Clypeum et hastas, arcum et sagittas, et baculos manuum et contos;
Et succendent ea igni septem annis.
10 Et non portabunt ligna de regionibus,
Neque succident de saltibus,
Quoniam arma succendent igni,
Et depraedabuntur eos quibus praedae fuerant,
Et diripient vastatores suos,
Ait Dominus Deus.
11 Et erit in die illa:
Dabo Gog locum nominatum sepulchrum in Israel,
Vallem viatorum ad orientem maris,
Quae obstupescere faciet praetereuntes;
Et sepelient ibi Gog, et omnem multitudinem eius,
Et vocabitur vallis multitudinis Gog.
12 Et sepelient eos domus Israel,
Ut mundent terram septem mensibus.
13 Sepeliet autem eum omnis populus terrae;
Et erit eis nominata dies in qua glorificatus sum,
Ait Dominus Deus.
14 Et viros iugiter constituent lustrantes terram,
Qui sepeliant et requirant eos qui remanserant super faciem terrae,
Ut emundent eam;
Post menses autem septem quaerere incipient,

22-23. — **19:** Is 30,27; Ez 5,13; Agg 2,7; Apoc 16,18. — **20:** Os 4,3; Nah 1,5. — **21:** Eccli 39, 28-34; Ier 25,29. — **22:** Ps 10,7; Is 66,16; Ier 25, 31; Ez 13,11; Ioel 3,2; Apoc 20,9. — **23:** Ez 36, 23; 37,28; 39,7.21.

39 **1:** Ez 38,2-3. — **2:** Ez 38,6.15. — **3:** Ps 75,4. — **4:** Ez 6,2; 38,21. — **5:** Ez 17,21. **6:** Ez 27,3.6.7.15; 28,18; 30,8; 38,2.22; 2 Petr 3, 10. — **7:** Ez 20,39; 37,28. — **8:** Ez 21,7; 38,17. **9:** Ps 45,10. — **10:** Is 14,2; 33,1; Zach 2,9. — **11:** Ez 39,8.22. — **12:** Deut 21,23. — **17:** Ier 12,

15 Et circuibunt peragrantes terram;
Cumque viderint os hominis, statuent iuxta illud titulum,
Donec sepeliant illud pollinctores in valle multitudinis Gog.
16 Nomen autem civitatis Amona,
Et mundabunt terram.
17 Tu ergo, fili hominis, haec dicit Dominus Deus:
Dic omni volucri, et universis avibus,
Cunctisque bestiis agri:
Convenite, properate,
Concurrite undique ad victimam meam,
Quam ego immolo vobis,
Victimam grandem super montes Israel,
Ut comedatis carnem,
Et bibatis sanguinem.
18 Carnes fortium comedetis,
Et sanguinem principum terrae bibetis,
Arietum, et agnorum, et hircorum,
Taurorumque et altilium, et pinguium omnium.
19 Et comedetis adipem in saturitatem,
Et bibetis sanguinem in ebrietatem,
De victima quam ego immolabo vobis;
20 Et saturabimini super mensam meam
De equo, et equite forti,
Et de universis viris bellatoribus,
Ait Dominus Deus.
21 Et ponam gloriam meam in gentibus:
Et videbunt omnes gentes iudicium meum quod fecerim,
Et manum meam quam posuerim super eos.
22 Et scient domus Israel quia ego Dominus Deus eorum,
A die illa et deinceps.
23 Et scient gentes quoniam in iniquitate sua capta sit domus Israel,
Eo quod dereliquerint me,
Et absconderim faciem meam ab eis,
Et tradiderim eos in manus hostium,
Et ceciderint in gladio universi.
24 Iuxta immunditiam eorum et scelus feci eis,
Et abscondi faciem meam ab illis.
25 Propterea haec dicit Dominus Deus:
Nunc reducam captivitatem Iacob,
Et miserebor omnis domus Israel,
Et assumam zelum pro nomine sancto meo.
26 Et portabunt confusionem suam,
Et omnem praevaricationem qua praevaricati sunt in me,
Cum habitaverint in terra sua confidenter,
Neminem formidantes;
27 Et reduxero eos de populis,
Et congregavero de terris inimicorum suorum,
Et sanctificatus fuero in eis,
In oculis gentium plurimarum.
28 Et scient quia ego Dominus Deus eorum,
Eo quod transtulerim eos in nationes,
Et congregaverim eos super terram suam,
Et non dereliquerim quemquam ex eis ibi.
29 Et non abscondam ultra faciem meam ab eis,
Eo quod effuderim spiritum meum super omnem domum Israel,
Ait Dominus Deus.

PARS QUARTA

RESTAURATIONIS DESCRIPTIO
(40-48)

Novi templi descriptio

40 1 In vigesimo quinto anno transmigrationis nostrae, in exordio anni, decima mensis, quartodecimo anno
postquam percussa est civitas, in ipsa
hac die, facta est super me manus Domini, et adduxit me illuc. 2 In visionibus
Dei adduxit me in terram Israel, et dimisit me super montem excelsum nimis,
super quem erat quasi aedificium civitatis
vergentis ad austrum. 3 Et introduxit me
illuc; et ecce vir cuius erat species quasi
species aeris, et funiculus lineus in manu
eius, et calamus mensurae in manu eius;
stabat autem in porta. 4 Et locutus est ad
me idem vir: Fili hominis, vide oculis
tuis, et auribus tuis audi, et pone cor
tuum in omnia quae ego ostendam tibi,
quia ut ostendantur tibi adductus es huc;
annuntia omnia quae tu vides domui
Israel.
5 Et ecce murus forinsecus in circuitu
domus undique; et in manu viri calamus
mensurae sex cubitorum et palmo; et
mensus est latitudinem aedificii calamo
uno, altitudinem quoque calamo uno.
6 Et venit ad portam quae respiciebat
viam orientalem, et ascendit per gradus
eius; et mensus est limen portae calamo
uno latitudinem, id est limen unum calamo uno in latitudine. 7 Et thalamum uno
calamo in longum, et uno calamo in
latum; et inter thalamos quinque cubitos.
8 Et limen portae, iuxta vestibulum portae intrinsecus, calamo uno. 9 Et mensus
est vestibulum portae octo cubitorum, et
frontem eius duobus cubitis; vestibulum
autem portae erat intrinsecus. 10 Porro

9; 46,10; Soph 1,7; Apoc 19,17. — **21:** Ez 36,23. — **22:** Ioel 2,27. — **23:** Deut 29,24-28; 31,18. — **24:** Ez 18,30; 36,19. — **25:** Ier 30,3; Ez 5,13; 16,53; 20,40. — **26:** Ez 32,24; 34,28. — **27:** Ez 11,17; 20,41. — **29:** Ez 39,23; Ioel 2,28.

40 **1:** Ez 1,3; 26,1-2; 33,21. — **2:** Ez 1,1; 43,12; Apoc 21,10. — **3:** Ez 1,7; 42,16-19; 47,3; Apoc 11,1. — **4:** Ez 44,5. — **5:** Ez 41,8; 42,20. — **6:** Ez 43,1. — **9:** Ez 41,1. — **11:** Ez 41,2. — **16:** 3 Reg 6,4.29; Ez 41,16.18. — **17**

thalami portae ad viam orientalem, tres
hinc et tres inde; mensura una trium, et
mensura una frontium ex utraque parte.
11 Et mensus est latitudinem liminis portae decem cubitorum, et longitudinem
portae tredecim cubitorum. 12 Et marginem ante thalamos, cubiti unius, et cubitus unus finis utrinque; thalami autem
sex cubitorum erant hinc et inde. 13 Et
mensus est portam a tecto thalami usque
ad tectum eius, latitudinem viginti quinque cubitorum; ostium contra ostium.
14 Et fecit frontes per sexaginta cubitos,
et ad frontem atrium portae undique
per circuitum. 15 Et ante faciem portae
quae pertingebat usque ad faciem vestibuli portae interioris, quinquaginta cubitos. 16 Et fenestras obliquas in thalamis
et in frontibus eorum, quae erant intra
portam undique per circuitum; similiter
autem erant et in vestibulis fenestrae per
gyrum intrinsecus, et ante frontes pictura
palmarum.

17 Et eduxit me ad atrium exterius:
et ecce gazophylacia, et pavimentum stratum lapide in atrio per circuitum; triginta gazophylacia in circuitu pavimenti.
18 Et pavimentum in fronte portarum, secundum longitudinem portarum erat inferius. 19 Et mensus est latitudinem a facie
portae inferioris usque ad frontem atrii
interioris extrinsecus: centum cubitos ad
orientem et ad aquilonem. 20 Portam
quoque quae respiciebat viam aquilonis
atrii exterioris, mensus est tam in longitudine quam in latitudine. 21 Et thalamos eius tres hinc et tres inde, et frontem
eius et vestibulum eius secundum mensuram portae prioris, quinquaginta cubitorum longitudinem eius, et latitudinem viginti quinque cubitorum. 22 Fenestrae autem eius, et vestibulum, et sculpturae secundum mensuram portae quae respiciebat ad orientem; et septem graduum erat
ascensus eius, et vestibulum ante eam.
23 Et porta atrii interioris contra portam
aquilonis, et orientalem; et mensus est
a porta usque ad portam centum cubitos.

24 Et eduxit me ad viam australem: et
ecce porta quae respiciebat ad austrum;
et mensus est frontem eius; et vestibulum
eius, iuxta mensuras superiores. 25 Et fenestras eius, et vestibula in circuitu, sicut fenestras caeteras; quinquaginta cubitorum longitudine, et latitudine viginti
quinque cubitorum. 26 Et in gradibus septem ascendebatur ad eam; et vestibulum
ante fores eius; et caelatae palmae erant,
una hinc, et altera inde, in fronte eius.
27 Et porta atrii interioris in via australi;
et mensus est a porta usque ad portam
in via australi, centum cubitos. 28 Et introduxit me in atrium interius ad portam
australem; et mensus est portam iuxta
mensuras superiores. 29 Thalamum eius,
et frontem eius, et vestibulum eius eisdem
mensuris, et fenestras eius, et vestibulum
eius in circuitu, quinquaginta cubitos
longitudinis, et latitudinis viginti quinque
cubitos. 30 Et vestibulum per gyrum longitudine viginti quinque cubitorum, et latitudine quinque cubitorum; 31 et vestibulum eius ad atrium exterius, et palmas eius
in fronte; et octo gradus erant quibus
ascendebatur per eam. 32 Et introduxit
me in atrium interius, per viam orientalem; et mensus est portam secundum
mensuras superiores. 33 Thalamum eius,
et frontem eius, et vestibulum eius, sicut
supra; et fenestras eius, et vestibula eius
in circuitu, longitudine quinquaginta cubitorum, et latitudine viginti quinque cubitorum. 34 Et vestibulum eius, id est,
atrii exterioris; et palmae caelatae in
fronte eius, hinc et inde; et in octo gradibus ascensus eius. 35 Et introduxit me
ad portam quae respiciebat ad aquilonem;
et mensus est secundum mensuras superiores. 36 Thalamum eius, et frontem eius,
et vestibulum eius, et fenestras eius per
circuitum, longitudine quinquaginta cubitorum, et latitudine viginti quinque
cubitorum. 37 Et vestibulum eius respiciebat ad atrium exterius; et caelatura
palmarum in fronte eius, hinc et inde; et
in octo gradibus ascensus eius.

38 Et per singula gazophylacia ostium
in frontibus portarum; ibi lavabant holocaustum. 39 Et in vestibulo portae, duae
mensae hinc, et duae mensae inde, ut
immoletur super eas holocaustum, et pro
peccato et pro delicto. 40 Et ad latus exterius, quod ascendit ad ostium portae
quae pergit ad aquilonem, duae mensae;
et ad latus alterum, ante vestibulum portae, duae mensae: 41 quatuor mensae hinc,
et quatuor mensae inde; per latera portae
octo mensae erant, super quas immolabant. 42 Quatuor autem mensae ad holocaustum de lapidibus quadris exstructae,
longitudine cubiti unius et dimidii, et
latitudine cubiti unius et dimidii, et altitudine cubiti unius; super quas ponant
vasa in quibus immolatur holocaustum
et victima. 43 Et labia earum palmi unius,
reflexa intrinsecus per circuitum; super
mensas autem carnes oblationis.

44 Et extra portam interiorem, gazophylacia cantorum in atrio interiori, quod
erat in latere portae respicientis ad aquilonem; et facies eorum contra viam australem; una ex latere portae orientalis,
quae respiciebat ad viam aquilonis. 45 Et
dixit ad me: Hoc est gazophylacium, quod

Ez 41,10; 42,1; Apoc 11,2. — **23:** Ez 42,2. — **35:** Ez 47,2. — **38:** 2 Par 4,6. — **39:** Lev 1,3-4; 4,2-3; 5,1-6; Ez 42,13; 46,2.20. — **44:** 1 Par 6, 31-32. — **45:** Lev 8,35; Num 1,53; 1 Par 9,23;

respicit viam meridianam, sacerdotum
erit, qui excubant in custodiis templi.
46 Porro gazophylacium, quod respicit ad
viam aquilonis, sacerdotum erit, qui excubant ad ministerium altaris: isti sunt
filii Sadoc, qui accedunt de filiis Levi ad
Dominum ut ministrent ei. 47 Et mensus
est atrium longitudine centum cubitorum,
et latitudine centum cubitorum per quadrum: et altare ante faciem templi. 48 Et
introduxit me in vestibulum templi: et
mensus est vestibulum quinque cubitis
hinc, et quinque cubitis inde: et latitudinem portae trium cubitorum hinc, et
trium cubitorum inde. 49 Longitudinem
autem vestibuli viginti cubitorum, et latitudinem undecim cubitorum, et octo
gradibus ascendebatur ad eam. Et columnae erant in frontibus: una hinc, et
altera inde.

Dispositio novi templi per singulas partes

41 1 Et introduxit me in templum, et
mensus est frontes, sex cubitos latitudinis hinc, et sex cubitos latitudinis
inde, latitudinem tabernaculi. 2 Et latitudo portae, decem cubitorum erat: et
latera portae, quinque cubitis hinc, et
quinque cubitis inde: et mensus est longitudinem eius quadraginta cubitorum, et
latitudinem viginti cubitorum. 3 Et introgressus intrinsecus mensus est in fronte
portae duos cubitos: et portam, sex cubitorum: et latitudinem portae septem cubitorum. 4 Et mensus est longitudinem
eius viginti cubitorum, et latitudinem
eius viginti cubitorum, ante faciem templi: et dixit ad me: Hoc est sanctum
sanctorum. 5 Et mensus est parietem domus sex cubitorum: et latitudinem lateris quatuor cubitorum undique per circuitum domus. 6 Latera autem, latus ad
latus, bis triginta tria: et erant eminentia,
quae ingrederentur per parietem domus,
in lateribus per circuitum, ut continerent,
et non attingerent parietem templi.
7 Et platea erat in rotundum, ascendens sursum per cochleam, et in coenaculum templi deferebat per gyrum: idcirco
latius erat templum in superioribus: et
sic de inferioribus ascendebatur ad superiora in medium. 8 Et vidi in domo altitudinem per circuitum, fundata latera
ad mensuram calami sex cubitorum spatio: 9 et latitudinem per parietem lateris
forinsecus quinque cubitorum: et erat
interior domus in lateribus domus. 10 Et
inter gazophylacia latitudinem viginti cubitorum in circuitu domus undique, 11 et
ostium lateris ad orationem: ostium unum
ad viam aquilonis, et ostium unum ad
viam australem: et latitudinem loci ad
orationem, quinque cubitorum in circuitu. 12 Et aedificium, quod erat separatum, versumque ad viam respicientem ad
mare, latitudinis septuaginta cubitorum:
paries autem aedificii, quinque cubitorum
latitudinis per circuitum: et longitudo
eius nonaginta cubitorum.
13 Et mensus est domus longitudinem,
centum cubitorum: et quod separatum
erat aedificium, et parietes eius, longitudinis centum cubitorum. 14 Latitudo autem ante faciem domus, et eius quod
erat separatum contra orientem, centum
cubitorum. 15 Et mensus est longitudinem
aedificii contra faciem eius, quod erat separatum ad dorsum: ethecas ex utraque
parte centum cubitorum: et templum interius, et vestibula atrii. 16 Limina, et fenestras obliquas, et ethecas in circuitu
per tres partes, contra uniuscuiusque limen, stratumque ligno per gyrum in circuitu: terra autem usque ad fenestras, et
fenestrae clausae super ostia. 17 Et usque
ad domum interiorem, et forinsecus per
omnem parietem in circuitu intrinsecus,
et forinsecus, ad mensuram. 18 Et fabrefacta cherubim et palmae: et palma inter
cherub et cherub, duasque facies habebat
cherub. 19 Faciem hominis iuxta palmam
ex hac parte, et faciem leonis iuxta palmam ex alia parte: expressam per omnem
domum in circuitu. 20 De terra usque ad
superiora portae, cherubim, et palmae
caelatae erant in pariete templi. 21 Limen
quadrangulum, et facies sanctuarii, aspectus contra aspectum. 22 Altaris lignei
trium cubitorum altitudo: et longitudo
eius duorum cubitorum: et anguli eius,
et longitudo eius, et parietes eius lignei.
Et locutus est ad me: Haec est mensa
coram Domino. 23 Et duo ostia erant in
templo et in sanctuario. 24 Et in duobus
ostiis ex utraque parte bina erant ostiola
quae in se invicem plicabantur; bina enim
ostia erant ex utraque parte ostiorum.
25 Et caelata erant in ipsis ostiis templi
cherubim, et sculpturae palmarum, sicut
in parietibus quoque expressae erant;
quamobrem et grossiora erant ligna in
vestibuli fronte forinsecus. 26 Super quae
fenestrae obliquae, et similitudo palma-

Ez 44,8; 48,11. — **46:** Num 18,5; 3 Reg 2,35; Ez 42,13; 43,19; 44,15; 45,4. — **48:** Ez 41,25-26. **49:** 3 Reg 6,3; 7,21.

41 **2:** 3 Reg 6,2.17. — **4:** 3 Reg 6,16; Ez 44,13; 45,3. — **5:** 3 Reg 6,5.8; Ez 41,6-9. — **6:** 3 Reg 6,6. — **7:** 3 Reg 6,8. — **8:** Ez 40,5; 43,13. — **10:** Ez 42,3. — **12:** Ez 42,1.10.13. — **13:** Ez 40,47; 42,8. — **16:** Ez 40,16.25. — **18:** 3 Reg 6,29.32.35; 7,36; Ez 40,16.26. — **22:** Ex 30,1; Ez 44,16; Mal 1,7.12; Apoc 11,1. — **23:** 3 Reg 6,31-33. — **24:** 3 Reg 6,34. — **25:** 3 Reg 7,6.

rum hinc atque inde in humerulis vestibuli, secundum latera domus, latitudinem-
que parietum.

Prosequitur novi templi descriptio

42 1 Et eduxit me in atrium exterius,
per viam ducentem ad aquilonem,
et introduxit me in gazophylacium quod
erat contra separatum aedificium, et contra aedem vergentem ad aquilonem. 2 In
facie longitudinis, centum cubitos ostii
aquilonis, et latitudinis quinquaginta cubitos, 3 contra viginti cubitos atrii interioris, et contra pavimentum stratum lapide atrii exterioris, ubi erat porticus iuncta porticui triplici. 4 Et ante gazophylacia
deambulatio decem cubitorum latitudinis, ad interiora respiciens viae cubiti
unius. Et ostia eorum ad aquilonem;
5 ubi erant gazophylacia in superioribus
humiliora, quia supportabant porticus
quae ex illis eminebant de inferioribus,
et de mediis aedificii. 6 Tristega enim
erant, et non habebant columnas, sicut
erant columnae atriorum; propterea eminebant de inferioribus, et de mediis a terra cubitis quinquaginta. 7 Et peribolus
exterior secundum gazophylacia, quae
erant in via atrii exterioris ante gazophylacia; longitudo eius quinquaginta cubitorum: 8 quia longitudo erat gazophylaciorum atrii exterioris, quinquaginta cubitorum, et longitudo ante faciem templi, centum cubitorum. 9 Et erat subter
gazophylacia haec introitus ab oriente,
ingredientium in ea de atrio exteriori.
10 In latitudine periboli atrii quod erat
contra viam orientalem, in faciem aedificii separati, et erant ante aedificium gazophylacia. 11 Et via ante faciem eorum,
iuxta similitudinem gazophylaciorum quae
erant in via aquilonis; secundum longitudinem eorum, sic et latitudo eorum, et
omnis introitus eorum, et similitudines, et
ostia eorum. 12 Secundum ostia gazophylaciorum, quae erant in via respiciente ad
notum: ostium in capite viae, quae via
erat ante vestibulum separatum per viam
orientalem ingredientibus.
13 Et dixit ad me: Gazophylacia aquilonis, et gazophylacia austri, quae sunt
ante aedificium separatum, haec sunt gazophylacia sancta, in quibus vescuntur
sacerdotes qui appropinquant ad Dominum in sancta sanctorum; ibi ponent
sancta sanctorum et oblationem pro peccato et pro delicto; locus enim sanctus
est. 14 Cum autem ingressi fuerint sacerdotes, non egredientur de sanctis in atrium
exterius; et ibi reponent vestimenta sua,
in quibus ministrant, quia sancta sunt,
vestienturque vestimentis aliis, et sic procedent ad populum.
15 Cumque complesset mensuras domus
interioris, eduxit me per viam portae quae
respiciebat ad viam orientalem; et mensus est eam undique per circuitum. 16 Mensus est autem contra ventum orientalem
calamo mensurae, quingentos calamos in
calamo mensurae per circuitum. 17 Et
mensus est contra ventum aquilonis quingentos calamos in calamo mensurae per
gyrum. 18 Et ad ventum australem mensus est quingentos calamos in calamo
mensurae per circuitum. 19 Et ad ventum
occidentalem mensus est quingentos calamos in calamo mensurae. 20 Per quatuor
ventos mensus est murum eius undique
per circuitum, longitudinem quingentorum cubitorum, et latitudinem quingentorum cubitorum, dividentem inter sanctuarium et vulgi locum.

Domini gloria novum templum ingreditur

43 1 Et duxit me ad portam quae respiciebat ad viam orientalem. 2 Et
ecce gloria Dei Israel ingrediebatur per
viam orientalem; et vox erat ei quasi vox
aquarum multarum, et terra splendebat a
maiestate eius. 3 Et vidi visionem secundum speciem quam videram, quando venit ut disperderet civitatem; et species secundum aspectum quem videram iuxta
fluvium Chobar; et cecidi super faciem
meam. 4 Et maiestas Domini ingressa est
templum per viam portae quae respiciebat ad orientem. 5 Et elevavit me spiritus,
et introduxit me in atrium interius; et
ecce repleta erat gloria Domini domus.
6 Et audivi loquentem ad me de domo;
et vir qui stabat iuxta me 7 dixit ad me:
Fili hominis, locus solii mei, et locus ves-
tigiorum pedum meorum, ubi habito in
medio filiorum Israel in aeternum; et non
polluent ultra domus Israel nomen sanctum meum, ipsi et reges eorum, in fornicationibus suis, et in ruinis regum suorum, et in excelsis. 8 Qui fabricati sunt
limen suum iuxta limen meum, et postes
suos iuxta postes meos, et murus erat inter
me et eos; et polluerunt nomen sanctum
meum in abominationibus quas fecerunt:
propter quod consumpsi eos in ira mea.

42 1: Ez 40,17.20; 41,12.15. — 3: Ez 41, 15-16. — 4: Ez 46,19. — 8: Ez 41,13-14. 10: Ez 40,17. — 13: Lev 6,16.26; 10,13; 24,9; Num 18,9; Ez 40,39.46. — 14: Lev 6,11; Ez 44, 19. — 15: Ez 40,6; 43,1. — 16: Ez 40,3. — 20: Ez 40,5.

43 1: Ez 40,6; 42,15; 44,1. — 2: Is 28,2; Ez 1,24; 2,1; 10,4.18; 11,23; Apoc 1,15; 18,1. — 3: Ez 1,1.28; 9,2.5. — 4: Ez 44,2. — 5: 3 Reg 8,11; Ez 3,12; 8,3.16; Apoc 21,10. — 6: Ez 40,3; 47,3. — 7: Ps 98,1.5; Is 60,13; Ier 3,17; Ez 20,39-40; 37,26-28. — 8: 4 Reg 16,14-16;

9 Nunc ergo repellant procul fornicationem suam, et ruinas regum suorum a me,
et habitabo in medio eorum semper.
10 Tu autem, fili hominis, ostende domui Israel templum, et confundantur ab
iniquitatibus suis, et metiatur fabricam,
11 et erubescant ex omnibus quae fecerunt.
Figuram domus, et fabricae eius, exitus et
introitus, et omnem descriptionem eius,
et universa praecepta eius, cunctumque
ordinem eius, et omnes leges eius ostende
eis, et scribes in oculis eorum, ut custodiant omnes descriptiones eius, et praecepta illius, et faciant ea. 12 Ista est lex
domus in summitate montis: Omnis finis
eius in circuitu, sanctum sanctorum est;
haec est ergo lex domus.

De altari holocaustorum

13 Istae autem mensurae altaris in cubito verissimo, qui habebat cubitum et
palmum; in sinu eius erat cubitus, et cubitus in latitudine; et definitio eius usque ad labium eius, et in circuitu palmus
unus: haec quoque erat fossa altaris.
14 Et de sinu terrae usque ad crepidinem
novissimam duo cubiti, et latitudo cubiti
unius; et a crepidine minore usque ad
crepidinem maiorem quatuor cubiti, et
latitudo cubiti unius. 15 Ipse autem Ariel
quatuor cubitorum, et ab Ariel usque ad
sursum cornua quatuor. 16 Et Ariel duodecim cubitorum in longitudine per duodecim cubitos latitudinis, quadrangula-
tum aequis lateribus. 17 Et crepido quatuordecim cubitorum longitudinis per quatuordecim cubitos latitudinis in quatuor
angulis eius; et corona in circuitu eius dimidii cubiti, et sinus eius unius cubiti per
circuitum; gradus autem eius versi ad
orientem.
18 Et dixit ad me: Fili hominis, haec
dicit Dominus Deus: Hi sunt ritus altaris,
in quacumque die fuerit fabricatum, ut
offeratur super illud holocaustum, et effundatur sanguis. 19 Et dabis sacerdotibus
et levitis qui sunt de semine Sadoc, qui
accedunt ad me, ait Dominus Deus, ut
offerant mihi vitulum de armento pro
peccato. 20 Et assumens de sanguine eius,
pones super quatuor cornua eius, et super
quatuor angulos crepidinis, et super coronam in circuitu; et mundabis illud et expiabis. 21 Et tolles vitulum qui oblatus
fuerit pro peccato, et combures eum in
separato loco domus, extra sanctuarium.
22 Et in die secunda offeres hircum caprarum immaculatum pro peccato; et expiabunt altare sicut expiaverunt in vitulo.
23 Cumque compleveris expians illud, offeres vitulum de armento immaculatum,
et arietem de grege immaculatum. 24 Et
offeres eos in conspectu Domini; et mittent sacerdotes super eos sal, et offerent
eos holocaustum Domino. 25 Septem diebus facies hircum pro peccato quotidie;
et vitulum de armento, et arietem de pecoribus immaculatos offerent. 26 Septem
diebus expiabunt altare et mundabunt illud, et implebunt manum eius. 27 Expletis autem diebus, in die octava et ultra,
facient sacerdotes super altare holocausta vestra, et quae pro pace offerunt; et
placatus ero vobis, ait Dominus Deus.

De ministris sanctuarii

44 1 Et convertit me ad viam portae
sanctuarii exterioris, quae respiciebat ad orientem; et erat clausa. 2 Et dixit
Dominus ad me: Porta haec clausa erit;
non aperietur, et vir non transibit per
eam, quoniam Dominus Deus Israel ingressus est per eam; eritque clausa 3 principi. Princeps ipse sedebit in ea, ut comedat panem coram Domino; per viam portae vestibuli ingredietur, et per viam eius
egredietur.
4 Et adduxit me per viam portae aquilonis in conspectu domus; et vidi, et ecce
implevit gloria Domini domum Domini;
et cecidi in faciem meam. 5 Et dixit ad me
Dominus: Fili hominis, pone cor tuum,
et vide oculis tuis, et auribus tuis audi
omnia quae ego loquor ad te de universis caeremoniis domus Domini, et de
cunctis legibus eius; et pones cor tuum in
viis templi per omnes exitus sanctuarii.
6 Et dices ad exasperantem me domum
Israel: Haec dicit Dominus Deus: Sufficiant vobis omnia scelera vestra, domus
Israel; 7 eo quod inducitis filios alienos
incircumcisos corde, et incircumcisos carne, ut sint in sanctuario meo, et polluant
domum meam; et offertis panes meos,
adipem et sanguinem, et dissolvitis pactum meum in omnibus sceleribus vestris.
8 Et non servastis praecepta sanctuarii
mei, et posuistis custodes observationum
mearum in sanctuario meo vobismetipsis.
9 Haec dicit Dominus Deus: Omnis alienigena incircumcisus corde, et incircumcisus carne, non ingredietur sanctuarium

21,4-5; Ez 8,3.17. — **10:** Ez 40,4. — **11:** Ez 12,3. **12:** Ez 40,2; 42,15. — **13:** Ex 27,1-8; Ex 40.47; 47,1. — **14:** Ez 45,19. — **15:** Ex 27,2; Is 29,1. **17:** Ex 20,26. — **18:** Lev 1,5. — **19:** Ex 29,10; Lev 8,14; Deut 17,9; 24,8; Ier 33,18; Ez 40,46; 44,15. — **20:** Ex 29,12.36; Ez 45,19. — **21:** Ex 29,14. — **24:** Lev 2,13. — **25:** Ex 29,35-36; Lev 8,33. — **27:** Lev 3,1; 9,1; Ps 50,21; Ez 20,41.

44 **1:** Ez 43,1. — **2:** Ez 43,2.4. — **3:** Gen 31,54; Ez 45,7; 46,2.12. — **4:** Ez 2,1; 40,20; 43,5. — **5:** Ez 40,4; 43,11. — **6:** Ez 2,5.8; 45,9. **7:** Lev 3,11.16-17; Ier 9,26; Ez 43,8; Act 21,28. **8:** Ez 22,26; 40,45. — **10:** Ez 44,15; 48,11. —

meum; omnis filius alienus qui est in medio filiorum Israel.
10 Sed et levitae qui longe recesserunt
a me in errore filiorum Israel, et erraverunt a me post idola sua, et portaverunt
iniquitatem suam, 11 erunt in sanctuario
meo aeditui, et ianitores portarum domus,
et ministri domus; ipsi mactabunt holocausta, et victimas populi, et ipsi stabunt
in conspectu eorum ut ministrent eis.
12 Pro eo quod ministraverunt illis in
conspectu idolorum suorum, et facti sunt
domui Israel in offendiculum iniquitatis;
idcirco levavi manum meam super eos,
ait Dominus Deus, et portabunt iniquitatem suam. 13 Et non appropinquabunt
ad me ut sacerdotio fungantur mihi, neque accedent ad omne sanctuarium meum
iuxta sancta sanctorum; sed portabunt
confusionem suam, et scelera sua quae
fecerunt. 14 Et dabo eos ianitores domus
in omni ministerio eius, et in universis
quae fient in ea.
15 Sacerdotes autem et levitae, filii Sadoc, qui custodierunt caeremonias sanctuarii mei, cum errarent filii Israel a me,
ipsi accedent ad me ut ministrent mihi; et
stabunt in conspectu meo, ut offerant
mihi adipem et sanguinem, ait Dominus
Deus. 16 Ipsi ingredientur sanctuarium
meum, et ipsi accedent ad mensam meam,
ut ministrent mihi, et custodiant caeremonias meas. 17 Cumque ingredientur portas
atrii interioris, vestibus lineis induentur;
nec ascendet super eos quidquam laneum,
quando ministrant in portis atrii interioris et intrinsecus. 18 Vittae lineae erunt in
capitibus eorum, et feminalia linea erunt
in lumbis eorum, et non accingentur in sudore. 19 Cumque egredientur atrium exterius ad populum, exuent se vestimentis
suis, in quibus ministraverant, et reponent ea in gazophylacio sanctuarii; et ves-
tient se vestimentis aliis, et non sanctificabunt populum in vestibus suis. 20 Caput
autem suum non radent neque comam
nutrient; sed tondentes attondent capita
sua. 21 Et vinum non bibet omnis sacerdos, quando ingressurus est atrium interius. 22 Et viduam et repudiatam non
accipient uxores, sed virgines de semine
domus Israel; sed et viduam quae fuerit
vidua a sacerdote, accipient. 23 Et populum meum docebunt quid sit inter sanctum et pollutum, et inter mundum et immundum ostendent eis. 24 Et cum fuerit
controversia, stabunt in iudiciis meis, et
iudicabunt; leges meas et praecepta mea
in omnibus solemnitatibus meis custodient, et sabbata mea sanctificabunt. 25 Et
ad mortuum hominem non ingredientur,
ne polluantur, nisi ad patrem et matrem,
et filium et filiam, et fratrem et sororem,
quae alterum virum non habuerit; in
quibus contaminabuntur. 26 Et postquam
fuerit emundatus, septem dies numerabuntur ei. 27 Et in die introitus sui in
sanctuarium ad atrium interius, ut ministret mihi in sanctuario, offeret pro
peccato suo, ait Dominus Deus. 28 Non
erit autem eis haereditas, ego haereditas
eorum et possessionem non dabitis eis
in Israel, ego enim possessio eorum. 29 Victimam et pro peccato et pro delicto ipsi
comedent, et omne votum in Israel ipsorum erit. 30 Et primitiva omnium primogenitorum, et omnia libamenta ex omnibus quae offeruntur sacerdotum erunt;
et primitiva ciborum vestrorum dabitis
sacerdoti, ut reponat benedictionem domui tuae. 31 Omne morticinum, et captum a bestia, de avibus et de pecoribus,
non comedent sacerdotes.

De novae terrae distributione

45 1 Cumque coeperitis terram dividere sortito, separate primitias Domino, sanctificatum de terra, longitudine
viginti quinque millia, et latitudine decem millia; sanctificatum erit in omni
termino eius per circuitum. 2 Et erit ex
omni parte sanctificatum quingentos per
quingentos, quadrifariam per circuitum,
et quinquaginta cubitis in suburbana eius
per gyrum. 3 Et a mensura ista mensurabis longitudinem viginti quinque millium, et latitudinem decem millium; et
in ipso erit templum sanctumque sanctorum. 4 Sanctificatum de terra erit sacerdotibus ministris sanctuarii, qui accedunt
ad ministerium Domini; et erit eis locus
in domos, et in sanctuarium sanctitatis.
5 Viginti quinque autem millia longitudinis erunt levitis qui ministrant domui;
ipsi possidebunt viginti gazophylacia.
6 Et possessionem civitatis dabitis quinque millia latitudinis, et longitudinis viginti quinque millia, secundum separationem sanctuarii, omni domui Israel.
7 Principi quoque hinc et inde in separationem sanctuarii, et in possessionem ci-

11: Num 16,9; Ez 45,5; 46,24. — **12:** Ps 105, 26. — **13:** Num 18,3; 4 Reg 23,9; Ez 41,4. — **14:** 1 Par 23,28.32. — **15:** Deut 10,8; Ez 43,19. **16:** Ez 41,22. — **17:** Ex 28,39; 39,27. — **18:** Ex 39,26-27; Lev 6,10. — **19:** Ex 29,37; 30,29; Lev 6,27; Ez 42,14; 46,20. — **20:** Lev 21,5. — **21:** Lev 10,9. — **22:** Lev 21,7.13-14. — **23:** Lev 10, 10-11; Ez 22,26; Mal 2,7. — **24:** Deut 17,8-9. **25:** Lev 21,1-3. — **26:** Num 19,11-12. — **27:** Ez 44,17.21. — **28:** Num 18,20; Ez 45,4-5. — **29:** Lev 6,14-18.25-29; 7,1-6; 27,21.28. — **30:** Ex 13,2; 23,19; Num 15,19-20; Mal 3,10. — **31:** Lev 7,24; 22,8.

45 **1:** Ios 13,6-7; Ez 47,21-22; 48,8.29. — **2:** Ez 42,16-20. — **3:** Ez 41,4; 48,10. **4:** Ez 48,11-12. — **5:** Ez 48,13. — **6:** Ez 48,15. 18-19. — **7:** Ez 44,3; 48,21. — **8:** Ez 22,27; 46,

vitatis, contra faciem separationis sanctuarii, et contra faciem possessionis urbis,
a latere maris usque ad mare, et a latere
orientis usque ad orientem; longitudinis
autem iuxta unamquamque partem, a
termino occidentali usque ad terminum
orientalem. 8 De terra erit ei possessio in
Israel, et non depopulabuntur ultra principes populum meum; sed terram dabunt
domui Israel secundum tribus eorum.
9 Haec dicit Dominus Deus: Sufficiat
vobis, principes Israel; iniquitatem et
rapinas intermittite, et iudicium et iustitiam facite; separate confinia vestra a
populo meo, ait Dominus Deus. 10 Statera iusta, et ephi iustum, et batus iustus
erit vobis. 11 Ephi et batus aequalia et
unius mensurae erunt, ut capiat decimam
partem cori batus, et decimam partem
cori ephi; iuxta mensuram cori erit aequa
libratio eorum. 12 Siclus autem viginti
obolos habet; porro viginti sicli, et viginti
quinque sicli, et quindecim sicli, mnam
faciunt.

De primitiis

13 Et sunt haec primitiae quas tolletis:
sextam partem ephi de coro frumenti, et
sextam partem ephi de coro hordei.
14 Mensura quoque olei, batus olei, decima pars cori est; et decem bati corum
faciunt, quia decem bati implent corum.
15 Et arietem unum de grege ducentorum,
de his quae nutriunt Israel, in sacrificium,
et in holocaustum, et in pacifica, ad expiandum pro eis, ait Dominus Deus.
16 Omnis populus terrae tenebitur primitiis his principi in Israel. 17 Et super principem erunt holocausta, et sacrificium, et
libamina, in solemnitatibus, et in calendis, et in sabbatis, et in universis solemnitatibus domus Israel; ipse faciet pro
peccato sacrificium, et holocaustum, et
pacifica, ad expiandum pro domo Israel.

De celebratione festorum

18 Haec dicit Dominus Deus: In primo
mense, una mensis, sumes vitulum de armento immaculatum, et expiabis sanctuarium. 19 Et tollet sacerdos de sanguine
quod erit pro peccato, et ponet in postibus domus, et in quatuor angulis crepidinis altaris, et in postibus portae atrii
interioris. 20 Et sic facies in septima mensis, pro unoquoque qui ignoravit, et errore deceptus est; et expiabis pro domo.
21 In primo mense, quartadecima die mensis, erit vobis Paschae solemnitas; septem
diebus azyma comedentur. 22 Et faciet
princeps in die illa, pro se et pro universo populo terrae, vitulum pro peccato.
23 Et in septem dierum solemnitate faciet
holocaustum Domino septem vitulos, et
septem arietes immaculatos, quotidie septem diebus; et pro peccato hircum caprarum quotidie. 24 Et sacrificium ephi per
vitulum, et ephi per arietem faciet, et
olei hin per singula ephi. 25 Septimo mense, quintadecima die mensis, in solemnitate, faciet sicut supra dicta sunt per septem dies, tam pro peccato, quam pro holocausto, et in sacrificio, et in oleo.

De iuribus et officiis principis

46 1 Haec dicit Dominus Deus: Porta
atrii interioris, quae respicit ad
orientem, erit clausa sex diebus in quibus
opus fit; die autem sabbati aperietur, sed
et in die calendarum aperietur. 2 Et intrabit princeps per viam vestibuli portae
deforis, et stabit in limine portae; et facient sacerdotes holocaustum eius, et pacifica eius; et adorabit super limen portae,
et egredietur; porta autem non claudetur
usque ad vesperam. 3 Et adorabit populus terrae ad ostium portae illius in sabbatis, et in calendis, coram Domino. 4 Holocaustum autem hoc offeret princeps
Domino: in die sabbati, sex agnos immaculatos, et arietem immaculatum, 5 et sacrificium ephi per arietem, in agnis autem sacrificium quod dederit manus eius,
et olei hin per singula ephi. 6 In die autem calendarum vitulum de armento immaculatum, et sex agni et arietes immaculati erunt. 7 Et ephi per vitulum, ephi
quoque per arietem faciet sacrificium; de
agnis autem, sicut invenerit manus eius,
et olei hin per singula ephi. 8 Cumque
ingressurus est princeps, per viam vestibuli portae ingrediatur, et per eandem
viam exeat. 9 Et cum intrabit populus terrae in conspectu Domini in solemnitatibus, qui ingreditur per portam aquilonis,
ut adoret, egrediatur per viam portae meridianae; porro qui ingreditur per viam
portae meridianae, egrediatur per viam
portae per quam ingressus est, sed e regione illius egredietur. 10 Princeps autem
in medio eorum, cum ingredientibus ingredietur, et cum egredientibus egredietur. 11 Et in nundinis, et in solemnitatibus, erit sacrificium ephi per vitulum, et
ephi per arietem; agnis autem erit sacrificium sicut invenerit manus eius, et olei
hin per singula ephi.

18; 47,13.21; 48,1-7.23-28. — **10:** Lev 19,35-36; Deut 25,14-15; Am 8,5. — **11:** Ex 16,36; Lev 27,16; Ruth 2,17. — **12:** Ex 30,13. — **13:** Ez 44,30. — **17:** Num 29,39; 2 Par 35,7; Ez 46,4-7. — **18:** Lev 16,16; Ez 46,1.3.6. — **19:** Ez 43,20. — **21:** Lev 23,5. — **23:** Num 28,15. — **24:** Ez 20,40; Ez 46,5.7. — **25:** Lev 23,34.

46 **1:** Ez 8,16; 45,17.19. — **2:** Ez 40,38; 44,3. — **3:** Ez 46,9. — **4:** Num 28,9-10; Ez 45,17. — **5:** Deut 16,17; Ez 45,24. — **9:** Ex 23,

12 Cum autem fecerit princeps sponta-
neum holocaustum, aut pacifica voluntaria Domino, aperietur ei porta quae
respicit ad orientem, et faciet holocaustum
suum et pacifica sua, sicut fieri solet in
die sabbati; et egredietur, claudeturque
porta postquam exierit. 13 Et agnum eiusdem anni immaculatum faciet holocaustum quotidie Domino; semper mane faciet illud. 14 Et faciet sacrificium super eo
cata mane mane sextam partem ephi, et
de oleo tertiam partem hic, ut misceatur
similae: sacrificium Domino legitimum,
iuge atque perpetuum. 15 Faciet agnum,
et sacrificium, et oleum cata mane mane,
holocaustum sempiternum.
16 Haec dicit Dominus Deus: Si dederit princeps donum alicui de filiis suis,
haereditas eius filiorum suorum erit; possidebunt eam haereditarie. 17 Si autem dederit legatum de haereditate sua uni servorum suorum, erit illius usque ad annum
remissionis, et revertetur ad principem;
haereditas autem eius filiis eius erit. 18 Et
non accipiet princeps de haereditate populi per violentiam, et de possessione eorum; sed de possessione sua haereditatem dabit filiis suis, ut non dispergatur
populus meus unusquisque a possessione
sua.

De culinis sanctuarii

19 Et introduxit me per ingressum qui
erat ex latere portae, in gazophylacia
sanctuarii ad sacerdotes, quae respiciebant
ad aquilonem; et erat ibi locus vergens ad
occidentem. 20 Et dixit ad me: Iste est
locus ubi coquent sacerdotes pro peccato
et pro delicto, ubi coquent sacrificium, ut
efferant in atrium exterius, et sanctificetur populus. 21 Et eduxit me in atrium exterius, et circumduxit me per quatuor angulos atrii; et ecce atriolum erat in angulo
atrii, atriola singula per angulos atrii.
22 In quatuor angulis atrii atriola disposita, quadraginta cubitorum per longum,
et triginta per latum: mensurae unius quatuor erant. 23 Et paries per circuitum ambiens quatuor atriola; et culinae fabrica-
tae erant subter porticus per gyrum. 24 Et
dixit ad me: Haec est domus culinarum,
in qua coquent ministri domus Domini
victimas populi.

Torrens e limine templi egressus

47 1 Et convertit me ad portam domus,
et ecce aquae egrediebantur subter
limen domus ad orientem, facies enim domus respiciebat ad orientem, aquae autem descendabant in latus templi dextrum,
ad meridiem altaris. 2 Et eduxit me per
viam portae aquilonis, et convertit me ad
viam foras portam exteriorem, viam quae
respiciebat ad orientem; et ecce aquae re-
dundantes a latere dextro. 3 Cum egrederetur vir ad orientem, qui habebat funiculum in manu sua, et mensus est mille
cubitos, et traduxit me per aquam usque
ad talos. 4 Rursumque mensus est mille,
et traduxit me per aquam usque ad genua. 5 Et mensus est mille, et traduxit me
per aquam usque ad renes. Et mensus est
mille, torrentem quem non potui pertrans-
ire, quoniam intumuerant aquae profundi torrentis, qui non potest transva-
dari. 6 Et dixit ad me: Certe vidisti, fili
hominis. Et eduxit me, et convertit ad
ripam torrentis.
7 Cumque me convertissem, ecce in ripa
torrentis ligna multa nimis ex utraque
parte. 8 Et ait ad me: Aquae istae quae
egrediuntur ad tumulos sabuli orientalis,
et descendunt ad plana deserti, intrabunt
mare, et exibunt; et sanabuntur aquae.
9 Et omnis anima vivens, quae serpit quocumque venerit torrens, vivet; et erunt
pisces multi satis, postquam venerint illuc
aquae istae; et sanabuntur et vivent omnia ad quae venerit torrens. 10 Et stabunt
super illas piscatores, ab Engaddi usque
ad Engallim siccatio sagenarum erit; plurimae species erunt piscium eius, sicut
pisces maris magni, multitudinis nimiae.
11 In littoribus autem eius, et in palustribus, non sanabuntur, quia in salinas dabuntur. 12 Et super torrentem orietur in
ripis eius, ex utraque parte, omne lignum
pomiferum; non defluet folium ex eo, et
non deficiet fructus eius; per singulos
menses afferet primitiva, quia aquae eius
de sanctuario egredientur: et erunt fructus eius in cibum, et folia eius ad medicinam.

Descriptio novae terrae sanctae

13 Haec dicit Dominus Deus: Hic est
terminus in quo possidebitis terram in
duodecim tribubus Israel; quia Ioseph duplicem funiculum habet. 14 Possidebitis
autem eam singuli aeque ut frater suus,
super quam levavi manum meam ut darem patribus vestris; et cadet terra haec
vobis in possessionem. 15 Hic est autem
terminus terrae: ad plagam septentrionalem, a mari magno via Hethalon, venientibus Sedada, 16 Emath, Berotha, Saba-

14-17; Deut 16,16. — **12:** Lev 7,16; 22,18; Ez 46,1. — **13:** Ex 29,38; Num 28,3-4. — **17:** Lev 25,10; Ez 45,7. — **18:** 1 Sam 8,14; 3 Reg 21,7; Ez 45,8. — **19:** Ez 42,4. — **20:** Lev 3,4; Ez 44, 19. — **24:** 2 Par 35,13.

47 **1:** Ps 45,5; Ioel 3,18; Zach 14,8; Apoc 22, 1. — **2:** Ez 40,6.35. — **3:** Ez 40,3. — **6:** Ez 8,6. — **8:** Deut 3,17; 4,49. — **10:** 1 Sam 24,1; Is 15,8. — **12:** Ps 1,3; Apoc 22,2. — **13:** Gen 48,5; Ios 17,14-18; Ez 48,4-5. — **14:** Gen 12,7; Ez 20, 5. — **15:** Num 34,8; Ez 48,1. — **18:** Ioel 2,20;

rim, quae est inter terminum Damasci et
confinium Emath, domus Tichon, quae
est iuxta terminum Auran. 17 Et erit terminus a mari usque ad atrium Enan, terminus Damasci; et ab aquilone ad aquilonem, terminus Emath plaga septentrionalis. 18 Porro plaga orientalis de medio
Auran, et de medio Damasci, et de medio
Galaad, et de medio terrae Israel, Iordanis disterminans ad mare orientale. Me-
tiemini etiam plagam orientalem. 19 Plaga autem australis meridiana, a Thamar
usque ad aquas contradictionis Cades, et
torrens usque ad mare magnum; et haec
est plaga ad meridiem australis. 20 Et plaga maris, mare magnum a confinio per
directum, donec venias Emath; haec est
plaga maris.

Terrae septentrionalis distributio in septem tribus

21 Et dividetis terram istam vobis per
tribus Israel. 22 Et mittetis eam in haereditatem vobis, et advenis qui accesserint
ad vos, qui genuerint filios in medio vestrum; et erunt vobis sicut indigenae inter
filios Israel; vobiscum divident possessionem in medio tribuum Israel. 23 In tribu
autem quacumque fuerit advena, ibi dabitis possessionem illi, ait Dominus Deus.

48 1 Et haec nomina tribuum a finibus
aquilonis, iuxta viam Hethalon,
pergentibus Emath, atrium Enan terminus Damasci ad aquilonem, iuxta viam
Emath; et erit ei plaga orientalis mare,
Dan una. 2 Et super terminum Dan, a
plaga orientali usque ad plagam maris,
Aser una. 3 Et super terminum Aser, a
plaga orientali usque ad plagam maris,
Nephthali una. 4 Et super terminum
Nephthali, a plaga orientali usque ad plagam maris, Manasse una. 5 Et super terminum Manasse, a plaga orientali usque
ad plagam maris, Ephraim una. 6 Et super terminum Ephraim, a plaga orientali
usque ad plagam maris, Ruben una. 7 Et
super terminum Ruben, a plaga orientali
usque ad plagam maris, Iuda una.

Sors sacerdotibus et levitis assignata

8 Et super terminum Iuda, a plaga orientali usque ad plagam maris, erunt primitiae quas separabitis, viginti quinque millibus latitudinis et longitudinis, sicuti singulae partes a plaga orientali usque ad
plagam maris; et erit sanctuarium in medio eius. 9 Primitiae quas separabitis Domino, longitudo viginti quinque millibus,
et latitudo decem millibus. 10 Hae autem
erunt primitiae sanctuarii sacerdotum, ad
aquilonem longitudinis viginti quinque
millia, et ad mare latitudinis decem millia,
sed et ad orientem latitudinis decem millia, et ad meridiem longitudinis viginti
quinque millia; et erit sanctuarium Domini in medio eius. 11 Sacerdotibus sanctuarium erit de filiis Sadoc qui custodierunt
caeremonias meas, et non erraverunt cum
errarent filii Israel, sicut erraverunt et levitae. 12 Et erunt eis primitiae de primitiis terrae sanctum sanctorum, iuxta terminum levitarum.

13 Sed et levitis similiter, iuxta fines
sacerdotum, viginti quinque millia longitudinis, et latitudinis decem millia. Omnis longitudo viginti et quinque millium,
et latitudo decem millium. 14 Et non venundabunt ex eo, neque mutabunt; neque transferentur primitiae terrae, quia
sanctificatae sunt Domino.

Portio urbi destinata

15 Quinque millia autem quae supersunt
in latitudine per viginti quinque millia,
profana erunt urbis in habitaculum et in
suburbana; et erit civitas in medio eius.
16 Et hae mensurae eius: ad plagam septentrionalem, quingenta et quatuor millia; et ad plagam meridianam, quingenta
et quatuor millia; et ad plagam orientalem, quingenta et quatuor millia; et ad
plagam occidentalem, quingenta et quatuor millia. 17 Erunt autem suburbana civitatis ad aquilonem, ducenta quinquaginta; et ad meridiem, ducenta quinquaginta; et ad orientem, ducenta quinquaginta; et ad mare, ducenta quinquaginta.
18 Quod autem reliquum fuerit in longitudine secundum primitias sanctuarii, decem millia in orientem, et decem millia
in occidentem, erunt sicut primitiae sanctuarii; et erunt fruges eius in panes his
qui serviunt civitati. 19 Servientes autem
civitati, operabuntur ex omnibus tribubus
Israel. 20 Omnes primitiae viginti quinque
millium, per viginti quinque millia in quadrum, separabuntur in primitias sanctuarii, et in possessionem civitatis.

Portio assignata principi

21 Quod autem reliquum fuerit, principis erit ex omni parte primitiarum sanctuarii, et possessionis civitatis e regione
viginti quinque millium primitiarum usque
ad terminum orientalem; sed et ad mare,

Mach 14,8. — **19:** Num 20,13; 34,5. — **20:** 3 Reg 8,65.—**22:** Ex 12,19.48-49; Is 14,1; Ez 45,1; 48,29.

48 **1:** Num 2,25-31; Ez 47,15-18. — **2:** Ez 41,42. — **4:** Ez 47,13. — **8:** Ez 45,1-6. — **10:** Ez 45,4. — **11:** Ez 40,46; 44,10.15. — **13:** Ez 45,5. — **14:** Lev 27,10.28.33; Ez 44,30. — **15:** Ez 42,20; 45,2.6. — **16:** Apoc 21,16. — **21:** Ez 45,7. — **28:** Ez 47,19. — **29:** Ez 47,22. — **31:**

e regione viginti quinque millium, usque
ad terminum maris, similiter in partibus
principis erit; et erunt primitiae sanctuarii,
et sanctuarium templi, in medio eius. 22 De
possessione autem levitarum, et de possessione civitatis in medio partium principis, erit inter terminum Iuda et inter
terminum Beniamin, et ad principem pertinebit.

Terrae meridionalis distributio in reliquas quinque tribus

23 Et reliquis tribubus, a plaga orientali
usque ad plagam occidentalem, Beniamin
una. 24 Et contra terminum Beniamin, a
plaga orientali usque ad plagam occidentalem, Simeon una. 25 Et super terminum
Simeonis, a plaga orientali usque ad plagam occidentalem, Issachar una. 26 Et super terminum Issachar, a plaga orientali
usque ad plagam occidentalem, Zabulon
una. 27 Et super terminum Zabulon, a
plaga orientali usque ad plagam maris,
Gad una. 28 Et super terminum Gad, ad
plagam austri in meridie; et erit finis de
Thamar usque ad aquas contradictionis
Cades: haereditas contra mare magnum.
29 Haec est terra quam mittetis in sortem tribubus Israel; et hae partitiones
earum, ait Dominus Deus.

Mensura novae civitatis

30 Et hi egressus civitatis: a plaga septentrionali, quingentos et quatuor millia
mensurabis. 31 Et portae civitatis ex nominibus tribuum Israel; portae tres a septentrione: porta Ruben una, porta Iuda
una, porta Levi una. 32 Et ad plagam
orientalem, quingentos et quatuor millia;
et portae tres: porta Ioseph una, porta
Beniamin una, porta Dan una. 33 Et ad
plagam meridianam, quingentos et quatuor millia metieris; et portae tres: porta Simeonis una, porta Issachar una, porta Zabulon una. 34 Et ad plagam occidentalem, quingentos et quatuor millia; et
portae eorum tres: porta Gad una, porta
Aser una, porta Nephthali una. 35 Per
circuitum, decem et octo millia; et nomen civitatis ex illa die: Dominus ibidem.

Deut 33,6-8; Apoc 21,12-13. — **35:** Ier 3,17; Ez 35,10; Ioel 3,21; Zach 2,10; Apoc 21,3.

PROPHETIA DANIELIS

SUMMARIUM PARS PRIOR: HISTORIA DANIELIS *(1-6): Daniel in regis palatio (1). Aperit regi somnium de statua (2). Danielis socii igni damnantur (3,1-97). Declarat somnium de arbore magna (3,98-4,34). Interpretatur Daniel signa in pariete descripta (5). Daniel leonibus damnatur (6).*—PARS ALTERA: VISIONES PROPHETICAE *(7-12): Visio quatuor bestiarum (7). Visio arietis et hirci (8). Visio hebdomadarum (9). Visio apocalyptica (10-12).*—APPENDIX *(13-14): Historia Susannae (13,1-64). De eversione idolorum (13,65-14,42)*

PARS PRIOR

HISTORIA DANIELIS
(1,1-6,28)

Daniel in palatio regis Nabuchodonosor

1 1 Anno tertio regni Ioakim, regis
Iuda, venit Nabuchodonosor, rex Babylonis, in Ierusalem, et obsedit eam;
2 et tradidit Dominus in manu eius Ioakim,
regem Iuda, et partem vasorum domus
Dei: et asportavit ea in terram Sennaar
in domum dei sui, et vasa intulit in domum thesauri dei sui. 3 Et ait rex Asphe-
nez praeposito eunuchorum, ut introdu-
ceret de filiis Israel, et de semine regio
et tyrannorum, 4 pueros in quibus nulla
esset macula, decoros forma, et eruditos
omni sapientia, cautos scientia, et doctos disciplina, et qui possent stare in
palatio regis, ut doceret eos litteras et
linguam Chaldaeorum. 5 Et constituit eis
rex annonam per singulos dies de cibis
suis, et de vino unde bibebat ipse, ut
enutriti tribus annis, postea starent in
conspectu regis. 6 Fuerunt ergo inter eos
de filiis Iuda, Daniel, Ananias, Misael,

1 **1:** 4 Reg 24,1-2; 2 Par 36,6. — **2:** Gen 11,2; 4 Reg 24,13; 25,15; Esdr 1,7; Dan 5,2. — **3:** 4 Reg 20,18. — **4:** Dan 2,2.10; 5,7.11. — **5:** Gen 41,46; 3 Reg 10,8. — **6:** Dan 2,17; 3,88;

et Azarias. 7 Et imposuit eis praepositus
eunuchorum nomina: Danieli, Baltassar;
Ananiae, Sidrach; Misaeli, Misach; et
Azariae, Abdenago. 8 Proposuit autem
Daniel in corde suo, ne pollueretur de
mensa regis, neque de vino potus eius,
et rogavit eunuchorum praepositum ne
contaminaretur.

9 Dedit autem Deus Danieli gratiam
et misericordiam in conspectu principis
eunuchorum. 10 Et ait princeps euncho-
rum ad Danielem: Timeo ego dominum
meum regem, qui constituit vobis cibum
et potum; qui si viderit vultus vestros
macilentiores prae caeteris adolescentibus
coaevis vestris, condemnabitis caput meum
regi. 11 Et dixit Daniel ad Malasar, quem
constituerat princeps eunuchorum super
Danielem, Ananiam, Misaelem et Azariam: 12 Tenta nos obsecro, servos tuos,
diebus decem, et dentur nobis legumina
ad vescendum, et aqua ad bibendum;
13 et contemplare vultus nostros, et vultus
puerorum qui vescuntur cibo regio; et
sicut videris, facies cum servis tuis. 14 Qui,
audito sermone huiuscemodi, tentavit eos
diebus decem. 15 Post dies autem decem,
apparuerunt vultus eorum meliores et cor-
pulentiores prae omnibus pueris qui vescebantur cibo regio. 16 Porro Malasar tollebat cibaria et vinum potus eorum, da-
batque eis legumina.

17 Pueris autem his dedit Deus scientiam et disciplinam, in omni libro et sapientia; Danieli autem intelligentiam omnium visionum et somniorum. 18 Completis itaque diebus, post quos dixerat rex
ut introducerentur, introduxit eos praepositus eunuchorum in conspectu Nabuchodonosor. 19 Cumque eis locutus fuisset
rex, non sunt inventi tales de universis,
ut Daniel, Ananias, Misael et Azarias;
et steterunt in conspectu regis. 20 Et omne
verbum sapientiae et intellectus, quod sciscitatus est ab eis rex, invenit in eis de-
cuplum, super cunctos ariolos et magos
qui erant in universo regno eius. 21 Fuit
autem Daniel usque ad annum primum
Cyri regis.

Somnium Nabuchodonosor de statua gigantea

2 1 In anno secundo regni Nabuchodonosor, vidit Nabuchodonosor somnium, et conterritus est spiritus eius, et
somnium eius fugit ab eo. 2 Praecepit
autem rex ut convocarentur arioli, et
magi, et malefici, et Chaldaei, ut indicarent regi somnia sua. Qui cum venissent,
steterunt coram rege. 3 Et dixit ad eos
rex: Vidi somnium, et mente confusus
ignoro quid viderim. 4 Responderuntque
Chaldaei regi syriace: Rex, in sempiternum vive! Dic somnium servis tuis, et
interpretationem eius indicabimus. 5 Et
respondens rex ait Chaldaeis: Sermo recessit a me; nisi indicaveritis mihi somnium, et coniecturam eius, peribitis vos,
et domus vestrae publicabuntur. 6 Si autem somnium, et coniecturam eius narra-
veritis, praemia, et dona, et honorem multum accipietis a me. Somnium igitur, et
interpretationem eius indicate mihi. 7 Responderunt secundo, atque dixerunt: Rex
somnium dicat servis suis, et interpretationem illius indicabimus. 8 Respondit rex,
et ait: Certe novi quod tempus redimitis,
scientes quod recesserit a me sermo. 9 Si
ergo somnium non indicaveritis mihi, una
est de vobis sententia, quod interpretationem quoque fallacem et deceptione
plenam composueritis, ut loquamini mihi,
donec tempus pertranseat. Somnium itaque dicite mihi, ut sciam quod interpretationem quoque eius veram loquamini.
10 Respondentes ergo Chaldaei coram rege, dixerunt: Non est homo super terram,
qui sermonem tuum, rex, possit implere;
sed neque regum quisquam magnus et
potens verbum huiuscemodi sciscitatur ab
omni ariolo, et mago, et Chaldaeo. 11 Sermo enim, quem tu quaeris, rex, gravis est;
nec reperietur quisquam qui indicet illum
in conspectu regis, exceptis diis, quorum
non est cum hominibus conversatio.
12 Quo audito, rex, in furore et in ira
magna, praecepit ut perirent omnes sapientes Babylonis. 13 Et egressa sententia,
sapientes interficiebantur; quaerebantur-
que Daniel et socii eius, ut perirent.

14 Tunc Daniel requisivit de lege atque sententia ab Arioch, principe militiae regis, qui egressus fuerat ad inter-
ficiendos sapientes Babylonis; 15 et interrogavit eum, qui a rege potestatem acceperat, quam ob causam tam crudelis sententia a facie regis esset egressa. Cum ergo
rem indicasset Arioch Danieli, 16 Daniel
ingressus rogavit regem ut tempus daret
sibi ad solutionem indicandam regi. 17 Et
ingressus est domum suam, Ananiaeque
et Misaeli et Azariae, sociis suis, indicavit negotium, 18 ut quaererent misericordiam a facie Dei caeli super sacramento
isto, et non perirent Daniel et socii eius
cum caeteris sapientibus Babylonis.

1 Mach 2,59. — **7:** 4 Reg 23,34; 24,17; Dan 2,26.49. — **8:** Lev 3,17; Iudith 12,2; Esth 14,17; Ez 4,13-14; Os 9,3. — **9:** Ps 105,46. — **17:** Iob 32,8; Ez 14,14; 28,3; Dan 5,12. — **20:** Dan 2,2.27-28.

2 **1:** 4 Reg 24,1.12; Ier 52,28; Dan 1,1. — **2:** Deut 18,10-11; Is 47,9.12; Dan 1,4.20; 4,6; 5,7. — **4:** 3 Reg 1,31; Dan 3,9; 5,10; 6,6.21. **5:** Esdr 6,11; Dan 3,96. — **6:** Dan 5,7.16. — **11:** Dan 5,11.14. — **12:** Dan 3,19; 4,3.15. — **13:** Dan 1,4-7. — **17:** Dan 1,6. — **19:** Num 12,6; Iob 33,

Revelatio Daniel facta

19 Tunc Danieli mysterium per visionem nocte revelatum est; et benedixit
Daniel Deum caeli, 20 et locutus ait: Sit
nomen Domini benedictum a saeculo et
usque in saeculum, quia sapientia et fortitudo eius sunt. 21 Et ipse mutat tempora
et aetates; transfert regna, atque constituit; dat sapientiam sapientibus, et scientiam intelligentibus disciplinam. 22 Ipse
revelat profunda et abscondita, et novit
in tenebris constituta, et lux cum eo est.
23 Tibi, Deus patrum nostrorum, confiteor,
teque laudo, quia sapientiam et fortitudinem dedisti mihi, et nunc ostendisti mihi
quae rogavimus te, quia sermonem regis
aperuisti nobis.
24 Post haec Daniel ingressus ad Arioch,
quem constituerat rex ut perderet sapientes Babylonis, sic ei locutus est: Sapientes Babylonis ne perdas; introduc me in
conspectu regis, et solutionem regi narrabo.

Daniel regi somnium eiusque interpretationem declarat

25 Tunc Arioch festinus introduxit Danielem ad regem, et dixit ei: Inveni hominem de filiis transmigrationis Iuda, qui
solutionem regi annuntiet. 26 Respondit
rex, et dixit Danieli, cuius nomen erat
Baltassar: Putasne vere potes mihi indicare somnium quod vidi, et interpretationem eius? 27 Et respondens Daniel coram rege, ait: Mysterium quod rex interrogat, sapientes, magi, arioli et aruspices
nequeunt indicare regi. 28 Sed est Deus
in caelo revelans mysteria, qui indicavit
tibi, rex Nabuchodonosor, quae ventura
sunt in novissimis temporibus.
Somnium tuum, et visiones capitis tui
in cubili tuo huiuscemodi sunt: 29 Tu,
rex, cogitare coepisti in strato tuo, quid
esset futurum post haec; et qui revelat
mysteria, ostendit tibi quae ventura sunt.
30 Mihi quoque non in sapientia, quae est
in me plus quam in cunctis viventibus,
sacramentum hoc revelatum est; sed ut
interpretatio regi manifesta fieret, et cogitationes mentis tuae scires. 31 Tu, rex,
videbas, et ecce quasi statua una grandis: statua illa magna, et statura sublimis, stabat contra te, et intuitus eius erat
terribilis. 32 Huius statuae caput ex auro
optimo erat, pectus autem et brachia de
argento, porro venter et femora ex aere,
33 tibiae autem ferreae; pedum quaedam
pars erat ferrea, quaedam autem fictilis.
34 Videbas ita, donec abscissus est lapis
de monte sine manibus, et percussit statuam in pedibus eius, ferreis et fictilibus,
et comminuit eos. 35 Tunc contrita sunt
pariter ferrum, testa, aes, argentum, et
aurum, et redacta quasi in favillam aestivae
areae, quae rapta sunt vento, nullusque
locus inventus est eis; lapis autem, qui
percusserat statuam, factus est mons
magnus, et implevit universam terram.
36 Hoc est somnium; interpretationem
quoque eius dicemus coram te, rex.
37 Tu rex regum es; et Deus caeli regnum, et fortitudinem, et imperium, et
gloriam dedit tibi; 38 et omnia in quibus
habitant filii hominum, et bestiae agri;
volucres quoque caeli dedit in manu tua,
et sub ditione tua universa constituit;
tu es ergo caput aureum. 39 Et post te
consurget regnum aliud minus te, argenteum, et regnum tertium aliud aereum,
quod imperabit universae terrae. 40 Et
regnum quartum erit velut ferrum: quomodo ferrum comminuit et domat omnia, sic comminuet et conteret omnia
haec. 41 Porro quia vidisti pedum, et digitorum partem testae figuli, et partem
ferream, regnum divisum erit: quod tamen de plantario ferri orietur, secundum
quod vidisti ferrum mistum testae ex luto.
42 Et digitos pedum ex parte ferreos, et ex
parte fictiles, ex parte regnum erit solidum, et ex parte contritum. 43 Quod autem vidisti ferrum mistum testae ex luto,
commiscebuntur quidem humano semine;
sed non adhaerebunt sibi, sicuti ferrum
misceri non potest testae. 44 In diebus
autem regnorum illorum, suscitabit Deus
caeli regnum quod in aeternum non dissipabitur, et regnum eius alteri populo non
tradetur; comminuet autem et consumet
universa regna haec, et ipsum stabit in
aeternum. 45 Secundum quod vidisti, quod
de monte abscissus est lapis sine manibus,
et comminuit testam, et ferrum, et aes, et
argentum, et aurum, Deus magnus ostendit regi quae ventura sunt postea; et verum est somnium, et fidelis interpretatio eius.

Rex adorat Deum Danielis

46 Tunc rex Nabuchodonosor cecidit in
faciem suam, et Danielem adoravit; et
hostias et incensum praecepit ut sacrificarent ei. 47 Loquens ergo rex, ait Danieli: Vere Deus vester Deus deorum est,

15-16. — **20:** 1 Par 29,10; Ps 112,2; 113,18. — **21:** Dan 1,17; 5,20; 7,25. — **22:** Ps 138,12; Dan 13,42; 1 Tim 6,16; Iac 1,17; 1 Io 1,5. — **23:** Deut 26,7; Ez 28,3; Dan 1,17. — **25:** Dan 6,13. — **26:** Dan 1,7; 5,16. — **28:** Dan 2,22; 10,14. — **30:** Gen 41,16. — **34:** Dan 8,25; Zach 4,6.

35: Is 2,2; Apoc 20,11. — **37:** Esdr 1,2; 7,12; Ier 27,5-6; Ez 26,7. — **39:** Dan 5,28.31; 7,5-6. **40:** Dan 7,7.23. — **44:** Is 60,12; Dan 3,100; 4,31; 6,26; 7,14.27; Mich 4,7; Agg 2,23; Lc 1,33; 1 Cor 15,24; Apoc 11,15. — **45:** Is 28,16. — **46:** Act 14,12. — **47:** Deut 10,17; Ps 135,2; Dan 2.

et Dominus regum, et revelans mysteria,
quoniam tu potuisti aperire hoc sacramentum. 48 Tunc rex Danielem in sublime
extulit, et munera multa et magna dedit
ei; et constituit eum principem super omnes provincias Babylonis, et praefectum
magistratuum super cunctos sapientes Babylonis. 49 Daniel autem postulavit a rege,
et constituit super opera provinciae Babylonis Sidrach, Misach et Abdenago; ipse
autem Daniel erat in foribus regis.

Nabuchodonosor statuam erigit et eam adorare iubet

3 1 Nabuchodonosor rex fecit statuam
aure
am, altitudine cubitorum sexa-
ginta, latitudine cubitorum sex, et statuit
eam in campo Dura, provinciae Babylonis. 2 Itaque Nabuchodonosor rex misit
ad congregandos satrapas, magistratus, et
iudices, duces, et tyrannos, et praefectos,
omnesque principes regionum, ut convenirent ad dedicationem statuae quam
erexerat Nabuchodonosor rex. 3 Tunc congregati sunt satrapae, magistratus, et iudices, duces, et tyranni, et optimates qui
erant in potestatibus constituti, et universi
principes regionum, ut convenirent ad dedicationem statuae quam erexerat Nabuchodonosor rex. Stabant autem in conspectu rex; 4 et praeco clamabat valenter:
Vobis dicitur populis, tribubus, et linguis:
5 In hora qua audieritis sonitum tubae,
et fistulae, et citharae, sambucae, et psalterii, et symphoniae, et universi generis
musicorum, cadentes adorate statuam auream quam constituit Nabuchodonosor
rex. 6 Si quis autem non prostratus adoraverit, eadem hora mittetur in fornacem ignis ardentis. 7 Post haec igitur,
statim ut audierunt omnes populi sonitum tubae, fistulae, et citharae, sambucae,
et psalterii, et symphoniae, et omnis generis musicorum, cadentes omnes populi,
tribus, et linguae, adoraverunt statuam
auream quam constituerat Nabuchodonosor rex.

Tres iuvenes hebraei recusant statuam adorare

8 Statimque in ipso tempore accedentes viri Chaldaei accusaverunt Iudaeos,
9 dixeruntque Nabuchodonosor regi: Rex,
in aeternum vive! 10 Tu, rex, posuisti decretum, ut omnis homo qui audierit sonitum tubae, fistulae, et citharae, sambucae,
et psalterii, et symphoniae, et universi
generis musicorum, prosternat se, et adoret statuam auream; 11 si quis autem non
procidens adoraverit, mittatur in fornacem ignis ardentis. 12 Sunt ergo viri Iudaei,
quos constituisti super opera regionis Babylonis, Sidrach, Misach et Abdenago;
viri isti contempserunt, rex, decretum
tuum, deos tuos non colunt, et statuam
auream, quam erexisti, non adorant.
13 Tunc Nabuchodonosor, in furore et
in ira, praecepit ut adducerentur Sidrach,
Misach et Abdenago, qui confestim adducti sunt in conspectu regis. 14 Pronun-
tiansque Nabuchodonosor rex, ait eis:
Verene, Sidrach, Misach et Abdenago,
deos meos non colitis, et statuam auream,
quam constitui, non adoratis? 15 Nunc
ergo si estis parati, quacumque hora audieritis sonitum tubae, fistulae, citharae,
sambucae, et psalterii, et symphoniae, omnisque generis musicorum, prosternite
vos, et adorate statuam quam feci. Quod
si non adoraveritis, eadem hora mittemi-
ni in fornacem ignis ardentis. Et quis
est Deus qui eripiet vos de manu mea?
16 Respondentes Sidrach, Misach et Abdenago, dixerunt regi Nabuchodonosor:
Non oportet nos de hac re respondere tibi;
17 ecce enim Deus noster, quem colimus,
potest eripere nos de camino ignis ardentis, et de manibus tuis, o rex, liberare.
18 Quod si noluerit, notum sit tibi, rex,
quia deos tuos non colimus, et statuam
auream, quam erexisti, non adoramus.
19 Tunc Nabuchodonosor repletus est
furore, et aspectus faciei illius immutatus
est super Sidrach, Misach et Abdenago;
et praecepit ut succenderetur fornax septuplum quam succendi consueverat. 20 Et
viris fortissimis de exercitu suo iussit, ut
ligatis pedibus Sidrach, Misach et Abdenago, mitterent eos in fornacem ignis ardentis. 21 Et confestim viri illi vincti, cum
braccis suis, et tiaris, et calceamentis, et
vestibus, missi sunt in medium fornacis
ignis ardentis; 22 nam iussio regis urgebat. Fornax autem succensa erat nimis;
porro viros illos, qui miserant Sidrach,
Misach et Abdenago, interfecit flamma
ignis. 23 Viri autem hi tres, id est, Sidrach,
Misach et Abdenago, ceciderunt in medio camino ignis ardentis colligati.

Quae sequuntur in hebraeis voluminibus non reperi.

Oratio trium iuvenum

24 Et ambulabant in medio flammae,
laudantes Deum, et benedicentes Domino.
25 Stans autem Azarias oravit sic, ape-
riensque os suum in medio ignis, ait:

22; 3,90; 11,36. — **48:** Dan 3,12.97; 5,11. — **49:** Esth 2,19; Dan 1,7; 3,12.

3 **1:** Dan 2,32.38. — **2:** Esdr 8,36; Dan 6,1-7. **4:** Dan 5,19; 6,25; 7,14; Apoc 5,9. — **6:** Ier 29,22; Ez 23,25. — **8:** Dan 1,4; 6,12. — **9:** Dan 2,4. — **10:** Dan 4,3; 6,26. — **12:** Dan 1,7; 2,49. **13:** Dan 2,12. — **15:** Ex 5,2; 4 Reg 18,35; Dan 6,20. — **27:** Esdr 9,15; Neh 9,33; Bar 2,9; Dan 4,

26 Benedictus es, Domine, Deus patrum nostrorum,
Et laudabile et gloriosum nomen tuum in saecula:
27 Quia iustus es in omnibus quae fecisti nobis,
Et universa opera tua vera, et viae tuae rectae,
Et omnia iudicia tua vera.
28 Iudicia enim vera fecisti
Iuxta omnia quae induxisti super nos,
Et super civitatem sanctam patrum nostrorum, Ierusalem,
Quia in veritate et in iudicio induxisti omnia haec,
Propter peccata nostra.
29 Peccavimus enim, et inique egimus recedentes a te,
Et deliquimus in omnibus;
30 Et praecepta tua non audivimus,
Nec observavimus,
Nec fecimus sicut praeceperas nobis,
Ut bene nobis esset.
31 Omnia ergo quae induxisti super nos,
Et universa quae fecisti nobis,
In vero iudicio fecisti;
32 Et tradidisti nos in manibus inimicorum nostrorum iniquorum,
Et pessimorum, praevaricatorumque,
Et regi iniusto et pessimo ultra omnem terram.
33 Et nunc non possumus aperire os,
Confusio et opprobrium facti sumus servis tuis
Et his qui colunt te.
34 Ne, quaesumus, tradas nos in perpetuum propter nomen tuum,
Et ne dissipes testamentum tuum,
35 Neque auferas misericordiam tuam a nobis,
Propter Abraham, dilectum tuum,
Et Isaac, servum tuum,
Et Israel, sanctum tuum,
36 Quibus locutus es pollicens quod multiplicares semen eorum
Sicut stellas caeli,
Et sicut arenam quae est in littore maris;
37 Quia, Domine, imminuti sumus plus quam omnes gentes,
Sumusque humiles in universa terra hodie
Propter peccata nostra.
38 Et non est in tempore hoc princeps, et dux, et propheta,
Neque holocaustum, neque sacrificium,
Neque oblatio, neque incensum,
Neque locus primitiarum coram te,
39 Ut possimus invenire misericordiam tuam,
Sed in animo contrito, et spiritu humilitatis suscipiamur;
40 Sicut in holocausto arietum, et taurorum,
Et sicut in millibus agnorum pinguium,
Sic fiat sacrificium nostrum in conspectu tuo hodie, ut placeat tibi,
Quoniam non est confusio confidentibus in te.
41 Et nunc sequimur te in toto corde;
Et timemus te, et quaerimus faciem tuam.
42 Nec confundas nos,
Sed fac nobiscum iuxta mansuetudinem tuam,
Et secundum multitudinem misericordiae tuae.
43 Et erue nos in mirabilibus tuis,
Et da gloriam nomini tuo, Domine;
44 Et confundantur omnes qui ostendunt servis tuis mala,
Confundantur in omni potentia tua,
Et robur eorum conteratur;
45 Et sciant quia tu es Dominus Deus solus,
Et gloriosus super orbem terrarum.

46 Et non cessabant qui miserant eos
ministri regis succendere fornacem, naph-
tha, et stuppa, et pice, et malleolis; 47 et
effundebatur flamma super fornacem cubitis quadraginta novem, 48 et erupit, et
incendit quos reperit iuxta fornacem de
Chaldaeis. 49 Angelus autem Domini descendit cum Azaria, et sociis eius, in fornacem; et excussit flammam ignis de fornace, 50 et fecit medium fornacis quasi
ventum roris flantem; et non tetigit eos
omnino ignis, neque contristavit, nec quidquam molestiae intulit.

Cantus trium puerorum

51 Tunc hi tres quasi ex uno ore laudabant, et glorificabant, et benedicebant Deum in fornace, dicentes:

52 Benedictus es, Domine, Deus patrum nostrorum;
Et laudabilis, et gloriosus, et superexaltatus in saecula;
Et benedictum nomen gloriae tuae sanctum,
Et laudabile, et superexaltatum in omnibus saeculis.
53 Benedictus es in templo sancto gloriae tuae,
Et superlaudabilis et supergloriosus in saecula.
54 Benedictus es in throno regni tui,
Et superlaudabilis et superexaltatus in saecula.
55 Benedictus es, qui intueris abyssos, et sedes super cherubim;
Et laudabilis, et superexaltatus in saecula.

34; 9,14. — **28:** Tob 13,11. — **29:** Bar 1,17; Dan 9,5.15. — **30:** Deut 4,40; Eccli 1,12; Is 3,10. — **32:** Dan 4,24. — **33:** Ps 43,14; Dan 9,16. — **34:** Ez 36,22; Dan 9,19. — **35:** 2 Par 20,7; Is 41,2. **36:** Gen 15,5. — **37:** Deut 28,62; Bar 2,13.29.

38: Ps 73,9; Os 3,4; 1 Mach 9,27. — **39:** Ps 50, 19. — **40:** Ps 24,3; Is 49,23; Mich 6,7-8; Phil 1, 20. — **42:** Ps 118,124. — **43:** Dan 9,10. — **45:** Ps 58,14; 82,19; 1 Mach 4,11. — **49:** Dan 3, 92-95. — **52:** Dan 3,26. — **53:** Is 6,1. — **55:** D

56 Benedictus es in firmamento caeli,
Et laudabilis et gloriosus in saecula.
57 Benedicite, omnia opera Domini, Domino;
Laudate et superexaltate eum in saecula.
58 Benedicite, angeli Domini, Domino;
Laudate et superexaltate eum in saecula.
59 Benedicite, caeli, Domino;
Laudate et superexaltate eum in saecula.
60 Benedicite, aquae omnes, quae super caelos sunt, Domino;
Laudate et superexaltate eum in saecula.
61 Benedicite, omnes virtutes Domini, Domino;
Laudate et superexaltate eum in saecula.
62 Benedicite, sol et luna, Domino;
Laudate et superexaltate eum in saecula.
63 Benedicite, stellae caeli, Domino;
Laudate et superexaltate eum in saecula.
64 Benedicite, omnis imber et ros, Domino;
Laudate et superexaltate eum in saecula.
65 Benedicite, omnes spiritus Dei, Domino;
Laudate et superexaltate eum in saecula.
66 Benedicite, ignis et aestus, Domino;
Laudate et superexaltate eum in saecula.
67 Benedicite, frigus et aestus, Domino;
Laudate et superexaltate eum in saecula.
68 Benedicite, rores et pruina, Domino;
Laudate et superexaltate eum in saecula.
69 Benedicite, gelu et frigus, Domino;
Laudate et superexaltate eum in saecula.
70 Benedicite, glacies et nives, Domino;
Laudate et superexaltate eum in saecula.
71 Benedicite, noctes et dies, Domino;
Laudate et superexaltate eum in saecula.
72 Benedicite, lux et tenebrae, Domino;
Laudate et superexaltate eum in saecula
73 Benedicite, fulgura et nubes, Domino;
Laudate et superexaltate eum in saecula.
74 Benedicat terra Dominum;
Laudet et superexaltet eum in saecula;
75 Benedicite, montes et colles, Domino;
Laudate et superexaltate eum in saecula.
76 Benedicite, universa germinantia in terra, Domino;
Laudate et superexaltate eum in saecula.
77 Benedicite, fontes, Domino;
Laudate et superexaltate eum in saecula.
78 Benedicite, maria et flumina, Domino;
Laudate et superexaltate eum in saecula.
79 Benedicite, cete, et omnia quae moventur in aquis, Domino;
Laudate et superexaltate eum in saecula.
80 Benedicite, omnes volucres caeli, Domino;
Laudate et superexaltate eum in saecula.
81 Benedicite, omnes bestiae et pecora Domino;
Laudate et superexaltate eum in saecula.
82 Benedicite, filii hominum, Domino;
Laudate, et superexaltate eum in saecula.
83 Benedicat Israel Dominum;
Laudet et superexaltet eum in saecula.
84 Benedicite, sacerdotes Domini, Domino;
Laudate et superexaltate eum in saecula.
85 Benedicite, servi Domini, Domino,
Laudate et superexaltate eum in saecula.
86 Benedicite, spiritus et animae iustorum, Domino;
Laudate et superexaltate eum in saecula.
87 Benedicite, sancti et humiles corde, Domino;
Laudate et superexaltate eum in saecula.
88 Benedicite, Anania, Azaria, Misael, Domino;
Laudate et superexaltate eum in saecula:
Quia eruit nos de inferno,
Et salvos fecit de manu mortis;
Et liberavit nos de medio ardentis flammae,
Et de medio ignis eruit nos.
89 Confitemini Domino, quoniam bonus,
Quoniam in saeculum misericordia eius.
90 Benedicite, omnes religiosi, Domino Deo deorum;
Laudate et confitemini ei,
Quia in omnia saecula misericordia eius.

Hucusque in hebraeo non habetur; et quae posuimus, de Theodotionis editione translata sunt.

Nabuchodonosor, iuvenibus e fornace liberatis, vero Deo dat gloriam

91 Tunc Nabuchodonosor rex obstupuit; et surrexit propere, et ait optimatibus suis: Nonne tres viros misimus in medium ignis compeditos? Qui respondentes regi, dixerunt: Vere, rex.
92 Respondit, et ait: Ecce ego video quatuor viros solutos, et ambulantes in medio ignis, et nihil corruptionis in eis est, et species quarti similis filio Dei.

93 Tunc accessit Nabuchodonosor ad ostium fornacis ignis ardentis, et ait: Sidrach, Misach et Abdenago, servi Dei excelsi, egredimini, et venite. Statimque egressi sunt Sidrach, Misach et Abdenago de medio ignis;
94 et congregati satrapae, et magistratus, et iudices, et potentes regis, contemplabantur viros illos, quoniam nihil potestatis habuisset ignis in corpori-

79,2; Is 37,16. — **56:** Ps 150,1. — **57:** Ps 102,22; 144,10. — **58:** Ps 102,20; 148,2. — **59-60:** Ps 148, 4. — **61:** Ps 102,21; 148,2. — **62-63:** Ps 148,3. **64-65:** Ps 148,8. — **70:** Ps 147,16-17. — **72:** Is 45,7. — **75-76:** Ps 148,9. — **78-79:** Ps 68,35; 103, 25. — **80-81:** Ps 148,10. — **82:** Ps 148,11-12. — **83:** Ps 134,19. — **84-85:** Ps 133,1; 134,1-2. — **88:** Dan 1,6-7. — **89:** Ps 105,1. — **90:** Dan 2, 47. — **91:** Dan 4,33; 6,7. — **92:** Iob 1,6; 38,7; Dan 6,22. — **94:** Hebr 11,34. — **95:** Ps 33,8;

bus eorum, et capillus capitis eorum non
esset adustus, et sarabala eorum non fuissent immutata, et odor ignis non transisset per eos. 95 Et erumpens Nabochudono-
sor, ait: Benedictus Deus eorum, Sidrach,
videlicet, Misach et Abdenago, qui misit
angelum suum, et eruit servos suos, qui
crediderunt in eum, et verbum regis immutaverunt, et tradiderunt corpora sua
ne servirent, et ne adorarent omnem deum
excepto Deo suo. 96 A me ergo positum
est hoc decretum: Ut omnis populus, tribus et lingua, quaecumque locuta fuerit
blasphemiam contra Deum Sidrach, Misach et Abdenago, dispereat, et domus
eius vastetur; neque enim est alius Deus
qui possit ita salvare. 97 Tunc rex promo-
vit Sidrach, Misach et Abdenago in provincia Babylonis.

Nabuchodonosor somnium de arbore excelsa regno suo narrat ad gloriam Dei Danielis

98 Nabuchodonosor rex, omnibus populis, gentibus et linguis, qui habitant in
universa terra, pax vobis multiplicetur.
99 Signa et mirabilia fecit apud me Deus
excelsus. Placuit ergo mihi praedicare
100 signa eius, quia magna sunt; et mirabilia eius, quia fortia; et regnum eius
regnum sempiternum, et potestas eius in
generationem et generationem.

4 1 Ego, Nabuchodonosor, quietus
eram in domo mea, et florens in palatio meo: 2 somnium vidi, quod perterruit me; et cogitationes meae in strato
meo, et visiones capitis mei, conturbaverunt me. 3 Et per me propositum est decretum ut introducerentur in conspectu
meo cuncti sapientes Babylonis, et ut solutionem somnii indicarent mihi. 4 Tunc
ingrediebantur arioli, magi, Chaldaei et
aruspices; et somnium narravi in conspectu eorum, et solutionem eius non indicaverunt mihi; 5 donec collega ingressus est in conspectu meo Daniel, cui nomen Baltassar, secundum nomen dei mei,
qui habet spiritum deorum sanctorum in
semetipso. Et somnium coram ipso locutus sum. 6 Baltassar, princeps ariolorum,
quoniam ego scio quod spiritum sanctorum deorum habeas in te, et omne sacramentum non est impossibile tibi, visiones
somniorum meorum, quas vidi, et solutionem earum narra. 7 Visio capitis mei
in cubili meo: Videbam, et ecce arbor in
medio terrae, et altidudo eius nimia.
8 Magna arbor, et fortis, et proceritas
eius contingens caelum; aspectus illius
erat usque ad terminos universae terrae.
9 Folia eius pulcherrima, et fructus eius
nimius, et esca universorum in ea. Subter
eam habitabant animalia et bestiae, et in
ramis eius conversabantur volucres caeli,
et ex ea vescebatur omnis caro. 10 Videbam in visione capitis mei super stratum
meum; et ecce vigil, et sanctus, de caelo
descendit, 11 clamavit fortiter, et sic ait:
Succidite arborem, et praecidite ramos
eius, excutite folia eius, et dispergite fructus eius; fugiant bestiae quae subter eam
sunt, et volucres de ramis eius. 12 Verumtamen germen radicum eius in terra sinite, et alligetur vinculo ferreo et aereo
in herbis quae foris sunt, et rore caeli
tingatur, et cum feris pars eius in herba
terrae. 13 Cor eius ab humano commute-
tur, et cor ferae detur ei et septem tempora mutentur super eum. 14 In sententia
vigilum decretum est, et sermo sanctorum,
et petitio; donec cognoscant viventes quoniam dominatur Excelsus in regno hominum, et cuicumque voluerit, dabit illud,
et humillimum hominem constituet super eum. 15 Hoc somnium vidi, ego Nabuchodonosor rex. Tu ergo, Baltassar, interpretationem narra festinus: quia omnes sapientes regni mei non queunt solutionem edicere mihi; tu autem potes, quia
spiritus deorum sanctorum in te est.
16 Tunc Daniel, cuius nomen Baltassar,
coepit intra semetipsum tacitus cogitare
quasi una hora; et cogitationes eius conturbabant eum. Respondens autem rex
ait: Baltassar, somnium et interpretatio
eius non conturbent te. Respondit Baltassar, et dixit: Domine mi, somnium
his qui te oderunt, et interpretatio eius
hostibus tuis sit. 17 Arborem quam vidisti
sublimem atque robustam, cuius altitudo
pertingit ad caelum, et aspectus illius in
omnem terram; 18 et rami eius pulcherrimi, et fructus eius nimius, et esca omnium
in ea; subter eam habitantes bestiae agri,
et in ramis eius commorantes aves caeli:
19 tu es, rex, qui magnificatus es, et invaluisti; et magnitudo tua crevit, et pervenit usque ad caelum, et potestas tua in
terminos universae terrae. 20 Quod autem
vidit rex vigilem et sanctum descendere
de caelo, et dicere: Succidite arborem, et
dissipate illam, attamen germen radicum
eius in terra dimittite; et vinciatur ferro
et aere in herbis foris, et rore caeli con-

Dan 6,22; Act 12,11. — **96:** Dan 2,5; 3,4.10. — **98:** Dan 3,4; 6,25; 1 Petr 1,2. — **99:** Dan 6,27. **100:** Dan 2,44.

4 **2:** Dan 2,28; 7,15. — **3:** Dan 2,2; 3,10.96. **4:** Dan 2,10.27. — **5:** Dan 1,7; 2,47; 5,11.

6: Dan 2,48; 5,11. — **7:** Ez 31,3. — **9:** Ez 17,23; 31,6. — **10:** Deut 33,2; Dan 8,13; Zach 14,5. — **11:** Dan 3,4; Mt 3,10. — **13:** Dan 4,20.22. — **14:** 1 Sam 2,8; Ier 27,5; Dan 2,21; 5,21. — **14:** Dan 4,4-5; 5,8.15. — **16:** 1 Sam 25,26; 2 Sam 18,32. **19:** Ier 27,6-8. — **22:** Dan 4,29-30; 5,21. — **24:**

spergatur, et cum feris sit pabulum eius,
donec septem tempora mutentur super
eum; 21 haec est interpretatio sententiae
Altissimi, quae pervenit super dominum
meum regem. 22 Eiicient te ab hominibus,
et cum bestiis ferisque erit habitatio tua;
et foenum, ut bos, comedes, et rore caeli
infunderis; septem quoque tempora mutabuntur super te, donec scias quod dominetur Excelsus super regnum hominum,
et cuicumque voluerit det illud. 23 Quod
autem praecepit ut relinqueretur germen
radicum eius, id est arboris, regnum tuum
tibi manebit, postquam cognoveris potestatem esse caelestem. 24 Quamobrem,
rex, consilium meum placeat tibi; et peccata tua eleemosynis redime, et iniquitates tuas misericordiis pauperum: forsitan
ignoscet delictis tuis.

Somnii adimpletio

25 Omnia haec venerunt super Nabuchodonosor regem. 26 Post finem mensium duodecim, in aula Babylonis deambulabat. 27 Responditque rex, et ait:
Nonne haec est Babylon magna, quam
ego aedificavi in domum regni, in robore
fortitudinis meae, et in gloria decoris mei?
28 Cumque sermo adhuc esset in ore regis,
vox de caelo ruit: Tibi dicitur, Nabuchodonosor rex: Regnum tuum transibit a te,
29 et ab hominibus eiicient te, et cum bestiis et feris erit habitatio tua; foenum quasi bos comedes, et septem tempora mutabuntur super te, donec scias quod dominetur Excelsus in regno hominum, et
cuicumque voluerit det illud. 30 Eadem
hora sermo completus est super Nabuchodonosor; et ex hominibus abiectus est,
et foenum, ut bos, comedit, et rore caeli
corpus eius infectum est, donec capilli
eius in similitudinem aquilarum cresce-
rent, et ungues eius quasi avium.

Nabuchodonosor Deo caeli dat gloriam

31 Igitur post finem dierum, ego, Nabuchodonosor, oculos meos ad caelum
levavi; et sensus meus redditus est mihi,
et Altissimo benedixi, et viventem in sempiternum laudavi et glorificavi, quia potestas eius potestas sempiterna, et regnum
eius in generationem et generationem.
32 Et omnes habitatores terrae apud eum
in nihilum reputati sunt; iuxta voluntatem enim suam facit tam in virtutibus
caeli quam in habitatoribus terrae; et
non est qui resistat manui eius, et dicat
ei: Quare fecisti? 33 In ipso tempore sensus meus reversus est ad me, et ad honorem regni mei decoremque perveni; et
figura mea reversa est ad me, et optimates mei et magistratus mei requisierunt
me, et in regno meo restitutus sum, et
magnificentia amplior addita est mihi.
34 Nunc igitur, ego, Nabuchodonosor, laudo et magnifico, et glorifico regem caeli,
quia omnia opera eius vera, et viae eius
iudicia, et gradientes in superbia potest
humiliare.

Convivium Baltassar

5 1 Baltassar rex fecit grande convivium
optimatibus suis mille, et unusquisque secundum suam bibebat aetatem.
2 Praecepit ergo, iam temulentus, ut affer-
rentur vasa aurea et argentea quae as-
portaverat Nabuchodonosor, pater eius,
de templo quod fuit in Ierusalem, ut biberent in eis rex et optimates eius, uxo-
resque eius, et concubinae. 3 Tunc allata
sunt vasa aurea et argentea quae asporta-
verat de templo quod fuerat in Ierusalem; et biberunt in eis rex et optimates
eius, uxores et concubinae illius. 4 Bibebant vinum, et laudabant deos suos aureos et argenteos, aereos, ferreos, ligneosque et lapideos.

Digiti in páriete scribentes

5 In eadem hora apparuerunt digiti,
quasi manus hominis scribentis contra
candelabrum in superficie parietis aulae
regiae; et rex aspiciebat articulos manus
scribentis. 6 Tunc facies regis commutata
est; et cogitationes eius conturbabant
eum, et compages renum eius solveban-
tur, et genua eius ad se invicem collidebantur. 7 Exclamavit itaque rex fortiter,
ut introducerent magos, Chaldaeos et
aruspices; et proloquens rex ait sapientibus Babylonis: Quicumque legerit scripturam hanc, et interpretationem eius manifestam mihi fecerit, purpura vestietur,
et torquem auream habebit in collo, et
tertius in regno meo erit. 8 Tunc ingressi omnes sapientes regis non potuerunt nec scipturam legere, nec interpretationem indicare regi. 9 Unde rex Baltassar satis conturbatus est, et vultus illius
immutatus est; sed et optimates eius tur-
babantur. 10 Regina autem pro re quae
acciderat regi, et optimatibus eius, domum convivii ingressa est, et proloquens

Tob 4,11; Prov 16,6; Eccli 3,33; Ier 18,8; Ion 3,10; Lc 11,41. — **27:** Dan 2,37; 5,20. — **29:** Dan 4,14.22. — **31:** Dan 6,26; 12,7; Apoc 4,10. — **32:** Iob 9,12; Ps 134,6; Is 14,27; 40,17; Rom 9,19-20. — **34:** Deut 32,4; Dan 5,23; Apoc 15,3.

5 **1:** Dan 7,1; 8,1. — **2:** 4 Reg 24,13; 2 Par 36,7; Esdr 5,14-15; Dan 1,2. — **6:** Dan 4,2; Nah 2,10. — **7:** Dan 2,2.6; 4,3. — **8:** Dan 2,10.27; 4,4.15. — **10:** Dan 2,4. — **11:** Dan 4,5-6. — **12:** Dan 1,7.20. — **13:** Dan 2,25. — **16:** Dan 2,

ait: Rex, in aeternum vive! non te conturbent cogitationes tuae, neque facies tua
immutetur. 11 Est vir in regno tuo qui
spiritum deorum sanctorum habet in se,
et in diebus patris tui scientia et sapientia
inventae sunt in eo; nam et rex Nabuchodonosor, pater tuus, principem magorum, incantatorum, Chaldaeorum et arus-
picum constituit eum: pater, inquam,
tuus, o rex; 12 quia spiritus amplior, et
prudentia, intelligentiaque et interpretatio somniorum, et ostensio secretorum,
ac solutio ligatorum, inventae sunt in eo,
hoc est in Daniele, cui rex posuit nomen
Baltassar. Nunc itaque Daniel vocetur, et
interpretationem narrabit.

Danielis interpretatio

13 Igitur introductus est Daniel coram
rege; ad quem praefatus rex ait: Tu es
Daniel de filiis captivitatis Iudae, quem
adduxit pater meus rex de Iudaea? 14 Audivi de te, quoniam spiritum deorum habeas, et scientia, intelligentiaque ac sapientia ampliores inventae sunt in te. 15 Et
nunc introgressi sunt in conspectu meo
sapientes magi, ut scripturam hanc lege-
rent, et interpretationem eius indicarent
mihi, et nequiverunt sensum huius sermonis edicere. 16 Porro ego audivi de te,
quod possis obscura interpretari, et ligata
dissolvere; si ergo vales scripturam legere,
et interpretationem eius indicare mihi,
purpura vestieris, et torquem auream circa collum tuum habebis, et tertius in
regno meo princeps eris.
17 Ad quae respondens Daniel, ait coram rege: Munera tua sint tibi, et dona
domus tuae alteri da; scripturam autem
legam tibi, rex, et interpretationem eius ostendam tibi. 18 O rex, Deus altissimus regnum et magnificentiam, gloriam et honorem dedit Nabuchodonosor, patri tuo.
19 Et propter magnificentiam quam dederat ei, universi populi, tribus, et linguae,
tremebant et metuebant eum: quos volebat interficiebat, et quos volebat percutiebat, et quos volebat exaltabat, et quos
volebat humiliabat. 20 Quando autem
elevatum est cor eius, et spiritus illius
obfirmatus est ad superbiam, depositus
est de solio regni sui, et gloria eius ablata
est, 21 et a filiis hominum eiectus est; sed
et cor eius cum bestiis positum est, et cum
onagris erat habitatio eius; foenum quoque, ut bos, comedebat, et rore caeli corpus eius infectum est, donec cognosceret
quod potestatem haberet Altissimus in
regno hominum, et quemcumque voluerit suscitabit super illud. 22 Tu quoque,
filius eius, Baltassar, non humiliasti cor
tuum, cum scires haec omnia; 23 sed adversum Dominatorem caeli elevatus es; et
vasa domus eius allata sunt coram te,
et tu, et optimates tui, et uxores tuae,
et concubinae tuae, vinum bibistis in eis.
Deos quoque argenteos, et aureos, et
aereos, ferreos, ligneosque, et lapideos,
qui non vident, neque audiunt, neque
sentiunt, laudasti; porro Deum, qui habet flatum tuum in manu sua, et omnes
vias tuas, non glorificasti. 24 Idcirco ab eo
missus est articulus manus quae scripsit
hoc quod exaratum est. 25 Haec est autem
scriptura quae digesta est: Mane, Thecel,
Phares. 26 Et haec est interpretatio sermonis. Mane: numeravit Deus regnum tuum,
et complevit illud. 27 Thecel: appensus es
in statera, et inventus es minus habens.
28 Phares: divisum est regnum tuum, et
datum est Medis et Persis. 29 Tunc, iubente
rege, indutus est Daniel purpura, et circumdata est torques aurea collo eius, et
praedicatum est de eo quod haberet potestatem tertius in regno suo.
30 Eadem nocte interfectus est Baltassar,
rex Chaldaeus. 31 Et Darius Medus successit in regnum, annos natus sexaginta duos.

Daniel, ob pietatem suam accusatus, proiicitur in lacum leonum

6 1 Placuit Dario, et constituit super
regnum satrapas centum viginti, ut
essent in toto regno suo. 2 Et super eos
principes tres, ex quibus Daniel unus erat,
ut satrapae illis redderent rationem, et
rex non sustineret molestiam. 3 Igitur Daniel superabat omnes principes et satrapas, quia spiritus Dei amplior erat in illo.
4 Porro rex cogitabat constituere eum super omne regnum; unde principes et satrapae quaerebant occasionem ut invenirent Danieli ex latere regis; nullamque
causam et suspicionem reperire potuerunt,
eo quod fidelis esset, et omnis culpa et
suspicio non inveniretur in eo. 5 Dixerunt
ergo viri illi: Non inveniemus Danieli huic
aliquam occasionem, nisi forte in lege Dei
sui. 6 Tunc principes et satrapae surripue-
runt regi, et sic locuti sunt ei: Dari rex,
in aeternum vive! 7 Consilium inierunt
omnes principes regni tui, magistratus, et
satrapae, senatores, et iudices, ut decre-

26. — **17**: 4 Reg 5,16; Act 8,20. — **18**: Dan 2,37; 4,33. — **19**: Dan 3,4. — **20**: Dan 4,27-28. — **21**: Dan 4,22.29. — **23**: Iob 12,10; Eccl 12,7; Ier 10,23; Dan 5,3-4. — **28**: Is 13,17; Dan 6,28; 9,1. — **29**: Dan 5,7.16. — **30**: Ier 50,24; 51,1.39.57. — **31**: Dan 9,1; 11,1.

6 **1**: Esth 1,1; Dan 3,2. — **2**: Dan 5,7.29. — **3**: Dan 5,12. — **4**: Esth 10,3. — **6**: Dan 2,4. — **7**: Dan 3,10; 4,3; 6,15.26. — **8**: Esth 1,19; 8,8. — **10**: 3 Reg 8,48; Ps 27,2; 54,18; 137,2. — **13**: Dan 2,25; 3,12. — **14**: Mt 14,9. — **16**: Dan

tum imperatorium exeat, et edictum: Ut
omnis qui petierit aliquam petitionem a
quocumque deo et homine, usque ad triginta dies, nisi a te, rex, mittatur in lacum leonum. 8 Nunc itaque, rex, confirma sententiam, et scribe decretum, ut non
immutetur quod statutum est a Medis et
Persis, nec praevaricari cuiquam liceat.
9 Porro rex Darius proposuit edictum, et
statuit.

10 Quod cum Daniel comperisset, id est,
constitutam legem, ingressus est domum
suam; et fenestris apertis in coenaculo
suo contra Ierusalem tribus temporibus
in die flectebat genua sua, et adorabat,
confitebaturque coram Deo suo, sicut et
facere consueverat. 11 Viri ergo illi curiosius inquirentes, invenerunt Danielem
orantem et obsecrantem Deum suum.
12 Et accedentes locuti sunt regi super
edicto: Rex, numquid non constituisti ut
omnis homo qui rogaret quemquam de
diis et hominibus, usque ad dies triginta,
nisi te, rex, mitteretur in lacum leonum?
Ad quos respondens rex, ait: Verus est
sermo, iuxta decretum Medorum atque
Persarum, quod praevaricari non licet.
13 Tunc respondentes dixerunt coram rege:
Daniel, de filiis captivitatis Iuda, non curavit de lege tua et de edicto quod constituisti, sed tribus temporibus per diem orat
obsecratione sua. 14 Quod verbum cum
audisset rex, satis contristatus est; et pro
Daniele posuit cor ut liberaret eum, et
usque ad occasum solis laborabat ut erueret illum. 15 Viri autem illi, intelligentes
regem, dixerunt ei: Scito, rex, quia lex
Medorum atque Persarum est, ut omne
decretum quod constituerit rex, non liceat
immutari. 16 Tunc rex praecepit, et adduxerunt Danielem, et miserunt eum in lacum leonum. Dixitque rex Danieli: Deus
tuus, quem colis semper, ipse liberabit
te. 17 Allatusque est lapis unus, et positus
est super os laci, quem obsignavit rex
annulo suo, et annulo optimatum suorum, ne quid fieret contra Danielem.

Rex, Danielem vivum comprobans, dat gloriam Deo viventi et aeterno

18 Et abiit rex in domum suam, et dormivit incoenatus; cibique non sunt allati
coram eo, insuper et somnus recessit ab
eo. 19 Tunc rex primo diluculo consurgens,
festinus ad lacum leonum perrexit; 20 ap-
propinquansque lacui, Danielem voce la-
crymabili inclamavit, et affatus est eum:
Daniel, serve Dei viventis, Deus tuus, cui
tu servis semper, putasne valuit te liberare a leonibus? 21 Et Daniel regi respondens, ait: Rex, in aeternum vive! 22 Deus
meus misit angelum suum, et conclusit
ora leonum, et non nocuerunt mihi, quia
coram eo iustitia inventa est in me; sed
et coram te, rex, delictum non feci. 23 Tunc
vehementer rex gavisus est super eo, et
Danielem praecepit educi de lacu; educ-
tusque est Daniel de lacu, et nulla laesio
inventa est in eo, quia credidit Deo suo.
24 Iubente autem rege, adducti sunt viri
illi, qui accusaverant Danielem, et in lacum leonum missi sunt, ipsi, et filii, et
uxores eorum; et non pervenerunt usque
ad pavimentum laci, donec arriperent eos
leones, et omnia ossa eorum comminuerunt.

25 Tunc Darius rex scripsit universis
populis, tribubus et linguis, habitantibus
in universa terra: 26 Pax vobis multiplicetur! A me constitutum est decretum ut in
universo imperio et regno meo, tremiscant
et paveant Deum Danielis; ipse est enim
Deus vivens, et aeternus in saecula; et
regnum eius non dissipabitur, et potestas
eius usque in aeternum. 27 Ipse liberator,
atque salvator, faciens signa, et mirabilia
in caelo et in terra, qui liberavit Danielem de lacu leonum.

28 Porro Daniel perseveravit usque ad
regnum Darii, regnumque Cyri Persae.

PARS ALTERA

Visiones propheticae

(7,1-12,13)

Visio de quatuor bestiis et de Filio hominis

7 1 Anno primo Baltassar, regis Babylonis, Daniel somnium vidit; visio
autem capitis eius in cubili suo; et somnium scribens brevi sermone comprehendit summatimque perstringens, ait: 2 Videbam in visione mea nocte: et ecce quatuor venti caeli pugnabant in mari magno.
3 Et quatuor bestiae grandes ascendebant
de mari diversae inter se. 4 Prima quasi
leaena, et alas habebat aquilae; aspiciebam donec evulsae sunt alae eius; et sublata est de terra, et super pedes quasi
homo stetit, et cor hominis datum est ei.
5 Et ecce bestia alia similis urso in parte
stetit; et tres ordines erant in ore eius,

14,29-30. — **17:** Lam 3,53; Dan 14,10.13. — **19:** Dan 14,39. — **20:** Dan 3,15; 14,4.24. — **21:** Dan 2,4. — **22:** Dan 3,95; 1 Mach 2,60; Hebr 11,33. **23:** Dan 3,92. — **24:** Dan 14,41. — **25:** Dan 3, 4.96.98. — **26:** Dan 3,10.100; 4,31; 7,27; 14,40. **27:** Dan 3,95.99. — **28:** 2 Par 36,22-23; Esdr 1, 1-2; Is 44,28; Dan 10,1.

7 **1:** Dan 5,1. — **2:** Ez 37,9; Dan 8,8; 11,4. — **3:** Apoc 13,1. — **4:** Deut 28,49; Dan 2,38. **5:** Dan 2,39. — **6:** Dan 2,39; 8,8; 11,3-4. — **7:**

et in dentibus eius, et sic dicebant ei:
Surge, comede carnes plurimas. [6] Post
haec aspiciebam, et ecce alia quasi pardus; et alas habebat quasi avis, quatuor
super se; et quatuor capita erant in bestia, et potestas data est ei. [7] Post haec
aspiciebam in visione noctis, et ecce bestia
quarta terribilis, atque mirabilis, et fortis
nimis; dentes ferreos habebat magnos,
comedens atque comminuens, et reliqua
pedibus suis conculcans; dissimilis autem
erat caeteris bestiis quas videram ante
eam, et habebat cornua decem. [8] Considerabam cornua, et ecce cornu aliud parvulum ortum est de medio eorum; et tria
de cornibus primis evulsa sunt a facie
eius; et ecce oculi, quasi oculi hominis,
erant in cornu isto, et os loquens ingentia.
[9] Aspiciebam donec throni positi sunt,
et antiquus dierum sedit. Vestimentum
eius candidum quasi nix, et capilli capitis
eius quasi lana munda; thronus eius flammae ignis, rotae eius ignis accensus. [10] Fluvius igneus rapidusque egrediebatur a facie eius; millia millium ministrabant ei,
et decies millies centena millia assistebant ei. Iudicium sedit, et libri aperti
sunt. [11] Aspiciebam propter vocem sermonum grandium quos cornu illud loquebatur; et vidi quoniam interfecta esset bestia, et perisset corpus eius, et traditum
esset ad comburendum igni; [12] aliarum
quoque bestiarum ablata esset potestas,
et tempora vitae constituta essent eis usque ad tempus et tempus. [13] Aspiciebam
ergo in visione noctis, et ecce cum nubibus caeli quasi Filius hominis veniebat,
et usque ad antiquum dierum pervenit.
Et in conspectu eius obtulerunt eum; [14] et
dedit ei potestatem, et honorem, et regnum; et omnes populi, tribus, et linguae
ipsi servient: potestas eius, potestas aeterna, quae non auferetur, et regnum eius,
quod non corrumpetur.

Declaratio visionis

[15] Horruit spiritus meus; ego Daniel
territus sum in his, et visiones capitis mei
conturbaverunt me. [16] Accessi ad unum
de assistentibus, et veritatem quaerebam
ab eo de omnibus his. Qui dixit mihi interpretationem sermonum, et docuit me.
[17] Hae quatuor bestiae magnae quatuor
sunt regna quae consurgent de terra.
[18] Suscipient autem regnum sancti Dei
altissimi, et obtinebunt regnum usque
in saeculum, et saeculum saeculorum.
[19] Post hoc volui diligenter discere de
bestia quarta, quae erat dissimilis valde
ab omnibus, et terribilis nimis: dentes et
ungues eius ferrei; comedebat, et commi-
nuebat, et reliqua pedibus suis conculcabat; [20] et de cornibus decem quae habebat
in capite, et de alio, quod ortum fuerat,
ante quod ceciderant tria cornua; et de
cornu illo, quod habebat oculos, et os
loquens grandia; et maius erat caeteris.
[21] Aspiciebam, et ecce cornu illud faciebat bellum adversus sanctos, et praevalebat eis, [22] donec venit antiquus dierum,
et iudicium dedit sanctis Excelsi; et tempus advenit, et regnum obtinuerunt sancti.
[23] Et sic ait: Bestia quarta, regnum quartum erit in terra, quod maius erit omnibus regnis; et devorabit universam terram, et conculcabit, et comminuet eam.
[24] Porro cornua decem ipsius regni, decem reges erunt; et alius consurget post
eos, et ipse potentior erit prioribus, et
tres reges humiliabit. [25] Et sermones contra Excelsum loquetur, et sanctos Altissimi conteret, et putabit quod possit mutare tempora, et leges; et tradentur in
manu eius usque ad tempus, et tempora,
et dimidium temporis. [26] Et iudicium sedebit, ut auferatur potentia, et conteratur,
et dispereat usque in finem, [27] regnum
autem, et potestas, et magnitudo regni,
quae est subter omne caelum, detur populo sanctorum Altissimi: cuius regnum,
regnum sempiternum est, et omnes reges
servient ei et obedient.
[28] Hucusque finis verbi. Ego Daniel
multum cogitationibus meis conturbabar,
et facies mea mutata est in me; verbum
autem in corde meo conservavi.

Visio de ariete et de hirco arietem vincente

8 [1] Anno tertio, regni Baltassar regis,
visio apparuit mihi. Ego Daniel, post
id quod videram in principio, [2] vidi in visione mea, cum essem in Susis castro,
quod est in Aelam regione; vidi autem
in visione esse me super portam Ulai.
[3] Et levavi oculos meos, et vidi: et ecce
aries unus stabat ante paludem, habens
cornua excelsa et unum excelsius altero
atque succrescens. Postea [4] vidi arietem
cornibus ventilantem contra occidentem,
et contra aquilonem, et contra meridiem,
et omnes bestiae non poterant resistere

Dan 2,40; 7,19.23; Apoc 13,1; 17,12. — **8:** Dan 7,20-21.24; 8,9; Apoc 13,5-6. — **9:** 3 Reg 22,19; Ps 89,2; Ez 1,15-16; Mt 17,2; 28,3; Apoc 1,14; 4,2; 20,4. — **10:** Ps 102,21; Mt 26,53; Apoc 5, 11; 11,18; 20,4.12. — **11:** Apoc 19,20; 20,10. — **13:** Mt 24,30; 26,64; Lc 9,26; Apoc 1,7; 14,14. **14:** Ps 109,1-2; Is 9,6-7; Dan 2,44; 3,4; Abd 21; Mt 28,18; Apoc 11,15. — **15:** Dan 2,1; 4,2. — **17:** Dan 7,3. — **18:** Lc 1,32-33; 1 Cor 6,2; Apoc 2,26; 20,4. — **19:** Dan 7,7. — **21:** Dan 8,12.24; 11,31; Apoc 11,7. — **22:** Dan 7,9.18. — **25:** Dan 2,21; 3,93; 8,24-25, 11,36; 12,7; Apoc 12,14. — **27:** Dan 7,14.18. — **28:** Dan 8,27; 10,8.16; Lc 2,19.51.

8 **1:** Dan 5,1; 7,1. — **2:** Neh 1,1; Esth 1,2. — **4:** Dan 11,3.16.28.36.40. — **7:** Dan 11,11.

ei, neque liberari de manu eius; fecitque
secundum voluntatem suam, et magnificatus est. 5 Et ego intelligebam: ecce
autem hircus caprarum veniebat ab occidente super faciem totius terrae, et non
tangebat terram; porro hircus habebat
cornu insigne inter oculos suos. 6 Et venit
usque ad arietem illum cornutum, quem
videram stantem ante portam, et cucurrit
ad eum in impetu fortitudinis suae. 7 Cumque appropinquasset prope arietem, effe-
ratus est in eum, et percussit arietem, et
comminuit duo cornua eius, et non poterat aries resistere ei; cumque eum misisset in terram, conculcavit, et nemo quibat
liberare arietem de manu eius. 8 Hircus
autem caprarum magnus factus est nimis,
cumque crevisset, fractum est cornu magnum, et orta sunt quatuor cornua subter
illud per quatuor ventos caeli. 9 De uno
autem ex eis egressum est cornu unum
modicum, et factum est grande contra meridiem, et contra orientem, et contra fortitudinem. 10 Et magnificatum est usque
ad fortitudinem caeli; et deiecit de fortitudine, et de stellis, et conculcavit eas.
11 Et usque ad principem fortitudinis magnificatum est, et ab eo tulit iuge sacrificium, et deiecit locum sanctificationis eius.
12 Robur autem datum est ei contra iuge
sacrificium propter peccata, et prosterne-
tur veritas in terra: et faciet, et prosperabitur. 13 Et audivi unum de sanctis loquentem; et dixit unus sanctus alteri nescio cui loquenti: Usquequo visio, et iuge
sacrificium, et peccatum desolationis quae
facta est, et sanctuarium, et fortitudo
conculcabitur? 14 Et dixit ei: Usque ad
vesperam et mane, dies duo millia trecenti; et mundabitur sanctuarium.

Visionis declaratio

15 Factum est autem cum viderem, ego
Daniel, visionem, et quaererem intelligentiam, ecce stetit in conspectu meo quasi
species viri. 16 Et audivi vocem viri inter
Ulai; et clamavit, et ait: Gabriel, fac intelligere istam visionem. 17 Et venit, et
stetit iuxta ubi ego stabam; cumque venisset, pavens corrui in faciem meam; et
ait ad me: Intellige, fili hominis, quoniam in tempore finis complebitur visio.
18 Cumque loqueretur ad me, collapsus
sum pronus in terram; et tetigit me, et
statuit me in gradu meo, 19 dixitque mihi:
Ego ostendam tibi quae futura sunt in
novissimo maledictionis, quoniam habet
tempus finem suum. 20 Aries, quem vidisti
habere cornua, rex Medorum est atque
Persarum. 21 Porro hircus caprarum, rex
Graecorum est; et cornu grande, quod
erat inter oculos eius, ipse est rex primus.
22 Quod autem fracto illo surrexerunt quatuor pro eo, quatuor reges de gente eius
consurgent, sed non in fortitudine eius;
23 et post regnum eorum, cum creverint
iniquitates, consurget rex impudens facie,
et intelligens propositiones. 24 Et roborabitur fortitudo eius, sed non in viribus suis;
et supra quam credi potest, universa vastabit, et prosperabitur, et faciet. Et interficiet robustos, et populum sanctorum
25 secundum voluntatem suam, et dirigetur dolus in manu eius; et cor suum
magnificabit, et in copia rerum omnium
occidet plurimos; et contra principem
principum consurget, et sine manu conteretur. 26 Et visio vespere et mane quae
dicta est, vera est; tu ergo visionem signa,
quia post multos dies erit.
27 Et ego Daniel langui, et aegrotavi
per dies; cumque surrexissem, faciebam
opera regis, et stupebam ad visionem, et
non erat qui interpretaretur.

Visio de septuaginta hebdomadibus

9 1 In anno primo Darii, filii Assueri,
de semine Medorum, qui imperavit
super regnum Chaldaeorum, 2 anno uno
regni eius, ego Daniel intellexi in libris
numerum annorum, de quo factus est
sermo Domini ad Ieremiam prophetam,
ut complerentur desolationis Ierusalem
septuaginta anni. 3 Et posui faciem meam
ad Dominum Deum meum rogare et deprecari in ieiuniis, sacco et cinere.

Oratio Danielis

4 Et oravi Dominum Deum meum, et
confessus sum, et dixi: Obsecro, Domine,
Deus magne et terribilis, custodiens pactum et misericordiam diligentibus te, et
custodientibus mandata tua. 5 Peccavimus, iniquitatem fecimus, impie egimus,
et recessimus, et declinavimus a mandatis
tuis ac iudiciis. 6 Non obedivimus servis

8: Dan 7,2-3. — **9:** Dan 7,8; 11,21; 1 Mach 1,18. **10:** Dan 11,28. — **11:** Dan 11,31.36; 12,11; 1 Mach 1,41.47-49. — **12:** Dan 11,28.30. — **13:** Dan 4,10; 9,27; 11,31; 12,6; 1 Mach 1,57. — **14:** 1 Mach 4,43; 2 Mach 10,1-5. — **15:** Ez 1,26; Dan 10,16.18. — **16:** Dan 8,2; 9,21; 12,5; Lc 1, 19.26. — **17:** Dan 11,27.35.40; 12,4.9. — **18:** Dan 10,10.18. — **19:** Dan 11,36. — **20:** Dan 6, 8; 8,3. — **21:** Dan 8,5; 11,3; 1 Mach 1,1. — **22:** 1 Mach 1,7-10. — **23:** 1 Mach 1,11. — **24:** 2 Mach 1,22-64; 2 Mach 6,18; 7,42. — **25:** Dan 11,21.23.36; 1 Mach 1,31; 6,8. — **26:** Dan 8,14; 12,4.9. — **27:** Dan 6,2-3; 10,8.

9 **1:** Dan 5,28.31; 11,1. — **2:** Esdr 1,1; Ier 25,12; 29,10. — **3:** Dan 10,12. — **4:** Deut 7,9.21; 3 Reg 8,23; Neh 1,5. — **5:** 3 Reg 8,47; Ps 105,6; Dan 3,29. ‖ Conc. Carthag. XVI: D 107. — **6:** 2 Par 36,15-16; Neh 9,34; Ier 7,25. — **7:** Neh 9,33; Esth 9,20; Ier 8,3; Bar 1,15. — **9:**

tuis prophetis, qui locuti sunt in nomine
tuo regibus nostris, principibus nostris,
patribus nostris, omnique populo terrae.
[7] Tibi, Domine, iustitia; nobis autem confusio faciei, sicut est hodie viro Iuda, et
habitatoribus Ierusalem, et omni Israel,
his qui prope sunt, et his qui procul in
universis terris ad quas eiecisti eos propter
iniquitates eorum, in quibus peccaverunt
in te. [8] Domine, nobis confusio faciei,
regibus nostris, principibus nostris, et
patribus nostris, qui peccaverunt. [9] Tibi
autem, Domino Deo nostro, misericordia
et propitiatio; quia recessimus a te, [10] et
non audivimus vocem Domini Dei nostri,
ut ambularemus in lege eius, quam posuit
nobis per servos suos prophetas. [11] Et
omnis Israel praevaricati sunt legem tuam,
et declinaverunt ne audirent vocem tuam;
et stillavit super nos maledictio et detes-
tatio quae scripta est in libro Moysi,
servi Dei, quia peccavimus ei. [12] Et statuit
sermones suos, quos locutus est super
nos et super principes nostros, qui iudicaverunt nos, ut superinduceret in nos magnum malum, quale nunquam fuit sub
omni caelo, secundum quod factum est
in Ierusalem. [13] Sicut scriptum est in lege
Moysi, omne malum hoc venit super
nos; et non rogavimus faciem tuam, Domine Deus noster, ut reverteremur ab
iniquitatibus nostris, et cogitaremus veritatem tuam. [14] Et vigilavit Dominus
super malitiam, et adduxit eam super
nos. Iustus Dominus Deus noster in
omnibus operibus suis, quae fecit; non
enim audivimus vocem eius. [15] Et nunc,
Domine Deus noster, qui eduxisti populum tuum de terra Aegypti in manu
forti, et fecisti tibi nomen secundum diem
hanc, peccavimus, iniquitatem fecimus.
[16] Domine, in omnem iustitiam tuam:
avertatur, obsecro, ira tua et furor tuus,
a civitate tua Ierusalem, et monte sancto
tuo; propter peccata enim nostra, et
iniquitates patrum nostrorum, Ierusalem
et populus tuus in opprobrium sunt omnibus per circuitum nostrum. [17] Nunc
ergo exaudi, Deus noster, orationem servi
tui, et preces eius; et ostende faciem tuam
super sanctuarium tuum, quod desertum
est propter temetipsum. [18] Inclina, Deus
meus, aurem tuam, et audi; aperi oculos
tuos, et vide desolationem nostram, et
civitatem super quam invocatum est nomen tuum; neque enim in iustificationibus
nostris prosternimus preces ante faciem
tuam, sed in miserationibus tuis multis.
[19] Exaudi, Domine; placare, Domine; attende, et fac; ne moreris propter temetipsum, Deus meus, quia nomen tuum
invocatum est super civitatem et super
populum tuum.

Responsio angeli

[20] Cumque adhuc loquerer, et orarem,
et confiterer peccata mea, et peccata populi mei Israel, et prosternerem preces
meas in conspectu Dei mei, pro monte
sancto Dei mei; [21] adhuc me loquente in
oratione, ecce vir Gabriel, quem videram
in visione a principio, cito volans, tetigit me in tempore sacrificii vespertini.
[22] Et docuit me, et locutus est mihi, dixitque: Daniel, nunc egressus sum ut docerem te, et intelligeres. [23] Ab exordio precum tuarum egressus est sermo; ego autem
veni ut indicarem tibi, quia vir desideriorum es: tu ergo animadverte sermonem, et intellige visionem. [24] Septuaginta
hebdomades abbreviatae sunt super populum tuum et super urbem sanctam
tuam, ut consummetur praevaricatio, et
finem accipiat peccatum, et deleatur iniquitas, et adducatur iustitia sempiterna,
et impleatur visio et prophetia, et un-
gatur Sanctus sanctorum. [25] Scito ergo,
et animadverte: Ab exitu sermonis ut
iterum aedificetur Ierusalem, usque ad
Christum ducem, hebdomades septem et
hebdomades sexaginta duae erunt; et rursum aedificabitur platea, et muri in angustia temporum. [26] Et post hebdomades
sexaginta duas occidetur Christus; et non
erit eius populus qui eum negaturus est.
Et civitatem et sanctuarium dissipabit populus cum duce venturo; et finis eius vastitas, et post finem belli statuta desolatio.
[27] Confirmabit autem pactum multis hebdomada una; et in dimidio hebdomadis
deficiet hostia et sacrificium, et erit in
templo abominatio desolationis, et usque
ad consummationem et finem perseverabit desolatio.

Visio apocalyptica

10 [1] Anno tertio Cyri, regis Persarum, verbum revelatum est Danieli, cognomento Baltassar, et verbum
verum, et fortitudo magna; intellexitque

Neh 9,17; Ps 85,5.15. — **11:** Lev 26,14-15; Deut 28,15-68; Is 1,4-6; Ier 44,22. — **12:** Ier 39,16; Bar 2,2; Ez 5,9. — **14:** Neh 9,33; Bar 2,9; Dan 3,27. — **15:** Ex 20,2; Neh 9,10; Is 63,12; Bar 2, 11. || Conc. Carthag. XVI: D 107. — **16:** Ps 30, 2; 43,14; 70,2; Lam 2,15-16; Bar 2,13. — **17:** Num 6,25; Ps 24,11; Bar 2,14. — **18:** Ier 25,29; Bar 2,16.19. — **19:** Ps 39,18; 69,7; 78,9. — **20:** Is 65,24. || Conc. Carthag. XVI: D 107. — **21:** Ex 29,39; Dan 8,16.18. — **23:** Dan 10,11.12.14. 19. — **24:** Lev 25,8; Is 61,1; Ier 23,5-6; 31,34; Os 2,19; Mc 1,24. — **25:** 2 Par 36,23; Esdr 1,3; Neh 4,16-18; 6,15; Is 45,1. — **26:** Dan 8,13; 11, 10.31; 1 Mach 1,23; 2 Mach 4,33-38 (Is 53,8; Mt 24,2.6.14-15; Lc 24,26). — **27:** Dan 11,31; 12,11; 1 Mach 1,57; Mt 24,15.

10 **1:** Dan 1,7.21; 6,28. — **2:** Dan 10,13. — **3:** Ps 103,15; Am 6,6. — **4:** Gen 2,14;

sermonem: intelligentia enim est opus in
visione. 2 In diebus illis, ego Daniel luge-
bam trium hebdomadarum diebus; 3 panem desiderabilem non comedi, et caro
et vinum non introierunt in os meum; sed
neque unguento unctus sum, donec complerentur trium hebdomadarum dies.

Descriptio visionis

4 Die autem vigesima et quarta mensis primi, eram iuxta fluvium magnum
qui est Tigris. 5 Et levavi oculos meos, et
vidi: et ecce vir unus vestitus lineis, et
renes eius accincti auro obrizo; 6 et corpus eius quasi chrysolitus, et facies eius
velut species fulguris, et oculi eius ut lampas ardens; et brachia eius, et quae deorsum sunt usque ad pedes, quasi species
aeris candentis; et vox sermonum eius ut
vox multitudinis. 7 Vidi autem, ego Daniel, solus visionem; porro viri qui erant
mecum non viderunt, sed terror nimius
irruit super eos, et fugerunt in absconditum. 8 Ego autem relictus solus, vidi visionem grandem hanc; et non remansit
in me fortitudo, sed et species mea immutata est in me, et emarcui, nec habui quidquam virium. 9 Et audivi vocem sermonum eius; et audiens iacebam consternatus super faciem meam, et vultus meus
haerebat terrae. 10 Et ecce manus tetigit
me, et erexit me super genua mea et super articulos manuum mearum. 11 Et dixit ad me: Daniel, vir desideriorum, intellige verba quae ego loquor ad te, et
sta in gradu tuo; nunc enim sum missus
ad te. Cumque dixisset mihi sermonem
istum, steti tremens. 12 Et ait ad me: Noli
metuere, Daniel; quia ex die primo quo
posuisti cor tuum ad intelligendum ut te
affligeres in conspectu Dei tui, exaudita
sunt verba tua; et ego veni propter sermones tuos. 13 Princeps autem regni Persarum restituit mihi viginti et uno diebus; et ecce Michael, unus de principibus
primis, venit in adiutorium meum; et ego
remansi ibi iuxta regem Persarum. 14 Veni
autem ut docerem te quae ventura sunt populo tuo in novissimis diebus, quoniam
adhuc visio in dies.

15 Cumque loqueretur mihi huiuscemo-
do verbis, deieci vultum meum ad terram,
et tacui. 16 Et ecce quasi similitudo filii
hominis tetigit labia mea: et aperiens os
meum, locutus sum, et dixi ad eum qui
stabat contra me: Domine mi, in visione
tua dissolutae sunt compages meae, et
nihil in me remansit virium; 17 et quomodo poterit servus domini mei loqui cum
domino meo? nihil enim in me remansit
virium, sed et halitus meus intercluditur.
18 Rursum ergo tetigit me quasi visio hominis, et confortavit me, 19 et dixit: Noli
timere, vir desideriorum; pax tibi; confortare, et esto robustus. Cumque loqueretur mecum, convalui, et dixi: Loquere,
Domine mi, quia confortasti me. 20 Et
ait: Numquid scis quare venerim ad te?
Et nunc revertar ut praelier adversum
principem Persarum. Cum ego egrederer,
apparuit princeps Graecorum veniens.
21 Verumtamen annuntiabo tibi quod ex-
pressum est in scriptura veritatis; et nemo est adiutor meus in omnibus his, nisi
Michael, princeps vester.

Tres reges Persarum post Cyrum

11 1 Ego autem ab anno primo Darii
Medi stabam ut confortaretur et
roboraretur. 2 Et nunc veritatem annuntiabo tibi. Ecce adhuc tres reges stabunt
in Perside; et quartus ditabitur opibus
nimiis super omnes; et cum invaluerit divitiis suis, concitabit omnes adversum
regnum Graeciae.

Alexander Magnus eiusque regnum divisum in quatuor

3 Surget vero rex fortis et dominabitur
potestate multa, et faciet quod placuerit
ei. 4 Et cum steterit, conteretur regnum
eius, et dividetur in quatuor ventos caeli,
sed non in posteros eius, neque secundum
potentiam illius, qua dominatus est; la-
cerabitur enim regnum eius etiam in ex-
ternos, exceptis his.

Reges Aegypti et Syriae

5 Et confortabitur rex austri; et de principibus eius praevalebit super eum et dominabitur ditione: multa enim dominatio eius. 6 Et post finem annorum foede-
rabuntur, filiaque regis austri veniet ad
regem aquilonis facere amicitiam; et non
obtinebit fortitudinem brachii, nec stabit
semen eius; et tradetur ipsa, et qui adduxerunt eam adolescentes eius; et qui
confortabant eam in temporibus. 7 Et
stabit de germine radicum eius plantatio;
et veniet cum exercitu, et ingredietur provinciam regis aquilonis, et abutetur eis,
et obtinebit. 8 Insuper et deos eorum, et
sculptilia, vasa quoque pretiosa argenti

Tob 6,1. — **5:** Ez 9,2; Dan 2,5-7; Apoc 1,13; 15,6. — **6:** Ez 1,14; 10,9; Apoc 1,14-15. — **7:** Act 6,7; 22,9. — **9:** Dan 8,18. — **11:** Dan 9,23. **12:** Dan 9,3.22-23; Apoc 1,17. — **13:** Eccli 17, 14; Dan 12,1; Iudae 9; Apoc 12,7. — **14:** Dan 2,28; 8,26. — **16:** Is 6,7; Ier 1,9; Dan 8,15. — **20:** Ios 5,14; Dan 8,21; 10,13. — **21:** Dan 11,2; 12,1.4.

11 **1:** Dan 9,1. — **2:** Dan 8,21; 10,21. — **3:** Dan 7,6; 8,5.21. — **4:** Dan 8,8.22; 1 Mach 1,7.9. — **6:** Dan 7,6. — **11:** Dan 8,7. — **19:** Iob

et auri, captiva ducet in Aegyptum; ipse
praevalebit adversus regem aquilonis. 9 Et
intrabit in regnum rex austri, et revertetur ad terram suam. 10 Filii autem eius
provocabuntur et congregabunt multitudinem exercituum plurimorum; et veniet
properans, et inundans; et revertetur, et
concitabitur, et congredietur cum robore
eius. 11 Et provocatus rex austri egredietur, et pugnabit adversus regem aquilonis; et praeparabit multitudinem nimiam,
et dabitur multitudo in manu eius. 12 Et
capiet multitudinem, et exaltabitur cor
eius; et deiiciet multa millia, sed non praevalebit. 13 Convertetur enim rex aquilonis, et praeparabit multitudinem multo
maiorem quam prius; et in fine temporum
annorumque, veniet properans cum exercitu magno et opibus nimiis. 14 Et in temporibus illis multi consurgent adversus
regem austri; filii quoque praevaricatorum populi tui extollentur ut impleant visionem, et corruent. 15 Et veniet rex aquilonis, et comportabit aggerem, et capiet
urbes munitissimas; et brachia austri non
sustinebunt, et consurgent electi eius ad
resistendum, et non erit fortitudo. 16 Et
faciet veniens super eum iuxta placitum
suum, et non erit qui stet contra faciem
eius; et stabit in terra inclyta, et consumetur, in manu eius. 17 Et ponet faciem
suam ut veniat ad tenendum universum
regnum eius, et recta faciet cum eo; et
filiam feminarum dabit ei, ut evertat illud; et non stabit, nec illius erit. 18 Et
convertet faciem suam ad insulas, et capiet multas; et cessare faciet principem
opprobrii sui, et opprobrium eius convertetur in eum. 19 Et convertet faciem
suam ad imperium terrae suae, et impinget, et corruet, et non invenietur. 20 Et
stabit in loco eius vilissimus et indignus
decore regio; et in paucis diebus conteretur, non in furore, nec in praelio.

Antiochus IV contra Aegyptum pugnaturus

21 Et stabit in loco eius despectus, et
non tribuetur ei honor regius; et veniet
clam, et obtinebit regnum in fraudulen-
tia. 22 Et brachia pugnantis expugnabun-
tur a facie eius, et conterentur; insuper
et dux foederis. 23 Et post amicitias, cum
eo faciet dolum; et ascendet, et superabit
in modico populo. 24 Et abundantes et
uberes urbes ingredietur; et faciet quae
non fecerunt patres eius, et patres patrum
eius: rapinas, et praedam, et divitias eorum dissipabit, et contra firmissimas cogitationes inibit; et hoc usque ad tempus.
25 Et concitabitur fortitudo eius et cor
eius adversum regem austri in exercitu
magno; et rex austri provocabitur ad bellum multis auxiliis et fortibus nimis; et
non stabunt, quia inibunt adversus eum
consilia. 26 Et comedentes panem cum eo,
conterent illum, exercitusque eius opprimetur, et cadent interfecti plurimi. 27 Duorum quoque regum cor erit ut malefa-
ciant, et ad mensam unam mendacium
loquentur; et non proficient, quia adhuc
finis in aliud tempus. 28 Et revertetur in
terram suam cum opibus multis; et cor
eius adversum testamentum sanctum; et
faciet, et revertetur in terram suam. 29 Statuto tempore revertetur, et veniet ad austrum; et non erit priori simile novissimum.
30 Et venient super eum trieres et Romani; et percutietur, et revertetur, et indignabitur contra testamentum sanctuarii, et
faciet; reverteturque, et cogitabit adversum eos qui dereliquerunt testamentum
sanctuarii.

Persecutio in Israel et eius Legem

31 Et brachia ex eo stabunt, et polluent
sanctuarium fortitudinis; et auferent iuge
sacrificium, et dabunt abominationem in
desolationem. 32 Et impii in testamentum
simulabunt fraudulenter; populus autem
sciens Deum suum, obtinebit, et faciet.
33 Et docti in populo docebunt plurimos;
et ruent in gladio, et in flamma, et in captivitate, et in rapina dierum. 34 Cumque
corruerint, sublevabuntur auxilio parvulo, et applicabuntur eis plurimi fraudulenter. 35 Et de eruditis ruent, ut conflen-
tur, et eligantur, et dealbentur usque ad
tempus praefinitum, quia adhuc aliud
tempus erit.
36 Et faciet iuxta voluntatem suam rex;
et elevabitur, et magnificabitur adversus
omnem deum; et adversus Deum deorum
loquetur magnifica; et dirigetur, donec
compleatur iracundia: perpetrata quippe
est definitio. 37 Et Deum patrum suorum
non reputabit, et erit in concupiscentiis
feminarum, nec quemquam deorum curabit, quia adversum universa consurget.
38 Deum autem Maozim in loco suo ve-
nerabitur; et Deum, quem ignoraverunt
patres eius, colet auro, et argento, et lapide pretioso, rebusque pretiosis. 39 Et
faciet ut muniat Maozim cum deo alieno
quem cognovit, et multiplicabit gloriam,
et dabit eis potestatem in multis, et terram
dividet gratuito.

20,8; Ps 36,10; Ez 26,21. — **21:** 2 Mach 4,7.10. **23:** 2 Mach 4,23-24. — **25:** Dan 8,9; 1 Mach 1, 18-19; 2 Mach 5,1. — **26:** 1 Mach 1,19. — **27:** Dan 11,35. — **28:** 1 Mach 1,21-24; 2 Mach 4, 15-21. — **29:** 2 Mach 5,1. — **30:** Num 24,24; Ez 27,6. — **31:** Dan 8,13; 9,27; 12,11; 1 Mach 1, 38.47.57; 6,7; Mt 24,15. — **32:** 1 Mach 1,44-45. 55; 2,42-47.64; 3,3-9. — **33:** Dan 12,3.10; 1 Mach 2,38; 9,17-18. — **34:** 1 Mach 3,16-17; 2 Mach 2,22. — **35:** Dan 12,10; Apoc 7,14. — **36:**

Antichristus

40 Et in tempore praefinito praeliabitur
adversus eum rex austri; et quasi tempestas veniet contra illum rex aquilonis, in
curribus, et in equitibus, et in classe magna; et ingredietur terras, et conteret, et
pertransiet. 41 Et introibit in terram gloriosam, et multae corruent. Hae autem
solae salvabuntur de manu eius: Edom,
et Moab, et principium filiorum Ammon.
42 Et mittet manum suam in terras, et terra Aegypti non effugiet. 43 Et dominabitur thesaurorum auri et argenti, et in omnibus pretiosis Aegypti; per Libyam quoque et Aethiopiam transibit. 44 Et fama
turbabit eum ab oriente et ab aquilone;
et veniet in multitudine magna ut conterat et interficiat plurimos. 45 Et figet tabernaculum suum Apadno inter maria,
super montem inclytum et sanctum; et
veniet usque ad summitatem eius, et nemo auxiliabitur ei.

Finis temporum

12 1 In tempore autem illo consurget
Michael, princeps magnus, qui stat
pro filiis populi tui; et veniet tempus quale
non fuit ab eo ex quo gentes esse coeperunt usque ad tempus illud. Et in tempore illo salvabitur populus tuus omnis
qui inventus fuerit scriptus in libro. 2 Et
multi de his qui dormiunt in terrae pulvere evigilabunt, alii in vitam aeternam,
et alii in opprobrium ut videant semper.
3 Qui autem docti fuerint, fulgebunt quasi
splendor firmamenti; et qui ad iustitiam
erudiunt multos, quasi stellae in perpetuas aeternitates.
4 Tu autem, Daniel, claude sermones,
et signa librum usque ad tempus statutum;
plurimi pertransibunt, et multiplex erit
scientia.

Finis visionis

5 Et vidi, ego Daniel, et ecce quasi duo
alii stabant: unus hinc super ripam fluminis, et alius inde ex altera ripa fluminis.
6 Et dixi viro qui erat indutus lineis, qui
stabat super aquas fluminis: Usquequo
finis horum mirabilium? 7 Et audivi virum
qui indutus erat lineis, qui stabat super
aquas fluminis, cum elevasset dexteram
et sinistram suam in caelum, et iurasset
per viventem in aeternum, quia in tempus,
et tempora, et dimidium temporis; et cum
completa fuerit dispersio manus populi
sancti, complebuntur universa haec. 8 Et
ego audivi, et non intellexi. Et dixi: Domine mi, quid erit post haec? 9 Et ait:
Vade, Daniel, quia clausi sunt signatique
sermones, usque ad praefinitum tempus.
10 Eligentur, et dealbabuntur, et quasi ignis probabuntur multi; et impii agent impie, neque intelligent omnes impii; porro
docti intelligent. 11 Et a tempore cum ablatum fuerit iuge sacrificium, et posita fuerit
abominatio in desolationem, dies mille ducenti nonaginta. 12 Beatus qui exspectat,
et pervenit usque ad dies mille trecentos
triginta quinque! 13 Tu autem vade ad
praefinitum; et requiesces, et stabis in
sorte tua in finem dierum.

*Hucusque Danielem in hebraeo volu-
mine legimus. Quae sequuntur usque ad
finem libri, de Theodotionis editione translata sunt.*

APPENDIX

(13-14)

Historia Susannae

13 1 Et erat vir habitans in Babylone,
et nomen eius Ioakim; 2 et accepit
uxorem nomine Susannam, filiam Helciae,
pulchram nimis, et timentem Deum: 3 parentes enim illius, cum essent iusti, eru-
dierunt filiam suam secundum legem Moysi. 4 Erat autem Ioakim dives valde, et
erat ei pomarium vicinum domui suae;
et ad ipsum confluebant Iudaei, eo quod
esset honorabilior omnium.
5 Et constituti sunt de populo duo senes iudices in illo anno, de quibus locutus
est Dominus: Quia egressa est iniquitas
de Babylone a senioribus iudicibus, qui
videbantur regere populum. 6 Isti fre-
quentabant domum Ioakim, et veniebant
ad eos omnes qui habebant iudicia. 7 Cum
autem populus revertisset per meridiem,
ingrediebatur Susanna, et deambulabat
in pomario viri sui. 8 Et videbant eam
senes quotidie ingredientem et deambu-
lantem; et exarserunt in concupiscentiam
eius; 9 et everterunt sensum suum, et declinaverunt oculos suos ut non viderent
caelum, neque recordarentur iudiciorum
iustorum. 10 Erant ergo ambo vulnerati

Dan 8,10.11.19; 1 Mach 1,25.43; 2 Thess 2,3-4; Apoc 13,5-6. — **40:** Dan 8,17; 11,27.35. — **41:** Is 11,14. — **42-43:** 1 Mach 1,17-20. — **43:** 2 Par 12,3; Ez 30,5. — **44:** 2 Mach 5,11-14.

12 **1:** Ex 32,32-33; Ier 30,7; Dan 10,13; Mt 24,21; Apoc 16,18; 20,12. — **2:** Iob 7,21; Is 26,19; Mt 25,46; Io 5,28-29; Act 24,15; Apoc 20,12-13. — **3:** Prov 4,18; Sap 3,7; Dan 11,33; 12,10; Mt 13,43. — **4:** Dan 8,17.26; Apoc 5,1; 22,10. — **5-6:** Dan 10,4-5. — **6:** Dan 8,13. — **7:** Deut 32,40; Dan 8,19; Apoc 10,6. — **10:** Dan 11,33.35; Apoc 22,11. — **11:** Dan 9,27; 11,31. — **12:** Mt 10,22; Apoc 2,10. — **13:** Mt 13,39; Hebr 9,27; Apoc 6,11.

13 **3:** Deut 4,9; 6,7. — **5:** Ier 23,14; 29,22. — **8:** Iob 31,1; Eccli 9,5.9. — **9:** 3 Reg 11,4;

amore eius, nec indicaverunt sibi vicissim
dolorem suum; 11 erubescebant enim indicare sibi concupiscentiam suam, volentes concumbere cum ea. 12 Et observabant quotidie sollicitius videre eam. Dixitque alter ad alterum: 13 Eamus domum,
quia hora prandii est; et egressi, recesserunt a se. 14 Cumque revertissent, venerunt in unum; et sciscitantes ab invicem
causam, confessi sunt concupiscentiam
suam; et tunc in communi statuerunt
tempus quando eam possent invenire solam.

15 Factum est autem, cum observarent
diem aptum, ingressa est aliquando sicut
heri et nudiustertius, cum duabus solis
puellis, voluitque lavari in pomario, aestus quippe erat; 16 et non erat ibi quisquam, praeter duos senes absconditos,
et contemplantes eam. 17 Dixit ergo puellis: Afferte mihi oleum, et smigmata, et
ostia pomarii claudite, ut laver. 18 Et fecerunt sicut praeceperat; clauseruntque
ostia pomarii, et egressae sunt per posticum, ut afferrent quae iusserat; nescie-
bantque senes intus esse absconditos.

19 Cum autem egressae essent puellae,
surrexerunt duo senes, et accurrerunt ad
eam, et dixerunt: 20 Ecce ostia pomarii
clausa sunt, et nemo nos videt, et nos
in concupiscentia tui sumus; quamobrem
assentire nobis, et commiscere nobiscum.
21 Quod si nolueris, dicemus contra te
testimonium, quod fuerit tecum iuvenis,
et ob hanc causam emiseris puellas a te.
22 Ingemuit Susanna, et ait: Angustiae
sunt mihi undique; si enim hoc egero,
mors mihi est; si autem non egero, non
effugiam manus vestras. 23 Sed melius
est mihi absque opere incidere in manus
vestras, quam peccare in conspectu Domini. 24 Et exclamavit voce magna Susanna; exclamaverunt autem et senes adversus eam. 25 Et cucurrit unus ad ostia
pomarii, et aperuit. 26 Cum ergo audissent clamorem famuli domus in pomario,
irruerunt per posticum ut viderent quidnam esset. 27 Postquam autem senes locuti
sunt, erubuerunt servi vehementer, quia
nunquam dictus fuerat sermo huiuscemodi de Susanna.

Et facta est dies crastina; 28 cumque
venisset populus ad Ioakim, virum eius,
venerunt et duo presbyteri, pleni iniqua
cogitatione adversus Susannam ut interficerent eam. 29 Et dixerunt coram populo:
Mittite ad Susannam, filiam Helciae, uxorem Ioakim. Et statim miserunt; 30 et
venit cum parentibus, et filiis, et universis
cognatis suis. 31 Porro Susanna erat delicata nimis, et pulchra specie. 32 Et iniqui
illi iusserunt ut discooperiretur (erat enim
cooperta), ut vel sic satiarentur decore
eius. 33 Flebant igitur sui, et omnes qui
noverant eam.

34 Consurgentes autem duo presbyteri
in medio populi, posuerunt manus suas
super caput eius. 35 Quae flens suspexit
ad caelum; erat enim cor eius fiduciam
habens in Domino. 36 Et dixerunt presbyteri: Cum deambularemus in pomario
soli, ingressa est haec cum duabus puellis;
et clausit ostia pomarii, et dimisit a se
puellas. 37 Venitque ad eam adolescens,
qui erat absconditus, et concubuit cum
ea. 38 Porro nos, cum essemus in angulo
pomarii, videntes iniquitatem, cucurrimus
ad eos, et vidimus eos pariter commisceri.
39 Et illum quidem non quivimus comprehendere, quia fortior nobis erat, et apertis
ostiis, exilivit. 40 Hanc autem cum ap-
prehendissemus, interrogavimus quisnam
esset adolescens, et noluit indicare nobis.
Huius rei testes sumus. 41 Credidit eis multitudo quasi senibus et iudicibus populi;
et condemnaverunt eam ad mortem.

42 Exclamavit autem voce magna Susanna, et dixit: Deus aeterne, qui abscon-
ditorum es cognitor, qui nosti omnia antequam fiant, 43 tu scis quoniam falsum
testimonium tulerunt contra me; et ecce
morior, cum nihil horum fecerim quae
isti malitiose composuerunt adversum me.
44 Exaudivit autem Dominus vocem eius.

45 Cumque duceretur ad mortem, suscitavit Dominus spiritum sanctum pueri
iunioris, cuius nomen Daniel; 46 et exclamavit voce magna: Mundus ego sum
a sanguine huius. 47 Et conversus omnis
populus ad eum, dixit: Quis est iste sermo
quem tu locutus es? 48 Qui cum staret in
medio eorum, ait: Sic fatui, filii Israel,
non iudicantes, neque quod verum est
cognoscentes, condemnastis filiam Israel?
49 Revertimini ad iudicium, quia falsum
testimonium locuti sunt adversus eam.
50 Reversus est ergo populus cum festinatione; et dixerunt ei senes; Veni, et sede
in medio nostrum, et indica nobis, quia
tibi Deus dedit honorem senectutis. 51 Et
dixit ad eos Daniel: Separate illos ab
invicem procul, et diiudicabo eos. 52 Cum
ergo divisi essent alter ab altero, vocavit
unum de eis, et dixit ad eum: Inveterate
dierum malorum, nunc venerunt peccata
tua, quae operabaris prius, 53 iudicans
iudicia iniusta, innocentes opprimens, et
dimittens noxios, dicente Domino: In-

Eccli 19,2; Os 4,11. — **17:** Mt 6,17. — **20:** Eccli 16,16; 23,25. — **22:** Lev 20,10; Io 8,5. — **23:** 2 Sam 24,14; 1 Par 21,13; Eccli 2,22; 23,27-28; Mt 10,28. — **32:** Num 5,18. — **34:** Lev 24,14. — **35:** Ps 17,31; 30,2. — **36:** Deut 19,15. — **41:** Lev 20,10; Dan 13,22. — **42:** Ps 138,12; Dan 2,22; Hebr 4,13. ‖ Conc. Valent. III: D 321. — **44:** Ps 9,10-11. — **45:** 2 Par 36,22; Agg 1,14. — **46:** Mt 27,24; Act 18,6. — **48:** Deut 19,18. — **50:** Sap 4,8-9; Eccli 25,6-7. — **52:** Num 32,23. — **53:**

nocentem et iustum non interficies.
54 Nunc ergo, si vidisti eam, dic sub qua
arbore videris eos colloquentes sibi. Qui
ait: Sub schino. 55 Dixit autem Daniel:
Recte mentitus es in caput tuum; ecce
enim angelus Dei, accepta sententia ab
eo, scindet te medium. 56 Et amoto eo,
iussit venire alium, et dixit ei: Semen
Chanaan, et non Iuda, species decepit
te, et concupiscentia subvertit cor tuum.
57 Sic faciebatis filiabus Israel, et illae
timentes loquebantur vobis; sed filia Iuda
non sustinuit iniquitatem vestram. 58 Nunc
ergo, dic mihi sub qua arbore comprehen-
deris eos loquentes sibi. Qui ait: Sub
prino. 59 Dixit autem ei Daniel: Recte
mentitus es et tu in caput tuum, manet
enim angelus Domini, gladium habens,
ut secet te medium, et interficiat vos.
60 Exclamavit itaque omnis coetus voce
magna; et benedixerunt Deum qui salvat
sperantes in se. 61 Et consurrexerunt adversus duos presbyteros, convicerat enim
eos Daniel ex ore suo falsum dixisse testimonium; feceruntque eis sicut male egerant adversus proximum, 62 ut facerent
secundum legem Moysi. Et interfecerunt
eos, et salvatus est sanguis innoxius in
die illa. 63 Helcias autem et uxor eius
laudaverunt Deum pro filia sua Susanna,
cum Ioakim, marito eius, et cognatis omnibus, quia non esset inventa in ea res
turpis. 64 Daniel autem factus est magnus
in conspectu populi, a die illa, et deinceps.

Destructio idoli Bel et occisio draconis

65 Et rex Astyages appositus est ad patres suos, et suscepit Cyrus Perses regnum
eius.

14 1 Erat autem Daniel conviva regis,
et honoratus super omnes amicos
eius. 2 Erat quoque idolum apud Babylonios nomine Bel: et impendebantur in eo
per dies singulos similae artabae duodecim, et oves quadraginta, vinique amphorae sex. 3 Rex quoque colebat eum, et ibat
per singulos dies adorare eum. Porro
Daniel adorabat Deum suum. Dixitque
ei rex: Quare non adoras Bel? 4 Qui respondens ait ei: Quia non colo idola manufacta, sed viventem Deum, qui creavit
caelum et terram, et habet potestatem
omnis carnis. 5 Et dixit rex ad eum: Non
videtur tibi esse Bel vivens deus? An non
vides quanta comedat et bibat quotidie?
6 Et ait Daniel arridens: Ne erres, rex:
iste enim intrinsecus luteus est, et forinsecus aereus, neque comedit aliquando.
7 Et iratus rex vocavit sacerdotes eius,
et ait eis: Nisi dixeritis mihi quis est qui
comedat impensas has, moriemini. 8 Si
autem ostenderitis quoniam Bel comedat
haec, morietur Daniel, quia blasphemavit
in Bel. Et dixit Daniel regi: Fiat iuxta
verbum tuum. 9 Erant autem sacerdotes
Bel septuaginta, exceptis uxoribus, et parvulis, et filiis. Et venit rex cum Daniele
in templum Bel. 10 Et dixerunt sacerdotes
Bel: Ecce nos egredimur foras; et tu,
rex, pone escas, et vinum misce; et claude
ostium, et signa annulo tuo; 11 et cum
ingressus fueris mane, nisi inveneris omnia comesta a Bel, morte moriemur, vel
Daniel qui mentitus est adversum nos.
12 Contemnebant autem, quia fecerant sub
mensa absconditum introitum, et per illum ingrediebantur semper et devorabant
ea. 13 Factum est igitur postquam egressi
sunt illi, rex posuit cibos ante Bel; praecepit Daniel pueris suis, et attulerunt cinerem, et cribravit per totum templum
coram rege; et egressi clauserunt ostium,
et signantes annulo regis abierunt.
14 Sacerdotes autem ingressi sunt nocte
iuxta consuetudinem suam, et uxores et
filii eorum, et comederunt omnia, et biberunt. 15 Surrexit autem rex primo diluculo,
et Daniel cum eo. 16 Et ait rex: Salvane
sunt signacula, Daniel? Qui respondit:
Salva, rex. 17 Statimque cum aperuisset
ostium, intuitus rex mensam, exclamavit
voce magna: Magnus es, Bel, et non est
apud te dolus quisquam. 18 Et risit Daniel, et tenuit regem ne ingrederetur intro,
et dixit: Ecce pavimentum; animadverte
cuius vestigia sint haec. 19 Et dixit rex:
Video vestigia virorum, et mulierum, et
infantium. Et iratus est rex. 20 Tunc apprehendit sacerdotes, et uxores, et filios
eorum; et ostenderunt ei abscondita ostiola per quae ingrediebantur, et consu-
mebant quae erant super mensam. 21 Occidit ergo illos rex, et tradidit Bel in potestatem Danielis, qui subvertit eum et
templum eius.
22 Et erat draco magnus in loco illo,
et colebant eum Babylonii. 23 Et dixit rex
Danieli: Ecce nunc non potes dicere
quia iste non sit Deus vivens; adora ergo
eum. 24 Dixitque Daniel: Dominum Deum
meum adoro, quia ipse est Deus vivens;
iste autem non est Deus vivens. 25 Tu
autem, rex, da mihi potestatem, et interficiam draconem absque gladio et fuste.
Et ait rex: Do tibi. 26 Tulit ergo Daniel
picem, et adipem, et pilos; et coxit pari-

Ex 23,7; Lev 19,15; Prov 17,15.26. — **56:** Gen 9,25; Os 12,7. — **61:** Prov 19,5.9; Dan 6,24. — **62:** Deut 19,19. — **63:** Dan 13,2.29. — **64:** Ez 14,14.

14 **2:** Is 46,1; Ier 50,2; Bar 6,40. — **3:** Dan 6,10.13. — **4:** Ps 113,4; Sap 13,3; Dan 6, 20.26. — **6:** Ier 10,5.9; Bar 6,50. — **10:** Dan 6, 17. — **22:** Sap 15,18; Rom 1,23. — **24:** Deut 6,

ter, fecitque massas, et dedit in os draconis; et diruptus est draco. Et dixit:
Ecce quem colebatis.

Daniel, in lacum leonum missus, illaesus servatur

27 Quod cum audissent Babylonii, indignati sunt vehementer; et congregati
adversum regem, dixerunt: Iudaeus factus est rex; Bel destruxit, draconem interfecit, et sacerdotes occidit. 28 Et dixerunt, cum venissent ad regem: Trade
nobis Danielem, alioquin interficiemus te
et domum tuam. 29 Vidit ergo rex quod
irruerent in eum vehementer, et necessitate compulsus, tradidit eis Danielem.
30 Qui miserunt eum in lacum leonum;
et erat ibi diebus sex. 31 Porro in lacu
erant leones septem, et dabantur eis duo
corpora quotidie, et duae oves; et tunc
non data sunt eis, ut devorarent Danielem. 32 Erat autem Habacuc propheta in
Iudaea, et ipse coxerat pulmentum, et in-
triverat panes in alveolo, et ibat in campum ut ferret messoribus. 33 Dixitque angelus Domini ad Habacuc: Fer prandium
quod habes in Babylonem Danieli, qui est
in lacu leonum. 34 Et dixit Habacuc: Domine, Babylonem non vidi, et lacum nescio. 35 Et apprehendit eum angelus Domini in vertice eius, et portavit eum ca-
pillo capitis sui, posuitque eum in Babylone, supra lacum, in impetu spiritus sui.
36 Et clamavit Habacuc, dicens: Daniel,
serve Dei, tolle prandium quod misit tibi
Deus. 37 Et ait Daniel: Recordatus es
mei, Deus, et non dereliquisti diligentes
te. 38 Surgensque Daniel comedit. Porro
angelus Domini restituit Habacuc confestim in loco suo.

Rex dat gloriam Deo Danielis

39 Venit ergo rex die septimo ut lugeret Danielem; et venit ad lacum, et in-
trospexit, et ecce Daniel sedens in medio
leonum. 40 Et exclamavit voce magna rex,
dicens: Magnus es, Domine Deus Danielis. Et extraxit eum de lacu leonum.
41 Porro illos qui perditionis eius causa
fuerant, intromisit in lacum; et devorati
sunt in momento coram eo. 42 Tunc rex
ait: Paveant omnes habitantes in universa terra Deum Danielis, quia ipse est salvator, faciens signa et mirabilia in terra,
qui liberavit Danielem de lacu leonum.

13; Mt 4,10. — **27:** Dan 6,4. — **30:** Dan 6,16. — **35:** Ez 8,3; Act 8,39. — **36:** 3 Reg 17,4. — **37:** Ps 96,10; 144,20. — **39:** Dan 6,19. — **40:** Dan 3,95-96; 6,26. — **41:** Dan 6,24. — **42:** Dan 6,27; Hebr 11,3.

P R O P H E T I A   O S E E

SUMMARIUM *INSCRIPTIO (1,1).*—PARS PRIOR: CONIUGIA SYMBOLICA *(1,2-3,4).*—PARS ALTERA: SERMONES PROPHETICI *(4-14): Ob suos mores corruptos denuntiatur poena Israeli (4-5). Falsa populi conversio (6-7). Exilium Israelis ob eius idololatriam (8-10). Praedicitur restitutio populi post eius captivitatem (11,1-11). Reprehenduntur peccata et post conversionem salus promittitur (11,12-14,10)*

Prophetiae inscriptio

1 1 Verbum Domini, quod factum est
ad Osee, filium Beeri, in diebus Oziae,
Ioathan, Achaz, Ezechiae, regum Iuda;
et in diebus Ieroboam, filii Ioas, regis
Israel.

PARS PRIOR

CONIUGIA SYMBOLICA

(1,2-3,5)

Uxor fornicaria et eius progenies

2 Principium loquendi Domino in Osee;
et dixit Dominus ad Osee: Vade, sume
tibi uxorem fornicationum, et fac tibi filios
fornicationum, quia fornicans fornicabitur terra a Domino. 3 Et abiit, et accepit
Gomer, filiam Debelaim; et concepit, et
peperit ei filium. 4 Et dixit Dominus ad
eum: Voca nomen eius Iezrahel, quoniam
adhuc modicum, et visitabo sanguinem
Iezrahel super domum Iehu, et quiescere
faciam regnum domus Israel. 5 Et in illa
die conteram arcum Israel in valle Iezrahel. 6 Et concepit adhuc, et peperit
filiam. Et dixit ei: Voca nomen eius Absque misericordia, quia non addam ultra
misereri domui Israel, sed oblivione obliviscar eorum. 7 Et domui Iuda miserebor,
et salvabo eos in Domino Deo suo; et
non salvabo eos in arcu et gladio, et in

1 **1:** 4 Reg 14,16; 15,32; 16,1; 18,1; Is 1,1; Am 1,1; Mich 1,1. — **2:** Is 2,4-5; 9,1; Ez 16,15. — **4:** 4 Reg 10,11; Am 7,9.11. — **5:** 4 Reg 15,29. — **8:** 4 Reg 17,6.23. — **7:** 4 Reg 19,34-35;

bello, et in equis, et in equitibus. 8 Et
ablactavit eam quae erat Absque misericordia. Et concepit, et peperit filium. 9 Et
dixit: Voca nomen eius Non populus
meus, quia vos non populus meus, et ego
non ero vester.
10 Et erit numerus filiorum Israel quasi
arena maris, quae sine mensura est, et
non numerabitur. Et erit in loco ubi dicetur eis: Non populus meus vos: dicetur
eis: Filii Dei viventis. 11 Et congregabuntur filii Iuda et filii Israel pariter; et ponent sibimet caput unum, et ascendent de
terra, quia magnus dies Iezrahel.

2 1 Dicite fratribus vestris: Populus
meus; et sorori vestrae: Misericordiam consecuta.

Declaratio symbolici coniugii

2 Iudicate matrem vestram, iudicate,
Quoniam ipsa non uxor mea,
Et ego non vir eius.
Auferat fornicationes suas a facie sua,
Et adulteria sua de medio uberum suorum;
3 Ne forte expoliem eam nudam,
Et statuam eam secundum diem nativitatis suae,
Et ponam eam quasi solitudinem,
Et statuam eam velut terram inviam,
Et interficiam eam siti.
4 Et filiorum illius non miserebor,
Quoniam filii fornicationum sunt.
5 Quia fornicata est mater eorum,
Confusa est quae concepit eos;
Quia dixit: Vadam post amatores meos,
Qui dant panes mihi, et aquas meas,
Lanam meam, et linum meum,
Oleum meum, et potum meum,
6 Propter hoc ecce ego sepiam viam tuam spinis,
Et sepiam eam maceria, et semitas suas non inveniet.
7 Et sequetur amatores suos, et non apprehendet eos;
Et quaeret eos, et non inveniet;
Et dicet: Vadam, et revertar ad virum meum priorem,
Quia bene mihi erat tunc magis quam nunc.
8 Et haec nescivit, quia ego dedi ei frumentum, et vinum, et oleum,
Et argentum multiplicavi ei, et aurum,
Quae fecerunt Baal.
9 Idcirco convertar, et sumam frumentum meum in tempore suo,
Et vinum meum in tempore suo.
Et liberabo lanam meam et linum meum,
Quae operiebant ignominiam eius.
10 Et nunc revelabo stultitiam eius in oculis amatorum eius;
Et vir non eruet eam de manu mea;
11 Et cessare faciam omne gaudium eius,
Solemnitatem eius, neomeniam eius, sabbatum eius,
Et omnia festa tempora eius.
12 Et corrumpam vineam eius, et ficum eius,
De quibus dixit: Mercedes hae meae sunt,
Quas dederunt mihi amatores mei,
Et ponam eam in saltum,
Et comedet eam bestia agri.
13 Et visitabo super eam dies Baalim,
Quibus accendebat incensum,
Et ornabatur in aure sua, et monili suo.
Et ibat post amatores suos,
Et mei obliviscebatur, dicit Dominus.
14 Propter hoc ecce ego lactabo eam,
Et ducam eam in solitudinem,
Et loquar ad cor eius.
15 Et dabo ei vinitores eius ex eodem loco,
Et vallem Achor, ad aperiendam spem;
Et canet ibi iuxta dies iuventutis suae,
Et iuxta dies ascensionis suae de terra Aegypti.
16 Et erit in die illa, ait Dominus;
Vocabit me Vir meus,
Et non vocabit me ultra Baali.
17 Et auferam nomina Baalim de ore eius,
Et non recordabitur ultra nominis eorum.
18 Et percutiam cum eis foedus in die illa, cum bestia agri,
Et cum volucre caeli, et cum reptili terrae;
Et arcum, et gladium et bellum, conteram de terra,
Et dormire eos faciam fiducialiter.
19 Et sponsabo te mihi in sempiternum;
Et sponsabo te mihi in iustitia, et iudicio,
Et in misericordia, et in miserationibus.
20 Et sponsabo te mihi in fide;
Et scies quia ego Dominus.
21 Et erit in die illa:
Exaudiam, dicit Dominus, exaudiam caelos;
Et illi exaudient terram.
22 Et terra exaudiet triticum, et vinum, et oleum,
Et haec exaudient Iezrahel.
23 Et seminabo eam mihi in terra,
Et miserebor eius quae fuit
Absque misericordia.
24 Et dicam Non populo meo: Populus meus es tu;
Et ipse dicet: Deus meus es tu.

Os 11,12; Zach 4,6. — **9:** Ex 3,14; Os 1,4.6, 2, 24. — **10:** Gen 32,12; Deut 14,1; Rom 9,26. — **11:** Is 11,12-13; Ez 37,16-24; Zach 10,6.

2 **1:** Os 1,6.9. — **2:** Is 50,1; Os 4,12. — **3:** Ez 16,4.39-40. — **4:** Os 1,2.6. — **6:** Iob 3,23. **7:** Lc 15,17-18. — **8:** Deut 7,13; Ez 16,17-19.

11: 3 Reg 12,32; Ier 7,34. — **13:** Os 4,9; 11,2. — **14:** Is 40,2. — **15:** Ex 15,1-21; Ios 7,24-26; Ier 2,2. — **17:** Ex 23,13; Zach 13,2. — **18:** Lev 26,5; Is 11,6-7; Ez 34,25. — **18:** Ez 37,26. — **22:** Os 1,4.11. — **23:** Ier 31,27; Os 1,9-10; Zach 10,9; 13,9; Rom 9,25; 1 Petr 2,10.

Coniugium cum muliere adultera

3 1 Et dixit Dominus ad me: Adhuc
vade, et dilige mulierem dilectam
amico et adulteram, sicut diligit Dominus
filios Israel, et ipsi respiciunt ad deos
alienos, et diligunt vinacia uvarum. 2 Et
fodi eam mihi quindecim argenteis, et
coro hordei, et dimidio coro hordei. 3 Et
dixi ad eam: Dies multos exspectabis me;
non fornicaberis, et non eris viro; sed et
ego exspectabo te.
4 Quia dies multos sedebunt filii Israel
sine rege, et sine principe, et sine sacrificio, et sine altari, et sine ephod, et sine
theraphim. 5 Et post haec revertentur filii
Israel, et quaerent Dominum Deum suum,
et David regem suum; et pavebunt ad
Dominum, et ad bonum eius, in novissimo dierum.

PARS ALTERA

SERMONES PROPHETICI

(4,1-14,10)

Universalis corruptio Israel

4 1 Audite verbum Domini, filii Israel.
Quia iudicium Domino cum habitatoribus terrae;
Non est enim veritas, et non est misericordia,
Et non est scientia Dei in terra.
2 Maledictum, et mendacium,
Et homicidium, et furtum, et adulterium inundaverunt,
Et sanguis sanguinem tetigit.
3 Propter hoc lugebit terra,
Et infirmabitur omnis qui habitat in ea,
In bestia agri, et in volucre caeli;
Sed et pisces maris congregabuntur.
4 Verumtamen unusquisque non iudicet,
Et non arguatur vir;
Populus enim tuus sicut hi qui contradicunt sacerdoti.
5 Et corrues hodie,
Et corruet etiam propheta tecum.
Nocte tacere feci matrem tuam.
6 Conticuit populus meus,
Eo quod non habuerit scientiam.
Quia tu scientiam repulisti,
Repellam te, ne sacerdotio fungaris mihi;
Et oblita es legis Dei tui,
Obliviscar filiorum tuorum et ego.
7 Secundum multitudinem eorum sic peccaverunt mihi,
Gloriam eorum in ignominiam commutabo.
8 Peccata populi mei comedent,
Et ad iniquitatem eorum sublevabunt animas eorum.
9 Et erit sicut populus, sic sacerdos,
Et visitabo super eum vias eius,
Et cogitationes eius reddam ei.
10 Et comedent, et non saturabuntur;
Fornicati sunt, et non cessaverunt,
Quoniam Dominum dereliquerunt in non custodiendo.
11 Fornicatio, et vinum, et ebrietas auferunt cor.
12 Populus meus in ligno suo interrogavit,
Et baculus eius annuntiavit ei;
Spiritus enim fornicationum decepit eos,
Et fornicati sunt a Deo suo.
13 Super capita montium sacrificabant,
Et super colles accendebant thymiama;
Subtus quercum, et populum, et terebinthum,
Quia bona erat umbra eius.
Ideo fornicabuntur filiae vestrae,
Et sponsae vestrae adulterae erunt.
14 Non visitabo super filias vestras cum fuerint fornicatae,
Et super sponsas vestras cum adulteraverint,
Quoniam ipsi cum meretricibus conversabantur,
Et cum effeminatis sacrificabant;
Et populus non intelligens vapulabit.
15 Si fornicaris tu, Israel,
Non delinquat saltem Iuda;
Et nolite ingredi in Galgala,
Et ne ascenderitis in Bethaven,
Neque iuraveritis: Vivit Dominus!
16 Quoniam sicut vacca lasciviens declinavit Israel;
Nunc pascet eos Dominus, quasi agnum in latitudine.
17 Particeps idolorum Ephraim: dimitte eum.
18 Separatum est convivium eorum;
Fornicatione fornicati sunt;
Dilexerunt afferre ignominiam protectores eius.
19 Ligavit eum spiritus in alis suis,
Et confundentur a sacrificiis suis.

3 **1:** Ier 3,20; Os 1,2-3. — **4:** Iud 17,5; Os 8,11; 9,4; 10,3. — **5:** Ier 23,5; 29,13; 30,9.

4 **1:** Is 3,13; Ier 25,31; Os 12,2. — **3:** Ier 4,28; Ioel 1,18. — **4:** Deut 17,12. — **6:** 3 Reg 12,31; Prov 1,29-30; Os 4,1.14. — **7:** 1 Sam 2,30; Ps 105,20; Ier 2,11. — **8:** Lev 6,25-26; Ez 44,29. — **9:** Is 24,2. — **10:** Lev 26,26; Mich 6,14. — **11:** 3 Reg 11,4; Prov 20,1; 23,29-35. — **12:** Ier 2,27; 3,9; Ez 21,21; Os 5,4. — **13:** Deut 12,3; 3 Reg 14,23; Is 57,5-7; Ez 6,13. — **14:** Os 4,1.6. — **15:** 3 Reg 12,29; Os 5,8; 9,15; 10,5; 12,11; Am 4,4; 5,5. — **17:** Os 5,3-5.9. — **19:** Is 57,13.

Poenam denuntiat propheta

5 1 Audite hoc, sacerdotes;
Et attendite, domus Israel;
Et domus regis, auscultate:
Quia vobis iudicium est,
Quoniam laqueus facti estis speculationi,
Et rete expansum super Thabor.
2 Et victimas declinastis in profundum;
Et ego eruditor omnium eorum.
3 Ego scio Ephraim,
Et Israel non est absconditus a me;
Quia nunc fornicatus est Ephraim,
Contaminatus est Israel.
4 Non dabunt cogitationes suas ut revertantur ad Deum suum,
Quia spiritus fornicationum in medio eorum,
Et Dominum non cognoverunt.
5 Et respondebit arrogantia Israel in facie eius;
Et Israel et Ephraim ruent in iniquitate sua,
Ruet etiam Iudas cum eis.
6 In gregibus suis et in armentis suis vadent ad quaerendum Dominum,
Et non invenient; ablatus est ab eis.
7 In Dominum praevaricati sunt,
Quia filios alienos genuerunt:
Nunc devorabit eos mensis, cum partibus suis.
8 Clangite buccina in Gabaa,
Tuba in Rama;
Ululate in Bethaven,
Post tergum tuum, Beniamin.
9 Ephraim in desolatione erit in die correptionis;
In tribubus Israel ostendi fidem.
10 Facti sunt principes Iuda quasi assumentes terminum;
Super eos effundam quasi aquam iram meam.
11 Calumniam patiens est Ephraim, fractus iudicio,
Quoniam coepit abire post sordes.
12 Et ego quasi tinea Ephraim,
Et quasi putredo domui Iuda.
13 Et vidit Ephraim languorem suum,
Et Iuda vinculum suum;
Et abiit Ephraim ad Assur,
Et misit ad regem ultorem;
Et ipse non poterit sanare vos,
Nec solvere poterit a vobis vinculum.
14 Quoniam ego quasi leaena Ephraim,
Et quasi catulus leonis domui Iuda.
Ego, ego capiam, et vadam;
Tollam, et non est qui eruat.
15 Vadens revertar ad locum meum,
Donec deficiatis, et quaeratis faciem meam.

Contra falsam Israel conversionem

6 1 In tribulatione sua mane consurgent ad me:
Venite, et revertamur ad Dominum,
2 Quia ipse cepit, et sanabit nos;
Percutiet, et curabit nos.
3 Vivificabit nos post duos dies;
In die tertia suscitabit nos,
Et vivemus in conspectu eius.
Sciemus, sequemurque ut cognoscamus Dominum,
Quasi diluculum praeparatus est egressus eius,
Et veniet quasi imber nobis temporaneus et serotinus terrae.
4 Quid faciam tibi, Ephraim?
Quid faciam tibi, Iuda?
Misericordia vestra quasi nubes matutina,
5 Propter hoc dolavi in prophetis,
Occidi eos in verbis oris mei;
Et iudicia tua quasi lux egredientur.
6 Quia misericordiam volui, et non sacrificium;
Et scientiam Dei plus quam holocausta.
7 Ipsi autem sicut Adam transgressi sunt pactum;
Ibi praevaricati sunt in me.
8 Galaad civitas operantium idolum,
Supplantata sanguine.
9 Et quasi fauces virorum latronum,
Particeps sacerdotum, in via interficientium pergentes de Sichem,
Quia scelus operati sunt.
10 In domo Israel vidi horrendum;
Ibi fornicationes Ephraim,
Contaminatus est Israel.
11 Sed et Iuda, pone messem tibi,
Cum convertero captivitatem populi mei.

Contra pravos duces populum pervertentes

7 1 Cum sanare vellem Israel,
Revelata est iniquitas Ephraim,
Et malitia Samariae,
Quia operati sunt mendacium,
Et fur ingressus est spolians,
Latrunculus foris.
2 Et ne forte dicant in cordibus suis,
Omnem malitiam eorum me recordatum,

5 1: Os 6,9; 9,8. — 3: Os 6,10; Am 3,2; 5,12. — 4: Os 4,12. — 5: Os 7,10. — 6: Is 1,11; Os 6,6. — 7: Os 6,7. — 8: 1 Sam 13,2.5; Ier 4,5; Os 4,15; 9,9; 10,5.9. — 10: Deut 19, 14. — 11: Deut 28,33. — 13: 4 Reg 15,19; Os 7,11; 8,9; 10,6; 12,1. — 14: Os 13,3. — 15: Lev 26,40-42.

6 1: Is 26,16; Ier 2,27. — 2: Deut 32,39; Os 5,14; 14,5. — 3: Deut 11,14; Ps 70,20; Mich 5,2. — 4: Os 11,8; 13,3. — 5: Ier 13, 29. — 6: 1 Sam 15,22; Mich 6,6-8; Mt 9,23; 12,7. — 7: Gen 3,11; Os 8,1. — 8: Os 12,11. — 9: Os 5,1-2. — 10: Os 5,3; 7,4. — 11: Ps 125,1.

7 1: Os 8,5; 10,5.7. — 2: Ps 89,8; Ier 16, 17. — 5: Os 4,11. — 7: 4 Reg 15.10.14.25.

Nunc circumdederunt eos adinventiones suae,
Coram facie mea factae sunt.
3 In malitia sua laetificaverunt regem,
Et in mendaciis suis principes.
4 Omnes adulterantes,
Quasi clibanus succensus a coquente;
Quievit paululum civitas a commistione fermenti,
Donec fermentaretur totum.
5 Dies regis nostri: coeperunt principes furere a vino;
Extendit manum suam cum illusoribus.
6 Quia applicuerunt quasi clibanum cor suum,
Cum insidiaretur eis;
Tota nocte dormivit coquens eos,
Mane ipse succensus quasi ignis flammae.
7 Omnes calefacti sunt quasi clibanus,
Et devoraverunt iudices suos.
Omnes reges eorum ceciderunt;
Non est qui clamet in eis ad me.
8 Ephraim in populis ipse commiscebatur;
Ephraim factus est subcinericius panis, qui non reversatur.
9 Comederunt alieni robur eius, et ipse nescivit;
Sed et cani effusi sunt in eo, et ipse ignoravit.
10 Et humiliabitur superbia Israel in facie eius;
Nec reversi sunt ad Dominum Deum suum,
Et non quaesierunt eum in omnibus his.
11 Et factus est Ephraim quasi columba seducta non habens cor.
Aegyptum invocabant; ad Assyrios abierunt.
12 Et cum profecti fuerint,
Expandam super eos rete meum;
Quasi volucrem caeli detraham eos,
Caedam eos secundum auditionem coetus eorum.
13 Vae eis, quoniam recesserunt a me!
Vastabuntur, quia praevaricati sunt in me;
Et ego redemi eos,
Et ipsi locuti sunt contra me mendacia.
14 Et non clamaverunt ad me in corde suo,
Sed ululabant in cubilibus suis;
Super triticum et vinum ruminabant,
Recesserunt a me.
15 Et ego erudivi eos, et confortavi brachia eorum,
Et in me cogitaverunt malitiam.
16 Reversi sunt ut essent absque iugo;
Facti sunt quasi arcus dolosus;
Cadent in gladio principes eorum, a furore linguae suae.
Ista subsannatio eorum in terra Aegypti.

Contra idololatriam

8 1 In gutture tuo sit tuba
Quasi aquila super domum Domini,
Pro eo quod transgressi sunt foedus meum,
Et legem meam praevaricati sunt.
2 Me invocabunt: Deus meus,
Cognovimus te Israel.
3 Proiecit Israel bonum,
Inimicus persequetur eum.
4 Ipsi regnaverunt, et non ex me;
Principes exstiterunt, et non cognovi:
Argentum suum et aurum suum fecerunt sibi idola,
Ut interirent.
5 Proiectus est vitulus tuus, Samaria;
Iratus est furor meus in eos.
Usquequo non poterunt emundari?
6 Quia ex Israel et ipse est;
Artifex fecit illum, et non est Deus;
Quoniam in aranearum telas erit vitulus Samariae.
7 Quia ventum seminabunt,
Et turbinem metent:
Culmus stans non est in eo,
Germen non faciet farinam;
Quod et si fecerit, alieni comedent eam.
8 Devoratus est Israel;
Nunc factus est in nationibus quasi vas immundum.
9 Quia ipsi ascenderunt ad Assur,
Onager solitarius sibi;
Ephraim munera dederunt amatoribus.
10 Sed et cum mercede conduxerint nationes,
Nunc congregabo eos,
Et quiescent paulisper ab onere regis et principum.
11 Quia multiplicavit Ephraim altaria ad peccandum,
Factae sunt ei arae in delictum.
12 Scribam ei multiplices leges meas,
Quae velut alienae computatae sunt.
13 Hostias offerent,
Immolabunt carnes et comedent,
Et Dominus non suscipiet eas;
Nunc recordabitur iniquitatis eorum,
Et visitabit peccata eorum:
Ipsi in Aegyptum convertentur.
14 Et oblitus est Israel factoris sui,
Et aedificavit delubra;
Et Iudas multiplicavit urbes munitas;
Et mittam ignem in civitates eius,
Et devorabit aedes illius.

30. — **8:** Ps 105,35-36. — **9:** Os 8,7. — **10:** Is 9,13; Os 5,5. — **11:** 4 Reg 17,4; Os 11,11; 12,1. — **12:** Ez 12,13. — **13:** Os 12,1; Mich 6,2-4. — **14:** Ier 3,10. — **15:** Os 11,3. — **16:** Ps 77,57; Os 9,5.

8 **1:** Deut 28,49; Os 6,7. — **2:** Mt 7,21-23. — **4:** 3 Reg 12,20; 2 Par 13,5. — **5:** Os 10,5-6. — **7:** Os 7,9; 10,13. — **8:** 4 Reg 17,6; Ier 22,28. — **9:** 4 Reg 15,19; Ier 2,24; Os 5,13. — **11:** Os 10,1; 12,11. — **12:** Deut 4,6.8. — **13:** Deut 28,68; Os 9,3. — **14:** Deut 32,18; Am 2,5; Mich 5,11.

Exilium denuntiatur imminens

9 1 Noli laetari, Israel,
Noli exsultare sicut populi,
Quia fornicatus es a Deo tuo,
Dilexisti mercedem super omnes areas tritici.
2 Area et torcular non pascet eos,
Et vinum mentietur eis.
3 Non habitabunt in terra Domini.
Reversus est Ephraim in Aegyptum,
Et in Assyriis pollutum comedit.
4 Non libabunt Domino vinum,
Et non placebunt ei.
Sacrificia eorum quasi panis lugentium;
Omnes qui comedent eum, contaminabuntur;
Quia panis eorum animae ipsorum,
Non intrabit in domum Domini.
5 Quid facietis in die solemni,
In die festivitatis Domini?
6 Ecce enim profecti sunt a vastitate,
Aegyptus congregabit eos;
Memphis sepeliet eos;
Desiderabile argentum eorum urtica haereditabit,
Lappa in tabernaculis eorum.
7 Venerunt dies visitationis,
Venerunt dies retributionis.
Scitote, Israel,
Stultum prophetam,
Insanum virum spiritualem,
Propter multitudinem iniquitatis tuae,
Et multitudinem amentiae.
8 Speculator Ephraim cum Deo meo,
Propheta laqueus ruinae factus est super omnes vias eius;
Insania in domo Dei eius.
9 Profunde peccaverunt, sicut in diebus Gabaa.
Recordabitur iniquitatis eorum,
Et visitabit peccata eorum.
10 Quasi uvas in deserto inveni Israel,
Quasi prima poma ficulneae in cacumine eius vidi patres eorum;
Ipsi autem intraverunt ad Beelphegor,
Et abalienati sunt in confusionem,
Et facti sunt abominabiles sicut ea quae dilexerunt.
11 Ephraim quasi avis avolavit;
Gloria eorum a partu, et ab utero, et a conceptu.
12 Quod et si enutrierint filios suos,
Absque liberis eos faciam in hominibus;
Sed et vae eis cum recessero ab eis!
13 Ephraim, ut vidi, Tyrus erat fundata in pulchritudine;
Et Ephraim educet ad interfectorem filios suos.
14 Da eis, Domine. Quid dabis eis!
Da eis vulvam sine liberis, et ubera arentia.
16 Omnes nequitiae eorum in Galgal,
Quia ibi exosos habui eos;
Propter malitiam adinventionum eorum,
De domo mea eiiciam eos;
Non addam ut diligam eos;
Omnes principes eorum recedentes.
16 Percussus est Ephraim,
Radix eorum exsiccata est,
Fructum nequaquam facient.
Quod et si genuerint,
Interficiam amantissima uteri eorum.
17 Abiiciet eos Deus meus, quia non audierunt eum;
Et erunt vagi in nationibus.

Destructio idolorum et altarium praedicitur

10 1 Vitis frondosa Israel,
Fructus adaequatus est ei;
Secundum multitudinem fructus sui multiplicavit altaria,
Iuxta ubertatem terrae suae exuberavit simulacris.
2 Divisium est cor eorum, nunc interibunt;
Ipse confringet simulacra eorum,
Depopulabitur aras eorum.
3 Quia nunc dicent: Non est rex nobis,
Non enim timemus Dominum;
Et rex quid faciet nobis?
4 Loquimini verba visionis inutilis, et feriétis foedus;
Et germinabit quasi amaritudo iudicium super sulcos agri.
5 Vaccas Bethaven coluerunt habitatores Samariae;
Quia luxit super eum populus eius,
Et aeditui eius super eum exultaverunt
In gloria eius, quia migravit ab eo.
6 Siquidem et ipse in Assur delatus est,
Munus regi ultori.
Confusio Ephraim capiet,
Et confundetur Israel in voluntate sua.
7 Transire fecit Samaria regem suum
Quasi spumam super faciem aquae.
8 Et disperdentur excelsa idoli, peccatum Israel;
Lappa et tribulus ascendet super aras eorum;
Et dicent montibus: Operite nos;
Et collibus cadite super nos.
9 Ex diebus Gabaa peccavit Israel;
Ibi steterunt.
Non comprehendet eos in Gabaa

9 **1:** Os 2,5.12; 5,3. — **3:** Lev 25,23; Dan 1, 8; Os 8,13. — **4:** Deut 26,14; Os 3,4. — **6:** Is 19,13. — **7:** Is 10,3; Ez 13,3. — **8:** Ps 90,3; Ez 3,17. — **9:** Iud 19,22-30; Os 10,9. — **10:** Num 25,3; Rom 1,29-29. — **11:** Os 10,5, — **12:** Os 14,1, — **13:** Ez 27,3. — **14:** Lc 23,29. — **15:** Os 4,15; 12,11; Am 4,4; 5,5. — **16:** Os 9,12-14. **17:** Deut 28,64-65.

10 **1:** Ps 79,9-12; Ier 2,21; Os 8,4.11. — **5:** 3 Reg 12,28; Os 4,15; 5,8. — **6:** Os 5, 13; 12,1. — **7:** Os 10,3; 11,1. — **8:** 3 Reg 12,

Praelium super filios iniquitatis.
10 Iuxta desiderium meum corripiam eos;
Congregabuntur super eos populi,
Cum corripientur propter duas iniquitates suas.
11 Ephraim vitula docta diligere trituram;
Et ego transivi super pulchritudinem colli eius:
Ascendam super Ephraim;
Arabit Iudas,
Confringet sibi sulcos Iacob.
12 Seminate vobis in iustitia,
Et metite in ore misericordiae;
Innovate vobis novale;
Tempus autem requirendi Dominum,
Cum venerit qui docebit vos iustitiam.
13 Arastis impietatem,
Iniquitatem messuistis,
Comedistis frugem mendacii,
Quia confisus es in viis tuis,
In multitudine fortium tuorum.
14 Consurget tumultus in populo tuo;
Et omnes munitiones tuae vastabuntur,
Sicut vastatus est Salmana a domo eius qui iudicavit Baal
In die praelii, matre super filios allisa.
15 Sic fecit vobis Bethel,
A facie malitiae nequitiarum vestrarum.

11 1 Sicut mane transiit, pertransiit rex Israel.

Tandem misericordia divina pravitatem Israel vincet

Quia puer Israel, et dilexi eum;
Et ex Aegypto vocavi filium meum.
2 Vocaverunt eos, sic abierunt a facie eorum;
Baalim immolabant, et simulacris sacrificabant.
3 Et ego quasi nutritius Ephraim;
Portabam eos in brachiis meis,
Et nescierunt quod curarem eos.
4 In funiculis Adam traham eos,
In vinculis charitatis;
Et ero eis quasi exaltans iugum super maxillas eorum,
Et declinavi ad eum ut vesceretur.
5 Non revertetur in terram Aegypti, et Assur ipse rex eius,
Quoniam noluerunt converti.
6 Coepit gladius in civitatibus eius,
Et consumet electos eius,
Et comedet capita eorum.
7 Et populus meus pendebit ad reditum meum;
Iugum autem imponetur eis simul, quod non auferetur.
8 Quomodo dabo te, Ephraim?
Protegam te, Israel?
Quomodo dabo te sicut Adama,
Ponam te ut Seboim?
Conversum est in me cor meum,
Pariter conturbata est poenitudo mea.
9 Non faciam furorem irae meae;
Non convertar ut disperdam Ephraim,
Quoniam Deus ego, et non homo;
In medio tui sanctus,
Et non ingrediar civitatem.
10 Post Dominum ambulabunt;
Quasi leo rugiet;
Quia ipse rugiet,
Et formidabunt filii maris.
11 Et avolabunt quasi avis ex Aegypto,
Et quasi columba de terra Assyriorum;
Et collocabo eos in domibus suis, dicit Dominus.

Israel, exempla Iacob derelinquens, debitas poenas luet

12 Circumdedit me in negatione Ephraim,
Et in dolo domus Israel;
Iudas autem testis descendit cum Deo,
Et cum sanctis fidelis.

12 1 Ephraim pascit ventum,
Et sequitur aestum;
Tota die mendacium et vastitatem multiplicat;
Et foedus cum Assyriis init,
Et oleum in Aegyptum ferebat.
2 Iudicium ergo Domini cum Iuda,
Et visitatio super Iacob;
Iuxta vias eius, et iuxta adinventiones eius reddet ei.
3 In utero supplantavit fratrem suum;
Et in fortitudine sua directus est cum angelo.
4 Et invaluit ad angelum, et confortatus est;
Flevit, et rogavit eum.
In Bethel invenit eum,
Et ibi locutus est nobiscum.
5 Et Dominus Deus exercituum,
Dominus memoriale eius.
6 Et tu ad Deum tuum converteris;
Misericordiam et iudicium custodi,
Et spera in Deo tuo semper.
7 Chanaan, in manu eius statera dolosa,
Calumniam dilexit.
8 Et dixit Ephraim: Verumtamen dives effectus sum,

30; Os 9,6; Lc 23,30; Apoc 6,16. — **9:** Iud 20,18; Os 8,9. — **10:** 3 Reg 12,28-29. — **11:** Ier 48,34; Os 6,4. — **12:** Is 45,8; Ier 4,3; Gal 6,8. — **14:** 4 Reg 17,3.

11 **1:** Deut 7,8; Mt 2,15. — **2:** Ier 7,25-26; Os 2,13; 13,1-2. — **3:** Ex 15,26; Deut 1,31; Os 7,15. — **4:** Os 2,8. — **5:** Os 8,13; 9,3. — **8:** Gen 19,24-25; Deut 29,23; Ier 31,20. — **9:** Num 23,19. — **10:** Is 31,4; Os 3,5; Ioel 3,16. — **11:** Is 11,11-12; Ez 37,21.25; Zach 10,10.

12 **1:** Os 5,13; 7,11. — **2:** Os 4,1; 12,14; Mich 6,2. — **3:** Gen 25,25; 32,28. — **4:** Gen 28,12. — **5:** Ex 3,15. — **7:** Am 8,5; Mich 6,11. — **8:** Zach 11,5. — **9:** Lev 23,39-43. — **11:**

Inveni idolum mihi;
Omnes labores mei non invenient mihi iniquitatem quam peccavi.
9 Et ego Dominus Deus tuus ex terra Aegypti.
Adhuc sedere te faciam in tabernaculis,
Sicut in diebus festivitatis.
13 Et locutus sum super prophetas,
Et ego visionem multiplicavi,
Et in manu prophetarum assimilatus sum.
11 Si Galaad idolum, ergo frustra erant in Galgal bobus immolantes;
Nam et altaria eorum quasi acervi super sulcos agri.
12 Fugit Iacob in regionem Syriae,
Et servivit Israel in uxorem,
Et in uxorem servavit.
13 In propheta autem eduxit Dominus Israel de Aegypto,
Et in propheta servatus est.
14 Ad iracundiam me provocavit Ephraim in amaritudinibus suis,
Et sanguis eius super eum veniet,
Et opprobrium eius restituet ei Dominus suus.

Quia gravissima scelera, gravissima erit poena

13 1 Loquente Ephraim, horror invasit Israel;
Et deliquit in Baal, et mortuus est.
2 Et nunc addiderunt ad peccandum;
Feceruntque sibi conflatile de argento suo
Quasi similitudinem idolorum,
Factura artificum totum est;
His ipsi dicunt: Immolate homines, vitulos adorantes.
3 Idcirco erunt quasi nubes matutina,
Et sicut ros matutinus praeteriens;
Sicut pulvis turbine raptus ex area,
Et sicut fumus de fumario.
4 Ego autem Dominus Deus tuus, ex terra Aegypti;
Et Deum absque me nescies,
Et salvator non est praeter me.
5 Ego cognovi te in deserto,
In terra solitudinis.
6 Iuxta pascua sua adimpleti sunt et saturati sunt;
Et lavaverunt cor suum, et obliti sunt mei.
7 Et ego ero eis quasi leaena,
Sicut pardus in via Assyriorum.
8 Occurram eis quasi ursa, raptis catulis;
Et dirumpam interiora iecoris eorum,
Et consumam eos ibi quasi leo,
Bestia agri scindet eos.
9 Perditio tua, Israel: tantummodo in me auxilium tuum.
10 Ubi est rex tuus?
Maxime nunc salvet te in omnibus urbibus tuis;
Et iudices tui, de quibus dixisti:
Da mihi regem et principes.
11 Dabo tibi regem in furore meo,
Et auferam in indignatione mea.
12 Colligata est iniquitas Ephraim,
Absconditum peccatum eius.
13 Dolores parturientis venient ei.
Ipse filius non sapiens:
Nunc enim non stabit in contritione filiorum.
14 De manu mortis liberabo eos,
De morte redimam eos.
Ero mors tua, o mors!
Morsus tuus ero, inferne!
Consolatio abscondita est ab oculis meis.
15 Quia ipse inter fratres dividet:
Adducet urentem ventum Dominus de deserto ascendentem;
Et siccabit venas eius,
Et desolabit fontem eius;
Et ipse diripiet thesaurum omnis vasis desiderabilis.

14 1 Pereat Samaria, quoniam ad amaritudinem concitavit Deum suum!
In gladio pereant,
Parvuli eorum elidantur,
Et foetae eius discindantur!

In fine salus promittitur

2 Convertere, Israel, ad Dominum Deum tuum,
Quoniam corruisti in iniquitate tua.
3 Tollite vobiscum verba,
Et convertimini ad Dominum; et dicite ei:
Omnem aufer iniquitatem, accipe bonum;
Et reddemus vitulos labiorum nostrorum.
4 Assur non salvabit nos,
Super equum non ascendemus,
Nec dicemus ultra: Dii nostri opera manuum nostrarum,
Quia eius, qui in te est, misereberis pupilli.
5 Sanabo contritiones eorum,
Diligam eos spontanee,
Quia aversus est furor meus ab eis.
6 Ero quasi ros;
Israel germinabit sicut lilium,
Et erumpet radix eius ut Libani.

Os 4,15; 8,11. — **12:** Gen 28,5; 29,20.28. — **13:** Ex 12,50; Deut 18,15. — **14:** 4 Reg 17,15-18.

13 1: Os 11,2. — 3: Ps 1,4; 67,2-3. — **4:** Ex 20,2-3; Deut 32,37-39; Is 43,11; 45,21. — **5:** Deut 2,7; 8,15. — **6:** Deut 8,12-14. — **7:** Os 5,14. — **9:** Os 14,2. — **10:** 1 Sam 8,5.19. — **11:** 1 Sam 8,7; 15,23. — **13:** Is 13,8; Mich 4,10. — **14:** Is 25,8; Ez 37,12; 1 Cor 15,55. ‖ Conc. Valent. III: D 323. — **15:** Ier 4,11; 18,17.

14 1: 4 Reg 8,12; Os 10,14. — **2:** Os 12,6; 13,9. — **3:** Ps 49,14; Hebr 13,15. — **4:** Is 30,2.16.22; Os 5,13. — **5:** Os 11,1. — **6:** Os 6,3; Mich 5,7. — **9:** Os 2,8.23; Io 15,4-5. — **10:** Ps 106,43; Prov 10,29; Ier 9,12.

[7] Ibunt rami eius,
Et erit quasi oliva gloria eius,
Et odor eius ut Libani.
[8] Convertentur sedentes in umbra eius;
Vivent tritico, et germinabunt quasi vinea,
Memoriale eius sicut vinum Libani.
[9] Ephraim, quid mihi ultra idola?
Ego exaudiam, et dirigam eum ego ut abietem virentem;
Ex me fructus tuus inventus est.
[10] Quis sapiens, et intelliget ista?
Intelligens, et sciet haec?
Quia rectae viae Domini,
Et iusti ambulabunt in eis;
Praevaricatores vero corruent in eis.

P R O P H E T I A I O E L

SUMMARIUM *INSCRIPTIO (1,1).* PARS PRIOR: DEI IUDICIUM AD POENITENTIAM EXCITAT *(1,2-2,17).*—PARS ALTERA: FRUCTUS POENITENTIAE *(2,18-3,21)*

Prophetiae inscriptio

1 [1] Verbum Domini, quod factum est ad Ioel, filium Phatuel.

PARS PRIOR

DEI IUDICIUM AD POENITENTIAM EXCITAT
(1,2-2,17)

Locustarum devastatio magnam affert miseriam

[2] Audite hoc, senes;
Et auribus percipite, omnes habitatores terrae:
Si factum est istud in diebus vestris,
Aut in diebus patrum vestrorum?
[3] Super hoc filiis vestris narrate,
Et filii vestri filiis suis,
Et filii eorum generationi alterae.
[4] Residuum erucae comedit locusta,
Et residuum locustae comedit bruchus,
Et residuum bruchi comedit rubigo.
[5] Expergiscimini, ebrii: et flete,
Et ululate, omnes qui bibitis vinum in dulcedine,
Quoniam periit ab ore vestro.
[6] Gens enim ascendit super terram meam,
Fortis et innumerabilis:
Dentes eius ut dentes leonis;
Et molares eius ut catuli leonis.
[7] Posuit vineam meam in desertum,
Et ficum meam decorticavit:
Nudans spoliavit eam, et proiecit:
Albi facti sunt rami eius.
[8] Plange quasi virgo accincta sacco super virum pubertatis suae.
[9] Periit sacrificium et libatio de domo Domini;
Luxerunt sacerdotes ministri Domini.
[10] Depopulata est regio,
Luxit humus,
Quoniam devastatum est triticum,
Confusum est vinum,
Elanguit oleum.
[11] Confusi sunt agricolae,
Ululaverunt vinitores
Super frumento et hordeo,
Quia periit messis agri.
[12] Vinea confusa est,
Et ficus elanguit;
Malogranatum, et palma, et malum,
Et omnia ligna agri aruerunt,
Quia confusum est gaudium a filiis hominum.
[13] Accingite vos, et plangite, sacerdotes!
Ululate, ministri altaris;
Ingredimini, cubate in sacco, ministri Dei mei,
Quoniam interiit de domo Dei vestri sacrificium et libatio.
[14] Sanctificate ieiunium, vocate coetum,
Congregate senes, omnes habitatores terrae
In domum Dei vestri,
Et clamate ad Dominum
[15] A, a, a, diei!
Quia prope est dies Domini,
Et quasi vastitas a potente veniet.
[16] Numquid non coram oculis vestris alimenta perierunt
De domo Dei nostri, laetitia et exsultatio?
[17] Computruerunt iumenta in stercore suo,

1 **2**2: Ioel 1,14; 2,2. — **3:** Ps 77,3-4.6. — **4:** Deut 28,38; Ioel 2,25. — **5:** Is 32,10. — **6:** Ioel 2,2. — **9:** Ioel 2,24. — **12:** Is 24,11; Ier 48,33. — **14:** 2 Par 20,3; Ioel 2,15-16. — **15:** Is 13,6.9; Ioel 2,1. — **16:** Deut 12,6-7; 16,14-15. — **18:** Ioel 2,22. — **20:** Ps 103,21.

Demolita sunt horrea,
Dissipatae sunt apothecae,
Quoniam confusum est triticum.
18 Quid ingemuit animal,
Mugierunt greges armenti?
Quia non est pascua eis;
Sed et greges pecorum disperierunt.
19 Ad te, Domine, clamabo,
Quia ignis comedit speciosa deserti,
Et flamma succendit omnia ligna regionis.
20 Sed et bestiae agri, quasi area sitiens imbrem, suspexerunt ad te,
Quoniam exsiccati sunt fontes aquarum,
Et ignis devoravit speciosa deserti.

Imminens Dei iudicium ad poenitentiam invitans

2 1 Canite tuba in Sion,
Ululate in monte sancto meo,
Conturbentur omnes habitatores terrae:
Quia venit dies Domini, quia prope est.
2 Dies tenebrarum et caliginis,
Dies nubis et turbinis;
Quasi mane expansum super montes
Populus multus et fortis:
Similis ei non fuit a principio,
Et post eum non erit
Usque in annos generationis et generationis.
3 Ante faciem eius ignis vorans,
Et post eum exurens flamma.
Quasi hortus voluptatis terra coram eo,
Et post eum solitudo deserti,
Neque est qui effugiat eum.
4 Quasi aspectus equorum, aspectus eorum;
Et quasi equites sic current.
5 Sicut sonitus quadrigarum super capita montium exilient,
Sicut sonitus flammae ignis devorantis stipulam,
Velut populus fortis praeparatus ad praelium.
6 A facie eius cruciabuntur populi;
Omnes vultus redigentur in ollam.
7 Sicut fortes current;
Quasi viri bellatores ascendent murum;
Viri in viis suis gradientur,
Et non declinabunt a semitis suis.
8 Unusquisque fratrem suum non coarctabit,
Singuli in calle suo ambulabunt;
Sed et per fenestras cadent, et non demolientur.
9 Urbem ingredientur, in muro current,
Domos conscendent, per fenestras intrabunt quasi fur.
10 A facie eius, contremuit terra,
Moti sunt caeli,
Sol et luna obtenebrati sunt,
Et stellae retraxerunt splendorem suum.
11 Et Dominus dedit vocem suam ante faciem exercitus sui,
Quia multa sunt nimis castra eius,
Quia fortia et facientia verbum eius:
Magnus enim dies Domini, et terribilis valde,
Et quis sustinebit eum?
12 Nunc ergo, dicit Dominus,
Convertimini ad me in toto corde vestro,
In ieiunio, et in fletu, et in planctu.
13 Et scindite corda vestra, et non vestimenta vestra;
Et convertimini ad Dominum Deum vestrum,
Quia benignus et misericors est,
Patiens et multae misericordiae,
Et praestabilis super malitia.
14 Quis scit si convertatur, et ignoscat,
Et relinquat post se benedictionem,
Sacrificium et libamen Domino Deo vestro?
15 Canite tuba in Sion,
Sanctificate ieiunium, vocate coetum,
16 Congregate populum, sanctificate ecclesiam,
Coadunate senes, congregate parvulos, et sugentes ubera;
Egrediatur sponsus de cubili suo,
Et sponsa de thalamo suo.
17 Inter vestibulum et altare plorabunt sacerdotes, ministri Domini,
Et dicent: Parce, Domine, parce populo tuo;
Et ne des haereditatem tuam in opprobrium,
Ut dominentur eis nationes.
Quare dicunt in populis: Ubi est Deus eorum?

PARS ALTERA

FRUCTUS POENITENTIAE

(2,18-3,21)

Remedium devastationi locustarum afferet

18 Zelatus est Dominus terram suam,
Et pepercit populo suo.
19 Et respondit Dominus, et dixit populo suo:
Ecce ego mittam vobis frumentum, et vinum, et oleum,
Et replebimini eis;
Et non dabo vos ultra opprobrium in gentibus.

2 **1:** Os 5,8; Ioel 1,15; 2,11.31; Am 5,18. 20. — **2:** Ioel 1,2. — **3:** Gen 2,8. — **4:** Apoc 9,7. — **10:** Ps 17,8; Ioel 3,15-16; Mt 24,29. — **11:** Num 24,23; Mal 3,2. — **12:** Deut 4,30; 1 Sam 7,3.6; Os 12,6. — **13:** Ex 34,6; Ps 33, 19; 85,15; Ion 4,2. — **14:** Ioel 1,9.13; Am 5, 15; Ion 3,9; Agg 2,20; Mal 3,10. — **15:** Ioel 1,14; 2,1. — **17:** Ps 41,4; Ez 8,16; Mt 23,35. —

20 Et eum qui ab aquilone est procul faciam a vobis,
Et expellam eum in terram inviam et desertam:
Faciem eius contra mare orientale,
Et extremum eius ad mare novissimum:
Et ascendet foetor eius,
Et ascendet putredo eius,
Quia superbe egit.
21 Noli timere, terra;
Exsulta, et laetare,
Quoniam magnificavit Dominus ut faceret.
22 Nolite timere, animalia regionis,
Quia germinaverunt speciosa deserti;
Quia lignum attulit fructum suum,
Ficus et vinea dederunt virtutem suam.
23 Et, filii Sion, exsultate,
Et laetamini in Domino Deo vestro,
Quia dedit vobis doctorem iustitiae,
Et descendere faciet ad vos imbrem matutinum et serotinum,
Sicut in principio.
24 Et implebuntur areae frumento,
Et redundabunt torcularia vino et oleo.
25 Et reddam vobis annos quos comedit locusta,
Bruchus, et rubigo, et eruca:
Fortitudo mea magna quam misi in vos.
26 Et comedetis vescentes, et saturabimini;
Et laudabitis nomen Domini Dei vestri,
Qui fecit mirabilia vobiscum;
Et non confundetur populus meus in sempiternum.
27 Et scietis quia in medio Israel ego sum;
Et ego Dominus Deus vester, et non est amplius;
Et non confundetur populus meus in aeternum.

Afferet deinde Spiritum Domini

28 Et erit post haec:
Effundam spiritum meum super omnem carnem;
Et prophetabunt filii vestri et filiae vestrae;
Senes vestri somnia somniabunt,
Et iuvenes vestri visiones videbunt.
29 Sed et super servos meos et ancillas
In diebus illis effundam spiritum meum.
30 Et dabo prodigia in caelo et in terra,
Sanguinem, et ignem, et vaporem fumi.
31 Sol convertetur in tenebras,
Et luna in sanguinem,
Antequam veniat dies Domini magnus et horribilis.
32 Et erit: omnis qui invocaverit nomen Domini, salvus erit;
Quia in monte Sion et in Ierusalem
Erit salvatio, sicut dixit Dominus,
Et in residuis quos Dominus vocaverit.

Sequetur Dei iudicium in gentes, quae Israel vexarunt

3 1 Quia ecce in diebus illis, et in tempore illo,
Cum convertero captivitatem Iuda et Ierusalem,
2 Congregabo omnes gentes,
Et ducam eas in vallem Iosaphat;
Et disceptabo cum eis ibi super populo meo,
Et haereditate mea Israel,
Quos disperserunt in nationibus,
Et terram meam diviserunt.
3 Et super populum meum miserunt sortem;
Et posuerunt puerum in prostibulo,
Et puellam vendiderunt pro vino ut biberent.
4 Verum quid mihi et vobis, Tyrus et Sidon,
Et omnis terminus Palaestinorum?
Numquid ultionem vos reddetis mihi?
Et si ulciscimini vos contra me,
Cito velociter reddam vicissitudinem vobis super caput vestrum.
5 Argentum enim meum et aurum tulistis;
Et desiderabilia mea et pulcherrima intulistis in delubra vestra.
6 Et filios Iuda et filios Ierusalem vendidistis filiis Graecorum,
Ut longe faceretis eos de finibus suis.
7 Ecce ego suscitabo eos de loco in quo vendidistis eos,
Et convertam retributionem vestram in caput vestrum.
8 Et vendam filios vestros et filias vestras in manibus filiorum Iuda,
Et venundabunt eos Sabaeis, genti longinquae,
Quia Dominus locutus est.
9 Clamate hoc in gentibus,
Sanctificate bellum,
Suscitate robustos;
Accedant, ascendant omnes viri bellatores.
10 Concidite aratra vestra in gladios,
Et ligones vestros in lanceas.
Infirmus dicat: Quia fortis ego sum.
11 Erumpite, et venite, omnes gentes de circuitu,

19: Ioel 1,10; Mal 3,10-12. — **20:** Ier 1,14; Ez 47,19; Zach 14,8. — **22:** Ioel 1,18-20. — **23:** Deut 11,14; Os 6,3. — **25:** Ioel 1,4. — **26:** Is 49,23. — **27:** Ex 20,2-3; Lev 26,11-12; Is 12, 6; Ez 37,26-28; Ioel 3,17. — **28-32:** Act 2,17-21. — **28:** Is 44,3; 54,13; Ez 39,29; Zach 12,10; Act 13,1; 1 Cor 11,5; 12,10. — **30:** Lc 21,11. — **31:** Ioel 2,10-11; Mal 4,5; Apoc 6,12. — **32:** Is 10,21-22; 46,13; Ier 31,7; Abd 17; Mich 4,7; Rom 10,13.

3 **1:** Ez 30,3. — **2:** 2 Par 20,26; Is 66,16; Ier 30,3; Soph 3,8; Zach 14,2-4. — **3:** Abd 11; Nah 3,10. — **4:** Am 1,9. — **5:** 2 Par 21,16-17. — **6:** Ez 27,13. — **8:** 3 Reg 10,1; Iob 1, 15. — **10:** Is 2,4; Mich 4,3. — **12:** Ps 95,13;

Et congregamini;
Ibi occumbere faciet Dominus robustos tuos.
12 Consurgant, et ascendant gentes in vallem Iosaphat;
Quia ibi sedebo ut iudicem omnes gentes in circuitu.
13 Mittite falces, quoniam maturavit messis;
Venite, et descendite,
Quia plenum est torcular, exuberant torcularia,
Quia multiplicata est malitia eorum.
14 Populi, populi, in valle concisionis,
Quia iuxta est dies Domini in valle concisionis.
15 Sol et luna obtenebrati sunt,
Et stellae retraxerunt splendorem suum.
16 Et Dominus de Sion rugiet,
Et de Ierusalem dabit vocem suam.
Et movebuntur caeli, et terra;
Et Dominus spes populi sui,
Et fortitudo filiorum Israel.
17 Et scietis quia ego Dominus Deus vester,
Habitans in Sion monte sancto meo;
Et erit Ierusalem sancta,
Et alieni non transibunt per eam amplius.
18 Et erit in die illa, stillabunt montes dulcedinem,
Et colles fluent lacte,
Et per omnes rivos Iuda ibunt aquae;
Et fons de domo Domini egredietur,
Et irrigabit torrentem spinarum.
19 Aegyptus in desolationem erit,
Et Idumaea in desertum perditionis,
Pro eo quod inique egerint in filios Iuda,
Et effuderint sanguinem innocentem in terra sua.
20 Et Iudaea in aeternum habitabitur,
Et Ierusalem in generationem et generationem.
21 Et mundabo sanguinem eorum, quem non mundaveram;
Et Dominus commorabitur in Sion.

Is 2,1; Mt 25,31. — **13:** Apoc 14,15.18-20. — **14:** Ioel 1,15; 3,2.12. — **15:** Ioel 2,10. — **16:** Ps 17,8; Is 31,4. — **17:** Ps 73,2; Is 35,8; Ioel 2,27; Nah 1,15; Zach 14,21; Apoc 21,27. — **18:** Ez 47,1-8; Am 9,13; Zach 14,8. — **19:** Is 19,1-17; Ier 49,8.17; Ez 25,12-14; Am 1,11. — **20:** Ps 124,1-2; Ez 37,25; Am 9,15.

PROPHETIA AMOS

SUMMARIUM Inscriptio *(1,1)*. PARS PRIMA: Comminationes in gentes et in Israel *(1-2)*.—PARS SECUNDA: Israel peccata redarguuntur *(3-6)*.—PARS TERTIA: Visiones symbolicae *(7-9)*

Prophetiae inscriptio

1 1 Verba Amos, qui fuit in pastoribus de Thecue; quae vidit super Israel in diebus Oziae, regis Iuda, et in diebus Ieroboam, filii Ioas, regis Israel, ante duos annos terraemotus.

PARS PRIMA

Comminationes in gentes et in Israel
(1,2-2,16)

Iudicia Dei in Gentes

2 Et dixit:
Dominus de Sion rugiet,
Et de Ierusalem dabit vocem suam;
Et luxerunt speciosa pastorum,
Et exsiccatus est vertex Carmeli.
3 Haec dicit Dominus:
Super tribus sceleribus Damasci,
Et super quatuor non convertam eum,
Eo quod trituraverint in plaustris ferreis Galaad.
4 Et mittam ignem in domum Azael,
Et devorabit domos Benadad.
5 Et conteram vectem Damasci,
Et disperdam habitatorem de campo idoli,
Et tenentem sceptrum de domo voluptatis;
Et transferetur populus Syriae Cyrenen,
Dicit Dominus.
6 Haec dicit Dominus:
Super tribus sceleribus Gazae,
Et super quatuor non convertam eum,

1 **1:** 2 Sam 14,2; 4 Reg 14,16;; 15,1 Os 1,1; Am 7,14-15; Zach 14,5. — **2:** Ioel 3,16. — **3:** 4 Reg 10,23; 13,7; Is 17,1. — **4:** 4 Reg 13,24-25; Ier 49,27. — **5:** 4 Reg 16,9; 19,12; Am 9,7. — **6:** 2 Par 28,18; Ier 47,1.5; Soph 2,4; Zach 9,5-6. — **9:** 3 Reg 5,1.12; Ioel 3,4. — **11:**

Eo quod transtulerint captivitatem perfectam,
Ut concluderent eam in Idumaea.
7 Et mittam ignem in murum Gazae,
Et devorabit aedes eius.
8 Et disperdam habitatorem de Azoto,
Et tenentem sceptrum de Ascalone;
Et convertam manum meam super Accaron,
Et peribunt reliqui Philisthinorum,
Dicit Dominus Deus.
9 Haec dicit Dominus:
Super tribus sceleribus Tyri,
Et super quatuor non convertam eum,
Eo quod concluserint captivitatem perfectam in Idumaea,
Et non sint recordati foederis fratrum.
10 Et mittam ignem in murum Tyri,
Et devorabit aedes eius.
11 Haec dicit Dominus:
Super sceleribus tribus Edom,
Et super quatuor non convertam eum,
Eo quod persecutus sit in gladio fratrem suum,
Et violaverit misericordiam eius,
Et tenuerit ultra furorem suum,
Et indignationem suam servaverit usque in finem.
12 Mittam ignem in Theman,
Et devorabit aedes Bosrae.
13 Haec dicit Dominus:
Super tribus sceleribus filiorum Ammon,
Et super quatuor non convertam eum,
Eo quod dissecuerit praegnantes Galaad
Ad dilatandum terminum suum.
14 Et succendam ignem in muro Rabba,
Et devorabit aedes eius in ululatu in die belli,
Et in turbine in die commotionis.
15 Et ibit Melchom in captivitatem,
Ipse et principes eius simul,
Dicit Dominus.

2 1 Haec dicit Dominus:
Super tribus sceleribus Moab,
Et super quatuor non convertam eum,
Eo quod incenderit ossa regis Idumaeae usque ad cinerem.
2 Et mittam ignem in Moab,
Et devorabit aedes Carioth;
Et morietur in sonitu Moab, in clangore tubae.
3 Et disperdam iudicem de medio eius,
Et omnes principes eius interficiam cum eo,
Dicit Dominus.

Iudicia Dei in Iudam et Israel

4 Haec dicit Dominus:
Super tribus sceleribus Iuda,
Et super quatuor non convertam eum,
Eo quod abiecerit legem Domini
Et mandata eius non custodierit;
Deceperunt enim eos idola sua,
Post quae abierant patres eorum.
5 Et mittam ignem in Iuda,
Et devorabit aedes Ierusalem.
6 Haec dicit Dominus:
Super tribus sceleribus Israel,
Et super quatuor non convertam eum,
Pro eo quod vendiderit pro argento iustum,
Et pauperem pro calceamentis.
7 Qui conterunt super pulverem terrae capita pauperum,
Et viam humilium declinant;
Et filius ac pater eius ierunt ad puellam,
Ut violarent nomen sanctum meum.
8 Et super vestimentis pignoratis accubuerunt iuxta omne altare;
Et vinum damnatorum bibebant in domo Dei sui.
9 Ego autem exterminavi Amorrhaeum a facie eorum,
Cuius altitudo, cedrorum altitudo eius,
Et fortis ipse quasi quercus;
Et contrivi fructum eius desuper,
Et radices eius subter.
10 Ego sum qui ascendere vos feci de terra Aegypti,
Et duxi vos in deserto quadraginta annis,
Ut possideretis terram Amorrhaei.
11 Et suscitavi de filiis vestris in prophetas,
Et de iuvenibus vestris nazaraeos.
Numquid non ita est, filii Israel? dicit Dominus.
12 Et propinabitis nazaraeis vinum,
Et prophetis mandabitis, dicentes:
Ne prophetetis.
13 Ecce ego stridebo subter vos,
Sicut stridet plaustrum onustum foeno.
14 Et peribit fuga a veloce,
Et fortis non obtinebit virtutem suam,
Et robustus non salvabit animam suam;
15 Et tenens arcum non stabit,
Et velox pedibus suis non salvabitur,
Et ascensor equi non salvabit animam suam;
16 Et robustus corde inter fortes nudus fugiet in illa die,
Dicit Dominus.

Gen 27,41; Ps 136,7; Ier 27,3; Ez 35,5; Mal 1, 4. — **12:** Is 63,1; Ier 49,13. — **13:** Ier 49,1-2; Os 14,1; Soph 2,8-9. — **14:** Ez 21,20.28-29. — **15:** Ier 49,1-3.

2 **1:** 4 Reg 3,27. — **2:** Num 24,17; Is 15,1-9; Ier 48,20-41; Soph 2,8-9. — **4:** Lev 26, 14-15; Ez 20,13.18.30. — **5:** Ier 17,27; Os 8, 14. — **6:** Lev 25,39; Am 8,6. — **7:** Iob 24,4; Is 10,2; Ez 22,11; Am 5,12; 8,4; 1 Cor 5,1. — **8:** Ex 22,26. — **9:** Num 21,21-25; Ios 24,8. — **10:** Ex 12,51; Am 3,1. — **11:** Num 6,2. — **12:** Num 6,3; Ier 11,21; Am 7,13.16. — **14:** Am 9,1.

PARS SECUNDA

ISRAEL PECCATA REDARGUUNTUR
(3,1-6,15)

Peccata Israel certo castigabit Dominus

3 1 Audite verbum quod locutus est Dominus super vos, filii Israel,
Super omnem cognationem quam eduxi de terra Aegypti, dicens:
2 Tantummodo vos cognovi ex omnibus cognationibus terrae;
Idcirco visitabo super vos omnes iniquitates vestras.
3 Numquid ambulabunt duo pariter,
Nisi convenerit eis?
4 Numquid rugiet leo in saltu,
Nisi habuerit praedam?
Numquid dabit catulus leonis vocem de cubili suo,
Nisi aliquid apprehenderit?
5 Numquid cadet avis in laqueum terrae
Absque aucupe?
Numquid auferetur laqueus de terra
Antequam quid ceperit?
6 Si clanget tuba in civitate,
Et populus non expavescet?
Si erit malum in civitate,
Quod Dominus non fecerit?
7 Quia non facit Dominus Deus verbum,
Nisi revelaverit secretum suum ad servos suos prophetas.
8 Leo rugiet, quis non timebit?
Dominus Deus locutus est, quis non prophetabit?
9 Auditum facite in aedibus Azoti,
Et in aedibus terrae Aegypti,
Et dicite: Congregamini super montes Samariae,
Et videte insanias multas in medio eius,
Et calumniam patientes in penetralibus eius.
10 Et nescierunt facere rectum, dicit Dominus,
Thesaurizantes iniquitatem et rapinas in aedibus suis.
11 Propterea haec dicit Dominus Deus:
Tribulabitur et circuietur terra;
Et detrahetur ex te fortitudo tua,
Et diripientur aedes tuae.
12 Haec dicit Dominus:
Quomodo si eruat pastor de ore leonis
Duo crura, aut extremum auriculae,
Sic eruentur filii Israel, qui habitant in Samaria
In plaga lectuli, et in Damasci grabato.
13 Audite, et contestamini in domo Iacob,
Dicit Dominus Deus exercituum;
14 Quia in die cum visitare coepero praevaricationes Israel,
Super eum visitabo, et super altaria Bethel;
Et amputabuntur cornua altaris, et cadent in terram.
15 Et percutiam domum hiemalem cum domo aestiva;
Et peribunt domus eburneae,
Et dissipabuntur aedes multae,
Dicit Dominus.

Contra vanas et crudeles feminas Samariae

4 1 Audite verbum hoc, vaccae pingues,
Quae estis in monte Samariae,
Quae calumniam facitis egenis
Et confringitis pauperes,
Quae dicitis dominis vestris: Afferte, et bibemus.
2 Iuravit Dominus Deus in sancto suo,
Quia ecce dies venient super vos,
Et levabunt vos in contis,
Et reliquias vestras in ollis ferventibus.
3 Et per aperturas exibitis altera contra alteram,
Et proiiciemini in Armon,
Dicit Dominus.

Israelitae, vane cultus solemnitate confidentes, poenam peccatorum non effugient

4 Venite ad Bethel, et impie agite;
Ad Galgalam, et multiplicate praevaricationem;
Et afferte mane victimas vestras,
Tribus diebus decimas vestras.
5 Et sacrificate de fermentato laudem,
Et vocate voluntarias oblationes, et annuntiate;
Sic enim voluistis, filii Israel,
Dicit Dominus Deus.
6 Unde et ego dedi vobis stuporem dentium in cunctis urbibus vestris,
Et indigentiam panum in omnibus locis vestris;
Et non estis reversi ad me,
Dicit Dominus.
7 Ego quoque prohibui a vobis imbrem,
Cum adhuc tres menses superessent usque ad messem;
Et plui super unam civitatem,
Et super alteram civitatem non plui;

3 **1:** Am 1,1; 2,10. — **2:** Deut 7,6-8; Mt 10,15; Lc 12,47; 1 Petr 4,17. — **6:** Is 45,7; Lam 3,38; Ez 33,3-4. — **7:** Gen 18,17. — **8:** Num 22,38; Ier 1,7; Act 4,20; 1 Cor 9,16. — **9:** Am 1,8; 4,1; 6,1. — **11:** 4 Reg 18,9-12. — **12:** Ier 31,8-9. — **14:** 3 Reg 13,3; 4 Reg 23,15; Os 10,15. — **15:** 3 Reg 22,39; Ier 36,22.

4 **1:** Ps 21,13; Am 3,9; 6,1. — **2:** Ps 88,36; Ier 16,16. — **4:** Num 28,4; Deut 14,28; Os 4,15; Am 3,14; 5.5. — **5:** Lev 7,13; 22,18.21. —

Pars una compluta est,
Et pars super quam non plui, aruit.
8 Et venerunt duae et tres civitates ad unam civitatem
Ut biberent aquam, et non sunt satiatae;
Et non redistis ad me,
Dicit Dominus.
9 Percussi vos in vento urente, et in aurugine;
Multitudinem hortorum vestrorum et vinearum vestrarum,
Oliveta vestra et ficeta vestra comedit eruca;
Et non redistis ad me,
Dicit Dominus.
10 Misi in vos mortem in via Aegypti;
Percussi in gladio iuvenes vestros,
Usque ad captivitatem equorum vestrorum,
Et ascendere feci putredinem castrorum vestrorum in nares vestras;
Et non redistis ad me,
Dicit Dominus.
11 Subverti vos sicut subvertit Deus
Sodomam et Gomorrham,
Et facti estis quasi torris raptus ab incendio;
Et non redistis ad me,
Dicit Dominus.
12 Quapropter haec faciam tibi, Israel;
Postquam autem haec fecero tibi,
Praeparare in occursum Dei tui, Israel.
13 Quia ecce formans montes,
Et creans ventum,
Et annuntians homini eloquium suum,
Faciens matutinam nebulam,
Et gradiens super excelsa terrae:
Dominus Deus exercituum nomen eius.

Sub virginis figura reiectio Israel denuntiatur

5 1 Audite verbum istud,
Quod ego levo super vos planctum:
Domus Israel cecidit,
Et non adiiciet ut resurgat.
2 Virgo Israel proiecta est in terram suam,
Non est qui suscitet eam.
3 Quia haec dicit Dominus Deus:
Urbs de qua egrediebantur mille,
Relinquentur in ea centum;
Et de qua egrediebantur centum,
Relinquentur in ea decem in domo Israel.
4 Quia haec dicit Dominus domui Israel:
Quaerite me, et vivetis.
5 Et nolite quaerere Bethel,
Et in Galgalam nolite intrare,
Et in Bersabee non transibitis,
Quia Galgala captiva ducetur,
Et Bethel erit inutilis.
6 Quaerite Dominum, et vivite;
Ne forte comburatur ut ignis domus Ioseph, et devorabit,
Et non erit qui extinguat Bethel.
7 Qui convertitis in absinthium iudicium,
Et iustitiam in terra relinquitis.
8 Facientem Arcturum et Orionem,
Et convertentem in mane tenebras.
Et diem in noctem mutantem;
Qui vocat aquas maris,
Et effundit eas super faciem terrae;
Dominus nomen est eius.
9 Qui subridet vastitatem super robustum,
Et depopulationem super potentem affert.
10 Odio habuerunt corripientem in porta,
Et loquentem perfecte abominati sunt.
11 Idcirco, pro eo quod diripiebatis pauperem,
Et praedam electam tollebatis ab eo,
Domos quadro lapide aedificabitis,
Et non habitabitis in eis;
Vineas plantabitis amantissimas,
Et non bibetis vinum earum.
12 Quia cognovi multa scelera vestra,
Et fortia peccata vestra:
Hostes iusti, accipientes munus,
Et pauperes deprimentes in porta.
13 Ideo prudens in tempore illo tacebit,
Quia tempus malum est.
14 Quaerite bonum, et non malum, ut vivatis;
Et erit Dominus Deus exercituum vobiscum, sicut dixistis.
15 Odite malum et diligite bonum,
Et constituite in porta iudicium;
Si forte misereatur Dominus Deus exercituum reliquiis Ioseph.
16 Propterea haec dicit Dominus Deus exercituum, dominator:
In omnibus plateis planctus;
Et in cunctis quae foris sunt, dicetur: Vae, vae!
Et vocabunt agricolam ad luctum,
Et ad planctum eos qui sciunt plangere.
17 Et in omnibus vineis erit planctus,
Quia pertransibo in medio tui,
Dicit Dominus.

Dei iudicium imminens praedicitur

18 Vae desiderantibus diem Domini!
Ad quid eam vobis?
Dies Domini ista, tenebrae, et non lux.

6: Deut 28,57; Ier 15,7; Agg 2,18. — **7:** Deut 28,23; Ier 3,3. — **9:** Deut 28,22; Ioel 1,4. — **10:** Ex 12,20; 4 Reg 13,7. — **11:** Deut 29,23; Is 13,19; Zach 3,2. — **13:** Ps 138,3; Is 48,2; Am 5,8.27.

5 **2:** Lam 2,13. — **4:** 2 Par 15,2; Ier 29,13-14. — **5:** Am 4,4; 8,14. — **7:** Am 6,13. — **8:** Iob 9,9; 38,31-32; Am 4,13; 9,6. — **10:** Ruth 4,1; Ps 126,5; Is 29,21. — **11:** Deut 28,30; Am 2,7; Mich 6,15; Soph 1,13. — **12:** Is 10,2; 29,21; Am 2,7; 5,10. — **14:** Am 5,4; Mich 3,11. — **15:** Ps 96,10; Soph 2,7. — **17:** Ex 12,12. — **18:**

19 Quomodo si fugiat vir a facie leonis,
Et occurrat ei ursus;
Et ingrediatur domum, et innitatur manu sua super parietem,
Et mordeat eum coluber.
20 Numquid non tenebrae dies Domini, et non lux;
Et caligo, et non splendor in ea?
21 Odi, et proieci festivitates vestras,
Et non capiam odorem coetuum vestrorum.
22 Quod si obtuleritis mihi holocautomata, et munera vestra,
Non suscipiam;
Et vota pinguium vestrorum
Non respiciam.
23 Aufer a me tumultum carminum tuorum;
Et cantica lyrae tuae non audiam.
24 Et revelabitur quasi aqua iudicium,
Et iustitia quasi torrens fortis.
25 Numquid hostias et sacrificium obtulistis mihi
In deserto quadraginta annis, domus Israel?
26 Et portastis tabernaculum Moloch vestro,
Et imaginem idolorum vestrorum, sidus dei vestri,
Quae fecistis vobis.
27 Et migrare vos faciam trans Damascum, dicit Dominus,
Deus exercituum nomen eius.

Vae opulentis!

6 1 Vae qui opulenti estis in Sion,
Et confiditis in monte Samariae;
Optimates capita populorum,
Ingredientes pompatice domum Israel!
2 Transite in Chalane, et videte,
Et ite inde in Emath magnam,
Et descendite in Geth Palaestinorum,
Et ad optima regna horum:
Si latior terminus eorum termino vestro est.
3 Qui separati estis in diem malum,
Et appropinquatis solio iniquitatis;
4 Qui dormitis in lectis eburneis,
Et lascivitis in stratis vestris;
Qui comeditis agnum de grege,
Et vitulos de medio armenti;
5 Qui canitis ad vocem psalterii,
Sicut David putaverunt se habere vasa cantici;
6 Bibentes vinum in phialis,
Et optimo unguento delibuti,
Et nihil patiebantur super contritione Ioseph.
7 Quapropter nunc migrabunt in capite transmigrantium,
Et auferetur factio lascivientium.
8 Iuravit Dominus Deus in anima sua,
Dicit Dominus Deus exercituum:
Detestor ego superbiam Iacob,
Et domos eius odi,
Et tradam civitatem cum habitatoribus suis.
9 Quod si reliqui fuerint decem viri in domo una,
Et ipsi morientur.
10 Et tollet eum propinquus suus, et comburet eum,
Ut efferat ossa de domo;
Et dicet ei, qui in penetralibus domus est:
Numquid adhuc est penes te?
11 Et respondebit: Finis est.
Et dicet ei: Tace,
Et non recorderis nominis Domini.
12 Quia ecce Dominus mandabit,
Et percutiet domum maiorem ruinis,
Et domum minorem scissionibus.
13 Numquid currere queunt in petris equi,
Aut arari potest in bubalis,
Quoniam convertistis in amaritudinem iudicium,
Et fructum iustitiae in absinthium?
14 Qui laetamini in nihilo, qui dicitis:
Numquid non in fortitudine nostra assumpsimus nobis cornua?
15 Ecce enim suscitabo super vos, domus Israel,
Dicit Dominus Deus exercituum, gentem,
Et conteret vos ab introitu Emath usque ad torrentem deserti.

PARS TERTIA

VISIONES SYMBOLICAE

(7,1-9,15)

Quatuor symbolis poenam Israel confirmat propheta

7 1 Haec ostendit mihi Dominus Deus:
Et ecce fictor locustae in principio germinantium serotini imbris,
Et ecce serotinus post tonsionem regis.
2 Et factum est, cum consummasset comedere herbam terrae,

Ioel 1,15; 3,2. — **21:** Is 1,13-15; Mal 1,10. — **22:** Is 1,11; Ier 6,20; Os 8,13. — **25:** Deut 32, 17; Ez 20,16.24; Act 7,42-43. — **26:** 3 Reg 11, 7; Is 46,7. — **27:** 4 Reg 17,6.

6 **1:** Am 4,1; Soph 1,12; Lc 6,24. — **2:** 1 Sam 17,4; 4 Reg 18,34; Is 10,9; Nah 3,8. — **3:** Am 9,10. — **4:** Am 3,12.15. — **5:** 1 Par 23,5. — **7:** Am 7,11.17. — **8:** Ier 51,14; Am 8,7; Nah 2, 2. — **10:** 1 Sam 31,12. — **13:** Os 10,4; Am 5, 7. — **15:** 4 Reg 14,25.

7 **1:** Am 7,4.7; 8,1. — **3:** Deut 32,36; Ioel 2,13; Ion 3,10. — **9:** Gen 26,23-25; 4 Reg

Dixi: Domine Deus, propitius esto, obsecro;
Quis suscitabit Iacob, quia parvulus est?
3 Misertus est Dominus super hoc:
Non erit, dixit Dominus.
4 Haec ostendit mihi Dominus Deus:
Et ecce vocabat iudicium ad ignem Dominus Deus;
Et devoravit abyssum multam,
Et comedit simul partem.
5 Et dixi: Domine Deus, quiesce, obsecro;
Quis suscitabit Iacob, quia parvulus est?
6 Misertus est Dominus super hoc.
Sed et istud non erit, dixit Dominus Deus.
7 Haec ostendit mihi Dominus:
Et ecce Dominus stans super murum litum,
Et in manu eius trulla caementarii.
8 Et dixit Dominus ad me: Quid tu vides, Amos?
Et dixi: Trullam caementarii.
Et dixit Dominus: Ecce ego ponam trullam in medio populi mei Israel;
Non adiiciam ultra superinducere eum.
9 Et demolientur excelsa idoli,
Et sanctificationes Israel desolabuntur,
Et consurgam super domum Ieroboam in gladio.

10 Et misit Amasias, sacerdos Bethel,
ad Ieroboam, regem Israel, dicens: Rebellavit contra te Amos in medio domus
Israel; non poterit terra sustinere universos sermones eius. 11 Haec enim dicit
Amos: In gladio morietur Ieroboam, et
Israel captivus migrabit de terra sua. 12 Et
dixit Amasias ad Amos: Qui vides, gra-
dere; fuge in terram Iuda, et comede ibi
panem, et prophetabis ibi. 13 Et in Bethel non adiicies ultra ut prophetes, quia
sanctificatio regis est, et domus regni est.
14 Responditque Amos, et dixit ad Amasiam: Non sum propheta, et non sum filius
prophetae; sed armentarius ego sum, vel-
licans sycomoros. 15 Et tulit me Dominus
cum sequerer gregem, et dixit Dominus
ad me: Vade propheta ad populum meum
Israel. 16 Et nunc audi verbum Domini:

Tu dicis: Non prophetabis super Israel,
Et non stillabis super domum idoli.
17 Propter hoc haec dicit Dominus:
Uxor tua in civitate fornicabitur,
Et filii tui et filiae tuae in gladio cadent,
Et humus tua funiculo metietur;
Et tu in terra polluta morieris,
Et Israel captivus migrabit de terra sua.

8 1 Haec ostendit mihi Dominus Deus:
Et ecce uncinus pomorum.
2 Et dixit: Quid tu vides, Amos?
Et dixi: Uncinum pomorum.
Et dixit Dominus ad me: Venit finis super populum meum Israel;
Non adiiciam ultra ut pertranseam eum.
3 Et stridebunt cardines templi in die illa,
Dicit Dominus Deus;
Multi morientur;
In omni loco proiicietur silentium.

Poena denuntiatur vexatoribus pauperum

4 Audite hoc, qui conteritis pauperem,
Et deficere facitis egenos terrae;
5 Dicentes: Quando transibit mensis,
Et venundabimus merces?
Et sabbatum, et aperiemus frumentum,
Ut imminuamus mensuram, et augeamus siclum,
Et supponamus stateras dolosas,
6 Ut possideamus in argento egenos et pauperes pro calceamentis,
Et quisquilias frumenti vendamus?
7 Iuravit Dominus in superbiam Iacob:
Si oblitus fuero usque ad finem omnia opera eorum.
8 Numquid super isto non commovebitur terra,
Et lugebit omnis habitator eius,
Et ascendet quasi fluvius universus,
Et eiicietur, et defluet, quasi rivus Aegypti?
9 Et erit in die illa, dicit Dominus Deus;
Occidet sol in meridie,
Et tenebrescere faciam terram in die luminis;
10 Et convertam festivitates vestras in luctum,
Et omnia cantica vestra in planctum;
Et inducam super omne dorsum vestrum saccum,
Et super omne caput calvitium;
Et ponam eam quasi luctum unigeniti,
Et novissima eius quasi diem amarum.
11 Ecce dies veniunt, dicit Dominus:
Et mittam famem in terram;
Non famem panis, neque sitim aquae,
Sed audiendi verbum Domini.
12 Et commovebuntur a mari usque ad mare,
Et ab aquilone usque ad orientem,
Circuibunt quaerentes verbum Domini,
Et non invenient.
13 In die illa deficient virgines pulchrae et adolescentes in siti,

15,8-12. — 10: 3 Reg 12,32; Am 1,1; 3,14; 7,13. — 11: Am 6,7. — 12: Am 1,1; Mich 3,5.11. — 13: 3 Reg 12,29-13,1. — 14: 4 Reg 12,3; Am 1,1; Zach 13,5. — 17: Ier 28,16; 29,21.32; Am 6,7.

8 1: Am 7,1.4.7. — 3: Am 6,9.11. — 4: Am 2,7. — 5: Neh 13,15-18; Prov 11,1; Os 12,7; Mich 6,10-11. — 6: Am 6,7. — 7: Os 8,13; 9,9; Am 6,8. — 8: Am 9,5. — 9: Ier 15,9; Mich 3,6; Mt 24,20. — 10: Tob 2,6; Is 3,24; Ier 6,26; Zach 12,10. — 11: Ps 73,9; Mich 3,7. — 14: Deut 9,21; 3 Reg 12,30; Os 10,8; Am 5,5.

14 Qui iurant in delicto Samariae,
Et dicunt: Vivit Deus tuus, Dan,
Et vivit via Bersabee;
Et cadent, et non resurgent ultra.

Ultiones Dei in filios Israel, gentibus aequiparatos

9 1 Vidi Dominum stantem super altare,
Et dixit: Percute cardinem,
Et commoveantur superliminaria,
Avaritia enim in capite omnium,
Et novissimum eorum in gladio interficiam;
Non erit fuga eis.
Fugient, et non salvabitur ex eis qui fugerit.
2 Si descenderint usque ad infernum,
Inde manus mea educet eos;
Et si ascenderint usque in caelum,
Inde detraham eos.
3 Et si absconditi fuerint in vertice Carmeli,
Inde scrutans auferam eos;
Et si celaverint se ab oculis meis in profundo maris,
Ibi mandabo serpenti, et mordebit eos.
4 Et si abierint in captivitatem coram inimicis suis,
Ibi mandabo gladio, et occidet eos;
Et ponam oculos meos super eos in malum,
Et non in bonum.
5 Et Dominus Deus exercituum, qui tangit terram, et tabescet;
Et lugebunt omnes habitantes in ea,
Et ascendet sicut rivus omnis,
Et defluet sicut fluvius Aegypti.
6 Qui aedificat in caelo ascensionem suam,
Et fasciculum suum super terram fundavit;
Qui vocat aquas maris,
Et effundit eas super faciem terrae;
Dominus nomen eius.
7 Numquid non ut filii Aethiopum
Vos estis mihi, filii Israel?, ait Dominus.
Numquid non Israel ascendere feci de terra Aegypti,
Et Palaestinos de Cappadocia,
Et Syros de Cyrene?

Praenuntiatur restauratio Israel

8 Ecce oculi Domini Dei super regnum peccans:
Et conteram illud a facie terrae;
Verumtamen conterens non conteram domum Iacob,
Dicit Dominus.
9 Ecce enim mandabo ego,
Et concutiam in omnibus gentibus domum Israel,
Sicut concutitur triticum in cribro,
Et non cadet lapillus super terram.
10 In gladio morientur omnes peccatores populi mei,
Qui dicunt: Non appropinquabit,
Et non veniet super nos malum.
11 In die illa suscitabo tabernaculum David, quod cecidit:
Et reaedificabo aperturas murorum eius,
Et ea quae corruerant instaurabo;
Et reaedificabo illud sicut in diebus antiquis;
12 Ut possideant reliquias Idumaeae, et omnes nationes,
Eo quod invocatum sit nomen meum super eos:
Dicit Dominus faciens haec.
13 Ecce dies veniunt, dicit Dominus,
Et comprehendet arator messorem,
Et calcator uvae mittentem semen;
Et stillabunt montes dulcedinem,
Et omnes colles culti erunt.
14 Et convertam captivitatem populi mei Israel;
Et aedificabunt civitates desertas, et inhabitabunt;
Et plantabunt vineas, et bibent vinum earum,
Et facient hortos, et comedent fructus eorum.
15 Et plantabo eos super humum suam,
Et non evellam eos ultra de terra sua, quam dedi eis,
Dicit Dominus Deus tuus.

---

9 **1:** Is 6,4; Am 2,14. — **2:** Ps 138,8-10. — **3:** Am 1,2. — **4:** Deut 28,65; Ier 21,10. — **5:** Ps 103,22; Am 8,8. — **6:** Ps 103,3; Am 5,8. — **7:** Ez 20,2; Ier 47,4; Am 1,5. — **8:** Ier 30,11; Abd 17. — **9:** Ier 15,7. — **10:** Am 6,3; Mich 3,11. — **11-12:** Act 15,16-17. — **12:** Abd 19. — **13:** Lev 26,5; Ioel 3,18. — **14:** Is 61,4; Ier 30,3; Ez 36,33-35; 39,25; Zach 8,7. — **15:** Ier 24,6; Ez 37,25.

PROPHETIA ABDIAE

SUMMARIUM *Denuntiatur destructio Edom (1-16).*
Salus Israel praedicitur (17-21).

Denuntiatur destructio Edom

1 Visio Abdiae.
Haec dicit Dominus Deus ad Edom:
Auditum audivimus a Domino;
Et legatum ad gentes misit:
Surgite, et consurgamus adversus eum in praelium.
2 Ecce parvulum dedi te in gentibus,
Contemptibilis tu es valde.
3 Superbia cordis tui extulit te,
Habitantem in scissuris petrarum,
Exaltantem solium tuum;
Qui dicis in corde tuo:
Quis detrahet me in terram?
4 Si exaltatus fueris ut aquila,
Et si inter sidera posueris nidum tuum,
Inde detraham te, dicit Dominus.
5 Si fures introissent ad te,
Si latrones per noctem,
Quomodo conticuisses?
Nonne furati essent sufficientia sibi?
Si vindemiatores introissent ad te,
Numquid saltem racemum reliquissent tibi?
6 Quomodo scrutati sunt Esau?
Investigaverunt abscondita eius.
7 Usque ad terminum emiserunt te,
Omnes viri foederis tui illuserunt tibi;
Invaluerunt adversum te viri pacis tuae,
Qui comedunt tecum, ponent insidias subter te;
Non est prudentia in eo.
8 Numquid non in die illa, dicit Dominus,
Perdam sapientes de Idumaea,
Et prudentiam de monte Esau?
9 Et timebunt fortes tui a meridie,
Ut intereat vir de monte Esau.
10 Et propter iniquitatem in fratrem tuum Iacob,
Operiet te confusio, et peribis in aeternum.
11 In die cum stares adversus eum,
Quando capiebant alieni exercitum eius,
Et extranei ingrediebantur portas eius,
Et super Ierusalem mittebant sortem,
Tu quoque eras quasi unus ex eis.
12 Et non despicies in die fratris tui,
In die peregrinationis eius;
Et non laetaberis super filios Iuda
In die perditionis eorum,
Et non magnificabis os tuum
In die angustiae.
13 Neque ingredieris portam populi mei
In die ruinae eorum;
Neque despicies et tu in malis eius
In die vastitatis illius.
Et non emitteris adversus exercitum eius
In die vastitatis illius;
14 Neque stabis in exitibus
Ut interficias eos qui fugerint,
Et non concludes reliquos eius
In die tribulationis.
15 Quoniam iuxta est dies Domini super omnes gentes:
Sicut fecisti, fiet tibi;
Retributionem tuam convertet in caput tuum.
16 Quomodo enim bibistis super montem sanctum meum,
Bibent omnes gentes iugiter;
Et bibent, et absorbebunt,
Et erunt quasi non sint.

Salus Israel praedicitur

17 Et in monte Sion erit salvatio, et erit sanctus;
Et possidebit domus Iacob eos qui se possederant.
18 Et erit domus Iacob ignis,
Et domus Ioseph flamma,
Et domus Esau stipula;
Et succendentur in eis, et devorabunt eos,
Et non erunt reliquiae domus Esau,
Quia Dominus locutus est.
19 Et haereditabunt hi qui ad austrum sunt, montem Esau;
Et qui in campestribus, Philisthiim;
Et possidebunt regionem Ephraim et regionem Samariae:
Et Beniamin possidebit Galaad.
20 Et transmigratio exercitus huius filiorum Israel,
Omnia loca Chananaeorum usque ad Sareptam;
Et transmigratio Ierusalem, quae in Bosphoro est,
Possidebit civitates austri.
21 Et ascendent salvatores in montem Sion iudicare montem Esau,
Et erit Domino regnum.

1 **1:** Ier 49,7-22; Ez 25,12-14; 35,2-15. — **4:** Hab 2,9. — **5:** Deut 24,21; Ier 49,9. — **7:** Ps 40,10; Ier 49,7. — **9:** Am 1,12. — **10:** Gen 27,41; Num 20,20-21; Ioel 3,19. — **11:** 4 Reg 25,10-20; Ps 136,6-7; Lam 4,21; Ioel 3,3. — **15:** Ier 50,29; Ez 35,15; Ioel 1,15; 3,7; Hab 2,8. — **17:** Ioel 2,32. — **18:** Is 10,17; Zach 12,6. — **19:** Am 9,12. — **20:** 3 Reg 17,9. — **21:** Ps 21,29; Is 19,20; Dan 2,44; 7,14.27; Apoc 19,6.

PROPHETIA IONAE

SUMMARIUM *Ionas mittitur in Ninivem (1-2).*
Ionas in Ninive (3-4).

Ionas fugiens Dominum navem ascendit

1 1 Et factum est verbum Domini ad
Ionam, filium Amathi, dicens: 2 Surge, et vade in Niniven, civitatem grandem,
et praedica in ea, quia ascendit malitia eius
coram me.
3 Et surrexit Ionas, ut fugeret in Tharsis a facie Domini; et descendit in Ioppen: et invenit navem euntem in Tharsis, et dedit naulum eius, et descendit in
eam ut iret cum eis in Tharsis a facie Domini. 4 Dominus autem misit ventum magnum in mare; et facta est tempestas
magna in mari, et navis periclitabatur con-
teri. 5 Et timuerunt nautae, et clamaverunt viri ad deum suum, et miserunt vasa
quae erant in navi, in mare, ut alleviare-
tur ab eis; et Ionas descendit ad interiora
navis, et dormiebat sopore gravi. 6 Et accessit ad eum gubernator, et dixit ei: Quid
tu sopore deprimeris? Surge, invoca Deum
tuum, si forte recogitet Deus de nobis, et
non pereamus. 7 Et dixit vir ad collegam
suum: Venite et mittamus sortes, et sciamus quare hoc malum sit nobis. Et miserunt sortes, et cecidit sors super Ionam.
8 Et dixerunt ad eum: Indica nobis cuius
causa malum istud sit nobis: quod est
opus tuum? quae terra tua, et quo vadis?
vel ex quo populo es tu? 9 Et dixit ad eos:
Hebraeus ego sum, et Dominum Deum
caeli ego timeo, qui fecit mare et aridam.
10 Et timuerunt viri timore magno, et dixerunt ad eum: Quid hoc fecisti? Cognoverunt enim viri quod a facie Domini fugeret, quia indicaverat eis. 11 Et dixerunt
ad eum: Quid faciemus tibi, et cessabit
mare a nobis? quia mare ibat, et intumescebat. 12 Et dixit ad eos: Tollite me, et
mittite in mare, et cessabit mare a vobis;
scio enim ego quoniam propter me tempestas haec grandis venit super vos. 13 Et
remigabant viri ut reverterentur ad aridam, et non valebant, quia mare ibat, et
intumescebat super eos. 14 Et clamaverunt
ad Dominum, et dixerunt: Quaesumus,
Domine, ne pereamus in anima viri istius;
et ne des super nos sanguinem innocentem, quia tu, Domine, sicut voluisti, fecisti. 15 Et tulerunt Ionam, et miserunt in
mare; et stetit mare a fervore suo. 16 Et
timuerunt viri timore magno Dominum;
et immolaverunt hostias Domino, et vo-
verunt vota.

Ionas in ventre piscis

2 1 Et praeparavit Dominus piscem
grandem ut deglutiret Ionam; et erat
Ionas in ventre piscis tribus diebus et tribus noctibus. 2 Et oravit Ionas ad Dominum Deum suum de ventre piscis, 3 et
dixit:

Clamavi de tribulatione mea ad Dominum,
Et exaudivit me;
De ventre inferi clamavi,
Et exaudisti vocem meam.
4 Et proiecisti me in profundum in corde
maris,
Et flumen circumdedit me;
Omnes gurgites tui, et fluctus tui super me
transierunt.
5 Et ego dixi:
Abiectus sum a conspectu oculorum tuo-
rum;
Verumtamen rursus videbo templum sanc-
tum tuum.
6 Circumdederunt me aquae usque ad ani-
mam:
Abyssus vallavit me,
Pelagus operuit caput meum.
7 Ad extrema montium descendi,
Terrae vectes concluserunt me in aeter-
num;
Et sublevabis de corruptione vitam meam,
Domine Deus meus.
8 Cum angustiaretur in me anima mea,
Domini recordatus sum:
Ut veniat ad te oratio mea,
Ad templum sanctum tuum.
9 Qui custodiunt vanitates frustra,
Misericordiam suam derelinquunt.
10 Ego autem in voce laudis immolabo
tibi;
Quaecumque vovi, reddam pro salute Do-
mino.
11 Et dixit Dominus pisci; et evomuit
Ionam in aridam.

1 **1:** 4 Reg 14,25; Mt 12,39. — **2:** 4 Reg 19,
36; Nah 1,1-3,19. — **3:** 3 Reg 10,22; Ps
71,10. — **5:** Ps 106,28; Act 27,18-19.38. — **7:**
Ios 7,16; 1 Sam 14,42. — **9:** Ps 145,6. — **14:** Deut
21,8.

2 **1:** Esth 4,16; Mt 12,40; 16,4; Lc 11,30. —
3: Ps 129,1. — **4:** Ps 41,8. — **5:** Ps 30,23;
41,5. — **6:** Ps 68,2. — **7:** Ps 15,10; 29,4; 85,
13. — **8:** Ps 17,7; 106,6; 141,4. — **10:** Ps 21,26;
49,14; 115,17-18.

Ninivitarum poenitentia

3 1 Et factum est verbum Domini ad
Ionam secundo, dicens: 2 Surge, et
vade in Niniven, civitatem magnam, et
praedica in ea praedicationem, quam ego
loquor ad te. 3 Et surrexit Ionas, et abiit
in Niniven iuxta verbum Domini; et
Ninive erat civitas magna itinere trium
dierum. 4 Et coepit Ionas introire in civitatem itinere diei unius; et clamavit,
et dixit: Adhuc quadraginta dies, et Ninive subvertetur. 5 Et crediderunt viri
Ninivitae in Deum, et praedicaverunt
ieiunium, et vestiti sunt saccis, a maiore
usque ad minorem. 6 Et pervenit verbum
ad regem Ninive; et surrexit de solio
suo, et abiecit vestimentum suum a se,
et indutus est sacco, et sedit in cinere.
7 Et clamavit, et dixit in Ninive ex ore
regis et principum eius, dicens: Homines,
et iumenta, et boves, et pecora non gus-
tent quidquam; nec pascantur, et aquam
non bibant. 8 Et operiantur saccis homines, et iumenta, et clament ad Dominum
in fortitudine: et convertatur vir a via
sua mala, et ab iniquitate quae est in
manibus eorum. 9 Quis scit si convertatur
et ignoscat Deus, et revertatur a furore
irae suae, et non peribimus?
10 Et vidit Deus opera eorum, quia conversi sunt de via sua mala; et misertus
est Deus super malitiam quam locutus
fuerat ut faceret eis, et non fecit.

Ionas iratus de ratione misericordiae divinae edocetur

4 1 Et afflictus est Ionas afflictione magna, et iratus est: 2 et oravit ad Dominum, et dixit: Obsecro, Domine, numquid non hoc est verbum meum cum
adhuc essem in terra mea? Propter hoc
praeoccupavi ut fugerem in Tharsis: scio
enim quia tu Deus clemens et misericors
es, patiens et multae miserationis, et ignos-
cens super malitia. 3 Et nunc, Domine,
tolle, quaeso, animam meam a me, quia
melior est mihi mors quam vita. 4 Et
dixit Dominus: Putasne bene irasceris tu?
5 Et egressus est Ionas de civitate, et
sedit contra orientem civitatis; et fecit
sibimet umbraculum ibi, et sedebat subter illud in umbra, donec videret quid
accideret civitati. 6 Et praeparavit Dominus Deus hederam, et ascendit super
caput Ionae, ut esset umbra super caput
eius, et protegeret eum (laboraverat enim);
et laetatus est Ionas super hedera laetitia
magna. 7 Et paravit Deus vermem ascensu
diluculi in crastinum; et percussit hederam, et exaruit. 8 Et cum ortus fuisset
sol, praecepit Dominus vento calido et
urenti; et percussit sol super caput Ionae,
et aestuabat; et petivit animae suae ut
moreretur, et dixit: Melius est mihi mori
quam vivere. 9 Et dixit Dominus ad Ionam: Putasne bene irasceris tu super
hedera? Et dixit: Bene irascor ego usque
ad mortem. 10 Et dixit Dominus: Tu doles
super hederam in qua non laborasti neque
fecisti ut cresceret; quae sub una nocte
nata est, et sub una nocte periit: 11 et
ego non parcam Ninive, civitati magnae,
in qua sunt plus quam centum viginti
millia hominum qui nesciunt quid sit
inter dexteram et sinistram suam, et iumenta multa?

3 **2:** Ion 1,2. — **5:** Mt 12,41; Lc 11,32. — **6:** Is 47,1; Lam 2,10. — **7:** Ps 35,7; Ion 4,11. — **9:** 2 Sam 12,22; Ioel 2,14; Am 5,15. — **10:** Is 55,7; Ier 18,8.

4 **2:** Ex 34,6; Ioel 2,13; Ion 1,3. — **3:** 3 Reg 19,4; Tob 3,6; Iob 7,15; Eccl 7,2; Eccli 30,17; Ier 8,3. — **8:** Ier 18,17. — **11:** Deut 1,29; Ion 3,3.7.

PROPHETIA MICHAEAE

SUMMARIUM *INSCRIPTIO (1,1).*—PARS PRIMA: Dei iudicium in Israel et Iudam *(1,2-3,12).*—PARS SECUNDA: Vaticinia salutis *(4-5).*—PARS TERTIA: Obiurgato populo, certa spes salutis denuntiatur *(6-7)*

Prophetiae inscriptio

1 1 Verbum Domini, quod factum est ad Michaeam Morasthiten, in diebus Ioathan, Achaz, et Ezechiae, regum Iuda, quod vidit super Samariam et Ierusalem.

PARS PRIMA

Dei iudicium in Israel et Iudam
(1,2-3,12)

Iudicium in Samariam et Ierusalem

2 Audite, populi omnes:
Et attendat terra, et plenitudo eius;
Et sit Dominus Deus vobis in testem,
Dominus de templo sancto suo.
3 Quia ecce Dominus egredietur de loco suo;
Et descendet, et calcabit super excelsa terrae.
4 Et consumentur montes subtus eum,
Et valles scindentur sicut cera a facie ignis,
Et sicut aquae quae decurrunt in praeceps.
5 In scelere Iacob omne istud,
Et in peccatis domus Israel.
Quod scelus Iacob? nonne Samaria?
Et quae excelsa Iudae? nonne Ierusalem?
6 Et ponam Samariam quasi acervum lapidum in agro,
Cum plantatur vinea;
Et detraham in vallem lapides eius,
Et fundamenta eius revelabo.
7 Et omnia sculptilia eius concidentur,
Et omnes mercedes eius comburentur igne,
Et omnia idola eius ponam in perditionem,
Quia de mercedibus meretricis congregata sunt,
Et usque ad mercedem meretricis revertentur.
8 Super hoc plangam, et ululabo;
Vadam spoliatus, et nudus;
Faciam planctum velut draconum,
Et luctum quasi struthionum:
9 Quia desperata est plaga eius,
Quia venit usque ad Iudam,
Tetigit portam populi mei usque ad Ierusalem.
10 In Geth nolite annuntiare;
Lacrymis ne ploretis;
In domo pulveris pulvere vos conspergite.
11 Et transite vobis, habitatio pulchra, confusa ignominia;
Non est egressa quae habitat in exitu;
Planctum domus vicina accipiet ex vobis, quae stetit sibimet.
12 Quia infirmata est in bonum,
Quae habitat in amaritudinibus;
Quia descendit malum a Domino in portam Ierusalem.
13 Tumultus quadrigae stuporis habitanti Lachis;
Principium peccati est filiae Sion,
Quia in te inventa sunt scelera Israel.
14 Propterea dabit emissarios super haereditatem Geth;
Domus mendacii in deceptionem regibus Israel.
15 Adhuc haeredem adducam tibi quae habitas in Maresa;
Usque ad Odollam veniet gloria Israel.
16 Decalvare, et tondere super filios deliciarum tuarum;
Dilata calvitium tuum sicut aquila,
Quoniam captivi ducti sunt ex te.

Divitibus dure obiurgatis, populi congregatio denuntiatur

2 1 Vae qui cogitatis inutile,
Et operamini malum in cubilibus vestris!
In luce matutina faciunt illud,
Quoniam contra Deum est manus eorum.
2 Et concupierunt agros, et violenter tulerunt;
Et rapuerunt domos;
Et calumniabantur virum, et domum eius;
Virum, et haereditatem eius.
3 Idcirco haec dicit Dominus:
Ecce ego cogito super familiam istam malum

1 **1:** 4 Reg 15,32; 16,1; 18,1; Is 1,1; Ier 26,18; Os 1,1. — **2:** Ps 10,5; Hab 2,20. — **4:** Iud 5,5; Ps 67,3; Is 64,13; Nah 1,6; Hab 3,6. 10. — **5:** 2 Par 28,4; Ier 23,13; Mich 3,8. — **6:** Ez 13,14; Mich 3,12. — **7:** Os 2,5.12; 9,1. — **8:** Is 20,2-4. — **9:** Is 9,6-7. — **10:** 1 Sam 17, 4. — **12:** Am 3,6. — **13:** Os 13,1-2; Mich 1, 5. — **15:** 1 Sam 22,1-2. — **16:** Is 3,24.

2 **1:** Ps 35,5. — **2:** Is 5,8. — **3:** Ier 8,3; Am 3,1-2. — **4:** Is 14,4; Hab 2,6. — **5:** Deut

Unde non auferetis colla vestra;
Et non ambulabitis superbi,
Quoniam tempus pessimum est.
4 In die illa sumetur super vos parabola,
Et cantabitur canticum cum suavitate, dicentium:
Depopulatione vastati sumus;
Pars populi mei commutata est;
Quomodo recedet a me, cum revertatur,
Qui regiones nostras dividat?
5 Propter hoc non erit tibi mittens funiculum sortis in coetu Domini.
6 Ne loquamini loquentes;
Non stillabit super istos, non comprehendet confusio.
7 Dicit domus Iacob:
Numquid abbreviatus est spiritus Domini,
Aut tales sunt cogitationes eius?
Nonne verba mea bona sunt cum eo qui recte graditur?
8 Et e contrario populus meus in adversarium consurrexit.
Desuper tunica pallium sustulistis:
Et eos qui transibant simpliciter convertistis in bellum.
9 Mulieres populi mei eiecistis de domo deliciarum suarum;
A parvulis earum tulistis laudem meam in perpetuum.
10 Surgite, et ite, quia non habetis hic requiem;
Propter immunditiam eius corrumpetur putredine pessima.
11 Utinam non essem vir habens spiritum,
Et mendacium potius loquerer!
Stillabo tibi in vinum et in ebrietatem;
Et erit super quem stillatur populus iste.
12 Congregatione congregabo, Iacob, totum te;
In unum conducam reliquias Israel;
Pariter ponam illum quasi gregem in ovili,
Quasi pecus in medio caularum;
Tumultuabuntur a multitudine hominum.
13 Ascendet enim pandens iter ante eos;
Divident, et transibunt portam,
Et ingredientur per eam;
Et transibit rex eorum coram eis,
Et Dominus in capite eorum.

Propter peccata principum Sion destruetur

3 1 Et dixi: Audite, principes Iacob
Et duces domus Israel:
Numquid non vestrum est scire iudicium?
2 Qui odio habetis bonum, et diligitis malum;
Qui violenter tollitis pelles eorum desuper eis,
Et carnem eorum desuper ossibus eorum?
3 Qui comederunt carnem populi mei,
Et pellem eorum desuper excoriaverunt,
Et ossa eorum confregerunt,
Et conciderunt sicut in lebete,
Et quasi carnem in medio ollae.
4 Tunc clamabunt ad Dominum, et non exaudiet eos,
Et abscondet faciem suam ab eis in tempore illo,
Sicut nequiter egerunt in adinventionibus suis.
5 Haec dicit Dominus super prophetas,
Qui seducunt populum meum,
Qui mordent dentibus suis,
Et praedicant pacem;
Et si quis non dederit in ore eorum quippiam,
Sanctificant super eum praelium.
6 Propterea nox vobis pro visione erit,
Et tenebrae vobis pro divinatione,
Et occumbet sol super prophetas,
Et obtenebrabitur super eos dies.
7 Et confundentur qui vident visiones,
Et confundentur divini;
Et operient omnes vultus suos,
Quia non est responsum Dei.
8 Verumtamen ego repletus sum fortitudine
Spiritus Domini, iudicio, et virtute,
Ut annuntiem Iacob scelus suum,
Et Israel peccatum suum.
9 Audite hoc, principes domus Iacob,
Et iudices domus Israel,
Qui abominamini iudicium,
Et omnia recta pervertitis;
10 Qui aedificatis Sion in sanguinibus,
Et Ierusalem in iniquitate.
11 Principes eius in muneribus iudicabant,
Et sacerdotes eius in mercede docebant,
Et prophetae eius in pecunia divinabant;
Et super Dominum requiescebant, dicentes:
Numquid non Dominus in medio nostrum?
Non venient super nos mala.
12 Propter hoc, causa vestri, Sion quasi ager arabitur,
Et Ierusalem quasi acervus lapidum erit,
Et mons templi in excelsa silvarum.

32,8-9; Ios 14,1-2; Ps 15,6. — **6:** Am 7,16. — **7:** Ps 17,26-27. — **10:** Deut 12,9. — **11:** Ier 5,31; Am 2,12. — **12:** 4 Reg 25,11; Ier 31,10; Mich 4,6-7. — **13:** Is 52,12.

3 **1:** Ier 5,5. — **2:** Ez 34,3. — **3:** Ps 13,4. — **4:** Deut 31,17; Prov 1,28. — **5:** Ier 23,13.32; Ioel 3,9; Mich 2,11; Mt 7,15. — **6:** Is 8,20.22; Ez 13,23; Am 8,9. — **7:** Lev 13,45; Am 8,11; Zach 13,4. — **8:** Is 58,1; Ier 6,11. — **10:** Eccli 21,9; Hab 2,12. — **11:** Is 1,23; Ier 6,13; Ez 22,12.25.27; Am 5,14. — **12:** Ier 26,18; Mich 1,6.

PARS SECUNDA

VATICINIA SALUTIS
(4,1-5,14)

In novissimo die omnes gentes confluent in Ierusalem

4 1 Et erit: in novissimo dierum
Erit mons domus Domini praeparatus in vertice montium,
Et sublimis super colles;
Et fluent ad eum populi,
2 Et properabunt gentes multae, et dicent:
Venite, ascendamus ad montem Domini,
Et ad domum Dei Iacob;
Et docebit nos de viis suis,
Et ibimus in semitis eius,
Quia de Sion egredietur lex,
Et verbum Domini de Ierusalem.
3 Et iudicabit inter populos multos,
Et corripiet gentes fortes usque in longinquum;
Et concident gladios suos in vomeres,
Et hastas suas in ligones:
Non sumet gens adversus gentem gladium,
Et non discent ultra belligerare.
4 Et sedebit vir subtus vitem suam et subtus ficum suam,
Et non erit qui deterreat,
Quia os Domini exercituum locutum est.
5 Quia omnes populi ambulabunt
Unusquisque in nomine dei sui;
Nos autem ambulabimus
In nomine Domini Dei nostri,
In aeternum et ultra.

Congregatio Israel dispersi

6 In die illa, dicit Dominus,
Congregabo claudicantem,
Et eam quam eieceram colligam,
Et quam afflixeram;
7 Et ponam claudicantem in reliquias,
Et eam quae laboraverat, in gentem robustam;
Et regnabit Dominus super eos in monte Sion,
Ex hoc nunc et usque in aeternum.
8 Et tu, turris gregis nebulosa filiae Sion,
Usque ad te veniet,
Et veniet potestas prima,
Regnum filiae Ierusalem.
9 Nunc quare moerore contraheris?
Numquid rex non est tibi,
Aut consiliarius tuus periit,
Quia comprehendit te dolor sicut parturientem?
10 Dole et satage, filia Sion, quasi parturiens,
Quia nunc egredieris de civitate,
Et habitabis in regione,
Et venies usque ad Babylonem.
Ibi liberaberis,
Ibi redimet te Dominus de manu inimicorum tuorum.
11 Et nunc congregatae sunt super te gentes multae, quae dicunt:
Lapidetur, et aspiciat in Sion oculus noster.
12 Ipsi autem non cognoverunt cogitationes Domini;
Et non intellexerunt consilium eius,
Quia congregavit eos quasi foenum areae.
13 Surge et tritura, filia Sion,
Quia cornu tuum ponam ferreum,
Et ungulas tuas ponam aereas;
Et comminues populos multos,
Et interficies Domino rapinas eorum,
Et fortitudinem eorum Domino universae terrae.

5 1 Nunc vastaberis, filia latronis.
Obsidionem posuerunt super nos,
In virga percutient maxillam iudicis Israel.

Dux, victor populi, ex Bethlehem

2 Et tu, Bethlehem Ephrata,
Parvulus es in millibus Iuda;
Ex te mihi egredietur qui sit dominator in Israel,
Et egressus eius ab initio,
A diebus aeternitatis.
3 Propter hoc dabit eos usque ad tempus in quo parturiens pariet;
Et reliquiae fratrum eius convertentur ad filios Israel.
4 Et stabit, et pascet in fortitudine Domini,
In sublimitate nominis Domini Dei sui;
Et convertentur,
Quia nunc magnificabitur usque ad terminos terrae.
5 Et erit iste pax:
Cum venerit Assyrius in terram nostram,
Et quando calcaverit in domibus nostris,
Et suscitabimus super eum septem pastores
Et octo primates homines;
6 Et pascent terram Assur in gladio,
Et terram Memrod in lanceis eius,
Et liberabit ab Assur cum venerit in terram nostram,
Et cum calcaverit in finibus nostris.
7 Et erunt reliquiae Iacob in medio populorum multorum

4 **1-3:** Is 2,2-4. — **4:** 3 Reg 4,25; Is 1,20; Zach 3,10. — **5:** Zach 10,12. — **6:** Ez 11, 17; 34,16; Soph 3,19. — **7:** Is 24,23; Lc 1,32-33. — **9:** Is 13,8; Ier 6,24; 8,19. — **10:** Is 39,6-7; 44,22-23. — **11:** Abd 12; Mich 7,10; Zach 12,3. — **12:** Mt 3,12. — **13:** Deut 7,26; Is 41,15.

5 **1:** 3 Reg 22,24. — **2:** Mt 2,6; Io 7,42. — **3:** Is 7,14; Mich 4,7. — **4:** Ps 71,8; Is 11,2-5; 40,11; 52,13; Lc 1,32. — **5:** 4 Reg 18,13; Is

Quasi ros a Domino,
Et quasi stillae super herbam,
Quae non exspectat virum,
Et non praestolatur filios hominum.
8 Et erunt reliquiae Iacob in gentibus,
In medio populorum multorum,
Quasi leo in iumentis silvarum,
Et quasi catulus leonis in gregibus pecorum,
Qui cum transierit, et conculcaverit, et ceperit,
Non est qui eruat.
9 Exaltabitur manus tua super hostes tuos,
Et omnes inimici tui interibunt.
10 Et erit in die illa, dicit Dominus:
Auferam equos tuos de medio tui,
Et disperdam quadrigas tuas.
11 Et perdam civitates terrae tuae,
Et destruam omnes munitiones tuas;
Et auferam maleficia de manu tua,
Et divinationes non erunt in te;
12 Et perire faciam sculptilia tua et statuas tuas de medio tui,
Et non adorabis ultra opera manuum tuarum;
13 Et evellam lucos tuos de medio tui,
Et conteram civitates tuas.
14 Et faciam, in furore et in indignatione, ultionem
In omnibus gentibus quae non audierunt.

PARS TERTIA

Obiurgato populo, certa spes salutis denuntiatur

(6,1-7,20)

Dominus iudicio contendit cum Israel

6 1 Audite quae Dominus loquitur:
Surge, contende iudicio adversum montes,
Et audiant colles vocem tuam.
2 Audiant montes iudicium Domini,
Et fortia fundamenta terrae;
Quia iudicium Domini cum populo suo,
Et cum Israel diiudicabitur.
3 Popule meus, quid feci tibi?
Aut quid molestus fui tibi? Responde mihi.
4 Quia eduxi te de terra Aegypti,
Et de domo servientium liberavi te,
Et misi ante faciem tuam Moysen, et Aaron, et Mariam?
5 Popule meus, memento, quaeso,
Quid cogitaverit Balach, rex Moab,
Et quid responderit ei Balaam, filius Beor,
De Setim usque ad Galgalam,
Ut cognosceres iustitias Domini.
6 Quid dignum offeram Domino?
Curvabo genu Deo excelso?
Numquid offeram ei holocautomata et vitulos anniculos?
7 Numquid placari potest Dominus in millibus arietum,
Aut in multis millibus hircorum pinguium?
Numquid dabo primogenitum meum pro scelere meo,
Fructum ventris mei pro peccato animae meae?
8 Indicabo tibi, o homo, quid sit bonum,
Et quid Dominus requirat a te:
Utique facere iudicium,
Et diligere misericordiam,
Et sollicitum ambulare cum Deo tuo.
9 Vox Domini ad civitatem clamat,
Et salus erit timentibus nomen tuum:
Audite, tribus, et quis approbabit illud?
10 Adhuc ignis in domo impii thesauri iniquitatis,
Et mensura minor irae plena.
11 Numquid iustificabo stateram impiam,
Et saccelli pondera dolosa?
12 In quibus divites eius repleti sunt iniquitate,
Et habitantes in ea loquebantur mendacium,
Et lingua eorum fraudulenta in ore eorum.
13 Et ego ergo coepi percutere te perditione super peccatis tuis.
14 Tu comedes, et non saturaberis;
Et humiliatio tua in medio tui;
Et apprehendes, et non salvabis;
Et quos salvaveris, in gladium dabo.
15 Tu seminabis, et non metes;
Tu calcabis olivam, et non ungeris oleo;
Et mustum, et non bibes vinum.
16 Et custodisti praecepta Amri,
Et omne opus domus Achab,
Et ambulasti in voluntatibus eorum,
Ut darem te in perditionem,
Et habitantes in ea in sibilum;
Et opprobrium populi mei portabitis.

Israel peccata sua confitetur

7 1 Vae mihi, quia factus sum sicut qui colligit in autumno racemos vindemiae!
Non est botrus ad comedendum,

3,2-3. — **7:** Mich 4,7. — **9:** Is 26,11. — **10:** Agg 2,23; Zach 9,10. — **11:** Deut 18,10; 4 Reg 9, 22; Is 2,6. — **12:** Ex 23,24; Zach 13,2. — **13:** Ex 34,13; Ier 17,2. — **14:** Ps 149,7.

6 **2:** Is 5,3; 43,26; Os 4,1; 12,2. — **3:** Is 5, 4; Ier 2,5. — **4:** Ex 12,50; Am 2,10. — **5:** Num 22,5; 25,1. — **6:** Os 5,6; Hebr 10,4. — **7:** Lev 18,21; 1 Sam 15,22; 4 Reg 3,27; 16,3; Is 1,11. — **8:** Deut 10,12; Is 1,11.17; Os 6, 6. — **11:** Os 12,7; Am 8,5. — **14:** Lev 26,26; Os 4,10. — **15:** Deut 28,38-40; Agg 1,6. — **16:** 3 Reg 16,25-26.30-33; Ier 51,15.

Praecoquas ficus desideravit anima mea.
2 Periit sanctus de terra,
Et rectus in hominibus non est:
Omnes in sanguine insidiantur;
Vir fratrem suum ad mortem venatur.
3 Malum manuum suarum dicunt bonum:
Princeps postulat, et iudex in reddendo est;
Et magnus locutus est desiderium animae suae,
Et conturbaverunt eam.
4 Qui optimus in eis est, quasi paliurus;
Et qui rectus, quasi spina de sepe.
Dies speculationis tuae, visitatio tua venit;
Nunc erit vastitas eorum.
5 Nolite credere amico,
Et nolite confidere in duce;
Ab ea quae dormit in sinu tuo custodi claustra oris tui.
6 Quia filius contumeliam facit patri,
Et filia consurgit adversus matrem suam,
Nurus adversus socrum suam;
Et inimici hominis domestici eius.

Domino confidendum

7 Ego autem ad Dominum aspiciam;
Exspectabo Deum, salvatorem meum;
Audiet me Deus meus.
8 Ne laeteris, inimica mea, super me, quia cecidi;
Consurgam cum sedero in tenebris:
Dominus lux mea est.
9 Iram Domini portabo,
Quoniam peccavi ei,
Donec causam meam iudicet,
Et faciat iudicium meum.
Educet me in lucem,
Videbo iustitiam eius.
10 Et aspiciet inimica mea,
Et operietur confusione,
Quae dicit ad me: Ubi est Dominus Deus tuus?
Oculi mei videbunt in eam;
Nunc erit in conculcationem ut lutum platearum.
11 Dies, ut aedificentur maceriae tuae;
In die illa longe fiet lex.
12 In die illa et usque ad te veniet de Assur,
Et usque ad civitates munitas,
Et a civitatibus munitis usque ad flumen,
Et ad mare de mari,
Et ad montem de monte.
13 Et terra erit in desolationem propter habitatores suos,
Et propter fructum cogitationum eorum.

Pascat Deus populum Israel!

14 Pasce populum tuum in virga tua,
Gregem haereditatis tuae, habitantes solos, in saltu, in medio Carmeli.
Pascentur Basan et Galaad iuxta dies antiquos.
15 Secundum dies egressionis tuae de terra Aegypti,
Ostendam ei mirabilia.
16 Videbunt gentes,
Et confundentur super omni fortitudine sua.
Ponent manum super os,
Aures eorum surdae erunt.
17 Lingent pulverem sicut serpentes;
Velut reptilia terrae perturbabuntur in aedibus suis;
Dominum Deum nostrum formidabunt,
Et timebunt te.
18 Quis, Deus, similis tui,
Qui aufers iniquitatem,
Et transis peccatum reliquiarum haereditatis tuae?
Non immittet ultra furorem suum,
Quoniam volens misericordiam est.
19 Revertetur, et miserebitur nostri;
Deponet iniquitates nostras,
Et proiiciet in profundum maris omnia peccata nostra.
20 Dabis veritatem Iacob,
Misericordiam Abraham,
Quae iurasti patribus nostris a diebus antiquis.

7 **1**: Is 17,6. — **2**: Ps 11,2; 13,1-3; Is 57,1. — **3**: Ps 81,2-4; Is 1,23; Mich 3,11. — **4**: Ez 33,2. — **5**: Eccli 28,28; Ier 9,4. — **6**: Mt 10,35-36; Lc 12,53. — **8**: Ps 36,24; 106,14; 111,4. — **9**: Ier 14,7. — **10**: Ps 41,4; 78,10; Ioel 2,17. — **11**: Is 5,5. — **12**: Is 11,11; 19,23-24. — **13**: Ier 7,34; Os 2,12. — **14**: Ps 77,71-72; Am 1,2. — **15**: Ps 77,12. — **17**: Ps 71,6. — **18**: Ex 15,11; 34,6-7; Ps 102,9. — **19**: Ps 102,12; Is 38,17; 43,25; 44,22. — **20**: Gen 22,16-18; Ps 104,8-10; Lc 1,72-73.

PROPHETIA NAHUM

SUMMARIUM *Dei iudicium denuntiatur in Ninivem (1). Ninives destructio (2). Causa eversionis (3)*

Prophetiae inscriptio

1 [1] Onus Ninive. Liber visionis Nahum Elcesaei.

Deus iratus iudicium in Ninivem denuntiat

2 Deus aemulator, et ulciscens Dominus:
Ulciscens Dominus, et habens furorem:
Ulciscens Dominus in hostes suos,
Et irascens ipse inimicis suis.
3 Dominus patiens, et magnus fortitudine,
Et mundans non faciet innocentem.
Dominus in tempestate et turbine viae eius,
Et nebulae pulvis pedum eius.
4 Increpans mare, et exsiccans illud,
Et omnia flumina ad desertum deducens.
Infirmatus est Basan et Carmelus,
Et flos Libani elanguit.
5 Montes commoti sunt ab eo,
Et colles desolati sunt;
Et contremuit terra a facie eius,
Et orbis, et omnes habitantes in eo.
6 Ante faciem indignationis eius quis stabit?
Et quis resistet in ira furoris eius?
Indignatio eius effusa est ut ignis,
Et petrae dissolutae sunt ab eo.
7 Bonus Dominus,
Et confortans in die tribulationis,
Et sciens sperantes in se.
8 Et in diluvio praetereunte consummationem faciet loci eius,
Et inimicos eius persequentur tenebrae.
9 Quid cogitatis contra Dominum?
Consummationem ipse faciet:
Non consurget duplex tribulatio,
10 Quia sicut spinae se invicem complectuntur,
Sic convivium eorum pariter potantium;
Consumentur quasi stipula ariditate plena.
11 Ex te exibit cogitans contra Dominum malitiam,
Mente pertractans praevaricationem.
12 Haec dicit Dominus:
Si perfecti fuerint, et ita plures,
Sic quoque attondentur, et pertransibit;
Afflixi te, et non affligam te ultra.
13 Et nunc conteram virgam eius de dorso tuo,
Et vincula tua disrumpam.
14 Et praecipiet super te Dominus,
Non seminabitur ex nomine tuo amplius;
De domo Dei tui interficiam sculptile, et conflatile;
Ponam sepulchrum tuum, quia inhonoratus es.
15 Ecce super montes pedes evangelizantis,
Et annuntiantis pacem.
Celebra, Iuda, festivitates tuas,
Et redde vota tua,
Quia non adiiciet ultra ut pertranseat in te Belial:
Universus interiit.

Ninives subversio describitur

2 [1] Ascendit qui dispergat coram te,
Qui custodiat obsidionem;
Contemplare viam, conforta lumbos,
Robora virtutem valde.
2 Quia reddidit Dominus superbiam Iacob,
Sicut superbiam Israel;
Quia vastatores dissipaverunt eos,
Et propagines eorum corruperunt.
3 Clypeus fortium eius ignitus,
Viri exercitus in coccineis;
Igneae habenae currus in die praeparationis eius,
Et agitatores consopiti sunt.
4 In itineribus conturbati sunt,
Quadrigae collisae sunt in plateis;
Aspectus eorum quasi lampades,
Quasi fulgura discurrentia.
5 Recordabitur fortium suorum,
Ruent in itineribus suis;
Velociter ascendent muros eius,
Et praeparabitur umbraculum.
6 Portae fluviorum apertae sunt,
Et templum ad solum dirutum.
7 Et miles captivus abductus est;
Et ancillae eius minabantur gementes ut columbae,
Murmurantes in cordibus suis.
8 Et Ninive quasi piscina aquarum aquae eius;
Ipsi vero fugerunt. State, state!

1 **1:** Is 13,1; Ion 1,2; Nah 2,8; 3,7. — **2:** Ex 20,5. — **3:** Ex 34,5-7; Ps 17,10-14; Is 66,15. — **4:** Ps 105,9; Is 33,9. — **5:** Am 9,13; Hab 3,6. — **7:** Ps 1,6; 99,5. — **10:** Mal 4-1. — **14:** Ez 32,22-23. — **15:** Num 29,39; Is 52,7; Ioel 3,17.

2 **2:** Ps 79,13-14; Is 5,5-6. — **10:** Ioel 2,6; Soph 2,13-15. — **11:** Is 5,29; Ier 2,15. — **13:** 4 Reg 19,9.23; Ps 45,9-10.

Et non est qui revertatur.
9 Diripite argentum, diripite aurum:
Et non est finis divitiarum ex omnibus vasis desiderabilibus.
10 Dissipata est, et scissa, et dilacerata;
Et cor tabescens, et dissolutio geniculorum,
Et defectio in cunctis renibus.
Et facies omnium eorum sicut nigredo ollae.
11 Ubi est habitaculum leonum,
Et pascua catulorum leonum,
Ad quam ivit leo ut ingrederetur illuc, catulus leonis,
Et non est qui exterreat?
12 Leo cepit sufficienter catulis suis,
Et necavit leaenis suis,
Et implevit praeda speluncas suas,
Et cubile suum rapina.
13 Ecce ego ad te, dicit Dominus exercituum;
Et succendam usque ad fumum quadrigas tuas,
Et leunculos tuos comedet gladius,
Et exterminabo de terra praedam tuam,
Et non audietur ultra vox nuntiorum tuorum.

Ninive ob sua scelera subvertitur

3 1 Vae civitas sanguinum,
Universa mendacii dilaceratione plena!
Non recedet a te rapina.
2 Vox flagelli, et vox impetus rotae, et equi frementis,
Et quadrigae ferventis, et equitis ascendentis,
3 Et micantis gladii, et fulgurantis hastae,
Et multitudinis interfectae, et gravis ruinae;
Nec est finis cadaverum,
Et corruent in corporibus suis.
4 Propter multitudinem fornicationum meretricis
Speciosae, et gratae, et habentis maleficia.
Quae vendidit gentes in fornicationibus suis,
Et familias in maleficiis suis.
5 Ecce ego ad te, dicit Dominus exercituum,
Et revelabo pudenda tua in facie tua;
Et ostendam gentibus nuditatem tuam,
Et regnis ignominiam tuam.
6 Et proiiciam super te abominationes,
Et contumeliis te afficiam,
Et ponam te in exemplum.
7 Et erit: omnis qui viderit te resiliet a te,
Et dicet: Vastata est Ninive.
Quis commovebit super te caput?
Unde quaeram consolatorem tibi?
8 Numquid melior es Alexandria populorum,
Quae habitat in fluminibus?
Aquae in circuitu eius;
Cuius divitiae, mare;
Aquae, muri eius.
9 Aethiopia fortitudo eius, et Aegyptus, et non est finis;
Africa et Libyes fuerunt in auxilio tuo.
10 Sed et ipsa in transmigrationem ducta est in captivitatem;
Parvuli eius elisi sunt in capite omnium viarum,
Et super inclytos eius miserunt sortem,
Et omnes optimates eius confixi sunt in compedibus.
11 Et tu ergo inebriaberis, et eris despecta;
Et tu quaeres auxilium ab inimico.
12 Omnes munitiones tuae sicut ficus cum grossis suis;
Si concussae fuerint, cadent in os comedentis.
13 Ecce populus tuus mulieres in medio tui;
Inimicis tuis adapertione pandentur portae terrae tuae,
Devorabit ignis vectes tuos.
14 Aquam propter obsidionem hauri tibi,
Exstrue munitiones tuas,
Intra in lutum, et calca,
Subigens tene laterem.
15 Ibi comedet te ignis,
Peribis gladio, devorabit te ut bruchus;
Congregare ut bruchus,
Multiplicare ut locusta.
16 Plures fecisti negotiationes tuas quam stellae sint caeli;
Bruchus expansus est, et avolavit.
17 Custodes tui quasi locustae,
Et parvuli tui quasi locustae locustarum,
Quae considunt in sepibus in die frigoris;
Sol ortus est, et avolaverunt,
Et non est cognitus locus earum ubi fuerint.
18 Dormitaverunt pastores tui, rex Assur;
Sepelientur principes tui,
Latitavit populus tuus in montibus,
Et non est qui congreget.
19 Non est obscura contritio tua,
Pessima est plaga tua.
Omnes qui audierunt auditionem tuam compresserunt manum super te;
Quia super quem non transiit malitia tua semper?

3 **1:** Ez 24,6.9; Nah 2,12. — **4:** Is 47,9.12. — **5:** Ier 13,22.26. — **8:** Ier 46,25; Ez 30, 15. — **9:** 2 Par 12,3; Dan 11,43. — **10:** Is 20,4. — **11:** Ier 25,16-17. — **14:** Nah 2,1. — **15:** Ioel 1, 4; 2,3. — **16:** Ez 27,23-24. — **18:** Ps 75,6. — **19:** Is 37,18-20; Lam 2,15.

PROPHETIA HABACUC

SUMMARIUM

Per Chaldaeos Deus gentes iudicabit (1-2). In prophetae oratione Dei adventus describitur venientis ad iudicandas gentes (3)

Prophetiae inscriptio

1 1 Onus quod vidit Habacuc propheta.

Dei iudicium in nationes per Chaldaeos

2 Usquequo, Domine, clamabo,
Et non exaudies?
Vociferabor ad te, vim patiens,
Et non salvabis?
3 Quare ostendisti mihi iniquitatem et laborem,
Videre praedam et iniustitiam contra me?
Et factum est iudicium, et contradictio potentior.
4 Propter hoc lacerata est lex,
Et non pervenit usque ad finem iudicium:
Quia impius praevalet adversus iustum,
Propterea egreditur iudicium perversum.
5 Aspicite in gentibus, et videte;
Admiramini, et obstupescite;
Quia opus factum est in diebus vestris,
Quod nemo credet cum narrabitur.
6 Quia ecce ego suscitabo Chaldaeos,
Gentem amaram et velocem,
Ambulantem super latitudinem terrae,
Ut possideat tabernacula non sua.
7 Horribilis et terribilis est;
Et semetipsa iudicium et onus eius egredietur.
8 Leviores pardis equi eius,
Et velociores lupis vespertinis;
Et diffundentur equites eius:
Equites namque eius de longe venient,
Volabunt quasi aquila festinans ad comedendum.
9 Omnes ad praedam venient,
Facies eorum ventus urens;
Et congregabit quasi arenam, captivitatem.
10 Et ipse de regibus triumphabit,
Et tyranni ridiculi eius erunt;
Ipse super omnem munitionem ridebit,
Et comportabit aggerem, et capiet eam.
11 Tunc mutabitur spiritus, et pertransibit, et corruet:
Haec est fortitudo eius dei sui.

Quare impia gens iustiorem se devoret

12 Numquid non tu a principio,
Domine, Deus meus, sancte meus,
Et non moriemur?
Domine, in iudicium posuisti eum;
Et fortem, ut corriperes, fundasti eum.
13 Mundi sunt oculi tui, ne videas malum,
Et respicere ad iniquitatem non poteris.
Quare respicis super iniqua agentes,
Et taces devorante impio iustiorem se?
14 Et facies homines quasi pisces maris,
Et quasi reptile non habens principem.
15 Totum in hamo sublevavit,
Traxit illud in sagena sua,
Et congregavit in rete suum.
Super hoc laetabitur, et exsultabit.
16 Propterea immolabit sagenae suae,
Et sacrificabit reti suo,
Quia in ipsis incrassata est pars eius,
Et cibus eius electus.
17 Propter hoc ergo expandit sagenam suam,
Et semper interficere gentes non parcet.

2 1 Super custodiam meam stabo,
Et figam gradum super munitionem,
Et contemplabor ut videam quid dicatur mihi,
Et quid respondeam ad arguentem me.

Domini responsio

2 Et respondit mihi Dominus, et dixit:
Scribe visum, et explana eum super tabulas,
Ut percurrat qui legerit eum.
3 Quia adhuc visus procul;
Et apparebit in finem, et non mentietur;
Si moram fecerit, exspecta illum,
Quia veniens veniet, et non tardabit.
4 Ecce qui incredulus est, non erit recta anima eius in semetipso;
Iustus autem in fide sua vivet.
5 Et quomodo vinum potantem decipit,
Sic erit vir superbus, et non decorabitur;
Qui dilatavit quasi infernus animam suam,
Et ipse quasi mors, et non adimpletur;
Et congregabit ad se omnes gentes,
Et coacervabit ad se omnes populos.

1 **1:** Nah 1,1. — **2:** Lam 3,8. — **4:** Hab 1,13. — **5:** Act 13,41. — **6:** Ier 5,15. — **8:** Deut 28,49. — **10:** 4 Reg 19,10-13. — **12:** Ps 89,2; Is 10,5-7. — **13:** Ps 34,22; Ier 12,1. — **15:** Ier 16,16.

2 **1:** Is 21,8. — **2:** Is 8,1. — **3:** Is 8,17; Soph 3,8; Hebr 10,37. — **4:** Io 3,36; Rom 1,17; Gal 3,11; Hebr 10,38. — **5:** Is 5,14; Ier 27,7. — **6:** Mich 2,4. — **7:** Is 21,5-9. — **8:** Is 33,1; Ier 50,29. — **9:** Ier 22,23; Abd 4. — **12:** Eccli 21,

[6] Numquid non omnes isti super eum parabolam sument,
Et loquelam aenigmatum eius, et dicetur:
Vae ei qui multiplicat non sua?
Usquequo et aggravat contra se densum lutum?
[7] Numquid non repente consurgent qui mordeant te,
Et suscitabuntur lacerantes te,
Et eris in rapinam eis?
[8] Quia tu spoliasti gentes multas,
Spoliabunt te omnes qui reliqui fuerint de populis,
Propter sanguinem hominis,
Et iniquitatem terrae, civitatis, et omnium habitantium in ea.
[9] Vae qui congregat avaritiam malam domui suae,
Ut sit in excelso nidus eius,
Et liberari se putat de manu mali!
[10] Cogitasti confusionem domui tuae,
Concidisti populos multos,
Et peccavit anima tua.
[11] Quia lapis de pariete clamabit,
Et lignum, quod inter iuncturas aedificiorum est, respondebit.
[12] Vae qui aedificat civitatem in sanguinibus,
Et praeparat urbem in iniquitate!
[13] Numquid non haec sunt a Domino exercituum?
Laborabunt enim populi in multo igne,
Et gentes in vacuum, et deficient.
[14] Quia replebitur terra, ut cognoscant gloriam Domini,
Quasi aquae operientes mare.
[15] Vae qui potum dat amico suo mittens fel suum,
Et inebrians ut aspiciat nuditatem eius!
[16] Repletus es ignominia pro gloria;
Bibe tu quoque, et consopire.
Circumdabit te calix dexterae Domini,
Et vomitus ignominiae super gloriam tuam.
[17] Quia iniquitas Libani operiet te,
Et vastitas animalium deterrebit eos
De sanguinibus hominum,
Et iniquitate terrae, et civitatis, et omnium habitantium in ea.
[18] Quid prodest sculptile, quia sculpsit illud fictor suus,
Conflatile, et imaginem falsam?
Quia speravit in figmento fictor eius, ut faceret simulacra muta.
[19] Vae qui dicit ligno: Expergiscere;
Surge, lapidi tacenti!
Numquid ipse docere poterit?
Ecce iste coopertus est auro et argento,
Et omnis spiritus non est in visceribus eius.
[20] Dominus autem in templo sancto suo:
Sileat a facie eius omnis terra!

Propheta in sua oratione Dominum describit venientem de Pharan ad iudicandas gentes et salvandum Israel

3 [1] Oratio Habacuc prophetae, pro ignorantiis.
[2] Domine, audivi auditionem tuam, et timui.
Domine, opus tuum, in medio annorum vivifica illud;
In medio annorum notum facies;
Cum iratus fueris, misericordiae recordaberis.
[3] Deus ab austro veniet,
Et Sanctus de monte Pharan:
Operuit caelos gloria eius,
Et laudis eius plena est terra.
[4] Splendor eius ut lux erit,
Cornua in manibus eius;
Ibi abscondita est fortitudo eius.
[5] Ante faciem eius ibit mors;
Et egredietur diabolus ante pedes eius.
[6] Stetit, et mensus est terram;
Aspexit, et dissolvit gentes;
Et contriti sunt montes saeculi,
Incurvati sunt colles mundi ab itineribus aeternitatis eius.
[7] Pro iniquitate vidi tentoria Aethiopiae,
Turbabuntur pelles terrae Madian.
[8] Numquid in fluminibus iratus es, Domine?
Aut in fluminibus furor tuus?
Vel in mari indignatio tua?
Qui ascendes super equos tuos,
Et quadrigae tuae salvatio.
[9] Suscitans suscitabis arcum tuum,
Iuramenta tribubus quae locutus es;
Fluvios scindes terrae.
[10] Viderunt te, et doluerunt montes;
Gurges aquarum transiit;
Dedit abyssus vocem suam,
Altitudo manus suas levavit.
[11] Sol et luna steterunt in habitaculo suo,
In luce sagittarum tuarum ibunt,
In splendore fulgurantis hastae tuae.
[12] In fremitu conculcabis terram;
In furore obstupefacies gentes.
[13] Egressus es in salutem populi tui,
In salutem cum Christo tuo;
Percussisti caput de domo impii,
Denudasti fundamentum eius usque ad collum.
[14] Maledixisti sceptris eius,
Capiti bellatorum eius,
Venientibus ut turbo ad dispergendum me;

9: Ier 22,13; Mich 3,10; Nah 3,1. — 13: Ier 51,58. — 14: Ps 71,19; Is 11,9. — 16: Ier 25,15.26. — 18: Ps 113,4; Sap 13,10; Is 44,10. — 20: Ps 10,5; Mich 1,2; Soph 1,7.

3 2: Is 54,8. — 3: Ps 71,19; Is 6,3. — 4: Ez 1,4.27. — 5: Ex 12,29-30; 4 Reg 19,35; 1 Par 21,11-15. — 6: Gen 49,26; Ps 103,32; Mich 1,4; Nah 1,5. — 7: Iud 7,21. — 8: Deut

Exsultatio eorum, sicut eius qui devorat pauperem in abscondito.
15 Viam fecisti in mari equis tuis,
In luto aquarum multarum.
16 Audivi, et conturbatus est venter meus;
A voce contremuerunt labia mea.
Ingrediatur putredo in ossibus meis,
Et subter me scateat:
Ut requiescam in die tribulationis,
Ut ascendam ad populum accinctum nostrum.
17 Ficus enim non florebit,
Et non erit germen in vineis;
Mentietur opus olivae,
Et arva non afferent cibum;
Abscindetur de ovili pecus,
Et non erit armentum in praesepibus.
18 Ego autem in Domino gaudebo.
Et exsultabo in Deo Iesu meo.
19 Deus Dominus fortitudo mea,
Et ponet pedes meos quasi cervorum;
Et super excelsa mea deducet me
Victor in psalmis canentem.

33,26-27; Ps 103,3; Is 66,15. — **10:** Ex 19,18; Ps 76,17. — **11:** Ios 10,13. — **13:** Ps 67,8.22; 104,15; 136,7. — **15:** Ex 14,21-22; Ps 76,19; Is 43,16. — **16:** Ier 4,19. — **18:** Ps 12,6; Is 61, 10; Ioel 2,23; Lc 1,47. — **19:** Deut 32,13; 2 Sam 22,34; Ps 17,34; Is 58,14.

PROPHETIA SOPHONIAE

SUMMARIUM *Inscriptio (1,1). Imminens iudicium in Iudam (1,2-18). Dei iudicium in gentes (2). In Ierusalem (3,1-8). Gentium conversio et Israel glorificatio (3,9-20)*

Prophetiae inscriptio

1 1 Verbum Domini quod factum est ad Sophoniam, filium Chusi, filii Godoliae, filii Amariae, filii Ezeciae, in diebus Iosiae, filii Amon, regis Iudae.

Imminens Dei iudicium in Iudam

2 Congregans congregabo omnia a facie terrae, dicit Dominus:
3 Congregans hominem et pecus,
Congregans volatilia caeli et pisces maris;
Et ruinae impiorum erunt,
Et disperdam homines a facie terrae, dicit Dominus.
4 Et extendam manum meam super Iudam
Et super omnes habitantes Ierusalem;
Et disperdam de loco hoc reliquias Baal,
Et nomina aedituorum cum sacerdotibus;
5 Et eos qui adorant super tecta militiam caeli,
Et adorant et iurant in Domino,
Et iurant in Melchom;
6 Et qui avertuntur de post tergum Domini,
Et qui non quaesierunt Dominum,
Nec investigaverunt eum.
7 Silete a facie Domini Dei,
Quia iuxta est dies Domini;
Quia praeparavit Dominus hostiam,
Sanctificavit vocatos suos.
8 Et erit: in die hostiae Domini,
Visitabo super principes,
Et super filios regis,
Et super omnes qui induti sunt veste peregrina;
9 Et visitabo super omnem qui arroganter ingreditur super limen in die illa,
Qui complent domum Domini Dei sui iniquitate et dolo.
10 Et erit in die illa, dicit Dominus,
Vox clamoris a porta piscium,
Et ululatus a Secunda,
Et contritio magna a collibus.
11 Ululate, habitatores Pilae;
Conticuit omnis populus Chanaan,
Disperierunt omnes involuti argento.
12 Et erit in tempore illo:
Scrutabor Ierusalem in lucernis,
Et visitabo super viros defixos in faecibus suis;
Qui dicunt in cordibus suis:
Non faciet bene Dominus, et non faciet male.
13 Et erit fortitudo eorum in direptionem,
Et domus eorum in desertum;
Et aedificabunt domos, et non habitabunt;
Et plantabunt vineas, et non bibent vinum earum.
14 Iuxta est dies Domini magnus;
Iuxta est, et velox nimis;
Vox diei Domini amara,

1 **1:** 4 Reg 22,1; Ier 1,2. — **2:** Ier 8,13; Soph 1,18. — **3:** Os 4,3. — **4:** 2 Par 34,3-4; Os 10,5. — **5:** 3 Reg 11,5.33; Ier 19,13; 49,1. — **6:** Ier 2,13.17; 15,6. — **7:** Is 13,6; 34,6; Ier 46, 10; Ez 30,3; Ioel 2,1. — **10:** 4 Reg 22,14; 2 Par 33,14. — **12:** Ps 93,7; Ier 48,11. — **13:** Deut 28,30.39; Mich 6,15. — **14:** Ioel 2,1.11; Soph 1, 7. — **15:** Ier 30,7; Ioel 2,2; Am 5,18. — **16:** Mt

Tribulabitur ibi fortis.
15 Dies irae dies illa,
Dies tribulationis et angustiae,
Dies calamitatis et miseriae,
Dies tenebrarum et caliginis,
Dies nebulae et turbinis,
16 Dies tubae et clangoris super civitates munitas,
Et super angulos excelsos.
17 Et tribulabo homines, et ambulabunt ut caeci,
Quia Domino peccaverunt;
Et effundetur sanguis eorum sicut humus,
Et corpora eorum sicut stercora.
18 Sed et argentum eorum et aurum eorum non poterit liberare eos
In die irae Domini;
In igne zeli eius devorabitur omnis terra,
Quia consummationem cum festinatione faciet
Cunctis habitantibus terram.

Dei iudicium in gentes

2 1 Convenite, congregamini, gens non amabilis,
2 Priusquam pariat iussio quasi pulverem transeuntem diem,
Antequam veniat super vos ira furoris Domini,
Antequam veniat super vos dies indignationis Domini.
3 Quaerite Dominum, omnes mansueti terrae,
Qui iudicium eius estis operati;
Quaerite iustum, quaerite mansuetum,
Si quomodo abscondamini in die furoris Domini.
4 Quia Gaza destructa erit,
Et Ascalon in desertum;
Azotum in meridie eiicient,
Et Accaron eradicabitur.
5 Vae qui habitatis funiculum maris, gens perditorum!
Verbum Domini super vos, Chanaan, terra Philisthinorum;
Et disperdam te, ita ut non sit inhabitator.
6 Et erit funiculus maris requies pastorum, et caulae pecorum;
7 Et erit funiculus eius qui remanserit de domo Iuda: ibi pascentur,
In domibus Ascalonis ad vesperam requiescent,
Quia visitabit eos Dominus Deus eorum,
Et avertet captivitatem eorum.
8 Audivi opprobrium Moab,
Et blasphemias filiorum Ammon,
Quae exprobraverunt populo meo,
Et magnificati sunt super terminos eorum.
9 Propterea vivo ego, dicit Dominus exercituum, Deus Israel,
Quia Moab ut Sodoma erit,
Et filii Ammon quasi Gomorrha,
Siccitas spinarum, et acervi salis,
Et desertum usque in aeternum;
Reliquiae populi mei diripient eos,
Et residui gentis meae possidebunt illos.
10 Hoc eis eveniet pro superbia sua,
Quia blasphemaverunt et magnificati sunt
Super populum Domini exercituum.
11 Horribilis Dominus super eos,
Et attenuabit omnes deos terrae;
Et adorabunt eum viri de loco suo,
Omnes insulae gentium.
12 Sed et vos, Aethiopes, interfecti gladio meo eritis.
13 Et extendet manum suam super aquilonem, et perdet Assur,
Et ponet speciosam in solitudinem,
Et in invium, et quasi desertum.
14 Et accubabunt in medio eius greges, omnes bestiae gentium;
Et onocrotalus et ericius in liminibus eius morabuntur;
Vox cantantis in fenestra,
Corvus in superliminari,
Quoniam attenuabo robur eius.
15 Haec est civitas gloriosa habitans in confidentia,
Quae dicebat in corde suo;
Ego sum, et extra me non est alia amplius.
Quomodo facta est in desertum cubile bestiae?
Omnis qui transit per eam sibilabit.
Et movebit manum suam.

Dei iudicium in Ierusalem

3 1 Vae provocatrix, et redempta civitas, columba!
2 Non audivit vocem,
Et non suscepit disciplinam;
In Domino non est confisa,
Ad Deum suum non appropinquavit.
3 Principes eius in medio eius quasi leones rugientes;
Iudices eius lupi vespere, non relinquebant in mane.
4 Prophetae eius vesani, viri infideles;
Sacerdotes eius polluerunt sanctum,

24,31. — **17:** Deut 28,29; Ps 78,3; Is 59,10. — **18:** Soph 1,2-3; 3,8.

2 **2:** Soph 3,8; Mt 3,8-12. — **3:** 75,10; Is 11,4; Am 5,6.15. — **4:** Ier 47,5; Am 1,6-8; Zach 9,5-6. — **5:** 1 Sam 30,14; Ier 47,7; Ez 25,16; Soph 3,6. — **7:** Ios 19,29; Soph 3,20; Zach 10,3; Lc 1,68. — **8:** Ier 48,1.27; 49,1; Ez 25,3.6.8. — **9:** Deut 29,23; Is 13,19; Ez 16,48; Soph 2,7. — **10:** Is 16,6; Ier 48,29-31. — **11:** Ps 21,28; Mal 1,11; Io 4,21. — **12:** Is 18,1; Ez 30,9. — **13:** Is 10,12; Nah 3,7. — **14:** Is 13,21 22; 34,11-14. — **15:** Is 47,8; Ier 19,8.

3 **2:** Ier 5,1; 17,23; 35,13. — **3:** Ez 22,27; Hab 1 8. — **4:** Ier 23,11.32-34; Ez 22,25-28; Mich 3,11. — **5:** Ier 12,1. — **7:** 2 Par 36,14-16; Ier 7,3; 25,5. — **8:** Is 8,17; Ioel 3,2; Hab

Iniuste egerunt contra legem.
5 Dominus iustus in medio eius non faciet iniquitatem;
Mane mane iudicium suum dabit in lucem, et non abscondetur;
Nescivit autem iniquus confusionem.
6 Disperdidi gentes,
Et dissipati sunt anguli earum;
Desertas feci vias eorum,
Dum non est qui transeat;
Desolatae sunt civitates eorum,
Non remanente viro, neque ullo habitatore.
7 Dixi: Attamen timebis me,
Suscipies disciplinam;
Et non peribit habitaculum eius,
Propter omnia in quibus visitavi eam;
Verumtamen diluculo surgentes corruperunt omnes cogitationes suas.
8 Quapropter exspecta me, dicit Dominus,
In die resurrectionis meae in futurum;
Quia iudicium meum ut congregem gentes,
Et colligam regna,
Et effundam super eos indignationem meam,
Omnem iram furoris mei:
In igne enim zeli mei devorabitur omnis terra.

Gentes ad Dominum convertentur et Israel glorificabitur

9 Quia tunc reddam populis labium electum,
Ut invocent omnes in nomine Domini,
Et serviant ei humero uno.
10 Ultra flumina Aethiopiae, inde supplices mei;
Filii dispersorum meorum deferent munus mihi.
11 In die illa non confunderis super cunctis adinventionibus tuis,
Quibus praevaricata es in me,
Quia tunc auferam de medio tui magniloquos superbiae tuae,
Et non adiicies exaltari amplius in monte sancto meo.
12 Et derelinquam in medio tui populum pauperem et egenum;
Et sperabunt in nomine Domini.
13 Reliquiae Israel non facient iniquitatem,
Nec loquentur mendacium,
Et non invenietur in ore eorum lingua dolosa,
Quoniam ipsi pascentur, et accubabunt,
Et non erit qui exterrat.
14 Lauda, filia Sion; iubila, Israel;
Laetare, et exsulta in omni corde, filia Ierusalem.
15 Abstulit Dominus iudicium tuum,
Avertit inimicos tuos:
Rex Israel Dominus in medio tui,
Non timebis malum ultra.
16 In die illa dicetur Ierusalem:
Noli timere; Sion, non dissolvantur manus tuae.
17 Dominus Deus tuus in medio tui fortis, ipse salvabit;
Gaudebit super te in laetitia,
Silebit in dilectione sua,
Exsultabit super te in laude.
18 Nugas, qui a lege recesserant,
Congregabo, quia ex te erant;
Ut non ultra habeas super eis opprobrium.
19 Ecce ego interficiam omnes qui afflixerunt te in tempore illo;
Et salvabo claudicantem,
Et eam quae electa fuerat congregabo;
Et ponam eos in laudem, et in nomen,
In omni terra confusionis eorum,
20 In tempore illo quo adducam vos,
Et in tempore quo congregabo vos.
Dabo enim vos in nomen,
Et in laudem omnibus populis terrae,
Cum convertero captivitatem vestram coram oculis vestris,
Dicit Dominus.

2,3; Soph 1,18. — **9:** Is 6,5. — **10:** Ps 67,32; Is 45,14; 66,19-20; Mal 1,11. — **11:** Is 54,4; Ier 7,4; Mich 3,11. — **12:** Is 14,32; Ez 6,8. — **13:** Ps 31,2; Mich 5,4; Soph 2,7. — **14-15:** Conc. Nic. II: D 303. — **14:** Is 54,1; Zach 9 9. — **15:** Ps 45,6; Zach 2,10. — **16-17:** Is 35,4-4. — **19:** Ez 34,16; Mich 4,6-7. — **20:** Is 11,12; Ier 32,37; Ez 11 17.

PROPHETIA AGGAEI

SUMMARIUM *Populum hortatur ad aedificationem templi (1,1-21). Templi gloria (2,2-10). Templum aedificatum populo affert Domini benedictionem (2,11-20). Zorobabel (2,21-24)*

Hortatio prophetae ad templum reaedificandum

1 1 In anno secundo Darii regis, in mense sexto, in die una mensis, factum
est verbum Domini in manu Aggaei prophetae, ad Zorobabel, filium Salathiel,
ducem Iuda, et ad Iesum, filium Iosedec,
sacerdotem magnum, dicens: 2 Haec ait
Dominus exercituum, dicens: Populus iste
dicit: Nondum venit tempus domus Domini aedificandae. 3 Et factum est verbum Domini in manu Aggaei prophetae,
dicens:

4 Numquid tempus vobis est ut habite-
tis in domibus laqueatis,
Et domus ista deserta?
5 Et nunc haec dicit Dominus exercituum:
Ponite corda vestra super vias vestras.
6 Seminastis multum, et intulistis parum;
Comedistis, et non estis satiati;
Bibistis, et non estis inebriati;
Operuistis vos, et non estis calefacti;
Et qui mercedes congregavit, misit eas in
sacculum pertusum.
7 Haec dicit Dominus exercituum:
Ponite corda vestra super vias vestras;
8 Ascendite in montem, portate ligna, et
aedificate domum;
Et acceptabilis mihi erit, et glorificabor,
dicit Dominus.
9 Respexistis ad amplius, et ecce factum
est minus;
Et intulistis in domum, et exsufflavi illud;
Quam ob causam? dicit Dominus exercituum:
Quia domus mea deserta est,
Et vos festinatis unusquisque in domum
suam.
10 Propter hoc super vos prohibiti sunt
caeli ne darent rorem,
Et terra prohibita est ne daret germen
suum;
11 Et vocavi siccitatem super terram, et
super montes,
Et super triticum, et super vinum, et super oleum,
Et quaecumque profert humus,
Et super homines, et super iumenta,
Et super omnem laborem manuum.

12 Et audivit Zorobabel, filius Salathiel,
et Iesus, filius Iosedec, sacerdos magnus,
et omnes reliquiae populi, vocem Domini
Dei sui, et verba Aggaei prophetae, sicut
misit eum Dominus Deus eorum ad eos,
et timuit populus a facie Domini. 13 Et
dixit Aggaeus, nuntius Domini de nuntiis
Domini, populo dicens: Ego vobiscum
sum, dicit Dominus. 14 Et suscitavit Dominus spiritum Zorobabel, filii Salathiel,
ducis Iuda, et spiritum Iesu, filii Iosedec,
sacerdotis magni, et spiritum reliquorum
de omni populo; et ingressi sunt, et faciebant opus in domo Domini exercituum,
Dei sui.

2 1 In die vigesima et quarta mensis,
in sexto mense, in anno secundo Darii regis.

Gloriam novi templi propheta exaltat

2 In septimo mense, vigesima et prima
mensis, factum est verbum Domini in
manu Aggaei prophetae, dicens: 3 Loquere ad Zorobabel, filium Salathiel, ducem
Iuda, et ad Iesum, filium Iosedec, sacerdotem magnum, et ad reliquos populi,
dicens:

4 Quis in vobis est derelictus,
Qui vidit domum istam in gloria sua
prima?
Et quid vos videtis hanc nunc?
Numquid non ita est, quasi non sit in
oculis vestris?
5 Et nunc confortare, Zorobabel, dicit Dominus;
Et confortare, Iesu, fili Iosedec, sacerdos
magne;
Et confortare, omnis populus terrae, dicit
Dominus exercituum;
Et facite (quoniam ego vobiscum sum,
dicit Dominus exercitum)
6 Verbum quod pepigi vobiscum cum egrederemini de terra Aegypti;
Et spiritus meus erit in medio vestrum,
nolite timere.
7 Quia haec dicit Dominus exercituum:
Adhuc unum modicum est,

1 **1:** Esdr 2,2; 3,2; 4,24; 5,1; Eccli 49,13-14; Zach 1,1. — **3:** Esdr 5,1. — **4:** Ps 131,3-5. — **5:** Agg 2,16-19. — **6:** Deut 28,38; Mich 6,15. — **8:** Ps 131,13-14; Agg 2,10. — **10-11:** Ier 5,24-25; Zach 8,9-12. — **12:** Esdr 5,2. — **13:** Agg 2,5.

2 **1:** Agg 1,1. — **2:** Lev 23,34.36. — **3:** Agg 1,1. — **4:** Esdr 3,12. — **5:** Agg 1,13; Zach 4,6 7; 8,9. — **6:** Ex 19,4-6; 29,45. — **7:** Agg 2,22; Hebr 12,26. — **8:** Is 60,1.9. — **9:** 1 Par 29,14.16. — **10:** Agg 1,8. — **11:** Agg 1,1; 2,19.21. — **12:** Lev 10,10-11. — **13:** Ier 11,15. — **14:**

Et ego commovebo caelum, et terram, et mare, et aridam.
8 Et movebo omnes gentes,
Et veniet Desideratus cunctis gentibus;
Et implebo domum istam gloria,
Dicit Dominus exercituum.
9 Meum est argentum, et meum est aurum,
Dicit Dominus exercituum.
10 Magna erit gloria domus istius novissimae plus quam primae,
Dicit Dominus exercituum;
Et in loco isto dabo pacem,
Dicit Dominus exercituum.

Templum aedificatum affert populo divinam benedictionem

11 In vigesima et quarta noni mensis,
in anno secundo Darii regis, factum est
verbum Domini ad Aggaeum prophetam,
dicens: 12 Haec dicit Dominus exercituum:
Interroga sacerdotes legem, dicens: 13 Si
tulerit homo carnem sanctificatam in ora
vestimenti sui, et tetigerit de summitate
eius panem, aut pulmentum, aut vinum,
aut oleum, aut omnem cibum, numquid
sanctificabitur? Respondentes autem sacerdotes, dixerunt: Non. 14 Et dixit Aggaeus:
Si tetigerit pollutus in anima ex omnibus
his, numquid contaminabitur? Et responderunt sacerdotes, et dixerunt: Contaminabitur.

15 Et respondit Aggaeus, et dixit:
Sic populus iste,
Et sic gens ista ante faciem meam, dicit Dominus,
Et sic omne opus manuum eorum;
Et omnia quae obtulerunt ibi, contaminata erunt.
16 Et nunc ponite corda vestra a die hac et supra,
Antequam poneretur lapis super lapidem in templo Domini.
17 Cum accederetis ad acervum viginti modiorum,
Et fierent decem;
Et intraretis ad torcular, ut exprimeretis quinquaginta lagenas,
Et fiebant viginti.
18 Percussi vos vento urente, et aurugine,
Et grandine omnia opera manuum vestrarum:
Et non fuit in vobis qui reverteretur ad me, dicit Dominus.
19 Ponite corda vestra ex die ista, et in futurum,
A die vigesima et quarta noni mensis;
A die qua fundamenta iacta sunt templi Domini,
Ponite super cor vestrum.
20 Numquid iam semen in germine est,
Et adhuc vinea, et ficus,
Et malogranatum, et lignum olivae non floruit?
Ex die ista benedicam.

Sermo ad Zorobabel

21 Et factum est verbum Domini secundo ad Aggaeum in vigesima et quarta
mensis, dicens: 22 Loquere ad Zorobabel,
ducem Iuda, dicens:

Ego movebo caelum pariter et terram.
23 Et subvertam solium regnorum,
Et conteram fortitudinem regni gentium;
Et subvertam quadrigam et ascensorem eius;
Et descendent equi, et ascensores eorum,
Vir in gladio fratris sui.
24 In die illa, dicit Dominus exercituum, assumam te,
Zorobabel, fili Salathiel, serve meus, dicit Dominus;
Et ponam te quasi signaculum,
Quia te elegi, dicit Dominus exercituum.

Num 19,22; Lev 22,4. — **16-18:** Agg 1,5-6.9-11. — **18:** Deut 28,22; Am 4,9. — **19-20:** Zach 8,9.12. — **22:** Agg 2,7. — **23:** Dan 2,44; Mich 5,10; Zach 12,9. — **24:** Eccli 49,13; Ier 22,24.

P R O P H E T I A   Z A C H A R I A E

SUMMARIUM PARS PRIOR. VISIONES ET ORACULA DE CIVITATIS RESTITUTIONE *(1-8): Cohortatio ad conversionem (1,1-6). Visiones symbolicae (1,7-6,15). Populi interrogatio de ieiunio (7). Amor Dei in populum (8).*—PARS ALTERA: ORACULA DE FUTURA GENTIUM SORTE ET POPULI ISRAELITICI *(9-14): Post Dei iudicium in finitimas gentes, annuntiatur ingressus Regis Messiae in Ierusalem (9). Non idola, sed Deus est invocandus (10,1-11,3). Deus populi pastor gregem suum dereliquit (11,4-17). Deus populi salvator contra gentes (12-13). Ierusalem a gentibus oppugnata erit sancta cunctis populis (14).*

PARS PRIOR

VISIONES ET ORACULA DE CIVITATIS RESTITUTIONE

(1,1-8,23)

Exhortatio ad conversionem

1 1 In mense octavo, in anno secundo
Darii regis, factum est verbum Do-
mini ad Zachariam, filium Barachiae, filii
Addo, prophetam, dicens: 2 Iratus est
Dominus super patres vestros iracundia.
3 Et dices ad eos:

Haec dicit Dominus exercituum:
Convertimini ad me, ait Dominus exercituum,
Et convertar ad vos, dicit Dominus exercituum.
4 Ne sitis sicut patres vestri,
Ad quos clamabant prophetae priores, dicentes:
Haec dicit Dominus exercituum:
Convertimini de viis vestris malis,
Et de cogitationibus vestris pessimis;
Et non audierunt neque attenderunt ad me,
Dicit Dominus.
5 Patres vestri ubi sunt?
Et prophetae numquid in sempiternum vivent?
6 Veruntamen verba mea, et legitima mea,
Quae mandavi servis meis prophetis,
Numquid non comprehenderunt patres vestros,
Et conversi sunt, et dixerunt:
Sicut cogitavit Dominus exercituum facere nobis
Secundum vias nostras, et secundum adinventiones nostras,
Fecit nobis?

Visio de equitibus et restaurationis Ierusalem annuntiatio

7 In die vigesima et quarta undecimi
mensis Sabath, in anno secundo Darii,
factum est verbum Domini ad Zachariam, filium Barachiae, filii Addo, prophetam, dicens: 8 Vidi per noctem, et
ecce vir ascendens super equum rufum, et
ipse stabat inter myrteta, quae erant in
profundo, et post eum equi rufi, varii, et
albi. 9 Et dixit: Quid sunt isti, Domine
mi? Et dixit ad me angelus qui loquebatur in me: Ego ostendam tibi quid sint
haec. 10 Et respondit vir qui stabat inter myrteta, et dixit: Isti sunt quos misit
Dominus ut perambulent terram. 11 Et
responderunt angelo Domini, qui stabat
inter myrteta, et dixerunt: Perambulavi-
mus terram, et ecce omnis terra habitatur, et quiescit. 12 Et respondit angelus
Domini, et dixit: Domine exercituum,
usquequo tu non misereberis Ierusalem,
et urbium Iuda, quibus iratus es? Iste iam
septuagesimus annus est. 13 Et respondit
Dominus angelo qui loquebatur in me
verba bona, verba consolatoria. 14 Et dixit ad me angelus qui loquebatur in me:
Clama, dicens:

Haec dicit Dominus exercituum:
Zelatus sum Ierusalem et Sion zelo magno.
15 Et ira magna ego irascor super gentes opulentas,
Quia ego iratus sum parum,
Ipsi vero adiuverunt in malum.
16 Propterea haec dicit Dominus:
Revertar ad Ierusalem in misericordiis;
Et domus mea aedificabitur in ea, ait Dominus exercituum,
Et perpendiculum extendetur super Ierusalem.
17 Adhuc clama, dicens:
Haec dicit Dominus exercituum:
Adhuc affluent civitates meae bonis,

1 1: 1 Par 6,39; Esdr 6,14; Neh 12,4.16; Agg 1,1. — **2:** Ier 2,5. — **3:** Is 30,15; Ier 3,1; Ez 18,30-32; Mich 7,19; Mal 3,7; Iac 4,8. || Conc. Trid.: D 797. — **4:** 2 Par 36,15-16; Ps 77,8; Ier 35,15. — **6:** Deut 28,2.15; Ier 35, 15; Lam 2,17; Ez 36,31; Mt 24,35. — **7:** 1 Mach 16,14. — **8:** Zach 6,2-7; Apoc 6,4. — **9:** Agg 2, 3; 4,5; 5,3.6.11; 6,5. — **10:** Iob 1,7; Zach 6,7. — **12:** Is 6,11; Ier 25,11; Dan 9,2; Zach 7,5; Apoc 6,10. — **13:** Ier 29,10-11. — **14:** Ioel 2,18; Zach 8,2. — **15:** Is 47,6; 54,7-8. — **16:** Esdr 6,14; Ier 31,39; Ez 47,3; Zach 4,9. — **17:** Is 51,3;

Et consolabitur adhuc Dominus Sion,
Et eliget adhuc Ierusalem.

Visione de quatuor cornibus et fabris gentes puniendas esse annuntiatur

18 Et levavi oculos meos, et vidi, et ecce
quatuor cornua. 19 Et dixi ad angelum qui
loquebatur in me: Quid sunt haec? Et dixit ad me: Haec sunt cornua quae ventilaverunt Iudam, et Israel, et Ierusalem.
20 Et ostendit mihi Dominus quatuor fabros. 21 Et dixi: Quid isti veniunt facere?
Qui ait, dicens: Haec sunt cornua quae
ventilaverunt Iudam per singulos viros,
et nemo eorum levavit caput suum; et
venerunt isti deterrere ea, ut deiiciant
cornua gentium, quae levaverunt cornu
super terram Iuda ut dispergerent eam.

Nova visione reaedificatio Ierusalem annuntiatur

2 1 Et levavi oculos meos, et vidi, et
ecce vir, et in manu eius funiculus
mensorum. 2 Et dixi: Quo tu vadis? Et
dixit ad me: Ut metiar Ierusalem, et videam quanta sit latitudo eius, et quanta
longitudo eius. 3 Et ecce angelus qui loquebatur in me egrediebatur, et angelus
alius egrediebatur in occursum eius; 4 et
dixit ad eum: Curre, loquere ad puerum
istum, dicens: Absque muro habitatur
Ierusalem, prae multitudine hominum et
iumentorum in medio eius. 5 Et ego ero
ei, ait Dominus, murus ignis in circuitu,
et in gloria ero in medio eius.

6 O, o fugite de terra aquilonis, dicit Dominus,
Quoniam in quatuor ventos caeli dispersi
vos, dicit Dominus.
7 O Sion! fuge, quae habitas apud filiam
Babylonis;
8 Quia haec dicit Dominis exercituum:
Post gloriam misit me ad gentes quae spoliaverunt vos;
Qui enim tetigerit vos, tangit pupillam
oculi mei;
9 Quia ecce ego levo manum meam super
eos,
Et erunt praedae his qui servibant sibi;
Et cognoscetis quia Dominus exercituum
misit me.
10 Lauda et laetare, filia Sion, quia ecce
ego venio,
Et habitabo in medio tui, ait Dominus.
11 Et applicabuntur gentes multae ad Dominum in die illa,
Et erunt mihi in populum,
Et habitabo in medio tui;
Et scies quia Dominus exercituum misit
me ad te.
12 Et possidebit Dominus Iudam partem
suam in terra sanctificata,
Et eliget adhuc Ierusalem.
13 Sileat omnis caro a facie Domini,
Quia consurrexit de habitaculo sancto suo.

Visio de sacerdotii purificatione et restitutione

3 1 Et ostendit mihi Dominus Iesum,
sacerdotem magnum, stantem coram
angelo Domini; et Satan stabat a dextris
eius ut adversaretur ei. 2 Et dixit Dominus
ad Satan: Increpet Dominus in te, Satan!
et increpet Dominus in te, qui elegit Ierusalem! Numquid non iste torris est eru-
tus de igne? 3 Et Iesus erat indutus vestibus sordidis, et stabat ante faciem angeli. 4 Qui respondit, et ait ad eos qui stabant coram se, dicens: Auferte vestimenta sordida ab eo. Et dixit ad eum: Ecce
abstuli a te iniquitatem tuam, et indui te
mutatoriis. 5 Et dixit: Ponite cidarim mundam super caput eius. Et posuerunt cidarim mundam super caput eius, et induerunt eum vestibus; et angelus Domini stabat. 6 Et contestabatur angelus Domini
Iesum, dicens:

7 Haec dicit Dominus exercituum:
Si in viis meis ambulaveris,
Et custodiam meam custodieris,
Tu quoque iudicabis domum meam,
Et custodies atria mea,
Et dabo tibi ambulantes de his qui nunc
hic assistunt.
8 Audi, Iesu, sacerdos magne,
Tu et amici tui, qui habitant coram te,
Quia viri portendentes sunt:
Ecce enim ego adducam servum meum
Orientem.
9 Quia ecce lapis quem dedi coram Iesu:
Super lapidem unum septem oculi sunt;
Ecce ego caelabo sculpturam eius, ait Do-
minus exercituum,
Et auferam iniquitatem terrae illius in die
una.
10 In die illa, dicit Dominus exercituum,
Vocabit vir amicum suum subter vitem
et subter ficum.

Zach 2,12. — **18:** Dan 8,3.8.9.21. — **19:** 3 Reg 22,11. — **21:** 74,4-5.

2 **1:** Ez 40,3; Apoc 11,1. — **2:** Zach 1,9.16. — **4:** Is 49,19; Ier 31,27; Ez 38,11; Zach 12,6; 14,10-11. — **5:** Is 60,18-19; Zach 9,8; Apoc 21,23. — **6:** Is 48,20; Ez 17,21; Zach 7,14. — **8:** Deut 32,10; Ps 16,8. — **9:** Is 11,15; 19,16; Ez 39,10; Zach 4,9. — **10:** Lev 26,11; Ps 39,8; Soph 3,14; Zach 8,3. — **11:** Is 2,2; 11,10; 60,3; Zach 8,22. — **12:** Zach 1,17. — **13:** Hab 2,20.

3 **1:** 1 Par 21,1; Esdr 3,2; Iob 1,6; Zach 6,11; Mt 4,10. — **2:** Am 4,11; Iudae 9. — **3:** Is 64,6; Iudae 23. — **4:** Is 6,7; 61,10; Apoc 7,14. — **5:** Zach 6,11. — **7:** Gen 28,12; Lev 8,35. — **8:** Is 11,1; 42,1; Ier 23,5; Zach 6,12; Lc 1,78. — **9:** Esdr 3,9-11; Ps 117,22; Is 28,16; Zach 4,10; Apoc 5,6. — **10:** 3 Reg 4,25.

Visio de candelabro et de duabus olivis ad coniunctionem inter principem et sacerdotem significandam

4 1 Et reversus est angelus qui loquebatur in me, et suscitavit me quasi virum qui suscitatur de somno suo. 2 Et dixit ad me: Quid tu vides? Et dixi: Vidi, et
ecce candelabrum aureum totum, et lampas eius super caput ipsius, et septem lucernae eius super illud, et septem infuso-
ria lucernis quae erant super caput eius.
3 Et duae olivae super illud: una a dextris lampadis, et una a sinistris eius.
4 Et respondi, et aio ad angelum qui
loquebatur in me, dicens: Quid sunt haec,
domine mi? 5 Et respondit angelus qui
loquebatur in me, et dixit ad me: Numquid nescis quid sunt haec? Et dixi: Non,
domine mi. 6 Et respondit, et ait ad me,
dicens: Hoc est verbum Domini ad Zorobabel, dicens: Non in exercitu, nec in
robore, sed in spiritu meo, dicit Dominus
exercituum. 7 Quis tu, mons magne, coram Zorobabel? In planum; et educet lapidem primarium, et exaequavit gratiam
gratiae eius. 8 Et factum est verbum Domini ad me, dicens: 9 Manus Zorobabel
fundaverunt domum istam, et manus eius
perficient eam; et scietis quia Dominus
exercituum misit me ad vos. 10 Quis enim
despexit dies parvos? Et laetabuntur, et
videbunt lapidem stanneum in manu Zorobabel. Septem isti oculi sunt Domini,
qui discurrunt in universam terram. 11 Et
respondi, et dixi ad eum: Quid sunt duae
olivae istae, ad dexteram candelabri, et
ad sinistram eius? 12 Et respondi secundo,
et dixi ad eum: Quid sunt duae spicae
olivarum quae sunt iuxta duo rostra aurea
in quibus sunt suffusoria ex auro? 13 Et
ait ad me, dicens: Numquid nescis quid
sunt haec? Et dixi: Non, domine mi.
14 Et dixit: Isti sunt duo filii olei, qui assistunt Dominatori universae terrae.

Visio de volumine volante

5 1 Et conversus sum, et levavi oculos
meos, et vidi, et ecce volumen volans.
2 Et dixit ad me: Quid tu vides? Et dixi:
Ego video volumen volans; longitudo eius
viginti cubitorum, et latitudo eius decem
cubitorum. 3 Et dixit ad me: Haec est
maledictio quae egreditur super faciem
omnis terrae; quia omnis fur, sicut ibi
scriptum est, iudicabitur, et omnis iurans
ex hoc similiter iudicabitur. 4 Educam illud, dicit Dominus exercituum; et veniet
ad domum furis, et ad domum iurantis in
nomine meo mendaciter; et commorabitur in medio domus eius, et consumet
eam, et ligna eius, et lapides eius.

Visio de muliere in amphora sedente

5 Et egressus est angelus qui loquebatur in me, et dixit ad me: Leva oculos
tuos, et vide quid est hoc quod egreditur.
6 Et dixi: Quidnam est? Et ait: Haec est
amphora egrediens. Et dixit: Haec est
oculus eorum in universa terra. 7 Et ecce
talentum plumbi portabatur, et ecce mulier una sedens in medio amphorae. 8 Et
dixit: Haec est impietas. Et proiecit eam
in medio amphorae, et misit massam
plumbeam in os eius. 9 Et levavi oculos
meos et vidi: et ecce duae mulieres egredientes; et spiritus in alis earum, et habebant alas quasi alas milvi, et laveverunt
amphoram inter terram et caelum. 10 Et
dixi ad angelum qui loquebatur in me:
Quo istae deferunt amphoram? 11 Et dixit ad me: Ut aedificetur ei domus in terram Sennaar, et stabiliatur, et ponatur
ibi super basem suam.

Visio de quatuor quadrigis

6 1 Et conversus sum, et levavi oculos
meos, et vidi: et ecce quatuor quadrigae egredientes de medio duorum montium; et montes, montes aerei. 2 In quadriga prima equi rufi, et in quadriga secunda equi nigri, 3 et in quadriga tertia
equi albi, et in quadriga quarta equi varii
et fortes. 4 Et respondi, et dixi ad angelum qui loquebatur in me: Quid sunt
haec, domine mi? 5 Et respondit angelus,
et ait ad me: Isti sunt quatuor venti caeli,
qui egrediuntur ut stent coram Dominatore omnis terrae. 6 In qua erant equi nigri, egrediebantur in terram aquilonis; et
albi egressi sunt post eos, et varii egressi
sunt ad terram austri. 7 Qui autem erant
robustissimi, exierunt, et quaerebant ire
et discurrere per omnem terram. Et dixit:
Ite, perambulate terram; et perambulaverunt terram. 8 Et vocavit me, et locutus est ad me, dicens: Ecce qui egrediuntur in terram aquilonis, requiescere fecerunt spiritum meum in terra aquilonis.

4 1: Zach 1,9.19. — 2: Ex 25,31.37. — 3: Apoc 11,4. — 6: Ps 32,16-17; 43,6-7; Agg 2,5. — 7: Is 40,4; Ier 51,25; Zach 3,9. — 9: Esdr 3,8.10; Zach 1,16. — 10: 2 Par 16,9; Prov 15,3; Zach 3,9. — 14: Zach 6,5; Apoc 11,4.

5 1: Ier 36,2. — 3: Ex 20,7.15; Deut 29,27-28; Ier 29,18. — 4: Lev 26,16; Prov 3,33. — 5: Zach 1,9.19. — 6: Ez 45,11. — 11: Gen 11,2.

6 2-3: Zach 1,8; Apoc 6,2.4.5.8. — 4: Zach 1,9.19. — 5: Ps 103,4; Hebr 1,7.14. — 6: Zach

De corona aurea Iesu imposita

9 Et factum est verbum Domini ad me,
dicens: 10 Sume a transmigratione, ab
Holdai, et a Tobia, et ab Idaia; et venies
tu in die illa, et intrabis domum Iosiae,
filii Sophoniae, qui venerunt de Babylone. 11 Et sumes aurum et argentum, et facies coronas, et pones in capite Iesu, filii
Iosedec, sacerdotis magni; 12 et loqueris
ad eum, dicens: Haec ait Dominus exercituum, dicens: Ecce vir Oriens nomen
eius, et subter eum orietur, et aedificabit
templum Domino. 13 Et ipse exstruet templum Domino; et ipse portabit gloriam,
et sedebit, et dominabitur super solio
suo; et erit sacerdos super solio suo, et
consilium pacis erit inter illos duos. 14 Et
coronae erunt Helem, et Tobiae, et Idaiae
et Hem, filio Sophoniae, memoriale in
templo Domini. 15 Et qui procul sunt venient, et aedificabunt in templo Domini;
et scietis quia Dominus exercituum misit
me ad vos. Erit autem hoc, si auditu audieritis vocem Domini Dei vestri.

Responsio Domini ad quaestionem de ieiunio

7 1 Et factum est in anno quarto Darii
regis, factum est verbum Domini ad
Zachariam, in quarta mensis noni, qui est
Casleu. 2 Et miserunt ad domum Dei Sarasar et Rogommelech, et viri qui erant
cum eo, ad deprecandam faciem Domini;
3 ut dicerent sacerdotibus domus Domini
exercituum, et prophetis, loquentes: Numquid flendum est mihi in quinto mense,
vel sanctificare me debeo, sicut iam feci
multis annis?
4 Et factum est verbum Domini exercituum ad me, dicens: 5 Loquere ad omnem populum terrae, et ad sacerdotes, dicens: Cum ieiunaretis, et plangeretis in
quinto et septimo per hos septuaginta annos, numquid ieiunium ieiunastis mihi?
6 Et cum comedistis et bibistis, numquid
non vobis comedistis et vobismetipsis bibistis? 7 Numquid non sunt verba quae
locutus est Dominus in manu prophetarum priorum, cum adhuc Ierusalem habitaretur et esset opulenta, ipsa et urbes
in circuitu eius, et ad austrum, et in campestribus habitaretur? 8 Et factum est verbum Domini ad Zachariam, dicens:
9 Haec ait Dominus exercituum, dicens:
Iudicium verum iudicate, et misericor
diam et miserationes facite, unusquisque
cum fratre suo. 10 Et viduam, et pupillum, et advenam, et pauperem nolite calumniari; et malum vir fratri suo non cogitet in corde suo. 11 Et noluerunt attendere, et averterunt scapulam recedentem
et aures suas aggravaverunt ne audirent.
12 Et cor suum posuerunt ut adamantem,
ne audirent legem, et verba quae misit
Dominus exercituum in spiritu suo per
manum prophetarum priorum; et facta
est indignatio magna a Domino exercituum. 13 Et factum est sicut locutus est,
et non audierunt; sic clamabunt et non
exaudiam, dicit Dominus exercituum. 14 Et
dispersi eos per omnia regna quae nesciunt; et terra desolata est ab eis, eo quod
non esset transiens et revertens; et posuerunt terram desiderabilem in desertum.

Amor Dei in populum

8 1 Et factum est verbum Domini exercituum, dicens: 2 Haec dicit Dominus
exercituum: Zelatus sum Sion zelo magno, et indignatione magna zelatus sum
eam.
3 Haec dicit Dominus exercituum: Reversus sum ad Sion, et habitabo in medio
Ierusalem; et vocabitur Ierusalem civitas
veritatis, et mons Domini exercituum
mons sanctificatus.
4 Haec dicit Dominus exercituum: Adhuc habitabunt senes et anus in plateis
Ierusalem, et viri baculus in manu eius
prae multitudine dierum. 5 Et plateae civitatis complebuntur infantibus et puellis,
ludentibus in plateis eius.
6 Haec dicit Dominus exercituum: Si
videbitur difficile in oculis reliquiarum
populi huius in diebus illis, numquid in
oculis meis difficile erit? dicit Dominus
exercituum.
7 Haec dicit Dominus exercituum: Ecce
ego salvabo populum meum de terra
orientis et de terra occasus solis. 8 Et
adducam eos, et habitabunt in medio Ierusalem; et erunt mihi in populum et,
ego ero eis in Deum, in veritate et in
iustitia.
9 Haec dicit Dominus exercituum: Confortentur manus vestrae, qui auditis in
his diebus sermones istos per os prophe-

2,6; 9,14. — **7:** Zach 1,10. — **10:** 4 Reg 25,18; Neh 7,39. — **11:** Zach 3,1.5. — **12:** Zach 3,8; Mt 16,18; Eph 2,20-22. — **13:** Ps 109,4; Hebr 3,1-3. — **15:** Deut 30,1-3; Is 57,19; 60,10.

7 **1:** Neh 1,1; Zach 1,1.7; 1 Mach 4,52. — **2:** Zach 8,21-22. — **3:** 4 Reg 25,8; Ier 52,12; Zach 8,19. — **5:** 4 Reg 25,25; Is 58,4-5; Zach 1, 12. — **7:** Ier 17,26; Zach 1,4. — **9:** Is 1,17; Ier 21, 12; Mich 6,8. — **10:** Ex 22,21-25; Is 1,23; Ier 5, 28. — **11:** Neh 9,29; Zach 1,4. — **13:** Prov 1, 24-28; Is 1,15; Ier 11,11. — **14:** Ier 7,34; Soph 3, 6; Zach 2,6.

8 **2:** Ioel 2,18; Zach 1,14. — **3:** Is 1,26; 2,3; Zach 1,16; 2,10. — **4:** Is 65,20-22. — **6:** Gen 18,14; Mt 19,26; Lc 1,37. — **7:** Ps 106,3; Is 43,5; 49,12; Ez 37,21; Bar 4,37. — **8:** Ier 24,

tarum, in die qua fundata est domus Domini exercituum, ut templum aedificaretur. 10 Siquidem ante dies illos merces
hominum non erat, nec merces iumentorum erat; neque introeunti, neque exeunti erat pax prae tribulatione; et dimisi
omnes homines, unumquemque contra
proximum suum. 11 Nunc autem non iuxta
dies priores ego faciam reliquiis populi
huius, dicit Dominus exercituum, 12 sed
semen pacis erit: vinea dabit fructum
suum, et terra dabit germen suum, et
caeli dabunt rorem suum; et possidere
faciam reliquias populi huius universa
haec. 13 Et erit: sicut eratis maledictio in
gentibus, domus Iuda et domus Israel, sic
salvabo vos, et eritis benedictio. Nolite
timere, confortentur manus vestrae.
14 Quia haec dicit Dominus exercituum:
Sicut cogitavi ut affligerem vos, cum ad
iracundiam provocassent patres vestri me,
dicit Dominus, 15 et non sum misertus;
sic conversus cogitavi, in diebus istis, ut
benefaciam domui Iuda et Ierusalem. Nolite timere. 16 Haec sunt ergo verba quae
facietis: Loquimini veritatem unusquisque cum proximo suo; veritatem et iudicium pacis iudicate in portis vestris. 17 Et
unusquisque malum contra amicum suum
ne cogitetis in cordibus vestris, et iuramentum mendax ne diligatis, omnia enim
haec sunt quae odi, dicit Dominus.
18 Et factum est verbum Domini exercituum ad me, dicens: 19 Haec dicit Dominus exercituum: Ieiunium quarti, et
ieiunium quinti, et ieiunium septimi, et
ieiunium decimi erit domui Iuda in gaudium et laetitiam et in solemnitates praeclaras. Veritatem tantum et pacem diligite.
20 Haec dicit Dominus exercituum: Usquequo veniant populi et habitent in civitatibus multis; 21 et vadant habitatores,
unus ad alterum, dicentes: Eamus, et deprecemur faciem Domini, et quaeramus
Dominum exercituum; vadam etiam ego.
22 Et venient populi multi, et gentes ro-
bustae, ad quaerendum Dominum exercituum in Ierusalem, et deprecandam faciem Domini.
23 Haec dicit Dominus exercituum: In
diebus illis, in quibus apprehendent decem homines ex omnibus linguis gentium,
et apprehendent fimbriam viri Iudaei, dicentes: Ibimus vobiscum, audivimus enim
quoniam Deus vobiscum est.

7; 31,33; Ez 11,20; Os 2,24; Zach 13,9. — **9:** Esdr 5,1-2; Agg 2,5.19. — **10:** Agg 1,5-6. — **12:** Agg 2,19-20. — **13:** Gen 12,2-3; Agg 2,6; Zach 10,6. — **14:** Deut 9,7.8.22; Ier 31,28; 32, 42. — **16:** Ps 14,3; Zach 7,9; Eph 4,25. — **17:** Zach 5,4; 7,10. — **19:** 4 Reg 25,1; Is 35,10; Ier 39,2; 52,6; Zach 7,3.5. — **22:** Is 2,3; Zach 2, 11. — **23:** Gen 31,7; Is 66,18; Apoc 5,9.

PARS ALTERA

ORACULA DE FUTURA SORTE GENTIUM ET POPULI ISRAELITICI

(9,1-14,21)

Oraculum contra gentes finitimas

9 1 Onus verbi Domini in terra Hadrach
Et Damasci requiei eius,
Quia Domini est oculus hominis et omnium tribuum Israel.
2 Emath quoque in terminis eius, et Tyrus, et Sidon;
Assumpserunt quippe sibi sapientiam valde.
3 Et aedificavit Tyrus munitionem suam;
Et coacervavit argentum quasi humum,
Et aurum ut lutum platearum.
4 Ecce Dominus possidebit eam,
Et percutiet in mari fortitudinem eius,
Et haec igni devorabitur.
5 Videbit Ascalon, et timebit;
Et Gaza, et dolebit nimis;
Et Accaron, quoniam confusa est spes eius;
Et peribit rex de Gaza,
Et Ascalon non habitabitur.
6 Et sedebit separator in Azoto,
Et disperdam superbiam Philisthinorum.
7 Et auferam sanguinem eius de ore eius,
Et abominationes eius de medio dentium eius;
Et relinquetur etiam ipse Deo nostro,
Et erit quasi dux in Iuda,
Et Accaron quasi Iebusaeus.
8 Et circumdabo domum meam
Ex his qui militant mihi euntes et revertentes;
Et non transibit super eos ultra exactor,
Quia nunc vidi in oculis meis.

Rex Messias triumphans ingreditur Ierusalem

9 Exsulta satis, filia Sion,
Iubila, filia Ierusalem:
Ecce Rex tuus veniet tibi iustus, et salvator;
Ipse pauper, et ascendens super asinam
Et super pullum filium asinae.
10 Et disperdam quadrigam ex Ephraim,
Et equum de Ierusalem;
Et dissipabitur arcus belli;
Et loquetur pacem gentibus,
Et potestas eius a mari usque ad mare,
Et a fluminibus usque ad fines terrae.

9 **1:** Is 17,1. — **2:** Is 23,1-2; Ier 49,23; Ez 28, 2-5. — **4:** Ez 26,17; 28,18. — **5-6:** Ier 47,1; Soph 2,4. — **7:** Lev 3,17; Is 14,1. — **8:** Zach 2,

11 Tu quoque in sanguine testamenti tui
Emisisti vinctos tuos de lacu in quo non est aqua.
12 Convertimini ad munitionem, vincti spei;
Hodie quoque annuntians duplicia reddam tibi.
13 Quoniam extendi mihi Iudam quasi arcum,
Implevi Ephraim,
Et suscitabo filios tuos, Sion,
Super filios tuos, Graecia;
Et ponam te quasi gladium fortium.
14 Et Dominus Deus super eos videbitur,
Et exibit ut fulgur iaculum eius;
Et Dominus Deus in tuba canet,
Et vadet in turbine austri.
15 Dominus exercituum proteget eos;
Et devorabunt, et subiicient lapidibus fundae;
Et bibentes inebriabuntur quasi a vino,
Et replebuntur ut phialae,
Et quasi cornua altaris.
16 Et salvabit eos Dominus Deus eorum in die illa,
Ut gregem populi sui,
Quia lapides sancti elevabuntur super terram eius.
17 Quid enim bonum eius est,
Et quid pulchrum eius,
Nisi frumentum electorum,
Et vinum germinans virgines?

Non idola, sed Deus est invocandus, qui populum restituet ac beneficiis cumulabit

10 1 Petite a Domino pluviam in tempore serotino,
Et Dominus faciet nives;
Et pluviam imbris dabit eis,
Singulis herbam in agro.
2 Quia simulacra locuta sunt inutile,
Et divini viderunt mendacium,
Et somniatores locuti sunt frustra,
Vane consolabantur;
Idcirco abducti sunt quasi grex;
Affligentur, quia non est eis pastor.
3 Super pastores iratus est furor meus,
Et super hircos visitabo;
Quia visitabit Dominus exercituum gregem suum, domum Iuda,
Et posuit eos quasi equum gloriae suae in bello.
4 Ex ipso angulus, ex ipso paxillus,
Ex ipso arcus praelii,
Ex ipso egredietur omnis exactor simul.
5 Et erunt quasi fortes conculcantes lutum viarum in praelio,
Et bellabunt, quia Dominus cum eis;
Et confundentur ascensores equorum.
6 Et confortabo domum Iuda,
Et domum Ioseph salvabo;
Et convertam eos, quia miserebor eorum;
Et erunt sicut fuerunt quando non proieceram eos:
Ego enim Dominus Deus eorum, et exaudiam eos.
7 Et erunt quasi fortes Ephraim,
Et laetabitur cor eorum quasi a vino;
Et filii eorum videbunt, et laetabuntur,
Et exsultabit cor eorum in Domino.
8 Sibilabo eis, et congregabo illos,
Quia redemi eos;
Et multiplicabo eos sicut ante fuerant multiplicati.
9 Et seminabo eos in populis,
Et de longe recordabuntur mei;
Et vivent cum filiis suis, et revertentur.
10 Et reducam eos de terra Aegypti,
Et de Assyriis congregabo eos,
Et ad terram Galaad et Libani adducam eos,
Et non invenietur eis locus;
11 Et transibit in maris freto,
Et percutiet in mari fluctus,
Et confundentur omnia profunda fluminis,
Et humiliabitur superbia Assur,
Et sceptrum Aegypti recedet.
12 Confortabo eos in Domino,
Et in nomine eius ambulabunt, dicit Dominus.

11 1 Aperi, Libane, portas tuas,
Et comedat ignis cedros tuas.
2 Ulula, abies, quia cecidit cedrus,
Quoniam magnifici vastati sunt;
Ululate, quercus Basan,
Quoniam succisus est saltus munitus.
3 Vox ululatus pastorum,
Quia vastata est magnificentia eorum;
Vox rugitus leonum,
Quoniam vastata est superbia Iordanis.

Bonus pastor, taedio fessus, gregem derelinquit

4 Haec dicit Dominus Deus meus:
Pasce pecora occisionis, 5 quae qui possederant occidebant, et non dolebant, et

5,7.14. — 9: Ier 23,5; Mich 5,2; Soph 3,14; Mt 11,29; 21,5. — 10: Ps 71,8; Os 1,7; 2,18; Eph 2,14. — 11: Ex 24,8; Is 42,7; 61,1. — 12: Is 61,7. — 13: Ez 27,13. — 14: Is 21,1. — 15: Lev 4,18.25; Zach 12,6.8. — 16: Ps 99,3; Is 11,12.

10 1: Deut 11,14; Ier 14,22. — 2: Ier 23,25; 27,9; Ez 34,5-6; Hab 2,18; Mt 9,36. — 3: Ez 34,17-21; Zach 11,17. — 4: Ps 117,22; Is 22,23. — 6: Zach 8,7.8.13. — 7: Ps 103,15; Eccli 31,35; Zach 9,15. — 8: Is 5,26; Ier 31,10-12; Os 1,11. — 9: Deut 30,1-3; Os 2,23. — 10: Is 11,11; 27,13; 49,19-20; Os 11,11. — 11: Is 11,15; Ez 30,13. — 12: Mich 4,5.

11 1: Is 2,13. — 3: Ier 25,34; 49,19. — 4: Zach 11,7. — 5: Ier 23,1; Ez 34,3. —

vendebant ea, dicentes: Benedictus Dominus! divites facti sumus; et pastores eorum non parcebant eis. 6 Et ego non
parcam ultra super habitantes terram, dicit Dominus; ecce ego tradam homines,
unumquemque in manu proximi sui, et
in manu regis sui; et concident terram,
te non eruam de manu eorum. 7 Et pascam pecus occisionis propter hoc, o pauperes gregis! Et assumpsi mihi duas virgas: unam vocavi Decorem, et alteram
vocavi Funiculum; et pavi gregem. 8 Et
succidi tres pastores in mense uno, et
contracta est anima mea in eis, siquidem
et anima eorum variavit in me. 9 Et dixi:
Non pascam vos; quod moritur, moriatur; et quod succiditur, succidatur; et reliqui devorent unusquisque carnem proximi sui. 10 Et tuli virgam meam quae vocabatur Decus, et abscidi eam, ut irritum facerem foedus meum quod percussi
cum omnibus populis. 11 Et in irritum de-
ductum est in die illa; et cognoverunt sic
pauperes gregis, qui custodiunt mihi, quia
verbum Domini est. 12 Et dixi ad eos:
Si bonum est in oculis vestris, afferte
mercedem meam; et si non, quiescite. Et
appenderunt mercedem meam triginta argenteos. 13 Et dixit Dominus ad me: Proiice illud ad statuarium, decorum pretium
quo appretiatus sum ab eis. Et tuli triginta argenteos, et proieci illos in domum
Domini, ad statuarium. 14 Et praecidi virgam meam secundam, quae appellabatur
Funiculus, ut dissolverem germanitatem
inter Iudam et Israel.
15 Et dixit Dominus ad me: Adhuc sume tibi vasa pastoris stulti. 16 Quia ecce
ego suscitabo pastotem in terra, qui derelicta non visitabit, dispersum non quaeret
et contritum non sanabit, et id quod stat
non enutriet, et carnes pinguium comedet, et ungulas eorum dissolvet. 17 O pastor, et idolum derelinquens gregem: gladius super brachium eius, et super oculum dextrum eius; brachium eius ariditate
siccabitur, et oculus dexter eius tenebres-
cens obscurabitur.

Ierusalem, frustra a gentibus oppugnata, tuetur a Domino

12 1 Onus verbi Domini super Israel.
Dicit Dominus extendens caelum,
et fundans terram,
Et fingens spiritum hominis in eo:
2 Ecce ego ponam Ierusalem superliminare crapulae
Omnibus populis in circuitu;
Sed et Iuda erit in obsidione contra Ierusalem.
3 Et erit: in die illa ponam Ierusalem la-
pidem oneris cunctis populis;
Omnes qui levabunt eam concisione la-
cerabuntur,
Et colligentur adversus eam omnia regna
terrae.
4 In die illa, dicit Dominus,
Percutiam omnem equum in stuporem,
Et ascensorem eius in amentiam,
Et super domum Iuda aperiam oculos
meos,
Et omnem equum populorum percutiam
caecitate.
5 Et dicent duces Iuda in corde suo:
Confortentur mihi habitatores Ierusalem
In Domino exercituum, Deo eorum!
6 In die illa ponam duces Iuda
Sicut caminum ignis in lignis,
Et sicut facem ignis in foeno,
Et devorabunt ad dexteram et ad sinis-
tram omnes populos in circuitu,
Et habitabitur Ierusalem rursus in loco
suo in Ierusalem.
7 Et salvabit Dominus tabernacula Iuda,
sicut in principio,
Ut non magnifice glorietur domus David,
Et gloria habitantium Ierusalem contra
Iudam.
8 In die illa proteget Dominus habitato-
res Ierusalem;
Et erit qui offenderit ex eis in die illa
quasi David,
Et domus David quasi Dei,
Sicut angelus Domini in conspectu eorum.

Dominus spiritum precum effundet super habitatores Ierusalem

9 Et erit in die illa:
Quaeram conterere omnes gentes quae
veniunt contra Ierusalem.
10 Et effundam super domum David
Et super habitatores Ierusalem
Spiritum gratiae et precum;
Et aspicient ad me quem confixerunt;
Et plangent eum planctu quasi super
unigenitum,
Et dolebunt super eum,
Ut doleri solet in morte primogeniti.
11 In die illa magnus erit planctus in Ie-
rusalem,
Sicut planctus Adadremmon in campo
Mageddon.
12 Et planget terra; familiae et familiae
seorsum:
Familiae domus David seorsum, et mu-
lieres eorum seorsum;

7: Is 14,32; Soph 3,12; Zach 11,10.14. — **8:** Ier 22,11.18.24. — **9:** Ier 15,2. — **12:** Gen 23,16; Ez 21,32; Os 3,2; Mt 26,15. — **13:** Mt 27,9-10. **15:** 4 Reg 24,16-20. — **16:** Ez 34,3-4; Io 10,12-13. **17:** 4 Reg 25,7; Ier 23,1.

12 **1:** Is 42,5; 44,24; Nah 1,1. — **2:** Is 51,17.22-23; Zach 14,2.14. — **4:** Deut 28,28. — **6:** Ier 5,14; Zach 2,4. — **8:** 1 Sam 29,9; 2 Sam 14,17; Is 60,22; Ioel 3,10. — **9:** Zach 14,3. **10:** Ioel 6,26; Ez 39,29; Ier 2,28; Io 19,37; Apoc

13 Familiae domus Nathan seorsum, et mulieres eorum seorsum;
Familiae domus Levi seorsum, et mulieres eorum seorsum;
Familiae Semei seorsum, et mulieres eorum seorsum;
14 Omnes familiae reliquae,
Familiae et familiae seorsum, et mulieres eorum seorsum.

13 1 In die illa erit fons patens
Domui David et habitantibus Ierusalem,
In ablutionem peccatoris et menstruatae.
2 Et erit in die illa, dicit Dominus exercituum:
Disperdam nomina idolorum de terra,
Et non memorabuntur ultra;
Et pseudoprophetas, et spiritum immundum auferam de terra.
3 Et erit cum prophetaverit quispiam ultra,
Dicent ei pater eius et mater eius, qui genuerunt eum:
Non vives, quia mendacium locutus es in nomine Domini;
Et configent eum pater eius et mater eius, genitores eius,
Cum prophetaverit.
4 Et erit: in die illa confundentur prophetae,
Unusquisque ex visione sua cum prophetaverit;
Nec operientur pallio saccino, ut mentiantur;
5 Sed dicet: Non sum propheta;
Homo agricola ego sum,
Quoniam Adam exemplum meum ab adolescentia mea.
6 Et dicetur ei: Quid sunt plagae istae in medio manuum tuarum?
Et dicet: His plagatus sum in domo eorum qui diligebant me.

Percusso pastore, oves dispergentur

7 Framea, suscitare super pastorem
meum, et super virum cohaerentem mihi, dicit Dominus exercituum; percute
pastorem, et dispergentur oves; et convertam manum meam ad parvulos. 8 Et
erunt in omni terra, dicit Dominus: partes duae in ea dispergentur, et deficient;
et tertia pars relinquetur in ea. 9 Et ducam tertiam partem per ignem, et uram
eos sicut uritur argentum, et probabo eos sicut probatur aurum. Ipse vocabit nomen meum, et ego exaudiam eum. Dicam: Populus meus es; et ipse dicet: Dominus Deus meus.

Ierusalem a gentibus expugnata restituetur a Domino, et populi ad eam confluent ut Deum colant

14 1 Ecce venient dies Domini, et dividentur spolia tua in medio tui.
2 Et congregabo omnes gentes ad Ierusalem in praelium; et capietur civitas, et
vastabuntur domus, et mulieres violabuntur; et egredietur media pars civitatis in
captivitatem, et reliquum populi non auferetur ex urbe. 3 Et egredietur Dominus,
et praeliabitur contra gentes illas, sicut
praeliatus est in die certaminis. 4 Et stabunt pedes eius in die illa super montem
Olivarum, qui est contra Ierusalem ad orientem; et scindetur mons Olivarum ex
media parte sui ad orientem et ad occidentem, praerupto grandi valde; et separabitur medium montis ad aquilonem,
et medium eius ad meridiem. 5 Et fugietis
ad vallem montium eorum, quoniam coniungetur vallis montium usque ad proximum; et fugietis sicut fugistis a facie terraemotus in diebus Oziae, regis Iuda; et veniet Dominus Deus meus, omnesque sancti cum eo.
6 Et erit in die illa: non erit lux, sed
frigus et gelu. 7 Et erit dies una quae
nota est Domino, non dies neque nox;
et in tempore vesperi erit lux. 8 Et erit
in die illa; exibunt aquae vivae de Ierusalem; medium earum ad mare orientale et medium earum ad mare novissimum; in aestate et in hieme erunt. 9 Et
erit Dominus rex super omnem terram:
in die illa erit Dominus unus, et erit nomen eius unum. 10 Et revertetur omnis
terra usque ad desertum, de colle Remmon ad austrum Ierusalem; et exaltabitur, et habitabit in loco suo, a porta Beniamin usque ad locum portae prioris, et
usque ad portam angulorum, et a turre
Hananeel usque ad torcularia regis. 11 Et
habitabunt in ea, et anathema non erit
amplius, sed sedebit Ierusalem secura.
12 Et haec erit plaga qua percutiet Dominus omnes gentes quae pugnaverunt
adversus Ierusalem: tabescet caro uniuscuiusque stantis super pedes suos; et oculi
eius contabescent in foraminibus suis, et

1,7. — **11:** 4 Reg 23,29; 2 Par 35,24-25. — **12:** Zach 7,3; Apoc 1,7. — **13:** Num 3,18; 2 Sam 5,14.

13 **1:** Lev 16,2-34; Is 12,3; 55,1; Ez 36,25. **2:** Ier 14,15; Mich 5,12-13. — **3:** Deut 13, 6-8. — **4:** 4 Reg 1,8; Mich 3,7. — **5:** Am 7,14. **7:** Is 40,11; Mt 26,31; Mc 14,27. — **8:** Zach 14,2. — **9:** Ez 11,7; Zach 8,8; Mal 3,2-3; 1 Petr 1,7.

14 **1:** Is 13,9; 39,6; Ioel 1,15. — **2:** Ioel 3,2; Zach 12,3; 13,8. — **3:** Zach 12,9. — **4:** 2 Reg 15,30; Ez 11,23; Ioel 3,14. — **5:** Deut 33,2; Dan 7,10; Am 1,1; Mt 16,27; 1 Thess 3,13. — **6:** Ioel 2,2. — **7:** Is 30,26; 60,19-20; Mt 24,36; Act 1,7; Apoc 21,23. — **8:** Ez 47,1-8; Io 4,10. **9:** Ps 46,8; Apoc 11,15. — **10:** Neh 3,1; Is 2,2; 40,4; Ier 20,2; 31,38. — **11:** Ier 33,16; Apoc 22,3. — **12:** Zach 14,15.18. — **14:** Zach 2,9. —

lingua eorum contabescet in ore suo. 13 In
die illa erit tumultus Domini magnus in
eis; et apprehendet vir manum proximi
sui, et conseretur manus eius super manum proximi sui. 14 Sed et Iudas pugnabit adversus Ierusalem; et congregabuntur divitiae omnium gentium in circuitu,
aurum, et argentum, et vestes multae satis. 15 Et sic erit ruina equi, et muli, et
cameli, et asini, et omnium iumentorum
quae fuerint in castris illis, sicut ruina
haec. 16 Et omnes qui reliqui fuerint de
universis gentibus quae venerunt contra
Ierusalem, ascendent ab anno in annum
ut adorent Regem, Dominum exercituum,
et celebrent festivitatem tabernaculorum.
17 Et erit: qui non ascenderit de familiis
terrae ad Ierusalem, ut adoret Regem,
Dominum exercituum, non erit super eos
imber. 18 Quod et si familia Aegypti non
ascenderit et non venerit, nec super eos
erit; sed erit ruina, qua percutiet Dominus omnes gentes quae non ascenderint
ad celebrandam festivitatem tabernaculorum. 19 Hoc erit peccatum Aegypti et
hoc peccatum omnium gentium quae non
ascenderint ad celebrandam festivitatem
tabernaculorum. 20 In die illa, erit quod
super frenum equi est, sanctum Domino;
et erunt lebetes in domo Domini quasi
phialae coram altari. 21 Et erit omnis lebes in Ierusalem et in Iuda sanctificatus
Domino exercituum; et venient omnes
immolantes, et sument ex eis, et coquent
in eis; et non erit mercator ultra in domo
Domini exercituum in illo die.

16: Lev 23,34-43; Is 66,23; Zach 8,21-22. — **17:** 3 Reg 17,1; Is 60,12. — **18:** Deut 11,10. — **20:** Ex 28,36. — **21:** Deut 7,1-2; Ez 44,9; Apoc 21,27.

PROPHETIA MALACHIAE

SUMMARIUM *Inscriptio (1,1). Amor Dei in Israel (1,2-5). Peccata sacerdotum et populi arguuntur (1,6-2,16). Dei iudicium in filios Levi (2,17-4,6)*

Prophetiae inscriptio

1 1 Onus verbi Domini ad Israel in
manu Malachiae.

Peculiaris Dei charitas in Israel

2 Dilexi vos, dicit Dominus, et dixistis:
In quo dilexisti nos? Nonne frater erat
Esau Iacob? dicit Dominus; et dilexi
Iacob; 3 Esau autem odio habui, et posui
montes eius in solitudinem, et haereditatem
eius in dracones deserti. 4 Quod si dixerit
Idumaea: Destructi sumus, sed revertentes aedificabimus quae destructa sunt;
haec dicit Dominus exercituum: Isti aedificabunt, et ego destruam; et vocabuntur
termini impietatis, et populus cui iratus
est Dominus usque in aeternum. 5 Et oculi vestri videbunt, et vos dicetis: Magnificetur Dominus super terminum Israel.

Ob neglectum Dei cultum a sacerdotibus novus Dei cultus praenuntiatur

6 Filius honorat patrem, et servus dominum suum. Si ergo pater ego sum, ubi
est honor meus? et si Dominus ego sum,
ubi est timor meus? dicit Dominus exercituum. Ad vos, o sacerdotes, qui despicitis nomen meum, et dixistis: In quo
despeximus nomen tuum? 7 Offertis super
altare meum panem pollutum, et dicitis:
In quo polluimus te? In eo quod dicitis:
Mensa Domini despecta est. 8 Si afferatis
caecum ad immolandum, nonne malum
est? et si offeratis claudum et languidum,
nonne malum est? Offer illud duci tuo,
si placuerit ei, aut si susceperit faciem
tuam, dicit Dominus exercituum. 9 Et
nunc deprecamini vultum Dei ut misereatur vestri (de manu enim vestra factum
est hoc), si quomodo suscipiat facies
vestras, dicit Dominus exercituum. 10 Quis
est in vobis qui claudat ostia, et incendat
altare meum gratuito? Non est mihi
voluntas in vobis, dicit Dominus exerci-

1 **1:** Ez 7,2; Mal 2,11. — **2:** Gen 15,23; 27,29; Deut 7,8; Ier 31,3; Rom 9,13. — **3:** Is 34,13; Ier 49,10.18; Ez 25,13-14; 35,3-4; Ioel 3,19; Am 1,11. — **4:** 1 Mach 5,2; 2 Mach 10,16. — **6:** Ex 4,22; 20,12; Deut 4,10; Mal 2,1. — **7:** Mal 2,12; 3,3. — **8:** Lev 22,20-23. — **9:** Zach 7,2. — **10:** Prov 15,8; Is 1,13-15; Am 5,21; Mal 2,13. — **11:** Ps 112,3; Is 2,2; 66,19-20; Soph 2,11; Io 4,

tuum, et munus non suscipiam de manu
vestra.
11 Ab ortu enim solis usque ad occasum, magnum est nomen meum in gentibus, et in omni loco sacrificatur, et
offertur nomini meo oblatio munda, quia
magnum est nomen meum in gentibus,
dicit Dominus exercituum. 12 Et vos polluistis illud in eo quod dicitis: Mensa
Domini contaminata est; et quod super-
ponitur contemptibile est, cum igne qui
illud devorat. 13 Et dixistis: Ecce de labore, et exsufflastis illud, dicit Dominus
exercituum; et intulistis de rapinis claudum et languidum, et intulistis munus:
numquid suscipiam illud de manu vestra?
dicit Dominus. 14 Maledictus dolosus qui
habet in grege suo masculum, et votum
faciens, immolat debile Domino: quia
rex magnus ego, dicit Dominus exercituum, et nomen meum horribile in gentibus.

Comminatio in sacerdotes

2 1 Et nunc ad vos mandatum hoc, o
sacerdotes. 2 Si nolueritis audire, et
si nolueritis ponere super cor, ut detis
gloriam nomini meo, ait Dominus exercituum, mittam in vos egestatem, et maledicam benedictionibus vestris, et maledicam illis, quoniam non posuistis super
cor. 3 Ecce ego proiiciam vobis brachium, et dispergam super vultum vestrum stercus solemnitatum vestrarum, et
assumet vos secum. 4 Et scietis quia misi
ad vos mandatum istud, ut esset pactum
meum cum Levi, dicit Dominus exercituum. 5 Pactum meum fuit cum eo vitae
et pacis; et dedi ei timorem, et timuit me,
et a facie nominis mei pavebat. 6 Lex veritatis fuit in ore eius, et iniquitas non est
inventa in labiis eius; in pace et in aequitate ambulavit mecum, et multos avertit ab iniquitate. 7 Labia enim sacerdotis
custodient scientiam, et legem requirent
ex ore eius, quia angelus Domini exercituum est. 8 Vos autem recessistis de via,
et scandalizastis plurimos in lege; irritum
fecistis pactum Levi, dicit Dominus exercituum. 9 Propter quod et ego dedi vos
contemptibiles, et humiles omnibus populis, sicut non servastis vias meas, et accepistis faciem in lege.

Coniugia Iudaeorum illegitima

10 Numquid non pater unus omnium
nostrum? numquid non Deus unus creavit nos? Quare ergo despicit unusquisque
nostrum fratrem suum, violans pactum
patrum nostrorum? 11 Transgressus est
Iuda, et abominatio facta est in Israel et
in Ierusalem, quia contaminavit Iuda sanctificationem Domini, quam dilexit, et habuit filiam dei alieni. 12 Disperdet Dominus virum qui fecerit hoc, magistrum et
discipulum, de tabernaculis Iacob, et offerentem munus Domino exercituum.
13 Et hoc rursum fecistis: operiebatis
lacrymis altare Domini, fletu et mugitu,
ita ut non respiciam ultra ad sacrificium,
nec accipiam placabile quid de manu vestra. 14 Et dixistis: Quam ob causam? Quia
Dominus testificatus est inter te et uxorem pubertatis tuae, quam tu despexisti;
et haec particeps tua, et uxor foederis tui.
15 Nonne unus fecit, et residuum spiritus
eius est? Et quid unus quaerit, nisi semen
Dei? Custodite ergo spiritum vestrum, et
uxorem adolescentiae tuae noli despicere.
16 Cum odio habueris, dimitte, dicit Dominus Deus Israel; operiet autem iniquitas vestimentum eius, dicit Dominus exercituum. Custodite spiritum vestrum, et
nolite despicere.

Iudicium Domini denuntiatur ad filios Levi purgandos et finem impietati imponendum

17 Laborare fecistis Dominum in sermonibus vestris, et dixistis: In quo eum fecimus laborare? In eo quod dicitis: Omnis
qui facit malum bonus est in conspectu
Domini, et tales ei placent; aut certe ubi
est Deus iudicii?

3 1 Ecce ego mitto angelum meum, et
praeparabit viam ante faciem meam;
et statim veniet ad tempulm suum Dominator quem vos quaeritis, et angelus testamenti quem vos vultis. Ecce venit, dicit
Dominus exercituum. 2 Et quis poterit cogitare diem adventus eius, et quis stabit
ad videndum eum? Ipse enim quasi ignis
conflans, et quasi herba fullonum; 3 et sedebit conflans, et emundans argentum, et
purgabit filios Levi, et colabit eos quasi
aurum et quasi argentum, et erunt Domino offerentes sacrificia in iustitia. 4 Et pla-

21. || Conc. Trid.: D 939. — **12:** Mal 1,7. — **13:** Mal 1,8. — **14:** Lev 22,19.21; Ps 46,3; Zach 14,9.

2 **1:** Mal 1,6. — **2:** Lev 26,14.16; Deut 28, 15.22. — **3:** Ex 29,14; Is 1,13-14. — **4:** Num 25,12-13; Neh 13,29. — **5:** Is 54,10. — **6:** Deut 33,9-10; Lc 1,16. — **7:** Lev 10,11; Deut 17,9; Agg 2,12. — **8:** 1 Sam 2,17; Neh 13,29; Ez 22, 26. — **9:** 1 Sam 2,30; Nah 3,6. — **10:** Lev 19, 13-18; Iob 31,15; Mal 1,6; 1 Cor 8,6; Eph 4,6. **11:** Esdr 9,2; Neh 13,25; Ps 105,35. — **12:** Prov 15,8; Mal 1,7. — **14:** Is 54,6; Mal 3,5. — **15:** Gen 2,24; 15,5-6; Is 51,2; Mt 9,4-5. — **16:** Deut 24,1. — **17:** Is 43,24; Soph 1,12; Mal 3,14-15.

3 **1:** Is 40,3; Mal 4,5; Mt 11,10; Lc 1,17.76; Io 1,6.26-27. — **2:** Is 4,4; Ioel 2,11; Mt 3,

cebit Domino sacrificium Iuda et Ierusalem, sicut dies saeculi, et sicut anni antiqui. 5 Et accedam ad vos in iudicio, et ero
testis velox maleficis, et adulteris, et periuris, et qui calumniantur mercedem mercenarii, viduas et pupillos, et opprimunt
peregrinum, nec timuerunt me, dicit Dominus exercituum.
6 Ego enim Dominus, et non mutor; et
vos filii Iacob, non estis consumpti. 7 A
diebus enim patrum vestrorum recessistis
a legitimis meis, et non custoditis: revertimini ad me, et revertar ad vos, dicit Dominus exercituum. Et dixistis: In quo re-
vertemur? 8 Si affliget homo Deum, quia
vos configitis me? Et dixistis: In quo con-
figimus te? In decimis et in primitiis. 9 Et
in penuria vos maledicti estis, et me vos
configitis gens tota. 10 Inferte omnem decimam in horreum, et sit cibus in domo
mea; et probate me super hoc, dicit Dominus: si non aperuero vobis cataractas
caeli, et effudero vobis benedictionem usque ad abundantiam; 11 et increpabo pro
vobis devorantem; et non corrumpet fructum terrae vestrae, nec erit sterilis vinea
in agro, dicit Dominus exercituum. 12 Et
beatos vos dicent omnes gentes; eritis
enim vos terra desiderabilis, dicit Dominus exercituum.
13 Invaluerunt super me verba vestra,
dicit Dominus. 14 Et dixistis: Quid locuti
sumus contra te? Dixistis: Vanus est qui
servit Deo; et quod emolumentum quia
custodivimus praecepta eius, et quia ambulavimus tristes coram Domino exercituum? 15 Ergo nunc beatos dicimus ar-
rogantes; siquidem aedificati sunt facientes impietatem, et tentaverunt Deum, et
salvi facti sunt. 16 Tunc locuti sunt timentes Dominum, unusquisque cum proximo suo; et attendit Dominus, et audivit,
et scriptus est liber monumenti coram eo
timentibus Dominum, et cogitantibus nomen eius. 17 Et erunt mihi, ait Dominus
exercituum, in die qua ego facio, in peculium; et parcam eis, sicut parcit vir filio
suo servienti sibi. 18 Et convertemini, et
videbitis quid sit inter iustum et impium;
et inter servientem Deo et non servientem ei.

4 1 Ecce enim dies veniet succensa quasi caminus; et erunt omnes superbi
et omnes facientes impietatem stipula; et
inflammabit eos dies veniens, dicit Dominus exercituum, quae non derelinquet eis
radicem et germen. 2 Et orietur vobis timentibus nomen meum Sol iustitiae, et
sanitas in pennis eius; et egrediemini, et
salietis sicut vituli de armento. 3 Et calca-
bitis impios, cum fuerint cinis sub planta
pedum vestrorum, in die qua ego facio,
dicit Dominus exercituum.
4 Mementote legis Moysi, servi mei,
quam mandavi ei in Horeb ad omnem
Israel, praecepta et iudicia. 5 Ecce ego
mittam vobis Eliam prophetam, antequam veniat dies Domini magnus et horribilis. 6 Et convertet cor patrum ad filios,
et cor filiorum ad patres eorum; ne forte
veniam, et percutiam terram anathemate.

11. — **3:** Mal 1,7. — **4:** Ez 20,40. — **5:** Lev 19,13; Deut 24,17; Ier 29,23. — **6:** Num 23,19; Ps 101,28; Lam 3,22; Iac 1,17. — **7:** Zach 1,3; Act 7,51. — **8:** Neh 13,10. — **9:** Agg 1,6; Mal 2,2. — **10:** Deut 28,8.12; Prov 3,9-10; 2 Cor 9,6-8. — **11:** Ioel 1,4. — **12:** Soph 3,19; Lc 1,48. **13:** Mal 2,17. — **14:** Ps 72,13; Iob 21,15; Ier 12,1; Soph 1,12. — **15:** Iob 21,7-13; Sap 2,6-20. — **16:** Ex 32,32; Dan 7,10; Apoc 20,12. — **17:** Ex 19,5; Ps 102,13; 1 Petr 2,9. — **18:** Ps 57,12; 72,17-20.

4 **1:** Is 47,14; Mal 3,2; Mt 3,12; 2 Thess 1,7-8. — **2:** Is 53,5; 60,19; Zach 6,12; Lc 1,78-79; Io 1,9; 2 Petr 1,19. || Conc. Trid.: D 792. **3:** Mal 3,17. — **4:** Ex 20,3-17; Deut 4,10. — **5:** Ioel 2,31; Mal 3,1-2; Mt 11,14; 17,11-13; Lc 1,17. — **6:** Lc 1,17.

LIBER I MACHABAEORUM

SUMMARIUM *INTRODUCTIO (1).*—PARS PRIMA: MATHATHIAS *(2): Ad rebellionem convocat fideles (2,1-48). Postrema Mathathiae (2,49-70).*—PARS SECUNDA: IUDAS MACHABAEUS *(3,1-9,22): Machabaei primae victoriae (3,1-4,35). Templi purificatio (4,36-61). Finitimas gentes bello persequitur (5). Mors Antiochi in Perside (6,1-71). Antiochus Eupator Iudaeam aggreditur et cum Iudaeis pacem egit (6,18-63). Demetrius, Eupatoris successor, bellum infert Machabaeo (7). Machabaeus foedus init cum Romanis (8). Mors Iudae (9,1-22).*—PARS TERTIA: IONATHAS DUX IUDAEORUM ET SUMMUS SACERDOS *(9,23-12,54): Iudaeorum rerum commutatio (9,23-73). Ionathae prosperitas sub syrorum regum bello civili (10). Bello in Syria perdurante, prosperitas Ionathae confirmatur (11). Foedus renovat cum Romanis et Spartiatis (12,1-23). Ionathas a Tryphone captus (12,24-54).*—PARS QUARTA: SIMON IUDAEORUM DUX *(13-16): Simon fratrem redimere satagit (13,1-32). Libertatem populi iudaici confirmat (13,33-54). Plena pace obtenta, Simon princeps populi acclamatur (14). Antiochus Soter Iudaeis bellum infert (15). Simonis interitus (16)*

INTRODUCTIO

NOVUS RERUM STATUS POST ALEXANDRI MORTEM ET PERICULA EX EO EXORTA PRO POPULO DEI

(1,1-67)

Alexander Magnus

1 1 Et factum est, postquam percussit
Alexander Philippi Macedo, qui primus regnavit in Graecia, egressus de terra Cethim, Darium regem Persarum et
Medorum: 2 constituit praelia multa, et
obtinuit omnium munitiones, et interfecit reges terrae, 3 et pertransiit usque ad
fines terrae; et accepit spolia multitudinis
gentium: et siluit terra in conspectu eius.
4 Et congregavit virtutem, et exercitum
fortem nimis: et exaltatum est, et elevatum cor eius: 5 et obtinuit regiones gentium, et tyrannos: et facti sunt illi in tributum. 6 Et post haec decidit in lectum,
et cognovit quia moreretur. 7 Et vocavit
pueros suos nobiles, qui secum erant nutriti a iuventute: et divisit illis regnum
suum, cum adhuc viveret. 8 Et regnavit
Alexander annis duodecim, et mortuus
est.
9 Et obtinuerunt pueri eius regnum,
unusquisque in loco suo: 10 et imposuerunt omnes sibi diademata post mortem
eius, et filii eorum post eos annis multis,
et multiplicata sunt mala in terra.

Antiochus Epiphanes

11 Et exiit ex eis radix peccatrix, Antiochus illustris, filius Antiochi regis, qui
fuerat Romae obses: et regnavit in anno
centesimo trigesimo septimo regni Graecorum. 12 In diebus illis exierunt ex Israel
filii iniqui, et suaserunt multis, dicentes:
Eamus, et disponamus testamentum cum
gentibus, quae circa nos sunt: quia ex
quo recessimus ab eis, invenerunt nos
multa mala. 13 Et bonus visus est sermo
in oculis eorum. 14 Et destinaverunt aliqui
de populo, et abierunt ad regem: et dedit
illis potestatem ut facerent iustitiam gentium. 15 Et aedificaverunt gymnasium in
Ierosolymis secundum leges nationum:
16 et fecerunt sibi praeputia, et recesserunt
a testamento sancto, et iuncti sunt nationibus, et venundati sunt ut facerent malum.
17 Et paratum est regnum in conspectu
Antiochi, et coepit regnare in terra Aegypti ut regnaret super duo regna. 18 Et
intravit in Aegyptum in multitudine gravi, in curribus, et elephantis, et equitibus,
et copiosa navium multitudine: 19 et constituit bellum adversus Ptolemaeum regem
Aegypti, et veritus est Ptolemaeus a facie
eius, et fugit, et ceciderunt vulnerati multi. 20 Et comprehendit civitates munitas
in terra Aegypti: et accepit spolia terrae
Aegypti.

Ascendit contra Ierusalem

21 Et convertit Antiochus, postquam
percussit Aegyptum in centesimo et quadragesimo tertio anno: et ascendit ad Is-

1 **1:** 1 Mach 6,2. — **7:** Dan 11,4. — **11:** 2 Mach 2,21; 4,7; 10,9.13. — **12:** 1 Mach 6,21; 7,5; 9,23; 10,61. — **14:** 2 Mach 4,7-10. — **15:** 2 Mach 4,9.12. — **17-20:** 2 Mach 5,1-10. — **19:** 1 Mach

rael, 22 et ascendit Ierosolymam in multitudine gravi. 23 Et intravit in sanctificationem cum superbia, et accepit altare aureum, et candelabrum luminis, et universa vasa eius, et mensam propositionis, et
libatoria, et phialas, et mortariola aurea,
et velum, et coronas, et ornamentum
aureum, quod in facie templi erat: et comminuit omnia. 24 Et accepit argentum, et
aurum, et vasa concupiscibilia: et accepit
thesauros occultos, quos invenit: et sublatis omnibus, abiit in terram suam. 25 Et
fecit caedem hominum, et locutus est in
superbia magna.
26 Et factus est planctus magnus in Israel, et in omni loco eorum: 27 et ingemuerunt principes, et seniores: virgines,
et iuvenes infirmati sunt: et speciositas
mulierum immutata est. 28 Omnis maritus sumpsit lamentum: et quae sedebant
in thoro maritali, lugebant: 29 et commota est terra super habitantes in ea, et universa domus Iacob induit confusionem.

Mittit in Ierusalem principem tributorum

30 Et post duos annos dierum misit rex
principem tributorum in civitates Iuda, et
venit Ierusalem cum turba magna. 31 Et
locutus est ad eos verba pacifica in dolo:
et crediderunt ei. 32 Et irruit super civitatem repente, et percussit eam plaga magna, et perdidit populum multum ex Israel. 33 Et accepit spolia civitatis: et succendit eam igni, et destruxit domos eius,
et muros eius in circuitu: 34 et captivas
duxerunt mulieres: et natos, et pecora
possederunt. 35 Et aedificaverunt civitatem David muro magno, et firmo, et turribus firmis, et facta est illis in arcem:
36 et posuerunt illic gentem peccatricem
viros iniquos, et convaluerunt in ea: et
posuerunt arma, et escas, et congregaverunt spolia Ierusalem: 37 et reposuerunt
illic: et facti sunt in laqueum magnum.
38 Et factum est hoc ad insidias sanctificationi, et in diabolum malum in Israel:
39 et effuderunt sanguinem innocentem
per circuitum sanctificationis, et contaminaverunt sanctificationem. 40 Et fugerunt
habitatores Ierusalem propter eos, et facta est habitatio exterorum, et facta est ex-
tera semini suo, et nati eius reliquerunt
eam. 41 Sanctificatio eius desolata est sicut solitudo, dies festi eius conversi sunt
in luctum, sabbata eius in opprobrium,
honores eius in nihilum. 42 Secundum gloriam eius multiplicata est ignominia eius,
et sublimitas eius conversa est in luctum.

Decretum persecutionis religiosae

43 Et scripsit rex Antiochus omni regno
suo ut esset omnis populus, unus: et relin-
queret unusquisque legem suam. 44 Et
consenserunt omnes gentes secundum verbum regis Antiochi: 45 et multi ex Israel
consenserunt servituti eius, et sacrificaverunt idolis, et coinquinaverunt sabbatum.
46 Et misit rex libros per manus nuntiorum in Ierusalem, et in omnes civitates
Iuda: ut sequerentur leges gentium terrae, 47 et prohiberent holocausta, et sacrificia, et placationes fieri in templo Dei,
48 et prohiberent celebrari sabbatum; et
dies solemnes: 49 et iussit coinquinari sancta, et sanctum populum Israel. 50 Et iussit
aedificari aras, et templa, et idola, et immolari carnes suillas, et pecora communia, 51 et relinquere filios suos incircumcisos, et coinquinari animas eorum in omnibus immundis, et abominationibus, ita
ut obliviscerentur legem, et immutarent
omnes iustificationes Dei. 52 Et quicumque non fecissent secundum verbum regis
Antiochi, morerentur.
53 Secundum omnia verba haec scripsit omni regno suo: et praeposuit principes populo, qui haec fieri cogerent. 54 Et
iusserunt civitatibus Iuda sacrificare. 55 Et
congregati sunt multi de populo ad eos
qui dereliquerant legem Domini: et fecerunt mala super terram: 56 et effugaverunt
populum Israel in abditis, et in absconditis fugitivorum locis.

Abominatio desolationis in templo

57 Die quintadecima mensis Casleu,
quinto et quadragesimo et centesimo anno, aedificavit rex Antiochus abominan-
dum idolum desolationis super altare Dei,
et per universas civitates Iuda in circuitu
aedificaverunt aras: 58 et ante ianuas domorum et in plateis incendebant thura, et
sacrificabant: 59 et libros legis Dei combusserunt igni, scindentes eos: 60 et apud
quemcumque inveniebantur libri testamenti Domini, et quicumque observabat
legem Domini, secundum edictum regis
trucidabant eum.
61 In virtute sua faciebant haec populo
Israel, qui inveniebatur in omni mense et
mense in civitatibus. 62 Et quinta et vigesima die mensis sacrificabant super aram,
quae erat contra altare. 63 Et mulieres,
quae circumcidebant filios suos, trucida-
bantur secundum iussum regis Antiochi,
64 et suspendebant pueros a cervicibus
per universas domos eorum: et eos, qui

10,51; 2 Mach 4,21; 9,29. — **21-28:** 2 Mach 5, 11-21. — **23:** Ex 25,23-37; 26,31-33; 30,1-3. — **24:** 1 Mach 2,9; 2 Mach 3,10-12. — **30-42:** 2 Mach 5,24-27. — **35:** 2 Sam 5,7; 1 Par 11,5; 1 Mach 3,45; 4,2.41; 6,18.26.32; 7,32; 9,52. — **41:** Tob 2,6; Am 8,10; 1 Mach 3,45; 4,38. — **43-67:** 2 Mach 6,1-11. — **49:** 1 Mach 4,36. — **50:** Lev 11,7; Act 10,14. — **51:** 2 Mach 6,10. — **57:** 1 Mach 6,7. — **62:** 1 Mach 4,52; 2 Mach 10, 5. — **63:** 2 Mach 6,10. — **65:** 2 Mach 6,18-7,41.

circumciderant illos, trucidabant. 65 Et
multi de populo Israel definierunt apud
se, ut non manducarent immunda: et elegerunt magis mori, quam cibis coinquinari immundis: 66 et noluerunt infringe-
re legem Dei sanctam, et trucidati sunt:
67 et facta est ira magna super populum
valde.

PARS PRIMA

MATHATHIAS AD REBELLIONEM CONVOCAT

(2,1-70)

Mathathias

2 1 In diebus illis surrexit Mathathias
filius Ioannis, filii Simeonis, sacerdos
ex filiis Ioarib, ab Ierusalem, et consedit
in monte Modin: 2 et habebat filios quinque, Ioannem, qui cognominabatur Gad-
dis: 3 et Simonem, qui cognominabatur
Thasi: 4 et Iudam, qui vocabatur Machabaeus: 5 et Eleazarum, qui cognominabatur Abaron: et Ionathan, qui cognominabatur Apphus: 6 hi viderunt mala,
quae fiebant in populo Iuda, et in Ierusalem. 7 Et dixit Mathathias:

Vae mihi, ut quid natus sum videre
contritionem populi mei, et contritionem
civitatis sanctae, et sedere illic, cum datur
in manibus inimicorum? 8 Sancta in manu
extraneorum facta sunt: templum eius
sicut homo ignobilis. 9 Vasa gloriae eius
captiva abducta sunt: trucidati sunt senes
eius in plateis, et iuvenes eius ceciderunt
in gladio inimicorum. 10 Quae gens non
haereditavit regnum eius et non obtinuit
spolia eius? 11 Omnis compositio eius
ablata est. Quae erat libera, facta est
ancilla. 12 Et ecce sancta nostra, et pulchritudo nostra, et claritas nostra desolata est, et coinquinaverunt ea gentes.
13 Quo ergo nobis adhuc vivere? 14 Et
scidit vestimenta sua Mathathias, et filii
eius: et operuerunt se ciliciis, et planxerunt valde.

Renuit obedire regis decreto

15 Et venerunt illuc qui missi erant a
rege Antiocho, ut cogerent eos, qui confugerat in civitatem Modin, immolare,
et accendere thura, et a lege Dei discedere. 16 Et multi de populo Israel consentientes accesserunt ad eos: sed Mathathias et filii eius constantes steterunt. 17 Et
respondentes qui missi erant ab Antiocho,
dixerunt Mathathiae: Princeps et claris-
simus, et magnus es in hac civitate, et
ornatus filiis, et fratribus; 18 ergo accede
prior, et fac iussum regis, sicut fecerunt
omnes gentes, et viri Iuda, et qui remanserunt in Ierusalem: et eris tu, et filii tui,
inter amicos regis, et amplificatus auro,
et argento, et muneribus multis.
19 Et respondit Mathathias, et dixit
magna voce: Et si omnes gentes regi
Antiocho obediunt, ut discedat unusquisque a servitute legis patrum suorum, et
consentiat mandatis eius: 20 ego et filii
mei, et fratres mei, obediemus legi patrum
nostrorum; 21 propitius sit nobis Deus,
non est nobis utile relinquere legem, et
iustitias Dei: 22 non audiemus verba regis
Antiochi, nec sacrificabimus transgredien-
tes legis nostrae mandata, ut eamus altera
via. 23 Et ut cessavit loqui verba haec,
accessit quidam Iudaeus in omnium oculis
sacrificare idolis super aram in civitate
Modin, secundum iussum regis: 24 et vidit
Mathathias, et doluit, et contremuerunt
renes eius, et accensus est furor eius secundum iudicium legis, et insiliens trucidavit eum super aram: 25 sed et virum,
quem rex Antiochus miserat, qui cogebat
immolare, occidit in ipso tempore, et
aram destruxit, 26 et zelatus est legem,
sicut fecit Phinees Zamri filio Salomi.
27 Et exclamavit Mathathias voce magna in civitate, dicens: Omnis qui zelum
habet legis statuens testamentum, exeat
post me. 28 Et fugit ipse, et filii eius in
montes, et reliquerunt quaecumque habebant in civitate.

Pii qui in desertum descendunt

29 Tunc descenderunt multi quaerentes
iudicium, et iustitiam, in desertum: 30 et
sederunt ibi ipsi, et filii eorum, et mulieres
eorum, et pecora eorum: quoniam inundaverunt super eos mala. 31 Et renuntiatum est viris regis, et exercitui, qui
erat in Ierusalem civitate David, quoniam discessissent viri quidam, qui dissipaverunt mandatum regis in loca occulta in deserto, et abiissent post illos
multi. 32 Et statim perrexerunt ad eos,
et constituerunt adversus eos praelium
in die sabbatorum, 33 et dixerunt ad eos:
Resistitis et nunc adhuc? exite, et facite
secundum verbum regis Antiochi, et vivetis. 34 Et dixerunt: Non exivimus, neque faciemus verbum regis, ut polluamus
diem sabbatorum. 35 Et concitaverunt
adversus eos praelium. 36 Et non re-

2 **1:** 1 Par 9,10; 24,7; Neh 11,10; 1 Mach 14,29. — **9:** 1 Mach 1,23; 2 Mach 5,13. — **12:** 1 Mach 1,57.62. — **18:** 1 Mach 1,44. — **21:** 2 Mach 7,30. — **24:** Deut 13,9; 17,2-5. — **26:**

sponderunt eis, nec lapidem miserunt
in eos, nec oppilaverunt loca occulta,
37 dicentes: Moriamur omnes in simplicitate nostra: et testes erunt super nos
caelum et terra, quod iniuste perditis
nos. 38 Et intulerunt illis bellum sabbatis:
et mortui sunt ipsi, et uxores eorum, et
filii eorum, et pecora eorum usque ad
mille animas hominum.
39 Et cognovit Mathathias, et amici
eius, et luctum habuerunt super eos valde.
40 Et dixit vir proximo suo: Si omnes
fecerimus sicut fratres nostri fecerunt, et
non pugnaverimus adversus gentes pro
animabus nostris, et iustificationibus nostris: nunc citius disperdent nos a terra.
41 Et cogitaverunt in die illa, dicentes:
Omnis homo, quicumque venerit ad nos
in bello die sabbatorum, pugnemus adversus eum: et non moriemur omnes,
sicut mortui sunt fratres nostri in occultis.

Assidaei cum Mathathia se coniungunt

42 Tunc congregata est ad eos synagoga
Assidaeorum fortis viribus ex Israel, omnis voluntarius in lege: 43 et omnes, qui
fugiebant a malis, additi sunt ad eos, et
facti sunt illis ad firmamentum. 44 Et collegerunt exercitum, et percusserunt peccatores in ira sua, et viros iniquos in indignatione sua: et caeteri fugerunt ad
nationes, ut evaderent. 45 Et circuivit Mathathias, et amici eius, et destruxerunt
aras: 46 et circumciderunt pueros incircumcisos quotquot invenerunt in finibus
Israel: et in fortitudine. 47 Et persecuti
sunt filios superbiae, et prosperatum est
opus in manibus eorum: 48 et obtinuerunt
legem de manibus gentium, et de manibus regum: et non dederunt cornu peccatori.

Postrema Mathathiae

49 Et appropinquaverunt dies Mathathiae moriendi, et dixit filiis suis: Nunc
confortata est superbia, et castigatio, et
tempus eversionis, et ira indignationis.
50 Nunc ergo, o filii, aemulatores estote
legis, et date animas vestras pro testamento patrum vestrorum, 51 et mementote operum patrum, quae fecerunt in
generationibus suis: et accipietis gloriam
magnam, et nomen aeternum. 52 Abraham nonne in tentatione inventus est
fidelis, et reputatum est ei ad iustitiam?
53 Ioseph in tempore angustiae suae custodivit mandatum, et factus est dominus
Aegypti. 54 Phinees pater noster, zelando
zelum Dei, accepit testamentum sacerdotii
aeterni. 55 Iesus dum implevit verbum,
factus est dux in Israel. 56 Caleb dum
testificatur in ecclesia, accepit haereditatem. 57 David in sua misericordia consecutus est sedem regni in saecula. 58 Elias,
dum zelat zelum legis, receptus est in
caelum. 59 Ananias et Azarias et Misael
credentes, liberati sunt de flamma. 60 Daniel in sua simplicitate liberatus est de
ore leonum. 61 Et ita cogitate per generationem et generationem: quia omnes
qui sperant in eum, non infirmantur.
62 Et a verbis viri peccatoris ne timueritis:
quia gloria eius stercus et vermis est:
63 hodie extollitur, et cras non invenietur:
quia conversus est in terram suam, et
cogitatio eius periit. 64 Vos ergo filii confortamini, et viriliter agite in lege: quia
in ipsa gloriosi eritis.
65 Et ecce Simon frater vester, scio
quod vir consilii est: ipsum audite semper,
et ipse erit vobis pater. 66 Et Iudas Machabaeus fortis viribus a iuventute sua,
sit vobis princeps militiae, et ipse aget
bellum populi. 67 Et adducetis ad vos
omnes factores legis: et vindicate vindictam populi vestri. 68 Retribuite retributionem gentibus, et intendite in praeceptum legis.
69 Et benedixit eos, et appositus est
ad patres suos. 70 Et defunctus est anno
centesimo et quadragesimo sexto: et sepultus est a filiis suis in sepulchris patrum
suorum in Modin, et planxerunt eum
omnis Israel planctu magno.

PARS SECUNDA

IUDAS MACHABAEUS DUX IUDAEORUM

(3,1-9,22)

Iudas Machabaeus

3 1 Et surrexit Iudas, qui vocabatur
Machabaeus, filius eius, pro eo, 2 et
adiuvabant eum omnes fratres eius: et universi qui se coniunxerant patri eius, et
praeliabantur praelium Israel cum laetitia.
3 Et dilatavit gloriam populo suo,
Et induit se loricam sicut gigas,
Et succinxit se arma bellica sua in praeliis,

Num 25,7-8. — **36:** 2 Mach 6,11. — **42:** 1 Mach 7,13; 2 Mach 14,6. — **52:** Gen 22,1-12; Rom 4,3; Gal 3,6. — **53:** Gen 41,40. — **54:** Num 25,13; Eccli 45,28-30. — **55:** Ios 1,2; Eccli 46,1-8. — **56:** Num 14,6; Ios 14,14. — **57:** 2 Sam 2,4; 7,16. — **58:** 4 Reg 2,11. — **59:** Dan 3,50. — **60:** Dan 6,22. — **61:** Ps 36,25. — **62:** Ps 82,11. — **65:** 1 Mach 13,1. — **66:** 1 Mach 3,1. — **67-68:** Deut 32,41-43. — **70:** 1 Mach 13,25-27.

3 **1-9:** 2 Mach 8,1-7. — **1:** 1 Mach 3,4.66. **5:** 1 Mach 5,5. — **10:** 1 Mach 1,30; 2 Mach

Et protegebat castra gladio suo.
4 Similis factus est leoni in operibus suis,
Et sicut catulus leonis rugiens in venatione.
5 Et persecutus est iniquos perscrutans eos:
Et qui conturbabant populum suum, eos succendit flammis:
6 Et repulsi sunt inimici eius prae timore eius,
Et omnes operarii iniquitatis conturbati sunt:
Et directa est salus in manu eius.
7 Et exacerbabat reges multos,
Et laetificabat Iacob in operibus suis,
Et in saeculum memoria eius in benedictione.
8 Et perambulavit civitates Iuda,
Et perdidit impios ex eis,
Et avertit iram ab Israel.
9 Et nominatus est usque ad novissimum terrae,
Et congregavit pereuntes.

Primae Iudae victoriae

10 Et congregavit Apollonius gentes, et
a Samaria virtutem multam et magnam
ad bellandum contra Israel. 11 Et cognovit Iudas, et exiit obviam illi: et percussit,
et occidit illum: et ceciderunt vulnerati
multi, et reliqui fugerunt, 12 et accepit
spolia eorum: et gladium Apollonii abstulit Iudas, et erat pugnans in eo omnibus
diebus.
13 Et audivit Seron princeps exercitus
Syriae, quod congregavit Iudas congregationem fidelium, et ecclesiam secum,
14 et ait: Faciam mihi nomen, et glorificabor in regno, et debellabo Iudam, et eos
qui cum ipso sunt, qui spernebant verbum
regis. 15 Et praeparavit se: et ascenderunt
cum eo castra impiorum fortes auxiliarii
ut facerent vindictam in filios Israel. 16 Et
appropinquaverunt usque ad Bethoron:
et exivit Iudas obviam illi cum paucis.
17 Ut autem viderunt exercitum venientem sibi obviam, dixerunt Iudae: Quomodo poterimus pauci pugnare contra multitudinem tantam, et tam fortem, et nos
fatigati sumus ieiunio hodie? 18 Et ait
Iudas: Facile est concludi multos in manus paucorum: et non est differentia in
conspectu Dei caeli liberare in multis,
et in paucis: 19 quoniam non in multitudine exercitus victoria belli, sed de caelo
fortitudo est. 20 Ipsi veniunt ad nos in
multitudine contumaci, et superbia, ut
disperdant nos, et uxores nostras, et
filios nostros, et ut spolient nos: 21 nos
vero pugnabimus pro animabus nostris,
et legibus nostris: 22 et ipse Dominus
conteret eos ante faciem nostram: vos
autem ne timueritis eos.
23 Ut cessavit autem loqui, insiluit in
eos subito: et contritus est Seron, et
exercitus eius in conspectu ipsius: 24 et
persecutus est eum in descensu Bethoron
usque in campum, et ceciderunt ex eis
octingenti viri, reliqui autem fugerunt
in terram Philisthiim. 25 Et cecidit timor
Iudae, ac fratrum eius, et formido super
omnes gentes in circuitu eorum; 26 et
pervenit ad regem nomen eius, et de
praeliis Iudae narrabant omnes gentes.

Antiochus exercitum universi regni sui congregat et bellum contra Iudaeos Lysiae committit

27 Ut audivit autem rex Antiochus sermones istos, iratus est animo: et misit,
et congregavit exercitum universi regni
sui, castra fortia valde: 28 et aperuit aerarium suum, et dedit stipendia exercitui in
annum: et mandavit illis ut essent parati
ad omnia. 29 Et vidit quod defecit pecunia de thesauris suis, et tributa regionis
modica propter dissensionem, et plagam,
quam fecit in terra, ut tolleret legitima,
quae erant a primis diebus: 30 et timuit
ne non haberet ut semel et bis, in sumptus
et donaria, quae dederat ante larga manu:
et abundaverat super reges qui ante eum
fuerant. 31 Et consternatus erat animo
valde, et cogitavit ire in Persidem, et
accipere tributa regionum, et congregare
argentum multum.
32 Et reliquit Lysiam hominem nobilem
de genere regali, super negotia regia, a
flumine Euphrate usque ad flumen Aegypti: 33 et ut nutriret Antiochum filium suum,
donec rediret. 34 Et tradidit ei medium
exercitum, et elephantos: et mandavit ei
de omnibus quae volebat, et de inhabitantibus Iudaeam, et Ierusalem: 35 et ut
mitteret ad eos exercitum ad conterendam et extirpandam virtutem Israel, et
reliquias Ierusalem, et auferendam memoriam eorum de loco: 36 et ut constitueret habitatores filios alienigenas in
omnibus finibus eorum, et sorte distri-
bueret terram eorum. 37 Et rex assumpsit
partem exercitus residui, et exivit ab
Antiochia civitate regni sui anno centesimo et quadragesimo septimo: et transfretavit Euphraten flumen, et perambulabat superiores regiones.

Lysias mittit exercitum in Iudaeam

38 Et elegit Lysias Ptolemaeum filium
Dorymini et Nicanorem, et Gorgiam,
viros potentes ex amicis regis: 39 et misit

4,21; 5,24. — **16:** Ios 10,10. — **18:** 1 Sam 14,6; 2 Par 14,11. — **19:** Ps 32,16-19. — **27-60:** 2 Mach 8,8-20. — **31:** 1 Mach 6,1.56. — **32:** 1 Mach 4,26.34; 6,6.17; 7,2; 2 Mach 10,11; 11,1; 13,2. —

cum eis quadraginta millia virorum, et
septem millia equitum, ut venirent in
terram Iuda, et disperderent eam secundum verbum regis. 40 Et processerunt cum
universa virtute sua, et venerunt, et applicuerunt Emmaum in terra campestri.
41 Et audierunt mercatores regionum nomen eorum: et acceperunt argentum, et
aurum multum valde, et pueros: et venerunt in castra ut acciperent filios Israel
in servos, et additi sunt ad eos exercitus
Syriae, et terrae alienigenarum.

42 Et vidit Iudas, et fratres eius quia multiplicata sunt mala, et exercitus applica-
bant ad fines eorum: et cognoverunt
verba regis, quae mandavit populo facere
in interitum, et consummationem: 43 et
dixerunt unusquisque ad proximum suum:
Erigamus deiectionem populi nostri, et
pugnemus pro populo nostro, et sanctis
nostris. 44 Et congregatus est conventus
ut essent parati in praelium: et ut orarent
et peterent misericordiam, et miserationes.

45 Et Ierusalem non habitabatur; sed
erat sicut desertum: non erat qui ingrederetur et egrederetur de natis eius: et
sanctum conculcabatur: et filii alienigenarum erant in arce, ibi erat habitatio
gentium: et ablata est voluptas a Iacob,
et defecit ibi tibia et cithara.

Iudaei parantur ad praelium

46 Et congregati sunt, et venerunt in
Maspha contra Ierusalem, quia locus orationis erat in Maspha ante in Israel. 47 Et
ieiunaverunt illa die, et induerunt se ciliciis, et cinerem imposuerunt capiti suo:
et disciderunt vestimenta sua: 48 et expanderunt libros legis, de quibus scrutaban-
tur gentes similitudinem simulacrorum
suorum: 49 et attulerunt ornamenta sacer-
dotalia, et primitias, et decimas: et suscitaverunt Nazaraeos, qui impleverant dies:
50 et clamaverunt voce magna in caelum,
dicentes: Quid faciemus istis, et quo eos
ducemus? 51 et sancta tua conculcata sunt,
et contaminata sunt, et sacerdotes tui
facti sunt in luctum, et in humilitatem:
52 et ecce nationes convenerunt adversum
nos ut nos disperdant: tu scis quae cogitant in nos. 53 Quomodo poterimus subsistere ante faciem eorum, nisi tu Deus
adiuves nos? 54 Et tubis exclamaverunt
voce magna.

55 Et post haec constituit Iudas duces
populi, tribunos, et centuriones, et penta-
contarchos, et decuriones. 56 Et dixit his,
qui aedificabant domos, et sponsabant
uxores, et plantabant vineas, et formido-
losis, ut redirent unusquisque in domum
suam secundum legem. 57 Et moverunt
castra, et collocaverunt ad austrum Emmaum. 58 Et ait Iudas: Accingimini, et
estote filii potentes, et estote parati in
mane, ut pugnetis adversus nationes has
quae convenerunt adversus nos disperdere nos, et sancta nostra: 59 quoniam
melius est nos mori in bello, quam videre
mala gentis nostrae, et sanctorum. 60 Sicut
autem fuerit voluntas in caelo, sic fiat.

Magna Iudaeorum victoria

4 1 Et assumpsit Gorgias quinque millia virorum, et mille equites electos;
et moverunt castra nocte, 2 ut applicarent
ad castra Iudaeorum, et percuterent eos
subito: et filii, qui erant ex arce, erant
illis duces. 3 Et audivit Iudas, et surrexit
ipse, et potentes percutere virtutem exercituum regis, qui erant in Emmaum.
4 Adhuc enim dispersus erat exercitus a
castris. 5 Et venit Gorgias in castra Iudae noctu, et neminem invenit, et quaerebat eos in montibus: quoniam dixit:
Fugiunt hi a nobis. 6 Et cum dies factus
esset, apparuit Iudas in campo cum tribus
millibus virorum tantum: qui tegumenta
et gladios non habebant: 7 et viderunt
castra gentium valida, et loricatos, et equitatus in circuitu eorum, et hi docti ad
praelium. 8 Et ait Iudas viris, qui secum
erant: Ne timueritis multitudinem eorum,
et impetum eorum ne formidetis. 9 Mementote qualiter salvi facti sunt patres
nostri in mari Rubro, cum sequeretur eos
Pharao cum exercitu multo. 10 Et nunc
clamemus in caelum: et miserebitur nostri
Dominus, et memor erit testamenti patrum nostrorum, et conteret exercitum istum ante faciem nostram hodie: 11 et scient
omnes gentes quia est qui redimat et liberet Israel.

12 Et elevaverunt alienigenae oculos
suos, et viderunt eos venientes ex adverso. 13 Et exierunt de castris in praelium,
et tuba cecinerunt hi qui erant cum Iuda.
14 Et congressi sunt: et contritae sunt gentes, et fugerunt in campum. 15 Novissimi
autem omnes ceciderunt in gladio, et persecuti sunt eos usque Gezeron, et usque
in campos Idumaeae, et Azoti, et Iamniae: et ceciderunt ex illis usque ad tria
millia virorum.

16 Et reversus est Iudas, et exercitus
eius, sequens eum. 17 Dixitque ad populum: Non concupiscatis spolia; quia bellum contra nos est, 18 et Gorgias et exercitus eius prope nos in monte: sed state
nunc contra inimicos nostros et expugna-
te eos, et sumetis postea spolia securi.

33: 1 Mach 6,17. — **38:** 1 Mach 4,1; 5,59; 2 Mach 4,45; 8,8-9; 10,12.14; 12,32. — **40:** 1 Mach 4,3. — **41:** 2 Mach 8,11.25. — **45:** 1 Mach 1,40-41; 4,38. — **46:** 1 Sam 7,5. — **49:** Num 6, 2-21. — **51:** 1 Mach 1,39; 4,38. — **56:** Deut 20, 5-8; 24,5. — **59:** 1 Mach 9,10.

4 **1-27:** 2 Mach 8,20-36. — **2:** 1 Mach 1,35-36. — **9:** Ex 14,30. — **10:** 1 Mach 3,10. —

19 Et adhuc loquente Iuda haec, ecce apparuit pars quaedam prospiciens de monte. 20 Et vidit Gorgias quod in fugam conversi sunt sui, et succenderunt castra: fumus enim, qui videbatur, declarabat quod
factum est. 21 Quibus illi conspectis timuerunt valde, aspicientes simul et Iudam,
et exercitum in campo paratum ad praelium. 22 Et fugerunt omnes in campum
alienigenarum: 23 et Iudas reversus est ad
spolia castrorum, et acceperunt aurum
multum, et argentum, et hyacinthum, et
purpuram marinam, et opes magnas. 24 Et
conversi, hymnum canebant, et benedicebant Deum in caelum, quoniam bonus est,
quoniam in saeculum misericordia eius.
25 Et facta est salus magna in Israel in
die illa.

26 Quicumque autem alienigenarum evaserunt, venerunt, et nuntiaverunt Lysiae
universa quae acciderant. 27 Quibus ille
auditis, consternatus animo deficiebat:
quod non qualia voluit, talia contigerunt
in Israel, et qualia mandavit rex.

Nova victoria contra Lysiam

28 Et sequenti anno congregavit Lysias
virorum electorum sexaginta millia, et
equitum quinque millia, ut debellaret eos.
29 Et venerunt in Iudaeam, et castra posuerunt in Bethoron, et occurrit illis Iudas cum decem millibus viris. 30 Et viderunt exercitum fortem, et oravit, et dixit:
Benedictus es, salvator Israel, qui contrivisti impetum potentis in manu servi
tui David, et tradidisti castra alienigenarum in manu Ionathae filii Saul, et armigeri eius. 31 Conclude exercitum istum
in manu populi tui Israel, et confundantur
in exercitu suo et equitibus. 32 Da illis
formidinem, et tabefac audaciam virtutis
eorum, et commoveantur contritione sua.
33 Deiice illos gladio diligentium te: et
collaudent te omnes, qui noverunt nomen tuum in hymnis.

34 Et commiserunt praelium: et ceciderunt de exercitu Lysiae quinque millia
virorum. 35 Videns autem Lysias fugam
suorum, et Iudaeorum audaciam, et quod
parati sunt aut vivere, aut mori fortiter,
abiit Antiochiam, et elegit milites, ut
multiplicati rursus venirent in Iudaeam.

Cultus templi restituitur

36 Dixit autem Iudas, et fratres eius:
Ecce contriti sunt inimici nostri: ascendamus nunc mundare sancta, et renovare.
37 Et congregatus est omnis exercitus, et
ascenderunt in montem Sion. 38 Et viderunt sanctificationem desertam, et altare
profanatum, et portas exustas, et in atriis
virgulta nata sicut in saltu, vel in montibus, et pastophoria diruta. 39 Et sciderunt
vestimenta sua, et planxerunt planctu
magno, et imposuerunt cinerem super caput suum, 40 et ceciderunt in faciem super
terram, et exclamaverunt tubis signorum,
et clamaverunt in caelum.

41 Tunc ordinavit Iudas viros ut pugnarent adversus eos qui erant in arce,
donec emundarent sancta. 42 Et elegit
sacerdotes sine macula, voluntatem habentes in lege Dei: 43 et mundaverunt
sancta, et tulerunt lapides contaminatio-
nis in locum immundum. 44 Et cogitavit de
altari holocaustorum, quod profanatum
erat, quid de eo faceret. 45 Et incidit illis
consilium bonum ut destruerent illud: ne
forte illis esset in opprobrium, quia contaminaverunt illud gentes, et demoliti sunt
illud. 46 Et reposuerunt lapides in monte
domus in loco apto, quoadusque veniret
propheta, et responderet de eis. 47 Et acceperunt lapides integros secundum legem, et aedificaverunt altare novum secundum illud quod fuit prius: 48 et aedificaverunt sancta, et quae intra domum
erant intrinsecus: et eadem, et atria sanctificaverunt. 49 Et fecerunt vasa sancta
nova, et intulerunt candelabrum, et altare
incensorum, et mensam in templum. 50 Et
incensum posuerunt super altare, et accenderunt lucernas, quae super candelabrum erant, et lucebant in templo. 51 Et
posuerunt super mensam panes, et appenderunt vela, et consummaverunt omnia
opera quae fecerant.

52 Et ante matutinum surrexerunt quinta et vigesima die mensis noni (hic est
mensis Casleu) centesimi quadragesimi octavi anni: 53 et obtulerunt sacrificium secundum legem super altare holocaustorum novum, quod fecerunt. 54 Secundum
tempus et secundum diem, in qua contaminaverunt illud gentes, in ipsa renovatum est in canticis, et citharis, et cinyris,
et in cymbalis. 55 Et cecidit omnis populus in faciem, et adoraverunt, et benedixerunt in caelum eum, qui prosperavit
eis. 56 Et fecerunt dedicationem altaris
diebus octo, et obtulerunt holocausta cum
laetitia, et sacrificium salutaris, et laudis.
57 Et ornaverunt faciem templi coronis
aureis et scutulis, et dedicaverunt portas
et pastophoria, et imposuerunt eis ianuas.
58 Et facta est laetitia in populo magna
valde, et aversum est opprobrium gentium. 59 Et statuit Iudas, et fratres eius,
et universa ecclesia Israel, ut agatur dies

24: Ps 105,1; 117,1.29; 135,1; Dan 3,89. — **26:** 1 Mach 3,32. — **30:** 1 Sam 17,50; 14,13. — **36-59:** 2 Mach 10,1-9. — **38:** 1 Mach 1,57; 2 Mach 1,8; 8,33. — **42:** Lev 21,17-23. — **44:** 1 Mach 1,62. — **46:** 1 Mach 14,41. — **47:** Ex 20,25; Deut 27,5-8; Ios 8,31. — **49:** 1 Mach 23,24. — **52:** 1 Mach 1,62. — **53:** Ex 29,38-40; Num 28,4. — **56:** 2 Par 29,31. — **59:** Io 10,22.

dedicationis altaris in temporibus suis ab
anno in annum per dies octo a quinta et
vigesima die mensis Casleu, cum laetitia
et gaudio.
60 Et aedificaverunt in tempore illo montem Sion, et per circuitum muros altos,
et turres firmas, nequando venirent gentes,
et conculcarent eum sicut antea fecerunt.
61 Et collocavit illic exercitum, ut servarent eum, et munivit eum ad custodiendam Bethsuram, ut haberet populus munitionem contra faciem Idumaeae.

Gentes finitimae Iudaeos persequuntur

5 1 Et factum est, ut audierunt gentes in circuitu quia aedificatum est
altare, sanctuarium sicut prius, iratae sunt
valde: 2 et cogitabant tollere genus Iacob,
qui erant inter eos, et coeperunt occidere
de populo, et persequi. 3 Et debellabat
Iudas filios Esau in Idumaea, et eos qui
erant in Acrabathane: quia circumsede-
bant Israelitas, et percussit eos plaga magna. 4 Et recordatus est malitiam filiorum
Bean, qui erant populo in laqueum, et
in scandalum, insidiantes ei in via. 5 Et
conclusi sunt ab eo in turribus, et applicuit ad eos, et anathematizavit eos, et
incendit turres eorum igni cum omnibus
qui in eis erant. 6 Et transivit ad filios
Ammon, et invenit manum fortem, et populum copiosum, et Timotheum ducem
ipsorum: 7 et commisit cum eis praelia
multa, et contriti sunt in conspectu eorum,
et percussit eos: 8 et cepit Gazer civitatem, et filias eius, et reversus est in Iudaeam.
9 Et congregatae sunt gentes quae sunt
in Galaad adversus Israelitas, qui erant
in finibus eorum, ut tollerent eos; et fugerunt in Datheman munitionem, 10 et miserunt litteras ad Iudam, et fratres eius, dicentes: Congregatae sunt adversum nos
gentes per circuitum, ut nos auferant: 11 et
parant venire, et occupare munitionem,
in quam confugimus: et Timotheus est
dux exercitus eorum. 12 Nunc ergo veni,
et eripe nos de manibus eorum, quia cecidit multitudo de nobis. 13 Et omnes fratres nostri, qui erant in locis Tubin, interfecti sunt: et captivas duxerunt uxores
eorum, et natos, et spolia, et peremerunt
illic fere mille viros.
14 Et adhuc epistolae legabantur, et ecce
alii nuntii venerunt de Galilaea conscissis
tunicis, nuntiantes secundum verba haec:
15 dicentes convenisse adversum se a Ptolemaida, et Tyro, et Sidone: et repleta
est omnis Galilaea alienigenis, ut nos con-
sumant. 16 Ut audivit autem Iudas, et populus, sermones istos, convenit ecclesia
magna cogitare quid facerent fratribus
suis, qui in tribulatione erant, et expug-
nabantur ab eis.

Pergit Simon in Galilaeam et inimicos Iudaeorum devincit

17 Dixitque Iudas Simoni fratri suo:
Elige tibi viros, et vade, et libera fratres
tuos in Galilaea: ego autem et frater
meus Ionathas ibimus in Galaaditim. 18 Et
reliquit Iosephum filium Zachariae et Azariam, duces populi, cum residuo exercitu
in Iudaea ad custodiam: 19 et praecepit
illis, dicens: Praestote populo huic: et nolite bellum committere adversum gentes,
donec revertamur. 20 Et partiti sunt Simoni viri tria millia, ut iret in Galilaeam:
Iudae autem octo millia in Galaaditim.
21 Et abiit Simon in Galilaeam, et commisit praelia multa cum gentibus: et contritae sunt gentes a facie eius, et persecutus est eos usque ad portam 22 Ptolo-
maidis: et ceciderunt de gentibus fere tria
millia virorum, et accepit spolia eorum,
23 et assumpsit eos qui erant in Galilaea
et in Arbatis, cum uxoribus, et natis et
omnibus quae erant illis, et adduxit in
Iudaeam cum laetitia magna.

Iudas pergit contra Transiordaniam

24 Et Iudas Machabaeus et Ionathas frater eius transierunt Iordanem, et abierunt
viam trium dierum per desertum. 25 Et
occurrerunt eis Nabuthaei, et susceperunt
eos pacifice, et narraverunt eis omnia
quae acciderant fratribus eorum in Galaaditide, 26 et quia multi ex eis comprehensi sunt in Barasa, et Bosor, et in
Alimis, et in Casphor, et Mageth, et Carnaim: hae omnes civitates munitae, et
magnae. 27 Sed et in caeteris civitatibus
Galaaditidis tenentur comprehensi, et in
crastinum constituerunt admovere exercitum civitatibus his, et comprehendere,
et tollere eos in una die.
28 Et convertit Iudas, et exercitus eius,
viam in desertum Bosor repente, et occupavit civitatem: et occidit omnem masculum in ore gladii, et accepit omnia spolia
eorum, et succendit eam igni. 29 Et surrexerunt inde nocte, et ibant usque ad munitionem. 30 Et factum est diluculo, cum
elevassent oculos suos, ecce populus multus, cuius non erat numerus, portantes
scalas et machinas ut comprehenderent
munitionem, et expugnarent eos. 31 Et vidit Iudas quia coepit bellum, et clamor
belli ascendit ad caelum sicut tuba, et
clamor magnus de civitate: 32 et dixit exer-

60: 1 Mach 1,33. — 61: 1 Mach 6,7.26; 9,52; 10,14.

5 1-13: 2 Mach 10,15-38; 12,3-46. — 1: 1 Mach 4,47. — 17: 1 Mach 2,3.5.65. —

citui suo: Pugnate hodie pro fratribus
vestris. 33 Et venit tribus ordinibus post
eos, et exclamaverunt tubis, et clamaverunt in oratione. 34 Et cognoverunt castra Timothei quia Machabaeus est, et refugerunt a facie eius: et percusserunt eos
plaga magna. Et ceciderunt ex eis in die
illa fere octo millia virorum. 35 Et divertit Iudas in Maspha, et expugnavit, et cepit eam: et occidit omnem masculum eius,
et sumpsit spolia eius, et succendit eam
igni. 36 Inde perrexit, et cepit Caspon, et
Mageth, et Bosor, et reliquas civitates Galaaditidis.
37 Post haec autem verba congregavit
Timotheus exercitum alium, et castra posuit contra Raphon trans torrentem. 38 Et
misit Iudas speculari exercitum: et renuntiaverunt ei, dicentes: Quia convenerunt
ad eum omnes gentes, quae in circuitu
nostro sunt, exercitus multus nimis: 39 et
Arabas conduxerunt in auxilium sibi, et
castra posuerunt trans torrentem, parati
ad te venire in praelium. Et abiit Iudas
obviam illis. 40 Et ait Timotheus principibus exercitus sui: Cum appropinquaverit Iudas, et exercitus eius, ad torrentem
aquae: si transierit ad nos prior, non poterimus sustinere eum: quia potens poterit adversum nos; 41 si vero timuerit transire, et posuerit castra extra flumen, transfretemus ad eos, et poterimus adversus
illum. 42 Ut autem appropinquavit Iudas
ad torrentem aquae, statuit scribas populi
secus torrentem, et mandavit eis, dicens:
Neminem hominum reliqueritis: sed veniant omnes in praelium. 43 Et transfretavit ad illos prior, et omnis populus post
eum, et contritae sunt omnes gentes a
facie eorum, et proiecerunt arma sua, et
fugerunt ad fanum, quod erat in Carnaim. 44 Et occupavit ipsam civitatem, et
fanum succendit igni cum omnibus qui
erant in ipso: et oppressa est Carnaim, et
non potuit sustinere contra faciem Iudae.

Reducit Iudaeos in Iudaeam

45 Et congregavit Iudas universos Israelitas, qui erant in Galaaditide, a minimo usque ad maximum, et uxores eorum,
et natos, et exercitum magnum valde, ut
venirent in terram Iuda. 46 Et venerunt
usque Ephron: et haec civitas magna in
ingressu posita, munita valde, et non erat
declinare ab ea dextera vel sinistra, sed
per mediam iter erat. 47 Et incluserunt se
qui erant in civitate, et obstruxerunt portas lapidibus: et misit ad eos Iudas verbis
pacificis, 48 dicens: Transeamus per terram vestram, ut eamus in terram nostram:
et nemo vobis nocebit: tantum pedibus
transibimus. Et nolebant eis aperire. 49 Et
praecepit Iudas praedicare in castris, ut
applicarent unusquisque in quo erat loco:
50 et applicuerunt se viri virtutis: et oppugnavit civitatem illam tota die, et tota nocte, et tradita est civitas in manu eius: 51 et
peremerunt omnem masculum in ore gladii, et eradicavit eam, et accepit spolia
eius, et transivit per totam civitatem super
interfectos.
52 Et transgressi sunt Iordanem in campo magno, contra faciem Bethsan. 53 Et
erat Iudas congregans extremos, et exhortabatur populum per totam viam, donec venirent in terram Iuda: 54 et ascenderunt in montem Sion cum laetitia, et
gaudio, et obtulerunt holocausta, quod
nemo ex eis cecidisset donec reverterentur in pace.

Iosephus devictus a Gorgia

55 Et in diebus quibus erat Iudas et
Ionathas in terra Galaad, et Simon frater
eius in Galilaea contra faciem Ptolemai-
dis, 56 audivit Iosephus Zachariae filius,
et Azarias princeps virtutis, res bene gestas, et praelia quae facta sunt, 57 et dixit:
Faciamus et ipsi nobis nomen, et eamus
pugnare adversus gentes quae in circuitu
nostro sunt. 58 Et praecepit his qui erant
in exercitu suo, et abierunt Iamniam. 59 Et
exivit Gorgias de civitate, et viri eius obviam illis in pugnam. 60 Et fugati sunt
Iosephus et Azarias usque in fines Iudaeae:
et ceciderunt illo die de populo Israel ad
duo millia viri, et facta est fuga magna
in populo: 61 quia non audierunt Iudam,
et fratres eius, existimantes fortiter se fac-
turos. 62 Ipsi autem non erant de semine
virorum illorum, per quos salus facta est
in Israel.
63 Et viri Iuda magnificati sunt valde
in conspectu omnis Israel, et gentium omnium ubi audiebatur nomen eorum. 64 Et
convenerunt ad eos fausta acclamantes.

Iudas expugnat Idumaeos et Philistaeos

65 Et exivit Iudas, et fratres eius, et
expugnabant filios Esau in terra, quae ad
austrum est, et percussit Chebron et filias
eius: et muros eius, et turres succendit
igni in circuitu. 66 Et movit castra ut iret
in terram alienigenarum, et perambulabat Samariam. 67 In die illa ceciderunt
sacerdotes in bello, dum volunt fortiter
facere, dum sine consilio exeunt in praelium. 68 Et declinavit Iudas in Azotum in
terram alienigenarum, et diruit aras eo-

25: 1 Mach 9,35. — **32:** 1 Mach 3,43. — **42:** Deut 20,5-8. — **48:** Num 20,19-20; Deut 2, 26-28. — **61:** 1 Mach 5,18-19.

rum, et sculptilia deorum ipsorum succendit igni: et cepit spolia civitatum, et
reversus est in terram Iuda.

Mors Antiochi in Perside

6 1 Et rex Antiochus perambulabat superiores regiones, et audivit esse civitatem Elymaidem in Perside nobilissi-
mam, et copiosam in argento et auro,
2 templumque in ea locuples valde et illic
velamina aurea, et loricae, et scuta, quae
reliquit Alexander Philippi rex Macedo,
qui regnavit primus in Graecia. 3 Et venit,
et quaerebat capere civitatem, et deprae-
dari eam: et non potuit, quoniam innotuit sermo his qui erant in civitate: 4 et insurrexerunt in praelium, et fugit inde, et
abiit cum tristitia magna, et reversus est
in Babyloniam.
5 Et venit qui nuntiaret ei in Perside,
quia fugata sunt castra quae erant in terra Iuda: 6 et quia abiit Lysias cum virtute
forti in primis, et fugatus est a facie Iudaeorum, et invaluerunt armis, et viribus,
et spoliis multis, quae ceperunt de castris,
quae exciderunt: 7 et quia diruerunt abominationem, quam aedificaverat super altare, quod erat in Ierusalem, et sanctificationem, sicut prius, circumdederunt muris
excelsis, sed et Bethsuram civitatem suam.
8 Et factum est ut audivit rex sermones
istos, expavit, et commotus est valde: et
decidit in lectum, et incidit in languorem
prae tristitia, quia non factum est ei sicut
cogitabat. 9 Et erat illic per dies multos:
quia renovata est in eo tristitia magna, et
arbitratus est se mori. 10 Et vocavit omnes amicos suos, et dixit illis: Recessit
somnus ab oculis meis, et concidi, et corrui corde prae sollicitudine: 11 et dixi in
corde meo: In quantam tribulationem de-
veni, et in quos fluctus tristitiae, in qua
nunc sum: qui iucundus eram, et dilectus
in potestate mea! 12 Nunc vero reminiscor
malorum, quae feci in Ierusalem, unde et
abstuli omnia spolia aurea et argentea,
quae erant in ea, et misi auferre habitantes Iudaeam sine causa. 13 Cognovi ergo
quia propterea invenerunt me mala ista:
et ecce pereo tristitia magna in terra aliena. 14 Et vocavit Philippum, unum de amicis suis, et praeposuit eum super universum regnum suum: 15 et dedit ei diadema,
et stolam suam, et annulum, ut adduceret
Antiochum filium suum, et nutriret eum,
et regnaret. 16 Et mortuus est illic Antiochus rex anno centesimo quadragesimo
nono.
17 Et cognovit Lysias, quoniam mortuus est rex, et constituit regnare Antiochum filium eius, quem nutrivit adolescentem: et vocavit nomen eius Eupator.

Antiochus Eupator aggreditur Iudaeam

18 Et hi qui erant in arce, concluserant
Israel in circuitu sanctorum: et quaerebant eis mala semper, et firmamentum
gentium. 19 Et cogitavit Iudas disperdere eos: et convocavit universum populum, ut obsiderent eos. 20 Et convenerunt simul, et obsederunt eos anno centesimo quinquagesimo, et fecerunt balistas et machinas. 21 Et exierunt quidam ex
eis qui obsidebantur: et adiunxerunt se
illis aliqui impii ex Israel, 22 et abierunt
ad regem, et dixerunt: Quousque non
facis iudicium, et vindicas fratres nostros?
23 Nos decrevimus servire patri tuo, et
ambulare in praeceptis eius, et obsequi
edictis eius: 24 et filii populi nostri propter
hoc alienabant se a nobis, et quicumque
inveniebantur ex nobis, interficiebantur, et
haereditates nostrae diripiebantur. 25 Et
non ad nos tantum extenderunt manum,
sed et in omnes fines nostros: 26 et ecce
applicuerunt hodie ad arcem Ierusalem
occupare eam, et munitionem Bethsuram
munierunt: 27 et nisi praeveneris eos velocius, maiora quam haec facient, et non
poteris obtinere eos.
28 Et iratus est rex, ut haec audivit: et
convocavit omnes amicos suos, et principes exercitus sui, et eos qui super equites erant: 29 sed et de regnis aliis et de
insulis maritimis venerunt ad eum exercitus conductitii. 30 Et erat numerus exercitus eius, centum millia peditum, et viginti millia equitum, et elephanti triginta duo,
docti ad praelium. 31 Et venerunt per Idumaeam, et applicuerunt ad Bethsuram, et
pugnaverunt dies multos, et fecerunt machinas et exierunt, et succenderunt eas
igni, et pugnaverunt viriliter.

Occurrit Iudas exercitui regio

32 Et recessit Iudas ab arce, et movit
castra ad Bethzacharam contra castra regis. 33 Et surrexit rex ante lucem, et concitavit exercitus in impetum contra viam
Bethzacharam: et comparaverunt se exercitus in praelium, et tubis cecinerunt: 34 et
elephantis ostenderunt sanguinem uvae et
mori, ad acuendos eos in praelium: 35 et diviserunt bestias per legiones: et astiterunt
singulis elephantis mille viri in loricis
concatenatis, et galeae aereae in capitibus

6 **1-16:** 2 Mach 9,1-29. — **1:** 1 Mach 3,31.37. **2:** 1 Mach 1,1. — **6:** 1 Mach 3,38-4,35. — **7:** 1 Mach 1,57; 4,36-61. — **12:** 1 Mach 1,23-25.39.60-64; 3,35. — **14:** 2 Mach 9,29; 13,23. — **16:** 2 Mach 1,16; 9,28; 10,9. — **17-63:** 2 Mach 13,1-26. — **17:** 1 Mach 3,32-33; 2 Mach 10,10. **21:** 1 Mach 1,12. — **23:** 1 Mach 1,45. — **24:**

eorum: et quingenti equites ordinati unicuique bestiae electi erant. 36 Hi ante tempus ubicumque erat bestia, ibi erant: et
quocumque ibat, ibant, et non discede-
bant ab ea. 37 Sed et turres ligneae super
eos firmae protegentes super singulas bestias: et super eas machinae: et super singulas viri virtutis triginta duo, qui pugnabant desuper: et Indus magister bestiae.
38 Et residuum equitatum hinc et inde
statuit in duas partes, tubis exercitum
commovere, et perurgere constipatos in
legionibus eius. 39 Et ut refulsit sol in
clypeos aureos, et aereos, resplenduerunt
montes ab eis, et resplenduerunt sicut
lampades ignis. 40 Et distincta est pars
exercitus regis per montes excelsos, et alia
per loca humilia: et ibant caute et ordinate. 41 Et commovebantur omnes inhabitantes terram a voce multitudinis, et
incessu turbae, et collisione armorum:
erat enim exercitus magnus valde, et fortis.
42 Et appropiavit Iudas, et exercitus
eius in praelium, et ceciderunt de exercitu
regis sexcenti viri. 43 Et vidit Eleazar filius
Saura unam de bestiis loricatam loricis
regis; et erat eminens super caeteras bestias, et visum est ei quod in ea esset rex:
44 et dedit se ut liberaret populum suum,
et acquireret sibi nomen aeternum. 45 Et
cucurrit ad eam audacter in medio legionis, interficiens a dextris et a sinistris, et
cadebant ab eo huc atque illuc. 46 Et ivit
sub pedes elephantis, et supposuit se ei,
et occidit eum: et cecidit in terram super
ipsum, et mortuus est illic. 47 Et videntes
virtutem regis, et impetum exercitus eius,
diverterunt se ab eis.

Ascendit rex contra Ierusalem

48 Castra autem regis ascenderunt contra eos in Ierusalem, et applicuerunt castra regis ad Iudaeam, et montem Sion.
49 Et fecit pacem cum his qui erant in
Bethsura: et exierunt de civitate, quia non
erant eis ibi alimenta conclusis, quia sabbata erant terrae. 50 Et comprehendit rex
Bethsuram: et constituit illic custodiam
servare eam. 51 Et convertit castra ad locum sanctificationis dies multos: et statuit illic balistas, et machinas, et ignis iacula, et tormenta ad lapides iactandos, et
spicula, et scorpios ad mittendas sagittas,
et fundibula. 52 Fecerunt autem et ipsi
machinas adversus machinas eorum, et
pugnaverunt dies multos. 53 Escae autem
non erant in civitate, eo quod septimus
annus esset: et qui remanserant in Iudaea
de gentibus, consumpserat reliquias eorum, quae repositae fuerant. 54 Et remanserunt in sanctis viri pauci, quoniam
obtinuerat eos fames: et dispersi sunt
unusquisque in locum suum.

Agit de pace cum Iudaeis

55 Et audivit Lysias quod Philippus,
quem constituerat rex Antiochus, cum
adhuc viveret, ut nutriret Antiochum filium suum, et regnaret, 56 reversus esset
a Perside et Media, et exercitus qui abierat cum ipso, et quia quaerebat suscipere
regni negotia: 57 festinavit ire et dicere
ad regem, et duces exercitus: Deficimus
quotidie, et esca nobis modica est, et
locus quem obsidemus, est munitus, et
incumbit nobis ordinare de regno. 58 Nunc
itaque demus dextras hominibus istis, et
faciamus cum illis pacem, et cum omni
gente eorum: 59 et constituamus illis ut
ambulent in legitimis suis sicut prius;
propter legitima enim ipsorum, quae despeximus, irati sunt, et fecerunt omnia
haec. 60 Et placuit sermo in conspectu
regis et principum: et misit ad eos, pacem
facere: et receperunt illam. 61 Et iuravit
illis rex, et principes: et exierunt de munitione. 62 Et intravit rex montem Sion,
et vidit munitionem loci: et rupit citius
iuramentum, quod iuravit: et mandavit
destruere murum in gyro. 63 Et discessit
festinanter, et reversus est Antiochiam,
et invenit Philippum dominantem civitati:
et pugnavit adversus eum, et occupavit
civitatem.

Demetrius insurgit contra Eupatorem

7 1 Anno centesimo quinquagesimo primo exiit Demetrius Seleuci filius ab
urbe Roma, et ascendit cum paucis viris
in civitatem maritimam, et regnavit illic.
2 Et factum est, ut ingressus est domum
regni patrum suorum, comprehendit exercitus Antiochum, et Lysiam, ut adducerent eos ad eum. 3 Et res ei innotuit, et
ait: Nolite mihi ostendere faciem eorum.
4 Et occidit eos exercitus. Et sedit Demetrius super sedem regni sui.

Demetrius mittit Bacchidem in Iudaeam

5 Et venerunt ad eum viri iniqui et impii ex Israel: et Alcimus dux eorum, qui
volebat fieri sacerdos. 6 Et accusaverunt
populum apud regem, dicentes: Perdidit
Iudas, et fratres eius omnes amicos tuos,
et nos dispersit de terra nostra. 7 Nunc
ergo mitte virum, cui credis, ut eat, et

1 Mach 2,44; 3,8. — **29:** 1 Mach 11,38; 15,1. — **53:** 1 Mach 5,23.45. — **58:** 1 Mach 11,50.62.66.

7 **1-4:** 2 Mach 14,1-2. — **1:** 1 Mach 9,1; 10, 50. — **5-25:** 2 Mach 14,3-14. — **5:** 1 Mach

videat exterminium omne quod fecit nobis, et regionibus regis: et puniat omnes amicos eius, et adiutores eorum.
8 Et elegit rex ex amicis suis Bacchidem, qui dominabatur trans flumen magnum in regno, et fidelem regi: et misit
eum, 9 ut videret exterminium quod fecit Iudas: sed et Alcimum impium constituit in sacerdotium, et mandavit ei facere ultionem in filios Israel.
10 Et surrexerunt, et venerunt cum exercitu magno in terram Iuda: et miserunt nuntios, et locuti sunt ad Iudam, et ad fratres eius verbis
pacificis in dolo. 11 Et non intenderunt sermonibus eorum: viderunt enim quia
venerunt cum exercitu magno. 12 Et convenerunt ad Alcimum et Bacchidem congregatio scribarum requirere quae iusta
sunt: 13 et primi, Assidaei qui erant in filiis Israel, et exquirebant ab eis pacem.
14 Dixerunt enim: Homo sacerdos de semine Aaron venit, non decipiet nos: 15 et
locutus est cum eis verba pacifica: et iuravit illis, dicens: Non inferemus vobis malum, neque amicis vestris. 16 Et crediderunt ei: et comprehendit ex eis sexaginta viros, et occidit eos in una die secundum
verbum, quod scriptum est: 17 Carnes sanctorum tuorum, et sanguinem ipsorum effuderunt in circuitu Ierusalem, et
non erat qui sepeliret. 18 Et incubuit timor et tremor in omnem populum: quia dixerunt: Non est veritas, et iudicium in eis: transgressi sunt enim constitutum, et iusiurandum quod iuraverunt.
19 Et movit Bacchides castra ab Ierusalem, et applicuit in Bethzecha: et misit, et comprehendit multos ex eis qui a se effugerant, et quosdam de populo mactavit, et in puteum magnum proiecit.

Alcimus princeps Iudaeae

20 Et commisit regionem Alcimo, et reliquit cum eo auxilium in adiutorium ipsi. Et abiit Bacchides ad regem: 21 et satis
agebat Alcimus pro principatu sacerdotii
sui: 22 et convenerunt ad eum omnes, qui perturbabant populum suum, et obtinuerunt terram Iuda, et fecerunt plagam magnam in Israel.
23 Et vidit Iudas omnia mala quae fecit Alcimus, et qui cum eo erant filiis Israel, multo plus quam gentes: 24 et
exiit in omnes fines Iudaeae in circuitu, et fecit vindictam in viros desertores, et cessaverunt ultra exire in regionem.

Rex mittit Nicanorem contra Iudaeam

25 Vidit autem Alcimus quod praevaluit Iudas, et qui cum eo erant: et cognovit quia non potest sustinere eos, et regressus est ad regem, et accusavit eos multis criminibus.
26 Et misit rex Nicanorem, unum ex principibus suis nobilioribus: qui erat inimicitias exercens contra Israel; et man-
davit ei evertere populum. 27 Et venit Nicanor in Ierusalem cum exercitu magno, et misit ad Iudam et ad fratres eius verbis pacificis cum dolo,
28 dicens: Non sit pugna inter me et vos: veniam cum viris paucis, ut videam facies vestras cum pa-
ce. 29 Et venit ad Iudam, et salutaverunt se invicem pacifice: et hostes parati erant
rapere Iudam. 30 Et innotuit sermo Iudae quoniam cum dolo venerat ad eum: et conterritus est ab eo, et amplius noluit
videre faciem eius. 31 Et cognovit Nicanor quoniam denudatum est consilium eius: et exivit obviam Iudae in pugnam
iuxta Capharsalama. 32 Et ceciderunt de Nicanoris exercitu fere quinque millia viri, et fugerunt in civitatem David.
33 Et post haec verba ascendit Nicanor in montem Sion: et exierunt de sacerdotibus populi salutare eum in pace, et demonstrare ei holocautomata, quae offerebantur pro rege. 34 Et irridens sprevit eos, et polluit: et locutus est superbe,
35 et iuravit cum ira, dicens: Nisi traditus fuerit Iudas, et exercitus eius in manus meas, continuo cum regressus fuero in pace, succendam domum istam. Et exiit cum
ira magna: 36 et intraverunt sacerdotes, et steterunt ante faciem altaris et templi:
et flentes dixerunt: 37 Tu, Domine, elegisti domum istam ad invocandum nomen tuum in ea, ut esset domus orationis
et obsecrationis populo tuo: 38 fac vindictam in homine isto, et exercitu eius, et cadant in gladio: memento blasphemias eorum, et ne dederis eis ut permaneant.
39 Et exiit Nicanor ab Ierusalem, et castra applicuit ad Bethoron: et occurrit
illi exercitus Syriae. 40 Et Iudas applicuit in Adarsa cum tribus millibus viris: et
oravit Iudas, et dixit: 41 Qui missi erant a rege Sennacherib, Domine, quia blasphemaverunt te, exiit angelus, et percussit ex eis centum octoginta quinque millia: 42 sic contere exercitum istum in conspectu nostro hodie: et sciant caeteri quia male locutus est super sancta tua: et iudica illum secundum malitiam illius.
43 Et commiserunt exercitus praelium tertiadecima die mensis Adar: et contrita sunt castra Nicanoris, et cecidit ipse pri-
mus in praelio. 44 Ut autem vidit exercitus eius quia cecidisset Nicanor, proiecerunt arma sua, et fugerunt: 45 et persecu-

1,12; 6,21; 9,1.23.54-57. — **8:** 1 Mach 9,1.25; 2 Mach 8,30. — **13:** 1 Mach 2,42; 2 Mach 14,6. **17:** Ps 78,2-3. — **26-50:** 2 Mach 14,12-15,40. — **26:** 1 Mach 3,38. — **32:** 1 Mach 1,35. — **33:** Esdr 6,10; Bar 1,11-13; 1 Tim 2,2. — **37:** 3 Reg 9,3. **41:** 4 Reg 19,35; Tob 1,21; Eccli 48,24; Is 37,

ti sunt eos viam unius diei ab Adazer usquequo veniatur in Gazara, et tubis cecinerunt post eos cum significationibus:
46 et exierunt de omnibus castellis Iudaeae in circuitu, et ventilabant eos cornibus, et convertebantur iterum ad eos,
et ceciderunt omnes gladio, et non est
relictus ex eis nec unus. 47 Et acceperunt
spolia eorum in praedam: et caput Nicanoris amputaverunt, et dexteram eius,
quam extenderat superbe, et attulerunt,
et suspenderunt contra Ierusalem. 48 Et
laetatus est populus valde, et egerunt
diem illam in laetitia magna. 49 Et constituit agi omnibus annis diem istam tertiadecima die mensis Adar. 50 Et siluit terra
Iuda dies paucos.

Quae audierat Iudas de Romanis

8 1 Et audivit Iudas nomen Romanorum, quia sunt potentes viribus, et
acquiescunt ad omnia, quae postulantur
ab eis: et quicumque accesserunt ad eos,
statuerunt cum eis amicitias, et quia sunt
potentes viribus. 2 Et audierunt praelia
eorum, et virtutes bonas, quas fecerunt in
Galatia, quia obtinuerunt eos, et duxerunt sub tributum: 3 et quanta fecerunt
in regione Hispaniae, et quod in potestatem redegerunt metalla argenti et auri,
quae illic sunt, et possederunt omnem locum consilio suo, et patientia: 4 locaque
quae longe erant valde ab eis, et reges,
qui supervenerant eis ab extremis terrae,
contriverunt, et percusserunt eos plaga
magna: caeteri autem dant eis tributum
omnibus annis. 5 Et Philippum et Persen
Ceteorum regem, et caeteros, qui adversum eos arma tulerant, contriverunt in
bello, et obtinuerunt eos: 6 et Antiochum
magnum regem Asiae, qui eis pugnam intulerat habens centum viginti elephantos,
et equitatum, et currus, et exercitum magnum valde, contritum ab eis, 7 et quia ceperunt eum vivum, et statuerunt ei ut
daret ipse, et qui regnarent post ipsum,
tributum magnum, et daret obsides, et
constitutum, 8 et regionem Indorum, et
Medos, et Lydos, de optimis regionibus
eorum: et acceptas eas ab eis, dederunt
Eumeni regi, 9 et quia qui erant apud Hel-
ladam, voluerunt ire, et tollere eos: et
innotuit sermo his, 10 et miserunt ad eos
ducem unum, et pugnaverunt contra illos,
et ceciderunt ex eis multi, et captivas duxerunt uxores eorum, et filios, et diripuerunt eos, et terram eorum possederunt,
et destruxerunt muros eorum, et in servitutem illos redegerunt usque in hunc
diem: 11 et residua regna, et insulas, quae
aliquando restiterant illis, exterminave-
runt, et in potestatem redegerunt. 12 Cum
amicis autem suis, et qui in ipsis requiem
habebant, conservaverunt amicitiam, et
obtinuerunt regna, quae erant proxima,
et quae erant longe: quia quicumque
audiebant nomen eorum, timebant eos,
13 quibus vero vellent auxilio esse ut regnarent, regnabant: quos autem vellent,
regno deturbabant: et exaltati sunt valde. 14 Et in omnibus istis nemo portabat
diadema, nec induebatur purpura, ut mag-
nificaretur in ea. 15 Et quia curiam fecerunt sibi, et quotidie consulebant trecentos viginti consilium agentes semper de
multitudine, ut quae digna sunt, gerant:
16 et committunt uni homini magistratum
suum per singulos annos dominari universae terrae suae, et omnes obediunt
uni, et non est invidia, neque zelus inter
eos.

Mittit ad eos legatos

17 Et elegit Iudas Eupolemum, filium
Ioannis, filii Iacob, et Iasonem, filium
Eleazari, et misit eos Romam constituere
cum illis amicitiam et societatem: 18 et ut
auferrent ab eis iugum Graecorum, quia
viderunt quod in servitutem premerent
regnum Israel. 19 Et abierunt Romam
viam multam valde, et introierunt curiam,
et dixerunt: 20 Iudas Machabaeus, et fratres eius, et populus Iudaeorum, miserunt
nos ad vos statuere vobiscum societatem
et pacem, et conscribere nos socios et
amicos vestros. 21 Et placuit sermo in
conspectu eorum. 22 Et hoc rescriptum est
quod rescripserunt in tabulis aereis, et
miserunt in Ierusalem, ut esset apud eos
ibi memoriale pacis et societatis.

23 Bene sit Romanis, et genti Iudaeorum, in mari et in terra in aeternum: gla-
diusque et hostis procul sit ab eis. 24 Quod
si institerit bellum Romanis prius aut
omnibus sociis eorum in omni domina-
tione eorum: 25 auxilium feret gens Iudaeorum, prout tempus dictaverit, corde pleno: 26 et praeliantibus non dabunt,
neque subministrabunt triticum, arma,
pecuniam, naves, sicut placuit Romanis:
et custodient mandata eorum, nihil ab
eis accipientes. 27 Similiter autem et si
genti Iudaeorum prius acciderit bellum,
adiuvabunt Romani ex animo, prout eis
tempus permiserit: 28 et adiuvantibus non
dabitur triticum, arma, pecunia, naves, sicut placuit Romanis: et custodient mandata eorum absque dolo: 29 secundum
haec verba constituerunt Romani populo
Iudaeorum. 30 Quod si post haec verba hi

36; 2 Mach 8,19. — **43:** 2 Mach 15,28. — **46:** Ps 43,6. || Enc. Pii X: D 2120. — **47:** 2 Mach 15,30-35. — **49:** 2 Mach 15,36-37.

8 1: 2 Mach 11,34. — **6:** 1 Mach 12,30; 13,32. — **17:** 1 Mach 12,16; 2 Mach 4,11. — **20:** 1 Mach 14,40; 15,17. — **22:** 1 Mach 14,18.26.

aut illi addere, aut demere ad haec aliquid
voluerint, facient ex proposito suo: et
quaecumque addiderint, vel dempserint,
rata erunt. 31 Sed et de malis, quae Demetrius rex fecit in eos, scripsimus ei, dicentes: Quare gravasti iugum tuum super
amicos nostros, et socios Iudaeos? 32 Si
ergo iterum adierint nos, adversum te faciemus illis iudicium, et pugnabimus tecum mari terraque.

Demetrius iterum mittit Bacchidem in Iudaeam

9 1 Interea ut audivit Demetrius quia
cecidit Nicanor et exercitus eius in
praelio, apposuit Bacchidem et Alcimum
rursum mittere in Iudaeam et dextrum
cornu cum illis. 2 Et abierunt viam quae
ducit in Galgala, et castra posuerunt in
Masaloth, quae est in Arbellis: et occupaverunt eam, et peremerunt animas hominum multas. 3 In mense primo anni
centesimi et quinquagesimi secundi applicuerunt exercitum ad Ierusalem: 4 et
surrexerunt, et abierunt in Beream viginti millia yirorum, et duo millia equitum.
5 Et Iudas posuerat castra in Laisa, et
tria millia viri electi cum eo: 6 et viderunt
multitudinem exercitus quia multi sunt,
et timuerunt valde: et multi subtraxerunt
se de castris, et non remanserunt ex eis
nisi octingenti viri.
7 Et vidit Iudas quod defluxit exercitus
suus, et bellum perurgebat eum, et confractus est corde quia non habebat tempus congregandi eos, et dissolutus est.
8 Et dixit his qui residui erant: Surgamus, et eamus ad adversarios nostros, si
poterimus pugnare adversus eos. 9 Et aver-
tebant eum, dicentes: Non poterimus, sed
liberemus animas nostras modo, et revertamur ad fratres nostros, et tunc pugnabimus adversus eos: nos autem pauci sumus. 10 Et ait Iudas: Absit istam rem facere ut fugiamus ab eis: et si appropiavit tempus nostrum, moriamur in virtute
propter fratres nostros, et non inferamus
crimen gloriae nostrae.
11 Et movit exercitus de castris, et steterunt illis obviam: et divisi sunt equites
in duas partes, et fundibularii et sagittarii praeibant exercitum, et primi certaminis omnes potentes. 12 Bacchides autem
erat in dextro cornu, et proximavit legio
ex duabus partibus, et clamabant tubis:
13 exclamaverunt autem et hi qui erant ex
parte Iudae, etiam ipsi, et commota est
terra a voce exercituum: et commissum
est praelium a mane usque ad vesperam.

Mors Iudae

14 Et Iudas vidit, quod firmior est pars
exercitus Bacchidis in dextris, et convenerunt cum ipso omnes constantes corde:
15 et contrita est dextera pars ab eis, et
persecutus est eos usque ad montem Azoti.
16 Et qui in sinistro cornu erant, viderunt
quod contritum est dextrum cornu, et
secuti sunt post Iudam, et eos qui cum
ipso erant, a tergo: 17 et ingravatum est
praelium, et ceciderunt vulnerati multi ex
his et ex illis. 18 Et Iudas cecidit, et caeteri fugerunt.
19 Et Ionathas et Simon tulerunt Iudam fratrem suum, et sepelierunt eum
in sepulchro patrum suorum in civitate
Modin. 20 Et fleverunt eum omnis populus Israel planctu magno, et lugebant dies
multos, 21 et dixerunt: Quomodo cecidit
potens, qui salvum faciebat populum Israel! 22 Et caetera verba bellorum Iudae,
et virtutum, quas fecit, magnitudinis eius,
non sunt descripta: multa enim erant
valde.

PARS TERTIA

IONATHAS DUX IUDAEORUM ET SUMMUS SACERDOS

(9,23-12,54)

Pessima rerum conditio post mortem Iudae

23 Et factum est: post obitum Iudae
emerserunt iniqui in omnibus finibus Israel, et exorti sunt omnes qui operabantur iniquitatem. 24 In diebus illis facta est
fames magna valde, et tradidit se Bac-
chidi omnis regio eorum cum ipsis. 25 Et
elegit Bacchides viros impios, et constituit eos dominos regionis: 26 et exquirebant, et perscrutabantur amicos Iudae et
adducebant eos ad Bacchidem, et vindi-
cabat in illos, et illudebat. 27 Et facta est
tribulatio magna in Israel, qualis non
fuit ex die, qua non est visus propheta
in Israel.

Exsurgit Ionathas pro fratre suo

28 Et congregati sunt omnes amici Iudae, et dixerunt Ionathae: 29 Ex quo frater tuus Iudas defunctus est, vir similis
ei non est, qui exeat contra inimicos nostros, Bacchidem, et eos qui inimici sunt
gentis nostrae. 30 Nunc itaque te hodie
elegimus esse pro eo nobis in principem,
et ducem ad bellandum bellum nostrum.

9 **1:** 1 Mach 7,1.5.8.26.43-44; 8,31. — **19:** 1 Mach 2,69-70. — **23:** 1 Mach 1,12. — **27:** 1 Mach 4,46; 14,41. — **34:** 1 Mach 2,32. — **35:** 1 Mach 5,25. — **36:** 1 Mach 2,2. — **46:** 1 Mach

31 Et suscepit Ionathas tempore illo principatum, et surrexit loco Iudae fratris sui.
32 Et cognovit Bacchides, et quaerebat
eum occidere. 33 Et cognovit Ionathas, et
Simon frater eius, et omnes qui cum eo
erant: et fugerunt in desertum Thecuae
et consederunt ad aquam lacus Asphar.
34 Et cognovit Bacchides, et die sabbatorum venit ipse, et omnis exercitus eius
trans Iordanem.
35 Et Ionathas misit fratrem suum ducem
populi, et rogavit Nabuthaeos amicos
suos, ut commodarent illis apparatum
suum, qui erat copiosus. 36 Et exierunt
filii Iambri ex Madaba, et comprehenderunt Ioannem et omnia quae habebat et
abierunt habentes ea. 37 Post haec verba,
renuntiatum est Ionathae, et Simoni fratri
eius, quia filii Iambri faciunt nuptias
magnas, et ducunt sponsam ex Madaba
filiam unius de magnis principibus Chanaan cum ambitione magna. 38 Et recordati sunt sanguinis Ioannis fratris sui:
et ascenderunt, et absconderunt se sub
tegumento montis. 39 Et elevaverunt oculos suos, et viderunt: et ecce tumultus,
et apparatus multus: et sponsus processit, et amici eius, et fratres eius obviam
illis cum tympanis, et musicis, et armis
multis. 40 Et surrexerunt ad eos ex insidiis, et occiderunt eos, et ceciderunt vulnerati multi, et residui fugerunt in montes: et acceperunt omnia spolia eorum:
41 et conversae sunt nuptiae in luctum,
et vox musicorum ipsorum in lamentum.
42 Et vindicaverunt vindictam sanguinis
fratris sui; et reversi sunt ad ripam Iordanis.

Bacchides persequitur Ionatham

43 Et audivit Bacchides, et venit die sabbatorum usque ad oram Iordanis in virtute magna. 44 Et dixit ad suos Ionathas:
Surgamus, et pugnemus contra inimicos
nostros, non est enim hodie sicut heri
et nudiustertius: 45 ecce enim bellum ex
adverso, aqua vero Iordanis hinc et inde,
et ripae, et paludes, et saltus: et non est
locus divertendi. 46 Nunc ergo clamate in
caelum, ut liberemini de manu inimicorum vestrorum. Et commissum est bellum. 47 Et extendit Ionathas manum suam
percutere Bacchidem, et divertit ab eo
retro: 48 et dissiliit Ionathas, et qui cum
eo erant, in Iordanem, et transnatave-
runt ad eos Iordanem. 49 Et ceciderunt
de parte Bacchidis die illa mille viri.
Et reversi sunt in Ierusalem, 50 et aedificaverunt civitates munitas in Iudaea, munitionem quae erat in Iericho, et in Am-
maum, et in Bethoron, et in Bethel, et
Thamnata, et Phara, et Thopo muris excelsis, et portis, et seris. 51 Et posuit custodiam in eis, ut inimicitias exercerent
in Israel: 52 et munivit civitatem Bethsuram, et Gazaram, et arcem, et posuit in
eis auxilia, et apparatum escarum: 53 et
accepit filios principum regionis obsides,
et posuit eos in arce in Ierusalem in
custodiam.
54 Et anno centesimo quinquagesimo
tertio, mense secundo, praecepit Alcimus
destrui muros domus sanctae interioris,
et destrui opera prophetarum: et coepit
destruere. 55 In tempore illo percussus est
Alcimus: et impedita sunt opera illius, et
occlusum est os eius, et dissolutus est
paralysi, nec ultra potuit loqui verbum, et
mandare de domo sua. 56 Et mortuus est
Alcimus in tempore illo cum tormento
magno. 57 Et vidit Bacchides quoniam
mortuus est Alcimus: et reversus est ad
regem, et siluit terra annis duobus.

Tertio venit Bacchides in Iudaeam

58 Et cogitaverunt omnes iniqui dicentes: Ecce Ionathas, et qui cum eo sunt,
in silentio habitant confidenter: nunc ergo
adducamus Bacchidem, et comprehendet eos omnes una nocte. 59 Et abierunt,
et consilium ei dederunt. 60 Et surrexit ut
veniret cum exercitu multo: et misit
occulte epistolas sociis suis, qui erant in
Iudaea, ut comprehenderent Ionathan, et
eos qui cum eo erant: sed non potuerunt, quia innotuit eis consilium eorum.
61 Et apprehendit de viris regionis, qui
principes erant militiae, quinquaginta viros, et occidit eos: 62 et secessit Ionathas,
et Simon, et qui cum eo erant in Bethbessen, quae est in deserto: et extruxit diruta eius, et firmaverunt eam. 63 Et cognovit Bacchides, et congregavit universam multitudinem suam: et his, qui de
Iudaea erant, denuntiavit. 64 Et venit, et
castra posuit desuper Bethbessen: et oppugnavit eam dies multos, et fecit machinas. 65 Et reliquit Ionathas Simonem fratrem suum in civitate, et exiit in regionem,
et venit cum numero, 66 et percussit Oda-
ren, et fratres eius, et filios Phaseron in
tabernaculis ipsorum, et coepit caedere,
et crescere in virtutibus. 67 Simon vero,
et qui cum ipso erant, exierunt de civitate, et succenderunt machinas, 68 et pugnaverunt contra Bacchidem, et contritus
est ab eis: et afflixerunt eum valde, quoniam consilium eius, et congressus eius
erat inanis. 69 Et iratus contra viros iniquos, qui ei consilium dederant ut veniret in regionem ipsorum, multos ex eis
occidit: ipse autem cogitavit cum reliquis
abire in regionem suam.

3,18.50. — 52: 1 Mach 4,61. — 53: 1 Mach 10,6. 54: 1 Mach 7,5. — 70: 1 Mach 10,4.

Agit pacem cum Ionatha

[70] Et cognovit Ionathas: et misit ad eum legatos componere pacem cum ipso, et reddere ei captivitatem. [71] Et libenter accepit, et fecit secundum verba eius, et iuravit se nihil facturum ei mali omnibus diebus vitae eius. [72] Et reddidit ei captivitatem, quam prius erat praedatus de terra Iuda: et conversus abiit in terram suam, et non apposuit amplius venire in fines eius. [73] Et cessavit gladius ex Israel: et habitavit Ionathas in Machmas, et coepit Ionathas ibi iudicare populum et exterminavit impios ex Israel.

Bellum civile Syriae, et Ionathae prosperitas

10 [1] Et anno centesimo sexagesimo ascendit Alexander Antiochi filius, qui cognominatus est Nobilis: et occupavit Ptolemaidam: et receperunt eum, et regnavit illic. [2] Et audivit Demetrius rex, et congregavit exercitum copiosum valde, et exivit obviam illi in praelium.

[3] Et misit Demetrius epistolam ad Ionathan verbis pacificis, ut magnificaret eum. [4] Dixit enim: Anticipemus facere pacem cum eo, priusquam faciat cum Alexandro adversum nos: [5] recordabitur enim omnium malorum, quae fecimus in eum, et in fratrem eius, et in gentem eius. [6] Et dedit ei potestatem congregandi exercitum, et fabricare arma, et esse ipsum socium eius: et obsides, qui erant in arce, iussit tradi ei. [7] Et venit Ionathas in Ierusalem, et legit epistolas in auditu omnis populi, et eorum qui in arce erant. [8] Et timuerunt timore magno, quoniam audierunt quod dedit ei rex potestatem congregandi exercitum. [9] Et traditi sunt Ionathae obsides, et reddidit eos parentibus suis: [10] et habitavit Ionathas in Ierusalem, et coepit aedificare et innovare civitatem. [11] Et dixit facientibus opera ut extruerent muros, et montem Sion in circuitu lapidibus quadratis ad munitionem: et ita fecerunt. [12] Et fugerunt alienigenae, qui erant in munitionibus, quas Bacchides aedificaverat: [13] et reliquit unusquisque locum suum, et abiit in terram suam: [14] tantum in Bethsura remanserunt aliqui ex his qui reliquerant legem et praecepta Dei: erat enim haec eis ad refugium.

Pacem agit cum Alexandro

[15] Et audivit Alexander rex promissa, quae promisit Demetrius Ionathae: et narraverunt ei praelia, et virtutes quas ipse fecit, et fratres eius, et labores quos laboraverunt: [16] et ait: Numquid inveniemus aliquem virum talem? et nunc faciemus eum amicum, et socium nostrum. [17] Et scripsit epistolam, et misit ei secundum haec verba, dicens: [18] Rex Alexander fratri Ionathae salutem. [19] Audivimus de te quod vir potens sis viribus, et aptus es ut sis amicus noster: [20] et nunc constituimus te hodie summum sacerdotem gentis tuae, et ut amicus voceris regis (et misit ei purpuram, et coronam auream), et quae nostra sunt sentias nobiscum, et conserves amicitias ad nos.

[21] Et induit se Ionathas stola sancta septimo mense, anno centesimo sexagesimo in die solemni scenopegiae: et congregavit exercitum, et fecit arma copiosa.

Demetrius quaerit Ionatham in suas partes perducere

[22] Et audivit Demetrius verba ista, et contristatus est nimis, et ait: [23] Quid hoc fecimus, quod praeoccupavit nos Alexander apprehendere amicitiam Iudaeorum ad munimen sui? [24] Scribam et ego illis verba deprecatoria, et dignitates, et dona: ut sint mecum in adiutorium. [25] Et scripsit eis in haec verba:

Rex Demetrius genti Iudaeorum salutem: [26] Quoniam servastis ad nos pactum, et mansistis in amicitia nostra, et non accessistis ad inimicos nostros, audivimus, et gavisi sumus. [27] Et nunc perseverate adhuc conservare ad nos fidem, et retribuemus vobis bona pro his quae fecistis nobiscum: [28] et remittemus vobis praestationes multas, et dabimus vobis donationes. [29] Et nunc absolvo vos et omnes Iudaeos a tributis, et pretia salis indulgeo, et coronas remitto, et tertias seminis: [30] et dimidiam partem fructus ligni, quod est portionis meae, relinquo vobis ex hodierno die, et deinceps, ne accipiatur a terra Iuda, et a tribus civitatibus, quae additae sunt illi ex Samaria et Galilaea ex hodierna die et in totum tempus: [31] et Ierusalem sit sancta, et libera cum finibus suis: et decimae et tributa ipsius sint. [32] Remitto etiam potestatem arcis, quae est in Ierusalem: et do eam summo sacerdoti, ut constituat in ea viros quoscumque ipse elegerit, qui custodiant eam. [33] Et omnem animam Iudaeorum, quae captiva est a terra Iuda in omni regno meo, relinquo liberam gratis, ut omnes a tributis solvantur, etiam pecorum suorum. [34] Et omnes dies solemnes, et sabbata, et neomeniae, et dies decreti, et tres dies ante diem solemnem, et tres dies post diem solemnem, sint omnes immunitatis et remissionis omnibus Iudaeis, qui

10 **4:** 1 Mach 9,70. — **6:** 1 Mach 9,53. — **12:** 1 Mach 9,50-51. — **14:** 1 Mach 4,61. — **16:** 1 Mach 10,4. — **20:** 1 Mach 11,27. — **21:** Ex 28,2; Lev 23,34. — **29:** 1 Mach 11,35; 13,39. — **30:** 1 Mach 11,28.34. — **31:** 1 Mach 15,7. — **33:** 1 Mach 9,72. — **36:** 1 Mach 13,40. — **39-42:**

sunt in regno meo: 35 et nemo habebit
potestatem agere aliquid, et movere negotia adversus aliquem illorum in omni
causa. 36 Et ascribantur ex Iudaeis in
exercitu regis ad triginta millia virorum:
et dabuntur illis copiae ut oportet omnibus exercitibus regis, et ex eis ordinabun-
tur qui sint in munitionibus regis magni:
37 et ex his constituentur super negotia
regni, quae aguntur ex fide, et principes
sint ex eis, et ambulent in legibus suis,
sicut praecepit rex in terra Iuda. 38 Et
tres civitates, quae additae sunt Iudaeae
ex regione Samariae, cum Iudaea reputen-
tur: ut sint sub uno, et non obediant alii
potestati, nisi summi sacerdotis. 39 Ptolemaida, et confines eius, quas dedi donum
sanctis, qui sunt in Ierusalem ad necessarios sumptus sanctorum. 40 Et ego do singulis annis quindecim millia siclorum argenti de rationibus regis, quae me contingunt: 41 et omne quod reliquum fuerit,
quod non reddiderant qui super negotia
erant annis prioribus, ex hoc dabunt in
opera domus. 42 Et super haec quinque
millia siclorum argenti, quae accipiebant
de sanctorum ratione per singulos annos:
et haec ad sacerdotes pertineant, qui ministerio funguntur. 43 Et quicumque con-
fugerint in templum quod est Ierosolymis,
et in omnibus finibus eius, obnoxii regi
in omni negotio dimittantur, et universa
quae sunt eis in regno meo, libera habeant.
44 Et ad aedificanda vel restauranda opera
sanctorum, sumptus dabuntur de ratione
regis: 45 et ad extruendos muros Ierusalem, et communiendos in circuitu, sumptus dabuntur de ratione regis, et ad con-
struendos muros in Iudaea.

46 Ut auduvit autem Ionathas et populus sermones istos, non crediderunt eis,
nec receperunt eos: quia recordati sunt
malitiae magnae, quam fecerat in Israel,
et tribulaverat eos valde. 47 Et complacuit
eis in Alexandrum, quia ipse fuerat eis
princeps sermonum pacis, et ipsi auxilium
ferebant omnibus diebus.

Ionathas honoratus ab Alexandro

48 Et congregavit rex Alexander exercitum magnum, et admovit castra contra
Demetrium. 49 Et commiserunt praelium
duo reges, et fugit exercitus Demetrii, et
insecutus est eum Alexander, et incubuit
super eos. 50 Et invaluit praelium nimis,
donec occidit sol: et cecidit Demetrius in
die illa.

51 Et misit Alexander ad Ptolemaeum
regem Aegypti legatos secundum haec
verba, dicens: 52 Quoniam regressus sum
in regnum meum, et sedi in sede patrum
meorum, et obtinui principatum, et contrivi Demetrium, et possedi regionem nostram, 53 et commisi pugnam cum eo, et
contritus est ipse, et castra eius a nobis,
et sedimus in sede regni eius: 54 et nunc
statuamus ad invicem amicitiam: et da
mihi filiam tuam uxorem, et ego ero gener
tuus, et dabo tibi dona, et ipsi, digna te.
55 Et respondit rex Ptolemaeus, dicens:
Felix dies, in qua reversus es ad terram
patrum tuorum, et sedisti in sede regni
eorum. 56 Et nunc faciam tibi quod scripsisti: sed occurre mihi Ptolemaidam, ut
videamus invicem nos, et spondeam tibi
sicut dixisti. 57 Et exivit Ptolemaeus de
Aegypto, ipse et Cleopatra filia eius, et
venit Ptolemaidam anno centesimo sexagesimo secundo. 58 Et occurrit ei Alexander rex, et dedit ei Cleopatram filiam
suam: et fecit nuptias eius Ptolemaidae,
sicut reges, in magna gloria.

59 Et scripsit rex Alexander Ionathae,
ut veniret obviam sibi. 60 Et abiit cum
gloria Ptolemaidam, et occurrit ibi duobus regibus, et dedit illis argentum multum, et aurum, et dona: et invenit gratiam in conspectu eorum. 61 Et convenerunt adversus eum viri pestilentes ex Israel, viri iniqui interpellantes adversus
eum: et non intendit ad eos rex. 62 Et iussit spoliari Ionathan vestibus suis, et indui eum purpura: et ita fecerunt. Et collocavit eum rex sedere secum. 63 Dixitque
principibus suis: Exite cum eo in medium
civitatis, et praedicate, ut nemo adversus
eum interpellet de ullo negotio, nec quisquam ei molestus sit de ulla ratione. 64 Et
factum est, ut viderunt qui interpellabant
gloriam eius, quae praedicabatur, et opertum eum purpura, fugerunt omnes: 65 et
magnificavit eum rex, et scripsit eum inter primos amicos, et posuit eum ducem,
et participem principatus. 66 Et reversus
est Ionathas in Ierusalem cum pace et
laetitia.

Ionathas Alexandri partes contra Demetrium defendit

67 In anno centesimo sexagesimo quinto
venit Demetrius filius Demetrii a Creta
in terram patrum suorum. 68 Et audivit
Alexander rex, et contristatus est valde,
et reversus est Antiochiam. 69 Et constituit
Demetrius rex Apollonium ducem, qui
praeerat Coelesyriae: et congregavit exercitum magnum, et accessit ad Iamniam:
et misit ad Ionathan summum sacerdotem, 70 dicens: Tu solus resistis nobis: ego
autem factus sum in derisum, et in opprobrium, propterea quia tu potestatem adversum nos exerces in montibus. 71 Nunc

2 Mach 3,3. — **46:** 1 Mach 7,9-18. — **51:** 1 Mach 1,19. — **58:** 1 Mach 11,9. — **61:** 1 Mach 1,12. — **67:** 1 Mach 11,9; 14,1; 15,22. — **69:** 1 Mach 3,10; 2 Mach 3,5; 4,4. — **72:** 1 Mach 5,60; 9,17-

ego si confidis in virtutibus tuis, descende
ad nos in campum, et comparemus illic
invicem: quia mecum est virtus bellorum.
72 Interroga, et disce quis sum ego, et
caeteri qui auxilio sunt mihi, qui et dicunt quia non potest stare pes vester ante
faciem nostram, quia bis in fugam conversi sunt patres tui in terra sua: 73 et
nunc quomodo poteris sustinere equitatum et exercitum tantum in campo, ubi
non est lapis, neque saxum, neque locus
fugiendi?
74 Ut audivit autem Ionathas sermones
Apollonii, motus est animo: et elegit decem millia virorum, et exiit ab Ierusalem, et occurrit ei Simon frater eius in
adiutorium: 75 et applicuerunt castra in
Ioppen, et exclusit eum a civitate: quia
custodia Apollonii Ioppe erat, et oppugnavit eam. 76 Et exterriti qui erant in civitate, aperuerunt ei, et obtinuit Ionathas
Ioppen. 77 Et audivit Apollonius, et admovit tria millia equitum, et exercitum
multum. 78 Et abiit Azotum tanquam iter
faciens, et statim exiit in campum, eo
quod haberet multitudinem equitum, et
confideret in eis. Et insecutus est eum
Ionathas in Azotum, et commiserunt praelium. 79 Et reliquit Apollonius in castris
mille equites post eos occulte. 80 Et cognovit Ionathas quoniam insidiae sunt post
se, et circuierunt castra eius, et iecerunt
iacula in populum a mane usque ad vesperam. 81 Populus autem stabat, sicut praeceperat Ionathas: et laboraverunt equi
eorum. 82 Et eiecit Simon exercitum suum,
et commisit contra legionem: equites enim
fatigati erant: et contriti sunt ab eo, et
fugerunt. 83 Et qui dispersi sunt per campum, fugerunt in Azotum, et intraverunt
in Bethdagon idolum suum, ut ibi se liberarent. 84 Et succendit Ionathas Azotum,
et civitates quae erant in circuitu eius, et
accepit spolia eorum, et templum Dagon:
et omnes qui fugerunt in illud, succendit igni. 85 Et fuerunt qui ceciderunt gladio, cum his qui succensi sunt, fere octo
millia virorum. 86 Et movit inde Ionathas
castra, et applicuit ea Ascalonem: et
exierunt de civitate obviam illi in magna
gloria. 87 Et reversus est Ionathas in Ierusalem cum suis, habentibus spolia multa.
88 Et factum est: ut audivit Alexander
rex sermones istos, addidit adhuc glorificare Ionathan. 89 Et misit ei fibulam auream, sicut consuetudo est dari cognatis
regum. Et dedit ei Accaron, et omnes
fines eius in possessionem.

Ptolemaeus dolo invadit regnum Alexandri

11 1 Et rex Aegypti congregavit exercitum, sicut arena quae est circa
oram maris, et naves multas: et quaerebat obtinere regnum Alexandri dolo, et
addere illud regno suo. 2 Et exiit in Syriam verbis pacificis, et aperiebant ei civitates, et occurrebant ei: quia mandaverat Alexander rex exire ei obviam, eo
quod socer suus esset. 3 Cum autem introiret civitatem Ptolemaeus, ponebat
custodias militum in singulis civitatibus.
4 Et ut appropiavit Azoto, ostenderunt ei
templum Dagon succensum igni, et Azotum, et caetera eius demolita, et corpora
proiecta, et eorum qui caesi erant in
bello, tumulos quos fecerant secus viam.
5 Et narraverunt regi quia haec fecit Ionathas, ut invidiam facerent ei: et tacuit
rex. 6 Et occurrit Ionathas regi in Ioppen
cum gloria, et invicem se salutaverunt, et
dormierunt illic. 7 Et abiit Ionathas cum
rege usque ad fluvium qui vocatur Eleu-
therus: et reversus est in Ierusalem.
8 Rex autem Ptolemaeus obtinuit dominium civitatum usque Seleuciam maritimam, et cogitabat in Alexandrum consilia mala. 9 Et misit legatos ad Demetrium, dicens: Veni, componamus inter
nos pactum, et dabo tibi filiam meam,
quam habet Alexander, et regnabis in
regno patris tui: 10 poenitet enim me quod
dederim illi filiam meam: quaesivit enim
me occidere. 11 Et vituperavit eum, propterea quod concupierat regnum eius. 12 Et
abstulit filiam suam, et dedit eam Demetrio, et alienavit se ab Alexandro, et ma-
nifestatae sunt inimicitiae eius. 13 Et intravit Ptolemaeus Antiochiam, et imposuit duo diademata capiti suo, Aegypti et
Asiae.

Alexandro et Ptolemaeo mortuis regnat Demetrius

14 Alexander autem rex erat in Cilicia
illis temporibus: quia rebellabant qui erant
in locis illis. 15 Et audivit Alexander, et
venit ad eum in bellum: et produxit
Ptolemaeus rex exercitum, et occurrit ei
in manu valida, et fugavit eum. 16 Et fugit
Alexander in Arabiam, ut ibi protegere-
tur: rex autem Ptolemaeus exaltatus est.
17 Et abstulit Zabdiel Arabs caput Alexandri; et misit Ptolemaeo.
18 Et rex Ptolemaeus mortuus est in die
tertia: et qui erant in munitionibus, perierunt ab his qui erant intra castra.
19 Et regnavit Demetrius anno centesimo septimo sexagesimo.

18. — **83:** Iud 16,23; 1 Sam 5,2; 1 Mach 11,4. — **84:** 1 Mach 16,10. — **89:** 1 Mach 11,58; 14,44.

11 **1:** 1 Mach 10,51. — **2:** 1 Mach 10,58. — **4:** 1 Mach 10,84. — **7:** 1 Mach 12,30. — **9:** 1 Mach 10,58.67. — **16:** 1 Mach 5,39. — **16:**

Ionathas a Demetrio honoratus

20 In diebus illis congregavit Ionathas
eos qui erant in Iudaea, ut expugnarent
arcem quae est in Ierusalem: et fecerunt
contra eam machinas multas. 21 Et abierunt quidam qui oderant gentem suam
viri iniqui ad regem Demetrium, et renuntiaverunt ei quod Ionathas obsideret
arcem. 22 Et ut audivit, iratus est: et statim venit ad Ptolemaidam, et scripsit Ionathae ne obsideret arcem, sed occurreret
sibi ad colloquium festinato. 23 Ut audivit
autem Ionathas, iussit obsidere: et elegit
de senioribus Israel, et de sacerdotibus,
et dedit se periculo. 24 Et accepit aurum,
et argentum, et vestem, et alia xenia multa, et abiit ad regem Ptolomaidam, et invenit gratiam in conspectu eius, 25 et interpellabant adversus eum quidam iniqui ex gente sua. 26 Et fecit ei rex sicut
fecerant ei qui ante eum fuerant: et exaltavit eum in conspectu omnium amicorum
suorum, 27 et statuit ei principatum sacerdotii, et quaecumque alia habuit prius
pretiosa, et fecit eum principem amicorum. 28 Et postulavit Ionathas a rege ut
immunem faceret Iudaeam, et tres to-
parchias, et Samariam, et confines eius:
et promisit ei talenta trecenta. 29 Et consensit rex: et scripsit Ionathae epistolas
de his omnibus, hunc modum continentes:
30 Rex Demetrius fratri Ionathae salutem, et genti Iudaeorum. 31 Exemplum
epistolae, quam scripsimus Lastheni pa-
renti nostro de vobis, misimus ad vos ut
sciretis: 32 Rex Demetrius Lastheni paren-
ti salutem. 33 Genti Iudaeorum amicis nostris, et conservantibus quae iusta sunt
apud nos, decrevimus benefacere propter
benignitatem ipsorum, quam erga nos habent. 34 Statuimus ergo illis omnes fines
Iudaeae, et tres civitates, Lydan, et Ra-
mathan, quae additae sunt Iudaeae ex
Samaria, et omnes confines earum, se-
questrari omnibus sacrificantibus in Ierosolymis pro his quae ab eis prius accipiebat rex per singulos annos, et pro fructibus terrae et pomorum. 35 Et alia quae
ad nos pertinebant decimarum et tributorum ex hoc tempore, remittimus eis: et
areas salinarum, et coronas, quae nobis
deferebantur, 36 omnia ipsis concedimus:
et nihil horum irritum erit ex hoc, et in
omne tempus. 37 Nunc ergo curate facere
horum exemplum, et detur Ionathae, et
ponatur in monte sancto, in loco celebri.

Iudaei defendunt Demetrium Antiochiae

38 Et videns Demetrius rex quod siluit
terra in conspectu suo, et nihil ei resistit,
dimisit totum exercitum suum, unumquemque in locum suum, excepto peregrino exercitu, quem contraxit ab insulis
gentium: et inimici erant ei omnes exercitus patrum eius. 39 Tryphon autem erat
quidam partium Alexandri prius: et vidit
quoniam omnis exercitus murmurabat
contra Demetrium, et ivit ad Emalchuel
Arabem, qui nutriebat Antiochum filium
Alexandri: 40 et assidebat ei, ut traderet
eum ipsi, ut regnaret loco patris sui: et
enuntiavit ei quanta fecit Demetrius, et
inimicitias exercituum eius adversus illum.
Et mansit ibi diebus multis.
41 Et misit Ionathas ad Demetrium regem, ut eiiceret eos qui in arce erant in
Ierusalem, et qui in praesidiis erant: quia
impugnabant Israel. 42 Et misit Demetrius ad Ionathan, dicens: Non haec tantum faciam tibi, et genti tuae, sed gloria
illustrabo te, et gentem tuam, cum fuerit
opportunum. 43 Nunc ergo recte feceris,
si miseris in auxilium mihi viros: quia discessit omnis exercitus meus. 44 Et misit
ei Ionathas tria millia virorum fortium
Antiochiam: et venerunt ad regem, et delectatus est rex in adventu eorum. 45 Et
convenerunt qui erant de civitate, centum
viginti millia virorum, et volebant interficere regem. 46 Et fugit rex in aulam: et
occupaverunt qui erant de civitate, itinera civitatis, et coeperunt pugnare. 47 Et
vocavit rex Iudaeos in auxilium, et convenerunt omnes simul ad eum, et dispersi sunt omnes per civitatem: 48 et occiderunt in illa die centum millia hominum,
et succenderunt civitatem, et ceperunt
spolia multa in die illa, et liberaverunt regem. 49 Et viderunt qui erant de civitate,
quod obtinuissent Iudaei civitatem sicut
volebant: et infirmati sunt mente sua, et
clamaverunt ad regem cum precibus, dicentes: 50 Da nobis dextras, et cessent Iudaei oppugnare nos, et civitatem. 51 Et
proiecerunt arma sua, et fecerunt pacem,
et glorificati sunt Iudaei in conspectu regis,
et in conspectu omnium qui erant in regno
eius, et nominati sunt in regno: et regressi
sunt in Ierusalem habentes spolia multa.
52 Et sedit Demetrius rex in sede regni
sui: et siluit terra in conspectu eius. 53 Et
mentitus est omnia quaecumque dixit, et
abalienavit se a Ionatha, et non retribuit
ei secundum beneficia quae sibi tribuerat,
et vexabat eum valde. 54 Post haec autem
reversus est Tryphon, et Antiochus cum
eo puer adolescens, et regnavit, et imposuit sibi diadema. 55 Et congregati sunt
ad eum omnes exercitus, quos disperserat
Demetrius, et pugnaverunt contra eum:
et fugit, et terga vertit. 56 Et accepit Tri-
phon bestias, et obtinuit Antiochiam.

2 Mach 1,7. — **21:** 1 Mach 1,12.65; 9,23. — **27:** 1 Mach 10,20; 14,38. — **28:** 1 Mach 10,28-30. 38. — **34-35:** 1 Mach 10,29-31. — **38:** 1 Mach 6: 29. — **39:** 1 Mach 12,39.42.49; 13,1.12. — **41,**

Ionathas saepius victor de alienigenis

57 Et scripsit Antiochus adolescens Ionathae, dicens: Constituo tibi sacerdotium
et constituo te super quatuor civitates, ut
sis de amicis regis. 58 Et misit illi vasa aurea in ministerium, et dedit ei potestatem
bibendi in auro, et esse in purpura, et habere fibulam auream: 59 et Simonem fratrem eius constituit ducem a terminis Tyri
usque ad fines Aegypti.
60 Et exiit Ionathas, et perambulabat
trans flumen civitates: et congregatus est
ad eum omnis exercitus Syriae in auxilium, et venit Ascalonem, et occurrerunt
ei honorifice de civitate. 61 Et abiit inde
Gazam: et concluserunt se qui erant Gazae: et obsedit eam, et succendit quae
erant in circuitu civitatis, et praedatus est
ea. 62 Et rogaverunt Gazenses Ionathan,
et dedit illis dexteram: et accepit filios
eorum obsides, et misit illos in Ierusalem:
et perambulavit regionem usque Damascum. 63 Et audivit Ionathas quod praevaricati sunt principes Demetrii in Cades,
quae est in Galilaea, cum exercitu multo,
volentes eum removere a negotio regni:
64 et occurrit illis: fratrem autem suum
Simonem reliquit intra provinciam. 65 Et
applicuit Simon ad Bethsuram, et expugnabat eam diebus multis, et conclusit eos.
66 Et postulaverunt ab eo dextras accipere et dedit illis: et eiecit eos inde, et cepit
civitatem, et posuit in ea praesidium.
67 Et Ionathas et castra eius applicuerunt ad aquam Genesar, et ante lucem vi-
gilaverunt in campo Asor: 68 et ecce castra alienigenarum occurrebant in campo,
et tendebant ei insidias in montibus: ipse autem occurrit ex adverso. 69 Insidiae
vero exurrexerunt de locis suis, et commiserunt praelium. 70 Et fugerunt qui
erant ex parte Ionathae omnes, et nemo
relictus est ex eis, nisi Mathathias filius
Absolomi, et Iudas filius Calphi, princeps
militiae exercitus. 71 Et scidit Ionathas
vestimenta sua, et posuit terram in capite
suo, et oravit. 72 Et reversus est Ionathas
ad eos in praelium, et convertit eos in fugam, et pugnaverunt. 73 Et viderunt qui
fugiebant partis illius, et reversi sunt ad
eum, et insequebantur cum eo omnes usque Cades ad castra sua, et pervenerunt
usque illuc: 74 et ceciderunt de alienigenis
in die illa tria millia virorum: et reversus
est Ionathas in Ierusalem.

1 Mach 9,50-52; 10,12-14. — **57:** 1 Mach 10,20.38. — **58:** 1 Mach 10,89; 14,44. — **59:** 1 Mach 9,19. — **63:** Ios 20,7. — **65:** 1 Mach 4,61. — **70:** 1 Mach 13,11; 2 Mach 11,17.

Ionathas foedus renovat cum Romanis et Spartiatis

12 1 Et vidit Ionathas quia tempus
eum iuvat, et elegit viros, et misit
eos Romam statuere et renovare cum eis
amicitiam: 2 et ad Spartiatas, et ad alia
loca misit epistolas secundum eandem formam: 3 et abierunt Romam, et intraverunt curiam, et dixerunt: Ionathas summus sacerdos, et gens Iudaeorum miserunt nos, ut renovaremus amicitiam et societatem secundum pristinum. 4 Et dederunt illis epistolas ad ipsos per loca, ut
deducerent eos in terram Iuda cum pace.
5 Et hoc est exemplum epistolarum,
quas scripsit Ionathas Spartiatis: 6 Ionathas, summus sacerdos, et seniores gentis,
et sacerdotes, et reliquus populus Iudaeorum Spartiatis fratribus salutem. 7 Iampridem missae erant epistolae ad Oniam
summum sacerdotem ab Ario, qui regna-
bat apud vos, quoniam estis fratres nostri, sicut rescriptum continet, quod subiectum est. 8 Et suscepit Onias virum,
qui missus fuerat, cum honore: et accepit
epistolas, in quibus significabatur de societate et amicitia. 9 Nos cum nullo horum indigeremus, habentes solatio sanctos libros, qui sunt in manibus nostris,
10 maluimus mittere ad vos renovare fraternitatem et amicitiam, ne forte alieni efficiamur a vobis: multa enim tempora
transierunt, ex quo misistis ad nos. 11 Nos
ergo in omni tempore sine intermissione
in diebus solemnibus, et caeteris, quibus
oportet, memores sumus vestri in sacrificiis quae offerimus, et in observationibus, sicut fas est, et decet meminisse fratrum. 12 Laetamur itaque de gloria vestra.
13 Nos autem circumdederunt multae tribulationes, et multa praelia, et impugnaverunt nos reges qui sunt in circuitu nostro. 14 Noluimus ergo vobis molesti esse,
neque caeteris sociis, et amicis nostris in
his praeliis: 15 habuimus enim de caelo
auxilium, et liberati sumus nos, et humiliati sunt inimici nostri. 16 Elegimus itaque Numenium Antiochi filium, et An-
tipatrem Iasonis filium, et misimus ad Romanos renovare cum eis amicitiam et societatem pristinam. 17 Mandavimus itaque eis ut veniant etiam ad vos et salu-
tent vos: et reddant vobis epistolas nostras de innovatione fraternitatis nostrae.
18 Et nunc benefacietis respondentes nobis ad haec.
19 Et hoc est rescriptum epistolarum
quod miserat Oniae: 20 Arius, rex Spartiatarum, Oniae sacerdoti magno salutem.

12 **1:** 1 Mach 8,21-32. — **2:** 1 Mach 14,16.23. — **6:** 2 Mach 1,10; 4,44; 11,27. — **9:** Rom 15,4. — **15:** 1 Mach 3,18-23; 2 Mach 11,8-9; 15,12-16. — **16:** 1 Mach 8,17; 14,22.24; 15,

21 Inventum est in scriptura de Spartiatis,
et Iudaeis, quoniam sunt fratres, et quod
sunt de genere Abraham. 22 Et nunc ex
quo haec cognovimus, benefacitis scribentes nobis de pace vestra. 23 Sed et nos
rescripsimus vobis: Pecora nostra, et possessiones nostrae, vestrae sunt: et vestrae, nostrae: mandavimus itaque haec
nuntiari vobis.

Novae Ionathae victoriae

24 Et audivit Ionathas quoniam regressi
sunt principes Demetrii cum exercitu multo supra quam prius, pugnare adversus
eum: 25 et exiit ab Ierusalem, et occurrit
eis in Amathite regione: non enim dederat eis spatium ut ingrederentur regionem
eius. 26 Et misit speculatores in castra
eorum: et reversi renuntiaverunt quod
constituunt supervenire illis nocte. 27 Cum
occidisset autem sol, praecepit Ionathas
suis vigilare, et esse in armis paratos ad
pugnam tota nocte, et posuit custodes
per circuitum castrorum. 28 Et audierunt
adversarii quod paratus est Ionathas cum
suis in bello: et timuerunt, et formidave-
runt in corde suo: et accenderunt focos
in castris suis. 29 Ionathas autem, et qui
cum eo erant, non cognoverunt usque
mane: videbant autem luminaria arden-
tia, 30 et secutus est eos Ionathas, et non
comprehendit eos: transierant enim flumen Eleutherum.
31 Et divertit Ionathas ad Arabas, qui
vocantur Zabadaei: et percussit eos, et
accepit spolia eorum. 32 Et iunxit, et venit
Damascum, et perambulabat omnem regionem illam. 33 Simon autem exiit, et
venit usque ad Ascalonem, et ad proxima
praesidia: et declinavit in Ioppen, et occupavit eam 34 (audivit enim quod vellent
praesidium tradere partibus Demetrii) et
posuit ibi custodes ut custodirent eam.
35 Et reversus est Ionathas, et convocavit seniores populi, et cogitavit cum eis
aedificare praesidia in Iudaea, 36 et aedificare muros in Ierusalem, et exaltare altitudinem magnam inter medium arcis et
civitatis, ut separaret eam a civitate, ut
esset ipsa singulariter, et neque emant,
neque vendant. 37 Et convenerunt, ut aedificarent civitatem: et cecidit murus, qui
erat super torrentem ab ortu solis, et re-
paravit eum, qui vocatur Caphetetha:
38 et Simon aedificavit Adiada in Sephe-
la, et munivit eam, et imposuit portas et
seras.

Ionathas dolo captus a Tryphone

39 Et cum cogitasset Tryphon regnare
Asiae, et assumere diadema, et extendere
manum in Antiochum regem: 40 timens
ne forte non permitteret eum Ionathas,
sed pugnaret adversus eum, quaerebat
comprehendere eum, et occidere. Et exsurgens abiit in Bethsan. 41 Et exivit Ionathas obviam illi cum quadraginta millibus
virorum electorum in praelium, et venit
Bethsan. 42 Et vidit Tryphon quia venit
Ionathas cum exercitu multo ut extende-
ret in eum manus, timuit: 43 et excepit
eum cum honore, et commendavit eum
omnibus amicis suis, et dedit ei munera:
et praecepit exercitibus suis ut obedirent
ei, sicut sibi. 44 Et dixit Ionathae: Ut quid
vexasti universum populum, cum bellum
nobis non sit? 45 Et nunc remitte eos in
domos suas: elige autem tibi viros paucos, qui tecum sint, et veni mecum Ptolemaidam, et tradam eam tibi, et reliqua
praesidia, et exercitum, et universos praepositos negotii, et conversus abibo: propterea enim veni. 46 Et credidit ei, et fecit
sicut dixit: et dimisit exercitum, et abierunt in terram Iuda. 47 Retinuit autem secum tria millia virorum: ex quibus remisit in Galilaeam duo millia, mille autem
venerunt cum eo.
48 Ut autem intravit Ptolemaidam Ionathas, clauserunt portas civitatis Ptolemenses: et comprehenderunt eum: et omnes qui cum eo intraverant, gladio interfecerunt. 49 Et misit Tryphon exercitum et
equites in Galilaeam, et in campum magnum, ut perderent omnes socios Ionathae. 50 At illi cum cognovissent quia comprehensus est Ionathas, et periit, et omnes
qui cum eo erant, hortati sunt semetipsos,
et exierunt parati in praelium. 51 Et videntes hi qui insecuti fuerant, quia pro anima
res est illis, reversi sunt: 52 illi autem venerunt omnes cum pace in terram Iuda.
Et planxerunt Ionathan, et eos qui cum
ipso fuerant, valde: et luxit Israel luctu
magno. 53 Et quaesierunt omnes gentes
quae erant in circuitu eorum, conterere
eos, dixerunt enim: 54 Non habent principem, et adiuvantem: nunc ergo expugnemus illos, et tollamus de hominibus
memoriam eorum.

PARS QUARTA

SIMON DUX IUDAEORUM ET SUMMUS SACERDOS

(13,1-16,24)

Simon dux populi pro Ionatha

13 1 Et audivit Simon quod congregavit Tryphon exercitum copiosum
ut veniret in terram Iuda, et attereret eam.

15. — **24:** 1 Mach 11,63. — **30:** 1 Mach 11,7. — **35:** 1 Mach 13,33. — **36:** 1 Mach 13,49. — **39:** 1 Mach 13,31. — **48:** 1 Mach 13,12. — **50:** 1 Mach 13,12.23. — **53:** 1 Mach 13,6.

2 Videns quia in tremore populus est, et
in timore, ascendit Ierusalem, et congregavit populum: 3 et adhortans dixit: Vos
scitis quanta ego, et fratres mei, et domus
patris mei, fecimus pro legibus, et pro
sanctis praelia, et angustias quales vidimus: 4 horum gratia perierunt fratres
mei omnes propter Israel, et relictus sum
ego solus. 5 Et nunc non mihi contingat
parcere animae meae in omni tempore
tribulationis: non enim melior sum fratribus meis. 6 Vindicabo itaque gentem
meam, et sancta, natos quoque nostros,
et uxores: quia congregatae sunt universae gentes conterere nos inimicitiae gratia.
7 Et accensus est spiritus populi simul
ut audivit sermones istos: 8 et responderunt voce magna, dicentes: Tu es dux
noster loco Iudae, et Ionathae fratris
tui: 9 pugna praelium nostrum: et omnia,
quaecumque dixeris nobis, faciemus.
10 Et congregans omnes viros bellatores, acceleravit consummare universos muros Ierusalem, et munivit eam in gyro.
11 Et misit Ionathan filium Absalomi, et
cum eo exercitum novum in Ioppen, et
eiectis his qui erant in ea, remansit illic
ipse. 12 Et movit Tryphon a Ptolemaida
cum exercitu multo, ut veniret in terram
Iuda, et Ionathas cum eo in custodia.
13 Simon autem applicuit in Addus contra
faciem campi.

Fratrem Ionathan redimere tentat

14 Et ut cognovit Tryphon quia surrexit
Simon loco fratris sui Ionathae: et quia
commissurus esset cum eo praelium, misit
ad eum legatos, 15 dicens: Pro argento,
quod debebat frater tuus Ionathas in ratione regis, propter negotia quae habuit,
detinuimus eum. 16 Et nunc mitte argenti talenta centum, et duos filios eius
obsides, ut non dimissus fugiat a nobis,
et remittemus eum. 17 Et cognovit Simon
quia cum dolo loqueretur secum, iussit
tamen dari argentum, et pueros: ne inimicitiam magnam sumeret ad populum
Israel, dicentem: 18 Quia non misit ei
argentum, et pueros, propterea periit.
19 Et misit pueros, et centum talenta:
et mentitus est, et non dimisit Ionathan.

Ionathas occisus a Tryphone

20 Et post haec venit Tryphon intra
regionem, ut contereret eam: et gyrave-
runt per viam quae ducit Ador: et Simon,
et castra eius ambulabant in omnem locum quocumque ibant. 21 Qui autem in
arce erant, miserunt ad Tryphonem legatos, ut festinaret venire per desertum,
et mitteret illis alimonias. 22 Et paravit
Tryphon omnem equitatum, ut veniret
illa nocte: erat autem nix multa valde,
et non venit in Galaaditim. 23 Et cum
appropinquasset Bascaman, occidit Ionathan, et filios eius illic. 24 Et convertit
Tryphon, et abiit in terram suam.
25 Et misit Simon, et accepit ossa Ionathae fratris sui, et sepelivit ea in Modin
civitate patrum eius. 26 Et planxerunt eum
omnis Israel planctu magno, et luxerunt
eum dies multos. 27 Et aedificavit Simon
super sepulchrum patris sui et fratrum
suorum aedificium altum visu, lapide po-
lito retro et ante. 28 Et statuit septem
pyramidas, unam contra unam patri et
matri, et quatuor fratribus: 29 et his circumposuit columnas magnas: et super
columnas arma, ad memoriam aeternam:
et iuxta arma naves sculptas, quae viderentur ab omnibus navigantibus mare:
30 hoc est sepulchrum, quod fecit in Modin usque in hunc diem.
31 Tryphon autem cum iter faceret cum
Antiocho rege adolescente, dolo occidit
eum. 32 Et regnavit loco eius, et imposuit
sibi diadema Asiae, et fecit plagam magnam in terra.

Agit Simon cum novo rege Demetrio

33 Et aedificavit Simon praesidia Iudaeae, muniens ea turribus excelsis, et
muris magnis, et portis, et seris: et posuit alimenta in munitionibus.
34 Et elegit Simon viros, et misit ad
Demetrium regem ut faceret remissionem
regioni: quia actus omnes Tryphonis per
direptionem fuerant gesti. 35 Et Demetrius rex ad verba ista respondit ei, et
scripsit epistolam talem:
36 Rex Demetrius Simoni summo sacerdoti, et amico regum, et senioribus, et
genti Iudaeorum salutem. 37 Coronam auream, et bahem quam misistis, suscepimus: et paratis sumus facere vobiscum
pacem magnam, et scribere praepositis
regis remittere vobis quae indulsimus.
38 Quaecumque enim constituimus, vobis
constant: munitiones, quas aedificastis,
vobis sint: 39 remittimus quoque ignorantias, et peccata usque in hodiernum diem,
et coronam, quam debebatis: et si quid
aliud erat tributarium in Ierusalem, iam
non sit tributarium. 40 Et si qui ex vobis
apti sunt conscribi inter nostros, conscri-
bantur, et sit inter nos pax.

13 **1:** 1 Mach 2,65; 5,17; 9,19; 11,39.50. — **4:** 1 Mach 6,46; 9,18.36; 12,50. — **6:** 1 Mach 12,53-54. — **10:** 1 Mach 10,11; 14,37. — **11:** 1 Mach 11,70; 2 Mach 11,17. — **12:** 1 Mach 12,48.50. — **21:** 1 Mach 12,36. — **23:** 1 Mach 12,50. — **25:** 1 Mach 2,69-70; 9,19. — **31:** 1 Mach 12,39. — **33:** 1 Mach 12,35; 14,33; 18,7. — **36:** 1 Mach 10,20; 14,17.35.38. — **38:** 1 Mach 11,

Iugum gentium excussum

41 Anno centesimo septuagesimo ablatum est iugum gentium ab Israel. 42 Et coepit populus Israel scribere in tabulis, et gestis publicis, anno primo sub Simone summo sacerdote, magno duce, et principe Iudaeorum.

43 In diebus illis applicuit Simon ad Gazam, et circumdedit eam castris, et fecit machinas, et applicuit ad civitatem, et percussit turrem unam, et comprehendit eam. 44 Et eruperant qui erant intra machinam in civitatem: et factus est motus magnus in civitate. 45 Et ascenderunt qui erant in civitate cum uxoribus, et filiis supra murum scissis tunicis suis, et clamaverunt voce magna, postulantes a Simone dextras sibi dari, 46 et dixerunt: Non nobis reddas secundum malitias nostras, sed secundum misericordias tuas. 47 Et flexus Simon, non debellavit eos: eiecit tamen eos de civitate, et mundavit aedes in quibus fuerant simulacra, et tunc intravit in eam cum hymnis benedicens Dominum: 48 et eiecta ab ea omni immunditia, collocavit in ea viros qui legem facerent: et munivit eam, et fecit sibi habitationem.

49 Qui autem erant in arce Ierusalem, prohibebantur egredi et ingredi regionem, et emere, ac vendere: et esurierunt valde, et multi ex eis fame perierunt, 50 et clamaverunt ad Simonem ut dextras acciperent: et dedit illis: et eiecit eos inde, et mundavit arcem a contaminationibus: 51 et intraverunt in eam tertia et vigesima die secundi mensis, anno centesimo septuagesimo primo, cum laude, et ramis palmarum, et cinyris, et cymbalis, et nablis, et hymnis, et canticis, quia contritus est inimicus magnus ex Israel. 52 Et constituit ut omnibus annis agerentur dies hi cum laetitia. 53 Et munivit montem templi, qui erat secus arcem, et habitavit ibi ipse, et qui cum eo erant. 54 Et vidit Simon Ioannem filium suum, quod fortis praelii vir esset: et posuit eum ducem virtutum universarum: et habitavit in Gazaris.

Plena pax in Iudaea

14 1 Anno centesimo septuagesimo secundo congregavit rex Demetrius exercitum suum, et abiit in Mediam ad contrahenda sibi auxilia, ut expugnaret Tryphonem. 2 Et audivit Arsaces rex Persidis et Mediae, quia intravit Demetrius confines suos, et misit unum de principibus suis ut comprehenderet eum vivum et adduceret eum ad se. 3 Et abiit, et percussit castra Demetrii: et comprehendit eum, et duxit eum ad Arsacem, et posuit eum in custodiam.

4 Et siluit omnis terra Iuda omnibus diebus Simonis, et quaesivit bona genti suae: et placuit illis potestas eius, et gloria eius omnibus diebus. 5 Et cum omni gloria sua accepit Ioppen in portum, et fecit introitum in insulis maris. 6 Et dilatavit fines gentis suae, et obtinuit regionem. 7 Et congregavit captivitatem multam, et dominatus est Gazarae, et Bethsurae, et arci: et abstulit immunditias ex ea, et non erat qui resisteret ei. 8 Et unusquisque colebat terram suam cum pace: et terra Iuda dabat fructus suos, et ligna camporum fructum suum. 9 Seniores in plateis sedebant omnes, et de bonis terrae tractabant, et iuvenes induebant se gloriam, et stolas belli. 10 Et civitatibus tribuebat alimonias, et constituebat eas ut essent vasa munitionis quoadusque nominatum est nomen gloriae eius usque ad extremum terrae. 11 Fecit pacem super terram, et laetatus est Israel laetitia magna. 12 Et sedit unusquisque sub vite sua, et sub ficulnea sua: et non erat qui eos terreret. 13 Defecit impugnans eos super terram: reges contriti sunt in diebus illis. 14 Et confirmavit omnes humiles populi sui, et legem exquisivit, et abstulit omnem iniquum et malum: 15 sancta glorificavit, et multiplicavit vasa sanctorum.

Legationes romana et spartiata

16 Et auditum est Romae quia defunctus esset Ionathas: et usque in Spartiatas; et contristati sunt valde. 17 Ut audierunt autem quod Simon frater eius factus esset summus sacerdos loco eius, et ipse obtineret omnem regionem, et civitates in ea, 18 scripserunt ad eum in tabulis aereis, ut renovarent amicitas et societatem quam fecerant cum Iuda, et cum Ionatha fratribus eius. 19 Et lectae sunt in conspectu ecclesiae in Ierusalem. Et hoc exemplum epistolarum, quas Spartiatae miserunt:

20 Spartiatarum principes, et civitates, Simoni sacerdoti magno, et senioribus, et sacerdotibus, et reliquo populo Iudaeorum, fratribus salutem. 21 Legati, qui missi sunt ad populum nostrum, nuntiaverunt nobis de vestra gloria, et honore, ac laetitia: et gavisi sumus in introitu eorum. 22 Et scripsimus quae ab eis erant dicta

29-37. — **40:** 1 Mach 10,36. — **42:** 1 Mach 14, 27. — **47:** 1 Mach 1,57. — **49:** 1 Mach 12,36. — **54:** 1 Mach 16,1-2.23.

14 **4:** 1 Mach 10,67. — **2:** 1 Mach 15,22. — **5:** 1 Mach 6,29. — **12:** 3 Reg 4,25; 4 Reg 18,31; Mich 4,4. — **16:** 1 Mach 12,2; 13,23. — **17:** 1 Mach 13,36. — **18:** 1 Mach 8,17-32; 12, 1-18. — **22:** 1 Mach 12,16; 15,15. — **24:** 1 Mach

in conciliis populi, sic: Numenius Antiochi, et Antipater Iasonis filius, legati Iudaeorum, venerunt ad nos, renovantes
nobiscum amicitiam pristinam. 23 Et placuit populo excipere viros gloriose, et
ponere exemplum sermonum eorum in
segregatis populi libris, ut sit ad memoriam populo Spartiatarum. Exemplum
autem horum scripsimus Simoni magno
sacerdoti.

24 Post haec autem misit Simon Numenium Romam, habentem clypeum aureum
magnum, pondo mnarum mille, ad sta-
tuendam cum eis societatem.

Populus decernit solemnem gratiarum actionem Simoni reddere eumque principem constituere

Cum autem audisset populus Romanus
25 sermones istos, dixerunt: Quam gratiarum actionem reddemus Simoni, et
filiis eius? 26 Restituit enim ipse fratres
suos, et expugnavit inimicos Israel ab
eis, et statuerunt ei libertatem, et de-
scripserunt in tabulis aereis, et posuerunt
in titulis in monte Sion. 27 Et hoc est
exemplum scripturae:

Octava decima die mensis Elul, anno
centesimo septuagesimo secundo, anno
tertio sub Simone sacerdote magno in
Asaramel, 28 in conventu magno sacerdotum, et populi, et principum gentis, et
seniorum regionis, nota facta sunt haec:
Quoniam frequenter facta sunt praelia in
regione nostra, 29 Simon autem Mathathiae filius, ex filiis Iarib, et fratres eius
dederunt se periculo, et restiterunt adversariis gentis suae, ut starent sancta ipsorum, et lex: et gloria magna glorificaverunt gentem suam. 30 Et congregavit
Ionathas gentem suam, et factus est illis
sacerdos magnus, et appositus est ad
populum suum. 31 Et voluerunt inimici
eorum calcare et atterere regionem ipsorum, et extendere manus in sancta eorum.
32 Tunc restitit Simon, et pugnabit pro
gente sua, et erogavit pecunias multas,
et armavit viros virtutis gentis suae, et
dedit illis stipendia: 33 et munivit civitates
Iudaeae, et Bethsuram, quae erat in finibus Iudaeae, ubi erant arma hostium antea: et posuit illic praesidium viros Iudaeos. 34 Et Ioppen munivit, quae erat ad
mare: et Gazaram, quae est in finibus
Azoti, in qua hostes antea habitabant,
et collocavit illic Iudaeos: et quaecumque apta erant ad correptionem eorum,
posuit in eis. 35 Et vidit populus actum
Simonis, et gloriam quam cogitabat facere
genti suae, et posuerunt eum ducem suum,
et principem sacerdotum, eo quod ipse
fecerat haec omnia, et iustitiam, et fidem,
quam conservavit genti suae, et exquisivit
omni modo exaltare populum suum. 36 Et
in diebus eius prosperatum est in manibus
eius, ut tollerentur gentes de regione ipsorum, et qui in civitate David erant in
Ierusalem in arce, de qua procedebant,
et contaminabant omnia quae in circuitu
sanctorum sunt, et inferebant plagam magnam castitati; 37 et collocavit in ea viros
Iudaeos ad tutamentum regionis, et civitatis, et exaltavit muros Ierusalem. 38 Et
rex Demetrius statuit illi summum sacerdotium. 39 Secundum haec fecit eum amicum suum, et glorificavit eum gloria
magna. 40 Audivit enim quod appellati
sunt Iudaei a Romanis amici, et socii, et
fratres, et quia susceperunt legatos Simonis gloriose, 41 et quia Iudaei et sacerdotes
eorum consenserunt eum esse ducem
suum, et summum sacerdotem in aeternum, donec surgat propheta fidelis: 42 et
ut sit super eos dux, et ut cura esset illi
pro sanctis, et ut constitueret praepositos
super opera eorum, et super regionem,
et super arma, et super praesidia: 43 et
cura sit illi de sanctis: et ut audiatur ab
omnibus, et scribantur in nomine eius
omnes conscriptiones in regione: et ut
operiatur purpura et auro: 44 et ne liceat
ulli ex populo et ex sacerdotibus irritum
facere aliquid horum, et contradicere his
quae ab eo dicuntur, aut convocare conventum in regione sine ipso: et vestiri
purpura, et uti fibula aurea: 45 qui autem
fecerit extra haec, aut irritum fecerit aliquid horum, reus erit.

46 Et complacuit omni populo statuere Simonem, et facere secundum verba
ista. 47 Et suscepit Simon, et placuit ei
ut summo sacerdotio fungeretur, et esset
dux et princeps gentis Iudaeorum, et sacerdotum, et praeesset omnibus. 48 Et scripturam istam dixerunt ponere in tabulis
aereis, et ponere eas in peribolo sanctorum, in loco celebri; 49 exemplum autem
eorum ponere in aerario, ut habeat Simon, et filii eius.

Antiochus Soter Ierusalem liberam agnoscit

15 1 Et misit rex Antiochus filius Demetrii epistolas ab insulis maris
Simoni sacerdoti, et principi gentis Iudaeorum, et universae genti: 2 et erant
continentes hunc modum: Rex Antiochus Simoni sacerdoti magno, et genti

15,18. — **27:** 1 Mach 13,42. — **29:** 1 Mach 2,1. **30:** 1 Mach 9,73; 10,21; 11,27. — **33:** 1 Mach 13,33. — **34:** 1 Mach 14,5.7. — **36:** 1 Mach 13, 47-51. — **37:** 1 Mach 13,53. — **38:** 1 Mach 13, 36. — **40:** 1 Mach 8,31; 15,17. — **41:** 1 Mach 4,46. — **43:** 1 Mach 13,42. — **44:** 1 Mach 10,89; 11.58 — **48:** 1 Mach 8,22.

Iudaeorum salutem. 3 Quoniam quidem
pestilentes obtinuerunt regnum patrum
nostrorum, volo autem vindicare regnum,
et restituere illud sicut erat antea: et
electam feci multitudinem exercitus, et
feci naves bellicas. 4 Volo autem procedere per regionem ut ulciscar in eos, qui
corruperunt regionem nostram, et qui
desolaverunt civitates multas in regno
meo. 5 Nunc ergo statuo tibi omnes oblationes, quas remiserunt tibi ante me omnes reges, et quaecumque alia dona remiserunt tibi; 6 et permitto tibi facere percussuram proprii numismatis in regione
tua: 7 Ierusalem autem sanctam esse, et
liberam: et omnia arma, quae fabricata
sunt, et praesidia, quae construxisti, quae
tenes, maneant tibi. 8 Et omne debitum
regis, et quae futura sunt regi, ex hoc et
in totum tempus remittuntur tibi. 9 Cum
autem obtinuerimus regnum nostrum, glo-
rificabimus te, et gentem tuam, et templum gloria magna, ita ut manifestetur
gloria vestra in universa terra.

10 Anno centesimo septuagesimo quarto
exiit Antiochus in terram patrum suorum,
et convenerunt ad eum omnes exercitus,
ita ut pauci relicti essent cum Tryphone.
11 Et insecutus est eum Antiochus rex, et
venit Doram fugiens per maritimam:
12 sciebat enim quod congregata sunt mala in eum, et reliquit eum exercitus: 13 et
applicuit Antiochus super Doram cum
centum viginti millibus virorum belligeratorum, et octo millibus equitum: 14 et
circuivit civitatem, et naves a mari accesserunt: et vexabant civitatem a terra,
et mari, et neminem sinebant ingredi,
vel egredi.

Redeunt a Roma legati cum epistolis Iudaeos commendantibus

15 Venit autem Numenius, et qui cum
eo fuerant ab urbe Roma, habentes epistolas regibus, et regionibus scriptas, in
quibus continebantur haec: 16 Lucius con-
sul Romanorum, Ptolemaeo regi salutem.
17 Legati Iudaeorum venerunt ad nos amici nostri, renovantes pristinam amicitiam
et societatem, missi a Simone principe
sacerdotum, et populo Iudaeorum. 18 Attulerunt autem et clypeum aureum mnarum mille. 19 Placuit itaque nobis scribere
regibus, et regionibus, ut non inferant
illis mala, neque impugnent eos, et civitates eorum, et regiones eorum: et ut
non ferant auxilium pugnantibus adversus eos. 20 Visum autem est nobis accipere
ab eis clypeum. 21 Si qui ergo pestilentes
refugerunt de regione ipsorum ad vos,
tradite eos Simoni principi sacerdotum,
ut vindicet in eos secundum legem suam.
22 Haec eadem scripta sunt Demetrio
regi, et Attalo, et Ariarathi, et Arsaci,
23 et in omnes regiones: et Lampsaco, et
Spartiatis, et in Delum, et in Myndum,
et in Sicyonem, et in Cariam, et in Samum,
et in Pamphyliam, et in Lyciam, et in
Alicarnassum, et in Coo, et in Siden, et
in Aradon, et in Rhodum, et in Phaseli-
dem, et in Gortynam, et Gnidum, et Cyprum, et Cyrenen. 24 Exemplum autem
eorum scripserunt Simoni principi sacerdotum, et populo Iudaeorum.

Antiochus fugat Tryphonem

25 Antiochus autem rex applicuit castra
in Doram secundo, admovens ei semper
manus, et machinas faciens: et conclusit
Tryphonem, ne procederet: 26 et misit
ad eum Simon duo millia virorum electorum in auxilium, et argentum, et aurum,
et vasa copiosa: 27 et noluit ea accipere,
sed rupit omnia, quae pactus est cum eo
antea, et alienavit se ab eo.

28 Et misit ad eum Athenobium unum
de amicis suis, ut tractaret cum ipso, dicens: Vos tenetis Ioppen, et Gazaram, et
arcem, quae est in Ierusalem, civitates
regni mei: 29 fines earum desolastis, et
fecistis plagam magnam in terra, et dominati estis per loca multa in regno meo.
30 Nunc ergo tradite civitates, quas oc-
cupastis, et tributa locorum, in quibus
dominati estis extra fines Iudaeae: 31 sin
autem, date pro illis quingenta talenta
argenti, et exterminii, quod exterminas-
tis, et tributorum civitatum alia talenta
quingenta: sin autem, veniemus, et expug-
nabimus vos. 32 Et venit Athenobius amicus regis in Ierusalem, et vidit gloriam
Simonis, et claritatem in auro, et argento,
et apparatum copiosum: et obstupuit: et
retulit ei verba regis. 33 Et respondit ei
Simon, et dixit ei: Neque alienam terram
sumpsimus, neque aliena detinemus: sed
haereditatem patrum nostrorum, quae
iniuste ab inimicis nostris aliquo tempore
possessa est. 34 Nos vero tempus habentes,
vindicamus haereditatem patrum nostrorum. 35 Nam de Ioppe et Gazara quae
expostulas, ipsi faciebant in populo plagam magnam, et in regione nostra: horum
damus talenta centum. Et non respondit
ei Athenobius verbum. 36 Reversus autem
cum ira ad regem, renuntiavit ei verba
ista, et gloriam Simonis, et universa quae
vidit, et iratus est rex ira magna.

15 **1:** 1 Mach 7,1. — **3:** 1 Mach 13,31-32. — **4:** 1 Mach 13,34. — **5:** 1 Mach 10,27-45; 13,37-39. — **7:** 1 Mach 10,31; 13,33. — **15:** 1 Mach 12,16; 14,22.24. — **16:** 2 Mach 1,10. — **17:** 1 Mach 8,31; 14,40. — **18:** 1 Mach 14,24. — **22:** 1 Mach 14,2; 16,67. — **23:** 1 Mach 14,16. — **28:** 1 Mach 14,34.36. — **30:** 1 Mach 11,28.34. — **33:** Ex 23,31. — **38:** 1 Mach 16,1.4.8. — **39:** 1 Mach 16,9.

37 Tryphon autem fugit navi in Ortho-
siada.

Convertitur Antiochus contra Iudaeam

38 Et constituit rex Cendebaeum ducem
maritimum, et exercitum peditum et equitum dedit illi. 39 Et mandavit illi movere
castra contra faciem Iudaeae: et mandavit
ei aedificare Gedorem, et obstruere portas
civitatis, et debellare populum. Rex autem
persequebatur Tryphonem. 40 Et pervenit
Cendebaeus Iamniam, et coepit irritare
plebem, et conculcare Iudaeam, et capti-
vare populum, et interficere, et aedificare
Gedorem. 41 Et collocavit illic equites, et
exercitum: ut egressi perambularent viam
Iudaeae, sicut constituit ei rex.

16 1 Et ascendit Ioannes de Gazaris,
et nuntiavit Simoni patri suo quae
fecit Cendebaeus in populo ipsorum. 2 Et
vocavit Simon duos filios seniores, Iudam
et Ioannem, et ait illis: Ego, et fratres
mei et domus patris mei expugnavimus
hostes Israel ab adolescentia usque in
hunc diem: et prosperatum est in manibus nostris liberare Israel aliquoties.
3 Nunc autem senui, sed estote loco meo,
et fratres mei, et egressi pugnate pro
gente nostra: auxilium vero de caelo vobiscum sit. 4 Et elegit de regione viginti
millia virorum belligeratorum, et equites;
et profecti sunt ad Cendebaeum: et dormierunt in Modin. 5 Et surrexerunt mane,
et abierunt in campum: ecce exercitus copiosus in obviam illis peditum, et equitum, et fluvius torrens erat inter medium
ipsorum. 6 Et admovit castra contra faciem eorum ipse, et populus eius, et vidit
populum trepidantem ad transfretandum
torrentem, et transfretavit primus: et viderunt eum viri, et transierunt post eum.
7 Et divisit populum, et equites in medio
peditum: erat autem equitatus adversariorum copiosus nimis. 8 Et exclamaverunt sacris tubis, et in fugam conversus
est Cendebaeus, et castra eius: et ceciderunt ex eis multi vulnerati: residui autem
in munitionem fugerunt. 9 Tunc vulneratus est Iudas frater Ioannis: Ioannes autem insecutus est eos, donec venit Cedro-
nem, quam aedificavit: 10 et fugerunt usque ad turres, quae erant in agris Azoti,
et succendit eas igni. Et ceciderunt ex
illis duo millia virorum, et reversus est
in Iudaeam in pace.

Simon a genero Ptolemaeo perfide occisus

11 Et Ptolemaeus filius Abobi constitutus erat dux in campo Iericho, et habebat
argentum et aurum multum: 12 erat enim
gener summi sacerdotis. 13 Et exaltatum est
cor eius, et volebat obtinere regionem, et
cogitabat dolum adversus Simonem, et
filios eius, ut tolleret eos. 14 Simon autem,
perambulans civitates, quae erant in regione Iudaeae, et sollicitudinem gerens
earum, descendit in Iericho ipse, et
Mathathias filius eius, et Iudas, anno centesimo septuagesimo septimo, mense undecimo: hic est mensis Sabath. 15 Et suscepit eos filius Abobi in munitiunculam,
quae vocatur Doch, cum dolo, quam aedificavit: et fecit eis convivium magnum, et
abscondit illic viros. 16 Et cum inebriatus
esset Simon, et filii eius, surrexit Ptolemaeus cum suis, et sumpserunt arma sua,
et intraverunt in convivium, et occiderunt
eum, et duos filios eius, et quosdam pueros eius: 17 et fecit deceptionem magnam
in Israel, et reddidit mala pro bonis.
18 Et scripsit haec Ptolemaeus, et misit
regi ut mitteret ei exercitum in auxilium,
et traderet ei regionem, et civitates eorum,
et tributa. 19 Et misit alios in Gazaram
tollere Ioannem: et tribunis misit epistolas,
ut venirent ad se, et daret eis argentum,
et aurum, et dona. 20 Et alios misit occupare Ierusalem, et montem templi. 21 Et
praecurrens quidam, nuntiavit Ioanni in
Gazara, quia periit pater eius, et fratres
eius, et quia misit te quoque interfici. 22 Ut
audivit autem, vehementer expavit: et
comprehendit viros, qui venerant perdere
eum, et occidit eos: cognovit enim quia
quaerebant eum perdere.

Finis historiae

23 Et caetera sermonum Ioannis, et bellorum eius, et bonarum virtutum, quibus
fortiter gessit, et aedificii murorum, quos
extruxit, et rerum gestarum eius: 24 ecce
haec scripta sunt in libro dierum sacerdotii eius, ex quo factus est princeps sacerdotum post patrem suum.

16 **2:** 1 Mach 14,26. — **8:** 1 Mach 3,54. — **9:** 1 Mach 15,39. — **10:** 1 Mach 10,84. **14:** 1 Mach 9,50. — **18:** 1 Mach 15,25. — **19:** 1 Mach 13,54. — **23:** 1 Mach 9,22.

LIBER II MACHABAEORUM

SUMMARIUM INTRODUCTIO *(1-2): Epistola prior (1,1-9). Epistola altera (1,10-2,19). Prooemium (2,20-33).*—PARS PRIMA: ANTIOCHI PERSECUTIO RELIGIOSA *(3-7): Templum miraculo praeservatum (3). Onias pontifex (4). Strages Antiochi in Ierusalem (5). Incipit persecutio religiosa (6). Septem fratrum martyrium (7).*—PARS ALTERA: IUDAE MACHABAEI HISTORIA *(8-15): Primae Machabaei victoriae (8). Antiochi mors (9). Templi expiatio et novae Machabaei victoriae (10). Pax inter Syrios et Iudaeos (11). Iudae victoriae de finitimis populis (12). Post novum bellum pax conciliatur inter Eupatorem et Iudam (13). Novus Syriae rex Demetrius bellum infert Iudaeis (14). Novo oborto bello, Nicanor, Syrorum dux, interiit Iudasque victor evadit (15)*

INTRODUCTIO

IUDAEI HIEROSOLYMITANI DUABUS EPISTOLIS AEGYPTIACOS INVITANT UT SECUM ENCAENIORUM CELEBRATIONEM PERAGANT

(1,1-2,19)

Epistola prior

1 1 Fratribus qui sunt per Aegyptum,
Iudaeis, salutem dicunt fratres qui
sunt in Ierosolymis, Iudaei, et qui in regione Iudaeae, et pacem bonam. 2 Bene-
faciat vobis Deus, et meminerit testamenti
sui quod locutus est ad Abraham, et Isaac,
et Iacob servorum suorum fidelium: 3 et
det vobis cor omnibus ut colatis eum, et
faciatis eius voluntatem corde magno, et
animo volenti. 4 Adaperiat cor vestrum
in lege sua, et in praeceptis suis, et faciat
pacem. 5 Exaudiat orationes vestras, et
reconcilietur vobis, nec vos deserat in tempore malo. 6 Et nunc hic sumus orantes
pro vobis.
7 Regnante Demetrio, anno centesimo
sexagesimo nono, nos Iudaei scripsimus
vobis in tribulatione, et impetu, qui supervenit nobis in istis annis, ex quo recessit Iason a sancta terra, et a regno. 8 Portam succenderunt, et effunderunt sanguinem innocentem: et oravimus ad Dominum, et exauditi sumus, et obtulimus
sacrificium, et similaginem, et accendi-
mus lucernas, et proposuimus panes. 9 Et
nunc frequentate dies scenopegiae mensis
Casleu.

Epistola altera

10 Anno centesimo octogesimo octavo,
populus qui est Ierosolymis et in Iudaea,
senatusque et Iudas, Aristobolo magistro
Ptolemaei regis, qui est de genere chris-
torum sacerdotum, et his qui in Aegypto
sunt, Iudaeis salutem et sanitatem.
11 De magnis periculis a Deo liberati,
magnifice gratias agimus ipsi, utpote qui
adversus talem regem dimicavimus. 12 Ipse
enim ebullire fecit de Perside eos qui pugnaverunt contra nos et sanctam civitatem.
13 Nam cum in Perside esset dux ipse, et
cum ipso immensus exercitus, cecidit in
templo Naneae, consilio deceptus sacerdotum Naneae. 14 Etenim cum ea habi-
taturus venit ad locum Antiochus, et amici eius, et ut acciperet pecunias multas dotis nomine. 15 Cumque proposuissent eas
sacerdotes Naneae, et ipse cum paucis
ingressus esset intra ambitum fani, clauserunt templum, 16 cum intrasset Antiochus: apertoque occulto aditu templi,
mittentes lapides percusserunt ducem, et
eos qui cum eo erant, et diviserunt mem-
bratim, et capitibus amputatis foras proiecerunt. 17 Per omnia benedictus Deus, qui
tradidit impios.
18 Facturi igitur quinta et vigesima die
mensis Casleu purificationem templi, necessarium duximus significare vobis: ut
et vos quoque agatis diem scenopegiae,
et diem ignis, qui datus est quando Nehemias aedificato templo et altari obtulit sacrificia. 19 Nam cum in Persidem ducerentur patres nostri, sacerdotes, qui tunc
cultores Dei erant, acceptum ignem de
altari occulte absconderunt in valle, ubi
erat puteus altus et siccus, et in eo con-
tutati sunt eum, ita ut omnibus ignotus
esset locus. 20 Cum autem praeterissent
anni multi, et placuit Deo ut mitteretur
Nehemias a rege Persidis: nepotes sacerdotum illorum, qui absconderant, misit
ad requirendum ignem: et sicut narraverunt nobis, non invenerunt ignem, sed
aquam crassam. 21 Et iussit eos haurire,

1 **1:** Ier 43,7. — **2:** Lev 26,42. — **4:** Ps 118,18. — **7:** 1 Mach 10,67; 11,19; 2 Mach 4,7. — **8:** 1 Mach 1,39.60; 4,38.50-53; 7,16; 2 Mach 5,13.26; 8,33. — **9:** 1 Mach 4,59; 2 Mach 10,5-8; Io 10,22. — **10:** 1 Mach 12,6; 15,16. — **12:** 1 Mach 2,7; 6,1; 2 Mach 3,1; 9,14; 15,14. — **13:** 1 Mach 6,1-4.8.16; 2 Mach 9,2.7.28. — **16:** 1 Mach 6,16; 2 Mach 9,28; 10,9. — **18:** 1 Mach 4,59; 2 Mach 2,10-11.16; 10,5.8. — **19:** 2 Par 36,20. — **20:** Neh 2,6. — **23:** Neh 12,11. — **24:**

et efferre sibi: et sacrificia, quae imposita
erant, iussit sacerdos Nehemias aspergi
ipsa aqua, et ligna, et quae erant superposita. 22 Utque hoc factum est, et tempus
affuit, quo sol refulsit, qui prius erat in
nubilo, accensus est ignis magnus ita ut
omnes mirarentur. 23 Orationem autem
faciebant omnes sacerdotes, dum consummaretur sacrificium, Ionatha inchoante,
caeteris autem respondentibus. 24 Et Nehemiae erat oratio hunc habens modum:
Domine Deus omnium creator, terribilis
et fortis, iustus et misericors, qui solus
est bonus rex, 25 solus praestans, solus
iustus, et omnipotens, et aeternus, qui
liberas Israel de omni malo, qui fecisti
patres electos, et sanctificasti eos: 26 accipe
sacrificium pro universo populo tuo Israel, et custodi partem tuam, et sanctifica. 27 Congrega dispersionem nostram,
libera eos qui serviunt gentibus, et con-
temptos et abominatos respice: ut sciant
gentes quia tu es Deus noster. 28 Affiige
opprimentes nos, et contumeliam facientes in superbia. 29 Constitue populum
tuum in loco sancto tuo, sicut dixit Moyses.

30 Sacerdotes autem psallebant hymnos, usquequo consumptum esset sacrificium. 31 Cum autem consumptum esset
sacrificium, ex residua aqua Nehemias
iussit lapides maiores perfundi. 32 Quod
ut factum est, ex eis flamma accensa est;
sed ex lumine, quod refulsit ab altari,
consumpta est. 33 Ut vero manifestata est
res, renuntiatum est regi Persarum quod
in loco, in quo ignem absconderant hi qui
translati fuerant, sacerdotes, aqua apparuit, de qua Nehemias, et qui cum eo
erant, purificaverunt sacrificia. 34 Considerans autem rex, et rem diligenter exa-
minans, fecit ei templum, ut probaret
quod factum erat: 35 et cum probasset,
sacerdotibus donavit multa bona, et alia
atque alia munera, et accipiens manu sua,
tribuebat eis. 36 Appellavit autem Nehemias hunc locum Nephthar, quod interpretatur Purificatio. Vocatur autem apud
plures Nephi.

2 1 Invenitur autem in descriptionibus
Ieremiae prophetae, quod iussit eos
ignem accipere qui transmigrabant: ut
significatum est, et ut mandavit transmi-
gratis. 2 Et dedit illis legem ne obliviscerentur praecepta Domini, et ut non exerra-
rent mentibus videntes simulacra aurea
et argentea, et ornamenta eorum. 3 Et
alia huiusmodi dicens, hortabatur ne legem amoverent a corde suo. 4 Erat autem
in ipsa scriptura, quomodo tabernaculum
et arcam iussit propheta divino responso
ad se facto comitari secum, usquequo
exiit in montem in quo Moyses ascendit,
et vidit Dei haereditatem. 5 Et veniens ibi
Ieremias invenit locum speluncae; et tabernaculum, et arcam, et altare incensi
intulit illuc, et ostium obstruxit. 6 Et accesserunt quidam simul, qui sequebantur,
ut notarent sibi locum: et non potuerunt
invenire. 7 Ut autem cognovit Ieremias,
culpans illos, dixit: Quod ignotus erit locus donec congreget Deus congregationem populi, et propitius fiat: 8 et tunc
Dominus ostendet haec, et apparebit
maiestas Domini, et nubes erit, sicut et
Moysi manifestabatur, et sicut cum Salomon petiit ut locus sanctificaretur magno
Deo, manifestabat haec. 9 Magnifice etenim sapientiam tractabat: et ut sapientiam habens, obtulit sacrificium dedicationis et consummationis templi. 10 Sicut
et Moyses orabat ad Dominum, et descendit ignis de caelo, et consumpsit holocaustum, sic et Salomon oravit, et descendit ignis de caelo, et consumpsit holocaustum. 11 Et dixit Moyses, eo quod non sit
comestum quod erat pro peccato, consumptum est. 12 Similiter et Salomon octo
diebus celebravit dedicationem.

13 Inferebantur autem in descriptionibus, et commentariis Nehemiae haec eadem: et ut construens bibliothecam congregavit de regionibus libros, et prophetarum, et David, et epistolas regum, et
de donariis. 14 Similiter autem et Iudas
ea, quae deciderant per bellum, quod nobis acciderat, congregavit omnia, et sunt
apud nos. 15 Si ergo desideratis haec, mittite qui perferant vobis.

16 Acturi itaque purificationem scripsimus vobis: bene ergo facietis, si egeritis
hos dies. 17 Deus autem, qui liberavit populum suum, et reddidit haereditatem omnibus, et regnum, et sacerdotium, et sanctificationem, 18 sicut promisit in lege, speramus quod cito nostri miserebitur, et
congregavit de sub caelo in locum sanctum. 19 Eripuit enim nos de magnis periculis, et locum purgavit.

PROOEMIUM

20 De Iuda vero Machabaeo, et fratribus eius, et de templi magni purificatione, et de arae dedicatione: 21 sed et de
praeliis, quae pertinent ad Antiochum Nobilem, et filium eius Eupatorem: 22 et de

Eccli 24,12; 2 Mach 7,23; 13,14. — **26:** Ex 19,5; Eccli 17,15; 2 Mach 14,15. — **29:** Deut 30,3-9.

2 **1:** 2 Mach 1,19. — **4:** Deut 32,49; 34,1. — **5:** 2 Mach 15,14. — **8:** Ex 40,32-33; 3 Reg 8,10-11.23-53. — **9:** 3 Reg 8,62-63. — **10:** Lev 9,24; 2 Par 7,1. — **11:** Lev 10,16-17. — **12:** 3 Reg 8,65-66. — **16:** 2 Mach 1,18. — **18:** 2 Mach 1,29. — **20:** 1 Mach 2,2-5. — **21:** 1 Mach 1,11; 6,17; 2 Mach 4,7; 10,9-10.13. — **22:** 2 Mach 3,24;

illuminationibus quae de caelo factae sunt
ad eos qui pro Iudaeis fortiter fecerunt,
ita ut universam regionem, cum pauci essent, vindicarent, et barbaram multitudinem fugarent, 23 et famosissimum in toto orbe templum recuperarent, et civitatem liberarent, et leges, quae abolitae
erant, restituerentur, Domino cum omni
tranquillitate propitio facto illis. 24 Itemque ab Iasone Cyrenaeo quinque libris
comprehensa tentavimus nos uno volumine breviare. 25 Considerantes enim multitudinem librorum, et difficultatem volentibus aggredi narrationes historiarum
propter multitudinem rerum, 26 curavimus volentibus quidem legere, ut esset
animi oblectatio: studiosis vero, ut facilius
possint memoriae commendare: omnibus
autem legentibus utilitas conferatur. 27 Et
nobis quidem ipsis, qui hoc opus bre-
viandi causa suscepimus, non facilem laborem, immo vero negotium plenum vigiliarum et sudoris assumpsimus. 28 Sicut hi qui praeparant convivium, et quaerunt aliorum voluntati parere propter
multorum gratiam, libenter laborem sustinemus. 29 Veritatem quidem de singulis
auctoribus concedentes, ipsi autem secundum datam formam brevitati studentes.
30 Sicut enim novae domus architecto de
universa structura curandum est: ei vero,
qui pingere curat, quae apta sunt ad ornatum, exquirenda sunt: ita aestimandum
est et in nobis. 31 Etenim intellectum colligere, et ordinare sermonem, et curiosius
partes singulas quasque disquirere, historiae congruit auctori: 32 brevitatem vero
dictionis sectari, et executiones rerum vitare, brevianti concedendum est.
33 Hinc ergo narrationem incipiemus:
de praefatione tantum dixisse sufficiat.
Stultum etenim est ante historiam effluere,
in ipsa autem historia succingi.

PARS PRIMA

ANTIOCHI PERSECUTIO RELIGIOSA
(3,1-7,42)

Templum miraculo praeservatum a sacrilegio

3 1 Igitur cum sancta civitas habitaretur in omni pace, leges etiam adhuc
optime custodirentur, propter Oniae pontificis pietatem, et animos odio habentes
mala, 2 fiebat ut et ipsi reges, et principes
locum summo honore dignum ducerent,
et templum maximis muneribus illustra-
rent: 3 ita ut Seleucus Asiae rex de redditibus suis praestaret omnes sumptus ad
ministerium sacrificiorum pertinentes. 4 Simon autem de tribu Beniamin praepositus
templi constitutus, contendebat, obsis-
tente sibi principe sacerdotum, iniquum
aliquid in civitate moliri. 5 Sed cum vincere Oniam non posset, venit ad Apollonium Tharsaeae filium, qui eo tempore
erat dux Coelesyriae et Phoenicis: 6 et
nuntiavit pecuniis innumerabilibus plenum esse aerarium Ierosolymis, et com-
munes copias immensas esse, quae non
pertinent ad rationem sacrificiorum: esse
autem possibile sub potestate regis cadere
universa.
7 Cumque retulisset ad regem Apollonius de pecuniis quae delatae erant, illac
accitum Heliodorum, qui erat super negotia eius, misit cum mandatis, ut praedictam pecuniam transportaret. 8 Statimque
Heliodorus iter est egressus, specie quidem
quasi per Coelesyriam et Phoenicen civitates, esset peragraturus, re vera autem
regis propositum perfecturus. 9 Sed, cum
venisset Ierosolymam, et benigne a summo sacerdote in civitate esset exceptus,
narravit de dato indicio pecuniarum: et,
cuius rei gratia adesset, aperuit: interrogabat autem, si vere haec ita essent.
10 Tunc summus sacerdos ostendit deposita esse haec, et victualia viduarum, et
pupillorum: 11 quaedam vero esse Hircani
Tobiae viri valde eminentis, in his quae
detulerat impius Simon: universa autem
argenti talenta esse quadringenta, et auri
ducenta; 12 decipi vero eos, qui credidissent loco et templo, quod per universum
mundum honoratur pro sui veneratione,
et sanctitate omnino impossibile esse.
13 At ille pro his quae habebat in mandatis a rege, dicebat omni genere regi ea
esse deferenda.
14 Constituta autem die intrabat de his
Heliodorus ordinaturus. Non modica vero
per universam civitatem erat trepidatio.
15 Sacerdotes autem ante altare cum stolis
sacerdotalibus iactaverunt se, et invocabant de caelo eum, qui de depositis legem
posuit, ut his qui deposuerant ea salva
custodiret. 16 Iam vero qui videbat summi
sacerdotis vultum, mente vulnerabatur:
facies enim et color immutatus declarabat
internum animi dolorem: 17 circumfusa
enim erat moestitia quaedam viro, et
horror corporis, per quem manifestus aspicientibus dolor cordis eius efficiebatur.
18 Alii etiam gregatim de domibus con-

5,2-4; 10,29; 11,8; 12,22. — **23:** 2 Mach 3,12; 5,13; 10,1; 14,31; 15,18. — **30:** 2 Mach 15,39. — **33:** 2 Mach 6,17.

3 **1:** 1 Mach 12,7-8.20; 2 Mach 4,1.4.7; 15,12.14. — **2:** 2 Mach 9,16; 13,23. — **3:** 1 Mach 14,1; 2 Mach 4,7; 5,18; 14,1. — **4:** 2 Mach 4,1.3-4.23. — **5:** 1 Mach 10,69; 2 Mach 4,4. — **10:** 2 Mach 8,28.30. — **12:** 2 Mach 2,23; 5,15. — **15:** Ex 22,7.10; 28,2-5; Lev 6,2. — **24:**

fluebant, publica supplicatione obsecrantes, pro eo quod in contemptum locus
esset venturus. 19 Accinctaeque mulieres
ciliciis pectus, per plateas confluebant:
sed et virgines, quae conclusae erant, pro-
currebant ad Oniam, aliae autem ad muros, quaedam vero per fenestras aspiciebant: 20 universae autem protendentes manus in caelum, deprecabantur: 21 erat
enim misera commistae multitudinis, et
magni sacerdotis in agone constituti exspectatio.

22 Et hi quidem invocabant omnipotentem Deum, ut credita sibi his qui credide-
rant, cum omni integritate conservaren-
tur. 23 Heliodorus autem, quod decreverat, perficiebat eodem loco ipse cum satellitibus circa aerarium praesens. 24 Sed spiritus omnipotentis Dei magnam fecit suae
ostensionis evidentiam, ita ut omnes, qui
ausi fuerant parere ei, ruentes Dei virtute,
in dissolutionem et formidinem converterentur. 25 Apparuit enim illis quidam
equus terribilem habens sessorem, optimis operimentis adornatus: isque cum
impetu Heliodoro priores calces elisit: qui
autem ei sedebat, videbatur arma habere
aurea. 26 Alii etiam apparuerunt duo iuvenes virtute decori, optimi gloria, speciosi-
que amictu: qui circumsteterunt eum, et
ex utraque parte flagellabant, sine intermissione multis plagis verberantes. 27 Subito autem Heliodorus concidit in terram,
eumque multa caligine circumfusum rapuerunt, atque in sella gestatoria positum
eiecerunt. 28 Et is, qui cum multis curso-
ribus, et satellitibus praedictum ingressus
est aerarium, portabatur nullo sibi auxilium ferente, manifesta Dei cognita virtute: 29 et ille quidem per divinam virtutem iacebat mutus, atque omni spe salute
privatus. 30 Hi autem Dominum benedicebant, quia magnificabat locum suum:
et templum, quod paulo ante timore ac
tumultu erat plenum, apparente omnipotente Domino, gaudio et laetitia impletum est.

31 Tunc vero ex amicis Heliodori quidam rogabant confestim Oniam, ut invocaret Altissimum, ut vitam donaret ei,
qui in supremo spiritu erat constitutus.
32 Considerans autem summus sacerdos ne
forte rex suspicaretur malitiam aliquam
ex Iudaeis circa Heliodorum consumma-
tam, obtulit pro salute viri hostiam salu-
tarem. 33 Cumque summus sacerdos exo-
raret, iidem iuvenes eisdem vestibus amicti, astantes Heliodoro, dixerunt: Oniae
sacerdoti gratias age: nam propter eum
Dominus tibi vitam donavit. 34 Tu autem
a Deo flagellatus, nuntia omnibus magnalia Dei, et potestatem. Et his dictis, non
comparuerunt.

35 Heliodorus autem, hostia Deo oblata,
et votis magnis promissis ei, qui vivere
illi concessit, et Oniae gratias agens, recepto exercitu, repedabat ad regem. 36 Testa-
batur autem omnibus ea quae sub oculis
suis viderat opera magni Dei. 37 Cum
autem rex interrogasset Heliodorum, quis
esset aptus adhuc semel Ierosolymam mitti, ait: 38 Si quem habes hostem, aut regni
tui insidiatorem, mitte illuc, et flagellatum
eum recipies, si tamen evaserit: eo quod
in loco sit vere Dei quaedam virtus.
39 Nam ipse, qui habet in caelis habitationem, visitator et adiutor est loci illius,
et venientes ad malefaciendum percutit,
ac perdit. 40 Igitur de Heliodoro, et aerarii
custodia ita res se habet.

Onias apud Seleucum accusatus a Simone

4 1 Simon autem praedictus pecuniarum, et patriae delator, male loquebatur de Onia, tanquam ipse Heliodorum
instigasset ad haec, et ipse fuisset incen-
tor malorum: 2 provisoremque civitatis,
ac defensorem gentis suae, et aemulato-
rem legis Dei audebat insidiatorem regni dicere. 3 Sed, cum inimicitiae in tantum
procederent, ut etiam per quosdam Simonis necessarios homicidia fierent: 4 considerans Onias periculum contentionis, et
Apollonium insanire, utpote ducem Coelesyriae et Phoenicis, ad augendam malitiam Simonis, ad regem se contulit, 5 non
ut civium accusator, sed communem utilitatem apud semetipsum universae multitudinis considerans. 6 Videbat enim sine
regali providentia impossibile esse pacem
rebus dari, nec Simonem posse cessare a
stultitia sua.

Onias a Iasone fratre proditus

7 Sed post Seleuci vitae excessum, cum
suscepisset regnum Antiochus, qui Nobilis appellabatur, ambiebat Iason frater
Oniae summum sacerdotium: 8 adito rege, promittens ei argenti talenta trecenta
sexaginta, et ex redditibus aliis talenta
octoginta, 9 super haec promittebat et alia
centum quinquaginta, si potestati eius
concederetur gymnasium et ephebiam sibi
constituere, et eos qui in Ierosolymis erant,
Antiochenos scribere. 10 Quod cum rex
annuisset, et obtinuisset principatum, statim ad gentilem ritum contribules suos
transferre coepit, 11 et amotis his, quae
humanitatis causa Iudaeis a regibus fue-

2 Mach 5,18; 12,28; 15,23-29. — 32: 2 Mach 4,
1. — 39: Ps 2,4; 122,1.

4 1: 2 Mach 3,1.4-6.32. — 4: 2 Mach 3,5. —
7: 2 Mach 1,7; 2,21; 3,3. — 9: 1 Mach 1,
15. — 10: 1 Mach 1,14. — 11: 1 Mach 8,17. —

rant constituta, per Ioannem patrem Eu-
polemi, qui apud Romanos de amicitia
et societate functus est legatione legitima,
civium iura destituens, prava instituta
sanciebat. 12 Etenim ausus est sub ipsa
arce gymnasium constituere, et optimos
quosque epheborum in lupanaribus ponere. 13 Erat autem hoc non initium, sed
incrementum quoddam, et profectus gentilis, et alienigenae conversationis, propter impii, et non sacerdotis Iasonis nefarium, et inauditum scelus: 14 ita ut sacerdotes iam non circa altaris officia dediti
essent, sed contempto templo, et sacrificiis neglectis, festinarent participes fieri
palaestrae, et praebitionis eius iniustae, et
in exercitiis disci, 15 et patrios quidem
honores nihil habentes, graecas glorias
optimas arbitrabantur: 16 quarum gratia
periculosa eos contentio habebat, et eorum instituta aemulabantur, ac per omnia
his consimiles esse cupiebant, quos hostes
et peremptores habuerant. 17 In leges enim
divinas impie agere impune non cedit: sed
hoc tempus sequens declarabit.

18 Cum autem quinquennalis agon Ty-
ri celebraretur, et rex praesens esset, 19 misit Iason facinorosus ab Ierosolymis viros
peccatores, portantes argenti didrachmas
trecentas in sacrificium Herculis, quas
postulaverunt hi qui asportaverant ne in
sacrificiis erogarentur, quia non oporteret, sed in alios sumptus eas deputari.
20 Sed hae oblatae sunt quidem ab eo qui
miserat in sacrificium Herculis: propter
praesentes autem datae sunt in fabricam
navium triremium.

21 Misso autem in Aegyptum Apollo-
nio Mnesthei filio propter primates Ptolemaei Philometoris regis, cum cognovisset Antiochus alienum se a negotiis regni
effectum, propriis utilitatibus consulens,
profectus inde venit Ioppen, et inde Ierosolymam. 22 Et magnifice ab Iasone, et
civitate susceptus, cum facularum lumi-
nibus et laudibus ingressus est: et inde in
Phoenicen exercitum convertit.

Iason a Menelao vicissim proditus

23 Et post triennii tempus misit Iason
Menelaum supradicti Simonis fratrem
portantem pecunias regi, et de negotiis
necessariis responsa perlaturum. 24 At ille
commendatus regi, cum magnificasset faciem potestatis eius, in semetipsum retor-
sit summum sacerdotium, superponens
Iasoni talenta argenti trecenta. 25 Accep-
tisque a rege mandatis, venit, nihil quidem habens dignum sacerdotio: animos
vero crudelis tyranni, et ferae belluae
iram gerens. 26 Et Iason quidem, qui proprium fratrem captivaverat, ipse deceptus
profugus in Ammanitem expulsus est regionem. 27 Menelaus autem principatum
quidem obtinuit: de pecuniis vero regi
promissis, nihil agebat, cum exactionem
faceret Sostratus, qui arci erat praepositus, 28 nam ad hunc exactio vectigalium
pertinebat: quam ob causam utrique ad
regem sut evocati. 29 Et Menelaus amotus est a sacerdotio, succedente Lysimacho fratre suo: Sostratus autem praela-
tus est Cypriis.

30 Et cum haec agerentur, contigit, Thar-
senses, et Mollatas seditionem movere, eo
quod Antiochidi regis concubinae dono
essent dati. 31 Festinanter itaque rex venit
sedare illos, relicto suffecto uno ex comitibus suis Andronico. 32 Ratus autem
Menelaus accepisse se tempus opportunum, aurea quaedam vasa e templo furatus donavit Andronico, et alia vendiderat Tyri, et per vicinas civitates. 33 Quod
cum certissime cognovisset Onias, argue-
bat eum, ipse in loco tuto se continens
Antiochiae secus Daphnem.

Onias per Andronicum interfectus

34 Unde Menelaus accedens ad Andronicum, rogabat ut Oniam interficeret. Qui
cum venisset ad Oniam, et datis dextris
cum iureiurando (quamvis esset ei su-
spectus) suasisset de asylo procedere, statim eum peremit, non veritus iustitiam.
35 Ob quam causam non solum Iudaei,
sed aliae quoque nationes indignabantur
et moleste ferebant de nece tanti viri
iniusta. 36 Sed regresum regem de Ciliciae
locis adierunt Iudaei apud Antiochiam,
simul et Graeci: conquerentes de iniqua
nece Oniae. 37 Contristatus itaque animo
Antiochus propter Oniam, et flexus ad
misericordiam, lacrymas fudit, recordatus defuncti sobrietatem et modestiam:
38 accensisque animis Andronicum purpura exutum, per totam civitatem iubet cir-
cumduci: et in eodem loco, in quo in
Oniam impietatem commiserat, sacrilegum vita privari, Domino illi condignam
retribuente poenam.

Menelaus suis magnis criminibus a rege absolutus

39 Multis autem sacrilegiis in templo a
Lysimacho commissis Menelai consilio, et
divulgata fama, congregata est multitudo
adversum Lysimachum multo iam auro
exportato. 40 Turbis autem insurgentibus,

13: 1 Mach 1,15-16. — **17:** Gal 6,7. — **21:** 1 Mach 1,19; 3,10; 2 Mach 9,29; 10,13. — **23:** 2 Mach 5,5.15.23; 11,29.32; 13,3.7.—**29:** 2 Mach 5,7. — **37:** 2 Mach 3,1-2. — **42:** 2 Mach 3,6.23. **44:** 1 Mach 12,6. — **45:** 1 Mach 3,38; 2 Mach 6,8; 10,12.

et animis ira repletis, Lysimachus armatis fere tribus millibus iniquis manibus uti coepit, duce quodam tyranno, aetate pariter et dementia provecto. 41 Sed, ut intellexerum conatum Lysimachi, alii lapides, alii fustes validos arripuere: quidam vero cinerem in Lysimachum iecere. 42 Et multi quidem vulnerati, quidam autem et prostrati, omnes vero in fugam conversi sunt: ipsum etiam sacrilegum secus aerarium interfecerunt.

43 De his ergo coepit iudicium adversus Menelaum agitari. 44 Et cum venisset rex Tyrum, ad ipsum negotium detulerunt missi tres viri a senioribus. 45 Et cum superaretur Menelaus, promisit Ptolemaeo multas pecunias dare ad suadendum regi. 46 Itaque Ptolemaeus in quodam atrio positum quasi refrigerandi gratia regem adiit, et deduxit a sententia: 47 et Menelaum quidem universae malitiae reum criminibus absolvit: miseros autem, qui, etiamsi apud Scythas causam dixissent, innocentes iudicarentur, hos morte damnavit. 48 Cito ergo iniustam poenam dederunt, qui pro civitate, et populo, et sacris vasis causam prosecuti sunt. 49 Quam ob rem Tyrii quoque indignati, erga sepulturam eorum liberalissimi extiterunt. 50 Menelaus autem, propter eorum, qui in potentia erant, avaritiam, permanebat in potestate, crescens in malitia ad insidias civium.

Signa terribilia in Ierusalem

5 1 Eodem tempore Antiochus secundam profectionem paravit in Aegyptum. 2 Contigit autem per universam Ierosolymorum civitatem videri diebus quadraginta per aera equites discurrentes, auratas stolas habentes, et hastis, quasi cohortes, armatos, 3 et cursus equorum per ordines digestos, et congressiones fieri cominus, et scutorum motus, et galeatorum multitudinem gladiis districtis, et telorum iactus, et aureorum armorum splendorem, omnisque generis loricarum. 4 Quapropter omnes rogabant in bonum monstra converti.

5 Sed cum falsus rumor exisset, tanquam vita excessisset Antiochus, assumptis Iason non minus mille viris, repente aggressus est civitatem: et civibus ad murum convolantibus ad ultimum apprehensa civitate, Menelaus fugit in arcem: 6 Iason vero non parcebat in caede civibus suis, nec cogitabat prosperitatem adversum cognatos malum esse maximum, arbitrans hostium et non civium se trophaea capturum. 7 Et principatum quidem non obtinuit, finem vero insidiarum suarum confusionem accepit, et profugus iterum abiit in Ammaniten. 8 Ad ultimum, in exitium sui conclusus ab Areta Arabum tyranno fugiens de civitate in civitatem, omnibus odiosus, ut refuga legum et execrabilis, ut patriae et civium hostis, in Aegyptum extrusus est: 9 et qui multos de patria sua expulerat, peregre periit, Lacedaemonas profectus, quasi pro cognatione ibi refugium habiturus: 10 et qui insepultos multos abiecerat, ipse et illamentatus, et insepultus abiicitur, sepultura neque peregrina usus, neque patrio sepulchro participans.

Strages Antiochi in Ierusalem

11 His itaque gestis, suspicatus est rex societatem deserturos Iudaeos: et ob hoc profectus ex Aegypto efferatis animis, civitatem quidem armis cepit. 12 Iussit autem militibus interficere, nec parcere occursantibus, et per domos ascendentes trucidare. 13 Fiebant ergo caedes iuvenum, ac seniorum, et mulierum, et natorum exterminia, virginumque et parvulorum neces. 14 Erant autem toto triduo octoginta millia interfecti, quadraginta millia vincti, non minus autem venundati. 15 Sed nec ista sufficiunt: ausus est etiam intrare templum universa terra sanctius, Menelao ductore, qui legum et patriae fuit proditor: 16 et scelestis manibus sumens sancta vasa, quae ab aliis regibus et civitatibus erant posita ad ornatum loci, et gloriam, contrectabat indigne, et contaminabat. 17 Ita alienatus mente Antiochus, non considerabat quod propter peccata habitantium civitatem, modicum Deus fuerat iratus: propter quod et accidit circa locum despectio: 18 alioquin nisi contigisset eos multis peccatis esse involutos, sicut Heliodorus, qui missus est a Seleuco rege ad expoliandum aerarium, etiam hic statim adveniens flagellatus, et repulsus utique fuisset ab audacia. 19 Verum non propter locum, gentem: sed propter gentem, locum Deus elegit. 20 Ideoque et ipse locus particeps factus est populi malorum, postea autem fiet socius bonorum, et qui derelictus in ira Dei omnipotentis est, iterum in magni Domini reconciliatione cum summa gloria exaltabitur.

21 Igitur Antiochus mille et octingentis ablatis de templo talentis, velociter Antiochiam regressus est, existimans se prae superbia terram ad navigandum, pelagus vero ad iter agendum deducturum propter mentis elationem. 22 Reliquit autem

5 **1-10:** 1 Mach 1,17-20. — **4:** 2 Mach 2,22. **5:** 2 Mach 4,7.12.23. — **7:** 2 Mach 4,26. — **8:** 2 Cor 11,32. — **11-21:** 1 Mach 1,21-28. — **13:** 1 Mach 2,9. — **15:** 2 Mach 2,23; 4,50. — **16:** 2 Mach 3,2. — **17:** 2 Mach 7,33. — **18:** 2 Mach 3, 7-8.25-27. — **19:** Mc 2,27. — **22:** 1 Mach 1,53;

et praepositos ad affligendam gentem:
Ierosolymis quidem Philippum genere
Phrygem, moribus crudeliorem eo ipso,
a quo constitutus est: 23 in Garizim autem Andronicum et Menelaum, qui gravius quam caeteri imminebant civibus.
24 Cumque appositus esset contra Iudaeos,
misit odiosum principem Apollonium cum
exercitu viginti et duobus millibus, praecipiens ei omnes perfectae aetatis interficere, mulieres ac iuvenes vendere. 25 Qui
cum venisset Ierosolymam, pacem simu-
lans, quievit usque ad diem sanctum sabbati: et tunc feriatis Iudaeis arma capere
suis praecepit. 26 Omnesque qui ad spectaculum processerant, trucidavit: et civitatem cum armatis discurrens, ingentem
multitudinem peremit.
27 Iudas autem Machabaeus, qui decimus fuerat, secesserat in desertum locum,
ibique inter feras vitam in montibus cum
suis agebat: et foeni cibo vescentes, demo-
rabantur, ne participes essent coinquina-
tionis.

Persecutio religiosa

6 1 Sed non post multum temporis misit rex senem quendam Antiochenum, qui compelleret Iudaeos ut se transferrent a patriis et Dei legibus: 2 contaminare etiam quod in Ierosolymis erat
templum, et cognominare Iovis Olympii:
et in Garizim, prout erant hi qui locum
inhabitabant, Iovis hospitalis. 3 Pessima
autem et universis gravis erat malorum
incursio: 4 nam templum luxuria et comessationibus gentium erat plenum, et
scortantium cum meretricibus: sacratis-
que aedibus mulieres se ultro ingerebant,
intro ferentes ea, quae non licebat. 5 Altare etiam plenum erat illicitis, quae legibus prohibebantur. 6 Neque autem sabbata custodiebantur, neque dies solemnes
patrii nec servabantur, simpliciter Iudaeum se esse quisquam confitebatur.
7 Ducebantur autem cum amara necessitate in die natalis regis ad sacrificia: et,
cum Liberi sacra celebrarentur, cogeban-
tur hedera coronati Libero circuire. 8 Decretum autem exiit in proximas gentilium
civitates, suggerentibus Ptolemaeis, ut
pari modo et ipsi adversus Iudaeos agerent, ut sacrificarent: 9 eos autem, qui
nollent transire ad instituta gentium, interficerent: erat ergo videre miseriam.
10 Duae enim mulieres delatae sunt natos
suos circumcidisse: quas, infantibus ad
ubera suspensis, cum publice per civitatem circumduxissent, per muros praeci-
taverunt. 11 Alii vero, ad proximas coeun-
tes speluncas, et latenter sabbati diem
celebrantes, cum indicati essent Philippo,
flammis succensi sunt, eo quod vereban-
tur propter religionem et observantiam,
manu sibimet auxilium ferre.
12 Obsecro autem eos, qui hunc librum
lecturi sunt, ne abhorrescant propter adversus casus, sed reputent ea quae acciderunt, non ad interitum, sed ad correptionem esse generis nostri. 13 Etenim multo tempore non sinere peccatoribus ex
sententia agere, sed statim ultiones adhibere, magni beneficii est indicium. 14 Non
enim, sicut in aliis nationibus, Dominus
patienter exspectat, ut eas, cum iudicii
dies advenerit, in plenitudine peccatorum
puniat: 15 ita et in nobis statuit, ut, peccatis nostris in finem devolutis, ita demum
in nos vindicet. 16 Propter quod nunquam
quidem a nobis misericordiam suam amo-
vet: corripiens vero in adversis populum
suum non derelinquit. 17 Sed haec nobis
ad commonitionem legentium dicta sint
paucis. Iam autem veniendum est ad narrationem.

Egregium Eleazari martyrium

18 Igitur Eleazarus unus de primoribus
scribarum, vir aetate provectus, et vultu
decorus, aperto ore hians compellebatur
carnem porcinam manducare. 19 At ille
gloriosissimam mortem magis quam odi-
bilem vitam complectens, voluntarie praei-
bat ad supplicium. 20 Intuens autem, quemadmodum oporteret accedere, patienter
sustinens, destinavit non admittere illi-
cita propter vitae amorem. 21 Hi autem
qui astabant, iniqua miseratione commoti,
propter antiquam viri amicitiam, tollentes cum secreto rogabant afferri carnes
quibus vesci ei licebat, ut simularetur
manducasse, sicut rex imperaverat de sacrificii carnibus: 22 ut, hoc facto, a morte
liberaretur: et propter veterem viri amicitiam, hanc in eo faciebant humanitatem. 23 At ille cogitare coepit aetatis ac
senectutis suae eminentiam dignam, et
ingenitae nobilitatis canitiem, atque a
puero optimae conversationis actus: et
secundum sanctae et a Deo conditae legis
constituta, respondit cito, dicens, prae-
mitti se velle in infernum. 24 Non enim
aetati nostrae dignum est, inquit, fingere:
ut multi adolescentium, arbitrantes Eleazarum nonaginta annorum transisse ad
vitam alienigenarum: 25 et ipsi propter

2 Mach 6,11; 8,8. — **23:** 2 Mach 6,2. — **24-27:** 1 Mach 1,30-42. — **24:** 2 Mach 4,4. — **27:** 1 Mach 2,4.28.

6 1-11: 1 Mach 1,43-67. — **6:** 1 Mach 1,41. 60-64. — **7:** 2 Mach 14,33. — **10:** 1 Mach 1, 51.63-64. — **11:** 1 Mach 2,32-38; 2 Mach 5, 22. — **12:** 2 Mach 7,33. — **13:** Eccl 8,11. — **18:** Lev 11,7; 2 Mach 7,1. — **24:** 2 Mach 4,13. —

meam simulationem, et propter modicum
corruptibilis vitae tempus decipiantur, et
per hoc maculam, atque execrationem
meae senectuti conquiram. 26 Nam, etsi
in praesenti tempore suppliciis hominum
eripiar, sed manum Omnipotentis nec
vivus, nec defunctus, effugiam. 27 Quamobrem fortiter vita excedendo, senectute
quidem dignus apparebo: 28 adolescentibus autem exemplum forte relinquam, si
prompto animo, ac fortiter pro gravissimis ac sanctissimis legibus honesta morte
perfungar. His dictis, confestim ad supplicium trahebatur. 29 Hi autem, qui eum
ducebant, et paulo ante fuerant mitiores,
in iram conversi sunt propter sermones
ab eo dictos, quos illi per arrogantiam
prolatos arbitrabantur. 30 Sed, cum plagis
perimeretur, ingemuit, et dixit: Domine,
qui habes sanctam scientiam, manifeste
tu scis, quia, cum a morte possem liberari, duros corporis sustineo dolores: secundum animam vero propter timorem
tuum libenter haec patior. 31 Et iste quidem hoc modo vita decessit, non solum
iuvenibus, sed et universae genti memoriam mortis suae ad exemplum virtutis et
fortitudinis derelinquens.

Septem fratrum martyrium

7 1 Contigit autem et septem fratres
una cum matre sua apprehensos còm-
pelli a rege edere contra fas carnes porci-
nas, flagris, et taureis cruciatos. 2 Unus
autem ex illis, qui erat primus, sic ait:
Quid quaeris, et quid vis discere a nobis?
parati sumus mori, magis quam patrias
Dei leges praevaricari. 3 Iratus itaque rex
iussit sartagines et ollas aeneas succendi: quibus statim succensis, 4 iussit, et qui
prior fuerat locutus, amputari linguam:
et cute capitis abstracta, summas quoque
manus et pedes ei praescindi, caeteris
eius fratribus et matre inspicientibus. 5 Et,
cum iam per omnia inutilis factus esset,
iussit ignem admoveri, et adhuc spiran-
tem torreri in sartagine: in qua cum diu
cruciaretur, caeteri una cum matre invicem se hortabantur mori fortiter, 6 dicentes: Dominus Deus aspiciet veritatem, et
consolabitur in nobis, quemadmodum in
protestatione cantici declaravit Moyses:
Et in servis suis consolabitur.
7 Mortuo itaque illo primo, hoc modo,
sequentem deducebant ad illudendum: et,
cute capitis eius cum capillis abstracta,
interrogabant, si manducaret prius, quam
toto corpore per membra singula punire-
tur. 8 At ille, respondens patria voce, dixit: Non faciam. Propter quod et iste,
sequenti loco, primo tormenta suscepit:
9 et in ultimo spiritu constitutus, sic ait:
Tu quidem scelestissime in praesenti vita
nos perdis: sed Rex mundi defunctos nos
pro suis legibus in aeternae vitae resurrectione suscitabit.
10 Post hunc tertius illuditur, et linguam postulatus cito protulit, et manus
constanter extendit: 11 et cum fiducia ait:
E caelo ista possideo, sed propter Dei
leges nunc haec ipsa despicio, quoniam
ab ipso me ea recepturum spero: 12 ita
ut rex, et qui cum ipso erant, mirarentur
adolescentis animum, quod tanquam nihilum duceret cruciatus. 13 Et hoc ita defuncto, quartum vexabant similiter torquentes. 14 Et cum iam esset ad mortem,
sic ait: Potius est ab hominibus morti da-
tos spem exspectare a Deo, iterum ab
ipso resuscitandos: tibi enim resurrectio
ad vitam non erit.
15 Et cum admovissent quintum, vexabant eum. At ille, respiciens in eum, 16 dixit: Potestatem inter homines habens,
cum sis corruptibilis, facis quod vis: noli
autem putare genus nostrum a Deo esse
derelictum: 17 tu autem patienter sustine,
et videbis magnam potestatem ipsius, qualiter te et semen tuum torquebit.
18 Post hunc ducebant sextum, et is,
mori incipiens, sic ait: Noli frustra errare: nos enim propter nosmetipsos haec
patimur, peccantes in Deum nostrum, et
digna admiratione facta sunt in nobis:
19 tu autem ne existimes tibi impune futurum, quod contra Deum pugnare ten-
taveris.
20 Supra modum autem mater mirabilis,
et bonorum memoria digna, quae pereuntes septem filios sub unius diei tempore
conspiciens, bono animo ferebat propter
spem quam in Deum habebat: 21 singulos
illorum hortabatur voce patria fortiter,
repleta sapientia: et, femineae cogitationi
masculinum animum inserens, 22 dixit ad
eos: Nescio qualiter in utero meo appa-
ruistis: neque enim ego spiritum et animam donavi vobis et vitam, et singulorum membra non ego ipsa compegi, 23 sed
enim mundi Creator, qui formavit hominis nativitatem, quique omnium invenit originem, et spiritum vobis iterum
cum misericordia reddet et vitam, sicut
nunc vosmetipsos despicitis propter leges
eius.
24 Antiochus autem, contemni se arbitratus, simul et exprobrantis voce despecta, cum adhuc adolescentior superesset,
non solum verbis hortabatur, sed et cum

26: Mt 10,28; Lc 12,4-5; Hebr 10,31. — **30:** Hebr 11,35-36.

7 **1:** 2 Mach 6,18. — **2:** 2 Mach 6,19; 14,38. — **6:** Deut 32,36. — **9:** 2 Mach 7,14. 23.36; 12,43; Hebr 11,35. — **19:** 2 Mach 6,12-17. — **22-23:** Ps 138,13-16. — **28:** Gen 1,1-31;

iuramento affirmabat se divitem et beatum facturum, et translatum a patriis legibus amicum habiturum, et res necessa-
rias ei praebiturum. 25 Sed ad haec cum
adolescens nequaquam inclinaretur, vocavit rex matrem, et suadebat ei ut adolescenti fieret in salutem. 26 Cum autem
multis eam verbis esset hortatus, promisit suasuram se filio suo. 27 Itaque inclinata ad illum, irridens crudelem tyrannum, ait patria voce: Fili mi, miserere
mei, quae te in utero novem mensibus
portavi, et lac triennio dedi et alui, et
in aetatem istam perduxi. 28 Peto, nate,
ut aspicias ad caelum et terram, et ad
omnia quae in eis sunt: et intelligas, quia
ex nihilo fecit illa Deus, et hominum genus: 29 ita fiet, ut non timeas carnificem
istum, sed dignus fratribus tuis effectus
particeps, suscipe mortem, ut in illa miseratione cum fratribus tuis te recipiam.
30 Cum haec illa adhuc diceret, ait adolescens: Quem sustinetis? non obedio
praecepto regis, sed praecepto legis, quae
data est nobis per Moysen. 31 Tu vero,
qui inventor omnis malitiae factus es in
Hebraeos, non effugies manum Dei. 32 Nos
enim pro peccatis nostris haec patimur.
33 Et si nobis propter increpationem et
correptionem Dominus Deus noster modicum iratus est: sed iterum reconciliabi-
tur servis suis. 34 Tu autem, o sceleste, et
omnium hominum flagitiosissime, noli
frustra extolli vanis spebus in servos eius
inflammatus: 35 nondum enim omnipotentis Dei, et omnia inspicientis, iudicium
effugisti. 36 Nam fratres mei, modico nunc
dolore sustentato, sub testamento aeternae
vitae effecti sunt: tu vero iudicio Dei iustas superbiae tuae poenas exsolves. 37 Ego
autem, sicut fratres mei, animam et corpus meum trado pro patriis legibus: invocans Deum maturius genti nostrae propi-
tium fieri, teque cum tormentis et verberibus confiteri quod ipse est Deus solus.
38 In me vero et in fratribus meis desinet
Omnipotentis ira, quae super omne genus
nostrum iuste superducta est. 39 Tunc rex
accensus ira in hunc super omnes crude-
lius desaevit, indigne ferens se derisum.
40 Et hic itaque mundus obiit, per omnia
in Domino confidens. 41 Novissime autem post filios et mater consumpta est.
42 Igitur de sacrificiis et de nimiis crudeli-
tatibus satis dictum est.

Ps 32,9. — **30:** 1 Mach 2,20-22. — **31:** 2 Mach 7,19. — **33:** 2 Mach 6,12. — **36:** Sap 3,5; 2 Mach 9,5-8; Rom 8,18; 2 Cor 4,17-18; 1 Petr 1,6; 5,10.

PARS ALTERA

IUDAE MACHABAEI HISTORIA

(8,1-15,37)

Primae Iudae Machabaei victoriae

8 1 Iudas vero Machabaeus, et qui cum
illo erant, introibant latenter in castella: et convocantes cognatos, et amicos,
et eos qui permanserunt in Iudaismo, assumentes, eduxerunt ad se sex millia virorum. 2 Et invocabant Dominum, ut respiceret in populum, qui ab omnibus cal-
cabatur: et misereretur templo, quod con-
taminabatur ab impiis: 3 misereretur etiam
exterminio civitatis, quae esset illico com-
plananda, et vocem sanguinis ad se clamantis audiret: 4 memoraretur quoque
iniquissimas mortes parvulorum innocentium, et blasphemias nomini suo illatas, et
indignaretur super his. 5 At Machabaeus,
congregata multitudine, intolerabilis gentibus efficiebatur: ira enim Domini in
misericordiam conversa est. 6 Et superveniens castellis et civitatibus improvisus,
succendebat eas: et opportuna loca occu-
pans, non paucas hostium strages dabat:
7 maxime autem noctibus ad huiuscemodi
excursus ferebatur, et fama virtutis eius
ubique diffundebatur.
8 Videns autem Philippus paulatim virum ad profectum venire, ac frequentius
res ei cedere prospere, ad Ptolemaeum ducem Coelesyriae et Phoenicis scripsit ut
auxilium ferret regis negotiis.

Nicanor propere venit in Iudaeam

9 At ille velociter misit Nicanorem Pa-
trocli de primoribus amicum, datis ei de
permistis gentibus, armatis non minus viginti millibus, ut universum Iudaeorum
genus deleret, adiuncto ei et Gorgia viro
militari, et in bellicis rebus experientissi-
mo. 10 Constituit autem Nicanor, ut regi
tributum, quod Romanis erat dandum,
duo millia talentorum de captivitate Iudaeorum suppleret: 11 statimque ad maritimas civitates misit, convocans ad co-
emptionem Iudaicorum mancipiorum, promittens se nonaginta mancipia talento dis-
tracturum, non respiciens ad vindictam,
quae eum ab Omnipotente esset consecu-
tura.
12 Iudas autem ubi comperit, indicavit
his qui secum erant Iudaeis Nicanoris adventum. 13 Ex quibus quidam formidantes, et non credentes Dei iustitiae, in fu-

8 **1-7;** 1 Mach 3,1-9. — **2:** 1 Mach 1,57; 2 Mach 6,2. — **4;** 2 Mach 6,10. — **8-36;** 1 Mach 3,27-4,27. — **8:** 2 Mach 5,22; 6,8.11.10.

gam vertebantur: 14 alii vero si quid eis
supererat vendebant, simulque Dominum
deprecabantur ut eriperet eos ab impio
Nicanore, qui eos prius quam cominus
veniret, vendiderat: 15 et si non propter
eos, propter testamentum tamen quod
erat ad patres eorum, et propter invocationem sancti et magnifici nominis eius
super ipsos.

Machabaeus victor evadit

16 Convocatis autem Machabaeus septem millibus, qui cum ipso erant, rogabat
ne hostibus reconciliarentur, neque metuerent inique venientium adversum se
hostium multitudinem, sed fortiter contenderent,
17 ante oculos habentes contumeliam, quae loco sancto ab his iniuste
esset illata, itemque et ludibrio habitae
civitatis iniuriam, adhuc etiam veterum
instituta convulsa.
18 Nam illi quidem armis confidunt, ait, simul et audacia; nos
autem in omnipotente Domino, qui potest
et venientes adversum nos, et universum
mundum uno nutu delere, confidimus.
19 Admonuit autem eos et de auxiliis Dei,
quae facta sunt erga parentes: et quod
sub Sennacherib centum octoginta quinque millia perierunt:
20 et de praelio, quod
eis adversus Galatas fuit in Babylonia,
ut omnes, ubi ad rem ventum est, Macedonibus sociis haesitantibus, ipsi sex millia soli peremerunt centum viginti millia
propter auxilium illis datum de caelo, et
beneficia pro his plurima consecuti sunt.
21 His verbis constantes effecti sunt, et pro
legibus, et patria mori parati.
22 Constituit itaque fratres suos duces
utrique ordini, Simonem, et Iosephum, et
Ionathan, subiectis unicuique millenis et
quingentenis.
23 Ad hoc etiam ab Esdra
lecto illis sancto libro, et dato signo adiutorii Dei, in prima acie ipse dux commisit
cum Nicanore.
24 Et facto sibi adiutore
Omnipotente, interfecerunt super novem
millia hominum: maiorem autem partem
exercitus Nicanoris vulneribus debilem
factam fugere compulerunt.
25 Pecuniis vero eorum, qui ad emptionem ipsorum venerant, sublatis, ipsos usquequaque persecuti sunt,
26 sed reversi sunt hora conclusi: nam erat ante sabbatum: quam ob
causam non perseveraverunt insequentes.
27 Arma autem ipsorum, et spolia congregantes, sabbatum agebant: benedicentes
Dominum, qui liberavit eos in isto die,
misericordiae initium stillans in eo.
28 Post
sabbatum vero debilibus, et orphanis, et
viduis diviserunt spolia: et residua ipsi
cum suis habuere.
29 His itaque gestis, et
communiter ab omnibus facta obsecratione, misericordem Dominum postulabant, ut in finem servis suis reconciliaretur.
30 Et ex his, qui cum Timotheo et Bacchide erant contra se contendentes, super
viginti millia interfecerunt, et munitiones
excelsas obtinuerunt: et plures praedas diviserunt, aequam portionem debilibus, pupillis, et viduis, sed et senioribus facientes.
31 Et cum arma eorum diligenter collegissent, omnia composuerunt in locis
opportunis, residua vero spolia Ierosolymam detulerunt:
32 et Philarchen, qui cum
Timotheo erat, interfecerunt, virum scelestum, qui in multis Iudaeos afflixerat.
33 Et cum epinicia agerent Ierosolymis,
eum qui sacras ianuas incenderat, id est,
Callisthenem, cum in quoddam domicilium refugisset, incenderunt, digna ei mercede pro impietatibus suis reddita.
34 Facinorosissimus autem Nicanor, qui mille
negotiantes ad Iudaeorum venditionem
adduxerat,
35 humiliatus auxilio Domini
ab his quos nullos existimaverat, deposita
veste gloriae, per mediterranea fugiens,
solus venit Antiochiam, summam infelicitatem de interitu sui exercitus consecutus.
36 Et qui promiserat Romanis se tributum
restituere de captivitate Ierosolymorum,
praedicabat nunc protectorem Deum habere Iudaeos, et ob ipsum invulnerabiles
esse, eo quod sequerentur leges ab ipso
constitutas.

Antiochus fugiens a Persepoli cladem exercitus audit

9 1 Eodem tempore Antiochus inhoneste revertebatur de Perside.
2 Intraverat enim in eam, quae dicitur Persepolis,
et tentavit expoliare templum, et civitatem opprimere: sed multitudine ad arma
concurrente, in fugam versi sunt: et ita
contigit ut Antiochus post fugam turpiter
rediret.
3 Et cum venisset circa Ecbatanam, recognovit quae erga Nicanorem et Timotheum gesta sunt.
4 Elatus autem in ira,
arbitrabatur se iniuriam illorum qui se
fugaverant, posse in Iudaeos retorquere:
ideoque iussit agitari currum suum sine
intermissione agens iter, caelesti eum iudicio perurgente, eo quod ita superbe locutus est se venturum Ierosolymam, et
congeriem sepulchri Iudaeorum eam facturum.
5 Sed qui universa conspicit Do-

12. — **15:** 2 Mach 1,2. — **16:** 1 Mach 4,8. — **18:** Deut 20,1. — **19:** 4 Reg 19,35; 1 Mach 7,41; 2 Mach 15,22. — **22:** 1 Mach 2,3-5. — **23:** 2 Mach 15,7-9. — **28:** 2 Mach 3,10. — **29:** 2 Mach 5,20. **30:** 1 Mach 5,6.11.37; 7,8; 9,1.25.43; 2 Mach 9,3; 10,24. — **33:** 1 Mach 4,38; 2 Mach 1,8. — **34:** 2 Mach 8,11. — **36:** 2 Mach 3,38-39.

9 **1-29:** 1 Mach 6,1-16. — **2:** 2 Mach 1,13-16. — **3:** 2 Mach 8,9-36. — **8:** 2 Mach 5,

minus Deus Israel, percussit eum insanabili et invisibili plaga. Ut enim finivit
hunc ipsum sermonem, apprehendit eum
dolor dirus viscerum, et amara interno-
rum tormenta: 6 et quidem satis iuste, quippe qui multis et novis cruciatibus aliorum torserat viscera, licet ille nullo modo
a sua malitia cessaret. 7 Super hoc autem superbia repletus, ignem spirans animo in Iudaeos, et praecipiens accelerari
negotium, contigit illum impetu euntem
de curru cadere, et gravi corporis collisione membra vexari. 8 Isque qui sibi videbatur etiam fluctibus maris imperare, supra humanum modum superbia repletus,
et montium altitudines in statera appen-
dere, nunc humiliatus ad terram in ges-
tatorio portabatur, manifestam Dei virtutem in semetipso contestans: 9 ita ut de
corpore impii vermes scaturirent, ac viventis in doloribus carnes eius effluerent,
odore etiam illius et foetore exercitus gra-
varetur: 10 et qui paulo ante sidera caeli
contingere se arbitrabatur, eum nemo
poterat propter intolerantiam foetoris portare.

Divina percussus plaga, Dominum orat et Iudaeis magna promittit

11 Hinc igitur coepit ex gravi superbia
deductus ad agnitionem sui venire, divina
admonitus plaga, per momenta singula
doloribus suis augmenta capientibus. 12 Et
cum nec ipse iam foetorem suum ferre
posset, ita ait: Iustum est subditum esse
Deo, et mortalem non paria Deo sentire.
13 Orabat autem hic scelestus Dominum,
a quo non esset misericordiam consecu-
turus. 14 Et civitatem, ad quam festinans
veniebat ut eam ad solum deduceret, ac
sepulchrum congestorum faceret, nunc
optat liberam reddere: 15 et Iudaeos, quos
nec sepultura quidem se dignos habiturum, sed avibus ac feris diripiendos traditurum, et cum parvulis exterminaturum
dixerat, aequales nunc Atheniensibus facturum pollicetur: 16 templum etiam sanctum, quod prius expoliaverat, optimis donis ornaturum, et sancta vasa multiplica-
turum, et pertinentes ad sacrificia sumptus de redditibus suis praestaturum: 17 super haec, et Iudaeum se futurum, et omnem locum terrae perambulaturum, et
praedicaturum Dei potestatem.
18 Sed non cessantibus doloribus (supervenerat enim in eum iustum Dei iudicium) desperans scripsit ad Iudaeos in
modum deprecationis epistolam haec continentem: 19 Optimis civibus Iudaeis plurimam salutem, et bene valere, et esse
felices, rex et princeps Antiochus. 20 Si
bene valetis, et filii vestri, et ex sententia
vobis cuncta sunt, maximas agimus gratias. 21 Et ego in infirmitate constitutus,
vestri autem memor benigne reversus de
Persidis locis, et infirmitate gravi appre-
hensus, necessarium duxi pro communi
utilitate curam habere: 22 non desperans
memetipsum, sed spem multam habens
effugiendi infirmitatem. 23 Respiciens autem quod et pater meus, quibus temporibus in locis superioribus ducebat exercitum, ostendit qui post se susciperet principatum: 24 ut si quid contrarium accideret, aut difficile nuntiaretur, scientes, hi
qui in regionibus erant, cui esset rerum
summa derelicta, non turbarentur. 25 Ad
haec, considerans de proximo potentes
quosque, et vicinos temporibus insidiantes, et eventum exspectantes, designavi
filium meum Antiochum regem, quem
saepe recurrens in superiora regna multis
vestrum commendabam: et scripsi ad eum
quae subiecta sunt. 26 Oro itaque vos, et
peto memores beneficiorum publice et
privatim, ut unusquisque conservet fidem
ad me et ad filium meum. 27 Confido enim,
eum modeste et humana acturum et sequentem propositum meum, et communem vobis fore.
28 Igitur homicida et blasphemus pessime percussus, et ut ipse alios tractaverat,
peregre in montibus miserabili obitu vita
functus est. 29 Transferebat autem corpus
Philippus collactaneus eius: qui, metuens
filium Antiochi, ad Ptolemaeum Philo-
metorem in Aegyptum abiit.

Machabaeus templo purgato Dei cultum restaurat

10 1 Machabaeus autem, et qui cum
eo erant, Domino se protegente,
templum quidem, et civitatem recepit:
2 aras autem, quas alienigenae per plateas
extruxerant, itemque delubra demolitus
est: 3 et purgato templo, aliud altare fecerunt: et de ignitis lapidibus igne concepto sacrificia obtulerunt post biennium,
et incensum, et lucernas, et panes propositionis posuerunt. 4 Quibus gestis, rogabant Dominum prostrati in terram, ne
amplius talibus malis inciderent: sed et,
si quando peccassent, ut ab ipso mitius
corriperentur, et non barbaris ac blasphemis hominibus traderentur. 5 Qua die autem templum ab alienigenis pollutum fuerat, contigit eadem die purificationem fieri,
vigesima quinta mensis qui fuit Casleu.

21. — 9: Act 12,23. — 11: 2 Mach 7,37. — 13: Prov 1,28; Ier 11,11. — 16: 1 Mach 1,23-24; 2 Mach 3,2-7; 5,16. — 23: 1 Mach 3,37. — 25: 1 Mach 6,15.17,25. — 28: 1 Mach 6,16. — 29: 1 Mach 6,14.55.63; 2 Mach 4,21; 13,23.

10 1-9: 1 Mach 4,36-59. — 2: 1 Mach 1, 50. — 3: 1 Mach 1,57; 4,52. — 5: 2 Mach

6 Et cum laetitia diebus octo egerunt
in modum tabernaculorum, recordantes
quod ante modicum temporis diem solemnem tabernaculorum in montibus, et
in speluncis more bestiarum egerant.
7 Propter quod thyrsos, et ramos virides,
et palmas praeferebant ei, qui prosperavit
mundari locum suum. 8 Et decreverunt
communi praecepto, et decreto universae
genti Iudaeorum omnibus annis agere dies
istos. 9 Et Antiochi quidem, qui appellatus est Nobilis, vitae excessus habuit se ita.

Gorgias a Iuda devictus

10 Nunc autem de Eupatore Antiochi
impii filio, quae gesta sunt narrabimus,
breviantes mala, quae in bellis gesta sunt.
11 Hic enim suscepto regno, constituit super negotia regni Lysiam quendam, Phoenicis et Syriae militiae principem. 12 Nam
Ptolemaeus, qui dicebatur Macer, iusti
tenax, erga Iudaeos esse constituit, et
praecipue propter iniquitatem, quae facta
erat in eos, et pacifice agere cum eis. 13 Sed
ob hoc accusatus ab amicis apud Eupatorem, cum frequenter proditor audiret,
eo quo Cyprum creditam sibi a Philome-
tore deseruisset, et ad Antiochum Nobilem translatus etiam ab eo recessisset,
veneno vitam finivit.
14 Gorgias autem, cum esset dux locorum, assumptis advenis, frequenter Iudaeos debellabat. 15 Iudaei vero, qui tenebant opportunas munitiones, fugatos ab
Ierosolymis suscipiebant, et bellare tentabant. 16 Hi vero, qui erant cum Machabaeo, per orationes Dominum rogantes ut
esset sibi adiutor, impetum fecerunt in
munitiones Idumaeorum: 17 multaque vi
insistentes, loca obtinuerunt, occurrentes
interemerunt, et omnes simul non minus
viginti millibus trucidaverunt. 18 Quidam
autem, cum confugissent in duas turres
valde munitas omnem apparatum ad repugnandum habentes, 19 Machabaeus ad
eorum expugnationem, relicto Simone, et
Iosepho, itemque Zachaeo: eisque qui
cum ipsis erant satis multis, ipse ad eas,
quae amplius perurgebant, pugnas conversus est. 20 Hi vero, qui cum Simone
erant, cupiditate ducti, a quibusdam, qui
in turribus erant, suasi sunt pecunia: et
septuaginta millibus didrachmis acceptis,
dimiserunt quosdam effugere. 21 Cum autem Machabaeo nuntiatum esset quod factum est, principibus populi congregatis,
accusavit, quod pecunia fratres vendidis-
sent, adversariis eorum dimissis. 22 Hos
igitur proditores factos interfecit, et confestim duas turres occupavit. 23 Armis
autem ac manibus omnia prospere agendo
in duabus munitionibus plus quam viginti
millia peremit.

Timotheus denuo a Iuda superatus

24 At Timotheus, qui prius a Iudaeis
fuerat superatus, convocato exercitu pere-
grinae multitudinis, et congregato equitatu Asiano, advenit quasi armis Iudaeam
capturus. 25 Machabaeus autem, et qui
cum ipso erant, appropinquante illo, deprecabantur Dominum, caput terra as-
pergentes, lumbosque ciliciis praecincti,
26 ad altaris crepidinem provoluti, ut sibi
propitius, inimicis autem eorum esset inimicus, et adversariis adversaretur, sicut
lex dicit. 27 Et ita post orationem, sumptis armis, longius de civitate procedentes,
et proximi hostibus effecti resederunt.
28 Primo autem solis ortu utrique commiserunt: isti quidem victoriae et prosperitatis sponsorem cum virtute Dominum
habentes: illi autem ducem belli animum
habebant. 29 Sed, cum vehemens pugna
esset, apparuerunt adversariis de caelo viri quinque in equis, frenis aureis decori,
ducatum Iudaeis praestantes: 30 ex quibus
duo Machabaeum medium habentes, armis suis circumseptum incolumem con-
sevabant: in adversarios autem tela et
fulmina iaciebant, ex quo et caecitate confusi, et repleti perturbatione, cadebant.
31 Interfecti sunt autem viginti millia quingenti, et equites sexcenti.
32 Timotheus vero confugit in Gazaram
praesidium munitum, cui praeerat Chae-
reas. 33 Machabaeus autem, et qui cum eo
erant, laetantes obsederunt praesidium
diebus quatuor. 34 At hi qui intus erant,
loci firmitate confisi, supra modum maledicebant, et sermones nefandos iacta-
bant. 35 Sed cum dies quinta illucesceret,
viginti iuvenes ex his qui cum Machabaeo
erant, accensi animis propter blasphemiam, viriliter accesserunt ad murum, et
feroci animo incedentes ascendebant:
36 sed et alii similiter ascendentes, turres,
portasque succendere aggressi sunt, atque
ipsos maledicos vivos concremare. 37 Per
continuum autem biduum praesidio vas-
tato, Timotheum occultantem se in quodam repertum loco peremerunt: et fratrem
illius Chaeream et Apollophanem occiderunt. 38 Quibus gestis, in hymnis et confes-
sionibus benedicebant Dominum, qui magna fecit in Israel, et victoriam dedit illis.

1,18. — 6: Lev 23,34-36. — 8: 1 Mach 4,59. — 10: 1 Mach 6,17; 2 Mach 2,21; 13,1. — 11: 1 Mach 3,32. — 12: 2 Mach 4,45. — 13: 1 Mach 1,19; 2 Mach 4,21; 9,29. — 14: 1 Mach 3,38; 2 Mach 8,9; 12,32. — 15-38: 1 Mach 5,1-13. — 16: 1 Mach 5,3.65. — 19: 2 Mach 8,22. — 24: 1 Mach 5,6-7; 2 Mach 8,30. — 26: Ex 23,22. — 29: 2 Mach 2,22. — 36: 2 Mach 8,6.

Nova Lysiae expeditio

11 1 Sed parvo post tempore, Lysias
procurator regis, et propinquus, ac
negotiorum praepositus, graviter ferens de
his quae acciderant, 2 congregatis octoginta millibus, et equitatu universo, veniebat adversus Iudaeos, existimans se civitatem quidem captam gentibus habitaculum facturum, 3 templum vero in pecuniae
quaestum, sicut caetera delubra gentium,
habiturum, et per singulos annos venale
sacerdotium: 4 nusquam recogitans Dei
potestatem, sed mente effrenatus in multitudine peditum, et in millibus equitum, et
in octoginta elephantis confidebat.
5 Ingressus autem Iudaeam, et appropians Bethsurae, quae erat in angusto loco,
ab Ierosolyma intervallo quinque stadiorum, illud praesidium expugnabat. 6 Ut
autem Machabaeus, et qui cum eo erant,
cognoverunt expugnari praesidia, cum fletu et lacrymis rogabant Dominum, et omnis turba simul, ut bonum angelum mitteret ad salutem Israel. 7 Et ipse primus
Machabaeus, sumptis armis, caeteros ad-
hortatus est simul secum periculum subire, et ferre auxilium fratribus suis. 8 Cumque pariter prompto animo procederent,
Ierosolymis apparuit praecedens eos eques
in veste candida, armis aureis hastam vi-
brans. 9 Tunc omnes simul benedixerunt
misericordem Dominum, et convaluerunt
animis: non solum homines, sed et bestias
ferocissimas, et muros ferreos parati pe-
netrare. 10 Ibant igitur prompti, de caelo
habentes adiutorem, et miserantem super
eos Dominum. 11 Leonum autem more
impetu irruentes in hostes, prostraverunt
ex eis undecim millia peditum, et equitum
mille sexcentos: 12 universos autem in fugam verterunt, plures autem ex eis vulnerati nudi evaserunt. Sed et ipse Lysias turpiter fugiens evasit.

Cum Iuda pacem gerit

13 Et quia non insensatus erat, secum
ipse reputans, factam erga se diminutio-
nem, et intelligens invictos esse Hebraeos,
omnipotentis Dei auxilio innitentes, misit
ad eos: 14 promisitque se consensurum
omnibus quae iusta sunt, et regem com-
pulsurum amicum fieri. 15 Annuit autem
Machabaeus precibus Lysiae, in omnibus
utilitati consulens: et quaecumque Machabaeus scripsit Lysiae de Iudaeis, ea rex
concessit. 16 Nam erant scriptae Iudaeis
epistolae a Lysia quidem hunc modum
continentes:
Lysias populo Iudaeorum salutem.
17 Ioannes et Abesalom, qui missi fuerant
a vobis, tradentes scripta, postulabant ut
ea, quae per illos significabantur, implerem. 18 Quaecumque igitur regi potuerunt
perferri, exposui: et quae res permittebat,
concessit. 19 Si igitur in negotiis fidem con-
servaveritis, et deinceps bonorum vobis
causa esset tentabo. 20 De caeteris autem
per singula verbo mandavi et istis, et his,
qui a me missi sunt, colloqui vobiscum.
21 Bene valete. Anno centesimo quadragesimo octavo mensis Dioscori, die vigesima et quarta.
22 Regis autem epistola ista continebat:
Rex Antiochus Lysiae fratri salutem.
23 Patre nostro inter deos translato, nos
volentes eos qui sunt in regno nostro sine
tumultu agere, et rebus suis adhibere diligentiam, 24 audivimus Iudaeos non con-
sensisse patri meo ut transferrentur ad
ritum Graecorum, sed tenere velle suum
institutum, ac propterea postulare a nobis
concedi sibi legitima sua. 25 Volentes igitur hanc quoque gentem quietam esse,
statuentes iudicavimus templum restitui
illis, ut agerent secundum suorum maiorum consuetudinem. 26 Bene igitur feceris,
si miseris ad eos, et dexteram dederis: ut
cognita nostra voluntate, bono animo sint,
et utilitatibus propriis deserviant.
27 Ad Iudaeos vero regis epistola talis
erat: Rex Antiochus senatui Iudaeorum,
et caeteris Iudaeis salutem. 28 Si valetis,
sic estis ut volumus: sed et ipsi bene va-
lemus. 29 Adiit nos Menelaus, dicens velle
vos descendere ad vestros, qui sunt apud
nos. 30 His igitur qui commeant usque ad
diem trigesimum mensis Xanthici, damus
dextras securitatis, 31 ut Iudaei utantur
cibis, et legibus suis, sicut et prius: et
nemo eorum ullo modo molestiam patiatur de his quae per ignorantiam gesta sunt.
32 Misimus autem et Menelaum, qui vos
alloquatur. 33 Valete. Anno centesimo
quadragesimo octavo, Xanthici mensis
quintadecima die.
34 Miserunt autem etiam Romani epistolam ita se habentem: Quintus Memmius
et Titus Manilius legati Romanorum, populo Iudaeorum salutem. 35 De his, quae
Lysias cognatus regis concessit vobis, et
nos concessimus. 36 De quibus autem ad
regem iudicavit referendum, confestim aliquem mittite, diligentius inter vos conferentes, ut decernamus, sicut congruit
vobis: nos enim Antiochiam accedimus.
37 Ideoque festinate rescribere, ut nos quoque sciamus cuius estis voluntatis. 38 Bene

11 **1:** 1 Mach 3,32. — **5:** 1 Mach 4,61. — **6:** Ex 23,20; 2 Mach 15,23. — **8:** 2 Mach 2,22. — **14:** 1 Mach 6,57-60. — **17:** 2 Mach 11, 70; 13,11. — **24:** 1 Mach 1,65-66; 2 Mach 6,1-11. — **25:** 2 Mach 10,1. — **27:** 2 Mach 1,10. — **29:** 2 Mach 4,27.34.50. — **34:** 1 Mach 8,1. — **36:** 1 Mach 3,37.

valete. Anno centesimo quadragesimo octavo, quintadecima die mensis Xanthici.

De finitimis populis plures Iudas obtinet victorias

12 1 His factis pactionibus, Lysias pergebat ad regem, Iudaei autem agriculturae operam dabant. 2 Sed hi qui rese-
derant, Timotheus, et Apollonius Gennaei
filius, sed et Hieronymus, et Demophon
super hos, et Nicanor Cypriarches, non
sinebant eos in silentio agere et quiete.
3 Ioppitae vero tale quoddam flagitium
perpetrarunt: rogaverunt Iudaeos, cum
quibus habitabant, ascendere scaphas,
quas paraverant, cum uxoribus et filiis,
quasi nullis inimicitiis inter eos subiacen-
tibus. 4 Secundum commune itaque decretum civitatis, et ipsis acquiescentibus,
pacisque causa nihil suspectum habentibus: cum in altum processissent, submer-
serunt non minus ducentos. 5 Quam cru-
delitatem Iudas in suae gentis homines
factam ut cognovit, praecepit viris qui
erant cum ipso: et invocato iusto iudice
Deo, 6 venit adversus interfectores fratrum, et portum quidem noctu succendit,
scaphas exussit, eos autem qui ab igne
refugerant, gladio peremit. 7 Et cum haec
ita egisset, discessit quasi iterum reversurus, et universos Ioppitas eradicaturus.
8 Sed cum cognovisset et eos, qui erant
Iamniae, velle pari modo facere habitantibus secum Iudaeis, 9 Iamnitis quoque
nocte supervenit, et portum cum navibus
succendit: ita ut lumen ignis appareret
Ierosolymis a stadiis ducentis quadraginta.
10 Inde cum iam abiissent novem stadiis, et iter facerent ad Timotheum, commiserunt cum eo Arabes quimque millia
viri, et equites quingenti. 11 Cumque pugna valida fieret, et auxilio Dei prospere
cessisset, residui Arabes victi, petebant a
Iuda dextram sibi dari, promittentes se
pascua daturos, et in caeteris profuturos.
12 Iudas autem, arbitratus vere in multis
eos utiles, promisit pacem: dextrisque acceptis, discessere ad tabernacula sua.
13 Aggressus est autem et civitatem
quamdam firmam pontibus murisque cir-
cumseptam, quae a turbis habitabatur
gentium promiscuarum, cui nomen Cas-
phin. 14 Hi vero qui intus erant, confidentes in stabilitate murorum, et apparatu
alimoniarum, remissius agebant, maledictis lacessentes Iudam, et blasphemantes,
ac loquentes quae fas non est. 15 Machabaeus autem, invocato magno mundi Principe, qui sine arietibus et machinis temporibus Iesu praecipitavit Iericho, irruit
ferociter muris: 16 et capta civitate per
Domini voluntatem innumerabiles caedes
fecit, ita ut adiacens stagnum stadiorum
duorum latitudinis sanguine interfectorum fluere videretur. 17 Inde discesserunt
stadia septingenta quinquaginta, et venerunt in Characa ad eos, qui dicuntur Tu-
bianaei, Iudaeos: 18 et Timotheum quidem
in illis locis non comprehenderunt, nullo-
que negotio perfecto regressus est, relicto
in quodam loco firmissimo praesidio.
19 Dositheus autem et Sosipater, qui erant
duces cum Machabaeo, peremerunt a Timotheo relictos in praesidio, decem millia
viros. 20 At Machabaeus, ordinatis circum
se sex millibus, et constitutis per cohortes,
adversus Timotheum processit, habentem
secum centum viginti millia peditum, equitumque duo millia quingentos. 21 Cognito
autem Iudae adventu, Timotheus praemisit mulieres, et filios, et reliquum apparatum, in praesidium, quod Carnion dicitur: erat enim inexpugnabile, et accessu
difficile propter locorum angustias.
22 Cumque cohors Iudae prima apparuisset, timor hostibus incussus est, ex praesentia Dei, qui universa conspicit, et in
fugam versi sunt alius ab alio, ita ut magis
a suis deiicerentur, et gladiorum suorum
ictibus debilitarentur. 23 Iudas autem vehementer instabat puniens profanos, et prostravit ex eis triginta millia virorum. 24 Ipse
vero Timotheus incidit in partes Dosithei
et Sosipatris: et multis precibus postula-
bat ut vivus dimitteretur, eo quod multorum ex Iudaeis parentes haberet, ac
fratres, quos morte eius decipi eveniret.
25 Et cum fidem dedisset restiturum se
eos secundum constitutum, illaesum eum
dimiserunt propter fratrum salutem. 26 Iudas autem egressus est ad Carnion, interfectis viginti quinque millibus.
27 Post horum fugam et necem, movit
exercitum ad Ephron civitatem munitam,
in qua multitudo diversarum gentium habitabat: et robusti iuvenes pro muris consistentes fortiter repugnabant: in hac autem machinae multae, et telorum erat apparatus. 28 Sed, cum Omnipotentem in-
vocassent, qui potestate sua vires hostium confringit, ceperunt civitatem; et ex
eis, qui intus erant, viginti quinque millia prostraverunt.
29 Inde ad civitatem Scytharum abierunt, quae ab Ierosolymis sexcentis stadiis aberat. 30 Contestantibus autem his,
qui apud Scythopolitas erant, Iudaeis,
quod benigne ab eis haberentur, etiam
temporibus infelicitatis quod modeste secum egerint: 31 gratias agentes eis, et exhortati etiam de caetero erga genus suum

12 1-46: 1 Mach 5,1-68. — 2: 2 Mach 3,9. 30. — 5: Ps 7,12. — 11: 2 Mach 8,35; 15,35. — 15: Ios 6,20. — 22: 2 Mach 9,5; 15, 21. — 31: Deut 16,10. — 32: 2 Mach 10,14-

benignos esse, venerunt Ierosolymam die
solemni septimanarum instante.
32 Et post Pentecosten abierunt contra
Gorgiam praepositum Idumaeae. 33 Exivit autem cum peditibus tribus millibus, et
equitibus quadringentis. 34 Quibus con-
gressis, contigit paucos ruere Iudaeorum.
35 Dositheus vero quidem de Bacenoris
eques, vir fortis, Gorgiam tenebat: et,
cum vellet illum capere vivum, eques quidam de Thracibus irruit in eum, hume-
rumque eius amputavit: atque ita Gorgias effugit in Maresa. 36 At illis, qui cum
Esdrim erant, diutius pugnantibus et fa-
tigatis, invocavit Iudas Dominum adiutorem, et ducem belli fieri: 37 incipiens voce
patria, et cum hymnis clamorem extollens,
fugam Gorgiae militibus incussit.

Pro peccatis mortuorum iubet offerre sacrificium

38 Iudas autem collecto exercitu venit
in civitatem Odollam: et cum septima
dies superveniret, secundum consuetudinem purificati, in eodem loco sabbatum
egerunt. 39 Et sequenti die venit cum suis
Iudas, ut corpora prostratorum tolleret,
et cum parentibus poneret in sepulchris
paternis. 40 Invenerunt autem sub tunicis
interfectorum de donariis idolorum, quae
apud Iamniam fuerunt, a quibus lex prohibet Iudaeos: omnibus ergo manifestum
factum est, ob hanc causam eos corruisse. 41 Omnes itaque benedixerunt iustum
iudicium Domini, qui occulta fecerat manifesta. 42 Atque ita ad preces conversi,
rogaverunt ut id quod factum erat, delictum oblivioni traderetur. At vero fortissimus Iudas hortabatur populum conservare se sine peccato, sub oculis videntes quae facta sunt pro peccatis eorum qui
prostrati sunt. 43 Et facta collatione, duodecim millia drachmas argenti misit Ierosolymam offerri pro peccatis mortuorum
sacrificium, bene et religiose de resurrectione cogitans, 44 (nisi enim eos, qui ceciderant, resurrecturos speraret, super-
fluum videretur, et vanum orare pro mortuis) 45 et quia considerabat quod hi qui
cum pietate dormitionem acceperant, optimam haberent repositam gratiam. 46 Sanc-
a ergo et salubris est cogitatio pro de-
unctis exorare, ut a peccatis solvantur.

Menelaus ab Antiocho morte mulctatus

13 1 Anno centesimo quadragesimo
nono, cognovit Iudas Antiochum
Eupatorem venire cum multitudine adversus Iudaeam, 2 et cum eo Lysiam pro-
curatorem, et praepositum negotiorum,
secum habentem peditum centum decem
millia, et equitum quinque millia, et elephantos viginti duos, currus cum falcibus trecentos.
3 Commiscuit autem se illis et Menelaus: et cum multa fallacia deprecabatur
Antiochum, non pro patriae salute, sed
sperans se constitui in principatum. 4 Sed
Rex regum suscitavit animos Antiochi in
peccatorem: et suggerente Lysia hunc esse
causam omnium malorum, iussit (ut eis
est consuetudo) apprehensum in eodem
loco necari. 5 Erat autem in eodem loco
turris quinquaginta cubitorum, aggestum
undique habens cineris: haec prospectum
habebat in praeceps. 6 Inde in cinerem
deiici iussit sacrilegum, omnibus eum propellentibus ad interitum. 7 Et tali lege
praevaricatorem legis contigit mori, nec
terrae dari Menelaum. 8 Et quidem satis
iuste: nam quia multa erga aram Dei delicta commisit, cuius ignis et cinis erat
sanctus: ipse in cineris morte damnatus
est.

Iudaei parantur ad bellum contra Antiochum

9 Sed rex mente effrenatus veniebat, ne-
quiorem se patre suo Iudaeis ostensurus.
10 Quibus Iudas cognitis, praecepit populo ut die ac nocte Dominum invocarent,
quo, sicut semper, et nunc adiuvaret eos:
11 quippe qui lege, et patria, sanctoque
templo privari vererentur: ac populum,
qui nuper paululum respirasset, ne sineret
blasphemis rursus nationibus subdi.
12 Omnibus itaque simul id facientibus, et
petentibus a Domino misericordiam cum
fletu, et ieiuniis, per triduum continuum
prostratis, hortatus est eos Iudas ut se
praepararent. 13 Ipse vero cum senioribus
cogitavit prius quam rex admoveret exercitum ad Iudaeam, et obtineret civitatem,
exire, et Domini iudicio committere exitum rei. 14 Dans itaque potestatem omnium Deo mundi creatori, et exhortatus
suos ut fortiter dimicarent, et usque ad
mortem pro legibus, templo, civitate, patria, et civibus starent, circa Modin exercitum constituit.
15 Et dato signo suis Dei victoriae, iuvenibus fortissimis electis, nocte aggressus aulam regiam, in castris interfecit viros quatuor millia, et maximum elephantorum cum his qui superpositi fuerant:
16 summoque metu ac perturbatione hostium castra replentes, rebus prospere gestis, abierunt. 17 Hoc autem factum est die

15. — **38:** Num 31,19. — **40:** Deut 7,25-26. — **43:** 2 Mach 7,9.14.23.36. — **45:** 1 Cor 15,6; 1 Thess 4,13.

13 **1-26:** 1 Mach 6,18-63. — **1:** 1 Mach 6,17; 2 Mach 2,21. — **2:** 1 Mach 3,32. — **3:** 2 Mach 4,23. — **12:** 2 Mach 8,29; 11,9. — **14:**

illucescente, adiuvante eum Domini protectione. 18 Sed rex, accepto gustu audaciae Iudaeorum, arte difficultatem locorum tentabat: 19 et Bethsurae, quae erat Iudaeorum praesidium munitum, castra admovebat: sed fugabatur, impingebat, minorabatur. 20 His autem, qui intus erant Iudas necessaria mittebat. 21 Enuntiavit autem mysteria hostibus Rhodocus quidam de Iudaico exercitu, qui requisitus comprehensus est, et conclusus. 22 Iterum rex sermonem habuit ad eos qui erant in Bethsuris: dextram dedit, accepit, abiit: 23 commisit cum Iuda, superatus est.

Antiochus pacem cum Iudaeis agit

U autem cognovit rebellasse Philippum ntiochiae, qui relictus erat super negotia, mente consternatus, Iudaeos deprecans, subditusque eis, iurat de omnibus quibus iustum visum est: et reconciliatus obtulit sacrificium, honoravit templum, et munera posuit: 24 Machabaeum amplexatus est, et fecit eum a Ptolemaide usque ad Gerrenos ducem et principem. 25 Ut autem venit Ptolemaidam, graviter ferebant Ptolemenses amicitiae conventionem, indignantes ne forte foedus irrumperent. 26 Tunc ascendit Lysias tribunal, et exposuit rationem, et populum sedavit, regressusque est Antiochiam: et hoc modo regis profectio et reditus processit.

Inducente Alcimo, Demetrius mittit Nicanorem in Iudaeam

14 1 Sed post triennii tempus cognovit Iudas, et qui cum eo erant, Demetrium Seleuci cum multitudine valida, et navibus, per portum Tripolis ascendisse ad loca opportuna, 2 et tenuisse regiones adversus Antiochum, et ducem eius Lysiam. 3 Alcimus autem quidam, qui summus sacerdos fuerat, sed voluntarie coinquinatus est temporibus commistionis, considerans nullo modo sibi esse salutem, neque accessum ad altare, 4 venit ad regem Demetrium centesimo quinquagesimo anno, offerens ei coronam auream, et palmam, super haec et thallos, qui templi esse videbantur. Et ipsa quidem die siluit. 5 Tempus autem opportunum dementiae suae nactus, convocatus a Demetrio ad consilium, et interrogatus quibus rebus et consiliis Iudaei niterentur, 6 respondit: Ipsi qui dicuntur Assidaei Iudaeorum, quibus praeest Iudas Machabaeus, bella nutriunt, et seditiones movent, nec patiuntur regnum esse quietum: 7 nam et ego defraudatus parentum gloria (dico autem summo sacerdotio) huc veni: 8 primo quidem utilitatibus regis fidem servans, secundo autem etiam civibus consulens: nam illorum pravitate universum genus nostrum non minime vexatur. 9 Sed oro his singulis, o rex, cognitis, et regioni et generi, secundum humanitatem tuam pervulgatam omnibus, prospice: 10 nam, quamdiu superest Iudas, impossibile est pacem esse negotiis.

11 Talibus autem ab hoc dictis, et caeteri amici hostiliter se habentes adversus Iudam, inflammaverunt Demetrium. 12 Qui statim Nicanorem praepositum elephantorum ducem misit in Iudaeam: 13 datis mandatis ut ipsum quidem Iudam caperet: eos vero, qui cum illo erant, dispergeret, et constitueret Alcimum maximi templi summum sacerdotem. 14 Tunc gentes, quae de Iudaea fugerant Iudam, gregatim se Nicanori miscebant, miserias et clades Iudaeorum prosperitates rerum suarum existimantes.

15 Audito itaque Iudaei Nicanoris adventu, et conventu nationum, conspersi terra rogabant eum qui populum suum constituit, ut in aeternum custodiret, quique suam portionem signis evidentibus protegit. 16 Imperante autem duce, statim inde moverunt, conveneruntque ad castellum Dessau. 17 Simon vero frater Iudae commiserat cum Nicanore: sed conterritus est repentino adventu adversariorum.

Nicanor cum Iuda pacem agit

18 Nicanor tamen, audiens virtutem comitum Iudae, et animi magnitudinem, quam pro patriae certaminibus habebant, sanguine iudicium facere metuebat. 19 Quam ob rem praemisit Posidonium, et Theodotium, et Matthiam, ut darent dextras atque acciperent. 20 Et cum diu de his consilium ageretur, et ipse dux ad multitudinem retulisset, omnium una fuit sententia amicitiis annuere. 21 Itaque diem constituerunt, qua secreto inter se agerent: et singulis sellae prolatae sunt, et positae. 22 Praecepit autem Iudas armatos esse locis opportunis, ne forte ab hostibus repente mali aliquid oriretur: et congruum colloquium fecerunt. 23 Morabatur autem Nicanor Ierosolymis, nihilque inique agebat, gregesque turbarum quae congregatae fuerant, dimisit. 24 Habebat autem Iudam semper charum ex animo, et erat viro inclinatus. 25 Rogavitque eum ducere uxorem, filiosque pro-

1 Mach 3,21. — 15: 1 Mach 6,46. — 19: 1 Mach 4,61. — 23: 1 Mach 6,14; 2 Mach 3,3.

14 1-15,37: 1 Mach 8,1-50. — 1: 2 Mach 3,3. — 2: 2 Mach 13,2.26. — 3: 1 Mach 7,5. — 6: 1 Mach 2,42; 7,13. — 7: 1 Mach 7,14. — 12: 1 Mach 7,26. — 15: 2 Mach 1,26;

creare. Nuptias fecit: quiete egit, commu-
niterque vivebant.

Ad regem denuntiatus probat Iudam apprehendere

26 Alcimus autem, videns charitatem
illorum ad invicem, et conventiones, venit ad Demetrium, et dicebat Nicanorem
rebus alienis assentire, Iudamque regni
insidiatorem successorem sibi destinasse.
27 Itaque rex exasperatus, et pessimis huius
criminationibus irritatus, scripsit Nicanori, dicens graviter quidem se ferre de amicitiae conventione, iubere tamen Machabaeum citius vinctum mittere Antiochiam.
28 Quibus cognitis, Nicanor consterna-
batur, et graviter ferebat, si ea, quae convenerant, irrita faceret, nihil laesus a viro: 29 sed, quia regi resistere non poterat,
opportunitatem observabat, qua praeceptum perficeret. 30 At Machabaeus, videns
secum austerius agere Nicanorem, et con-
suetum occursum ferocius exhibentem, intelligens non ex bono esse austeritatem istam, paucis suorum congregatis, occulta-
vit se a Nicanore. 31 Quod cum ille cognovit fortiter se a viro praeventum, venit ad
maximum et sanctissimum templum: et
sacerdotibus solitas hostias offerentibus,
iussit sibi tradi virum. 32 Quibus cum iuramento dicentibus nescire se ubi esset qui
quaerebatur, extendens manum ad templum, 33 iuravit, dicens: Nisi Iudam mihi
vinctum tradideritis, istud Dei fanum in
planitiem deducam, et altare effodiam, et
templum hoc Libero patri consecrabo.
34 Et his dictis abiit. Sacerdotes autem
protendentes manus in caelum, invocabant eum qui semper propugnator esset
gentis ipsorum, haec dicentes: 35 Tu Domine universorum, qui nullius indiges,
voluisti templum habitationis tuae fieri
in nobis. 36 Et nunc, sancte sanctorum,
omnium Domine, conserva in aeternum
impollutam domum istam, quae nuper
mundata est.

Mortem Raziae infert

37 Razias autem quidam de senioribus
ab Ierosolymis delatus est Nicanori, vir
amator civitatis, et bene audiens: qui pro
affectu pater Iudaeorum appellabatur.
38 Hic multis temporibus continentiae propositum tenuit in Iudaismo, corpusque et
animam tradere contentus pro perseverantia. 39 Volens autem Nicanor manifestare odium, quod habebat in Iudaeos,
misit milites quingentos, ut eum comprehenderent. 40 Putabat enim, si illum
decepisset, se cladem Iudaeis maximam
illaturum.
41 Turbis autem irruere in domum eius,
et ianuam disrumpere, atque ignem admovere cupientibus, cum iam compre-
henderetur, gladio se petiit; 42 eligens no-
biliter mori potius, quam subditus fieri
peccatoribus, et contra natales suos indignis iniuriis agi. 43 Sed, cum per festi-
nationem non certo ictu plagam dedisset, et turbae intra ostia irrumperent,
recurrens audacter ad murum, praecipitavit semetipsum viriliter in turbas
44 quibus velociter locum dantibus casui
eius, venit per mediam cervicem: 45 et
cum adhuc spiraret, accensus animo, surrexit: et cum sanguis eius magno fluxu
deflueret, et gravissimis vulneribus esset
saucius, cursu turbam pertransiit: 46 et
stans supra quamdam petram praerup-
tam, et iam exsanguis effectus, complexus intestina sua, utrisque manibus proiecit super turbas, invocans dominatorem
vitae ac spiritus, ut haec illi iterum redderet: atque ita vita defunctus est.

Bellum contra Iudam parat

15 1 Nicanor autem, ut comperit Iudam esse in locis Samariae, cogitavit cum omni impetu die sabbati committere bellum. 2 Iudaeis vero, qui illum
per necessitatem sequebantur, dicentibus:
Ne ita ferociter et barbare feceris, sed
honorem tribue diei sanctificationis, et
honora eum qui universa conspicit: 3 ille
infelix interrogavit, si est potens in caelo
qui imperavit agi diem sabbatorum. 4 Et
respondentibus illis: Est Dominus vivus
ipse in caelo potens, qui iussit agi sep-
timam diem. 5 At ille ait: Et ego potens
sum super terram, qui impero sumi arma,
et negotia regis impleri. Tamen non obtinuit ut consilium perficeret.
6 Et Nicanor quidem cum summa superbia erectus, cogitaverat commune trophaeum statuere de Iuda.

Machabaeus socios confortat

7 Machabaeus autem semper confidebat cum omni spe auxilium sibi a Deo
affuturum: 8 et hortabatur suos ne for-
midarent ad adventum nationum, sed in
mente haberent adiutoria sibi facta de
caelo, et nunc sperarent ab Omnipotente
sibi affuturam victoriam. 9 Et allocutus
eos de lege et prophetis, admonens etiam
certamina quae fecerant prius, promptio-

3,25; 10,29; 11,8. — 29: 1 Mach 7,30. — 33: 2 Mach 6,7. — 35: 3 Reg 8,27; 2 Par 6,2. — 36: 2 Mach 10,3. — 38: 2 Mach 6,19.

15 4: Ex 20,8; Lev 26,2; Deut 5,12-13. — 8: 2 Mach 8,16-18. — 12: 2 Mach 3,1. — 14: 2 Mach 2,5.7. — 18: 2 Mach 2,23; 14,31.

res constituit eos: 10 et ita animis eorum
erectis simul ostendebat gentium fallaciam, et iuramentorum praevaricationem.
11 Singulos autem illorum armavit, non
clypei et hastae munitione, sed sermonibus optimis, et exhortationibus, exposito
digno fide somnio, per quod universos
laetificavit. 12 Erat autem huiuscemodi
visus: Oniam, qui fuerat summus sacerdos, virum bonum et benignum, vere-
cundum visu, modestum moribus, et eloquio decorum, et qui a puero in virtutibus
exercitatus sit, manus protendentem, orare pro omni populo Iudaeorum. 13 Post
hoc apparuisse et alium virum aetate et
gloria mirabilem, et magni decoris ha-
bitudine circa illum. 14 Respondentem vero Oniam dixisse: Hic est fratrum amator, et populi Israel: hic est qui multum
orat pro populo, et universa sancta civitate, Ieremias propheta Dei. 15 Extendisse
autem Ieremiam dextram, et dedisse Iudae
gladium aureum, dicentem: 16 Accipe
sanctum gladium munus a Deo, in quo
deiicies adversarios populi mei Israel.
17 Exhortati itaque Iudae sermonibus
bonis valde, de quibus extolli posset
impetus, et animi iuvenum confortari,
statuerunt dimicare et confligere fortiter:
ut virtus de negotiis iudicaret, eo quod
civitas sancta et templum periclitarentur.
18 Erat enim pro uxoribus, et filiis, itemque pro fratribus, et cognatis, minor sollicitudo: maximus vero et primus pro
sanctitate timor erat templi. 19 Sed et eos
qui in civitate erant, non minima sollicitudo habebat pro his qui congressuri
erant. 20 Et cum iam omnes sperarent
iudicium futurum, hostesque adessent, atque exercitus esset ordinatus, bestiae equi-
tesque opportuno in loco compositi,
21 considerans Machabaeus adventum
multitudinis, et apparatum varium armorum, et ferocitatem bestiarum, extendens
manus in caelum, prodigia facientem Dominum invocavit, qui non secundum armorum potentiam, sed prout ipsi placet,
dat dignis victoriam. 22 Dixit autem invocans hoc modo: Tu Domine, qui misisti
angelum tuum, sub Ezechia rege Iuda,
et interfecisti de castris Sennacherib centum octoginta quinque millia: 23 et nunc
dominator caelorum mitte angelum tuum
bonum ante nos in timore et tremore magnitudinis brachii tui, 24 ut metuant qui
cum blasphemia veniunt adversus sanctum populum tuum. Et hic quidem ita
peroravit.

Nicanor moritur in praelio

25 Nicanor autem, et qui cum ipso
erant, cum tubis et canticis admovebant.
26 Iudas vero, et qui cum eo erant, invocato Deo, per orationes congressi sunt:
27 manu quidem pugnantes, sed Dominum cordibus orantes, prostraverunt non
minus triginta quinque millia, praesentia
Dei magnifice delectati.
28 Cumque cessassent, et cum gaudio
redirent, cognoverunt Nicanorem ruisse
cum armis suis. 29 Facto itaque clamore,
et perturbatione excitata, patria voce omnipotentem Dominum benedicebant.
30 Praecepit autem Iudas, qui per omnia
corpore et animo mori pro civibus paratus erat, caput Nicanoris, et manum cum
humero abscissam, Ierosolymam perferri.
31 Quo cum pervenisset, convocatis contribulibus, et sacerdotibus ad altare, ac-
cersiit et eos qui in arce erant. 32 Et
ostenso capite Nicanoris, et manu nefaria, quam extendens contra domum sanctam omnipotentis Dei, magnifice gloriatus est. 33 Linguam etiam impii Nicanoris
praecisam iussit particulatim avibus dari:
manum autem dementis contra templum
suspendi. 34 Omnes igitur caeli benedixerunt Dominum, dicentes: Benedictus, qui
locum suum incontaminatum servavit.
35 Suspendit autem Nicanoris caput in
summa arce, ut evidens esset, et manifestum signum auxilii Dei.
36 Itaque omnes communi consilio decreverunt nullo modo diem istum absque
celebritate praeterire: 37 habere autem ce-
lebritatem tertiadecima die mensis Adar,
quod dicitur voce syriaca, pridie Mardochaei diei.

Epilogus

38 Igitur his erga Nicanorem gestis, et
ex illis temporibus ab Hebraeis civitate
possessa, ego quoque in his faciam finem
sermonis. 39 Et si quidem bene, et ut
historiae competit, hoc et ipse velim:
sin autem minus digne, concedendum
est mihi. 40 Sicut enim vinum semper bibere, aut semper aquam, contrarium est:
alternis autem uti, delectabile: ita legentibus si semper exactus sit sermo, non
erit gratus. Hic ergo erit consummatus.

22: 4 Reg 19,35; 1 Mach 7,41; 2 Mach 8,19. — 23: 2 Mach 11,6. — 28: 1 Mach 7,43. — 32: 2 Mach 14,33. — 37: Esth 9,17-13.

NOVUM TESTAMENTUM

EVANGELIUM SECUNDUM MATTHAEUM

SUMMARIUM PARS PRIMA: Iesu Christi infantia *(1-2): Genealogia Christi et conceptio virginalis (1). Magorum adventus et fuga in Aegyptum (2).*—PARS SECUNDA: Iesu Christi praedicatio in Galilaea *(3-20): Ioannes in Iordane (1,1-17). Christi ieiunium in deserto (4,1-11). Christus in Galilaea priores discipulos vocat (4,12-23). Sermo montanus (5-7): Octo beatitudines et legis mosaicae declaratio (5). De eleemosyna et oratione (6,1-18). De rerum temporalium sollicitudine (6,19-7,11). Lex charitatis Deoque obedientia (7,12-29). Christi miracula in Capharnaum (8,1-22). In mare (8,23-34). Alia miracula in Capharnaum (9,1-38). Apostolorum electio et missio ad praedicandum (10). Ioannis Bapt. legatio et Petri confessio (11). Pharisaeorum oppositio (12). Parabolae de regno ad mare Galilaeae (13). Ioannis Bapt. martyrium et Christi secessus in desertum ubi panes multiplicat (14). Seniorum traditiones (15,1-20). Mulier chananaea et altera panum multiplicatio (15,21-39). Fermenta pharisaeorum (16,1-12). Petri confessio et prima passionis praedictio (16,13-28). Christi transfiguratio et pueri lunatici sanatio (17). Quis maior in regno caelorum (18,1-14). De fraterna correctione et peccatorum condonatione (18,15-35). Iter in Ierusalem per Transiordaniam (19). Parabola de operariis in vineam conductis (20,1-16). Petitio filiorum Zebedaei (20,17-34).*—PARS TERTIA: Iesus in Ierusalem *(21-25): Solemnis ingressus in Ierusalem (21,1-17). Ad Iudaeos incredulos parabolae (21,28-22,14). Iudaeorum quaestiones (22,15-46). De pharisaeorum doctrina (23). Sermo apocalypticus (24). Parabolae de vigilantia et supremi iudicii descriptio (25).*—PARS QUARTA: Iesu Christi passio et resurrectio *(26-28): Unctio in Bethania (26,1-16). Postrema Christi caena (26,17-35). Christi oratio in horto et apprehensio (26,36-56). Christus coram Caipha (26,57-75). Christus coram Pilato (27,1-31). Christi mors et sepultura (27,32-66). Christi apparitio ad mulieres (28,1-16). Christi valedictio ad discipulos (28,17-20)*

PARS PRIMA

Iesu Christi infantia
(1,1-2,23)

Genealogia Christi

1 1 Liber generationis Iesu Christi filii
David, filii Abraham.
2 Abraham genuit Isaac. Isaac autem
genuit Iacob. Iacob autem genuit Iudam,
et fratres eius. 3 Iudas autem genuit Phares, et Zaram de Thamar. Phares autem
genuit Esron. Esron autem genuit Aram.
4 Aram autem genuit Aminadab. Aminadab autem genuit Naasson. Naason autem genuit Salmon. 5 Salmon autem genuit Booz de Rahab. Booz autem genuit
Obed ex Ruth. Obed autem genuit Iesse.
Iesse autem genuit David regem.
6 David autem rex genuit Salomonem
ex ea quae fuit Uriae. 7 Salomon autem
genuit Roboam. Roboam autem genuit
Abiam. Abias autem genuit Asa. 8 Asa
autem genuit Iosaphat. Iosaphat autem
genuit Ioram. Ioram autem genuit Oziam.
9 Ozias autem genuit Ioatham. Ioatham
autem genuit Achaz. Achaz autem genuit
Ezechiam. 10 Ezechias autem genuit Manassen. Manasses autem genuit Amon.
Amon autem genuit Iosiam. 11 Iosias autem genuit Iechoniam, et fratres eius in
transmigratione Babylonis.
12 Et post transmigrationem Babylonis:
Iechonias genuit Salathiel. Salathiel autem genuit Zorobabel. 13 Zorobabel autem genuit Abiud. Abiud autem genuit
Eliacim. Eliacim autem genuit Azor.
14 Azor autem genuit Sadoc. Sadoc autem genuit Achim. Achim autem genuit
Eliud. 15 Eliud autem genuit Eleazar.
Eleazar autem genuit Mathan. Mathan
autem genuit Iacob. 16 Iacob autem genuit
Ioseph virum Mariae, de qua natus est
Iesus, qui vocatur Christus.
17 Omnes itaque generationes ab Abraham usque ad David, generationes quatuordecim: et a David usque ad transmi-

1 **1-17:** Lc 3,23-38. — **3:** Gen 38,1-30. — **5:** Ios 3,25; Ruth 4,13-22. — **6:** 2 Sam 11,1-27. — **11:** 4 Reg 22,1-25,21. — **16:** Lc 3,23. ‖ Enc. Leonis XIII: D 1940. — **18:** Lc 1,26.

grationem Babylonis, generationes quatuordecim: et a transmigratione Babylonis usque ad Christum, generationes quatuordecim.

Iesu Christi conceptio virginalis

18 Christi autem generatio sic erat: Cum
esset desponsata mater eius Maria Ioseph,
antequam convenirent inventa est in utero
habens de Spiritu sancto. 19 Ioseph autem
vir eius cum esset iustus, et nollet eam
traducere, voluit occulte dimittere eam.
20 Haec autem eo cogitante, ecce angelus
Domini apparuit in somnis ei, dicens:
Ioseph fili David, noli tiemere accipere
Mariam coniugem tuam: quod enim in
ea natum est, de Spiritu sancto est. 21 Pariet autem filium: et vocabis nomen eius
Iesum: ipse enim salvum faciet populum
suum a peccatis eorum. 22 Hoc autem
totum factum est, ut adimpleretur quod
dictum est a Domino per prophetam
dicentem: 23 Ecce virgo in utero habebit,
et pariet filium: et vocabunt nomen eius
Emmanuel, quod est interpretatum Nobiscum Deus. 24 Exsurgens autem Ioseph a
somno, fecit sicut praecepit ei angelus
Domini, et accepit coniugem suam. 25 Et
non cognoscebat eam donec peperit filium
suum primogenitum: et vocavit nomen
eius Iesum.

Magorum adventus in Bethlehem

2 1 Cum ergo natus esset Iesus in Bethlehem Iuda in diebus Herodis regis,
ecce Magi ab oriente venerunt Ierosolymam, 2 dicentes: Ubi est qui natus est
rex Iudaeorum? vidimus enim stellam
eius in oriente, et venimus adorare eum.
3 Audiens autem Herodes rex, turbatus
est, et omnis Ierosolyma cum illo. 4 Et
congregans omnes principes sacerdotum,
et scribas populi, sciscitabatur ab eis ubi
Christus nasceretur. 5 At illi dixerunt ei:
In Bethlehem Iudae: sic enim scriptum
est per prophetam:

6 Et tu Bethlehem terra Iuda,
Nequaquam minima es
In principibus Iuda:
Ex te enim exiet dux, qui regat populum
meum Israel.

7 Tunc Herodes clam vocatis Magis
diligenter didicit ab eis tempus stellae,
quae apparuit eis: 8 et mittens illos in
Bethlehem, dixit: Ite, et interrogate diligenter de puero: et cum inveneritis, renuntiate mihi, ut et ego veniens adorem
eum. 9 Qui cum audissent regem, abierunt, et ecce stella, quam viderant in
oriente, antecedebat eos, usque dum veniens staret supra, ubi erat puer. 10 Videntes autem stellam gavisi sunt gaudio magno valde. 11 Et intrantes domum, invenerunt puerum cum Maria matre eius, et
procidentes adoraverunt eum: et apertis
thesauris suis obtulerunt ei munera, aurum, thus, et myrrham. 12 Et responso
accepto in somnis ne redirent ad Herodem,
per aliam viam reversi sunt in regionem
suam.

Fuga in Aegyptum et trucidatio innocentium

13 Qui cum recessissent, ecce angelus
Domini apparuit in somnis Ioseph, dicens: Surge, et accipe puerum, et matrem
eius, et fuge in Aegyptum, et esto ibi usque
dum dicam tibi. Futurum est enim ut Herodes quaerat puerum ad perdendum
eum. 14 Qui consurgens accepit puerum et
matrem eius nocte, et secessit in Aegyptum: 15 et erat ibi usque ad obitum Herodis: ut adimpleretur quod dictum est a
Domino per prophetam dicentem: Ex
Aegypto vocavi filium meum.
16 Tunc Herodes videns quoniam illu-
sus esset a Magis, iratus est valde, et
mittens occidit omnes pueros, qui erant
in Bethlehem, et in omnibus finibus eius,
a bimatu et infra secundum tempus, quod
exquisierat a Magis. 17 Tunc adimpletum
est quod dictum est per Ieremiam prophetam dicentem:

18 Vox in Rama audita est
Ploratus, et ululatus multus:
Rachel plorans filios suos,
Et noluit consolari, quia non sunt.

Reditus in patriam

19 Defuncto autem Herode, ecce angelus Domini apparuit in somnis Ioseph
in Aegypto, 20 dicens: Surge, et accipe
puerum, et matrem eius, et vade in terram Israel: defuncti sunt enim qui quaerebant animam pueri. 21 Qui consurgens,
accepit puerum, et matrem eius, et venit
in terram Israel. 22 Audiens autem quod
Archelaus regnaret in Iudaea pro Herode
patre suo, timuit illo ire: et admonitus
in somnis, secessit in partes Galilaeae.
23 Et veniens habitavit in civitate quae
vocatur Nazareth: ut adimpleretur quod
dictum est per prophetas: Quoniam Nazaraeus vocabitur.

35. — **21:** Lc 1,31; 2,21; Act 2,38-39. — **23:** Is 7,14.

2 **1:** Lc 2,4-7. — **2:** Num 24,17. — **6:** Mich 5,2. — **11:** Ps 71,10.15; Is 60,6. ‖ Conc. Trid.: D 878. — **15:** Os 11,1. — **17:** Ier 31,15. — **23:** Is 53,3; Lc 1,26; 2,39.

PARS SECUNDA

Iesu Christi praedicatio in Galilaea

(3,1-20,34)

Ioannes Baptista praedicat iuxta Iordanem

3 1 In diebus autem illis venit Ioannes
Baptista praedicans in deserto Iudaeae, 2 et dicens: Poenitentiam agite:
appropinquavit enim regnum caelorum.
3 Hic est enim, qui dictus est per Isaiam
prophetam dicentem:

Vox clamantis in deserto:
Parate viam Domini:
Rectas facite semitas eius.

4 Ipse autem Ioannes habebat vestimentum de pilis camelorum, et zonam pelli-
ceam circa lumbos suos: esca autem eius
erat locustae, et mel silvestre. 5 Tunc exibat ad eum Ierosolyma, et omnis Iudaea,
et omnis regio circa Iordanem; 6 et baptizabantur ab eo in Iordane, confitentes
peccata sua.
7 Videns autem multos pharisaeorum,
et sadducaeorum, venientes ad baptismum
suum, dixit eis: Progenies viperarum, quis
demonstravit vobis fugere a ventura ira?
8 Facite ergo fructum dignum poenitentiae. 9 Et ne velitis dicere intra vos: Patrem habemus Abraham. Dico enim vobis quoniam potens est Deus de lapidibus
istis suscitare filios Abrahae. 10 Iam enim
securis ad radicem arborum posita est.
Omnis ergo arbor, quae non facit fructum
bonum, excidetur, et in ignem mittetur.
11 Ego quidem baptizo vos in aqua in poenitentiam: qui autem post me venturus
est, fortior me est, cuius non sum dignus
calceamenta portare: ipse vos baptizabit
in Spiritu sancto, et igni. 12 Cuius ventilabrum in manu sua: et permundabit aream
suam: et congregabit triticum suum in
horreum, paleas autem comburet igni
inextinguibili.

Iesu Christi baptismus

13 Tunc venit Iesus a Galilaea in Iordanem ad Ioannem, ut baptizaretur ab eo.
14 Ioannes autem prohibebat eum, dicens:
Ego a te debeo baptizari, et tu venis ad
me? 15 Respondens autem Iesus, dixit ei:
Sine modo: sic enim decet nos implere
omnem iustitiam. Tunc dimisit eum.
16 Baptizatus autem Iesus, confestim ascendit de aqua, et ecce aperti sunt ei caeli:
et vidit spiritum Dei descendentem sicut
columbam, et venientem super se. 17 Et
ecce vox de caelis dicens: Hic est filius
meus dilectus, in quo mihi complacui.

Iesu Christi ieiunium et tentatio

4 1 Tunc Iesus ductus est in desertum
a Spiritu, ut tentaretur a diabolo.
2 Et cum ieiunasset quadraginta diebus,
et quadraginta noctibus, postea esuriit.
3 Et accedens tentator dixit ei: Si Filius
Dei es, dic ut lapides isti panes fiant.
4 Qui respondens dixit: Scriptum est: Non
in solo pane vivit homo, sed in omni verbo, quod procedit de ore Dei. 5 Tunc assumpsit eum diabolus in sanctam civitatem, et statuit eum super pinnaculum
templi, 6 et dixit ei: Si Filius Dei es, mitte te deorsum. Scriptum est enim: Quia
angelis suis mandavit de te, et in manibus
tollent te, ne forte offendas ad lapidem
pedem tuum. 7 Ait illi Iesus: Rursum
scriptum est: Non tentabis Dominum
Deum tuum. 8 Iterum assumpsit eum diabolus in montem excelsum valde: et ostendit ei omnia regna mundi, et gloriam
eorum, 9 et dixit ei: Haec omnia tibi dabo, si cadens adoraveris me. 10 Tunc dicit ei Iesus: Vade Satana: Scriptum est
enim: Dominum Deum tuum adorabis,
et illi soli servies. 11 Tunc reliquit eum
diabolus: et ecce angeli accesserunt, et
ministrabant ei.

Iesus Christus in Galilaea

12 Cum autem audisset Iesus quod Ioannes traditus esset, secessit in Galilaeam:
13 et, relicta civitate Nazareth, venit, et
habitavit in Capharnaum maritima, in
finibus Zabulon et Nephthalim: 14 ut
adimpleretur quod dictum est per Isaiam
prophetam:

15 Terra Zabulon, et terra Nephthalim,
Via maris trans Iordanem,
Galilaea gentium:
16 Populus, qui sedebat in tenebris,
Vidit lucem magnam:
Et sedentibus in regione umbrae mortis,
Lux orta est eis.

17 Exinde coepit Iesus praedicare, et dicere: Poenitentiam agite: appropinquavit enim regnum caelorum.

3 **1-12:** Mc 1,2-8; Lc 3,1-18. — **2:** Mc 1,4; Lc 3,3. || Conc. Trid.: D 807. — **3:** Is 40,3; Io 1,23. — **4:** 4 Reg 1,8. — **7:** Gen 3. 15. — **8:** Conc. Trid.: D 807. — **9:** Io 8,33, 39. — **10:** Ps 1,3; Lc 13,7; Io 15,6. — **11:** Io 15, 1; Act 1,5; 11,16; 19,4. — **12:** Mt 13,30. || Conc. Constantinop. IV: D 338. — **13-17:** Mc 1,9-11; Lc 3,21-22. — **16:** Io 1,33. — **17:** Ps 2,8; Mt 12,18; 17,5. || Conc. Tolet.: D 19.

4 **1-11:** Mc 1,12-13; Lc 4,1-13. — **2:** Ex 34, 28; 3 Reg 19,8. — **6:** Ps 9,11-12. — **7:** Deut 6,16. — **10:** Deut 6,13. — **12:** Mc 1,14; Lc 4, 31. — **14:** Is 9,1-2. — **17:** Mc 1,14-15. || Conc.

Priorum discipulorum vocatio

18 Ambulans autem Iesus iuxta mare
Galilaeae, vidit duos fratres, Simonem,
qui vocatur Petrus, et Andream fratrem
eius, mittentes rete in mare (erant enim
piscatores), 19 et ait illis: Venite post me,
et faciam vos fieri piscatores hominum.
20 At illi continuo relictis retibus secuti
sunt eum. 21 Et procedens inde, vidit alios
duos fratres, Iacobum Zebedaei, et Ioannem fratrem eius, in navi cum Zebedaeo
patre eorum, reficientes retia sua: et vocavit eos. 22 Illi autem statim relictis retibus et patre, secuti sunt eum.
23 Et circuibat Iesus totam Galilaeam,
docens in synagogis eorum, et praedicans
evangelium regni: et sanans omnem languorem, et omnem infirmitatem in populo. 24 Et abiit opinio eius in totam Syriam, et obtulerunt ei omnes male habentes, variis languoribus, et tormentis comprehensos, et qui daemonia habebant, et
lunaticos, et paralyticos, et curavit eos:
25 et secutae sunt eum turbae multae de
Galilaea, et Decapoli, et de Ierosolymis,
et de Iudaea, et de trans Iordanem.

Sermo Montanus: Beatitudines

5 1 Videns autem Iesus turbas, ascen-
dit in montem, et cum sedisset, accesserunt ad eum discipuli eius, 2 et aperiens os suum docebat eos dicens:
3 Beati pauperes spiritu: quoniam ipsorum est regnum caelorum. 4 Beati mites:
quoniam ipsi possidebunt terram. 5 Beati
qui lugent: quoniam ipsi consolabuntur.
6 Beati qui esuriunt et sitiunt iustitiam:
quoniam ipsi saturabuntur. 7 Beati mise-
ricordes: quoniam ipsi misericordiam consequentur. 8 Beati mundo corde: quoniam
ipsi Deum videbunt. 9 Beati pacifici: quo-
niam filii Dei vocabuntur. 10 Beati qui persecutionem patiuntur propter iustitiam:
quoniam ipsorum est regnum caelorum.
11 Beati estis cum maledixerint vobis,
et persecuti vos fuerint, et dixerint omne
malum adversum vos mentientes, propter
me: 12 gaudete, et exsultate, quoniam merces vestra copiosa est in caelis. Sic enim
persecuti sunt prophetas, qui fuerunt ante vos.

Discipuli sal terrae et lux mundi

13 Vos estis sal terrae. Quod si sal eva-
nuerit, in quo salietur? ad nihilum valet
ultra, nisi ut mittatur foras, et conculcetur ab hominibus. 14 Vos estis lux mundi. Non potest civitas abscondi supra montem posita, 15 neque accendunt lucernam,
et ponunt eam sub modio, sed super candelabrum, ut luceat omnibus qui in domo
sunt. 16 Sic luceat lux vestra coram homi-
nibus: ut videant opera vestra bona, et
glorificent Patrem vestrum, qui in caelis est.

Iesus Christus et praecepta antiquae legis

17 Nolite putare quoniam veni solvere
legem, aut prophetas: non veni solvere,
sed adimplere. 18 Amen quippe dico vobis,
donec transeat caelum et terra, iota unum,
aut unus apex non praeteribit a lege, donec omnia fiant. 19 Qui ergo solverit unum
de mandatis istis minimis, et docuerit sic
homines, minimus vocabitur in regno caelorum: qui autem fecerit et docuerit, hic
magnus vocabitur in regno caelorum.
20 Dico enim vobis, quia nisi abundaverit
iustitia vestra plus quam scribarum, et
pharisaeorum, non intrabitis in regnum
caelorum.

Quinti praecepti declaratio

21 Audistis quia dictum est antiquis:
Non occides: qui autem occiderit, reus
erit iudicio. 22 Ego autem dico vobis:
quia omnis qui irascitur fatri suo, reus
erit iudicio. Qui autem dixerit fratri suo,
raca: reus erit concilio. Qui autem dixerit, fatue: reus erit gehennae ignis. 23 Si
ergo offers munus tuum ad altare, et ibi
recordatus fueris quia frater tuus habet
aliquid adversum te: 24 relinque ibi munus
tuum ante altare, et vade prius reconciliari fratri tuo: et tunc veniens offeres munus tuum. 25 Esto consentiens adversario
tuo cito dum es in via cum eo: ne forte
tradat te adversarius iudici, et iudex tradat te ministro: et in carcerem mittaris.
26 Amen dico tibi, non exies inde, donec
reddas novissimum quadrantem.

Trid.: D 807. — **18-22:** Mc 1,16-20; Lc 5,2-11; Io 1,40-42. — **23:** Mt 9,35; Mc 1,39; Lc 4,15. — **25:** Mc 3,7-8; Lc 6,17.

5 **1:** Mc 3,13; Lc 6,12.17. — **3-12:** Lc 6,20-23. — **3:** 1 Cor 1,26-30; Iac 2,5. || Enc. Leonis XIII: D 1852. — **4:** Ps 36,11. — **5:** Ps 125,5; Is 61,2-3; Apoc 7,17. — **6:** Eccli 24,28; Lc 18,9. — **7:** Mt 18,32-33; Iac 2,13. — **8:** Ps 23,3-4; Hebr 12,14. — **9:** Rom 15,33; 10,20. — **10:** Iac 1,2; 1 Petr 3,14. — **13:** Mc 9,50; Lc 14,34-35. — **14:** Mt 8,12. — **15:** Mc 4,25; Lc 8,16; 11,33. — **16:** 1 Petr 2,12. — **17:** Mt 3,15; Lc 16,17; Rom 3,30-31. || Epist. S. Siricii: D 89; Conc. Arausic. II: D 194. — **19:** Iac 3,10-11. — **21:** Ex 20,13: Deut 5,17; 1 Io 3,15. — **23:** Mc 11,25. — **25:** Lc 12,58-59. — **27:**

Sexti praecepti declaratio

27 Audistis quia dictum est antiquis:
Non moechaberis. 28 Ego autem dico vobis: quia omnis qui viderit mulierem ad
concupiscendum eam, iam moechatus est
eam in corde suo. 29 Quod si oculus tuus
dexter scandalizat te, erue eum, et proiice
abs te: expedit enim tibi ut pereat unum
membrorum tuorum, quam totum corpus tuum mittatur in gehennam. 30 Et si
dextra manus tua scandalizat te, abscide
eam, et proiice abs te: expedit enim tibi
ut pereat unum membrorum tuorum,
quam totum corpus tuum eat in gehennam.

31 Dictum est autem: Quicumque dimiserit uxorem suam, det ei libellum repudii.
32 Ego autem dico vobis: Quia omnis qui
dimiserit uxorem suam, excepta fornicationis causa, facit eam moechari: et qui
dimissam duxerit, adulterat.

Secundi praecepti declaratio

33 Iterum audistis quia dictum est antiquis: Non periurabis: reddes autem Domino iuramenta tua. 34 Ego autem dico
vobis, non iurare omnino, neque per caelum, quia thronus Dei est: 35 neque per
terram, quia scabellum est pedum eius:
neque per Ierosolymam, quia civitas est
magni regis: 36 neque per caput tuum iu-
raveris, quia non potes unum capillum
album facere, aut nigrum. 37 Sit autem
sermo vester, est, est: non, non: quod
autem his abundantius est, a malo est.

Declaratio legis talionis

38 Audistis quia dictum est: Oculum pro
oculo, et dentem pro dente. 39 Ego autem
dico vobis, non resistere malo: sed si quis
te percusserit in dexteram maxillam tuam,
praebe illi et alteram: 40 et ei, qui vult
tecum iudicio contendere, et tunicam tuam
tollere, dimitte ei et pallium: 41 et quicumque te angariaverit mille passus, vade
cum illo et alia duo. 42 Qui petit a te, da
ei: et volenti mutuari a te, ne avertaris.

Praeceptum dilectionis

43 Audistis quia dictum est: Diliges
proximum tuum, et odio habebis inimicum tuum. 44 Ego autem dico vobis: Diligite inimicos vestros, benefacite his qui
oderunt vos: et orate pro persequentibus
et calumniantibus vos: 45 ut sitis filii Patris vestri, qui in caelis est: qui solem suum
oriri facit super bonos et malos: et pluit
super iustos et iniustos. 46 Si enim diligitis
eos qui vos diligunt, quam mercedem habebitis? nonne et publicani hoc faciunt?
47 Et si salutaveritis fratres vestros tantum,
quid amplius facitis? nonne et ethnici hoc
faciunt? 48 Estote ergo vos perfecti, sicut
et Pater vester caelestis perfectus est.

Quomodo facienda sit eleemosyna

6 1 Attendite ne iustitiam vestram faciatis coram hominibus, ut videamini
ab eis: alioquin mercedem non habebitis
apud Patrem vestrum, qui in caelis est.
2 Cum ergo facis eleemosynam, noli
tuba canere ante te, sicut hypocritae faciunt in synagogis, et in vicis, ut honori-
ficentur ab hominibus. Amen dico vobis,
receperunt mercedem suam. 3 Te autem
faciente eleemosynam, nesciat sinistra tua
quid faciat dextera tua: 4 ut sit eleemosyna tua in abscondito, et Pater tuus, qui
videt in abscondito, reddet tibi.

Quomodo orandum

5 Et cum oratis, non eritis sicut hypocritae, qui amant in synagogis et in angulis
platearum stantes orare, ut videantur ab
hominibus: amen dico vobis, receperunt
mercedem suam. 6 Tu autem cum orave-
ris, intra in cubiculum tuum, et clauso
ostio, ora Patrem tuum in abscondito:
et Pater tuus, qui videt in abscondito, reddet tibi. 7 Orantes autem, nolite multum
loqui, sicut ethnici, putant enim quod in
multiloquio suo exaudiantur. 8 Nolite ergo
assimilari eis, scit enim Pater vester, quid
opus sit vobis, antequam petatis eum.
9 Sic ergo vos orabitis:

Pater noster, qui es in caelis: sanctificetur nomen tuum. 10 Adveniat regnum
tuum. Fiat voluntas tua, sicut in caelo, et
in terra. 11 Panem nostrum supersubstan-
tialem da nobis hodie. 12 Et dimitte nobis
debita nostra, sicut et nos dimittimus de-
bitoribus nostris. 13 Et ne nos inducas in
tentationem. Sed libera nos a malo. Amen.

14 Si enim dimiseritis hominibus pecca-

Ex 20,14; Deut 5,18. — **28:** Iob 31,1. || Enc. Pii XI: D 2231. — **29:** Mt 18,9; Mc 9,47. — **31:** Deut 24,4; Mt 19,7; Mc 10,4. — **32:** Mc 10,11; Lc 16,18; 1 Cor 7,10-11. || Epist. Alexandri III: D 395. — **33:** Ex 20,7; Lev 19,12; Deut 5,11. — **35:** Ps 47,3. — **38:** Ex 21,24; Lev 24, 19-20; Deut 19-21. — **39:** Lc 6,29-30; Rom 12,17; 1 Cor 6,7. — **42:** Lc 6,35. || Enc. Benedicti XIV: D 1479. — **43:** Lev 19,18; Deut 23,6-7. — **44:** Lc 6,27-28; 23,34; Rom 12,20; 1 Thess 5,15; 1 Petr 3,9. — **48:** Lev 19,2; Le 6, 36; 1 Petr 1,16. || Conc. Lateran. IV: D 432.

6 **3:** Mt 25,34-36; Rom 12,8. — **5:** Mt 23,6. — **6:** 4 Reg 4,33. — **7:** Is 1,15. — **9-13:** Lc 11,2-4. — **9:** Io 17,6; 1 Io 3,1-2. — **10:** Mt 7,21; Lc 22,42; Io 4,34; Rom 14,17. — **11:** Mt 6,25-34. || Conc. Trid.: D 882. — **12:** Mt 18,21-25. || Conc. Carthag. XVI: D 107 et 108; Conc. Trid.: D 804. — **13:** Io 17,11.15. || De gratia

ta eorum: dimittet et vobis Pater vester
caelestis delicta vestra. 15 Si autem non
dimiseritis hominibus: nec Pater vester
dimittet vobis peccata vestra.

Quomodo ieiunandum

16 Cum autem ieiunatis, nolite fieri sicut hypocritae tristes. Exterminant enim
facies suas, ut appareant hominibus ieiunantes. Amen dico vobis, quia receperunt
mercedem suam. 17 Tu autem, cum ieiu-
nas, unge caput tuum, et faciem tuam lava, 18 ne videaris hominibus ieiunans, sed
Patri tuo, qui est in abscondito: et Pater
tuus, qui videt in abscondito, reddet tibi.

De anxia rerum pereuntium cura

19 Nolite thesaurizare vobis thesauros
in terra: ubi aerugo, et tinea demolitur:
et ubi fures effodiunt, et furantur. 20 The-
saurizate autem vobis thesauros in caelo,
ubi neque aerugo, neque tinea demolitur,
et ubi fures non effodiunt, nec furantur.
21 Ubi enim est thesaurus tuus, ibi est et
cor tuum.

22 Lucerna corporis tui est oculus tuus.
Si oculus tuus fuerit simplex: totum corpus tuum lucidum erit. 23 Si autem oculus
tuus fuerit nequam: totum corpus tuum
tenebrosum erit. Si ergo lumen, quod in
te est, tenebrae sunt: ipsae tenebrae quantae erunt?

24 Nemo potest duobus dominis servire: aut enim unum odio habebit, et alterum diliget: aut unum sustinebit, et alterum contemnet. Non potestis Deo servire et mammonae.

25 Ideo dico vobis, ne solliciti sitis animae vestrae quid manducetis, neque corpori vestro quid induamini. Nonne anima plus est quam esca: et corpus plus
quam vestimentum? 26 Respicite volatilia
caeli, quoniam non serunt, neque metunt, neque congregant in horrea: et Pater vester caelestis pascit illa. Nonne vos
magis pluris estis illis? 27 Quis autem vestrum cogitans potest adiicere ad staturam
suam cubitum unum? 28 Et de vestimento
quid solliciti estis? Considerate lilia agri
quomodo crescunt: non laborant, neque
nent. 29 Dico autem vobis, quoniam nec
Salomon in omni gloria sua coopertus est
sicut unum ex istis. 30 Si autem foenum
agri, quod hodie est, et cras in clibanum
mittitur, Deus sic vestit, quanto magis
vos modicae fidei? 31 Nolite ergo solliciti
esse, dicentes: Quid manducabimus, aut
quid bibemus, aut quo operiemur? 32 haec
enim omnia gentes inquirunt. Scit enim
Pater vester, quia his omnibus indigetis.
33 Quaerite ergo primum regnum Dei, et
iustitiam eius: et haec omnia adiicientur
vobis. 34 Nolite ergo solliciti esse in crastinum. Crastinus enim dies sollicitus erit
sibi ipsi: sufficit diei malitia sua.

Minime de proximo iudicandum

7 1 Nolite iudicare, ut non iudicemini.
2 In quo enim iudicio iudicaveritis,
iudicabimini: et in qua mensura mensi
fueritis, remetietur vobis. 3 Quid autem
vides festucam in oculo fratris tui: et
trabem in oculo tuo non vides? 4 Aut
quomodo dicis fratri tuo: Sine eiiciam
festucam de oculo tuo, et ecce trabs est
in oculo tuo? 5 Hypocrita, eiice primum
trabem de oculo tuo, et tunc videbis eiicere festucam de oculo fratris tui. 6 Nolite
dare sanctum canibus: neque mittatis
margaritas vestras ante porcos, ne forte
conculcent eas pedibus suis, et conversi
dirumpant vos.

Orationis efficacia

7 Petite, et dabitur vobis: quaerite, et
invenitis: pulsate, et aperietur vobis. 8 Omnis enim qui petit, accipit: et qui quaerit,
invenit: et pulsanti aperietur. 9 Aut quis
est ex vobis homo, quem si petierit filius
suus panem, numquid lapidem porriget
ei? 10 Aut si piscem petierit, numquid serpentem porriget ei? 11 Si ergo vos, cum
sitis mali, nostis bona data dare filiis vestris: quanto magis Pater vester, qui in
caelis est, dabit bona petentibus se?

Lex charitatis

12 Omnia ergo quaecumque vultis ut
faciant vobis homines, et vos facite illis.
Haec est enim lex, et prophetae.

13 Intrate per angustam portam: quia
lata porta, et spatiosa via est, quae ducit ad perditionem, et multi sunt qui intrant per eam. 14 Quam angusta porta, et
arcta via est, quae ducit ad vitam: et pauci sunt qui inveniunt eam!

Vitandi falsi prophetae

15 Attendite a falsis prophetis, qui veniunt ad vos in vestimentis ovium, intrinsecus autem sunt lupi rapaces: 16 a fructibus eorum cognoscetis eos. Numquid
colligunt de spinis uvas, aut de tribulis

Dei Indiculus: D 141. — **15:** Mc 11,25. — **16:** Is 58,5-9; Zach 7,4-5. — **20:** Mt 19,21. — **22:** Lc 11,34-35. — **24:** Mt 16,13. — **25-34:** Lc 12,22-31; 1 Petr 5,7. — **26:** Iob 38,41. — **29:** 3 Reg 10,4-7. — **33:** 3 Reg 3,13-14; Rom 14,17. — **34:** Ex 16,19.

7 **1:** Lc 6,37; Rom 2,1; 1 Cor 4,5. — **2:** Mc 4,24. — **6:** Mt 15,26. — **7:** Ier 29,13-14; Mc 11,24; Lc 11,9-10; Io 14,13. || Enc. Pii XI: D 2276. — **13:** Lc 13,24. — **15:** Mt 24,11; Mc 13,22; Act 20,29. — **17:** Lc 6,44-45. — **19:** Mt 3,10; Lc 3,9; Io 15,2.6. — **21:** Lc 6,46; Rom

ficus? 17 Sic omnis arbor bona fructus
bonos facit: mala autem arbor malos
fructus facit. 18 Non potest arbor bona
malos fructus facere: neque arbor mala
bonos fructus facere. 19 Omnis arbor, quae
non facit fructum bonum, excidetur, et in
ignem mittetur. 20 Igitur ex fructibus eorum cognoscetis eos.

Deo non solum verbo sed opere obediendum

21 Non omnis qui dicit mihi, Domine,
Domine, intrabit in regnum caelorum:
sed qui facit voluntatem Patris mei, qui
in caelis est, ipse intrabit in regnum caelorum. 22 Multi dicent mihi in illa die:
Domine, Domine, nonne in nomine tuo
prophetavimus, et in nomine tuo daemonia eiecimus, et in nomine, tuo virtutes
multas fecimus? 23 Et tunc confitebor illis: Quia nunquam novi vos: discedite a
me, qui operamini iniquitatem.
24 Omnis ergo qui audit verba mea haec,
et facit ea, assimilabitur viro sapienti, qui
aedificavit domum suam supra petram,
25 et descendit pluvia, et venerunt flumina, et flaverunt venti, et irruerunt in domum illam, et non cecidit: fundata enim
erat super petram. 26 Et omnis qui audit
verba mea haec, et non facit ea, similis
erit viro stulto, qui aedificavit domum
suam super arenam: 27 et descendit pluvia, et venerunt flumina, et flaverunt venti, et irruerunt in domum illam, et cecidit, et fuit ruina illius magna.
28 Et factum est: cum consummasset
Iesus verba haec, admirabantur turbae
super doctrina eius. 29 Erat enim docens
eos sicut potestatem habens, et non sicut
scribae eorum, et pharisaei.

Iesu Christi varia miracula: Sanatur leprosus

8 1 Cum autem descendisset de monte,
secutae sunt eum turbae multae: 2 et
ecce leprosus veniens, adorabat eum, dicens: Domine, si vis, potes me mundare.
3 Et extendens Iesus manum, tetigit eum,
dicens: Volo. Mundare. Et confestim
mundata est lepra eius. 4 Et ait illi Iesus:
Vide, nemini dixeris: sed vade, ostende
te sacerdoti, et offer munus, quod praecepit Moyses, in testimonium illis.

Servus centurionis

5 Cum autem introisset Capharnaum,
accessit ad eum centurio, rogans eum, 6 et
dicens: Domine, puer meus iacet in domo
paralyticus, et male torquetur. 7 Et ait illi
Iesus: Ego veniam, et curabo eum. 8 Et
respondens centurio, ait: Domine, non
sum dignus ut intres sub tectum meum:
sed tantum dic verbo, et sanabitur puer
meus. 9 Nam et ego homo sum sub potestate constitutus, habens sub me milites,
et dico huic: Vade, et vadit: et alii: Veni,
et venit: et servo meo: Fac hoc, et facit.
10 Audiens autem Iesus miratus est, et sequentibus se dixit: Amen dico vobis, non
inveni tantam fidem in Israel. 11 Dico
autem vobis, quod multi ab oriente et occidente venient, et recumbent cum Abraham, et Isaac, et Iacob in regno caelorum:
12 filii autem regni eiicientur in tenebras
exteriores: ibi erit fletus et stridor dentium. 13 Et dixit Iesus centurioni: Vade,
et sicut credidisti, fiat tibi. Et sanatus est
puer in illa hora.

Socrus Simonis

14 Et cum venisset Iesus in domum Petri, vidit socrum eius iacentem, et febri-
citantem: 15 et tetigit manum eius, et dimisit eam febris, et surrexit, et ministrabat eis.

Sanantur multi

16 Vespere autem facto, obtulerunt ei
multos daemonia habentes: et eiiciebat
spiritus verbo: et omnes male habentes
curavit: 17 ut adimpleretur quod dictum
est per Isaiam prophetam, dicentem: Ipse,
infirmitates nostras accepit: et aegrotatio-
nes nostras portavit. 18 Videns autem Iesus turbas multas circum se, iussit ire
trans fretum.

Conditiones ad Christi sequelam

19 Et accedens unus scriba, ait illi: Magister, sequar te, quocumque ieris. 20 Et
dicit ei Iesus: Vulpes foveas habent, et
volucres caeli nidos; Filius autem hominis non habet ubi caput reclinet. 21 Alius
autem de discipulis eius ait illi: Domine,
permitte me primum ire, et sepelire patrem meum. 22 Iesus autem ait illi: Sequere me, et dimitte mortuos sepelire mortuos suos.

Tempestas in mari sedata

23 Et ascendente eo in naviculam, secuti sunt eum discipuli eius: 24 et ecce
motus magnus factus est in mari, ita ut
navicula operiretur fluctibus, ipse vero
dormiebat. 25 Et accesserunt ad eum dis-

2,13; Iac 1,22. — **22:** Ier 14,14; 27,15; Lc 13,25-26. — **24-27:** Lc 6,47-49. — **28:** Mt 22,33; Mc 1,22; 11,18; Lc 4,32; Io 7,46.

8 **2-4:** Mc 1,40-45; Lc 5,12-14. — **4:** Lev 14,2-32; Lc 17,14. — **5-13:** Lc 7,1-10; Io 4,47. — **11-12:** Ps 106,3; Is 49,12; 59,19; Mal 1,11; Lc 13,28-29. — **13:** Mt 15,28. — **14-17:** Mc 1,29.34; Lc 4,38-41. — **17:** Is 53,4. — **18:** Mc

puli eius, et suscitaverunt eum, dicentes:
Domine, salva nos, perimus. 26 Et dicit
eis Iesus: Quid timidi estis, modicae fidei?
Tunc surgens imperavit ventis, et mari,
et facta est tranquillitas magna. 27 Porro
homines mirati sunt, dicentes: Qualis est
hic, quia venti et mare obediunt ei?

Daemoniaci a daemone liberati

28 Et cum venisset trans fretum in regionem Gerasenorum, occurrerunt ei duo
habentes daemonia, de monumentis
exeuntes, saevi nimis, ita ut nemo posset
transire per viam illam. 29 Et ecce clamaverunt, dicentes: Quid nobis, et tibi, Iesu
fili Dei? Venisti huc ante tempus torquere
nos? 30 Erat autem non longe ab illis
grex multorum porcorum pascens. 31 Daemones autem rogabant eum, dicentes: Si
eiicis nos hinc, mitte nos in gregem porcorum. 32 Et ait illis: Ite. At illi exeuntes
abierunt in porcos, et ecce impetu abiit
totus grex per praeceps in mare: et mortui sunt in aquis. 33 Pastores autem fugerunt: et venientes in civitatem, nuntiaverunt omnia, et de eis qui daemonia habuerant. 34 Et ecce tota civitas exiit obviam Iesu: et viso eo, rogabant ut transiret a finibus eorum.

Paralyticus sanatur

9 1 Et ascendens in naviculam, transfretavit, et venit in civitatem suam.
2 Et ecce offerebant ei paralyticum iacentem in lecto. Et videns Iesus fidem illorum, dixit paralytico: Confide fili, remittuntur tibi peccata tua. 3 Et ecce quidam
de scribis dixerunt intra se: Hic blasphemat. 4 Et cum vidisset Iesus cogitationes
eorum, dixit: Ut quid cogitatis mala in
cordibus vestris? 5 Quid est facilius dicere: Dimittuntur tibi peccata tua: an dicere: Surge, et ambula? 6 Ut autem sciatis, quia Filius hominis habet potestatem
in terra dimittendi peccata, tunc ait paralytico: Surge, tolle lectum tuum, et vade in domum tuam. 7 Et surrexit, et abiit
in domum suam. 8 Videntes autem turbae timuerunt, et glorificaverunt Deum,
qui dedit potestatem talem hominibus.

Matthaei vocatio

9 Et, cum transiret inde Iesus, vidit hominem sedentem in telonio, Matthaeum
nomine. Et ait illi: Sequere me. Et surgens, secutus est eum. 10 Et factum est,
discumbente eo in domo, ecce multi publicani et peccatores venientes, discumbebant cum Iesu, et discipulis eius. 11 Et
videntes pharisaei, dicebant discipulis eius:
Quare cum publicanis et peccatoribus
manducat Magister vester? 12 At Iesus
audiens, ait: Non est opus valentibus medicus, sed male habentibus. 13 Euntes autem discite quid est: Misericordiam volo,
et non sacrificium. Non enim veni vocare
iustos, sed peccatores.
14 Tunc accesserunt ad eum discipuli
Ioannis, dicentes: Quare nos, et pharisaei,
ieiunamus frequenter: discipuli autem tui
non ieiunant? 15 Et ait illis Iesus: Numquid possunt filii sponsi lugere, quamdiu
cum illis est sponsus? Venient autem
dies cum auferetur ab eis sponsus: et
tunc ieiunabunt. 16 Nemo autem immittit
commissuram panni rudis in vestimentum
vetus: tollit enim plenitudinem eius a
vestimento: et peior scissura fit. 17 Neque
mittunt vinum novum in utres veteres:
alioquin rumpuntur utres, et vinum effunditur, et utres pereunt. Sed vinum novum
in utres novos mittunt: et ambo conservantur.

Sanatur hemorrhoissa

18 Haec illo loquente ad eos, ecce princeps unus accessit, et adorabat eum, dicens: Domine, filia mea modo defuncta
est: sed veni, impone manum tuam super
eam, et vivet. 19 Et surgens Iesus, sequebatur eum, et discipuli eius. 20 Et ecce
mulier, quae sanguinis fluxum patieba-
tur duodecim annis, accessit retro, et tetigit fimbriam vestimenti eius. 21 Dicebat
enim intra se: Si tetigero tantum vestimentum eius, salva ero. 22 At Iesus conversus, et videns eam, dixit: Confide
filia, fides tua te salvam fecit. Et salva
est mulier ex illa hora.

Filia Iairi

23 Et cum venisset Iesus in domum
principis, et vidisset tibicines et turbam
tumultuantem, dicebat: 24 Recedite: non
est enim mortua puella, sed dormit. Et
deridebant eum. 25 Et cum eiecta esset
turba, intravit: et tenuit manum eius. Et
surrexit puella. 26 Et exiit fama haec in
universam terram illam.

Duo caeci

27 Et transeunte inde Iesu, secuti sunt
eum duo caeci, clamantes, et dicentes:
Miserere nostri, fili David. 28 Cum autem
venisset domum, accesserunt ad eum caeci. Et dicit eis Iesus: Creditis quia hoc

4,35; Lc 8,22. — **19-22:** Lc 9,37-60. — **21:** 3 Reg 19,20. — **23-27:** Mc 4,30-40; Lc 8,22-25. — **28-34:** Mc 5,1-20; Lc 8,26-39. — **29:** Mc 1,24; Lc 4,34.41; 2 Petr 2,4.

9 **1:** Mc 5,21; Lc 8,40. — **2-8:** Mc 2,1-12; Lc 5,18-20. — **2:** Lc 7,48; Io 5,14. || Conc. Trid.: D 798. — **9-17:** Mc 2,13-22; Lc 5,27-39. **13:** Os 6,6. — **15:** Io 3,29. — **18-26:** Mc 5,22-

possum facere vobis? Dicunt ei: Utique,
Domine. 29 Tunc tetigit oculos eorum, dicens: Secundum fidem vestram fiat vobis. 30 Et aperti sunt oculi eorum: et
comminatus est illis Iesus dicens: Videte
ne quis sciat. 31 Illi autem exeuntes, dif-
famaverunt eum in tota terra illa.

Daemoniacus mutus

32 Egressis autem illis, ecce obtulerunt
ei hominem mutum, daemonium habentem. 33 Et eiecto daemonio, locutus est
mutus, et miratae sunt turbae, dicentes:
Nunquam apparuit sic in Israel. 34 Pharisaei autem dicebant: In principe daemoniorum eiicit daemones.

Multorum curatio

35 Et circuibat Iesus omnes civitates, et
castella, docens in synagogis eorum, et
praedicans evangelium regni, et curans
omnem languorem, et omnem infirmitatem. 36 Videns autem turbas, misertus est
eis: quia erant vexati, et iacentes sicut
oves non habentes pastorem. 37 Tunc dicit discipulis suis: Messis quidem multa,
operarii autem pauci. 38 Rogate ergo Dominum messis, ut mittat operarios in
messem suam.

Electio Apostolorum

10 1 Et convocatis duodecim discipulis suis, dedit illis potestatem spirituum immundorum, ut eiicerent eos, et
curarent omnem languorem, et omnem
infirmitatem. 2 Duodecim autem Apostolorum nomina sunt haec. Primus: Simon,
qui dicitur Petrus, et Andreas frater eius,
3 Iacobus Zebedaei, et Ioannes frater eius,
Philippus, et Bartholomaeus, Thomas, et
Matthaeus publicanus, Iacobus Alphaei,
et Thaddaeus, 4 Simon Chananaeus, et
Iudas Iscariotes, qui et tradidit eum.

Eorum institutio et missio

5 Hos duodecim misit Iesus: praecipiens
eis, dicens: In viam gentium ne abieritis,
et in civitates Samaritanorum ne intraveritis: 6 sed potius ite ad oves, quae perierunt domus Israel. 7 Euntes autem praedicate, dicentes: Quia appropinquavit regnum caelorum. 8 Infirmos curate, mortuos
suscitate, leprosos mundate, daemones
eiicite: gratis accepistis, gratis date. 9 Nolite possidere aurum, neque argentum,
neque pecuniam in zonis vestris: 10 non
peram in via, neque duas tunicas, neque
calceamenta, neque virgam: dignus enim
est operarius cibo suo. 11 In quamcumque
autem civitatem aut castellum intraveritis, interrogate, quis in ea dignus sit: et
ibi manete donec exeatis. 12 Intrantes autem in domum, salutate eam, dicentes:
Pax huic domui. 13 Et si quidem fuerit
domus illa digna, veniet pax vestra super
eam: si autem non fuerit digna, pax vestra revertetur ad vos. 14 Et quicumque
non receperit vos, neque audierit sermones vestros: exeuntes foras de domo, vel
civitate, excutite pulverem de pedibus vestris. 15 Amen dico vobis: Tolerabilius erit
terrae Sodomorum et Gomorrhaeorum
in die iudicii, quam illi civitati.

A quibusnam cavendum

16 Ecce ego mitto vos sicut oves in medio luporum. Estote ergo prudentes sicut
serpentes, et simplices sicut columbae.
17 Cavete autem ab hominibus. Tradent
enim vos in conciliis, et in synagogis suis
flagellabunt vos: 18 et ad praesides, et
ad reges ducemini propter me in testimonium illis, et gentibus. 19 Cum autem
tradent vos, nolite cogitare quomodo, aut
quid loquamini: dabitur enim vobis in
illa hora, quid loquamini: 20 non enim
vos estis qui loquimini, sed Spiritus Patris
vestri, qui loquitur in vobis. 21 Tradet autem frater fratrem in mortem, et pater
filium: et insurgent filii in parentes, et
morte eos afficient: 22 et eritis odio omnibus propter nomen meum: qui autem
perseveraverit usque in finem, hic salvus
erit.

Persecutiones non timendae

23 Cum autem persequentur vos in civitate ista, fugite in aliam. Amen dico vobis, non consummabitis civitates Israel,
donec veniat Filius hominis. 24 Non est
discipulus super magistrum, nec servus
super dominum suum: 25 sufficit discipulo
ut sit sicut magister eius: et servo, sicut
dominus eius. Si patrem familias Beelzebub vocaverunt: quanto magis domesticos eius? 26 Ne ergo timueritis eos. Nihil
enim est opertum, quod non revelabitur:
et occultum, quod non scietur. 27 Quod
dico vobis in tenebris, dicite in lumine:
et quod in aure auditis, praedicate super
tecta.

43; Lc 8,41-56. — **18:** Mt 14,36. — **32:** Mt 12,22; Lc 11,14. — **35:** Mt 4,23; Mc 6,34. — **36:** Ez 34,5. — **37:** Lc 10,2; Io 4,35. || Enc. Pii XI: D 2222.

10 **1:** Mc 6,7; Lc 9,1-2. — **2-4:** Mc 3,14-19; Lc 6,13-16; Act 1,13. — **6:** Ier 50,6; Mt 15,24; Act 13,46; Rom 15,8. — **7:** Mc 6,12; Lc 10,9. — **9-15:** Mc 6,8-11; Lc 9,3-5; 10,4-12; 22,35. — **11:** Num 18,31; 1 Tim 5,18. — **16:** Lc 10,3; Io 10,12; Act 20,29. — **17:** Mc 13,9; Lc 21,12-13. — **19-22:** Mc 13,11-13; Lc 12,11-12; 21,12-19; Io 14,26-27. — **22:** Io 15,21. || Conc. Valent.: D 324; Conc. Trid.: D 806 et 809; Conc. Vatic.: D 1793. — **24:** Lc 6,40; Io 13,16; 15,20. — **26:** Mc 4,22; Lc 8,17;

28 Et nolite timere eos qui occidunt
corpus, animam autem non possunt occidere: sed potius timete eum, qui potest
et animam et corpus perdere in gehennam. 29 Nonne duo passeres asse ve-
neunt: et unus ex illis non cadet super
terram sine Patre vestro? 30 Vestri autem
capilli capitis omnes numerati sunt. 31 Nolite ergo timere; multis passeribus meliores estis vos. 32 Omnis ergo qui confitebitur me coram hominibus, confitebor et
ego eum coram Patre meo, qui in caelis
est. 33 Qui autem negaverit me coram hominibus, negabo et ego eum coram Patre
meo, qui in caelis est.

34 Nolite arbitrari quia pacem venerim
mittere in terram: non veni pacem mittere, sed gladium: 35 veni enim separare
hominem adversus patrem suum, et filiam
adversus matrem suam: et nurum adversus socrum suam: 36 et inimici hominis,
domestici eius. 37 Qui amat patrem aut
matrem plus quam me, non est me dignus: et qui amat filium aut filiam super
me, non est me dignus. 38 Et qui non
accipit crucem suam, et sequitur me, non
est me dignus. 39 Qui invenit animam
suam, perdet illam: et qui perdiderit animam suam propter me, inveniet eam.
40 Qui recipit vos, me recipit: et qui me
recipit, recipit eum qui me misit. 41 Qui
recipit prophetam in nomine prophetae,
mercedem prophetae accipiet: et qui recipit iustum in nomine iusti, mercedem
iusti accipiet. 42 Et quicumque potum dederit uni ex minimis istis calicem aquae
frigidae tantum in nomine discipuli: amen
dico vobis, non perdet mercedem suam.

11 1 Et factum est, cum consummasset Iesus, praecipiens duodecim discipulis suis, transiit inde ut doceret, et
praedicaret in civitatibus eorum.

Ioannis Baptistae legatio

2 Ioannes autem cum audisset in vinculis opera Christi, mittens duos de discipulis suis, 3 ait illi: Tu es, qui venturus
es, an alium exspectamus? 4 Et respondens
Iesus ait illis: Euntes renuntiate Ioanni
quae audistis, et vidistis. 5 Caeci vident,
claudi ambulant, leprosi mundantur, surdi audiunt, mortui resurgunt, pauperes
evangelizantur: 6 et beatus est, qui non
fuerit scandalizatus in me.

Ioannis laus

7 Illis autem abeuntibus, coepit Iesus
dicere ad turbas de Ioanne: Quid existis
in desertum videre? arundinem vento agitatam? 8 Sed quid existis videre? hominem mollibus vestitum? Ecce qui mollibus vestiuntur, in domibus regum sunt.
9 Sed quid existis videre? prophetam?
Etiam dico vobis, et plus quam prophetam. 10 Hic est enim de quo scriptum
est: Ecce ego mitto angelum meum ante
faciem tuam, qui praeparabit viam tuam
ante te.

11 Amen dico vobis, non surrexit inter
natos mulierum maior Ioanne Baptista:
qui autem minor est in regno caelorum,
maior est illo. 12 A diebus autem Ioannis
Baptistae usque nunc, regnum caelorum
vim patitur, et violenti rapiunt illud. 13 Omnes enim prophetae et lex usque ad Ioannem prophetaverunt: 14 et si vultis recipere, ipse est Elias, qui venturus est.
15 Qui habet aures audiendi, audiat.

Parabola puerorum ludentium in foro

16 Cui autem similem aestimabo generationem istam? Similis est pueris sedentibus in foro: qui clamantes coaequalibus
17 dicunt: Cecinimus vobis, et non saltastis: lamentavimus, et non planxistis. 18 Venit enim Ioannes neque manducans, neque bibens, et dicunt: Daemonium habet.
19 Venit Filius hominis manducans, et bibens, et dicunt: Ecce homo vorax, et
potator vini, publicanorum et peccatorum amicus. Et iustificata est sapientia a
filiis suis.

Exprobrantur tres civitates

20 Tunc coepit exprobrare civitatibus, in
quibus factae sunt plurimae virtutes eius,
quia non egissent poenitentiam. 21 Vae
tibi Corozain, vae tibi Bethsaida: quia, si
in Tyro et Sidone factae essent virtutes
quae factae sunt in vobis, olim in cilicio
et cinere poenitentiam egissent. 22 Verumtamen dico vobis: Tyro et Sidoni remissius erit in die iudicii, quam vobis. 23 Et
tu Capharnaum, numquid usque in caelum exaltaberis? usque in infernum descendes, quia, si in Sodomis factae fuissent
virtutes quae factae sunt in te, forte man-
sissent usque in hanc diem. 24 Verumtamen dico vobis, quia terrae Sodomorum
remissius erit in die iudicii, quam tibi.

12,2. — **33:** Mc 8,38; Lc 9,26; 2 Tim 2,12; Apoc 3,5. — **34:** Lc 12,51. — **37:** Deut 33,9; Lc 14,26. — **38-39:** Mt 16,24-25; Mc 8,34-35; Lc 9,23-24; 17,33; Io 12,25. — **40:** Mt 18,5; Mc 9,36; Lc 10,16; Io 13,20. || Conc. Constantinop. IV: D 341; Conc. Rom.: D 342. — **42:** Mc 9,40. || Conc. Trid.: D 810.

11 **1:** Mt 7,28; 13,53; 19,1; 26,1. — **2-19:** Lc 7,18-35. — **2:** Mt 14,3. — **10:** Ex 23, 20; Mal 3,1; Mc 1,2; Io 3,28. — **11:** Mt 13, 17. — **12:** Lc 16,16. — **14:** Mal 4,5. — **16:** Lc 7,32. — **20-24:** Mt 12,41; Lc 10,12-15; 11,31-32. — **25-27:** Lc 10,21-22. — **25:** Eccli 51,1; 1 Cor 1,26. || Alloc. Pii IX: D 1644; Conc.

Patris confessio

25 In illo tempore respondens Iesus dixit: Confiteor tibi, Pater, Domine caeli
et terrae, quia abscondisti haec a sapientibus, et prudentibus, et revelasti ea parvulis. 26 Ita Pater: quoniam sic fuit placitum ante te. 27 Omnia mihi tradita sunt
a Patre meo. Et nemo novit Filium, nisi
Pater: neque Patrem quis novit, nisi Filius, et cui voluerit Filius revelare.
28 Venite ad me omnes qui laboratis,
et onerati estis, et ego reficiam vos. 29 Tollite iugum meum super vos, et discite a
me, quia mitis sum, et humilis corde: et
invenietis requiem animabus vestris. 30 Iugum enim meum suave est, et onus meum
leve.

Discipuli spicas vellentes

12 1 In illo tempore abiit Iesus per
sata sabbato: discipuli autem eius
esurientes coeperunt vellere spicas, et
manducare. 2 Pharisaei autem videntes,
dixerunt ei: Ecce disciputi tui faciunt quod
non licet facere sabbatis. 3 At ille dixit eis:
Non legistis quid fecerit David, quando
esuriit, et qui cum eo erant: 4 quomodo
intravit in domum Dei, et panes propositionis comedit, quos non licebat ei edere,
neque his qui cum eo erant, nisi solis
sacerdotibus? 5 Aut non legistis in lege
quia sabbatis sacerdotes in templo sabbatum violant, et sine crimine sunt? 6 Dico
autem vobis, quia templo maior est hic.
7 Si autem sciretis, quid est: Misericordiam volo, et non sacrificium: nunquam
condemnassetis innocentes: 8 Dominus
enim est Filius hominis etiam sabbati.

Manus arida restituta

9 Et cum inde transisset, venit in synagogam eorum. 10 Et ecce homo manum
habens aridam, et interrogabant eum, dicentes: Si licet sabbatis curare? ut accusarent eum. 11 Ipse autem dixit illis: Quis
erit ex vobis homo, qui habeat ovem
unam, et si ceciderit haec sabbatis in foveam, nonne tenebit et levabit eam?
12 Quanto magis melior est homo ove?
Itaque licet sabbatis benefacere. 13 Tunc
ait homini: Extende manum tuam. Et extendit, et restituta est sanitati sicut altera.
14 Exeuntes autem pharisaei, consilium
faciebant adversus eum, quomodo perderent eum. 15 Iesus autem sciens recessit
inde: et secuti sunt eum multi, et curavit
eos omnes: 16 et praecepit eis ne manifestum eum facerent. 17 Ut adimpleretur
quod dictum est per Isaiam prophetam,
dicentem:
18 Ecce puer meus, quem elegi, dilectus meus, in quo bene complacuit animae
meae. Ponam spiritum meum super eum,
et iudicium gentibus nuntiabit. 19 Non
contendet, neque clamabit, neque audiet
aliquis in plateis vocem eius: 20 arundinem
quassatam non confringet, et linum fumigans non extinguet, donec eiiciat ad
victoriam iudicium: 21 et in nomine eius
gentes sperabunt.

Daemoniacus caecus sanatus

22 Tunc oblatus est ei daemonium habens, caecus, et mutus, et curavit eum
ita ut loqueretur, et videret. 23 Et stupebant omnes turbae, et dicebant: Numquid
hic est filius David? 24 Pharisaei autem
audientes, dixerunt: Hic non eiicit daemones nisi in Beelzebub principe daemoniorum. 25 Iesus autem sciens cogitationes eorum, dixit eis: Omne regnum divisum contra se desolabitur: et omnis civitas vel domus divisa contra se, non
stabit. 26 Et si Satanas Satanam eiicit, adversus se divisus est: quomodo ergo stabit regnum eius? 27 Et si ego in Beelzebub eiicio daemones, filii vestri in quo
eiiciunt? Ideo ipsi iudices vestri erunt. 28 Si
autem ego in spiritu Dei eiicio daemones,
igitur pervenit in vos regnum Dei. 29 Aut
quomodo potest quisquam intrare in domum fortis, et vasa eius diripere, nisi
prius alligaverit fortem? et tunc domum
illius diripiet. 30 Qui non est mecum, contra me est; et qui non congregat mecum,
spargit.
31 Ideo dico vobis: Omne peccatum et
blasphemia remittetur hominibus, spiritus autem blasphemia non remittetur. 32 Et
quicumque dixerit verbum contra Filium
hominis, remittetur ei: qui autem dixerit
contra Spiritum sanctum, non remittetur
ei, neque in hoc saeculo, neque in futuro.
33 Aut facite arborem bonam, et fructum
eius bonum: aut facite arborem malam,
et fructum eius malum: siquidem ex fructu arbor agnoscitur. 34 Progenies viperarum, quomodo potestis bona loqui, cum
sitis mali? ex abundantia enim cordis os
loquitur. 35 Bonus homo de bono the-

Vatic.: D 1795. — **27:** Mt 28,18; Io 3,35; 13,3; 17,2. — **29:** Is 42,2; Zach 9,9. || Epist. Leonis XIII: D 1972. — **30:** 1 Io 5,3. || Conc. Trid.: D 804.

12 **1-8:** Mc 2,23-28; Lc 6,1-5. — **1:** Deut 23-35. — **3:** Lev 24,5; 1 Sam 21,1-6. — **5:** Num 28,9-10. — **7:** Os 6,6; Mt 9,13. — **9-14:** Mc 3,1-6; Lc 6,6-11; 14,3. — **15:** Mt 8,4; Mc 3,7. — **18:** Is 42,1-3. — **22:** Mc 3,22; Lc 11,14. — **25-30:** Mc 3,23-30; Lc 11,17-23. — **25:** Mt 9,4. — **29:** Is 53,12. || De gratia Dei Indiculus: D 140. — **30:** Mc 9,40; Lc 11,23. — **31:** Mc 3,28; Lc 12,10. — **32:** Tomus Gelasii: D 167; Epist. Innoc. IV: D 456. — **33:** Mt 7,16; Lc 6,43. — **36:** Iac 3,1. — **38-42:** Lc 11,

sauro profert bona: et malus homo de
malo thesauro profert mala. 36 Dico autem vobis quoniam omne verbum otio-
sum, quod locuti fuerint homines, reddent rationem de eo in die iudicii. 37 Ex
verbis enim tuis iustificaberis et ex verbis tuis condemnaberis.

Signum de caelo

38 Tunc responderunt ei quidam de scribis et pharisaeis, dicentes: Magister, volumus a te signum videre. 39 Qui respondens ait illis: Generatio mala et adultera
signum quaerit: et signum non dabitur
ei nisi signum Ionae prophetae. 40 Sicut
enim fuit Ionas in ventre ceti tribus diebus, et tribus noctibus, sic erit Filius hominis in corde terrae tribus diebus et
tribus noctibus. 41 Viri Ninivitae surgent
in iudicio cum generatione ista, et condemnabunt eam: quia poenitentiam egerunt in praedicatione Ionae. Et ecce plus
quam Ionas hic. 42 Regina austri surget
in iudicio cum generatione ista, et condemnabit eam: quia venit a finibus terrae
audire sapientiam Salomonis, et ecce plus
quam Salomon hic.
43 Cum autem immundus spiritus exierit ab homine, ambulat per loca arida,
quaerens requiem, et non invenit. 44 Tunc
dicit: Revertar in domum meam, unde
exivi. Et veniens invenit eam vacantem,
scopis mundatam, et ornatam. 45 Tunc vadit, et assumit septem alios spiritus secum nequiores se, et intrantes habitant
ibi: et fiunt novissima hominis illius peiora prioribus. Sic erit et generationi huic
pessimae.

Iesu mater et fratres

46 Adhuc eo loquente ad turbas, ecce
mater eius et fratres stabant foris, quaerentes loqui ei. 47 Dixit autem ei quidam:
Ecce mater tua, et fratres tui foris stant
quaerentes te. 48 At ipse respondens di-
centi sibi, ait: Quae est mater mea, et
qui sunt fratres mei? 49 Et extendens manum in discipulos suos, dixit: Ecce mater mea, et fratres mei. 50 Quicumque
enim fecerit voluntatem Patris mei, qui
in caelis est, ipse meus frater, et soror,
et mater est.

Parabola seminantis

13 1 In illo die exiens Iesus de domo,
sedebat secus mare. 2 Et congregatae sunt ad eum turbae multae, ita ut in
naviculam ascendens sederet: et omnis
turba stabat in littore, 3 et locutus est eis
multa in parabolis, dicens: Ecce exiit qui
seminat, seminare. 4 Et dum seminat,
quaedam ceciderunt secus viam, et venerunt volucres caeli, et comederunt ea.
5 Alia autem ceciderunt in petrosa, ubi
non habebant terram multam: et continuo exorta sunt, quia non habebant altitudinem terrae: 6 sole autem orto aestua-
verunt: et quia non habebant radicem,
aruerunt. 7 Alia autem ceciderunt in spinas: et creverunt spinae, et suffocaverunt
ea. 8 Alia autem ceciderunt in terram bonam: et dabant fructum, aliud centesimum, aliud sexagesimum, aliud trigesimum. 9 Qui habet aures audiendi, audiat.

Ratio sermonis parabolici

10 Et accedentes discipuli dixerunt ei:
Quare in parabolis loqueris eis? 11 Qui
respondens, ait illis: Quia vobis datum
est nosse mysteria regni caelorum: illis
autem non est datum. 12 Qui enim habet,
dabitur ei, et abundabit: qui autem non
habet, et quod habet auferetur ab eo.
13 Ideo in parabolis loquor eis: quia videntes non vident, et audientes non audiunt, neque intelligunt. 14 Et adimpletur
in eis prophetia Isaiae, dicentis: Auditu
audietis, et non intelligetis: et videntes
videbitis, et non videbitis. 15 Incrassatum
est enim cor populi huius, et auribus graviter audierunt, et oculos suos clauserunt:
ne quando videant oculis, et auribus audiant, et corde intelligant, et convertantur, et sanem eos. 16 Vestri autem beati
oculi quia vident, et aures vestrae quia
audiunt. 17 Amen quippe dico vobis, quia
multi prophetae et iusti cupierunt videre
quae videtis, et non viderunt: et audire
quae auditis, et non audierunt.

Declaratio parabolae seminantis

18 Vos ergo audite parabolam seminantis. 19 Omnis qui audit verbum regni, et
non intelligit, venit malus, et rapit quod
seminatum est in corde eius: hic est qui
secus viam seminatus est. 20 Qui autem
super petrosa seminatus est, hic est qui
verbum audit, et continuo cum gaudio
accipit illud: 21 non habet autem in se radicem, sed est temporalis: facta autem
tribulatione et persecutione propter verbum, continuo scandalizatur. 22 Qui autem seminatus est in spinis, hic est qui
verbum audit, et sollicitudo saeculi istius,
et fallacia divitiarum suffocat verbum, et

16.29-32. — **38:** Mt 16,1; 1 Cor 1,22. — **39:** Mc 8,11; Lc 11,29. — **40:** Io 2,1; 3,5. — **42:** 3 Reg 10,1-10. — **43-45:** Lc 11,24-26. — **45:** 2 Petr 2, 20. — **46-50:** Mc 3,31-35; Lc 8,19-21.

13 **1-23:** Mc 4,1-25; Lc 8,4-18. — **12:** Mt 25,29; Mc 4,25; Lc 8,18. — **13-14:** Deut 29,4; Is 6,9-10; Ier 5,21; Io 12,40; Act 28,26; Rom 11,8. — **16:** Mt 16,17; Lc 10,23. — **18:** Mc 4,13; Lc 8,11. — **24-30:** Mc 4,26-29. — **25:** Epist.

sine fructu efficitur. 23 Qui vero in terram
bonam seminatus est, hic est qui audit
verbum, et intelligit, et fructum affert, et
facit aliud quidem centesimum, aliud autem sexagesimum, aliud vero trigesimum.

Parabola zizaniorum

24 Aliam parabolam proposuit illis, dicens: Simile factum est regnum caelorum
homini, qui seminavit bonum semen in
agro suo: 25 cum autem dormirent homines, venit inimicus eius, et supersemina-
vit zizania in medio tritici, et abiit. 26 Cum
autem crevisset herba, et fructum fecisset,
tunc apparuerunt et zizania. 27 Accedentes autem servi patrisfamilias, dixerunt
ei: Domine, nonne bonum semen seminasti in agro tuo? Unde ergo habet zizania? 28 Et ait illis: Inimicus homo hoc
fecit. Servi autem dixerunt ei: Vis, imus,
et colligimus ea? 29 Et ait: Non: ne forte
colligentes zizania, eradicetis simul cum
eis et triticum. 30 Sinite utraque crescere
usque ad messem, et in tempore messis
dicam messoribus: Colligite primum zizania, et alligate ea in fasciculos ad comburendum, triticum autem congregate in horreum meum.

Parabola de grano sinapis et de fermento

31 Aliam parabolam proposuit eis dicens: Simile est regnum caelorum grano
sinapis, quod accipiens homo seminavit
in agro suo: 32 quod minimum quidem
est omnibus seminibus: cum autem creverit, maius est omnibus oleribus, et fit
arbor, ita ut volucres caeli veniant, et
habitent in ramis eius.
33 Aliam parabolam locutus est eis. Simile est regnum caelorum fermento, quod
acceptum mulier abscondit in farinae satis tribus, donec fermentatum est
totum. 34 Haec omnia locutus est Iesus
in parabolis ad turbas: et sine parabolis non loquebatur eis: 35 ut impleretur quod dictum erat per prophetam
dicentem: Aperiam in parabolis os meum,
eructabo abscondita a mundi constitutione.

Declaratio parabolae zizaniorum

36 Tunc, dimissis turbis, venit in domum: et accesserunt ad eum discipuli
eius, dicentes: Edissere nobis parabolam
zizaniorum agri. 37 Qui respondens ait
illis: Qui seminat bonum semen, est Filius
hominis. 38 Ager autem est mundus. Bonum vero semen, hi sunt filii regni. Zizania autem, filii sunt nequam. 39 Inimicus
autem, qui seminavit ea, est diabolus.
Messis vero, consummatio saeculi est.
Messores autem, angeli sunt. 40 Sicut ergo
colliguntur zizania, et igni comburuntur:
sic erit in consummatione saeculi. 41 Mittet Filius hominis angelos suos, et colligent de regno eius omnia scandala, et eos
qui faciunt iniquitatem: 42 et mittent eos
in caminum ignis. Ibi erit fletus et stridor
dentium. 43 Tunc iusti fulgebunt sicut sol
in regno Patris eorum. Qui habet aures
audiendi, audiat.

Parabola thesauri absconditi et margaritae

44 Simile est regnum caelorum thesauro
abscondito in agro: quem qui invenit
homo, abscondit, et prae gaudio illius
vadit, et vendit universa quae habet, et
emit agrum illum.
45 Iterum simile est regnum caelorum
homini negotiatori, quaerenti bonas margaritas. 46 Inventa autem una pretiosa
margarita, abiit, et vendidit omnia quae
habuit, et emit eam.

Parabola sagenae missae in mare

47 Iterum simile est regnum caelorum
sagenae missae in mare, et ex omni genere piscium congreganti. 48 Quam, cum
impleta esset, educentes, et secus littus
sedentes, elegerunt bonos in vasa, malos
autem foras miserunt. 49 Sic erit in consummatione saeculi: exibunt angeli, et se-
parabunt malos de medio iustorum, 50 et
mittent eos in caminum ignis: ibi erit fletus, et stridor dentium.
51 Intellexistis haec omnia? Dicunt ei:
Etiam. 52 Ait illis: Ideo omnis scriba doctus in regno caelorum, similis est homini
patrifamilias, qui profert de thesauro suo
nova et vetera. 53 Et factum est, cum consummasset Iesus parabolas istas, transiit
inde.

Iesus in patria sua

54 Et veniens in patriam suam, docebat
eos in synagogis eorum, ita ut mirarentur,
et dicerent: Unde huic sapientia haec,
et virtutes? 55 Nonne hic est fabri filius?
Nonne mater eius dicitur Maria, et fratres eius, Iacobus, et Ioseph, et Simon, et
Iudas? 56 et sorores eius, nonne omnes
apud nos sunt? Unde ergo huic omnia

Pelagii II: D 246. — 31: Mc 4,30; Lc 13,18 — 33: Lc 13,20; 1 Cor 5,6. — 34-35: Mc 4,33-34. — 35: Ps 77,2. — 39: Apoc 14,15. — 40: Io 15,6. — 42: Mt 8,12. — 43: Sap 3,7; Dan 12, 3. — 44: Prov 2,4; Mt 19,29; Lc 14,33; Phil 3, 7. — 46: Prov 8,10. — 54-58: Mc 6,1-6; Lc 4, 16-30. — 55: Mt 12,46.

ista? 57 Et scandalizabantur in eo. Iesus
autem dicit eis: Non est propheta sine
honore, nisi in patria sua, et in domo sua.
58 Et non fecit ibi virtutes multas propter
incredulitatem illorum.

Ioannis Baptistae martyrium

14 1 In illo tempore audivit Herodes
tetrarcha famam Iesu: 2 et ait pueris suis: Hic est Ioannes Baptista: ipse
surrexit a mortuis, et ideo virtutes operantur in eo. 3 Herodes enim tenuit Ioannem,
et alligavit eum: et posuit in carcerem
propter Herodiadem uxorem fratris sui.
4 Dicebat enim illi Ioannes: Non licet tibi
habere eam. 5 Et volens illum occidere,
timuit populum: quia sicut prophetam
eum habebant. 6 Die autem natalis Herodis saltavit filia Herodiadis in medio, et
placuit Herodi. 7 Unde cum iuramento
pollicitus est ei dare quodcumque postulasset ab eo. 8 At illa praemonita a matre
sua: Da mihi, inquit, hic in disco caput
Ioannis Baptistae. 9 Et contristatus est
rex: propter iuramentum autem, et eos
qui pariter recumbebant, iussit dari. 10 Misitque et decollavit Ioannem in carcere.
11 Et allatum est caput eius in disco, et
datum est puellae, et attulit matri suae.
12 Et accedentes discipuli eius, tulerunt
corpus eius, et sepelierunt illud: et venientes nuntiaverunt Iesu.

Iesus secedens in desertum multiplicat panes

13 Quod cum audisset Iesus, secessit inde
in navicula, in locum desertum seorsum:
et cum audissent turbae, secutae sunt eum
pedestres de civitatibus. 14 Et exiens vidit
turbam multam, et misertus est eis, et curavit languidos eorum. 15 Vespere autem facto, accesserunt ad eum discipuli eius, dicentes: Desertus est locus, et hora iam praeteriit: dimitte turbas, ut euntes in castella, emant sibi escas. 16 Iesus autem dixit
eis: Non habent necesse ire: date illis
vos manducare. 17 Responderunt ei: Non
habemus hic nisi quinque panes et duos
pisces. 18 Qui ait eis: Afferte mihi illos
huc. 19 Et cum iussisset turbam discumbere super foenum, acceptis quinque panibus et duobus piscibus, aspiciens in
caelum benedixit, et fregit, et dedit discipulis panes, discipuli autem turbis. 20 Et
manducaverunt omnes, et saturati sunt.
Et tulerunt reliquias, duodecim cophinos
fragmentorum plenos. 21 Manducantium
autem fuit numerus, quinque millia virorum, exceptis mulieribus et parvulis.

Nocte venit ad discipulos navigantes

22 Et statim compulit Iesus discipulos
ascendere in naviculam, et praecedere
eum trans fretum, donec dimitteret turbas. 23 Et dimissa turba, ascendit in montem solus orare. Vespere autem facto solus
erat ibi: 24 navicula autem in medio mari
iactabatur fluctibus: erat enim contrarius
ventus. 25 Quarta autem vigilia noctis, venit ad eos ambulans super mare. 26 Et
videntes eum super mare ambulantem,
turbati sunt, dicentes: Quia phantasma
est. Et prae timore clamaverunt. 27 Statimque Iesus locutus est eis, dicens: Habete fiduciam: ego sum, nolite timere.
28 Respondens autem Petrus dixit: Domine, si tu es, iube me ad te venire super
aquas. 29 At ipse ait: Veni. Et descendens
Petrus de navicula, ambulabat super
aquam ut veniret ad Iesum. 30 Videns vero
ventum validum, timuit: et cum coepisset
mergi, clamavit dicens: Domine, salvum
me fac. 31 Et continuo Iesus extendens
manum, apprehendit eum: et ait illi: Modicae fidei, quare dubitasti? 32 Et cum ascendissent in naviculam, cessavit ventus.
33 Qui autem in navicula erant, venerunt,
et adoraverunt eum, dicentes: Vere Filius
Dei es.
34 Et cum transfretassent venerunt in
terram Genesar. 35 Et cum cognovissent
eum viri loci illius, miserunt in universam
regionem illam, et obtulerunt ei omnes
male habentes: 36 et rogabant eum ut vel
fimbriam vestimenti eius tangerent. Et
quicumque tetigerunt, salvi facti sunt.

Traditiones seniorum

15 1 Tunc accesserunt ad eum ab Ierosolymis scribae et pharisaei, dicentes: 2 Quare discipuli tui transgrediuntur
traditionem seniorum? non enim lavant
manus suas cum panem manducant. 3 Ipse
autem respondens ait illis: Quare et vos
transgredimini mandatum Dei propter traditionem vestram? Nam Deus dixit: 4 Honora patrem, et matrem: et: Qui maledixerit patri, vel matri, morte moriatur.
5 Vos autem dicitis: Quicumque dixerit
patri, vel matri, Munus, quodcumque est
me, tibi proderit: 6 et non honorificabit

14 **1-12:** Mc 6,14-29; Lc 9,7-9. — **3:** Mt 11, 2; Lc 3,19. — **4:** Lev 18,16; 20,21; 21, 26. — **10:** Mt 17,12. — **13-21:** Mc 6,31-44; Lc 9,10-17; Io 6,1-13. — **14:** Mt 9,36. — **20:** 4 Reg 4,44. — **22-23:** Mc 6,45-53; Io 6,15-22. — **23:** Lc 6,12; 9,18. — **25:** Ps 76,20; Is 43,16. — **26:** Lc 24,37. — **31:** Mt 6,30; 28,17. — **33:** Mt 16, 16. || Resp. Comm. de Re Biblica: D 2154. — **34-36:** Mc 6,53-56. — **36:** Num 15,38; Lc 6,19.

15 **1-20:** Mc 7,1-23. — **2:** Lc 11,38. — **4:** Ex 20,12; 21,17; Lev 20,9; Deut 5,16;

patrem suum, aut matrem suam: et irritum fecistis mandatum Dei propter traditionem vestram. 7 Hypocritae, bene prophetavit de vobis Isaias, dicens: 8 Populus hic labiis me honorat: cor autem eorum longe est a me. 9 Sine causa autem colunt me, docentes doctrinas et mandata hominum.

Quid coinquinat hominem

10 Et convocatis ad se turbis, dixit eis: Audite, et intelligite. 11 Non quod intrat in os, coinquinat hominem: sed quod procedit ex ore, hoc coinquinat hominem. 12 Tunc accedentes discipuli eius, dixerunt ei: Scis quia pharisaei audito verbo hoc, scandalizati sunt? 13 At ille respondens ait: Omnis plantatio, quam non plantavit Pater meus caelestis, eradicabitur. 14 Sinite illos: caeci sunt, et duces caecorum; caecus autem si caeco ducatum praestet, ambo in foveam cadunt. 15 Respondens autem Petrus dixit ei: Edissere nobis parabolam istam. 16 At ille dixit: Adhuc et vos sine intellectu estis? 17 Non intelligitis quia omne quod in os intrat, in ventrem vadit, et in secessum emittitur? 18 Quae autem procedunt de ore, de corde exeunt, et ea coinquinant hominem: 19 de corde enim exeunt cogitationes malae, homicidia, adulteria, fornicationes, furta, falsa testimonia, blasphemiae: 20 haec sunt quae coinquinant hominem. Non lotis autem manibus manducare, non coinquinat hominem.

Mulier chananaea

21 Et egressus inde Iesus secessit in partes Tyri et Sidonis. 22 Et ecce mulier Chananaea a finibus illis egressa clamavit, dicens ei: Miserere mei, Domine fili David: filia mea male a daemonio vexatur. 23 Qui non respondit ei verbum. Et accedentes discipuli eius rogabant eum dicentes: Dimitte eam: quia clamat post nos. 24 Ipse autem respondens ait: Non sum missus nisi ad oves, quae perierunt domus Israel. 25 At illa venit, et adoravit eum, dicens: Domine, adiuva me. 26 Qui respondens ait: Non est bonum sumere panem filiorum, et mittere canibus. 27 At illa dixit: Etiam Domine: nam et catelli edunt de micis quae cadunt de mensa dominorum suorum. 28 Tunc respondens Iesus, ait illi: O mulier, magna est fides tua: fiat tibi sicut vis. Et sanata est filia eius ex illa hora.

Altera panum multiplicatio

29 Et cum transisset inde Iesus, venit secus mare Galilaeae: et ascendens in montem, sedebat ibi. 30 Et accesserunt ad eum turbae multae, habentes secum mutos, caecos, claudos, debiles, et alios multos: et proiecerunt eos ad pedes eius, et curavit eos: 31 ita ut turbae mirarentur videntes mutos loquentes, claudos ambulantes, caecos videntes: et magnificabant Deum Israel.

32 Iesus autem, convocatis discipulis suis, dicit: Misereor turbae, quia triduo iam perseverant mecum, et non habent quod manducent: et dimittere eos ieiunos nolo, ne deficiant in via. 33 Et dicunt ei discipuli: Unde ergo nobis in deserto panes tantos, ut saturemus turbam tantam? 34 Et ait illis Iesus: Quot habetis panes? At illi dixerunt: Septem, et paucos pisciculos. 35 Et praecepit turbae, ut discumberent super terram. 36 Et accipiens septem panes, et pisces, et gratias agens, fregit, et dedit discipulis suis, et discipuli dederunt populo. 37 Et comederunt omnes, et saturati sunt. Et quod superfuit de fragmentis, tulerunt septem sportas plenas. 38 Erant autem qui manducaverunt quatuor millia hominum, extra parvulos et mulieres. 39 Et, dimissa turba, ascendit in naviculam: et venit in fines Magedan.

Signum de caelo

16 1 Et accesserunt ad eum pharisaei et sadducaei tentantes: et rogaverunt eum ut signum de caelo ostenderet eis. 2 At ille respondens, ait illis: Facto vespere dicitis: Serenum erit, rubicundum est enim caelum. 3 Et mane: Hodie tempestas, rutilat enim triste caelum. 4 Faciem ergo caeli diiudicare nostis: signa autem temporum non potestis scire? Generatio mala et adultera signum quaerit: et signum non dabitur ei, nisi signum Ionae prophetae. Et relictis illis, abiit.

Cavendum a fermento pharisaeorum

5 Et cum venissent discipuli eius trans fretum, obliti sunt panes accipere. 6 Qui dixit illis: Intuemini, et cavete a fermento pharisaeorum et sadducaeorum. 7 At illi cogitabant intra se dicentes: Quia panes non accepimus. 8 Sciens autem Iesus, dixit: Quid cogitatis intra vos modicae fidei, quia panes non habetis? 9 Nondum intel-

27,16. — 7: Ps 77,36; Is 29,13; Io 5,42; 16,3; Col 2,22; Tit 1,14. — 11: Act 10,14; 11,8; 15,11; 1 Tim 4,4. || Conc. Florent.: D 713. — 13: Io 15,1; Act 5,38. — 14: Mt 23,16; Lc 6,39. || Enc. Pii XI: D 2240. — 16: Mt 16,9. — 21-28: 3 Reg 17,8; Mc 7,24-30. — 24: Mt 10,6; Rom 15,8. — 23: Mt 28,10.13. — 29-31: Mc 7,31-37. — 30: Mc 3,10. — 31: Mc 7,37. — 32-38: Mt 14,14-21; Mc 8,1-9.

16 1-12: Mc 8,11-21. — 2: Lc 12,54. — 4: Io 2,1; Mt 12,39. — 6: Lc 12,1. — 9:

ligitis, neque recordamini quinque panum
in quinque millia hominum, et quot cophinos sumpsistis? 10 neque septem panum
in quatuor millia hominum, et quot sportas sumpsistis? 11 Quare non intelligitis,
quia non de pane dixi vobis: Cavete a
fermento pharisaeorum et sadducaeorum?
12 Tunc intellexerunt quia non dixerit cavendum a fermento panum, sed a doctrina
pharisaeorum et sadducaeorum.

Petri confessio atque primatus promissio

13 Venit autem Iesus in partes Caesareae Philippi: et interrogabat discipulos
suos, dicens: Quem dicunt homines esse
Filium hominis? 14 At illi dixerunt: Alii
Ioannem Baptistam, alii autem Eliam,
alii vero Ieremiam, aut unum ex prophetis. 15 Dicit illis Iesus: Vos autem quem
me esse dicitis? 16 Respondens Simon Petrus dixit: Tu es Christus, filius Dei vivi.
17 Respondens autem Iesus, dixit ei: Beatus es, Simon Bar Iona: quia caro et
sanguis non revelavit tibi, sed Pater meus,
qui in caelis est. 18 Et ego dico tibi, quia
tu es Petrus, et super hanc petram aedificabo ecclesiam meam, et portae inferi
non praevalebunt adversus eam. 19 Et tibi dabo claves regni caelorum. Et quodcumque ligaveris super terram, erit ligatum et in caelis: et quodcumque solveris
super terram, erit solutum et in caelis.
20 Tunc praecepit discipulis suis ut nemini
dicerent quia ipse esset Iesus Christus.

Prima passionis praedictio

21 Exinde coepit Iesus ostendere discipulis suis, quia oporteret eum ire Ierosolymam, et multa pati a senioribus, et scribis, et principibus sacerdotum, et occidi,
et tertia die resurgere. 22 Et assumens eum
Petrus, coepit increpare illum dicens: Absit a te, Domine: non erit tibi hoc. 23 Qui
conversus, dixit Petro: Vade post me, Satana, scandalum es mihi: quia non sapis
ea quae Dei sunt, sed ea quae hominum.
24 Tunc Iesus dixit discipulis suis: Si
quis vult post me venire, abneget semetipsum, et tollat crucem suam, et sequatur
me. 25 Qui enim voluerit animam suam
salvam facere, perdet eam: qui autem perdiderit animam suam propter me, inveniet eam. 26 Quid enim prodest homini,
si mundum universum lucretur, animae
vero suae detrimentum patiatur? Aut
quam dabit homo commutationem pro
anima sua? 27 Filius enim hominis venturus est in gloria Patris sui cum angelis
suis: et tunc reddet unicuique secundum
opera eius.

Iesu transfiguratio

17 1 Et post dies sex assumit Iesus
Petrum, et Iacobum, et Ioannem
fratrem eius, et ducit illos in montem excelsum seorsum: 2 et transfiguratus est
ante eos. Et resplenduit facies eius sicut
sol: vestimenta autem eius facta sunt
alba sicut nix. 3 Et ecce apparuerunt illis
Moyses et Elias cum eo loquentes. 4 Respondens autem Petrus, dixit ad Iesum:
Domine, bonum est nos hic esse: si vis,
faciamus hic tria tabernacula, tibi unum,
Moysi unum, et Eliae unum. 5 Adhuc eo
loquente, ecce nubes lucida obumbravit
eos. Et ecce vox de nube, dicens: Hic est
Filius meus dilectus, in quo mihi bene
complacui: ipsum audite. 6 Et audientes
discipuli ceciderunt in faciem suam, et
timuerunt valde. 7 Et accessit Iesus, et
tetigit eos: dixitque eis: Surgite, et nolite
timere. 8 Levantes autem oculos suos, neminem viderunt, nisi solum Iesum. 9 Et
descendentibus illis de monte, praecepit
eis Iesus, dicens: Nemini dixeritis visionem, donec Filius hominis a mortuis resurgat.
10 Et interrogaverunt eum discipuli, dicentes: Quid ergo scribae dicunt quod
Eliam oporteat primum venire? 11 At ille
respondens, ait eis: Elias quidem venturus est, et restituet omnia. 12 Dico autem
vobis, quia Elias iam venit, et non cognoverunt eum, sed fecerunt in eo quaecumque voluerunt. Sic et Filius hominis
passurus est ab eis. 13 Tunc intellexerunt
discipuli, quia de Ioanne Baptista dixisset eis.

Sanatio pueri lunatici daemonium habentis

14 Et cum venisset ad turbam, accessit
ad eum homo genibus provolutus ante

Mt 14,17. — **10:** Mt 15,34. — **13-20:** Mc 8,27-30; Lc 9,18-21. — **14:** Mt 14,2; 17,10. — **16-19:** Epist. Pelagii II: D 246; Conc. Vatic.: D 1.822 et 1823; Resp. Comm. de re Biblica: D 2154. — **16:** Io 1,40; 6,68-70; 11,27. — **17:** 1 Cor 2,10. || Conc. Araus. II: D 181. — **18:** Io 1,42; Eph 2,20; 1 Petr 2,4; Apoc 21,14. || Decret. S. Gelasii: D 163; Epist. Hormisdae: D 171; Epist. Pelagii I: D 230; Epist. Pelagii II: D 247; Epist. Hadriani I: D 298; Epist. Leonis IX: D 351; Conc. Trid.: D 782; Conc. Vatic.: D 1833; Enc. Leonis XIII: D1 .955. — **19:** Mt 18,18; Io 20,23. || Bulla Bonif. VIII: D 469; Bulla Pii II: D 717; Bulla Leonis X: D 751 et 766; Conc. Trid.: D 899.905.989; Epist. Pii VI: D 1500. — **20-28:** Mc 8,30-39; Lc 9,21-27. — **20:** Mt 17,9. — **24:** Mt 10,38. — **25:** Lc 17,33; Io 12,25. — **26:** Mt 4,8-10; Lc 12,20. || Resp. Comm. de re Biblica: D 2273. — **27:** Io 5,28; Rom 2,6; Apoc 2,23.

17 **1-8:** Mc 9,2-7; Lc 9,28-36. — **2:** Ex 34,29; Mt 28,3; 2 Petr 1,16. — **3:** Apoc 11,3. — **5:** Deut 18,15; Mt 3,17; 16,16. || Conc. Tolet.: D 19. — **9-13:** Mc 9,9-12. — **9:** Lc 9,36. — **10:** Mal 4,5-6. — **12:** Mt 14,3. — **14-20:**

eum, dicens: Domine, miserere filio meo,
quia lunaticus est, et male patitur: nam
saepe cadit in ignem, et crebro in aquam.
15 Et obtuli eum discipulis tuis, et non
potuerunt curare eum. 16 Respondens
autem Iesus, ait: O generatio incredula, et
perversa, quousque ero vobiscum? usquequo patiar vos? Afferte huc illum ad me.
17 Et increpavit illum Iesus, et exiit ab eo
daemonium, et curatus est puer ex illa hora.
18 Tunc accesserunt discipuli ad Iesum secreto, et dixerunt: Quare nos non potuimus eiicere illum? 19 Dixit illis Iesus:
Propter incredulitatem vestram. Amen
quippe dico vobis, si habueritis fidem, sicut granum sinapis, dicetis monti huic:
Transi hinc illuc, et transibit, et nihil
impossibile erit vobis. 20 Hoc autem genus non eiicitur nisi per orationem et
ieiunium.

Secunda passionis praedictio

21 Conversantibus autem eis in Galilaea,
dixit illis Iesus: Filius homins tradendus
est in manus hominum: 22 et occident
eum, et tertia die resurget. Et contristati
sunt vehementer.

Solutio didrachmatis

23 Et cum venissent Capharnaum, accesserunt qui didrachma accipiebant, ad
Petrum, et dixerunt ei: Magister vester
non solvit didrachma? 24 Ait: Etiam. Et
cum intrasset in domum, praevenit eum
Iesus, dicens: Quid tibi videtur, Simon?
Reges terrae a quibus accipiunt tributum
vel censum? a filiis suis, an ab alienis?
25 Et ille dixit: Ab alienis. Dixit illi Iesus:
Ergo liberi sunt filii. 26 Ut autem non
scandalizemus eos, vade ad mare, et mitte
hamum: et eum piscem, qui primus ascenderit, tolle: et aperto ore eius, invenies
staterem: illum sumens, da eis pro me
et te.

Quis maior in regno caelorum

18 1 In illa hora accesserunt discipuli
ad Iesum, dicentes: Quis, putas,
maior est in regno caelorum? 2 Et advocans Iesus parvulum, statuit eum in medio
eorum, 3 et dixit: Amen dico vobis, nisi
conversi fueritis, et efficiamini sicut parvuli, non intrabitis in regnum caelorum.
4 Quicumque ergo humiliaverit se sicut
parvulus iste, hic est maior in regno caelorum. 5 Et qui susceperit unum parvulum talem in nomine meo, me suscipit:
6 qui autem scandalizaverit unum de pusillis istis, qui in me credunt, expedit ei ut
suspendatur mola asinaria in collo eius,
et demergatur in profundum maris.
7 Vae mundo a scandalis! Necesse est
enim ut veniant scandala: verumtamen
vae homini illi, per quem scandalum venit.
8 Si autem manus tua, vel pes tuus scandalizat te, abscide eum, et proiice abs te:
bonum tibi est ad vitam ingredi debilem,
vel claudum, quam duas manus vel duos
pedes habentem mitti in ignem aeternum.
9 Et si oculus tuus scandalizat te, erue
eum, et proiice abs te: bonum tibi est
cum uno oculo in vitam intrare, quam
duos oculos habentem mitti in gehennam
ignis.
10 Videte ne contemnatis unum ex his
pusillis: dico enim vobis, quia angeli eorum in caelis semper vident faciem Patris
mei, qui in caelis est. 11 Venit enim Filius
hominis salvare quod perierat. 12 Quid
vobis videtur? si fuerint alicui centum
oves, et erraverit una ex eis: nonne relinquit nonaginta novem in montibus, et
vadit quaerere eam quae erravit? 13 Et
si contigerit ut inveniat eam: Amen dico
vobis, quia gaudet super eam magis quam
super nonaginta novem, quae non erraverunt. 14 Sic non est voluntas ante Patrem vestrum, qui in caelis est, ut pereat
unus de pusillis istis.

Fraterna correctio

15 Si autem peccaverit in te frater tuus,
vade, et corripe eum inter te, et ipsum solum: si te audierit, lucratus eris fratrem
tuum: 16 si autem te non audierit, adhibe
tecum adhuc unum, vel duos, ut in ore
duorum, vel trium testium stet omne verbum. 17 Quod si non audierit eos: dic ecclesiae. Si autem ecclesiam non audierit,
sit tibi sicut ethicus et publicanus. 18 Amen
dico vobis, quaecumque alligaveritis super
terram, erunt ligata et in caelo: et quaecumque solveritis super terram, erunt soluta et in caelo. 19 Iterum dico vobis, quia
si duo ex vobis consenserint super terram,
de omni re quamcumque petierint, fiet
illis a Patre meo, qui in caelis est. 20 Ubi
enim sunt duo vel tres congregati in nomine meo, ibi sum in medio eorum.

Mc 9,14-28; Lc 9,37-44. — **16:** Deut 32,5; Io 14,9. — **19:** Mt 21,21; Mc 11,23; Lc 17,6; 1 Cor 13,2. — **21-22:** Mc 9,29-31; Lc 9,44-45. — **26:** Rom 14,13; 1 Cor 8,13. || Const. Ioannis XXII: D 495.

18 **1-5:** Mc 9,33-36; Lc 9,46-48. — **3:** Mt 19,14; Io 3,3. — **5:** Mt 10,40; Io 13,20. — **6:** Mc 9,42; Lc 17,1. — **8:** Mt 5,29; Mc 9,43. — **11:** Lc 19,10. — **12-14:** Lc 15,4-7. — **15:** Lev 19,17; Lc 17,3. — **16:** Deut 19,15; 2 Cor 13,1; 1 Tim 5,19; Hebr 10,28. — **18:** Mt 16,19; Io 20,23. || Tomus Gelasii: D 167; Conc. Trid.: D 899.902.905.920. — **20:** Mt 28,20; Io 14,23; 1 Cor 5,4. || Conc. Chalced.: D 149. — **21:** Lc 17,4. — **34:** Iac 2,13. — **35:** Mt 6,14-15.

Quoties de peccatis dimittendum

21 Tunc accedens Petrus ad eum, dixit:
Domine, quoties peccabit in me frater
meus, et dimittam ei? usque septies? 22 Dicit illi Iesus: Non dico tibi usque septies:
sed usque septuagies septies.
23 Ideo assimilatum est regnum caelorum homini regi, qui voluit rationem ponere cum servis suis. 24 Et cum coepisset
rationem ponere, oblatus est ei unus, qui
debebat ei decem millia talenta. 25 Cum
autem non haberet unde redderet, iussit
eum dominus eius venundari, et uxorem
eius, et filios, et omnia quae habebat, et
reddi. 26 Procidens autem servus ille, orabat eum, dicens: Patientiam habe in me,
et omnia reddam tibi. 27 Misertus autem
dominus servi illius, dimisit eum, et debitum dimisit ei. 28 Egressus autem servus
ille invenit unum de conservis suis, qui
debebat ei centum denarios: et tenens suf-
focabat eum, dicens: Redde quod debes.
29 Et procidens conservus eius, rogabat
eum, dicens: Patientiam habe in me, et
omnia reddam tibi. 30 Ille autem noluit:
sed abiit, et misit eum in carcerem donec redderet debitum. 31 Videntes autem
conservi eius quae fiebant, contristati sunt
valde: et venerunt, et narraverunt domino
suo omnia quae facta fuerant. 32 Tunc vocavit illum dominus suus: et ait illi: Serve
nequam, omne debitum dimisi tibi quoniam rogasti me: 33 nonne ergo oportuit
et te misereri conservi tui, sicut et ego
tui misertus sum? 34 Et iratus dominus
eius tradidit eum tortoribus, quoadusque
redderet universum debitum. 35 Sic et Pater meus caelestis faciet vobis, si non remiseritis unusquisque fratri suo de cordibus vestris.

In itinere versus Ierusalem per Transiordaniam

Uxor non dimittenda

19 1 Et factum est, cum consummasset Iesus sermones istos, migravit
a Galilaea, et venit in fines Iudaeae trans
Iordanem, 2 et secutae sunt eum turbae
multae, et curavit eos ibi.
3 Et accesserunt ad eum pharisaei tentantes eum, et dicentes: Si licet homini
dimittere uxorem suam, quacumque ex
causa? 4 Qui respondens, ait eis: Non legistis, quia qui fecit hominem ab initio,
masculum et feminam fecit eos? Et dixit:
5 Propter hoc dimittet homo patrem, et
matrem, et adhaerebit uxori suae, et erunt
duo in carne una. 6 Itaque iam non sunt
duo, sed una caro. Quod ergo Deus coniunxit, homo non separet. 7 Dicunt illi:
Quid ergo Moyses mandavit dare libellum repudii, et dimittere? 8 Ait illis: Quoniam Moyses ad duritiam cordis vestri
permisit vobis dimittere uxores vestras:
ab initio autem non fuit sic. 9 Dico autem
vobis, quia quicumque dimiserit uxorem
suam, nisi ob fornicationem, et aliam duxerit, moechatur: et qui dimissam duxerit, moechatur.
10 Dicunt ei discipuli eius: Si ita est causa hominis cum uxore, non expedit nubere. 11 Qui dixit illis: Non omnes capiunt
verbum istud, sed quibus datum est.
12 Sunt enim eunuchi, qui de matris utero
sic nati sunt: et sunt eunuchi, qui facti
sunt ab hominibus: et sunt eunuchi, qui
seipsos castraverunt propter regnum caelorum. Qui potest capere capiat.

Pueris manus imponit

13 Tunc oblati sunt ei parvuli, ut manus
eis imponeret, et oraret. Discipuli autem
increpabant eos. 14 Iesus vero ait eis: Sinite parvulos, et nolite eos prohibere ad
me venire: talium est enim regnum caelorum. 15 Et cum imposuisset eis manus,
abiit inde.

Iuvenis dives perfectionis cupidus

16 Et ecce unus accedens, ait illi: Magister bone, quid boni faciam ut habeam
vitam aeternam? 17 Qui dixit ei: Quid me
interrogas de bono? Unus est bonus,
Deus. Si autem vis ad vitam ingredi, serva
mandata. 18 Dicit illi: Quae? Iesus autem
dixit: Non homicidium facies: Non adul-
terabis: Non facies furtum: Non falsum
testimonium dices: 19 Honora patrem
tuum, et matrem tuam, et diliges proximum tuum sicut teipsum. 20 Dicit illi adolescens: Omnia haec custodivi a iuventute mea, quid adhuc mihi deest? 21 Ait illi
Iesus: Si vis perfectus esse, vade, vende
quae habes, et da pauperibus, et habebis
thesaurum in caelo: et veni, sequere me.
22 Cum audisset autem adolescens verbum, abiit tristis: erat enim habens multas possessiones.
23 Iesus autem dixit discipulis suis:
Amen dico vobis, quia dives difficile in-

19 **1-9:** Mc 10,1-12. — **3:** Mt 5,31. — **4-9:** Conc. Trid.: D 972. — **4:** Gen 1,27. — **5:** Gen 2,24; Eph 5,31. || Epist. Innocentii III: D 408.— **6:** 1 Cor 7,10. || Conc. Trid.: D 969; Enc. Pii XI: D 2234.2235.2250. — **7:** Deut 24, 1; Mt 5,32. — **9:** Mt 5,32; Lc 16,18; 1 Cor 7, 11. || Epist. Alexand. III: D 395; Epist. Innoc. III: D 408. — **11-12:** 1 Cor 7,7-8.31-32. || Conc. Trid.: D 986. — **13-15:** Mc 13,13-16; Lc 18,15-17. — **14:** Mt 18,2. — **16-30:** Mc 10,17-31; Lc 18,18-30. — **17:** Lev 18,5. || Conc. Trid.: D 800. **18:** Ex 20,12; Deut 5,16. — **19:** Lev 19,18. — **21:** Lc 12,33; Rom 13,9; Gal 5,14; Iac 2,8. — **23:** 1 Tim 6,9. — **26:** Lc 1,37. — **28:** Lc 22,30;

trabit in regnum caelorum. 24 Et iterum
dico vobis: Facilius est camelum per foramen acus transire, quam divitem intrare in regnum caelorum. 25 Auditis autem
his, discipuli mirabantur valde, dicentes:
Quis ergo poterit salvus esse? 26 Aspiciens
autem Iesus, dixit illis: Apud homines
hoc impossibile est: apud Deum autem
omnia possibilia sunt.

Praemium discipulorum

27 Tunc respondens Petrus, dixit ei: Ecce nos reliquimus omnia, et secuti sumus
te: quid ergo erit nobis? 28 Iesus autem
dixit illis: Amen dico vobis, quod vos,
qui secuti estis me, in regeneratione cum
sederit Filius hominis in sede maiestatis
suae, sedebitis et vos super sedes duodecim, iudicantes duodecim tribus Israel.
29 Et omnis qui reliquerit domum, vel
fratres, aut sorores, aut patrem, aut matrem, aut uxorem, aut filios, aut agros
propter nomen meum, centuplum accipiet, et vitam aeternam possidebit. 30 Multi autem erunt primi novissimi, et novissimi primi.

Parabola de operariis in vineam conductis

20 1 Simile est regnum caelorum homini patrifamilias, qui exiit primo
mane conducere operarios in vineam
suam. 2 Conventione autem facta cum
operariis ex denario diurno, misit eos in
vineam suam. 3 Et egressus circa horam
tertiam, vidit alios stantes in foro otiosos,
4 et dixit illis: Ite et vos in vineam meam,
et quod iustum fuerit dabo vobis. 5 Illi
autem abierunt. Iterum autem exiit circa
sextam et nonam horam: et fecit similiter. 6 Circa undecimam vero exiit, et
invenit alios stantes, et dicit illis: Quid
hic statis tota die otiosi? 7 Dicunt ei:
Quia nemo nos conduxit. Dicit illis: Ite
et vos in vineam meam. 8 Cum sero autem
factum esset, dicit dominus vineae pro-
curatori suo: Voca operarios, et redde
illis mercedem incipiens a novissimis usque ad primos. 9 Cum venissent ergo qui
circa undecimam horam venerant, acceperunt singulos denarios. 10 Venientes autem et primi, arbitrati sunt quod plus
essent accepturi: acceperunt autem et ipsi
singulos denarios. 11 Et accipientes murmurabant adversus patremfamilias, 12 dicentes: Hi novissimi una hora fecerunt,
et pares illos nobis fecisti, qui portavimus
pondus diei, et aestus. 13 At ille respondens uni eorum, dixit: Amice, non facio
tibi iniuriam: nonne ex denario conve-
nisti mecum? 14 Tolle quod tuum est, et
vade: volo autem et huic novissimo dare
sicut et tibi. 15 Aut non licet mihi quod
volo, facere? an oculus tuus nequam est,
quia ego bonus sum? 16 Sic erunt novissimi primi, et primi novissimi. Multi
enim sunt vocati, pauci vero electi.

Tertia praedictio passionis

17 Et ascendens Iesus Ierosolymam, assumpsit duodecim discipulos secreto, et
ait illis: 18 Ecce ascendimus Ierosolymam,
et Filius hominis tradetur principibus
sacerdotum, et scribis, et condemnabunt
eum morte, 19 et tradent eum gentibus
ad illudendum, et flagellandum, et cruci-
figendum, et tertia die resurget.

Petitio matris filiorum Zebedaei

20 Tunc accessit ad eum mater filiorum
Zebedaei cum filiis suis, adorans et petens aliquid ab eo. 21 Qui dixit ei: Quid
vis? Ait illi: Dic ut sedeant hi duo filii
mei, unus ad dexteram tuam, et unus ad
sinistram in regno tuo. 22 Respondens
autem Iesus, dixit: Nescitis quid petatis.
Potestis bibere calicem, quem ego bibi-
turus sum? Dicunt ei: Possumus. 23 Ait
illis: Calicem quidem meum bibetis: sedere autem ad dexteram meam vel sinistram non est meum dare vobis, sed quibus paratum est a Patre meo. 24 Et audientes decem, indignati sunt de duobus fratribus. 25 Iesus autem vocabit eos ad se,
et ait: Scitis quia principes gentium dominantur eorum: et qui maiores sunt,
potestatem exercent in eos. 26 Non ita
erit inter vos: sed quicumque voluerit
inter vos maior fieri, sit vester minister:
27 et qui voluerit inter vos primus esse,
erit vester servus. 28 Sicut Filius hominis
non venit ministrari, sed ministrare, et
dare animam suam redemptionem pro
multis.

Duo caeci Iericho sanantur

29 Et egredientibus illis ab Iericho, secuta est eum turba multa, 30 et ecce duo
caeci sedentes secus viam, audierunt, quia
Iesus transiret: et clamaverunt, dicentes:
Domine, miserere nostri, fili David. 31 Tur-

2 Tim 2,12; Apoc 3,21. — **30:** Mt 20,16; 22,14; Mc 10,31; Lc 13,30.

20 1: Is 5,1; Mt 21,33; Io 15,1. — **16:** Mt 19,30; 22,14. — **17-19:** Mc 10,32-34; Lc 18,31-34. — **18:** Mt 16,21; 17,22. — **20-24:** Mc 10,35-45. — **21:** Mt 19,28. — **22:** Mt 26,39.42; Io 18,21; Act 12,2; Apoc 1,9. — **25-28:** Mc 10,42-45. — **26:** Mt 5,19; 23,11; Lc 22,25. — **28:** Is 53,10; Io 13,14; Phil 2,7; 1 Tim 2,6. — **29-34:** Mt 9,27; Mc 10,46-52; Lc 18,35-43.

ba autem increpabat eos ut tacerent. At
illi magis clamabant, dicentes: Domine,
miserere nostri, fili David. 32 Et stetit
Iesus, et vocavit eos, et ait: Quid vultis
ut faciam vobis? 33 Dicunt illi: Domine,
ut aperiantur oculi nostri. 34 Misertus
autem eorum Iesus, tetigit oculos eorum.
Et confestim viderunt, et secuti sunt eum.

PARS TERTIA

IESUS IN IERUSALEM

(21,1-25,46)

Solemnis introitus in civitatem

21 1 Et cum appropinquassent Ierosolymis, et venissent Bethphage ad
montem Oliveti: tunc Iesus misit duos
discipulos, 2 dicens eis: Ite in castellum,
quod contra vos est, et statim invenietis
asinam alligatam, et pullum cum ea: solvite, et adducite mihi: 3 et si quis vobis
aliquid dixerit, dicite quia Dominus his
opus habet: et confestim dimittet eos.
4 Hoc autem totum factum est, ut adimpleretur quod dictum est per prophetam
dicentem: 5 Dicite filiae Sion: Ecce rex
tuus venit tibi mansuetus, sedens super
asinam, et pullum filium subiugalis. 6 Euntes autem discipuli fecerunt sicut praecepit illis Iesus. 7 Et adduxerunt asinam,
et pullum: et imposuerunt super eos vestimenta sua, et eum desuper sedere fecerunt. 8 Plurima autem turba straverunt
vestimenta sua in via: alii autem caedebant ramos de arboribus, et sternebant
in via: 9 turbae autem, quae praecedebant,
et quae sequebantur, clamabant, dicentes:
Hosanna filio David: benedictus qui venit in nomine Domini: hosanna in altissimis. 10 Et cum intrasset Ierosolymam,
commota est universa civitas, dicens:
Quis est hic? 11 Populi autem dicebant:
Hic est Iesus propheta a Nazareth Galilaeae.
12 Et intravit Iesus in templum Dei, et
eiiciebat omnes vendentes et ementes in
templo, et mensas numulariorum, et cathedras vendentium columbas evertit: 13 et
dicit eis: Scriptum est: Domus mea domus orationis vocabitur: vos autem fecistis illam speluncam latronum. 14 Et accesserunt ad eum caeci, et claudi in templo:
et sanavit eos. 15 Videntes autem principes sacerdotum et scribae mirabilia quae
fecit, et pueros clamantes in templo, et
dicentes: Hosanna filio David: indignati
sunt, 16 et dixerunt ei: Audis quid isti
dicunt? Iesus autem dixit eis: Utique.
Nunquam legistis: Quia ex ore infantium
et lactentium perfecisti laudem?
17 Et relictis illis, abiit foras extra civitatem in Bethaniam: ibique mansit.

Fici maledictio

18 Mane autem revertens in civitatem,
esuriit. 19 Et videns fici arborem unam
secus viam, venit ad eam: et nihil invenit
in ea nisi folia tantum, et ait illi: Nunquam ex te fructus nascatur in sempiternum. Et arefacta est continuo ficulnea.
20 Et videntes discipuli, mirati sunt, dicentes: Quomodo continuo aruit? 21 Respondens autem Iesus, ait eis: Amen dico
vobis, si habueritis fidem, et non haesita-
veritis, non solum de ficulnea facietis, sed
et si monti huic dixeritis: Tolle, et iacta
te in mare, fiet. 22 Et omnia quaecumque
petieritis in oratione credentes, accipietis.

Origo potestatis Christi

23 Et cum venisset in templum, accesserunt ad eum docentem, principes sacerdotum, et seniores populi, dicentes: In
qua potestate haec facis? Et quis tibi dedit
hanc potestatem? 24 Respondens Iesus dixit eis: Interrogabo vos et ego unum sermonem: quem si dixeritis mihi, et ego
vobis dicam in qua potestate haec facio.
25 Baptismus Ioannis unde erat? e caelo,
an ex hominibus? Et illi cogitabant inter
se, dicentes: 26 Si dixerimus, e caelo, dicet
nobis: Quare ergo non credidistis illi?
Si autem dixerimus, ex hominibus, timemus turbam: omnes enim habebant Ioannem sicut prophetam. 27 Et respondentes
Iesu, dixerunt: Nescimus. Ait illis et ipse:
Nec ego dico vobis in qua potestate haec
facio.

Parabola de duobus filiis in vineam missis

28 Quid autem vobis videtur? Homo
quidam habebat duos filios, et accedens
ad primum, dixit: Fili, vade hodie, operare in vinea mea. 26 Ille autem respondens, ait: Nolo. Postea autem, poenitentia motus, abiit. 30 Accedens autem ad
alterum, dixit similiter. At ille respondens, ait: Eo, domine, et non ivit: 31 quis
ex duobus fecit voluntatem patris? Dicunt
ei: Primus. Dicit illis Iesus: Amen dico
vobis, quia publicani et meretrices prae-

21 **1-11:** Mc 11,1-10; Lc 19,29-38; Io 12, 12-19. — **4:** Is 62,11; Zach 9,9. — **8:** 4 Reg 9,13. — **9:** Ps 117,26; Mt 23,39; Mc 11, 10; Lc 13,35. — **12-16:** Mc 11,15-18; Lc 19, 45-47; Io 2,14-16. — **13:** Is 56,7; Ier 7,11. — **16:** Ps 8,3. — **18-22:** Mc 11,12-14.20-24; Lc 13,6-9. — **21:** Mt 17,20. — **23-27:** Mc 11,27-33; Lc 20,1-8; Io 2,18. — **25:** Io 14,5. — **29:**

cedent vos in regnum Dei. 32 Venit enim ad vos Ioannes in via iustitiae, et non credidistis ei: publicani autem et meretrices crediderunt ei: vos autem videntes nec poenitentiam habuistis postea, ut crederetis ei.

Parabola de perfidis vinitoribus

33 Aliam parabolam audite: Homo erat paterfamilias, qui plantavit vineam, et sepem circumdedit ei, et fodit in ea torcular, et aedificavit turrim, et locavit eam agricolis, et peregre profectus est. 34 Cum autem tempus fructuum appropinquasset, misit servos suos ad agricolas, ut acciperent fructus eius. 35 Et agricolae, apprehensis servis eius, alium ceciderunt, alium occiderunt, alium vero lapidaverunt. 36 Iterum misit alios servos plures prioribus, et fecerunt illis similiter. 37 Novissime autem misit ad eos filium suum, dicens: Verebuntur filium meum. 38 Agricolae autem videntes filium dixerunt intra se: Hic est haeres, venite, occidamus eum, et habebimus haereditatem eius. 39 Et apprehensum eum eiecerunt extra vineam, et occiderunt. 40 Cum ergo venerit dominus vineae, quid faciet agricolis illis? 41 Aiunt illi: Malos male perdet: et vineam suam locabit aliis agricolis, qui reddant ei fructum temporibus suis. 42 Dicit illis Iesus: Nunquam legistis in Scripturis: Lapidem quem reprobaverunt aedificantes, hic factus est in caput anguli? A Domino factum est istud, et est mirabile in oculis nostris: 43 ideo dico vobis, quia auferetur a vobis regnum Dei, et dabitur genti facienti fructus eius. 44 Et qui ceciderit super lapidem istum, confringetur: super quem vero ceciderit, conteret eum. 45 Et cum audissent principes sacerdotum et pharisaei parabolas eius, cognoverunt quod de ipsis diceret. 46 Et quaerentes eum tenere, timuerunt turbas, quoniam sicut prophetam eum habebant.

Parabola de invitatis ad nuptias

22 1 Et respondens Iesus, dixit iterum in parabolis eis, dicens: 2 Simile factum est regnum caelorum homini regi, qui fecit nuptias filio suo. 3 Et misit servos suos vocare invitatos ad nuptias, et nolebant venire. 4 Iterum misit alios servos, dicens: Dicite invitatis: Ecce prandium meum paravi, tauri mei et altilia occisa sunt, et omnia parata: venite ad nuptias. 5 Illi autem neglexerunt: et abierunt, alius in villam suam, alius vero ad negotiationem suam: 6 reliqui vero tenuerunt servos eius, et contumeliis affectos occiderunt. 7 Rex autem cum audisset, iratus est: et missis exercitibus suis, perdidit homicidas illos, et civitatem illorum succendit. 8 Tunc ait servis suis: Nuptiae quidem paratae sunt, sed qui invitati erant, non fuerunt digni: 9 ite ergo ad exitus viarum, et quoscumque inveneritis, vocate ad nuptias. 10 Et egressi servi eius in vias, congregaverunt omnes quos invenerunt, malos et bonos: et impletae sunt nuptiae discumbentium. 11 Intravit autem rex ut videret discumbentes, et vidit ibi hominem non vestitum veste nuptiali. 12 Et ait illi: Amice, quomodo huc intrasti non habens vestem nuptialem? At ille obmutuit. 13 Tunc dixit rex ministris: Ligatis manibus et pedibus eius, mittite eum in tenebras exteriores: ibi erit fletus et stridor dentium. 14 Multi enim sunt vocati, pauci vero electi.

De tributo Caesari solvendo

15 Tunc abeuntes pharisaei, consilium inierunt ut caperent eum in sermone. 16 Et mittunt ei discipulos suos cum Herodianis dicentes: Magister, scimus quia verax es, et viam Dei in veritate doces, et non est tibi cura de aliquo: non enim respicis personam hominum: 17 dic ergo nobis quid tibi videtur, licet censum dare Caesari, an non? 18 Cognita autem Iesus nequitia eorum, ait: Quid me tentatis, hypocritae? 19 Ostendite mihi numisma census. At illi obtulerunt ei denarium. 20 Et ait illis Iesus: Cuius est imago haec, et superscriptio? 21 Dicunt ei: Caesaris. Tunc ait illis: Reddite ergo quae sunt Caesaris, Caesari: et quae sunt Dei, Deo. 22 Et audientes mirati sunt, et relicto eo abierunt.

De resurrectione mortuorum

23 In illo die accesserunt ad eum sadducaei, qui dicunt non esse resurrectionem: et interrogaverunt eum, 24 dicentes: Magister, Moyses dixit: Si quis mortuus fuerit non habens filium, ut ducat frater eius uxorem illius, et suscitet semen fratri suo. 25 Erant autem apud nos septem fratres: et primus, uxore ducta, defunctus est: et non habens semen, reliquit uxorem suam fratri suo. 26 Similiter secundus, et ter-

Mt 7,21. — **32:** Lc 7,29. — **33-46:** Is 5,1; Mc 12,1-21; Lc 20,9-19. — **42:** Ps 117,22; Is 28,16; Act 4,11; Rom 9,33; 1 Petr 2,7. — **44:** Dan 2, 34.44.

22 **1-14:** Lc 14,16-24. — **4:** Mt 21,36. — **6:** Mt 23,37. — **7:** Mt 21,41. — **9:** Mt 13, 17; 21,43. — **11-12:** Conc. Trid.: D 881. — **13:** Mt 8,12. — **14:** Mt 20,16. — **15-22:** Mc 12,13-17; Lc 20,20-26; Io 8,6. — **21:** Rom 13,7; 1 Petr 2,17. || Enc. Pii IX: D 1841; Enc. Leonis XIII: D 1857 et 1866. — **23-33:** Mc 12,18-27; Lc 20,27-40; Act 23,8; 1 Cor 15,12. — **24:** Gen

tius usque ad septimum. 27 Novissime autem omnium et mulier defuncta est. 28 In
resurrectione ergo cuius erit de septem
uxor? omnes enim habuerunt eam. 29 Respondens autem Iesus, ait illis: Erratis nescientes Scripturas, neque virtutem Dei.
30 In resurrectione enim neque nubent,
neque nubentur: sed erunt sicut angeli
Dei in caelo. 31 De resurrectione autem
mortuorum non legistis quod dictum est
a Deo dicente vobis: 32 Ego sum Deus
Abraham, et Deus Isaac, et Deus Iacob?
Non est Deus mortuorum, sed viventium.
33 Et audientes turbae, mirabantur in doctrina eius.

De maximo Legis mandato

34 Pharisaei autem audientes quod silentium imposuisset sadducaeis, convenerunt in unum: 35 et interrogavit eum unus
ex eis legis doctor, tentans eum: 36 Magister, quod est mandatum magnum in
lege? 37 Ait illi Iesus: Diliges Dominum
Deum tuum ex toto corde tuo, et in tota
anima tua, et in tota mente tua. 38 Hoc
est maximum, et primum mandatum.
39 Secundum autem simile est huic: Diliges proximum tuum, sicut teipsum. 40 In
his duobus mandatis universa lex pendet,
et prophetae.

Christus cuius filius sit

41 Congregatis autem pharisaeis, interrogavit eos Iesus, 42 dicens: Quid vobis
videtur de Christo? cuius filius est? Dicunt
ei: David. 43 Ait illis: Quomodo ergo David in spiritu vocat eum Dominum, dicens: 44 Dixit Dominus Domino meo:
sede a dextris meis, donec ponam inimicos
tuos scabellum pedum tuorum? 45 Si ergo
David vocat eum Dominum, quomodo
filius eius est? 46 Et nemo poterat ei respondere verbum: neque ausus fuit quisquam ex illa die eum amplius interrogare.

Doctrina scribarum

23 1 Tunc Iesus locutus est ad turbas
et ad discipulos suos, 2 dicens: Super cathedram Moysi sederunt scribae et
pharisaei. 3 Omnia ergo quaecumque dixerint vobis, servate, et facite: secundum
opera vero eorum nolite facere: dicunt
enim, et non faciunt. 4 Alligant enim onera gravia, et importabilia, et imponunt in
humeros hominum: digito autem suo nolunt ea movere. 5 Omnia vero opera sua
faciunt ut videantur ab hominibus: dilatant enim phylacteria sua, et magnificant
fimbrias. 6 Amant autem primos recubitus
in coenis, et primas cathedras in synagogis, 7 et salutationes in foro, et vocari ab
hominibus Rabbi. 8 Vos autem nolite vocari Rabbi: unus est enim Magister vester, omnes autem vos fratres estis. 9 Et
patrem nolite vocare vobis super terram:
unus est enim Pater vester, qui in caelis
est. 10 Nec vocemini magistri: quia Magister vester unus est, Christus. 11 Qui
maior est vestrum, erit minister vester.
12 Qui autem se exaltaverit, humiliabitur:
et qui se humiliaverit, exaltabitur.

Vae scribis et pharisaeis!

13 Vae autem vobis scribae et pharisaei
hypocritae, quia clauditis regnum caelorum ante homines! Vos enim non intratis,
nec introeuntes sinitis intrare. 14 Vae vobis
scribae et pharisaei hypocritae, quia comeditis domos viduarum, orationes lon-
gas orantes! propter hoc amplius accipietis iudicium. 15 Vae vobis scribae et pharisaei hypocritae, quia circuitis mare, et
aridam, ut faciatis unum proselytum, et
cum fuerit factus, facitis eum filium gehennae duplo quam vos. 16 Vae vobis duces caeci, qui dicitis: Quicumque iuraverit
per templum, nihil est: qui autem iurave-
verit in auro templi, debet. 17 Stulti et
caeci: Quid enim maius est? aurum, an
templum, quod sanctificat aurum? 18 Et
quicumque iuraverit in altari, nihil est:
quicumque autem iuraverit in dono, quod
est super illud, debet. 19 Caeci: Quid enim
maius est, donum, an altare, quod sanctificat donum? 20 Qui ergo iurat in altari,
iurat in eo, et in omnibus quae super illud
sunt. 21 Et quicumque iuraverit in templo,
iurat in illo, et in eo qui habitat in ipso:
22 et qui iurat in caelo, iurat in throno
Dei, et in eo qui sedet super eum. 23 Vae
vobis scribae et pharisaei hypocritae, qui
decimatis mentham, et anethum, et cyminum, et reliquistis quae graviora sunt legis, iudicium, et misericordiam, et fidem!
haec oportuit facere, et illa non omittere.
24 Duces caeci, excolantes culicem, camelum autem glutientes. 25 Vae vobis scribae
et pharisaei hypocritae, quia mundatis
quod deforis est calicis et paropsidis; intus autem pleni estis rapina et immundi-

38,8; Deut 25,5. — **29:** 1 Cor 6,14. || Epist. Innocentii III: D 414. — **32:** Ex 3,6; Act 7,32. — **34-40:** Mc 12,28-33; Lc 10,25-28. — **37:** Deut 6,5. || Bulla Pii V: D 1076. — **39:** Lev 19,18. — **40:** Rom 13,8.10. || Enc. Pii XI: D 2232. — **41-45:** Mc 12,35-37; Lc 20,41-44; Io 7,42. — **43-44:** Ps 109,1-2; Act 2,33-35; Hebr 1,13.

23 **1-7:** Mc 12,38-39; Lc 20,45-47. — **3:** Lc 11,39. — **4:** Act 15,10. — **5:** Ex 13,9; Deut 6,8. — **6:** Lc 14,7. — **8:** Mt 20,27; Io 13, 13. — **12:** Lc 14,11. — **13:** Lc 11,52. — **19:** Ex 29,37. — **22:** Mt 5,34. — **23:** Lev 27,30; Num 18,21; Deut 14,22. — **25:** Mc 7,4. — **27:** Act 23,

tia! 26 Pharisaee caece, munda prius quod
intus est calicis, et paropsidis, ut fiat id,
quod deforis est, mundum. 27 Vae vobis
scribae et pharisaei hypocritae quia similes estis sepulchris dealbatis, quae a foris
parent hominibus speciosa, intus vero
plena sunt ossibus mortuorum, et omni
spurcitia! 28 Sic et vos a foris quidem pa-
retis hominibus iusti: intus autem pleni
estis hypocrisi et iniquitate. 29 Vae vobis
scribae et pharisaei hypocritae, qui aedificatis sepulchra prophetarum, et ornatis
monumenta iustorum, 30 et dicitis: Si fuissemus in diebus patrum nostrorum, non
essemus socii eorum in sanguine prophetarum! 31 itaque testimonio estis vobismetipsis, quia filii estis eorum, qui prophetas
occiderunt. 32 Et vos implete mensuram
patrum vestrorum. 33 Serpentes genimina
viperarum, quomodo fugietis a iudicio
gehennae?

Prophetarum sors in Israel

34 Ideo ecce ego mitto ad vos prophetas,
et sapientes, et scribas, et ex illis occidetis,
et crucifigetis, et ex eis flagellabitis in synagogis vestris, et persequemini de civitate in civitatem: 35 ut veniat super vos
omnis sanguis iustus, qui effusus est super terram, a sanguine Abel iusti usque
ad sanguinem Zachariae, filii Barachiae,
quem occidistis inter templum et altare.
36 Amen dico vobis, venient haec omnia
super generationem istam.
37 Ierusalem, Ierusalem, quae occidis
prophetas, et lapidas eos, qui ad te missi
sunt, quoties volui congregare filios tuos,
quemadmodum gallina congregat pullos
suos sub alas, et noluisti? 38 Ecce relinquetur vobis domus vestra deserta. 39 Dico
enim vobis, non me videbitis amodo, donec dicatis: Benedictus qui venit in nomine Domini.

Prophetia de templi eversione

24 1 Et egressus Iesus de templo, ibat.
Et accesserunt discipuli eius, ut
ostenderent ei aedificationes templi. 2 Ipse
autem respondens dixit illis: Videtis haec
omnia? Amen dico vobis, non relinquetur
hic lapis super lapidem, qui non destruatur.

Tristia tempora

3 Sedente autem eo super montem Oliveti, accesserunt ad eum discipuli secreto,
dicentes: Dic nobis, quando haec erunt?
Et quod signum adventus tui, et consummationis saeculi? 4 Et respondens Iesus,
dixit eis: Videte ne quis vos seducat:
5 multi enim venient in nomine meo, dicentes: Ego sum Christus: et multos seducent. 6 Audituri enim estis praelia, et
opiniones praeliorum. Videte ne turbemini: oportet enim haec fieri, sed nondum
est finis: 7 consurget enim gens in gentem,
et regnum in regnum, et erunt pestilentiae, et fames, et terraemotus per loca:
8 haec autem omnia initia sunt dolorum.

Persecutio fidelium

9 Tunc tradent vos in tribulationem, et
occident vos: et eritis odio omnibus gentibus propter nomen meum. 10 Et tunc
scandalizabuntur multi, et invicem tradent, et odio habebunt invicem. 11 Et multi pseudoprophetae surgent, et seducent
multos. 12 Et quoniam abundavit iniquitas, refrigescet charitas multorum: 13 qui
autem perseveraverit usque in finem, hic
salvus erit. 14 Et praedicabitur hoc Evangelium regni in universo orbe, in testimonium omnibus gentibus: et tunc veniet
consummatio.

Desolatio Iudaeae

15 Cum ergo videritis abominationem
desolationis, quae dicta est a Daniele propheta, stantem in loco sancto, qui legit,
intelligat: 16 tunc qui in Iudaea sunt, fugiant ad montes: 17 et qui in tecto, non
descendat tollere aliquid de domo sua:
18 et qui in agro, non revertatur tollere
tunicam suam. 19 Vae autem praegnantibus in illis diebus!

Suprema tribulatio

20 Orate autem ut non fiat fuga vestra
in hieme, vel sabbato: 21 erit enim tunc
tribulatio magna, qualis non fuit ab initio
mundi usque modo, neque fiet. 22 Et nisi
breviati fuissent dies illi, non fieret salva
omnis caro: sed propter electos breviabuntur dies illi. 23 Tunc si quis vobis dixerit: Ecce hic est Christus, aut illic: nolite
credere. 24 Surgent enim pseudochristi, et

3. — **28:** Lc 16,15. — **31:** Act 7,52. — **33:** Mt 3,7; 12,34. — **35:** Gen 4,3; 2 Par 24,21. — **37-39:** Lc 13,34-35; 19,41-44. — **39:** Ps 117,26.

24 **1-36:** Mc 13,1-32; Lc 21,5-35. — **3:** Lc 19,44. — **5:** Io 5,43; Act 5,36; 1 Io 2,18. — **9:** Mt 10,17.21; Io 16,2. — **11:** 2 Petr 2,1; 1 Io 4,1. — **12:** 2 Thess 2,10; 2 Tim 3,1-5. **13:** Mt 10,22; Apoc 13,10. || Conc. Valent. III: D 324; Conc. Trid.: D 806; Conc. Vatic.: D 1793. — **14:** Mt 28,19; Mc 16,15. — **15:** Dan 9,27; 11,31; 12,11; 1 Mach 1,57; 6,7. — **16:** Lc 17,31. — **21:** Dan 12,1. — **24:** 2 Thess 2,8. — **27:** Lc 17,24. — **28:** Iob 39,30; Lc 17,37. — **29:**

pseudoprophetae: et dabunt signa magna, et prodigia, ita ut in errorem inducantur (si fieri potest) etiam electi. 25 Ecce
praedixi vobis. 26 Si ergo dixerint vobis:
Ecce in deserto est, nolite exire: ecce in
penetralibus, nolite credere. 27 Sicut enim
fulgur exit ab oriente, et paret usque in
occidentem: ita erit et adventus Filii hominis. 28 Ubicumque fuerit corpus, illic
congregabuntur et aquilae.

Adventus Filii hominis

29 Statim autem post tribulationem dierum illorum sol obscurabitur, et luna non
dabit lumen suum, et stellae cadent de
caelo, et virtutes caelorum commovebuntur: 30 et tunc parebit signum Filii hominis in caelo: et tunc plangent omnes tribus
terrae: et videbunt Filium hominis venientem in nubibus caeli cum virtute multa et maiestate. 31 Et mittet angelos suos
cum tuba, et voce magna: et congregabunt electos eius a quatuor ventis, a summis caelorum usque ad terminos eorum.

Parabola fici

32 Ab arbore autem fici discite parabolam: cum iam ramus eius tener fuerit, et
folia nata, scitis quia prope est aestas:
33 ita et vos cum videritis haec omnia, scitote quia prope est in ianuis. 34 Amen dico
vobis, quia non praeteribit generatio haec,
donec omnia haec fiant. 35 Caelum et terra transibunt, verba autem mea non prae-
teribunt.

Dies iudicii incerta

36 De die autem illa et hora nemo scit,
neque angeli caelorum nisi solus Pater.
37 Sicut autem in diebus Noe, ita erit et
adventus Filii hominis: 38 sicut enim erant
in diebus ante diluvium comedentes et
bibentes, nubentes et nuptui tradentes,
usque ad eum diem, quo intravit Noe in
arcam, 39 et non cognoverunt donec venit diluvium, et tulit omnes: ita erit et adventus Filii hominis. 40 Tunc duo erunt in
agro: unus assumetur, et unus relinquetur. 41 Duae molentes in mola: una assumetur, et una relinquetur.

Semper vigilandum

42 Vigilate ergo, quia nescitis qua hora
Dominus vester venturus sit. 43 Illud autem scitote, quoniam si sciret paterfamilias qua hora fur venturus esset, vigilaret
utique, et non sineret perfodi domum
suam. 44 Ideo et vos estote parati: quia
qua nescitis hora Filius hominis venturus
est.
45 Quis, putas, est fidelis servus, et prudens, quem constituit dominus suus super
familiam suam ut det illis cibum in tempore? 46 Beatus ille servus, quem cum venerit dominus eius, invenerit sic facientem. 47 Amen dico vobis, quoniam super
omnia bona sua constituet eum. 48 Si autem dixerit malus servus ille in corde suo:
Moram facit dominus meus venire: 49 et
coeperit percutere conservos suos, manducet autem et bibat cum ebriosis: 50 veniet dominus servi illius in die qua non
sperat, et hora qua ignorat: 51 et dividet
eum, partemque eius ponet cum hypocritis: illic erit fletus et stridor dentium.

Parabola decem virginum

25 1 Tunc simile erit regnum caelorum
decem virginibus: quae accipientes
lampades suas exierunt obviam sponso et
sponsae. 2 Quinque autem ex eis erant
fatuae, et quinque prudentes: 3 sed quinque fatuae, acceptis lampadibus, non
sumpserunt oleum: 4 prudentes vero acceperunt oleum in vasis suis cum lampadibus. 5 Moram autem faciente sponso, dormitaverunt omnes et dormierunt. 6 Media
autem nocte clamor factus est: Ecce sponsus venit, exite obviam ei. 7 Tunc surrexerunt omnes virgines illae, et ornaverunt
lampades suas. 8 Fatuae autem sapientibus dixerunt: Date nobis de oleo vestro:
quia lampades nostrae extinguuntur.
9 Respondetunt prudentes, dicentes: Ne
forte non sufficiat nobis, et vobis, ite potius ad vendentes, et emite vobis. 10 Dum
autem irent emere, venit sponsus: et quae
paratae erant, intraverunt cum eo ad
nuptias, et clausa est ianua. 11 Novissime
vero veniunt et reliquae virgines, dicentes: Domine, Domine, aperi nobis. 12 At
ille respondens, ait: Amen dico vobis,
nescio vos. 13 Vigilate itaque, quia nescitis diem, neque horam.

Parabola talentorum

14 Sicut enim homo peregre proficiscens, vocavit servos suos, et tradidit illis
bona sua. 15 Et uni dedit quinque talenta,
alii autem duo, alii vero unum, unicuique
secundum propriam virtutem, et profectus est statim. 16 Abiit autem qui quinque

Is 13,10; Ez 32,7; Ioel 2,31. — **30:** Dan 7,13; Zach 12,10-12; Mt 26,64; Apoc 1,7. — **31:** 1 Cor 15,52; 1 Thess 4,16. — **35:** Mt 5,18. — **36:** 1 Thess 5,1-2. — **37:** Gen 6,11-13; Lc 17,26-27; 2 Petr 3,5. — **43:** Lc 12,39; 1 Thess 5,2. — **47:** Mt 25,21; Lc 12,37. — **51:** Ps 111,10; Mt 8,12; 13,42.

25 **1:** Lc 12,35-36; Apoc 19,7. — **11:** Lc 13,25. — **12:** Mt 7,23. — **13:** Mt 24,42. — **14-30:** Lc 19,12-27. — **15:** Rom 12,6. — **21:** Mt

talenta acceperat, et operatus est in eis,
et lucratus est alia quinque. 17 Similiter et
qui duo acceperat, lucratus est alia duo.
18 Qui autem unum acceperat, abiens fodit
in terram, et abscondit pecuniam domini
sui. 19 Post multum vero temporis venit dominus servorum illorum, et posuit rationem cum eis. 20 Et accedens qui quinque
talenta acceperat, obtulit alia quinque talenta, dicens: Domine, quinque talenta
tradidisti mihi, ecce alia quinque superlu-
cratus sum. 21 Ait illi dominus eius: Euge
serve bone, et fidelis, quia super pauca
fuisti fidelis, super multa te constituam,
intra in gaudium domini tui. 22 Accessit
autem et qui duo talenta acceperat, et
ait: Domine, duo talenta tradidisti mihi,
ecce alia duo lucratus sum. 23 Ait illi dominus eius: Euge serve bone, et fidelis,
quia super pauca fuisti fidelis, super multa
te constituam, intra in gaudium domini
tui. 24 Accedens autem et qui unum talentum acceperat, ait: Domine, scio quia
homo durus es, metis ubi non seminasti,
et congregas ubi non sparsisti: 25 et timens abii, et abscondi talentum tuum in
terra: ecce habes quod tuum est. 26 Respondens autem dominus eius, dixit ei:
Serve male, et piger, sciebas quia meto
ubi non semino, et congrego ubi non
sparsi: 27 oportuit ergo te committere pecuniam meam numulariis, et veniens ego
recepissem utique quod meum est cum
usura. 28 Tollite itaque ab eo talentum, et
date ei qui habet decem talenta: 29 omni
enim habenti dabitur, et abundabit: ei
autem qui non habet, et quod videtur
habere, auferetur ab eo. 30 Et inutilem
servum eiicite in tenebras exteriores: illic
erit fletus, et stridor dentium.

Postremi iudicii descriptio

31 Cum autem venerit Filius hominis in
maiestate sua, et omnes angeli cum eo,
tunc sedebit super sedem maiestatis suae;
32 et congregabuntur ante eum omnes gentes, et separabit eos ab invicem, sicut pastor segregat oves ab haedis; 33 et statuet
oves quidem a dextris suis, haedos autem
a sinistris. 34 Tunc dicet rex his qui a
dextris eius erunt: Venite benedicti Patris
mei, possidete paratum vobis regnum a
constitutione mundi: 35 esurivi enim, et
dedistis mihi manducare: sitivi, et dedistis
mihi bibere: hospes eram, et collegistis
me: 36 nudus, et cooperuistis me: infirmus, et visitastis me: in carcere eram, et
venistis ad me. 37 Tunc respondebunt ei
iusti, dicentes: Domine, quando te vidimus esurientem, et pavimus te: sitientem,
et dedimus tibi potum?, 38 quando autem te vidimus hospitem, et collegimus
te: aut nudum, et cooperuimus te? 39 aut
quando te vidimus infirmum, aut in carcere, et venimus ad te? 40 Et respondens
rex, dicet illis: Amen dico vobis, quamdiu fecistis uni ex his fratribus meis minimis, mihi fecistis.

41 Tunc dicet et his qui a sinistris erunt:
Discedite a me maledicti in ignem aeternum, qui paratus est diabolo, et angelis
eius: 42 esurivi enim, et non dedistis mihi
manducare: sitivi, et non dedistis mihi potum: 43 hospes eram, et non collegistis
me: nudus, et non cooperuistis me: infirmus, et in carcere, et non visitastis me.
44 Tunc respondebunt ei et ipsi, dicentes:
Domine, quando te vidimus esurientem,
aut sitientem, aut hospitem, aut nudum,
aut infirmum, aut in carcere, et non mi-
nistravimus tibi? 45 Tunc respondebit illis,
dicens: Amen dico vobis: Quamdiu non
fecistis uni de minoribus his, nec mihi fecistis. 46 Et ibunt hi in supplicium aeternum: iusti autem in vitam aeternam.

PARS QUARTA

IESU CHRISTI PASSIO ET RESURRECTIO
(26,1-28,20)

Coniuratio Iudaeorum

26 1 Et factum est: cum consummasset
Iesus sermones hos omnes, dixit
discipulis suis: 2 Scitis quia post biduum
Pascha fiet, et Filius hominis tradetur ut
crucifigatur.

3 Tunc congregati sunt principes sacerdotum, et seniores populi, in atrium principis sacerdotum, qui dicebatur Caiphas:
4 et consilium fecerunt ut Iesum dolo tenerent, et occiderent. 5 Dicebant autem:
Non in die festo, ne forte tumultus fieret
in populo.

Unctio Iesu in Bethania

6 Cum autem Iesus esset in Bethania
in domo Simonis leprosi, 7 accessit ad
eum mulier habens alabastrum unguenti
pretiosi, et effudit super caput ipsius re-
cumbentis. 8 Videntes autem discipuli, indignati sunt dicentes: Ut quid perditio
haec? 9 potuit enim istud venundari multo, et dari pauperibus. 10 Sciens autem
Iesus, ait illis: Quid molesti estis huic mu-

24,45; 25,23; Lc 16,10. — **29:** Mt 13,12; Mc 4,25; Lc 8,18; 12,48. || Conc. Araus. II: D 189. **31-46:** Mt 16,27; 19,28; Apoc 20,11. — **32:** Ez 34,17. — **35:** Is 58,7; Iac 1,27; 2,15. — **37:** Mt 6,3. — **40:** Prov 19,17; Mt 10,42; Hebr 6,10. — **41:** Lc 13,27; Apoc 20,10. || Conc. Florent.: D 714. — **46:** Dan 12,2.

26 **1:** Mt 7,28; 11,1. — **2-5:** Mc 14,1-2; Lc 22,1-2. — **3:** Io 11,47. — **6-13:** Mc 14,3-9;

lieri? opus enim bonum operata est in
me. 11 Nam semper pauperes habetis vobiscum; me autem non semper habetis.
12 Mittens enim haec unguentum hoc in
corpus meum, ad sepeliendum me fecit.
13 Amen dico vobis, ubicumque praedicatum fuerit hoc Evangelium in toto mundo,
dicetur et quod haec fecit in memoriam
eius.

Iudae proditio

14 Tunc abiit unus de duodecim, qui
dicebatur Iudas Iscariotes, ad principes
sacerdotum: 15 et ait illis: Quid vultis mihi
dare, et ego vobis eum tradam? At illi
constituerunt ei triginta argenteos. 16 Et
exinde quaerebat opportunitatem ut eum
traderet.

Postrema Christi coena

17 Prima autem die Azymorum accesserunt discipuli ad Iesum, dicentes: Ubi vis
paremus tibi comedere Pascha? 18 At Iesus
dixit: Ite in civitatem ad quemdam, et
dicite ei: Magister dicit: Tempus meum
prope est, apud te facio Pascha cum discipulis meis. 19 Et fecerunt discipuli sicut
constituit illis Iesus, et paraverunt Pascha.
20 Vespere autem facto, discumbebat
cum duodecim discipulis suis. 21 Et eden-
tibus illis, dixit: Amen dico vobis, quia
unus vestrum me traditurus est. 22 Et contristati valde, coeperunt singuli dicere:
Numquid ego sum Domine? 23 At ipse
respondens, ait: Qui intingit mecum manum in paropside, hic me tradet. 24 Filius
quidem hominis vadit, sicut scriptum est
de illo: vae autem homini illi, per quem
Filius hominis tradetur! bonum erat ei, si
natus non fuisset homo ille. 25 Respondens
autem Iudas, qui tradidit eum, dixit: Numquid ego sum Rabbi? Ait illi: Tu dixisti.

Institutio Eucharistiae

26 Coenantibus autem eis, accepit Iesus
panem, et benedixit, ac fregit, deditque
discipulis suis, et ait: Accipite, et comedite: hoc est corpus meum. 27 Et accipiens
calicem gratias egit: et dedit illis, dicens:
Bibite ex hoc omnes. 28 Hic est enim sanguis meus novi testamenti, qui pro multis
effundetur in remissionem peccatorum.
29 Dico autem vobis: non bibam amodo
de hoc genimine vitis usque in diem illum,
cum illud bibam vobiscum novum in regno
Patris mei.

Scandalum Apostolorum praedicitur

30 Et hymno dicto, exierunt in montem
Oliveti. 31 Tunc dicit illis Iesus: Omnes
vos scandalum patiemini in me in ista
nocte. Scriptum est enim: Percutiam pastorem, et dispergentur oves gregis. 32 Postquam autem resurrexero, praecedam vos
in Galilaeam. 33 Respondens autem Petrus, ait illi: Et si omnes scandalizati fuerint in te, ego nunquam scandalizabor.
34 Ait illi Iesus: Amen dico tibi, quia in
hac nocte, antequam gallus cantet, ter me
negabis. 35 Ait illi Petrus: Etiamsi oportuerit me mori tecum, non te negabo. Similiter et omnes discipuli dixerunt.

Oratio in Gethsemani

36 Tunc venit Iesus cum illis in villam,
quae dicitur Gethsemani, et dixit discipulis suis: Sedete hic donec vadam illuc,
et orem. 37 Et assumpto Petro, et duobus
filiis Zebedaei, coepit contristari et moestus esse. 38 Tunc ait illis: Tristis est anima
mea usque ad mortem: sustinete hic, et
vigilate mecum. 39 Et progressus pusillum,
procidit in faciem suam, orans, et dicens:
Pater mi, si possibile est, transeat a me
calix iste: verumtamen non sicut ego volo,
sed sicut tu. 40 Et venit ad discipulos suos,
et invenit eos dormientes, et dicit Petro:
Sic non potuistis una hora vigilare mecum? 41 Vigilate, et orate ut non intretis
in tentationem. Spiritus quidem promptus
est, caro autem infirma. 42 Iterum secundo
abiit, et oravit, dicens: Pater mi, si non
potest hic calix transire nisi bibam illum,
fiat voluntas tua. 43 Et venit iterum, et invenit eos dormientes: erant enim oculi
eorum gravati. 44 Et relictis illis, iterum
abiit, et oravit tertio, eundem sermonem
dicens.
45 Tunc venit ad discipulos suos, et dicit illis: Dormite iam, et requiescite: ecce
appropinquavit hora, et Filius hominis
tradetur in manus peccatorum. 46 Surgite,
eamus: ecce appropinquavit qui me tradet.

Christus apprehenditur

47 Adhuc eo loquente, ecce Iudas unus
de duodecim venit, et cum eo turba multa
cum gladiis et fustibus, missi a principibus
sacerdotum, et senioribus populi. 48 Qui
autem tradidit eum, dedit illis signum, dicens: Quemcumque osculatus fuero, ipse
est, tenete eum.

Io 12,1-8. — **11:** Deut 15,11. — **14-16:** Mc 14, 10-11; Lc 22,3-6; Io 13,2. — **17:** Ex 12,18; Mc 14,12; Lc 22,7; 1 Cor 5,7. — **20-29:** Mc 14, 17-21; Lc 22,14-27; Io 10,21-26. — **26-29:** Mc 14,22-25; Lc 22,18-20; 1 Cor 11,23-25. || Conc. Trid.: D 874.876.877.930. — **28:** Ex 24,8; Ier 31,31; Zach 9,11; Hebr 7,22. — **30-35:** Mc 14, 26,31. — **30:** Ps 112-117; Lc 22,39; Io 18,1. — **31:** Zach 13,7. — **32:** Mt 28,7; Mc 16,7; Lc 24, 6. — **33:** Lc 22,33; Io 13,37. — **36-46:** Mc 14, 32-42; Lc 22,40-44; Io 12,27. — **39:** Mt 6,10; Hebr 5,7. — **41:** Mt 6,13; Eph 6,18; Hebr 2,18; 4,15; 1 Petr 4,7; 5,8. — **44:** 2 Cor 12,8. — **47-56:** Mc 14,43-52; Lc 22,47-53; Io 18,3.11. — **48:**

49 Et confestim accedens ad Iesum, dixit: Ave Rabbi. Et osculatus est eum.
50 Dixitque illi Iesus: Amice, ad quid venisti? Tunc accesserunt, et manus iniecerunt in Iesum, et tenuerunt eum. 51 Et
ecce unus ex his qui erant cum Iesu, extendens manum, exemit gladium suum,
et percutiens servum principis sacerdotum
amputavit auriculam eius. 52 Tunc ait illi
Iesus: Converte gladium tuum in locum
suum: omnes enim, qui acceperint gladium, gladio peribunt. 53 An putas, quia
non possum rogare patrem meum, et exhi-
bebit mihi modo plusquam duodecim legiones angelorum? 54 Quomodo ergo implebuntur Scripturae, quia sic oportet
fieri? 55 In illa hora dixit Iesus turbis:
Tanquam ad latronem existis cum gladiis
et fustibus comprehendere me: quotidie
apud vos sedebam docens in templo, et
non me tenuistis. 56 Hoc autem totum
factum est, ut adimplerentur Scripturae
prophetarum. Tunc discipuli omnes, relicto eo, fugerunt.

Christus coram Caipha

57 At illi tenentes Iesum, duxerunt ad
Caipham principem sacerdotum, ubi scribae et seniores convenerant. 58 Petrus autem sequebatur eum a longe, usque in
atrium principis sacerdotum. Et ingressus intro, sedebat cum ministris, ut videret finem. 59 Principes autem sacerdotum, et omne concilium, quaerebant falsum testimonium contra Iesum, ut eum
morti traderent: 60 et non invenerunt, cum
multi falsi testes accessissent. Novissime
autem venerunt duo falsi testes, 61 et dixerunt: Hic dixit: Possum destruere templum Dei, et post triduum reaedificare illud. 62 Et surgens princeps sacerdotum,
ait illi: Nihil respondes ad ea, quae isti
adversum te testificantur? 63 Iesus autem
tacebat. Et princeps sacerdotum ait illi:
Adiuro te per Deum vivum, ut dicas nobis si tu es Christus filius Dei. 64 Dicit
illi Iesus: Tu dixisti. Verumtamen dico
vobis, amodo videbitis Filium hominis sedentem a dextris virtutis Dei, et venientem in nubibus caeli. 65 Tunc princeps
sacerdotum scidit vestimenta sua, dicens:
Blasphemavit: quid adhuc egemus testibus? ecce nunc audistis blasphemiam:
66 quid vobis videtur? At illi respondentes dixerunt: Reus est mortis.
67 Tunc expuerunt in faciem eius, et
colaphis eum ceciderunt, alii autem palmas in faciem eius dederunt, 68 dicentes:
Prophetiza nobis Christe, quis est qui
te percussit?

Prov 27,6; Rom 16,16. — **52:** Gen 9,6. — **54:** Is 53,7. — **57-68:** Mc 14,53-65; Lc 22,54; Io 18,12. **61:** Io 2,19; Act 6,14. — **63:** Lc 22,67. — **64:** Ps 109,1; Dan 7,13; Mt 24,30; 25,31; Act 7, 56. — **66:** Lev 24,16. — **67:** Is 50,6; Lc 22,63.

Negatio Petri

69 Petrus vero sedebat foris in atrio:
et accessit ad eum una ancilla, dicens:
Et tu cum Iesu Galilaeo eras. 70 At ille
negavit coram omnibus, dicens: Nescio
quid dicis. 71 Exeunte autem illo ianuam,
vidit eum alia ancilla, et ait his qui erant
ibi: Et hic erat cum Iesu Nazareno. 72 Et
iterum negavit cum iuramento: Quia non
novi hominem. 73 Et post pusillum accesserunt qui stabant, et dixerunt Petro: Vere
et tu ex illis es: nam et loquela tua manifestum te facit. 74 Tunc coepit detestari
et iurare quia non novisset hominem. Et
continuo gallus cantavit. 75 Et recordatus
est Petrus verbi Iesu, quod dixerat: Prius
quam gallus cantet, ter me negabis. Et
egressus foras, flevit amare.

Iesus ductus ad Pilatum

27 1 Mane autem facto, consilium inierunt omnes principes sacerdotum et
seniores populi adversus Iesum, ut eum
morti traderent. 2 Et vinctum adduxerunt
eum, et tradiderunt Pontio Pilato praesidi.

Proditoris finis

3 Tunc videns Iudas, qui eum tradidit,
quod damnatus esset, poenitentia ductus, retulit triginta argenteos principibus
sacerdotum, et senioribus, 4 dicens: Peccavi, tradens sanguinem iustum. At illi
dixerunt: Quid ad nos? tu videris. 5 Et
proiectis argenteis in templo, recessit: et
abiens laqueo se suspendit. 6 Principes
autem sacerdotum, acceptis argenteis, dixerunt: Non licet eos mittere in corbo-
nam: quia pretium sanguinis est. 7 Consilio autem inito, emerunt ex illis agrum
figuli, in sepulturam peregrinorum. 8 Propter hoc vocatus est ager ille, Haceldama,
hoc est, ager sanguinis, usque in hodiernum diem.
9 Tunc impletum est quod dictum est
per Ieremiam prophetam, dicentem: Et
acceperunt triginta argenteos pretium ap-
pretiati, quem appretiaverunt a filiis Israel: 10 et dederunt eos in agrum figuli,
sicut constituit mihi Dominus.

Iesus coram Pilato

11 Iesus autem stetit ante praesidem, et
interrogavit eum praeses, dicens: Tu es
rex Iudaeorum? Dicit illi Iesus: Tu dicis.
12 Et cum accusaretur a principibus sacerdotum et senioribus, nihil respondit.
13 Tunc dicit illi Pilatus: Non audis quan-

69-75: Mc 14,66-72; Lc 22,55-62; Io 18,16.25.

27 **1:** Mc 15,1; Lc 22,66. — **2:** Lc 23,1; Io 18,28. — **5:** 2 Sam 17,23; Act 1,18. — **8:** Act 1,19. — **9-10:** Ier 32,6-9; Zach 11,12-13.

ta adversum te dicunt testimonia? 14 Et
non respondit ei ad ullum verbum, ita ut
miraretur praeses vehementer.
15 Per diem autem solemnem consueverat praeses populi dimittere unum vinctum, quem voluissent: 16 habebat autem
tunc vinctum insignem, qui dicebatur Barabbas. 17 Congregatis ergo illis, dixit
Pilatus: Quem vultis dimittam vobis: Barabbam, an Iesum, qui dicitur Christus?
18 Sciebat enim quod per invidiam tradidissent eum. 19 Sedente autem illo pro
tribunali, misit ad eum uxor eius, dicens:
Nihil tibi, et iusto illi: multa enim passa
sunt hodie per visum propter eum. 20 Principes autem sacerdotum et seniores per-
suaserunt populis ut peterent Barabbam,
Iesum vero perderent. 21 Respondens autem praeses, ait illis: Quem vultis vobis
de duobus dimitti? At illi dixerunt: Barabbam. 22 Dicit illis Pilatus: Quid igitur
faciam de Iesu, qui dicitur Christus?
23 Dicunt omnes: Crucifigatur. Ait illis
praeses: Quid enim mali fecit? At illi
magis clamabant dicentes: Crucifigatur.
24 Videns autem Pilatus quia nihil pro-
ficeret, sed magis tumultus fieret: accepta aqua, lavit manus coram populo, dicens: Innocens ego sum a sanguine iusti
huius: vos videritis. 25 Et respondens universus populus, dixit: Sanguis eius super
nos, et super filios nostros. 26 Tunc dimisit illis Barabbam: Iesum autem flagellatum tradidit eis ut crucifigeretur.

Illuditur a militibus

27 Tunc milites praesidis suscipientes
Iesum in praetorium, congregaverunt ad
eum universam cohortem, 28 et exuentes
eum, chlamydem coccineam circumdederunt ei, 29 et plectentes coronam de spinis, posuerunt super caput eius, et arundinem in dextera eius. Et genu flexo ante
eum, illudebant ei, dicentes: Ave rex Iudaeorum. 30 Et expuentes in eum, acceperunt arundinem, et percutiebant caput
eius. 31 Et postquam illuserunt ei, exuerunt eum chlamyde, et induerunt eum
vestimentis eius, et duxerunt eum ut crucifigerent.
32 Exeuntes autem invenerunt hominem
Cyrenaeum, nomine Simonem: hunc angariaverunt ut tolleret crucem eius. 33 Et
venerunt in locum qui dicitur Golgotha,
quod est Calvariae locus. 34 Et dederunt
ei vinum bibere cum felle mistum. Et cum
gustasset, noluit bibere.

Ad Golgotha ducitur et inter duos latrones crucifigitur

35 Postquam autem crucifixerunt eum,
diviserunt vestimenta eius, sortem mittentes: ut impleretur quod dictum est per
prophetam dicentem: Diviserunt sibi vestimenta mea, et super vestem meam miserunt sortem. 36 Et sedentes servabant
eum. 37 Et imposuerunt super caput eius
causam ipsius scriptam: Hic est Iesus rex
Iudaeorum. 38 Tunc crucifixi sunt cum
eo duo latrones: unus a dextris, et unus
a sinistris.
39 Praetereuntes autem blasphemabant
eum moventes capita sua, 40 et dicentes:
Vah qui destruis templum Dei, et in triduo illud reaedificas: salva temetipsum:
si Filius Dei es, descende de cruce. 41 Similiter et principes sacerdotum illudentes
cum scribis et senioribus dicebant: 42 Alios
salvos fecit, seipsum non potest salvum
facere: si rex Israel est, descendat nunc
de cruce, et credimus ei: 43 confidit in
Deo: liberet nunc, si vult eum: dixit enim:
Quia Filius Dei sum. 44 Idipsum autem
et latrones, qui crucifixi erant cum eo,
improperabant ei.

Iesu Christi mors

45 A sexta autem hora tenebrae factae
sunt super universam terram usque ad
horam nonam. 46 Et circa horam nonam
clamavit Iesus voce magna, dicens: Eli,
Eli, lamma sabacthani? hoc est: Deus
meus, Deus meus, ut quid dereliquisti
me? 47 Quidam autem illic stantes, et audientes, dicebant: Eliam vocat iste. 48 Et
continuo currens unus ex eis, acceptam
spongiam implevit aceto, et imposuit
arundini, et dabat ei bibere. 49 Caeteri
vero dicebant: Sine videamus an veniat
Elias liberans eum. 50 Iesus autem iterum
clamans voce magna, emisit spiritum.

Signa mortis Christi

51 Et ecce velum templi scissum est in
duas partes a summo usque deorsum: et
terra mota est, et petrae scissae sunt, 52 et
monumenta aperta sunt: et multa corpora sanctorum, qui dormierant, surrexerunt. 53 Et exeuntes de monumentis post
resurrectionem eius, venerunt in sanctam
civitatem, et apparuerunt multis.
54 Centurio autem, et qui cum eo erant,

11-14: Mc 15,2-5; Lc 23,2-5; Io 18,29-38. — **15-23:** Mc 15,6-14; Lc 23,18-23; Io 18,39-40. — **18:** Mt 21,38; Io 11,47; 12,19; Act 7,9. — **21:** Act 3,14. — **24:** Deut 21,6. — **25:** Act 5,28. — **26:** Io 19,1.16. — **27-31:** Mc 15,16-20; Lc 23,18; Io 19,2-3. — **30:** Is 50,6. — **31:** Mc 15,20; Lc 23,32; Io 19,16. — **32-43:** Mc 15,21-32; Lc 23,26.33-58; Io 10,16-17. — **35:** Ps 21,19; 68,19. — **38:** Is 53,12. — **39:** Ps 21,8; 108,25. — **43:** Ps 21,9; Sap 2,13.18. — **44:** Lc 23,39. — **45:** Mc 15,33; Lc 23,44. — **46:** Ps 21,2. ‖ Breve Innocentii XII: D 1336. — **48:** Ps 68,22 — **51:**

custodientes Iesum, viso terraemotu et his
quae fiebant, timuerunt valde, dicentes:
Vere Filius Dei erat iste.

Sepultura Christi

55 Erant autem ibi mulieres multae a
longe, quae secutae erant Iesum a Galilaea, ministrantes ei: 56 inter quas erat
Maria Magdalene, et Maria Iacobi, et
Ioseph mater, et mater filiorum Zebedaei.
57 Cum autem sero factum esset, venit
quidam homo dives ab Arimathaea, nomine Ioseph, qui et ipse discipulus erat
Iesu: 58 hic accessit ad Pilatum, et petiit
corpus Iesu. Tunc Pilatus iussit reddi corpus. 59 Et accepto corpore, Ioseph involvit illud in sindone munda. 60 Et posuit
ilud in monumento suo novo, quod exci-
derat in petra. Et advolvit saxum magnum ad ostium monumenti, et abiit.
61 Erant autem ibi Maria Magdalene, et
altera Maria, sedentes contra sepulchrum.

Sepulchri custodia

62 Altera autem die, quae est post Parasceven, convenerunt principes sacerdotum et pharisaei ad Pilatum, 63 dicentes:
Domine, recordati sumus, quia seductor
ille dixit adhuc vivens: Post tres dies re-
surgam. 64 Iube ergo custodiri sepulchrum
usque in diem tertium; ne forte veniant
discipuli eius, et furentur eum, et dicant
plebi: Surrexit a mortuis: et erit novissimus error peior priore. 65 Ait illis Pilatus: Habetis custodiam, ite, custodite sicut
scitis. 66 Illi autem abeuntes, munierunt
sepulchrum, signantes lapidem, cum custodibus.

Mulieres ad sepulchrum et Christi apparitio

28 1 Vespere autem sabbati, quae lu-
cescit in prima sabbati, venit Maria Magdalene, et altera Maria, videre sepulchrum. 2 Et ecce terraemotus factus
est magnus. Angelus enim Domini descendit de caelo: et accedens revolvit lapidem,
et sedebat super eum: 3 erat autem aspectus eius sicut fulgur: et vestimentum eius
sicut nix. 4 Prae timore autem eius exterriti
sunt custodes, et facti sunt velut mortui.
5 Respondens autem angelus dixit mulieribus: Nolite timere vos: scio enim, quod
Iesum, qui crucifixus est, quaeritis: 6 non
est hic: surrexit enim, sicut dixit: venite,
et videte locum ubi positus erat Dominus.
7 Et cito euntes, dicite discipulis eius quia
surrexit: et ecce praecedit vos in Galilaeam: ibi eum videbitis: ecce praedixi
vobis. 8 Et exierunt cito de monumento
cum timore et gaudio magno, currentes
nuntiare discipulis eius.
9 Et ecce Iesus occurrit illis, dicens:
Avete. Illae autem accesserunt, et tenuerunt pedes eius, et adoraverunt eum.
10 Tunc ait illis Iesus: Nolite timere: ite,
nuntiate fratribus meis ut eant in Galilaeam, ibi me videbunt.

Iudaeis denuntiatur resurrectio

11 Quae cum abiissent, ecce quidam de
custodibus venerunt in civitatem, et nuntiaverunt principibus sacerdotum omnia
quae facta fuerant. 12 Et congregati cum
senioribus consilio accepto, pecuniam copiosam dederunt militibus, 13 dicentes: Dicite quia discipuli eius nocte venerunt,
et furati sunt eum, nobis dormientibus.
14 Et si hoc auditum fuerit a praeside,
nos suadebimus ei, et securos vos faciemus. 15 At illi accepta pecunia, fecerunt
sicut erant edocti. Et divulgatum est verbum istud apud Iudaeos, usque in hodiernum diem.
16 Undecim autem discipuli abierunt in
Galilaeam in montem ubi constituerat illis
Iesus.

Apparitiones in Galilaea

17 Et videntes eum adoraverunt: quidam autem dubitaverunt. 18 Et accedens
Iesus locutus est eis, dicens: Data est
mihi omnis potestas in caelo et in terra:
19 euntes ergo docete omnes gentes: bap-
tizantes eos in nomine Patris, et Filii, et
Spiritus sancti: 20 docentes eos servare
omnia quaecumque mandavi vobis: et
ecce ego vobiscum sum omnibus diebus,
usque ad consummationem saeculi.

Mc 15,38; Lc 23,45. — **54-56:** Mc 15,39-41; Lc 23,47-49. — **55:** Lc 8,2-3. — **57-61:** Mc 15, 42-47; Lc 23,50-56; Io 19,38-42. — **60:** Is 53,9. **63:** Mt 12,40; 16,21.

28 **1-8:** Mc 16,1-8; Lc 24,1-10; Io 20,1-18. **3:** Act 1,10. — **6:** Mt 27,60.63. — **7:** Mt 26,32. — **9-10:** Mc 16,9; Io 20,14-17. — **11-15:** Mt 27,65-66. — **16:** Mt 26,32; 28,7. — **17:** Mt 2,11. || Conc. Trid.: D 878. — **18:** Dan 7,14; Mt 11,27; 1 Petr 3,22; Eph 1,20-21; Phil 2,9; Apoc 12,10. || Enc. Pii XI: D 2204. — **19:** Mc 16,15-16; Lc 24,47. || Epist. Pelagii I: D 229; Epist. Innoc. III: D 412 et 413; Conc. Trid.: D 798; Resp. Comm. de re Biblica: D 2154. **20:** Mt 13,39; Io 12,26; Act 18,10. || Enc. Pii IX: D 1688; Conc. Vatic.: D 1821.

EVANGELIUM SECUNDUM MARCUM

SUMMARIUM PARS PRIMA: IESU CHRISTI PRAEDICATIO IN GALILAEA *(1-10): Ioannes Baptista in Iordane (1,1-13). Initium praedicationis Iesu in Galilaea (1,14-45). Redit Iesus in Capharnaum (2,1-22). Pharisaeorum obiurgationes (2,23-3,6). Apostolorum electio (3,7-19). Variae de Iesu opiniones (3,20-35). Parabolae de regno Dei (4,1-34). Iter in regionem Gerasenorum (4,35-5,21). Sanat hemorrhoissam (5,22-43). Post adventum in Nazareth mittit Iesus discipulos ad praedicandum (6,1-13). Ioannis martyrium (6,14-29). Discipulis redeuntibus, Iesus multiplicat panes (6,30-56). Pharisaeorum traditiones (7,1-23). Excursio in Phoeniciam et reditus in Decapolim (7,24-37). Altera panum multiplicatio (8,1-26). Petri confessio et prima passionis praedictio (8,27-39). Iesu transfiguratio et pueri daemoniaci sanatio (9,1-29). Secunda passionis praedictio (9,30-49). Per Transiordaniam Iesus proficiscitur versus Ierusalem (10,1-31). Tertia praedictio passionis (10,32-52).*—PARS SECUNDA: IESUS IN IERUSALEM *(11-13): Solemnis ingressus in Ierusalem (11,1-11). Fici maledictio (11,12-26). Iudaeorum quaestiones (11,27-12,44). Sermo apocalypticus (13).*—PARS TERTIA: IESU CHRISTI PASSIO ET RESURRECTIO *(14-16). Unctio in Bethania (14,1-11). Postrema Christi coena (14,12-31). Christi oratio et apprehensio (14,32-52). Iesus coram Caipha (14,53-72). Iesus ante Pilatum (15,1-20). Iesu Christi mors et sepultura (15,1-47). Christi apparitio ad mulieres (16,1-8). Finalis S. Marci (16,9-20)*

PARS PRIMA

IESU CHRISTI PRAEDICATIO IN GALILAEA

(1,1-10,52)

Ioannes Baptista praedicat iuxta Iordanem

1 1 Initium Evangelii Iesu Christi, Filii
Dei. 2 Sicut scriptum est in Isaia propheta: Ecce ego mitto angelum meum
ante faciem tuam, qui praeparabit viam
tuam ante te. 3 Vox clamantis in deserto:
Parate viam Domini, rectas facite semitas
eius. 4 Fuit Ioannes in deserto baptizans,
et praedicans baptismum poenitentiae in
remissionem peccatorum. 5 Et egrediebatur ad eum omnis Iudaeae regio, et Iero-
solymitae universi, et baptizabantur ab
illo in Iordanis flumine, confitentes peccata sua. 6 Et erat Ioannes vestitus pilis
cameli, et zona pellicea circa lumbos eius,
et locustas et mel silvestre edebat. Et praedicabat dicens: 7 Venit fortior me post
me: cuius non sum dignus procumbens
solvere corrigiam calceamentorum eius.
8 Ego baptizavi vos aqua, ille vero baptizabit vos Spiritu sancto.

Iesu Christi baptismus

9 Et factum est: in diebus illis venit
Iesus a Nazareth Galilaeae: et baptizatus
est a Ioanne in Iordane. 10 Et statim ascendens de aqua, vidit caelos apertos, et
Spiritum tanquam columbam descendentem, et manentem in ipso. 11 Et vox facta
est de caelis: Tu es Filius meus dilectus,
in te complacui.

Iesu Christi ieiunium et tentatio

12 Et statim Spiritus expulit eum in desertum. 13 Et erat in deserto quadraginta
diebus, et quadraginta noctibus: et tentabatur a Satana: eratque cum bestiis,
et angeli ministrabant illi.

Priorum discipulorum vocatio

14 Postquam autem traditus est Ioannes,
venit Iesus in Galilaeam, praedicans Evangelium regni Dei, 15 et dicens: Quoniam
impletum est tempus, et appropinquavit
regnum Dei: poenitemini, et credite Evangelio.
16 Et praeteriens secus mare Galilaeae,
vidit Simonem, et Andream fratrem eius,
mittentes retia in mare (erant enim piscatores), 17 et dixit eis Iesus: Venite post
me, et faciam vos fieri piscatores hominum. 18 Et protinus relictis retibus, secuti
sunt eum. 19 Et progressus inde pusillum,
vidit Iacobum Zebedaei, et Ioannem fratrem eius, et ipsos componentes retia in
navi: 20 et statim vocavit illos. Et relicto
patre suo Zebedaeo in navi cum mercenariis, secuti sunt eum.

1 **1-8:** Mt 3,1-12; Lc 3,2-17, Io 1,19. — **2:** Mal 3,1; Mt 11,10. — **3:** Is 40,3. — **7:** Act 13,24. — **9-11:** Mt 3,13-17; Lc 3,21-22; Io 1, 32. — **11:** Ps 2,7; Is 42,1; Mc 9,7. — **12-13:** Mt 4,1-11; Lc 4,1-13. — **14:** Mt 4,12, Lc 4,14. **15:** Dan 7,22. — **16-20:** Mt 4,18-22; Lc 5,2-11;

Iesus in synagoga Capharnaum daemoniacum sanat

21 Et ingrediuntur Capharnaum: et statim sabbatis ingressus in synagogam, docebat eos. 22 Et stupebant super doctrina
eius: erat enim docens eos, quasi potestatem habens, et non sicut scribae.
23 Et erat in synagoga eorum homo in
spiritu immundo: et exclamavit, 24 dicens:
Quid nobis et tibi Iesu Nazarene: venisti
perdere nos? scio qui sis, Sanctus Dei.
25 Et comminatus est ei Iesus, dicens: Obmutesce, et exi de homine. 26 Et discerpens eum spiritus immundus, et exclamans voce magna, exiit ab eo. 27 Et mirati sunt omnes, ita ut conquirerent inter
se dicentes: Quidnam est hoc? quaenam
doctrina haec nova? quia in potestate
etiam spiritibus immundis imperat, et
obediunt ei. 28 Et processit rumor eius statim in omnem regionem Galilaeae.

Sanatur socrus Simonis

29 Et protinus egredientes de synagoga,
venerunt in domum Simonis et Andreae,
cum Iacobo et Ioanne. 30 Decumbebat autem socrus Simonis febricitans: et statim
dicunt ei de illa. 31 Et accedens elevavit
eam, apprehensa manu eius: et continuo
dimisit eam febris, et ministrabat eis.

Sanantur multi

32 Vespere autem facto cum occidisset
sol, afferebant ad eum omnes male habentes, et daemonia habentes: 33 et erat
omnis civitas congregata ad ianuam.
34 Et curavit multos, qui vexabantur variis
languoribus, et daemonia multa eiiciebat, et non sinebat ea loqui, quoniam
sciebant eum.

Iesus recedit a Capharnaum

35 Et diluculo valde surgens, egressus
abiit in desertum locum, ibique orabat.
36 Et prosecutus est eum Simon, et qui
cum illo erant. 37 Et cum invenissent eum,
dixerunt ei: Quia omnes quaerunt te. 38 Et
ait illis: Eamus in proximos vicos, et
civitates, ut et ibi praedicem: ad hoc enim
veni. 39 Et erat praedicans in synagogis
eorum, et in omni Galilaea, et daemonia
eiiciens.

Leprosus mundatur

40 Et venit ad eum leprosus deprecans
eum: et genu flexo dixit ei: Si vis, potes
me mundare. 41 Iesus autem misertus eius,
extendit manum suam: et tangens eum,
ait illi: Volo: Mundare. 42 Et cum dixisset, statim discessit ab eo lepra, et mundatus est. 43 Et comminatus est ei, statimque eiecit illum, 44 et dicit ei: Vide nemini dixeris: sed vade, ostende te principi
sacerdotum, et offer pro emundatione tua,
quae praecepit Moyses in testimonium
illis. 45 At ille egressus coepit praedicare,
et diffamare sermonem, ita ut iam non
posset manifeste introire in civitatem, sed
foris in desertis locis esset, et conveniebant ad eum undique.

Capharnaum regressus paralyticum sanat

2 1 Et iterum intravit Capharnaum post
dies, 2 et auditum est quod in domo
esset, et convenerunt multi, ita ut non
caperet neque ad ianuam, et loquebatur
eis verbum. 3 Et venerunt ad eum ferentes paralyticum, qui a quatuor portabatur. 4 Et cum non possent offerre eum illi
prae turba, nudaverunt tectum ubi erat:
et patefacientes submiserunt grabatum in
quo paralyticus iacebat. 5 Cum autem vidisset Iesus fidem illorum, ait paralytico:
Fili, dimittuntur tibi peccata tua. 6 Erant
autem illic quidam de scribis sedentes, et
cogitantes in cordibus suis: 7 Quid hic sic
loquitur? blasphemat. Quis potest dimittere peccata, nisi solus Deus? 8 Quo statim cognito Iesus spiritu suo, quia sic
cogitarent intra se, dicit illis: Quid ista
cogitatis in cordibus vestris? 9 Quid est
facilius dicere paralytico: Dimittuntur tibi
peccata: an dicere: Surge, tolle grabatum
tuum, et ambula?
10 Ut autem sciatis quia Filius hominis
habet potestatem in terra dimittendi peccata (ait paralytico), 11 tibi dico: Surge,
tolle grabatum tuum, et vade in domum
tuam. 12 Et statim surrexit ille: et, sublato
grabato, abiit coram omnibus, ita ut mirarentur omnes, et honorificarent Deum,
dicentes: Quia nunquam sic vidimus.

Vocatio Levi Alphaei

13 Et egressus est rursus ad mare, omnisque turba veniebat ad eum, et docebat
eos. 14 Et cum praeteriret, vidit Levi Alphaei sedentem ad telonium, et ait illi:

Io 1,40. — **21-28:** Mt 4,13; Lc 4,31-37. — **22:** Mt 7,28. — **24:** Mc 5,7 — **29-31:** Mt 8,14-15; Lc 4,38-39. — **34:** Lc 4,41. — **35:** Lc 4,42. — **40-45:** Mt 8,2-4; Lc 5,12-16. — **43:** Mc 3,12; 5,43. — **44:** Lev 13,49; 14,2.

2 **1-12:** Mt 9,2-8; Lc 5,18-26. — **5:** Mt 9,22. 29; Mc 10,52; Lc 7,50. || Conc. Trid.: D 798. — **7:** Is 43,25. — **13-22:** Mt 9,9-17; Lc 5,27-39. — **18:** Mt 9,14; Lc 5,33. — **20:** Lc 17,

Sequere me. Et surgens secutus est eum.
15 Et factum est, cum accumberet in domo
illius, multi publicani et peccatores simul
discumbebant cum Iesu et discipulis eius:
erant enim multi, qui et sequebantur eum.
16 Et scribae et pharisaei videntes quia
manducaret cum publicanis et peccatoribus, dicebant discipulis eius: Quare cum
publicanis et peccatoribus manducat et
bibit Magister vester? 17 Hoc audito Iesus ait illis: Non necesse habent sani medico, sed qui male habent: non enim
veni vocare iustos, sed peccatores.
18 Et erant discipuli Ioannis et pharisaei
ieiunantes: et veniunt, et dicunt illi: Quare discipuli Ioannis et pharisaeorum ieiunant, tui autem discipuli non ieiunant?
19 Et ait illis Iesus: Numquid possunt filii
nuptiarum, quamdiu sponsus cum illis
est, ieiunare? Quanto tempore habent secum sponsum, non possunt ieiunare. 20 Venient autem dies cum auferetur ab eis
sponsus: et tunc ieiunabunt in illis diebus. 21 Nemo assumentum panni rudis
assuit vestimento veteri: alioquin aufert
supplementum novum a veteri, et maior
scissura fit. 22 Et nemo mittit vinum novum in utres veteres: alioquin dirumpet
vinum utres, et vinum effundetur, et utres
peribunt: sed vinum novum in utres novos debet mitti.

Discipuli spicas vellentes

23 Et factum est iterum cum Dominus
sabbatis ambularet per sata, et discipuli eius coeperunt progredi, et vellere spicas. 24 Pharisaei autem dicebant ei: Ecce, quid faciunt sabbatis quod non licet?
25 Et ait illis: Nunquam legistis quid fecerit
David, quando necessitatem habuit, et
esuriit ipse, et qui cum eo erant? 26 quomodo introivit in domum Dei sub Abiathar principe sacerdotum, et panes propositionis manducavit, quos non licebat
manducare, nisi sacerdotibus, et dedit eis
qui cum eo erant? 27 Et dicebat eis: Sabbatum propter hominem factum est, et
non homo propter sabbatum. 28 Itaque
Dominus est Filius hominis, etiam sabbati.

Manus arida restituta

3 1 Et introivit iterum in synagogam:
et erat ibi homo habens manum aridam. 2 Et observabant eum, si sabbatis
curaret, ut accusarent illum. 3 Et ait homini habenti manum aridam: Surge in
medium. 4 Et dicit eis: Licet sabbatis benefacere, an male? animam salvam facere, an perdere? At illi tacebant. 5 Et
circumspiciens eos cum ira, contristatus
super caecitate cordis eorum, dicit homini:
Extende manum tuam. Et extendit, et
restituta est manus illi. 6 Exeuntes autem
pharisaei, statim cum Herodianis consilium faciebant adversus eum quomodo
eum perderent.

Propter concursum populi in navicula docet

7 Iesus autem cum discipulis suis secessit ad mare: et multa turba a Galilaea
et Iudaea secuta est eum, 8 et ab Ierosolymis, et ab Idumaea, et trans Iordanem:
et qui circa Tyrum et Sidonem multitudo
magna, audientes quae faciebat, venerunt
ad eum. 9 Et dixit discipulis suis ut navicula sibi deserviret propter turbam, ne
comprimerent eum: 10 multos enim sanabat, ita ut irruerent in eum ut illum
tangerent quotquot habebant plagas. 11 Et
spiritus immundi, cum illum videbant,
procidebant ei: et clamabant dicentes:
12 Tu es Filius Dei. Et vehementer comminabatur eis ne manifestarent illum.

Electio Apostolorum

13 Et ascendens in montem vocavit ad
se quos voluit ipse: et venerunt ad eum.
14 Et fecit ut essent duodecim cum illo:
et ut mitteret eos praedicare. 15 Et dedit
illis potestatem curandi infirmitates et eii-
ciendi daemonia. 16 Et imposuit Simoni
nomen Petrus: 17 et Iacobum Zebedaei,
et Ioannem fratrem Iacobi, et imposuit
eis nomina Boanerges, quod est, Filii tonitrui: 18 et Andream, et Philippum, et
Bartholomaeum, et Matthaeum, et Thomam, et Iacobum Alphaei, et Thaddaeum,
et Simonem Cananaeum, 19 et Iudam Iscariotem, qui et tradidit illum.

Discissae de Iesu opiniones

20 Et veniunt ad domum: et convenit
iterum turba, ita ut non possent neque
panem manducare. 21 Et cum audissent
sui, exierunt tenere eum: dicebant enim:
Quoniam in furorem versus est. 22 Et scribae, qui ab Ierosolymis descenderant, dicebant: Quoniam Beelzebub habet, et quia
in principe daemoniorum eiicit daemonia.

22; Io 16,20. — **23-28:** Mt 12,1-8; Lc 6,1-5. — **23:** Deut 23,25. — **25:** 1 Sam 21,6. — **26:** Ex 29, 32; Lev 24,5. — **27:** 2 Mach 5,19.

3 **1-6:** Mt 12,9-14; Lc 6,6-11. — **6:** Mt 22,16; Mc 12,13. — **7-12:** Mt 12,15-21; Lc 6,17-19. — **8:** Mt 4,25. — **10:** Mt 15,30. — **11:** Lc 4, 41. — **12:** Mc 1,25.34. — **13-19:** Mt 10,1-4; Lc 6,12-16. — **16:** Act 1,13. — **21:** Io 7,5. — **22:** Mt

Confutat scribarum sententiam

23 Et convocatis eis in parabolis dicebat
illis: Quomodo potest Satanas Satanam
eiicere? 24 Et si regnum in se dividatur,
non potest regnum illud stare. 25 Et si domus super semetipsam dispertiatur, non
potest domus illa stare. 26 Et si Satanas
consurrexerit in semetipsum, dispertitus
est, et non poterit stare, sed finem habet.
27 Nemo potest vasa fortis ingressus in
domum diripere, nisi prius fortem alliget,
et tunc domum eius diripiet. 28 Amen dico
vobis, quoniam omnia dimittentur filiis
hominum peccata, et blasphemiae quibus
blasphemaverint: 29 qui autem blasphemaverit in Spiritum sanctum, non habebit
remissionem in aeternum, sed reus erit
aeterni delicti. 30 Quoniam dicebant: Spiritum immundum habet.

Mater Iesu et fratres

31 Et veniunt mater eius et fratres: et
foris stantes miserunt ad eum vocantes
eum, 32 et sedebat circa eum turba: et dicunt ei: Ecce mater tua et fratres tui foris
quaerunt te. 33 Et respondens eis, ait:
Quae est mater mea et fratres mei? 34 Et
circumspiciens eos, qui in circuitu eius
sedebant, ait: Ecce mater mea et fratres
mei. 35 Qui enim fecerit voluntatem Dei,
hic frater meus, et soror mea, et mater est.

Parabola seminantis

4 1 Et iterum coepit docere ad mare:
et congregata est ad eum turba multa, ita ut navim ascendens sederet in
mari, et omnis turba circa mare super
terram erat: 2 et docebat eos in parabolis
multa, et dicebat illis in doctrina sua:
3 Audite: ecce exiit seminans ad semi-
nandum. 4 Et dum seminat, aliud cecidit
circa viam, et venerunt volucres caeli, et
comederunt illud. 5 Aliud vero cecidit super petrosa, ubi non habuit terram multam: et statim exortum est, quoniam non
habebat altitudinem terrae: 6 et quando
exortus est sol, exaestuavit: et eo quod
non habebat radicem, exaruit. 7 Et aliud
cecidit in spinas: et ascenderunt spinae,
et suffocaverunt illud, et fructum non
dedit. 8 Et aliud cecidit in terram bonam:
et dabat fructum ascendentem et crescen-
tem, et afferebat unum triginta, unum sexaginta, et unum centum. 9 Et dicebat:
Qui habet aures audiendi, audiat.
10 Et cum esset singularis, interrogaverunt eum hi qui cum eo erant duodecim,
parabolam. 11 Et dicebat eis: Vobis datum
est nosse mysterium regni Dei: illis autem,
qui foris sunt, in parabolis omnia fiunt:
12 ut videntes videant, et non videant: et
audientes audiant, et non intelligant: nequando convertantur, et dimittantur eis
peccata.

Declaratio parabolae

13 Et ait illis: Nescitis parabolam hanc?
Et quomodo omnes parabolas cognoscetis? 14 Qui seminat, verbum seminat. 15 Hi
autem sunt, qui circa viam, ubi seminatur
verbum, et cum audierint, confestim venit
Satanas, et aufert verbum, quod seminatum est in cordibus eorum. 16 Et hi sunt
similiter, qui super petrosa seminantur:
qui cum audierint verbum, statim cum
gaudio accipiunt illud: 17 et non habent
radicem in se, sed temporales sunt: deinde orta tribulatione et persecutione propter verbum, confestim scandalizantur.
18 Et alii sunt qui in spinis seminantur:
hi sunt qui verbum audiunt, 19 et aerum-
nae saeculi, et deceptio divitiarum, et
circa reliqua concupiscentiae introeuntes
suffocant verbum, et sine fructu efficitur.
20 Et hi sunt qui super terram bonam se-
minati sunt, qui audiunt verbum, et suscipiunt, et fructificant, unum triginta
unum sexaginta, et unum centum.

Regni mysterium

21 Et dicebat illis: Numquid venit lucerna ut sub modio ponatur, aut sub lecto? nonne ut super candelabrum ponatur? 22 Non est enim aliquid absconditum,
quod non manifestetur: nec factum est
occultum, sed ut in palam veniat. 23 Si
quis habet aures audiendi, audiat.
24 Et dicebat illis: Videte quid audiatis.
In qua mensura mensi fueritis, remetietur
vobis, et adiicietur vobis. 25 Qui enim habet, dabitur illi: et qui non habet, etiam
quod habet auferetur ab eo.

Parabola de semine ultro crescente et de grano sinapis

26 Et dicebat: Sic est regnum Dei, quemadmodum si homo iaciat sementem in
terram, 27 et dormiat, et exsurgat nocte
et die, et semen germinet, et increscat
dum nescit ille. 28 Ultro enim terra fructificat, primum herbam, deinde spicam,
deinde plenum frumentum in spica. 29 Et

12,24; Lc 11,15; 12,10. — **27:** Is 49,24. ‖ De gratia Dei Indiculus: D 140. — **29:** Act 7,51. ‖ Tomus Gelasii: D 167. — **31-35:** Mt 12,46-50; Lc 8,19-21.

4 **1-12:** Mt 13,1-15; Lc 8,4-10. — **11:** 1 Cor 5,12. — **12:** Is 6,9-10; Io 12,40; Act 28,26. **13-20:** Mt 13,18-23; Lc 8,11-15. — **19:** Mc 10,23. — **21:** Mt 5,15; Lc 8,16; 11,33. — **22:** Mt 10,26; Lc 12,2. — **24:** Mt 7,2. — **27:** Iac 5,7. —

cum produxerit fructus, statim mittit falcem, quoniam adest messis.
30 Et dicebat: Cui assimilabimus regnum Dei? aut cui parabolae comparabi-
mus illud? 31 Sicut granum sinapis, quod
cum seminatum fuerit in terra, minus est
omnibus seminibus, quae sunt in terra:
32 et cum seminatum fuerit, ascendit, et
fit maius omnibus oleribus, et facit ramos magnos, ita ut possint sub umbra
eius aves caeli habitare.
33 Et talibus multis parabolis loquebatur eis verbum, prout poterant audire:
34 sine parabola autem non loquebatur
eis: seorsum autem discipulis suis disserebat omnia.

Iesus maris procellam sedat

35 Et ait in illa die, cum sero esset factum: Transeamus contra. 36 Et dimittentes turbam, assumunt eum ita ut erat in
navi: et aliae naves erant cum illo. 37 Et
facta est procella magna venti, et fluctus
mittebat in navim, ita ut impleretur navis. 38 Et erat ipse in puppi super cervical
dormiens: et excitant eum, et dicunt illi:
Magister, non ad te pertinet, quia perimus? 39 Et exsurgens comminatus est vento, et dixit mari: Tace, obmutesce. Et cessavit ventus: et facta est tranquillitas
magna. 40 Et ait illis: Quid timidi estis?
necdum habetis fidem? et timuerunt timore magno, et dicebant ad alterutrum:
Quis, putas, est iste, quia et ventus et
mare obediunt ei?

In regione Gerasenorum daemoniacum sanat

5 1 Et venerunt trans fretum maris in
regionem Gerasenorum. 2 Et exeunti
ei de navi, statim occurrit de monumentis
homo in spiritu immundo, 3 qui domicilium habebat in monumentis, et neque
catenis iam quisquam poterat eum ligare:
4 quoniam saepe compedibus et catenis
vinctus, dirupisset catenas, et compedes
comminuisset, et nemo poterat eum domare: 5 et semper die ac nocte in monumentis, et in montibus erat, clamans, et
concidens se lapidibus. 6 Videns autem
Iesum a longe, cucurrit, et adoravit eum;
7 et clamans voce magna dixit: Quid mihi,
et tibi, Iesu Fili Dei altissimi? adiuro te per
Deum, ne me torqueas. 8 Dicebat enim
illi: Exi spiritus immunde ab homine.
9 Et interrogabat eum: Quod tibi nomen
est? Et dicit ei: Legio mihi nomen est,
quia multi sumus. 10 Et deprecabatur eum
multum, ne se expelleret extra regionem.
11 Erat autem ibi circa montem grex porcorum magnus, pascens. 12 Et deprecabantur eum spiritus, dicentes: Mitte nos
in porcos ut in eos introeamus. 13 Et concessit eis statim Iesus. Et exeuntes spiritus
immundi introierunt in porcos: et magno
impetu grex praecipitatus est in mare ad
duo millia, et suffocati sunt in mari. 14 Qui
autem pascebant eos, fugerunt, et nuntiaverunt in civitatem et in agros. Et
egressi sunt videre quid esset factum: 15 et
veniunt ad Iesum: et vident illum qui a
daemonio vexabatur, sedentem, vestitum,
et sanae mentis, et timuerunt. 16 Et narraverunt illis, qui viderant, qualiter factum
esset ei qui daemonium habuerat, et de
porcis. 17 Et rogare coeperunt eum ut discederet de finibus eorum. 18 Cumque ascenderet navim, coepit illum deprecari,
qui a daemonio vexatus fuerat, ut esset
cum illo, 19 et non admisit eum, sed ait
illi: Vade in domum tuam ad tuos, et
annuntia illis quanta tibi Dominus fecerit,
et misertus sit tui. 20 Et abiit, et coepit
praedicare in Decapoli, quanta sibi fecisset Iesus: et omnes mirabantur.
21 Et cum transcendisset Iesus in navi
rursum trans fretum, convenit turba multa ad eum, et erat circa mare.

Sanat hemorrhoissam et suscitat filiam Iairi

22 Et venit quidam de archisynagogis
nomine Iairus, et videns eum procidit ad
pedes eius, 23 et deprecabatur eum multum, dicens: Quoniam filia mea in extremis est, veni, impone manum super eam,
ut salva sit, et vivat. 24 Et abiit cum illo,
et sequebatur eum turba multa, et com-
primebant eum.
25 Et mulier, quae erat in profluvio sanguinis annis duodecim, 26 et fuerat multa
perpessa a compluribus medicis: et erogaverat omnia sua, nec quidquam profece-
rat, sed magis deterius habebat: 27 cum
audisset de Iesu, venit in turba retro, et
tetigit vestimentum eius: 28 dicebat enim:
Quia si vel vestimentum eius tetigero, salva ero. 29 Et confestim siccatus est fons
sanguinis eius: et sensit corpore quia sanata esset a plaga. 30 Et statim Iesus in semetipso cognoscens virtutem quae exierat
de illo, conversus ad turbam, aiebat: Quis
tetigit vestimenta mea? 31 Et dicebant ei
discipuli sui: Vides turbam comprimen-
tem te, et dicis: Quis me tetigit? 32 Et circumspiciebat videre eam, quae hoc fecerat. 33 Mulier vero timens et tremens,

29: Ioel 4,13; Apoc 14,15. — **30-32:** Mt 13,31-32; Lc 13,18-19. — **32:** Ez 17,23; 31,6; Dan 4. 12.20. — **35:** Mt 8,18.25.27; 23,27; Lc 8,22-25, **39:** Ps 88,10; 106,23-30. — **40:** Io 14,1.

5 **1-17:** Mt 8,28-34; Lc 8,26-37. — **7:** Mc 1 24; Lc 4,33.41. — **18-20:** Lc 8,38-39. — **20:** Mt 4,25; Mc 7,31. — **21-43:** Mt 9,18-26; Lc 8,41-56. — **30:** Lc 6,19. — **34:** Lc 7,50; 8,

sciens quod factum esset in se, venit et procidit ante eum, et dixit ei omnem veritatem. 34 Ille autem dixit ei: Filia, fides tua te salvam fecit: vade in pace, et esto sana a plaga tua.

35 Adhuc eo loquente, veniunt ab archisynagogo, dicentes: Quia filia tua mortua est: quid ultra vexas Magistrum? 36 Iesus autem audito verbo quod dicebatur, ait archisynagogo: Noli timere: tantummodo crede. 37 Et non admisit quemquam se sequi nisi Petrum, et Iacobum, et Ioannem fratrem Iacobi. 38 Et veniunt in domum archisynagogi, et videt tumultum, et flentes, et eiulantes multum. 39 Et ingressus, ait illis: Quid turbamini, et ploratis? puella non est mortua, sed dormit. 40 Et irridebant eum. Ipse vero eiectis omnibus assumit patrem, et matrem puellae, et qui secum erant, et ingreditur ubi puella erat iacens. 41 Et tenens manum puellae, ait illi: Talitha cumi, quod est interpretatum: Puella (tibi dico) surge. 42 Et confestim surrexit puella, et ambulabat: erat autem annorum duodecim: et obstupuerunt stupore magno. 43 Et pracepit illis vehementer ut nemo id sciret: et dixit dari illi manducare.

Iesus in patria sua

6 1 Et egressus inde, abiit in patriam suam: et sequebantur eum discipuli sui: 2 et facto sabbato coepit in synagoga docere: et multi audientes admirabantur in doctrina eius, dicentes: Unde huic haec omnia? et quae est sapientia, quae data est illi: et virtutes tales, quae per manus eius efficiuntur. 3 Nonne hic est faber, filius Mariae, frater Iacobi, et Ioseph, et Iudae, et Simonis? nonne et sorores eius hic nobiscum sunt? Et scandalizabantur in illo. 4 Et dicebat illis Iesus: Quia non est propheta sine honore nisi in patria sua, et in domo sua, et in cognatione sua. 5 Et non poterat ibi virtutem ullam facere, nisi paucos infirmos impositis manibus curavit: 6 et mirabatur propter incredulitatem eorum, et circuibat castella in circuitu docens.

Apostolorum missio

7 Et vocavit duodecim: et coepit eos mittere binos, et dabat illis potestatem spirituum immundorum. 8 Et praecepit eis ne quid tollerent in via, nisi virgam tantum: non peram, non panem, neque in zona aes, 9 sed calceatos sandaliis, et ne induerentur duabus tunicis. 10 Et dicebat eis: Quocumque introieritis in domum, illic manete donec exeatis inde: 11 et quicumque non receperint vos, nec audierint vos, exeuntes inde, excutite pulverem de pedibus vestris in testimonium illis. 12 Et exeuntes praedicabant ut poenitentiam agerent: 13 et daemonia multa eiiciebant, et ungebant oleo multos aegros, et sanabant.

Herodis opinio de Iesu et Ioannis martyrium

14 Et audivit rex Herodes (manifestum enim factum est nomen eius), et dicebat: Quia Ioannes Baptista resurrexit a mortuis: et propterea virtutes operantur in illo. 15 Alii autem dicebant: Quia Elias est. Alii vero dicebant: Quia propheta est, quasi unus ex prophetis. 16 Quo audito Herodes ait: Quem ego decollavi Ioannem, hic a mortuis resurrexit.

17 Ipse enim Herodes misit, ac tenuit Ioannem, et vinxit eum in carcere propter Herodiadem uxorem Philippi fratris sui, quia duxerat eam. 18 Dicebat enim Ioannes Herodi: Non licet tibi habere uxorem fratris tui. 19 Herodias autem insidiabatur illi: et volebat occidere eum, nec poterat. 20 Herodes enim metuebat Ioannem, sciens eum virum iustum et sanctum: et custodiebat eum, et audito eo multa faciebat, et libenter eum audiebat. 21 Et cum dies opportunus accidisset, Herodes natalis sui coenam fecit principibus, et tribunis, et primis Galilaeae: 22 cumque introisset filia ipsius Herodiadis, et saltasset, et placuisset Herodi, simulque recumbentibus; rex ait puellae: Pete a me quod vis, et dabo tibi: 23 et iuravit illi: Quia quidquid petieris dabo tibi, licet dimidium regni mei. 24 Quae cum exisset, dixit matri suae: Quid petam? At illa dixit: Caput Ioannis Baptistae. 25 Cumque introisset statim cum festinatione ad regem, petivit dicens: Volo ut protinus des mihi in disco caput Ioannis Baptistae. 26 Et contristatus est rex: propter iusiurandum, et propter simul discumbentes, noluit eam contristare: 27 sed misso spiculatore praecepit afferri caput eius in disco. Et decollavit eum in carcere, 28 et attulit caput eius in disco: et dedit illud puellae, et puella dedit matri suae. 29 Quo audito, discipuli eius venerunt, et tulerunt corpus eius: et posuerunt illud in monumento.

48. — **39:** Io 11,11. — **43:** Mc 1,44; 7,36; 9,8.

6 **1-6:** Mt 13,53-58; Lc 4,16-30; Io 7,15. — **3:** Io 6,42; Act 12,17. — **6:** Mt 8,10. — **7:** Mt 10,1; Lc 9,1. — **8-13:** Mt 10,9-15; Lc 9,2-6, **8:** Lc 10,4; 22,35. — **13:** Iac 5,14. — **14-29:** Mt 14,1-12; Lc 9,7-9. — **15:** Mc 8,28. — **17:** Lev 3,19. — **18:** Lev 18,16; 20,21. — **20:** Act 24,24. **23:** Esth 5,3.6; 7,2. — **30:** Lc 9,10. — **32-44:** Mt 14,13-21; Lc 9,10-17; Io 6,1-13. — **34:** Num

Apostolorum reditus et multiplicatio panum

30 Et convenientes Apostoli ad Iesum,
renuntiaverunt ei omnia quae egerant, et
docuerant. 31 Et ait illis: Venite seorsum
in desertum locum, et requiescite pusillum. Erant enim qui veniebant et redibant multi: et nec spatium manducandi
habebant. 32 Et ascendentes in navim,
abierunt in desertum locum seorsum.
33 Et viderunt eos abeuntes, et cognoverunt multi: et pedestres de omnibus civitatibus concurrerunt illuc, et praevenerunt eos. 34 Et exiens vidit turbam multam Iesus: et misertus est super eos, quia
erant sicut oves non habentes pastorem,
et coepit illos docere multa. 35 Et cum iam
hora multa fieret, accesserunt discipuli eius
dicentes: Desertus est locus hic, et iam
hora praeteriit: 36 dimitte illos, ut euntes
in proximas villas et vicos, emant sibi
cibos, quos manducent. 37 Et respondens
ait illis: Date illis vos manducare. Et dixerunt ei: Euntes emamus ducentis denariis panes, et dabimus illis manducare.
38 Et dicit eis: Quot panes habetis? ite,
et videte. Et cum cognovissent, dicunt:
Quinque, et duos pisces. 39 Et praecepit illis
ut accumbere facerent omnes secundum
contubernia super viride foenum. 40 Et
discubuerunt in partes per centenos et
quinquagenos. 41 Et acceptis quinque panibus et duobus piscibus, intuens in caelum,
benedixit, et fregit panes, et dedit discipulis suis, ut ponerent ante eos: et duos pisces divisit omnibus. 42 Et manducaverunt
omnes, et saturati sunt. 43 Et sustulerunt
reliquias, fragmentorum duodecim cophinos plenos, et de piscibus. 44 Erant autem
qui manducaverunt quinque millia virorum.

Nocte venit Iesus ad discipulos navigantes

45 Et statim coegit discipulos suos ascendere navim, ut praecederent eum trans
fretum ad Bethsaidam, dum ipse dimitteret populum. 46 Et cum dimisisset eos,
abiit in montem orare. 47 Et cum sero esset, erat navis in medio mari et ipse solus
in terra. 48 Et videns eos laborantes in
remigando (erat enim ventus contrarius
eis) et circa quartam vigiliam noctis venit
ad eos ambulans supra mare: et volebat
praeterire eos. 49 At illi ut viderunt eum
ambulantem supra mare, putaverunt phantasma esse, et exclamaverunt. 50 Omnes
enim viderunt eum, et conturbati sunt. Et
statim locutus est cum eis, et dixit eis:
Confidite, ego sum, nolite timere. 51 Et
ascendit ad illos in navim, et cessavit ventus. Et plus magis intra se stupebant:
52 non enim intellexerunt de panibus: erat
enim cor eorum obcaecatum.
53 Et cum transfretassent, venerunt in
terram Genesareth, et applicuerunt.
54 Cumque egressi essent de navi, continuo cognoverunt eum: 55 et percurren-
tes universam regionem illam, coeperunt
in grabatis eos, qui se male habebant,
circumferre, ubi audiebant eum esse. 56 Et
quocumque introibat, in vicos, vel in villas, aut civitates, in plateis ponebant infirmos, et deprecabantur eum, ut vel fimbriam vestimenti eius tangerent, et quotquot tangebant eum, salvi fiebant.

Pharisaeorum traditiones

7 1 Et conveniunt ad eum pharisaei, et
quidam de scribis. venientes ab Ierosolymis. 2 Et cum vidissent quosdam ex
discipulis eius communibus manibus, id
est non lotis, manducare panes, vitupera-
verunt. 3 Pharisaei enim, et omnes Iudaei,
nisi crebro laverint manus, non manducant, tenentes traditionem seniorum: 4 et
a foro nisi baptizentur, non comedunt: et
alia multa sunt, quae tradita sunt illis
servare, baptismata calicum, et urceorum,
et aeramentorum, et lectorum: 5 et interrogabant eum pharisaei et scribae: Quare
discipuli tui non ambulant iuxta traditionem seniorum, sed communibus manibus manducant panem?
6 At ille respondens, dixit eis: Bene
prophetavit Isaias de vobis hypocritis, sicut scriptum est: Populus hic labiis me
honorat, cor autem eorum longe est a me:
7 in vanum autem me colunt, docentes
doctrinas, et praecepta hominum. 8 Relinquentes enim mandatum Dei, tenetis
traditionem hominum, baptismata urceorum et calicum: et alia similia his facitis
multa. 9 Et dicebat illis: Bene irritum facitis praeceptum Dei, ut traditionem vestram servetis. 10 Moyses enim dixit: Honora patrem tuum, et matrem tuam. Et:
Qui maledixerit patri, vel matri, morte
moriatur. 11 Vos autem dicitis: Si dixerit
homo patri, aut matri, Corban (quod est
donum) quodcumque ex me, tibi pro-
fuerit: 12 et ultra non dimittis eum quidquam facere patri suo, aut matri, 13 re-
scindentes verbum Dei per traditionem vestram, quam tradidistis: et similia huiusmodi multa facitis.

27,17; Ez 34,5; Mt 9,36. — **35:** Mc 8,1. — **45-52:** Mt 14,22-33; Io 6,15-21. — **50:** Io 16,33. — **53-56:** Mt 14,34-36; Io 6,24. — **56:** Act 5,15.

7 **1-23:** Mt 15,1-20; Lc 11,37. — **6:** Is 29,13. — **10:** Ex 20,12; 21,17; Lev 20,9; Deut 5,16. — **11:** Mt 27,6. — **15:** Act 10,14. — **22:**

Quid coinquinat hominem

14 Et advocans iterum turbam, dicebat illis: Audite me omnes, et intelligite. 15 Nihil est extra hominem introiens in eum, quod possit eum coinquinare, sed quae de homine procedunt illa sunt quae communicant hominem. 16 Si quis habet aures audiendi, audiat. 17 Et cum introisset in domum a turba, interrogabant eum discipuli eius parabolam. 18 Et ait illis: Sic et vos imprudentes estis? Non intelligitis quia omne extrinsecus introiens in hominem, non potest eum communicare: 19 quia non intrat in cor eius, sed in ventrem vadit, et in secessum exit, purgans omnes escas? 20 Dicebat autem, quoniam quae de homine exeunt, illa communicant hominem. 21 Ab intus enim de corde hominum malae cogitationes procedunt, adulteria, fornicationes, homicidia, 22 furta, avaritiae, nequitiae, dolus, impudicitiae, oculus malus, blasphemia, superbia, stultitia. 23 Omnia haec mala ab intus procedunt, et communicant hominem.

Mulier syrophoenissa

24 Et inde surgens abiit in fines Tyri et Sidonis: et ingressus domum, neminem voluit scire, et non potuit latere. 25 Mulier enim statim ut audivit de eo, cuius filia habebat spiritum immundum, intravit, et procidit ad pedes eius. 26 Erat enim mulier gentilis, Syrophoenissa genere. Et rogabat eum ut daemonium eiiceret de filia eius. 27 Qui dixit illi: Sine prius saturari filios: non est enim bonum sumere panem filiorum, et mittere canibus. 28 At illa respondit, et dixit illi: Utique Domine, nam et catelli comedunt sub mensa de micis puerorum. 29 Et ait illi: Propter hunc sermonem vade, exiit daemonium a filia tua. 30 Et cum abiisset domum suam, invenit puellam iacentem supra lectum, et daemonium exiisse.

Reditus in Decapolim

31 Et iterum exiens de finibus Tyri, venit per Sidonem ad mare Galilaeae inter medios fines Decapoleos. 32 Et adducunt ei surdum, et mutum, et deprecabantur eum, ut imponat illi manum. 33 Et apprehendens eum de turba seorsum, misit digitos suos in auriculas eius: et expuens, tetigit linguam eius: 34 et suspiciens in caelum, ingemuit, et ait illi: Ephphetha, quod est adaperire. 35 Et statim apertae sunt aures eius, et solutum est vinculum linguae eius, et loquebatur recte. 36 Et praecepit illis ne cui dicerent. Quanto autem eis praecipiebat, tanto magis plus praedicabant: 37 et eo amplius admirabantur, dicentes: Bene omnia fecit; et surdos fecit audire, et mutuos loqui.

Altera panum multiplicatio

8 1 In diebus illis iterum cum turba multa esset, nec haberent quod manducarent, convocatis discipulis, ait illis: 2 Misereor super turbam: quia ecce iam triduo sustinent me, nec habent quod manducent: 3 et si dimisero eos ieiunos in domum suam, deficient in via: quidam enim ex eis de longe venerunt. 4 Et responderunt ei discipuli sui, unde illos quis poterit hic saturare panibus in solitudine? 5 Et interrogavit eos: Quot panes habetis? Qui dixerunt: Septem. 6 Et praecepit turbae discumbere super terram. Et accipiens septem panes, gratias agens fregit, et dabat discipulis suis ut apponerent, et apposuerunt turbae. 7 Et habebant pisciculos paucos: et ipsos benedixit, et iussit apponi. 8 Et manducaverunt, et saturati sunt, et sustulerunt quod superaverat de fragmentis, septem sportas. 9 Erant autem qui manducaverant, quasi quatuor millia, et dimisit eos.

Signum de caelo

10 Et statim ascendens navim cum discipulis suis, venit in partes Dalmanutha. 11 Et exierunt pharisaei, et coeperunt conquirere cum eo, quaerentes ab illo signum de caelo, tentantes eum. 12 Et ingemiscens spiritu, ait: Quid generatio ista signum quaerit? Amen dico vobis, si dabitur generationi isti signum. 13 Et dimittens eos, ascendit iterum navim et abiit trans fretum.

A fermento pharisaeorum cavendum

14 Et obliti sunt panes sumere: et nisi unum panem non habebant secum in navi. 15 Et praecipiebat eis, dicens: Videte, et cavete a fermento pharisaeorum, et fermento Herodis. 16 Et cogitabant ad alterutrum, dicentes: Quia panes non habemus. 17 Quo cognito, ait illis Iesus: Quid cogitatis, quia panes non habetis? nondum cognoscitis nec intelligitis? adhuc caecatum habetis cor vestrum? 18 oculos habentes non videtis? et aures habentes non auditis? Nec recordamini, 19 quando quinque panes fregi in quinque millia: quot cophinos fragmentorum plenos sus-

Mt 6,23; 20 15. — **24-30:** 3 Reg 17,8; Mt 15, 21-28. — **28:** Lc 16,21. — **31-37:** Mt 15,29-31. **33:** Mc 8,23. — **34:** Io 11,41. — **36:** Mc 1,44. **37:** Is 35,5.

8 **1-9:** Mt 15,32-38. — **2:** Mc 6,34. — **11-21:** Mt 16,1-12. — **11:** Mt 12,38; Io 6,30. — **12:** Lc 11,29; Io 4,48. — **15:** Lc 12,1. — **18:** Ier 5,21; Ez 12,2. — **22:** Mc 6,45; 7,32; Io 9,6. —

tulistis? Dicunt ei: Duodecim. 20 Quando
et septem panes in quatuor millia: quot
sportas fragmentorum tulistis? Et dicunt
ei: Septem. 21 Et dicebat eis: Quomodo
nondum intelligitis?

Bethsaidae caecus curatur

22 Et veniunt Bethsaidam, et adducunt
ei caecum, et rogabant eum ut illum tangeret. 23 Et apprehensa manu caeci, eduxit eum extra vicum: et expuens in oculos
eius impositis manibus suis, interrogavit
eum si quid videret. 24 Et aspiciens, ait:
Video homines velut arbores ambulantes.
25 Deinde iterum imposuit manus super
oculos eius: et coepit videre: et restitutus
est ita ut clare videret omnia. 26 Et misit
illum in domum suam, dicens: Vade in
domum tuam: et si in vicum introieris,
nemini dixeris.

Petri confessio

27 Et egressus est Iesus, et discipuli eius
in castella Caesareae Philippi: et in via
interrogabat discipulos suos, dicens eis:
Quem me dicunt esse homines? 28 Qui
responderunt illi, dicentes: Ioannem Baptistam, alii Eliam, alii vero quasi unum
de prophetis. 29 Tunc dicit illis: Vos vero
quem me esse dicitis? Respondens Petrus,
ait ei: Tu es Christus. 30 Et comminatus
est eis, ne cui dicerent de illo.

Prima passionis praedictio

31 Et coepit docere eos quoniam oportet Filium hominis pati multa, et reprobari a senioribus, et a summis sacerdotibus, et scribis, et occidi: et post tres dies
resurgere. 32 Et palam verbum loquebatur. Et apprehendens eum Petrus, coepit
increpare eum. 33 Qui conversus, et videns
discipulos suos, comminatus est Petro,
dicens: Vade retro me Satana, quoniam
non sapis quae Dei sunt, sed quae sunt
hominum.

Conditiones ad Christi sequelam

34 Et convocata turba cum discipulis
suis, dixit eis: Si quis vult me sequi, dene-
get semetipsum: et tollat crucem suam,
et sequatur me. 35 Qui enim voluerit animam suam salvam facere, perdet eam:
qui autem perdiderit animam suam propter me, et Evangelium, salvam faciet eam.
36 Quid enim proderit homini, si lucretur
mundum totum et detrimentum animae
suae faciat? 37 Aut quid dabit homo com-
mutationis pro anima sua? 38 Qui enim
me confusus fuerit, et verba mea in generatione ista adultera et peccatrice, et Filius hominis confundetur eum, cum venerit in gloria Patris sui cum angelis sanctis.
39 Et dicebat illis: Amen dico vobis,
quia sunt quidam de hic stantibus, qui
non gustabunt mortem donec videant regnum Dei veniens in virtute.

Iesu transfiguratio

9 1 Et post dies sex assumit Iesus Petrum, et Iacobum, et Ioannem et ducit illos in montem excelsum seorsum solos, et transfiguratus est coram ipsis. 2 Et
vestimenta eius facta sunt splendentia, et
candida nimis velut nix, qualia fullo non
potest super terram candida facere. 3 Et
apparuit illis Elias cum Moyse: et erant
loquentes cum Iesu. 4 Et respondens Petrus, ait Iesu: Rabbi, bonum est nos hic
esse: et faciamus tria tabernacula, tibi
unum, et Moysi unum, et Eliae unum.
5 Non enim sciebat quid diceret: erant
enim timore exterriti: 6 et facta est nubes
obumbrans eos: et venit vox de nube, dicens: Hic est Filius meus charissimus:
audite illum. 7 Et statim circumspicientes,
neminem amplius viderunt, nisi Iesum
tantum secum. 8 Et descendentibus illis
de monte, praecepit illis ne cuiquam quae
vidissent, narrarent: nisi cum Filius hominis a mortuis resurrexerit. 9 Et verbum
continuerunt apud se: conquirentes quid
esset, cum a mortuis resurrexerit. 10 Et interrogabant eum, dicentes: Quid ergo dicunt pharisaei et scribae, quia Eliam oportet venire primum? 11 Qui respondens, ait
illis: Elias cum venerit primo, restituet
omnia: et quomodo scriptum est in Filium hominis, ut multa patiatur et con-
temnatur. 12 Sed dico vobis quia et Elias
venit (et fecerunt illi quaecumque voluerunt) sicut scriptum est de eo.

Puer daemoniacus sanatur

13 Et veniens ad discipulos suos, vidit
turbam magnam circa eos, et scribas conquirentes cum illis. 14 Et confestim omnis
populus videns Iesum, stupefactus est,
et expaverunt, et accurrentes salutabant
eum. 15 Et interrogavit eos: Quid inter
vos conquiritis? 16 Et respondens unus de
turba, dixit: Magister, attuli filium meum
ad te habentem spiritum mutum: 17 qui
ubicumque eum apprehenderit, allidit il-

26: Mc 7,36. — **27-30:** Mt 16,13-20; Lc 9,18-21. — **28:** Mt 14,2; Mc 6,15; Lc 9 7. — **31-38:** Mt 16,21-28; Lc 9,22-27. — **34:** Mt 10,38. — **38:** Ps 40,8; Mt 10,33.

9 **1-7:** Mt 17,1-8; Lc 9,28-36. — **3:** 1 Petr 1,10. — **6:** Deut 18,15; Mc 1,11; Act 3,22; 2 Petr 1,17. — **8-12:** Mt 17,9-13. — **9:** Mc 8,30; Lc 9,36. — **11:** Is 53,3; Mal 4,5-6. — **13-28:** M

lum, et spumat, et stridet dentibus, et
arescit: et dixi discipulis tuis ut eiicerent
illum, et non potuerunt. 18 Qui respondens eis, dixit: O generatio incredula,
quamdiu apud vos ero? quamdiu vos patiar? afferte illum ad me. 19 Et attulerunt
eum. Et cum vidisset eum, statim spiritus
conturbavit illum: et elisus in terram, vo-
lutabatur spumans. 20 Et interrogavit patrem eius: Quantum temporis est ex quo
ei hoc accidit? At ille ait: Ab infantia:
21 et frequenter eum in ignem, et in aquas
misit ut eum perderet: sed si quid potes,
adiuva nos, misertus nostri. 22 Iesus autem ait illi: Si potes credere, omnia possibilia sunt credenti. 23 Et continuo exclamans pater pueri, cum lacrymis aiebat:
Credo, Domine, adiuva incredulitatem
meam. 24 Et cum videret Iesus concurren-
tem turbam, comminatus est spiritui immundo, dicens illi: Surde et mute spiritus,
ego praecipio tibi, exi ab eo: et amplius
ne introeas in eum. 25 Et exclamans, et
multum discerpens eum, exiit ab eo, et
factus est sicut mortuus, ita ut multi dicerent: Quia mortuus est. 26 Iesus autem
tenens manum eius, elevavit eum, et surrexit. 27 Et cum introisset in domum, discipuli eius secreto interrogabant eum:
Quare nos non potuimus eiicere eum?
28 Et dixit illis: Hoc genus in nullo potest
exire, nisi in oratione et ieiunio.

29 Et inde profecti praetergrediebantur
Galilaeam: nec volebat quemquam scire.

Secunda passionis praedictio

30 Docebat autem discipulos suos, et dicebat illis: Quoniam Filius hominis tradetur in manus hominum, et occident
eum, et occisus tertia die resurget. 31 At
illi ignorabant verbum: et timebant interrogare eum.

Quis maior inter discipulos

32 Et venerunt Capharnaum. Qui cum
domi essent, interrogabat eos: Quid in
via tractabatis? 33 At illi tacebant: siquidem in via inter se disputaverunt: quis
eorum maior esset. 34 Et residens vocavit
duodecim, et ait illis: Si quis vult primus
esse, erit omnium novissimus, et omnium
minister. 35 Et accipiens puerum, statuit
eum in medio eorum: quem cum complexus esset, ait illis: 36 Quisquis unum
ex huiusmodi pueris receperit in nomine
meo, me recipit: et quicumque me susceperit, non me suscipit, sed eum qui misit me.

Agere in nomine Iesu

37 Respondit illi Ioannes, dicens: Magister, vidimus quemdam in nomine tuo
eiicientem daemonia, qui non sequitur
nos, et prohibuimus eum. 38 Iesus autem
ait: Nolite prohibere eum: nemo est enim
qui faciat virtutem in nomine meo, et possit cito male loqui de me: 39 qui enim non
est adversum vos, pro vobis est. 40 Quisquis enim potum dederit vobis calicem
aquae in nomine meo, quia Christi estis:
amen dico vobis, non perdet mercedem
suam.

Pusillorum scandalum

41 Et quisquis scandalizaverit unum ex
his pusillis credentibus in me: bonum est
ei magis si circumdaretur mola asinaria
collo eius, et in mare mitteretur. 42 Et si
scandalizaverit te manus tua, abscide illam: bonum est tibi debilem introire in
vitam, quam duas manus habentem ire
in gehennam, in ignem inextinguibilem:
43 ubi vermis eorum non moritur, et ignis
non extinguitur. 44 Et si pes tuus te scandalizat, amputa illum: bonum est tibi
claudum introire in vitam aeternam, quam
duos pedes habentem mitti in gehennam
ignis inextinguibilis: 45 ubi vermis eorum
non moritur, et ignis non extinguitur.
46 Quod si oculus tuus scandalizat te,
eiice eum: bonum est tibi luscum introire
in regnum Dei, quam duos oculos habentem mitti in gehennam ignis: 47 ubi vermis eorum non moritur, et ignis non extinguitur. 48 Omnis enim igne salietur, et
omnis victima sale salietur. 49 Bonum est
sal: quod si sal insulsum fuerit, in quo
illud condietis? Habete in vobis sal, et
pacem habete inter vos.

In itinere versus Ierusalem per Transiordaniam

Uxor non dimittenda

10 1 Et inde exsurgens venit in fines
Iudaeae ultra Iordanem: et conveniunt iterum turbae ad eum: et sicut consueverat, iterum docebat illos.

17,14-20; Lc 9,37-44. — **23:** Lc 17,5. — **25:** Mc 1,26. — **29-31:** Mt 17,21-22; Lc 9,44-45; Io 7,1. **30:** Mc 8,31; 10,32. — **32:36:** Mt 18,1-5; Lc 9, 46-48. — **32:** Mt 17,23. — **34:** Mc 10,44. — **35:** Mc 10,16. — **36:** Mt 10,40-42; Io 13,20. — **37-40:** Lc 9,49-50. — **37:** Num 11,27. — **38:** 1 Cor 12,3. — **39:** Mt 12,30. — **40:** Mt 10,42. — **41-49:** Mt 18,6-10; Lc 17,2. — **42:** Mt 5,30. — **43:** Is 66,24. — **46:** Mt 3,29. — **48:** Lev 2,13. — **49:** Mt 5,13; Lc 14,34; Col 4,6.

10 **1-12:** Mt 19,1-12. — **4:** Deut 24,1-4; Mt 5,31. — **7:** Gen 1,27; 2,24; Eph 5,31.

2 Et accedentes pharisaei interrogabant
eum: Si licet viro uxorem dimittere: tentantes eum. 3 At ille respondens, dixit eis:
Quid vobis praecepit Moyses? 4 Qui dixerunt: Moyses permisit libellum repudii
scribere, et dimittere. 5 Quibus respondens Iesus, ait: Ad duritiam cordis vestri
scripsit vobis praeceptum istud: 6 ab initio autem creaturae masculum et feminam fecit eos Deus. 7 Propter hoc relinquet homo patrem suum et matrem, et
adhaerebit ad uxorem suam: 8 et erunt
duo in carne una. Itaque iam non sunt
duo, sed una caro. 9 Quod ergo Deus
coniunxit, homo non separet. 10 Et in domo iterum discipuli eius de eodem interrogaverunt eum. 11 Et ait illis: Quicumque
dimiserit uxorem suam, et aliam duxerit,
adulterium committit super eam. 12 Et si
uxor dimiserit virum suum, et alii nupserit, moechatur.

Pueris manus imponit

13 Et offerebant illi parvulos ut tangeret illos. Discipuli autem comminabantur
offerentibus. 14 Quos cum videret Iesus,
indigne tulit, et ait illis: Sinite parvulos
venire ad me, et ne prohibueritis eos: talium enim est regnum Dei. 15 Amen dico
vobis: Quisquis non receperit regnum Dei
velut parvulus, non intrabit in illud. 16 Et
complexans eos, et imponens manus super illos, benedicebat eos.

Iuvenis dives perfectionis cupidus

17 Et cum egressus esset in viam, pro-
currens quidam genu flexo ante eum, rogabat eum: Magister bone, quid faciam
ut vitam aeternam percipiam? 18 Iesus autem dixit ei: Quid me dicis bonum? Nemo
bonus, nisi unus Deus. 19 Praecepta nosti:
Ne adulteres, Ne occidas, Ne fureris, Ne
falsum testimonium dixeris, Ne fraudem
feceris, Honora patrem tuum et matrem.
20 At ille respondens, ait illi: Magister,
haec omnia observavi a iuventute mea.
21 Iesus autem intuitus eum, dilexit eum,
et dixit ei: Unum tibi deest: vade, quaecumque habes vende, et da pauperibus, et
habebis thesaurum in caelo: et veni, sequere me. 22 Qui contristatus in verbo,
abiit moerens: erat enim habens multas
possessiones.
23 Et circumspiciens Iesus, ait discipulis suis: Quam difficile qui pecunias habent, in regnum Dei introibunt! 24 Discipuli autem obstupescebant in verbis eius.
At Iesus rursus respondens ait illis: Filioli, quam difficile est, confidentes in pecuniis, in regnum Dei introire! 25 Facilius
est camelum per foramen acus transire,
quam divitem intrare in regnum Dei.
26 Qui magis admirabantur, dicentes ad
semetipsos: Et quis potest salvus fieri?
27 Et intuens illos Iesus, ait: Apud homines impossibile est, sed non apud Deum:
omnia enim possibilia sunt apud Deum.

Praemium discipulorum

28 Et coepit ei Petrus dicere: Ecce nos
dimisimus omnia, et secuti sumus te.
29 Respondens Iesus, ait: Amen dico vobis: Nemo est qui reliquerit domum, aut
fratres, aut sorores, aut patrem, aut matrem, aut filios, aut agros propter me et
propter Evangelium, 30 qui non accipiat
centies tantum, nunc in tempore hoc: domos, et fratres, et sorores, et matres, et
filios, et agros, cum persecutionibus, et
in saeculo futuro vitam aeternam. 31 Multi autem erunt primi novissimi, et novissimi primi.

Tertio praedicit Iesus passionem

32 Erant autem in via ascendentes Ierosolymam: et praecedebat illos Iesus, et
stupebant: et sequentes timebant. Et assumens iterum duodecim, coepit illis dicere quae essent ei eventura. 33 Quia ecce
ascendimus Ierosolymam, et Filius hominis tradetur principibus sacerdotum, et
scribis, et senioribus, et damnabunt eum
morte, et tradent eum gentibus: 34 et illu-
dent ei, et conspuent eum, et flagellabunt
eum, et interficient eum: et tertia die resurget.

Petitio filiorum Zebedaei

35 Et accedunt ad eum Iacobus et Ioannes filii Zebedaei, dicentes: Magister, volumus ut quodcumque petierimus, facias
nobis. 36 At ille dixit eis: Quid vultis ut
faciam vobis? 37 Et dixerunt: Da nobis
ut unus ad dexteram tuam, et alius ad sinistram tuam sedeamus in gloria tua.
38 Iesus autem ait eis: Nescitis quid petatis: potestis bibere calicem, quem ego
bibo: aut baptismo, quo ego baptizor,
baptizari? 39 At illi dixerunt ei: Possumus. Iesus autem ait eis: Calicem quidem, quem ego bibo, bibetis; et baptismo,

11: 1 Cor 7,11. || Epist. Innoc. III: D 408; Conc. Trid.: D 977. — **13-16:** Mt 19,13-15; Lc 18,15-17. — **15:** Mt 18,3. — **16:** Mc 9,35. — **17-31:** Mt 19,16-30; Lc 18,18-30. — **19:** Ex 20,12; Deut 5,16; 22,14. — **21:** Mt 10,38; Mc 8,34; Lc 12,23. — **24:** Ps 61,11; 1 Tim 6,17. — **27:** Mc 14,36; Lc 1,37. — **32-34:** Mt 20,17-19; Lc 18,31-34; Io 11,16. — **35-45:** Mt 20,20-28. — **38:** Lc 12,50. — **39:** Act 12,2: Apoc 1,9. — **42:** Lc 22,25. — **43:** Mc 9,33. — **46-52:** Mt 20,29-34; Lc 18,35-43.

quo ego baptizor, baptizabimini: 40 sedere autem ad dexteram meam, vel ad sinistram, non est meum dare vobis, sed
quibus paratum est. 41 Et audientes decem, coeperunt indignari de Iacobo et
Ioanne. 42 Iesus autem vocans eos, ait illis: Scitis quia hi, qui videntur principari
gentibus, dominantur eis: et principes
eorum potestatem habent ipsorum. 43 Non
ita est autem in vobis, sed quicumque
voluerit fieri maior, erit vester minister:
44 et quicumque voluerit in vobis primus
esse, erit omnium servus. 45 Nam et Filius hominis non venit ut ministraretur ei,
sed ut ministraret, et daret animam suam
redemptionem pro multis.

Caecus Bartimaeus Iericho sanatur

46 Et veniunt Iericho: et proficiscente
eo de Iericho, et discipulis eius, et plurima multitudine, filius Timaei Bartimaeus
caecus, sedebat iuxta viam mendicans.
47 Qui cum audisset quia Iesus Nazarenus
est, coepit clamare, et dicere: Iesu fili David, miserere mei. 48 Et comminabantur
ei multi ut taceret. At ille multo magis
clamabat: Fili David, miserere mei. 49 Et
stans Iesus praecepit illum vocari. Et
vocant caecum dicentes ei: Animaequior
esto: surge, vocat te. 50 Qui proiecto vestimento suo exiliens, venit ad eum. 51 Et
respondens Iesus dixit illi: Quid tibi
vis faciam? Caecus autem dixit ei: Rabboni, ut videam. 52 Iesus autem ait illi:
Vade, fides tua te salvum fecit. Et confestim vidit, et sequebatur eum in via.

PARS SECUNDA

Iesus in Ierusalem

(11,1-13,37)

Solemnis introitus in civitatem

11 1 Et cum appropinquarent Ieroso-
lymae et Bethaniae ad montem
Olivarum, mittit duos ex discipulis suis,
2 et ait illis: Ite in castellum, quod contra
vos est, et statim introeuntes illuc, invenietis pullum ligatum, super quem nemo
adhuc hominum sedit: solvite illum, et
adducite. 3 Et si quis vobis dixerit: Quid
facitis? dicite, quia Domino necessarius
est: et continuo illum dimittet huc. 4 Et
abeuntes invenerunt pullum ligatum ante
ianuam foris in bivio: et solvunt eum.
5 Et quidam de illic stantibus dicebant
illis: Quid facitis solventes pullum? 6 Qui
dixerunt eis sicut praeceperat illis Iesus,
et dimiserunt eis. 7 Et duxerunt pullum
ad Iesum: et imponunt illi vestimenta sua,
et sedit super eum. 8 Multi autem vestimenta sua straverunt in via: alii autem frondes
caedebant de arboribus, et sternebant in
via. 9 Et qui praeibant, et qui sequebantur,
clamabant, dicentes: Hosanna: 10 Benedictus qui venit in nomine Domini: benedictum quod venit regnum patris nostri
David: Hosanna in excelsis. 11 Et introivit Ierosolymam in templum: et circum-
spectis omnibus, cum iam vespera esset
hora, exiit in Bethaniam cum duodecim.

Fici maledictio

12 Et alia die cum exirent a Bethania,
esuriit. 13 Cumque vidisset a longe ficum
habentem folia, venit si quid forte inveniret in ea: et cum venisset ad eam, nihil
invenit praeter folia: non enim erat tempus ficorum. 14 Et respondens dixit ei:
Iam non amplius in aeternum ex te fructum quisquam manducet. Et audiebant
discipuli eius.

Eiectio venditorum e templo

15 Et veniunt Ierosolymam. Et cum
introisset in templum, coepit eiicere vendentes et ementes in templo: et mensas
numulariorum, et cathedras vendentium
columbas evertit: 16 et non sinebat ut
quisquam transferret vas per templum:
17 et docebat, dicens eis: Nonne scriptum
est: Quia domus mea, domus orationis
vocabitur omnibus gentibus? Vos autem
fecistis eam speluncam latronum. 18 Quo
audito principes sacerdotum et scribae
quaerebant quomodo eum perderent: timebant enim eum, quoniam universa turba admirabatur super doctrina eius.
19 Et cum vespera facta esset, egrediebatur de civitate.

Occasione fici exsiccatae docet Iesus fidei potestatem

20 Et cum mane transirent, viderunt
ficum aridam factam a radicibus. 21 Et
recordatus Petrus, dixit ei: Rabbi, ecce
ficus, cui maledixisti, aruit. 22 Et respondens Iesus ait illis: Habete fidem Dei.
23 Amen dico vobis, quia quicumque dixerit huic monti: Tollere, et mittere in mare,
et non haesitaverit in corde suo, sed cre-

11 **1-11:** Mt 21,1,9; Lc 19,29-38; Io 12,12. **3:** Mc 14,14. — **8:** 4 Reg 9,13. — **9:** Ps 117,26. — **11:** Mt 21,10; Lc 19,45. — **13:** Mt 21,18; Lc 13,6-9. — **15-18:** Mt 21,12-16; Lc 19,45-47; Io 2,14-16. — **17:** Is 56,7; Ier 7,11. — **19:** Mt 21,17; Lc 21,37. — **20-26:** Mt 21,19-22. —

diderit, quia quodcumque dixerit fiat,
fiet ei. 24 Propterea dico vobis, omnia
quaecumque orantes petitis, credite quia
accipietis, et evenient vobis.
25 Et cum stabitis ad orandum, dimittite si quid habetis adversus aliquem: ut
et Pater vester, qui in caelis est, dimittat
vobis peccata vestra. 26 Quod si vos non
dimiseritis: nec Pater vester, qui in caelis
est, dimittet vobis peccata vestra.

Origo potestatis Christi

27 Et veniunt rursus Ierosolymam. Et
cum ambularet in templo, accedunt ad
eum summi sacerdotes, et scribae et seniores: 28 et dicunt ei. In qua potestate
haec facis? et quis dedit tibi hanc potestatem ut ista facias? 29 Iesus autem respondens, ait illis: Interrogabo vos et ego
unum verbum, et respondete mihi, et
dicam vobis in qua potestate haec faciam.
30 Baptismus Ioannis, de caelo erat, an
ex hominibus? Respondete mihi. 31 At
illi cogitabant secum, dicentes: Si dixerimus: De caelo, dicet: Quare ergo non
credidistis ei? 32 Si dixerimus: Ex hominibus, timemus populum: omnes enim
habebant Ioannem quia vere propheta
esset. 33 Et respondentes dicunt Iesu: Nescimus. Et respondens Iesus ait illis: Neque
ego dico vobis in qua potestate haec
faciam.

Parabola de perfidis vinitoribus

12 1 Et coepit illis in parabolis loqui:
Vineam pastinavit homo, et circumdedit sepem, et fodit lacum, et aedificavit turrim, et locavit eam agricolis,
et peregre profectus est. 2 Et misit ad
agricolas in tempore servum ut ab agricolis acciperet de fructu vineae. 3 Qui
apprehensum eum ceciderunt, et dimiserunt vacuum. 4 Et iterum misit ad illos
alium servum: et illum in capite vulneraverunt, et contumeliis affecerunt. 5 Et
rursum alium misit, et illum occiderunt:
et plures alios: quosdam caedentes, alios
vero occidentes. 6 Adhuc ergo unum habens filium charissimum: et illum misit
ad eos novissimum, dicens: Quia reverebuntur filium meum. 7 Coloni autem dixerunt ad invicem: Hic est haeres: venite,
occidamus eum: et nostra erit haereditas.
8 Et apprehendentes eum, occiderunt: et
eiecerunt extra vineam. 9 Quid ergo faciet Dominus vineae? Veniet, et perdet
colonos: et dabit vineam aliis. 10 Nec
scripturam hanc legistis: Lapidem quem
reprobaverunt aedificantes, hic factus est
in caput anguli: 11 a Domino factum est
istud, et est mirabile in oculis nostris?
12 Et quaerebant eum tenere: et timuerunt
turbam: cognoverunt enim quoniam ad
eos parabolam hanc dixerit. Et relicto eo
abierunt.

De tributo Caesari solvendo

13 Et mittunt ad eum quosdam ex pharisaeis, et herodianis, ut eum caperent
in verbo. 14 Qui venientes dicunt ei: Magister, scimus quia verax es, et non curas
quemquam: nec enim vides in faciem
hominum, sed in veritate viam Dei doces.
Licet dari tributum Caesari, an non dabimus? 15 Qui sciens versutiam illorum, ait
illos: Quid me tentatis? afferte mihi denarium ut videam. 16 At illi attulerunt ei.
Et ait illis: Cuius est imago haec, et inscriptio? Dicunt ei: Caesaris. 17 Respondens autem Iesus dixit illis: Reddite igitur
quae sunt Caesaris, Caesari: et quae sunt
Dei, Deo. Et mirabantur super eo.

De resurrectione mortuorum

18 Et venerunt ad eum sadducaei, qui
dicunt resurrectionem non esse: et interrogabant eum dicentes: 19 Magister, Moyses nobis scripsit, ut si cuius frater mortuus fuerit, et dimiserit uxorem, et filios
non reliquerit, accipiat frater eius uxorem ipsius, et resuscitet semen fratri suo.
20 Septem ergo fratres erant: et primus
accepit uxorem, et mortuus est non relicto
semine. 21 Et secundus accepit eam, et
mortuus est: et nec iste reliquit semen.
Et tertius similiter. 22 Et acceperunt eam
similiter septem: et non reliquerunt semen. Novissima omnium defuncta est et
mulier. 23 In resurrectione ergo cum resurrexerint, cuius de his erit uxor? septem
enim habuerunt eam uxorem.
24 Et respondens Iesus, ait illis: Nonne ideo erratis, non scientes Scripturas,
neque virtutem Dei? 25 Cum enim a mortuis resurrexerint, neque nubent, neque
nubentur, sed sunt sicut angeli in caelis.
26 De mortuis autem quod resurgant, non
legistis in libro Moysi, super rubum, quomodo dixerit illi Deus, inquiens: Ego
sum Deus Abraham, et Deus Isaac, et
Deus Iacob? 27 Non est Deus mortuorum,
sed vivorum. Vos ergo multum erratis.

23: Mt 17,20; Lc 17,6. — **24:** Mt 7,7; 18,19; Io 14,13; 16,23. || Enc. Pii XI: D 2276. — **25:** Mt 5,14. — **27-33:** Mt 21,23-27; Lc 20,1-8.

12 **1-12:** Is 5,1-7; Mt 21,33-46; Lc 20,9-19. **8:** Hebr 13,12. — **10:** Ps 117,22. — **13-27:** Mt 22,15-33: Lc 20,20-40. — **13:** 2 Cor 11,15. — **17:** Rom 13,7. — **19:** Gen 38,8; Deut 25,5; Ruth 1,12. — **26:** Ex 3,2.6; Act 7,32. — **28-34:** Mt 22, 34-40; Lc 20,39. — **29:** Deut 6,4. — **31:** Lev 19, 18. — **32:** Deut 4,35. — **33:** 1 Sam 15,22. — **35-**

De maximo Legis mandato

28 Et accessit unus de scribis, qui audierat illos conquirentes, et videns quoniam
bene illis responderit, interrogavit eum
quod esset primum omnium mandatum.
29 Iesus autem respondit ei: Quia primum
omnium mandatum est: Audi Israel, Dominus Deus tuus, Deus unus est: 30 et
diliges Dominum Deum tuum ex toto
corde tuo, et ex tota anima tua, et ex
tota mente tua, et ex tota virtute tua.
Hoc est primum mandatum. 31 Secundum
autem simile est illi: Diliges proximum
tuum tanquam teipsum. Maius horum
aliud mandatum non est. 32 Et ait illi
scriba: Bene, Magister, in veritate dixisti,
quia unus est Deus, et non est alius
praeter eum. 33 Et ut diligatur ex toto
corde, et ex toto intellectu, et ex tota
anima, et ex tota fortitudine, et diligere
proximum tanquam seipsum, maius est
omnibus holocautomatibus, et sacrificiis.
34 Iesus autem videns quod sapienter re-
spondisset, dixit illi: Non es longe a regno
Dei. Et nemo iam audebat eum interrogare.

Christus cuius filius sit

35 Et respondens Iesus dicebat, docens
in templo: Quomodo dicunt scribae Christum filium esse David? 36 Ipse enim David
dicit in Spiritu sancto: Dixit Dominus
Domino meo: Sede a dextris meis, donec
ponam inimicos tuos scabellum pedum
tuorum. 37 Ipse ergo David dicit eum
Dominum, et unde est filius eius? Et multa
turba eum libenter audivit. 38 Et dicebat
eis in doctrina sua: Cavete a scribis, qui
volunt in stolis ambulare, et salutari in
foro, 39 et in primis cathedris sedere in
synagogis, et primos discubitus in coenis:
40 qui devorant domos viduarum sub obtentu prolixae orationis: hi accipient prolixius iudicium.

Munus viduae pauperis

41 Et sedens Iesus contra gazophylacium,
aspiciebat quomodo turba iactaret aes
in gazophylacium, et multi divites iacta-
bant multa. 42 Cum venisset autem vidua
una pauper, misit duo minuta, quod est
quadrans, 43 et convocans discipulos suos,
ait illis: Amen dico vobis, quoniam vidua
haec pauper plus omnibus misit, qui miserunt in gazophylacium. 44 Omnes enim
ex eo, quod abundabat illis, miserunt:
haec vero de penuria sua omnia quae
habuit misit totum victum suum.

Prophetia de templi eversione

13 1 Et cum egrederetur de templo,
ait illi unus ex discipulis suis: Magister, aspice quales lapides, et quales
structurae. 2 Et respondens Iesus ait illi:
Vides has omnes magnas aedificationes?
Non relinquetur lapis super lapidem, qui
non destruatur.

Tristia tempora

3 Et cum sederet in monte Olivarum
contra templum, interrogabant eum separatim Petrus, et Iacobus, et Ioannes,
et Andreas: 4 Dic nobis, quando ista
fient? et quod signum erit, quando haec
omnia incipient consummari? 5 Et respondens Iesus coepit dicere illis: Videte
ne quis vos seducat: 6 multi enim venient
in nomine meo dicentes, quia ego sum:
et multos seducent. 7 Cum audieritis autem bella, et opiniones bellorum, ne timueritis: oportet enim haec fieri: sed
nondum finis. 8 Exsurget enim gens contra gentem, et regnum super regnum, et
erunt terraemotus per loca, et fames.
Initium dolorum haec.

Persecutio fidelium

9 Videte autem vosmetipsos. Tradent
enim vos in conciliis, et in synagogis
vapulabitis, et ante praesides et reges stabitis propter me, in testimonium illis.
10 Et in omnes gentes primum oportet
praedicari Evangelium. 11 Et cum duxe-
rint vos tradentes, nolite praecogitare
quid loquamini: sed quod datum vobis
fuerit in illa hora, id loquimini: non
enim vos estis loquentes, sed Spiritus
sanctus. 12 Tradet autem frater fratrem
in mortem, et pater filium: et consurgent
filii in parentes, et morte afficient eos.
13 Et eritis odio omnibus propter nomen
meum. Qui autem sustinuerit in finem,
hic salvus erit.

Desolatio Iudaeae

14 Cum autem videritis abominationem
desolationis stantem, ubi non debet, qui
legit, intelligat: tunc qui in Iudaea sunt,
fugiant in montes: 15 et qui super tectum,

37: Mt 22,41-46; Lc 20,41-44. — **36:** Ps 109,1; Io 7,42. — **38-40:** Mt 23,1-36; Lc 11,43; 20,45-47. — **41-44:** Lc 21,1-4. — **41:** 4 Reg 12,10; 1 Par 29,9.17; Io 8,20; 2 Cor 8,12.

13 **1-36:** Mt 24,1-32; Lc 21,5-36. — **9:** Mt 10,17. — **11:** Mt 10,19; Lc 12,11. — **12:** Mich 7,6; Mt 10,35; Lc 12,53. — **13:** Mt 10,22. **14:** Dan 9,27; 12,4.10; 1 Mach 1,57. — **19:** Io

ne descendat in domum, nec introeat ut
tollat quid de domo sua: 16 et qui in agro
erit, non revertatur retro tollere vestimentum suum. 17 Vae autem praegnantibus et nutrientibus in illis diebus.

Suprema tribulatio

18 Orate vero ut hieme non fiant.
19 Erunt enim dies illi tribulationes tales
quales non fuerunt ab initio creaturae,
quam condidit Deus usque nunc, neque
fient. 20 Et nisi breviasset Dominus dies,
non fuisset salva omnis caro: sed propter
electos, quos elegit, breviavit dies. 21 Et
tunc si quis vobis dixerit: Ecce hic est
Christus, ecce illic, ne credideritis. 22 Exsurgent enim pseudochristi et pseudoprophetae, et dabunt signa et portenta ad
seducendos, si fieri potest, etiam electos.
23 Vos ergo videte: ecce praedixi vobis
omnia.

Adventus Filii hominis

24 Sed in illis diebus post tribulationem
illam sol contenebrabitur, et luna non
dabit splendorem suum, 25 et stellae caeli
erunt decidentes, et virtutes, quae in caelis
sunt, movebuntur. 26 Et tunc videbunt
Filium hominis venientem in nubibus cum
virtute multa et gloria. 27 Et tunc mittet
angelos suos, et congregabit electos suos
a quatuor ventis, a summo terrae usque
ad summum caeli.

Parabola fici

28 A ficu autem discite parabolam. Cum
iam ramus eius tener fuerit, et nata fuerint
folia, cognoscitis quia in proximo sit aestas: 29 sic et vos cum videritis haec fieri,
scitote quod in proximo sit in ostiis.
30 Amen dico vobis, quoniam non transibit generatio haec, donec omnia ista fiant.
31 Caelum et terra transibunt, verba autem
mea non transibunt.

Dies iudicii incerta, ideo semper vigilandum

32 De die autem illo vel hora nemo scit,
neque angeli in caelo, neque Filius, nisi
Pater.
33 Videte, vigilate, et orate: nescitis
enim quando tempus sit. 34 Sicut homo
qui peregre profectus reliquit domum
suam, et dedit servis suis potestatem
cuiusque operis, et ianitori praecepit ut
vigilet. 35 Vigilate ergo (nescitis enim quando dominus domus veniat: sero, an media
nocte, an galli cantu, an mane), 36 ne, cum
venerit repente, inveniat vos dormientes.
37 Quod autem vobis dico, omnibus dico:
Vigilate.

PARS TERTIA

IESU CHRISTI PASSIO ET RESURRECTIO

(14,1-16,20)

Coniuratio Iudaeorum

14 1 Erat autem Pascha et azyma post
biduum: et quaerebant summi
sacerdotes et scribae quomodo eum dolo
tenerent, et occiderent. 2 Dicebant autem:
Non in die festo, ne forte tumultus fieret
in populo.

Unctio in Bethania

3 Et cum esset Bethaniae in domo Simonis leprosi, et recumberet, venit mulier
habens alabastrum unguenti nardi spicati
pretiosi, et fracto alabastro, effudit super
caput eius. 4 Erant autem quidam indigne
ferentes intra semetipsos, et dicentes: Ut
quid perditio ista unguenti facta est?
5 Poterat enim unguentum istud venundari plus quam trecentis denariis, et dari
pauperibus. Et fremebant in eam. 6 Iesus
autem dixit: Sinite eam, quid illi molesti
estis? Bonum opus operata est in me:
7 semper enim pauperes habetis vobiscum:
et cum volueritis, potestis illis benefacere:
me autem non semper habetis. 8 Quod habuit haec, fecit: praevenit ungere corpus
meum in sepulturam. 9 Amen dico vobis:
Ubicumque praedicatum fuerit Evangelium istud in universo mundo, et quod
fecit haec, narrabitur in memoriam eius.

Iudae proditio

10 Et Iudas Iscariotes, unus de duodecim, abiit ad summos sacerdotes, ut pro-
deret eum illis. 11 Qui audientes gavisi
sunt: et promiserunt ei pecuniam se daturos. Et quaerebat quomodo illum opportune traderet.

Postrema Christi coena

12 Et primo die azymorum quando Pascha immolabant, dicunt ei discipuli: Quo
vis eamus, et paremus tibi ut manduces
Pascha? 13 Et mittit duos ex discipulis suis,

2,2; Lc 17,23. — **22:** Deut 13,1. — **24:** Is 13,10. **25:** Is 34,4. — **27:** Zach 2,6; Mt 13,41. — **32:** 1 Thess 5,1-2. || Epist. S. Greg. I: D 248. — **33:** Lc 12,36. — **34:** Mt 25,14; Lc 19,12.

14 **1-2:** Mt 26,2-5; Lc 22,1-2. — **3-9:** Mt 26, 6-13; Lc 7,37; Io 12,1-11. — **7:** Deut 15, 11. — **10-11:** Mt 26,14-16; Lc 22,3-6. — **10:** Io 13,2; 1 Cor 5,7. — **12-16:** Mt 26,17-19; Lc 22,

et dicit eis: Ite in civitatem, et occurret
vobis homo lagenam aquae baiulans, sequimini eum: 14 et quocumque introierit,
dicite domino domus, quia magister dicit:
Ubi est refectio mea, ubi Pascha cum discipulis meis manducem? 15 Et ipse vobis
demonstrabit coenaculum grande, stratum: et illic parate nobis. 16 Et abierunt
discipuli eius, et venerunt in civitatem: et
invenerunt sicut dixerat illis, et paraverunt Pascha.

17 Vespere autem facto, venit cum duodecim. 18 Et discumbentibus eis, et manducantibus, ait Iesus: Amen dico vobis,
quia unus ex vobis tradet me, qui manducat mecum. 19 At illi coeperunt contristari, et dicere ei singulatim: Numquid
ego? 20 Qui ait illis: Unus ex duodecim,
qui intingit mecum manum in catino. 21 Et
Filius quidem hominis vadit sicut scriptum est de eo: vae autem homini illi
per quem Filius hominis tradetur! bonum
erat ei, si non esset natus homo ille.

Institutio Eucharistiae

22 Et manducantibus illis, accepit Iesus
panem: et benedicens fregit, et dedit eis,
et ait: Sumite, hoc est corpus meum. 23 Et
accepto calice, gratias agens dedit eis:
et biberunt ex illo omnes. 24 Et ait illis:
Hic est sanguis meus novi testamenti, qui
pro multis effundetur. 25 Amen dico vobis,
quia iam non bibam de hoc genimine vitis
usque in diem illum, cum illud bibam
novum in regno Dei.

Scandalum Apostolorum praedicitur

26 Et hymno dicto exierunt in montem
Olivarum. 27 Et ait eis Iesus: Omnes
scandalizabimini in me in nocte ista: quia
scriptum est: Percutiam pastorem, et dispergentur oves. 28 Sed postquam resurrexero, praecedam vos in Galilaeam. 29 Petrus autem ait illi: Et si omnes scandalizati fuerint in te, sed non ego. 30 Et
ait illi Iesus: Amen dico tibi, quia tu
hodie in nocte hac, priusquam gallus
vocem bis dederit, ter me es negaturus.
31 At ille amplius loquebatur: Et si oportuerit me simul commori tibi, non te
negabo. Similiter autem et omnes dicebant.

Oratio in Gethsemani

32 Et veniunt in praedium, cui nomen
Gethsemani. Et ait discipulis suis: Sedete
hic donec orem. 33 Et assumit Petrum, et
Iacobum, et Ioannem secum: et coepit
pavere et taedere. 34 Et ait illis: Tristis
est anima mea usque ad mortem: sustinete hic, et vigilate. 35 Et cum processisset
paululum, procidit super terram: et orabat ut si fieri posset, transiret ab eo hora:
36 et dixit: Abba pater, omnia tibi possibilia sunt, transfer calicem hunc a me,
sed non quod ego volo, sed quod tu.
37 Et venit, et invenit eos dormientes. Et
ait Petro: Simon, dormis? non potuisti
una hora vigilare? 38 Vigilate et orate, ut
non intretis in tentationem. Spiritus quidem promptus est, caro vero infirma.
39 Et iterum abiens oravit eumdem sermonem dicens. 40 Et reversus, denuo invenit eos dormientes (erant enim oculi
eorum gravati), et ignorabant quid responderent ei.

41 Et venit tertio, et ait illis: Dormite
iam, et requiescite. Sufficit: venit hora:
ecce Filius hominis tradetur in manus
peccatorum. 42 Surgite, eamus: ecce qui
me tradet, prope est.

Christus apprehenditur

43 Et, adhuc eo loquente, venit Iudas
Iscariotes unus de duodecim, et cum eo
turba multa cum gladiis et lignis, a summis sacerdotibus, et scribis, et senioribus.
44 Dederat autem traditor eius signum eis,
dicens: Quemcumque osculatus fuero, ipse
est, tenete eum, et ducite caute. 45 Et
cum venisset, statim accedens ad eum,
ait: Ave Rabbi: et osculatus est eum.
46 At illi manus iniecerunt in eum, et
tenuerunt eum. 47 Unus autem quidam
de circumstantibus educens gladium, percussit servum summi sacerdotis: et amputavit illi auriculam. 48 Et respondens
Iesus, ait illis: Tanquam ad latronem existis cum gladiis et lignis comprehendere
me? 49 quotidie eram apud vos in templo
docens, et non me tenuistis. Sed ut impleantur Scripturae. 50 Tunc discipuli eius
relinquentes eum, omnes fugerunt. 51 Adolescens autem quidam sequebatur eum
amictus sindone super nudo: et tenuerunt
eum. 52 At ille reiecta sindone, nudus
profugit ab eis.

Christus coram Caipha

53 Et adduxerunt Iesum ad summum
sacerdotem: et convenerunt omnes sacerdotes, et scribae, et seniores. 54 Petrus
autem a longe secutus est eum usque intro
in atrium summi sacerdotis: et sedebat
cum ministris ad ignem, et calefaciebat se.

7-13. — **17-21:** Mt 26,20-25; Lc 22,14.21-23; Io 13,21-26. — **18:** Ps 40,10. — **21:** Lc 22,22. — **22-25:** Mt 26,26-29; Lc 22,19-20; 1 Cor 11,23-25. ‖ Conc. Trid.: D 874.876.877.930. — **24:** Ex 24,8. — **26-31:** Mt 26,30-35; Lc 22,31-34. — **26:** Ps 112-117. — **27:** Zach 13,7; Io 16,32. — **30:** Io 13,38. — **31:** Io 13,37. — **32-42:** Mt 26,36-46; Lc 22,40-46; Io 18,1. — **34:** Io 12,27. — **36:** Rom 8,15; Gal 4,6. — **43-52:** Mt 26,47-56; Lc 22,47-53; Io 18,3-11. — **50:** Io 16,32. — **53-65:**

55 Summi vero sacerdotes et omne concilium quaerebant adversus Iesum testimonium, ut eum morti traderent, nec
inveniebant. 56 Multi enim testimonium
falsum dicebant adversus eum: et con-
venientia testimonia non erant. 57 Et quidam surgentes, falsum testimonium ferebant adversus eum, dicentes: 58 Quoniam
nos audivimus eum dicentem: Ego dis-
solvam templum hoc manu factum, et
per triduum aliud non manu factum aedificabo. 59 Et non erat conveniens testimonium illorum. 60 Et exsurgens summus
sacerdos in medium, interrogavit Iesum,
dicens: Non respondes quidquam ad ea
quae tibi obiiciuntur ab his? 61 Ille autem
tacebat, et nihil respondit. Rursum summus sacerdos interrogabat eum, et dixit
ei: Tu es Christus Filius Dei benedicti?
62 Iesus autem dixit illi: Ego sum: et
videbitis Filium hominis sedentem a dextris virtutis Dei, et venientem cum nubibus caeli. 63 Summus autem sacerdos scindens vestimenta sua, ait: Quid adhuc desideramus testes? 64 Audistis blasphemiam: quid vobis videtur? Qui omnes
condemnaverunt eum esse reum mortis.
65 Et coeperunt quidam conspuere eum,
et velare faciem eius, et colaphis eum
caedere, et dicere ei: Prophetiza: et ministri alapis eum caedebant.

Petri negatio

66 Et cum esset Petrus in atrio deorsum,
venit una ex ancillis summi sacerdotis:
67 et cum vidisset Petrum calefacientem
se, aspiciens illum, ait: Et tu cum Iesu
Nazareno eras. 68 At ille negavit, dicens:
Neque scio, neque novi quid dicas. Et
exiit foras ante atrium, et gallus cantavit.
69 Rursus autem cum vidisset illum ancilla,
coepit dicere circumstantibus: Quia hic ex
illis est. 70 At ille iterum negavit. Et post
pusillum rursus qui astabant, dicebant Petro: Vere ex illis es: nam et Galilaeus es.
71 Ille autem coepit anathematizare et iurare: Quia nescio hominem istum, quem
dicitis. 72 Et statim gallus iterum cantavit.
Et recordatus est Petrus verbi, quod dixerat ei Iesus: Prius quam gallus cantet bis,
ter me negabis. Et coepit flere.

Iesus coram Pilato

15 1 Et confestim, mane consilium facientes summi sacerdotes cum senioribus, et scribis, et universo concilio,
vincientes Iesum, duxerunt, et tradiderunt
Pilato. 2 Et interrogavit eum Pilatus: Tu
es rex Iudaeorum? At ille respondens, ait
illi: Tu dicis. 3 Et accusabant eum summi
sacerdotes in multis. 4 Pilatus autem rursum interrogavit eum, dicens: Non respondes quidquam? vide in quantis te accusant. 5 Iesus autem amplius nihil respondit, ita ut miraretur Pilatus.
6 Per diem autem festum solebat dimittere illis unum ex vinctis, quemcumque
petissent. 7 Erat autem qui dicebatur Barabbas, qui cum seditiosis erat vinctus,
qui in seditione fecerat homicidium. 8 Et
cum ascendisset turba, coepit rogare, sicut semper faciebat illis. 9 Pilatus autem
respondit eis, et dixit: Vultis dimittam
vobis regem Iudaeorum? 10 Sciebat enim
quod per invidiam tradidissent eum summi sacerdotes. 11 Pontifices autem concitaverunt turbam, ut magis Barabbam
dimitteret eis. 12 Pilatus autem iterum respondens, ait illis: Quid ergo vultis faciam
regi Iudaeorum? 13 At illi iterum clamaverunt: Crucifige eum. 14 Pilatus vero dicebat illis: Quid enim mali fecit? At illi
magis clamabant: Crucifige eum. 15 Pilatus autem volens populo satisfacere, dimisit illis Barabbam, et tradidit Iesum
flagellis caesum, ut crucifigeretur.

Illuditur a militibus

16 Milites autem duxerunt eum in atrium
praetorii, et convocant totam cohortem,
17 et induunt eum purpura, et imponunt
ei plectentes spineam coronam. 18 Et coeperunt salutare eum: Ave rex Iudaeorum.
19 Et percutiebant caput eius arundine:
et conspuebant eum, et ponentes genua,
adorabant eum. 20 Et postquam illuserunt
ei, exuerunt illum purpura, et induerunt
eum vestimentis suis: et educunt illum ut
crucifigerent eum.

Ad Golgotha ducitur et inter duos latrones crucifigitur

21 Et angariaverunt praetereuntem
quempiam, Simonem Cyrenaeum venientem de villa, patrem Alexandri et Rufi, ut
tolleret crucem eius. 22 Et perducunt illum
in Golgotha locum: quod est interpretatum Calvariae locus. 23 Et dabant ei bibere myrrhatum vinum: et non accepit.
24 Et crucifigentes eum, diviserunt vestimenta eius, mittentes sortem super eis,
quis quid tolleret. 25 Erat autem hora tertia: et crucifixerunt eum. 26 Et erat titulus
causae eius inscriptus: Rex Iudaeorum.

Mt 26,57-68. — Lc 22,66; Io 18,12.19. — **58:** Mc 15,29; Io 2,19. — **61:** Is 53,7; Mc 15,5; 1 Petr 2,23. — **62:** Dan 7,13. — **65:** Lc 22,63-65. **66:** Mt 26,69-75; Lc 22,55-62; Io 18,16-18.25-27.

15 **1:** Mt 27,1; Lc 22,66; 23,1; Io 18,28. — **2-5:** Mt 27,11-14; Lc 23,2-5; Io 18,29-38. — **6-15:** Mt 27,15-23; Lc 23,18-23; Io 18, 39-40. — **16:20:** Mt 27,27-31; Io 19,2-6. — **21-23:** Mt 27,32-34; Lc 23,26; Io 19,16; Rom 16,

27 Et cum eo crucifigunt duos latrones;
unum a dextris, et alium a sinistris eius.
28 Et impleta est Scriptura, quae dicit: Et
cum iniquis reputatus est.
29 Et praetereuntes blasphemabant eum,
moventes capita sua, et dicentes: Vah qui
destruis templum Dei, et in tribus diebus
reaedificas: 30 salvum fac temetipsum descendens de cruce. 31 Similiter et summi
sacerdotes illudentes, ad alterutrum cum
scribis dicebant: Alios salvos fecit, seipsum non potest salvum facere. 32 Christus
rex Israel descendat nunc de cruce, ut
videamus, et credamus. Et qui cum eo
crucifixi erant, convitiabantur ei.

Iesu Christi mors

33 Et facta hora sexta, tenebrae factae
sunt per totam terram usque in horam
nonam. 34 Et hora nona exclamavit Iesus
voce magna, dicens: Eloi, eloi, lamma
sabacthani? quod est interpretatum: Deus
meus, Deus meus, ut quid dereliquisti me?
35 Et quidam de circumstantibus audientes, dicebant: Ecce Eliam vocat. 36 Currens autem unus, et implens spongiam
aceto, circumponensque calamo, potum
dabat ei, dicens: Sinite, videamus si veniat Elias ad deponendum eum. 37 Iesus
autem emissa voce magna expiravit.

Signa mortis Christi

38 Et velum templi scissum est in duo,
a summo usque deorsum. 39 Videns autem
centurio, qui ex adverso stabat, quia sic
clamans expirasset, ait: Vere hic homo
Filius Dei erat.

Sepultura Christi

40 Erant autem et mulieres de longe aspicientes: inter quas erat Maria Magdalene, et Maria Iacobi minoris, et Ioseph
mater, et Salome; 41 et cum esset in Galilaea, sequebantur eum, et ministrabant
ei, et aliae multae, quae simul cum eo
ascenderant Ierosolymam.
42 Et cum iam sero esset factum (quia
erat parasceve, quod est ante sabbatum),
43 venit Ioseph ab Arimathaea nobilis decurio, qui et ipse erat exspectans regnum
Dei, et audacter introivit ad Pilatum, et
petiit corpus Iesu. 44 Pilatus autem mirabatur si iam obiisset. Et accersito centurione, interrogavit eum si iam mortuus
esset. 45 Et cum cognovisset a centurione,
donavit corpus Ioseph. 46 Ioseph autem
mercatus sindonem, et deponens eum involvit sindone, et posuit eum in monumento, quod erat excisum de petra, et
advolvit lapidem ad ostium monumenti.
47 Maria autem Magdalene et Maria Ioseph aspiciebant ubi poneretur.

Mulieres ad monumentum

16 1 Et cum transisset sabbatum, Maria Magdalene, et Maria Iacobi, et
Salome emerunt aromata ut venientes ungerent Iesum. 2 Et valde mane una sabbatorum, veniunt ad monumentum, orto
iam sole. 3 Et dicebant ad invicem: Quis
revolvet nobis lapidem ab ostio monumenti? 4 Et respicientes viderunt revolutum lapidem. Erat quippe magnus valde.
5 Et introeuntes in monumentum viderunt
iuvenem sedentem in dextris, coopertum
stola candida, et obstupuerunt. 6 Qui dicit
illis: Nolite expavescere: Iesum quaeritis
Nazarenum, crucifixum: surrexit, non est
hic, ecce locus ubi posuerunt eum. 7 Sed
ite, dicite discipulis eius, et Petro, quia
praecedit vos in Galilaeam: ibi eum videbitis, sicut dixit vobis. 8 At illae exeuntes,
fugerunt de monumento; invaserat enim
eas tremor et pavor; et nemini quidquam
dixerunt; timebant enim.

Iesus Mariae Magdalene apparet

9 Surgens autem mane, prima sabbati,
apparuit primo Magiae Matdalene, de qua
eiecerat septem daemonia. 10 Illa vadens
nuntiavit his, qui cum eo fuerant, lugentibus et flentibus. 11 Et illi audientes quia
viveret, et visus esset ab ea, non crediderunt.

Apparitio ad discipulos

12 Post haec autem duobus ex his ambulantibus ostensus est in alia effigie, euntibus in villam: 13 et illi euntes nuntiaverunt caeteris: nec illis crediderunt.
14 Novissime recumbentibus illis undecim apparuit: et exprobravit incredulitatem eorum et duritiam cordis: quia iis,
qui viderant eum resurrexisse, non crediderunt. 15 Et dixit eis: Euntes in mundum
universum praedicate Evangelium omni
creaturae. 16 Qui crediderit, et baptizatus

13. — **23:** Ps 68,22. — **24-32:** Mt 27,35-44; Lc 23,33-43. — **24:** Ps 21,19. — **28:** Is 53,12; Lc 22,37. — **29:** Ps 21,8; 108,25. — **31:** Lc 23,35. — **33-37:** Mt 27,45-50; Lc 23,44-46. — **34:** Ps 21,2. **36:** Ps 68,22; Io 19,29. — **38:** Mt 27,51-53; Lc 23,45-49. — **39-41:** Mt 27,54-56; Lc 23,47-49. **40:** Lc 8,2. — **42-47:** Mt 27,57-61; Lc 23,50-56; Io 19,38.

16 **1-8:** Mt 28,1-8; Lc 24,1-10; Io 20,1-10. **7:** Mt 28,10; Mc 14,28. — **9-20:** Resp. Comm. de re Biblica: D 2156. — **9:** Io 20,14. **10:** Mt 28,10; Lc 24,10; Io 20,18. — **12-13:** Lc 24,13-35. — **14:** Lc 24,33; 1 Cor 15,5. — **15:** Mt 28,19. || Epist. Innoc. III: D 412. — **16:** Act 2, 38. || Alloc. Pii IX: D 1645. — **17:** Io 14,12; Act 2,4; 16,18; 1 Cor 12,10; 14,2. — **18:** Lc 10,19;

fuerit, salvus erit: qui vero non crediderit,
condemnabitur. [17] Signa autem eos qui
crediderint, haec sequentur: In nomine
meo daemonia eiicient: linguis loquentur
novis: [18] serpentes tollent: et si mortiferum quid biberint, non eis nocebit: super
aegros manus imponent, et bene habebunt.

Finis evangelii

[19] Et Dominus quidem Iesus postquam
locutus est eis, assumptus est in caelum,
et sedet a dextris Dei. [20] Illi auten profecti
praedicaverunt ubique, Domino coope-
rante, et sermonem confirmante, sequentibus signis.

Act 28,3; Iac 5,14. — **19:** Lc 24,50; Act 1,9; 7,55. — **20:** Act 5,12; 14,3. || Conc. Vatic.: D 1790.

EVANGELIUM SECUNDUM LUCAM

SUMMARIUM PROLOGUS *(1,1-4)*.—PARS PRIMA: IESU CHRISTI INFANTIA *(1-2): Annuntiatur Praecursoris nativitas (1,5-25). Iesu Christi annuntiatio (1,26-38). Mariae ad Elisabeth visitatio (1,39-56). Ioannis nativitas (1,57-80). Iesu Christi nativitas (2,1-20). Pueri Iesu circumcisio et praesentatio in templo (2,21-39). Pueri Iesu inventio in templo (2,40-52)*.—PARS SECUNDA: IESU CHRISTI PRAEDICATIO IN GALILAEA *(3,1-9,50): Ioannes in Iordane (3,1-20). Christi genealogia (3,21-37). Christi ieiunium et tentatio (4,1-13). Iesus in Nazareth (4,14-30). Christus in Capharnaum (4,31-44). Priorum discipulorum vocatio (5,1-11). Leprosi et paralytici curatio (5,12-26). Levi vocatio et pharisaeorum murmuratio (5,27-39). Pharisaeorum reprehensio (6,1-11). Apostolorum electio et sermo montanus (6,12-49). Servi centurionis sanatio et filii viduae Naim suscitatio (7,1-17). Ioannis ad Christum legatio (7,18-35). Mulier peccatrix (7,36-50). Parabola seminantis (8,1-15). Mysterium regni (8,16-21). Iter trans lacum Genesareth (8,22-39). Reditus in Capharnaum (8,40-58). Apostolorum missio et panum multiplicatio (9,1-17). Petri confessio et prima passionis praedictio (9,18-27). Iesu transfiguratio et lunatici sanatio (9,28-43). Secunda passionis praedictio (9,44-50)*.—PARS TERTIA: ITINERA IN IERUSALEM *(9,51-19,28). Iter primum: Negatur Christo transitus per Samariam (9,51-62). Missio 70 discipulorum (10,1-24). Praeceptum charitatis (10,25-42). De oratione (11,1-13). Pharisaeorum obiurgatio (11,14-54). Quid cavendum (12,1-34). Semper vigilandum (12,35-50). De necessitate poenitentiae (13,1-9). Mulieris sanatio (13,10-21). Secundum iter in Ierusalem: De numero salvandorum (13,22-35). Hydropicus sabbato sanatus (14,1-24). Conditiones sequelae Christi (14,25-33). Tres parabolae de misericordia Dei (15,1-32). Parabolae villici iniqui et divitis Epulonis (16). Monita varia (17,1-10). Ultimum iter in Ierusalem: Curatio 10 leprosorum (17,11-19). Signa adventus regni Dei (17,20-37). Parabola iudicis iniqui (18,1-8). Parabola pharisaei et publicani (18,9-17). Iuvenis invitatus ad perfectionem (18,18-30). Nova passionis praedictio (18,31-34). In Iericho (18,35-19,28)*.—PARS QUARTA: IESUS IN IERUSALEM *(19,29-21,38): Solemnis ingressus in Ierusalem (19,29-48). Iudaeorum quaestiones (20). Sermo apocalypticus (21)*.—PARS QUINTA: IESU CHRISTI PASSIO ET RESURRECTIO *(22-24): Ultima Christi caena (22,1-38). Iesu oratio et apprehensio (22,39-55). Iesus coram Caipha (22,56-71). Iesus ante Pilatum et Herodem (23,1-23). Iesus ductus in Calvarium (23,24-32). Mors Iesu eiusque sepultura (21,33-56). Christi apparitio ad mulieres (24,1-12). Apparitio ad duos discipulos (24,13-34). Apparitio ad Apostolos (24,35-42). Domini Iesu ascensio in caelum (24,43-53 .*

PROLOGUS

1 [1] Quoniam quidem multi conati sunt
ordinare narrationem, quae in nobis
completae sunt, rerum: [2] sicut tradiderunt
nobis, qui ab initio ipsi viderunt, et ministri fuerunt sermonis: [3] visum est et
mihi, assecuto omnia a principio diligenter, ex ordine tibi scribere, optime Theophile, [4] ut cognoscas eorum verborum, de
quibus eruditus es, veritatem.

1 **1-4:** Act 1,1-2. — **2:** Io 15,27. — **5:** 1 Par 24,10; Neh 12,17; Mt 2,1. — **9:** Ex 30,7. —

PARS PRIMA

Iesu Christi infantia

(1,5-2,52)

Annuntiatio et conceptio Praecursoris

5 Fuit in diebus Herodis, regis Iudaeae, sacerdos quidam nomine Zacharias de vice Abia, et uxor illius de filiabus Aaron, et nomen eius Elisabeth. 6 Erant autem iusti ambo ante Deum, incedentes in omnibus mandatis et iustificationibus Domini sine querela, 7 et non erat illis filius, eo quod esset Elisabeth sterilis, et ambo processissent in diebus suis.

8 Factum est autem, cum sacerdotio fungeretur in ordine vicis suae ante Deum, 9 secundum consuetudinem sacerdotii, sorte exiit ut incensum poneret, ingressus in templum Domini: 10 et omnis multitudo populi erat orans foris hora incensi. 11 Apparuit autem illi angelus Domini, stans a dextris altaris incensi. 12 Et Zacharias turbatus est videns, et timor irruit super eum. 13 Ait autem ad illum angelus: Ne timeas Zacharia, quoniam exaudita est deprecatio tua; et uxor tua Elisabeth pariet tibi filium, et vocabis nomen eius Ioannem: 14 et erit gaudium tibi, et exsultatio, et multi in nativitate eius gaudebunt: 15 erit enim magnus coram Domino: et vinum et siceram non bibet, et Spiritu sancto replebitur adhuc ex utero matris suae: 16 et multos filiorum Israel convertet ad Dominum Deum ipsorum: 17 et ipse praecedet ante illum in spiritu et virtute Eliae: ut convertat corda patrum in filios, et incredulos ad prudentiam iustorum, parare Domino plebem perfectam.

18 Et dixit Zacharias ad angelum: Unde hoc sciam? ego enim sum senex, et uxor mea processit in diebus suis. 19 Et respondens angelus dixit ei: Ego sum Gabriel, qui asto ante Deum: et missus sum loqui ad te, et haec tibi evangelizare. 20 Et ecce eris tacens, et non poteris loqui usque in diem quo haec fiant, pro eo quod non credidisti verbis meis, quae implebuntur in tempore suo.

21 Et erat plebs exspectans Zachariam: et mirabantur quod tardaret ipse in templo. 22 Egressus autem non poterat loqui ad illos, et cognoverunt quod visionem vidisset in templo. Et ipse erat innuens illis, et permansit mutus. 23 Et factum est, ut impleti sunt dies officii eius, abiit in domum suam: 24 post hos autem dies concepit Elisabeth uxor eius, et occultabat se mensibus quinque, dicens: 25 Quia sic fecit mihi Dominus in diebus, quibus respexit auferre opprobrium meum inter homines.

Annuntiatio et conceptio Christi

26 In mense autem sexto, missus est angelus Gabriel a Deo in civitatem Galilaeae, cui nomen Nazareth, 27 ad virginem desponsatam viro, cui nomen erat Ioseph, de domo David, et nomen virginis Maria. 28 Et ingressus angelus ad eam dixit: Ave gratia pleta: Dominus tecum: benedicta tu in mulieribus. 29 Quae cum audisset, turbata est in sermone eius, et cogitabat qualis esset ista salutatio. 30 Et ait angelus ei: Ne timeas Maria, invenisti enim gratiam apud Deum: 31 ecce concipies in utero, et paries filium, et vocabis nomen eius Iesum: 32 hic erit magnus, et Filius Altissimi vocabitur, et dabit illi Dominus Deus sedem David patris eius: et regnabit in domo Iacob in aeternum, 33 et regni eius non erit finis.

34 Dixit autem Maria ad angelum: Quomodo fiet istud, quoniam virum non cognosco? 35 Et respondens angelus dixit ei: Spiritus sanctus superveniet in te, et virtus Altissimi obumbrabit tibi. Ideoque et quod nascetur ex te sanctum, vocabitur Filius Dei. 36 Et ecce Elisabeth cognata tua, et ipsa concepit filium in senectute sua: et hic mensis sextus est illi, quae vocatur sterilis: 37 quia non erit impossibile apud Deum omne verbum. 38 Dixit autem Maria: Ecce ancilla Domini, fiat mihi secundum verbum tuum. Et discessit ab illa angelus.

Mariae visitatio ad Elisabeth

39 Exsurgens autem Maria in diebus illis abiit in montana cum festinatione, in civitatem Iuda: 40 et intravit in domum Zachariae, et salutavit Elisabeth. 41 Et factum est, ut audivit salutationem Mariae Elisabeth, exsultavit infans in utero eius: et repleta est Spiritu sancto Elisabeth: 42 et exclamavit voce magna, et dixit: Benedicta tu inter mulieres, et benedictus fructus ventris tui. 43 Et unde hoc mihi ut veniat mater Domini mei ad me? 44 Ecce enim ut facta est vox salutationis tuae in auribus meis, exsultavit in gaudio infans in utero meo. 45 Et beata, quae credidisti, quoniam perficientur ea, quae dicta sunt tibi a Domino. 46 Et ait Maria:

11: Act 10,3. — **15:** Num 6,3; Iud 13,4; 1 Sam 1,11. — **17:** Mal 4,6; Mt 11,14. — **19:** Dan 8,16; 9,21. — **25:** Gen 30,23. — **27:** Mt 1,16; Lc 2,5. — **28:** Iud 5,24. — **31:** Is 7,11; Mt 1,21. || Bulla Sixti IV: D 719. — **32:** 2 Sam 7,12; Is 9,7; Dan 7,14; Mich 4,7. — **35:** Ex 13,12; Mt 1,18; Io 10,30. — **37:** Gen 18,14; Mt 19,26. — **42:** Iud 5,24. — **43:** Mt 3,11; Mc 1,7; Io 3,31. — **45:** Lc

Magnificat anima mea Dominum:
47 Et exsultavit spiritus meus in Deo salutari meo.
48 Quia respexit humilitatem ancillae suae:
Ecce enim ex hoc beatam me dicent omnes generationes.
49 Quia fecit mihi magna qui potens est:
Et sanctum nomen eius.
50 Et misericordia eius a progenie in progenies
Timentibus eum.
51 Fecit potentiam in brachio suo:
Dispersit superbos mente cordis sui.
52 Deposuit potentes de sede,
Et exaltavit humiles.
53 Esurientes implevit bonis:
Et divites dimisit inanes.
54 Suscepit Israel puerum suum,
Recordatus misericordiae suae.
55 Sicut locutus est ad patres nostros,
Abraham et semini eius in saecula.

56 Mansit autem Maria cum illa quasi mensibus tribus et reversa est in domum suam.

Praecursoris nativitas

57 Elisabeth autem impletum est tempus pariendi, et peperit filium.
58 Et audierunt vicini et cognati eius quia magnificavit Dominus misericordiam suam cum illa, et congratulabantur ei.
59 Et factum est in die octavo, venerunt circumcidere puerum, et vocabant eum nomine patris sui Zachariam.
60 Et respondens mater eius, dixit: Nequaquam, sed vocabitur Ioannes.
61 Et dixerunt ad illam: Quia nemo est in cognatione tua, qui vocetur hoc nomine.
62 Innuebant autem patri eius, quem vellet vocari eum.
63 Et postulans pugillarem scripsit, dicens: Ioannes est nomen eius. Et mirati sunt universi.
64 Apertum est autem illico os eius, et lingua eius, et loquebatur benedicens Deum.
65 Et factus est timor super omnes vicinos eorum: et super omnia montana Iudaeae divulgabantur omnia verba haec:
66 et posuerunt omnes qui audierant in corde suo, dicentes: Quis, putas, puer iste erit? Etenim manus Domini erat cum illo.
67 Et Zacharias pater eius repletus est Spiritu sancto: et prophetavit, dicens:

68 Benedictus Dominus Deus Israel,
Quia visitavit, et fecit redemptionem plebis suae:
69 Et erexit cornu salutis nobis:
In domo David pueri sui.
70 Sicut locutus est per os sanctorum,
Qui a saeculo sunt, prophetarum eius:
71 Salutem ex inimicis nostris,
Et de manu omnium qui oderunt nos:
72 Ad faciendam misericordiam cum patribus nostris:
Et memorari testamenti sui sancti.
73 Iusiurandum, quod iuravit ad Abraham patrem nostrum,
Daturum se nobis:
74 Ut sine timore, de manu inimicorum nostrorum liberati,
Serviamus illi.
75 In sanctitate et iustitia coram ipso,
Omnibus diebus nostris.
76 Et tu puer, propheta Altissimi vocaberis:
Praeibis enim ante faciem Domini parare vias eius:
77 Ad dandam scientiam salutis plebi eius:
In remissionem peccatorum eorum:
78 Per viscera misericordiae Dei nostri:
In quibus visitavit nos, oriens ex alto:
79 Illuminare his qui in tenebris et in umbra mortis sedent:
Ad dirigendos pedes nostros in viam pacis.

80 Puer autem crescebat, et confortabatur spiritu: et erat in desertis usque in diem ostensionis suae ad Israel.

Iesu Christi nativitas in Bethlehem

2 1 Factum est autem in diebus illis, exiit edictum a Caesare Augusto ut describeretur universus orbis.
2 Haec descriptio prima facta est a praeside Syriae Cyrino:
3 et ibant omnes ut profiterentur singuli in suam civitatem.
4 Ascendit autem et Ioseph a Galilaea de civitate Nazareth in Iudaeam, in civitatem David, quae vocatur Bethlehem: eo quod esset de domo et familia David,
5 ut profiteretur cum Maria desponsata sibi uxore praegnante.
6 Factum est autem, cum essent ibi, impleti sunt dies ut pareret.
7 Et peperit filium suum primogenitum, et pannis eum involvit, et reclinavit eum in praesepio: quia non erat eis locus in diversorio.

8 Et pastores erant in regione eadem vigilantes, et custodientes vigilias noctis super gregem suum.
9 Et ecce angelus Domini stetit iuxta illos, et claritas Dei circumfulsit illos, et timuerunt timore magno.
10 Et dixit illis angelus: Nolite timere: ecce enim evangelizo vobis gau-

11,28. || Bulla Sixti IV: D 719. — **46:** 1 Sam 2,1. || Resp. Comm. de re Biblica: D 2158. — **48:** Ps 112,6; 137,6. — **49:** Ps 110,9. — **50:** Ps 102,17. — **51:** Ps 88,11. — **52:** Ps 146,6. — **53:** Ps 33,11. — **54:** Ps 97,3; Is 41,8. — **55:** Gen 17,5; 18,18; 22,17. — **59:** Gen 17,12. — **68:** Ps 110,9; Lc 7,16. — **69:** 1 Sam 2,10. — **71:** Ps 105,10. — **72:** Lev 26,42; Ps 104,8; 105,45. — **73:** Gen 22,16. — **74:** Mich 7,20. — **76:** Mal 3,1; Mt 3,3. — **77:** Ier 31,34. — **78:** Num 24,17; Is 60,1; Mal 4,2. || Conc. Trid.: D 882. — **79:** Is 9,1; 58,8; 59,8; Mt 4,16. — **80:** Mt 3,1.

2 **2:** Act 5,37. — **4:** Lc 1,27. — **6:** Mt 2,1; Io 7,42. — **14:** Is 57,19; Lc 19,38; Eph 2,14. ||

dium magnum, quod erit omni populo:
11 quia natus est vobis hodie Salvator, qui
est Christus Dominus, in civitate David.
12 Et hoc vobis signum: Invenietis infantem pannis involutum, et positum in praesepio. 13 Et subito facta est cum angelo
multitudo militiae caelestis laudantium
Deum, et dicentium:

14 Gloria in altissimis Deo,
Et in terra pax hominibus bonae voluntatis.

15 Et factum est, ut discesserunt ab eis
angeli in caelum: pastores loquebantur
ad invicem: Transeamus usque Bethlehem, et videamus hoc verbum, quod factum est, quod Dominus ostendit nobis.
16 Et venerunt festinantes: et invenerunt
Mariam, et Ioseph, et infantem positum
in praesepio. 17 Videntes autem cognoverunt de verbo, quod dictum erat illis de
puero hoc. 18 Et omnes qui audierunt, mirati sunt: et de his quae dicta erant a
pastoribus ad ipsos. 19 Maria autem conservabat omnia verba haec, conferens in
corde suo. 20 Et reversi sunt pastores glorificantes et laudantes Deum in omnibus
quae audierant et viderant, sicut dictum
est ad illos.

Iesu circumcisio et in templo praesentatio

21 Et postquam consummati sunt dies
octo, ut circumcideretur puer, vocatum
est nomen eius Iesus, quod vocatum est
ab angelo prius quam in utero concipe-
retur.
22 Et postquam impleti sunt dies purgationis eius secundum legem Moysi, tulerunt illum in Ierusalem, ut sisterent eum
Domino, 23 sicut scriptum est in lege Domini: Quia omne masculinum adaperiens
vulvam, sanctum Domino vocabitur: 24 et
ut darent hostiam secundum quod dictum est in lege Domini par turturum, aut
duos pullos columbarum. 25 Et ecce homo erat in Ierusalem, cui nomen Simeon,
et homo iste iustus, et timoratus, exspectans consolationem Israel, et Spiritus
sanctus erat in eo. 26 Et responsum acceperat a Spiritu sancto, non visurum se mortem, nisi prius videret Christum Domini.
27 Et venit in spiritu in templum. Et cum
inducerent puerum Iesum parentes eius,
ut facerent secundum consuetudinem legis
pro eo, 28 et ipse accepit eum in ulnas
suas, et benedixit Deum, et dixit:

29 Nunc dimittis servum tuum Domine,
Secundum verbum tuum in pace:
30 Quia viderunt oculi mei salutare tuum,
31 Quod parasti ante faciem omnium populorum:
32 Lumen ad revelationem gentium,
Et gloriam plebis tuae Israel.

33 Et erat pater eius et mater mirantes
super his quae dicebantur de illo. 34 Et
benedixit illis Simeon, et dixit ad Mariam
matrem eius: Ecce positus est hic in ruinam, et in resurrectionem multorum in
Israel, et in signum cui contradicetur:
35 et tuam ipsius animam pertransibit gladius ut revelentur ex multis cordibus cogitationes.
36 Et erat Anna prophetissa, filia Phanuel, de tribu Aser: haec processerat in
diebus multis, et vixerat cum viro suo
annis septem a virginitate sua. 37 Et haec
vidua usque ad annos octoginta quatuor:
quae non discedebat de templo, ieiuniis,
et obsecrationibus serviens nocte ac die.
38 Et haec, ipsa hora superveniens, confitebatur Domino: et loquebatur de illo
omnibus, qui exspectabant redemptionem
Israel. 39 Et ut perfecerunt omnia secundum legem Domini, reversi sunt in Galilaeam in civitatem suam Nazareth.

Puer Iesus Ierusalem venit ibique, insciis parentibus, solus remanet

40 Puer autem crescebat, et confortabatur plenus sapientia: et gratia Dei erat
in illo.
41 Et ibant parentes eius per omnes
annos in Ierusalem, in die solemni Paschae. 42 Et cum factus esset annorum duodecim, ascendentibus illis Ierosolymam
secundum consuetudinem diei festi, 43 con-
summatisque diebus, cum redirent, remansit puer Iesus in Ierusalem, et non
cognoverunt parentes eius. 44 Existimantes autem illum esse in comitatu, venerunt iter diei, et requirebant eum inter
cognatos et notos. 45 Et non invenientes,
regressi sunt in Ierusalem, requirentes
eum. 46 Et factum est, post triduum invenerunt illum in templo sedentem in medio doctorum, audientem illos, et inter-
rogantem eos. 47 Stupebant autem omnes
qui eum audiebant, super prudentia et
responsis eius. 48 Et videntes admirati sunt.
Et dixit mater eius ad illum: Fili, quid
fecisti nobis sic? ecce pater tuus et ego
dolentes quaerebamus te. 49 Et ait ad illos:
Quid est quod me quaerebatis? nescieba-
tis quia in his quae Patris mei sunt,
oportet me esse? 50 Et ipsi non intellexerunt verbum quod locutus est ad eos.

Enc. Pii XI: D 2.275. — **21:** Gen 17,12. — **22:** Ex 13,2.12; Lev 12,3. — **24:** Lev 12,8; Num 6, 10. || Decr. S. Officii: D 1314. — **29:** Gen 46, 30. — **30:** Is 40,5; 52,10. — **32:** Is 42,6; 46,13; 49,6; 60,3; Act 13,47. — **34:** Is 8,14; Io 9,39; 1 Cor 1,23; 1 Petr 2,8. — **37:** 1 Tim 5,5. — **38:** Is 52,9. — **40:** Lc 1,80; 2,52. — **41:** Ex 12,15; 23, 15; Lev 23,6; Deut 16,1. — **49:** Io 2,16. — **52:** 1 Sam 2,26; Lc 1,80; 2,40.

51 Et descendit cum eis, et venit Nazareth: et erat subditus illis. Et mater
eius conservabat omnia verba haec in
corde suo. 52 Et Iesus proficiebat sapientia, et aetate, et gratia apud Deum et
homines.

PARS SECUNDA

Iesu Christi praedicatio in Galilea

(3,1-9,50)

Ioannes Baptista praedicat iuxta Iordanem

3 1 Anno autem quintodecimo imperii
Tiberii Caesaris, procurante Pontio
Pilato Iudaeam, tetrarcha autem Galilaeae
Herode, Philippo autem fratre eius tetrarcha Ituraeae, et Trachonitidis regionis, et Lysania Abilinae tetrarcha, 2 sub
principibus sacerdotum Anna et Caipha:
factum est verbum Domini super Ioannem, Zachariae filium in deserto. 3 Et venit in omnem regionem Iordanis, praedicans bautismum poenitentiae in remissionem peccatorum, 4 sicut scriptum est in
libro sermonum Isaiae prophetae: Vox
clamantis in deserto: Parate viam Domini: rectas facite semitas eius: 5 omnis vallis implebitur: et omnis mons, et collis
humiliabitur: et erunt prava in directa, et
aspera in vias planas: 6 et videbit omnis
caro salutare Dei.
7 Dicebat ergo ad turbas quae exibant
ut baptizarentur ab ipso: Genimina viperarum, quis ostendit vobis fugere a ventura ira? 8 Facite ergo fructus dignos poenitentiae, et ne coeperitis dicere: Patrem
habemus Abraham. Dico enim vobis quia
potens est Deus de lapidibus istis suscitare filios Abrahae. 9 Iam enim securis ad
radicem arborum posita est. Omnis ergo
arbor non faciens fructum bonum, excidetur, et in ignem mittetur. 10 Et interrogabant eum turbae, dicentes: Quid ergo
faciemus? 11 Respondens autem dicebat
illis: Qui habet duas tunicas, det non habenti: et qui habet escas, similiter faciat.
12 Venerunt autem et publicani ut baptizarentur, et dixerunt ad illum: Magister,
quid faciemus? 13 At ille dixit ad eos:
Nihil amplius, quam quod constitutum
est vobis, faciatis. 14 Interrogabant autem
eum et milites, dicentes: Quid faciemus
et nos? Et ait illis: Neminem concutiatis,
neque calumniam faciatis: et contenti estote stipendiis vestris.
15 Existimante autem populo, et cogitantibus omnibus in cordibus suis de Ioanne, ne forte ipse esset Christus, 16 respondit Ioannes, dicens omnibus: Ego quidem
aqua baptizo vos: veniet autem fortior
me, cuius non sum dignus solvere corrigiam calceamentorum eius: ipse vos baptizabit in Spiritu sancto et igni: 17 cuius
ventilabrum in manu eius, et purgabit
aream suam, et congregavit triticum in
horreum suum, paleas autem comburet
igni inextinguibili.
18 Multa quidem et alia exhortans evangelizabat populo.

Ab Herode in carcerem mittitur

19 Herodes autem tetrarcha cum corri-
peretur ab illo de Herodiade uxore fratris sui, et de omnibus malis quae fecit
Herodes, 20 adiecit et hoc super omnia,
et inclusit Ioannem in carcere.

Iesu Christi baptismus et genealogia

21 Factum est autem cum baptizaretur
omnis populus, et Iesu baptizato, et orante, apertum est caelum: 22 et descendit
Spiritus sanctus corporali specie sicut
columba in ipsum: et vox de caelo facta
est: Tu ès filius meus dilectus, in te complacui mihi.
23 Et ipse Iesus erat incipiens quasi annorum triginta, ut putabatur, filius Ioseph, qui fuit Heli, qui fuit Mathat, 24 qui
fuit Levi, qui fuit Melchi, qui fuit Ianne,
qui fuit Ioseph, 25 qui fuit Mathathiae,
qui fuit Amos, qui fuit Nahum, qui fuit
Hesli, qui fuit Nagge, 26 qui fuit Mahath,
qui fuit Mathathiae, qui fuit Semei, qui
fuit Ioseph, qui fuit Iuda, 27 qui fuit Ioanna, qui fuit Resa, qui fuit Zorobabel, qui
fuit Salathiel, qui fuit Neri, 28 qui fuit
Melchi, qui fuit Addi, qui fuit Cosan,
qui fuit Elmadam, qui fuit Her, 29 qui
fuit Iesu, qui fuit Eliezer, qui fuit Io-
rim, qui fuit Mathat, qui fuit Levi, 30 qui
fuit Simeon, qui fuit Iuda, qui fuit Ioseph, qui fuit Iona, qui fuit Eliakim, 31 qui
fuit Melea, qui fuit Menna, qui fuit Mathatha, qui fuit Natham, qui fuit David,
32 qui fuit Iesse, qui fuit Obed, qui fuit
Booz, qui fuit Salmon, qui fuit Naasson,
33 qui fuit Aminadab, qui fuit Aram, qui
fuit Esron, qui fuit Phares, qui fuit Iudae, 34 qui fuit Iacob, qui fuit Isaac, qui

3 **2-17:** Mt 3,1-12; Mc 1,2-8. — **4:** Is 40,3. — **7:** Mt 3,7; 23,33. — **8:** Mt 3,8. ‖ Conc. Trid.: D 904. — **9:** Mt 7,19. — **15:** Io 1,19-20. **16:** Io 13,5; Act 13,25. — **17:** Mt 3,12. ‖ Conc. Constantinop. IV: D 338. — **19-20:** Mt 14,3; Mc 6,17. — **21-22:** Mt 3,13-17; Mc 1,9-11; Io 1,32. — **22:** Ps 2,7; Is 42,1; Lc 9,35. — **23-38:** Mt 1,1-16. — **27:** 1 Par 3,17; Esdr 3,2. — **31:** 2 Sam 5,14; 1 Par 3,5; 14,4. — **32:** 1 Sam 16,1; Ruth 4,18. — **34:** 1 Par 2,1. — **36:** 1 Par 1,1.24.

fuit Abrahae, qui fuit Thare, qui fuit Nachor, 35 qui fuit Sarug, qui fuit Ragau, qui fuit Phaleg, qui fuit Heber, qui fuit Sale, 36 qui fuit Cainan, qui fuit Arphaxad, qui fuit Sem, qui fuit Noe, qui fuit Lamech, 37 qui fuit Mathusale, qui fuit Henoch, qui fuit Iared, qui fuit Malaleel, qui fuit Cainan, 38 qui fuit Henos, qui fuit Seth, qui fuit Adam, qui fuit Dei.

Iesu Christi ieiunium et tentatio

4 1 Iesus autem plenus Spiritus sancto regressus est a Iordane: et agebatur a Spiritu in desertum 2 diebus quadraginta, et tentabatur a diabolo. Et nihil manducavit in diebus illis: et consummatis illis esuriit. 3 Dixit autem illi diabolus: Si Filius Dei es, dic lapidi huic ut panis fiat. 4 Et respondit ad illum Iesus: Scriptum est: Quia non in solo pane vivit homo, sed in omni verbo Dei. 5 Et duxit illum diabolus in montem excelsum, et ostendit illi omnia regna orbis terrae in momento temporis, 6 et ait illi: Tibi dabo potestatem hanc universam, et gloriam illorum: quia mihi tradita sunt: et cui volo do illa. 7 Tu ergo si adoraveris coram me, erunt tua omnia. 8 Et respondens Iesus, dixit illi: Scriptum est: Dominum Deum tuum adorabis, et illi soli servies. 9 Et duxit illum in Ierusalem, et statuit eum super pinnam templi, et dixit illi: Si Filius Dei es, mitte te hinc deorsum. 10 Scriptum est enim quod angelis suis mandavit de te, ut conservent te: 11 et quia in manibus tollent te, ne forte offendas ad lapidem pedem tuum. 12 Et respondens Iesus, ait illi: Dictum est: Non tentabis Dominum Deum tuum. 13 Et consummata omni tentatione, diabolus recessit ab illo, usque ad tempus.

Iesus in Nazareth

14 Et regressus est Iesus in virtute Spiritus in Galilaeam, et fama exiit per universam regionem de illo.

15 Et ipse docebat in synagogis eorum, et magnificabatur ab omnibus. 16 Et venit Nazareth, ubi erat nutritus, et intravit secundum consuetudinem suam die sabbati in synagogam, et surrexit legere. 17 Et traditus est illi liber Isaiae prophetae. Et ut revolvit librum, invenit locum ubi scriptum erat: 18 Spiritus Domini super me: propter quod unxit me, evangelizare pauperibus misit me, sanare contritos corde, 19 praedicare captivis remissionem, et caecis visum, dimittere confractos in remissionem, praedicare annum Domini acceptum et diem retributionis.

20 Et cum plicuisset librum, reddidit ministro, et sedit. Et omnium in synagoga oculi erant intendentes in eum. 21 Coepit autem dicere ad illos: Quia hodie impleta est haec scriptura in auribus vestris. 22 Et omnes testimonium illi dabant: et mirabantur in verbis gratiae, quae procedebant de ore ipsius, et dicebant: Nonne hic est filius Ioseph? 23 Et ait illis: Utique dicetis mihi hanc similitudinem: Medice cura teipsum: quanta audivimus facta in Capharnaum, fac et hic in patria tua. 24 Ait autem: Amen dico vobis, quia nemo propheta acceptus est in patria sua. 25 In veritate dico vobis, multae viduae erant in diebus Eliae in Israel, quando clausum est caelum annis tribus et mensibus sex: cum facta esset fames magna in omni terra: 26 et ad nullam illarum missus est Elias, nisi in Sarepta Sidoniae, ad mulierem viduam. 27 Et multi leprosi erant in Israel sub Elisaeo propheta: et nemo eorum mundatus est nisi Naaman Syrus.

28 Et repleti sunt omnes in synagoga ira, haec audientes. 29 Et surrexerunt, et eiecerunt illum extra civitatem: et duxerunt illum usque ad supercilium montis, super quem civitas illorum erat aedificata, ut praecipitarent eum. 30 Ipse autem transiens per medium illorum, ibat.

Iesus in Capharnaum

31 Et descendit in Capharnaum civitatem Galilaeae, ibique docebat illos sabbatis. 32 Et stupebant in doctrina eius, quia in potestate erat sermo ipsius. 33 Et in synagoga erat homo habens daemonium immundum, et exclamavit voce magna, 34 dicens: Sine, quid nobis, et tibi Iesu Nazarene? venisti perdere nos? scio te quis sis, Sanctus Dei. 35 Et increpavit illum Iesus, dicens: Obmutesce, et exi ab eo. Et cum proiecisset illum daemonium in medium, exiit ab illo, nihilque illum nocuit. 36 Et factus est pavor in omnibus, et colloquebantur ad invicem, dicentes: Quod est hoc verbum, quia in potestate et virtute imperat immundis spiritibus, et exeunt? 37 Et divulgabatur fama de illo in omnem locum regionis.

Sanat socrum Simonis aliosque multos

38 Surgens autem Iesus de synagoga, introivit in domum Simonis. Socrus autem

4 **1-13:** Mt 4,1-11; Mc 1,12-13. — **4:** Deut 8, 3. — **8:** Deut 6,13. — **10:** Ps 90,11-12. — **12:** Deut 6,16. — **14:** Mt 4,12; Mc 1,14. — **16-30:** Mt 13,53-57; Mc 6,1-4. — **16:** Act 17,2. — **17:** Is 58,6; 61,1. — **19:** Lev 25,10. — **22:** Io 6, 42; Eph 4,29. — **23:** Mt 4,13. — **24:** Io 4,44. — **25:** 3 Reg 17,1.9; 18,1; Iac 5,17. — **27:** 4 Reg 5,14. — **31-37:** Mt 4,13; 7,28; Mc 1,21-28. — **34:** 3 Reg 17,18; Mc 1,24; Iac 2,19. — **38-39:** Mt 8,14-15; Mc 1,29. — **40:** Mt 8,16; Mc 5,23.

Simonis tenebatur magnis febribus: et
rogaverunt illum pro ea. 39 Et stans super
illam imperavit febri: et dimisit illam.
Et continuo surgens, ministrabat illis.
40 Cum autem sol occidisset, omnes
qui habebant infirmos variis languoribus,
ducebant illos ad eum. At ille singulis
manus imponens, curabat eos. 41 Exibant
autem daemonia a multis clamantia, et
dicentia: Quia tu es Filius Dei: et increpans non sinebat ea loqui: quia sciebant
ipsum esse Christum.

Recedit a Capharnaum

42 Facta autem die egressus ibat in desertum locum, et turbae requirebant eum,
et venerunt usque ad ipsum: et detinebant
illum ne discederet ab eis. 43 Quibus ille
ait: Quia et aliis civitatibus oportet me
evangelizare regnum Dei: quia ideo missus sum. 44 Et erat praedicans in synagogis
Galilaeae.

Docet a navicula

5 1 Factum est autem, cum turbae irruerent in eum, ut audirent verbum
Dei, et ipse stabat secus stagnum Genesareth. 2 Et vidit duas naves stantes secus
stagnum: piscatores autem descenderant,
et lavabant retia. 3 Ascendens autem in
unam navim, quae erat Simonis, rogavit
eum a terra reducere pusillum. Et sedens
docebat de navicula turbas.

Mira piscium captura

4 Ut cessavit autem loqui, dixit ad Simonem: Duc in altum, et laxate retia
vestra in capturam. 5 Et respondens Simon, dixit illi: Praeceptor, per totam
noctem laborantes nihil cepimus: in verbo
autem tuo laxabo rete. 6 Et cum hoc fecissent, concluserunt piscium multitudinem
copiosam, rumpebatur autem rete eorum.
7 Et annuerunt sociis, qui erant in alia
navi, ut venirent, et adiuvarent eos. Et
venerunt, et impleverunt ambas naviculas,
ita ut pene mergerentur. 8 Quod cum
videret Simon Petrus, procidit ad genua
Iesu, dicens: Exi a me, quia homo peccator sum, Domine. 9 Stupor enim circumdederat eum, et omnes qui cum illo
erant, in captura piscium, quam ceperant:
10 similiter autem Iacobum et Ioannem,
filios Zebedaei, qui erant socii Simonis.
Et ait ad Simonem Iesus: Noli timere: ex
hoc iam homines eris capiens. 11 Et sub-
ductis ad terram navibus, relictis omnibus, secuti sunt eum.

Leprosus mundatus

12 Et factum est, cum esset in una civitatum, et ecce vir plenus lepra, et videns
Iesum, et procidens in faciem, rogavit
eum, dicens: Domine, si vis, potes me
mundare. 13 Et extendens manum, tetigit
eum dicens: Volo: mundare. Et confestim lepra discessit ab illo. 14 Et ipse praecepit illi ut nemini diceret: sed, Vade, ostende te sacerdoti, et offer pro emundatione tua, sicut praecepit Moyses, in testimonium illis.
15 Perambulabat autem magis sermo de
illo: et conveniebant turbae multae ut
audirent, et curarentur ab infirmitatibus
suis. 16 Ipse autem secedebat in desertum,
et orabat.

Curatio paralytici

17 Et factum est in una dierum, et ipse
sedebat docens. Et erant pharisaei sedentes, et legis doctores, qui venerant ex omni
castello Galilaeae, et Iudaeae, et Ierusalem: et virtus Domini erat ad sanandum
eos. 18 Et ecce viri portantes in lecto hominem, qui erat paralyticus: et quaerebant eum inferre, et ponere ante eum.
19 Et non invenientes qua parte illum in-
ferrent prae turba, ascenderunt supra tectum, et per tegulas summiserunt eum cum
lecto in medium ante Iesum. 20 Quorum
fidem ut vidit, dixit: Homo, remittuntur
tibi peccata tua. 21 Et coeperunt cogitare
scribae et pharisaei, dicentes: quis est hic,
qui loquitur blasphemias? Quis potest dimittere peccata, nisi solus Deus? 22 Ut
cognovit autem Iesus cogitationes eorum,
respondens, dixit ad illos: Quid cogitatis
in cordibus vestris? 23 Quid est facilius
dicere: Dimittuntur tibi peccata: an dicere: Surge, et ambula? 24 Ut autem sciatis quia Filius hominis habet potestatem
in terra dimittendi peccata (ait paralytico): Tibi dico, surge, tolle lectum tuum,
et vade in domum tuam. 25 Et confestim
consurgens coram illis, tulit lectum in quo
iacebat: et abiit in domum suam, magnificans Deum. 26 Et stupor apprehendit
omnes, et magnificabant Deum. Et repleti
sunt timore, dicentes: Quia vidimus mirabilia hodie.

Levi vocatio

27 Et post haec exiit, et vidit publica-
num nomine Levi, sedentem ad telonium,
et ait illi: Sequere me. 28 Et relictis omnibus, surgens secutus est eum.

41: Mc 3,11-12. — **43-44:** Mc 1,35-39. — **44:** Mt 4,23; Mc 1,39.

5 **1-11:** Mt 4,18-22; Mc 1,16-20. — **4:** Io 21, 6. — **8:** Act 10,26. — **11:** Mt 19,27. — **12-16:** Mt 8,1-4; Mc 1,40-45. — **14:** Lev 13,49; 14,2. **16:** Mc 1,35. — **17-26:** Mt 9,1-8; Mc 2,1-2. — **21:** Lc 749. — **23:** Io 5,36; 11,42. — **24:** io 5,8, 12. — **27-39:** Mt 9,9-17; Mc 2,14-22 — **29:** Lc

29 Et fecit ei convivium magnum Levi
in domo sua: et erat turba multa publicanorum, et aliorum qui cum illis erant
discumbentes. 30 Et murmurabant pharisaei et scribae eorum, dicentes ad discipulos eius: Quare cum publicanis et peccatoribus manducatis et bibitis? 31 Et respondens Iesus, dixit ad illos: Non egent
qui sani sunt medico, sed qui male habent. 32 Non veni vocare iustos, sed peccatores ad poenitentiam.

Quare discipuli non ieiunant

33 At illi dixerunt ad eum: Quare discipuli Ioannis ieiunant frequenter, et obsecrationes faciunt, similiter et pharisaeorum: tui autem edunt et bibunt? 34 Quibus
ipse ait: Numquid potestis filios sponsi,
dum cum illis est sponsus, facere ieiunare?
35 Venient autem dies: cum ablatus fuerit
ab illis sponsus, tunc ieiunabunt in illis
diebus. 36 Dicebat autem et similitudinem
ad illos: Quia nemo commissuram a novo
vestimento immittit in vestimentum vetus:
alioquin et novum rumpit, et veteri non
convenit commissura a novo. 37 Et nemo
mittit vinum novum in utres veteres: alioquin rumpet vinum novum utres, et ipsum
effundetur, et utres peribunt: 38 sed vinum
novum in utres novos mittendum est, et
utraque conservantur. 39 Et nemo bibens
vetus, statim vult novum, dicit enim: Vetus melius est.

Discipuli spicas vellentes

6 1 Factum est autem in sabbato secundo, primo, cum transiret per sata,
vellebant discipuli eius spicas, et manducabant confricantes manibus. 2 Quidam
autem pharisaeorum dicebant illis: Quid
facitis quod non licet in sabbatis? 3 Et
respondens Iesus ad eos, dixit: Nec hoc
legistis quod fecit David, cum esurisset
ipse, et qui cum illo erant? 4 quomodo
intravit in domum Dei, et panes propositionis sumpsit, et manducavit, et dedit his
qui cum ipso erant: quos non licet manducare nisi tantum sacerdotibus? 5 Et dicebat illis: Quia Dominus est Filius hominis, etiam sabbati.

Manus arida restituta

6 Factum est autem et in alio sabbato,
ut intraret in synagogam, et doceret. Et
erat ibi homo, et manus eius dextra erat
arida. 7 Observabant autem scribae et
pharisaei si in sabbato curaret: ut invenirent unde accusarent eum. 8 Ipse vero
sciebat cogitationes eorum: et ait homini
qui habebat manum aridam: Surge, et sta
in medium. Et surgens stetit. 9 Ait autem
ad illos Iesus: Interrogo vos si licet sabbatis benefacere, an male: animam salvam facere, an perdere? 10 Et circumspec-
tis omnibus dixit homini: Extende manum
tuam. Et extendit: et restituta est manus
eius. 11 Ipsi autem repleti sunt insipientia,
et colloquebantur ad invicem, quidnam
facerent Iesu.

Apostolorum electio

12 Factum est autem in illis diebus, exiit
in montem orare, et erat pernoctans in
oratione Dei. 13 Et cum dies factus esset,
vocavit discipulos suos: et elegit duodecim ex ipsis (quos et apostolos nominavit): 14 Simonem, quem cognominavit Petrum, et Andream fratrem eius, Iacobum,
et Ioannem, Philippum, et Bartholomaeum, 15 Matthaeum, et Thomam, Iacobum Alphaei, et Simonem, qui vocatur
Zelotes, 16 et Iudam Iacobi, et Iudam Iscariotem, qui fuit proditor.

17 Et descendens cum illis, stetit in loco
campestri, et turba discipulorum eius, et
multitudo copiosa plebis ab omni Iudaea,
et Ierusalem, et maritima, et Tyri, et Sidonis, 18 qui venerant ut audirent eum, et
sanarentur a languoribus suis. Et qui vexabantur a spiritibus immundis, curabantur. 19 Et omnis turba quaerebat eum tangere: quia virtus de illo exibat, et sanabat
omnes.

Beatitudines et imprecationes

20 Et ipse elevatis oculis in discipulos
suos, dicebat:

Beati pauperes, quia vestrum est regnum Dei. 21 Beati qui nunc esuritis, quia
saturabimini. Beati qui nunc fletis, quia
ridebitis. 22 Beati eritis cum vos oderint
homines, et cum separaverint vos, et ex-
probraverint, et eiecerint nomen vestrum
tanquam malum propter Filium hominis.
23 Gaudete in illa die, et exsultate: ecce
enim merces vestra multa est in caelo: secundum haec enim faciebant prophetis
patres eorum.

24 Verumtamen vae vobis divitibus, quia
habetis consolationem vestram. 25 Vae vobis, qui saturati estis: quia esurietis. Vae

15,1-2. — **30:** Lc 19,7. — **33:** Mt 9,14; Mc 2,18. — **34:** Io 3,29. — **35:** Lc 17,22; Io 16,20.

6 **1-5:** Mt 12,1-8; Mc 2,23-28. — **1:** Deut 23-25. — **2:** Io 5,10. — **3:** 1 Sam 21,6. — **4:** Lev 24,9. — **6-11:** Mt 12,9-14; Mc 3,1-6. — **7:** Lc 14,1-4. — **8:** Mt 8,41. — **12:** Mt 14,23; Lc 5,16. || Enc. Pii XI: D 2276. — **13-16:** Mt 10,2-4; Mc 3,13-19; Act 1,13. — **17-19:** Mt 4,23-25; 5,1; Mc 3,7-12. — **19:** Mc 3,10; Lc 5,17; 8,46. — **20-26:** Mt 5,3-13. — **21:** Ps 125,5; Apoc 7,16. — **22:** Io 15,19; 16,2. — **24:** Am 6,1; Iac

vobis, qui ridetis nunc: quia lugebitis et
flebitis. 26 Vae cum benedixerint vobis
homines: secundum haec enim faciebant
pseudoprophetis patres eorum.

De inimicorum dilectione

27 Sed vobis dico, qui auditis: Diligite
inimicos vestros, benefacite his qui oderunt vos. 28 Benedicite maledicentibus vobis, et orate pro calumniantibus vos. 29 Et
qui te percutit in maxillam, praebe et alteram. Et ab eo qui aufert tibi vestimentum, etiam tunicam noli prohibere. 30 Omni autem petenti te, tribue: et qui aufert
quae tua sunt, ne repetas. 31 Et prout vultis ut faciant vobis homines, et vos facite
illis similiter. 32 Et si diligitis eos qui vos
diligunt, quae vobis est gratia? nam et
peccatores diligentes se diligunt. 33 Et si
benefeceritis his qui vobis benefaciunt,
quae vobis est gratia? siquidem et peccatores hoc faciunt. 34 Et si mutuum dederitis his a quibus speratis recipere, quae
gratia est vobis? nam et peccatores peccatoribus foenerantur, ut recipiant aequalia.
35 Verumtamen diligite inimicos vestros:
benefacite, et mutuum date, nihil inde
sperantes: et erit merces vestra multa, et
eritis filii Altissimi, quia ipse benignus est
super ingratos et malos.
36 Estote ergo misericordes sicut et Pater vester misericors est.

Minime de proximo iudicandum

37 Nolite iudicare, et non iudicabimini:
nolite condemnare, et non condemnabi-
mini. Dimittite, et dimittemini. 38 Date,
et dabitur vobis: mensuram bonam, et
confertam, et coagitatam, et supereffluen-
tem dabunt in sinum vestrum. Eadem
quippe mensura, qua mensi fueritis, remetietur vobis.
39 Dicebat autem illis et similitudinem:
Numquid potest caecus caecum ducere?
nonne ambo in foveam cadunt? 40 Non
est discipulus super magistrum: perfectus
autem omnis erit, si sit sicut magister eius.
41 Quid autem vides festucam in oculo fratris tui, trabem autem, quae in oculo tuo
est, non consideras? 42 Aut quomodo potes dicere fratri tuo: Frater sine eiiciam
festucam de oculo tuo: ipse in oculo tuo
trabem non videns? Hypocrita, eiice primum trabem de oculo tuo: et tunc per-
spicies ut educas festucam de oculo fratris tui.

43 Non est enim arbor bona, quae facit
fructus malos: neque arbor mala, faciens
fructum bonum. 44 Unaquaeque enim arbor de fructu suo cognoscitur. Neque
enim de spinis colligunt ficus: neque de
rubo vindemiant uvam. 45 Bonus homo
de bono thesauro cordis sui profert bonum: et malus homo de malo thesauro
profert malum. Ex abundantia enim cordis os loquitur. 46 Quid autem vocatis me
Domine, Domine: et non facitis quae
dico?

Sermonis conclusio

47 Omnis qui venit ad me, et audit sermones meos, et facit eos, ostendam vobis
cui similis sit: 48 similis est homini aedifi-
canti domum, qui fodit in altum, et posuit fundamentum super petram: inundatione autem facta, illisum est flumen domui illi, et non potuit eam movere: fundata
enim erat super petram. 49 Qui autem audit, et non facit, similis est homini aedifi-
canti domum suam super terram sine fundamento: in quam illisus est fluvius, et
continuo cecidit: et facta est ruina domus
illius magna.

Servus centurionis sanatur

7 1 Cum autem implesset omnia verba
sua in aures plebis, intravit Capharnaum. 2 Centurionis autem cuiusdam servus male habens, erat moriturus: qui illi
erat pretiosus. 3 Et cum audisset de Iesu,
misit ad eum seniores Iudaeorum, rogans
eum ut veniret et salvaret servum eius.
4 At illi cum venissent ad Iesum, rogabant
eum sollicite, dicentes ei: Quia dignus est
ut hoc illi praestes: 5 diligit enim gentem
nostram: et synagogam ipse aedificavit
nobis. 6 Iesus autem ibat cum illis. Et cum
iam non longe esset a domo, misit ad eum
centurio amicos, dicens: Domine, noli
vexari: non enim sum dignus ut sub tectum meum intres: 7 propter quod et meipsum non sum dignum arbitratus ut venirem ad te: sed dic verbo, et sanabitur
puer meus: 8 nam et ego homo sum sub
potestate constitutus, habens sub me milites: et dico huic vade, et vadit: et alii
veni, et venit: et servo meo, fac hoc, et
facit. 9 Quo audito Iesus miratus est: et
conversus sequentibus se turbis, dixit:
Amen dico vobis, nec in Israel tantam
fidem inveni. 10 Et reversi, qui missi fuerant domum, invenerunt servum, qui lan-
guerat, sanum.

5,1. — **25:** Is 5,22. — **26:** Ier 5,31; Io 5,43; Iac 4,4; 1 Io 4,5. — **27-36:** Mt 5,39-49. — **31:** Mt 7,12. — **34:** Lev 25,35. — **35:** Mt 5,45. ‖ Epist. Urbani III: D 403. — **27-42:** Mt 7,1-5. — **38:** Mc 4,24. — **39:** Mt 15,14; 23,16.24. — **40:** Mt 10,24; Io 15,20. — **41:** Lc 7,3. — **43:** Mt 12,33. — **46:** Mt 7,21. — **47-49:** Mt 7,24-27.

7 **1-10:** Mt 8,5-13. — **9:** Ier 5,3; Lc 18,8. — **12:** 3 Reg 17,17; Lc 8,42. — **15:** 4 Reg 4,

Filius viduae Naim ad vitam revocatus

11 Et factum est: deinceps ibat in civitatem quae vocatur Naim: et ibant cum
eo discipuli eius et turba copiosa. 12 Cum
autem appropinquaret portae civitatis,
ecce defunctus efferebatur filius unicus
matris suae: et haec vidua erat: et turba
civitatis multa cum illa. 13 Quam cum vidisset Dominus, misericordia motus super
eam, dixit illi: Noli flere. 14 Et accessit,
et tetigit loculum. (Hi autem qui portabant, steterunt.) Et ait: Adolescens, tibi
dico, surge. 15 Et resedit qui erat mortuus,
et coepit loqui. Et dedit illum matri suae.
16 Accepit autem omnes timor: et magnificabant Deum, dicentes: Quia propheta
magnus surrexit in nobis: et quia Deus
visitavit plebem suam.
17 Et exiit hic sermo in universam Iudaeam de eo, et in omnem circa regionem.

Ioannis Baptistae legatio

18 Et nuntiaverunt Ioanni discipuli eius
de omnibus his. 19 Et convocavit duos de
discipulis suis Ioannes, et misit ad Iesum,
dicens: Tu es qui venturus es, an alium
exspectamus? 20 Cum autem venissent ad
eum viri, dixerunt: Ioannes Baptista misit
nos ad te dicens: Tu es qui venturus es,
an alium exspectamus? 21 (In ipsa autem
hora multos curavit a languoribus, et
plagis, et spiritibus malis, et caecis multis
donavit visum.) 22 Et respondens, dixit
illis: Euntes renuntiate Ioanni quae audistis et vidistis: Quia caeci vident, claudi
ambulant, leprosi mundantur, surdi audiunt, mortui resurgunt, pauperes evangelizantur: 23 et beatus est quicumque
non fuerit scandalizatus in me.

Laus Ioannis

24 Et cum discessissent nuntii Ioannis,
coepit de Ioanne dicere ad turbas: Quid
existis in desertum videre? arundinem
vento agitatam? 25 Sed quid existis videre? hominem mollibus vestimentis indutum? Ecce qui in veste pretiosa sunt et
deliciis, in domibus regum sunt. 26 Sed
quid existis videre? prophetam? Utique
dico vobis, et plus quam prophetam: 27 hic
est, de quo scriptum est: Ecce mitto angelum meum ante faciem tuam, qui praeparabit viam tuam ante te. 28 Dico enim
vobis: Maior inter natos mulierum propheta Ioanne Baptista nemo est: qui autem minor est in regno Dei, maior est illo.

Parabola puerorum ludentium in foro

29 Et omnis populus audiens et publicani, iustificaverunt Deum, baptizati baptismo Ioannis. 30 Pharisaei autem et legisperiti consilium Dei spreverunt in semetipsos, non baptizati ab eo.
31 Ait autem Dominus: Cui ergo similes
dicam homines generationis huius? et cui
similes sunt? 32 Similes sunt pueris sedentibus in foro, et loquentibus ad invicem,
et dicentibus: Cantavimus vobis tibiis, et
non saltastis: lamentavimus, et non plo-
rastis. 33 Venit enim Ioannes Baptista,
neque manducans panem, neque bibens
vinum, et dicitis: Daemonium habet.
34 Venit Filius hominis manducans, et bibens, et dicitis: Ecce homo devorator, et
bibens vinum, amicus publicanorum et
peccatorum. 35 Et iustificata est sapientia
ab omnibus filiis suis.

Mulier peccatrix

36 Rogabat autem illum quidam de pharisaeis ut manducaret cum illo. Et ingressus domum pharisaei discubuit. 37 Et ecce
mulier, quae erat in civitate peccatrix, ut
cognovit quod accubuisset in domo pharisaei, attulit alabastrum unguenti: 38 et
stans retro secus pedes eius, lacrymis coepit rigare pedes eius, et capillis capitis sui
tergebat, et osculabatur pedes eius, et unguento ungebat. 39 Videns autem pharisaeus, qui vocaverat eum, ait intra se
dicens: Hic si esset propheta, sciret utique,
quae, et qualis est mulier, quae tangit
eum: quia peccatrix est. 40 Et respondens
Iesus, dixit ad illum: Simon, habeo tibi
aliquid dicere. At ille ait: Magister, dic.
41 Duo debitores erant cuidam foenera-
tori: unus debebat denarios quingentos,
et alius quinquaginta. 42 Non habentibus
illis unde redderent, donavit utrisque.
Quis ergo eum plus diligit? 43 Respondens
Simon dixit: Aestimo quia is cui plus donavit. At ille dixit ei: Recte iudicasti. 44 Et
conversus ad mulierem, dixit Simoni: Vides hanc mulierem? Intravi in domum
tuam, aquam pedibus meis non dedisti:
haec autem lacrymis rigavit pedes meos,
et capillis suis tersit. 45 Osculum mihi non
dedisti: haec autem ex quo intravit, non
cessavit osculari pedes meos. 46 Oleo caput meum non unxisti: haec autem unguento unxit pedes meos. 47 Propter quod
dico tibi: Remittuntur ei peccata multa,
quoniam dilexit multum. Cui autem minus dimittitur, minus diligit. 48 Dixit au-

36. — **16:** Lc 1,68; 19,44. — **18-35:** Mt 11,2-19. — **19:** Deut 18,5; Ps 117,26. — **22:** Is 35,5; 61,1. — **24:** Ier 1,18; Lc 1,80; 3,2. — **26:** Lc 1,76. — **27:** Is 40,3; 57,14; Mal 3,1. — **29:** Mt 21,32. — **30:** Act 13,46. — **34:** Mt 9,11; Lc 15,2. — **36:** Lc 11,37. — **39:** Io 4,19. — **45:** Rom 16,16. — **50:** Lc 8,48; 17,19; 18,42.

tem ad illam: Remittuntur tibi peccata.
49 Et coeperunt qui simul accumbebant,
dicere intra se: Quis est hic qui etiam peccata dimittit? 50 Dixit autem ad mulierem:
Fides tua te salvam fecit: vade in pace.

Mulieres ministrantes Iesu

8 1 Et factum est deinceps, et ipse iter
faciebat per civitates, et castella praedicans, et evangelizans regnum Dei: et
duodecim cum illo, 2 et mulieres aliquae,
quae erant curatae a spiritibus malignis
et infirmitatibus: Maria, quae vocatur
Magdalene, de qua septem daemonia exierant, 3 et Ioanna uxor Chusae procuratoris Herodis, et Susanna, et aliae multae,
quae ministrabant ei de facultatibus suis.

Parabola seminantis

4 Cum autem turba plurima convenirent, et de civitatibus properarent ad eum,
dixit per similitudinem: 5 Exiit qui seminat, seminare semen suum: et dum seminat, aliud cecidit secus viam, et concul-
catum est, et volucres caeli comederunt
illud. 6 Et aliud cecidit supra petram: et
natum aruit, quia non habebat humorem.
7 Et aliud cecidit inter spinas, et simul
exortae spinae suffocaverunt illud. 8 Et
aliud cecidit in terram bonam: et ortum
fecit fructum centuplum. Haec dicens clamabat: Qui habet aures audiendi, audiat.

Ratio parabolarum

9 Interrogabant autem eum discipuli
eius, quae esset haec parabola. 10 Quibus
ipse dixit: Vobis datum est nosse mysterium regni Dei, caeteris autem in parabolis: ut videntes non videant, et audientes
non intelligant.

Declaratio parabolae seminantis

11 Est autem haec parabola: Semen est
verbum Dei. 12 Qui autem secus viam, hi
sunt qui audiunt: deinde venit diabolus,
et tollit verbum de corde eorum, ne credentes salvi fiant. 13 Nam qui supra petram, qui cum audierint, cum gaudio suscipiunt verbum: et hi radices non habent:
qui ad tempus credunt, et in tempore tentationis recedunt. 14 Quod autem in spinas
cecidit: hi sunt qui audierunt, et a sollici-
tudinibus, et divitiis, et voluptatibus vitae
euntes, suffocantur, et non referunt fructum. 15 Quod autem in bonam terram:
hi sunt qui in corde bono et optimo audientes verbum retinent, et fructum affe-
runt in patientia.

Mysterium regni edicendum est

16 Nemo autem lucernam accendens,
operit eam vase, aut subtus lectum ponit:
sed supra candelabrum ponit, ut intrantes
videant lumen. 17 Non est enim occultum,
quod non manifestetur: nec absconditum,
quod non cognoscatur, et in palam veniat.
18 Videte ergo quomodo audiatis? Qui
enim habet, dabitur illi: et quicumque non
habet, etiam quod putat se habere, auferetur ab illo.

Mater Iesu et fratres

19 Venerunt autem ad illum mater et
fratres eius, et non poterant adire eum
prae turba. 20 Et nuntiatum est illi: Mater
tua et fratres tui stant foris, volentes te
videre. 21 Qui respondens, dixit ad eos:
Mater mea et fratres mei hi sunt, qui verbum Dei audiunt et faciunt.

Tempestas sedata

22 Factum est autem in una dierum: et
ipse ascendit in naviculam, et discipuli
eius, et ait ad illos: Transfretemus trans
stagnum. Et ascenderunt. 23 Et navigantibus illis, obdormivit, et descendit procella
venti in stagnum, et complebantur, et pe-
riclitabantur. 24 Accedentes autem suscitaverunt eum, dicentes: Praeceptor, perimus. At ille surgens, increpavit ventum,
et tempestatem aquae, et cessavit: et facta
est tranquillitas. 25 Dixit autem illis: Ubi
est fides vestra? Qui timentes, mirati sunt
ad invicem, dicentes: Quis putas hic est,
quia et ventis, et mari imperat, et obediunt ei?

Sanatio daemoniaci et porcorum suffocatio

26 Et navigaverunt ad regionem Gerasenorum, quae est contra Galilaeam. 27 Et
cum egressus esset ad terram, occurrit illi
vir quidam, qui habebat daemonium iam
temporibus multis, et vestimento non induebatur, neque in domo manebat, sed in
monumentis. 28 Is, ut vidit Iesum, procidit

8 **1:** Mt 9,35; Mc 6,6. — **2:** Mt 27,55; Mc 15,40; Lc 23,40; Act 1,14. — **3:** Lc 23, 14; 24,10. — **4-15:** Mt 13,2-23; Mc 4,1-20. — **10:** Is 6,10. — **11:** 1 Petr 1,23. — **12:** 1 Cor 1, 21. — **14:** 1 Tim 6,9. — **15:** Act 16,14; Rom 10,36. — **16:** Mt 5,15; Mc 4,21; Lc 11,33. — **17:** Mt 10,26; Lc 12,2; 1 Cor 4,5. — **18:** Mt 13,12; Lc 19,26. — **19-21:** Mt 12,46-50; Mc 3, 31-35; Io 7,5; Act 1,14. — **22-25:** Mt 8,23-27; Mc 4,36-40. — **26-39:** Mt 8,28-34; Mc 5,1-20. —

ante illum: et exclamans voce magna,
dixit: Quid mihi et tibi est, Iesu, Fili Dei
Altissimi? obsecro te, ne me torqueas.
29 Praecipiebat enim spiritui immundo ut
exiret ab homine. Multis enim temporibus arripiebat illum, et vinciebatur catenis, et compedibus custoditus. Et ruptis
vinculis agebatur a daemonio in deserta.
30 Interrogavit autem illum Iesus, dicens:
Quod tibi nomen est? At ille dixit: Legio:
quia intraverant daemonia multa in eum.
31 Et rogabant illum ne imperaret illis ut
in abyssum irent. 32 Erat autem ibi grex
porcorum multorum pascentium in monte: et rogabant eum, ut permitteret eis in
illos ingredi. Et permisit illis. 33 Exierunt
ergo daemonia ab homine, et intraverunt
in porcos: et impetu abiit grex per praeceps in stagnum, et suffocatus est.

34 Quod ut viderunt factum qui pascebant, fugerunt, et nuntiaverunt in civitatem et in villas. 35 Exierunt autem videre
quod factum est, et venerunt ad Iesum, et
invenerunt hominem sedentem, a quo
daemonia exierant, vestitum, ac sana
mente ad pedes eius, et timuerunt. 36 Nuntiaverunt autem illis et qui viderant, quomodo sanus factus esset a legione: 37 et
rogaverunt illum omnis multitudo regionis Gerasenorum ut discederet ab ipsis:
quia magno timore tenebantur. Ipse autem ascendens navim, reversus est. 38 Et
rogabat illum vir, a quo daemonia exierant, ut cum eo esset. Dimisit autem eum
Iesus, dicens: 39 Redi in domum tuam, et
narra quanta tibi fecit Deus. Et abiit per
universam civitatem, praedicans quanta
illi fecisset Iesus.

Sanat hemorrhoissam et suscitat filiam Iairi

40 Factum est autem cum rediisset Iesus, excepit illum turba: erant enim omnes exspectantes eum. 41 Et ecce venit vir,
cui nomen Iairus, et ipse princeps synagogae erat: et cecidit ad pedes Iesu, rogans eum ut intraret in domum eius,
42 quia unica filia erat ei fere annorum
duodecim, et haec moriebatur. Et contigit, dum iret, a turbis comprimebatur.

43 Et mulier quaedam erat in fluxu sanguinis ab annis duodecim, quae in medicos erogaverat omnem substantiam suam,
nec ab ullo potuit curari: 44 accessit retro,
et tetigit fimbriam vestimenti eius: et confestim stetit fluxus sanguinis eius. 45 Et
ait Iesus: Quis est, qui me tetigit? Negan-
tibus autem omnibus, dixit Petrus, et qui
cum illo erant: Praeceptor, turbae te com-
primunt, et affligunt, et dicis: Quis me
tetigit? 46 Et dixit Iesus: Tetigit me aliquis: nam ego novi virtutem de me exiisse. 47 Videns autem mulier, quia non latuit, tremens venit, et procidit ante pedes
eius: et ob quam causam tetigerit eum,
indicavit coram omni populo: et quemadmodum confestim sanata sit.

48 At ipse dixit ei: Filia, fides tua salvam te fecit: vade in pace. 49 Adhuc illo
loquente, venit quidam ad principem synagogae, dicens ei: Quia mortua est filia
tua, noli vexare illum. 50 Iesus autem,
audito hoc verbo, respondit patri puellae:
Noli timere, crede tantum, et salva erit.
51 Et cum venisset domum, non permisit
intrare secum quemquam, nisi Petrum,
et Iacobum, et Ioannem, et patrem et
matrem puellae. 52 Flebant autem omnes, et plangebant illam. At ille dixit:
Nolite flere, non est mortua puella, sed
dormit. 53 Et deridebant eum, scientes
quod mortua esset. 54 Ipse autem tenens
manum eius clamavit, dicens: Puella, surge. 55 Et reversus est spiritus eius, et surrexit continuo. Et iussit illi dari manducare. 56 Et stupuerunt parentes eius, quibus
praecepit ne alicui dicerent quod factum
erat.

Missio Apostolorum

9 1 Convocatis autem duodecim Apostolis, dedit illis virtutem et potestatem super omnia daemonia, et ut languores curarent. 2 Et misit illos praedicare
regnum Dei, et sanare infirmos. 3 Et ait
ad illos: Nihil tuleritis in via, neque virgam, neque peram, neque panem, neque
pecuniam, neque duas tunicas habeatis.
4 Et in quamcumque domum intraveritis,
ibi manete, et inde ne exeatis. 5 Et quicumque non receperint vos: exeuntes de
civitate illa, etiam pulverem pedum vestrorum excutite in testimonium supra illos.
6 Egressi autem circuibant per castella
evangelizantes, et curantes ubique.

Herodis opinio de Iesu

7 Audivit autem Herodes tetrarcha omnia quae fiebant ab eo, et haesitabat eo
quod diceretur 8 a quibusdam: Quia Ioannes surrexit a mortuis: a quibusdam vero:
Quia Elias apparuit: ab aliis autem: Quia
propheta unus de antiquis surrexit. 9 Et
ait Herodes: Ioannem ego decollavi: Quis
est autem iste, de quo ego talia audio?
Et quaerebat videre eum.

28: 3 Reg 17,18; Mc 1,24. — **29:** Mc 9,21; Lc 13,16. — **38:** Mc 5,18. — **40-56:** Mt 9,18-26; Mc 5,21-43. — **41:** Mt 9,18. — **42:** Lc 7,12. — **44:** Num 15,38. — **46:** Lc 6,19. — **48:** Lc 7,50. — **52:** Lc 7,13. — **56:** Mc 7,36; Lc 5,14.

9 **1-6:** Mt 10,1-15; Mc 6,7-13. — **2:** Mt 10,2. — **3:** Mt 10,9. — **4:** Lc 10,4. — **7-9:** M

Apostolorum reditus et multiplicatio panum

10 Et reversi Apostoli, narraverunt illi
quaecumque fecerunt: et assumptis illis
secessit seorsum in locum desertum, qui
est Bethsaidae. 11 Quod cum cognovissent
turbae, secutae sunt illum: et excepit eos,
et loquebatur illis de regno Dei, et eos,
qui cura indigebant, sanabat. 12 Dies autem coeperat declinare. Et accedentes duodecim dixerunt illi: Dimitte turbas, ut
euntes in castella, villasque quae circa
sunt, divertant, et inveniant escas: quia
hic in loco deserto sumus. 13 Ait autem
ad illos: Vos date illis manducare. At
illi dixerunt: Non sunt nobis plus quam
quinque panes et duo pisces: nisi forte
nos eamus, et emamus in omnem hanc
turbam escas. 14 Erant autem fere viri
quinque millia. Ait autem ad discipulos
suos: Facite illos discumbere per convivia quinquagenos. 15 Et ita fecerunt. Et
discumbere fecerunt omnes. 16 Acceptis
autem quinque panibus et duobus piscibus, respexit in caelum, et benedixit illis:
et fregit, et distribuit discipulis suis, ut
ponerent ante turbas. 17 Et manducaverunt omnes, et saturati sunt. Et sublatum est quod superfuit illis, fragmentorum cophini duodecim.

Petri confessio et prima passionis praedictio

18 Et factum est cum solus esset orans,
erant cum illo et discipuli: et interrogavit
illos, dicens: Quem me dicunt esse turbae? 19 At illi responderunt, et dixerunt:
Ioannem Baptistam, alii autem Eliam,
alii vero quia unus propheta de prioribus
surrexit. 20 Dixit autem illis: Vos autem
quem me esse dicitis? Respondens Simon
Petrus dixit: Christum Dei.
21 At ille increpans illos, praecepit ne
cui dicerent hoc, 22 dicens: Quia oportet
Filium hominis multa pati, et reprobari
a senioribus, et principibus sacerdotum,
et scribis, et occidi, et tertia die resurgere.

Conditiones ad Christi sequelam

23 Dicebat autem ad omnes: Si quis
vult post me venire, abneget semetipsum
et tollat crucem suam quotidie, et sequatur me. 24 Qui enim voluerit animam suam
salvam facere, perdet illam: nam qui perdiderit animam suam propter me, salvam
faciet illam. 25 Quid enim proficit homo,
si lucretur universum mundum, se autem
ipsum perdat, et detrimentum sui faciat?
26 Nam qui me erubuerit, et meos sermones: hunc Filius hominis erubescet
cum venerit in maiestate sua, et Patris,
et sanctorum angelorum. 27 Dico autem
vobis vere: sunt aliqui hic stantes, qu
non gustabunt mortem donec videant regnum Dei.

Iesu transfiguratio

28 Factum est autem post haec verba
fere dies octo, et assumpsit Petrum, et
Iacobum, et Ioannem, et ascendit in montem ut oraret. 29 Et facta est, dum oraret,
species vultus eius altera: et vestitus eius
albus et refulgens. 30 Et ecce duo viri loquebantur cum illo. Erant autem Moyses
et Elias, 31 visi in maiestate: et dicebant
excessum eius, quem completurus erat
in Ierusalem. 32 Petrus vero, et qui cum
illo erant, gravati erant somno. Et vigilantes viderunt maiestatem eius, et duos
viros qui stabant cum illo. 33 Et factum
est cum discederent ab illo, ait Petrus
ad Iesum: Praeceptor, bonum est nos
hic esse: et faciamus tria tabernacula,
unum tibi, et unum Moysi, et unum Eliae:
nesciens quid diceret. 34 Haec autem illo
loquente, facta est nubes, et obumbravit
eos: et timuerunt, intrantibus illis in nubem. 35 Et vox facta est de nube, dicens:
Hic est Filius meus dilectus, ipsum audite. 36 Et dum fieret vox, inventus est Iesus
solus. Et ipsi tacuerunt, et nemini dixerunt in illis diebus quidquam ex his quae
viderant.

Sanatio lunatici daemonium habentis

37 Factum est autem in sequenti die,
descendentibus illis de monte, occurrit
illis turba multa. 38 Et ecce vir de turba
exclamavit, dicens: Magister, obsecro te,
respice in filium meum quia unicus est
mihi: 39 et ecce spiritus apprehendit eum,
et subito clamat, et elidit, et dissipat eum
cum spuma, et vix discedit dilanians eum:
40 et rogavi discipulos tuos ut eiicerent
illum, et non potuerunt. 41 Respondens
autem Iesus, dixit: O generatio infidelis,
et perversa, usquequo ero apud vos, et
patiar vos? Adduc huc filium tuum. 42 Et
cum accederet, elisit illum daemonium, et
dissipavit. 43 Et increpavit Iesus spiritum
immundum, et sanavit puerum, et reddidit
illum patri eius.

14,1-2; Mc 6,14-26. — **9:** Lc 23,8. — **10-17:** Mt 14,13-21; Mc 6,30-44; Io 6,1-13. — **10:** Lc 10, 17. — **13:** Io 4,8. — **16:** Io 11,41; 17,1. — **17:** 4 Reg. — **20:** Io 6,69. — **22:** Mt 16,21; Mc 8, 4,44. — **18-27:** Mt 16,13-28; Mc 8,27-39. 31. — **24:** Mt 10,39; Lc 17,33; Io 12,25. — **25:** Mt 16,26; Mc 8,36. || Resp. Comm. de Re Biblica: D 2273. — **26:** Mt 10,33. — **28-36:** Mt 17, 1-8; Mc 9,2. — **32:** 2 Petr 1,16. — **35:** Ps 2, 7. — **37-44:** Mt 17,14-20; Mc 9,14-28. — **43:** Lc 7,15. — **44:** Mt 17,22; Mc 9,30-31; 2 Petr 1, 16. — **45:** Lc 18,34; 24,44. — **46-48:** Mt 18,1-

Secunda passionis praedictio

44 Stupebant autem omnes in magnitudine Dei: omnibusque mirantibus in omnibus quae faciebat, dixit ad discipulos
suos: Ponite vos in cordibus vestris sermones istos: Filius enim hominis futurum est ut tradatur in manus hominum.
45 At illi ignorabant verbum istud, et erat
velatum ante eos ut non sentirent illud:
et timebant eum interrogare de hoc verbo.

Quis maior inter discipulos

46 Intravit autem cogitatio in eos quis
eorum maior esset. 47 At Iesus videns cogitationes cordis illorum, apprehendit puerum, et statuit illum secus se, 48 et ait illis:
Quicumque susceperit puerum istum in
nomine meo, me recipit: et quicumque
me receperit, recipit eum qui me misit.
Nam qui minor est inter vos omnes, hic
maior est.

Agere in nomine Iesu

49 Respondens autem Ioannes dixit:
Praeceptor, vidimus quemdam in nomine
tuo eiicientem daemonia, et prohibuimus
eum: quia non sequitur nobiscum. 50 Et
ait ad illum Iesus: Nolite prohibere: qui
enim non est adversum vos, pro vobis est.

PARS TERTIA

Hierosolymitana itinera

(9,51-19,28)

Primum iter in Ierusalem

Negatur Christo transitus per Samariam

51 Factum est autem dum complerentur dies assumptionis eius, et ipse faciem
suam firmavit ut iret in Ierusalem. 52 Et
misit nuntios ante conspectum suum: et
euntes intraverunt in civitatem Samaritanorum ut pararent illi. 53 Et non receperunt eum, quia facies eius erat euntis in
Ierusalem.
54 Cum vidissent autem discipuli eius
Iacobus et Ioannes, dixerunt: Domine,
vis dicimus ut ignis descendat de caelo,
et consumat illos? 55 Et conversus increpavit illos, dicens: Nescitis cuius spiritus
estis. 56 Filius hominis non venit animas
perdere, sed salvare. Et abierunt in aliud
castellum.

Discipulatus conditiones

57 Factum est autem: ambulantibus illis
in via, dixit quidam ad illum: Sequar te
quocumque ieris. 58 Dixit illi Iesus: Vulpes foveas habent, et volucres caeli nidos:
Filius autem hominis non habet ubi caput reclinet. 59 Ait autem ad alterum: Sequere me: ille autem dixit: Domine, permitte mihi primum ire, et sepelire patrem
meum. 60 Dixitque ei Iesus: Sine ut mortui
sepeliant mortuos suos: tu autem vade,
et annuntia regnum Dei. 61 Et ait alter:
Sequar te Domine, sed permitte mihi
primum renuntiare his quae domi sunt.
62 Ait ad illum Iesus: Nemo mittens manum suam ad aratrum, et respiciens retro,
aptus est regno Dei.

Missio Septuagintaduorum

10 1 Post haec autem designavit Dominus et alios septuaginta duos:
et misit illos binos ante faciem suam in
omnem civitatem et locum, quo erat ipse
venturus. 2 Et dicebat illis: Messis quidem
multa, operarii autem pauci. Rogate ergo
dominum messis ut mittat operarios in
messem suam. 3 Ite: ecce ego mitto vos
sicut agnos inter lupos. 4 Nolite portare
sacculum, neque peram, neque calceamenta, et neminem per viam salutaveritis.
5 In quamcumque domum intraveritis, primum dicite: pax huic domui: 6 et si ibi
fuerit filius pacis, requiescet super illum
pax vestra: sin autem, ad vos revertetur.
7 In eadem autem domo manete eden-
tes, et bibentes quae apud illos sunt: dignus est enim operarius mercede sua. Nolite transire de domo in domum. 8 Et in
quamcumque civitatem intraveritis, et susceperint vos, manducate quae appónun-
tur vobis: 9 et curate infirmos, qui in
illa sunt, et dicite illis: Appropinquavit
in vos regnum Dei. 10 In quamcumque
autem civitatem intraveritis, et non susceperint vos, exeuntes in plateas eius,
dicite: 11 Etiam pulverem, qui adhaesit nobis de civitate vestra, extergimus in vos:
tamen hoc scitote, quia appropinquavit
regnum Dei. 12 Dico vobis, quia Sodomis
in die illa remissius erit, quam illi civitati.

5; Mc 9,33-36. — **48:** Mt 10,40. — **49-50:** Mc 9,38-40. — **50:** Lc 11,23; Phil 1,18. — **51:** Lc 13,22; 17,11. — **52:** Lc 17,16; Io 4,4. — **54:** 4 Reg 1,10. — **57-62:** Mt 8,19-22. — **61:** 3 Reg 19,20.

10 **1:** Ex 24,1.9; Num 11,16; Mt 10,7. — **2:** Mt 9,37; Io 6,35. — **4:** Lc 9,3-5. — **6:** 1 Petr 4,14. — **7:** Mt 10,10; 1 Tim 5,18. — **11:** Act 13,51; 18,6. — **12:** Mt 10,15; 11,23-24. —

Imprecationes in tres civitates

13 Vae tibi Corozain! vae tibi Bethsaida!
quia si in Tyro et Sidone factae fuissent
virtutes quae factae sunt in vobis, olim in
cilicio et cinere sedentes poeniterent. 14 Verumtamen Tyro et Sidoni remissius erit in
iudicio, quam vobis. 15 Et tu Capharnaum
usque ad caelum exaltata, usque ad infernum demergeris. 16 Qui vos audit, me
audit: et qui vos spernit, me spernit. Qui
autem me spernit, spernit eum qui misit
me.

Discipulorum reditus et Iesu exultatio

17 Reversi sunt autem septuaginta duo
cum gaudio, dicentes: Domine, etiam daemonia subiiciuntur nobis in nomine tuo.
18 Et ait illis: Videbam Satanam sicut fulgur de caelo cadentem. 19 Ecce dedi vobis
potestatem calcandi supra serpentes, et
scorpiones, et super omnem virtutem inimici: et nihil vobis nocebit. 20 Verumtamen in hoc nolite gaudere quia spiritus
vobis subiiciuntur: gaudete autem, quod
nomina vestra scripta sunt in caelis.
21 In ipsa hora exsultavit Spiritu Sancto, et dixit: Confiteor tibi Pater, Domine
caeli et terrae, quod abscondisti haec a
sapientibus et prudentibus, et revelasti ea
parvulis. Etiam Pater: quoniam sic placuit ante te. 22 Omnia mihi tradita sunt
a Patre meo. Et nemo scit quis sit Filius,
nisi Pater: et quis sit Pater, nisi Filius,
et cui voluerit Filius revelare. 23 Et conversus ad discipulos suos, dixit: Beati oculi qui vident quae vos videtis. 24 Dico
enim vobis quod multi prophetae et reges
voluerant videre quae vos videtis, et non
viderunt: et audire quae auditis, et non
audierunt.

De praecepto charitatis

25 Et ecce quidam legisperitus surrexit
tentans illum, et dicens: Magister, quid
faciendo vitam aeternam possidebo? 26 At
ille dixit ad eum: In lege quid scriptum
est? quomodo legis? 27 Ille respondens
dixit: Diliges Dominum Deum tuum ex
toto corde tuo, et ex tota anima tua, et
ex omnibus viribus tuis, ex et omni mente
tua: et proximum tuum sicut teipsum.
28 Dixitque illi: Recte respondisti: hoc fac,
et vives.

Parabola boni Samaritani

29 Ille autem volens iustificare seipsum,
dixit ad Iesum: Et quis est meus proximus?
30 Suscipiens autem Iesus, dixit: Homo
quidam descendebat ab Ierusalem in Iericho, et incidit in latrones, qui etiam de-
spoliaverunt eum: et plagis impositis abierunt semivivo relicto. 31 Accidit autem ut
sacerdos quidam descenderet eadem via:
et viso illo praeterivit. 32 Similiter et levita, cum esset secus locum, et videret
eum, pertransiit. 33 Samaritanus autem
quidam iter faciens, venit secus eum: et
videns eum, misericordia motus est. 34 Et
appropians alligavit vulnera eius, infun-
dens oleum et vinum: et imponens illum
in iumentum suum, duxit in stabulum, et
curam eius egit. 35 Et altera die protulit
duos denarios, et dedit stabulario, et ait:
Curam illius habe: et quodcumque supere-
rogaveris, ego cum rediero reddam tibi.
36 Quis horum trium videtur tibi proximus
fuisse illi, qui incidit in latrones? 37 At
ille dixit: Qui fecit misericordiam in illum.
Et ait illi Iesus: Vade, et tu fac similiter.

Martha et Maria

38 Factum est autem, dum irent, et
ipse intravit in quoddam castellum: et
mulier quaedam Martha nomine, excepit illum in domum suam, 39 et huic erat
soror nomine Maria, quae etiam sedens
secus pedes Domini, audiebat verbum
illius. 40 Martha autem satagebat circa
frequens ministerium: quae stetit, et ait:
Domine, non est tibi curae quod soror
mea reliquit me solam ministrare? dic
ergo illi ut me adiuvet. 41 Et respondens
dixit illi Dominus: Martha, Martha, sollicita es, et turbaris erga plurima. 42 Porro unum est necessarium. Maria optimam
partem elegit, quae non auferetur ab ea.

Oratio dominica

11 1 Et factum est: cum esset in quodam loco orans, ut cessavit, dixit
unus ex discipulis eius ad eum: Domine,
doce nos orare, sicut docuit et Ioannes
discipulos suos. 2 Et ait illis: Cum oratis, dicite: Pater, sanctificetur nomen
tuum. Adveniat regnum tuum. 3 Panem
nostrum quotidianum da nobis hodie.
4 Et dimitte nobis peccata nostra, siquidem et ipsi dimittimus omni debenti nobis. Et ne nos inducas in tentationem.

16: Mt 10,40; Io 5,23. || Conc. Constantinop. IV: D 341. — **18:** Io 12,31; 16,11; Apoc 12,8. — **21:** Mt 11,25. || Alloc. Pii IX: D 1644. — **23:** Mt 13,16-17. — **24:** 1 Petr 1,10-12. — **25-28:** Mt 22,35-39; Mc 12,28-34; Lc 18,18-20. — **27:** Lev 19,18; Deut 6,5. — **28:** Lev 18,5. — **34:** Is 1, 6. || Conc. Lateran. IV: D 437. — **37:** Io 13, 17. — **38:** Io 11,1; 12,2. — **42:** Mt 6,33.

11 1: Lc 5,33. — **2-4:** Mt 6,9-13. — **7:** Mt 26,10; Mc 14,6. — **8:** Lc 18,1. — **9:** Mt

Parabola de amico importuno

5 Et ait ad illos: Quis vestrum habebit amicum, et ibit ad illum media nocte,
et dicet illi: Amice, commoda mihi tres
panes, 6 quoniam amicus meus venit de
via ad me, et non habeo quod ponam
ante illum, 7 et ille deintus respondens
dicat: Noli mihi molestus esse, iam ostium clausum est, et pueri mei mecum
sunt in cubili: non possum surgere, et
dare tibi. 8 Et si ille perseveraverit pulsans: dico vobis, et si non dabit illi surgens eo quod amicus eius sit, propter
improbitatem tamen eius surget, et dabit
illi quotquot habet necessarios. 9 Et ego
dico vobis: Petite, et dabitur vobis; quaerite, et invenietis; pulsate, et aperietur
vobis. 10 Omnis enim qui petit, accipit:
et qui quaerit, invenit: et pulsanti aperietur. 11 Quis autem ex vobis patrem petit panem, numquid lapidem dabit illi?
Aut piscem, numquid pro pisce serpentem dabit illi? 12 Aut si petierit ovum,
numquid porriget illi scorpionem? 13 Si
ergo vos cum sitis mali, nostis bona data
dare filiis vestris: quanto magis Pater
vester de caelo dabit spiritum bonum
petentibus se?

Iesus daemoniacum sanat et pharisaeorum calumnias confutat

14 Et erat eiiciens daemonium, et illud
erat mutum. Et cum eiecisset daemonium,
locutus est mutus, et admiratae sunt turbae. 15 Quidam autem ex eis dixerunt: In
Beelzebub principe daemoniorum eiicit
daemonia. 16 Et alii tentantes, signum de
caelo quaerebant ab eo. 17 Ipse autem ut
vidit cogitationes eorum, dixit eis: Omne
regnum in seipsum divisum desolabitur,
et domus supra domum cadet. 18 Si autem
et Satanas in seipsum divisus est, quomodo stabit regnum eius? quia dicitis in
Beelzebub me eiicere daemonia. 19 Si autem ego in Beelzebub eiicio daemonia: filii
vestri in quo eiiciunt? Ideo ipsi iudices
vestri erunt. 20 Porro si in digito Dei eiicio
daemonia: profecto pervenit in vos regnum Dei.
21 Cum fortis armatus custodit atrium
suum, in pace sunt ea quae possidet.
22 Si autem fortior eo superveniens vicerit
eum, universa arma eius auferet, in quibus confidebat, et spolia eius distribuet.
23 Qui non est mecum, contra me est: et
qui non colligit mecum, dispergit. 24 Cum
immundus spiritus exierit de homine, ambulat per loca inaquosa, quaerens requiem: et non inveniens dicit: Revertar
in domum meam unde exivi. 25 Et cum
venerit, invenit eam scopis mundatam et
ornatam. 26 Tunc vadit, et assumit septem alios spiritus secum, nequiores se, et
ingressi habitant ibi. Et fiunt novissima
hominis illius peiora prioribus.

Mulier de turba matrem Iesu benedicit

27 Factum est autem, cum haec diceret:
extollens vocem quaedam mulier de turba dixit illi: Beatus venter qui te portavit et ubera quae suxisti. 28 At ille dixit:
Quinimmo beati, qui audiunt verbum Dei
et custodiunt illud.

Signum de caelo

29 Turbis autem concurrentibus coepit
dicere: Generatio haec, generatio nequam
est: signum quaerit, et signum non dabitur ei, nisi signum Ionae prophetae. 30 Nam
sicut fuit Ionas signum Ninivitis, ita erit
et Filius hominis generationi isti. 31 Regina austri surget in iudicio cum viris
generationis huius, et condemnabit illos:
quia venit a finibus terrae audire sapientiam Salomonis: et ecce plus quam Salomon hic. 32 Viri Ninivitae surgent in iudicio cum generatione hac, et condemnabunt illam: quia poenitentiam egerunt ad
praedicationem Ioanae, et ecce plus quam
Ionas hic.

Oculus mentis

33 Nemo lucernam accendit, et in abscondito ponit, neque sub modio: sed supra candelabrum, ut qui ingrediuntur,
lumen videant. 34 Lucerna corporis tui
est oculus tuus. Si oculus tuus fuerit simplex, totum corpus tuum lucidum erit:
si autem nequam fuerit, etiam corpus
tuum tenebrosum erit. 35 Vide ergo ne
lumen quod in te est, tenebrae sint. 36 Si
ergo corpus tuum totum lucidum fuerit,
non habens aliquam partem tenebrarum,
erit lucidum totum, et sicut lucerna ful-
goris illuminabit te.
37 Et cum loqueretur, rogavit illum quidam pharisaeus ut pranderet apud se. Et
ingressus recubuit.

Vae scribis et pharisaeis!

38 Pharisaeus autem coepit intra se reputans dicere, quare non baptizatus esset
ante prandium. 39 Et ait Dominus ad il-

7,7. || Enc. Pii XI: D 2276. — **10:** Lc 13,25. — **13:** Lc 18,6. — **14-26:** Mt 12,22-30; 9,32-34; Mc 3,22-30. — **17:** Mt 12,25; Mc 3,23. — **23:** Mt 12,30; Lc 9,50. — **24-26:** Mt 12,43-45. — **26:** Io 5,14. — **27:** Lc 1,48. — **28:** Lc 8,21; Io 13,17; Iac 1,22.25. — **29-32:** Mt 12,38-42. — **29:** Mc 8,11; 1 Cor 1,22. — **31:** 3 Reg 10,1. — **33:** Mt 5,15; Lc 8,16. — **34:** Mt 6,22. — **37:** Lc 7,36;

lum: Nunc vos pharisaei quod deforis est
calicis et catini, mundatis: quod autem
intus est vestrum, plenum est rapina et
iniquitate. 40 Stulti, nonne qui fecit quod
deforis est, etiam id quod deintus est
fecit? 41 Verumtamen quod superest, date
eleemosynam: et ecce omnia munda sunt
vobis. 42 Sed vae vobis, pharisaeis, quia
decimatis mentham, et rutam, et omne
olus, et praeteritis iudicium et charitatem
Dei: haec autem oportuit facere, et illa
non omittere. 43 Vae vobis, pharisaeis,
quia diligitis primas cathedras in synagogis et salutationes in foro. 44 Vae vobis,
quia estis ut monumenta, quae non apparent, et homines ambulantes supra, nesciunt.
45 Respondens autem quidam ex legisperitis, ait illi: Magister, haec dicens
etiam contumeliam nobis facis. 46 At ille
ait: Et vobis legisperitis vae: quia onera-
tis homines oneribus, quae portare non
possunt, et ipsi uno digito vestro non tan-
gitis sarcinas. 47 Vae vobis, qui aedificatis monumenta prophetarum: patres autem vestri occiderunt illos. 48 Profecto
testificamini quod consentitis operibus patrum vestrorum: quoniam ipsi quidem
eos occiderunt, vos autem aedificatis eorum sepulchra. 49 Propterea et sapientia
Dei dixit: Mittam ad illos prophetas, et
apostolos, et ~~ex illis~~ occident, et persequentur: 50 ut inquiratur sanguis omnium
prophetarum, qui effusus est a constitutione mundi a generatione ista, 51 a sanguine Abel, usque ad sanguinem Zachariae, qui periit inter altare et aedem. Ita
dico vobis, requiretur ab hac generatione.
52 Vae vobis, legisperitis, quia tulistis clavem scientiae, ipsi non introistis, et eos
qui introibant, prohibuistis.
53 Cum autem haec ad illos diceret, coeperunt pharisaei et legisperiti graviter in-
sistere, et os eius opprimere de multis,
54 insidiantes ei, et quaerentes aliquid capere de ore eius, ut accusarent eum.

A fermento pharisaeorum cavendum

12 1 Multis autem turbis circumstantibus, ita ut se invicem conculcarent, coepit dicere ad discipulos suos:
Attendite a fermento pharisaeorum, quod
est hypocrisis. 2 Nihil autem opertum est,
quod non reveletur: neque absconditum,
quod non sciatur. 3 Quoniam quae in
tenebris dixistis, in lumine dicentur: et
quod in aurem locuti estis in cubiculis,
praedicabitur in tectis.

Quosnam timendum

4 Dico autem vobis amicis meis: Ne
terreamini ab his qui occidunt corpus, et
post haec non habent amplius quid faciant. 5 Ostendam autem vobis quem timeatis: timete eum qui, postquam occiderit, habet potestatem mittere in gehennam:
ita dico vobis, hunc timete. 6 Nonne quinque passeres vaeneunt dipondio, et unus
ex illis non est in oblivione coram Deo?
7 Sed et capilli capitis vestri omnes numerati sunt. Nolite ergo timere: multis passeribus pluris estis vos.

Monita varia

8 Dico autem vobis: Omnis quicumque
confessus fuerit me coram hominibus, et
Filius hominis confitebitur illum coram
angelis Dei: 9 qui autem negaverit me coram hominibus, negabitur coram angelis
Dei. 10 Et omnis qui dicit verbum in Filium hominis, remittetur illi: ei autem qui
in Spiritum sanctum blasphemaverit, non
remittetur.
11 Cum autem inducent vos in synagogas, et ad magistratus, et potestates, nolite solliciti esse qualiter, aut quid respondeatis, aut quid dicatis. 12 Spiritus enim
sanctus docebit vos in ipsa hora quid
oporteat vos dicere.
13 Ait autem ei quidam de turba: Magister, dic fratri meo ut dividat mecum
haereditatem. 14 At ille dixit illi: Homo,
quis me constituit iudicem, aut divisorem
super vos?

Cavendum ab avaritia

15 Dixitque ad illos: Videte, et cavete
ab omni avaritia: quia non in abundantia
cuiusquam vita eius est ex his quae possidet. 16 Dixit autem similitudinem ad illos,
dicens: Hominis cuiusdam divitis uberes
fructus ager attulit: 17 et cogitabat intra
se dicens: Quid faciam, quia non habeo
quo congregem fructus meos? 18 Et dixit:
Hoc faciam: Destruam horrea mea, et
maiora faciam: et illuc congregabo omnia quae nata sunt mihi, et bona mea,
19 et dicam animae meae: Anima, habes
multa bona posita in annos plurimos: re-

14,1. — **38:** Mt 15,2. — **39:** Mt 23,25. — **41:** Lc 12,33. ‖ Enc. Leonis XIII: D 1938. — **42:** Mt 23,23. — **43:** Mt 23,6; 12,38; Lc 20,46. — **46:** Mt 23,4. — **47:** Mt 23,31. — **49:** Mt 23,34. — **51:** Gen 4,4; 2 Par 24,20. — **52:** Mt 23,13. — **54:** Lc 20,20.

12 **1:** Mt 16,6; Mc 8,15. — **2:** Mt 10,26; Mc 4,22; Lc 8,17. — **7:** Lc 21,18; Act 27,34. — **9:** Lc 9,26. — **10:** Mt 12,32; Mc 3, 28-30. ‖ Tomus Gelasii: D 167. — **11:** Mt 10, 17; Mc 13,9; Lc 21,12. — **14:** Act 7,27. — **15:** 1 Tim 6,6. — **19:** Iac 4,13-15. — **20:** Hebr 9,

quiesce, comede, bibe, epulare. 20 Dixit
autem illi Deus: Stulte, hac nocte animam
tuam repetur a te: quae autem parasti,
cuius erunt? 21 Sic est qui sibi thesaurizat,
et non est in Deum dives.

Cavendum ab anxia rerum pereuntium cura

22 Dixitque ad discipulos suos: Ideo dico vobis: Nolite solliciti esse animae vestrae quid manducetis: neque corpori quid
induamini. 23 Anima plus est quam esca,
et corpus plus quam vestimentum. 24 Considerate corvos, quia non seminant, neque
metunt, quibus non est cellarium, neque
horreum, et Deus pascit illos. Quanto
magis vos pluris estis illis? 25 Quis autem
vestrum cogitando potest adiicere ad staturam suam cubitum unum? 26 Si ergo
neque quod minimum est potestis, quid
de caeteris solliciti estis? 27 Considerate
lilia quomodo crescunt: non laborant,
neque nent: dico autem vobis, nec Salomon in omni gloria sua vestiebatur sicut
unum ex istis. 28 Si autem foenum, quod
hodie est in agro, et cras in clibanum mittitur, Deus sic vestit: quanto magis vos
pusillae fidei? 29 Et vos nolite quaerere
quid manducetis, aut quid bibatis: et nolite in sublime tolli: 30 haec enim omnia
gentes mundi quaerunt. Pater autem vester scit quoniam his indigetis. 31 Verumtamen quaerite primum regnum Dei, et
iustitiam eius: et haec omnia adiicientur
vobis.

32 Nolite timere pusillus grex, quia complacuit Patri vestro dare vobis regnum.
33 Vendite quae possidetis, et date eleemosynam. Facite vobis sacculos, qui non ve-
terascunt, thesaurum non deficientem in
caelis: quo fur non appropiat, neque tinea
corrumpit. 34 Ubi enim thesaurus vester
est, ibi et cor vestrum erit.

Semper vigilandum

35 Sint lumbi vestri praecincti, et lucernae ardentes in manibus vestris, 36 et vos
similes hominibus exspectantibus dominum suum quando revertatur a nuptiis:
ut, cum venerit et pulsaverit, confestim
aperiant ei. 37 Beati servi illi quos, cum
venerit dominus, invenerit vigilantes:
amen dico vobis, quod praecinget se, et
faciet illos discumbere, et transiens ministrabit illis. 38 Et si venerit in secunda vigilia, et si in tertia vigilia venerit, et ita
invenerit, beati sunt servi illi. 39 Hoc autem scitote, quoniam si sciret paterfamilias, qua hora fur veniret, vigilaret utique,
et non sineret perfodi domum suam. 40 Et
vos estote parati: quia qua hora non putatis, Filius hominis veniet.

41 Ait autem ei Petrus: Domine, ad nos
dicis hanc parabolam: an et ad omnes?
42 Dixit autem Dominus: Quis, putas, est
fidelis dispensator, et prudens, quem
constituit Dominus supra familiam suam,
ut det illis in tempore tritici mensuram?
43 Beatus ille servus quem, cum venerit
Dominus, invenerit ita facientem. 44 Vere
dico vobis, quoniam supra omnia quae
possidet, constituet illum. 45 Quod si dixerit servus ille in corde suo: Moram facit
dominus meus venire: et coeperit percutere servos, et ancillas, et edere, et bibere,
et inebriari: 46 veniet dominus servi illius
in die qua non sperat, et hora qua nescit,
et dividet eum, partemque eius cum infidelibus ponet. 47 Ille autem servus qui
cognovit voluntatem domini sui, et non
praeparavit, et non fecit secundum voluntatem eius, vapulabit multis: 48 qui autem
non cognovit, et fecit digna plagis, vapulabit paucis. Omni autem cui multum datum est, multum quaeretur ab eo: et cui
commendaverunt multum, plus petent
ab eo.

Aut pro Iesu aut contra Iesum

49 Ignem veni mittere in terram, et quid
volo nisi ut accendatur? 50 Baptismo autem habeo baptizari: et quomodo coarctor usque dum perficiatur? 51 Putatis quia
pacem veni dare in terram? Non, dico
vobis, sed separationem: 52 erunt enim ex
hoc quinque in domo una divisi, tres in
duos, et duo in tres 53 dividentur: pater
in filium, et filius in patrem suum, mater
in filiam, et filia in matrem, socrus in nurum suam, et nurus in socrum suam.

Signa temporum

54 Dicebat autem et ad turbas: Cum
videritis nubem orientem ab occasu, statim dicitis: Nimbus venit: et ita fit. 55 Et
cum austrum flantem, dicitis: Quia aestus
erit: et fit. 56 Hypocritae, faciem caeli et
terrae nostis probare: hoc autem tempus
quomodo non probatis? 57 Quid autem et
a vobis ipsis non iudicatis quod iustum
est?

27. — **21:** 1 Tim 6,17. — **22-34:** Mt 6,25-34. — **24:** Ps 146.9. — **27:** 3 Reg 10,1. — **30:** Mt 6,8. — **32:** Lc 6,20; 22,29. — **33:** Mt 6,20. — **34:** Mt 6,21. — **35:** Ex 12,11; Eph 6,14; 1 Petr 1,13. — **36:** Mc 13,34; Apoc 3,20. — **37:** Io 13,4. — **39:** Mt 24,43; 1 Thess 5,2. — **42:** Mt 24,43; 1 Cor 4,2; 1 Petr 4,10. — **44:** Mt 25,21; Lc 19,17. — **47:** Iac 4,17. — **50:** Mc 10,34; Io 12,27. — **51:** Mt 10,34. — **53:** Mich 7,6. — **54:** Mt 16,2. — **58:** Mt 5,25.

De reconciliatione cum inimico

58 Cum autem vadis cum adversario tuo ad principem, in via da operam liberari ab illo, ne forte trahat te ad iudicem, et iudex tradat te exactori, et exactor mittat te in carcerem. 59 Dico tibi, non exies inde, donec etiam novissimum minutum reddas.

Poenitentiae necessitas

13 1 Aderant autem quidam ipso in tempore, nuntiantes illi de Galilaeis, quorum sanguinem Pilatus miscuit cum sacrificiis eorum. 2 Et respondens dixit illis: Putatis quod hi Galilaei prae omnibus Galilaeis peccatores fuerint, quia talia passi sunt? 3 Non, dico vobis: sed nisi poenitentiam habueritis, omnes similiter peribitis. 4 Sicut illi decem et octo, supra quos cecidit turris in Siloe, et occidit eos: putatis quia et ipsi debitores fuerint praeter omnes homines habitantes in Ierusalem? 5 Non, dico vobis: sed si poenitentiam non egeritis, omnes similiter peribitis.

Parabola fici infructuosae

6 Dicebat autem et hanc similitudinem: Arborem fici habebat quidam plantatam in vinea sua, et venit quaerens fructum in illa, et non invenit. 7 Dixit autem ad cultorem vineae: Ecce anni tres sunt ex quo venio quaerens fructum in ficulnea hac, et non invenio: succide ergo illam: ut quid etiam terram occupat? 8 At ille respondens, dicit illi: Domine dimitte illam et hoc anno, usque dum fodiam circa illam, et mittam stercora: 9 et siquidem fecerit fructum: sin autem, in futurum succides eam.

Sabbato mulierem deflexam sanat

10 Erat autem docens in synagoga eorum sabbatis. 11 Et ecce mulier, quae habebat spiritum infirmitatis annis decem et octo: et erat inclinata, nec omnino poterat sursum respicere. 12 Quam cum videret Iesus, vocavit eam ad se, et ait illi: Mulier, dimissa es ab infirmitate tua. 13 Et imposuit illi manus, et confestim erecta est, et glorificabat Deum.

14 Respondens autem archisynagogus, indignans quia sabbato curasset Iesus, dicebat turbae: Sex dies sunt in quibus oportet operari: in his ergo venite, et curamini, et non in die sabbati. 15 Respondens autem ad illum Dominus, dixit: Hypocritae, unusquisque vestrum sabbato non solvit bovem suum, aut asinum a praesepio, et ducit adaquare? 16 Hanc autem filiam Abrahae, quam alligavit Satanas, ecce decem et octo annis non oportuit solvi a vinculo isto die sabbati? 17 Et cum haec diceret, erubescebant omnes adversarii eius: et omnis populus gaudebat in universis, quae gloriose fiebant ab eo.

Parabola de grano sinapis et de fermento

18 Dicebat ergo: Cui simile est regnum Dei, et cui simile aestimabo illud? 19 Simile est grano sinapis, quod acceptum homo misit in hortum suum, et crevit, et factum est in arborem magnam: et volucres caeli requieverunt in ramis eius.

20 Et iterum dixit: Cui simile aestimabo regnum Dei? 21 Simile est fermento, quod acceptum mulier abscondit in farinae sata tria, donec fermentaretur totum.

Novum iter in Ierusalem

Si multi sunt qui salvantur

22 Et ibat per civitates, et castella docens, et iter faciens in Ierusalem.

23 Ait autem illi quidam: Domine, si pauci sunt, qui salvantur? Ipse autem dixit ad illos: 24 Contendite intrare per angustam portam: quia multi, dico vobis, quaerent intrare, et non poterunt. 25 Cum autem intraverit paterfamilias, et clauserit ostium, incipietis foris stare, et pulsare ostium, dicentes: Domine, aperi nobis: et respondens dicet vobis: Nescio vos unde sitis: 26 tunc incipietis dicere: Manducavimus coram te, et bibimus, et in plateis nostris docuisti. 27 Et dicet vobis: Nescio vos unde sitis: discedite a me omnes operarii iniquitatis. 28 Ibi erit fletus et stridor dentium: cum videritis Abraham, et Isaac, et Iacob, et omnes prophetas in regno Dei, vos autem expelli foras. 29 Et venient ab oriente, et occidente, et aquilone, et austro, et accumbent in regno Dei. 30 Et ecce sunt novissimi qui erunt primi, et sunt primi qui erunt novissimi.

13 **2:** Io 9,2; Act 28,4. — **3:** Lc 13,5. || Conc. Trid.: D 894. — **6:** Is 5,2; Mt 3,10; 21,19; Mc 11,13. — **8:** 2 Petr 3,9-15. — **13:** Mt 9,18. — **14:** Ex 20,9; Deut 5,13. — **15:** Lc 14,5. — **16:** Lc 19,9; Act 3,25. — **18-21:** Mt 13,3.32; Mc 4,30-32. — **19:** Ez 17,23; 31,6; Dan 4,9.18. — **20:** Mt 13,36. — **24:** Mt 7,13; Phil 3,12; 1 Tim 6,12. — **25:** Mt 25,10. — **26:** Ps 6,9; Mt 7,22. — **27:** Mt 8,11. — **29:** Ps 106,3; Is 49,12; 59,19. — **30:** Mt 19,30; 20,16. — **34:** Mt 23,37. — **35:** Ps 117,26; Ier 22,5.

Propheta non moriturus extra Ierusalem

31 In ipsa die accesserunt quidam pharisaeorum, dicentes illi: Exi, et vade hinc:
quia Herodes vult te occidere. 32 Et ait
illis: Ite, et dicite vulpi illi: Ecce eiicio
daemonia, et sanitates perficio hodie, et
cras, et tertia die consummor. 33 Verumtamen oportet me hodie et cras et sequenti die ambulare: quia non capit prophetam perire extra Ierusalem.
34 Ierusalem, Ierusalem, quae occidis
prophetas, et lapidas eos qui mittuntur
ad te, quoties volui congregare filios tuos
quemadmodum avis nidum suum sub
pennis, et noluisti? 35 Ecce relinquetur
vobis domus vestra deserta. Dico autem
vobis, quia non videbitis me donec veniat
cum dicetis: Benedictus qui venit in nomine Domini.

Hydropicus sabbato sanatus

14 1 Et factum est cum intraret Iesus
in domum cuiusdam principis pharisaeorum sabbato manducare panem, et
ipsi observabant eum. 2 Et ecce homo
quidam hydropicus erat ante illum. 3 Et
respondens Iesus dixit ad legisperitos et
pharisaeos, dicens: Si licet sabbato curare? 4 At illi tacuerunt. Ipse vero apprehensum sanavit eum, ac dimisit. 5 Et
respondens ad illos dixit: Cuius vestrum
asinus, aut bos in puteum cadet, et non
continuo extrahet illum die sabbati? 6 Et
non poterant ad haec respondere illi.

Non quaerendi sunt primi accubitus

7 Dicebat autem et ad invitatos parabolam, intendens quomodo primos ac-
cubitus eligerent, dicens ad illos. 8 Cum
invitatus fueris ad nuptias, non discumbas
in primo loco, ne forte honoratior te sit
invitatus ab illo. 9 Et veniens is, qui te et
illum vocavit, dicat tibi: Da huic locum:
et tunc incipias cum rubore novissimum
locum tenere. 10 Sed cum vocatus fueris,
vade, recumbe in novissimo loco: ut, cum
venerit qui te invitavit, dicat tibi: Amice,
ascende superius. Tunc erit tibi gloria
coram simul discumbentibus: 11 quia omnis, qui se exaltat, humiliabitur: et qui
se humiliat, exaltabitur.

Non eligendi invitati

12 Dicebat autem et ei, qui se invitave-
rat: Cum facis prandium, aut coenam,
noli vocare amicos tuos, neque fratres
tuos, neque cognatos, neque vicinos divites: ne forte te et ipsi reinvitent, et fiat
tibi retributio; 13 sed cum facis convivium,
voca pauperes, debiles, claudos, et caecos: 14 et beatus eris, quia non habent
retribuere tibi: retribuetur enim tibi in
resurrectione iustorum.

Parabola de invitatis ad coenam

15 Haec cum audisset quidam de simul
discumbentibus, dixit illi: Beatus qui manducabit panem in regno Dei. 16 At ipse
dixit ei: Homo quidam fecit coenam magnam, et vocavit multos. 17 Et misit servum
suum hora coenae dicere invitatis ut
venirent, quia iam parata sunt omnia.
18 Et coeperunt simul omnes excusare.
Primus dixit ei: Villam emi, et necesse
habeo exire, et videre illam: rogo te habe
me excusatum. 19 Et alter dixit: Iuga boum
emi quinque, et eo probare illa: rogo te
habe me excusatum. 20 Et alius dixit:
Uxorem duxi, et ideo non possum venire.
21 Et reversus servus nuntiavit haec domino suo. Tunc iratus paterfamilias, dixit
servo suo: Exi cito in plateas et vicos
civitatis: et pauperes, ac debiles, et caecos,
et claudos introduc huc. 22 Et ait servus:
Domine, factum est ut imperasti, et adhuc locus est. 23 Et ait dominus servo:
Exi in vias, et sepes: et compelle intrare,
ut impleatur domus mea. 24 Dico autem
vobis quod nemo virorum illorum qui
vocati sunt, gustabit coenam meam.

Conditiones ad Christi sequelam

25 Ibant autem turbae multae cum eo:
et conversus dixit ad illos: 26 Si quis venit
ad me, et non odit patrem suum, et matrem, et uxorem, et filios, et fratres, et sorores, adhuc autem et animam suam, non
potest meus esse discipulus. 27 Et qui non
baiulat crucem suam, et venit post me,
non potest meus esse discipulus. 28 Quis
enim ex vobis volens turrim aedificare, non
prius sedens computat sumptus, qui necessarii sunt, si habebat ad perficiendum,
29 ne, posteaquam posuerit fundamentum,
et non potuerit perficere, omnes qui vident, incipiant illudere ei, 30 dicentes:
Quia hic homo coepit aedificare, et non
potuit consummare? 31 Aut quis rex iturus
committere bellum adversus alium regem,
non sedens prius cogitat, si possit cum
decem millibus occurrere ei, qui cum
viginti millibus venit ad se? 32 Alioquin
adhuc illo longe agente, legationem mittens rogat ea quae pacis sunt. 33 Sic ergo

14 **1:** Lc 6,6; 11,37. — **5:** Ex 23,5. — Deut 22,4; Mt 12,11; Lc 13,15. — **7:** Mt 23,6; Lc 11,43. — **8:** Prov 25,6-7. — **11:** Mt 23,12; Lc 18,14. — **13:** Deut 14,29; 26,12; Is 58,8. 10. — **14:** 1 Cor 15,32; 1 Thess 4,16; Apoc 26,4. — **16:** Mt 22,2. — **26:** Deut 33,9-10; Mt 10,37; Lc 16,13; Io 12,25. — **27:** Mt 16,24; Mc 8,34; Lc 9,23. — **34:** Mt 5,13; Mc 9,50.

omnis ex vobis, qui non renuntiat omnibus quae possidet, non potest meus esse
discipulus.
34 Bonum est sal. Si autem sal evanue-
rit, in quo condietur? 35 Neque in terram,
neque in sterquilinium utile est, sed foras
mittetur. Qui habet aures audiendi, audiat.

Parabola ovis deperditae

15 1 Erant autem appropinquantes ei
publicani, et peccatores ut audirent
illum. 2 Et murmurabant pharisaei, et scribae, dicentes: Quia hic peccatores recipit,
et manducat cum illis.
3 Et ait ad illos parabolam istam dicens:
4 Quis ex vobis homo, qui habet centum
oves: et si perdiderit unam ex illis, nonne dimittit nonaginta novem in deserto,
et vadit ad illam quae perierat, donec
inveniat eam? 5 Et cum invenerit eam,
imponit in humeros suos gaudens: 6 et
veniens domum convocat amicos et vicinos, dicens illis: Congratulamini mihi,
quia inveni ovem meam, quae perierat?
7 Dico vobis quod ita gaudium erit in
caelo super uno peccatore poenitentiam
agente, quam super nonaginta novem iustis, qui non indigent poenitentia.

Parabola perditae drachmae

8 Aut quae mulier habens drachmas
decem, si perdiderit drachmam unam,
nonne accendit lucernam, et everrit domum, et quaerit diligenter, donec inveniat? 9 Et cum invenerit convocat amicas
et vicinas, dicens: Congratulamini mihi,
quia inveni drachmam quam perdideram.
10 Ita dico vobis, gaudium erit coram angelis Dei super uno peccatore poenitentiam
agente.

Parabola filii prodigi

11 Ait autem: Homo quidam habuit
duos filios: 12 et dixit adolescentior ex
illis patri: Pater, da mihi portionem substantiae quae me contingit. Et divisit illis
substantiam. 13 Et non post multos dies,
congregatis omnibus, adolescentior filius
peregre profectus est in regionem longinquam, et ibi dissipavit substantiam suam
vivendo luxuriose. 14 Et postquam omnia
consummasset, facta est fames valida in
regione illa, et ipse coepit egere. 15 Et abiit,
et adhaesit uni civium regionis illius. Et
misit illum in villam suam ut pasceret porcos. 16 Et cupiebat implere ventrem suum
de siliquis, quas porci manducabant: et
nemo illi dabat. 17 In se autem reversus,
dixit: Quanti mercenarii in domo patris
mei abundant panibus, ego autem hic
fame pereo! 18 Surgam, et ibo ad patrem
meum, et dicam ei: Pater, peccavi in caelum, et coram te: 19 iam non sum dignus
vocari filius tuus: fac me sicut unum de
mercenariis tuis. 20 Et surgens venit ad
patrem suum. Cum autem adhuc longe
esset, vidit illum pater ipsius, et misericordia motus est, et accurrens cecidit
super collum eius, et osculatus est eum.
21 Dixitque ei filius: Pater, peccavi in caelum, et coram te, iam non sum dignus
vocari filius tuus. 22 Dixit autem pater
ad servos suos: Cito proferte stolam
primam, et induite illum, et date annulum
in manum eius, et calceamenta in pedes
eius: 23 et adducite vitulum saginatum,
et occidite, et manducemus, et epulemur:
24 quia hic filius meus mortuus erat, et
revixit: perierat, et inventus est. Et coeperunt epulari.
25 Erat autem filius eius senior in agro:
et cum veniret, et appropinquaret domui,
audivit symphoniam et chorum: 26 et vocavit unum de servis, et interrogavit quid
haec essent. 27 Isque dixit illi: Frater
tuus venit, et occidit pater tuus vitulum
saginatum, quia salvum illum recepit.
28 Indignatus est autem, et nolebat introire. Pater ergo illius egressus, coepit
rogare illum. 29 At ille respondens, dixit
patri suo: Ecce tot annis servio tibi, et
nunquam mandatum tuum praeterivi, et
nunquam dedisti mihi haedum ut cum
amicis meis epularer: 30 sed postquam
filius tuus hic, qui devoravit substantiam
suam cum meretricibus, venit, occidisti
illi vitulum saginatum. 31 At ipse dixit
illi: Fili, tu semper mecum es, et omnia
mea tua sunt: 32 epulari autem, et gaudere
oportebat, quia frater tuus hic mortuus
erat, et revixit; perierat, et inventus est.

Parabola villici iniqui

16 1 Dicebat autem et ad discipulos
suos: Homo quidam erat dives, qui
habebat villicum: et hic diffamatus est
apud illum quasi dissipasset bona ipsius.
2 Et vocavit illum, et ait illi: Quid hoc
audio de te? Redde rationem villicationis
tuae: iam enim non poteris villicare. 3 Ait
autem villicus intra se: Quid faciam quia
dominus meus aufert a me villicationem?
Fodere non valeo, mendicare erubesco.
4 Scio quid faciam, ut, cum amotus fuero
a villicatione, recipiant me in domos
suas. 5 Convocatis itaque singulis debi-

15 **1:** Mt 11,19; Lc 5,29; 7,34; 19,7. — **4:** Ez 34,4.11; Mt 18,12; Io 10,1. — **5:** Lc 19,10. — **6:** Rom 12,15. — **10:** Eph 3,10. — **11:** Mt 21,28. — **13:** Prov 29,3. — **18:** Ps 50,6; Ier 3,12. — **20:** Lc 7,6. — **22:** Zach 3,4. || Conc. Trid.: D 800. — **24:** Eph 2,1.5; 5,14.

16 **9:** Mt 6,20; 19,21; Lc 12,34. — **10:** Mt 25,21; Lc 19,17. — **13:** Mt 6,24. — **15**·

toribus domini sui, dicebat primo: Quantum debes domino meo? 6 At ille dixit:
Centum cados olei. Dixitque illi: Accipe
cautionem tuam: et sede cito, scribe quinquaginta. 7 Deinde alii dixit. Tu vero
quantum debes? Qui ait: Centum coros
tritici. Ait illi: Accipe litteras tuas, et
scribe octoginta. 8 Et laudavit dominus
villicum iniquitatis, quia prudenter fecisset: quia filii huius saeculi prudentiores
filiis lucis in generatione sua sunt. 9 Et
ego vobis dico: facite vobis amicos de
mammona iniquitatis: ut, cum defeceritis,
recipiant vos in aeterna tabernacula. 10 Qui
fidelis est in minimo, et in maiori fidelis
est: et qui in modico iniquus est, et in
maiori iniquus est. 11 Si ergo in iniquo
mammona fideles non fuistis quod verum
est, quis credet vobis? 12 Et si in alieno
fideles non fuistis, quod vestrum est, quis
dabit vobis? 13 Nemo servus potest duobus dominis servire: aut enim unum
odiet, et alterum diliget: aut uni adhaerebit, et alterum contemnet: non potestis
Deo servire et mammonae.

Pharisaei redarguuntur

14 Audiebant autem omnia haec pharisaei, qui erant avari: et deridebant illum.
15 Et ait illis: Vos estis qui iustificatis vos
coram hominibus: Deus autem novit corda vestra: quia quod hominibus altum est,
abominatio est ante Deum. 16 Lex et
prophetae usque ad Ioannem: ex eo
regnum Dei evangelizatur, et omnis in
illud vim facit. 17 Facilius est autem caelum et terram praeterire, quam de lege
unum apicem cadere. 18 Omnis qui dimittit uxorem suam et alteram ducit moechatur: et qui dimissam a viro ducit,
moechatur.

Parabola divitis epulonis

19 Homo quidam erat dives, qui induebatur purpura et bysso, et epulabatur
quotidie splendide. 20 Et erat quidam mendicus, nomine Lazarus, qui iacebat ad
ianuam eius, ulceribus plenus, 21 cupiens
saturari de micis quae cadebant de mensa
divitis, et nemo illi dabat: sed et canes
veniebant, et lingebant ulcera eius. 22 Factum est autem ut moreretur mendicus,
et portaretur ab angelis in sinum Abrahae.
Mortuus est autem et dives, et sepultus est
in inferno. 23 Elevans autem oculos suos,
cum esset in tormentis, vidit Abraham a
longe, et Lazarum in sinu eius: 24 et ipse
clamans dixit: Pater Abraham, miserere
mei, et mitte Lazarum ut intingat extremum digiti sui in aquam, ut refrigeret
linguam meam, quia crucior in hac flamma. 25 Et dixit illi Abraham: Fili, recordare quia recepisti bona in vita tua, et
Lazarus similiter mala: nunc autem hic
consolatur, tu vero cruciaris: 26 et in his
omnibus inter nos et vos chaos magnum
firmatum est ut hi qui volunt hinc transire ad vos, non possint, neque inde huc
transmeare.
27 Et ait: Rogo ergo te, pater, ut mittas eum in domum patris mei: 28 habeo
enim quinque fratres, ut testetur illis, ne
et ipsi veniant in hunc locum tormentorum. 29 Et ait illi Abraham: Habent Moysen et prophetas: audiant illos. 30 At ille
dixit: Non, pater Abraham: sed si quis
ex mortuis ierit ad eos, poenitentiam
agent. 31 Ait autem illi: Si Moysen et
prophetas non audiunt, neque si quis
ex mortuis resurrexerit, credent.

Monita varia

17 1 Et ait ad discipulos suos: Impossibile est ut non veniant scandala:
vae autem illi per quem veniunt. 2 Utilius
est illi si lapis molaris imponatur circa
collum eius, et proiiciatur in mare quam
ut scandalizet unum de pusillis istis.
3 Attendite vobis: Si peccaverit in te
frater tuus, increpa illum: et si poenitentiam egerit, dimitte illi. 4 Et si septies
in die peccaverit in te, et septies in die
conversus fuerit ad te, dicens: Poenitet me,
dimitte illi.
5 Et dixerunt apostoli Domino: Adauge
nobis fidem. 6 Dixit autem Dominus: Si
habueritis fidem, sicut granum sinapis,
dicetis huic arbori moro: Eradicare et
transplantare in mare, et obediet vobis.
7 Quis autem vestrum habens servum
arantem aut pascentem, qui regresso de
agro dicat illi: Statim transi, recumbe:
8 et non dicat ei: Para quod coenem, et
praecinge te, et ministra mihi donec manducem, et bibam, et post haec tu manducabis, et bibes? 9 Numquid gratiam habet
servo illi, quia fecit quae ei imperaverat?
10 Non puto. Sic et vos cum feceritis omnia quae praecepta sunt vobis, dicite:
Servi inutiles sumus: quod debuimus facere, fecimus.

Ps 7,10; Prov 21,2; Mt 23,28; Lc 18,14. — **16:** Mt 11,12-13. — **17:** Mt 5,18. — **18:** Mt 5,32; 19,9; Mc 10,11; 1 Cor 7,11. || Enc. Pii XI: D 2234 et 2250. — **21:** Mt 15,27; Mc 7,28. — **25:** Ps 16,14; Lc 6,24. — **29:** Io 5,45. — **31:** Io 5,46.

17 **1:** Mt 18,7; Mc 9,42. — **3:** Mt 18,15. — **4:** Mt 18,21-22; 21,22. — **5:** Mc 9,24. —

Ultimum iter in Ierusalem

Curatio decem leprosorum

11 Et factum est, dum iret in Ierusalem,
transibat per mediam Samariam et Galilaeam.
12 Et cum ingrederetur quoddam castellum, occurrerunt ei decem viri leprosi,
qui steterunt a longe: 13 et levaverunt
vocem, dicentes: Iesu praeceptor, miserere nostri. 14 Quos ut vidit, dixit: Ite,
ostendite vos sacerdotibus. Et factum est,
dum irent, mundati sunt. 15 Unus autem
ex illis, ut vidit quia mundatus est, regressus est, cum magna voce magnificans
Deum, 16 et cecidit in faciem ante pedes
eius, gratias agens: et hic erat Samaritanus. 17 Respondens autem Iesus, dixit:
Nonne decem mundati sunt? et novem
ubi sunt? 18 Non est inventus qui rediret,
et daret gloriam Deo, nisi hic alienigena.
19 Et ait illi: Surge, vade: quia fides tua
te salvum fecit.

Signa adventus regni Dei

20 Interrogatus autem a pharisaeis:
Quando venit regnum Dei?, respondens
eis, dixit: Non venit regnum Dei cum
observatione: 21 neque dicent: Ecce hic,
aut ecce illic. Ecce enim regnum Dei
intra vos est.
22 Et ait ad discipulos suos: Venient
dies quando desideretis videre unum diem
Filii hominis, et non videbitis. 23 Et dicent
vobis: Ecce hic, et ecce illic. Nolite ire,
neque sectemini: 24 nam, sicut fulgur coruscans de sub caelo in ea quae sub caelo
sunt, fulget: ita erit Filius hominis in die
sua. 25 Primum autem oportet illum multa
pati, et reprobari a generatione hac. 26 Et
sicut factum est in diebus Noe, ita erit
et in diebus Filii hominis. 27 Edebant et
bibebant: uxores ducebant et dabantur
ad nuptias, usque in diem, qua intravit
Noe in arcam: et venit diluvium, et perdidit omnes. 28 Similiter sicut factum est
in diebus Lot: Edebant et bibebant, emebant et vendebant, plantabant et aedificabant: 29 qua die autem exiit Lot a
Sodomis, pluit ignem, et sulphur de caelo,
et omnes perdidit: 30 secundum haec erit
qua die Filius hominis revelabitur. 31 In
illa hora qui fuerit in tecto, et vasa eius
in domo, ne descendat tollere illa: et qui
in agro, similiter non redeat retro. 32 Memores estote uxoris Lot. 33 Quicumque
quaesierit animam suam salvam facere,
perdet illam: et quicumque perdiderit
illam, vivificabit eam. 34 Dico vobis: In
illa nocte erunt duo in lecto uno: unus
assumetur, et alter relinquetur: 35 duae
erunt molentes in unum: una assumetur,
et altera relinquetur: duo in agro: unus
assumetur, et alter relinquetur. 36 Respondentes dicunt illi: Ubi Domine? 37 Qui dixit
illis: Ubicumque fuerit corpus, illuc congregabuntur et aquilae.

Parabola iudicis iniqui

18 1 Dicebat autem et parabolam ad
illos, quoniam oportet semper orare et non deficere, 2 dicens: Iudex quidam
erat in quadam civitate, qui Deum non
timebat, et hominem non reverebatur.
3 Vidua autem quaedam erat in civitate
illa, et veniebat ad eum, dicens: Vindica
me de adversario meo. 4 Et nolebat per
multum tempus. Post haec autem dixit
intra se: Etsi Deum non timeo, nec hominem revereor: 5 tamen quia molesta
est mihi haec vidua, vindicabo illam, ne
in novissimo veniens sugillet me. 6 Ait
autem Dominus: Audite quid iudex iniquitatis dicit: 7 Deus autem non faciet
vindictam electorum suorum clamantium
ad se die ac nocte, et patientiam habebit
in illis? 8 Dico vobis quia cito faciet vindictam illorum. Verumtamen Filius hominis veniens, putas, inveniet fidem in
terra?

Parabola pharisaei et publicani

9 Dixit autem et ad quosdam qui in se
confidebant tanquam iusti, et aspernaban-
tur caeteros, parabolam istam: 10 Duo homines ascenderunt in templum ut orarent:
unus pharisaeus et alter publicanus. 11 Pharisaeus stans, haec apud se orabat: Deus,
gratias ago tibi, quia non sum sicut caeteri hominum: raptores, iniusti, adulteri,
velut etiam hic publicanus: 12 ieiuno bis
in sabbato, decimas do omnium quae possideo. 13 Et publicanus a longe stans, nolebat nec oculos ad caelum levare: sed
percutiebat pectus suum, dicens: Deus
propitius esto mihi peccatori. 14 Dico vobis, descendit hic iustificatus in domum
suam ab illo, quia omnis qui se exaltat,
humiliabitur, et qui se humiliat, exaltabitur.

6: Mt 13,31; 17,20. — **11:** Lc 9,51. — **12:** Lev 13,45-46. — **14:** Lc 14,2. — **16:** Mt 26,36. — **19:** Mc 10,52; Lc 7,50; 18,42. — **20:** Lc 19,11; Act 1,6; Rom 14,17. — **23:** Mt 24,23; Mc 13,21. — **24:** Mt 24,27. — **25:** Lc 9,22. — **26:** Gen 6,5; Mt 24,37. — **29:** Gen 19,15. — **31:** Mt 24,17-18; Mc 13,15. — **32:** Gen 19,26. — **33:** Mt 10,34; 16,25; Mc 8,35; Lc 9,24; Io 12,25. — **35:** Mt 24,40. — **37:** Iob 39,30; Mt 24,28.

18 **1:** Rom 12,2; Col 4,2; 1 Thess 5,17. — **5:** Lc 11,7. — **7:** Lc 11,13. — **11:** Is 58,2; Lc 16,15; Apoc 3,17. — **12:** Mt 23,23. — **13:** Ps 50,3. — **14:** Mt 23,12; Lc 14,11. — **15:** Mt

Puerorum est regnum Dei

15 Afferebant autem ad illum et infantes, ut eos tangeret. Quod cum viderent discipuli, increpabant illos. 16 Iesus autem convocans illos, dixit: Sinite pueros venire ad me, et nolite vetare eos: talium est enim regnum Dei. 17 Amen dico vobis: Quicumque non acceperit regnum Dei sicut puer, non intrabit in illud.

Iuvenis dives perfectionis cupidus

18 Et interrogavit eum quidam princeps, dicens: Magister bone, quid faciens vitam aeternam possidebo? 19 Dixit autem ei Iesus: Quid me dicis bonum? nemo bonus nisi solus Deus. 20 Mandata nosti: Non occides: Non moechaberis: Non furtum facies: Non falsum testimonium dices: Honora patrem tuum et matrem. 21 Qui ait: Haec omnia custodivi a iuventute mea. 22 Quo audito, Iesus ait ei: Adhuc unum tibi deest: omnia quaecumque habes vende, et da pauperibus, et habebis thesaurum in caelo: et veni, sequere me. 23 His ille auditis, contristatus est: quia dives erat valde.

24 Videns autem Iesus illum tristem factum, dixit: Quam difficile, qui pecunias habent, in regnum Dei intrabunt! 25 Facilius est enim camelum per foramen acus transire quam divitem intrare in regnum Dei. 26 Et dixerunt qui audiebant: Et quis potest salvus fieri? 27 Ait illis: Quae impossibilia sunt apud homines, possibilia sunt apud Deum.

28 Ait autem Petrus: Ecce nos dimisimus omnia et secuti sumus te. 29 Qui dixit eis: Amen dico vobis, nemo est qui reliquit domum, aut parentes, aut fratres, aut uxorem, aut filios propter regnum Dei, 30 et non recipiat multo plura in hoc tempore, et in saeculo venturo vitam aeternam.

Denuo Iesus passionem praedicit

31 Assumpsit autem Iesus duodecim, et ait illis: Ecce ascendimus Ierosolymam, et consummabuntur omnia quae scripta sunt per prophetas de Filio hominis: 32 tradetur enim gentibus, et illudetur, et flagellabitur, et conspuetur: 33 et postquam flagellaverint, occident eum, et tertia die resurget. 34 Et ipsi nihil horum intellexerunt, et erat verbum istud absconditum ab eis, et non intelligebant quae dicebantur.

Caecus Iericho sanatus

35 Factum est autem, cum appropinquaret Iericho, caecus quidam sedebat secus viam, mendicans. 36 Et cum audiret turbam praetereuntem, interrogabat quid hoc esset. 37 Dixerunt autem ei quod Iesus Nazarenus transiret. 38 Et clamavit, dicens: Iesu, fili David, miserere mei. 39 Et qui praeibant, increpabant eum ut taceret. Ipse vero multo magis clamabat: Fili David, miserere mei. 40 Stans autem Iesus iussit illum adduci ad se. Et cum appropinquasset, interrogavit illum, 41 dicens: Quid tibi vis faciam? At ille dixit: Domine, ut videam. 42 Et Iesus dixit illi: Respice, fides tua te salvum fecit. 43 Et confestim vidit, et sequebatur illum magnificans Deum. Et omnis plebs ut vidit, dedit laudem Deo.

Iesus in domo Zachaei

19 1 Et ingressus perambulabat Iericho. 2 Et ecce vir nomine Zachaeus: et hic princeps erat publicanorum, et ipse dives: 3 et quaerebat videre Iesum, quis esset; et non poterat prae turba, quia statura pusillus erat. 4 Et praecurrens ascendit in arborem sycomorum ut videret eum: quia inde erat transiturus. 5 Et cum venisset ad locum, suspiciens Iesus vidit illum, et dixit ad eum: Zachaee, festinans descende: quia hodie in domo tua oportet me manere. 6 Et festinans descendit, et excepit illum gaudens. 7 Et cum viderent omnes, murmurabant, dicentes quod ad hominem peccatorem divertisset.

8 Stans autem Zachaeus, dixit ad Dominum: Ecce dimidium bonorum meorum, Domine, do pauperibus: et si quid aliquem defraudavi, reddo quadruplum. 9 Ait Iesus ad eum: Quia hodie salus domui huic facta est: eo quod et ipse filius sit Abrahae. 10 Venit enim Filius hominis quaerere, et salvum facere quod perierat.

Parabola decem mnarum

11 Haec illis audientibus adiiciens, dixit parabolam, eo quod esset prope Ierusalem: et quia existimarent quod confestim regnum Dei manifestaretur. 12 Dixit ergo: Homo quidam nobilis abiit in regionem longinquam accipere sibi regnum, et reverti. 13 Vocatis autem decem servis suis, dedit eis decem mnas, et ait ad illos:

19,13; Mc 10,13. — **17:** Mt 18,3; Mc 9,37; Lc 9,47. — **18:** Mt 18,3; Mc 10,17; Lc 10,25. — **20:** Ex 20,12; Deut 5,16. — **22:** Mt 6,20; Lc 12,33. — **28:** Mt 4,20-22; Mc 1,18-20; Lc 5,11.28. — **31-34:** Mt 20,17-19; Mc 10,32. — **32:** Is 52,13; Lc 9,22.44.51; 13,22; 17,11; 19,11.28. — **34:** Mc 9,32; Lc 9,45; 24,26. — **35-43:** Mt 20,29-34; Mc 10,46-52. — **42:** Mt 9,22; Lc 17,19.

19 **6:** Lc 10,38. ‖ Conc. Arausic. II: D 200. — **7:** Lc 15,2. — **8:** Ex 22,1; Lev 6,5; Num 5,7. — **9:** Lc 13,16; Act 3,25. — **10:** Ez 34,11; Mt 18,12; Io 3,17. ‖ Conc. Arausic. II: D 194. — **11:** Mt 25,14; Act 1,6. — **14:** Ps 2,2; Mt 23,

Negotiamini dum venio. 14 Cives autem
eius oderant eum: et miserunt legationem
post illum, dicentes: Nolumus hunc regnare super nos. 15 Et factum est ut rediret
accepto regno: et iussit vocari servos, quibus dedit pecuniam, ut sciret quantum
quisque negotiatus esset. 16 Venit autem
primus dicens: Domine, mna tua decem
mnas acquisivit. 17 Et ait illi: Euge bone
serve, quia in modico fuisti fidelis, eris
potestatem habens super decem civitates.
18 Et alter venit, dicens: Domine, mna
tua fecit quinque mnas. 19 Et huic ait: Et
tu esto super quinque civitates. 20 Et alter
venit, dicens: Domine, ecce mna tua,
quam habui repositam in sudario: 21 timui enim te, quia homo austerus es: tollis
quod non posuisti, et metis quod non seminasti. 22 Dicit ei: De ore tuo te iudico
serve nequam. Sciebas quod ego homo
austerus sum, tollens quod non posui, et
metens quod non seminavi: 23 et quare
non dedisti pecuniam meam ad mensam,
ut ego veniens cum usuris utique exegis-
sem illam? 24 Et astantibus dixit: Auferte
ab illo mnam, et date illi qui decem mnas
habet. 25 Et dixerunt ei: Domine, habet
decem mnas. 26 Dico autem vobis, quia
omni habenti dabitur, et abundabit: ab
eo autem qui non habet, et quod habet
auferetur ab eo. 27 Verumtamen inimicos
meos illos, qui noluerunt me regnare super se, adducite huc: et interficite ante me.
28 Et his dictis, praecedebat ascendens
Ierosolymam.

PARS QUARTA

IESUS IN IERUSALEM

(19,29-21,38)

Solemnis introitus in civitatem

29 Et factum est, cum appropinquasset
ad Bethphage et Bethaniam, ad montem,
qui vocatur Oliveti, misit duos discipulos
suos; 30 dicens: Ite in castellum quod contra est; in quod introeuntes, invenietis
pullum asinae alligatum, cui nemo unquam hominum sedit; solvite illum, et
adducite. 31 Et si quis vos interrogaverit:
Quare solvitis? sic dicetis ei: Quia Dominus operam eius desiderat. 32 Abierunt
autem qui missi erant; et invenerunt, sicut
dixit illis, stantem pullum. 33 Solventibus
autem illis pullum, dixerunt domini eius
ad illos: Quid solvitis pullum? 34 At illi
dixerunt: Quia Dominus eum necessarium
habet. 35 Et duxerunt illum ad Iesum. Et
iactantes vestimenta sua supra pullum,
imposuerunt Iesum.
36 Eunte autem illo, substernebant vestimenta sua in via. 37 Et cum appropinquaret iam ad descensum montis Oliveti,
coeperunt omnes turbae discipulorum gaudentes laudare Deum voce magna super
omnibus, quas viderant, virtutibus, 38 dicentes: Benedictus, qui venit rex in nomine Domini, pax in caelo, et gloria in excelsis. 39 Et quidam pharisaeorum de turbis, dixerunt ad illum: Magister, increpa
discipulos tuos. 40 Quibus ipse ait: Dico
vobis, quia si hi tacuerint, lapides clamabunt.

Planctus super Ierusalem

41 Et ut appropinquavit, videns civitatem flevit super illam, dicens: 42 Quia si
cognovisses et tu, et quidem in hac die
tua, quae ad pacem tibi, nunc autem
abscondita sunt ab oculis tuis. 43 Quia venient dies in te: et circumdabunt te inimici tui vallo, et circumdabunt te: et coan-
gustabunt te undique: 44 et ad terram prosternent te, et filios tuos, qui in te sunt, et
non relinquent in te lapidem super lapidem: eo quod non cognoveris tempus visitationis tuae.
45 Et ingressus in templum, coepit eiicere vendentes in illo, et ementes, 46 dicens
illis: Scriptum est: Quia domus mea domus orationis est. Vos autem fecistis illam
speluncam latronum.
47 Et erat docens quotidie in templo.
Principes autem sacerdotum, et scribae,
et principes plebis quaerebant illum perdere: 48 et non inveniebant quid facerent
illi. Omnis enim populus suspensus erat,
audiens illum.

Origo potestatis Christi

20 1 Et factum est in una dierum, do-
cente illo populum in templo, et
evangelizante, convenerunt principes sacerdotum, et scribae cum senioribus, 2 et
aiunt dicentes ad illum: Dic nobis in qua
potestate haec facis? aut: Quis est qui
dedit tibi hanc potestatem? 3 Respondens
autem Iesus, dixit ad illos: Interrogabo
vos et ego unum verbum. Respondete
mihi: 4 Baptismus Ioannis de caelo erat,
an ex hominibus? 5 At illi cogitabant intra se, dicentes: Quia si dixerimus: De
caelo, dicet: Quare ergo non credidistis

37; Io 1,11; 15,18.27. — **17:** Lc 16,10. — **26:** Mt 13,12; 25,29; Mc 4,25; Lc 8,18. — **27:** 1 Cor 15,25; Apoc 19,15. — **29-40:** Mt 21,1-11; Mc 11,1-11; Io 12,12-19. — **30:** Lc 23,53. — **36:** 4 Reg 9,13. — **38:** Ps 117,26; Lc 2,14. — **41:** Deut 32,29; Mt 23,37; Lc 13,34; 23,28; Io 11, 35. — **44:** Ps 136,7.9; Lc 21,6. — **45-47:** Mt 21,12-16; Mc 11,15-18. — **46:** Is 56,7; Ier 7, 11; Io 2,14. — **47:** Lc 20,1; 22,53; Io 18,20. — **48:** Mc 12,37; Lc 21,38.

illi? 6 Si autem dixerimus: Ex hominibus, plebs universa lapidabit nos: certi sunt enim Ioannem prophetam esse. 7 Et responderunt se nescire unde esset. 8 Et Iesus ait illis: Neque ego dico vobis in qua potestate haec facio.

Parabola de perfidis vinitoribus

9 Coepit autem dicere ad plebem parabolam hanc: Homo plantavit vineam, et locavit eam colonis: et ipse peregre fuit multis temporibus. 10 Et in tempore misit ad cultores servum, ut de fructu vineae darent illi. Qui caesum dimiserunt eum inanem. 11 Et addidit alterum servum mittere. Illi autem hunc quoque caedentes, et afficientes contumelia, dimiserunt inanem. 12 Et addidit tertium mittere: qui et illum vulnerantes eiecerunt. 13 Dixit autem dominus vineae: Quid faciam? Mittam filium meum dilectum: forsitan, cum hunc viderint, verebuntur. 14 Quem cum vidissent coloni, cogitaverunt intra se, dicentes: Hic est haeres, occidamus illum, ut nostra fiat haereditas. 15 Et eiectum illum extra vineam, occiderunt. Quid ergo faciet illis dominus vineae? 16 veniet, et perdet colonos istos, et dabit vineam aliis. Quo audito, dixerunt illi: Absit. 17 Ille autem aspiciens eos, ait: Quid est ergo hoc quod scriptum est: Lapidem quem reprobaverunt aedificantes, hic factus est in caput anguli? 18 Omnis qui ceciderit super illum lapidem, conquassabitur: super quem autem ceciderit, comminuet illum.

De tributo Caesari solvendo

19 Et quaerebant principes sacerdotum et scribae mittere in illum manus illa hora: et timuerunt populum: cognoverunt enim quod ad ipsos dixerit similitudinem hanc. 20 Et observantes miserunt insidiatores, qui se iustos simularent, ut caperent eum in sermone, ut traderent illum principatui, et potestati praesidis. 21 Et interrogaverunt eum, dicentes: Magister, scimus quia recte dicis et doces: et non accipis personam, sed viam Dei in veritate doces: 22 licet nobis tributum dare Caesari, an non? 23 Considerans autem dolum illorum, dixit ad eos: Quid me tentatis? 24 Ostendite mihi denarium: Cuius habet imaginem et inscriptionem? Respondentes dixerunt ei: Caesaris. 25 Et ait illis: Reddite ergo quae sunt Caesaris, Caesari: et quae sunt Dei, Deo. 26 Et non potuerunt verbum eius reprehendere coram plebe: et mirati in responso eius, tacuerunt.

De resurrectione mortuorum

27 Accesserunt autem quidam sadducaeorum, qui negant esse resurrectionem, et interrogaverunt eum, 28 dicentes: Magister, Moyses scripsit nobis: Si frater alicuius mortuus fuerit habens uxorem, et hic sine liberis fuerit, ut accipiat eam frater eius uxorem, et suscitet semen fratri suo; 29 septem ergo fratres erant; et primus accepit uxorem, et mortuus est sine filiis. 30 Et sequens accepit illam, et ipse mortuus est sine filio. 31 Et tertius accepit illam. Similiter et omnes septem, et non reliquerunt semen, et mortui sunt. 32 Novissime omnium mortua est et mulier. 33 In resurrectione ergo, cuius eorum erit uxor? siquidem septem habuerunt eam uxorem. 34 Et ait illis Iesus: Filii huius saeculi nubunt, et traduntur ad nuptias: 35 illi vero qui digni habebuntur saeculo illo, et resurrectione ex mortuis, neque nubent, neque ducent uxores; 36 neque enim ultra mori poterunt; aequales enim angelis sunt, et filii sunt Dei; cum sint filii resurrectionis. 37 Quia vero resurgant mortui, et Moyses ostendit secus rubum, sicut dicit Dominum, Deum Abraham, et Deum Isaac, et Deum Iacob. 38 Deus autem non est mortuorum, sed vivorum: omnes enim vivunt ei. 39 Respondentes autem quidam scribarum, dixerunt ei: Magister, bene dixisti. 40 Et amplius non audebant eum quidquam interrogare.

Christus cuius filius sit

41 Dixit autem ad illos: Quomodo dicunt Christum, filium esse David? 42 et ipse David dicit in libro Psalmorum: Dixit Dominus Domino meo: sede a dextris meis, 43 donec ponam inimicos tuos scabellum pedum tuorum? 44 David ergo Dominum illum vocat: et quomodo filius eius est?

45 Audiente autem omni populo, dixit discipulis suis: 46 Attendite a scribis, qui volunt ambulare in stolis, et amant salutationes in foro, et primas cathedras in synagogis, et primos discubitus in conviviis: 47 qui devorant domos viduarum, simulantes longam orationem. Hi accipient damnationem maiorem.

20 **1-8:** Mt 21,23-27; Mc 11,27-33. — **9-19:** Is 5,1; Mt 21,33; Mc 12,1-12. — **10:** 2 Par 24,19; 36,15-16; Neh 9,26; Ier 44,4. — **17:** Ps 117,22; Is 8,14. — **19:** Lc 19,47. — **20-26:** Mt 22,15-22; Mc 12,13-17. — **20:** Lc 11,54. — **25:** Lc 13,7. || Const. Alex. VIII: D 1322. — **27-40:** Mt 22,23-33; Mc 12,18-27. — **28:** Deut 25,5; Ruth 1,12; 3,9. — **35:** Phil 3,11. — **36:** 1 Cor 15,54; 1 Io 3,1. — **37:** Ex 3,6.15. — **40-44:** Mt 22,41-40; Mc 12,34-37. — **42:** Ps 109,1-2. — **45-47:** Mt 23,1.5.7.14; Mc 12,38-40.

Munus viduae pauperis

21 [1] Respiciens autem, vidit eos qui
mittebant munera sua in gazophylacium, divites. [2] Vidit autem et quandam
viduam pauperculam mittentem aera minuta duo. [3] Et dixit: Vere dico vobis, quia
vidua haec pauper, plus quam omnes misit. [4] Nam omnes hi ex abundanti sibi
miserunt in munera Dei; haec autem ex
eo quod deest illi, omnem victum suum
quem habuit, misit.

Prophetia de templi eversione

[5] Et quibusdam dicentibus de templo
quod bonis lapidibus et donis ornatum
esset, dixit: [6] Haec quae videtis, venient
dies in quibus non relinquetur lapis super
lapidem, qui non destruatur. [7] Interrogaverunt autem illum, dicentes: Praeceptor,
quando haec erunt, et quod signum cum
fieri incipient?

Tristia tempora

[8] Qui dixit: Videte ne seducamini: multi enim venient in nomine meo, dicentes
quia ego sum: et tempus appropinquavit;
nolite ergo ire post eos. [9] Cum autem
audieritis praelia et seditiones, nolite ter-
reri; oportet primum haec fieri, sed nondum statim finis. [10] Tunc dicebat illis: Surget gens contra gentem, et regnum adversus regnum. [11] Et terraemotus magni erunt
per loca, et pestilentiae, et fames, terro-
resque de caelo, et signa magna erunt.

Fidelium persecutio

[12] Sed ante haec omnia iniicient vobis
manus suas, et persequentur tradentes in
synagogas et custodias, trahentes ad reges
et praesides propter nomen meum; [13] con-
tinget autem vobis in testimonium. [14] Ponite ergo in cordibus vestris non praeme-
ditari quemadmodum respondeatis: [15] ego
enim dabo vobis os et sapientiam, cui non
poterunt resistere et contradicere omnes
adversarii vestri. [16] Trademini autem a
parentibus, et fratribus, et cognatis, et
amicis, et morte afficient ex vobis; [17] et
eritis odio omnibus propter nomen meum:
[18] et capillus de capite vestro non peribit.
[19] In patientia vestra possidebitis animas
vestras.

Desolatio Iudaeae

[20] Cum autem videritis circumdari ab
exercitu Ierusalem, tunc scitote quia appropinquavit desolatio eius: [21] tunc qui
in Iudaea sunt, fugiant ad montes: et qui
in medio eius, discedant: et qui in regionibus, non intrent in eam: [22] quia dies
ultionis hi sunt, ut impleantur omnia quae
scripta sunt. [23] Vae autem praegnantibus
et nutrientibus in illis diebus! erit enim
pressura magna super terram, et ira populo huic. [24] Et cadent in ore gladii: et captivi ducentur in omnes gentes, et Ierusalem calcabitur a gentibus: donec impleantur tempora nationum.

Adventus Filii hominis

[25] Et erunt signa in sole, et luna, et
stellis, et in terris pressura gentium prae
confusione sonitus maris, et fluctuum:
[26] arescentibus hominibus prae timore, et
exspectatione, quae supervenient universo orbi: nam virtutes caelorum movebuntur; [27] et tunc videbunt Filium hominis
venientem in nube cum potestate magna
et maiestate.

Parabola fici

[28] His autem fieri incipientibus, respicite, et levate capita vestra; quoniam
appropinquat redemptio vestra.
[29] Et dixit illis similitudinem: Videte
ficulneam, et omnes arbores; [30] cum pro-
ducunt iam ex se fructum, scitis quoniam
prope est aestas. [31] Ita et vos cum videritis haec fieri, scitote quoniam prope est
regnum Dei. [32] Amen dico vobis, quia
non praeteribit generatio haec, donec omnia fiant. [33] Caelum et terra transibunt:
verba autem mea non transibunt.

Semper vigilandum

[34] Attendite autem vobis, ne forte gra-
ventur corda vestra in crapula, et ebrietate, et curis huius vitae; et superveniat in
vos repentina dies illa; [35] tanquam laqueus
enim superveniet in omnes qui sedent super faciem omnis terrae. [36] Vigilate itaque,
omni tempore orantes, ut digni habeamini
fugere ista omnia quae futura sunt, et
stare ante Filium hominis.
[37] Erat autem diebus docens in templo:

21 **1-4:** Mc 12,41-44. — **1:** 4 Reg 12,9. — **3:** 2 Cor 8,12. — **4:** Lc 12,15. — **5-36:** Mt 24,1-36; Mc 13,1-32. — **6:** Lc 19,44. — **8:** 2 Thes 2,3; 1 Io 2,18. — **10:** 2 Par 15,6; Is 19,2; Apoc 6,4. — **12:** Mt 10,17; Lc 12,11. — **15:** Act 6,10. **17:** Mt 10,21; Io 15,18. — **18:** Io 17,14. — **20:** Lc 19, 43. — **22:** Lc 23,29. — **24:** Rom 11,25; Apoc 11,2. — **25:** Ps 64,8; Is 34,4; Mt 24,29; Mc 13, 24. — **27:** Dan 7,13; Mt 26,64. — **28:** Phil 4, 4. — **29:** Mt 24,32; Mc 13,28. — **33:** Mt 5,18. **34:** Mt 24,49; Mc 4,19; Lc 17,27. — **36:** Mt 26,41; Mc 13,33; Lc 12,35; 1 Thess 5,3. — **37:** Mc 11,19; Lc 29,47.

noctibus vero exiens, morabatur in monte
qui vocatur Oliveti. 38 Et omnis populus
manicabat ad eum in templo audire eum.

PARS QUINTA

IESU CHRISTI PASSIO ET RESURRECTIO
(22,1-24,53)

Coniuratio Iudaeorum

22 1 Appropinquabat autem dies festus Azymorum, qui dicitur Pascha:
2 et quaerebant principes sacerdotum, et
scribae, quomodo Iesum interficerent: timebant vero plebem.
3 Intravit autem Satanas in Iudam, qui
cognominabatur Iscariotes, unum de duodecim: 4 et abiit, et locutus est cum principibus sacerdotum, et magistratibus, quemadmodum illum traderet eis. 5 Et gavisi
sunt, et pacti sunt pecuniam illi dare. 6 Et
spopondit. Et quaerebat opportunitatem
ut traderet illum sine turbis.

Postrema Christi coena

7 Venit autem dies Azymorum, in qua
necesse erat occidi pascha. 8 Et misit Petrum et Ioannem, dicens: Euntes parate
nobis pascha, ut manducemus. 9 At illi
dixerunt: Ubi vis paremus? 10 Et dixit ad
eos: Ecce introeuntibus vobis in civitatem
occurret vobis homo quidam amphoram
aquae portans: sequimini eum in domum,
in quam intrat, 11 et dicetis patrifamilias
domus: Dicit tibi Magister: Ubi est diversorium, ubi pascha cum discipulis meis
manducem? 12 Et ipse ostendet vobis coenaculum magnum stratum, et ibi parate.
13 Euntes autem invenerunt sicut dixit illis,
et paraverunt pascha.
14 Et cum facta esset hora, discubuit,
et duodecim apostoli cum eo. 15 Et ait
illis: Desiderio desideravi hoc pascha manducare vobiscum, antequam patiar. 16 Dico enim vobis, quia ex hoc non manducabo illud, donec impleatur in regno Dei.
17 Et accepto calice gratias egit, et dixit:
Accipite, et dividite inter vos. 18 Dico
enim vobis quod non bibam de generatione vitis donec regnum Dei veniat.

Institutio Eucharistiae

19 Et accepto pane gratias egit, et fregit,
et dedit eis, dicens: Hoc est corpus meum,
quod pro vobis datur: hoc facite in meam
commemorationem. 20 Similiter et calicem,
postquam coenavit, dicens: Hic est calix
novum testamentum in sanguine meo, qui
pro vobis fundetur.
21 Verumtamen ecce manus tradentis
me, mecum est in mensa. 22 Et quidem
Filius hominis, secundum quod definitum
est, vadit: verumtamen vae homini illi
per quem tradetur. 23 Et ipsi coeperunt
quaerere inter se quis esset ex eis qui hoc
facturus esset.

Quis maior inter discipulos

24 Facta est autem et contentio inter
eos, quis eorum videretur esse maior.
25 Dixit autem eis: Reges gentium dominantur eorum; et qui potestatem habent
super eos, benefici vocantur. 26 Vos autem non sic: sed qui maior est in vobis,
fiat sicut minor: et qui praecessor est,
sicut ministrator. 27 Nam quis maior est,
qui recumbit, an qui ministrat? nonne
qui recumbit? Ego autem in medio vestrum sum, sicut qui ministrat: 28 vos autem estis, qui permansistis mecum in tentationibus meis. 29 Et ego dispono vobis
sicut disposuit mihi Pater meus regnum,
30 ut edatis et bibatis super mensam meam
in regno meo: et sedeatis super thronos
iudicantes duodecim tribus Israel.

Petri negatio praedicitur

31 Ait autem Dominus: Simon, Simon,
ecce Satanas expetivit vos ut cribraret sicut triticum: 32 ego autem rogavi pro te
ut non deficiat fides tua: et tu aliquando
conversus confirma fratres tuos. 33 Qui
dixit ei: Domine, tecum paratus sum et
in carcerem et in mortem ire. 34 At ille
dixit: Dico tibi, Petre, non cantabit hodie
gallus, donec ter abneges nosse me.
Et dixit eis: 35 Quando misi vos sine
sacculo, et pera, et calceamentis, numquid aliquid defuit vobis? 36 At illi dixerunt: Nihil. Dixit ergo eis: Sed nunc qui
habet sacculum, tollat similiter et peram:
et qui non habet, vendat tunicam suam
et emat gladium. 37 Dico enim vobis, quoniam adhuc hoc quod scriptum est, oportet impleri in me: Et cum iniquis deputatus
est. Etenim ea quae sunt de me finem habent. 38 At illi dixerunt: Domine, ecce duo
gladii hic. At ille dixit eis: Satis est.

22 **1-2:** Mt 26,2-5; Mc 14,1-2. — **3-6:** Mt 26,14-16; Mc 14,10-11; Io 13,2.27. — **7-13:** Mt 26,17-19; Mc 14,12-16. — **7:** Ex 12,18-20. — **14:** Mt 26,20; Mc 14,17. — **18:** Mt 26,29; Mc 14,25; Io 6,35; 1 Cor 5,7; 11,23. — **19-20:** Conc. Trid.: D 874. — **19:** Mt 26,26; Mc 14,22. ‖ Conc. Trid.: D 949. — **21-23:** Mt 26,21-25; Mc 14,18-21; Io 13,18-30. — **24:** Lc 9,46. — **25:** Mt 18,1; 20,25; Mc 10,42. — **27:** Lc 12,37. — **28:** Lc 11,8. — **29:** Lc 12,32. — **30:** Mt 19,28. — **31:** Mt 26,31; Mc 14,27. ‖ Epist. Leonis IX: D 351; Epist. Pelagii II: D 246. — **32:** Io 17,9.11.15; 21,15. ‖ Epist. Innoc. II: D 387; Conc. Vatic.: D 1836. — **33-34:** Mt 26,33-35; Mc 14,29-31; Io 13,37-38. — **35:** Mt 10,9; Mc 6,8; Lc 9,3. — **37:** Is 53,12; Mc 15,28.

Oratio in Gethsemani

39 Et egressus ibat secundum consuetudinem in monte Olivarum. Secuti sunt
autem illum et discipuli. 40 Et cum pervenisset ad locum, dixit illis: Orate ne intretis in tentationem. 41 Et ipse avulsus
est ab eis quantum iactus est lapidis: et
positis genibus orabat, 42 dicens: Pater,
si vis, transfer calicem istum a me: verumtamen non mea voluntas, sed tua
fiat. 43 Apparuit autem illi angelus de caelo, confortans eum. Et factus in agonia,
prolixius orabat. 44 Et factus est sudor
eius, sicut guttae sanguinis decurrentis in
terram. 45 Et cum surrexisset ab oratione
et venisset ad discipulos suos, invenit eos
dormientes prae tristitia. 46 Et ait illis:
Quid dormitis? surgite, orate, ne intretis
in tentationem.

Christus apprehenditur

47 Adhuc eo loquente ecce turba et
qui vocabatur Iudas, unus de duodecim,
antecedebat eos, et appropinquavit Iesu
ut oscularetur eum. 48 Iesus autem dixit
illi: Iuda, osculo Filium hominis tradis?
49 Videntes autem hi qui circa ipsum erant,
quod futurum erat, dixerunt ei: Domine,
si percutimus in gladio? 50 Et percussit
unus ex illis servum principis sacerdotum,
et amputavit auriculam eius dexteram.
51 Respondens autem Iesus, ait: Sinite usque huc. Et cum tetigisset auriculam eius,
sanavit eum. 52 Dixit autem Iesus ad eos
qui venerant ad se principes sacerdotum,
et magistratus templi, et seniores: Quasi
ad latronem existis cum gladiis et fustibus? 53 Cum quotidie vobiscum fuerim in
templo, non extendistis manus in me: sed
haec est hora vestra, et potestas tenebrarum.
54 Comprehendentes autem eum, duxerunt ad domum principis sacerdotum: Petrus vero sequebatur a longe.

Petri negatio

55 Accenso autem igne in medio atrii
et circumsedentibus illis, erat Petrus in
medio eorum. 56 Quem cum vidisset ancilla quaedam sedentem ad lumen, et eum
fuisset intuita, dixit: Et hic cum illo erat.
57 At ille negavit eum, dicens: Mulier,
non novi illum. 58 Et post pusillum alius
videns eum, dixit: Et tu de illis es. Petrus vero ait: O homo, non sum. 59 Et
intervallo facto quasi horae unius, alius
quidam affirmabat, dicens: Vere et hic
cum illo erat: nam et Galilaeus est. 60 Et
ait Petrus: Homo, nescio quid dicis. Et
continuo adhuc illo loquente cantavit
gallus. 61 Et conversus Dominus respexit Petrum. Et recordatus est Petrus verbi
Domini, sicut dixerat: Quia prius quam
gallus cantet, ter me negabis. 62 Et egressus foras Petrus flevit amare.

Iesus illuditur

63 Et viri qui tenebant illum, illudebant
ei, caedentes. 64 Et velaverunt eum, et percutiebant faciem eius: et interrogabant
eum, dicentes: Prophetiza, quis est, qui
te percussit? 65 Et alia multa blasphemantes dicebant in eum.

Iesus coram Concilio

66 Et ut factus est dies, convenerunt
seniores plebis, et principes sacerdotum,
et scribae, et duxerunt illum in concilium
suum, dicentes: Si tu es Christus, dic nobis. 67 Et ait illis: Si vobis dixero, non
credetis mihi: 68 si autem et interrogave-
ro, non respondebitis mihi, neque dimittetis. 69 Ex hoc autem erit Filius hominis
sedens a dextris virtutis Dei. 70 Dixerunt
autem omnes: Tu ergo es Filius Dei?
Qui ait: Vos dicitis, quia ego sum. 71 At
illi dixerunt: Quid adhuc desideramus testimonium? ipsi enim audivimus de ore
eius.

Iesus coram Pilato

23 1 Et surgens omnis multitudo eorum, duxerunt illum ad Pilatum.
2 Coeperunt autem illum accusare, dicentes: Hunc invenimus subvertentem gentem nostram, et prohibentem tributa dare
Caesari, et dicentem se Christum regem
esse. 3 Pilatus autem interrogavit eum, dicens: Tu es rex Iudaeorum? At ille respondens ait: Tu dicis. 4 Ait autem Pilatus ad
principes sacerdotum et turbas: Nihil invenio causae in hoc homine. 5 At illi invalescebant, dicentes: Commovet populum docens per universam Iudaeam, incipiens a Galilaea usque huc.
6 Pilatus autem audiens Galilaeam, interrogavit si homo Galilaeus esset. 7 Et
ut cognovit quod de Herodis potestate
esset, remisit eum ad Herodem, qui et
ipse Ierosolymis erat illis diebus.

39-46: Mt 26,30-46; Mc 14,26-42. — **40:** Mt 26,36; Mc 14,32; Io 18,1. — **42:** Mt 6,10; 20,22; Io 18,11. — **43-44:** Resp. Comm. de Re Biblica: D 2157. — **43:** Io 12,28. — **47-53:** Mt 26,47-56; Mc 14,43-52; Io 18,3-12. — **52:** Act 4,1. — **53:** Lc 19,47; Io 7,30; 19,11. — **54:** Mt 26,57; Mc 14,53; Io 18,15. — **55-62:** Mt 26,69-75; Mc 14,66-72; Io 18,16-18.25-27. — **63-65:** Mt 26,67-68; Mc 14,65. — **66:** Mt 26,63; Mc 14,61; Io 18,19. — **67:** Lc 3,12; 8,45;,10,24. — **68:** Io 18,24. — **69:** Dan 7,13.

23 **1-5:** Mt 27,2.11-14; Mc 15,2-5; Io 18,28. — **2:** Lc 20,25. — **3:** Mt 27,11; Mc 15,2; Io 18,38; 1 Tim 6,13. — **6:** Act 23,34. —

Iesus coram Herode

8 Herodes autem viso Iesu, gavisus est
valde. Erat enim cupiens ex multo tempore videre eum, eo quod audierat multa
de eo, et sperabat signum aliquod videre
ab eo fieri. 9 Interrogabat autem eum multis sermonibus. At ipse nihil illi respondebat. 10 Stabant autem principes sacerdotum et scribae constanter accusantes
eum. 11 Sprevit autem illum Herodes cum
exercitu suo: et illusit indutum veste alba,
et remisit ad Pilatum. 12 Et facti sunt amici
Herodes et Pilatus in ipsa die: nam antea
inimici erant ad invicem.

Pilati contentio cum Iudaeis

13 Pilatus autem, convocatis principibus sacerdotum, et magistratibus, et plebe, 14 dixit ad illos: Obtulistis mihi hunc
hominem, quasi avertentem populum, et
ecce ego coram vobis interrogans, nullam
causam inveni in homine isto ex his in
quibus eum accusatis. 15 Sed neque Herodes: nam remisi vos ad illum, et ecce
nihil dignum morte actum est ei. 16 Emen-
datum ergo illum dimittam. 17 Necesse
autem habebat dimittere eis per diem festum unum. 18 Exclamavit autem simul
universa turba, dicens: Tolle hunc, et dimitte nobis Barabbam, 19 qui erat propter
seditionem quandam factam in civitate et
homicidium, missus in carcerem. 20 Iterum
autem Pilatus locutus est ad eos, volens
dimittere Iesum. 21 At illi succlamabant,
dicentes: Crucifige, crucifige eum. 22 Ille
autem tertio dixit ad illos: Quid enim mali
fecit iste? nullam causam mortis invenio
in eo: corripiam ergo illum et dimittam.
23 At illi instabant vocibus magnis postulantes ut crucifigeretur: et invalescebant
voces eorum.

Iesus morti damnatus ducitur ad Calvarium

24 Et Pilatus adiudicavit fieri petitionem
eorum. 25 Dimisit autem illis eum qui
propter homicidium et seditionem missus
fuerat in carcerem, quem petebant: Iesum
vero tradidit voluntati eorum.
26 Et cum ducerent eum, apprehenderunt Simonem quendam Cyrenensem venientem de villa: et imposuerunt illi crucem portare post Iesum. 27 Sequebatur autem illum multa turba populi et mulierum,
quae plangebant et lamentabantur eum.
28 Conversus autem ad illas Iesus, dixit:
Filiae Ierusalem, nolite flere super me, sed
super vos ipsas flete et super filios vestros.
29 Quoniam ecce venient dies in quibus
dicent: Beatae steriles, et ventres qui non
genuerunt et ubera quae non lactaverunt.
30 Tunc incipient dicere montibus: Cadite super nos, et collibus: Operite nos.
31 Quia si in viridi ligno haec faciunt, in
arido quid fiet?
32 Ducebantur autem et alii duo nequam
cum eo, ut interficerentur.

Iesus inter duos latrones crucifixus

33 Et postquam venerunt in locum qui
vocatur Calvariae, ibi crucifixerunt eum:
et latrones, unum a dextris, et alterum a
sinistris. 34 Iesus autem dicebat: Pater,
dimitte illis: non enim sciunt quid faciunt.
Dividentes vero vestimenta eius, miserunt
sortes.
35 Et stabat populus spectans, et deridebant eum principes cum eis, dicentes:
Alios salvos fecit, se salvum faciat, si hic
est Christus Dei electus. 36 Illudebant
autem ei et milites accedentes, et acetum
offerentes ei, 37 et dicentes: Si tu es rex
Iudaeorum, salvum te fac. 38 Erat autem
et superscriptio scripta super eum litteris
graecis, et latinis, et hebraicis: Hic est
rex Iudaeorum.
39 Unus autem de his qui pendebant,
latronibus, blasphemabat eum, dicens:
Si tu es Christus, salvum fac temetipsum
et nos. 40 Respondens autem alter increpabat eum, dicens: Neque tu times Deum,
quod in eadem damnatione es. 41 Et nos
quidem iuste, nam digna factis recipimus:
hic vero nihil mali gessit. 42 Et dicebat
ad Iesum: Domine, memento mei cum
veneris in regnum tuum. 43 Et dixit illi
Iesus: Amen dico tibi: Hodie mecum
eris in paradiso.

Iesu Christi mors

44 Erat autem fere hora sexta, et tenebrae factae sunt in universam terram
usque in horam nonam. 45 Et obscuratus
est sol et velum templi scissum est medium. 46 Et clamans voce magna Iesus
ait: Pater, in manus tuas commendo
spiritum meum. Et haec dicens, expiravit.
47 Videns autem centurio quod factum
fuerat, glorificavit Deum, dicens: Vere
hic homo iustus erat. 48 Et omnis turba
eorum, qui simul aderant ad spectaculum
istud, et videbant quae fiebant, percutien-

8: Lc 9,9. — **10:** Act 25,7. — **11:** Lc 9,22. — **13-25:** Mt 27,15-30; Mc 15,6-19; Io 18,39-19,6. — **14:** Act 28,18. — **16:** Mt 27,15; Mc 15,7; Io 18, 40. — **18:** Mt 27,16; Mc 15,7; Io 18,40; 19, 16. — **26:** Mt 27,32; Mc 15,21. — **29:** Mt 24, 19; Mc 13,17; Lc 21,23. — **30:** Os 10,8; Apoc 6,16; 9,6. — **31:** Prov 11,31; 1 Petr 4,17. — **33-34:** Mt 27,33-38; Mc 15,22; Io 19,17-24. — **34:** Ps 21,8.19; Mt 5,34; Mc 15,24; Io 19,23. — **35:** Mt 27,41; Mc 15,31. — **36:** Ps 69,22; Mt 27, 48; Mc 15,36; Io 19,29. — **42:** Gen 40,14. — **43:** 2 Cor 12,4; Apoc 2,7. || Conc. Arausic. II: D 200. — **44:** Mt 27,45; Mc 15,33; Io 19,14. — **45:** Mt 27,51; Mc 15,37; Io 19,30. — **46:** Ps

tes pectora sua revertebantur. 49 Stabant
autem omnes noti eius a longe: et mulieres, quae secutae eum erant a Galilaea,
haec videntes.

Iesu sepultura

50 Et ecce vir nomine Ioseph, qui erat
decurio, vir bonus et iustus; 51 hic non
consenserat consilio, et actibus eorum, ab
Arimathaea civitate Iudaeae, qui exspectabat et ipse regnum Dei: 52 hic accessit
ad Pilatum et petiit corpus Iesu: 53 et
depositum involvit sindone, et posuit eum
in monumento exciso, in quo nondum
quisquam positus fuerat. 54 Et dies erat
parasceves, et sabbatum illucescebat.
55 Subsecutae autem mulieres, quae cum
eo venerant de Galilaea, viderunt monumentum, et quemadmodum positum erat
corpus eius. 56 Et revertentes paraverunt
aromata, et unguenta: et sabbato quidem
siluerunt secundum mandatum.

Mulieres ad monumentum

24 1 Una autem sabbati valde diluculo
venerunt ad monumentum, portantes quae paraverant aromata: 2 et invenerunt lapidem revolutum a monumento.
3 Et ingressae non invenerunt corpus Domini Iesu. 4 Et factum est, dum mente
consternatae essent de isto, ecce duo viri
steterunt secus illas in veste fulgenti.
5 Cum timerent autem, et declinarent vultum in terram, dixerunt ad illas: Quid
quaeritis viventem cum mortuis? 6 non
est hic, sed surrexit: recordamini qualiter
locutus est vobis, cum adhuc in Galilaea
esset, 7 dicens: Quia oportet Filium hominis tradi in manus hominum peccatorum, et crucifigi, et die tertia resurgere.
8 Et recordatae sunt verborum eius. 9 Et
regressae a monumento nuntiaverunt haec
omnia illis undecim, et caeteris omnibus.
10 Erat autem Maria Magdalene, et Ioanna, et Maria Iacobi, et caeterae quae cum
eis erant, quae dicebant ad apostolos haec.
11 Et visa sunt ante illos, sicut deliramen-
tum verba ista: et non crediderunt illis.
12 Petrus autem surgens cucurrit ad
monumentum: et procumbens vidit linteamina sola posita, et abiit secum mirans
quod factum fuerat.

Apparet Iesus discipulis euntibus in Emmaus

13 Et ecce duo ex illis ibant ipsa die
in castellum, quod erat in spatio stadiorum sexaginta ab Ierusalem, nomine Em-
maus. 14 Et ipsi loquebantur ad invicem
de his omnibus quae acciderant. 15 Et
factum est, dum fabularentur, et secum
quaererent: et ipse Iesus appropinquans
ibat cum illis: 16 oculi autem illorum tenebantur ne eum agnoscerent. 17 Et ait ad
illos: Qui sunt hi sermones, quos confertis
ad invicem ambulantes, et estis tristes?
18 Et respondens unus, cui nomen Cleophas, dixit ei: Tu solus peregrinus es in
Ierusalem, et non cognovisti quae facta
sunt in illa his diebus? 19 Quibus ille
dixit: Quae? Et dixerunt: De Iesu Nazareno, qui fuit vir propheta, potens in
opere et sermone coram Deo et omni
populo: 20 et quomodo eum tradiderunt
summi sacerdotes et principes nostri in
damnationem mortis, et crucifixerunt
eum: 21 nos autem sperabamus quia ipse
esset redempturus Israel: et nunc super
haec omnia, tertia dies est hodie quod haec
facta sunt. 22 Sed et mulieres quaedam
ex nostris terruerunt nos, quae ante lucem
fuerunt ad monumentum, 23 et, non in-
vento corpore eius, venerunt, dicentes se
etiam visionem angelorum vidisse, qui
dicunt eum vivere. 24 Et abierunt quidam
ex nostris ad monumentum: et ita invenerunt sicut mulieres dixerunt, ipsum
vero non invenerunt. 25 Et ipse dixit ad
eos: O stulti, et tardi corde ad credendum in omnibus quae locuti sunt prophetae! 26 Nonne haec oportuit pati Christum, et ita intrare in gloriam suam? 27 Et
incipiens a Moyse, et omnibus prophetis,
interpretabatur illis in omnibus scripturis
quae de ipso erant. 28 Et appropinquaverunt castello quo ibant: et ipse se finxit
longius ire. 29 Et coegerunt illum, dicentes: Mane nobiscum, quoniam advespe-
rascit, et inclinata est iam dies. Et intravit
cum illis.
30 Et factum est, dum recumberet cum
eis, accepit panem, et benedixit, ac fregit,
et porrigebat illis. 31 Et aperti sunt oculi
eorum, et cognoverunt eum: et ipse evanuit ex oculis eorum. 32 Et dixerunt ad
invicem: Nonne cor nostrum ardens erat
in nobis dum loqueretur in via, et aperiret nobis Scripturas? 33 Et surgentes eadem hora regressi sunt in Ierusalem: et
invenerunt congregatos undecim, et eos

30,6. — **47:** Mt 27,54; Mc 15,39. — **49:** Ps 87,9.19; Mt 27,55; Mc 15,40. — **50-56:** Mt 27,57-69; Mc 15,42-47; Io 19,38-42.

24 **1-12:** Mt 28,1-10; Mc 16,1-8; Io 20,1-10. — **7:** Mt 17,22; 20,19; Lc 9,22; 18,33. — **10:** Mt 27,56; Mc 15,40; Lc 8,2. — **12:** Io 20,3. — **13:** Mc 16,12. — **19:** Act 2,22. — **23:** Lc 24,9. — **21:** Lc 1,68. — **27:** Deut 18,15; Ps 21; Is 53. — **30:** Lc 22,19. — **34:** 1 Cor 15,4. —

assus, a, um: roasted
favus, 2: honey-comb

qui cum illis erant, 34 dicentes: Quod surrexit Dominus vere, et apparuit Simoni.
35 Et ipsi narrabant quae gesta erant in
via: et quomodo cognoverunt eum in
fractione panis.

Iesu apparitio ad Apostolos

36 Dum autem haec loquuntur, stetit
Iesus in medio eorum, et dicit eis: Pax
vobis: ego sum, nolite timere. 37 Conturbati vero et conterriti, existimabant se
spiritum videre. 38 Et dixit eis: Quid turbati estis, et cogitationes ascendunt in
corda vestra? 39 Videte manus meas, et
pedes, quia ego ipse sum; palpate et videte, quia spiritus carnem et ossa non habet,
sicut me videtis habere. 40 Et cum hoc
dixisset, ostendit eis manus et pedes.
41 Adhuc autem illis non credentibus, et
mirantibus prae gaudio, dixit: Habetis
hic aliquid quod manducetur? 42 At illi
obtulerunt ei partem piscis assi et favum
mellis. 43 Et cum manducasset coram eis,
sumens reliquias dedit eis.

Postrema documenta

44 Et dixit ad eos: Haec sunt verba
quae locutus sum ad vos cum adhuc essem vobiscum, quoniam necesse est impleri omnia quae scripta sunt in lege Moysi, et prophetis, et Psalmis de me. 45 Tunc
aperuit illis sensum ut intelligerent Scripturas, 46 et dixit eis: Quoniam sic scriptum est, et sic oportebat Christum pati,
et resurgere a mortuis tertia die: 47 et
praedicari in nomine eius poenitentiam,
et remissionem peccatorum in omnes gentes, incipientibus ab Ierosolyma. 48 Vos
autem testes estis horum. 49 Et ego mitto
promissum Patris mei in vos; vos autem
sedete in civitate, quoadusque induamini
virtute ex alto.

Iesu Christi ascensio in caelum

50 Eduxit autem eos foras in Bethaniam, et elevatis manibus suis benedixit
eis. 51 Et factum est, dum benediceret illis,
recessit ab eis, et ferebatur in caelum.
52 Et ipsi adorantes regressi sunt in Ierusalem cum gaudio magno: 53 et erant
semper in templo, laudantes et benedicentes Deum. Amen.

36-43: Mc 16,14; Io 20,19-23. — **40:** Io 20,20. — **43:** Act 10,41. — **44:** Act 26,22. || Bulla Sixti IV: D 720. — **48:** Act 1,4. — **50-53:** Mc 16, 19-20; Io 14,28; 16,22; Act 1,4-12.

EVANGELIUM SECUNDUM IOANNEM

SUMMARIUM PROLOGUS *(1,1-18)*.—PARS PRIMA: IESU CHRISTI PRAEDICATIO IN IUDAEA ET GALILAEA *(1,19-12,50)*: *Ioannis de Iesu testimonium (1,19-34). Priorum discipulorum vocatio (1,35-51). Primo in Cana manifestavit Iesus gloriam suam (2,1-12). Iesus mercatores eiicit de templo (2,13-25). Colloquium Iesu cum Nicodemo (3,1-21). Novum Ioannis de Iesu testimonium (3,22-36). Colloquium Iesu cum Samaritana (4,1-42). In Galilaea filium reguli sanat Iesus (4,43-64). In Ierusalem paralytici sanatio (5,1-9). Disputatio de sabbato (5,10-47). Panum multiplicatio in Galilaea (6,1-24). Sermo de pane vitae in Capharnaum (6,25-72). Appropinquante festo tabernaculorum, mansit Iesus in Galilaea (7,1-9). Clam profectus in Ierusalem disputat cum Iudaeis de sabbato (7,10-39). De Christi origine (7,40-53). Mulier in adulterio deprehensa (8,1-20). Iesus Iudaeos arguit (8,21-58). Iesus caecum a nativitate sanat (9,1-12). De miraculo disputatio (9,13-41). Iesus bonus pastor (10,1-21). In solemnitate Encaeniarum iterum adest Iesus in Ierusalem (10,22-42). Lazari mors et resurrectio (11,1-46). Iudaeorum coniuratio in Iesum (11,47-56). Unctio in Bethania (12,1-29). Solemnis ingressus in Ierusalem (12,10-50)*.—PARS ALTERA: IESU CHRISTI PASSIO ET RESURRECTIO *(13-20)*: *Lotio pedum (13,1-20). Proditoris denuntiatio (13,21-38). Iesus ad Patrem profecturus Spiritum Sanctum promittit (14,1-31). Allegoria vitis (15,1-17). Mundi odium in discipulos (15,18-27). Discipulis persecutionem denuntiat (16). Christi oratio sacerdotalis (17). Iesu apprehensio in horto (18,1-12). Iesus coram Anna et Caipha (18,13-27). Iesus ante Pilatum (18,28-38). Post vanos*

conatus liberandi Iesum Pilatus eum damnat (18,39-19,16). Iesu Christi mors et sepultura (19,17-42). Iesu apparitio ad Mariam Magdalenam (20,1-18). Prima ad discipulos apparitio (20,19-25). Altera apparitio ad discipulos (20,26-31).—
APPENDIX: *Christus discipulis manifestatur ad mare Tiberiadis (21,1-14). Triplex Petri confessio (21,15-19). Discipulus a Iesu dilectus (21,20-25)*

PROLOGUS

1 1 In principio erat Verbum,
Et Verbum erat apud Deum,
Et Deus erat Verbum.
2 Hoc erat in principio apud Deum.
3 Omnia per ipsum facta sunt:
Et sine ipso factum est nihil, quod factum est.
4 In ipso vita erat,
Et vita erat lux hominum:
5 Et lux in tenebris lucet,
Et tenebrae eam non comprehenderunt.
6 Fuit homo
Missus a Deo,
Cui nomen erat Ioannes.
7 Hic venit in testimonium
Ut testimonium perhiberet de lumine,
Ut omnes crederent per illum.
8 Non erat ille lux,
Sed ut testimonium perhiberet de lumine.
9 Erat lux vera,
Quae illuminat omnem hominem
Venientem in hunc mundum.
10 In mundo erat,
Et mundus per ipsum factus est,
Et mundus eum non cognovit.
11 In propria venit,
Et sui eum non receperunt.
12 Quotquot autem receperunt eum,
Dedit eis potestatem filios Dei fieri,
His qui credunt in nomine eius:
13 Qui non ex sanguinibus,
Neque ex voluntate carnis,
Neque ex voluntate viri,
Sed ex Deo nati sunt.
14 Et verbum caro factum est,
Et habitavit in nobis:
Et vidimus gloriam eius,
Gloriam quasi unigeniti a Patre
Plenum gratiae et veritatis.
15 Ioannes testimonium perhibet de ipso,
Et clamat dicens:
Hic erat quem dixi:
Qui post me venturus est,
Ante me factus est:
Quia prior me erat.
16 Et de plenitudine eius
Nos omnes accepimus,
Et gratiam pro gratia:
17 Quia lex per Moysen data est,
Gratia et veritas per Iesum Christum facta est.
18 Deum nemo vidit unquam:
Unigenitus Filius, qui est in sinu Patris,
Ipse enarravit.

PARS PRIMA

IESU CHRISTI PRAEDICATIO IN IUDAEA ET GALILAEA

(1,19-12,50)

Primum testimonium Ioannis Baptistae de Iesu

19 Et hoc est testimonium Ioannis,
quando miserunt Iudaei ab Ierosolymis
sacerdotes et Levitas ad eum ut interrogarent eum: Tu quis es? 20 Et confessus
est, et non negavit, et confessus est: Quia
non sum ego Christus. 21 Et interrogaverunt eum: Quid ergo? Elias es tu? Et dixit:
Non sum. Propheta es tu? Et respondit:
Non. 22 Dixerunt ergo ei: Quis es ut responsum demus his qui miserunt nos? quid
dicis de teipso? 23 Ait: Ego vox clamantis
in deserto: Dirigite viam Domini, sicut
dixit Isaias propheta. 24 Et qui missi fuerant, erant ex pharisaeis. 25 Et interrogaverunt eum, et dixerunt ei: Quid ergo
baptizas, si tu non es Christus, neque
Elias, neque propheta? 26 Respondit eis
Ioannes, dicens: Ego baptizo in aqua:
medius autem vestrum stetit, quem vos
nescitis. 27 Ipse est qui post me venturus
est, qui ante me factus est: cuius ego non
sum dignus ut solvam eius corrigiam calceamenti. 28 Haec in Bethania facta sunt
trans Iordanem, ubi erat Ioannes baptizans.

1 **1:** Gen 1,1; Prov 8,22; Hebr 1,2; 1 Io 1,1; Apoc 19,13 || Epist. S. Greg. I: D 248; Epist. Greg. IX: D 442. — **2:** Sap 7,26; Io 17, 5. — **3:** Sap 9,22; 1 Cor 8,6; Col 1,16-27. || Epist. Honorii I: D 251. — **4:** Io 5,26; 8,12; 1 Io 1,2. — **5:** Io 3,19; 12,35; 1 Thess 5,4. — **6:** Mt 3,1; Mc 1,4; Lc 1,13.57. — **7:** Lc 3,3; Io 5, 33; Act 19,4,31. — **8:** Io 1,20; 5,35. — **9:** Mt 4, 16; Io 3,19; 1 Io 2,8. — **10:** Io 1,3; 14,17; 1 Cor 2,8; 1 Io 3,1. — **11:** Lc 19,14; Io 5,43. — **12:** Sap 7,27; Io 20,31; Gal 3,26; Eph 1,5. — **13:** Io 3,5-6; Iac 1,18. — **14:** Is 7,14; 60,1; Gal 4,4; 1 Tim 3,16; 1 Petr 1,16; Apoc 21,3. || Symb. Epiphanii: D 13; Conc. Ephes.: D 118.120.122; Conc. Tolet. XI: D 283; Epist. Greg. IX: D 442. — **15:** Mt 3,11; Io 1,27.30. — **16-17:** Ex 34,6; Ps 24,20; 39,11; Io 3,34; Rom 6,14; 10,4; Col 1,19. || Epist. Pii IX: D 1672; Conc. Vatic.: D 1.795; Enc. Leonis XIII: D 1940. — **18:** Ex 33,20; Deut 4,12; Mt 11,27. || Epist. Pii IX: D 1.672. — **19:** Lc 3,15. — **29:** Lc 13,25. — **21:** Deut 18,15; Mal 4,5; Mt 11,14; 16,14. — **23:** Is 40,3; Mt 3,3; Mc 1,3; Lc 3,4. — **25:** Mt 21, 25. — **26:** Mt 3,11; Mc 1,7. — **27:** Io 3,26; Act

Alterum testimonium

29 Altera die vidit Ioannes Iesum venientem ad se, et ait: Ecce agnus Dei,
ecce qui tollit peccatum mundi. 30 Hic est
de quo dixi: Post me venit vir qui ante
me factus est: quia prior me erat: 31 et
ego nesciebam eum, sed ut manifestetur
in Israel, propterea veni ego in aqua baptizans. 32 Et testimonium perhibuit Ioannes, dicens: Quia vidi Spiritum descendentem quasi columbam de caelo, et mansit super eum. 33 Et ego nesciebam eum:
sed qui misit me baptizare in aqua, ille
mihi dixit: Super quem videris Spiritum
descendentem, et manentem super eum,
hic est qui baptizat in Spiritu sancto. 34 Et
ego vidi: et testimonium perhibui quia
hic est Filius Dei.

Priorum quinque discipulorum Iesu vocatio

35 Altera die iterum stabat Ioannes, et
ex discipulis eius duo. 36 Et respiciens Iesum ambulantem, dicit: Ecce agnus Dei.
37 Et audierunt eum duo discipuli loquentem, et secuti sunt Iesum. 38 Conversus
autem Iesus, et videns eos sequentes se,
dicit eis: Quid quaeritis? Qui dixerunt ei:
Rabbi (quod dicitur interpretatum Magister), ubi habitas? 39 Dicit eis: Venite
et videte. Venerunt, et viderunt ubi maneret, et apud eum manserunt die illo:
hora autem erat quasi decima. 40 Erat
autem Andreas, frater Simonis Petri, unus
ex duobus qui audierant a Ioanne, et secuti fuerant eum. 41 Invenit hic primum
fratrem suum Simonem, et dicit ei: Invenimus Messiam (quod est interpretatum
Christus). 42 Et adduxit eum ad Iesum.
Intuitus autem eum Iesus, dixit: Tu es
Simon filius Iona; tu vocaberis Cephas,
quod interpretatur Petrus.
43 In crastinum voluit exire in Galilaeam, et invenit Philippum. Et dicit ei
Iesus: Sequere me. 44 Erat autem Philippus a Bethsaida, civitate Andreae et Petri. 45 Invenit Philippus Nathanael, et dicit ei: Quem scripsit Moyses in lege, et
prophetae, invenimus Iesum filium Ioseph
a Nazareth. 46 Et dixit ei Nathanael: A
Nazareth potest aliquid boni esse? Dicit
ei Philippus: Veni et vide. 47 Vidit Iesus
Nathanael venientem ad se, et dicit de eo:
Ecce vere Israelita, in quo dolus non est.
48 Dicit ei Nathanael: Unde me nosti?
Respondit Iesus, et dixit ei: Priusquam
te Philippus vocaret, cum esses sub ficu,
vidi te. 49 Respondit ei Nathanael, et ait:
Rabbi, tu es Filius Dei, tu es rex Israel.
50 Respondit Iesus, et dixit ei: Quia dixi
tibi: Vidi te sub ficu, credis; maius his
videbis. 51 Et dicit ei: Amen, amen dico
vobis, videbitis caelum apertum, et angelos Dei ascendentes, et descendentes supra Filium hominis.

Primum Iesu miraculum in Cana Galilaeae

2 1 Et die tertia nuptiae factae sunt in
Cana Galilaeae, et erat mater Iesu
ibi. 2 Vocatus est autem et Iesus, et discipuli eius, ad nuptias. 3 Et deficiente vino,
dicit mater Iesu ad eum: Vinum non habent. 4 Et dicit ei Iesus: Quid mihi et tibi
est, mulier? nondum venit hora mea. 5 Dicit mater eius ministris: Quodcumque dixerit vobis, facite. 6 Erant autem ibi lapideae hydriae sex positae secundum purificationem Iudaeorum, capientes singulae
metretas binas vel ternas. 7 Dicit eis Iesus:
Implete hydrias aqua. Et impleverunt eas
usque ad summum. 8 Et dicit eis Iesus:
Haurite nunc, et ferte architriclino. Et
tulerunt. 9 Ut autem gustavit architricli-
nus aquam vinum factam, et non sciebat
unde esset, ministri autem sciebant, qui
hauserant aquam: vocat sponsum archi-
triclinus, 10 et dicit ei: Omnis homo primum bonum vinum ponit et cum inebriati
fuerint, tunc id, quod deterius est. Tu autem servasti bonum vinum usque adhuc.
11 Hoc fecit initium signorum Iesus in
Cana Galilaeae; et manifestavit gloriam
suam, et crediderunt in eum discipuli eius.
12 Post hoc descendit Capharnaum ipse,
et mater eius, et fratres eius, et discipuli
eius: et ibi manserunt non multis diebus.

Iesus in Ierusalem mercatores e templo eiicit

13 Et prope erat Pascha Iudaeorum, et
ascendit Iesus Ierosolymam: 14 et invenit
in templo vendentes boves, et oves, et
columbas, et numularios sedentes. 15 Et
cum fecisset quasi flagellum de funiculis,
omnes eiecit de templo, oves quoque, et
boves, et numulariorum effudit aes, et
mensas subvertit. 16 Et his qui columbas
vendebant, dixit: Auferte ista hinc, et no-

13,25. — **28:** Mc 3,6.13. — **29:** Is 53,4; Ier 11, 19; Io 1,36; Apoc 5,6. || Conc. Trid.: D 790. — **32:** Mt 3,16; Mc 1,10; Lc 3,22. — **33:** Mt 3,11; Mc 1,8; Lc 3,16. || Resp. Nicolai I: D 334. — **34:** Mt 3,17. — **36:** Io 1,29. — **40:** Mt 4,18. — **41:** Ps 2,2. — **42:** Mt 16,18; Io 1,47; 1 Cor 1, 12. || Conc. Vatic.: D 1822. — **45:** Deut 18, 18; Is 7,14; 11,1; 53,2; Ier 23,5; Ez 34,23. — **46:** Io 7,41. — **47:** Ps 31,2; 72,1. — **48:** Io 21,2. — **49:** Ps 2,2; Mt 14,33; 16,16. — **51:** Gen 28,12.

2 **1:** Io 1,43; 21,2.26. — **4:** Mt 12,48; Mc 1,24. — **6:** Mc 7,3. — **11:** Io 1,14; 11,40. — **12:** Mt 4,13; Io 7,3. — **13:** Io 6,4; 11,55. — **14:** Mt 21,12; Mc 11,15; Lc 19,15. — **16:** Lc 2,

lite facere domum patris mei, domum
negotiationis. 17 Recordati sunt vero discipuli eius quia scriptum est: Zelus domus
tuae comedit me. 18 Responderunt ergo
Iudaei, et dixerunt ei: Quod signum ostendis nobis quia haec facis?
19 Respondit Iesus, et dixit eis: Solvite
templum hoc, et in tribus diebus excitabo
illud. 20 Dixerunt ergo Iudaei: Quadraginta et sex annis aedificatum est templum hoc, et tu in tribus diebus excitabis
illud? 21 Ille autem dicebat de templo corporis sui. 22 Cum ergo resurrexisset a mortuis, recordati sunt discipuli eius, quia
hoc dicebat, et crediderunt scripturae et
sermoni quem dixit Iesus.
23 Cum autem esset Ierosolymis in Pascha in die festo, multi crediderunt in nomine eius, videntes signa eius, quae faciebat. 24 Ipse autem Iesus non credebat
semetipsum eis, eo quod ipse nosset omnes, 25 et quia opus ei non erat ut quis
testimonium perhiberet de homine: ipse
enim sciebat quid esset in homine.

Nicodemus Iesum nocte visitat

3 1 Erat autem homo ex pharisaeis, Nicodemus nomine, princeps Iudaeorum. 2 Hic venit ad Iesum nocte, et dixit
ei: Rabbi, scimus quia a Deo venisti magister, nemo enim potest haec signa facere, quae tu facis, nisi fuerit Deus cum eo.
3 Respondit Iesus, et dixit ei: Amen, amen
dico tibi, nisi quis renatus fuerit denuo,
non potest videre regnum Dei. 4 Dicit ad
eum Nicodemus: Quomodo potest homo
nasci, cum sit senex? numquid potest in
ventrem matris suae iterato introire et
renasci? 5 Respondit Iesus: Amen, amen
dico tibi, nisi quis renatus fuerit ex aqua,
et Spiritu sancto, non potest introire in
regnum Dei. 6 Quod natum est ex carne,
caro est: et quod natum est ex spiritu,
spiritus est. 7 Non mireris quia dixi tibi:
oportet vos nasci denuo. 8 Spiritus ubi
vult spirat, et vocem eius audis, sed nescis
unde veniat, aut quo vadat: sic est omnis
qui natus est ex spiritu. 9 Respondit Nicodemus, et dixit ei: Quomodo possunt
haec fieri? 10 Respondit Iesus, et dixit ei:
Tu es magister in Israel, et haec ignoras?
11 Amen, amen dico tibi, quia quod scimus loquimur, et quod vidimus testamur,
et testimonium nostrum non accipitis.
12 Si terrena dixi vobis, et non creditis:
quomodo, si dixero vobis caelestia, credetis? 13 Et nemo ascendit in caelum, nisi
qui descendit de caelo, Filius hominis, qui
est in caelo. 14 Et sicut Moyses exaltavit
serpentem in deserto, ita exaltari oportet
Filium hominis: 15 ut omnis qui credit in
ipsum, non pereat, sed habeat vitam
aeternam.
16 Sic enim Deus dilexit mundum, ut
Filium suum unigenitum daret: ut omnis
qui credit in eum, non pereat, sed habeat
vitam aeternam. 17 Non enim misit Deus
Filium suum in mundum, ut iudicet mundum, sed ut salvetur mundus per ipsum.
18 Qui credit in eum, non iudicatur; qui
autem non credit, iam iudicatus est: quia
non credit in nomine unigeniti Filii Dei.
19 Hoc est autem iudicium: quia lux venit in mundum, et dilexerunt homines
magis tenebras quam lucem: erant enim
eorum mala opera. 20 Omnis enim qui
male agit, odit lucem, et non venit ad lucem, ut non arguantur opera eius: 21 qui
autem facit veritatem, venit ad lucem, ut
manifestentur opera eius, quia in Deo
sunt facta.

Tertium Ioannis testimonium de Iesu

22 Post haec venit Iesus, et discipuli
eius in terram Iudaeam: et illic demora-
batur cum eis, et baptizabat.
23 Erat autem et Ioannes baptizans, in
Aennon, iuxta Salim: quia aquae multae
erant illic, et veniebant et baptizabantur.
24 Nondum enim missus fuerat Ioannes
in carcerem. 25 Facta est autem quaestio
ex discipulis Ioannis cum Iudaeis de purificatione. 26 Et venerunt ad Ioannem,
et dixerunt ei: Rabbi, qui erat tecum trans
Iordanem, cui tu testimonium perhibuisti,
ecce hic baptizat, et omnes veniunt ad
eum. 27 Respondit Ioannes, et dixit: Non
potest homo accipere quidquam, nisi fuerit ei datum de caelo. 28 Ipsi vos mihi testimonium perhibetis, quod dixerim: Non
sum ego Christus: sed quia missus sum
ante illum. 29 Qui habet sponsam, sponsus est: amicus autem sponsi, qui stat, et
audit eum, gaudio gaudet propter vocem
sponsi. Hoc ergo gaudium meum impletum est. 30 Illum oportet crescere, me autem minui. 31 Qui desursum venit, super

49. — **19:** Ps 68,10. — **18:** Mt 12,38; 16,1. — **19:** Mt 26,61. — **21:** 1 Cor 6,19. — **22:** Io 12,16; 14,26. — **25:** Mc 2,8.

3 **1:** Io 7,50; 19,39. — **2:** Mt 22,16; Act 2, 22. — **3:** Mt 18,3; Lc 17,21; Iac 1,17; 1 Petr 1,23. — **5:** Ez 36,25-27; Act 2,38; Eph 5,26; Tit 3,5. || Conc. Carthag. XVI: D 102; Conc. Valent. III: D 324; Epist. Innoc. III: D 410 et 412; Epist. Greg. IX: D 447; Conc. Florent.: D 696; Conc. Trid.: D 791.796.858 — **6:** Io 1,13; 1 Cor 15,50. — **9:** Lc 1,34. — **11:** Io 7,16; 8,26; 12,49. — **12:** Lc 22,67. — **13:** Prov 30,4; Io 6,62; Eph 4,9. — **14-15:** Num 21, 8-9. || Conc. Valent. III: D 323. — **16:** Rom 5, 8-9; 8,32; 1 Io 4,9-10. — **17:** Lc 19,10; Io 5, 22; 12,47-49; Act 17,31. — **18:** Io 3,36; 5,24. — **19:** Io 1,5.9; 12,47. — **20:** Eph 5,13. — **22:** Io 4,1; 5,1; 6,1; 7,1. — **24:** Io 5,35. — **25:** Io 1, 26. — **26:** Io 1,29. — **27:** 1 Cor 4,7; Hebr 5,4. || Conc. Arausic. II: D 199. — **29:** Mt 9,15; 22,2. — **31:** Io 8,23; 1 Cor 15,47. — **32:** Io 3,

desursum: from above

omnes est. Qui est de terra, de terra est, et de terra loquitur. Qui de caelo venit, super omnes est. 32 Et quod vidit, et audivit, hoc testatur: et testimonium eius nemo accipit. 33 Qui accepit eius testimonium, signavit, quia Deus verax est. 34 Quem enim misit Deus, verba Dei loquitur: non enim ad mensuram dat Deus spiritum. 35 Pater diligit Filium et omnia dedit in manu eius. 36 Qui credit in Filium, habet vitam aeternam; qui autem incredulus est Filio, non videbit vitam, sed ira Dei manet super eum.

E regione Iordanis abiit Iesus in Galilaeam per Samariam

4 1 Ut ergo cognovit Iesus quia audierunt pharisaei quod Iesus plures discipulos facit, et baptizat, quam Ioannes 2 (quamquam Iesus non baptizaret, sed discipuli eius), 3 reliquit Iudaeam, et abiit iterum in Galilaeam. 4 Oportebat autem eum transire per Samariam.

Colloquium cum Samaritana

5 Venit ergo in civitatem Samariae, quae dicitur Sichar: iuxta praedium quod dedit Iacob Ioseph filio suo. 6 Erat autem ibi fons Iacob. Iesus ergo fatigatus ex itinere, sedebat sic supra fontem. Hora erat quasi sexta. 7 Venit mulier de Samaria haurire aquam. Dicit ei Iesus: Da mihi bibere. 8 (Discipuli enim eius abierant in civitatem ut cibos emerent.) 9 Dicit ergo ei mulier illa Samaritana: Quomodo tu, Iudaeus cum sis, bibere a me poscis, quae sum mulier Samaritana? non enim coutuntur Iudaei Samaritanis. 10 Respondit Iesus, et dixit ei: Si scires donum Dei, et quis est qui dicit tibi: Da mihi bibere, tu forsitan petisses ab eo, et dedisset tibi aquam vivam. 11 Dicit ei mulier: Domine, neque in quo haurias habes, et puteus altus est: unde ergo habes aquam vivam? 12 Numquid tu maior es patre nostro Iacob, qui dedit nobis puteum, et ipse ex eo bibit, et filii eius, et pecora eius? 13 Respondit Iesus, et dixit ei: Omnis qui bibit ex aqua hac, sitiet iterum; qui autem biberit ex aqua quam ego dabo ei, non sitiet in aeternum: 14 sed aqua quam ego dabo ei, fiet in eo fons aquae salientis in vitam aeternam. 15 Dicit ad eum mulier: Domine, da mihi hanc aquam, ut non sitiam, neque veniam huc haurire. 16 Dicit ei Iesus: Vade, voca virum tuum, et veni huc. 17 Respondit mulier, et dixit: Non habeo virum. Dicit ei Iesus: Bene dixisti, quia non habeo virum; 18 quinque enim viros habuisti, et nunc, quem habes, non est tuus vir: hoc vere dixisti. 19 Dicit ei mulier: Domine, video quia propheta es tu. 20 Patres nostri in monte hoc adoraverunt, et vos dicitis, quia Ierosolymis est locus ubi adorare oportet. 21 Dicit ei Iesus: Mulier, crede mihi, quia venit hora, quando neque in monte hoc, neque in Ierosolymis adorabitis Patrem. 22 Vos adoratis quod nescitis: nos adoramus quod scimus, quia salus ex Iudaeis est. 23 Sed venit hora, et nunc est, quando veri adoratores adorabunt Patrem in spiritu et veritate. Nam et Pater tales quaerit qui adorent eum. 24 Spiritus est Deus: et eos qui adorant eum, in spiritu et veritate oportet adorare. 25 Dicit ei mulier: Scio quia Messias venit (qui dicitur Christus): cum ergo venerit ille, nobis annuntiabit omnia. 26 Dicit ei Iesus: Ego sum, qui loquor tecum.

27 Et continuo venerunt discipuli eius, et mirabantur quia cum muliere loquebatur. Nemo tamen dixit: Quid quaeris, aut quid loqueris cum ea? 28 Reliquit ergo hydriam suam mulier, et abiit in civitatem, et dicit illis hominibus: 29 Venite, et videte hominem qui dixit mihi omnia quaecumque feci: numquid ipse est Christus? 30 Exierunt ergo de civitate et veniebant ad eum. 31 Interea rogabant eum discipuli, dicentes: Rabbi, manduca. 32 Ille autem dicit eis: Ego cibum habeo manducare, quem vos nescitis. 33 Dicebant ergo discipuli ad invicem: Numquid aliquis attulit ei manducare? 34 Dicit eis Iesus: Meus cibus est ut faciam voluntatem eius qui misit me, ut perficiam opus eius. 35 Nonne vos dicitis quod adhuc quatuor menses sunt, et messis venit? Ecce dico vobis: Levate oculos vestros, et videte regiones, quia albae sunt iam ad messem. 36 Et qui metit, mercedem accipit, et congregat fructum in vitam aeternam: ut et qui seminat, simul gaudeat, et qui metit. 37 In hoc enim est verbum verum: quia alius est qui seminat, et alius est qui metit. 38 Ego misi vos metere quod vos non laborastis: alii laboraverunt, et vos in labores eorum introistis.

39 Ex civitate autem illa multi crediderunt in eum Samaritanorum, propter verbum mulieris testimonium perhibentis: Quia dixit mihi omnia quaecumque feci.

11. — **34:** Io 1,33. — **35:** Mt 11,27; Io 5,20; 17,2. — **36:** Lc 3,7; Io 5,25; 8,24; Rom 2,8; Eph 2,3; 1 Io 5,12.

4 **1:** Io 3,22. — **2:** 1 Cor 1,17. — **4:** Lc 9,52. **5:** Gen 48,22; Ios 24,32. — **9:** Eccli 50,23; Lc 9,53. — **10:** Is 12,3; Io 7,38. — **12:** Io 8,53. **13-14:** Is 55,1; Io 6,35. || Conc. Trid.: D 809. **19:** Io 6,14; 9,17; 1 Cor 14,24. — **20:** Deut 12,5; 27,12; Ps 121,1-9. — **21:** Mc 14,58; Act 6,14. **22:** 4 Reg 17,29; Is 2,3. — **23:** Io 5,25; Eph 2, 18. || Decret. S. Officii: D 1238. — **24:** 2 Cor 3, 17. — **25:** Deut 18,29; Io 1,41. — **26:** Mt 26,64; Mc 8,29; Io 9,27. — **34:** Mt 4,4; Lc 4,4; Io 17, 4. — **35:** Mt 9,27; Mc 4,29; Lc 10,2. — **37:** Mich

40 Cum venissent ergo ad illum Samaritani, rogaverunt eum ut ibi maneret. Et
mansit ibi duos dies. 41 Et multo plures
crediderunt in eum propter sermonem
eius. 42 Et mulieri dicebant: Quia iam non
propter tuam loquelam credimus: ipsi
enim audivimus, et scimus quia hic est
vere Salvator mundi.

In Galilaeam reversus filium reguli sanat

43 Post duos autem dies exiit inde: et
abiit in Galilaeam. 44 Ipse enim Iesus testimonium perhibuit, quia propheta in sua
patria honorem non habet. 45 Cum ergo
venisset in Galilaeam, exceperunt eum
Galilaei, cum omnia vidissent quae fecerat Ierosolymis in die festo: et ipsi enim
venerant ad diem festum.
46 Venit ergo iterum in Cana Galilaeae,
ubi fecit aquam vinum. Et erat quidam
regulus, cuius filius infirmabatur Capharnaum. 47 Hic cum audisset quia Iesus ad-
veniret a Iudaea in Galilaeam, abiit ad
eum, et rogabat eum ut descenderet, et
sanaret filium eius: incipiebat enim mori.
48 Dixit ergo Iesus ad eum: Nisi signa et
prodigia videritis, non creditis. 49 Dicit ad
eum regulus: Domine, descende prius
quam moriatur filius meus. 50 Dicit ei Iesus: Vade, filius tuus vivit. Credidit homo
sermoni quem dixit ei Iesus, et ibat. 51 Iam
autem eo descendente, servi occurrerunt
ei, et nuntiaverunt dicentes, quia filius
eius viveret. 52 Interrogabat ergo horam
ab eis in qua melius habuerit. Et dixerunt
ei: Quia heri hora septima reliquit eum
febris. 53 Cognovit ergo pater, quia illa
hora erat in qua dixit ei Iesus: Filius tuus
vivit; et credidit ipse et domus eius tota.
54 Hoc iterum secundum signum fecit Iesus, cum venisset a Iudaea in Galilaeam.

Denuo ascendit Ierusalem et iuxta probaticam paralyticum sanat

5 1 Post haec erat dies festus Iudaeorum, et ascendit Iesus Ierosolymam.
2 Est autem Ierosolymis probatica piscina, quae cognominatur hebraice Bethsaida, quinque porticus habens. 3 In his
iacebat multitudo magna languentium,
caecorum, claudorum, aridorum, exspec-
tantium aquae motum. 4 Angelus autem
Domini descendebat secundum tempus
in piscinam, et movebatur aqua. Et qui
prior descendisset in piscinam post mo-
tionem aquae, sanus fiebat a quacumque
detinebatur infirmitate. 5 Erat autem quidam homo ibi triginta et octo annos habens in infirmitate sua. 6 Hunc cum vidisset Iesus iacentem, et cognovisset quia
iam multum tempus haberet, dicit ei: Vis
sanus fieri? 7 Respondit ei languidus: Domine, hominem non habeo, ut, cum turbata fuerit aqua, mittat me in piscinam:
dum venio enim ego, alius ante me descendit. 8 Dicit ei Iesus: Surge, tolle grabatum tuum et ambula. 9 Et statim sanus
factus est homo ille: et sustulit grabatum
suum, et ambulabat. Erat autem sabbatum in die illo.

Disputatio de sabbato

10 Dicebant ergo Iudaei illi qui sanatus
fuerat: Sabbatum est, non licet tibi tollere
grabatum tuum. 11 Respondit eis: Qui me
sanum fecit, ille mihi dixit: Tolle grabatum tuum et ambula. 12 Interrogaverunt
ergo eum: Quis est ille homo qui dixit
tibi: Tolle grabatum tuum et ambula?
13 Is autem qui sanus fuerat effectus, nesciebat quis esset. Iesus enim declinavit a
turba constituta in loco. 14 Postea invenit
eum Iesus in templo, et dixit illi: Ecce
sanus factus es; iam noli peccare, ne deterius tibi aliquid contingat. 15 Abiit ille
homo, et nuntiavit Iudaeis quia Iesus esset, qui fecit eum sanum. 16 Propterea
persequebantur Iudaei Iesum, quia haec
faciebat in sabbato. 17 Iesus autem respondit eis: Pater meus usque modo operatur, et ego operor. 18 Propterea ergo
magis quaerebant eum Iudaei interficere:
quia non solum solvebat sabbatum, sed
et patrem suum dicebat Deum, aequalem
se faciens Deo.

Iesus una cum Patre operatur

Respondit itaque Iesus, et dixit eis:
19 Amen, amen dico vobis: non potest
Filius a se facere quidquam, nisi quod
viderit Patrem facientem: quaecumque
enim ille fecerit, haec et Filius similiter
facit. 20 Pater enim diligit Filium, et omnia demonstrat ei quae ipse facit: et maiora his demonstrabit ei opera, ut vos mire-
mini. 21 Sicut enim Pater suscitat mortuos,
et vivificat, sic et Filius, quos vult, vivificat. 22 Neque enim Pater iudicat quemquam: sed omne iudicium dedit Filio,
23 ut omnes honorificent Filium, sicut ho-
norificant Patrem; qui non honorificat
Filium, non honorificat Patrem, qui misit

6,15. — **42:** 1 Io 4,14. — **43:** Mt 4,12; Mc 1,14. **44:** Mt 13,57; Mc 6,4; Lc 4,24. — **45:** Io 2,23. **46:** Mt 8,5; Lc 7,2; Io 2,1.9. — **48:** Io 2,18; 1 Cor 1,22. — **53:** Io 2,23; 4,39. — **54:** Io 2,11.23.

5 **2:** Neh 3,1. — **8:** Mt 9,6; Mc 2,11; Lc 5,24; Act 3,7. — **10:** Ex 20,10; Neh 13,19; Ier 17,21. — **16:** Io 9,16. — **17:** Io 9,4. ‖ Epist. S. Anast. II: D 170. — **18:** Io 7,1.19.25.30. — **19:** Io 3,11.32. — **20:** Io 3,35; 14,12. — **22:** Dan

illum. 24 Amen, amen dico vobis, quia qui
verbum meum audit, et credit ei qui misit
me, habet vitam aeternam, et in iudicium
non venit, sed transiit a morte in vitam.
25 Amen, amen dico vobis, quia venit
hora, et nunc est, quando mortui audient
vocem Filii Dei: et qui audierint, vivent.
26 Sicut enim Pater habet vitam in semetipso, sic dedit et Filio habere vitam in
semetipso: 27 et potestatem dedit ei iudicium facere, quia Filius hominis est.
28 Nolite mirari hoc, quia venit hora in
qua omnes qui in monumentis sunt audient vocem Filii Dei: 29 et procedent qui
bona fecerunt, in resurrectionem vitae;
qui vero mala egerunt, in resurrectionem
iudicii. 30 Non possum ego a meipso facere quidquam. Sicut audio, iudico: et
iudicium meum iustum est, quia non
quaero voluntatem meam, sed voluntatem eius qui misit me.

Pater testimonium perhibet de Filio

31 Si ego testimonium perhibeo de meipso, testimonium meum non est verum.
32 Alius est qui testimonium perhibet de
me: et scio quia verum est testimonium,
quod perhibet de me. 33 Vos misistis ad
Ioannem, et testimonium perhibuit veritati. 34 Ego autem non ab homine testimonium accipio: sed haec dico ut vos
salvi sitis. 35 Ille erat lucerna ardens et
lucens. Vos autem voluistis ad horam
exsultare in luce eius.
36 Ego autem habeo testimonium maius
Ioanne. Opera enim quae dedit mihi Pater ut perficiam ea: ipsa opera, quae ego
facio, testimonium perhibent de me, quia
Pater misit me: 37 et qui misit me Pater,
ipse testimonium perhibuit de me: neque
vocem eius unquam audistis, neque speciem eius vidistis: 38 et verbum eius non
habetis in vobis manens: quia quem misit ille, huic vos non creditis. 39 Scrutami-
ni Scripturas, quia vos putatis in ipsis
vitam aeternam habere: et illae sunt quae
testimonium perhibent de me: 40 et non
vultis venire ad me ut vitam habeatis.
41 Claritatem ab hominibus non accipio.
42 Sed cognovi vos, quia dilectionem Dei
non habetis in vobis. 43 Ego veni in nomine Patris mei, et non accipitis me; si alius
venerit in nomine suo, illum accipietis.
44 Quomodo vos potestis credere, qui gloriam ab invicem accipitis: et gloriam,
quae a solo Deo est, non quaeritis? 45 Nolite putare quia ego accusaturus sim vos
apud Patrem: est qui accusat vos Moyses, in quo vos speratis. 46 Si enim crederetis Moysi, crederetis forsitan et mihi:
de me enim ille scripsit. 47 Si autem illius
litteris non creditis, quomodo verbis meis
credetis?

In Galilaeam reversus multiplicat panes

6 1 Post haec abiit Iesus trans mare Galilaeae, quod est Tiberiadis: 2 et sequebatur eum multitudo magna, quia videbant signa quae faciebat super his qui
infirmabantur. 3 Subiit ergo in montem
Iesus et ibi sedebat cum discipulis suis.
4 Erat autem proximum Pascha dies festus Iudaeorum. 5 Cum sublevasset ergo
oculos Iesus, et vidisset quia multitudo
maxima venit ad eum, dixit ad Philippum:
Unde ememus panes, ut manducent hi?
6 Hoc autem dicebat tentans eum: ipse
enim sciebat quid esset facturus. 7 Respondit ei Philippus: Ducentorum denariorum
panes non sufficiunt eis, ut unusquisque
modicum quid accipiat. 8 Dicit ei unus
ex discipulis eius, Andreas, frater Simonis
Petri: 9 Est puer unus hic qui habet quinque panes hordeaceos et duos pisces: sed
haec quid sunt inter tantos? 10 Dixit ergo
Iesus: Facite homines discumbere. Erat
autem foenum multum in loco. Discubuerunt ergo viri, numero quasi quinque millia. 11 Accepit ergo Iesus panes: et cum
gratias egisset, distribuit discumbentibus:
similiter et ex piscibus quantum volebant.
12 Ut autem impleti sunt, dixit discipulis
suis: Colligite quae superaverunt fragmenta, ne pereant. 13 Collegerunt ergo,
et impleverunt duodecim cophinos fragmentorum ex quinque panibus hordea-
ceis, quae superfuerunt his qui manducaverant. 14 Illi ergo homines cum vidissent
quod Iesus fecerat signum, dicebant: Quia
hic est vere propheta, qui venturus est in
mundum. 15 Iesus ergo cum cognovisset
quia venturi essent ut raperent eum, et
facerent eum regem, fugit iterum in montem ipse solus.

Nocte venit ad discipulos navigantes

16 Ut autem sero factum est, descenderunt discipuli eius ad mare. 17 Et cum ascendissent navim, venerunt trans mare in

7,13; Io 8,26; 9,39; Act 10,42; 17,31. || Enc. Pii XI: D 2195. — **23:** Lc 10,16; Io 15,23; 1 Io 2,23. — **24:** Io 3,16.18; 8,51. — **25:** Io 11, 43; Eph 2,1. — **26:** Io 1,4. — **27:** Dan 7,14; Mt 28,18. — **29:** Mt 16,27; Io 6,40; Apoc 20,12. **30:** Io 5,19; 8,28. — **31:** Io 8,13. — **32:** Io 5,36; 1 Io 5,9. — **33:** Io 1,19. — **35:** Mt 11,16; Io 1,8. **36:** Io 10,25; 14,11; 2 Cor 3,2. — **37:** Io 8,18. **39:** Lc 24,27.44; Act 17,11; 2 Tim 3,15; 1 Petr 1, 11. — **43:** Mt 24,5; Mc 13,5; Lc 21,3. — **44:** Io 12,39.43. — **46:** Deut 18,15; Lc 24,27; Io 12, 41. — **47:** Lc 16,31; Io 7,19.

6 **1-15:** Mt 14,13-21; 15,32-38; Mc 6,32-44; 8,1-9; Lc 9,10-17. — **4:** Io 2,13; 11,55. — **9:** 4 Reg 4,42-43. — **14:** Deut 18,15. — **15:** Io 12,

in invicem (not classical): mutually, one with the other
docibilis Dei: taught by God

Capharnaum: et tenebrae iam factae erant et non venerat ad eos Iesus. 18 Mare autem, vento magno flante, exsurgebat. 19 Cum remigassent ergo quasi stadia viginti quinque aut triginta, vident Iesum ambulantem supra mare, et proximum navi fieri, et timuerunt. 20 Ille autem dicit eis: Ego sum, nolite timere. 21 Voluerunt ergo accipere eum in navim et statim navis fuit ad terram, in quam ibant.

22 Altera die, turba, quae stabat trans mare, vidit quia navicula alia non erat ibi nisi una, et quia non introisset cum discipulis suis Iesus in navim, sed soli discipuli eius abiissent: 23 aliae vero supervenerunt naves a Tiberiade iuxta locum ubi manducaverant panem, gratias agente Domino. 24 Cum ergo vidisset turba quia Iesus non esset ibi, neque discipuli eius, ascenderunt in naviculas, et venerunt Capharnaum quaerentes Iesum.

Iesus verus panis vitae datus a Patre

25 Et cum invenissent eum trans mare, dixerunt ei: Rabbi, quando huc venisti? 26 Respondit eis Iesus, et dixit: Amen, amen dico vobis: quaeritis me non quia vidistis signa, sed quia manducastis ex panibus et saturati estis. 27 Operamini non cibum, qui perit, sed qui permanet in vitam aeternam, quem Filius hominis dabit vobis. Hunc enim Pater signavit Deus. 28 Dixerunt ergo ad eum: Quid faciemus ut operemur opera Dei? 29 Respondit Iesus, et dixit eis: Hoc est opus Dei, ut credatis in eum quem misit ille.

30 Dixerunt ergo ei: Quod ergo tu facis signum ut videamus et credamus tibi? quid operaris? 31 Patres nostri manducaverunt manna in deserto, sicut scriptum est: Panem de caelo dedit eis manducare. 32 Dixit ergo eis Iesus: Amen, amen dico vobis: Non Moyses dedit vobis panem de caelo, sed Pater meus dat vobis panem de caelo verum. 33 Panis enim Dei est, qui de caelo descendit, et dat vitam mundo. 34 Dixerunt ergo ad eum: Domine, semper da nobis panem hunc. 35 Dixit autem eis Iesus: Ego sum panis vitae: qui venit ad me, non esuriet, et qui credit in me, non sitiet unquam. 36 Sed dixi vobis quia et vidistis me, et non creditis. 37 Omne quod dat mihi Pater, ad me veniet; et eum qui venit ad me, non eiiciam foras: 38 quia descendi de caelo, non ut faciam voluntatem meam, sed voluntatem eius qui misit me. 39 Haec est autem voluntas eius qui misit me, Patris: ut omne quod dedit mihi, non perdam ex eo, sed resuscitem illud in novissimo die. 40 Haec est autem voluntas Patris mei, qui misit me: ut omnis qui videt Filium et credit in eum, habeat vitam aeternam, et ego resuscitabo eum in novissimo die. 41 Murmurabant ergo Iudaei de illo, quia dixisset: Ego sum panis vivus, qui de caelo descendi, 42 et dicebant: Nonne hic est Iesus filius Ioseph, cuius nos novimus patrem et matrem? Quomodo ergo dicit hic: Quia de caelo descendi?

43 Respondit ergo Iesus, et dixit eis: Nolite murmurare in invicem: 44 nemo potest venire ad me, nisi Pater, qui misit me, traxerit eum; et ego resuscitabo eum in novissimo die. 45 Est scriptum in prophetis: Et erunt omnes docibiles Dei. Omnis qui audivit a Patre, et didicit, venit ad me. 46 Non quia Patrem vidit quisquam, nisi is, qui est a Deo, hic vidit Patrem. 47 Amen, amen dico vobis: Qui credit in me, habet vitam aeternam.

Iesus panis vitae eucharisticus

48 Ego sum panis vitae. 49 Patres vestri manducaverunt manna in deserto, et mortui sunt. 50 Hic est panis de caelo descendens: ut si quis ex ipso manducaverit, non moriatur. 51 Ego sum panis vivus, qui de caelo descendi. 52 Si quis manducaverit ex hoc pane, vivet in aeternum: et panis quem ego dabo, caro mea est pro mundi vita.

53 Litigabant ergo Iudaei ad invicem, dicentes: Quomodo potest hic nobis carnem suam dare ad manducandum? 54 Dixit ergo eis Iesus: Amen, amen dico vobis: Nisi manducaveritis carnem Filii hominis, et biberitis eius sanguinem, non habebitis vitam in vobis. 55 Qui manducat meam carnem, et bibit meum sanguinem, habet vitam aeternam: et ego resuscitabo eum in novissimo die. 56 Caro enim mea vere est cibus: et sanguis meus, vere est potus; 57 qui manducat meam carnem et bibit meum sanguinem, in me manet, et ego in illo. 58 Sicut misit me vivens Pater, et ego vivo propter Patrem: et qui manducat me, et ipse vivet propter me.

59 Hic est panis qui de caelo descendit. Non sicut manducaverunt patres vestri manna, et mortui sunt. Qui manducat hunc panem, vivet in aeternum.

12. — **16-21:** Mt 14,22-23; Mc 6,45-52. — **18:** Mt 8,24. — **24:** Mc 1,36. — **26:** Io 6,36. — **27:** Mt 16,12; Io 4,14; 5,36. — **29:** 1 Io 3,23. — **30:** Mt 12,38; Mc 8,11; Io 2,18. — **31:** Ex 16,15; Ps 77,24. — **35:** Io 6,41.50.51.58. — **37:** Mt 11, 28; Io 17,6. — **38:** Mt 26,39; Io 4,34. || Conc. Constantinop. III: D 291. — **39:** Io 10,28; 17, 12. — **40:** Io 5,29; 6,44.54. — **42:** Mt 13,55; Mc 6,3; Lc 4,22. — **44:** Io 6,65. || Conc. Arausic. II: D 181; Epist. Bonif. II: D 200. — **45:** Is 54,13; Ier 31,33. — **46:** Io 1,18. — **47:** Io 3,16. **48:** Io 6,35. || Conc. Trid.: D 882 — **49:** Io 6,31; 1 Cor 10,3. — **53:** Io 6,61. || Conc. Trid.: D 930. **54:** Io 3,5; 4,14; 5,26; 20,31. || Decr. S. Officii: D 1922. — **57:** Io 15,4; 1 Io 2,24; 3,24. — **58:** Io 11,25. || Conc. Trid.: D 875. — **62:** Io 6,41

Effectus sermonis de pane eucharistico

60 Haec dixit in synagoga docens, in Capharnaum. 61 Multi ergo audientes ex discipulis eius, dixerunt: Durus est hic sermo, et quis potest eum audire? 62 Sciens autem Iesus apud semetipsum quia murmurarent de hoc discipuli eius, dixit eis: Hoc vos scandalizat? 63 Si ergo videritis Filium hominis ascendentem ubi erat prius? 64 Spiritus est qui vivificat: caro non prodest quidquam: verba quae ego locutus sum vobis, spiritus et vita sunt. 65 Sed sunt quidam ex vobis qui non credunt. Sciebat enim ab initio Iesus qui essent non credentes, et quis traditurus esset eum. 66 Et dicebat: Propterea dixi vobis, quia nemo potest venire ad me, nisi fuerit ei datum a Patre meo. 67 Ex hoc multi discipulorum eius abierunt retro: et iam non cum illo ambulabant.

68 Dixit ergo Iesus ad duodecim: Numquid et vos vultis abire? 69 Respondit ergo ei Simon Petrus: Domine, ad quem ibimus? verba vitae aeternae habes: 70 et nos credidimus, et cognovimus quia tu es Christus Filius Dei. 71 Respondit eis Iesus: Nonne ego vos duodecim elegi: et ex vobis unus diabolus est? 72 Dicebat autem Iudam Simonis Iscariotem: hic enim erat traditurus eum, cum esset unus ex duodecim.

Fervens Iudaeorum animus in Iesum

7 1 Post haec autem ambulabat Iesus in Galilaeam, non enim volebat in Iudaeam ambulare: quia quaerebant eum Iudaei interficere. 2 Erat autem in proximo dies festus Iudaeorum, Scenopegia. 3 Dixerunt autem ad eum fratres eius: Transi hinc, et vade in Iudaeam, ut et discipuli tui videant opera tua, quae facis. 4 Nemo quippe in occulto quid facit, et quaerit ipse in palam esse: Si haec facis, manifesta teipsum mundo. 5 Neque enim fratres eius credebant in eum. 6 Dicit ergo eis Iesus: Tempus meum nondum advenit: tempus autem vestrum semper est paratum. 7 Non potest mundus odisse vos: me autem odit: quia ego testimonium perhibeo de illo quod opera eius mala sunt. 8 Vos ascendite ad diem festum hunc, ego autem non ascendo ad diem festum istum: quia meum tempus nondum impletum est. 9 Haec cum dixisset, ipse mansit in Galilaea.

Clam ascendit in Ierusalem ad festum Tabernaculorum

10 Ut autem ascenderunt fratres eius, tunc et ipse ascendit ad diem festum non manifeste, sed quasi in occulto. 11 Iudaei ergo quaerebant eum in die festo, et dicebant: Ubi est ille? 12 Et murmur multum erat in turba de eo. Quidam enim dicebant: Quia bonus est. Alii autem dicebant: Non, sed seducit turbas. 13 Nemo tamen palam loquebatur de illo propter metum Iudaeorum.

Disputatio de sabbato

14 Iam autem die festo mediante, ascendit Iesus in templum, et docebat. 15 Et mirabantur Iudaei, dicentes: Quomodo hic litteras scit, cum non didicerit? 16 Respondit eis Iesus, et dixit: Mea doctrina non est mea, sed eius qui misit me. 17 Si quis voluerit voluntatem eius facere, cognoscet de doctrina, utrum ex Deo sit, an ego a me ipso loquar. 18 Qui a semetipso loquitur, gloriam propriam quaerit; qui autem quaerit gloriam eius qui misit eum, hic verax est, et iniustitia in illo non est. 19 Nonne Moyses dedit vobis legem: et nemo ex vobis facit legem? 20 Quid me quaeritis interficere? Respondit turba, et dixit: Daemonium habes: quis te quaerit interficere? 21 Respondit Iesus et dixit eis: Unum opus feci, et omnes miramini: 22 propterea Moyses dedit vobis circumcisionem (non quia ex Moyse est, sed ex patribus), et in sabbato circumciditis hominem. 23 Si circumcisionem accipit homo in sabbato, ut non solvatur lex Moysi: mihi indignamini quia totum hominem sanum feci in sabbato? 24 Nolite iudicare secundum faciem, sed iustum iudicium iudicate.

Messiae origo ignota

25 Dicebant ergo quidam ex Ierosolymis: Nonne hic est, quem quaerunt interficere? 26 Et ecce palam loquitur, et nihil ei dicunt. Numquid vere cognoverunt principes quia hic est Christus? 27 Sed hunc scimus unde sit: Christus autem cum venerit, nemo scit unde sit. 28 Clamabat ergo Iesus in templo docens, et dicens: Et

64: 2 Cor 3,6; 1 Petr 3,18. — **65:** Io 13,11. — **66:** Io 6,44. — **68:** Lc 22,28; 2 Tim 1,15. — **69:** Io 6,64. — **71:** Io 13,18. — **72:** Io 2,24; 6,65.

7 **1:** Io 5,18; 6,1. — **2:** Lev 23,24; Num 29,12; Deut 16,13. — **3:** Mt 12,46; Mc 3,20; Io 2,12. — **4:** Io 18,20. — **5:** Mt 13,57; Mc 3,21. **6:** Io 2,4. — **7:** Io 15,18.23. — **12:** Mt 27,63; Io 7,47. — **13:** Io 9,22; 12,42; 19,38. — **15:** Lc 4,22. — **16:** Io 12,49. — **18:** Io 5,41-44; 8,50. — **19:** Act 7,53; Rom 2,17. — **20:** Mc 3,21; Io 8,48; 10,20. — **22:** Gen 17,10-12; Lev 12,3. — **23:** Io 5,9. — **24:** Lc 12,57; Io 8,15. — **25:** Io 7,1. **27:** Io 6,42; 7,41. — **29:** Mt 11,27. — **30:** Io 5,

me scitis, et unde sim scitis: et a me ipso
non veni, sed est verus qui misit me, quem
vos nescitis. 29 Ego scio eum: quia ab ipso
sum, et ipse me misit. 30 Quaerebant ergo
eum apprehendere: et nemo misit in illum
manus, quia nondum venerat hora eius.
31 De turba autem multi crediderunt in
eum, et dicebant: Christus cum venerit,
numquid plura signa faciet quam quae
hic facit?
32 Audierunt pharisaei turbam murmu-
rantem de illo haec: et miserunt principes
et pharisaei ministros ut apprehenderent
eum. 33 Dixit ergo eis Iesus: Adhuc modicum tempus vobiscum sum: et vado ad
eum qui me misit. 34 Quaeretis me, et
non invenietis: et ubi ego sum, vos non
potestis venire. 35 Dixerunt ergo Iudaei
ad semetipsos: Quo hic iturus est, quia
non inveniemus eum? Quo hic iturus est,
et docturus gentes? 36 Quis est hic sermo,
quem dixit: Quaeretis me, et non invenietis: et ubi sum ego, vos non potestis
venire?

Aquae vivae promissio

37 In novissimo autem die magno festivitatis stabat Iesus, et clamabat dicens:
Si quis sitit, veniat ad me et bibat. 38 Qui
credit in me, sicut dicit Scriptura, flumina de ventre eius fluent aquae vivae. 39 Hoc
autem dixit de Spiritu, quem accepturi
erant credentes in eum: nondum enim erat
Spiritus datus, quia Iesus nondum erat
glorificatus.

Diversae de Iesu opiniones

40 Ex illa ergo turba cum audissent hos
sermones eius, dicebant: Hic est vere propheta. 41 Alii dicebant: Hic est Christus.
Quidam autem dicebant: Numquid a Galilaea venit Christus? 42 Nonne Scriptura
dicit: Quia ex semine David, et de Bethlehem castello, ubi erat David, venit
Christus? 43 Dissensio itaque facta est in
turba propter eum.
44 Quidam autem ex ipsis volebant apprehendere eum: sed nemo misit super
eum manus. 45 Venerunt ergo ministri ad
pontifices et pharisaeos. Et dixerunt eis
illi: Quare non adduxistis illum? 46 Responderunt ministri: Numquam sic locutus est homo, sicut hic homo. 47 Responderunt ergo eis pharisaei: Numquid et
vos seducti estis? 48 Numquid ex principibus aliquis credidit in eum, aut ex pharisaeis? 49 sed turba haec, quae non novit legem, maledicti sunt. 50 Dixit Nicodemus ad eos, ille qui venit ad eum nocte,
qui unus erat ex ipsis: 51 Numquid lex
nostra iudicat hominem, nisi prius audierit ab ipso, et cognoverit quid faciat?
52 Responderunt, et dixerunt ei: Numquid
et tu Galilaeus es? Scrutare Scripturas, et
vide quia a Galilaea propheta non surgit.
53 Et reversi sunt unusquisque in domum
suam.

Mulier in adulterio deprehensa

8 1 Iesus autem perrexit in montem
Oliveti: 2 et diluculo iterum venit in
templum, et omnis populus venit ad eum,
et sedens docebat eos. 3 Adducunt autem
scribae et pharisaei mulierem in adulterio
deprehensam: et statuerunt eam in medio, 4 et dixerunt ei: Magister, haec mulier modo deprehensa est in adulterio. 5 In
lege autem Moyses mandavit nobis huiusmodi lapidare. Tu ergo quid dicis? 6 Hoc
autem dicebant tentantes eum, ut possent accusare eum. Iesus autem inclinans
se deorsum, digito scribebat in terra. 7 Cum
ergo perseverarent interrogantes eum, erexit se, et dixit eis: Qui sine peccato est
vestrum, primus in illam lapidem mittat.
8 Et iterum se inclinans, scribebat in terra. 9 Audientes autem unus post unum
exibant, incipientes a senioribus: et remansit solus Iesus, et mulier in medio
stans. 10 Erigens autem se Iesus, dixit ei:
Mulier, ubi sunt qui te accusabant? nemo
te condemnavit? 11 Quae dixit: Nemo,
Domine. Dixit autem Iesus: Nec ego te
condemnabo: vade, et iam amplius noli
peccare.

Iesus lux mundi testificatus a Patre

12 Iterum ergo locutus est eis Iesus, dicens: Ego sum lux mundi: qui sequitur
me, non ambulat in tenebris, sed habebit
lumen vitae. 13 Dixerunt ergo ei pharisaei:
Tu de te ipso testimonium perhibes; testimonium tuum non est verum. 14 Respondit Iesus, et dixit eis: Et si ego testimonium perhibeo de meipso, verum est testimonium meum: quia scio unde veni et
quo vado; vos autem nescitis unde venio
aut quo vado. 15 Vos secundum carnem
iudicatis: ego non iudico quemquam;
16 et si iudico ego, iudicium meum verum
est, quia solus non sum; sed ego et qui

18; 8,20. — **31:** Io 4,53. — **33:** Io 13,33. — **34:** Io 8,21. — **35:** Io 8,22; 12,20. — **37:** Lev 23,36; Num 29,36; Is 12,3; 55,1; 58,11. — **39:** Io 14,16; 20,22; Act 2,4.17; 2 Cor 3,17. — **40:** Io 1,21. **41:** Io 7,52. — **43:** Io 9,16; 10,19. — **46:** Mt 7,28; Io 18,6. — **48:** Io 12,42; 1 Cor 1,26. — **50:** Io 3,1. — **51:** Act 23,3; 25,16. — **32:** Io 1,46; 7,41.

8 **5:** Lev 20,10; Deut 22,22-26. — **7:** Io 7,17. — **9:** Rom 2,22. — **11:** Io 5,14. — **12:** Is 49,6; Mt 5,14; Io 1,5.9; 12,46. — **14:** Io 5,31. — **15:** Io 7,24. — **16:** Io 5,30. — **17:** Deut

misit me, Pater. 17 Et in lege vestra scriptum est, quia duorum hominum testimonium verum est. 18 Ego sum qui testimonium perhibeo de me ipso, et testimonium perhibet de me qui misit me,
Pater. 19 Dicebant ergo ei: Ubi est Pater
tuus? Respondit Iesus: Neque me scitis,
neque Patrem meum: si me sciretis, forsitan et Patrem meum sciretis.

20 Haec verba locutus est Iesus in gazophylacio, docens in templo: et nemo
apprehendit eum, quia necdum venerat
hora eius.

Iesus vehementer Iudaeos arguit

21 Dixit ergo iterum eis Iesus: Ego vado,
et quaeretis me, et in peccato vestro moriemini. Quo ego vado, vos non potestis
venire. 22 Dicebant ergo Iudaei: Numquid
interficiet semetipsum, quia dixit: Quo
ego vado, vos non potestis venire? 23 Et
dicebat eis: Vos deorsum estis, ego de
supernis sum. Vos de mundo hoc estis,
ego non sum de hoc mundo. 24 Dixi ergo
vobis quia moriemini in peccatis vestris:
si enim non credideritis quia ego sum,
moriemini in peccato vestro. 25 Dicebant
ergo ei: Tu quis es? Dixit eis Iesus: Principium, qui et loquor vobis. 26 Multa habeo de vobis loqui, et iudicare; sed qui
me misit, verax est; et ego quae audivi
ab eo, haec loquor in mundo. 27 Et non
cognoverunt quia Patrem eius dicebat
Deum. 28 Dixit ergo eis Iesus: Cum exal-
taveritis Filium hominis, tunc cognoscetis quia ego sum, et a meipso facio
nihil, sed sicut docuit me Pater, haec loquor: 29 et qui me misit, mecum est, et
non reliquit me solum: quia ego quae
placita sunt ei, facio semper. 30 Haec illo
loquente, multi crediderunt in eum.

31 Dicebat ergo Iesus ad eos, qui crediderunt ei, Iudaeos: Si vos manseritis
in sermone meo, vere discipuli mei eritis, 32 et cognoscetis veritatem, et veritas
liberabit vos. 33 Responderunt ei: Semen
Abrahae sumus, et nemini servivimus unquam: quomodo tu dicis: Liberi eritis?
34 Respondit eis Iesus: Amen, amen dico
vobis: quia omnis qui facit peccatum,
servus est peccati. 35 Servus autem non
manet in domo in aeternum: filius autem
manet in aeternum. 36 Si ergo vos filius
liberavit, vere liberi eritis. 37 Scio quia
filii Abrahae estis: sed quaeritis me interficere, quia sermo meus non capit in
vobis. 38 Ego quod vidi apud Patrem
meum, loquor: et vos quae vidistis apud
patrem vestrum, facitis. 39 Responderunt,
et dixerunt ei: Pater noster Abraham est.
Dicit eis Iesus: Si filii Abrahae estis,
opera Abrahae facite. 40 Nunc autem
quaeritis me interficere, hominem, qui
veritatem vobis locutus sum, quam audivi a Deo: hoc Abraham non fecit.

41 Vos facitis opera patris vestri. Dixerunt itaque ei: Nos ex fornicatione non
sumus nati: unum patrem habemus Deum.
42 Dixit ergo eis Iesus: Si Deus pater
vester esset, diligeritis utique me; ego
enim ex Deo processi, et veni: neque
enim a me ipso veni, sed ille me misit.
43 Quare loquelam meam non cognoscitis? Quia non potestis audire sermonem
meum. 44 Vos ex patre diabolo estis: et
desideria patris vestri vultis facere. Ille
homicida erat ab initio, et in veritate non
stetit: quia non est veritas in eo: cum loquitur mendacium, ex propriis loquitur,
quia mendax est, et pater eius. 45 Ego
autem si veritatem dico, non creditis
mihi. 46 Quis ex vobis arguet me de peccato? Si veritatem dico vobis, quare non
creditis mihi? 47 Qui ex Deo est, verba
Dei audit. Propterea vos non auditis,
quia ex Deo non estis.

Iesus se maiorem Abraham proclamat

48 Responderunt ergo Iudaei, et dixerunt ei: Nonne bene dicimus nos quia
Samaritanus es tu, et daemonium habes? 49 Respondit Iesus: Ego daemonium
non habeo: sed honorifico Patrem meum,
et vos inhonorastis me. 50 Ego autem non
quaero gloriam meam: est qui quaerat,
et iudicet. 51 Amen, amen dico vobis:
si quis sermonem meum servaverit, mortem non videbit in aeternum.

52 Dixerunt ergo Iudaei: Nunc cognovimus quia daemonium habes. Abraham
mortuus est, et prophetae; et tu dicis: Si
quis sermonem meum servaverit, non gustabit mortem in aeternum. 53 Numquid
tu maior es patre nostro Abraham, qui
mortuus est? et prophetae mortui sunt.
Quem te ipsum facis? 54 Respondit Iesus:
Si ego glorifico me ipsum, gloria mea nihil
est: est Pater meus, qui glorificat me, quem
vos dicitis quia Deus vester est, 55 et non
cognovistis eum: ego autem novi eum. Et
si dixero quia non scio eum, ero similis
vobis, mendax. Sed scio eum, et sermo-

17,6; 19,15. — **19:** Io 14,7. — **20:** Io 7,30. — **21-22:** Io 7,34-35. — **23:** Io 3,31. — **26:** Io 16, 12. — **28:** Io 3,14. — **30:** Io 7,31. — **31:** Io 15,7. **33:** Neh 9,36; Mt 3,9. — **34:** Rom 6,16; 2 Petr 2, 19; 1 Io 3,18. || Enc. Leonis XIII: D 1876. — **35:** Gal 4,30. — **36:** 2 Cor 3,17. || Epist. Tractoria: D 109; Conc. Arausic. II: D 186. — **41:** Is 63,16; 64,28. — **42:** Io 16,28; 1 Io 5,1. — **43:** Io 7,17; Rom 8,7. — **44:** Sap 2,24; 1 Io 3,8. — **45:** Lc 22,67. — **46:** 2 Cor 5,21; 1 Petr 2,22. **47:** Io 8,18.37; 1 Io 4,6. — **48:** Io 7,20. — **50:** Io 5,41. — **51:** Io 5,24; 11,26. — **53:** Io 4,12. — **55:** Io 7,28. — **56:** Mt 13,17. — **59:** Io 10,31.

nem eius servo. 56 Abraham pater vester
exsultavit ut videret diem meum: vidit,
et gavisus est. 57 Dixerunt ergo Iudaei
ad eum: Quinquaginta annos nondum
habes, et Abraham vidisti? 58 Dixit eis
Iesus: Amen, amen dico vobis, antequam
Abraham fieret, ego sum. Tulerunt ergo
lapides, ut iacerent in eum: Iesus autem
abscondit se, et exivit de templo.

Iesus caecum a nativitate sanat

9 1 Et praeteriens Iesus vidit hominem
caecum a nativitate: 2 et interrogaverunt eum discipuli eius: Rabbi, quis
peccavit hic, aut parentes eius, ut caecus
nasceretur? 3 Respondit Iesus: Neque hic
peccavit, neque parentes eius: sed ut manifestentur opera Dei in illo. 4 Me oportet operari opera eius qui misit me, donec
dies est: venit nox, quando nemo potest
operari: 5 quamdiu sum in mundo, lux
sum mundi. 6 Haec cum dixisset, expuit
in terram, et fecit lutum ex sputo, et linivit lutum super oculos eius, 7 et dixit ei:
Vade, lava in natatoria Siloe (quod interpretatur Missus). Abiit ergo, et lavit,
et venit videns.
8 Itaque vicini, et qui viderant eum prius
quia mendicus erat, dicebant: Nonne hic
est qui sedebat, et mendicabat? Alii dicebant: Quia hic est. 9 Alii autem: Nequaquam, sed similis est ei. Ille vero dicebat:
Quia ego sum. 10 Dicebant ergo ei: Quomodo aperti sunt tibi oculi? 11 Respondit: Ille homo qui dicitur Iesus, lutum
fecit: et unxit oculos meos, et dixit mihi:
Vade ad natatoria Siloe, et lava. Et abii,
et lavi, et video. 12 Et dixerunt ei: Ubi est
ille? Ait: Nescio.

Disputatio de miraculo

13 Adducunt eum ad pharisaeos, qui
caecus fuerat. 14 Erat autem sabbatum
quando lutum fecit Iesus, et aperuit oculos eius. 15 Iterum ergo interrogabant eum
pharisaei quomodo vidisset. Ille autem
dixit eis: Lutum mihi posuit super oculos, et lavi, et video. 16 Dicebant ergo ex
pharisaeis quidam: Non est hic homo a
Deo, qui sabbatum non custodit. Alii
autem dicebant: Quomodo potest homo
peccator haec signa facere? Et schisma
erat inter eos. 17 Dicunt ergo caeco iterum: Tu quid dicis de illo qui aperuit
oculos tuos? Ille autem dixit: Quia propheta est.
18 Non crediderunt ergo Iudaei de illo,
quia caecus fuisset et vidisset, donec vocaverunt parentes eius, qui viderat: 19 et
interrogaverunt eos, dicentes: Hic est
filius vester quem vos dicitis quia caecus
natus est? Quomodo ergo nunc videt?
20 Responderunt eis parentes eius, et dixerunt: Scimus quia hic est filius noster,
et quia caecus natus est: 21 quomodo
autem nunc videat, nescimus: aut quis
eius aperuit oculos, nos nescimus; ipsum
interrogate: aetatem habet, ipse de se loquatur. 22 Haec dixerunt parentes eius,
quoniam timebant Iudaeos: iam enim
conspiraverant Iudaei, ut si quis eum
confiteretur esse Christum, extra synagogam fieret. 23 Propterea parentes eius dixerunt: Quia aetatem habet, ipsum interrogate.
24 Vocaverunt ergo rursum hominem
qui fuerat caecus, et dixerunt ei: Da gloriam Deo: nos scimus quia hic homo
peccator est. 25 Dixit ergo eis ille: Si peccator est, nescio; unum scio, quia caecus cum essem, modo video. 26 Dixerunt
ergo illi: Quid fecit tibi? quomodo aperuit tibi oculos? 27 Respondit eis: Dixi
vobis iam, et audistis: quid iterum vultis
audire? numquid et vos vultis discipuli
eius fieri? 28 Maledixerunt ergo ei, et
dixerunt: Tu discipulus illius sis: nos
autem Moysi discipuli sumus. 29 Nos
scimus quia Moysi locutus est Deus;
hunc autem nescimus unde sit. 30 Respondit ille homo, et dixit eis: In hoc
enim mirabile est quia vos nescitis unde
sit, et aperuit meos oculos: 31 scimus autem quia peccatores Deus non audit: sed
si quis Dei cultor est, et voluntatem eius
facit, hunc exaudit. 32 A saeculo non est
auditum quia quis aperuit oculos caeci
nati. 33 Nisi esset hic a Deo, non poterat
facere quidquam. 34 Responderunt, et dixerunt ei: In peccatis natus es totus, et
tu doces nos? Et eiecerunt eum foras.

Iesus venit ad illuminandum et obcaecandum

35 Audivit Iesus quia eiecerunt eum foras: et cum invenisset eum, dixit ei: Tu
credis in Filium Dei? 36 Respondit ille, et
dixit: Quis est, Domine, ut credam in
eum? 37 Et dixit ei Iesus: Et vidisti eum,
et qui loquitur tecum, ipse est. 38 At ille
ait: Credo, Domine. Et procidens adoravit eum. 39 Et dixit Iesus: In iudicium ego
in hunc mundum veni: ut qui non vident
videant, et qui vident caeci fiant.
40 Et audierunt quidam ex pharisaeis
qui cum ipso erant, et dixerunt ei: Numquid et nos caeci sumus? 41 Dixit eis Ie-

9 **1:** Act 3,2; 14,8. — **2:** Ex 20,5; Lc 13,2. **3:** Io 11,4. — **4:** Io 5,17.20; 11,9. — **5:** Io 1, 4-5.9; 8,12. — **6:** Io 7,33; 8,23. — **7:** Io 5,2. — **14:** Io 5,9. — **16:** 5,10; 7,23. — **18:** Io 4,19; 6,14. — **22:** Io 7,13; 12,42. — **24:** Ios 7,19. — **31:** Iob 27,9; Prov 15,29; Is 1,15; Ier 11,11; Act 10,35. — **34:** Ps 50,7; Io 9,2. — **37:** Io 4, 26. — **39:** Io 3,19; 4,22. — **40:** Mt 23,16; Rom 2, 19. — **41:** Prov 26,12; Io 15,22.24.

sus: Si caeci essetis, non haberetis peccatum. Nunc vero dicitis: Quia videmus.
Peccatum vestrum manet.

Iesus pastor bonus

10 1 Amen, amen dico vobis: qui non
intrat per ostium in ovile ovium,
sed ascendit aliunde, ille fur est et latro.
2 Qui autem intrat per ostium, pastor est
ovium. 3 Huic ostiarius aperit, et oves
vocem eius audiunt, et proprias oves vocat nominatim, et educit eas. 4 Et cum
proprias oves emiserit, ante eas vadit: et
oves illum sequuntur, quia sciunt vocem
eius. 5 Alienum autem non sequuntur,
sed fugiunt ab eo: quia non noverunt vocem alienorum. 6 Hoc proverbium dixit
eis Iesus. Illi autem non cognoverunt quid
loqueretur eis.
7 Dixit ergo eis iterum Iesus: Amen,
amen dico vobis, quia ego sum ostium
ovium. 8 Omnes quotquot venerunt, fures sunt, et latrones, et non audierunt eos
oves. 9 Ego sum ostium. Per me si quis
introierit, salvabitur: et ingredietur, et
egredietur, et pascua inveniet. 10 Fur non
venit nisi ut furetur, et mactet, et perdat.
Ego veni ut vitam habeant, et abundantius
habeant. 11 Ego sum pastor bonus. Bonus
pastor animam suam dat pro ovibus suis.
12 Mercenarius autem, et qui non est pastor, cuius non sunt oves propriae, videt
lupum venientem, et dimittit oves, et fugit: et lupus rapit, et dispergit oves;
13 mercenarius autem fugit, quia mercenarius est, et non pertinet ad eum de ovibus. 14 Ego sum pastor bonus: et cognosco meas, et cognoscunt me meae. 15 Sicut
novit me Pater, et ego agnosco Patrem:
et animam meam pono pro ovibus meis.
16 Et alias oves habeo, quae non sunt ex
hoc ovili: et illas oportet me adducere, et
vocem meam audient, et fiet unum ovile
et unus pastor.
17 Propterea me diligit Pater: quia ego
pono animam meam, ut iterum sumam
eam. 18 Nemo tollit eam a me: sed ego
pono eam a meipso, et potestatem habeo
ponendi eam, et potestatem habeo iterum
sumendi eam. Hoc mandatum accepi a
Patre meo.

Dissensio Iudaeorum

19 Dissensio iterum facta est inter Iudaeos propter sermones hos. 20 Dicebant
autem multi ex ipsis: Daemonium habet,
et insanit: quid eum auditis? 21 Alii dicebant: Haec verba non sunt daemonium
habentis: numquid daemonium potest
caecorum oculos aperire?

Iesus solemniter declarat se unum esse cum Patre

22 Facta sunt autem Encaenia in Ierosolymis, et hiems erat. 23 Et ambulabat
Iesus in templo, in porticu Salomonis.
24 Circumdederunt ergo eum Iudaei, et dicebant ei: Quousque animam nostram
tollis? si tu es Christus, dic nobis palam.
25 Respondit eis Iesus: Loquor vobis, et
non creditis: opera quae ego facio in nomine Patris mei, haec testimonium perhibent de me: 26 sed vos non creditis, quia
non estis ex ovibus meis. 27 Oves meae
vocem meam audiunt, et ego cognosco
eas, et sequuntur me: 28 et ego vitam aeternam do eis, et non peribunt in aeternum, et non rapiet eas quisquam de manu
mea. 29 Pater meus quod dedit mihi, maius
omnibus est: et nemo potest rapere de
manu Patris mei. 30 Ego et Pater unum
sumus.

Quaerunt eum lapidare et abiit in Transiordaniam

31 Sustulerunt ergo lapides Iudaei, ut
lapidarent eum. 32 Respondit eis Iesus:
Multa bona opera ostendi vobis ex Patre
meo, propter quod eorum opus me lapi-
datis? 33 Responderunt ei Iudaei: De bono opere non lapidamus te, sed de blasphemia; et quia tu homo cum sis, facis
teipsum Deum. 34 Respondit eis Iesus:
Nonne scriptum est in lege vestra quia
ego dixi: Dii estis? 35 Si illos dixit deos,
ad quos sermo Dei factus est, et non potest solvi scriptura: 36 quem Pater sanctificavit, et misit in mundum vos dicitis:
Quia blasphemas quia dixi: Filius Dei
sum? 37 Si non facio opera Patris mei,
nolite credere mihi. 38 Si autem facio: et
si mihi non vultis credere, operibus credite, ut cognoscatis, et credatis quia Pater
in me est, et ego in Patre. 39 Quaerebant
ergo eum apprehendere: et exivit de manibus eorum.
40 Et abiit iterum trans Iordanem, in
eum locum ubi erat Ioannes baptizans
primum, et mansit illic; 41 et multi venerunt ad eum, et dicebant: Quia Ioannes

10 **1:** Mich 2,12. || Conc. Trid.: D 960. — **6:** Io 16,25. — **7:** Mt 7,13-14. — **8:** Ier 2,31; Ez 34,2.14. — **9:** Ps 117,26; Io 14,6. — **11:** Ps 23,1; Lc 15,4. — **12:** Zach 11,17; 13,7; 1 Petr 5,2. — **14:** 2 Tim 2,19. — **15:** Mt 11,27. — **16:** Is 56,8; Ez 34,11. || Conc. Lateran. IV: D 435; Bulla Bonif. VIII: D 468. — **17:** Phil 2,9. — **18:** Io 19,11. — **19:** Io 7,43; 9,16. — **20:** Mc 3,21. — **22:** 1 Mach 4,59; 2 Mach 10,5. — **23:** Act 3,11; 5,12. — **25:** Io 4,26; 5,36. — **26:** Io 8,45. — **27:** Io 10,4.14.16. — **28:** Io 6,27; 17,12. **29:** Io 17,12.24. || Conc. Lateran. IV: D 432. — **30:** Io 17,11. || Epist. S. Dionysii: D 51. — **31:** Io 8,59. — **33:** Lev 24,16; Mt 26,65; Mc 14,63. — **34:** Ps 81,6. — **35:** Mt 5,17. — **36:** Mt 3,17; Lc 1,35. — **38:** Io 14,11. — **39:** Io 8,59. — **40:** Io 1,28. — **42:** Io 7,31.

quidem signum fecit nullum. 42 Omnia
autem quaecumque dixit Ioannes de hoc,
vera erant. Et multi crediderunt in eum.

Vocatus in Bethaniam Lazarum resuscitat

11 1 Erat autem quidam languens Lazarus a Bethania, de castello Mariae et Marthae sororis eius. 2 (Maria autem erat quae unxit Dominum unguento,
et extersit pedes eius capillis suis: cuius
frater Lazarus infirmabatur.) 3 Miserunt
ergo sorores eius ad eum dicentes: Domine, ecce quem amas infirmatur. 4 Audiens autem Iesus dixit eis: Infirmitas
haec non est ad mortem, sed pro gloria
Dei, ut glorificetur Filius Dei per eam.
5 Diligebat autem Iesus Martham, et sororem eius Mariam, et Lazarum. 6 Ut ergo audivit quia infirmabatur, tunc quidem
mansit in eodem loco duobus diebus;
7 deinde post haec dixit discipulis suis:
Eamus in Iudaeam iterum. 8 Dicunt ei
discipuli: Rabbi, nunc quaerebant te Iudaei lapidare, et iterum vadis illuc? 9 Respondit Iesus: Nonne duodecim sunt horae diei? Si quis ambulaverit in die, non
offendit, quia lucem huius mundi videt:
10 si autem ambulaverit in nocte, offendit,
quia lux non est in eo. 11 Haec ait, et post
haec dixit eis: Lazarus amicus noster dormit: sed vado ut a somno excitem eum.
12 Dixerunt ergo discipuli eius: Domine,
si dormit, salvus erit. 13 Dixerat autem
Iesus de morte eius: illi autem putaverunt
quia de dormitione somni diceret. 14 Tunc
ergo Iesus dixit eis manifeste: Lazarus
mortuus est: 15 et gaudeo propter vos, ut
credatis, quoniam non eram ibi, sed eamus
ad eum. 16 Dixit ergo Thomas, qui dicitur
Didymus, ad condiscipulos: Eamus et nos,
ut moriamur cum eo.

17 Venit itaque Iesus: et invenit eum
quatuor dies iam in monumento habentem. 18 (Erat autem Bethania iuxta Ierosolymam quasi stadiis quindecim.) 19 Multi autem ex Iudaeis venerant ad Martham
et Mariam, ut consolarentur eas de fratre
suo. 20 Martha ergo ut audivit quia Iesus
venit, occurrit illi: Maria autem domi sedebat. 21 Dixit ergo Martha ad Iesum:
Domine, si fuisses hic, frater meus non
fuisset mortuus: 22 sed et nunc scio quia
quaecumque poposceris a Deo, dabit tibi
Deus. 23 Dicit illi Iesus: Resurget frater
tuus. 24 Dicit ei Martha: Scio quia resurget in resurrectione iu novissimo die.
25 Dixit ei Iesus: Ego sum resurrectio et
vita: qui credit in me, etiam si mortuus
fuerit, vivet: 26 et omnis qui vivit et credit
in me, non morietur in aeternum. Credis
hoc? 27 Ait illi: Utique Domine, ego credidi, quia tu es Christus, Filius Dei vivi,
qui in hunc mundum venisti. 28 Et cum
haec dixisset, abiit, et vocavit Mariam
sororem suam silentio, dicens: Magister
adest, et vocat te. 29 Illa ut audivit, surgit
cito, et venit ad eum; 30 nondum enim
venerat Iesus in castellum: sed erat adhuc
in illo loco, ubi occurrerat ei Martha.
31 Iudaei ergo, qui erant cum ea in domo,
et consolabantur eam, cum vidissent Mariam quia cito surrexit, et exiit, secuti
sunt eam dicentes: Quia vadit ad monumentum, ut ploret ibi. 32 Maria ergo, cum
venisset ubi erat Iesus, videns eum, cecidit ad pedes eius, et dicit ei: Domine, si
fuisses hic, non esset mortuus frater meus.
33 Iesus ergo, ut vidit eam plorantem,
et Iudaeos, qui venerant cum ea, ploran-
tes, infremuit spiritu, et turbavit seipsum,
34 et dixit: Ubi posuistis eum? Dicunt ei:
Domine, veni, et vide. 35 Et lacrymatus
est Iesus. 36 Dixerunt ergo Iudaei: Ecce
quomodo amabat eum. 37 Quidam autem
ex ipsis dixerunt: Non poterat hic, qui
aperuit oculos caeci nati, facere ut hic
non moreretur? 38 Iesus ergo rursum fremens in semetipso, venit ad monumentum. Erat autem spelunca, et lapis super-
positus erat ei. 39 Ait Iesus: Tollite lapidem. Dicit ei Martha, soror eius qui mortuus fuerat: Domine, iam foetet, quatri-
duanus est enim. 40 Dicit ei Iesus: Nonne
dixi tibi quoniam si credideris, videbis
gloriam Dei? 41 Tulerunt ergo lapidem:
Iesus autem, elevatis sursum oculis, dixit:
Pater, gratias ago tibi quoniam audisti
me. 42 Ego autem sciebam quia semper
me audis, sed propter populum qui cir-
cumstat, dixi: ut credant quia tu me misisti. 43 Haec cum dixisset, voce magna
clamavit: Lazare, veni foras. 44 Et statim
prodiit qui fuerat mortuus, ligatus pedes,
et manus institis, et facies illius sudario
erat ligata. Dixi eis Iesus: Solvite eum et
sinite abire.

45 Multi ergo ex Iudaeis, qui venerant
ad Mariam, et Martham, et viderant quae
fecit Iesus, crediderunt in eum. 46 Quidam
autem ex ipsis abierunt ad pharisaeos, et
dixerunt eis quae fecit Iesus.

Iudaeorum concilium contra Iesum

47 Collegerunt ergo pontifices et pharisaei concilium, et dicebant: Quid facimus, quia hic homo multa signa facit?
48 Si dimittimus eum sic, omnes credent
in eum, et veniunt romani, et tollent nostrum locum, et gentem. 49 Unus autem ex

11 **1:** Lc 10,38-39. — **2:** Io 12,3. — **4:** Io 9,
3. — **8:** Io 8,59; 10,31. — **9:** 1 Io 2,10. —
10: Io 12,35. — **16:** Io 14,5; 20,24. — **24:** Io 5,
28. — **25:** Io 5,24. — **27:** Io 6,29; 20,31. — **33:**
Io 13,21. — **35:** Lc 19,41. — **42:** Io 12,30. —
45: Lc 16,31. — **50:** Io 18,14. — **51:** Ex 28,30;

ipsis Caiphas nomine, cum esset pontifex
anni illius, dixit eis: Vos nescitis quidquam, 50 nec cogitatis quia expedit vobis
ut unus moriatur homo pro populo, et
non tota gens pereat. 51 Hoc autem a
semetipso non dixit: sed cum esset pontifex anni illius, prophetavit, quod Iesus
moriturus erat pro gente, 52 et non tantum pro gente, sed ut filios Dei, qui erant
dispersi, congregaret in unum. 53 Ab illo
ergo die cogitaverunt ut interficerent eum.

Iesus recedit in Ephrem

54 Iesus ergo iam non in palam ambulabat apud Iudaeos, sed abiit in regionem
iuxta desertum, in civitatem quae dicitur
Ephrem, et ibi morabatur cum discipulis
suis.
55 Proximum autem erat Pascha Iudaeorum, et ascenderunt multi Ierosolymam
de regione ante Pascha, ut sanctificarent
se ipsos. 56 Quaerebant ergo Iesum, et
colloquebantur ad invicem, in templo
stantes: Quid putatis, quia non venit ad
diem festum? Dederant autem pontifices
et pharisaei mandatum ut si quis cognoverit ubi sit, indicet, ut apprehendant
eum.

Unctio Iesu in Bethania

12 1 Iesus ergo ante sex dies Paschae
venit Bethaniam, ubi Lazarus fuerat mortuus, quem suscitavit Iesus. 2 Fecerunt autem ei coenam ibi, et Martha ministrabat, Lazarus vero unus erat ex discumbentibus cum eo. 3 Maria ergo accepit libram unguenti nardi pistici, pretiosi, et unxit pedes Iesu, et extersit pedes
eius capillis suis: et domus impleta est ex
odore unguenti. 4 Dixit ergo unus ex discipulis eius, Iudas Iscariotes, qui erat
eum traditurus: 5 Quare hoc unguentum
non vaeniit trecentis denariis, et datum
est egenis? 6 Dixit autem hoc, non quia
de egenis pertinebat ad eum, sed quia
fur erat, et loculos habens, ea quae mittebantur, portabat. 7 Dixit ergo Iesus:
Sinite illam ut in diem sepulturae meae
servet illud. 8 Pauperes enim semper habetis vobiscum: me autem non semper
habetis.
9 Cognovit ergo turba multa ex Iudaeis
quia illic est, et venerunt, non propter
Iesum tantum, sed ut Lazarum viderent,
quem suscitavit a mortuis.

Solemnis introitus in Ierusalem

10 Cogitaverunt autem principes sacerdotum ut et Lazarum interficerent: 11 quia
multi propter illum abibant ex Iudaeis, et
credebant in Iesum.
12 In crastinum autem turba multa,
quae venerat ad diem festum, cum audissent quia venit Iesus Ierosolymam, 13 acceperunt ramos palmarum, et processerunt obviam ei, et clamabant: Hosanna,
benedictus qui venit in nomine Domini,
rex Israel. 14 Et invenit Iesus asellum, et
sedit super eum, sicut scriptum est: 15 Noli timere, filia Sion: ecce rex tuus venit
sedens super pullum asinae. 16 Haec non
cognoverunt discipuli eius primum: sed
quando glorificatus est Iesus, tunc recordati sunt quia haec erant scripta de eo,
et haec fecerunt ei. 17 Testimonium ergo
perhibebat turba, quae erat cum eo quando Lazarum vocavit de monumento, et
suscitavit eum a mortuis. 18 Propterea et
obviam venit ei turba: quia audierunt
fecisse hoc signum. 19 Pharisaei ergo dixerunt ad semetipsos: Videtis quia nihil
proficimus? ecce mundus totus post eum
abiit.

Iesus per mortem triumphaturus

20 Erant autem quidam gentiles, ex his
qui ascenderant ut adorarent in die festo.
21 Hi ergo accesserunt ad Philippum, qui
erat a Bethsaida Galilaeae, et rogabant
eum, dicentes: Domine, volumus Iesum
videre. 32 Venit Philippus, et dicit Andreae: Andreas rursum, et Philippus dixerunt Iesu.
23 Iesus autem respondit eis, dicens:
Venit hora, ut clarificetur Filius hominis.
24 Amen, amen dico vobis, nisi granum
frumenti cadens in terram, mortuum fuerit, 25 ipsum solum manet: si autem mortuum fuerit, multum fructum affert. Qui
amat animam suam, perdet eam; et qui
odit animam suam in hoc mundo, in
vitam aeternam custodit eam. 26 Si quis
mihi ministrat, me sequatur, et ubi sum
ego, illic et minister meus erit. Si quis
mihi ministraverit, honorificabit eum Pater meus. 27 Nunc anima mea turbata est.
Et quid dicam? Pater, salvifica me ex hac
hora. Sed propterea veni in horam hanc.
28 Pater, clarifica nomen tuum. Venit ergo
vox de caelo: Et clarificavi, et iterum cla-
rificabo. 29 Turba ergo, quae stabat, et
audierat, dicebat tonitruum esse factum.
Alii dicebant: Angelus ei locutus est.

Num 27,21; 1 Sam 23,9; 28,6. — **52:** Io 10,16; 1 Io 2,2. — **55:** 2 Par 30,17; Act 21,24-26.

12 **1-8:** Mt 26,6-13; Mc 14,3-9. — **2:** Lc 10,40. — **3:** Lc 7,38. — **8:** Deut 15,11. — **9:** Io 11,56. — **12-19:** Mt 21,4-11; Mc 11,7-10; Lc 19,35-40. — **13:** Ps 117,25. — **14-15:** Zach 9,9. — **16:** Io 2,22; 20,9. — **19:** Io 11,47-48. — **20:** Io 7,25. — **23:** Io 13,1; 17,1. — **24:** 1 Cor 15,36. — **25:** Mt 10,39; Lc 17,33. — **26:** io 14,3. **27:** Ps 6,4; 41,6; Mt 26,38. — **28:** Mt 3,17. — **30:** Io 11,42. — **31:** Io 16,11. || De gratia Dei

30 Respondit Iesus, et dixit: Non propter
me haec vox venit, sed propter vos.
31 Nunc iudicium est mundi: nunc princeps huius mundi eiicietur foras. 32 Et
ego si exaltatus fuero a terra, omnia traham ad me ipsum. 33 (Hoc autem dicebat,
significans qua morte esset moriturus.)

Animorum perturbatio in turba

34 Respondit ei turba: Nos audivimus
ex lege, quia Christus manet in aeternum:
et quomodo tu dicis: Oportet exaltari
Filium hominis? Quis est iste Filius hominis? 35 Dixit ergo eis Iesus: Adhuc modicum, lumen in vobis est. Ambulate
dum lucem habetis, ut non vos tenebrae
comprehendant; et qui ambulat in tenebris, nescit quo vadat. 36 Dum lucem habetis, credite in lucem, ut filii lucis sitis.
Haec locutus est Iesus, et abiit et abscondit se ab eis.

Iudaeorum incredulitas praevisa ab Isaia

37 Cum autem tanta signa fecisset coram eis, non credebant in eum; 38 ut
sermo Isaiae prophetae impleretur, quem
dixit: Domine, quis credidit auditui nostro? et brachium Domini cui revelatum
est? 39 Propterea non poterant credere,
quia iterum dixit Isaias: 40 Excaecavit
oculos eorum, et induravit cor eorum ut
non videant oculis, et non intelligant corde, et convertantur, et sanem eos. 41 Haec
dixit Isaias, quando vidit gloriam eius, et
locutus est de eo.

Christus lux mundi

42 Verumtamen et ex principibus multi
crediderunt in eum: sed propter pharisaeos non confitebantur, ut e synagoga
non eiicerentur. 43 Dilexerunt enim gloriam hominum magis quam gloriam Dei.
44 Iesus autem clamavit, et dixit: Qui
credit in me, non credit in me, sed in
eum qui misit me. 45 Et qui videt me,
videt eum qui misit me. 46 Ego lux in
mundum veni, ut omnis qui credit in me,
in tenebris non maneat. 47 Et si quis
audierit verba mea, et non custodierit,
ego non iudico eum; non enim veni ut
iudicem mundum, sed ut salvificem mundum. 48 Qui spernit me et non accipit
verba mea, habet qui iudicet eum. Sermo
quem locutus sum, ille iudicabit eum in
novissimo die. 49 Quia ego ex me ipso
non sum locutus, sed qui misit me, Pater,
ipse mihi mandatum dedit quid dicam et
quid loquar. 50 Et scio quia mandatum
eius vita aeterna est. Quae ergo ego loquor, sicut dixit mihi Pater, sic loquor.

Indiculus: D 140. — **32:** Io 8,28. — **34:** Ps 88,5; 109,4; Is 9,7; Dan 7,14. — **35:** Io 8,12; 11,10. — **38:** Is 53,1; Rom 10,16. — **40:** Is 6,10; Mt 13,12; Act 28,26. — **44:** Mt 10,40. — **45:** Io 14,9. — **46:** Io 8,12. — **47:** Io 3,17. — **48:** Lc 10,16; Hebr 4,12. — **50:** Io 3,34; 8,26-28.

PARS ALTERA

IESU CHRISTI PASSIO ET RESURRECTIO

(13,1-20,31)

Lotio pedum Apostolorum

13 1 Ante diem festum Paschae, sciens
Iesus quia venit hora eius ut transeat ex hoc mundo ad Patrem: cum dilexisset suos, qui erant in mundo, in finem
dilexit eos.
2 Et coena facta, cum diabolus iam misisset in cor ut traderet eum Iudas Simonis Iscariotae: 3 sciens quia omnia dedit
ei Pater in manus, et quia a Deo exivit,
et ad Deum vadit: 4 surgit a coena, et
ponit vestimenta sua, et cum accepisset
linteum, praecinxit se. 5 Deinde mittit
aquam in pelvim, et coepit lavare pedes
discipulorum, et extergere linteo, quo
erat praecinctus. 6 Venit ergo ad Simonem Petrum. Et dicit ei Petrus: Domine,
tu mihi lavas pedes? 7 Respondit Iesus,
et dixit ei: Quod ego facio, tu nescis
modo, scies autem postea. 8 Dicit ei Petrus: Non lavabis mihi pedes in aeternum.
Respondit ei Iesus: Si non lavero te, non
habebis partem mecum. 9 Dicit ei Simon
Petrus: Domine, non tantum pedes meos,
sed et manus, et caput. 10 Dicit ei Iesus:
Qui lotus est, non indiget nisi ut pedes
lavet, sed est mundus totus. Et vos mundi
estis, sed non omnes. 11 Sciebat enim
quisnam esset qui traderet eum; propterea
dixit: Non estis mundi omnes.
12 Postquam ergo lavit pedes eorum,
et accepit vestimenta sua: cum recubuisset iterum, dixit eis: Scitis quid fecerim
vobis? 13 Vos vocatis me Magister et
Domine, et bene dicitis: sum etenim.
14 Si ergo ego lavi pedes vestros, Dominus
et Magister, et vos debetis alter alterius
lavare pedes. 15 Exemplum enim dedi
vobis, ut quemadmodum ego feci vobis,
ita et vos faciatis. 16 Amen, amen dico
vobis: non est servus maior domino suo:
neque apostolus maior est eo qui misit

13 **1:** Io 7,30; 8,20; 15,13; Gal 2,20; 1 Io 2,16. — **2:** Lc 22,3. — **3:** Io 3,35; 16,28; 17,2. || Epist. S. Greg. I: D 248. — **4:** Mt 11,29; Lc 12,37. — **5:** 1 Petr 5,3. — **10:** Io 15,3. — **11:** Io 6,64.70. — **13:** Mt 23,8.10. — **14:** Lc 22,27; 1 Tim 5,10. — **15:** Phil 2,5; Col 3,13; 1 Petr 2,21; 1 Io 2,6. — **16:** Mt 15,24. — **18:** Ps 40,10.

illum. 17 Si haec scitis, beati eritis si feceritis ea. 18 Non de omnibus vobis dico: ego scio quos elegerim; sed ut adimpleatur Scriptura: Qui manducat mecum panem, levabit contra me calcaneum suum. 19 Amodo dico vobis, priusquam fiat: ut cum factum fuerit, credatis, quia ego sum. 20 Amen, amen dico vobis: Qui accipit si quem misero, me accipit; qui autem me accipit, accipit eum qui me misit.

Iesus proditorem indicat

21 Cum haec dixisset Iesus, turbatus est spiritu: et protestatus est, et dixit: Amen, amen dico vobis: Quia unus ex vobis tradet me. 22 Aspiciebant ergo ad invicem discipuli, haesitantes de quo diceret. 23 Erat ergo recumbens unus ex discipulis eius in sinu Iesu, quem diligebat Iesus. 24 Innuit ergo huic Simon Petrus, et dixit ei: Quis est, de quo dicit? 25 Itaque cum recubuisset ille supra pectus Iesu, dicit ei: Domine, quis est? 26 Respondit Iesus: Ille est cui ego intinctum panem porrexero. Et cum intinxisset panem, dedit Iudae Simonis Iscariotae.

27 Et post buccellam, introivit in eum Satanas. Et dixit ei Iesus: Quod facis, fac citius. 28 Hoc autem nemo scivit discumbentium ad quid dixerit ei. 29 Quidam enim putabant, quia loculos habebat Iudas, quod dixisset ei Iesus: Eme ea quae opus sunt nobis ad diem festum: aut egenis ut aliquid daret. 30 Cum ergo accepisset ille buccellam, exivit continuo. Erat autem nox.

Mandatum dilectionis

31 Cum ergo exisset, dixit Iesus: Nunc clarificatus est Filius hominis, et Deus clarificatus est in eo. 32 Si Deus clarificatus est in eo, et Deus clarificabit eum in semetipso: et continuo clarificabit eum. 33 Filioli, adhuc modicum vobiscum sum. Quaeretis me; et sicut dixi Iudaeis: Quo ego vado, vos non potestis venire: et vobis dico modo. 34 Mandatum novum do vobis: Ut diligatis invicem, sicut dilexi vos, ut et vos diligatis invicem. 35 In hoc cognoscent omnes quia discipuli mei estis, si dilectionem habueritis ad invicem.

Petri negationem praedicit

36 Dicit ei Simon Petrus: Domine, quo vadis? Respondit Iesus: Quo ego vado non potes me modo sequi: sequeris autem postea. 37 Dicit ei Petrus: Quare non possum te sequi modo? animam meam pro te ponam. 38 Respondit ei Iesus: Animam tuam pro me pones? Amen, amen dico tibi: Non cantabit gallus, donec ter me neges.

Iesus ad Patrem vadit discipulis locum paraturus

14 1 Non turbetur cor vestrum. Creditis in Deum, et in me credite. 2 In domo Patris mei mansiones multae sunt; si quo minus dixissem vobis: Quia vado parare vobis locum. 3 Et si abiero, et praeparavero vobis locum: iterum venio, et accipiam vos ad meipsum, ut ubi sum ego, et vos sitis. 4 Et quo ego vado scitis, et viam scitis.

5 Dicit ei Thomas: Domine, nescimus quo vadis: et quo modo possumus viam scire? 6 Dicit ei Iesus: Ego sum via, et veritas, et vita. Nemo venit ad Patrem, nisi per me. 7 Si cognovissetis me, et Patrem meum utique cognovissetis: et amodo cognoscetis eum, et vidistis eum. 8 Dicit ei Philippus: Domine, ostende nobis Patrem, et sufficit nobis. 9 Dicit ei Iesus: Tanto tempore vobiscum sum, et non cognovistis me? Philippe, qui videt me, videt et Patrem. Quomodo tu dicis: Ostende nobis Patrem? 10 Non creditis quia ego in Patre, et Pater in me est? Verba quae ego loquor vobis, a me ipso non loquor. Pater autem in me manens, ipse facit opera. 11 Non creditis quia ego in Patre, et Pater in me est?

12 Alioquin propter opera ipsa credite. Amen, amen dico vobis, qui credit in me, opera quae ego facio, et ipse faciet, et maiora horum faciet: quia ego ad Patrem vado. 13 Et quodcumque petieritis Patrem in nomine meo, hoc faciam: ut glorificetur Pater in Filio. 14 Si quid petieritis me in nomine meo, hoc faciam.

Spiritum Sanctum promittit

15 Si diligitis me, mandata mea servate. 16 Et ego rogabo Patrem, et alium Para-

19: Io 14,29; 16,4. — **20:** Mt 10,40; Lc 10,16; Gal 4,14. — **21-30:** Mt 26,21-25; Mc 14,16-21; Lc 22,21-23. — **23:** Io 19,26; 20,2; 21,7.20. — **27:** Lc 22,3; Io 13,2. — **29:** Io 12,6. — **31:** Io 12, 23; 17,1. — **33:** Io 7,33. — **35:** Io 17,23. — **36:** Mt 26,33; Io 21,18. — **37:** Mt 26,35; Mc 14,29; Lc 22,33.

14 **1:** Io 12,44; 14,27. — **2:** Hebr 11,16. ‖ Conc. Carthag. XVI: D 102. — **3:** Io 12, 26; 17,24; 1 Thess 4,17. — **5:** Io 11,16. — **6:** Io 1, 17; Eph 2,18; Hebr 10,20. ‖ Decr. Damasi: D 83; Enc. Pii XI: D 2.202. — **9:** Io 12,45; Col 1,15; Hebr 1,3. — **10:** Io 12,49. ‖ Epist. S. Dionysii: D 49 et 51. — **11:** Io 5,36; 10,38. — **12:** Io 5,20. — **13:** Mc 11,24; Io 15,7; 16,24. — **14:** Io 16,23. — **15:** Io 15,10; 1 Io 5,3. ‖ Enc. Pii XI: D 2195. — **16:** Io 14,26; 15,26. — **17:** Mt

clitum dabit vobis, ut maneat vobiscum
in aeternum, 17 Spiritum veritatis, quem
mundus non potest accipere, quia non
videt eum, nec scit eum: vos autem cognoscetis eum, quia apud vos manebit,
et in vobis erit. 18 Non relinquam vos or-
phanos: veniam ad vos. 19 Adhuc modicum, et mundus me iam non videt. Vos
autem videtis me: quia ego vivo, et vos
vivetis. 20 In illo die vos cognoscetis quia
ego sum in Patre meo, et vos in me, et
ego in vobis. 21 Qui habet mandata mea,
et servat ea: ille est qui diligit me. Qui
autem diligit me, diligetur a Patre meo:
et ego diligam eum, et manifestabo ei
meipsum.

22 Dicit ei Iudas, non ille Iscariotes:
Domine, quid factum est, quia manifes-
taturus es nobis teipsum, et non mundo?
23 Respondit Iesus, et dixit ei: Si quis
diligit me, sermonem meum servabit, et
Pater meus diliget eum, et ad eum veniemus, et mansionem apud eum faciemus;
24 qui non diligit me, sermones meos non
servat. Et sermonem, quem audistis, non
est meus: sed eius qui misit me, Patris.
25 Haec locutus sum vobis apud vos manens. 26 Paraclitus autem Spiritus Sanctus, quem mittet Pater in nomine meo,
ille vos docebit omnia, et suggeret vobis
omnia quaecumque dixero vobis.

Discipulis valedicens pacem promittit

27 Pacem relinquo vobis, pacem meam
do vobis: non quomodo mundus dat, ego
do vobis. Non turbetur cor vestrum, neque formidet. 28 Audistis quia ego dixi
vobis: Vado, et venio ad vos. Si diligere-
tis me, gauderetis utique, quia vado ad
Patrem: quia Pater maior me est. 29 Et
nunc dixi vobis prius quam fiat: ut cum
factum fuerit, credatis. 30 Iam non multa
loquar vobiscum: venit enim princeps
mundi huius, et in me non habet quidquam. 31 Sed ut cognoscat mundus quia
diligo Patrem, et sicut mandatum dedit
mihi Pater, sic facio. Surgite, eamus hinc.

Vitis allegoria

15 1 Ego sum vitis vera, et Pater meus
agricola est. 2 Omnem palmitem in
me non ferentem fructum, tollet eum, et
omnem qui fert fructum, purgabit eum,
ut fructum plus afferat. 3 Iam vos mundi
estis propter sermonem quem locutus sum
vobis. 4 Manete in me, et ego in vobis.
Sicut palmes non potest ferre fructum a
semetipso, nisi manserit in vite, sic nec
vos, nisi in me manseritis. 5 Ego sum
vitis, vos palmites: qui manet in me et ego
in eo, hic fert fructum multum, quia sine
me nihil potestis facere. 6 Si quis in me
non manserit, mittetur foras sicut palmes,
et arescet, et colligent eum, et in ignem
mittent, et ardet. 7 Si manseritis in me,
et verba mea in vobis manserint, quodcumque volueritis petetis, et fiet vobis.
8 In hoc clarificatus est Pater meus, ut
fructum plurimum afferatis, et efficiamini
mei discipuli.

Discipuli non servi, sed amici

9 Sicut dilexit me Pater, et ego dilexi
vos. Manete in dilectione mea.

10 Si praecepta mea servaveritis, manebitis in dilectione mea, sicut et ego Patris
mei praecepta servavi, et maneo in eius
dilectione. 11 Haec locutus sum vobis: ut
gaudium meum in vobis sit, et gaudium
vestrum impleatur.

12 Hoc est praeceptum meum, ut diligatis invicem, sicut dilexi vos. 13 Maiorem
hac dilectionem nemo habet, ut animam
suam ponat quis pro amicis suis. 14 Vos
amici mei estis, si feceritis quae ego praecipio vobis. 15 Iam non dicam vos servos: quia servus nescit quid faciat dominus eius. Vos autem dixi amicos: quia
omnia quaecumque audivi a Patre meo,
nota feci vobis. 16 Non vos me elegistis,
sed ego elegi vos, et posui vos ut eatis, et
fructum afferatis, et fructus vester maneat: ut quodcumque petieritis Patrem in
nomine meo, det vobis. 17 Haec mando
vobis: ut diligatis invicem.

Mundi odium erga discipulos

18 Si mundus vos odit, scitote quia me
priorem vobis odio habuit. 19 Si de mundo fuissetis, mundus quod suum erat diligeret: quia vero de mundo non estis,
sed ego elegi vos de mundo, propterea
odit vos mundus. 20 Mementote sermonis

10,20; Io 16,13; Rom 8,9. — **19:** Io 16,16. — **20:** Io 17,21. — **21:** 1 Io 2,5. — **22:** Act 10,41. **23:** 2 Cor 6,16; 1 Io 2,24; 3,24; Apoc 3,20. || Conc. Trid.: D 804. — **26:** Mt 10,19; Io 14,16; 16,13. || Conc. Trid.: D 873. — **27:** Eph 2,17; Phil 4,7; Col 3,15. — **28:** Io 14,2. — **29:** Io 13, 19. — **30:** Io 12,31. — **31:** Mt 26,46; Mc 14,42; Io 10,18.

15 **1:** Ps 79,9-18; Ier 2,21. — **2:** Eccli 24,23; Mt 15,13. — **4:** Io 6,56. — **6:** 1 Cor 12,12.

27; 2 Cor 3,5; 5,19. || Conc. Carthag. XVI: D 105 De gratia Dei Indiculus: D 135 et 138; Conc. Arausic. II: D 180 et 197; Epist. Bonif. II: D 200; Conc. Trid.: D 809. — **6:** Mt 3,10. — **7:** Mc 11,24. — **8:** Mt 5,16; Io 13,31. — **10:** Io 14, 15; 1 Io 2,4.8. || Enc. Pii XI: D 2195. — **11:** Io 17,13; 1 Io 1,4. — **12:** Mc 12,30; Io 13,34. — **13:** Io 10,12; 1 Io 3,16. — **14:** Mt 12,50; Io 8,31. — **15:** Rom 5,7. || Conc. Trid.: D 803. — **16:** Io 6, 70; 13,18. — **18:** Io 7,7; 1 Io 3,13. — **19:** Lc 6, 22; Io 17,14; 1 Io 4,5; Iac 4,4. — **20:** Io 13,16. —

mei, quem ego dixi vobis: Non est servus maior domino suo. Si me persecuti
sunt, et vos persequentur; si sermonem
meum servaverunt, et vestrum servabunt.
21 Sed haec omnia facient vobis propter
nomen meum: quia nesciunt eum qui misit me. 22 Si non venissem, et locutus fuissem eis, peccatum non haberent: nunc
autem excusationem non habent de peccato suo. 23 Qui me odit, et Patrem meum
odit. 24 Si opera non fecissem in eis quae
nemo alius fecit, peccatum non haberent:
nunc autem et viderunt, et oderunt et
me, et Patrem meum. 25 Sed ut adimpleatur sermo, qui in lege eorum scriptus est:
Quia odio habuerunt me gratis. 26 Cum
autem venerit Paraclitus, quem ego mittam vobis a Patre, spiritum veritatis, qui
a Patre procedit, ille testimonium perhibebit de me; 27 et vos testimonium perhi-
bebitis, quia ab initio mecum estis.

Iudaeorum persecutio praedicta

16 1 Haec locutus sum vobis, ut non
scandalizemini. 2 Absque synagogis facient vos: sed venit hora, ut omnis
qui interficit vos arbitretur obsequium se
praestare Deo. 3 Et haec facient vobis, quia
non noverunt Patrem, neque me. 4 Sed
haec locutus sum vobis, ut cum venerit
hora eorum, reminiscamini, quia ego dixi
vobis.

Spiritus Sanctus discipulorum Paraclitus

5 Haec autem vobis ab initio non dixi,
quia vobiscum eram. Et nunc vado ad
eum qui misit me; et nemo ex vobis
interrogat me: Quo vadis? 6 Sed quia
haec locutus sum vobis, tristitia implevit
cor vestrum. 7 Sed ego veritatem dico
vobis: expedit vobis ut ego vadam: si
enim non abiero, Paraclitus non veniet
ad vos; si autem abiero, mittam eum ad
vos. 8 Et cum venerit ille, arguet mundum
de peccato, et de iustitia, et de iudicio.
9 De peccato quidem, quia non crediderunt in me. 10 De iustitia vero, quia ad
Patrem vado, et iam non videbitis me.
11 De iudicio autem, quia princeps huius
mundi iam iudicatus est.
12 Adhuc multa habeo vobis dicere, sed
non potestis portare modo. 13 Cum autem
venerit ille Spiritus veritatis, docebit vos
omnem veritatem: non enim loquetur a
semetipso, sed quaecumque audiet loquetur, et quae ventura sunt annuntiabit vobis. 14 Ille me clarificabit, quia de meo
accipiet, et annuntiabit vobis. 15 Omnia
quaecumque habet Pater, mea sunt. Propterea dixi: quia de meo accipiet, et annuntiabit vobis.

Tristitia vertetur in gaudium

16 Modicum, et iam non videbitis me;
et iterum modicum, et videbitis me, quia
vado ad Patrem. 17 Dixerunt ergo ex discipulis eius ad invicem: Quid est hoc quod
dicit nobis: Modicum, et non videbitis
me; et iterum modicum, et videbitis me,
et quia vado ad Patrem? 18 Dicebant ergo:
Quid est hoc quod dicit: Modicum? nescimus quid loquitur.
19 Cognovit autem Iesus, quia volebant
eum interrogare, et dixit eis: De hoc quaeritis inter vos quia dixi: Modicum, et
non videbitis me; et iterum modicum, et
videbitis me. 20 Amen, amen dico vobis:
quia plorabitis, et flebitis vos, mundus
autem gaudebit; vos autem contristabi-
mini, sed tristitia vestra vertetur in gaudium. 21 Mulier cum parit, tristitiam habet, quia venit hora eius; cum autem pepererit puerum, iam non meminit pressu-
rae propter gaudium, quia natus est homo in mundum. 22 Et vos igitur nunc
quidem tristitiam habetis, iterum autem
videbo vos, et gaudebit cor vestrum: et
gaudium vestrum nemo tollet a vobis.
23 Et in illo die me non rogabitis quidquam. Amen, amen dico vobis: si quid
petieritis Patrem in nomine meo, dabit
vobis. 24 Usque modo non petistis quidquam in nomine meo: Petite, et accipietis, ut gaudium vestrum sit plenum.

Appropinquat hora clarioris revelationis

25 Haec in proverbiis locutus sum vobis. Venit hora cum iam non in proverbiis loquar vobis, sed palam de Patre
annuntiabo vobis: 26 in illo die in nomine
meo petetis: et non dico vobis quia ego
rogabo Patrem de vobis: 27 ipse enim
Pater amat vos, quia vos me amastis, et
credidistis, quia ego a Deo exivi. 28 Exivi a Patre, et veni in mundum: iterum
relinquo mundum, et vado ad Patrem.
29 Dicunt ei discipuli eius: Ecce nunc

21: Mt 19,22; Io 16,3. — **22:** Rom 1,20. — **23:** Io 5,23. — **25:** Ps 34,19; 68,5. — **26:** Io 14,16. 26. || Decr. Damasi: D 83. — **27:** Lc 24,48; Act 1,8.21; 5,32.

16 **1:** Io 14,29. — **2:** Mt 5,11; Io 9,22.24. — **3:** Io 8,19; 15,21. — **4:** Io 13,19. — **5:** Io 7,33; 14,5. — **7:** Io 14,16.28. || Conc. Tolet.: D 19 **8:** 1 Cor 14,24; Hebr 4,12. — **9:** Io 3,18; Rom 1,18. — **10:** Act 5,31; Rom 4,25. — **11:** Io 12 31. — **12:** 1 Cor 3,1. — **13:** Io 14,26; Act 8,31; 1 Tim 4,1. — **14:** 1 Io 4,2. || Decr. Damasi: D 83. — **15:** Io 17,10. — **16:** Lc 9,45; Io 14,19. — **19:** Io 16,30. — **21:** Is 26,17; Rom 8,22. — **23:** Mt 7,7; Io 14,13; 1 Io 5,14. — **24:** Io 15,11; 17, 13; 1 Io 1,4. || Decr. S. Officii: D 1234. — **25:** Io 10,6. — **27:** Io 14,21. — **28:** Io 13,3. || Decr.

↑ de mundo, sed ut serves eo

palam loqueris, et proverbium nullum dicis: 30 nunc scimus quia scis omnia, et non opus est tibi ut quis te interroget: in hoc credimus quia a Deo existi. 31 Respondit eis Iesus: Modo creditis? 32 Ecce venit hora, et iam venit, ut dispergamini unusquisque in propria, et me solum relinquatis: et non sum solus, quia Pater mecum est. 33 Haec locutus sum vobis, ut in me pacem habeatis. In mundo pressuram habebitis: sed confidite, ego vici mundum.

Christi oratio pro se ipso

17 1 Haec locutus est Iesus: et sublevatis oculis in caelum, dixit: Pater, venit hora, clarifica Filium tuum, ut Filius tuus clarificet te: 2 sicut dedisti ei potestatem omnis carnis, ut omne, quod dedisti ei, det eis vitam aeternam. 3 Haec est autem vita aeterna: ut cognoscant te, solum Deum verum, et quem misisti Iesum Christum. 4 Ego te clarificavi super terram: opus consummavi, quod dedisti mihi ut faciam: 5 et nunc clarifica me tu, Pater, apud temetipsum, claritate, quam habui, prius quam mundus esset, apud, te.

Oratio pro discipulis

6 Manifestavi nomen tuum hominibus, quos dedisti mihi de mundo: Tui erant, et mihi eos dedisti: et sermonem tuum servaverunt. 7 Nunc cognoverunt quia omnia quae dedisti mihi, abs te sunt: 8 quia verba quae dedisti mihi, dedi eis: et ipsi acceperunt, et cognoverunt vere quia a te exivi, et crediderunt quia tu me misisti. 9 Ego pro eis rogo; non pro mundo rogo, sed pro his quos dedisti mihi: quia tui sunt: 10 et mea omnia tua sunt, et tua mea sunt: et clarificatus sum in eis. 11 Et iam non sum in mundo, et hi in mundo sunt, et ego ad te venio. Pater sancte, serva eos in nomine tuo, quos dedisti mihi: ut sint unum, sicut et nos. 12 Cum essem cum eis, ego servabam eos in nomine tuo. Quos dedisti mihi, custodivi: et nemo ex eis periit, nisi filius perditionis, ut Scriptura impleatur. 13 Nunc autem ad te venio: et haec loquor in mundo, ut habeant gaudium meum impletum in semetipsis. 14 Ego dedi eis sermonem tuum, et mundus eos odio habuit, quia non sunt de mundo, sicut et ego non

sum de mundo. 15 Non rogo ut tollas eos a malo. 16 De mundo non sunt, sicut et ego non sum de mundo. 17 Sanctifica eos in veritate. Sermo tuus veritas est. 18 Sicut tu me misisti in mundum, et ego misi eos in mundum. 19 Et pro eis ego sanctifico meipsum: ut sint et ipsi sanctificati in veritate.

Oratio pro in se credituris

20 Non pro eis autem rogo tantum, sed et pro eis qui credituri sunt per verbum eorum in me: 21 ut omnes unum sint, sicut tu Pater in me, et ego in te, ut et ipsi in nobis unum sint: ut credat mundus, quia tu me misisti. 22 Et ego claritatem, quam dedisti mihi, dedi eis: ut sint unum, sicut et nos unum sumus. 23 Ego in eis, et tu in me: ut sint consummati in unum: et cognoscat mundus quia tu me misisti, et dilexisti eos, sicut et me dilexisti. 24 Pater, quos dedisti mihi, volo ut ubi sum ego, et illi sint mecum: ut videant claritatem meam, quam dedisti mihi: quia dilexisti me ante constitutionem mundi. 25 Pater iuste, mundus te non cognovit, ego autem te cognovi: et hi cognoverunt, quia tu me misisti. 26 Et notum feci eis nomen tuum, et notum faciam: ut dilectio, qua dilexisti me, in ipsis sit, et ego in ipsis.

Iesus venit in hortum ibique a Iudaeis apprehenditur

18 1 Haec cum dixisset Iesus, egressus est cum discipulis suis trans torrentem Cedron, ubi erat hortus, in quem introivit ipse, et discipuli eius. 2 Sciebat autem et Iudas, qui tradebat eum, locum: quia frequenter Iesus convenerat illuc cum discipulis suis. 3 Iudas ergo cum accepisset cohortem, et a pontificibus et pharisaeis ministros, venit illuc cum laternis, et facibus, et armis.

4 Iesus itaque sciens omnia quae ventura erant super eum, processit, et dixit eis: Quem quaeritis? 5 Responderunt ei: Iesum Nazarenum. Dicit eis Iesus: Ego sum. Stabat autem et Iudas, qui tradebat eum, cum ipsis. 6 Ut ergo dixit eis: Ego sum: abierunt retrorsum, et ceciderunt in terram. 7 Iterum ergo interrogavit eos: Quem quaeritis? Illi autem dixerunt: Iesum Nazarenum. 8 Respondit Iesus: Dixi vobis, quia ego sum: si ergo me quaeritis,

Damasi: D 19. — 30: Io 2,25. — 32: Zach 13,7; Mt 26,31; Mc 14,27; Io 8,29. — 33: Io 14,27; 1 Io 4,4; 5,4.

17 1: Io 13,1. — 2: Mt 11,27. — 3: I Io 5, 20. — 5: Io 17,24; Phil 2,6. — 6: Mt 6,9 8: Io 16,30. — 9: Io 14,16. — 10: Io 16,15. — 11: Io 10,30. — 12: Ps 40,10; Io 6,39; 10,28; 2 Thess 2,3. — 13: Io 15,11. — 14: Io 15,19. — 15: Mt

6,13; 1 Io 5,18; 2 Thess 3,3. — 18: Io 20,21. — 19: 1 Cor 1,30; Hebr 2,11. — 20-21: 1 Io 1,2-3. ‖ Conc. Vatic.: D 1821. — 22: Io 1,4. ‖ Conc. Lateran. IV: D 432. — 23: Io 14,20. — 24: Io 17,5. 25: Io 1,10; 10,15. — 26: Io 15,9.

18 1: 2 Sam 15,23; Mt 26,36; Mc 14,26; Lc 22,39. — 3: Mt 26,47; Mc 14,43; Lc 22, 47. — 4: Io 19,28. — 9: Io 17,12. — 11: Mt 26,

sinite hos abire. 9 Ut impleretur sermo,
quem dixit: Quia quos dedisti mihi, non
perdidi ex eis quemquam. 10 Simon ergo
Petrus habens gladium eduxit eum: et
percussit pontificis servum: et abscidit
auriculam eius dexteram. Erat autem nomen servo Malchus. 11 Dixit ergo Iesus
Petro: Mitte gladium tuum in vaginam.
Calicem, quem dedit mihi Pater, non bibam illum? 12 Cohors ergo, et tribunus, et
ministri Iudaeorum comprehenderunt
Iesum, et ligaverunt eum.

Ducitur ad Annam

13 Et adduxerunt eum ad Annam primum, erat enim socer Caiphae, qui erat
pontifex anni illius. 14 Erat autem Caiphas,
qui consilium dederat Iudaeis: Quia expedit, unum hominem mori pro populo.

Petri negatio

15 Sequebatur autem Iesum Simon Petrus, et alius discipulus. Discipulus autem
ille erat notus pontifici, et introivit cum
Iesu in atrium pontificis. 16 Petrus autem
stabat ad ostium foris. Exivit ergo discipulus alius, qui erat notus pontifici, et
dixit ostiariae: et introduxit Petrum.
17 Dicit ergo Petro ancilla ostiaria:
Numquid et tu ex discipulis es hominis
istius? Dicit ille: Non sum. 18 Stabant
autem servi et ministri ad prunas: quia
frigus erat, et calefaciebant se: erat autem
cum eis et Petrus stans, et calefaciens se.

Iesus interrogatus a Caipha

19 Pontifex ergo interrogavit Iesum de
discipulis suis, et de doctrina eius. 20 Respondit ei Iesus: Ego palam locutus sum
mundo: ego semper docui in synagoga,
et in templo, quo omnes Iudaei conveniunt: et in occulto locutus sum nihil.
21 Quid me interrogas? interroga eos qui
audierunt quid locutus sim ipsis: ecce hi
sciunt quae dixerim ego. 22 Haec autem
cum dixisset, unus assistens ministrorum
dedit alapam Iesu, dicens: Sic respondes
pontifici? 23 Respondit ei Iesus: Si male
locutus sum, testimonium perhibe de malo: si autem bene, quid me caedis? 24 Et
misit eum Annas ligatum ad Caipham
pontificem.

A Petro iterum negatur

25 Erat autem Simon Petrus stans, et
calefaciens se. Dixerunt ergo ei: Numquid et tu ex discipulis eius es? Negavit
ille, et dixit: Non sum. 26 Dicit ei unus
ex servis pontificis, cognatus eius, cuius
abscidit Petrus auriculam: Nonne ego te
vidi in horto cum illo? 27 Iterum ergo negavit Petrus: et statim gallus cantavit.

Iesus coram Pilato

28 Adducunt ergo Iesum a Caipha in
praetorium. Erat autem mane: et ipsi non
introierunt in praetorium, ut non conta-
minarentur, sed ut manducarent Pascha.
29 Exivit ergo Pilatus ad eos foras, et dixit: Quam accusationem affertis adversus hominem hunc? 30 Responderunt, et
dixerunt ei: Si non esset hic malefactor,
non tibi tradidissemus eum. 31 Dixit ergo
eis Pilatus: Accipite eum vos, et secundum
legem vestram iudicate eum. Dixerunt
ergo ei Iudaei: Nobis non licet interficere
quemquam. 32 Ut sermo Iesu impleretur,
quem dixit, significans qua morte esset
moriturus.
33 Introivit ergo iterum in praetorium
Pilatus: et vocavit Iesum, et dixit ei: Tu
es rex Iudaeorum? 34 Respondit Iesus:
A temetipso hoc dicis, an alii dixerunt
tibi de me? 35 Respondit Pilatus: Numquid ego Iudaeus sum? Gens tua et pontifices tradiderunt te mihi: qui fecisti? 36 Respondit Iesus: Regnum meum non est de
hoc mundo. Si ex hoc mundo esset regnum meum, ministri mei utique decerta-
rent ut non traderer Iudaeis: nunc autem
regnum meum non est hinc. 37 Dixit itaque
ei Pilatus: Ergo rex es tu? Respondit
Iesus: Tu dicis quia rex sum ego. Ego in
hoc natus sum, et ad hoc venio in mundum,
ut testimonium perhibeam veritati: omnis
qui est ex veritate, audit vocem meam.
38 Dicit ei Pilatus: Quid est veritas? Et
cum hoc dixisset, iterum exivit ad Iudaeos, et dicit eis: Ego nullam invenio in
eo causam.

Conatur Pilatus liberare Iesum

39 Est autem consuetudo vobis ut unum
dimittam vobis in Pascha: vultis ergo
dimittam vobis regem Iudaeorum? 40 Clamaverunt ergo rursum omnes, dicentes:
Non hunc, sed Barabbam. Erat autem
Barabbas latro.

39; Mc 14,36; Lc 22,42. — **14:** Io 11,49. — **15:** Mt 26,58; Mc 14,54; Lc 22,54; Io 20,2. — **16-18:** Mt 26,69-70; Mc 14,66-68; Lc 22,55-58. — **20:** Is 45,19; Mt 26,55; Io 7,26. — **22:** Mt 26,57; Mc 14,53; Lc 22,54; Io 19,3; Act 23,2. — **25-27:** Mt 26,71-75; Mc 14,69-72; Lc 22,58-62. **28:** Mt 27,2; Mc 15,1; Lc 23,1. — **29-38:** Mt 27,11-14; Mc 15,2-5; Lc 23,2-5. — **31:** Io 19,6; Act 18,15. || Conc. Constantiense: D 640. — **32:** Io 3,14; 8,28; 12,32. — **36:** Io 8,23; 15,19. || Const. Alexandri VIII: D 1322; Enc. Pii XI: D 2195. — **37:** Io 8,47; 1 Tim 6,13. — **39:** Mt 27,15; Mc 15,6; Lc 23,18.

parasceve: day of preparation; day before Sabbath
baiulare: to carry a heavy burden

19 1 Tunc ergo apprehendit Pilatus
Iesum, et flagellavit. 2 Et milites
plectentes coronam de spinis, imposuerunt capiti eius: et veste purpurea circumdederunt eum. 3 Et veniebant ad eum,
et dicebant: Ave rex Iudaeorum: et dabant ei alapas.
4 Exivit ergo iterum Pilatus foras, et
dicit eis: Ecce adduco vobis eum foras,
ut cognoscatis quia nullam invenio in eo
causam. 5 (Exivit ergo Iesus portans coronam spineam, et purpureum vestimentum.) Et dicit eis: Ecce homo. 6 Cum ergo
vidissent eum pontifices et ministri, clamabant, dicentes: Crucifige, crucifige eum.
Dicit eis Pilatus: Accipite eum vos, et
crucifigite; ego enim non invenio in eo
causam.

Nova accusatio Iudaeorum

7 Responderunt ei Iudaei: Nos legem
habemus, et secundum legem debet mori
quia Filium Dei se fecit. 8 Cum ergo
audisset Pilatus hunc sermonem, magis
timuit.
9 Et ingressus est praetorium iterum;
et dixit ad Iesum: Unde es tu? Iesus autem responsum non dedit ei. 10 Dicit ergo
ei Pilatus: Mihi non loqueris? nescis quia
potestatem habeo crucifigere te, et potestatem habeo dimittere te? 11 Respondit Iesus: Non haberes potestatem adversum me ullam, nisi tibi datum esset desuper. Propterea qui me tradidit tibi, maius
peccatum habet. 12 Et exinde quaerebat
Pilatus dimittere eum. Iudaei autem clamabant dicentes: Si hunc dimittis, non
es amicus Caesaris. Omnis enim qui se
regem facit, contradicit Caesari.

Iesus damnatus a Pilato

13 Pilatus autem cum audisset hos sermones, adduxit foras Iesum: et sedit pro
tribunali, in loco qui dicitur Lithostrotos,
hebraice autem Gabbatha. 14 Erat autem
parasceve Paschae, hora quasi sexta, et
dicit Iudaeis: Ecce rex vester. 15 Illi autem clamabant: Tolle, tolle, crucifige eum.
Dicit eis Pilatus: Regem vestrum cruci-
figam? Responderunt pontifices: Non habemus regem, nisi Caesarem. 16 Tunc ergo
tradidit eis illum ut crucifigeretur. Susceperunt autem Iesum, et eduxerunt.

In Calvariae loco crucifixus

17 Et baiulans sibi crucem exivit in eum,
qui dicitur Calvariae locum, hebraice autem Golgotha: 18 ubi crucifixerunt eum,
et cum eo alios duos hinc et hinc, medium
autem Iesum.
19 Scripsit autem et titulum Pilatus: et
posuit super crucem. Erat autem scriptum: Iesus Nazarenus, Rex Iudaeorum.
20 Hunc ergo titulum multi Iudaeorum
legerunt: quia prope civitatem erat locus,
ubi crucifixus est Iesus: et erat scriptum
hebraice, graece, et latine. 21 Dicebant
ergo Pilato pontifices Iudaeorum: Noli
scribere: Rex Iudaeorum: sed quia ipse
dixit: Rex sum Iudaeorum. 22 Respondit
Pilatus: Quod scripsi, scripsi.
23 Milites ergo cum crucifixissent eum,
acceperunt vestimenta eius (et fecerunt
quatuor partes: unicuique militi partem)
et tunicam. Erat autem tunica inconsuti-
lis, desuper contexta per totum. 24 Dixerunt ergo ad invicem: Non scindamus
eam, sed sortiamur de illa cuius sit. Ut
Scriptura impleretur, dicens: Partiti sunt
vestimenta mea sibi: et in vestem meam
miserunt sortem. Et milites quidem haec
fecerunt.

Iesu testamentum et mors

25 Stabant autem iuxta crucem Iesu mater eius, et soror matris eius, Maria Cleo-
phae, et Maria Magdalene. 26 Cum vidisset ergo Iesus matrem, et discipulum
stantem, quem diligebat, dicit matri suae:
Mulier ecce filius tuus. 27 Deinde dicit
discipulo: Ecce mater tua. Et ex illa hora
accepit eam discipulus in sua.
28 Postea sciens Iesus quia omnia consummata sunt, ut consummaretur Scriptura, dixit: Sitio. 29 Vas ergo erat positum
aceto plenum. Illi autem spongiam plenam aceto, hyssopo circumponentes, obtulerunt ori eius. 30 Cum ergo accepisset
Iesus acetum, dixit: Consummatum est.
Et inclinato capite tradidit spiritum.

Iesus lancea percussus

31 Iudaei ergo (quoniam parasceve erat)
ut non remanerent in cruce corpora sabbato (erat enim magnus dies ille sabbati),
rogaverunt Pilatum ut frangerentur eorum
crura, et tollerentur. 32 Venerunt ergo milites: et primi quidem fregerunt crura, et
alterius, qui crucifixus est cum eo. 33 Ad
Iesum autem cum venissent, ut viderunt
eum iam mortuum, non fregerunt eius
crura, 34 sed unus militum lancea latus
eius aperuit, et continuo exivit sanguis et
aqua. 35 Et qui vidit, testimonium perhibuit: et verum est testimonium eius. Et

19 **1:** Mt 27,26; Mc 15,15; Lc 23,16. — **3:** Io 18,22. — **7:** Lev 24,16; Io 5,18; 10,33. **11:** Io 10,18; Act 2,23. — **12:** Lc 23,2. — **15:** Io 19,6. — **16:** Mt 27,26; Mc 15,15; Lc 23,24.32. **17:** Gen 22,6. — **23:** Bulla Bonif. VIII: D 468. **24:** Ps 21,19. — **25:** Mt 27,55; Mc 15,40; Lc 23,49. — **26:** Io 13,26. — **28-30:** Mt 27,46-50; Mc 15,34-37; Lc 23,46. — **28:** Ps 68,22; Io 13,1; 18,4. — **31:** Ex 12,16; Deut 21,23. — **33-34:** Conc. Viennense: D 480. — **34:** 1 Io 5,7-8. ||

ad invicem: in turn, mutually

ille scit quia vera dicit: ut et vos credatis. 36 Facta sunt enim haec ut Scriptura impleretur: Os non comminuetis ex eo. 37 Et iterum alia Scriptura dicit: Videbunt in quem transfixerunt.

Iesus sepelitur

38 Post haec autem rogavit Pilatum Ioseph ab Arimathaea (eo quod esset discipulus Iesu, occultus autem propter metum Iudaeorum), ut tolleret corpus Iesu. Et permisit Pilatus. Venit ergo, et tulit corpus Iesu. 39 Venit autem et Nicodemus, qui venerat ad Iesum nocte primum, ferens mixturam myrrhae et aloes, quasi libras centum. 40 Acceperunt ergo corpus Iesu, et ligaverunt illud linteis cum aromatibus, sicut mos est Iudaeis sepelire. 41 Erat autem in loco, ubi crucifixus est, hortus: et in horto monumentum novum, in quo nondum quisquam positus erat. 42 Ibi ergo propter parasceven Iudaeorum, quia iuxta erat monumentum, posuerunt Iesum.

Maria Magdalene venit ad monumentum

20 1 Una autem sabbati, Maria Magdalene venit mane, cum adhuc tenebrae essent, ad monumentum; et vidit lapidem sublatum a monumento. 2 Cucurrit ergo, et venit ad Simonem Petrum, et ad alium discipulum, quem amabat Iesus, et dicit illis: Tulerunt Dominum de monumento, et nescimus ubi posuerunt eum.

Petrus et Ioannes comprobant sepulchrum vacuum

3 Exiit ergo Petrus, et ille alius discipulus, et venerunt ad monumentum. 4 Currebant autem duo simul, et ille alius discipulus praecucurrit citius Petro, et venit primus ad monumentum. 5 Et cum se inclinasset, vidit posita linteamina, non tamen introivit. 6 Venit ergo Simon Petrus sequens eum, et introivit in monumentum, et vidit linteamina posita, 7 et sudarium, quod fuerat super caput eius, non cum linteaminibus positum, sed separatim involutum in unum locum. 8 Tunc ergo introivit et ille discipulus qui venerat primus ad monumentum: et vidit, et credidit: 9 nondum enim sciebant Scripturam, quia oportebat eum a mortuis resurgere. 10 Abierunt ergo iterum discipuli ad semetipsos.

Apparet Iesus Mariae Magdalene

11 Maria autem stabat ad monumentum foris, plorans. Dum ergo fleret, inclinavit se, et prospexit in monumentum: 12 et vidit duos angelos in albis, sedentes, unum ad caput, et unum ad pedes, ubi positum fuerat corpus Iesu. 13 Dicunt ei illi: Mulier, quid ploras? Dicit eis: Quia tulerunt Dominum meum: et nescio ubi posuerunt eum. 14 Haec cum dixisset, conversa est retrorsum, et vidit Iesum stantem: et non sciebat quia Iesus est. 15 Dicit ei Iesus: Mulier, quid ploras? quem quaeris? Illa existimans quia hortulanus esset, dicit ei: Domine, si tu sustulisti eum, dicito mihi ubi posuisti eum; et ego eum tollam. 16 Dicit ei Iesus: Maria. Conversa illa, dicit ei: Rabboni (quod dicitur Magister). 17 Dicit ei Iesus: Noli me tangere, nondum enim ascendi ad Patrem meum: vade autem ad fratres meos, et dic eis: Ascendo ad Patrem meum, et Patrem vestrum, Deum meum, et Deum vestrum. 18 Venit Maria Magdalene annuntians discipulis: Quia vidi Dominum, et haec dixit mihi.

Prima ad discipulos apparitio, absente Thoma

19 Cum ergo sero esset die illo, una sabbatorum, et fores essent clausae, ubi erant discipuli congregati propter metum Iudaeorum: venit Iesus, et stetit in medio, et dixit eis: Pax vobis. 20 Et cum hoc dixisset, ostendit eis manus et latus. Gavisi sunt ergo discipuli, viso Domino. 21 Dixit ergo eis iterum: Pax vobis. Sicut misit me Pater, et ego mitto vos. 22 Haec cum dixisset, insufflavit; et dixit eis: Accipite Spiritum sanctum; 23 quorum remiseritis peccata, remittuntur eis: et quorum retinueritis, retenta sunt. 24 Thomas autem unus ex duodecim, qui dicitur Didymus, non erat cum eis quando venit Iesus. 25 Dixerunt ergo ei alii discipuli: Vidimus Dominum. Ille autem dixit eis: Nisi videro in manibus eius fixuram clavorum, et mittam digitum meum in locum clavorum, et mittam manum meam in latus eius, non credam.

Conc. Trid.: D 945. — **35:** Io 21,24. || Epist. Innoc. III: D 417. — **36:** Ex 12,46; Ps 33,21. — **37:** Zach 12,10; Apoc 1,7. — **38-42:** Mt 27,57-60; Mc 15,42-46; Lc 23,50-54. — **39:** Io 3,1; 7,50.

20 **1-18:** Mt 28,1-10; Mc 16,1-11; Lc 24,1-12. — **2:** Lc 24,24; Io 13,23. — **9:** Ps 15,10; Act 2,25; 1 Cor 15,4. — **11:** Mc 16,9. — **12:** Hebr 1,14. — **17:** Mc 10,51. — **19:** Mc 16,14; Lc 24,36-43; 1 Cor 15,5. — **20:** Io 16,22. — **21:** Io 17,18. || Conc. Vatic.: D 1821; Enc. Pii XI: D 2275. — **22:** Gen 2,7; Io 7,22. || Conc. Constantinop. II: D 224; Conc. Trid.: D 807. — **23:** Mt 16,19; 18,18. || Tomus Gelasii: D 167; Conc. Trid.: D 894.899.902.905.913.920; Decr. S. Officii: D 2.047. — **24:** Io 11,16. — **25:** o

Altera apparitio, Thoma praesente

26 Et post dies octo, iterum erant discipuli eius intus: et Thomas cum eis. Venit
Iesus ianuis clausis, et stetit in medio, et
dixit: Pax vobis. 27 Deinde dicit Thomae:
Infer digitum tuum huc, et vide manus
meas, et affer manum tuam, et mitte in
latus meum: et noli esse incredulus, sed
fidelis. 28 Respondit Thomas, et dixit ei:
Dominus meus et Deus meus. 29 Dixit ei
Iesus: Quia vidisti me Thoma, credidisti:
beati qui non viderunt, et crediderunt.
30 Multa quidem, et alia signa fecit Iesus
in conspectu discipulorum suorum, quae
non sunt scripta in libro hoc. 31 Haec
autem scripta sunt ut credatis, quia Iesus
est Christus Filius Dei; et ut credentes,
vitam habeatis in nomine eius.

APPENDIX

Apparet Iesus discipulis ad mare Tiberiadis

21 1 Postea manifestavit se iterum Iesus discipulis ad mare Tiberiadis.
Manifestavit autem sic: 2 erant simul Simon Petrus, et Thomas, qui dicitur Didymus, et Nathanael, qui erat a Cana
Galilaeae, et filii Zebedaei, et alii ex discipulis eius duo. 3 Dicit eis Simon Petrus:
Vado piscari. Dicunt ei: Venimus et nos
tecum. Et exierunt, et ascenderunt in navim: et illa nocte nihil prendiderunt.
4 Mane autem facto stetit Iesus in littore: non tamen cognoverunt discipuli
quia Iesus est. 5 Dixit ergo eis Iesus: Pueri,
numquid pulmentarium habetis? Responderunt ei: Non. 6 Dicit eis: Mittite in
dexteram navigii rete; et invenietis. Miserunt ergo: et iam non valebant illud
trahere prae multitudine piscium. 7 Dixit
ergo discipulus ille, quem diligebat Iesus,
Petro: Dominus est. Simon Petrus cum
audisset quia Dominus est, tunica succinxit se (erat enim nudus) et misit se in
mare.
8 Alii autem discipuli navigio venerunt
(non enim longe erant a terra, sed quasi
cubitis ducentis), trahentes rete piscium.
9 Ut ergo descenderunt in terram, viderunt prunas positas, et piscem superpo-
situm, et panem. 10 Dicit eis Iesus: Afferte de piscibus, quos prendidistis nunc.
11 Ascendit Simon Petrus, et traxit rete
in terram, plenum magnis piscibus centum quinquaginta tribus. Et cum tanti
essent, non est scissum rete. 12 Dicit eis
Iesus: Venite, prandete. Et nemo audebat discumbentium interrogare eum: Tu
quis es? scientes, quia Dominus est. 13 Et
venit Iesus, et accipit panem, et dat eis,
et piscem similiter. 14 Hoc iam tertio ma-
nifestatus est Iesus discipulis suis cum
resurrexisset a mortuis.

Triplex Petri confessio

15 Cum ergo prandissent, dicit Simoni
Petro Iesus: Simon Ioannis, diligis me
plus his? Dicit ei: Etiam Domine, tu scis
quia amo te. Dicit ei: Pasce agnos meos.
16 Dicit ei iterum: Simon Ioannis, diligis
me? Ait illi: Etiam Domine, tu scis quia
amo te. Dicit ei: Pasce agnos meos. 17 Dicit ei tertio: Simon Ioannis, amas me?
Contristatus est Petrus, quia dixit ei tertio: Amas me? et dixit ei: Domine, tu
omnia nosti; tu scis quia amo te. Dixit ei:
Pasce oves meas.
18 Amen, amen dico tibi: cum esses
iunior, cingebas te, et ambulabas ubi vo-
lebas: cum autem senueris, extendes manus tuas, et alius te cinget, et ducet quo
tu non vis. 19 Hoc autem dixit significans
qua morte clarificaturus esset Deum. Et
cum hoc dixisset, dicit ei: Sequere me.

Discipulus a Iesu dilectus

20 Conversus Petrus vidit illum discipulum, quem diligebat Iesus, sequentem.
qui et recubuit in coena super pectus eius,
et dixit: Domine, quis est qui tradet te?
21 Hunc ergo cum vidisset Petrus, dixit
Iesu: Domine, hic autem quid? 22 Dicit
ei Iesus: Sic eum volo manere donec veniam, quid ad te? tu me sequere. 23 Exiit
ergo sermo iste inter fratres quia discipulus ille non moritur. Et non dixit ei Iesus:
Non moritur, sed: Sic eum volo manere
donec veniam, quid ad te?
24 Hic est discipulus ille qui testimonium perhibet de his, et scripsit haec: et
scimus quia verum est testimonium eius.
25 Sunt autem et alia multa quae fecit
Iesus: quae si scribantur per singula, nec
ipsum arbitror mundum capere posse eos,
qui scribendi sunt, libros.

19,34. — **28:** Io 1,49. || Conc. Constantinop. II: D 224. — **29:** 1 Petr 1,8. — **30:** Io 21,25. — **31:** Io 19,35; 1 Io 5,13.

21 **2:** Io 1,45. — **3:** Lc 5,5. — **4:** Io 20,14. — **5:** Io 24,41. — **6:** Lc 5,4-7. — **7:** Io 13,23. — **13:** Io 6,11. — **14:** Io 20,19.26. — **15-16:** Io 1,42; 1 Petr 5,4. || Epist. Pelagii II: D 246; Const. Ioannis XXII: D 525; Conc. Vatic.: D 1882.1823. — **17:** Io 13,38; 16,30. || Bulla Bonif. VIII: D 468; Bulla Pii II: D 717; Enc. Pii IX: D 1842. — **19:** Io 13,36. — **20:** Io 13,23. — **24:** Io 15,27. — **25:** Io 20,30.

A C T U S   A P O S T O L O R U M

SUMMARIUM PROLOGUS *(1,1-3)*.—PARS PRIMA: ECCLESIA IN IERUSALEM *(1,4-8,3): Monita Iesu suprema (1,4-11). Electio Mathiae (1,12-26). Adventus Sti. Spiritus (2,1-13). Prima Petri oratio (2, 14-47). Petrus et Ioannes in templo sanant paralyticum (3). Petrus et Ioannes coram Synedrio (4,1-22). Fidelium preces (4,23-31). Vita communis fidelium (4,32-5,11). Ecclesiae incrementa (5,12-16). Petrus et Ioannes in carcere (5,17-42). Electio septem diaconorum (6,1-7). Sanctus Stephanus (6,8-7,59). Ecclesiae persecutio (8, 1-3)*.—PARS SECUNDA: ECCLESIAE AD GENTES EXPANSIO *(8,4-12,25): Philippus in Samaria (8,4-25). Eunuchus aethiops (8,26-40). Sauli conversio (9,1-31). Petrus in Ioppe (9,32-43). Cornelii centurionis conversio (10,1-11,18). Praedicatur Evangelium Antiochiae (11,19-30). Petrus e carcere liberatus (12,1-17). Finis Herodis (12,18-25)*.—PARS TERTIA: ECCLESIAE DIFFUSIO INTER GENTES *(13-28)*: PRIMUM ITER APOSTOLICUM PAULI *(13,1-15,34): Paulus et Barnabas in Cypro (13, 1-12). In Antiochia Pisidiae (13,13-52). In Iconio et Lycaonia (14,1-19). Reditus Apostolorum Antiochiam (14,20-27). Quaestio de legalibus (15,1-34)*. SECUNDUM PAULI ITER APOSTOLICUM *(15,35-18,22): Pauli adventus in Troadem (15,35-16,9). Paulus in Philippis (16,10-40). Paulus Thessalonicae et Beroeae (17,1-14). In Athenis (17,15-34). Apostolus Corinthi (19,1-17). Redit Paulus Antiochiam (18,18-22)*. TERTIUM ITER PAULI *(18,23-21,26): Per Asiam Paulus pervenit in Ephesum (18, 27-19,20). Tumultus argentariorum (19,21-40). Pauli excursus in Graeciam (20, 1-4). A Troade ad Miletum (20,5-38). A Mileto ad Caesaream (21,1-14). Paulus in Ierusalem (21,15-26)*. PAULI ITER IN URBEM *(21,27-28,31): Apostoli apprehensio in templo (21,27-22,30). Paulus coram Synedrio (23,1-22). Paulus in Caesarea (23,23-35). Apostoli causa coram Felice (24). Pauli appellatio ad Caesarem (25). Paulus coram Agrippa (26). Apostoli navigatio usque ad Melitam (27). A Melita usque ad Urbem (28,1-16). Paulus in Urbe (28,17-31)*

PROLOGUS

1 1 Primum quidem sermonem feci de
omnibus, o Theophile, quae coepit
Iesus facere, et docere 2 usque in diem,
qua praecipiens Apostolis per Spiritum
sanctum, quos elegit, assumptus est: 3 quibus et praebuit seipsum vivum post passionem suam in multis argumentis, per dies
quadraginta apparens eis, et loquens de
regno Dei.

PARS PRIMA

ECCLESIAE INITIA IN IERUSALEM

(1,4-8,3)

Suprema Iesu monita

4 Et convescens, praecepit eis ab Ierosolymis ne discederent, sed exspectarent
promissionem Patris, quam audistis (inquit) per os meum: 5 quia Ioannes quidem baptizavit aqua, vos autem baptizabimini Spiritu sancto non post multos
hos dies. 6 Igitur qui convenerant, interrogabant eum, dicentes: Domine, si in tempore hoc restitues regnum Israel? 7 Dixit
autem eis: Non est vestrum nosse tempora
vel momenta, quae Pater posuit in sua
potestate: 8 sed accipietis virtutem super-
venientis Spiritus sancti in vos, et eritis
mihi testes in Ierusalem, et in omni Iudaea, et Samaria, et usque ad ultimum
terrae.

Ascensio in caelum

9 Et cum haec dixisset, videntibus illis,
elevatus est: et nubes suscepit eum ab
oculis eorum. 10 Cumque intuerentur in
caelum euntem illum, ecce duo viri astiterunt iuxta illos in vestibus albis, 11 qui
et dixerunt: Viri Galilaei, quid statis aspicientes in caelum? hic Iesus, qui assumptus est a vobis in caelum, sic veniet quemadmodum vidistis eum euntem in caelum.

1 **1:** Lc 1,3. — **2:** Lc 6,13; Io 20,22; 1 Cor 12,28. — **3:** Lc 24,20. — **4:** Lc 24,49; Io 21,13; Act 10,41. — **5:** Io 11,16. — **6:** Lc 17, 20; 19,11. — **7:** Mt 24,36; Mc 13,32. — **8:** Act 10,39. — **9:** Mc 16,19; Lc 24,51; Io 6,62. — **10:** Lc 24,4. — **11:** Mt 26,64; Apoc 1,7. — **12:** Lc

Mathiae electio

12 Tunc reversi sunt Ierosolymam a
monte qui vocatur Oliveti, qui est iuxta
Ierusalem, sabbati habens iter. 13 Et cum
introissent in coenaculum, ascenderunt
ubi manebant Petrus, et Ioannes, Iacobus,
et Andreas, Philippus, et Thomas, Bartholomaeus, et Matthaeus, Iacobus Alphaei, et Simon Zelotes, et Iudas Iacobi.
14 Hi omnes erant perseverantes unanimiter in oratione cum mulieribus, et Maria
matre Iesu, et fratribus eius.
15 In diebus illis exsurgens Petrus in
medio fratrum dixit (erat autem turba
hominum simul, fere centum viginti):
16 Viri fratres, oportet impleri Scripturam,
quam praedixit Spiritus sanctus per os
David de Iuda, qui fuit dux eorum, qui
comprehenderunt Iesum: 17 qui connu-
meratus erat in nobis, et sortitus est
sortem ministerii huius. 18 Et hic quidem
possedit agrum de mercede iniquitatis,
et suspensus crepuit medius: et diffusa
sunt omnia viscera eius. 19 Et notum factum est omnibus habitantibus Ierusalem,
ita ut appellaretur ager ille, lingua eorum,
Haceldama, hoc est, ager sanguinis.
20 Scriptum est enim in libro Psalmorum:
Fiat commoratio eorum deserta, et non
sit qui inhabitet in ea: et episcopatum
eius accipiat alter.
21 Oportet ergo ex his viris qui nobiscum sunt congregati in omni tempore,
quo intravit et exivit inter nos Dominus
Iesus, 22 incipiens a baptismate Ioannis
usque in diem qua assumptus est a nobis,
testem resurrectionis eius nobiscum fieri
unum ex istis. 23 Et statuerunt duos. Ioseph, qui vocabatur Barsabas, qui cognominatus est Iustus, et Mathiam. 24 Et
orantes dixerunt: Tu Domine, qui corda
nosti omnium, ostende quem elegeris ex
his duobus unum, 25 accipere locum ministerii huius, et apostolatus, de quo praevaricatus est Iudas ut abiret in locum
suum. 26 Et dederunt sortes eis, et cecidit
sors super Mathiam, et annumeratus est
cum undecim Apostolis.

Spiritus Sancti adventus super discipulos congregatos

2 1 Et cum complerentur dies Pentecostes, erant omnes pariter in eodem
loco: 2 et factus est repente de caelo sonus,
tanquam advenientis spiritus vehementis,
et replevit totam domum ubi erant sedentes. 3 Et apparuerunt illis dispertitae
linguae tanquam ignis, seditque supra
singulos eorum: 4 et repleti sunt omnes
Spiritu sancto, et coeperunt loqui variis
linguis, prout Spiritus sanctus dabat eloqui illis. 5 Erant autem in Ierusalem habitantes Iudaei, viri religiosi ex omni natione, quae sub caelo est. 6 Facta autem
hac voce, convenit multitudo, et mente
confusa est, quoniam audiebat unusquisque lingua sua illos loquentes. 7 Stupebant autem omnes, et mirabantur, dicentes: Nonne ecce omnes isti, qui loquuntur, Galilaei sunt, 8 et quomodo nos
audivimus unusquisque linguam nostram,
in qua nati sumus? 9 Parthi, et Medi, et
Aelamitae, et qui habitant Mesopotamiam, Iudaeam, et Cappadociam, Pon-
tum, et Asiam, 10 Phrygiam, et Pamphyliam, Aegyptum, et partes Libyae, quae
est circa Cyrenen, et advenae Romani.
11 Iudaei quoque, et Proselyti, Cretes, et
Arabes: audivimus eos loquentes nostris
linguis magnalia Dei. 12 Stupebant autem
omnes, et mirabantur ad invicem, dicentes: Quidnam vult hoc esse? 13 Alii autem
irridentes dicebant: Quia musto pleni sunt
isti.

Prima Petri oratio ad populum

14 Stans autem Petrus cum undecim,
levavit vocem suam, et locutus est eis:
Viri Iudaei, et qui habitatis Ierusalem
universi, hoc vobis notum sit, et auribus
percipite verba mea. 15 Non enim, sicut
vos aestimatis, hi ebrii sunt, cum sit hora
diei tertia: 16 sed hoc est quod dictum
est per prophetam Ioel:

17 Et erit in novissimis diebus (dicit Dominus),
Effundam de Spiritu meo super omnem carnem:
Et prophetabunt filii vestri, et filiae vestrae,
Et iuvenes vestri visiones videbunt,
Et seniores vestri somnia somniabunt.
18 Et quidem super servos meos, et super ancillas meas,
In diebus illis effundam de Spiritu meo,
Et prophetabunt:
19 Et dabo prodigia in caelo sursum,
Et signa in terra deorsum,
Sanguinem, et ignem, et vaporem fumi:
20 Sol convertetur in tenebras,
Et luna in sanguinem,
Antequam veniat dies Domini magnus et manifestus.
21 Et erit: omnis quicumque invocaverit nomen Domini, salvus erit.

24,52. — **13:** Mt 10,2-4. — **14:** Act 2,46; 4,24. — **16:** Ps 40,10. — **18:** Mt 23,3-10. — **20:** Ps 68,25; 108,8; Io 17,12. — **21:** Io 15,27. — **24:** Act 15, 8. — **26:** Prov 16,3.

2 **1:** Lev 23,15-21. — **2:** Act 4,31. — **3:** Num 11,25; Mt 3,11; Lc 12,49. — **4:** Mc 16,17; Act 10,46; 19,6; 1 Cor 14,2-4. — **5:** Act 8,2. — **13:** 1 Cor 14,23. — **16-21:** Ioel 2,28-32. — **17:** Is 2,2; Rom 5,5; Tit 3,6. — **20:** Apoc 6,12. — **21:**

22 Viri Israelitae, audite verba haec:
Iesum Nazarenum, virum approbatum a
Deo in vobis, virtutibus, et prodigiis, et
signis, quae fecit Deus per illum in medio
vestri, sicut et vos scitis: 23 hunc, definito
consilio, et praescientia Dei traditum, per
manus iniquorum affligentes interemistis:
24 quem Deus suscitavit, solutis doloribus
inferni, iuxta quod impossibile erat teneri
illum ab eo. 25 David enim dicit in eum:

Providebam Dominum in conspectu meo
semper:
Quoniam a dextris est mihi, ne commovear:
26 Propter hoc laetatum est cor meum, et
exsultavit lingua mea,
Insuper et caro mea requiescet in spe:
27 Quoniam non derelinques animam
meam in inferno,
Nec dabis Sanctum tuum videre corruptionem.
28 Notas mihi fecisti vias vitae:
Et replebis me iucunditate cum facie tua.

29 Viri fratres, liceat audenter dicere ad
vos de patriarcha David, quoniam defunctus est, et sepultus: et sepulchrum eius est
apud nos usque in hodiernum diem. 30 Propheta igitur cum esset, et sciret quia iureiurando iurasset illi Deus de fructu lumbi
eius sedere super sedem eius: 31 providens
locutus est de resurrectione Christi, quia
neque derelictus est in inferno, neque
caro eius vidit corruptionem. 32 Hunc
Iesum resuscitavit Deus, cuius omnes nos
testes sumus. 33 Dextera igitur Dei exaltatus, et promissione Spiritus sancti accepta a Patre, effudit hunc, quem vos
videtis, et auditis. 34 Non enim David
ascendit in caelum: dixit autem ipse:

Dixit Dominus Domino meo:
Sede a dextris meis,
35 Donec ponam inimicos tuos
Scabellum pedum tuorum.

36 Certissime sciat ergo omnis domus
Israel, quia et Dominum eum, et Christum fecit Deus, hunc Iesum, quem vos
crucifixistis.

Petri orationis effectus

37 His autem auditis, compuncti sunt
corde, et dixerunt ad Petrum, et ad reliquos Apostolos: Quid faciemus, viri fratres? 38 Petrus vero ad illos: Poenitentiam
(inquit) agite, et baptizetur unusquisque
vestrum in nomine Iesu Christi in remissionem peccatorum vestrorum: et accipietis donum Spiritus sancti. 39 Vobis enim
est repromissio, et filiis vestris, et omnibus
qui longe sunt, quoscumque advocaverit
Dominus Deus noster.

40 Aliis etiam verbis plurimis testificatus est, et exhortabatur eos, dicens: Salvamini a generatione ista prava. 41 Qui
ergo receperunt sermonem eius, baptizati
sunt: et appositae sunt in die illa animae
circiter tria millia.

Primorum fidelium vita

42 Erant autem perseverantes in doctrina Apostolorum, et communicatione
fractionis panis, et orationibus. 43 Fiebat
autem omni animae timor: multa quoque
prodigia et signa per Apostolos in Ierusalem fiebant, et metus erat magnus in
universis. 44 Omnes etiam qui credebant,
erant pariter, et habebant omnia communia. 45 Possessiones et substantias vendebant, et dividebant illa omnibus, prout
cuique opus erat. 46 Quotidie quoque per-
durantes unanimiter in templo, et fran-
gentes circa domos panem, sumebant
cibum cum exsultatione, et simplicitate
cordis, 47 collaudantes Deum et habentes
gratiam ad omnem plebem. Dominus
autem augebat qui salvi fierent quotidie
in idipsum.

Petrus et Ioannes ascendentes in templum claudum a nativitate sanant

3 1 Petrus autem et Ioannes ascendebant in templum ad horam orationis
nonam. 2 Et quidam vir, qui erat claudus
ex utero matris suae, baiulabatur: quem
ponebant quotidie ad portam templi, quae
dicitur Speciosa, ut peteret eleemosynam
ab introeuntibus in templum. 3 Is cum
vidisset Petrum et Ioannem incipientes
introire in templum, rogabat ut eleemosynam acciperet. 4 Intuens autem in eum
Petrus cum Ioanne, dixit: Respice in nos.
5 At ille intendebat in eos, sperans se
aliquid accepturum ab eis. 6 Petrus autem
dixit: Argentum et aurum non est mihi:
quod autem habeo, hoc tibi do: In
nomine Iesu Christi Nazareni surge, et
ambula. 7 Et apprehensa manu eius dextera, allevavit eum, et protinus consoli-
datae sunt bases eius et plantae. 8 Et
exiliens stetit, et ambulabat: et intravit
cum illis in templum ambulans, et exi-

Rom 10,13. — **22:** Lc 24,19; Io 3,2. — **23:** Act 4,28; 1 Petr 1,20. — **24:** Ps 17,6; 114,3. — **25:** Ps 15,8. — **27:** Act 13,35. || Resp. Comm. de Re Biblica: D 2272. — **29:** 3 Reg 2,10; Act 13,36. — **30:** 2 Sam 7,12-13; Ps 88,4; 131,11. — **32:** Act 1,22; 4,33. — **33:** Act 5,31. — **34-35:** Ps 109,1; Mt 22,44; Hebr 1,13. — **37:** Act 16,30. — **38:** Act 3,19. || Epist. Nic. I: D 335; Conc. Trid.: D 798-894. — **39:** Is 57,19; Ioel 3,5. — **40:** Deut 32,5; Phil 2,15. — **42:** Act 20,7; 27,35. — **43:** Act 5,11; 19,17. — **44:** Act 4,32. — **46:** Lc 24,53; Act 2,42; 5,42. — **47:** Act 4,4; 5,14.

3 **2:** Io 9,1; Act 14,8. — **4:** Act 14,9. — **6:** Mc 16,8; Act 3,16. — **11:** Act 5,12. — **13:**

liens, et laudans Deum. 9 Et vidit omnis
populus eum ambulantem, et laudantem
Deum. 10 Cognoscebant autem illum,
quod ipse erat, qui ad eleemosynam sedebat ad Speciosam portam templi: et
impleti sunt stupore et extasi in eo quod
contigerat illi.
11 Cum teneret autem Petrum et Ioannem, cucurrit omnis populus ad eos ad
porticum quae appellatur Salomonis, stupentes.

Petri oratio ad populum

12 Videns autem Petrus, respondit ad
populum: Viri Israelitae, quid miramini
in hoc, aut nos quid intuemini, quasi
nostra virtute aut potestate fecerimus
hunc ambulare? 13 Deus Abraham, et
Deus Isaac, et Deus Iacob, Deus patrum
nostrorum glorificavit filium suum Iesum,
quem vos quidem tradidistis, et negastis
ante faciem Pilati, iudicante illo dimitti.
14 Vos autem sanctum et iustum negastis,
et petistis virum homicidam donari vobis:
15 auctorem vero vitae interfecistis, quem
Deus suscitavit a mortuis, cuius nos testes
sumus. 16 Et in fide nominis eius, hunc,
quem vos vidistis, et nostis, confirmavit
nomen eius: et fides, quae per eum est,
dedit integram sanitatem istam in conspectu omnium vestrum.
17 Et nunc, fratres, scio quia per ignorantiam fecistis, sicut et principes vestri.
18 Deus autem, quae praenuntiavit per
os omnium prophetarum, pati Christum
suum, sic implevit. 19 Poenitemini igitur,
et convertimini ut deleantur peccata vestra: 20 ut cum venerint tempora refrigerii
a conspectu Domini, et miserit eum qui
praedicatus est vobis, Iesum Christum,
21 quem oportet quidem caelum suscipere
usque in tempora restitutionis omnium,
quae locutus est Deus per os sanctorum
suorum a saeculo prophetarum. 22 Moyses quidem dixit: Quoniam prophetam
suscitabit vobis Dominus Deus vester de
fratribus vestris, tanquam me, ipsum audietis iuxta omnia quaecumque locutus
fuerit vobis. 23 Erit autem: omnis anima,
quae non audierit prophetam illum, exterminabitur de plebe. 24 Et omnes prophetae a Samuel, et deinceps, qui locuti
sunt, annuntiaverunt dies istos. 25 Vos
estis filii prophetarum et testamenti, quod
disposuit Deus ad patres nostros, dicens
ad Abraham: Et in semine tuo benedicentur omnes familiae terrae. 26 Vobis
primum Deus suscitans filium suum, misit eum benedicentem vobis: ut convertat
se unusquisque a nequitia sua.

Petrus et Ioannes coram Synedrio

4 1 Loquentibus autem illis ad populum, supervenerunt sacerdotes, et magistratus templi, et sadducaei, 2 dolentes
quod docerent populum, et annuntiarent
in Iesu resurrectionem ex mortuis: 3 et
iniecerunt in eos manus, et posuerunt
eos in custodiam in crastinum: erat enim
iam vespera. 4 Multi autem eorum, qui
audierant verbum, crediderunt: et factus
est numerus virorum quinque millia.
5 Factum est autem in crastinum, ut
congregarentur principes eorum, et seniores, et scribae in Ierusalem. 6 Et Annas
princeps sacerdotum, et Caiphas, et Ioannes, et Alexander, et quotquot erant de
genere sacerdotali. 7 Et statuentes eos in
medio, interrogabant: In qua virtute, aut
in quo nomine fecistis hoc vos?

Petri oratio in Synedrio

8 Tunc repletus Spiritu sancto Petrus,
dixit ad eos: Principes populi, et seniores,
audite: 9 Si nos hodie diiudicamur in
benefacto hominis infirmi, in quo iste
salvus factus est, 10 notum sit omnibus
vobis, et omni plebi Israel: quia in nomine Domini nostri Iesu Christi Nazareni,
quem vos crucifixistis, quem Deus suscitavit a mortuis, in hoc iste astat coram
vobis sanus. 11 Hic est lapis qui reprobatus est a vobis aedificantibus, qui factus
est in caput anguli: 12 et non est in alio
aliquo salus. Nec enim aliud nomen est
sub caelo datum hominibus, in quo oporteat nos salvos fieri.

Comminati ne ultra loquantur in nomine Iesu dimittuntur

13 Videntes autem Petri constantiam,
et Ioannis, comperto quod homines essent sine litteris, et idiotae, admirabantur,
et cognoscebant eos quoniam cum Iesu
fuerant: 14 hominem quoque videntes stantem cum eis, qui curatus fuerat, nihil
poterant contradicere. 15 Iusserunt autem
eos foras extra concilium secedere: et
conferebant ad invicem, 16 dicentes: Quid
faciemus hominibus istis? quoniam quidem notum signum factum est per eos,
omnibus habitantibus Ierusalem: mani-

Ex 3,6; Act 5,30; 7,32. — **14:** Act 4,27. — **15:** Act 4,10; 5,31. — **17:** Act 13,27; 17,30; 1 Tim 1,13. — **18:** Act 24,27. — **19:** Act 2,38. — **21:** Act 1,11. — **22:** Deut 18,15.19; Act 7,37. — **23:** Lev 23,29. — **25:** Gen 22,19; Rom 9,4; Gal 3, 8. — **26:** Act 13,46.

4 **1:** Lc 22,4.52; Act 5,24. — **2:** 1 Cor 15, 12. — **3:** Act 5,18. — **4:** Act 2,41. — **5:** Act 5,21. — **7:** Mt 21,23. — **8:** Mt 10,20. — **10:** Act 3,6.13. — **11:** Ps 117,22; Mt 21,42; 1 Petr 2, 7. — **12:** Mt 1,21. ‖ Conc. Trid.: D 790; Enc. Pii XI: D 2196. — **14:** Act 3,8. — **16:** Io 11,

festum est, et non possumus negare. 17 Sed
ne amplius divulgetur in populum, com-
minemur eis, ne ultra loquantur in nomine
hoc ulli hominum.
18 Et vocantes eos, denuntiaverunt ne
omnino loquerentur, neque docerent in
nomine Iesu. 19 Petrus vero et Ioannes
respondentes, dixerunt ad eos: Si iustum
est in conspectu Dei, vos potius audire
quam Deum, iudicate. 20 Non enim possumus quae vidimus et audivimus non
loqui. 21 At illi comminantes dimiserunt
eos: non invenientes quomodo punirent
eos propter populum, quia omnes clarificabant id quod factum fuerat in eo quod
acciderat. 22 Annorum enim erat amplius
quadraginta homo, in quo factum fuerat
signum istud sanitatis.

Fidelium preces

23 Dimissi autem venerunt ad suos, et
nuntiaverunt eis quanta ad eos principes
sacerdotum et seniores dixissent. 24 Qui
cum audissent, unanimiter levaverunt vocem ad Deum, et dixerunt: Domine, tu es
qui fecisti caelum et terram, mare et
omnia quae in eis sunt: 25 qui Spiritu
sancto per os patris nostri David, pueri
tui, dixisti:

Quare fremuerunt gentes,
Et populi meditati sunt inania?
26 Astiterunt reges terrae,
Et principes convenerunt in unum
Adversus Dominum, et adversus Chris-
tum eius?

27 Convenerunt enim vere in civitate
ista adversus sanctum puerum tuum Iesum, quem unxisti, Herodes, et Pontius
Pilatus, cum gentibus, et populis Israel,
28 facere quae manus tua et consilium
tuum decreverunt fieri. 29 Et nunc, Domine, respice in minas eorum, et da servis tuis cum omni fiducia loqui verbum
tuum, 30 in eo quod manum tuam extendas ad sanitates, et signa, et prodigia
fieri per nomen sancti filii tui Iesu.
31 Et cum orassent, motus est locus in
quo erant congregati: et repleti sunt omnes Spiritu sancto, et loquebantur verbum Dei cum fiducia.

Fidelium vita

32 Multitudinis autem credentium erat
cor unum, et anima una: nec quisquam
eorum quae possidebat, aliquid suum
esse dicebat, sed erant illis omnia communia. 33 Et virtute magna reddebant
Apostoli testimonium resurrectionis Iesu
Christi Domini nostri: et gratia magna
erat in omnibus illis.
34 Neque enim quisquam egens erat
inter illos. Quotquot enim possessores
agrorum aut domorum erant, vendentes
afferebant pretia eorum quae vendebant,
35 et ponebant ante pedes Apostolorum.
Dividebatur autem singulis prout cuique
opus erat. 36 Ioseph autem, qui cognominatus est Barnabas ab Apostolis (quod
est interpretatum Filius consolationis),
Levites, Cyprius genere, 37 cum haberet
agrum, vendidit eum, et attulit pretium,
et posuit ante pedes Apostolorum.

Mendacium Ananiae et Saphirae morte punitum

5 1 Vir autem quidam nomine Ananias,
cum Saphira uxore sua vendidit
agrum, 2 et fraudavit de pretio agri, con-
scia uxore sua: et afferens partem quamdam, ad pedes Apostolorum posuit. 3 Dixit autem Petrus: Anania, cur tentavit
Satanas cor tuum, mentiri te Spiritui
sancto, et fraudare de pretio agri? 4 Nonne manens tibi manebat, et venundatum
in tua erat potestate? Quare posuisti in
corde tuo hanc rem? Non es mentitus
hominibus, sed Deo. 5 Audiens autem
Ananias haec verba, cecidit, et expiravit.
Et factus est timor magnus super omnes
qui audierunt. 6 Surgentes autem iuvenes
amoverunt eum, et efferentes sepelierunt.
7 Factum est autem quasi horarum
trium spatium, et uxor ipsius, nesciens
quod factum fuerat, introivit. 8 Dixit autem ei Petrus: Dic mihi mulier, si tanti
agrum vendidistis? At illa dixit: Etiam
tanti. 9 Petrus autem ad eam: Quid utique
convenit vobis tentare Spiritum Domini?
Ecce pedes eorum qui sepelierunt virum
tuum ad ostium, et efferent te. 10 Confestim cecidit ante pedes eius, et expiravit.
Intrantes autem iuvenes invenerunt illam
mortuam: et extulerunt, et sepelierunt
ad virum suum. 11 Et factus est timor
magnus in universa ecclesia, et in omnes
qui audierunt haec.

Prodigia Apostolorum et Ecclesiae incrementum

12 Per manus autem Apostolorum fiebant signa et prodigia multa in plebe. Et
erant unanimiter omnes in porticu Salomonis. 13 Caeterorum autem nemo audebat se coniungere illis: sed magnificabat
eos populus. 14 Magis autem augebatur

47. — **17:** Act 5,28.40. — **19:** Act 5,29. — **25-26:** Ps 2,1-2. — **27:** Lc 23,12. — **18:** Act 2,23. — **29:** Eph 6,19. — **31:** Act 2,2.4; 16,26. — **32:** Act 2,44-47. || Conc. Lateran. IV: D 431. — **34:** Act 2,45. — **36:** Act 11,22-25; 13,2; 15,39.

5 **1-2:** Act 4,35-37. — **3:** Lc 22,3; Io 13,2.27. — **4:** Deut 23,23. — **5:** 1 Petr 4,17. **6:** — Lev 10,4. — **11:** Act 5,5; 19,17. — **12:** Act 2,43; 3,11; 14,3. — **14:** Act 2,47; 6,7; 21,20. — **15:** Mc 6,55; Act 19,12. — **17:** Act 4,1.6; 23,2. — **19:**

credentium in Domino multitudo virorum
ac mulierum, 15 ita ut in plateas eiicerent
infirmos, et ponerent in lectulis ac grabatis, ut, veniente Petro, saltem umbra illius
obumbraret quemquam illorum, et liberarentur ab infirmitatibus suis. 16 Concur-
rebat autem et multitudo vicinarum civitatum Ierusalem, afferentes aegros, et vexatos a spiritibus immundis: qui curabantur omnes.

Apostoli in carcerem missi et ab angelo liberati

17 Exsurgens autem princeps sacerdotum, et omnes qui cum illo erant (quae
est haeresis sadducaeorum), repleti sunt
zelo: 18 et iniecerunt manus in Apostolos,
et posuerunt eos in custodia publica.
19 Angelus autem Domini per noctem
aperiens ianuas carceris, et educens eos,
dixit: 20 Ite, et stantes loquimini in templo
plebi omnia verba vitae huius. 21 Qui cum
audissent, intraverunt diluculo in templum, et docebant. Adveniens autem princeps sacerdotum, et qui cum eo erant, convocaverunt concilium, et omnes seniores filiorum Israel: et miserunt ad carcerem ut adducerentur. 22 Cum autem venissent ministri, et aperto carcere non invenissent illos, reversi nuntiaverunt, 23 di-
centes: Carcerem quidem invenimus clausum cum omni diligentia, et custodes stantes ante ianuas: aperientes autem neminem intus invenimus. 24 Ut autem audierunt hos sermones magistratus templi et principes sacerdotum, ambigebant de illis quidnam fieret. 25 Adveniens autem
quidam nuntiavit eis: Quia ecce viri, quos posuistis in carcerem, sunt in templo stantes, et docentes populum.

Apostoli adducti ad Synedrium

26 Tunc abiit magistratus cum ministris, et adduxit illos sine vi: timebant enim
populum ne lapidarentur. 27 Et cum ad-
duxissent illos, statuerunt in concilio: et interrogavit eos princeps sacerdotum,
28 dicens: Praecipiendo praecepimus vobis ne doceretis in nomine isto: et ecce replestis Ierusalem doctrina vestra: et vultis inducere super nos sanguinem hominis istius.

Apostolorum responsio

29 Respondens autem Petrus, et Apostoli, dixerunt: Obedire oportet Deo magis quam hominibus. 30 Deus patrum nostrorum suscitavit Iesum, quem vos interemistis, suspendentes in ligno. 31 Hunc
principem et salvatorem Deus exaltavit dextera sua ad dandam poenitentiam Israeli, et remissionem peccatorum: 32 et
nos sumus testes horum verborum, et Spiritus sanctus, quem dedit Deus omnibus obedientibus sibi.
33 Haec cum audissent, dissecabantur,
et cogitabant interficere illos.

Gamalielis consilium

34 Surgens autem quidam in concilio
pharisaeus, nomine Gamaliel, legisdoctor honorabilis universae plebi, iussit foras ad breve homines fieri, 35 dixitque ad illos: Viri Israelitae, attendite vobis super hominibus istis quid acturi sitis. 36 Ante
hos enim dies extitit Theodas, dicens se esse aliquem, cui consensit numerus virorum circiter quadringentorum: qui occisus est: et omnes qui credebant ei, dissipati sunt, et redacti ad nihilum. 37 Post
hunc extitit Iudas Galilaeus in diebus professionis, et avertit populum post se, et ipse periit: et omnes quotquot consenserunt ei, dispersi sunt. 38 Et nunc itaque
dico vobis, discedite ab hominibus istis, et sinite illos: quoniam si est ex hominibus consilium hoc, aut opus, dissolvetur:
39 si vero ex Deo est, non poteritis dissolvere illud, ne forte et Deo repugnare inveniamini. Consenserunt autem illi.
40 Et convocantes Apostolos, caesis denuntiaverunt ne omnino loquerentur in
nomine Iesu, et dimiserunt eos. 41 Et illi
quidem ibant gaudentes a conspectu concilii, quoniam digni habiti sunt pro nomine Iesu contumeliam pati. 42 Omni autem die non cessabant in templo, et circa domos docentes, et evangelizantes Christum Iesum.

Septem diaconorum electio

6 1 In diebus autem illis, crescente numero discipulorum, factum est murmur Graecorum adversus Hebraeos, eo quod despicerentur in ministerio quotidiano viduae eorum. 2 Convocantes
autem duodecim multitudinem discipulorum, dixerunt: Non est aequum nos derelinquere verbum Dei, et ministrare mensis. 3 Considerate ergo fratres, viros ex
vobis boni testimonii septem, plenos Spiritu sancto, et sapientia, quos constituamus super hoc opus. 4 Nos vero orationi,

Act 12,7; 16,25. — **28:** Act 4,18. — **29:** Act 4, 19-20. ‖ Enc. Pii IX: D 1842; Enc. Leonis XIII: D 1850 et 1857. — **31:** Act 2,36; 10,43; 13, 38. — **33:** Act 7,54. — **34:** Act 22,3. — **36:** Act 21,38. — **37:** Lc 2,2-3. — **38:** Mt 15,13. — **40:** Act 4,18; 22,19. — **41:** Mt 5,10; 1 Petr 4, 13-14.

6 **1:** Act 2,44; 4,35. — **3:** 1 Tim 3,7. — **5-7:** Conc. Trid.: D 958. — **5:** Act 8,5. — **6:** Act

et ministerio verbi instantes erimus. 5 Et
placuit sermo coram omni multitudine.
Et elegerunt Stephanum, virum plenum
fide, et Spiritu sancto, et Philippum, et
Prochorum, et Nicanorem, et Timonem,
et Parmenam, et Nicolaum advenam Antiochenum. 6 Hos statuerunt ante conspectum Apostolorum: et orantes imposuerunt eis manus.

7 Et verbum Domini crescebat, et multiplicabatur numerus discipulorum in Ierusalem valde: multa etiam turba sacerdotum obediebat fidei.

Stephanus coram Synedrio accusatus

8 Stephanus autem plenus gratia et fortitudine, faciebat prodigia et signa magna
in populo. 9 Surrexerunt autem quidam
de synagoga, quae appellatur Libertinorum, et Cyrenensium, et Alexandrinorum,
et eorum qui erant a Cilicia, et Asia, disputantes cum Stephano: 10 et non poterant resistere sapientiae, et Spiritui, qui
loquebatur. 11 Tunc summiserunt viros,
qui dicerent se audivisse eum dicentem
verba blasphemiae in Moysen et in Deum.
12 Commoverunt itaque plebem, et seniores, et scribas: et concurrentes rapuerunt eum, et adduxerunt in concilium,
13 et statuerunt falsos testes, qui dicerent:
Homo iste non cessat loqui verba adversus locum sanctum, et legem: 14 audivimus enim eum dicentem: quoniam Iesus
Nazarenus hic destruet locum istum, et
mutabit traditiones, quas tradidit nobis
Moyses. 15 Et intuentes eum omnes qui
sedebant in concilio, viderunt faciem eius
tanquam faciem angeli.

Stephani oratio ad iudices

7 1 Dixit autem princeps sacerdotum:
Si haec ita se habent?
2 Qui ait: Viri fratres et patres, audite:
Deus gloriae apparuit patri nostro Abrahae cum esset in Mesopotamia, prius
quam moraretur in Charan, 3 et dixit ad
illum: Exi de terra tua, et de cognatione
tua, et veni in terram quam monstravero
tibi. 4 Tunc exiit de terra Chaldaeorum,
et habitavit in Charan. Et inde, postquam
mortuus est pater eius, transtulit illum in
terram istam, in qua nunc vos habitatis.
5 Et non dedit illi haereditatem in ea, nec
passum pedis: sed repromisit dare illi eam
in possessionem, et semini eius post ipsum, cum non haberet filium. 6 Locutus
est autem ei Deus: Quia erit semen eius
accola in terra aliena, et servituti eos subiicient, et male tractabunt eos annis quadringentis: 7 et gentem cui servierint, iudicabo ego, dixit Dominus: et post haec
exibunt, et servient mihi in loco isto. 8 Et
dedit illi testamentum circumcisionis: et
sic genuit Isaac, et circumcidit eum die
octavo: et Isaac, Iacob: et Iacob, duodecim patriarchas.
9 Et patriarchae aemulantes, Ioseph
vendiderunt in Aegyptum, et erat Deus
cum eo: 10 et eripuit eum ex omnibus tribulationibus eius: et dedit ei gratiam et
sapientiam in conspectu Pharaonis regis
Aegypti, et constituit eum praepositum
super Aegyptum, et super omnem domum
suam. 11 Venit autem fames in universam
Aegyptum, et Chanaan, et tribulatio magna: et non inveniebant cibos patres nostri. 12 Cum audisset autem Iacob esse frumentum in Aegypto, misit patres nostros
primum: 13 et in secundo cognitus est Ioseph a fratribus suis, et manifestatum est
Pharaoni genus eius. 14 Mittens autem Ioseph accersivit Iacob patrem suum, et
omnem cognationem suam in animabus
septuaginta quinque. 15 Et descendit Iacob
in Aegyptum: et defunctus est ipse, et
patres nostri. 16 Et translati sunt in Sichem, et positi sunt in sepulchro, quod
emit Abraham pretio argenti a filiis Hemor filii Sichem.
17 Cum autem appropinquaret tempus
promissionis, quam confessus erat Deus
Abrahae, crevit populus, et multiplicatus
est in Aegypto, 18 quoadusque surrexit
alius rex in Aegypto, qui non sciebat Ioseph. 19 Hic circumveniens genus nostrum, afflixit patres nostros ut exponerent
infantes suos, ne vivificarentur. 20 Eodem
tempore natus est Moyses et fuit gratus
Deo, qui nutritus est tribus mensibus in
domo patris sui. 21 Exposito autem illo,
sustulit eum filia Pharaonis, et nutrivit
eum sibi in filium. 22 Et eruditus est Moyses omni sapientia Aegyptiorum, et erat
potens in verbis, et in operibus suis. 23 Cum
autem impleretur ei quadraginta annorum
tempus, ascendit in cor eius ut visitaret
fratres suos filios Israel. 24 Et cum vidisset
quendam iniuriam patientem, vindicavit
illum, et fecit ultionem ei qui iniuriam
sustinebat, percusso Aegyptio. 25 Existimabat autem intelligere fratres, quoniam
Deus per manum ipsius daret salutem illis: at illi non intellexerunt. 26 Sequenti
vero die apparuit illis litigantibus: et re-

1,24; 13,3; 14,23; 1 Tim 4,14; 2 Tim 1,6. — **7:** Act 12,24; 19,20. — **10:** Lc 21,14. — **11:** Mt 26,59. — **13:** Ier 26,11; Act 21,28.

7 **1:** Gen 11,31; Ps 28,3. — **3:** Gen 12,3. — **5:** Gen 13,15. — **6:** Gen 15,13-14. — **7:** Ex 3,12. — **8:** Gen 17,9-12. — **9:** Gen 37,11. — **10:** Gen 41,37-46. — **11:** Gen 41,54-55. — **12:** Gen 42,1-3. — **14:** Gen 45,9. — **15:** Gen 46,1. — **16:** Gen 23,16; 50,13; Ios 24,32. — **17:** Ex 1,7.12. — **19:** Ex 1,15. — **20:** Ex 2,2; Hebr 11,23. — **23:** Ex 2,11. — **24:** Ex 2,12. — **26:** Ex

45: Iesu = Joshua

conciliabat eos in pace, dicens: Viri, fratres estis, ut quid nocetis alterutrum?
27 Qui autem iniuriam faciebat proximo,
repulit eum, dicens: Quis te constituit
principem et iudicem super nos? 28 numquid interficere me tu vis, quemadmodum
interfecisti heri Aegyptium? 29 Fugit autem Moyses in verbo isto: et factus est
advena in terra Madian, ubi generavit
filios duos.

30 Et expletis annis quadraginta, apparuit illi in diserto montis Sina angelus in
igne flammae rubi. 31 Moyses autem videns, admiratus est visum. Et accedente
illo ut consideraret, facta est ad eum vox
Domini, dicens: 32 Ego sum Deus patrum
tuorum, Deus Abraham, Deus Isaac, et
Deus Iacob. Tremefactus autem Moyses,
non audebat considerare. 33 Dixit autem
illi Dominus: Solve calceamentum pedum
tuorum: locus enim in quo stas, terra
sancta est. 34 Videns vidi afflictionem populi mei, qui est in Aegypto, et gemitum
eorum audivi, et descendi liberare eos.
Et nunc veni, et mittam te in Aegyptum.
35 Hunc Moysen, quem negaverunt, dicentes: Quis te constituit principem et
iudicem? hunc Deus principem et redemptorem misit, cum manu angeli qui apparuit illi in rubo. 36 Hic eduxit illos faciens
prodigia, et signa in terra Aegypti, et in
Rubro mari, et in deserto annis quadraginta.

37 Hic est Moyses, qui dixit filiis Israel:
Prophetam suscitabit vobis Deus de fratribus vestris, tanquam me, ipsum audietis. 38 Hic est qui fuit in ecclesia in solitudine cum angelo, qui loquebatur ei in
monte Sina, et cum patribus nostris: qui
accepit verba vitae dare nobis. 39 Cui noluerunt obedire patres nostri: sed repule-
runt, et aversi sunt cordibus suis in Aegyptum, 40 dicentes ad Aaron: Fac nobis
deos, qui praecedant nos: Moyses enim
hic, qui eduxit nos de terra Aegypti, nescimus quid factum sit ei. 41 Et vitulum
fecerunt in diebus illis, et obtulerunt hostiam simulachro, et laetabantur in operibus manuum suarum. 42 Convertit autem
Deus, et tradidit eos servire militiae caeli,
sicut scriptum est in libro prophetarum:

Numquid victimas et hostias obtulistis
mihi
Annis quadraginta in deserto, domus Is-
rael?
43 Et suscepistis tabernaculum Moloch,
Et sidus Dei vestri Rempham,
Figuras quas fecistis adorare eas.
Et transferam vos trans Babylonem.

44 Tabernaculum testimonii fuit cum
patribus nostris in deserto, sicut disposuit illis Deus, loquens ad Moysen, ut
faceret illud secundum formam quam viderat. 45 Quod et induxerunt, suscipientes
patres nostri cum Iesu in possessionem
gentium, quas expulit Deus a facie patrum nostrorum, usque in diebus David,
46 qui invenit gratiam ante Deum, et petiit ut inveniret tabernaculum Deo Iacob.
47 Salomon autem aedificavit illi domum.
48 Sed non Excelsus in manufactis habitat,
sicut propheta dicit:

49 Caelum mihi sedes est:
Terra autem scabellum pedum meorum.
Quam domum aedificabitis mihi, dicit
Dominus?
Aut quis locus requietionis meae est?
50 Nonne manus mea fecit haec omnia?

51 Dura cervice, et incircumcisis cordibus, et auribus, vos semper Spiritui sancto
resistitis; sicut patres vestri, ita et vos.
52 Quem prophetarum non sunt persecuti
patres vestri? Et occiderunt eos qui prae-
nuntiabant de adventu Iusti, cuius vos
nunc proditores et homicidae fuistis:
53 qui accepistis legem in dispositione angelorum, et non custodistis.

Stephani lapidatio

54 Audientes autem haec dissecabantur
cordibus suis, et stridebant dentibus in
eum.

55 Cum autem esset plenus Spiritu sancto, intendens in caelum, vidit gloriam
Dei, et Iesum stantem a dextris Dei. 56 Et
ait: Ecce video caelos apertos, et Filium
hominis stantem a dextris Dei. Exclamantes autem voce magna continuerunt aures suas, et impetum fecerunt unanimiter
in eum. 57 Et eiicientes eum extra civitatem lapidabant: et testes deposuerunt vestimenta sua secus pedes adolescentis qui
vocabatur Saulus. 58 Et lapidabant Stephanum invocantem, et dicentem: Domine Iesu, suscipe spiritum meum. 59 Positis
autem genibus, clamavit voce magna, dicens: Domine, ne statuas illis hoc peccatum. Et cum hoc dixisset, obdormivit in
Domino. Saulus autem erat consentiens
neci eius.

Magna persecutio in Ecclesia

8 1 Facta est autem in illa die persecutio magna in Ecclesia, quae erat Iero-

2,13. — **29:** Ex 2,15. — **30:** Ex 3,2; Deut 33,16. — **32-33:** Ex 3,5-10. — **35:** Ex 2,14; 3,13; 5,31. — **36:** Ex 7,1-12.30. — **37:** Deut 18,15. — **38:** Ex 19,3; Deut 9,10. — **39:** Num 11,4; 14,3. — **40:** Ex 32,1. — **41:** Ex 32,4-6; Deut 9,16. — **42:** Ier 7,18; 19,13; Am 5,25-27. — **44:** Ex 25,9. — **45:** Ios 3,14-17. — **46:** 2 Sam 7,2; Ps 131,5. — **47:** 3 Reg 5,5. — **48:** Is 66,1. — **51:** Ex 32,9; Lev 26,41; Num 27,14; Is 63,10; Ier 9,26. — **52:** 2 Par 36,16; Mt 23,31. — **53:** Act 7,38; Gal 3,19; Hebr 2,2. — **54:** Act 5,33. — **55:** Lc 22,69. — **58:** Lev 24,14; Act 22,20. — **59:** Ps 30,6; Lc 23,46. — **60:** Act 11,19; 22,20.

solymis, et omnes dispersi sunt per regiones Iudaeae et Samariae praeter Apostolos.
2 Curaverunt autem Stephanum viri ti-
morati, et fecerunt planctum magnum super eum. 3 Saulus autem devastabat Ecclesiam per domos intrans, et trahens viros
ac mulieres tradebat in custodiam.

PARS SECUNDA

ECCLESIAE AD GENTES EXPANSIO

(8,4-12,25)

Philippus evangelium praedicat in Samaria

4 Igitur qui dispersi erant pertransibant,
evangelizantes verbum Dei. 5 Philippus
autem descendens in civitatem Samariae,
praedicabat illis Christum. 6 Intendebant
autem turbae his quae a Philippo dicebantur unanimiter audientes, et videntes
signa quae faciebat. 7 Multi enim eorum
qui habebant spiritus immundos, clamantes voce magna exibant. Multi autem paralytici et claudi curati sunt. 8 Factum est
ergo gaudium magnum in illa civitate.
9 Vir autem quidam nomine Simon, qui
ante fuerat in civitate magus, seducens
gentem Samariae, dicens se esse aliquem
magnum; 10 cui auscultabant omnes a minimo usque ad maximum, dicentes: Hic
est virtus Dei, quae vocatur magna. 11 At-
tendebant autem eum: propter quod multo tempore magiis suis dementasset eos.
12 Cum vero credidissent Philippo evan-
gelizanti de regno Dei, in nomine Iesu
Christi baptizabantur viri ac mulieres.
13 Tunc Simon et ipse credidit: et cum
baptizatus esset, adhaerebat Philippo. Videns etiam signa et virtutes maximas fieri,
stupens admirabatur.

Petrus et Ioannes in Samaria

14 Cum autem audissent Apostoli, qui
erant Ierosolymis, quod recepisset Samaria verbum Dei, miserunt ad eos Petrum
et Ioannem. 15 Qui cum venissent, oraverunt pro ipsis ut acciperent Spiritum sanctum: 16 nondum enim in quemquam illorum venerat, sed baptizati tantum erant
in nomine Domini Iesu. 17 Tunc impone-
bant manus super illos, et accipiebant
Spiritum sanctum.
18 Cum vidisset autem Simon quia per
impositionem manus Apostolorum daretur Spiritus sanctus, obtulit eis pecuniam,
19 dicens: Date et mihi hanc potestatem,
ut cuicumque imposuero manus, accipiat
Spiritum sanctum. Petrus autem dixit ad
eum: 20 Pecunia tua tecum sit in perditionem: quoniam donum Dei existimasti pecunia possideri. 21 Non est tibi pars, neque sors in sermone isto; cor enim tuum
non est rectum coram Deo. 22 Poenitentiam itaque age ab hac nequitia tua: et
roga Deum, si forte remittatur tibi haec
cogitatio cordis tui. 23 In felle enim amaritudinis, et obligatione iniquitatis video te
esse. 24 Respondens autem Simon, dixit:
Precamini vos pro me ad Dominum, ut
nihil veniat super me horum quae dixistis.
25 Et illi quidem testificati, et locuti
verbum Domini, redibant Ierosolymam,
et multis regionibus Samaritanorum evan-
gelizabant.

Philippus eunuchum aethiopem baptizat

26 Angelus autem Domini locutus est
ad Philippum, dicens: Surge, et vade contra meridianum, ad viam quae descendit
ab Ierusalem in Gazam: haec est deserta.
27 Et surgens abiit. Et ecce vir Aetiops,
eunuchus, potens Candacis reginae Aethiopum, qui erat super omnes gazas eius,
venerat adorare in Ierusalem: 28 et revertebatur sedens super currum suum, le-
gensque Isaiam prophetam. 29 Dixit autem
Spiritus Philippo: Accede, et adiunge te
ad currum istum. 30 Accurrens autem Philippus, audivit eum legentem Isaiam prophetam, et dixit: Putasne intelligis quae
legis? 31 Qui ait: Et quomodo possum, si
non aliquis ostenderit mihi? Rogavitque
Philippum ut ascenderet, et sederet secum. 32 Locus autem Scripturae, quem
legebat, erat hic:

Tanquam ovis ad occisionem ductus est;
Et sicut agnus coram tondente se, sine voce,
Sic non aperuit os suum.
33 In humilitate iudicium eius sublatum est.
Generationem eius quis enarrabit,
Quoniam tolletur de terra vita eius?

34 Respondens autem eunuchus Philippo, dixit: Obsecro te, de quo propheta
dicit hoc? de se, an de alio aliquo? 35 Aperiens autem Philippus os suum, et incipiens a Scriptura ista, evangelizavit illi
Iesum. 36 Et dum irent per viam, venerunt ad quandam aquam: et ait eunuchus: Ecce aqua, quid prohibet me baptizari? 37 Dixit autem Philippus: Si cre-

8 **2:** Mt 14,12. — **3:** Act 9,1; 22,4. — **5:** Act 6,5. — **7:** Mc 16,17; Lc 10,17. — **8:** Act 4, 40. — **12:** Mt 28,19. — **14-17:** Act 6,6; 9,17; 11,22; 19,6. || Epist. Innoc. I: D 98; Epist. Innoc. III: D 419; Conc. Florent.: D 697. — **21:** Act 13,10; Eph 5,5. — **23:** Deut 19,18; Is 58,6; Hebr 12,15. — **27:** Ps 67,32; Is 19,21; 56,3-7. — **28:** Act 17,11. — **31:** Io 16,13; Rom

dis ex toto corde, licet. Et respondens ait:
Credo Filium Dei esse Iesum Christum.
38 Et iussit stare currum: Et descenderunt uterque in aquam, Philippus et eunuchus, et baptizavit eum. 39 Cum autem
ascendissent de aqua, Spiritus Domini
rapuit Philippum, et amplius non vidit
eum eunuchus. Ibat autem per viam suam
gaudens.
40 Philippus autem inventus est in Azoto, et pertransiens evangelizabat civitatibus cunctis, donec veniret Caesaream.

Saulus in Damascum

9 1 Saulus autem adhuc spirans mina-
rum, et caedis in discipulos Domini,
accessit ad principem sacerdotum, 2 et petiit ab eo epistolas in Damascum ad synagogas: ut si quos invenisset huius viae
viros, ac mulieres, vinctos perduceret in
Ierusalem.

Dominus ei alloquitur

3 Et cum iter faceret, contigit ut appropinquaret Damasco: et subito circumfulsit eum lux de caelo. 4 Et cadens in terram
audivit vocem dicentem sibi: Saule, Saule,
quid me persequeris? 5 Qui dixit: Quis es
Domine? Et ille: Ego sum Iesus, quem
tu persequeris; durum est tibi contra stimulum calcitrare. 6 Et tremens ac stupens
dixit: Domine, quid me vis facere? 7 Et
Dominus ad eum: Surge, et ingredere civitatem, et ibi dicetur tibi quid te oporteat
facere. Viri autem illi, qui comitabantur
cum eo, stabant stupefacti, audientes quidem vocem, neminem autem videntes.
8 Surrexit Saulus autem de terra, aper-
tisque oculis nihil videbat. Ad manus autem illum trahentes, introduxerunt Damascum. 9 Et erat ibi tribus diebus non
videns, et non manducavit, neque bibit.

Visio Ananiae

9 Erat autem quidam discipulus Damasci, nomine Ananias: et dixit ad illum
in visu Dominus: Anania. At ille ait:
Ecce ego, Domine. 11 Et Dominus ad eum:
Surge, et vade in vicum qui vocatur Rectus: et quaere in domo Iudae Saulum
nomine Tarsensem: ecce enim orat. 12 (Et
vidit virum Ananiam nomine, introeuntem, et imponentem sibi manus ut visum
recipiat.) 13 Respondit autem Ananias:
Domine, audivi a multis de viro hoc,
quanta mala fecerit sanctis tuis in Ierusalem: 14 et hic habet potestatem a principibus sacerdotum alligandi omnes qui
invocant nomen tuum. 15 Dixit autem ad
eum Dominus: Vade, quoniam vas electionis est mihi iste, ut portet nomen meum
coram gentibus, et regibus, et filiis Israel.
16 Ego enim ostendam illi quanta oporteat eum pro nomine meo pati.

Ananias ad Saulum

17 Et abiit Ananias, et introivit in domum: et imponens ei manus, dixit: Saule frater, Dominus misit me Iesus, qui
apparuit tibi in via qua veniebas, ut videas, et implearis Spiritu sancto. 18 Et
confestim ceciderunt ab oculis eius, tanquam squamae, et visum recepit: et surgens baptizatus est. 19 Et cum accepisset
cibum, confortatus est.

Saulus praedicat Christum

Fuit autem cum discipulis qui erant
Damasci, per dies aliquot. 20 Et continuo
in synagogis praedicabat Iesum, quoniam
hic est Filius Dei. 21 Stupebant autem
omnes qui audiebant, et dicebant: Nonne
hic est qui expugnabat in Ierusalem eos
qui invocabant nomen istud: et huc ad
hoc venit ut vinctos illos duceret ad principes sacerdotum? 22 Saulus autem multo
magis convalescebat, et confundebat Iudaeos, qui habitabant Damasci, affirmans
quoniam hic est Christus.
23 Cum autem implerentur dies multi,
consilium fecerunt in unum Iudaei, ut
eum interficerent. 24 Notae autem factae
sunt Saulo insidiae eorum. Custodiebant
autem et portas die ac nocte, ut eum interficerent. 25 Accipientes autem eum discipuli nocte, per murum dimiserunt eum,
submittentes in sporta.

Saulus in Ierusalem

26 Cum autem venisset in Ierusalem,
tentabat se iungere discipulis, et omnes
timebant eum, non credentes quod esset
discipulus. 27 Barnabas autem apprehensum illum duxit ad Apostolos: et narravit illis quomodo in via vidisset Dominum,
et quia locutus est ei, et quomodo in Damasco fiducialiter egerit in nomine Iesu.
28 Et erat cum illis intrans et exiens in
Ierusalem, et fiducialiter agens in nomine Domini. 29 Loquebatur quoque gentibus, et disputabat cum Graecis: illi au
tem quaerebant occidere eum.

10,14. — **32-33:** Is 53,7-8. — **36:** Act 10,47. — **39:** 3 Reg 18,12; 4 Reg 2,16. — **40:** Act 21,8.

9 **1:** Act 8,3. — **2-29:** Act 22,3-21; 26,9-20. — **5:** Act 5,39; 1 Cor 15,8. — **7:** Deut 4, 12; Sap 18,1. — **10:** Act 22,12. — **15:** Act 13, 2; 22,21; Rom 1,1; Gal 1,1. — **16:** Act 20,23; 21,11; 2 Cor 11,23-28. — **21:** Act 26,10. — **22:** Act 18,28. — **23:** Act 23,12. — **24:** Act 23,16. — **25:** 2 Cor 11,32. — **26:** Gal 1,17. — **27:** Act 4,

Saulus deductus in Tarsum

30 Quod cum cognovissent fratres, deduxerunt eum Caesaream, et dimiserunt
Tarsum.
31 Ecclesia quidem per totam Iudaeam,
et Galilaeam, et Samariam habebat pacem, et aedificabatur ambulans in timore
Domini, et consolatione sancti Spiritus
replebatur.

Petrus Lyddae Aeneam sanat

32 Factum est autem, ut Petrus dum
pertransiret universos, deveniret ad sanctos qui habitabant Lyddae. 33 Invenit autem ibi hominem quendam, nomine Aeneam, ab annis octo iacentem in grabato,
qui erat paralyticus. 34 Et ait illi Petrus:
Aenea, sanat te Dominus Iesus Christus:
surge, et sterne tibi. Et continuo surrexit.
35 Et viderunt eum omnes qui habitabant
Lyddae et Saronae: qui conversi sunt ad
Dominum.

In Ioppe Tabitham resuscitat

36 In Ioppe autem fuit quaedam disci-
pula, nomine Tabitha, quae interpretata
dicitur Dorcas. Haec erat plena operibus
bonis, et eleemosynis, quas faciebat.
37 Factum est autem in diebus illis, ut
infirmata moreretur. Quam cum lavissent,
posuerunt eam in coenaculo. 38 Cum autem prope esset Lydda ad Ioppen, discipuli audientes quia Petrus esset in ea,
miserunt duos viros ad eum, rogantes:
Ne pigriteris venire usque ad nos. 39 Exsurgens autem Petrus venit cum illis. Et
cum advenisset, duxerunt illum in coenaculum: et circumsteterunt illum omnes
viduae flentes, et ostendentes ei tunicas,
et vestes, quas faciebat illis Dorcas. 40 Eiectis autem omnibus foras, Petrus ponens
genua oravit: et conversus ad corpus, dixit: Tabitha, surge. At illa aperuit oculos
suos: et viso Petro, resedit. 41 Dans autem illi manum, erexit eam. Et cum vocasset sanctos, et viduas, assignavit eam vivam. 42 Notum autem factum est per universam Ioppen: et crediderunt multi in
Domino.
43 Factum est autem ut dies multos moraretur in Ioppe, apud Simonem quendam coriarium.

Cornelii centurionis pietas

10 1 Vir autem quidam erat in Caesarea, nomine Cornelius, centurio cohortis quae dicitur Italica, 2 religiosus, ac
timens Deum cum omni domo sua, faciens eleemosynas multas plebi, et deprecans Deum semper: 3 is vidit in visu
manifeste, quasi hora diei nona, angelum
Dei introeuntem ad se, et dicentem sibi:
Corneli. 4 At ille intuens eum, timore correptus, dixit: Quid est, Domine? Dixit
autem illi: Orationes tuae et eleemosynae
tuae ascenderunt in memoriam in conspectu Dei. 5 Et nunc mitte viros in Ioppen, et accersi Simonem quendam, qui
cognominatur Petrus: 6 hic hospitatur
apud Simonem quendam coriarium, cuius
est domus iuxta mare: hic dicet tibi quid
te oporteat facere. 7 Et cum discessisset
angelus qui loquebatur illi, vocavit duos
domesticos suos, et militem metuentem
Dominum ex his qui illi parebant. 8 Quibus cum narrasset omnia, misit illos in
Ioppen.

Petri visio

9 Postera autem die, iter illis facientibus, et appropinquantibus civitati, ascendit Petrus in superiora ut oraret circa
horam sextam. 10 Et cum esuriret, voluit
gustare. Parantibus autem illis, cecidit
super eum mentis excessus: 11 et vidit caelum apertum, et descendens vas quoddam,
velut linteum magnum, quatuor initiis sub-
mitti de caelo in terram, 12 in quo erant
omnia quadrupedia, et serpentia terrae,
et volatilia caeli. 13 Et facta est vox ad
eum: Surge Petre, occide, et manduca.
14 Ait autem Petrus: Absit Domine, quia
nunquam manducavi omne commune et
immundum. 15 Et vox iterum secundo ad
eum: Quod Deus purificavit, tu commune
ne dixeris. 16 Hoc autem factum est per
ter: et statim receptum est vas in caelum.
17 Et dum intra se haesitaret Petrus
quidnam esset visio, quam vidisset: ecce
viri qui misi erant a Cornelio, inquirentes domum Simonis, astiterunt ad ianuam.
18 Et cum vocassent, interrogabant, si Simon, qui cognominatur Petrus, illic haberet hospitium. 19 Petro autem cogitante
de visione, dixit Spiritus ei: Ecce viri tres
quaerunt te. 20 Surge itaque, descende, et
vade cum eis nihil dubitans: quia ego misi
illos. 21 Descendens autem Petrus ad viros, dixit: Ecce ego sum, quem quaeritis:
quae causa est, propter quam venistis?
22 Qui dixerunt: Cornelius centurio, vir
iustus, et timens Deum, et testimonium
habens ab universa gente Iudaeorum, responsum accepit ab angelo sancto accer-
sire te in domum suam, et audire verba
abs te. 23 Introducens ergo eos, recepit

36: 11,25. — **30:** Act 11,25; Gal 1,21. — **31:** Act 2,47; 1 Cor 14,3. — **34:** Mt 9,6; 10,8; Act 3,7. — **10:** Mt 9,35; Mc 5,40. — **43:** Act 10,6.

10 **1:** Mt 8,5; Act 27,1. — **2-3:** Conc. Arausic. II: D 200. — **3:** Act 3,1; 1,10. — **6:** Act 9,43. — **11-32:** Act 11,5-17. — **14:** Lev 11, 1-42; Ez 4,14. — **15:** Mt 15,11; Mc 7,15. — **16:** Act 15,29. — **17:** Act 12,9. — **19:** Act 13,

hospitio. Sequenti autem die surgens profectus est cum illis; et quidam ex fratribus ab Ioppe comitati sunt eum.

Petrus apud Cornelium

24 Altera autem die introivit Caesaream. Cornelius vero exspectabat illos, convocatis cognatis suis, et necessariis amicis. 25 Et factum est cum introisset Petrus, obvius venit ei Cornelius, et procidens ad pedes eius adoravit. 26 Petrus vero elevavit eum, dicens: Surge, et ego ipse homo sum. 27 Et loquens cum illo intravit, et invenit multos qui convenerant: 28 dixitque ad illos: Vos scitis quomodo abominatum sit viro Iudaeo coniungi, aut accedere ad alienigenam: sed mihi ostendit Deus neminem communem aut immundum dicere hominem. 29 Propter quod sine dubitatione veni accersitus. Interrogo ergo, quam ob causam accersistis me? 30 Et Cornelius ait: A nudiusquarta die usque ad hanc horam, orans eram hora nona in domo mea, et ecce vir stetit ante me in veste candida, et ait: 31 Corneli, exaudita est oratio tua, et eleemosynae tuae commemoratae sunt in conspectu Dei. 32 Mitte ergo in Ioppen, et accersi Simonem, qui cognominatur Petrus: hic hospitatur in domo Simonis coriarii iuxta mare. 33 Confestim ergo misi ad te: et tu benefecisti veniendo. Nunc ergo omnes nos in conspectu tuo adsumus audire omnia quaecumque tibi praecepta sunt a Domino.

Sermo Petri

34 Aperiens autem Petrus os suum, dixit: In veritate comperi quia non est personarum acceptor Deus; 35 sed in omni gente qui timet eum, et operatur iustitiam, acceptus est illi. 36 Verbum misit Deus filiis Israel, annuntians pacem per Iesum Christum (hic est omnium Dominus). 37 Vos scitis quod factum est verbum per universam Iudaeam: incipiens enim a Galilaea post bautismum, quod praedicavit Ioannes, 38 Iesum a Nazareth: quomodo unxit eum Deus Spiritu sancto, et virtute, qui pertransiit benefaciendo, et sanando omnes oppressos a diabolo, quoniam Deus erat cum illo. 39 Et nos testes sumus omnium quae fecit in regione Iudaeorum, et Ierusalem, quem occiderunt suspendentes in ligno. 40 Hunc Deus suscitavit tertia die, et dedit eum manifestum fieri, 41 non omni populo, sed testibus praeordinatis a Deo: nobis, qui manducavimus et bibimus cum illo postquam resurrexit a mortuis. 42 Et praecepit nobis praedicare populo, et testificari, quia ipse est qui constitutus est a Deo iudex vivorum et mortuorum. 43 Huic omnes prophetae testimonium perhibent remissionem peccatorum accipere per nomen eius omnes qui credunt in eum.

Gratia Spiritus Sancti etiam in nationes

44 Adhuc loquente Petro verba haec, cecidit Spiritus sanctus super omnes qui audiebant verbum. 45 Et obstupuerunt ex circumcisione fideles qui venerant cum Petro: quia et in nationes gratia Spiritus sancti effusa est. 46 Audiebant enim illos loquentes linguis, et magnificantes Deum. 47 Tunc respondit Petrus: Numquid aquam quis prohibere potest ut non baptizentur hi qui Spiritum sanctum acceperunt sicut et nos? 48 Et iussit eos baptizari in nomine Domini Iesu Christi. Tunc rogaverunt eum ut maneret apud eos aliquot diebus.

Petrus facta narrat in Ierusalem

11 1 Audierunt autem Apostoli, et fratres, qui erant in Iudaea: quoniam et gentes receperunt verbum Dei. 2 Cum autem ascendisset Petrus Ierosolymam, disceptabant adversus illum qui erant ex circumcisione, 3 dicentes: Quare introisti ad viros praeputium habentes, et manducasti cum illis?

4 Incipiens autem Petrus exponebat illis ordinem, dicens: 5 Ego eram in civitate Ioppe orans, et vidi in excessu mentis visionem, descendens vas quoddam velut linteum magnum quatuor initiis summitti de caelo, et venit usque ad me. 6 In quod intuens considerabam, et vidi quadrupedia terrae, et bestias, et reptilia, et volatilia caeli. 7 Audivi autem et vocem dicentem mihi: Surge Petre, occide, et manduca. 8 Dixi autem: Nequaquam Domine: quia commune aut immundum nunquam introivit in os meum. 9 Respondit autem vox secundo de caelo: Quae Deus mundavit, tu ne commune dixeris. 10 Hoc autem factum est per ter: et recepta sunt omnia rursum in caelum. 11 Et ecce viri tres confestim astiterunt in domo in qua eram, missi a Caesarea ad me. 12 Dixit autem Spiritus mihi ut irem cum illis, nihil hae-

2. — **23:** Act 11,12. — **26:** Act 14,15; Apoc 10, 10. — **34:** Deut 10,17; 1 Sam 16,7; Rom 2, 11. — **35:** Act 9,31; 10,16. — **36:** Is 52,7; Nah 1,15; Act 13,26; Rom 10,15; Eph 2,17. — **38:** Mt 3,16. — **39:** Lc 24,48; Act 1,8; 2,32. — **40:** 1 Cor 15,4-7. — **41:** Io 15,27. — **42:** Act 17, 31; 2 Tim 4,1. — **43:** ls 2,1; 53,5; Ier 31,34; Ez 34,16; Dan 9,24. — **46:** Mc 16,17; Act 2,4; 19,6; 1 Cor 14,1-40. — **48:** Act 2,38; 19,5.

11 3: Gal 2,12; Eph 2,11. — **5-17:** Act 10, 9-32. — **15:** Act 10,44. — **16:** Act 1,5;

sitans. Venerunt autem mecum et sex
fratres isti, et ingressi sumus in domum
viri. 13 Narravit autem nobis, quomodo
vidisset angelum in domo sua, stantem
et dicentem sibi: Mitte in Ioppen, et
accersi Simonem, qui cognominatur Petrus, 14 qui loquetur tibi verba in quibus
salvus eris tu, et universa domus tua.
15 Cum autem coepissem loqui, cecidit
Spiritus sanctus super eos, sicut et in nos
in initio. 16 Recordatus sum autem verbi
Domini, sicut dicebat: Ioannes quidem
baptizavit aqua, vos autem baptizabimini
Spiritu sancto. 17 Si ergo eandem gratiam
dedit illis Deus, sicut et nobis, qui credidimus in Dominum Iesum Christum: ego
quis eram, qui possem prohibere Deum?
18 His auditis, tacuerunt: et glorificaverunt Deum, dicentes: Ergo et gentibus
poenitentiam dedit Deus ad vitam.

Evangelium praedicatur Antiochiae

19 Et illi quidem, qui dispersi fuerant a
tribulatione, quae facta fuerat sub Stephano, perambulaverunt usque Phoenicen, et
Cyprum, et Antiochiam, nemini loquentes verbum, nisi solis Iudaeis. 20 Erant
autem quidam ex eis viri Cyprii, et Cy-
renaei, qui cum introissent Antiochiam,
loquebantur et ad Graecos, annuntiantes
Dominum Iesum. 21 Et erat manus Domini cum eis: multusque numerus credentium conversus est ad Dominum.
22 Pervenit autem sermo ad aures Ecclesiae quae erat Ierosolymis, super istis: et
miserunt Barnabam usque ad Antiochiam.
23 Qui cum pervenisset, et vidisset gratiam Dei, gavisus est: et hortabatur omnes in proposito cordis permanere in Domino: 24 quia erat vir bonus, et plenus
Spiritu sancto, et fide. Et apposita est
multa turba Domino.

Saulus eo vocatus a Barnaba

25 Profectus est autem Barnabas Tarsum, ut quaereret Saulum: quem cum invenisset, perduxit Antiochiam. 26 Et annum totum conversati sunt ibi in Ecclesia:
et docuerunt turbam multam, ita ut cog-
nominarentur primum Antiochiae discipuli, christiani.
27 In his autem diebus supervenerunt
ab Ierosolymis prophetae Antiochiam:
28 et surgens unus ex eis nomine Agabus,
significabat per spiritum famem magnam
futuram in universo orbe terrarum, quae
facta est sub Claudio. 29 Discipuli autem,
prout quis habebat, proposuerunt singuli
in ministerium mittere habitantibus in Iudaea fratribus: 30 quod et fecerunt, mittentes ad seniores per manus Barnabae et
Sauli.

Herodes, occiso Iacobo, Petrum apprehendit

12 1 Eodem autem tempore misit Herodes rex manus, ut affligeret quosdam de Ecclesia. 2 Occidit autem Iacobum
fratrem Ioannis gladio. 3 Videns autem
quia placeret Iudaeis, apposuit ut appre-
henderet et Petrum. Erant autem dies Azymorum. 4 Quem cum apprehendisset, misit
in carcerem, tradens quatuor quaternio-
nibus militum custodiendum, volens post
Pascha producere eum populo.
5 Et Petrus quidem servabatur in carcere. Oratio autem fiebat sine intermissione
ab Ecclesia ad Deum pro eo.

Petrus ab angelo liberatus

6 Cum autem producturus eum esset
Herodes, in ipsa nocte erat Petrus dormiens inter duos milites, vinctus catenis
duabus: et custodes ante ostium custodiebant carcerem. 7 Et ecce angelus Domini
astitit: et lumen refulsit in habitaculo:
percussoque latere Petri, excitavit eum,
dicens: Surge velociter. Et ceciderunt catenae de manibus eius. 8 Dixit autem angelus ad eum: Praecingere, et calcea te
caligas tuas. Et fecit sic. Et dixit illi: Circumda tibi vestimentum tuum, et sequere me. 9 Et exiens sequebatur eum, et
nesciebat quia verum est, quod fiebat per
angelum: existimabat autem se visum videre. 10 Transeuntes autem primam et secundam custodiam, venerunt ad portam
ferream, quae ducit ad civitatem: quae
ultro aperta est eis. Et exeuntes processerunt vicum unum: et continuo discessit
angelus ab eo.

Re nuntiata in domo Mariae, abiit in alium locum

11 Et Petrus ad se reversus, dixit: Nunc
scio vere quia misit Dominus angelum
suum, et eripuit me de manu Herodis,
et de omni exspectatione plebis Iudaeorum. 12 Consideransque venit ad domum
Mariae matris Ioannis, qui cognominatus
est Marcus, ubi erant multi congregati, et
orantes. 13 Pulsante autem eo ostium ianuae, processit puella ad audiendum, no-

19,2. — **17:** Act 15,8. — **18:** Act 13,47; 14,27. — **19:** Act 8,1. — **20:** Act 13,1. — **21:** Act 2,47. — **22:** Act 4,36. — **23:** Act 13,43. — **24:** Act 6,5. — **25:** Act 9,30. — **26:** Act 26,28; Gal 2,11; 1 Petr 4,16. — **27:** Act 13,1; 15,32. — **29:** Rom 15,27; 2 Cor 8,12; Gal 2,10.

12 **2:** Mt 20,22-23. — **3:** Act 25,9. — **4:** Act 5,18. — **5:** Iac 5,16. — **6:** Act 5,22. — **7:** Act 5,19. — **9:** Act 10,17. — **12:** Act 12,25; 13,5; Col 4,10; 2 Tim 4,11; Philem 24; 1 Petr 5,13. — **15:** Lc 24,27; Act 26,24. — **17:** Ac 13,16. — **18:** Act 5,21. — **20:** Ez 27,17. — **22**

mine Rhode. 14 Et ut cognovit vocem Petri, prae gaudio non aperuit ianuam, sed intro currens nuntiavit stare Petrum ante ianuam. 15 At illi dixerunt ad eam: Insanis. Illa autem affirmabat sic se habere. Illi autem dicebant: Angelus eius est. 16 Petrus autem perseverabat pulsans. Cum autem aperuissent, viderunt eum, et obstupuerunt.

17 Annuens autem eis manu ut tacerent, narravit quomodo Dominus eduxisset eum de carcere, dixitque: Nuntiate Iacobo et fratribus haec. Et egressus abiit in alium locum.

Finis Herodis

18 Facta autem die, erat non parva turbatio inter milites, quidnam factum esset de Petro. 19 Herodes autem cum requisisset eum, et non invenisset, inquisitione facta de custodibus, iussit eos duci: descendensque a Iudaea in Caesaream, ibi commoratus est. 20 Erat autem iratus Tyriis et Sidoniis. At illi unanimes venerunt ad eum, et persuaso Blasto, qui erat super cubiculum regis, postulabant pacem, eo quod alerentur regiones eorum ab illo. 21 Statuto autem die Herodes vestitus veste regia, sedit pro tribunali, et concionabatur ad eos. 22 Populus autem acclamabat: Dei voces, et non hominis. 23 Confestim autem percussit eum angelus Domini, eo quod non dedisset honorem Deo: et consumptus a vermibus, expiravit.

24 Verbum autem Domini crescebat, et multiplicabatur. 25 Barnabas autem et Saulus reversi sunt ab Ierosolymis expleto ministerio, assumpto Ioanne, qui cognominatus est Marcus.

PARS TERTIA

ECCLESIAE INTER GENTES DIFFUSIO

(13,1-28,31)

Primum iter apostolicum Pauli

(13,1-15,34)

Saulus et Barnabas in opus Evangelii segregati

13 1 Erant autem in Ecclesia, quae erat Antiochiae, prophetae, et doctores, in quibus Barnabas, et Simon, qui vocabatur Niger, et Lucius Cyrenensis, et Manahen, qui erat Herodis Tetrarchae collactaneus, et Saulus. 2 Ministrantibus autem illis Domino, et ieiunantibus, dixit illis Spiritus sanctus: Segregate mihi Saulum et Barnabam in opus ad quod assumpsi eos. 3 Tunc ieiunantes, et orantes, imponentesque eis manus, dimiserunt illos.

Praedicant in Cypro

4 Et ipsi quidem missi a Spiritu sancto abierunt Seleuciam: et inde navigaverunt Cyprum. 5 Et cum venissent Salaminam, praedicabant verbum Dei in synagogis Iudaeorum. Habebant autem et Ioannem in ministerio.

6 Et cum perambulassent universam insulam usque Paphum, invenerunt quendam virum magnum pseudoprophetam, Iudaeum, cui nomen erat Bariesu, 7 qui erat cum proconsule Sergio Paulo viro prudente. Hic, accersitis Barnaba et Saulo, desiderabat audire verbum Dei. 8 Resistebat autem illis Elymas magus (sic enim interpretatur nomen eius), quaerens avertere proconsulem a fide. 9 Saulus autem, qui et Paulus, repletus Spiritu sancto, intuens in eum, 10 dixit: O plene omni dolo et omni fallacia, fili diaboli, inimice omnis iustitiae, non desinis subvertere vias Domini rectas. 11 Et nunc ecce manus Domini super te, et eris caecus, non videns solem usque ad tempus. Et confestim cecidit in eum caligo, et tenebrae, et circuiens quaerebat qui ei manum daret. 12 Tunc proconsul cum vidisset factum, credidit admirans super doctrina Domini.

In Antiochia Pisidiae

13 Et cum a Papho navigassent, Paulus et qui cum eo erant, venerunt Pergen Pamphyliae. Ioannes autem discedens ab eis, reversus est Ierosolymam.

14 Illi vero pertranseuntes Pergen, venerunt Antiochiam Pisidiae: et ingressi synagogam die sabbatorum, sederunt. 15 Post lectionem autem legis, et prophetarum, miserunt principes synagogae ad eos, dicentes: Viri fratres, si quis est in vobis sermo exhortationis ad plebem, dicite.

Pauli oratio ad Iudaeos

16 Surgens autem Paulus, et manu silentium indicens, ait: Viri Israelitae, et qui timetis Deum, audite: 17 Deus plebis Israel elegit patres nostros, et plebem exaltavit cum essent incolae in terra Aegypti, et in brachio excelso eduxit eos ex ea, 18 et per quadraginta annorum tem-

Ez 28,2. — **23:** Dan 4,27. — **24:** Act 6,7; 11,24. — **25:** Act 11,29-30.

13 **1:** Act 11,26. — **2:** Act 9,15. — **3:** Act 6,6; 14,23; 1 Tim 4,14; 5,22. — **4:** Act 15,39. — **8:** 2 Tim 3,8. — **9:** Act 4,8; 7,55. — **11:** Io 9,39; Act 9,8. — **13:** Act 12,25; 15,38. — **14:** Act 14,21. — **15:** Lc 4,17; Act 15,21; 2 Cor 3,14. — **16:** Act 21,40. — **17:** Ex 6,6; 13,14;

pus mores eorum sustinuit in deserto.
19 Et destruens gentes septem in terra
Chanaan, sorte distribuit eis terram eorum, 20 quasi post quadringentos et quinquaginta annos: et post haec dedit iudices, usque ad Samuel prophetam. 21 Et
exinde postulaverunt regem: et dedit illis
Deus Saul filium Cis, virum de tribu Beniamin, annis quadraginta: 22 et amoto illo,
suscitavit illis David regem: cui testimonium perhibens, dixit: Inveni David filium
Iesse, virum secundum cor meum, qui faciet omnes voluntates meas. 23 Huius Deus
ex semine secundum promissionen eduxit Israel salvatorem Iesum, 24 praedicante
Ioanne ante faciem adventus eius baptismum poenitentiae omni populo Israel.
25 Cum impleret autem Ioannes cursum
suum, dicebat: Quem me arbitramini esse,
non sum ego, sed ecce venit post me,
cuius non sum dignus calceamenta pedum
solvere.

26 Viri fratres, filii generis Abraham, et
qui in vobis timent Deum, vobis verbum
salutis huius missum est. 27 Qui enim habitabant Ierusalem, et principes eius hunc
ignorantes, et voces prophetarum, quae
per omne sabbatum leguntur, iudicantes
impleverunt, 28 et nullam causam mortis
invenientes in eo, petierunt a Pilato, ut
interficerent eum. 29 Cumque consummas-
sent omnia quae de eo scripta erant, deponentes eum de ligno, posuerunt eum
in monumento. 30 Deus vero suscitavit
eum a mortuis tertia die: qui visus est
per dies multos his, 31 qui simul ascenderant cum eo de Galilaea in Ierusalem: qui
usque nunc sunt testes eius ad plebem.
32 Et nos vobis annuntiamus eam, quae
ad patres nostros repromissio facta est:
33 quoniam hanc Deus adimplevit filiis
nostris resuscitans Iesum, sicut et in Psal-
mo secundo scriptum est: Filius meus es
tu, ego hodie genui te. 34 Quod autem
suscitavit eum a mortuis, amplius iam
non reversurum in corruptionem, ita dixit: Quia dabo vobis sancta David fidelia.
35 Ideoque et alias dicit: Non dabis Sanctum tuum videre corruptionem. 36 David
enim in sua generatione cum adminis-
trasset voluntati Dei, dormivit: et appositus est ad patres suos, et vidit corruptionem. 37 Quem vero Deus suscitavit a
mortuis, non vidit corruptionem. 38 Notum igitur sit vobis, viri fratres, quia per
hunc vobis remissio peccatorum annuntiatur, et ab omnibus quibus non potuistis
in lege Moysi iustificari, 39 in hoc omnis
qui credit, iustificatur. 40 Videte ergo ne
superveniat vobis quod dictum est in prophetis:

41 Videte contemptores, et admiramini, et
disperdimini:
Quia opus operor ego in diebus vestris,
Opus quod non credetis, si quis enarra-
verit vobis.

42 Exeuntibus autem illis rogabant ut sequenti sabbato loquerentur sibi verba haec.
43 Cumque dimissa esset synagoga, secuti
sunt multi Iudaeorum, et colentium advenarum, Paulum et Barnabam, qui loquentes suadebant eis ut permanerent in
gratia Dei.

Quoniam repellitis illud, ecce convertimur ad gentes!

44 Sequenti vero sabbato pene universa
civitas convenit audire verbum Dei.
45 Videntes autem turbas Iudaei, repleti
sunt zelo, et contradicebant his quae a
Paulo dicebantur, blasphemantes. 46 Tunc
constanter Paulus et Barnabas dixerunt:
Vobis oportebat primum loqui verbum
Dei: sed quoniam repellitis illud, et in-
dignos vos iudicatis aeternae vitae, ecce
convertimur ad gentes. 47 Sic enim praecepit nobis Dominus: Posui te in lucem
gentium, ut sis in salutem usque ad extremum terrae.
48 Audientes autem gentes gavisae sunt,
et glorificabant verbum Domini: et crediderunt quotquot erant praeordinati ad
vitam aeternam. 49 Disseminabatur autem
verbum Domini per universam regionem.
50 Iudaei autem concitaverunt mulieres religiosas, et honestas, et primos civitatis,
et excitaverunt persecutionem in Paulum
et Barnabam: et eiecerunt eos de finibus
suis. 51 At illi excusso pulvere pedum in
eos, venerunt Iconium. 52 Discipuli quoque replebantur gaudio et Spiritu sancto.

Paulus et Barnabas Iconii

14 1 Factum est autem Iconii, ut simul
introirent in synagogam Iudaeo-
rum, et loquerentur, ita ut crederet
Iudaeorum et Graecorum copiosa multitudo. 2 Qui vero increduli fuerunt Iudaei,
suscitaverunt, et ad iracundiam concitaverunt animas gentium adversus fratres.

Act 7,36. — **18:** Ex 16,35; Num 14,34; Deut 1,31. — **19:** Deut 7,1; Ios 14,2. — **20:** Iud 2, 16; 1 Sam 3,20. — **21:** 1 Sam 8,5; Os 13,10. — **22:** 1 Sam 16,12; Ps 88,21. — **23:** 2 Sam 7, 12. — **24:** Lc 3,3. — **25:** Io 1,20.27. — **26:** Ps 106,20.46. — **27:** Io 16,3; Act 3,17. — **28:** Mt 27,22. — **29:** Mt 27,59-60; Io 19,38. — **30:** Act 3,15. — **31:** Act 1,3.8. — **33:** Ps 2,7; Rom 1, 4. — **34:** Is 55,3. — **35:** Ps 15,10. ‖ Resp. Comm. de Re Biblica· D 2272. — **36:** 3 Reg 2,10; Act 2,9. — **37:** 2,31. — **38:** Lc 24,47; Act 5, 31. — **39:** Rom 3,20.28; 8,3. — **40:** Hab 1,5. **43:** Act 11,23; 16,4; 17,4. — **45:** Act 13,50; 14,2; 17,5. — **46:** Act 3,26; 18,6. — **47:** Is 49,6; Lc 2, 32. — **48:** Rom 8,29. — **51:** Mt 10,14; Act 18,6.

14 **2:** Act 13,45. — **3:** Mc 16,20; Hebr 2, 4. — **5:** Act 14,19; 2 Tim 3,11. — **6:** Mt

3 Multo igitur tempore demorati sunt,
fiducialiter agentes in Domino, testimonium perhibente verbo gratiae suae, dante signa et prodigia fieri per manus eorum.
4 Divisa est autem multitudo civitatis: et
quidam quidem erant cum Iudaeis, quidam vero cum Apostolis.

Confugiunt in Lycaoniam

5 Cum autem factus esset impetus gentilium et Iudaeorum cum principibus suis,
ut contumeliis afficerent, et lapidarent
eos, 6 intelligentes confugerunt ad civitates Lycaoniae Lystram, et Derben, et universam in circuitu regionem, et ibi evangelizantes erant.
7 Et quidam vir Lystris infirmus pedibus sedebat, claudus ex utero matris suae,
qui nunquam ambulaverat. 8 Hic audivit
Paulum loquentem. Qui intuitus eum, et
videns quia fidem haberet ut salvus fieret,
9 dixit magna voce: Surge super pedes
tuos rectus. Et exilivit, et ambulabat.
10 Turbae autem cum vidissent quod fecerat Paulus, levaverunt vocem suam lycao-
nice, dicentes: Dii similes facti hominibus,
descenderunt ad nos. 11 Et vocabant Barnabam Iovem, Paulum vero Mercurium:
quoniam ipse erat dux verbi.
12 Sacerdos quoque Iovis, qui erat ante
civitatem, tauros, et coronas ante ianuas
afferens, cum populis volebat sacrificare.
13 Quod ubi audierunt Apostoli, Barnabas
et Paulus, conscissis tunicis suis exilierunt
in turbas clamantes, 14 et dicentes: Viri,
quid haec facitis? et nos mortales sumus,
similes vobis homines, annuntiantes vobis
ab his vanis converti ad Deum vivum, qui
fecit caelum, et terram, et mare, et omnia
quae in eis sunt: 15 qui in praeteritis generationibus dimisit omnes gentes ingredi
vias suas. 16 Et quidem non sine testimonio semetipsum reliquit benefaciens de
caelo, dans pluvias et tempora fructifera,
implens cibo et laetitia corda nostra. 17 Et
haec dicentes, vix sedaverunt turbas ne
sibi immolarent.
18 Supervenerunt autem quidam ab Antiochia et Iconio Iudaei: et persuasis turbis, lapidantesque Paulum, traxerunt extra civitatem, existimantes eum mortuum
esse. 19 Circumdantibus autem eum discipulis, surgens intravit civitatem, et postera die profectus est cum Barnaba in Derben.

Regressus in Antiochiam

20 Cumque evangelizassent civitati illi,
et docuissent multos, reversi sunt Lystram, et Iconium, et Antiochiam, 21 con-
firmantes animas discipulorum, exhortan-
tesque ut permanerent in fide: et quoniam
per multas tribulationes oportet nos intrare in regnum Dei. 22 Et cum constituissent illis per singulas ecclesias presbyteros, et orassent cum ieiunationibus, commendaverunt eos Domino, in quem crediderunt. 23 Transeuntesque Pisidiam, venerunt in Pamphyliam, 24 et loquentes
verbum Domini in Perge, descenderunt
in Attaliam: 25 et inde navigaverunt Antiochiam, unde erant traditi gratiae Dei
in opus quod compleverunt. 26 Cum autem venissent, et congregassent Ecclesiam,
retulerunt quanta fecisset Deus cum illis,
et quia aperuisset gentibus ostium fidei.
27 Morati sunt autem tempus non modicum cum discipulis.

15 1 Et quidam descendentes de Iudaea, docebant fratres: Quia nisi
circumcidamini secundum morem Moysi,
non potestis salvari. 2 Facta ergo seditione non minima Paulo et Barnabae adversus illos, statuerunt ut ascenderent Paulus,
et Barnabas, et quidam alii ex aliis ad
Apostolos et presbyteros in Ierusalem super hac quaestione. 3 Illi ergo deducti ab
Ecclesia pertransibant Phoenicen et Samariam, narrantes conversionem gentium: et faciebant gaudium magnum omnibus fratribus. 4 Cum autem venissent
Ierosolymam, suscepti sunt ab Ecclesia,
et ab Apostolis, et senioribus annuntiantes quanta Deus fecisset cum illis. 5 Surrexerunt autem quidam de haeresi pharisaeorum, qui crediderunt, dicentes: Quia
oportet circumcidi eos, praecipere quoque
servare legem Moysi.
6 Conveneruntque Apostoli et seniores
videre de verbo hoc.

Petri oratio

7 Cum autem magna conquisitio fieret,
surgens Petrus dixit ad eos: Viri fratres,
vos scitis quoniam ab antiquis diebus
Deus in nobis elegit, per os meum audire
gentes verbum Evangelii, et credere. 8 Et
qui novit corda Deus, testimonium perhibuit, dans illis Spiritum sanctum, sicut
et nobis, 9 et nihil discrevit inter nos et
illos, fide purificans corda eorum. 10 Nunc
ergo quid tentatis Deum, imponere iugum

10,23. — 7: Io 9,1; Act 3,2; 9,33. — 8: Act 3, 4. — 9: Io 11,43. — 10: Act 28,6. — 14: Act 10,26; 17,24. — 15: 17,30; Rom 3,25. — 16: Ps 103,14; Ier 5,24. — 18: 2 Cor 11,25; 2 Tim 3,11. — 20: Mt 28,19. — 21: Act 11,23; 18,23; 1 Thess 3,3. — 22: Act 13,3. — 24: Act 13, 13. — 25: Act 18,22. — 26: Act 11,18; 1 Cor 16,9; 2 Cor 2,12; Col 4,3.

15 1: Act 15,24; Rom 2,29; Gal 5,2. — 2: Gal 2,1-2. — 4: Act 14,27. — 8: Act 10, 44; 11,15; Gal 3,2. — 9: Rom 3,22. — 10: Mt

super cervices discipulorum quod neque
patres nostri, neque nos portare potuimus? 11 Sed per gratiam Domini Iesu
Christi credimus salvari, quemadmodum
et illi.
12 Tacuit autem omnis multitudo: et
audiebant Barnabam et Paulum narrantes quanta Deus fecisset signa et prodigia
in gentibus per eos.

Iacobi oratio

13 Et postquam tacuerunt, respondit Iacobus, dicens: Viri fratres, audite me.
14 Simon narravit quemadmodum primum
Deus visitavit sumere ex gentibus populum nomini suo. 15 Et huic concordant
verba prophetarum sicut scriptum est:

16 Post haec revertar,
Et reaedificabo tabernaculum David, quod decidit:
Et diruta eius reaedificabo,
Et erigam illud:
17 Ut requirant caeteri hominum Dominum,
Et omnes gentes, super quas invocatum est nomen meum,
Dicit Dominus faciens haec.
18 Notum a saeculo est Domino opus suum.

19 Propter quod ego iudico non inquie-
tari eos qui ex gentibus convertuntur ad
Deum, 20 sed scribere ad eos ut abstineant
se a contaminationibus simulachrorum,
et fornicatione, et suffocatis, et sanguine.
21 Moyses enim a temporibus antiquis habet in singulis civitatibus qui eum praedicent in synagogis, ubi per omne sabbatum
legitur.

Concilii decretum ad Ecclesias mittitur

22 Tunc placuit Apostolis, et senioribus
cum omni Ecclesia, eligere viros ex eis, et
mittere Antiochiam cum Paulo et Barnaba, Iudam, qui cognominabatur Barsabas, et Silam viros primos in fratribus,
23 scribentes per manus eorum: Apostoli
et seniores fratres, his qui sunt Antiochiae, et Syriae, et Ciliciae, fratribus ex
gentibus, salutem. 24 Quoniam audivimus
quia quidam ex nobis exeuntes, turbaverunt vos verbis, evertentes animas vestras,
quibus non mandavimus: 25 placuit nobis
collectis in unum eligere viros, et mittere
ad vos cum charissimis nostris Barnaba
et Paulo, 26 hominibus qui tradiderunt
animas suas pro nomine Domini nostri
Iesu Christi. 27 Misimus ergo Iudam et
Silam, qui et ipsi vobis verbis referent
eadem. 28 Visum est enim Spiritui sancto,
et nobis nihil ultra imponere vobis oneris
quam haec necessaria: 29 ut abstineatis
vos ab immolatis simulachrorum, et sanguine, et suffocato, et fornicatione, a quibus custodientes vos, bene agetis. Valete.
30 Illi ergo dimissi, descenderunt Antiochiam: et congregata multitudine tradiderunt epistolam. 31 Quam cum legissent,
gavisi sunt super consolatione. 32 Iudas
autem, et Silas, et ipsi cum essent prophetae, verbo plurimo consolati sunt fratres,
et confirmaverunt. 33 Facto autem ibi aliquanto tempore, dimissi sunt cum pace
a fratribus ad eos, qui miserant illos. 34 Visum est autem Silae ibi remanere: Iudas
autem solus abiit Ierusalem.

Secundum Pauli iter apostolicum

(15,35-18,22)

Dissensio cum Barnaba

35 Paulus autem et Barnabas demora-
bantur Antiochiae docentes, et evangelizantes cum aliis pluribus verbum Domini.
36 Post aliquot autem dies, dixit ad Barnabam Paulus: Revertentes visitemus fratres per universas civitates, in quibus praedicavimus verbum Domini, quomodo se
habeant. 37 Barnabas autem volebat secum assumere et Ioannem, qui cognominabatur Marcus. 38 Paulus autem rogabat
eum (ut qui discessisset ab eis de Pam-
phylia, et non isset cum eis in opus) non
debere recipi. 39 Facta est autem dissensio, ita ut discederent ab invicem et Barnabas quidem, assumpto Marco, naviga-
ret Cyprum.

Assumpto Sila, et mox etiam Timotheo, peragrat Ecclesias

40 Paulus vero, electo Sila, profectus
est, traditus gratiae Dei a fratribus. 41 Perambulabat autem Syriam et Ciliciam,
confirmans Ecclesias: praecipiens custodire praecepta Apostolorum et seniorum.

16 1 Pervenit autem Derben et Lystram. Et ecce discipulus quidam
erat ibi nomine Timotheus, filius mulieris
Iudaeae fidelis, patre gentili. 2 Huic testimonium bonum reddebant qui in Lystris

23,4; Gal 5,1. — **11:** Act 16,31; Gal 2,16; Eph 2,4. — **12:** Act 14,27. — **13:** Act 12,17; Gal 2, 9. — **15-17:** Ier 12,14; Am 9,11-12. — **18:** Is 45,21. — **20:** Gen 9,4; Ex 34,15; Lev 3,17; 7, 26; Dan 1,8; Rom 14,15; 1 Cor 10,24. — **21:** Act 13,27; 2 Cor 3,15. — **29:** Act 15,19-20. || Conc. Florent.: D 713. — **31:** Act 13,1. — **37:** Act 12,12.25. — **38:** Act 13,13; Col 4,10; 2 Tim 4,11; Philem 24; 1 Petr 5,13.

16 **1:** Act 14,6; 17,14. — **4:** Act 15,23-29. — **6:** Act 18,23. — **14:** Apoc 1,11; 2,18.

erant, et Iconio fratres. 3 Hunc voluit
Paulus secum proficisci: et assumens circumcidit eum propter Iudaeos, qui erant
in illis locis. Sciebant enim omnes quod
pater eius erat gentilis.
4 Cum autem pertransirent civitates, tra-
debant eis custodiri dogmata quae erant
decreta ab Apostolis et senioribus, qui
erant Ierosolymis. 5 Et Ecclesiae quidem
confirmabantur fide, et abundabant numero quotidie. 6 Transeuntes autem Phrygiam et Galatiae regionem, vetati sunt a
Spiritu sancto loqui verbum Dei in Asia.
7 Cum venissent autem in Mysiam, tentabant ire in Bithyniam: et non permisit
eos Spiritus Iesu. 8 Cum autem pertransissent Mysiam, descenderunt Troadem:
9 et visio per noctem Paulo ostensa est:
vir Macedo quidam erat stans et deprecans eum, et dicens: Transiens in Macedoniam, adiuva nos.

A Troade in Philippos

10 Ut autem visum vidit, statim quaesivimus proficisci in Macedoniam, certi facti quod vocasset nos Deus evangelizare
eis. 11 Navigantes autem a Troade, recto
cursu venimus Samothraciam, et sequenti die Neapolim: 12 et inde Philippos, quae
est prima partis Macedoniae civitas, co-
lonia. Eramus autem in hac urbe diebus
aliquot, conferentes.
13 Die autem sabbatorum egressi sumus
foras portam iuxta flumen, ubi videbatur
oratio esse: et sedentes loquebamur mulieribus quae convenerant. 14 Et quaedam
mulier nomine Lydia, purpuraria civitatis
Thyatirenorum, colens Deum, audivit:
cuius Dominus aperuit cor intendere his
quae dicebantur a Paulo. 15 Cum autem
baptizata esset, et domus eius, deprecata
est dicens: Si iudicastis me fidelem Domino esse, introite in domum meam, et manete. Et coegit nos.
16 Factum est autem euntibus nobis ad
orationem, puellam quamdam habentem
spiritum pythonem obviare nobis, quae
quaestum magnum praestabat dominis
suis divinando. 17 Haec subsecuta Paulum, et nos, clamabat dicens: Isti homines servi Dei excelsi sunt, qui annuntiant
vobis viam salutis. 18 Hoc autem faciebat
multis diebus. Dolens autem Paulus, et
conversus, spiritui dixit: Praecipio tibi in
nomine Iesu Christi exire ab ea. Et exiit
eadem hora. 19 Videntes autem domini
eius quia exivit spes quaestus eorum, apprehendentes Paulum et Silam perduxerunt in forum ad principes: 20 et offerentes eos magistratibus, dixerunt: Hi homines conturbant civitatem nostram, cum
sint Iudaei: 21 et annuntiant morem, quem
non licet nobis suscipere, neque facere,
cum simus Romani.

Virgis caesi traduntur in carcerem

22 Et cucurrit plebs adversus eos: et magistratus, scissis tunicis eorum, iusserunt
eos virgis caedi. 23 Et cum multas plagas
eis imposuissent, miserunt eos in carcerem, praecipientes custodi ut diligenter
custodiret eos. 24 Qui cum tale praeceptum accepisset, misit eos in interiorem
carcerem, et pedes eorum strinxit ligno.
25 Media autem nocte Paulus et Silas
orantes, laudabant Deum: et audiebant
eos qui in custodia erant. 26 Subito vero
terraemotus factus est magnus, ita ut moverentur fundamenta carceris. Et statim
aperta sunt omnia ostia: et universorum
vincula soluta sunt. 27 Expergefactus autem custos carceris, et videns ianuas apertas carceris, evaginato gladio volebat se
interficere, aestimans fugisse vinctos.
28 Clamavit autem Paulus voce magna,
dicens: Nihil tibi mali feceris: universi
enim hic sumus. 29 Petitoque lumine, introgressus est: et tremefactus procidit
Paulo et Silae ad pedes: 30 et producens
eos foras, ait: Domini, quid me oportet
facere, ut salvus fiam? 31 At illi dixerunt:
Crede in Dominum Iesum: et salvus eris
tu, et domus tua. 32 Et locuti sunt ei verbum Domini cum omnibus qui erant in
domo eius. 33 Et tollens eos in illa hora
noctis, lavit plagas eorum: et baptizatus
est ipse, et omnis domus eius continuo.
34 Cumque perduxisset eos in domum
suam, apposuit eis mensam, et laetatus
est cum omni domo sua credens Deo.

Liberi dimittuntur

35 Et cum dies factus esset, miserunt
magistratus lictores, dicentes: Dimitte homines illos. 36 Nuntiavit autem custos carceris verba haec Paulo: Quia miserunt
magistratus ut dimittamini, nunc igitur
exeuntes, ite in pace. 37 Paulus autem dixit eis: Caesos nos publice, indemnatos,
homines Romanos miserunt in carcerem,
et nunc occulte nos eiiciunt? Non ita: sed
veniant, 38 et ipsi nos eiiciant. Nuntiaverunt autem magistratibus lictores verba
haec. Timueruntque audito quod Romani essent: 39 et venientes deprecati sunt
eos, et educentes rogabant ut egrederentur de urbe. 40 Exeuntes autem de carcere,
introierunt ad Lydiam: et visis fratribus
consolati sunt eos, et profecti sunt.

24. — **16:** Ex 8,19; 29,4; Lev 20,27; Deut 18, 11; 1 Sam 28,7-25. — **17:** Mc 1,24.34. — **18:** Mc 16,17; Act 8,7; 19,13. — **19:** Act 19,25. — **20:** Act 17,6; 18,13; 19,26. — **22:** 2 Cor 11, 25; 1 Thess 2,2. — **26:** Act 4,31. — **30:** Act 2, 37. — **37:** Act 22,25. — **39:** Mt 8,34.

Perveniunt Thessalonicam

17 1 Cum autem perambulassent Amphipolim et Apolloniam, venerunt Thessalonicam, ubi erat synagoga Iudaeorum. 2 Secundum consuetudinem autem Paulus introivit ad eos, et per sabbata tria disserebat eis de Scripturis, 3 adaperiens et insinuans quia Christum oportuit pati, et resurgere a mortuis: et quia hic est Iesus Christus, quem ego annuntio vobis. 4 Et quidam ex eis crediderunt et adiuncti sunt Paulo, et Silae, et de colentibus, gentilibusque multitudo magna, et mulieres nobiles non paucae.

5 Zelantes autem Iudaei, assumentesque de vulgo viros quosdam malos, et turba facta, concitaverunt civitatem: et assistentes domui Iasonis quaerebant eos producere in populum. 6 Et cum non invenissent eos, trahebant Iasonem, et quosdam fratres ad principes civitatis, clamantes: Quoniam hi qui urbem concitant, et huc venerunt, 7 quos suscepit Iason, et hi omnes contra decreta Caesaris faciunt, regem alium dicentes esse, Iesum. 8 Concitaverunt autem plebem, et principes civitatis audientes haec. 9 Et accepta satisfactione a Iasone, et a caeteris, dimiserunt eos.

Fugiunt in Beroeam

10 Fratres vero confestim per noctem dimiserunt Paulum et Silam in Beroeam. Qui cum venissent, in synagogam Iudaeorum introierunt. 11 Hi autem erant nobiliores eorum qui sunt Thessalonicae, qui susceperunt verbum cum omni aviditate, quotidie scrutantes Scripturas, si haec ita se haberent. 12 Et multi quidem crediderunt ex eis, et mulierum gentilium honestarum, et viri non pauci.

13 Cum autem cognovissent in Thessalonica Iudaei, quia et Beroeae praedicatum est a Paulo verbum Dei, venerunt et illuc commoventes, et turbantes multitudinem. 14 Statimque tunc Paulum dimiserunt fratres, ut iret usque ad mare: Silas autem et Timotheus remanserunt ibi.

Paulus Athenis

15 Qui autem deducebant Paulum, perduxerunt eum usque Athenas, et accepto mandato ab eo ad Silam et Timotheum ut quam celeriter venirent ad illum, profecti sunt. 16 Paulus autem cum Athenis eos exspectaret, incitabatur spiritus eius in ipso, videns idololatriae deditam civitatem. 17 Disputabat igitur in synagoga cum Iudaeis, et colentibus, et in foro, per omnes dies ad eos qui aderant. 18 Quidam autem epicurei et stoici philosophi disserebant cum eo, et quidam dicebant: Quid vult seminiverbius hic dicere? Alii vero: Novorum daemoniorum videtur annuntiator esse: quia Iesum et resurrectionem annuntiabat eis.

Pauli oratio in Areopago

19 Et apprehensum eum ad Areopagum duxerunt, dicentes: Possumus scire quae est haec nova, quae a te dicitur, doctrina? 20 Nova enim quaedam infers auribus nostris: volumus ergo scire quidnam velint haec esse. 21 (Athenienses autem omnes, et advenae hospites, ad nihil aliud vacabant nisi aut dicere, aut audire aliquid novi.)

22 Stans autem Paulus in medio Areopagi, ait: Viri Athenienses, per omnia quasi superstitiosiores vos video. 23 Praeteriens enim, et videns simulachra vestra, inveni et aram, in qua scriptum erat: Ignoto Deo. Quod ergo ignorantes colitis, hoc ego annuntio vobis. 24 Deus, qui fecit mundum, et omnia quae in eo sunt, hic caeli et terrae cum sit Dominus, non in manufactis templis habitat, 25 nec manibus humanis colitur indigens aliquo, cum ipse det omnibus vitam, et inspirationem, et omnia: 26 fecitque ex uno omne genus hominum inhabitare super universam faciem terrae, definiens statuta tempora et terminos habitationis eorum, 27 quaerere Deum si forte attrectent eum, aut inveniant, quamvis non longe sit ab unoquoque nostrum. 28 In ipso enim vivimus, et movemur, et sumus: sicut et quidam vestrorum poetarum dixerunt: Ipsius enim et genus sumus. 29 Genus ergo cum simus Dei, non debemus aestimare auro, aut argento, aut lapidi, sculpturae artis, et cogitationis hominis, divinum esse simile. 30 Et tempora quidem huius ignorantiae despiciens Deus, nunc annuntiat hominibus ut omnes ubique poenitentiam agant, 31 eo quod statuit diem in quo iudicaturus est orbem in aequitate, in viro, in quo statuit, fidem praebens omnibus, suscitans eum a mortuis.

32 Cum audissent autem resurrectionem mortuorum, quidam quidem irridebant, quidam vero dixerunt: Audiemus te de hoc iterum. 33 Sic Paulus exivit de medio eorum. 34 Quidam vero viri adhaerentes ei, crediderunt: in quibus et Dionysius Areopagita, et mulier nomine Damaris, et alii cum eis.

17 **1:** Phil 4,16; 1 Thess 2,2. — **3:** Lc 24,26.45; Act 9,22. — **5:** Act 13,45; 1 Thess 2,16. — **6:** Act 16,20. — **7:** Io 18,36; 19,12. — **13:** 1 Thess 2,14. — **14:** Act 16,1. — **24:** Is 42,5; Act 4,24; 7,48. — **25:** Ps 49,12. — **26:** Deut 32,8; Mal 2,10. — **27:** Iob 23,3.8; Ier 23,23. — **28:** Sap 7,16; Ioel 2,10; Tit 1,10. || Conc. Trid.: D 904. — **29:** Is 40,18; Sap 13,10; Rom 1,23. — **30:** Lc 24,47; Act 14,16; Rom 3,25. — **31:** Ps 9,9; Io 5,22.27; Rom 1,4; 2,16.

Paulus Corinthi

18 1 Post haec egressus ab Athenis,
venit Corinthum: 2 et inveniens
quemdam Iudaeum nomine Aquilam,
Pontificum genere, qui nuper venerat ab
Italia, et Priscillam uxorem eius (eo quod
praecepisset Claudius discedere omnes
Iudaeos a Roma), accessit ad eos. 3 Et
quia eiusdem erat artis, manebat apud
eos, et operabatur (erant autem sceno-
factoriae artis). 4 Et disputabat in synagoga per omne sabbatum, interponens
nomen Domini Iesu, suadebatque Iudaeis
et Graecis. 5 Cum venissent autem de
Macedonia Silas et Timotheus, instabat
verbo Paulus, testificans Iudaeis esse
Christum Iesum. 6 Contradicentibus autem eis, et blasphemantibus, excutiens
vestimenta sua, dixit ad eos: Sanguis
vester super caput vestrum: mundus ego,
ex hoc ad gentes vadam. 7 Et migrans
inde, intravit in domum cuiusdam, nomine Titi Iusti, colentis Deum, cuius domus
erat coniuncta synagogae. 8 Crispus autem archisynagogus credidit Domino cum
omni domo sua: et multi Corinthiorum
audientes credebant, et baptizabantur.
9 Dixit autem Dominus nocte per visionem Paulo: Noli timere, sed loquere, et
ne taceas: 10 propter quod ego sum tecum:
et nemo apponetur tibi ut noceat te: quoniam populus est mihi multus in hac
civitate. 11 Sedit autem ibi annum et sex
menses, docens apud eos verbum Dei.

Paulus coram Gallione proconsule

12 Gallione autem proconsule Achaiae,
insurrexerunt uno animo Iudaei in Paulum, et adduxerunt eum ad tribunal, 13 dicentes: Quia contra legem hic persuadet
hominibus colere Deum. 14 Incipiente autem Paulo aperire os, dixit Gallio ad
Iudaeos: Si quidem esset iniquum aliquid,
aut facinus pessimum, o viri Iudaei, recte
vos sustinerem. 15 Si vero quaestiones sunt
de verbo, et nominibus, et lege vestra, vos
ipsi videritis: Iudex ego horum nolo
esse. 16 Et minavit eos a tribunali. 17 Apprehendentes autem omnes Sosthenem
principem synagogae, percutiebant eum
ante tribunal: et nihil eorum Gallioni
curae erat.

Regressus in Antiochiam

18 Paulus vero cum adhuc sustinuisset
dies multos fratribus valefaciens, naviga-
vit in Syriam (et cum eo Priscilla et Aquila), qui sibi totonderat in Cenchris caput:
habebat enim votum. 19 Devenitque Ephesum, et illos ibi reliquit. Ipse vero ingressus synagogam, disputabat cum Iudaeis.
20 Rogantibus autem eis ut ampliori tempore maneret, non consensit, 21 sed valefaciens, et dicens: Iterum revertar ad
vos Deo volente, profectus est ab Epheso.
22 Et descendens Caesaream, ascendit, et
salutavit Ecclesiam, et descendit Antiochiam.

Tertium Pauli iter apostolicum

(18,23-21,26)

Peragratis Ecclesiis Galatiae et Phrygiae, Ephesum venit

23 Et facto ibi aliquanto tempore profectus est, perambulans ex ordine Gala-
ticam regionem, et Phrygiam, confirmans
omnes discipulos.
24 Iudaeus autem quidam, Apollo nomine, Alexandrinus genere, vir eloquens,
devenit Ephesum, potens in scripturis.
25 Hic erat edoctus viam Domini: et fervens spiritu loquebatur, et docebat diligenter ea quae sunt Iesu, sciens tantum
baptisma Ioannis. 26 Hic ergo coepit fiducialiter agere in synagoga. Quem cum
audissent Priscilla et Aquila, assumpserunt eum, et diligentius exposuerunt ei
viam Domini. 27 Cum autem vellet ire
Achaiam, exhortati fratres, scripserunt
discipulis ut susciperent eum. Qui cum
venisset, contulit multum his qui credi-
derant. 28 Vehementer enim Iudaeos re-
vincebat publice, ostendens per Scripturas, esse Christum Iesum.

Discipuli nescientes Spiritum Sanctum

19 1 Factum est autem, cum Apollo
esset Corinthi, ut Paulus peragra-
tis superioribus partibus veniret Ephesum,
et inveniret quosdam discipulos: 2 dixitque ad eos: Si Spiritum sanctum accepistis credentes? At illi dixerunt ad eum:
Sed neque si Spiritus sanctus est, audivimus. 3 Ille vero ait: In quo ergo baptizati estis? Qui dixerunt: In Ioannis
baptismate. 4 Dixit autem Paulus: Ioannes baptizavit baptismo poenitentiae populum, dicens: In eum qui venturus esset
post ipsum, ut crederent, hoc est, in Iesum. 5 His auditis, baptizati sunt in nomine Domini Iesu. 6 Et cum imposuisset

18 2: Act 18,26; Rom 16,3; 1 Cor 16,19; 2 Tim 4,19. — 3: Act 20,34; 1 Cor 4, 12. — 5: Act 17,14; 1 Thess 3,6. — 6: Act 13, 46.51; 28,28. — 8: 1 Cor 1,14. — 9: 1 Cor 2, 3. — 10: Is 41,10; 43,5; Ier 1,8. — 14: Act 25, 18. — 17: 1 Cor 1,1. — 18: Num 6,2; Act 21, 23-24; Rom 16,1. — 21: Iac 4,15. — 23: Act 16,6. — 24: 1 Cor 1,12; 3,4; 4,6; 16,12. — 25: Act 19,3; Tit 3,13. — 27: 2 Cor 3,1. — 28: Act 9,22; 17,3.

19 2: Act 2,38; 8,16. — 3: Act 18,25. — 4: Act 13,24. — 5: Act 8,12.16. || Epist. Nic. 1: D 335. — 6: Act 8,17. — 8: Act 13,

illis manus Paulus, venit Spiritus sanctus
super eos, et loquebantur linguis, et prophetabant. 7 Erant autem omnes viri fere
duodecim.

Ephesi diu Evangelium praedicat

8 Introgressus autem synagogam, cum
fiducia loquebatur per tres menses, disputans, et suadens de regno Dei.
9 Cum autem quidam indurarentur, et
non crederent, maledicentes viam Domini coram multitudine, discedens ab eis,
segregavit discipulos, quotidie disputans
in schola tyranni cuiusdam. 10 Hoc autem
factum est per biennium, ita ut omnes
qui habitabant in Asia, audirent verbum
Domini, Iudaei atque gentiles. 11 Virtutesque non quaslibet faciebat Deus per
manum Pauli: 12 ita ut etiam super languidos deferrentur a corpore eius sudaria,
et semicinctia, et recedebant ab eis languores, et spiritus nequam egrediebantur.

Superstitiones Ephesiorum

13 Tentaverunt autem quidam et de
circumeuntibus Iudaeis exorcistis, invocare super eos qui habebant spiritus malos, nomen Domini Iesu, dicentes: Adiuro
vos per Iesum, quem Paulus praedicat.
14 Erant autem quidam Iudaei Scevae
principis sacerdotum septem filii, qui hoc
faciebant. 15 Respondens autem spiritus
nequam dixit eis: Iesum novi, et Paulum
scio: vos autem qui estis? 16 Et insiliens
in eos homo, in quo erat daemonium
pessimum, et dominatus amborum, invaluit contra eos, ita ut nudi et vulnerati ef-
fugerent de domo illa.
17 Hoc autem notum factum est omnibus Iudaeis, atque gentilibus, qui habitabant Ephesi: et cecidit timor super
omnes illos, et magnificabatur nomen
Domini Iesu. 18 Multique credentium veniebant, confitentes et annuntiantes actus
suos. 19 Multi autem ex eis, qui fuerant
curiosa sectati, contulerunt libros, et combusserunt coram omnibus: et computatis
pretiis illorum, invenerunt pecuniam denariorum quinquaginta millium. 20 Ita fortiter crescebat verbum Dei, et confirma-
batur.

Tumultus argentariorum

21 His autem expletis, proposuit Paulus
in Spiritu, transita Macedonia et Achaia,
ire Ierosolymam, dicens: Quoniam postquam fuero ibi, oportet me et Romam
videre. 22 Mittens autem in Macedoniam
duos ex ministrantibus sibi, Timotheum
et Erastum, ipse remansit ad tempus in
Asia.
23 Facta est autem illo tempore turbatio non minima de via Domini. 24 Demetrius enim quidam nomine, argentarius, faciens aedes argenteas Dianae,
praestabat artificibus non modicum quaestum: 25 quos convocans, et eos qui huiusmodi erant opifices, dixit: Viri, scitis quia
de hoc artificio est nobis acquisitio: 26 et
videtis, et auditis quia non solum Ephesi,
sed pene totius Asiae, Paulus hic suadens
avertit multam turbam, dicens: Quoniam
non sunt dii, qui manibus fiunt. 27 Non
solum autem haec periclitabitur nobis
pars in redargutionem venire, sed et
magnae Dianae templum in nihilum reputabitur, sed et destrui incipiet maiestas
eius, quam tota Asia, et orbis colit.
28 His auditis, repleti sunt ira, et exclamaverunt dicentes: Magna Diana
Ephesiorum. 29 Et impleta est civitas confusione, et impetum fecerunt uno animo
in theatrum, rapto Gaio, et Aristarcho
Macedonibus, comitibus Pauli. 30 Paulo
autem volente intrare in populum, non
permiserunt discipuli. 31 Quidam autem
et de Asiae principibus, qui erant amici
eius, miserunt ad eum rogantes ne se
daret in theatrum: 32 alii autem aliud
clamabant. Erat enim Ecclesia confusa:
et plures nesciebant qua ex causa convenissent. 33 De turba autem detraxerunt
Alexandrum, propellentibus eum Iudaeis.
Alexander autem manu silentio postulato,
volebat reddere rationem populo. 34 Quem
ut cognoverunt Iudaeum esse, vox facta
una est omnium, quasi per horas duas
clamantium: Magna Diana Ephesiorum.
35 Et cum sedasset scriba turbas, dixit:
Viri Ephesii, quis enim est hominum, qui
nesciat Ephesiorum civitatem cultricem
esse magnae Dianae, Iovisque prolis?
36 Cum ergo his contradici non possit,
oportet vos sedatos esse, et nihil temere
agere. 37 Adduxistis enim homines istos,
neque sacrilegos, neque blasphemantes
deam vestram. 38 Quod si Demetrius, et
qui cum eo sunt artifices, habent adversus aliquem causam, conventus forenses
aguntur, et proconsules sunt, accusent
invicem. 39 Si quid autem alterius rei
quaeritis, in legitima Ecclesia poterit absolvi. 40 Nam et periclitamur argui seditionis hodiernae: cum nullus obnoxius
sit de quo possimus reddere rationem
concursus istius. Et cum haec dixisset,
dimisit Ecclesiam.

5; 18,26. — **9:** Act 9,2; 13,45; 19,23. — **11:** Act 14,3; Rom 15,18. — **12:** Mc 16,17; Act 5,15. — **13:** Mt 12,27; Lc 11,19. — **15:** Mc 1,24.34; Iac 2,19. — **20:** Act 6,7; 12,24. — **21:** Act 13,11; Rom 1,13. — **22:** Rom 16,23; 1 Cor 4,17. — **23:** Act 19,9; 2 Cor 1,8. — **24:** Act 16,16. — **26:** Act 17,29. — **29:** Act 20,4; Rom 16,23; 1 Cor 1,14. — **32:** Act 21,34. — **38:** Act 13,7; 18,12.

Peragratis Macedonia et Graecia, redit in Macedoniam

20 1 Postquam autem cessavit tumultus, vocatis Paulus discipulis, et
exhortatus eos, valedixit, et profectus est
ut iret in Macedoniam. 2 Cum autem per-
ambulasset partes illas, et exhortatus eos
fuisset multo sermone, venit ad Graeciam:
3 ubi cum fecisset menses tres, factae sunt
illi insidiae a Iudaeis navigaturo in Syriam: habuitque consilium ut reverteretur
per Macedoniam. 4 Comitatus est autem
eum Sopater Pyrrhi Beroeensis, Thessalonicensium vero Aristarchus, et Secundus,
et Gaius Derbeus, et Timotheus: Asiani
vero Tychicus et Trophimus.

A Philippis in Troadem

5 Hi cum praecessissent, sustinuerunt
nos Troade: 6 nos vero navigavimus post
dies azymorum a Philippis, et venimus
ad eos Troadem in diebus quinque, ubi
demorati sumus diebus septem.
7 Una autem sabbati cum convenisse-
mus ad frangendum panem, Paulus disputabat cum eis profecturus in crastinum,
protraxitque sermonem usque in mediam
noctem. 8 Erant autem lampades copiosae
in coenaculo, ubi eramus congregati. 9 Sedens autem quidam adolescens nomine
Eutychus super fenestram, cum mergere-
tur somno gravi, disputante diu Paulo,
ductus somno cecidit de tertio coenaculo
deorsum, et sublatus est mortuus. 10 Ad
quem cum descendisset Paulus, incubuit
super eum: et complexus dixit: Nolite
turbari, anima enim ipsius in ipso est.
11 Ascendens autem, frangensque panem,
et gustans, satisque allocutus usque in
lucem, sic profectus est. 12 Adduxerunt
autem puerum viventem, et consolati sunt
non minime.

A Troade in Miletum

13 Nos autem ascendentes navem, navigavimus in Asson, inde suscepturi Paulum: sic enim disposuerat ipse per terram iter facturus. 14 Cum autem convenis-
set nos in Asson, assumpto eo, venimus
Mitylenen. 15 Et inde navigantes, sequenti die venimus contra Chium, et alia appli-
cuimus Samum, et sequenti die venimus
Miletum. 16 Proposuerat enim Paulus
transnavigare Ephesum, ne qua mora
illi fieret in Asia. Festinabat enim, si
possibile sibi esset, ut diem Pentecostes
faceret Ierosolymis.

Pauli oratio ad maiores natu Ecclesiae

17 A Mileto autem mittens Ephesum,
vocavit maiores natu Ecclesiae. 18 Qui
cum venissent ad eum, et simul essent,
dixit eis: Vos scitis a prima die, qua ingressus sum in Asiam, qualiter vobiscum
per omne tempus fuerim, 19 serviens Domino cum omni humilitate, et lacrymis,
et tentationibus, quae mihi acciderunt ex
insidiis Iudaeorum: 20 quomodo nihil sub-
traxerim utilium, quominus annuntiarem
vobis, et docerem vos publice, et per domos, 21 testificans Iudaeis, atque gentilibus in Deum poenitentiam, et fidem in
Dominum nostrum Iesum Christum. 22 Et
nunc ecce alligatus ego spiritu, vado in
Ierusalem: quae in ea ventura sint mihi,
ignorans: 23 nisi quod Spiritus sanctus per
omnes civitates mihi protestatur, dicens
quoniam vincula et tribulationes Ierosolymis me manent. 24 Sed nihil horum vereor:
nec facio animam meam pretiosiorem
quam me, dummodo consummem cursum meum, et ministerium verbi, quod
accepi a Domino Iesu, testificari Evangelium gratiae Dei.
25 Et nunc ecce ego scio quia amplius
non videbitis faciem meam vos omnes,
per quos transivi praedicans regnum Dei.
26 Quapropter contestor vos hodierna die,
quia mundus sum a sanguine omnium.
27 Non enim subterfugi, quominus annuntiarem omne consilium Dei vobis. 28 Attendite vobis, et universo gregi, in quo
vos Spiritus sanctus posuit episcopos regere Ecclesiam Dei, quam acquisivit sanguine suo. 29 Ego scio quoniam intrabunt
post discessionem meam lupi rapaces in
vos, non parcentes gregi. 30 Et ex vobis
ipsis exsurgent viri loquentes perversa, ut
abducant discipulos post se. 31 Propter
quod vigilate memoria retinentes: quoniam per triennium nocte et die non cessavi, cum lacrymis monens unumquemque vestrum. 32 Et nunc commendo vos
Deo, et verbo gratiae ipsius, qui potens
est aedificare, et dare haereditatem in
sanctificatis omnibus. 33 Argentum, et aurum, aut vestem nullius concupivi, sicut
34 ipsi scitis: quoniam ad ea quae mihi
opus erant, et his qui mecum sunt, mi-

20 **1:** 1 Cor 15,32; 2 Cor 2,13. — **3:** 2 Cor 11,26. — **4:** Act 17,10-12; Rom 16,21. — **5:** Act 16,8. — **7:** 1 Cor 16,2; Apoc 1,10. — **10:** 3 Reg 17,21; 4 Reg 4,34. — **16:** Act 18,19-21. — **18:** Act 18,19; 19,10. — **22:** Act 19,21. — **23:** Act 9,16; 21,4.11. — **24:** Act 21,13; 2 Tim 4, 7. — **26:** Act 18,6. — **28:** 1 Tim 4,16; 1 Petr 5,2. || Conc. Trid.: D 960; Conc. Vatic.: D 1828; Enc. Pii IX: D 1842; Enc. Leonis XIII: D 1936 — **29:** 1 Tim 1,19; 4,1; 2 Tim 2,16; 3, 1. — **31:** Mc 13,35; 1 Thess 2,11. — **32:** Act 14,3.23; Col 1,12. — **33:** 1 Sam 12,3; Mt 10,8;

nistraverunt manus istae. 35 Omnia ostendi vobis, quoniam sic laborantes, oportet suscipere infirmos ac meminisse verbi
Domini Iesu, quoniam ipse dixit: Beatius
est magis dare, quam accipere.
36 Et cum haec dixisset, positis genibus
suis oravit cum omnibus illis. 37 Magnus
autem fletus factus est omnium: et pro-
cumbentes super collum Pauli, oscula-
bantur eum, 38 dolentes maxime in verbo,
quod dixerat, quoniam amplius faciem
eius non essent visuri. Et deducebant eum
ad navem.

A Mileto in Caesaream

21 1 Cum autem factum esset ut navigaremus abstracti ab eis, recto
cursu venimus Coum, et sequenti die Rhodum, et inde Pataram. 2 Et cum invenis-
semus navem transfretantem in Phoenicen, ascendentes navigavimus. 3 Cum ap-
paruissemus autem Cypro, relinquentes
eam ad sinistram, navigavimus in Syriam,
et venimus Tyrum: ibi enim navis exposi-
tura erat onus. 4 Inventis autem discipulis, mansimus ibi diebus septem: qui Paulo
dicebant per Spiritum ne ascenderet Ierosolymam. 5 Et expletis diebus, profecti
ibamus, deducentibus nos omnibus cum
uxoribus et filiis usque foras civitatem:
et positis genibus in littore, oravimus. 6 Et
cum valefecissemus invicem ascendimus
navem: illi autem redierunt in sua.
7 Nos vero navigatione expleta a Tyro
descendimus Ptolemaidam: et salutatis
fratribus, mansimus die una apud illos.
8 Alia autem die profecti, venimus Caesaream. Et intrantes domum Philippi evangelistae, qui erat unus de septem, mansimus apud eum. 9 Huic autem erant quatuor filiae virgines prophetantes.

Agabi vaticinium

10 Et cum moraremur per dies aliquot,
supervenit quidam a Iudaea propheta,
nomine Agabus. 11 Is cum venisset ad nos,
tulit zonam Pauli: et alligans sibi pedes
et manus, dixit: Haec dicit Spiritus sanctus: Virum, cuius est zona haec, sic alli-
gabunt in Ierusalem Iudaei, et tradent
in manus gentium. 12 Quod cum audis-
semus, rogabamus nos, et qui loci illius
erant, ne ascenderet Ierosolymam. 13 Tunc
respondit Paulus, et dixit: Quid facitis
flentes, et affligentes cor meum? Ego enim
non solum alligari, sed et mori in Ierusalem paratus sum propter nomen Domini
Iesu. 14 Et cum ei suadere non possemus,
quievimus, dicentes: Domini voluntas fiat.

Adventus in Ierusalem

15 Post dies autem istos praeparati, as-
cendebamus in Ierusalem. 16 Venerunt autem et ex discipulis a Caesarea nobiscum,
adducentes secum apud quem hospitare-
mur Mnasonem quemdam Cyprium, antiquum discipulum. 17 Et cum venissemus
Ierosolymam, libenter exceperunt nos fratres.

Paulus cum Iacobo

18 Sequenti autem die introibat Paulus
nobiscum ad Iacobum, omnesque collecti
sunt seniores. 19 Quos cum salutasset, narrabat per singula quae Deus fecisset in
gentibus per ministerium ipsius.
20 At illi cum audissent, magnificabant
Deum, dixeruntque ei: Vides frater, quot
millia sunt in Iudaeis qui crediderunt,
et omnes aemulatores sunt legis. 21 Audierunt autem de te quia discessionem doceas
a Moyse eorum, qui per gentes sunt, Iudaeorum: dicens non debere eos circumcidere filios suos, neque secundum consuetudinem ingredi. 22 Quid ergo est? utique oportet convenire multitudinem: audient enim te supervenisse. 23 Hoc ergo
fac quod tibi dicimus: Sunt nobis viri
quatuor, votum habentes super se. 24 His
assumptis, sanctifica te cum illis: et im-
pende in illis ut radant capita: et scient
omnes quia quae de te audierunt, falsa
sunt, sed ambulas et ipse custodiens legem. 25 De his autem qui crediderunt ex
gentibus, nos scripsimus iudicantes ut
abstineant se ab idolis immolato, et sanguine, et suffocato, et fornicatione. 26 Tunc
Paulus, assumptis viris, postera die pu-
rificatus cum illis intravit in templum, annuntians expletionem dierum purificationis, donec offeretur pro unoquoque eorum
oblatio.

Pauli iter in urbem

(21,27-28,31)

Populo contra ipsum tumultuante, apprehenditur a militibus tribuni romani

27 Dum autem septem dies consummarentur, hi qui de Asia erant Iudaei, cum
vidissent eum in templo, concitaverunt

1 Cor 9,12. — **36:** Act 21,5. — **37:** Act 21,6. 13; Rom 16,16. — **38:** Act 20,25; Col 2,1.

21 **4:** Act 20,23. — **5:** Act 20,36. — **8:** Act 8,4. — **9:** Act 2,16. — **10:** Act 11,27. — **11:** Act 20,23. — **12:** Mt 16,22. — **13:** Act 20 24. — **14:** Mt 26,30; Io 21,18. — **18:** Act 15,13; Gal 1,19. — **20:** Act 15,1; Gal 1,14. — **21:** Rom 10,4; Gal 3,12.24. — **24:** Act 18,18; 24,18. — **25:** Act 15,19.29. — **26:** Num 6,9-12; 1 Mach

omnem populum, et iniecerunt ei manus,
clamantes: 28 Viri Israelitae, adiuvate: hic
est homo qui adversus populum, et legem, et locum hunc, omnes ubique docens,
insuper et gentiles induxit in templum,
et violavit sanctum locum istum. 29 Viderant enim Trophimum Ephesium in civitate cum ipso, quem aestimaverunt quoniam in templum introduxisset Paulus.
30 Commotaque est civitas tota, et facta
est concursio populi. Et apprehendentes
Paulum, trahebant eum extra templum:
et statim clausae sunt ianuae.
31 Quaerentibus autem eum occidere,
nuntiatum est tribuno cohortis quia tota
confunditur Ierusalem. 32 Qui statim, assumptis militibus et centurionibus, decurrit ad illos. Qui cum vidissent tribunum,
et milites, cessaverunt percutere Paulum.
33 Tunc accedens tribunus apprehendit
eum, et iussit eum alligari catenis duabus:
et interrogabat quis esset, et quid fecisset. 34 Alii autem aliud clamabant in
turba. Et cum non posset certum cognoscere prae tumultu, iussit duci eum in
castra.
35 Et cum venisset ad gradus, contigit
ut portaretur a militibus propter vim populi. 36 Sequebatur enim multitudo populi, clamans: Tolle eum. 37 Et cum coepisset induci in castra Paulus, dicit tribuno:
Si licet mihi loqui aliquid ad te? Qui dixit:
Graece nosti? 38 Nonne tu es Aegyptius,
qui ante hos dies tumultum concitasti, et
eduxisti in desertum quatuor millia virorum sicariorum? 39 Et dixit ad eum Paulus: Ego homo sum quidem Iudaeus a
Tarso Ciliciae, non ignotae civitatis mu-
niceps. Rogo autem te, permitte mihi loqui ad populum. 40 Et cum ille permisisset,
Paulus stans in gradibus, annuit manu ad
plebem, et magno silentio facto, allocutus
est lingua hebraea, dicens:

Pauli oratio ad populum

22 1 Viri fratres, et patres, audite quam
ad vos nunc reddo rationem. 2 Cum
audissent autem quia hebraea lingua loqueretur ad illos, magis praestiterunt silentium. 3 Et dicit: Ego sum vir Iudaeus,
natus in Tarso Ciliciae, nutritus autem
in ista civitate, secus pedes Gamaliel, eruditus iuxta veritatem paternae legis, aemulator legis, sicut et vos omnes estis hodie:
4 qui hanc viam persecutus sum usque ad
mortem, alligans et tradens in custodias viros ac mulieres, 5 sicut princeps
sacerdotum mihi testimonium reddit, et
omnes maiores natu, a quibus et epistolas
accipiens, ad fratres Damascum perge-
bam, ut adducerem inde vinctos in Ierusalem ut punirentur.
6 Factum est autem, eunte me, et appropinquante Damasco media die subito
de caelo circumfulsit me lux copiosa: 7 et
decidens in terram, audivi vocem dicentem mihi: Saule, Saule, quid me persequeris? 8 Ego autem respondi: Quis es,
Domine? Dixitque ad me: Ego sum Iesus
Nazarenus, quem tu persequeris. 9 Et qui
mecum erant, lumen quidem viderunt, vocem autem non audierunt eius qui loquebatur mecum. 10 Et dixi: Quid faciam, Domine? Dominus autem dixit ad me: Surgens vade Damascum: et ibi tibi dicetur
de ominbus quae te oporteat facere. 11 Et
cum non viderem prae claritate luminis
illius, ad manum deductus a comitibus,
veni Damascum. 12 Ananias autem quidam, vir secundum legem testimonium
habens ab omnibus cohabitantibus Iudaeis, 13 veniens ad me, et astans dixit mihi:
Saule frater respice. Et ego eadem hora
respexi in eum. 14 At ille dixit: Deus patrum nostrorum praeordinavit te, ut cognosceres voluntatem eius, et videres iustum, et audires vocem ex ore eius: 15 quia
eris testis illius ad omnes homines eorum
quae vidisti et audisti. 16 Et nunc quid mo-
raris? Exsurge, et baptizare, et ablue peccata tua, invocato nomine ipsius.
17 Factum est autem revertenti mihi
in Ierusalem, et oranti in templo, fieri me
in stupore mentis, 18 et videre illum dicentem mihi: Festina, et exi velociter ex
Ierusalem: quoniam non recipient testimonium tuum de me. 19 Et ego dixi:
Domine ipsi sciunt quia ego eram con-
cludens in carcerem, et caedens per synagogas eos qui credebant in te: 20 et cum
funderetur sanguis Stephani testis tui, ego
astabam, et consentiebam, et custodiebam
vestimenta interficientium illum. 21 Et dixit ad me: Vade quoniam ego in nationes
longe mittam te.
22 Audiebant autem eum usque ad hoc
verbum, et levaverunt vocem suam dicentes: Tolle de terra huiusmodi: non enim
fas est eum vivere.

Vociferante populo, Paulus se civem romanum declarat

23 Vociferantibus autem eis, et proiicien-
tibus vestimenta sua, et pulverem iactan-

3,49; 1 Cor 9,20. — **28:** Act 6,13. — **29:** Act 20,4; 2 Tim 4,20. — **30:** Act 19,29. — **33:** Act 20,23; 21,11. — **36:** Lc 23,18; Act 22,22. — **38:** Act 5,36-37. — **39:** Act 9,11; 22,3.

22 **1:** Act 7,2; 13,26. — **2:** Act 21,40. — **3:** Act 9,1; 26,9. — **4:** Act 8,3. — **9:** Sap 18,1; Dan 10,7. — **11:** Act 13,11. — **12:** Act 16,2. — **14:** Act 3,14. — **16:** Act 2,38. — **17:** Act 9,36; Gal 1,18-19. — **18:** Act 18,9. — **20:** Act 7,58; 8,1. — **21:** Act 9,15. — **22:** Act 21,36. — **25:** Act 16,37; 23,27.

tibus in aerem, 24 iussit tribunus induci
eum in castra, et flagellis caedi, et torqueri eum, ut sciret propter quam causam sic
acclamarent ei.
25 Et cum astrinxissent eum loris, dicit
astanti sibi centurioni Paulus: Si hominem Romanum, et indemnatum licet vobis flagellare? 26 Quo audito, centurio accessit ad tribunum, et nuntiavit ei, dicens:
Quid acturus es? hic enim homo civis
Romanus est. 27 Accedens autem tribunus,
dixit illi: Dic mihi si tu Romanus es? At
ille dixit: Etiam. 28 Et respondit tribunus:
Ego multa summa civilitatem hanc consecutus sum. Et Paulus ait: Ego autem
et natus sum. 29 Protinus ergo discesserunt
ab illo qui eum torturi erant. Tribunus
quoque timuit postquam rescivit, quia civis Romanus esset, et quia alligasset eum.
30 Postera autem die volens scire diligentius qua ex causa accusaretur a Iudaeis,
solvit eum, et iussit sacerdotes convenire,
et omne concilium, et producens Paulum,
statuit inter illos.

Paulus coram Synedrio

23 1 Intendens autem in concilium
Paulus ait: Viri fratres, ego omni
conscientia bona conversatus sum ante
Deum usque in hodiernum diem. 2 Princeps autem sacerdotum Ananias praecepit astantibus sibi percutere os eius. 3 Tunc
Paulus dixit ad eum: Percutiet te Deus,
paries dealbate. Et tu sedens iudicas me
secundum legem, et contra legem iubes
me percuti? 4 Et qui astabant dixerunt:
Summum sacerdotem Dei maledicis? 5 Dixit autem Paulus: Nesciebam fratres quia
princeps est sacerdotum. Scriptum est
enim: Principem populi tui non maledices. 6 Sciens autem Paulus quia una pars
esset sadducaeorum, et altera phariseo-
rum, exclamavit in concilio: Viri fratres,
ego pharisaeus sum, filius pharisaeorum,
de spe et resurrectione mortuorum ego
iudicor.
7 Et cum haec dixisset, facta est dissensio inter pharisaeos et sadducaeos, et soluta est multitudo. 8 Sadducaei enim dicunt, non esse resurrectionem, neque angelum, neque Spiritum: pharisaei autem
utraque confitentur. 9 Factus est autem
clamor magnus. Et surgentes quidam pharisaeorum, pugnabant, dicentes: Nihil mali invenimus in homine isto: quid si Spiritus locutus est ei, aut angelus? 10 Et cum
magna dissensio facta esset, timens tribunus ne discerperetur Paulus ab ipsis, iussit
milites descendere, et rapere eum de medio eorum, ac deducere eum in castra.

Iudaeorum coniuratio in Paulum

11 Sequenti autem nocte assistens ei Dominus, ait: Constans esto: sicut enim testificatus es de me in Ierusalem, sic te oportet et Romae testificari.
12 Facta autem die collegerunt se quidam ex Iudaeis, et devoverunt se dicentes,
neque manducaturos, neque bibituros donec occiderent Paulum. 12 Erant autem
plus quam quadraginta viri, qui hanc
coniurationem feceram: 14 qui accesserunt
ad principes sacerdotum et seniores, et
dixerunt: Devotione devovimus nos nihil
gustaturos, donec occidamus Paulum.
15 Nunc ergo vos notum facite tribuno
cum concilio, ut producat illum ad vos,
tanquam aliquid certius cognituri de eo.
Nos vero prius quam appropiet, parati
sumus interficere illum.
16 Quod cum audisset filius sororis Pauli insidias, venit, et intravit in castra, nuntiavitque Paulo. 17 Vocans autem Paulus
ad se unum ex centurionibus, ait: Adolescentem hunc perduc ad tribunum, habet
enim aliquid indicare illi. 18 Et ille quidem
assumens eum duxit ad tribunum, et ait:
Vinctus Paulus rogavit me hunc adolescentem perducere ad te, habentem aliquid
loqui tibi. 19 Apprehendens autem tribunus manum illius, secessit cum eo seorsum, et interrogavit illum: Quid est quod
habes indicare mihi? 20 Ille autem dixit:
Iudaeis convenit rogare te, ut crastina die
producas Paulum in concilium, quasi aliquid certius inquisituri sint de illo: 21 tu
vero ne credideris illis, insidiantur enim
ei ex eis viri amplius quam quadraginta,
qui se devoverunt non manducare, neque
bibere donec interficiant eum: et nunc
parati sunt, exspectantes promissum tuum.
22 Tribunus igitur dimisit adolescentem,
praecipiens ne cui loqueretur quoniam
haec nota sibi fecisset.

Paulus in Caesaream missus

23 Et vocatis duobus centurionibus, dixit illis: Parate milites ducentos ut eant
usque Caesaream, et equites septuaginta,
et lancearios ducentos a tertia hora noctis, 24 et iumenta praeparate ut imponentes Paulum, salvum perducerent ad Fe-
licem praesidem. 25 (Timuit enim ne forte
raperent eum Iudaei, et occiderent, et
ipse postea calumniam sustineret, tanquam accepturus pecuniam.) 26 Scribens
epistolam continentem haec: Claudius Lysias optimo praesidi, Felici salutem. 27 Virum hunc comprehensum a Iudaeis, et
incipientem interfici ab eis, superveniens

23 **1:** Act 24,16; 2 Tim 1,3. — **2:** Act 24,1. — **3:** Lev 19,15; Deut 25,1; Mt 23,27. — **5:** Ex 22,28. — **6:** Act 4,1; 24,15.21. — **8:** Act 22,23. — **9:** Act 25,25. — **11:** Act 18,9; 27,23. — **14:** Io 16,2. — **15:** Act 25,3. — **16:** Act 9,24; 20,3. — **23:** Act 9,25; 17,10. — **27:** Act

cum exercitu eripui, cognito quia Romanus est. 28 Volensque scire causam quam
obiiciebant illi, deduxi eum in concilium
eorum. 29 Quem inveni accusari de quaestionibus legis ipsorum, nihil vero dignum
morte aut vinculis habentem criminis.
30 Et cum mihi perlatum esset de insidiis
quas paraverant illi, misi eum ad te de-
nuntians: et accusatoribus ut dicant apud
te. Vale.
31 Milites ergo secundum praeceptum
sibi, assumentes Paulum, duxerunt per
noctem in Antipatridem. 32 Et postera die
dimissis equitibus ut cum eo irent, reversi
sunt ad castra. 33 Qui cum venissent Caesaream, et tradidissent epistolam praesidi,
statuerunt ante illum et Paulum. 34 Cum
legisset autem, et interrogasset de qua
provincia esset: et cognoscens quia de Cilicia: 35 Audiam te, inquit, cum accusatores tui venerint. Iussitque in praetorio
Herodis custodiri eum.

Pauli causa coram Felice

24 1 Post quinque autem dies descendit princeps sacerdotum, Ananias,
cum senioribus quibusdam, et Tertullo
quodam oratore, qui adierunt praesidem
adversus Paulum. 2 Et citato Paulo coepit
accusare Tertullus, dicens: Cum in multa
pace agamus per te, et multa corrigantur
per tuam providentiam, 3 semper et ubique suscipimus, optime Felix, cum omni
gratiarum actione. 4 Ne diutius autem te
protraham, oro, breviter audias nos pro
tua clementia. 5 Invenimus hunc hominem
pestiferum, et concitantem seditiones omnibus Iudaeis in universo orbe, et auctorem seditionis sectae Nazarenorum: 6 qui
etiam templum violare conatus est, quem
et apprehensum voluimus secundum legem nostram iudicare. 7 Superveniens autem tribunus Lysias, cum vi magna eripuit eum de manibus nostris, 8 iubens
accusatores eius ad te venire: a quo poteris ipse iudicans, de omnibus istis cognoscere, de quibus nos accusamus eum.
9 Adiecerunt autem et Iudaei, dicentes
haec ita se habere.
10 Respondit autem Paulus (annuente
sibi praeside dicere): Ex multis annis te
esse iudicem genti huic sciens, bono animo pro me satisfaciam. 11 Potes enim
cognoscere quia non plus sunt mihi dies
quam duodecim, ex quo ascendi adorare
in Ierusalem: 12 et neque in templo invenerunt me cum aliquo disputantem, aut
concursum facientem turbae, neque in
synagogis, 13 neque in civitate: neque probare possunt tibi de quibus nunc me accusant. 14 Confiteor autem hoc tibi, quod secundum sectam, quam dicunt haeresim,
sic deservio Patri, et Deo meo, credens
omnibus quae in lege et prophetis scripta
sunt: 15 spem habens in Deum, quam et hi
ipsi exspectant, resurrectionem futuram
iustorum et iniquorum. 16 In hoc et ipse
studeo sine offendiculo conscientiam habere ad Deum, et ad homines semper.
17 Post annos autem plures eleemosynas
facturus in gentem meam, veni, et oblationes, et vota. 18 In quibus invenerunt
me purificatum in templo: non cum turba,
neque cum tumultu. 19 Quidam autem ex
Asia Iudaei, quos oportebat apud te praesto esse, et accusare si quid haberent adversum me: 20 aut hi ipsi dicant si quid
invenerunt in me iniquitatis cum stem
in concilio, 21 nisi de una hac solummodo
voce, qua clamavi inter eos stans: Quoniam de resurrectione mortuorum ego
iudicor hodie a vobis.

Differtur Pauli sententia

22 Distulit autem illos Felix, certissime
sciens de via hac, dicens: Cum tribunus
Lysias descenderit, audiam vos. 23 Iussitque centurioni custodire eum, et habere
requiem, nec quemquam de suis prohibere
ministrare ei.
24 Post aliquot autem dies veniens Felix
cum Drusilla uxore sua, quae erat Iudaea,
vocavit Paulum, et audivit ab eo fidem,
quae est in Christum Iesum. 25 Disputante
autem illo de iustitia, et castitate, et de
iudicio futuro, tremefactus Felix, respondit: Quod nunc attinet, vade: tempore autem opportuno accersam te: 26 simul et sperans, quod pecunia ei daretur
a Paulo, propter quod et frequenter accer-
sens eum, loquebatur cum eo.
27 Biennio autem expleto, accepit successorem Felix Portium Festum. Volens
autem gratiam praestare Iudaeis Felix,
reliquit Paulum vinctum.

Paulus coram Festo Caesarem appellat

25 1 Festus ergo cum venisset in provinciam, post triduum ascendit Ierosolymam a Caesarea. 2 Adieruntque eum

21,30; 22,25. — **28:** Act 22,30. — **29:** Io 18,31; Act 18,15. — **34:** Act 22,3.

24 **1:** Act 23,2. — **5:** Act 17,6. — **6:** Act 21, 27-29. — **8:** Act 23,30. — **11:** Act 21,17. **15:** Dan 12,2; Io 5,29; Act 23,6. — **16:** Act 23, 1. — **17:** Rom 15,25; 2 Cor 9,1; Gal 2,10. — **18:** Act 21,27. — **21:** Act 23,6. — **22:** Act 23, 26. — **24:** Act 27,3. — **25:** Io 16,8. — **28:** Act 12,3; 25,9.

25 **2:** Act 24,1. — **3:** Act 23,15-16. — **6:** Act 21,34; 22,30. — **8:** Act 24,12. — **9:** Act

principes sacerdotum, et primi Iudaeorum
adversus Paulum: et rogabant eum, 3 postulantes gratiam adversus eum, ut iuberet
perduci eum in Ierusalem, insidias tendentes ut interficerent eum in via. 4 Festus autem respondit servari Paulum in
Caesarea: se autem maturius profectu-
rum. 5 Qui ergo in vobis (ait) potentes sunt, descendentes simul, si quod est
in viro crimen, accusent eum. 6 Demoratus
autem inter eos dies non amplius quam
octo, aut decem, descendit Caesaream, et
altera die sedit pro tribunali, et iussit
Paulum adduci. 7 Qui cum perductus esset, circumsteterunt eum, qui ab Ierosolyma descenderant Iudaei, multas et graves causas obiicientes, quas non poterant
probare. 8 Paulo rationem reddente: Quoniam neque in legem Iudaeorum, neque
in templum, neque in Caesarem quidquam
peccavi.

9 Festus autem volens gratiam praestare
Iudaeis, respondens Paulo, dixit: Vis Ierosolymam ascendere, et ibi de his iudicari
apud me? 10 Dixit autem Paulus: Ad tribunal Caesaris sto, ibi me oportet iudicari: Iudaeis non nocui, sicut tu melius
nosti. 11 Si enim nocui, aut dignum morte
aliquid feci, non recuso mori: si vero nihil
est eorum quae hi accusant me, nemo potest me illis donare. Caesarem appello.
12 Tunc Festus cum concilio locutus, respondit: Caesarem appellasti? ad Caesarem ibis.

Festus et Agrippa de Paulo

13 Et cum dies aliquot transacti essent,
Agrippa rex et Bernice descenderunt Caesaream ad salutandum Festum. 14 Et cum
dies plures ibi demorarentur, Festus regi
indicavit de Paulo, dicens: Vir quidam est
derelictus a Felice vinctus, 15 de quo cum
essem Ierosolymis, adierunt me principes
sacerdotum, et seniores Iudaeorum postulantes adversus illum damnationem.
16 Ad quos respondi: Quia non est Romanis consuetudo damnare aliquem hominem prius quam is qui accusatur praesentes habeat accusatores, locumque de-
fendendi accipiat ad abluenda crimina.
17 Cum ergo huc convenissent sine ulla
dilatione, sequenti die sedens pro tribunali, iussi adduci virum. 18 De quo, cum
stetissent accusatores, nullam causam deferebant, de quibus ego suspicabar malum. 19 Quaestiones vero quasdam de sua
superstitione habebant adversus eum, et
de quodam Iesu defuncto, quem affirmabat Paulus vivere. 20 Haesitans autem ego
de huiusmodi quaestione, dicebam: si vellet
ire Ierosolymam, et ibi iudicari de istis.
21 Paulo autem appellante ut servaretur
ad Augusti cognitionem, iussi servari
eum, donec mittam eum ad Caesarem.
22 Agrippa autem dixit ad Festum: Volebam et ipse hominem audire. Cras, inquit,
audies eum.

23 Altera autem die cum venisset Agrippa, et Bernice cum multa ambitione, et
introissent in auditorium cum tribunis, et
viris principalibus civitatis, iubente Festo,
adductus est Paulus. 24 Et dicit Festus:
Agrippa rex, et omnes qui simul adestis
nobiscum viri, videtis hunc de quo omnis
multitudo Iudaeorum interpellavit me Ierosolymis, petentes et acclamantes non
oportere eum vivere amplius. 25 Ego vere
comperi nihil dignum morte eum admisis-
se. Ipso autem hoc appellante ad Augus-
tum, iudicavi mittere. 26 De quo quid certum scribam domino, non habeo. Propter
quod produxi eum ad vos, et maxime ad
te, rex Agrippa, ut interrogatione facta
habeam quid scribam. 27 Sine ratione enim
mihi videtur mittere vinctum, et causas
eius non significare.

Pauli oratio coram Agrippa

26 1 Agrippa vero ad Paulum ait: Permittitur tibi loqui pro temetipso.
Tunc Paulus extenta manu coepit rationem reddere. 2 De omnibus quibus accusor a Iudaeis, rex Agrippa, aestimo me
beatum apud te cum sim defensurus me
hodie, 3 maxime te sciente omnia, et quae
apud Iudaeos sunt consuetudines, et quaestiones: propter quod obsecro patienter
me audias. 4 Et quidem vitam meam a
iuventute, quae ab initio fuit in gente mea
in Ierosolymis, noverunt omnes Iudaei:
5 praescientes me ab initio (si velint testimonium perhibere) quoniam secundum
certissimam sectam nostrae religionis vixi
pharisaeus. 6 Et nunc in spe, quae ad patres nostros repromissionis facta est a Deo,
sto iudicio subiectus: 7 in quam duodecim tribus nostrae nocte ac die deservientes, sperant devenire. De qua spe accusor
a Iudaeis, rex.

8 Quid incredibile iudicatur apud vos,
si Deus mortuos suscitat? 9 Et ego quidem existimaveram, me adversus nomen
Iesu Nazareni debere multa contraria agere, 10 quod et feci Ierosolymis, et multos
sanctorum ego in carceribus inclusi, a principibus sacerdotum potestate accepta: et
cum occiderentur, detuli sententiam. 11 Et
per omnes synagogas frequenter puniens
eos, compellebam blasphemare: et amplius insaniens in eos, persequebar usque

24,77. — **11:** Act 23,29. — **12:** Act 27,1. — **13:** Act 9,15. — **14:** Act 24,27. — **19:** Act 18,15. — **23:** Act 26,30.

26 **1:** Act 9,15. — **4:** Gal 1,13. — **5:** Act 23,6; Phil 3,5. — **6:** Act 28,20. — **9:** Act 8,3; 1 Tim 1,13. — **10:** Act 9,1-2; 22,4-5. — **12-**

in exteras civitates. 12 In quibus dum irem
Damascum cum potestate et permissu
principum sacerdotum, 13 die media in
via, vidi, rex, de caelo supra splendorem
solis circumfulsisse me lumen, et eos qui
mecum simul erant. 14 Omnesque nos cum
decidissemus in terram, audivi vocem loquentem mihi hebraica lingua: Saule, Saule, quid me persequeris? durum est tibi
contra stimulum calcitrare. 15 Ego autem
dixi: Quis es, Domine? Dominus autem
dixit: Ego sum Iesus, quem tu persequeris. 16 Sed exsurge, et sta super pedes
tuos: ad hoc enim apparui tibi, ut constituam te ministrum, et testem eorum,
quae vidisti, et eorum quibus apparebo
tibi, 17 eripiens te de populo, et gentibus,
in quas nunc ego mitto te, 18 aperire oculos eorum, ut convertantur a tenebris ad
lucem, et de potestate Satanae ad Deum,
ut accipiant remissionem peccatorum, et
sortem inter sanctos per fidem, quae est
in me.

19 Unde rex Agrippa, non fui incredulus caelesti visioni; 20 sed his qui sunt Damasci primum, et Ierosolymis, et in omnem regionem Iudaea, et gentibus annun-
tiabam, ut poenitentiam agerent, et converterentur ad Deum, digna poenitentiae
opera facientes. 21 Hac ex causa me Iudaei,
cum essem in templo, comprehensum tentabant interficere. 22 Auxilio autem adiutus Dei usque in hodiernum diem sto,
testificans minori, atque maiori, nihil extra dicens quam ea quae prophetae locuti sunt futura esse, et Moyses, 23 si passi-
bilis Christus, si primus ex resurrectione
mortuorum, lumen annuntiaturus est populo et gentibus.

Quid Festus et Agrippa sentirent de Paulo

24 Haec loquente eo, et rationem reddente, Festus magna voce dixit: Insanis
Paule: multae te litterae ad insaniam con-
vertunt. 25 Et Paulus: Non insanio (inquit), optime Feste, sed veritatis et sobrietatis verba loquor. 26 Scit enim de his
rex, ad quem et constanter loquor: latere
enim eum nihil horum arbitror. Neque
enim in angulo quidquam horum gestum
est. 27 Credis rex Agrippa prophetis? Scio
quia credis. 28 Agrippa autem ad Paulum: In modico suades me christianum
fieri. 29 Et Paulus: Opto apud Deum, et
in modico, et in magno, non tantum te,
sed etiam omnes qui audiunt, hodie fieri
tales, qualis et ego sum, exceptis vinculis his.
30 Et exurrexit rex, et praeses, et Bernice, et qui assidebant eis. 31 Et cum se-
cessissent, loquebantur ad invicem, dicentes: Quia nihil morte, aut vinculis dignum
quid fecit homo iste. 32 Agrippa autem
Festo dixit: Dimitti poterat homo hic,
si non appellasset Caesarem.

Paulus vinctus navigat in Italiam

27 1 Ut autem iudicatum est navigare
eum in Italiam, et tradi Paulum
cum reliquis custodiis centurioni nomine
Iulio cohortis Augustae, 2 ascendentes navem Adrumetinam, incipientes navigare
circa Asiae loca, sustulimus, perseverante
nobiscum Aristarcho Macedone Thessa-
lonicensi. 3 Sequenti autem die devenimus Sidonem. Humane autem tractans
Iulius Paulum, permisit ad amicos ire, et
curam sui agere. 4 Et inde cum sustulisse-
mus, subnavigavimus Cyprum, propterea quod essent venti contrarii. 5 Et pelagus Ciliciae et Pamphyliae navigantes,
venimus Lystram, quae est Lyciae: 6 et
ibi inveniens centurio navem Alexandri-
nam navigantem in Italiam, transposuit
nos in eam. 7 Et cum multis diebus tarde
navigaremus, et vix devenissemus contra
Gnidum, prohibente nos vento, adnavi-
gavimus Cretae iuxta Salmonem: 8 et vix
iuxta navigantes, venimus in locum quemdam qui vocatur Boniportus, cui iuxta
erat civitas Thalassa.

9 Multo autem tempore peracto, et cum
iam non esset tuta navigatio, eo quod et
ieiunium iam praeteriisset, consolabatur
eos Paulus, 10 dicens eis: Viri, video quoniam cum iniuria et multo damno non
solum oneris, et navis, sed etiam animarum nostrarum incipit esse navigatio.
11 Centurio autem gubernatori et naucle-
ro magis credebat, quam his quae a Paulo
dicebantur. 12 Et cum aptus portus non
esset ad hiemandum, plurimi statuerunt
consilium navigare inde, si quomodo possent, devenientes Phoenicen, hiemare, portum Cretae respicientem ad Africum et
ad Corum. 13 Aspirante autem austro,
aestimantes propositum se tenere, cum
sustulissent de Asson, legebant Cretam.

Gravis procella

14 Non post multum autem misit se
contra ipsam ventus typhonicus, qui vocatur Euroaquilo. 15 Cumque arrepta esset
navis, et non posset conari in ventum,
data nave flatibus, ferebamur. 16 In insulam autem quamdam decurrentes, quae

18: Act 9,3-8; 22,6-11; 1 Cor 15,8. — 16: Ez 2,1; Dan 10,11. — 17: 1 Par 16,35; Ier 1,7. — 18: Is 35,5; 42,7; Eph 1,18; Col 1,13. — 19: Gal 1,15. — 20: Mt 3,8. — 21: Act 21,30. — 22: Lc 24,25.44; 1 Cor 15,20. — 28: Act 11,26. — 29: 1 Petr 4,16. — 32: Act 25,11.25.

27 1: Act 25,12. — 2: Act 19,29. — 3: Act 24,23; 28,16.30. — 9: Lev 16,29-31; Num

vocatur Cauda, potuimus vix obtinere
scapham. 17 Qua sublata, adiutoriis utebantur, accingentes navem, timentes ne
in Syrtim inciderent, summisso vase sic
ferebantur. 18 Valida autem nobis tempestate iactatis, sequenti die iactum fecerunt:
19 et tertia die suis manibus armamenta
navis proiecerunt. 20 Neque autem sole,
neque sideribus apparentibus per plures
dies, et tempestate non exigua imminente,
iam ablata erat spes omnis salutis nostrae.

21 Et cum multa ieiunatio fuisset, tunc
stans Paulus in medio eorum, dixit: Oportebat quidem, o viri, audito me, non tollere a Creta, lucrique facere iniuriam hanc
et iacturam. 22 Et nunc suadeo vobis bono
animo esse: amissio enim nullius animae
erit ex vobis, praeterquam navis. 23 Astitit enim mihi hac nocte angelus Dei, cuius
sum ego, et cui deservio, 24 dicens: Ne
timeas Paule, Caesari te oportet assistere;
et ecce donavit tibi Deus omnes qui navigant tecum. 25 Propter quod bono animo
estote viri: credo enim Deo, quia sic erit,
quemadmodum dictum est mihi. 26 In insulam autem quamdam oportet nos devenire.

27 Sed posteaquam quartadecima nox
supervenit, navigantibus nobis in Adria
circa mediam noctem, suspicabantur nautae apparere sibi aliquam regionem. 28 Qui
et summittentes bolidem, invenerunt passus viginti: et pusillum inde separati, invenerunt passus quindecim. 29 Timentes
autem ne in aspera loca incideremus, de
puppi mittentes anchoras quatuor, opta-
bant diem fieri. 30 Nautis vero quaerentibus fugere de navi, cum misissent scapham in mare, sub obtentu quasi inciperent a prora anchoras extendere, 31 dixit
Paulus centurioni et militibus: Nisi hi in
navi manserint, vos salvi fieri non potestis. 32 Tunc absciderunt milites funes sca-
phae, et passi sunt eam excidere.

33 Et cum lux inciperet fieri, rogabat
Paulus omnes sumere cibum, dicens:
Quartadecima die hodie exspectantes ieiu-
ni permanetis, nihil accipientes. 34 Propter quod rogo vos accipere cibum pro
salute vestra: quia nullius vestrum capillus de capite peribit. 35 Et cum haec
dixisset, sumens panem, gratias egit Deo
in conspectu omnium: et cum fregisset,
coepit manducare. 36 Animaequiores autem facti omnes, et ipsi sumpserunt cibum. 37 Eramus vero universae animae
in navi ducentae septuaginta sex. 38 Et
satiati cibo alleviabant navem, iactantes
triticum in mare.

39 Cum autem dies factus esset, terram
non agnoscebant: sinum vero quemdam
considerabant habentem littus, in quem
cogitabant si possent eiicere navem. 40 Et
cum anchoras sustulissent, committebant
se mari, simul laxantes iuncturas guber-
naculorum: et levato artemone secundum
aurae flatum tendebant ad littus. 41 Et cum
incidissemus in locum dithalassum, impegerunt navem: et prora quidem fixa
manebat immobilis, puppis vero solvebatur a vi maris. 42 Militum autem consilium fuit ut custodias occiderent: nequis
cum enatasset, effugeret. 43 Centurio autem volens servare Paulum, prohibuit
fieri: iussitque eos, qui possent natare,
emittere se primos, et evadere, et ad terram exire: 44 et caeteros alios in tabulis
ferebant: quosdam super ea quae de navi
erant. Et sic factum est, ut omnes animae
evaderent ad terram.

In Melita insula

28 1 Et cum evasissemus, tunc cognovimus quia Melita insula vocabatur. Barbari vero praestabant non modicam humanitatem nobis. 2 Accensa enim
pyra, reficiebant nos omnes propter imbrem, qui imminebat, et frigus.

3 Cum congregasset autem Paulus sar-
mentorum aliquantam multitudinem, et
imposuisset super ignem, vipera a calore
cum processisset, invasit manum eius.
4 Ut vero viderunt Barbari pendentem bestiam de manu eius, ad invicem dicebant:
Utique homicida est homo hic, qui cum
evaserit de mari, ultio non sinit eum vivere. 5 Et ille quidem excutiens bestiam
in ignem, nihil mali passus est. 6 At illi
existimabant eum in tumorem converten-
dum, et subito casurum, et mori. Diu
autem illis exspectantibus, et videntibus
nihil mali in eo fieri, convertentes se, dicebant eum esse deum.

7 In locis autem illis erant praedia principis insulae, nomine Publii, qui nos suscipiens, triduo benigne exhibuit. 8 Contigit autem patrem Publii febribus et dy-
senteria vexatum iacere. Ad quem Paulus
intravit: et cum orasset, et imposuisset
ei manus, salvavit eum. 9 Quo facto,
omnes qui in insula habebant infirmitates, accedebant, et curabantur: 10 qui etiam
multis honoribus nos honoraverunt, et
navigantibus imposuerunt quae necessaria erant.

Romam versus

11 Post menses autem tres navigavimus
in navi Alexandrina, quae in insula hie-

29,7; 2 Cor 11,25. — **19:** Io 1,5. — **24:** Act 9,15; 23,11. — **26:** Act 28,1. — **34:** Mt 10,30. — **35:** Io 6,11; 1 Tim 4,4. — **36:** Act 9,19. — **44:** Act 27,22.

28 **2:** Act 27,3.26. — **5:** Ps 90,13; Mc 16,18. — **6:** Act 14,11.19. — **8:** Lc 10,9. — **14:** Rom 1,10. — **15:** Rom 1,7. — **16:** Act 27,

maverat, cui erat insigne Castorum. 12 Et
cum venissemus Syracusam, mansimus ibi
triduo. 13 Inde circumlegentes devenimus
Rhegium: et post unum diem, flante austro, secunda die venimus Puteolos; 14 ubi
inventis fratribus rogati sumus manere
apud eos dies septem: et sic venimus Romam. 15 Et inde cum audissent fratres,
occurrerunt nobis usque ad Apii forum,
ac tres Tabernas. Quos cum vidisset Paulus, gratias agens Deo, accepit fiduciam.
16 Cum autem venissemus Romam, permissum est Paulo manere sibimet cum
custodiente se milite.

Romae primos Iudaeorum convocat

17 Post tertium autem diem convocavit
primos Iudaeorum. Cumque convenissent,
dicebat eis: Ego, viri fratres, nihil adversus plebem faciens, aut morem paternum,
vinctus ab Ierosolymis traditus sum in
manus Romanorum, 18 qui cum interrogationem de me habuissent, voluerunt me
dimittere, eo quod nulla esset causa mortis in me. 19 Contradicentibus autem Iudaeis, coactus sum appellare Caesarem,
non quasi gentem meam habens aliquid
accusare. 20 Propter hanc igitur causam
rogavi vos videre, et alloqui. Propter
spem enim Israel catena hac circumdatus sum. 21 At illi dixerunt ad eum: Nos
neque litteras accepimus de te a Iudaea,
neque adveniens aliquis fratrum nuntiavit, aut locutus est quid de te malum.
22 Rogamus autem a te audire quae sen-
tis: nam de secta hac notum est nobis quia
ubique ei contradicitur.
23 Cum constituissent autem illi diem,
venerunt ad eum in hospitium plurimi,
quibus exponebat testificans regnum Dei,
suadensque eis de Iesu ex lege Moysi et
prophetis a mane usque ad vesperam.
24 Et quidam credebant his quae dicebantur: quidam vero non credebant. 25 Cumque invicem non essent consentientes, dis-
cedebant dicente Paulo unum verbum:
Quia bene Spiritus sanctus locutus est
per Isaiam prophetam ad patres nostros,
26 dicens: Vade ad populum istum, et dic
ad eos:

Aure audietis, et non intelligetis;
Et videntes videbitis, et non perspicietis.
27 Incrassatum est enim cor populi huius,
Et auribus graviter audierunt,
Et oculos suos compresserunt;
Ne forte videant oculis,
Et auribus audiant,
Et corde intelligant, et convertantur,
Et sanem eos.

28 Notum ergo sit vobis, quoniam gentibus missum est hoc salutare Dei, et ipsi
audient. 29 Et cum haec dixisset, exierunt
ab eo Iudaei, multam habentes inter se
quaestionem.

Captivitate romana Pauli explicit liber Actuum

30 Mansit autem biennio toto in suo
conducto; et suscipiebat omnes qui ingrediebantur ad eum, 31 praedicans regnum Dei, et docens quae sunt de Domino Iesu Christo cum omni fiducia, sine
prohibitione.

3. — **17:** Act 25,3. — **18:** Act 23,29; 26,31-32. — **19:** Act 25,11. — **20:** Act 26,6.21. — **22:** Act 24,5. — **23:** Act 19,8. — **26-27:** Is 6,9-10; Mt 13,14.15. — **27:** Rom 11,8; 2 Cor 3,14. — **28:** Act 13,46; 18,6. — **31:** Phil 1,12; 2 Tim 2,9.

EPISTOLA B. PAULI APOSTOLI AD ROMANOS

SUMMARIUM

INTRODUCTIO *(1,1-17).*—PARS DOGMATICA *(1,18-11,36) : De gentilium statu in ordine ad salutem (1, 18-32). De Iudaeis (2). Iudaeus gentili antecellit, sed uterque est sub peccato (3). Abraham iustificatus est per fidem (4). Per Christi iustificationem remittitur peccatum et reconciliamur Deo (5). Per iustitiam fidei Christo coniungimur (6). Christifideles a lege liberantur (7). Vita carnalis et spiritualis (8,1-13). Christifideles sunt filii Dei (8,14-39). Apostoli dolor de caecitate Iudaeorum (9,1-29). Quare non crediderint Iudaei (9,30-10,21). De eorum futura conversione (11).*—PARS PA-

RAENETICA *(12,1-15,13)*: *De bono communitatis procurando (12). De obedientia potestatibus sublimioribus (13). In ciborum distinctione charitas fraterna servanda (14). Proximorum saluti studendum (15,1-13).*—EPILOGUS *(15,14-16,27)*: *Cur audacius Romanis scripserit Paulus (15,14-33). Commendationes (16)*

Salutatio epistolaris

1 1 Paulus, servus Iesu Christi, vocatus Apostolus, segregatus in Evangelium Dei, 2 quod ante promiserat per
prophetas suos in Scripturis sanctis 3 de
Filio suo, qui factus est ei ex semine David secundum carnem, 4 qui praedestina-
tus est Filius Dei in virtute secundum spiritum sanctificationis ex resurrectione
mortuorum, Iesu Christi Domini nostri;
5 per quem accepimus gratiam, et apostolatum ad obediendum fidei in omnibus
gentibus pro nomine eius, 6 in quibus estis et vos vocati Iesu Christi; 7 omnibus
qui sunt Romae, dilectis Dei, vocatis sanctis. Gratia vobis, et pax a Deo Patre nostro, et Domino Iesu Christo.

Pauli sensus atque propositum erga Romanos

8 Primum quidem gratias ago Deo meo
per Iesum Christum pro omnibus vobis;
quia fides vestra annuntiatur in universo
mundo. 9 Testis enim mihi est Deus, cui
servio in spiritu meo in Evangelio Filii
eius, quod sine intermissione memoriam
vestri facio 10 semper in orationibus meis;
obsecrans, si quomodo tandem aliquando
prosperum iter habeam in voluntate Dei
veniendi a vos. 11 Desidero enim videre
vos; ut aliquid impertiar vobis gratiae
spiritualis ad confirmandos vos; 12 id est,
simul consolari in vobis per eam quae
invicem est, fidem vestram atque meam.
13 Nolo autem vos ignorare fratres: quia
saepe proposui venire ad vos (et prohibitus sum usque adhuc) ut aliquem fructum habeam et in vobis, sicut et in caeteris
gentibus. 14 Graecis ac barbaris, sapientibus, et insipientibus debitor sum: 15 ita
(quod in me) promptum est et vobis, qui
Romae estis, evangelizare.

Epistolae argumentum

16 Non enim erubesco Evangelium. Virtus enim Dei est in salutem omni credenti, Iudaeo primum, et Graeco. 17 Iustitia
enim Dei in eo revelatur ex fide in fidem;
sicut scriptum est: Iustus autem ex fide
vivit.

PARS DOGMATICA

(1,18-11,36)

Ira Dei super gentiles veritatem Dei in iniustitia detinentes

18 Revelatur enim ira Dei de caelo super omnem impietatem, et iniustitiam hominum eorum, qui veritatem Dei in iniustitia detinent: 19 quia quod notum est Dei,
manifestum est in illis. Deus enim illis
manifestavit. 20 Invisibilia enim ipsius, a
creatura mundi, per ea quae facta sunt,
intellecta, conspiciuntur: sempiterna quoque eius virtus, et divinitas: ita ut sint
inexcusabiles.
21 Quia cum cognovissent Deum, non
sicut Deum glorificaverunt, aut gratias
egerunt; sed evanuerunt in cogitationibus
suis, et obscuratum est insipiens cor eorum: 22 dicentes enim se esse sapientes,
stulti facti sunt. 23 Et mutaverunt gloriam
incorruptibilis Dei in similitudinem imaginis corruptibilis hominis, et volucrum,
et quadrupedum, et serpentium.

Traduntur in propria desideria

24 Propter quod tradidit illos Deus in
desideria cordis eorum, in immunditiam,
ut contumeliis afficiant corpora sua in
semetipsis: 25 qui commutaverunt veritatem Dei in mendacium; et coluerunt, et
servierunt creaturae potius quam Creatori, qui est benedictus in saecula. Amen.
26 Propterea tradidit illos Deus in passiones ignominiae. Nam feminae eorum
immutaverunt naturalem usum in eum
usum qui est contra naturam. 27 Similiter
autem et masculi, relicto naturali usu feminae, exarserunt in desideriis suis in invicem, masculi in masculos turpitudinem
operantes, et mercedem, quam oportuit,

1 **1**: Act 9,15; Gal 1,15. — **2**: Rom 16,25-26; Tit 1,2. — **3**: Mt 1,1; 22,42. — **4**: Act 13,33; 17,31; Rom 9,5; 1 Tim 3,16. — **5**: Act 9, 15; Rom 15,15; Gal 2,7-9. — **7**: 1 Cor 1,3; 2 Cor 1,2. — **8**: Rom 16,19; Eph 1,16; 1 Thess 1,8. — **9**: Eph 1,16; Phil 1,8; Col 1,9. — **10**: Act 19,21; Rom 15,32. — **11**: 2 Cor 1,15; 1 Thess 2,17. — **13**: Rom 15,22-24. — **16**: Ps 118,46; Act 13,46; 1 Cor 1,18.24; 2 Cor 12,9. — **17**: Hab 2,4; Rom 3,5.21; Gal 3,11; Hebr 10,38. || Const. Clem. XI: D 1447. — **18**: Eph 5,6; Col 3,6. — **19-32**: Sap 13,1-15.19. — **19**: Ps 18,2; Act 14,16; 17,24-27. — **20**: Hebr 11,3. || Epist. Pii IX: D 1672; Conc. Vatic.: D 1785 et 1795; Iusiur. contra Modern.: D 2145. — **21**: Eph 4,18. || Breve Greg. XVI: D 1620. — **22**: 1 Cor 1,20. — **23**: Deut 4,16; Ps 105,20; Sap 11,16; 12,24; Ier 2,11. — **24**: Act 14,16; Eph 4,19. — **25**: Rom 9,5; 2 Cor 11,31; 2 Thess 2, 11. — **27**: Lev 18,22; 20,13. — **28**: Rom 13,13;

erroris sui in semetipsis recipientes. 28 Et
sicut non probaverunt Deum habere in
notitia, tradidit illos Deus in reprobum
sensum, ut faciant ea quae non conveniunt, 29 repletos omni iniquitate, malitia,
fornicatione, avaritia, nequitia, plenos invidia, homicidio, contentione, dolo, malignitate, susurrones, 30 detractores, Deo
odibiles, contumeliosos, superbos, elatos,
inventores malorum, parentibus non obedientes, 31 insipientes, incompositos, sine
affectione, absque foedere, sine misericordia. 32 Qui cum iustitiam Dei cognovissent, non intellexerunt quoniam qui
talia agunt, digni sunt morte: et non solum qui ea faciunt, sed etiam qui consentiunt facientibus.

Ipsi Iudaei, non secus ac gentiles, inexcusabiles coram Deo

2 1 Propter quod inexcusabilis es, o
homo omnis qui iudicas. In quo enim
iudicas alterum, teipsum condemnas: eadem enim agis quae iudicas. 2 Scimus enim
quoniam iudicium Dei est secundum veritatem in eos qui talia agunt. 3 Existimas
autem hoc, o homo, qui iudicas eos, qui
talia agunt, et facis ea, quia tu effugies
iudicium Dei? 4 An divitias bonitatis eius,
et patientiae, et longanimitatis contem-
nis? ignoras quoniam benignitas Dei ad
poenitentiam te adducit? 5 Secundum autem duritiam tuam, et impoenitens cor,
thesaurizas tibi iram in die irae, et revelationis iusti iudicii Dei, 6 qui reddet unicuique secundum opera eius: 7 iis quidem
qui secundum patientiam boni operis,
gloriam, et honorem, et incorruptionem
quaerunt, vitam aeternam: 8 iis autem qui
sunt ex contentione, et qui non acquiescunt veritati, credunt autem iniquitati, ira
et indignatio.
9 Tribulatio et angustia in omnem animam hominis operantis malum, Iudaei
primum, et Graeci: 10 gloria autem, et
honor, et pax omni operanti bonum, Iudaeo primum, et Graeco: 11 non enim est
acceptio personarum apud Deum.

Iudaei et gentiles habent legem propriam

12 Quicumque enim sine lege peccaverunt, sine lege peribunt: et quicumque in
lege peccaverunt, per legem iudicabuntur.
13 Non enim auditores legis iusti sunt apud
Deum, sed factores legis iustificabuntur.
14 Cum enim gentes, quae legem non habent, naturaliter ea, quae legis sunt, faciunt, eiusmodi legem non habentes, ipsi
sibi sunt lex: 15 qui ostendunt opus legis
scriptum in cordibus suis, testimonium
reddente illis conscientia ipsorum, et inter se invicem cogitationibus accusantibus,
aut etiam defendentibus, 16 in die, cum
iudicabit Deus occulta hominum, secundum Evangelium meum per Iesum Christum.

Iudaei, in lege gloriantes, gravius iudicandi

17 Si autem tu Iudaeus cognominaris,
et requiescis in lege, et gloriaris in Deo,
18 et nosti voluntatem eius, et probas uti-
liora, instructus per legem, 19 confidis teipsum esse ducem caecorum, lumen eorum
qui in tenebris sunt, 20 eruditorem insipientium, magistrum infantium, habentem formam scientiae, et veritatis in lege.
21 Qui ergo alium doces, teipsum non doces; qui praedicas non furandum, furaris:
22 qui dicis non moechandum, moecharis:
qui abominaris idola, sacrilegium facis:
23 qui in lege gloriaris, per praevaricationem legis Deum inhonoras. 24 (Nomen
enim Dei per vos blasphematur inter gentes, sicut scriptum est.)

Circumcisio quid prosit

25 Circumcisio quidem prodest, si legem
observes: si autem praevaricator legis sis,
circumcisio tua praeputium facta est. 26 Si
igitur praeputium iustitias legis custodiat,
nonne praeputium illius in circumcisionem reputabitur? 27 Et iudicabit id quod
ex natura est praeputium, legem consummans, te, qui per litteram et circumcisionem praevaricator legis es? 28 Non enim
qui in manifesto, Iudaeus est: neque quae
in manifesto, in carne, est circumcisio:
29 sed qui in abscondito, Iudaeus est: et
circumcisio cordis in spiritu, non littera:
cuius laus non ex hominibus, sed ex Deo
est.

1 Cor 5,10; 6,9; Eph 4,31; 5,11; Col 3,8. — **32:** 2 Thess 2,12.

2 **1:** Mt 7,2; Io 8,7; Iac 4,11; Rom 14,10. — **4:** 2 Petr 3,9.15. — **5:** Iac 5,3. || Conc. Trid.: D 904. — **6:** Prov 24,12; Ps 61,13; Mt 16,27; Io 5,29; 2 Cor 5,10. || Conc. Trid.: D 810. — **7-8:** 2 Thess 1,7-9. || Conc. Valent. III: D 321. — **9:** Rom 1,16. — **11:** Act 10,34; Eph 6,9; Col 3, 25: 1 Petr 1,17. — **13:** Mt 7,21; Iac 1,22. — **14:** Act 10,35. || Bulla S. Pii V: D 1022. — **15:** Rom 1,32. — **16:** Eccl 12,14; 1 Cor 4,54; 2 Cor 5, 10; 2 Tim 2,8. — **17:** Mich 3,11; Iac 2,19. — **18:** Phil 1,10. — **19:** Mt 15,14; 23,16. — **20:** 2 Tim 3,5. — **21:** Ps 49,16; Mt 23,3. — **24:** Is 52,5; Ez 36,20. — **29:** Deut 30,6; Ier 4,4; Col 2,11.

Iudaei tamen antecellunt gentilibus

3 1 Quid ergo amplius Iudaeo est? aut quae utilitas circumcisionis? 2 Multum per omnem modum. Primum quidem quia credita sunt illis eloquia Dei. 3 Quid enim si quidam illorum non crediderunt? Numquid incredulitas illorum fidem Dei evacuabit? Absit. 4 Est autem Deus verax: omnis autem homo mendax, sicut scriptum est:

Ut iustificeris in sermonibus tuis:
Et vincas cum iudicaris.

5 Si autem iniquitas nostra iustitiam Dei commendat, quid dicemus? Numquid iniquus est Deus, qui infert iram? 6 secundum hominem dico. Absit. Alioquin quomodo iudicabit Deus hunc mundum? 7 Si enim veritas Dei in meo mendacio abundavit in gloriam ipsius: quid adhuc et ego tanquam peccator iudicor? 8 et non (sicut blasphemamur, et sicut aiunt quidam nos dicere) faciamus mala ut veniant bona: quorum damnatio iusta est.

Omnes autem, sive Iudaei sive gentiles, sumus sub peccato

9 Quid ergo? praecellimus eos? Nequaquam. Causati enim sumus Iudaeos et Graecos omnes sub peccato esse, 10 sicut scriptum est:

Quia non est iustus quisquam:
11 Non est intelligens, non est requirens Deum.
12 Omnes declinaverunt, simul inutiles facti sunt,
Non est qui faciat bonum, non est usque ad unum.
13 Sepulchrum patens est guttur eorum,
Linguis suis dolose agebant:
Venenum aspidum sub labiis eorum:
14 Quorum os maledictione, et amaritudine plenum est:
15 Veloces pedes eorum ad effundendum sanguinem:
16 Contritio et infelicitas in viis eorum:
17 Et viam pacis non cognoverunt:
18 Non est timor Dei ante oculos eorum.

19 Scimus autem quoniam quaecumque lex loquitur, iis, qui in lege sunt, loquitur: ut omne os obstruatur, et subditus fiat omnis mundus Deo: 20 quia ex operibus legis non iustificabitur omnis caro coram illo. Per legem enim cognitio peccati.

Iustitia Dei manifestata per fidem Christi

21 Nunc autem sine lege iustitia Dei manifestata est: testificata a lege et prophetis. 22 Iustitia autem Dei per fidem Iesu Christi in omnes et super omnes qui credunt in eum: non enim est distinctio: 23 omnes enim peccaverunt, et egent gloria Dei. 24 Iustificati gratis per gratiam ipsius, per redemptionem, quae est in Christo Iesu, 25 quem proposuit Deus propitiationem per fidem in sanguine ipsius, ad ostensionem iustitiae suae propter remissionem praecedentium delictorum 26 in sustentatione Dei, ad ostensionem iustitiae eius in hoc tempore: ut sit ipse iustus, et iustificans eum, qui est ex fide Iesu Christi.

Itaque omnis gloriatio exclusa

27 Ubi est ergo gloriatio tua? Exclusa est. Per quam legem? Factorum? Non: sed per legem fidei. 28 Arbitramur enim iustificari hominem per fidem sine operibus legis. 29 An Iudaeorum Deus tantum? nonne et gentium? Immo et gentium: 30 quoniam quidem unus est Deus, qui iustificat circumcisionem ex fide, et praeputium per fidem. 31 Legem ergo destruimus per fidem? Absit: sed legem statuimus.

Argumentum ex Abrahae iustificatione

4 1 Quid ergo dicemus invenisse Abraham patrem nostrum secundum carnem? 2 Si enim Abraham ex operibus iustificatus est, habet gloriam, sed non apud Deum. 3 Quid enim dicit Scriptura? Credidit Abraham Deo: et reputatum est illi ad iustitiam. 4 Ei autem qui operatur, merces non imputatur secundum gratiam, sed secundum debitum. 5 Ei vero qui non operatur, credenti autem in eum, qui iustificat impium, reputatur fides eius ad iustitiam secundum propositum gratiae Dei. 6 Sicut et David dicit beatitudinem hominis, cui Deus accepto fert iustitiam sine operibus:

7 Beati, quorum remissae sunt iniquitates,
Et quorum tecta sunt peccata.
8 Beatus vir, cui non imputavit Dominus peccatum.

3 **2:** Deut 4,7; Ps 147,19-20; Rom 9,4. — **3:** Rom 9,6; 11,29; 2 Tim 2,13. — **4:** Ps 50, 6; 115,11. — **6:** Gen 18,25; Iob 8,3. — **8:** Rom 6,1-2. || Enc. Pii XI: D 2244. — **9:** Rom 1,18-2,29. — **10-18:** Ps 13,1-3. — **13:** Ps 5,11; 139, 4. — **18:** Ps 35,2. — **19:** Rom 2,12; Gal 3,22. — **20:** Ps 142,2; Rom 7,7; Gal 2,16. — **21:** Act 10, 43; Rom 1,17. — **22-24:** Conc. Trid.: D 798 et 801. — **22:** Rom 10,12; Gal 3,28; Col 3,11. — **23:** Rom 5,12. — **24:** Rom 5,1; Eph 2,8; Tit 3, 7. — **25:** Lev 26,12; Eph 1,7; 2 Tim 1,9; 1 Io 2, 2. || Conc. Trid.: D 794. — **27:** Rom 2,23; 1 Cor 1,29; Eph 2,9. — **28:** Act 13,39; Gal 2,16. — **29:** Rom 10,12. — **30:** Rom 4,11-12; Gal 3, 8. — **31:** Mt 5,17.

4 **3:** Gen 15,6; Gal 3,6; Iac 2,23. — **4:** Rom 11,6. — **6-8:** Ps 31,1-2. — **9:** Gen 15,6. —

9 Beatitudo ergo haec in circumcisione
tantum manet, an etiam in praeputio?
Dicimus enim quia reputata est Abrahae
fides ad iustitiam. 10 Quomodo ergo reputata est? in circumcisione, an in praeputio? Non in circumcisione, sed in praeputio. 11 Et signum accepit circumcisionis,
signaculum iustitiae fidei, quae est in
praeputio: ut sit pater omnium credentium per praeputium, ut reputetur et illis
ad iustitiam: 12 et sit pater circumcisionis
non iis tantum, qui sunt ex circumcisione,
sed et iis qui sectantur vestigia fidei, quae
est in praeputio patris nostri Abrahae.

Non per legem Abrahae promissio, sed per fidem

13 Non enim per legem promissio Abrahae, aut semini eius ut haeres esset mundi: sed per iustitiam fidei. 14 Si enim qui
ex lege, haeredes sunt: exinanita est fides,
abolita est promissio. 15 Lex enim iram
operatur. Ubi enim non est lex, nec praevaricatio. 16 Ideo ex fide, ut secundum
gratiam firma sit promissio omni semini,
non ei qui ex lege est solum, sed et ei
qui ex fide est Abrahae, qui pater est
omnium nostrum 17 (sicut scriptum est:
Quia patrem multarum gentium posui te)
ante Deum, cui credidit, qui vivificat mortuos, et vocat ea quae non sunt, tanquam
ea quae sunt: 18 qui contra spem in spem
credidit, ut fieret pater multarum gentium
secundum quod dictum est ei: Sic erit semen tuum. 19 Et non infirmatus est fide,
nec consideravit corpus suum emortuum,
cum iam fere centum esset annorum: et
emortuam vulvam Sarae. 20 In repromis-
sione etiam Dei non haesitavit diffidentia,
sed confortatus est fide, dans gloriam Deo:
21 plenissime sciens, quia quaecumque promisit, potens est et facere. 22 Ideo et reputatum est illi ad iustitiam.
23 Non est autem scriptum tantum propter ipsum quia reputatum est illi ad iustitiam: 24 sed et propter nos, quibus reputabitur credentibus in eum, qui suscitavit
Iesum Christum Dominum nostrum a
mortuis, 25 qui traditus est propter delicta
nostra, et resurrexit propter iustificationem nostram.

Ex iustificatione spes et gloria in Deo

5 1 Iustificati ergo ex fide, pacem habeamus ad Deum per Dominum nostrum Iesum Christum: 2 per quem et habemus accessum per fidem in gratiam istam, in qua stamus, et gloriamur in spe
gloriae filiorum Dei. 3 Non solum autem,
sed et gloriamur in tribulationibus: scientes quod tribulatio patientiam operatur:
4 patientia autem probationem, probatio
vero spem, 5 spes autem non confundit:
quia charitas Dei diffusa est in cordibus
nostris per Spiritum sanctum, qui datus
est nobis.
6 Ut quid enim Christus, cum adhuc
infirmi essemus, secundum tempus pro impiis mortuus est? 7 Vix enim pro iusto
quis moritur: nam pro bono forsitan quis
audeat mori. 8 Commendat autem charitatem suam Deus in nobis: quoniam cum
adhuc peccatores essemus, secundum tempus, 9 Christus pro nobis mortuus est:
multo igitur magis nunc iustificati in sanguine ipsius, salvi erimus ab ira per ipsum. 10 Si enim cum inimici essemus,
reconciliati sumus Deo per mortem filii
eius: multo magis reconciliati, salvi erimus in vita ipsius. 11 Non solum autem:
sed et gloriamur in Deo per Dominum
nostrum Iesum Christum, per quem nunc
reconciliationem accepimus.

Parallelismus Adam inter et Christum

12 Propterea sicut per unum hominem
peccatum in hunc mundum intravit, et
per peccatum mors, et ita in omnes homines mors pertransiit, in quo omnes
peccaverunt. 13 Usque ad legem enim peccatum erat in mundo: peccatum autem
non imputabatur, cum lex non esset. 14 Sed
regnavit mors ab Adam usque ad Moysen
etiam in eos qui non peccaverunt in similitudinem praevaricationis Adae, qui est
forma futuri.
15 Sed non sicut delictum, ita et donum:
si enim unius delicto multi mortui sunt:
multo magis gratia Dei et donum in gratia unius hominis Iesu Christi in plures
abundavit. 16 Et non sicut per unum peccatum, ita et donum. Nam iudicium quidem ex uno in condemnationem: gratia
autem ex multis delictis in iustificationem.

11: Gen 17,10-11. — **12:** Mt 3,9. — **13:** Gen 17, 4-6; 22,17-18. — **15:** Rom 3,20; 7,8.10; Gal 3,10.19. — **17:** Gen 17,5; Hebr 11,19. || Epist. S. Anast. II: D 170. — **18:** Rom 15,5. — **19:** Gen 17,17. — **20:** Hebr 6,13; 11,11. — **22:** Gen 15,6. — **23:** Rom 10,9; 15,4. — **24:** 1 Petr 1, 21. — **25:** Is 53,5; Mt 20,28; 1 Cor 15,17.

5 **1:** Rom 3,28. — **2:** Eph 2,18; 3,12. || Conc. Trid.: D 804. — **3:** Iac 1,3; 1 Petr 1,5. — **5:** Ps 118,116; Phil 1,20; 1 Io 4,13. || Conc. Arausic. II: D 190 et 198; Conc. Trid.: D 800; Bulla S. Pii V: D 1038. — **8:** Io 3,16; 1 Io 4, 10. — **9:** 1 Thess 1,10. — **10:** Rom 8,7; 2 Cor 5,18-20; Col 1,20-21. — **11:** 2 Cor 5,18-20; Col 1,21. || Conc. Trid.: D 799. — **12:** Gen 2,17; 3,6.19. || Conc. Carthag. XVI: D 102; Conc. Arausic. II: D 175; Conc Trid.: D 789.791.793. **13:** Rom 4,15. — **14:** 1 Cor 15,21.45. || Conc. Viennense: D 480. — **15:** Is 53,11. — **18:** 1 Cor

17 Si enim unius delicto mors regnavit per
unum: multo magis abundantiam gratiae,
et donationis, et iustitiae accipientes, in
vita regnabunt per unum Iesum Christum.
18 Igitur sicut per unius delictum in
omnes homines in condemnationem: sic
et per unius iustitiam in omnes homines
in iustificationem vitae. 19 Sicut enim per
inobedientiam unius hominis, peccatores
constituti sunt multi: ita et per unius
obeditionem, iusti constituentur multi.
20 Lex autem subintravit ut abundaret delictum. Ubi autem abundavit delictum,
superabundavit gratia: 21 ut sicut regnavit peccatum in mortem: ita et gratia regnet per iustitiam in vitam aeternam, per
Iesum Christum Dominum nostrum.

Christo coniuncti in eius morte ac resurrectione

6 1 Quid ergo dicemus? permanebimus
in peccato ut gratia abundet? 2 Absit.
Qui enim mortui sumus peccato, quomodo adhuc vivemus in illo? 3 An ignoratis
quia quicumque baptizati sumus in Christo Iesu, in morte ipsius baptizati sumus?
4 Consepulti enim sumus cum illo per
baptismum in mortem: ut quomodo Christus surrexit a mortuis per gloriam Patris,
ita et nos in novitate vitae ambulemus.
5 Si enim complantati facti sumus simi-
litudini mortis eius: simul et resurrectionis erimus. 6 Hoc scientes, quia vetus homo noster simul crucifixus est, ut destruatur corpus peccati, et ultra non serviamus peccato. 7 Qui enim mortuus est,
iustificatus est a peccato. 8 Si autem mortui sumus cum Christo, credimus quia
simul etiam vivemus cum Christo: 9 scientes quod Christus resurgens ex mortuis
iam non moritur, mors illi ultra non dominabitur. 10 Quod enim mortuus est peccato, mortuus est semel: quod autem
vivit, vivit Deo. 11 Ita et vos existimate,
vos mortuos quidem esse peccato, viventes autem Deo, in Christo Iesu Domino
nostro.

Peccati servitus et Dei obedientia

12 Non ergo regnet peccatum in vestro
mortali corpore ut obediatis concupiscentiis eius. 13 Sed neque exhibeatis membra
vestra arma iniquitatis peccato: sed exhibete vos Deo, tanquam ex mortuis viventes: et membra vestra arma iustitiae
Deo. 14 Peccatum enim vobis non dominabitur: non enim sub lege estis, sed sub
gratia.
15 Quid ergo? peccabimus, quoniam non
sumus sub lege, sed sub gratia? Absit.
16 Nescitis quoniam cui exhibetis vos servos ad obediendum, servi estis eius, cui
obeditis, sive peccati ad mortem, sive
obeditionis ad iustitiam? 17 Gratias autem
Deo quod fuistis servi peccati, obedistis
autem ex corde in eam formam doctrinae,
in quam traditi estis. 18 Liberati autem a
peccato, servi facti estis iustitiae. 19 Humanum dico, propter infirmitatem carnis
vestrae: sicut enim exhibuistis membra
vestra servire immunditiae, et iniquitati
ad iniquitatem, ita nunc exhibete membra vestra servire iustitiae in sanctificationem. 20 Cum enim servi essetis peccati,
liberi fuistis iustitiae. 21 Quem ergo fructum habuistis tunc in illis, in quibus nunc
erubescitis? Nam finis illorum mors est.
22 Nunc vero liberati a peccato, servi autem facti Deo, habetis fructum vestrum
in sanctificationem, finem vero vitam
aeternam. 23 Stipendia enim peccati, mors.
Gratia autem Dei, vita aeterna, in Christo
Iesu Domino nostro.

Christiani a lege soluti

7 1 An ignoratis fratres (scientibus enim
legem loquor) quia lex in homine dominatur quanto tempore vivit? 2 Nam
quae sub viro est mulier, vivente viro,
alligata est legi: si autem mortuus fuerit
vir eius, soluta est a lege viri. 3 Igitur,
vivente viro, vocabitur adultera si fuerit
cum alio viro: si autem mortuus fuerit
vir eius, liberata est a lege viri: ut non
sit adultera si fuerit cum alio viro. 4 Itaque fratres mei et vos mortificati estis
legi per corpus Christi: ut sitis alterius,
qui ex mortuis resurrexit, ut fructificemus
Deo. 5 Cum enim essemus in carne, passiones peccatorum, quae per legem erant,
operabantur in membris nostris, ut fruc-
tificarent morti. 6 Nunc autem soluti sumus a lege mortis, in qua detinebamur,
ita ut serviamus in novitate spiritus, et
non in vetustate litterae.

15,22. — **19:** Is 59,11. — **20:** Rom 3,20; 7,8; Gal 3,19.

6 **1:** Rom 3,28. — **2:** Eph 2,18; 3,12; Hebr 10, 19. — **3:** Gal 3,27. || Conc. Valent. III: D 324. — **4:** Col 2,12; 1 Petr 3,21. || Conc. Trid.: D 792. — **5:** Ps 118,116; Phil 1,20. — **8:** Rom 5,4; 2 Tim 2,11. — **9:** Act 13,34. || Conc. Trid.: D 876. — **10:** Hebr 7,27; 9,26-28. — **11:** 2 Cor 5,15; 1 Petr 2,24. — **12-13:** Conc. Trid.: D 792. — **12:** Gen 4,7; Gal 5,16. — **13:** Rom 12,1; Eph 6,11. || Conc. Trid.: D 803. — **14:** Rom 8,2; 1 Io 3,6. — **15:** Rom 5,17.21; 6,1. **16:** Io 8,34. || Conc. Arausic. II: D 174. — **18:** Io 8,32. — **19:** Rom 6,13. || Conc. Trid.: D 823. **20:** Rom 6,16. || Conc. Trid.: D 793. — **21:** Rom 7,5; Eph 5,12. — **22:** 1 Petr 2,16. || Conc. Trid.: D 804.

7 **2:** 1 Cor 7,39. || Conc. Lugdun. I: D 455. **4:** Col 2,14. — **5:** Rom 6,21. — **6:** 2 Cor 3, 6. — **7:** Ex 20,14.17; Deut 5,18.21. — **8:** Rom 3,

Quae legis et peccati coniunctio

7 Quid ergo dicemus? lex peccatum est?
Absit. Sed peccatum non cognovi, nisi
per legem: nam concupiscentiam nesciebam, nisi lex diceret: Non concupisces.
8 Occasione autem accepta, peccatum per
mandatum operatum est in me omnem
concupiscentiam. Sine lege enim peccatum
mortuum erat. 9 Ego autem vivebam sine
lege aliquando. Sed cum venisset mandatum, peccatum revixit. 10 Ego autem mortuus sum: et inventum est mihi mandatum, quod erat ad vitam, hoc esse ad
mortem. 11 Nam peccatum occasione
accepta per mandatum, seduxit me, et per
illud occidit. 12 Itaque lex quidem sancta
et mandatum sanctum, et iustum, et bonum.

Quanta sit maligna peccati potentia

13 Quod ergo bonum est, mihi factum
est mors? Absit. Sed peccatum, ut appareat peccatum, per bonum operatum est
mihi mortem: ut fiat supra modum peccans peccatum per mandatum.
14 Scimus enim quia lex spiritualis est:
ego autem carnalis sum, venundatus sub
peccato. 15 Quod enim operor, non intel-
ligo: non enim quod volo bonum, hoc
ago: sed quod odi malum, illud facio.
16 Si autem quod nolo, illud facio: con-
sentio legi, quoniam bona est. 17 Nunc
autem iam non ego operor illud, sed quod
habitat in me peccatum. 18 Scio enim quia
non habitat in me, hoc est in carne mea,
bonum. Nam velle, adiacet mihi: perficere
autem bonum, non invenio. 19 Non enim
quod volo bonum, hoc facio: sed quod
nolo malum, hoc ago. 20 Si autem quod
nolo, illud facio: iam non ego operor
illud, sed quod habitat in me, peccatum.
21 Invenio igitur legem, volenti mihi facere
bonum, quoniam mihi malum adiacet:
22 condelector enim legi Dei secundum interiorem hominem: 23 video autem aliam
legem in membris meis, repugnantem legi
mentis meae, et captivantem me in lege
peccati, quae est in membris meis. 24 Infelix ego homo, quis me liberabit de corpore mortis huius? 25 Gratia Dei per Iesum Christum Dominum nostrum. Igitur
ego ipse mente servio legi Dei: carne autem, peccati legi.

Vita secundum carnem et vita secundum spiritum

8 1 Nihil ergo nunc damnationis est
iis qui sunt in Christo Iesu: qui non
secundum carnem ambulant. 2 Lex enim
spiritus vitae in Christo Iesu liberavit me
a lege peccati et mortis. 3 Nam quod
impossibile erat legi, in quo infirmabatur
per carnem: Deus Filium suum mittens
in similitudinem carnis peccati et de
peccato, damnavit peccatum in carne,
4 ut iustificatio legis impleretur in nobis,
qui non secundum carnem ambulamus,
sed secundum spiritum. 5 Qui enim secundum carnem sunt, quae carnis sunt, sapiunt. Qui vero secundum spiritum sunt,
quae sunt spiritus, sentiunt. 6 Nam prudentia carnis, mors est: prudentia autem
spiritus, vita et pax: 7 quoniam sapientia
carnis inimica est Deo: legi enim Dei non
est subiecta: nec enim potest. 8 Qui autem
in carne sunt, Deo placere non possunt.
9 Vos autem in carne non estis, sed
in spiritu: si tamen spiritus Dei habitat
in vobis. Siquis autem Spiritum Christi
non habet, hic non est eius. 10 Si autem
Christus in vobis est, corpus quidem
mortuum est propter peccatum, spiritus
vero vivit propter iustificationem. 11 Quod
si Spiritus eius, qui suscitavit Iesum a
mortuis, habitat in vobis: qui suscitavit
Iesum Christum a mortuis, vivificabit
et mortalia corpora vestra, propter inhabitantem Spiritum eius in vobis. 12 Ergo
fratres debitores sumus non carni, ut
secundum carnem vivamus. 13 Si enim
secundum carnem vixeritis, moriemini:
si autem spiritu facta carnis mortificave-
ritis, vivetis.

Christiani filii Dei

14 Quicumque enim spiritu Dei aguntur, ii sunt filii Dei. 15 Non enim accepistis spiritum servitutis iterum in timore, sed
accepistis spiritum adoptionis filiorum,
in quo clamamus: Abba (Pater). 16 Ipse
enim Spiritus testimonium reddit spiritui nostro quod sumus filii Dei. 17 Si
autem filii, et haeredes: haeredes quidem
Dei, cohaeredes autem Christi: si tamen
compatimur ut et conglorificemur.

20; 7,11. — **10:** Lev 18,5; Rom 10,5; Iac 1,15. **11:** Gen 3,1. — **12:** 1 Tim 1,8. — **14:** Ps 50, 7. — **16:** Rom 7,12. — **18:** Gen 6,5; 8,21; Iob 14,4. — **19:** Gal 5,17. || Decr. S. Officii: D 1265. **22:** Ps 39,9. — **23:** Gal 5,17; Iac 4,1; 1 Petr 2, 11. || Alloc. Pii IX: D 1643; Enc. Pii XI: D 2214. — **24-25:** De gratia Dei Indiculus: D 135. — **24:** Rom 8,10.23; Phil 3,21. — **25:** 1 Cor 15,57.

8 **1:** Rom 8,34. || Conc. Trid.: D 794. — **2:** Rom 6,14; 2 Cor 3,6. — **3:** Lev 16,5; Io 1,4; Act 13,38; Rom 7,23; Hebr 10,1. — **4:** Gal 5, 16,25. — **5:** Rom 8,13. — **6:** Rom 6,21; Gal 6,8, **7:** 1 Cor 2,14; Iac 4,4. — **8:** Epist. S. Siricii: D 89. — **9:** 1 Cor 3,16; 2 Tim 1,14. || Decr. Damasi: D 83. — **10:** 2 Cor 13,5; Gal 2,20. — **11:** Rom 6,4; 2 Cor 4,14. — **12-13:** Conc. Trid.: D 806. — **12:** Rom 6,7.18; Gal 5,16.25. — **13:** Gal 6,8. — **14:** Gal 4,6; 5,18. || De gratia Dei Indiculus: D 134. — **15:** Mc 14,36; Gal 4,5; 2 Tim 1,7. || Conc. Trid.: D 796. — **16:** 2 Cor 1, 22. — **17:** Gal 3,29; 4,7; Eph 1,13; 2 Tim 2,

Passiones huius temporis futurae gloriae comparatae

18 Existimo enim quod non sunt con-
dignae passiones huius temporis ad futuram gloriam, quae revelabitur in nobis.
19 Nam exspectatio creaturae revelationem
filiorum Dei exspectat. 20 Vanitati enim
creatura subiecta est non volens, sed propter eum, qui subiecit eam in spe: 21 quia
et ipsa creatura liberabitur a servitute
corruptionis in libertatem gloriae filiorum Dei. 22 Scimus enim quod omnis
creatura ingemiscit, et parturit usque adhuc. 23 Non solum autem illa, sed et nos
ipsi primitias spiritus habentes: et ipsi
intra nos gemimus adoptionem filiorum
Dei exspectantes, redemptionem corporis
nostri. 24 Spe enim salvi facti sumus.
Spes autem, quae videtur, non est spes:
nam quod videt quis, quid sperat? 25 Si
autem quod non videmus, speramus: per
patientiam exspectamus.

Spiritus Dei orat in nobis

26 Similiter autem et Spiritus adiuvat
infirmitatem nostram: nam quid oremus,
sicut oportet, nescimus: sed ipse Spiritus
postulat pro nobis gemitibus inenarrabilibus. 27 Qui autem scrutatur corda,
scit quid desideret Spiritus: quia secundum Deum postulat pro sanctis.

Dei providentia in christianos

28 Scimus autem quoniam diligentibus
Deum omnia cooperantur in bonum, iis
qui secundum propositum vocati sunt
sancti. 29 Nam quos praescivit, et praedestinavit conformes fieri imaginis Filii
sui, ut sit ipse primogenitus in multis
fratribus. 30 Quos autem praedestinavit,
hos et vocavit: et quos vocavit, hos et
iustificavit: quos autem iustificavit, illos
et glorificavit.
31 Quid ergo dicemus ad haec? si Deus
pro nobis, quis contra nos? 32 Qui etiam
proprio Filio suo non pepercit, sed pro
nobis omnibus tradidit illum: quomodo
non etiam cum illo omnia nobis donavit?
33 Quis accusabit adversus electos Dei?
Deus qui iustificat, 34 quis est qui condemnet? Christus Iesus, qui mortuus est,
immo qui et resurrexit, qui est ad dexteram Dei, qui etiam interpellat pro nobis. 35 Quis ergo nos separabit a charitate
Christi? tribulatio? an angustia? an fames? an nuditas? an periculum? an persecutio? an gladius? 36 (Sicut scriptum
est:

Quia propter te mortificamur tota die:
Aestimati sumus sicut oves occisionis.)

37 Sed in his omnibus superamus propter eum qui dilexit nos. 38 Certus sum
enim quia neque mors, neque vita, neque
angeli, neque principatus, neque virtutes,
neque instantia, neque futura, neque fortitudo, 39 neque altitudo, neque profundum, neque creatura alia poterit nos
separare a charitate Dei, quae est in
Christo Iesu Domino nostro.

Apostoli dolor de fratribus iudaeis

9 1 Veritatem dico in Christo, non mentior: testimonium mihi perhibente
conscientia mea in Spiritu sancto: 2 quoniam tristitia mihi magna est, et conti-
nuus dolor cordi meo. 3 Optabam enim
ego ipse anathema esse a Christo pro
fratribus meis, qui sunt cognati mei secundum carnem, 4 qui sunt Israelitae,
quorum adoptio est filiorum, et gloria,
et testamentum, et legislatio, et obsequium, et promissa: 5 quorum patres, et
ex quibus est Christus secundum carnem,
qui est super omnia Deus benedictus in
saecula. Amen.
6 Non autem quod exciderit verbum
Dei. Non enim omnes qui ex Israel sunt,
ii sunt Israelitae: 7 neque qui semen sunt
Abrahae, omnes filii: sed in Isaac vocabitur tibi semen: 8 id est, non qui filii
carnis, hi filii Dei: sed qui filii sunt promissionis, aestimantur in semine. 9 Promissionis enim verbum hoc est: Secundum hoc tempus veniam: et erit Sarae
filius. 10 Non solum autem illa: sed et
Rebecca ex uno concubitu habens, Isaac
patris nostri. 11 Cum enim nondum nati
fuissent, aut aliquid boni egissent, aut
mali (ut secundum electionem propositum Dei maneret), 12 non ex operibus,
sed ex vocante dictum est ei: 13 Quia
maior serviet minori, sicut scriptum est:
Iacob dilexi, Esau autem odio habui.

Deus iustus in Iudaeos et gentiles

14 Quid ergo dicemus? numquid iniquitas apud Deum? Absit. 15 Moysi enim

11. ‖ Conc. Trid.: D 792. 804. 904. — 18: 2 Cor 4,17. — 19: Col 3,4. — 20: Gen 3,17-19; Eccl 1,2. — 21: 2 Petr 3,13; 1 Io 3,2. — 23: 2 Cor 5,5; Gal 5,5. — 24: 2 Cor 5,7. — 27: Act 1,24; 15,8; 1 Cor 4,5. — 28: Eph 1,11. — 29-30: Conc. Caris.: D 316; Epist. Leonis XIII: D 1972. — 29: Col 1,18; Hebr 1,6; 2,10. — 30: 2 Thess 2, 13. — 31: 4 Reg 6,16; Ps 117,6. — 32: Gen 22, 16; Io 3,16. — 33: Is 50,8; Apoc 12,10. — 34: Hebr 7,25; 1 Io 2,1. — 36: Ps 43,22. — 37: Io 16,33; Apoc 12,11. — 38: Eph 1,21; 6,12. — 39: Io 17,26.

9 3: Ex 32,32; Act 23,14; 1 Cor 16,22; Gal 1, 8. — 4: Ex 4,22; Deut 7,6; 14,1. — 5: Rom 1,25; 15,8; Col 1,16. — 6: Num 23,19; Rom 2, 28. — 7: Gen 21,12; Is 56,6. — 8: Gal 4,23. — 9: Gen 18,10. — 10: Gen 25,21. — 12: Gen 25. 23. — 13: Mal 1,2. — 14: Deut 32,5; Rom 3,5,

dicit: Miserebor cuius misereor: et misericordiam praestabo cuius miserebor.
16 Igitur non volentis, neque currentis,
sed miserentis est Dei. 17 Dicit enim Scriptura Pharaoni: Quia in hoc ipsum excitavi
te, ut ostendam in te virtutem meam: et
ut annuntietur nomen meum in universa
terra. 18 Ergo cuius vult miseretur, et
quem vult indurat.
19 Dicis itaque mihi: Quid adhuc que-
ritur? voluntati enim eius quis resistit?
20 O homo, tu quis es, qui respondeas
Deo? Numquid dicit figmentum ei qui
se finxit: Quid me fecisti sic? 21 An non
habet potestatem figulus luti ex eadem
massa facere aliud quidem vas in honorem, aliud vero in contumeliam? 22 Quod
si Deus volens ostendere iram, et notam
facere potentiam suam, sustinuit in multa
patientia vasa irae, apta in interitum, 23 ut
ostenderet divitias gloriae suae in vasa
misericordiae, quae praeparavit in gloriam. 24 Quos et vocavit nos non solum
ex Iudaeis, sed etiam ex gentibus, 25 sicut
in Osee dicit: Vocabo non plebem meam,
plebem meam: et non dilectam, dilectam:
et non misericordiam consecutam, misericordiam consecutam. 26 Et erit: in loco,
ubi dictum est eis: Non plebs mea vos: ibi
vocabuntur filii Dei vivi.
27 Isaias autem clamat pro Israel: Si
fuerit numerus filiorum Israel tanquam
arena maris, reliquiae salvae fient. 28 Verbum enim consummans, et abbrevians in
aequitate: quia verbum breviatum faciet
Dominus super terram: 29 et sicut praedixit Isaias: Nisi Dominus Sabaoth reliquisset nobis semen, sicut Sodoma facti
essemus, et sicut Gomorrha similes fuissemus.

Quare Iudaei non apprehenderunt iustitiam

30 Quid ergo dicemus? Quod gentes
quae non sectabantur iustitiam, apprehenderunt iustitiam: iustitiam autem, quae
ex fide est. 31 Israel vero sectando legem
iustitiae, in legem iustitiae non pervenit.
32 Quare? Quia non ex fide, sed quasi ex
operibus: offenderunt enim in lapidem
offensionis, 33 sicut scriptum est: Ecce
pono in Sion lapidem offensionis, et petram scandali: et omnis qui credit in
eum, non confundetur.

10 1 Fratres, voluntas quidem cordis
mei, et obsecratio ad Deum, fit
pro illis in salutem. 2 Testimonium enim
perhibeo illis quod aemulationem Dei
habent, sed non secundum scientiam.
3 Ignorantes enim iustitiam Dei, et suam
quaerentes statuere, iustitiae Dei non
sunt subiecti. 4 Finis enim legis, Christus,
ad iustitiam omni credenti.

Scripturae testimonia de iustitia fidei

5 Moyses enim scripsit, quoniam iustitiam, quae ex lege est, qui fecerit homo,
vivet in ea. 6 Quae autem ex fide est iustitia, sic dicit: Ne dixeris in corde tuo:
quis ascendet in caelum? id est, Christum
deducere: 7 aut quis descendet in abyssum? hoc est, Christum a mortuis revocare. 8 Sed quid dicit Scriptura? Prope
est verbum in ore tuo, et in corde tuo:
hoc est verbum fidei, quod praedicamus.
9 Quia si confitearis in ore tuo Dominum
Iesum, et in corde tuo credideris quod
Deus illum suscitavit a mortuis, salvus
eris. 10 Corde enim creditur ad iustitiam,
ore autem confessio fit ad salutem. 11 Dicit enim Scriptura: Omnis qui credit in
illum, non confundetur. 12 Non enim est
distinctio Iudaei et Graeci: nam idem
Dominus omnium, dives in omnes qui
invocant illum. 13 Omnis enim quicumque invocaverit nomen Domini, salvus
erit.

Iudaei Evangelio non crediderunt

14 Quomodo ergo invocabunt, in quem
non crediderunt? Aut quomodo credent
ei, quem non audierunt? Quomodo autem
audient sine praedicante? 15 Quomodo vero praedicabunt nisi mittantur? sicut scriptum est: Quam speciosi pedes evangelizantium pacem, evangelizantium bona! 16 Sed
non omnes obediunt Evangelio. Isaias
enim dicit: Domine, quis credidit auditui
nostro? 17 Ergo fides ex auditu, auditus
autem per verbum Christi.
18 Sed dico: Numquid non audierunt?
Et quidem in omnem terram exivit sonus
eorum, et in fines orbis terrae verba

15: Ex 33,19. — **16:** 1 Cor 3,7; Eph 2,8; Tit 3, 5. — **17:** Ex 9,16. — **18:** Ex 4,21; 7,3; 9,12; 10,20. — **20:** Is 29,16; 45,9. — **21-22:** Conc. Valent. III: D 322. — **21:** Sap 15,7; Ier 18,6. — **22-23:** De gratia Dei Indiculus: D 139; Epist. Pel. I: D 228. — **22:** Is 13,5; 54,16; Ier 50,25. **23:** Rom 8,29; Eph 1,4-13; Phil 4,19; Col 1, 27. — **25:** Os 2,24; 1 Petr 2,10. — **26:** Os 1,10. **27:** Is 10,22; Rom 11,5. — **29:** Is 1,9. — **30:** Io 10,20. || Conc. Trid.: D 794. — **31:** Rom 10, 2. — **32:** Is 8,14. — **33:** Is 28,16; Mt 21,42; Petr 2,6-7.

10 21 **3r2:** Act 22,3. || Breve Bened. XIV: D. **3:** Rom 9,31-32. || Conc. Trid.: D 809. **4:** Mt 5,17; Gal 3,24. — **5:** Lev 18,5; Gal 3,12.7. **6:** Deut 30,12-13. — **8:** Deut 30,14. — **9:** Act 16, 31; 2 Cor 4,13. — **11:** Is 28,16. — **12:** Act 10,34; Rom 3,29. || Conc. Arelat.: D 160. — **13:** Io 2, 32. — **15:** Is 52,7; Nah 1,15. || Conc. Lateran. IV: D 434. — **16:** Is 53,1. — **17:** Io 17,20. || Conc. Trid.: D 798. — **18:** Ps 18,1. — **19:** Deut 32,21. **20:** Is 65,1. || Conc. Arausic. II: D 176. — **21:** Is 65,2.

eorum. 19 Sed dico: Numquid Israel non
cognovit? Primus Moyses dicit: Ego ad
aemulationem vos adducam in non gentem: in gentem insipientem, in iram vos
mittam. 20 Isaias autem audet, et dicit:
Inventus sum a non quaerentibus me:
palam apparui iis qui me non interrogabant. 21 Ad Israel autem dicit: Tota die
expandi manus meas ad populum non
credentem, et contradicentem.

Deus tamen non repulit populum suum

11 1 Dico ergo: Numquid Deus repulit populum suum? Absit. Nam
et ego Israelita sum ex semine Abraham,
de tribu Beniamin: 2 non repulit Deus
plebem suam, quam praescivit. An nescitis in Elia quid dicit Scriptura: quemadmodum interpellat Deum adversum Israel? 3 Domine, prophetas tuos occiderunt, altaria tua suffoderunt: et ego relictus sum solus, et quaerunt animam
meam. 4 Sed quid dicit illi divinum responsum? Reliqui mihi septem millia virorum, qui non curvaverunt genua ante
Baal. 5 Sic ergo et in hoc tempore reliquiae
secundum electionem gratiae salvae factae
sunt. 6 Si autem gratia, iam non ex operibus: alioquin gratia iam non est gratia.
7 Quid ergo? quod quaerebat Israel,
hoc non est consecutus: electio autem
consecuta est: caeteri vero excaecati sunt:
8 sicut scriptum est: Dedit illis Deus spiritum compunctionis: oculos ut non videant, et aures ut non audiant, usque in
hodiernum diem. 9 Et David dicit: Fiat
mensa eorum in laqueum, et in captionem,
et in scandalum, et in retributionem illis.
10 Obscurentur oculi eorum ne videant:
et dorsum eorum semper incurva.

Delictum Iudaeorum salus est gentibus

11 Dico ergo: Numquid sic offenderunt
ut caderent? Absit. Sed illorum delicto,
salus est gentibus ut illos aemulentur.
12 Quod si delictum illorum divitiae sunt
mundi, et diminutio eorum divitiae gentium: quanto magis plenitudo eorum?
13 Vobis enim dico gentibus. Quamdiu
quidem ego sum gentium Apostolus, ministerium meum honorificabo, 14 si quomodo ad aemulandum provocem carnem
meam, et salvos faciam aliquos ex illis.
15 Si enim amissio eorum, reconciliatio
est mundi: quae assumptio, nisi vita ex
mortuis? 16 Quod si delibatio sancta est,
et massa: et si radix sancta, et rami.
17 Quod si aliqui ex ramis fracti sunt, tu
autem cum oleaster esses, insertus es in
illis, et socius radicis, et pinguedinis olivae factus es, 18 noli gloriari adversus
ramos. Quod si gloriaris: non tu radicem
portas, sed radix te. 19 Dices ergo: Fracti
sunt rami ut ego inserar. 20 Bene: propter
incredulitatem fracti sunt. Tu autem fide
stas: noli altum sapere, sed time. 21 Si
enim Deus naturalibus ramis non pepercit: ne forte nec tibi parcat. 22 Vide ergo
bonitatem, et severitatem Dei: in eos
quidem qui ceciderunt, severitatem: in
te autem bonitatem Dei, si permanseris
in bonitate, alioquin et tu excideris. 23 Sed
et illi, si non permanserint in incredulitate,
inserentur: potens est enim Deus iterum
inserere illos. 24 Nam si tu ex naturali
excisus es oleastro, et contra naturam
insertus es in bonam olivam: quanto magis ii qui secundum naturam inserentur
suae olivae?

Futura Iudaeorum conversio

25 Nolo enim vos ignorare fratres mysterium hoc (ut non sitis vobis ipsis sapientes), quia caecitas ex parte contigit in
Israel, donec plenitudo gentium intraret,
26 et sic omnis Israel salvus fieret, sicut
scriptum est: Veniet ex Sion, qui eripiat,
et evertat impietatem a Iacob. 27 Et hoc
illis a me testamentum: cum abstulero
peccata eorum. 28 Secundum Evangelium
quidem, inimici propter vos: secundum
electionem autem, charissimi propter patres. 29 Sine poenitentia enim sunt dona
et vocatio Dei. 30 Sicut enim aliquando
et vos non credidistis Deo, nunc autem
misericordiam consecuti estis propter incredulitatem illorum: 31 ita et isti nunc
non crediderunt in vestram misericordiam: ut et ipsi misericordiam consequantur. 32 Conclusit enim Deus omnia
in incredulitate: ut omnium misereatur.

Dei iudiciorum altitudo

33 O altitudo divitiarum sapientiae, et
scientiae Dei: quam incomprehensibilia
sunt iudicia eius, et investigabiles viae
eius! 34 Quis enim cognovit sensum Domini? Aut quis consiliarius eius fuit?

11 **1:** 1 Sam 12,22; Ier 31,37. — **2:** 3 Reg 91, 10.14; Ps 93,14. — **4:** 3 Reg 19,18. — **5:** Rom 9,27. — **6:** Gal 5,4. || Conc. Trid.: D 801. **7:** Rom 9,31. — **8:** Deut 29,4; Is 29,10. — **9-10:** Ps 68,23-24. — **11:** Deut 32,21; Act 13,46; Rom 10,19. — **14:** 1 Cor 9,22; 1 Tim 4,16. — **16:** Num 15,18-21. — **17:** Eph 2,11-14. — **18:** Io 4, 22. — **20:** Rom 12,16; 1 Cor 10,12; 1 Tim 6,17. **22:** Io 15,2. — **23:** 2 Cor 3,16. — **25:** Lc 21,24; Io 10,16. — **26:** Ps 13,7; Is 27,9; 59,20. — **27:** Ier 31,31-34. — **29:** Num 23,19; 1 Sam 15,29. — **32:** Rom 3,9; Gal 3,22. — **33:** Iob 5,9; Ps 91,5;

35 Aut quis prior dedit illi, et retribuetur
ei? 36 Quoniam ex ipso, et per ipsum,
et in ipso sunt omnia: ipsi gloria in
saecula. Amen.

PARS PARAENETICA

(12,1-15,13)

Nova vita in bonum communitatis agenda

12 1 Obsecro itaque vos fratres per
misericordiam Dei, ut exhibeatis
corpora vestra hostiam viventem, sanctam, Deo placentem, rationabile obsequium vestrum. 2 Et nolite conformari
huic saeculo, sed reformamini in novitate
sensus vestri: ut probetis quae sit voluntas Dei bona, et beneplacens, et perfecta.
3 Dico enim per gratiam quae data est
mihi, omnibus qui sunt inter vos: non
plus sapere quam oportet sapere, sed
sapere ad sobrietatem: et unicuique sicut
Deus divisit mensuram fidei. 4 Sicut enim
in uno corpore multa membra habemus,
omnia autem membra non eumdem actum habent: 5 ita multi unum corpus sumus in Christo, singuli autem alter alterius
membra. 6 Habentes autem donationes secundum gratiam, quae data est nobis, dif-
ferentes: sive prophetiam secundum rationem fidei, 7 sive ministerium in minis-
trando, sive qui docet in doctrina, 8 qui
exhortatur in exhortando, qui tribuit in
simplicitate, qui praeest in sollicitudine,
qui miseretur in hilaritate.

Charitas erga proximum colenda

9 Dilectio sine simulatione. Odientes
malum, adhaerentes bono: 10 Charitate
fraternitatis invicem diligentes: Honore
invicem praevenientes: 11 Sollicitudine
non pigri: Spiritu ferventes: Domino servientes: 12 Spe gaudentes: in tribulatione
patientes: Oratione instantes: 13 Necessitatibus sanctorum communicantes: Hospitalitatem sectantes. 14 Benedicite persequentibus vos: benedicite, et nolite maledicere. 15 Gaudere cum gaudentibus, flere
cum flentibus: 16 Idipsum invicem sentientes: Non alta sapientes, sed humilibus
consentientes. Nolite esse prudentes apud
vosmetipsos: 17 Nulli malum pro malo
reddentes: providentes bona non tantum
coram Deo, sed etiam coram omnibus
hominibus. 18 Si fieri potest, quod ex vobis est, cum omnibus hominibus pacem
habentes: 19 Non vosmetipsos defenden-
tes charissimi, sed date locum irae. Scriptum est enim: Mihi vindicta: ego retribuam, dicit Dominus. 20 Sed si esurierit
inimicus tuus, ciba illum: si sitit, potum
da illi: hoc enim faciens, carbones ignis
congeres super caput eius. 21 Noli vinci a
malo, sed vince in bono malum.

Potestatibus sublimioribus obtemperandum

13 1 Omnis anima potestatibus sublimioribus subdita sit: non est enim
potestas nisi a Deo: quae autem sunt, a
Deo ordinatae sunt. 2 Itaque qui resistit
potestati, Dei ordinationi resistit. Qui autem resistunt, ipsi sibi damnationem ac-
quirunt: 3 nam principes non sunt timore
boni operis, sed mali. Vis autem non timere potestatem? Bonum fac: et habebis
laudem ex illa: 4 Dei enim minister est
tibi in bonum. Si autem malum feceris,
time: non enim sine causa gladium portat. Dei enim minister est: vindex in iram
ei qui malum agit. 5 Ideo necessitate subditi estote non solum propter iram, sed
etiam propter conscientiam. 6 Ideo enim
et tributa praestatis: ministri enim Dei
sunt, in hoc ipsum servientes. 7 Reddite
ergo omnibus debita: cui tributum, tributum: cui vectigal, vectigal: cui timorem,
timorem: cui honorem, honorem.

Plenitudo legis, dilectio

8 Nemini quidquam debeatis, nisi ut
invicem diligatis: qui enim diligit proximum, legem implevit. 9 Nam: Non adul-
terabis: Non occides: Non furaberis: Non
falsum testimonium dices: Non concupis-

Is 45,15; Rom 9,23. — **34:** Iob 15,8; Is 40,13; Ier 23,18; 1 Cor 2,16. — **35:** Iob 36,23; Sap 9, 13. || Epist. Bonif. II: D 200. — **36:** Hebr 2,10. || Epist. S. Leonis IX: D 343.

12 **1:** Rom 6,13; 1 Petr 2,5. || Enc. Pii IX: D 1637; Conc. Vatic.: D 1790; Enc. Pii X: D 2120. — **2:** Eph 4,23; Col 3,10; 1 Petr 1,14. — **3:** Eph 4,7. || Epist. Pii VII: D 1606; Enc. Greg. XVI: D 1617. — **4:** 1 Cor 12,12-14; Eph 4,4.16. — **5:** 1 Cor 10,17; 12,20.27. || Conc. Lateran. IV: D 431. — **6:** 1 Cor 12,4. — **7:** 1 Petr 4,11. — **8:** 2 Cor 9,7. — **9:** 2 Cor 6,6; 1 Tim 1, 5; 1 Petr 1,22. — **10:** Phil 2,3. — **11:** 1 Petr 2, 17. — **12:** Col 4,2; 1 Thess 5,17. — **13:** Hebr 13,2.16. — **14:** Mt 5,44; 1 Cor 4,12. — **15:** Ps 34,13; 1 Cor 12,26. — **16:** Iob 30,25; Eccli 7,38; Phil 2,2. — **17:** Lev 19,18; Prov 20,22; 24,29; Mt 5,39-42; Rom 12,1. — **18:** 1 Thess 5,15; 1 Petr 3,9. — **19:** Deut 32,35; Mc 9,50; 2 Cor 8, 21; Hebr 12,14. — **20:** Prov 25,21-22; Mt 5,44.

13 **1-2:** Prov 8,15; Io 19,11; Tit 3,1; 1 Petr 2,13. || Bulla Bonif. VIII: D 469; Const. Alexandri VIII: D1322. — **3-4:** Enc. Pii IX: D 1841. — **3:** 1 Petr 2,13-14; 3,13. — **4:** Ps 81, 6; Sap 6,4; Rom 12,19. — **5:** 1 Petr 2,19. || Enc. Pii IX: D 1842. — **7:** Mt 22,21. — **8:** Mt 22, 39; Io 13,34; Gal 5,14; Col 3,14. — **9:** Ex 20, 13-17; Deut 5,17-21. — **10:** 1 Cor 13,4. — **11:**

ces: et si quod est aliud mandatum, in
hoc verbo instauratur: Diliges proximum
tuum sicut teipsum. 10 Dilectio proximi
malum non operatur. Plenitudo ergo legis
est dilectio.

Proximus dies salutis

11 Et hoc scientes tempus: quia hora
est iam nos de somno surgere. Nunc enim
propior est nostra salus, quam cum credidimus. 12 Nox praecessit, dies autem
appropinquavit. Abiiciamus ergo opera tenebrarum, et induamur arma lucis. 13 Sicut in die honeste ambulemus: non in
comessationibus, et ebrietatibus, non in
cubilibus, et impudicitiis, non in contentione, et aemulatione: 14 sed induimini
Dominum Iesum Christum, et carnis curam ne feceritis in desideriis.

Infirmi in fide et firmiores ab invicem se diiudicandis caveant

14 1 Infirmum autem in fide assumite,
non in disceptationibus cogitationum. 2 Alius enim credit se manducare
omnia: qui autem infirmus est, olus manducet. 3 Is qui manducat, non manducantem non spernat: et qui non manducat,
manducantem non iudicet: Deus enim illum assumpsit. 4 Tu quis es, qui iudicas
alienum servum? Domino suo stat, aut
cadit: stabit autem: potens est enim Deus
statuere illum. 5 Nam alius iudicat diem
inter diem: alius autem iudicat omnem
diem: unusquisque in suo sensu abundet.
6 Qui sapit diem, Domino sapit. Et qui
manducat, Domino manducat: gratias
enim agit Deo. Et qui non manducat, Domino non manducat, et gratias agit Deo.
7 Nemo enim nostrum sibi vivit, et nemo
sibi moritur. 8 Sive enim vivimus, Domino vivimus: sive morimur, Domino morimur. Sive ergo vivimus, sive morimur,
Domini sumus. 9 In hoc enim Christus
mortuus est, et resurrexit: ut et mortuorum et vivorum dominetur. 10 Tu autem
quid iudicas fratrem tuum? aut tu quare
spernis fratrem tuum? Omnes enim stabimus ante tribunal Christi. 11 Scriptum
est enim: Vivo ego, dicit Dominus, quoniam mihi flectetur omne genu: et omnis
lingua confitebitur Deo. 12 Itaque unusquisque nostrum pro se rationem reddet
Deo.

Vitandum offendiculum fratrum

13 Non ergo amplius invicem iudice-
mus: sed hoc iudicate magis, ne ponatis
offendiculum fratri, vel scandalum. 14 Scio,
et confido in Domino Iesu, quia nihil
commune per ipsum, nisi ei qui existimat
quid commune esse, illi commune est. 15 Si
enim propter cibum frater tuus contristatur, iam non secundum charitatem ambulas. Noli cibo tuo illum perdere, pro quo
Christus mortuus est. 16 Non ergo blasphemetur bonum nostrum. 17 Non est
enim regnum Dei esca et potus: sed iustitia, et pax, et gaudium in Spiritu sancto:
18 qui enim in hoc servit Christo, placet
Deo, et probatus est hominibus. 19 Itaque
quae pacis sunt, sectemur: et quae aedifi-
cationis sunt, in invicem custodiamus.
20 Noli propter escam destruere opus
Dei, omnia quidem sunt munda: sed malum est homini, qui per offendiculum
manducat. 21 Bonum est non manducare
carnem, et non bibere vinum, neque in
quo frater tuus offenditur, aut scandalizatur, aut infirmatur. 22 Tu fidem habes?
penes temetipsum habe coram Deo. Beatus qui non iudicat semetipsum in eo quod
probat. 23 Qui autem discernit, si manducaverit, damnatus est: quia non ex fide.
Omne autem, quod non est ex fide, peccatum est.

Christi exemplo fratrum saluti studendum

15 1 Debemus autem nos firmiores im-
becillitates infirmorum sustinere, et
non nobis placere. 2 Unusquisque vestrum
proximo suo placeat in bonum, ad aedificationem. 3 Etenim Christus non sibi placuit, sed sicut scriptum est: Improperia
improperantium tibi ceciderunt super me.
4 Quaecumque enim scripta sunt, ad nostram doctrinam scripta sunt: ut per patientiam, et consolationem Scripturarum,
spem habeamus. 5 Deus autem patientiae
et solatii det vobis idipsum sapere in alterutrum secundum Iesum Christum: 6 ut

1 Cor 7,29; Iac 5,8; 1 Io 2,18. — **12:** Eph 6,11-13; 1 Thess 5,8. — **14:** 1 Cor 9,27; Gal 3,27; Col 2,23.

14 **1:** Rom 15,1; 1 Cor 8,9. — **3:** 1 Cor 10, 25; Col 2,16. — **4:** Mt 7,1; Iac 4,11-13. ‖ Conc. Trid.: D 806. — **5:** Gal 4,10. — **6:** 1 Cor 10,30. — **7:** Lc 20,38. — **8:** 1 Cor 6,19; Gal 2, 20. — **9:** Io 12,24. — **10:** Mt 25,31; Act 17,31; 2 Cor 5,10. ‖ Epist. Pelag. I: D 228; Conc. Lugdun. II: D 464. — **11:** Is 45,23; Phil 2,10-11. — **12:** Gal 6,5. — **13:** 1 Cor 8,9.13; 1 Io 2,10. — **14:** Mt 15,11; Act 10,15; 1 Cor 10,25; Tit 1,15. — **15:** 1 Cor 8,4.11-13. — **16:** 1 Cor 10,29. — **17:** Lc 17,21. — **19:** Rom 12,18; 15,2. — **20:** Rom 14,14; Tit 1,15. — **21:** 1 Cor 8,13. — **22:** 1 Cor 10,25; Tit 1,15. — **23:** Iac 4,17. ‖ Conc. Lateran. IV: D 439.

15 **1:** Rom 14,1; 1 Cor 10,33; Gal 6,1. — **3:** Ps 68,10; Phil 2,5. — **4:** Rom 4,23-24; 1 Cor 10,11; 2 Tim 3,16. — **5:** Rom 12,16. — **8:**

unanimes, uno ore honorificetis Deum, et
patrem Domini nostri Iesu Christi.
7 Propter quod suscipite invicem, sicut
et Christus suscepit vos in honorem Dei.
8 Dico enim Christum Iesum ministrum
fuisse circumcisionis propter veritatem
Dei, ad confirmandas promissiones patrum: 9 gentes autem super misericordia
honorare Deum, sicut scriptum est: Propterea confitebor tibi in gentibus, Domine,
et nomini tuo cantabo. 10 Et iterum dicit:
Laetamini gentes cum plebe eius. 11 Et
iterum: Laudate omnes gentes Dominum:
et magnificate eum omnes populi. 12 Et
rursus Isaias ait: Erit radix Iesse, et qui
exsurget regere gentes, in eum gentes sperabunt. 13 Deus autem spei repleat vos
omni gaudio et pace in credendo: ut abundetis in spe, et virtute Spiritus sancti.

EPILOGUS

(15,14-16,27)

Cur audacius scripserit Romanis

14 Certus sum autem fratres mei et ego
ipse de vobis, quoniam et ipsi pleni estis
dilectione, repleti omni scientia, ita ut possitis alterutrum monere. 15 Audacius autem scripsi vobis fratres ex parte, tanquam
in memoriam vos reducens: propter gratiam, quae data est mihi a Deo, 16 ut sim
minister Christi Iesu in gentibus: sanctificans Evangelium Dei, ut fiat oblatio gentium accepta, et sanctificata in Spiritu
sancto. 17 Habeo igitur gloriam in Christo
Iesu ad Deum. 18 Non enim audeo aliquid
loqui eorum, quae per me non efficit
Christus in obedientiam gentium, verbo
et factis: 19 in virtute signorum, et prodigiorum, in virtute Spiritus sancti: ita ut
ab Ierusalem per circuitum usque ad Illy-
ricum repleverim Evangelium Christi.
20 Sic autem praedicavi Evangelium hoc,
non ubi nominatus est Christus, ne super
alienum fundamentum aedificarem: sed
sicut scriptum est: 21 Quibus non est annuntiatum de eo, videbunt: et qui non
audierunt, intelligent.

Itinera nuntiat in Ierusalem et in Hispaniam

22 Propter quod et impediebar plurimum
venire ad vos, et prohibitus sum usque
adhuc. 23 Nunc vero ulterius locum non
habens in his regionibus, cupiditatem autem habens veniendi ad vos ex multis iam
praecedentibus annis: 24 cum in Hispaniam proficisci coepero, spero quod praeteriens videam vos, et a vobis deducar illuc, si vobis primum ex parte fruitus fuero. 25 Nunc igitur proficiscar in Ierusalem
ministrare sanctis. 26 Probaverunt enim
Macedonia et Achaia collationem aliquam
facere in pauperes sanctorum, qui sunt in
Ierusalem. 27 Placuit enim eis: et debitores sunt eorum. Nam si spiritualium
eorum participes facti sunt gentiles, debent et in carnalibus ministrare illis. 28 Hoc
igitur cum consummavero, et assignavero
eis fructum hunc, per vos proficiscar in
Hispaniam. 29 Scio autem quoniam veniens ad vos, in abundantia benedictionis
Evangelii Christi veniam.
30 Obsecro ergo vos fratres per Dominum nostrum Iesum Christum, et per charitatem sancti Spiritus, ut adiuvetis me in
orationibus vestris pro me ad Deum, 31 ut
liberer ab infidelibus, qui sunt in Iudaea,
et obsequii mei oblatio accepta fiat in Ierusalem sanctis, 32 ut veniam ad vos in
gaudio per voluntatem Dei, et refrigerer
vobiscum. 33 Deus autem pacis sit cum
omnibus vobis. Amen.

Commendationes et salutationes

16 1 Commendo autem vobis Phoeben
sororem nostram, quae est in ministerio Ecclesiae, quae est in Cenchris:
2 ut eam suscipiatis in Domino digne sanctis: et assistatis ei in quocumque negotio
vestri indiguerit: etenim ipsa quoque astitit multis, et mihi ipsi.
3 Salutate Priscam et Aquilam, adiutores meos in Christo Iesu 4 (qui pro anima
mea suas cervices supposuerunt: quibus
non solus ego gratias ago, sed et cunctae
ecclesiae gentium); 5 et domesticam Ecclesiam eorum. Salutate Epaenetum dilectum mihi, qui est primitivus Asiae in
Christo. 6 Salutate Mariam, quae multum
laboravit in vobis. 7 Salutate Andronicum
et Iuniam, cognatos, et concaptivos meos:
qui sunt nobiles in Apostolis, qui ei ante
me fuerunt in Christo. 8 Salutate Amplia-
tum dilectissimum mihi in Domino. 9 Salutate Urbanum adiutorem nostrum in
Christo Iesu, et Stachyn dilectum meum.
10 Salutate Apellen probum in Christo.
11 Salutate eos qui sunt ex Aristoboli domo. Salutate Herodionem cognatum
meum. Salutate eos qui sunt ex Narcisi

Mt 15,24; Act 3,25. — **9:** Ps 17,50; Rom 3,29. **10:** Deut 32,43. — **11:** Ps 116,11. — **12:** Is 11, 10. — **15:** Rom 1,5; 12,3. — **16:** Act 9,15; Rom 11,13. — **17:** Phil 3,3. — **18:** Act 15,12; 21,19. **19:** 2 Cor 12,12. — **20:** Rom 15,16; 2 Cor 10,13. **21:** Is 52,15. — **22:** Rom 1,13. — **23:** Rom 1,11; 1 Thess 3,6. — **24:** 1 Cor 16,6. — **25:** Act 19, 21; 20,22; 24,17. — **26:** 1 Cor 16,1-4; 2 Cor 8, 1; 9,2. — **27:** Rom 9,2; 1 Cor 9,11; 2 Cor 9,12; Gal 6,6. — **29:** Rom 1,11; Eph 1,3. — **30:** 2 Cor 1,11; Col 4,3; 2 Thess 3,1. — **33:** Rom 16,20.

16 3: Act 18,2.18; 1 Cor 16,19. — **5:** 1 Cor 16,19. — **7:** 2 Cor 8,23. — **13:** Mc 15,21.

domo, qui sunt in Domino. 12 Salutate
Tryphaenam et Tryphosam, quae laborant in Domino. Salutate Persidem charis-
simam, quae multum laboravit in Domino. 13 Salutate Rufum electum in Domino,
et matrem eius, et meam. 14 Salutate Asyn-
critum, Phlegontem, Hermam, Patrobam,
Hermen, et qui cum eis sunt, fratres. 15 Salutate Philologum et Iuliam, Nereum, et
sororem eius, et Olympiadem, et omnes
qui cum eis sunt, sanctos. 16 Salutate invicem in osculo sancto. Salutant vos omnes Ecclesiae Christi.
17 Rogo autem vos fratres, ut observetis
eos qui dissensiones et offendicula, praeter
doctrinam, quam vos didicistis, faciunt,
et declinate ab illis. 18 Huiuscemodi enim
Christo Domino nostro non serviunt, sed
suo ventri: et per dulces sermones et benedictiones seducunt corda innocentium.
19 Vestra enim obedientia in omnem locum divulgata est. Gaudeo igitur in vobis.
Sed volo vos sapientes esse in bono, et
simplices in malo. 20 Deus autem pacis
conterat Satanam sub pedibus vestris velociter. Gratia Domini nostri Iesu Christi
vobiscum.
21 Salutat vos Timotheus adiutor meus,
et Lucius, et Iason, et Sosipater cognati
mei. 22 Saluto vos ego Tertius, qui scripsi
epistolam, in Domino. 23 Salutat vos Caius
hospes meus, et universa Ecclesia. Salutat
vos Erastus arcarius civitatis, et Quartus,
frater. 24 Gratia Domini nostri Iesu Christi cum omnibus vobis. Amen.

Doxologia finalis

25 Ei autem, qui potens est vos confirmare iuxta Evangelium meum, et praedicationem Iesu Christi, secundum revelationem mysterii temporibus aeternis taci-
ti, 26 (quod nunc patefactum est per Scripturas prophetarum secundum praeceptum
aeterni Dei, ad obeditionem fidei) in cunctis gentibus cogniti, 27 soli sapienti Deo,
per Iesum Christum, cui honor et gloria
in saecula saeculorum. Amen.

16: 1 Cor 16,20. — **17:** Tit 3,10. — **18:** Phil 3,19; Col 2,4; 2 Petr 2,3. || Conc. Trid.: D 808. — **19:** Mt 10,16; Rom 1,8; 1 Cor 14,20. — **20:** Rom 15,33; Phil 4,9. — **23:** Act 19,22; 1 Cor 1,14. — **25:** Eph 3,5.19; Col 1,26; Tit 1,3; 1 Petr 1,20. — **27:** 1 Tim 1,17; Iudae 25.

EPISTOLA B. PAULI APOSTOLI AD CORINTHIOS PRIMA

SUMMARIUM SALUTATIO ET GRATIARUM ACTIO *(1,1-9)*.—PARS PRIOR: CORINTHIORUM REPREHENSIONES *(1,10-6,20): Reprobantur schismata et eorum causa declaratur (1,11-31). Sapientia Apostoli (2). Quam Corinthii portare nequeunt (3-4). De incestuoso (5). Lites et fornicatio fugiendae (6).*—PARS ALTERA: RESPONSIONES AD DUBIA CORINTHIORUM *(7-15): De coniugum mutuis officiis (7,1-24). De virginitate (7,25-40). De idolothytorum manducatione, charitate servata (8). Exemplum Apostoli (9). Idololatria fugienda (10). De coetuum christianorum celebratione (11). De pluralitate charismatum in uno corpore Ecclesiae (12). Laus charitatis (13). De donis linguarum et prophetiae (14). De resurrectione (15).*—EPILOGUS *(16): De collectis pro fratribus hierosolymitanis (16,1-9). Commendationes et salutationes (16,10-24)*

Salutatio epistolaris

1 1 Paulus vocatus Apostolus Iesu Christi per voluntatem Dei, et Sosthenes
frater, 2 Ecclesiae Dei, quae est Corinthi,
sanctificatis in Christo Iesu, vocatis sanctis, cum omnibus qui invocant nomen
Domini nostri Iesu Christi, in omni loco
ipsorum et nostro. 3 Gratia vobis, et pax
a Deo Patre nostro, et Domino Iesu
Christo.

Gratiarum actio ob dona Corinthiis concessa

4 Gratias ago Deo meo semper pro vobis in gratia Dei, quae data est vobis in
Christo Iesu: 5 quod in omnibus divites
facti estis in illo, in omni verbo, et in omni
scientia. 6 Sicut testimonium Christi confirmatum est in vobis: 7 ita ut nihil vobis
desit in ulla gratia, exspectantibus revelationem Domini nostri Iesu Christi, 8 qui

1 **1:** Act 18,17; Rom 1,1. — **2:** Act 18,1. — **3:** Ps 102,13; Rom 1,7. — **5:** 2 Cor 8,7. — **6:** Act 18,7. — **7:** Lc 17,30; Phil 3,20; Hebr 9,28; 2 Petr 3,12. — **8:** Phil 1,6; 1 Thess 5,23. — **9:**

et confirmabit vos usque in finem sine
crimine, in die adventus Domini nostri
Iesu Christi. 9 Fidelis Deus: per quem vocati estis in societatem filii eius Iesu Christi Domini nostri.

PARS PRIOR

REPREHENSIONES OB VARIOS CORINTHIORUM ABUSUS

(1,10-6,20)

Reprobantur schismata

10 Obsecro autem vos fratres per nomen
Domini nostri Iesu Christi: ut idipsum
dicatis omnes, et non sint in vobis schismata: sitis autem perfecti in eodem sensu,
et in eadem sententia. 11 Significatum est
enim mihi de vobis fratres mei ab iis qui
sunt Chloes, quia contentiones sunt inter vos. 12 Hoc autem dico, quod unusquisque vestrum dicit: Ego quidem sum
Pauli: ego autem Apollo: ego vero Cephae: ego autem Christi.
13 Divisus est Christus? Numquid Paulus crucifixus est pro vobis? aut in nomine Pauli baptizati estis? 14 Gratias ago
Deo, quod neminem vestrum baptizavi,
nisi Crispum et Caium: 15 ne quis dicat
quod nomine meo baptizati estis. 16 Baptizavi autem et Stephanae domum: caeterum nescio si quem alium baptizaverim.
17 Non enim misit me Christus baptizare,
sed evangelizare: non in sapientia verbi,
ut non evacuetur crux Christi.

Dei et mundi sapientia

18 Verbum enim crucis pereuntibus quidem stultitia est: iis autem qui salvi fiunt,
id est nobis, Dei virtus est. 19 Scriptum
est enim: Perdam sapientiam sapientium,
et prudentiam prudentium reprobabo.
20 Ubi sapiens? ubi scriba? ubi conquisi-
tor huius saeculi? Nonne stultam fecit
Deus sapientiam huius mundi? 21 Nam
quia in Dei sapientia non cognovit mundus per sapientiam Deum: placuit Deo
per stultitiam praedicationis salvos facere
credentes. 22 Quoniam et Iudaei signa petunt, et Graeci sapientiam quaerunt: 23 nos
autem praedicamus Christum crucifixum:
Iudaeis quidem scandalum, gentibus autem stultitiam, 24 ipsis autem vocatis Iudaeis, atque Graecis Christum Dei virtutem, et Dei sapientiam: 25 quia quod stultum est Dei, sapientius est hominibus: et
quod infirmum est Dei, fortius est hominibus.
26 Videte enim vocationem vestram fratres, quia non multi sapientes secundum
carnem, non multi potentes, non multi
nobiles: 27 sed quae stulta sunt mundi elegit Deus, ut confundat sapientes: et infirma mundi elegit Deus, ut confundat
fortia: 28 et ignobilia mundi, et contemp-
tibilia elegit Deus, et ea quae non sunt,
ut ea quae sunt destrueret: 29 ut non glorietur omnis caro in conspectu eius. 30 Ex
ipso autem vos estis in Christo Iesu, qui
factus est nobis sapientia a Deo, et iustitia, et sanctificatio, et redemptio: 31 ut
quemadmodum scriptum est: Qui gloriatur, in Domino glorietur.

Quomodo Corinthiis Apostolus praedicaverit

2 1 Et ego, cum venissem ad vos, fratres, veni non in sublimitate sermonis, aut sapientiae, annuntians vobis testimonium Christi. 2 Non enim iudicavi
me scire aliquid inter vos, nisi Iesum
Christum, et hunc crucifixum. 3 Et ego in
infirmitate, et timore, et tremore multo
fui apud vos: 4 et sermo meus, et praedicatio mea non in persuabilibus humanae
sapientiae verbis, sed in ostensione spiritus et virtutis: 5 ut fides vestra non sit in
sapientia hominum, sed in virtute Dei.

Sapientiam loquitur inter perfectos

6 Sapientiam autem loquimur inter perfectos: sapientiam vero non huius saeculi,
neque principum huius saeculi, qui de-
struuntur: 7 sed loquimur Dei sapientiam
in mysterio, quae abscondita est, quam
praedestinavit Deus ante saecula in gloriam nostram, 8 quam nemo principum
huius saeculi cognovit: si enim cognovissent, nunquam Dominum gloriae crucifixissent. 9 Sed sicut scriptum est: Quod

1 Thess 5,24; 2 Thess 3,3. — **10:** 1 Cor 11,18; Phil 2,2; 4,2. || Conc. Trid.: D 875. — **11:** 1 Cor 3,3. — **12:** Io 1,42; Act 18,24; Gal 2,11. — **14:** Act 18,8; Rom 16,23. — **16:** 1 Cor 16,15. — **17:** Act 9,15; 1 Cor 9,16. — **18:** Rom 1,16; 1 Cor 2, 14; 3,19. — **19:** Is 29,14. — **20:** Iob 12,17; Is 19, 12; 33,18. || Conc. Constantinop. IV: D 338. — **21:** Mt 11,25; 12,38; Lc 10,21. — **23:** Act 17,18; Rom 9,32. || Conc. Florent.: D 697. — **24:** 1 Cor 1,18; Col 2,3. || Epist. S. Dionys.: D 49; Decr. Damasi: D 83. — **25:** 1 Cor 1,23; 2 Cor 13,4. — **26:** Mt 11,25; Lc 10,21; Iac 2,5. — **27:** Lc 14,21. **28:** Mt 19,30. — **29:** Rom 3,27; Eph 2,9. — **30:** Ier 23,5-6; Io 17,19; Rom 10,4; 2 Cor 5,18.21. || Bulla Clem. VI: D 550; Conc. Trid.: D 790. — **31:** Ier 9,22; 2 Cor 10,17. || Conc. Trid.: D 810 et 904.

2 **1:** 2 Cor 1,12. — **2:** Gal 6,14. || Epist. Pii VII: D 1605. — **3:** Act 18,9; 2 Cor 10,1; Gal 4, 13. — **4:** Rom 15,19; 1 Cor 4,20. — **5:** Eph 1,17. 1 Thess 1,5. — **6:** 1 Cor 3,18; 12,8; Phil 3,15. || Epist. Pii VII: D 1605. — **7-8:** Epist. Pii IX: D 1672; Conc. Vatic.: D 1795. — **7:** Rom 16,

oculus non vidit, nec auris audivit, nec in
cor hominis ascendit, quae praeparavit
Deus iis qui diligunt illum: 10 nobis autem revelavit Deus per spiritum suum:
Spiritus enim omnia scrutatur, etiam profunda Dei. 11 Quis enim hominum scit
quae sunt hominis, nisi spiritus hominis,
qui in ipso est? ita et quae Dei sunt, nemo
cognovit, nisi Spiritus Dei.
12 Nos autem non spiritum huius mundi accepimus, sed Spiritum qui ex Deo
est, ut sciamus quae a Deo donata sunt
nobis: 13 quae et loquimur non in doctis
humanae sapientiae verbis, sed in doctrina Spiritus, spiritualibus spiritualia comparantes. 14 Animalis autem homo non
percipit ea quae sunt Spiritus Dei: stultitia enim est illi, et non potest intelligere:
quia spiritualiter examinatur. 15 Spiritualis autem iudicat omnia: et ipse a nemine
iudicatur. 16 Quis enim cognovit sensum
Domini, qui instruat eum? Nos autem
sensum Christi habemus.

Corinthii nondum perfecti

3 1 Et ego, fratres, non potui vobis loqui quasi spiritualibus, sed quasi carnalibus. Tanquam parvulis in Christo, 2 lac
vobis potum dedi, non escam: nondum
enim poteratis: sed nec nunc quidem potestis: adhuc enim carnales estis. 3 Cum
enim sit inter vos zelus, et contentio:
nonne carnales estis, et secundum hominem ambulatis? 4 Cum enim quis dicat:
Ego quidem sum Pauli. Alius autem: Ego
Apollo: nonne homines estis?

Apostoli Dei ministri super Christi fundamentum aedificantes

Quid igitur est Apollo? quid vero Paulus? 5 Ministri eius, cui credidistis, et
unicuique sicut Dominus dedit. 6 Ego
plantavi, Apollo rigavit: sed Deus incrementum dedit. 7 Itaque neque qui plantat
est aliquid, neque qui rigat: sed qui incrementum dat, Deus. 8 Qui autem plantat, et qui rigat, unum sunt. Unusquisque
autem propriam mercedem accipiet secundum suum laborem. 9 Dei enim sumus adiutores: Dei agricultura estis, Dei
aedificatio estis.
10 Secundum gratiam Dei, quae data
est mihi, ut sapiens architectus fundamentum posui: alius autem superaedificat.
Unusquisque autem videat quomodo su-
peraedificet. 11 Fundamentum enim aliud
nemo potest ponere praeter id quod positum est, quod est Christus Iesus. 12 Si quis
autem superaedificat super fundamentum
hoc, aurum, argentum, lapides pretiosos,
ligna, foenum, stipulam, 13 uniuscuiusque
opus manifestum erit: dies enim Domini
declarabit, quia in igne revelabitur: et
uniuscuiusque opus quale sit, ignis pro-
babit. 14 Si cuius opus manserit quod su-
peraedificavit, mercedem accipiet. 15 Si
cuius opus arserit, detrimentum patietur:
ipse autem salvus erit: sic tamen quasi
per ignem.
16 Nescitis quia templum Dei estis, et
Spiritus Dei habitat in vobis? 17 Si quis
autem templum Dei violaverit, disperdet
illum Deus. Templum enim Dei sanctum
est, quod estis vos.

Mundi sapientia, stultitia apud Deum

18 Nemo se seducat: si quis videtur inter
vos sapiens esse in hoc saeculo, stultus
fiat ut sit sapiens. 19 Sapientia enim huius
mundi, stultitia est apud Deum. Scriptum est enim: Comprehendam sapientes
in astutia eorum. 20 Et iterum: Dominus
novit cogitationes sapientium quoniam
vanae sunt. 21 Nemo itaque glorietur in
hominibus. 22 Omnia enim vestra sunt,
sive Paulus, sive Apollo, sive Cephas, sive
mundus, sive vita, sive mors, sive praesentia, sive futura: omnia enim vestra
sunt: 23 vos autem Christi: Christus autem Dei.

Apostoli dispensatores mysteriorum Dei

4 1 Sic nos existimet homo ut ministros
Christi: et dispensatores mysterio-
rum Dei. 2 Hic iam quaeritur inter dispensatores ut fidelis quis inveniatur. 3 Mihi
autem pro minimo est ut a vobis iudicer,
aut ab humano die: sed neque meipsum
iudico. 4 Nihil enim mihi conscius sum:
sed non in hoc iustificatus sum: qui au-

25; Col 1,26. — **8:** Io 1,10; Iac 2,1.10. — **9:** Is 64,4. || Conc. Vatic.: D 1786. — **10:** Prov 20, 23; Mt 13,11. — **12:** Io 16,13-14; Rom 8,15. — **14:** Io 8,47; 14,17; 1 Cor 1,23; 2,6. — **15:** 1 Io 2,20. || Bulla Bonif. VIII: D 469. — **16:** Is 40, 13; Rom 11,34.

3 **1-2:** Eph 4,14; Hebr 5,12-13; 1 Petr 2,2. || Epist. Pii VII: D 1605. — **3:** 1 Cor 1,10; 11,18. — **4:** 1 Cor 1,12. — **5:** Act 18,24.27. — **6:** Act 18,4; 27,28. — **7:** 2 Cor 12,11. || Epist. Nic. I: D 334. — **8:** Rom 2,6; 1 Cor 4,5; 15,58. || Conc. Lateran. IV: D 431. — **9:** Mt 16,18; Eph 2,20; Col 2,7; 1 Petr 2,4. — **10:** Rom 15,20; 2 Petr 3,15. — **11:** 1 Petr 2,4-6. || Epist. S. Gel. I: D 164; Conc. Viennense: D 480. — **13-15:** Conc. Lugdun. I: D 456. — **13:** Mal 4,1; 1 Cor 4,5; 2 Thess 1,8. — **16:** 1 Cor 6,19; 2 Cor 6,16. || Conc. Trid.: D 985. — **17:** Conc. Trid.: D 807 et 904. — **18:** 1 Cor 8,2; Gal 6,3; Apoc 3,17-18. **19:** Iob 5,13. — **20:** Ps 93,11. — **22:** 1 Cor 1,12; 3,4. — **23:** 1 Cor 11,3.

4 **1:** 1 Petr 4,10. || Conc. Trid.: D 931; Enc. Pii XI: D 2274. — **2:** Lc 12,42. — **4-5:** Iob

tem iudicat me, Dominus est. 5 Itaque
nolite ante tempus iudicare, quoadusque
veniat Dominus: qui et illuminabit abscondita tenebrarum, et manifestabit consilia cordium: et tunc laus erit unicuique
a Deo.

6 Haec autem, fratres, transfiguravi in
me et Apollo, propter vos: ut in nobis
discatis, ne supra quam scriptum est, unus
adversus alterum infletur pro alio. 7 Quis
enim te discernit? Quid autem habes quod
non accepisti? Si autem accepisti, quid
gloriaris quiasi non acceperis?

Pauli cum Corinthiis ironica comparatio

8 Iam saturati estis, iam divites facti
estis: sine nobis regnatis: et utinam regnetis, ut et nos vobiscum regnemus. 9 Puto
enim quod Deus nos Apostolos novissimos ostendit, tanquam morti destinatos:
quia spectaculum facti sumus mundo, et
angelis, et hominibus. 10 Nos stulti propter Christum, vos autem prudentes in
Christo: nos infirmi, vos autem fortes:
vos nobiles, nos autem ignobiles. 11 Usque
in hanc horam et esurimus, et sitimus, et
nudi sumus, et colaphis caedimur, et
instabiles sumus, 12 et laboramus operantes manibus nostris: maledicimur, et benedicimus: persecutionem patimur, et
sustinemus: 13 blasphemamur, et obsecramus: tanquam purgamenta huius mundi
facti sumus, omnium peripsema usque
adhuc.

Ad gravem redit exhortationem

14 Non ut confundam vos, haec scribo,
sed ut filios meos charissimos moneo.
15 Nam si decem millia paedagogorum
habeatis in Christo, sed non multos patres. Nam in Christo Iesu per Evangelium
ego vos genui. 16 Rogo ergo vos, imitatores mei estote, sicut et ego Christi.

17 Ideo misi ad vos Timotheum, qui est
filius meus charissimus, et fidelis in Domino: qui vos commonefaciet vias meas,
quae sunt in Christo Iesu, sicut ubique
in omni Ecclesia doceo. 18 Tanquam non
venturus sim ad vos, sic inflati sunt quidam. 19 Veniam autem ad vos cito, si Dominus voluerit: et cognoscam non sermonem eorum qui inflati sunt, sed virtutem.
20 Non enim in sermone est regnum Dei,
sed in virtute. 21 Quid vultis? in virga
veniam ad vos, an in charitate, et spiritu
mansuetudinis?

Incestuosus magnum Corinthiorum dedecus

5 1 Omnino auditur inter vos fornicatio, et talis fornicatio, qualis nec inter
gentes, ita ut uxorem patris sui aliquis
habeat. 2 Et vos inflati estis: et non magis
luctum habuistis ut tollatur de medio vestrum qui hoc opus fecit. 3 Ego quidem
absens corpore, praesens autem spiritu,
iam iudicavi ut praesens eum, qui sic
operatus est, 4 in nomine Domini nostri
Iesu Christi, congregatis vobis et meo spiritu, cum virtute Domini nostri Iesu, 5 tradere huiusmodi Satanae in interitum carnis, ut spiritus salvus sit in die Domini
nostri Iesu Christi.

Vetus fermentum ab Ecclesia extirpandum

6 Non est bona gloratio vestra. Nescitis
quia modicum fermentum totam massam
corrumpit? 7 Expurgate vetus fermentum,
ut sitis nova conspersio, sicut estis azymi.
Etenim Pascha nostrum immolatus est
Christus. 8 Itaque epulemur: non in fermento veteri, neque in fermento malitiae
et nequitiae: sed in azymis sinceritatis et
veritatis.

9 Scripsi vobis in epistola: Ne commisceamini fornicariis: 10 non utique fornicariis huius mundi, aut avaris, aut rapacibus, aut idolis servientibus: alioquin
debueratis de hoc mundo exiisse. 11 Nunc
autem scripsi vobis non commisceri: si
is qui frater nominatur, est fornicator,
aut avarus, aut idolis serviens, aut maledicus, aut ebriosus, aut rapax, cum eiusmodi nec cibum sumere. 12 Quid enim
mihi de iis qui foris sunt, iudicare? Nonne
de iis qui intus sunt, vos iudicatis? 13 nam
eos qui foris sunt, Deus iudicabit. Auferte
malum ex vobis ipsis.

9,2.15. || Conc. Trid.: D 810. — **6:** Rom 12,3; 1 Cor 1,12. — **7:** Io 3,27; Rom 12,6; Hebr 5,4; Iac 1,17. || Conc. Arausic. II: D 179 et 199. — **8:** Apoc 3,17.21. — **9:** Rom 8,36; Hebr 10,33. — **10:** 1 Cor 3,18. — **11:** Rom 8,35; 2 Cor 11,23; 1 Thess 2,9. — **12:** Act 18,3; 20,34; 1 Cor 9,15. **13:** 1 Petr 3,9. — **15:** Gal 3,24; 4,19; 1 Thess 2, 11. — **16:** 1 Cor 11,1; 2,9. — **12:** Act 18,3; 20, 34; 1 Cor 9,10; Phil 2,19. — **19:** 1 Cor 11,34; 16,5-6; 2 Cor 1,15-16. — **20:** 1 Cor 2,4. — **21:** 2 Cor 10,2; 13,2.10; Gal 6,1.

5 **1:** Lev 18,7-8; Deut 22,30; 27,20; 2 Cor 2, 3.5. — **3:** Col 2,5. — **4:** Mt 16,19; 18,18; Io 20,23; 2 Cor 13,10. — **5:** 1 Tim 1,20; 5,20; 1 Petr 4,6. — **6:** Mt 13,33; Gal 5,9. — **7:** Ex 12,21; 13,7; Is 53,7; Lc 13,21; 1 Petr 1,19. — **8:** Ex 12,3. || Epist. Greg. IX: D 443. — **9:** Mt 18,17; 2 Thess 3,14. — **10:** Io 17,15. — **11:** 2 Thess 3,6; Tit 3,10; 2 Io 10. — **12:** Mc 4,11. || Epist. Innoc. III: D 407; Conc. Trid.: D 895. — **13:** Deut 13,6; 17,7; 21,21.

Lites fidelium in Ecclesia dirimendae

6 1 Audet aliquis vestrum habens negotium adversus alterum, iudicari apud
iniquos, et non apud sanctos? 2 An nescitis
quoniam sancti de hoc mundo iudicabunt?
Et si in vobis iudicabitur mundus, indigni
estis qui de minimis iudicetis? 3 Nescitis
quoniam angelos iudicabimus? quanto
magis saecularia? 4 Saecularia igitur iudicia si habueritis: contemptibiles, qui sunt
in Ecclesia, illos constituite ad iudicandum. 5 Ad verecundiam vestram dico. Sic
non est inter vos sapiens quisquam, qui
possit iudicare inter fratrem suum? 6 Sed
frater cum fratre iudicio contendit: et hoc
apud infideles?
7 Iam quidem omnino delictum est in
vobis, quod iudicia habetis inter vos.
Quare non magis iniuriam accipitis? quare
non magis fraudem patimini? 8 Sed vos
iniuriam facitis, et fraudatis: et hoc fratribus.

Fornicatio omnino fugienda

9 An nescitis quia iniqui regnum Dei
non possidebunt? Nolite errare: neque
fornicarii, neque idolis servientes, neque
adulteri, 10 neque molles, neque masculo-
rum concubitores, neque fures, neque avari, neque ebriosi, neque maledici, neque
rapaces regnum Dei possidebunt. 11 Et
haec quidem fuistis: sed abluti estis, sed
sanctificati estis, sed iustificati estis in
nomine nostri Iesu Christi, et in Spiritu
Dei nostri. 12 Omnia mihi licent, sed non
omnia expediunt: omnia mihi licent, sed
ego sub nullius redigar potestate. 13 Esca
ventri, et venter escis: Deus autem et
hunc et has destruet, corpus autem non
fornicationi, sed Domino: et Dominus
corpori. 14 Deus vero et Dominum suscitavit: et nos suscitabit per virtutem suam.
15 Nescitis quoniam corpora vestra membra sunt Christi? Tollens ergo membra
Christi, faciam membra meretricis? Absit.
16 An nescitis quoniam qui adhaeret me-
retrici, unum corpus efficitur? Erunt enim
(inquit) duo in carne una. 17 Qui autem
adhaeret Domino, unus spiritus est. 18 Fugite fornicationem. Omne peccatum, quodcumque fecerit homo, extra corpus est:
qui autem fornicatur, in corpus suum peccat. 19 An nescitis quoniam membra vestra, templum sunt Spiritus sancti, qui in
vobis est, quem habetis a Deo, et non
estis vestri? 20 Empti enim estis pretio
magno. Glorificate, et portate Deum in
corpore vestro.

PARS ALTERA

Responsiones ad dubia Corinthiorum

(7,1-16,58)

De coniugum officiis

7 1 De quibus autem scripsistis mihi:
Bonum est homini mulierem non tangere: 2 propter fornicationem autem unusquisque suam uxorem habeat, et unaquaeque suum virum habeat. 3 Uxori vir debitum reddat: similiter autem et uxor
viro. 4 Mulier sui corporis potestatem non
habet, sed vir. Similiter autem et vir sui
corporis potestatem non habet, sed mulier. 5 Nolite fraudare invicem, nisi forte
ex consensu ad tempus, ut vacetis orationi: et iterum revertimini in idipsum, ne
tentet vos Satanas propter incontinentiam
vestram.
6 Hoc autem dico secundum indulgentiam, non secundum imperium. 7 Volo
enim omnes vos esse sicut meipsum: sed
unusquisque proprium donum habet ex
Deo: alius quidem sic, alius vero sic.
8 Dico autem non nuptis, et viduis: bonum est illis si sic permaneant, sicut et
ego. 9 Quod si non se continent, nubant.
Melius est enim nubere, quam uri.

Fidelium coniugium indissolubile

10 Iis autem qui matrimonio iuncti sunt,
praecipio non ego, sed Dominus, uxorem
a viro non discedere: 11 quod si discesserit, manere innuptam, aut viro suo reconciliari. Et vir uxorem non dimittat.

Coniugium cum infideli dissolubile

12 Nam caeteris ego dico, non Dominus.
Si quis frater uxorem habet infidelem, et
haec consentit habitare cum illo, non

6 **2:** Sap 3,8; Dan 7,22; Apoc 20,4. — **5:** 1 Cor 15,34. — **6:** 2 Cor 6,15. — **7:** Mt 5,39; Lc 6,29; 1 Thess 5,15; 1 Petr 3,9. — **9-10:** Rom 1,29-31; 1 Cor 15,50; Gal 5,19; Eph 5,5; 1 Tim 1,9-10. || Conc. Lugdun. I: D 453; Conc. Trid.: D 808; Enc. Leonis XIII: D 1851. — **11:** Tit 3,3-7. || Conc. Trid.: D 799. — **12:** 1 Cor 8,9; 10,25. || Conc. Florent.: D 713. — **13:** Mt 15,17; Eph 5,23; 1 Thess 4,3-5. — **14:** Rom 8,11; 1 Cor 15,20; 2 Cor 4,14; Eph 1,19. — **15:** 1 Cor 12,27; Eph 4,16; 5,30. || Enc. Pii XI: D 2194. — **16:** Gen 2,24; Mt 19,5. — **17:** Io 17,21-23. || Conc. Lateran. IV: D 431. — **19:** 1 Cor 3,16. || Conc. Trid.: D 985. — **20:** 1 Cor 7,23; Phil 1,20; 1 Petr 1,18. || Enc. Pii XI: D 2194.

7 **2:** 1 Thess 4,3. — **3:** Enc. Pii XI: D 2232. — **5:** Ex 19,15; 1 Sam 21,4. || Decr. C. S. Concil.: D 1147. — **7:** Mt 19,11-12. — **9:** 1 Tim 5,14. — **10-11:** Mt 5,32; Mc 10,11-12; Lc 16,18; 1 Cor 7,12.25.40. || Conc. Trid.: D 977. — **12:** 2 Cor 6,14. || Epist. Innoc. III: D 407. —

dimittat illam. 13 Et si qua mulier fidelis habet virum infidelem, et hic consentit habitare cum illa, non dimittat virum: 14 sanctificatus est enim vir infidelis per mulierem fidelem, et sanctificata est mulier infidelis per virum fidelem: alioquin filii vestri immundi essent, nunc autem sancti sunt. 15 Quod si infidelis discedit, discedat: non enim servituti subiectus est frater, aut soror in huiusmodi: in pace autem vocavit nos Deus. 16 Unde enim scis mulier, si virum salvum facies? aut unde scis vir, si mulierem salvam facies?

In propria vocatione unusquisque permaneat

17 Nisi unicuique sicut divisit Dominus, unumquemque sicut vocavit Deus, ita ambulet, et sicut in omnibus Ecclesiis doceo. 18 Circumcisus aliquis vocatus est? non adducat praeputium. In praeputio aliquis vocatus est? non circumcidatur. 19 Circumcisio nihil est, et praeputium nihil est: sed observatio mandatorum Dei. 20 Unusquisque in qua vocatione vocatus est, in ea permaneat. 21 Servus vocatus es? non sit tibi curae: sed et si potes fieri liber, magis utere. 22 Qui enim in Domino vocatus est servus, libertus est Domini: similiter qui liber vocatus est, servus est Christi. 23 Pretio empti estis, nolite fieri servi hominum. 24 Unusquisque in quo vocatus est, fratres, in hoc permaneat apud Deum.

Virginitatis laudes

25 De virginibus autem praeceptum Domini non habeo: consilium autem do, tanquam misericordiam consecutus a Domino, ut sim fidelis. 26 Existimo ergo hoc bonum esse propter instantem necessitatem, quoniam bonum est homini sic esse. 27 Alligatus es uxori? noli quaerere solutionem. Solutus es ab uxore? noli quaerere uxorem. 28 Si autem acceperis uxorem, non peccasti. Et si nupserit virgo, non peccavit: tribulationem tamen carnis habebunt huiusmodi. Ego autem vobis parco.

29 Hoc itaque dico, fratres: Tempus breve est: reliquum est, ut et qui habent uxores, tanquam non habentes sint: 30 et qui flent, tanquam non flentes: et qui gaudent, tanquam non gaudentes: et qui emunt, tanquam non possidentes: 31 et qui utuntur hoc mundo, tanquam non utantur: praeterit enim figura huius mundi. 32 Volo autem vos sine sollicitudine esse. Qui sine uxore est, sollicitus est quae Domini sunt, quomodo placeat Deo. 33 Qui autem cum uxore est, sollicitus est quae sunt mundi, quomodo placeat uxori, et divisus est. 34 Et mulier innupta, et virgo, cogitat quae Domini sunt, ut sit sancta corpore, et spiritu. Quae autem nupta est, cogitat quae sunt mundi, quomodo placeat viro.

35 Porro hoc ad utilitatem vestram dico: non ut laqueum vobis iniiciam, sed ad id, quod honestum est, et quod facultatem praebeat sine impedimento Dominum obsecrandi. 36 Si quis autem turpem se videri existimat super virgine sua, quod sit superadulta, et ita oportet fieri: quod vult faciat: non peccat, si nubat. 37 Nam qui statuit in corde suo firmus, non habens necessitatem, potestatem autem habens suae voluntatis, et hoc iudicavit in corde suo, servare virginem suam, bene facit. 38 Igitur et qui matrimonio iungit virginem suam, bene facit: et qui non iungit, melius facit.

39 Mulier alligata est legi quanto tempore vir eius vivit, quod si dormierit vir eius, liberata est: cui vult nubat, tantum in Domino. 40 Beatior autem erit si sic permanserit secundum meum consilium: puto autem quod et ego Spiritum Dei habeam.

Quoad idolothyta licet ea edere, salva tamen charitate

8 1 De iis autem quae idolis sacrificantur, scimus quia omnes scientiam habemus. Scientia inflat, charitas vero aedificat. 2 Si quis autem se existimat scire aliquid, nondum cognovit quemadmodum oporteat eum scire. 3 Si quis autem diligit Deum, hic cognitus est ab eo. 4 De escis autem quae idolis immolantur, scimus quia nihil est idolum in mundo, et quod nullus est Deus, nisi unus. 5 Nam etsi sunt qui dicantur dii sive in caelo, sive in terra (siquidem sunt dii multi, et domini multi): 6 nobis tamen unus est Deus, Pater, ex quo omnia, et nos in illum: et unus Dominus Iesus Christus, per quem omnia, et nos per ipsum. 7 Sed non in omnibus est scientia. Quidam autem cum conscientia usque nunc idoli,

15: Rom 14,19; Col 3,15; 1 Petr 3,1. || Epist. Innoc. III: D 405 et 408. — **17:** Rom 12,3. — **18:** Act 15,1; Gal 5,2. — **19:** Rom 2,25; Gal 5,6; 6,15; Col 3,11. — **21:** Eph 6,6; 1 Tim 6, 1; Phil 16. — **23:** 1 Cor 6,20. — **25-26:** Conc. Trid.: D 980. — **25:** 1 Cor 7,10.40. || Conc. Arausic. II: D 199 et 200. — **26:** Mt 24,19.29; 1 Cor 7,29. — **29:** Lc 14,26; Rom 13,11. — **31:** 1 Io 2,15. — **34:** Lc 14,20; Eph 5,29. — **39:** Rom 7, 2. || Conc. Lugdun. I: D 455.

8 **1:** Act 15,29. || Conc. Carthag. XVI: D 104; De gratia Dei Indiculus: D 137. — **2:** Gal 6,3. — **3:** Gal 4,9. — **4:** Is 41,24; 1 Cor 10,19. — **5:** Ps 81,6; Io 10,34. — **6:** Mal 2,10; Rom 11, 36; Eph 4,5. — **7:** 1 Cor 10,27. — **8:** Rom 14,

quasi idolothytum manducant: et conscientia ipsorum cum sit infirma, polluitur.
8 Esca autem nos non commendat Deo.
Neque enim si manducaverimus, abun-
dabimus: neque si non manducaverimus,
deficiemus. 9 Videte autem ne forte haec
licentia vestra offendiculum fiat infirmis.
10 Si enim quis viderit eum, qui habet
scientiam, in idolio recumbentem: nonne
conscientia eius, cum sit infirma, aedificabitur ad manducandum idolothyta?
11 Et peribit infirmus in tua scientia frater, propter quem Christus mortuus est?
12 Sic autem peccantes in fratres, et percutientes conscientiam eorum infirmam,
in Christum peccatis. 13 Quapropter si esca
scandalizat fratrem meum, non manducabo carnem in aeternum, ne fratrem
meum scandalizem.

Paulus suum ipsius exemplum abstinentiae Corinthiis proponit

9 1 Non sum liber? Non sum Apostolus? Nonne Christum Iesum Dominum nostrum vidi? Nonne opus meum
vos estis in Domino? 2 Et si aliis non sum
Apostolus, sed tamen vobis sum: nam
signaculum apostolatus mei vos estis in
Domino: 3 mea defensio apud eos qui
me interrogant, haec est: 4 Numquid non
habemus potestatem manducandi et bibendi? 5 Numquid non habemus potestatem mulierem sororem circumducendi sicut et caeteri Apostoli, et fratres Domini,
et Cephas? 6 Aut ego solus, et Barnabas,
non habemus potestatem hoc operandi?
7 Quis militat suis stipendiis unquam?
Quis plantat vineam, et de fructu eius
non edit? Quis pascit gregem, et de lacte
gregis non manducat?
8 Numquid secundum hominem haec
dico? An et lex haec non dicit? 9 Scriptum est enim in lege Moysi: Non alligabis
os bovi trituranti. Numquid de bobus cura
est Deo? 10 An propter nos utique hoc
dicit? Nam propter nos scripta sunt: quoniam debet in spe qui arat, arare: et qui
triturat, in spe fructus percipiendi. 11 Si
nos vobis spiritualia seminavimus, magnum est si nos carnalia vestra metamus?
12 Si alii potestatis vestrae participes sunt,
quare non potius nos? Sed non usi sumus
hac potestate: sed omnia sustinemus, ne
quod offendiculum demus Evangelio
Christi. 13 Nescitis quoniam qui in sacrario operantur, quae de sacrario sunt,
edunt: et qui altari deserviunt, cum altari
participant? 14 Ita et Dominus ordinavit
iis qui Evangelium annuntiant, de Evangelio vivere.
15 Ego autem nullo horum usus sum.
Non autem scripsi haec ut ita fiant in me:
bonum est enim mihi magis mori, quam
ut gloriam meam quis evacuet. 16 Nam
si evangelizavero, non est mihi gloria: necessitas enim mihi incumbit: vae enim
mihi est, si non evangelizavero. 17 Si enim
volens hoc ago, mercedem habeo: si autem invitus, dispensatio mihi credita est.
18 Quae est ergo merces mea? Ut Evangelium praedicans, sine sumptu ponam
Evangelium, ut non abutar potestate mea
in Evangelio.

Omnibus omnia factus sum!

19 Nam cum liber essem ex omnibus,
omnium me servum feci, ut plures lucrifacerem. 20 Et factus sum Iudaeis tanquam Iudaeus, ut Iudaeos lucrarer: 21 iis
qui sub lege sunt, quasi sub lege essem (cum
ipse non essem sub lege) ut eos qui sub
lege erant, lucrifacerem: iis qui sine lege
erant, tanquam sine lege essem (cum sine
lege Dei non essem: sed in lege essem
Christi) ut lucrifacerem eos qui sine lege
erant. 22 Factus sum infirmis infirmus, ut
infirmos lucrifacerem. Omnibus omnia
factus sum, ut omnes facerem salvos.
23 Omnia autem facio propter Evangelium
ut particeps eius efficiar.
24 Nescitis quod ii qui in stadio currunt,
omnes quidem currunt, sed unus accipit
bravium? Sic currite ut comprehendatis.
25 Omnis autem qui in agone contendit,
ab omnibus se abstinet, et illi quidem ut
corruptibilem coronam accipiant: nos autem incorruptam. 26 Ego igitur sic curro,
non quasi in incertum: sic pugno, non
quasi aerem verberans: 27 sed castigo corpus meum, et in servitutem redigo: ne
forte cum aliis praedicaverim, ipse repro-
bus efficiar.

Israelis historia exemplum fidelium

10 1 Nolo enim vos ignorare fratres,
quoniam patres nostri omnes sub
nube fuerunt, et omnes mare transierunt,
2 et omnes in Moyse baptizati sunt in
nube, et in mari: 3 et omnes eamdem es-

17. — **9:** Gal 5,13. — **10:** Rom 14,15. — **13:** Rom 14,2.13.21; 2 Cor 6,3.

9 **1:** Act 9,5; 1 Cor 15,8; Gal 1,1. — **2:** 2 Cor 3,2. — **4:** Mt 10,10; Lc 10,7. — **5:** Mt 12,46; Io 1,42. — **9:** Deut 25,4; 1 Tim 5,18. — **10:** 2 Tim 2,6. — **11:** Rom 15,27. — **12:** Act 20,33; 2 Cor 11,9; 1 Thess 2,9; 2 Thess 3,8. — **13:** Num 5,9; 18,8; Deut 18,1. — **14:** 1 Cor 9,4; Gal 6,6. — **16:** Ier 20,9. — **19:** Mt 20,26. — **20:** Act 16,3; 21,20-26. — **21:** Gal 2,3; 6,2. — **22:** Rom 14,2; 2 Cor 11,29. — **24-27:** Conc. Trid.: D 804. — **24:** Phil 3,14; 2 Tim 4,7. — **25:** 1 Tim 6,12; 2 Tim 2,5; Iac 1,12; 1 Petr 1,4; 5,4. — **27:** Rom 8,13.

10 **1:** Ex 13,21; 14,22. — **3:** Ex 10,15.35; Deut 8,3. — **4:** Ex 17,4. — **5:** Num 14,

cam spiritalem manducaverunt, 4 et omnes eumdem potum spiritalem biberunt
(bibebant autem de spiritali, consequen-
te eos, petra: petra autem erat Christus):
5 sed non in pluribus eorum beneplacitum
est Deo: nam prostrati sunt in deserto.
6 Haec autem in figura facta sunt nostri, ut
non simus concupiscentes malorum, sicut
et illi concupierunt. 7 Neque idololatrae
efficiamini, sicut quidam ex ipsis: quemadmodum scriptum est: Sedit populus
manducare, et bibere, et surrexerunt ludere. 8 Neque fornicemur, sicut quidam ex
ipsis fornicati sunt, et ceciderunt una die
viginti tria millia. 9 Neque tentemus Christum, sicut quidam eorum tentaverunt, et
a serpentibus perierunt. 10 Neque murmu-
raveritis, sicut quidam eorum murmuraverunt, et perierunt ab exterminatore.
11 Haec autem omnia in figura continge-
bant illis: scripta sunt autem ad correptionem nostram, in quos fines saeculorum
devenerunt.

12 Itaque qui se existimat stare, videat
ne cadat. 13 Tentatio vos non apprehendat nisi humana: fidelis autem Deus est,
qui non patietur vos tentari supra id quod
potestis, sed faciet etiam cum tentatione
proventum ut possitis sustinere.

Fugienda idololatria

14 Propter quod, charissimi mihi, fugite ab idolorum cultura: 15 ut prudentibus
loquor, vos ipsi iudicate quod dico. 16 Calix benedictionis, cui benedicimus, nonne
communicatio sanguinis Christi est? et
panis quem frangimus, nonne participatio
corporis Domini est? 17 Quoniam unus
panis, unum corpus multi sumus, omnes
qui de uno pane participamus. 18 Videte
Israel secundum carnem: nonne qui edunt
hostias, participes sunt altaris? 19 Quid
ergo? dico quod idolis immolatum sit aliquid? aut quod idolum, sit aliquid? 20 Sed
quae immolant gentes, daemoniis immolant, et non Deo. Nolo autem vos socios
fieri daemoniorum: non potestis calicem
Domini bibere, et calicem daemoniorum:
21 non potestis mensae Domini participes
esse, et mensae daemoniorum. 22 An ae-
mulamur Dominum? Numquid fortiores
illo sumus? Omnia mihi licent, sed non
omnia expediunt. 23 Omnia mihi licent,
sed non omnia aedificant.

In ciborum electione ante omnia charitas tenenda

24 Nemo quod suum est quaerat, sed
quod alterius. 25 Omne quod in macello
venit, manducate, nihil interrogantes propter conscientiam. 26 Domini est terra, et
plenitudo eius. 27 Si quis vocat vos infidelium, et vultis ire: omne quod vobis ap-
ponitur, manducate, nihil interrogantes
propter conscientiam.

28 Si quis autem dixerit: Hoc immolatum est idolis: nolite manducare propter
illum qui indicavit, et propter conscientiam: 29 conscientiam autem dico non
tuam, sed alterius. Ut quid enim libertas
mea iudicatur ab aliena conscientia? 30 Si
ego cum gratia participo, quid blasphe-
mor pro eo quod gratias ago? 31 Sive ergo
manducatis, sive bibitis, sive aliud quid
facitis: omnia in gloriam Dei facite. 32 Sine
offensione estote Iudaeis, et gentibus, et
Ecclesiae Dei: 33 sicut et ego per omnia
omnibus placeo, non quaerens quod mihi
utile est, sed quod multis: ut salvi fiant.

11 1 Imitatores mei estote, sicut et ego
Christi.

De mulierum velamine in coetibus sacris

2 Laudo autem vos fratres quod per omnia mei memores estis: et sicut tradidi
vobis, praecepta mea tenetis. 3 Volo autem vos scire quod omnis viri caput, Christus est: caput autem mulieris, vir: caput
vero Christi, Deus. 4 Omnis vir orans,
aut prophetans velato capite, deturpat
caput suum. 5 Omnis autem mulier orans,
aut prophetans non velato capite, deturpat caput suum: unum enim est ac si
decalvetur. 6 Nam si non velatur mulier,
tondeatur. Si vero turpe est mulieri ton-
deari, aut decalvari, velet caput suum.

7 Vir quidem non debet velare caput
suum: quoniam imago et gloria Dei est,
mulier autem gloria viri est. 8 Non enim
vir ex muliere est, sed mulier ex viro.
9 Etenim non est creatus vir propter mulierem, sed mulier propter virum. 10 Ideo
debet mulier potestatem habere supra caput propter angelos. 11 Verumtamen neque vir sine muliere: neque mulier sine

16.23. — **6:** Num 11,4.33. — **7:** Ex 32,6; Deut 9,16. — **8:** Num 25,1.9. — **9:** Num 21,6. — **10:** Num 14,2.29. — **12:** Rom 11,20; Gal 6,1. || Conc. Trid.: D 806. — **13:** 1 Cor 1,9; 2 Cor 1,18; 1 Thess 5,24. || Conc. Trid.: D 979. — **14:** 1 Io 5,21. — **16:** Mt 26,27; Act 2,42.46; 1 Cor 11,25. — **17:** Rom 12,5; 1 Cor 12,12. — **18:** Lev 3,3; 7,6.15; Hebr 13,10. — **19:** 1 Cor 8,4. — **20:** Lev 17,7: Deut 32,7; Ps 105,37. — **21:** Mal 1,7.12; 2 Cor 6,15-16; Apoc 9,20. || Conc. Trid.: D 939. — **22:** Deut 32,21; Rom 10,19. || Conc. Florent.: D 713. — **23:** 1 Cor 6,12. — **24:** 1 Cor 13,5; Gal 6,2; Phil 2,4. — **25:** 1 Cor 8,7. — **26:** Ps 23,1. — **27:** Lc 10,8. — **28:** 1 Cor 8,7. — **29:** 1 Cor 8,9.12. — **30:** 1 Tim 4,3. — **31:** Col 3,17. — **32:** Rom 14,13. — **33:** 1 Cor 9, 20-22.

11 **1:** Cor 4,16; Phil 3,17. — **2:** 1 Cor 11, 17.22; 2 Thess 2,15. — **3:** 1 Cor 3,23; Eph 5,23. — **8:** Gen 2,21-23; 1 Tim 2,13. — **9:** Gen 2,18. — **18:** Gen 1,10. — **19:** Deut 13,

viro in Domino. 13 Nam sicut mulier de viro, ita et vir per mulierem: omnia autem ex Deo.

13 Vos ipsi iudicate: decet mulierem non velatam orare Deum? 14 Nec ipsa natura docet vos, quod vir quidem si comam nutriat, ignominia est illi: 15 mulier vero si comam nutriat, gloria est illi: quoniam capilli pro velamine ei dati sunt. 16 Si quis autem videtur contentiosus esse: nos talem consuetudinem non habemus, neque Ecclesia Dei.

In sacra synasi Christi exemplum sequendum

17 Hoc autem praecipio: non laudans quod non in melius, sed in deterius convenitis. 18 Primum quidem convenientibus vobis in Ecclesiam, audio scissuras esse inter vos, et ex parte credo. 19 Nam oportet et haereses esse, ut et qui probati sunt, manifesti fiant in vobis. 20 Convenientibus ergo vobis in unum, iam non est Dominicam coenam manducare. 21 Unusquisque enim suam coenam praesumit ad manducandum. Et alius quidem esurit: alius autem ebrius est. 22 Numquid domos non habetis ad manducandum, et bibendum? aut Ecclesiam Dei contemnitis, et confunditis eos qui non habent? Quid dicam vobis? Laudo vos? in hoc non laudo.

23 Ego enim accepi a Domino quod et tradidi vobis, quoniam Dominus Iesus in qua nocte tradebatur, accepit panem, 24 et gratias agens fregit, et dixit: Accipite, et manducate: hoc est corpus meum, quod pro vobis tradetur: hoc facite in meam commemorationem. 25 Similiter et calicem, postquam coenavit, dicens: Hic calix novum testamentum est in meo sanguine; hoc facite quotiescumque bibetis, in meam commemorationem. 26 Quotiescumque enim manducabitis panem hunc, et calicem bibetis, mortem Domini annuntiabitis donec veniat. 27 Itaque quicumque manducaverit panem hunc, vel biberit calicem Domini indigne, reus erit corporis et sanguinisDomini. 28 Probet autem seipsum homo: et sic de pane illo edat, et de calice bibat. 29 Qui enim manducat et bibit indigne, iudicium sibi manducat et bibit: non diiudicans corpus Domini. 30 Ideo inter vos multi infirmi et imbecilles, et dormiunt multi. 31 Quod si nosmetipsos diiudicaremus non utique iudicaremur. 32 Dum iudicamur autem, a Domino corripimur, ut non cum hoc mundo damnemur. 33 Itaque fratres mei, cum convenitis ad manducandum, invicem exspectate. 34 Si quis esurit, domi manducet: ut non in iudicium conveniatis. Caetera autem, cum venero, disponam.

Plurima charismata ab eodem Spiritu

12 1 De spiritualibus autem, nolo vos ignorare fratres. 2 Scitis quoniam cum gentes essetis, ad simulachra muta prout ducebamini euntes. 3 Ideo notum vobis facio, quod nemo in Spiritu Dei loquens, dicit anathema Iesu. Et nemo potest dicere, Dominus Iesus, nisi in Spiritu sancto.

4 Divisiones vero gratiarum sunt, idem autem Spiritus: 5 et divisiones ministrationum sunt, idem autem Dominus: 6 et divisiones operationum sunt, idem vero Deus qui operatur omnia in omnibus. 7 Unicuique autem datur manifestatio Spiritus ad utilitatem. 8 Alii quidem per Spiritum datur sermo sapientiae: alii autem sermo scientiae secundum eundem Spiritum: 9 alteri fides in eodem Spiritu: alii gratia sanitatum in uno Spiritu: 10 alii operatio virtutum, alii prophetia, alii discretio spirituum, alii genera linguarum, alii interpretatio sermonum. 11 Haec autem omnia operatur unus atque idem Spiritus, dividens singulis prout vult.

Sicut in corpore plura membra

12 Sicut enim corpus unum est, et membra habet multa, omnia autem membra corporis cum sint multa, unum tamen corpus sunt: ita et Christus. 13 Etenim in uno Spiritu omnes nos in unum corpus baptizati sumus, sive Iudaei, sive gentiles, sive servi, sive liberi: et omnes in uno Spiritu potati sumus.

14 Nam et corpus non est unum membrum, sed multa. 15 Si dixerit pes: Quoniam non sum manus, non sum de corpore: num ideo non est de corpore? 16 Et si dixerit auris: Quoniam non sum oculus, non sum de corpore: num ideo non est de corpore? 17 Si totum corpus oculus: ubi auditus? Si totum auditus: ubi odoratus? 18 Nunc autem posuit Deus membra,

4; 1 Io 2,19. — **22:** Iac 2,6. — **23-25:** Mt 26,26-29; Mc 14,22-25; Lc 22,18-20. || Conc. Trid.: D 874.877.930.938; Decr. S. Officii: D 2045.— **24:** Conc. Trid.: D 875.949. — **25:** Ex 24,8; Zach 9,11; Hebr 9,22. — **26:** Io 21,22. || Conc. Trid.: D 875. — **27:** Io 13,27; Hebr 10,29. — **28-29:** 2 Cor 13,5. || Conc. Trid.: D 880. — **30:** Eph 5,14; 1 Thess 5,6. — **32:** Hebr 12,5; 1 Petr 4,17; Apoc 3,19. — **34:** 1 Cor 4,19. || Conc. Trid.: D 931.

12 **2:** Eph 2,11. — **3:** Mt 16,16-17; 1 Io 4,2. || Conc. Arausic. II: D 181. — **4:** Rom 12,6; Eph 4,4. — **5:** Phil 2.13. — **6:** 1 Cor 12,28; Eph 4,11. — **7:** 1 Cor 14,26. — **10:** 1 Cor 14,5. — **11:** Eph 4,7. || Conc. Trid.: D 799. — **12:** Rom 12,4; 1 Cor 10,17. — **13:** Gal 3,28;

unumquodque eorum in corpore sicut voluit. 19 Quod si essent omnia unum membrum, ubi corpus? 20 Nunc autem multa
quidem membra, unum autem corpus.
21 Non potest autem oculus dicere manui: Opera tua non indigeo: aut iterum
caput pedibus: Non estis mihi necessarii.
22 Sed mùlto magis quae videntur membra corporis infirmiora esse, necessariora
sunt: 23 et quae putamus ignobiliora membra esse corporis, his honorem abundantiorem circumdamus: et quae inhonesta
sunt nostra, abundantiorem honestatem
habent. 24 Honesta autem nostra nullius
egent: sed Deus temperavit corpus, ei
cui deerat, abundantiorem tribuendo honorem, 25 ut non sit schisma in corpore,
sed idipsum pro invicem sollicita sint
membra. 26 Et si quid patitur unum membrum, compatiuntur omnia membra: sive
gloriatur unum membrum, congaudent
omnia membra.

Omnia ad Ecclesiae perfectionem

27 Vos autem estis corpus Christi, et
membra de membro. 28 Et quosdam quidem posuit Deus in Ecclesia primum apostolos, secundo prophetas, exinde doctores,
deinde virtutes, exinde gratias curationum, opitulationes, gubernationes, genera
linguarum, interpretationes sermonum.
29 Numquid omnes apostoli? numquid omnes prophetae? numquid omnes doctores?
30 numquid omnes virtutes? numquid omnes gratiam habent curationum? numquid
omnes linguis loquuntur? numquid omnes
interpretantur?
31 Aemulamini autem charismata meliora. Et adhuc excellentiorem viam vobis
demonstro.

Charismatibus omnibus praestat charitas

13 1 Si linguis hominum loquar, et
angelorum, charitatem autem non
habeam, factus sum velut aes sonans, aut
cymbalum tinniens. 2 Et si habuero prophetiam, et noverim mysteria omnia, et
omnem scientiam: et si habuero omnem
fidem ita ut montes transferam, charitatem autem non habuero, nihil sum. 3 Et si
distribuero in cibos pauperum omnes facultates meas, et si tradidero corpus meum
ita ut ardeam, charitatem autem non habuero, nihil mihi prodest.

In charitate omnes virtutes continentur

4 Charitas patiens est, benigna est. Charitas non aemulatur, non agit perperam,
non inflatur, 5 non est ambitiosa, non
quaerit quae sua sunt, non irritatur, non
cogitat malum, 6 non gaudet super iniquitate, congaudet autem veritati: 7 omnia suffert, omnia credit, omnia sperat,
omnia sustinet.

Charitas fide et spe maior

8 Charitas nunquam excidit: sive prophetiae evacuabuntur, sive linguae cessabunt, sive scientia destruetur. 9 Ex parte
enim cognoscimus, et ex parte propheta-
mus. 10 Cum autem venerit quod perfectum est, evacuabitur quod ex parte est.
11 Cum essem parvulus, loquebar ut parvulus, sapiebam ut parvulus, cogitabam
ut parvulus. Quando autem factus sum
vir, evacuavi quae erant parvuli. 12 Videmus nunc per speculum in aenigmate:
tunc autem facie ad faciem. Nunc cognosco ex parte: tunc autem cognoscam
sicut et cognitus sum. 13 Nunc autem manent, fides, spes, charitas: tria haec; maior
autem horum est charitas.

Prophetia excellentior dono linguarum

14 1 Sectamini charitatem, aemulamini spiritalia: magis autem ut prophetetis. 2 Qui enim loquitur lingua, non
hominibus loquitur, sed Deo: nemo enim
audit. Spiritu autem loquitur mysteria.
3 Nam qui prophetat, hominibus loquitur
ad aedificationem, et exhortationem, et
consolationem. 4 Qui loquitur lingua, semetipsum aedificat: qui autem prophetat,
Ecclesiam Dei aedificat. 5 Volo autem
omnes vos loqui linguis: magis autem prophetare. Nam maior est qui prophetat,
quam qui loquitur linguis; nisi forte interpretetur ut Ecclesia aedificationem accipiat.
6 Nunc autem, fratres, si venero ad vos
linguis loquens: quid vobis prodero, nisi
vobis loquar aut in revelatione, aut in
scientia, aut in prophetia, aut in doctrina?
7 Tamen quae sine anima sunt vocem dantia, sive tibia, sive cithara; nisi distinctio-
nem sonituum dederint, quomodo scietur
id quod canitur, aut quod citharizatur?

Eph 3,18. || Conc. Trid.: D 895. — **18:** 1 Cor 15 38. — **20:** 1 Cor 12 14. — **27:** Rom 12 5; Eph 5,30. — **28:** Rom 12,6; Eph 4,11-12. — **29:** Conc Trid: D 960. — **31:** 1 Cor 14,1.

13 **2:** Mt 7,22; 17,20; 21,21. — **3:** Dan 3,21; 2 Mach 7,5; Mt 6,2; Lc 19,8. — **4:** Rom 13,10; 1 Thess 5,14. — **5:** Zach 8,17; 1 Cor 10,24; Phil 2,4. — **6:** Rom 12,8; 2 Cor 13,8. — **7:** Prov 10,12; Rom 15,1; 1 Cor 9,12. — **12:** Ex 33,11; Num 12,8; 2 Cor 4,18; 5,7. — **13:** 1 Thess 1,3; 1 Io 4,16.

14 **1:** 1 Cor 12,10.31. — **5:** Num 11,29. — **12:** 1 Cor 14,1. — **13:** 1 Cor 12,10. —

8 Etenim si incertam vocem det tuba, quis
parabit se ad bellum? 9 Ita et vos per linguam nisi manifestum sermonem dederitis: quomodo scietur id quod dicitur?
eritis enim in aera loquentes. 10 Tam multa, ut puta genera linguarum sunt in hoc
mundo: et nihil sine voce est. 11 Si ergo
nesciero virtutem vocis, ero ei, cui loquor,
barbarus: et qui loquitur, mihi barbarus.
12 Sic et vos, quoniam aemulatores estis
spirituum, ad aedificationem Ecclesiae
quaerite ut abundetis.

13 Et ideo qui loquitur lingua, oret ut
interpretetur. 14 Nam si orem lingua, spiritus meus orat, mens autem mea sine
fructu est. 15 Quid ergo est? Orabo spiritu, orabo et mente: psallam spiritu, psallam et mente. 16 Caeterum si benedixeris
spiritu, qui supplet locum idiotae, quomodo dicet: Amen, super tuam benedictionem? quoniam quid dicas, nescit.
17 Nam tu quidem bene gratias agis: sed
alter non aedificatur. 18 Gratias ago Deo
meo, quod omnium vestrum lingua loquor. 19 Sed in Ecclesia volo quinque verba sensu meo loqui, ut et alios instruam:
quam decem millia verborum in lingua.
20 Fratres, nolite pueri effici sensibus, sed
malitia parvuli estote: sensibus autem
perfecti estote. 21 In lege scriptum est:
Quoniam in aliis linguis et labiis aliis loquar populo huic: et nec sic exaudient
me, dicit Dominus. 22 Itaque linguae in
signum sunt non fidelibus, sed infidelibus:
prophetiae autem non infidelibus, sed fidelibus. 23 Si ergo conveniat universa Ecclesia in unum, et omnes linguis loquantur,
intrent autem idiotae, aut infideles: nonne dicent quod insanitis? 24 Si autem omnes prophetent, intret autem quis infidelis, vel idiota, convincitur ab omnibus,
diiudicatur ab omnibus: 25 occulta cordis
eius manifesta fiunt: et ita cadens in faciem adorabit Deum, pronuntians quod
vere Deus in vobis sit.

De usu horum charismatum in Ecclesia

26 Quid ergo est, fratres? Cum convenitis, unusquisque vestrum psalmum habet, doctrinam habet, apocalypsim habet,
linguam habet, interpretationem habet:
omnia ad aedificationem fiant. 27 Sive lingua quis loquitur, secundum duos, aut ut
multum tres, et per partes, et unus interpretetur. 28 Si autem non fuerit interpres,
taceat in Ecclesia, sibi autem loquatur, et
Deo. 29 Prophetae autem duo, aut tres
dicant, et caeteri diiudicent. 30 Quod si
alii revelatum fuerit sedenti, prior taceat.
31 Potestis enim omnes per singulos prophetare: ut omnes discant, et omnes ex-
hortentur: 32 et spiritus prophetarum prophetis subiecti sunt. 33 Non enim est dis-
sensionis Deus, sed pacis: sicut et in
omnibus Ecclesiis sanctorum doceo.
34 Mulieres in ecclesiis taceant, non enim
permittitur eis loqui, sed subditas esse,
sicut et lex dicit. 35 Si quid autem volunt
discere, domi viros suos interrogent. Turpe est enim mulieri loqui in ecclesia. 36 An
a vobis verbum Dei processit? aut in vos
solos pervenit?

37 Si quis videtur propheta esse, aut
spiritualis, cognoscat quae scribo vobis,
quia Domini sunt mandata. 38 Si quis autem ignorat, ignorabitur. 39 Itaque fratres
aemulamini prophetare: et loqui linguis
nolite prohibere. 40 Omnia autem honeste,
et secundum ordinem fiant.

Christi resurrectio ab Apostolo testificata

15 1 Notum autem vobis facio, fratres,
Evangelium, quod praedicavi vo-
bis, quod et accepistis, in quo et statis,
2 per quod et salvamini: qua ratione praedicaverim vobis, si tenetis, nisi frustra
credidistis. 3 Tradidi enim vobis in primis
quod et accepi: quoniam Christus mortuus est pro peccatis nostris secundum
Scripturas: 4 et quia sepultus est, et quia
resurrexit tertia die secundum Scripturas:
5 et quia visus est Cephae, et post hoc undecim: 6 deinde visus est plus quam quingentis fratribus simul: ex quibus multi
manent usque adhuc, quidam autem dormierunt: 7 deinde visus est Iacobo, deinde
Apostolis omnibus: 8 novissime autem
omnium tanquam abortivo, visus est et
mihi. 9 Ego enim sum minimus Apostolorum, qui non sum dignus vocari Apostolus, quoniam persecutus sum Ecclesiam
Dei. 10 Gratia autem Dei sum id quod
sum, et gratia eius in me vacua non fuit,
sed abundantius illis omnibus laboravi:
non ego autem, sed gratia Dei mecum:
11 sive enim ego, sive illi: sic praedicamus, et sic credidistis.

15: Eph 5,19; Col 3,16; Iac 5,13. — **20:** Eph 4,14; Phil 3,12.15; Hebr 5,12. — **21:** Deut 28,49; Is 28,11. — **23:** Act 2,13; 4,13. — **24:** Io 16,8. — **25:** Is 45,14; Dan 2,47. — **26:** Rom 14,19. — **29:** Act 17,11; 1 Thess 5,21; 1 Io 4,1. — **34:** Gen 3,16; 1 Cor 11,3; Eph 5,22; 1 Tim 2,11. — **37:** 1 Io 4,6. — **40:** Col 2,5.

15 **2:** 1 Cor 15,14. — **3:** Is 53,8-9; 1 Cor 11,23; 1 Petr 1,11. — **4:** Ps 15,10; Io 2,1. — **5:** Mc 16,14; Lc 24,34; Io 20,19. — **6:** Mt 28,17. — **8:** Act 9,5; 1 Cor 9,1. — **9:** Eph 3,8; 1 Tim 1,15. — **10:** 2 Cor 11,5.23; 12,11. || De gratia Dei Indiculus: D 135; Conc. Arausic. II: D 179. — **12:** Act 4,2. — **15:** Act 1,22;

Nostra resurrectione negata ruit et Christi resurrectio

12 Si autem Christus praedicatur quod
resurrexit a mortuis, quomodo quidam
dicunt in vobis, quoniam resurrectio mortuorum non est? 13 Si autem resurrectio
mortuorum non est: neque Christus resurrexit. 14 Si autem Christus non resurrexit, inanis est ergo praedicatio nostra,
inanis est et fides vestra: 15 invenimur autem et falsi testes Dei: quoniam testimonium diximus adversus Deum quod suscitaverit Christum, quem non suscitavit,
si mortui non resurgunt. 16 Nam si mortui non resurgunt, neque Christus resurrexit. 17 Quod si Christus non resurrexit,
vana est fides vestra, adhuc enim estis in
peccatis vestris. 18 Ergo et qui dormierunt
in Christo, perierunt. 19 Si in hac vita tantum in Christo sperantes sumus, misera-
biliores sumus omnibus hominibus.

Sed Christus resurrexit et nos post ipsum

20 Nunc autem Christus resurrexit a
mortuis primitiae dormientium, 21 quoniam quidem per hominem mors, et per
hominem resurrectio mortuorum. 22 Et sicut in Adam omnes moriuntur, ita et in
Christo omnes vivificabuntur. 23 Unusquisque autem in suo ordine, primitiae
Christus: deinde ii qui sunt Christi, qui
in adventu eius crediderunt. 24 Deinde finis: cum tradiderit regnum Deo et Patri,
cum evacuaverit omnem principatum, et
potestatem, et virtutem. 25 Oportet autem
illum regnare donec ponat omnes inimicos sub pedibus eius. 26 Novissima autem
inimica destruetur mors: omnia enim
subiecit sub pedibus eius. Cum autem dicat: 27 Omnia subiecta sunt ei, sine dubio
praeter eum qui subiecit ei omnia. 28 Cum
autem subiecta fuerint illi omnia: tunc et
ipse Filius subiectus erit ei, qui subiecit
sibi omnia, ut sit Deus omnia in omnibus.
29 Alioquin quid facient qui baptizantur pro mortuis, si omnino mortui non
resurgunt? ut quid et baptizantur pro illis? 30 ut quid et nos periclitamur omni
hora? 31 Quotidie morior per vestram gloriam, fratres, quam habeo in Christo Iesu
Domino nostro. 32 Si secundum hominem
ad bestias pugnavi Ephesi, quid mihi prodest, si mortui non resurgunt? Manducemus, et bibamus, cras enim moriemur.
33 Nolite seduci: corrumpunt mores bonos colloquia mala. 34 Evigilate iusti, et
nolite peccare: ignorantiam enim Dei quidam habent, ad reverentiam vobis loquor.

Qualis erit nostra resurrectio

35 Sed dicet aliquis: Quomodo resurgunt mortui? qualive corpore venient?
36 Insipiens, tu quod seminas non vivifi-
catur, nisi prius moriatur. 37 Et quod seminas, non corpus, quod futurum est, seminas, sed nudum granum, ut puta tritici,
aut alicuius caeterorum. 38 Deus autem
dat illi corpus sicut vult: et unicuique se-
minum proprium corpus.
39 Non omnis caro, eadem caro: sed
alia quidem hominum, alia vero pecorum, alia volucrum, alia autem piscium.
40 Et corpora caelestia, et corpora terres-
tria: sed alia quidem caelestium gloria,
alia autem terrestrium. 41 Alia claritas solis, alia claritas lunae, et alia claritas stellarum. Stella enim a stella differt in claritate: 42 sic et resurrectio mortuorum.
Seminatur in corruptione, surget in incor-
ruptione. 43 Seminatur in innobilitate, surget in gloria: seminatur in infirmitate,
surget in virtute: 44 seminatur corpus animale, surget corpus spiritale. Si est corpus animale, est et spiritale, sicut scriptum est: 45 Factus est primus homo Adam
in animam viventem, novissimus Adam
in spiritum vivificantem. 46 Sed non prius
quod spiritale est, sed quod animale: deinde quod spiritale. 47 Primus homo de terra, terrenus: secundus homo de caelo,
caelestis. 48 Qualis terrenus, tales et terreni: et qualis caelestis, tales et caelestes.
49 Igitur, sicut portavimus imaginem terreni, portemus et imaginem caelestis.

Mysterii declaratio de mortis universalitate

50 Hoc autem dico, fratres: quia caro
et sanguis regnum Dei possidere non possunt: neque corruptio incorruptelam possidebit.
51 Ecce mysterium vobis dico: Omnes
quidem resurgemus, sed non omnes im-
mutabimur. 52 In momento, in ictu oculi,
in novissima tuba: canet enim tuba, et
mortui resurgent incorrupti: et nos im-
mutabimur. 53 Oportet enim corruptibile
hoc induere incorruptionem: et mortale
hoc induere immortalitatem. 54 Cum au-

5,32. — **17:** Io 8,21.24. — **20:** Act 26,23; Col 1,18. — **21:** Gen 3,17; Io 11,25. — **22:** Rom 5, 12. || Conc. Trid.: D 793. — **23:** 1 Thess 4,16. || Epist. S. Clem. I: D 42. — **24:** Dan 2,44; 7, 14. || Conc. Tolet. XI: D 287. — **25:** Ps 109,1. — **26:** Apoc 20,14; 21,4. — **27:** Ps 8,7; Hebr 2, 8. — **30:** Rom 8,36. — **31:** 2 Cor 4,10. — **32:** Act 19,30; 2 Cor 1,8. — **33:** 1 Cor 5,6. || Enc. Pii XI: D 2223. — **34:** Rom 13,11; Eph 5, 14. — **36:** Io 12,24. — **43:** Phil 3,20. — **45:** Gen 2,7; Io 6,63; Rom 8,10. — **49:** Gen 5,3; 1 Io 3,2. — **50:** Lc 20,35; 1 Cor 6,9. — **51:** 1 Thess 4,15.17. — **52:** Mt 24,31; 1 Thess 4,16. — **53:** 2 Cor 5,4. — **54:** Is 25,8. — **55:** Os 13,14. — **56:** Rom 7,13. — **57:** Rom 7,25. — **58:** 2 Par 15,7. || Conc. Trid.: D 809.

tem mortale hoc induerit immortalitatem,
tunc fiet sermo, qui scriptus est: Absorpta
est mors in victoria. 55 Ubi est mors victoria tua? ubi est mors stimulus tuus?
56 Stimulus autem mortis peccatum est:
virtus vero peccati lex. 57 Deo autem gratias, qui dedit nobis victoriam per Dominum nostrum Iesum Christum. 58 Itaque
fratres mei dilecti, stabiles estote, et immobiles: abundantes in opere Domini
semper, scientes quod labor vester non
est inanis in Domino.

EPILOGUS

(16,1-24)

De collectis pro fratribus hierosolymitanis instituendis

16 1 De collectis autem, quae fiunt in
sanctos, sicut ordinavi Ecclesiis
Galatiae, ita et vos facite. 2 Per unam sabbati unusquisque vestrum apud se sepo-
nat, recondens quod ei bene placuerit: ut
non, cum venero, tunc collectae fiant.
3 Cum autem praesens fuero: quos pro-
baveritis per epistolas, hos mittam per-
ferre gratiam vestram in Ierusalem. 4 Quod
si dignum fuerit ut et ego eam, mecum
ibunt.

Proximus Pauli adventus

5 Veniam autem ad vos, cum Macedoniam pertransiero: nam Macedoniam pertransibo. 6 Apud vos autem forsitan manebo, vel etiam hiemabo: ut vos me de-
ducatis quocumque iero. 7 Nolo enim vos
modo in transitu videre, spero enim me
aliquantulum temporis manere apud vos,
si Dominus permiserit. 8 Permanebo autem Ephesi usque ad Pentecosten. 9 Ostium enim mihi apertum est magnum, et
evidens: et adversarii multi.

Commendationes variae

10 Si autem venerit Timotheus, videte
ut sine timore sit apud vos: opus enim
Domini operatur, sicut et ego. 11 Ne quis
ergo illum spernat: deducite autem illum
in pace, ut veniat ad me: exspecto enim
illum cum fratribus. 12 De Apollo autem
fratre vobis notum facio, quoniam multum rogavi eum ut veniret ad vos cum
fratribus: et utique non fuit voluntas ut
nunc veniret: veniet autem, cum ei vacuum fuerit.

13 Vigilate, state in fide, viriliter agite,
et confortamini. 14 Omnia vestra in charitate fiant. 15 Obsecro autem vos fratres,
nostis domum Stephanae, et Fortunati,
et Achaici: quoniam sunt primitiae
Achaiae, et ministerium sanctorum ordi-
naverunt seipsos: 16 ut et vos subditi
sitis eiusmodi, et omni cooperanti, et
laboranti. 17 Gaudeo autem in praesentia
Stephanae, et Fortunati, et Achaici: quoniam id, quod vobis deerat, ipsi sup-
pleverunt: 18 refecerunt enim et meum
spiritum, et vestrum. Cognoscite ergo
qui huiusmodi sunt.

Salutationes

19 Salutant vos Ecclesiae Asiae. Salutant vos in Domino multum, Aquila et
Priscilla cum domestica sua Ecclesia:
apud quos et hospitor. 20 Salutant vos
omnes fratres. Salutate invicem in osculo
sancto. 21 Salutatio, mea manu Pauli.
22 Si quis non amat Dominum nostrum
Iesum Christum, sit anathema, Maran
Atha.

23 Gratia Domini nostri Iesu Christi
vobiscum. 24 Charitas mea cum omnibus
vobis in Christo Iesu. Amen.

16 **1:** Act 11,29; 24,17; Rom 15,25. — **2:** 2 Cor 8,9; Gal 2,10. — **3:** 2 Cor 3,18. — **5:** Act 19,21. — **8:** Act 19,1. — **10:** 1 Cor 4,17; Phil 2,19. — **11:** 1 Tim 4,12. — **12:** Act 18,24. — **13:** Mc 13,37; Eph 6,10. — **15:** 1 Cor 1,16. — **16:** 1 Thess 5,12; Hebr 13,17. — **18:** 1 Thess 5,12. — **19:** Act 18,2.18.26. — **20:** Rom 16,16. — **21:** 2 Thess 3,10; Col 4,18. — **22:** Gal 1,8.

EPISTOLA B. PAULI APOSTOLI AD CORINTHIOS SECUNDA

SUMMARIUM SALUTATIO ET GRATIARUM ACTIO *(1,1-11)*.—PARS PRIMA: PAULI APOSTOLI APOLOGIA *(1,12-7,16)*: *De Apostoli sinceritate in Corinthios (1,12-24). Incestuosum commendat fratrum charitati (2,5-11). Itinera Pauli apostolica (2,12-3,3). Praestantia ministerii evangelici (3,4-4,18). Spes caelestis Apostolorum (5,1-10). Redit ad praecedentia de sua in Corinthios sinceritate (5,11-7,16)*.—PARS SECUNDA: DE COLLECTA PRO FRATRIBUS HIEROSOLYMITANIS *(8,1-9,15)*: *Macedonum charitas commendatur (8,1-15). Eorum exemplum imitentur Corinthii (8,16-9,15)*.—PARS TERTIA: MUNERIS APOSTOLICI VINDICATIO *(10-13)*: *Pauli potestas apostolica (10). Paulus non minor aliis Apostolis (11,1-12,13). Ipsius propositum veniendi iterum Corinthum (12,14-13,10)*.—CONCLUSIO *(13,11-13)*

Salutatio epistolaris

1 1 Paulus Apostolus Iesu Christi per
voluntatem Dei, et Timotheus frater,
Ecclesiae Dei, quae est Corinthi cum omnibus sanctis, qui sunt in universa Achaia.
2 Gratia vobis, et pax a Deo Patre nostro,
et Domino Iesu Christo.

Gratiarum actio ob consolationes acceptas

3 Benedictus Deus et Pater Domini nostri Iesu Christi, Pater misericordiarum,
et Deus totius consolationis, 4 qui consolatur nos in omni tribulatione nostra: ut possimus et ipsi consolari eos qui in omni pressura sunt, per exhortationem,
qua exhortamur et ipsi a Deo. 5 Quoniam
sicut abundant passiones Christi in nobis: ita et per Christum abundat consolatio
nostra. 6 Sive autem tribulamur pro vestra
exhortatione et salute, sive consolamur pro vestra consolatione, sive exhortamur pro vestra exhortatione et salute, quae operatur tolerantiam earumdem passionum, quas et nos patimur: 7 ut spes
nostra firma sit pro vobis: scientes quod sicut socii passionum estis, sic eritis et consolationis.
8 Non enim volumus ignorare vos fratres de tribulatione nostra, quae facta est in Asia, quoniam supra modum gravati sumus supra virtutem, ita ut taederet nos
etiam vivere. 9 Sed ipsi in nobismetipsis
responsum mortis habuimus, ut non simus fidentes in nobis, sed in Deo, qui
suscitat mortuos: 10 qui de tantis periculis nos eripuit, et eruit: in quem speramus
quoniam et adhuc eripiet, 11 adiuvantibus
et vobis in oratione pro nobis: ut ex multorum personis, eius quae in nobis est donationis, per multos gratiae agantur pro nobis.

PARS PRIMA

PAULUS SUAM AGENDI RATIONEM DEFENDIT

(1,12-7,16)

Animi sinceritas

12 Nam gloria nostra haec est, testimonium conscientiae nostrae, quod in simplicitate cordis et sinceritate Dei: et non in sapientia carnali, sed in gratia Dei conversati sumus in hoc mundo: abundantius autem ad vos. 13 Non enim alia
scribimus vobis, quam quae legistis, et cognovistis. Spero autem quod usque in
finem cognoscetis, 14 sicut et cognovistis
nos ex parte, quod gloria vestra sumus, sicut et vos nostra, in die Domini nostri Iesu Christi.
15 Et hac confidentia volui prius venire
ad vos, ut secundam gratiam haberetis:
16 et per vos transire in Macedoniam, et
iterum a Macedonia venire ad vos, et a
vobis deduci in Iudaeam. 17 Cum ergo hoc
voluissem, numquid levitate usus sum? Aut quae cogito, secundum carnem cogito 'ut sit apud me EST et NON?' 18 Fidelis
autem Deus, quia sermo noster, qui fuit
apud vos, non est in illo EST et NON. 19 Dei
enim Filius Iesus Christus, qui in vobis per nos praedicatus est, per me, et Silvanum, et Timotheum, non fuit EST et NON,

1 **1:** 1 Cor 1,1. — **2:** Rom 1,7. — **3:** Rom 15,5; Eph 1,3; 1 Petr 1,3. ‖ Conc. Trid.: D 794. — **6:** 2 Cor 4,15.17. — **8:** Act 19,23; 1 Cor 15,32. — **10:** 2 Tim 4,18. — **11:** Rom 15,30; 2 Cor 4,15; Phil 1,10. — **12:** 2 Cor 2,17. — **14:** 2 Cor 5,12; 9,3; Phil 1,26; 2,16. — **15:** Rom 1,11. — **16:** 1 Cor 16,5. — **17:** 2 Cor 5,16. — **20:** Apoc 3,14. — **21:** 1 Io 2,27. — **22:** 2 Cor 5,5;

sed EST in illo fuit. 20 Quotquot enim
promissiones Dei sunt, in illo EST: ideo
et per ipsum Amen Deo ad gloriam nostram. 21 Qui autem confirmat nos vobiscum in Christo, et qui unxit nos Deus:
22 qui et signavit nos, et dedit pignus
Spiritus in cordibus nostris.

Adventum in Corinthum quare distulerit

23 Ego autem testem Deum invoco in
animam meam, quod parcens vobis, non
veni ultra Corinthum: non quia domi-
namur fidei vestrae, sed adiutores sumus
gaudii vestri: nam fide statis.

2 1 Statui autem hoc ipsum apud me,
ne iterum in tristitia venirem ad vos.
2 Si enim ego contristo vos: et quis est,
qui me laetificet, nisi qui contristatur ex
me? 3 Et hoc ipsum scripsi vobis, ut non
cum venero, tristitiam super tristitiam
habeam, de quibus oportuerat me gaudere: confidens in omnibus vobis, quia
meum gaudium, omnium vestrum est.
4 Nam ex multa tribulatione et angustia
cordis scripsi vobis per multas lacrymas:
non ut contristemini: sed ut sciatis, quam
charitatem habeam abundantius in vobis.

Peccatori publico veniam confert

5 Si quis autem contristavit, non me
contristavit: sed ex parte, ut non onerem
omnes vos. 6 Sufficit illi, qui eiusmodi est,
obiurgatio haec, quae fit a pluribus: 7 ita
ut econtrario magis donetis, et consolemini, ne forte abundantiori tristitia absorbeatur qui eiusmodi est. 8 Propter quod
obsecro vos, ut confirmetis in illum charitatem. 9 Ideo enim et scripsi, ut cognoscam experimentum vestrum, an in omnibus obedientes sitis. 10 Cui autem aliquid
donastis, et ego: nam et ego quod donavi,
si quid donavi, propter vos in persona
Christi, 11 ut non circumveniamur a Satana: non enim ignoramus cogitationes
eius.

Felix iter Apostoli

12 Cum venissem autem Troadem propter Evangelium Christi, et ostium mihi
apertum esset in Domino, 13 non habui
requiem spiritui meo, eo quod non inve-
nerim Titum fratrem meum, sed valefaciens eis, profectus sum in Macedoniam. 14 Deo autem gratias, qui semper
triumphat nos in Christo Iesu, et odorem
notitiae suae manifestat per nos in omni
loco: 15 quia Christi bonus odor sumus
Deo in iis qui salvi fiunt, et in his qui
pereunt: 16 aliis quidem odor mortis in
mortem: aliis autem odor vitae in vitam.
Et ad haec quis tam idoneus? 17 Non enim
sumus sicut plurimi, adulterantes verbum
Dei, sed ex sinceritate, sed sicut ex Deo,
coram Deo, in Christo loquimur.

Pauli epistolae commendatitiae

3 1 Incipimus iterum nosmetipsos commendare? aut numquid egemus (sicut
quidam) commendatitiis epistolis ad vos,
aut ex vobis? 2 Epistola nostra vos estis,
scripta in cordibus nostris, quae scitur,
et legitur ab omnibus hominibus: 3 ma-
nifestati quod epistola estis Christi, mi-
nistrata a nobis, et scripta non atramento, sed Spiritu Dei vivi: non in tabulis
lapideis, sed in tabulis cordis carnalibus.

Paulus minister novae Legis veteri praestantis

4 Fiduciam autem talem habemus per
Christum ad Deum: 5 non quod sufficien-
tes simus cogitare aliquid a nobis, quasi
ex nobis: sed sufficientia nostra ex Deo
est: 6 qui et idoneos nos fecit ministros
novi testamenti: non littera, sed Spiritu:
littera enim occidit, Spiritus autem vivificat.

7 Quod si ministratio mortis litteris deformata in lapidibus, fuit in gloria, ita
ut non possent intendere filii Israel in
faciem Moysi propter gloriam vultus eius,
quae evacuatur: 8 quomodo non magis
ministratio Spiritus erit in gloria? 9 Nam
si ministratio damnationis gloria est: multo magis abundat ministerium iustitiae
in gloria. 10 Nam nec glorificatum est,
quod claruit in hac parte, propter excel-
lentem gloriam. 11 Si enim quod evacuatur, per gloriam est: multo magis quod
manet, in gloria est.

Ideo magna cum libertate agit

12 Habentes igitur talem spem, multa
fiducia utimur: 13 et non sicut Moyses po-

Eph 1,13. — **23:** 2 Cor 11,31; 13,2. — **24:** 1 Petr 5,3.

2 **1:** 1 Cor 4,21; 2 Cor 12,21; 13,10. — **3:** 1 Cor 5,1. — **4:** Act 20,31. — **5:** 1 Cor 5, 1; Gal 4,12. — **7:** Phil 3,13. — **10:** Mt 10,40. — **11:** Lc 22,31. — **13:** Act 20,1. — **15:** 1 Cor 1,18. — **16:** Lc 2,34; Io 9,39. — **17:** 2 Cor 11, 13; 1 Petr 4,11. || Conc. Nicaen. II: D 303; Epist. Greg. IX: D 443.

3 **1:** Act 18,27; Rom 16,1; 2 Cor 5,12. — **2:** 1 Cor 9,2. — **3:** Ex 24,12; 31,18; Prov 7,3; Ier 31,33. — **5:** 2 Cor 2,16. || Conc. Arausic. II: D 180; Conc. Trid.: D 904. — **6:** Ier 31, 31; Io 6,63; 1 Cor 11,25. — **7:** Ex 34,30. — **9:** Hebr 12,18. — **10:** Ex 34,29. — **13:** Ex 34,

nebat velamen super faciem suam, ut non intenderent filii Israel in faciem eius, quod evacuatur, 14 sed obtusi sunt sensus eorum. Usque in hodiernum enim diem, idipsum velamen in lectione veteris testamenti manet non revelatum (quoniam in Christo evacuatur), 15 sed usque in hodiernum diem, cum legitur Moyses, velamen positum est super cor eorum. 16 Cum autem conversus fuerit ad Dominum, auferetur velamen. 17 Dominus autem Spiritus est: Ubi autem Spiritus Domini, ibi libertas. 18 Nos vero omnes, revelata facie gloriam Domini speculantes, in eandem imaginem transformamur a claritate in claritatem, tanquam a Domini Spiritu.

Paulus veritatis praeco

4 1 Ideo habentes administrationem, iuxta quod misericordiam consecuti sumus, non deficimus, 2 sed abdicamus occulta dedecoris, non ambulantes in astutia, neque adulterantes verbum Dei, sed in manifestatione veritatis commendantes nosmetipsos ad omnem conscientiam hominum coram Deo. 3 Quod si etiam opertum est Evangelium nostrum: in iis, qui pereunt, est opertum: 4 in quibus deus huius saeculi excaecavit mentes infidelium, ut non fulgeat illis illuminatio Evangelii gloriae Christi, qui est imago Dei. 5 Non enim nosmetipsos praedicamus, sed Iesum Christum Dominum nostrum: nos autem servos vestros per Iesum: 6 quoniam Deus, qui dixit de tenebris lucem splendescere, ipse illuxit in cordibus nostris ad illuminationem scientiae claritatis Dei, in facie Christi Iesu.

Natura debilis, fortis in Christo

7 Habemus autem thesaurum istum in vasis fictilibus: ut sublimitas sit virtutis Dei, et non ex nobis. 8 In omnibus tribulationem patimur, sed non angustiamur: aporiamur, sed non destituimur: 9 persecutionem patimur, sed non derelinquimur: deiicimur, sed non perimus: 10 semper mortificationem Iesu in corpore nostro circumferentes, ut et vita Iesu manifestetur in corporibus nostris. 11 Semper enim nos, qui vivimus, in mortem tradimur propter Iesum: ut et vita Iesu manifestetur in carne nostra mortali. 12 Ergo mors in nobis operatur, vita autem in vobis.

13 Habentes autem eumdem spiritum fidei, sicut scriptum est: Credidi, propter quod locutus sum: et nos credimus, propter quod et loquimur: 14 scientes quoniam qui suscitavit Iesum, et nos cum Iesu suscitabit, et constituet vobiscum. 15 Omnia enim propter vos: ut gratia abundans, per multos in gratiarum actione, abundet in gloriam Dei. 16 Propter quod non deficimus: sed licet is, qui foris est, noster homo corrumpatur: tamen is, qui intus est, renovatur de die in diem. 17 Id enim, quod in praesenti est momentaneum et leve tribulationis nostrae, supra modum in sublimitate aeternum gloriae pondus operatur in nobis, 18 non contemplantibus nobis quae videntur, sed quae non videntur. Quae enim videntur, temporalia sunt: quae autem non videntur, aeterna sunt.

In praesenti vita ad caelestem contendimus

5 1 Scimus enim quoniam si terrestris domus nostra huius habitationis dissolvatur, quod aedificationem ex Deo habemus, domum non manufactam, aeternam in caelis. 2 Nam et in hoc ingemiscimus, habitationem nostram, quae de caelo est, superindui cupientes: 3 si tamen vestiti, non nudi inveniamur. 4 Nam et qui sumus in hoc tabernaculo, ingemiscimus gravati: eo quod nolumus expoliari, sed supervestiri, ut absorbeatur quod mortale est, a vita. 5 Qui autem efficit nos in hoc ipsum, Deus, qui dedit nobis pignus spiritus.

6 Audentes igitur semper, scientes quoniam dum sumus in corpore, peregrinamur a Domino: 7 (per fidem enim ambulamus, et non per speciem) 8 audemus autem, et bonam voluntatem habemus magis peregrinari a corpore, et praesentes esse ad Dominum. 9 Et ideo contendimus sive absentes, sive praesentes placere illi. 10 Omnes enim nos manifestari oportet ante tribunal Christi, ut referat unusquisque propria corporis, prout gessit, sive bonum, sive malum.

33. — **14:** Rom 11,25. — **16:** Ex 34,34; Rom 11,23. — **17:** Io 7,39; 8,36. || Conc. Viennense: D 473. — **18:** 1 Cor 13,12.

4 **1:** 2 Cor 3,6; 1 Tim 1,13. — **2:** 1 Thess 2,5. — **3:** 1 Cor 1,18; 2 Thess 2,11. — **4:** Col 1,15; Hebr 1,3. — **5:** 1 Cor 9,10. — **6:** Gen 1,3; 2 Petr 1,19. — **7:** 1 Cor 2,5; 2 Cor 5,1; 2 Tim 2,20. — **8:** 2 Cor 1,8; 7,5. — **10:** Rom 8,35; 1 Cor 15,30; 2 Cor 1,5. — **11:** Rom 8,36. || Enc. Pii XI: D 2224. — **13:** Ps 115,10. — **14:** Rom 8,11; 1 Cor 6,14. — **15:** 2 Cor 1,11; 9,12. — **16:** Rom 7,22.24; Eph 3,16. || Conc. Trid.: D 803. — **17:** Rom 8,17; 1 Petr 1,6. || Conc. Trid.: D 810. — **18:** Hebr 11,1.3.

5 **1:** Iob 4,19; Sap 9,15; 1 Petr 1,14. — **2:** Rom 8,23. — **3:** Apoc 3,18. — **4:** Rom 8,22; 1 Cor 15,54. — **5:** 2 Cor 1,22; Eph 1,14. — **6-7:** Conc. Vatic.: D 1796. — **6:** Rom 8,24: Hebr 11,13. — **7:** 1 Cor 13,12; Phil 1,23. — **10:** Mt 25,31-46; Rom 14,10; Apoc 20,12. || Epist.

Apostoli sincerus animus

11 Scientes ergo timorem Domini, hominibus suademus, Deo autem manifesti
sumus. Spero autem et in conscientiis
vestris manifestos nos esse. 12 Non iterum
commendamus nos vobis, sed occasionem damus vobis gloriandi pro nobis:
ut habeatis ad eos qui in facie gloriantur,
et non in corde. 13 Sive enim mente exce-
dimus, Deo: sive sobrii sumus, vobis.
14 Charitas enim Christi urget nos: aestimantes hoc, quoniam si unus pro omnibus mortuus est, ergo omnes mortui sunt:
15 et pro omnibus mortuus est Christus:
ut, et qui vivunt, iam non sibi vivant,
sed ei qui pro ipsis mortuus est et resurrexit.
16 Itaque nos ex hoc neminem novimus
secundum carnem. Et si cognovimus secundum carnem Christum: sed nunc iam
non novimus. 17 Si qua ergo in Christo
nova creatura, vetera transierunt: ecce
facta sunt omnia nova. 18 Omnia autem
ex Deo, qui nos reconciliavit sibi per
Christum: et dedit nobis ministerium reconciliationis, 19 quoniam quidem Deus
erat in Christo mundum reconcilians sibi,
non reputans illis delicta ipsorum, et posuit in nobis verbum reconciliationis.
20 Pro Christo ergo legatione fungimur,
tanquam Deo exhortante per nos. Obsecramus pro Christo, reconciliamini Deo.
21 Eum, qui non noverat peccatum, pro
nobis peccatum fecit, ut nos efficeremur
iustitia Dei in ipso.

Quo pacto ministerium suum adimpleat Apostolus

6 1 Adiuvantes autem exhortamur ne
in vacuum gratiam Dei recipiatis.
2 Ait enim: Tempore accepto exaudivi te,
et in die salutis adiuvi te. Ecce nunc tempus acceptabile, ecce nunc dies salutis.
3 Nemini dantes ullam offensionem, ut
non vituperetur ministerium nostrum:
4 sed in omnibus exhibeamus nosmetipsos
sicut Dei ministros in multa patientia,
in tribulationibus, in necessitatibus, in
angustiis, 5 in plagis, in carceribus, in
seditionibus, in laboribus, in vigiliis, in
ieiuniis, 6 in castitate, in scientia, in lon-
ganimitate, in suavitate, in Spiritu sancto,
in charitate non ficta, 7 in verbo veritatis,
in virtute Dei, per arma iustitiae a dextris
et a sinistris, 8 per gloriam, et ignobilitatem, per infamiam, et bonam famam:
ut seductores, et veraces, sicut qui ignoti,
et cogniti: 9 quasi morientes, et ecce vivimus: ut castigati, et non mortificati:
10 quasi tristes, semper autem gaudentes:
sicut egentes, multos autem locupletantes:
tanquam nihil habentes, et omnia possidentes.

Amor Pauli amorem exigit a Corinthiis

11 Os nostrum patet ad vos, o Corinthii, cor nostrum dilatatum est. 12 Non
angustiamini in nobis: angustiamini autem in visceribus vestris: 13 eamdem autem
habentes remunerationem, tanquam filiis
dico: dilatamini et vos.

Fugienda societas infidelium

14 Nolite iugum ducere cum infidelibus.
Quae enim participatio iustitiae cum iniquitate? Aut quae societas luci ad tenebras? 15 Quae autem conventio Christi
ad Belial? Aut quae pars fideli cum infideli? 16 Qui autem consensus templo Dei
cum idolis? Vos enim estis templum Dei
vivi, sicut dicit Deus:

Quoniam inhabitabo in illis, et inambu-
labo inter eos,
Et ero illorum Deus, et ipsi erunt mihi
populus.
17 Propter quod exite de medio eorum,
Et separamini, dicit Dominus,
Et immundum ne tetigeritis:
18 Et ego recipiam vos:
Et ero vobis in patrem,
Et vos eritis mihi in filios et filias,
Dicit Dominus omnipotens.

7 1 Has ergo habentes promissiones,
charissimi, mundemus nos ab omni
inquinamento carnis et spiritus perficien-
tes sanctificationem in timore Dei.

Magnus in Corinthios affectus

2 Capite nos. Neminem laesimus, neminem corrupimus, neminem circumve-
nimus. 3 Non ad condemnationem vestram dico: praediximus enim quod in
cordibus nostris estis ad commoriendum
et ad convivendum. 4 Multa mihi fiducia

Pel. I: D 228; Conc. Tolet. XI: D 287; Const·
Benedicti XII: D 531. — **12:** 2 Cor 3,1. — **14:**
Rom 8,35. — **15:** Rom 14,7; Apoc 1,5. — **17:**
Is 43,18; 65,17; Gal 6,15; Apoc 21,5. — **18:**
Rom 5,10; 1 Io 2,2. — **19:** Rom 3,35; Col
1,20. — **20:** Eph 6,20. — **21:** Io 8,46; Gal 3,13;
1 Petr 2,22.

6 **2:** Is 49,8. — **3-4:** Conc Trid.: D 806. — **3:**
1 Cor 8,13; 9,12. — **4:** 2 Cor 4,2. — **5:** 2 Cor
11,23. — **6:** Rom 12,9; Gal 5,22; Iac 3,17. —
7: 1 Cor 2,4. — **10:** Mt 5,10. — **11:** Ps 118,
32. — **13:** 1 Cor 4,14. — **14:** Eph 5,7.11. — **16:**
Lev 26,12; Ez 37,27; 1 Cor 3,16. || Conc. Trid.:
D 985. — **17:** Is 52,11; Apoc 18,4. — **18:** 2 Sam
7,14; Is 43,6.

7 **2:** 2 Cor 12,17. — **3:** 3 Cor 6,11. — **5:** Act
20,1-2; 2 Cor 2,13. — **8:** 2 Cor 2,2.4. — **10:**
Mt 27,3; Hebr 12,17. || Conc. Trid.: D 807. —

est apud vos, multa mihi gloriatio pro
vobis, repletus sum consolatione, super-
abundo gaudio in omni tribulatione nostra. 5 Nam et cum venissemus in Macedoniam, nullam requiem habuit caro nostra,
sed omnem tribulationem passi sumus:
foris pugnae, intus timores. 6 Sed qui
consolatur humiles, consolatus est nos
Deus in adventu Titi. 7 Non solum autem
in adventu eius, sed etiam in consolatione,
qua consolatus est in vobis, referens nobis
vestrum desiderium, vestrum fletum, vestram aemulationem pro me, ita ut magis
gauderem.

De praeterita Corinthiorum tristitia plurimum gaudet

8 Quoniam etsi contristavi vos in epistola, non me poenitet: etsi poeniteret,
videns quod epistola illa (etsi ad horam)
vos contristavit, 9 nunc gaudeo: non quia
contristati estis, sed quia contristati estis
ad poenitentiam. Contristati enim estis
secundum Deum, ut in nullo detrimentum patiamini ex nobis. 10 Quae enim
secundum Deum tristitia est, poenitentiam in salutem stabilem operatur: saeculi autem tristitia mortem operatur. 11 Ecce enim hoc ipsum, secundum Deum
contristari vos, quantam in vobis operatur sollicitudinem: sed defensionem, sed
indignationem, sed timorem, sed desiderium, sed aemulationem, sed vindictam:
in omnibus exhibuistis vos, incontami-
natos esse negotio. 12 Igitur, etsi scripsi
vobis, non propter eum qui fecit iniuriam,
nec propter eum qui passus est: sed ad
manifestandam sollicitudinem nostram,
quam habemus pro vobis 13 coram Deo:
ideo consolati sumus.

In consolatione autem nostra, abundantius gavisi sumus super gaudio Titi,
quia refectus est spiritus eius ab omnibus
vobis: 14 et si quid apud illum de vobis
gloriatus sum, non sum confusus: sed
sicut omnia vobis in veritate locuti sumus,
ita et gloriatio nostra, quae fuit ad Titum,
veritas facta est, 15 et viscera eius abundantius in vobis sunt: reminiscentis omnium vestrum obedientiam: quomodo
cum timore et tremore excepistis illum.
16 Gaudeo quod in omnibus confido in
vobis.

15: Eph 6,5; Phil 2,12. — 16: Gal 5,10; 2 Thess 3,4.

PARS SECUNDA

DE COLLECTA PRO FRATRIBUS HIEROSOLYMITANIS

(8,1-9,15)

Macedonum largitas a Corinthiis aemulanda

8 1 Notam autem facimus vobis, fratres, gratiam Dei, quae data est in
Ecclesiis Macedoniae: 2 quod in multo experimento tribulationis abundantia gaudii ipsorum fuit, et altissima paupertas
eorum, abundavit in divitias simplicita-
tis eorum: 3 quia secundum virtutem testimonium illis reddo, et supra virtutem
voluntarii fuerunt, 4 cum multa exhortatione obsecrantes nos gratiam, et commu-
nicationem ministerii, quod fit in sanctos.
5 Et non sicut speravimus, sed semetipsos
dederunt primum Domino, deinde nobis
per voluntatem Dei, 6 ita ut rogaremus
Titum, ut quemadmodum coepit, ita et
perficiat in vobis etiam gratiam istam.
7 Sed sicut in omnibus abundatis fide,
et sermone, et scientia, et omni sollicitudine, insuper et charitate vestra in nos,
ut et in hac gratia abundetis. 8 Non quasi
imperans dico: sed per aliorum sollicitudinem, etiam vestrae charitatis ingenium
bonum comprobans. 9 Scitis enim gratiam Domini nostri Iesu Christi, quoniam
propter vos egenus factus est, cum esset
dives, ut illius inopia vos divites essetis.
10 Et consilium in hoc do: hoc enim vobis utile est, qui non solum facere, sed
et velle coepistis ab anno priore: 11 nunc
vero et facto perficite: ut quemadmodum
promptus est animus voluntatis, ita sit
et perficiendi ex eo quod habetis. 12 Si
enim voluntas prompta est, secundum id
quod habet, accepta est, non secundum
id quod non habet. 13 Non enim ut aliis
sit remissio, vobis autem tribulatio, sed
ex aequalitate. 14 In praesenti tempore vestra abundantia illorum inopiam suppleat:
ut et illorum abundantia vestrae inopiae
sit supplementum, ut fiat aequalitas, sicut
scriptum est: 15 Qui multum, non abundavit: et qui modicum, non minoravit.

Titum, collectae ministrum, eiusque duos socios commendat

16 Gratias autem Deo, qui dedit eamdem sollicitudinem pro vobis in corde Titi,
17 quoniam exhortationem quidem susce-

8 1: Rom 15,26. — 4: Rom 15,31; 2 Cor 9,1. — 7: 1 Cor 1,5; 16,1. — 9: Phil 2,7. ‖ Enc. Leonis XIII: D 1852. — 12: Mc 12,43; Lc 21,2. — 14: 2 Cor 6,12. — 15: Ez 16,18. —

pit: sed cum sollicitior esset, sua voluntate profectus est ad vos. 18 Misimus etiam
cum illo fratrem, cuius laus est in Evangelio per omnes Ecclesias: 19 non solum
autem, sed et ordinatus est ab Ecclesiis
comes peregrinationis nostrae in hanc gratiam, quae ministratur a nobis ad Domini
gloriam, et destinatam voluntatem nostram: 20 devitantes hoc, ne quis nos vitu-
peret in hac plenitudine, quae ministratur
a nobis. 21 Providemus enim bona non
solum coram Deo, sed etiam coram hominibus. 22 Misimus autem cum illis et
fratrem nostrum, quem probavimus in
multis saepe sollicitum esse: nunc autem
multo sollicitiorem, confidentia multa in
vos, 23 sive pro Tito, qui est socius meus,
et in vos adiutor, sive fratres nostri, Apostoli Ecclesiarum, gloria Christi. 24 Ostensionem ergo, quae est charitatis vestrae,
et nostrae gloriae pro vobis, in illos ostendite in faciem Ecclesiarum.

Sollertiam in collecta commendat

9 1 Nam de ministerio, quod fit in sanctos ex abundanti est mihi scribere
vobis. 2 Scio enim promptum animum vestrum: pro quo de vobis glorior apud Macedones. Quoniam et Achaia parata est ab
anno praeterito, et vestra aemulatio provocavit plurimos. 3 Misi autem fratres: ut
ne quod gloriamur de vobis, evacuetur
in hac parte, ut (quemadmodum dixi) parati sitis: 4 ne cum venerint Macedones
mecum, et invenerint vos imparatos, eru-
bescamus nos (ut non dicamus vos) in
hac substantia. 5 Necessarium ergo existimavi rogare fratres, ut praeveniant ad
vos, et praeparent repromissam benedictionem hanc paratam esse sic, quasi benedictionem, non tanquam avaritiam.

Eleemosynae fructus

6 Hoc autem dico: Qui parce seminat,
parce et metet: et qui seminat in benedictionibus, de benedictionibus et metet.
7 Unusquisque, prout destinavit in corde
suo, non ex tristitia, aut ex necessitate:
hilarem enim datorem diligit Deus. 8 Potens est autem Deus omnem gratiam
abundare facere in vobis: ut in omnibus
semper omnem sufficientiam habentes,
abundetis in omne opus bonum, 9 sicut
scriptum est: Dispersit, dedit pauperibus:
iustitia eius manet in saeculum saeculi.
10 Qui autem administrat semen seminanti: et panem ad manducandum prae-
stabit, et multiplicabit semen vestrum, et
augebit incrementa frugum iustitiae vestrae: 11 ut in omnibus locupletati abundetis omnem simplicitatem, quae operatur
per nos gratiarum actionem Deo. 12 Quoniam ministerium huius officii non solum
supplet ea quae desunt sanctis, sed etiam
abundat per multas gratiarum actiones in
Domino, 13 per probationem ministerii
huius, glorificantes Deum in obedientia
confessionis vestrae, in Evangelium Christi, et simplicitate communicationis in illos,
et in omnes, 14 et in ipsorum obsecratione
pro vobis, desiderantium vos propter eminentem gratiam Dei in vobis. 15 Gratias
Deo super inenarrabili dono eius.

PARS TERTIA

MUNUS APOSTOLICUM VINDICAT
(10,1-13,10)

Modeste hortatur ne armis sibi a Deo datis uti cogatur

10 1 Ipse autem ego Paulus obsecro
vos per mansuetudinem et modestiam Christi, qui in facie quidem humilis
sum inter vos, absens autem confido in
vobis. 2 Rogo autem vos ne praesens audeam per eam confidentiam, qua existi-
mor audere in quosdam, qui arbitrantur
nos tanquam secundum carnem ambulemus. 3 In carne enim ambulantes, non
secundum carnem militamus, 4 Nam arma
militiae nostrae non carnalia sunt, sed
potentia Deo ad destructionem munitio-
num, consilia destruentes, 5 et omnem altitudinem extollentem se adversus scientiam Dei, et in captivitatem redigentes
omnem intellectum in obsequium Christi,
6 et in promptu habentes ulcisci omnem
inobedientiam, cum impleta fuerit vestra
obedientia.

Qualis per epistolas, talis praesens erit

7 Quae secundum faciem sunt, videte.
Si quis confidit sibi Christi se esse, hoc
cogitet iterum apud se: quia sicut ipse
Christi est, ita et nos. 8 Nam, et si amplius
aliquid gloriatus fuero de potestate nostra, quam dedit nobis Dominus in aedi-

18: 2 Cor 12,18. — **19:** 1 Cor 16,3. — **21:** Prov 3,4; Rom 12,17. — **23:** Rom 16,7; 2 Cor 2, 13. — **24:** 2 Cor 7,14.

9 **1:** Rom 15,25.31; 2 Cor 8,4.20. — **3:** 2 Cor 8,24. — **6:** Prov 11,25; 19,17; Gal 6,8. — **7:** Rom 12,8. — **8:** Phil 4,19. — **9:** Ps 111,9. —

10: Is 55,10. — **11:** 2 Cor 1,11; 4,15. — **12:** 2 Cor 8,14.

10 **1:** Rom 12,1; 1 Cor 2,3. — **2:** 1 Cor 4,21; 2 Cor 13,2.10. — **4-5:** Eph 6,13. || Epist. Greg. IX: D 442. — **5:** Rom 16,26. || Alloc. Pii IX: D 1642. — **7:** Io 7,24; 2 Cor 5,

ficationem, et non in destructionem vestram: non erubescam. 9 Ut autem non
existimer tanquam terrere vos per epistolas: 10 quoniam quidem epistolae, inquiunt, graves sunt et fortes: praesentia
autem corporis infirma, et sermo contemptibilis; 11 hoc cogitet qui eiusmodi
est, quia quales sumus verbo per epistolas
absentes, tales et praesentes in facto.

Proprias gloriandi causas habet

12 Non enim audemus inserere, aut com-
parare nos quibusdam, qui seipsos com-
mendant: sed ipsi in nobis nosmetipsos
metientes, et comparantes nosmetipsos nobis. 13 Nos autem non in immensum glo-
riabimur, sed secundum mensuram regu-
lae, qua mensus est nobis Deus, mensuram
pertingendi usque ad vos. 14 Non enim
quasi non pertingentes ad vos, superex-
tendimus nos: usque ad vos enim pervenimus in Evangelio Christi. 15 Non in
immensum gloriantes in alienis laboribus;
spem autem habentes crescentis fidei vestrae, in vobis magnificari secundum regulam nostram in abundantiam, 16 etiam in
illa, quae ultra vos sunt, evangelizare,
non in aliena regula in iis quae praeparata
sunt gloriari. 17 Qui autem gloriatur, in
Domino glorietur. 18 Non enim qui seipsum commendat, ille probatus est: sed
quem Deus commendat.

Non minor aliis Apostolis

11 1 Utinam sustineretis modicum
quid insipientiae meae, sed et sup-
portate me; 2 aemulor enim vos Dei aemulatione. Despondi enim vos uni viro virginem castam exhibere Christo. 3 Timeo
autem ne sicut serpens Evam seduxit astutia sua, ita corrumpantur sensus vestri,
et excidant a simplicitate, quae est in
Christo. 4 Nam si is qui venit, alium Christum praedicat, quem non praedicavimus,
aut alium spiritum accipitis, quem non
accepistis: aut aliud Evangelium, quod
non recepistis: recte pateremini. 5 Existimo enim nihil me minus fecisse a magnis
Apostolis. 6 Nam etsi imperitus sermone,
sed non scientia, in omnibus autem ma-
nifestati sumus vobis.

Gratis Evangelium praedicavit

7 Aut numquid peccatum feci, me ipsum
humilians, ut vos exaltemini? quoniam
gratis Evangelium Dei evangelizavi vobis?
8 Alias Ecclesias expoliavi, accipiens stipendium ad ministerium vestrum. 9 Et
cum essem apud vos, et egerem, nulli one-
rosus fui: nam quod mihi deerat, supple-
verunt fratres, qui venerunt a Macedonia: et in omnibus sine onere me vobis
servavi, et servabo. 10 Est veritas Christi
in me, quoniam haec gloriatio non infrin-
getur in me in regionibus Achaiae. 11 Quare? quia non diligo vos? Deus scit. 12 Quod
autem facio, et faciam; ut amputem occasionem eorum qui volunt occasionem, ut
in quo gloriantur, inveniantur sicut et
nos. 13 Nam eiusmodi pseudoapostoli, sunt
operarii subdoli, transfigurantes se in
apostolos Christi. 14 Et non mirum: ipse
enim Satanas transfigurat se in angelum
lucis. 15 Non est ergo magnum, si ministri eius transfigurentur velut ministri
iustitiae: quorum finis erit secundum opera ipsorum.

Paulus aemulis suis maior

16 Iterum dico (ne quis me putet insipientem esse, alioquin velut insipientem
accipite me, ut et ego modicum quid
glorier), 17 quod loquor, non loquor secundum Deum, sed quasi in insipientia,
in hac substantia gloriae. 18 Quoniam multi gloriantur secundum carnem: et ego
gloriabor. 19 Libenter enim suffertis insipientes: cum sitis ipsi sapientes. 20 Sustinetis enim si quis vos in servitutem redi-
git, si quis devorat, si quis accipit, si quis
extollitur, si quis in faciem vos caedit.
21 Secundum ignobilitatem dico, quasi
nos infirmi fuerimus in hac parte. In quo
quis audet (in insipientia dico) audeo et
ego: 22 Hebraei sunt, et ego: Israelitae
sunt, et ego: semen Abrahae sunt, et ego:

Tum ex laboribus plurimis

23 Ministri Christi sunt (ut minus sapiens dico), plus ego: in laboribus plurimis, in carceribus abundantius, in plagis
supra modum, in mortibus frequenter.
24 A Iudaeis quinquies quadragenas, una
minus, accepi. 25 Ter virgis caesus sum,
semel lapidatus sum: ter naufragium feci,
nocte et die in profundo maris fui, 26 in
itineribus saepe, periculis fluminum, periculis latronum, periculis ex genere, pe-

12. — **8:** 2 Cor 7,14; 12,6; 13,10. — **11:** 2 Cor 10,2; 12,20. — **12:** 2 Cor 3,1; 5,12. — **13:** Rom 12,3. — **15:** Rom 15,20. — **16:** Ier 9,23; Act 19, 21. — **17:** 1 Cor 1,31. || Conc. Trid.: D 810 et 904. — **18:** 1 Cor 4,5.

11 **2:** Eph 5,26. — **3:** Gen 3,4. || Conc. Valent. III: D 325. — **4:** Gal 1,8. — **5:** 1 Cor 15,10; 2 Cor 12,11; Gal 2,6. — **6:** 1 Cor 2,1.4.13; Eph 3,4. — **7:** 1 Cor 9,12.18. — **8:** Phil 4,10.15. — **9:** 2 Cor 12,13. — **10:** 1 Cor 9,15. — **13:** Gal 2,4; Phil 3,2. — **15:** Mt 22, 16; Gal 5,10. — **16:** 2 Cor 12,6. — **22:** Rom 11, 1; Phil 3,5. — **23:** 1 Cor 15,10. — **24:** Deut 25, 3. — **25:** Act 14,19; 16,22. — **27:** 2 Cor 6,5. — **28:** 1 Thess 2,9; 2 Thess 3,8. — **33:** Act 9, 23-25.

riculis ex gentibus, periculis in civitate, periculis in solitudine, periculis in mari, periculis in falsis fratribus; 27 in labore et aerumna, in vigiliis multis, in fame et siti, in ieiuniis multis, in frigore et nuditate, 28 praeter illa quae extrinsecus sunt, instantia mea quotidiana, sollicitudo omnium Ecclesiarum. 29 Quis infirmatur, et ego non infirmor? quis scandalizatur, et ego non uror?

30 Si gloriari oportet: quae infirmitatis meae sunt, gloriabor. 31 Deus et pater Domini nostri Iesu Christi, qui est benedictus in saecula, scit quod non mentior. 32 Damasci praepositus gentis Aretae regis, custodiebat civitatem Damascenorum ut me comprehenderet: 33 et per fenestram in sporta dimissus sum per murum, et sic effugi manus eius.

Tum ex visionibus

12 1 Si gloriari oportet (non expedit quidem), veniam autem ad visiones et revelationes Domini. 2 Scio hominem in Christo ante annos quatuordecim, sive in corpore nescio, sive extra corpus nescio, Deus scit, raptum huiusmodi usque ad tertium caelum. 3 Et scio huiusmodi hominem sive in corpore, sive extra corpus nescio, Deus scit: 4 quoniam raptus est in paradisum: et audivit arcana verba, quae non licet homini loqui. 5 Pro huiusmodi gloriabor; pro me autem nihil gloriabor nisi in infirmitatibus meis. 6 Nam, et si voluero gloriari, non ero insipiens: veritatem enim dicam; parco autem, ne quis me existimet supra id quod videt in me, aut aliquid audit ex me. 7 Et ne magnitudo revelationum extollat me, datus est mihi stimulus carnis meae angelus Satanae, qui me colaphizet. 8 Propter quod ter Dominum rogavi ut discederet a me: 9 et dixit mihi: Sufficit tibi gratia mea: nam virtus in infirmitate perficitur. Libenter igitur gloriabor in infirmitatibus meis, ut inhabitet in me virtus Christi. 10 Propter quod placeo mihi in infirmitatibus meis, in contumeliis, in necessitatibus, in persecutionibus, in angustiis pro Christo: cum enim infirmor, tunc potens sum.

11 Factus sum insipiens, vos me coegistis. Ego enim a vobis debui commendari: nihil enim minus fui ab iis, qui sunt supra modum Apostoli; tametsi nihil sum; 12 signa tamen apostolatus mei facta sunt super vos in omni patientia, in signis, et prodigiis, et virtutibus. 13 Quid est enim, quod minus habuistis prae caeteris Ecclesiis, nisi quod ego ipse non gravavi vos? Donate mihi hanc iniuriam.

Paratus tertio venire Corinthum

14 Ecce tertio hoc paratus sum venire ad vos: et non ero gravis vobis. Non enim quaero quae vestra sunt, sed vos. Nec enim debent filii parentibus thesaurizare, sed parentes filiis. 15 Ego autem libentissime impendam, et super impendar ipse pro animabus vestris; licet plus vos diligens, minus diligar. 16 Sed esto: ego vos non gravavi; sed cum essem astutus, dolo vos cepi. 17 Numquid per aliquem eorum, quos misi ad vos, circumveni vos? 18 Rogavi Titum, et misi cum illo fratrem. Numquid Titus vos circumvenit? nonne eodem spiritu ambulavimus? nonne iisdem vestigiis?

Pauli timores de Corinthiis

19 Olim putatis quod excusemus nos apud vos? Coram Deo in Christo loquimur: omnia autem charissimi propter aedificationem vestram. 20 Timeo enim ne forte cum venero, non quales volo, inveniam vos: et ego inveniar a vobis, qualem non vultis: ne forte contentiones, aemulationes, animositates, dissensiones, detractiones, susurrationes, inflationes, seditiones sint inter vos: 21 ne iterum cum venero, humiliet me Deus apud vos, et lugeam multos ex iis qui ante peccaverunt, et non egerunt poenitentiam super immunditia, et fornicatione, et impudicitia, quam gesserunt.

Quid tunc faciet Corinthum adveniens

13 1 Ecce tertio hoc venio ad vos: in ore duorum vel trium testium stabit omne verbum. 2 Praedixi, et praedico, ut praesens, et nunc absens iis qui ante peccaverunt, et caeteris omnibus, quoniam si venero iterum, non parcam. 3 An experimentum quaeritis eius, qui in me loquitur Christus, qui in vobis non infirmatur, sed potens est in vobis? 4 Nam etsi crucifixus est ex infirmitate: sed vivit ex virtute Dei. Nam et nos infirmi sumus in illo: sed vivemus cum eo ex virtute Dei in vobis. 5 Vosmetipsos tentate si estis in fide; ipsi vos probate. An non cognoscitis

12 **4:** Lc 23,43; Apoc 2,7. — **5:** 2 Cor 11, 30. — **6:** 2 Cor 10,8. — **7:** Iob 2,6-7. — **9:** Rom 1,16. — **10:** Rom 5,3; Phil 4,13. — **11:** 1 Cor 15,10; 2 Cor 11,5. — **12:** Rom 15,19; Hebr 2,4. — **13:** 1 Cor 9,12; 2 Cor 11,9. — **14:** 2 Cor 13,1. — **15:** Gal 4,16; Phil 2,17. — **18:** 2 Cor ,86. — **20:** 1 Cor 4,6; 2 Cor 10,2. — **21:** 2 Cor 2,1; 13,2.

13 **1:** Deut 19,15; Mt 18,16; 1 Tim 6,19. — **2:** 1 Cor 5,3. — **4:** Rom 6,8; Phil 2,8. — **5:** 1 Cor 11,28.— **8:** 1 Cor 13,6. — **9:** 1 Cor 4

vosmetipsos quia Christus Iesus in vobis
est? nisi forte reprobi estis. 6 Spero autem
quod cognoscetis, quia nos non sumus
reprobi.
7 Oramus autem Deum ut nihil mali
faciatis, non ut nos probati appareamus,
sed ut vos quod bonum est faciatis: nos
autem ut reprobi simus. 8 Non enim possumus aliquid adversus veritatem, sed pro
veritate. 9 Gaudemus enim, quoniam nos
infirmi sumus, vos autem potentes estis.
Hoc et oramus vestram consummationem.
10 Ideo haec absens scribo, ut non praesens durius agam secundum potestatem,
quam Dominus dedit mihi in aedificationem, et non in destructionem.

Finalis exhortatio

11 De caetero, fratres, gaudete, perfecti
stote, exhortamini, idem sapite, pacem
habete, et Deus pacis et dilectionis erit
vobiscum. 12 Salutate invicem in osculo
sancto. Salutant vos omnes sancti.
13 Gratia Domini nostri Iesu Christi, et
charitas Dei, et communicatio sancti Spiritus sit cum omnibus vobis. Amen.

10. — **10:** 2 Cor 2,3; 10,11. || Conc. Trid.: D 903. — **11:** Rom 15,33; Phil 4,4. — **12:** 1 Co 16,20. — **13:** 1 Cor 16,23-24.

EPISTOLA B. PAULI APOSTOLI AD GALATAS

SUMMARIUM SALUTATIO *(1,1-5)*. — PARS PRIMA: APOLOGIA APOSTOLATUS PAULI *(1,6-2,21)*: *Galatas de deserto Evangelio arguit Apostolus (1,6-23). Pauli evangelium ab Apostolis approbatum (2,1-10). De libertate evangelica (2,11-21).*—PARS SECUNDA: DE IUSTIFICATIONE PER FIDEM *(3-4)*: *Abrahae per fidem iustificatio (3,1-18). De servitute Legis et libertate Evangelii (3,19-4,31).*—PARS TERTIA: MONITA *(5-6)*: *Galatae, aut christiani, aut iudaei (5, 1-12). Vita carnalis et vita spiritualis (5,13-26). Cohortationes (6,1-10). Conclusio (6,11-18)*

Salutatio epistolaris

1 1 Paulus Apostolus non ab hominibus, neque per hominem, sed per
Iesum Christum, et Deum Patrem, qui
suscitavit eum a mortuis: 2 et qui mecum
sunt omnes fratres, Ecclesiis Galatiae.
3 Gratia vobis, et pax a Deo Patre, et
Domino nostro Iesu Christo, 4 qui dedit
semetipsum pro peccatis nostris, ut eriperet nos de praesenti saeculo nequam,
secundum voluntatem Dei et Patris nostri,
5 cui est gloria in saecula saeculorum.
Amen.

PARS PRIMA

APOLOGIA APOSTOLATUS PAULI

(1,6-2,21)

Durae incusationes in Galatas eo quod tam cito deseruerint Evangelium

6 Miror quod sic tam cito transferimi-
ni ab eo qui vos vocavit in gratiam Christi
in aliud Evangelium: 7 quod non est aliud,
nisi sunt aliqui qui vos conturbant, et
volunt convertere Evangelium Christi.
8 Sed licet nos, aut angelus de caelo evan-
gelizet vobis praeterquam quod evangeli-
zavimus vobis, anathema sit. 9 Sicut praediximus, et nunc iterum dico: Si quis vobis evangelizaverit praeter id quod accepistis, anathema sit.
10 Modo enim hominibus suadeo, an
Deo? An quaero hominibus placere? Si
adhuc hominibus placerem, Christi servus
non essem.

Paulus electus apostolus ab ipso Deo

11 Notum enim vobis facio, fratres
Evangelium, quod evangelizatum est a
me, quia non est secundum hominem:
12 neque enim ego ab homine accepi illud,
neque didici, sed per revelationem Iesu
Christi.
13 Audistis enim conversationem meam
aliquando in Iudaismo: quoniam supra

1 **1:** 1 Act 9,5; Gal 1,11-12. — **3:** Rom 1, 7. — **4:** Gal 2,20; 1 Tim 2,6. — **7:** Act 15, 24. — **8-9:** 1 Cor 16,22; 2 Cor 11,4. || Epist. S. Simpl.: D 160. — **10:** 1 Thess 2,4. — **11:**

praeputium: uncircumcision
acquiescere: to rejoice in; give assent to

modum persequebar Ecclesiam Dei, et
expugnabam illam, 14 et proficiebam in
Iudaismo supra multos coaetaneos meos
in genere meo, abundantius aemulator
existens paternarum mearum traditionum.
15 Cum autem placuit ei, qui me segregavit ex utero matris meae, et vocavit per
gratiam suam, 16 ut revelaret Filium suum
in me, ut evangelizarem illum in gentibus:
continuo non acquievi carni et sanguini,
17 neque veni Ierosolymam ad antecessores meos Apostolos: sed abii in Arabiam;
et iterum reversus sum Damascum; 18 deinde post annos tres veni Ierosolymam videre Petrum, et mansi apud eum diebus
quindecim: 19 alium autem Apostolorum
vidi neminem, nisi Iacobum fratrem Domini. 20 Quae autem scribo vobis, ecce
coram Deo, quia non mentior. 21 Deinde
veni in partes Syriae, et Ciliciae. 22 Eram
autem ignotus facie Ecclesiis Iudaeae,
quae erant in Christo: 23 tantum autem
auditum habebant: Quoniam qui persequebatur nos aliquando, nunc evangeli-
zat fidem, quam aliquando expugnabat:
24 et in me clarificabant Deum.

Pauli evangelium ab Apostolis approbatum

2 1 Deinde post annos quatuordecim,
iterum ascendi Ierosolymam cum
Barnaba, assumpto et Tito. 2 Ascendi autem secundum revelationem; et contuli
cum illis Evangelium, quod praedico in
gentibus, seorsum autem iis qui videbantur aliquid esse; ne forte in vacuum cur-
rerem, aut cucurrissem. 3 Sed neque Titus,
qui mecum erat, cum esset gentilis, compulsus est circumcidi: 4 sed propter subin-
troductos falsos fratres, qui subintroierunt
explorare libertatem nostram, quam habemus in Christo Iesu, ut nos in servitutem redigerent. 5 Quibus neque ad horam
cessimus subiectione, ut veritas Evangelii
permaneat apud vos; 6 ab iis autem, qui
videbantur esse aliquid (quales aliquando
fuerint, nihil mea interest. Deus personam
hominis non accipit): mihi enim qui videbantur esse aliquid, nihil contulerunt.
7 Sed econtra cum vidissent quod creditum est mihi Evangelium praeputii, sicut
et Petro circumcisionis: 8 (qui enim operatus est Petro in apostolatum circumcisionis, operatus est et mihi inter gentes)
9 et cum cognovissent gratiam, quae data
est mihi, Iacobus, et Cephas, et Ioannes,
qui videbantur columnae esse, dextras dederunt mihi, et Barnabae societatis: ut
nos in gentes, ipsi autem in circumcisionem: 10 tantum ut pauperum memores
essemus, quod etiam sollicitus fui hoc
ipsum facere.

Petri reprehensio Antiochiae

11 Cum autem venisset Cephas Antiochiam, in faciem ei restiti, quia reprehen-
sibilis erat. 12 Prius enim quam venirent
quidam a Iacobo, cum gentibus edebat;
cum autem venissent, subtrahebat, et se-
gregabat se, timens eos qui ex circumcisione erant. 13 Et simulationi eius consenserunt caeteri Iudaei, ita ut et Barnabas
duceretur ab eis in illam simulationem.
14 Sed cum vidissem quod non recte ambularent ad veritatem Evangelii, dixi Cephae coram omnibus: Si tu, cum Iudaeus
sis, gentiliter vivis, et non iudaice: quomodo gentes cogis iudaizare?

Iudaei, a lege liberi, Deo vivunt per fidem

15 Nos natura Iudaei, et non ex gentibus peccatores. 16 Scientes autem quod
non iustificatur homo ex operibus legis,
nisi per fidem Iesu Christi: et nos in Christo Iesu credimus, ut iustificemur ex fide
Christi, et non ex operibus legis; propter
quod ex operibus legis non iustificabitur
omnis caro. 17 Quod si quaerentes iustificari in Christo, inventi sumus et ipsi
peccatores, numquid Christus peccati minister est? Absit. 18 Si enim quae destruxi,
iterum haec aedifico: praevaricatorem me
constituo. 19 Ego enim per legem, legi
mortuus sum, ut Deo vivam: Christo confixus sum cruci. 20 Vivo autem, iam non
ego, vivit vero in me Christus. Quod autem nunc vivo in carne: in fide vivo Filii
Dei, qui dilexit me, et tradidit semetipsum
pro me. 21 Non abiicio gratiam Dei. Si
enim per legem iustitia, ergo gratis Christus mortuus est.

1 Cor 15,1. — **13-14:** Act 22,3; 26,4-20; Phil 3,5-6. — **15:** Is 49,1; Ier 1,5; Act 9,15; Rom 1, 1. — **16:** Act 9,20. — **18:** Act 9,26. — **19:** Act 12,17. — **21:** Act 9,30; 1 Thess 2,14.

2 **1:** Act 15,2. — **2:** Gal 2,6.9. — **3:** Act 16, 3. — **4:** Act 15,24. — **5:** Gal 2,14. — **6:** 2 Cor 11,23. — **7:** Act 9,15; 15,12; 22,21. — **10:** Act 11,30; 12,25. — **12:** Act 11,3. — **16:** Act 13,39; 15,11; Rom 3,28. — **19:** Rom 6,2; 7, 6. — **20:** Io 17,23; Rom 6,6; Gal 5,24; 6,14; Col 3,4; 1 Io 3,16. || Const. Clem. XI: D 1383. — **21:** Gal 5,4. || Conc. Arausic. II: D 189 et 194.

PARS SECUNDA

IUSTIFICATIO NON PER LEGEM SED PER FIDEM

(3,1-4,31)

Quanta dona per fidem acceperint Galatae

3 1 O insensati Galatae, quis vos fascinavit non obedire veritati, ante quorum oculos Iesus Christus praescriptus est, in vobis crucifixus? 2 Hoc solum a vobis volo discere: Ex operibus legis Spiritum accepistis, an ex auditu fidei? 3 Sic stulti estis, ut cum Spiritu coeperitis, nunc carne consummemini? 4 Tanta passi estis sine causa? si tamen sine causa. 5 Qui ergo tribuit vobis Spiritum, et operatur virtutes in vobis; ex operibus legis, an ex auditu fidei?

Abraham per fidem iustificatus

6 Sicut scriptum est: Abraham credidit Deo, et reputatum est illi ad iustitiam. 7 Cognoscite ergo quia qui ex fide sunt, ii sunt filii Abrahae. 8 Providens autem Scriptura quia ex fide iustificat gentes Deus, praenuntiavit Abrahae: Quia benedicentur in te omnes gentes. 9 Igitur qui ex fide sunt, benedicentur cum fideli Abraham.

10 Quicumque enim ex operibus legis sunt, sub maledicto sunt. Scriptum est enim: Maledictus omnis qui non permanserit in omnibus quae scripta sunt in libro legis ut faciat ea. 11 Quoniam autem in lege nemo iustificatur apud Deum, manifestum est: quia iustus ex fide vivit. 12 Lex autem non est ex fide, sed: Qui fecerit ea, vivet in illis. 13 Christus nos redemit de maledicto legis, factus pro nobis maledictum: quia scriptum est: Maledictus omnis qui pendet in ligno: 14 ut in gentibus benedictio Abrahae fieret in Christo Iesu, ut pollicitationem Spiritus accipiamus per fidem.

Testamentum Abrahae datum

15 Fratres (secundum hominem dico) tamen hominis confirmatum testamentum nemo spernit, aut superordinat. 16 Abrahae dictae sunt promissiones, et semini eius. Non dicit: Et seminibus, quasi in multis; sed quasi in uno: Et semini tuo, qui est Christus. 17 Hoc autem dico, testamentum confirmatum a Deo; quae post quadringentos et triginta annos facta est lex, non irritum facit ad evacuandam promissionem. 18 Nam si ex lege haereditas, iam non ex promissione. Abrahae autem per repromissionem donavit Deus.

Quare lex posita fuerit

19 Quid igitur lex? Propter transgressiones posita est donec veniret semen, cui promiserat, ordinata per angelos in manu mediatoris. 20 Mediator autem unius non est: Deus autem unus est. 21 Lex ergo adversus promissa Dei? Absit. Si enim data esset lex, quae posset vivificare, vere ex lege esset iustitia. 22 Sed conclusit Scriptura omnia sub peccato, ut promissio ex fide Iesu Christi daretur credentibus. 23 Prius autem quam veniret fides, sub lege custodiebamur conclusi in eam fidem quae revelanda erat. 24 Itaque lex paedagogus noster fuit in Christo, ut ex fide iustificemur. 25 At ubi venit fides, iam non sumus sub paedagogo.

Verum Abrahae semen

26 Omnes enim filii Dei estis per fidem, quae est in Christo Iesu. 27 Quicumque enim in Christo baptizati estis, Christum induistis. 28 Non est Iudaeus, neque Graecus: non est servus, neque liber: non est masculus, neque femina. Omnes enim vos unum estis in Christo Iesu. 29 Si autem vos Christi, ergo semen Abrahae estis, secundum promissionem haeredes.

Servituti legis succedit libertas et adoptio evangelica

4 1 Dico autem: Quanto tempore haeres parvulus est, nihil differt a servo, cum sit dominus omnium: 2 sed sub tutoribus, et actoribus est usque ad praefinitum tempus a patre: 3 ita et nos cum essemus parvuli, sub elementis mundi eramus servientes. 4 At ubi venit plenitudo temporis, misit Deus Filium suum factum ex muliere, factum sub lege, 5 ut eos, qui sub lege erant, redimeret, ut adoptionem

3 **2:** Gal 2,16. — **6:** Gen 15,6; Rom 4,3. — **8:** Gen 18,18; 22,18; Act 3,25. — **9:** Rom 4,16. — **10:** Deut 27,26; Rom 4,15; Iac 2,10. — **11:** Hab 2,4; Rom 1,17; Hebr 10,38. — **12:** Lev 18,5; Rom 10,5. — **13:** Deut 21,23; Rom 8,3; 2 Cor 5,21. — **14:** Eph 1,3. — **16:** Gen 12,3; 13,15. — **17:** Ex 12,40. — **18:** Rom 11,6. — **19:** Act 7,38.53; Rom 5,20; Hebr 8,6. — **21:** Rom 8,2. — **22:** Rom 3,9; 11,32. — **23:** 1 Petr 1, 5. — **24:** 1 Cor 4,15. — **25:** Rom 10,4. — **26:** Rom 8,14. — **27:** Rom 6,3. || Conc. Valent. III: D 324; Conc. Trid.: D 790 et 895. — **28:** 1 Cor 12,13; Col 3,11. — **29:** Rom 9,7; Eph 3,6.

4 **3:** Gal 3,23; Col 2,8.20. — **4:** Mc 1,15; Rom 1,3. || Conc. Francoford.: D 311. —

filiorum reciperemus. 6 Quoniam autem estis filii, misit Deus Spiritum Filii sui in corda vestra clamantem: Abba, Pater. 7 Itaque iam non est servus, sed filius. Quod si filius, et haeres per Deum.

Galatae, prius liberi, in servitutem reversi sunt

8 Sed tunc quidem ignorantes Deum, iis, qui natura non sunt dii, serviebatis. 9 Nunc autem cum cognoveritis Deum, immo cogniti sitis a Deo: quomodo convertimini iterum ad infirma et egena elementa, quibus denuo servire vultis? 10 Dies observatis, et menses, et tempora, et annos. 11 Timeo vos, ne forte sine causa laboraverim in vobis.

Apostolum imitentur

12 Estote sicut ego, quia et ego sicut vos: fratres obsecro vos: Nihil me laesistis. 13 Scitis autem quia per infirmitatem carnis evangelizavi vobis iampridem: et tentationem vestram in carne mea 14 non sprevistis, neque respuistis: sed sicut angelum Dei excepistis me, sicut Christum Iesum. 15 Ubi est ergo beatitudo vestra? Testimonium enim perhibeo vobis, quia, si fieri posset, oculos vestros eruissetis, et dedissetis mihi. 16 Ergo inimicus vobis factus sum, verum dicens vobis? 17 Aemulantur vos non bene: sed excludere vos volunt, ut illos aemulemini. 18 Bonum autem aemulamini in bono semper: et non tantum cum praesens sum apud vos. 19 Filioli mei, quos iterum parturio, donec formetur Christus in vobis. 20 Vellem autem esse apud vos modo, et mutare vocem meam: quoniam confundor in vobis.

Allegoria Agar et Sarae

21 Dicite mihi qui sub lege vultis esse: legem non legistis? 22 Scriptum est enim: Quoniam Abraham duos filios habuit: unum de ancilla, et unum de libera. 23 Sed qui de ancilla, secundum carnem natus est: qui autem de libera, per repromissionem: 24 quae sunt per allegoriam dicta. Haec enim sunt duo testamenta. Unum quidem in monte Sina, in servitutem generans: quae est Agar: 25 Sina enim mons est in Arabia, qui coniunctus est ei quae nunc est Ierusalem, et servit cum filiis suis. 26 Illa autem, quae sursum est Ierusalem, libera est, quae est mater nostra. 27 Scriptum est enim:

Laetare sterilis, quae non paris:
Erumpe, et clama, quae non parturis:
Quia multi filii desertae,
Magis quam eius quae habet virum.

28 Nos autem fratres secundum Isaac promissionis filii sumus. 29 Sed quomodo tunc is, qui secundum carnem natus fuerat, persequebatur eum qui secundum spiritum: ita et nunc. 30 Sed quid dicit Scriptura? Eiice ancillam, et filium eius: non enim haeres erit filius ancillae cum filio liberae. 31 Itaque, fratres, non sumus ancillae filii, sed liberae: qua libertate Christus nos liberavit.

PARS TERTIA

GALATAS HORTATUR UT CHRISTI LIBERTATEM TENEANT

(5,1-6,10)

Galatae aut christiani sint aut iudaei

5 1 State, et nolite iterum iugo servitutis contineri. 2 Ecce ego Paulus dico vobis: quoniam si circumcidamini, Christus vobis nihil proderit. 3 Testificor autem rursus omni homini circumcidenti se, quoniam debitor est universae legis faciendae. 4 Evacuati estis a Christo, qui in lege iustificamini: a gratia excidistis. 5 Nos enim spiritu ex fide, spem iustitiae exspectamus. 6 Nam in Christo Iesu neque circumcisio aliquid valet, neque praeputium: sed fides, quae per charitatem operatur.

7 Currebatis bene: quis vos impedivit veritati non obedire? 8 Persuasio haec non est ex eo, qui vocat vos. 9 Modicum fermentum totam massam corrumpit. 10 Ego confido in vobis in Domino, quod nihil aliud sapietis: qui autem conturbat vos, portabit iudicium, quicumque est ille. 11 Ego autem, fratres, si circumcisionem adhuc praedico: quid adhuc persecutionem patior? Ergo evacuatum est scanda-

5: Gal 3,13. — **6-7:** Rom 8,15-17. — **8:** 1 Cor 8,4. — **9:** Phil 3,12; Col 2,20. || Epist. Greg. IX: D 442. — **10:** Rom 14,5; Col 2,16. — **11:** 1 Thess 3,5. — **12:** 2 Cor 2,5. — **13:** 1 Cor 2,3; Phil 3,17. — **14:** 2 Cor 10,10; 12,7. — **19:** 1 Cor 4, 15. || Enc. Pii XI: D 2224. — **22:** Gen 16,15; 21,2. — **23:** Rom 9,7-9; Hebr 11,11. — **24:** Rom 8,15; Gal 5,1. — **26:** Hebr 12,22. — **27:** Is 54, 1. — **28:** Rom 9,8. — **29:** Gen 21,9. — **30:** Gen 21,10; Io 8,35. — **31:** Io 8,52; Gal 5,1.13. || Bulla Pii XI: D 2193.

5 **1:** Act 15,10. — **3:** Rom 2,25; Gal 1,9. — **5:** Rom 8,23.25. — **6:** 1 Cor 7,19; Gal 6, 15. || Conc. Caris.: D 319; Conc. Trid.: D 800 et 881; Conc. Vatic.: D 1791 et 1814. — **8:** Gal 1,6. — **9:** Mt 13,33; 1 Cor 5,6. — **10:** Gal 1, 7. — **11:** 1 Cor 1,23. — **13:** 1 Cor 9,19; 1 Petr

lum crucis. 12 Utinam et abscindantur qui
vos conturbant.

Vita carnalis et vita spiritualis

13 Vos enim in libertatem vocati estis,
fratres: tantum ne libertatem in occasionem detis carnis, sed per charitatem Spiritus servite invicem. 14 Omnis enim lex
in uno sermone impletur: Diliges proximum tuum sicut teipsum. 15 Quod si invicem mordetis, et comeditis: videte ne
ab invicem consumamini.
16 Dico autem: Spiritu ambulate, et
desideria carnis non perficietis. 17 Caro
enim concupiscit adversus spiritum: spiritus autem adversus carnem: haec enim
sibi invicem adversantur: ut non quaecumque vultis, illa faciatis. 18 Quod si
spiritu ducimini, non estis sub lege. 19 Manifesta sunt autem opera carnis: quae sunt
fornicatio, immunditia, impudicitia, luxuria, 20 idolorum servitus, veneficia, inimicitiae, contentiones, aemulationes, irae,
rixae, dissensiones, sectae, 21 invidiae, homicidia, ebrietates, comessationes, et his
similia, quae praedico vobis, sicut praedixi: quoniam qui talia agunt, regnum
Dei non consequentur. 22 Fructus autem
Spiritus est: charitas, gaudium, pax, patientia, benignitas, bonitas, longanimitas,
23 mansuetudo, fides, modestia, continen-
tia, castitas. Adversus huiusmodi non est
lex. 24 Qui autem sunt Christi, carnem
suam crucifixerunt cum vitiis et concupiscentiis. 25 Si spiritu vivimus, spiritu
et ambulemus. 26 Non efficiamur inanis
gloriae cupidi, invicem provocantes, invicem invidentes.

Exhortationes variae

6 1 Fratres, et si praeoccupatus fuerit
homo in aliquo delicto, vos, qui spirituales estis, huiusmodi instruite in spiritu lenitatis, considerans teipsum, ne et
tu tenteris. 2 Alter alterius onera portate,
et sic adimplebitis legem Christi. 3 Nam
si quis existimat se aliquid esse, cum nihil sit, ipse se seducit. 4 Opus autem suum
probet unusquisque, et sic in semetipso
tantum gloriam habebit, et non in altero.
5 Unusquisque enim onus suum portabit.
6 Communicet autem is qui catechizatur
verbo, ei qui se catechizat, in omnibus
bonis.
7 Nolite errare, Deus non irridetur.
8 Quae enim seminaverit homo, haec et
metet. Quoniam qui seminat in carne
sua, de carne et metet corruptionem: qui
autem seminat in spiritu, de spiritu metet
vitam aeternam. 9 Bonum autem facientes, non deficiamus: tempore enim suo
metemus non deficientes. 10 Ergo dum
tempus habemus, operemur bonum ad
omnes, maxime autem ad domesticos fidei.

Conclusio

11 Videte qualibus litteris scripsi vobis
mea manu. 12 Quicumque enim volunt
placere in carne, hi cogunt vos circumcidi, tantum ut crucis Christi persecutionem non patiantur. 13 Neque enim qui
circumciduntur, legem custodiunt: sed
volunt vos circumcidi, ut in carne vestra
glorientur. 14 Mihi autem absit gloriari,
nisi in cruce Domini nostri Iesu Christi:
per quem mihi mundus crucifixus est, et
ego mundo. 15 In Christo enim Iesu neque
circumcisio aliquid valet, neque praeputium, sed nova creatura. 16 Et quicumque
hanc regulam secuti fuerint, pax super
illos, et misericordia, et super Israel Dei.
17 De caetero nemo mihi molestus sit:
ego enim stigmata Domini Iesu in corpore
meo porto.
18 Gratia Domini nostri Iesu Christi,
cum spiritu vestro, fratres. Amen.

2,16. — **14:** Lev 19,18; Mt 19,19; 22,39. — **16:** Rom 13,14; Gal 5,25. — **17:** Rom 7,15.23; 8,5-7. — **18:** Rom 8,14. — **19:** Rom 1,29; 13,12; 1 Cor 6,9. — **20:** Eph 5,5; Col 3,5; 1 Tim 1; 9. — **22:** Eph 5,9; Iac 3,18. — **24:** Rom 6,6; 8,9.13; Col 3,5. || Epist. Leonis XIII: D 1972. — **25:** Rom 8,4. — **26:** Phil 2,3.

6 **1:** Mt 18,15; Iac 5,19. — **2:** Gal 5,14. — **3:** 1 Cor 8,2. || Alloc. Pii IX: D 1642. — **4:** 1 Cor 11,28; 2 Cor 13,5. — **5:** Rom 14,12. — **6:** Rom 15,27; 1 Cor 9,11.14. — **7:** Iob 13,9. — **8:** Io 3,6; 6,63; Rom 8,13; Col 2,22. — **9:** 2 Thess 3,13; Hebr 12,3. — **11:** 1 Cor 16,21; Col 4,18. — **12:** Phil 3,2. — **13:** Rom 2,23.27. — **14:** Rom 6,6; 1 Cor 1,31; 2,2; Gal 2,20; 5,24. || Conc. Trid.: D 904. — **15:** 2 Cor 5,17; Gal 5,6. || Conc. Trid.: D 800. — **16:** Ps 124,5; 127,6. — **17:** 2 Cor 4,10; 11,23. — **18:** Phil 4,23; Philem 25.

EPISTOLA B. PAULI APOSTOLI AD EPHESIOS

SUMMARIUM SALUTATIO *(1,1-2)*.—PARS PRIMA: DE CORPORE CHRISTI QUOD EST ECCLESIA *(1,3-3,21): Christi mysterium (1,3-2,10). Gentiles atque iudaei in uno corpore reconciliati (2,11-22). Paulus Ecclesiae minister (3)*.—PARS ALTERA: PRAECEPTA MORALIA *(4-6): De Ecclesiae unitate (4,1-16). Vetus homo exuendus (4,17-5,21). De domus ordinatione christiana (5,22-6,9). De militia christiana (6,10-20). Conclusio (6,21-24)*

Salutatio epistolaris

1 1 Paulus Apostolus Iesu Christi per
voluntatem Dei, omnibus sanctis, qui
sunt Ephesi, et fidelibus in Christo Iesu.
2 Gratia vobis, et pax a Deo Patre nostro,
et Domino Iesu Christo.

PARS PRIMA

DE CORPORE CHRISTI QUOD EST ECCLESIA
(1,3-3,21)

Mysterium Christi in aeternis Dei consiliis

3 Benedictus Deus et Pater Domini nostri Iesu Christi, qui benedixit nos in omni
benedictione spirituali in caelestibus in
Christo, 4 sicut elegit nos in ipso ante
mundi constitutionem, ut essemus sancti
et immaculati in conspectu eius in charitate. 5 Qui praedestinavit nos in adoptionem filiorum per Iesum Christum in ipsum: secundum propositum voluntatis
suae, 6 in laudem gloriae gratiae suae, in
qua gratificavit nos in dilecto Filio suo.
7 In quo habemus redemptionem per
sanguinem eius, remissionem peccatorum
secundum divitas gratiae eius, 8 quae superabundavit in nobis in omni sapientia
et prudentia: 9 ut notum faceret nobis
sacramentum voluntatis suae, secundum
beneplacitum eius, quod proposuit in eo,
10 in dispensatione plenitudinis temporum,
instaurare omnia in Christo, quae in caelis,
et quae in terra sunt, in ipso:
11 In quo etiam et nos sorte vocati sumus praedestinati secundum propositum
eius qui operatur omnia secundum consilium voluntatis suae: 12 ut simus in laudem gloriae eius nos, qui ante speravimus
in Christo:
13 In quo et vos, cum audissetis verbum veritatis (Evangelium salutis vestrae), in quo et credentes signati estis
Spiritu promissionis sancto, 14 qui est
pignus haereditatis nostrae, in redemptionem acquisitionis, in laudem gloriae
ipsius.

Gratiarum actio pro Ephesiorum salute

15 Propterea et ego audiens fidem vestram, quae est in Domino Iesu, et dilectionem in omnes sanctos, 16 non cesso
gratias agens pro vobis, memoriam vestri
faciens in orationibus meis: 17 ut Deus,
Domini nostri Iesu Christi pater gloriae,
det vobis spiritum sapientiae et revelationis, in agnitione eius: 18 illuminatos
oculos cordis vestri, ut sciatis quae sit
spes vocationis eius, et quae divitiae gloriae haereditatis eius in sanctis, 19 et quae
sit supereminens magnitudo virtutis eius
in nos, qui credimus secundum operationem potentiae virtutis eius, 20 quam operatus est in Christo, suscitans illum a mortuis, et constituens ad dexteram suam in
caelestibus: 21 supra omnem principatum,
et potestatem, et virtutem, et dominationem, et omne nomen, quod nominatur
non solum in hoc saeculo, sed etiam in
futuro.
22 Et omnia subiecit sub pedibus eius:
et ipsum dedit caput supra omnem Ecclesiam, 23 quae est corpus ipsius, et plenitudo eius, qui omnia in omnibus adimpletur.

1 **1:** 1 Cor 1,1; 2 Cor 1,1; Col 1,1. — **2:** Rom 1,7; Col 1,2. — **3:** 2 Cor 1,3; 1 Petr 1,3. — **4:** Rom 8,29; 2 Thess 2,13; 2 Tim 1,9. — **5:** Io 1,12; Rom 8,15; 1 Io 3,1. — **6:** Mt 3,17. — **7:** Rom 3,25; Col 1,14.20; Hebr 9,22. — **8:** Col 1,9. — **9:** Rom 16,25; Eph 3,9. — **10:** Col 1, 16.20. || Conc. Trid.: D 794. — **11:** Rom 8,28. 30; Col 1,12. || Conc. Caris.: D 316. — **13-14:** Conc. Trid.: D 799. — **13:** Eph 4,30; Col 1, 5-6. — **14:** 2 Cor 1,22. — **15:** Col 1,4.9. — **16:** Rom 1,9; Col 1,3. — **18:** Rom 9,23; Col 1,5.11. 27. — **19:** 2 Cor 13,4; Col 1,29. — **20:** Ps 109,1; Act 2,33. — **21:** Col 1,16; 2,10. — **22:** Ps 8, 8; 1 Cor 15,25; Col 1,18. — **23:** Rom 12,5; Eph 4,12; 5,30; Col 1,18.

Homines in Christo resuscitati et exaltati

2 1 Et vos, cum essetis mortui delictis
et peccatis vestris, 2 in quibus aliquando ambulastis secundum saeculum
mundi huius, secundum principem potestatis aeris huius, spiritus, qui nunc operatur filios diffidentiae, 3 in quibus et nos
omnes aliquando conversati sumus in desideriis carnis nostrae, facientes voluntatem carnis et cogitationum, et eramus
natura filii irae, sicut et caeteri: 4 Deus
autem, qui dives est in misericordia, propter nimiam charitatem suam, qua dilexit
nos, 5 et cum essemus mortui peccatis,
convivificavit nos in Christo (cuius gratia
estis salvati), 6 et conresuscitavit, et consedere fecit in caelestibus in Christo Iesu:
7 ut ostenderet in saeculis supervenientibus abundantes divitias gratiae suae, in
bonitate super nos in Christo Iesu. 8 Gratia enim estis salvati per fidem, et hoc non
ex vobis: Dei enim donum est: 9 non ex
operibus, ut ne quis glorietur. 10 Ipsius
enim sumus factura, creati in Christo Iesu
in operibus bonis, quae praeparavit Deus
ut in illis ambulemus.

Gentiles et Iudaei in uno corpore reconciliati

11 Propter quod memores estote, quod
aliquando vos gentes in carne, qui dici-
mini praeputium ab ea quae dicitur circumcisio in carne, manu facta: 12 quia
eratis illo in tempore sine Christo, alienati a conversatione Israel, et hospites
testamentorum, promissionis spem non
habentes, et sine Deo in hoc mundo.
13 Nunc autem in Christo Iesu vos, qui
aliquando eratis longe, facti estis prope
in sanguine Christi. 14 Ipse enim est pax
nostra, qui fecit utraque unum, et medium parietem maceriae solvens, inimicitias in carne sua: 15 legem mandatorum
decretis evacuans, ut duos condat in semetipso in unum novum hominem, faciens pacem, 16 et reconciliet ambos in
uno corpore, Deo per crucem, interficiens
inimicitias in semetipso. 17 Et veniens
evangelizavit pacem vobis, qui longe fuistis, et pacem iis, qui prope. 18 Quoniam
per ipsum habemus accessum ambo in
uno Spiritu ad Patrem.
19 Ergo iam non estis hospites, et advenae: sed estis cives sanctorum, et domestici Dei: 20 superaedificati super fundamentum apostolorum, et prophetarum,
ipso summo angulari lapide Christo Iesu:
21 in quo omnis aedificatio constructa
crescit in templum sanctum in Domino,
22 in quo et vos coaedificamini in habitaculum Dei in Spiritu.

Paulus Ecclesiae minister

3 1 Huius rei gratia, ego Paulus vinctus
Christi Iesu, pro vobis gentibus, 2 si
tamen audistis dispensationem gratiae
Dei, quae data est mihi in vobis: 3 quoniam secundum revelationem notum mihi
factum est sacramentum, sicut supra scripsi in brevi: 4 prout potestis legentes intelligere prudentiam meam in mysterio Christi: 5 quod aliis generationibus non est
agnitum filiis hominum, sicuti nunc revelatum est sanctis apostolis eius, et prophetis in Spiritu, 6 gentes esse cohaeredes, et
concorporales, et comparticipes promissionis eius in Christo Iesu per Evangelium:
7 cuius factus sum minister secundum donum gratiae Dei, quae data est mihi secundum operationem virtutis eius. 8 Mihi
omnium sanctorum minimo data est gratia haec, in gentibus evangelizare investigabiles divitias Christi, 9 et illuminare
omnes, quae sit dispensatio sacramenti
absconditi a saeculis in Deo, qui omnia
creavit: 10 ut innotescat principatibus et
potestatibus in caelestibus per Ecclesiam,
multiformis sapientia Dei, 11 secundum
praefinitionem saeculorum, quam fecit in
Christo Iesu Domino nostro: 12 in quo
habemus fiduciam, et accessum in confidentia per fidem eius. 13 Propter quod
peto ne deficiatis in tribulationibus meis
pro vobis: quae est gloria vestra.

Orat pro fidelium perfectione

14 Huius rei gratia flecto genua mea ad
Patrem Domini nostri Iesu Christi, 15 ex
quo omnis paternitas in caelis et in terra
nominatur, 16 ut det vobis secundum divitias gloriae suae, virtute corroborari per
Spiritum eius in interiorem hominem,

2 **1:** Col 1,21; 2,13. — **2:** Io 12,31; Eph 5, 8; 6,12. — **3:** Eph 3,7. || Conc. Trid.: D 793 et 899. — **4:** Tit 3,4; 1 Petr 1,3. || Conc. Trid.: D 799 et 894. — **5:** Col 2,13. — **6:** Rom 8,10; Eph 1,20; Phil 3,20. — **7:** Eph 1,7. — **8:** Act 15,11; 2 Cor 3,5; Gal 2,16. || Conc. Arausic. II: D 178 et 199. — **9:** 1 Co 11,29. — **10:** Tit 2,14. — **11:** Col 1,21; 2,11.13. — **12:** Rom 9, 4; 1 Thess 4,13. — **13:** Is 57,19; Col 1,20. — **14:** Gal 3,28; Col 2,14. — **15:** 2 Cor 5,17. — **16:** Col 1,20.22. — **17:** Is 57,19; Zach 9,10. — **18:** Io 14,16; Eph 4,4. — **19:** Hebr 11,13; 12, 22; 13,14. || Enc. Pii XI: D 2229. — **20:** Is 28, 16; Mt 16,18; Apoc 21,14. — **21:** 1 Cor 3,16; 12,28. — **22:** 1 Petr 2,5.

3 **1:** Phil 1,13; Col 1,24. — **2:** Rom 15,15; Col 1,25. — **3:** Eph 1,9-10; Col 1,26. — **5:** Rom 16,25; Col 1,26. — **7:** Col 1,25.29. — **8:** Rom 11,33; 1 Cor 15,9; 2 Cor 12,11. — **9:** Rom 16,25; Col 1,26. — **10:** 1 Petr 1,12; 4,10. — **11:** 2 Tim 1,9. — **12:** Hebr 4,16; 10,19. — **13:** Col

17 Christum habitare per fidem in cordibus vestris: in charitate radicati, et fundati, 18 ut possitis comprehendere cum
omnibus sanctis, quae sit latitudo, et longitudo, et sublimitas, et profundum: 19 scire etiam supereminentem scientiae charitatem Christi, ut impleamini in omnem
plenitudinem Dei.
20 Ei autem, qui potens est omnia facere
superabundanter quam petimus, aut intelligimus, secundum virtutem, quae operatur in nobis: 21 ipsi gloria in Ecclesia,
et in Christo Iesu, in omnes generationes
saeculi saeculorum. Amen.

PARS ALTERA

Praecepta moralia

Hortatur ad unitatem

4 1 Obsecro itaque vos ego vinctus in
Domino, ut digne ambuletis vocatione, qua vocati estis, 2 cum omni humilitate, et mansuetudine, cum patientia, supportantes invicem in charitate, 3 solliciti
servare unitatem Spiritus in vinculo pacis.
4 Unum corpus, et unus Spiritus, sicut
vocati estis in una spe vocationis vestrae.
5 Unus Dominus, una fides, unum baptisma. 6 Unus Deus et Pater omnium, qui
est super omnes, et per omnia, et in omnibus nobis.

Per unum Christum diversa charismata ad Ecclesiae unitatem

7 Unicuique autem nostrum data est
gratia secundum mensuram donationis
Christi. 8 Propter quod dicit: Ascendens
in altum captivam duxit captivitatem: dedit dona hominibus. 9 Quod autem ascendit, quid est, nisi quia et descendit primum in inferiores partes terrae? 10 Qui
descendit, ipse est et qui ascendit super
omnes caelos, ut impleret omnia. 11 Et ipse dedit quosdam quidem apostolos, quosdam autem prophetas, alios vero evangelistas, alios autem pastores et doctores, 12 ad
consummationem sanctorum in opus ministerii, in aedificationem corporis Christi: 13 donec occurramus omnes in unitatem fidei, et agnitionis Filii Dei, in virum
perfectum, in mensuram aetatis plenitudinis Christi: 14 ut iam non simus parvuli
fluctuantes, et circumferamur omni vento
doctrinae in nequitia hominum, in astutia
ad circumventionem erroris. 15 Veritatem
autem facientes in charitate, crescamus
in illo per omnia, qui est caput Christus:
16 ex quo totum corpus compactum, et
connexum per omnem iuncturam submi-
nistrationis, secundum operationem in
mensuram uniuscuiusque membri, augmentum corporis facit in aedificationem
sui in charitate.

Vetus homo exuendus

17 Hoc igitur dico, et testificor in Domino, ut iam non ambuletis, sicut et gentes
ambulant in vanitate sensus sui, 18 tenebris obscuratum habentes intellectum,
alienati a vita Dei per ignorantiam, quae
est in illis, propter caecitatem cordis ipsorum, 19 qui desperantes, semetipsos tradiderunt impudicitiae, in operationem immunditiae omnis in avaritiam. 20 Vos autem non ita didicistis Christum, 21 si tamen illum audistis, et in ipso edocti estis,
sicut est veritas in Iesu: 22 deponere vos
secundum pristinam conversationem veterem hominem, qui corrumpitur secundum desideria erroris. 23 Renovamini autem spiritu mentis vestrae, 24 et induite
novum hominem, qui secundum Deum
creatus est in iustitia, et sanctitate veritatis.

A variis vitiis abstinendum

25 Propter quod deponentes mendacium,
loquimini veritatem unusquisque cum proximo suo: quoniam sumus invicem membra. 26 Irascimini, et nolite peccare: sol
non occidat super iracundiam vestram.
27 Nolite locum dare diabolo: 28 qui fura-
batur, iam non furetur: magis autem laboret, operando manibus suis, quod bonum est, ut habeat unde tribuat necessi-

1,24; 2 Tim 2,10. — **15:** Conc. Tolet. XI: D 275; Enc. Leonis XIII: D 1849. — **16:** Eph 1,7; 6, 10; Col 1,11. — **17:** Io 14,23; Col 1,23; 2,7. — **18:** Col 2,2. — **19:** Eph 1,23; Col 2,3. || Decr. Damasi: D 83. — **20:** Eph 1,19; Col 1,29.

4 **1:** Phil 1,27; Col 1,10. — **2:** Col 3,12; 1 Petr 5,5. — **3:** Rom 12,5; Col 3,14. || Conc. Valent. III: D 320; Epist. S. Officii: D 1686; Enc. Pii XI: D 2278. — **4:** 1 Cor 8,6. || Enc. Leonis XIII: D 1956. — **5:** 1 Cor 12,6. || Epist. Greg. II: D 296; Bulla Bonif. VIII: D 468; Conc. Viennense: D 482; Alloc. Pii IX: D1647; Epist. S. Officii: D 1686. — **7:** Rom 12,3.6; 1 Cor 12,11. — **8:** Ps 67,19. || De gratia Dei Indiculus: D 140; Conc. Arausic. II: D 189. — **9:** Io 3,13. — **10:** Mc 16,19. — **11:** 1 Cor 12,28. || Conc. Trid.: D 960. — **12:** 2 Tim 3,17; 1 Petr 2,5. — **13:** 1 Cor 14,20; Col 1,28. — **14:** Hebr 13,9. || Conc. Trid.: D 787. — **15:** Eph 1,22; 5,23. || Conc. Trid.: D 809. — **16:** Col 2,19. || Epist. S. Officii: D 1686. — **17:** Eph 2, 12; Col 2,6; 1 Thess 4,5. — **18:** Col 1,21. — **19:** Rom 1,24. — **21:** Eph 3,2. — **22-23:** Conc. Trid.: D 792. — **22:** Rom 6,6; 8,13; Col 3,9. — **23:** Rom 12,2. — **24:** Col 3,10. — **25:** Zach 8, 16; Rom 12,5; Col 3,8. — **26:** Ps 4,5. — **27:** Iac 4,7. — **28:** 1 Thess 4,11; 2 Thess 3,12. — **29:** Eph 5,4; Col 4,6. — **30:** Is 63,10; Eph 1,13. || Conc. Trid.: D 807 et 904. — **31:** Col 3,8; 1 Tim 6,4; Iac 3,14. — **32:** Col 3,12; 1 Petr 3,8.

tatem patienti. 29 Omnis sermo malus ex
ore vestro non procedat: sed si quis bonus
ad aedificationem fidei ut det gratiam audientibus. 30 Et nolite contristare Spiritum
sanctum Dei: in quo signati estis in diem
redemptionis. 31 Omnis amaritudo, et ira,
et indignatio, et clamor, et blasphemia
tollatur a vobis cum omni malitia. 32 Estote autem invicem benigni, misericordes,
donantes invicem sicut et Deus in Christo
donavit vobis.

5 1 Estote ergo imitatores Dei, sicut
filii charissimi: 2 et ambulate in dilectione, sicut et Christus dilexit nos, et
tradidit semetipsum pro nobis oblationem,
et hostiam Deo in odorem suavitatis.
3 Fornicatio autem, et omnis immunditia, aut avaritia, nec nominetur in vobis,
sicut decet sanctos: 4 aut turpitudo, aut
stultiloquium, aut scurrilitas, quae ad rem
non pertinet: sed magis gratiarum actio.
5 Hoc enim scitote intelligentes: quod omnis fornicator, aut immundus, aut avarus,
quod est idolorum servitus, non habet
haereditatem in regno Christi et Dei.
6 Nemo vos seducat inanibus verbis:
propter haec enim venit ira Dei in filios
diffidentiae. 7 Nolite ergo effici participes
eorum.

Uti filii lucis nunc ambulandum

8 Eratis enim aliquando tenebrae: nunc
autem lux in Domino. Ut filii lucis ambulate: 9 fructus enim lucis est in omni bonitate, et iustitia, et veritate: 10 probantes
quid sit beneplacitum Deo: 11 et nolite
communicare operibus infructuosis tenebrarum, magis autem redarguite. 12 Quae
enim in occulto fiunt ab ipsis, turpe est
et dicere. 13 Omnia autem, quae arguuntur, a lumine manifestantur: omne enim,
quod manifestatur, lumen est. 14 Propter
quod dicit: Surge qui dormis, et exsurge
a mortuis, et illuminabit te Christus.
15 Videte itaque fratres, quomodo caute
ambuletis: non quasi insipientes, 16 sed
ut sapientes: redimentes tempus, quoniam
dies mali sunt. 17 Propterea nolite fieri imprudentes: sed intelligentes quae sit voluntas Dei. 18 Et nolite inebriari vino, in
quo est luxuria: sed implemini Spiritu
sancto, 19 loquentes vobismetipsis in psalmis, et hymnis, et canticis spiritualibus,
cantantes et psallentes in cordibus vestris
Domino, 20 gratias agentes semper pro
omnibus, in nomine Domini nostri Iesu
Christi Deo et Patri. 21 Subiecti invicem
in timore Christi.

Coniugum officia

22 Mulieres viris suis subditae sint, sicut
Domino: 23 quoniam vir caput est mulieris: sicut Christus caput est Ecclesiae: ipse, salvator corporis eius. 24 Sed sicut Ecclesia subiecta est Christo, ita et mulieres
viris suis in omnibus.
25 Viri diligite uxores vestras, sicut et
Christus dilexit Ecclesiam, et seipsum tradidit pro ea, 26 ut illam sanctificaret, mundans lavacro aquae in verbo vitae, 27 ut
exhiberet ipse sibi gloriosam Ecclesiam,
non habentem maculam, aut rugam, aut
aliquid huiusmodi, sed ut sit sancta et immaculata. 28 Ita et viri debent diligere uxores suas ut corpora sua. Qui suam uxorem
diligit, seipsum diligit. 29 Nemo enim unquam carnem suam odio habuit: sed nutrit et fovet eam, sicut et Christus Ecclesiam: 30 quia membra sumus corporis eius,
de carne eius et de ossibus eius. 31 Propter
hoc relinquet homo patrem et matrem
suam, et adhaerebit uxori suae, et erunt
duo in carne una. 32 Sacramentum hoc
magnum est, ego autem dico in Christo
et in Ecclesia. 33 Verumtamen et vos singuli, unusquisque uxorem suam sicut
seipsum diligat: uxor autem timeat virum
suum.

Filiorum ac parentum officia

6 1 Filii, obedite parentibus vestris in
Domino: hoc enim iustum est. 2 Honora patrem tuum, et matrem tuam, quod
est mandatum primum in promissione:
3 ut bene sit tibi, et sis longaevus super
terram.
4 Et vos patres nolite ad iracundiam
provocare filios vestros: sed educate illos
in disciplina et correptione Domini.

Servorum ac dominorum officia

5 Servi, obedite dominis carnalibus cum
timore, et tremore, in simplicitate cordis

5 **1:** Mt 5,48; 1 Cor 4,16. — **2:** Io 13,14; Eph 5,25; Gal 2,20; 1 Petr 2,21. || Conc. Eph.: D 122. — **3:** Ez 16,19; 20,41; Rom 1, 28. — **4:** Col 3,8. — **5:** 1 Cor 6,9-10; Col 3,5-6. **6:** Col 2,4. — **7:** 2 Cor 6,14. — **8:** Io 12,36; 1 Petr 2,9. — **10:** Rom 12,2. — **11:** Rom 13,12; Eph 5,7. — **12:** Rom 1,24. — **13:** Io 3,20-21. — **14:** Is 26,19; 60,1; Rom 13,11. — **15:** Col 4,5. **17:** Rom 12,2. — **18:** Lc 21,34; Rom 13,13. — **19:** Col 3,16; Iac 5,13. — **20:** Col 3,17; 1 Thess 5,18. — **21:** 1 Petr 5,5. — **22-23:** Enc. Pii XI: D 2233. — **22:** Col 3,18. — **23:** 1 Cor 11,3; 1 Petr 3,1. || Conc. Trid.: D 875. — **24:** Col 1, 18. — **25:** Col 3,19; 1 Petr 3,7. || Conc. Trid.: D 969; Enc. Pii XI: D 2232. — **26:** Tit 3,5. — **27:** Ps 45,14; 2 Cor 11,2; Apoc 19,7. || Epist. S. Sir.: D 89; Epist. S. Gel.: D 163. — **29:** 1 Cor 7,33. — **30:** 1 Cor 6,15; Eph 1,23. — **31:** Mt 19,5. || Conc. Constantinop. II: D 224; Epist. Innoc. III: D 408; Conc. Trid.: D 596. — **32:** Conc. Flor.: D 702; Conc. Trid.: D 969; Enc. Pii XI: D 2236.

vestri, sicut Christo: 6 non ad oculum servientes, quasi hominibus placentes, sed ut
servi Christi, facientes voluntatem Dei ex
animo, 7 cum bona voluntate servientes,
sicut Domino, et non hominibus: 8 scientes quoniam unusquisque quodcumque fecerit bonum, hoc recipiet a Domino, sive
servus, sive liber.
9 Et vos, domini, eadem facite illis, re-
mittentes minas: scientes quia et illorum,
et vester Dominus est in caelis: et personarum acceptio non est apud eum.

Christi militia

10 De caetero fratres confortamini in
Domino, et in potentia virtutis eius. 11 Induite vos armaturam Dei, ut possitis stare
adversus insidias diaboli: 12 quoniam non
est nobis colluctatio adversus carnem et
sanguinem: sed adversus principes, et potestates, adversus mundi rectores tenebrarum harum, contra spiritualia nequitiae,
in caelestibus. 13 Propterea accipite armaturam Dei, ut possitis resistere in die malo, et in omnibus perfecti stare.
14 State ergo succincti lumbos vestros
in veritate, et induti loricam iustitiae, 15 et
calceati pedes in praeparatione Evangelii
pacis: 16 in omnibus sumentes scutum fidei, in quo possitis omnia tela nequissimi
ignea extinguere: 17 et galeam salutis assumite: et gladium spiritus (quod est verbum Dei) 18 per omnem orationem et obsecrationem orantes omni tempore in spiritu: et in ipso vigilantes in omni instantia, et obsecratione pro omnibus sanctis:
19 et pro me, ut detur mihi sermo in aper-
tione oris mei cum fiducia, notum facere
mysterium Evangelii: 20 pro quo legatione
fungor in catena, ita ut in ipso audeam,
prout oportet me, loqui.

Conclusio

21 Ut autem et vos sciatis quae circa me
sunt, quid agam: omnia vobis nota faciet
Tychicus, charissimus frater, et fidelis minister in Domino: 22 quem misi ad vos in
hoc ipsum, ut cognoscatis quae circa nos
sunt, et consoletur corda vestra.
23 Pax fratribus, et charitas cum fide a
Deo Patre, et Domino Iesu Christo. 24 Gratia cum omnibus, qui diligunt Dominum
nostrum Iesum Christum in incorruptio-
ne. Amen.

6 **1:** Col 3,20. — **2:** Ex 20,12. — **3:** Deut 5, 16. — **4:** Col 3,21. — **5:** Col 3,22; Tit 2,9; 1 Petr 2,18. — **8:** 2 Cor 5,10. — **9:** Act 10,34; Col 4,1. — **10:** 1 Cor 16,13; 1 Io 2,14. — **11:** Rom 13,12; 2 Cor 10,4. — **12:** Eph 2,2; 1 Petr 5,8. || De gratia Dei Indiculus: D 135. — **13:** Sap 5,8; Is 59,17. — **14:** Lc 12,35. — **15:** Is 52,7; Nah 1,15. — **16:** 1 Io 5,4. — **17:** Is 49,2. — **18:** Rom 8,26; Col 4,2. — **19:** Rom 15,30; 2 Thess 3,1. — **20:** 2 Cor 5,20. — **21:** Act 20,4; Col 4,7; 2 Tim 4,12. — **24:** 1 Cor 16,22; 1 Petr 1,8.

EPISTOLA B. PAULI APOSTOLI AD PHILIPPENSES

SUMMARIUM *Salutatio et gratiarum actio. Pauli vincula ad profectum Evangelii (1,12-30). Christi exemplum (2,1-18). Suos cooperatores commendat Apostolus (2,19-30). Cavendum a iudaizantibus (3). De pace et concordia servanda (4,1-9). Pauli gratus animus in Philippenses (4,10-20). Conclusio (4,21-23)*

Salutatio epistolaris

1 1 Paulus et Timotheus, servi Iesu
Christi, omnibus sanctis in Christo
Iesu, qui sunt Philippis, cum episcopis et
diaconibus. 2 Gratia vobis, et pax a Deo
Patre nostro, et Domino Iesu Christo.

Gratiarum actio et supplicatio

3 Gratias ago Deo meo in omni memoria vestri, 4 semper in cunctis orationibus
meis pro omnibus vobis, cum gaudio deprecationem faciens, 5 super communicatione vestra in Evangelio Christi a prima

1 **1:** 1 Cor 1,2; 2 Cor 1,1. || Conc. Trid.: D 958. — **2:** Rom 1,7. — **3:** Rom 1,8; 1 Cor 1,4. — **6:** 1 Cor 1,6-8; Phil 2,13. || Conc. Arausic. II: D 178 et 199. — **8:** Rom 1,9; 2 Cor 1,23. — **9:** 1 Thess 3,12. — **10:** Rom 2,18; 1 Cor 5,8; 2 Petr 3,8. — **11:** Iac 3,18. — **12:** 2 Tim 2,9. —

exinanire: to empty

die usque nunc. 6 Confidens hoc ipsum,
quia qui coepit in vobis opus bonum, perficiet usque in diem Christi Iesu: 7 sicut
est mihi iustum hoc sentire pro omnibus
vobis: eo quod habeam vos in corde, et
in vinculis meis, et in defensione, et confirmatione Evangelii, socios gaudii mei
omnes vos esse. 8 Testis enim mihi est
Deus, quomodo cupiam omnes vos in visceribus Iesu Christi.
9 Et hoc oro ut charitas vestra magis ac
magis abundet in scientia, et in omni sensu: 10 ut probetis potiora, ut sitis sinceri,
et sine offensa in diem Christi, 11 repleti
fructu iustitiae per Iesum Christum, in
gloriam et laudem Dei.

Pauli vincula ad profectum Evangelii contulerunt

12 Scire autem vos volo fratres, quia
quae circa me sunt, magis ad profectum
venerunt Evangelii: 13 ita ut vincula mea
manifesta fierent in Christo in omni praetorio, et in caeteris omnibus, 14 et plures
e fratribus in Domino confidentes vinculis meis, abundantius auderent sine timore verbum Dei loqui. 15 Quidam quidem
et propter invidiam et contentionem: quidam autem et propter bonam voluntatem
Christum praedicant. 16 quidam ex charitate, scientes quoniam in defensionem
Evangelii positus sum. 17 Quidam autem
ex contentione Christum annuntiant non
sincere, existimantes pressuram se suscitare vinculis meis. 18 Quid enim? Dum
omni modo sive per occasionem, sive per
veritatem, Christus annuntietur: et in hoc
gaudeo, sed et gaudebo. 19 Scio enim quia
hoc mihi proveniet ad salutem, per vestram orationem, et subministrationem
Spiritus Iesu Christi, 20 secundum exspec-
tationem et spem meam, quia in nullo confundar: sed in omni fiducia sicut semper,
et nunc magnificabitur Christus in corpore meo, sive per vitam, sive per mortem.
21 Mihi enim vivere Christus est, et mori lucrum. 22 Quod si vivere in carne, hic
mihi fructus operis est, et quid eligam ignoro. 23 Coarctor autem e duobus: desiderium habens dissolvi, et esse cum Christo, multo magis melius: 24 permanere autem in carne, necessarium propter vos.
25 Et hoc confidens scio quia manebo, et
permanebo omnibus vobis ad profectum
vestrum, et gaudium fidei: 26 ut gratulatio
vestra abundet in Christo Iesu in me, per
meum adventum iterum ad vos.

Digne Evangelio conversandum

27 Tantum digne Evangelio Christi conversamini: ut sive cum venero, et videro
vos, sive absens audiam de vobis, quia
statis in uno spiritu unanimes, collaboran-
tes fidei Evangelii: 28 et in nullo terreamini ab adversariis: quae illis est causa perditionis, vobis autem salutis, et hoc a Deo:
29 quia vobis donatum est pro Christo,
non solum ut in eum credatis, sed ut etiam
pro illo patiamini: 30 idem certamen habentes, quale et vidistis in me, et nunc audistis de me.

Sui oblitus unusquisque quae aliorum sunt quaerat

2 1 Si qua ergo consolatio in Christo,
si quod solatium charitatis, si qua
societas spiritus, si qua viscera miserationis: 2 implete gaudium meum ut idem sa-
piatis, eamdem charitatem habentes, unanimes, idipsum sentientes, 3 nihil per contentionem, neque per inanem gloriam:
sed in humilitate superiores sibi invicem
arbitrantes, 4 non quae sua sunt singuli
considerantes, sed ea quae aliorum.

Christi exemplum

5 Hoc enim sentite in vobis, quod et in
Christo Iesu: 6 qui cum in forma Dei esset, non rapinam arbitratus est esse se
aequalem Deo: 7 sed semetipsum exinani-
vit formam servi accipiens, in similitudinem hominum factus, et habitu inventus
ut homo. 8 Humiliavit semetipsum factus
obediens usque ad mortem, mortem autem crucis. 9 Propter quod et Deus exaltavit illum, et donavit illi nomen, quod est
super omne nomen: 10 ut in nomine Iesu
omne genu flectatur caelestium, terrestrium et infernorum, 11 et omnis lingua
confiteatur, quia Dominus Iesus Christus
in gloria est Dei Patris.

Quomodo de propria salute curandum

12 Itaque charissimi mei (sicut semper
obedistis) non ut in praesentia mei tan-

18: Phil 2,17. — **19:** 2 Cor 1,11. — **20:** Rom 8,19; 14,8. — **21:** Gal 2,20. — **22:** Io 15,16. — **23:** 2 Cor 5,8. — **25:** Phil 2,24. — **27:** Col 1,10; 1 Thess 2,12. — **28:** 2 Thess 1,5. — **29:** Act 5,41. || Conc. Arausic. II: D 178.199.200. — **30:** Act 16,22; 1 Thess 2,2.

2 **2:** Rom 12,16; Phil 1,27; 4,2. — **3:** Rom 12,10; Gal 5,26. || Conc. Valent. III: D 320. — **4:** Rom 15,2; 1 Cor 10,24.33. — **6:** Io 1,1-2; 5,18; 10,33; Rom 15,3. — **7:** Is 53,3.11; 2 Cor 8,9; Hebr 1,3; 2,14.17. || Conc. Rom.: D 72; Conc. Tolet. XI: D 284. — **8:** Io 10,17; Gal 4,4; Hebr 12,2. || Conc. Francoford.: D 313; Epist. Leonis XIII: D 1972. — **9:** Act 2,33; Hebr 5,8. — **10:** Is 53,12; Eph 1,20. — **11:** Rom 14,11; Hebr 1,3; Apoc 5,13. — **12:** 2 Cor 7,15. || Conc. Trid.: D 806. — **13:** Io 15,15; 1 Cor 12,6; 15,

congratulare: to wish joy   experimentum: proof

tum, sed multo magis nunc in absentia
mea, cum metu et tremore vestram salutem operamini. 13 Deus est enim, qui operatur in vobis et velle, et perficere pro
bona voluntate. 14 Omnia autem facite
sine murmurationibus et haesitationibus:
15 ut sitis sine querela, et simplices filii
Dei, sine reprehensione in medio nationis
pravae et perversae: inter quos lucetis sicut luminaria in mundo, 16 verbum vitae
continentes ad gloriam meam in die Christi, quia non in vacuum cucurri, neque in
vacuum laboravi. 17 Sed et si immolor
supra sacrificium, et obsequium fidei vestrae, gaudeo, et congratulor omnibus vobis. 18 Idipsum autem et vos gaudete, et
congratulamini mihi.

Cooperatores commendat

19 Spero autem in Domino Iesu, Timotheum me cito mittere ad vos: ut et ego
bono animo sim, cognitis quae circa vos
sunt. 20 Neminem enim habeo tam unanimem, qui sincera affectione pro vobis sollicitus sit. 21 Omnes enim quae sua sunt
quaerunt, non quae sunt Iesu Christi. 22 Experimentum autem eius cognoscite, quia
sicut patri filius, mecum servivit in Evangelio. 23 Hunc igitur spero me mittere ad
vos, mox ut videro quae circa me sunt.
24 Confido autem in Domino quoniam et
ipse veniam ad vos cito.
25 Necessarium autem existimavi Epa-
phroditum fratrem, et cooperatorem, et
commilitonem meum, vestrum autem
apostolum, et ministrum necessitatis
meae, mittere ad vos: 26 quoniam quidem
omnes vos desiderabat: et moestus erat,
propterea quod audieratis illum infirma-
tum. 27 Nam et infirmatus est usque ad
mortem: sed Deus misertus est eius: non
solum autem eius, verum etiam et mei, ne
tristitiam super tristitiam haberem. 28 Fes-
tinantius ergo misi illum, ut viso eo iterum gaudeatis, et ego sine tristitia sim.
29 Excipite itaque illum cum omni gaudio
in Domino, et eiusmodi cum honore habetote; 30 quoniam propter opus Christi
usque ad mortem accessit, tradens animam suam ut impleret id quod ex vobis
deerat erga meum obsequium.

moestus = maestus
obsequium : service

Cavendum a iudaizantibus Pauli exemplo

3 1 De caetero fratres mei gaudete in
Domino. Eadem vobis scribere, mihi
quidem non pigrum, vobis autem necessarium.
2 Videte canes, videte malos operarios,
videte concisionem. 3 Nos enim sumus
circumcisio, qui spiritu servimus Deo, et
gloriamur in Christo Iesu, et non in carne
fiduciam habentes, 4 quamquam ego habeam confidentiam et in carne. Si quis
alius videtur confidere in carne, ego magis, 5 circumcisus octavo die, ex genere
Israel, de tribu Beniamin, Hebraeus ex
Hebraeis, secundum legem pharisaeus,
6 secundum aemulationem persequens Ecclesiam Dei, secundum iustitiam, quae in
lege est, conversatus sine querela. 7 Sed
quae mihi fuerunt lucra, haec arbitratus
sum propter Christum detrimenta. 8 Verumtamen existimo omnia detrimentum
esse propter eminentem scientiam Iesu
Christi Domini mei: propter quem omnia
detrimentum feci, et arbitror ut stercora,
ut Christum lucrifaciam, 9 et inveniar in
illo non habens meam iustitiam, quae ex
lege est, sed illam, quae ex fide est Christi
Iesu: quae ex Deo est iustitia in fide, 10 ad
cognoscendum illum, et virtutem resurrectionis eius, et societatem passionum illius:
configuratus morti eius: 11 si quo modo
occurram ad resurrectionem, quae est ex
mortuis: 12 non quod iam acceperim, aut
iam perfectus sim: sequor autem, si quomodo comprehendam in quo et comprehensus sum a Christo Iesu. 13 Fratres, ego
me non arbitror comprehendisse. Unum
autem, quae quidem retro sunt obliviscens,
ad ea vero quae sunt priora, extendens
meipsum, 14 ad destinatum persequor, ad
bravium supernae vocationis Dei in Christo Iesu. 15 Quicumque ergo perfecti sumus,
hoc sentiamus: et si quid aliter sapitis,
et hoc vobis Deus revelabit. 16 Verumtamen ad quod pervenimus ut idem sapia-
mus, et in eadem permaneamus regula.
17 Imitatores mei estote fratres, et observate eos qui ita ambulant, sicut habetis formam nostram. 18 Multi enim ambulant, quos saepe dicebam vobis (nunc
autem et flens dico) inimicos crucis Christi: 19 quorum finis interitus: quorum Deus
venter est: et gloria in confusione ipso-

10. || De gratia Dei Indiculus: D 141; Conc. Arausic. II: D 177; Conc. Trid.: D 806. — **14:** 1 Petr 4,9. — **15:** Deut 32,5; Mt 10,16. — **16:** Gal 2,2; 4,11. — **17:** 2 Tim 4,6. — **18:** Phil 3,1; 4,4. — **19:** Act 16,1. — **20:** 1 Cor 16,10. — **21:** 1 Cor 10,24.33; 13,5. — **24:** Phil 1,25; Philem 22. — **25:** Phil 4,18. — **28:** Rom 16,2; 1 Cor 16, 18. — **30:** Act 20,24; Philem 13.

3 **1:** Phil 2,18; 4,4. — **2:** 2 Cor 11,13; Apoc 22,15. — **3:** Rom 2,29; 14,18; 15,17. — **4:** 2 Cor 11,18.22. — **5:** Gen 17,12; Act 26,5. — **7:** Mt 13,44; Lc 14,33. — **9:** Rom 3,21; 9,30; 10,3.5. — **10:** Rom 6,5; 8,17; 1 Petr 4,13. — **11:** Lc 20,35; Apoc 20,5. — **13:** Lc 9,62. — **14:** 1 Cor 9,24. — **15:** Io 7,17; 1 Cor 2,6. — **16:** Gal 6,16. — **17:** 1 Cor 4,16; 11,1; 1 Thess 1,7. — **19:** Rom 8,5; 16,18; Col 3,2. — **20:** 1 Cor 1,7;

rum, qui terrena sapiunt. 20 Nostra autem conversatio in caelis est: unde etiam
Salvatorem exspectamus Dominum nostrum Iesum Christum, 21 qui reformabit
corpus humilitatis nostrae, configuratum
corpori claritatis suae secundum operationem, qua etiam possit subiicere sibi omnia.

De concordia servanda

4 1 Itaque fratres mei charissimi, et de-
sideratissimi, gaudium meum, et corona mea: sic state in Domino, charissimi. 2 Evodiam rogo, et Syntychen deprecor, idipsum sapere in Domino. 3 Etiam
rogo et te, germane compar, adiuva illas,
quae mecum laboraverunt in Evangelio
cum Clemente, et caeteris adiutoribus meis,
quorum nomina sunt in libro vitae.
4 Gaudete in Domino semper: iterum
dico gaudete. 5 Modestia vestra nota sit
omnibus hominibus: Dominus prope est.
6 Nihil solliciti sitis: sed in omni oratione, et obsecratione, cum gratiarum actione petitiones vestrae innotescant apud
Deum. 7 Et pax Dei, quae exuperat omnem sensum, custodiat corda vestra, et
intelligentias vestras in Christo Iesu.
8 De caetero fratres, quaecumque sunt
vera, quaecumque pudica, quaecumque
iusta, quaecumque sancta, quaecumque
amabilia, quaecumque bonae famae, siqua virtus, siqua laus disciplinae, haec
cogitate. 9 Quae et didicistis, et accepistis,
et audistis, et vidistis in me, haec agite:
et Deus pacis erit vobiscum.

Gratus Pauli animus in Philippenses

10 Gavisus sum autem in Domino vehementer, quoniam tandem aliquando re-
floruistis pro me sentire, sicut et sentie-
batis: occupati autem eratis. 11 Non quasi
propter penuriam dico: ego enim didici,
in quibus sum, sufficiens esse. 12 Scio et
humiliari, scio et abundare (ubique et in
omnibus institutus sum): et satiari, et
esurire, et abundare, et penuriam pati.
13 Omnia possum in eo qui me confortat.
14 Verumtamen bene fecistis, communicantes tribulationi meae. 15 Scitis autem
et vos Philippenses, quod in principio
Evangelii, quando profectus sum a Macedonia, nulla mihi Ecclesia communica-
vit in ratione dati et accepti, nisi vos soli:
16 quia et Thessalonicam semel et bis in
usum mihi misistis. 17 Non quia quaero
datum, sed requiro fructum abundantem
in ratione vestra. 18 Habeo autem omnia,
et abundo: repletus sum, acceptis ab
Epaphrodito quae misistis odorem suavitatis, hostiam acceptam, placentem Deo.
19 Deus autem meus impleat omne desiderium vestrum secundum divitias suas
in gloria in Christo Iesu. 20 Deo autem
et Patri nostro gloria in saecula saeculorum. Amen.

Salutatio finalis

21 Salutate omnem sanctum in Christo
Iesu. 22 Salutant vos, qui mecum sunt,
fratres. Salutant vos omnes sancti, maxime autem qui de Caesaris domo sunt.
23 Gratia Domini nostri Iesu Christi
cum spiritu vestro. Amen.

Col 1,1. — **21:** Rom 8,29; 1 Cor 15,43.49.53; Col 3,4; 1 Io 3,2.

4 **1:** 2 Cor 1,14; 1 Thess 2,19. — **2:** Phil 2,2. — **3:** Lc 10,20. — **4:** 2 Cor 13,11; Phil 3,1. — **5:** Hebr 10,37; Iac 5,8-9. — **6:** Mt 6,25-34; Col 4,2; 1 Tim 2,1. — **7:** Io 14,27; Col 3,15. || Enc. Greg. XVI: D 1616. — **8:** Rom 12,17. — **9:** Rom 16,20; 1 Cor 14,33; 1 Thess 5,23. — **11:** 1 Tim 6,6. — **13:** 2 Cor 12,10; 2 Tim 4,17. || Conc. Trid.: D 904. — **15:** 2 Cor 11,9. **16:** Act 17,1. — **18:** Eph 5,2; Phil 2,25; Hebr 13,16. — **19:** Rom 9,23. — **22:** Phil 1,13. — **23:** Gal 6,18.

EPISTOLA B. PAULI APOSTOLI AD COLOSSENSES

SUMMARIUM SALUTATIO *(1,1-3a)*.—PARS PRIOR: DE CHRISTI EXCELLENTIA *(1,3b-2,23)*: *Gratiarum actio (1,3-17). Christus Ecclesiae caput (1,18-2,3). Cavendum a falsis doctoribus (2,4-23)*.—PARS ALTERA: DOCTRINA MORALIS *(3,1-4,6)*: *Vita in Christo (3,1-17). De domus ordinatione christiana (3,18-4,6). Salutationes (4,7-18)*

Salutatio epistolaris

1 1 Paulus Apostolus Iesu Christi per
voluntatem Dei, et Timotheus frater:
2 eis, qui sunt Colossis, sanctis, et fidelibus fratribus in Christo Iesu. 3 Gratia vobis, et pax a Deo Patre nostro, et Domino Iesu Christo.

PARS PRIOR

DE CHRISTI EXCELLENTIA
(1,3-2,23)

Gratiarum actio pro Colossensium fide

Gratias agimus Deo, et Patri Domini
nostri Iesu Christi semper pro vobis orantes: 4 audientes fidem vestram in Christo
Iesu, et dilectionem quam habetis in
sanctos omnes 5 propter spem, quae reposita est vobis in caelis: quam audistis in
verbo veritatis Evangelii: 6 quod pervenit
ad vos, sicut et in universo mundo est, et
fructificat, et crescit sicut in vobis, ex ea
die, qua audistis, et cognovistis gratiam
Dei in veritate, 7 sicut didicistis ab Epa-
phra charissimo conservo nostro, qui est
fidelis pro vobis minister Christi Iesu,
8 qui etiam manifestavit nobis dilectionem
vestram in spiritu.
9 Ideo et nos ex qua die audivimus, non
cessamus pro vobis orantes, et postulantes ut impleamini agnitione voluntatis eius,
in omni sapientia et intellectu spiritali:
10 ut ambuletis digne Deo per omnia placentes: in omni opere bono fructificantes,
et crescentes in scientia Dei: 11 in omni
virtute confortati secundum potentiam
claritatis eius, in omni patientia et longa-
nimitate cum gaudio, 12 gratias agentes
Deo Patri, qui dignos nos fecit in partem sortis sanctorum in lumine: 13 qui eripuit nos de potestate tenebrarum, et
transtulit in regnum filii dilectionis suae,
14 in quo habemus redemptionem per sanguinem eius, remissionem peccatorum:
15 qui est imago Dei invisibilis, primogenitus omnis creaturae: 16 quoniam in ipso
condita sunt universa in caelis, et in terra,
visibilia, et invisibilia, sive throni, sive do-
minationes, sive principatus, sive potestates: omnia per ipsum et in ipso creata
sunt: 17 et ipse est ante omnes, et omnia
in ipso constant.

Christus Ecclesiae caput

18 Et ipse est caput corporis Ecclesiae,
qui est principium, primogenitus ex mortuis: ut sit in omnibus ipse primatum tenens: 19 quia in ipso complacuit, omnem
plenitudinem inhabitare: 20 et per eum
reconciliare omnia in ipsum, pacificans
per sanguinem crucis eius, sive quae in
terris, sive quae in caelis sunt.
21 Et vos cum essetis aliquando alienati,
et inimici sensu in operibus malis: 22 nunc
autem reconciliavit in corpore carnis eius
per mortem, exhibere vos sanctos, et immaculatos, et irreprehensibiles coram ipso:
23 si tamen permanetis in fide fundati, et
stabiles, et immobiles a spe Evangelii,
quod audistis, quod praedicatum est in
universa creatura, quae sub caelo est,
cuius factus sum ego Paulus minister.

Gaudet Paulus de suis passionibus pro Ecclesiae corpore

24 Qui nunc gaudeo in passionibus pro
vobis, et adimpleo ea quae desunt passionum Christi, in carne mea pro corpore
eius, quod est Ecclesia: 25 cuius factus sum

1 **1:** Eph 1,1. — **2:** Rom 1,7. — **3:** Eph 1,16; 1 Thess 1,2. — **4:** 1 Cor 13,13; Eph 1,15. **5:** Eph 1,13; 1 Petr 1,4. — **6:** Mt 24,14; Eph 1, 13; 1 Tim 3,16. — **7:** Col 4,12. — **9:** Eph 1,16; Phil 1,9. — **10:** Eph 2,10; 4,1. || Enc. Pii IX: D 1678. — **11:** Eph 3,16. — **12-14:** Conc. Trid.: D 795. — **12:** Act 26,18; Eph 1,18. || Conc. Vatic.: D 1794. — **13:** Eph 1,6; 6,12; Col 2, 15. || De gratia Dei Indiculus: D 139; Conc. Trid.: D 938. — **14:** Eph 1,7. — **15:** Io 1,18; 2 Cor 4,4; Hebr 1,3; Apoc 3,14. || Epist. S. Dionysii: D 50. — **16:** Io 1,3.10; Eph 1,21; Hebr 1, 2-3; 1 Petr 3,22. — **17:** Rom 11,36. — **18:** Eph 1,22-23; Col 1,15. || Conc. Ephes.: D 124. — **19:** Io 1,16. — **20:** Rom 5,10; 2 Cor 5,19; Eph 1, 10. — **21:** Eph 2,1.12. — **22:** Eph 2,16. — **23:**

ego minister secundum dispensationem
Dei, quae data est mihi in vos, ut impleam
verbum Dei: 26 mysterium, quod absconditum fuit a saeculis, et generationibus,
nunc autem manifestatum est sanctis eius,
27 quibus voluit Deus notas facere divitias
gloriae sacramenti huius in gentibus, quod
est Christus, in vobis spes gloriae, 28 quem
nos annuntiamus, corripientes omnem hominem, et docentes omnem hominem, in
omni sapientia, ut exhibeamus omnem
hominem perfectum in Christo Iesu: 29 in
quo et laboro, certando secundum operationem eius, quam operatur in me in virtute.

2 1 Volo enim vos scire qualem sollicitudinem habeam pro vobis, et pro
iis qui sunt Laodiciae, et quicumque non
viderunt faciem meam in carne: 2 ut consolentur corda ipsorum, instructi in charitate, et in omnes divitias plenitudinis
intellectus, in agnitionem mysterii Dei Patris et Christi Iesu: 3 in quo sunt omnes
thesauri sapientiae et scientiae absconditi.

Cavendum a falsis doctoribus

4 Hoc autem dico, ut nemo vos decipiat in sublimitate sermonum. 5 Nam etsi
corpore absens sum, sed spiritu vobiscum
sum: gaudens, et videns ordinem vestrum,
et firmamentum eius, quae in Christo est,
fidei vestrae. 6 Sicut ergo accepistis Iesum Christum Dominum, in ipso ambulate, 7 radicati, et superaedificati in ipso,
et confirmati fide, sicut et didicistis, abundantes in illo in gratiarum actione. 8 Videte ne quis vos decipiat per philosophiam,
et inanem fallaciam secundum traditionem hominum, secundum elementa mundi, et non secundum Christum: 9 quia in
ipso inhabitat omnis plenitudo divinita-
tis corporaliter: 10 et estis in illo repleti,
qui est caput omnis principatus et potestatis: 11 in quo et circumcisi estis circumcisione non manu facta in expoliatione corporis carnis, sed in circumcisione Christi:
12 consepulti ei in baptismo, in quo et
resurrexistis per fidem operationis Dei,
qui suscitavit illum a mortuis. 13 Et vos
cum mortui essetis in delictis, et praeputio carnis vestrae, convivificavit cum illo,
donans vobis omnia delicta: 14 delens quod
adversus nos erat chirographum decreti,
quod erat contrarium nobis, et ipsum tulit de medio, affigens illud cruci: 15 et ex-
polians principatus, et potestates traduxit
confidenter, palam triumphans illos in semetipso.

Cavendum a falsis observantiis

16 Nemo ergo vos iudicet in cibo, aut
in potu, aut in parte diei festi, aut neomeniae, aut sabbatorum: 17 quae sunt umbra futurorum: corpus autem Christi.
18 Nemo vos seducat, volens in humilitate,
et religione angelorum, quae non vidit
ambulans, frustra inflatus sensu carnis
suae, 19 et non tenens caput, ex quo totum corpus per nexus, et coniunctiones
subministratum, et constructum crescit in
augmentum Dei.
20 Si ergo mortui estis cum Christo ab
elementis huius mundi: quid adhuc tanquam viventes in mundo decernitis? 21 Ne
tetigeritis, neque gustaveritis, neque con-
trectaveritis: 22 quae sunt omnia in interitum ipso usu, secundum praecepta et
doctrinas hominum: 23 quae sunt rationem quidem habentia sapientiae in superstitione, et humilitate, et non ad par-
cendum corpori, non in honore aliquo
ad saturitatem carnis.

PARS ALTERA

DOCTRINA MORALIS

(3,1-4,6)

Vita in Christo

3 1 Igitur, si consurrexistis cum Christo:
quae sursum sunt quaerite, ubi Christus est in dextera Dei sedens: 2 quae sursum sunt sapite, non quae super terram.
3 Mortui enim estis, et vita vestra est
abscondita cum Christo in Deo. 4 Cum
Christus apparuerit, vita vestra: tunc et
vos apparebitis cum ipso in gloria.
5 Mortificate ergo membra vestra, quae
sunt super terram: fornicationem, immunditiam, libidinem, concupiscentiam malam, et avaritiam, quae est simulacrorum

Eph 3,17; Hebr 3,14. — **24:** 2 Cor 1,5-6; Eph 3, 1.13. — **25:** Eph 3,2.7. — **26:** Rom 16,25-26. || Epist. Pii IX: D 1672. — **27:** Eph 3,9. — **28:** Eph 4,13. — **29:** Eph 1,19.

2 **1:** Col 4,13. — **2:** Eph 4,13; Col 1,9. — **3:** 1 Cor 1,24.30; Eph 5,6. — **4:** Rom 10,18; 2 Petr 2,3. — **5:** 1 Cor 5,3; 14,40. — **6:** Eph 4, 17; 1 Thess 4,1. — **7:** Eph 3,17; 2 Thess 2, 15. — **8:** Eph 5,6; Col 2,16.20.22. || Breve Greg. XVI: D 1618; Conc. Vatic.: D 1798. — **9:** Io 1,14; Col 1,19. — **10:** Eph 1,21-22; 3,19. **11:** Rom 2,29; Eph 2,11; 1 Petr 3,21. — **12:** Rom 6,4; Eph 1,19; Col 3,1. — **13:** Eph 2,1.5. **14:** Eph 2,14; 1 Petr 2,24. — **15:** Eph 1,21; Col 1,16. — **16:** Rom 14,1; 1 Cor 10,25. — **17:** Gal 4,10; Hebr 8,5. — **18:** Col 2,23. — **19:** Eph 2,21; 4,15. — **20:** Gal 4,3.9; Col 3,3. — **21:** 1 Tim 4,3. **22:** Is 29,13; Mt 15,9. — **23:** 1 Cor 6,13.

3 **1:** Eph 1,20; Col 2,12. — **2:** Mt 6,33; Phil 3, 19. — **3:** Rom 6,2; Phil 3,21. — **4:** 1 Cor 15, 43; Gal 2,20; 1 Io 3,2. || Enc. Pii XI: D 2224. **5:** Rom 8,13; Eph 4,19; 5,3.5. || Conc. Trid.:

servitus: 6 propter quae venit ira Dei super filios incredulitatis: 7 in quibus et vos
ambulastis aliquando, cum viveretis in
illis. 8 Nunc autem deponite et vos omnia: iram, indignationem, malitiam, blasphemiam, turpem sermonem de ore vestro.
9 Nolite mentiri invicem, expoliantes vos
veterem hominem cum actibus suis, 10 et
induentes novum eum, qui renovatur in
agnitionem secundum imaginem eius qui
creavit illum: 11 ubi non est gentilis et
Iudaeus, circumcisio et praeputium, Barbarus et Scytha, servus et liber: sed omnia, et in omnibus Christus.
12 Induite vos ergo sicut electi Dei,
sancti, et dilecti, viscera misericordiae,
benignitatem, humilitatem, modestiam,
patientiam: 13 supportantes invicem, et donantes vobismetipsis si quis adversus aliquem habet querelam: sicut et Dominus
donavit vobis, ita et vos. 14 Super omnia
autem haec, charitatem habete, quod est
vinculum perfectionis: 15 et pax Christi
exsultet in cordibus vestris, in qua et vocati estis in uno corpore: et grati estote.
16 Verbum Christi habitet in vobis abundanter, in omni sapientia, docentes, et
commonentes vosmetipsos, psalmis, hymnis, et canticis spiritualibus, in gratia cantantes in cordibus vestris Deo. 17 Omne,
quodcumque facitis in verbo aut in opere,
omnia in nomine Domini Iesu Christi,
gratias agentes Deo et Patri per ipsum.

Coniugum ac familiarum officia

18 Mulieres, subditae estote viris, sicut
oportet, in Domino. 19 Viri diligite uxores vestras, et nolite amari esse ad illas.
20 Filii, obedite parentibus per omnia:
hoc enim placitum est in Domino. 21 Patres, nolite ad indignationem provocare
filios vestros, ut non pusillo animo fiant.
22 Servi, obedite per omnia dominis carnalibus, non ad oculum servientes, quasi
hominibus placentes, sed in simplicitate
cordis, timentes Deum. 23 Quodcumque
facitis, ex animo operamini sicut Domino,
et non hominibus: 24 scientes quod a Domino accipietis retributionem haereditatis. Domino Christo servite. 25 Qui enim
iniuriam facit, recipiet id quod inique gessit: et non est personarum acceptio apud
Deum.

4 1 Domini, quod iustum est et aequum,
servis praestate: scientes quod et vos
Dominum habetis in caelo.

Orationi instandum et in sapientia ambulandum

2 Orationi instate, vigilantes in ea in
gratiarum actione: 3 orantes simul et pro
nobis, ut Deus aperiat nobis ostium sermonis ad loquendum mysterium Christi
(propter quod etiam vinctus sum), 4 ut
manifestem illud ita ut oportet me loqui.
5 In sapientia ambulate ad eos, qui foris
sunt: tempus redimentes. 6 Sermo vester
semper in gratia sale sit conditus, ut sciatis quomodo oporteat vos unicuique respondere.

EPILOGUS

(4,7-18)

7 Quae circa me sunt, omnia vobis nota
faciet Tychicus charissimus frater, et fidelis minister, et conservus in Domino:
8 quem misi ad vos ad hoc ipsum ut cognoscat quae circa vos sunt, et consoletur
corda vestra, 9 cum Onesimo charissimo,
et fideli fratre, qui ex vobis est. Omnia,
quae hic aguntur, nota facient vobis.

Salutationes et commendationes

10 Salutat vos Aristarchus concaptivus
meus, et Marcus consobrinus Barnabae,
de quo accepistis mandata: si venerit ad
vos, excipite illum: 11 et Iesus, qui dicitur
Iustus: qui sunt ex circumcisione: hi soli
sunt adiutores mei in regno Dei, qui mihi
fuerunt solatio. 12 Salutat vos Epaphras,
qui ex vobis est, servus Christi Iesu, semper sollicitus pro vobis in orationibus, ut
stetis perfecti, et pleni in omni voluntate
Dei. 13 Testimonium enim illi perhibeo
quod habet multum laborem pro vobis,
et pro iis qui sunt Laodiciae, et qui Hie-
rapoli. 14 Salutat vos Lucas medicus charissimus, et Demas. 15 Salutate fratres, qui
sunt Laodiciae, et Nympham, et quae in
domo eius est, Ecclesiam. 16 Et cum lecta
fuerit apud vos epistola haec, facite ut et
in Laodicensium Ecclesia legatur: et eam,
quae Laodicensium est, vos legatis. 17 Et
dicite Archippo: Vide ministerium, quod
accepisti in Domino, ut illud impleas.
18 Salutatio, mea manu Pauli. Memores
estote vinculorum meorum. Gratia vobiscum. Amen.

D 803. — **6:** Eph 5,6. — **8:** Eph 4,26.29.31; 5, 4. — **9-10:** Conc. Trid.: D 792. — **9:** Eph 4, 22.25. — **10:** Rom 12,2; Eph 4,23-24. — **11:** Rom 10,12; Gal 3,28. — **12:** Eph 4,2.32. — **13:** Mt 6,14; 17,17. — **14:** Rom 13,10; Eph 4,3; 1 Petr 4,8. — **15:** 1 Cor 12,13; Phil 4,7. — **16:** Eph 5,19. — **17:** 1 Cor 10,31; Eph 5,20. — **18:** Eph 5,22; 6,9. — **19:** 1 Petr 3,7. — **22:** 1 Tim 6, 1; Tit 2,9; 1 Petr 2,18. — **25:** Lev 25,43.53; Rom 2,11.

4 **2:** Rom 12,12; Eph 6,18; 1 Thess 5,17. — **3:** Rom 15,30; 1 Cor 16,9; 2 Thess 3,1. — **4:** Eph 6,20. — **5:** Eph 5,15. — **6:** Mc 9,50; 1 Petr 3,15. — **7:** Eph 6,21. — **8:** Eph 6,22. — **9:** Philem 10. — **10:** Act 15,37-39; 19,29; 20,4; 27,2; 2 Tim 4,11. — **11:** Philem 24. — **12:** Col 1,7. — **13:** Col 2,1. — **14:** 2 Tim 4,9.11; Philem 24. — **16:** 1 Thess 5,27. — **17:** Philem 2. — **18:** 1 Cor 16,21; 2 Thess 3,17.

EPISTOLA B. PAULI APOSTOLI AD THESSALONICENSES PRIMA

SUMMARIUM SALUTATIO *(1,1-2)*. — PARS PRIOR: ENARRATIO HISTORICA *(1,3-3,13): De fide Thessalonicensium gratias agit Paulus (1,3-10). Apostoli Thessalonicae praedicatio (2). Gaudium Apostoli de Thessalonicensium fide in persecutionibus (3)*.—PARS ALTERA: EXHORTATIO MORALIS *(4-5): Ferventer teneant accepta mandata (4,1-12). De Christi secundo adventu (4,13-5,13). Monita (5,12-24). Conclusio (5,25-28)*

Salutatio epistolaris

1 [1] Paulus, et Silvanus, et Timotheus
Ecclesiae Thessalonicensium in Deo
Patre, et Domino Iesu Christo. [2] Gratia
vobis, et pax.

PARS PRIOR

ENARRATIO HISTORICA
(1,2-3,13)

Gratiarum actio pro Thessalonicensium fide

Gratias agimus Deo semper pro omnibus vobis, memoriam vestri facientes in
orationibus nostris sine intermissione,
[3] memores operis fidei vestrae, et laboris,
et charitatis, et sustinentiae spei Domini
nostri Iesu Christi, ante Deum et Patrem nostrum: [4] scientes fratres, dilecti a
Deo, electionem vestram: [5] quia Evangelium nostrum non fuit ad vos in sermone
tantum, sed et in virtute, et in Spiritu
sancto, et in plenitudine multa, sicut scitis quales fuerimus in vobis propter vos.
[6] Et vos imitatores nostri facti estis, et
Domini, excipientes verbum in tribulatione multa, cum gaudio Spiritus sancti:
[7] ita ut facti sitis forma omnibus credentibus in Macedonia, et in Achaia. [8] A vobis enim diffamatus est sermo Domini,
non solum in Macedonia, et in Achaia,
sed et in omni loco fides vestra, quae est
ad Deum, profecta est ita ut non sit nobis
necesse quidquam loqui. [9] Ipsi enim de
nobis annuntiant qualem introitum habuerimus ad vos: et quomodo conversi
estis ad Deum a simulacris, servire Deo
vivo, et vero, [10] et exspectare Filium eius
de caelis (quem suscitavit ex mortuis)
Iesum, qui eripuit nos ab ira ventura.

Qualis fuerit Pauli praedicatio apud Thessalonicenses

2 [1] Nam ipsi scitis, fratres, introitum
nostrum ad vos, quia non inanis fuit:
[2] sed ante passi, et contumeliis affecti
(sicut scitis) in Philippis, fiduciam habuimus in Deo nostro, loqui ad vos Evangelium Dei in multa sollicitudine. [3] Exhortatio enim nostra non de errore, neque
de immunditia, neque in dolo, [4] sed sicut probati sumus a Deo ut crederetur nobis Evangelium: ita loquimur non quasi
hominibus placentes, sed Deo, qui probat
corda nostra. [5] Neque enim aliquando
fuimus in sermone adulationis, sicut scitis: neque in occasione avaritiae: Deus
testis est: [6] nec quaerentes ab hominibus
gloriam, neque a vobis, neque ab aliis.
[7] Cum possemus vobis oneri esse ut Christi apostoli: sed facti sumus parvuli in medio vestrum, tanquam si nutrix foveat
filios suos. [8] Ita desiderantes vos, cupide
volebamus tradere vobis non solum Evangelium Dei, sed etiam animas nostras:
quoniam charissimi nobis facti estis.
[9] Memores enim estis, fratres, laboris
nostri, et fatigationis: nocte ac die operantes, ne quem vestrum gravaremus,
praedicavimus in vobis Evangelium Dei.
[10] Vos testes estis, et Deus, quam sancte,
et iuste, et sine querela, vobis, qui credidistis, fuimus: [11] sicut scitis, qualiter
unumquemque vestrum (sicut pater filios
suos) [12] deprecantes vos, et consolantes,
testificati sumus, ut ambularetis digne
Deo, qui vocavit vos in suum regnum et
gloriam.

1 **1:** Act 15,22; 2 Cor 1,19; 2 Thess 1,1. — **2:** 1 Thess 2,13; 5,17. — **3:** 1 Cor 13,13. **4:** 2 Thess 2,13. — **5:** 1 Cor 2,4-5. — **6:** 1 Cor 4,16; 1 Thess 2,14. — **7:** 1 Petr 5,3. — **8:** Rom 1,8. — **9:** Io 17,3; Act 14,15; 1 Cor 12,2. — **10:** Act 17,31; Rom 5,9; Tit 2,13.

2 **1:** 1 Thess 1,9. — **2:** Act 16,20; 17,1. — **3:** 2 Cor 2,17. — **4:** Ier 11,20; Gal 1,10; 2,7. **5:** Act 20,33; 2 Petr 2,3. — **6:** Io 5,41. — **7:** 2 Cor 11,9. — **8:** Act 20,24; 2 Cor 12,15. — **9:** Act 18,3; 20,34; 1 Cor 4,12; 2 Cor 11,27; 2 Thess 3,8. — **10:** Act 20,26. — **11:** Act 20,31. — **12:**

De exitu praedicationis gratias Deo agit

13 Ideo et nos gratias agimus Deo sine intermissione: quoniam cum accepissetis a nobis verbum auditus Dei, accepistis illud, non ut verbum hominum, sed (sicut est vere) verbum Dei, qui operatur in vobis, qui credidistis: 14 vos enim imitatores facti estis, fratres, Ecclesiarum Dei, quae sunt in Iudaea in Christo Iesu: quia eadem passi estis et vos a contribulibus vestris, sicut et ipsi a Iudaeis: 15 qui et Dominum occiderunt Iesum, et prophetas, et nos persecuti sunt, et Deo non placent, et omnibus hominibus adversantur, 16 prohibentes nos gentibus loqui ut salvae fiant, ut impleant peccata sua semper: pervenit enim ira Dei super illos usque in finem.

17 Nos autem, fratres, desolati a vobis ad tempus horae, aspectu, non corde, abundantius festinavimus faciem vestram videre cum multo desiderio: 18 quoniam voluimus venire ad vos: ego quidem Paulus, et semel, et iterum, sed impedivit nos Satanas. 19 Quae est enim nostra spes, aut gaudium, aut corona gloriae? Nonne vos ante Dominum nostrum Iesum Christum estis in adventu eius? 20 Vos enim estis gloria nostra et gaudium.

Laeti nuntii quos de Thessalonicensibus per Timotheum habuit

3 1 Propter quod non sustinentes amplius, placuit nobis remanere Athenis, solis: 2 et misimus Timotheum fratrem nostrum, et ministrum Dei in Evangelio Christi, ad confirmandos vos, et exhortandos pro fide vestra: 3 ut nemo moveatur in tribulationibus istis: ipsi enim scitis quod in hoc positi sumus. 4 Nam et cum apud vos essemus, praedicebamus vobis passuros nos tribulationes, sicut et factum est, et scitis. 5 Propterea et ego amplius non sustinens, misi ad cognoscendam fidem vestram: ne forte tentaverit vos is qui tentat, et inanis fiat labor noster.

6 Nunc autem veniente Timotheo ad nos a vobis, et annuntiante nobis fidem et charitatem vestram, et quia memoriam nostri habentis bonam semper, desiderantes nos videre, sicut et nos quoque vos: 7 ideo consolati sumus, fratres, in vobis in omni necessitate et tribulatione nostra, per fidem vestram, 8 quoniam nunc vivimus, si vos statis in Domino. 9 Quam enim gratiarum actionem possumus Deo retribuere pro vobis in omni gaudio, quo gaudemus propter vos ante Deum nostrum, 10 nocte ac die abundantius orantes, ut videamus faciem vestram, et compleamus ea quae desunt fidei vestrae?

11 Ipse autem Deus, et Pater noster, et Dominus noster Iesus Christus, dirigat viam nostram ad vos. 12 Vos autem Dominus multiplicet, et abundare faciat charitatem vestram in invicem, et in omnes, quemadmodum et nos in vobis: 13 ad confirmanda corda vestra sine querela in sanctitate, ante Deum et Patrem nostrum, in adventu Domini nostri Iesu Christi cum omnibus sanctis eius. Amen.

PARS ALTERA

Exhortatio moralis

(4,1-5,24)

Accepta mandata ferventer teneant

4 1 De caetero ergo, fratres, rogamus vos et obsecramus in Domino Iesu, ut quemadmodum accepistis a nobis quomodo oporteat vos ambulare, et placere Deo, sic et ambuletis ut abundetis magis. 2 Scitis enim quae praecepta dederim vobis per Dominum Iesum. 3 Haec est enim voluntas Dei, sanctificatio vestra: ut abstineatis vos a fornicatione, 4 ut sciat unusquisque vestrum vas suum possidere in sanctificatione, et honore: 5 non in passione desiderii, sicut et gentes, quae ignorant Deum: 6 et ne quis supergrediatur, neque circumveniat in negotio fratrem suum: quoniam vindex est Dominus de his omnibus, sicut praediximus vobis, et testificati sumus. 7 Non enim vocavit nos Deus in immunditiam, sed in sanctificationem. 8 Itaque qui haec spernit, non hominem spernit, sed Deum: qui etiam dedit Spiritum suum sanctum in nobis.

9 De charitate autem fraternitatis non necesse habemus scribere vobis: ipsi enim vos a Deo didicistis ut diligatis invicem. 10 Etenim illud facitis in omnes fratres in universa Macedonia. Rogamus autem vos fratres ut abundetis magis, 11 et opera de-

Eph 4,1; Phil 1,27; 1 Petr 5,10. — **13:** Gal 1, 11; 1 Thess 1,2; 2 Thess 2,13. — **14:** Act 17,5; Gal 1,22; 2 Thess 1,4. — **15:** Act 7,52; Rom 15, 31. — **16:** Act 13,50; 17,5. — **17:** Act 20,38; Rom 1,11.13. — **18:** Rom 1,13; 15,22. — **19:** Phil 2,16; 4,1.

3 **1:** Act 17,14-16. — **2:** Act 16,1. — **3:** 2 Tim 3,12; 1 Petr 4,12. — **4:** Act 14,21. — **5:** Phil 2,16. — **6:** Act 18,5. — **7:** 2 Thess 1,4. — **10:** Col 1,24. — **11:** 2 Thess 2,16; 3,5. — **12:** Phil 1, 9. — **13:** 2 Thess 1,10.

4 **1:** 2 Thess 3,6. — **3:** Hebr 10,10; 1 Petr 1, 16. — **4:** 1 Cor 6,15. — **5:** Rom 1,26. — **6:** Hebr 13,4. — **7:** 1 Petr 1,15. — **8:** Ez 36,27; 37,14; Lc 10,16. — **9:** Io 13,34; Hebr 13,1. — **10:** 2 Thess 3,4. — **11:** Eph 4,28; 2 Thess 3,

tis ut quieti sitis, et ut vestrum negotium
agatis, et operemini manibus vestris, sicut
praecepimus vobis: et ut honeste ambuletis ad eos qui foris sunt: et nullius aliquid desideretis.

De secundo Christi adventu

12 Nolumus autem vos ignorare, fratres,
de dormientibus, ut non contristemini
sicut et caeteri, qui spem non habent.
13 Si enim credimus quod Iesus mortuus
est, et resurrexit: ita et Deus eos qui dormierunt per Iesum, adducet cum eo.
14 Hoc enim vobis dicimus in verbo Domini, quia nos, qui vivimus, qui residui sumus in adventum Domini, non praevenie-
mus eos qui dormierunt. 15 Quoniam ipse
Dominus in iussu, et in voce archangeli,
et in tuba Dei descendet de caelo: et mortui, qui in Christo sunt, resurgent primi.
16 Deinde nos, qui vivimus, qui relinqui-
mur, simul rapiemur cum illis in nubibus
obviam Christo in aera, et sic semper
cum Domino erimus. 17 Itaque consolamini invicem in verbis istis.

Dies Domini incertus

5 1 De temporibus autem, et momentis,
fratres, non indigetis ut scribamus
vobis. 2 Ipsi enim diligenter scitis quia
dies Domini, sicut fur in nocte, ita veniet:
3 cum enim dixerint pax, et securitas: tunc
repentinus eis superveniet interitus, sicut
dolor in utero habenti, et non effugient.
4 Vos autem, fratres, non estis in tenebris, ut vos dies illa tanquam fur comprehendat: 5 omnes enim vos filii lucis
estis, et filii diei: non sumus noctis, neque
tenebrarum. 6 Igitur non dormiamus sicut et caeteri, sed vigilemus, et sobrii simus. 7 Qui enim dormiunt, nocte dormiunt: et qui ebrii sunt, nocte ebrii sunt.
8 Nos autem, qui diei sumus, sobrii simus,
induti loricam fidei et charitatis, et galeam spem salutis: 9 quoniam non posuit
nos Deus in iram, sed in acquisitionem
salutis per Dominum nostrum Iesum
Christum, 10 qui mortuus est pro nobis:
ut sive vigilemus, sive dormiamus, simul
cum illo vivamus. 11 Propter quod consolamini invicem, et aedificate alterutrum,
sicut et facitis.

Variae exhortationes

12 Rogamus autem vos, fratres, ut noveritis eos qui laborant inter vos, et praesunt
vobis in Domino, et monent vos, 13 ut
habeatis illos abundantius in charitate
propter opus illorum: pacem habete cum
eis. 14 Rogamus autem vos, fratres, cor-
ripite inquietos, consolamini pusillanimes,
suscipite infirmos, patientes estote ad omnes. 15 Videte ne quis malum pro malo
alicui reddat: sed semper quod bonum
est sectamini in invicem, et in omnes.
16 Semper gaudete. 17 Sine intermissione
orate. 18 In omnibus gratias agite: haec
est enim voluntas Dei in Christo Iesu in
omnibus vobis. 19 Spiritum nolite extinguere. 20 Prophetias nolite spernere. 21 Omnia autem probate: quod bonum est tenete. 22 Ab omni specie mala abstine-
te vos.
23 Ipse autem Deus pacis sanctificet vos
per omnia: ut integer spiritus vester, et
anima, et corpus sine querela in adventu
Domini nostri Iesu Christi servetur. 24 Fidelis est, qui vocavit vos: qui etiam faciet.

Epilogus

25 Fratres, orate pro nobis. 26 Salutate
fratres omnes in osculo sancto. 27 Adiuro
vos per Dominum ut legatur epistola haec
omnibus sanctis fratribus.
28 Gratia Domini nostri Iesu Christi vobiscum. Amen.

10.12. — **12:** 1 Cor 5,12-13; Col 4,5. — **13:** 1 Cor 15,20. — **14:** 1 Cor 15,3-4.23. — **15-17:** Resp. Comm. de re Biblica: D 2181. — **15:** 1 Cor 15, 51. — **16:** Mt 24,30-31; 1 Cor 15,52; 2 Thess 1,7.

5 **2:** Mt 24,42-44; 2 Petr 3,10; Apoc 3,3; 16,15. — **3:** Ier 6,14. — **4:** Io 12,35. — **5:** Eph 5,8-9. — **6:** Mc 13,36; Rom 13,11. — **8:** Is 59,17; Eph 6,14. — **9:** 2 Thess 2,14; Hebr 10, 39. — **10:** Rom 14,8; 2 Tim 2,11. — **11:** 1 Thess 4,18. — **12:** 1 Cor 16,18; 1 Tim 5,17. — **14:** 2 Thess 3,6.11. — **15:** Prov 20,22; Rom 12,17; 1 Petr 3,9. — **16:** Phil 3,1; 4,4. — **17:** Col 4,2. **18:** Eph 5,20. — **19:** 1 Cor 14,30. — **20:** 1 Cor 14,1.6. — **21:** 1 Io 45,1. ‖ Epist. S. Gel. I: D 165. **23:** 2 Thess 3,16; Hebr 13,20. — **24:** 1 Cor 1,9; 2 Thess 3,3. — **25:** 2 Thess 3,1. — **26:** 1 Cor 16, 20. — **27:** Col 4,16. — **28:** Rom 16,20.

EPISTOLA B. PAULI APOSTOLI AD THESSALONICENSES SECUNDA

SUMMARIUM SALUTATIO *(1,1-2)*.—PARS PRIOR: DE PAROUSIA *(1,3-2,16): De fide Thessalonicensium gratias agit (1, 3-12). De Christi imminenti adventu minime turbentur (2)*.—PARS ALTERA: MONITA *(3): Preces rogat Thessalonicensium (3,1-5). Non inquiete ambulandum (3,6-16). Conclusio (3,17-18)*

Salutatio epistolaris

1 1 Paulus, et Silvanus, et Timotheus:
Ecclesiae Thessalonicensium in Deo
Patre nostro, et Domino Iesu Christo.
2 Gratia vobis, et pax a Deo Patre nostro, et Domino Iesu Christo.

PARS PRIOR

DE PAROUSIA
(1,3-2,16)

Gratiarum actio pro Thessalonicensium fide

3 Gratias agere debemus semper Deo
pro vobis, fratres, ita ut dignum est,
quoniam supercrescit fides vestra, et abundat charitas uniuscuiusque vestrum in invicem: 4 Ita ut et nos ipsi in vobis gloriemur in Ecclesiis Dei, pro patientia vestra;
et fide, et in omnibus persecutionibus vestris, et tribulationibus, quas sustinetis 5 in
exemplum iusti iudicii Dei, ut digni habeamini in regno Dei, pro quo et patimini. 6 Si tamen iustum est apud Deum
retribuere tribulationem iis qui vos tribulant: 7 et vobis, qui tribulamini, requiem nobiscum in revelatione Domini
Iesu de caelo cum angelis virtutis eius,
8 in flamma ignis dantis vindictam iis qui
non noverunt Deum, et qui non obediunt
Evangelio Domini nostri Iesu Christi,
9 qui poenas dabunt in interitu aeternas
a facie Domini, et a gloria virtutis eius:
10 cum venerit glorificari in sanctis suis,
et admirabilis fieri in omnibus, qui crediderunt, quia creditum est testimonium
nostrum super vos in die illo.
11 In quo etiam oramus semper pro vobis: ut dignetur vos vocatione sua Deus
noster, et impleat omnem voluntatem bonitatis, et opus fidei in virtute, 12 ut clarificetur nomen Domini nostri Iesu Christi in vobis, et vos in illo secundum gratiam Dei nostri, et Domini Iesu Christi.

De Domini adventu minime turbentur

2 1 Rogamus autem vos, fratres, per adventum Domini nostri Iesu Christi,
et nostrae congregationis in ipsum: 2 ut
non cito moveamini a vestro sensu, neque
terreamini, neque per spiritum, neque per
epistolam tamquam per nos missam, quasi
instet dies Domini.
3 Ne quis vos seducat ullo modo: quoniam nisi venerit discessio primum, et
revelatus fuerit homo peccati filius perditionis, 4 qui adversatur, et extollitur supra omne, quod dicitur Deus, aut quod
colitur, ita ut in templo Dei sedeat ostendens se tanquam sit Deus. 5 Non retine-
tis quod cum adhuc essem apud vos, haec
dicebam vobis? 6 Et nunc quid detineat
scitis, ut reveletur in suo tempore. 7 Nam
mysterium iam operatur iniquitatis: tantum ut qui tenet nunc, teneat, donec de
medio fiat. 8 Et tunc revelabitur ille iniquus, quem Dominus Iesus interficiet spiritu oris sui, et destruet illustratione adventus sui eum: 9 cuius est adventus secundum operationem Satanae in omni
virtute, et signis, et prodigiis mendacibus,
10 et in omni seductione iniquitatis iis qui
pereunt: eo quod charitatem veritatis non
receperunt ut salvi fierent. Ideo mittet
illis Deus operationem erroris ut credant
mendacio, 11 ut iudicentur omnes qui non
crediderunt veritati, sed consenserunt iniquitati.

1 **1:** 1 Thess 1,1. — **2:** Rom 1,7. — **3:** 1 Thess 1,2-3; 2 Thess 2,13. — **4:** 2 Cor 7,4.14; 1 Thess 2,14.19. — **5:** Phil 1,28; 1 Thess 2,12. **6:** Rom 12,19; Apoc 18,6. — **7-10:** Conc. Valent. III: D 321. — **7:** 1 Thess 3,13; 4,16. — **8:** Is 66,15-16; Ier 10,25; Rom 2,8. — **9:** 2 Petr 3, 7. — **10:** Ps 88,8; 67,36; Col 3,4. || Conc. Constantinop. IV: D 337. — **11:** 1 Thess 1,2-3.

2 **1:** 1 Thess 4,13. — **2:** 1 Thess 5,2; 2 Thess 3,17; 1 Io 4,1. — **3:** Eph 5,6; 1 Tim 4,1; 1 Io 2,18; 4,3. — **4:** Ez 28,2; Dan 7,25; 11,36. **7:** Act 20,29; Apoc 17,5. — **8:** Is 11,4; Apoc 19, 15. — **9:** Mt 24,24; Apoc 13,11. — **10:** 3 Reg 22, 22; 1 Cor 1,18; 2 Cor 2,15; 1 Tim 2,4. — **11:** Rom 1,25.32. — **12:** 1 Thess 1,4; 4,7; 2 Thess 1,3. — **13:** 1 Thess 5,9. — **14:** 2 Thess 3,6. ||

De electione Thessalonicensium gratias agit

12 Nos autem debemus gratias agere
Deo semper pro vobis, fratres dilecti a
Deo, quod elegerit vos Deus primitias in
salutem in sanctificatione spiritus, et in
fide veritatis: 13 in qua et vocavit vos per
Evangelium nostrum in acquisitionem gloriae Domini nostri Iesu Christi. 14 Itaque
fratres state: et tenete traditiones, quas
didicistis, sive per sermonem, sive per
epistolam nostram.
15 Ipse autem Dominus noster Iesus
Christus, et Deus et Pater noster, qui
dilexit nos, et dedit consolationem aeternam, et spem bonam in gratia, 16 exhor-
tetur corda vestra, et confirmet in omni
opere et sermone bono.

PARS ALTERA

Monita varia
(3,1-16)

Preces Thessalonicensium postulat

3 1 De caetero, fratres, orate pro nobis
ut sermo Dei currat, et clarificetur,
sicut et apud vos: 2 et ut liberemur ab im-
portunis, et malis hominibus: non enim
omnium est fides. 3 Fidelis autem Deus
est, qui confirmabit vos, et custodiet a
malo. 4 Confidimus autem de vobis, in
Domino, quoniam quae praecipimus, et
facitis, et facietis. 5 Dominus autem dirigat corda vestra in charitate Dei, et patientia Christi.

Non inquiete ambulandum

6 Denuntiamus autem vobis, fratres, in
nomine Domini nostri Iesu Christi, ut
subtrahatis vos ab omni fratre ambulante
inordinate, et non secundum traditionem,
quam acceperunt a nobis. 7 Ipsi enim scitis quemadmodum oporteat imitari nos:
quoniam non inquieti fuimus inter vos:
8 neque gratis panem manducavimus ab
aliquo, sed in labore, et in fatigatione,
nocte et die operantes, ne quem vestrum
gravaremus. 9 Non quasi non habuerimus
potestatem, sed ut nosmetipsos formam
daremus vobis ad imitandum nos. 10 Nam
et cum essemus apud vos, hoc denuntia-
bamus vobis: quoniam si quis non vult
operari, nec manducet.
11 Audivimus enim inter vos quosdam
ambulare inquiete, nihil operantes, sed
curiose agentes. 12 Iis autem, qui eiusmodi sunt, denuntiamus, et obsecramus in
Domino Iesu Christo, ut cum silentio operantes, suum panem manducent. 13 Vos
autem, fratres, nolite deficere benefacientes. 14 Quod si quis non obedit verbo nostro per epistolam, hunc notate, et ne commisceamini cum illo ut confundatur: 15 et
nolite quasi inimicum existimare, sed cor-
ripite ut fratrem.
16 Ipse autem Dominus pacis det vobis
pacem sempiternam in omni loco. Dominus sit cum omnibus vobis.

Salutatio finalis

17 Salutatio, mea manu Pauli: quod est
signum in omni epistola, ita scribo. 18 Gratia Domini nostri Iesu Christi cum omnibus vobis. Amen.

Conc. Nic. II: D 303; Conc. Constantinop. IV: D 336. — **15**: 1 Thess 3,11-13.

3 **1**: Col 4,3; 1 Thess 5,25. — **2**: Rom 15,31. **3**: 1 Thess 5,24. — **4**: 2 Cor 7,16. — **6**: Rom 16,17; 1 Thess 5,14. — **7**: 1 Thess 1,6. — **8**: 1 Cor 9,6.12.14; 1 Thess 2,9. — **9**: 1 Cor 9,4. 14. — **10**: Gen 3,19; 1 Thess 4,11. ‖ Enc. Pii XI: D 2260. — **11**: 1 Thess 5,14. — **12**: 1 Thess 4,11. — **13**: Gal 6,9. — **14**: Tit 3,10. **15**: 1 Thess 5,14. — **16**: Rom 15,33; 1 Thess 5, 23. — **17**: Rom 16,22; 1 Cor 16,21. — **18**: Apoc 22,21.

EPISTOLA B. PAULI APOSTOLI AD TIMOTHEUM PRIMA

SUMMARIUM *Salutatio (1,1-2). Contra vanas doctrinas dimicandum (1, 3-11). De sua ad apostolatum electione gratias agit Paulus (1,12-20). De oratione communi (2). Cooperatorum dotes (3). De novarum haeresum ortu (4). Quomodo cum singulis agendum (5,1-6,19). Bonum depositum custodiendum (6,20-21)*

Salutatio epistolaris

1 1 Paulus Apostolus Iesu Christi secundum imperium Dei Salvatoris
nostri, et Christi Iesu spei nostrae: 2 Timotheo dilecto filio in fide. Gratia, misericordia, et pax a Deo Patre, et Christo
Iesu Domino nostro.

Contra vanas doctrinas dimicandum

3 Sicut rogavi te ut remaneres Ephesi
cum irem in Macedoniam, ut denuntiares
quibusdam ne aliter docerent, 4 neque intenderent fabulis, et genealogiis intermi-
natis: quae quaestiones praestant magis
quam aedificationem Dei, quae est in fide.
5 Finis autem praecepti est charitas de
corde puro, et conscientia bona, et fide
non ficta. 6 A quibus quidam aberrantes,
conversi sunt in vaniloquium, 7 volentes
esse legis doctores, non intelligentes neque quae loquuntur, neque de quibus af-
firmant.
8 Scimus autem quia bona est lex, si
quis ea legitime utatur: 9 sciens hoc quia
lex iusto non est posita, sed iniustis, et
non subditis, impiis, et peccatoribus, sceleratis, et contaminatis, parricidis, et ma-
tricidis, homicidis, 10 fornicariis, mascu-
lorum concubitoribus, plagiariis, mendacibus, et periuris, et si quid aliud sanae
doctrinae adversatur, 11 quae est secundum Evangelium gloriae beati Dei, quod
creditum est mihi.

Gratias agit de sua in ministerium electione

12 Gratias ago ei, qui me confortavit
Christo Iesu Domino nostro, quia fidelem
me existimavit, ponens in ministerio: 13 qui
prius blasphemus fui, et persecutor, et
contumeliosus: sed misericordiam Dei
consecutus sum, quia ignorans feci in incredulitate. 14 Superabundavit autem gratia Domini nostri cum fide, et dilectione,
quae est in Christo Iesu. 15 Fidelis sermo,
et omni acceptione dignus: quod Christus
Iesus venit in hunc mundum peccatores
salvos facere, quorum primus ego sum.
16 Sed ideo misericordiam consecutus
sum: ut in me primo ostenderet Christus
Iesus omnem patientiam ad informatio-
nem eorum, qui credituri sunt illi, in vitam aeternam. 17 Regi autem saeculorum
immortali, invisibili, soli Deo honor et
gloria in saecula saeculorum. Amen.

Timotheo commendatio

18 Hoc praeceptum commendo tibi, fili
Timothee, secundum praecedentes in te
prophetias, ut milites in illis bonam militiam, 19 habens fidem, et bonam conscientiam, quam quidam repellentes, circa fidem naufragaverunt: 20 ex quibus est Hymenaeus, et Alexander: quos tradidi Satanae, ut discant non blasphemare.

De communi oratione

2 1 Obsecro igitur primum omnium fieri obsecrationes, orationes, postula-
tiones, gratiarum actiones pro omnibus
hominibus: 2 pro regibus, et omnibus
qui in sublimitate sunt, ut quietam et
tranquillam vitam agamus in omni pietate, et castitate: 3 hoc enim bonum
est, et acceptum coram Salvatore nostro
Deo, 4 qui omnes homines vult salvos fieri, et ad agnitionem veritatis venire.
5 Unus enim Deus, unus et mediator Dei
et hominum homo Christus Iesus: 6 qui
dedit redemptionem semetipsum pro omnibus, testimonium temporibus suis: 7 in
quo positus sum ego praedicator, et Apos-

1 **1:** Col 1,27. — **2:** 2 Tim 1,2; Tit 1,4. — **3:** Act 20,1. — **4:** 1 Tim 4,7; 2 Tim 4,4; Tit 3,9. || Conc. Trid.: D 983. — **5:** Rom 13,10; Gal 5,6. || Bulla S. Pii V: D 1031. — **6:** 2 Tim 1,5; 2,18. — **7:** Tit 1,10. — **8:** Rom 7,12.16. — **9:** Rom 1,29; 2 Tim 3,2. — **11:** 1 Tim 6,3.15; Tit 1,3. — **12:** Act 9,15. — **13:** 1 Cor 15,9; Gal 1, 13. || Conc. Arausic. II: D 199. — **14:** Rom 5, 20. — **15:** 1 Tim 3,1; 4,9; 2 Tim 2,11; Tit 3,8. **16:** Lc 5,32; 19,10. — **17:** Rom 16,27; Phil 4,20; Iudae 25. — **18:** 1 Tim 4,14. — **19:** 1 Tim 3,9; 6,10. — **20:** 1 Cor 5,5; 2 Tim 2,17; 4,14.

2 **1:** 1 Tim 4,6. — **3:** 1 Tim 1,1. — **4:** Ez 18, 23.32; 2 Petr 3,9. || Conc. Caris.: D 318; Conc. Vatic.: D 1794. — **5:** Rom 3,29-30; Hebr 12,24. || Epist. S. Leonis I: D 143 et 146; Epist. Honor. I: D 251; Epist. Ioan. IV: D 253; Epist.

tolus (veritatem dico, non mentior), doctor gentium in fide, et veritate.
8 Volo ergo viros orare in omni loco,
levantes puras manus sine ira et discepta-
tione. 9 Similiter et mulieres in habitu or-
nato, cum verecundia et sobrietate or-
nantes se, et non in tortis crinibus, aut
margaritis, vel veste pretiosa: 10 sed quod
decet mulieres, promittentes pietatem per
opera bona.
11 Mulier in silentio discat cum omni
subiectione. 12 Docere autem mulierem
non permitto, neque dominari in virum:
sed esse in silentio. 13 Adam enim primus
formatus est: deinde Eva: 14 et Adam non
est seductus: mulier autem seducta in
praevaricatione fuit. 15 Salvabitur autem
per filiorum generationem, si permanserit
in fide, et dilectione, et sanctificatione
cum sobrietate.

Quaenam cooperatorum dotes

3 1 Fidelis sermo: Si quis episcopatum
desiderat, bonum opus desiderat.
2 Oportet ergo episcopum irreprehensibilem esse, unius uxoris virum, sobrium,
prudentem, ornatum, pudicum, hospitalem, doctorem, 3 non vinolentum, non
percussorem, sed modestum: non litigio-
sum, non cupidum, sed 4 suae domui bene
praepositum: filios habentem subditos
cum omni castitate. 5 Si quis autem domui suae praeesse nescit, quomodo Ecclesiae Dei diligentiam habebit? 6 Non
neophytum: ne in superbiam elatus, in
iudicium incidat diaboli. 7 Oportet autem
illum et testimonium habere bonum ab
iis qui foris sunt, ut non in opprobrium
incidat, et in laqueum diaboli.
8 Diaconos similiter pudicos, non bi-
lingues, non multo vino deditos, non turpe lucrum sectantes: 9 habentes mysterium fidei in conscientia pura. 10 Et hi autem probentur primum: et sic ministrent,
nullum crimen habentes. 11 Mulieres similiter pudicas, non detrahentes, sobrias,
fideles in omnibus. 12 Diaconi sint unius
uxoris viri: qui filiis suis bene praesint,
et suis domibus. 13 Qui enim bene minis-
traverint, gradum bonum sibi acquirent,
et multam fiduciam in fide, quae est in
Christo Iesu.

Ecclesia quid sit

14 Haec tibi scribo, sperans me ad te
venire cito: 15 si autem tardavero, ut scias
quomodo oporteat te in domo Dei conversari, quae est Ecclesia Dei vivi, columna et firmamentum veritatis. 16 Et manifeste magnum est pietatis sacramentum,
quod manifestatum est in carne, iustifica-
tum est in spiritu, apparuit angelis, praedicatum est gentibus, creditum est in mundo, assumptum est in gloria.

Novas haereses praedicit Spiritus

4 1 Spiritus autem manifeste dicit, quia
in novissimis temporibus discedent
quidam a fide, attendentes spiritibus erroris, et doctrinis daemoniorum, 2 in hypocrisi loquentium mendacium, et cauteria-
tam habentium suam conscientiam, 3 pro-
hibentium nubere, abstinere a cibis, quos
Deus creavit ad percipiendum cum gratiarum actione fidelibus, et iis qui cognoverunt veritatem. 4 Quia omnis creatura
Dei bona est, et nihil reiiciendum quod
cum gratiarum actione percipitur: 5 sanctificatur enim per verbum Dei, et orationem.

Quid contra eas debeat docere Timotheus

6 Haec proponens fratribus, bonus eris
minister Christi Iesu enutritus verbis fidei,
et bonae doctrinae, quam assecutus es.
7 Ineptas autem, et aniles fabulas devita:
exerce autem teipsum ad pietatem. 8 Nam
corporalis exercitatio, ad modicum utilis
est: pietas autem ad omnia utilis est,
promissionem habens vitae, quae nunc
est, et futurae. 9 Fidelis sermo, et omni
acceptione dignus. 10 In hoc enim laboramus, et maledicimur, quia speramus in
Deum vivum, qui est Salvator omnium
hominum, maxime fidelium.
11 Praecipe haec, et doce. 12 Nemo adolescentiam tuam contemnat: sed exemplum esto fidelium in verbo, in conversatione, in charitate, in fide, in castitate.
13 Dum venio, attende lectioni, exhorta-
tioni, et doctrinae. 14 Noli negligere gratiam, quae in te est, quae data est tibi

S. Nicol. I: D 333; Conc. Trid.: D 984. — **6:** Mt 20,28; Gal 1,4; 2,20. — **7:** Gal 2,7-8; 2 Tim 1,11; Tit 2,14. — **8:** Iac 4,8. — **9:** 1 Petr 3,3-5. **10:** 1 Tim 5,10. — **11:** Eph 5,22; Tit 2,5. — **12:** 1 Petr 3,1. — **13:** Gen 1,27; 2,18.22. — **14:** Gen 3,6.13; 2 Cor 11,3. — **15:** 1 Tim 5,14.

3 **1:** Act 20,28; 1 Tim 1,15. — **2-4:** Tit 1,6-9. **7:** 1 Tim 5,10; 2 Tim 2,26. — **8-9:** Conc. Trid.: D 958. — **8:** Act 6,3; Phil 1,1; 1 Petr 5,2. — **9:** 1 Tim 3,16. — **10:** 1 Tim 5,12. — **11:** Tit 2,3. — **12:** 1 Tim 3,2. — **14:** 1 Tim 4,13. — **15:** Eph 2,21; Hebr 3,6. || Conc. Trid.: D 874; Enc. Greg. XVI: D 1617. — **16:** Rom 16,25; 1 Petr 3,18; 1 Io 1,2.

4 **1:** 2 Tim 3,1; 2 Petr 3,3; 1 Io 2,18; Iudae 18. — **3:** Gen 1,30; Rom 14,6; 1 Cor 10,30. **4:** Gen 1,31; Act 10,15. || Conc. Florent.: D 713. **6:** 2 Tim 2,15; 3,10. — **7:** 1 Tim 1,4; 6,20; 2 Tim 2,16. || Conc. Valent. III: D 325. — **8:** 1 Tim 6,6. — **9:** 1 Tim 1,15. — **10:** 1 Tim 2,3-4; 1 Io 2,2. — **11:** Tit 2,15. — **12:** 1 Cor 16,11. — **13:** 1 Tim 3,14. — **14:** Act 6,6; 8,17; 2 Tim 1,

per prophetiam, cum impositione manuum presbyterii. 15 Haec meditare, in his
esto: ut profectus tuus manifestus sit
omnibus. 16 Attende tibi, et doctrinae:
insta in illis. Hoc enim faciens, et teipsum
salvum facies, et eos qui te audiunt.

Quomodo cum singulis hominum ordinibus agendum

5 1 Seniorem ne increpaveris, sed obsecra ut patrem: iuvenes, ut fratres:
2 anus, ut matres: iuvenculas, ut sorores
in omni castitate: 3 viduas honora, quae
vere viduae sunt. 4 Si qua autem vidua
filios, aut nepotes habet: discat primum
domum suam regere, et mutuam vicem
reddere parentibus: hoc enim acceptum
est coram Deo. 5 Quae autem vere vidua
est, et desolata, speret in Deum, et instet
obsecrationibus, et orationibus nocte ac
die. 6 Nam quae in deliciis est, vivens
mortua est. 7 Et hoc praecipe ut irreprehensibiles sint. 8 Si quis autem suorum,
et maxime domesticorum curam non habet, fidem negavit, et est infideli deterior.
9 Vidua eligatur non minus sexaginta
annorum, quae fuerit unius viri uxor,
10 in operibus bonis testimonium habens,
si filios educavit, si hospitio recepit, si
sanctorum pedes lavit, si tribulationem
patientibus subministravit, si omne opus
bonum subsecuta est. 11 Adolescentiores
autem viduas devita: Cum enim luxuria-
tae fuerint in Christo, nubere volunt:
12 habentes damnationem, quia primam
fidem irritam fecerunt; 13 simul autem et
otiosae discunt circuire domos: non solum
otiosae, sed et verbosae, et curiosae, loquentes quae non oportet. 14 Volo ergo
iuniores nubere, filios procreare, matres-
familias esse, nullam occasionem dare adversario maledicti gratia. 15 Iam enim
quaedam conversae sunt retro Satanam.
16 Si quis fidelis habet viduas, subminis-
tret illis, et non gravetur Ecclesia: ut iis
quae vere viduae sunt, sufficiat.
17 Qui bene praesunt presbyteri, duplici
honore digni habeantur: maxime qui laborant in verbo et doctrina. 18 Dicit enim
Scriptura: Non alligabis os bovi trituranti.
Et: Dignus est operarius mercede sua.
19 Adversus presbyterum accusationem
noli recipere, nisi sub duobus aut tribus
testibus. 20 Peccantes coram omnibus argue: ut et caeteri timorem habeant. 21 Tes-
tor coram Deo et Christo Iesu, et electis
angelis, ut haec custodias sine praeiudicio,
nihil faciens in alteram partem declinando.
22 Manus cito nemini imposueris, neque
communicaveris peccatis alienis. Teipsum
castum custodi. 23 Noli adhuc aquam bibere, sed modico vino utere propter stomachum tuum, et frequentes tuas infirmitates. 24 Quorundam hominum peccata
manifesta sunt, praecedentia ad iudicium:
quosdam autem et subsequuntur. 25 Similiter et facta bona, manifesta sunt: et
quae aliter se habent, abscondi non possunt.

6 1 Quicumque sunt sub iugo servi,
dominos suos omni honore dignos
arbitrentur, ne nomen Domini et doctrina
blasphemetur. 2 Qui autem fideles habent
dominos, non contemnant, quia fratres
sunt: sed magis serviant, quia fideles sunt
et dilecti, qui beneficii participes sunt.
Haec doce, et exhortare.

Qui aliter docent avaritia trahuntur

3 Si quis aliter docet, et non acquiescit
sanis sermonibus Domini nostri Iesu
Christi, et ei, quae secundum pietatem
est, doctrinae: 4 superbus est, nihil sciens,
sed languens circa quaestiones, et pugnas
verborum: ex quibus oriuntur invidiae,
contentiones, blasphemiae, suspiciones
malae, 5 conflictationes hominum mente
corruptorum, et qui veritate privati sunt,
existimantium quaestum esse pietatem.
6 Est autem quaestus magnus pietas cum
sufficientia. 7 Nihil enim intulimus in hunc
mundum: haud dubium quod nec auferre
quid possumus. 8 Habentes autem alimenta, et quibus tegamur, his contenti
simus. 9 Nam qui volunt divites fieri, in-
cidunt in tentationem, et in laqueum diaboli, et desideria multa inutilia, et nociva,
quae mergunt homines in interitum et
perditionem. 10 Radix enim omnium malorum est cupiditas: quam quidam ap-
petentes erraverunt a fide, et inseruerunt
se doloribus multis.

Tu autem haec omnia fuge

11 Tu autem, o homo Dei, haec fuge:
sectare vero iustitiam, pietatem, fidem,
charitatem, patientiam, mansuetudinem.
12 Certa bonum certamen fidei, appre-

6. || Conc. Trid.: D 910 et 959. — **15:** Act 20, 28. — **16:** Rom 11,14. Gal 2,14. — **22:** 2 Io 11; Apoc 18,4. || Conc. Trid.: D 905.

5 **1:** Lev 19,32; Tit 2,2. — **4:** 1 Tim 5,12. — **5:** Lc 2,37. — **7:** Apoc 3,1. — **10:** Io 13,14; Rom 12,13; 1 Tim 3,2; Hebr 13,2. — **12:** Apoc 2,4. — **13:** 2 Thess 3,11. — **14:** 1 Cor 7,9; 1 Tim 2,15; Tit 2,5. || Enc. Pii XI: D 2228. — **17:** Rom 12,8; 1 Thess 5,2. — **18:** Deut 25,4; Lc 10,7; 1 Cor 9,9. — **19:** Deut 19,15; 2 Cor 13,1. — **20:**

6 **1:** Eph 6,5; Tit 2,9-10; 1 Petr 2,18. — **2:** Philem 16. — **3:** Gal 1,6. — **4:** 1 Tim 1,4; 2 Tim 2,23; Tit 3,9. — **5:** 2 Tim 3,8; 4,4; Tit 1,14. — **6:** Phil 4,11; 1 Tim 4,8; Hebr 12,5. — **7:** Iob 1,21; Eccl 5,14. — **8:** Prov 30,8. — **9:** Prov 23,4; 28,20. — **10:** Lc 12,15. — **11:** 2 Tim 2,22; 3,17. — **12:** 1 Cor 9,25; 2 Tim 4,7. — **13:**

hende vitam aeternam, in qua vocatus
es, et confessus bonam confessionem coram multis testibus. 13 Praecipio tibi coram Deo, qui vivificat omnia, et Christo
Iesu, qui testimonium reddidit sub Pontio
Pilato, bonam confessionem: 14 ut serves
mandatum sine macula, irreprehensibile
usque in adventum Domini nostri Iesu
Christi, 15 quem suis temporibus ostendet
beatus et solus potens, Rex regům, et
Dominus dominantium: 16 qui solus habet immortalitatem, et lucem inhabitat
inaccessibilem: quem nullus hominum vidit, sed nec videre potest: cui honor, et
imperium sempiternum. Amen.
17 Divitibus huius saeculi praecipe non
sublime sapere, neque sperare in incerto
divitiarum, sed in Deo vivo (qui praestat
nobis omnia abunde ad fruendum) 18 bene
agere, divites fieri in bonis operibus, facile
tribuere, communicare, 19 thesaurizare sibi
fundamentum bonum in futurum; ut apprehendant veram vitam.

Bonum doctrinae depositum custodi

20 O Timothee, depositum custodi, devitans profanas vocum novitates, et op-
positiones falsi nominis scientiae, 21 quam
quidam promittentes, circa fidem exciderunt.
Gratia tecum. Amen.

Mt 27,11; Io 18,36; 1 Tim 5,21. — **15:** Deut 10,17; 1 Tim 1,11; Apoc 17,14; 19,16. — **16:** Ex 33,20; Io 1,18; 1 Io 4,12. — **17-18:** Ps 61,11; Rom 12,16; Iac 1,10. || Enc. Leonis XIII: D 1938. — **19:** Mt 6,20. — **20:** 1 Tim 1,4; 4,7; 2 Tim 1,14; 2,16. || Conc. Valent. III: D 320; Epist. Greg. IX: D 442; Conc. Vatic.: D 1798. — **21:** 1 Tim 1,19; 2 Tim 2,18.

EPISTOLA B. PAULI APOSTOLI AD TIMOTHEUM SECUNDA

SUMMARIUM *Salutatio et gratiarum actio (1,1-5). Strenue pro Evangelio laborandum (1,6-2,13). Cum novatoribus quomodo agendum (2,14-4,8). Epilogus (4,9-22)*

Salutatio epistolaris

1 1 Paulus Apostolus Iesu Christi per
voluntatem Dei, secundum promissionem vitae, quae est in Christo Iesu:
2 Timotheo charissimo filio, gratia, misericordia, pax a Deo Patre, et Christo Iesu
Domino nostro.

Gratiarum actio

3 Gratias ago Deo, cui servio a proge-
nitoribus in conscientia pura, quod sine
intermissione habeam tui memoriam in
orationibus meis, nocte ac die 4 desiderans te videre, memor lacrymarum tuarum, ut gaudio implear, 5 recordationem
accipiens eius fidei, quae est in te non
ficta, quae et habitavit primum in avia
tua Loide, et matre tua Eunice, certus
sum autem quod et in te.

Strenue pro Evangelio laborandum

6 Propter quam causam admoneo te ut
resuscites gratiam Dei, quae est in te
per impositionem manuum mearum.
7 Non enim dedit nobis Deus spiritum
timoris: sed virtutis, et dilectionis, et
sobrietatis. 8 Noli itaque erubescere testimonium Domini nostri, neque me vinctum eius: sed collabora Evangelio secundum virtutem Dei: 9 qui nos liberavit, et
vocavit vocatione sua sancta, non secundum opera nostra, sed secundum propositum suum, et gratiam, quae data est
nobis in Christo Iesu ante tempora saecularia. 10 Manifestata est autem nunc per
illuminationem Salvatoris nostri Iesu

1 **1:** 2 Cor 1,1. — **2:** 1 Tim 1,2. — **3:** Act 23,1; 24,16; Rom 1,9. — **4:** 2 Tim 4,9.21. — **5:** Act 16,1. — **6-7:** Conc. Trid.: D 959. — **6:** 1 Tim 4,14. || Enc. Pii XI: D 2275. — **7:** Rom 8,15; Apoc 21,8. — **8:** Rom 1,16; 2 Tim 2,9. — **9:** Tit 3,5. — **10:** Rom 16,26; 1 Cor 15,26.54-55;

Christi, qui destruxit quidem mortem,
illuminavit autem vitam, et incorruptionem per Evangelium: 11 in quo positus
sum ego praedicator, et Apostolus, et
magister gentium. 12 Ob quam causam
etiam haec patior, sed non confundor.
Scio enim cui credidi, et certus sum quia
potens est depositum meum servare in
illum diem. 13 Formam habe sanorum
verborum, quae a me audisti in fide, et
in dilectione in Christo Iesu. 14 Bonum
depositum custodi per Spiritum sanctum,
qui habitat in nobis.
15 Scis hoc, quod aversi sunt a me
omnes, qui in Asia sunt, ex quibus est
Phigellus, et Hermogenes. 16 Det misericordiam Dominus Onesiphori domui:
quia saepe me refrigeravit, et catenam
meam non erubuit: 17 sed cum Romam
venisset, sollicite me quaesivit, et invenit.
18 Det illi Dominus invenire misericordiam a Domino in illa die. Et quanta
Ephesi ministravit mihi, tu melius nosti.

Uti bonus Christi miles aeternum praemium respiciens

2 1 Tu ergo fili mi confortare in gratia,
quae est in Christo Iesu: 2 et quae
audisti a me per multos testes, haec com-
menda fidelibus hominibus, qui idonei
erunt et alios docere. 3 Labora sicut bonus
miles Christi Iesu. 4 Nemo militans Deo
implicat se negotiis saecularibus: ut ei
placeat, cui se probavit. 5 Nam et qui
certat in agone, non coronatur nisi legitime certaverit. 6 Laborantem agricolam
oportet primum de fructibus percipere.
7 Intellige quae dico: dabit enim tibi
Dominus in omnibus intellectum.
8 Memor esto Dominum Iesum Christum resurrexisse a mortuis ex semine
David, secundum Evangelium meum, 9 in
quo laboro usque ad vincula, quasi male
operans: sed verbum Dei non est alligatum. 10 Ideo omnia sustineo propter electos, ut et ipsi salutem consequantur, quae
est in Christo Iesu, cum gloria caelesti.
11 Fidelis sermo: Nam si commortui sumus, et convivemus: 12 si sustinebimus,
et conregnabimus: si negaverimus, et ille
negabit nos: 13 si non credimus, ille fidelis
permanet, negare seipsum non potest.

Cum novatoribus quomodo agendum

14 Haec commone: testificans coram
Domino. Noli contendere verbis: ad nihil
enim utile es, nisi ad subversionem
audientium. 15 Sollicite cura teipsum pro-
babilem exhibere Deo, operarium incon-
fusibilem, recte tractantem verbum veritatis. 16 Profana autem, et vaniloquia devita: multum enim proficiunt ad impietatem: 17 et sermo eorum ut cancer serpit:
ex quibus est Hymenaeus et Philetus,
18 qui a veritate exciderunt, dicentes resurrectionem esse iam factam, et subverterunt quorundam fidem. 19 Sed firmum
fundamentum Dei stat, habens signaculum hoc: cognovit Dominus qui sunt
eius, et discedat ab iniquitate omnis qui
nominat nomen Domini.
20 In magna autem domo non solum
sunt vasa aurea, et argentea, sed et lignea,
et fictilia: et quaedam quidem in honorem,
quaedam autem in contumeliam. 21 Si
quis ergo emundaverit se ab istis, erit vas
in honorem sanctificatum, et utile Domino ad omne opus bonum paratum.
22 Iuvenilia autem desideria fuge, sectare
vero iustitiam, fidem, spem, charitatem,
et pacem cum iis qui invocant Dominum
de corde puro. 23 Stultas autem et sine
disciplina quaestiones devita: sciens quia
generant lites. 24 Servum autem Domini
non oportet litigare: sed mansuetum esse
ad omnes, docibilem, patientem, 25 cum
modestia corripientem eos qui resistunt
veritati: nequando Deus det illis poenitentiam ad cognoscendam veritatem, 26 et
resipiscant a diaboli laqueis, a quo captivi
tenentur ad ipsius voluntatem.

Falsi doctores fugiendi

3 1 Hoc autem scito, quod in novissimis diebus instabunt tempora periculosa: 2 erunt homines seipsos amantes,
cupidi, elati, superbi, blasphemi, parentibus non obedientes, ingrati, scelesti,
3 sine affectione, sine pace, criminatores,
incontinentes, immites, sine benignitate,
4 proditores, protervi, tumidi, et volup-
tatum amatores magis quam Dei: 5 habentes speciem quidem pietatis, virtutem
autem eius abnegantes. Et hos devita:

Hebr 2,14. — **11:** 1 Tim 2,7. — **12:** 2 Tim 2,9; 1 Petr 4,19. — **13:** 1 Tim 6,3; Tit 1,9; 2,1. || Breve Pii IX: D 1658. — **14:** 1 Tim 6,20. — **15:** 2 Tim 4,16. — **16:** 2 Tim 4,19. — **18:** Iudae 21.

2 **2:** 2 Tim 3,14. — **5:** 1 Cor 9,24-25. || Conc. Trid.: D 792. — **6:** 1 Cor 9,7.10. — **8:** Rom [illegible]; 2,16; 1 Cor 15,4.20. — **9:** Phil 2,17. — **10:** [illegible] 3,1.13; Phil 1,7; Col 1,24. — **11:** Rom 6,3. [illegible]; 1 Tim 1,15. — **12:** Mt 10,33; Apoc 20,4. — **13:** Num 23,19; Rom 3,3. — **14:** 1 Tim 6,4; Tit 3,9. — **15:** 1 Tim 4,6; Tit 2,7. — **16-17:** Conc. Valent. III: D 320. — **16:** 1 Tim 4,7; 6,20. — **17:** 1 Tim 1,20; Tit 3,9. || Epist. Greg. IX: D 443. — **18:** 1 Cor 15,12. — **19:** Num 16,5; Is 26,13. — **20:** Sap 15,7; Rom 9,21. — **21:** 2 Tim 3,17. — **22:** 1 Tim 6,11. — **23-24:** Conc. Valent. III: D 320. — **23:** 2 Tim 2,16. — **24:** Tit 1, 7. — **25:** 1 Tim 2,4. — **26:** 1 Tim 3,6-7.

3 **1:** 1 Tim 4,1; 1 Io 2,18. — **2:** Rom 1,29-31; 1 Tim 1,9-10. — **4:** Phil 3,19. — **5:** Rom 2,

6 ex his enim sunt qui penetrant domos,
et captivas ducunt mulierculas oneratas
peccatis, quae ducuntur variis desideriis:
7 semper discentes, et nunquam ad scientiam veritatis pervenientes. 8 Quemadmodum autem Iannes et Mambres restiterunt Moysi: ita et hi resistunt veritati,
homines corrupti mente, reprobi circa
fidem; 9 sed ultra non proficient: insipientia enim eorum manifesta erit omnibus, sicut et illorum fuit.
10 Tu autem assecutus es meam doctrinam, institutionem, propositum, fidem,
longanimitatem, dilectionem, patientiam,
11 persecutiones, passiones: qualia mihi
facta sunt Antiochiae, Iconii, et Lystris:
quales persecutiones sustinui, et ex omnibus eripuit me Dominus. 12 Et omnes,
qui pie volunt vivere in Christo Iesu,
persecutionem patientur. 13 Mali autem
homines et seductores proficient in peius,
errantes, et in errorem mittentes. 14 Tu
vero permane in iis quae didicisti, et credita sunt tibi: sciens a quo didiceris: 15 et
quia ab infantia sacras litteras nosti, quae
te possunt instruere ad salutem, per fidem,
quae est in Christo Iesu. 16 Omnis Scriptura divinitus inspirata utilis est ad docendum, ad arguendum, ad corripiendum,
ad erudiendum in iustitia: 17 ut perfectus
sit homo Dei, ad omne opus bonum instructus.

Munus strenue adimplendum

4 1 Testificor coram Deo, et Iesu Christo, qui iudicaturus est vivos et mortuos, per adventum ipsius, et regnum
eius: 2 praedica verbum, insta opportune,
importune: argue, obsecra, increpa in
omni patientia, et doctrina. 3 Erit enim
tempus, cum sanam doctrinam non sustinebunt, sed ad sua desideria coacerva-
bunt sibi magistros, prurientes auribus,
4 et a veritate quidem auditum avertent,
ad fabulas autem convertentur. 5 Tu vero
vigila, in omnibus labora, opus fac evangelistae, ministerium tuum imple. Sobrius
esto.
6 Ego enim iam delibor, et tempus re-
solutionis meae instat. 7 Bonum certamen
certavi, cursum consummavi, fidem servavi. 8 In reliquo reposita est mihi corona
iustitiae, quam reddet mihi Dominus in
illa die iustus iudex: non solum autem
mihi, sed et iis, qui diligunt adventum eius.

Epilogus

Festina ad me venire cito. 9 Demas
enim me reliquit, diligens hoc saeculum,
et abiit Thessalonicam: 10 Crescens in
Galatiam, Titus in Dalmatiam. 11 Lucas
est mecum solus. Marcum assume, et adduc tecum: est enim mihi utilis in ministerium. 12 Tychicum autem misi Ephesum.
13 Penulam, quam reliqui Troade apud
Carpum, veniens affer tecum, et libros,
maxime autem membranas.
14 Alexander aerarius multa mala mihi
ostendit: reddet illi Dominus secundum
opera eius: 15 quem et tu devita: valde
enim restitit verbis nostris. 16 In prima
mea defensione nemo mihi affuit, sed
omnes me dereliquerunt: non illis imputetur. 17 Dominus autem mihi astitit, et
confortavit me, ut per me praedicatio
impleatur, et audiant omnes gentes: et
liberatus sum de ore leonis. 18 Liberavit
me Dominus ab omni opere malo: et
salvum faciet in regnum suum caeleste,
cui gloria in saecula saeculorum. Amen.
19 Saluta Priscam, et Aquilam, et Onesiphori domum. 20 Erastas remansit Corinthi. Trophimum autem reliqui infirmum
Mileti. 21 Festina ante hiemem venire.
Salutant te Eubulus, et Pudens, et Linus,
et Claudia, et fratres omnes.
22 Dominus Iesus Christus cum spiritu
tuo. Gratia vobiscum. Amen.

20; Tit 1,16. || Conc. Lateran. IV: D 434; Conc. Trid.: D 904. — **6**: Tit 1,11. — **7**: 2 Tim 2,25. || Breve Greg. XVI: D 1619. — **8**: Ex 7,11.22; 1 Tim 6,5. — **11**: Ps 33,18; Act 13,50; 14,2. — **12**: Mt 10,16.22.30; Act 14,22. — **13**: 1 Tim 4,1.15. — **14**: 2 Tim 1,13; 2,2. — **15**: Io 5,39. — **16**: Rom 15,4; 2 Petr 1,20. — **17**: 1 Tim 6,11.

4 **1**: Act 10,42. — **2**: Act 20,31. || Enc. Leonis XII: D 1608. — **3**: 1 Tim 4,1. || Enc. Pii IX: D 1698. — **4**: 1 Tim 1,4.6. — **5**: Eph 4,11; 2 Tim 2,3. — **6**: Phil 2,17. — **7-8**: Conc. Trid.: D 809. — **7**: Act 20,24; 1 Cor 9,24. — **8**: Phil 3,14; Iac 1,12; 1 Petr 5,4; Apoc 2,10. — **9-10**: Col 4,14; 2 Tim 4,21; Tit 3,12; Philem 24. — **11**: Act 15,37; Col 4,10. — **12**: Act 20,4; Eph 6,21. — **13**: Col 4,7; Tit 3,12. — **14**: Ps 27,4; 61,13; 1 Tim 1,20. — **16**: 2 Tim 1,15. — **17**: Ps 21,22; Act 23,11. — **19-20**: Act 18,2; 19,22; 20,4; 21,29; Rom 16,3; 2 Tim 1,16. — **22**: Gal 6,18.

EPISTOLA B. PAULI APOSTOLI AD TITUM

SUMMARIUM *Salutatio (1,1-4). Cooperatorum dotes (1,5-16). Quomodo cum singulis agendum (2). Officia in extraneos (3,1-11). Epilogus (3,12-15)*

Salutatio epistolaris

1 [1] Paulus servus Dei, Apostolus autem
Iesu Christi secundum fidem electorum Dei, et agnitionem veritatis, quae
secundum pietatem est [2] in spem vitae
aeternae, quam promisit qui non mentitur,
Deus, ante tempora saecularia: [3] manifestavit autem temporibus suis verbum
suum in praedicatione, quae credita est
mihi secundum praeceptum salvatoris nostri Dei: [4] Tito dilecto filio secundum communem fidem, gratia, et pax a Deo Patre,
et Christo Iesu Salvatore nostro.

Presbyterorum dotes

[5] Huius rei gratia reliqui te Cretae, ut
ea quae desunt, corrigas, et constituas per
civitates presbyteros, sicut et ego disposui tibi. [6] Si quis sine crimine est, unius
uxoris vir, filios habens fideles, non in
accusatione luxuriae, aut non subditos.
[7] Oportet enim episcopum sine crimine
esse, sicut Dei dispensatorem: non superbum, non iracundum, non violentum,
non percussorem, non turpis lucri cupidum: [8] sed hospitalem, benignum, sobrium, iustum, sanctum, continentem,
[9] amplectentem eum, qui secundum doctrinam est, fidelem sermonem: ut potens
sit exhortari in doctrina sana, et eos qui
contradicunt, arguere.

Quales sint Cretenses

[10] Sunt enim multi etiam inobedientes,
vaniloqui, et seductores: maxime qui de
circumcisione sunt: [11] quos oportet redar-
gui: qui universas domos subvertunt, docentes quae non oportet, turpis lucri gratia. [12] Dixit quidam ex illis, proprius ipsorum propheta: Cretenses semper mendaces, malae bestiae, ventres pigri. [13] Testimonium hoc verum est. Quam ob causam increpa illos dure, ut sani sint in
fide, [14] non intendentes Iudaicis fabulis,
et mandatis hominum, aversantium se a
veritate. [15] Omnia munda mundis: coin-
quinatis autem, et infidelibus nihil est
mundum, sed inquinatae sunt eorum et
mens et conscientia. [16] Confitentur se nosse Deum, factis autem negant: cum sint
abominati, et incredibiles, et ad omne
opus bonum reprobi.

Quomodo singuli Ecclesiae ordines docendi

2 [1] Tu autem loquere quae decent sanam doctrinam: [2] Senes ut sobrii sint,
pudici, prudentes, sani in fide, in dilectione, in patientia: [3] anus similiter in habitu
sancto, non criminatrices, non multo vino
servientes, bene docentes: [4] ut prudentiam doceant adolescentulas, ut viros suos
ament, filios suos diligant, [5] prudentes,
castas, sobrias, domus curam habentes,
benignas, subditas viris suis, ut non blasphemetur verbum Dei. [6] Iuvenes similiter
hortare ut sobrii sint. [7] In omnibus teipsum praebe exemplum bonorum operum,
in doctrina, in integritate, in gravitate,
[8] verbum sanum, irreprehensibile: ut is
qui ex adverso est, vereatur nihil habens
malum dicere de nobis. [9] Servos dominis
suis subditos esse, in omnibus placentes,
non contradicentes, [10] non fraudantes, sed
in omnibus fidem bonam ostendentes: ut
doctrinam Salvatoris nostri Dei ornent in
omnibus.
[11] Apparuit enim gratia Dei Salvatoris
nostri omnibus hominibus, [12] erudiens nos
ut abnegantes impietatem, et saecularia
desideria: sobrie, et iuste, et pie vivamus
in hoc saeculo, [13] exspectantes beatam
spem, et adventum gloriae magni Dei, et
Salvatoris nostri Iesu Christi: [14] qui dedit
semetipsum pro nobis, ut nos redimeret
ab omni iniquitate, et mundaret sibi populum acceptabilem, sectatorem bonorum
operum. [15] Haec loquere, et exhortare, et

1 **1:** 1 Tim 6,3; 2 Tim 2,10. — **2:** Rom 1,2. — **3:** Gal 2,7; Eph 1,9. — **4:** Rom 1,7; 1 Tim 1,2. — **5:** Act 14,23; 1 Tim 1,3. — **6-9:** 1 Tim 3,2-4. — **7:** Act 20,28; 2 Tim 2,24; 1 Petr 4,10; 5,2. — **8:** Rom 12,13. — **9:** 1 Tim 1,10; 2 Tim 4,3. — **10:** 1 Tim 1,6. — **11:** 2 Tim 3,6; 1 Petr 5,2. — **12:** Act 17,28. — **13:** 1 Tim 5,20; 2 Tim 4,2. — **14:** 1 Tim 4,7. — **15:** Rom 14,20. || Conc. Florent.: D 713. — **16:** 2 Tim 3,15.

2 **1:** 2 Tim 1,13. — **2:** 1 Tim 5,1. — **3:** 1 Tim 3,11. — **4:** Eph 5,22; 1 Tim 5,14. — **7:** 1 Tim 4,12; 1 Petr 5,3. — **8:** 1 Petr 2,12.15; 3,16. **9:** Eph 6,5; Col 3,22. — **10:** 1 Petr 2,18. — **12:**

argue cum omni imperio. Nemo te contemnat.

Officia in extraneos

3 [1] Admone illos principibus, et potestatibus subditos esse, dicto obedire,
ad omne opus bonum paratos esse: [2] neminem blasphemare, non litigiosos esse,
sed modestos, omnem ostendentes mansuetudinem ad omnes homines. [3] Eramus
enim aliquando et nos insipientes, increduli, errantes, servientes desideriis, et voluptatibus variis, in malitia et invidia
agentes, odibiles, odientes invicem. [4] Cum
autem benignitas et humanitas apparuit
Salvatoris nostri Dei: [5] non ex operibus
iustitiae, quae fecimus nos, sed secundum
suam misericordiam salvos nos fecit per
lavacrum regenerationis et renovationis
Spiritus sancti, [6] quem effundit in nos
abunde per Iesum Christum Salvatorem
nostrum: [7] ut iustificati gratia ipsius, haeredes simus secundum spem vitae aeternae.
[8] Fidelis sermo est: et de his volo te confirmare: ut curent bonis operibus praeesse
qui credunt Deo. Haec sunt bona, et utilia hominibus. [9] Stultas autem quaestiones, et genealogias, et contentiones, et
pugnas legis devita: sunt enim inutiles,
et vanae. [10] Haereticum hominem post
unam et secundam correptionem devita:
[11] sciens quia subversus est, qui eiusmodi
est, et delinquit, cum sit proprio iudicio
condemnatus.

Epilogus

[12] Cum misero ad te Artemam, aut Tychicum, festina ad me venire Nicopolim:
ibi enim statui hiemare. [13] Zenam legis-
peritum, et Apollo sollicite praemitte, ut
nihil illis desit. [14] Discant autem et nostri
bonis operibus praeesse ad usus necessarios: ut non sint infructuosi.
[15] Salutant te qui mecum sunt omnes:
saluta eos qui nos amant in fide. Gratia
Dei cum omnibus vobis. Amen.

Eph 1,4; 1 Io 2,16. || Conc. Trid.: D 804. — **13:** 1 Cor 1,7; Phil 3,20. — **14:** Eph 2,10; 1 Tim 2, 6; 1 Petr 3,13. — **15:** 1 Tim 4,12.

3 **1:** Rom 13,1; 1 Petr 2,11. — **2:** 2 Tim 2,24. **3:** 1 Cor 6,11; Eph 2,2; 5,8. — **4:** Tit 2,11. **5:** Io 3,5; Eph 2,8-9; 5,26. || Conc. Trid.: D 933. **6:** Ioel 2,28; Rom 5,5. — **7:** Rom 3,24. || Conc. Trid.: D 709. — **8:** 1 Tim 1,15. — **9:** 2 Tim 2, 23. — **10:** Mt 18,15-17; 2 Io 10. — **11:** 1 Tim 6,4. — **12:** 2 Tim 4,12. — **13:** Act 18,24; 3 Io 6. **15:** 2 Cor 5,16; Eph 6,24.

EPISTOLA B. PAULI APOSTOLI AD PHILEMONEM

SUMMARIUM *Salutatio (1-3). Gratiarum actio (4-7). Onesimi commendatio (8-21). Salutatio finalis (22-25)*

Salutatio epistolaris

1 [1] Paulus vinctus Christi Iesu, et Timotheus frater: Philemoni dilecto, et
adiutori nostro, [2] et Appiae sorori charis-
simae, et Archippo commilitoni nostro,
et Ecclesiae, quae in domo tua est. [3] Gratia vobis, et pax a Deo Patre nostro, et
Domino Iesu Christo.

Gratiarum actio

[4] Gratias ago Deo meo, semper memoriam tui faciens in orationibus meis,
[5] audiens charitatem tuam, et fidem, quam
habes in Domino Iesu, et in omnes sanctos: [6] ut communicatio fidei tuae evidens
fiat in agnitione omnis operis boni, quod
est in vobis in Christo Iesu. [7] Gaudium
enim magnum habui, et consolationem in
charitate tua: quia viscera sanctorum requieverunt per te, frater.

Magna fiducia Onesimum commendat

[8] Propter quod multam fiduciam habens in Christo Iesu imperandi tibi quod
ad rem pertinet: [9] propter charitatem magis obsecro, cum sis talis, ut Paulus senex,

1 **1:** Eph 3,1. — **2:** Rom 16,5; Col 4,17. — **3:** Rom 1,7-9. — **6:** Phil 1,9. — **7:** 2 Cor 7,4. **10:** 1 Cor 4,15; Col 4,9. — **11:** Gal 4,19. — **13:** Phil 2,30. — **14:** 2 Cor 9,7; 1 Petr 5,2. — **16.** 1 Tim 6,2. — **19:** Gal 6,11; 2 Thess 3,17. — **22:** Phil 1,2; 2,24. — **23:** Col 1,7; 1,12. — **24:** Col 4,10.14. — **25:** Gal 6,18.

nunc autem et vinctus Iesu Christi: 10 obsecro te pro meo filio, quem genui in vinculis, Onesimo, 11 qui tibi aliquando inutilis fuit, nunc autem et mihi et tibi utilis,
12 quem remisi tibi. Tu autem illum, ut
mea viscera, suscipe: 13 quem ego volue-
ram mecum detinere, ut pro te mihi ministraret in vinculis Evangelii: 14 sine consilio autem tuo nihil volui facere, uti
ne velut ex necessitate bonum tuum esset,
sed voluntarium. 15 Forsitan enim ideo
discessit ad horam a te, ut aeternum illum
reciperes: 16 iam non ut servum, sed
pro servo charissimum fratrem, maxime
mihi: quanto autem magis tibi et in carne,
et in Domino? 17 Si ergo habes me socium,
suscipe illum sicut me: 18 si autem aliquid nocuit tibi, aut debet: hoc mihi
imputa. 19 Ego Paulus scripsi mea manu:
ego reddam, ut non dicam tibi, quod et
teipsum mihi debes: 20 ita frater. Ego te
fruar in Domino: refice viscera mea in
Domino.

21 Confidens in obedientia tua scripsi
tibi: sciens quoniam et super id, quod
dico, facies.

Salutatio finalis

22 Simul autem et para mihi hospitium:
nam spero per orationes vestras donari
me vobis.

23 Salutat te Epaphras concaptivus meus
in Christo Iesu, 24 Marcus, Aristarchus,
Demas, et Lucas, adiutores mei. 25 Gratia
Domini nostri Iesu Christi cum spiritu
vestro. Amen.

EPISTOLA B. PAULI APOSTOLI AD HEBRAEOS

SUMMARIUM PARS PRIOR: Novi Testamenti excellentia *(1-10): Christus, Novi Testamenti auctor, angelis praestantior (1). Ergo acrius tenendum Evangelium (2). Christus Moyse praestantior (3,1-6). Ne ergo corda obduremus (3,7-4,13). Christus Pontifex magnus (4,14-5,10). Ergo ad perfectionem contendamus (5,11-6,20). Christi sacerdotium secundum ordinem Melchisedech (7,1-10). Ergo vetus sacerdotium abrogatum est (7,11-28). Utriusque sacerdotii differentia (8-9). Vetus tabernaculum novi tabernaculi umbra (10,1-18).*—PARS ALTERA: Monita *(10,19-13,17): Exhortatio ad fidem tenendam (10,19-33): Iusti qui ex fide vixerunt (11). Cohortatio ad patientiam (12,1-13). Ad pacem et sanctimoniam (12,15-29). Varia monita (13,1-17).*—EPILOGUS *(13,18-25).*

PARS PRIOR

Novi Testamenti prae Antiquo excelsa praeeminentia

(1,1-10,18)

Christus angelis praestantior

1 1 Multifariam, multisque modis olim
Deus loquens patribus in prophetis:
2 novissime, diebus istis locutus est nobis
in Filio, quem constituit haeredem universorum, per quem fecit et saecula: 3 qui
cum sit splendor gloriae, et figura substantiae eius, portansque omnia verbo virtutis
suae, purgationem peccatorum faciens,
sedet ad dexteram maiestatis in excelsis:
4 tanto melior angelis effectus, quanto dif-
ferentius prae illis nomen haereditavit.

5 Cui enim dixit aliquando angelorum:
Filius meus es tu, ego hodie genui te?
Et rursum: Ego ero illi in patrem, et
ipse erit mihi in filium? 6 Et cum iterum
introducit primogenitum in orbem terrae,
dicit: Et adorent eum omnes angeli Dei.
7 Et ad angelos quidem dicit: Qui facit
angelos suos spiritus, et ministros suos
flammam ignis. 8 Ad Filium autem: Thronus tuus Deus in saeculum saeculi: virga
aequitatis, virga regni tui. 9 Dilexisti iustitiam, et odisti iniquitatem: propterea
unxit te Deus, Deus tuus oleo exultatio-
nis prae participibus tuis. 10 Et: Tu in

1 **1-2:** Epist. Pii IX: D 1672; Conc. Vatic.: D 1785. — **1:** Rom 15,8. — **2:** Ps 2,8; Prov 8,22; Mt 21,38; 28,18; Io 1,3; Col 1,16. — **3:** Ps 109,1; Sap 7,25; 2 Cor 4,4; Col 1,15. — **4:** Mc 16,19; Eph 1,21; Phil 2,9. — **5:** 2 Sam 7,15; Ps 2,7; Act 13,33; Hebr 5,5. — **6:** Ps 96,7; 103,

principio Domine terram fundasti: et opera manuum tuarum sunt caeli. 11 Ipsi peribunt, tu autem permanebis, et omnes ut
vestimentum veterascent: 12 et velut amictum mutabis eos, et mutabuntur: tu autem idem ipse es, et anni tui non deficient.
13 Ad quem autem angelorum dixit aliquando: Sede a dextris meis, quoadusque
ponam inimicos tuos scabellum pedum
tuorum? 14 Nonne omnes sunt adminis-
tratorii spiritus, in ministerium missi propter eos, qui haereditatem capient salutis?

Ergo acrius lege antiqua lex Christi tenenda

2 1 Propterea abundantius oportet observare nos ea quae audivimus, ne
forte pereffluamus. 2 Si enim qui per angelos dictus est sermo, factus est firmus,
et omnis praevaricatio, et inobedientia
accepit iustam mercedis retributionem:
3 quomodo nos effugiemus si tantam ne-
glexerimus salutem? quae cum initium
accepisset enarrari per Dominum ab eis,
qui audierunt, in nos confirmata est, 4 con-
testante Deo signis et portentis, et variis
virtutibus, et Spiritus sancti distributioni-
bus secundum suam voluntatem.
5 Non enim angelis subiecit Deus orbem terrae futurum, de quo loquimur.
6 Testatus est autem in quodam loco quis,
dicens: Quid est homo quod memor es
eius, aut filius hominis quoniam visitas
eum? 7 Minuisti eum paulominus ab angelis: gloria et honore coronasti eum: et
constituisti eum super opera manuum tuarum. 8 Omnia subiecisti sub pedibus eius.
In eo enim quod omnia ei subiecit, nihil
dimisit non subiectum ei. Nunc autem
necdum videmus omnia subiecta ei. 9 Eum
autem, qui modico quam angeli minora-
tus est, videmus Iesum propter passionem
mortis, gloria et honore coronatum: ut
gratia Dei, pro omnibus gustaret mortem.

Qui ut nos redimeret homo factus est

10 Decebat enim eum, propter quem omnia, et per quem omnia, qui multos filios
in gloriam adduxerat, auctorem salutis
eorum per passionem consummare. 11 Qui
enim sanctificat, et qui sanctificantur, ex
uno omnes. Propter quam causam non
confunditur fratres eos vocare, dicens:
12 Nuntiabo nomen tuum fratribus meis:
in medio Ecclesiae laudabo te. 13 Et iterum
Ego ero fidens in eum. Et iterum: Ecce
ego, et pueri mei, quos dedit mihi Deus.
14 Quia ergo pueri communicaverunt
carni, et sanguini, et ipse similiter parti-
cipavit eisdem: ut per mortem destrueret
eum qui habebat mortis imperium, id est,
diabolum: 15 et liberaret eos qui timore
mortis per totam vitam obnoxii erant ser-
vitui. 16 Nusquam enim angelos apprehendit, sed semen Abrahae apprehendit.
17 Unde debuit per omnia fratribus simi-
lari, ut misericors fieret, et fidelis pontifex
ad Deum, ut repropitiaret delicta populi. 18 In eo enim, in quo passus est ipse et
tentatus, potens est et eis, qui tentantur,
auxiliari.

Christus Moyse praestantior

3 1 Unde fratres sancti, vocationis caelestis participes, considerate Apostolum, et pontificem confessionis nostrae
Iesum: 2 qui fidelis est ei, qui fecit illum,
sicut et Moyses in omni domo eius. 3 Am-
plioris enim gloriae iste prae Moyse dignus
est habitus, quanto ampliorem honorem
habet domus, qui fabricavit illam. 4 Omnis namque domus fabricatur ab aliquo:
qui autem omnia creavit, Deus est. 5 Et
Moyses quidem fidelis erat in tota domo
eius tanquam famulus, in testimonium
eorum, quae dicenda erant: 6 Christus
vero tanquam filius in domo sua: quae
domus sumus nos, si fiduciam, et gloriam
spei usque ad finem, firmam retineamus.

Ergo nolite obdurare corda

7 Quapropter sicut dicit Spiritus sanctus: Hodie si vocem eius audieritis, 8 nolite obdurare corda vestra, sicut in exa-
cerbatione secundum diem tentationis in
deserto, 9 ubi tantaverunt me patres vestri: probaverunt, et viderunt opera mea
10 quadraginta annis: propter quod infensus fui generationi huic, et dixi: Semper
errant corde. Ipsi autem non cognoverunt vias meas, 11 sicut iuravi in ira mea:
Si introibunt in requiem meam.
12 Videte fratres, ne forte sit in aliquo
vestrum cor malum incredulitatis, disce-
dendi a Deo vivo; 13 sed adhortamini vosmetipsos per singulos dies, donec Hodie
cognominatur, ut non obduretur quis ex
vobis fallacia peccati. 14 Participes enim

4. || Conc. Trid.: D 878. — **8-9:** Ps 44,7-8. — **10-12:** Ps 101,26-28. — **13:** Ps 109,1. — **14:** Gen 28,12; Ps 90,11; Dan 6,22; Act 5,19.

2 **1-2:** Epist. Bonif. II: D 200. — **2:** Act 7,38.53. — **3:** Hebr 10,28; 12,25. — **4:** Mc 16,20; 1 Cor 12,4.11; 2 Cor 12,12. — **6-7:** Ps 8,5-7. — **8:** 1 Cor 15,27. — **9:** Phil 2,8-9. — **10:** Rom 11,36. — **11:** Mt 25,40; Io 17,19. — **12:** Ps 21,23. — **13:** Is 8,17-18. — **14:** Io 12,31-32; 1 Cor 15,54.56; 2 Tim 1,10. || Conc. Ephes.: D 117; Conc. Trid.: D 188. — **16:** Gal 3,7.9. — **17:** Ps 21,23; Phil 2,7. — **18:** Hebr 4,15.

3 **1:** Hebr 4,14. || Conc. Ephes.: D 122. — **2:** Num 12,7. — **6:** Rom 15,4; Eph 2,19; 1 Cor 3,16; Col 1,23; Hebr 10,23. — **7-11:** Ps 94,

Christi effecti sumus: si tamen initium
substantiae eius usque ad finem firmum
retineamus. 15 Dum dicitur: Hodie si vocem eiùs audieritis, nolite obdurare corda
vestra, quemadmodùm in illa exacerba-
tione. 16 Quidam enim audientes exacerbaverunt: sed non universi qui profecti
sunt ex Aegypto per Moysen. 17 Quibus
autem infensus est quadraginta annis?
Nonne illis qui peccaverunt, quorum cadavera prostrata sunt in deserto? 18 Quibus autem iuravit non introire in requiem
ipsius, nisi illis qui increduli fuerunt? 19 Et
videmus, quia non potuerunt introire
propter incredulitatem.

Ne a regno Dei excludamur

4 1 Timeamus ergo ne forte relicta pol-
licitatione introeundi in requiem eius,
existimetur aliquis ex vobis deesse. 2 Etenim et nobis nuntiatum est, quemadmodum et illis: sed non profuit illis sermo
auditus, non admistus fidei ex iis quae
audierunt. 3 Ingrediemur enim in requiem
qui credidimus: quemadmodum dixit: Sicut iuravi in ira mea: Si introibunt in requiem meam: et quidem operibus ab institutione mundi perfectis. 4 Dixit enim in
quodam loco de die septima sic: Et requievit Deus die septima ab omnibus operibus suis. 5 Et in isto rursum: Si introibunt in requiem meam. 6 Quoniam ergo
superest introire quosdam in illam, et ii,
quibus prioribus annuntiatum est, non
introierunt propter incredulitatem: 7 iterum terminat diem quemdam, Hodie, in
David dicendo, post tantum temporis,
sicut supra dictum est: Hodie si vocem eius
audieritis, nolite obdurare corda vestra.
8 Nam si eis Iesus requiem praestitisset,
nunquam de alia loqueretur, posthac, dié.
9 Itaque relinquitur sabbatismus populo
Dei. 10 Qui enim ingressus est in requiem
eius, etiam ipse requievit ab operibus suis,
sicut a suis Deus.
11 Festinemus ergo ingredi in illam requiem: ut ne in idipsum quis incidat incredulitatis exemplum. 12 Vivus est enim
sermo Dei, et efficax et penetrabilior omni
gladio ancipiti: et pertingens usque ad divisionem animae ac spiritus: compagum
quoque ac medullarum, et discretor cogitationum et intentionum cordis. 13 Et non
est ulla creatura invisibilis in conspectu
eius: omnia autem nuda et aperta sunt
oculis eius, ad quem nobis sermo.

Habemus Iesum, Pontificem magnum

14 Habentes ergo pontificem magnum,
qui penetravit caelos, Iesum Filium Dei,
teneamus confessionem. 15 Non enim habemus pontificem, qui non possit compa-
ti infirmitatibus nostris: tentatum autem
per omnia pro similitudine absque peccato. 16 Adeamus ergo cum fiducia ad thronum gratiae: ut misericordiam consequamur, et gratiam inveniamus in auxilio
opportuno.

5 1 Omnis namque pontifex ex hominibus assumptus, pro hominibus
constituitur in iis quae sunt ad Deum, ut
offerat dona, et sacrificia pro peccatis;
2 qui condolere possit iis qui ignorant et
errant: quoniam et ipse circumdatus est
infirmitate: 3 et propterea debet, quemadmodum pro populo, ita etiam et pro semetipso offerre pro peccatis. 4 Nec quisquam sumit sibi honorem, sed qui vocatur a Deo, tanquam Aaron. 5 Sic et Christus non semetipsum clarificavit ut pontifex fieret: sed qui locutus est ad eum:
Filius meus es tu, ego hodie genui te.
6 Quemadmodum et in alio loco dicit: Tu
es sacerdos in aeternum, secundum ordinem Melchisedech. 7 Qui in diebus carnis
suae preces, supplicationesque ad eum
qui possit illum salvum facere a morte
cum clamore valido, et lacrymis offerens,
exauditus est pro sua reverentia. 8 Et quidem cum esset Filius Dei, didicit ex iis,
quae passus est, obedientiam: 9 et consummatus, factus est omnibus obtempe-
rantibus sibi, causa salutis aeternae, 10 appellatus a Deo pontifex iuxta ordinem
Melchisedech.

Fideles adhuc imperfecti ad perfectiora contendant

11 De quo nobis grandis sermo, et inin-
terpretabilis ad dicendum: quoniam imbecilles facti estis ad audiendum. 12 Etenim
cum deberetis magistri esse propter tempus, rursum indigetis ut vos doceamini
quae sint elementa exordii sermonum Dei;
et facti estis quibus lacte opus sit, non

7-11. — **13:** 1 Thess 5,11. — **14:** 1 Cor 1,9. — **15:** Ps 94,8. — **16:** Num 14,22; 1 Cor 10,10.

4 **3:** Ps 94,11. — **4:** Gen 2,2. — **8:** Deut 31, 7; Ios 22,4. — **10:** Apoc 14,13. — **12:** Ier 23,29; Eph 6,17; Apoc 1,16. — **13:** Ps 32,13-15; Eccli 15,20. || Conc. Vatic.: D 1784. — **14:** Hebr 3,1; 6,20; 7,26; 8,1; 9,11. — **15:** Hebr 2,17. || Conc. Chalced.: D 148; Conc. Constantinop. III: D 290. — **16:** Eph 3,12; 1 Io 3,21. || Conc. Trid.: D 940.

5 **1:** Hebr 8,3-4. || Enc. Pii XI: D 2274. — **2:** Hebr 4,15. — **3:** Lev 9,7; 16,17. — **4:** Ex 28,1. — **5:** Ps 2,7; Act 13,33; Rom 15,3; Hebr 1,5. — **6:** Ps 109,4. — **7:** Mt 26,39; Mc 14,36; Lc 22,41. — **8-9:** Conc. Trid.: D 804. — **8:** Phil 2,8. — **9:** Io 17,1.5. — **10:** Ps 109,4. || Enc. Pii XI:

solido cibo. 13 Omnis enim, qui lactis est particeps, expers est sermonis iustitiae: parvulus enim est. 14 Perfectorum autem est solidus cibus: eorum, qui pro consuetudine exercitatos habent sensus ad discretionem boni ac mali.

6 1 Quapropter intermittentes inchoationis Christi sermonem, ad perfectiora feramur, non rursum iacientes fundamentum poenitentiae ab operibus mortuis, et fidei ad Deum, 2 baptismatum doctrinae, impositionis quoque manuum, ac resurrectionis mortuorum, et iudicii aeterni. 3 Et hoc faciemus, si quidem permiserit Deus.

Quam difficilis sit renovatio ad poenitentiam

4 Impossibile est enim eos qui semel sunt illuminati, gustaverunt etiam donum caeleste, et participes facti sunt Spiritus sancti, 5 gustaverunt nihilominus bonum Dei verbum, virtutesque saeculi venturi, 6 et prolapsi sunt; rursus renovari ad poenitentiam, rursum crucifigentes sibimetipsis Filium Dei, et ostentui habentes. 7 Terra enim saepe venientem super se bibens imbrem, et generans herbam opportunam illis, a quibus colitur; accepit benedictionem a Deo: 8 proferens autem spinas ac tribulos, reproba est, et maledicto proxima: cuius consummatio in combustionem.

Maiora tamen confidimus

9 Confidimus autem de vobis dilectissimi meliora, et viciniora saluti: tametsi ita loquimur. 10 Non enim iniustus Deus, ut obliviscatur operis vestri, et dilectionis, quam ostendistis in nomine ipsius, qui ministrastis sanctis, et ministratis. 11 Cupimus autem unumquemque vestrum eandem ostentare sollicitudinem ad expletionem spei usque in finem: 12 ut non segnes efficiamini, verum imitatores eorum, qui fide, et patientia haereditabunt promissiones.

13 Abrahae namque promittens Deus, quoniam neminem habuit, per quem iuraret, maiorem, iuravit per semetipsum, 14 dicens: Nisi benedicens benedicam te, et multiplicans multiplicabo te. 15 Et sic longanimiter ferens, adeptus est repromissionem. 16 Homines enim per maiorem sui iurant; et omnis controversiae eorum finis, ad confirmationem, est iuramentum. 17 In quo abundantius volens Deus ostendere pollicitationis haeredibus immobilitatem consilii sui, interposuit iusiurandum: 18 ut per duas res immobiles, quibus impossibile est mentiri Deum, fortissimum solatium habeamus, qui confugimus ad tenendam propositam spem, 19 quam sicut anchoram habemus animae tutam ac firmam, et incedentem usque ad interiora velaminis, 20 ubi praecursor pro nobis introivit Iesus, secundum ordinem Melchisedech pontifex factus in aeternum.

Christi sacerdotium secundum ordinem Melchisedech praestantius sacerdotio levitico

7 1 Hic enim Melchisedech, rex Salem sacerdos Dei summi, qui obviavit Abrahae regresso a caede regum, et benedixit ei: 2 cui et decimas omnium divisit Abraham: primum quidem qui interpretatur rex iustitiae: deinde autem et rex Salem, quod est, rex pacis, 3 sine patre, sine matre, sine genealogia, neque initium dierum, neque finem vitae habens, assimilatus autem Filio Dei, manet sacerdos in perpetuum.

Etenim Melchisedech ab Abraham decimas accepit

4 Intuemini autem quantus sit hic, cui et decimas dedit de praecipuis Abraham patriarcha. 5 Et quidem de filiis Levi sacerdotium accipientes, mandatum habent decimas sumere a populo secundum legem, id est, a fratribus suis: quamquam et ipsi exierint de lumbis Abrahae. 6 Cuius autem generatio non annumeratur in eis, decimas sumpsit ab Abraham, et hunc, qui habebat repromissiones, benedixit. 7 Sine ulla autem contradictione, quod minus est, a meliore benedicitur. 8 Et hic quidem, decimas morientes homines accipiunt: ibi autem contestatur, quia vivit. 9 Et (ut ita dictum sit) per Abraham, et Levi, qui decimas accepit, decimatus est; 10 adhuc enim in lumbis patris erat, quando obviavit ei Melchisedech.

Novoque sacerdotio adveniente, vetus abrogatur

11 Si ergo consummatio per sacerdotium Leviticum erat (populus enim sub ipso legem accepit) quid adhuc necessarium fuit secundum ordinem Melchisedech,

D 2274. — **12-13:** Epist. Greg. IX: D 442. — **12:** 1 Cor 3,1-3; I Petr 2,2, — **13:** Eph 4,14. — **14:** Gen 2,17; Rom 16,19; Phil 1,10.

6 **1:** Hebr 9,14. — **4:** Mt 12,31; Hebr 10,26; 1 Io 5,16. — **5:** 1 Petr 2,3. — **7:** Gen 3,18. **10:** Hebr 10,32-34. || Conc. Trid.: D 809. — **11:** Hebr 3,14. — **16:** Ex 22,11. — **18:** Num 23,19; 1 Sam 15,29. — **19:** Lev 16,12. — **20:** Hebr 5 6. || Enc. Pii XI: D 2274.

7 **1-11:** Enc. Pii XI: D 2.274. — **1:** Gen 14, 18-20. — **5:** Num 18,21. — **11:** Hebr 7,18; 8,6. || Conc. Trid.: D 938. — **12-13:** Conc.

alium surgere sacerdotem, et non secundum ordinem Aaron dici? 12 Translato
enim sacerdotio, necesse est ut et legis
translatio fiat. 13 In quo enim haec dicuntur, de alia tribu est, de qua nullus altari
praesto fuit. 14 Manifestum est enim quod
ex Iuda ortus sit Dominus noster: in qua
tribu nihil de sacerdotibus Moyses locutus est. 15 Et amplius adhuc manifestum
est: si secundum similitudinem Melchisedech exsurgat alius sacerdos, 16 qui non
secundum legem mandati carnalis factus
est, sed secundum virtutem vitae insolu-
bilis. 17 Contestatur enim: Quoniam tu es
sacerdos in aeternum, secundum ordinem
Melchisedech. 18 Reprobatio quidem fit
praecedentis mandati, propter infirmitatem eius, et inutilitatem: 19 nihil enim ad
perfectum adduxit lex: introductio vero
melioris spei, per quam proximamus ad
Deum.

20 Et quantum est non sine iureiurando
(alii quidem sine iureiurando sacerdotes
facti sunt, 21 hic autem cum iureiurando
per eum, qui dixit ad illum: Iuravit Dominus, et non poenitebit eum: tu es sacerdos in aeternum): 22 in tantum melioris
testamenti sponsor factus est Iesus. 23 Et
alii quidem plures facti sunt sacerdotes,
idcirco quod morte prohiberentur permanere: 24 hic autem eo quod maneat in
aeternum, sempiternum habet sacerdotium. 25 Unde et salvare in perpetuum
potest accedentes per semetipsum ad
Deum: semper vivens ad interpellandum
pro nobis.

26 Talis enim decebat ut nobis esset pontifex, sanctus, innocens, impollutus, segregatus a peccatoribus, et excelsior caelis factus: 27 qui non habet necessitatem
quotidie, quemadmodum sacerdotes, prius
pro suis delictis hostias offerre, deinde
pro populi: hoc enim fecit semel, seipsum
offerendo. 28 Lex enim homines constituit
sacerdotes infirmitatem habentes: sermo
autem iurisiurandi, qui post legem est,
Filium in aeternum perfectum.

Sacerdos leviticus in terrestre ingreditur tabernaculum, Christus autem in caeleste

8 1 Capitulum autem super ea quae dicuntur: Talem habemus pontificem,
qui consedit in dextera sedis magnitudinis in caelis, 2 sanctorum minister, et tabernaculi veri, quod fixit Dominus, et non
homo. 3 Omnis enim pontifex ad offerendum munera, et hostias constituitur: unde
necesse est et hunc habere aliquid, quod
offerat: 4 si ergo esset super terram, nec
esset sacerdos: cum essent qui offerrent
secundum legem munera, 5 qui exemplari,
et umbrae deserviunt caelestium. Sicut
responsum est Moysi, cum consummaret
tabernaculum: Vide (inquit) omnia facito
secundum exemplar, quod tibi ostensum
est in monte.

6 Nunc autem melius sortitus est ministerium, quanto et melioris testamenti
mediator est, quod in melioribus repromissionibus sancitum est. 7 Nam si illud
prius culpa vacasset: non utique secundi
locus inquireretur. 8 Vituperans enim eos
dicit: Ecce dies venient, dicit Dominus:
et consummabo super domum Israel, et
super domum Iuda, testamentum novum,
9 non secundum testamentum quod feci
patribus eorum in die qua apprehendi
manum eorum ut educerem illos de terra
Aegypti: quoniam ipsi non permanserunt
in testamento meo: et ego neglexi eos,
dicit Dominus: 10 Quia hoc est testamentum quod disponam domui Israel post
dies illos, dicit Dominus: Dando leges
meas in mentem eorum, et in corde eorum
superscribam eas: et ero eis in Deum, et
ipsi erunt mihi in populum: 11 et non docebit unusquisque proximum suum, et
unusquisque fratrem suum, dicens: Cognosce Dominum: quoniam omnes scient
me a minore usque ad maiorem eorum:
12 quia propitius ero iniquitatibus eorum,
et peccatorum eorum iam non memorabor. 13 Dicendo autem novum: veteravit
prius. Quod autem antiquatur, et senescit,
prope interitum est.

Expiatio imperfecta in tabernaculo terrestri

9 1 Habuit quidem et prius iustificationes culturae, et Sanctum saeculare.
2 Tabernaculum enim factum est primum,
in quo erant candelabra, et mensa, et propositio panum, quae dicitur Sancta. 3 Post
velamentum autem secundum, tabernaculum, quod dicitur Sancta sanctorum: 4 aureum habens thuribulum, et arcam testamenti circumtectam ex omni parte auro,
in qua urna aurea habens manna, et virga
Aaron, quae fronduerat, et tabulae testamenti, 5 superque eam erant cherubim
gloriae obumbrantia propitiatorium: de

Trid: D 957. — **14:** Gen 49,10; Is 11,1; Apoc 5,5. — **15:** Enc. Pii XI: D 2274. — **18:** Rom 8, 3. — **19:** Hebr 9,9. — **22:** Hebr 8,6. — **24:** Conc. Trid.: D 938. — **25.:** Rom 8,34; 1 Io 2,1; Apoc 1,18. || Enc. Pii XI: D 2276. — **26:** Hebr 4, 14. — **27:** Lev 16,6.15.

8 **1:** Hebr 4,14. — **2:** Num 24,6. — **3:** Hebr 5,1. — **5:** Ex 25,40; Col 2,17. — **6:** 2 Cor 3,6; Hebr 7,22; 12,24. — **8-12:** Ier 31,31-34. — **13:** Rom 10,4.

9 **1:** Ex 25,1-27,21. — **3:** Ex 26,31-33. — **4:** Ex 16,33; 25,16.21; Num 17,25. — **6:** Num

quibus non est modo dicendum per singula.
6 His vero ita compositis: in priori quidem tabernaculo semper introibant sacerdotes, sacrificiorum officia consumman-
tes: 7 in secundo autem semel in anno
solus pontifex non sine sanguine, quem
offert pro sua et populi ignorantia: 8 hoc
significante Spiritu sancto, nondum pro-
palatam esse sanctorum viam, adhuc priore tabernaculo habente statum: 9 quae
parabola est temporis instantis: iuxta
quam munera, et hostiae offeruntur, quae
non possunt iuxta conscientiam perfectum facere servientem, solummodo in
cibis, et in potibus, 10 et variis baptisma-
tibus, et iustitiis carnis usque ad tempus
correctionis impositis

Perfecta Christi expiatio in tabernaculo caelesti

11 Christus autem assistens pontifex futurorum bonorum, per amplius et perfectius tabernaculum non manufactum, id
est, non huius creationis: 12 neque per
sanguinem hircorum, aut vitulorum, sed
per proprium sanguinem introivit semel
in Sancta, aeterna redemptione inventa.
13 Si enim sanguis hircorum, et taurorum,
et cinis vitulae aspersus inquinatos sanctificat ad emundationem carnis: 14 quanto
magis sanguis Christi, qui per Spiritum
sanctum semetipsum obtulit immaculatum
Deo, emundabit conscientiam nostram ab
operibus mortuis, ad serviendum Deo viventi?

Novum Testamentum sanguine Christi sanciendum

15 Et novi ideo testamenti mediator est:
ut morte intercedente, in redemptionem
earum praevaricationum, quae erant sub
priore testamento, repromissionem accipiant qui vocati sunt aeternae haereditatis. 16 Ubi enim testamentum est, mors
necesse est intercedat testatoris. 17 Testamentum enim in mortuis confirmatum
est: alioquin nondum valet, dum vivit
qui testatus est. 18 Unde nec primum quidem sine sanguine dedicatum est. 19 Lecto
enim omni mandato legis a Moyse universo populo: accipiens sanguinem vitulorum et hircorum cum aqua, et lana coccinea, et hyssopo: ipsum quoque librum,
et omnem populum aspersit, 20 dicens:
Hic sanguis testamenti, quod mandavit
ad vos Deus. 21 Etiam tabernaculum et
omnia vasa ministerii sanguine similiter
aspersit. 22 Et omnia pene in sanguine secundum legem mundantur: et sine sanguinis effusione non fit remissio.
23 Necesse est ergo exemplaria quidem
caelestium his mundari: ipsa autem caelestia melioribus hostiis quam istis. 24 Non
enim in manufacta Sancta Iesus introvit
exemplaria verorum: sed in ipsum caelum, ut appareat nunc vultui Dei pro nobis: 25 neque ut saepe offerat semetipsum,
quemadmodum pontifex intrat in Sancta
per singulos annos in sanguine alieno:
26 alioquin oportebat eum frequenter pati
ab origine mundi: nunc autem semel in
consummatione saeculorum, ad destitu-
tionem peccati, per hostiam suam apparuit. 27 Et quemadmodum statutum est
hominibus semel mori, post hoc autem
iudicium: 28 sic et Christus semel oblatus
est ad multorum exhaurienda peccata: secundo sine peccato apparebit exspectantibus se, in salutem.

Vetus tabernaculum umbra futuri

10 1 Umbram enim habens lex futurorum bonorum, non ipsam imaginem rerum: per singulos annos, eisdem
ipsis hostiis quas offerunt indesinenter,
nunquam potest accedentes perfectos facere: 2 alioquin cessassent offerri: ideo
quod nullam haberent ultra conscientiam
peccati, cultores semel mundati: 3 sed in
ipsis commemoratio peccatorum per singulos annos fit. 4 Impossibile enim est
sanguine taurorum et hircorum auferri
peccata.
5 Ideo ingrediens mundum dicit: Hostiam et oblationem noluisti: corpus autem aptasti mihi: 6 holocautomata pro
peccato non tibi placuerunt. 7 Tunc dixi:
Ecce venio: in capite libri scriptum est
de me: Ut faciam, Deus, voluntatem tuam.
8 Superius dicens: Quia hostias, et oblationes, et holocautomata pro peccato noluisti, nec placita sunt tibi, quae secundum legem offeruntur, 9 tunc dixi: Ecce
venio, ut faciam, Deus, voluntatem tuam:
aufert primum, ut sequens statuat. 10 In
qua voluntate sanctificati sumus per oblationem corporis Iesu Christi semel.
11 Et omnis quidem sacerdos praesto est

28,3. — **7:** Ex 30,10; Lev 16,2.14. — **8:** Hebr 10,19. — **9:** Hebr 10,1. — **10:** Lev 11,2; Num 11,2; Num 19,13. — **11:** Hebr 4,14; 10,1. — **12:** Hebr 10,4. || Bulla Clem. VI: D 550. — **13:** Lev 16,14; Num 19,9.17. — **14:** Tit 2,14; 1 Petr 1,18; 1 Io 2,7; Apoc 1,5; 7,14. — **15:** 1 Tim 2,5; Hebr 8,6; 12,24. — **19:** Ex 24,8; Lev 14,4; Num 19,6. — **20:** Ex 24,8; Mt 26,28. — **21:** Lev 8, 15. — **22:** Lev 17,11; Eph 1,7. — **23:** Hebr 8, 5. — **24:** Hebr 11,12. — **26:** 1 Cor 10,11; Gal 4,4. — **27:** Gen 3,19; Eccl; 12,7. — **28:** Phil 3, 20; 2 Tim 4,8; 1 Petr 2,24. || Conc. Valent. III: D 323; Conc. Trid.: D 940.

10 **1:** Col 2,17; Hebr 8,5. || Bulla Sixti IV: D 721. — **3:** Lev 16,21. — **4:** Hebr 10, 11. — **5-7:** Ps 39,7-9. — **10:** Hebr 7,27. — **11:** Ex 29,38. — **13:** Ps 109,1; 1 Cor 15,25. — **14:**

quotidie ministrans, et easdem saepe offerens hostias, quae nunquam possunt auferre peccata: 12 hic autem unam pro peccatis offerens hostiam, in sempiternum sedet in dextera Dei, 13 de caetero exspectans donec ponantur inimici eius scabellum pedum eius. 14 Una enim oblatione, consummavit in sempiternum sanctificatos. 15 Contestatur autem nos et Spiritus sanctus. Postquam enim dixit: 16 Hoc autem testamentum, quod testabor ad illos post dies illos, dicit Dominus, dando leges meas in cordibus eorum, et in mentibus eorum superscribam eas: 17 et peccatorum, et iniquitatum eorum iam non recordabor amplius. 18 Ubi autem horum remissio: iam non est oblatio pro peccato.

PARS ALTERA

Adhortationes morales

(10,19-13,17)

Exhortatio ad fidem tenendam

19 Habentes itaque fratres fiduciam in introitu sanctorum in sanguine Christi, 20 quam initiavit nobis viam novam, et viventem per velamen, id est, carnem suam, 21 et sacerdotem magnum super domum Dei: 22 accedamus cum vero corde in plenitudine fidei, aspersi corda a conscientia mala, et abluti corpus aqua munda, 23 teneamus spei nostrae confessionem indeclinabilem (fidelis enim est qui repromisit), 24 et consideremus invicem in provocationem charitatis, et bonorum operum: 25 non deserentes collectionem nostram, sicut consuetudinis est quibusdam, sed consolantes, et tanto magis quanto videritis appropinquantem diem.

26 Voluntarie enim peccantibus nobis post acceptam notitiam veritatis, iam non relinquitur pro peccatis hostia, 27 terribilis autem quaedam exspectatio iudicii, et ignis aemulatio, quae consumptura est adversarios. 28 Irritam quis faciens legem Moysi, sine ulla miseratione duobus vel tribus testibus moritur: 29 quanto magis putatis deteriora mereri supplicia qui Filium Dei conculcaverit, et sanguinem testamenti pollutum duxerit, in quo sanctificatus est, et spiritui gratiae contumeliam fecerit? 30 Scimus enim qui dixit: mihi vindicta, et ego retribuam. Et iterum: Quia iudicabit Dominus populum suum. 31 Horrendum est incidere in manus Dei viventis.

32 Rememoramini autem pristinos dies, in quibus illuminati, magnum certamen sustinuistis passionum: 33 et in altero quidem opprobriis et tribulationibus spectaculum facti: in altero autem socii taliter conversantium effecti. 34 Nam et vinctis compassi estis, et rapinam bonorum vestrorum cum gaudio suscepistis, cognoscentes vos habere meliorem et manentem substantiam. 35 Nolite itaque amittere confidentiam vestram, quae magnam habet remunerationem. 36 Patientia enim vobis necessaria est: ut voluntatem Dei facientes, reportetis promissionem. 37 Adhuc enim modicum aliquantulum qui venturus est, veniet, et non tardabit. 38 Iustus autem meus ex fide vivit: quod si subtraxerit se, non placebit animae meae. 39 Nos autem non sumus subtractionis filii in perditionem, sed fidei in acquisitionem animae.

Iusti ex fide viventes

11 1 Est autem fides sperandarum substantia rerum, argumentum non apparentium. 2 In hac enim testimonium consecuti sunt senes.. 3 Fide intelligimus aptata esse saecula verbo Dei: ut ex invisibilibus visibilia fierent.

Ante diluvium

4 Fide plurimam hostiam Abel, quam Cain, obtulit Deo, per quam testimonium consecutus est esse iustus, testimonium perhibente muneribus eius Deo, et per illam defunctus adhuc loquitur.

5 Fide Henoch translatus est ne videret mortem, et non inveniebatur: quia transtulit illum Deus: ante translationem enim testimonium habuit placuisse Deo. 6 Sine fide autem impossibile est placere Deo. Credere enim oportet accedentem ad Deum quia est, et inquirentibus se remunerator sit.

7 Fide Noe responso accepto de iis quae adhuc non videbantur, metuens aptavit arcam in salutem domus suae, per quam damnavit mundum: et iustitiae, quae per fidem est, haeres est institutus.

Hebr 7,25; 9,26. || Conc. Trid.: D 938. — **16-17:** Ier 31,34. — **19:** Hebr 9,8. — **20:** Io 14,6. — **21:** Zach 6,11-13. — **22-23:** Conc. Valent.: D 324. — **22:** Ez 36,25; Hebr 4,16. — **23:** Hebr 4,14. || Conc. Vatic.: D 1794. — **26:** Hebr 6, 4. || Conc. Valent. III: D 324. — **27:** Is 26, 11. — **28-29:** Conc. Valent. III: D 324. — **28:** Num 15,30; 35,30; Deut 17,6. — **29:** Hebr 2, 3. || Conc. Trid.: D 904. — **30:** Deut 32,35; Ps 134,14; Rom 12,19. — **31:** Lc 12,5. — **32:** Hebr 6,4. — **33:** 1 Cor 4,9. — **34:** Mt 6,20; 19, 21. — **35:** Hebr 12,1-13. || Conc. Trid.: D 809. — **36:** Lc 21,19. — **37:** Hab 2,3-4. — **38:** Rom 1, 17; Gal 3,11.

11 **1-10:** Conc. Arausic. II: D 199. — **1:** 2 Cor 5,7; Hebr 3,14. || Conc. Vatic.: D 1789. — **3:** Gen 1,1-31. — **4:** Gen 4,4-8; Mt 23,35. — **5:**

Post diluvium

8 Fide qui vocatur Abraham obedivit
in locum exire, quem accepturus erat in
haereditatem: et exiit, nesciens quo iret.
9 Fide demoratus est in terra repromissionis, tanquam in aliena, in casulis habitan-
do cum Isaac et Iacob cohaeredibus repromissionis eiusdem. 10 Exspectabat enim
fundamenta habentem civitatem: cuius
artifex et conditor Deus. 11 Fide et ipsa
Sara sterilis virtutem in conceptionem seminis accepit, etiam praeter tempus aetatis: quoniam fidelem credidit esse eum qui
repromiserat. 12 Propter quod et ab uno
orti sunt (et hoc emortuo) tanquam sidera
caeli in multitudinem, et sicut arena, quae
est ad oram maris, innumerabilis.
13 Iuxta fidem defuncti sunt omnes isti,
non acceptis repromissionibus, sed a longe eas aspicientes, et salutantes, et confitentes quia peregrini et hospites sunt super terram. 14 Qui enim haec dicunt, sig-
nificant se patriam inquirere. 15 Et si quidem ipsius meminissent de qua exierunt,
habebant utique tempus revertendi: 16 nunc
autem meliorem appetunt, id est, caelestem. Ideo non confunditur Deus vocari
Deus eorum: paravit enim illis civitatem.
17 Fide obtulit Abraham Isaac, cum
tentaretur, et unigenitum offerebat, qui
susceperat repromissiones: 18 ad quem
dictum est: Quia in Isaac vocabitur tibi
semen: 19 arbitrans quia et a mortuis suscitare potens est Deus: unde eum et in
parabolam accepit.
20 Fide et de futuris benedixit Isaac Iacob et Esau. 21 Fide Iacob, moriens, singulos filiorum Ioseph benedixit: et adoravit fastigium virgae eius. 22 Fide Ioseph,
moriens, de profectione filiorum Israel
memoratus est, et de ossibus suis mandavit.

Moyses

23 Fide Moyses, natus, occultatus est
mensibus tribus a parentibus suis, eo quod
vidissent elegantem infantem, et non timuerunt regis edictum. 24 Fide Moyses
grandis factus negavit se esse filium filiae
Pharaonis, 25 magis eligens affligi cum
populo Dei, quam temporalis peccati habere iucunditatem, 26 maiores divitias aestimans thesauro Aegyptiorum, improperium Christi: aspiciebat enim in remunerationem. 27 Fide reliquit Aegyptum, non
veritus animositatem regis: invisibilem
enim tanquam videns sustinuit. 28 Fide
celebravit Pascha, et sanguinis effusionem: ne qui vastabat primitiva, tangeret
eos. 29 Fide transierunt mare Rubrum tanquam per aridam terram: quod experti
Aegyptii, devorati sunt.

Post Moysen

30 Fide muri Iericho corruerunt, circuitu dierum septem. 31 Fide Rahab meretrix non periit cum incredulis, excipiens
exploratores cum pace.
32 Et quid adhuc dicam? Deficiet enim
me tempus enarrantem de Gedeon, Barac,
Samson, Iephte, David, Samuel, et prophetis: 33 qui per fidem vicerunt regna,
operati sunt iustitiam, adepti sunt repromissiones, obturaverunt ora leonum, 34 extinxerunt impetum ignis, effugerunt aciem
gladii, convaluerunt de infirmitate, fortes
facti sunt in bello, castra verterunt exterorum: 35 acceperunt mulieres de resurrectione mortuos suos: alii autem distenti
sunt non suscipientes redemptionem, ut
meliorem invenirent resurrectionem.
36 Alii vero ludibria, et verbera experti,
insuper et vincula, et carceres: 37 lapidati
sunt, secti sunt, tentati sunt, in occisione
gladii mortui sunt, circuierunt in melotis,
in pellibus caprinis, egentes, angustiati,
afflicti: 38 quibus dignus non erat mundus: in solitudinibus errantes, in montibus, et speluncis, et in cavernis terrae.
39 Et hi omnes testimonio fidei probati,
non acceperunt repromissionem, 40 Deo
pro nobis melius aliquid providente, ut
non sine nobis consummarentur.

Exhortatio ad patientiam

12 1 Ideoque et non tantam habentes
impositam nubem testium, deponentes omne pondus, et circumstans nos
peccatum, per patientiam curramus ad
propositum nobis certamen: 2 aspicientes
in auctorem fidei, et consummatorem Iesum, qui proposito sibi gaudio sustinuit
crucem, confusione contempta, atque in
dextera sedis Dei sedet. 3 Recogitate enim

Gen 5,22-24; Sap 4,10; Eccli 44,16. — **6:** Hebr 7,25; 10,35. || Conc. Trid.: D 787.798.801; Resp. S. Officii: D 1349; Alloc. Pii IX: D 1645; Conc. Vatic.: D 1793. — **7:** Gen 6,13; Sap 10, 4; Eccli 44,17. — **8:** Gen 12,1; Eccli 44,20; Act 7,2. — **9:** Gen 23,4; 35,27. — **10:** Apoc 21, 1. — **11:** Gen 17,19; 21,2. — **12:** Gen 22,17; Rom 4,19. — **13:** Gen 47,9; 49,18; Hebr 11,39; 1 Petr 2,11. — **16:** Ex 3,6. — **17:** Gen 22,1; Eccli 44,21. — **18:** Gen 21,12. — **19:** Rom 4, 17. — **20:** Gen 27,27-29. — **21:** Gen 48,15-20; 47,31. — **22:** Gen 50,24. — **23:** Ex 2,2. — **24:** Ex 2,10. — **26:** Hebr 10,35. || Conc. Trid.: D 804. — **27:** Ex 2,15; 12,51. — **28:** Ex 12, 21. — **29:** Ex 14,22; 15,19. — **30:** Ios 6,20. — **31:** Ios 2,1; 6,25. — **32:** Iud 6,11; 4,6; 15,20; 12,7; 1 Sam 1,1; 16,12. — **33:** Iud 14,6; 1 Sam 17, 34; Dan 6,24. — **34:** Dan 3,23-25. — **35:** 3 Reg 17,23; 4 Reg 4,36. — **36:** Ier 20,37.38. — **37:** 2 Par 24,21. — **39:** Hebr 11,13.

12 **1:** 1 Cor 9,24. — **2:** Phil 2,8; Hebr 2, 10. || Conc. Trid.: D 792; Conc. Vatic.: D 1794. — **4:** Hebr 10,33. — **5-6:** Prov 3,11-

eum qui talem sustinuit a peccatoribus
adversum semetipsum contradictionem:
ut ne fatigemini, animis vestris deficientes.
4 Nondum enim usque ad sanguinem
restitistis, adversus peccatum repugnan-
tes: 5 et obliti estis consolationis, quae
vobis tanquam filiis loquitur, dicens: Fili
mi, noli negligere disciplinam Domini:
neque fatigeris dum ab eo argueris. 6 Quem
enim diligit Dominus, castigat: flagellat
autem omnem filium, quem recipit. 7 In
disciplina perseverate. Tanquam filiis vobis offert se Deus: quis enim filius, quem
non corripit pater? 8 Quod si extra disciplinam estis, cuius participes facti sunt
omnes: ergo adulteri, et non filii estis.
9 Deinde patres quidem carnis nostrae,
eruditores habuimus, et reverebamur eos,
non multo magis obtemperabimus Patri
spirituum, et vivemus? 10 Et illi quidem
in tempore paucorum dierum, secundum
voluntatem suam erudiebant nos: hic autem ad id quod utile est in recipiendo
sanctificationem eius. 11 Omnis autem disciplina in praesenti quidem videtur non
esse gaudii, sed moeroris: postea autem
fructum pacatissimum exercitatis per eam,
reddet iustitiae. 12 Propter quod remissas
manus, et soluta genua erigite, 13 et gressus rectos facite pedibus vestris: ut non
claudicans quis erret, magis autem sanetur.

Exhortatio ad pacem et sanctimoniam

14 Pacem sequimini cum omnibus, et
sanctimoniam, sine qua nemo videbit
Deum: 15 contemplantes nequis desit gratiae Dei: nequa radix amaritudinis sursum germinans impediat, et per illam in-
quinentur multi. 16 Ne quis fornicator,
aut profanus ut Esau: qui propter unam
escam vendidit primitiva sua: 17 scitote
enim quoniam et postea cupiens haereditare benedictionem, reprobatus est: non
enim invenit poenitentiae locum, quamquam cum lacrymis inquisisset eam.
18 Non enim accessistis ad tractabilem
montem, et accensibilem ignem, et turbinem, et caliginem, et procellam, 19 et tubae sonum, et vocem verborum, quam
qui audierunt, excusaverunt se, ne eis fieret verbum. 20 Non enim portabant quod
dicebatur: Et si bestia tetigerit montem,
lapidabitur. 21 Et ita terribile erat quod
videbatur. Moyses dixit: Exterritus sum,
et tremebundus. 22 Sed accessistis ad Sion
montem, et civitatem Dei viventis, Ierusalem caelestem, et multorum millium angelorum frequentiam, 23 et Ecclesiam primitivorum, qui conscripti sunt in caelis,
et iudicem omnium Deum, et spiritus iustorum perfectorum, 24 et testamenti novi
mediatorem Iesum, et sanguinis aspersionem melius loquentem quam Abel.
25 Videte ne recusetis loquentem. Si
enim illi non effugerunt, recusantes eum,
qui super terram loquebatur: multo magis nos, qui de caelis loquentem nobis
avertimus. 26 Cuius vox movit terram tunc:
nunc autem repromittit, dicens: Adhuc
semel: et ego movebo non solum terram,
sed et caelum. 27 Quod autem, Adhuc semel, dicit: declarat mobilium translationem tanquam factorum, ut maneant ea
quae sunt immobilia. 28 Itaque regnum
immobile suscipientes, habemus gratiam:
per quam serviamus placentes Deo, cum
metu et reverentia. 29 Etenim Deus noster
ignis consumens est.

Monita varia

13 1 Charitas fraternitatis maneat in
vobis. 2 Et hospitalitatem nolite
oblivisci, per hanc enim latuerunt quidam,
angelis hospitio receptis. 3 Mementote
vinctorum, tanquam simul vincti: et la-
borantium, tanquam et ipsi in corpore
morantes. 4 Honorabile connubium in
omnibus, et thorus immaculatus. Forni-
catores enim, et adulteros iudicabit Deus.
5 Sint mores sine avaritia, contenti praesentibus: ipse enim dixit: Non te deseram,
neque derelinquam: 6 ita ut confidenter
dicamus: Dominus mihi adiutor: non timebo quid faciat mihi homo.
7 Mementote praepositorum vestrorum,
qui vobis locuti sunt verbum Dei: quorum intuentes exitum conversationis, imi-
tamini fidem. 8 Iesus Christus heri, et hodie: ipse et in saecula. 9 Doctrinis variis
et peregrinis nolite abduci. Optimum est
enim gratia stabilire cor, non escis: quae
non profuerunt ambulantibus in eis. 10 Habemus altare, de quo edere non habent
potestatem, qui tabernaculo deserviunt.
11 Quorum enim animalium infertur sanguis pro peccato in Sancta per pontificem,
horum corpora cremantur extra castra.
12 Propter quod et Iesus, ut sanctificaret
per suum sanguinem populum, extra portam passus est. 13 Exeamus igitur ad eum
extra castra, improperium eius portantes.
14 Non enim habemus hic manentem civi-

12. — **6:** Apoc 3,19. — **7:** Prov 3,24; 23,13. — **11:** 2 Cor 4,17; Iac 3,17. — **12:** Is 35,3. — **13:** Prov 4,27. — **14:** Rom 12,18; 14,19. — **15:** Act 8,23. — **16:** Gen 25,33. — **17:** Gen 27,30-40. — **18:** Ex 19,12; Deut 4,11. — **20:** Ex 19,13. || Epist. Pii VII: D 1606. — **21:** Deut 9,19. — **22:** Gal 4,26; Apoc 5,11; 14,1. — **23:** Lc 10,22. — **24:** Hebr 9,15; 11,4; 1 Petr 1,2. — **25:** Hebr 2, 2; 10,28. — **26:** Agg 2,7. — **29:** Deut 4,24; 9,3; Is 33,14.

13 **1:** Rom 12,10; 2 Petr 1,7; 1 Io 4,7. — **2:** Gen 18,3; 12,2-3; Rom 12,13; 1 Petr 4, 9. — **4:** Eph 5,5. — **5:** 1 Thess 6,6. — **6:** Ps

tatem, sed futuram inquirimus. 15 Per ipsum ergo offeramus hostiam laudis semper Deo, id est, fructum labiorum confitentium nomini eius. 16 Beneficentiae autem et communionis nolite oblivisci: talibus enim hostiis promeretur Deus.
17 Obedite praepositis vestris, et subia-
cete eis. Ipsi enim pervigilant quasi rationem pro animabus vestris reddituri, ut
cum gaudio hoc faciant, et non gementes:
hoc enim non expedit vobis.

Epilogus

18 Orate pro nobis: confidimus enim
quia bonam conscientiam habemus in omnibus bene volentes conversari. 19 Amplius autem deprecor vos hoc facere, quo
celerius restituar vobis. 20 Deus autem pacis, qui eduxit de mortuis pastorem magnum ovium, in sanguine testamenti aeterni, Dominum nostrum Iesum Christum,
21 aptet vos in omni bono, ut faciatis eius
voluntatem: faciens in vobis quod placeat
coram se per Iesum Christum: cui est gloria in saecula saeculorum. Amen.
22 Rogo autem vos fratres, ut sufferatis
verbum solatii. Etenim perpaucis scripsi
vobis. 23 Cognoscite fratrem nostrum Timotheum dimissum: cum quo (si celerius
venerit) videbo vos.
24 Salutate omnes praepositos vestros,
et omnes sanctos. Salutant vos de Italia
fratres. 25 Gratia cum omnibus vobis.
Amen.

117,6. — **7:** Hebr 13,17. — **8:** 1 Cor 3,11; Apoc 1,17. || Epist. Leonis XIII: D 1972. — **9:** Rom 14,17; Eph 4,14. || Epist. Greg. IX: D 442. — **10:** Hebr 8,4. — **11:** Lev 16,27. — **12:** Mt 27, 33; Io 19,20. — **13:** Hebr 11,26. — **14:** Hebr 11, 10. — **15:** Ps 49,14; 115,17. — **16:** Phil 4,18. — **17:** Ez 3,18; 1 Thess 5,12. — **18:** Act 23,1; 24,16. — **20:** Is 63,11; Zach 9,11; Io 10,11; 1 Petr 2,25. — **22:** Iac 1,21; 1 Petr 5,12.

EPISTOLA CATHOLICA B. IACOBI APOSTOLI

SUMMARIUM *Salutatio (1,1). De patientia et fidei sinceritate (1,2-27). De charitate in proximum et de bonis operibus (2). De malis linguae (3). De pravis cogitationibus (4,1-12). Ad diversos monita (4,13-5,12). De infirmorum unctione (5,13-20)*

Salutatio epistolaris

1 1 Iacobus Dei, et Domini nostri Iesu
Christi servus, duodecim tribubus,
quae sunt in dispersione, salutem.

De patientia in tentationibus

2 Omne gaudium existimate fratres mei,
cum in tentationes varias incideritis:
3 scientes quod probatio fidei vestrae patientiam operatur. 4 Patientia autem opus
perfectum habet: ut sitis perfecti et integri in nullo deficientes.
5 Si quis autem vestrum indiget sapientia, postulet a Deo, qui dat omnibus af-
fluenter, et non improperat: et dabitur ei.
6 Postulet autem in fide nihil haesitans:
qui enim haesitat, similis est fluctui maris,
qui a vento movetur et circumfertur: 7 non
ergo aestimet homo ille quod accipiat aliquid a Domino. 8 Vir duplex animo in-
constans est in omnibus viis suis.
9 Glorietur autem frater humilis in exaltatione sua: 10 dives autem in humilitate
sua, quoniam sicut flos foeni transibit;
11 exortus est enim sol cum ardore, et arefecit foenum, et flos eius decidit, et decor
vultus eius deperiit: ita et dives in itineribus suis marcescet.
12 Beatus vir qui suffert tentationem:
quoniam cum probatus fuerit, accipiet
coronam vitae, quam repromisit Deus diligentibus se. 13 Nemo cum tentatur, dicat
quoniam a Deo tentatur: Deus enim in-
tentator malorum est: ipse autem neminem tentat. 14 Unusquisque vero tentatur
a concupiscentia sua abstractus, et illec-
tus. 15 Deinde concupiscentia cum conceperit, parit peccatum: peccatum vero cum
consummatum fuerit, generat mortem.
16 Nolite itaque errare fratres mei dilectissimi. 17 Omne datum optimum, et omne

1 **1:** 1 Petr 1,1; Iudae 1,1. — **2:** Rom 5,3; 1 Petr 1,6. — **3:** 1 Petr 1,7. — **5:** Prov 2, 3. — **6:** Mc 11,24. — **7:** Eph 4,14. — **9:** Iac 2, 5. — **10:** 1 Tim 6,17. — **11:** Is 40,6-7. — **12** Apoc 2,10. — **13:** Eccli 15,11. — **14:** Rom 7: 7. — **15:** Rom 7,10. — **17:** 1 Io 1,5. || Conc,

donum perfectum desursum est, descendens a Patre luminum, apud quem non
est transmutatio, nec vicissitudinis obum-
bratio. 18 Voluntarie enim genuit nos verbo veritatis, ut simus initium aliquod creaturae eius.

De sinceritate fidei

19 Scitis fratres mei dilectissimi. Sit autem omnis homo velox ad audiendum:
tardus autem ad loquendum, et tardus ad
iram. 20 Ira enim viri iustitiam Dei non
operatur. 21 Propter quod abiicientes omnem immunditiam, et abundantiam malitiae, in mansuetudine suscipite insitum
verbum, quod potest salvare animas vestras. 22 Estote autem factores verbi, et non
auditores tantum: fallentes vosmetipsos.
23 Quia si quis auditor est verbi, et non
factor, hic comparabitur viro consideranti
vultum nativitatis suae in speculo: 24 consideravit enim se, et abiit, et statim oblitus
est qualis fuerit. 25 Qui autem perspexerit
in legem perfectam libertatis, et permanserit in ea, non auditor obliviosus factus,
sed factor operis: hic beatus in facto suo
erit.
26 Si quis autem putat se religiosum esse,
non refrenans linguam suam, sed seducens
cor suum, huius vana est religio. 27 Religio munda et immaculata apud Deum et
Patrem, haec est: Visitare pupillos et viduas in tribulatione eorum, et immaculatum se custodire ab hoc saeculo.

De charitate in proximum

2 1 Fratres mei, nolite in personarum
acceptione habere fidem Domini nostri Iesu Christi gloriae. 2 Etenim si introierit in conventum vestrum vir aureum annulum habens in veste candida, introierit
autem et pauper in sordido habitu, 3 et
intendatis in eum qui indutus est veste
praeclara, et dixeritis ei: Tu sede hic bene:
pauperi autem dicatis: Tu sta illic; aut
sede sub scabello pedum meorum: 4 nonne iudicatis apud vosmetipsos, et facti estis iudices cogitationum iniquarum? 5 Audite fratres mei dilectissimi, nonne Deus
elegit pauperes in hoc mundo, divites in
fide, et haeredes regni, quod repromisit
Deus diligentibus se? 6 Vos autem exho-
norastis pauperem. Nonne divites per potentiam opprimunt vos, et ipsi trahunt
vos ad iudicia? 7 Nonne ipsi blasphemant
bonum nomen, quod invocatum est super
vos? 8 Si tamen legem perficitis regalem
secundum Scripturas: Diliges proximum
tuum sicut teipsum: bene facitis: 9 si autem personas accipitis, peccatum operamini, redarguti a lege quasi transgressores.
10 Quicumque autem totam legem servaverit, offendat autem in uno, factus est
omnium reus. 11 Qui enim dixit: Non moechaberis, dixit et: Non occides. Quod si
non moechaberis, occides autem, factus
es transgressor legis. 12 Sic loquimini, et
sic facite sicut per legem libertatis incipientes iudicari. 13 Iudicium enim sine misericordia illi qui non fecit misericordiam:
superexaltat autem misericordia iudicium.

De fide et operibus

14 Quid proderit fratres mei si fidem
quis dicat se habere, opera autem non habeat? Numquid poterit fides salvare eum?
15 Si autem frater et soror nudi sint, et in-
digeant victu quotidiano, 16 dicat autem
aliquis ex vobis illis: Ite in pace, calefaci-
mini et saturamini: non dederitis autem
eis quae necessaria sunt corpori, quid proderit? 17 Sic et fides, si non habeat opera,
mortua est in semetipsa. 18 Sed dicet quis:
Tu fidem habes, et ego opera habeo: ostende mihi fidem tuam sine operibus: et
ego ostendam tibi ex operibus fidem meam.
19 Tu credis quoniam unus est Deus: bene
facis: et daemones credunt, et contremiscunt.
20 Vis autem scire, o homo inanis, quoniam fides sine operibus mortua est?
21 Abraham pater noster nonne ex operibus iustificatus est, offerens Isaac filium
suum super altare? 22 Vides quoniam fides
cooperabatur operibus illius: et ex operibus fides consummata est? 23 Et suppleta
est Scriptura, dicens: Credidit Abraham
Deo, et reputatum est illi ad iustitiam, et
amicus Dei appellatus est. 24 Videtis quoniam ex operibus iustificatur homo, et non
ex fide tantum? 25 Similiter et Rahab meretrix, nonne ex operibus iustificata est
suscipiens nuntios, et alia via eiiciens?
26 Sicut enim corpus sine spiritu mortuum est, ita et fides sine operibus mortua est.

Arausic. II: D 199. — **18:** Io 1,13; Apoc 14,4. — **19:** Eccl 5,1; 7,9. — **20:** Eph 4,26. — **21:** Col 3,8; 1 Petr 2,1. — **22:** Mt 7,21. — **23:** Rom 2,13; 1 Cor 13,12. — **25:** Iac 2,12. — **26:** Ps 33,14; Iac 3,2-3. — **27:** Mt 25,35.

2 **1:** 1 Cor 2,8. — **2:** Hebr 10,25. — **5:** Lc 12,21; 1 Cor 1,26-28. — **7:** Act 13,45; 1 Tim 1,13. — **8:** Lev 19,18. — **9:** Deut 1,17. — **10:** Mt 5,19; Gal 3,10. || Conc. Lateran. II: D 366. — **11:** Ex 20,13. — **12:** Iac 1,25. — **13:** Mt 6,15; 18,32. — **14:** Mt 7,21. — **16:** 1 Io 3,17. — **17:** Mt 7,20; Gal 5,6. || Conc. Trid.: D 800. — **19:** Mc 5,7. — **21:** Gen 22,9. — **22:** Hebr 11,17. || Conc. Trid.: D 803. — **23:** Gen 15,6; 2 Par 20,7; Is 41,8; Rom 4,3. — **24:** Io 8,39. || Conc. Trid.: D 803. — **25:** Ios 2,1.15; 6,17; Hebr 11,31. — **26:** Iac 2,17.

Quanta sint linguae mala

3 1 Nolite plures magistri fieri fratres
mei, scientes quoniam maius iudicium sumitis. 2 In multis enim offendimus
omnes. Si quis in verbo non offendit, hic
perfectus est vir: potest etiam freno cir-
cumducere totum corpus. 3 Si autem equis
frena in ora mittimus ad consentiendum
nobis, et omne corpus illorum circumfe-
rimus. 4 Ecce et naves, cum magnae sint,
et a ventis validis minentur, circumferen-
tur a modico gubernaculo ubi impetus
dirigentis voluerit. 5 Ita et lingua modicum quidem membrum est, et magna exaltat. Ecce quantus ignis quam magnam silvam incendit! 6 Et lingua ignis est, universitas iniquitatis. Lingua constituitur in
membris nostris, quae maculat totum corpus, et inflammat rotam nativitatis nostrae inflammata a gehenna. 7 Omnis enim
natura bestiarum, et volucrum, et serpentium, et ceterorum domantur, et domita
sunt a natura humana: 8 linguam autem
nullus hominum domare potest: inquie-
tum malum, plena veneno mortifero. 9 In
ipsa benedicimus Deum et Patrem: et in
ipsa maledicimus homines, qui ad similitudinem Dei facti sunt. 10 Ex ipso ore procedit benedictio et maledictio. Non oportet, fratres mei, haec ita fieri. 11 Numquid
fons de eodem foramine emanat dulcem
et amaram aquam? 12 Numquid potest,
fratres mei, ficus uvas facere, aut vitis ficus? Sic neque salsa dulcem potest facere
aquam.

De sapientia

13 Quis sapiens et disciplinatus inter
vos? Ostendat ex bona conversatione operationem suam in mansuetudine sapientiae. 14 Quod si zelum amarum habetis,
et contentiones sint in cordibus vestris:
nolite gloriari, et mendaces esse adversus
veritatem: 15 non est enim ista sapientia
desursum descendens: sed terrena, animalis, diabolica. 16 Ubi enim zelus et contentio, ibi inconstantia, et omne opus pravum. 17 Quae autem desursum est sapientia, primum quidem pudica est, deinde
pacifica, modesta, suadibilis, bonis consentiens, plena misericordia et fructibus
bonis, non iudicans, sine simulatione.
18 Fructus autem iustitiae, in pace seminatur, facientibus pacem.

De pravis concupiscentiis

4 1 Unde bella et lites in vobis? Nonne
hinc? ex concupiscentiis vestris, quae
militant in membris vestris? 2 concupiscitis, et non habetis: occiditis, et zelatis: et
non potestis adipisci: litigatis, et bellige-
ratis, et non habetis, propter quod non
postulatis. 3 Petitis, et non accipitis: eo
quod male petatis: ut in concupiscentiis
vestris insumatis. 4 Adulteri nescitis quia
amicitia huius mundi inimica est Dei?
Quicumque ergo voluerit amicus esse saeculi huius, inimicus Dei constituitur. 5 An
putatis quia inaniter Scriptura dicat: Ad
invidiam concupiscit spiritus qui habitat
in vobis? 6 Maiorem autem dat gratiam.
Propter quod dicit: Deus superbis resistit,
humilibus autem dat gratiam.
7 Subditi ergo estote Deo, resistite autem diabolo, et fugiet a vobis. 8 Appro-
pinquate Deo, et appropinquabit vobis.
Emundate manus, peccatores: et purifi-
cate corda, duplices animo. 9 Miseri estote, et lugete, et plorate: risus vester in luctum convertatur, et gaudium in moero-
rem. 10 Humiliamini in conspectu Domini, et exaltabit vos.
11 Nolite detrahere alterutrum fratres.
Qui detrahit fratri, aut qui iudicat fratrem
suum, detrahit legi, et iudicat legem. Si
autem iudicas legem, non es factor legis,
sed iudex. 12 Unus est legislator et iudex,
qui potest perdere et liberare.

Ad negotiatores

13 Tu autem quis es, qui iudicas proximum? Ecce nunc qui dicitis: Hodie, aut
crastino ibimus in illam civitatem, et faciemus ibi quidem annum, et mercabi-
mur, et lucrum faciemus: 14 qui ignoratis
quid erit in crastino. 15 Quae est enim vita
vestra? vapor est ad modicum parens, et
deinceps exterminabitur; pro eo ut dicatis: Si Dominus voluerit. Et: Si vixerimus,
faciemus hoc, aut illud. 16 Nunc autem
exsultatis in superbiis vestris. Omnis exsultatio talis, maligna est. 17 Scienti igitur
bonum facere, et non facienti, peccatum
est illi.

Ad divites

5 1 Agite nunc divites, plorate ululantes
in miseriis vestris, quae advenient vobis. 2 Divitiae vestrae putrefactae sunt: et

3 **1:** Iac 1,19. — **2:** Iac 1,26. ‖ Conc. Carthag. XVI: D 107; Conc. Trid.: D 810. — **3:** Ps 31,9. — **6:** Mt 15,18. — **8:** Gen 9,2; Ps 139, 4; Eccli 28,16. — **9:** Gen 1,27. — **12:** Mt 7,16-18. — **13:** Iac 1,18; 1 Petr 2,12. — **14:** Eph 4, 31. — **15:** Iac 1,5.17. — **18:** Is 32,17; Mt 5,9.

4 **1:** 1 Petr 2,11. — **4:** Rom 8,7; 1 Io 2,15. — **5:** Gal 5,17. — **6:** Prov 3,34; 1 Pter 5,5. ‖ Alloc. Pii IX: D 1644. — **7:** Eph 6,11; 1 Petr 5,6-9. — **8:** Is 1,16. — **9:** Io 1,13; 2,12. — **10:** 1 Petr 5,6. — **11:** Lev 19,16; Mt 7,1; Rom 2, 2. — **12:** Rom 14,4. — **13:** Prov 27,1; Lc 12, 18. — **14:** Ps 38,6.12; Iob 7,7; Sap 5,9. — **15:** Act 18,21. — **17:** Lc 12,47; Rom 14,23.

vestimenta vestra a tineis comesta sunt.
3 Aurum et argentum vestrum aerugina-
vit: et aerugo eorum in testimonium vobis erit, et manducabit carnes vestras sicut ignis. Thesaurizastis vobis iram in novissimis diebus. 4 Ecce merces operariorum, qui messuerunt regiones vestras,
quae fraudata est a vobis, clamat: et clamor eorum in aures Domini Sabaoth introivit. 5 Epulati estis super terram, et in
luxuriis enutristis corda vestra in die occisionis. 6 Addixistis, et occidistis iustum,
et non restitit vobis.

De patientia

7 Patientes igitur estote, fratres, usque
ad adventum Domini. Ecce agricola exspectat pretiosum fructum terrae, patienter ferens donec accipiat temporaneum et
serotinum. 8 Patientes igitur estote et vos,
et confirmate corda vestra: quoniam adventus Domini appropinquavit. 9 Nolite
ingemiscere fratres in alterutrum, ut non
iudicemini. Ecce iudex ante ianuam assis-
tit. 10 Exemplum accipite, fratres, exitus
mali, laboris, et patientiae, prophetas, qui
locuti sunt in nomine Domini. 11 Ecce
beatificamus eos qui sustinuerunt. Suffe-
rentiam Iob audistis, et finem Domini vidistis, quoniam misericors Dominus est,
et miserator.

Minime iurandum

12 Ante omnia autem fratres mei nolite
iurare, neque per caelum, neque per terram, neque aliud quodcumque iuramentum. Sit autem sermo vester: Est, est:
Non, non: ut non sub iudicio decidatis.

De oratione et aegrotorum unctione

13 Tristatur aliquis vestrum? oret. Aequo
animo est? psallat. 14 Infirmatur quis in
vobis? inducat presbyteros Ecclesiae, et
orent super eum, ungentes eum oleo in
nomine Domini: 15 et oratio fidei salvabit
infirmum, et alleviabit eum Dominus: et
si in peccatis sit, remittentur ei.
16 Confitemini ergo alterutrum peccata
vestra, et orate pro invicem ut salvemini:
multum enim valet deprecatio iusti assidua. 17 Elias homo erat similis nobis pas-
sibilis: et oratione oravit ut non plueret
super terram, et non pluit annos tres, et
menses sex. 18 Et rursum oravit: et caelum
dedit pluviam, et terra dedit fructum
suum.

Beatus homo qui peccatorem convertit

19 Fratres mei, si quis ex vobis erraverit a veritate, et converterit quis eum:
20 scire debet quoniam qui converti fecerit peccatorem ab errore viae suae, salvabit animam eius a morte, et operiet
multitudinem peccatorum.

5 **1:** Lc 6,24. — **2:** Mt 6,19. — **3:** Prov 16,27. || Conc. Trid.: D 904. — **4:** Lev 19,13; Deut 24,13-15; Is 5,9. — **5:** Ier 12,3; Lc 16,19. — **6:** Prov 3,34; Os 1,6. — **7:** Deut 11,14; Ier 5,24; Lc 21,19. — **8:** 1 Thess 2,16; 3,13; Hebr 10,36. — **9:** Apoc 22,10. — **10:** Mt 5,12. — **11:** Iob 1,21-22; Dan 12,12. — **12:** Mt 5,34. — **13:** Col 3,16. — **14-15:** Epist. Innoc. I: D 99; Conc. Ticin.: D 315; Conc. Lugdun. I: D 451; Conc. Flor.: D 700; Conc. Trid.: D 908 910.926; Decr. S. Officii: D 2048. — **14:** Mc 6,13. — **15:** Act 9,40; 28,8. || Conc. Trid.: D 909. — **16:** Act 12,5. || Conc. Trid.: D 899. — **17:** 3 Reg 17,1; Eccli 48,1. — **18:** 3 Reg 18,42 **19:** Gal 6,1. — **20:** Ps 50,15; Prov 10,12; 1 Petr 4,8.

EPISTOLA B. PETRI APOSTOLI PRIMA

SUMMARIUM *Salutatio (1,1-2). Pro fidelium salute gratiarum actio (1,3-12). De christiana dignitate atque eius sequela (1,12-2,17). Diversorum officia (2,18-3,17). Christi exemplum (3,18-4,6). De charitate fraterna et in Christi passione participatione (4,7-19). Monita ad seniores (5,1-11). Epilogus (5,12-14)*

Salutatio epistolaris

1 1 Petrus Apostolus Iesu Christi, electis advenis dispersionis Ponti, Galatiae, Cappadociae, Asiae, et Bithyniae,
2 secundum praescientiam Dei Patris, in
sanctificationem Spiritus, in obedientiam,
et aspersionem sanguinis Iesu Christi:
Gratia vobis, et pax multiplicetur.

Gratiarum actio pro salute fidelibus concessa

3 Benedictus Deus et Pater Domini nostri Iesu Christi, qui secundum misericordiam suam magnam regeneravit nos in
spem vivam, per resurrectionem Iesu
Christi ex mortuis, 4 in haereditatem in-
corruptibilem, et incontaminatam, et immarcescibilem, conservatam in caelis in
vobis, 5 qui in virtute Dei custodimini per
fidem in salutem, paratam revelari in tempore novissimo. 6 In quo exsultabitis, modicum nunc si oportet contristari in variis
tentationibus: 7 ut probatio vestrae fidei
multo pretiosior auro (quod per ignem
probatur) inveniatur in laudem, et gloriam, et honorem in revelatione Iesu
Christi: 8 quem cum non videritis, diligitis: in quem nunc quoque non videntes
creditis: credentes autem exsultabitis laetitia inenarrabili, et glorificata: 9 repor-
tantes finem fidei vestrae, salutem animarum.
10 De qua salute exquisierunt, atque
scrutati sunt prophetae, qui de futura in
vobis gratia prophetaverunt: 11 scrutantes
in quod vel quale tempus significaret in
eis Spiritus Christi: praenuntians eas quae
in Christo sunt passiones, et posteriores
glorias: 12 quibus revelatum est quia non
sibimetipsis, vobis autem ministrabant ea
quae nunc nuntiata sunt vobis per eos qui
evangelizaverunt vobis, Spiritu sancto
misso de caelo, in quem desiderant angeli prospicere.

Quid importet dignitas christiana

13 Propter quod succincti lumbos mentis vestrae, sobrii perfecte sperate in eam,
quae offertur vobis, gratiam, in revelationem Iesu Christi: 14 quasi filii obedientiae,
non configurati prioribus ignorantiae vestrae desideriis: 15 sed secundum eum qui
vocavit vos, Sanctum: et ipsi in omni conversatione sancti sitis: 16 quoniam scriptum est: Sancti eritis, quoniam ego sanctus
sum. 17 Et si patrem invocatis eum, qui
sine acceptione personarum iudicat secundum uniuscuiusque opus, in timore incolatus vestri tempore conversamini. 18 Scientes quod non corruptibilibus auro vel argento redempti estis de vana vestra conversatione paternae traditionis: 19 sed
pretioso sanguine quasi agni immaculati
Christi, et incontaminati: 20 praecogniti
quidem ante mundi constitutionem, ma-
nifestati autem novissimis temporibus
propter vos, 21 qui per ipsum fideles estis
in Deo, qui suscitavit eum a mortuis, et
dedit ei gloriam, ut fides vestra et spes
esset in Deo:
22 Animas vestras castificantes in obedientia charitatis, in fraternitatis amore,
simplici ex corde invicem diligite atten-
tius: 23 renati non ex semine corruptibili,
sed incorruptibili per verbum Dei vivi, et
permanentis in aeternum: 24 quia omnis
caro ut foenum: et omnis gloria eius tanquam flos foeni: exaruit foenum, et flos
eius decidit. 25 Verbum autem Domini
manet in aeternum, hoc est autem verbum, quod evangelizatum est in vos.

Progrediendum in sanctitate

2 1 Deponentes igitur omnem malitiam,
et omnem dolum, et simulationes, et
invidias, et omnes detractiones, 2 sicut
modo geniti infantes, rationabile, sine dolo lac concupiscite: ut in eo crescatis in

1 **1:** Iac 1,1; 2 Petr 1,1. — **2:** Rom 8,29; Hebr 12,24. — **3:** 2 Cor 1,3; Eph 2,24; 1 Petr 1,23. || Conc. Trid.: D 806. — **4:** Col 1,12. — **5:** 1 Cor 2,5. — **6:** Rom 5,2; 2 Cor 4,17; Hebr 12,11; Iac 1,2. — **7:** Prov 17,3; Mal 3,3. — **8:** Io 20,29. — **9:** Rom 6,22. — **10:** Mt 13,17; Lc 10,24. — **11:** Ps 21, Is 53; Lc 24, 46. — **13:** Lc 12,35; Eph 6,14. — **14:** Rom 12, 2. — **15:** Io 3,3. — **16:** Lev 11,33. || Epist. S. Sir.: D 89. — **17:** Ier 3,19; Mt 16,27. — **18-19:** Bulla Clem. VI: D 550; Enc. Pii XI: D 2194. — **18:** Is 52,3; 1 Cor 6,20; 7,23. — **19:** Ex 12,5; Hebr 9,14. — **20:** Rom 16,25; Eph 1, 4. — **21:** Io 14,6; Rom 4,24; Col 1,27. — **22:** 1 Petr 4,8; 1 Io 5,1. — **23:** Iac 1,18. — **24:** Is 40,6-7; Iac 1,10-11.

salutem: 3 si tamen gustastis quoniam dulcis est Dominus.

4 Ad quem accedentes lapidem vivum, ab hominibus quidem reprobatum, a Deo autem electum, et honorificatum: 5 et ipsi tanquam lapides vivi superaedificamini, domus spiritualis, sacerdotium sanctum, offerre spirituales hostias, acceptabiles Deo per Iesum Christum. 6 Propter quod continet Scriptura: Ecce pono in Sion lapidem summum angularem, electum, pretiosum: et qui crediderit in eum, non confundetur. 7 Vobis igitur honor credentibus: non credentibus autem lapis, quem reprobaverunt aedificantes, hic factus est in caput anguli: 8 et lapis offensionis, et petra scandali, his qui offendunt verbo, nec credunt in quo et positi sunt. 9 Vos autem genus electum, regale sacerdotium, gens sancta, populus acquisitionis: ut virtutes annuntietis eius qui de tenebris vos vocavit in admirabile lumen suum. 10 Qui aliquando non populus, nunc autem populus Dei: qui non consecuti misericordiam, nunc autem misericordiam consecuti.

Apud gentiles sint irreprehensibiles

11 Charissimi, obsecro vos tanquam advenas et peregrinos abstinere vos a carnalibus desideriis, quae militant adversus animam, 12 conversationem vestram inter gentes habentes bonam: ut in eo quod detrectant de vobis tanquam de malefactoribus, ex bonis operibus vos considerantes, glorificent Deum in die visitationis.

13 Subiecti igitur estote omni humanae creaturae propter Deum: sive regi quasi praecellenti: 14 sive ducibus tanquam ab eo missis ad vindictam malefactorum, laudem vero bonorum: 15 quia sic est voluntas Dei, ut benefacientes obmutescere faciatis imprudentium hominum ignorantiam: 16 quasi liberi, et non quasi velamen habentes malitiae libertatem, sed sicut servi Dei. 17 Omnes honorate: fraternitatem diligite: Deum timete: Regem honorificate.

Servorum officia

18 Servi, subditi estote in omni timore dominis, non tantum bonis et modestis, sed etiam dyscolis. 19 Haec est enim gratia, si propter Dei conscientiam sustinet quis tristitias, patiens iniuste. 20 Quae enim est gloria, si peccantes, et colaphizati suffertis? Sed si bene facientes patienter sustinetis, haec est gratia apud Deum. 21 In hoc enim vocati estis: quia et Christus passus est pro nobis, vobis relinquens exemplum ut sequamini vestigia eius: 22 qui peccatum non fecit, nec inventus est dolus in ore eius: 23 qui cum malediceretur, non maledicebat: cum pateretur, non comminabatur: tradebat autem iudicanti se iniuste: 24 qui peccata nostra ipse pertulit in corpore suo super lignum; ut peccatis mortui, iustitiae vivamus: cuius livore sanati estis. 25 Eratis enim sicut oves errantes, sed conversi estis nunc ad pastorem, et episcopum animarum vestrarum.

Officia coniugum

3 1 Similiter et mulieres subditae sint viris suis: ut et si qui non credunt verbo, per mulierum conversationem sine verbo lucrifiant: 2 considerantes in timore castam conversationem vestram. 3 Quarum non sit extrinsecus capillatura, aut circumdatio auri, aut indumenti vestimentorum cultus: 4 sed qui absconditus est cordis homo, in incorruptibilitate quieti, et modesti spiritus, qui est in conspectu Dei locuples. 5 Sic enim aliquando et sanctae mulieres, sperantes in Deo, ornabant se, subiectae propriis viris. 6 Sicut Sara obediebat Abrahae, dominum eum vocans: cuius estis filiae benefacientes, et non pertimentes ullam perturbationem.

7 Viri similiter cohabitantes secundum scientiam, quasi infirmiori vasculo muliebri impartientes honorem, tanquam et cohaeredibus gratiae vitae: ut non impediantur orationes vestrae.

Officia in fratres

8 In fine autem omnes unanimes, compatientes fraternitatis amatores, misericordes, modesti, humiles: 9 non reddentes malum pro malo, nec maledictum pro maledicto, sed econtrario benedicentes: quia in hoc vocati estis, ut benedictionem haereditate possideatis. 10 Qui enim vult vitam diligere, et dies videre bonos, coerceat linguam suam a malo, et labia eius

2 **1:** Eph 4,22; Iac 1,21. — **2:** 1 Cor 3,2; Hebr 5,12. — **3:** Ps 33,9. — **4:** Ps 117,22. — **5:** Eph 2,20. — **6:** Is 28,16; Rom 9,33. — **7:** Ps 11, 22; Mt 21,42. — **8:** Is 8,14. — **9:** Ex 19,6; Deut 7,6; Act 26,18. || Conc. Vatic.: D 1794. — **10:** Os 1,6.9; 2,23-25; Rom 9,25. — **11:** Ps 38,13; Gal 5,24. — **12:** Iac 3,13. — **13:** Rom 13,1; Tit 3, 1. — **15:** 1 Petr 3,16. — **16:** Gal 5,13. || Enc. Leonis XIII: D 1876. — **17:** Prov 24,21; Mt 22,21; Rom 12,10. — **18:** Eph 5,22; Col 3,18. — **19:** Mt 5,10. — **20:** 1 Petr 3,14.17; 4,13. — **21:** Mt 16,24. — **22:** Is 53,9. — **23:** 1 Petr 3,9. — **24:** Is 53,6; Io 10,11. — **25:** Io 10,4; Hebr 13,20. || Conc. Vatic.: D 1821.

3 **1:** Eph 5,22; Tit 2,5. — **2:** 1 Petr 2,12. — **3:** Is 3,18; 1 Tim 2,9. — **6:** Gen 18,12. — **7:** Eph 5,25. — **8:** Rom 12,16. — **9:** Mt 5,44; Rom 12,14. — **10:** Ps 33,13. — **13:** Rom 8,34. — **14:** Is 8,12; Mt 5,10. — **15:** Is 8,13. || Epist.

ne loquantur dolum. 11 Declinet a malo,
et faciat bonum: inquirat pacem, et sequatur eam: 12 quia oculi Domini super
iustos, et aures eius in preces eorum:
vultus autem Domini super facientes mala.
13 Et quis est qui vobis noceat, si boni
aemulatores fueritis? 14 Sed et si quid patimini propter iustitiam, beati. Timorem
autem eorum ne timueritis, et non conturbemini. 15 Dominum autem Christum
sanctificate in cordibus vestris, parati semper ad satisfactionem omni poscenti vos
rationem de ea, quae in vobis est, spe.
16 Sed cum modestia, et timore, conscientiam habentes bonam: ut in eo, quod detrahunt vobis, confundantur, qui calumniantur vestram bonam in Christo conversationem. 17 Melius est enim benefacientes (si voluntas Dei velit) pati, quam
malefacientes.

Christi exemplum

18 Quia et Christus semel pro peccatis
nostris mortuus est, iustus pro iniustis,
ut nos offerret Deo, mortificatus quidem
carne, vivificatus autem spiritu. 19 In quo
et his, qui in carcere erant, spiritibus
veniens praedicavit: 20 qui increduli fuerant aliquando, quando exspectabant Dei
patientiam in diebus Noe, cum fabrica-
retur arca: in qua pauci, id est octo animae salvae factae sunt per aquam.
21 Quod et vos nunc similis formae salvos facit baptisma: non carnis depositio
sordium, sed conscientiae bonae interrogatio in Deum per resurrectionem Iesu
Christi. 22 Qui est in dextera Dei, deglu-
tiens mortem ut vitae aeternae haeredes
efficeremur: profectus in caelum subiectis
sibi angelis, et potestatibus, et virtutibus.

Cavendum a vitiis gentilium

4 1 Christo igitur passo in carne, et vos
eadem cogitatione armamini: quia
qui passus est in carne, desiit a peccatis:
2 ut iam non desideriis hominum, sed voluntati Dei, quod reliquum est in carne
vivat temporis. 3 Sufficit enim praeteri-
tum tempus ad voluntatem gentium con-
summandam his qui ambulaverunt in luxuriis, desideriis, vinolentiis, comessationibus, potationibus, et illicitis idolorum
cultibus. 4 In quo admirantur non concurrentibus vobis in eandem luxuriae confusionem, blasphemantes. 5 Qui reddent
rationem ei qui paratus est iudicare vivos
et mortuos. 6 Propter hoc enim et mortuis evangelizatum est: ut iudicentur quidem secundum homines in carne, vivant
autem secundum Deum in Spiritu.

De mutua in fratres charitate

7 Omnium autem finis appropinquavit.
Estote itaque prudentes, et vigilate in
orationibus.
8 Ante omnia autem, mutuam in vobismetipsis charitatem continuam habentes:
quia charitas operit multitudinem peccatorum. 9 Hospitales invicem sine murmuratione. 10 Unusquisque, sicut accepit gratiam, in alterutrum illam administrantes,
sicut boni dispensatores multiformis gratiae Dei. 11 Si quis loquitur, quasi sermones Dei: si quis ministrat, tanquam
ex virtute, quam administrat Deus: ut in
omnibus honorificetur Deus per Iesum
Christum: cui est gloria et imperium in
saecula saeculorum. Amen.

De participatione in Christi passionibus

12 Charissimi, nolite peregrinari in fervore, qui ad tentationem vobis fit, quasi
novi aliquid vobis contingat: 13 sed communicantes Christi passionibus gaudete,
ut et in revelatione gloriae eius gaudeatis exsultantes. 14 Si exprobramini in nomine Christi, beati eritis: quoniam quod
est honoris, gloriae, et virtutis Dei, et
qui est eius Spiritus, super vos requiescit.
15 Nemo autem vestrum patiatur ut homicida, aut fur, aut maledicus, aut alienorum appetitor. 16 Si autem ut christianus,
non erubescat: glorificet autem Deum in
isto nomine: 17 quoniam tempus est ut
incipiat iudicium a domo Dei. Si autem
primum a nobis, quis finis eorum, qui non
credunt Dei Evangelio? 18 Et si iustus vix
salvabitur, impius et peccator ubi pare-
bunt? 19 Itaque et hi, qui patiuntur secundum voluntatem Dei, fideli Creatori
commendent animas suas in benefactis.

De Ecclesiae senioribus

5 1 Seniores ergo, qui in vobis sunt,
obsecro, consenior et testis Christi
passionum: qui et eius, quae in futuro

Pel. I: D 228. — **16:** 1 Petr 2,12. — **17:** 1 Petr 2,15; 4,19. — **18:** 1 Petr 2,21. — **19:** 1 Petr 4, 6. — **20:** Gen 6,13; 2 Petr 2,5.9. — **21:** Hebr 10, 22. — **22:** Eph 1,20; Col 1,16.

4 **1:** Rom 6,7. — **2:** 1 Io 2,16. — **3:** Eph 2, 2; Tit 3,3. — **5:** Act 10,42. — **6:** Rom 8, 10; 1 Petr 3,19. — **7:** 1 Cor 10,11; 1 Io 2,18. — **8:** Prov 10,12; 1 Cor 13,7; Iac 5,20. — **9:** Hebr 13,2. — **10:** Lc 12,42; Rom 12,6. — **11:** Rom 3,2; 12,7; 1 Cor 10,31. — **12:** 1 Petr 1,6-7. — **13:** Act 5,41; Rom 8,17; 2 Thess 2,12. — **14:** Is 11,2; Lc 10,6; 1 Petr 2,20. — **15-16:** Enc. Pii IX: D 1841. — **16:** Act 11,26; 26,28; Phil 1,20. — **17:** Ier 25,29; Ez 9,5; 2 Thess 1,8. — **18:** Prov 11,31; Lc 23,3. — **19:** Ps 30,6; Lc 23,46.

revelanda est, gloriae communicator:
2 pascite qui in vobis est gregem Dei,
providentes non coacte, sed spontanee secundum Deum: neque turpis lucri gratia,
sed voluntarie: 3 neque ut dominantes in
cleris, sed forma facti gregis ex animo.
4 Et cum apparuerit princeps pastorum,
percipietis immarcescibilem gloriae coronam.
5 Similiter adolescentes subditi estote
senioribus.

In humilitate vigilandum

Omnes autem invicem humilitatem in-
sinuate, quia Deus superbis resistit, humilibus autem dat gratiam. 6 Humiliamini igitur sub potenti manu Dei, ut vos
exaltet in tempore visitationis: 7 omnem
sollicitudinem vestram proiicientes in eum,
quoniam ipsi cura est de vobis. 8 Sobrii
estote, et vigilate: quia adversarius vester
diabolus tanquam leo rugiens circuit,
quaerens quem devoret: 9 cui resistite fortes in fide: scientes eandem passionem
ei quae in mundo est vestrae fraternitati
fieri. 10 Deus autem omnis gratiae, qui
vocavit nos in aeternam suam gloriam
in Christo Iesu, modicum passos ipse perficiet, confirmabit, solidabitque. 11 Ipsi
gloria, et imperium in saecula saeculorum.
Amen.

Epilogus

12 Per Silvanum fidelem fratrem vobis,
ut arbitror, breviter scripsi: obsecrans et
contestans, hanc esse veram gratiam Dei,
in qua statis.
13 Salutat vos Ecclesia quae est in Babylone coelecta, et Marcus filius meus.
14 Salutate invicem in osculo sancto. Gratia vobis omnibus qui estis in Christo
Iesu. Amen.

5 **1:** Rom 8,17; 2 Io 1; Apoc 1,9. — **2:** Act 20,28; 1 Tim 3,2; Tit 1,11. — **3:** Phil 3, 17; Tit 2,7. — **4:** 1 Petr 2,25; Hebr 13,20. — **5:** Io 13,4.14; Eph 5,21. — **6:** Iob 22,29; Iac 4, 6. — **7:** Ps 54,23; Mt 6,25; Phil 4,6. — **8:** Eph 6,11; 2 Tim 4,17. || Conc. Trid.: D 907. — **10:** 1 Thess 2,12.17; 1 Petr 1,6. — **12:** Act 15,22. 27; Hebr 13,22. — **13:** Act 12,12.25; Apoc 14, 8. — **14:** Rom 16,16; 1 Cor 16,20.

EPISTOLA B. PETRI APOSTOLI SECUNDA

SUMMARIUM *Salutatio (1,1-2). De fideli cooperatione gratiae divinae (1,3-21). De falsis doctoribus (2). Contra ipsos asseritur secundus Domini adventus (3,1-16). Conclusio (3,17-18)*

Salutatio epistolaris

1 1 Simon Petrus, servus et apostolus
Iesu Christi, iis qui coaequalem nobiscum sortiti sunt fidem in iustitia Dei
nostri, et Salvatoris Iesu Christi. 2 Gratia vobis, et pax adimpleatur in cognitione Dei, et Christi Iesu Domini nostri:

Gratiae divinae fideliter cooperandum

3 Quomodo omnia nobis divinae virtutis suae, quae ad vitam et pietatem donata sunt, per cognitionem eius, qui vocavit nos propria gloria, et virtute, 4 per
quem maxima, et pretiosa nobis promissa
donavit: ut per haec efficiamini divinae
consortes naturae: fugientes eius, quae in
mundo est, concupiscentiae corruptionem.
5 Vos autem curam omnem subinferen-
tes, ministrate in fide vestra virtutem, in
virtute autem scientiam, 6 in scientia autem abstinentiam, in abstinentia autem
patientiam, in patientia autem pietatem,
7 in pietate autem amorem fraternitatis,
in amore autem fraternitatis charitatem.
8 Haec enim si vobiscum adsint, et su-
perent, non vacuos, nec sine fructu vos
constituent in Domini nostri Iesu Christi
cognitione. 9 Cui enim non praesto sunt
haec, caecus est, et manu tentans, oblivionem accipiens purgationis veterum suorum delictorum.
10 Quapropter fratres magis satagite ut
per bona opera certam vestram vocationem, et electionem faciatis: haec enim facientes, non peccabitis aliquando. 11 Sic
enim abundanter ministrabitur vobis introitus in aeternum regnum Domini nostri, et Salvatoris Iesu Christi.

1 **1:** 1 Petr 1,1-2. — **2:** Iudae 2. — **3:** 2 Cor 4,4.6; 1 Petr 2,9. — **5:** Gal 5,6; Iudae 3. — **7:** Gal 6,10. — **9:** 1 Io 2,9.11. — **10:** 1 Thess 1,4; 1 Petr 5,10. || Conc. Trid.: D 804. — **11:** Io

Morti proximus volo vos commonere

12 Propter quod incipiam vos semper commonere de his: et quidem scientes et confirmatos vos in praesenti veritate. 13 Iustum autem arbitror quamdiu sum in hoc tabernaculo, suscitare vos in commonitione: 14 certus quod velox est depositio tabernaculi mei secundum quod et Dominus noster Iesus Christus significavit mihi. 15 Dabo autem operam et frequenter habere vos post obitum meum, ut horum memoriam faciatis.

Ubinam vera fidei doctrina quaerenda

16 Non enim doctas fabulas secuti notam fecimus vobis Domini nostri Iesu Christi virtutem et praesentiam: sed speculatores facti illius magnitudinis. 17 Accipiens enim a Deo Patre honorem et gloriam, voce delapsa ad eum huiuscemodi a magnifica gloria: Hic est Filius meus dilectus, in quo mihi complacui, ipsum audite. 18 Et hanc vocem nos audivimus de caelo allatam, cum essemus cum ipso in monte sancto. 19 Et habemus firmiorem propheticum sermonem: cui benefacitis attendentes quasi lucernae lucenti in caliginoso loco donec dies elucescat, et lucifer oriatur in cordibus vestris: 20 hoc primum intelligentes quod omnis prophetia Scripturae propria interpretatione non fit. 21 Non enim voluntate humana allata est aliquando prophetia: sed Spiritu sancto inspirati, locuti sunt sancti Dei homines.

Falsis doctoribus imminet ruina

2 1 Fuerunt vero et pseudoprophetae in populo, sicut et in vobis erunt magistri mendaces, qui introducent sectas perditionis, et eum, qui emit eos, Dominum negant: superducentes sibi celerem perditionem. 2 Et multi sequentur eorum luxurias, per quos via veritatis blasphemabitur: 3 et in avaritia fictis verbis de vobis negotiabuntur: quibus iudicium iam olim non cessat: et perditio eorum non dormitat. 4 Si enim Deus angelis peccantibus non pepercit, sed rudentibus inferni detractos in tartarum tradidit cruciandos, in iudicium reservari. 5 Et originali mundo non pepercit, sed octavum Noe iustitiae praeconem custodivit, diluvium mundo impiorum inducens. 6 Et civitates Sodomorum et Gomorrhaeorum in cinerem redigens, eversione damnavit: exemplum eorum, qui impie acturi sunt, ponens: 7 et iustum Lot oppressum a nefandorum iniuria, ac luxuriosa conversatione eripuit: 8 aspectu enim, et auditu iustus erat: habitans apud eos, qui de die in diem animam iustam iniquis operibus cruciabant. 9 Novit Dominus pios de tentatione eripere: iniquos vero in diem iudicii reservare cruciandos:

De eorum corruptis moribus

10 Magis autem eos, qui post carnem in concupiscentia immunditiae ambulant, dominationemque contemnunt, audaces, sibi placentes, sectas non metuunt introducere blasphemantes: 11 ubi angeli fortitudine, et virtute cum sint maiores, non portant adversum se execrabile iudicium. 12 Hi vero velut irrationabilia pecora, naturaliter in captionem, et in perniciem in his quae ignorant blasphemantes in corruptione sua peribunt, 13 percipientes mercedem iniustitiae, voluptatem existimantes diei delicias: coinquinationes, et maculae deliciis affluentes, in conviviis suis luxuriantes vobiscum, 14 oculos habentes plenos adulterii, et incessabilis delicti. Pellicientes animas instabiles, cor exercitatum avaritia habentes, maledictionis filii: 15 derelinquentes rectam viam erraverunt, secuti viam Balaam ex Bosor, qui mercedem iniquitatis amavit: 16 correptionem vero habuit suae vesaniae: subiugale mutum animal, hominis voce loquens, prohibuit prophetae insipientiam. 17 Hi sunt fontes sine aqua, et nebulae turbinibus exagitatae, quibus caligo tenebrarum reservatur. 18 Superba enim vanitatis loquentes, pelliciunt in desideriis carnis luxuriae eos, qui paululum effugiunt, qui in errore conversantur: 19 libertatem illis promittentes, cum ipsi servi sint corruptionis: a quo enim quis superatus est huius et servus est.

20 Si enim refugientes coinquinationes mundi in cognitione Domini nostri, et Salvatoris Iesu Christi, his rursus implicatis superantur: facta sunt eis posteriora deteriora prioribus. 21 Melius enim erat illis non cognoscere viam iustitiae, quam post agnitionem, retrorsum converti ab eo quod illis traditum est sancto mandato.

3,5. — **12:** Rom 15,15; Iudae 5. — **13:** 2 Cor 5,1. — **14:** Io 21,18. — **17:** Mt 17,5. || Conc. Tolet.: D 19. — **19:** Rom 16,26. || Conc. Vatic.: D 1790. — **21:** 2 Tim 3,16-17.

2 **1:** Mt 24,11; 1 Tim 4,1; Iudae 4. — **3:** Rom 16,18. — **4:** Gen 6,1; Iudae 6. — **5:** Gen 8,18; 2 Petr 3,6. — **6:** Gen 19,24; Iudae 7. **8:** Ez 9,4. — **9:** 1 Cor 10,13; Iudae 6; Apoc 3,10. — **10:** Iudae 7.8.16. — **11:** Iudae 9. — **12:** Iudae 10. — **13:** Iudae 12. — **15:** Num 22,7; Iudae 11; Apoc 2,14. — **17:** Iudae 12-13. — **18:** Iudae 16. — **19:** Iudae 8,34. || Conc. Arausic. II: D 174. - **20:** Mt 12,45. — **21:** Lc 12,47-48; Hebr 6,6; 10,26; Iudae 3. — **22:** Prov 26,11.

[22] Contigit enim eis illud veri proverbii:
Canis reversus ad suum vomitum: et,
Sus lota in volutabro luti.

Secundus Domini adventus firmiter contra ipsos credendus

3 [1] Hanc ecce vobis, charissimi, secundam scribo epistolam, in quibus vestram excito in commonitione sinceram
mentem: [2] ut memores sitis eorum, quae
praedixi verborum a sanctis prophetis et
apostolorum vestrorum, praeceptorum
Domini et Salvatoris. [3] Hoc primum scientes, quod venient in novissimis diebus in
deceptione illusores, iuxta proprias concupiscentias ambulantes, [4] dicentes: Ubi
est promissio, aut adventus eius? ex quo
enim patres dormierunt, omnia sic perseverant ab initio creaturae.
[5] Latet enim eos hoc volentes, quod
caeli erant prius, et terra de aqua, et
per aquam consistens Dei verbo: [6] per
quae, ille tunc mundus aqua inundatus
periit. [7] Caeli autem, qui nunc sunt, et
terra eodem verbo repositi sunt, igni re-
servati in diem iudicii, et perditionis impiorum hominum. [8] Unum vero hoc non
lateat vos, charissimi, quia unus dies apud
Dominum sicut mille anni, et mille anni
sicut dies unus. [9] Non tardat Dominus
promissionem suam, sicut quidam existimant: sed patienter agit propter vos, nolens aliquos perire, sed omnes ad poenitentiam reverti. [10] Adveniet autem dies
Domini ut fur: in quo caeli magno impetu
transient, elementa vero calore solventur,
terra autem et quae in ipsa sunt opera,
exurentur.

Paratos nos esse oportet

[11] Cum igitur haec omnia dissolvenda
sint, quales oportet vos esse in sanctis
conversationibus, et pietatibus, [12] exspectantes, et properantes in adventum diei
Domini, per quem caeli ardentes solventur, et elementa ignis ardore tabescent?
[13] Novos vero caelos, et novam terram
secundum promissa ipsius exspectamus,
in quibus iustitia habitat.
[14] Propter quod charissimi haec exspectantes, satagite immaculati, et inviolati ei
inveniri in pace: [15] et Domini nostri longanimitatem, salutem arbitremini: sicut
et charissimus frater noster Paulus secundum datam sibi sapientiam scripsit vobis,
[16] sicut et in omnibus epistolis, loquens in
eis de his in quibus sunt quaedam difficilia intellectu, quae indocti et instabiles
depravant, sicut et caeteras Scripturas, ad
suam ipsorum perditionem.

Conclusio

[17] Vos igitur fratres praescientes custodite, ne insipientium errore traducti excidatis a propria firmitate: [18] crescite vero
in gratia, et in cognitione Domini nostri,
et Salvatoris Iesu Christi. Ipsi gloria et
nunc, et in diem aeternitatis. Amen.

3 **1:** 2 Petr 1,13. — **2:** Iudae 17. — **3:** 1 Tim 4,1; Iudae 18. — **4:** Is 5,19; Ez 12,22. — **5:** Ps 23,2; Gen 1,6.9. — **6:** Gen 7,21; 2 Petr 2,5. — **7:** 2 Petr 3,10. — **8:** Ps 89,4. — **9:** Hab 2,3; 1 Tim 2,4. — **10:** Mt 24,29.33; 1 Thess 5,2; Apoc 20,11. — **11:** 1 Petr 1,15. — **12:** Is 34,4. — **13:** Is 65,17; 66,22; Apoc 21,1.27. — **14:** 1 Cor 1,7; Iudae 24. — **15:** Rom 2,4. — **17:** Mc 13,5.9.33. — **18:** Iudae 25.

EPISTOLA B. IOANNIS APOSTOLI PRIMA

SUMMARIUM *Introductio de Verbo vitae (1,1-4). Ambulandum in luce, quae est ipse Deus (1,5-2,17). Antichristus iam est in terra (2,18-27). Filii Dei (2,28-4,6). De charitate (4,7-5,12). De fiducia (5,13-21)*

Verbum vitae

1 [1] Quod fuit ab initio, quod audivimus, quod vidimus oculis nostris,
quod perspeximus, et manus nostrae con-
trectaverunt de verbo vitae: [2] et vita manifestata est, et vidimus, et testamur, et
annuntiamus vobis vitam aeternam, quae
erat apud Patrem, et apparuit nobis:
[3] quod vidimus et audivimus, annuntiamus vobis, ut et vos societatem habeatis
nobiscum, et societas nostra sit cum Patre, et cum Filio eius Iesu Christo. [4] Et

1 **1:** Lc 24,39; Io 1,4.14; 19,35; Act 17, 27. — **3:** Mt 13,17; Io 17,20. — **4:** 2 Cor 1,24; 2 Io 12. — **5:** Iac 1,17. — **6:** Io 3,21; 1 Io 2,4. — **7:** Hebr 9,14; Apoc 1,5; 7,14. — **8:**

haec scribimus vobis ut gaudeatis, et gaudium vestrum sit plenum.

Deus lux est

5 Et haec est annuntiatio, quam audivimus ab eo, et annuntiamus vobis: Quoniam Deus lux est, et tenebrae in eo non
sunt ullae. 6 Si dixerimus quoniam societatem habemus cum eo, et in tenebris ambulamus, mentimur, et veritatem non facimus. 7 Si autem in luce ambulamus sicut
et ipse est in luce, societatem habemus
ad invicem, et sanguis Iesu Christi, Filii
eius, emundat nos ab omni peccato.
8 Si dixerimus quoniam peccatum non
habemus, ipsi nos seducimus, et veritas
in nobis non est. 9 Si confiteamur peccata
nostra: fidelis est, et iustus, ut remittat
nobis peccata nostra, et emundet nos ab
omni iniquitate. 10 Si dixerimus quoniam
non peccavimus, mendacem facimus eum,
et verbum eius non est in nobis.

2 1 Filioli mei, haec scribo vobis, ut
non peccetis. Sed et si quis peccaverit, advocatum habemus apud Patrem,
Iesum Christum iustum: 2 et ipse est propitiatio pro peccatis nostris: non pro nostris autem tantum, sed etiam pro totius
mundi.

Mandata Dei observanda

3 Et in hoc scimus quoniam cognovimus eum, si mandata eius observemus.
4 Qui dicit se nosse eum, et mandata eius
non custodit, mendax est, et in hoc veritas non est. 5 Qui autem servat verbum
eius, vere in hoc charitas Dei perfecta
est: et in hoc scimus quoniam in ipso
sumus. 6 Qui dicit se in ipso manere, debet, sicut ille ambulavit, et ipse ambulare.
7 Charissimi, non mandatum novum
scribo vobis, sed mandatum vetus, quod
habuistis ab initio. Mandatum vetus est
verbum, quod audistis. 8 Iterum mandatum novum scribo vobis, quod verum est
et in ipso, et in vobis: quia tenebrae
transierunt, et verum lumen iam lucet.
9 Qui dicit se in luce esse, et fratrem
suum odit, in tenebris est usque adhuc.
10 Qui diligit fratrem suum, in lumine manet, et scandalum in eo non est. 11 Qui
autem odit fratrem suum, in tenebris est,
et in tenebris ambulat, et nescit quo eat:
quia tenebrae obcaecaverunt oculos eius.

Mundi amor relinquendus

12 Scribo vobis, filioli, quoniam remittuntur vobis peccata propter nomen eius.
13 Scribo vobis, patres, quoniam cognovistis eum, qui ab initio est. Scribo vobis,
adolescentes, quoniam vicistis malignum.
14 Scribo vobis, infantes, quoniam cognovistis patrem. Scribo vobis iuvenes, quoniam fortes estis, et verbum Dei manet in
vobis, et vicistis malignum.
15 Nolite diligere mundum, neque ea
quae in mundo sunt. Si quis diligit mundum, non est charitas Patris in eo: 16 quoniam omne quod est in mundo, concupiscentia carnis est, et concupiscentia oculorum et superbia vitae: quae non est ex
Patre, sed ex mundo est. 17 Et mundus
transit, et concupiscentia eius. Qui autem
facit voluntatem Dei, manet in aeternum.

De antichristo

18 Filioli, novissima hora est: et sicut
audistis quia antichristus venit: et nunc
antichristi multi facti sunt: unde scimus
quia novissima hora est. 19 Ex nobis prodierunt, sed non erant ex nobis, nam, si
fuissent ex nobis, permansissent utique
nobiscum: sed ut manifesti sint quoniam
non sunt omnes ex nobis. 20 Sed vos unctionem habetis a Sancto, et nostis omnia.
21 Non scripsi vobis quasi ignorantibus
veritatem, sed quasi scientibus eam: et
quoniam omne mendacium ex veritate
non est. 22 Quis est mendax, nisi is qui
negat quoniam Iesus est Christus? Hic
est antichristus, qui negat Patrem, et Filium. 23 Omnis qui negat Filium, nec Patrem habet, qui confitetur Filium, et Patrem habet. 24 Vos quod audistis ab initio,
in vobis permaneat: si in vobis permanserit quod audistis ab initio, et vos in Filio
et Patre manebitis. 25 Et haec est repromissio, quam ipse pollicitus est nobis, vitam aeternam.
26 Haec scripsi vobis de his, qui seducunt vos. 27 Et vos unctionem, quam accepistis ab eo, maneat in vobis. Et non
necesse habetis ut aliquis doceat vos: sed
sicut unctio eius docet vos de omnibus,

Prov 20,9; Ier 2,35. || Conc. Carthag. XVI: D 106. — **9:** Prov 28,13; 1 Cor 11,31. || Conc. Carthag. D XVI: 106; Conc. Trid.: D 809. — **10:** Io 5,38; 1 Io 5,10.

2 **1-2:** Conc. Trid.: D 904. — **1:** Io 14,16; Rom 8,34; Hebr 7,25. — **2:** Col 1,20. || Conc. Trid.: D 794. — **3:** 1 Io 5,2. — **4:** 1 Io 1,8; 4,20. — **5:** Io 14,21; 1 Io 5,3. — **6:** Io 13, 15; 15,4. — **7:** Mt 19,19; 1 Io 3,11; 2 Io 5. — **8:** Io 13,34; Rom 13,12. — **9:** 1 Io 4,20. — **10:** Rom 14.13.15. — **11:** Io 11,10; 12,35. — **12:** 1 Cor 6,11. — **13:** Io 1,1; 1 Io 1,1. — **14:** Eph 6, 10. — **15:** Iac 4,4. || Decr. Dam.: D 83. — **16:** Tit 2,12; Iac 4,16. || Enc. Pii XI: D 2223. — **17:** 1 Petr 4,2. — **18:** Mt 24,5.24; 1 Cor 10,11; 1 Petr 4,7. — **19:** Act 20,30; 1 Cor 11,19. — **20:** 1 Cor 2,15. — **21:** 2 Petr 1,12. — **22:** 1 Io 4,3; 2 Io 7. — **23:** Io 5,23; 1 Io 4,15; 5,1. — **27:** Ier 31, 34; Io 2,20; 14,26; 16,13. — **29:** 1 Io 3,7.10

et verum est, et non est mendacium. Et
sicut docuit vos: manete in eo.

Sumus filii Dei

28 Et nunc filioli manete in eo: ut cum
apparuerit, habeamus fiduciam, et non
confundamur ab eo in adventu eius. 29 Si
scitis quoniam iustus est, scitote quoniam
et omnis, qui facit iustitiam, ex ipso natus
est.

3 1 Videte qualem charitatem dedit nobis Pater, ut filii Dei nominemur et
simus. Propter hoc mundus non novit
nos: quia non novit eum. 2 Charissimi,
nunc filii Dei sumus: et nondum apparuit
quid erimus. Scimus quoniam cum apparuerit, similes ei erimus: quoniam videbimus eum sicuti est. 3 Et omnis qui
habet hanc spem in eo, sanctificat se,
sicut et ille sanctus est. 4 Omnis qui facit
peccatum, et iniquitatem facit: et peccatum est iniquitas. 5 Et scitis quia ille apparuit ut peccata nostra tolleret: et peccatum in eo non est. 6 Omnis qui in eo
manet, non peccat: et omnis qui peccat,
non vidit eum, nec cognovit eum. 7 Filioli,
nemo vos seducat. Qui facit iustitiam,
iustus est: sicut et ille iustus est.
8 Qui facit peccatum, ex diabolo est:
quoniam ab initio diabolus peccat. In hoc
apparuit Filius Dei, ut dissolvat opera
diaboli. 9 Omnis qui natus est ex Deo,
peccatum non facit: quoniam semen ipsius
in eo manet, et non potest peccare, quoniam ex Deo natus est.

Qui ex Deo est diligit fratres

10 In hoc manifesti sunt Filii Dei, et
filii diaboli. Omnis qui non est iustus,
non est ex Deo, et qui non diligit fratrem
suum: 11 quoniam haec est annuntiatio,
quam audistis ab initio, ut diligatis alterutrum. 12 Non sicut Cain, qui ex maligno
erat, et occidit fratrem suum. Et propter
quid occidit eum? Quoniam opera eius
maligna erant: fratris autem eius, iusta.
13 Nolite mirari fratres, si odit vos mundus. 14 Nos scimus quoniam translati sumus de morte ad vitam, quoniam diligimus fratres. Qui non diligit, manet in
morte: 15 omnis qui odit fratrem suum,
homicida est. Et scitis quoniam omnis
homicida non habet vitam aeternam in
semetipso manentem.
16 In hoc cognovimus charitatem Dei,
quoniam ille animam suam pro nobis
posuit: et nos debemus pro fratribus animas ponere. 17 Qui habuerit substantiam
huius mundi, et viderit fratrem suum necessitatem habere, et clauserit viscera sua
ab eo: quomodo charitas Dei manet in
eo? 18 Filioli mei, non diligamus verbo
neque lingua, sed opere et veritate: 19 in
hoc cognoscimus quoniam ex veritate sumus: et in conspectu eius suadebimus corda nostra. 20 Quoniam si reprehenderit
nos cor nostrum: maior est Deus corde
nostro, et novit omnia. 21 Charissimi, si
cor nostrum non reprehenderit nos, fiduciam habemus ad Deum: 22 et quidquid
petierimus, accipiemus ab eo: quoniam
mandata eius custodimus, et ea, quae sunt
placita coram eo, facimus. 23 Et hoc est
mandatum eius: Ut credamus in nomine
Filii eius Iesu Christi: et diligamus alterutrum, sicut dedit mandatum nobis. 24 Et
qui servat mandata eius, in illo manet,
et ipse in eo: et in hoc scimus quoniam
manet in nobis de Spiritu, quem dedit
nobis.

De spiritu veritatis et de spiritu erroris

4 1 Charissimi, nolite omni spiritui credere, sed probate spiritus si ex Deo
sint: quoniam multi pseudoprophetae exierunt in mundum. 2 In hoc cognoscitur spiritus Dei: omnis spiritus qui confitetur Iesum Christum in carne venisse, ex Deo est: 3 et omnis spiritus qui
solvit Iesum, ex Deo non est, et hic est
antichristus, de quo audistis quoniam venit, et nunc iam in mundo est.
4 Vos ex Deo estis filioli, et vicistis eum,
quoniam maior est qui in vobis est, quam
qui in mundo. 5 Ipsi de mundo sunt: ideo
de mundo loquuntur, et mundus eos audit.
6 Nos ex Deo sumus. Qui novit Deum,
audit nos: qui non est ex Deo, non audit
nos: in hoc cognoscimus Spiritum veritatis, et spiritum erroris.

De charitate

7 Charissimi, diligamus nos invicem:
quia charitas ex Deo est. Et omnis qui
diligit, ex Deo natus est, et cognoscit
Deum. 8 Qui non diligit, non novit Deum:
quoniam Deus charitas est. 9 In hoc apparuit charitas Dei in nobis, quoniam

3 **1:** Io 1,12; Eph 1,5. — **2:** Rom 8,17; 2 Cor 3,18; Phil 3 21; Col 3 4; 1 Io 2,28. || Alloc. Pii IX: D 1647. — **8:** 2 Cor 7,1; Hebr 12, 14. — **4:** Mt 7,23. — **5:** Io 1,29; 1 Petr 2,24. — **6:** Rom 6,14; 1 Io 5,18. — **7:** 1 Io 2,29. — **8:** Io 8, 44. — **9:** 1 Io 3,6; 5,18. — **10:** 1 Io 4,20. — **11:** Io 13,34; 15,12.17. — **12:** Gen 4,8; Mt 5,11. — **13:** Io 15,18. — **14:** Io 5,24. — **15:** Mt 5,21-22. — **16:** Io 15,13. — **17:** Deut 15,7; Iac 2,15-16. — **18:** Iac 1,22. — **21:** Rom 5,1; Hebr 4,16. — **22:** Mc 11,23. — **23:** Io 6,29; 15,17. — **24:** Rom 8,9; 1 Io 4,13.

4 **1:** Mt 7,15; 1 Thess 5,21. — **2:** 1 Cor 12, 3. — **3:** Io 8,47; 1 Io 2,18.22. — **5:** Io 15, 19. — **6:** Io 8,47. — **7:** 1 Io 2,29. || Conc.

Filium suum unigenitum misit Deus in
mundum, ut vivamus per eum. 10 In hoc
est charitas: non quasi nos dilexerimus
Deum, sed quoniam ipse prior dilexit nos,
et misit Filium suum propitiationem pro
peccatis nostris. 11 Charissimi, si sic Deus
dilexit nos: et nos debemus alterutrum
diligere.
12 Deum nemo vidit unquam. Si diligamus invicem, Deus in nobis manet, et
charitas eius in nobis perfecta est. 13 In
hoc cognoscimus quoniam in eo mane-
mus, et ipse in nobis: quoniam de Spiritu
suo dedit nobis. 14 Et nos vidimus, et
testificamur quoniam Pater misit Filium
suum Salvatorem mundi. 15 Quisquis confessus fuerit quoniam Iesus est Filius Dei,
Deus in eo manet, et ipse in Deo. 16 Et nos
cognovimus, et credidimus charitati, quam
habet Deus in nobis. Deus charitas est:
et qui manet in charitate, in Deo manet,
et Deus in eo.
17 In hoc perfecta est charitas Dei nobiscum, ut fiduciam habeamus in die iudicii: quia sicut ille est, et nos sumus in
hoc mundo. 18 Timor non est in charitate:
sed perfecta charitas foras mittit timorem,
quoniam timor poenam habet: qui autem
timet, non est perfectus in charitate. 19 Nos
ergo diligamus Deum, quoniam Deus
prior dilexit nos. 20 Si quis dixerit quoniam
diligo Deum, et fratrem suum oderit, mendax est. Qui enim non diligit fratrem
suum quem videt, Deum, quem non videt,
quomodo potest diligere? 21 Et hoc mandatum habemus a Deo: ut qui diligit
Deum, diligat et fratrem suum.

Fides in Iesum, radix charitatis

5 1 Omnis qui credit, quoniam Iesus
est Christus, ex Deo natus est. Et
omnis qui diligit eum qui genuit, diligit
et eum qui natus est ex eo. 2 In hoc
cognoscimus quoniam diligimus natos
Dei, cum Deum diligamus, et mandata
eius faciamus. 3 Haec est enim charitas
Dei, ut mandata eius custodiamus: et
mandata eius gravia non sunt. 4 Quoniam
omne quod natum est ex Deo, vincit
mundum: et haec est victoria, quae vincit mundum, fides nostra. 5 Quis est, qui
vincit mundum, nisi qui credit quoniam
Iesus est filius Dei?

Tres sunt qui Christo testimonium tribuunt

6 Hic est, qui venit per aquam et sanguinem, Iesus Christus: non in aqua solum, sed in aqua et sanguine. Et spiritus
est, qui testificatur, quoniam Christus est
veritas. 7 Quoniam tres sunt, qui testimonium dant in caelo: Pater, Verbum, et
Spiritus sanctus: et hi tres unum sunt.
8 Et tres sunt, qui testimonium dant in
terra: Spiritus, et aqua, et sanguis: et hi
tres unum sunt. 9 Si testimonium hominum accipimus, testimonium Dei maius
est: quoniam hoc est testimonium Dei,
quod maius est, quoniam testificatus est
de Filio suo. 10 Qui credit in Filium Dei,
habet testimonium Dei in se. Qui non
credit Filio, mendacem facit eum: quia
non credit in testimoniam quod testificatus est Deus de Filio suo. 11 Et hoc est
testimonium, quoniam vitam aeternam dedit nobis Deus. Et haec vita in Filio eius
est. 12 Qui habet Filium, habet vitam: qui
non habet Filium, vitam non habet.

De fiducia in oratione

13 Haec scribo vobis: ut sciatis quoniam vitam habetis aeternam, qui creditis
in nomine Filii Dei. 14 Et haec est fiducia,
quam habemus ad eum: Quia quodcumque petierimus, secundum voluntatem
eius, audit nos. 15 Et scimus quia audit
nos quidquid petierimus: scimus quoniam
habemus petitiones quas postulamus ab
eo.
16 Qui scit fratrem suum peccare peccatum non ad mortem, petat, et dabitur
ei vita peccanti non ad mortem. Est peccatum ad mortem: non pro illo dico ut
roget quis. 17 Omnis iniquitas, peccatum
est: et est peccatum ad mortem.
18 Scimus quia omnis qui natus est ex
Deo, non peccat: sed generatio Dei conservat eum, et malignus non tangit eum.
19 Scimus quoniam ex Deo sumus: et
mundus totus in maligno positus est. 20 Et
scimus quoniam Filius Dei venit, et dedit
nobis sensum ut cognoscamus verum
Deum, et simus in vero Filio eius. Hic est
verus Deus, et vita aeterna. 21 Filioli, custodite vos a simulacris. Amen.

Carthag. XVI: D 104; De gratia Dei Indiculus: D 137. — **9:** Io 3,16. — **10:** Rom 5,8. — **11:** Mt 18,33. — **12:** Io 1,18. — **13:** 1 Io 3,24. — **14:** Io 3,17. — **15:** 1 Io 5,5. — **16:** 1 Io 4,8. — **17:** 1 Io 2,28. — **18:** Rom 8,15. — **19:** 1 Io 4,10. — **20:** 1 Io 2,4. — **21:** Mc 12,29-31.

5 **1:** Io 8,42; 1 Petr 1,22; 1 Io 4,15. — **3:** Mt 11,30; Io 14,15. ‖ Conc. Trid.: D 804. — **4:** Io 16,33. — **5:** 1 Io 4,4. — **6:** Io 15,26; 19,34-35. — **7-8:** Form. Clem. Trinitas: D 17; Conc. Lateran. IV: D 431; Decr. S. Officii: D 2198. — **9:** Io 5,32.36; 8,18. — **10:** Rom 8,16; 1 Cor 15,15. — **12:** Io 3,36. — **13:** Io 20,31. — **14:** Io 14,13; 1 Io 3,21. — **16-17:** Tomus Gel.: D 167. **16:** Mt 12,31; Hebr 6,4-6. — **18:** Io 17,15; 1 Io 3,9. — **19:** Io 8,47; Gal 1,4. — **20:** Io 17,3. — **21:** 1 Cor 10,14.

EPISTOLA B. IOANNIS APOSTOLI SECUNDA

SUMMARIUM *Salutatio (1-3). Corpus epistolae (4-11). Conclusio (12-13)*

Salutatio epistolaris

1 1 Senior Electae dominae, et natis
eius, quos ego diligo in veritate, et
non ego solus, sed et omnes qui cognoverunt veritatem, 2 propter veritatem, quae
permanet in nobis, et nobiscum erit in
aeternum. 3 Sit vobiscum gratia, misericordia, pax a Deo Patre, et a Christo
Iesu Filio Patris in veritate, et charitate.

Charitatis mandatum

4 Gavisus sum valde, quoniam inveni
de filiis tuis ambulantes in veritate, sicut
mandatum accepimus a Patre. 5 Et nunc
rogo te domina, non tanquam mandatum
novum scribens tibi, sed quod habuimus
ab initio, ut diligamus alterutrum. 6 Et
haec est charitas, ut ambulemus secundum mandata eius. Hoc est enim mandatum, ut quemadmodum audistis ab
initio, in eo ambuletis.

Cavendum a seductoribus

7 Quoniam multi seductores exierunt in
mundum, qui non confitentur Iesum Christum venisse in carnem: hic est seductor,
et antichristus. 8 Videte vosmetipsos, ne
perdatis quae operati estis: sed ut mercedem plenam accipiatis. 9 Omnis qui recedit, et non permanet in doctrina Christi,
Deum non habet: qui permanet in doctrina, hic et Patrem et Filium habet. 10 Si
quis venit ad vos, et hanc doctrinam non
affert, nolite recipere eum in domum, nec
AVE ei dixeritis. 11 Qui enim dicit illi AVE,
communicat operibus eius malignis.

Conclusio

12 Plura habens vobis scribere, nolus
per chartam et atramentum: spero enim
me futurum apud vos, et os ad os loqui:
ut gaudium vestrum plenum sit.
13 Salutant te filii sororis tuae Electae.

1 1: Io 8,32; 1 Petr 5,1; 3 Io 1. — **2:** 1 Io 3,15. — **3:** 1 Tim 1,2; 2 Tim 1,2. — **4:** 3 Io 3. — **5:** 1 Io 2,7. — **6:** 1 Io 5,3. — **7:** 1 Io 2,18. — **8:** Gal 4,11. — **9:** 1 Io 2,23; 3 Io 9. — **10:** 2 Thess 3,6. — **11:** 1 Tim 5,22; Apoc 18, 4. — **12:** 3 Io 13. — **13:** 3 Io 14.

EPISTOLA B. IOANNIS APOSTOLI TERTIA

SUMMARIUM *Salutatio (1-2). Corpus epistolae (3-12). Conclusio (13-14)*

Salutatio epistolaris

1 1 Senior Gaio charissimo, quem ego
diligo in veritate.
2 Charissime, de omnibus orationem
facio prospere te ingredi, et valere sicut
prospere agit anima tua.

Gaii hospitalitatem laudat

3 Gavisus sum valde venientibus fratribus, et testimonium perhibentibus veritati tuae, sicut tu in veritate ambulas.
4 Maiorem horum non habeo gratiam,
quam ut audiam filios meos in veritate
ambulare. 5 Charissime, fideliter facit
quidquid operaris in fratres, et hoc in peregrinos, 6 qui testimonium reddideruni
charitati tuae in conspectu Ecclesiae:
quos, benefaciens, deduces digne Deo.
7 Pro nomine enim eius profecti sunt, nihil
accipientes a gentibus. 8 Nos ergo debemus suscipere huiusmodi, ut cooperatores
simus veritatis.

Diotrephem reprehendit

9 Scripsissem forsitan Ecclesiae: sed is
qui amat primatun gerere in eis, Diotre-
phes, non recipit nos: 10 propter hoc si

1 1: Act 19,29; 20,4; 2 Io 1. — **2:** Rom 16, 23; 1 Cor 1,14. — **3:** 2 Io 4. — **6:** Tit 3,13. **7:** 1 Cor 9,12.15. — **8:** Hebr 13,2; 2 Io 10. — **9:** Mt 20,27. — **11:** 1 Io 3,6.9. — **12:** Io 10,35; 21,24. — **13:** 2 Io 12.

venero, commonebo eius opera, quae facit: verbis malignis garriens in nos: et
quasi non ei ista sufficiant: neque ipse
suscipit fratres: et eos qui suscipiunt,
prohibet, et de Ecclesia eiicit. 11 Charissime, noli imitari malum, sed quod bonum est. Qui benefacit, ex Deo est: qui
malefacit, non vidit Deum.

Demetrium commendat

12 Demetrio testimonium redditur ab
omnibus, et ab ipsa veritate, sed et nos
testimonium perhibemus: et nosti quoniam testimonium nostrum verum est.

Conclusio

13 Multa habui tibi scribere: sed nolui
per atramentum et calamum scribere tibi.
14 Spero autem protinus te videre, et os ad
os loquemur. Pax tibi. Salutant te amici.
Saluta amicos nominatim.

EPISTOLA CATHOLICA B. IUDAE APOSTOLI

SUMMARIUM *Salutatio (1 - 2). De falsis doctoribus (3-19). Exhortatio fidelium (20-25)*

Salutatio epistolaris

1 1 Iudas Iesu Christi servus, frater
autem Iacobi, his qui sunt in Deo
Patre dilectis, et Christo Iesu conservatis,
et vocatis. 2 Misericordia vobis, et pax,
et charitas adimpleatur.

Occasio epistolae, falsi doctores

3 Charissimi, omnem sollicitudinem faciens scribendi vobis de communi vestra
salute, necesse habui scribere vobis: deprecans supercertari semel traditae sanctis fidei. 4 Subintroierunt enim quidam
homines (qui olim praescripti sunt in hoc
iudicium) impii, Dei nostri gratiam trans-
ferentes in luxuriam, et solum Dominatorem, et Dominum nostrum Iesum Christum negantes.

Hos Deus perdet

5 Commonere autem vos volo, scientes semel omnia, quoniam Iesus populum
de terra Aegypti salvans, secundo eos,
qui non crediderunt, perdidit: 6 angelos
vero, qui non servaverunt suum principatum, sed dereliquerunt suum domicilium, in iudicium magni diei, vinculis
aeternis sub caligine reservavit. 7 Sicut
Sodoma, et Gomorrha, et finitimae civitates simili modo exfornicatae, et abeuntes post carnem alteram, factae sunt exemplum, ignis aeterni poenam sustinentes.
8 Similiter et hi carnem quidem macu-
lant, dominationem autem spernunt
maiestatem autem blasphemant. 9 Cum
Michael Archangelus cum diabolo disputans altercaretur de Moysi corpore, non
est ausus iudicium inferre blasphemiae:
sed dicit: Imperet tibi Dominus. 10 Hi
autem quaecumque quidem ignorant, blasphemant: quaecumque autem naturaliter,
tanquam muta animalia, norunt, in his
corrumpuntur. 11 Vae illis, quia in via
Cain abierunt, et errore Balaam mercede
effusi sunt, et in contradictione Core
perierunt!

Eorum corrupti mores

12 Hi sunt in epulis suis maculae con-
vivantes sine timore, semetipsos pascen-
tes, nubes sine aqua, quae a ventis circumferuntur, arbores autumnales, infructuo-
sae, bis mortuae, eradicatae, 13 fluctus feri
maris, despumantes suas confusiones, sidera errantia: quibus procella tenebrarum
servata est in aeternum. 14 Prophetavit
autem et de his septimus ab Adam Enoch,
dicens: Ecce venit Dominus in sanctis millibus suis 15 facere iudicium contra omnes,
et arguere omnes impios de omnibus operibus impietatis eorum, quibus impie egerunt, et de omnibus duris, quae locuti
sunt contra Deum peccatores impii. 16 Hi
sunt murmuratores querulosi, secundum
desideria sua ambulantes, et os eorum loquitur superba, mirantes personas quaestus causa.

1 **1:** Mt 13,55; Mc 6,3. — **2:** 2 Petr 1,2. — **3:** 2 Petr 1,5. — **4:** Gal 2,4; 2 Petr 2,1. **5:** Num 14,35; 1 Cor 10,5. — **6:** 2 Petr 2,4.9. **7:** Gen 19,24; 2 Petr 2,6.10. — **8:** 2 Petr 2,10. — **9:** Dan 10,13.21; 12,1; 2 Petr 2,11; Apoc 12,7. — **10:** 2 Petr 2,12. — **11:** Gen 4,8; Num 16,22; 31,16. — **12:** Ez 34,8; 2 Petr 2,13.17. — **13:** Is 57,20. — **14:** Gen 5,18; Deut 33,2; Zach

17 Vos autem charissimi memores estote verborum, quae praedicta sunt ab apostolis Domini nostri Iesu Christi, 18 qui
dicebant vobis, quoniam in novissimo
tempore venient illusores, secundum desideria sua ambulantes in impietatibus.
19 Hi sunt, qui segregant semetipsos, ani-
males, Spiritum non habentes.

Fideles in fide persistant

20 Vos autem charissimi superaedifican-
tes vosmetipsos sanctissimae vestrae fidei,
in Spiritu sancto orantes, 21 vosmetipsos
in dilectione Dei servate, exspectantes
misericordiam Domini nostri Iesu Christi
in vitam aeternam. 22 Et hos quidem arguite iudicatos: 23 illos vero salvate, de
igne rapientes. Aliis autem miseremini in
timore: odientes et eam, quae carnalis
est, maculatam tunicam.
24 Ei autem qui potens est vos conservare sine peccato et constituere ante conspectum gloriae suae immaculatos in exsultatione in adventu Domini nostri Iesu
Christi, 25 soli Deo Salvatori nostro, per
Iesum Christum Dominum nostrum, gloria et magnificentia, imperium et potestas
ante omne saeculum, et nunc, et in omnia
saecula saeculorum. Amen.

14,5. — **15:** Mt 25,31. — **16:** 2 Petr 2,10.13. — **17:** 2 Petr 3,2. — **18:** 1 Tim 4,1; 2 Petr 3,3. — **19:** 1 Cor 2,14. — **20:** Col 2,7; 1 Thess 5,11. — **23:** Am 4,11; Zach 3,2; Iac 5,19; Apoc 3,4. **24:** Phil 1,10; 1 Thess 5,23; 2 Petr 3,14. — **25:** Rom 16,27; 1 Tim 1,17; 2 Petr 3,18.

APOCALYPSIS B. IOANNIS APOSTOLI

SUMMARIUM *Libri titulus et destinatio (1,1-8). Visio introductoria (1,9-20).*—PARS PRAEAMBULA: EPISTOLAE AD SEPTEM ECCLESIAS *(2-3)*.—CORPUS OPERIS *(4,1-22,5): Visio Dei iudicis in caelo (4-5). Sex sigillorum apertio (6-7). Ad septimi sigilli apertionem sonant septem tubae (8-9). Libellus prophetiae (10). Duo Dei testes (11,1-14). Regnum Dei advenit in terram ad sonum septimae tubae (11,15-19). Draco in terra (12). Duae bestiae draconis (13): Angelus in monte Sion iudicium denuntiat (14). Septem phialae irae Dei (15-16). Iudicium Babylonis (17). Lamentatio super Babylonis interitu, et laudes in caelo (18,1-19,10). Victoria Verbi de mundano exercitu (19,11-20,6). Postremum Dei iudicium (20,7-15). Ierusalem caelestis (21,1-22,5). Epilogus (22,6-21)*

Libri titulus

1 1 Apocalypsis Iesu Christi, quam dedit illi Deus palam facere servis suis,
quae oportet fieri cito: et significavit, mittens per angelum suum servo suo Ioanni, 2 qui testimonium perhibuit verbo Dei,
et testimonium Iesu Christi, quaecumque
vidit. 3 Beatus, qui legit, et audit verba
prophetiae huius: et servat ea, quae in
ea scripta sunt: tempus enim prope est.

Destinatio

4 Ioannes septem Ecclesiis, quae sunt
in Asia. Gratia vobis, et pax ab eo, qui
est, et qui erat, et qui venturus est: et a
septem spiritibus, qui in conspectu throni
eius sunt: 5 et a Iesu Christo, qui est testis fidelis, primogenitus mortuorum, et
princeps regum terrae, qui dilexit nos,
et lavit nos a peccatis nostris in sanguine
suo, 6 et fecit nos regnum, et sacerdotes
Deo et Patri suo: ipsi gloria et imperium
in saecula saeculorum. Amen.
7 Ecce venit cum nubibus, et videbit
eum omnis oculus, et qui eum pupugerunt.
Et plangent se super eum omnes tribus
terrae: Etiam: Amen.
8 Ego sum alpha et omega, principium
et finis, dicit Dominus Deus: qui est, et
qui erat, et qui venturus est, omnipotens.

Visio introductoria

9 Ego Ioannes frater vester, et particeps
in tribulatione, et regno et patientia in
Christo Iesu: fui in insula, quae appellatur Patmos, propter verbum Dei, et tes-

1 **1:** Dan 2,28-19; Apoc 1,19; 22,6. — **2:** Apoc 1,9; 6,9. — **3:** Apoc 22,7.10. — **4:** Ex 3,14; Apoc 1,8; 4,5; 5,6. — **5:** Ps 88,28.38; Io 18,37; Col 1,18; 1 Tim 6,13. — **6:** Apoc 5,10; 20,6. — **7:** Dan 7,13; Zach 12,10; Mt 26,64; Io 19, 37. — **8:** Is 41,4; Am 4,13. — **10:** Apoc 4,1. —

timonium Iesu: 10 fui in spiritu in dominica die, et audivi post me vocem magnam tanquam tubae, 11 dicentis: Quod vides, scribe in libro: et mitte septem Ecclesiis, quae sunt in Asia, Epheso, et Smyrnae, et Pergamo, et Thyatirae, et Sardis, et Philadelphiae, et Laodiciae. 12 Et conversus sum ut viderem vocem, quae loquebatur mecum: et conversus vidi septem candelabra aurea: 13 et in medio septem candelabrorum aureorum similem Filio hominis, vestitum podere, et praecinctum ad mamillas zona aurea: 14 caput autem eius, et capilli erant candidi tanquam lana alba, et tanquam nix, et oculi eius tanquam flamma ignis: 15 et pedes eius similes aurichalco, sicut in camino ardenti, et vox illius tanquam vos aquarum multarum: 16 et habebat in dextera sua stellas septem: et de ore eius gladius utraque parte acutus exibat: et facies eius sicut sol lucet in virtute sua.

17 Et cum vidissem eum, cecidi ad pedes eius tanquam mortuus. Et posuit dexteram suam super me, dicens: Noli timere: ego sum primus, et novissimus, 18 et vivus, et fui mortuus, et ecce sum vivens in saecula saeculorum, et habeo claves mortis, et inferni. 19 Scribe ergo quae vidisti, et quae sunt, et quae oportet fieri post haec. 20 Sacramentum septem stellarum, quas vidisti in dextera mea, et septem candelabra aurea: septem stellae, angeli sunt septem Ecclesiarum: et candelabra septem, septem Ecclesiae sunt.

PARS PRAEAMBULA

EPISTOLAE AD SEPTEM ECCLESIAS ASIAE

(2,1-3,22)

Angelo Ecclesiae Ephesi

2 1 Angelo Ephesi Ecclesiae scribe: Haec dicit, qui tenet septem stellas in dextera sua, qui ambulat in medio septem candelabrorum aureorum:

2 Scio opera tua, et laborem, et patientiam tuam, et quia non potes sustinere malos: et tentasti eos, qui se dicunt apostolos esse, et non sunt: et invenisti eos mendaces: 3 et patientiam habes, et sustinuisti propter nomen meum, et non defecisti. 4 Sed habeo adversum te, quod charitatem tuam primam reliquisti. 5 Memor esto itaque unde excideris: et age poenitentiam, et prima opera fac: sin autem, venio tibi, et movebo candelabrum tuum de loco suo, nisi poenitentiam egeris. 6 Sed hoc habes, quia odisti facta Nicolaitarum, quae et ego odi.

7 Qui habet aurem, audiat quid Spiritus dicat Ecclesiis: Vincenti dabo edere de ligno vitae, quod est in paradiso Dei mei.

Angelo Ecclesiae Smyrnae

8 Et angelo Smyrnae Ecclesiae scribe: Haec dicit primus, et novissimus, qui fuit mortuus, et vivit:

9 Scio tribulationem tuam, et paupertatem tuam, sed dives es: et blasphemaris ab his, qui se dicunt Iudaeos esse, et non sunt, sed sunt synagoga Satanae. 10 Nihil horum timeas quae passurus es. Ecce missurus est diabolus aliquos ex vobis in carcerem ut tentemini: et habebitis tribulationem diebus decem. Esto fidelis usque ad mortem, et dabo tibi coronam vitae.

11 Qui habet aurem, audiat quid Spiritus dicat Ecclesiis: Qui vicerit, non laedetur a morte secunda.

Angelo Ecclesiae Pergami

12 Et angelo Pergami Ecclesiae scribe: Haec dicit qui habet rhomphaeam utraque parte acutam:

13 Scio ubi habitas, ubi sedes est Satanae: et tenes nomen meum, et non negasti fidem meam. Et in diebus illis Antipas testis meus fidelis, qui occisus est apud vos ubi Satanas habitat.

14 Sed habeo adversus te pauca: quia habes illis tenentes doctrinam Balaam, qui docebat Balac mittere scandalum coram filiis Israel, edere, et fornicari: 15 ita habes et tu tenentes doctrinam Nicolaitarum. 16 Similiter poenitentiam age: si quominus veniam tibi cito, et pugnabo cum illis in gladio oris mei.

17 Qui habet aurem, audiat quid Spiritus dicat Ecclesiis: Vincenti dabo manna absconditum, et dabo illi calculum candidum: et in calculo nomen novum scriptum, quod nemo scit, nisi qui accipit.

11: Act 19,1. — **12:** Apoc 1,20. — **13:** Dan 7,13; 10,6. — **14:** Dan 7,9; 10,6. — **15:** Ez 1,24; 43,2. — **16:** Iud 5,31; Mt 17,2; Apoc 19,15. — **17:** Is 6,5; Dan 8,18; 10,15. — **18:** Hebr 7,25. **19:** Is 48,6; Dan 2,28.

2 **1:** Apoc 1,13.16.20. — **2:** 2 Cor 11,13; 1 Io 4,1; Apoc 9,13; 19,3. — **4:** 1 Tim 5,12. — **5:** Apoc 2,16,22; 3,3.19. || Conc. Trid.: D 807. **6:** Ps 138,21; Apoc 2,15. — **7:** Gen 2,9; 3,22; Apoc 2,11.17.26.29; 22,2. — **8:** Apoc 1,17-18. **9:** 2 Cor 11,14; Iac 2,5; Apoc 3,9. — **10:** Dan 1,12.14; 2 Tim 4,8. — **11:** Apoc 20,14; 21,8. **12:** Is 49,2; Hebr 4,12; Apoc 1,16; 19,15. — **13:** Apoc 3,8; 14,12. — **14:** Num 25,1-2; 31,16; Iudae 11. — **15:** Apoc 2 6. — **16:** Apoc 2,12.

Angelo Ecclesiae Thyatirae

18 Et angelo Thyatirae Ecclesiae scribe:
Haec dicit Filius Dei, qui habet oculos
tanquam flammam ignis, et pedes eius similes aurichalco:
19 Novi opera tua, et fidem, et charitatem tuam, et ministerium, et patientiam
tuam, et opera tua novissima plura prioribus. 20 Sed habeo adversus te pauca:
quia permittis mulierem Iezabel, quae se
dicit propheten, docere, et deducere servos meos, fornicari, et manducare de ido-
lothytis. 21 Et dedi illi tempus ut poenitentiam ageret: et non vult poenitere a
fornicatione sua. 22 Ecce mittam eam in
lectum: et qui moechantur cum ea, in
tribulatione maxima erunt, nisi poenitentiam ab operibus suis egerint. 23 Et filios
eius interficiam in morte, et scient omnes
Ecclesiae, quia ego sum scrutans renes,
et corda: et dabo unicuique vestrum secundum opera sua. Vobis autem dico,
24 et caeteris qui Thyatirae estis: Quicumque non habent doctrinam hanc, et qui
non cognoverunt altitudines Satanae
quemadmodum dicunt, non mittam super
vos aliud pondus: 25 tamen id quod habetis, tenete donec veniam.
26 Et qui vicerit, et custodierit usque
in finem opera mea, dabo illi potestatem
super gentes, 27 et reget eas in virga ferrea,
et tanquam vas figuli confringentur, 28 sicut et ego accepi a Patre meo: et dabo illi
stellam matutinam. 29 Qui habet aurem,
audiat quid Spiritus dicat Ecclesiis.

Angelo Ecclesiae Sardis

3 1 Et angelo Ecclesiae Sardis scribe:
Haec dicit qui habet septem Spiritus
Dei, et septem stellas: Scio opera tua,
quia nomen habes quod vivas, et mortuus
es. 2 Esto vigilans, et confirma caetera,
quae moritura erant. Non enim invenio
opera tua plena coram Deo meo.
3 In mente ergo habe qualiter acceperis,
et audieris, et serva, et poenitentiam age.
Si ergo non vigilaveris, veniam ad te tanquam fur et nescies qua hora veniam ad te.
4 Sed habes pauca nomina in Sardis
qui non inquinaverunt vestimenta sua: et
ambulabunt mecum in albis, quia digni
sunt.
5 Qui vicerit, sic vestietur vestimentis
albis, et non delebo nomen eius de libro
vitae, et confitebor nomen eius coram
Patre meo, et coram angelis eius. 6 Qui
habet aurem, audiat quid Spiritus dicat
Ecclesiis.

Angelo Ecclesiae Philadelphiae

7 Et angelo Philadelphiae Ecclesiae scribe: Haec dicit Sanctus et Verus, qui habet clavem David: qui aperit, et nemo
claudit: claudit, et nemo aperit:
8 Scio opera tua. Ecce dedi coram te
ostium apertum, quod nemo potest claudere: quia modicam habes virtutem, et
servasti verbum meum, et non negasti
nomen meum. 9 Ecce dabo de synagoga
Satanae, qui dicunt se Iudaeos esse, et
non sunt, sed mentiuntur: ecce faciam
illos ut veniant, et adorent ante pedes
tuos: et scient quia ego dilexi te, 10 quoniam servasti verbum patientiae meae, et
ego servabo te ab hora tentationis, quae
ventura est in orbem universum tentare
habitantes in terra. 11 Ecce venio cito:
tene quod habes, ut nemo accipiat coronam tuam.
12 Qui vicerit, faciam illum columnam
in templo Dei mei, et foras non egredietur amplius: et scribam super eum nomen
Dei mei, et nomen civitatis Dei mei novae
Ierusalem, quae descendit de caelo a Deo
meo, et nomen meum novum. 13 Qui habet aurem, audiat quid Spiritus dicat Ecclesiis.

Angelo Ecclesiae Laodiciae

14 Et angelo Laodiciae Ecclesiae scribe:
Haec dicit: Amen, testis fidelis, et verus,
qui est principium creaturae Dei.
15 Scio opera tua: quia neque frigidus
es, neque calidus: utinam frigidus esses,
aut calidus: 16 sed quia tepidus es, et nec
frigidus, nec calidus, incipiam te evomere
ex ore meo: 17 quia dicis: Quod dives sum,
et locupletatus, et nullius egeo: et nescis
quia tu es miser, et miserabilis, et pauper,
et caecus, et nudus. 18 Suadeo tibi emere
a me aurum ignitum probatum, ut locuples fias, et vestimentis albis induaris, et
non appareat confusio nuditatis tuae, et
collyrio inunge oculos tuos ut videas.
19 Ego quos amo, arguo, et castigo. Aemu-
lare ergo, et poenitentiam age. 20 Ecce sto

17: Ps 77,24; Is 62,2; 65,15. — **18:** Dan 10,6; Apoc 1,14-15. — **20:** 3 Reg 16,31; 4 Reg 9,7. — **23:** Ps 7,10; Ier 11,20; 17,19. — **25:** Apoc 3, 11. — **27:** Ps 2,8-9; Apoc 19,15. — **28:** Dan 12, 3; 1 Cor 15,40.

3 **1:** Apoc 1,4.16. — **2:** Ez 34,4. — **3:** Mt 24, 43; 1 Thess 5,2. — **4:** Iudae 23. — **5:** Ex 32,32; Ps 68,29; Mt 10,32; Phil 4,3; Apoc 20, 12. — **6:** Apoc 2,7. — **7:** Iob 12,14; Is 22,22; Apoc 6,10. — **8:** Act 14,27; 1 Cor 16,9. — **9:** Is 45,14; 49,23; 60,14; Apoc 2,9. — **10:** Io 17,6; 2 Tim 2,12. — **11:** Apoc 1,3; 2,5.10. — **12:** Is 62,2; 65,15; Ez 48,35; Gal 2,9; Apoc 21,2. — **14:** 2 Cor 1,20; Col 1,15. — **15:** Apoc 2,2. — **17:** Os 12,9; 1 Cor 3,18; 4,8. — **18:** Is 55,1; 1 Petr 1, 7; Apoc 16,15. — **19:** Prov 3 12; 1 Cor 11,32; Hebr 12,6. — **20:** Mc 13,34; Lc 12,36; 22,29; Io 14,23. — **21:** Mt 19,28. — **22:** Apoc 2,7.

ad ostium, et pulso: siquis audierit vocem
meam, et aperuerit mihi ianuam, intrabo
ad illum, et coenabo cum illo, et ipse
mecum.
21 Qui vicerit, dabo ei sedere mecum in
throno meo: sicut et ego vici, et sedi cum
Patre meo in throno eius. 22 Qui habet
aurem, audiat quid Spiritus dicat Ecclesiis.

CORPUS OPERIS

(4,1-22,5)

Thronus Dei in caelo

4 1 Post haec vidi: et ecce ostium apertum in caelo, et vox prima, quam
audivi tanquam tubae loquentis mecum,
dicens: Ascende huc, et ostendam tibi
quae oportet fieri post haec.
2 Et statim fui in spiritu: et ecce sedes
posita erat in caelo, et supra sedem sedens. 3 Et qui sedebat similis erat aspectui
lapidis iaspidis, et sardinis: et iris erat in
circuitu sedis similis visioni smaragdinae.
4 Et in circuitu sedis sedilia viginti quatuor: et super thronos viginti quatuor
seniores sedentes, circumamicti vestimentis albis, et in capitibus eorum coronae
aureae. 5 Et de throno procedebant fulgura, et voces, et tonitrua: et septem lampades ardentes ante thronum, qui sunt
septem spiritus Dei. 6 Et in conspectu sedis tanquam mare vitreum simile crystallo: et in medio sedis, et in circuitu sedis
quatuor animalia plena oculis ante et retro. 7 Et animal primum simile leoni, et
secundum animal simile vitulo, et tertium
animal habens faciem quasi hominis, et
quartum animal simile aquilae volanti.
8 Et quatuor animalia, singula eorum habebant alas senas: et in circuitu, et intus
plena sunt oculis; et requiem non habebant die ac nocte, dicentia: Sanctus, Sanctus, Sanctus Dominus Deus omnipotens,
qui erat, et qui est, et qui venturus est. 9 Et
cum darent illa animalia gloriam, et honorem, et benedictionem sedenti super
thronum, viventi in saecula saeculorum,
10 procidebant viginti quatuor seniores ante sedentem in throno, et adorabant viventem in saecula saeculorum, et mittebant coronas suas ante thronum, dicentes: 11 Dignus es Domine Deus noster
accipere gloriam, et honorem, et virtutem; quia tu creasti omnia, et propter
voluntatem tuam erant, et creata sunt.

Agnus ante thronum Dei

5 1 Et vidi in dextera sedentis supra
thronum, librum scriptum intus et
foris, signatum sigillis septem. 2 Et vidi
angelum fortem, praedicantem voce magna: Quis est dignus aperire librum, et solvere signacula eius? 3 Et nemo poterat,
neque in caelo, neque in terra, neque
subtus terram aperire librum, neque respicere illum. 4 Et ego flebam multum,
quoniam nemo dignus inventus est aperire librum, nec videre eum. 5 Et unus de
senioribus dixit mihi: Ne fleveris: ecce
vicit leo de tribu Iuda, radix David, aperire librum, et solvere septem signacula
eius.
6 Et vidi: et ecce in medio throni et
quatuor animalium, et in medio seniorum,
Agnum stantem tanquam occisum, habentem cornua septem, et oculos septem:
qui sunt septem spiritus Dei, missi in
omnem terram. 7 Et venit: et accepit de
dextera sedentis in throno librum.
8 Et cum aperuisset librum, quatuor
animalia, et viginti quatuor seniores ceciderunt coram Agno, habentes singuli citharas, et phialas aureas plenas odoramentorum, quae sunt orationes sanctorum: 9 et cantabant canticum novum, dicentes: Dignus es, Domine, accipere librum, et aperire signacula eius: quoniam
occisus es, et redemisti nos Deo in sanguine tuo ex omni tribu, et lingua, et
populo, et natione: 10 et fecisti nos Deo
nostro regnum, et sacerdotes: et regna-
bimus super terram.
11 Et vidi, et audivi vocem angelorum
multorum in circuitu throni, et animalium, et seniorum: et erat numerus eorum
millia millium, 12 dicentium voce magna:
Dignus est Agnus, qui occisus est, accipere virtutem, et divinitatem, et sapientiam,
et fortitudinem, et honorem, et gloriam,
et benedictionem. 13 Et omnem creaturam, quae in caelo est, et super terram,
et sub terra, et quae sunt in mari, et quae
in eo: omnes audivi dicentes: Sedenti in
throno, et Agno: benedictio, et honor, et
gloria, et potestas in saecula saeculorum.
14 Et quatuor animalia dicebant: Amen.
Et viginti quatuor seniores ceciderunt in
facies suas: et adoraverunt viventem in
saecula saeculorum.

4 **1:** Ex 19,16.24; Dan 2,29. — **2:** Is 6,1; Ez 1,26; Apoc 1,10. — **4:** Is 24,23; Apoc 3,4; 5,10. — **5:** Ex 19,16; Ez 1,13; Zach 4,2; Apoc 1,4; 11,19. — **6:** Ez 1,5.18; Apoc 15,2. — **7:** Ez 1,10; 10,14. — **8:** Ex 3,14; 6,3; Is 6,2. — **9:** Ps 46,9; Is 6,1; Dan 6,27. — **10:** Apoc 5,14. **11:** 1 Cor 12,18; 15,38; Eph 3,9.

5 **1:** Is 6,1; Ez 2,9-10; Apoc 4,2. — **5:** Gen 49,9-10; Is 11,1.10; 1 Petr 5,8. — **6:** Is 53,7; Zach 4,10; Io 1,29; Apoc 13,8. — **8:** Ps 140,2; Apoc 8,3-4; 14,2. — **9:** Ps 32,3; Apoc 14,3. — **10:** Ex 19,6; Is 61,6. — **11:** 3 Reg 22,19; Dan 7,11; Apoc 7,11. — **12:** 1 Par 29,11; Is 53,7; Phil 2,9-10; Apoc 4,11. — **13:** Ps 46,9; Is 6,1. — **14:** 1 Tim 1,17; Apoc 4,10.

Aperiuntur sex priora sigilla

6 1 Et vidi quod aperuisset Agnus unum
de septem sigillis, et audivi unum de
quatuor animalibus, dicens, tanquam vocem tonitrui: Veni, et vide. 2 Et vidi et
ecce equus albus, et qui sedebat super
illum habebat arcum, et data est ei corona, et exivit vincens ut vinceret.
3 Et cum aperuisset sigillum secundum,
audivi secundum animal, dicens: Veni, et
vide. 4 Et exivit alius equus rufus: et qui
sedebat super illum, datum est ei ut sumeret pacem de terra, et ut invicem se
interficiant, et datus est ei gladius magnus.
5 Et cum aperuisset sigillum tertium,
audivi tertium animal, dicens: Veni, et
vide. Et ecce equus niger: et qui sedebat
super illum, habebat stateram in manu
sua. 6 Et audivi tanquam vocem in medio
quatuor animalium dicentium: Bilibris tritici denario et tres bilibres hordei denario,
et vinum, et oleum ne laeseris.
7 Et cum aperuisset sigillum quartum,
audivi vocem quarti animalis dicentis:
Veni, et vide. 8 Et ecce equus pallidus: et
qui sedebat super eum, nomen illi Mors,
et infernus sequebatur eum, et data est
illi potestas super quatuor partes terrae,
interficere gladio, fame, et morte, et bestiis terrae.
9 Et cum aperuisset sigillum quintum,
vidi subtus altare animas interfectorum
propter verbum Dei, et propter testimonium, quod habebant, 10 et clamabant
voce magna dicentes: Usquequo Domine
(sanctus, et verus), non iudicas, et non
vindicas sanguinem nostrum de iis qui
habitant in terra? 11 Et datae sunt illis
singulae stolae albae: et dictum est illis
ut requiescerent adhuc tempus modicum
donec compleantur conservi eorum, et
fratres eorum, qui interficiendi sunt sicut
et illi.
12 Et vidi cum aperuisset sigillum sextum: et ecce terraemotus magnus factus
est, et sol factus est niger tanquam saccus
cilicinus: et luna tota facta est sicut sanguis: 13 et stellae de caelo ceciderunt super
terram, sicut ficus emittit grossos suos
cum a vento magno movetur: 14 et caelum
recessit sicut liber involutus: et omnis
mons, et insulae de locis suis motae sunt:
15 et reges terrae, et principes, et tribuni,
et divites et fortes, et omnis servus, et
liber absconderunt se in speluncis, et in
petris montium: 16 et dicunt montibus, et
petris: Cadite super nos, et abscondite
nos a facie sedentis super thronum, et ab
ira Agni: 17 quoniam venit dies magnus
irae ipsorum: et quis poterit stare?

Quatuor angeli retinentur usque ad iustorum signationem

7 1 Post haec vidi quatuor angelos stantes super quatuor angulos terrae, tenentes quatuor ventos terrae, ne flarent
super terram, neque super mare, neque in
ullam arborem. 2 Et vidi alterum angelum
ascendentem ab ortu solis, habentem signum Dei vivi: et clamavit voce magna
quatuor angelis, quibus datum est nocere
terrae, et mari, 3 dicens: Nolite nocere
terrae, et mari, neque arboribus, quoadusque signemus servos Dei nostri in frontibus eorum.

Signati ex Israel

4 Et audivi numerum signatorum, centum quadraginta quatuor millia signati,
ex omni tribu filiorum Israel. 5 Ex tribu
Iuda duodecim millia signati: Ex tribu
Ruben duodecim millia signati: Ex tribu
Gad duodecim millia signati: 6 Ex tribu
Aser duodecim millia signati: Ex tribu
Nephthali duodecim millia signati: Ex
tribu Manasse duodecim millia signati:
7 Ex tribu Simeon duodecim millia signati: Ex tribu Levi duodecim millia signati:
Ex tribu Issachar duodecim millia signati: 8 Ex tribu Zabulon duodecim millia
signati: Ex tribu Ioseph duodecim millia
signati: Ex tribu Beniamin duodecim millia signati.

Signati ex gentibus

9 Post haec vidi turbam magnam, quam
dinumerare nemo poterat ex omnibus gentibus, et tribubus, et populis, et linguis:
stantes ante thronum, et in conspectu Agni
amicti stolis albis, et palmae in manibus
eorum: 10 et clamabant voce magna dicentes: Salus Deo nostro, qui sedet super
thronum, et Agno. 11 Et omnes angeli
stabant in circuitu throni, et seniorum,
et quatuor animalium: et ceciderunt in
conspectu throni in facies suas, et adoraverunt Deum, 12 dicentes: Amen. Benedictio, et claritas, et sapientia, et gratiarum actio, honor, et virtus, et fortitudo
Deo nostro in saecula saeculorum. Amen.
13 Et respondit unus de senioribus et
dixit mihi: Hi, qui amicti sunt stolis albis

6 **1:** Apoc 4,6; 5,1.6. — **2:** Zach 1,8; 6,1. — **3:** Apoc 4,7. — **5:** Apoc 4,7. — **8:** Ier 14,12; 15,3; Ez 5,12; 14,21; Os 13,14. — **9:** Apoc 16,7; 20,4. — **10:** Gen 4,10; Deut 32,43; 4 Reg 9,7; Ps 78,5; Zach 1,12; Apoc 3,7. — **11:** Mt 23,32; Apoc 3,4. — **12:** Is 13,10; Ez 32,7; Ioel 2,31; Zach 14,5. — **13:** Is 34,4. — **14:** Apoc 16,20; 20,11. — **15:** Is 2,10; 24,21; 34,10; Ier 4,29. — **16:** Ps 46,9; Os 10,8; Lc 23,30. — **17:** Ioel 2,11; 3,4; Mal 3,2.

7 **1:** Ier 49,36; Ez 7,2; Zach 6,5; Mt 24,31. **3:** Ez 9,4.6. — **4:** Apoc 14,1.3. — **10:** Ps 46,9; Is 6,1. — **11:** Apoc 5,11; 11,16. — **12:** Apoc

qui sunt? et unde venerunt? 14 Et dixi illi:
Domine mi, tu scis. Et dixit mihi: Hi sunt,
qui venerunt de tribulatione magna, et
laverunt stolas suas, et dealbaverunt eas
in sanguine Agni. 15 Ideo sunt ante thronum Dei, et serviunt ei die ac nocte in
templo eius: et qui sedet in throno, habitabit super illos: 16 non esurient, neque
sitient amplius; nec cadet super illos sol,
neque ullus aestus: 17 quoniam Agnus,
qui in medio throni est, reget illos et deducet eos ad vitae fontes aquarum, et
absterget Deus omnem lacrymam ab oculis eorum.

Septimo sigillo aperto sonant quatuor tubae

8 1 Et cum aperuisset sigillum septimum, factum est silentium in caelo,
quasi media hora.
2 Et vidi septem angelos stantes in conspectu Dei: et datae sunt illis septem tubae.
3 Et alius angelus venit, et stetit ante altare
habens thuribulum aureum: et data sunt
illi incensa multa, ut daret de orationibus
sanctorum omnium super altare aureum,
quod est ante thronum Dei. 4 Et ascendit
fumus incensorum de orationibus sanctorum de manu angeli coram Deo. 5 Et
accepit angelus thuribulum, et implevit
illud de igne altaris, et misit in terram, et
facta sunt tonitrua, et voces, et fulgura,
et terraemotus magnus. 6 Et septem angeli, qui habebant septem tubas, praeparaverunt se ut tuba canerent.
7 Et primus angelus tuba cecinit, et facta est grando, et ignis, mista in sanguine,
et missum est in terram, et tertia pars
terrae combusta est, et tertia pars arborum concremata est, et omne foenum viride combustum est.
8 Et secundus angelus tuba cecinit: et
tanquam mons magnus igne ardens missus est in mare, et facta est tertia pars
maris sanguis, 9 et mortua est tertia pars
creaturae eorum, quae habebant animas
in mari, et tertia pars navium interiit.
10 Et tertius angelus tuba cecinit: et cecidit de caelo stella magna, ardens tanquam facula, et cecidit in tertiam partem
fluminum et in fontes aquarum: 11 et nomen stellae dicitur Absinthium, et facta
est tertia pars aquarum in absinthium; et
multi hominum mortui sunt de aquis, quia
amarae factae sunt.
12 Et quartus angelus tuba cecinit: et
percussa est tertia pars solis, et tertia pars
lunae, et tertia pars stellarum, ita ut obs-
curaretur tertia pars eorum, et diei non
luceret pars tertia, et noctis similiter. 13 Et
vidi, et audivi vocem unius aquilae volantis per medium caeli dicentis voce magna:
Vae, vae, vae habitantibus in terra de caeteris vocibus trium angelorum, qui erant
tuba canituri.

Sequuntur tuba quinta et sexta

9 1 Et quintus angelus tuba cecinit: et
vidi stellam de caelo cecidisse in terram et data est ei clavis putei abyssi. 2 Et
aperuit puteum abyssi: et ascendit fumus
putei, sicut fumus fornacis magnae: et
obscuratus est sol, et aer de fumo putei;
3 et de fumo putei exierunt locustae in
terram, et data est illis potestas, sicut habent potestatem scorpiones terrae; 4 et
praeceptum est illis ne laederent foenum
terrae, neque omne viride, neque omnem
arborem; nisi tantum homines, qui non
habent signum Dei in frontibus suis; 5 et
datum est illis ne occiderent eos: sed ut
cruciarent mensibus quinque; et cruciatus eorum, ut cruciatus scorpii cum percutit hominem. 6 Et in diebus illis quaerent homines mortem, et non invenient
eam: et desiderabunt mori, et fugiet mors
ab eis. 7 Et similitudines locustarum, similes equis paratis in praelium: et super
capita earum tanquam coronae similes
auro: et facies earum tanquam facies hominum. 8 Et habebant capillos sicut capillos mulierum. Et dentes earum, sicut
dentes leonum erant: 9 et habebant loricas sicut loricas ferreas, et vox alarum
sicut vox curruum equorum multorum
currentium in bellum: 10 et habebant caudas similes scorpionum, et aculei erant in
caudis earum: et potestas earum nocere
hominibus mensibus quinque: 11 et habebant super se regem angelum abyssi cui
nomen hebraice Abaddon, graece autem
Apollyon, latine habens nomen Exterminans. 12 Vae unum abiit, et ecce veniunt
adhuc duo vae post haec.
13 Et sextus angelus tuba cecinit: et
audivi vocem unam ex quatuor cornibus
altaris aurei, quod est ante oculos Dei,
14 dicentem sexto angelo, qui habebat tu-
bam: Solve quatuor angelos, qui alligati
sunt in flumine magno Euphrate. 15 Et

5,12. — 14: Ez 37,3; Dan 12,1; Mt 24,21; Hebr 9,14. — 15: Ps 46,9; Is 6,1. — 16: Ps 120,5-6; Is 49,10. — 17: Ps 22,1-2; Is 25,8; Ier 3,13; Ez 34,23; Apoc 21,4.

8 1: Hab 2,20; Zach 2,13. — 2: Mt 24,31. — 3: Am 9,1; Apoc 5,8. — 4: Ps 140,2. — 5: Ex 19,16; Lev 16,12; Ez 10,2. — 7: Ex 9,23-26; Ez 38,22; Ioel 2,30. — 8: Ex 7,17.19; Ier 51,25. 10: Is 14,12; Dan 8,10. — 12: Ex 10,21; Apoc 6,12. — 13: Apoc 9,12; 11,14.

9 1: Apoc 8,10; 20,1. — 2: Gen 19,28; Ex 19,18; Ioel 2,10. — 3: Ex 10,12.15. || Enc. Greg. XVI: D 1641. — 6: Iob 3,21; Lc 23,30. 7: Ioel 2,4. — 8: Ioel 1,6. — 9: Ioel 2.5. — 10: Apoc 9,19. — 12: Apoc 8,13; 11,14. — 13: Ex 30,1; Apoc 8,3. — 14: Gen 15,18; Deut 1,Ps

soluti sunt quatuor angeli, qui parati erant
in horam, et diem, et mensem, et annum:
ut occiderent tertiam partem hominum.
16 Et numerus equestris exercitus vicies
millies dena millia. Et audivi numerum
eorum. 17 Et ita vidi equos in visione: et
qui sedebant super eos, habebant loricas
igneas, et hyacinthinas, et sulphureas, et
capita equorum erant tanquam capita leonum: et de ore eorum procedit ignis, et
fumus, et sulphur. 18 Et ab his tribus plagis occisa est tertia pars hominum de igne,
et de fumo, et sulphure, quae procedebant de ore ipsorum. 19 Potestas enim
equorum in ore eorum est, et in caudis
eorum, nam caudae eorum similes serpentibus, habentes capita: et in his nocent.
20 Et caeteri homines, qui non sunt occisi in his plagis, neque poenitentiam egerunt de operibus manuum suarum, ut non
adorarent daemonia, et simulacra aurea,
et argentea, et aerea et lapidea, et lignea,
quae neque videre possunt, neque audire,
neque ambulare, 21 et non egerunt poenitentiam ab homicidiis suis, neque a veneficiis suis, neque a fornicatione sua, neque
a furtis suis.

Angelus affert libellum propheticum

10 Et vidi alium angelum fortem descendentem de caelo amictum nube,
et iris in capite eius, et facies eius erat ut
sol, et pedes eius tanquam columnae ignis: 2 et habebat in manu sua libellum
apertum: et posuit pedem suum dextrum
super mare, sinistrum autem super terram: 3 et clamavit voce magna, quemadmodum cum leo rugit. Et cum clamasset,
locuta sunt septem tonitrua voces suas.
4 Et cum locuta fuissent septem tonitrua
voces suas, ego scripturus eram: et audivi
vocem de caelo dicentem mihi: Signa
quae locuta sunt septem tonitrua: et noli
ea scribere. 5 Et angelus, quem vidi stantem super mare et super terram, levavit
manum suam ad caelum: 6 et iuravit per
viventem in saecula saeculorum, qui creavit caelum, et ea quae in eo sunt: et
terram, et ea quae in ea sunt: et mare,
et ea quae in eo sunt: Quia tempus non
erit amplius: 7 sed in diebus vocis septimi angeli, cum coeperit tuba canere,
consummabitur mysterium Dei sicut evangelizavit per servos suos prophetas.
8 Et audivi vocem de caelo iterum loquentem mecum, et dicentem: Vade, et
accipe librum apertum de manu angeli
stantis super mare, et super terram. 9 Et
abii ad angelum, dicens ei, ut daret mihi
librum. Er dixit mihi: Accipe librum, et
devora illum: et faciet amaricari ventrem
tuum, sed in ore tuo erit dulce tanquam
mel. 10 Et accepi librum de manu angeli,
et devoravi illum: et erat in ore meo tanquam mel dulce, et cum devorassem eum,
amaricatus est venter meus: 11 et dixit
mihi: Oportet te iterum prophetare gentibus, et populis, et linguis, et regibus
multis.

Duo testes Dei

11 1 Et datus est mihi calamus similis
virgae, et dictum est mihi: Surge,
et metire templum Dei, et altare, et adorantes in eo: 2 atrium autem, quod est
foris templum, eiice foras, et ne metiaris
illud: quoniam datum est gentibus, et
civitatem sanctam calcabunt mensibus
quadraginta duobus: 3 et dabo duobus
testibus meis, et prophetabunt diebus
mille ducentis sexaginta, amicti saccis.
4 Hi sunt duae olivae et duo candelabra
in conspectu Domini terrae stantes. 5 Et
si quis voluerit eos nocere, ignis exiet
de ore eorum, et devorabit inimicos eorum: et si quis voluerit eos laedere, sic
oportet eum occidi. 6 Hi habent potestatem claudendi caelum, ne pluat diebus
prophetiae ipsorum: et potestatem habent
super aquas convertendi eas in sanguinem,
et percutere terram omni plaga quotiescumque voluerint. 7 Et cum finierint testimonium suum, bestia, quae ascendit
de abysso, faciet adversum eos bellum,
et vincet illos, et occidet eos. 8 Et corpora eorum iacebunt in plateis civitatis
magnae, quae vocatur spiritualiter Sodoma, et Aegyptus, ubi et Dominus eorum
crucifixus est. 9 Et videbunt de tribubus, et populis, et linguis, et gentibus
corpora eorum per tres dies et dimidium:
et corpora eorum non sinent poni in
monumentis: 10 et inhabitantes terram
gaudebunt super illos, et iucundabun-
tur: et munera mittent invicem, quoniam hi duo prophetae cruciaverunt eos,
qui habitabant super terram. 11 Et post
dies tres et dimidium, spiritus vitae a
Deo intravit in eos. Et steterunt super
pedes suos, et timor magnus cecidit super

Ios 1,4; Apoc 16,12. — **15:** Apoc 8,7. — **20:** 7; 113,4; 134,15; Is 2,8.20; Dan 5,4; 1 Cor 10,20. **21:** 4 Reg 9,22.

10 **1:** Apoc 5,2; 18,1. — **3:** Ier 25,30; Os 11, 10; Am 1,2. — **4:** Dan 8,26; 12,4. — **5:** Deut 32,40; Dan 12,7. — **6:** Gen 14,22; Ex 20, 11; Dan 12,7. — **7:** Dan 9,10; Am 3,7; Apoc 11, 15. — **9:** Ez 2,8; 3,1-3. — **11:** Ier 1,10; Dan 3, 4; 7,14.

11 **1:** Ez 40,3; Zach 2,1; Apoc 21,15-16. — **2:** Zach 12,3; Lc 21,24. — **3:** Apoc 12,6; 13,5. — **4:** Zach 4,3.11-14. — **5:** 4 Reg 1,10; Lc 9,54. — **6:** Ex 7,20; 3 Reg 17,1; Iac 5,17. — **7:** Dan 7,21; Apoc 13,1; 17,8. — **8:** Is 1,10; Apoc 16,19. — **11:** Ez 37,10. — **12:** 4 Reg 2,11;

eos qui viderunt eos. 12 Et audierunt
vocem magnam de caelo, dicentem eis:
Ascendite huc. Et ascenderunt in caelum
in nube: et viderunt illos inimici eorum.
13 Et in illa hora factus est terraemotus
magnus, et decima pars civitatis cecidit:
et occisa sunt in terraemotu nomina hominum septem millia: et reliqui in timorem sunt missi, et dederunt gloriam Deo
caeli.
14 Vae secundum abiit: et ecce vae tertium veniet cito.

Cum septima tuba advenit regnum Dei

15 Et septimus angelus tuba cecinit:
et factae sunt voces magnae in caelo dicentes: Factum est regnum huius mundi,
Domini nostri et Christi eius, et regnabit
in saecula saeculorum. Amen. 16 Et viginti quatuor seniores, qui in conspectu
Dei sedent in sedibus suis, ceciderunt in
facies suas, et adoraverunt Deum, dicentes: 17 Gratias agimus tibi, Domine Deus
omnipotens, qui es, et qui eras, et qui
venturus es: quia accepisti virtutem tuam
magnam, et regnasti. 18 Et iratae sunt
gentes, et advenit ira tua et tempus mortuorum iudicari, et reddere mercedem
servis tuis prophetis, et sanctis, et timentibus nomen tuum pusillis et magnis, et
exterminandi eos qui corruperunt terram.
19 Et apertum est templum Dei in caelo:
et visa est arca testamenti eius in templo
eius, et facta sunt fulgura, et voces, et
terraemotus, et grando magna.

Mulier et draco

12 1 Et signum magnum apparuit in
caelo: Mulier amicta sole et luna
sub pedibus eius, et in capite eius corona
stellarum duodecim: 2 et in utero habens,
clamabat parturiens et cruciabatur ut
pariat. 3 Et visum est aliud signum in
caelo: et ecce draco magnus rufus habens
capita septem, et cornua decem: et in capitibus eius diademata septem, 4 et cauda
eius trahebat tertiam partem stellarum
caeli, et misit eas in terram, et draco
stetit ante mulierem, quae erat paritura:
ut cum peperisset, filium eius devoraret.
5 Et peperit filium masculum, qui rectu-
rus erat omnes gentes in virga ferrea: et
raptus est filius eius ad Deum, et ad thronum eius, 6 et mulier fugit in solitudinem
ubi habebat locum paratum a Deo, ut
ibi pascant eam diebus mille ducentis
sexaginta.

Praelium magnum in caelo

7 Et factum est praelium magnum in
caelo: Michael et angeli eius praeliabantur cum dracone, et draco pugnabat, et
angeli eius: 8 et non valuerunt neque locus
inventus est eorum amplius in caelo. 9 Et
proiectus est draco ille magnus, serpens
antiquus, qui vocatur diabolus, et Satanas, qui seducit universum orbem: et
proiectus est in terram, et angeli eius
cum illo missi sunt. 10 Et audivi vocem
magnam in caelo dicentem: Nunc facta
est salus, et virtus, et regnum Dei nostri,
et potestas Christi eius: quia proiectus
est accusator fratrum nostrorum, qui ac-
cusabat illos ante conspectum Dei nostri
die ac nocte. 11 Et ipsi vicerunt eum propter sanguinem Agni, et propter verbum
testimonii sui, et non dilexerunt animas
suas usque ad mortem. 12 Propterea laetamini caeli, et qui habitatis in eis. Vae
terrae, et mari, quia descendit diabolus
ad vos habens iram magnam, sciens quod
modicum tempus habet.

Draco mulierem persequitur

13 Et postquam vidit draco quod proiectus esset in terram, persecutus est mulierem, quae peperit masculum: 14 et datae
sunt mulieri alae duae aquilae magnae
ut volaret in desertum in locum suum, ubi
alitur per tempus et tempora, et dimidium temporis a facie serpentis. 15 Et
misit serpens ex ore suo post mulierem,
aquam tanquam flumen, ut eam faceret
trahi a flumine. 16 Et adiuvit terra mulierem, et aperuit terra os suum, et absorbuit flumen, quod misit draco de ore
suo. 17 Et iratus est draco in mulierem:
et abiit facere praelium cum reliquis de
semine eius, qui custodiunt mandata Dei,
et habent testimonium Iesu Christi. 18 Et
stetit supra arenam maris.

Bestia ascendens de mari

13 1 Et vidi de mari bestiam ascendentem habentem capita septem,
et cornua decem, et super cornua eius
decem diademata et super capita eius

Apoc 4,1. — **13:** Apoc 6,12. — **14:** Apoc 9,12. **15:** Dan 2,44; 7,14.27; Apoc 10,7. — **16:** Apoc 4,4.10. — **17:** Apoc 4,8; 19,6. — **18:** Ps 2,1.5; Dan 7,10; Apoc 20,12. — **19:** 3 Reg 8,6; Hebr 9, 4; Apoc 11,1; 15,5.

12 **1:** Apoc 15,1. — **3:** Dan 7,7; Apoc 13, 2.4; 16,13; 20,2. — **4:** Dan 8,10. — **5:** Ps 2,9; Apoc 2,27; 19,15. — **6:** Apoc 11,2; 13,5. — **7:** Dan 10,13.21; 12,1; Iudae 9. — **9:** Gen 3,1.14; Lc 10,18; Io 12,31. — **10:** Apoc 11, 15. — **11:** Apoc 7,14; 15,2. — **12:** Is 44,23. — **14:** Dan 7,25; 12,7. — **17:** Gen 3,15.

13 **1:** Apoc 12,3; 17,12. — **2:** Dan 7,4. — **3:** Apoc 17,8.11. — **5:** Dan 7,8; 2 Thess

nomina blasphemiae. 2 Et bestia, quam
vidi, similis erat pardo, et pedes eius sicut
pedes ursi, et os eius sicut os leonis. Et
dedit illi draco virtutem suam, et potestatem magnam. 3 Et vidi unum de capitibus suis quasi occisum in mortem: et
plaga mortis eius curata est. Et admirata
est universa terra post bestiam. 4 Et adoraverunt draconem, qui dedit potestatem
bestiae: et adoraverunt bestiam, dicentes:
Quis similis bestiae? et quis poterit pugnare cum ea? 5 Et datum est ei os loquens
magna et blasphemias: et data est ei
potestas facere menses quadraginta duos.
6 Et aperuit os suum in blasphemias ad
Deum, blasphemare nomen eius, et tabernaculum eius, et eos qui in caelo
habitant. 7 Et est datum illi bellum facere
cum sanctis, et vincere eos. Et data est
illi potestas in omnem tribum, et populum,
et linguam, et gentem, 8 et adoraverunt
eam omnes, qui inhabitant terram: quorum non sunt scripta nomina in libro vitae Agni, qui occisus est ab origine mundi.
9 Si quis habet aurem, audiat. 10 Qui
in captivitatem duxerit, in captivitatem
vadet: qui in gladio occiderit, oportet
eum gladio occidi. Hic est patientia, et
fides sanctorum.

Altera bestia

11 Et vidi aliam bestiam ascendentem
de terra, et habebat cornua duo similia
Agni, et loquebatur sicut draco. 12 Et
potestatem prioris bestiae omnem faciebat in conspectu eius: et fecit terram, et
habitantes in ea, adorare bestiam primam;
cuius curata est plaga mortis. 13 Et fecit
signa magna ut etiam ignem faceret de
caelo descendere in terram in conspectu
hominum. 14 Et seduxit habitantes in terra
propter signa, quae data sunt illi facere
in conspectu bestiae, dicens habitantibus
in terra, ut faciant imaginem bestiae,
quae habet plagam gladii, et vixit. 15 Et
datum est illi ut daret spiritum imagini
bestiae, et ut loquatur imago bestiae: et
faciat ut quicumque non adoraverint imaginem bestiae, occidantur. 16 Et faciet
omnes pusillos, et magnos, et divites, et
pauperes, et liberos, et servos habere
characterem in dextera manu sua, aut
in frontibus suis: 17 et nequis possit emere,
aut vendere, nisi qui habet characterem,
aut nomen bestiae, aut numerum nominis eius.
18 Hic sapientia est. Qui habet intellectum, computet numerum bestiae. Numerus enim hominis est: et numerus eius
sexcenti sexaginta sex.

Agnus in monte Sion

14 1 Et vidi: et ecce Agnus stabat
supra montem Sion, et cum eo
centum quadraginta quatuor millia, habentes nomen eius, et nomen Patris eius
scriptum in frontibus suis. 2 Et audivi
vocem de caelo, tanquam vocem aquarum
multarum, et tanquam vocem tonitrui
magni: et vocem, quam audivi, sicut
citharoedorum citharizantium in citharis
suis. 3 Et cantabant quasi canticum novum
ante sedem, et ante quatuor animalia, et
seniores: et nemo poterat dicere canticum,
nisi illa centum quadraginta quatuor millia, qui empti sunt de terra. 4 Hi sunt,
qui cum mulieribus non sunt coinquinati:
virgines enim sunt. Hi sequuntur Agnum
quocumque ierit. Hi empti sunt ex hominibus primitiae Deo, et Agno: 5 et in ore
eorum non est inventum mendacium: sine
macula enim sunt ante thronum Dei.

Babylonis iudicium annuntiatur

6 Et vidi alterum angelum volantem
per medium caeli, habentem Evangelium
aeternum, ut evangelizaret sedentibus super terram, et super omnem gentem, et
tribum, et linguam, et populum: 7 dicens
magna voce: Timete Dominum, et date
illi honorem, quia venit hora iudicii eius:
et adorate eum, qui fecit caelum, et terram, mare, et fontes aquarum. 8 Et alius
angelus secutus est dicens: Cecidit, cecidit
Babylon illa magna: quae a vino irae
fornicationis suae potavit omnes gentes.
9 Et tertius angelus secutus est illos, dicens voce magna: Si quis adoraverit
bestiam, et imaginem eius, et acceperit
characterem in fronte sua, aut in manu
sua: 10 et hic bibet de vino irae Dei,
quod mistum est mero in calice irae ipsius,
et cruciabitur igne, et sulphure in conspectu angelorum sanctorum, et ante conspectum Agni: 11 et fumus tormentorum
eorum ascendet in saecula saeculorum:
nec habent requiem die ac nocte, qui
adoraverunt bestiam, et imaginem eius,
et si quis acceperit characterem nominis
eius.
12 Hic patientia sanctorum est, qui custodiunt mandata Dei, et fidem Iesu. 13 Et
audivi vocem de caelo, dicentem mihi:

2,4. — **6:** Enc. Pii IX: D 1634. — **7:** Dan 7,21; Apoc 11,7. — **8:** Dan 12,1; Apoc 17,8. — **10:** Ier 15,2; Zach 11,9; Mt 26,52; Apoc 14,12. — **11:** Apoc 16,13. — **13:** Mt 24,24; 2 Thess 2,9. **14:** 3 Reg 18,38; 4 Reg 1,10; Apoc 14,9.11; 19,20. — **16:** Apoc 16,2. — **18:** Apoc 17,9.

14 **1:** Apoc 7,4; 22,4. — **2:** Apoc 1,15. — **3:** Apoc 5,9. — **4:** 2 Cor 11,2. — **5:** Soph 3,13. — **6:** Apoc 8,13. — **7:** Apoc 15,4. — **8:** Is 21,9; Ier 51,8; Apoc 18,2. — **9:** Apoc 13,14. — **10:** Ps 74,9; Is 34,9; 51,17; Ez 38,22; 2 Thess 1,3. — **11:** Is 34,10; Apoc 19,3. — **12:** Apoc 12,

Scribe: Beati mortui qui in Domino moriuntur. Amodo iam dicit Spiritus, ut
requiescant a laboribus suis: opera enim
illorum sequuntur illos.

Imago messis et vindemiae

14 Et vidi et ecce nubem candidam: et
super nubem sedentem similem Filio hominis, habentem in capite suo coronam
auream, et in manu sua falcem acutam.
15 Et alius angelus exivit de templo, clamans voce magna ad sedentem super nubem: Mitte falcem tuam, et mete, quia
venit hora ut metatur, quoniam aruit
messis terrae. 16 Et misit qui sedebat
super nubem, falcem suam in terram, et
demessa est terra.
17 Et alius angelus exivit de templo,
quod est in caelo, habens et ipse falcem
acutam. 18 Et alius angelus exivit de altari,
qui habebat potestatem supra ignem: et
clamavit voce magna ad eum qui habebat
falcem acutam, dicens: Mitte falcem tuam
acutam, et vindemia botros vineae terrae:
quoniam maturae sunt uvae eius. 19 Et
misit angelus falcem suam acutam in terram et vindemiavit vineam terrae, et
misit in lacum irae Dei magnum: 29 et
calcatus est lacus extra civitatem, et exivit
sanguis de lacu usque ad frenos equorum
per stadia mille sexcenta.

Canticum victoriae iustorum

15 1 Et vidi aliud signum in caelo
magnum et mirabile, angelos septem, habentes plagas septem novissimas:
quoniam in illis consummata est ira Dei.
2 Et vidi tanquam mare vitreum mistum
igne, et eos, qui vicerunt bestiam, et imaginem eius, et numerum nominis eius,
stantes super mare vitreum, habentes citharas Dei: 3 et cantantes canticum Moysi
servi Dei, et canticum Agni, dicentes:
Magna et mirabilia sunt opera tua, Domine Deus omnipotens: iustae et verae
sunt viae tuae, Rex saeculorum. 4 Quis
non timebit te Domine, et magnificabit
nomen tuum? quia solus pius es: quoniam omnes gentes venient, et adorabunt
in conspectu tuo, quoniam iudicia tua
manifesta sunt.

Septem angeli phialas afferentes

5 Et post haec vidi, et ecce apertum est
templum tabernaculi testimonii in caelo:
6 et exierunt septem angeli habentes septem plagas de templo, vestiti lino mundo
et candido, et praecincti circa pectora
zonis aureis. 7 Et unum de quatuor animalibus dedit septem angelis septem phialas aureas, plenas iracundiae Dei viventis in saecula saeculorum. 8 Et impletum
est templum fumo a maiestate Dei, et de
virtute eius: et nemo poterat introire in
templum, donec consummarentur septem
plagae septem angelorum.

Phialae effunduntur

16 1 Et audivi vocem magnam de templo, dicentem septem angelis: Ite,
et effundite septem phialas irae Dei in
terram. 2 Et abiit primus, et effudit phialam suam in terram et factum est vulnus
saevum, et pessimum in homines, qui
habebant characterem bestiae: et in eos
qui adoraverunt imaginem eius.
3 Et secundus angelus effudit phialam
suam in mare, et factus est sanguis tanquam mortui: et omnis anima vivens
mortua est in mari.
4 Et tertius effudit phialam suam super
flumina, et super fontes aquarum, et factus est sanguis. 5 Et audivi angelum aquarum dicentem: Iustus es, Domine, qui es,
et qui eras sanctus, qui haec iudicasti:
6 quia sanguinem sanctorum et prophetarum effuderunt, et sanguinem eis dedisti bibere: digni enim sunt. 7 Et audivi
alterum ab altari dicentem: Etiam Domine Deus omnipotens, vera et iusta iudicia
tua.
8 Et quartus angelus effudit phialam
suam in solem, et datum est illi aestu
affligere homines, et igni: 9 et aestuave-
runt homines aestu magno, et blasphemaverunt nomen Dei habentis potestatem super has plagas, neque egerunt poenitentiam ut darent illi gloriam.
10 Et quintus angelus effudit phialam
suam super sedem bestiae: et factum est
regnum eius tenebrosum, et commandu-
caverunt linguas suas prae dolore: 11 et
blasphemaverunt Deum caeli prae doloribus, et vulneribus suis, et non egerunt
poenitentiam ex operibus suis.
12 Et sextus angelus effudit phialam
suam in flumen illud magnum Euphraten: et siccavit aquam eius, ut praepara-
retur via regibus ab ortu solis. 13 Et vidi
de ore draconis, et de ore bestiae, et de
ore pseudoprophetae spiritus tres immundos in modum ranarum. 14 Sunt enim

17. — **13:** 1 Cor 15,54; Apoc 20,6. — **14:** Dan 7, 13. — **15:** Ier 51,33; Ioel 3,13. — **19:** Apoc 19, 15. — **20:** Is 63,3; Lam 1,15.

15 **1:** Apoc 16,1; 17,1; 21,9. — **2:** Apoc 4,6; 12,11. — **3:** Ex 15,1; Ps 65,3; 138,14. — **5:** Ex 25,21. — **6:** Ez 28,13; Apoc 1,13. — **7:** Apoc 4,6. — **8:** Ex 40,32; 3 Reg 8,10; Is 6,4.

16 **1:** Ps 38,6; Ier 10,25; Soph 3,8. — **3:** Ex 7,20. — **4:** Ps 77,44. — **6:** Is 49,26. — **7:** Apoc 15,3; 19,2. — **10:** Ex 10,22; Is 8,21; Apoc 13,2. — **12:** Is 11,15; 44,27; Ier 50,38; Apoc 9,14. — **13:** Apoc 12,3; 13,1. — **14:** Mt 24,

spiritus daemoniorum facientes signa, et
procedunt ad reges totius terrae congregare illos in praelium ad diem magnum
omnipotentis Dei. 15 Ecce venio sicut fur.
Beatus qui vigilat, et custodit vestimenta
sua, ne nudus ambulet, et videant turpitudinem eius. 16 Et congregabit illos in
locum qui vocatur hebraice Armagedon.
17 Et septimus angelus effudit phialam
suam in aerem, et exivit vox magna de
templo a throno, dicens: Factum est.
18 Et facta sunt fulgura, et voces, et tonitrua, et terraemotus factus est magnus,
qualis nunquam fuit ex quo homines fuerunt super terram: talis terraemotus, sic
magnus. 19 Et facta est civitas magna
in tres partes: et civitates gentium ceciderunt. Et Babylon magna venit in memoriam ante Deum, dare illi calicem vini
indignationis irae eius. 20 Et omnis insula
fugit, et montes non sunt inventi. 21 Et
grando magna sicut talentum descendit
de caelo in homines: et blasphemaverunt
Deum homines propter plagam grandinis:
quoniam magna facta est vehementer.

Iudicium Babylonis

17 1 Et venit unus de septem angelis,
qui habebant septem phialas, et
locutus est mecum, dicens: Veni, ostendam tibi damnationem meretricis magnae,
quae sedet super aquas multas, 2 cum qua
fornicati sunt reges terrae, et inebriati
sunt qui inhabitant terram de vino prostitutionis eius. 3 Et abstulit me in spiritu
in desertum. Et vidi mulierem sedentem
super bestiam coccineam, plenam nominibus blasphemiae, habentem capita septem, et cornua decem. 4 Et mulier erat
circumdata purpura, et coccino, et inaurata auro, et lapide pretioso, et margaritis,
habens poculum aureum in manu sua,
plenum abominatione, et immunditia fornicationis eius. 5 Et in fronte eius nomen
scriptum: Mysterium: Babylon magna,
mater fornicationum, et abominationum
terrae. 6 Et vidi mulierem ebriam de
sanguine sanctorum, et de sanguine mar-
tyrum Iesu. Et miratus sum cum vidissem
illam admiratione magna.
7 Et dixit mihi angelus: Quare miraris?
ego dicam tibi sacramentum mulieris, et
bestiae, quae portat eam, quae habet
capita septem, et cornua decem. 8 Bestia,
quam vidisti, fuit, et non est, et ascensura
est de abysso, et in interitum ibit: et
mirabuntur inhabitantes terram (quorum
non sunt scripta nomina in libro vitae a
constitutione mundi) videntes bestiam,
quae erat, et non est. 9 Et hic est sensus,
qui habet sapientiam. Septem capita: septem montes sunt, super quos mulier sedet, et reges septem sunt. 10 Quinque ceciderunt, unus est, et alius nondum venit:
et cum venerit, oportet illum breve tempus manere. 11 Et bestia, quae erat, et
non est: et ipsa octava est: et de septem
est, et in interitum vadit. 12 Et decem
cornua, quae vidisti, decem reges sunt:
qui regnum nondum acceperunt, sed potestatem tanquam reges una hora accipient post bestiam. 13 Hi unum consilium
habent, et virtutem, et potestatem suam
bestiae tradent. 14 Hi cum Agno pugnabunt, et Agnus vincet illos: quoniam
Dominus dominorum est, et Rex regum,
et qui cum illo sunt, vocati, electi, et
fideles.
15 Et dixit mihi: Aquae, quas vidisti
ubi meretrix sedet, populi sunt, et gentes,
et linguae. 16 Et decem cornua, quae
vidisti in bestia: hi odient fornicariam, et
desolatam facient illam, et nudam, et
carnes eius manducabunt, et ipsam igni
concremabunt. 17 Deus enim dedit in corda eorum ut faciant quod placitum est
illi: ut dent regnum suum bestiae donec
consummentur verba Dei. 18 Et mulier,
quam vidisti, est civitas magna, quae habet regnum super reges terrae.

Lamentatio de Babylonis interitu

18 1 Et post haec vidi alium angelum
descendentem de caelo, habentem
potestatem magnam: et terra illuminata
est a gloria eius. 2 Et exclamavit in fortitudine dicens: Cecidit, cecidit Babylon
magna: et facta est habitatio daemoniorum, et custodia omnis spiritus immundi,
et custodia omnis volucris immundae,
et odibilis: 3 quia de vino irae fornicationis eius biberunt omnes gentes: et reges
terrae cum illa fornicati sunt: et mercatores terrae de virtute deliciarum eius divites
facti sunt.
4 Et audivi aliam vocem de caelo, dicentem: Exite de illa populus meus: ut
ne participes sitis delictorum eius, et de
plagis eius non accipiatis. 5 Quoniam pervenerunt peccata eius usque ad caelum et
recordatus est Dominus iniquitatum eius.
6 Reddite illi sicut et ipsa reddidit vobis:

24. — **15:** 1 Thess 5,2. — **16:** 2 Par 35,22; Zach 12,11. — **17:** Apoc 11,15; 21,6. — **18:** Apoc 4,5; 6,12. — **19:** Apoc 11,8.13. — **20:** Apoc 6,14. — **21:** Ex 9,23; Ios 9,11.

17 **1:** Ier 51,13; Apoc 15,1. || Conc. Trid.: D 945. — **2:** Apoc 14,8. — **3:** Apoc 12, 3. — **4:** Ier 51,7. — **5:** 2 Thess 2,7. — **6:** Apoc 16,6. — **8:** Apoc 13,1. — **9:** Apoc 13,18. — **12:** Apoc 13,1. — **14:** Deut 10,17; 1 Tim 6,15. — **15:** Is 8,7. || Conc. Florent.: D 698; Conc. Trid.: D 945. — **18:** Apoc 11,8; 16,19; 18,10.

18 **1:** Ez 43,2. — **2:** Is 13,21; 34,14; Ier 50, 39. — **3:** Is 23,17; Ier 25,27; Ez 27,33. **4:** Is 48,20; 52,11; Ier 50,8; 51,6.45. — **6:** Ier

et duplicate duplicia secundum opera
eius: in poculo, quo miscuit, miscete illi
duplum. 7 Quantum glorificavit se, et in
deliciis fuit, tantum date illi tormentum
et luctum: quia in corde suo dicit: Sedeo
regina: et vidua non sum: et luctum non
videbo. 8 Ideo in una die venient plagae
eius, mors, et luctus, et fames, et igne
comburetur: quia fortis est Deus, qui iudicabit illam.

9 Et flebunt, et plangent se super illam
reges terrae, qui cum illa fornicati sunt,
et in deliciis vixerunt, cum viderint fumum incendii eius: 10 longe stantes propter timorem tormentorum eius, dicentes:
Vae, vae civitas illa magna Babylon,
civitas illa fortis: quoniam una hora venit
iudicium tuum. 11 Et negotiatores terrae
flebunt, et lugebunt super illam: quoniam
merces eorum nemo emet amplius: 12 merces auri, et argenti, et lapidis pretiosi, et
margaritae, et byssi, et purpurae, et serici,
et cocci (et omne lignum thyinum, et omnia vasa eboris, et omnia vasa de lapide
pretioso, et aeramento, et ferro, et marmore, 13 et cinnamomum) et odoramentorum, et unguenti, et thuris, et vini, et
olei, et similae, et tritici, et iumentorum,
et ovium, et equorum, et rhedarum, et
mancipiorum, et animarum hominum.
14 Et poma desiderii animae tuae discesserunt a te, et omnia pinguia, et praeclara
perierunt a te, et amplius illa iam non
invenient. 15 Mercatores horum, qui divites facti sunt, ab ea longe stabunt propter
timorem tormentorum eius, flentes, ac
lugentes, 16 et dicentes: Vae, vae civitas
illa magna, quae amicta erat bysso, et
purpura, et cocco, et deaurata erat auro,
et lapide pretioso, et margaritis: 17 quoniam una hora destitutae sunt tantae
divitiae, et omnis gubernator, et omnis
qui in lacum navigat, et nautae, et qui in
mari operantur, longe steterunt, 18 et clamaverunt videntes locum incendii eius,
dicentes: Quae similis civitati huic magnae? 19 Et miserunt pulverem super capita
sua, et clamaverunt flentes, et lugentes,
dicentes: Vae, vae civitas illa magna, in
qua divites facti sunt omnes, qui habebant naves in mari de pretiis eius: quoniam una hora desolata est. 20 Exsulta super eam caelum, et sancti apostoli, et
prophetae: quoniam iudicavit Deus iudicium vestrum de illa.

21 Et sustulit unus angelus fortis lapidem quasi molarem magnum, et misit in
mare, dicens: Hoc impetu mittetur Babylon civitas illa magna, et ultra iam non
invenietur. 22 Et vox citharoedorum, et
musicorum, et tiba canentium, et tuba
non audietur in te amplius: et omnis artifex omnis artis non invenietur in te amplius: et vox molae non audietur in te
amplius: 23 et lux lucernae non lucebit in
te amplius: et vox sponsi et sponsae non
audietur adhuc in te: quia mercatores tui
erant principes terrae, quia in veneficiis
tuis erraverunt omnes gentes. 24 Et in ea
sanguis prophetarum et sanctorum inventus est: et omnium qui interfecti sunt in
terra.

Laudes in caelo de Babylonis interitu

19 1 Post haec audivi quasi vocem
turbarum multarum in caelo dicentium: Alleluia: Salus, et gloria, et virtus Deo nostro est: 2 quia vera et iusta
iudicia sunt eius, qui iudicavit de mere-
trice magna, quae corrupit terram in pros-
titutione sua, et vindicavit sanguinem
servorum suorum de manibus eius. 3 Et
iterum dixerunt: Alleluia. Et fumus eius
ascendit in saecula saeculorum. 4 Et ceciderunt seniores viginti quatuor, et quatuor animalia, et adoraverunt Deum sedentem super thronum, dicentes: Amen:
Alleluia.

5 Et vox de throno exivit, dicens: Laudem dicite Deo nostro omnes servi eius:
et qui timetis eum pusilli et magni. 6 Et
audivi quasi vocem turbae magnae, et
sicut vocem aquarum multarum, et sicut
vocem tonitruorum magnorum, dicentium: Alleluia: quoniam regnavit Dominus Deus noster omnipotens. 7 Gaudea-
mus, et exsultemus: et demus gloriam ei:
quia venerunt nuptiae Agni, et uxor eius
praeparavit se. 8 Et datum est illi ut co-
operiat se byssino splendenti et candido.
Byssinum enim iustificationes sunt sanctorum. 9 Et dixit mihi: Scribe: Beati qui
ad coenam nuptiarum Agni vocati sunt:
et dixit mihi: Haec verba Dei vera sunt.
10 Et cecidi ante pedes eius, ut adorarem
eum. Et dicit mihi: Vide ne feceris: conservus tuus sum, et fratrum tuorum habentium testimonium Iesu. Deum adora.
Testimonium enim Iesu est spiritus prophetiae.

Caelestis exercitus

11 Et vidi caelum apertum, et ecce equus
albus, et qui sedebat super eum, vocabatur Fidelis, et Verax, et cum iustitia iudi-

50,29; 51,9. — **7:** Is 47,7; Ez 28,2; Soph 2,15. — **8:** Is 47,9. — **9:** Is 23,17; Ez 26,16. — **10:** Is 21, 9; Ier 51,8. — **11:** Ez 27,12. — **17:** Ez 23,14. **20:** Deut 32,43; Ier 51,63. — **22:** Is 24,8; Ez 26, 13. — **23:** Is 47,9; Ier 7,34. — **24:** Ier 51,49.

19 **1:** Apoc 7,10. — **2:** 4 Reg 9,7; Apoc 18, 20. — **3:** Apoc 14,11. — **4:** Apoc 4,4; 6, 10. — **5:** Ps 134,1. — **6:** Apoc 1,15; 11,15. — **7:** Ps 44,11; Is 61,10; Eph 5,28. — **9:** Lc 14,15. **10:** Act 10,25-26; Apoc 22,8-9. — **11:** Is 11,3;

cat et pugnat. 12 Oculi autem eius sicut
flamma ignis, et in capite eius diademata
multa, habens nomen scriptum, quod
nemo novit nisi ipse. 13 Et vestitus erat
veste aspersa sanguine: et vocatur nomen
eius: Verbum Dei. 14 Et exercitus qui sunt
in caelo, sequebantur eum in equis albis,
vestiti byssino albo et mundo. 15 Et de
ore eius procedit gladius ex utraque parte
acutus: ut in ipso percutiat gentes. Et
ipse reget eas in virga ferrea: et ipse calcat
torcular vini furoris irae Dei omnipotentis. 16 Et habet in vestimento et in femore
suo scriptum: Rex regum et Dominus
dominantium.

Aves invitantur ad praedam

17 Et vidi unum angelum stantem in
sole, et clamavit voce magna, dicens omnibus avibus, quae volabant per medium
caeli: Venite, et congregamini ad coenam
magnam Dei: 18 ut manducetis carnes
regum, et carnes tribunorum, et carnes
fortium, et carnes equorum, et seden-
tium in ipsis, et carnes omnium liberorum,
et servorum, et pusillorum et magnorum.
19 Et vidi bestiam, et reges terrae, et
exercitus eorum congregatos ad faciendum praelium cum illo, qui sedebat in
equo, et cum exercitu eius. 20 Et apprehensa est bestia, et cum ea pseudoprophe-
ta: qui fecit signa coram ipso, quibus
seduxit eos, qui acceperunt characterem
bestiae, et qui adoraverunt imaginem eius.
Vivi missi sunt hi duo in stagnum ignis
ardentis sulphure: 21 et caeteri occisi sunt
in gladio sedentis super equum, qui procedit de ore ipsius: et omnes aves satura-
tae sunt carnibus eorum.

Draco in abysso ligatus per annos mille

20 1 Et vidi angelum descendentem de
caelo, habentem clavem abyssi, et
catenam magnam in manu sua. 2 Et apprehendit draconem, serpentem antiquum,
qui est diabolus, et Satanas, et ligavit eum
per annos mille: 3 et misit eum in abyssum,
et clausit, et signavit super illum ut non
seducat amplius gentes, donec consummentur mille anni: et post haec oportet
illum solvi modico tempore.

Christus regnat in terra cum sanctis suis

4 Et vidi sedes, et sederunt super eas
et iudicium datum est illis: et animas
decollatorum propter testimonium Iesu,
et propter verbum Dei, et qui non adoraverunt bestiam, neque imaginem eius, nec
acceperunt characterem eius in frontibus,
aut in manibus suis, et vixerunt, et regnaverunt cum Christo mille annis. 5 Caeteri
mortuorum non vixerunt, donec consummentur mille anni. Haec est resurrectio
prima. 6 Beatus, et sanctus, qui habet
partem in resurrectione prima: in his
secunda mors non habet potestatem: sed
erunt sacerdotes Dei et Christi, et regnabunt cum illo mille annis.

Exercitus Gog et eius ruina

7 Et cum consummati fuerint mille anni
solvetur Satanas de carcere suo, et exibit,
et seducet gentes, quae sunt super quatuor angulos terrae, Gog, et Magog, et
congregabit eos in praelium, quorum numerus est sicut arena maris. 8 Et ascenderunt super latitudinem terrae, et circuierunt castra sanctorum, et civitatem
dilectam. 9 Et descendit ignis a Deo de
caelo, et devoravit eos: et diabolus, qui
seducebat eos, missus est in stagnum
ignis, et sulphuris, ubi et bestia, 10 et pseu-
dopropheta cruciabuntur die ac nocte in
saecula saeculorum.
11 Et vidi thronum magnum candidum,
et sedentem super eum, a cuius conspectu
fugit terra, et caelum, et locus non est
inventus eis. 12 Et vidi mortuos magnos,
et pusillos stantes in conspectu throni,
et libri aperti sunt: et alius liber apertus
est qui est vitae: et iudicati sunt mortui
ex his, quae scripta erant in libris secundum opera ipsorum: 13 et dedit mare
mortuos, qui in eo erant: et mors et infernus dederunt mortuos suos, qui in
ipsis erant: et iudicatum est de singulis
secundum opera ipsorum. 14 Et infernus
et mors missi sunt in stagnum ignis.
Haec est mors secunda. 15 Et qui non
inventus est in libro vitae scriptus, missus
est in stagnum ignis.

Caelestis Ierusalem descriptio

21 1 Et vidi caelum novum et terram
novam. Primum enim caelum, et

Zach 6,3. — 12: Dan 10,6. — 13: Is 63,2; Io 1,1. 15: Ps 2,9; Is 11,4; 63,3. — 17: Ier 12,9; Ez 39,17. — 19: Apoc 11,7; 13,1. — 20: Dan 7,11; Apoc 13,11; 20,10.

20 1: Apoc 9,1. — 2: Gen 3,1; Zach 3,1. 4: Dan 7,9.22.27. — 5: 1 Cor 15,23; 1 Thess 4,16. — 6: Apoc 2,11; 21,8. — 7: Ez 38,2. — 8: Ez 38,9.16; Hab 1,6. — 9-10: Apoc 14,10-11; 16,13; 19,20. — 11: 2 Petr 3,7.10. — 12: Dan 7,11; 2 Cor 5,10. — 14: 1 Cor 15,26. — 15: Dan 12,1.

21 1: Is 65,17; 2 Petr 3,13. — 2: Is 61,10; Apoc 3,12. — 3: Ez 37,27; 2 Cor 6,16

prima terra abiit, et mare iam non est.
2 Et ego Ioannes vidi sanctam civitatem
Ierusalem novam descendentem de caelo
a Deo, paratam, sicut sponsam ornatam
viro suo. 3 Et audivi vocem magnam de
throno dicentem: Ecce tabernaculum Dei
cum hominibus, et habitabit cum eis. Et
ipsi populus eius erunt, et ipse Deus
cum eis erit eorum Deus: 4 et absterget
Deus omnem lacrymam ab oculis eorum:
et mors ultra non erit, neque luctus, neque
clamor, neque dolor erit ultra, quia prima
abierunt.

5 Et dixit qui sedebat in throno: Ecce
nova facio omnia. Et dixit mihi: Scribe,
quia haec verba fidelissima sunt, et vera.
6 Et dixit mihi: Factum est: ego sum
alpha et omega: initium et finis. Ego
sitienti dabo de fonte aquae vitae, gratis.
7 Qui vicerit, possidebit haec, et ero illi
Deus; et ille erit mihi filius. 8 Timidis
autem, et incredulis, et execratis, et homicidis, et fornicatoribus, et veneficis, et
idololatris, et omnibus mendacibus, pars
illorum erit in stagno ardenti igne et
sulphure: quod est mors secunda.

9 Et venit unus de septem angelis habentibus phialas plenas septem plagis
novissimis, et locutus est mecum, dicens:
Veni, et ostendam tibi sponsam, uxorem
Agni. 10 Et sustulit me in spiritu in montem magnum et altum, et ostendit mihi
civitatem sanctam Ierusalem descendentem
de caelo a Deo, 11 habentem claritatem
Dei: et lumen eius simile lapidi pretioso
tanquam lapidi iaspidis, sicut crystallum.
12 Et habebat murum magnum, et altum,
habentem portas duodecim: et in portis
angelos duodecim, et nomina inscripta,
quae sunt nomina duodecim tribuum filiorum Israel. 13 Ab oriente portae tres, et
ab aquilone portae tres, et ab austro portae tres, et ab occasu portae tres.

14 Et murus civitatis habens fundamenta
duodecim, et in ipsis duodecim nomina
duodecim apostolorum Agni.

15 Et qui loquebatur mecum, habebat
mensuram arundineam auream, ut meti-
retur civitatem, et portas eius, et murum.
16 Et civitas in quadro posita est, et longitudo eius tanta est quanta et latitudo:
et mensus est civitatem de arundine aurea
per stadia duodecim millia: et longitudo,
et altitudo, et latitudo eius aequalia sunt.
17 Et mensus est murum eius centum quadraginta quatuor cubitorum, mensura hominis, quae est angeli. 18 Et erat structura
muri eius ex lapide iaspide: ipsa vero
civitas aurum mundum simile vitro mundo. 19 Et fundamenta muri civitatis omni
lapide pretioso ornata. Fundamentum primum, iaspis: secundum, sapphirus: tertium, calcedonius: quartum, smaragdus:
20 quintum, sardonyx: sextum, sardius:
septimum, chrysolithus: octavum, beryllus: nonum, topazius: decimum chryso-
prasus: undecimum, hyacinthus: duode-
cimum, amethystus. 21 Et duodecim portae, duodecim margaritae sunt, per singulas: et singulae portae erant ex singulis
margaritis: et platea civitatis aurum mundum, tanquam vitrum perlucidum.

22 Et templum non vidi in ea: Dominus
enim Deus omnipotens templum illius
est, et Agnus. 23 Et civitas non eget sole,
neque luna ut luceant in ea, nam claritas
Dei illuminavit eam, et lucerna eius est
Agnus. 24 Et ambulabunt gentes in lumine eius: et reges terrae afferent gloriam
suam et honorem in illam. 25 Et portae
eius non claudentur per diem: nox enim
non erit illic. 26 Et afferent gloriam et
honorem gentium in illam. 27 Non intrabit in eam aliquod coinquinatum, aut
abominationem faciens et mendacium,
nisi qui scripti sunt in libro vitae Agni.

22 1 Et ostendit mihi fluvium aquae
vitae, splendidum tanquam crystallum, procedentem de sede Dei et Agni.
2 In medio plateae eius, et ex utraque parte fluminis lignum vitae, afferens fructus
duodecim, per menses singulos, reddens
fructum suum, et folia ligni ad sanitatem
gentium. 3 Et omne maledictum non erit
amplius: sed sedes Dei et Agni in illa erunt,
et servi eius servient illi. 4 Et videbunt faciem eius: et nomen eius in frontibus
eorum. 5 Et nox ultra non erit: et non ege-
bunt lumine lucernae, neque lumine solis,
quoniam Dominus Deus illuminabit illos,
et regnabunt in saecula saeculorum.

Epilogus

6 Et dixit mihi: Haec verba fidelissima
sunt, et vera. Et Dominus Deus spirituum
prophetarum misit angelum suum ostendere servis suis quae oportet fieri cito. 7 Et
ecce venio velociter. Beatus, qui custodit verba prophetiae libri huius. 8 Et ego
Ioannes, qui audivi, et vidi haec. Et postquam audissem, et vidissem, cecidi ut
adorarem ante pedes angeli, qui mihi haec
ostendebat: 9 et dixit mihi: Vide ne feceris:
conservus enim tuus sum, et fratrum tuo-

4: Is 35,10; Apoc 7,17. — **5:** Is 65,17; 2 Cor 5, 17. — **6:** Is 55,1; Apoc 1,8; 22,13. — **8:** Rom 1, 29; 2 Cor 6,18; 1 Tim 1,9. — **9:** Apoc 15,1. — **10:** Ez 40,2. — **12:** Ez 48,31. — **15:** Ez 40,3; Apoc 11,1. — **16:** Ez 43,16; 48,16-17. — **19:** Is 54,11. — **23:** Is 60,19; Apoc 22,5. — **24:** Is 60, 3. — **25:** Is 60,11. — **27:** Is 52,1; Apoc 22,15.

22 **1:** Ez 47,1.7. — **2:** Ez 47,12. — **3:** Zach 14,11. — **4:** Dan 7,18.27. — **6:** 1 Cor 14, 32; Apoc 21,5. — **7:** Apoc 3,11. — **8:** Apoc 19,

rum prophetarum, et eorum qui servant
verba prophetiae libri huius: Deum adora.
10 Et dicit mihi: Ne signaveris verba
prophetiae libri huius: tempus enim prope est. 11 Qui nocet, noceat adhuc; et qui
in sordibus est, sordescat adhuc: et qui
iustus est, iustificetur adhuc: et sanctus,
sanctificetur adhuc. 12 Ecce venio cito, et
merces mea mecum est, reddere unicuique
secundum opera sua. 13 Ego sum alpha et
omega, primus et novissimus, principium
et finis. 14 Beati, qui lavant stolas suas in
sanguine Agni: ut sit potestas eorum in
ligno vitae, et per portas intrent in civitatem. 15 Foris canes, et venefici, et impu-
dici, et homicidae, et idolis servientes et
omnis qui amat et facit mendacium. 16 Ego
Iesus misi angelum meum, testificari vobis in Ecclesiis. Ego sum radix, et genus
David, stella splendida et matutina. 17 Et
spiritus, et sponsa dicunt: Veni. Et qui
audit, dicat: Veni. Et qui sitit, veniat: et
qui vult, accipiat aquam vitae, gratis.
18 Contestor enim omni audienti verba
prophetiae libri huius: Si quis apposuerit
ad haec, apponet Deus super illum plagas
scriptas in libro isto. 19 Et si quis diminue-
rit de verbis libri prophetiae huius, auferet Deus partem eius de libro vitae, et de
civitate sancta, et de his quae scripta sunt
in libro isto: 20 dicit qui testimonium perhibet istorum. Etiam venio cito: Amen.
Veni Domine Iesu.
21 Gratia Domini nostri Iesu Christi
cum omnibus vobis. Amen.

10. — **10:** Apoc 10,4. — **11:** Dan 12,10. || Conc. Trid.: D 803. — **12:** Is 40,10; 62,11. — **13:** Apoc 1,8. — **14:** Apoc 7,14. — **15:** 1 Cor 6,9; Gal 5, 19; Apoc 21,8. — **16:** Num 24,17; Is 11,1; Apoc 5,5. — **17:** Io 4,10. — **18:** Deut 4,2; 12. 32. — **20:** 1 Cor 16,22. — **21:** Rom 16,20.

INDEX BIBLICUS DOCTRINALIS

1 Par 5,18; Iob 20,24 — iris: Gen 9,13-17; Eccli 43,12-13; Apoc 4,3.

Area: — locus apertus in campo ubi frumentum triturabatur: Deut 25,4; Ruth 3,2; Is 30, 24; Mt 3,12 — speciali modo aliquae areae efferuntur: Gen 50,10; 2 Sam 6,6; 24,16; 1 Par 13,9.

Areopagus, collis e regione Acropolis, ubi supremum Atheniensium tribunal considere solebat: Act 17,19.22.

Areuna: 2 Sam 24,16. Idem appellatur Ornan: 1 Par 21,15.

Argentum: — ad vasa et instrumenta conficienda: Ex 12,35; 38,26; Num 7,13; 10,2; 3 Reg 7,51; Act 17,29 — loco pecuniae inserviebat: Gen 20,16; 23,16; Ier 32,10; Mt 26,15.

Ariel: — nomen viri: Num 26,17; Esdr 8,16 — Ierusalem et altare Domini: Is 29,1; Ez 43, 15 — viri fortes: 1 Par 11,22.

Aries, ad varia sacrificiorum genera designatur: Gen 15,9; 22,13; Ex 29,1; Lev 5,15; 16,3; 23,18; Num 6,14; 7,15; 28,11.19.

Aromata, desumpta praesertim ex regno vegetali et ad varios usus adhibita: Ex 25,6; 30, 23-25.34-35; Mc 16,1; Io 19,40.

Arundo: — calamus mensorius: Ez 40,3-6; 42, 16-18; Apoc 11,1; 21,15 — calamus scriptorius: 3 Io 13 (Ier 36,23) — baculus: Mt 27, 29; Mc 15,19 — saepe in comparationibus: 3 Reg 14,15; Mt 11,7; 12,20.

Aruspices, vide **Incantatores.**

Asinus (in Oriente forma et habitu fratribus suis occidentalibus longe praestat): — magna pars substantiae apud Semitas: Gen 12,16; 30,43; 34,28; Num 31,28.34; Deut 28,31; Iud 6,4; 1 Sam 8,16; 1 Par 5,21; 27,30; Iob 1,14 — inter animalia impura numeratus: Ex 13,13; 4 Reg 6,25 — non ad opera bellica sed ad labores pacis ipso utebantur: Gen 22,3; 42,26; Deut 22,10; Ios 9,4; 2 Sam 16,1; Eccli 33,25; Is 30,24. (Cf. tamen 4 Reg 7,7; Is 21,7.) — etiam divites super ipsum equitabant: Ex 4, 20; Ios 15,18; Iud 5,10; 10,4; 12,14; 1 Sam 25, 20; 2 Sam 17,23; 3 Reg 2,40; 4 Reg 4,22 — super asinum Messias ingreditur Ierusalem: Zach 9,9; Mt 21,7; Io 12,14.

Asmodaeus: — septem viros Sarae occidit ante consummatum matrimonium: Tob 3,8 — ab angelo Raphael in desertum superioris Aegypti relegatur: Tob 9,3. (Cf. Lc 8,31; 11,24; Apoc 18,2.)

Aspis, serpens parvus sed maxime venenosus: Iob 20,16; Ps 90,13; Is 11,8.

Assidaei, pii Dei cultores accuratam legis mosaicae observationem tuentes: 1 Mach 2,42; 7,13; 2 Mach 14,6.

Assuerus, de quo Esdr 4,6, et Esth 1,1, est Xerxes I rex Persarum (485-465 a. C.). Ille vero de quo Dan 9,1, iuxta aliquos (alii enim aliter rem explicant), esset Cyaxares I rex Medorum (625-585 a. C.).

Assur: — filius Sem: Gen 10,22 — urbs regia, antequam Ninive floreret, a qua Assyria nomen accepit: Gen 10,11 — natio Assyriorum: Num 24,22; Is 7,18; 10,5; 30,31; 31,8.

Assyrii: — arte bellica et crudelitate insignes: Is 33,1; Nah 2,1-3,19 — regni Israel eversores: 4 Reg 15,29; 17,6 — regnum Iuda destruere cupientes a Deo impediuntur: 4 Reg 19,32-36; Is 37,33-36.

Astaroth (Venus semitica): — dea Chananaeorum quae simul cum Baal colebatur: Iud 2,13; 10,6; 1 Sam 7,4; 12,10 — dea Sidoniorum quae et Astarthe dicitur: 3 Reg 11,5.33; 4 Reg 23,13.

Augures, vide **Incantatores.**

Aurum: — iam ab antiquitate ad varios usus adhibitum: Gen 13,2; 24,22; Ex 3,22; 25,11; 32,4; 3 Reg 6,22; 1 Par 21,5; Is 2,20 — quinque regiones auro celebres laudantur: Gen 2, 12; 3 Reg 9,28; 2 Par 3,7; Ps 71,15; Ier 10,9.

Auster, ventus meridionalis calorem vel tempestatem afferens: Iob 37,17; Is 21,1; Zach 9, 5; Lc 12,55.

Avaritia: — nihil prodest.: Eccl 2,16; 5,9; Eccli 14,3; Mc 8,36; Lc 12,15 — causa omnium malorum: Prov 1,19; Eccli 10,9; 1 Tim 6, 9-10 — species idololatriae: Mt 6,24; Col 3, 5; Eph 5,5 — ab ea cavendum: Ps 118,36; Mt 6,19; Lc 12,15; 1 Cor 6,10; Tit 1,7.11; Hebr 13,5 — caveant praesertim iudices ne muneribus se corrumpi sinant: Ex 18,21; 23, 8; Deut 16,19; 27,25; Ps 25,10; Prov 15,27; 17,23; 28,16; Is 5,23; 33,15; Ez 22,12-13; Mich 3,11 — contra ipsam saepe prophetae: Is 5,8; 56,11; 57,17; Ier 6,13; 8,10; 22,17; Ez 33,31; Hab 2 9 — propter avaritiam aliqui perierunt: Ios 7,21; 1 Sam 8,3; 4 Reg 5,26-27; 2 Mach 10,20; Mt 26,15; Io 12,6; Act 5,2; 24,26.

Aves: — mundae et immundae: Lev 11,13-19; Deut 14,11-20 — ad sacrificia: Gen 8,20; 15, 9; Lev 1,14; 12,6; 14,4-7 — ad cibum: Deut 14,11.20; 22,6; Is 10,14; Lc 11,12.

Azarias: propheta qui regem Asa admonuit de foedere theocratico servando: 2 Par 15,1-8. Nomen valde frequens, ultra 25 vices in S. Scriptura occurrens.

Azyma, i. e. panis coctus absque fermento: — in festo Paschatis: Ex 12,8.18-20.34; 13, 6-7; Num 9,11; Deut 16,3 — in sacrificiis: Ex 23,18; 29,2.23; 34,25; Lev 2,11; 7,12; 8,2.26; Num 6,15.17.19 (Iud 6,19) — etiam in vita communi si tempus urgebat: Gen 19, 2 (Iud 6,19) — metaphorice: 1 Cor 5,7-8.

Baal (lat. *dominus*): — idolum chananaeum, cuius cultum Israelitae frequenter adoptarunt: Iud 2,11; 3,7; 6,25.30; 9,4; 10,6; 1 Sam 7,3; 3 Reg 16,31; 18,19; 19,18; 22,54; 4 Reg 10, 18-19; 17,16; 2 Par 21,6; 23,17; 28,4; 34,4; Os 13,1; Soph 1,4. Iuxta aliquos etiam in Num 25,3-5, ubi de Beelphegor, agitur de cultu Baal. — antiquiore tempore etiam verus Deus ita vocabatur prout ex quibusdam nominibus propriis apparet: 2 Sam 5,20; 1 Par 8,33-34; 9,39-40; 12,5. (Cf. 2 Sam 2,8; Os 2,16.)

Baalberith (= Baal foederis): idolum Sichemitarum: Iud 9,4. Cf. Iud 9,46.

Babylon, Babel, Babylonia: — urbs antiquissima: Gen 10,10; 11,9 — ob superbiam et depravationem insignis: Is 13,11.19; 14,11-14; 47,5-8; Ier 50,23-24; 51,1.25; Bar 6,42; Hab 1, 6-10 — typus magnae meretricis: 2 Petr 5,13; Apoc 17,5; 19,2 — babylonica captivitas: 4 Reg 23,27; 25,14-16; Esdr 3,8; Ier 15,2.

Bahem, palma ex auro confecta quae principibus offerebatur: 1 Mach 13,37.

Balaam: — ariolus a Balac vocatus ad maledicendum Israel: Num 22,5-20 — iam in itinere, avaritia captus, desiderio Ballac voluit satisfacere: Num 22,22.32; Ios 24,9-10; 2 Petr 2, 15; Iudae 11 — a Domino prohibetur et populum benedicit: Num 22,35; 23,1-24,25; Deut 23,5; Neh 13,2; Mich 6,5 — Israelitas inducit ad cultum Beelphegor: Num 31,8.16; Ios 13,22; Apoc 2,14.

Balsamum, inter aromata commemoratur: Eccli 24,20-21; Ez 27,17.

Baptismus: — lavatio ad immunditiem legalem amovendam: Ex 29,4; Lev 14,8; Mc 7,4; Lc 11,38 — illud quasi balneum quod subit qui magnis malis obruitur: Mc 10,38-39; Lc 12,50 — ritus sacrae lotionis seu tinctionis a Ioanne Baptista inductus ad poenitentiam excitandam et peccata remittenda: Mt 3,6-7; 21, 25; Mc 1,4-5; Lc 3,3; Io 1,28; Act 19,3-4 — sacramentum a Christo institutum: Mt 3, 11; 28,19; Mc 16,16; Io 3,5; Act 2,38.41; 8, 12; 19,5; 22,16; 1 Cor 1,14-17. (Cf. Io 3,22; 4,1-2.). — eius vis ac efficacia iuxta S. Paulum: Rom 6,3-4; 1 Cor 12,13; 15,29; Gal 3, 26-27; Col 2,12; Tit 3,5; Hebr 6,2-6. (Cf. 1 Petr 3,21.)

Barachias, de quo Mt 23,55, probabiliter idem est ac Ioiada. (Cf. 2 Par 24,20-25.)

Barba: — decus et ornamentum viri: 2 Sam 10, 4-5; 19,24; Ps 132,2; Is 7,20; 15,2; Ier 41,5; Bar 6,30; Ez 5,1 — prohibentur Israelitae extremum barbae abscindere more idololatrarum: Lev 19,27; 21,5.

Barbarus, qui peregrina lingua loquitur: Ps 113, 1; Act 28,1; 1 Cor 14,11; Col 3,11.

Bar Iona, idem ac *filius Iona* seu *Ioannes:* Cf. Mt 16,17, et Io 21,15.

Barnabas: — cognomen ab Apostolis Iosepho inditum: Act 4,36 — socius Pauli in apostolatu: Act 9,27; 11,21-15,37; 1 Cor 9,6; Gal 2,9.

Bartholomaeus apostolus (Mt 10,3; Mc 3,18; Lc 6,14; Act 1,13), probabiliter idem qui Nathanael: Io 1,45; 21,2.

Baruch: — amanuensis Ieremiae in scribendis oraculis: Ier 32,12-13; 36,4 — simul cum Ieremia descendit in Aegyptum: Ier 43,3-7 — prophetat in Babylonia: Bar 1,1-3.

Basiliscus, serpens venenosus, dictus quoque regulus, qui solo aspectu in opinione antiquorum mortem afferebat: Ps 90,13; Is 30,6.

Batus, mensura liquorum Hebraeis usitata, cuius valor erat 38,88 litrorum: 3 Reg 7,26.

Bdellium, gummi quoddam seu arbor a qua procedit: Gen 2,12; Num 11,7.

Beatitudo: — iustorum in vita futura: Sap 3, 3-9; 5,16-17; Dan 12,2-3; Mt 13,43; 25,34; Lc 16,25; 22,30; Io 16,22; 17,24; Hebr 10, 34-37; 1 Petr 1,4; 5,4; Apoc 7,917; 21,1-27 — quomodo comparetur: Mt 5,3-11; 19,29; 20,23; 25,10.21.23; Lc 22,28-30; Io 3,15-16. 36; 5,24; Act 2,21; 16,31; Eph 1,13-14; 2 Tim 1,9; Tit 3,5; Iac 1,12; Apoc 2,7.10 — cuius erit natura: Mc 12,25; 1 Cor 15, 42,44.

Beelphegor, vide **Baal.**

Beelzebub (= dominus muscarum): — idolum Accaronitarum: 4 Reg 1,2-3 — princeps daemoniorum: Mt 10,25; 12,24-27; Mc 3,22; Lc 11,15.18-19.

Behemoth, hippopotamus: Iob 40,10:19.

Bel, idolum Babyloniorum: Is 46,1; Ier 5,02; 51,44; Bar 6,40; Dan 14,2.

Belial: — vox hebr. respondens lat. *inutilis* seu *impius:* Deut 13,13; 1 Sam 1,16; 10,27; 2 Sam 16,7; 2 Par 13,7; Nah 1,15 — diabolus seu impius per excellentiam: 2 Cor 6,15.

Bellum: — cum incolis terrae promissae ob eorum horrenda scelera: Gen 15,16; Deut 9, 4-5; 20 16-18 — lex theocratica belli: Lev 26, 7-8.23-25; Deut 28,7.25; Ios 7,5-12; 8,1; Iud 2,14-18; 4 Reg 17,18-20; 2 Par 12,2; 20, 12-17; Is 30,12-18; Ier 5,15 — ad bellum procedebant tubis clangentibus et magna cum vociferatione: Num 10,9; Ios 6,10; 1 Sam 17, 20.52; 2 Par 13,15 — eximebantur levitae, formidolosi, alii: Num 2,33; Deut 20,5-8; Iud 7, 3; 1 Mach 3,50 — varia crudelitatum genera in bello: 2 Sam 12,31; 4 Reg 8,12; 15,16; 2 Par 25,12; Nah 3,10 — spirituale adversus inimicos salutis: Rom 13,12; 2 Cor 10,4; Eph 6,11-17.

Benedictio: — Dei animalibus et hominibus: Gen 1,22.28; 5,2 — Abrahae eiusque filiis: Gen 9,1; 12,2-3; 17,16; 25,11 — cultoribus Dei: Gen 49,25; Ex 23,25; Deut 7,13; 28, 2-14; Ps 5,13; Prov 3,33; Eccli 11,24 — parentum filiis: Gen 27,4.27.35; 48,15; Eccli 3,11; 1 Mach 2,69 — regum subditis: Deut 33,1; Ios 22,6; 2 Sam 6,18; 3 Reg 8,14 — sacerdotum populo: Lev 9,22; Num 6,23-27; Deut 10,8; 1 Sam 2,20 — cuiusvis proximo: Lc 6,28; Rom 12 14 — dicitur de beneficio seu dono quod alicui confertur: Gen 33 11; Ios 15 19; 1 Sam 25,27.

Berith, nomen idoli Baalberith: Iud 9,46. (Cf. Iud 9,4.)

Bestiae quiescere debent aliquando a labore: Ex 23,12; Deut 5,14; Prov 12,10.

Bethel: — antiqua urbs chananaea saepe memorata tempore Patriarcharum et Iudicum: Gen 12,8; 2,819; 35,6-7; Ios 8,17; Iud 1,23; 4,5; 1 Sam 7,16; 10,3 — in ea fecit Ieroboam vitulum aureum et constituit sacerdotes excelsorum: 3 Reg 12,29-32; 4 Reg 10,29; 23,15 — ad praevaricationes Bethel saepe alludunt prophetae: Ier 48,13; Os 10,15; Am 3,14; 4,4; 5,5-6 — in ea habitavit sacerdos ille a rege Assyriae positus ut doceret legitima Dei terrae: 4 Reg 17,28.

Bethlehem: — urbs Iuda, olim Ephrata (Gen 35,19) vocata, celebris in tota historia, quia in ipsa natus est David et postea Salvador noster: 1 Sam 17,12; Mich 5,2; Lc 2,4-7 — urbs Zabulon inter Nazareth et montem Carmel: Ios 19,15.

Bethsabee: — uxor Uriae, qua David adulterium commisit: 2 Sam 11,2-4; Ps 50 — mortuo Uria quatuor filios Davidi in Ierusalem genuit: 1 Par 3,5 — duae genealogiae Christi ad duos filios Bethsabee (Salomonem et Nathan) reducuntur: Mt 1,6; Lc 3,31.

Bilibris, mensura graeca pro aridis, cuius valor erat 1,08 lit.

Bitumen, minerale tetri odoris, pici simile, ad navigia aliasque res liniendas vel ad uniendos lapides in aedificiis: Gen 6,14; 11,3; Ex 23.

Blasphemia: — contumelia vel opprobrium, quod alteri verbis infertur: 2 Sam 21,21; Is 43, 28; 51,7; Ez 5,15; Rom 3,8; 1 Cor 4,13; 10, 30 — speciatim contumelia in Deum: Lev 24, 16; Num 16,30; 4 Reg 19,6; Tob 13,16; 2 Mach 8,4 — in Spiritum Sanctum: Mt 12, 31-32 — Christus blasphemiae accusatur: Mt 9,3; 26,65; Io 10,33.

Borith, herba cuius cineres adhibent fullones ad pannos abluendos: Ier 2,22; Mal 3,2.

Bos: — magna pars substantiae apud Semitas: Gen 12,16; Deut 8,13; 2 Sam 12 2; Iob 1,3 — multiplex usus boum: Num 7,3; Deut 25, 4; 3 Reg 19,19; Iob 1,14.

Bruchus, quoddam locustarum genus: Lev 11, 22; 1 Par 6,28; Ioel 1,4.

Bubalus, inter animalia munda numeratus: Deut 14,5; 3 Reg 4,23.

Buccina, i. e. cornu recurvum: — clangebatur ut signum bellicum: Ios 6,4; 1 Sam 13,3; 2 Sam 18,16; Iob 39,25; Ier 4,19 — ad convocandum populum in festivitatibus: Ex 19,13;

Lev 25,9; Num 29,1; 2 Sam 15,10; 3 Reg 1,34.

Bul, mensis octavus Calendarii israelitici: 3 Reg 6,38.

Butyrum, cibus valde frequens apud Israelitas: Gen 18,8; Deut 32,34; Iud 5,25; 2 – Sam 17 29; Is 7,15.

Byssus (linum), de quo frequenter loquitur Scriptura: Gen 41,42; Ex 25,4; 28,5; 38,9; 39,26; Prov 31,32: Ez 27,16; Lc 16,19; Apoc18,12.

Cabus, parva mensura hebraica, quae erat sexta pars sati: 4 Reg 6,25.

Cadus, de quo Lc 16,6, ponitur pro *bath.*

Caecitas: — in lege mosaica: Lev 19,14; Deut 27,18. — mentis: Is 42,19; Mt 23,17; Mc 3,5; Io 9,41; Rom 11,25. — caeci a Christo sanati: Mt 9,29; 20,34; Mc 8,23; Io 9,6-7 — caecitate a Deo percussi: Gen 19,11; 4 Reg 6,18; Act 9, 8; 13,11.

Caelum: — et terra, i. e. mundus totus: Gen 1, 1; Ex 31,17; Deut 3,24; Esdr 5,11; Mt 5,18; Lc 6,17; Act 4,24 — pars superior huius mundi aspectabilis, i. e. regio aeris, nubium et stellarum: Gen 9,14; 15,5; Ex 16,4; Deut 11,17; Iud 5,4; 4 Reg 7,2; Mt 6,26; Mc 13,25; Lc 9, 54; Io 1,32 — habitatio angelorum et Dei: Deut 26,15; 3 Reg 8,30; 22,19; Mt 5,16.34. 45; 6,9; Mc 12,25; Act 7,49 — habitatio Christi glorificati et beatorum: Mc 16,19; Lc 6,23; 2 Cor 5,1; Phil 3,20; 1 Petr 3,22 — ipse Deus (per metonymiam): 2 Par 28,9; Dan 4,23; 1 Mach 4,10; Mt 3,2; Lc 15,18 — in locutione hyperbolica «usque ad caelum», pro summa altitudine: Deut 1,28; 4,11; 4 Sam 5,12; Mt 11,23.

Caeremonia, pro praecepto, observantia, ritu sacro: Gen 26,5; Num 9,3-4; Deut 4,8; 3 Reg 2,3 4 Reg 17,13; 1 Par 29,19; Esdr 7,11; Ez 44,5.

Caesar, nomen commune imperatoribus romanis inde ab Augusto: Mt 22,21. Dicitur de Augusto (Lc 2,1), de Tiberio (Io 19,12), de Claudio (Act 17,7), de Nerone (Act 25,8).

Cain: — primogenitus protoparentum: Gen 4,1 — fratricida Abelis: Gen 4,8; Sap 10,3; 1 Io 3, 12; Iudae 11.

Caiphas Iosephus, summus pontifex Iudaeorum annis 18-36 p. C. et inimicus infensissimus Christi: Mt 26,3.65; Io 11,49-50.

Calamus, inter aromata recensetur: Ex 30,23; Is 43,24; Ier 6,20; Ez 27,19. Quoad alia, vide **Arundo.**

Calceamentum solvere: — ut actio symbolica ad diversa significanda: ut signum munditiei: Ex 3,5; Ios 5,10 — ad luctum designandum: 2 Sam 15,30; Is 20,2; Ez 24,17 — ad possessionem renuntiandam: Deut 25,9; Ruth 4,7 — officium servorum: Ps 59,10; Mt 3,11 Mc 1,7; Lc 15,22; Io 1,27.

Calendae, primus dies mensis, in quo peculiaria sacrificia offerebantur: Num 28,11; 1 Sam 20, 5; Ez 46,1. (Cf. **Neomenia.**)

Calix: — poculum seu vas potorium: Mt 23,25; 26,27; Lc 22,17 — id quod est in calice (per metonymiam): Lc 22,20; 1 Cor 10, 20; 11,25 — sors alicui obveniens (metaphora desumpta a veterum more, quo paterfamilias vel convivii moderator suam cuique portionem vini attribuebat): Ps 10,7; 15,5; Is 51,17.23; Ier 25, 15; Ez 23,31; Mt 20,22; Mc 14,36; Io 18,11

Camelus: — sitis ac caloris patientissimus, adhibebatur ad onera portanda atque etiam in bello: Gen 37,25; 1 Sam 30,17; Is 21,7 — saepe memoratum in S. Scriptura iam ab aetate patriarcharum: Gen 12,16; 30,43; Iud 7,12; 4 Reg 8,9; 1 Par 12,40; 27,30; Esdr 2,67; Iob 1,3 — inter animalia immunda recensetur: Lev 11,4; Deut 14,17 — ex eius pilis durabilia vestimenta fiebant: Mt 3,4; Mc 1,6.

Candelabrum: — in domibus privatis: 4 Reg 4,10; Dan 5,5; Mt 5,15 — aureum in sanctuario mosaico: Ex 25,31-39; 37,17-24 — in templo Salomonis: 3 Reg 7,49; Ier 52,19 — in templo post exsilium restituto: Eccli 26,22; 1 Mach 1,23; 4,49 — ut symbolum: Zach 4, 1-14; Apoc 1,20.

Canis: — animal contemptibile (1 Sam 17,43; Prov 26,11; Eccl 9,4; Mt 7,6) sed utilitatem praestans: Tob 6,1; Iob 30,1; Is 56,10-11 — homo vilis ac impudens: 1 Sam 24,15; 4 Reg 8,13; Ps 21,17; Mt 7,6; Phil 3,2 — scortum masculum (denominatio desumpta ex eo quod canis censetur animal salacissimum): Deut 23,18; Apoc 22,15.

Caper, capra, hircus, haedus: — iam ab aetate patriarcharum commemorantur: Gen 30,32; 32,14; Ier 50,8 — ad varia sacrificia in cultu sacro: Lev 4,23.28; Num 7,16; 28,15; Esdr 6, 17 — figurate ita vocantur principes populorum (caper enim gregem ducit): Dan 8,5; Zach 10,3, et impii: Mt 25,33 — eorum pili ad tentoria aliaque texenda: Ex 25,4; 36,14 — caper emissarius (hebr. nomen proprium *Azazel):* Lev 16,8.10.26.

Capillus: — ornamentum et decus viri: 2 Sam 14,16; 4 Reg 2,23; Cant 5,11 — eius cura apud mulieres: 4 Reg 9,30; Is 3,24; Iudith 10, 3; 16,10; Cant 4,1; 7,5; 1 Cor 11,15 — non studiose nutriendus a viro (1 Cor 11,14) neo a muliere: 1 Tim 2,9; 1 Petr 3,3 — in signum luctus tondebatur: Is 22,12; Ier 7,29; 48,37; Ez 7,18; Mich 1,16 — in leprosis: Lev 13, 10.30; 14,9 — in nazaraeis: Num 6,5; Iud 13, 5; Act 18,18 — in locutione proverbiali, pro re minima: 2 Sam 14,11; Dan 3,94; Mt 10,30; Act 27,34.

Capparis, planta (hisp. *alcaparra)* cuius gemma inservit ut condimentum ad excitandam cibi appetentiam: Eccl 12,5.

Caprea, animal (hisp. *gacela)* saepe memoratum in S. Scriptura praesertim in comparationibus: Deut 14,5; 1 Par 12,8; Eccli 27,22; Cant 2,9; 3,5; 8,14.

Captivitas: — ex bello proveniens: Num 31,26-27; Deut 20,14; 21,10; 1 Mach 3,41 — in carcere: Gen 39,20; Lev 24,12; Num 15,34; Iud 16,10; 3 Reg 22,27; Ier 20,2; 38,6; Esdr 7, 26; Mt 18,30; Act 8,3; 28,16 — captivi invisendi: Tob 1,15; Mt 25,36; 2 Tim 1,16; Hebr 13,3.

Caput: — dicitur pro homine: Ex 16,16; 1 Sam 28,2; Ps 65,12 — pro principe aut rectore: Num 1,16; Deut 28,13; 2 Sam 22,44; 1 Cor 11,3; Eph 5,23.

Carbones super caput alicuius, locutio proverbialis qua significatur confusio inimici si ei beneficia contulerimus: Prov 25,22; Rom 12,20.

Carbunculus, gemma (hisp. *rubí)* iam ab antiquitate celebris: Ex 28,18; Eccli 32,7; Ez 28,13.

Caro, vox frequentissima in S. Scriptura multiplici sensu adhibita: — pars carnea corporis humani vel belluini: Gen 9,4; Ex 16,38; Rom 2,28; Apoc 17,16 — corpus humanum: Act 2,26.31; Eph 5,29; Col 2,1; Hebr 10, 20; 1 Petr 3,18 — ipse homo: Gen 6,12; Mt 24,22; Lc 3,6; Io 1,14; Rom 3,20; Gal 2,16

— homo quatenus debilis ac infirmus: Ps 55,5; Eccli 28,5; Ier 17,5; 2 Cor 4,11 — quatenus ad malum inclinatus: Ps 77,39; Mt 26, 41; Rom 7,5; Gal 5,16-24; Eph 2,3 — quatenus solo communi ordine naturae sine speciali Dei gratia aliquid perficit: Mt 16,17; Io 1,13; Rom 9,8; Gal 4,29 — res ordinis naturalis in oppositione ad ordinem supernaturalem: Io 8,15; 1 Cor 1,26; 2 Cor 5,16; 11,18; Phil 3,3 — hominis consanguinei seu eiusdem stirpis: Gen 37,27; 2 Sam 5,1; Is 58,7; Rom 11,14; — homini in cibum tradita: Gen 9,3-4; Lev 11,2-47.

Caseus (conficiebatur potissimum e lacte bubulo ovillo aut caprino): 1 Sam 17,18; Iudith 10,5; Iob 10,10 (2 Sam 17,29).

Casia, planta aromatica apud veteres maximi aestimata: Ex 30,24; Ps 44,9.

Casleu, mensis nonus Calendarii israelitici: Neh 1,1; 1 Mach 1,57.

Castitas: — caelibum matrimonio praeferenda: Mt 19,10-12; 1 Cor 7,7.32-40; Apoc 14,4 (Sap 3,13-4,2) — in matrimonio: 1 Sam 21,5; Tob 6,17-18; 1 Cor 7,5 — in conversatione et commercio humano: Eccli 26,20; Mt 5,28; 1 Tim 4,12; 5,2; Tit 2,5 — et novae nuptiae: Iudith 15,11; 16,26; 1 Tim 3,2 — res difficilis et fructus Spiritus Sancti: Mt 19,11; Act 24,25; Gal 5,23.

Castores, Castor et Pollux (Dioscuri), quos nautae invocabant et quorum imagines in navibus depingebant: Act 28,11.

Castra: — viatorum: Gen 32,21 — bellatorum: Ex 14,20; Iud 7,1; 4 Reg 7,5; Iudith 16,13 — populi Israel in peregrinatione per desertum: Num 2,2-34; 33,1-94.

Cedron: — nomen torrentis vallisque prope Hierosolyma ab scriptoribus ecclesiasticis etiam vallis Iosaphat appellati: 2 Sam 15,23; 4 Reg 23,4-12; Ier 31,40; Io 18,1 — urbs Iudaeae: 1 Mach 16,9.

Cedrus: — arbor nobilissima montium Libani ob eius celsitudinem, firmitatem et pulchritudinem frequenter in comparationibus adhibita: Ps 36,35; 91,13; Eccli 50,13; Is 2,13; Ez 31,3; Am 2,9 — ad constructionem templi et domus regiae: 2 Sam 5,11; 3 Reg 5,6-10; 6,9; 7,2; 9,11; Esdr 3,7 — ad mundationem leprosi et praeparationem aquae lustralis: Lev 14,4-6; Num 19,6.

Centurio: praefectus 100 militum: Mt 8,5; 27,54; Act 10,1; 21,32; 22,25. Occurrit vox saepe in coniunctione cum tribunis (super 1.000 milites), quinquagenariis (super 50) et decanis (super 10): Ex 18,21; Deut 1,15; 1 Sam 22,7; 1 Par 13,1; 1 Mach 3,55.

Cerastes, serpens cornutus, iacens in arena viarum, equis maxime periculosus: Gen 49,17.

Cerethi et Phelethi, milites quibus custodia regis Davidis erat commissa, quique genere erant Philistinorum: 2 Sam 8,18; 15,18; 20,7; 4 Reg 11,19.

Cervus: — inter animalia munda recensetur: Deut 14,5; 15,22; 3 Reg 4,23 — saepe in comparationibus ob eius gracilitatem et pulchram formam: Gen 49,21; 2 Sam 22,34; Cant 2,7.17; Is 35,6 — difficilis ac mirabilis cervae partus: Iob 39,1-4; Ps 28,9; Ier 14,5.

Cetus (hebr. *Tannin)*, magnae belluae marinae cetaceae ut delphinus, balaena, etc.: Gen 1,21; Iob 7,12; Ps 148,7; Mt 12,40.

Chaldaei: — populus ad oram sinus Persici sedes habens (cf. Gen 11,28) sed paulatim cum incolis Babyloniae permixtus, ita ut Babylonii omnes in libris prophetarum saepe Chaldaei appellentur: Esdr 5,2; Is 23,13; 47,1; Ier 24,5; 51,54; Bar 1,2; Ez 11,24; 16,29 — studiis astronomicis ita incumbebant ut apud antiquos astrologi et augures simpliciter Chaldaei dicerentur: Dan 2,2.4.

Chamos, idolum Moabitarum: Num 21,29; Iud 11,24; 3 Reg 11,7; 4 Reg 23,13; Ier 48, 7.13.46.

Charisma: — quodlibet donum divinum hominibus benevole datum: Rom 1,11; 6.23; 11,29; 1 Cor 7,7; 2 Cor 1,11; 1 Tim 4,14; 2 Tim 1,6 — sensu strictiore et quasi technico: gratiae illae extraordinariae, adeo frequentes in Ecclesia primitiva, alicui in aliorum utilitatem datae: Act 2,4-13; 10,44-46; Rom 12,6-8; 1 Cor 12,1-14,40; Gal 3,5; Eph 4,11-12. Talia charismata per Ioelem prophetam praenuntiata (Ioel 2,28-29) a Christo erant promissa: Mc 16,17-18; Io 14,12.

Charitas: — Dei in omnes gentes: Gen 12,3; Sap 11,24-25; Is 45,22; 53,12; Mich 4,1; Mt 5,45; Lc 15,11-32; io 3 16; Rom 8,31-32; 2 Cor 13,11; Eph 2,4-7; 1 Tim 2,4; 1 Io 3,1; 4,8-10 — modo singulari in populum Israel: Ex 4,22; 19,5; Deut 4,37; Eccli 24,12-13; Is 1,2; Ier 3,19; 13,11; Os 11,3-4 — in iustos: Ps 33,16; Eccli 34,19; Is 64,4; Io 14,23; 16,27; Rom 8,28 — in Christum: Io 15,9-10; 17,26; Col 1,13 — Christi in homines: Prov 8,31; Io. 10,11; 15,9; Rom 8,35; 2 Cor 5,14; Eph 3,19 — hominis in Deum: Deut 6,5; 30,6.16.20; Ps 17,2-3; 30,24; Mt 22,37; Lc 11, 42 — in proximum: Ex 23,4-5; Lev 19,17-18.33-34; Iob 31,29-30; Prov 24,17; 25,21; Mt 5,44; 22,39; Lc 10,37; 23,34; Io 13,34-35; 1 Io 4,11-21 — operibus exercenda: Mt 25, 34-36; Io 14,23-24; 1 Io 2,5.15; 5,3; 2 Io 6 — ab apostolis frequenter inculcatur: Rom 12,10; 14,15; 1 Cor 10,14; 2 Cor 8,24; Gal 5,13; 6,10; Eph 4,2; Phil 1,9; 1 Thess 4,9; 1 Tim 6,11; Philem 7; Hebr 10,24; Iac 1,27; 1 Petr 1,22; 1 Io 3,17-18; Apoc 2,4 — summa omnium virtutum: 1 Cor 13,1-13; Gal 5,14; Col 3,14; 1 Tim 1,5.

Cherubim: — ante paradisum ad custodiendam viam ligni vitae: Gen 3,24 — supra propitiatorium: Ex 25,18-20; 1 Sam 4,4; Hebr 9,5 — apud Ezechielem: Ez 1,10; 10,12; 28,14-16. (Cf. Apoc. 4,6-9.)

Choerogryllus (hebr. *Shafan)*, inter animalia immunda recensetur: Lev 11,5; Deut 14,7.

Chorus et saltationes ut signum publicae laetitiae: Ex 15,20; 32,19; Iud 11,34; 1 Sam 29,5; Ps 150,4; Ier. 31,4.

Christianus, cognomen asseclarum Christi primum Antiochiae a gentibus inditum: Act 11, 26. (Cf. Act 26,28; 1 Petr 4,16.)

Christus, vos graeca idem significans ac hebr. *Messias* et lat. *Unctus:* — dicitur de regibus theocraticis (reges enim ungi solebant): 1 Sam 24,7; 2 Sam 1,14; Ps 17,51; 19,7 — de rege extero (non uncto) a Deo misso: Is 45,1 — de patriarchis: Ps 104,15 — de eo qui eximio modo *Unctus* est appellatus et Iudaei venturum exspectabant: Ps 2,2; Is 61,1; Mt 2,4; 22,42; Io 1,20-41; Act 2,36. (Vide **Iesus Christus.)**

Chrysolithus, gemma de qua saepe in Scriptura: Ex 28,20; Ez 28,13; Apoc 21,20.

Cibus: — homini datus post creationem: Gen 1,29. (Cf. tamen Gen 4,2.4.20.) — post diluvium: Gen 9,3 — prohibitus, vide **Abstinentia** — praecipua alimenta Israelitarum: lac, caseum, mel, placentae, carnes, pisces, locustae et alia (v. **Agricultura):** Gen 27,9; Ex 3,8;

Lev 11,22; Deut 32,13-14; Iud 4,19; 2 Sam 16,1; 3 Reg 4,22-23; Neh 13,16; Prov 25,27; 27,27; Eccli 39,31; Mt 3,4; 15,34; Lc 24,42; Io 21,9-13.

Cidaris, tiara pontificis vel diadema regium: Ex 28,4; Zach 3,5; Ez 21,26.

Cilicium, genus vestimenti vilioris, sacci instar corpori adhaerentis, quod in signum luctus et doloris induebatur: Gen 37,34; 4 Reg 6,30; Iudith 4,9; Ps 68,12; Mt 11,21.

Cinis: — ad fragilitatem humanam designandam: Gen 18,27; Iob 13,21; Eccli 10,9; 17,31; Is 33,12 — ad aquam lustralem conficiendam: Num 19,9 — super caput in signum luctus et doloris: 2 Sam 13,19; Iudith 7,4; Esth 14,2; Ier 6,26; Mt 11,21.

Cinnamomum (hisp. *canela),* inter aromata recensetur: Ex 30,23; Cant 4,14; Eccli 24,20; Apoc 18,13.

Circumcisio (ablatio praeputii, i. e. extremae partis pellis mobilis qua membrum virile obtegitur): — signum foederis cum Deo: Gen 17,10-14; Ex 12,44.48; Gal 5,3 — fiebat octavo die a nativitate: Gen 17,12; Lev 12,3; Lc 1,59; 2,21; Io 7,23; Phil 3,5 — cultris saxeis: Ex 4,25; Ios 5,2 — a Iudaeis maxima aestimatione habebatur: Iud 14,3; 1 Sam 17, 26; Ez 28,10; 1 Mac 2,46; Act 15,1; 16,3; Gal 6,12-13 — in regno Christi iam nihil valet: Act 15,1.5.10.19.29; Gal 5,2 — spiritualis: Deut 10,16; 30,6; Ier 4,4; 6,10; Act 7, 51; Rom 2,29; Col 2,11.

Cisterna (fossa excavata ad aquas pluviales colligendas): — in agro ad greges adaquandos, quae lapide claudi solebat; Gen 21,30; 26,15, 29,2; 37,24; Ex 21,33-34; 2 Par 26,10 — in vestibulo domorum: 2 Sam 17,18; Ier 38,6; Lam 3,53.

Clavis: — in usu iam ab antiquitate: Iud 3,25; 1 Par 9,27; Cant 5,4-7 — symbolum potestatis: Is 22,22; Mt 16,19; Lc 11,52; Apoc 1,18; 3,7; 9,1; 20,1.

Cleophas, vide **Alphaeus.**

Clypeus: — inter arma defensiva recensetur: 1 Sam 17,5; 2 Sam 1,21; Is 21,5 — sensu translato in ordine ad salutem: 2 Sam 22,3.36; Ps. 5,13; 90,5; Eph 6,16.

Coccum, color ruber purpureus, qui ex quodam vermiculo, olim coccus ilicis dicto *(quermes),* obtinetur et in variis pannis adhibebatur: Ex 26,1; 28,5; Lev 14,6; Ios 7,21; 2 Sam 1,24; Mt 27,28; Apoc 17,4.

Coena (refectio principalis sub vesperum sumpta): — profana: Iudith 6,19; Mt 23,6; Mc 6,21; Lc 14,12; Io 12,2 — paschalis: Mt 26, 17; Mc 14,12; Lc 22,7; Io 13,2; 1 Cor 11,23 — dominica (ex agape et coena eucharistica consistens): 1 Cor 11,20-21 — imago regni messianici et gloriae caelestis: Lc 12,37; 14,16; Apoc 19,9.17.

Coenaculum, cubiculum in superiore parte domus situm: Iud 3,20; 3 Reg 17,19; 4 Reg 1,2; 4,10-11; Ier 22,13-14; Dan 6,10; Mc 14,15.

Cohors, decima pars legionis romanae (600 milites), etsi interdum de quovis manipulo militum adhibetur: Mt 27,27; Io 18,3.12.

Collecta: — coetus sacer: Lev 23,36; Deut 16,8; 2 Par 7,9; Neh 8,18 — stipis collectio: Rom 15,26; 1 Cor 16,1-2.

Colocynthis, cucurbita silvestris: 4 Reg 4,39.

Colonus: — qui agros aut vineas colit: Mc 12,7; Lc 20,9 — advena vel peregrinus: Gen 21,34; Ex 12,49.

Color varius, ad varia Dei iudicia designanda: Zach 6,2-3; Apoc 6,2-8.

Coluber: — serpens: Gen 49,17; Prov 23,32; Sap 16,5; Eccli 21,2; 25,22 — sidus: Iob 26,13.

Columba — saepe in comparationibus ob eius pulchritudinem et simplicitatem: Gen 8,7; Ps 67,14; Cant 1,14; 2,10; Is 38,14; 60,8; Mt 10,16 — ad varia sacrificia: Gen 15,8; Lev 12,6.8; Lc 2,24; Io 2,14 — in Christi baptismo: Mt 3,16; Io 1,32.

Columna: — nubis et ignis in exitu Israelitarum: Ex 13,21; Num 14,14; Neth 9,19; Sap 10,17 — duplex in porticu templi Salomonis: 3 Reg 7,15-22; 2 Par 3,15-17; Ier 52,21-23.

Concilium: — quilibet conventus seu congregatio: Num 16,2.6; Ps 1,5; 21,17; Prov 26,26 — iudices alicuius loci aut civitatis: Mt 10,17; Mc 13,9 — assessores praesidis: Act 25,12 — synedrium hierosolymitanum (ex 71 assessoribus constans): Mt 5,12; 26,59; Mc 15,1; Lc 22,66; Act 5,1; 23,1. (Cf. 1 Mach 12,6; 2 Mach 1,10.) — sic dictum Apostolorum: Act 15,6-29; Gal 2,1-10.

Concordia fratrum commendatur: Ps 132,1; Eccli 25,2; Rom 12,18; 15,5-6; 1 Cor 1,10; Eph 4,3; Phil 2,2; 1 Petr 3,8.

Concubina, uxor legitima, etsi inferioris ordinis, tempore quo vigebat polygamia: Iud 8,30; 2 Sam 5,13; 3 Reg 11,3; 2 Par 11,21.

Concupiscentia: — in homines dominans: Mc 4,19; Rom 7,7-9; Eph 2,3; Iac 1,14; 2 Petr 2,14-18; 1 Io 2,16 — est mortificanda: Ex 20, 17; Prov 6,25; Eccli 18,30; Mt 5,28; Rom 6, 12; 13,14; Gal 5,16-24; Col 3,5; 1 Thess 4, 4-5; Tit 2,12; 1 Petr 2,11; 4,2.

Congregans, interpretatio S. Hieronymi pro nomine proprio Agur: Prov 30,1.

Coniuratio, varia exempla: Num 16,1-50; Iud 9,25; 2 Sam 15,1-12; 20,1-2; 3 Reg 1,5; Esth 2,21.

Conscientia: — quid faciendum fugiendumve sit edocet: Rom 13,5; 1 Cor 8,10; 10,25; 1 Petr 2,19 — bene facta approbat et male facta improbat: Prov 12,18; Sap 17,10; Rom 2,15; 1 Tim 1,19; Hebr 10,22; 1 Petr 3,16 — ratio habeatur conscientiae alterius, ne ei occasio offensionis praebeatur: Rom 14,1-23; 1 Cor 8,7-13; 10,28-29.

Consecrare (usui profano subtrahere Deoque dedicare): — primogenita: Ex 13,2.12; Num 3,12 — levitas et sacerdotes: Ex 29,1; 32,29; Lev 8,2-36; Num 8,5-26 — hominem ad cultum Dei: Num 6,2; Iud 16,17; 1 Sam 1,11.28; Lc 1,15 — vasa sacra aliasque res: Ex 40,11; Lev 27,10.28 — partem praedae post bellum: Ios 6,19; 2 Sam 8,11. (Cf. **Anathema.**)

Consilium: — Dei (divina decreta) circa homines: Iob 15,8; Ps 32,11; Prov 8,14; Lc 7,30; Act 2,23; Eph 1,11; Hebr 6,17 — utile est: Prov 11,14; 15,22; Eccli 6,6 — pravum dissipat Deus: Gen 50,20; Num 22,10-12; 2 Sam 17,14; Neh 4,15; Iob 5,13; Ps 2,1-4; 20,12; 32,10; Is 7,5-8; Act 9,23-25; 23,12-19 — castitatis et paupertatis in Nova Lege: Mt 19,12. 21; 1 Cor 7,7 — consiliarii regis: 2 Sam 15, 12; 2 Par 25,16; Esdr 4,5; 7,14-15; Is 19,11.

Consolatio a Deo expectanda: Ps 22,4; 85,17; 93,19; Is 49,13; 51,12; 66,13; Ier 31,13; Mt 5,5; Act 9,31; 2 Cor 1,3-7.

Constantia et fortitudo in religionis defensione, exempla imitanda: 1 Sam 13,13; 16,36; 3 Reg 18,15-18; 4 Reg 3,13-14; Iudith 8,10-11; 1 Mach 1,65; 2,24; 2 Mach 6,19; 7,1-41; Dan 13,23; Mt 14,4; Act 4,8-13; Gal 2,14; 1 Thess 1,6.

Contaminatio: — externa seu legalis: Lev 11, 24-40; 12,2; 13,2-43; 15,2-27; 20,25 — vera

75; Act 12,10 — pro praeceptis observandis: 3 Reg 2,3 — pro tempore quo custodia seu vigilia agenda est: Ps 89,4; 129,6. (Vide **Vigilia.**)

Cymbalum, instrumentum musicum aereum, constans duabus patinis inter se collidendis: 1 Par 13,8; Esdr 3,10; 1 Cor 13,1.

Cyminum, herba qua veteres utebantur ad ciborum condimentum: Is 28,25.27; Mt 23,23.

Cyrus: — rex Persarum qui Iudaeis exsulibus in patriam redire permisit, iisque vasa templi a Nabuchodonosor ablata reddidit: 2 Par 36, 22-23; Esdr 1,1-11; 5,14 — praecursor et typus Messiae liberatoris: Is 44,28-45,3.

Daemon (= daemonium, satan, diabolus, malignus, draco, serpens antiquus): — peccant et e caelo deiiciuntur: Apoc 12,7-12 — hierarchia inter ipsos: Mt 12,24.45; 25,41; Mc 5,9; Lc 11,15; 1 Cor 15,24; Eph 6,12; Apoc 12,7.9 — in idolis gentium coluntur: Lev 17, 7; Deut 32,17; 2 Par 11,15; Ps 95,5; 105,37; Is 24,21; Bar 4,7; 1 Cor 10,20 — sub specie serpentis protoparentes tentat: Gen 3,1.4.13. 14; Apoc 12,9.14.15; 20,2 — tentat Davidem et Iob: 3 Reg 22,19-22; 1 Par 2,11; 2 Par 18, 18.23; Iob 1,6.9.12; 2,1.3.4.7; Zach 3.1 — regno Dei adversatur: Mt 13,19.25.38-39; Mc 4,15; Lc 8,12; Io 8,44-47; Eph 6,16; 1 Io 2, 13; 5,18; Apoc 2,9-10.13; 3,9; 9,1-11; 12 3-18; 13,1-18; 16,13-14; 20,7-10 — tentat Christum: Mt 4,1-11; Mc 1,13; Lc 4,4-13; eumque per Iudam morti tradit: Lc 22,3; Io 13,2.27 — Christum confitetur: Mt 8,29-34; Mc 1, 24-27.34; 5,7-17; sed eius regno perpetuo adversatur: Act 26,18; 2 Cor 6,14-15; 12,7-9; Eph 5,8; 6,11; Col 1,13; 1 Thess 5,5; 1 Petr 5, 8-9; 1 Io 3,10; 5,18 — eius potestas per Christi mortem devicta: Lc 10,18; Io 12,31; 14,36; 16,11; 1 Io 3,8; Hebr 2,14-15; ac funditus destruenda: Mt 25,41; 2 Thess 2,3-10; 2 Petr 2,4; Iudae 6; Apoc 19,19-21; 20,1-10.

Daemonium meridianum, lues quae nocte in tenebris et die sub ardenti sole grassatur: Ps 90,6.

Dagon, idolum Philistinorum figura humana in parte superiore usque ad lumbos et inde desinens in piscem: Iud 16,23; 1 Sam 5,2-6; 1 Par 10,10; 1 Mach 10,83-84; 11,4.

Damnatio: — impiorum: Sap 5,1-14; Dan 12, 4 — igni inextinguibili: Mt 3, 12; 7,19; 13, 42.50; Mc 9,42; Lc 3,9; Hebr 10,27 — gehennae ignis: Mt 5,22; Mc 9,44.46 — flammae ignis: 2 Thess 1,8 — cruciatibus tartari: 2 Petr 2,4 — vinculis aeternis: Iudae 6 — stagno ignis: Apoc 19,20; 20,9-10; 21,8.

Damula seu caprea (hebr. *Tabitha*, gr. *Dorcas*): Prov 6,5; Is 13,14. (Cf. Act 9,36.)

Daniel: — potens coram Deo et sapientia eximius: Ez 14,14.20; 28,3 — adducitur in aulam regiam Babylonis: Dan 1,3-21 — somnia et visiones interpretatur: Dan 2,1-49; 4,1-34; 5,1-31 — bis in lacum leonum mittitur et liberatur: Dan 6,1-28; 14,22-42; 1 Mach 2,60 — eius visiones propheticae: Dan 7-12; Mt 25,15 — Susannam a morte liberat: Dan 13.

David, rex theocraticus Israel: — eius genealogia: Ruth 4,18-22 — egregius psaltes Saul et Israel: 1 Sam 16,14-23; 2 Sam 23,1 — unctus rex a Samuele et designatus a populo: 1 Sam 16,1-13; 17,1-18,9 — acriter a Saul insectatur: 1 Sam 18,10-30; 19-26; 27-30 — eligitur in regem Iudae et Israel: 2 Sam 2,1-7; 2,8-4,12 — Ierusalem expugnat eamque caput regni constituit: 2 Sam 5,1-15; 6,1-23 — populum contra hostes defendit: 2 Sam 5,16-25; 8,1-4; 10,1-19 — templi aedificationem praeparat: 1 Par 22,1-29,25 — promissionem perpetuae dynastiae accipit: 2 Sam 7,8-29; quae aliquando mirabiliter debuit servari: 4 Reg 11-12: 16, 7-9; Is 7,1-10 — completionem promissionis messianicae pluries ac diversimode prophetae vaticinantur: Is 7,10-11,16; Ier 17,25; 23,4-5; 30,9; 33,14-26; Ez 34,23-31; 37,23-28; Os 3, 5; Am 9,11; Zach 12,10; 13,1 — eius filius, rex messianicus, in psalmis celebratur: Ps 2; 44; 71; 88; 109 — ob eius merita Deus regum peccata dimittit: 3 Reg 11,12.34-36; 4 Reg 8, 19; 19,34; 20,6 — eius regnum in N. T. completum ostenditur: Mt 1,20; 9,27; 21,15; 22,42; Mc 10,47; 11,11; Lc 1,27-33; 18,38-39; Rom 1,3; 2 Tim 2,8; Apoc 3,7; 5,5; 22,16.

Debbora: — instinctu prophetico populum sponte ad se venientem iudicabat sub palma in monte Ephraim: Iud 4,4-5 — eius magna auctoritas in promovenda sublevatione Barac contra regem Asor: Iud 4,6-5,31.

Decimae: — mos antiquissimus, iam tempore Abraham et Iacob: Gen 14,20; 28,22 — cunctarum frugum, singulis annis (et specialiter tertio quoque anno), consummandae sunt coram Domino, vocatis etiam Levitis: Deut 14,22-29; 26,12-15; Tob 1,6-8 (cf. Am 4,4) — frugum, arborum atque gregum Domino sanctificantur (Lev 27,30-33) et levitis ac sacerdotibus (decimae decimarum pro his ultimis) assignantur pro eorum ministerio: Num 18,21-32; 2 Par 31,5-19; Neh 10,37-38; 12, 43; 13,5-14 — tempore Christi pharisaei legem decimarum extendebant ad mentham et anethum et cyminum: Mt 23,23; Lc 11,42 (cf. Lc 18,12) — segetum ac vinearum in tributum pro rege: 1 Sam 8,15.

Dedicatio (ritus quo res aliqua usui profano subtrahitur et religioni consecratur): — tabernaculi omniumque vasorum eius a Moyse: Ex 40,1-36; Lev 8,10-11,33; Num 7,10-88 — templi a Salomone: 3 Reg 8,1-66; 2 Par 5, 1-7,10 — altaris et templi a reducibus de captivitate: Esdr 3,1-5; 6,16-17 — murorum Ierusalem a Nehemia: Neh 12,27-42 — templi a Iuda Machabaeo post Antiochi profanationem: 1 Mach 4,52-58 — huius dedicationis commemoratio tempore Christi: Io 10,22. (Cf. 1 Mach 4,59; 2 Mach 1,9.)

Denarius, nummus argenteus romanus, aequivalens drachmam, cuius valor erat 0,90 pts.; Mt 20,2; Mc 6,37; Io 12,5.

Desponsatio: — patris erat officium filiis suis (praesertim vero filiabus) sponsam (sponsum) quaerere: Gen 24,1-9; 34,4.12; 38,6; Ex 21,9; Iud 14,2; 1 Sam 18,23 — quandoque ipsi filii invitis parentibus, sponsam sibi procurabant: Gen 27,46 — patri sponsae pretium quoddam, vel aliud simile, solvendum erat: Gen 29,18-27; 1 Sam 18,25; 2 Sam 3,14-16; Os 3,3 — desponsatione facta plenum ius sponsus in sponsam obtinebat, ita ut si infidelis deprehenditur, uti adultera punietur: Deut 22,23-27 — Deus Israel sponsus, unde populi peccata, maxime idololatriae, adulteria vocantur: Is 49, 18-19; 61, 10-11; Ier 2,2; Ez 16; 23; 37, 26-28; Ps 2,4-23; Cant 1-8 — Christus Ecclesiae sponsus: Io 3,29; 2 Cor 11,2; Eph 5,22-33; Apoc 21,9-22,17.

Detractio: est vitanda: Prov 4,24; 10,18; Sap 1,11; 2 Cor 12,20; 1 Petr 2,1; Iac 4,11 — a Deo punitur: Num 12,8-15; 13,11-12.23-25 — Iob et David dolent quod detrahantur:

Iob 19,18; Ps 37,21; 70,13; 108,4.20. (Cf. etiam Prov 24,9; 25,23; Eccl 10,11; Rom 1,30.)

Deus (=hebr. *Elohim, Eloah, El*). Omonipotens (=hebr. *Shaddai:* Gen 17,1; 28,3; 35, 11; 48,3; Ex 6,3), Dominus (=hebr. *Iahwe):* — creator caeli et terrae: Gen 1,1; 2,4; Ex 20,4; Iob 11,8-9; Ps 135,6; 145,6; 2 Mach -, 28; Col 1,16-17 — universa regit et dominatur: Iob 12,13-25; 28,25-27; 38,8-11; Ps 102, 19-20; 103,3-22; 113,3-7; 120,1-3; 148,6; Is 40,12; 55,10-11; Ier 5,22; 33,25; 40,26; Eccl 1,4-8; Apoc 4,11 — cuius gloriam universa celebrant creata: Num 14,21; Ps 8,1.8; 18, 2-7; 49,6; 71,19; 88,6-13; 96,6; Sap 13,4-5; Is 6,6; Hab 3,3; Act 14,14-17; 17,22-31; unde inexcusabiles sunt qui eum non cognoverunt: Sap 13,1-9; Rom 1,20-23 — unus et solus verus: Deut 4,35-39; 32,39; 1 Sam 2,2; 2 Sam 22,32; Ps 113,1-18; 134,5-21; Sap 12,13; Eccli 36,5; Is 41,4; 45,5.18.22; 46,9; 48,12; Ier 2, 11-13; 10,11-16; Os 13,4; Io 17,3; 1 Cor 8,6 — ipse est Deus et pater Israel: Gen 17,7-8; Ex 19,4-6; 20,2; Lev 26,1.12-13; Deut 5,6; 27,9; Ps 80,11; Eccli 36,14; Ier 7,23; 8,7; 11,4; 14,9; 31,9; Bar 2,15; Dan 9,18-19; Os 11,1 — vivus: Gen 16,14; 24,62; 25,11; Deut 5,26; Ps 41,3; 83,3; Ier 10,1-16; 23,36 — incorporeus et spiritualis: Ex 20,4; 32,1-35; 34,17; Lev 19,4; 26,1; Deut 5,7; 16,21; Iob 10,4; Is 31,3; Io 4,24; 2 Cor 3,17 — aeternus et immutabilis: Ex 15,18; Iob 36,26; Ps 9,16; 47,15; 65,7; 89,2.4; 101,25-29; 102,17; Is 40, 6-8; 41,4; 43,10; 48,12; Ier 10,10; Dan 7,13.22 — immensus et omniscius: Iob 23,7-11; 28, 23-24; 34,21-22; Ps 10,5-8; 32,13; 101,20-21; 112,5; 138,1-16; Is 66,1; Ier 23,23-24; Am 9,2-4 — fortis et omnipotens: Gen 18,14; Ex 15,11; Num 11,23; Iob 12,7-13,1; 26,1-14; Ps 32,6-10; 92,1; Is 40,28; 43,16-20; Ier 32, 17-25; Zach 8,6 — sanctus et terribilis: Lev 10,17; 11,44; 20,26; Ios 24,17; 1 Sam 2,2; 6,20; Ps 98,9; 102,1; 104,3; 110,9; 144,13; Is 1,4; 5,16.24; 6,3; 19,17; 43,15; Ier 3,12; 50,29; Ez 20,39; 36,20-22; 39,7; Am 2,7; Hab 1,12; 3,3; Apoc 3,7; 4,8 — bonus et misericors, qui peccata remittit: Gen 18,23-33; Ex 20,6; 34,6-7; Num 14,13-19; Deut 5,10; 7,9; Ps 35,6; 88,3-6; 105,1; 106,1; 117,1-4.29; Sap 11,24-12,1; Eccli 18,12; Is 57,15-19; Ier 31,7-9; 33,11; Ion 4,1-4; Lc 15,1-32; Rom 5, 8-11 — salvator et redemptor: Gen 15,14; Ex 3,7-10; 6,2-8; 20,2; 29,45; Lev 26,13; 1 Par 16,35; Iob 13,16; Ps 17,3; 18,15; 24,5; 61,7; 77,35; Sap 16,7; Eccli 50,1; Is 12,1; 17,10; 41,14; 43,3.11; 45,15; 47,4; 62,1; Ier 14,8; Dan 6,27; Os 13,4 — charitas: Io 3,16; Rom 5,8-9; Eph 2,4; 2 Thess 2,16; 1 Io 3,1; 4,7-21 — omnium iudex: Ex 20,5; Deut 4,24; 6, 15; Iob 34,11; Ps 61,13; Prov 24,12; Eccli 16,15; Ier 31,29-30; Ez 5,11-17; 16,42; 18, 1-32; Soph 1,18; Mt 25,31-46; Rom 2,6-11; Apoc 20,11-15.

Dextrale, ornamentum in brachiis (hisp. *brazalete):* Ex 35,22; Iudith 10,3.

Diabolus, vide **Daemon.**

Diaconus: — septem diaconi instituuntur de hellenistis, qui curam gerant pauperum: Act 6,1-6. (Cf. quoad eorum ministerium: Act 6,8-8,2; 8,5-13.26-40; 21,8.) — simul cum episcopis nominantur ut ecclesiarum ministri: Phil 1,1; 1 Tim 3,8-13.

Diadema, vitta seu fascia telae pretiosae qua reges caput cingere solebant; 2 Sam 1,10; 12, 30; 4 Reg 11,12; Esth 1,11; 2,17; Is 62,3; 1 Mach 1,9; 6,15.

Diana (gr. *Artemis)*, de qua Act 19,24-35, est dea Ephesiorum, non confundenda cum Artemide Graecorum, sorore Apollinis.

Didrachma, nummus argenteus, duas continens drachmas atticas: Mt 17,24. (Vide **Drachma.)**

Dies: — naturalis, cui sol sua luce praeest, et nocti opponitur: Gen 1,14-16 — astronomicus seu civilis, qui solis occasu incipiebat et nocte dieque constabat: Ex 12,18; Lev 23,32; Iud 14,18 — Domini, quo nempe Deus veniet ut iudicium exerceat in nationes, in Israel, in homines; quod iudicium est vel historicum; 1 Sam 1,10; Ps 95,13; Is 2,12; 13,6; Soph 1, 14; Mal 4,1; vel eschatologicum omnibusque penitus ignotum: Mt 24,36.50; Mc 13,32; Lc 17,24.30; Act 1,7; 1 Thess 5,1-3; 2 Petr 3,10; Apoc 3,3; 16,15 — dominica: Act 20,7; 1 Cor 16,2; Apoc 1,10.

Dilectio, vide **Charitas.**

Diluvium: — a Deo adductum ut scelera generis humani ulcisceretur: Gen 6,5-13; Sap 10,4; 14,6-7; Eccli 16,8; Mt 24,37-39; Lc 17, 26-27; 1 Petr 3,20; 2 Petr 2,5 — a quo Noe ob suam iustitiam salvatur in arca: Gen 6, 9-22; Eccli 44,17-19; Hebr 11,7; et a Domino post diluvium, tanquam alter Adam, benedicitur: Gen 8,20-9,17; Is 54,9 — cuius aquae, quae terram a corruptione purgarunt, fiunt typus baptismi, quo sordes peccatorum mundantur: 1 Petr 3,21.

Dioscorus, nomen mensis alias ignoti: 2 Mach 11,21. Probabiliter legendum nomen mensis macedonici *Dius*, ut in 2 Mach 11,33.38.

Dipondius, parvus nummus romanus, qui aequat duos asses (=0,18 pts.): Lc 12,6.

Dipsas, genus serpentis, cuius morsus sitim causat mortiferam: Deut 8,15.

Discordia: — Deo odibilis: Prov 6,19; 1 Cor 14,33 — ab Apostolo reprehenditur: Gal 5, 15; 2 Tim 2,23 — undenam procedat: Prov 10,12; 15,18; 16,28; 17,11; 18,6; 30,33.

Discretio spirituum, vide **Charismata.**

Discipulus: — auditores alicuius prophetae: Is 8,16; Mal 2,12; Io 1,35 — auditores Christi Mt 5,1; 8,21; et praesertim eius duodecim apostoli: Mt 9,14; 13,10; 16,13 — fidei auditores ex Apostolorum praedicatione: Act 6,1. 7; 9,1.10.

Dispersio: — dicitur de Israelitis, inde a captivitate, inter alias gentes habitantibus: Iudith 5,23; 2 Mach 1,27; Io 7,35 — inde nomen transfertur ad christianos inter gentiles dispersos: Iac 1,1; 1 Pert 1,1.

Divinatio (frequentissimi usus apud antiquos populos, qui nihil sine deorum consultatione aggredi audebant): — severe Israelitis interdicitur: Lev 19,20ï31; Num 23,23; Deut 18,9-14; 3 Reg 14,2-16 — eius loco consulere debent Deum per prophetas, per ephod, etc.: 1 Sam 9,6; 14,18; 23,2-4; 3 Reg 22,7.

Divitiae: — e benedictione Dei proveniunt: Ten 12,16; 13,2.5; 24,35; 26,12-14; 30,43; 31,9; 3 Reg 3,13; 4,21-24; 10,23-29; 2 Par 17,5; 18,1 — observantibus Legem promittuntur: Lev 26,3-5; Deut 28,1-14; Ps 36,3.29; 111, 1-3; ideo erunt fructus sapientiae (Prov 3, 16; 22,4) et messianico regno comitabuntur: Is 4,2; 23,18; 60,5-7ï110 Ez 34; 25,27; 36,33-38; Os 2,21-23; Ioel 2,21-27; Am 9,13-14; Agg 2,7 — saepe dammantur ob violationem iustitiae et misericordiae ex parte divitum: Is 3,13-26; 5,8; Am 3,10; 6,1; Mich 2,2; Ps 93,2-6 — in ipsis non est confidendum: Iob 31,24; 48,7; Ps 51,9; 61,11; 75,6; Prov 11,28

30,8 — vanae sunt et inutiles ad hominis felicitatem procurandam: Prov 28,6-8; Eccli 5, 9; Eccli 14,4; 18,25; Ier 0,23; ideo non mirandum de abundantia impiorum: Ps 48,17-18; 51,9; 72,2-20; 75,6 — quomodo ipsis utendum: Mt 27,57; Lc 16,9; 19,8; Io 19,39; 2 Cor 9,6; Iac 2,15-16; 5,1-6; 1 Io 3,17-18 — spirituales et aeternae temporalibus sunt praeponendae: 1 Cor 1,5; 2 Cor 8,7; Eph 1,7; 2,7; 3,8; Col 1,27; 1 Tim 6,18; Hebr 11,26 — in Evangelio pauperes pro divitibus commendantur: Mt 5,3; 6,20í24; 13,22; 19,23; Mc 10, 24; Lc 6,24; 12,16-21; 16,19-31.

Divortium: — Israel permittitur ob duritiam cordis: Mt 19,8. Cf. Deut 24,1-4; Is 50,1; Ier 3,8; praeceptum autem de libello repudii locum non habet, si causa divortii fuerit adulterium, et poena legis imponatur: Lev 20,10; Deut 22,22-24; Ez 16,38-42; 23,45; Io 8,1-11 — Christus matrimonium revocat ad eam dignitatem, quae ab initio ei indita fuerat: Mt 5,31-32; 19,3-12; Mc 10,2-12. (Cf. Gen 2, 19-24.) — Paulus eamdem sententiam, tanquam Domini praeceptum, edocet: 1 Cor 7, 10-11.

Doctrina: — alia est inchoationis seu catechesis praevia baptismo: 1 Cor 2,1-2; 11,23; 15, 1-11; Hebr 6,1-3 — alia est altior solis perfectis tradenda: 1 Cor 2,6; Hebr 5,11-14 — nulla alia accipienda, etsi ab angelis fuerit praedicata: Rom 16,17; 2 Cor 11,13-15; Gal 1,6-10; 1 Tim 1,18-20; 4,1; 2 Tim 2,16-19; Tit 1,10-11; 1 Io 4,1; 2 Io 10-11.

Dolus: — in corde et ore impiorum: Ps 34,20; 35,4; 37,13; 49,19; Prov 12,20; Eccli 1,40; Ier 5,27; 6,13; 9,6.8; Ron 1,29 — in adversariis Iesu: Mt 26,4; Mc 14,1; Lc 20,23 — abest a corde et labiis iusti: Ps 14,3; 23,4; 31,2; 33,14; Eccli 15,7; Io 1,47; 1 Thess 2,3; a Petr 2,1 — dolo (bono sensu) usus est Paulus: 2 Cor 12,16.

Domini, eorum potestas in servos: Ex 21,2.20. 26; Lev 25,39-58; Deut 5,14-15; 15,12-18; Iob 31,13; Prov 29,19; Eccli 7,22-23; 33,25-33; Ier 34,9-16; Eph 6,9; Col 4,1.

Dorcas (hebr. *Tabitha*): Act 9,36. (Vide **Damula.)**

Dormire: — dicitur translate de incuria, negligentia: Rom 13,1 — de morte: 2 Sam 7,12; 3 Reg 2,10; Mt 9,24; Io 11,11; 1 Cor 7,39; 1 Thess 5,6.10.

Drachma, nummus argenteus eiusdem ponderis cum denario, cuius valor c. 0,90 pts: Lc 15,8. In Neh 7,70-72, significat daricum, nummus aureus persicus, cuius valor erat c. 25 pts.

Draco: — generatim serpentem significat: Ex 7,9.12.15 — varias alias bestias designat: Deut 32,33; Sap 16,10: Ps 73,10-14; 103,26; Ez 29,3.

Ebrietas: — acriter reprehenditur: Prov 33, 29-35; Is 5,11.22; 28,1-7 — multa vitia ex ea proveniunt: Prov 20,1; 21,17; 31,4; Eccli 31,38 — impedimentum salutis aeternae: Mt 24,29; Lc 21,34; 1 Cor 5,11; 6,10; Gal 5,21 — in sensu translato: Is 29,9; Ier 13,13; Ez 23,33; Io 2,10.

Ecclesia: — populi coadunatio (hebr. *qabal)*: Num 20,4; Deut 23,1; Iud 20,4; 1 Sam 17, 47; 1 Par 29,1; Act 19,32.39; Rom 16,5 — a Christo fundata: Mt 16,18; 18,17; Act 5,11; 8,3; Rom 16,1; 1 Cor 4,17; 11,16, 12,28; Gal 1,13; Eph 1,22; 5,23-32; Phil 3,6; Iac 5,4 — localis: Act 15,41; 20,17; Rom 16,4; 1 Cor ,2; 4,17; Gal 1,2; Apoc 1,4; 3,6.

Ecclesiastes (hebr, *qoheleth)*, qui praeest ecclesiae eique alloquitur: Eccl 1,1-2.12; 7,28; 12,8-9.

Edom: — cognomen Esau: Gen 25,30 — posteri Esau (Edomitae seu Idumaei) et regio quam occupabant: Gen 36,9.31,43; Num 20,14; Iud 11,17-18; 1 Sam 14,47; 3 Reg 11,15; 4 Reg 14, 7; 2 Par 28,17 — contra ipsum vaticinantur prophetae: Ier 49,7-22; Ez 35,2-15; Ioel 3,19; Am 1,11-12; Abd 1-21 — typus omnium eorum qui regnum Dei oppugnant: Is 34,6; 63,1.

Educatio filiorum — in doctrina de historia religiosa Israel: Gen 18,19; Ex 12,26-27; Deut 4,9; 6,7; 11,19; 32,46; Ps 77,3-6; Is 38,19 — in doctrina de obedientia et reverentia erga maiores: Ex 20,12; 21,15.17; Deut 4,9; 21, 18-21; 27,16; Prov 1,8; 20,20; 23,22; Eph 6, 1-4; Col 3,20-21 — in correptione virgae et disciplinae: Prov 13,24; 22,15; 23,13; 29,15; Eccli 7,25-26; 26,13; 30,1-2.

Effeminatus: scortum masculum, crimen valde propagatum in regionibus orientalibus et quod saepe ipsam terram Israel simul cum ritibus idolatricis invasit: 3 Reg 14,24; 15,12; 22,47; 4 Reg 23,7.

Electrum, metallum ex auro et argento conflatum: Ez 1,4.27; 8,2.

Eleemosyna: — valde commendatur: Ex 23,11; Lev 19,10; 23,22; Deut 24,19-22; 3 Reg 17, 10-16; Ps 40,1; 81,4; Prov 3,27; 11,25-26; 14,21; 21,13; 22,9; 28,27; 31,20; Eccl 11,1; Eccli 4,2; 7,35-36; 14,11; 29,12; Is 1,17; 58, 6-7; Ez 16,49; Mt 10,40-42; 19,21; Lc 3,11; 10,33-35; 11,41; Act 9,36-43; Iac 1,27; 2,13-16; 1 Io 3,17-24 — multos fructus parit: Tob 4,7-12; 12,9-12; Eccli 3,33; 29,15; Dan 4,24; Mt 25,34-46; Act 10,4; 2 Cor 9,1-15; Hebr 13,16.

Elephantus, in solis libris Machabaeorum occurrit: 1 Mach 1,18; 3,34; 6,3037; 8,6; 2 Mach 11,4; 13,2.

Elias: — praedicit siccitatem in punitionem idololatriae Achab: 3 Reg 16,31-17.2. (Cf. Deut 28,23.) — prophetas Baal confundit ac occidit: 3 Reg 18,1-46 — fugitivus venit in montem Horeb: 3 Reg 19,1-18 — Eliseum ungit in prophetam: 3 Reg 19,19-21 — Achab ob mortem Naboth reprehendit: 3 Reg 21,17-29 — uitimum Eliae oraculum: 4 Reg 1,3-16 — rapitur in caelum: 4 Reg 2,1-15 — eius laus: Eccli 48,1-13 — adstitit Christo in transfiguratione: Mt 17,3-4; Mc 9,3-4; Lc 9,30-33 — testis Domini cum Moyse: Apoc 11,3-13 — eius spiritus surrexit in Ioanne Baptista: Mal 4,5-6; Mt 11,14; 17,10-13; Mc 9,10-13; Lc 1,17.

Eliseus: — ungitur ab Elia in prophetam: 3 Reg 19,19-21 — heres palii Eliae: 4 Reg 2,1-15. (Cf. Deut 21,17.) — pater prophetarum: 4 Reg 2,16-25 — miraculorum patrator: 4 Reg 3, 10-20; 4,1-8,15; 13,14-21 — eius laus: Eccli 48,13.

Elymas, nomen ex arabico petitum, idem ac hodiernum *ulema* apud Arabes, significans sapientem, inde magum: Act 13,8.

Emmanuel (vox hebr. significans *nòbiscum Deus)*, nomen Messiae a Deo impositum: Is 7,14; 8,8-10; Mt 1,23.

Emunctoria, instrumenta (hisp. *despabiladeras)* ad lucernas candelabri emungendas: Ex 25, 38; 37,23; Num 4,9.

Encaenia, commemoratio dedicationis templi a Iuda Machabaeo: Io 10,22. (Vide **Dedicatio)**

Epha vel ephi, mensura qua metiebantur fru-

ges, eiusdem capacitatis ac batus: Ex 16,36; Ruth 2,17; Ez 45,10-11. (Vide **Batus**.)

Ephod: — vestis (= superhumerale in Vulgata) summi sacerdotis, el simplicis sacerdotis vel etiam laici: Ex 28,6-8; 1 Sam 2,18; 22,18; 2 Sam 6,14 — adhibetur ad Deum consulendum per Urim et Thummim: 1 Sam 23,9; 30,7. (Cf. Ex 28,15-30; Lev 8,7-8.) — sensu imaginis sacrae videtur usurpari: Iud 8,27; 18,17; Os 3,4.

Ephraim, filius Ioseph natu minor (Gen 41,52; 48,13-20): — cuius tribus in regione montana, quae est in medio Chanaan, habitabat: Ios 16, 1-10 — ipsius potentia: Ius 8,1-3; 12,1-6; 3 Reg 12,16-19; Ps 59,9; 107,9; Eccli 47,26-29 — acriter a prophetis reprehenditur et etiam laudatur: Is 28,1-4; Ier 31,9.18-20; Os 4,15-20; 5,3-9.14; 6,4; 11,38-9.

Epicuraei, philosophi graeci qui animae immortalitatem negabant et ultimum hominis finem in voluptate reponebant: Act 17,18. (Cf. Sap 2,1-9.)

Episcopus: — praepositus seu praefectus: Neh 11,22; Ps 108,8 — animarum nostrarum, Christus: 1 Petr 2,25 — rectores ecclesiarum: Act 20,28 — eorum dotes iuxta Apostolum: 1 Tim 3,2-7; Tit 1,7-9.

Equus: — iam ab antiquo tempore apud Aegyptios praesertim ad trahendos currus bellicos: Gen 47,17; Ex 14,7.9; 18,23; 15,1.4 — similiter apud Chananaeos: Deut 20,1; Ios 11,4; 17,16 — etiam apud alios populos: 2 Sam 8,4; 4 Reg 6,14; Is 5,28; Ez 26,7; 1 Mach 3,39 — apud Israelitas vero tantum inde a tempore Davidis et Salomonis: 2 Sam 8,4; 15,1; 3 Reg 1,5; 9,19,22; 10,26. (Cf. Ios 11,6-9.)

Ericius (hisp. *erizo, puercoespin)*, animal quod in solitudinibus ac desertis locis degit, ideoque a prophetis assumitur tanquam ruinae et vastitatis indicium: Is 14,23; 34,11; Soph 2,14.

Esau: — filius primogenitus Isaac et Rebeccae: Gen 25,25 — vendit primogenita et a fratre Iacob supplantatur: Gen 25,31-34; 27,1-46; Hebr 12,16-17 — nomine altero vocatur quoque Edom. (Vide **Edom**.)

Esdras: — scriba doctus in lege Dei, qui venit de Babylone in Ierusalem: Esdr 7,1-8,36 — uxores alienigenas a filiis Israel separat: Esdr 9,1-10,44 — Nehemia rectore populi, legem Domini declarat: Neh 8,1-18.

Eucharistia: — figuratur in V. T. sive in pane et vino Melchisedech (Gen 14,18) sive in agno paschali (Ex 12,1-14) sive in manna deserti: Ex 16,13-21; Sap 16,20; Io 6,31.49.59 — promittitur a Christo: Io 6,22-60 — instituitur: Mt 22,26-29; Mc 14,22-25; Lc 22,15.23; 1 Cor 11,23-25 — sancte sumenda: 1 Cor 11, 26-34 — a primis fidelibus frequenter accipiebatur: Act 2,42.46; 20,7.

Eunuchus: — spadones quibus apud exteras gentes regalium feminarum custodia committebatur: Esth 2,15 — excluduntur a congregatione Israel: Deut 23,1 — favores et benedictiones Dei ipsis in regno messianico promittuntur si legem Dei observant: Sap 3,14; Is 56, 4-5 — lato sensu etiam de non spadonibus nomen usurpatur: Gen 39,1.9; 4 Reg 8,6; 25, 19. (Cf. Mt 19,11-12.)

Evangelium: — in sensu etymol. boni nuntii: Is 40,9; 60,6; Lc 2,10 — regni Dei a Christo praedicatum: Mt 4,23; 9,15; Mc 1,1; Act 15, 7. (Cf. Act 20,24; Eph 1,13.) — Pauli, seu idem Christi evangelium modo tamen peculiari quo a Paulo illud traditur: Rom 3,16; 16,25; 2 Cor 4,3; 1 Thess 1,5; 2 Thess 2,13.

Excelsum: — locus excelsus, Deo ad modum templi sacratus: Ex 20,24; Iud 6,26; 2 Sam 25,18; 2 Par 1,3 — templo erecto, cultus in excelsis illicitus declaratur: Deut 12,13-14; 3 Reg 12,31-32; 15,14; 22,44 — locus excelsus idolis sacratus: 4 Reg 17,9; 23,19; 2 Par 14,2; 17,5.

Excommunicatio (vocabulum minime legitur in S. Scriptura, res vero pluries): — qui octavo die non circumcidatur delebitur de populo suo: Gen 17,14 — qui Iesum Christum agnoscat e synagoga eiicietur a Iudaeis: Io 9,22 — qui Ecclesiam non audiat habendus est ut ethnicus et publicanus apud Iudaeos: Mt 18, 17 — cum fratribus inordinate ambulantibus vetat Paulus societatem habere: 1 Cor 5,11; 2 Thess 3,6 — incestuosum Satanae tradit Paulus in interitum carnis: 1 Cor 5,5. (Cf. 1 Tim 1,20.) — illis qui falsas tenent doctrinas praecipit Ioannes nec Ave dicere: 2 Io 10. (Cf. Tit 3,10.)

Exorcista, iudaeus qui in daemone expellendo suis formulis invocationem Iesu addebat: Act 19,13-14. (Cf. Mt 12,27; Lc 9,49.)

Expiatio: — per praescripta sacrificia: Lev 4, 1-7,10 — in festo magnae expiationis delentur peccata totius populi: Lev 16,1-34 — talis expiatio erat figura expiationis per Christi mortem obtinendae: Hebr 9,1-10.18 — etiam per contritionem spiritus peccata expiantur: Ps 50,19; Dan 3,38-39.

Exsequiae, magno luctu et fletu celebrabantur apud Iudaeos: Gen 23,2-3; 50,10; Num 20, 29; Deut 34,8; 1 Sam 28,3; 2 Sam 3,31; Ier 22,18; 34,5; 1 Mach 2,70; Act 8,2.

Exsilium, vide **Transmigratio.**

Ezechiel: — sacerdos, filius Buzi, in captivitatem ducitur: Ez 1,1-3. (Cf. 4 Reg 24,10-17.) — eius vocatio in ministerium propheticum: Ez 1,3-3,27 — eius ministerium usque ad destructionem Ierusalem: Ez 4,1-24,27 — eius ministerium post Ierusalem destructionem: Ez 25,1-39,29 — eius symbolica descriptio de Israel instauratione: Ez 40,1-48,35 — eius laus: Eccli 49,10-11.

Faba, cibus valde communis apud Iudaeos: 2 Sam 17,28; Ez 4,9. (Vide **Agricultura.**)

Fabula: — pro irrisione et proverbio usurpatur: Deut 28,37; 3 Reg 9,7; Tob 3,4 — pro doctrina inepta et vacua: Eccli 20,21; 1 Tim 1,4; 4,7; 2 Tim 4,4; Tit 1,14; 2 Petr 1,16.

Facula: — lampas vel taeda ex ligno resinoso vel pice illito, quam Iudaei gestare solebant in solemnibus processionibus: Iudith 13,16; Is 62,1; 2 Mach 4,22; Mt 25,1. (Cf. Iud 15,4.) — figurate saepe usurpatur: Eccli 48,1; Dan 10,6; Apoc 8,10.

Falcatus currus, qui nempe ferro vinctus erat et quadamtenus obductus, valde in usu apud Chananaeos: Ios 17,16; Iud 1,19; 4,3.13. (Cf. 2 Mach 13,2.)

Fames: — haud rara in Palaestina et etiam in Aegypto ob pluviae defectum: Gen 12,10; 26,1; 41,36; Ruth 1,1-2; Act 11,28 — ea utitur Deus ad populi correptionem: Deut 28, 19; 32,24; 3 Reg 17,1 — erat extrema in urbibus obsessis: Lev 26,29; Deut 28,53-57; 4 Reg 6,26-29; Ier 19,9; Bar 2,3; Lam 2,20; 4,10; Ez 5,10 — sensu figurato de fame audiendi verbum Dei aut iustitiae: Am 8,11; Mt 5,6.

Famulus: — usurpatur pro servo: Gen 41,12; Deut 12,12; Ier 34,11 — pro quolibet loquen-

te ad designandam reverentiam inferioris coram superiore: Gen 42,11; 44,18; Ex 5,16 — pro eo qui Domino deservit: Ios 1,13.15; 8,31; 11,12; Iud 2,8; 3 Reg 8,25; Hebr 3,5.

Fanum, seu templum aut locus sacer, in S. Scriptura dicitur semper de fanis idolorum: Deut 3,29; 4,46; 3 Reg 11,7; 12,31; 13,32; 2 Mach 1,15; 14.33.

Far: — species tritici magis serotina quam commune frumentum: Ex 9,32 — confractum offertur in altari: Lev 2,14,16.

Farina: — usurpatur pro pane similagineo (Gen 40,16) et pro massa farinacea aqua subacta: Ex 12,34.39; 2 Sam 13,8 — a pauperibus poterat offerri loco sacrificii pro peccato: Lev 5,11 — cum thure et oleo, vel sola, adiungitur sacrificio: Lev 2,5; 6,21; 7,9.

Fauni ficarii, apud gentes dii quidam silvestres, sed in S. Scriptura animalia quaedam in desertis locis ac in ruinis degentia: Ier 50,39. (Cf. Is 13,22; 34,14.)

Fel: — piscis in oculorum remedium: Tob 6,5. 9; 11,4.8.11 — herba quaedam, cuius speciem nequeunt docti certo definire, amara, venenosa et stupefaciens: Deut 29,18; Ps 68,22; Ier 8, 14; 9,15; Lam 3,5; Os 10,4; Am 6,13 — amaritudo, venenum aut potus inebrians: Deut 32, 32; Ier 23,15; Mt 27,34.

Femina: — una cum viro creata et benedicta: Gen 1,27-28 — in viri adiutorium data: Gen 2,18-24 — viro suo subiecta: Gen 3,16; 1 Cor 11,7-12; Eph 5,22; Col 3,18; 1 Petr 3,1 — eiusdem iuris ac vir: 1 Cor 7,3-11. (Cf. Deut 21, 15-17.) — repudiata habeat libellum repudii: Deut 24,1-4 — non sit patris haeres si habeat fratres: Num 36,1-12 — prava acriter reprehenditur: Prov 5,1-23; 6,26; 7,5-27; Eccli 9, 2-13; 25,25-30 — bona laudatur: Prov 31,10. 31; Eccli 7,21; 9,1; 26,1.18-24 — dono prophetiae aliquando insignitur: Iud 4,5; 1 Sam 2,1-10; 4 Reg 22,14; Ioel 3,28; Act 21,9 — eius vita in Ecclesia: 1 Tim 2,11-15; 3,11; Tit 2, 3-5 — Christi amor in Ecclesiam exemplum amoris viri in uxorem: Eph 5,1-2.22-23.

Fermentum: — abesse debet a festivitate paschali: Ex 12,15-16.34.39 — pariter a sacrificiis, quasi involvens corruptionem: Ex 25,18; 29,2; 34,25; Lev 2,4-5.11; Am 4,5 — symbolice pro doctrina aut vita corrupta: Mt 16,6. 12; Mc 8,15; Lc 12,1; 1 Cor 5,6-8; Gal 5,9 — eius efficacia penetrandi et inficiendi massam farinaceam imago actionis doctrinae evangelicae in hominem: Mt 13,33; Lc 13,20-21.

Ferrum: — metallum, licet auro et argento vilius, magni tamen aestimatum: Num 31,22; Ios 22,8; 2 Par 2,7; Is 60,17; Eccli 39,31 — primo inductum a Tubalcain: Gen 4,22 — invenitur in terra Chanaan (Deut 8,9), in Hispania et in aliis regionibus: Ier 15,12; Ez 27,12.19 imago duritiei: Deut 28,48; 2 Par 18,10; Eccli 28-24; Is 48,4 — ferrea fornax imago captivitatis vel iustitiae divinae: Deut 4,20; Eccli 31, 31; Ier 11,4.

Festa: — motu lunae reguntur: Gen 1,14; Ps 103,19; Eccli 43,6-8 — mosaica calendarium completum: Lev 16,1-34; Num 28,1-29.39 — tria antiquissima: Ex 23,14-17; 34,22-25; Deut 16,9-17 — festum Paschatis: Ex 12,1-20; Ios 5,10; 4 Reg 23,21; 2 Par 30,1; 35,1; Esdr 6,19; Ez 45,21; Io 2,13.23; 6,4; 11,56 — festum Pentecostes: 2 Par 8,13; 2 Mach 12, 32; Act 2,1; 20,16; 1 Cor 16,8 — festum Tabernaculorum: Deut 31,10; Esdr 3,4; Neh 8, 15-17; 2 Mach 1,9; 10,6; Io 7,2 — festa noviter inducta: Esth 9,29-32; 16,19-24; Iudith 16,31; 1 Mach 4,59; 7,49; 2 Mach 2, 9.12.20; Io 10,22 — quid senserint prophetae de festorum imperfecta celebratione: Is 1,12-15; Ier 6,20; Os 6,6; Am 5,21-22; Mich 6,6-8.

Ficus: — inter fructus praestantissimos terrae promissae commemoratur: Num 13,24; Deut 8,8; Neh 13,15; Cant 2,13; Ioel 2,22 — saepe in comparationibus biblicis adhibetur: Ier 24, 1-8; Mt 7,16; 24,32; Lc 21,29; Apoc 6,13 — imago pacis ac securitatis: 3 Reg 4,25; Mich 4,4; Zach 3,10; 1 Mach 14,12.

Fideiussor (seu qui, data dextera, pro alio spondet), caute in hac re procedendum: Prov 6,1; 11,15; 17,18; 22,26-27; 27,13; Eccli 8, 16; 29,19-24.

Fides, nomen respondens diversis vocabulis hebraicis et graecis, unde plures habet sensus: — fidelitas sive hominum sive Dei in promissionibus adimplendis, unde fiducia enascitur: 4 Reg 12,15; 22,7; 1 Pa 9,22; Ps 32,4; Eccli 6, 15; 22,28; 27,18; 40,12; 45,4; 46,17; Is 11, 5; 33,6; Ier 5,1; Lam 3,23; Os 2,20; 5,9; Hab 2,4; 1 Mach 10,27.37 — credulitas seu mentis assensus aliorum dictis: Gen 15,6; Eccli 25,16; 27,17; 1 Mach 15,11; 2 Mach 9, 26; 11,19; 12,8 — firma persuasio de Dei vel Christi potentia, benignitate, etc.: Mt 8,8-13; 9,20-22; 15,28; Rom 4,3; Hebr 11,1-40 — talis fides innititur Dei sapientia et virtute, non hominum: 1 Cor 2,4-5 — confert credenti iustitiam et pacem Christi: Rom 3,22-5,11; 10,1-13; Gal 3,1-14; Phil 3,9; 1 Petr 2,6 — debet esse viva seu actuosa per charitatem: Mt 9,2; Mc 16,16; Io 1,12; 3,15.36; 7,38; 11,25; 14,12; 20,29; Act 10,43; 15,9; 16,29-30; Rom 1,8.16-17; 3,22; Gal 3,8-11; Eph 2, 9; Hebr 11,6 — fides enim mortua, charitatis defectu, minime iustificat: 1 Cor 13,2; Gal 5, 6; Iac 2,4-26 — potest crescere: Lc 17,5; Act 14,21; 2 Cor 10,15; Eph 4,29; Col 1,23; 2,7; 2 Thess 1,3 — est donum Dei: Io 6,37-39. 44-46; 1 Cor 13,13; Eph 1,17; 2,8; Col 1,23 — scutum animae in tentationibus: Eph 6, 16; 1 Petr 5,9; 1 Io 5,4 — non perseverabit in caelo: 1 Cor 13,10-12 — infidelitas a Deo punietur: Mc 16,16; Io 3,18; 5,38.45; Tit 3, 10-11; Apoc 21,8 — adhibetur pro revelatione divina, quae est obiectum fidei: Mc 11,22; Io 14,1; Eph 4,5; 1 Thess 1,8 — pro conscientia: Rom 14,23.

Fiducia: — confidentia in Deo: 4 Reg 18,19; 2 Par 14,11; Prov 3,5; Is 36,4-10; Dan 13,35 — ne ponatur in idolis nec in hominibus: Deut 32,37; 2 Par 16,7; Is 30,2-3; 31,1; Ier 5, 17; 7,14 — audacia in Christi evangelio praedicando: Mt 14,27; Act 4,29.31; 19,8; 28,15; 2 Cor 3,12; Eph 3,12; Phil 3,3; 1 Thess 2,2; 1 Tim 3,13; Hebr 3,6; 4,16.

Figulus: — eius modus laborandi: Sap 15,7; Eccli 38,32-34; Ier 18,3 — vasa probat in fornace: Eccli 27,6 — conficit etiam idola: Sap 15,8.

Filius: — est Dei benedictio in parentes: Gen 15,2; 30,23; 1 Sam 1,6; Ps 112,9; 126,3; Prov 17,6 — instruendus a parentibus: Ex 12,26-27; 13,8.14; Deut 4,9; 6,7.20; 11,19; Is 4,6-7; Ioel 1,3 — debet parentes honorare: Ex 20,12; Deut 5,16; Mt 10,37; 15,4; 19,29; Lc 9,59; 14,26; Eph 6,2 — bonus, felicitas parentum: Sap 3,13; Eccli 3,6; 16,3-4 — rebellis parentibus puniendus: Ex 21,15.17; Lev 20,5; Deut 21,18-21; Prov 20,20; Mt 15,4 — haeres erit bonorum parentum: Deut 21,17; Iud 11,1-2; 1 Par 5,1 — non portabit iniquitates parentum: Deut 24,16; Ier 31,30; Ez 18,20. (Cf. Ex 20,5; Deut 5,9; Ier 32,18; Os 4,6; Am 7,17.)

— latiore significatu quandoque dicitur pro nepote: Gen 29,5; Esdr 5,1 — pro posteris: Eccli 40,1; Is 66,8; Mt 23,37; Rom 9,7; Gal 3, 7 — pro discipulo: 3 Reg 20,35; 4 Reg 2,3; Mc 10,24; Io 13,33; 21,5; 1 Cor 4,17; Gal 4, 19; 1 Tim 1,2 — pro eo qui singulari amore vel electione distinguitur: Ex 4,22; 19,5-6; Deut 32,6.18; Is 1,2; Ier 3,19; 31,20; Os 11,1 — pro iusto quolibet qui scil. gratia sanctificante est praeditus (in filium adoptatus): Mt 5,9.45; Lc 6,35; Io 1,13; Rom 8,14-17; 2 Petr 1,14; Iac 1,18; Io 3,9 — pro eo qui possidet aliquam virtutem aut vitium, ius vel demeritum: 1 Sam 20,31; 2 Sam 7,10; 12,5; Mt 11, 19; 23,15; Io 17,12; Eph 2,3; 5,8; 1 Petr 1,14 — ad designandas relationes valde diversas iuxta modum loquendi hebraicum: filius... annorum (1 Sam 13,1), aurorae i. e. lucifer (Is 14,12), pharetrae i. e. sagitta (Lam 3,13), Bassan i. e. aries (Deut 32,14), olei i. e. unctos a Domino ad munus obeundum (Zach 4,14), etc.

Fimus: — abesse debet a castris Israel tanquam quid immundum: Deut 23,10-14 — victimarum extra castra comburendus: Ex 29,14; Lev 4,11; 8,17; 16.27; Num 19,5 — a Deo indignato in vultus sacerdotum proiicietur: Mal 2,3 — boum ad coquendos panes adhibetur: Ez 4,15 — porta stercoris in Ierusalem: Nech 2,13; 3,14; 12,31.

Firmamentum, a sacris auctoribus describitur, iuxta veterum conceptionem, quae rebus apparentibus nitebatur, ut solidum quid, simile crystallo, cui affixae sunt stellae et cuius pars superior aquis erat operta: Gen 1,6-8. 14-19; Ex 24,10; Ps. 18,2; 103,2; 150,1; Ez 1,22; Dan 12,3.

Fistula, instrumentum musicum (hisp. *flauta, caramillo)*, quod etiam nunc in Palaestina frequenter auditur: Dan 3,5.7.10.15.

Flagellum (instrumentum cruciatus, loris confectum, ornatum quandoque nodis plumbeis vel aliis similibus, quibus sontes plagis afficiebantur): — prohibetur quadragenarium numerum excedere: Deut 25,2-3; Mt 10,17; Act 5, 40; 2 Cor 11,24 — gravior flagellatio supponitur: Iud 8,7; 3 Reg 12,11-14; 2 Par 10,11-14 — gravissima illa flagellatio inducta ab Antiocho aut more Romanorum facta: 2 Mach 7,1; Io 19,1 — cives romani immunes erant ab hac durissima poena: Act 16,37-38; 22, 25-26 — figurate dicitur de magna calamitate: Iob 5,21; Ps 34,15; Eccli 26,9.

Foedus (pactum certis conditionibus initum ac ritibus religionis sancitum): — patriarchae ineunt foedera cum Chananaeis: Gen 14,13; 21,22-32; 26,28-31; 31,44 — dein tamen Israelitae severe prohibentur foedera cum gentibus inire: Ex 23,32; 34,15; Deut 7,2; 2 Par 20,37; Is 28,14-22; 30,1-5; 31,1-3; Ier 2,18 — foedus Dei cum Noe et Abraham: Gen 6,18; 9,9-17; 15,7-21; 17,9-14 — cum Israel in monte Sinai: Ex 6,5; 19,5; 24,4-8; 31,16; Lev 2,13; Num 18,19; multoties renovatum: Ios 24,23-25; 4 Reg 11,17; 23,3; Neh 9,38 — cum Levi et David: Num 18,19; 25,13; 2 Sam 7,14; 23,5; Mal 2,8 — novum foedus promittitur pro tempore messianico: Is 42,6; 54,10; 55,3; 59,21; 61,8; Ier 31,31-34; 32,40; 33,20; Ez 16,62; 34,25; 37,26; Mal 3,1 — sive vetus sive novum quasi foedus matrimoniale proponitur: Is 50,1; 61,10; Ier 2,2; Ez 16,8; Os 2,2.19 — novum foedus sanguine Christi sancitur: Mt 26,28; 2 Cor 3,6; Hebr 7,22; 9,11-22.

Foenum, accipitur in Vulgata notione graminis seu herbae viridis: Deut 11,4; Iob 40,10; Ier 9,22; Mc 6,39; Iac 1,10; 1 Petr 1,24; Apoc 8,7.

Foenus (lucrum quod ex pecunia vel aliis rebus commodatis exigitur): — Israelitis interdicitur foenus exigere a fratre i. e. Israelita: Ex 22,25; Lev 25,37; Deut 23,19; Neh 5,7 — permittitur illud exigere ab alienigenis, immo recensetur inter benedictiones Dei: Deut 15,6; 28,12 — sicut recensetur inter maledictiones quod Israelitae cogantur foenus solvere alienigenis: Deut 28,44 — utilissimum foenerandi genus indicatur: Prov 19,17; Eccli 29,1-2; Lc 6,34-35.

Fons: — cum fontes in terra Chanaan sint minus frequentes, in magna aestimatione habentur: Gen 26,19-20; Num 21,17 — belli tempore obturantur, ne hostes tanto aquae beneficio fruantur: 4 Reg 3,19.25; 2 Par 32, 3-4.30. (Cf. Iudith 7,6-10.) — fons vivus, pulchra imago sapientiae, salutis, gratiae, vitae aeternae: Ps 35,10; Prov 13,14; 14,27; Is 12,3; Ier 2,13; Bar 3,12; Io 4,6.14.

Formica, valde laudatur ob providam suam diligentiam atque sollertiam: Prov 6,6-8; 30,25.

Fornax: — calcaria, liquandis metallis apta: Gen 19,28; Ex 19,18 — sensu translato pro magna tribulatione qua homines probantur: Deut 4, 20; Prov 27,21; Sap 3,6; Eccli 27,6; 43,3-4.

Fornicatio: — sive simplicem fornicationem sive adulterium exprimit: Gen 38,24; Deut 22,21; Eccli 9,6; 26,12; Mt 5,32; 19,9; Act 15,20.29; 1 Cor 6,18 — figurate usurpatur pro cultu idolorum, quo foedus Dei cum populo violabatur, et in quo non raro fornicatio sacra exercebatur: Ier 3,1-5; Ez 16,8-63; 23,1-45; Os 2,2-5 — pro pacto vel commercio cum populis gentium: Is 23,17; Ez 16,26; 23, 19-21.30. (Cf. Ex 34,15; Deut 7,2.) — pro consultatione divinorum gentilium: Lev 20,6.

Forum, locus publicus (hisp. *plaza)*, ubi res venales exponuntur (Ez 27,14), cives conveniunt (Act 16,19; 17,17) et pueri ludunt: Mt 11,16.

Fraternitas valde commendatur: Ps 132,1; Prov 6,16.19; 18,19; Eccli 25,2; Rom 12,10; 1 Thess 4,9; Hebr 13,1; 1 Petr 1,22; 2,17; 5,9; 2 Petr 1,7.

Fratres: — qui ex eisdem parentibus (Gen 4,9) vel saltem ex eodem patre sunt progeniti: Gen 42,15; Iud 9,5 — qui sunt cognati: Gen 13,8 — qui pertinent ad eamdem tribum (2 Sam 19,12) vel populum: Ex 2,11 — qui sunt socii vel aliqua ratione, v.gr. affectu, militia, etc., coniuncti: Ios 14,8; 1 Sam 30,23; 2 Sam 1,26; Am 1,9 — qui eiusdem naturae humanae sunt participes: Gen 9,5; Mt 5,22; 7,3; Hebr 2,11 — qui ex Deo renati per fidem et baptismum, eumdem Patrem caelestem invocant: Mt 6,8-15; Io 1,13; 3,5; Act 10, 23; Col 1,2; 1 Io 3,9-10; 5,1. (Cf. Rom 8,17.) — Christi i. e. cognati nominatim recensentur (Mt 10,3; 13,55; Mc 6,3; Gal 1,19) vel de eis sermo fit: Mt 12,46-48; Mc 3,31-32; Lc 8,19-21; Io 2,12; 7,3.5.10; Act 1,14; 1 Cor 9,5. (Cf. etiam Mt 12,48-50; 25,40; 28,10; Rom 8,29 de eis qui credunt in eum.)

Frumentum: — adhibetur pro cibo in genere: Gen 44,1; Iudith 2,9 — pro granis unde farina ad panificium apta praeparatur: Gen 27,28; 42,3; 2 Par 32,28 — pro tritico: Deut 8,8; 2 Sam 17,28. (Vide **Agricultura.**)

Fullo, qui, pedibus calcans, vestes, seu pannos

lavat adhibito nitro vel lixivio: Ier 2,22; Mc 9,2.
Funda (hisp. *honda)*: — ea utebantur pastores et venatores ad iaciendos lapides: 1 Sam 17,40; Iob 41,19 — utebantur etiam milites, qui fundibularii vocabantur: Iud 20,16; 4 Reg 3,25; Iudith 6,8; 1 Mach 9,11.
Fundamentum: — solidum, supra petram: Eccli 26,24; Lc 6,48 — montium vel terrae: 2 Sam 22,8; Iudith 16,18; Iob 38,4; Ps 17, 8.16 — altaris: Lev 5,9; 8,15 — caelestis urbis Ierusalem: Hebr 11,10; Apoc 21,14-19 — poenitentiae: Hebr 6,1 — fidei, Christus, et etiam apostoli et prophetae: 1 Cor 3,10-12; Eph 2,20 — Ecclesiae, Petrus: Mt 16,17-18; Lc 22,31; Io 21,15-17.
Funiculus vel funis (hisp. *cordel)*: — ad solidanda tabernacula: Is 33,20; 54,2 — ad agros mensurandos: 2 Sam 8,2; Am 7,17; Mich 2,5 — ideo frequenter dicitur pro agro, sorte, hereditate: Deut 32,9; Ps 77,54; Soph 2,5 — sensu translato de insidiis quibus homines capiuntur: 2 Sam 22,6; Os 11,4. (Cf. Bar 8,42.)
Furtum: — a lege prohibitum: Ex 20,15; Lev 19,11 — poena in fures sive ovis vel bovis (Ex 22,1) sive hominis (Ex 21,16) sive rei sacrae (Ios 7,24; 1 Par 2,7) sive aliarum rerum: Lev 6,2-3; Num 5,7-8 — occisio furis nocturni non vero diurni, permissa: Ex 22,2-3 — furti expiatio: Lev 6,6 — excludit a regno Dei: Rom 2,22; 1 Cor 6,10. (Cf. Prov 29,24.) — adulterantes verbum Dei fures sunt: Ier 23,30; Io 10,1; 2 Cor 2,17 — Dei iudicium veniet ut fur: Mt 24,43; 1 Thess 5,2; 2 Petr 3,10; Apoc 3,3; 16,15.

Gabriel, nomen quo designatur angelus: Dan 8,16; 9,21; Lc 1,19.26.
Galbanus: — species gummi resinosi in compositionem thymiamatis adhibiti: Ex 30,34 — eius odor, imago sapientiae: Eccli 24,21.
Gallus, cuius cantus tempus medium inter mediam noctem et auroram designat: Mc 13,35; 14,30.68.72. Vulgata, non vero textus primigenius, de eo etiam mentionem facit quattuor locis Vet. Testamenti: Tob 8,11; Iob 38, 36; Prov 30,31; Is 22,17.
Gaudium: — optimum quod de bono procedit: 1 Par 29,9; Neh 12,42; Ps 67,4; Lc 1,14; 1 Thess 5,16 — in Domino vel Spiritu Sancto: Lc 10,21; Rom 14,17; Gal 5,22; Phil 4,4; 1 Thess 1,6 — in persecutionibus: Mt 5,12; Act 5,41; 20,24; Rom 5,3; Col 1,24; Hebr 10,34; 11,25 — aeternae salutis: Is 12,3; 35, 10; Mt 5,12; Lc 6,23; 10,20; 15,32; Io 16,22; Act 8,39; Rom 12,12 — non gaudendum more impiorum: Eccl 2,2; 7,3; Prov 2,14; Os 9,1; Iac 4,9.
Gazophylacium (etym. = *thesauri regii custodia)*: — cellae in atriis templi, in quibus asservabatur supellex templi, opes, etc.: Ier 35,4; 36,10; 1 Mach 14,49; 2 Mach 3,6.10-11 — arcae in atrio mulierum positae ad dona fidelium suscipienda: Mc 12,41; Lc 21,1; Io 8,20.
Gehenna (etym. = *vallis Ennom)*, vallis, quae ab oriente et meridie Hierosolymorum protenditur, ubi Israelitae filios suos per ignem idolo Moloch immolaverunt: 4 Reg 23,10; Ier 7,31; 32,35. In N. Testamento nomen ex hac valle derivatur ad infernum designandum: Mt 5,22.29; Lc 12,5. (Vide **Infernus.**)
Genealogia: — descriptio progenitorum ut ex ea innotescat origo personarum: Esdr 2,62; 7 1-5 — forma compendiosa texendi historiam: Gen 5,1-31; 1 Par 1,1-52 — forma, apud Arabes adhuc retenta, describendi recensionem populi: 1 Par 2,1-9,1 — genealogia Iesu per Ioseph apud Matthaeum (legalis ex lege leviratus orta) et apud Lucam: Mt 1,1-16; Lc 3,23-38 — vanas genealogias (quo sensu?) praecipit Paulus vitare: 1 Tim 1,4; Tit 3,9.
Generatio: — potestas vel actus procreandi aut producendi: Is 66,9; Ez 16,3; 1 Tim 2,15; 1 Io 5,18 — progenies, stirps, posteritas: Num 1,20-42 — homines qui aliqua definita aetate vivunt: Gen 7,1; Is 53,8; inde unitas chronologica (Gen 15,16; Ex 29,42) aequipollens annis 40 vel 70; Num 14,33; 2 Par 36,21; Ps 94,10; Is 23,15; Ier 29,10; Ez 29,11-13; Zach 7,5 — idem ac genealogia: Mt 1,1; Hebr 7,6.
Gentes: — benedicentur in Abraham eiusque progenie: Gen 12,3; 18,18; 22,18; Ps 71,17; Act 3,25; Gal 3,8.16 — Messiam exspectabunt: Gen 49,10; Is 11,10; 42,4; 49,6-7; 55,5; Agg 2,7-10; Soph 3,9; Lc 2,30-32 — Dominum quaerent: 3 Reg 8,41; Ps 67,32, 85,9; Is 2,2; 19,18; Ier 16,19; Mich 4 2; Zach 8,20; Mt 2,2-6; 8,11; 21,31.43; ac laudabunt: Deut 32,34; 2 Sam 22,50; Ps 21, 28; 116,1; Is 66,19-20; Rom 15,9 — possessionem Messiae (Ps 2,8; 71,8; Is 45,14; Zach 9,10) ac populum Dei constituent: Ps 86,4-6; Ier 12,16; Zach 2,11; Mt 22,9; Io 10, 16; Act 8,26-39; 10,34-35; 1 Cor 12,13; Eph 2,10-22 — gentium tabula in Gen 10, 1-32, i. e. descriptio gentium quae ex Noe ortum habuerunt vicinasque regiones Palaestinae habitabant, exclusis aliis ex S. Scriptura vel ex aegyptiis monumentis bene notis, secundum triplicem rationem: ethnographicam (Gen 10,1), linguisticam (10,5-20) et geographicam (10,4.15-18).
Genua flectere: — in signum reverentiae erga principes et magnates: Gen 41,43; 4 Reg 1,13; Esth 3,2-3; 13,12-14; Mt 17,14; 27,29; Mc 1,40; 10,17; 15,19 — in signum adorationis coram Deo: 3 Reg 8,54; 18,42; Esdr 9,5; Dan 6,10; Act 7,59; 9,40; 20,36; 21,5; Eph 3,14; Phil 2,10.
Gigantes: — tempore diluvii: Gen 6,4; Sap 14, 6; Bar 3,26 — etiam tempore Moysis sermo est de gigantibus *(enacim)*: Num 13,33-34; Deut 2,11.20; 3,11; 2 Sam 21,18 — saepe allusio fit ad procerae staturae bellatores: 1 Sam 17,4; Ps 18,6; 32,16; 1 Mach 3,3 — mortuorum animae in inferno degentes *(rephaim)* gigantes dicuntur: Prov 2,18; 9,18; 21,16; Iob 26,5; Is 14,9; 26,14.19.
Gladius: — sumitur pro bello in genere: Gen 27,40; Lev 26,6; Is 1,20; 27,1 — figurate pro verbi Dei virtute: Is 49,2; Os 6,5; Eph 6,17; 2 Thess 2,8; Hebr 4,12; Apoc 1,16; 19,15.
Gloria: — Dei in caelis et in terra splendet: Ps 18,1; 88,8; 96,6; Sap 13,4-6; Is 2,10.21; 6,3; 24,14 — in liberatione populi eius manifestatur: Ex 14,4; 17-18; Is 66,5; Ez 28,22; 39,13 — ipsi est debita et alteri incommunicabilis: Ios 7,19; 1 Sam 6,5; Is 42,8; 48,11; Ier 13,16; Mal 2,2; Io 9,24 — splendet in Verbo (Sap 7,26; Col 1,15; Hebr 3,1) et in eius operibus divinis: Io 1,14; 11,44; 17,5. 21.24 — beatitudinem sanctorum constituet: Ex 33,18; Rom 8,18; 1 Cor 15,43; 2 Cor 4,17; Phil 2,11; Col 1,27; 1 Petr 5,1.4.10 — Deus ipse vocatur Rex, Pater vel Deus gloriae: Ps 23,7-10; Act 7,2; 1 Cor 2,8; Eph 1,17;

Iac 2,1 — nubis vel nebula, qua praesentia Dei sensibilis redditur, gloria Dei vocatur: Ex 16,7.10; 24,16-17; 40,36; Lev 9,6.23; Num 14,10; 3 Reg 8,11; Ez 2,1; 3,23; 8,4; 9,3; 10,4.18-19; 43,2.5; 44,4; Hebr 9,5 — etiam homini competit gloria sive ob dona naturae (3 Reg 3,13; Ps 8,6) sive ob eius virtutes aut egregia opera: Prov 20,3; 29,23; 26,1; Eccli 25,8; Lc 14,11 — gloria hominis dicitur ipsius anima: Gen 49,6; Ps 7,6; 29,13; 56,9; 107,2 — gloria Israel, Dominus (Ps 3,4; 105, 20; Ier 2,11), arca foederis (1 Sam 4 22), heroes populi: Iudith 15,10.

Golgotha (etym. = *calvaria)*, locus ubi Christus crucifixus est, nomen cranii accipiens ex forma quae aspectui praebebatur: Mt 27,33; Mc 15,22; Lc 23,33; Io 19,17-20; Hebr 13,12.

Gomor, mensura aridorum, decima pars epha, cuius valor erat 3,88 litr.: Ex 16,16.

Graeci: — pro macedonibus: Dan 8,21; 1 Mach 1,1; 6,2 — pro syro-macedonibus: 1 Mach 1, 11,8.18 — pro Graecis in genere vel gentilibus, qui moribus ac cultura graecorum utebantur: 2 Mach 4,9; 6,8; 11,24 — in N. T. Graeci opponuntur Iudaeis, ergo gentiles: Rom 1,16; 2,9; 3,9; 1 Cor 12,13; Gal 3,28; Col 3,11 — eo nomine etiam designantur natione Iudaei inter Graecos degentes: Act 6,1; 9,29; 11,20.

Gratia: — dotes vel corporis vel animi, quibus aliorum benevolentia seu favor conciliatur: Ex 3,21; 11,3; Ps 44,3; Prov 1,9; 11,16; 31,30 — haec ipsa benevolentia seu favor: Gen 30,27; 32,5; 33,8; Lc 1,30; Act 7,46; Hebr 4,16 — dona quae ex benevolentia emanant: Ruth 2,20; 2 Sam 2,6; 15,20; Prov 4,9; Eccli 4,25; 7,37; 29,20 — Dei beneplacitum unde tota oeconomia redemptionis derivatur: Rom 4,4; 11,5-6; Eph 1,5-6,12; Iac 4,6. (Cf. Ex 33,19; Rom 9,15.) — ipsa oeconomia, seu Evangelium: Io 1,17; Rom 5,20-21; 6,14; 1 Petr 5,12 — dona fidei et iustitiae, quibus sanctificatur anima: Rom 1,7; 4,4-5; 11,6; 1 Cor 16,23; 2 Cor 1,12; 12,9; Eph 2,5; 6,24; Phil 4,23; Col 1,6; 1 Thess 5,28 — dona charismatica, quae cooperantur ad progressum Evangelii: Rom 12,6; 15,15; 1 Cor 12, 28; Eph 3,8 — non debet esse vacua in nobis, sed fructuosa: Rom 5,2; 1 Cor 15,10; 2 Petr 3,18 — adhibetur etiam notione gratiarum actionis: Lc 6,32; 17,9; 1 Cor 10,30; 1 Tim 1, 12; 2 Tim 1,3.

Grossus: — ficus immatura quae per hiemem succrescit: Cant 2,13; Apoc 6,13 — ficus primum maturescens: Nah 3,12. (Cf. Os 9,10; Mich 7,1.)

Gryps, aquilae species, quae inter aves immundas recensetur: Lev 11,13; Deut 14,12.

Gubernaculum (hisp. *timón)*: — in navi: Act 27,40; Iac 3,4 — figurate pro consilio quo quis regitur: Prov 1,5; 20,18. (Cf. Iob 37,12.)

Gubernator (hisp. *piloto)*: — in navi: Ez 27,8. 27-29; Act 27,11; Apoc 18,17 — figurate pro rectore populi: Prov 11,14; 23,34.

Gymnasium, locus publicus ad varia corporis exercitia exsequenda: 1 Mach 1,15; 2 Mach 4,9.12.

Habacuc: — unus ex prophetis minoribus, qui ante adventum Chaldaeorum in Iudam vaticinatus est: Hab 1,5 — propheta in Iudaea, tempore Danielis, non confundendus cum priore: Dan 14,32.

Haceldama, ager a sacerdotibus emptus pecunia proditionis Iudae in sepulturam peregrinorum: Mt 27,8; Act 1,19.

Haeresis (etym. = *electio* vel *secessio)*, homines qui aliquam singularem doctrinam sequuntur, v.gr. sadducaeorum (Act 5,17), pharisaeorum (Act 15,5), christianorum (Act 24,5.14) — dissensiones pertinaciter retentae, quae verae doctrinae adversantur: 1 Cor 11,19; Tit 3,10. (Cf. Gal 5,20; 2 Petr 2,1.)

Haliaeetus, aquilae species, quae inter aves immundas recensetur: Lev 11,13; Deut 14,12.

Hebdomas: — spatium fixum septem dierum (cuius origo videtur derivari ex quadrante mensis i. e. phasibus lunae): Gen 29,27; 50,10; Ex 20,8-11 — annorum: Lev 25,2-7; 2 Par 36,21; Dan 9,24-25; 1 Mach 6,53 — hebdomadum annorum, quibus transactis, est annus iubilaei: Lev 25,8-13 — distingui solebant dies hebdomadis non nominibus propriis (praeter sabbatum) sed numeris: Gen 1,5.8.13.19.23.31; Ex 16,5-22; Mc 16,2. (Cf. Mc 15,42.)

Hebeninus, lignum speciei nobis ignotae: Ez 27,15.

Hebraeus: — designat Israelitas: Gen 39,14; 40,15; 43,32; 2 Cor 11,22 — restringitur ad Iudaeos in Palaestina commorantes in oppositione ad hellenistas: Act 6,1 — in N. T. refertur ad linguam, non hebraicam, sed aramaicam, quae inter Hebraeos erat tunc in usu: Io 5,2; 19,13; Act 21,40; 22,2; 26,14.

Hedera (hisp. *hiedra)*, planta de qua Ion 4,5-10. Alii tamen verbum hebraicum interpretantur de *ricino*, alii de *cucurbita*.

Heli: — sacerdos et iudex Israelitarum in Silo: 1 Sam 1,3; 2,11; 3,1; 4,15; 14,3 — pater S. Ioseph (Lc 3,23) et, ut videtur, frater uterinus cum Iacob, de quo: Mt 1,16. (Vide **Genealogia.)**

Hercules, deus praecipuus Tyriorum, ab ipsis vocatus *Melkart* (etym. = *rex civitatis)*, non confundendus cum heroe Graecorum: 2 Mach 4,18-20.

Hereditas (non una fuit lex hereditatis apud Hebraeos): — tempore Abraham, iuxta legem chaldaicam, solum filii ex uxoribus liberis nati heredes esse poterant: Gen 21,10; 25,5-6 — tempore Iacob, iuxta legem adhuc in deserto arabico vigentem, omnes filii pares in hereditate habebantur: Gen 30,3.9; 46,8-27 — in legislatione mosaica hereditas patris in partes aequales dividenda erat, hac sola exceptione, quod primogenitus duplicem sortem habeat: Deut 21,15-17 — si deerint filii, filiae erunt heredes (Num 27,1-11), quae tamen nubere nequeunt extra propriam tribum: Num 36,1-12 — si quis absque liberis mortuus fuerit, providetur de herede per legem leviratus (Deut 25,5-11); si vero nulla iam spes liberorum in vidua, hereditas transiet ad propinquos: Num 26,8-11 — tota terra Chanaan est hereditas populi israelitici, per tribus et familias dividenda: Lev 20,24; Num 32,18; 33, 54; Deut 3,18 — huius terrae perpetua possessio promittitur (in qua promissione benedictio messianica est includenda) Dei fidelibus: Ps 36,9.11.22.29; Is 57,13; 65,9 — praecipua tamen populi hereditas, ac maxime Levitarum, est ipse Dominus: Ps 15,5. (Cf. Num 18,1-32.) — christiani, ut filii Dei Patris, ipsius erunt heredes, atque Christi coheredes: Rom 8,17; Gal 4,7; Eph 1,18; Hebr 1,14; 9, 15; 1 Petr 1,4; 3,22.

Herodes: — cognomento Magnus (de quo Mt 2,1-22), Idumaeus, filius Antipatri, qui regnum

Palaestinae obtinuit a Romanis anno 37 a. Chr,. et sub ditione Romanorum illud retinuit usque ad eius mortem, circa festum Paschatis, anno ab Urbe condita 750. Habuit ut successores: *Archelaus* super Iudaeam, Samariam et Idumaeam (Mt 2,22), qui fuit destitutus a Romanis anno 6 p. Chr. eiusque regnum in provinciam romanam redactum sub procuratore (Lc 3,1); *Her. Antipas* super Galilaeam et Peraeam, qui erat matrimonio adulterino coniunctus cum Herodiade, uxore fratris sui Philippi (Mt 14,1-12; Mc 6,14-29. Cf. etiam: Lc 13,31-32; 23,7-12) et a Romanis fuit destitutus ac in exsilium missus anno 39 p. Chr.; *Her. Philippus* super Ituraeam et Trachonitidem (Mt 16,13; Lc 3,1), qui regnum retinuit usque ad eius mortem anno 34 p. Chr. — Herodes Agrippa I, filius Aristobuli filii Herodis Magni, qui regnum supra Iudaeam obtinuit ab imperatore Caio Caligula a. 40, et mortuus est anno 44 p. Chr.: Act 12,1-25 — Herodes Agrippa II, filius praecedentis, qui primum regnum Chalcidis, dein tetrarchiam Philippi, ac tandem aliquas etiam partes Galilaeae accipit a Romanis: Act 25,23-26,32.

Herodiani, qui dynastiae herodianae favebant, contra voluntatem populi iudaici, ac praesertim pharisaeorum, originem idumaeam et mores gentilium abhorrentium. (Cf. Mt 22,16; Mc 3,6; 12,13.)

Herodio, alii de ardea (hisp. *garza)*, alii de ciconia interpretantes, inter aves immundas recensetur: Lev 11,19. (Cf. Ps 103,17.)

Heva (etym. = *vita):* — data in adiutorium viri: Gen 2,18 — ex viro formata: Gen 2,21-22; 1 Cor 11,3.7-12 — agnoscitur ab Adamo (Gen 2,23) et matrimonium instituitur: Gen 2,24; Mt 19,5 — tentatur et decipitur: Gen 3, 1-6; Eccli 25,33; 2 Cor 11,3; 1 Tim 2,14 — mulieris poena: Gen 3,16 — mater viventium: Gen 3,20; 4,1-2.

Hirundo, diversis correspondet vocabulis in textu primigenio, quae antiqui interpretes non eodem modo vertunt: Tob 2,11; Is 38,14; Ier 8,7; Bar 6,21.

Holocaustum (primum ex tribus generibus sacrificiorum, in quo tota victima igne consumitur): — eius ritus: Lev 1,1-17 — ex praecepto legis singulis diebus, et modo speciali aliquibus sollemnitatibus, erat offerendum: Ex 29,38-42; Num 28,1-29,39 — offerri quoque poterat ex devotione a populo vel a piis fidelibus: Num 7,2-3; 1 Sam 6,14; 2 Sam 6, 17; 3 Reg 3,4; Iudith 16,22 — holocaustis praefert Deus obedientiam, iustitiam et contritionem spiritus: 1 Sam 15,22; Ps 39,7; 49, 8-9; 50,18-19; Is 1,11-12; Ier 6,20; 7,22.

Homicidium: — clamat ad Dominum: Gen 4, 10. (Cf. Gen 9,5-6.) — poena mortis damnatur: Ex 20,13; 21 12; Lev 24,17; Num 35,33; Deut 5,17; 3 Reg 1,50; 2,28 — lex de ultore sanguinis: Ex 21,13; Num 35,11-28; Deut 19,1-13; Ios 20,1-9.

Hora (de divisione diei in horas nihil habetur in V. T. nisi forsan Neh 9,3; Ps 54,18; Dan 6,10): — dies dividitur in duodecim horas aequales quolibet anni tempore: Mt 20,1-12; Io 1,39; 11,9 — alia divisione, forsitan e castris desumpta, dividitur in quattuor horas (prima, tertia, sexta et nona): Mt 29,1.3.5; Mc 15,25; Io 19,14; Act 2,15; 3,1; 10,9 — similiter et nox dividitur in quattuor horas seu vigilias: Mt 14,25; Mc 13,35-36; Lc 12,38. (Cf. Ex 14,24; Iud 7,19.)

Hordeum (cuius sunt variae species in Palaestina): — frequenter in S. Scriptura commemoratur: Deut 8,8; Ruth 3,2; 2 Sam 21,9; 2 Par 2,10; Iob 31,40; Is 28,25 — eius farina in panificium utilissima (Iud 7,13; 4 Reg 4,42; Io 6,9) maxime apud pauperes: 4 Reg 7,1. 16.18; Apoc 6,6.

Horologium solarium, quod per umbram a sole proiectam cursum ipsius solis metiebatur in parva temporis spatia distinctum: Is 38,8. Eius inventio attribuitur Phoenicibus vel Graecis.

Hortus, de quo saepe fit mentio in S. Scriptura, sive olerum (Deut 11,10; 3 Reg 21,2) sive arborum: Eccl 2,5; Cant 4,12-13; Is 58,11; Ier 31,12; Mt 27,60; Io 18,1-2; 20,5.

Hosanna: vox hebraica (etym. = *salva, quaesumus)*, qua turbae iudaeorum Christum sollemniter in urbem Ierusalem intrantem acclamarunt: Mt 21,9; Io 12,13. (Cf. Ps 118,25.)

Hospitalitas: — adhuc praeclara virtus nomadum deserti arabici, summe inter Hebraeos colebatur: Gen 18,2-8; 19,1-3; 24,17-41; Ex 2, 20; Deut 10,19; 26,11; Iud 19,17-21; Iob 31, 32 — eius violatio magnum peccatum constituit: Gen 19,5-6; Iud 19,15.22-28; Sap 19, 13-15 — valde commendatur in N. T.: Mt 25, 35.43; Rom 12,13; 1 Tim 3,2; Tit 1,8; 1 Petr 4,9.

Hostia: — victima in sacrificium Deo offerenda (vide **Sacrificium)** — figurate sermo est de hostia vociferationis (Ps 26,6), laudis (Ps 115, 17; Hebr 13,15), corporis nostri (Rom 12,1), eleemosynae (Phil 4,18), etc.

Humanitas, adhibetur pro gr. *philanthropia* i. e. amore seu benevolentia in homines: Est 16,11; 2 Mach 4,11; 6,22; 14,9; Act 28, 1; Tim 3,4.

Humerus: — in homine (Ex 28,12), in aquila (Deut 32,11), in regione aliqua (Is 11,14; Ez 25,9), etc. — figurate ad obedientiam vel servitutem exprimendam: Gen 49,15; Is 9,4; 10,27; Bar 2,21; Soph 3,9.

Humilis: — dicitur de loco depresso: Lev 13, 3; Deut 1,7; Ps 112,6 — de homine ignobili, impotenti, afflicto, misero, deiecto, oppresso: 4 Reg 19,26; Ps 101,8; Is 10,2; Am 2,7 — de animo vel corde demisso qui de se modeste sentit: 2 Sam 6,22; Iob 5,11; Ps 33,19; Prov 29,23; Is 57,15; Mt 11,29; Lc 1,52; Rom 12, 16; 2 Cor 7,6; Iac 4,6; 1 Petr 5,5.

Hyacinthus: — color purpureus: Ex 25,4; 26,1; 2 Par 2,7.14; Ier 10,9; Ez 43,6 — gemma quaedam, amethysto similis, quae undecimum tenet locum in descriptione Ierusalem caelestis: Apoc 21,20.

Hypocrita: — in V. T. sumitur pro viro iniquo et impio: Iob 8,13; 15,34; 27,8; Is 9,17; 33, 14 — in evangeliis dicitur de pharisaeis, eo quod sint pietatis simulatores: Mt 6,2-18; 15,7; 22,18; 23,14.

Hyssopus: — herba, quae crescit in pariete (3 Reg 4,33), in immolatione Agni paschalis (Ex 13,22) atque in lustrationibus a lege praescriptis saepe adhibita: Lev 14,6; Num 19,6; 3 Reg 4,33; Ps 50,9 — sumitur probabiliter pro gr. *hyssos* i. e. lancea (hisp. *venablo)*, qua milites romani utebantur: Io 19,29.

Iacob: — filius Isaac et Rebeccae, frater geminus Esau, qui a matre persuasus benedictionem patris fraude obtinuit (Gen 27,1-29) quae fuit signum benedictionis Dei erga ipsum: Mal 1,2-3; Rom 9,13 — morti proximus filiis suis praecepit ut ad patres Abraham et Isaac corpus eius sepeliant, quo fidem suam osten-

dit divinarum promissionum: Gen 49,29-50,13; Hebr 11,21 — frequenter sumitur pro toto populo ex eo progenito: Ps 13,7; Is 48,12; 49,5; Lc 1,32.

Iacobus: — filius Zebedei, Ioannis frater, inter Apostolos numeratus, qui prior Apostolorum martyrium subiit anno 44: Mt 4,21; Mc 1,20; Act 12,22 — filius Alphaei et Mariae, sororis (i. e. cognatae) B. Virginis, cognominatus minor (Mc 15,40), frater Domini (Gal 1,19), inter Apostolos etiam numeratus, qui fuit episcopus ecclesiae hierosolymitanae (Act 15, 12-21; 21,18-26; Gal 1,17-19), et scripsit epistolam primam ex catholicis.

Iannes et Mambres, sic appellantur a S. Paulo magi aegyptiaci, qui suis incantationibus Moysi restiterunt: 2 Tim 3,8. (Cf. Ex 8,7.19.)

Ianthinus, color purpureus: Ex 25,5; Num 4, 6.8; Ez 16,10.

Ibex, capra silvestris, quae in locis inaccessis degit: 1 Sam 24,3; Iob 39,1.

Ibis, avis similis ciconiae, quae in Aegypto frequens invenitur, inter animalia immunda annumerata: Lev 11,17; Deut 14,16.

Idololatria, cultus idolorum, saepe a prophetis reprehensus tanquam apostasia a Deo vel fornicatio in Deum. (Vide **Fornicatio.**)

Idolothytum, carnes sacrificiorum gentilium, quae saepe (relate ad sacrificia iudaica lex praecipit carnes sacrificiorum consumendas esse in ipso sanctuario, vel a sacerdotibus vel ab offerentibus) non in epulis sacrificalibus comedebantur, sed in macello vendebantur: Act 15,29; 21,25; 1 Cor 8,1; 10,25-29; Apoc 2,20.

Idumaea: Vide **Edom.**

Ieiunium: — signum luctus et tristitiae ob aliquam calamitatem: Iud 20,26; 1 Sam 31,13; Ier 41,2; 52,12; Zach 7,3-5; 8,19; Mt 9,15 — signum quoque poenitentiae atque afflictionis spiritus, cui additur oratio ad placandam Dei iram et eius misericordiam obtinendam: Lev 16,29; Num 30,14-16; Tob 12,8; 1 Mach 3,47; 2 Mach 13,12; Mt 17,20; Act 13,2-3; 14,22; 2 Cor 6,5; 11,27 — in lege mosaica unicus ieiunii dies erat in anno praescriptus (Lev 16,29; Act 27,9), licet saepe ob calamitates publicas vel infortunia privata ieiunia celebrabantur — qua mente sit ieiunandum: Is 58,3-7; Ier 14,12; Mt 6,16-18.

Ieremias: — filius Helciae, de sacerdotibus Anathoth: Ier 1,1 — adhuc iuvenis ad ministerium propheticum vocatur, anno 13 regni Iosiae: Ier 1,2-19 — munere prophetico fungitur, regibus Iosia (638-608), Ioachaz (608), Ioakim (608-604), Ieconia (604-598), Sedecia (598-586) et maxime in ipsa Ierusalem obsidione (588-86) — Ierusalem capta, amice tractatur a Chaldaeis et remanet in Iudaea ut populum ibi derelictum consolaretur: Ier 40,1-42,22 — ducitur in Aegyptum, ubi suum ministerium prosequitur: Ier 43,1-44,30 — vita eius postuma: Dan 9,2; 2 Mach 2,1-7; 15,14-15; Mt 16,14.

Ierusalem: — eius situs: Ios 15,8 — expugnatur a Davide: 2 Sam 5,6-9. (Cf. Ios 15,63; Iud 19,10-12.) — per erectionem templi fit civitas sancta (3 Reg 6,1-8,66; Ps 45,5; 47,2), electa a Deo ut centrum religionis mosaicae: Deut 12,5-14; 14,23-25; 15,20; 15,6-7.11; 18,6; 26,2 — destruitur a Chaldaeis: 4 Reg 25,1-21; Ier 39,1-9 — restauratur per Nehemiam: Neh 2,1-4,23; 6,1-19; 8,1-11,4; 12, 27-46 — caput regni messianici: Ps 86,1-7; 121,1-9; Is 2,2-5; 12,6; 37,21-29; 40,1-11; 54,1-17; 60,1-22; 66,10-16; Ez 48,30-35; Dan 9,2.24; Soph 3,14; Zach 1,14; 2,10-13; 8,1. 20-22; 14,6-21; 1 Mach 4,36-60 — mater christifidelium: Gal 4,25-26 — civitas caelestis, sponsa Agni: Apoc 3,12; 11,8; 21,2-22,5.

Iesus (etym. = *Iahwe est salus)*, nomen proprium Salvatoris nostri (Mt 1,21; Lc 1,31; Cf. Is 7, 14) cui frequenter additur *Christus* (= hebr. *Messias)* tanquam cognomen, unde *Iesus Christus:* — in V. T. praenuntiatur: Gen 3,15; 22, 18; 49,10; Num 24,17; Deut 18,15; 2 Sam 7, 12-16; Ps 2,1-9; 44,7-8; 109,1-3; Is 7,14; 9,6; 11,1; 49,1; 50,4; 52,13; Ier 23,5; Ez 34,23-24; Dan 7,13; Mich 5,2; Zach 6,12; 9,9; Mal 3,1. (Cf. Lc 24,27.) — filius hominis: Mt 9,6; 13,37.41; 16,27-28; 26,64; Mc 8,31; Lc 19,10; Io 3,13-14; 5,7; Act 7,55. (Cf. Dan 7,13-14.) — filius David: Mt 1,1; 9,27; 21,9; 22,42-45; Io 7,42; Rom 1,3; 2 Tim 2,8. (Cf. Ps 88,4-5.) — filius Mariae: Mt 1,21; Mc 6,3; Lc 2,7; Io 19,25; Act 1,14 — filius (putativus) Ioseph: Lc 2,48; 3,23; 4,22; Io 1, 45; 6,42 — filius Dei: Mt 3,17; 4,3; 14,33; 16,16; 21,37; 26,63; 27,43.54; Mc 1,1; Lc 1, 32; Io 1,34; 10,36; 11,4.27; Act 8,37; 9,20; Rom 1,3; 8,32; Gal 4,4; 1 Io 4,15; Apoc 2, 18. (Cf. Ps 2,7.) — verus Deus et aequalis cum Patre: Io 1,1; 5,18; 10,30; 14,9; 16,15; 17,10; 20,28; Rom 9,5; Phil 2,5-6; Tit 2,13; Hebr 1,8; 1 Io 2,23; 5,20. (Cf. Is 7,14; 9,6; Mt 1,23.) — omnia per ipsum facta sunt: Io 1, 3-10; 1 Cor 8,6; Col 1,16-17; Hebr 1,2-10 — miraculorum patrator, vide **Miraculum** — obediens erga Patrem: Mt 11,25; Mc 14, 36; Lc 2,49; 22,42; 23,46; Io 4,34; 8,29.49; 17,4; Phil 2,8 — immunis a peccato: Io 8,46; 2 Cor 5,21; Hebr 4,15; 1 Petr 2,22; 1 Io 3, 5 — mortuus est pro omnibus hominibus: Io 3,17; 11,51; Rom 5,18; 14,15; 1 Cor 8,11; 2 Cor 5,15; 1 Tim 2,6; Hebr 2,9; 1 Io 2,2 — resurrexit a mortuis multisque apparuit: Mt 12,39-40; 28,6; Act 1,22; 2,24; 17,18; Rom 4,24; 6,4; 8,11; 14,9; 1 Cor 15,4.14; Gal 1,1; Eph 1,20; 1 Thess 4,13. (Vide etiam **Apparitio** et **Resurrectio.**) — sedet ad dexteram Patris: Mc 14,62; 16,19; Act 7,55; Rom 8,34; Eph 1,20; 2,6; Col 3,1; Hebr 1,3; 1 Petr 3,22 — iudex hominum: Mt 19,28; 24, 30-51; 25,31-46; Io 5,22; Act 10,42; Rom 14, 10; 2 Cor 5,10 — variis titulis designatur: agnus Dei (Io 1,29), pastor bonus (Io 10,11), lux mundi (Io 8,12), imago Dei (2 Cor 4,4), sacerdos sempiternus (Hebr 7,24), mediator N. T. (Hebr 9,15), caput Ecclesiae (Col 1,18), dominus dominantium (Apoc 17,14), etc.

Ignis: — signum praesentiae divinae: Gen 15, 17; Ex 3,2; 13,21; 19,18; Num 16,35; Deut 4, 12; Ps 17,9 — continuo ardebit in altari holocaustorum: Lev 6,12-13; Is 31,9. (Cf. 2 Mach 1,19; 10,3.) — non accendendus die sabbati ad cibos coquendos: Ex 35,3. (Cf. Ex 16,23.) — metaphorice saepe usurpatur: Ps 65,12; Prov 17,3; Eccli 9,11; Mt 3,11; Lc 12,49.

Ilex (hebr. *tirzah*, hisp. *roble?)*, arbor e quo fabricantur idola: Is 44,14.

Imago: — Dei stricte prohibita: Ex 20,4; Lev 26,1; Deut 4,16; Sap 14,15 — ad imaginem Dei factus homo: Gen 1,26-27; 5,1; 9,6; Ps 8,5-9; Eccl 7,30; Eccli 17,1; Sap 2,23 — Christus imago Patris: 2 Cor 4,4; Col 1,15; Hebr 1,3 — christifideles imago Christi: Rom 8,29; 1 Cor 15,49; Col 3,9-10.

Immarcescibile (quod nunquam marcescit): dicitur praesertim de coronis quibus ad modum

convivarum repraesentantur sancti in gloria coronati: 1 Petr 5,4.

Immunditia, quae munditiae et sanctitati opponitur et de qua plura sunt praecepta in lege: — debet abesse a castris: Deut 23,14 — tria sunt potissimum genera immunditiarum: *cadaver* (Lev 11,24-40; Num 19,11-19; speciatim pro sacerdotibus: Lev 21,1-11, et nasiraeis: Num 6,6-12), *profluvia sexualia* (Lev 15,2-25), *lepra* (Lev 13,1-8) — haec immunditia legalis excludenda ut signum munditiae animi. Cf. Deut 21,6; Is 1,16.

Impius: — persecutor iustorum: 2 Sam 4,11; Iob 16,12; Ps 10,2-11; Sap 2,1-22; — si poenitentiam egerit veniam a Domino obtinebit, aliter peribit: Ps 50,15; Ez 18,21; 33,11-12; Rom 4,5. (Cf. Prov 5,22-23; 11,5; 12,26; 16,4.) — eius prosperitas vana: Iob 21,7-34; 24,2-25; Ps 36,35-36; 48,10-21; 63,9; Ier 12,1-3; Eccli 9,16; Lc 16,25.

Impositio manuum: — ritus frequenter adhibitus ad significandam collationem benedictionis paternae, sacerdotalis, etc.: Gen 48,13-14; Lev 9,22; Mt 19,13.15 — ad infirmos sanandos: Mc 6,5; 7,32; 8,23-25; Lc 4,40; 13,13 — ad potestatem iudicandi populum transmittendam: Num 27,18.23; Deut 34,9 — ad transmissionem peccatorum in hostiam sacrificandam: Ex 29,10; 15,19; Lev 1,4; 3,2.8.13; 8.14.18.22; 16,21-22; Num 8,10-12 — ad consecrationem ministrorum Ecclesiae: Act 6,6; 13,3; 1 Tim 4,14; 5,22; 2 Tim 1,6 — ad conferendam gratiam confirmationis: Act 8, 17-19; 19,6. (Cf. Act 9,12.17.)

Imprecatio, qua quis malum adprecatur in aliquem: — in mulierem de adulterio suspectam: Num 5,21-27 — in se ipsum, si hoc aut illud faciendum omiserit: Ruth 1,17; 1 Sam 14,44; 2 Sam 3,35; 19,13; 3 Reg 2,23; 4 Reg 6,31 — in impios Israelitas aut alienigenas: Neh 6,14; 13,28-31; Ps 34,4-8.26; 68,23-29; 108,6-19; 128,5-7; Ier 11,20; 12,3; 18,18-23; 20,12 — Deus ipse minatur saepe populo maximas poenas: Lev 26,14-45; Deut 28,15-68; Ier 23,10; 29,18; 42,18; 44,12. Quod faciunt etiam prophetae: Is 6,9-13; 10,5-19; 13,1-22; Ier 4,5-18; Ez 5,1-17; 16,35-58.

Incantatores, malefici, arioli, sapientes...: — apud Aegyptios et Babylonios: Gen 41,8; Ex 7,11.22; Is 47,12; Dan 2,2.27 — apud Israelitas, quibus absolute vetabatur ad eos declinare: Ex 32,18; Lev 19,31; 20,6; Deut 18,10-11; 1 Sam 28,3; 2 Par 33,6; Ier 27,9; Mal 3,5. (Cf. etiam pro tempore posteriore: Act 8,9; 13,6-8.)

Incensum (species aromatica gummi resinosi, saepe cum aliis materiis permixti, quo orientales plurimum oblectantur): — in usu profano: Ex 30,9; Ps 44,9; Prov 7,17; Cant 3,6 — in cultu divino: Ex 30,7-8; Lev 2,1-2.16; 6,15; 2 Par 26,18; Lc 1,9.

Incestus, valde reprobatur in Scriptura: Lev 13,6-17; 1 Cor 5,1-8.

Incredulus: — qui obedientiam Deo negat eiusque mandatis est rebellis: Num 20,24; Deut 1,26; Is 65,2; Ier 5,23; Hab 2,4 — qui praedicationi evangelicae fidem denegat: Mt 13,58; Mc 6,6; Rom 3,3; 11,20; 1 Tim 1,13; Hebr 3,12.19.

Infernus: in V. T. sumitur pro loco subterraneo quo mortui commorantur vitamque agunt haud laetam, utpote qui nec Deum confiteri queant: Gen 37,35; Num 16,30-33; Iob 10,21-22; 17,13; Ps 48,18; 54,16; Prov 27,30; Eccl 12,5; Is 14,15; Ez 32,21 — in N. T. est locus tormentorum (Lc 16,19-31), qui variis nominibus designatur: gehenna (Mt 10,28), caminus ignis (Mt 13,42), abyssus (Lc 8,31), tartarus (2 Petr 2,4), stagnum ignis (Apoc 19,20) — ad infernum damnati Dei visione privabuntur: Mt 7,23; 25,10.41; Lc 13,22-28; 14,24; Apoc 2,11; 20,6; 21,8 — alia gravissima tormenta addentur: Mt 5,22; 8,12; 13,42; 22,13; 25,30; Mc 9,47; Lc 3,17; Act 1,25; Apoc 14,9.11.

Inimicus: — non odio habendus: Lev 19,17. Cf. tamen Mt 5,43. (Deut 7,2; 23,6; Esdr 9, 12.) — nunquam malum pro malo reddendum: Prov 20,22; Rom 12,17; 1 Thess 5,15; 1 Petr 3,9. (Cf. exempla Ioseph et David: Gen 45,4-15; 50,19-21; 1 Sam 24,4-8; 26,7-12.) — de eius ruina minime gaudendum: Iob 31, 29-30; Prov 24,17; Eccli 8,8 — eidem potius benefaciendum: Ex 23,4; Deut 22,1; Prov 25,21; Rom 12,20 — eius dilectio maxime in Evangelio commendatur: Mt 5,44; Lc 6,27. (Cf. exemplum Christi: Lc 23,34; Rom 2, 6-10.) — cum eo praecipimur reconciliari: Mt 5,23-24; Rom 12,18; Hebr 12,44. (Quoad alia, vide **Charitas.**)

Innocens, qui operibus malis non gravatur: Gen 37,22; Ex 34,7; Ps 23,4; 25,6; 72,13; Ier 46, 28; Nah 1,3. (Cf. exemplum Iob: Iob 2,3.9; 27,5.)

Ioannes: — Baptista annuntiatur (Lc 1,4-25), sanctificatur (Lc 1,39-45), nascitur (Lc 1,57-80), praesentatur ad Israel (Mt 3,1-12; Mc 1,1-8; Lc 3,1-14). Christum baptizat ac de eo dat testimonium (Mt 3,13-17; Mc 1,9-11; Lc 3,15-22; Io 1,15-42), legationem ad ipsum mittit (Mt 11,2-6), laudatur a Christo (Mt 11, 7-15), martyrium subiit (Mt 14,1-12; Mc 6, 14-29; Lc 9,7-9), ipse est Elias (Mt 17,10-13; Mc 9,10-12) — Evangelista: primum colloquium cum Christo (Io 1,35-42), eius vocatio (Mt 4,18-22; Mc 1,16-20; Lc 5,2-11) et electio in apostolatum (Mt 10,3; Mc 3,13-18; Lc 6,14), eius zelus de honore Magistri (Lc 9,54) et de primo loco ambitio (Mt 20,20-28; Mc 10,35-45), requiescit supra pectus Iesu (Io 13,21-30), testis mortis (Io 19,25-30) et resurrectionis Christi (Io 20,1-10), eius longaevitas a Christo vaticinatur (Io 21,1-25), comes Petri (Act 3,1-4.22; 8,14-24), propheta in Apocalypsi (Apoc 1,1-3). Senior (2 Io 1; 3 Io 1)

Ioel, propheta, filius Phatuel, de quo nihil praeter eius breve oraculum cognoscimus. S. Petrus provocat ad eius vaticinium de effusione Spiritus Sancti: Act 2,14-21.

Ionas, propheta, filius Amathi: 4 Reg 14,25. Eius ministerium in Ninive narratur in libro Ionae ab ignoto propheta composito.

Iosaphat vallis: Ioel 3,2.12. Disputant interpretes utrum sit denominatio allegorica, an agatur de valle reali identificanda cum valle benedictionis (2 Par 20,26) aut cum torrente Cedron. Certe «verba Ioelis nullum opinioni de iudicio universali in hac valle futuro fundamentum praebent, eamque S. Cyrillus Alex. tamquam frivolum atque anile et ridiculum Iudaeorum commentum reiiciendam censet» (L. Fonck).

Ioseph: — filius Iacob, cuius historia narratur in Gen 37,1-50,25. Saepe nomen Ioseph usurpatur pro duabus tribubus Ephraim et Manasse (filiorum Ioseph): Num 13,12; Ios 17,17; Ez 47,13; aut pro regno Israel in oppositione ad Iuda: Ez 37,16; Am 5,15; immo pro toto populo electo: Abd 18 — sponsus B. Virginis (Mt 1,18.20.24), filius legalis Iacob sed filius naturalis Heli (Mt 1,16; Lc 3,23), pater pu-

tativus Iesu (Lc 2,41; 3,23), artem fabrilem exercens (Mt 13,55).
Isaias, propheta, filius Amos (1,1): — eius vocatio ad munus propheticum: Is 6,1-13. (Cf. Io 12,41.) — eius vaticinia in diebus Achaz (7-12) et in diebus Ezechiae (36-39); eius vaticinia in nationes (13-23), apocalyptica (24-27), de restauratione (40-66) — eius elogium: Eccli 48,25-28.
Isboseth (etym. = *vir ignominiae)*, de quo 2 Sam 2,8 = Esbaal (etym. = *vir Baal)*, de quo 1 Par 8,33. Mutatio nominis Esbaal in Isboseth provenit ex pia substitutione vocis *Boseth* pro voce *Baal* (idolum!)
Ismael, filius Abrahae ex Agar: Gen 16,15; 21, 9-21; 25,12-18. (Cf. Gal 4,22-30.)
Israel: — nomen Iacob: Gen 32,28 — totus populus e Iacob ortus: Gen 32,32; 33,20; 3 Reg 1,3; 8,1 — regnum septentrionale post scissionem tempore Roboam: 3 Reg 12,16-19.
Iubilaeus: — annus quinquagesimus, primus post septem hebdomadas annorum: Lev 25, 8-10 — in eo terra quiescet sicuti anno sabbatico: Lev 25,4-5.11.20-22 — possessiones redibunt ad primum dominum: Lev 25,14-16.31 — qui propter debita amiserint libertatem eam recuperabunt: Lev 25,25-54.
Iudas Iscariotes: — ultimo loco recensetur in catalogis apostolorum: Mt 10,4; Mc 3,19; Lc 6,16 — proditor Christi: Mt 26,14-16.25.47. (Cf. Io 6,71-72; 12,5; 13,18.) — eius mors: Mt 27,3-5; Act 1,18.
Iudex: — summus in Israel post egressum ex Aegypto fuit Moyses (Ex 18,13), cui additi sunt et alii pro minoribus negotiis: Ex 18,17-26; Deut 1,9-15 — dein, tempore posteriore, summus sacerdos: Ex 28,30; Deut 17,8-11 — prophetae: Iud 4,4-5; 1 Sam 7,15-17; 12, 1-5 — reges et ab eo designati ad ius dicendum: 2 Sam 14,4; 15,2-6; 3 Reg 3,9-28; 2 Par 19,5-8; Ier 26,10.17 — viri illi insignes qui in libro Iudicum iudices vocantur: Iud 3,10; 8,22-23; 10,2; 12,7-14. (Cf. tamen Iud 17,6; 18,1; 21,24.) — iudices, ob suam iniustitiam, acriter a prophetis redarguuntur: Is 1,23; 5,23; Ier 5,28; Ez 22,7; Am 5,12; 6,13; Mich 3,11; 7,3; Mal 3,5.
Iudicium: — sumitur pro potestate iudicandi (Deut 1,17; Io 5,27; Apoc 20,4), pro prudentia, iustitia ceterisque virtutibus optimi iudicis (Ps 7,1; 98,4; Is 9,7), pro praeceptis iudicialibus legis (Ex 21,1; 24,3), pro consuetudine (Ps 118,132), pro Dei vindicta (Ex 1, 12; Ps 118,84; Is 26,9), simul cum iustitia pro tota morali perfectione (Gen 18,19; Ps 118,121; Is 5,7) — nationum in liberatione Israel de captivitate: Is 24,1-25.12; 34,1-17; Ez 38,17-39; 24; Dan 7,9-28; Soph 1,2-18; Zach 14,1-15 — praevium instaurationi regni messianici: Mt 3,10.12 — finale una cum resurrectione: Dan 12,1-3 — Christi iudicis adventus in gloria: 2 Thess 1,7-8. (Cf. Io 5,27-29; Act 17,31; 2 Tim 4,1; 1 Petr 4,5.) — iudicii solemnitas: Mt 25,31-46; Apoc 20,11-15 — signa adpropinquantis iudicii: Mt 24,29-30; Mc 13,24; Lc 21,25.
Iugum: — sensu proprio pro ligno transversario quod iumentis imponitur: Num 19,2; 1 Sam 6,7 — figurate de servitute vel oppressione: Deut 28,48; 3 Reg 12,4-11; Is 9,4; Ier 2,20; 28,2-17 — iugum Christi suave: Mt 11,29-30.
Iuniperus, planta non parvae altitudinis crescens in deserto (hisp. *retama)*: 3 Reg 19,4-5; Iob 30,4.
Iuramentum: — Dei invocatio in testem alicuius assertionis vel promissionis: Gen 31,50; Iud 8,19; Ruth 3,13; 2 Sam 2,27; Ier 38,16; 42,5 — eius solemnitas: Gen 14,22-23; 24,3; 47,29 — eius violatio a Deo vindicabitur: Ex 20,7; Lev 19,12; Deut 5,11; Zach 8,17 — laudatur qui iuramenta sua adimplet (Ps 14,4), sed reprobatur consuetudo iurandi: Eccli 23, 9.12; 27,15 — non per deos alienos sed per Dominum est iurandum: Ex 23,13; Deut 6, 13; 10,20; Ios 6,22; 9,19; 23,7; Is 19,18; 48, 1; Ier 4,2; Soph 1,5 — Deus quoque vel eius angeli humano more iurant: Gen 22,16; 24, 7; Ps 109,4; 88,4.36; Hebr 6,17-18; Apoc 10,6 — iuratur etiam per templum, per caelum vel per aliquid quod loquens reputat sanctum: Gen 42,15; 2 Sam 11,11; Mt 5,33; 23,16-22 — iuramento firmantur foedera et litibus finis imponitur: 2 Par 15,14; Esdr 10,5; Neh 5,12; 13,25; Hebr 6,16 — iuramento exsecrationes aliquando adduntur: Ruth 1,17; 1 Sam 3,17; 14,44; 25,22; 2 Sam 3,9; 19,13; Mt 26,74; Mc 14,71. (Vide **Imprecatio.)** — Christus vetat iuramentum, quod a malo i. e. ex mutua hominum diffidentia procedit: Mt 5,33-37.
Iustificare: — Deum i. e. agnoscere eum iustum, iuste egisse: Iob 40,3; Ps 50,6; Eccli 18,1; Bar 2,17. (Cf. in eodem sensu quoad Christum eiusque sapientiam: Mt 11,19; Lc 7,35; 1 Tim 3,16.) — hominem i. e. iustum declarare: Iob 4,17; 9,20; Ps 142,2; Prov 17,15; Eccli 7,5; Is 5,23; Ez 16,51-52; Lc 16,15 — Deus hominem iustificat: Gen 15,6; Deut 24,13; Ps 105,31; Rom 4,5; Iac 2,23 — per exercitium iustitiae homo iustificatur: Sap 6, 11; Eccli 1,18; 18,22. (Cf. Apoc 22,11.) — Christus per suam passionem homines iustificabit i. e. coram Deo iustos reddet: Is 53,11. (Cf. Rom 3,20-28; Gal 2,16; 1 Petr 2,24.) — ex parte hominum exigitur non opus legis, sed fides in Deum, qui posuit in Christo salutem nostram: Rom 4,3.10-22; 6,11; 8,10 — haec iustificatio soli gratiae Dei debetur (Rom 5,16; 1 Cor 6,11; Tit 3,6-7) et operibus debet ostendi: Mt 16,27; 25,35-45; Iac 2,14-26 — talis gratia omnibus offertur: Mc 16, 16; Rom 5,18; Gal 3,8.
Iustitia: — qua Deus unicuique tribuit quod ratione suae sapientiae, bonitatis aut misericordiae tribuere debet: Sap 5,6-9; Is 5,16; 56,1; 59,16-17; Dan 9,7 — qua iniurias sibi vel suae legi illatas vindicat: Ps 10,8; Is 10,22; 28,17. (Cf. Num 25,10-13.) — qua bonus iudex iuxta legem iudicat et dat unicuique suum: Ps 9,9; 34,14; Apoc 19,11 — qua iustus tenet leges aequitatis et fidelitatis in proximum: 3 Reg 3,6; Prov 2,8; 8,20; 10,2 — qua includuntur omnes virtutes quibus quis perfectus evadit (Ez 18,5.21.27) et a Deo diligitur: Prov 10, 2-3; Sap 5,16-17; Eccli 4,33 — in N. T. amplius declaratur iustitia uti forma quaedam fidelium cordibus a Deo infusa, qua remittuntur peccata et Christo conformamur: Rom 1, 17; 3,21-22; 4,5; 9,30 — haec forma est vita, quae est in Christo, et quam a Christo accepimus ut Deo vivamus tanquam filii: Io 1,4.12. 17; 6,35.40.58; 15,5; 2 Cor 5,21; Gal 2,20; Phil 1,11; 3,9; 1 Io 3,1; 5,1 — non acquiritur per opera legis, sed per fidem in Christo: Rom 3,22-24; 4,5; 9,30; Gal 3,11; Hebr 10,38.
Ixios, species vulturis, quae inter animalia immunda recensetur: Deut 14,13. Probabiliter textus est corruptus (Cf. Lev 11,14.)

Labor: — sumitur pro mendacio, crimine, malo quocumque: Ex 18,8; Num 20,14; Ps 10,7; 54,11; 139,10; Is 59,4; Hab 1,3 — pro fructu laboris: Ps 104,36.44; 108,11; 127,2.

Labrum aeneum: pelvis quaedam magna coram tabernaculo posita ad sacerdotum baptismata: Ex 30,17; 31,9; 39,39.

Labrusca, uva silvestris, minuta atque immatura: Is 5,2-4.

Lac: — valde in usu apud Hebraeos: Gen 18,8; Iud 4,19; Cant 5,1; Ez 25,4 — ipsa terra promissa describitur ut lacte et melle manans: Ex 3,8.17; 13,5; Num 13,27; Deut 6,3; Eccli 46, 10 — figurate pro elementis doctrinae christianae: 1 Cor 3,2; Hebr 5,12-13; 1 Petr 2,2.

Lacerta (hisp. *lagarto)*, cuius multae species inveniuntur in Palaestina: inter animalia immunda recensetur: Lev 31,30.

Lactucae agrestes, herbae amarae (non constat quaenam!) ad gustum excitandum in convivio paschali: Ex 12,8; Num 9,11.

Lacus: — sumitur pro cisterna seu aquae receptaculo: Gen 37,20; Ex 7,19; Is 22,11; 1 Mach 9,33 — pro carcere: Gen 40,14-15; Is 24,22; Ier 37,15 — pro fovea (Ps 7,16) aut cavea leonum aliarumque bestiarum: Dan 6,7. 16-17; 14,30,39 — pro torculari in quo et vinum et oleum: Mc 12,1 — pro sepulcro: Ps 27,1; 30,4; 88,7; 143,7; Prov 1,12; Is 14,15 — pro inferno seu loco mortuorum: Is 38,18; Ier 5,55; Ez 26,20; 31,14; 32,18 — pro loco iustitiae Dei exercendae destinato: Apoc 14, 19-20.

Laganum, species placentae (hisp. *torta)* e simila praeparata: Ex 29,2; 1 Par 23,29.

Lagena: — vas fictile quodcumque: Iud 7,16; Ier 19,1.10; Mc 14,13 — uter: 1 Sam 16,20; Iob 32,19 — mensura bato aequipollens: Is 5,10.

Lamentatrices mulieres, mercede conductae, ad funus celebrandum vel luctum agendum: Ier 9,17-18. (Cf. Eccli 22,10; Ier 22,18; 34,5; Mt 9,23; Mc 5,38.)

Lamia: — animal vulpi simile (hisp. *chacal)* in Palaestina valde frequens: Lam 4,3 — spectrum (hisp. *el coco)* quo infertur metus infantibus: Is 34,14.

Lapidatio: — poena statuta pro crimine idololatriae (Deut 17,5.7), blasphemiae (Lev 24, 14), divinationis (Lev 20,27), adulterii (Deut 22,23-24), violationis sabbati (Num 15,35)... — reus, tali crimine immundus, non manu tangendus: Ex 19,12-13.

Lapis: — angularis (qui firmitatem praebet aedificio), sumitur figurate pro principe populi (cf. Iud 20,2; Is 19,13; Zach 10,4) et praesertim pro Christo qui Dei domus (Os 8,1) est fundamentum et firma coniunctio: Eph 2,20. (Cf. Ps 117,22; Is 28,16; Mt 21,42; Mc 12,10; Lc 20,17; Act 4,11) — oneris (i. e. lapis magni ponderis quem aliquis sublevare tentat) dicitur metaphorice de Ierusalem, quam gentes subvertere conantur: Zach 12,3 — lapides sacculi (qui in sacculo vel marsupio a mercatoribus portabantur, quibusque pro ponderibus utebantur): Prov 16,11. (Cf. Lev 19,36; Deut 25,13.)

Lappa, planta quaedam spinosa: Os 9,6; 10,8.

Laqueare, tectum ex trabibus tabulisque formatum (hisp. *artesonado): * 3 Reg 6,9.15; Ier 22,14; Agg 1,4.

Laqueus, ad aves capiendas: Prov 7,23; Eccl 9, 12. (Cf. Ps 90,3; 123,7; 139,6.)

Larus, avis (hisp. *gaviota)* inter immundas annumerata: Lev 11,16; Deut 14,15.

Latrones: — turma militum, haud raro praedam agentium: 1 Sam 30,8; 2 Sam 4,2; 4 Reg 5,2; 6,23; 13,20; Ier 18,22. (Cf. Iob 19,12.) — ut latrones reprehenduntur a prophetis principes populi (Is 3,12-14; Mich 2,2) et a Christo pharisaei: Mt 23,25; Lc 11,39 — neque fures neque rapaces regnum Dei possidebunt: 1 Cor 6,10.

Laus, saepe ponitur pro materia laudis: Ex 15, 2; Deut 10,21.

Lavare: — pedes hospitibus et peregrinis: Gen 18,4; 19,2; 24,32; Lc 7,14; 1 Tim 5,10 — infantes recenter natos: Ez 16,4 — vestes seu vasa quae contraxerant aliquam immunditiam legalem: Lev 11,25.28; 13,6.34; 14,8.47; 15, 5; 16,26; 17,15 — sacerdotes et levitae crebro lavantur; Ex 29,4; 30,19; Lev 16,4; Num 8,7 — pharisaei nisi laverint manus non manducant: Mt 15,2; Mc 7,3-4; Lc 11,38 — figurate pro purificatione a peccatis: Ps 50,4; Is 1,16; 4,4; Ier 2,22; Apoc 1,5; 7,14; 22,14. (Cf. Io 13,10.) — baptismus lavacrum regenerationis: Io 3,5; Eph 5,26; Tit 3,5.

Lectica, plaustrum tectum, gestatorium: Num 7,3; Is 66,20; 2 Mach 9,8.

Legio: — turma militum, cuius numerus alius erat alio tempore: 1 Mach 6,38; 10,82 — multitudo magna: Mt 26,53; Mc 5,9; Lc 8,30.36 — satellites et custodes corporis regis (legiones Cerethi et Phelethi!): 2 Sam 15,18; 4 Reg 11,19; 1 Par 18,17.

Legisperitus, doctor vel interpres legis mosaicae: Lc 7,30; 10,25; 11,43-46. Nomen frequentius erat *scriba.*

Leo: — animal olim abundans in Palaestina: Iud 14,5; 1 Sam 17,34; 3 Reg 13,24; 4 Reg 17, 25; Ier 12,8; Am 3,4 — ex eo frequenter desumuntur comparationes: Gen 49,9; 2 Sam 1, 23; 1 Par 12,8; Prov 19,12; 28,15; Apoc 5,5.

Lepra: — hominum, frequens in Palaestina (Num 5,2; 2 Sam 3,29; 4 Reg 7,3; 15,5; Mt 8, 2; Lc 4,27), fuse descripta in Lev 13,1-14,32 — vestium lanearum ex aegritudine animalium orta: Lev 13,47-59 — domorum ex nitro quod efflorescit in muris: Lev 14,33-53.

Lepus, animal immundum, ex similitudine inter ruminantia commemoratum: Lev 11,6; Deut 14,7.

Leviathan, vox hebraica significans animal *tortuosum*, velut serpens, quod postea extenditur ad crocodilum, ad belluas marinas, et figurate ad regna Deo inimica: Iob 3,8; 40,20; Is 27,1. (Cf. Ps 73,14; 103,26.)

Levitae: — ii ex tribu Levi, qui ordinem secundum post sacerdotes (ex tribu etiam Levi per Aaron-Amram-Caath-Levi) constituebant: Ex 6,16-20; Num 3,14-20 — eliguntur loco primogenitorum Israel ad Domini servitium: Num 3,6-50 — pietati fidelium commendantur una cum advenis et peregrinis: Deut 12,12. 18-19; 14,27; 16,6-7.11.14; 26,11-13 — eorum officia in sanctuario: Num 4,1-33 — eorum consecratio: Num 8,5-26 — eorum officia in templo salomonico: 1 Par 23,1-26,32 — eorum officia post captivitatem: Esdr 2,70; Neh 7,73; 11,15-19; 12,46 — in libro Iudicum levita apparet ut vir Dei servitio consecratus, qui peregrinatur in terra Israel: Iud 17,7.9; 18,3.15; 19,1.8; 20,3.

Lex: — mosaica, quae in quinque libris Pentateuchi continetur (Mt 12,5; Lc 2,22-24; Act 7,53) et una cum prophetis totum V. T. comprehendit: Mt 7,12; 11,13; 22,40; Lc 16,16.

Aliquando sub solo nomine legis includitur integrum V. T.: Io 10,34; 15,25. (Cf. Ps 24,19; 81,6.) — typus et figura N. T.: 1 Cor 9,9; Gal 4,29; Hebr 7,1-12,6. (Cf. Mt 5,18.) — ab Apostolo vocatur littera, ministratio mortis, lex peccati, cui opponitur fides, gratia et spiritus Evangelii: Rom 4,15; 7,9; 8,2.13; 2 Cor 3,6-7.

Libanus: — mons a septentrione Palaestinae in V. T. frequenter laudatus: Deut 1,7; Ios 9,1; Iud 3,3; 3 Reg 9,19; Is 10,34; 33,9; 37,24; 60,13 — idem ac thus: Eccli 24,21; 39,18. (Cf. Eccli 50,8-9; Bar 1,10.)

Libatio: — vini in sacrificiis, illud effundendo ad pedem altaris (holocaustorum, non thymiamatis: cf. Ex 30,9) in odorem suavissimum Domino; Lev 23,18; Num 15,4-14.24; 28,29; Eccli 50,14-17 — aquae, olei...: Gen 28,18; 35,14; 2 Sam 23,16-17.

Libellus repudii: — scriptum quod vir tenetur dare uxori quam odio habet, ut uxor possit suam libertatem comprobare et alteri viro nubere: Deut 24,1-4. (Cf. Is 50,1; Ier 3,8.) — haec indulgentia ob duritiem cordis Hebraeis concessa, a Christo abrogatur: Mt 5, 31-32; 19,3-12.

Liber: — scriptum quodvis etiam breve: Is 37, 14; 39,1; Ier 32,12. (Cf. Neh 7,5; Mt 1,1.) — volumen pluribus foliis constans inter se consutis: Ier 36,2.32; Lc 4,17 — vitae, apud Deum repositus in quo scribuntur Dei amici quibus ea longaevitas promittitur, quae est praemium iustitiae (Ex 32,32; Ps 68,29; 138, 16) et hi qui ad vitam aeternam sunt praedestinati: Phil 4,3; Apoc 3,5; 13,8. (Cf. Ps 86,6.)

Libertini, Iudaei (ipsi eorumque posteri) bello capti a Pompeio, qui postea libertatem recuperarunt: Act 6,9.

Libra, pondus in usu apud romanos, aequipollens 12 unciis (327 gr.!): Io 12,3; 19,39.

Ligurius, lapis pretiosus, cuius species ignoratur: Ex 28,19.

Lilium: — flores in genere: Ex 25,33-34; 37, 19-20; 3 Reg 7,49 — lilium candidum (hisp. *azucena)*: Cant 2,1; 4,5; Eccli 39,19; 50,8; Os 14,6; Mt 6,28.

Linum, planta textilis in agris exculta, praesertim in Aegypto: Ex 9,31; 28,42; 1 Sam 2,18; Prov 31,13; Is 19,9.

Litteratura, vox quae occurrit in Ps 70,15, et videtur significare *numerum* mirabilium Dei.

Loculus: — sarcophagus (hisp. *ataúd)* in quo cadavera conduntur: Gen 50,25. Apud Hebraeos autem cadavera efferebantur, potius quam loculis inclusa, in feretro aperto iacentia: cf. 2 Sam 3,31; Lc 7,14 — marsupium, in quo pecunia reconditur: Io 12,6; 13,29.

Locusta: — cuius plures erant species, agros devastant: Ex 10,4-13; Deut 28,38; Ioel 1, 4-12. (Cf. Apoc 9,3-11.) — in cibum adhibentur: Lev 11,22; Mt 3,4.

Lorica: — sensu proprio ex corio, ferro vel aliis materiis contecta: 1 Sam 17,5; 2 Par 26,14; Neh 4,16; Ier 46,4; Ez 33,24 — sensu translato ut tutamen fidei: Eph 6,14; 1 Thess 5,8. (Cf. Is 59,17.)

Lucas: — comes et adiutor Pauli: Col 4,14; Philem 24; 2 Tim 4,11. (Cf. Act 10,10; 20,6; 27,2.) — medicus: Col 4,14. Scripsit tertium Evangelium et Actus Apostolorum.

Lucerna: — septem lucernae candelabri: Ex 25, 31-37; 27,20-21; 30,7; 2 Par 29,7; 1 Mach 4,50 — figurate dicitur de lucerna legis divinae (Ps 118,105), lucerna prosperitatis (Iob 18,6; 21,17; 29,3), lucerna vitae et intellectus (Prov 20,27; 21,4), de filio qui gloriam familiae conservat (3 Reg 11,36; 15,4; 4 Reg 8,19; Prov 13,9; 20,20; 24,20).

Lucifer: — sidus matutinum: Iob 11,27. (Cf. Ps 109,3.) — metaphorice de rege. Babylonis (Is 14,12), de Iesu Christo (2 Petr 1,19).

Luctus: signa doloris et tristitiae in morte alicuius propinqui vel in aliqua publica calamitate: 3 Reg 13,30-31; Is 20,2; Ier 22,18; 34,5; Mich 1,16; Mt 9,23. (Vide **Exsequiae** et **Lamentatrices.)**

Lucus (hebr. *ashera)*, truncus cum pluribus stipitibus in sanctuariis chananaeis plantatus, quique deam sociam Baal (= Astarte!) videtur repraesentasse: Ex 34,11; Deut 7,5; 12,3; 16,21; Iud 6,28; 4 Reg 17,10; 2 Par 34,4; Ier 17,2; Mich 5,13.

Luna: — luminare minus a Deo formatum ut praeesset nocti: Gen 1,16 — signum temporum sacrorum: Ps 103,19; Eccli 43,7 — ante iudicium Dei obscurabitur: Is 13,10; 24,23; Ez 32,7; Ioel 2,10.31; Mt 24,29; Mc 13,24; Act 2,20 — in revelatione gloriae filiorum Dei splendidior evadet: Is 30,26. (Cf. Rom 8,21.)

Lunaticus, qui morbo epileptico laborat, qui creditur lunae motibus subiici: Mt 4,24; 17,14.

Lunula, ornamentum circa collum ad formam lunae crescentis: Is 3,18. (Cf. Iud 8,21.)

Lupanar: — locus ubi falsi dii coluntur: Num 25,8; Ez 16,24; 31,39. (Vide **Idololatria.)** — petasus seu pileus quo uti solebant ephebi graeci: 2 Mach 4,12.

Lustrationis aqua, ad expiationem et purificationem destinata: Num 8,7; 19,1-10.20. (Vide **Aqua.)**

Luteres, lavacra aenea mobilia prope altare holocaustorum posita ad usum sacerdotum (3 Reg 7,30.38-39) una cum mare aeneo (4 Reg 16,17) etiam «luter» vocato (3 Reg 7,26).

Lux: — dicitur de Deo, qui lucem inhabitat inaccessibilem et in quo tenebrae non sunt ullae (Ps 103,2; 1 Tim 6,16; 1 Io 1,5), qui est pater luminum (Ps 35,10; Iac 1,17) — de Christo, qui est lux mundi: Io 1,4.8; 8,12 — de sapientia, quae est candor lucis aeternae: Sap 7,25-26. (Cf. Col 1,15.) Hebr 1,3 — de fidelibus, qui sunt filii lucis illuminati scientia claritatis Dei: Rom 13,12; 2 Cor 4,6; Eph 5,8; 1 Thess 5,5; Hebr 6,4. (Cf. Ps 118, 105; Sap 6,23.) — de prosperitate seu vita beata: Iob 18,5.18; 36,26.

Machabaeus, cognomen Iudae, tertii filii Mathathiae (1 Mach 2,4), a quo in totam eius familiam transiit. Haec eadem familia, quae populo iudaico praefuit usque ad Herodem Magnum, a Flavio Iosepho vocatur Hasmonaeorum.

Magi: — divini et praestigiatores, de quibus frequenter est sermo in S. Scriptura, vide **Incantatores** — astrologi, e Babylonia probabiliter oriundi, qui a Iudaeis ibi commorantibus didicerant vaticinia messianica: Mt 2,1-12.

Magister: — dux seu praepositus: Gen 40,16. 29; 47,6; Ex 1,11; 1 Sam 12,19; 2 Par 34,13 — doctor, qui suam doctrinam aliis tradit: Prov 5,13; 2 Mach 1,10 — titulus honorificus (hebr. *rabbi)*, quem scribae plurimum appetebant: Mt 23,8-10; Io 3,10.

Magistratus: — duces et primores populi: Esdr 9,2; Neh 4,14; Is 41,25; Ez 23,6; Dan 2,48 — praefectus templi, cui cura ordinis externi commissa erat (Act 4,1; 5,24; 16.20.22.35.36.

38), sub quo erant et alii praefecti ordinis inferioris: Lc 22,4.52.
Magog: — filius Iapheth: Gen 10,2 — populus regi Gog subiectus contra Dei populum bellum initurus ac cladem accepturus: Ez 38, 1-39,29 — populus simul cum Gog qui ultimo tempore regnum Christi oppugnabit: Apoc 20,7.
Malachias, ultimus prophetarum in Israel, qui vaticinatus est tempore Esdrae et Nehemiae, et de quo nihil praeter eius oraculum cognoscimus.
Malagma, emplastrum ad partes duras emolliendas: Sap 16,12.
Maledictio, vide **Imprecatio.**
Malleolus, materia ad ignem nutriendum (palmites aridi!): Dan 3,46.
Malleator in opera aeris et ferri: Gen 4,22. (Cf. Iob 41,15.)
Malogranatum, arbor (hisp. *granado)* abundans in Chanaan: Num 13,24; 20,5; Deut 8,8; Cant 6,10; Ioel 1,12.
Malum: — vitandum et bonum faciendum: Prov 3,7; 16,6; Is 1,16; Ez 18,21 — non reddendum malum pro malo: Prov 20,22; 24,29; Eccli 28, 1-2; Rom 12,14-17; 1 Cor 4,12; 1 Petr 3,9; Mt 5,39-42 — Deus odio habet malum: 2 Par 19,7; Iudith 5,21; Iob 34,10; Ps 5,5.7; 44,8; Prov 15,8-9; Sap 14,9; Eccli 15,21; Rom 9,14 — malum poenae a Domino: Deut 32,23; 3 Reg 9,9; 21,29; Is 45,7; Ier 11,11; 32,42; Bar 2,2; Am 3,6; Io 3,10; Mich 1,12; 2,3 — malum i. e. arbor (hisp. *manzano)* de quo saepe in Scriptura: Num 13,24; Cant 2,3.5; Ioel 1,12. (Cf. Ex 28,33; 39,22; Prov 25,11.)
Mambres, vide **Iannes.**
Mammona, vel potius mamona, vox aramaica (etym. = *id cui confiditur)* significans substantiam seu divitias: Mt 6,24; Lc 16,13.
Mamzer (= ex illegitima unione natus), a congregatione Israel excludendus: Deut 23,2.
Mandragora, planta de qua plurima fabulosa apud Orientales narrabantur, cuique virtutem ad procurandam fecunditatem mulieri sterili attribuebant: Gen 30,14-16; Cant 7,13.
Manna: — mittitur a Deo: Ex 16,4.13-21; Deut 8,3; Neh 9,15.20; Ps 77,19-25; 105,15; Io 6,31 — eius descriptio: Ex 16,14.31; Num 11,7-9 — eius proprietates: Sap 16,20-29 — reiicitur a populo: Num 11,4-5 — gomor unum coram Domino servandum: Ex 16,32.34; Hebr 9,4. (Cf. Apoc 2,17.) — filii Israel comedunt manna 40 annis: Ex 16,35; Ios 5,12. (Cf. Neh 9,21; Iudith 5,15.)
Mansuetudo exercenda: Prov 15,1; Eccli 1,29; Mt 5,4; 11,29; Gal 5,23; 6,1; Eph 4,2; Col 3, 12; 2 Tim 2,25; Tit 3,2.
Maozim (etym. = *munimentum maris)*, deus ab Antiocho electus in specialem patronum, Iupiter olympius fortasse: Dan 11,38. (Cf. 2 Mach 6,2.)
Maran atha, verba aramaica = *Dominus noster venit*, vel probabilius (forma deprecativa!), *Domine noster, veni:* 1 Cor 16,22. (Cf. Apoc 22,17.20.)
Marcus: — filius Mariae et consobrinus Barnabae: Act 12,12; Col 4,10 — comes Barnabae et Pauli: Act 13,13 — reiectus a Paulo sequitur Barnabam: Act 15,37-39 — adiutor Pauli: Col 4,10-11; Philem 24; 2 Tim 4,11 — adiutor Petri: 1 Petr 5,13. Fuit auctor secundi evangelii.
Mare: — designat sive oceanum (Gen 1,10; Ps 8,9), sive maria particularia ut Mediterraneum (Ios 19,26; Act 10,6), Mortuum (Deut 3,17; Ez 47,18), Rubrum (Ex 10,19; Iud 11,16), Genesareth (Mt 4,18; Mc 2,13; Io 6,1) — aeneum, magna illa pelvis (duo millia bath capiens!) quam Salomon loco labri aenei posuit in templo ad ablutiones sacerdotum: 3 Reg 7,23-26; 2 Par 5,2-5.
Margarita (hisp. *perla)*, iam ab antiquitate magni aestimatur: Prov 25,12; 1 Tim.2,9; Apoc 17,4; 18,12.16; 21,21. (Cf. Mt 13,45-56.)
Maria (etym. = *a Iahwe dilecta!, domina!, pulchra!):* — mater Christi: Mt 1,16-20; 2,11; 13,55; Mc 6,3; Lc 1,2-56; 2,5-34; Io 2,11; 19,25; Act 1,14 — Magdalene, e civitate Magdala ad lacum Genesareth oriunda: Mt 27,56. 62; 28,1; Mc 15,40.47; 16,1,9; Lc 8,2; 24,10; Io 19,25; 20,1.18 — soror Lazari: Lc 10,38-42; Io 11,1.5.32; 12,3. (Cf. Mt 26,7; Mc 14,3.) — Iacobi, soror B. Virginis: Mt 27,56; Mc 15,40.47; 16,1; Lc 24,10; Io 19,25.
Mathias, apostolus in locum Iudae proditoris sorte electus: Act 1,23-26. De eo nulla alia fit mentio in S. Scriptura.
Matrimonium: — est pactum sacrum: Prov 2, 18; Mal 2,14 — eius institutio in paradiso: Gen 1,28; 2,18 — prima ipsius corruptio per polygamiam: Gen 4,19; 26,34; 28,9; 30,3; Iud 8,30; 3 Reg 11,3. (Cf. Ex 21,9-10; Deut 21, 15-17.) — altera corruptio per indulgentiam repudii: Deut 24,1-4 — prohibebatur inter proxime cognatos: Lev 18,6-18; 20,10-17. (Cf. tamen pro tempore praemosaico: Gen 20, 12; 29,27-28.) — pariter prohibebantur coniugia cum Chananaeis: Ex 34,12-16; Deut 7,3. (Cf. 3 Reg 11,1-2.) — solemnitas nuptiarum, cui praecedebant sponsalia, celebrabatur per septem dies: Gen 29,22-30; Iud 14,10-18; Tob 11,21; 1 Mach 9,37-39; Mt 25,1-10 — qui uxorem de corrupta virginitate calumniaverit graviter punietur, neque poterit eam repudiare: Deut 22,13-21 — si quis sine liberis mortuus fuerit, uxor eius nubat fratri defuncti (lex leviratus): Deut 25,5-10. (Cf. Gen 38,8.) — matrimonium christianum: Mt 19, 4-10; Mc 10,11; Lc 16,18; 1 Cor 7,3-16; Eph 5,25-33. Quoad alia vide **Adulterium, Castitas, Concubina, Desponsatio, Divortium, Haereditas, Libellus repudii, Virginitas...**
Matthaeus: — a Christo vocatus in apostolatum: Mt 9,9-13. (Cf. Mc 2,14, et Lc 5,27, ubi idem Matthaeus apparet sub nomine Levi.) — numeratur in catalogis apostolorum: Mt 10,2-4; Mc 3,16-19; Lc 6,14-16; Act 1,13. De eo nulla specialis mentio in evangeliis.
Medicus: — iam ab antiquitate: Gen 50,2; 2 Par 16,12; Col 4,14 — res parum grata in eius manus incidere: Eccli 38,1-15; Lc 8,43.
Mel: — abundans in Palaestina: Gen 43,11; Deut 8,8; 4 Reg 18,32; Ier 41,8; Ez 27,17; quae designatur ut terra lacte et melle manans: Ex 3,8.17; 13,5; 33,3; Eccli 46,10 — frequenter in comparationibus ad res dulces seu gratas designandas: Ex 16,31; Ps 18,11; 80,17; Prov 16,24; Cant 5,1; Eccli 24,27; Ez 3,3; Apoc 10,9-10. Disputant interpretes utrum in omnibus locis agatur de melle apum an aliquando de succo seu specie mannae quarumdam arborum similis saporis ac mel: Cf. Mt 3,4; Mc 1,6.
Melchisedech: — rex Salem et sacerdos Dei Altissimi, qui Abraham benedixit ab eoque decimas accepit: Gen 14,18-20 — typus Christi: Ps 109,4; Hebr 7,1-28.
Melchom, idolum Ammonitarum: 4 Reg 23, 13; Ier 49,1.3; Soph 1,5. Vide **Moloch.**

Mello (etym. = *repletum)*, vallis profunda i. montem Ophel, ubi erat sedes civitatis Iebusaeorum, et montem Moria, ubi erat templum, quam magno labore replevit Salomon ut duos montes coniungeret: 3 Reg 9,15.24; 2 Sam 5,9; 1 Par 11,8.

Membrana, charta pergamena i. e. pellis ad scribendum praeparata: 2 Tim 4,13.

Mendacium: — a Deo prohibitum: Ex 20,16; Lev 19,11. (Cf. Prov 6,17-19; 12,22; Sap 1,11; Eccli 7,13; 25,4; Os 4,2; Eph 4,25; Col 3,9 — cuius pater est diabolus: Gen 3,4; Io 8,44; 2 Cor 11,3; Apoc 12,9.

Mensis, spatium temporis quod inter duo novilunia intercedit. Ante exsilium menses notabantur solis numeris ordinalibus: Gen 7,11; 8,4.13-14; Ex 16,1; 4 Reg 25,27. (Cf. tamen Deut 16,1; 3 Reg 6,1.38; 8,2); post exsilium vero haec erant nomina: Nisan (Mart.-April.), Iyyar (Apr.-Maio), Sivan (Maio-Iun.), Tammuz (Iun.-Iul.), Ab (Iul.-Aug.), Elul (Aug.-Sept.), Tishri (Sept.-Oct.), Marcheshvan (Oct.-Nov.), Kisleu (Nov.-Dec.), Tabeth (Dec.-Ian.), Shebat (Ian.-Febr.), Adar (Febr.-Mart.). Aliquoties, ut anno solari accommodarentur, fiebat intercalatio novi mensis, qui vocabatur: Veadar vel etiam Adar sheni *(secundus Adar)*. (Cf. Esdr 6,15; Neh 2,1; 6,15; Esth 2,16; 8,9; Zach 1,7; 1 Mach 4,52.)

Mensura: — debet esse iusta: Lev 19,35-36; Deut 25,13; Prov 20,10; Ez 45,10; Mich 6, 10-11; Am 8,5 — qua mensi fuerimus, remetietur nobis: Mt 7,2; Mc 4,24; Lc 6,38. (Cf. Iud 1,7; 2 Sam 22,25; Ps 17,21; Prov 23,23; Is 33,1; Ier 50,29; Ioel 3,7.)

Mentha, una ex herbis a Pharisaeis decimata: Mt 23,23. (Vide **Anethum.)**

Mercatores: — eorum transitus per Palaestinam in itineribus inter Aegyptum et provincias asiaticas: Gen 38,25. (Cf. Num 20,17.19; 21, 22.) — etiam apud antiquos hebraeos, licet maxime operam darent agris excolendis ac pecoribus alendis, mercatura exercebatur:. 3 Reg 5,9-11; 9,26-28; Prov 7,16; 31,24. (Cf. Ios 7,21.) — in universa terra tunc nota Phoenices commercium agebant: Ex 27,1-36.

Meretrix: — vitium satis frequens apud gentes inter quas Israelitae habitabant, quod tanquam res sacra exercebatur: Num 25,1-8; Bar 6, 8-10 — in lege stricte prohibitum (Lev 19,29; 21,9; Deut 23,17), sed haud infrequens etiam inter Hebraeos: Gen 38,15; Iud 16,1; 3 Reg 14,23-24; 22,47; 4 Reg 23,7; Prov 7,6-27; Ier 5,7; Os 4,14; Am 2,7 — graviter a Paulo damnatur: 1 Cor 6,13-20 — de poenitentia meretricum Christus loquitur; Mt 21,31-32. (Cf. Ios 2,1; 11,31.) — figurate pro idololatria: Is 1,21; Ier 2,20; Ez 16,30; Mich 1,7; Apoc 17,1. (Vide **Fornicatio.)**

Mergulus, avis inter immundas enumerata, cuius species ignoratur: Lev 11,17; Deut 14,17.

Meribaal, de quo 1 Par 8,34 = Miphiboseth, de quo 2 Sam 21,7. (Vide **Isboseth.)**

Messias, vox hebr. = gr. *Christus*, lat. *Unctus*. (Vide **Christus.)**

Metreta, mensura graeca aequipollens bato: 2 Par 2,10; Io 2,6.

Michaeas: — filius Iemla, propheta tempore regis Achab: 3 Reg 22,8-28; 2 Par 18,7-27 — de Morasthi, non confundendus cum priore, qui vaticinatus est tempore Isaiae: Ier 26,17-19; Mich 1,1.

Michael (etym. = *quis sicut Deus)*, nomen archangeli protectoris populi Israel: Dan 10, 13.21; 12,1; Iudae 9; Apoc 12,7.

Militia caeli, i. e. stellae, quae quasi exercitus in perfecto ordine moventur in firmamento, a Deo iudicabuntur propter cultum quem acceperunt ab hominibus: Is 24,21. (Cf. 4 Reg 17,16; 21,3.5; 23,4-5.)

Milium, frumenti species (hisp. *mijo)* e qua cum aliis debet Ezechiel panem praeparare: Ez 4,9.

Milvus, avis (hisp. *milano)* inter immundas enumerata: Lev 11,14; Deut 14,13. (Cf. Is 34, 15; Ier 8,7; Zach 5,9.)

Mina, vide **Mna.**

Minister, in sensu amplissimo pro eo qui munus aliquod adimplet in obsequium regum, iudicum, dominorum, Dei, Christi...: Gen 41,37; Ex 24,13; 1 Sam 2,11; Ez 45,4; Mt 26,58; 1 Cor 3,5; 2 Cor 6,4.

Minutum, numulus minimus, qui erat dimidia pars quadrantis: Lc 12,59. (Cf. Mc 12,42; Lc 21,2.)

Miraculum: — vox saepe adhibita in V. T. non pro miraculu *stricto sensu*, sed pro re mirabili a Deo patrata: Ex 11,7; Num 26,10; 1 Sam 14,15; Iob 33,7; Is 21,4; 29,14; Ier 23, 32; 44,12 — quoad ipsam rem plura sunt miracula quae referuntur in S. Scriptura per prophetas, per Christum, per apostolos... patrata. Cogita speciatim de Christi miraculis: — circa creaturas irrationales: Mt 8,23.27; 14,15-31; 15,32; Io 2,1-11; 6,19-21 — circa daemones: Mt 8,28-34; 9,32-33; 12,22-45; 15,21-28; 17,14-20; Mc 1,23-27; Lc 13,11-13. (Cf. Mt 8,16.) — circa infirmos: Mt 8,1-15; 9,1-7.20-22; 12,9-13; 20,29-34; Mc 7,32-37; 8,22-26; Lc 14,2-6; 17,12-19; Io 4,46-54; 5,1-15; 9,1-34. (Cf. Mt 4,23.) — circa mortuos: Mt 9,18-26; Lc 7,11-17; Io 11,1-45 — iis miraculis Deus legatos suos ut a se missos et approbatos confirmat: Ex 4,1-9; Num 16,28-33; 3 Reg 18,21-40; Mc 16,17.20 — ipse Christus ad eius miracula provocabat: Mt 9,6; Io 10,38.14.12; 15,24. (Vide **Signum.)**

Misericordia: — Dei in homines: Ex 3,7; 20,5; 34,6; Num 14,18-19; Ps 32,5; 56,11; 62,4; 68,14; 85,5.15; 102,17; 105,1; Eccli 2,13; Bar 3,5; Ioel 2,13 — hominis in proximum: Prov 13,13; Eccli 4,10-11; Os 12,6; Mt 5.7; Lc 6,36. (Vide **Charitas.)**

Mna seu mina, pondus et etiam numisma, quod erat sexagesima pars talenti, aequipollens 50 siclis: 3 Reg 10,17; Esdr 2,69; Ez 45, 12. Apud Graecos mna valet 100 drachmas: Lc 19,13-24.

Modius, mensura aridorum aequipollens 16 sextariis. Tamen in Deut 25,14, sumitur pro epha, et in 4 Reg 7,1, pro sato; in locutione proverbiali Mt 5,15, solum fit mentio vasis quin attendatur ad eius magnitudinem.

Mola, molendinum, duobus lapidibus superpositis constans, cuius petra superior manu ancillarum movebatur (mola *trusatilis* seu *manuaria*: cf. Ex 11,5; Deut 24,6; Is 47,2; Mt 24,41), vel ope iumentorum (mola *asinaria:* cf. Mt 18,6; Mc 9,41).

Moloch, idolum chananaeum, praesertim Ammonitarum, etiam *Melchom* dictum, cui offerebantur hostiae humanae: Lev 18,21; 20,2; 3 Reg 11,5.7.33; 4 Reg 16,3; 2 Par 28,3.

Morbus: — poena peccatorum: Deut 28,27-28; 2 Sam 24,15; Ps 37,2-10; Is 1,4-6; Io 5,14. (Cf. tamen Iob 16,13-18; Io 9,2-3; 11,4.) — aegroti visitandi et consolandi sunt: Eccli 7,38-39; Mt 25,36.40. (Cf. 2 Cor 1,4.)

Mors: — non a Deo est facta, sed per peccatum intravit in mundum: Gen 2,17; 3,19; Sap 1,13; Eccli 25,33; Rom 5,2; 1 Cor 15,22 — etsi magna miseria (Eccl 7,27; Eccli 37,1; 41,1; 2 Cor 5,4), ab homine infelici haud raro exoptatur: Iob 3,1-25; Eccli 41,3-4; Ier 20,14-18; Ion 4,3.9 — mors immatura tum ut punitio (Ps 54,24) tum ut Dei beneficium aestimatur: Sap 4,7-12 — iuxta communem opinionem visio Dei mortem inferebat: Gen 32,30; tud 13,22. (Cf. Ex 19,12; 33,20.) — in poenam quorumdam flagitiorum mors violenta statuitur: Gen 9,6; 20,7; Ex 21,12-23; 22, 19-20; Lev 10,1-5; Num 21,6 — personificatione quadam mors concipitur tanquam inferni domina: Iob 28,22; 38,17; Ps 9,15; Is 38,18; Apoc 20,13 — mors iustorum est quasi dormitio: Deut 31,16; 3 Reg 2,10; Sap 3,1-3; Act 7,60; 1 Thess 4,13 — hora mortis incerta: Eccl 8,7-8; Mt 24,43-44; 1 Thess 5,2; Iac 4,13-14 — saepe dicitur non de morte phisica, sed de pernicie seu calamitate aliqua magna, quae opponitur vitae beatae: Prov 10,2; 11,4; 13,14; Ez 18,23; 33,11 — de privatione gratiae, quae vitae a Christo nobis donatae opponitur: Io 5,24; Rom 6,16.21; 8,6; Eph 2,1; 1 Io 3,14; 5,16 — de morte aeterna seu damnatione ad gehennam: Apoc 20,14.

Morticinum: — cadaver hominis (Num 19,13) vel animalis immundi, cuius contactus vitandus erat: Lev 11,11.24-35. (Cf. Ps 78,2; Is 5,25.) — cadaver cuiuscumque animalis non violente sed per se mortui, cuius carnes edere non licebat: Lev 22,8; Deut 14,21.

Morus, arbor (hisp. *morera)* et eius fructus: 1 Mach 6,34; Lc 17,6. In Ps 77,47, vox hebraica potius vertenda est *sycomorus.*

Moyses, dux Israel et propheta: — eius origo: Ex 2,1-22 — vocatur a Deo: Ex 3,1-7,5 — coram Pharaone: Ex 7,6:12,33 — egreditur cum Israel de Aegypto: Ex 12,37-18,27 — legem dat Israeli in Sinai: Ex 19,1-40,36; Lev 1,1-27. 34; Num 1,1-10.10 — iter eius per desertum: Num 10,11-36.13; Deut 1,1-33.29 — moritur in monte Nebo: Deut 34,1-9 — eius elogium: Deut 34,10-12; Eccli 45,1-6 — vita eius postuma: Mt 17,3; Mc 9,3; Lc 9,30; Apoc 11, 1-13. (Cf. Iudae 9.)

Mulus, animal valde notum apud Hebraeos: 2 Sam 13,29; 18,9; 3 Reg 1,33; 10,25; 18,5; Esdr 2,66; Is 66,20. (Cf. tamen Lev 19,19.)

Munditia: — puritas moralis: Gen 20,5; Ios 2, 20; 2 Sam 22,21 — puritas legalis seu ritualis: Lev 11,1-7.16; 21,1-22.33. (Vide **Immunditia.**) — puritas ab omni contagione materiae: Sap 7,24.

Mundus: — creatura universa: 2 Mach 13,14; 8,18; 12,15. (Vide **Caelum et terra.**) — homines qui in terra vivunt: Eccli 14,12; Mt 5,4; Io 8,12; 12,19; Rom 3,19 — temporalis ac terrestris hominum conditio: Io 8,23; 13,1; 16,28 — homines improbi, qui suggestiones diaboli sequuntur: Io 7,7; 12,31; 14,30; 1 Cor 11,32; Iac 4,4 — creatur a Deo, vide **Creatio** — eius finis seu consummatio: 2 Petr 3,10-13. (Cf. Is 65,17; Mt 28,20; Rom 8,21; Apoc 21,1.)

Munera: — in signum gratitudinis vel ad gratiam conciliandam: Gen 24,22; 33,10-11; 43, 11; 2 Sam 18,11; 4 Reg 16,18; Mt 2,11 — graviter prohibentur iudicibus: Ex 23,8; Deut 10,17; 16,19; 27,25; 1 Sam 12,3; 8,3; Ps 14,5; 25,10; Prov 17,23; Is 1,23; 5,23; Mich 3,11.

Murmuratio: — Israel in deserto: Ex 14,11; 15,24; 16,2.7-8; — poena a Domino inflicta: Num 11,1-3; 12,1-14; 14,1-45 — Iudaeorum de Christo: Lc 15,2; 19,7; Io 6,41 — cavendum a murmuratione: Sap 1,11; 1 Cor 10,10; Iudae 16.

Mus: — cuius plures sunt species, inter animalia immunda enumeratur: Lev 11,29; Is 66,17 — plaga murium apud Philisthaeos: 1 Sam 6, 5.11.18.

Musca: — animal sordidum: Eccl 10,1 — maxime abundans in Aegypto: Cf. Ex 8,21-31; Sap 10,9; 19,10; Is 7,18.

Musica: — frequenter apud Hebraeos ad gaudium significandum: Gen 31,27; Ex 15,1.20; 1 Sam 18,6-7; 3 Reg 1,40; 2 Par 20,28; 1 Mach 9,39; Ier 31,4. (Cf. Gen 4,21.) — ad prophetandum: 1 Sam 10,5; 4 Reg 3,15 — ad signa varia: Num 10,2-10; Ios 6,4-20; Is 18,3 — ad alios, praesertim in conviviis, oblectandos: Iob 21,12; Eccl 2,8; Eccli 32,5-8; 40,20.49.2; Is 5,12; Am 6,5. (Cf. 1 Sam 16, 23.) — in cultu divino: 2 Sam 6,5.12-15; 1 Par 15,16-24; 16,5-6; 25,1-30; Neh 12,45; 1 Mach 4,54 — in caelo: Apoc 5,8; 14,2.

Mustela, animal (hisp. *comadreja)* inter immunda enumeratum: Lev 11,29.

Mustum, liquor ex uvis antequam per fermentationem vinum fiat: Iob 32,19; Act 2,13. (Cf. Is 49,26; Mich 6,15.)

Mygale, animal immundum (hisp. *musaraña):* Lev 11,30.

Myrica, arbustum (hisp. *tamarisco)* crescens in deserto: Ier 17,6; 48,6.

Myrra, gummi aromaticum ex certis arboribus profluens, quo utebantur ad condienda cadavera et ad alios usus: Io 19,39. (Cf. Ex 30, 23; Esth 2,12; Cant 1,12; Mt 2,11; Mc 15,23.)

Myrtus, arbustum odoriferum ac semper viride, cuius frondes utebantur Iudaei ad tabernacula erigenda: Neh 8,15. (Cf. Is 41,19; 55,13; Zach 1,10-11.)

Mysterium: — res arcana, quae nequit revelari: 2 Mach 13,21. (Cf. Dan 2,19.27-29.) — arcana Dei consilia circa hominum salutem: Mt 13, 11; Lc 8,10; Rom 11.25-26; 1 Cor 15,51; Eph 3,4; 6,19; 2 Thess 2,7.

Nablum, instrumentum musicum harpae simile: 1 Par 15,16.28; 1 Mach 13,51.

Nabuchodonosor: — rex Babylonis, qui Ierusalem expugnavit atque incendit una cum Dei templo: 4 Reg 25,1-22; Ier 24,1; Ez 29,19. (De eius morbo zoanthropico, cf. Dan 4,1-34.) — rex impius, populi electi persecutor: Iudith 1,1-2,6.

Nahum, septimus inter prophetas minores, qui vaticinium edidit contra Niniven paulo ante regni assyriaci destructionem (a. 612 a. C.).

Nanea, dea Persarum, in cuius templo Antiochus Epiphanes occisus est: 1 Mach 1,13.15.

Naphta, genus bituminis, et etiam petrolei e petra sudantis: Dan 3,46. (Cf. 2 Mach 1,36.)

Nardus, planta odorifera (Cant 1,11,4,13), e qua extrahebatur unguentum pretiosum: Mc 14,3; Io 12,3.

Nathanael, vide **Bartholomaeus.**

Nathinaei (etym. = *donati),* tertius quidam ordo post sacerdotes et levitas ad viliora munera in templo obeunda: 1 Par 9,2; Esdr 2, 58; 7,24; 8,20; Neh 7,60.

Nativitas: — hominis describitur: Iob 3,12; Sap 7,3; Ez 16,4. (Cf. 50,22.) — magna solemnitate dies natalis celebrabatur: Gen 40; Mt 14, 6; Mc 6,21 — in Syria celebrabatur dies natalis regis singulis mensibus: 2 Mach 6,7.

Navigatio: — exterarum nationum nota erat He-

braeis: Gen 49,13; Num 24,24; Deut 33,19; Ez 27,3-36 — solo adiutorio Phoenicum tentarunt Iudaei itinera maritima in Ophir: 3 Reg 10,21-22; 22,49; 2 Par 8,18; 9,51; 20,36 — apprime descripta in itinere romano Pauli: Act 27,1-44.

Nazaraeus (etym. = *segregatus*): — qui votum sic dictum nasiraeatus suscipiebat: Num 6, 1-26. (Cf. Iud 13,2-5; 1 Sam 1,11; Lam 4,7; Am 2,11-12; 1 Mach 3,49; Act 18,18; 21,23.) — vox adhibetur de Ioseph (Gen 49,26), de Christo (Mt 2,23), etsi in hoc ultimo textu vox graeca potius vertendà est *nazarenus*.

Nebahaz, nomen dei babylonici, quem secum attulerunt in Samariam captivi ex Assyria procedentes: 4 Reg 17,31.

Nehemias, rector populi et restaurator Ierusalem: — eius officium apud regem Persarum: Neh 1,1-2,8 — opus restaurationis materialis: Neh 2,9-7,13 — opus restaurationis spiritualis: Neh 8,1-13,31.

Neomenia: — festum in principio mensis seu novilunii magna laetitia celebratum, saltem posteriore tempore, per duos dies: 1 Sam 20,27; 4 Reg 4,23; 1 Par 23,31; 2 Par 2,4; 8,13; 31,3; Is 1,13-14; Ez 45,17; 46,1.3; Os 2,13; Col 2,16 — specialia offerebantur sacrificia in sanctuario: Num 28,11-15; Ez 46,6 — singulari solemnitate celebrabatur neomenia mensis septimi (festum Tubarum): Lev 23,23-25; Num 29,1-6; Esdr 3,6; Neh 8,2.

Nergel, deus inferorum apud Assyrios et Babylonios, cuius cultus inductus est Samariae a Cuthaeis: 4 Reg 17,30.

Nesroch, forma corrupta nominis dei Assyriorum, Assur: 4 Reg 19,37; Is 37,38.

Nisan, primus mensis calendarii israelitici: Neh 2,1; Esth 3,7. (Vide **Mensis.**)

Nitrum, genus salis in lavandis vestibus adhibitum: Ier 2,22. (Cf. Prov 25,20.)

Nix: — a Deo mittitur: Iob 37,6; 38,22; Ps 147, 16; Eccli 43,14.19 — in comparationibus ad puritatem vel colorem maxime album designandum: Ex 4,6; Ps 50,9; Is 1,18; Dan 7,9; Mt 17,2; 28,3.

Noctua (hisp. *lechuza*), inter aves immundas enumerata: Lev 11,16; Deut 14,15. (Cf. Bar 6,21.)

Noe: — eius historia: Gen 5,28-9.29 — pluries laudatur in Scriptura: Eccli 44,17; Ez 14,14. 20; Hebr 11,7; 2 Ptr 2,5.

Nohestam, nomen serpentis aenei, quem fecerat Moyses in deserto et Ezechias confregit eo quod a Iudaeis cultu idololatrico coleretur: 4 Reg 18,4. (Cf. Num 21,8-9.)

Nomen: — ponitur pro ipsa persona: Ex 23,21; Ps 5,12; 8,2; 19,2; 24,1; Is 30,27; 50,10; Ez 20,39; 36,21; Mt 19,29; Io 5,43; Act 1,15; Apoc 11,13 — efformatur frequentissime apud Hebraeos ex nomine divino (v.gr., Isaias, Ezechiel, Michaeas, Nathanael...) haud semper explicito, implicans quamdam deprecationem vel fidei professionem (v.gr., Dan, Gad, Aser, Ioseph): Gen 30,6.11.13.24 — quaedam nomina sunt praesagia futurorum: Is 7,3; Mt 1,21; Lc 1,13; Io 1,42 — baptizari in nomine Iesu: Act 2,38; 8,16; 10,48; 19,5; 1 Cor 1,13; 6,11. (Cf. Mt 28,19.)

Nubes: — signum praesentiae Dei in populo: Ex 13,21; 40,32; Num 14,14; 3 Reg 8,12; Neh 9,19; Sap 10,17; 19,7. (Cf. rationem huius rei: Deut 4,15-16.) — vehiculum Dei: Mt 24,30; 26,64; Act 1,9; Apoc 1,7; 14,14-16 — in nube occultatur Deus ut intelligatur eum esse invisibilem: Iob 22,14; Ps 96,2; 103,3; Eccli 24,7; Ez 10,3-4.

Numerus (apud Hebraeos vigebat conceptio a Chaldaeis accepta de natura sacra quorumdam numerorum et de eorum valore symbolico): — unus: cf. Deut 6,4; 12,5; Mal 2,10; Ez 34,23; Mt 23,10; Io 10,30; 17,22; Eph 5, 25-27 — quatuor: cf. Gen 2,10; Is 11,12; Ier 49,36; Ez 1,5; Dan 4,37-40; 7,3; Zach 6,1; Apoc 4,6 — septem: cf. Gen 1,3-2,3; 21,28; Ex 29,9-10; Lev 23,34; Num 28,11; Prov 9,1; Apoc 1,4; 3,1; 4,5; 5,1 — duodecim: cf. Gen 17,20; 25,16; Ex 24,4; 28,21; 39,14; Ez 48,31; Apoc 21,12 — quadraginta: cf. Deut 34,7; Num 13,26; 14,33; Iud 3,11; 5,32; 3 Reg 2,21; 11,42; Act 7,23.

Nummularius (hisp. *banquero*), qui pecunias permutabat (Mt 17,23) aut eas accipiebat ut foenore collocaret (Mt 25,27).

Nundinae (hisp. *ferias*), celeberrimae apud Tyrios: Ez 27,12.17.19. (Cf. Ez 46,11.)

Nutritus (hisp. *ayo*): 4 Reg 10,1.5; Esth 2,7; Is 49,23; Os 11,3.

Nutrix: — ipsa mater infantis: Gen 21,7; 1 Sam 1,23 — quandoque alia a matre: Gen 24,59; 35,8; 4 Reg 11,2; 2 Sam 4,4.

Nux: — arbor fructifera: Cant 6,10 — singuli calices candelabri formam habebant nucis: Ex 25,33; 37,19-20.

Nycticorax: — species noctuae (hisp. *búho*) inter aves immundas enumerata: Lev 11,17; Deut 14,16.

Obedientia: — omnia Deo et Christo obediunt: Bar 3,33; Mt 8,27; Mc 1,27 — obediendum Deo eiusque legi: Ex 15,26; Lev 26,3; Deut 4, 40; 11,13.27; 26,14.17 — obediendum Evangelio, veritati...: Eccli 3,1; Rom 1,5; 6,17; 10,16; 15,18; 16,21; 2 Cor 9,13; Gal 3,1; 5,7; 2 Thess 1,8; 1 Petr 1,2.14.22 — obediendum Deo magis quam hominibus: 1 Mach 2,20; 2 Mach 7,30; Act 5,29 — obediendum parentibus...: Ex 20,12; Deut 5,16; 17,12; 21,18; Eccli 3,7.14; 2 Cor 2,9; 7,15; 10,6; Eph 6,1-5; Col 3,20.22; 2 Thess 3,14; Tit 3,1; Philem 21; Hebr 13,17 — Israel promisit obedientiam, sed promissum non adimplevit: Ex 24,7; Deut 30,2.20; 1 Sam 28,18; Ier 37,2; 42,6; 43,7; Act 7,39 — obedientia potior quam victimae: 1 Sam 15,22; Eccl 4,17. (Cf. Prov 15,8.) — praemium obedientiae et punitio inobedientiae: Lev 26,3-45; Deut 28,1-68; Ex 20,12; Prov 30,17; Eph 6,3 — inobedientia gentilium: Rom 1,30; 2 Tim 3,2 — exempla obedientiae: Gen 22,18; 26,5; 28,7; 41,40; Deut 34,5; Ios 1,17; Ier 35,8-18; Hebr 11,8 — Christus obediens Patri: Phil 2,8; Hebr 5,8. (Vide **Iesus.**)

Obolus, vicesima pars sicli: Ex 30,13; Num 18, 16; Ez 45,12.

Oblatio (panis, similae, spicarum, olei, vini, salis, thuris...): — sacrificiis pacificis et holocaustis adiungitur: Lev 2,1-16 — pauperibus licet facere oblationem pro sacrificio: Lev 5,11 — fiunt quoque oblationes sine sacrificio: Lev 6,19-23; 23,10-14; 24,5-9; Num 29,39 — commendantur oblationes Domino: Prov 3,9; Eccli 7,33-36; 14,11-21; 35,10 — quae sint Deo gratae: Is 66,20; Mal 1,11; Rom 15,16 — quas Deus reiiciat: Iob 36,18; Eccli 7,11; 34,21; 35,14; Is 43,23; Am 5,22; Mt 5,23-24 — ritus oblationis: Ex 29,24.26-27; Lev 7,34.

Obrizum, aurum purissimum ex Ophir, cuius

praestantia cesserat in proverbium: 2 Par 3,5; Iob 28,15; 31,24; Is 13,12.

Oculus: — simplex, rectus, nequam... sumitur pro animo: Eccli 14,8; 31,14; 35,12; Mt 6,22; Mc 7,22; Lc 11,34; 1 Io 2,16 — pro intellectu: Num 24,3; Deut 29,4; Is 6,9; Lc 24,31; Act 26,18; Eph 1,18 — oculorum custodia quantopere sit necessaria: Gen 3,6; 34,2; 2 Sam 11, 2; 13,1; Prov 23,26.33; Eccli 9,5.7.9.11; 25, 28; 41,2.25.27; Mt 5,28; 2 Petr 2,14.

Oleum: una cum vino maxime abundans in Palaestina: Deut 7,13; 8,8; 11,14; 28,40; 33,24; Ier 21,12; Os 2,22; Ioel 2,19.24; Mich 6,15; Agg 2,20 — vitae humanae valde necessarium: 3 Reg 17,12.16; 4 Reg 4,7; 1 Par 12,40; Eccli 39,31; Ez 16,13 — eius usus in ritibus consecrationis: Gen 28,18; 31,13; 35,14; Ex 25,6; 27,20; 29,2; Lev 6,20; 8,12.26; 9,4 — in sacrificiis: Ex 29,40; Lev 2,1-2.4-5.7 — in unctione (2 Sam 14,2), ideo symbolum benedictionis, laetitiae...: Ps 44,8; 54,22; 103, 15; Prov 27,9; Cant 1,2; Is 5,1; 61,3; Zach 4,14.

Oliva: — arbor maxime abundans in Palaestina: Deut 6,11; 24,10; Ios 24,13; 1 Sam 8,14; 4 Reg 5,14; 18,32; 1 Par 27,28; Neh 5,11; 9,25; Is 17,6 — eius pulchritudo: Eccli 24,19; Ier 11,16 — frequenter in comparationibus: Ps 51,20; 127,3; Eccli 50,11; Ier 11,16; Zach 4,12-13; Apoc 11,4. (Cf. Rom 11,17, ubi S. Paulus vocat gentes oleastrum seu olivam agrestem.) — olivae lignum magni aestimatur: 3 Reg 6,23.31-33.

Onager, asinus ferus, liber vagans per desertum: Ioc 6,5; 11,12; 24,5; 39,5-8; Ps 103,11; Eccli 13,23; Is 32,14; Ier 2,24.

Onan, filius Iudae, qui ob crimen onanismi, quod ab eo nomen accepit, poenam mortis subiit: Gen 38,4-10; 1 Par 2,3.

Onocentaurus, animal commentitium, ex homine et asino constans, vagans per desertum: Is 34,14. Eadem vox hebraica in Is 13,22, vertitur *ulula*, et in Ier 50,39, *faunus ficarius.*

Onocrotalus, avis (hisp. *pelicano)* inter immundas enumerata: Lev 11,18; Is 34,11; Soph 2,14.

Onyx: — lapis pretiosus, unus ex duodecim qui pectorales sacerdotis ornabant: Ex 25,7; 35,9; Ez 28,13. (Cf. 1 Par 29,2.) — inter aromata enumeratur: Ex 30,34.

Oolla et Ooliba, duae sorores meretrices, quarum imagine Ezechiel depingit regna Israel et Iuda: Ez 23,4-44.

Opera: — bona maxime commendantur: Ex 23, 19; Ps 49,14; Prov 3,1; 14,31; Eccli 35,12-13; Is 1,17; 58,6-7; Ier 22,3; Ez 18,5-9; Mich 6, 8; Zach 7,9-10; 8,16-17; Mt 5,25.39; Lc 1, 75; 3,11; Io 12,26; Rom 12,13; 14,17-18; Iac 1,27; 2,15-16 — Deo sunt valde grata: Gen 4,4; 5,24; 6,8-9; 8,20-21; 22,16; 26,4-5; Ex 1,20; 23,22; Ps 118,112; Prov 11,18; Eccli 36,18; Is 3,10; Mt 5,12; 10,42; 16,27; 25,34-40; Rom 2,6; 7 Cor 5,10; 9,6-11; 2 Tim 4,8; Hebr 6,10-12; 10,35; 11,26; Apoc 22, 11 — mala Deo displicent: Gen 3,11; 6,3.7; 7,4; 9,6; 18,20-21; Io 3,19; 7,9; Rom 13,22; Gal 5,19; Col 1,21; Hebr 6,1; 9,14; Iudae 15 — bonorum operum merita: Ps 61,13; Prov 24,12.29; Sap 5,16; Eccli 16,15; Mt 16,27; 25,31-40; Rom 2,6-7; 2 Cor 11,15; 1 Petr 1, 17; Apoc 2,26-28; 20,12-13; 22,12 — opera fidei et legis: Rom 4,1-25; Gal 3,6-12; Phil 3, 3; Iac 2,26.

Ophir, regio ignota, ad quam nautae Hiram et Salomonis ab Asiongaber in mari Rubro proficiscebantur ut aurum et pretiosas merces afferrent: 3 Reg 9,28; 22,49; 2 Par 8,18.

Opifices: — tempore Moysis Deus implevit sapientia et intelligentia eos opifices qui conficere debebant tabernaculum: Ex 31,2-11; 35,30-35 — tempore Davidis et Salomonis, cum ageretur de aedificando templo et domo regia, opus fuit recurrere ad opifices phoenicios: 2 Sam 5,11-12; 3 Reg 5,1-18 — tempore Saul non erat in Israel ullus faber ferrarius: 1 Sam 13,19 — tamen etiam apud Hebraeos erant opifices varii generis: 4 Reg 12,11; 24,14; Ier 24,1; 29,2.

Oraculum: — ponitur pro propitiatorio seu operculo arcae cui insidebant cherubim (e quo Deus loquebatur Moysi): Ex 25,18-22; 37, 6-9; 40,18 — pro sancto sanctorum: 3 Reg 6, 5.16-23; 2 Par 4,20; 5,7.9.

Oratio: — pro aliis: Ier 42,2; Bar 1,13; 2 Mach 1,6; 15,14; Eph 6,18-19; Col 4,2-3; 1 Thess 5, 25; 2 Thess 3,1; Iac 5,16 — pro inimicis: Num 16,22.46; 2 Mach 3,33; Mt 5,44; Lc 6, 28; 23,34; Act 7,60 — qualis debeat esse: Iud 10,11.15; 1 Sam 1,11; 2 Sam 22,7; 3 Reg 3,7; Tob 3,11; Eccli 35,26; Mt 6,5.9-15; 18, 19; 21,22; Io 9,31; 14,13; Act 1,14; 2,42; 4, 24.31; 10,2; Rom 8,26; 12,12; 1 Tim 2,1; Hebr 13,18; 1 Petr 3,12; Iac 1,6; 4,3 — sine intermissione orandum: Ps 118,62; Mt 7,7; Lc 11,9; 18,1; Act 10,2; Eph 6,18; Col 4,2; 1 Thess 3,10; 5,17; 1 Tim 5,5; 2 Tim 1,3 — Deus orationem exaudit: Ex 2,24; 3,7; 6,5; 22,23-24.27; Deut 4,7; 1 Sam 7,9-10; 2 Sam 2,7; Tob 3,24; Iudith 4,8-10; Ps 3,5; 4,4; 9, 13; Prov 15,29; Eccli 21,6; 48,22; Is 30,19; 65,24; Ier 29,12; Dan 13,44; Ion 2,3; Zach 13, 9; Mt 7,7-12; Io 9,31; Act 10,4 — oratio sanctorum: Gen 32,9; Ex 32,11-13; 14,19; Deut 9, 25-29; 3 Reg 8,15-21; 4 Reg 20,3; Esdr 9,6; Tob 3,1; 8,7; 13,1-23; Iudith 9,2; Dan 9,6; 1 Mach 7,37; 2 Mach 6,30; Act 4,24 — oratio Iesu Christi: Mt 14,23; 26,39-46; Lc 3,21; 6, 12; 9,18.28; 22,45; Hebr 5,7-10 — oratio in nomine Christi: Io 14,13; 15,7.16; 16,23.26; 1 Io 5,14.

Orion, constellatio pulcherrima in nostra caeli regione: Iob 9,9; Am 5,8.

Ornamenta in cultu personae: — vestes pretiosae, purpurae ac diversorum colorum: Ios 7,21; Iud 5,30; 8,26; Ez 16,19; 23,26; 1 Mach 10,20.62.64 — monilia varia, quibus abutuntur praesertim mulieres: Gen 24,22; Ex 32, 2; Is 3,18-26; 61,10; Ier 4,30; 1 Mach 11,58 — unguenta et aromata quibus orientales maxime delectantur: Iudith 10,3; Esth 2,12; Ps 44,9. (Vide etiam **Annulus** et **Capillus.**)

Oryx, species dorcadis (hisp. *antílope)* quae inter animalia munda recensetur: Deut 14,5. (Cf. Is 51,20.)

Osculum: — signum pacis et charitatis: Gen 29,13; 45,15; 48,10; Ex 4,27; 1 Sam 20,41; Tob 9,8; 11,11; Esth 15,15; Lc 15,20; Act 20, 37; Rom 16,15; 1 Cor 16,20; 2 Cor 13,12; 1 Thess 5,26; 1 Petr 5,14. (Cf. Eccli 29,5; Lc 22,47.) — in idola iactatum, signum venerationis: 3 Reg 19,8; Iob 31,27.

Osee, propheta, filius Beeri, e regno Israel, primus inter prophetas scriptores, qui versus medium saec. VIII a. Chr. munere suo functus est: Os 1,1. (Cf. Rom 9,5.)

Ovis: — valde abundans in Palaestina: Gen 12, 16; 13,5; 20,14; 32,5; Ios 6,21; 1 Sam 14,32 — praecipua victima sacrificiorum: Ex 29,38-39; Lev 1,10; 3,6-7; Num 6,12-14; 1 Sam 7, 9; 3 Reg 8,63 — tonsio ovium, dies memorabilis: Gen 31,19; 38,13; 1 Sam 25,2; 2 Sam 13, 23 — frequens usus figuratus ovis et vitae pastoriciae: Is 53,7; Mt 26,63; Mc 14,61; Io 1,29; 19,9; 1 Petr 2,23.

Pactum salis, vide **Sal.** Quoad alia, vide **Foedus.**

Paedagogus (hisp. *ayo*): 1 Cor 4,15; Gal 3,24.

Palaestina: — vocatur terra Hebraeorum (Gen 40,15), terra Israel (Iud 19,29; Ez 7,2; Mt 2, 20), terra sancta (Zach 2,12; 2 Mach 1,7), terra Domini (Lev 25,23; Is 8,8), terra repromissionis (Hebr 11,9)... — eius situs geographicus: Num 34,2-12; Ez 47,15-20 — eius incolae ante ingressum Israelitarum: Deut 7,1. (Cf. Ios 3,10; 24,11.)

Palatha, massa ficorum in formam placentae coacta: 1 Par 12,40; Iudith 10,5. (Cf. 2 Sam 16,1-2.)

Paliurus (hisp. *espino*): Is 34,13; Mich 7,4.

Palma, planta pulcherrima, olim satis frequens in Palaestina: Deut 34,3; Iud 1,16; 3,13; 4,5; Neh 8,15; Ioel 1,12. (Cf. Iob 29,18; Ps 91, 13; Cant 5,11.)

Palmus: — minor seu latitudo quatuor digitorum: Ex 25,25; 2 Par 4,5; Ez 40,5 — maior (manus extenta!), quae tribus palmis minoribus constabat, et erat dimidium cubiti. (Cf. Iud 3,16; 1 Sam 17,4; Is 40,12.) (Vide **Cubitus.**)

Panis (triticeus vel hordeaceus, cf. tamen: Ez 4, 9): — coquebatur communiter inter cineres ignitos, unde panis subcinericius: Gen 18,6; 3 Reg 17,13; 19,6; et non in pingues placentas sed tenues, unde locutio: frangere panem, Is 58,7; Ier 16,7; Lam 4,4; 1 Cor 10,16 — ponitur pro alimento: Gen 3,19; 18,5; Iud 19,5 — panes propositionis: Ex 25,30; Lev 24,5-9; 1 Sam 21,6.

Papyrus, planta (species iunci!) in ripis Nili frequentissima, ex qua praeparabatur charta papyracea et conficiebantur vasa parva, cistae, navigia minora, cymbae...: Is 18,2. (Cf. Ex 2, 3; Iob 8,11; Is 35,7.)

Parabola, hebr. *mashal:* — sumitur pro proverbio: 3 Reg 4,32. (Cf. Iob 27,1; Prov 25,11; Eccli 9,10; 21,31.) — pro sermone ad contemptum et irrisionem prolato: 2 Par 7,20; Is 14,8; Ier 24,9; Mich 2,4 — pro narratione quadam ficta ut veritas sublimioris ordinis vividius proponatur: Ez 17,2; 24,3. (Cf. Iud 9, 7-15; 2 Sam 12,1-4.) — frequenter adhibetur a Christo in praedicatione: Mt 13,3-53; Lc 15, 3-16,30 — ratio parabolarum de regno: Mt 13, 10-15; Mc 4,10-12; Lc 8,9-10.

Paraclitus (qui causam alicuius agit): — dicitur de Christo: 1 Io 2,1 — de Spiritu Sancto: Io 14,16.26; 15,26; 16,7. (Cf. Rom 8,26.)

Paradisus: — locus in quo Deus hominem creavit: Gen 2,8 — locus amoenitate insignis: Cant 4,13; Ez 28,13. (Cf. Gen 13,10.) — locus beatorum: Lc 23,43; 2 Cor 12,13. (Cf. Eccli 44, 16.) — sub paradisi imagine describitur regnum Messiae: Is 11,1-9; Ez 47,12; Zach 14, 8; Apoc 2,7.

Paralyticus, qui nervorum resolutione laborat: 1 Mach 9,55; Mt 8,6; 9,2.6; Lc 5,24.

Parasceve (vox gr. = *praeparatio*), dicitur de feria sexta, eo quod in ea debebant cibos *praeparare* in sabbatum: Mt 27,62; Mc 15, 42; Lc 23,54; Io 19,14.31.42. (Cf. Ex 16, 5.23.)

Pardus, animal (hisp. *leopardo*) feritate insigne, olim frequens in Palaestina: Cant 4,8; Ier 5, 6; Os 13,7. (Cf. Eccli 28,27; Is 11,6; Ier 13, 23; Dan 7,6; Hab 1,8; Apoc 13,2.)

Parentes, quorum benedictio est proles numerosa: Gen 1,28; 8,17; 9,1; Deut 28,4; Ps 127, 1-4; Prov 17,6. (Cf. Gen 12,2; 13,16.) (Quoad alia, vide **Educatio, Filius, Hereditas, Matrimonium.**)

Parius, dicitur de marmore albo, ex insula Paros in mari Aegaeo: 1 Par 29,2; Esth 1,6.

Pascha vel Phase: — festum praecipuum Israel: Ex 12,13.23.27; Num 9,1-13; Ios 5,10; 4 Reg 23,22; Io 18,28 — peregrinatio paschalis quotannis facienda: Deut 16,1-8. (Cf. Lc 2,41.) — immolatio agni et ritus observandi: Ex 12, 1-28; Lev 23,4-14; Num 28,16-25 — celebratur a Christo: Mt 26,17-35; Mc 14,12-31; Lc 22,1-23; Io 13,1-2 — Pascha nostrum, Christus: 1 Cor 5,7. Quoad alia, vide **Festa.**

Passer, hisp. *gorrión* (Lev 14,4-7.49-53; Mt 10, 29), dicitur etiam de aliis parvis avibus: Ps 83, 4; Prov 26,2.

Passus, mensura longitudinis apud Romanos, aequipollens 1,48 m.: Mt 5,41. (Cf. Num 35,4; 2 Sam 6,13; Act 27,28.)

Pastophorium, cellae in atriis templi, in quibus asservabantur vasa sacra et commorabantur ministri in sanctuario servientes: 1 Mach 4,38.57. Alias vocantur eiusmodi cellae: gazophylacia, exedrae.

Pastor: — officium notissimum in Palaestina atque finitimis regionibus: Gen 4,4.20; 12,16; 13,5; 37,16; 47,3; Num 32,1; 1 Sam 17,34-36; 2 Par 26,10 — reges et sacerdotes dicuntur populi pastores: 2 Sam 5,2; 7,7; Is 44, 28; 56,11; Ier 2,8; 3,15; 20,21; Ez 34,2-8. (Cf. Io 21,15-17.) — Messias est quoque Pastor: Ez 34,23-24; Io 10,14; Hebr 13,20; 1 Petr 2,25; 5,4 — Deus ipse est Pastor Israel: Ps 22,1-2; 74,1; 79,2; Ez 34,9-31; Mich 7,14; Zach 10,2.

Pater: — dicitur sensu latiore de auctore alicuius stirpis (Gen 10,21; 4 Reg 14,3; Rom 4, 1), vel etiam artis aut moris: Gen 4,20-21 — Deus, pater Israel: Deut 32,6; Is 63,16; 64,8; Ier 3,4.19; Mal 1,6. (Cf. Ex 4,22.) — pater regis theocratici: 2 Sam 7,14; Ps 88, 27 — pater singulorum hominum: Mt 6,8.15; 10,20; Lc 6,36; 11,2.13. (Cf. Ps 102,13; Prov 3,12; Eccli 23,1.4.) — pater eorum quibus peculiari amore providet: Io 20,17; Rom 8,15; 2 Cor 6,18; Gal 4,6; Eph 4,6; Hebr 12, 9; 1 Petr 1,17 — pater Iesu Christi: Mt 7,21; 11,27; Mc 8,38; Lc 10,22; Io 5,17; Rom 15, 6; Eph 1,3; Apoc 2,27.

Patientia: — Deus patiens est.: Ex 34,6; Num 14-18; Ps 85,15; 102,8; 144,8; Eccl 8,12; Sap 11,24; 15,1; Is 30,18; Ioel 2,13; Mt 18, 27; Rom 2,4; 1 Tim 1,16; 2 Petr 4,9 — homines debent esse patientes in omni afflictionum genere: 2 Sam 16,10; Tob 2,8; Iob 1,20; 2,9; 7,2; Prov 3,11; 14,29; 15,1; 16,32; 25,15; Eccli 1,29; 2,4; 2 Mach 6.20; Mt 5,39; Rom 5, 3; 12,12; 2 Cor 6,4; Gal 5,22; Eph 4,2; 1 Thess 5,14; 2 Thess 1,4.7; 1 Tim 6,11; 2 Tim 2,3.12; 1 Petr 1,6; 2,19; 3,14.17; 4,1; 2 Petr 1,6.

Paulus, gentium apostolus: — ante conversionem: Act 7,57.59; 8,2; 9,1-2. (Cf. Act 22,3; Gal 1,13-14; Phil 3,6.) — eius conversio: Act 9,3-30; 22,6-21; 26,12-18. (Cf. 2 Cor 11,32; Gal 1,17-18.) — prima missio apostolica: Act 13,1-14,27 — in Concilio Hierosolymitano: Act 15,1-35 — secunda Pauli missio: Act 15, 36-18,22 — missio tertia: Act 18,23-21,16 — Hierosolymis in vincula coniicitur et per

6,5; 8,5-13.26-40; 21,8-9 — tetrarcha, vide **Herodes.**

Philosophia, de qua Paulus in Col 2,8, non est communis philosophia graeca, sed philosophia neopythagorica pluribus elementis religionum orientalium permixta. (Cf. Col 2,16-23.)

Phul, alterum nomen quo utebatur Theglathphalasar III: 4 Reg 15,19.

Phurim, festum quotannis celebrandum diebus 14 et 15 mensis Adar in memoriam liberationis Iudaeorum tempore Esther et Mardochaei: Esth 3,7; 9,20-32. (Cf. 2 Mach 15,36.)

Phylacterium (vox graeca quae idem ac *amuletum* sonat), apud Iudaeos erat charta membranacea, in qua verba legis inscribebantur, quamque loris alligatam fronte et sinistro brachio gestari solebant: Mt 23,5. (Cf. Ex 13,9; Deut 6,8.)

Pietas et bona opera, vide **Opera.**

Pignus (hisp. *arras)*, dicitur de Spiritu Sancto qui datus est fidelibus tanquam arrha gloriae caelestis postea concedendae: 2 Cor 1,22; 5, 5; Eph 1,14. (Cf. Rom 8,16; Eph 4,30.)

Pigritia fugienda: Prov 6,6; 10,4.26; 12,11; 13, 4; 18,8; 19,15.24; 20,4.13; 21,25; 24,30; 26, 13; 28,19; Eccli 33,26; Ez 16,49; Rom 12,11.

Pila, sumitur pro mortario (Prov 27,22) et dicitur de parte quadam urbis Ierusalem in valle depressa: Soph 1,11.

Pilatus, procurator romanus qui Iudaeam administravit a. 26-36 p. Chr.: Lc 3,1; 13,1; 23,12. Fuit quintus procuratorum romanorum inde a destitutione Archelai. (Vide **Herodes.)**

Pilosus, animal, genus satyri, quod ex vulgi opinione in desertis locis habitat: Is 13,21; 34,14.

Pinnaculum, fastigium in tecto templi vel, ut alii volunt, angulus quo conveniunt porticus regia et porticus Salomonis super torrentem Cedron eminens: Mt 4,5; Lc 4,9.

Pinus, arbor notissima de qua Is 44,14, et 60,13. (Cf. 2 Par 2,8.)

Piscina, receptaculum ad aquas sive fontium sive praesertim imbrium colligendas: 2 Sam 2,13; 4,12; 3 Reg 22,38; 4 Reg 18,17; Neh 3,15; Is 7,3; 22,9.11; Io 5,2; 9,7.

Piscis: — fiebat piscatio hamo, sagena, reti minore...: Is 19,8; Mt 4,18; 13,47; 17,26; Io 21, 3-8 — piscis grandis, de quo Ion 2,1, communiter censetur esse squalus (hisp. *tiburón)*: ille autem, de quo Tob 6,2, silurus.

Placenta (hisp. *torta)*, quae ex farina triticea vel hordeacea, immo ex ficubus siccis vel ex uvis conficiebatur, addito aliquando melle, oleo consperso...: Ier 7,18; 44,19. Cf. Ex 16,31 (Vulg. simila cum melle), 2 Sam 14,6 (sorbitiuncula), 1 Par 12,40 (palatha), 1 Sam 25,18 (ligatura uvae passae).

Plagae aegyptiacae: Ex 7,14-12,36.

Platanus, arbor, sic dicta platanus orientalis, valde alia ab arbusto e quo suaves fructus obtinemus: Gen 30,37; Eccli 24,19; Ez 31,8.

Plumbum, metallum valde grave sed vile, de quo frequenter in sermone figurato: Ex 15, 10; Iob 19,24; Eccli 22,17; 47,20; Ez 22,18-20; 27,12.

Poderis, vestis talaris usque ad pedes pertingens: Sap 18,24; Eccli 27,9; Apoc 1,13. (Cf. Ex 28,2.31-34; 39,20-24.)

Poena, erat varia pro variis criminibus: — lapidationis pro crimine idololatriae, blasphemiae..., vide **Lapidatio** — talionis pro crimine occisionis aut vulneris: Ex 21,24-25; Lev 24,20; Deut 19,19-21; 24,25; Mt 5,38 — verberationis: Lev 19,20; Deut 25,2; Mt 10,17; 2 Cor 11,24-25 — mulctae pecuniariae: Ex 21,19.22; 22,1-17; Lev 6,2-5; Num 5,8; Deut 22,19.28 — carceris: 2 Par 16,10; Ier 20,2; 32,2; 36,5; Esdr 7,26; Mt 11,2; 18,30; Act 5,12.21; 12,4 — varii generis apud non Iudaeos: Ier 29,22; Dan 3,20; 14,30; 2 Mach 7,5; Mt 28,32 — aliis poenis Deus affliget populum ob pacti violationem: Lev 26,14-39; Deut 28,15-68.

Poenitentia, mentis commutatio et conversio ad Deum: 3 Reg 8,33; 2 Par 6,24.37; Eccli 49,3; Ier 18,8; Ez 18,21; Mt 3,2.8.11; 11,22; Act 2,38; Rom 2,4. (Vide **Conversio, Impius, Peccatum.)**

Polenta, grana frumenti in frixorio tosta, quibus orientales hodie quoque, vescuntur: Lev 23,14; Ios 5,11; Ruth 2,14; 1 Sam 17,17; 25, 18; 2 Sam 17,28; Iudith 10,5.

Polymitus, pannus variis intextus filamentis et coloribus: Gen 37,3.23; Ez 16,13. (Cf. 2 Sam 13,18-19.) (Vulg. talaris.)

Poma, fructus arboris (hisp. *fruta)* in genere: Lev 19,23; Deut 20,19-20; 1 Mach 11,34. (Cf. Eccl 2,5; Cant 4,13; 5,1; Dan 13,4.7.)

Pontifex (seu sacerdos magnus): — qui in ordine sacerdotali primum occupabat locum: Lev 21,10; Num 35,25.28; Ios 20,6; 2 Par 19, 11; Agg 1,1; 1 Mach 12,7; 2 Mach 3,4 — ritus eius consecrationis: Ex 29,1-37; 40,12-15; Lev 8,1-35 — eius ornamenta: Ex 28,2-43 — eius munera: Lev 16,2-34; Deut 17,8-12. (Cf. 3 Reg 1,39; 2 Par 23,11.) — qualitates in eo requisitae: Lev 21,1-23 — erat ex familia Aaronis: Num 20,28; 25,6-9; Iud 20,28; 3 Reg 20,27; 1 Par 6,4-15 — munus eius erat ad vitae tempus (Num 35,25; Hebr 7,23), sed inde ab Antiocho Epiphane saepe eligebantur et reiiciebantur ad nutum auctoritatis civilis (cf. 1 Mach 7,9; 10,20; 2 Mach 4,24), inde explicatur cur in Evangeliis sit mentio pontificum seu summorum sacerdotum, quo nomine designabantur ii quoque qui hoc munere antea functi erant: Mt 26,3; Lc 3,2.

Populus, arbor (hisp. *álamo)*, de qua Gen 30, 37, et Os 4,13.

Porcus, vide **Sus.**

Porrus, olus (hisp. *puerro)*, quo Hebraei in Aegypto maxime delectati videntur: Num 11,5.

Porta: — in muris urbium: Iud 16,3; 1 Sam 23, 7; 2 Sam 18,24.33 — ad portas urbium i. e. ad fora quae portis adiacebant celebrabantur iudicia, contractus, negotia...: Deut 21,19; 25,7; Ruth 4,11; 2 Sam 15,2; Iob 31,21; Ps 68,13; Prov 31,23; Is 29,21; Am 5,12 — metaphorice de porta mortis aut inferi: Ps 9,15; 106,18; Sap 16,13; Mt 16,18.

Possessio: — substantia quae iure proprietatis possidetur: Gen 13,2; 26,14; 30,29; 47,20 — terra Chanaan, Dei proprietas, datur Israeli in possessionem certis limitationibus: Lev 19, 10; 23,22; 25,23; Deut 23,24-25; 24,1.

Potus, erat varius: — aquae, quae ob eius caritatem multo maiore in pretio habetur in Palaestina quam apud nos: 1 Sam 25,11; Prov 25,25; Ier 2,13; Lam 5,4; Mt 10,42; Mc 9,40 — aceti, seu potius aquae aceto mixtae: Ruth 2,14. (Cf. 26-48; Mc 15,36; Io 19,29.) — vini, quod erat maxime abundans in terra Chanaan: Iud 9,13; Ps 103,14; Prov 21,17; 31,6; Eccli 19,2; 31,35-39; 39,31; 40,20 — sicerae, seu potus inebrians (hisp. *licor)* ex variis fructibus: Iud 13,4; Lc 1,15. (Cf. Num 6,3; 1 Sam 1,15.) — lactis, quod ob gregum affluentiam valde

abundabat: Gen 18,8; Iud 4,19; 5,25. (Cf. Is 7,15.)
Praeco, qui ducum mandata populo alta voce denuntiat: Gen 31,43; Ex 32,5; 36,6; 3 Reg 22,36. (Cf. 2 Petr 2,5.)
Praecursor: — qui regem vel ducem praecedit ut impedimenta viae removeat: 1 Sam 8,11; 2 Sam 15,1 — dicitur de angelo, qui populum praecedebat in deserto: Ex 33,2 — de Ioanne Baptista, qui viam Domini parabat: Mt 3,3; Mc 1,3; Lc 1,17; 3,4 — de Christo, qui nobis viam aperuit ad caeleste sanctuarium: Hebr 6,20.
Praeda in bello, varie dividenda: — vestes et vasa universa ex aequo inter pugnantes et eos qui ad sarcinas remanserant: Num 31,27; 1 Sam 30,22-25; 2 Mach 8,28.30 — ex pecoribus pars Domino reservatur immolanda: 2 Par 15,11. (Cf. Num 31,28.) — ex rebus pretiosis pars quoque Domino consecratur: Num 31, 49-54; Iud 8,24-27; 2 Sam 9,10-12. (Cf. Gen 14,20); Ios 6,24 — mulieres captivas licebat accipere in uxores: Num 31,18; Deut 21,11-14 — nihil accipiendum ex civitate anathemati damnata: Ios 3,21; 1 Sam 17,3.19.
Praedestinatio (magnum divinae Providentiae mysterium!): — Deus vult omnes homines salvos fieri: 1 Tim 2,4; Tit 2,11; 2 Petr 3,9 — ab aeterno praedestinavit sapientiam suam absconditam seu divinam salutis humanae oeconomiam: 1 Cor 2,7; Eph 3,11. (Cf. Rom 8, 29-30.) — praedestinavit apostolos in testes resurrectionis Christi et Evangelii ministros: Act 10,41; 22,14-15. (Cf. Act 1,8; 2,32; 9,15.) — praedestinavit nos in adoptionem filiorum et in laudem gloriae suae: Rom 8,29; Eph 1, 5-6.12.14. (Cf. Act 13,48.) — haec praedestinatio, quae e sola Dei gratia et misericordia procedit (Rom 9,1-13; Eph 1,11), consequenda est per Christi fidem et nostram ipsi fidei docilitatem; 1 Cor 9,24; 10,12; Eph 2,10; Phil 2,12; 2 Petr 1,10; Apoc 3,11 — in exsecutionem praedestinationis Deus omnia concurrere facit: Rom 8,28 — Dei misericordia et patientia in praedestinatos: Rom 9,14-29 — divinum iudicium per Christum de singulorum hominum agendi ratione: Mt 25,31-46.
Praeputium, vide **Circumcisio.**
Praetorium: — palatium in quo praefectus romanus ius dicebat: Mt 27,27; Mc 15,16; Io 18, 28; Act 23,35 — castra ubi milites praetoriani commorantur: Phil 1,13. (Cf. Act 28,16.30.)
Prandium: — fiebat circa meridiem: Ruth 2, 14; Tob 2,1; Dan 13,13; 14,33; Lc 14,12. Quoad refectionem principalem sub vesperum, vide **Coena.** Ientaculum matutinum, nisi ex exceptione, minus probabatur: Eccl 10,16; Is 5,11; Io 21,5 — veteres Aegyptii et Hebraei comedebant sedentes ad mensam (Gen 27,19; 42,23; 1 Sam 20,5), recentiores autem accumbentes: Esth 1,6; Mt 9,10; Mc 2,15; Lc 5,29; Io 12,2.
Presbyter (etym. = *senior):* — nomen significans in V. T. et aetatem et dignitatem simul: Eccli 4,7; 6,35; 7,15; 8,9; 25,6; Dan 13,34. 36.61 — in N. T. dicitur de iis quibus commendatur ecclesiarum cura, sacra ordinatione insignitis: Act 14,22; 15,2; 1 Tim 5,17.19; Iac 5,14. (Cf. Act 17.28; Tit 1,5.7.)
Priapus, deus fecunditatis apud Graecos et Latinos, sub cuius nomine exprimit Vulgata nefandum idolum a Maacha positum in templo: 3 Reg 15,13; 2 Par 15,16.
Primitiae seu primi fructus agrorum, vinearum, arborum...: — debebant offerri Domino in agnitionem supremi eius dominii: Deut 26, 1-10; Neh 10,35.37; Prov 3,9-10; Eccli 7, 33-34; 35,10-11; Mal 3,8; 1 Mach 3,49 — cedebant in usum sacerdotum: Lev 2,12; 7,14; Num 5,9; 18,8; Deut 12,6.17; 18,4; Eccli 45, 25 — crebro adhibetur vocabulum in sensu figurato; Ier 2,3; 1 Cor 15,20.23; 16,15; Rom 8,23; Apoc 14,4.
Primogenitum (= quod vulvam matris aperit): — est Domino sacrum: Ex 13,2; 22,29; 34,19; Lev 27,26; Num 8,17; Deut 15,19. (Cf. Ex 13,14-15.) — animalia quae immolare licet sacrificanda sunt (Ex 13,12; Deut 15, 19-20); quae vero immolare non licet occidenda sunt vel redimenda: Ex 13,13; 34,20; Lev 27,27; Num 18,15-18; Deut 15,21-22 — homines redimendi sunt: Ex 13,15; Num 3,13; 8,18-19; Deut 12,17; 14,23; Lc 2,22-24 — ius primogeniti: Gen 25,31; 27,32; Deut 21,17; 1 Par 5,1; 2 Par 21,3.
Princeps: — qui est caput tribus, familiae... aut aliquam auctoritatem exercet in alios: Num 2,3.5.7.10; 1 Par 2,10; 5,2.6 — diabolus, princeps huius mundi: Io 12,32; 14,30; 16,11.
Principatus, nomen quo designat S. Paulus unum ex ordinibus angelorum et etiam daemonum, eo quod potentiam in alios exerceant: Rom 8,38; 1 Cor 15,24; Eph 1,12.21; 3,10; Col 1,16; 2,10.15.
Prinus, de quo Dan 13,58, est arbor e familia quercus (hisp. *encina* vel *roble).*
Probatica i. e. ovina seu ovium: Io 5,2.
Proconsul, praefectus provinciae senatoriae: Act 13,7-8.12; 18,12; 19,38.
Procurator: — administrator rei domesticae: Gen 15,2; Mt 20,8; Lc 8,3 — tutor, cui cura regis iunioris commissa erat: 2 Mach 11,1; 13,2 — administrator provinciae: Esth 8,9; 9, 3. Cf. Mt 23,2; Act 23,24; 24,1; 26,30. (Vulg. praeses.)
Propheta (= qui Dei nomine loquitur, cf. Ex 4, 15; 7,1): — Deus prophetas Israeli promittit: Deut 18,14-22. (Cf. Eccli 36,17; 1 Mach 4, 46.) — munus prophetarum erat populum docere, redarguere, consolari (Is 6,8-13; Ier 1, 4-19; Ez 2,1-3,27), promissiones messianicas saepe inserendo: Is 2,2-4; 7,14-16; 9,1-7; 11, 1-10; Ier 23,5; Ez 17,22-23; Am 9,8-15; Mich 4,1-8. (Cf. etiam: 1 Sam 9,6.20; 4 Reg 1, 2-3.) — quandoque ipsorum vitae ratione populo praedicare iubebantur: Ier 16,1-21; Ez 4, 1-5,17; 12,3; 21,6; Os 1,2; et habitum gestabant proprium: 4 Reg 1,8; Zach 13,4. (Cf. Mt 3,4.) — his opponuntur pseudoprophetae Domini vel prophetae idolorum: 3 Reg 18,19; 22,11-12; Ier 14,14; 23,9; 29,8; Ez 13,2; Mich 3,5 — quomodo verus a falso propheta distinguendus: Deut 18,20-22; Ier 28,9. (Cf. 3 Reg 22,6-8.) — mulieres quoque donabantur gratia prophetiae: Iud 4,5; 4 Reg 22,14; Lc 2, 36 — vocatur etiam propheta qui laudes Dei canit instinctu prophetico (1 Par 15,22.27) vel miracula patratur: Eccl 48,14. (Cf. 4 Reg 13, 21.) — in N. T. sunt quoque fideles spiritu prophetico insigniti: Act 13,1; 15,32; 1 Cor 12, 28; 14,3.24; Eph 2,20. (Cf. Mt 10,41; Lc 11,49.)
Proselytus: — in V. T., advena seu alienigena qui sub ditione regum Israel morabatur: 1 Par 22,2; 2 Par 2,17; 30,25; Ez 14,7 — in N. T., gentilis qui fidem Israel susceperat: Mt 23,15; Act 2,11.
Proverbium, vide **Parabola.**

Prisana i. e. grana frumenti: 2 Sam 17,19; Prov 27,22.

Ptolemaeus, nomen primi regis Aegypti post mortem Alexandri Magni, quod postea omnes successores eius dynastiae assumpserunt: 1 Mach 1,19; 3,38; 16,11; 2 Mach 6,8; 10,12.

Publicanus, nomen quo designabantur apud Romanos exactores vectigalium, Iudaeis maxime exosi et ut publici peccatores reputati sive ob eorum avaritiam sive ob eorum ministerium alienis oppressoribus praestitum: Mt 5,46; 9,11; 18,17; Mc 2,16; Lc 3,12; 5,30; 6, 32-33; 18,10. (Cf. Lc 5,27; 19,2.)

Puer: — dicitur de filio: Gen 21,16; Hebr 2,13 — de puero (Gen 21,8; Mt 2,8; 1 Cor 14,20) vel iuvene: Gen 19,4; Io 21,5 — de servis (Mt 8,6; Act 4,25.27) vel militibus: 2 Sam 2,14.22 — de nobilibus qui Alexandro M. morienti adstabant: 1 Mach 1,7.

Pugio: — dicitur de hasta vel lancea: Num 25, 7. (Cf. Iud 5,8; Ier 46,4.) — de telo seu pilo: 2 Par 23,10 — de gladio: Iudith 13,8; 16,11.

Pulmentum: — dicitur de cibo ex oleribus vel leguminibus (hisp. *potaje*), cui saepe carnes adduntur: Gen 25,29; 27,4.17; Num 15,21; Is 44,16 — de cibo in genere: 2 Sam 13,5. (Cf. Io 21,5.)

Pulvillus (hisp. *cojín*), cui comparat Ezechiel blandos sermones pseudoprophetarum: Ez 13, 18.20.

Purpura sive rubra sive violacea: — adhibita fuit ad conficiendum tabernaculum foederis: Ex 25,4; 26,1; 35,6.23.25.35; Num 4,13. (Cf. 2 Par 3,14.) — ad vestimenta summi sacerdotis: Ex 28,5-8; Eccli 45,12 — etiam nobiles purpura induebantur: Iud 8,26; Iudith 10, 19; Esth 8,15; Prov 31,22; Cant 3,10; Ez 27,7; Dan 5,7.16.29; 1 Mach 4,23; Lc 16,19. (Cf. Mc 15,17; Io 19,2.)

Pygargus, animal, ex genere cervorum, quo vesci licet: Deut 14,5.

Pyrus (hisp. *peral*), de quo in 2 Sam 5,23-24, et 1 Par 14,14-15.

Python, de quo in Deut 18,11, et 1 Sam 28,7. (Vide **Divinatio.**)

Quadraginta, vide **Numerus.**

Quadrans, nummus romanus aequipollens quartae parti assis (= c. 0,07 pts.): Mt 5,26; Mc 12,42.

Quaternio militum (hisp. *escuadra*), constans quatuor militibus, ad custodiendum Petrum singulis noctis vigiliis: Act 12,4.

Quercus (hisp. *encina* vel *roble*), sub cuius umbra frequenter sepeliuntur mortui et eriguntur altaria: Gen 35,8; 1 Par 10,12; Is 44, 14; Ez 6,13; 27,6; Os 4,13. (Cf. Gen 12,6; 14, 13.) (Vulg. convallis Mambre.) In pluribus textibus Scripturae difficile est determinare utrum agatur de *quercu* an de *terebintho*.

Rabbi vel Rabboni, vox hebr. = *mi domine!*, qua Iudaei suos doctores appellare solebant: Mt 23,7; 26,25; Mc 9,4; Io 1,38; 20,16.

Raca, vox contumeliosa conviciantium: Mt 5, 22. Probabiliter e radice aram. = *inanis, vacuus, absque cerebro:* vel, iuxta alios = *reprobandus, abominabilis!*

Rahab (etym. = *insolentia, superbia*), dicitur figurate de Aegypto: Ps 86,4. (Cf. Ps 58,11; Is 51,9.) (Vulg. superbus.)

Ranae, secunda ex decem plagis aegyptiacis: Ex 8,2-13; Ps 77,45; 104,30; Sap 19,10. (Cf. Apoc 16,13.)

Rationale iudicii, bursa opere polymito contexta, in qua asservabatur Urim et Thummim, et duodecim gemmis ornata in quibus nomina 12 tribuum erant insculpta: Ex 28,15-30. Vocatur quoque Pectorale, eo quod supra pectus illud S. Sacerdos gestabat.

Redemptor: — Deus, adiutor et redemptor piorum (Iob 19,35; Ps 18,15; 77,35), redemptor populi de servitute aegyptiaca (Ex 6,6; 15,13; Deut 7,8; 13,5. Cf. Act 7,35), et de captivitate babylonica (Is 41,14; 43,14-15; 44,6.24; Ier 50,34) — Christus, sensu eximio redemptor: Mt 20,28; Mc 10,45; Eph 1,7; Col 1,14.

Refugii urbes, in quas confugerent tam Israelitae quam advenae, qui hominem innocentem interfecissent: Deut 4,41-43; 19,1-13; Ios 20,1-9.

Regina caeli, de qua Ier 7,18, et 44,17, probabiliter erat stella matutina, quo sub nomine *Isthar* summo honore habebatur apud Assyrios.

Regnum Dei: — eius perpetuum atque absolutum dominium in totum universum ratione creationis et conservationis: 1 Par 29,11; Ps 102,19; 144,13. (Cf. Dan 7,1-28.) — singulari modo, ratione electionis atque populi consensus, Deus est rex Israel: Ex 19,5; 24,3-8 — huic populo leges condidit eique voluntatem eius significat per prophetas ac sacerdotes: Num 23,21-23; Deut 18,18; Iud 8,23; 1 Sam 8,7; 10,19; 12,12; unde rex Israel populum regit nomine Dei ac tanquam eius vicarius: 1 Sam 12,13-15; 13,13-14; 16,1-13; 2 Sam 7,14; 1 Par 28,5; 29,23 — pro populo ac regno voluntati rebelli Deus sibi constituet ex omnibus gentibus populum sanctum et docilem: Ps 86,96.98; Is 2,2-4; 9,24-25; Mich 4,1-3; Zach 14,16 — huic regno praeficiet Dominus regem ex familia David: Ps 2,6-9; 71,1-20; 109,1-5; Is 9,6-7; 11,1-10; Ier 23,5; Ez 37,24-25; Os 3,5; Am 9,11; Mich 5,1-6 — instauratur in N. T. per praedicationem poenitentiae seu mentis conversionem ad Deum: Mt 3,2; 4,17; Mc 1,4.15; Lc 3,3 — est regnum Patris nostri caelestis, cuius providentiae nos committi oportet et subiici voluntati: Mt 6,5-14.26-32; Lc 15,3-32 — lex huius regni est charitas in ipsum Patrem et in proximum (Mt 22,34-40; 1 Cor 13,1-13; 1 Io 3,13-24), quae diffunditur in nobis per Spiritum Sanctum ut simus veri filii Dei: Rom 5,5; 14,17; Gal 5,22 — ad hoc regnum vocantur primo Iudaei, deinde omnes gentes: Mt 8,11-13; 10,5-6; 15,24; Io 12,23-24; Act 10,1-11.18; Rom 3,19-31; Gal 3,23-29 — hoc regnum duas habet aetates, temporariam et aeternam: Mt 13,3-9.18-52; 25,1-45 — ad hoc regnum regendum in aetate temporaria instituta fuit a Christo Ecclesia: Mt 16,18-19; 28,16-20; Io 21,15-17; Act 1,4-8.15-26; 2,14-42; Eph 4, 9-16; 5,22-23 — huic regno opponitur regnum mundi, cuius princeps est diabolus, quem Christus vicit eiusque regnum ad nihilum rediget: Mt 4,1-11; 12,22-29; Lc 11,14-20; Io 12,31; 1 Petr 5,8; Apoc 12,7-13.10; 19,19-20.15.

Regulus, genus serpentis, basiliscus vel cerastes: Prov 23,32; Is 11,8; 14,29; Ier 8,17.

Religio: — dicitur de caerimonia vel etiam de observantia seu statuto: Ex 12,26.43; Lev 16, 31; Esth 8,17 — de cultu sive vero ac genuino (Iac 1,27) sive superstitioso: Col 2,18. (Cf. Act 26,5.)

Reliquae seu vestes sanctorum, quam vim a

Deo habeant: 4 Reg 2,14; 13,21; Mt 9,20; 14,36; Act 19,12.

Rempham, de quo Act 7,43, probabiliter est lectio incorrecta pro deo babylonico *Kewan*, quo nomine designatur planeta Saturnus.

Renes, considerantur tanquam sedes affectionum gaudii, doloris, voluptatis...: 3 Reg 8, 19; Ps 7,10; Ier 11,20.

Resina, sucus ex quibusdam arboribus profluens, inter aromata computatus: Gen 37.25; 43,11; Ier 8,22; 46,11; 51,8; Ez 27,17.

Resurrectio: — Christus praedicit suam resurrectionem: Mt 16,21; 17,9.22; 20,19; 26,32; 27,36. (Cf. Ps 15,10; Mt 12,39-40.) — factum resurrectionis Christi comprobatur: Mt 28,1-20; Mc 16,1-20; Lc 24,1-53; Io 20,1-21.25 — eius resurrectio populo annuntiatur: Act 2,14-36; 3,11-26; 4,1-22; 1 Cor 15,1-11 — Christi resurrectio argumentum resurrectionis nostrae: 1 Cor 15,12-34. (Cf. Iob 19, 25-26; Dan 12,2; 2 Mach 7,11.14; 12,43-44; Mt 24,31; Lc 14,14; Io 5,29; Hebr 6,2; Apoc 20,12.) — haec resurrectio nostra, expressio futurae gloriae: Rom 8,18-25; 1 Cor 15,35-58; 2 Cor 15,1-10; 1 Thess 4,12-17 — variae referuntur resurrectiones mortuorum ad vitam temporalem: 3 Reg 17,17-24; 4 Reg 4,36-38; Mt 9,18-26; Lc 7,11-17; Io 11,17-45; Act 9, 36-43 — quandoque dicitur resurrectio de populi recuperata prosperitate: Ex 37,1-28. (Cf. Is 26,19.)

Retiaculum seu parvum rete: — dicitur metaphorice de insidiis quibus peccatores capientur: Ps 140,10 — de ornamento in modum retis facto: 3 Reg 7,17-18.20.41; 2 Par 4,12; Ier 52,22-23.

Revelatio: — secreti inter amicos: Eccli 22,27; 42,1. (Cf. Eccli 27,17.) — iudicii Dei in fine temporum: Rom 2,5 — gloriae Christi (1 Cor 1,7) et sanctorum in die iudicii: Rom 8,19; 2 Thess 1,7; 1 Petr 1,7.13; 4,13 — mysterii de humana salute per Christum (Lc 2,32; Rom 16,25; Gal 1,12; Eph 3,3) aut alicuius veritatis ad hoc mysterium spectantis: 1 Cor 14,6; 2 Cor 12,1.7; Gal 2,2; Eph 1,17.

Rex: — populus Israel postulat regem sicut omnes habent nationes: 1 Sam 8,5.19; 12,12-25. (Cf. Ex 14,14; Iud 8,23; 1 Sam 8,7.) — reiicitur Saul propter inobedientiam (1 Sam 13, 10-14; 15,1-31) et eligitur David, rex theocraticus, qui populum administrat tanquam Dei vicarius: 1 Sam 16,1-13; 2 Sam 7,4-17; Ps 88,20-38. (Vide **Regnum.**) — more aliorum regum etiam reges Israel reponunt potentiam et splendorem regium in multitudine uxorum: 2 Sam 5,13; 15,16; 3 Reg 11,1; 2 Par 11,21; 13, 21 — Dominus concipitur tanquam rex magnus et excelsus super omnes deos, reges et nationes: Ps 92,1; 94,3; 95,4-10; 96,1-6; 98, 1-9 — Messias quoque erit rex gloriosus et potens ad stabiliendam iustitiam in terra: Ps 2,6-9; 71,1-20; 109,1-4.

Ros, ob noctium frigiditatem sat abundanter cadere solet in Palaestina, estque vegetationi tempore aestivo valde salutaris, unde frequens eius mentio in Scriptura: Gen 27,28.39; Deut 33,13.28; Iud 6,37; Prov 19,12; Cant 5,2; Os 14,6; Zach 8,12.

Rosa, probabiliter nonnisi posteriore aetate introducta est in Palaestinam, unde tantum in libris deuterocanonicis iunioris originis commemoratur: Sap 2,8; Eccli 24,18; 39,17; 50, 8. (Cf. Esth 15,8.)

Rota, de qua Ps 82,14, videtur designare plantam, quae, a caule suo soluta, a vento agitur instar rotae. (Cf. Is 17,13.)

Rubigo: — dicitur de ferrugine metalli: Ez 24, 6.11-12 — de scoria argenti: Prov 25,4. (Cf. Ez 22,18.) — de morbo frumenti: Deut 28,22 — de specie quadam locustarum: Deut 28,42; 3 Reg 8,37; Ioel 1,4; 2,25.

Ruta, planta aromatica, quam Iudaei adhibebant ad ciborum condimentum, a pharisaeis decimata: Lc 11,42.

Sabaoth (etym. = *exercitus, agmina*): — dicitur de agminibus Israel (Ex 7,4; 12,41; 1 Sam 17,26.45), de agminibus angelorum (Ios 5,13; 3 Reg 22,19; Ps 148,2; Dan 7,10), de agminibus stellarum universique mundi miro ordine cursum suum perficientibus (Gen 2,1; Ps 18, 1-5; Is 34,4; 45,12) — est veluti cognomen Dei, qui Israel, angelos et stellarum motum regit: Ier 11,20; Rom 9,29; Iac 5,4. (Cf. Ios 5,13; 1 Sam 17,45; Ps 23,10; 45,8.12; Is 1,9; Am 5,15.)

Sabath, mensis undecimus calendarii israelitici: Zach 1,7; 1 Mach 16,14.

Sabbatum: — dies septimus, sanctus apud Hebraeos: Gen 2,3; Ex 20,8-11 — computatur a vespera (i. e. solis occasu) usque ad vesperam: Lev 23,32. (Cf. Lc 23,54.) — specialis solemnitas in sanctuario: Lev 24,8; Num 28, 9-10; 1 Par 9,32; 2 Par 8,13; 31,3; Neh 10,33; Mt 12,5. (Cf. Lev 23,2-3; Is 1,13; Mc 1,21; Lc 1,16-31; 13,10; Act 15,21.) — ab omni opere abstinendum: Ex 20,8; 31,15-17; 34, 21; Lev 23,3; Deut 5,12-15; Neh 10,31; 13, 15; Ier 17,21-22; Am 8,5 — lex sabbatica non solos Israelitas, sed etiam servos et peregrinos adigit: Ex 20,10; Lev 25,4; Deut 5,14 — observantia sabbati poena protegitur capitali: Ex 31,14; Num 15,35. (Cf. Neh 13,17; Is 56,2; 53,13-14; Ez 20,13.16.21.24.) — ratio sabbati religiosa (Gen 2,3; Ex 31,13-17; Lev 19,3.30; Ez 20,12.20), socialis (Ex 3,12; Deut 5,14), historica (Deut 5,15) — sabbatum dies laetitiae: Num 10,10; Iudith 8,6; Is 58,13; Os 2,11; 1 Mach 1,41; Lc 14,1 — sabbati observantia tempore Christi: 1 Mach 2,36-38; 2 Mach 6,11; Mt 12,2.10; Mc 2,24; 3,2; Lc 6,2.7; 13,14; Io 5,10; 9,14-16. (Cf. 1 Mach 2, 41; 9,43-49.) — sabbati observantia iuxta Christi exemplum atque doctrinam: Mt 23,4; 12,3-12; Mc 1,21; 2,25-27; 6,2; Lc 4,16; 6,6; 13,10; Gal 4,4 — sabbatum locum cedit diei dominicae: Act 20,7; 1 Cor 6,2; Apoc 1,10 — quandoque sabbatum integram designat hebdomadem: Mt 28,1; Mc 16,2; Lc 18, 12; Io 30,1.19; Act 20,7; 1 Cor 16,2 — annus sabbaticus seu annus septimus, in quo non licet agros seminare aut arborum fructus colligere (Ex 23,10-11; Lev 25,1-7) nec debitorum solutionem urgere (Deut 15,1-4) — eo anno, in solemnitate tabernaculorum, fieri debet populo lectio publica legis: Deut 31,9-13; Neh 18,1-18 — non semper lex anni sabbatici fideliter observata est. (Cf. Lev 26,34-35.43; 2 Par 36,21; Neh 10,31; Ier 35,9-12; 1 Mach 6, 49.53.)

Saccus: — cum significatione usitata: Gen 42, 25.28.35; 43,18; Ios 9,4 — dicitur de cilicio seu vestimento duriore quo quis vestiebatur vel etiam lumbos constringebat in signum luctus et poenitentiae: 2 Sam 3,31; 3 Reg 20, 31; 4 Reg 19,1; Ps 29,12; Is 15,3; Bar 4,20; Dan 9,3; Ioel 1,8; Apoc 11,3.

Sacerdos: — ante legem mosaicam hoc munere

fungebantur tribuum vel familiarum principes: Gen 8,20; 15,9; 22,13; 31,54; Ex 19,22.24; 29,1. (Cf. Gen 14,18; 41,45; 47,22; Ex 2,16, ubi mentio fit sacerdotum apud gentes extraneas.) — eligitur tribus Levi in ministerium sacrum: Ex 32,25-29; Num 3,6-10; Deut 33,8-11. (Vide **Levitae.**) — e tribu Levi eligitur Aaron cum filiis suis in sacerdotes: Ex 28,1; Mal 2,4-7 — ritus consecrationis: Ex 29,1-46; Lev 8,1-10.5 — vestes sacerdotum: Ex 28,2-43; 40,12-13 — leges sanctitatis ab eis observandae: Lev 21,1-9 — eorum iura in sacrificiis et oblationibus: Num 18,1-32 — a sacerdotio excluduntur qui defectu aliquo corporali laborant: Lev 21,16-23 — seditio contra sacerdotium Aaronis: Num 16,1-17,13 — ordinatio sacerdotii per Davidem: 1 Par 24,1-19 — sacerdotium post reditum e captivitate: Esdr 2,36-39.61-63; 8,15-20; Neh 7,39-42; 11,10-14; 12,1-12; 13,28-29 — iudicium prophetarum de sacerdotibus: Is 28,7; Ier 5,31; 6,13; 8,10; 13,13; 20,1; Ez 22,26; Os 4,8 — sacerdotes in aetate messianica: Ier 31,14; 33,20; Ez 43,19-27; 44,15-31; Zac 14,16-21 — Christi sacerdotium: Hebr 7,1-28; 9,1-28; 10,1-25 — sacerdotium a Christo derivatum: Mt 26,26-29; 28,18-20; Mc 14,22-25; Lc 22,15 22; Io 20,22-23; 1 Cor 11,23-29.

Sacramentum: — in V. T. dicitur de secreto seu re arcana: Tob 12,7; Sap 2,22; 6,24; Dan 2,18 — in N. T. de mysterio circa divinam salutis humanae oeconomiam: Eph 1,9; 3,39; Col 1,27; 1 Tim 3,16.

Sacrificium i. e. immolatio hostiae, cuius sanguis effunditur in altari et corpus totum vel eius pars crematur in Dei honorem: — species sacrificiorum et uniuscuiusque ritus: Lev 1,1-7.38 — sacrificium iuge seu perpetuum, quod vespere et mane debebat offerri pro populi salute (Ex 29,38-42; Num 28,3-8; 1 Par 16,40; Esdr 3,3), et magni a populo aestimabatur: Dan 8,11; 9,21.27; 11,31; 12,11; 1 Mach 1,47-49; 4,36-59; 2 Mach 10,1-8 — sacrificia sine vera animorum pietate Deo non placent: Prov 15,8; Eccli 34,23; Is 1,11; Ier 6,20; 7,22; Am 5,22-23 — quae sacrificia (per analogiam sic vocata!) sint Deo gratiora: Ps 49,7-15.23; 50,19; 140,2; Eccli 15,2-4; Mt 9,13; Phil 2,7.

Sacrilegus: — dicitur de eo qui aliquid e templo furatus est: 2 Mach 4,39.42; 13,6; Act 19,37. (Cf. Rom 2,22.) — sensu latiore: Num 25,18; Ios 22,16; 2 Mach 4,38.

Sadducaei (nomen trahunt a *Sadoc* sacerdote, cf. 2 Sam 8,17; 3 Reg 1,8; Ez 43,19): — secta Iudaeorum circa tempus Christi exsistens, pharisaeis opposita, ad quam fere omnes sacerdotes pertinebant: Act 5,17 — reiectis traditionibus pharisaicis solos sacros libros agnoscebant, negantes etiam resurrectionem mortuorum et angelorum existentiam: Mt 22,23; Mc 12,8; Act 23,8.

Saeculum: — adhibetur de tempore praeterito, antiquissimo, indefinitae durationis: Gen 6,4; Ps 24,6; 118,52; Is 63,16; Hab 3,6; Mal 3,4; Lc 1,70; Io 9,32 — de tempore futuro indefinitae durationis: Ex 21,6; Ps 21,27; Eccli 39,12 — cum de Deo agitur significat aeternitatem: Eccli 36,19; Ps 89,2; Is 9,6; Dan 6,26; Hebr 1,8; 1 Tim 1,17 — designat universum a Deo creatum eiusque durationem: Sap 13,9; Eccli 1,2; Hebr 1,2 — saeculum messianicum: Hebr 6,5 — saeculum praesens per oppositionem ad aeternitatem: Mt 12,32; 13,40; Mc 10,30; Lc 18,30; 20,34; Tit 2,12 — per oppositionem ad regnum Dei: Lc 16,8; Rom 12,2; 2 Cor 4,4; 2 Tim 4,9; Iac 4,4. (Cf. 1 Io 2,15-16.)

Sal: — abundans in Palaestina: 1 Mach 10,29; 11,35. (Cf. Gen 14,3; Deut 3,17.) — adhibetur ad condiendos cibos et ad sacrificia: Lev 2,13; Iob 6,6; Eccli 29,31; Ez 43,24; Mc 9,49 — ad conspergendum infantes recenter natos: Ez 16,4 — metaphorice de discipulis Christi: Mt 5,13; Mc 9,49; Lc 14,34; Col 4,6 — in signum fidelitatis pacti (pactum salis!): Lev 2,13; Num 18,19; 2 Par 13,5. (Cf. Esdr 4,14.)

Salomon, rex Israel, filius David (2 Sam 12,24-25): — eius exaltatio in regnum patris: 3 Reg 1,1-53; 1 Par 29,1-30 — initia regni: 3 Reg 2,1-3.28; 2 Par 1,1-16 — regni ordinatio necnon regis sapientia: 3 Reg 4,1-34 — templi aedificatio et dedicatio: 3 Reg 5,1-8.66; 2 Par 2,1-7.22 — Salomonis magnificentia: 3 Reg 9,1-10.29; 2 Par 8,1-9.30 — ipsius peccata, et poena: 3 Reg 11,1-43 — eius elogium: Eccl 1,12-18; Sap 9,1-19; Eccli 47,14-25 — Salomon typus Christi ob pacem regni, sapientiam, magnificentiam et templi aedificationem: 2 Sam 7,12-17; Ps 88,20-38.

Saltatio: — puellarum et mulierum cum tympanis aliisque instrumentis musicis ad laetos eventus populi celebrandos: Ex 15,20; Iud 11,34; 1 Sam 18,6. (Cf. Eccl 3,4; Lam 5,15.) — in conviviis: Eccli 9,4; Mt 14,16; Mc 6,22. (Cf. Lc 15,25.) — in solemnitatibus religiosis: 2 Sam 6,5.14.16; 1 Par 15,29.

Salutatio: — communis apud Hebraeos erat *Pax tecum:* Iud 6,12; 19,20; Ruth 2,4; 1 Sam 25,6; 4 Reg 4,29; 1 Par 12,18; Mt 5,47; Lc 10,4; Io 14,27 — verbis alia adduntur signa reverentiae: Gen 18,2; 19,1; 23,7; 33,3; 1 Sam 25,23.

Salvator: — qui a morte vel gravi calamitate liberat, ut Ioseph, Othoniel...: Gen 41,45; Iud 3,9; Neh 9,27 — Deus omnium salvator: 2 Sam 22,2; Iob 13,16; Ps 61,7; Is 12,12; 43,11; Os 13,4 — Christus Salvator: Zach 9,9; Lc 2,11; Io 4,42; Act 5,31; Eph 5,23; Phil 3,20; 1 Io 4,14.

Samaritani: — eorum origo: 4 Reg 17,6.24-40; Esdr 4,2.10 — reiecti a Zorobabel et Nehemia opponuntur restaurationi Ierusalem: Esdr 4,2-23; Neh 4,1-23; 6,1-19 — fugiunt ad eos sacerdotes iudaei. (Cf. Neh 13,28.) — aversatio Iudaeorum et Samaritanorum: Eccli 50,28; Lc 9,52; Io 4,9 — eorum obedientia gratiae Dei: Lc 10,33; 17,15; Io 4,39-40. (Cf. Act 8,5-24.)

Sambuca, instrumentum musicum harpae simile: Dan 3,5.

Samuel, propheta et iudex Israel — eius origo et pueritia: 1 Sam 1,1-3.21 — iudex et salvator populi: 1 Sam 7,3-17 — institutor regiae potestatis: 1 Sam 8,4-10.25; 11,12-12.25 — reiecto Saule, ungit Davidem in regem: 1 Sam 13,6-15; 15,1-35; 16,1-13 — Samuel pater prophetarum: 1 Sam 10,5.10-11; 19,20.24 — apparitio Samuelis mortui ad Saul: 1 Sam 28,4-25 — elogium Samuelis: Eccli 46,16-23.

Sanctitas, i. e. proprietas qua quid est ab usu communi separatum et aliqua ratione ad cultum pertinet divinum: — Deus (seu nomen Dei), sua excellentissima natura omnia creata transcendens, est per se sanctus: Lev 11,44-45; 19,2; 20,3.26; 21,8; 22,32; Is 6,3 — locus in quo aliquo modo Deus fit praesens est etiam sanctus: Ex 3,5; 19,10-13.21-22; 25,13; Lev 6,16.26 — sunt quoque sanctae res omnes ad cultum pertinentes: Ex 28,2; 29,6; 30,25; 31,10; Lev 10,7; Num 31,6 — personae, sacer-

dotes, levitae, nazaraei, populus omnis...: Ex 19,6; 22,31; Lev 11,4; Num 6,5.8; Deut 14, 21 — tempus, cum Domino dedicatur: Ex 31, 14; 35,2; Lev 23,4-37 — immo, qui aliquid sanctum tetigerit sanctificabitur: Ex 29,37; 30,29; Lev 6,18.27 — in Deo, quatenus odit peccatum et iniquitatem, datur et sanctitas moralis: Ps 5,5-7; Prov 15,9; Sap 14,9; Mt 7,23; Apoc 21,8 — hanc sanctitatem seu iustitiam exigit ab homine: Ps 50,4.9; Is 1,16-20; Ier 2,22; 4,14; Mt 5,48; Iac 4,8 — ad exitum perducitur per Spiritus Sancti infusionem: Ps 50,12; Act 2,38-39; Rom 5,5; 8,9-11; 1 Cor 3,16-17; 6,9-11.19-20; Gal 4,6; 5,22-24; 2 Tim 2,22; Hebr 12,14 — ideo fideles omnes vocantur sancti: Rom 1,7; 8,28; 16,2. 15; 1 Cor 1,2.

Sanctuarium: — dicitur de templo vel tabernaculo in quo Sanctus Israel creditur habitare: Ex 15,17; 25,8; Ez 23,38; 24,21 — de parte intima tanernaculi vel templi in qua arca Dei asservabatur: Ex 26,33; 28,29; Lev 16,2.16-17.20.23 — de ipso caelo, quod est propria Dei sedes: Deut 26,15. (Cf. Is 63,15; Bar 2,16; Zach 2,13.)

Sanguis: — in quo est vita seu anima: Lev 17, 11.14; Deut 12,23 — ideo in eo offertur vita (et peccata expiantur: Lev 17,6.11. (Cf. Hebr 9,22.) — unde nullo modo potest manducari: Gen 9,4; Lev 17,14; Deut 12,16; 1 Sam 14, 32; Act 15,20.29; 21,15 — sanguine Christi empti sumus: Act 20,28; Hebr 9,14; 10,19; 12,24; 1 Petr 1,19; Apoc 5,9.

Sanguisuga (hisp. *sanguijuela)*, de qua: Prov 30,15.

Sapientia: — Dei attributum quo omnia creavit ac regit: Iob 12,12; Ps 103,24; 146,5; Prov 3, 19; Eccli 1,3 — personificata (Prov 8,12-16; Eccli 24,5) et ut hypostasis a Deo distincta exhibetur: Sap 7,24-26. (Cf. Col 1,15; Hebr 1,3.) — hominibus communicata eos amicos Dei facit ac prophetas: Prov 8,31; Sap 7,27-30 — acquiri potest per rerum creatarum studium et legis divinae meditationem: Deut 4, 6; 3 Reg 4,29-34; Prov 2,6; Eccli 24,13; Bar 3,37. (Cf. de falsa sapientia apud Aegyptios et Chaldaeos: Gen 41,8; Dan 2,12-14.) — talis acquisitio supponit in homine timorem Domini: Ps 110,10; Prov 1,7; 9,10; 14,27; Eccli 1,16 — praecipua sapientiae manifestatio consistit in Dei cultu et observatione mandatorum eius: Prov 3,1-12; Eccli 2,16-23.

Sapphirus, lapis pretiosus, cuius est duplex species, unus caeruleus, alter incolorus: Ex 28, 18; 39,11; Iob 28,6; Zz 28,13. (Cf. Ex 24,10; Ez 1,26; Is 54,11; Apoc 21,19.)

Sardius, gemma rubei coloris, quae primum locum tenebat in pectorali Pontificis: Ex 28, 17; 39,10. (Cf. Ez 20,13; Apoc 4,3.)

Satan (etym. = *adversarius,* cf. 2 Sam 19,22), dicitur de diabolo: Mt 12,26; Mc 3,23; Lc 22, 31; Io 13,27; Act 5,3. (Cf. Iob 1,6; 2 Cor 12,7. (Vide **Daemon.)**

Saturn: — mensura hebraica, quae est tertia pars epha (= 12,99 litr.): Gen 18,6; 1 Sam 25,18; Mt 13,33.

Saul, primus Hebraeorum rex qui ob eius animum indocilem a Domino fuit reiectus: — eius secreta unctio in regem a Samuele: 1 Sam 9, 1-10.16 — eius publica designatio per sortem: 1 Sam 10,17-27 — eius prima victoria in Ammonitas: 1 Sam 11,1-12.25 — eius bella contra Philisthaeos: 1 Sam 13,1-14.52 — eius reiectio a Deo per Samuelem: 1 Sam 13,7-14; 15,10-35 — insequitur Davidem: 1 Sam 18, 6-27.12 — moritur in praelio: 1 Sam 28,4-13.12 — finis domus Saulis: 2 Sam 2,8-4.12.

Scandalum seu offendiculum (hisp. *tropiezo)* dicitur figurate de inductione ad peccatum: Mt 13,41; 18,7; 16,23; Lc 17,2; Rom 14,13. (Cf. Ps 68,23; Prov 22,25; Is 8,14; Ez 7,19.)

Scenofactoria ars, seu industria conficiendi tentoria, quam S. Paulus exercebat ut cibum sibi procuraret: Act 18,3.

Scenopegia (etym. = *tentoriorum fixio)*, seu festum Tabernaculorum. (Vide **Festa.)**

Sceptrum: — signum regiae potestatis: Esth 8, 4 — ipse rex vel etiam dynastia regia: Gen 49, 10; Am 1,5.

Schinus, de quo Dan 13,54, est arbustum perpetuo viride (hisp. *lentisco)*.

Sciniphes, quorum ingens copia tertiam plagam aegyptiacam constituit: Ex 8,16-18; Ps 104, 31; Sap 9,10.

Scirpus, species plantae palustris, rectius legenda papyrus: Ex 2,3; Iob 8,11.

Scorpio: — animal venenosum de quo saepe in comparationibus: Eccli 26,10; 39,36; Ez 2,6; Lc 10,19; 11,12; Apoc 9,3.5.10 — flagellum uncis instructum: 3 Reg 12,11.14; 2 Par 10, 11 — parva machina ad sagittas iaciendas: 1 Mach 6,51.

Scriba: — minister in aula regia: 2 Sam 8,17; 20,25; 3 Reg 4,3; 4 Reg 12,10; 18,18; 22,3 — in exercitu: 2 Par 26,11 (Cf. 4 Reg 25,19.) — in regimine alicuius civitatis: Act 19,35 — doctores legis, qui cum sacerdotibus et senioribus synedrium constituebant: Mt 2,4; 17,10; 21,15; 23,2; 27,41; Mc 2,6; 12,28-34; 1 Cor 1,20. (Cf. Esdr 7,6.10; Neh 8,1-3.)

Scriptura: — nota inde ab antiquissimo tempore apud Hebraeos: Ex 17,14; 24,4; 34,27; 2 Sam 11,14; 4 Reg 10,1 — scribebatur super lapides (Deut 27,8; Ios 8,32), super lignum (Is 30,8; Ez 37,16), in tabulis aereis (1 Mach 8, 22), in papyro (Ier 36,23), in membrana (2 Tim 4,13)..., adhibito stilo ferreo vel calamo (Iob 19,24; Is 8,1) et atramento (Ier 36,18; 2 Cor 3,3; 2 Io 12).

Senex: — ob eius experientiam reputatur prudens: Iob 12,12; Prov 16,31; Eccli 6,35; 8, 9-10 — ideo honorandus: Lev 19,32; Eccli 32, 4-5.13; 2 Mach 6,24. (Cf. tamen Sap 4,8-9.) — senectus bona est merces virtutis: Gen 15, 15; 25,8; Deut 5,16; Iud 8,32; Ps 54,24 — senectutis molestiae: Eccl 12,1-7; Eccli 3, 14-15.

Seniores i. e. proceres vel nobiles, dignitate insigniores: Ex 3,16; Num 11,24; Deut 21,2; Iud 11,7; 1 Sam 30,26-31; 3 Reg 8,1; 20,7; Esdr 10,14; Ez 20,1; 2 Mach 14,37. In N. T. cum scribis et sacerdotibus constituunt synedrium: Mt 16,21; 27,41; Mc 11,27; 15,1; Lc 9,22. (Vide **Presbyter.)**

Sepulcrum: — fiebat sepultura in terra, cui superponebant quandoque lapidem erectum vel monumentum, quo memoria defuncti in honore conservaretur: Gen 15,19; Ios 7,26; 2 Sam 18,17-18; 4 Reg 23,6.71; Iob 21,32; Ier 20,23; 1 Mach 13,27-30 — in speluncis: Gen 23,1-20; 25,9; 35,27-29; 49,29-31; 50,13. (Cf. Mc 6,29; Io 19,41.) — in sepulcris familiaribus: 3 Reg 2,10; 11,43; 14,31; 15,8 — cadaver lotum condiebatur aromatibus et unguentis ac deponebatur in sepulcro cum solemnitate funebri: 2 Par 16,14; 21,19; Ier 34,5; Mt 27,59; Io 11,44; 19,40; 20,7; Act 9,37. (Cf. Gen 50,2.25.) — carere sepultura magna erat ignominia: 1 Sam 17,44.46; 3 Reg 13, 22; 14,11; Ier 8,1; 9,22; 25,33; 2 Mach 5,10

— unde magnum opus misericordiae, sepelire mortuos: Tob 1,20; 2,4.9; 12,12; Eccli 7,37; 38,16.

Seraphim, Dei ministri, cuius adstant throno cum summa reverentia, eius sanctitatem acclamantes: Is 6,2-3.6. (Cf. Num 21,6.)

Serpens, cuius plures sunt species in Palaestina, inter animalia immunda numeratur: Lev 11, 41. De serpente aeneo, vide **Nohestan.**

Servus: — iam ab antiquissimo tempore apud Hebraeos: Gen 12,16; 14,14; 17,12.23.27; Ex 12,44; Num 31,26; Deut 20,13; Esdr 2,64; Neh 7,66 — ex gentilibus poterant Iudaei servos habere perpetuos (Lev 25,44-46), ex Iudaeis autem tantum usque ad annum septimum seu iubilaei: Ex 21,2-11; Lev 25,39-54; Deut 15,12-18; Neh 5,1-19; Ier 34,8-22 — servi hebraei tanquam mercenarii tractandi sunt, alienigenae cum humanitate: Ex 20,10; 21,20-27; 23,12; Lev 22,11; Deut 5,14; 12,12.18; 16, 11.14; Iob 31,13-15; Prov 17,2; 29,19.21; Eccli 7,23; 33,31 — in Christo Iesu nulla differentia liberi et servi: 1 Cor 7,21-22; 12, 13; Gal 3,28 — domini praecipiuntur servos uti fratres tractare: Eph 6,9; Col 4,1 — servi iubentur heris suis obedire tanquam Domino: Eph 6,5-8; Col 3,22-25; 1 Tim 6,1-2; Tit 2, 9; 1 Petr 2,18 — omnes sumus servi Domini, etiam Messias: Gen 18,3; Deut 3,24; Ios 1,1; 24,29; 1 Sam 3,9; 3 Reg 3,6; Is 42,1; 49,6; 52,13; Rom 1,1; 2 Petr 1,1 — qui alicui alloquitur ex modestia eum dicit dominum, se autem dicit servum: Gen 33,5.14; 42,10; 46, 34; Ios 9,9.

Sesach, nomen obscurae originis quo designatur Babylon: Ier 25,26; 51,41.

Setim, arbor (hisp. *acacia*), cuius ligna adhibita sunt in confectione Tabernaculi: Ex 25,5.13. 23.28; 35,7.24; Deut 10,3.

Sicera, potus inebrians qui ex variis materiis conficiebatur: Lev 10,9; Num 6,3; Deut 14, 26; Iud 13,4; Prov 20,1; Is 5,11; Lc 1,15.

Siclus: — antiquitus designabat pondus aequipollens c. 14,20 gr.: Ex 30,13; Ios 7,21 — postea, numisma argenteum vel aureum eiusdem ponderis, cuius valor erat c. 3 (arg.) vel 44 pts. (aur.).

Signaculum, quod in annulo vel armilla ferebant antiqui ut scripta firmarent: Cant 8,6; Eccli 17,18. (Cf. Dan. 14,6; 1 Cor 9,2 Apoc 5,1.)

Signum: — foederis: Gen 9,12-13.17; 17,11. (Cf. 2 Cor 12,12.) — futuri eventus: Is 8,8; 19,20; Mt 24,30; Lc 21,11 — divinae Christi missionis: Mt 18,38; Mc 8,11-12; Lc 11,16-29; Io 2,11; 4,48. (Vide **Miraculum.**)

Siliquae, fructus arboris (hisp. *algarrobo*), quo filius prodigus saturari cupiebat: Lc 15,16.

Sindon, linteum subtilius (hisp. *lienzo de lino fino*), ad varios usus adhibitum: Prov 31,24; Is 3,23; Mt 27,59; Mc 14,51-52; 15,46. (Cf. Iud 14,12-13.)

Sion: — primo designabat arcem Iebusaeorum, quae postea appellata est civitas David: 2 Sam 5,7; 3 Reg 8,2; 1 Par 11,5 — deinde nomen extenditur ad designandam Ierusalem totam: Is 1,8; 10,24; Am 6,1; Mich 1,13 — ultimo designat montem templi, i. e. collem orientalem (arx Iebusaeorum erat in colle occidentali!): 1 Mach 4,37; 5,34; 7,33-36. (Cf. Ps 77, 68-69; Ioel 3,17.) — typice idem significat ac Ierusalem: Hebr 12,12.

Smaragdus, lapis pretiosus viridis coloris: Ex 28,17; 39,10; Tob 13,21; Iudith 10,19; Eccli 32,8; Ez 28,13; Apoc 4,3; 21,19.

Societas malorum vitanda, bonorum quaerenda: Num 25,4; Ios 23,12; Ps 25,4.8; Prov 1,10; 13,20; 20,19; 22,24; 23,6; 24,1.21; Eccli 6, 35; 8,18; 9,21; 13,1.20; 2 Cor 6,14; Eph 5, 11. (Cf. Gen 19,15; 2 Par 19,2; Tob 1,5; 2 Tim 4,14.)

Sol: — a Deo creatus ut praeesset diei: Gen 1, 16; Ps 135,8. (Cf. Ps 18,6; Eccli 33,7; 43,3.) — ante magnum diem Domini obscurabitur: Ioel 2,10; Mt 24,29; Lc 21,25.

Solarium, i. e. tectum planum domus (hisp. *terrado*), valde frequens in Palaestina: Ios 6; Iud 16,27; 1 Sam 9,25-26; 2 Sam 11,2. (Cf. Mt 24.17; Mc 13,15.) (Vulg. tectum.)

Sollicitudo nimia vitanda: Ps 54,23; 144,15-16; Prov 13,25; Mt 6,25; 13,22; 16,7-10; Lc 8, 14; 12,22; 1 Cor 7,32; Phil 4,6; Hebr 13,5; 1 Petr 5,7. (Cf. Ex 34,21; Lev 25,20; Deut 8, 3; Mt 10,9.)

Somnium: — Deus ipse dicit se ad prophetas per somnia loqui: Num 12,6. (Cf. Gen 20,3; 28,12; 31,24; 3 Reg 3,5; Eccli 34,5-7; Mt 1, 20; 2,12.) — pseudoprophetae somnia confingunt ad alios decipiendos: Deut 13,1; Eccli 34, 1-5; Ier 23,27; 29,8 — divini vane interpretantur aliorum somnia: Lev 19,20; Deut 18,10; Iob 20,8; Eccl 5,6; Eccli 34,7.

Sors: — antiqui, ea opinione ducti quod sors divina providentia regitur (Prov 16,33), multarum quaestionum definitionem sorti committebant: Lev 16,8; Num 26,55-56; Ios 1, 6; 7,14; 1 Sam 10,20; 14,38; Neh 11,1; Act 1,23-26 — sors etiam appellatur pars per sortem cuilibet attributa: Iud 1,3; Ps 30,16; 124, 3; Sap 5,5; Eccli 6,4; 17,20; Ier 13,25; Act 26,18.

Speculator (hisp. *vigía*): — qui e loco eminenti invigilat ut de periculo hostium nuntiet: 1 Sam 14,16; 2 Sam 13,34; 18,24; 4 Reg 9, 17; 1 Mach 12,26 — figurate dicitur de prophetis: Is 56,10; Ier 6,17; Ez 3,17.

Spes: — non in homine ponenda: Ps 43,7; 51, 7-9; Sap 3,11; 5,15; Is 20,5; 28,17 — sed in Deo: 1 Sam 22,31; Ps 7,2; 15,1; 16,7; 17,31; 70,1; 72,28; Prov 16,20. (Cf. Ps 13,6; 70,5; 90,9.) — sperantur bona et temporalia et spiritualia a Deo promissa (Lev 26,1-3; Deut 28, 1-14; Ps 30,20-21; 31,10; 32,18; 33,9.23; 146,11), salus messianica (Act 28,20), vita aeterna (Io 3,15-16; 6,40; Rom 5,2; 1 Cor 13, 12; Hebr 11,1.)

Spiritus: — dicitur de halitu qui spirando producitur, quique est signum vitae: Gen 6,17; Eccle 3,21; Is 11,4; 26,18; Lam 4,20; Ez 1,21; 37,5.9; 2 Thess 2,8. (Cf. Gen 2,7; Is 2,22.) — de aura vel vento: Gen 8,1; Ex 15,10; Ps 10,7; 47,8; 103,4; Sap 17,17; Io 3,18 — de vigore animae vel mentis: Gen 45,27; 3 Reg 10,5; Sap 5,3; Bar 3,1; Mt 26,41; 1 Cor 2,11; Cor 2,5 — de hominis animo quatenus a Deo informatur et agitur (Rom 8,9; 1 Cor 6,17; 2 Cor 3,8; Gal 5,16) vel quatenus peculiarem impulsum recipit ad adimplendam aliquam Dei determinationem: 1 Par 5,26; 2 Par 21,16; Esdr 1,1; Esth 15,11; Ier 51,11; Agg 1,14 — de influxu Dei in prophetas vel in populum messianicum: Iud 6,34; 14,6; 1 Sam 11,6; 4 Reg 2,9.15; 2 Par 24,20; Is 11, 2-3; 42,1; 61,1; Ez 11,19; 39,29; Ioel 2,28 — de effectu aliquo ipsius Dei in rebus: Ex 31,3; 35,31; Num 11,29; Iob 27,3; Ps 50, 13; Sap 9,17 — de ipsa Dei potentia in creata omnia operante: Gen 1,2; Iob 26,13; 33,4; Sap 12,1; 2 Mach 3,24. (Cf. Ez 3,12.14; 8,3; 11,24; Act 8,39.) — de natura incorpor ea

Mt 8,16; Lc 24,39; Io 4,24; Act 23,9 — de affectione seu indole qua quis imbutum se exhibet: Lev 20,27; Os 4,12; Zach 12,10; Lc 9,55; 2 Cor 12,18; Gal 6,1.

Spiritus Sanctus: — tertia persona Trinitatis: Mt 28,19 — a Patre procedit (Io 15,26) ab eoque mittitur ut maneat in Christi discipulis: Io 14,16-17.23.26 — de Filio quoque accipit, ab eoque mittitur: Io 15,26; 16,14. (Cf. Io 7, 39.) Ideo vocatur: Spiritus Dei, Spiritus Filii, Spiritus Christi: Rom 8,9; 1 Cor 2,10; Gal 4,6 — in nobis habitat quasi in templo: 1 Cor 3,16; 6,19. (Cf. Io 14,16.23; Tit 3,5-7.) — ei attribuitur opus regenerationis in baptismo: Mt 3,11; Mc 1,8; Io 3,5; Act 1,5; 2,4 — confertur manuum impositione: Act 8, 17-18; 19,6 — quandoque venit visibiliter: Mt 3,16; Io 1,32; Act 2,2-4; 10,44.46 — operatur in Christi conceptione: Mt 1,20; Lc 1,35 — arguet mundum de peccato et de iustitia et de iudicio: Io 16,8 — omnia scrutatur: 1 Cor 2,10 — testimonium perhibebit de Christo per apostolos: Io 14,26; 15,26; 16,13. (Cf. 2 Petr 1,21.) — apostolis confert potestatem dimittendi peccata: Io 20,22 — per episcopos regit Ecclesiam Dei: Act 20,28 — christifidelibus dona sua confert: 1 Cor 12, 2-11. (Cf. Is 11,2; Gal 5,22.) — est pignus aeternae hereditatis: 2 Cor 1,22.

Stacte: — genus gummi aromatici, quod exsudat e cisto (hisp. *jara*): Gen 37,25; 43,11 — resina quaedam aromatica in compositionem thymiamatis adhibita: Ex 30,34 — ponitur pro casia: Ez 27,19. (Cf. 30,24.)

Stadium, mensura graeca, 600 pedibus constans, non eiusdem valoris in omnibus regionibus: stadium vulgare = 198 m., stadium ptolemaeum = 185 m., stadium olympicum = = 192 m... (Cf. 2 Mach 11,5; 12,9; Lc 24,13; Io 6,19; 1 Cor 9,24; Apoc 14,20; 21,16.)

Stannum, quod ex Hispania ad Tyrum afferebant Phoenices: Ez 27,12. (Cf. Is 1,25; Ez 22, 18.20.)

Stater, nummus argenteus quatuor drachmis aequipollens: Mt 17,26.

Statera (hisp. *balanza*), qua maxime indigebant tempore antiquo eo quod pecunia non nummis cusis solvebatur, sed secundum pondus pendebatur: Gen 23,16. (Cf. Lev 19,36; Prov 11,1; Is 40,12; Os 12,7; Am 8,5; Mch 6,11-12.)

Statua, vox generica quae non tantum designat imaginem sculptam ligno, petra..., sed stelam, columnam, simulacrum informe: Ex 23,24; 34,13; Deut 7,5; Num 35,52; 1 Sam 19,13; 2 Par 28,2; 33,19; Dan 2,31. (Cf. Gen 19,26.)

Stellae: — a Deo creantur: Gen 1,16; Iob 9,9; Ps 8,4. (Cf. Iob 38,31; Ier 31,35.) — Deus numerat multitudinem stellarum, homo autem non: Gen 15,5; 22,17; Ps 146,4; Is 40,26 — sua claritate Deum laudant: Iob 38,7 — e caelo pugnarunt contra Sisaram: Iud 5,20 — lumen retrahent ad iudicia Dei designanda: Is 13,10; Ez 32,7; Ioel 2,10; Mt 24,29; Lc 21, 25; Apoc 6,13.8,12 — symbolice repraesentant ecclesias et angelos ecclesiarum i. e. episcopos: Apoc 1,16.20; 2,1; 3,1.

Stellio (hisp. *salamandra*), inter reptilia immunda numerata: Lev 11,30. (Cf. Prov 30,28.)

Stibium (hisp. *antimonio*), quo utebantur mulieres ad fucandam faciem: 4 Reg 9,30; Ier 4,30; Ez 23,40.

Stigma: — signum ferro impressum in carne quo servi, milites, cultores deorum... insigniuntur: Lev 19,28 — Paulus stigmata sua vocat vestigia quae in suo corpore reliquerant pericula et calamitates pro Christo: Gal 6,17. (Cf. Act 14,28; 16,23.)

Stipendium, merces (hisp. *soldada*) quam milites pro suo servitio accipiebant: 1 Mach 3, 28; Lc 3,14; 1 Cor 9,7. (Cf. Rom 6,23.)

Stoici, secta philosophorum de qua Act 17,18.

Stola, tunica superior usque ad talos descendens, quae variis vocabulis hebraicis respondet: Gen 41,42; 45,22; 1 Par 15,27; Is 63,1; Mc 12,38.

Storax, genus gummi aromatici: Gen 43,11; Eccli 24,21.

Stragulata vestis, i. e. stragula vel coopertorium lecti: Prov 31,22.

Struthio (hisp. *avestruz*): — inter aves immundas numerata: Lev 11,16; Deut 14,15 — in desertis regionibus commorat: Is 13,21; Ier 50,39 — accusatur de ovorum incuria: Iob 39,13-18; Lam 4,3.

Stylus, instrumentum ad scribendum, cuius extremum aliud erat cuspidatum ad litteras ducendas, aliud vero teres et planum ad eradendum si quid delendum erat: 4 Reg 21, 13; Is 8,1; Ier 8,8.

Substantia: — ponitur pro opibus seu possessione agrorum, pecorum, auri...: Gen 12,5; 13,6; 31,9.17; Ios 22,8; Esth 9,10.15; Sap 13, 17; Lc 8,43 — pro spe vel confidentia: Ps 38,8; 2 Cor 9,4; 11,17; Hebr 3,14 — pro fundamento quo quis inniti valeat in sensu materiali vel spirituali: Ps 68,3; Hebr 11,1 — pro natura ipsa divina: Hebr 1,3.

Subucula, tunica linea interior (hisp. *camisa*): Lev 8,7. (Cf. Ex 28,39; Lev 10,5; 2 Sam 13,18.)

Sudarium, pannus ad sudorem abstergendum aliosque usus inserviens (Lc 19,20; Act 19, 12), quo etiam facies mortuorum contegebant: Io 11,4; 20,7.

Sulphur, pluries memoratum in S. Scriptura in describendis Dei iudiciis, inferni tormentis, etc.: Gen 19,24; Deut 29,23; Ps 10,7; Is 30, 33; Ez 38,22; Apoc 9,17; 14,10; 21,8.

Superbia, Deo odiosa: Tob 4,14; Iudith 9,16; Prov 6,17; 15,25; 16,5; 29,23; Eccli 10,9.16; 25,4; Ier 49,16; Ez 16,49; 28,2; 31,10; Lc 1, 51-52; 14,7.11; 22,24; Rom 1,30; 2 Tim 3,2; 1 Petr 5,5; 2 Petr 2,18. (Cf. Gen 3,5-6; 11, 5-7; Ex 5,2; 1 Sam 17,8; 4 Reg 18,19; Is 3, 16-17; 10,8; 37,24; 47,8; Ier 48,29; Dan 4, 19.27; 5,22; 2 Mach 9,4; Act 12,21.)

Superhumerale, vide **Ephod.**

Superliminare, trabes vel contignatio super ianuam (hisp. *dintel*): Ex 12,7.22; Is 6,4; Soph 2, 14; Am 1,9.

Superstitio, dicitur de reverentia seu pietate in deos: Act 17,22; 25,19. (Cf. Col 2,23.)

Supersubstantialis, i. e. ad vitam sustentandam necessarius, inde quotidianus: Mt 6,11. (Cf. Lc 11,3.)

Sus: — inter animalia immunda recensetur: Lev 11,7; Deut 14,8. (Cf. Is 65,4; 66,3; 1 Mach 1,50; 2 Mach 6,18; 7,1.) — imago immunditiei: Prov 11,32; 2 Petr 2,22. (Cf. Mt 7,6; Lc 15,15-16.)

Sycomorus, arbor ficui similis, in Iudaea et Aegypto olim abundans: 3 Reg 7,10; 1 Par 27,28; 2 Par 1,15; 9,27; Am 7,14; Lc 19,4.

Symbolum, dicitur de pecunia quam singuli praestare debent (hisp. *escote*) ad convivia communia celebranda: Prov 23,21.

Synagoga: — aedificium sacrum, quo Iudaei sabbatis conveniebant ad orandum et audiendam lectionem et expositionem legis: Mt 4, 33; 9,35; Mc 6,2; Lc 4,15-16; Act 9,20; 13,5; 15,21; 17,10 — dicitur quoque de coetu

vel congregatione Israel: Ex 34,31; Num 4, 34; 16,2; 27,20. (Cf. Apoc 2,9; 3,9.) — de coetu impiorum: Ps 81,8. 85,14; 105,18; Prov 5,14; Eccli 1,39. (Cf. etiam: 1 Mach 2, 42; Act 13,43.)
Synedrium, vide **Concilium.**
Syrophoenissa, i. e. oriunda ex Phoenicia, quae erat pars provinciae Syriae: Mc 7,26.

Tabernaculum: — foederis, constructum iuxta exemplar Moysi revelatum in monte Sinai: Ex 25,27; 36,38; Act 7,44; Hebr 8,5 — conventus, in quo Moyses Dominum consulebat: Ex 16,33-34; 19,22.24; 33,7-11; 34,34-35 — tabernaculorum festum (= scenopegia), tertium festum a lege praescriptum ad gratias reddendas pro frugibus iam collectis et ad obtinendam pluviam necessariam ad novam agrorum culturam, cui significationi addita fuit altera significatio peregrinationis per desertum: Ex 23,14.17; Lev 23,39-43; Num 29, 12-34; Deut 16,16; Ez 45,25; Zach 14,16.
Talentum, pondus et etiam numisma 60 minis aequipollens: Ex 38,26; Mt 25,15.
Talionis lex, vide **Poena.**
Talpa: — inter animalia immunda recensetur: Lev 11,30 — huic et vespertilioni, quia caeca sunt, idola comparantur: Is 2,20.
Templum: — a Salomone aedificatum, tabernaculo succedit vocaturque Domus Dei vel Domus Domini, eo quod in eo Deus creditur habitare et cultum accipere a populo suo: 1 Sam 6-8; 2 Par 2-6 — huic simile est quod in visione sua describit Ezechiel: Ez 40-43 — templo salomonico succedit illud a Zorobabel aedificatum et ab Aggaeo celebratum: Esdr 3,-74,5; 4,24-5,22; Agg 2,3-10 — in N. T. templum Dei sunt fideles sive collective sive singulatim: 1 Cor 3,16; 6,19; 2 Cor 6, 16 — in caelo nullum est templum, sed Deus sese ostendit sanctis suis: Apoc 21,22.
Tentatio: — Deus tentat i. e. probat suos variis modis: Gen 22,1; Ex 16,4; Deut 8,2; 13,3; Iud 2,22; 3,1; Tob 12,13; Iob 1,12; Sap 3,5; Eccli 2,4; 27,18; Zach 13,9; Rom 5, 4; 2 Petr 2,9; Iac 1,2 — Deum tentare non licet: Ex 17,2; Deut 6,16; Iudith 8,11; Mt 4, 7; 1 Cor 10,9 — diabolus et concupiscentia tentant i. e. ad peccandum alliciunt: Mt 4,1; 1 Cor 7,5; Gal 6,1; 1 Thess 3,5; Iac 1,13-14 — Deus non patietur suos tentari supra id quod possunt: 1 Cor 10,13; 2 Petr 2,9; Apoc 2,10. (Cf. Mt 6,13; 26,41.)
Terebinthus, arbor quae etiam quercus: Gen 35,4; 43,11; 3 Reg 13,14; Os 4,13.
Testamentum: — ponitur pro foedere: Num 14,44; Ps 24,14; 43,18; 54,21; Ier 3,16; 1 Mach 1,12.16; Mt 27,28; Lc 1,72; Act 3,25 — pro dispositione mortis causa: Hebr 9,16 — pro testimonio: Ex 30,26. (Cf. etiam: Is 16,13; 2 Cor 3,14.)
Testimonium: — testium depositio: Ex 20,16; Num 35,30; Deut 5,20. (Cf. Deut 31,19-26; Mt 8,4.) — lex Dei eiusque praecepta, quibus voluntas Dei declaratur: Ex 31,18; 32,15; Deut 4,45; 4 Reg 23,3; Ps 18,8; 77,5; 118,2.
Testis: — qui coram iudice testimonium reddit: Lev 5,1; Num 35,30; Deut 17,6-7. (Cf. Deut 19,16-21; Prov 19,5-9.) — qui aliquem eventum spectatur ut possit de eo reddere testimonium: Gen 44,34. (Cf. Iob 16,20; Ps 88,38; Ier 29,23.) — monumenta (lapis, tumulus...) erecta in memoriam alicuius foederis: Gen 31, 48.52.
Tetrarcha (etym. = qui praeest uni parti regionis *quadripartitae)*, dicitur de principe alicuius regionis seu ditionis minoris: Mt 14,1; Lc 3,1.
Theatrum, locus spectaculorum, in quo etiam conventus populi habebantur: Act 19,29.31. (Cf. 1 Cor 4,9.)
Theraphim, i. e. dii penates: Iud 17,5; 18,14. 17; Os 3,4. (Cf. Gen 31,19,34.)
Theristrum, velum aestivum, tenue, quo matronae vultum tegebant: Gen 38,19; Is 2,23. (Cf. Gen 24,65; Cant 5,7.)
Thomas apostolus, qui Didymus seu gemellus dicitur et cum Matthaeo coniungi solet: Mt 10,3; Mc 3,18; Lc 6,15. (Cf. Io 11,16; 14,5; 20,24-28; 21,2.)
Thronus: — sedes regis: 3 Reg 10,18-20 — ipsa potestas regia: 2 Sam 3,10; 7,16. (Cf. Lc 1, 32,52.)
Thymiama, incensum ex variis aromatibus praeparatum ad adolendum coram Domino: Ex 25,6; 30,1; 31,8.
Tiara: — qua utebatur pontifex in ministerio sacro: Ex 28,37.39; 29,6 — qua Assyriorum reges caput ornabant: Ez 23,15. (Cf. Dan 3,21.)
Tibia: — crura (hisp. *piernas)*: Ps 146,10; Prov 26,7. (Cf. Dan 2,33.) — instrumentum musicum (hisp. *flauta)*: 1 Sam 10,5; Is 50,29. (Cf. Mt 9,23.)
Tinea (hisp. *polilla*, cf. Eccli 41,13), frequenter in comparationibus ad designandam destructionis et corruptionis causam; Iob 4,19; 27, 18; Ps 38,12; Is 50,9; 51,8; Lc 12,33; Iac 5,2.
Titulus: — cippus in signum seu memoriam alicuius eventus: Gen 28,18.22; Ex 24,4; Lev 26,1; 2 Sam 18,18 — inscriptio: Mc 15,26; Io 19,19.
Topazius, lapis pretiosus, qui secundum locum tenebat in pectorali pontificis: Ex 28,17; 19, 19. (Cf. Ez 28,13; Apoc 21,20.)
Torcular (hisp. *lagar)*: — saepe in ipsa vinea atque in rupe erat incisum: Is 5,2. (Cf. Ier 25,30; 48,33.) — symbolum divini iudicii in impios: Is 63,3; Ioel 3,13.
Torta, panis coctus in forma rotunda: Ex 29,23; Num 6,19; 1 Sam 2,36; Ier 37,21.
Traditiones: — seniorum vel hominum i. e. praecepta vel observationes quas, praeter legem scriptam, Iudaei venerabantur et servabant: Mt 15,2; Mc 7,3-13; Act 6,14; Gal 1, 14. (Cf. Mt 12,2.10; 23,4; Lc 11.46.) — statuta ab apostolis in ecclesiis inducta ad ordinandam christifidelium vitam: 2 Thess 2,14. (Cf. 1 Cor 11,34.)
Transmigratio: — populi Israel in exsilium a. 734 a Theglathphalasar (4 Reg 15,29; 2 Par 5,26), et a. 721 a Sargone (4 Reg 17,2-6) — populi Iuda in Babylonem a Nabuchodonosor a. 598 (4 Reg 24,14-17; Ier 36,6), et a. 586 post templi et civitatis eversionem: 4 Reg 25,1-21; 2 Par 36,13.
Tribulus, herba mala (hisp. *abrojos)* quae cum spinis frequenter in Scriptura coniungitur: Gen 3,18; Iud 8,7.16; Mt 7,16.
Tribunal, locus altior ad quem per gradus ascenditur: 4 Reg 9,13; 11,14; 2 Par 34,31; 2 Mach 13,26; Act 27,19.
Tribunus (seu chiliarchus), praefectus mille militum: Ex 18,21.25; Num 31,14.48.52; 1 Sam 8,12; Act 21,31.
Triclinium: — conclave in quo habetur convivium: 1 Sam 9,12. (Cf. Neh 10,38; Ier 36, 10; Ez 40,17.) — cubile seu dormitorium:

4 Reg 11,2 — cubicula feminarum: Esth 2,13.
Trieris, navis quae tres habet remigum ordines: Num 24,24; Is 33,21; Ez 30,9. (Cf. 2 Mach 4,20.)
Triticum (seu frumentum): — maxime abundans in Aegypto atque etiam in Chanaan: Gen 41,47-49; Deut 8,7-8 — in sacrificiis offertur tritici simila: Lev 2,2; Num 15,4-9; 28, 5-13 — e tritico conficiuntur panes azymi: Ez 29,2.
Turtur, avis pura quam Deo offerre licet in sacrificio: Gen 15,9; Lev 1,14; 5,7.11; 12,6.8; Lc 2,24. (Cf. Cant 2,12; Ier 8,7.)
Tympanum (hisp. *tambor),* cuius erat frequens usus apud Hebraeos: Gen 31,27; Ex 15,20; Iud 11,34; 1 Sam 10,4; Ps 149,3.
Tyrannus, princeps seu nobilis (neque duritiam vel saevitiam exprimens!): Iob 34,19; Sap 12, 14; Eccli 11,4; Ez 23,23; Dan 1,3.)

Ulula (hisp. *autillo),* avis nocturna et rapax, noctuae similis: Is 13,22. (Cf. Is 34,14; Ier 50,39.)
Unctio: — valde in usu apud Hebraeos sicut in genere apud Orientales, sive ad tuendam sanitatem ob nimios calores sive ad foetorem e cute expellendum: Iud 10,3; Ruth 3,3; 4 Reg 4,2; Esth 2,12; Sap 2,7; Eccl 9,8; Dan 13,17; Lc 7,36-49; Io 12,3 — huic usus unctionis sacerdotum et rerum sacrarum: Ex 40,9-11; Lev 4,3.16; 8,12; 16,32; Num 6,7 — etiam regum et prophetarum: 1 Sam 9,16; 10,1; 15,1; 2 Sam 2,4; 3 Reg 19,6 — inde imago unctionis Spiritus Sancti: Ps 44,8; Is 61,1; 2 Cor 1,21; 1 Io 2,20.27 — adhibetur unctio ad vulnera sananda: Is 1,6; Lc 10,34 — eodem remedio utuntur apostoli et omnes sanant: Mc 6,13 — eamdem praecipit Iacobus a presbyteris Ecclesiae adhibendam ad alleviandos infirmos et remittenda peccata: Iac 5,14.
Ungula, inter aromata commemoratur: Eccli 24,21. (Cf. Ex 30,34.)
Unicornis, i. e. bubalus seu bos silvestris, cuius speciem monumenta exhibent assyria, velocitate atque ferocitate insignis: Ps 21,22; 28,6; 77,69; Is 34,7. (Cf. Num 23,22; Deut 33,17; Iob 39,9-10.)
Upupa (hisp. *abubilla),* inter animalia immunda connumerata: Lev 11,19; Deut 14,18.
Urim et Thummim (in Vulg. = Doctrina et Veritas): sortes in pectorali summi sacerdotis ad Dominum consulendum: Ex 28,30; Lev 8,8; Deut 33,8; 1 Sam 14,38.41; Eccli 33,3. (Cf. Num 27,21; 1 Sam 28,6; Neh 7,65.)
Usura: — Hebraeis permittitur usuram ab extraneis accipere: Deut 15,6; 23,18; 28,12 — prohibetur autem eam exigere a fratribus israelitis: Ex 22,23; Lev 25,35-37 — quo praecepto non obstante divites reprehenduntur de oppressione pauperum: Prov 28,8; Ez 18, 13; 22,12. (Cf. Neh 5,7-13.) — ideo iustus laudatur quod pecuniam non dederit ad usuram: Ps 14,15; Ez 18,8.17 — in Evangelio: Lc 6,35. (Cf. Mt 25,27; Lc 19,23.)
Uter (ex pellibus caprarum, boum, asinorum...), valde in usu apud Orientales ad asservandum et transportandum vinum, lac, aquam, vel ad flumina traiicienda: Gen 21,14; Ios 9,13; Iud 4,19; 1 Sam 25,18; Mt 9,17; Mc 2,22; Lc 5,37.

Vacca: — rufi coloris, quae solemniter immolabatur extra castra et dein comburebatur ad praeparandam aquam Lustrationis: Num 19,1-9 — metaphorice: Ps 67,31; Os 4,16.
Velum: — triplex in tabernaculo foederis, nempe, in introitu ex sancto ad sanctissimum, ex atrio ad sanctum et ex atrio exteriori in atrium sanctuarii: Ex 26,31-36; 27,16; 36,35-37 — etiam in templo videntur remansisse duo priora, quorum primum i. e. interius scissum est hora mortis Christi: 2 Par 3,14; 1 Mach 1, 23; 4,51; Mt 27,51. (Cf. Hebr 10,19-20.)
Venatio (avium, cervorum...), notissima apud Hebraeos: Gen 10,9; 25,28; 27,3; Lev 17,13; Deut 14,5; 3 Reg 4,23; Ps 90,3; Eccli 27,22; Ez 19,4.
Venditio: — etiam hominum licita erat sub quibusdam conditionibus: Ex 21,7.14.16; Deut 24,7; 4 Reg 4,1 — sabbatis prohibetur: Neh 13,16-21 — in templo a Christo prohibita: Mt 21,12; Mc 11,15; Lc 19,45; Io 2,14.
Ventilabrum (hisp. *bieldo).* quo agricola frumentum a palea separat: Ruth 3,2. (Cf. Is 29,5; Mt 3,12; Lc 3,17.)
Ventus: — a Deo creatur: Ps 134,7; Iob 28,25; Ier 10,13; Am 4,13 — ventis utitur Deus tanquam nuntiis: Ps 103,4; 148,8 — super eorum pennas ambulat: Ps 17,11; 103,3 — notissimus in Palaestina ventus australis seu deserti, vehemens atque urens: Gen 41,21; Ex 10,13; Iob 27,21; Ier 18,17; Hab 1,9 — ventis designantur directiones in terra: 1 Par 9,24; Ier 49,35; Ez 37,9; Zach 2,6; 6,5; Mt 24,31 — frequenter in locutione translata: Iob 6,26; Eccli 34,2; Is 41,29; Os 8,7; 12,1.
Verbum: — frequenter ponitur pro re ut hebr. *dabar:* 1 Sam 3,11; 2 Sam 1,4; Ier 44,4; Lc 1,37 — nomen Filii Dei (gr. *Logos):* Io 1,1; 1 Io 1,1; Apoc 19,13.
Veritas: — constantia in propositis, fidelitas in promissis: Gen 24,27.29; 47,29; Ios 2,14; 2 Sam 2,6; 4 Reg 20,19; Is 39,8; Ier 14,13 — Christus veritas: Io 1,14.17; 14,6.
Vespertilio (hisp. *murciélago),* inter animalia immunda connumeratur: Lev 11,19; Deut 14, 18. (Cf. Is 2,20.)
Vestibulum: — atrium tabernaculi vel templi: Ex 29,32; 35,17; 2 Par 3,17; 29,16 — atrium domus vel carceris: 2 Sam 17,18; Ier 32,8; 37,20; 38,6.
Vestimentum, variis constabat apud Hebraeos: — tunica linea vel lanea manicata, quae ad carnem portabatur, ad genua vel ad talos pertingente, subcincta cingulo lineo vel coriaceo: Mt 3,4. (Cf. 4 Reg 1,8; Ier 13,1.) Qui hac sola tunica indutus erat, dicebatur nudus: 1 Sam 19,21; Is 20,2; Io 21,7 — sindone seu tunica subtili, pretiosa, quae quandoque sub ceteris vestibus gerebatur: Iud 14,12-13; Prov 31,24; Is 3,23 — tunica altera non manicata magis ampla: 1 Sam 18,4; 24,5; 28,14 — pallio, quod maiore quodam panno quadrato constabat et pauperi etiam inserviebat ut operimentum in lecto: Ex 22,26-27; Deut 24,13. (Cf. Ex 12,34-35; 1 Sam 21,9.) — principes ac divites maxime feminae aliis etiam indumentis vestiebantur: Deut 22,5; 2 Sam 13,18; Iudith 10,3; Prov 7,10; Ez 16,10.
Via, frequentissime adhibetur in sensu translato de ratione agendi quam quis sequitur: Iob 13,15; Ps 1,6; 5,9; 26,11; Ier 18,11; Act 9,2; Rom 11,33.
Victima ad sacrificium destinata, quae poterat esse: bos, vacca, vitulus, ovis, capra, haedus, aries, turtur, columba et in sacrificio leprosi etiam passeres, debebat esse integra omnique defectu carere: Lev 22,22-24; Mal 1,8.
Vidua: — viduae et pupillo minime nocendum

(Ex 22,22; Deut 24,17; 27,19; Is 1,17; Ier 22,3), sed benefaciendum: Deut 14,28-29; 16, 11-14; 24,19. (Cf. 2 Mach 8,28-30.) — graviter redarguuntur impii de oppressione viduarum: Ps 93,6; Sap 2,10; Is 1,23; Ier 5,28; Ez 22,7. (Cf. Mt 23,14; Mc 12,40; Lc 20,47.) — Deus pater ac defensor viduarum et orphanorum: Deut 10,18; Ps 67,6; Prov 15,25; Mal 3,5. (Cf. Eccli 35,18-19.) — viduae a Christo honorantur ac beneficiis cumulantur: Lc 2,36-38; 4,25; 7,12; 18,3; 21,2 — viduarum necessitatibus primitiva Ecclesia subvenit: Act 6,1; Iac 1,27. (Cf. Act 9,39.) — monentur a S. Paulo secundas nuptias non inire: 1 Cor 7,8.40 — earum officia in Ecclesia: 1 Tim 5, 4-5; 5,9-10.

Vigilia: — apud veteres hebraeos tertia erat pars noctis: Ex 14,24; Iud 7,19; 1 Sam 11,11; Lam 2,19 — tempore autem N. Testamenti, more romano, quatuor noctis vigilias distinguebant: Mt 14,25; Mc 13,35; Lc 12,38. (Cf. Act 12,4.)

Vindicta, i. e. iusta poena propter iniuriam inferenda: — Deus, uti summus Iudex, vindictam sibi reservat: Deut 32,35; Prov 20,22; Rom 12,19 — Deus vindictam faciet pauperum contra impios et oppressores: Deut 32, 43; Iudith 16,20; Ps 139,13; 149,7; Eccli 5, 1-9; 12,4; 35,23; Is 1,24; Lc 18,7 — ne homines in vindicta modum excedant, poena statuitur talionis: Ex 21,24; Lev 24,20; Deut 19,21 — vetatur vindicta (Iob 31,29; Prov 24,17.29; Eccli 10,6; 28,1-8), immo et affectus vindictae: Mt 5,22.39-41.44-48; 18,15.21-22; Lc 17,3-5 — iniuria condonanda: Mt 6,12-15; 18,35; Rom 12,14-21; 1 Cor 6,7; 1 Thess 5,15; 1 Petr 2,22; 3,9.

Vinea: — in Palaestina frequens: Gen 49,10; Deut 6,11; 7,13; 8,8; 1 Sam 4,25; Mich 4,4; Zach 3,10 — plantatio et cultus quomodo fieret: Deut 22,9; Prov 24,31; Is 5,1-2.6; 7,25; 27,4 — initio autumni fiebat vindemia, tempus magnae laetitiae: Iud 9,27; Is 16,10 — pro magna poena habetur plantare vineam nec eius fructus manducare (Deut 28,30.39; Am 5,11; Soph 1,13), ideo qui nondum eius fructum perceperit eximitur a servitio militari: Deut 20,6; 1 Mach 3,56 — in favorem pauperum vinea non penitus vindemianda: Deut 24,21. (Cf. etiam: Lev 19,23-25; Deut 23,24.) — frequenter in sensu translato: Iud 8,2; Ps 79,9; 127,3; Is 5,6; Ier 31,29; Ez 18,2; Io 15, 2. (Cf. Ps 79,13; Lam 1,12.)

Vinum: — a Noe adinventum: Gen 9,20-21 — non deficiat in conviviis, sed moderate sumendum: Eccli 31,22-35; Io 2,3. (Cf. Prov 23,31; 1 Tim 5,23.) — praescribitur ad libandum in sacrificiis: Ex 29,40; Num 15,5.7 — sacerdotibus quando interdictum: Lev 10, 9; Num 6,3. (Cf. Ier 35,2-14.) — his qui amaro sunt animo offerendum: Prov 31,6-7 — aqua miscetur: Prov 9,5; Dan 14,10; Apoc 18,6 — ad sananda vulnera adhibitum: Lc 10,34 — myrratum, seu felle mistum, ad sensum hebetandum: Mt 27,34; Mc 15,23 — sensu translato ut imago ira Dei: Ps 31,18; 74,9; Is 51,22; Ier 25,15; 51,7.

Virga (seu baculus): — Moysis, qua tot miracula patravit: Ex 4,2.20; 7,9; 8,16; 9,23; 10,13; 14,16; 17,5; Num 20,8 — Aaronis, in tabernaculo foederis asservata: Num 17,2-10; Hebr 9,1 — panis i. e. fulcrum quod homini pane praebetur: Lev 26,26; Ps 104,16; Ez 4,16. (Cf. Is 36,6; Ier 48,17.) — ponitur pro flagello: Iob 9,34; 1 Cor 4.21 — pro sceptro: Num 24, 17; Ps 109,2; Ez 19,12. (Cf. Ps 22,4.) — pro symbolo imperii: Ps 2,9; Is 5,24; 14,5 — pro tribu vel populo: Ier 10,16. (Cf. Ex 19,5.)

Virginitas: — caute servanda: Eccli 42,9-14 — in N. T. maxime commendatur: Mt 19,10-12; Lc 1,34; 1 Cor 7,7.34-40; Apoc 14,1-5. Quoad V. T. cf. Iud 11,37 — eius signa: Deut 22,14-17 — sensu translato virgo dicitur urbs Ierusalem, eiusque incolae: Is 37,22; 47,3; Ier 14,17; 31,4.

Virtus: — ponitur pro robore seu fortitudine: Deut 4,37; Ps 17,40; 20,14 — pro exercitu: Iudith 2,7; 1 Mach 5,56; 6,6; 9,43. (Cf. Ps 32,6 — pro morum honestate: Ruth 3,11 — pro miraculo: Gal 3,5; Hebr 2,4 — pro fructu arboris: Ioel 2,22. (Cf. Iob 31,39 hebr.)

Viscera (i. e. corporis interiora, cf. 2 Mach 9,5; Act 1,18), habebantur apud Hebraeos pro sede affectuum commotionumque animi, unde iuxta nostrum modum loquendi verbum esset vertendum in *cor:* Gen 43,30; Prov 12,10; Ier 31,33; Philem 12,20; 1 Io 3,17.

Vita: — naturalis, brevis ac miseriis subiecta plurimis: Iob 7,1; 9,25; 14,1-2; Eccl 5,15; Sap 5,9-12; Eccli 14,18-20; 1 Cor 8,29; Iac 4, 13-15; 1 Petr 1,24 — supernaturalis sive gratiae et gloriae, quam Deus per Christum nobis communicat, qui ideo dicitur vita: Io 1,2; 3, 5; 6,35.48; 8,12; 10,10; Act 3,5; Rom 8,15-17; 1 Cor 2,12-16; 2 Cor 1,22; 5,17; Gal 1,15.

Vitulus: — victima praecepta pro aliquibus sacrificiis: Ex 24,5; Lev 1,4; 8,2; 9,2; 16,3; 23,18 — aureus, ab Aarone ex inauribus populi conflatus, imaginem Domini repraesentans: Ex 32,1-6 — in Bethel a Ieroboam positus, itemque in Dan, ut populus non ascenderet in Ierusalem: 3 Reg 12,28-32.

Vocatio: — efficax adductio ad fidem: Rom 11, 29; 1 Cor 1,26; Eph 1,18; Phil 3,14. (Cf. tamen Mt 20,16; 22,14.) — status in quo quis versatur: 1 Cor 7,20.24.

Voluntas: — Dei, i. e. beneplacitum seu benevolentia erga aliquem: Ps 5,13; 29,6; 50,20; Lc 2,14 — nostra divinae accommodanda: 1 Mach 3,60; Mt 6,10; 7,21; 12,50; 16,39; Mc 3,35; 14,36; Lc 22,42; Act 21,14; Rom 12,2; 1 Cor 4,19; Hebr 6,3.

Votum: — promissio Deo facta: Gen 28,20; 31,13; Deut 23,22 — eius adimpletio stricte exigitur: Lev 27,1-8; 27,11-27; Deut 23,21; Prov 20,25; Eccl 5,4. (Cf. tamen Deut 23,18.) — cuius vota irritari queant: Num 30,4-17 — votum nasiraeatus, vide **Nazaraeus.**

Vulpes, i. e. canis aureus (hisp. *chacal)*, olim communis in Palaestina: Iud 15,4; Neh 4,3; Lam 5,18; Cant 2,15; Ez 13,4; Mt 8,20.

Vultur (hisp. *buitre)*, inter animalia immunda recensetur: Lev 11,14; Deut 14,13. (Cf. Iob 28,7.)

Xanthicus, mensis calendarii macedonici, qui respondet Aprili: 2 Mach 11,30.33.

Zelotypia, quam lex intendebat reprimere per ritum sacrum: Num 5,14-30.

Zizania, tritico valde similis quamdiu culmus nondum venit ad spicam: Mt 13,25-30.

INDEX TEXTUUM VET. TESTAMENTI IN NOVO

Genesis	S. Mt.	S. Mc.	S. Lc.	S. Io.	S. Paul.	Ep. Cath.
1,27	19,4	10,6	—	—	—	—
2,2	—	—	—	—	Hebr 4,4	—
7	—	—	—	—	1 Cor 15,45	—
24	19,5	10,7-8	—	—	1 Cor 6,16; Eph 5,31	—
12,1	—	—	Act 7,3	—	—	—
3	—	—	Act 3,25	—	Gal 3,8	—
7	—	—	—	—	Gal 3,16	—
15,5	—	—	—	—	Rom 4,18	—
6	—	—	—	—	Rom 4,3 Gal 3,6	Iac 2,23
13-14	—	—	Act 7,6-7	—	—	—
17,5	—	—	—	—	Rom 4,17	—
18,10	—	—	—	—	Rom 9,9	—
21,10	—	—	—	—	Gal 4,30	—
12	—	—	—	—	Rom 9,7 Hebr 11,18	—
22,16-17	—	—	—	—	Hebr 6,13-14	—
25,23	—	—	—	—	Rom 9,12	—
47,31	—	—	—	—	Hebr 11,21	—
Exodus						
2,14	—	—	Act 7,27-28	—	—	—
22	—	—	Act 7,29	—	—	—
3,5.7.10	—	—	Act 7,33-34	—	—	—
6	22,32	12,26	20,37; Act 7,32	—	—	—
9,16	—	—	—	—	Rom 9,17	—
12,46	—	—	—	19,36	—	—
13,12	—	—	2,23	—	—	—
16,18	—	—	—	—	2 Cor 8,45	—
19,6	—	—	—	—	—	1 Pet 2,9
13	—	—	—	—	Heb 12,20	—
20,12-16	19,18-19	10,19	18,20	—	Rom 13,9	—
12	15,4	7,10	—	—	Eph 6,2-3	—
13-14	5,21.27	—	—	—	—	Iac 2,11
17	—	—	—	—	Rom 7,7; 13,9	—

	S. Mt.	S. Mc.	S. Lc.	S. Io.	S. Paul.	Ep. Cath.
21,17	15,4	7,10	—	—	—	—
24	5,38	—	—	—	—	—
22,28	—	—	Act 23,5	—	—	—
24,8	—	—	—	—	Heb 9,20	—
25,40	—	—	—	—	Heb 8,5	—
32,1	—	—	Act 7,40	—	—	—
6	—	—	—	—	1 Cor 10,7	—
33,19	—	—	—	—	Rom 9,15	—
34,33	—	—	—	—	2 Cor 3,13	—
Leviticus						
11,44	—	—	—	—	—	1 Pet 1,16
18,5	—	—	—	—	Rom 10,5; Gal 3,12	—
19,13	—	—	—	—	(1 Tim 5,18)	—
18	5,43; 22,39	12,31	10,27	—	Rom 13,9; Gal 5,14	Iac 2,8
26,12	—	—	—	—	2 Cor 6,16	—
Numeri						
10,5	—	—	—	—	2 Tim 2,19	—
30,3	5,33	—	—	—	—	—
Deuteronomium						
4,24	—	—	—	—	Heb 12,29	—
6,4-5	—	12,29-30	—	—	—	—
5	22,37	—	10,27	—	—	—
16	4,7	—	4,12	—	—	—
8,3	4,4	—	4,4	—	—	—
9,19	—	—	—	—	Heb 12,21	—
11,22	—	—	—	(7,38)	—	—
18,15.19	—	—	Act 3,22-23; 7,37	—	—	—
19,15	18,16	—	—	8,17	2 Cor 13,1	—
21,23	—	—	—	—	Gal 3,13	—
24,1	5,31	—	—	—	—	—
15	—	—	—	—	(1 Tim 5,18)	—

	S. Mt.	S. Mc.	S. Lc.	S. Io.	S. Paul.	Ep. Cath.
25,4	—	—	—	—	I Cor 9,9 I Tim 5,18	—
5	22,24	12,19	20,28	—	—	—
27,26	—	—	—	—	Gal 3,10	—
30,12-14	—	—	—	—	Rom 10,6-8	—
32,21	—	—	—	—	Rom 10,19	—
35-36	—	—	—	—	Heb 10,30	—
35	—	—	—	—	Rom 12,19	—
43	—	—	—	—	Rom 15,10	—
Iosue						
1,5	—	—	—	—	Heb 13,5	—
Iudices						
13,5	(2,23)	—	—	—	—	—
II Samuelis						
7,12	—	—	—	(7,42)	—	—
14	—	—	—	—	Heb 1,5	—
III Regum						
19,10	—	—	—	—	Rom 11,3	—
18	—	—	—	—	Rom 11,4	—
Iob						
5,13	—	—	—	—	I Cor 3,19	—
41,2	—	—	—	—	Rom 11,35	—
Psalmi						
2,1-2	—	—	Act 4,25-26	—	—	—
7	—	—	Act 13,33	—	Heb 1,5; 5,5	—
9	—	—	—	Ap 2,27; 12,5; 19,15	—	—
4,5	—	—	—	—	Eph 4,26	—

	S. Mt.	S. Mc.	S. Lc.	S. Io.	S. Paul	Ep. Cath.
5,11	—	—	—	—	Rom 3,13	—
6,9	(7,23)	—	(13,27)	—	—	—
8,3	21,16	—	—	—	—	—
5-8	—	—	—	—	Heb 2,6-8	—
8	—	—	—	—	1 Cor 15,26	—
10,7	—	—	—	—	Rom 3,14	—
13,1-3	—	—	—	—	Rom 3,10-18	—
15,8-11	—	—	Act 2,25-28	—	—	—
10	—	—	Act 13,35	—	—	—
17,50	—	—	—	—	Rom 15,9	—
18,5	—	—	—	—	Rom 10,18	—
21,2	27,46	15,34	—	—	—	—
19	27,35	—	—	19,24	—	—
23	—	—	—	—	Hebr 2,12	—
23,1	—	—	—	—	1 Cor 10,26	—
30,6	—	—	23,46	—	—	—
31,1-2	—	—	—	—	Rom 4,7-8	—
33,13-17	—	—	—	—	—	1 Pet 3,10-12
34,19	—	—	—	15,25	—	—
35,8	—	—	—	—	Rom 3,18	—
39,7-9	—	—	—	—	Heb 10,5-9	—
40,10	—	—	—	13,18	—	—
43,22	—	—	—	—	Rom 8,36	—
44,7-8	—	—	—	—	Heb 1,8-9	—
50,6	—	—	—	—	Rom 3,4	—
54,23	—	—	—	—	—	1 Pet 5,7
67,19	—	—	—	—	Eph 4,8	—
68,10	—	—	—	2,17	Rom 15,3	—
23-24	—	—	—	—	Rom 11,9-10	—
26	—	—	Act 1,20	—	—	—
77,2	13,35	—	—	—	—	—
24	—	—	—	6,31	—	—
81,6	—	—	—	10,34	—	—
88,21	—	—	Act 13,22	—	—	—
90,11-12	4,6	—	10-11	—	—	—
93,11	—	—	—	—	1 Cor 3,20	—
94,8-11	—	—	—	—	Hebr 3,7-11.15; 4,3.7	
96,7	—	—	—	—	Heb 1,6	—
101,26-28	—	—	—	—	Heb 1,10-12	—

	S. Mt.	S. Mc.	S. Lc.	S. Io.	S. Paul.	Ep. Cath.
103,4	—	—	—	—	Heb 1,7	—
108,8	—	—	Act 1,20	—	—	—
109,1	22,44	12,36	20,42-43 Act 2,34-35	—	1 Cor 15,25 Heb 1,13	—
4	—	—	—	—	Heb 5,6; 7,17.21	—
111,9	—	—	—	—	2 Cor 9,9	—
115,10	—	—	—	—	2 Cor 4,13	—
11	—	—	—	—	Rom 3,4	—
116,1	—	—	—	—	Rom 15,11	—
117,6	—	—	—	—	Heb 13,6	—
22-23	21,42	12,10-11	—	—	—	—
22	—	—	20,17; Act 4,11	—	—	1 Pet 2,7
26	21,9	11,9	—	—	—	—
131,11	—	—	Act 2,30	—	—	—
139,4	—	—	—	—	Rom 3,13	—
Proverbia						
3,11	—	—	—	—	Heb 12,5	—
12	—	—	—	Apoc 3,19	Heb 12,6	—
34	—	—	—	—	—	Iac 4,6 1 Pet 5,5
10,12	—	—	—	—	—	1 Pet 4,8
11,31	—	—	—	—	—	1 Pet 4,18
22,9	—	—	—	—	2 Cor 9,7	—
25,21-22	—	—	—	—	Rom 12,20	—
26,11	—	—	—	—	—	2 Pet 2,22
Isaias						
2,9	—	—	—	—	Rom 9,29	—
2,10	—	—	—	—	2 Thess 1,9	—
5,1-2	21,33	12,1	—	—	—	—
6,9-10	13,14-15	4,12	8,10 Act 28,26-27	—	—	—
7,10	—	—	—	12,40	—	—
7,14	1,23	—	—	—	—	—
8,12	—	—	—	—	—	1 Pet 3,14

	S. Mt.	S. Mc.	S. Lc.	S. Io.	S. Paul.	Ep. Cath.
14	—	—	—	—	Rom 9,33	—
18	—	—	—	—	Heb 2,13	—
9,1-2	4,15-16	—	—	—	—	—
10,22-23	—	—	—	—	Rom 9,27-28	—
11,1	(2,23)	—	—	—	—	—
10	—	—	—	—	Rom 15,12	—
21,9	—	—	—	Apoc 14,8; 18,2	—	—
22,13	—	—	—	—	(1 Cor 15,32)	—
22	—	—	—	Apoc 3,7	—	—
25,8	—	—	—	Apoc 7,17; 21,4	1 Cor 15,54	—
28,11-12	—	—	—	—	1 Cor 14,21	—
16	—	—	—	—	Rom 9,33	1 Pet 2,6
29,10	—	—	—	—	Rom 11,8	—
13	15,8-9	7,6-7	—	—	—	—
14	—	—	—	—	1 Cor 1,19	—
40,3	3,3	1,3	3,4	1,23	—	—
4-5	—	—	3,5-6	—	—	—
6-8	—	—	—	—	—	1 Pet 1,24-25
8	—	—	—	—	—	Iac 1,11
13	—	—	—	—	Rom 11,34; 1 Cor 2,16	—
42,1-4	12,18-21	—	—	—	—	—
45,21	—	—	Act 15,18	—	—	—
23-24	—	—	—	—	Rom 14,11	—
48,21	—	—	—	(7,38)	—	—
49,6	—	—	Act 13,47	—	—	—
8	—	—	—	—	2 Cor 6,2	—
10	—	—	—	Apoc 7,16	—	—
52,5	—	—	—	—	Rom 2,24	—
7	—	—	—	—	Rom 10,15	—
11	—	—	—	—	2 Cor 6,17	—
15	—	—	—	—	Rom 15,21	—
53,1	—	—	—	12,38	Rom 10,16	—
4	8,17	—	—	—	—	—
5	—	—	—	—	—	1 Pet 2,24
7-8	—	—	Act 8,32-33	—	—	—
9	—	—	—	—	—	1 Pet 2,22
12	—	15,28	22,37	—	—	—
54,1	—	—	—	—	Gal 4,27	—
13	—	—	—	6,45	—	—

	S. Mt.	S. Mc.	S. Lc.	S. Io.	S. Paul.	Ep. Cath.
55,1	—	—	—	Apoc 22,17	—	—
3	—	—	Act 13,34	—	—	—
56,7	21,13	11,17	19,46	—	—	—
58,6	—	—	4,18	—	—	—
11	—	—	—	(7,38)	—	—
59,7-8	—	—	—	—	Rom 3,15-17	—
20	—	—	—	—	Rom 11,26-27	—
61,1-2	—	—	4,18-19	—	—	—
62,11	21,5	—	—	—	—	—
64,4	—	—	—	—	1 Cor 2,9	—
65,1-2	—	—	—	—	Rom 10,20-21	—
66,1-2	—	—	Act 7,49-50	—	—	—
24	—	9,47	—	—	—	—
IEREMIAS						
7,11	21,13	11,17	19,46	—	—	—
9,24	—	—	—	—	1 Cor 1,31 2 Cor 10,17	—
12,15	—	—	(Act 15,16)	—	—	—
17,10	—	—	—	Apoc 2,23	—	—
31,15	2,18	—	—	—	—	—
31-34	—	—	—	—	Heb 8,8-12	—
33-34	—	—	—	—	Heb 10,16-17	—
EZECHIEL						
37,27	—	—	—	—	2 Cor 6,16-18	—
DANIEL						
12,11	24,15	13,14	—	—	—	—
OSEE						
1,10	—	—	—	—	Rom 9,26	—
2,23	—	—	—	—	Rom 9,25	1 Pet 2,10

	S. Mt.	S. Mc.	S. Lc.	S. Io.	S. Paul.	Ep. Cath.
6,6	9,13; 12,7	—	—	—	—	—
11,1	2,15	—	—	—	—	—
13,14	—	—	—	—	1 Cor 15,54-55	—
Ioel						
2,28-32	—	—	Act 2,17-21	—	—	—
32	—	—	—	—	Rom 10,13	—
Amos						
5,25-27	—	—	Act 7,42-43	—	—	—
9,11-12	—	—	Act 15,16-17	—	—	—
Ionas						
1,6	—	—	—	—	(Eph 5,14)	—
Michaeas						
5,2	2,6	—	—	(7,42)	—	—
7,6	10,35-36	—	—	—	—	—
Habacuc						
1,5	—	—	Act 13,41	—	—	—
2,3-4	—	—	—	—	Heb 10,37-38	—
4	—	—	—	—	{ Rom 1,17 Gal 3,11 }	—
Aggaeus						
2,7	—	—	—	—	Heb 12,26	—
Zacharias						
8,16	—	—	—	—	Eph 4,25	—
9,9	21,5	—	—	12,15	—	—

	S. Mt.	S. Mc.	S. Lc.	S. Io.	S. Paul	Ep. Cath.
11,12-13	27,9-10	—	—	—	—	—
12,10	—	—	—	19,37	—	—
13,1	—	—	—	(7,38)	—	—
7	26,31	14,27	—	—	—	—
Malachias						
1,2	—	—	—	—	Rom 9,13	—
3,1	11,10	1,2	7,27	—	—	—
4,6	—	—	1,17	—	—	—

INDEX DOCUMENTORUM ECCLESIAE QUAE IN CONCORDANTIIS CITANTUR *

* Numeris secundae columnae indicantur textus S. Scripturae in documentis Ecclesiae adducti. Documenta quae sensum textus sacri definire videntur litteris *cursivis* distinguuntur.

HAEC BIBLIAE VULGATAE SEXTA EDITIO, SUMPTIBUS «BIBLIOTECA DE AUTORES CRISTIANOS» AC TYPIS «IMPRENTA FARESO», FELICITER, DEO DANTE, EXPLICIT
DIE X APRILIS, IN VIGILIA
RESURRECTIONIS DOMINI,
ANNO MCMLXXXII,
MATRITI

LAUS DEO VIRGINIQUE MATRI

MAPAS

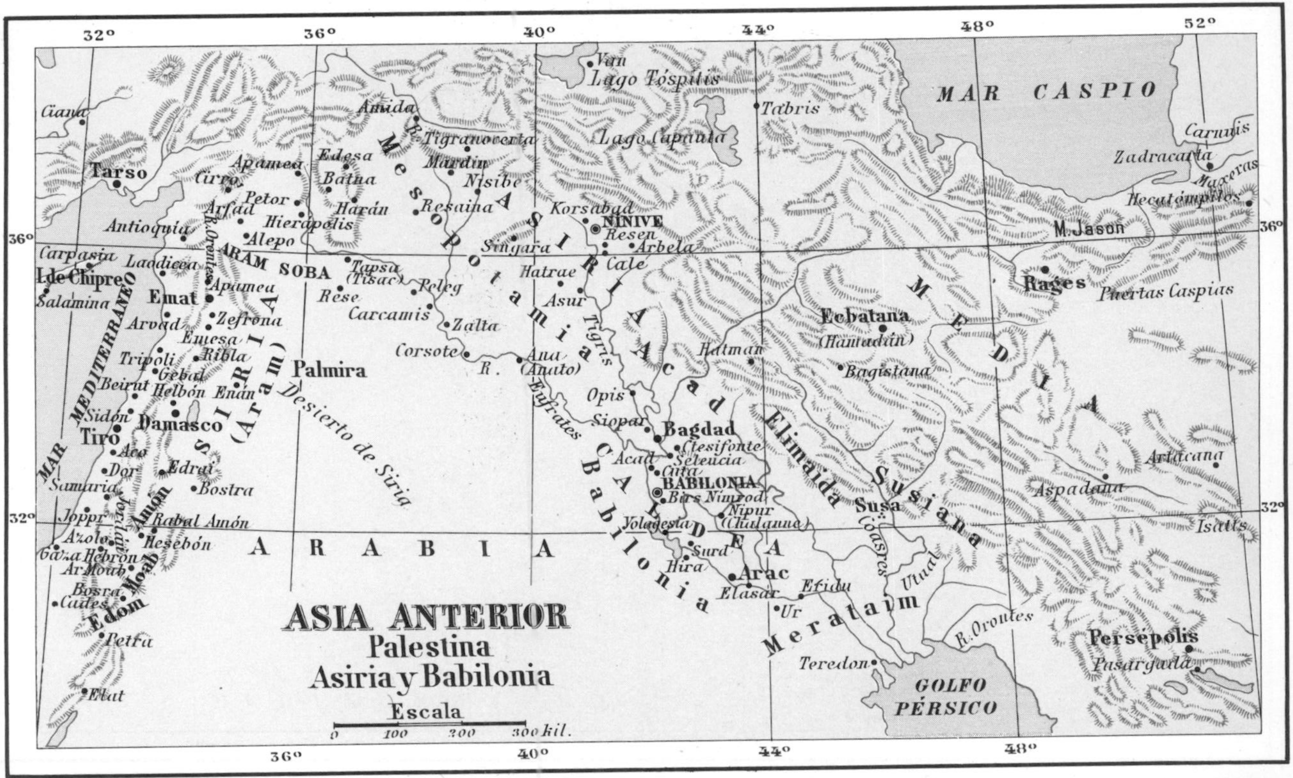

Biblioteca de Autores Cristianos

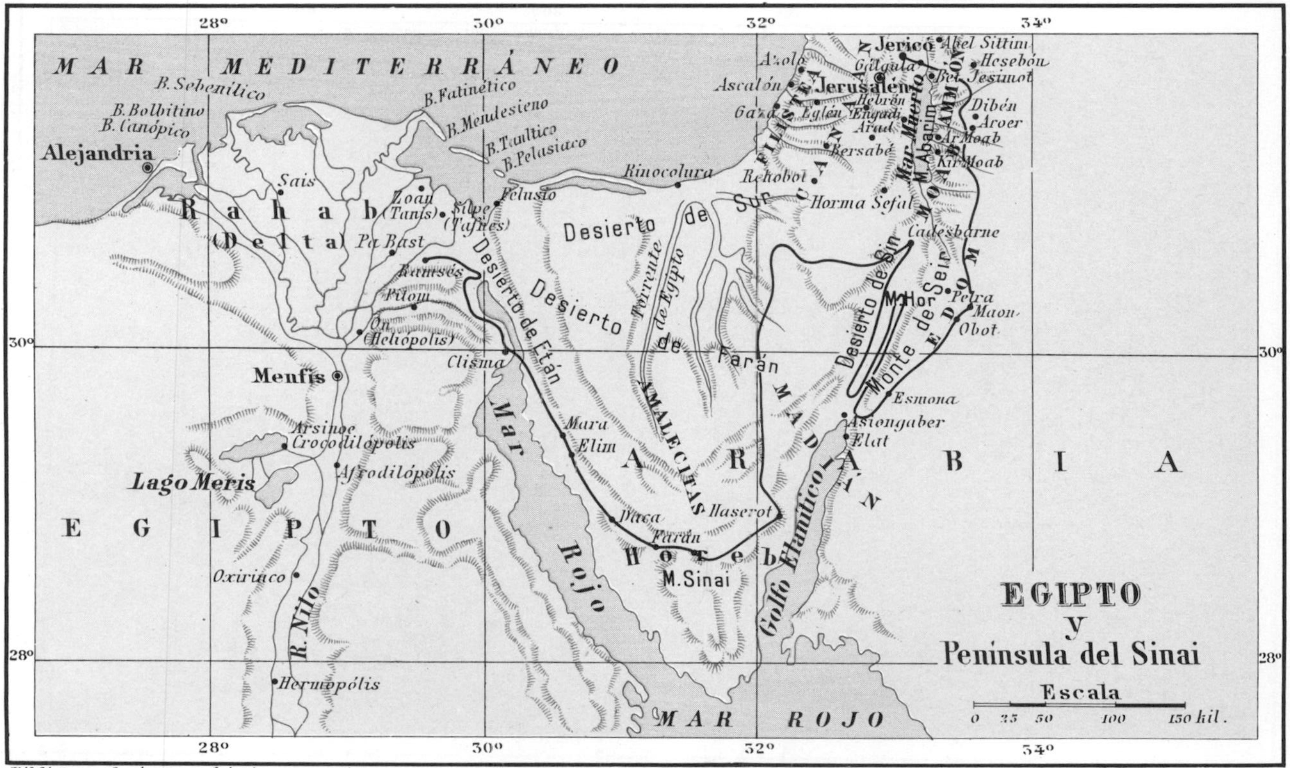

Biblioteca de Autores Cristianos

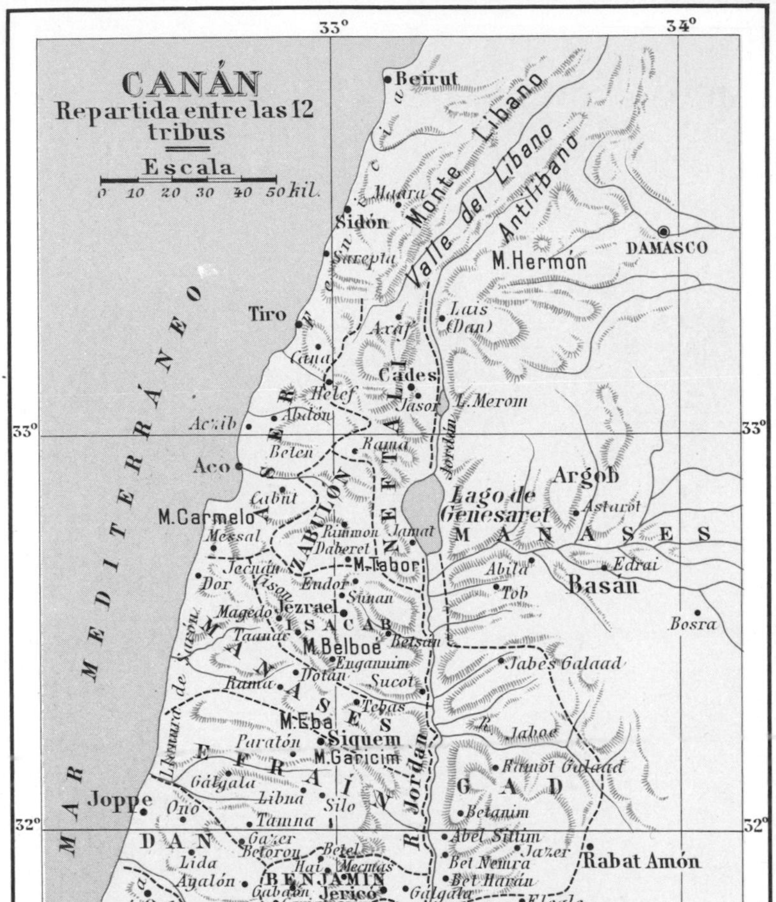

Biblioteca de Autores Cristianos

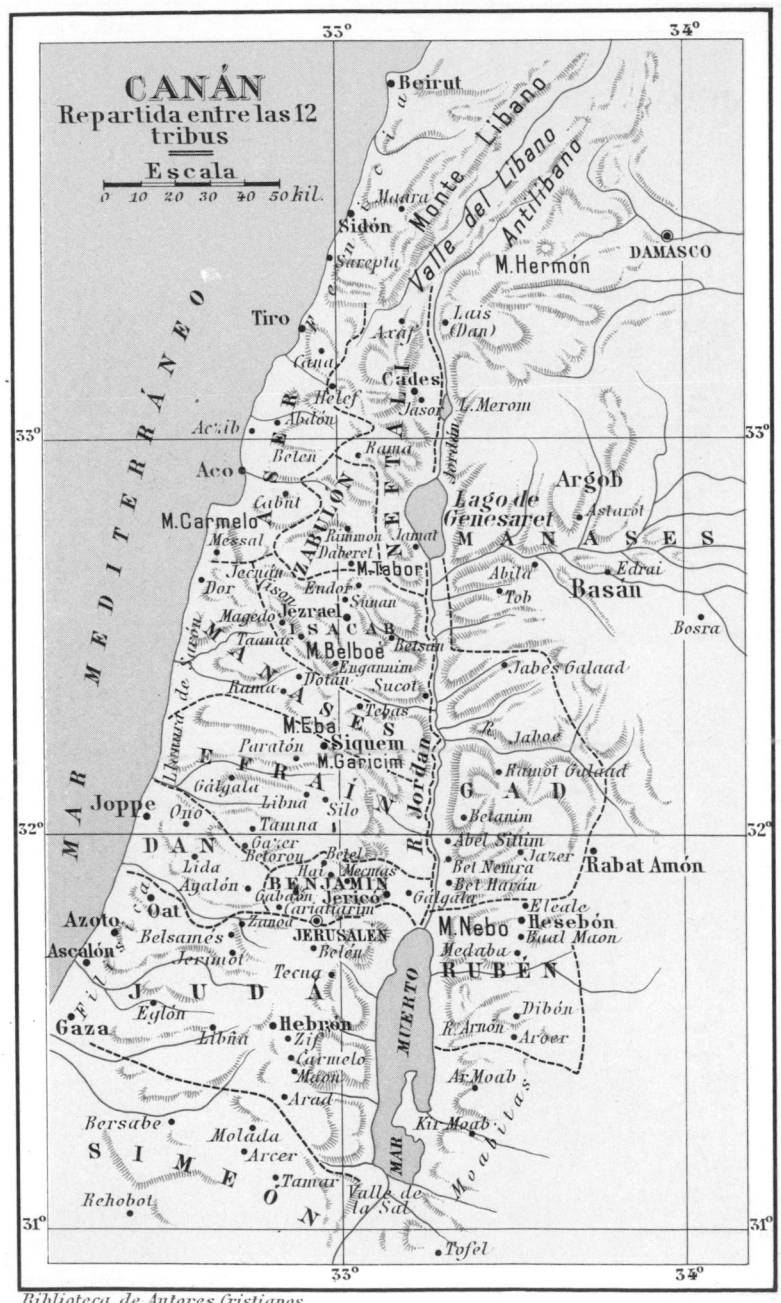

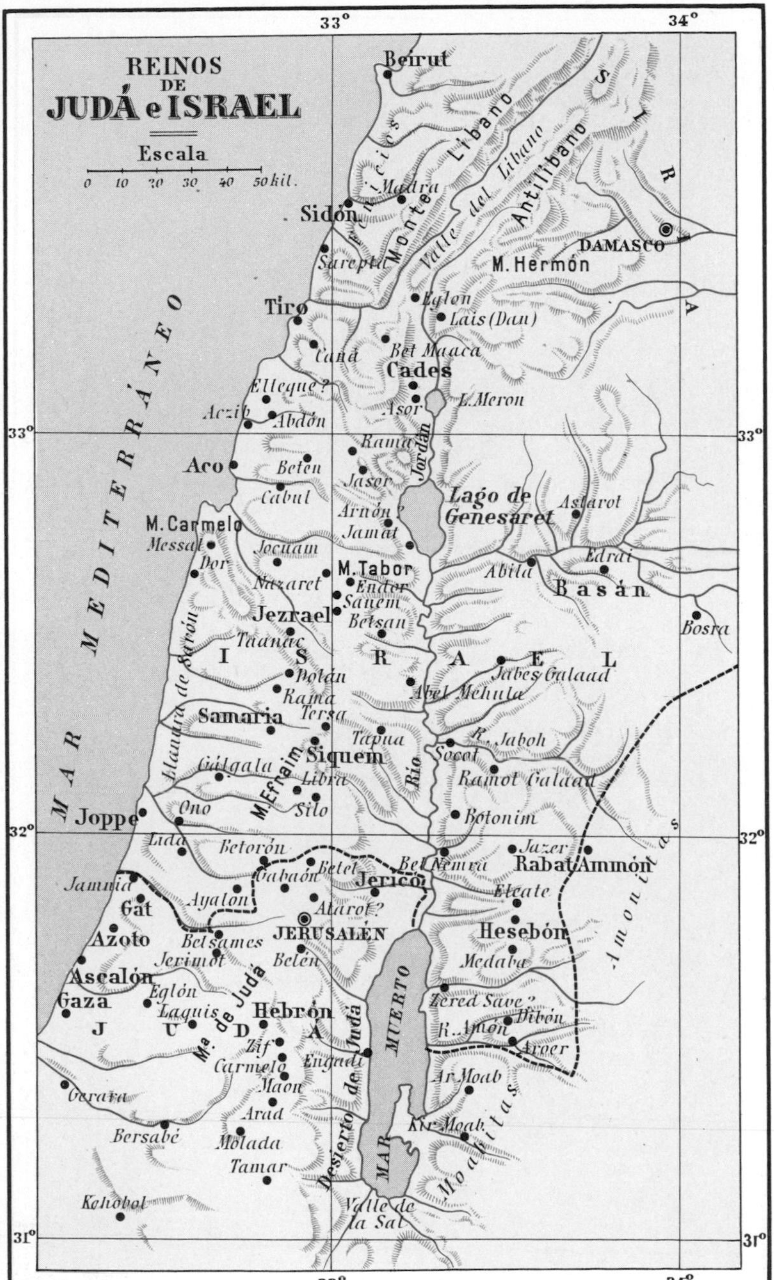

Biblioteca de Autores Cristianos

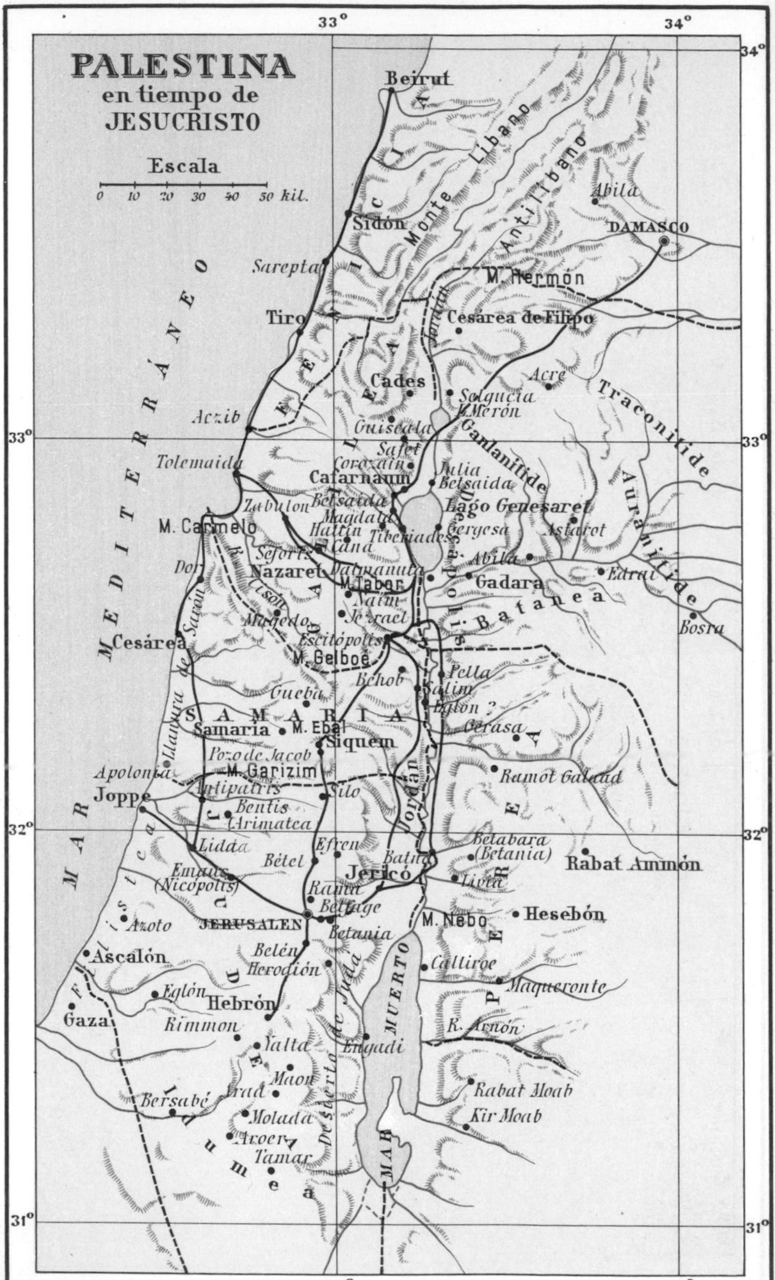

Biblioteca de Autores Cristianos.

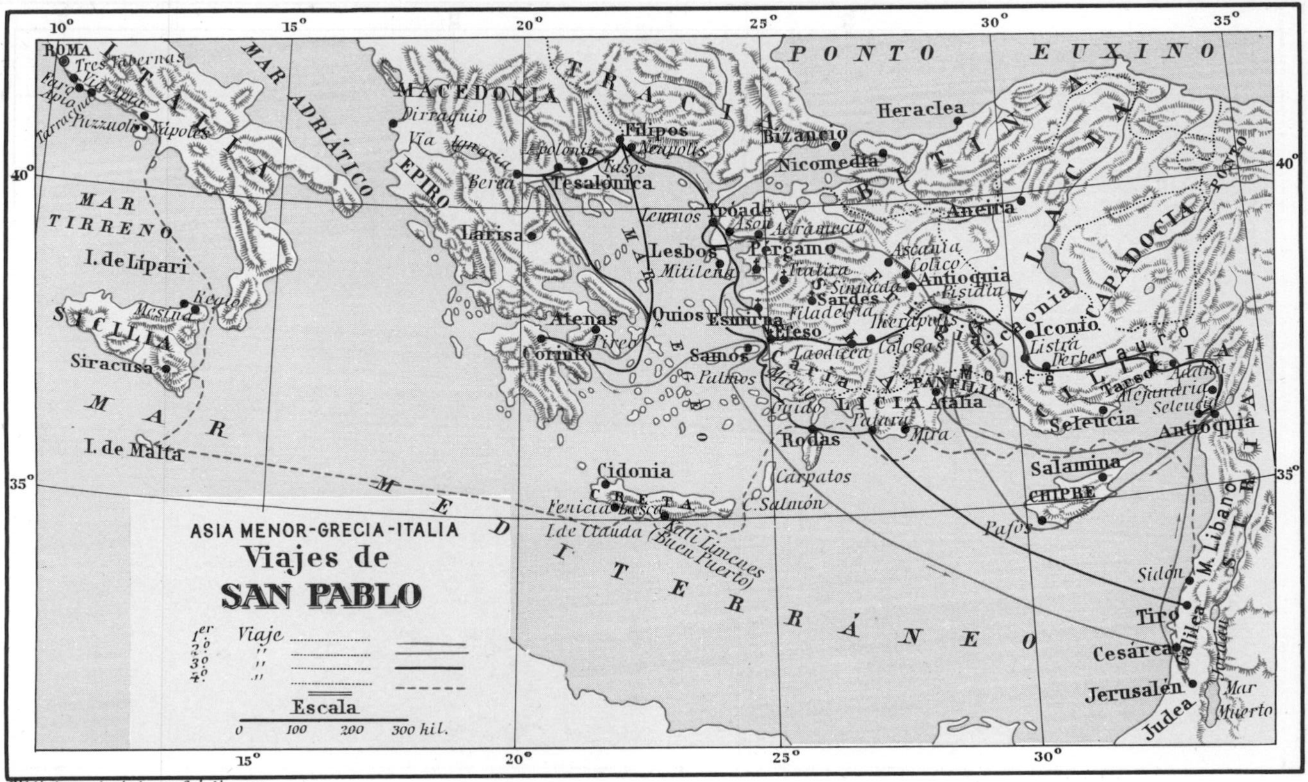

Biblioteca de Autores Cristianos.

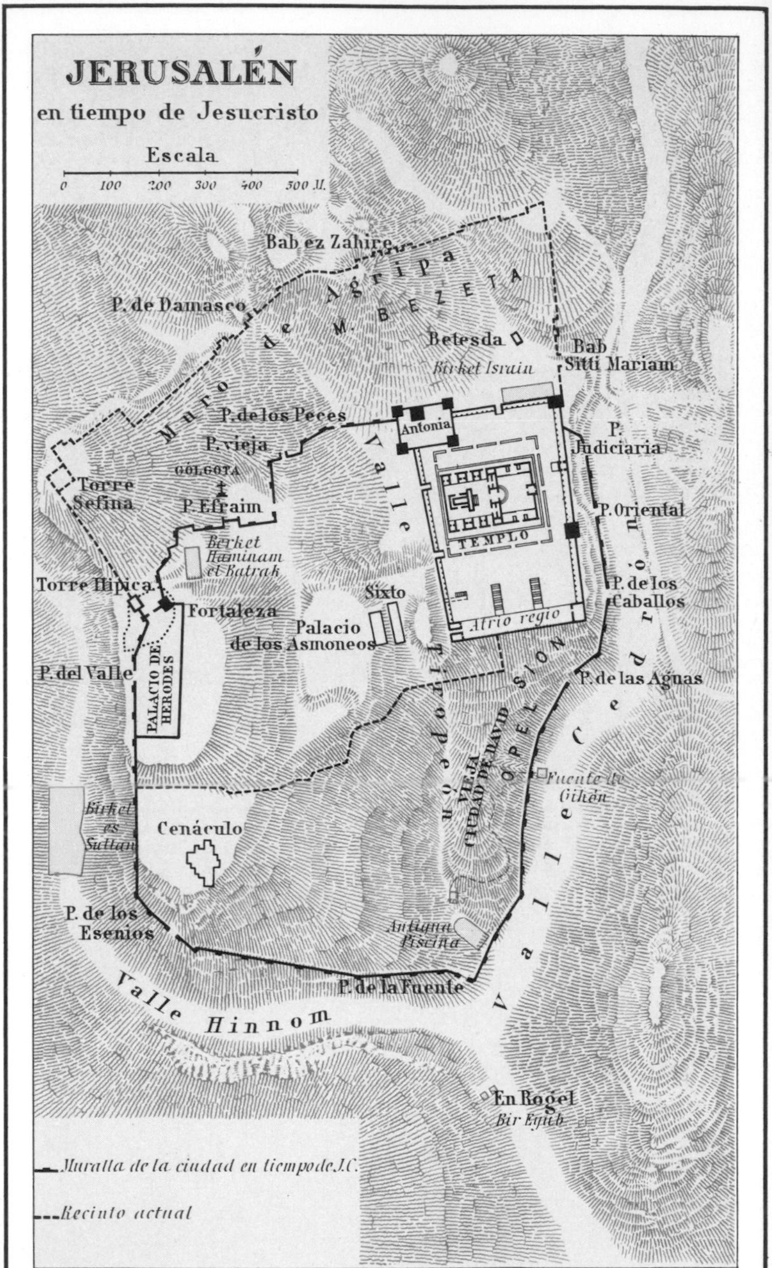
JERUSALÉN
en tiempo de Jesucristo
Escala
0 100 200 300 400 500 M.
Bab ez Zahire
P. de Damasco
Muro de Agripa
M. BEZETA
Betesda
Birket Israin
Bab
Sitti Mariam
P. de los Peces
Antonia
P. vieja
Valle
GÓLGOTA
Torre
Sefina
P. Efraim
P.
Judiciaria
TEMPLO
P. Oriental
Berket
Haminam
el Batrak
Torre Hípica
Fortaleza
Sixto
Palacio
de los Asmoneos
Atrio regio
P. de los
Caballos
P. del Valle
PALACIO DE
HERODES
Tiropeón
OPEL SION
VIEJA
CIUDAD DE DAVID
P. de las Aguas
Valle Cedrón
Fuente de
Gihón
Birket
es
Sultan
Cenáculo
P. de los
Esenios
Antigua
Piscina
P. de la Fuente
Valle Hinnom
En Rogel
Bir Eyub
Muralla de la ciudad en tiempo de J.C.
Recinto actual

Biblioteca de Autores Cristianos

SICUT CERVUS AD FONTES

B.A.C.